中国水电 SINOHYDRO

中国水利水电建设集团公司

年　　鉴

2011

中国水利水电建设集团公司年鉴编辑委员会

中国电力出版社

图书在版编目（CIP）数据

中国水利水电建设集团公司年鉴．2011/中国水利水电建设集团公司年鉴编辑委员会编．—北京：中国电力出版社，2011.11

ISBN 978-7-5123-2283-7

Ⅰ．①中…　Ⅱ．①中…　Ⅲ．①水电企业—中国—2011—年鉴　Ⅳ．①F426.9-54

中国版本图书馆 CIP 数据核字（2011）第 220950 号

中国电力出版社出版、发行

（北京市东城区北京站西街 19 号　100005　http://www.cepp.sgcc.com.cn）

北京盛通印刷股份有限公司印刷

各地新华书店经售

*

2011 年 12 月第一版　　2011 年 12 月北京第一次印刷

889 毫米×1194 毫米　16 开本　66.25 印张　2337 千字　18 插页

定价 **300.00** 元

领导关怀

2010年8月13日，全国援外工作会议在北京召开。中共中央总书记、国家主席胡锦涛，中共中央政治局常委、国务院总理温家宝，亲切会见了全体与会代表。图为胡锦涛主席与集团公司总经理范集湘亲切握手

2010年10月8日，中共中央政治局常委、国务院副总理李克强到水电十一局有限公司承建的南水北调中线陶岔渠首枢纽视察。图为李克强副总理向水电十一局有限公司职工挥手致意

2010年6月3日，正在肯尼亚访问的中共中央政治局委员、全国政协副主席王刚，在内罗毕接见了集团公司总经理范集湘。图为王刚副主席与集团公司总经理范集湘亲切握手

2010年11月15日，中共中央政治局委员、北京市市委书记刘淇到水电二局有限公司承建的北京市永定河晓月湖工程视察工作

2010年6月3日，中共中央政治局委员、天津市市委书记张高丽(右二)视察中国水电武清BT项目

2010年7月24日，国务委员戴秉国在访问刚果（金）期间，专程考察了集团公司承建的刚果（金）金沙萨中心医院项目

2010年4月24日，国家住房和城乡建设部部长姜伟新到青海玉树抗震救灾一线亲切看望、慰问集团公司抗震救灾队伍和员工

2010年1月22日，国务院南水北调办主任张基尧（前右二）考察南水北调东线一期济南市区段11标工程现场，并与现场职工亲切交谈

2010年8月19日，国务院南水北调办主任鄂竟平到水电十一局有限公司承建的南水北调中线穿黄工程Ⅰ标段考察工作

2010年7月15日，水利部副部长矫勇（前左一）到新疆阿拉沟水库工程视察指导工作

2010年6月26日，水利部副部长周英（女）到在建的西藏旁多水利枢纽工地考察工作

2010年1月1日，水利部副部长刘宁到蒲石河水电站工地考察工作，并看望节日期间坚守岗位的水电六局有限公司员工

2010年6月14日，铁道部副部长卢春房（右一）在集团公司总经理范集湘的陪同下，到京沪高铁三标段考察指导工作

2010年1月29日，国务院国有企业监事会主席高怀忠（左），集团公司总经理、股份公司董事长、党委书记范集湘，共同为中国水利水电建设股份有限公司揭牌

2010年11月3日，国务院国有企业监事会主席李志群在集团公司总经理范集湘的陪同下，到四川公司调研指导工作

2010年3月23日，集团公司荣获中央企业“管理进步特别奖”

2010年11月26日，水电十三局有限公司总部正式迁入天津市高新技术产业园区

水电工程

贵州构皮滩水电站工程

施工中的云南小湾水电站工程

金沙江向家坝水电站工程

施工中的雅砻江锦屏一级水电站工程

金沙江阿海水电站施工现场

雅砻江官地水电站工程

四川瀑布沟水电站工程

戈兰滩水电站工程荣获2010年度国家优质工程银质奖

溪洛渡右岸地下电站厂房施工

云南观音岩水电工程导流明渠施工

2010年12月4日，水电五局有限公司以24.5亿元中标承建四川大渡河流域长河坝水电站大坝工程签字仪式在股份公司总部举行

江苏宜兴抽水蓄能电站工程荣获2010年度中国建设工程鲁班奖

建成投产的贵州北盘江董箐水电站

2010年11月12日，西藏藏木水电站（装机容量51万千瓦）工程截流成功

机电安装

2010年3月23日，金沙江向家坝水电站1号机组（80万千瓦）座环整体吊装就位

2010年3月13日，黄河积石峡水电站首台机组（34万千瓦）转子吊装成功

2010年5月22日，溪洛渡水电站右岸厂房1000吨/100吨桥机安装完成

股份公司投资建设的毛尔盖水电站2、3号机组现场安装

2010年12月21日，贵州清水江白市水电站首台机组（14万千瓦）转轮吊装就位

2010年11月20日，乌江彭水水电站500吨级垂直升船机首次试通航圆满完成，彭水航道断航六年后再次通航

夹江有限公司生产制造的首台JQ900A型高铁架桥机在成绵乐高速铁路德阳段工程中投入使用

水利工程

黄河小浪底水利枢纽工程荣获2010年度中国建设工程鲁班奖

新疆乌鲁瓦提水利枢纽工程荣获2010年度中国建设工程鲁班奖

施工中的新疆喀腊塑克水利枢纽大坝

2010年3月25日，南水北调东线穿黄河隧洞工程胜利贯通

山西黄河龙口水利枢纽工程（总装机容量42万千瓦）

施工中的江西峡江水利枢纽主体土建工程

2010年8月12日，由水电十一局有限公司整体承建的新疆冲乎尔水电站枢纽工程4台机组全部并网发电，工程开始发挥防洪、发电效益

水电五局有限公司承建的四川沙溪航电枢纽工程

2010年9月28日，“中国水电J08”绞吸式挖泥船顺利抵达法拉奇港

“中水电01号”绞吸式挖泥船在曹妃甸项目施工

西藏旁多水利枢纽大坝基础处理工程

走向国际

2010年7月13日，在国家主席胡锦涛、阿根廷总统克里斯蒂娜的共同见证下，股份公司与阿根廷能源公司签署合作备忘录

2010年12月13日，在国务院总理温家宝、柬埔寨首相洪森的共同见证下，集团公司总经理、股份公司董事长范集湘在人民大会堂代表公司签署了柬埔寨北部农田灌溉开发项目协议

2010年4月8日，中国水电CCMDJV联营体承建的苏丹麦洛维水电站工程圆满竣工。图为苏丹总统巴希尔启动麦洛维第十台发电机组

2010年6月17日，集团公司总经理、股份公司董事长范集湘在钓鱼台国宾馆拜会莫桑比克总统艾雷斯·阿里

2010年5月1日，集团公司党委书记、股份公司总经理刘起涛在上海拜会加蓬总统阿里·邦戈

2010年9月13日，集团公司总经理、股份公司董事长范集湘在集团公司总部会见来华访问的摩尔多瓦总理弗拉迪米尔·菲拉特

2010年10月26日，集团公司总经理、股份公司董事长范集湘在北京拜会来华访问的格鲁吉亚总理吉拉乌里

2010年7月7日，集团公司党委书记、股份公司总经理刘起涛在钓鱼台国宾馆拜会来华访问的巴基斯坦总统扎尔达里

2010年11月4日，厄瓜多尔总统拉斐尔·科雷亚考察了股份公司承建的科卡科多—辛克雷水电站项目现场，并听取项目进展汇报

2010年7月20日，加蓬总统阿里·邦戈到股份公司承建的布巴哈电站项目部视察

2010年9月2日，刚果（金）总统约瑟夫·卡比拉出席了由股份公司承建的五十年庆大桥竣工典礼

2010年2月27日，股份公司副总经理、国际公司董事长黄保东在钓鱼台国宾馆拜会正在我国进行国事访问的赞比亚总统班达

2010年7月22日上午，股份公司副总经理、国际公司董事长黄保东在埃塞俄比亚总理府拜访了埃塞俄比亚政府总理梅莱斯

2010年9月22日，来华访问的几内亚比绍总理卡洛斯·戈梅斯到公司总部访问，股份公司副总经理、国际公司董事长黄保东与戈梅斯总理进行友好交谈并合影留念

2010年11月30日至12月3日，中国—委内瑞拉高级混合委员会第九次会议在北京钓鱼台国宾馆召开，会上股份公司副总经理黄保东代表股份公司签署了秋林水电站框架协议、巴里纳斯火电站谅解备忘录和圣多明戈、阿尔托平原两个农业项目合同

2010年8月10日，赞比亚政府、中非发展基金和中国水利水电建设股份有限公司就赞比亚下凯富峡水电站BOOT项目投资开发签订了谅解备忘录。股份公司副总经理黄保东代表股份公司在谅解备忘录上签字

2010年12月21日，“中非友好贡献奖——感动非洲十大中国企业”颁奖典礼在中国人民大会堂举行，股份公司副总经理黄保东代表集团公司上台领奖

集团公司承建的苏丹麦洛维水利枢纽工程荣获2010年度中国建设工程鲁班奖

马来西亚巴贡水电站

缅甸耶瓦水电站

苏丹罗赛雷斯大坝
（坝长24千米）

2010年8月11日，刚果（布）英布鲁水电站1号机组（3万千瓦）并网发电，总装机容量12万千瓦

2010年7月3日，中国水电柬埔寨甘再项目公司PH2电站提前正式向柬贡不省提供不间断24小时电力供应，并开始计量收费

2010年5月31日，老挝南立水电站主体工程提前完工

阿联酋双塔酒店工程施工

卡塔尔箱涵施工现场

埃塞俄比亚高伽公路工程

投资融资

2010年4月6日，中国水利水电建设股份有限公司与交通银行股份有限公司战略合作协议签约仪式在北京举行。图为股份公司总会计师孙璀代表公司在协议书上签字

2010年8月4日，中国水利水电建设股份有限公司与中国工商银行股份有限公司战略合作协议签约仪式在中国工商银行总部举行。图为股份公司总会计师孙璀代表公司在协议书上签字

2010年8月20日，中国水利水电建设股份有限公司与上海浦东发展银行在上海签署战略合作协议。图为股份公司总会计师孙璀代表公司在协议书上签字

2010年2月6日，中国水利水电建设股份有限公司与福州（平潭）综合实验区管委会在福州签订战略合作框架协议。图为集团公司党委书记、股份公司总经理刘起涛代表公司在协议书上签字

2010年5月25日，中国水利水电建设股份有限公司与唐山市人民政府在唐山签署综合开发合作框架协议。图为集团公司党委书记、股份公司总经理刘起涛代表公司在协议书上签字

2010年6月23日，中国水利水电建设股份有限公司与西安沣渭新区在北京国际饭店会议中心签署战略合作协议。图为股份公司副总经理王彤宙代表公司在协议书上签字

2010年12月9日，福建省与中央企业项目洽谈会在人民大会堂举行，集团公司总经理、股份公司董事长范集湘应邀出席洽谈会，股份公司副总经理李跃平代表股份公司签订项目合作框架协议

集团公司投资建设的
内蒙古洪格尔风电场工程

集团公司投资建成的
甘肃崇信电厂（2×60万千
瓦）工程

集团公司投资建设的
成都西岸观邸一期项目

集团公司投资建设的成都西岸观邸二期项目

集团公司投资建设的湖南长沙星城映象家园房地产项目

集团公司投资建设的贵阳观山湖1号房地产建设项目

集团公司投资建设的四川绵阳长兴太阳城房地产项目

集团公司投资建设的北京美立方家园房地产项目

2010年11月9日，集团公司以BOT模式独家投资建设的邛崃至名山高速公路全线通车。图为该项目控制性工程南河特大桥（1267米）

2010年11月15日，由集团公司控股投资建设的福建省首条以BOT方式建成的武夷山至邵武高速公路全线通车

集团公司投资建设的四川沙湾水电站（总装机容量48万千瓦）竣工

多元经营

2010年10月31日，集团公司承建的包（头）—西（安）铁路内蒙古段全线开通

京沪高铁三标段红石岭特大桥工程

京沪高铁邹城段轨道板铺调现场

西安地铁一号线康复路车站施工现场

四川成都—简阳快速路三标段汤家河大桥施工

内蒙古通辽代力吉风电一期工程32台机组吊装

福建福清围海工程施工桁架，用于从海水中挖掘闭气土方施工

2010年9月30日，天津市重点工程——天津大道工程竣工通车

武夷山—邵武高速公路鹰山隧道工程

南宁—广州铁路白沙江特大桥雄姿

宁杭铁路客运专线二标段箱梁架设

科技进步

水电七局有限公司牵头组织研究的科研项目“200米级高碾压混凝土重力坝关键技术”荣获2010年度国家科技进步二等奖

“高寒地区高拱坝冬季施工综合技术研究及应用”荣获2010年度中国电力建设科学技术成果一等奖

“变顶高尾水隧洞施工技术研究”荣获2010年度中国电力建设科学技术成果一等奖

“构皮滩双曲拱坝快速施工成套技术”荣获2010年度中国电力建设科学技术成果一等奖

“椭圆双极线性聚能药柱爆破技术研究与应用”荣获2010年度中国水力发电科学技术一等奖

企业文化

2010年4月20日，在中央电视台《情系玉树　大爱无疆——抗震救灾大型募捐活动特别节目》直播现场，集团公司向青海玉树灾区首批捐款1230万元（单位和个人）。图为股份公司工会主席王宗敏代表公司捐款并接受采访

2010年3月8日，苏丹麦洛维项目部组织24名女职工开展“三八”节出游活动

2010年7月，股份公司分批组织总部员工赴革命圣地延安参观学习，接受“红色教育”

2010年1月30日，集团公司、股份公司在工作会议期间，举办2010年庆新春招待会

《中国水利水电建设集团公司年鉴》
编 辑 委 员 会

《中国水利水电建设集团公司年鉴》
编　辑　部

编 辑 说 明

一、《中国水利水电建设集团公司年鉴（2011）》是由中国水利水电建设集团公司（以下简称“集团公司”）主办，集团公司总部各部门、各公司共同参与编辑的大型资料性工具书。本卷为2011卷，总第七卷。本卷年鉴全面系统地载录了2010年集团公司以邓小平理论和“三个代表”重要思想为指导，认真贯彻落实党的十七届五中全会和中央企业负责人会议精神，围绕“建设具有较强国际竞争力的质量效益型跨国企业集团”的发展目标，按照“大集团、大土木、大市场、大品牌”的营销方式，强化巩固水利水电建设行业龙头地位、优先发展国际业务、大力开拓非水电建筑业务、积极审慎地发展资源性投资业务的战略导向，在巩固非水利水电建筑核心主业及行业领先地位的基础上，继续大力开拓国际市场，加大力度全方位开拓国内非水电建筑市场，加快培育集团公司新的经济增长点，优化业务结构，形成了国内水电、国内非水电、国际业务三足鼎立，工程承包产业与可再生能源产业协调发展的大经营新格局的历程。

本卷年鉴所载资料翔实，内容准确，具有权威性、综合性、史料性，供各界人士了解集团公司之用。

二、集团公司年鉴采用分类编辑法，按篇目、栏目、条目结构设计。全书内容横分篇目，各篇细分若干栏目，顺时纪事。栏目中的条目标题加【 】表示。本卷年鉴延续了前六卷年鉴基本框架结构，全书设 12 个篇目："特载"、"文献　文件"、"专论"、"综述"、"大事记"、"集团化建设"、"科学可持续发展"、"党群工作和企业文化建设"、"检查监督"、"成员企业要览"、"人物及先进集体"、"附录"。12个篇目共设栏目386个，载录条目 2431 个，收录大事 215 条。全卷约230万字，彩版36页。

三、集团公司年鉴中，单位名称首次出现均使用全称，再次出现则使用规范简称。如中国水利水电建设集团公司，简称为"集团公司"；集团公司所属各公司如中国水利水电第一工程局有限公司，简称为"水电一局有限公司"；各控股公司如中国水电建设集团国际工程有限公司，简称为"国际公司"。

四、集团公司年鉴编纂工作实行三审制。集团公司总部各部门、各公司提供的文稿、图表由总部各部门、各公司审定，每个条目、每项资料后均在括号内注明撰稿人或供稿单位，实行文责自负；各篇目内容的编辑由相关篇目的责任编辑审定，主编负责总纂；编辑委员会部分编委终审定稿。

五、本年鉴出版得到中国电力出版社、北京地方志办公室和中国版协年鉴研究会的热情帮助，在此特表示感谢！

《中国水利水电建设集团公司年鉴》编辑委员会

2011 年 7 月

篇　　目

目录

第一篇 特载

第二篇 文献文件

第三篇　专　论

第四篇　综　　述

第五篇　大　事　记

第六篇　集团化建设

第七篇　科学可持续发展

第八篇　党群工作和企业文化建设

第九篇　检查监督

第十篇 成员企业要览

第十一篇　人物及先进集体

第十二篇　附　录

Contents

Almanac of Sinohydro Corporation
(2011)

Chapter Ⅶ Scientific Sustainable Development

Chapter Ⅷ Corporation Culture & Party Construction

Chapter Ⅸ Inspection and Supervision

Chapter Ⅹ Group Members

Chapter Ⅺ Distinguished Individuals and Units

Chapter Ⅻ Addenda

中国水电
SINOHYDRO

第一篇 特 载

Chapter I Special Collection

股份公司工作会议暨一届二次职代会

集团公司总经理、股份公司董事长兼党委书记范集湘作工作报告

2011 年 1 月 21～22 日，股份公司 2011 年工作会议暨一届二次职工代表大会在北京召开

大会会场

分组讨论

股份公司工作会议暨一届二次职代会 工作报告

加快转变发展方式 确保平稳较快发展
建设具有较强国际竞争力的质量效益型世界一流公司

——在股份公司2011年工作会议暨一届二次职工代表大会上的工作报告

（2011年1月21日）

范 集 湘

各位代表、同志们：

2011年工作会议是在公司圆满完成“十一五”时期任务、跨入“十二五”时期之际召开的一次重要会议。会议的主要任务是：认真贯彻落实党的十七届五中全会和中央企业负责人会议精神，全面总结2010年和“十一五”时期工作，提出“十二五”时期总体发展思路，部署2011年重点工作，以科学发展为主题，以加快转变发展方式为主线，以建设具有较强国际竞争力的质量效益型世界一流公司为目标，确保公司平稳较快发展。

一、2010年和“十一五”时期经营业绩和改革发展情况

2010年是“十一五”时期收官之年，公司全面完成了年度各项任务，各项经营指标再创历史新高。优良的经营业绩标志着公司胜利地实现了“十一五”时期发展目标，标志着公司“十一五”时期的发展取得了具有里程碑意义的重大成功，它将对公司“十二五”时期的发展产生重大而深刻的影响。

过去的五年，面对极其复杂的国际国内经济形势，我们在国务院国资委的坚强领导下，以科学发展观为指导，坚定不移地推进集团化建设，坚定不移地推进集团发展战略，坚定不移地调整结构、转变发展方式，坚定不移地提高队伍素质，提升管理水平，公司的经营规模、质量效益、员工收入大幅提升，取得了一系列重大发展成果，为公司“十二五”时期的发展奠定了坚实的基础。

（一）生产经营连续五年保持快速增长，跨入资产规模、营业收入双超千亿的中央企业行列

“十一五”期间，公司累计实现营业收入3283.93亿元，年均增长25.71%；累计实现利润111.73亿元，年均增长57.36%，利润指标增长高于央企建筑业平均值。期末资产总额1209.93亿，所有者权益为135.87亿元。2010年与2005年相比，营业收入增长了3.14倍、利润增长了9.65倍、资产总额增长了3.52倍。新签合同年均增长23.98%，年末合同存量增长了2.5倍。营业收入、新签合同、资产规模均超过千亿元。“十一五”期间在岗职工人均收入从2005年末的19242元/(人·年)，提高到2010年的45606元/(人·年)，年均增长达到22.83%。

由于经营业绩突出，公司2007年获得了国务院国资委授予的“绩效进步特别奖”荣誉称号，2010年又获得了国资委授予的“管理进步特别奖”荣誉称号。2010年，公司在全球最大的225家国际工程承包商中以总营业额排名第26位，在“中国企业500强”中排名第78位，分别比2005年上升23位、21位，进入中国建筑业企业前五强行列。

2010年，公司实现营业收入1007.13亿元，同比增长33.33%。其中：国内水电建筑业务营业收入完成412.38亿元，占营业收入的40.95%，同比增长22.89%；国际业务完成262.62亿元，占营业收入的26.08%，同比增长35.95%；国内非水电建筑业务完成营业收入259.32亿元，占营业收入的

25.75%，同比增长24.28 %；电力生产等其他业务营业收入72.81亿元，占总营业收入的7.23%，其中：发电营业收入22.74亿元，占总营业收入的2.26%；房地产营业收入18.91亿元，占总收入的1.88%。

2010年，新签合同1347.6亿元，同比增长44.9%。其中：国内水电建筑业务490.7亿元，占新签合同的36.4%，同比增长41.5%；国内非水电建筑业务306.1亿元，占新签合同的22.7%，同比增长47.4%；国际业务550.9亿元，占新签合同的40.9%，同比增长46.7%。合同存量为2127.5亿元，同比增长19%。其中：国内水电建筑业务合同存量820.2亿元，占合同存量的38.6%，同比增长19.1%；国内非水电建筑业务合同存量289.3亿元，占合同存量的13.6%；国际业务合同存量1017.9亿元，占合同存量的47.8%，同比增长37.5%。国际合同存量首次超过1000亿元。

2010年公司实现利润总额37.95亿元，同比增长17.17%；营业收入利润率为3.77%。成本费用利润率3.91%；净资产收益率(不包含少数股东权益)16.25%；国有资产保值增值率112.3%。全员劳动生产率77.2万元/(人·年)，同比增长31.9%，在岗员工人均工资45606元/(人·年)，同比增长12.3%。

从以上数据可以看出：第一，建筑业务结构调整成效突出。五年前公司营业收入的90%以上来自水利水电施工，对单一业务的依赖度极高，目前这一状况得到扭转。第二，市场结构调整进展良好，国际经营业绩卓越，比重大幅度增加，实现了跨越式发展。第三，产业结构调整初见成效。房地产、发电营业收入占比4.06%，而利润占比18%，投融资业务对利润的贡献显著。从合同存量占比看，意味着从2011年开始我们对国际业务的履约、管理、体制机制的调整要更加关注。各子公司要认真分析自身的结构，对未来走势有一个基本判断，从而适时调整本企业领导力量、资源配置的比例。如果比例严重失衡，就不可能做到平稳较快发展。

子公司、控股公司为公司的持续发展作出了突出贡献。

在全资子公司中，2010年营业收入排名前五位的是水电七局有限公司、水电八局有限公司、水电四局有限公司、水电十四局有限公司、水电五局有限公司；营业收入利润率（按业绩利润）排名前五位的是夹江有限公司、水电七局有限公司、水电十三局有限公司、水电四局有限公司、水电十四局有限公司；业绩利润总额排名前五位的是水电七局有限公司、水电八局有限公司、水电十四局有限公司、水电四局有限公司、水电十三局有限公司；人均创收排名前五位的是水电二局有限公司、水电十三局有限公司、水电四局有限公司、水电八局有限公司、水电十二局有限公司；人均创利（按业绩利润）排名前五位的是水电十三局有限公司、水电二局有限公司、水电七局有限公司、水电八局有限公司、水电基础局有限公司。一般而言，经营规模、利润、劳动生产率、职工收入四者之间的增长保持适度的匹配，这样的企业发展才是良性的。

在控股子公司（不含京沪高铁）中，2010年营业收入排名前三位的是国际公司、路桥公司、房地产公司；利润总额排名前三位的是国际公司、房地产公司、四川公司；营业收入利润率（按业绩利润）排名前三位的是四川公司、新能源公司、房地产公司；人均创收排名前三位的是国际公司、路桥公司、房地产公司；人均创利排名前三位的是国际公司、路桥公司、房地产公司。

（二）经营结构发生了重大变化，国际业务、非水电建筑业务、投资业务得到长足发展

“十一五”期间，公司始终坚持巩固水电建筑业务的核心主业地位，实现了营业收入、新签合同额、利润的稳步增长，公司在水电建筑行业的排头兵地位进一步巩固。同时，以“自强不息、顺势而变”的精神，变革几十年形成的水电一元型单一产业结构，实施“大集团、大土木、大市场、大品牌”战略，加快结构调整优化，加快战略转型升级，大力实施国际业务优先发展战略，大力拓展非水电建筑业务，积极稳健投资开发有持续盈利能力的相关经营性产业，公司的市场结构、业务结构和产业结构发生了重大变化。市场从国内市场为主调整到国内、国际两个市场齐头并进，主业从单一水电建筑调整到四大主业共同发展，产业结构由单一建筑业调整到建筑业、投融资业、房地产业等多产业协同齐驱，形成了国内水电、国际业务、国内非水电、投融资业务协调发展的经营格局。建筑承包业务已基本形成国内水电、国际业务、国内非水电“三足鼎立”的格局。公司已由单一的水利水电施工企业初步发展成为集国内外建筑工程承包，能源、房地产、基础设施、矿产等投资业务协调发展的具有较强国际竞争力的综合型跨国公司。

五年来，国际业务实现了快速发展，已成为公司持续发展的重要支柱。规模从小到大，国别由少到多，经营范围由窄到宽、业务链由低到高，逐步实现了从“量”到“质”的跨越。2010年末，国际业务合同存量超过1000亿元，营业收入和新签合同

增长率均大幅超过我国对外承包业务的总体增长率。在全球最大的225家国际承包商中，公司以国外营业额排名第41位，比2005年上升了40位。2010年，在中国外经企业排名中，公司以新签合同额排名第二、以营业额排名第三。“中国水电”已成为国际工程建设领域的知名品牌，已成为中国水电产业“走出去”的行业代表。海外事业部/国际公司在引领、组织、服务国际业务优先发展战略的实践中，作出了显著的重大贡献，各子公司卓有成效的国际经营业绩强有力地支撑了公司国际业务的跨越式发展。

2010年，公司进一步调整优化国际市场结构，国际经营战略引领作用进一步发挥，管理制度体系和支持保障体系进一步完善，经营管控、管理水平进一步提升，产业结构进一步升级。市场空间不断拓展，新开辟8个国别市场，成功进入西亚市场。水电十三局有限公司整体能力强、国际化程度高、自主营销业绩出色；水电八局有限公司在火力发电新领域业绩突出；水电七局五局有限公司罗塞雷斯联营体狠抓项目精细化管理，出色地整合、利用当地社会资源，创造了大坝月填筑强度超过110万立方米的新纪录，受到业主书面表扬；卡塔尔区域业务总部在路赛项目的变更索赔中，直接与欧美咨询公司和世界一流承包商同台竞技，合同索赔和新增合同额大幅增加，使区域合同总额接近30亿美元，取得良好效益和品牌效应。

五年来，国内非水电建筑业务持续增长，发展潜力巨大。公司已全方位进入公路、铁路、地铁、市政、港航疏浚及其他基础设施领域，实现了经营规模、经营领域的快速扩张，占公司收入的比重大幅提高，经营质量和利润率逐步提升。“十一五”期间，公司一举跨入铁路建设领域，承建了举世瞩目的京沪高铁三标项目，并率先完成了轨道铺通任务，以优良的业绩得到了铁道部的充分肯定，奠定了“中国水电铁建”坚实的品牌基础。京沪高铁三标项目部领导班子和广大员工，科学管理，真抓实干，绩效显著，深受业主好评。

2010年，公司继续大力推进非水电建筑业务发展战略，进一步采取有效措施，推动子公司大力开拓铁路、公路等非水电主业市场，并在核电、军工等建筑市场取得了突破，使非水电项目签约额持续大幅增长。路桥公司、水电三局有限公司、水电七局有限公司、水电十四局有限公司在公路、铁路市场开发中成绩显著。全年公司非水电建筑业务收入、市场营销额都超过“十一五”时期规划目标值一倍以上，营业收入比2006年增长了7.16倍。

五年来，公司稳步推进投资业务发展，调整优化产业结构初见成效。公司投资业务从小到大，增强了公司持续盈利能力和防御建筑业系统性风险的能力，已成为公司战略发展的重要业务，投资开发了相关经营性产业，包括水电、火电、风电等能源项目、房地产项目、高速公路等基础设施项目、矿产项目等。“十一五”末期，公司投资项目形成的资产总量约400亿元，约占资产总额的33%。公司控股开发项目共计93个，其中电力项目总装机容量达1352万千瓦，权益装机容量约1020万千瓦，已投产运营装机容量395万千瓦。房地产业务以6亿元资金起步，创造了近80亿元的资产规模，累计开工面积186万平方米，累计销售面积113万平方米，累计获得项目用地2671亩，其中2010年新增项目用地1876亩，销售面积44.7万平方米，营业收入、土地储备和利润同比都大幅增长，房地产公司经营业绩、经营管理能力提升明显。

2010年，共完成投资195.3亿元，其中电力占43%、房地产占35%、基础设施占21%、其他占1%。主要投资项目营业收入、利润同比均有较大幅度增长，其中四川电力公司作出了突出贡献。2010年电力项目共完成投资83.1亿元，新增装机容量406万千瓦，其中崇信电厂2台60万千瓦燃煤机组顺利投产发电，崇信发电公司工作卓有成效。由基础事业部/路桥公司组织实施的邛名、武邵2个BOT公路项目按期建成通车运营，培育提升了公司非水电基础设施投资、建设能力和资质水平，扩大了“中国水电”品牌在基础设施投资领域的影响。

过去计划经济分工下我们是单一的水利水电施工企业，江河为友、高山为伴、四海为家，周而复始，有没有项目决定企业的生存，这种强烈的危机感始终伴随着我们。调整产业结构的目的就是应对市场波动带来的企业生存风险。如果我们继续发扬“自强不息、勇于超越”的精神，最终形成1000万千瓦以上的发电资产，按照目前电价计算，可以产生大约130亿元的收入，40亿元左右的毛利润，即使遇到阶段性的建筑市场低迷，企业的稳定也会有最基本的保障。这是水电人多年的梦想。

（三）确立了公司战略发展目标，集团化建设取得显著成效

“十一五”期间，公司以增强核心竞争力、提高经营质量效益为重点，确立了“行业领先，管理一流，品牌影响力明显，具有持续成长性和较强自主创新能力、可持续发展能力和国际竞争力的质量效益型跨国企业集团”的战略目标，形成了由公司总体战略、各经营单元战略、各职能战略之间统筹协调、上下联动、较为完整的发展战略体系。建立了

公司国内、国际经营的战略管控模式，不断健全了战略管控措施。公司的战略管控力、经营控制力、风险防控力不断提高，子公司的大局意识、整体意识大为增强，过去“集而不团、一盘散沙”，各自为战、内部争斗、政令不畅、我行我素的状况彻底改观。公司的发展战略和有效的集团管控，保证了公司的持续快速发展，得到了国务院国资委的充分肯定。

2010年，公司各项管理和管控工作进一步加强，企业风险总体受控。广泛开展“管理创效年”活动并取得预期成效，国际公司、水电四局有限公司、水电七局有限公司、水电八局有限公司、水电十一局有限公司、水电十四局有限公司、水电十五局有限公司、基础局有限公司、租赁公司等单位的管理创效工作各有特色，效果良好。进一步落实安全生产责任制和长效管理机制，安全生产形势持续稳定，年内没有发生较大及以上安全生产责任事故。2010年安全生产考核排名前五位的是水电八局有限公司、水电十一局有限公司、京沪高铁三标段项目部、水电四局有限公司、水电七局有限公司。继续强化工程质量管理，工程质量合格率和优良率稳步提升。继续发挥经营业绩考核导向作用，加强EVA考核制度建设，推行分类考核、分类指导，健全了考核机制。加强了财务、资金、资产、担保管理及风险管控，财务管控力进一步增强，财务会计核算连续五年受到财政部表扬。资金预算、监管和融资管控进一步强化，集约化管理效益提升，两次企业债券的发行创下同期限品种发行利率最低的纪录，大大降低了融资成本。加强了经济责任审计评价工作和对项目的审计监督、效能监察工作，增强了审计与监察效果。设备物资管理进一步强化，设备物资集团化采购与管理进一步规范。公司全面风险管理与内部控制体系建设工作全面启动，相关工作有序推进。法制工作三年规划目标初步实现，“五五普法”各项任务全面完成，两级法律风险防范机制基本建立并有效运行。

（四）企业改革取得重大进展，构建了现代企业制度的新体制新机制

“十一五”期间，公司以建立现代企业制度为目标，大力推进主辅分离辅业改制，圆满完成了各子企业的公司制改建，实现了中国水利水电建设集团公司整体改制，成立了股份有限公司。建立了规范的股份有限公司治理结构和管理体制，推进了规范的董事会建设，制定完善了各项议事规则和基本制度，明确了决策、执行、监督等方面的职责权限，形成了有效的运作、监督、管理机制并规范运作，进一步提升了公司治理水平，增强了发展的动力和活力，公司实现了从传统企业制度到现代企业制度的体制变革。2010年3月，公司如期向证监会报送了首发上市申请材料，千方百计克服房地产业有史以来最严厉的宏观调控政策对公司上市审核带来的重重困难，积极创造条件推进公司首发上市工作。

进行了管理体制的构建创新。整合集团内的优势资源和力量，构建了适应结构调整优化的组织结构和业务架构。组建了专业化公司和投资性公司，打造了非水电工程承包、国际业务和投资业务专业化队伍。构建了4个事业部和3个国际业务区域总部及海西区域总部。调整明确了子公司主业结构。加强了两级总部建设，总部的管理和管控能力有很大提高。开展了内部管理体制改革工作，理顺了子企业内部各级次之间的管理关系，在经营规模不断扩大的情况下，公司总体的管理级次基本控制在三级以内。

推进了管理机制的变革创新。全面推行了以质量效益、安全生产、廉洁从业为主要指标的业绩考核制度。不断调整和强化了内部激励、约束、监督机制。不断调整强化市场开发的管理运作机制，公司应对市场变化的能力和开拓市场的能力不断提高。建立健全了安全生产长效管理机制，实现了安全生产形势的稳步好转，扭转了“十一五”初期安全生产的被动局面。加强管理创新工作，6项管理创新成果被评为全国企业管理现代化创新成果，28项管理创新成果被评为电力行业管理现代化创新成果。

（五）自主创新能力持续提升，科技水平在我国水电建设行业处于领先地位

公司大力实施建设行业科技领先型企业战略，加强技术创新体系建设，科技资源配置得到优化，科技创新投入逐年加大，自主创新能力不断增强，攻克了建造各类特大型水利水电枢纽工程的一系列世界级技术难题，取得了一批先进科技成果，形成了一批优势明显的技术品牌，开发了一批具有自主知识产权的独有技术，系统掌握了铁路、公路、电力、市政等基础设施相关行业的关键技术。“十一五”期间，公司荣获“鲁班奖”15项（其中国际工程两项）、国家优质工程金银奖共16项、国家科技进步奖4项，获得专利200余项、国家级工法55项，成立了国家级企业技术中心，公司在水电施工标准化工作的龙头地位得到强化。节能减排工作体系不断健全，工作扎实有效，全面实现了国资委要求的节能减排考核目标。推进了信息化建设，建立了办公自动化、视频会议、网站系统，逐步构建了多项管理系统，信息化管理和信息化运用水平逐步提高。

（六）经受特大地震等自然灾害和国际金融危机的重大考验，取得了抗震救灾恢复重建和防范金融危机风险的胜利

公司是在“5·12”汶川特大地震中受灾最严重的中央企业之一，也是遭受2010年洪灾损失的央企之一。面对“5·12”特大地震灾难，公司上下全力以赴抗震救灾，水电十局有限公司坚定信心，振奋精神，大力开展灾后恢复重建工作，使受灾职工及家属及时得到妥善安置，受灾企业尽快恢复了生产，减轻了损失。2010年水电一局有限公司、水电六局有限公司、水电十六局有限公司积极组织抗洪抢险，热情帮助受灾员工家属克服困难、规范有序实施灾后重建工作。同时，我们积极履行中央企业的社会责任，在汶川地震和玉树地震发生后，大力支援地方救灾和重建工作，得到了灾区地方政府和人民的赞誉。公司被住房与城乡建设部授予“抗震救灾先进集体”荣誉称号。

2008年以来，面对国际金融危机的严峻形势，公司及时提出了“三控三强一确保”的工作方针，建立健全了全面风险管理体系，加强了内部控制工作，在财务、资金、项目、投资、法律等各方面，采取有力有效的管控措施，控制成本，挖潜增效，严控风险，抢抓机遇，开拓市场，确保增长，使公司在国际金融危机形势下实现了稳步快速发展，规避了系统性的经营风险，圆满实现了国资委对公司第二任期的考核目标。

（七）充分发挥党组织的政治核心作用和保证监督作用，党的建设、精神文明建设和企业文化建设成效显著

“十一五”期间，公司成立了党委，建立了党建工作新机制，建立了公司治理结构与党组织职责明确、有机融合、运转协调的运作机制。积极开展了深入学习实践科学发展观活动并取得良好效果，有力地推动了公司战略转型升级上水平。各级党委积极参与重大问题的决策，围绕生产经营中心和改革发展大局开展党建工作，为实现各项发展目标提供了坚强的思想保证和组织保障。深入开展“四好”领导班子创建活动，各级班子的思想建设和能力建设不断增强。积极探索党管干部原则和市场化选聘人才相结合的有效方式，建立健全了适应市场经济要求的选人用人新机制。采取公开竞聘、竞争上岗的办法，加大竞争性选拔领导人员和重要岗位人员的工作力度，公开竞聘已经成为公司领导人员选拔的主要方式之一。2010年，进一步健全完善了党建工作责任制度，做到党建工作制度化、程序化、规范化。健全了党委议事规则和“三重一大”民主决策制度，发挥党委在企业重大问题决策中的重要作用，提高了决策的民主性、科学性。深入开展了“创先争优”活动，加强了基层党组织建设和党员教育管理工作。在玉树地震恢复重建项目开展了党群共建创先争优工作，有力地促进了工程建设，树立了良好的企业形象。

补充两点：一是国际经营中的党建工作起步早，在程序化、制度化、系统化方面走在了中央企业前列，率先推出了国际经营党建工作的实施意见。二是“创先争优”活动有载体、有抓手，有力促进了党建工作。在玉树灾后重建的关键时刻，经国务院国资委推荐、国务院认可，由我公司等国内建筑领域领先的四家央企承担灾后恢复重建任务，这是对我们极大的信任。集团公司、集团公司党委决定由水电四局有限公司代表集团公司来履行这项极具挑战性的政治任务，为此同步设立了前方指挥部党组织，同步开展党建工作。在极端恶劣的自然环境下，深入开展“创先争优”主题实践活动，充分发挥基层党组织的战斗堡垒作用和共产党员的先锋模范作用，努力将国有企业党组织的政治优势转化为企业发展能力，有力保证了灾后重建工作取得阶段性成果，得到了各级政府和当地各族人民的充分认可。水电四局有限公司局长、党委副书记王维斌同志4个月间五上玉树，累计在一线工作100多天，以身作则，率先垂范。这种精神在水电四局有限公司很多党员领导干部身上都有体现，值得同志们学习，应该进一步发扬光大。

“十一五”期间，公司各级党组织全面推进党风廉政和反腐倡廉建设，加强了惩防体系建设。围绕“加快发展、增创效益、促进转型升级上水平”的中心任务，坚持标本兼治、综合治理、惩防并举、注重预防的反腐倡廉工作方针，以全面推进惩防体系建设为主线，突出抓好领导人员廉洁从业、查办案件、专项检查、制度建设和组织建设等重点工作，在防范企业经营风险、加强国资监管、确保国有资产保值增值等方面发挥纪检监察工作的重要作用。制订了公司关于“三重一大”决策制度的实施办法，积极开展“三重一大”自查自纠，促进企业领导人员廉洁从业、规范决策行为、提高决策水平、防范决策风险。2010年党风廉政建设考核的前五位是国际公司、水电十一局有限公司、水电七局有限公司、房地产公司、水电四局有限公司。

以“三创建”活动为内容的精神文明建设深入开展，建立并发布了集团文化体系。品牌形象建设效果明显，彰显了“中国水电”的品牌影响力。维稳工作不断加强，解决了重大历史遗留问题，进一

步提高了离退休职工和下岗职工的生活水平，减轻了企业负担，促进了企业和谐稳定。企业民主管理得到进一步加强，股份公司建立了职代会制度，各级工会组织的作用充分发挥。各级工会在京沪高铁三标、南水北调等工程项目开展劳动竞赛活动，组织技能大赛活动，促进了生产经营工作。各级团组织深入开展青年突击队、岗位能手等活动，激励青年员工为企业的持续科学发展作出突出贡献。史志鉴编纂工作取得了阶段性成果，扩大了“中国水电”品牌影响力。

“十一五”期间，公司经受了各种重大挑战，实现了持续快速发展，积累了有益的经验，需要我们继续坚持和发扬。

（1）必须坚持以科学发展观为指导。只有认真贯彻执行中央关于国有企业改革发展的方针政策，按照国资委对中央企业的要求，以科学发展为主题，以转变发展方式为主线，创新发展理念，理清发展思路，明确发展战略，才能以正确的指导思想统领公司的科学发展。

（2）必须坚持以集团发展战略为引领。“十一五”期间的发展实践证明，集团确立的发展战略定位、战略目标、战略规划，完全符合科学发展观的精神，符合党和国家对中央企业的要求，符合国资委对央企的定位，符合市场导向原则和公司实际。只有战略导向明确，战略体系健全，战略规划具体，战略措施有效，战略管控有力，战略切实落地，才能以正确的发展战略引领公司的科学发展。

（3）必须坚持集团化建设并不断提高管控能力。集团化建设是公司增强市场竞争力和抗御风险能力的重要保证。只有不断健全完善集团管控措施，提高管控能力，按照市场化原则整合配置集团内部资源，建立内部的协同共进机制，才能形成市场竞争合力；只有不断理顺内部经济关系，合理调整内部利益分配格局，充分激活发挥各子公司、各部门的积极性、创造性，强化同心同德、和谐奋进、互利共赢、共创品牌的水电团队整体能力，才能以深入人心的集团化战略促进公司的科学发展。

（4）必须坚持战略转型升级上水平。只有突出主业，加快调整结构，推动战略转型升级上水平，坚持以市场为导向，顺应市场变化趋势，顺势勇为，抢抓机遇，全力开拓国际市场和非水电建筑市场，以保订单、保市场、保发展为目标，实现市场领域的不断拓展、工程项目管理水平不断提升和营销业绩的稳步增长，才能以转型升级战略推进公司的科学发展。

（5）必须着力提升领导干部和员工队伍的综合素质。领导干部和员工队伍的综合素质高低，在根本上决定着企业发展战略能否执行落实到位，在根本上决定着企业改革发展的成效和高度，在根本上决定着企业能否持续科学发展。只有坚持不懈地加强对领导干部和员工队伍的教育、培养、培训，坚持不懈地着力于提高领导干部和员工队伍的综合素质，切实增强领导干部谋划长远、谋划全局、分析问题和解决问题的能力，才能以人才强企战略支持公司的科学发展。

（6）必须坚持中国特色现代企业制度改革方向。只有不断深化公司内部改革，不断推进管理体制和管理机制的创新，建立具有中国特色的现代国有企业制度，完善公司治理结构，形成有效的运作、监督、管理机制，建立有效的激励机制和约束机制，把转变经营机制与市场经济的要求有机结合起来，才能以充满生机和活力的体制机制保证公司的科学发展。

（7）必须高度重视和加强企业风险防范。只有高度重视在经营规模增长和经营领域扩大过程中的风险防范，科学处理好规模扩张与管控能力的关系，不断加强防控安全、质量、财务、资金、法律、腐败等各种风险，坚持重大风险防范和问责制度，坚决不打无准备之仗、无把握之仗、能力不可及之仗，坚持重大风险问题领导督办制度，才能以严格规范的全面风险管理保证公司的科学发展。

（8）必须坚持党对国有企业的领导并不断加强和改进企业党建工作。只有始终坚持党要管党、从严治党的原则和党管干部的原则，深入探索现代企业制度条件下发挥企业党组织政治核心作用的有效方法与途径，努力把企业党组织的政治优势实实在在转化为核心竞争力，大力推进惩防体系建设，把反腐倡廉建设贯穿于企业改革发展的全过程，才能以中央企业的政治优势保障公司的科学发展。

回顾“十一五”时期，我们在科学发展观的指引下，在国务院国资委的坚强领导下，在国家有关部委和监事会的关怀指导下，通过公司各级领导班子带领全体员工负重自强、团结奋进，我们取得了来之不易的令十几万水电人备感自豪和欣慰的新业绩，我们进一步增强了推进改革发展的信心，对发展前景充满更加美好的期望。在此，我代表公司、公司党委向关心支持我们的各位领导，向辛勤工作作出突出贡献的公司各级领导、管理团队和广大员工表示衷心的感谢并致以崇高的敬意！

回顾“十一五”时期，我们也要清醒地认识到，公司还存在一些影响科学发展的深层次问题，需要引起我们的高度重视，在今后切实加以解决和克服。

一是一些领导班子、管理团队和员工队伍素质、能力的提升速度落后于企业发展速度、规模增长及转变发展方式的要求。特别是一些领导干部、管理人员不断学习新知识、不断提升综合素质的愿望有所衰减，程度不同地存在发展思路、经营理念不清晰，方法陈旧、创新能力不足，适应力、掌控力、执行力不强的问题，表现在谋划全局、认识事物的境界较低，对新问题、新变化、新风险和突发事件麻木、漠然、不敏感、不主动或处置不当；表现在对管控措施执行落实到位不够，执行力及有效性在层层衰减；表现在员工队伍的整体素质、技能水平需要进一步提高，新形势下的作业层管控差距较大。

二是管理体制、组织架构、经营机制、管理模式、管理手段、业务流程的变革、调整落后于市场结构、业务结构、产业结构调整的迫切要求，落后于外部环境的不断变化，不能满足战略转型和转变发展方式的要求。子公司主业雷同、规模较小、产能相对过剩、同质化过度竞争的局面仍然存在。

三是项目管理能力跟不上企业发展和外部环境变化的要求，规模快速扩张和管理能力不足的矛盾逐渐凸显。少数子公司对在建工程项目的管控没有完全到位落实，技术优势没有得到整合运用，管理经验没有推广共享，利用效率不高，标准化、规范化、程序化水平较低，造成中标项目资源效益不高，导致企业建造成本增加、竞争力下降，甚至隐含潜在风险。虽然抓住了机遇但没有利用好机遇的现象并不少见。

四是资源配置和资源管理的观念、现状与结构调整和转变发展方式的要求还有较大差距，资源运用的效率、效益不高。主要依靠企业增加负债、投入资源扩大规模的小生产者生产方式在一些子公司还占主导地位，资源配置方式单一、封闭，投入产出率低，劳动生产率不高，配置社会资源程度低，战略联合意识差，“中国水电”知名品牌在资源配置方面的杠杆作用没有充分发挥。有的子公司对外协队伍的管理差距较大，甚至出现受制于分包商，对分包商资源无法管控的情况，潜伏着重大财务风险。

五是党风廉政建设的责任意识还需要进一步加强，反腐倡廉工作的科学化水平还需要进一步提高，廉洁从业、预防和惩治腐败的体系还需要进一步建立健全，对领导人员执行制度、廉洁从业的监督工作还需要进一步加强。一些违法违纪案件还没有从根本上杜绝，财务检查、审计监督还没有做到全覆盖。

我们一定要处理好肯定成绩与揭示问题的辩证关系。肯定成绩是为了总结经验、振奋精神，揭示问题是为了吸取教育、弥补不足，两方面都是为了企业更好的发展，出发点和落脚点是高度一致的。不能一听到批评就认为是否定成绩，不能有了成绩就掩盖问题，这种认识、行为是缺乏忧患意识、头脑不清醒的表现，是思想境界不高的表现。在未来企业风险加大的情况下，揭示并及时化解问题比肯定成绩更为重要，否则后果不堪设想。缅甸耶瓦电站的履约问题、辽宁锦赤铁路事件、某局属医院的违纪违法案件、南水北调工程的安全生产问题，都深刻地说明了这一道理。

二、“十二五”时期公司改革发展的总体思路

（一）公司面临的形势和任务

“十二五”时期是公司贯彻落实科学发展观，加快转变发展方式，确保平稳较快发展的关键时期。我们要全面分析面临的形势和任务，精心谋划“十二五”时期的战略规划和战略措施，在新的历史起点上实现质的新飞跃。为此，要做到“三个牢牢把握”。

（1）牢牢把握国资委对中央企业改革发展的新要求，增强建设具有较强国际竞争力的质量效益型世界一流公司的能动性、坚定性。在前不久召开的中央企业负责人会议上，国务院国资委领导明确提出了“十二五”时期的总体思路是：做强做优中央企业、培育具有国际竞争力的世界一流企业。这表明中央企业的发展已经进入由量到质的发展新阶段。早在“十一五”初期，公司提出建设具有较强国际竞争力的质量效益型跨国企业集团，并逐步形成了较为完备的发展战略体系，这一体系的内涵和主要举措是符合国务院国资委的安排部署的。我们要坚定不移地贯彻落实央企负责人会议精神，进一步增强执行公司发展战略的能动性、坚定性，继续在提升国际竞争力上狠下工夫，在突出质量效益型上真抓实干，在改革创新、调整结构、转型升级上努力作为，紧密围绕发展目标、勇创公司改革发展的新局面。

（2）牢牢把握宏观经济运行和市场环境的有利形势，抢抓机遇并利用好机遇保发展。从国内看，我国仍处于重要战略机遇期，经济长期向好的趋势发展没有改变，虽然国家扩大内需的刺激政策将逐渐回归正常，但各种有利条件依然存在。当前及今后一个时期，我国工业化、城镇化、国际化将深入发展，国内基础设施投资仍将保持一定规模，包括保障性住房在内的民生工程项目投入将加大，“环渤海”、“海西”、新疆等区域市场需求呈增长态势，为中央建筑企业提供了新的机遇。从传统水利水电建

设市场看，预计“十二五”期间，每年水电投产达1500万～2000万千瓦，水利工程建设每年投资达2000亿～3000亿元，这为我们巩固增加传统市场份额提供了可能。从铁路建设市场看，未来五年高速铁路建设将维持大规模投入，每年保持在7000亿元左右，城市轨道交通方兴未艾，这为我们打开铁路业务新局面创造了空间。根据国家可再生能源“十二五”规划，水电、风电开发将迎来新一轮发展机遇期，这为我们调整产业结构带来了新的机遇。从国际市场看，国家继续加大“走出去”战略的实施力度，大力支持有条件、有能力的企业开拓国际市场，我们在国际工程建设市场仍将大有可为。我们要充分利用有利条件，解放思想，创新模式，顺势勇为，保市场、保订单、保增长，推进市场结构、业务结构加快调整，确保公司平稳较快发展。

(3)牢牢把握国内外市场环境中的不利因素，把提高发展能力、防控企业风险放到更加突出的位置。从国际上看，国际金融危机的影响远未消除，世界经济复苏的进程缓慢曲折。国际金融危机促进全球结构性重大调整，主要发达国家都提出扩大出口战略，一些发展中国家也利用生产要素成本更低等优势，与我们争夺国际市场，中国企业在国际市场上面临“前有堵截、后有追兵”的严峻局面，市场空间势必受到挤压。同时，我们传统国别市场的政府、业主的管理要求在提高，各类风险在加大。从国内看，中央调低了GDP增长预期，政府刺激经济增长的政策弱化，实施稳健的货币政策，继续控制信贷规模和资金投放量。国内商业机会总体可能减少，结构性的机会可能增加，某些建筑领域的产能过剩、竞争激烈的情况将会加剧。

综上所述，“十二五”时期我们面临着新的发展机遇和新的挑战，未来的国际国内竞争将在更高层次、更新水平上更为激烈，不确定风险进一步增加，这对我们的素质、能力是巨大的挑战，加快转变发展方式，积极应对未来的挑战是唯一的对策。

（二）“十二五”时期公司发展的总体战略思路

“十二五”时期的指导思想是：以邓小平理论和“三个代表”重要思想为指导，深入贯彻落实科学发展观，切实落实国务院国资委的安排部署，以科学发展为主题，以加快转变发展方式为主线，突出国际竞争力的显著增强，突出发展的质量效益，突出结构的调整优化，突出整体素质的全面提高，突出加强和改进企业党的建设，把国有企业的政治优势切实转化为企业发展能力，确保公司平稳较快发展，为建设具有较强国际竞争力的质量效益型世界一流公司而不懈努力。

“十二五”时期发展的总体目标是：初步建成具有较强国际竞争力、以质量效益型为显著特征的“行业领先、管理一流、品牌影响力明显、具有持续成长性与较强自主创新能力、可持续发展能力”的世界一流公司。到2015年主要预期指标拟达到：公司资产总额2200亿元以上，年营业收入1800亿元以上，年利润总额65亿元以上。国际营业收入、利润总额分别占到29%、31%以上。在不断提高企业经济效益的同时，确保员工特别是普通员工收入水平逐步提高，达到同行业中上水平。

到“十二五”末期，公司应达到“四强四优”的总体要求。

自主创新能力强：技术先进，主业突出，拥有知名品牌和自主知识产权，水利水电工程建设领域领先优势更加明显。

资源配置能力强：面向两个市场的资源配置效率高、社会化、国际化程度高。

风险管控能力强：建立全面风险管控体系，重大企业风险处于可控状态。

人才队伍强：人才队伍总量适当、专业结构配套、层级结构清晰、年龄结构合理，职业化、市场化、专业化、国际化程度高。

经营业绩优：主要经济指标争取达到国际同行业先进水平，规模经济效益好，在国际国内同行业拥有持续的较高的市场占有率，具有持续的盈利能力和抗御风险能力。

公司治理优：制度先进，管理体制科学，公司治理规范、高效，管理达到同行业先进水平。

结构布局优：市场结构、业务结构、产业结构、组织结构合理优化。

社会形象优：社会责任工作体系完善、履行状况好，社会认同度、品牌价值高。

实现“十二五”时期的战略目标，开创公司发展的新局面、新境界，要着力实施“五大战略”，即国际业务优先发展战略、转型升级战略、人才强企战略、行业科技领先战略、和谐发展战略。

着力实施国际业务优先发展战略。强化全球化的战略思维和开放视野，立足全球配置资本、人才、技术、市场等各类资源，逐步实现战略、运营、管理、文化全球化。深化国际经济技术的交流与合作，掌握国际竞争规则，融入国际建筑行业主流，努力使主要业务向高端上移，在核心业务领域争取较多的话语权。为此，要继续坚持国际业务优先发展，在业务组合中突出国际业务的优先地位，不断扩大国际经营规模、提升国际经营层次和国际经营质量，提高国际业务在整体业务中的比重。到2015年，国际业务年营业收入、利润总额力争分别达到520亿元、20亿元以上，将国际业务发展成为具有较强竞争力、较高创利能力、品牌优势凸显的业务板块。

着力实施转型升级战略。坚定不移地继续推进“四个转变”、“四个调整优化”。“四个转变”：继续推进增长方式由主要依靠要素投入、规模扩张向主要依靠管理创新、员工素质提高、科技进步的转变，坚持做强做优、质量效益型发展的方向；继续推进领导团队、员工队伍向学习型、现代型、国际化的方向转变，着力提高领导干部和员工队伍在新形势、新阶段的综合素质和能力；继续推进由传统的国有企业制度向中国特色现代国有企业制度转变，加快提升公司治理水平；继续推进资源配置方式向集团化、市场化、社会化方向转变。“四个调整优化”：一是调整优化市场结构。国际国内两个市场协调发展，到“十二五”时期末，力争国际业务年营业收入、利润总额分别占到公司总量的29%、31%以上。二是调整优化主营业务结构。在巩固国内水利水电建设市场龙头地位、确保市场占有率65%以上的同时，进一步加大非水电基础设施建筑市场的开拓力度，提高行业地位和市场占有率。到2015年，国内非水电建筑年营业收入力争达到560亿元以上，超过国内水电建筑营业收入；设备制造业务和租赁业务年营业收入达到50亿元。三是调整优化产业结构。重点开发以清洁可再生能源为主的电力投资项目，大力发展房地产业务，稳健开发优质矿产资源业务。争取到2015年，电力总装机容量达到1000万千瓦以上，权益装机容量700万千瓦以上。电力及其他投资项目（不含房地产业务）年营业收入达到160亿元左右；房地产业务年营业收入突破100亿元，利润总额10亿元以上。通过调整优化结构，最终形成两个市场双向延伸、相互支撑，几大业务板块布局科学、协调发展的结构布局，建设成为集工程承包、资本经营与资产经营于一体、综合实力和抗御风险能力较强的综合型跨国公司。四是调整优化组织结构。要打破原有的企业边界，按照突出主业、形成特色、分类调控、优势互补、集团化协同的原则，追求一加一大于二的目标，积极推行子公司间的重组、整合，着力培育部分综合优势明显的子公司，打造部分专业品牌企业，占据专业化的中高端市场，消除长期以来子公司同质化严重、规模较小，在同一领域、同一层次过度竞争和规模不经济的痼疾。五是高度重视、着力提高工程项目的履约能力和经营管理水平，一定要通过向业主良好履约实现企业的效益目标。各子公司一定要根据自身实际，理清本企业转变发展方式的主攻方向、工作着力点，集中精力、集中资源解决重点问题、带动其他工作转型升级上水平。

着力实施人才强企战略。人才是公司实现科学发展的第一资源、第一推动力，是公司各项工作转型升级的重要基础。要坚持党管干部、党管人才的原则，坚持科学的人才观，以人才资源能力建设为核心，以创新人才工作机制为动力，以优化人才队伍结构为主线，以培养选拔高层次人才为重点，以强化人才激励为突破口，紧紧抓住培养、吸引、用好人才三个环节，着力建设企业领导人员队伍、经营管理人才队伍、专业技术人才队伍、党群工作人才队伍、技能人才队伍，大力推进人才职业化、市场化、专业化、国际化。一定要把提升各级领导人员的素质作为人才强企战略的重中之重，在建立科学的培养、吸引、选用、激励、评价机制上狠下工夫，尽快解决长期困扰公司发展的“瓶颈”问题。

着力实施行业科技领先战略。顺应建设创新型国家战略，增强公司技术创新的主体意识，逐步形成国际同行业技术先进、核心技术领先的技术实力、创新能力。为此，要建立系统完善、具有工程公司特色的科技创新体系，形成有利于实施行业科技领先战略的体制机制、文化环境。要持续完成相当数量的国际领先的工程建设成果，取得一大批有影响、高水平、拥有自主知识产权的科技成果，掌握或者能够配置一定量的先进技术设备，能够配置或拥有一大批有国际同行业影响的知名专家队伍及结构完备的高水平科技工作者队伍，在国际同行业技术标准上拥有较多的话语权。在传统主业水利水电行业工程技术上保持领先水平，系统掌握非水电基础设施领域重点行业先进工程技术。到2015年，科技投入达到营业收入的2%，较大幅度提高技术对公司效益的贡献率。

着力实施和谐发展战略。建立健全企业社会责任战略、治理、融合、绩效、沟通机制，模范履行中央企业的社会责任，努力做合法经营、诚实守信的表率，做节约资源、保护环境的表率，做以人为本、构建和谐企业的表率，实现与社会、环境的和谐发展。在实现企业平稳较快发展的同时，合法合规、量力而行地解决历史遗留问题，积极有序地满足员工群众的合理诉求和期待，更多地让员工群众享受企业改革发展成果。

同志们，加快建设具有较强国际竞争力的质量效益型世界一流公司，是国务院国资委的要求，是13万水电人赋予我们的光荣而艰巨的历史使命。只要我们坚定不移地以科学发展观统揽全局，大力发扬“自强不息、勇于超越”的企业精神，坚持发展战略不动摇，不断推进转型升级、变革调整，就一定能够早日实现这一目标，在更高层次上开创公司科学发展的新局面！

三、2011年生产经营重点任务

2011年是“十二五”开局之年，开好局，起好步，对公司今后几年的平稳较快发展，如期实现战略发展目标至关重要。

2011年公司主要经济指标建议值：营业收入不低于1150亿元，新签合同额不低于1200亿元，EVA考核值不低于9.17亿元，利润总额不低于43亿元，资产保值增值率不低于113%，员工人均年收入与企业发展协调增长。

（一）加大市场开发力度，提高市场营销水平，保持生产经营持续平稳发展

在国内水利水电建设市场，要继续优化市场营销策略，巩固在水利水电施工领域的领先地位，确保相应的市场份额。要紧紧抓住国家加大水利基础设施建设的机会，加大大江大河大湖治理、骨干枢纽和重点水源工程建设、病险水库除险加固的市场开发力度，紧盯“南水北调”、东北“东水西调”、云南“滇中调水”等特大型水利工程，统一部署、提前介入、积极作为。

创新体制机制，着力提高竞争力，将国际业务优先发展战略引向深入。第一，加快建立适应新阶段要求的管理体制，在实行公司战略管控的同时，充分调动子公司的积极性。要进一步审视提升海外事业部/国际公司的战略定位。海外事业部/国际公司是公司国际战略的组织者、执行者、引导者、服务者，其第一职能是做基于公司整体经营的“大国际”，成就也主要体现于“大国际”的业绩，公司双轨制的存在形式主要是为公司战略落地创造实体平台、提供营销手段，以利于吸纳人才、对接市场环境，而非单纯的独立市场竞争主体和盈利主体。要抓紧做实做强国际区域业务总部，强化区域化的营销平台建设，培育多个相对独立的营销主体，将权利、责任、义务、风险有机结合，在风险可控的前提下前移或下移，支持有条件、有能力的子公司加大“走出去”的力度，努力培育、打造一定数量、有自主营销能力的国际化经营强局。第二，切实提高竞争性项目的竞争力。一是要充分认识到竞争性项目是国际工程承包市场的常态、主流，是建筑企业最基本的生命线，弱化竞争性项目必将被淘汰出局。二是着力提高项目运营管理特别是商务合同管理水平。各级领导要高度重视、着力提高项目管控水平和资源使用效率，提高劳动生产率，降低企业建造成本，从而提高投标报价竞争力。坚决遏制一些低水平管理形成的成本转移到投标报价中去。要提高国际经营中的博弈能力和对各种有用资源的整合能力，控制风险，提高效益。要切实强化国际商务管理机构，为项目部提供“专家门诊”、“巡回治疗”，重点帮扶、差异化管理。三是创新机制，理顺经济关系。要引入内部“竞赛”机制，提高“走出去”质量效益，坚决反对能力不及、隐含风险较大的子公司在管控难到位的情况下盲目从事国际业务。要理顺经济关系，形成利益共同体，最大限度地减少内部交易成本。对竞争性项目，要区别于优买、优贷融资项目，实行差异化考核和问责制度，要正确界定两级总部管理费内涵，降低刚性管理费收取比率，增加国际项目投标报价的竞争力。这方面要抓紧研究，尽早出台办法。

在国内非水电基础设施建设市场，大力开发铁路、公路、市政三大主要市场和城市轨道交通、机场、房建三大专业市场，向油、气、粮战略储备建筑工程、国家军事基地建筑工程等非传统主业市场渗透，千方百计扩大市场份额。铁路项目今年中标额同比要翻一番。进一步健全营销体系，实行总部、事业部、区域总部、子公司“四位一体”立体营销模式，力求战略导向一致、相互联动及时、前沿营销与高端营销并举、市场份额与经营效益并重。公司层面全力开拓全国性大型项目；各子公司紧盯区域性的重点项目和中小项目。充分发挥事业部的战略引领、业务带动、平台支持的作用，注重培育非水电基础设施业务综合性强局，培育国内行业领先的基础设施专业强局。加强区域总部建设，切实发挥其在重点区域的独特优势。要优化内部资源配置，加强内部全方位的联合与合作，形成合力。要正确处理投资拉动承包业务和参与竞争性承包业务的辩证关系。BT、BOT项目一定要符合公司发展战略和自身实际，首要目的是培养基础设施业务的能力，其次是获取投资收益，最后才是带动承包业务的规模增长，竞争性的承包业务是我们的主攻方向。

（二）切实提高投资项目的建设运营水平和投资收益，有力推进产业结构的调整优化

继续实施稳健、审慎的投资策略。聚焦主业、严控风险，严格执行年度投资计划，严把投资项目的评审关。要完善投资后评价、考核、激励和责任追究制度，降低投资风险。要加强项目管理，严控投资项目成本费用，降低融资成本。要加快项目开发、建设进度，缩短建设周期，尽早实现投产或产品转移。子公司参与内部投资项目建设的，一定要明确经济政策，理顺生产关系，引入模拟市场竞争

与组织仲裁相结合的机制，杜绝无谓内耗。已投产项目要千方百计降低运行成本，做好营销，争取获得最佳经营效益。着力加强境外投资的评估、决策、建设、投产、运营管理，加强财务监督、审计和效能监察，确保实现境外投资预期效益目标，切实防范境外投资风险。

积极有序做强做大房地产主业。要贯彻执行国家房地产调控的有关政策和国务院国资委的要求，积极规范地做强做优做大房地产主业。要顺势而为、创新房地产开发经营模式，更多地参与保障性住房建设，服务民生。要积极谋求与地方政府、非地产主业央企及其他战略投资人优势互补、资源整合性的战略合作。要注重发挥子公司的地缘优势，带动有条件的子公司开展地产开发业务，加快扩大房地产板块的经营规模，提高利润贡献。要加强对重点区域的土地资源的系统性研究，挖掘资源，增加优质土地的储备。要理性审慎地处理好规模增长与能力可及、风险可控的关系。

（三）强化企业管理工作，筑牢发展基础

坚持集团化管控方向不动摇。加强战略和规划管理，提升集团化运作水平。公司总部拟设立巡视办公室，加强对子公司执行战略的监督检查。强化两级总部建设，提高集团化管制能力。要尽快出台公司总部考评、任免、奖惩办法，将正面激励与负面激励有机结合起来，促进总部人员自我加压、自我提升。要进一步理顺集团化管控和充分发挥子公司自主经营的关系，阶段性调整国际国内战略管控模式，更加侧重于发挥子企业的积极性。对此公司正在拟订相关意见。集团化管控的目的是为了维护公司整体利益，公司发展的成果最终由各子公司来分享。从投资收益上缴情况看，每年工程局类子公司上缴公司总部只有2.76亿元，绝大部分利润未向股东分配留在了工程局，以增加工程局的发展后劲。

加强财务管理，推进全面预算管理，着力增强预算的刚性约束力，建立全员、全成本管理体系，提升控制成本的能力。加强资金管理，进一步提高国际国内的资金集约化水平，做好资金风险监管，深化银企合作，提高融资能力，降低融资成本。健全全面风险管理体系，加强重大风险管控，完善风险监测识别与防范体系，强化重大风险信息报告制度，做到报忧快于报喜。强化内部审计、监察，继续推进审计监察工作向管理审计监察、风险审计监察转型。推动法制工作整体向纵深、向高端发展，更加讲求科学管控和主动服务的质量和效率、发挥更大作用。继续构建两级设备物资集中采购招标、租赁、调剂平台，降低采购成本，提高资源利用效率。推进信息化建设进程，完善功能，深化应用，强化集成，资源共享，促进信息化在执行层、管理层、决策层与管理模式、管理流程的全面融合，不断提高信息化管理水平。要严格执行保密纪律，切实履行保密工作责任，落实各项保密措施，做好保密基础工作，维护国家安全和企业运行安全。要建立健全社会责任体系，实施社会责任报告发布制度。

务必抓好在建项目的标准化、规范化、程序化、精细化管理，提高项目履约能力和盈利水平。着力解决施工项目班子建设、制度建设、经营管理中的突出问题和薄弱环节，彻底扭转无序粗放的经营习惯和行为。要把项目经营和合同履约放在同等重要的位置，加强基础管理，理性专业地做好调差、理赔、结算工作。要健全完善严格的科学的项目经营业绩考核制度，实施履约业绩及经营绩效目标倒逼机制，将业绩目标作为硬指标、硬任务切实落实到各管理层级、各管理单元并严格考核奖惩。严禁以收取管理费代替项目考核或管理费侵蚀项目利润的现象。推进资源配置的社会化。对外强势经营自身优势，对内全力弥补自身短板，创新资源配置方式，加强战略联合与合作，实现上下游共赢一体化。大力推行架子队管理模式为主要内容的作业队伍管理模式创新工作。两级总部要对问题较大的项目，实行专项检查、综合治理，查清责任，严肃处理，落实整改。

要正确处理规模和效益的辩证关系，严控盲目扩张。公司营业收入突破千亿元后，突出质量效益、实现平稳较快发展是主要要求。在能力不足、管理不善的情况下，靠广种薄收增加规模、维持低层次粗放型发展，是对机遇和资源的浪费，是不可持续的，是绝对不允许的。要下决心采取综合性措施，限制高负债、运营资金不足、项目管理水平不够的子公司超越负债能力扩大简单再生产。子公司要在“技术可能、经济可行、风险可控、管控可及”的状态下扩大规模，找准自身的安全边界，对自身能力作出理性的评估，切忌轻率浮躁、盲目求大。

（四）进一步深化企业改革，完善科学有效的公司治理结构和适应市场经济要求的具有活力的经营机制

继续推进首发上市有关工作，全力以赴实现年内首发上市目标，使产权结构向股份化、多元化、证券化转变。要健全两级公司治理结构，提高公司治理水平。重点抓好基本制度、规则、流程的完善，抓好工作规则、“三重一大”决策制度、领导人员管理暂行规定及领导班子和领导人员综合考核评价办法等关键制度的拟订、修订及执行工作，使公司治

理更加制度化、程序化、规范化、标准化，使各履职主体能够按照制度正确定位、规范到位、有序对接、良好履责、有效制衡、有机协同、高效运行。基本制度的实施要行前报备。抓紧研究拟订子公司层面的重组整合方案，做到充分研讨、周密论证、把握利弊、评估风险、稳健实施。方案的设计要实事求是，一定要有一加一大于二的效果，同时不能将管理层级与产权层级简单对应。积极配合、主动参与电网辅业分离及一体化重组，确保重组期间的持续发展和安全稳定。

有效发挥业绩考核在经营机制转换中的导向作用。在对子公司经营业绩指标的设计上，一是要突出质量效益，突出平稳较快发展，遏制盲目扩大规模；二是要体现平均先进的原则，指标值自我加压，自我挑战；三是引导子公司均衡发展，而不是平均发展。对子公司要实行分类考核、分类管控。对发展好的子企业，要锦上添花，支持其率先发展，发挥其在公司内的引领和带动作用，为公司发展多作贡献；对发展思路清晰、发展后劲较强的，要釜底加薪，鼓励加快发展。为此我们要积极探索不同类型工程局在项目执行上的总分包模式，破除长期形成的山头文化。

领导人员要在公司治理中发挥关键作用。在可比的条件下，企业之间的竞争，很大程度上体现为企业领导班子综合素质、领导能力的竞争，企业领导人员特别是主要领导的思想、理念、境界的高低往往直接决定企业治理的好坏和发展高度。各级领导人员特别是主要领导要努力做到以下几点：一是把握好“四个规律”，即科学发展规律、企业发展的一般规律、企业所在行业的发展规律、企业自身发展规律，进一步理解把握公司在新形势、新阶段“干什么、怎么干、谁来干、怎么干好”的重大问题，在战略上统一思想、达成共识。二是增强“六种意识”，即大局意识、发展意识、制度意识、团队意识、组织意识、纪律意识。三是提高“六种能力”，即战略思维、统筹全局、谋划长远的领军能力，化解风险、应对危机的能力，深化改革、推动发展的能力，加强基础管理、打造国际竞争新优势的能力，抓班子、带队伍的能力，将党的政治优势切实转化为企业发展力的能力。

（五）进一步推动科技创新，努力成为国际同行业科技领先型企业

巩固水利水电行业工程施工技术的领先水平，系统开展非水电基础设施重点领域的关键技术研究，满足业务结构调整的需要。

大力推进“公司统筹规划，以两级技术中心为主导力量，以设计科研单位为骨干，依靠两级科技委员会智力支持，走产、学、研合作之路，发动全体科技人员共同参与”的公司科技创新体系建设，形成符合工程承包公司特色的科技创新体系。不断提高科技投入，按照“总部设立专项资金、子公司配套投入、项目资源共用”的原则，发挥公司和子公司两个层面的积极性，保证科研项目的资金投入。积极争取国家、行业的科技项目，与社会力量密切合作，努力实现科技投入的多元化。加强自主知识产权建设，继续推进水电技术标准国际化工作，提升企业品牌价值。加强科技成果推广与转化工作，从根本上解决成果研发单位和应用单位两方面原动力不足的问题，推动公司内部成果有偿共享。鼓励创新、宽容失败，为科技创新提供良好的人文环境和文化氛围。

（六）狠抓安全生产、质量管理不放松，维护央企良好形象

认真贯彻落实《国务院关于进一步加强企业安全生产工作的通知》，严格执行《中央企业安全生产禁令》（国务院国资委令〔2010〕第24号），继续深入开展“安全生产”活动，按照“安全第一、预防为主、综合治理”的方针，切实加强组织领导，加大隐患排查治理力度，狠抓作业现场管理，坚决遏制重特大安全事故的发生，努力实现安全生产形势的根本性好转。狠抓安全生产责任体系不放松，切实落实好第一责任人的责任。隐患排查治理工作要常态化、规范化，超前预防、重点预防。要高度关注农民工的安全教育、培训和安全生产管理，杜绝任何安全死角。要进一步加强应急管理，完善反应迅速、机动灵活、处置高效的应急救援体系，着力提高事故救援和应急处置能力。按照国务院国资委〔2010〕第24号令，严禁在安全生产条件不具备、隐患未排除、安全措施不到位的情况下组织生产。只要遇到不安全的情况，要旗帜鲜明地把安全放到第一位，保障每位员工基本的安全施工环境，决不能在不安全的条件下赶工抢工。

要树立强烈的责任意识，以对国家、对社会、对企业、对历史、对人民、对生命高度负责的精神，确保工程质量，做到不留遗憾、不当罪人、建不朽工程。要落实好质量管理责任，确保质量终身责任制得到全面有效落实，坚决实行“可追溯”的制度。要强化技术管理，以技术的先进保证质量的可靠性。要严格现场控制，把材料质量、施工工艺、检验试验、文明施工、劳务用工等作为现场控制的重点，确保质量受控。特别是南水北调、京沪高速铁路、大型水利水电项目等国家重点项目，一旦发生质量

事故危害巨大、影响极坏，一定要如履薄冰、警钟长鸣。

四、进一步加强企业党建工作和反腐倡廉建设

党建工作的指导思想是：高举中国特色社会主义伟大旗帜，以邓小平理论和“三个代表”重要思想为指导，深入贯彻落实科学发展观，坚持党要管党、从严治党的原则，坚持科学、创新、规范、务实、专业的党建工作思路，努力建设新时期公司党建工作“融入中心、服务大局；把握方向、参与大事；抓好班子、带好队伍；建立制度、形成体系；保证监督、促进发展”的新体制，紧紧抓住以改革创新的精神做好企业党建工作这条主线，以把党的政治优势切实转化为核心竞争力、发展能力为重点，强化党建工作的理论创新；以推行党建工作责任制、建立党建工作完整的制度体系两项基础性工作为重点，强化党建工作的制度创新；以发挥党委在加强领导班子建设中的主导作用为重点，强化党建工作的组织创新。要大力推进以惩防体系建设为重点的反腐倡廉建设，推进企业文化建设、工会共青团工作，做好维稳工作，为加快建设具有较强国际竞争力的质量效益型跨国公司提供坚强的思想保证、政治保证和组织保证。为此，2011 年重点要做好以下几项工作：

（一）以改革创新的精神加强领导班子建设，发挥企业党委在选人用人上的主导作用

要进一步贯彻全国国有企业党建工作会议精神和中央企业提高选人用人满意度座谈会精神，要把党管干部的原则与维护企业行政领导用人权结合起来，已成立董事会等常态化法人治理结构的公司，企业中层领导人员任用必须经党委会集体研究决定；未成立董事会的公司，中层领导人员任用必须经党政联席会或党委会集体研究决定。各公司要结合实际，认真贯彻股份公司企业领导人员管理暂行办法，制订实施细则，落实到位。要进一步加大竞争性选拔经营管理者的力度，通过公开竞聘、竞争上岗，使优秀人才脱颖而出。要进一步深化“四好”领导班子建设，重点放在提高各级领导的综合素质和领导能力上，强化领导班子的整体功能，促进企业发展。

（二）加强党委参与重大问题决策，提高企业科学决策水平

要认真贯彻落实中共中央办公厅、国务院办公厅印发的《关于进一步推进国有企业贯彻落实“三重一大”决策制度的意见》。各单位要认真执行股份公司关于落实“三重一大”决策制度的有关文件，明确党委参与决策的内容、途径、方式，形成制度，认真贯彻执行。

（三）大力推进学习型党组织建设，引领企业增强创新应变能力

要围绕企业改革发展大局，以促进公司科学发展上水平为基本目标，以党委中心组学习为龙头，以抓好学习型领导班子为关键，以抓好基层党员学习与培训为基础，组织全体党员、特别是党员领导人员加强学习，提高思想政治和业务素质，加强党员队伍的思想建设和能力建设。在建设学习型党组织工作中，首先要抓好学习型领导班子的建设，重点是抓好各级领导人员的学习，提高素质和能力，适应企业发展的新形势。

（四）建立党建工作责任制，加强党建工作的制度建设，提高党建工作科学化水平

要建立起内容完备、结构合理、功能健全、科学管用的企业党建工作的制度体系，以建立党建工作责任制为主线，健全党建工作的制度体系，使每一项主要的党建工作都有制度支撑。同时，要抓好对党建制度的落实工作，提高执行力。各公司党委要结合实际，制订党建工作责任制的具体方案，做好向子企业的二级单位和大中型项目部延伸工作。

（五）深入开展创先争优活动，全面加强基层党组织建设

各子公司创先争优活动接受地方党委和公司党委双重领导，要加大对各子公司开展活动的领导和指导力度，精心谋划，进一步建立健全活动的组织体系、操作体系、制度体系，加强创先争优活动的组织领导工作，扎实推进创先争优活动深入开展。创先争优活动必须紧紧围绕“贯彻落实科学发展观，提升企业的发展能力，推进企业科学发展”这一主题进行，围绕企业生产经营重点任务进行，真正起到推进 2011 年生产经营任务完成和实现发展目标的作用。

（六）加强反腐倡廉建设，为公司健康有序发展提供有力保障

深入贯彻落实党的十七届五中全会精神和十七届中央纪委六次全会精神、国务院国资委 2011 年反腐倡廉建设工作会议的部署，继续全面深入推进公司《建立健全惩防体系 2008～2012 年工作规划》任务分解方案的有效落实，着重建立健全教育、制度、监督、改革、惩处、纠风等方面的工作机制；努力构建腐败风险预警防线、思想道德防线、决策风险防线、权力运行风险防线、惩处腐败行为的惩戒防线；突出抓好各领导人员的执行力，进一步规范领

导人员廉洁从业，加大对制度执行情况的检查力度，特别加强对领导人员政治纪律、作风建设、贯彻落实《若干规定》和《廉政准则》的情况、各级领导班子落实“三重一大”决策制度执行情况、党风廉政建设责任制执行情况的检查，要坚决纠正不按权限、规则和程序决策的行为，严肃追究决策失误特别是违规决策造成损失的责任人，确保“三重一大”决策制度落到实处；善始善终抓好工程建设领域的突出问题和“小金库”专项治理，探索开展国外项目效能监察和国际业务纪检监察工作的有效方式；加强和规范办案工作；牢固树立和自觉践行以人为本的观念，认真维护好员工权益，建立健全纪检监察工作制度体系，认真贯彻公司关于进一步加强和改进纪检监察组织建设的实施办法，切实加强纪检监察队伍建设。

“由俭入奢易、由奢入俭难”。各级领导干部要充分认识到我们还面临不少困难，员工的生产生活条件尚待改善，任何时候都要保持艰苦奋斗的优良作风，保持勤俭节约的好风气，严控非生产性支出，严控职务性消费，切实做到讲党性、重品行、树表率。一定要采取严厉措施，坚决杜绝过年过节在内部用公款层层送礼的现象，确保企业、队伍的安全健康。

（七）加强党对工团组织领导，进一步做好党群工作

各级党委要加强对工会、共青团工作的领导，定期听取工作汇报，研究解决群众工作中存在的突出问题，支持工会、共青团组织依照法律和各自的章程积极地开展工作，充分发挥党联系员工群众和青年的桥梁和纽带作用，充分发挥群众组织在企业民主管理和生产经营工作中的促进作用，充分调动广大员工和团员青年的积极性和创造性，为公司平稳较快发展作出积极贡献。

（八）切实加强领导，维护好企业和社会稳定

稳定事关改革发展的大局，各级领导班子要高度重视维稳工作。各级党委主要负责同志要切实承担起维护稳定的第一责任，领导班子要一岗双责、齐抓共管，要落实好维稳工作的责任，主动做好矛盾纠纷排查化解工作，及时解决员工的合理诉求。要切实加强群体性事件的预防和处置工作，做到重大事件及时报告、及时处置，抓早、抓小、抓苗头，力争将隐患消除在基层，消除在萌芽状态。在内外部重组中，要实行联动机制，做好风险评估和应急预案。

同志们，在新的历史时期，我们机遇难得、使命光荣、任务艰巨、挑战严峻，让我们紧密团结在以胡锦涛同志为总书记的党中央周围，在国务院国资委的坚强领导下，深入贯彻落实科学发展观，加快转变发展方式，解放思想，统一思想，变革调整，扎实工作，确保公司平稳较快发展，加快建设具有较强国际竞争力的质量效益型世界一流跨国公司，以优异成绩迎接建党90周年！

在股份公司2011年工作会议暨一届二次职工代表大会上的总结讲话

（2011年1月22日）

范　集　湘

同志们：

股份公司2011年工作会议暨一届二次职工代表大会历时一天半，在大家的共同努力下，圆满地完成了预定的各项议程，即将闭幕。根据会议安排，下面由我作会议总结。

一、对本次会议的基本评价和主要收获

本次会议是公司圆满完成“十一五”时期任务、跨入“十二五”时期之际召开的一次重要会议，对股份公司继续保持科学发展、平稳较快发展具有承前启后的重要意义。

会议得到了国务院国有企业监事会领导的高度重视，李志群主席出席会议并作了重要讲话。李志群主席在讲话中充分肯定了过去一年和“十一五”期间公司取得的突出成就，从宏观角度阐述了“十二五”期间公司面临的新形势新任务，对股份公司做好2011年和“十二五”期间的各项工作提出了要求。李主席的讲话高屋建瓴，语重心长，进一步拓展了我们的工作思路，我们一定要全面深刻理解、认真贯彻执行。

会上，我代表公司、公司党委作了题为《加快转变发展方式，确保平稳较快发展，建设具有较强国际竞争力的质量效益型世界一流公司》的企业工作报告。报告简要回顾了公司 2010 年和“十一五”期间经营业绩和改革发展情况，总结了公司实现持续快速发展的八个方面的有益经验，指出了影响公司科学发展的几个方面的深层次问题。报告深入分析了公司面临的形势和任务，提出了“十二五”时期公司改革发展的总体战略思路、目标要求和五大战略保障措施，安排了 2011 年生产经营重点任务、党建工作和反腐倡廉建设工作。

会议期间，代表们分组讨论了工作报告和股份公司“十二五”规划。大家结合本单位的实际情况，就 2011 年和“十二五”期间的重大问题、难点问题和热点问题畅所欲言，献言献策，对进一步加快转变发展方式，确保公司平稳较快发展，把公司建设成为具有较强国际竞争力的质量效益型世界一流企业提出了很多很好的意见或建议。职代会的讨论非常深刻到位，意见和建议具有建设性，有关部门会后要认真加以整理分析，上报公司领导审议并在今后的工作中做好贯彻落实。

会上公司工会主席王宗敏作了《围绕中心、创新工作，动员全体职工为实现公司的各项目标建功立业》的讲话，会议审议并通过了工作报告和股份公司“十二五”规划，对公司领导班子和总部部门副主任以上领导人员进行了民主评议。会议还听取了公司副总经理李跃平对公司 2010 年经营业绩考核情况和 2011 年经营业绩目标情况的专题说明。

本次会议主题突出，内容丰富，富有成效，对公司上下团结一心，共同努力建设具有较强国际竞争力的质量效益型世界一流公司必将起到重要的促进作用，会议达到了预期目的，获得了圆满成功，取得了以下主要收获：

（一）总结了过去，振奋了精神

会议客观总结了“十一五”时期公司改革发展取得的显著成绩和重要经验。认为这些成绩和经验是公司在国务院国资委坚强领导下，公司各级组织和广大员工艰苦奋斗，励精图治，克服了许多困难，经受了重大考验所取得的，对股份公司继续保持平稳较快发展具有重要的促进作用和借鉴意义。

大家一致表示，过去的五年是不平凡的五年，是公司上下团结一心、迎难而上、奋发有为、不断迈上新台阶和取得新突破的五年。大家表示一定要把思想统一到会议精神上来，以全新的工作面貌、奋发有为的工作状态、认真扎实的工作作风，贯彻落实好会议精神，做好 2011 年和“十二五”期间的各项工作，为建设具有较强国际竞争力的质量效益型世界一流公司作出更大的贡献。

（二）认清了形势，明确了方向

会议认真分析了“十二五”时期公司面临的形势和任务，提出了牢牢把握中央企业改革发展的新要求，加快转变发展方式，确保平稳较快发展，努力把公司建设成为具有较强国际竞争力的质量效益型世界一流企业的愿景目标。公司制定的“十二五”规划总体发展思路清晰，指导思想明确，发展定位精准，战略目标科学，符合央企负责人会议精神，符合公司发展实际要求，符合公司广大员工思发展谋发展的意愿。

会议使大家对形势有了更为全面的认识和准确的把握，为 2011 年和未来一段时期的工作指明了方向。与会代表表示，面对新形势，新任务，大家讲立足长远，围绕大局，调整思路，创新方法，全面贯彻落实好此次会议精神，努力完成 2011 年股份公司下达的各项生产经营任务，努力转变发展方式，全面推进建设具有较强国际竞争力的质量效益型世界一流企业进程。

（三）分析了问题，制定了措施

会议深入分析了公司在建设质量效益型世界一流企业中存在的团队建设、体制结构、项目管理、资源配置、作风建设等方面存在的深层次问题，制定了公司实施“十二五”规划的五大战略保障措施，确定了 2010 年重点工作安排。

与会代表认为这些问题必须予以高度重视，要以“刮骨疗伤”的勇气加以克服和解决。公司制定的五大战略保障措施和 2011 年重点工作安排十分正确，具有很强的针对性，符合公司发展实际需要，大家有信心和决心按照这次会议的工作部署，解决相关问题，做好各项工作。

二、关于职代会讨论重点问题的说明

就大家比较关心的重点和关键问题，我作以下简要说明。公司领导班子将会对这些问题进行认真研究，达成共识，逐步解决。

（一）关于转变公司国际经营发展方式的问题

尽管目前大家在认识上存有差异，但转变公司国际经营发展方式问题迫在眉睫，需要我们用不变的精神和变化的机制体制去应对。转变国际经营发展方式涉及利益格局、权力切分、组织结构、法人主体间博弈等重大问题，要辩证分析，科学看待，不能有失偏颇。国际业务对公司发展的支撑作用非常重要，转变发展方式必须坚定不移地坚持集团化国际战略的本质特征和精神，毫不动摇。

第一，必须坚持“大集团、大市场、大国际、大品牌”的战略方向。在这个战略方向指导下，整合资源，统一编队，风险共担，利益分享，步调一致，纪律严明，充满激情地走出去，这是集团国际经营的重要经验。

第二，必须坚持“两个有机结合”，形成一体化的、强大的生命经济共同体走出去，产生强大的整体竞争力和防控风险的牢固屏障。我们将海外事业部、国际公司的市场营销能力和各子公司的施工承包能力有机结合形成一体化，将集团的投资融资能力和总承包能力有机结合形成一体化，这两个一体化是很多其他集团和窗口公司做不到的。其他集团即便是有自己的施工承包实体，但由于没有做到集团营销，所以无法做到一体化，窗口公司则永远做不到一体化。我们之所以能做到，就是因为我们一直在强化集团化管控和集团化建设。在一体化战略下，集团国际业务实现了组织一体化、资源一体化、利益一体化和风险一体化，从而形成了一个强有力的生命经济共同体，以“水电航空母舰战斗群”方式走向海外，破浪远航。如果换个方式，我们的国际公司、海外事业部只是一个窗口公司，与各子公司或者外部承包商是非一体化的纯合同关系，就会出现集团国际经营发展缓慢，容易出现风险叠加，导致我们必须控制国际业务的规模。出资人一旦发现重大风险，发展就要被叫停，因为资产的安全比增长更重要。

第三，必须坚持正确处理培育国际化强局和相对独立的国际营销主体与国际经营集团化和资源分散之间的关系。对于这个问题，大家要认真思考，要成立专门机构，引入外部有经验的专业机构，聘请资深专家，把关系和利弊分析清楚，而后由公司领导班子在充分征求相关方的意见和建议后进行研究决策。此外，要深入研究集团国际经营高度统一到总部和地方政府要求各子公司将海外经营纳入地方盘子之间的矛盾。目前地方政府的这种诉求非常强烈，出台了很多政策规定，希望子公司能够为地方创造外经增加值，已经对子公司和地方政府的政企关系产生了负面影响。子公司对这个问题也有反映，希望尊重二级法人的经营权，确保与地方政府长期和谐相处。有关部门要认真研究这个问题，要辩证分析、看清利弊、趋利避害，在充分尊重和强化二级法人的经营权的基础上，逐步解决以上矛盾。

第四，必须坚持以有利于提高国际竞争力为导向，适时调整国际经营的经济关系、业务关系和利益格局，调整经营业绩考核制度的差异化分类导向。目前国家外汇储备规模庞大，而美元大幅度持续贬值，外汇储备保值面临巨大风险，国家主权基金必将强势推动走出去，我们要搭乘便车。优买优卖项目和竞争性项目都是机遇，但优买优卖项目由于我们同受援国处于平等加强势地位，项目的利润空间比较大，而竞争性项目相对较低，在同样的管理水平下，这两种项目创造的价值贡献是不一样的。下一步我们要对这两类项目进行分类考核，分类确定项目的价值贡献，通过调整目标利润率指标来解决这个问题。一般情况下，竞争性项目的目标利润率计划考核指标相对较低，优买优卖项目目标利润率计划考核指标相对较高，区别对待，并做到年初有计划，年底有考核有校核，以提高考核的公平公正性。

大家一定要把转变发展方式作为主线贯穿于经营管理的全过程，在科学发展观的统领下，更加有利于激活子公司的积极性，更加有利于强化一体化的紧密程度，更加有利于调动国际业务团队抓管理促经营，总而言之就是调整生产关系，解放生产力，这是一个永恒的课题。

（二）关于调整创新经营业绩考核制度办法

简而言之，经营业绩考核的核心和本质问题是子企业领导人员年薪决定和比较问题，这个问题对所有企业而言都很有挑战性。大家可以从两个方面来理解，一方面，从经济基础角度讲，企业的本质是创造价值，企业家的经营业绩决定经营班子的薪酬总额，由经济增量来决定。另一方面，要设置综合考核指标，从全面发展的角度来决定兑现率，不能用线性思维僵化的认识业绩考核问题，不能一好百好、一好遮千丑。经营业绩要可持续发展，不能是随机的、偶然的，安全生产、技术创新、廉洁从业、“四好”领导班子建设及节能减排等考量指标要综合进入。全面发展指标在综合考核体系中要占一定的比例，我们现在的考核体系在这方面是不够的。要把领导班子的任免、待遇同职工平均收入挂钩，其薪酬不能脱离企业的实际。领导人员想增加个人收入，就必须努力提高经营增量，并拿出一部分来提高职工的工资待遇，真正体现以人为本，体现企业领导人员和领导班子成员、广大职工共享发展成果。希望各子公司在工作会议中将这个基本精神传达下去。

目前控股子公司领导人员的收入水平和同类同质的外部企业相比偏低，从经济效益角度来看和工程局领导人员的收入相比也显得有些不公平。但大家一定不要脱离企业实际和发展背景简单地、线性地认识和对比个人收入，不能忽略工程局领导人员在经营管理之外付出的心力心智和奉献。

集团管控要从经营业绩考核制度变革做起，不断进行创新和调整。可参照、借鉴同类同质外部企业的制度办法，结合自身实际制定自己的办法和标准。领导人员要讲奉献精神、讲企业文化，用精神的激励作用补偿收入的不平衡。房地产（长沙）公司在这方面做得很好，他们充分尊重系统外来员工，尽管收入待遇相对低一些，但人员流失相对于外部企业而言非常小，这就体现了企业精神、企业文化的力量。

（三）关于集团管控和充分保障尊重发挥子公司积极性的问题

就这个问题我讲两点：一是按照国务院国资委的要求，出资人的意志必须传递到位、必须强化管控，不能末端衰减，实行和强化集团管控是集团化发展的基本原则，不容动摇。二是集团管控要突出战略管控、班子管控和风险管控。战略管控就是集团要决策好方向性、战略性问题，并保持内部步调一致；班子管控就是通过考核制度选聘管理好企业领导人员，选对人用好人是企业兴衰发展的关键；风险管控方面要加强制度建设，处理好风险和收益之间关系。下一步待各子公司完善规范的董事会治理后，股份公司将会逐步把集团管控的部分权力和责任下放。总部要真正从事务性管控转化为战略性管控，常规业务和事权要尽可能地下移前移。要明确战略管控权和事权的范围，清晰界定，有关部门要认真研究这个问题，制定相关规则和制度。对规则制度的贯彻执行要加强监管，违规就要查处。总部要做好指导、规范、协调、服务，实现信息共享，降低管理成本。

（四）关于企业发展资本能力的积累和资本创造。

加大产业结构调整需要更大规模和额度的投资，现阶段公司的资产负债率很高，投资能力有限。虽然我们在积极推动上市来募集资金，但这不是解决资本问题的根本途径，因为这部分资本是要分红回报的。要拥有持久的资本能力，只有提高盈利水平、创造利润来源，这才是解决问题的根本途径。要下大力气做好项目管理，提高项目盈利能力，否则企业会陷入恶性循环中。

（五）关于“三重一大”决策和企业领导人员管理问题

“三重一大”是国务院国资委和国有企业监事会今年重点关注的问题。党委要经营好人才、管理好班子，这是党委最核心的任务。子公司领导人员要认真研究中共中央办公厅、国务院办公厅连续下发的关于中央企业管理的相关文件，认真领会党对加强中央企业管理的方针、政策和要求，坚决贯彻执行好。子公司领导人员要充分理解“三重一大”决策制度和中央对国有企业领导人员管理要求的核心要义，调整好心态，体现出企业家的智慧和风范，促进企业决策的科学化，防止决策失误。“三重一大”决策要确保内容、规则、程序和纪要四个要素缺一不可，做到内容清楚、规则健全、程序明确、纪要合规。希望子公司高度重视这个问题，尽快制定相关落实办法上报股份公司批准后下发实施。在企业领导人员管理方面，我们有一个很好的优势，就是绝大多数工程局类子公司的总经理和党委书记具有交叉任职的条件，这样可以培养出复合型的企业领导人，更好地促进党委、行政的融合，相互促进。

最后，我对企业主要领导人员提几点要求：一是要自觉学习、修炼心智、提升境界、提高能力，这是企业领导人员永恒的任务，要坚持不懈；二是要谦虚谨慎、忠实勤勉、合法经营、规范行权、淡泊名利、宽容包容。个人不要把权力和得失看得太重，要真正成为班子成员和企业员工心悦诚服追随做事业、谋发展的企业领导人；三是要做廉洁自律、艰苦奋斗、勤俭节约的表率和标杆。“己不正，焉能正人”。尽管目前公司取得了较好较快发展，条件大为改善，但还是要保持艰苦奋斗精神，树立良好风气。以后股份公司领导下基层一律不允许搞列队和标语欢迎。

三、关于这次会议的传达贯彻落实问题

2011年是“十二五”规划起始年，公司改革发展面临的国际国内环境十分复杂，任务非常艰巨。我们要认真贯彻落实此次会议精神，理性思考，科学分析，找准定位，高效执行，切实做好2011年的重点工作，在“十二五”时期开局之年起好步、开好局。

（一）做好会议精神的传达学习

参会的各子公司、各部门的主要负责同志要站在战略的、全局的高度和系统的、专业的角度，深刻领会会议精神，准确理解会议要求。要把组织好领导班子的传达学习作为重点，要利用各种宣传工具，采取灵活方式，将会议精神层层向下传达到基层，只有取得领导班子和广大员工的理解认同和积极支持，会议的各项安排部署才能落到实处。各子公司要以实事求是的态度深入总结“十一五”期间取得的重要成绩和经验，弘扬成绩、传承经验、再接再厉、再创佳绩。要通过传达学习、总结动员，使各级领导和广大员工紧密围绕公司2011年和“十二五”目标任务和工作部署，肩负起自身的使命和责任，坚定不移地推进建设具有较强国际竞争力的质量效益型世界一流企业进程。

（二）做好公司“十二五”规划的贯彻落实

“十二五”时期是我国经济发展的关键时期，机遇和挑战并存。各公司要在股份公司“十二五”规划体系框架下，制定适合本公司发展的战略子规划，这是关乎企业长远发展的重大命题。企业要发展，一定要有思路清晰、目标可期、保障牢靠、措施得力的发展规划，否则企业的发展不可持续。发展规划一是要以科学发展观为主题，以转变发展方式为主线，以确保平稳较快发展为目标来谋划，要高瞻远瞩，把握发展趋势，着眼企业发展的长远性问题；二是要深化改革，破解发展难题，关注影响企业发展的深层次问题；三是求真务实，制定得力措施，解决企业发展的系统性问题。规划的目标要适度，要看得见、够得着，定得太高实现不了容易伤害广大职工的积极性，定得太低缺乏激励则会失去发展机遇；规划的保障措施要务实，要充分考虑企业现有的和能够积累的资源支持，要通过优化配置提升支撑能力。各子公司制定的“十二五”规划要上报备案，股份公司将在审核后提出建议和意见。

各级领导干部要把落实“五大战略”保障措施作为一项基础的、长期的任务来抓，要用全球化视野、战略性思维、创新型手段、社会化资源来实施本企业“五大战略”；要带领和引导广大员工解放思想，适应变革，积极作为，负重奋进，做好保障措施的组织落实；要着力创新发展模式、夯实发展基础，增强发展能力，突破制约发展的“瓶颈”，努力提升保障能力，确保发展规划的落实。

（三）做好2011年工作的安排部署

各子公司、部门要按照股份公司2011年经营业绩目标和工作安排，结合自身实际，确定本公司、部门2011年的任务目标、工作思路和保障措施。各子公司要筹备好、召开好工作会、职代会及相关专业会议，尽快将今年的工作安排部署下去。工作安排要做到思路明确、任务量化、措施得力、责任到位。要特别重视经营业绩考核制度的战略导向和杠杆作用，制定科学合理的考核制度和激励办法，确保全面完成2011年的各项任务。

（四）做好春节期间的各项安排

要切实做好春节期间的安全生产工作，特别是要密切关注异常气候、自然灾害的影响，做好应对预案，及时排查隐患，确保各个工程项目的安全生产和员工安全过节，确保不出现重大安全生产事故和重大财产损失。

要妥善安排好困难职工帮扶工作，慰问为公司改革发展作出历史贡献的离退休职工。要积极排查不稳定因素，防止群体性事件发生，维护企业和谐稳定。

同志们、各位代表，股份公司改革发展已进入了新的历史时期，2011年和“十二五”时期目标明确，任务艰巨，我们要更好地发扬“自强不息，勇于超越”的企业精神，全面贯彻落实科学发展观，加快发展方式转变，确保平稳较快发展，努力将公司建设成为具有较强国际竞争力的质量效益型世界一流公司，以优异的成绩迎接建党90周年！

春节即将来临，我代表集团公司、股份公司向大家拜个早年，并通过你们向公司广大干部职工、离退休职工和职工家属致以亲切问候，祝大家新春快乐，家庭幸福，万事如意！

在股份公司2011年工作会议暨一届二次职工代表大会上的讲话

（2011年1月21日）

李　志　群

同志们：

很高兴参加今天的会议，这是我到监事会以来第一次参加中国水利水电建设股份有限公司的工作会议。刚才，范集湘总经理代表公司领导班子做了一篇很好的工作报告。会前我认真阅读了报告的内容，他在报告中对公司一年来的工作进行了全面的回顾和总结，既肯定了成绩，也谈到了发展的不足，既充分看到面临的挑战，又认真分析了新的机遇和自身的优势，同时对今年的工作做了部署和安排，我认为总结是客观全面的，2011年的工作部署和安排是切实可行的，报告令人鼓舞，催人奋进。

2010年，对中国水利水电建设集团来说是不平凡的一年，集团全体员工在集团领导班子的带领下，全面贯彻党中央、国务院的方针政策，以科学发展为主题，以转变经济发展方式为主线，把握发展机遇，全面推进集团发展战略，积极开拓国内外市场，努力提高发展的质量和效益，进一步夯实了企业基础管理，提高了风险管控能力，切实防范经营风险，主要经营指标再创历史新高，资产规模、营业收入和新签合同均过千亿元大关。截至2010年末，公司资产总额达到约1209.9亿元（未经审计），全年实现营业收入1007.1亿元（未经审计），同比增长33.33%，新签合同1347.6亿元，同比增长44.9%。实现利润总额37.9亿元（未经审计），同比增长17.17%，年末合同存量为2127.5亿元，同比增长19%，业绩可喜可贺。这些成绩的取得，是集团、股份公司及各级子公司领导班子锐意进取、开拓创新的结果，是十三万中国水电建设者不畏艰辛、团结奋斗的结果，成绩来之不易。在此，我代表监事会和第10办事处的同志们对中国水电建设集团2010年取得的优异成绩表示衷心的祝贺，对中国水电建设集团十三万职工的辛勤努力和付出表示衷心的感谢，并致以诚挚的问候！

新的一年是实施“十二五”规划的开局之年，我们要充分看到改革和发展道路上所面临的机遇和挑战。当前，世界经济仍在温和复苏和低速增长中徘徊，美国量化宽松货币政策给国际货币体系带来了更大的挑战，主权国家债务危机进一步动摇了欧元区国家的经济稳定性，国内经济流动性过剩和通胀压力依然存在，货币政策由适度宽松转向稳健，利率上行压力较大，融资成本上升，融资难度将进一步加大，汇率、利率、资源要素价格的波动将进一步增大，国内、外建筑市场竞争日趋激烈，这些都对我们确保经营业绩稳步增长、转变发展方式、实现科学发展提出了更高更新的要求。与此同时，我们自身还存在着一些与未来发展不相适应的深层次问题，例如，体制、机制改革亟待深化和完善，转变发展方式、调整产业结构的压力增大，在建工程项目的有效管控需要进一步加强，国际化经营和风险防范能力仍需进一步提高，集团内各子公司间的发展还不均衡，集团内同质化竞争时有发生，节能减排、保护环境、实现绿色发展的任务依然繁重，安全生产形势不容乐观等，都需要我们高度重视，认真分析问题原因，采取切实可行的措施，着力加以解决。

最近，党的十七届五中全会、中央经济工作会议和中央企业负责人会议相继召开。中央经济工作会议要求，要正确把握国内外形势的新变化、新特点，以科学发展为主题，以加快转变经济发展方式为主线，加快经济结构调整，大力加强自主创新，切实抓好节能减排，深化经济体制改革，增强经济发展动力和活力，巩固和扩大应对国际金融危机冲击的成果，保持经济平稳较快发展，促进社会和谐稳定。希望中国水电建设集团按照党的十七届五中全会和中央经济工作会议精神，认真学习德江副总理在中央企业负责人会议上的重要讲话，以及王勇主任代表国资委所作的工作报告，统筹协调处理好投资规模与投资效益的关系，处理好发展速度与管控能力的关系，处理好海外业务拓展与人才培养的关系，处理好发挥优势与转化劣势的关系，处理好工程项目建设进度与确保安全、稳定的关系。前段时间，我在中央党校学习，习近平同志在一次讲话中提出了一个观点，我觉得跟今天我们的工作会议非常贴近。他说，我们的领导干部要学会冷思考、“踱方步”。平常我们天天都在热思考，天天都在“跑步”。现在我们开工作会，就是要把大家从日常事务中暂时解脱出来，让大家静下来好好思考一下、研究一下，我们未来的路应该怎么走？我觉得这非常有必要。下面，我讲几点希望和建议，供大家研究参考。

一、坚持主业发展方向，努力提高企业经营效益

2010年是实施“十二五”规划的开局之年，国有企业的改革和发展的任务更加繁重，我们应根据国内外形势的新变化和国家宏观政策的调整，勇于探索、深化改革、不断创新，围绕集团主业发展方向来科学谋划企业的“十二五”规划，安排好今年的工作。加强经营管理，运用综合手段有效地管好、用好资金，努力降低资产负债率；集团风险管控的重点应放在投资和项目管理及重大财务事项等方面，通过采取切实可行的措施提高集团整体经营效率，提升集团的科学发展水平和能力。

范集湘总经理在报告中谈到了集团公司近几年来的发展变化和今后的工作部署。中国水利水电建设集团在过去的几年里不仅取得了令人骄傲的业绩，未来的发展前景也十分宽广，集团公司正步入快速健康的发展轨道，特别是企业资产、收入、利润的增长绝大部分是通过做优做强主业所取得的，因此，希望集团公司始终坚持围绕主业发展不动摇，实现集团的可持续发展。

二、提升“走出去”水平，建设具有国际竞争力的跨国集团

在中央企业负责人工作会议上，张德江副总理明确要求中央企业要加快“走出去”的步伐。王勇主任强调，中央企业要做优做强，培育具有国际竞

争力的世界一流企业，提升“走出去”水平。中国水利水电建设集团是中央企业“走出去”的排头兵，积累了十分丰富和宝贵的海外经营和发展经验。范集湘总经理告诉我，目前中国水利水电建设集团26%的营业收入，近60%的利润来自海外业务。希望中国水利水电建设集团要坚定不移地坚持国际化经营方向，把握发展机遇，充分发挥“中国水电”的品牌优势，整合经营管理资源，以更加积极的姿态去迎接未来日趋激烈的国际竞争；在努力拓展国际市场的同时，规范海外业务的管理，注意防范风险，全面提升国际化经营管理能力，打造“中国水电”品牌，将中国水利水电建设集团早日建设成为世界级的跨国公司。

三、大力发展清洁能源，加大产业结构调整力度

水电是世界公认的具有可再生性、清洁性的非化石能源，世界各国都在积极开发水能资源。目前我国的总体开发程度较低，开发程度落后于西方发达国家，同时与我国水能资源富国的地位不相称。根据国家能源发展、加快电力工业发展方式转变、推进节能减排的目标要求，到2020年，我国水电装机容量将达到3.8亿千瓦，目前装机容量仅为2亿千瓦。因此，中国水利水电建设集团未来的发展具有十分宽阔的潜力和空间，希望中国水利水电建设集团充分发挥在水电资源的开发建设和经营管理中得天独厚的优势，在做优做强水能资源开发建设的同时，积极探索将水能资源的经营管理拓展成为支持集团实现可持续发展的新的增长点和新的主业发展方向，切实转变企业发展方式，实现集团产业结构的战略性调整。在这方面，集团四川公司已经进行了十分有益的探索，希望集团认真加以研究，及时总结推广。

四、创新体制机制，完善公司法人治理结构

中国水利水电建设股份有限公司的设立是推进建立现代企业制度的一个重要标志。上市工作已准备多年，集团和股份公司已为此做了大量工作，但受自然灾害和政策等多种因素影响，现在还未完成上市目标。企业上市有利于进一步完善公司治理结构，创新体制机制，因此需要我们继续努力，争取尽快实现上市目标，进入资本市场，加快转变体制机制，为实现中国水利水电建设集团又好又快发展打下坚实的基础。

五、将“安全第一、以人为本”融入“中国水电”的企业文化

水电开发建设属于高危行业，工程项目分散，外部环境复杂，不确定因素繁多。在四川调研时范集湘总经理告诉我，中国水电建设的广大员工是与高山为伴，与江河为友，常年工作、生活在崇山峻岭、急流险滩中，受自然灾害的影响，生产、生活条件极为艰苦。因此，希望集团上下要进一步增强“质量第一、安全重于泰山”的发展理念，建立安全生产管理的长效机制，把确保安全生产纳入中国水电建设企业文化之中，把安全管理措施落实到集团的每一个项目、每一名员工，在确保质量和安全的前提下保持生产经营的良好运行，争取实现“零”事故率，妥善处理好项目业主、当地政府、民众等各方面关系，履行好社会责任，实现和谐发展。

长期以来，监事会特别是第十办事处的工作得到了中国水利水电建设集团各位领导和同志们的关心和支持，在此，我代表监事会和第十办事处的同志向各位领导和同志们表示衷心的感谢，希望大家今后一如既往地关心和支持我们的工作。今年我们将把贯彻落实中办、国办关于加强对中央企业“三重一大”事项监督检查的要求作为当前监督检查的工作重点，不断改进监督检查工作方法，增强服务意识，提高服务水平，与中国水电建设者一起为推动中国水利水电建设集团实现又好又快的发展而共同努力。

值此新春佳节即将来临之际，我代表监事会和第十办事处的同志提前给大家拜个早年，向中国水利水电建设集团奋斗在一线的全体员工致以新春佳节的祝福！祝大家工作顺利、身体健康、阖家幸福！

第二篇　文献　文件

Chapter Ⅱ　Researches and Documents

转发国家部委文件

国务院关于进一步加强企业安全生产工作的通知

（国发〔2010〕23号·2010年7月19日）

近年来，全国生产安全事故逐年下降，安全生产状况总体稳定、趋于好转，但形势依然十分严峻，事故总量仍然很大，非法违法生产现象严重，重特大事故多发频发，给人民群众生命财产安全造成重大损失，暴露出一些企业重生产轻安全、安全管理薄弱、主体责任不落实，一些地方和部门安全监管不到位等突出问题。为进一步加强安全生产工作，全面提高企业安全生产水平，现就有关事项通知如下：

一、总体要求

1. 工作要求。深入贯彻落实科学发展观，坚持以人为本，牢固树立安全发展的理念，切实转变经济发展方式，调整产业结构，提高经济发展的质量和效益，把经济发展建立在安全生产有可靠保障的基础上；坚持"安全第一、预防为主、综合治理"的方针，全面加强企业安全管理，健全规章制度，完善安全标准，提高企业技术水平，夯实安全生产基础；坚持依法依规生产经营，切实加强安全监管，强化企业安全生产主体责任落实和责任追究，促进我国安全生产形势实现根本好转。

2. 主要任务。以煤矿、非煤矿山、交通运输、建筑施工、危险化学品、烟花爆竹、民用爆炸物品、冶金等行业（领域）为重点，全面加强企业安全生产工作。要通过更加严格的目标考核和责任追究，采取更加有效的管理手段和政策措施，集中整治非法违法生产行为，坚决遏制重特大事故发生；要尽快建成完善的国家安全生产应急救援体系，在高危行业强制推行一批安全适用的技术装备和防护设施，最大限度地减少事故造成的损失；要建立更加完善的技术标准体系，促进企业安全生产技术装备全面达到国家和行业标准，实现我国安全生产技术水平的提高；要进一步调整产业结构，积极推进重点行业的企业重组和矿产资源开发整合，彻底淘汰安全性能低下、危及安全生产的落后产能；以更加有力的政策引导，形成安全生产长效机制。

二、严格企业安全管理

3. 进一步规范企业生产经营行为。企业要健全完善严格的安全生产规章制度，坚持不安全不生产。加强对生产现场监督检查，严格查处违章指挥、违规作业、违反劳动纪律的"三违"行为。凡超能力、超强度、超定员组织生产的，要责令停产停工整顿，并对企业和企业主要负责人依法给予规定上限的经济处罚。对以整合、技改名义违规组织生产以及规定期限内未实施改造或故意拖延工期的矿井，由地方政府依法予以关闭。要加强对境外中资企业安全生产工作的指导和管理，严格落实境内投资主体和派出企业的安全生产监督责任。

4. 及时排查治理安全隐患。企业要经常性开展安全隐患排查，并切实做到整改措施、责任、资金、时限和预案"五到位"。建立以安全生产专业人员为主导的隐患整改效果评价制度，确保整改到位。对隐患整改不力造成事故的，要依法追究企业和企业相关负责人的责任。对停产整改逾期未完成的不得复产。

5. 强化生产过程管理的领导责任。企业主要负责人和领导班子成员要轮流现场带班。煤矿、非煤矿山要有矿领导带班并与工人同时下井、同时升井，对无企业负责人带班下井或该带班而未带班的，对有关责任人按擅离职守处理，同时给予规定上限的经济处罚。发生事故而没有领导现场带班的，对企业给予规定上限的经济处罚，并依法从重追究企业主要负责人的责任。

6. 强化职工安全培训。企业主要负责人和安全生产管理人员、特殊工种人员一律严格考核，按国家有关规定持职业资格证书上岗；职工必须全部经过培训合格后上岗。企业用工要严格依照劳动合同法与职工签订劳动合同。凡存在不经培训上岗、无证上岗的企业，依法停产整顿。没有对井下作业人员进行安全培训教育，或存在特种作业人员无证上岗的企业，情节严重的要依法予以关闭。

7. 全面开展安全达标。深入开展以岗位达标、专业达标和企业达标为内容的安全生产标准化建设，凡在规定时间内未实现达标的企业要依法暂扣其生产许可证、安全生产许可证，责令停产整顿；对整改逾期未达标的，地方政府要依法予以关闭。

三、建设坚实的技术保障体系

8. 加强企业生产技术管理。强化企业技术管理机构的安全职能，按规定配备安全技术人员，切实落实企业负责人安全生产技术管理负责制，强化企业主要技术负责人技术决策和指挥权。因安全生产技术问题不解决产生重大隐患的，要对企业主要负责人、主要技术负责人和有关人员给予处罚；发生事故的，依法追究责任。

9. 强制推行先进适用的技术装备。煤矿、非煤矿山要制定和实施生产技术装备标准，安装监测监控系统、井下人员定位系统、紧急避险系统、压风自救系统、供水施救系统和通信联络系统等技术装备，并于3年之内完成。逾期未安装的，依法暂扣安全生产许可证、生产许可证。运输危险化学品、烟花爆竹、民用爆炸物品的道路专用车辆，旅游包车和三类以上的班线客车要安装使用具有行驶记录功能的卫星定位装置，于2年之内全部完成；鼓励有条件的渔船安装防撞自动识别系统，在大型尾矿库安装全过程在线监控系统，大型起重机械要安装安全监控管理系统；积极推进信息化建设，努力提高企业安全防护水平。

10. 加快安全生产技术研发。企业在年度财务预算中必须确定必要的安全投入。国家鼓励企业开展安全科技研发，加快安全生产关键技术装备的换代升级。进一步落实《国家中长期科学和技术发展规划纲要（2006～2020年）》等，加大对高危行业安全技术、装备、工艺和产品研发的支持力度，引导高危行业提高机械化、自动化生产水平，合理确定生产一线用工。“十二五”期间要继续组织研发一批提升我国重点行业领域安全生产保障能力的关键技术和装备项目。

四、实施更加有力的监督管理

11. 进一步加大安全监管力度。强化安全生产监管部门对安全生产的综合监管，全面落实公安、交通、国土资源、建设、工商、质检等部门的安全生产监督管理及工业主管部门的安全生产指导职责，形成安全生产综合监管与行业监管指导相结合的工作机制，加强协作，形成合力。在各级政府统一领导下，严厉打击非法违法生产、经营、建设等影响安全生产的行为，安全生产综合监管和行业管理部门要会同司法机关联合执法，以强有力措施查处、取缔非法企业。对重大安全隐患治理实行逐级挂牌督办、公告制度，重大隐患治理由省级安全生产监管部门或行业主管部门挂牌督办，国家相关部门加强督促检查。对拒不执行监管监察指令的企业，要依法依规从重处罚。进一步加强监管力量建设，提高监管人员专业素质和技术装备水平，强化基层站点监管能力，加强对企业安全生产的现场监管和技术指导。

12. 强化企业安全生产属地管理。安全生产监管监察部门、负有安全生产监管职责的有关部门和行业管理部门要按职责分工，对当地企业包括中央、省属企业实行严格的安全生产监督检查和管理，组织对企业安全生产状况进行安全标准化分级考核评价，评价结果向社会公开，并向银行业、证券业、保险业、担保业等主管部门通报，作为企业信用评级的重要参考依据。

13. 加强建设项目安全管理。强化项目安全设施核准审批，加强建设项目的日常安全监管，严格落实审批、监管的责任。企业新建、改建、扩建工程项目的安全设施，要包括安全监控设施和防瓦斯等有害气体、防尘、排水、防火、防爆等设施，并与主体工程同时设计、同时施工、同时投入生产和使用。安全设施与建设项目主体工程未做到同时设计的一律不予审批，未做到同时施工的责令立即停止施工，未同时投入使用的不得颁发安全生产许可证，并视情节追究有关单位负责人的责任。严格落实建设、设计、施工、监理、监管等各方安全责任。对项目建设生产经营单位存在违法分包、转包等行为的，立即依法停工停产整顿，并追究项目业主、承包方等各方责任。

14. 加强社会监督和舆论监督。要充分发挥工会、共青团、妇联组织的作用，依法维护和落实企业职工对安全生产的参与权与监督权，鼓励职工监督举报各类安全隐患，对举报者予以奖励。有关部门和地方要进一步畅通安全生产的社会监督渠道，设立举报箱，公布举报电话，接受人民群众的公开监督。要发挥新闻媒体的舆论监督，对舆论反映的客观问题要深查原因，切实整改。

五、建设更加高效的应急救援体系

15. 加快国家安全生产应急救援基地建设。按行业类型和区域分布，依托大型企业，在中央预算内基建投资支持下，先期抓紧建设7个国家矿山应急救援队，配备性能可靠、机动性强的装备和设备，保障必要的运行维护费用。推进公路交通、铁路运输、水上搜救、船舶溢油、油气田、危险化学品等行业（领域）国家救援基地和队伍建设。鼓励和支持各地区、各部门、各行业依托大型企业和专业救援力量，加强服务周边的区域性应急救援能力建设。

16. 建立完善企业安全生产预警机制。企业要建立完善安全生产动态监控及预警预报体系，每月进行一次安全生产风险分析。发现事故征兆要立即发布预警信息，落实防范和应急处置措施。对重大危险源和重大隐患要报当地安全生产监管监察部门、负有安全生产监管职责的有关部门和行业管理部门备案。涉及国家秘密的，按有关规定执行。

17. 完善企业应急预案。企业应急预案要与当地政府应急预案保持衔接，并定期进行演练。赋予企业生产现场带班人员、班组长和调度人员在遇到险情时第一时间下达停产撤人命令的直接决策权和指挥权。因撤离不及时导致人身伤亡事故的，要从重追究相关人员的法律责任。

六、严格行业安全准入

18. 加快完善安全生产技术标准。各行业管理部门和负有安全生产监管职责的有关部门要根据行业技术进步和产业升级的要求，加快制定修订生产、安全技术标准，制定和实施高危行业从业人员资格标准。对实施许可证管理制度的危险性作业要制定落实专项安全技术作业规程和岗位安全操作规程。

19. 严格安全生产准入前置条件。把符合安全生产标准作为高危行业企业准入的前置条件，实行严格的安全标准核准制度。矿山建设项目和用于生产、储存危险物品的建设项目，应当分别按照国家有关规定进行安全条件论证和俺全评价，严把安全生产准入关。凡不符合安全生产条件违规建设的，要立即停止建设，情节严重的由本级人民政府或主管部门实施关闭取缔。降低标准造成隐患的，要追究相关人员和负责人的责任。

20. 发挥安全生产专业服务机构的作用。依托科研院所，结合事业单位改制，推动安全生产评价、技术支持、安全培训、技术改造等服务性机构的规范发展。制定完善安全生产专业服务机构管理办法，保证专业服务机构从业行为的专业性、独立性和客观性。专业服务机构对相关评价、鉴定结论承担法律责任，对违法违规、弄虚作假的，要依法依规从严追究相关人员和机构的法律责任，并降低或取消相关资质。

七、加强政策引导

21. 制定促进安全技术装备发展的产业政策。要鼓励和引导企业研发、采用先进适用的安全技术和产品，鼓励安全生产适用技术和新装备、新工艺、新标准的推广应用。把安全检测监控、安全避险、安全保护、个人防护、灾害监控、特种安全设施及应急救援等安全生产专用设备的研发制造，作为安全产业加以培育，纳入国家振兴装备制造业的政策支持范畴。大力发展安全装备融资租赁业务，促进高危行业企业加快提升安全装备水平。

22. 加大安全专项投入。切实做好尾矿库治理、扶持煤矿安全技改建设、瓦斯防治和小煤矿整顿关闭等各类中央资金的安排使用，落实地方和企业配套资金。加强对高危行业企业安全生产费用提取和使用管理的监督检查，进一步完善高危行业企业安全生产费用财务管理制度，研究提高安全生产费用提取下限标准，适当扩大适用范围。依法加强道路交通事故社会救助基金制度建设，加快建立完善水上搜救奖励与补偿机制。高危行业企业探索实行全员安全风险抵押金制度。完善落实工伤保险制度，积极稳妥推行安全生产责任保险制度。

23. 提高工伤事故死亡职工一次性赔偿标准。从2011年1月1日起，依照《工伤保险条例》的规定，对因生产安全事故造成的职工死亡，其一次性工亡补助金标准调整为按全国上一年度城镇居民人均可支配收入的20倍计算，发放给工亡职工近亲属。同时，依法确保工亡职工一次性丧葬补助金、供养亲属抚恤金的发放。

24. 鼓励扩大专业技术和技能人才培养。进一步落实完善校企合作办学、对口单招、订单式培养等政策，鼓励高等院校、职业学校逐年扩大采矿、机电、地质、通风、安全等相关专业人才的招生培养规模，加快培养高危行业专业人才和生产一线急需技能型人才。

八、更加注重经济发展方式转变

25. 制定落实安全生产规划。各地区、各有关部门要把安全生产纳入经济社会发展的总体布局，在制定国家、地区发展规划时，要同步明确安全生产目标和专项规划。企业要把安全生产工作的各项要求落实在企业发展和日常工作之中，在制定企业发展规划和年度生产经营计划中要突出安全生产，确保安全投入和各项安全措施到位。

26. 强制淘汰落后技术产品。不符合有关安全标准、安全性能低下、职业危害严重、危及安全生产的落后技术、工艺和装备要列入国家产业结构调整指导目录，予以强制性淘汰。各省级人民政府也要制定本地区相应的目录和措施，支持有效消除重大安全隐患的技术改造和搬迁项目，遏制安全水平低、保障能力差的项目建设和延续。对存在落后技术装备、构成重大安全隐患的企业，要予以公布，责令限期整改，逾期未整改的依法予以关闭。

27. 加快产业重组步伐。要充分发挥产业政策导向和市场机制的作用，加大对相关高危行业企业重组力度，进一步整合或淘汰浪费资源、安全保障低的落后产能，提高安全基础保障能力。

九、实行更加严格的考核和责任追究

28. 严格落实安全目标考核。对各地区、各有关部门和企业完成年度生产安全事故控制指标情况进行严格考核，并建立激励约束机制。加大重特大事故的考核权重，发生特别重大生产安全事故的，要根据情节轻重，追究地市级分管领导或主要领导的责任；后果特别严重、影响特别恶劣的，要按规定追究省部级相关领导的责任。加强安全生产基础工作考核，加快推进安全生产长效机制建设，坚决遏制重特大事故的发生。

29. 加大对事故企业负责人的责任追究力度。企业发生重大生产安全责任事故，追究事故企业主要负责人责任；触犯法律的，依法追究事故企业主要负责人或企业实际控制人的法律责任。发生特别重大事故，除追究企业主要负责人和实际控制人责任外，还要追究上级企业主要负责人的责任；触犯法律的，依法追究企业主要负责人、企业实际控制人和上级企业负责人的法律责任。对重大、特别重大生产安全责任事故负有主要责任的企业，其主要负责人终身不得担任本行业企业的矿长（厂长、经理）。对非法违法生产造成人员伤亡的以及瞒报事故、事故后逃逸等情节特别恶劣的，要依法从重处罚。

30. 加大对事故企业的处罚力度。对于发生重大、特别重大生产安全责任事故或一年内发生 2 次以上较大生产安全责任事故并负主要责任的企业以及存在重大隐患整改不力的企业，由省级及以上安全监管监察部门会同有关行业主管部门向社会公告，并向投资、国土资源、建设、银行、证券等主管部门通报，一年内严格限制新增的项目核准、用地审批、证券融资等，并作为银行贷款等的重要参考依据。

31. 对打击非法生产不力的地方实行严格的责任追究。在所辖区域对群众举报、上级督办、日常检查发现的非法生产企业（单位）没有采取有效措施予以查处，致使非法生产企业（单位）存在的，对县（市、区）、乡（镇）人民政府主要领导以及相关责任人，根据情节轻重，给予降级、撤职或者开除的行政处分，涉嫌犯罪的，依法追究刑事责任。国家另有规定的，从其规定。

32. 建立事故查处督办制度。依法严格事故查处，对事故查处实行地方各级安全生产委员会层层挂牌督办，重大事故查处实行国务院安全生产委员会挂牌督办。事故查处结案后，要及时予以公告，接受社会监督。

各地区、各部门和各有关单位要做好对加强企业安全生产工作的组织实施，制订部署本地区本行业贯彻落实本通知要求的具体措施，加强监督检查和指导，及时研究、协调解决贯彻实施中出现的突出问题。国务院安全生产委员会办公室和国务院有关部门要加强工作督查，及时掌握各地区、各部门和本行业（领域）工作进展情况，确保各项规定、措施执行落实到位。省级人民政府和国务院有关部门要将加强企业安全生产工作情况及时报送国务院安全生产委员会办公室。

中华人民共和国国务院

（中水电股安〔2010〕9 号文转发）

国务院关于加强职业培训促进就业的意见

（国发〔2010〕36 号·2010 年 10 月 20 日）

改革开放以来，我国职业培训工作取得了显著成效，职业培训体系初步建立，政策措施逐步完善，培训规模不断扩大，劳动者职业素质和就业能力得到不断提高，对促进就业和经济社会发展发挥了重要作用。与此同时，职业培训工作仍不适应社会经济发展、产业结构调整和劳动者素质提高的需要，职业培训的制度需要进一步健全、工作力度需要进一步加大、针对性和有效性需要进一步增强。为认真落实《国家中长期人才发展规划纲要（2010～2020 年）》、《国家中长期教育改革和发展规划纲要

（2010～2020年）》要求，全面提高劳动者职业技能水平，加快技能人才队伍建设，现就加强职业培训促进就业提出以下意见：

一、充分认识加强职业培训的重要性和紧迫性

（一）加强职业培训是促进就业和经济发展的重大举措。职业培训是提高劳动者技能水平和就业创业能力的主要途径。大力加强职业培训工作，建立健全面向全体劳动者的职业培训制度，是实施扩大就业的发展战略，解决就业总量矛盾和结构性矛盾，促进就业和稳定就业的根本措施；是贯彻落实人才强国战略，加快技能人才队伍建设，建设人力资源强国的重要任务；是加快经济发展方式转变，促进产业结构调整，提高企业自主创新能力和核心竞争力的必然要求；也是推进城乡统筹发展，加快工业化和城镇化进程的有效手段。

（二）明确职业培训工作的指导思想和目标任务。职业培训工作的指导思想是：深入贯彻落实科学发展观，以服务就业和经济发展为宗旨，坚持城乡统筹、就业导向、技能为本、终身培训的原则，建立覆盖对象广泛、培训形式多样、管理运作规范、保障措施健全的职业培训工作新机制，健全面向全体劳动者的职业培训制度，加快培养数以亿计的高素质技能劳动者。

当前和今后一个时期，职业培训工作的主要任务是：适应扩大就业规模、提高就业质量和增强企业竞争力的需要，完善制度、创新机制、加大投入，大规模开展就业技能培训、岗位技能提升培训和创业培训，切实提高职业培训的针对性和有效性，努力实现“培训一人、就业一人”和“就业一人、培训一人”的目标，为促进就业和经济社会发展提供强有力的技能人才支持。“十二五”期间，力争使新进入人力资源市场的劳动者都有机会接受相应的职业培训，使企业技能岗位的职工得到至少一次技能提升培训，使每个有培训愿望的创业者都参加一次创业培训，使高技能人才培训满足产业结构优化升级和企业发展需求。

二、大力开展各种形式的职业培训

（三）健全职业培训制度。适应城乡全体劳动者就业需要和职业生涯发展要求，健全职业培训制度。要统筹利用各类职业培训资源，建立以职业院校、企业和各类职业培训机构为载体的职业培训体系，大力开展就业技能培训、岗位技能提升培训和创业培训，贯通技能劳动者从初级工、中级工、高级工到技师、高级技师的成长通道。

（四）大力开展就业技能培训。要面向城乡各类有就业要求和培训愿望的劳动者开展多种形式就业技能培训。坚持以就业为导向，强化实际操作技能训练和职业素质培养，使他们达到上岗要求或掌握初级以上职业技能，着力提高培训后的就业率。对农村转移就业劳动者和城镇登记失业人员，要重点开展初级技能培训，使其掌握就业的一技之长；对城乡未继续升学的应届初高中毕业生等新成长劳动力，鼓励其参加1～2个学期的劳动预备制培训，提升技能水平和就业能力；对企业新录用的人员，要结合就业岗位的实际要求，通过师傅带徒弟、集中培训等形式开展岗前培训；对退役士兵要积极开展免费职业技能培训；对职业院校学生要强化职业技能和从业素质培养，使他们掌握中级以上职业技能。鼓励高等院校大力开展职业技能和就业能力培训，加强就业创业教育和就业指导服务，促进高校毕业生就业。

（五）切实加强岗位技能提升培训。适应企业产业升级和技术进步的要求，进一步健全企业职工培训制度，充分发挥企业在职业培训工作中的重要作用。鼓励企业通过多种方式广泛开展在岗职工技能提升培训和高技能人才培训。要结合技术进步和产业升级对职工技能水平的要求，通过在岗培训、脱产培训、业务研修、技能竞赛等多种形式，加快提升企业在岗职工的技能水平。鼓励企业通过建立技能大师工作室和技师研修制度、自办培训机构或与职业院校联合办学等方式，结合企业技术创新、技术改造和技术项目引进，大力培养高技能人才。鼓励有条件的企业积极承担社会培训任务，为参加职业培训人员提供实训实习条件。

（六）积极推进创业培训。依托有资质的教育培训机构，针对创业者特点和创业不同阶段的需求，开展多种形式的创业培训。要扩大创业培训范围，鼓励有创业要求和培训愿望、具备一定创业条件的城乡各类劳动者以及处于创业初期的创业者参加创业培训。要通过规范培训标准、提高师资水平、完善培训模式，不断提高创业培训质量；要结合当地产业发展和创业项目，根据不同培训对象特点，重点开展创业意识教育、创业项目指导和企业经营管理培训，通过案例剖析、考察观摩、企业家现身说法等方式，提高受培训者的创业能力。要强化创业培训与小额担保贷款、税费减免等扶持政策及创业咨询、创业孵化等服务手段的衔接，健全政策扶持、创业培训、创业服务相结合的工作体系，提高创业成功率。

三、切实提高职业培训质量

（七）大力推行就业导向的培训模式。根据就业

需要和职业技能标准要求，深化职业培训模式改革，大力推行与就业紧密联系的培训模式，增强培训针对性和有效性。在强化职业技能训练的同时，要加强职业道德、法律意识等职业素质的培养，提高劳动者的技能水平和综合职业素养。全面实行校企合作，改革培训课程，创新培训方法，引导职业院校、企业和职业培训机构大力开展订单式培训、定向培训、定岗培训。面向有就业要求和培训愿望城乡劳动者的初级技能培训和岗前培训，应根据就业市场需求和企业岗位实际要求，开展订单式培训或定岗培训；面向城乡未继续升学的应届初高中毕业生等新成长劳动力的劳动预备制培训，应结合产业发展对后备技能人才需求，开展定向培训。

（八）加强职业技能考核评价和竞赛选拔。各地要切实加强职业技能鉴定工作，按统一要求建立健全技能人才培养评价标准，充分发挥职业技能鉴定在职业培训中的引导作用。各级职业技能鉴定机构要按照国家职业技能鉴定有关规定和要求，为劳动者提供及时、方便、快捷的职业技能鉴定服务。完善企业技能人才评价制度，指导企业结合国家职业标准和企业岗位要求，开展企业内职业技能评价工作。在职业院校中积极推行学历证书与职业资格证书“双证书”制度。充分发挥技能竞赛在技能人才培养中的积极作用，选择技术含量高、通用性广、从业人员多、社会影响大的职业广泛开展多层次的职业技能竞赛，为发现和选拔高技能人才创造条件。

（九）强化职业培训基础能力建设。依托现有各类职业培训机构及培训设施，加大职业培训资源整合力度，加强职业培训体系建设，提高职业培训机构的培训能力。在产业集中度高的区域性中心城市，提升改造一批以高级技能培训为主的职业技能实训基地；在地级城市，提升改造一批以中、高级技能培训为主的职业技能实训基地；在经济较发达的县市，提升改造一批以初、中级技能培训为主的职业技能实训基地，面向社会提供示范性技能训练和鉴定服务。完善职业分类制度，加快国家职业技能标准和鉴定题库的开发与更新，为职业培训和鉴定提供技术支持。加强职业培训师资队伍建设，依托有条件的大中型企业和职业院校，开展师资培训，加快培养既能讲授专业知识又能传授操作技能的教师队伍。实行专兼职教师制度，建立和完善职业培训教师在职培训和到企业实践制度。根据职业培训规律和特点，加强职业培训特别是高技能人才培训的课程体系、培训计划大纲以及培训教材的开发。

（十）切实加强就业服务工作。加强覆盖城乡的公共就业服务体系建设，为各类劳动者提供完善的职业培训政策信息咨询、职业指导和职业介绍等服务，定期公布人力资源市场供求信息，引导各类劳动者根据市场需求，选择适合自身需要的职业培训。基层劳动就业和社会保障公共服务平台要了解、掌握培训需求，收集、发布培训信息，积极动员组织辖区内各类劳动者参加职业培训和职业技能鉴定，及时提供就业信息和就业指导，协助落实相关就业扶持政策，促进其实现就业。

（十一）鼓励社会力量开展职业培训工作。各地要根据国家有关法律、法规规定，明确民办职业培训机构的师资、设备、场地等基本条件，鼓励和引导社会力量开展职业培训，在师资培养、技能鉴定、就业信息服务、政府购买培训成果等方面与其他职业培训机构同等对待。同时，要依法加强对各类民办职业培训机构招生、收费、培训等环节的指导与监管，进一步提高民办职业培训机构办学质量，推动民办职业培训健康发展。

（十二）完善政府购买培训成果机制。各地要建立培训项目管理制度，完善政府购买培训成果机制，按照“条件公开、自愿申请、择优认定、社会公示”的原则，制定承担政府补贴培训任务的培训机构的基本条件、认定程序和管理办法，组织专家进行严格评审，对符合条件的向社会公示。要严格执行开班申请、过程检查、结业审核三项制度。鼓励地方探索第三方监督机制，委托有资质的社会中介组织对培训机构的培训质量及资金使用情况进行评估。

四、加大职业培训资金支持力度

（十三）完善职业培训补贴政策。城乡有就业要求和培训愿望的劳动者参加就业技能培训或创业培训，培训合格并通过技能鉴定取得初级以上职业资格证书（未颁布国家职业技能标准的职业应取得专项职业能力证书或培训合格证书），根据其获得职业资格证书或就业情况，按规定给予培训费补贴；企业新录用的符合职业培训补贴条件的劳动者，由企业依托所属培训机构或政府认定培训机构开展岗前培训的，按规定给予企业一定的培训费补贴。对通过初次职业技能鉴定并取得职业资格证书或专项职业能力证书的，按规定给予一次性职业技能鉴定补贴。对城乡未继续升学的应届初高中毕业生参加劳动预备制培训，按规定给予培训费补贴的同时，对其中农村学员和城市家庭经济困难学员给予一定生活费补贴。

（十四）加大职业培训资金投入。各级政府对用于职业培训的各项补贴资金要加大整合力度，具备条件的地区，统一纳入就业专项资金，统筹使用，提高效益。各级财政要加大投入，调整就业专项资金支出结构，逐步提高职业培训支出比重。有条件的地区要安排经费，对职业培训教材开发、师资培训、职业技能竞赛、评选表彰等基础工作给予支持。由失业保险基金支付的各项培训补贴按相关规定执行。

（十五）落实企业职工教育经费。企业要按规定足额提取并合理使用企业职工教育经费，职工教育经费的60%以上应用于一线职工的教育和培训，企业职工在岗技能提升培训和高技能人才培训所需费用从职工教育经费列支。企业应将职工教育经费的提取与使用情况列为厂务公开的内容，定期或不定期进行公开，接受职工代表的质询和全体职工的监督。对自身没有能力开展职工培训，以及未开展高技能人才培训的企业，县级以上地方人民政府可依法对其职工教育经费实行统筹，人力资源社会保障部门会同有关部门统一组织培训服务。

（十六）加强职业培训资金监管。各地人力资源社会保障部门要会同财政部门加强对职业培训补贴资金的管理，明确资金用途、申领拨付程序和监管措施。2012年底前，各省（区、市）地级以上城市要依托公共就业服务信息系统建立统一的职业培训信息管理平台，对承担培训任务的培训机构进行动态管理，对参训人员实行实名制管理，不断提高地区之间信息共享程度。要根据当地产业发展规划、就业状况以及企业用人需要，合理确定并向社会公布政府补贴培训的职业（工种），每人每年只能享受一次职业培训补贴。要按照同一地区、同一工种补贴标准统一的原则，根据难易程度、时间长短和培训成本，以职业资格培训期限为基础，科学合理地确定培训补贴标准。根据培训对象特点和培训组织形式，在现有补贴培训机构方式的基础上，积极推进直补个人、直补企业等职业培训补贴方式，有条件的地区可以探索发放培训券（卡）的方式。要采取切实措施，对补贴对象审核、资金拨付等重点环节实行公开透明的办法，定期向全社会公开资金使用情况，审计部门依法加强对职业培训补贴资金的审计，防止骗取、挪用、以权谋私等问题的发生，确保资金安全，审计结果依法向社会公告。监察部门对重大违纪违规问题的责任人进行责任追究，涉及违法的移交司法机关处理。

五、加强组织领导

（十七）完善工作机制。地方各级人民政府、各有关部门要进一步提高对职业培训工作重要性的认识，进一步增强责任感和紧迫感，从全局和战略的高度，切实加强职业培训工作。要把职业培训工作作为促进就业工作的一项重要内容，列入重要议事日程，定期研究解决工作中存在的问题。要建立在政府统一领导下，人力资源社会保障部门统筹协调，发展改革、教育、科技、财政、住房城乡建设、农业等部门各司其职、密切配合，工会、共青团、妇联等人民团体广泛参与的工作机制，共同推动职业培训工作健康协调可持续发展。

（十八）科学制定培训规划。各地要根据促进就业和稳定就业的要求，在综合考虑当地劳动者职业培训实际需求、社会培训资源和能力的基础上，制定中长期职业培训规划和年度实施计划，并纳入本地区经济社会和人才发展总体规划。各地人力资源社会保障部门要结合本地区产业结构调整和发展状况、企业用工情况，对劳动力资源供求和培训需求信息等进行统计分析，并定期向社会发布。充分发挥行业主管部门和行业组织在职业培训工作中的作用，作好本行业技能人才需求预测，指导本行业企业完善职工培训制度，落实职业培训政策措施。

（十九）加大宣传表彰力度。进一步完善高技能人才评选表彰制度，并对在职业培训工作中作出突出贡献的机构和个人给予表彰。充分运用新闻媒体，广泛开展主题宣传活动，大力宣传各级党委、政府关于加强职业培训工作的方针政策，宣传技能成才和成功创业的典型事迹，宣传优秀职业院校和职业培训机构在职业培训方面的特色做法和显著成效，营造尊重劳动、崇尚技能、鼓励创造的良好氛围。

中华人民共和国国务院

（中水电股人〔2010〕98号文转发）

国务院办公厅关于进一步做好农民工培训工作的指导意见

（国办发〔2010〕11号·2010年1月21日）

近年来，各地区、各部门认真贯彻落实《国务院关于解决农民工问题的若干意见》（国发〔2006〕

5号）和《国务院办公厅转发农业部等部门2003～2010年全国农民工培训规划的通知》（国办发〔2003〕79号），农民工培训工作取得显著成效，政策措施逐步完善，培训力度不断加大，农民工职业技能明显提高。但也应当看到，农民工培训工作仍然存在着培训项目缺乏统筹规划、资金使用效益和培训质量不高、监督制约机制不够完善等问题。为提高农民工技能水平和就业能力，促进农村劳动力向非农产业和城镇转移，推进城乡经济社会发展一体化进程，经国务院同意，现就进一步做好农民工培训工作提出如下指导意见：

一、基本原则和主要目标

（一）基本原则。

1. 统筹规划、分工负责。把农民工培训工作纳入国民经济和社会发展规划，按照地方政府分级管理，职能部门各负其责，农民工工作协调机制统筹协调的原则，建立相互配合、有序运行的工作机制。

2. 整合资源、提高效益。根据企业和农民工的实际培训需要，整合培训资源，统筹安排、集中使用农民工培训资金。按照同一地区、同一工种补贴标准统一的原则，科学制定培训补贴基本标准，规范培训项目管理，严格监管培训资金使用。

3. 政府支持、市场运作。加大政府培训投入，增强培训能力，加强规范引导。发挥市场机制在资金筹措、培训机构建设、生源组织、过程监管、效果评价等方面的积极作用，鼓励行业、企业、院校和社会力量加强农民工培训。

4. 突出重点、讲求实效。重点发挥企业和院校产学结合的作用，加强农民工职业技能培训、在岗技能提升培训、创业培训和农村实用技术培训。着力提升培训质量，使经过培训的农民工都能掌握一项实用技能，提高培训后的就业率。

（二）主要目标。按照培养合格技能型劳动者的要求，逐步建立统一的农民工培训项目和资金统筹管理体制，使培训总量、培训结构与经济社会发展和农村劳动力转移就业相适应；到2015年，力争使有培训需求的农民工都得到一次以上的技能培训，掌握一项适应就业需要的实用技能。

二、搞好培训工作统筹规划

（三）制定实施新一轮培训规划，抓好培训项目的组织实施。按照我国经济发展、经济结构调整、产业布局和农业农村经济发展人才需求，科学统筹和把握农村劳动力转移就业的力度和节奏，制定新一轮全国农民工培训规划，纳入国民经济和社会发展中长期规划。各省（区、市）以及相关部门要根据国家农民工培训规划并结合实际，编制本地区、本行业的农民工培训规划和年度计划，明确农民工培训的规模和重点，科学规划培训机构的类型、数量和布局，认真抓好组织实施。

（四）明确培训重点，实施分类培训。根据农民工的不同需求，进一步规范培训的形式和内容，提高培训质量和效果。外出就业技能培训主要对拟转移到非农产业务工经商的农村劳动者开展专项技能或初级技能培训。技能提升培训主要对与企业签订一定期限劳动合同的在岗农民工进行提高技能水平的培训。劳动预备制培训主要对农村未能继续升学并准备进入非农产业就业或进城务工的应届初高中毕业生、农村籍退役士兵进行储备性专业技能培训。创业培训主要对有创业意愿并具备一定创业条件的农村劳动者和返乡农民工进行提升创业能力的培训。农村劳动者就地就近转移培训主要面向县域经济发展，重点围绕县域内农产品加工、中小企业以及农村妇女手工编织业等传统手工艺开展培训。

（五）以市场需求为导向，增强培训针对性。建立培训与就业紧密衔接的机制，适应经济结构调整和企业岗位需求，及时调整培训课程和内容。重点加强建筑业、制造业、服务业等吸纳就业能力强、市场容量大的行业的农民工培训。做好水库移民中的农民工培训工作。以实现就业为目标，根据产业发展和企业用工情况，组织开展灵活多样的订单式培训、定向培训，增强培训的针对性和有效性。根据县域经济发展人才需求，开展实用技能培训，促进农村劳动力就地就近转移就业；结合劳务输出开展专项培训，培育和扶持具有本地特色的劳务品牌，促进有组织的劳务输出。

（六）创新农民工培训机制。国务院农民工工作联席会议要组织协调有关部门建立培训项目管理制度，完善政府购买培训成果的机制，保证承担培训任务的院校、具备条件的企业培训机构及其他各类培训机构平等参与招投标，提高培训质量。鼓励有条件的地区探索推行培训券（卡）等有利于农民工灵活选择培训项目、培训方式和培训地点的办法。充分发挥社会各方面参与培训的积极性，建立促进农民工培训的多元投入机制。落实好中等职业教育国家助学金和免学费政策，力争使符合条件的农村劳动力尤其是未能继续升学的初、高中毕业生都能接受中等职业教育。逐步实施农村新成长劳动力免费劳动预备制培训。

三、建立规范的培训资金管理制度

（七）以省级统筹为重点，集中使用培训资金。

各省（区、市）要将农民工培训资金列入财政预算，进一步加大农民工培训资金投入，并按照统筹规划、集中使用、提高效益的要求，将中央和省级财政安排的各项农民工培训资金统筹使用，各部门根据职责和任务，做好相关培训工作，改变资金分散安排、分散下达、效益不高的状况。国家有关部门要依据新一轮全国农民工培训规划和年度计划，统筹安排农民工培训资金，对地方予以适当补助。

（八）制定农民工培训补贴基本标准。各省（区、市）要进一步完善农民工培训补贴政策，按照农民工所学技能的难易程度、时间长短和培训成本，以通用型工种为主，科学合理地确定培训补贴基本标准，并根据实际情况定期予以调整，以使农民工能够掌握一门实用技能。各中心城市或县（市）要按照同一工种补贴标准相同的原则，确定具体的补贴标准。优先对未享受过政府培训补贴的农民工进行职业技能培训，避免多部门重复培训。

（九）对培训资金实行全过程监管。各地要加强对农民工培训资金的管理，明确申领程序，严格补贴对象审核、资金拨付和内外部监管。建立健全财务制度，强化财务管理和审计监督。以完善培训补贴资金审批为重点，进一步加强基础工作。建立享受培训补贴政策人员、单位的基础信息数据库，有效甄别培训补贴申请材料的真实性，防止出现冒领行为。财政扶贫培训资金只能用于贫困家庭劳动力的培训补贴。

（十）按照谁审批谁负责的原则，严肃查处违规违纪行为。要按照政府信息公开的有关规定向社会公开培训资金使用管理情况，接受监察、审计部门和社会的监督。健全培训补贴资金与培训成本、培训质量、就业效果挂钩的绩效评估机制，严肃查处套取培训资金的行为。对有虚报、套取、私分、截留、挪用培训补贴资金等行为的单位和个人，要根据有关规定严肃查处，并按照谁审批谁负责的原则，追究相关单位和人员的责任。涉嫌犯罪的，要依法移送司法部门处理。

四、充分发挥企业培训促进就业的作用

（十一）加强产学结合的企业培训。完善企业与院校联合开展培训的政府激励机制，各级政府和有关部门要积极支持企业开展农民工培训，鼓励企业特别是劳动密集的大型企业与院校联合举办产学结合的农民工培训基地，鼓励中小企业依托职业学校、职业培训机构培训在岗农民工，鼓励有条件的企业为职业学校和培训机构提供实习场所和设备，鼓励有一定规模的企业举办农民工业余学校。

（十二）强化企业培训责任。企业要把农民工纳入职工教育培训计划，确保农民工享受和其他在岗职工同等的培训待遇，并根据企业发展和用工情况，重点加强农民工岗前培训、在岗技能提升培训和转岗培训。鼓励企业依托所属培训机构或委托所在地定点培训机构，结合岗位要求和工作需要，组织农民工参加技能提升培训。鼓励企业选送农民工参加脱产、半脱产的技能培训和职业教育，推动技术工人特别是高级技工的技能提升培训。鼓励企业组织农民工参加职业技能竞赛。

（十三）发挥行业的指导作用。行业主管部门要对本行业依托企业开展的农民工培训进行协调和指导，充分发挥行业管理优势，在培训标准、培训内容和专业师资队伍建设等方面，加强对农民工培训的监督检查。要结合行业特点和企业用工需求，办好职业学校和培训基地。各级行业组织要积极发挥作用，优化培训资源配置，作好行业人力资源预测，为企业提供培训信息等中介服务，重点抓好校企合作，形成一批具有一定规模、富有特色的农民工培训项目。

（十四）落实企业培训资金。积极探索培训资金直补用人单位的办法。对用人单位吸纳农民工并与其签订 6 个月以上期限劳动合同，在劳动合同签订之日起 6 个月内由用人单位组织到职业培训机构进行培训的，按照有关规定对用人单位给予职业培训补贴。企业要按照规定足额提取职工教育经费，在岗农民工教育和培训所需费用从职工教育培训经费中列支。职工教育培训经费要按规定使用，不得挪作他用，使用情况要向职工代表大会或员工大会报告。鼓励行业、企业建立农民工培训奖励基金，扶持农民工参加学习与培训。

五、努力提高培训质量

（十五）加大培训组织工作力度。逐步建立和完善农民工培训的政策法规，通过多种渠道大力宣传有关政策，督促指导行业、企业、基层劳动保障工作站点和培训机构做好各类培训的组织工作，广泛动员农民工参加培训。充分发挥人力资源市场、群团组织以及互联网、新闻媒体的作用，及时发布培训项目、培训机构、教学师资、实训设备等方面的信息，为农民工自主选择培训机构和培训项目提供便利条件。积极引导和规范培训机构组织生源的行为。

（十六）规范培训管理，加强绩效评估。各地区和有关部门要建立农村劳动力培训台账和转移就业台账，对培训对象实行实名制管理。制定农民工培训质量效益评估指标体系，统一培训考核指标、考核程序和考核办法。积极探索第三方监督机制，委托有资质的社会中介组织对培训机构的培训质量及资金使用情况进行评估。规范培训工作管理流程，加强对培训工作全程的监管考评，做到培训信息公开、审核结果公示、培训过程透明、社会参与监管。

（十七）严格培训结业考核和发证制度。对于培训机构承担的财政补贴培训项目，要建立统一规范的结业考核程序，加强对考核过程、考核结果和证书发放的监督检查。农民工参加职业技能培训，按规定程序和要求考核合格后，颁发培训合格证书、职业能力证书或职业资格证书。鼓励农民工参加职业技能鉴定，职业技能鉴定机构要积极支持企业开展培训考核和技能鉴定工作。对经鉴定合格并获得职业资格证书的农民工，要按照规定给予一次性职业技能鉴定补贴。要加强对从事高危行业和特种作业农民工的专门培训，按照有关规定持证上岗。

六、强化培训能力建设

（十八）加强培训基地建设，增强实训能力。要按照农民工培训总体规划和布局，在全国主要劳动力输出和输入地区，依托现有培训资源提升改造农民工培训示范基地。承担培训任务的机构要有符合规定条件的教学设施和实训设备，保证参加培训的农民工得到足够的实训时间，达到上岗实际操作的要求。充分利用和优化配置现有教育培训资源，共建共享共用，提高培训资源利用效率。依托农村党员干部远程教育网、农村中小学远程教育网等资源，推广农民工网络培训、广播电视教育和电化教育。新增农民工培训资源要符合区域发展规划，重点投向欠发达地区和薄弱环节。

（十九）规范农民工培训机构管理。各地方农民工工作协调机制要组织有关部门制定农民工培训机构资质规范，明确培训机构在资金、师资、设备、场地等方面的必备条件。按照公开、公平、公正的原则，根据规定的条件和程序，通过招投标方式，面向全社会选择农民工培训机构，确定其承担的培训项目和工种，并向社会公开发布。建立培训机构动态管理和退出机制，对不合格的农民工培训机构定期进行清理整顿。承担农民工培训任务的院校、具备条件的企业培训机构和其他各类培训机构要发挥优势，起到农民工培训主阵地的作用，其他农民工培训机构要加强基础建设，提高培训能力和办学水平。

（二十）加强培训基础工作。加强农民工培训专兼职师资队伍建设，鼓励高校毕业生和各类优秀人才到基层农民工培训机构服务。根据农民工培训工作的实际需要，抓好培训教材规划编写和审定工作。有关部门要切实做好农民工培训统计工作，准确统计参加培训项目的实际人数。充分利用和整合现有资源，加强公共就业服务信息网络建设，建立培训资源数据库，提供统一高效、互联互通的农民工培训信息，提高农民工培训教学和管理的信息化水平。发挥基层劳动保障工作平台的作用，及时掌握用人单位和农民工的培训需求，为农民工培训管理和服务提供准确、及时的信息。

七、加强组织领导

（二十一）完善统筹协调机制。国务院农民工工作联席会议负责全国农民工培训的统筹规划、综合协调和考核评估，联席会议成员单位按照相关政策规定和各自职责，根据统一规划和年度计划，指导各地具体组织实施农民工培训工作。各地要进一步完善农民工工作协调机制，充分发挥人力资源社会保障、发展改革、教育、科技、财政、住房城乡建设、农业、扶贫等有关部门和工会、共青团、妇联等组织的作用，相互协作，共同做好农民工培训工作。人力资源社会保障部门主要负责向城市非农产业转移的农村劳动者技能培训的政策制定和组织实施；农业部门主要负责就地就近就业培训的政策制定和组织实施；教育部门主要负责农村初、高中毕业生通过接受中等职业教育实现带技能转移的政策制定和组织实施。

（二十二）强化地方政府责任。做好农民工培训工作的主要责任在地方。地方各级政府要把农民工培训工作列入议事日程，按照分级管理的原则，建立领导责任制和目标考核制，对本地区农民工培训进行统一管理和监督检查，要充实必要的工作力量，努力建设一支高素质的农民工培训工作队伍，对在农民工培训工作中作出突出成绩的单位和个人要给予奖励。

（二十三）开展先进经验交流。要探索农民工培训的客观规律，加强对中长期农民工培训发展规划以及政策的分析研究，及时总结推广农民工培训工作的新鲜经验。要注意学习借鉴国外农村劳动力转移就业培训和移民培训的有益经验，开展农民工培训工作领域的国际合作与交流。

各省（区、市）和国务院有关部门要根据本指导意见制定具体实施办法，确保各项政策措施落到实处，及时将贯彻落实本指导意见的办法和实施情况报告国务院农民工工作联席会议办公室。

国务院办公厅

（中水电人〔2010〕51号文转发）

关于新形势下加强中央企业办公室工作的指导意见

（国资发〔2010〕38号·2010年3月25日）

为深入贯彻落实科学发展观，适应中央企业改革发展稳定的新形势和新要求，进一步提高中央企业办公室（办公厅、综合部、总裁办公室、总经理办公室等，以下统称办公室）工作的质量和水平，根据《国务院国资委工作规则》及相关要求，结合中央企业实际，现就加强中央企业办公室工作提出如下意见。

一、新形势下加强中央企业办公室工作的指导思想和总体要求

国务院国资委成立以来，中央企业办公室紧紧围绕中央企业经营发展战略和改革发展稳定的大局，在建章立制、规范程序、综合协调、会务值班、公文处理、信息调研、督导督办、保密档案、秘书工作、信访维稳、信息化建设、后勤保障、队伍建设等方面取得了显著成效，为中央企业的改革发展稳定发挥了重要作用。但同时也要清醒地看到，当前中央企业办公室工作同中央企业科学发展上水平的目标要求还不完全适应，有的制度不够健全，流程不够优化；有的现代管理意识不强，工作方式方法创新不够；有的工作不够规范，队伍素质亟待提高；有的对办公室建设重视不够等。这些问题不同程度地影响了办公室工作的质量和效率，影响了其枢纽作用和整体效能的发挥。

当前世界经济急剧变化，我国进入加快转变经济发展方式的关键时期，中央企业承担着异常繁重和艰巨的任务，面临着更高层次、更高水平、更加激烈的竞争。中央企业办公室必须适应当前新形势和新要求，及时查找不足，分析原因，按照科学发展观要求，研究办公室工作规律，改进工作方式方法，提高办文、办会、办事效率和水平，促进中央企业更好地履行经济责任、政治责任和社会责任，树立优质品牌和良好形象，为国民经济持续健康快速发展和建设小康社会作出新的更大贡献。

新形势下加强中央企业办公室工作的指导思想是：以邓小平理论和“三个代表”重要思想为指导，深入贯彻落实科学发展观，坚持服务中央企业改革发展稳定工作大局，紧紧围绕中央企业生产经营和改革发展目标，自觉遵循企业发展规律和办公室工作规律，着力构建与公司治理、组织架构、发展战略、价值理念、队伍素质等相适应的办公室工作体制机制，充分发挥企业办公室综合协调、行政枢纽、参谋助手和窗口服务的功能作用，促进中央企业科学发展上水平。

新形势下加强中央企业办公室工作的总体要求是：不断加强办公室工作的科学化、制度化、规范化和信息化，力争用2～3年时间，努力使多数中央企业办公室达到政令畅通、执行有力、规范高效、服务优质、作风过硬的一流水平。

二、新形势下加强中央企业办公室工作的主要任务

中央企业办公室不同于政府部门的办公厅（室），也不同于一般企业的办公室。目前，许多中央企业办公室除了承担办公室的一般职责外，还承担了后勤、维稳、保卫、外事、法规、宣传、应急、安全、信息化等职能。按照中央企业办公室的职能定位和基本要求，新形势下加强中央企业办公室工作要切实完成好以下七项主要任务。

（一）做好综合协调。加强值班工作，确保24小时与上级有关部门、集团公司内部及所属企业的信息联络畅通，企业重要信息要及时上报国务院国资委；完善会议管理制度，改进会风，做好会务，重要会议、重要活动有关情况要在一定范围内及时通报，党中央、国务院及国务院国资委、国务院国资委党委的重要指示和会议精神要及时组织传达；加强综合协调，协调解决好企业改革发展稳定遇到的各种矛盾和问题，处理好媒体、股东、社会公众等各方面关系，努力提高企业整体运转效能和效率，有效发挥办公室的综合协调作用。

（二）做好执行督办。牢固树立大局意识和责任意识，紧紧围绕企业中心任务及早作出重点工作安排；要加大督促检查力度，保证重大决策和重要工作部署落实到位；要加强对所属企业办公室工作的指导和督查，发挥好全系统办公室工作的整体优势，提高执行力；要在执行和督办中加强调查研究，及时发现工作中带有全局性、苗头性、倾向性、趋势性问题，为领导决策提供真实的第一手资料和决策

建议。

（三）做好公文处理。要按照党中央、国务院以及国务院国资委对公文处理的有关规定和要求，结合企业实际，建立健全本企业公文处理制度，切实改进文风，进一步加强公文的标准化和规范化管理，做好公文考核评价工作，研究创新公文管理模式，管好用好“中央企业公文交流平台”，不断提高公文质量和公文处理效率。

（四）做好信息编报工作。要按照党中央、国务院以及国务院国资委对信息工作的有关规定和要求，围绕中心工作和企业改革发展中的重点、难点和热点问题，加大信息编报特别是综合信息编报的力度，做到及时、准确、全面。结合企业实际，完善信息工作机制，健全信息工作制度，加强信息调研，不断提高信息编报质量、信息处理的信息化水平和信息工作人员的素质。

（五）做好保密工作。要按照中央保密委、国家保密局以及国务院国资委对保密工作的有关规定和要求，提高保密意识，落实保密责任，完善保密制度，作好保密检查，杜绝重大失泄密事件的发生，把一般失泄密事件数量降至个位数。

（六）做好档案工作。要按照《国家档案局国务院国有资产监督管理委员会关于印发〈关于进一步加强中央企业档案工作的意见〉的通知》（档发〔2009〕6号）以及有关规定和要求，加强档案基础管理，理顺档案管理体制，建立健全档案工作制度，抓好档案的归档、查询、编研等，开展档案信息化建设工作，不断提高档案管理为中心工作服务的能力和水平。

（七）做好信访维稳工作。要按照国务院国资委关于加强中央企业信访工作意见的要求，加强领导，落实责任，处理好中央企业改革发展稳定的关系，依法维护职工合法权益，健全信访维稳工作机构，确保信访维稳工作渠道畅通，提高队伍素质，把握工作重点，协调处理好重大群体性上访问题，不断提高信访维稳工作质量和水平。

三、新形势下加强中央企业办公室工作的主要措施

（一）加强对办公室工作的领导。要进一步加强企业办公室领导班子建设。企业主要负责人要重视对办公室工作的领导，明确办公室工作的重点和目标要求，帮助办公室解决工作中遇到的困难和问题，为办公室工作创造必要的条件，保障办公室工作的组织到位、职责到位和人员到位。

（二）加强办公室制度建设。既要建立健全与国务院国资委办公厅现有基本职能相对应的工作制度，还要立足本企业办公室其他职能，建立和完善相应的规章制度与管理流程，制订管理手册，促进办公室工作职责更加清晰、目标更加明确、运转更加顺畅。要加大制度执行力，形成制度的订立、执行、监督、反馈及完善的闭环体系，促使办公室各项工作责任有落实、工作有程序、做事有规范、检查有依据、考评有规则。

（三）加强办公自动化建设。要按照国务院国资委《关于加强中央企业信息化工作的指导意见》（国资发〔2007〕8号）和《关于进一步推进中央企业信息化工作的意见》（国资发〔2009〕102号），切实做好中央企业及所属企业办公自动化系统的建设与应用，逐步实现网上办公，实现与其他信息系统的信息互通和资源共享，提高协同办公水平。落实信息安全保护责任，健全管理制度，运用现代保密技术，确保办公自动化系统信息安全。以办公自动化系统为切入点，积极推进企业业务流程再造，加快集团综合管理信息化建设，不断提高集团管控能力。

（四）加强办公室队伍建设。提高素质、带好队伍是加强办公室建设并争创一流的关键。各中央企业办公室要切实抓好队伍的思想建设、作风建设、能力建设和廉政建设。企业办公室党组织要围绕企业中心工作，把握好政治方向，落实好党的路线方针政策和各项工作任务，发挥好党组织的战斗堡垒作用和党员的先锋模范作用。要通过开展培训、交流、调研、挂职等多种方式，不断提高办公室工作人员的政治素养和业务能力，努力创建学习型办公室。建立办公室人才选拔、培养、使用的长效机制，打造一支政治坚定、业务精良、作风过硬的高素质办公室队伍。

（五）做好办公室考评工作。要按照国务院国资委办公厅关于中央企业办公室相关工作的评价办法，建立和完善切合本企业实际的办公室工作评价与考核办法，并指导所属企业办公室的考评工作。要创造公正公开、效能优先、综合评价的考评工作氛围和制度规范，建立绩效管理的长效机制。

加强中央企业办公室工作，完成好中央企业办公室各项任务，是新形势的必然要求。各中央企业要结合实际，求真务实，锐意进取，真抓实干，追求卓越，不断提高办公室工作的质量和水平，努力开创办公室工作的新局面，为实现中央企业又好又快、科学和谐发展作出新贡献。

国务院国有资产监督管理委员会

（中水电股总〔2010〕32号文转发）

中央企业工资总额预算管理暂行办法

（国资发分配〔2010〕72号·2010年5月25日）

第一章 总 则

第一条 为指导中央企业进一步深化收入分配制度改革，加强收入分配调控，推动企业逐步建立健全市场化工资决定机制，促进企业科学发展，根据《中华人民共和国公司法》、《中华人民共和国企业国有资产法》、《企业国有资产监督管理暂行条例》和国家收入分配的有关政策，制定本办法。

第二条 本办法所称中央企业是指国务院国有资产监督管理委员会（以下简称国务院国资委）履行出资人职责的企业。

第三条 中央企业年度工资总额预算编制、报告、执行与清算工作，适用本办法。

第四条 本办法所称工资总额预算管理是指在国务院国资委依法调控下，中央企业围绕发展战略，依据年度生产经营目标、经济效益情况和人力资源管理要求，对年度工资总额的确定、发放和职工工资水平的调整，作出计划安排并进行有效控制和监督的活动。

第五条 本办法所称工资总额是指中央企业在一个会计年度内直接支付给本企业全部职工的劳动报酬总额，其组成按照国家有关规定执行。

第六条 工资总额预算管理应当遵循以下原则：

（一）坚持效益导向，职工工资水平与企业竞争力相适应。在中央企业经济效益提高的基础上，参考企业战略规划和社会经济发展等因素，建立健全工资总额决定机制和职工工资正常增长机制。

（二）坚持市场化改革方向，合理调节收入分配关系。在发挥市场对企业收入分配基础调节作用的基础上，逐步实现中央企业职工工资水平与劳动力市场价位相衔接，合理调节行业间、企业间和企业内部各类人员收入分配关系。

（三）坚持出资人依法调控与企业自主分配相结合，兼顾国家、企业和职工三者利益关系。国务院国资委按照相关法律法规赋予的权利和职责依法调控中央企业收入分配总体水平，并充分发挥中央企业作为市场主体的自主分配作用。

（四）坚持工资总额预算管理改革与垄断行业改革、企业内部其他改革相衔接和配套。探索工资总额管理新机制，理顺各类人员收入分配关系，循序渐进，稳步实施。

第七条 国务院国资委在全面推进中央企业工资总额预算管理工作的基础上，按照国家关于企业人工成本控制、核算、统计的规定，结合中央企业收入分配管理实际，逐步实现对中央企业人工成本的统筹管理。

第二章 工资总额预算管理职责

第八条 国务院国资委依据有关法律、法规和相关政策，制定工资总额预算管理规定，对中央企业工资总额预算编制、报告及执行工作进行监督管理，依法调控中央企业收入分配总体水平。

第九条 国务院国资委建立中央企业行业工资增长调控线（以下简称工资增长调控线）及相关信息发布制度，指导企业编制、执行工资总额预算。

第十条 国务院国资委对中央企业工资总额预算实行核准制。对法人治理结构健全、内部自我约束机制完善等具备条件的中央企业，可以实行备案制。

第十一条 中央企业依据国务院国资委有关规定，建立健全工资增长与企业效益增长相适应的联动机制（以下简称工资效益联动机制），组织开展本企业工资总额预算编制、执行以及内部监督、评价工作，完善工资总额预算管理工作制度和组织体系。

第十二条 工资总额预算经国务院国资委核准或者备案后，由中央企业根据生产经营特点与内部绩效考核制度、薪酬分配制度，自行决定所属企业工资总额调控方式、内部收入分配结构和水平。

第十三条 中央企业所属企业为预算执行单位。中央企业应当指导各预算执行单位开展工资总额预算的编制、实施工作，并对其预算进行管理和监督，履行出资人职责。

第三章 工资总额预算编制和申报

第十四条 中央企业工资总额预算以上年实际发放工资总额为基础编制。工资总额预算增长根据企业经济效益预测情况、企业发展战略、工资增长调控线、工资效益联动机制等因素综合确定。

第十五条 国务院国资委按照提高企业核心竞争力和调节行业收入分配关系的总体要求，依据中央企业经济效益增长预测情况，参考国民经济发展宏观指标、社会平均工资、劳动力市场价位等因素，分行业制定和发布工资增长调控线。工资增长调控线分为上线、中线和下线。

第十六条 中央企业根据经济效益状况、人工成本投入产出水平和职工工资水平等情况，分别适用工资增长调控线上线、中线和下线。企业处于特殊发展阶段或者受国家政策等因素影响，适用的工资增长调控线范围可以适当浮动。

第十七条 中央企业在科学确定经济效益预算目标值的基础上，按照效益导向原则和适用的调控线范围，自主建立工资效益联动机制，合理确定本企业工资总额预算增长。

第十八条 工资效益联动机制包括经济效益指标选取及预算目标值的确定、工资增长与经济效益状况相适应的联动办法等内容。经济效益指标的选取以利润总额和经济增加值为主。

第十九条 中央企业工资总额预算方案应当主要载明以下内容：

（一）上年度生产经营和经济效益完成情况、工资总额预算执行情况；

（二）预算年度生产经营和经济效益预测情况；

（三）预算年度人力资源配置计划、薪酬策略调整情况、工资总额预算安排、人工成本项目构成及增减计划；

（四）总部职工工资总额预算情况；

（五）工资效益联动机制。

第二十条 中央企业应当按照国家收入分配政策规定和国务院国资委有关要求编制工资总额预算。工资总额预算方案提交董事会或者总经理办公会议审议后，按照规定时间报送国务院国资委。

第二十一条 国务院国资委按照本办法要求及相关规定，对中央企业报送的工资总额预算方案进行核准或者备案，并在规定的时间内出具审核意见，同时抄送派驻所在企业监事会。对于工资总额预算方案不符合国务院国资委工资总额预算管理规定的，国务院国资委将要求企业调整或者重新编报预算方案。

第四章 工资总额预算执行和调整

第二十二条 中央企业应当严格执行经国务院国资委核准或者备案的工资总额预算方案，逐级落实预算执行责任，切实加强内部预算执行情况的跟踪和监督，确保年度经济效益预算和工资总额预算目标的实现。

第二十三条 中央企业应当建立工资总额预算执行情况定期分析报告制度，一年报告两次，分别于半年、全年结束后1个月内向国务院国资委报送预算执行情况。

第二十四条 中央企业应当加强工资总额发放管理，规范列支渠道。在国务院国资委核定的工资总额外，不得再以其他形式在成本（费用）中列支任何工资性项目。

第二十五条 国务院国资委建立中央企业工资总额预算动态监控制度，对中央企业工资总额发放情况、人工成本投入产出等主要指标执行情况进行跟踪监测，并将监测和评估结果及时反馈中央企业，督促中央企业加强预算执行情况的监督和控制。

第二十六条 中央企业工资总额预算在执行过程中出现以下情形之一，导致预算编制基础发生重大变化的，可以申请对工资总额预算进行调整：

（一）国家宏观经济政策发生重大调整的；

（二）市场环境发生重大变化的；

（三）企业发生分立、合并等重大资产重组行为的；

（四）其他特殊情况。

第二十七条 中央企业工资总额预算调整情况经企业董事会或者总经理办公会议审议后，应当于当年8月底前报国务院国资委复核或备案，同时抄送派驻所在企业监事会。

第五章 工资总额预算清算和评价

第二十八条 国务院国资委对中央企业工资总额预算执行情况实行清算评价制度。中央企业按照清算工作要求应当于下一年4月底前向国务院国资委提交全年工资总额预算执行情况报告。

第二十九条 国务院国资委依据经审计的财务决算，对中央企业工资总额预算执行情况、执行国家及国务院国资委有关收入分配政策等情况进行综合分析评价，并出具评价意见，同时抄送派驻所在企业监事会。中央企业工资总额清算额度经国务院国资委核准确认后按照国家有关规定据实列支。

第三十条 国务院国资委对工资总额预算执行偏离度过大、工资增长突破调控线、未完成经济效益预算目标值或者未有效执行工资效益联动机制的中央企业，将采取核减下一年度工资总额预算额度等措施，要求中央企业整改。

第三十一条 国务院国资委对预算执行过程中弄虚作假以及其他严重违反预算管理规定的中央企业，将视情况对企业采取警示、通报批评、扣减企业负责人年度绩效薪金等处罚措施，必要时对企业负责人及相关责任人给予行政处分。

第三十二条 监事会对中央企业工资总额预算执行情况进行监督检查。

第三十三条 国务院国资委可以根据情况对中央企业工资总额预算执行情况进行专项检查与考核，必要时也可以委托专门机构进行审计。

第六章 附 则

第三十四条 多元投资主体中央企业的工资总额预算编制、调整和清算情况，经国务院国资委核准或者备案同意后，按照公司章程的规定履行程序。

第三十五条 各省（区、市）及计划单列市和新疆生产建设兵团国有资产监督管理机构参照本办法制定相关工作规范。

第三十六条 本办法自印发之日起施行。

国务院国有资产监督管理委员会

（中水电股人〔2010〕60号转发）

关于中央企业工程建设领域突出问题专项治理整改工作的指导意见

（国资发纪检〔2010〕171号·2010年11月5日）

为切实做好中央企业工程建设领域突出问题专项治理（以下简称工程治理）整改工作，正确把握政策界限，抓好问题的分类处理，根据国务院办公厅和中央治理工程建设领域突出问题工作领导小组办公室关于认真做好工程建设领域有关工作的要求，结合中央企业实际，现就中央企业工程治理整改工作提出如下指导意见：

一、整改工作的原则

开展工程治理整改工作，是中央企业工程治理工作的重要步骤。搞好整改工作，对于规范企业管理，促进企业深化改革、结构调整、构建惩防体系，从源头上最大限度地减少违规、违纪、违法问题的发生具有重要意义。各中央企业要注意把握以下原则，切实搞好整改工作。

（一）立足当前，着眼长远。解决工程建设领域当前的突出问题与企业管理体制、机制和制度等长远建设相结合。一要对影响实施项目进度、安全、质量和造成损失的问题迅速纠正，立即整改。对于没有完工的项目，要坚持动态监管、全程监督；对于新开工项目，要滚动摸排、跟踪督查。二要着眼长远健全制度，注意与同行业中工程建设项目管理比较好的企业对标、找差距，高起点抓整改，标本兼治、综合治理，促进企业项目管理体制、机制、制度的完善和管理方式的改进，整体提升项目管理水平。

（二）突出重点，整体推进。在整体推进整改工作的同时，要抓好重点，合理安排。一要着重针对项目决策、质量安全管理、招投标、物资采购和资金使用等问题多发易发环节，制定整改措施。二要根据项目进展程度把握重点，对于已竣工的项目，以认真总结经验教训，完善管理制度和方式为主，确保既有效提高管理水平又避免类似问题再次发生；对于在建工程以立即整改、及时纠偏为重点，该报批的报批、该补办的补办、该规范的规范；对于发生问题并产生不良后果的要坚决整改，根据相关规定严肃处理。三要统筹兼顾，系统治理，整体推进，确保整改工作不留死角。

（三）区别对待，分类处理。对相关责任人的处理要实事求是，讲究政策。一是对程序性违规的，要区别处理。对一般性违规的，以批评教育、吸取教训、督促整改为主；对严重违规并造成严重后果的，必须调查处理、追究责任。二是对造成资产损失的，要认定责任，给责任单位和责任人以相应的责任追究。三是对违法违纪、以权谋私的，由相应管理部门给予党政纪处分；对于涉嫌违法犯罪的责任人，一经核实，依法处理。四是对主动认识和纠正问题的，可以按照有关规定从轻、减轻或免于处罚；对掩盖问题或弄虚作假、拒不整改的，要严肃处理；对边查边犯、顶风违纪的，要从严处理，绝不姑息。

二、突出问题的整改

各中央企业要从人员素质、管理模式、内部控制、业务流程、制度建设、监督检查等方面深入分析产生问题的原因，确定整改重点，制订整改计划，有针对性地搞好整改工作。

（一）纠正违规决策及审批行为。一要进一步完善投资决策体系，严格决策程序，建立和完善投资管理机制，纠正违反非主业投资管理规定、计划外投资管理无序、违规使用银行信贷资金、过度负债投资等问题。二要抓紧补办项目土地使用证、环境影响评价证、施工许可证等基建相关审批手续，纠正项目审批程序不合规的问题。三要建立并严格执行项目论证程序，建立和完善项目储备制度，切实做好项目勘察、设计、论证分析等前期工作，确保投资计划和项目预算下达后即可完成开工准备，及时开工建设，纠正项目立项论证不充分、可行性研究不深、预算不实、实施方案不细的问题。四要规范变更设计管理，坚持“先批准、后变更”原则，严格控制重大设计变更，完善变更报批手续，纠正不按规定申报变更设计内容、调整项目实施内容的问题，严禁边审批、边设计、边施工现象。

（二）纠正违规招标行为。一要着重纠正不按招标项目批复内容招标、擅自改变招标方式、随意使用邀请招标、公开招标比例不高，甚至不招标的问题。二要取消违反公开、公正、公平原则，擅自设立的行业或企业系统保护性招标条款。三要纠正不按法定要求的内容、时间和媒体发布招标信息的问题。四要着重纠正投标资质预审不严格、不按规定确定评标委员会组成人员、不按规定确定中标单位的问题。五要纠正评标不严格、走过场，甚至“违规分包”等违规问题。

（三）纠正质量安全管理方面的违规行为。一要辞退没有监理资质或监理资质等级不够的单位和没有监理资格的人员；明确监理责任，按照规定要求，纠正监理工作流程不规范、项目监理资料不齐全不完整的问题；加强对主体结构工程使用的钢材、水泥、商品混凝土等主要材料和主要设备的质量监理，加强对工程施工技术标准的监理。二要立即按规定配备安全管理人员，纠正违章指挥、违章操作和违反劳动纪律等不安全行为。三要严格合同会签和审批手续，纠正合同管理不规范，条款约定不明确、不严谨，合同实质性内容与招标文件及投标承诺不一致，甚至先开工后签合同的现象；加强对合同履行的跟踪监督，按合同支付款项、结算和索赔处理。

（四）纠正违反资金安排使用管理的违规行为。对于资金管理不规范的问题，要及时调整账户、明确责任，严格落实资金专账（户）、专人管理，单独核算制度。项目单位要做到项目分账核算，资金专款专用，成本规范归集，及时编制竣工财务决算，按照规定妥善处理项目结余资金。加强对建设资金预算管理，定期考核资金预算的编制和执行情况，及时发现纠正扩大支出范围的行为。严格项目合同管理，规范价款结算。对未经批准擅自改变资金用途的问题，如同意调整的项目，按规定办理追加或追减预算，其中调减预算的，调减部分收回投资方，属于中央投资的，上缴中央国库；对不同意调整的项目，除可按原已下达预算执行外，不宜执行的部分收回投资方，属于中央投资的，上缴中央国库。对项目整体竣工验收和决算工作滞后的问题，要抓紧搞好竣工验收和决算工作。对造成经济损失的按照《中央企业资产损失责任追究暂行办法》（国务院国资委令第 20 号）和有关规定处理。

（五）纠正物资采购中的违规行为。一要重点纠正大宗物资不按规定招投标或比质比价的行为。二要纠正和处理物资采购质量伪劣、数量虚假等问题。三要纠正和处理违反《国有企业领导人员廉洁从业若干规定》，在物资采购过程中搞关联交易的行为。

（六）畅通群众监督渠道，加大案件查办力度。要拓宽举报渠道并向社会公布，切实发挥群众监督的作用。对群众举报的反映工程建设领域存在的突出问题，要及时组织查处。要坚决查处领导人员利用职权违反相关规定干预和插手建设工程招投标活动的问题；坚决查处围标、串标和虚假招标的问题；坚决查处在工程发包、物资采购过程中的商业贿赂等问题。

三、长效机制的建设

（一）完善企业项目决策管理。以贯彻落实《关于进一步推进国有企业贯彻落实“三重一大”决策制度的意见》（中办发〔2010〕17 号）为契机，建立健全企业法人治理结构，完善企业内部决策制衡机制，抓紧制定企业的实施办法，健全完善企业内部各项议事规则，进一步明确项目建议、可行性研究、工程设计等环节决策主体的决策事项和权限，完善专家咨询、科学论证与集体决策相结合的决策程序，建立决策回避制度和项目后评估制度，形成决策失误纠错改正和责任追究机制，有效提升建设项目科学决策水平。

（二）健全企业项目管理制度体系。一要对企业制度进行系统梳理，尤其要做好招标投标、物资采购、资金使用管理、质量安全和项目决策管理制度的梳理完善工作。特别是改制、重组后的企业，一定要抓紧制度的清理，确保制度与企业体制相适应。二要检查制度的合法性。对企业项目管理制度与有关法规相抵触、不体现法规要求、不明确表述法规内容的要坚决纠正，确保制度与相关法律法规不抵触、不缺失、不违反。三要检查制度的配套性。对于有权利无义务、有决策无执行、有激励无约束、有监督无追究等制度不配套的，要建立和完善项目管理责任追究等项目管理制度体系，确保项目管理制度与管理机制相适应，做到制度体系基本完整、总体配套、没有重大缺失。四要检查制度的可控性。按照权利、义务和责任相统一的原则，明确规定各有关部门和业务单位、岗位、人员应负的责任和奖惩制度；对授权不清楚、职责不明确、权限不明确、程序不明确、监督不明确的要及时建立健全，确保制度与内控制度相一致，具有控制力。五要检查制度的实用性。对于不适用、操作性不强的要修改完善，确保制度与实际情况相符合，保证项目管理制度可操作、有效、管用。

（三）加强企业风险管理。一要开展全面风险管理工作。建立健全风险管理组织体系，包括规范的公司法人治理结构，风险管理职能部门、内部审计部门和法律事务部门以及其他有关职能部门、业务单位的组织领导机构及其职责。具备条件的企业应全面推进，尽快建立全面风险管理体系。二要建立项目投资、招标、资金管理等重要岗位权力制衡制度，明确规定授权批准、业务经办、会计记录、财产保管和稽核检查等不相容职责的分离。对内控所涉及的重要岗位可设置一岗双人、双职、双责，相互制约。所有项目参建单位工作人员以及工程监测、检测、咨询评估、施工图审查等单位工作人员，按各自职责对经手的工程质量负终身责任。三要明确该岗位的上级部门或人员对其应采取的监督措施和应负的监督责任；具备条件的企业应把各业务单位风险管理执行情况与绩效薪酬挂钩。四要重点围绕投资决策、财务管理、物资设备采购、招投标、质量安全管理、劳务管理以及用人管理等，查找辨识风险点，制订切实有效的防范应对措施，抓好工程建设领域风险防范工作。

（四）提高项目管理科学化水平。一要改进管理方式，提高集团公司管控力。要推行资金集中管理、招投标集中管理、物资采购集中管理等管理模式，通过集团化运作，减少风险环节，有效避免腐败行为的发生。二要加强工程项目管理信息化建设，推进项目管理业务网上公开、网上运行、网上监督，用信息技术的稳定性保证项目管理公开透明、规范操作，提高项目管理网络化、智能化和科学化水平。三要加强诚信体系建设，严格资格、资质预审，加强对供货商、承包商、承建方和专家库信用评估管理，实行“黑名单”管理制度，搞好诚信信息发布通报，建立和实行项目后评价制度，增强项目管理的科学性。

（五）建立健全监督和考核机制。一要把企业内部各种单项检查协调统筹好，建立经常性的综合检查制度，规范监督检查工作。二要积极开展项目管理效能监察，加强对项目管理行为的过程监督，提高项目管理制度的执行力，保证项目实施从决策到执行过程的合法、合规，操作过程正确、有效，项目管理秩序正常、有序，促进企业实现项目管理效能。三要加强内部审计，保证建设资金高效、安全运行，增强内控机制的有效性。四要把工程建设中执行《国有企业领导人员廉洁从业若干规定》的情况作为党风廉政建设责任制考核的重要内容，作为民主生活会、企业领导人员述职述廉的重要内容，作为厂务公开的重要内容，加强考核，形成“谁建设、谁负责，谁主管、谁负责”的责任约束机制。

四、有关工作要求

（一）高度重视，加强领导。各中央企业要从深化改革、加强管理、构建惩防体系、加强党风廉政建设、全面提升企业抗风险力和竞争力的高度，深刻认识工程治理整改工作的重要性、必要性。各级工程治理工作领导小组要认真履行职责，定期召开会议，研究部署工作，协调解决重要问题，在企业内部形成党政统一领导、纪检监察机构组织协调、有关业务部门配合，分工协作、分级负责、上下联动的领导体制和工作机制，有效地将整改工作引向深入。

（二）加强协调，整合资源。各中央企业工程治理工作领导小组及其办公室要进一步发挥发动、组织、协调功能，认真制订整改方案、细化工作计划；要加强与业务部门之间的联系，整合企业内部各种资源，建立企业内部业务部门与审计、纪检等部门信息共享的工作协调机制，畅通信息渠道，形成监督合力，保持并发展齐抓共管的工作格局。

（三）明确责任，抓好落实。各中央企业要明确各部门及所属企业在工程治理整改阶段的任务和责任，细化责任分工，明确工作任务、整改要求和完成期限；要按照一级抓一级、层层抓落实、责任到人、工作到位的要求，加强督导检查，注意发现和解决影响工作落实的深层次问题，及时发现新情况，并提出有针对性的治理办法；要认真总结推广项目管理和工程治理工作的有效做法和经验，广泛宣传，扩大影响，不断提高整改工作的质量和水平。

国务院国有资产监督管理委员会

（中水电股察〔2010〕16号文转发）

关于进一步加强电力建设安全生产工作的意见

（电监安全〔2010〕7号·2010年3月30日）

当前，电力建设工程持续保持较大规模，一批地处地质状况施工环境复杂的水电工程项目相继开工，电力建设安全生产形势严峻，人身伤亡事故时有发生。近期，国家发展改革委等七部委联合下发了《关于加强重大工程安全质量保障措施的通知》[(发改投资〔2009〕3183号）以下简称《通知》]，为贯彻落实《通知》和《电力建设安全生产监督管理办法》（电监安全〔2007〕38号）等文件要求，进一步加强电力建设安全生产工作，有效遏制重特大事故发生，特提出如下意见。

一、落实电力建设安全生产责任

（一）建设单位要落实电力建设安全生产全面管理责任。建设单位作为项目法人，要切实履行电力建设安全生产组织、协调、监督职责，加强电力建设项目全过程安全管理，健全安全生产组织体系和工作机制，完善安全生产规章制度和项目安全文明施工总体策划方案，积极推动安全生产标准化建设，强化建设工程现场安全风险管理，及时研究解决建设项目安全生产重大问题。

（二）施工单位要落实施工现场安全生产责任。施工单位要严格执行安全生产法律、法规，加强建设项目安全生产组织管理，完善安全生产风险管理体系，建立健全安全生产隐患排查治理机制和重点区域、重点环节、关键部位施工风险监控机制，落实针对不同施工阶段以及季节性气候变化的现场安全施工措施。要加强工程发包和承包管理，严禁工程转包和违法分包。

（三）监理单位要切实履行安全监理责任。监理单位要健全监理工作体系，制定安全监理实施细则，完善安全监理方法和手段，严格执行巡视监督、检查签证和旁站监理制度，合理配置安全监理资源。要加强施工现场安全监理，发现存在安全隐患要督促施工单位采取措施并限期整改，对不能保证安全的应责令停工整改。

（四）勘察设计单位要重视电力建设安全生产技术保障工作。勘察设计单位要充分考虑工程安全质量保障措施，明确工程建设实施阶段安全质量要求，特别是施工重点部位和关键环节的安全措施和防护要求，提出防范生产安全事故的指导意见。要根据项目进展情况不断优化设计方案，及时解决施工过程中发现的设计问题。

二、严格电力建设工程工期管理

（五）合理确定电力建设工程工期。建设单位要依照国家有关工程建设工期规定和项目可行性研究报告中有关施工组织设计的工期要求，根据建设项目实际情况，对工程进行充分评估、论证，科学确定项目合理工期及每个阶段所需的合理时间，并严格组织实施。

（六）严肃电力建设工程工期调整。电力建设工程确需调整工期，必须经过专业机构（原设计审查单位或安全评价机构等）审查、论证和评估其对安全生产的影响，提出并落实相应施工组织措施和安全保障措施，保证安全生产费用投入，确保工期调整后的施工安全。

三、做好项目开工前准备工作

（七）加强前期工作风险管理。建设单位要在规划阶段认真开展安全生产风险分析和评估，优化工程选线、选址方案，合理确定施工措施；可行性研究要对涉及工程安全的重大问题进行分析和评价，特别要对施工营地选址布置方案进行风险分析和评估；工程初步设计要提出相应施工方案和相应安全防护措施。

（八）严格招投标安全审核。建设单位要加强招投标管理，明确勘察、设计、施工、物资材料和设备供应等环节招投标合同的安全约定，严格审核（审查）招投标过程中有关国家强制性安全标准的实质性响应；严格按照施工图进行施工招标，不得预招标或边设计边招标；严格执行国家有关建设项目开工规定，禁止违规开工。要建立防范低于成本价中标机制，招标投标确定的中标价格要体现合理造价要求，防止造价过低带来安全问题。

四、严格施工方案安全技术措施审查

（九）建立健全安全技术措施审查制度。建设单位要建立健全工程项目安全生产方案编制及专家论证审查制度，严格审查和评估复杂地质条件、复杂结构以及技术难度大的工程项目安全技术措施。

（十）加强“四新”项目安全措施评审。采用新技术、新设备、新材料、新工艺的电力建设工程，设计单位要对其带来的施工安全风险进行分析和评估并提出保障施工作业人员安全和预防安全生产事故的措施和建议。建设单位要对设计单位制定的“四新”项目安全措施组织审查，对工程相关人员进行必要培训。

（十一）严格专项施工安全技术措施审查。监理单位要严格审查施工单位编制的施工组织设计、作业指导书及专项施工方案，落实各项安全技术措施，尤其是完善施工重要部位、关键环节、关键工序安全技术措施。

五、加强建设施工现场安全管理

（十二）积极开展隐患排查治理。建设、施工、监理单位要建立健全安全生产隐患排查治理机制，积极开展安全生产隐患排查治理，全面查找建设项目基础设施、技术装备、作业环境、现场管理等方面的缺陷和隐患，并有效整改。

（十三）强化施工现场作业管理。施工单位要进一步规范电力建设施工作业管理，完善施工工序和作业流程，严格施工现场安全措施落实，强化施工现场安全监督检查，杜绝违章指挥、违章作业、违反劳动纪律事件发生。

（十四）加强施工现场标准化建设。建设、施工单位要加强施工现场安全生产标准化建设，完善安全生产标准化体系，严格执行建设施工安全生产标准，建立安全生产标准化考评机制，提高施工现场安全设备设施、技术装备、施工环境本质安全水平，提升电力建设安全生产保障能力。

六、加强施工机械管理

（十五）严格施工机械进场准入。施工单位要严把施工机械进场准入关，未经安全检验或安全检验不合格的施工机械不得进入施工现场，存在较大缺陷和隐患的施工机械须在彻底消除缺陷和隐患并经验收合格后方可进入施工现场。监理单位要严格施工机械报验资料审核，建设单位要严格施工机械监督检查，防止不安全或存在安全隐患的施工机械进入现场。

（十六）加强施工机械的安全鉴定和评估。施工单位应当加强施工机械的安全管理，定期开展施工机械安全鉴定和安全性评估工作，及时更新、淘汰不能满足安全生产要求的现场施工机械，确保施工机械设备完好。

七、保障安全生产费用投入

（十七）规范安全生产费用提取和使用。建设、施工单位要加强安全生产费用管理，建立健全安全生产费用管理制度，规范安全生产费用管理的程序、职责及权限，保证安全生产费用按规定标准规范提取，并按规定范围安排使用，不得挤占和挪用。

（十八）确保安全生产费用支付到位。建设单位应当根据项目进展情况，及时、足额向电力建设施工单位支付安全生产费用。对于因设计变更等造成工程量增加的，建设单位应当向施工单位补充相应的安全生产费用。监理单位要认真审核施工单位安全生产费用使用计划，并对使用情况予以审查和监督。

八、加强安全生产教育培训

（十九）加强领导和管理人员安全生产教育培训。各单位安全生产负责人、项目负责人和安全监督管理人员要定期参加安全生产教育培训，保证教育培训时间和教育培训质量，并经考核合格。

（二十）加强从业人员安全生产教育培训。施工单位要完善企业安全教育培训计划，健全企业安全教育培训制度，严格安全生产教育培训考核，保证从业人员安全生产教育培训效果，尤其是新入场临时用工人员等非专业人员上岗、转岗前的教育培训。对于临时用工人员须经培训考试合格后方可从事作业。

九、建立健全安全生产应急工作体系

（二十一）建立生产事故应急工作体系。建设单位要组织设计、施工、监理单位制订重大工程生产事故应急预案，落实应急组织、程序、资源及措施，建立与国家有关部门、地方人民政府应急体系的协调联动机制，确保应急工作有效实施。施工单位要根据电力建设工程项目的特点和范围，对施工现场容易引发安全生产事故的危险源、危险部位、危险环节制订相应应急预案和措施，并定期组织应急演练。

（二十二）完善应对自然灾害的应急机制。建设单位要会同参建各单位开展自然灾害防范应对工作的研究，加强对暴雨、泥石流等自然灾害的预测预警，制订应对措施，完善应急预案，储备应急物资，加强人员培训教育，健全应急响应机制。

国家电力监管委员会

（股安〔2010〕3号文转发）

集团(股份)公司管理文件

基本管理制度

中国水利水电建设集团公司工作规则

（中水电〔2010〕16号·2010年1月25日）

第一章 总 则

第一条 为适应中国水利水电建设集团公司（以下简称集团公司）建立现代企业制度的要求，根据《企业国有资产监督管理暂行条例》（以下简称《暂行条例》）、中共中央办公厅、国务院办公厅《关于印发中央企业领导人员管理暂行规定》（以下简称《规定》）、中共中央组织部、国务院国资委党委《关于加强和改进中央企业党建工作的意见》（以下简称《央企党建工作意见》）、《中国水利水电建设集团公司章程》（以下简称《集团公司章程》），制定本规则。

第二条 集团公司工作以邓小平理论和“三个代表”重要思想为指导，深入贯彻落实科学发展观，坚持解放思想、实事求是的原则，坚持借鉴与创新相结合的原则，建立具有中国特色的、符合集团公司实际的科学、规范、有序、受控、高效的集团公司治理模式，健全决策、执行和监督体系，依法治企，科学决策，形成“各司其职、协调运转、有效制衡”的机制，推进集团公司的科学可持续发展。

第三条 集团公司的基本职权：

（一）行使国务院国有资产监管机构、《集团公司章程》和国家有关法律、法规赋予的职权，对出资人负责。

（二）对中国水利水电建设股份有限公司（以下简称股份公司）依法行使股东权利，享有股权收益，参与重大决策和选择经营者的权利。

（三）负责集团公司经营管理、党的建设等方面与国务院国有资产监督管理委员会（以下简称国务院国资委）及国家有关部委的工作对接。

（四）负责集团公司整体改制上市后存续资产、存续机构的管理工作。

第二章 集团公司领导体制、领导人员及基本职责

第四条 集团公司领导人员为总经理、党委书记、党委副书记、党委常委（以下简称集团公司领导）。

第五条 集团公司实行总经理负责制，总经理是集团公司的法定代表人，行使法定代表人的职权，负责集团公司全面工作，其基本职责是：贯彻执行国家的法律、法规和方针、政策，向国务院国资委及有关部委请示、报告工作；决定或主持会议决定集团公司的重大经营管理事项；签署集团公司重要文件和应由法定代表人签署的其他文件；召集并主持集团公司重要会议；行使国务院国资委及有关部委授予的其他职权。

第六条 集团公司党委在企业中发挥政治核心作用，围绕生产经营开展工作。集团公司党委实行常委制，党委书记主持党委的全面工作。党委的基本职责是：保证监督党和国家的方针、政策在集团公司的贯彻执行；依照党章、《央企党建工作意见》履行职责和开展工作，参与公司“三重一大”问题的决策；支持总经理依法行使职权；全心全意依靠职工群众，支持职工代表大会开展工作；加强党组织的自身建设，领导思想政治工作、精神文明建设、工会、共青团等群众组织。

第七条 坚持党管干部与经营管理者依法依规行使用人权相结合、组织考察推荐与市场化选择经理管理者相结合的原则。党组织在选人用人中发挥主导作用，包括确定用人标准，考察推荐人选，完善评价体系，加强监督管理，培养后备人才等。董

事会、总经理依照法律、《集团公司章程》行使用人权。

按照管理权限，集团公司管理的经营管理领导人员包括：

（一）股份公司董事、监事、高级管理人员（国务院国资委管理的中央企业领导人员、独立董事除外）；

（二）集团公司各部门负责人；

（三）委派到存续公司的董事、监事、高级管理人员。

集团公司应完善选人用人程序，使选拔任用工作制度化、标准化、规范化。选拔任用重要经营管理领导人员应采取总经理提名、组织推荐、民主推荐、公开招聘、市场选聘等方式进行并确定考察对象。考察工作由党委主导，组织人事部门负责考察工作。在考察的基础上，党委会研究提出任用意见和建议，由股东会、董事会或经理层依章程、按程序选任或聘任。在对被提名推荐的人选进行组织考察、会议研究之前，总经理、党委书记应充分沟通，达成共识。进入依法依规任用程序时，党委成员要认真履责，使党组织的意图得到尊重和体现。

第八条 集团公司总部各管理部门负责人、集团公司存续公司负责人负责本部门、本公司职责范围内的工作，对总经理负责。

第三章 会议制度

第九条 集团公司实行党政联席会议和党委常委会议制度。

第十条 党政联席会议由总经理主持。总经理、党委书记、党委副书记、党委常委出席会议，总经理工作部主任、党委工作部主任列席会议。

党政联席会议的主要议题：

（一）研究批准《集团公司章程》修改方案和集团公司重要管理制度。

（二）研究决定涉及股东权益、资产收益等重大事项。

（三）研究决定集团公司整体改制上市后存续资产管理的有关重大事项。

（四）研究决定集团公司重大资产兼并、重组、收购方案。

（五）研究批准集团公司机构设置方案。

（六）研究批准集团公司年度财务预算、决算方案、税后利润分配方案。

（七）根据党委任用建议，研究决定由集团公司管理的经营管理领导人员任免事项。

（八）总经理认为应研究的其他重大事项。

第十一条 党委常委会议由党委书记主持。党委书记、党委副书记、党委常委出席会议，党委工作部主任列席会议。

党委常委会议的主要议题：

（一）研究贯彻执行党中央、国务院的重大方针政策和国家有关法律、法规的意见。

（二）研究集团公司的重大决策、重要项目安排和大额资金使用并提出意见或建议，发挥保证监督作用。

（三）研究决定股份公司党委、纪委、工会组织的人事任免事项（国务院国资委管理的中央企业领导人员除外）；研究决定集团公司党委职能部门负责人的任免事项。

（四）研究股份公司董事、监事及高级管理人员的推荐意见和建议（国务院国资委管理的中央企业领导人员除外），由股份公司依法依规选任或聘任；研究委派到存续公司的董事、监事、公司领导人员的推荐意见和建议，由存续公司依法依规选任或聘任；研究集团公司经营管理部门负责人的推荐意见和建议，由集团公司依法依规聘任。

（五）研究决定集团公司党的建设、反腐倡廉工作中的重大问题。

（六）研究决定思想政治工作、精神文明建设工作中的重大问题。

（七）研究决定企业选人用人标准、评价体系、监督管理、人才队伍建设规划等重大事项。

（八）党委书记认为应研究的其他重大事项。

第十二条 会务工作和会议纪要：

（一）党政联席会议的召开时间由总经理、党委书记根据需要确定。会议议题及会议通知由总经理、党委书记签发，会务工作由总经理工作部负责。会议纪要由党委书记会签，总经理签发。

（二）党委常委会议的召开时间由党委书记根据需要确定。会议议题及会议通知由党委书记签发，会务工作由党委工作部负责。会议纪要由党委副书记会签，党委书记签发。

第四章 公文处理

第十三条 总经理工作部、党委工作部为集团公司公文管理部门，按部门职责划分分类办理收文、发文、签报、用印等事宜。

第十四条 集团公司收文及办理原则：

（一）国务院、国办、国务院部委、国务院国资委及各省、自治区、直辖市人民政府发来的文件由集团公司收文办理，由总经理阅批。

（二）党中央、中办、国务院国资委党委、纪委发来的文件由集团公司党委收文办理，由党委书记阅批。

（三）股份公司发送给股东的文件由集团公司收文，总经理阅批。

（四）股份公司涉及经营管理系统的高管人员人事任免文件由集团公司收文办理，由总经理阅批；涉及党委、纪委、工会系统的领导人员人事任免文件由集团公司党委收文办理，党委书记阅批。

第十五条 集团公司发文及办理原则：

（一）涉及以下内容的公文由总经理签发：

1. 集团公司向国务院国资委及有关部委，各省、自治区、直辖市人民政府发送的文件；

2. 与《集团公司章程》规定的总经理职权范围相关的文件；

3. 法定代表人作为该项工作第一责任人的文件；

4. 向股份公司、集团控股公司、参股公司发送的文件；

5. 需由法定代表人签署的重要合同、协议等文件；

6. 其他需由总经理签发的文件。

（二）涉及以下内容的公文由党委书记签发：

1. 集团公司党委向国务院国资委党委及各省、自治区、直辖市党委发送的文件；

2. 向股份公司、集团控股公司、参股公司党委发送的文件；

3. 其他需由党委书记签发的文件。

第十六条 印章使用管理：

（一）集团公司印章主要包括“中国水利水电建设集团公司章”、“中国共产党中国水利水电建设集团公司委员会章”、“集团公司法定代表人章”、“集团公司法人代表手签章”。印章分别由总经理工作部、党委工作部管理。

（二）集团公司印章、法定代表人章及手签章由总经理批准使用；集团公司党委印章由党委书记或授权党委副书记批准使用。

第五章 公务活动

第十七条 集团公司领导到股份公司及所属子公司、控股公司检查指导工作时一律轻车简从，不得铺张浪费，不得收受礼金、礼品。

第十八条 国务院国资委及有关部委要求集团公司领导参加会议、出席重要活动或有关单位邀请出席重要活动，或来集团公司会见，由总经理工作部请示总经理、党委书记后统一安排。

第十九条 集团公司对外发布重要信息由总经理工作部统一归口管理。

第二十条 集团公司的外事活动，由外事部门提出建议，报送总经理审定。

第二十一条 集团公司总经理、党委书记出国按国务院国资委有关规定办理。其他集团公司领导、总部部门副职以上领导人员出国，由总经理、党委书记批准后按有关规定办理。

第二十二条 总经理、党委书记出差、休假按国务院国资委有关规定办理；其他集团公司领导出差或休假由总经理、党委书记批准；部门副职以上人员由总经理、党委书记批准。

第六章 附　则

第二十三条 本工作规则由集团公司党政联席会议审定，总经理、党委书记共同签发后由集团公司、集团公司党委联合发文。总经理工作部、党委工作部负责本工作规则的解释。

第二十四条 本工作规则自印发之日起执行。

中国水利水电建设股份有限公司章程

（中水电股〔2010〕40号·2010年4月15日，2010年3月23日经中国水利水电建设股份有限公司2010年度第二次临时股东大会审议通过）

第一章 总　则

第一条 为维护中国水利水电建设股份有限公司、股东和债权人的合法权益，规范公司的组织和行为，根据《中华人民共和国公司法》（以下简称《公司法》）、《中华人民共和国证券法》（以下简称《证券法》）、《上市公司章程指引（2006年修订）》（以下简称《章程指引》）和其他有关规定，制定本章程。

第二条 公司是依照《公司法》、《证券法》和其他有关规定成立的股份有限公司（以下简称公司）。

公司经国务院国有资产监督管理委员会《关于中国水利水电建设集团公司整体改制并境内上市的批复》（国资改革〔2008〕183 号）批准，以发起方式设立；在国家工商行政管理总局注册登记。

第三条 公司经中国证券监督管理委员会《关于核准中国水利水电建设股份有限公司首次公开发行股票的批复》（证监许可〔 〕号）核准，首次向社会公众发行人民币普通股［ ］万股，于［ ］年［ ］月［ ］日在上海证券交易所上市。

第四条 公司注册名称。

中文全称：中国水利水电建设股份有限公司；中文简称：中国水电；英文名称：Sinohydro. Group，Ltd。

第五条 公司地址：北京市海淀区车公庄西路22 号；邮政编码：100048。

第六条 公司注册资本为人民币 660000 万元。

第七条 公司为永久存续的股份有限公司。

第八条 董事长为公司的法定代表人。

第九条 公司全部资产分为等额股份，股东以其认购的股份为限对公司承担责任，公司以其全部资产对公司的债务承担责任。

第十条 本章程自生效之日起，即成为规范公司的组织与行为、公司与股东、股东与股东之间权利义务关系的具有法律约束力的文件，对公司、股东、董事、监事、高级管理人员具有法律约束力的文件。依据本章程，股东可以起诉股东，股东可以起诉公司董事、监事、总经理和其他高级管理人员，股东可以起诉公司，公司可以起诉股东、董事、监事、总经理和其他高级管理人员。

第十一条 本章程所称其他高级管理人员是指公司的副总经理、总会计师、董事会秘书以及其他由董事会明确聘任为公司高级管理人员的其他人员。

第二章　经营宗旨和范围

第十二条 公司的经营宗旨：诚信守诺，合作共赢，科技领先，管理图强，为股东创造财富，为社会创造价值。

第十三条 经依法登记，公司的经营范围：水利、电力、公路、铁路、港口、航道、机场、房屋、市政工程设施、城市轨道工程施工、设计、咨询和监理；相关工程技术研究、勘测、设计、服务及设备制造；电力生产；招标代理；房地产开发经营；实业投资及管理；进出口业务；人员培训。

经营范围最终以公司审批机关和登记机关核准的范围为准。

第三章　股　　份

第一节　股 份 发 行

第十四条 公司的股份采取股票的形式。

第十五条 公司股份的发行，实行公开、公平、公正的原则，同种类的每一股份应当具有同等权利。

同次发行的同种类股票，每股的发行条件和价格应当相同；任何单位或者个人所认购的股份，每股应当支付相同价额。

第十六条 公司发行的股票，以人民币标明面值，每股面值人民币一元。

第十七条 公司发行的股份，在中国证券登记结算有限责任公司上海分公司集中存管。

第十八条 公司设立时的发起人、认购的股份数、持股比例、出资方式为：

序号	发起人	认购股份	持股比例	出资方式
1	中国水利水电建设集团公司	653400 万股	99%	包括但不限于货币、股权等经营性资产
2	中国水电工程顾问集团公司	6600 万股	1%	货币资金
合　计		660000 万股	100%	

第十九条 公司股份总数为［ ］万股，均为普通股（A 股）。公司的股本结构为：中国水利水电建设集团公司持有［ ］万股，占公司总股本的［ ］%，中国水电工程顾问集团公司持有［ ］万股，占公司总股本的［ ］%，社会公众股［ ］万股，占公司总股本的［ ］%，全国社会保障基金理事会持股［ ］万股，占公司总股本的［ ］%。

第二十条 公司或公司的子公司（包括公司的附属企业）不以赠与、垫资、担保、补偿或贷款等形式，对购买或者拟购买公司股份的人提供任何资助。

第二节　股份增减和回购

第二十一条 公司根据经营和发展的需要，依照法律、法规的规定，经股东大会分别作出决议，可以采用下列方式增加资本：

（一）公开发行股份；

（二）非公开发行股份；

（三）向现有股东派送红股；

（四）以公积金转增股本；

（五）法律、行政法规规定以及中国证监会批准的其他方式。

第二十二条 公司可以减少注册资本。公司减少注册资本，应当按照《公司法》以及其他有关规定和本章程规定的程序办理。

第二十三条 公司在下列情况下，可以依照法律、行政法规、部门规章和本章程的规定，收购本公司的股份：

（一）减少公司注册资本；

（二）与持有本公司股票的其他公司合并；

（三）将股份奖励给本公司职工；

（四）股东因对股东大会作出的公司合并、分立决议持异议，要求公司收购其股份的。

除上述情形外，公司不进行买卖本公司股份的活动。

第二十四条 公司收购本公司股份，可以选择下列方式之一进行：

（一）上海证券交易所集中竞价交易方式；

（二）要约方式；

（三）中国证监会认可的其他方式。

第二十五条 公司因本章程第二十三条第（一）项至第（三）项的原因收购本公司股份的，应当经股东大会决议。公司依照第二十三条规定收购本公司股份后，属于第（一）项情形的，应当自收购之日起10日内注销；属于第（二）项、第（四）项情形的，应当在6个月内转让或者注销。

公司依照第二十三条第（三）项规定收购的本公司股份，将不超过本公司已发行股份总额的5%；用于收购的资金应当从公司的税后利润中支出；所收购的股份应当1年内转让给职工。

第三节 股份转让

第二十六条 公司的股份可以依法转让。

第二十七条 公司不接受本公司的股票作为质押权的标的。

第二十八条 发起人持有的本公司股份，自公司成立之日起1年内不得转让。公司公开发行股份前已发行的股份，自公司股票在证券交易所上市交易之日起1年内不得转让。

除非转让双方存在实际控制关系或均受同一实际控制人控制，且自本公司股票上市之日起一年后，经控股股东和实际控制人申请并经上海证券交易所同意，否则自本公司股票上市之日起36个月内，控股股东和实际控制人不得转让或者委托他人管理其直接和间接持有的本公司首次公开发行股票前已发行股份；本公司亦不得回购该部分股份。

公司董事、监事、高级管理人员在任职期间拟买卖本公司股票应当按照相关规定提前报上海证券交易所备案；在任职期间所持本公司股份发生变动的，应当及时向公司报告并由公司在上海证券交易所网站公告，每年转让的股份不得超过其所持有本公司股份总数的25%；所持本公司股份自公司股票上市交易之日起1年内不得转让。上述人员离职后半年内，不得转让其所持有的本公司股份。

第二十九条 公司董事、监事、高级管理人员、持有本公司股份5%以上的股东，将其持有的本公司股票在买入后6个月内卖出，或者在卖出后6个月内又买入，由此所得收益归本公司所有，本公司董事会将收回其所得收益并及时披露相关情况。但是，证券公司因包销购入售后剩余股票而持有5%以上股份的，卖出该股票不受6个月时间限制。

公司董事会不按照前款规定执行的，股东有权要求董事会在30日内执行。公司董事会未在上述期限内执行的，股东有权为了公司的利益以自己的名义直接向人民法院提起诉讼。

公司董事会不按照第一款的规定执行的，负有责任的董事依法承担连带责任。

第四章 股东和股东大会

第一节 股东

第三十条 公司依据证券登记机构提供的凭证建立股东名册。股东名册是证明股东持有公司股份的充分证据。股东按其所持有股份的种类享有权利，承担义务；持有同一种类股份的股东，享有同等权利，承担同种义务。

第三十一条 公司召开股东大会、分配股利、清算及从事其他需要确认股东身份的行为时，由董事会或股东大会召集人确定股权登记日，股权登记日收市后登记在册的股东为享有相关权益的股东。

第三十二条 公司股东享有下列权利：

（一）依照其所持有的股份份额获得股利和其他形式的利益分配；

（二）依法请求、召集、主持、参加或者委派股东代理人参加股东大会，并行使相应的表决权；

（三）对公司的经营进行监督，提出建议或者质询；

（四）依照法律、行政法规及本章程的规定转让、赠与或质押其所持有的股份；

（五）查阅本章程、股东名册、公司债券存根、股东大会会议记录、董事会会议决议、监事会会议决议、财务会计报告；

（六）公司终止或者清算时，按其所持有的股份份额参加公司剩余财产的分配；

（七）对股东大会作出的公司合并、分立决议持异议的股东，要求公司收购其股份；

（八）法律、行政法规、部门规章或本章程规定的其他权利。

第三十三条 股东提出查阅前条所述有关信息或者索取资料的，应当向公司提供证明其持有公司股份的种类以及持股数量的书面文件，公司经核实股东身份后按照股东的要求予以提供。

第三十四条 公司股东大会、董事会决议内容违反法律、行政法规的，股东有权请求人民法院认定无效。

股东大会、董事会的会议召集程序、表决方式违反法律、行政法规或者本章程，或者决议内容违反本章程，股东有权自决议作出之日起60日内，请求人民法院撤销。

第三十五条 董事、高级管理人员执行公司职务时违反法律、行政法规或者本章程的规定，给公司造成损失的，连续180日以上单独或合并持有公司1%以上股份的股东有权书面请求监事会向人民法院提起诉讼；监事会执行公司职务时违反法律、行政法规或者本章程的规定，给公司造成损失的，股东可以书面请求董事会向人民法院提起诉讼。

监事会、董事会收到前款规定的股东书面请求后拒绝提起诉讼，或者自收到请求之日起30日内未提起诉讼，或者情况紧急、不立即提起诉讼将会使公司利益受到难以弥补的损害的，前款规定的股东有权为了公司的利益以自己的名义直接向人民法院提起诉讼。

他人侵犯公司合法权益，给公司造成损失的，本条第一款规定的股东可以依照前两款的规定向人民法院提起诉讼。

第三十六条 董事、高级管理人员违反法律、行政法规或者本章程的规定，损害股东利益的，股东可以向人民法院提起诉讼。

第三十七条 公司股东承担下列义务：

（一）遵守法律、行政法规和本章程。

（二）依其所认购的股份和入股方式缴纳股金。

（三）除法律、法规规定的情形外，不得退股。

（四）不得滥用股东权利损害公司或者其他股东的利益，不得滥用公司法人独立地位和股东有限责任损害公司债权人的利益；

公司股东滥用股东权利给公司或者其他股东造成损失的，应当依法承担赔偿责任；

公司股东滥用公司法人独立地位和股东有限责任，逃避债务，严重损害公司债权人利益的，应当对公司债务承担连带责任。

（五）法律、行政法规及本章程规定应当承担的其他义务。

第三十八条 持有公司5%以上有表决权股份的股东，将其持有的股份进行质押的，应当自该事实发生当日，向公司作出书面报告。

第三十九条 公司的控股股东、实际控制人员不得利用其关联关系损害公司利益。违反规定的，给公司造成损失的，应当承担赔偿责任。

公司控股股东及实际控制人对公司和公司社会公众股股东负有诚信义务。控股股东应严格依法行使出资人的权利，控股股东不得利用利润分配、资产重组、对外投资、资金占用、借款担保等方式损害公司和公司社会公众股股东的合法权益，不得利用其控制地位损害公司和公司社会公众股股东的利益。

第二节 股东大会的一般规定

第四十条 股东大会是公司的权力机构，依法行使下列职权：

（一）决定公司发展战略、中长期发展规划、经营方针和投资计划；

（二）选举和更换非由职工代表担任的董事、监事，决定有关董事、监事的报酬事项；

（三）审议批准董事会的报告；

（四）审议批准监事会的报告；

（五）审议批准公司的年度财务预算方案、决算方案；

（六）审议批准公司的利润分配方案和弥补亏损方案；

（七）对公司增加或者减少注册资本作出决议；

（八）对发行公司债券或其他证券及上市方案作出决议；

（九）对公司合并、分立、解散、清算或者变更公司形式作出决议；

（十）修改本章程；

（十一）对公司聘用、解聘会计师事务所作出决议；

（十二）审议批准本章程第四十一条规定的担保事项；

（十三）审议批准公司在一年内购买、出售重大资产超过公司最近一期经审计总资产30%的事项；

（十四）审议批准变更募集资金用途事项；

（十五）审议股权激励计划；

（十六）审议批准法律、行政法规、部门规章或本章程规定应当由股东大会决定的其他事项。

第四十一条 公司下列对外担保行为，须经股东大会审议通过：

（一）公司及公司控股子公司的对外担保总额，达到或超过最近一期经审计净资产的50%以后提供的任何担保；

（二）公司的对外担保总额，达到或超过最近一期经审计总资产的30%以后提供的任何担保；

（三）为资产负债率超过70%的担保对象提供的担保；

（四）单笔担保额超过最近一期经审计净资产10%的担保；

（五）按照担保金额连续12个月内累计计算原则，超过公司最近一期经审计净资产的50%，且绝对金额超过5000万元以上；

（六）对股东、实际控制人及其关联方提供的担保；

（七）上海证券交易所或者本章程规定的其他担保。

第四十二条 股东大会分为年度股东大会和临时股东大会。年度股东大会每年召开1次，应当于上一会计年度结束后的6个月内举行。

第四十三条 有下列情形之一的，公司在事实发生之日起2个月以内召开临时股东大会：

（一）董事人数不足《公司法》规定人数或者本章程所定人数的2/3时；

（二）公司未弥补的亏损达实收股本总额的1/3时；

（三）单独或者合计持有公司10%以上股份的股东请求时；

（四）董事会认为必要时；

（五）监事会提议召开时；

（六）法律、行政法规、部门规章或本章程规定的其他情形。

第四十四条 本公司召开股东大会的地点为：公司住所或股东大会通知中明确的其他地点。

股东大会应设置会场，以现场会议形式召开；如有必要，可以网络视频方式或其他方式召开。股东通过上述方式参加股东大会的，视为出席。

第四十五条 公司召开股东大会时将聘请律师对以下问题出具法律意见并公告：

（一）会议的召集、召开程序是否符合法律、行政法规、本章程；

（二）出席会议人员的资格、召集人资格是否合法有效；

（三）会议的表决程序、表决结果是否合法有效；

（四）应本公司要求对其他有关问题出具的法律意见。

第三节　股东大会的召集

第四十六条 独立董事有权向董事会提议召开临时股东大会。对独立董事要求召开临时股东大会的提议，董事会应当根据法律、行政法规和本章程的规定，在收到提议后10日内提出同意或不同意召开临时股东大会的书面反馈意见。

董事会同意召开临时股东大会的，将在作出董事会决议后的5日内发出召开股东大会的通知；董事会不同意召开临时股东大会的，将说明理由并公告。

第四十七条 监事会有权向董事会提议召开临时股东大会，并应当以书面形式向董事会提出。董事会应当根据法律、行政法规和本章程的规定，在收到提案后10日内提出同意或不同意召开临时股东大会的书面反馈意见。

董事会同意召开临时股东大会的，将在作出董事会决议后的5日内发出召开股东大会的通知，通知中对原提议的变更，应征得监事会的同意。

董事会不同意召开临时股东大会，或者在收到提案后10日内未作出反馈的，视为董事会不能履行或者不履行召集股东大会会议职责，监事会可以自行召集和主持。

第四十八条 单独或者合计持有公司10%以上股份的股东有权向董事会请求召开临时股东大会，并应当以书面形式向董事会提出。董事会应当根据法律、行政法规和本章程的规定，在收到请求后10日内提出同意或不同意召开临时股东大会的书面反馈意见。

董事会同意召开临时股东大会的，应当在作出董事会决议后的5日内发出召开股东大会的通知，通知中对原请求的变更，应当征得相关股东的同意。

董事会不同意召开临时股东大会，或者在收到请求后10日内未作出反馈的，单独或者合计持有公司10%以上股份的股东有权向监事会提议召开临时股东大会，并应当以书面形式向监事会提出请求。

监事会同意召开临时股东大会的，应在收到请求5日内发出召开股东大会的通知，通知中对原提案的变更，应当征得相关股东的同意。

监事会未在规定期限内发出股东大会通知的，视为监事会不召集和主持股东大会，连续90日以上单独或者合计持有公司10%以上股份的股东可以自行召集和主持。

第四十九条 监事会或股东决定自行召集股东大会的，须书面通知董事会，同时向公司所在地中国证监会派出机构和上海证券交易所备案。

在股东大会决议公告前，召集股东持股比例不得低于10%。

召集股东应该在发出股东大会通知及股东大会决议公告时，向公司所在地中国证监会派出机构和上海证券交易所提交有关证明材料。

第五十条 对于监事会或股东自行召集的股东大会，董事会和董事会秘书应予配合。董事会应当提供股权登记日的股东名册。

第五十一条 监事会或股东自行召集的股东大会，会议所必需的费用由公司承担。

第四节 股东大会的提案与通知

第五十二条 提案的内容应当属于股东大会职权范围，有明确议题和具体决议事项，并且符合法律、行政法规和本章程的有关规定。

第五十三条 公司召开股东大会，董事会、监事会以及单独或者合并持有公司3%以上股份的股东，有权向公司提出提案。

单独或者合计持有公司3%以上股份的股东，可以在股东大会召开10日前提出临时提案并书面提交召集人。召集人应当在收到提案后2日内发出股东大会补充通知，公告临时提案的内容。

除前款规定的情形外，召集人在发出股东大会通知公告后，不得修改股东大会通知中已列明的提案或增加新的提案。

股东大会通知中未列明或不符合本章程第五十二条规定的提案，股东大会不得进行表决并作出决议。

第五十四条 召集人将在年度股东大会召开20日前以公告方式通知各股东，临时股东大会将于会议召开15日前以公告方式通知各股东。

第五十五条 股东大会的通知包括以下内容：

（一）会议的时间、地点和会议期限；

（二）提交会议审议的事项和提案；

（三）以明显的文字说明：全体股东均有权出席股东大会，并可以书面委托代理人出席会议和参加表决，该股东代理人不必是公司的股东；

（四）有权出席股东大会股东的股权登记日；

（五）会务常设联系人姓名、电话号码。

第五十六条 股东大会拟讨论董事、监事选举事项的，股东大会通知中将充分披露董事、监事候选人的详细资料，至少包括以下内容：

（一）教育背景、工作经历、兼职等个人情况；

（二）与本公司或本公司的控股股东及实际控制人是否存在关联关系；

（三）披露持有本公司股份数量；

（四）是否受过中国证监会及其他有关部门的处罚和证券交易所惩戒。

除采取累积投票制选举董事、监事外，每位董事、监事候选人应当以单项提案提出。

第五十七条 发出股东大会通知后，无正当理由，股东大会不应延期或取消，股东大会通知中列明的提案不应取消。一旦出现延期或取消的情形，召集人应当在原定召开日前至少2个工作日公告并说明原因。

第五节 股东大会的召开

第五十八条 本公司董事会和其他召集人将采取必要措施，保证股东大会的正常秩序。对于干扰股东大会、寻衅滋事和侵犯股东合法权益的行为，将采取措施加以制止并及时报告有关部门查处。

第五十九条 股权登记日登记在册的所有股东或其代理人，均有权出席股东大会。并依照有关法律、法规及本章程行使表决权。

股东可以亲自出席股东大会，也可以委托代理人代为出席和表决。

第六十条 个人股东亲自出席会议的，应出示本人身份证或其他能够表明其身份的有效证件或证明、股票账户卡；委托代理他人出席会议的，应出示本人有效身份证件、股东授权委托书。

法人股东应由法定代表人或者法定代表人委托的代理人出席会议。法定代表人出席会议的，应出示本人身份证、能证明其具有法定代表人资格的有效证明；委托代理人出席会议的，代理人应出示本人身份证、法人股东单位的法定代表人依法出具的书面授权委托。

第六十一条 股东出具的委托他人出席股东大会的授权委托书应当载明下列内容：

（一）代理人的姓名；

（二）代理人代表的股份数；

（三）是否具有表决权；

（四）分别对列入股东大会议程的每一审议事项投赞成、反对或弃权票的指示；

（五）委托书签发日期和有效期限；

（六）委托人签名（或盖章）。委托人为法人股东的，应加盖法人单位印章。

第六十二条 委托书应当注明如果股东不作具体指示，股东代理人是否可以按自己的意思表决。

第六十三条 代理投票授权委托书由委托人授权他人签署的，授权签署的授权书或者其他授权文件应当经过公证。经公证的授权书或者其他授权文件，和投票代理委托书均需备置于公司住所或者召集会议的通知中指定的其他地方。

委托人为法人的，由其法定代表人或者董事会、其他决策机构决议授权的人作为代表出席公司的股东大会。

第六十四条 出席会议人员的会议登记册由公司负责制作。会议登记册载明参加会议人员姓名（或单位名称）、身份证号码、住所地址、持有或者代表有表决权的股份数额、被代理人姓名（或单位名称）等事项。

第六十五条 召集人和公司聘请的律师将依据证券登记结算机构提供的股东名册共同对股东资格的合法性进行验证，并登记股东姓名（或名称）及其所持有表决权的股份数。在会议主持人宣布现场出席会议的股东和代理人人数及所持有表决权的股份总数之前，会议登记应当终止。

第六十六条 股东大会召开时，本公司全体董事、监事和董事会秘书应当出席会议，总经理和其他高级管理人员应当列席会议。

第六十七条 股东大会由董事长主持。董事长不能履行职务或不履行职务时，由半数以上董事共同推举的一名董事主持。

监事会自行召集的股东大会，由监事会主席主持。监事会主席不能履行职务或不履行职务时，由半数以上监事共同推举的一名监事主持。

股东自行召集的股东大会，由召集人推举代表主持。

召开股东大会时，会议主持人违反议事规则使股东大会无法继续进行的，经现场出席股东大会有表决权过半数的股东同意，股东大会可推举一人担任会议主持人，继续开会。

第六十八条 公司制订《股东大会议事规则》，详细规定股东大会的召开和表决程序，包括通知、登记、提案的审议、投票、计票、表决结果的宣布、会议决议的形成、会议记录及其签署等内容以及股东大会对董事会的授权原则，授权内容应明确具体。股东大会议事规则由董事会拟定，报股东大会批准。

第六十九条 在年度股东大会上，董事会、监事会应当就其过去一年的工作向股东大会作出报告。每名独立董事也应作出述职报告。

第七十条 董事、监事、高级管理人员在股东大会上就股东的质询和建议作出解释和说明。

第七十一条 会议主持人应当在表决前宣布现场出席会议的股东和代理人人数及所持有表决权的股份总数，现场出席会议的股东和代理人人数及所持有表决权的股份总数以会议登记为准。

第七十二条 股东大会应有会议记录，由董事会秘书负责。会议记录记载以下内容：

（一）会议时间、地点、议程和召集人姓名或名称；

（二）会议主持人以及出席或列席会议的董事、监事、总经理和其他高级管理人员姓名；

（三）出席会议的股东和代理人人数、所持有表决权的股份总数及占公司股份总数的比例；

（四）对每一提案的审议经过、发言要点和表决结果；

（五）股东的质询意见或建议以及相应的答复或说明；

（六）律师及计票人、监票人姓名；

（七）本章程规定应当载入会议记录的其他内容。

第七十三条 召集人应当保证会议记录内容真实、准确和完整。出席会议的董事、监事、董事会秘书、召集人或其代表、会议主持人应当在会议记录上签名。会议记录应当与现场出席股东的签名册及代理出席的委托书、网络及其他方式表决情况的有效资料一并保存，保存期限不少于10年。

第七十四条 召集人应当保证股东大会连续举行，直至形成最终决议。因发生突发事件或不可抗力等特殊原因导致股东大会中止、不能正常召开或不能作出决议的，应采取必要措施尽快恢复召开股东大会或直接终止本次股东大会，并及时公告。同时，召集人应向公司所在地中国证监会派出机构及证券交易所报告。说明原因并披露相关情况以及律师出具的专项法律意见书。

第六节 股东大会的表决和决议

第七十五条 股东大会决议分为普通决议和特别决议。

股东大会作出普通决议，应当由出席股东大会的股东（包括股东代理人）所持表决权的1/2以上通过。

股东大会作出特别决议，应当由出席股东大会的股东（包括股东代理人）所持表决权的2/3以上通过。

第七十六条 下列事项由股东大会以普通决议通过：

（一）董事会和监事会的工作报告；

（二）董事会拟定的利润分配方案和弥补亏损方案；

（三）董事会和监事会成员的任免及其报酬和支付方法；

（四）公司年度预算方案、决算方案；

（五）公司年度报告；

（六）除法律、行政法规规定或者本章程规定应当以特别决议通过以外的其他事项。

第七十七条 下列事项由股东大会以特别决议通过：

（一）公司增加或者减少注册资本；

（二）公司的分立、合并、解散和清算；

（三）本章程的修改；

（四）公司在一年内购买、出售重大资产或者担保金额超过公司最近一期经审计总资产30%的；

（五）股权激励计划；

（六）法律、行政法规或本章程规定的以及股东大会以普通决议认定会对公司产生重大影响的、需要以特别决议通过的其他事项。

第七十八条 股东（包括股东代理人）以其所代表的有表决权的股份数额行使表决权，每一股份享有一票表决权。

公司持有的本公司股份没有表决权，且该部分股份不计入出席股东大会有表决权的股份总数。

董事会、独立董事和符合相关规定条件的股东可以征集股东投票权。

第七十九条 股东大会审议有关关联交易事项时，关联股东不应当参与投票表决，其所代表的有表决权的股份数不计入有效表决总数；股东大会决议的公告应当充分披露非关联股东的表决情况。

第八十条 公司应在保证股东大会合法、有效的前提下，通过各种方式和途径，包括提供网络形式的投票平台等现代信息技术手段，为股东参加股东大会提供便利。

第八十一条 除公司处于危机等特殊情况外，非经股东大会以特别决议批准，公司将不与董事、总经理和其他高级管理人员以外的人订立将公司全部或者重要业务的管理交予该人负责的合同。

第八十二条 董事、监事候选人名单以提案的方式提请股东大会表决。

股东大会就选举董事、监事进行表决时，根据本章程的规定或者股东大会的决议，可以实行累积投票制。

前款所称累积投票制是指股东大会选举董事或者监事时，每一股份拥有与应选董事或者监事人数相同的表决权，股东拥有的表决权可以集中使用。董事会应当向股东公告候选董事、监事的简历和基本情况。

第八十三条 除累积投票制外，股东大会应对所有提案进行逐项表决，对同一事项有不同提案的，应按提案提出的时间顺序进行表决。除因不可抗力等特殊原因导致股东大会中止或不能作出决议外，股东大会不得对提案进行搁置或不予表决。

第八十四条 股东大会审议提案时，不得对提案进行修改，否则，有关变更应当被视为一个新的提案，不能在本次股东大会上进行表决。

第八十五条 同一表决权只能选择现场、网络或其他表决方式中的一种。同一表决权出现重复表决的以第一次投票结果为准。

第八十六条 股东大会采取记名方式投票表决。

第八十七条 股东大会对提案进行表决前，应当推举两名股东代表参加计票和监票。审议事项与股东有利害关系的，相关股东及代理人不得参加计票、监票。

股东大会对提案进行表决时，应当由律师、股东代表与监事代表共同负责计票、监票，并当场公布表决结果，决议的表决结果载入会议记录。

通过网络或其他方式投票的公司股东或其代理人，有权通过相应的投票系统查验自己的投票结果。

第八十八条 股东大会现场结束时间不得早于网络或其他方式，会议主持人应当宣布每一提案的表决情况和结果，并根据表决结果宣布提案是否通过。

在正式公布表决结果前，股东大会现场、网络及其他表决方式中所涉及的上市公司、计票人、监票人、主要股东、网络服务方等相关各方对表决情况均负有保密义务。

第八十九条 出席股东大会的股东，应当对提交表决的提案发表以下意见之一：同意、反对或弃权。

未填、错填、字迹无法辨认的表决票、未投的表决票均视为投票人放弃表决权利，其所持股份数的表决结果应计为“弃权”。

第九十条 会议主持人如果对提交表决的决议结果有任何怀疑，可以对所投票数组织点票；如果会议主持人未进行点票，出席会议的股东或者股东代理人对会议主持人宣布结果有异议的，有权在宣布表决结果后立即要求点票，会议主持人应当立即组织点票。

第九十一条 股东大会决议应当及时公告，公告中应列明出席会议的股东和代理人人数、所持有表决权的股份总数及占公司有表决权股份总数的比例、表决方式、每项提案的表决结果和通过的各项决议的详细内容。

第九十二条 提案未获通过，或者本次股东大会变更前次股东大会决议的，应当在股东大会决议公告中作特别提示。

第九十三条 股东大会通过有关董事、监事选举提案的，新任董事、监事就任时间在股东大会结束后立即就任。

第九十四条 股东大会通过有关派现、送股或资本公积转增股本提案的，公司将在股东大会结束后2个月内实施具体方案。

第五章 董 事 会

第一节 董 事

第九十五条 公司董事为自然人，有下列情形之一的，不能担任公司的董事：

（一）无民事行为能力或者限制民事行为能力；

（二）因贪污、贿赂、侵占财产、挪用财产或者破坏社会主义市场经济秩序，被判处刑罚，执行期满未逾5年，或者因犯罪被剥夺政治权利，执行期满未逾5年；

（三）担任破产清算的公司、企业的董事或者厂长、经理，对该公司、企业的破产负有个人责任的，自该公司、企业破产清算完结之日起未逾3年；

（四）担任因违法被吊销营业执照、责令关闭的公司、企业的法定代表人，并负有个人责任的，自该公司、企业被吊销营业执照之日起未逾3年；

（五）个人所负数额较大的债务到期未清偿；

（六）被中国证监会处以证券市场禁入处罚，期限未满的；

（七）法律、行政法规或部门规章规定的其他内容。

违反本条规定选举、委派董事的，该选举、委派或者聘任无效。董事在任职期间出现本条情形的，公司解除其职务。

第九十六条 董事由股东大会选举或更换，任期三年。董事任期届满，可连选连任。董事在任期届满以前，股东大会不能无故解除其职务。

董事任期从就任之日起计算，至本届董事会任期届满时为止。董事任期届满未及时改选，在改选出的董事就任前，原董事仍应当依照法律、行政法规、部门规章和本章程的规定，履行董事职务。

董事可以由总经理或者其他高级管理人员兼任，但兼任总经理或者其他高级管理人员职务的董事以及由职工代表担任的董事，总计不得超过公司董事总人数的1/2。

第九十七条 董事应当遵守法律、行政法规和本章程，对公司负有下列忠实义务：

（一）不得利用职权收受贿赂或者其他非法收入，不得侵占公司的财产；

（二）不得挪用公司资金；

（三）不得将公司资产或者资金以其个人名义或者其他个人名义开立账户存储；

（四）不得违反本章程的规定，未经股东大会或董事会同意，将公司资金借贷给他人或者以公司财产为他人提供担保；

（五）不得违反本章程的规定或未经股东大会同意，与本公司订立合同或者进行交易；

（六）未经股东大会同意，不得利用职务便利，为自己或他人谋取本应属于公司的商业机会，自营或者为他人经营与本公司同类的业务；

（七）不得接受与公司交易的佣金归为己有；

（八）不得擅自披露公司秘密；

（九）不得利用其关联关系损害公司利益；

（十）法律、行政法规、部门规章及本章程规定的其他忠实义务。

董事违反本条规定所得的收入，应当归公司所有；给公司造成损失的，应当承担赔偿责任。

第九十八条 董事应当遵守法律、行政法规和本章程，对公司负有下列勤勉义务：

（一）应谨慎、认真、勤勉地行使公司赋予的权利，以保证公司的商业行为符合国家法律、行政法规以及国家各项经济政策的要求，商业活动不超过营业执照规定的业务范围；

（二）应公平对待所有股东；

（三）及时了解公司业务经营管理状况；

（四）应当对公司定期报告签署书面确认意见，保证公司所披露的信息真实、准确、完整；

（五）应当如实向监事会提供有关情况和资料，不得妨碍监事会或者监事行使职权；

（六）法律、行政法规、部门规章及本章程规定的其他勤勉义务。

第九十九条 董事连续两次未能亲自出席，也不委托其他董事出席董事会会议，视为不能履行职责，董事会应当建议股东大会予以撤换。

第一百条 董事可以在任期届满以前提出辞职。董事辞职应向董事会提交书面辞职报告。董事会将在2日内披露有关情况。

如因董事的辞职导致公司董事会低于法定最低人数时，在改选出的董事就任前，原董事仍应当依照法律、行政法规、部门规章和本章程规定，履行董事职务。

除前款所列情形外，董事辞职自辞职报告送达董事会时生效。

第一百零一条 董事辞职生效或者任期届满，应向董事会办妥所有移交手续，其对公司和股东承担的忠实义务，在任期结束后并不当然解除，在本章程规定的合理期限内仍然有效。

董事对公司商业秘密保密的义务在其任职结束后仍然有效，直至该秘密成为公开信息；其他义务的持续期间应当根据公平的原则决定，视事件发生与离任之间时间的长短以及与公司的关系在何种情况和条件下结束而定。

第一百零二条 未经本章程规定或者董事会的合法授权，任何董事不得以个人名义代表公司或者董事会行事。董事以其个人名义行事时，在第三方会合理地认为该董事在代表公司或者董事会行事的情况下，该董事应当事先声明其立场和身份。

第一百零三条 董事执行公司职务时违反法律、行政法规、部门规章或本章程的规定，给公司造成损失的，应当承担赔偿责任。

第一百零四条 公司董事会成员中应当至少包括1/3以上独立董事。

独立董事应按照法律、行政法规及部门规章的有关规定执行。

第二节 董 事 会

第一百零五条 公司设董事会，对股东大会负责。

第一百零六条 董事会由9名董事组成，设董事长1人。董事会中职工代表董事1名，独立董事6名。董事会中除职工代表董事以外的董事，由股东大会选举产生；职工代表董事由公司通过职工代表大会、职工大会或者其他形式民主选举产生，直接进入董事会。

第一百零七条 董事会行使下列职权：

（一）召集股东大会，并向股东大会报告工作；

（二）执行股东大会的决议；

（三）决定公司的经营计划和投资方案；

（四）制订公司的年度财务政策，制订公司的年度财务预算方案、决算方案；

（五）制订公司的利润分配方案和弥补亏损方案；

（六）制订公司增加或者减少注册资本、发行债券方案或其他证券及上市方案；

（七）拟订公司重大收购、收购本公司股票或者合并、分立、解散及变更公司形式的方案；

（八）在股东大会授权范围内，决定公司对外投资、收购出售资产、资产抵押、对外担保事项、委托理财、关联交易等事项；

（九）决定公司内部管理机构的设置；

（十）聘任或者解聘公司总经理、董事会秘书；根据总经理的提名，聘任或者解聘公司副总经理等其他高级管理人员，并决定其报酬事项和奖惩事项；

（十一）制订公司的基本管理制度；

（十二）制订本章程的修改方案；

（十三）制订公司的股权激励计划方案；

（十四）管理公司信息披露事项；

（十五）向股东大会提请聘请或更换为公司审计的会计师事务所；

（十六）听取公司总经理的工作汇报，并检查总经理的工作；

（十七）委派或更换公司的全资子公司董事会成员或监事会成员，委派、更换或推荐公司的控股子公司、参股子公司股东代表、董事（候选人）、监事（候选人）；

（十八）决定公司分支机构的设置和制订公司子公司的重组方案；

（十九）决定公司的工资水平和福利奖励计划；

（二十）监督公司内部的风险管理体系，包括风险评估、财务控制、内部审计、法律风险控制等内部控制制度的建立和实施情况；

（二十一）决定董事会专门委员会的设置，聘任或者解聘董事会各专门委员会主任及组成成员；

（二十二）法律、行政法规、部门规章或股东大会授予的其他职权。

董事会作出前款决议事项，除第（六）、（七）、（十二）项必须经全体董事的2/3以上表决同意，第（八）项规定的由股东大会授权董事会审议通过的对外担保必须经全体董事过半数且经出席董事会2/3以上的董事表决同意外，其余应经全体董事过半数表决同意。

第一百零八条 公司董事会应当就注册会计师对公司财务报告出具的非标准审计意见向股东大会作出说明。

第一百零九条 董事会制定《中国水利水电建设股份有限公司董事会议事规则》（以下简称《董事会议事规则》），以确保董事会落实股东大会决议，提高工作效率，确保科学决策。《董事会议事规则》需经股东大会批准，为本章程的附件。

第一百一十条 董事会在《董事会议事规则》中确定对外投资、收购出售资产、资产抵押、对外担保事项、委托理财、关联交易的权限，建立严格的审查和决策程序；重大投资项目应当组织有关专家、专业人员进行评审，并报股东大会批准。

第一百一十一条 董事会设董事长1人，由董事会以全体董事的过半数选举产生。

第一百一十二条 董事长行使下列职权：

（一）主持股东大会和召集、主持董事会会议；

（二）督促、检查董事会决议的执行；

（三）签署公司发行的股票、公司证券及其他有价证券；

（四）签署董事会重要文件和应由公司法定代表人签署的其他文件，行使法定代表人的职权；

（五）在发生特大自然灾害等不可抗力的紧急情况下，对公司事务行使符合法律规定和公司利益的特别处置权，并在事后向董事会和股东大会报告；

（六）组织制订董事会运作的各项制度，协调董事会的运作；

（七）提名公司董事会秘书人选名单；

（八）法律、法规或《公司章程》规定以及董事会授予的其他职权。

第一百一十三条 董事长不能履行职务或者不履行职务的，由半数以上董事共同推举一名董事履行职务。

第一百一十四条 董事会每年至少召开3次会议，由董事长召集，于会议召开10日以前书面通知全体董事和监事。

第一百一十五条 董事长、代表1/10以上表决权的股东、1/3以上董事、监事会可以提议召开董事会临时会议。董事长应当自决定或接到提议后10日内，召集和主持董事会临时会议。

第一百一十六条 董事会召开临时董事会会议的通知方式为：书面通知，包括专人送达、特快专递、电报及经确认收到的传真。通知时限为：会议召开前5日应送达各董事和监事。事关公司重大利益的紧急会议，可不受此通知时限的限制。

第一百一十七条 董事会会议通知包括以下内容：

（一）会议日期和地点；

（二）会议期限；

（三）事由及议题；

（四）发出通知的日期。

第一百一十八条 董事会会议应有过半数的董事出席方可举行。董事会作出决议，必须经全体董事的过半数通过。

董事会决议的表决，实行一人一票。

第一百一十九条 董事与董事会会议决议事项所涉及的企业有关联关系的，不得对该项决议行使表决权，也不得代理其他董事行使表决权。该董事会会议由过半数的无关联关系董事出席即可举行，董事会会议所作决议须经无关联关系董事过半数通过。出席董事会的无关联董事人数不足3人的，应将该事项提交股东大会审议。

第一百二十条 董事会决议表决方式为：书面表决方式。

董事会临时会议在保障董事充分表达意见的前提下，可以用传真方式进行并作出决议，由参会董事签字。

第一百二十一条 董事会会议，应由董事本人出席；董事因故不能出席，可以书面委托其他董事代为出席，委托书中应载明代理人的姓名，代理事项、授权范围和有效期限，并由委托人签名或盖章。代为出席会议的董事应当在授权范围内行使董事的权利。董事未出席董事会会议，亦未委托代表出席的，视为放弃在该次会议上的投票权。

第一百二十二条 董事会应当对会议所议事项的决定做成会议记录，出席会议的董事、董事会秘书、记录员应当在会议记录上签名。在会议表决中曾表明异议的董事，有权要求在该会议记录中作出其在表决过程中表明异议的记载，应当在会议记录上签名。

董事会会议记录作为公司档案保存，保存期限不少于10年。

第一百二十三条 董事会会议记录包括以下内容：

（一）会议召开的日期、地点和召集人姓名；

（二）出席董事的姓名以及受他人委托出席董事会的董事（代理人）姓名；

（三）会议议程；

（四）董事发言要点；

（五）每一决议事项的表决方式和结果（表决结果应载明赞成、反对或弃权的票数）。

第三节　董事会专门委员会

第一百二十四条 董事会设专门委员会，为董事会重大决策提供咨询、建议。公司董事会设立战略委员会、审计与风险委员会、人事薪酬与考核委员会。各专门委员会对董事会负责。

董事会就各专门委员会的职责、议事程序等另行制定董事会专门委员会议事规则。

第一百二十五条 董事会战略委员会的主要职责为：

（一）对公司中长期发展战略规划进行研究并提出向董事会建议；

（二）对公司的产业结构调整、重大资产重组方案进行研究并向董事会提出建议；

（三）对《中国水利水电建设股份有限公司章程》规定须经董事会批准的重大投资融资方案进行研究并向董事会提出建议；

（四）对《中国水利水电建设股份有限公司章程》规定须经董事会批准的重大资本运作、重大对外投资、资产经营项目进行研究并向董事会提出建议；

（五）对以上事项的实施情况进行检查、评价，并适时提出调整建议；

（六）完成董事会交办的其他工作。

第一百二十六条 董事会审计与风险委员会的主要职责为：

（一）审查公司内控制度的建立及实施情况；

（二）对公司全面风险管理进行研究并提出建议；

（三）审查公司财务规章制度建立及实施情况，指导公司财务管理工作；

（四）拟定公司担保管理政策，审议担保业务；

（五）审议公司年度财务预、决算情况，监督公司年度财务预、决算的执行并进行动态分析；

（六）审议公司重大投资项目的财务、合同风险分析，监督投资项目执行效果；

（七）提议公司聘请或更换外部审计机构；

（八）监督公司内部审计制度的建立及实施；

（九）负责公司内部审计与外部审计之间的沟通；

（十）审核公司的财务信息及其披露；

（十一）完成董事会交办的其他工作。

第一百二十七条 董事会人事薪酬与考核委员会的主要职责为：

（一）负责研究公司董事、总经理及其他高级管理人员的选择标准、程序及方法；

（二）对董事、总经理及其他高级管理人员人选进行审查并提出建议；

（三）广泛搜集合格的董事、总经理及其他高级管理人员的人选；

（四）负责研究公司董事、总经理及其他高级管理人员的履职考核标准、程序及办法；

（五）对董事、总经理及其他高级管理人员的履职情况进行考核并向董事会提出建议；

（六）根据董事、总经理及其他高级管理人员管理岗位的主要范围、职责和重要性，研究制订董事、总经理及其他高级管理人员的薪酬政策、计划或方案；

（七）审查董事、总经理及其他高级管理人员薪酬政策、计划或方案的执行情况，并向董事会提出建议；

（八）董事会交办的其他工作。

第六章 总经理及其他高级管理人员

第一百二十八条 公司设总经理1名，副总经理若干名，总会计师、董事会秘书等，由董事会聘任或解聘。

总经理、副总经理、总会计师、董事会秘书以及其他由董事会明确聘任为公司高级管理人员的其他人员，为公司高级管理人员。

第一百二十九条 本章程第九十五条关于不得担任董事的情形、同时适用于高级管理人员。

本章程第九十七条关于董事的忠实义务和第九十八条（四）至（六）关于勤勉义务的规定，同时适用于高级管理人员。

第一百三十条 在公司控股股东、实际控制人单位担任除董事以外其他职务的人员，不得担任公司的高级管理人员。

第一百三十一条 总经理每届任期3年，总经理连聘可以连任。

第一百三十二条 总经理对董事会负责，行使下列职权：

（一）主持公司的生产经营管理工作，组织实施董事会决议，并向董事会报告工作；

（二）组织实施董事会制订的年度经营计划、投资、融资和委托理财方案；

（三）根据董事会的指示，拟订公司年度财务预算方案、决算方案；

（四）拟订公司的子公司合并、分立、重组等方案；

（五）拟订公司内部管理机构设置方案；

（六）拟订公司分支机构设置方案；

（七）拟订公司的基本管理制度；

（八）制订公司的具体规章；

（九）提请董事会聘任或者解聘除董事会秘书以外的公司其他高级管理人员；

（十）聘任或者解聘除应由董事会决定聘任或者解聘以外的其他人员；

（十一）拟订公司员工的工资、福利、奖惩政策和方案；

（十二）本章程或董事会授予的其他职权。

总经理列席董事会会议。

第一百三十三条 总经理应制订总经理工作细则，报董事会批准后实施。

第一百三十四条 总经理工作细则包括下列内容：

（一）总经理会议召开的条件、程序和参加的人员；

（二）总经理及其他高级管理人员各自具体的职责及其分工；

（三）公司资金、资产运用，签订重大合同的权限以及向董事会、监事会的报告制度；

（四）董事会认为必要的其他事项。

第一百三十五条 总经理可以在任期届满以前提出辞职。有关总经理辞职的具体程序和办法由总经理与公司之间的劳务合同规定。

第一百三十六条 其他高级管理人员协助总经理工作，并可根据总经理的委托行使职权。

第一百三十七条 公司设董事会秘书1名，负责公司股东大会和董事会会议的筹备、文件保管以及公司股东资料管理，办理信息披露等事宜。董事会秘书为公司的高级管理人员，由董事长提名，董事会聘任或解聘。

董事会秘书应遵守法律、行政法规、部门规章及本章程的有关规定。

第一百三十八条 高级管理人员执行公司职务时违反法律、行政法规、部门规章或本章程的规定，给公司造成损失的，应当承担赔偿责任。

第七章 监 事 会

第一节 监 事

第一百三十九条 本章程第九十五条关于不得担任董事的情形，同时适用于监事。

董事、总经理和其他高级管理人员不得兼任监事。

第一百四十条 监事应当遵守法律、行政法规和本章程，对公司负有忠实义务和勤勉义务，不得利用职权收受贿赂或者其他非法收入，不得侵占公司的财产。

第一百四十一条 监事的任期每届为3年。监事任期届满，连选可以连任。

第一百四十二条 监事任期届满未及时改选，或者监事在任期内辞职导致监事会成员低于法定人数的，在改选出的监事就任前，原监事仍应当依照法律、行政法规和本章程的规定，履行监事职务。

第一百四十三条 监事应当保证公司披露的信息真实、准确、完整。

第一百四十四条 监事可以列席董事会会议，并对董事会决议事项提出质询或者建议。

第一百四十五条 监事不得利用其关联关系损害公司利益，若给公司造成损失的，应当承担赔偿责任。

第一百四十六条 监事执行公司职务时违反法律、行政法规、部门规章或本章程的规定，给公司造成损失的，应当承担赔偿责任。

第二节 监 事 会

第一百四十七条 公司设监事会，由5名监事组成，包括股东代表和适当比例的公司职工代表，其中股东代表监事为3人，由公司股东大会选举产生；职工代表监事为2人，由公司职工通过职工代表大会、职工大会或者其他形式民主选举产生。

监事会设主席1人，由全体监事过半数选举产生。监事会主席召集和主持监事会会议；监事会主席不能履行职务或者不履行职务的，由半数以上监事共同推举一名监事召集和主持监事会会议。

第一百四十八条 监事会对公司股东大会负责，行使下列职权：

（一）应当对董事会编制的公司定期报告进行审核并提出书面审核意见；

（二）检查公司财务；

（三）对董事、高级管理人员执行公司职务的行为进行监督，对违反法律、行政法规、本章程或者股东大会决议的董事、高级管理人员提出罢免的建议；

（四）当董事、高级管理人员的行为损害公司的利益时，要求董事、高级管理人员予以纠正；

（五）提议召开临时股东大会，在董事会不履行《公司法》规定的召集和主持股东大会职责时召集和主持股东大会；

（六）向股东大会提出提案；

（七）提议召开董事会临时会议；

（八）依照《公司法》第一百五十二条的规定，对董事、高级管理人员提起诉讼；

（九）发现公司经营情况异常，可以进行调查；必要时，可以聘请会计师事务所、律师事务所等专业机构协助其工作，费用由公司承担。

第一百四十九条 监事会每6个月至少召开一次会议。监事可以提议召开临时监事会会议。

监事会决议应当经半数以上监事通过。

第一百五十条 监事会制定监事会议事规则，明确监事会的议事方式和表决程序，以确保监事会的工作效率和科学决策。

监事会议事规则由监事会拟订，报股东大会批准，作为本章程的附件。

第一百五十一条 监事会应当将所议事项的决定作成会议记录，出席会议的监事应当在会议记录上签名。

监事有权要求在记录上对其在会议上的发言作出某种说明性记载。监事会会议记录作为公司档案至少保存10年。

第一百五十二条　监事会会议通知包括以下内容：

（一）举行会议的日期、地点和会议期限；

（二）事由及议题；

（三）发出通知的日期。

第八章　财务会计制度、利润分配和审计

第一节　财务会计制度

第一百五十三条　公司依照法律、行政法规和国家有关部门的规定，制定公司的财务会计制度。

第一百五十四条　公司应当在每一会计年度终了时编制财务会计报告，并依法经会计师事务所审计。

财务会计报告应当依照法律、行政法规和国务院财政部门的规定制作。

公司在每一会计年度结束之日起4个月内向中国证监会和上海证券交易所报送年度财务会计报告，在每一会计年度前6个月结束之日起2个月内向中国证监会派出机构和上海证券交易所报送半年度财务会计报告，在每一会计年度前3个月和前9个月结束之日起的1个月内向中国证监会派出机构和上海证券交易所报送季度财务会计报告。

第一百五十五条　公司的年度财务会计报告应在召开年度股东大会的20日以前置备于公司供股东查阅。

第一百五十六条　公司除法定的会计账簿外，将不另立会计账簿。公司的资产，不以任何个人名义开立账户存储。

第一百五十七条　公司分配当年税后利润时，应当提取税后利润的10%列入公司法定公积金。公司法定公积金累计额为公司注册资本的50%以上的，可以不再提取。

公司的法定公积金不足以弥补以前年度亏损的，在依照前款规定提取法定公积金之前，应当先用当年利润弥补亏损。

公司从税后利润中提取法定公积金后，经股东大会决议，还可以从税后利润中提取任意公积金。

公司弥补亏损和提取公积金后所余税后利润，按照股东持有的股份比例分配，但本章程规定不按持股比例分配的除外。

股东大会违反前款规定，在公司弥补亏损和提取法定公积金之前向股东分配利润的，股东必须将违反规定分配的利润退还公司。

公司持有的本公司股份不参与分配利润。

第一百五十八条　公司的公积金用于弥补公司的亏损、扩大公司生产经营或者转为增加公司资本。但是，资本公积金将不用于弥补公司的亏损。

法定公积金转为资本时，所留存的该项公积金将不少于转增前公司注册资本的25%。

第一百五十九条　公司股东大会对利润分配方案作出决议后，公司董事会须在股东大会召开后2个月内完成股利（或股份）的派发事项。

第一百六十条　公司利润分配政策为以现金、股票或其他合法方式分配股利。具体为：

（一）公司实行持续、稳定的利润分配政策，重视对投资者的合理投资回报并兼顾公司的可持续发展；

（二）公司可以采取现金或者股票方式分配股利，可以进行中期现金分红；

（三）公司制订利润分配政策时，应保持一定的连续性和稳定性。每3年以现金方式累计分配的利润原则上不少于最近3年实现的年均可分配利润的30%；

（四）若公司董事会未作出现金利润分配预案的，应当在定期报告中披露未分红的原因、未用于分红的资金留存公司的用途，独立董事应当对此发表独立意见。

第二节　内部审计

第一百六十一条　公司实行内部审计制度，配备专职审计人员，对公司财务收支和经济活动进行内部审计监督。

第一百六十二条　公司内部审计制度和审计人员的职责，应当经董事会批准后实施。审计负责人向董事会负责并报告工作。

第三节　会计师事务所的聘任

第一百六十三条　公司聘用取得“从事证券相关业务资格”的会计师事务所进行会计报表审计、净资产验证及其他相关的咨询服务等业务，聘期1年，可以续聘。

第一百六十四条　公司聘用会计师事务所必须由股东大会决定，董事会不得在股东大会决定前委任会计师事务所。

第一百六十五条　公司保证向聘用的会计师事务所提供真实、完整的会计凭证、会计账簿、财务会计报告及其他会计资料，不得拒绝、隐匿、谎报。

第一百六十六条　会计师事务所的审计费用由股东大会决定。

第一百六十七条　公司解聘或者不再续聘会计师事务所时，提前30日事先通知会计师事务所，公

司股东大会就解聘会计师事务所进行表决时，允许会计师事务所陈述意见。

会计师事务所提出辞聘的，应当向股东大会说明公司有无不当情形。

第九章 通知和公告

第一节 通 知

第一百六十八条 公司的通知以下列形式发出：

（一）以专人送出；

（二）以邮件方式送出；

（三）以公告方式送出；

（四）本章程规定的其他形式。

第一百六十九条 公司发出的通知，以公告方式进行的，一经公告，视为所有相关人员收到通知。

第一百七十条 公司召开股东大会、董事会和监事会的会议通知，以本章程第一百六十八条所列方式进行。

第一百七十一条 公司通知以专人送出的，由被送达人在送达回执上签名（或盖章），被送达人签收日期为送达日期；公司通知以邮件送出的，自交付邮局之日起第5个工作日为送达日期。公司通知以传真、电子邮件或网站发布方式发出的，发出日期为送达日期；公司通知以公告方式送出的，第一次公告刊登日为送达日期。有关公告在公司网站和符合有关规定的报刊上刊登。

第一百七十二条 因意外遗漏未向某有权得到通知的人送出会议通知或者该等人没有收到会议通知，会议及会议作出的决议并不因此无效。

第二节 公 告

第一百七十三条 公司指定《中国证券报》、《上海证券报》和上海证券交易所网站为刊登公司公告和其他需要披露信息的媒体。

第十章 合并、分立、增资、减资、解散和清算

第一节 合并、分立、增资和减资

第一百七十四条 公司合并可以采取吸收合并或者新设合并。

一个公司吸收其他公司为吸收合并，被吸收的公司解散。两个以上公司合并设立一个新的公司为新设合并，合并各方解散。

第一百七十五条 公司合并，应当由合并各方签订合并协议，并编制资产负债表及财产清单。公司应当自作出合并决议之日起10日内通知债权人，并于30日内在符合有关规定的报纸上公告。债权人自接到通知书之日起30日内，未接到通知书的自公告之日起45日内，可以要求公司清偿债务或者提供相应的担保。

第一百七十六条 公司合并时，合并各方的债权、债务，由合并后存续的公司或者新设的公司承继。

第一百七十七条 公司分立，其财产作相应的分割。

公司分立，应当编制资产负债表及财产清单。公司应当自作出分立决议之日起10日内通知债权人，并于30日内在符合有关规定的报纸上公告。

第一百七十八条 公司分立前的债务由分立后的公司承担连带责任。但是，公司在分立前与债权人就债务清偿达成的书面协议另有约定的除外。

第一百七十九条 公司需要减少注册资本时，必须编制资产负债表及财产清单。

公司应当自作出减少注册资本决议之日起10日内通知债权人，并于30日内在符合有关规定的报纸上公告。债权人自接到通知书之日起30日内，未接到通知书的自公告之日起45日内，有权要求公司清偿债务或者提供相应的担保。

公司减资后的注册资本将不低于法定的最低限额。

第一百八十条 公司合并或者分立，登记事项发生变更的，应当依法向公司登记机关办理变更登记；公司解散的，应当依法办理公司注销登记；设立新公司的，应当依法办理公司设立登记。

公司增加或者减少注册资本，应当依法向公司登记机关办理变更登记。

第二节 解散和清算

第一百八十一条 公司因下列原因解散：

（一）本章程规定的营业期限届满或者本章程规定的其他解散事由出现；

（二）股东大会决议解散；

（三）因公司合并或者分立需要解散；

（四）依法被吊销营业执照、责令关闭或者被撤销；

（五）公司经营管理发生严重困难，继续存续会使股东利益受到重大损失，通过其他途径不能解决的，持有公司全部股东表决权10%以上的股东，可以请求人民法院解散公司。

第一百八十二条 公司有本章程第一百八十一条第（一）项情形的，可以通过修改本章程而存续。

依照前款规定修改本章程，须经出席股东大会

会议的股东所持表决权的2/3以上通过。

第一百八十三条 公司因本章程第一百八十一条第（一）、（二）、（四）、（五）项规定而解散的，应当在解散事由出现之日起15日内成立清算组，开始清算。清算组由董事或者股东大会确定的人员组成。逾期不成立清算组进行清算的，债权人可以申请人民法院指定有关人员组成清算组进行清算。

第一百八十四条 清算组在清算期间行使下列职权：

（一）清理公司财产，分别编制资产负债表和财产清单；

（二）通知、公告债权人；

（三）处理与清算有关的公司未了结的业务；

（四）清缴所欠税款以及清算过程中产生的税款；

（五）清理债权、债务；

（六）处理公司清偿债务后的剩余财产；

（七）代表公司参与民事诉讼活动。

第一百八十五条 清算组应当自成立之日起10日内通知债权人，并于60日内在符合有关规定的报纸上公告。债权人应当自接到通知书之日起30日内，未接到通知书的自公告之日起45日内，向清算组申报其债权。

债权人申报债权，应当说明债权的有关事项，并提供证明材料。清算组应当对债权进行登记。

在申报债权期间，清算组不得对债权人进行清偿。

第一百八十六条 清算组在清理公司财产、编制资产负债表和财产清单后，应当制订清算方案，并报股东大会或者人民法院确认。

公司财产在分别支付清算费用、职工的工资、社会保险费用和法定补偿金，缴纳所欠税款，清偿公司债务后的剩余财产，公司按照股东持有的股份比例分配。

清算期间，公司存续，但不能开展与清算无关的经营活动。公司财产在未按前款规定清偿前，将不会分配给股东。

第一百八十七条 清算组在清理公司财产、编制资产负债表和财产清单后，发现公司财产不足清偿债务的，应当依法向人民法院申请宣告破产。

公司经人民法院裁定宣告破产后，清算组应当将清算事务移交给人民法院。

第一百八十八条 公司清算结束后，清算组应当制作清算报告，报股东大会或者人民法院确认，并报送公司登记机关，申请注销公司登记，公告公司终止。

第一百八十九条 清算组成员应当忠于职守，依法履行清算义务。

清算组成员不得利用职权收受贿赂或者其他非法收入，不得侵占公司财产。

清算组成员因故意或者重大过失给公司或者债权人造成损失的，应当承担赔偿责任。

第一百九十条 公司被依法宣告破产的，依照有关企业破产的法律实施破产清算。

第十一章 公司中的党团组织

第一百九十一条 依据《中国共产党章程》的规定，在公司中设立党的委员会和党的纪律检查委员会。

第一百九十二条 公司中党的组织依照《中国共产党章程》开展党的活动，结合建立现代企业制度，加强和改进企业党建工作，发挥政治核心作用。

第一百九十三条 公司中组建共青团组织，依照《中国共产主义青年团章程》和有关规定开展活动。

第十二章 劳动管理和民主管理

第一百九十四条 公司应按照法律法规及本章程的规定建立工资管理制度和劳动管理制度，有权决定处理公司内部劳动人事、工资事宜。

第一百九十五条 公司实行劳动合同制度，并在劳动合同中对公司职工的聘任、录用、辞退、奖惩、工资、福利、社会保险、劳动纪律、劳动保护等予以规定。

第一百九十六条 公司依照宪法和有关法律、法规、规章、政策的规定，贯彻完善职代会的各项制度，落实职代会的各项职权，依法通过职工代表大会或者其他形式，实行民主管理。公司维护职工合法权益。

第一百九十七条 公司根据《中华人民共和国工会法》的规定，健全各级工会组织，为工会活动提供必要的活动条件，并向工会拨付经费，由工会按照有关规定使用。

第十三章 修 改 章 程

第一百九十八条 有下列情形之一的，公司应当修改章程：

（一）《公司法》或有关法律、行政法规修改后，章程规定的事项与修改后的法律、行政法规的规定相抵触；

（二）公司的情况发生变化，与章程记载的事项不一致；

（三）股东大会决定修改章程。

第一百九十九条 股东大会决议通过的章程修改事项应经主管机关审批的，须报主管机关批准；涉及公司登记事项的，依法办理变更登记。

第二百条 董事会依照股东大会修改章程的决议和有关主管机关的审批意见修改本章程。

第二百零一条 章程修改事项属于法律、法规要求披露的信息，按规定予以公告。

第十四章 附 则

第二百零二条 释义。

（一）控股股东，是指其持有的股份占公司股本总额50%以上的股东；持有股份的比例虽然不足50%，但依其持有的股份所享有的表决权已足以对股东大会的决议产生重大影响的股东。

（二）实际控制人，是指虽不是公司的股东，但通过投资关系、协议或者其他安排，能够实际支配公司行为的人。

（三）关联关系，是指公司控股股东、实际控制人、董事、监事、高级管理人员与其直接或者间接控制的企业之间的关系以及可能导致公司利益转移的其他关系。但是，国家控股的企业之间不仅因为同受国家控股而具有关联关系。

第二百零三条 董事会可依照章程的规定，制定章程细则；章程细则不得与章程的规定相抵触。

第二百零四条 本章程以中文书写，其他任何语种或不同版本的章程与本章程有歧义时，以在国家工商行政管理总局最近一次核准登记后的中文版章程为准。

第二百零五条 本章程所称“以上”、“以内”、“以前”、“以下”，都含本数；“不满”、“以外”、“超过”、“低于”、“不足”、“多于”、“少于”不含本数。

第二百零六条 本章程由公司董事会负责解释。

第二百零七条 本章程附件包括《中国水利水电建设股份有限公司股东大会议事规则》、《中国水利水电建设股份有限公司董事会议事规则》和《中国水利水电建设股份有限公司监事会议事规则》。

中国水利水电建设股份有限公司工作规则

（中水电股〔2010〕2号·2010年1月25日）

第一章 总 则

第一条 中国水利水电建设股份有限公司（以下简称公司）根据《中华人民共和国公司法》（以下简称《公司法》）、中共中央办公厅、国务院办公厅《关于印发中央企业领导人员管理暂行规定》（以下简称《规定》）、中央组织部、国务院国资委党委《关于加强和改进中央企业党建工作的意见》（以下简称《央企党建工作意见》）、《中国水利水电建设股份有限公司章程》（以下简称《公司章程》）的有关规定，制定本规则。

第二条 公司以邓小平理论和“三个代表”重要思想为指导，深入贯彻落实科学发展观，坚持解放思想、实事求是的原则，坚持借鉴与创新相结合的原则，建立具有中国特色的现代国有企业制度，建立符合本公司实际的科学、规范、有序、受控、高效的公司治理模式，健全决策、执行和监督体系，依法治企，科学决策，形成“各司其职、协调运转、有效制衡”的运行机制，推进公司的科学可持续发展。

第三条 本规则规范公司治理相关各方的工作关系，是公司各方依法依章合规审议议案、决定事项、行使职权和履行职责的基本行为规则。

第二章 公司治理结构和相关领导机构及其职能定位、相互关系

第四条 股东大会是公司的权力机构，依照《公司法》、《公司章程》行使职权。股东大会由全体股东组成。

第五条 董事会是公司决策机构，依照《公司章程》代表出资人行使职权，对股东大会负责。董事会由全体董事组成，董事长是公司的法定代表人，行使法定代表人的各项职权并承担相应的义务和责任，主持董事会的全面工作。董事会秘书在董事长的安排下，履行相应的高级管理人员职责。

第六条 党组织在现代国有企业制度中具有政治核心作用，依照《中国共产党章程》、《规定》、《央企党建工作意见》履行职责和开展工作，参与公司“三重一大”问题决策，保证、监督党和国家方针政策在公司的贯彻执行。公司党委实行常委制，党委会由全体党委常委组成，党委书记主持党委全

面工作。

第七条 经理层是在董事会领导下的公司执行机构。经理层实行总经理负责制，总经理对董事会负责并报告工作。总经理主持公司的日常经营管理工作，依照《公司章程》及有关规定行使职权。经理层由总经理、副总经理、总会计师组成，副总经理、总会计师协助总经理工作。其他高级管理人员（包括总工程师、总经济师、总法律顾问、总经理助理，下同）在总经理的安排下，履行相应的高级管理人员职责，协助经理层工作。

第八条 监事会是公司监督机构，依照《公司章程》行使职权，对股东大会负责。监事会由股东代表监事、职工代表监事组成。监事会主席主持监事会全面工作。

第九条 职工代表大会是公司依照宪法和有关法律的规定实行民主管理的机构，公司工会为其办事机构。职工代表大会由全体职工代表组成。

第十条 公司按照中央关于建立具有中国特色的现代国有企业制度的要求，坚持权利和义务、责任相统一的原则，建立公司治理结构与党组织、职代会“职责明确、有机融合、运转协调”的新型领导体制和运作机制，坚持“四个相结合”的原则，即：

（一）坚持把发挥董事会在经营决策上的重要作用、发挥经理层在执行上的重要作用与发挥党组织的政治核心作用相结合的原则。董事会应切实维护出资人利益和公司利益，依法行使决策权，并对行使职权的结果负责。经理层应认真履行忠实义务和勤勉义务，确保董事会决议和各项要求的贯彻落实，实现公司的各项经营目标。应进一步健全党委有效参与重大问题决策的体制机制，明确党委参与重大问题决策的内容、程序、途径和方法，把国有企业的独特政治优势转化为企业的核心竞争力。党委应积极维护和支持董事会、经理层依法行使职权，保证公司治理结构的有效运行，发挥党员先锋模范作用，团结带领广大员工，确保公司各项重大决策的顺利实施。

（二）坚持党管干部与董事会依法选聘经营管理者、经营管理者依法行使用人权相结合、组织考察推荐与市场化选聘经营管理者相结合的原则。党组织在公司重要经营管理领导人员的选任中发挥主导作用，包括确定用人标准，考察推荐人选，提出任用建议，完善评价体系，加强监督管理，培养后备人才等。董事会、总经理依照法律、《公司章程》及相关规定行使用人权。

按照管理权限，公司重要经营管理领导人员包括：

1. 子公司、控股公司的董事、执行董事、监事、总经理及其他高级管理人员；

2. 公司总部经营管理部门负责人；

3. 公司委派到参股公司的股东代表和董事、监事。

公司应完善选人用人程序，使选拔任用工作制度化、标准化、规范化。选拔任用重要经营管理领导人员应采取总经理提名、组织推荐、民主推荐、公开招聘、市场选聘等方式进行并确定考察对象。考察工作由党委主导，组织人事部门负责考察工作。在考察的基础上，党委常委会研究提出任用意见和建议，由股东大会、董事会或经理层依规章、按程序选任或聘任。在对被提名推荐的人选进行组织考察、会议研究之前，董事长（党委书记）、总经理应充分沟通，达成共识。进入依法依规任用程序时，党委成员应认真履责，使党组织的意图得到尊重和体现。

（三）坚持党组织的监督与监事会、职代会的监督相结合的原则。党组织、监事会、职代会应从不同层面切实履行好监督职能，形成监督合力。董事会、经理层成员应自觉接受监督，确保党和国家的方针政策在公司的贯彻执行。

（四）坚持董事会、经理层依法行使职权与职工民主管理相结合的原则。董事会、经理层应积极支持职代会、工会依照有关法律、行政法规行使权利，履行职责，维护职工的合法权益。职代会、工会应积极支持董事会、经理层依法履行职责，组织动员广大员工为公司的科学可持续发展建功立业。

第三章　会议制度

第一节　公司股东大会会议

第十一条 公司股东大会会议一般由董事长主持，特殊情况按照《公司章程》办理。股东及其代理人、全体董事、监事和董事会秘书出席会议，有关高级管理人员列席会议。

第十二条 股东大会的会议议题根据《公司章程》规定的股东大会职权范围、需经股东大会审议通过的事项及需由股东大会以特别决议形式通过的事项进行确定。

第十三条 股东大会会议一般每年召开一次。按照《公司章程》有关规定，可以召开临时股东大会。

第十四条 股东大会制定议事规则，经股东大会会议审议批准后实施。

第二节 公司董事会会议

第十五条 公司董事会会议一般由董事长召集并主持，特殊情况按《公司章程》规定办理。全体董事出席会议，总经理和董事会秘书未兼任董事的应列席会议，监事可以列席会议，其他列席人员由董事长根据议题需要确定。

第十六条 董事会会议的主要议题是：

（一）研究向股东大会提交的工作报告；

（二）研究执行股东大会决议的工作计划；

（三）研究决定公司的经营计划和投资方案；

（四）研究制订公司年度财务政策、年度财务预算方案及决算方案；

（五）研究制订公司的利润分配方案和弥补亏损方案；

（六）研究制订公司增加或者减少注册资本、发行债券方案或其他证券及上市方案；

（七）研究拟订公司重大收购、收购本公司股票或者合并、分立、解散及变更公司形式的方案；

（八）研究在股东大会授权范围内，决定公司对外投资、收购出售资产、资产抵押、对外担保事项、委托理财、关联交易等事项；

（九）研究决定公司内部管理机构的设置；

（十）研究聘任或者解聘公司总经理、董事会秘书；根据总经理的提名，聘任或者解聘公司副总经理、总会计师等其他高级管理人员；

（十一）对总经理及其他高级管理人员进行履职绩效评价，并对其薪酬、激励、奖惩作出决定；

（十二）研究制订公司的基本管理制度；

（十三）研究制订本章程的修改方案；

（十四）制订公司股权激励计划方案；

（十五）研究管理公司信息披露事项；

（十六）研究向股东大会提请聘请或更换为公司审计的会计师事务所；

（十七）听取公司总经理的工作汇报，并检查总经理的工作；

（十八）研究委派或更换公司的全资子公司董事会成员或监事会成员，委派、更换或推荐公司的控股子公司、参股子公司股东代表、董事（候选人）、监事（候选人）；

（十九）研究决定公司分支机构的设置和制订公司子公司的重组方案；

（二十）研究决定公司的工资水平和福利奖励计划；

（二十一）研究监督公司内部的风险管理体系，包括风险评估、财务控制、内部审计、法律风险控制等内部控制制度的建立和实施情况；

（二十二）研究决定董事会专门委员会的设置，聘任或者解聘董事会各专门委员会主任及组成成员；

（二十三）研究与法律、行政法规、章程或股东大会授予的其他职权有关的事项。

第十七条 董事会制定议事规则，经股东大会批准后实施。

第十八条 董事长在召集和主持董事会会议及贯彻落实会议各项决议方面应履行以下职责：

（一）根据《公司章程》的规定确定全年董事会定期会议计划，包括会议的次数和召开会议的具体时间等。董事长认为有必要时可以决定召开董事会临时会议。应关注董事会会议的次数和每次召开的时间能否满足董事会充分履行其各项职责的需要。

（二）根据董事会职责对拟提交审议的议案进行初步审核，并确定是否提交董事会审议。

（三）按时召开董事会会议，确保需要董事会表决的重大事项不延误。

（四）对上会议题，董事长应与董事、总经理进行会前沟通，充分听取他们的意见。

（五）应使董事能够在会上充分发表个人意见，在充分讨论的基础上进行表决；应关注董事会会议的效率，引导董事针对议题，突出重点、简明扼要地发表个人意见。

（六）及时掌握董事会各项决议的执行情况，对发现的问题，应当及时提出整改要求。

第三节 公司党委常委会会议

第十九条 公司党委常委会议由党委书记主持，党委副书记及党委常委出席会议，党委工作部主任列席会议。根据会议内容，由党委书记确定其他有关人员列席会议。

第二十条 党委常委会议主要议题是：

（一）研究贯彻党中央、国务院的重大方针政策和国家有关法律、法规的意见，研究贯彻国务院国资委党委对国有企业党组织的工作要求的具体措施，讨论向上级党组织的报告、请示。

（二）研究确定公司党建工作的重大问题，审议党委、纪委年度工作计划和总结，党建重要活动的部署和规划。

（三）研究决定由公司党委管理的党委、纪委、工会、共青团组织的人事任免事项；决定公司党组织机构的设立、撤并、变更事项。

（四）研究党委成员通过出席公司总经理办公会，审议公司重大决策、重要项目安排和大额度资金使用等经营管理及涉及职工重大切身利益调配的重大问题提出的意见和建议。

（五）研究确定公司选人用人标准、评价体系、监督管理，后备人才培养等重大问题。按照第十条第二款的规定，研究提出任用重要经营管理领导人员的意见和建议，由股东会、董事会或经理层依照法律、《公司章程》、工作程序选任或聘任。

（六）研究审定领导班子建设、后备干部培养等重要事项。

（七）研究制订企业人才队伍建设规划、教育培训计划。

（八）研究制订党委、纪委各项重要工作制度，形成党建工作制度体系。

（九）研究审定党员代表大会和党委、纪委换届选举工作方案，及时组织党委、纪委的换届工作。

（十）研究审定公司纪检监察、反腐倡廉及廉洁从业考核工作中的重大问题。

（十一）研究公司职工代表大会制度落实的重大问题。定期听取公司工会、共青团工作的汇报，研究重大问题，审议关于加强和改进工会共青团工作的重要决定。

（十二）研究审定企业精神文明建设、思想政治工作中的重大问题，审议精神文明建设规划、制度措施、管理办法，研究公司和各单位文明单位的创建工作。

（十三）研究审定企业文化建设的重大问题，审定企业文化建设规划、措施。

（十四）研究审定党群组织提出的奖惩和创先争优等活动方案。

（十五）上级党委规定的或党委书记提议研究的其他问题。

第二十一条 公司党委常委会会议根据需要不定期召开。

第二十二条 公司党委常委会应制订议事规则，经公司党委常委会审议批准后实施。

第四节 公司董事长办公会议

第二十三条 在公司董事会闭会期间，根据需要召开董事长办公会议。会议由董事长主持，董事长（党委书记）、相关的独立董事、总经理及相关的经理层高级管理人员出席会议，董事会秘书列席会议，其他列席人员由董事长根据议题需要确定。

第二十四条 董事长办公会议主要议题是：

（一）检查董事会决议的执行情况，对贯彻落实决议提出指导性意见；

（二）研究与法律、法规及《公司章程》规定的法定代表人职权有关的事项；

（三）研究在发生特大自然灾害等不可抗力的紧急情况下，与行使特别处置权有关的事项；

（四）研究制定董事会运作的各项制度，协调董事会的运作；

（五）研究与法律、法规或《公司章程》规定以及董事会授予的其他职权有关的事项；

（六）研究与董事会授权董事长在董事会闭会期间行使决策权有关的事项。

第二十五条 董事长办公会议根据需要不定期召开。

第五节 公司总经理办公会议

第二十六条 公司总经理办公会议由总经理主持。总经理、党委书记、副总经理、纪委书记、总会计师出席会议，工会主席、总工程师、总经济师、总法律顾问、董事会秘书、总经理助理、总经理工作部主任、党委工作部主任列席会议。其他列席人员由总经理根据议题需要确定。

第二十七条 总经理办公会议的主要议题是：

（一）研究组织实施董事会决议的工作方案；

（二）研究组织实施董事会制订的年度经营计划、投资、融资和委托理财方案；

（三）研究拟订公司年度财务预算方案、决算方案；

（四）研究拟订公司的子公司合并、分立、重组等方案；

（五）研究拟订公司内部管理机构设置方案；

（六）研究拟订公司分支机构设置方案；

（七）研究拟订公司的基本管理制度；

（八）研究制订公司的具体规章；

（九）根据党委任用建议，研究提请董事会聘任或者解聘除董事会秘书以外的公司其他高级管理人员；

（十）根据党委任用建议，研究聘任或者解聘除应由董事会决定聘任或者解聘以外的其他人员；

（十一）研究拟订公司员工的工资、福利、奖惩政策和方案；

（十二）研究与《公司章程》或董事会授予的其他职权有关的事项。

第二十八条 总经理办公会议一般每月召开一次。

第二十九条 经理层应制订总经理工作细则，经董事会批准后实施。

第六节 公司监事会会议

第三十条 公司监事会会议由监事会主席主持，

全体监事出席会议。

第三十一条 监事会会议的主要议题是：

（一）研究对董事会编制的公司定期报告的审核意见；

（二）研究检查公司财务的意见；

（三）研究对董事、高级管理人员执行公司职务的行为进行监督的情况；研究对违反法律、行政法规、《公司章程》或者股东大会决议的董事、高级管理人员提出罢免的建议；

（四）研究纠正董事、高级管理人员损害公司利益行为的意见；

（五）研究提议召开临时股东大会，在董事会不履行《公司法》规定的召集和主持股东大会职责时召集和主持股东大会的意见；

（六）研究向股东大会提出的提案；

（七）研究提议召开董事会临时会议；

（八）研究对董事、高级管理人员提起诉讼的意见；

（九）研究对公司异常经营情况进行调查的意见。

第三十二条 监事会应制订议事规则，报股东大会批准后实施。

第三十三条 监事会会议每半年至少召开一次。根据《公司章程》有关规定，可以召开临时监事会会议。

第七节 公司年度工作会议

第三十四条 公司年度工作会议由公司董事长（党委书记）、总经理主持，董事、监事、总经理及其他高级管理人员、总部部门主任以上人员、子公司及控股公司主要负责人、委派到参股公司的主要负责人参加会议。

会议主要内容：

（一）总结公司上年度工作，安排部署本年度工作；

（二）根据公司上年度业绩考核情况，兑现奖励和处罚；

（三）表彰公司先进集体、劳动模范、先进生产者（工作者）。

第三十五条 公司年度工作会议每年召开一次，时间一般为当年1月。

第八节 公司专项工作会议

第三十六条 公司专项工作会议包括公司纪检监察工作会议、安全生产工作会议、其他各专项工作会议等。

第三十七条 专项工作会议分别由总经理或分管该项工作的公司领导主持。各子公司、控股公司的主要负责人或分管领导、总部有关业务部门负责人参加。

专项工作会议主要内容：

（一）总结公司上年度专项工作，部署本年度专项工作；

（二）审议公司专项工作的重大管理方案、规章制度；

（三）表彰公司专项工作先进集体、先进个人。

第三十八条 公司专项工作会议每年召开一次，一般安排在当年的2～5月之间，也可与公司年度工作会套开。

第三十九条 每年年初由总部各部门在征得公司分管领导同意后提出年度专项工作会议计划，其中经营管理类会议由总经理工作部综合平衡，经公司分管领导审核后，报总经理批准；党、工、团类会议由党委工作部综合平衡，经党委副书记审核后报党委书记批准。

第九节 公司职工代表大会

第四十条 公司职工代表大会由大会选举产生的主席团主持会议。

第四十一条 职工代表大会的会议议题根据职代会工作规则确定。

第四十二条 公司职工代表大会每年召开一次，一般安排在每年的1月与公司年度工作会议同期召开。

第十节 会务组织工作

第四十三条 会务工作责任部门：

（一）公司股东大会会议、董事会会议、董事长办公会议由董事会办公室负责会务工作。

（二）公司党委会会议由党委工作部负责会务工作。

（三）公司总经理办公会议由总经理工作部负责会务工作。

（四）公司监事会会议由代行监事会办公室职能的部门负责会务工作。

（五）公司年度工作会议由总经理工作部、党委工作部共同负责会务工作。

（六）公司专项工作会议由专项工作主管部门负责会务工作。

（七）公司职工代表大会由工会负责会务工作。

第四十四条 议题征集与审定：

会务工作责任部门负责会议议题的征集、整理。提交议题的部门应首先书面呈报分管领导签批同意后，报送会务工作责任部门汇总报审。会议议题由主持人审定。

第四十五条　会议筹备：

（一）会议前，由会务组织工作责任部门制定会议议程，经会议主持人审阅同意后，以书面形式通知与会人员。

（二）根据确定的会议议题，由会务工作责任部门通知议题主办或承办单位、部门提前准备会议材料，并提前一天发至与会人员（须保密的材料除外）。

第四十六条　会议纪要和会议文件：

（一）会务工作责任部门负责做好会议记录、整理会议纪要、汇总会议文件。

（二）会议纪要和会议文件由主持人签发。

（三）总经理办公会议涉及“三重一大”问题的会议纪要由党委书记会签，总经理签发。

第四十七条　会议纪律：

（一）应参加而没有出席或列席会议的人员，应向会议主持人请假。

（二）出席会议人员缺席时应将自己对会议议题的意见和建议以书面或口头形式告诉会议主持人，由主持人代为转达。

（三）对因故缺席会议的人员，会议主持人在会后应向缺席者通报会议情况，会议组织部门应及时送发会议纪要。

（四）出席会议的全体成员及列席会议的人员、记录人员必须严守秘密，凡会议要求保密的议事内容和讨论情况，不准以任何方式向任何人泄露。

第四十八条　会议督办：

会议组织部门及相关业务主管部门对会议作出的决定事项要进行督办，逐一落实到位，并将办理结果及时向会议主持人汇报。

第四章　公文审批管理制度

第四十九条　公司总经理工作部、党委工作部为公文管理部门，按部门职责划分分类办理收文、发文、签报、用印等事宜。

第五十条　公司应及时处理由集团公司、集团公司党委批转来的党中央、国务院、中办、国办、国务院国资委及有关部委文件和有关省、自治区、直辖市政府的文件。

第五十一条　按有关规定，公司不直接向国务院国资委及有关部委行文，所需请示、报告事项由股份公司拟文以集团公司文件上报。党委上报文件由股份公司党委拟文以集团公司党委文件上报。以集团公司、集团公司党委名义上报的文件按《中国水利水电建设集团公司工作规则》中有关规定办理。

第五十二条　收文办理：

一、收文办理一般按以下程序进行：

（一）公司收文：由总经理工作部主任拟办——根据批办权限呈董事长或总经理批示——分管领导批示——相关部门办理。

（二）公司党委收文：党委工作部主任拟办——呈党委书记批示——相关部门办理。

二、批办权限：

（一）涉及以下内容的公文由董事长批办：

1. 与《公司章程》、《股东大会议事规则》、《董事会议事规则》中规定的股东会、董事会、董事长职权范围相关的事项；

2. 法定代表人为该项工作第一责任人的重大事项；

3. 国务院、国办、国务院国资委及有关部委，各省、自治区、直辖市人民政府文件；

4. 董事长分工范围内的事项；

5. 子公司、控股公司、各部门的请示、报告涉及董事会、董事长职权范围的重要事项；

6. 公司股东发来的文件；

7. 有关企事业单位、行业协会发来的重要文件。

（二）涉及以下内容的公文由总经理批办：

1. 与《公司章程》、《总经理工作细则》规定的总经理职权范围相关的事项；

2. 子公司、控股公司、各部门上报的有关公司日常生产经营性业务的请示、报告；

3. 地方政府、有关企事业单位、行业协会发来的涉及公司日常生产经营性业务的文件。

（三）涉及以下内容的公文由党委书记批办：

1. 党中央、中办、国务院国资委党委及纪委发来的重要文件；

2. 子公司、控股公司党委、纪委呈报的文件；

3. 地方党委发来的有关文件。

（四）涉及以下内容的文件由监事会主席批办：

1. 与《公司章程》、《监事会议事规则》规定的监事会职权范围相关的事项；

2. 子公司、控股公司监事会上报的文件。

第五十三条　发文办理：

一、发文办理一般按以下程序进行：

（一）董事会文件：董事会审议形成决议——全体董事签字——董事会办公室拟文形成公司文件或董事会文件——董事长签发；

（二）生产经营性文件：日常经营性文件由有关部门根据会议决定或领导指示拟文——相关部门会签——公司分管领导初审——总经理签发。其中涉及法定代表人职权的且未经法定代表人授权事项的文件由总经理审签后董事长签发；

（三）党委文件：党委会议形成决议——党委办事机构拟文——党委副书记审签——党委书记签发；

（四）监事会文件：监事会审议形成决议——全体监事签字——监事会办公室拟文形成监事会文件——监事会主席签发。

二、签发权限：

（一）涉及以下内容的公文由董事长签发：

1. 向国务院国资委及有关部委，各省、自治区、直辖市人民政府发送的重要文件，并按本工作规则第五十一条的规定办理；

2. 与《公司章程》、《股东大会议事规则》、《董事会议事规则》中规定的董事会、董事长职权范围相关的文件；

3. 法定代表人作为该项工作第一责任人的文件；

4. 根据股东大会决议、董事会决议形成的文件；

5. 对外公告信息披露文件；

6. 公司向股东发送的文件；

7. 需要法定代表人代表公司签署的重要合同、协议等文件；

8. 涉及产权及资产变更、融资、投资、资产评估、对外担保及资金支出等重要文件，月、季、年度财务报表、资金计划及报表、企业年度报告等公司重要文件、报表经总经理审签后报董事长签发；

9. 对子公司、控股公司请示事项中涉及董事会、董事长职权范围的批复文件；

10. 对子公司、控股公司的审计意见书及效能监察意见书经总经理审定后报董事长签发。

（二）涉及以下内容的公文由总经理签发：

1. 与《公司章程》、《总经理工作细则》中规定的总经理职权范围相关的文件；

2. 以集团公司名义呈报国资委及有关部委的日常生产经营性业务文件，并按第五十一条规定办理；

3. 发子公司、控股公司、各部门的日常生产经营性业务文件；

4. 批复子公司、控股公司日常生产经营性文件；

5. 给公司以外的单位发送的日常生产经营性文件。

（三）涉及以下内容的公文由党委书记签发：

1. 向中办、国务院国资委党委及各省、自治区、直辖市党委发送的文件，并按第五十一条规定办理；

2. 发子公司、控股公司党委的文件；

3. 对子公司、控股公司党委请示的批复文件。

（四）涉及以下内容的公文由监事会主席签发：

1. 监事会会议决议事项形成的文件；

2. 与《公司章程》、《监事会议事规则》中规定的监事会职权范围相关的文件。

第五十四条 以下事项授权签发：

（一）公司人事、劳动统计报表、其他业务报表、人事商调函等在履行公司管理程序后，授权总经理签发；

（二）以股份公司为参与主体的国内工程承包投标的相关法人授权文件及承包合同签约授权书授权总经理签发；

（三）以股份公司为参与主体的国外单项五亿美元以下的工程承包投标相关的法人授权文件及承包合同签约授权书授权总经理签发；

（四）对子公司、控股公司的审计及效能监察通知书和复议受理通知书，授权总经理签发；

（五）公司一般性介绍信、贺电、唁电、业务联系函件，授权总经理签发。

第五十五条 用印原则：

（一）公司董事会印章由董事长批准使用；

（二）公司印章、合同印章、公司法人代表印章由董事长或由董事长授权总经理批准使用；

（三）公司党委印章由党委书记或由党委书记授权的党委副书记批准使用；

（四）使用公司领导个人印章时，由领导本人批准或授权方可用印；

（五）授权使用公章、个人印章时，经办人要出示授权委托书后方可用印。

第五十六条 公司及公司党委的《公文管理办法》、《印章管理办法》由总经理工作部、党委工作部分别制定，按管理程序审批后执行。

第五章 公务活动制度

第五十七条 国务院国资委及有关部委要求公司领导参加的会议或出席的活动、有关单位邀请公司领导出席的活动或前来会见公司领导的，其中重要会议或重要活动需经董事长（党委书记）、总经理批准，一般常规性、业务性的会议或活动由总经理批准。

第五十八条 对子公司、控股公司邀请公司领导出席会议或重要活动的，经董事长（党委书记）、总经理商定后，由总经理工作部统一安排。

第五十九条 公司领导接受新闻单位采访、以公司名义正式公开发表文章等，由党委工作部统一协调安排，报董事长（党委书记）、总经理批准。

第六十条 以公司名义进行宣传报道，开展各类社会活动，印制综合性公开出版物，举办各类展览展示活动等，均由公司党委工作部统一协调，报董事长(党委书记)、总经理批准。

第六十一条 董事长(党委书记)、总经理因公出国按国务院国资委有关规定办理。其他公司领导及高管人员因公出国由董事长(党委书记)、总经理批准。公司领导在国内的外事活动,由公司外事部门提出安排计划,重要活动由董事长(党委书记)、总经理批准,一般活动由总经理批准。

第六十二条 子公司及控股公司主要领导人员、总部部门正职以上领导人员出国,由分管外事工作的副总经理审核,董事长(党委书记)、总经理批准。其他领导人员出国,由分管外事工作的副总经理审核,总经理批准。党委、纪委、工会系统的领导人员出国需经党委副书记审核,党委书记批准。

第六十三条 出差或休假按国务院国资委以下规定办理:

董事长(党委书记)、总经理出差或休假按国务院国资委有关规定办理。

总经理出差或休假,应事前告知董事长并委托一位副总经理主持公司日常经营管理工作。

监事会主席出差或休假应事先告知董事长;监事出差或休假应经监事会主席批准。

副总经理、总会计师出差或休假,应经董事长(党委书记)、总经理批准。

党委副书记、纪委书记、工会主席出差或休假,应经党委书记批准。

董事会秘书出差或休假应经董事长批准。其他高级管理人员出差或休假应经董事长(党委书记)、总经理批准。

副总师和总部部门正职人员出差或休假,应经总经理批准,其中党群部门负责人出差、休假由党委书记批准;部门副职人员出差和休假经公司分管领导同意,总经理批准。各部门正职、副职人员原则上不能同时全部外出,特殊情况需同时外出的,应指定一名临时负责人并通知公司总经理工作部。

第六十四条 公司应规范公务接待活动,倡行勤俭节约,公司领导到子公司、控股公司检查指导工作应一律轻车简从。

第六十五条 公司各级领导人员要廉洁从业,严格执行中央有关企业领导人员廉洁自律的规定,不得利用职权和职务影响为本人或特定关系人谋取不正当利益。

第六十六条 总部各部门对职权范围内的事项要按程序和时限积极负责地办理,对不符合规定的事项要坚持原则不得办理;对因推诿、拖延等官僚作风及失职、渎职造成影响和损失的,要严肃追究责任;对越权办事、以权谋私等违规、违纪、违法行为,要严肃查处。

第六章 附 则

第六十七条 本工作规则体现中国特色社会主义现代国企性质与现代公司法人治理结构的有机结合原则。本工作规则由股份公司党委会、总经理办公会共同审定,董事长(党委书记)、总经理签发后,由股份公司、股份公司党委行文颁发执行。

第六十八条 本工作规则自印发之日起执行。各子公司、控股公司应根据本工作规则原则修订、完善本公司工作规则。

中国水利水电建设股份有限公司
股东大会议事规则

(中水电股〔2010〕40号·2010年4月15日)

第一章 总 则

第一条 为维护中国水利水电建设股份有限公司(以下简称公司)和股东的合法权益,明确股东大会的职责和权限,保证股东大会规范、高效运作及依法行使职权,根据《中华人民共和国公司法》(以下简称《公司法》)、《中华人民共和国证券法》、《上市公司章程指引(2006年修订)》、《上市公司股东大会规则》、《上海证券交易所股票上市规则(2008年修订)》(以下简称《上市规则》)等有关规定及《中国水利水电建设股份有限公司章程》(以下简称《公司章程》)的有关规定,制定本规则。

第二条 本规则适用于公司股东大会,对公司、股东、股东授权代理人、公司董事、监事、高级管理人员以及列席股东大会的其他有关人员均具有约束力。

第三条 股东大会分为年度股东大会和临时股东大会。年度股东大会每年召开一次,应当于上一会计年度结束后的6个月内举行。临时股东大会不定期召开，出现《公司法》第一百零一条规定的应当召开临时股东大会的情形时，临时股东大会应当在2个月内召开。

公司在上述期限内不能召开股东大会的，应当报告公司所在地中国证监会派出机构和上海证券交易所，说明原因并公告。

第四条 公司董事会应严格遵守《公司法》及其他法律、法规中有关股东大会召开的各项规定，切实履行职责，认真、按时组织股东大会。公司全体董事应当勤勉尽责，确保股东大会正常召开和依法行使职权。

第五条 合法有效持有公司股份的股东均有权出席或授权代理人出席股东大会，并依法及依本规则享有知情权、发言权、质询权和表决权等各项权利。

出席股东大会的股东或股东授权代理人，应当遵守有关法律法规、《公司章程》及本规则的规定，自觉维护会议秩序，不得侵犯其他股东的合法权益。

第六条 公司董事会秘书负责落实召开股东大会的各项筹备和组织工作。

第七条 公司召开股东大会，应当聘请律师对以下问题出具法律意见并公告：

（一）会议的召集、召开程序是否符合法律、法规、本规则和《公司章程》的规定；

（二）出席会议人员的资格、召集人资格是否合法有效；

（三）会议的表决程序、表决结果是否合法有效；

（四）应上市公司要求对其他有关问题出具的法律意见。

第二章 股东大会的召集

第八条 董事会应当在本规则第三条规定的期限内按时召集股东大会。

第九条 独立董事有权向董事会提议召开临时股东大会。对独立董事要求召开临时股东大会的提议，董事会应当根据法律、法规和《公司章程》的规定，在收到提议后10日内提出同意或不同意召开临时股东大会的书面反馈意见。

董事会同意召开临时股东大会的，应当在作出董事会决议后5日内发出召开股东大会的通知；董事会不同意召开临时股东大会的，应当说明理由并公告。

第十条 监事会有权向董事会提议召开临时股东大会，并应当以书面形式向董事会提出。董事会应当根据法律、法规和《公司章程》的规定，在收到提议后10日内提出同意或不同意召开临时股东大会的书面反馈意见。

董事会同意召开临时股东大会的，应当在作出董事会决议后5日内发出召开股东大会的通知，通知中对原提议的变更，应当征得监事会的同意。

董事会不同意召开临时股东大会，或者在收到提议后10日内未作出书面反馈的，视为董事会不能履行或者不履行召集股东大会会议职责，监事会可以自行召集和主持。

第十一条 单独或者合计持有公司10%以上股份的股东有权向董事会请求召开临时股东大会，并应当以书面形式向董事会提出。董事会应当根据法律、法规和《公司章程》的规定，在收到请求后10日内提出同意或不同意召开临时股东大会的书面反馈意见。

董事会同意召开临时股东大会的，应当在作出董事会决议后5日内发出召开股东大会的通知，通知中对原请求的变更，应当征得相关股东的同意。

董事会不同意召开临时股东大会的，或者在收到请求后10日内未作出反馈的，单独或者合计持有公司10%以上股份的股东有权向监事会提议召开临时股东大会，并应当以书面形式向监事会提出请求。

监事会同意召开临时股东大会的，应在收到请求5日内发出召开股东大会的通知，通知中对原请求的变更，应当征得相关股东的同意。

监事会未在规定期限内发出股东大会通知的，视为监事会不召集和主持股东大会，连续90日以上单独或者合计持有公司10%以上股份的股东可以自行召集和主持。

第十二条 监事会或股东决定自行召集股东大会的，应当书面通知董事会，同时向公司所在地中国证监会派出机构和上海证券交易所备案。

在股东大会决议公告前，召集股东持股比例不得低于10%。

监事会和召集股东应在发出股东大会通知及发布股东大会决议公告时，向公司所在地中国证监会派出机构和上海证券交易所提交有关证明材料。

第十三条 对于监事会或股东自行召集的股东大会，董事会和董事会秘书应予配合。董事会应当提供股权登记日的股东名册。董事会未提供股东名册的，召集人可以持召集股东大会通知的相关公告，向证券登记结算机构申请获取。召集人所获取的股东名册不得用于除召开股东大会以外的其他用途。

第十四条 监事会或股东自行召集的股东大会，会议所必需的费用由公司承担。

第三章 股东大会的提案与通知

第十五条 提案的内容应当属于股东大会职权范围，有明确议题和具体决议事项，并且符合法律、法规和《公司章程》的有关规定。

单独或者合计持有公司3%以上股份的股东，可以在股东大会召开10日前提出临时提案并书面提交召集人。召集人应当在收到提案后2日内发出股东大会补充通知，公告临时提案的内容。

第十六条 除第十五条规定外，召集人在发出股东大会通知后，不得修改股东大会通知中已列明的提案或增加新的提案。

股东大会通知中未列明或不符合本规则第十五条规定的提案，股东大会不得进行表决并做出决议。

第十七条 召集人应当在年度股东大会召开20日前以公告方式通知各股东，临时股东大会应当于会议召开15日前以公告方式通知各股东。

第十八条 股东大会通知和补充通知中应当充分、完整披露所有提案的具体内容以及为使股东对拟讨论的事项做出合理判断所需的全部资料或解释。拟讨论的事项需要独立董事发表意见的，发出股东大会通知或补充通知时应当同时披露独立董事的意见及理由。

第十九条 股东大会拟讨论董事、监事选举事项的，股东大会通知中应当充分披露董事、监事候选人的详细资料，至少包括以下内容：

（一）教育背景、工作经历、兼职等个人情况；

（二）与上市公司或其控股股东及实际控制人是否存在关联关系；

（三）披露持有上市公司股份数量；

（四）是否受过中国证监会及其他有关部门的处罚和证券交易所惩戒。

除采取累积投票制选举董事、监事外，每位董事、监事候选人应当以单项提案提出。

第二十条 股东大会通知中应当列明会议时间、地点，并确定股权登记日。股权登记日与会议日期之间的间隔应当不多于7个工作日。股权登记日一旦确认，不得变更。

第二十一条 发出股东大会通知后，无正当理由，股东大会不得延期或取消，股东大会通知中列明的提案不得取消。一旦出现延期或取消的情形，召集人应当在原定召开日前至少2个工作日公告并说明原因。

第四章 股东大会的召开

第二十二条 公司应当在公司住所地或《公司章程》规定的地点召开股东大会。

股东大会应当设置会场，以现场会议形式召开。公司还可以采用安全、经济、便捷的网络或其他方式为股东参加股东大会提供便利。股东通过上述方式参加股东大会的，视为出席。

股东可以亲自出席股东大会并行使表决权，也可以委托他人代为出席和在授权范围内行使表决权。

第二十三条 个人股东亲自出席会议的，应出示本人身份证或其他能够表明其身份的有效证件或证明、股票账户卡；委托代理人出席会议的，代理人应出示本人有效身份证件、授权委托书。

法人股东应由法定代表人或者法定代表人委托的代理人出席会议。法定代表人出席会议的，应出示本人身份证、能证明其具有法定代表人资格的有效证明；委托代理人出席会议的，代理人应出示本人身份证、法人股东单位的法定代表人依法出具的授权委托书。

第二十四条 股东应当以书面形式委托代理人。股东出具的委托他人出席股东大会的授权委托书应当载明下列内容：

（一）代理人的姓名；

（二）是否具有表决权；

（三）分别对列入股东大会议程的每一审议事项投同意、反对或弃权票的指示；

（四）委托书签发日期和有效期限；

（五）委托人签名，委托人为法人股东的，应当加盖法人印章并由法定代表人签署；

（六）列明股东代理人所代表的委托人的股份数额。

第二十五条 任何由公司董事会发给股东用于任命股东代理人的授权委托书的格式，应当让股东自由选择指示股东代理人投同意票、反对票或弃权票，并就会议每项议题所要作出表决的事项分别作出指示。授权委托书应当注明如果股东不作具体指示，股东代理人是否可以按自己的意思表决。

第二十六条 表决前委托人已经去世、丧失行为能力、撤回委任、撤回签署委任的授权或者有关股份已被转让的，只要公司在有关会议开始前没有收到该等事项的书面通知，由股东代理人依委托书所作出的表决仍然有效。

第二十七条 公司股东大会采用网络或其他方式的，应当在股东大会通知中明确载明网络或其他方式的表决时间以及表决程序。

股东大会网络或其他方式投票的开始时间，不得早于现场股东大会召开前一日下午3时，并不得迟于现场股东大会召开当日上午9时30分，其结束时间不得早于现场股东大会结束当日下午3时。

第二十八条 董事会和其他召集人应当采取必要措施，保证股东大会的正常秩序。对于干扰股东大会、寻衅滋事和侵犯股东合法权益的行为，应当采取措施加以制止并及时报告有关部门查处。

第二十九条 股权登记日登记在册的所有股东或其代理人，均有权出席股东大会，上市公司和召集人不得以任何理由拒绝。

第三十条 召集人和律师应当依据证券登记结算机构提供的股东名册共同对股东资格的合法性进行验证，并登记股东姓名或名称及其所持有表决权的股份数。在会议主持人宣布现场出席会议的股东和代理人人数及所持有表决权的股份总数之前，会议登记应当终止。

第三十一条 股东大会召开时，本公司全体董事、监事和董事会秘书应当出席会议，总经理和其他高级管理人员应当列席会议。

第三十二条 股东大会由董事长主持。董事长不能履行职务或不履行职务时，由半数以上董事共同推举的一名董事主持。

监事会自行召集的股东大会，由监事会主席主持。监事会主席不能履行职务或不履行职务时，由半数以上监事共同推举的一名监事主持。

股东自行召集的股东大会，由召集人推举代表主持。

公司召开股东大会时，会议主持人违反议事规则使股东大会无法继续进行的，经现场出席股东大会有表决权过半数的股东同意，股东大会可推举一人担任会议主持人，继续开会。

第三十三条 在年度股东大会上，董事会、监事会应当就其过去一年的工作向股东大会作出报告，每名独立董事也应作出书面述职报告。

第三十四条 董事、监事、高级管理人员在股东大会上应就股东的质询作出解释和说明。

第五章 股东大会的表决和决议

第三十五条 会议主持人应当在表决前宣布现场出席会议的股东和代理人人数及所持有表决权的股份总数，现场出席会议的股东和代理人人数及所持有表决权的股份总数以会议登记为准。

第三十六条 股东与股东大会拟审议事项有关联关系时，应当回避表决，其所持有表决权的股份不计入出席股东大会有表决权的股份总数。

上市公司持有自己的股份没有表决权，且该部分股份不计入出席股东大会有表决权的股份总数。

第三十七条 股东大会就选举董事、监事进行表决时，根据《公司章程》的规定或者股东大会的决议，可以实行累积投票制。

前款所称累积投票制是指股东大会选举董事或者监事时，每一股份拥有与应选董事或者监事人数相同的表决权，股东拥有的表决权可以集中使用。

第三十八条 除累积投票制外，股东大会对所有提案应当逐项表决。对同一事项有不同提案的，应当按提案提出的时间顺序进行表决。除因不可抗力等特殊原因导致股东大会中止或不能作出决议外，股东大会不得对提案进行搁置或不予表决。

第三十九条 股东大会审议提案时，不得对提案进行修改，否则，有关变更应当被视为一个新的提案，不得在本次股东大会上进行表决。

第四十条 同一表决权只能选择现场、网络或其他表决方式中的一种。同一表决权出现重复表决的以第一次投票结果为准。

第四十一条 出席股东大会的股东，应当对提交表决的提案发表以下意见之一：同意、反对或弃权。

未填、错填、字迹无法辨认的表决票或未投的表决票均视为投票人放弃表决权利，其所持股份数的表决结果应计为“弃权”。

第四十二条 股东大会对提案进行表决前，应当推举两名股东代表参加计票和监票。审议事项与股东有关联关系的，相关股东及代理人不得参加计票、监票。

股东大会对提案进行表决时，应当由律师、股东代表与监事代表共同负责计票、监票。

通过网络或其他方式投票的上市公司股东或其代理人，有权通过相应的投票系统查验自己的投票结果。

第四十三条 股东大会会议现场结束时间不得早于网络或其他方式，会议主持人应当在会议现场宣布每一提案的表决情况和结果，并根据表决结果宣布提案是否通过。

在正式公布表决结果前，股东大会现场、网络及其他表决方式中所涉及的上市公司、计票人、监票人、主要股东、网络服务方等相关各方对表决情况均负有保密义务。

第四十四条 股东大会决议应当及时公告，公告中应列明出席会议的股东和代理人人数、所持有表决权的股份总数及占公司有表决权股份总数的比例、表决方式、每项提案的表决结果和通过的各项决议的详细内容。

第四十五条 提案未获通过，或者本次股东大会变更前次股东大会决议的，应当在股东大会决议公告中作特别提示。

第四十六条 股东大会会议记录由董事会秘书负责，会议记录应记载以下内容：

（一）会议时间、地点、议程和召集人姓名或名称；

（二）会议主持人以及出席或列席会议的董事、监事、董事会秘书、总经理和其他高级管理人员姓名；

（三）出席会议的股东和代理人人数、所持有表决权的股份总数及占公司股份总数的比例；

（四）对每一提案的审议经过、发言要点和表决结果；

（五）股东的质询意见或建议以及相应的答复或说明；

（六）律师及计票人、监票人姓名；

（七）《公司章程》规定应当载入会议记录的其他内容。

出席会议的董事、董事会秘书、召集人或其代表、会议主持人应当在会议记录上签名，并保证会议记录内容真实、准确和完整。会议记录应当与现场出席股东的签名册及代理出席的委托书、网络及其他方式表决情况的有效资料一并保存，保存期限不少于10年。

第四十七条 召集人应当保证股东大会连续举行，直至形成最终决议。因不可抗力等特殊原因导致股东大会中止或不能作出决议的，应采取必要措施尽快恢复召开股东大会或直接终止本次股东大会，并及时公告。同时，召集人应向公司所在地中国证监会派出机构及上海证券交易所报告。

第四十八条 股东大会通过有关董事、监事选举提案的，新任董事、监事按《公司章程》的规定就任。

第四十九条 股东大会通过有关派现、送股或资本公积转增股本提案的，上市公司应当在股东大会结束后2个月内实施具体方案。

第五十条 公司股东大会决议内容违反法律、法规的无效。

股东大会的会议召集程序、表决方式违反法律、法规或者《公司章程》，或者决议内容违反《公司章程》的，股东可以自决议作出之日起60日内，请求人民法院撤销。

第六章 会后事项及公告

第五十一条 公司董事会应执行证券监管部门和上海证券交易所有关信息披露的规定，全面、及时、准确地在指定媒体上的公告须予披露的股东大会所议事项或决议；涉及重大事项的信息应依据法律、法规向证券交易所报告，并向有关监管部门备案。

第五十二条 对股东提案作出的决议，应列明提案股东的姓名或名称、持股比例和提案内容。未将股东提案列入股东年会会议议程的，应将提案内容和董事会或大会主席在股东年会上的说明与股东年会决议一并公告。

股东大会决议公告应在规定的报刊上刊登。

第五十三条 参加会议人员名册、授权委托书、表决统计资料、会议记录、律师见证法律意见、决议公告等文字资料由董事会办公室负责保管。

第七章 附 则

第五十四条 本规则未尽事宜或于本规则生效后颁布、修改的法律、法规、《上市规则》或《公司章程》的规定相冲突的，按照法律、法规、《上市规则》、《公司章程》的规定执行。

第五十五条 本规则所称公告或通知，是指在中国证监会指定报刊上刊登有关信息披露内容。公告或通知篇幅较长的，上市公司可以选择在中国证监会指定报刊上对有关内容作摘要性披露，但全文应当同时在中国证监会指定的网站上公布。

本规则所称的股东大会补充通知应当在刊登会议通知的同一指定报刊上公告。

第五十六条 除非有特别说明，本规则所使用的术语与《公司章程》中该等术语的含义相同。

第五十七条 本规则及其修订自股东大会决议通过之日起生效，并作为《公司章程》的附件。

第五十八条 本规则修改时，由董事会提出修正案，提请股东大会审议批准。

第五十九条 本规则由董事会负责解释。

中国水利水电建设股份有限公司
董事会议事规则

（中水电股〔2010〕40号·2010年4月15日）

第一章　总　　则

第一条　为了进一步规范中国水利水电建设股份有限公司（以下简称公司）董事会的议事方式和决策程序，促使董事和董事会有效地履行其职责，提高董事会规范运作和科学决策水平，根据《中华人民共和国公司法》、《中华人民共和国证券法》、《上市公司治理准则》、《上海证券交易所股票上市规则（2008年修订）》（以下简称《上市规则》）、《上海证券交易所上市公司董事会议事示范规则》等有关规定以及《中国水利水电建设股份有限公司章程》（以下简称《公司章程》），制定本规则。

第二条　董事会是公司的决策机构，负责经营和管理公司的法人财产，对股东大会负责，维护公司和全体股东的利益，负责公司发展目标和重大经营活动的决策。

第三条　董事会应当有认真履行国家有关法律、法规和《公司章程》规定的职责，确保公司遵守国家法律、法规，公平对待全体股东，并关注利益相关者的利益。

第四条　本规则对公司全体董事、董事会秘书；列席董事会会议的监事、公司其他高级管理人员都具有同等的约束力。

第五条　董事会下设董事会办公室，负责处理董事会日常事务。

第二章　董事会组织机构及其职责

第六条　董事会由9名董事组成，设董事长1人，由董事会以全体董事的过半数选举产生。

第七条　董事会行使下列职权：

（一）召集股东大会，并向股东大会报告工作；

（二）执行股东大会的决议；

（三）决定公司的经营计划和投资方案；

（四）制订公司的年度财务预算方案、决算方案；

（五）制订公司的利润分配方案和弥补亏损方案；

（六）制订公司增加或者减少注册资本、发行债券方案或其他证券及上市方案；

（七）拟订公司重大收购、收购本公司股票或者合并、分立、解散及变更公司形式的方案；

（八）在股东大会授权范围内，决定公司对外投资、收购出售资产、资产抵押、对外担保事项、委托理财、关联交易等事项；

（九）决定公司内部管理机构的设置；

（十）聘任或者解聘公司总经理、董事会秘书；根据总经理的提名，聘任或者解聘公司副总经理、总会计师及其他高级管理人员，并决定其报酬事项和奖惩事项；

（十一）对总经理及高级管理人员进行履职绩效评价并对薪酬、激励、奖惩作出决定；

（十二）制订公司的基本管理制度；

（十三）制订公司的股权激励计划方案；

（十四）管理公司信息披露事项；

（十五）向股东大会提请聘请或更换为公司审计的会计师事务所；

（十六）听取公司总经理的工作汇报，并检查总经理的工作；

（十七）委派或更换公司的全资子公司董事会成员或监事会成员，委派、更换或推荐公司的控股子公司、参股子公司股东代表、董事（候选人）、监事（候选人）；

（十八）决定公司分支机构的设置和制订公司子公司的重组方案；

（十九）决定公司的工资水平和福利奖励计划；

（二十）监督公司内部的风险管理理体系，包括风险评估、财务控制、内部审计、法律风险控制等内部控制制度的建立和实施情况；

（二十一）决定董事会专门委员会的设置，聘任或者解聘董事会各专门委员会主任及组成成员；

（二十二）法律、行政法规、部门规章或股东大会授予的其他职权。

第八条　董事长行使下列职权：

（一）签署董事会重要文件和应由公司法定代表人签署的其他文件，行使法定代表人的职权；

（二）主持股东大会和召集、主持董事会会议；

（三）督促、检查董事会决议的执行；

（四）签署公司发行的股票、公司证券及其他有价证券；

（五）在发生特大自然灾害等不可抗力的紧急情况下，对公司事务行使符合法律规定和公司利益的特别处置权，并在事后向董事会和股东大会报告；

组织制订董事会运作的各项制度，协调董事会的运作；

（六）提名公司董事会秘书人选名单；

（七）听取公司高级管理人员定期或不定期的工作报告，对董事会决议的执行提出指导性意见；

（八）法律、法规或《公司章程》规定以及董事会授予的其他职权。

第九条 在董事会闭会期间，董事会授权董事长对以下事项行使决策权：

（一）年度计划及预算外，单项金额不超过公司最近一期经审计净资产3%的除发行公司债券或其他证券及上市外的公司融资；

（二）年度计划及预算外，累计金额不超过公司最近一期经审计净资产3%的购买或出售资产、对外投资（含委托贷款）、租入或出租资产、委托或者受托管理资产和业务、债权债务重组等交易事项；

（三）单项金额不超过公司最近一期经审计净资产3%的为自身债务设定的资产抵押、质押；

（四）年度计划及预算外，单项金额不超过公司最近一期经审计净资产3%的预算外费用支出；

（五）年度计划及预算外，一个会计年度内累计金额不超过200万元的对外捐赠或赞助，其中捐赠项目超过100万元的，应报国务院国资委备案同意。

董事长在行使上述授权时，应当事先指定总经理组织论证或直接委托专业机构进行论证并遵循国有企业“三重一大”的制度规定。

每年度董事长要对董事会授权行使情况和效果作专题书面报告。

第十条 董事长不能履行职务或者不履行职务的，由半数以上董事共同推举一名董事履行职务。

第三章 董事会会议的召开

第十一条 董事会会议分为定期会议和临时会议。

董事会每年至少召开3次定期会议。

第十二条 在发出召开董事会定期会议通知前，董事会办公室应当逐一征求各董事的意见，初步形成会议提案后交董事长拟订。

董事长在拟订提案前，应当视需要征求总经理和其他高级管理人员的意见。

第十三条 有下列情形之一的，董事会应当在接到提议后10个工作日内召开临时会议：

（一）董事长提议时；

（二）代表1/10以上表决权的股东提议时；

（三）1/3以上董事联名提议时；

（四）监事会提议时；

（五）1/2以上独立董事提议时。

第十四条 按照第十三条规定提议召开董事会临时会议的，应当通过董事会办公室或者直接向董事长提交经提议人签字（盖章）的书面提议。书面提议中应当载明下列事项：

（一）提议人的姓名或者名称；

（二）提议理由或者提议所基于的客观事由；

（三）提议会议召开的时间或者时限、地点和方式；

（四）明确和具体的提案；

（五）提议人的联系方式和提议日期等。

提案内容应当属于《公司章程》规定的董事会职权范围内的事项，与提案有关的材料应当一并提交。

董事会办公室在收到上述书面提议和有关材料后，应当于当日转交董事长。

董事长认为提案内容不明确、不具体或者有关材料不充分的，可以要求提议人修改或者补充。

第十五条 董事会会议由董事长召集和主持。董事长不能履行职务或者不履行职务的，由半数以上董事共同推举一名董事召集和主持。

第十六条 召开董事会定期会议和临时会议，董事会办公室应当分别提前10日和5日将盖有董事会办公室印章的书面会议通知，通过书面直接送达（包括挂号信、电报以及经确认收到的传真）提交全体董事和监事以及总经理、董事会秘书。非直接送达的，还应当通过电话进行确认并作相应记录。

情况紧急，需要尽快召开董事会临时会议的，可以随时通过电话或者其他口头方式发出会议通知，但召集人应当在会议上作出说明。

第十七条 书面会议通知应当至少包括以下内容：

（一）会议的时间、地点；

（二）会议的召开方式；

（三）拟审议的事项（会议提案）；

（四）会议召集人和主持人、临时会议的提议人及其书面提议；

（五）董事表决所必需的会议材料；

（六）董事应当亲自出席或者委托其他董事代为出席会议的要求；

（七）联系人和联系方式。

口头会议通知至少应包括上述第（一）、（二）、（三）项内容以及情况紧急需要尽快召开董事会临时会议的说明。

第十八条 董事会定期会议的书面会议通知发出后，如果需要变更会议的时间、地点等事项或者增加、变更、取消会议提案的，应当在原定会议召开日之前3日发出书面变更通知，说明情况和新提案的有关内容及相关材料。不足3日的，会议日期应当相应顺延或者取得全体与会董事的书面认可后按原定日期召开。

董事会临时会议的会议通知发出后，如果需要变更会议的时间、地点等事项或者增加、变更、取消会议提案的，应当事先取得全体与会董事的认可并做好相应记录。

第十九条 董事会会议应当有过半数的董事出席方可举行。有关董事拒不出席或者怠于出席会议导致无法满足会议召开的最低人数要求时，董事长和董事会秘书应当及时向监管部门报告。

监事可以列席董事会会议；总经理和董事会秘书未兼任董事的，应当列席董事会会议。会议主持人认为有必要的，可以通知其他有关人员列席董事会会议。

第二十条 董事原则上应当亲自出席董事会会议。因故不能出席会议的，应当事先审阅会议材料，形成明确的意见，书面委托其他董事代为出席。

委托书应当载明：

（一）委托人和受托人的姓名、身份证号码；

（二）委托人不能出席会议的原因；

（三）代理事项和有效期限；

（四）委托人对每项提案的简要意见；

（五）委托人的授权范围和对提案表决意向的指示；

（六）委托人和受托人的签字、日期等。

委托其他董事对定期报告代为签署书面确认意见的，应当在委托书中进行专门授权。

受托董事应当向会议主持人提交书面委托书，在会议签到簿上说明受托出席的情况。

第二十一条 委托和受托出席董事会会议应当遵循以下原则：

（一）在审议关联交易事项时，非关联董事不得委托关联董事代为出席；关联董事也不得接受非关联董事的委托；

（二）独立董事不得委托非独立董事代为出席，非独立董事也不得接受独立董事的委托；

（三）董事不得在未说明其本人对提案的个人意见和表决意向的情况下全权委托其他董事代为出席，有关董事也不得接受全权委托和授权不明确的委托；

（四）一名董事不得接受超过两名董事的委托，董事也不得委托已经接受两名其他董事委托的董事代为出席。

第二十二条 董事会会议以现场召开为原则。必要时，在保障董事充分表达意见的前提下，经召集人（主持人）、提议人同意，也可以通过视频、电话、传真或者电子邮件表决等方式召开。董事会会议也可以采取现场与其他方式同时进行的方式召开。

非以现场方式召开的，以视频显示在场的董事、在电话会议中发表意见的董事、规定期限内实际收到传真或者电子邮件等有效表决票，或者董事事后提交的曾参加会议的书面确认函等计算出席会议的董事人数。

第四章 董事会会议审议及决议程序

第二十三条 会议主持人应当逐一提请出席董事会会议的董事对各项提案发表明确的意见。

对于根据规定需要独立董事事前认可的提案，会议主持人应当在讨论有关提案前，指定一名独立董事宣读独立董事达成的书面认可意见。

董事就同一提案重复发言，发言超出提案范围，以致影响其他董事发言或者阻碍会议正常进行的，会议主持人应当及时制止。

除征得全体与会董事的一致同意外，董事会会议不得就未包括在会议通知中的提案进行表决。董事接受其他董事委托代为出席董事会会议的，不得代表其他董事对未包括在会议通知中的提案进行表决。

第二十四条 董事应当认真阅读有关会议材料，在充分了解情况的基础上独立、审慎地发表意见。

董事可以在会前向董事会办公室、会议召集人、总经理和其他高级管理人员、各专门委员会、会计师事务所和律师事务所等有关人员和机构了解决策所需要的信息，也可以在会议进行中向主持人建议请上述人员和机构代表与会解释有关情况。

第二十五条 提案经过充分讨论后，主持人应当适时提请与会董事对提案逐一分别进行表决。

会议表决实行一人一票，以记名和书面方式进行。

第二十六条 董事的表决意向分为同意、反对和弃权。与会董事应当从上述意向中选择其一，未作选择或者同时选择两个以上意向的，会议主持人应当要求有关董事重新选择，拒不选择的，视为弃权；中途离开会场不回而未作选择的，视为弃权。

第二十七条 与会董事表决完成后，证券事务代表和董事会办公室有关工作人员应当及时收集董事的表决票，交董事会秘书在一名独立董事或者监事的监督下进行统计。

现场召开会议的，会议主持人应当当场宣布统计结果；其他情况下，会议主持人应当要求董事会秘书在规定的表决时限结束后下一工作日之前，通知董事表决结果。

董事在会议主持人宣布表决结果后或者规定的表决时限结束后进行表决的，其表决情况不予统计。

第二十八条 董事会审议通过会议提案并形成相关决议，必须有超过公司全体董事人数之半数的董事对该提案投赞成票。法律、行政法规和《公司章程》规定董事会形成决议应当取得更多董事同意的，从其规定。

董事会根据《公司章程》的规定，对担保事项作出决议。除应当经全体董事的过半数通过外，还应当经出席董事会会议的2/3以上的董事同意。

不同决议在内容和含义上出现矛盾的，以时间上后形成的决议为准。

第二十九条 出现下述情形的，董事应当对有关提案回避表决：

（一）《上市规则》规定董事应当回避的情形；

（二）董事本人认为应当回避的情形；

（三）《公司章程》规定的因董事与会议提案所涉及的企业有关联关系而需回避的其他情形。

在董事回避表决的情况下，有关董事会会议由过半数的无关联关系董事出席即可举行，形成决议须经无关联关系董事过半数通过。出席会议的无关联关系董事人数不足3人的，不得对有关提案进行表决，而应当将该事项提交股东大会审议。

第三十条 董事会应当严格按照股东大会和《公司章程》的授权行事，不得越权形成决议。

第三十一条 董事会会议需要就公司利润分配、资本公积金转增股本事项作出决议，但注册会计师尚未出具正式审计报告的，会议首先应当根据注册会计师提供的审计报告草案（除涉及利润分配、资本公积金转增股本之外的其他财务数据均已确定）作出决议，待注册会计师出具正式审计报告后，再就相关事项作出决议。

第三十二条 提案未获通过的，在有关条件和因素未发生重大变化的情况下，董事会会议在1个月内不应当再审议内容相同的提案。

第三十三条 1/2以上的与会董事或两名以上独立董事认为提案不明确、不具体，或者因会议材料不充分等其他事由导致其无法对有关事项作出判断时，会议主持人应当要求会议对该议题进行暂缓表决。

提议暂缓表决的董事应当对提案再次提交审议应满足的条件提出明确要求。

第三十四条 董事会秘书应当安排董事会办公室工作人员对董事会会议做好记录。会议记录应当包括以下内容：

（一）会议届次和召开的时间、地点、方式；

（二）会议通知的发出情况；

（三）会议召集人和主持人；

（四）董事亲自出席和受托出席的情况；

（五）关于会议程序和召开情况的说明；

（六）会议审议的提案、每位董事对有关事项的发言要点和主要意见、对提案的表决意向；

（七）每项提案的表决方式和表决结果（说明具体的同意、反对、弃权票数）；

（八）与会董事认为应当记载的其他事项。

第三十五条 董事会会议采用现场形式的，董事会秘书应安排董事会办公室工作人员根据统计的表决结果形成会议决议。若无特殊情况，会议决议应由与会董事在会议结束之前当场签署。会议记录中应当记载董事未在会议决议上签字的情况。

第三十六条 董事会会议采用非现场形式的，董事会秘书负责组织董事会办公室在会议结束后3日内将会议记录整理完毕并形成会议决议，并将会议记录和决议送达出席会议的董事。董事应在收到会议记录和决议后在会议记录和决议上签字，并在3日内将会议记录和决议送交董事会秘书。

第三十七条 若董事对会议记录和决议有任何意见或异议，可不予签字，但应将其书面意见在3日内送交董事会秘书。必要时，董事应当及时向监管部门报告，也可以发表公开声明。

若确属董事会办公室工作人员记录错误或遗漏，记录人员应作出修改，董事应在修改后的会议记录和决议上签名。

董事既不按前两款规定进行签字确认，又不对其不同意见作出书面说明或者向监管部门报告、发表公开声明的，视作完全同意会议记录和决议的内容。

第三十八条 董事应当对董事会的决议承担责任。董事会的决议违反法律、法规或者《公司章程》，致使公司遭受严重损失的，参与决议的董事对公司负赔偿责任；但经证明在表决时曾表明异议并记载于会议记录的，该董事可以免除责任。董事投弃权票并不免除董事对董事会决议应承担的责任。

如果董事不出席会议，也未委托代表、也未在会议召开之日或之前对所议事项提出书面异议的，应视作投弃权票，不免除责任。

第三十九条 除会议记录外，董事会秘书还可以安排董事会办公室工作人员对会议召开情况做成简明扼要的会议纪要，根据统计的表决结果就会议所形成的决议制作单独的决议记录。

第四十条 董事会决议公告事宜，由董事会秘书根据《上市规则》的有关规定办理。在决议公告披露之前，与会董事和会议列席人员、记录和服务人员等负有对决议内容保密的义务。

第四十一条 董事长应当督促有关人员落实董事会决议，检查决议的实施情况，并在以后的董事会会议上通报已经形成的决议的执行情况。

第四十二条 董事会秘书在董事会、董事长的领导下，应掌握董事会决议的执行进展情况，对实施中的重要问题，定期和及时向董事会和董事长报告并提出建议。

第四十三条 董事会会议档案，包括会议通知和会议材料、会议签到簿、董事代为出席的授权委托书、会议录音资料、表决票、经与会董事签字确认的会议记录、会议纪要、决议记录、决议公告等，由董事会秘书负责保存。

董事会会议档案的保存期限为10年以上。

第五章　董事会专门委员会

第四十四条 董事会设专门委员会，为董事会重大决策提供咨询、建议。公司董事会设立战略委员会、审计与风险委员会、人事薪酬与考核委员会。各专门委员会对董事会负责。

董事会就各专门委员会的职责、议事程序等另行制定董事会专门委员会工作规则。

第六章　董事会经费

第四十五条 公司设立董事会经费，董事会秘书负责董事会经费年度预算，经批准后列入公司年度经费开支预算，计入管理费用。

第四十六条 董事会经费用途：

（一）董事的津贴；

（二）董事会会议的费用；

（三）中介机构咨询费；

（四）以董事会名义组织的各项活动经费；

（五）董事会的其他支出。

第四十七条 董事会经费的各项支出由董事长或董事长授权董事会秘书审批。

第七章　附　　则

第四十八条 除非有特别说明，本规则所使用的术语与《公司章程》中该等术语的含义相同。

第四十九条 本规则未尽事宜或与本规则生效后颁布、修改的法律、法规、《上市规则》或《公司章程》的规定相冲突的，按照法律、法规、《上市规则》、《公司章程》的规定执行。

第五十条 本规则及其修订自股东大会决议通过之日起生效，并作为《公司章程》的附件。

第五十一条 本规则修改时，由董事会提出修正案，提请股东大会审议批准。

第五十二条 本规则由董事会解释。

中国水利水电建设股份有限公司
监事会议事规则

（中水电股〔2010〕40号·2010年4月15日）

第一章　总　　则

第一条 为进一步规范中国水利水电建设股份有限公司（以下简称公司）监事会的议事方式和表决程序，促使监事和监事会有效地履行监督职责，完善公司法人治理结构，根据《中华人民共和国公司法》、《中华人民共和国证券法》、《上市公司治理准则》、《上海证券交易所股票上市规则（2008年修订）》（以下简称《上市规则》）、《上海证券交易所上市公司监事会议事示范规则》等有关规定以及《中国水利水电建设股份有限公司章程》（以下简称《公司章程》），制定本规则。

第二条 监事会对股东大会负责并报告工作。对公司财务以及公司董事、高级管理人员履行职责的合法性进行监督，维护公司及股东的合法权益。

第三条 监事会设监事会办公室，处理监事会日常事务。

监事会可推选一名股东监事担任监事会办公室负责人。监事会主席可以指定公司证券事务代表或者其他人员协助其处理监事会日常事务。

第二章 监事会会议的召集和召开

第四条 监事会会议分为定期会议和临时会议。

第五条 监事会定期会议应当每6个月召开一次，由监事会主席负责召集，于会议召开10日以前书面通知全体监事。

出现下列情况之一的，监事会应当在10日内召开临时会议：

（一）监事提议召开时；

（二）股东大会、董事会会议通过了违反法律、法规、规章、监管部门的各种规定和要求、《公司章程》、公司股东大会决议和其他有关规定的决议时；

（三）董事和高级管理人员的不当行为可能给公司造成重大损害或者在市场中造成恶劣影响时；

（四）公司、董事、监事、高级管理人员被股东提起诉讼时；

（五）公司、董事、监事、高级管理人员受到证券监管部门处罚或者被股票上市地的证券交易所公开谴责时；

（六）证券监管部门要求召开时；

（七）《公司章程》规定的其他情形。

第六条 在发出召开监事会定期会议的通知之前，监事会办公室应当向全体监事征集会议提案，并至少用2天的时间向公司员工征求意见。在征集提案和征求意见时，监事会办公室应当说明监事会重在对公司规范运作和董事、高级管理人员职务行为的监督而非公司经营管理的决策。

第七条 监事提议召开监事会临时会议的，应当通过监事会办公室或者直接向监事会主席提交经提议监事签字的书面提议。书面提议中应当载明下列事项：

（一）提议监事的姓名；

（二）提议理由或者提议所基于的客观事由；

（三）提议会议召开的时间或者时限、地点和方式；

（四）明确和具体的提案；

（五）提议监事的联系方式和提议日期等。

在监事会办公室或者监事会主席收到监事的书面提议后3日内，监事会办公室应当发出召开监事会临时会议的通知。

监事会办公室怠于发出会议通知的，提议监事应当及时向监管部门报告。

第八条 监事会会议由监事会主席召集和主持；监事会主席不能履行职务或者不履行职务的，由半数以上监事共同推举一名监事召集和主持。

第九条 召开监事会定期会议和临时会议，监事会办公室应当分别提前10日和5日将盖有监事会印章的书面会议通知，通过书面送达（包括挂号信、电报以及经确认收到的传真）提交全体监事。非直接送达的，还应当通过电话进行确认并做相应记录。

情况紧急，需要尽快召开监事会临时会议的，可以随时通过口头或者电话等方式发出会议通知，但召集人应当在会议上作出说明。

第十条 书面会议通知应当至少包括以下内容：

（一）会议的时间、地点；

（二）会议的召开方式；

（三）拟审议的事项（会议提案）；

（四）会议召集人和主持人、临时会议的提议人及其书面提议；

（五）监事表决所必需的会议材料；

（六）监事应当亲自出席会议的要求；

（七）联系人和联系方式。

口头会议通知至少应包括上述第（一）、（二）、（三）项内容以及情况紧急需要尽快召开监事会临时会议的说明。

第十一条 监事会会议应当以现场方式召开。

紧急情况下，监事会会议可以以通信方式进行表决，但监事会召集人（会议主持人）应当向与会监事说明具体的紧急情况。在通信表决时，监事应当将其对审议事项的书面意见和投票意向在签字确认后传真至监事会办公室。监事不应当只写明投票意见而不表达其书面意见或者投票理由。

第十二条 监事会会议应当有过半数的监事出席方可举行。相关监事拒不出席或者怠于出席会议导致无法满足会议召开的最低人数要求的，其他监事应当及时向监管部门报告。

董事会秘书和证券事务代表应当列席监事会会议。

第三章 监事会会议审议及决议程序

第十三条 会议主持人应当逐一提请与会监事对各项提案发表明确的意见。

会议主持人应当根据监事的提议，要求董事、高级管理人员、公司其他员工或者相关中介机构业务人员到会接受质询。

第十四条 监事会会议的表决实行一人一票，以记名和书面方式进行。

监事的表决意向分为同意、反对和弃权。与会监事应当从上述意向中选择其一，未做选择或者同时选择两个以上意向的，会议主持人应当要求该监事重新选择，拒不选择的，视为弃权；中途离开会场不回而未作选择的，视为弃权。

第十五条 监事会形成决议应当经出席会议的半数以上监事同意。

第十六条 监事会会议进行全程录音。

第十七条 监事会办公室工作人员应当对现场会议做好记录。会议记录应当包括以下内容：

（一）会议届次和召开的时间、地点、方式；

（二）会议通知的发出情况；

（三）会议召集人和主持人；

（四）会议出席情况；

（五）关于会议程序和召开情况的说明；

（六）会议审议的提案、每位监事对有关事项的发言要点和主要意见、对提案的表决意向；

（七）每项提案的表决方式和表决结果（说明具体的同意、反对、弃权票数）；

（八）与会监事认为应当记载的其他事项。

对于通信方式召开的监事会会议，监事会办公室应当参照上述规定，整理会议记录。

第十八条 监事会会议采用现场形式的，监事会办公室根据统计的表决结果形成会议决议。若无特殊情况，会议决议应由与会监事在会议结束之前当场签署。会议记录中应当记载监事未在会议决议上签字的情况。

第十九条 监事会会议采用非现场形式的，监事会办公室在会议结束后3日内将会议记录整理完毕并形成会议决议，并将会议记录和决议送达出席会议的监事。监事应在收到会议记录和决议后在会议记录和决议上签字，并在3日内将会议记录和决议送交监事会办公室。

第二十条 若监事对会议记录和决议有任何意见或异议，可不予签字，但应将其书面意见在3日内送交监事会办公室。必要时，监事应当及时向监管部门报告，也可以发表公开声明。

若确属监事会办公室工作人员记录错误或遗漏，记录人员应作出修改，监事应在修改后的会议记录和决议上签名。

监事不按前款规定进行签字确认，不对其不同意见做出书面说明或者向监管部门报告、发表公开声明的，视作完全同意会议记录、会议纪要和决议记录的内容。

第二十一条 监事会决议公告事宜，由董事会秘书根据《上市规则》的有关规定办理。

第二十二条 监事应当督促有关人员落实监事会决议。监事会主席应当在以后的监事会会议上通报已经形成的决议的执行情况。

第二十三条 监事会会议档案，包括会议通知和会议材料、会议签到簿、会议录音资料、表决票、经与会监事签字确认的会议记录、会议纪要、决议记录、决议公告等，由监事会办公室保管。

监事会会议资料的保存期限为10年以上。

第四章 附 则

第二十四条 本规则未尽事宜，参照《董事会议事规则》有关规定执行。

第二十五条 除非有特别说明，本规则所使用的术语与《公司章程》中该等术语的含义相同。

第二十六条 本规则未尽事宜或与本规则生效后颁布、修改的法律、法规、《上市规则》或《公司章程》的规定相冲突的，按照法律、法规、《上市规则》、《公司章程》的规定执行。

第二十七条 本规则及其修订自股东大会决议通过之日起生效，并作为《公司章程》的附件。

第二十八条 本规则修改时，由监事会提出修正案，提请股东大会审议批准。

第二十九条 本规则由监事会解释。

中国水利水电建设股份有限公司
总经理工作细则

（中水电股〔2010〕41号·2010年4月15日）

第一章 总 则

第一条 为明确中国水利水电建设股份有限公司（以下简称公司）总经理及其他高级管理人员的职责权限，规范公司总经理履行职责的行为，确保公司经理层及其他高级管理人员有效履行管理职能并高效运作，依据《中华人民共和国公司法》（以下简称《公司法》）和《中国水利水电建设股份有限公司章程》（以下简称《公司章程》）以及其他有关法律、法规，制定本工作细则。

第二条 公司经理层设总经理1名，副总经理若干名，总会计师1名，其他除董事会秘书以外的高级管理人员的岗位为总工程师、总经济师、总法律顾问和总经理助理（以下简称其他高级管理人员）。公司总经理由董事会聘任或解聘。公司副总经理、总会计师和其他高级管理人员由总经理提名，董事会聘任或解聘。

第三条 公司设置相应的职能部门，由总经理等高级管理人员和职能部门构成公司生产经营管理的日常执行机构和指挥系统。

第二章 一般规定

第四条 公司经理层实行总经理负责制。公司副总经理、总会计师和其他高级管理人员协助总经理工作，并可根据总经理的委托行使相应职权。

第五条 总经理、副总经理、总会计师和其他高级管理人员每届任期3年，任期届满经过聘任可以连任。

总经理和其他高级管理人员可以在任期届满以前提出辞职。总经理因特殊原因不能履行职务时，由董事会指定1名副总经理代行其职权。

董事可兼任总经理。

第六条 担任董事的总经理出席董事会会议。不担任董事的总经理列席董事会会议，非董事总经理在董事会上没有表决权。

第三章 总经理和其他高级管理人员的职权

第七条 公司总经理在董事会的领导下执行董事会决议并负责公司的日常经营管理，根据《公司法》、《公司章程》及公司相关规定，总经理主要行使下列职权：

（一）主持公司的日常生产经营管理工作；

（二）组织实施董事会的决议并向董事会汇报工作；

（三）组织实施公司的年度经营计划、投资、融资和委托理财方案；

（四）根据公司发展战略和董事会审定的年度经营目标、投资计划，拟订公司年度财务经营预算、投资预算、财务预算和决算方案；

（五）提请董事会聘任或者解聘公司副总经理、总会计师、总工程师、总经济师、总法律顾问和总经理助理；

（六）聘任或者解聘除应由董事会决定聘任或者解聘以外的其他人员；

（七）制定公司的风险管理体系，包括风险识别、风险评估、风险控制、风险监督与风险报告；

（八）拟订公司的子公司合并、分立、重组等方案；

（九）拟订公司内部管理机构设置方案；

（十）拟订公司分支机构设置方案；

（十一）拟订公司的基本管理制度；

（十二）制订公司的具体规章；

（十三）拟订公司的工资水平和福利、奖励计划；

（十四）依法依规对公司所属子公司、总部部门进行管理和监督；听取董事会委派或推荐至所属子公司的董事、监事和子公司负责人、总部部门负责人的日常工作汇报；

（十五）《公司章程》或董事会授予的其他职权。

第八条 副总经理、总会计师及其他高级管理人员受总经理委托分管或联系公司某方面工作，对总经理负责，承担相应责任，拥有相应权限：

（一）受总经理委托分管公司某方面的经营管理工作，并在自己职权范围签发有关业务文件；

（二）向总经理提议召开总经理办公会或总经理专题会议；

（三）在征得总经理同意下主持召开总经理专题会；

（四）根据业绩和工作表现，提请总经理对分管业务范围内的管理人员进行奖惩；

（五）总经理授予的其他职权。

第四章 总经理和其他高级管理人员的责任、义务

第九条 总经理应当遵守法律、行政法规和《公司章程》的规定，并承担下列责任：

（一）对总经理职权范围的工作承担相应责任；

（二）对董事会授权范围内的工作承担相应责任；

（三）受《公司法》第十二章规定的相应法律责任的约束。

第十条 总经理对董事会负责，履行下列义务：

（一）向董事会汇报公司的日常经营管理工作；

（二）根据董事会或监事会的要求，向董事会或监事会报告公司重大合同的签订和执行情况、资金运行和盈亏情况；公司遇有重大诉讼、仲裁或行政处罚等类似事件时，总经理应及时向董事会、监事会报告；总经理必须保证报告的真实性；

（三）拟订总经理工作细则，报董事会批准后实施；

（四）遵守法律、法规和《公司章程》的规定，履行诚信和勤勉的义务。

第十一条 副总经理、总会计师和其他高级管理人员对总经理负责，履行下列义务：

（一）对总经理委托、分工范围内的工作承担相应责任；

（二）向总经理报告工作开展情况；

（三）受《公司法》第十二章规定的相应法律责任的约束；

（四）遵守法律、法规和《公司章程》的规定，履行诚信和勤勉的义务。

第五章　总经理工作程序

第十二条　总经理根据《公司章程》规定依法行使职权，日常经营管理工作按照科学管理原则，可通过分工、授权或直接委托副总经理、总会计师等其他高级管理人员开展工作，也可直接指挥总部职能部门或所出资子公司开展工作。对“三重一大”问题，通过总经理办公会议形式行使职权。

第十三条　公司建立总经理办公会议和总经理专题会议制度。总经理办公会议和总经理专题会议是公司经营管理过程中主要议事和决策形式，主要研究有关公司经营、管理和发展的重大事项。

第十四条　公司经理层建立季度、半年和年度经济分析会议制度。总经理在职权范围内主持召开有关会议，总结督促有关职权范围内执行性事务的落实情况，分析存在的问题，提出解决问题的措施，对下一阶段的工作进行部署。

第六章　总经理办公会议和总经理专题会议

第十五条　总经理根据工作需要主持总经理办公会议。总经理因故不能履行职务时，可以委托副总经理主持。会议应有完整会议记录，并作为工作档案进行保管。

第十六条　总经理办公会议出席人员为总经理、党委书记、副总经理、纪委书记、总会计师、党委副书记、纪委书记；工会主席、总工程师、总经济师、总法律顾问、董事会秘书、总经理助理、总经理工作部主任、党委工作部主任列席会议。其他列席人员由总经理根据议题需要确定。

第十七条　总经理办公会议依据总经理职权范围或董事会授权范围内需要总经理办公会议讨论研究的事项确定会议的主要内容。

第十八条　总经理办公会议规则如下：

（一）总经理办公会议原则上每月召开一次，通常于当月第一个工作周召开，具体召开时间和议题，由总经理确定。但在遇到突发事件发生或有重要经营事项必须立即决定时，可以立即召开。总经理可以根据公司业务发展的实际需求，不定期召开。

（二）总经理办公会议议题及征集。总经理办公会议的议题和内容一般由分管该议题的副总经理、总会计师或其他高级管理人员事先以书面形式向总经理提出议案请示，经总经理同意后，由总经理工作部统一安排。总经理工作部也可提前5日向各部门征集办公会议议题，并列出议题、议程，报分管副总经理、总会计师审定后，最后由总经理审批，再发给需要参加会议的其他人员以及相关部门负责人。

（三）总经理办公会议应当提前3日将书面会议通知印发给与会人员。书面会议通知应当至少包括会议的时间、地点；参加会议的人员；会议的主要议题；出席会议的要求；会议的联系人及联系方式等。情况紧急，需要尽快召开总经理办公会议的，可以随时通过电话或其他口头方式发出会议通知，但会议召集人或主持人应当在会上作出说明。

（四）各有关部门、公司需及时、准确、全面地为总经理办公会议提供材料，有关会议材料应提前2日送达参会人员。涉及重要改革方案、经营举措、计划、规划等重大问题，应提前3日将有关材料送达参会人员。

（五）提交总经理办公会议研究的议题，分管副总经理应事先召开总经理专题会议进行研究，提出意见；对意见分歧较大的问题，应向会议做出特别说明。

（六）总经理办公会议研究决定问题，应在充分讨论、广泛听取意见的基础上，由总经理归纳总结，并作出会议决议。

（七）生产经营管理的重要决策，应当由有关职能部门或委托咨询机构充分调查研究，反复比选、论证，提出可行性方案，经总经理办公会议充分研究决定。

（八）总经理办公会议在讨论涉及办公会议成员个人议题时，当事人应当主动回避。

第十九条　总经理专题会议负责协调、解决公司日常经营活动的具体事项。会议规则如下：

（一）总经理专题会议由总经理主持召开或按照分管工作由总经理授权副总经理或总会计师主持召开，其他有关高级管理人员及相关人员参加。总经理专题会议可以根据公司业务发展的实际需求，不定期召开。

（二）总经理专题会议应当提前2日将书面会议通知印发给与会人员。书面会议通知应当至少包括会议的时间、地点；参加会议的人员；会议的主要议题；会议召集人和主持人；出席会议的要求；会议的联系人及联系方式等。情况紧急，需要尽快召开总经理专题会议的，可以随时通过电话或其他口头方式发出会议通知，但会议召集人或主持人应当在会上作出说明。

（三）总经理专题会议在充分听取部门意见的基础上，由主持人提出解决方案；难以提出解决方案的，主持人应及时提交总经理办公会议研究。

第二十条　总经理办公会议由总经理工作部承担会务工作，总经理专题会议由会议主持人指定相关部门承担会议的会务工作，承办会务的部门负责会议的通知、组织和记录，会议记录和文件按照公司档案管理规定归档。有重要决定的会议记录，参加人员应在会议记录上签名。

第二十一条 总经理办公会议决议及总经理专题会议形成的决议，由会议承办部门负责分别制作《总经理办公会议纪要》和《总经理专题会议纪要》，会议纪要的内容主要包括会别、会次、时间、地点、主持人、参加人、会议的主要内容和议定事项。《总经理办公会议纪要》由总经理签发，内容涉及"三重一大"问题的应由党委书记会签；《总经理专题会议纪要》由总经理签发。《总经理办公会议纪要》和《总经理专题会议纪要》应送董事会秘书、董事会办公室、监事会办公室和党委办公室。

第二十二条 参加和列席总经理办公会议或总经理专题会议的人员要严格遵守公司保密制度，不得私自泄露、传播会议内容和议定事项。

第二十三条 总经理办公会议和总经理专题会议决定的事项，由总经理组织全体经理班子成员贯彻落实，责成副总经理、总会计师或其他有关高级管理人员和相关职能部门负责实施，负责实施的相关职能部门应制订详细的工作计划，进行分解落实，并实行责任追究制度。

第七章 工 作 督 办

第二十四条 总经理责成总经理工作部或有关业务部门对有关重要事项进行督办。

第二十五条 督办内容包括：

（一）总经理办公会议和总经理专题会议决定的事项；

（二）总经理、副总经理及总会计师对签报文件的重要批办意见；

（三）其他需要督办的事项。

第二十六条 每季度由总经理工作部对总经理办公会议和总经理专题会议决定事项以及总经理、副总经理、总会计师对签报文件的重要批办意见的落实情况进行检查并形成书面意见进行反馈。

第八章 工作报告、沟通机制

第二十七条 总经理应该根据董事会、监事会的要求，定期或不定期向董事会、监事会提供必要的信息和资料，主要包括公司经营、财务、投资、安全等工作报告以及董事会和监事会认为必要的信息和资料。

第二十八条 总经理在每年举行的年度工作会议上，要代表公司经理层向公司职工代表大会报告经理层职权范围内的有关工作，听取职工代表意见。

第二十九条 总经理拟订有关职工工资、福利、安全生产以及劳动保护、劳动保险、劳动合同等涉及职工切身利益的问题时，应当根据有关规定听取公司工会或职工代表大会的意见。

第九章 绩效评价与激励约束机制

第三十条 对总经理、副总经理、总会计师及其他高级管理人员的绩效评价，由董事会委托其下设的人事薪酬与考核委员会负责组织，董事会决定。其中，对副总经理、总会计师及其他高级管理人员的绩效评价还应该充分听取总经理的意见。绩效评价分年度评价与任期评价。

第三十一条 董事会对总经理、经理层其他人员和高级管理人员的绩效评价是确定经理层和其他高级管理人员薪酬、激励、奖惩、任免的重要依据。

第十章 附 则

第三十二条 除非有特别说明，本细则所使用的术语与《公司章程》中该等术语的含义相同。

第三十三条 本细则未尽事宜或与本细则生效后颁布、修改的法律、法规、《上市规则》或《公司章程》的规定相冲突的，按照法律、法规、《上市规则》、《公司章程》的规定执行。

第三十四条 本细则修改时，由总经理办公会议提出修改意见，提请董事会批准。

第三十五条 本细则及其修订自公司董事会审议通过之日起生效。本细则的解释权属于董事会。

中国水利水电建设股份有限公司
独立董事工作制度

（中水电股〔2010〕42号·2010年4月15日）

第一章 总 则

第一条 为进一步完善中国水利水电建设股份有限公司（以下简称公司）的治理结构，促进公司规范运作，保证独立董事履行职责，根据《中华人民共和国公司法》（以下简称《公司法》）、《关于在上市公司建立独立董事制度的指导意见》（以下简称《指导意见》）、《上市公司治理准则》等法律法规及《中国水利水电建设股份有限公司章程》（以下简称《公司章程》）的有关规定，制定本制度。

第二条 独立董事是指不在公司担任除董事外的其他职务，并与公司及公司主要股东不存在可能妨碍其进行独立客观判断的关系的董事。

第三条 公司独立董事应严格遵守本制度规定的程序，行使法律、法规、公司股票上市交易所的上市规则以及《公司章程》赋予的职权。

第二章 独立董事的任职条件

第四条 担任公司独立董事应当符合下列基本条件：

（一）根据法律、行政法规及其他有关规定，具备担任上市公司董事的资格；

（二）具备公司股票上市交易所的上市规则所要求的独立性；

（三）具备上市公司运作的基本知识，熟悉相关法律、行政法规、规章及规则；具备较好的专业素质和良好的信誉；

（四）具有5年以上法律、经济或者其他履行独立董事职责所必需的工作经验；

（五）《公司章程》规定的其他条件。

第五条 公司董事会成员中应当至少有1/3的独立董事，其中至少包括1名会计专业人士。本条所称会计专业人士是指具有高级职称或注册会计师资格的人士。

第六条 独立董事及拟担任独立董事的人士应当按照中国证监会的要求，参加中国证监会及其授权机构组织的培训。

第三章 独立董事的独立性

第七条 下列人员不得担任独立董事：

（一）在公司或者其附属企业任职的人员（但不包括担任独立董事）及其直系亲属、主要社会关系（直系亲属是指配偶、父母、子女等；主要社会关系是指兄弟姐妹、岳父母、儿媳女婿、兄弟姐妹的配偶、配偶的兄弟姐妹等）；

（二）直接或间接持有公司已发行股份1%以上或者是公司前10名股东中的自然人股东及其直系亲属；

（三）在直接或间接持有公司已发行股份5%以上的股东单位或者在公司前5名股东单位任职的人员及其直系亲属；

（四）最近1年内曾经具有前3项所列举情形的人员；

（五）为公司或者其附属企业提供财务、法律、咨询等服务的人员；

（六）在公司、其控股公司或其附属公司的任何主要业务活动中有重大利益；或者与公司、其控股公司或其附属公司之间或与公司任何关联人士之间有重大商业交易的人员；

（七）《公司章程》规定的其他人员；

（八）中国证监会及公司股票上市交易所认定的其他人员。

第四章 独立董事的提名、选举和更换

第八条 公司董事会、监事会、单独或者合并持有公司已发行股份1%以上的股东可以提出独立董事候选人，并经股东大会选举决定。

第九条 独立董事的提名人在提名前应当征得被提名人的同意。提名人应当充分了解被提名人职业、学历、职称、详细的工作经历、全部兼职等情况，并对其担任独立董事的资格和独立性发表意见，被提名人应当就其本人与公司之间不存在任何影响其独立客观判断的关系发表公开声明。

在选举独立董事的股东大会召开前，公司董事会应当按照规定公布上述内容。

第十条 在选举独立董事的股东大会召开前，公司应将所有被提名人的有关材料同时报送中国证监会、公司所在地中国证监会派出机构和公司股票上市交易所。公司董事会对被提名人的有关情况有异议的，应同时报送董事会的书面意见。

第十一条 独立董事每届任期与公司其他董事任期相同，任期届满，连选可以连任，但是连任时间不得超过6年。

第十二条 独立董事连续3次未亲自出席董事会会议的，由董事会提请股东大会予以撤换。

除出现上述情况及《公司法》中规定的不得担任董事的情形外，独立董事任期届满前不得无故被免职。提前免职的，公司应将其作为特别披露事项予以披露，被免职的独立董事认为公司的免职理由不当的，可以作出公开的声明。

第十三条 独立董事在任期届满前可以提出辞职。独立董事辞职应向董事会提交书面辞职报告，对任何与其辞职有关或其认为有必要引起公司股东和债权人注意的情况进行说明。在董事会批准独立董事辞职前，独立董事应当继续履行责任。独立董事辞职后，须立即向公司股票交易所提供其最新联络资料。

独立董事辞职导致公司董事会中独立董事所占

比例低于《指导意见》规定的最低要求时，该独立董事的辞职报告应当在下任独立董事填补其缺额后生效。

第十四条 独立董事出现不符合独立性条件或其他不适宜履行独立董事职责的情形，由此造成公司独立董事达不到《指导意见》以及公司股票交易所上市规则要求的人数时，公司应按规定补足独立董事人数，同时应通知公司股票上市交易所，并予以公告。

第五章 独立董事的职权

第十五条 为了充分发挥独立董事的作用，独立董事除具有《公司法》、公司股票交易所上市规则和其他相关法律、法规及《公司章程》赋予董事的职权外，公司还赋予独立董事以下特别职权：

（一）董事会作出关于公司关联交易的决议时，必须由全体独立董事签字后方可生效。独立董事所发表的意见应在董事会决议中列明；重大关联交易应由独立董事认可后，提交董事会讨论。

独立董事作出判断前，可以聘请中介机构出具独立财务顾问报告，作为其判断的依据。

（二）向董事会提议聘用或解聘会计师事务所。

（三）向董事会提请召开临时股东大会。

（四）提议召开董事会。

（五）独立聘请外部审计机构和咨询机构。

（六）可以在股东大会召开前公开向股东征集投票权。

独立董事行使上述职权应当取得全体独立董事的1/2以上同意。独立董事聘请中介机构的费用及其他行使职权时所需的费用由公司承担。

如上述提议未被采纳或上述职权不能正常行使，公司应将有关情况予以披露。

第十六条 独立董事除履行上述职责外，对以下事项向董事会或股东大会发表独立意见：

（一）提名、任免董事；

（二）聘任或解聘高级管理人员；

（三）公司董事、高级管理人员的薪酬；

（四）公司的股东、实际控制人及其关联企业对公司现有或新发生的重大借款（根据上市地监管机构不时颁布的标准确定）或其他资金往来以及公司是否采取有效措施回收欠款；

（五）独立董事认为可能损害中小股东权益的事项；

（六）《公司章程》和公司股票交易所上市规则规定的其他事项。

第十七条 独立董事应当就本制度第十六条所列事项发表以下几类意见之一：同意；保留意见及其理由；反对意见及其理由；无法发表意见及其障碍。

第十八条 如本制度第十六条所列事项属于需要披露的事项，公司应当将独立董事的意见予以公告，独立董事出现意见分歧无法达成一致时，董事会应将各独立董事的意见分别披露。

第六章 独立董事的义务

第十九条 独立董事对公司及全体股东负有诚信与勤勉义务。独立董事应当按照相关法律、法规、《指导意见》、公司股票交易所上市规则和《公司章程》的要求，认真履行职责，维护公司整体利益，尤其要关注中小股东的合法权益不受损害。独立董事应当独立履行职责，不受公司主要股东、实际控制人或者其他与公司存在利害关系的单位或个人的影响。

第二十条 独立董事原则上最多在5家上市公司兼任独立董事，并确保有足够的时间和精力有效地履行独立董事的职责。

第二十一条 独立董事应当按时出席董事会会议，了解公司的生产经营和运作情况，主动调查、获取作出决策所需要的情况和资料。独立董事应当向公司年度股东大会提交年度述职报告，对其履行职责的情况进行说明。

第七章 独立董事履行职责的保障

第二十二条 公司保证独立董事享有与其他董事同等的知情权。凡须经董事会决策的事项，公司必须按法定的时间提前通知独立董事并同时提供足够的资料，独立董事认为资料不充分的，可以要求补充。当2名以上独立董事认为资料不充分或论证不明确时，可联名书面向董事会提出延期召开董事会会议或延期审议该事项，董事会应予以采纳。

公司需要独立董事就特定事项发表独立意见的，通常情况下，相关部门必须提前5日向独立董事提供相关的材料。

公司向独立董事提供的资料，公司及独立董事本人应当至少保存5年。

第二十三条 公司向独立董事提供履行职责所必需的工作场所和条件。公司董事会秘书应积极为独立董事履行职责提供协助，如介绍情况、提供材料等。独立董事发表的独立意见、提案及书面说明应当公告的，董事会秘书应及时到证券交易所办理公告事宜。

第二十四条 独立董事行使职权时，公司有关人员应当积极配合，不得拒绝、阻碍或隐瞒，不得干预其独立行使职权。

第二十五条 独立董事在审议重大关联交易事项及审议专门事项时，需要聘请中介机构出具专业意见的，公司可为独立董事提供中介机构备选名单。独立董事聘请中介机构的费用及其他行使职权时所需的费用由公司承担。

第二十六条 公司给予独立董事适当的津贴。津贴的标准应当由董事会制订预案，股东大会审议通过，并在公司年报中进行披露。

除上述津贴外，独立董事不应从公司及其主要股东或有利害关系的机构和人员取得额外的、未予披露的其他利益。

第八章 独立董事的法律责任

第二十七条 独立董事应当按时出席董事会会议，了解公司的生产经营和运作情况，主动调查、获取作出决策所需要的情况和资料。

第二十八条 独立董事有下列情形之一的，为严重失职：

（一）泄露公司商业秘密，损害公司合法利益；

（二）在履行职责过程中接受不正当利益，或者利用独立董事地位谋取私利；

（三）明知董事会决议违反法律、行政法规或《公司章程》，而未提出反对意见；

（四）关联交易导致公司重大损失，独立董事未行使否决权的；

（五）法律、法规认定的其他严重失职行为。

第二十九条 独立董事明知董事会决议违反法律、行政法规或者《公司章程》而致使公司遭受严重损失的，独立董事未发表反对意见，或者从事《公司法》等相关法律、行政法规和规范性文件禁止的违法行为，致使公司遭受严重损失的，应依法承担赔偿责任。

第九章 附 则

第三十条 除非有特别说明，本制度所使用的术语与《公司章程》中该等术语的含义相同。

第三十一条 本制度及其修订由公司董事会拟订，并自股东大会决议通过之日起生效。

第三十二条 本制度未尽事宜或与本制度生效后颁布、修改的法律、法规、公司股票交易所的上市规则或《公司章程》的规定相冲突的，以法律、法规、公司股票交易所的上市规则或《公司章程》的规定为准，并及时对本制度进行修订。

第三十三条 本制度的解释权归董事会。

中国水利水电建设股份有限公司
董事会战略委员会议事规则

（中水电股〔2010〕43号·2010年5月7日）

第一章 总 则

第一条 为确保中国水利水电建设股份有限公司（以下简称公司）发展战略规划的合理性与投资决策的科学性，根据《中华人民共和国公司法》（以下简称《公司法》）和《中国水利水电建设股份有限公司章程》（以下简称《公司章程》）、《中国水利水电建设股份有限公司董事会议事规则》（以下简称《董事会议事规则》）以及其他相关规定，董事会设立战略委员会（以下简称委员会），并制定本议事规则。

第二条 委员会是公司董事会下设的专门工作机构，为董事会有关决策提供咨询或建议，向董事会负责并报告工作。

第三条 本规则适用于委员会及本规则中涉及的有关人员和部门。

第二章 委员会组成

第四条 委员会由5名董事组成。委员会委员由董事长提名，董事会讨论通过。

第五条 委员会设主任1名，由公司董事长担任。

第六条 委员会任期与同届董事会任期一致，委员任期与董事任期一致。委员任期届满，可连选连任。委员会委员在任职期间不再担任公司董事职务时，其委员资格自动丧失。

第七条 委员会委员可以在任期届满以前向董事会提出辞职，辞职报告中应当就辞职原因以及需要公司董事会予以关注的事项进行必要说明。

第八条 经董事长提议并经董事会讨论通过，

可对委员会委员在任期内进行调整。

第九条 当委员会人数低于本规则规定人数时，董事会应当根据本规则规定补足委员人数。

第三章 委员会职责

第十条 委员会的主要职责：

（一）对公司中长期发展战略规划进行研究并提出建议；

（二）对公司的产业结构调整、重大资产、业务重组方案进行研究并提出建议；

（三）对《公司章程》规定须经董事会批准的重大投资、融资方案进行研究并提出建议；

（四）对《公司章程》规定须经董事会批准的重大资本运作、重大对外投资、资产经营项目进行研究并提出建议；

（五）对以上事项的实施情况进行检查、评价，并适时提出调整建议；

（六）董事会授予的其他职权。

第十一条 委员会主任职责：

（一）召集、主持委员会会议；

（二）督促、检查委员会的工作；

（三）签署委员会有关文件；

（四）向公司董事会报告委员会工作；

（五）董事会要求履行的其他职责。

第四章 委员会工作机构

第十二条 公司企业发展部是战略委员会的日常办事机构，负责组织、协调委员会与相关各部门的工作。负责准备并提交委员会所议有关公司战略规划、结构调整、业务重组等事项的相关资料、负责会议记录、制作会议纪要。负责与公司聘请的有关专家学者及中介机构的沟通与联络。

第十三条 公司各职能部门应按照其各自的职责分工，相互配合，共同做好委员会履行职责所需的相关配合工作。

公司董事会办公室根据战略委员会日常办事机构的会议计划及安排，负责制发会议通知、提供会议服务等会务工作。

公司投资、财务、资金等管理部门负责准备和提供委员会所议有关公司投资融资、资产重组、资本运作等事项所需的相关资料。

第五章 委员会会议

第十四条 委员会根据需要不定期召开会议。有以下情况之一时，委员会主任应当在5日内签发召开会议的通知：

（一）董事会认为有必要时；

（二）委员会主任认为有必要时；

（三）2名以上委员提议时。

第十五条 董事会办公室应当负责将会议通知于会议召开前3日（特殊情况除外）以书面形式送达各委员和应邀列席会议的有关人员。会议通知的内容应当包括会议举行的方式、时间、地点、会期、议题、通知发出时间及有关资料。

第十六条 委员会委员在收到会议通知后，应及时以适当方式予以确认并反馈相关信息（包括但不限于是否出席会议、行程安排等）。

第十七条 委员会委员应当亲自出席会议。委员因故不能亲自出席会议时，可提交由该委员签字的授权委托书，委托本委员会其他委员代为出席并发表意见。授权委托书应明确授权范围和期限。每一名委员不能同时接受两名以上委员委托。

代为出席会议的委员应当在授权范围内行使权利。委员未亲自出席委员会会议，亦未委托本委员会其他委员代为行使权利，也未在会议召开前提交书面意见的，视为放弃权利。

不能亲自出席会议的委员也可以提交对所议事项的书面意见的方式行使权利，但书面意见应当最迟在会议召开前提交至董事会办公室。

第十八条 委员会委员连续两次未亲自出席委员会会议，亦未委托本委员会其他委员，也未于会前提出书面意见；或者在一年内亲自出席委员会会议次数不足会议总次数的3/4的，视为不能履行委员会职责，董事会可根据本规则调整委员会成员。

第十九条 委员会会议应由3名以上的委员出席方可举行。会议由委员会主任主持，委员会主任不能出席会议时，可委托本委员会其他委员主持。

第二十条 委员会会议就会议所议事项进行研究讨论，委员会委员应依据其自身判断，明确、独立、充分地发表意见；意见不一致的，应当在向董事会提交的会议纪要中载明。

第二十一条 委员会会议一般应以现场会议方式召开。遇有特殊情况，在保证委员会委员能够充分发表意见的条件下，经委员会主任同意，可采用通信方式召开。采用通信方式的，委员会委员应当在会议通知要求的期限内向委员会提交对所议事项的书面意见。

第二十二条 如有必要，委员会可邀请公司董事、有关高级管理人员、公司有关专家或者社会专家、学者及中介机构和相关人员列席会议。列席会议的人员可以根据委员会委员的要求就有关事项和问题作出解释与说明。

董事会秘书列席委员会会议。

第二十三条 当委员会所议事项与委员会委员存在利害关系时，该委员应当回避。

第二十四条 出席会议的所有人员均对会议所议事项负有保密义务，不得擅自披露相关信息。

第六章 委员会会议记录和会议纪要

第二十五条 委员会会议应当制作会议记录。会议记录应包括以下内容：

（一）会议编号及召开的方式、日期、地点和主持人姓名；

（二）出席会议和缺席及委托出席情况；

（三）列席会议人员的姓名、职务；

（四）会议议题；

（五）委员及有关列席人员的发言要点；

（六）会议记录人姓名。

出席会议的委员、列席会议的董事会秘书应当在委员会会议记录上签字。

第二十六条 委员会会议召开后，公司企业发展部应根据会议研究讨论的情况，制作委员会会议纪要。

会议纪要除向公司董事会提交外，还应发送给委员会各位委员、董事会秘书、公司董事会办公室及有关部门和人员。

第二十七条 每次委员会会议形成的会议记录、会议纪要、授权委托书、委员的书面意见以及其他会议材料归集完整后交董事会办公室按照相关规定进行档案管理。

第七章 附　　则

第二十八条 除非有特别说明，本规则所使用的术语与《公司章程》中该等术语的含义相同。

第二十九条 本规则及其修订由公司董事会拟订，并自董事会普通决议通过之日起生效、实施。

第三十条 本规则未尽事宜或与本规则生效后颁布、修改的法律、法规、《上市规则》或《公司章程》、《董事会议事规则》的规定相冲突的，按照法律、法规、《上市规则》、《公司章程》和《董事会议事规则》的规定执行。

第三十一条 本规则的解释权属于公司董事会。

中国水利水电建设股份有限公司
董事会人事薪酬与考核委员会议事规则

（中水电股〔2010〕44号·2010年5月7日）

第一章 总　　则

第一条 为建立和规范中国水利水电建设股份有限公司（以下简称公司）人事薪酬与考核工作制度和程序，根据《中华人民共和国公司法》、《中国水利水电建设股份有限公司章程》（以下简称公司章程）、《中国水利水电建设股份有限公司董事会议事规则》（以下简称董事会议事规则）以及其他相关规定，董事会设立人事薪酬与考核委员会（以下简称委员会），并制定本议事规则。

第二条 委员会是公司董事会下设的专门工作机构，为董事会有关决策提供咨询或建议，对董事会负责，向董事会报告工作。

第三条 本规则适用于委员会及本规则中涉及的有关人员和部门。

第二章 委 员 会 组 成

第四条 委员会由5名董事组成，且大部分成员应为独立董事。委员会委员的提名方式包括以下三种：

（一）由董事长提名；

（二）由1/2以上独立董事提名；

（三）由全体董事的1/3以上提名。

委员会委员由董事会批准产生。

第五条 委员会设主任1名，由公司独立董事担任，并经董事会任命。

第六条 委员会成员应当符合下列任职基本条件：

（一）熟悉国家有关法律、行政法规；

（二）熟悉党的干部政策以及中央企业领导人员管理规定；

（三）熟悉公司财务预算管理、绩效管理、人力资源管理体系及激励约束机制；

（四）遵守诚信原则，公正廉洁，忠于职守，能够为维护公司和股东的利益积极开展工作；

（五）具有较强的综合分析和判断能力，并具备一定的人力资源管理、财务管理知识；

（六）具有履行职责所必需的时间和精力。

第七条 委员会任期与同届董事会任期一致，委员任期与董事任期一致。委员任期届满，可连选连任。委员会委员在任职期间不再担任公司董事职务时，其委员资格自动丧失。

第八条 委员会委员可以在任期届满以前向董事会提出辞职，辞职报告中应当就辞职原因以及需要公司董事会予以关注的事项进行必要说明。

第九条 经董事长提议并经董事会讨论通过，可对委员会委员在任期内进行调整。

第十条 当委员会人数低于本规则规定人数时，董事会应当根据本规则规定补足委员人数。

第三章 委员会职责

第十一条 委员会的主要职责：

（一）拟订公司董事、总经理及其他高级管理人员的选择标准、程序及方法，提交董事会审议。

（二）对董事候选人和总经理人选及其他高级管理人员人选进行审查并提出建议，并向董事会提出考察意见。

（三）对全资子公司、控股子公司、参股子公司股东代表和董事、监事等的候选人提出建议，并向董事会提出推荐意见。

（四）广泛搜集合格的董事、总经理及其他高级管理人员的人选。

（五）研究制订公司董事及高级管理人员的履职考核标准，对公司非独立董事及高级管理人员履职情况进行年度考核，并向董事会提出建议。

（六）审查公司董事、高级管理人员、员工的薪酬政策与方案，并监督其执行情况，并向董事会提出建议。

（七）研究公司激励约束机制，包括但不限于：

1. 审查长期激励基金使用和分配计划，并核查其使用情况；

2. 审查股权激励计划及其实施情况；

3. 安排激励股份解除锁定相关事宜并组织实施。

（八）考评公司经营目标、经营计划完成情况。

（九）董事会授权办理的其他事宜。

（十）监督股份公司内设部门、分支机构及子公司负责人的绩效考核及薪酬水平评估。

（十一）确保任何董事或其任何联系人不得自行制定薪酬。

（十二）董事会交办的其他工作。

如有必要，委员会可以聘请外部专家或中介机构为其提供专业咨询服务。

第十二条 委员会主任职责：

（一）召集、主持委员会会议；

（二）督促、检查委员会的工作；

（三）签署委员会有关文件；

（四）向公司董事会报告委员会工作；

（五）董事会要求履行的其他职责。

第四章 委员会工作机构

第十三条 公司人力资源部、财务产权部是人事薪酬与考核委员会的日常办事机构。负责组织、协调委员会与公司各职能部门、各子公司的工作，履行下列职责：

（一）负责人事薪酬与考核委员会的日常工作联络；

（二）负责人事薪酬与考核委员会会议组织及决策前的各项准备工作，包括但不限于：制订会议计划，负责或组织协调相关部门及中介机构编写会议文件并履行内部审核程序，负责会议记录，编写决议、报告，资料报备和归档等；

（三）负责定期向人事薪酬与考核委员会委员报告涉及公司经营状况的重要数据、资料，必要时，组织委员会委员对公司进行调研。

第十四条 公司各职能部门、各子公司有责任为委员会提供工作服务，为委员会办事机构开展工作提供支持和配合。

第十五条 公司董事会办公室根据人事薪酬与考核委员会日常办事机构的会议计划及安排，负责制发会议通知，提供会议服务。

第五章 委员会会议

第十六条 委员会会议的召集和召开：

（一）人事薪酬与考核委员会会议分为定期会议和临时会议，由主任委员召集并主持。委员会会议应由过半数的委员出席方可举行。

（二）人事薪酬与考核委员会定期会议每年至少召开一次，于审议公司年度报告的董事会会议召开10日前举行，审议事项包括但不限于以下内容：

1. 对公司非独立董事及高级管理人员履职情况进行年度考核；

2. 对公司经营目标、经营计划完成情况进行考核；

3. 对公司董事、高级管理人员、员工薪酬政策的执行情况进行检查，并审查董事、高级管理人员年度薪酬发放情况；

4. 人事薪酬与考核委员会年度履职情况汇总

报告。

（三）人事薪酬与考核委员会主任委员认为必要时，或1/2以上委员联名提议时，应召集临时会议。

（四）人事薪酬与考核委员会会议通知于会议召开3日前以书面形式、传真、邮寄或网络方式（包括电子邮件、本公司信息化办公系统）送达各委员及列席会议的有关人员。会议通知包括以下内容：

1. 会议的日期和地点；

2. 会议事由和议题；

3. 发出通知的日期。

委员会会议文件应随会议通知同时送达全体委员及相关与会人员。

（五）人事薪酬与考核委员会会议应由薪酬与考核委员会委员本人出席。委员因故不能出席，可以书面委托其他委员代为出席，且委托的代理人应该是独立董事委员。委托书中应载明代理人的姓名、代理事项、授权范围和有效期限，并由委托人签名或盖章。代为出席会议的委员应当在授权范围内行使权利。委员未出席薪酬与考核委员会会议，亦未委托代表出席的，视为放弃在该次会议上的投票权。

（六）公司非人事薪酬与考核委员会委员的董事及其他相关人员可以列席薪酬与考核委员会会议，列席会议人员可以就会议讨论事项进行解释或说明，但没有表决权。

（七）董事会秘书列席委员会会议。

（八）人事薪酬与考核委员会委员及列席委员会会议的人员对尚未公开的信息负有保密义务，不得利用内幕信息为自己或他人谋取利益。

第十七条 委员会会议决策程序：

人事薪酬与考核委员会的决策程序如下：

（一）人力资源部负责组织、协调相关部门或中介机构编写人事薪酬与考核委员会会议文件，并保证其真实、准确、完整。

（二）人力资源部按照公司有关制度规定履行会议文件的内部审批程序。

（三）人力资源部将经公司内部审批通过的会议文件提交人事薪酬与考核委员会主任委员审核，审核通过后由主任委员及时召集人事薪酬与考核委员会会议审议。

（四）人事薪酬与考核委员会的决策必须依赖于下列条件：

1. 充分了解与公司薪酬政策有关的法律、行政法规、部门规章、公司有关制度以及行业的薪酬标准；

2. 充分了解公司经营目标、经营计划的制订、调整过程，并就其完成情况进行了调查和核实；

3. 充分了解公司非独立董事及高级管理人员履职情况，并就其工作表现进行了调查和核实；

4. 充分了解公司的激励约束机制，并熟悉相关方案的制订、实施过程。

（五）人事薪酬与考核委员会将通过的报告、决议或建议以书面形式呈报公司董事会。对需要董事会或股东大会审议批准的，由人事薪酬与考核委员会向董事会提出提案，并按相关法律、法规及《公司章程》规定履行审批程序。

（六）若超过半数的董事会成员对人事薪酬与考核委员会会议通过的报告、决议存在异议的，应及时向人事薪酬与考核委员会提出书面反馈意见。独立董事应就相关事项发表独立意见。

（七）必要时，人事薪酬与考核委员会委员可以参加公司相关的办公会议，直接参与与本委员会职权范围相关事项的讨论和研究。

（八）人事薪酬与考核委员会会议以现场会议方式召开的，会议事项的表决方式为举手表决，并由参会委员在会议通过的决议、报告上签名。

（九）人事薪酬与考核委员会临时会议在保障委员充分表达意见的前提下，可以用传真或网络方式（包括电子邮件、本公司信息化办公系统）进行并作出决议，由参会委员签字。

（十）人事薪酬与考核委员会每一名委员有一票的表决权。会议作出的决议，必须经全体委员的过半数通过。

（十一）人事薪酬与考核委员会委员必须按照法律、法规及《公司章程》的规定，对公司承担忠实义务和勤勉义务。薪酬与考核委员会会议通过的报告、决议和建议必须符合法律、法规及《公司章程》的要求。

董事会有权否决（或不采纳）人事薪酬与考核委员会通过的不符合法律、法规及《公司章程》的报告、决议或建议。

（十二）必要时，人事薪酬与考核委员会可以聘请中介机构为其决策提供意见，费用由公司支付。

第六章 委员会会议记录和会议纪要

第十八条 委员会会议应当制作会议记录。会议记录由人力资源部制作，包括以下内容：

（一）会议编号及召开的方式、日期、地点和主持人姓名；

（二）出席会议和缺席及委托出席情况；

（三）列席会议人员的姓名、职务；

（四）会议议题；

（五）委员及有关列席人员的发言要点；

（六）会议记录人姓名。

出席会议的委员、列席会议的董事会秘书应当在委员会会议记录上签字。

第十九条 委员会会议召开后，公司人力资源部根据会议研究讨论情况制作委员会会议纪要。

会议纪要除向公司董事会提交外，还应发送给委员会委员、董事会秘书和公司董事会办公室、公司人力资源部及有关部门和人员。

委员会会议形成的会议记录、会议纪要、授权委托书、委员的书面意见以及其他会议材料归集完整后交董事会办公室按照相关规定进行档案管理。

第七章 附 则

第二十条 除非有特别说明，本规则所使用的术语与《公司章程》中该等术语的含义相同。

第二十一条 本规则及其修订自公司董事会决议通过之日起生效。

第二十二条 本规则未尽事宜或与本规则生效后颁布、修改的法律、法规、《上市规则》或《公司章程》、《董事会议事规则》的规定相冲突的，按照法律、法规、《上市规则》、《公司章程》和《董事会议事规则》的规定执行。

第二十三条 本议事规则由公司董事会负责解释。

中国水利水电建设股份有限公司
董事会审计与风险管理委员会议事规则

（中水电股〔2010〕45 号·2010 年 5 月 7 日）

第一章 总 则

第一条 为建立和规范中国水利水电建设股份有限公司（以下简称公司）内部审计和风险控制制度和工作程序，充分保护公司和公司股东的合法权益，根据《中华人民共和国公司法》、《上市公司治理准则》、国务院国有资产监督管理委员会《中央企业全面风险指引》、《中国水利水电股份有限公司章程》（以下简称《公司章程》）及其他有关规定，公司董事会特设立审计与风险管理委员会，并制定本议事规则。

第二条 审计与风险管理委员会（以下简称委员会）是公司董事会依据相关法律、法规设立的专门机构，主要负责公司内外部审计的沟通、监督和核查以及公司风险管理与控制工作，为董事会决策提供咨询和建议，对董事会负责。

第三条 本规则适用于委员会及本规则中涉及的有关部门和人员。

第二章 委员会组成

第四条 委员会由 5 名董事组成，其中独立董事应占多数，且至少有 1 名独立董事具备适当的专业资格或具备适当的会计、相关的财务管理专长。委员会委员由董事长提名，并经董事会任命。

第五条 委员会设主任委员 1 名，由委员中的独立董事担任，主任人选由董事长提名，经董事会审议通过并任命。

第六条 委员会任期与董事会任期一致，委员任期与董事任期一致。委员任期届满，可连选连任。

第七条 经董事长提议并经董事会讨论通过，可对委员会委员在任期内进行调整。期间如有委员不再担任公司董事职务，则自动失去委员资格，并由董事会根据本规则第五条的规定补足委员人数。

第八条 委员会委员可在任期届满以前向董事会提出辞职，辞职报告中应当就辞职原因以及需要董事会予以关注的事项进行必要说明。

第九条 当委员会人数低于本规则规定人数时，董事会应当根据本规则规定补足委员人数。

第十条 委员会委员发生变动时，如果同时涉及公司董事的变动，须按照《公司章程》规定的相关程序报经股东大会批准，并根据监管规定的要求予以公告。

第三章 委员会职责

第十一条 委员会代表董事会对公司经济活动的合法合规性、效益性以及风险控制情况进行独立的监督和评价，主要行使以下职责：

（一）负责公司内部审计和风险管理部门的组建工作。

（二）向董事会提名公司内部审计和风险管理部

门负责人任免建议。

（三）审核批准公司内部审计和风险管理制度、年度内部审计和风险管理计划，指导、监督公司内部审计和风险管理部门的工作。

（四）负责公司内部审计和外部审计的沟通协调。

（五）就聘请、续聘及解聘外部审计机构向董事会提供建议，批准外部审计机构的报酬及聘用条款。

（六）审查、监督外部审计机构是否独立客观及审计程序是否有效。

（七）审查、监督公司的财务报表、年度报告、中期报告和季度报告的完整性，并审阅报表及报告所载有关财务申报的重大意见。在向董事会提交审阅报告时，应当特别针对以下事项：

1. 会计政策及实务的任何更改；
2. 涉及重要判断的地方；
3. 因审计而出现的重大调整；
4. 企业持续经营的假设及任何保留意见；
5. 是否遵守会计准则；
6. 是否遵守有关财务申报的其他法律规定。

（八）委员会在审阅公司财务报告时，应与公司董事会、高级管理人员及受聘的公司会计师事务所联络，应至少每年与公司外部独立审计机构举行一次会议。

（九）审查公司内部控制制度及其实施情况，并向董事会提出意见或建议。

（十）审议内部审计和风险管理部门提交的审计报告和风险管理监督评价报告，并向董事会报告。

（十一）审议公司风险管理策略和重大风险管理解决方案。

（十二）主动或应董事会委派，就有关内部审计和风险管理的重要事项及管理层的反馈进行研究。

（十三）与管理层就公司内部风险控制系统进行讨论，以确保管理层已履行其职责建立有效的内部风险监控系统。

（十四）审查外部审计机构向管理层提交的《审计情况说明函件》、审计机构就会计记录、财务账目或监控系统向管理层提出的任何重大疑问及管理层作出的回答。

（十五）确保董事会及时对外部审计机构在审计报告中提出的事宜作出反馈。

（十六）公司董事会要求的其他事项。

第十二条 委员会主任行使以下职责：

（一）负责主持审计与风险管理委员会的工作；

（二）召集、主持委员会的定期会议和临时会议；

（三）督促、检查委员会会议决议的执行；

（四）签署委员会的重要文件；

（五）定期向公司董事会报告工作；

（六）董事会授予的其他职权。

第十三条 委员会对董事会负责，委员会的提案应提交董事会审议。

第十四条 委员会可会同公司监事会开展相关监督检查活动。

第十五条 公司应提供委员会履行其职责所必需的经费和其他资源，用以支付：

（一）委员会必要或适当的行政管理费用；

（二）外部审计机构提供财务审计、审查、验证等相关服务的报酬；

（三）聘请外部专业顾问所需的费用。

第十六条 委员会应公开其职权范围，解释其角色及公司董事会授予其的权力。

第四章 委员会工作机构

第十七条 公司审计部是审计与风险管理委员会的日常办事机构，负责委员会的日常工作联络。负责委员会会议的筹备、组织及会议材料准备，制作会议记录、会议纪要等。负责与外部审计机构及中介机构的沟通与联络。

第十八条 公司各职能部门配合审计部作好委员会履责的相关服务工作，提供所需要的相关资料。

第十九条 公司董事会办公室根据审计与风险管理委员会日常办事机构的会议计划及安排，负责制发会议通知、提供会议服务等会务工作。会议通知于会议召开前3日（特殊情况除外）以书面形式送达各委员和列席会议的有关人员。

第五章 委员会会议

第二十条 委员会会议分为定期会议和不定期会议。

第二十一条 委员会每年至少在上半年和下半年各召开一次定期会议，内容是听取内部审计和风险管理部门的工作汇报，研究解决公司内部审计和风险管理的重大事项。

第二十二条 委员会应根据需要不定期召开会议。有以下情况之一时，委员会主任应于事实发生之日起7日内签发召开会议的通知：

（一）董事会认为有必要时；

（二）委员会主任认为有必要时；

（三）两名以上审计与风险管理委员会委员提议时。

第二十三条 委员会会议应由2/3及以上的委员

出席方可举行。

第二十四条 公司董事会办公室应当至少提前3日（特殊情况除外）将委员会会议通知以电话、邮件或传真等方式通知全体委员和应列席会议的有关人员。会议通知的内容包括会议时间、地点、召开方式、议题、召集人和主持人等事项，并将有关资料呈送每一名委员。

第二十五条 委员会委员和应列席会议的有关人员在收到会议通知后，应及时以适当方式予以确认并反馈相关信息（包括但不限于是否出席会议、行程安排等）。

第二十六条 委员因故确不能出席的，可以书面委托其他委员代为出席会议，委托书中应载明委托内容和授权范围和期限。每一名委员不能同时接受2名以上委员委托。代为出席会议的委员应当在授权范围内行使权利。

第二十七条 不能出席会议的委员也可以提交对所议事项书面意见的方式行使权利，书面意见应当最迟在会议召开前向董事会办公室提交。

第二十八条 委员连续两次未亲自出席委员会会议，亦未委托其他委员代为行使权利，也未在会议召开前提交书面意见的，或者在一年内出席委员会会议次数低于会议总次数3/4的，视为不能履行委员会职责。

第二十九条 委员会会议可以邀请公司董事、监事、总裁及其他高级管理人员列席会议。根据需要，公司内部审计和风险管理部门负责人应列席委员会会议。

第三十条 如有必要，可以邀请中介机构列席会议并为其决策提供专业意见，应与列席会议的中介机构签订保密协议，因此支出的合理费用由公司承担。

第三十一条 委员会会议由主任主持，主任不能出席时可委托一名委员（独立董事）主持。

第三十二条 委员会会议应就会议所议事项进行研究讨论。委员应依据其自身判断，明确、独立、充分地发表意见；意见不一致时，应当在向董事会提交的会议纪要中载明。

第三十三条 当委员会所议事项与委员会委员存在利害关系时，该委员应当回避。

第三十四条 委员会会议可以以书面议案表决的方式召开。书面议案以传真、特快专递或专人送达等方式送达全体委员。委员对议案进行表决后，将原件寄回公司存档。如果签字同意的委员符合本规则规定的参会人数，该议案即成为委员会有效决议。

第三十五条 会议表决采用投票或举手表决方式，每一名委员有一票表决权。会议做出的决议，必须经全体委员过半数通过。

第三十六条 审计与风险管理委员会会议通过的议案及表决结果，应以书面形式报公司董事会。

第三十七条 出席会议的委员及列席人员均对会议所议事项负有保密义务，不得擅自披露相关信息。

第六章 委员会会议记录和会议纪要

第三十八条 委员会会议应有完整的会议记录。会议记录由董事会办公室制作，包括以下内容：

（一）会议名称、时间、地点以及会议编号；

（二）出席和列席会议人员名单（姓名、职务）和主持人姓名；

（三）委员缺席和委托出席情况；

（四）会议议题；

（五）会议主要内容记录；

（六）参会人员签字；

（七）记录人姓名。

第三十九条 会议记录初稿应尽快提供给全体参会委员审阅，并由各委员确认并签字。会议记录的最后定稿应于会议后的合理时间内完成并送达给全体委员。

第四十条 会议记录应由公司董事会秘书保存，供董事随时查阅。

第四十一条 委员会会议召开后，审计部负责根据会议研究讨论情况制作会议纪要。会议纪要主要有以下内容：

（一）会议名称、时间、地点以及会议编号；

（二）出席和列席会议人员名单和主持人姓名；

（三）会议议题；

（四）会议决议。

第四十二条 审计部应将会议纪要提交董事会，还应发送给委员会全体委员、董事会秘书、董事会办公室以及公司财务、审计、法律等有关部门负责人。

第四十三条 委员会会议形成的会议记录、会议纪要、授权委托书、委员的书面意见以及其他会议材料由审计部归集完整后交董事会办公室按照公司有关档案管理制度进行保存。

第七章 附 则

第四十四条 除非有特别说明，本规则所使用的术语与《公司章程》中该等术语的含义相同。

第四十五条 本规则未尽事宜，按照国家有关法律、行政法规和《公司章程》的规定执行。本规则与国家日后颁布的法律、行政法规和《公司章程》的规定相抵触或不一致时，按国家有关新实施的法律、法规、《公司章程》的规定执行，并立即对本规则予以修订，报董事会审议通过。

第四十六条 本规则自公司董事会审议通过之日起生效。

第四十七条 本规则的解释权属于公司董事会。

中国水利水电建设股份有限公司董事会秘书工作细则

（中水电股〔2010〕46号·2010年4月15日）

第一章 总 则

第一条 中国水利水电建设股份有限公司（以下简称公司）为规范公司董事会秘书的工作，明确公司及董事会秘书的权利义务，保护投资者合法权益，根据《中华人民共和国公司法》（以下简称《公司法》）、《上市公司治理准则》、《上海证券交易所票上市规则（2008年修订）》（以下简称《上市规则》）及该所其他有关规定、《中国水利水电建设股份有限公司章程》（以下简称《公司章程》）等有关法规，特制定本细则。

第二条 董事会秘书为公司高级管理人员，为公司与中国证券监督管理委员会（以下简称中国证监会）、上海证券交易所之间的指定联络人，对董事会和公司负责，依据有关法律法规及《公司章程》履行职责。

第三条 董事会办公室为董事会的常设工作机构，董事会秘书兼任董事会办公室主任。

第二章 任职条件及任免程序

第四条 公司董事会秘书须具有以下任职资格：

（一）具有大学本科及以上学历或高级职称，担任本公司部门正职负责人3年以上；

（二）具有3年以上从事企业管理或金融、财务、法律等方面的工作经历，掌握履行其职责所应具备的有关专业知识、法律法规知识，熟悉公司经营情况和本行业基本情况；

（三）具备良好的个人品质和职业道德，能够严格遵守有关法律、法规及职业操守，忠诚地履行职责；

（四）具有较强的公关能力、统筹协调能力和处理公共事务的能力；

（五）参加过中国证监会及其他机构组织的董事会秘书任职资格培训，并取得上海证券交易所颁发的董事会秘书培训合格证书、董事会秘书资格证书。

第五条 董事会秘书原则上由专职人员担任。公司董事或其他高级管理人员可以兼任董事会秘书，但下列人员不得担任公司董事会秘书：

（一）《公司法》第一百四十七条规定的任何一种情形；

（二）最近3年受到过中国证监会的行政处罚或被采取出具警示函以上监管措施；

（三）最近3年受到过证券交易所公开谴责或者3次以上通报批评；

（四）本公司现任监事、公司总经理及财务负责人；

（五）公司聘请的会计师事务所的注册会计师和律师事务所的律师；

（六）中国证监会、上海证券交易所认定不适合担任董事会秘书的其他情形。

第六条 公司董事兼任董事会秘书的，如某一行为需由董事、董事会秘书分别作出时，则该兼任董事会秘书的人不得以双重身份作出。

第七条 董事会秘书候选人由董事长提名，由董事会聘任。董事会聘任或者解聘董事会秘书时，应当报中国证监会和上海证券交易所备案并公告。

第八条 公司在聘任董事会秘书的董事会会议召开5个交易日之前，向上海证券交易所提交下述资料：

（一）董事会推荐书，包括被推荐人（候选人）符合《上市规则》规定的董事会秘书任职资格的说明、现任职务和工作表现等内容；

（二）候选人的个人简历和学历证明复印件；

（三）候选人取得的上海证券交易所办理的董事会秘书培训合格证书复印件；

（四）监管部门要求的其他资料。

上海证券交易所对董事会秘书候选人任职资格未提出异议的，公司可以召开董事会会议，聘任董事会秘书。

第九条 公司在聘任董事会秘书的同时，还应当聘任证券事务代表，协助董事会秘书履行职责。董事会秘书不能履行职责时，证券事务代表应当代为履行其职责并行使相应权力。在此期间，并不当然免除董事会秘书对公司信息披露事务所负有的责任。

证券事务代表应当经过上海证券交易所的专业培训和资格考核并取得合格证书。

第十条 公司董事会秘书有以下情形之一的，应自相关事实发生之日起 1 个月内将其解聘：

（一）本细则第五条规定的任何一种情形；

（二）在履行职责时出现重大错误或者疏漏，给公司或投资者造成重大损失；

（三）连续 3 个月以上不能履行职责；

（四）泄露公司机密，造成严重后果或恶劣影响；

（五）违反法律、行政法规、其他规范性文件、《上市规则》、《公司章程》和上海证券交易所其他规定，给公司或投资者造成重大损失。

第十一条 公司解聘董事会秘书应当具有充分理由，不得无故将其解聘。董事会秘书的变动必须事先通知上海证券交易所。

董事会秘书被解聘或者辞职时，公司应当及时向上海证券交易所报告，说明原因并公告。

董事会秘书有权就被公司不当解聘或者与辞职有关的情况，向上海证券交易所提交个人陈述报告。

第十二条 董事会秘书空缺期间，公司应当及时指定一名董事或者高级管理人员代行董事会秘书的职责，并报上海证券交易所备案，同时尽快确定董事会秘书的人选。公司指定代行董事会秘书职责人员之前，由法定代表人代行董事会秘书职责。

董事会秘书空缺时间超过 3 个月的，法定代表人应当代行董事会秘书职责，直至公司聘任新的董事会秘书。

第十三条 公司聘任董事会秘书和证券事务代表后，应当及时公告并向上海证券交易所提交下述材料：

（一）董事会秘书、证券事务代表聘任书或者相关董事会决议；

（二）董事会秘书、证券事务代表的通信方式，包括办公电话、住宅电话、移动电话、传真、通信地址及专用电子邮件信箱地址等；

（三）董事长的通信方式，包括办公电话、移动电话、传真、通信地址及专用电子邮件信箱地址等；

（四）公司法定代表人的通信方式，包括办公电话、住宅电话、移动电话、传真及通信地址等。

上述通信方式发生变更时，公司应当及时向上海证券交易所提交变更后的资料。

第三章 主 要 职 责

第十四条 董事会秘书的职责如下：

（一）负责公司与中国证监会、上海证券交易所及有关监管机构之间的沟通和联络，保证以上机构可以随时与其取得工作联系。董事会秘书作为公司与证券监管部门的联络人，负责组织准备和及时递交监管部门所要求的文件，负责接受监管部门下达的有关任务并组织完成。

（二）负责协调和组织公司信息披露事宜，处理公司信息披露事务，督促公司建立健全并执行信息披露管理制度和重大信息的内部报告制度，促使公司和相关当事人依法履行信息披露义务，参加公司所有涉及信息披露的有关会议，及时知晓公司重大经营决策及有关信息资料，并按照有关规定向上海证券交易所办理定期报告和临时报告的披露工作。

（三）负责协调组织市场推介，协调来访接待，处理投资者关系，接待投资者来访，回答投资者询问，保持与投资者、中介机构及新闻媒体的联系，负责协调解答社会公众的提问，确保投资人及时得到公司披露的资料。组织筹备公司境内外推介宣传活动，对市场推介和重要来访等活动形成总结报告，并组织向中国证监会和上海证券交易所报告有关事宜。

（四）按照法定程序组织筹备股东大会和董事会会议，准备和提交有关会议文件和资料，安排有关会务，负责会议记录，保障记录的准确性，保管会议文件和记录，主动掌握有关决议的执行情况，对实施中的重要问题，应向董事会报告并提出建议。

（五）参加股东大会会议和董事会会议，制作会议记录并签字。

（六）负责与公司信息披露有关的保密工作，制订保密措施，促使董事、监事和其他高级管理人员以及相关知情人员在信息披露前保守秘密，并在内幕信息泄露时及时采取补救措施，及时加以解释和澄清，并通告中国证监会、上海证券交易所及有关监管机构。

（七）负责管理和保存公司股东名册资料、董事和监事及高级管理人员名册、大股东的持股数量和董事、监事和高级管理人员持有本公司股份的记录资料以及股东大会、董事会会议文件和会议记录等以及公司发行在外的债券权益人名单。保管公司董事会印章。

（八）为强化公司董事会的战略决策和导向功能，董事会秘书应确保公司董事会决策的重大事项严格按照规定的程序进行。根据董事会要求，参加组织董事会决策事项的咨询、分析，提出相应的意见和建议。受委托承办董事会及其有关委员会的日常工作。

（九）协助董事、监事和其他高级管理人员了解信息披露相关法律、行政法规、部门规章、《上市规则》、上海证券交易所其他规定和《公司章程》以及上市协议中关于其法律责任的内容。

（十）确保公司董事会决策的重大事项严格按规定的程序进行，促使董事会依法行使职权。在董事会拟作出的决议违反法律、法规、规章、《上市规则》、上海证券交易所其他规定或者《公司章程》时，应当提醒与会董事，并提请列席会议的监事就此发表意见；如果董事会坚持作出上述决议，董事会秘书应将有关监事和其个人的意见记载于会议记录，同时向中国证监会和上海证券交易所报告。

（十一）协助董事及总经理在行使职权时切实履行法律、法规、《公司章程》及其他有关规定。在知悉公司作出或可能作出违反有关规定的决议时，有义务及时提醒，并有权如实向中国证监会及其他监管机构反映情况。

（十二）协调向公司董事会及其他审核机构履行监督职能提供必需的信息资料，协助作好对公司财务负责人、公司董事和总经理履行诚信责任的调查。

（十三）法律、法规、其他规范性文件和《公司章程》以及中国证监会和上海证券交易所要求履行的其他职责。

第四章 权利与义务

第十五条 董事会秘书承担以下义务：

（一）履行职责时有责任保证公司股东利益最大化；

（二）自觉遵守《公司章程》和有关法规，承担高级管理人员应承担的有关法律责任，对公司负有诚信勤勉义务，不得利用职权为自己或他人谋取不正当利益；

（三）保证与中国证监会、上海证券交易所和有关监管机构的及时沟通与联系；

（四）董事会秘书离任前，应当接受董事会、监事会的离任审查，将有关档案文件、正在办理及其他待办理事项，在公司监事会的监督下移交；

（五）董事会秘书应当按照公司与其签订的保密协议，在任职期间以及离任后持续履行保密义务直至有关信息公开披露为止，但涉及公司违法违规行为的信息除外。

第十六条 董事会秘书享有下列权利：

（一）有权了解公司的财务和经营情况；

（二）有权参加涉及信息披露的有关会议；

（三）有权查阅涉及信息披露的所有文件，并要求公司有关部门和人员及时提供相关资料和信息；

（四）在履行职责的过程中受到不当妨碍和严重阻挠时，可以直接向中国证监会、上海证券交易所报告；

（五）有权就被公司不当解聘或者与辞职有关的情况，向中国证监会、上海证券交易所提交个人陈述报告。

第十七条 公司承担以下义务：

（一）为董事会秘书提供必要的工作条件；

（二）董事、监事、高级管理人员和相关工作人员应当支持、配合董事会秘书的工作，应董事会秘书的要求提供信息披露所需的资料和信息；

（三）公司在作出重大决定前，应当从信息披露角度征询董事会秘书的意见；

（四）公司应保证董事会秘书在任职期间按要求参加上海证券交易所组织的董事会秘书后续培训。

第五章 考核与奖惩

第十八条 按照《公司章程》规定，董事会秘书的薪酬、考核和奖惩办法由董事会人事薪酬与考核委员会拟订，报董事会批准。

第六章 附则

第十九条 本工作细则经第一届董事会会议批准后施行。

第二十条 本细则未尽事宜，按照国家的有关法律、法规、《上市规则》及《公司章程》执行。

第二十一条 本细则的修改及解释权属于公司董事会。

中国水利水电建设股份有限公司
信息披露管理制度

（中水电股〔2010〕47号·2010年4月15日）

第一章　总　　则

第一条　为加强对中国水利水电建设股份有限公司（以下简称公司）信息披露工作的管理，规范公司的信息披露行为，保障公司对外披露信息的统一、真实、准确、完整、及时和公平，保护公司、公司股东及其他利益相关者的合法权益，根据《中华人民共和国公司法》、《中华人民共和国证券法》、《上市公司信息披露管理办法》（以下简称《管理办法》）、《上海证券交易所股票上市规则（2008年修订）》（以下简称《上市规则》）等法律、法规、规章及《中国水利水电建设股份有限公司章程》（以下简称《公司章程》）的有关规定，特制定本制度。

第二条　本制度适用于公司在A股股票市场的信息披露。制度中所指称的信息是指所有可能对公司股票及其衍生品种交易价格产生较大影响的重大事件的有关信息。

第三条　公司依照国家有关法律、法规和国家监管机构、上海证券交易所有关规章规范的要求，在规定的时限、以规定的方式、通过规定的媒介向社会公众同时、公开、平等的披露应披露的信息，并按照有关规定及时将信息披露文件报送公司注册地证监局和上海证券交易所。

第四条　公司及其董事、监事、高级管理人员、公司股东、实际控制人、收购人及法律、法规、规章规定的其他人员为信息披露义务人。信息披露义务人接受中国证券监督管理委员会（以下简称中国证监会）和上海证券交易所的监管。

第五条　公司信息披露工作由董事会领导和管理，董事长是信息披露的第一责任人，董事会秘书负责统一协调和操作公司的信息披露工作，是公司信息披露工作的直接责任人。

除董事长和董事会秘书外，任何人在没有获得公司董事会合法授权的情况下，不得随意披露本制度第二条所定义的信息内容，否则将承担由此造成的法律责任。

第六条　公司下属全资、控股子公司应遵守本制度的各项规定。

第二章　信息披露的基本原则及一般规定

第七条　信息披露是公司的持续性责任。公司应当根据法律、法规、部门规章及上海证券交易所发布规则、制度、通知、指引等相关规定，履行信息披露义务。

第八条　公司应当及时、公平地披露所有对公司股票交易价格可能产生较大影响的信息，并将公告和相关备查文件在第一时间报送上海证券交易所和公司注册地证监局，并置备于公司住所地供社会公众查询。

第九条　公司及公司全体董事、监事、高级管理人员等信息披露义务人应当忠实、勤勉履行职责，保证信息披露内容的真实、准确、完整、及时、公平，没有虚假记载、误导性陈述或者重大遗漏。

公司应当在公告显要位置载明前述保证。董事、监事、高级管理人员不能保证公告内容真实、准确、完整的，应当在公告中作出相应声明并说明理由。

第十条　公司发生的或与之有关的事件没有达到本制度规定的披露标准，或者本制度没有具体规定，但上海证券交易所或公司董事会认为该事件对公司股票及其衍生品种交易价格可能产生较大影响的，公司应当按照本制度的规定及时披露相关信息，且在发生类似事件时，按照同一标准予以披露。

第十一条　公司董事、监事、高级管理人员及其他知情人在信息依法披露前，应当将该信息的知情者控制在最小范围内，不得泄露公司的内幕信息，不得进行内幕交易或配合他人操纵股票交易价格。

第十二条　公司应当明确公司内部（含全资、控股子公司）和有关人员的信息披露职责范围和保密责任，以保证公司的信息披露符合本制度、《上市规则》及其他法律、法规和规范性文件的要求。

第十三条　公司及相关信息披露义务人应当关注公共传媒（包括主要网站）关于公司的报道以及公司股票及其衍生品种的交易情况，及时向有关方面了解真实情况，在规定期限内如实回复上海证券交易所就上述事项提出的问询，并按照《上市规则》及本制度的规定，及时、真实、准确、完整地就相关情况作出公告。

第十四条 公司信息披露形式包括定期报告和临时报告。

公司在披露信息前，应当按照中国证监会及上海证券交易所的要求在第一时间向其报送定期报告或临时报告文稿和相关备查文件。

第十五条 信息披露文件采用中文文本。同时采用外文文本的，信息披露义务人应当保证两种文本的内容一致。两种文本发生歧义时，以中文文本为准。

第十六条 公司披露信息时，应当使用事实描述性语言，保证其内容简明扼要、通俗易懂，突出事件实质，不得含有任何宣传、广告、恭维或者诋毁等性质的词句。

第十七条 公司披露的定期报告或临时报告如果出现任何错误、遗漏或误导，公司应当按照上海证券交易所的要求作出说明并公告。

第十八条 公司定期报告和临时报告经上海证券交易所登记后在中国证监会指定媒体上披露。

公司保证其在指定媒体上披露的文件与上海证券交易所登记的内容完全一致。未能按照既定日期或登记内容披露的，应当及时向上海证券交易所报告。

公司在自有和其他公共传媒披露的信息不得先于指定媒体，不得以新闻发布或答记者问等其他形式代替应当履行的报告、公告义务或泄露未公开重大信息，不得以定期报告形式代替应当履行的临时报告义务。

第十九条 公司应当配备信息披露所必要的通信系统，并保证对外咨询渠道的畅通。

第二十条 公司拟披露的信息存在不确定性、属于临时性商业秘密或者上海证券交易所认可的其他情形，及时披露可能损害公司利益或者误导投资者，并且符合以下条件的，可以向上海证券交易所申请暂缓披露，说明暂缓披露的理由和期限：

（一）拟披露的信息尚未泄露；

（二）有关内幕人士已书面承诺保密；

（三）公司股票及其衍生品种的交易未发生异常波动。

经上海证券交易所同意，公司可以暂缓披露相关信息。暂缓披露的期限一般不超过 2 个月。

暂缓披露申请未获上海证券交易所同意，暂缓披露的原因已经消除或者暂缓披露的期限届满的，公司应当及时披露。

第二十一条 公司拟披露的信息属于国家机密、商业秘密或者上海证券交易所认可的其他情形，按《上市规则》或本制度的要求披露或者履行相关义务可能导致公司违反国家有关保密的法律、法规、规定或损害公司利益的，可以向上海证券交易所申请豁免披露或者履行相关义务。

第二十二条 公司股东、实际控制人等相关信息披露义务人，应当按照有关规定履行信息披露义务，并配合公司做好信息披露工作，及时告知公司已发生或拟发生的重大事件，并在披露前不对外泄露相关信息。

第三章 信息披露的内容

第一节 新股和可转换公司债券的发行与上市

第二十三条 公司应当按照中国证监会有关规定，编制并及时披露涉及新股和可转换公司债券发行的相关公告。

第二十四条 公司申请新股和可转换公司债券上市，应当按照有关规定编制上市公告书；申请新股上市的，还应当编制股份变动报告书。

第二十五条 公司在上海证券交易所同意其新股和可转换公司债券上市的申请后，应当在新股和可转换公司债券上市前 5 个交易日内，在指定媒体上披露下列文件：

（一）上市公告书；

（二）股份变动报告书（适用于新股上市）；

（三）上海证券交易所要求的其他文件和事项。

第二十六条 公司向证券投资基金、法人、战略投资者配售的股份上市流通的申请经上海证券交易所同意后，公司应当在配售的股份上市流通前 3 个交易日内披露流通提示性公告。上市流通提示性公告应当包括以下内容：

（一）配售股份的上市流通时间；

（二）配售股份的上市流通数量；

（三）配售股份的发行价格；

（四）公司的历次股份变动情况。

第二十七条 公司有限售条件的股份上市流通申请经上海证券交易所同意后，公司应在有限售条件的股份上市流通前 3 个交易日内披露提示性公告，上市流通提示性公告包括以下内容：

（一）限售股份的上市流通时间和数量；

（二）有关股东所做出的限售承诺及其履行情况；

（三）上海证券交易所要求的其他内容。

第二节 定期报告

第二十八条 公司披露的定期报告包括年度报

告、中期报告和季度报告。凡是对投资者作出投资决策有重大影响的信息，均应当披露。

年度报告中的财务会计报告应当经具有证券、期货相关业务资格的会计师事务所审计。

第二十九条 公司董事会应当确保公司按时披露定期报告。公司披露的定期报告必须经董事会审议通过。因故无法形成董事会审议定期报告的决议的，公司应当以董事会公告的形式对外披露相关情况，说明无法形成董事会决议的原因和存在的风险。公司不得披露未经董事会审议通过的定期报告。

年度报告应当在每个会计年度结束之日起4个月内，中期报告应当在每个会计年度的上半年结束之日起2个月内，季度报告应当在每个会计年度第3个月、第9个月结束后的1个月内编制完成并披露。

公司第一季度的季度报告的披露时间不得早于公司上一年度的年度报告披露时间。

公司预计不能在规定期限内披露定期报告的，应当及时向上海证券交易所报告，并公告不能按期披露的原因、解决方案及延期披露的最后期限。

为公司定期报告出具审计意见的会计师事务所，应严格按照注册会计师执业准则及相关规定，及时恰当发表审计意见，不得无故拖延审计工作而影响定期报告的按时披露。

第三十条 公司应当与上海证券交易所约定定期报告的披露时间。

公司应当按照上海证券交易所安排的时间办理定期报告披露事宜。因故需变更披露时间的，应当提前5个交易日向上海证券交易所提出书面申请，陈述变更理由，并明确变更后的披露时间。

第三十一条 公司董事会应当按照中国证监会和上海证券交易所的有关规定组织有关人员安排落实定期报告的编制和披露工作。

公司总经理、总会计师、董事会秘书等高级管理人员应当及时编制定期报告草案；董事会秘书负责送达董事、监事、高级管理人员审阅；董事长负责召集和主持董事会会议审议定期报告。

年度报告、中期报告和季度报告的全文及摘要应当按照上海证券交易所要求分别在有关指定媒体上披露。

第三十二条 年度报告应当记载以下内容：

（一）公司基本情况；

（二）主要会计数据和财务指标；

（三）公司股票、债券发行及变动情况，报告期末股票、债券总额、股东总数，公司前10大股东持股情况；

（四）持股5%以上股东、控股股东及实际控制人情况；

（五）董事、监事、高级管理人员的任职情况、持股变动情况、年度报酬情况；

（六）董事会报告；

（七）管理层讨论与分析；

（八）报告期内重大事件及对公司的影响；

（九）财务会计报告和审计报告全文；

（十）中国证监会规定的其他事项。

第三十三条 中期报告应当记载以下内容：

（一）公司基本情况；

（二）主要会计数据和财务指标；

（三）公司股票、债券发行及变动情况、股东总数、公司前10大股东持股情况，控股股东及实际控制人发生变化的情况；

（四）管理层讨论与分析；

（五）报告期内重大诉讼、仲裁等重大事件及对公司的影响；

（六）财务会计报告；

（七）中国证监会规定的其他事项。

第三十四条 季度报告应当记载以下内容：

（一）公司基本情况；

（二）主要会计数据和财务指标；

（三）中国证监会规定的其他事项。

第三十五条 公司董事、高级管理人员应当对定期报告签署书面确认意见，明确表示是否同意定期报告的内容，且不得以任何理由拒绝对定期报告签署书面意见。监事会应当进行审核并以监事会决议的形式说明定期报告的编制和审核程序是否符合法律、行政法规和中国证监会的规定，内容是否能够真实、准确、完整地反映上市公司的实际情况。

董事、监事、高级管理人员对定期报告内容的真实性、准确性、完整性无法保证或者存在异议的，应当陈述理由和发表意见，并予以披露。

第三十六条 中期报告中的财务会计报告可以不经审计，但公司有下列情形之一的，应当审计：

（一）拟在下半年进行利润分配、以公积金转增股本、弥补亏损；

（二）根据中国证监会或者上海证券交易所有关规定应当进行审计的其他情形。

季度报告中的财务资料无须审计，但中国证监会和上海证券交易所另有规定的除外。

第三十七条 公司应当在定期报告经董事会审议后及时向上海证券交易所报送，并提交下列文件：

（一）年度报告、半年度报告的全文及其摘要以及季度报告的全文及正文；

（二）审计报告原件（如适用）；

（三）董事会和监事会决议及其公告文稿；

（四）按上海证券交易所要求制作的载有定期报告和财务数据的电子文件；

（五）停牌申请（如适用）；

（六）上海证券交易所要求的其他文件。

第三十八条 在定期报告披露前出现业绩提前泄露，或者因业绩传闻导致公司股票及其衍生品种交易异常波动的，公司应当及时披露本报告期相关财务数据（无论是否已经审计），包括主营业务收入、主营业务利润、利润总额、净利润、总资产和净资产等。

第三十九条 按照中国证监会《公开发行证券的公司信息披露编报规则 第14号——非标准无保留审计意见及其涉及事项的处理》规定，若公司的财务会计报告被注册会计师出具非标准无保留审计意见的，公司在报送定期报告的同时应当向上海证券交易所提交下列文件：

（一）董事会针对该审计意见涉及事项所做的专项说明，审议此专项说明的董事会决议以及决议所依据的材料；

（二）独立董事对审计意见涉及事项的意见；

（三）监事会对董事会有关说明的意见和相关的决议；

（四）负责审计的会计师事务所及注册会计师出具的专项说明；

（五）中国证监会和上海证券交易所要求的其他文件。

第四十条 前条所述非标准无保留审计意见涉及事项不属于明显违反会计准则、制度及相关信息披露规范性规定的，公司董事会应当按照《公开发行证券的公司信息披露编报规则 第14号——非标准无保留审计意见及其涉及事项的处理》规定，在相关定期报告中对该审计意见涉及事项作出详细说明。

第四十一条 本制度第三十八条所述非标准无保留审计意见涉及事项属于明显违反会计准则、制度及相关信息披露规范性规定的，公司应当对有关事项进行纠正，重新审计，并在上海证券交易所规定的期限内披露纠正后的财务会计报告和有关审计报告。

第四十二条 公司应当认真对待上海证券交易所对其定期报告的事后审核意见，及时回复上海证券交易所的问询，并按要求对定期报告有关内容作出解释和说明。如需披露更正或补充公告并修改定期报告的，公司应当在履行相应程序后公告，并在上海证券交易所网站上披露修改后的定期报告全文。

第三节 临时报告

第四十三条 发生可能对公司股票交易价格产生较大影响的重大事件，投资者尚未得知时，公司应当立即披露，说明事件的起因、目前的状态和可能产生的影响。

重大事件包括：

（一）变更公司名称、股票简称、《公司章程》、注册资本、注册地址、办公地址和联系电话等；

（二）公司的经营方针和经营范围的重大变化；

（三）公司的重大投资行为和重大的购置财产的决定；

（四）公司订立重要合同，可能对公司的资产、负债、权益和经营成果产生重要影响；

（五）公司发生重大债务和未能清偿到期重大债务的违约情况，或者发生大额赔偿责任；

（六）公司发生重大亏损或者重大损失；

（七）公司生产经营的外部条件发生的重大变化；

（八）公司的董事、1/3以上监事或者经理发生变动；董事长或者经理无法履行职责；

（九）持有公司5%以上股份的股东或者实际控制人，其持有股份或者控制公司的情况发生较大变化；

（十）公司减资、合并、分立、解散及申请破产的决定；或者依法进入破产程序、被责令关闭；

（十一）涉及公司的重大诉讼、仲裁，股东大会、董事会决议被依法撤销或者宣告无效；

（十二）公司涉嫌违法、违规被有权机关调查，或者受到刑事处罚、重大行政处罚；公司董事、监事、高级管理人员涉嫌违法、违纪被有权机关调查或者采取强制措施；

（十三）新公布的法律、法规、规章、行业政策可能对公司产生重大影响；

（十四）董事会就发行新股或者其他再融资方案、股权激励方案形成相关决议；

（十五）法院裁决禁止控股股东转让其所持股份；任一股东所持公司5%以上股份被质押、冻结、司法拍卖、托管、设定信托或者被依法限制表决权；

（十六）主要资产被查封、扣押、冻结或者被抵押、质押；

（十七）主要或者全部业务陷入停顿；

（十八）对外提供重大担保；

（十九）获得大额政府补贴等可能对公司资产、负债、权益或者经营成果产生重大影响的额外收益；

（二十）变更会计政策、会计估计；

（二十一）聘任、解聘为公司审计的会计师事务所；

（二十二）因前期已披露的信息存在差错、未按规定披露或者虚假记载，被有关机关责令改正或者经董事会决定进行更正；

（二十三）中国证监会或上海证券交易所规定的其他情形。

第四十四条 公司应当在最先发生的以下任一时点，及时履行重大事件的信息披露义务：

（一）董事会或者监事会就该重大事件形成决议时；

（二）有关各方就该重大事件签署意向书或者协议时；

（三）董事、监事或者高级管理人员知道或应当知道该重大事项时。

在前款规定的时点之前出现下列情形之一的，公司应当及时披露相关事项的现状、可能影响事件进展的风险因素：

（一）该重大事件难以保密；

（二）该重大事件已经泄露或者市场出现传闻；

（三）公司股票及其衍生品种的交易出现异常交易情况。

第四十五条 公司披露重大事件后，已披露的重大事件出现可能对公司股票及其衍生品种交易价格产生较大影响的进展或者变化的，应当及时按照以下规定披露进展或者变化情况、可能产生的影响。

（一）董事会、监事会或股东大会就已披露的重大事件作出决议的，应当及时披露决议情况。

（二）公司就已披露的重大事件与有关当事人签署意向书或协议的，应当及时披露意向书或协议的主要内容。

上述意向书或协议的内容或履行情况发生重大变更、或者被解除、终止的，应当及时披露变更、或者被解除、终止的情况和原因。

（三）已披露的重大事件获得有关部门批准或被否决的，应当及时披露批准或否决情况。

（四）已披露的重大事件出现逾期付款情形的，应当及时披露逾期付款的原因和相关付款安排。

（五）已披露的重大事件涉及主要标的尚待交付或过户的，应当及时披露有关交付或过户事宜。超过约定交付或者过户期限3个月仍未完成交付或者过户的，应当及时披露未如期完成的原因、进展情况和预计完成的时间，并在此后每隔30日公告一次进展情况，直至完成交付或过户。

（六）已披露的重大事件出现可能对公司股票及其衍生品种交易价格产生较大影响的其他进展或变化的，应当及时披露事件的进展或变化情况。

第四十六条 公司首次披露临时报告时，应当按照《上市规则》规定的披露要求和上海证券交易所制定的相关格式指引予以公告。在编制公告时若相关事实尚未发生的，公司应当严格按要求公告既有事实，待相关事实发生后，再按照《上市规则》和相关格式指引的要求披露完整的公告。

第四十七条 公司按照上述规定报送的临时报告不符合《上市规则》要求的，公司应当先披露提示性公告，解释未能按照要求披露的原因，并承诺在2个交易日内披露符合要求的公告。

第四十八条 公司全资、控股子公司发生本制度第四十二条规定的重大事件，可能对公司股票及其衍生品种交易价格产生较大影响的，公司应当履行信息披露义务。

公司参股公司发生可能对公司股票及其衍生品种交易价格产生较大影响的事件的，公司应当履行信息披露义务。

第四十九条 公司应当关注本公司股票的异常交易情况及媒体关于本公司的报道。

股票发生异常交易或者在媒体中出现的消息可能对公司股票的交易产生重大影响时，公司应当及时向相关各方了解真实情况，必要时应当以书面方式问询。

公司控股股东、实际控制人及其一致行动人应当及时、准确地告知公司是否存在拟发生的股权转让、资产重组或者其他重大事件，并配合公司做好信息披露工作。

第五十条 公司股票交易被中国证监会或者上海证券交易所认定为异常交易的，公司应当及时了解造成股票交易异常波动的影响因素，并及时披露。

第五十一条 临时报告应当由公司董事会发布并加盖公司或者董事会公章（监事会决议公告可以加盖监事会公章）。

第五十二条 公司应当及时向上海证券交易所报送并披露临时报告，临时报告涉及的相关备查文件应当同时在上海证券交易所指定网站上披露。

第四节　董事会、监事会和股东大会决议

第五十三条 公司召开董事会会议，应当在会议结束后及时将董事会决议（包括所有提案均被否决的董事会决议）报送上海证券交易所备案。董事会决议应当经与会董事签字确认。

上海证券交易所要求提供董事会会议记录的，公司应当按要求提供。

第五十四条 董事会决议涉及须经股东大会表

决的事项，或者《上市规则》规定的重大事件的，公司应当及时披露；董事会决议涉及上海证券交易所认为需要披露的其他事项的，公司也应当及时披露。

第五十五条 董事会决议涉及的《上市规则》所述重大事项，需要按照中国证监会有关规定或者上海证券交易所制定的公告格式指引进行公告的，公司应分别披露董事会决议公告和相关重大事项公告。

第五十六条 董事会决议公告应当包括以下内容：

（一）会议通知发出的时间和方式；

（二）会议召开的时间、地点、方式以及是否符合有关法律、行政法规、部门规章和《公司章程》规定的说明；

（三）委托他人出席和缺席的董事人数和姓名、缺席的理由和受托董事姓名；

（四）每项议案获得的同意、反对和弃权的票数以及有关董事反对或弃权的理由；

（五）涉及关联交易的，说明应当回避表决的董事姓名、理由和回避情况；

（六）需要独立董事事前认可或独立发表意见的，说明事前认可情况或所发表的意见；

（七）审议事项的具体内容和会议形成的决议。

第五十七条 公司召开监事会会议，应当在会议结束后及时将监事会决议报送上海证券交易所备案，经上海证券交易所登记后公告。

监事会决议应当经过与会监事签字确认。监事会应当保证监事会决议公告的内容真实、准确、完整，没有虚假记载、误导性陈述或重大遗漏。

第五十八条 监事会决议公告应当包括以下内容：

（一）会议召开的时间、地点、方式以及是否符合有关法律、行政法规、部门规章和《公司章程》规定的说明；

（二）委托他人出席和缺席的监事人数、姓名、缺席的理由和受托监事姓名；

（三）每项议案获得的同意、反对、弃权票数以及有关监事反对或弃权的理由；

（四）审议事项的具体内容和会议形成的决议。

第五十九条 公司应当在股东大会结束当日，将股东大会决议公告文稿、股东大会决议和法律意见书报送上海证券交易所，经上海证券交易所登记后披露股东大会决议公告。

上海证券交易所要求提供股东大会会议记录的，公司应当按上海证券交易所要求提供。

第六十条 股东大会会议期间发生突发事件导致会议不能正常召开的，公司应当立即向上海证券交易所报告，说明原因并披露相关情况以及律师出具的专项法律意见书。

第六十一条 股东大会决议公告应当包括以下内容：

（一）会议召开的时间、地点、方式、召集人和主持人以及是否符合有关法律、行政法规、部门规章和《公司章程》的说明；

（二）出席会议的股东（代理人）人数、所持（代理）股份及占公司有表决权总股份的比例；

（三）每项提案的表决方式、表决结果；涉及股东提案的，应当列明提案股东的姓名或者名称、持股比例和提案内容；涉及关联交易事项的，应当说明关联股东回避表决的情况；

（四）每项提案的表决结果；对股东提案作出决议的，应当列明提案股东的名称或姓名、持股比例和提案内容；涉及关联交易事项的，应当说明关联股东回避表决情况；

（五）法律意见书的结论性意见；若股东大会出现否决提案的，应当披露法律意见书全文。

第六十二条 公司在股东大会上不得向股东通报、泄露未曾披露的重大事项。

第五节 应披露的交易

第六十三条 本制度所称的交易包括下列事项：

（一）购买或出售资产；

（二）对外投资（含委托理财、委托贷款等）；

（三）提供财务资助；

（四）提供担保；

（五）租赁资产；

（六）签订管理方面的合同（含委托经营、受托经营等）；

（七）赠与或受赠资产；

（八）债权或债务重组；

（九）研究与开发项目的转移；

（十）签订许可协议；

（十一）上海证券交易所认定的其他交易。

上述购买、出售的资产不含购买原材料、燃料和动力及出售产品、商品等与日常经营相关的资产，但资产置换中涉及购买、出售此类资产的，仍包含在内。

第六十四条 公司发生的交易达到下列标准之一的，应当及时披露：

（一）交易涉及的资产总额占公司最近一期经审计总资产的10%以上，该交易涉及的资产总额同时存在账面值和评估值的，以较高者作为计算数据；

（二）交易标的在最近一个会计年度相关的主营业务收入占公司最近一个会计年度经审计主营业务收入的10%以上，且绝对金额超过1000万元；

（三）交易标的在最近一个会计年度相关的净利润占公司最近一个会计年度经审计净利润的10%以上，且绝对金额超过100万元；

（四）交易的成交金额（含承担债务和费用）占公司最近一期经审计净资产的10%以上，且绝对金额超过1000万元；

（五）交易产生的利润占公司最近一个会计年度经审计净利润的10%以上，且绝对金额超过100万元。

上述指标计算中涉及的数据如为负值，取其绝对值计算。

公司发生的应当披露的交易金额之计算标准按照《上市规则》的有关规定执行。

第六十五条 公司与同一交易方同时发生本制度第六十三条第（二）～第（四）项以外各项中方向相反的两个交易时，应当按照其中单个方向的交易涉及指标中较高者计算披露标准。

第六十六条 公司披露交易事项时，应当向上海证券交易所提交下列文件：

（一）公告文稿；

（二）与交易有关的协议书或意向书；

（三）董事会决议、独立董事意见及董事会决议公告文稿（如适用）；

（四）交易涉及的政府批文（如适用）；

（五）中介机构出具的专业报告（如适用）；

（六）上海证券交易所要求的其他文件。

第六十七条 公司应当根据交易事项的类型，披露下述所有适用其交易的有关内容：

（一）交易概述和交易各方是否存在关联关系的说明；对于按照累计计算原则达到标准的交易，还应当简要介绍各单项交易情况和累计情况；

（二）交易对方的基本情况；

（三）交易标的的基本情况，包括标的的名称、账面值、评估值、运营情况、有关资产是否存在抵押、质押或者其他第三人权利、是否存在涉及有关资产的重大争议、诉讼或仲裁事项，查封、冻结等司法措施；

（四）交易标的为股权的，还应当说明该股权对应的公司的基本情况和最近一年又一期经审计的资产总额、负债总额、净资产、主营业务收入和净利润等财务数据；

（五）出售全资、控股子公司股权导致公司合并报表范围变更的，还应当说明公司是否存在为该子公司提供担保、委托该子公司理财以及该子公司占用公司资金等方面的情况；如存在，应当披露前述事项涉及的金额、对公司的影响和解决措施；

（六）交易协议的主要内容，包括成交金额、支付方式（如现金、股权、资产置换等）、支付期限或分期付款的安排、协议的生效条件、生效时间以及有效期限等，交易协议有任何形式的附加或保留条款，应当予以特别说明；

（七）交易需经股东大会或有权部门批准的，还应当说明需履行的合法程序及其进展情况；

（八）交易定价依据、支出款项的资金来源；

（九）交易标的的交付状态、交付和过户时间；

（十）公司预计从交易中获得的利益（包括潜在利益）以及交易对公司本期和未来财务状况和经营成果的影响；

（十一）关于交易对方履约能力的分析；

（十二）交易涉及的人员安置、土地租赁、债务重组等情况；

（十三）关于交易完成后可能产生关联交易情况的说明；

（十四）关于交易完成后可能产生同业竞争及相关应对措施的说明；

（十五）中介机构及其意见；

（十六）上海证券交易所要求的有助于说明交易实质的其他内容。

第六十八条 公司发生本制度第六十三条规定的“提供担保”事项时，应当提交董事会或者股东大会进行审议，并及时披露。

第六十九条 对于已披露的担保事项，公司还应当在出现以下情形之一时及时披露：

（一）被担保人于债务到期后15个交易日内未履行还款义务的；

（二）被担保人出现破产、清算及其他严重影响还款能力情形的。

第七十条 公司披露提供担保事项，除适用本制度第六十六条的规定外，还应当披露截至披露日公司及其控股子公司对外担保总额、公司对控股子公司提供担保的总额、上述数额分别占公司最近一期经审计净资产的比例。

第七十一条 公司与其合并范围内的控股子公司发生的或者上述控股子公司之间发生的交易，除另有规定外，免于按照本节规定披露和履行相应程序。

第六节 关联交易

第七十二条 公司与关联自然人发生的交易金

额在30万元以上的关联交易，应当及时披露。

第七十三条 公司与关联法人发生的交易金额在300万元以上，且占公司最近一期经审计净资产绝对值0.5%以上的关联交易，应当及时披露。

第七十四条 公司披露关联交易事项时，应当向上海证券交易所提交以下文件：

（一）公告文稿；

（二）本制度第六十六条第（二）～第（五）项所列文件；

（三）独立董事事前认可该交易的书面文件；

（四）独立董事意见；

（五）上海证券交易所要求提供的其他文件。

第七十五条 公司披露的关联交易公告应当包括以下内容：

（一）交易概述及交易标的的基本情况。

（二）独立董事的事前认可情况和发表的独立意见。

（三）董事会表决情况（如适用）。

（四）交易各方的关联关系说明和关联人基本情况。

（五）交易的定价政策及定价依据，包括成交价格与交易标的账面值、评估值以及明确、公允的市场价格之间的关系以及因交易标的特殊而需要说明的与定价有关的其他特定事项。

若成交价格与账面值、评估值或市场价格差异较大的，应当说明原因；如交易有失公允的，还应当披露本次关联交易所产生的利益转移方向。

（六）交易协议的主要内容，包括交易价格、交易结算方式、关联人在交易中所占权益的性质和比重，协议生效条件、生效时间、履行期限等。

（七）交易目的及对公司的影响，包括进行此次关联交易的必要性和真实意图，对本期和未来财务状况和经营成果的影响等。

（八）当年年初至披露日与该关联人累计已发生的各类关联交易的总金额。

（九）本制度第六十六条规定的其他内容。

（十）中国证监会和上海证券交易所要求的有助于说明交易实质的其他内容。

第七十六条 公司与关联人因一方参与公开招标、公开拍卖等行为所导致的关联交易，公司可以向上海证券交易所申请豁免按照关联交易的方式进行审议和披露。

公司与关联人进行的下述交易，可以免予按照本节规定履行相关义务：

（一）一方以现金方式认购另一方公开发行的股票、公司债券或企业债券、可转换公司债券或者其他衍生品种；

（二）一方依据另一方股东大会决议领取股息、红利或报酬；

（三）一方作为承销团成员承销另一方公开发行的股票、公司债券或企业债券、可转换公司债券或者其他衍生品种；

（四）上海证券交易所认定的其他情况。

第七十七条 公司发生的应披露关联交易之交易额的计算标准按照《上市规则》的有关规定执行。

第七节 重大诉讼和仲裁

第七十八条 公司发生的重大诉讼、仲裁事项涉及金额占公司最近一期经审计净资产绝对值10%以上，且绝对金额超过1000万元的，应当及时披露。

未达到前款标准或者没有具体涉案金额的诉讼、仲裁事项，董事会基于案件特殊性认为可能对公司股票交易价格产生较大影响，或者上海证券交易所认为有必要的以及涉及公司股东大会、董事会决议被申请撤销或者宣告无效的诉讼的，公司也应当及时披露。

第七十九条 公司发生的重大诉讼、仲裁事项应当采取连续12个月累计计算的原则，经累计计算达到本制度第七十八条标准的，适用第七十八条规定。

已按照本制度第七十八条规定履行相关义务的，不再纳入累计计算范围。

第八十条 公司披露重大诉讼、仲裁事项时应当向上海证券交易所提交下列文件：

（一）公告文稿；

（二）起诉书或仲裁申请书、受理（应诉）通知书；

（三）判决或裁决书；

（四）上海证券交易所要求的其他材料。

第八十一条 公司关于重大诉讼、仲裁事项的公告应当包括如下内容：

（一）案件受理情况和基本案情；

（二）案件对公司本期利润或者期后利润的影响；

（三）公司及控股子公司是否还存在尚未披露的其他诉讼、仲裁事项；

（四）上海证券交易所要求的其他内容。

第八十二条 公司应当及时披露重大诉讼、仲裁事项的重大进展情况及其对公司的影响，包括但不限于诉讼案件的初审和终审判决结果、仲裁裁决结果以及判决、裁决执行情况等。

第八节　变更募集资金投资项目

第八十三条　公司拟变更募集资金投资项目的，应当自董事会审议后及时披露，并提交股东大会审议。

第八十四条　公司变更募集资金投资项目的，应当向上海证券交易所提交下列文件：

（一）公告文稿；

（二）董事会决议和决议公告文稿；

（三）独立董事对变更募集资金投资项目的意见；

（四）监事会对变更募集资金投资项目的意见；

（五）保荐机构对变更募集资金投资项目的意见；

（六）关于变更募集资金投资项目的说明；

（七）新项目的合作意向书或协议；

（八）新项目立项机关的批文；

（九）新项目的可行性研究报告；

（十）相关中介机构报告；

（十一）终止原项目的协议；

（十二）上海证券交易所要求的其他文件。

公司应当根据新项目的具体情况，向上海证券交易所提供本条第（七）～第（十一）项所述全部或部分文件。

第八十五条　公司变更募集资金投资项目，应当披露以下内容：

（一）原项目基本情况及变更的具体原因；

（二）新项目的基本情况、可行性分析和风险提示；

（三）新项目的投资计划；

（四）新项目已经取得或尚待有关部门审批的说明（如适用）；

（五）独立董事、监事会、保荐人对变更募投项目的意见；

（六）有关变更募集资金投资项目尚需提交股东大会审议的说明；

（七）上海证券交易所要求的其他内容。

新项目涉及购买资产、对外投资的，还应当按照本制度第五节的相关规定进行披露。

第九节　业绩预告、业绩快报和盈利预测

第八十六条　公司预计全年度经营业绩将出现下列情形之一的，应当在会计年度结束后1个月内进行业绩预告，预计中期和第三季度业绩将出现下列情形之一的，可以进行业绩预告：

（一）净利润为负值；

（二）净利润与上年同期相比上升或者下降50%以上；

（三）实现扭亏为盈。

公司披露业绩预告后，又预计本期业绩与已披露的业绩预告差异较大的，应当及时披露业绩预告修正公告。

公司出现本条第一款第（二）项情形，且以每股收益作为比较基数较小的，经上海证券交易所同意可以豁免进行业绩预告：

（一）上一期年度报告每股收益绝对值低于或等于0.05元；

（二）上一期中期报告每股收益绝对值低于或等于0.03元；

（三）上一期年初至第三季度报告期末每股收益绝对值低于或等于0.04元。

第八十七条　公司披露业绩预告或业绩预告修正公告时，应当向上海证券交易所提交下列文件：

（一）公告文稿；

（二）董事会的有关说明；

（三）注册会计师对公司作出业绩预告或者修正其业绩预告的依据及过程是否适当和审慎的意见（如适用）；

（四）上海证券交易所要求的其他文件。

第八十八条　公司披露的业绩预告修正公告应当包括以下内容：

（一）预计的本期业绩；

（二）预计的本期业绩与已披露的业绩预告存在的差异及造成差异的原因；

（三）董事会的致歉说明和对公司内部责任人的认定情况；

（四）关于公司股票可能被实施或撤销特别处理、暂停上市、恢复上市或终止上市的说明（如适用）。

若业绩预告修正经过注册会计师预审计的，还应当说明公司与注册会计师在业绩预告方面是否存在分歧及分歧所在。

第八十九条　公司根据上海证券交易所的要求在定期报告披露前发布业绩快报，业绩快报应当披露公司本期及上年同期主营业务收入、主营业务利润、利润总额、净利润、每股收益、每股净资产和净资产收益率等数据和指标。公司披露业绩快报时，应当向上海证券交易所提交下列文件：

（一）公告文稿；

（二）经公司现任法定代表人、主管会计工作的负责人、总会计师（如有）、会计机构负责人（会计主管人员）签字并盖章的比较式资产负债表和利

润表；

（三）上海证券交易所要求的其他文件。

第九十条 公司应当确保业绩快报中的财务数据和指标与相关定期报告的实际数据和指标不存在重大差异。若有关财务数据和指标的差异幅度达到10%的，公司应当在披露业绩快报更正公告，说明具体差异及其原因；若有关财务数据和指标的差异幅度达到20%以上的，公司应当在披露相关定期报告的同时，以董事会公告的形式进行致歉，并说明差异内容及其原因、对公司内部责任人的认定情况等。

第九十一条 公司预计本期业绩与已披露的盈利预测有重大差异的，应当及时披露盈利预测修正公告，并向上海证券交易所提交下列文件：

（一）公告文稿；

（二）董事会的有关说明；

（三）董事会关于确认修正盈利预测的依据及过程是否适当和审慎的函件；

（四）注册会计师关于实际情况与盈利预测存在差异的专项说明；

（五）上海证券交易所要求的其他文件。

第九十二条 公司披露的盈利预测修正公告应当包括以下内容：

（一）预计的本期业绩；

（二）预计的本期业绩与已披露的盈利预测存在的差异及造成差异的原因；

（三）关于公司股票可能被实施或撤销特别处理、暂停上市、恢复上市或终止上市的说明（如适用）。

第十节 利润分配和资本公积金转赠股本

第九十三条 公司应当在董事会审议通过利润分配和资本公积金转增股本方案后，及时披露方案的具体内容。

第九十四条 公司在实施分配方案前，应当向上海证券交易所提交下列文件：

（一）分配方案实施公告；

（二）相关股东大会决议；

（三）结算公司有关确认分配方案具体实施时间的文件；

（四）上海证券交易所要求的其他文件。

第九十五条 公司应当于实施分配方案的股权登记日前3～5个交易日内披露分配方案实施公告。

第九十六条 分配方案实施公告应当包括以下内容：

（一）通过分配方案的股东大会届次和日期；

（二）派发现金股利、股份股利、资本公积金转增股本的比例（以每10股表述）、股本基数（按实施前实际股本计算）以及是否含税和扣税情况等；

（三）股权登记日、除权日、新增股份上市日；

（四）分配方案实施办法；

（五）股本变动结构表（按变动前总股本、本次派发红股数、本次转增股本数、变动后总股本、占总股本比例等项目列示）；

（六）派发股份股利、资本公积金转增股本后，按新股本摊薄计算的上年度每股收益或本年度半年每股收益；

（七）有关咨询办法。

第十一节 股票交易异常波动和澄清

第九十七条 股票交易被中国证监会或者上海证券交易所根据有关规定、业务规则认定为异常波动的，公司应当于次一交易日披露股票交易异常波动公告。

公司可申请上海证券交易所安排在非交易日公告。

股票交易异常波动的计算从公告之日起重新开始，公告日为非交易日，从次一交易日起重新开始。

第九十八条 公司披露股票交易异常波动公告时，应当向上海证券交易所提交下列文件：

（一）公告文稿；

（二）董事会的分析说明；

（三）公司问询控股股东及其实际控制人的函件以及控股股东及其实际控制人的回函；

（四）有助于说明问题实质的其他文件。

第九十九条 公司披露的股票交易异常波动公告应当包括以下内容：

（一）股票交易异常波动的具体情况；

（二）董事会核实股票交易异常波动的对象、方式和结果，包括公司内外部环境是否发生变化，公司或者控股股东及其实际控制人是否发生或拟发生资产重组、股权转让等重大事项的情况说明；

（三）是否存在应披露未披露的重大信息的声明；

（四）有助于说明问题实质的其他内容或上海证券交易所要求的其他内容。

第一百条 公共传媒传播的消息（以下简称传闻）可能或已经对公司股票及其衍生品种交易价格产生较大影响的，公司应当及时向上海证券交易所提供传闻传播的证据以及控股股东及其实际控制人确认是否存在影响公司股票交易价格的重大事项的回函，并发布澄清公告。

第一百零一条 公司披露的澄清公告应当包括以下内容：

（一）传闻内容及其来源；

（二）传闻所涉及事项的真实情况；

（三）有助于说明问题实质的其他内容。

第十二节 回购股份

第一百零二条 公司应当在董事会审议通过回购股份相关事项后，及时披露董事会决议、回购股份预案，并发布召开股东大会的通知。回购股份预案至少应当包括以下内容：

（一）回购股份的目的；

（二）回购股份的方式；

（三）回购股份的价格或价格区间、定价原则；

（四）拟回购股份的种类、数量及占总股本的比例；

（五）拟用于回购的资金总额及资金来源；

（六）回购股份的期限；

（七）预计回购后公司股权结构的变动情况；

（八）公司管理层关于本次回购股份对公司经营、财务及未来发展影响的分析。

第一百零三条 公司应聘请独立财务顾问就回购股份事宜进行尽职调查，出具独立财务顾问报告，并在股东大会召开5日前予以公告。

第一百零四条 公司应当在回购股份股东大会召开前3日前，公告回购股份董事会决议的前1个交易日及股东大会的股权登记日登记在册的前10名股东的名称及持股数量、比例数据等。

第一百零五条 采用集中竞价方式回购股份的，公司应当在收到中国证监会无异议函后的5个交易日内公告回购报告书和法律意见书，公司向中国证监会申请撤回以竞价方式回购股份的回购方案或收到中国证监会异议函后应及时披露相关情况；采用要约方式回购股份的，公司应当在收到无异议函后的2个交易日内予以公告，并在实施回购方案前公告回购报告书和法律意见书，公司向中国证监会申请撤回以要约方式回购的回购方案或收到中国证监会异议函后，应及时披露相关情况。回购报告书应包括如下内容：

（一）公司回购股份预案所列事项；

（二）公司董事、监事、高级管理人员在股东大会回购决议公告前6个月是否存在买卖公司股票的行为，是否存在单独或者与他人联合进行内幕交易及市场操纵的说明；

（三）独立财务顾问就本次回购股份出具的结论性意见；

（四）律师事务所就本次回购股份出具的结论性意见；

（五）其他应说明的事项。以要约方式回购股份的，还应当对股东预受及撤回预受要约的方式和程序、股东委托办理要约回购中相关股份预受、撤回、结算、过户登记等事宜的证券公司名称及其通信方式等事项作出说明。

第一百零六条 公司距回购期届满3个月时仍未实施回购方案的，董事会应当就未能实施回购的原因予以公告。

第一百零七条 以集中竞价交易方式回购股份的，在回购股份期间，公司应当在每个月的前3个交易日内，公告截至上月末的回购进展情况，包括已回购股份总额、购买的最高价和最低价、支付的总金额；公司通过集中竞价交易方式回购股份占公司总股本的比例每增加1%的，应当自该事实发生之日起2个交易日内予以公告；回购期届满或者回购方案已实施完毕的，公司应当在股份变动报告中披露已回购股份总额、购买的最高价和最低价、支付的总金额。

第一百零八条 公司设立回购专用账户进行回购。回购期届满或者回购方案已实施完毕的，公司应当停止回购行为，注销回购专用账户，在2个交易日内公告公司股份变动报告。

第十三节 吸收合并

第一百零九条 公司拟与其他公司吸收合并，应当在董事会审议通过合并相关事项后，及时披露董事会决议和有关合并方案的提示性公告。提示性公告应当包括以下内容：

（一）合并方案内容；

（二）合并生效条件；

（三）合并双方的基本情况；

（四）投资者保护措施；

（五）上海证券交易所要求的其他内容。

第一百一十条 公司发布召开股东大会的通知时，应披露董事会关于合并预案的说明书，并在召开股东大会前至少发布二次风险提示性公告。合并预案说明书应当包括以下内容：

（一）特别风险提示；

（二）重要提示；

（三）释义；

（四）风险因素；

（五）双方当事人基本情况；

（六）合并方案；

（七）合并动因和董事会同意合并理由；

（八）合并双方技术和财务的分析；

（九）独立财务顾问、律师事务所等证券服务机构的意见；

（十）上海证券交易所要求的其他内容。

合并预案说明书应当充分揭示合并方案存在的风险因素。

第一百一十一条 公司应当聘请独立财务顾问就合并事宜进行尽职调查，出具独立财务顾问报告，聘请律师就合并方案提出法律意见，并在股东大会召开前5个交易日公告。

第一百一十二条 公司股东大会对合并方案作出决议，应当经出席会议的股东所持表决权的2/3以上通过。

公司股东大会作出合并方案决议后，公司应当及时公告并在10日内通知债权人。

第一百一十三条 公司合并方案，经中国证监会核准后，应披露合并报告书摘要、实施合并的提示性公告和实施结果公告。合并完成后，公司应办理股份变更登记，按《上市规则》向交易所申请合并后公司股份的上市交易。被合并公司按照该规则终止上市。

第一百一十四条 公司分立参照本节的审议程序和信息披露规定执行。

第十四节 可转换公司债券涉及的重大事项

第一百一十五条 公司若发行可转换公司债券，在出现以下情形之一时，应当及时向上海证券交易所报告并披露：

（一）因发行新股、送股、分立及其他原因引起股份变动，需要调整转股价格，或者依据募集说明书约定的转股价格向下修正条款修正转股价格的；

（二）可转换公司债券转换为股票的数额累计达到可转换公司债券开始转股前公司已发行股份总额的10%的；

（三）公司信用状况发生重大变化，可能影响如期偿还债券本息的；

（四）可转换公司债券担保人发生重大资产变动、重大诉讼、或者涉及合并、分立等情况的；

（五）未转换的可转换公司债券数量少于3000万元的；

（六）有资格的信用评级机构对可转换公司债券的信用或公司的信用进行评级，并已出具信用评级结果的；

（七）可能对可转换公司债券交易价格产生较大影响的其他重大事件；

（八）中国证监会和上海证券交易所规定的其他情形。

第一百一十六条 公司应当在可转换公司债券约定的付息日前3～5个交易日内披露付息公告，在可转换公司债券期满前3～5个交易日内披露本息兑付公告。

第一百一十七条 公司应当在可转换公司债券开始转股前3个交易日内披露实施转股的公告。

第一百一十八条 公司应当在满足可转换公司债券赎回条件的下一交易日发布公告，明确披露是否行使赎回权。如决定行使赎回权的，公司还应当在赎回期结束至少发布3次赎回提示性公告，公告应当载明赎回的程序、价格、付款方法、时间等内容。

赎回期结束，公司应当公告赎回结果及影响。

第一百一十九条 公司应当在满足可转换公司债券回售条件的下一交易日发布回售公告，并在回售期结束前至少发布3次回售提示性公告，公告应当载明回售的程序、价格、付款方法、时间等内容。

回售期结束后，公司应当公告回售结果及影响。

第一百二十条 经公司股东大会批准变更募集资金投资项目的，公司应当在股东大会通过后20个交易日内赋予可转换公司债券持有人一次回售的权利，有关回售公告至少发布3次。其中，在回售实施前、股东大会决议公告后5个交易日内至少发布一次；在回售实施期间至少发布一次；余下一次回售公告发布的时间视需要而定。

第一百二十一条 公司在可转换公司债券转换期结束的20个交易日前应当至少发布3次提示公告，提醒投资者有关在可转换公司债券转换期结束前的10个交易日停止交易的事项。

公司出现可转换公司债券按规定须停止交易的其他情形时，应当在获悉有关情形后及时披露其可转换公司债券将停止交易的公告。

第一百二十二条 公司应当在每一季度结束后及时披露因可转换公司债券转换为股份所引起的股份变动情况。

第十五节 权益变动和收购

第一百二十三条 持有公司5%以上股份的股东或实际控制人持股情况或者控制公司的情况发生或者拟发生变化，相关股东、收购人、实际控制人按照《上市公司收购管理办法》履行报告和公告义务的，应当及时通知公司。公司应当在知悉前述股份权益变动或收购后，及时发布提示性公告。

第一百二十四条 因公司减少股本导致股东及其一致行动人拥有权益的股份变动达到披露要求的，

公司应当自完成减少股本变更登记之日起2个交易日内，就因此导致的公司股东权益变动情况作出公告。

第一百二十五条 公司接受股东委托办理股份过户手续的，应当在获悉相关事实后及时公告。

第一百二十六条 公司涉及被要约收购的，应当在收购人公告《要约收购报告书》后20日内，披露《被收购公司董事会报告书》与独立财务顾问的专业意见。

收购人对收购要约条件作出重大修改的，被收购上市公司董事会应在3个工作日内披露董事会和独立财务顾问的补充意见。

第一百二十七条 公司董事、监事、高级管理人员、员工或者其所控制或委托的法人、其他组织、自然人拟对公司进行收购或取得控制权的，公司应披露非关联董事参与表决的董事会决议、非关联股东参与表决的股东大会决议以及独立董事和独立财务顾问的意见。

第一百二十八条 公司控股股东向收购人协议转让其所持股份时，控股股东及其关联方未清偿对公司的负债，或未解除公司为其负债提供的担保，或存在损害公司利益的其他情形的，公司董事会应及时予以披露并提出解决措施。

第一百二十九条 公司实际控制人以及受其控制的股东未履行报告、公告义务的，公司董事会应当自知悉之日起履行报告和公告义务，并督促实际控制人以及受其控制的股东履行报告、公告义务。

第一百三十条 公司实际控制人及受其控制的股东未履行报告、公告义务，拒不履行相关配合义务，或者实际控制人存在不得收购公司情形的，公司董事会应当拒绝接受实际控制人及受其控制的股东向董事会提交的提案或者临时议案，并向中国证监会和上海证券交易所报告。

第一百三十一条 公司收购及相关股份权益变动活动中的信息披露义务人依法披露前，相关信息已在媒体上传播或公司股票交易出现异常的，公司董事会应当立即书面询问有关当事人并及时公告。

第一百三十二条 公司涉及其他上市公司的权益变动或收购的，应按照《上市公司收购管理办法》履行相关报告、公告义务。

第十六节 股权激励

第一百三十三条 公司拟实施股权激励计划，应当严格遵守中国证监会和上海证券交易所关于股权激励的相关规定，履行必要的审议程序和报告、公告义务。

第一百三十四条 公司拟实施股权激励计划，应当及时披露董事会审议股权激励计划的决议，中国证监会、国有资产管理机构等对股权激励计划的备案异议、批复情况，股东大会对股权激励计划的决议情况以及股权激励计划的实施过程，并按上海证券交易所规定提交相关文件。

第一百三十五条 公司刊登股权激励计划公告时，应当同时在上海证券交易所网站详细披露各激励对象姓名、职务（岗位）、拟授予限制性股票或股票期权的数量、占股权激励计划拟授予总量的百分比等情况。

第一百三十六条 公司采用限制性股票或股票期权实施股权激励计划的，应当在股东大会审议通过股权激励计划后，及时召开董事会审议并披露股权激励计划是否满足授予条件的结论性意见、授予日、授予对象、授予数量、授予价格以及对公司当年相关财务状况和经营成果的影响等情况。

股票期权存续期间，股票期权的行权比例、行权价格按照股权激励计划中约定的调整公式进行调整的，公司应当及时披露调整情况。

第一百三十七条 上海证券交易所根据公司提交的申请文件，对公司激励股份授予申请予以确认。公司据此向登记公司提交有关文件，办理激励股份的授予登记，并在授予登记手续完成后及时披露激励股份授予完成公告。

第一百三十八条 限制性股票满足解除限售条件的，公司董事会应当及时审议，并向上海证券交易所申请解除限售。上海证券交易所根据公司提交的申请文件，对限制性股票解除限售申请予以确认。公司应当及时披露限制性股票解除限售的情况。

第一百三十九条 股票期权满足行权条件的，公司董事会应当及时审议并披露股票期权是否满足行权条件的结论性意见以及股票期权行权起止日期、行权股票的来源和预计数量、每一个激励对象持有的本期可行权和拟行权股票期权的数量、尚未符合行权条件的股票期权数量等情况。

股票期权未满足行权条件的，公司应当及时披露未满足行权条件的原因；未满足本期行权条件的，公司董事会应当明确对已授予股票期权的处理措施和相关后续安排。

第一百四十条 上海证券交易所根据公司提交的申请文件，对公司股票期权的行权申请予以确认，公司据此向登记公司提交有关文件，办理股票期权行权登记手续，并披露行权结果公告。

第一百四十一条 股票期权行权所得股份有限售期的，限售期届满，公司董事会应当及时审议和申请限售股份上市并披露解除限售股份的情况。

第一百四十二条 公司实施股权激励计划后，出现激励对象不符合授予条件、离职、继承等事项，公司应当及时披露对已授予激励对象的限制性股票、股票期权的处理措施、相关后续安排。

第十七节 破产

第一百四十三条 公司被法院裁定进入破产程序后，公司股票及其衍生品种应当按照《上市规则》的有关规定予以停牌、复牌和特别处理，公司应当每月披露一次破产程序的进展情况。

第一百四十四条 公司应当在董事会作出向法院申请重整、和解或破产清算的决定时，或者知悉债权人向法院申请公司重整、破产清算时，及时向上海证券交易所报告并披露以下信息：

（一）公司作出申请决定的具体原因、正式递交申请的时间（公司主动申请）；

（二）申请人的基本情况、申请目的、申请的事实和理由（债权人申请）；

（三）申请重整、和解或破产清算对公司的影响；

（四）其他需要说明的事项。

公司应当在公告中充分揭示其股票及其衍生品种可能存在被终止上市的风险。

第一百四十五条 公司应当及时披露法院受理重整、和解或破产清算申请的进展情况，包括以下内容：

（一）法院受理重整、和解或者破产清算申请前，申请人请求撤回申请；

（二）法院作出不予受理重整、和解或者破产清算申请裁定的时间和主要内容；

（三）上海证券交易所要求披露的其他内容。

第一百四十六条 法院受理重整、和解或者破产清算申请的，公司应当及时向上海证券交易所报告并披露以下内容：

（一）申请人名称（债权人申请）；

（二）法院作出受理重整、和解或者破产清算裁定的时间和主要内容；

（三）法院指定管理人的基本情况（包括但不限于管理人名称或成员姓名、负责人、职责、履行职责的联系地址和联系方式等）；

（四）公司进入破产程序后信息披露责任人的确定模式和负责人的基本情况（包括但不限于姓名、联系地址、联系方式等）；

（五）上海证券交易所要求披露的其他内容。

公司应当在公告中充分揭示其股票及其衍生品种可能存在被终止上市的风险。

第一百四十七条 法院受理破产清算申请后、宣告上市公司破产前，公司应当就以下所涉事项及时披露相关情况：

（一）公司或者出资额占公司注册资本10%以上的出资人向法院申请重整的时间和理由等；

（二）公司向法院申请和解的时间和理由等；

（三）法院作出同意或者不同意公司重整或和解申请裁定的时间和主要内容；

（四）债权人会议召开计划和召开情况；

（五）法院经审查发现公司不符合《中华人民共和国企业破产法》（以下简称《企业破产法》）规定的情形，作出驳回公司破产申请裁定的时间和主要内容以及相关申请人是否上诉的情况说明；

（六）上海证券交易所要求披露的其他事项。

第一百四十八条 法院裁定重整后，公司应当就以下所涉事项及时向上海证券交易所报告并披露相关情况：

（一）债权申报情况；

（二）向法院和债权人会议提交重整计划草案的时间和草案内容等；

（三）重整计划草案的表决通过和法院批准情况；

（四）法院强制批准重整计划草案情况；

（五）与重整有关的行政许可批准情况；

（六）法院裁定终止重整程序的时间和裁定书内容；

（七）法院裁定宣告公司破产的时间和裁定书内容；

（八）上海证券交易所要求披露的其他事项。

第一百四十九条 法院裁定和解后，公司应当就以下所涉事项及时向上海证券交易所报告并披露相关情况：

（一）债权申报情况；

（二）向法院提交和解协议草案的时间和草案内容等；

（三）和解协议草案的表决通过和法院认可情况；

（四）与和解有关的行政许可批准情况；

（五）法院裁定终止和解程序的时间和裁定书内容；

（六）法院裁定宣告公司破产的时间和裁定书内容；

（七）上海证券交易所要求披露的其他事项。

第一百五十条 重整计划、和解协议执行期间，公司应当及时披露以下情况：

（一）重整计划、和解协议的执行进展情况；

（二）因公司不能执行或者不执行重整计划或和解协议，法院经管理人或利害关系人请求，裁定宣告公司破产的有关情况；

（三）上海证券交易所要求披露的其他情况。

第一百五十一条 公司披露上述重整、和解或破产清算情况时，应当按照披露事项所涉情形向上海证券交易所提交下列文件：

（一）公告文稿；

（二）管理人说明文件；

（三）法院出具的法律文书；

（四）重整计划、和解协议草案；

（五）重整计划、和解协议草案涉及的有权机关的审批文件；

（六）重整计划、和解协议草案涉及的协议书或意向书；

（七）董事会决议；

（八）股东大会决议；

（九）债权人会议决议；

（十）职代会决议；

（十一）律师事务所出具的法律意见书；

（十二）会计师事务所、资产评估机构等证券服务机构出具的专业报告；

（十三）上海证券交易所要求的其他文件。

第一百五十二条 公司若进入破产程序，除应当及时披露上述信息外，还应当按照《上市规则》及其他规定，及时披露定期报告和临时报告。

第一百五十三条 公司采取管理人管理运作模式的，管理人及其成员应当按照《中华人民共和国证券法》、最高人民法院、中国证监会和上海证券交易所有关规定，及时、公平地向所有债权人和股东披露信息，并保证信息披露内容的真实、准确、完整。

公司披露的定期报告应当由管理人成员签署书面意见，披露的临时报告应当由管理人发布并加盖管理人公章。

第一百五十四条 公司采取管理人监督运作模式的，公司董事、监事和高级管理人员应当按照《上市规则》及其他规定履行信息披露义务。

管理人应当及时告知公司董事会本节所涉应披露事项和其他应披露的重大事项，并监督公司董事、监事和高级管理人员勤勉尽责地履行信息披露义务。

第一百五十五条 公司进入重整、和解程序后，其重整计划、和解协议涉及增加或减少公司注册资本、发行公司债券、公司合并、公司分立、收购本公司股份、豁免要约收购等事项，应当按照最高人民法院和中国证监会的相关规定履行相应审议程序，并按照《上市规则》及其他有关规定履行信息披露义务。

第十八节 其　　他

第一百五十六条 公司和相关信息披露义务人应当严格遵守承诺事项。公司应当及时将公司承诺事项和股东承诺事项单独摘出报送上海证券交易所备案，同时在上海证券交易所指定网站上单独披露。

公司应当在定期报告中专项披露上述承诺事项的履行情况。公司未履行承诺的，应当及时详细地披露原因以及董事会可能承担的法律责任。相关信息披露义务人未履行承诺的，公司应当主动询问相关信息披露义务人，并及时披露相关信息披露义务人未履行承诺的原因以及董事会拟采取的措施。

第一百五十七条 公司解聘会计师事务所的，应当在董事会决议后及时通知会计师事务所。公司股东大会就解聘会计师事务所进行表决时，应当允许会计师事务所陈述意见。股东大会作出解聘、更换会计师事务所决议的，公司应当在披露时说明更换的具体原因和会计师事务所的陈述意见。

第四章　信息披露的责任

第一百五十八条 公司信息披露工作由董事会领导和管理：

（一）董事长是公司信息披露的第一责任人；

（二）董事会秘书负责协调和组织公司信息披露工作的具体事宜，负有直接责任；

（三）董事会全体成员负有连带责任。

第一百五十九条 董事会秘书的责任：

（一）董事会秘书为公司与上海证券交易所的指定联络人，负责准备和递交上海证券交易所要求的文件，组织完成监管机构布置的任务。

（二）董事会秘书负责协调和组织公司信息披露事务。包括建立信息披露的制度，负责与新闻媒体及投资者的联系，接待来访，回答咨询，联系股东、董事、监事及相关人员，向投资者提供公司公开披露过的文件资料，汇集公司应予披露的信息并报告董事会，保证公司信息披露的及时性、合法性、真实性和完整性。

（三）董事会秘书负责办理上市公司信息对外公布等相关事宜。除监事会公告外，上市公司披露的信息应当以董事会公告的形式发布。董事、监事、高级管理人员非经董事会书面授权，不得对外发布上市公司未披露信息。

（四）董事会秘书负责信息的保密工作，制订保密措施。内幕信息泄露时，及时采取补救措施加以解释和澄清，并报告上海证券交易所和中国证监会。

证券事务代表协助董事会秘书履行上述职责及法律、法规、规章及上海证券交易所赋予的职责，并承担相应责任。

公司应当为董事会秘书和证券事务代表履行职责提供便利条件，财务负责人应当配合董事会秘书在财务信息披露方面的相关工作。

第一百六十条 董事的责任：

（一）公司董事会全体成员必须保证信息披露内容真实、准确、完整，没有虚假、严重误导性陈述或重大遗漏，并就信息披露内容的真实性、准确性和完整性承担个别及连带责任。

（二）未经董事会决议或董事长授权，董事个人不得代表公司或董事会向股东和媒体发布、披露公司未经公开披露过的信息。

（三）就任子公司董事、监事或高级管理人员的公司董事有责任将涉及子公司经营、对外投资、融资、股权变化、重大合同、担保、资产出售、高层人事变动以及涉及公司定期报告、临时报告信息等情况以书面的形式及时、真实、准确和完整地向公司董事会报告。

（四）董事应当了解并持续关注公司生产经营情况、财务状况和公司已经发生的或者可能发生的重大事件及其影响，主动调查、获取决策所需要的资料。

第一百六十一条 监事的责任：

（一）监事会需要通过媒体对外披露信息时，须将拟披露的监事会决议及说明披露事项的相关附件交由董事会秘书办理具体的披露事务。

（二）监事会全体成员必须保证所提供披露的文件材料的内容真实、准确、完整，没有虚假、严重误导性陈述或重大遗漏，并对信息披露内容的真实性、准确性和完整性承担个别及连带责任。

（三）监事会以及监事个人不得代表公司向股东和媒体发布和披露（非监事会职权范围内）公司未经公开披露的信息。

（四）监事应当对公司董事、高级管理人员履行信息披露职责的行为进行监督；关注公司信息披露情况，发现信息披露存在违法、违规问题的，应当进行调查并提出处理建议。

监事会对定期报告出具的书面审核意见，应当说明编制和审核的程序是否符合法律、行政法规、中国证监会的规定，报告的内容是否能够真实、准确、完整地反映上市公司的实际情况。

（五）监事会对涉及检查公司的财务，对董事、总经理和其他高级管理人员执行公司职务时违反法律、法规或者《公司章程》的行为进行对外披露时，应提前10天以书面形式通知董事会。

第一百六十二条 公司高级管理人员的责任：

（一）高级管理人员应当及时以书面形式定期或不定期（有关事项发生的当日内）向董事会报告公司生产经营、对外投资、融资、重大合同的签订、履行情况、资金运用和收益情况。总经理或指定负责的公司高级管理人员必须保证报告的及时、真实、准确和完整，并在书面报告上签名承担相应责任。

（二）公司高级管理人员有责任和义务答复董事会关于涉及公司定期报告、临时报告及公司其他情况的询问以及董事会代表股东、监管机构作出的质询，提供有关资料，并承担相应责任。

（三）子公司总经理应当以书面形式定期或不定期（有关事项发生的当日内）向公司总经理报告子公司生产经营、对外投资、融资、重大合同的签订、履行情况、资金运用和收益情况。子公司总经理必须保证报告的及时、真实、准确和完整，并在书面报告上签名承担相应责任。子公司总经理对所提供的信息在未公开披露前负有保密责任。

（四）公司高级管理人员提交董事会的报告和材料应履行相应的交接手续，并由双方就交接的报告和材料情况和交接日期、时间等内容签名认可。

第一百六十三条 公司董事、监事、高级管理人员应当勤勉尽责，关注信息披露文件的编制情况，保证定期报告、临时报告在规定期限内披露，配合上市公司及其他信息披露义务人履行信息披露义务。

第一百六十四条 公司的股东、实际控制人发生以下事件时，应当主动告知公司董事会，并配合公司履行信息披露义务。

（一）持有公司5%以上股份的股东或者实际控制人，其持有股份或者控制公司的情况发生较大变化；

（二）法院裁决禁止控股股东转让其所持股份，任一股东所持公司5%以上股份被质押、冻结、司法拍卖、托管、设定信托或者被依法限制表决权；

（三）拟对公司进行重大资产或者业务重组；

（四）中国证监会规定的其他情形。

应当披露的信息依法披露前，相关信息已在媒体上传播或者公司股票出现交易异常情况的，股东或者实际控制人应当及时、准确地向公司作出书面报告，并配合公司及时、准确地公告。

公司的股东、实际控制人不得滥用其股东权利、支配地位，不得要求公司向其提供内幕信息。

第一百六十五条 公司非公开发行股票时，其控股股东、实际控制人和发行对象应当及时向公司提供相关信息，配合公司履行信息披露义务。

第一百六十六条 公司董事、监事、高级管理人员、持股5%以上的股东及其一致行动人、实际控制人应当及时向公司董事会报送公司关联人名单及关联关系的说明。公司应当履行关联交易的审议程序，并严格执行关联交易回避表决制度。交易各方不得通过隐瞒关联关系或者采取其他手段，规避公司的关联交易审议程序和信息披露义务。

第一百六十七条 通过接受委托或者信托等方式持有公司5%以上股份的股东或者实际控制人，应当及时将委托人情况告知公司，配合公司履行信息披露义务。

第一百六十八条 公司董事、监事、高级管理人员应当对公司信息披露的真实性、准确性、完整性、及时性、公平性负责，但有充分证据表明其已经履行勤勉尽责义务的除外。

公司董事长、总经理、董事会秘书，应当对公司临时报告信息披露的真实性、准确性、完整性、及时性、公平性承担主要责任。

公司董事长、总经理、总会计师应对公司财务报告的真实性、准确性、完整性、及时性、公平性承担主要责任。

第五章　信息披露的程序

第一百六十九条 信息披露前应严格履行下列审查程序：

（一）信息披露义务人、公司各相关部门和各全资、控股子公司负责人及其他相关责任人应按照本制度规定提供相关披露信息资料，并认真核对、签字确认后将相关信息资料报送董事会秘书；

（二）董事会秘书对相关信息资料进行合规性审查，确定是否履行相应披露程序；

（三）董事会秘书组织完成信息披露的相关工作。

第一百七十条 公司下列人员有权以公司的名义对外披露信息：

（一）董事长；

（二）经董事长授权的总经理；

（三）董事会秘书；

（四）经董事会或董事长授权的董事及其他高级管理人员。

第一百七十一条 董事会秘书应将国家对上市公司实行的法律、法规和证券监管部门对公司信息披露工作的要求，及时通报信息披露的义务人和相关人员。公司及公司有关部门研究、决定涉及信息披露事项时，应通知董事会秘书列席会议，并向其提供信息披露所需要的资料。

第一百七十二条 公司有关部门对于是否涉及信息披露事项有疑问时，应及时向董事会秘书咨询或通过董事会秘书向上海证券交易所咨询。

第一百七十三条 公司各部门在公司网站上发布信息时，应经过部门负责人的审核，并由董事会秘书审定。董事会秘书有权制止或限定发布范围。

第一百七十四条 公司发现已披露的信息（包括公司发布的公告和媒体上转载的有关公司信息）有错误、遗漏或误导时，应及时更正、补充或澄清。

第六章　信息披露的保密措施

第一百七十五条 公司董事、监事、董事会秘书、其他高级管理人员及其他因工作关系接触到应披露信息的工作人员在信息披露前，负有保密义务。

第一百七十六条 公司董事会应采取必要的措施，在信息公开披露之前，将信息知情者控制在最小范围内。重大信息应指定专人报送和保管。

第一百七十七条 当董事会得知，有关尚待披露的信息难以保密，或者已经泄露，或者公司股票价格已经明显发生异常波动时，公司应当立即按照《上市规则》和本制度的规定披露相关信息。

第一百七十八条 由于有关人员失职导致信息披露违规，给公司造成严重影响或损失时，公司应对该责任人给予批评、警告直至解除其职务的处分，并且可以要求其承担损害赔偿责任或其他法律责任。

第一百七十九条 公司预计应披露的重大信息，在披露前已难以保密或者已经泄露，可能或者已经对公司股票及其衍生品种的交易价格产生较大影响的，应当立即向上海证券交易所申请其股票及其衍生品种停牌。

第七章　公司信息披露常设机构和联系方式

第一百八十条 公司董事会办公室为公司信息披露的常设机构和股东来访接待机构。

第一百八十一条 股东咨询电话：010-[ ]，传真：010-[ ]，电子邮箱：zgsd@sinohydro.com。

第八章　附　　则

第一百八十二条 除非有特别说明，本制度所使用的术语与《公司章程》中该等术语的含义相同。

第一百八十三条 本制度所称的“第一时间”是指与应披露信息有关事项发生的当日。

本制度所称的“及时”是指自起算日起或触及《上市规则》和本制度披露时点的2个交易日内。

第一百八十四条 本制度未尽事宜或与本制度生效后颁布、修改的法律、法规、《上市规则》或《公司章程》的规定相冲突的，按照法律、法规、《上市规则》、《公司章程》的规定执行。

第一百八十五条 本制度拟订及其修订由公司董事会负责，并自董事会决议通过之日起生效。

第一百八十六条 本制度由公司董事会负责解释。

中国水利水电建设股份有限公司
投资者关系管理制度

（中水电股〔2010〕48号·2010年4月15日）

第一章 总 则

第一条 为了加强中国水利水电建设股份有限公司（以下简称公司）与投资者之间的沟通，不断深化投资者对公司的了解和认同，促进公司诚信自律、规范运作，提升公司投资价值，保障投资者合法权益，根据《中华人民共和国公司法》、《中华人民共和国证券法》、中国证券监督管理委员会（以下简称中国证监会）颁布的相关上市公司信息披露的规定、《上市公司与投资者关系工作指引》、《上海证券交易所股票上市规则（2008年修订）》（以下简称《上市规则》）及其他适用法律、法规、规范性文件以及《中国水利水电建设股份有限公司章程》（以下简称《公司章程》）的规定，结合公司实际情况，特制定本制度。

第二条 投资者关系管理是指公司通过信息披露和交流，加强与投资者（包括现时的股东和潜在的投资者）之间的沟通，增进公司和投资者之间的相互了解和认同，以实现公司整体利益最大化和保护投资者合法权益的管理工作。

第三条 投资者关系管理的目的是：

（一）促进公司与投资者之间的良性关系，增进投资者对公司的进一步了解和熟悉；

（二）建立稳定和优质的投资者基础，获得长期的市场支持；

（三）形成服务投资者、尊重投资者的企业文化；

（四）促进公司整体利益最大化和股东财富增长并举的投资理念；

（五）增加公司信息披露透明度，改善公司治理。

第四条 投资者关系管理的基本原则：

（一）充分披露信息原则。即除强制的信息披露以外，公司还应主动披露投资者关心的其他相关信息。

（二）合规披露信息原则。即遵守国家法律、法规及证券监管部门、上海证券交易所对上市公司信息披露的规定，保证信息披露真实、准确、完整、及时。

（三）投资者机会均等原则。即公平对待所有股东及潜在投资者，避免进行选择性信息披露。

（四）诚实守信原则。即做到客观、真实和准确，避免过度宣传和误导。

（五）高效低耗原则。即既要保证信息的时效性又要提高沟通效率，控制沟通成本。

（六）保密性原则。即与投资者进行信息沟通不得影响公司生产经营，不得泄露商业机密和非公开披露的信息。

（七）互动沟通原则。即主动听取投资者的意见、建议，实现与投资者之间的双向沟通，形成良性互动。

第二章 投资者关系管理的对象及内容

第五条 投资者关系管理工作的对象包括：

（一）公司投资者（包括现时的股东和潜在的投资者）；

（二）证券基金等投资机构、行业媒体、证券分析师等专业机构和人员；

（三）其他相关机构和人员。

第六条 投资者关系管理中公司与投资者沟通的内容主要包括：

（一）公司的发展战略，包括公司的发展方向、发展规划、竞争战略和经营方针等；

（二）法定信息披露及其说明，包括定期报告和临时公告等；

（三）公司依法可以披露的经营管理信息，包括生产经营状况、财务状况、新产品或新技术的研究开发、经营业绩、股利分配等；

（四）公司依法可以披露的重大事项，包括公司的重大投资及其变化、资产重组、收购兼并、对外合作、对外担保、重大合同、关联交易、重大诉讼或仲裁、管理层变动以及大股东变化等信息；

（五）企业文化建设；

（六）公司的其他相关信息。

第三章　投资者关系管理的组织机构和职能

第七条　董事长是公司投资者关系管理工作第一责任人，参加主持重大投资者关系活动，包括股东大会、业绩发布会、新闻发布会、路演推介、重要境内外资本市场会议和重要的财经媒体采访等。

董事长不能出席的情况下，除法律、法规或《公司章程》另有规定外，由总经理或董事会秘书参加主持重大投资者关系活动。

董事长出席年度股东大会，并安排相关董事会专门委员会的负责人在年度股东大会上回答投资者及其他有关方面的问询。

第八条　董事会秘书是公司投资者关系管理的主要负责人，主要职责包括：

（一）负责组织、拟订、实施公司投资者关系计划；

（二）协调和组织公司信息披露事项；

（三）全面统筹、安排并参加公司重大投资者关系活动；

（四）制订公司投资者关系管理的评价及考核体系；

（五）为公司重大决策提供参谋咨询；

（六）向公司高级管理层介绍公司信息披露的进展情况及资本市场动态；

（七）根据需要安排对公司高级管理人员和投资者关系管理人员进行培训等；

（八）其他应由董事会秘书负责的事项。

第九条　董事会办公室是负责公司投资者关系管理的职能部门，在董事会秘书的领导下开展工作。其主要工作内容包括：

（一）汇集公司财务、业务、法律等相关信息，组织、协调定期报告和临时报告等的编制，根据相关法律、法规、《上市规则》的要求和公司信息披露、投资者关系管理的相关规定，及时进行统一披露；

（二）拟订投资者关系管理的有关制度，报董事会批准实施；

（三）建立上市公司法律、法规库，为领导决策提供支持；

（四）组织公司职能部门，通过电话、电子邮件、传真、接待来访等形式回答投资者的咨询，并调查研究公司与投资者关系状况；

（五）定期或者在必要时，组织证券分析师和相关中介机构分析会、网络会议、业绩路演、投资者见面会等活动，与投资者进行沟通；

（六）在公司网站设立投资者关系管理专栏，同步披露公司公告、定期报告等公开信息，方便投资者查询；

（七）设立投资者关系热线，由专人值守，以便投资者咨询；

（八）与机构投资者、证券分析师及中小投资者保持联系，提高市场对公司的关注度；

（九）加强与媒体的合作，跟踪并引导媒体的报道，安排高级管理人员和其他主要人员的采访、报道；

（十）与监管部门、行业协会、交易所等保持良好的合作、交流和沟通，安排公司代表出席有关会议，维护公司形象，形成良好的沟通关系；

（十一）与公司法律事务机构合作处理有关投资者及其他证券事务的诉讼；

（十二）知悉并参与公司可能引致信息披露义务的重大事项，如重组、兼并、收购、重大合同或协议，并提供参考意见；

（十三）建立投资者关系管理档案，按月对公司投资者变化情况进行汇总，对投资者持股出现的异常情况及时上报公司董事会，并按《上市规则》的有关规定履行信息披露义务；

（十四）按月汇总投资者咨询情况，对投资者关注的共同性问题及时上报公司董事会，以便公司进行分析和研究，进一步加强公司管理，实现公司价值的最大化，最大限度地保护投资者的利益。

第十条　在安排公司董事、监事、总经理及经营层其他高级管理人员参加机构推介会、分析师说明会等重大公共关系活动，或接待投资者、证券分析师及接受媒体采访前，投资者关系管理部门应对其组织培训。

第十一条　除非获得明确授权并经过培训，公司董事、监事及高级管理人员和员工应避免在投资者关系活动中代表公司发言。

第十二条　公司其他职能部门和机构、全资子公司和纳入合并会计报表范围的控股子公司，有义务协助投资者关系管理部门实施投资者关系管理工作。

为投资者关系管理部门提供信息资料和工作支持的公司其他职能部门和机构、全资和控股子公司应对所提供资料的内容负责，保证真实、准确、完整、及时。

第十三条 投资者关系管理部门配备必要办公通信设施，保持公司与投资者沟通渠道的畅通。

第四章 投资者关系管理的方式和工作程序

第十四条 公司建立多渠道、多层次的与投资者进行沟通的方式，主要包括以下方式：

（一）公告，包括定期报告和临时报告及通函（如适用）；

（二）股东大会等；

（三）公司网站（投资者关系专栏）；

（四）电话咨询；

（五）媒体采访和报道；

（六）邮寄资料；

（七）实地考察和现场参观；

（八）广告和其他宣传资料；

（九）路演、业绩说明会、分析师会议、主题推介等；

（十）走访投资者；

（十一）其他适当途径。

第十五条 和投资者的沟通应严格遵照《中国水利水电建设股份有限公司信息披露管理制度》，保证公司对外信息披露的一致性和统一性。

第十六条 对于实地来访或以电话、信函、传真、网络等形式问询的投资者，投资者关系管理部门应认真接待、适当回复。对于咨询公司投资信息的投资者，如果该等问题所涉及的信息为公开披露信息，应及时予以准确、完整的回答；如果该等问题所涉及的信息为非公开披露信息，应委婉谢绝并告之理由。对于探询公司敏感信息的投资者，如果公司有统一答复的，应按照统一答复及时回答；如果公司没有统一答复的，应委婉谢绝并告之理由。

投资者关系管理部门应就接访工作制作书面记录以便存查，必要时可录音或录像。

对于投资者集中问询的重大问题应及时向董事会秘书报告，由其以适当方式处理。

第十七条 在接待投资者、证券分析师时，若对其问询的问题的答复内容个别的或综合的等同于提供未曾发布的股价敏感资料，均应拒绝回答。证券分析师请求提供的资料或请求就重大事项的评论可能涉及公司未曾发布的股价敏感资料，亦应拒绝回答。

第十八条 公司不应评论证券分析师的分析报告或预测。对于证券分析师定期或不定期送达公司的分析报告并要求给予意见，公司必须拒绝。对报告中载有的不正确资料，而该等资料已为公众所知悉或不属于股价敏感资料，公司应通知证券分析师；若公司认为该等资料所包含的错误信息会涉及尚未公布的股价敏感资料，应当考虑公开披露有关资料并同时纠正报告。

第十九条 证券分析师或媒体记者误解了公司提供的任何信息以致在其分析报告或报道中出现重大错误的，应要求该证券分析师或媒体记者立即更正，并适当发布澄清公告。

第二十条 投资者关系管理部门可在必要时安排投资者到公司现场参观、座谈沟通，但应合理、妥善安排参观沟通过程，避免参观沟通者有机会得到未公开的信息。

第二十一条 投资者接待工作由投资者关系管理部门统一协调，公司有关部门、单位应为接待投资者提供必要的工作条件。

第五章 投资者关系管理部门工作人员任职要求

第二十二条 投资者关系管理部门是投资者了解公司情况的主要窗口，投资者关系管理部门工作人员应具备以下素质和技能，并持续予以改善和提升：

（一）全面、准确了解公司的发展战略、经营管理、市场营销、财务人事以及公司所处行业的基本情况；

（二）熟悉公司治理、财务会计和信息披露相关法规，准确把握与投资者交流时的信息披露尺度；

（三）具有较好的与投资者沟通的技能，有较强的协调能力；

（四）诚实守信，有良好的执业操守，不利用工作便利为自己或他人谋求私利，不泄露公司商业秘密和尚未公开披露的股价敏感信息。

第二十三条 投资者关系管理部门工作人员应热情、耐心、平等对待每一位投资者，为其提供良好服务。

第六章 附　　则

第二十四条 除非有特别说明，本制度所使用的术语与《公司章程》中该等术语的含义相同。

第二十五条 本制度未尽事宜或与本制度生效后颁布、修改的法律、法规或《公司章程》的规定相冲突的，以法律、法规或《公司章程》的规定为准。

第二十六条 本制度拟订及其修订由公司董事会负责，自董事会通过之日起生效。

第二十七条 本制度由公司董事会负责解释。

中国水利水电建设股份有限公司
关联交易管理制度

（中水电股〔2010〕49号·2010年4月15日）

第一章 总 则

第一条 为规范中国水利水电建设股份有限公司（以下简称公司）关联交易行为，保护广大投资者特别是中小投资者的合法权益，根据《中华人民共和国公司法》、《中华人民共和国证券法》和《上海证券交易所股票上市规则（2008年修订）》（以下简称《上市规则》）等法律、法规和规范性文件以及《中国水利水电建设股份有限公司章程》（以下简称《公司章程》）的相关规定，制定本制度。

第二条 公司各部门和各全资或控股子公司的负责人应督促本部门或公司严格执行本制度，确保本部门或公司发生的关联交易及时通报给公司董事会办公室及公司财务部门。

第二章 关联交易管理的组织机构及职责

第三条 公司董事会办公室是关联交易管理的归口部门，在董事会秘书的领导下开展关联交易管理工作。董事会办公室主要负责关联人的分析确认、关联交易合规审查及重大关联交易决策的组织以及信息披露工作。

第四条 公司财务部负责关联交易的会计记录、核算、报告及统计分析工作，并按季度报董事会办公室。

公司法律事务部应当为关联交易的判断提供意见。

第五条 董事会办公室对汇总上报的关联交易情况进行整理、分析，并按照本制度的规定，保证关联交易决策程序的履行，并按本制度的规定进行披露。

第三章 关联人和关联交易

第六条 公司的关联人包括关联法人和关联自然人。

第七条 具有以下情形之一的法人，为公司的关联法人：

（一）直接或者间接控制公司的法人；

（二）由本条第（一）项法人直接或者间接控制的除本公司及控股子公司以外的法人；

（三）由第八条所列公司的关联自然人直接或者间接控制的，或者由关联自然人担任董事、高级管理人员的除本公司及其控股子公司以外的法人；

（四）持有公司5%以上股份的法人；

（五）公司的合营企业、联营企业；

（六）中国证监会、上海证券交易所或者公司根据实质重于形式的原则认定的其他与公司有特殊关系，可能导致公司利益对其倾斜的法人。

第八条 具有以下情形之一的自然人，为公司的关联自然人：

（一）直接或间接持有公司5%以上股份的自然人；

（二）公司董事、监事和高级管理人员；

（三）第七条第（一）项所列法人的董事、监事和高级管理人员；

（四）本条第（一）、（二）项所述人士的关系密切的家庭成员，包括配偶、年满18周岁的子女及其配偶、父母及配偶的父母、兄弟姐妹及其配偶、配偶的兄弟姐妹、子女配偶的父母；

（五）中国证监会、上海证券交易所或者公司根据实质重于形式的原则认定的其他与公司有特殊关系，可能导致公司利益对其倾斜的自然人。

第九条 具有以下情形之一的法人或者自然人，视同为公司的关联人：

（一）根据与公司关联人签署的协议或者作出的安排，在协议或者安排生效后，或在未来12个月内，将具有第七条或者第八条规定的情形之一；

（二）过去12个月内，曾经具有第七条或者第八条规定的情形之一。

第十条 公司董事、监事、高级管理人员、持股5%以上的股东及其一致行动人、实际控制人应当及时向公司董事会报送公司关联人名单及关联关系的说明。

第十一条 本管理制度所指的关联交易是指公司及其控股子公司与上述列示的关联人之间发生的转移资源或者义务的事项，主要包括以下交易：

（一）购买或者出售资产；

（二）对外投资（含委托理财、委托贷款等）；

（三）提供财务资助；

（四）提供担保；

（五）租入或者租出资产；

（六）委托或者受托管理资产和业务；

（七）赠与或者受赠资产；

（八）债权、债务重组；

（九）签订许可使用协议；

（十）转让或者受让研究与开发项目；

（十一）购买原材料、燃料、动力；

（十二）销售产品、商品；

（十三）提供或者接受劳务；

（十四）委托或者受托销售；

（十五）与关联人共同投资；

（十六）代表企业或由企业代表另一方进行债务结算；

（十七）关键管理人员薪酬；

（十八）其他通过约定可能造成资源或者义务转移的事项。

第十二条 公司的关联交易应符合公开、公平、公正和诚实信用的原则。

第四章 关联交易的审议权限

第十三条 总经理有权判断并实施的关联交易是指：

与关联人发生的金额300万元以下，且占股份公司最近一期经审计净资产的比例不足0.5%的关联交易。

第十四条 董事会有权判断并实施的关联交易是指：

与关联人发生的金额高于300万元（含300万元），且占股份公司最近一期经审计净资产的比例不足5%的关联交易。

第十五条 应由股东大会授权并实施的关联交易：

与关联人发生的金额高于3000万元（含3000万元），且占股份公司最近一期经审计净资产的比例高于5%（含5%）的关联交易；

此项关联交易若交易标的为非现金资产，应当聘请具有执业证券、期货相关业务资格的中介机构，对交易标的进行评估或审计；

与日常经营相关的关联交易所涉及的交易标的，可以不进行审计或者评估。

第五章 关联交易的提出及初步审查

第十六条 公司各部门、公司各全资或控股子公司在其经营管理过程中，如遇到本制度规定的与关联人之间关联交易情况的，除第十一条所述的关联交易情形外，相关部门及公司须在交易内容基本确定后及时将有关关联交易情况以书面形式报告股份公司董事会办公室及公司财务部门。

该书面报告必须包括以下内容：

（一）关联交易方的名称、住所；

（二）具体关联交易的内容以及交易金额；

（三）确定关联交易价格的原则与定价依据；

（四）须载明的其他事项。

第十七条 董事会办公室负责配合法律事务部完成对关联交易的合规性审核，负责与法律顾问、监管机构、上海证券交易所保持联系，向监管机构报送有关关联交易的各项通告，安排股东大会审批有关关联交易事项，安排对须公布的关联交易进行公告。

第十八条 对于日常性关联交易，由财务部负责设计专门数据表格，纳入公司月度财务快报体系，按月统计各子公司的持续性关联交易金额，并按照本制度的要求履行相关程序。

第十九条 对于非日常性关联交易，由法律事务部负责在审查公司及子公司各项商业合约时，随时确认各项交易是否属于关联交易，属于关联交易的合约不能即时签署，需通知董事会办公室按规定履行审批程序。

第六章 关联交易的审议程序

第二十条 属于总经理有权判断并实施的关联交易的审议，按照《公司章程》以及其他规定进行。

第二十一条 对于日常性关联交易，可以在披露上一年度报告之前，按类别对当年年度将发生的日常性关联交易总金额进行合理预计，根据预计结果提交董事会或者股东大会审议并披露；对于预计范围内的日常性关联交易，应当在年度报告和中期报告中予以分类汇总披露。公司实际执行中超出预计总金额的，应当根据超出量重新提请董事会或者股东大会审议并披露。

第二十二条 重大关联交易（指上市公司拟与关联人达成的总额高于300万元或高于上市公司最近经审计净资产值的5%的关联交易）应由独立董事认可后，提交董事会讨论。

独立董事作出判断前，可以聘请中介机构出具独立财务顾问报告，作为其判断的依据。

第二十三条 公司董事会审议关联交易事项时，关联董事应当回避表决，也不得代理其他董事行使表决权。该董事会会议由过半数的非关联董事出席即可举行，董事会会议所作决议须经非关联董事过半数通过。出席董事会的非关联董事人数不足 3 人的，公司应当将该交易提交股东大会审议。

本条所称关联董事包括下列董事或者具有下列情形之一的董事：

（一）交易对方；

（二）在交易对方任职，或在能直接或间接控制该交易对方的法人单位或者该交易对方直接或间接控制的法人单位任职的；

（三）拥有交易对方的直接或间接控制权的；

（四）交易对方或者其直接或间接控制人的关系密切的家庭成员；

（五）交易对方或者其直接或间接控制人的董事、监事和高级管理人员的关系密切的家庭成员；

（六）中国证监会、上海证券交易所或公司认定的因其他原因使其独立的商业判断可能受到影响的人士。

第二十四条 董事会审议关联交易事项时，会议召集人应在会议表决前提醒关联董事须回避表决。关联董事未主动声明并回避的，知悉情况的董事应要求关联董事予以回避。

第二十五条 董事会会议应对有关关联交易的必要性和合理性进行审查与讨论。出席会议董事可以要求公司经营层说明其是否已经积极在市场寻找就该项交易与第三方进行，从而以替代与关联人发生交易；经营层应对有关结果向董事会作出解释。当确定无法寻求与第三方交易以替代该项关联交易时，董事会应确认该项关联交易具有必要性。

第二十六条 董事会在审查有关关联交易的合理性时，须考虑以下因素：

（一）该项关联交易的标的如属于关联人外购产品时，则必须调查本公司能否自行购买或独立销售。当本公司不具备采购或销售渠道，或若自行采购或销售可能无法获得有关优惠待遇的；或若本公司向关联人购买或销售可降低公司生产、采购或销售成本的，董事会应确认该项关联交易存在具有合理性。但该项关联交易价格须按关联人的采购价加上分担部分合理的采购成本确定；采购成本可包括运输费、装卸费等。

（二）该项关联交易的标的如属于关联人自产产品，则该项关联交易的价格按关联人生产产品的成本加合理的利润确定交易的成本价。

（三）如该项关联交易属于提供或接受劳务、代理、租赁、抵押和担保、管理、研究和开发、许可等项目，则公司必须取得或要求关联人提供确定交易价格的合法、有效的依据，作为签订该项关联交易的价格依据。

第二十七条 董事会在审议关联交易事项时，应做到：

（一）详细了解交易标的的真实状况，包括交易标的运营现状、盈利能力、是否存在抵押、冻结等权利瑕疵和诉讼、仲裁等法律纠纷；

（二）详细了解交易对方的诚信记录、资信状况、履约能力等情况，审慎选择交易对手方；

（三）根据充分的定价依据确定交易价格；

（四）遵循《上市规则》的要求以及公司认为有必要时，聘请中介机构对交易标的进行审计或评估。

董事会不应对所涉交易标的状况不清、交易价格未确定、交易对方情况不明朗的关联交易事项进行审议并作出决定。

第二十八条 股东大会审议关联交易事项时，下列股东应当回避表决：

（一）交易对方；

（二）拥有交易对方直接或间接控制权的；

（三）被交易对方直接或间接控制的；

（四）与交易对方受同一法人或自然人直接或间接控制的；

（五）因与交易对方或者其关联人存在尚未履行完毕的股权转让协议或者其他协议而使其表决权受到限制或影响的；

（六）中国证监会或上海证券交易所认定的可能造成公司对其利益倾斜的法人或自然人。

第二十九条 股东大会审议关联交易事项时，关联股东应当回避表决。

第三十条 本制度第二十九条规定适用于授权他人出席股东大会的关联股东。

第三十一条 违背本制度相关规定，有关的董事及股东未予回避的，该关联交易决议无效，若该关联交易事实上已实施并经司法裁判、仲裁确认应当履行的，则有关董事及股东应对公司损失负责。

第三十二条 独立董事须对有关关联交易发表公允性意见。

第七章 关联交易的执行

第三十三条 关联交易经履行相关批准程序通过后，公司应与关联人签订有关关联交易的书面协议（或合同），明确交易双方的权利义务及法律责任。

第三十四条 关联人交易的条件特别是价格和收付款条款一经确定，公司各部门应严格按批准后的交易条件进行交易。公司经营管理层在执行过程中不得自行更改交易条件，如因生产经营情况的变化而导致必须终止或修改有关关联交易协议或合同的，合同双方当事人可签订补充协议（或合同）以终止原合同。

第八章 关联交易的披露

第三十五条 达到以下标准的关联交易须披露：

（一）公司与关联自然人发生的交易金额在30万元以上的关联交易，应当及时披露。

（二）公司与关联法人发生的交易金额在300万元以上，且占公司最近一期经审计净资产绝对值0.5%以上的关联交易，应当及时披露。

（三）公司与关联人发生的交易金额在3000万元以上，且占公司最近一期经审计净资产绝对值5%以上的关联交易，除应当及时披露外，还应当聘请具有执行证券、期货相关业务资格的中介机构，对交易标的进行评估或审计，并将该交易提交股东大会审议。与日常经营相关的关联交易所涉及的交易标的，可以不进行审计或评估。

对于日常性关联交易，可以在年度报告和中期报告中进行分类汇总披露。

第三十六条 公司披露关联交易事项时，应当按照《上市规则》的要求向上海证券交易所提交所需文件。

第三十七条 公司披露的关联交易公告应当按照《上市规则》的要求披露所需内容。

公司与关联人因一方参与公开招标、公开拍卖等行为所导致的关联交易，公司可以向上海证券交易所申请豁免按照关联交易的方式进行审议和披露。

第三十八条 公司与关联人达成以下关联交易时，可以免予按照本制度规定履行相关义务：

（一）一方以现金方式认购另一方公开发行的股票、公司债券或企业债券、可转换公司债券或者其他衍生品种；

（二）一方依据另一方股东大会决议领取股息、红利或报酬；

（三）一方作为承销团成员承销另一方公开发行的股票、公司债券或企业债券、可转换公司债券或者其他衍生品种；

（四）上海证券交易所认定的其他情况。

第三十九条 公司与关联人签订的日常关联交易协议期限超过3年的，应每3年根据上海证券交易所的规定重新履行相关审议程序和披露义务。

第九章 附 则

第四十条 除非有特别说明，本制度所使用的术语与《公司章程》中该等术语的含义相同。

第四十一条 制度及其修订由董事会拟订，并自股东大会普通决议通过之日起生效。

第四十二条 本制度未尽事宜或与本制度生效后颁布、修改的法律、法规、《上市规则》或《公司章程》的规定相冲突的，按照法律、法规、《上市规则》、《公司章程》的规定执行。

第四十三条 本制度的解释权归董事会。

中国水利水电建设股份有限公司
募集资金管理制度

（中水电股〔2010〕50号·2010年4月15日）

第一章 总 则

第一条 为了规范中国水利水电建设股份有限公司（以下简称公司）募集资金的管理和运用，保护投资者的权益，依照《中华人民共和国公司法》、《中华人民共和国证券法》、《首次公开发行股票并上市管理办法》、《上市公司证券发行管理办法》、《上海证券交易所股票上市规则（2008年修订）》（以下简称《上市规则》）、《关于进一步规范上市公司募集资金使用的通知》、《上海证券交易所上市公司募集资金管理规定》等法律、法规的规定，结合公司实际情况，特制定本制度。

第二条 本制度所称募集资金是指公司通过公开发行证券（包括首次公开发行股票、配股、增发、发行可转换公司债券、发行分离交易的可转换公司债券等）以及非公开发行证券向投资者募集的资金，但不包括公司实施股权激励计划募集的资金。

第三条 如募集资金投资项目（以下简称募投项目）通过公司下属子公司或受公司控制的其他企业（以下统称项目实施单位）实施的，各项目实施单位应遵守本制度。

第四条 募集资金运用涉及信息披露事宜的，

按照《中国水利水电建设股份有限公司信息披露管理制度》执行。公司必须按披露的募集资金投向和股东大会、董事会决议及审批程序使用募集资金，并按要求披露募集资金的使用情况和使用效果。

第二章　募集资金的存储

第五条　募集资金应存放于董事会决定的在银行设立的募集资金存储专户，此专户不得存放非募集资金或改做其他用途，实行募集资金的专用账户存储管理。

第六条　公司募集资金在具体存放时应该遵照以下规定执行：

（一）募集资金到位后，公司应及时办理验资手续，并由具有证券、期货相关业务资格的会计师事务所出具验资报告；

（二）募集资金到位后，由资金管理部门负责办理专用账户的开立及资金存储；财务部门负责对募集资金的使用和财务核算管理，并按公司货币资金使用管理的有关规定履行审批手续；

（三）募集资金到位后2周内，应与保荐人、存放募集资金的银行签订募集资金专户存储三方监管协议，并于该协议签订后2个交易日内报告上海证券交易所备案并公告；

（四）公司认为募集资金数额较大，结合投资项目的信贷安排确有必要在一家以上银行开设专用账户的，在坚持集中存放，便于监督原则下，经董事会批准，可以在一家以上银行开设专用账户，同一投资项目的资金须在同一专用账户存储；

（五）募投项目通过公司下属子公司实施的，项目实施单位应开立募集资金专户，对公司拨付的募集资金实施专户存储，并将账户报资金管理部备案。为便于监管，各项目实施单位只能开具一个募集资金专户；

（六）保荐人在持续督导期内有责任关注公司募集资金的使用及投资项目的实施情况，公司应支持并配合保荐人履行职责。

第三章　募集资金的使用

第七条　募集资金应按照发行申请文件所列投资项目、投资金额和投入时间安排使用，用途需符合国家产业政策和有关环境保护、土地管理等法律和行政法规的规定。

第八条　投资项目应按董事会承诺的计划进度组织实施，保证各项工作按计划进度完成，并定期向董事会报告，向社会公开披露投资项目的实施进度情况。

第九条　募集资金投向应严格按董事会承诺的计划投资项目实施。确因不可预见的客观要素影响，项目不能按承诺的预期计划完成时，须对实际情况公开披露，并详细说明原因。

第十条　募投项目出现以下情形的，公司应当对该募投项目的可行性、预计收益等重新进行论证，决定是否继续实施该项目，并在最近一期定期报告中披露项目的进展情况、出现异常的原因以及调整后的募投项目（如有）：

（一）募投项目涉及的市场环境发生重大变化的；

（二）募投项目搁置时间超过1年的；

（三）超过募集资金投资计划的完成期限且募集资金投入金额未达到相关计划金额50%的；

（四）募投项目出现其他异常情形的。

第十一条　闲置募集资金在暂时补充流动资金时，应当经公司董事会审议通过，并经独立董事、保荐人、监事会发表意见，在2个交易日内报告上海证券交易所并公告，且只能用于主营业务相关的生产经营使用，不得直接或间接用于新股配售、申购，或用于股票及其衍生产品、可转换公司债券等的交易，并符合如下条件：

（一）以超过本次募集资金金额10%以上的闲置募集资金补充流动资金时，须经公司股东大会审议通过，并按有关规定提供网络投票表决方式。独立董事、保荐人须单独发表意见并披露。

（二）单次补充流动资金金额不超过募集资金净额的50%。

（三）单次补充流动资金时间不超过6个月。

（四）补充流动资金到期日之前，公司应将该部分资金归还至募集资金专户，并在资金全部归还后2个交易日内报告上海证券交易所并公告。

第十二条　凡涉及募集资金的支出均须由有关部门按照资金使用计划，根据投资项目实施进度，提出用款额度，再根据用款额度大小，按照公司货币资金使用的有关规定履行资金使用审批手续。

第十三条　公司募集资金不得为持有交易性金融资产和可供出售的金融资产、借予他人、委托理财等财务性投资；不得直接或间接投资于以买卖有价证券为主要业务的公司；不得通过质押、委托贷款或其他方式变相改变募集资金用途；不得被控股股东、实际控制人等关联人占用或挪用，为关联人利用募投项目获取不正当利益。

第十四条　公司已在发行申请文件中披露拟以募集资金置换预先投入的自筹资金且预先投入金额确定的，应当经会计师事务所专项审计、保荐人发表意见后，并经公司董事会审议通过后方可实施。公司董事会应当在完成置换后2个交易日内报告上海证券交易所并公告。

除前款外，公司以募集资金置换预先投入募投项目的自筹资金的，参照变更募投项目履行相应程序及披露义务。

第十五条 单个募投项目完成后，公司将该项目节余募集资金（包括利息收入）用于其他募投项目的，应当经董事会审议通过，且经独立董事、保荐人、监事会发表意见后方可使用。

节余募集资金（包括利息收入）低于100万元或低于该项目募集资金承诺投资额5%的，可以免于履行前款程序，其使用情况应在年度报告中披露。

第十六条 公司单个募投项目节余募集资金（包括利息收入）用于非募投项目（包括补充流动资金）的，参照变更募投项目履行相应程序及披露义务。

募投项目全部完成后，节余募集资金（包括利息收入）在募集资金净额10%以上的，公司应当经董事会和股东大会审议通过，且独立董事、保荐人、监事会发表意见后方可使用节余募集资金。

节余募集资金（包括利息收入）低于募集资金净额10%的，应当经董事会审议通过，且独立董事、保荐人、监事会发表意见后方可使用。

节余募集资金（包括利息收入）低于500万元或低于募集资金净额5%的，可以免于履行前款程序，其使用情况应在最近一期定期报告中披露。

第四章 募集资金投向变更

第十七条 公司募集资金的情况与公司原定募集资金用途相比，出现以下变化的，视作改变募集资金投资项目变更：

（一）取消原募集资金项目，实施新项目；

（二）变更募集资金投资项目实施主体；

（三）变更募集资金投资项目实施地点；

（四）变更募集资金投资项目实施方式；

（五）实际投资金额与计划投资金额的差额超过计划金额的30%；

（六）上海证券交易所认定为募集资金投向变更的其他情形。

第十八条 公司变更后的募投项目应投资于主营业务。

公司应当科学、审慎地进行新募投项目的可行性分析，确信投资项目具有较好的市场前景和盈利能力，能够有效防范投资风险，提高募集资金使用效益。

第十九条 公司募集资金投资项目发生变更的，应当经董事会、股东大会审议通过。

发生本制度第十七条第（三）项所述变更，可免于履行前款程序，但应当经公司董事会审议通过，并在2个交易日内报告上海证券交易所并公告改变原因及保荐人的意见。

第二十条 公司办理变更募集资金投资项目披露事宜，应当向上海证券交易所提交下列文件：

（一）公告文稿；

（二）董事会决议和决议公告文稿；

（三）独立董事对变更募集资金投资项目的意见；

（四）监事会对变更募集资金投资项目的意见；

（五）保荐机构对变更募集资金投资项目的意见；

（六）关于变更募集资金投资项目的说明；

（七）新项目的合作意向书或者协议；

（八）新项目立项机关的批文；

（九）新项目的可行性研究报告；

（十）相关中介机构的报告；

（十一）终止原项目的协议；

（十二）上海证券交易所要求的其他文件。

公司应当根据新项目的具体情况，向上海证券交易所提供本条第（七）～第（十一）项所述全部或者部分文件。

第二十一条 公司变更募集资金投资项目的公告应当包括如下内容：

（一）原项目基本情况及变更的具体原因；

（二）新项目的基本情况、可行性分析和风险提示；

（三）新项目的投资计划；

（四）新项目已经取得或者尚待取得有关部门审批的说明（如适用）；

（五）独立董事、监事会、保荐人对变更募投项目的意见；

（六）有关募集资金投资项目变更尚需提交股东大会审议的相关说明；

（七）上海证券交易所要求的其他内容。

新项目涉及关联交易、购买资产、对外投资的，还应当参照相关规则的规定进行披露。

第二十二条 公司变更募投项目用于收购控股股东或实际控制人资产（包括权益）的，应当确保在收购后能够有效避免同业竞争及减少关联交易。

第二十三条 公司拟将募投项目对外转让或置换的（募投项目在公司实施重大资产重组中已全部对外转让或置换的除外），应当在提交董事会审议后2个交易日内报告上海证券交易所并公告以下内容：

（一）对外转让或置换募投项目的具体原因；

（二）已使用募集资金投资该项目的金额；

（三）该项目完工程度和实现效益；

（四）换入项目的基本情况、可行性分析和风险提示（如适用）；

（五）转让或置换的定价依据及相关收益；

（六）独立董事、监事会、保荐人对转让或置换募投项目的意见；

（七）转让或置换募投项目尚需提交股东大会审议的说明；

（八）上海证券交易所要求的其他内容。

公司应充分关注转让价款收取和使用情况、换入资产的权属变更情况及换入资产的持续运行情况，并履行必要的信息披露义务。

第五章　募集资金使用管理和监督

第二十四条　募集资金使用完毕前，各项目实施单位每半年度应向公司总部财务产权部提交《募集资金存放与实际使用情况的专项报告》，说明募集资金投资项目的进展情况、募集资金账户资金开支及结存情况。项目实施单位需严格按照募投项目实施计划进行项目建设，如实施进度与实施计划出现差异，应及时上报公司总部。

公司财务产权部负责牵头组织公司投资部、资金管理部复核各项目实施单位的募集资金使用情况，汇总编制公司的《募集资金存放与实际使用情况的专项报告》，报董事会。

第二十五条　公司董事会每半年度全面核查募集资金投资项目的进展情况，对募集资金的存放与使用情况出具公司《募集资金存放与实际使用情况的专项报告》，该报告应经董事会与监事会审议通过，并应当在提交董事会审议后2个交易日内报告上海证券交易所并公告。

第二十六条　公司董事、监事和高级管理人员应当勤勉尽责，督促公司规范运用募集资金，自觉维护公司资产安全，不得参与、协助或纵容公司擅自或变相改变募集资金用途。禁止对公司具有实际控制权的个人、法人或其他组织及其关联人占用募集资金。

第二十七条　董事会审计与风险委员会、监事会或1/2以上独立董事可以聘请注册会计师对募集资金存放与使用情况进行专项审核，出具专项审核报告。董事会应当在收到注册会计师专项审核报告后2个交易日内向上海证券交易所报告并公告。

第二十八条　募集资金使用完毕后，由公司董事会对募集资金的存放和使用情况出具专项报告。

第六章　附　　则

第二十九条　除非有特别说明，本制度所使用的术语与《公司章程》中该等术语的含义相同。

第三十条　本制度未尽事宜或与本制度生效后颁布、修改的法律、法规、《上市规则》或《公司章程》的规定相冲突的，按照法律、法规、《上市规则》、《公司章程》的规定执行。

第三十一条　本制度及其修订由公司董事会拟订，并自股东大会决议通过之日起生效。

第三十二条　本制度由董事会负责解释。

战　略　管　理

中国水利水电建设股份有限公司
2010～2012年发展规划

（中水电股〔2010〕73号·2010年6月22日）

一、发展基础和外部环境分析

（一）基本情况

1. 概况

中国水利水电建设股份有限公司（英文简称Sinohydro. Group，Ltd.，以下简称股份公司）注册资本66亿元人民币。注册地为北京。

2009年12月，中国水利水电建设集团公司整体改制重组设立中国水利水电建设股份有限公司。

股份公司是中国乃至全球特大型综合建设集团之一，自1999年以来，连续入选“全球225家最大承包商”，2009年以国际营业额排名全球第56位；2009年在“中国企业500强”排名第89位；自1999年以来，公司还连续入选国内最大50名外经企业排名（商务部评选）行列，2009年在中国对外承包工程企业中经营额排名第5位。

作为特大型综合性工程建设企业集团，公司建设了中国约70%的大中型水电站和水利枢纽工程，是中国江河治理、水电开发的骨干力量。同时，公司积极实施相关产业多元化战略，出色地完成了一大批交通、市政、机场、工业与民用等重点工程的建设。

公司以工程承包为核心业务，同时开展电力投资与经营、设备制造与租赁及房地产开发业务。2009年，公司营业收入达到755.45亿元，实现利润31亿元。

公司积极贯彻“走出去”战略，先后在亚、非、欧、美的50多个国家和地区进行了工程承包建设和经济技术合作。“中国水电”在国际上已成为中国水电建设行业的第一品牌和行业代表。

2. 组织结构

公司董事会下设人事与薪酬考核委员会、审计与风险委员会、战略委员会和董事会办公室。公司监事会下设监事会办公室。公司设有19个职能部门、事业部。

公司下设18个全资子公司：中国水利水电第一至第十六共16个工程局有限公司，中国水电基础局有限公司、中国水电建设集团夹江水工机械有限公司。9个控股公司：中国水电建设集团国际工程有限公司、中国水电建设集团路桥工程有限公司、中国水电建设集团四川电力开发有限公司、中国水电建设集团房地产有限公司、中国水电建设集团新能源开发有限责任公司、中国水电建设集团租赁控股有限公司、中国水电建设集团港航建设有限公司、中国水电建设集团华亭发电有限责任公司、中国水电建设集团崇信发电有限责任公司。1个参股公司：深圳市百业达投资发展有限公司。

公司组织机构图（略）。

3. 股权结构

公司99%的股份由中国水利水电建设集团公司持有，其余1%的股份由中国水电工程顾问集团公司持有。

4. 法人治理结构

公司是按照《中华人民共和国公司法》注册的股份有限责任公司，已按《中华人民共和国公司法》规定设立了股东会、董事会和监事会，运作规范。

5. 主营业务

公司主营业务为七大业务板块，即国内水利水电建筑、国内非水利水电建筑、国际业务、电力及其他投资、房地产、设备制造与租赁、勘测设计咨询。

（1）国内水利水电建筑。

国内水利水电建筑施工是公司的传统主业，是公司营业收入和利润的主要来源。在国内水利水电建筑市场，公司占据65%左右的市场份额，在技术、管理、市场规模上拥有绝对优势。在国内和国际水利水电建设市场均居领先地位。

（2）国内非水利水电建筑。

国内非水利水电建筑工程领域，如路桥、铁道、机场、工民建市场，在公司的业务构成中所占的比重正逐步提高，是公司未来发展的战略重点。

（3）国际业务。

国际业务是公司优先发展的核心业务，近年来发展很快。2009年，公司海外业务收入28.27亿美元，与2008年相比，增长幅度为31.8%；实现利润2.81亿美元，占公司利润总额的62.5%。

（4）电力及其他投资。

考虑到建筑市场的经营周期性，公司依托水电建设市场，进入投资领域，涉足了水电、火电、风电、气电等领域。截至2009年底，公司控股开发项目共58个，其中电站项目43个、房地产项目10个、路桥项目4个、国外水泥项目1个。控股开发电力项目总装机容量约918万千瓦，权益装机容量约659万千瓦，投产运营电力项目总装机容量约245万千瓦，项目涉及总投资规模约678亿元。涉足投资领域是公司实现产业链上游延伸，完善总承包功能的一项必要举措。

（5）房地产。

房地产业务承担着支撑公司规模增长和利润增长的战略使命。经过一段时间积累，房地产业务已初步完成了区域战略布局。截至2009年底，公司累计开发面积158万平方米，累计销售收入445239万元，累计营业收入213374万元、累计利润15099万元，土地储备及土地整理2800亩（1亩$=6.6667\times10^2$平方米）。公司房地产资产总额为517111万元，累计完成投资额545138万元。“中国水电地产”品牌影响力日益扩大，核心竞争能力日益增强，公司房地产业务正在从培育期向成长期稳步发展。

（6）设备制造与租赁。

设备制造与经营租赁业务逐年发展，融资租赁业务快速发展，逐步形成规模。在专用设备制造领域，公司在技术上处于国内领先水平。

（7）勘测设计咨询。

勘测设计咨询业务目前尚未形成规模，正计划通过兼并重组充实该业务板块。

公司2009年主营业务构成见图1。

6. 主要经济指标

从近几年的主要财务指标变化趋势可看出，公司的经营规模、利润水平逐年增长，公司的营业收入、利润总额、净资产收益率也保持着较好的发展势头。

近几年财务指标及变化趋势见表1和图2～图4。

表 1　2007～2009 年股份公司主要经济指标　　万元

项　目 ＼ 年　份	2007	2008	2009
主营业务收入	4936878.17	5979734.67	7468977.65
利润总额	162095.30	161551.31	310020.94
净利润	140089.62	131786.63	239734.26
资产总额	5062264.32	7638662.28	10122800.75
国有资产总量	662824.07	842628.02	1113970.11
净资产	867314.11	1020275.86	1359257.34
国有所有者权益	662824.07	842628.02	1113970.11
主营业务成本	4297388.77	5222022.53	6426230.26
成本费用总额	4876873.00	5879569.96	7001383.53
人工成本	476473.11	570031.57	683880.40
在岗职工（万人）	9.98	9.99	10.15
总资产报酬率（%）	4.77	4.36	4.80
净资产收益率（%）	18.38	13.49	19.93
成本费用利润率（%）	3.38	2.75	4.30

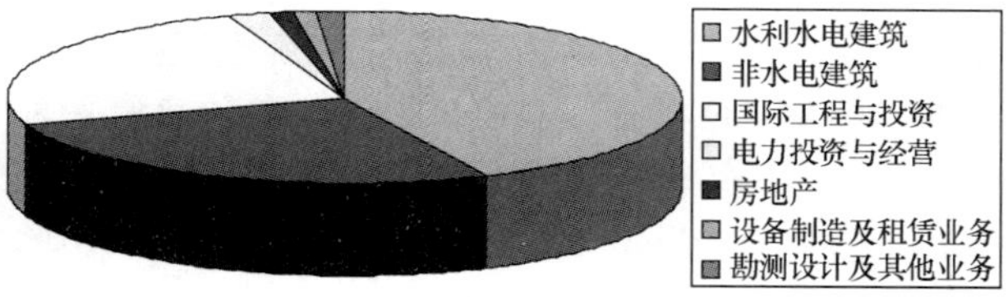

图 1　公司 2009 年主营业务构成

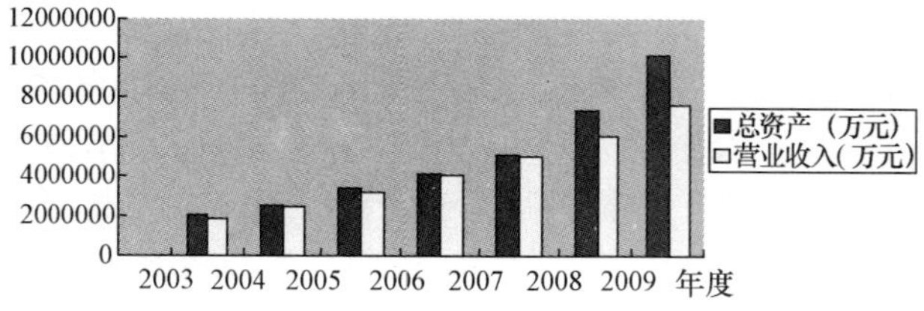

图 2　2003～2009 年公司总资产、营业收入变化图

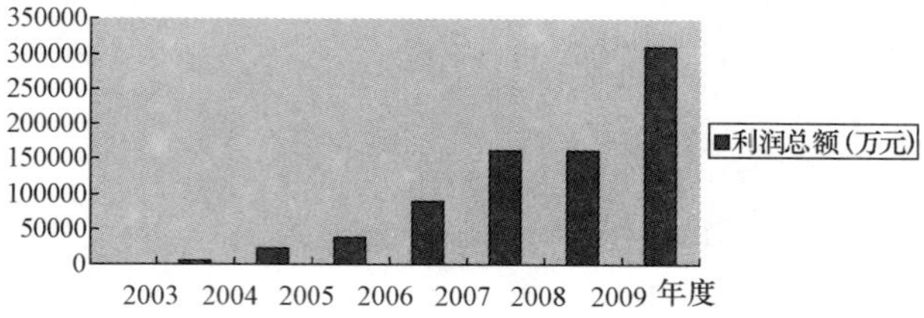

图 3　2003～2009 年公司利润变化图

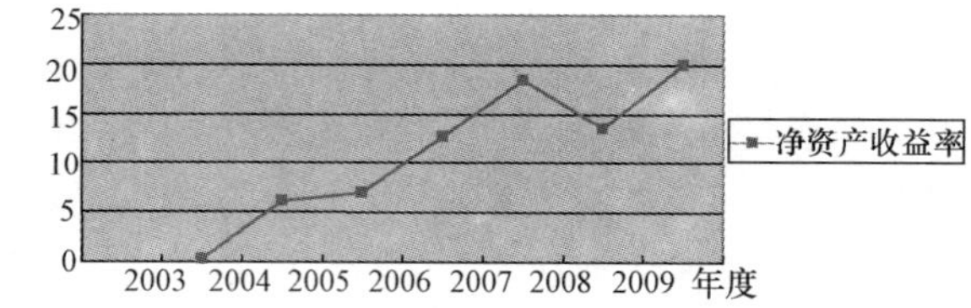

图 4　2003～2009 年公司净资产收益率变化图

（二）发展环境分析

1. 宏观环境分析

（1）国际宏观环境分析。

受美国次贷危机引发的国际金融危机拖累，世界经济 2008 年迅速减速。为应对危机，全球各主要经济体纷纷采取积极的财政政策和“定量宽松”的货币政策，推动消费和投资增长，避免经济进一步衰退。其中最具代表性的是美国，分别于 2008 年 10 月和 2009 年初通过了 7000 亿美元的金融救助计划和 7870 亿美元的经济刺激计划，创造了 350 万到 500 万个就业机会，将利率维持在历史低点。欧盟、日本也推出数额庞大的经济刺激计划，刺激经济增长，避免危机的影响进一步扩大。以中国、印度为代表的新兴市场国家也采取了刺激经济的一系列政策。

2009 年 9 月至今，世界经济进入“后危机时代”，如何跨越失衡发展的模式，走上富有活力的可持续发展之路，成为世界各国面临的新的战略性课题。当今时代的重要特征是全球从严重失衡到格局均衡，发展中国家和新兴经济体的力量会逐渐平衡。在这样一个时代中，不可避免也会存在许多消极面或者矛盾摩擦。危机过后，世界经济将面临一个全新的状态。上述变化要求企业冲破经济不确定性带来的迷雾，思考在危机渡过之后企业的重新定位。

虽然目前全球各主要经济体的经济形势趋向好转，初现复苏曙光，但是其复苏基础尚不稳固。原因之一，随着各国刺激政策逐步退出，可能加剧复苏的不稳定性和风险；另外，各国经济刺激政策在退出时机和方式上的差异将很可能导致大规模国际套利，加剧投机资本在国际上快速窜动，吹大资产泡沫，引发汇市剧烈波动，进而打压复苏势头。原因之二，隐性风险仍然存在。美国向金融市场提供的 7000 多亿美元救助金中的相当一部分流入了资产市场，导致资产市场高涨。同时，美国商业房地产 2 年内将有 5300 亿美元的按揭到期，可能造成 2500 亿美元银行坏账。商业地产泡沫一旦爆破，美国经济必受重创，势必拖累全球经济复苏步伐。此外，近期出现的主权债务危机不容忽视。继迪拜债务危机后，爱尔兰和希腊等国的信誉评级步步下滑，挫伤了欧洲复苏的信心。如果全球主要经济体的主权债务风险继续积聚，将进一步加剧市场恐慌情绪，影响全球经济的复苏前景。经济恢复将是一个长期、缓慢而痛苦的过程。

目前，保证经济持续增长的两大引擎——私人投资和消费尚未出现强劲增长迹象，而仅靠政府支出和低利率政策，难以令经济面持续反弹并直线向上，有可能出现反复。世界银行预计，2010 年全球增长率将为 2%，而国际货币基金组织（IMF）则高估至 3.1%。

（2）国内宏观环境分析。

全球经济受累于金融危机的影响步入衰退，中国经济增长步伐也受到影响。为防止经济增速过快下滑，中央政府及时对宏观政策作出调整，实行积极的财政政策和适度宽松的货币政策，多次下调银行利率和存款准备金率，出台一系列包括启动 4 万亿元投资计划在内的刺激内需的举措，以应对金融危机对我国实体经济带来的不利影响。在 4 万亿元投资计划中（扩大内需 4 万亿元投资投向构成图见图 5），铁路、公路、机场等重大基础设施建设和农村基础设施建设是拉动内需的重点。建筑业与国家基础设施发展宏观政策密切相关，因此，可以预期在本规划期内，在投资的拉动效应下，建筑行业依然可以保持较高的增长速度。

国务院 2009 年上半年出台十大产业调整和振兴规划，推动钢铁、汽车、纺织、装备制造业、船舶工业、电子信息、石化、轻工业、有色金属、物流业等十大产业的发展，同时，国家还大力推进科技创新，全方位促进就业增长，完善社会保障体系。在扩大内需促进增长一系列政策措施的作用下，经济运行中积极因素不断增多，国民经济开始企稳回升。但在经济全球化情况下，世界进入后经济危机时代，中国也难以独善其身，面临着极其复杂的局面，要处理好各种不确定因素的影响。

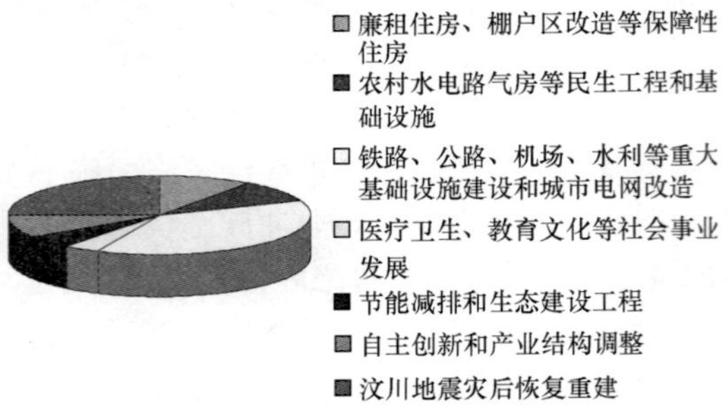

图 5　扩大内需 4 万亿元投资投向构成图

根据财政部的统计数据显示，2008 年中国政府采购规模为 5900 亿元，占当年 GDP 的 2%左右，而按照国际统计数据，政府采购市场通常要占到一个国家年度 GDP 的 10%～15%左右。在 4 万亿元投资计划的 10 项措施中至少有 8 项都与政府采购密切相关。可见，未来中国政府采购市场潜力巨大，并将对促进中国的经济发展产生难以预测的威力。据测算，到 2020 年，我国政府采购将达到 10 万亿元人民币的规模。

我国已正式启动加入 WTO《政府采购协议谈判》（GPA）谈判，市场开放压力与日俱增。加入 GPA 后，中国的政府采购市场将向国外企业放开，同时中国企业也将有更多的机会进入国外政府采购市场。加入 GPA 对中国企业来说，机会与风险并存，中国企业应提早做好准备。一方面，加入 GPA 后，有利于中国企业更好地进入 GPA 成员国的政府采购市场，为中国企业参与国际竞争提供了更多的机会。例如，欧盟在建筑业的年采购额在 2000 亿欧元左右，每有新成员方加入欧盟，都意味着大量工程建设的政府需求。另一方面，中国加入 GPA，也有利于外国企业分享中国巨大的政府采购市场份额，相关市场领域的市场竞争将更加激烈和残酷。中国企业必须提前做好准备，提高产品服务质量，以更好地迎接未来激烈的市场竞争。

2. 市场环境分析

（1）国内建筑市场分析。

目前，中国建筑业的发展仍主要靠投资持续增长的拉动。房地产、制造业、交通运输、能源、水利和采矿业投资对建筑业的拉动作用明显。国内水电建设市场已由高峰期步入稳步回落阶段，在建规模逐年缩小。国内水利建设市场建设步伐加快。国内基础设施建设市场在一定时期内将保持适度持续的投资增长，铁路、公路、轨道交通、市政工程等建筑市场需求空间巨大。以铁路市场为例，未来 10 年年均投资在 5000 亿元以上。国家采取一系列的措施促进房地产业的健康发展，在抑制投机性购房的同时，把保障性住房建设及城市棚户区改造工程放在房地产业发展的重要位置。

建筑业市场竞争将进一步加剧。在全球经济危机的背景下，国际贸易保护主义抬头。国内建筑市场逐步对外开放。上述因素都将导致建筑市场未来的国际国内竞争更加激烈。

（2）国际工程承包市场现状与趋势分析。

根据权威机构预测，继2009年下降25%以后，美国建筑业（开工建设）总产值在2010年将上升11%至4662亿美元。美国建筑市场经过大幅度下降后开始趋于稳定，预计会缓慢上升。欧洲建筑市场受全球经济危机的影响，总体低迷，但是其潜在市场份额可观；日本建筑投资则因出口和人口问题将面临增速回落；除日本以外的亚洲地区增速也会回落，但仍是增长最快的地区；中东、北非、东欧及南美地区的建筑投资仍将维持前几年的增长势头。Globle Insight在对建筑业住宅、基建、非住宅建筑三大类的需求趋势的判断中，认为基建的稳定性最好，增速不会有大的回落，而住宅及非住宅方面的增速将大幅度下降。整体而言，全球建筑投资在2010年前都将保持低速增长，但考虑到发达经济体的恢复及新兴市场的需求，中长期市场仍值得看好。

国际工程承包市场发展的新特点：

垄断趋势加强。近年来，全球225家国际承包商中重组、兼并事件屡有发生，国际工程承包市场垄断趋势加强。这主要是因为，工程项目趋于大型化、复杂化、专业化，业主更多要求承包商以EPC、BOT、PMC、PPP等整合开发、计划、设计、建造等一揽子活动的承包模式来承包项目，规模大、实力强的承包商在承包这些项目上具有优势，由此促使更多的承包商走向重组联合以形成更大的规模，获取竞争优势。

产业分工体系可能进行大调整。欧、美、日等国的大型承包商在技术专利、融资能力、管理水平等方面占有明显优势，在资本技术密集型项目上形成垄断。同时，发展中国家承包商的技术水平和管理能力也在不断提高，市场竞争日趋激烈，产业分工体系进一步深化。在本次全球经济危机之后，新一轮全球技术与产业的大变革，全球利益的大重组，可能形成国际分工体系的大“换血”，从而最终再造全球经济分工体系。

融资能力成为竞争制胜的关键。国际大型工程项目目前普遍采用EPC、PMC等交钥匙工程模式以及BOT、PPP等带资承包方式。市场对带资承包的需求不断增加，带资承包项目约占国际工程承包市场的65%，融资能力成为承包商在竞争中取胜的关键。

国际工程承包环境总体上有利于中国工程承包企业的发展，但是还存在一些阻碍中国企业进行市场开拓的不利因素。例如，国际投资与贸易保护主义等。

（3）中国对外工程承包市场发展的特点。

业务规模保持增长。根据商务部公布的数据，2009年上半年，我国对外承包工程完成营业额与新签合同金额继续实现较大增长。对外承包工程完成营业额321.8亿美元，同比增长52%；新签合同金额646.2亿美元，同比增长38.1%。

市场多元化。亚洲和非洲仍然是中国对外承包工程的主要市场，承包业务涵盖房屋建筑、石油化工、交通运输、水利电力、资源开发、电子通信等行业。两大洲营业额占对外承包工程总营业额的比重达80%以上。随着中非合作的进一步加强，中国与拉美国家经贸关系及政府关系的发展，未来几年非洲市场所占比例将会大幅升高，拉美地区也将成为我国对外承包工程新的增长点。

合作模式多样化。以EPC为代表的总承包模式、BOT融资模式增多，实物支付模式也会增多。未来随着中国政府与更多国家签订双边经济合作协定，中国政府承诺将向发展中国家提供更多的优惠贷款和对外援助，主要用于发展中国家的基础设施建设和工业项目，这些都为中国工程承包企业对外承揽工程提供了机遇。

资源开发合作为导向的工程承包增长迅速。中国经济快速发展导致中国对国外市场和资源的依存度不断增加，未来一段时期内，以资源开发合作为导向的工程项目将会迅速增长。除了政府合作框架下的“工程换资源”，“贷款换贷款”模式外，以企业为主导的资源开发合作也将迈出新步伐。

产业结构调整与境外投资对工程承包的拉动作用越来越大。随着中国工业化水平的提高，中国企业在大型设备、成套设备制造方面的竞争力日益增强，推动中国企业加强对国际承包市场的开拓。未来几年内我国对外投资年增长速度约为40%左右，其对工程承包的拉动作用将越来越明显。

中国工程承包商与海外领先承包商的实力仍存在较大差距。以2008年入选ENR全球最大225家国际承包商排行榜的51家中国企业为例，仅有4家中国企业的海外工程营业额高于225家国际承包商的平均营业额。这说明总体上中国工程承包商与海外领先承包商的实力仍存在较大差距。

3. 建筑业行业细分市场分析

（1）水利水电工程。

1）水利工程。

2008年第四季度以来，水利成为扩大内需的重要领域。2009年共落实中央和省级水利投资1427亿元，其中预算内中央水利投资637亿元，省级地方水利投资790亿元，项目多达6000多个。2010年，预计年度水利投资将再创新高，水利基础设施建设投入仍将维持较高水平。“十一五”期间，中央水利建设投资可达2760亿元，全国水利建设投资超过6000亿元，分别为“十一五”规划投资目标的158%和116%。

“十二五”时期将加快水利基础设施建设，大力发展民生水利，加快建设重点骨干工程，继续加强大江大河大湖治理，继续加大水土保持、小水电代燃料等生态环境建设力度，一批重大水利规划和项目前期工作将加紧编制和审批。预计今后10年，水利工程将延续建设的高峰期。

与交通、铁路等基础设施行业相比，水利项目具有数量多、范围广、规模小、非标准的特点。

2）水电工程。

我国水电资源技术可开发量为5.416亿千瓦，经济可开发量为4.018亿千瓦，目前开发比例为31.7%；其中西南云、贵、川、藏、渝五省区经济可开发量达2.4亿千瓦，占全国经济可开发量的59%，目前开发比例为24.9%。截至2009年底，全国水电装机容量为1.97亿千瓦，占全国电力装机容量8.74亿千瓦的22.5%。“十一五”期间，水利水电投资将超过8000亿元。

根据《水利水电中长期发展规划》，到2010年常规水电装机容量将达到1.94亿千瓦，占电力总装机容量的26.0%；到2015年常规水电装机容量达到2.71亿千瓦，占电力总装机容量的28.6%；到2020年常规水电装机容量达到3.28亿千瓦，开发程度达60%。

目前西南流域主要干流的大型电站资源基本上已被电力央企和地方国企划分完毕，但西南诸河支流的中小水电资源尚有很多未确定开发主体。在国家政策的推动和地方政府的支持下，西南地区的小水电建设将成为未来5～10年水电发展的主力。

水电工程具有工程规模大，建设质量和周期要求高的特点。大中型水电工程建设任务主要由中国水利水电建设股份有限公司、葛洲坝集团公司、水电武警部队及其他一些大型建筑企业承担，小型水电工程建设任务主要由地方施工企业完成。

（2）水电以外的基础设施建设领域。

中国正处于工业化、城市化、市场化快速推进的阶段，基础设施建设投资将在长期内保持较快增长的速度。在“十一五”规划中，交通基建投资计划达到3.8万亿元。在4万亿元拉动内需的投资计划中，加大了对铁路、公路、机场等重大基础设施建设和农村基础设施建设的投资，基础设施建设行业将迎来新一轮的快速发展。基础设施建设市场不仅市场空间巨大，而且很多细分市场的进入壁垒较低，有利于新竞争者的加入；有部分细分市场如铁路等，虽然已形成垄断局面，但是由于市场空间很大，也存在一定的市场机会。

1）公路建设。

按照交通运输部已经确定的公路水路交通发展目标，到2020年，公路基本形成由国道主干线和国家重点公路组成的骨架公路网，建成东、中部地区高速公路网和西部地区八条省际公路通道，45个公路主枢纽和96个国家公路枢纽。到2010年，全国公路总里程达到200万千米，其中高速公路3.5万多千米；到2020年，全国公路总里程达到250多万千米，高速公路达到7万千米以上。2006年、2007年两年实际完成投资均在6000亿元以上。2008年随着4万亿元投资的启动，交通运输部计划在3～5年内投资5万亿元，涉及公路、水路、港口和码头建设等，其中，未来5年内，公路投资计划约达到3万亿元。未来10～20年，是我国路桥建设持续、稳定发展的时期。

公路施工市场的技术、资质壁垒较低，市场进入者众多，是基建行业中竞争最为激烈的领域。近年来中国经济的快速发展，催生了巨大的公路建设（尤其是高等级公路建设）需求。在公路建设市场，融资能力和项目运作能力对于获取项目尤为重要。公路建设市场属于完全竞争的市场格局，行业内竞争者众多，且公路项目主要业主是地方政府，建设方常被要求垫资施工。

目前在公路建设市场，公司的主要竞争对手为中交集团、中国铁建、中国中铁、中冶等央企以及地方施工企业。其中中交集团、中国铁建和中国中铁擅长建设高等级、高难度的公路桥梁和隧道，是行业内的龙头企业。

2）铁路建设。

国务院2007年批准的《综合交通网中长期发展规划》提出，2020年全国铁路营业里程达到12万千米以上的发展新目标。2008年11月，铁道部又在《中长期铁路网规划（2008年调整）》中提出，到2020年，全国铁路营业里程达到12万千米以上，复线率和电气化率分别达到50%和60%以上，客运专线由1.2万千米调整为1.6万千米以上，并与既有线提速改造工程相衔接，未来我国将形成连接所有省会及50万人口以上的城市，覆盖全国90%以上人口，总里程达到5万千米以上的快速客运网。规划调整方案扩大了西部路网规模，规划建设新线由1.6万千米调整为4.1万千米，铁路网覆盖了全国20万人口以上城镇。

目前，大规模铁路网建设进入高峰期。从2010～2012年，铁路平均每年将完成基建投资6000亿元以上。到2020年铁路建设总投资将达到5万亿元。

未来一段时期内，铁路建设项目主要分为三大类：一是高速客运网络，如京沪高速铁路，北京至石家庄、石家庄至武汉、武汉至广州、哈尔滨至大连、天津至秦皇岛、宁波至温州、温州至福州、福州至厦门、南京至上海等客运专线和城际铁路；对既有的京哈、京广、京沪、陇海等铁路干线进行改造。二是包头至西安、太原至中卫、准格尔至朔州等煤运通道。三是贵阳至广州、南宁至广州等资源开发性西部干线铁路项目。可以预见，今后一段时期我国的铁路基建行业将保持着较高的行业增长。

铁路建设市场长期以来由中国中铁、中国铁建等几家公司垄断，而且由于该市场存在较高的技术、设备壁垒，其他企业很难进入。2004年、2006年，铁道部和建设部先后两次联合发文放宽铁路建设市场的准入条件。现在，具备相应其他专业施工总承包特级资质的企业可以承担铁路相关工程项目的施工。例如，具有公路施工特级资质的企业可以承担铁路土建工程施工；具有水利水电施工总承包特级资质的企业可以承担铁路路基、隧道施工；具有公路、港口和航道、水利水电、矿山、市政公用工程施工总承包特级资质的企业，可以参加铁路工程总承包或施工总承包投标。

2008年，通过中标京沪高铁项目公司成功进入了铁建市场。目前，虽然包括公司在内的中国交通建设集团公司、中国葛洲坝集团等大型国企已经进入了铁建市场，打破了铁建市场原有的寡头垄断局面，但是上述几家企业拥有的市场份额合计只占到15%左右，其余的市场仍主要被中国中铁和中国铁建及他们所属的子公司所控制。

铁路基建市场对技术和设备的要求较高，项目复杂，且发包方多为政府部门，新的市场进入者难以对原有市场占领者构成威胁，目前除了具有铁路建设特级资质或等同资质的央企外，新的竞争者很难进入。

3）机场建设。

根据国家民航总局制定的《全国民用机场布局规划》（不含通用航空机场），2010年前将重点强化主要枢纽机场的建设，改扩建能力不足的机场，增建部分新机场，完善机场网络布局。截至2010年，内地运输机场将达到190个左右，新增机场45个左右，建设资金需求约1400亿元。截至2020年，民航运输机场总数将达到244个，新增地区性民航运输机场97个，完成整项规划需要投资（静态）4500亿元。

在国家4万亿元投资计划中，对民航的投资重点用于支持昆明、重庆、南宁等西部新建和改扩建干线机场以及广西河池、云南腾冲等一批新建和改扩建支线机场的建设，项目总投资规模为300亿元。2010年，计划新开工上海浦东、成都、武汉、南京等枢纽和干线机场以及四川甘孜的稻城亚丁等20多个支线机场建设，建设项目投资规模将达到2500亿元。

机场建设主要由地方机场建设企业及地方建筑企业承担，全国性的企业主要是中国民航机场建设集团公司。机场建设市场存在一定的区域壁垒，潜在进入者的威胁较小。

4）水运港口建设。

近年来我国港口特别是沿海港口建设一直保持着较快的发展趋势。“十一五”规划中，沿海港口将兴建639个深水泊位和101个中级泊位，增加总吞吐量约21亿吨。“十一五”期间，全国内河将增加三级及以上航道2000千米，增加四级航道1800千米，新增港口泊位340个，新增吞吐能力6400万吨。未来几年，交通部将进一步扩大水运建设资金规模，加大对长江航道和内河港口等基建的投入力度。根据国家发展改革委和交通部联合编制的《全国内河航道与港口布局规划》，2007～2020年全国将形成长江干线、西江航运干线、京杭运河、长江三角洲等高级航道网、珠江三角洲高等级航道网、18条主要干支流高等级航道（建成两横一纵两网十八线）和28个主要港口的布局，遍及全国20个省市区。大规模的水运港口建设以及对现有码头泊位的大型化、专业化改造，将为建筑行业的发展提供更多的机遇。

港口建设主要是由地方政府和私营企业出资。港口、航道建设项目的业主主要是地方政府，业主方议价能力较强。虽然港口、航道建筑市场有广阔的发展前景，但是，由于技术、资质壁垒等因素，该市场准入门槛较高，且主要被中交集团所垄断，对社会的开放程度很低，存在较大的进入障碍。

5）城市轨道建设。

据2009年北京国际城市轨道交通展览会上公布的中国各城市轨道交通发展规划图显示，截至2016年中国将新建轨道交通线路89条，总建设里程为2500千米，投资规模达9937.3亿元。中国已成为世界最大的城市轨道交通建设市场。

目前，我国已经进入城市轨道交通快速发展期。

多个城市积极筹备轨道建设，市场需求巨大。近期，国务院又批复了22个城市的地铁建设规划，总投资达8820.03亿元。北京将在2012年底将新增运营里程221千米，累计达到419千米；到2015年底，将全部完成轨道交通19条561千米规划建设，总投资达1669.6亿元。上海将在2010年建成11条线运营网络400千米，到2012年建成13条线运营网络510千米。据测算，2020年之前轨道交通投资规模将超过1万亿元。

6）水务市场。

水务市场主要包括城镇自来水供应市场和污水处理市场。

随着我国城市化进程的加快和城市用水普及率的提高，我国的自来水供应市场稳定增长。虽然随着我国各项节水措施的推进，单位GDP用水量、人均用水量将逐渐减少。但是，由于人口的增加、城市化的深入以及工业生产的增长，预计城市水务市场的总体需求将保持平稳增长。

近十几年来，我国的污水处理行业发展迅速。总体看，城镇污水处理设施建设进度加快，但是发展很不平衡，县级污水处理设施建设严重滞后。全国仍有100多个设市城市和80%的县城未建成污水处理厂，县城污水处理率仅有22.6%，其中污水处理厂集中处理率只有17.6%。在4万亿元投资计划中对环保领域的投资，主要用于加快城镇污水、垃圾处理设施建设和重点流域污染防治。环保部提出，未来3年，国内将筹集1万亿元资金用于环境保护，加快城镇污水处理设施建设。综上，伴随国家加大基础设施和环保投资力度，国内水务行业特别是污水处理行业进入了一个集中快速建设期，未来几年水务市场将呈现良好的发展态势。

我国水务市场2002年之后开始逐步放开，一些具备相应资质的中央及地方企业逐步进入水务建设市场。水务建设市场为完全竞争的格局，企业数量众多，但多数为地方水务施工企业，存在一定的地区壁垒。

（3）房地产投资领域。

从经济环境来看，我国经济保持健康稳定增长将带动房地产投资的持续增长。一方面，我国城市化进程的加快将带来房地产市场需求的增长，房地产市场需求将保持持续旺盛的基本趋势；另一方面，我国区域经济发展的不平衡以及投资需求和保障性住房需求的不平衡性，决定了房地产行业在不同区域和不同时期存在着一定的市场波动。总体上看，长期发展、适度波动、协调增长是未来房地产行业发展的主要特征。

从政策环境因素来看，国家制定房地产调控政策，规范房地产行业的土地、金融、投资、消费、交易等政策，规范市场竞争秩序，目的是为了促进房地产行业的长期稳定健康发展。从区域发展态势来看，我国区域房地产市场发展不均衡。随着土地取得方式逐步规范，区域小开发商的地域垄断性将逐渐被打破，较大开发商纷纷抓住机会进行异地扩张，广大的中西部地区和二、三线城市具有较大的发展空间。

从市场竞争格局来看，我国房地产市场参与竞争的企业数量多，规模较小，市场集中度很低，最大房地产企业的市场占有率不足3%，前10家房地产企业的市场集中度只有2%～3%左右。目前，股份公司的主要竞争对手包括保利集团、招商局集团、华润集团、华侨城集团、中国建筑、中冶置业、中国铁建、五矿置业等央企地产公司，万科、富力、绿地、金地、龙湖、合生创展、碧桂园等行业内的上市公司或者民营企业的标杆型房地产企业以及首开集团、城建集团等各地方的实力型国有开发公司。除此之外，香港大型地产商在内地的投资也不容忽视。

随着房地产行业深层次调整，产业竞争格局将进一步分化，大型房地产企业将凭借资金、品牌、产品、管理等优势继续保持高速规模扩张，市场将逐步演变为大型房地产企业的竞争。

（4）能源建设和能源调度工程。

中国经济快速发展，能源不足的矛盾已经显现，包括火电、水电、核电在内的能源建设仍将持续，水、电、气能源调度工程也将继续投入。

1）风电市场。

据有关部门统计，2009年我国风电装机容量位居世界第一，未来几年还将有更大的发展。根据国家有关规划，未来将用10年时间，在甘肃、内蒙古、河北、江苏等地建成几个千万瓦级的风电基地。

2）核电市场。

目前，我国已投产的核电站有6座，11台核电发电机组，总装机容量约910万千瓦。在建及已批准开展前期工作的核电项目还有12个，总装机容量约3476万千瓦。根据调整过的《核电中长期发展规划》目标，到2020年，我国核电装机容量将超过7500万千瓦；到2050年，核电装机容量可望达到1.2亿～3.6亿千瓦，占中国电力总装机容量的10%～30%。经测算，未来10年核电投资约需投入资金1.05万亿元。其中土木建设投资占总投资的60%，约6300亿元。从4万亿元投资计划来看，核电也是重点投资领域之一。

除核岛建设由中国核工业建设集团公司下属4家公司及浙江省火电建设公司等5家公司垄断外，核电土木建设市场准入门槛较低，市场开放度较高，不存在区域壁垒，竞争较为激烈。水电施工方面的优势将有助于公司进入该细分市场。目前，我国核电投资运营市场由中国电力投资集团公司、中国核工业集团公司和中国广东核电集团高度垄断，其他企业即使能够进入也只能少量参股。核电业主相对较为集中，买方议价能力较强。

未来十几年我国核电将处于高速发展的黄金时期，核电建设市场增长空间巨大。

3）火电市场。

尽管我国电力装机容量位列世界前二，但人均装机水平较低，不到世界平均水平的一半，仅为发达国家的1/5～1/3，我国电力发展的空间仍然很大。

在现行的电力体制下，火电施工企业对电网企业存在较大的依赖性，火电厂工程主要由省内电力系统内部的建设企业承包，存在一定的区域分割现象。在火电建设市场，持有电力工程施工总承包资质的企业均为电力系统内部企业，电力系统外潜在进入者威胁较小。因此，虽然火电建设市场的发展前景较为广阔，但是由于存在较高的区域壁垒，且市场已经被地方电网企业所属电厂建设单位所占据，该市场对于有意进入者存在较大的障碍。火电市场必须高度重视低碳经济和节能减排带来的影响。

（5）工程设计咨询业。

工程设计咨询行业“十二五”发展规划纲要提出，工程咨询业要树立符合科学发展观要求的新咨询理念，加大创新投入，加快创新研究成果的推广应用，形成具有中国特色、符合国际惯例的工程咨询理论方法创新体系以及自主知识产权创造和运用水平高的工程咨询技术创新体系。工程咨询单位要积极拓展投资建设项目全寿命周期的工程咨询产业链，创新工程咨询服务模式，大力开展节能、节水、减排、绿色低碳经济咨询、土地利用与生态环保咨询、安全评价咨询、循环经济与资源综合利用咨询、项目运营管理咨询、融资咨询、担保咨询、工程保险咨询、风险评估咨询、工程审计咨询、工程法律咨询、工程合同纠纷调解等新领域业务，为委托方提供全过程、全方位的工程咨询服务。

设计咨询领域是公司的薄弱环节，公司有意通过兼并重组来壮大该业务板块，完善总承包产业链。

（三）竞争力分析

1. 优势和劣势

（1）优势。

公司竞争优势集中反映在工程建设领域中的核心竞争力上。

1）水电建设能力卓越。

公司代表着中国水利水电工程建设的最高水平，在国内水利水电建设市场处于绝对领先地位，国内70%左右的大中型水电站和水利枢纽由公司承建。在国际市场，公司承建了苏丹麦洛维大坝、泰国科隆泰丹大坝、伊朗塔里干水利枢纽、马来西亚巴贡水电站等知名工程。在国内国际市场，公司已牢固确立“中国水电”建设第一品牌的地位。

2）工程总承包能力强。

公司及子公司在工程承包方面拥有设计、施工、机电设备制造安装、咨询、监理的综合能力，具有施工总承包、工程设备招标方面的特级或一级资质，拥有进出口权、外派劳务权，在国内外工程招标，设备安装、进出口等领域占据重要地位，公司及全部子公司通过GB/T 19001—2000—ISO 9001：2000、GB/T 24001—2004—ISO 14001：2004、GB/T 28001—2001（OHSAS 18000）质量、环境、职业健康安全三大管理体系的国家认证，其中质量和环境管理体系同时获得国际认证。

3）拥有世界领先的水电建设技术。

公司引领着我国水利水电施工技术的发展，积累并掌握了一系列水利水电及相关建筑领域的先进施工技术，总体施工技术水平达到国际领先水平。公司拥有建设大型混凝土重力坝、混凝土拱坝、碾压混凝土坝、面板堆石坝等各类高坝、特高坝的成套建设技术，积累了各种复杂地形、地质条件和特殊气候条件下建造大坝的丰富经验；研究并实践了如大江大河上施工导流、复杂地质条件下的特大型地下洞室群施工、700～1000米级高陡土石边坡开挖与加固、高坝基础与深厚覆盖层地基处理、特大型绿色人工砂石料系统、各类大型水轮发电机组安装调试、大型金属结构制作安装等世界先进的专业施工技术。

4）品牌一流。

公司高度重视工程项目管理，承建的工程质量水平在业内处于领先地位，曾荣获首届“中国土木工程詹天佑奖”，水电行业首个“国优金奖”，获得中国建筑行业工程质量方面的最高荣誉奖——“鲁班奖”20多项。公司所承担的多个国际工程获得东道国政府嘉奖以及国际著名咨询工程单位颁发的无缺陷交工证书。凭借优质的工程质量、过硬的技术本领，公司在国际国内市场上树立起“中国水电建设第一”的品牌形象。

5）水利水电人力资源丰富。

在水利水电工程施工技术及工程项目管理领域，

公司拥有丰富的包括院士在内的水电施工和相关建筑领域的专家、科研技术骨干和经营管理人才。

6）国际市场开拓能力显著。

自1999年以来，公司国际业务迅猛发展。目前，公司在48个国家有在建项目211个，合同总额150.3亿美元。在45个国家设立了57个驻外机构。国际业务涵盖水利水电、非水利水电和投资项目，形成了业务多元化格局。2009年国际经营实现收入28.27亿美元，比2008年增长31.8%，占总营业收入的24.81%；实现利润2.81亿美元，占利润总额的62.5%。公司的国际影响力不断扩大。

（2）劣势。

1）产业链不完整。

公司长于工程建设施工，但是在工程咨询与设计、发电设备制造、电站运营管理等环节力量较为薄弱，尤其缺乏具有较高资质的勘察设计机构，这在一定程度上影响了公司总承包能力的提升。

2）产业结构有待完善。

近年来，公司加快产业结构调整步伐，非水电建设业务、国际工程承包、投资、房地产和租赁等业务发展较快，公司过度依赖传统水电建设市场的情况有所改善。但是公司目前的产业结构仍有待完善，非水电建设、国际工程承包、投资、房地产等业务在公司业务组合中占的比重偏低，仍未完全发挥支柱作用，仍需进一步加大产业结构调整力度。

3）资本金不足。

由于电力体制改革的成本尚未完全落实，公司下属各子公司资本金普遍不足，负债率较高，制约了公司的进一步发展。

4）融资手段单一。

与其他大型工程承包商相比，公司的融资手段比较单一，主要通过自身积累和金融机构信贷、发行企业债券来筹措资金，缺乏上市融资平台。公司现有的融资能力无法完全满足公司的投资需求以及开拓市场的需要。不过，这一不足有望通过公司在2010年首发上市来解决。

5）非水电及复合型的国际化经营人才缺乏。

公司现有工程技术人员大多为水利水电专业，路桥、环保、市政、工民建等非水电建筑技术人员和管理人员不足，不利于非水电建设业务的快速扩张。公司在国际化进程中，还遇到了懂技术、精通外语、熟悉国际惯例的复合型管理人员相对缺乏的问题。

2. 机遇、威胁和对策

（1）机遇。

中国经济仍保持平稳增长态势。受经济危机影响，中国经济外需走弱，中国政府出台了一系列刺激经济增长的政策，对经济整体平稳发展起到了积极的作用。根据目前的经济指标来看，中国GDP的增长速度能够保持在8%以上，未出现大的波动，能够保持平稳增长态势。

后经济危机时代有利于水电建设的发展。目前，在世界范围内低碳经济正在成为新的经济增长点，一场新的产业革命正在悄悄诞生，绿色能源发展将为水电建设的发展提供前所未有的机遇。

基础设施市场规模可观。从近期来看，国家出台的扩大内需、促进经济增长的政策给建筑业带来了巨大的市场机遇，一大批铁路、公路、机场、水利、电力等重大基础设施建设规模空前，环境保护工程和灾后重建工程投入在拉动内需的4万亿元投资中也占有相当的比重，此外，基层医疗卫生、文化教育设施以及安居工程建设投资量也很可观，这些都为建筑业提供了良好的发展空间。从长远来看，中国经济将保持持续稳定的增长，随着经济的发展，城市化进程的加快，铁路、公路、城市交通及市政设施建设都将进入快速发展期，建筑业也将迎来新一轮发展的高潮。

房地产投资市场潜力巨大。政府对房地产业采取了积极有效的政策措施，稳定房地产投资，促进其健康发展。在扩大内需的4万亿元投资计划中，约4000亿元用于保障性住房建设，占投资计划的10%。此外，中国已进入城镇化进程快速发展时期，大量人口进入城市也催生了城市基础设施建设、旧城改造、新城建设、住宅建设及相关配套设施建设等方面的市场需求。

新农村建设带来更多市场需求。新农村建设将推动农村基础设施建设、农田水利建设、住房建设、医疗卫生及教育文化设施建设，大量的基建工程将给建筑企业带来更多的市场需求。

新一轮沿海开放战略掀起建设高潮。2008年，区域经济规划接连出台，长江三角洲、珠江三角洲、广西北部湾经济、江苏沿海、海峡西岸经济区、辽宁沿海经济带、上海等沿海地区的开放战略开始推进，这些地区的基础设施建设也将加快步伐。

发展中国家工程承包市场潜力巨大，前景看好。我国工程承包企业对外开展工程承包业务的市场主要集中于发展中国家，较之发达国家，发展中国家受经济危机的影响较小，而且在发达国家经济增长乏力的情况下，世界经济的复苏依赖于发展中国家经济的增长，因此，我国对外工程承包的规模仍有望保持增长态势。

企业间的战略合作有所加强，有利于双赢、多赢。为应对竞争，建筑企业之间以及建筑企业与其他企业或者金融机构间加强了战略合作，以谋求互利互惠，共同发展。

（2）威胁。

国内水电建设市场呈萎缩状态。在经历了“十五”时期的建设高峰以及“十一五”期间的稳定增长后，水电资源开发规模将大大缩小。根据目前的水电资源开发速度，2020 年我国水电资源经济可开发量预计为 1.45 亿千瓦，未来 10 年间每年的水电开发量有限，水电建设市场规模将明显收缩。

全球经济危机的后续影响尚待观察。目前，经济危机仍在持续，对全球经济造成的连锁影响还难以准确估计。经济危机对我国经济产生的负面影响仍未消除。中国政府加大投资力度以提振经济的举措在一定时期对维持经济的增长起到了积极作用，但是其可持续性以及对经济增长的总体效果还有待观察。实体经济的实质性复苏仍需要一段时间。因此，当前建筑市场的需求增长是有条件的，建筑企业应做好应对可能面临的总量紧缩、国内和国际市场结构调整的准备。

国际工程承包市场变革的挑战。国际工程承包市场对工程承包企业的资本实力，融资能力提出更高要求，越来越多的项目要求工程承包企业带资承包。大型特大型项目的增多，也要求工程承包企业具备强大的资金实力和融资能力。此外，在国际工程承包市场，中国企业还面临来自贸易保护主义、政治军事变动、赴外职工人身安全等方面的市场风险。

国内建筑市场环境有待改善。我国建筑业仍然处于规模大、管理粗放、效益效率低的状态。在国际建筑市场竞争中，我国企业仍然是主要以较多资源、人力投入换取较低的收益。近些年，国内建筑行业经营规模持续增长，产值利润率却仍停留在 2.9%以下水平，产值利税率在 6.4%以下水平，没有增长。国内建筑市场秩序不够规范，市场法规制度不完善。虚假招投标、肢解发包、违法分包以及拖欠工程款等问题突出，现行法律法规对市场主体违法行为缺乏有效的制约和处罚机制，恶化了建筑企业的生存发展环境，制约了建筑行业的健康发展。

建筑企业兼并重组趋势加强。建筑业产业结构调整力度加大，兼并重组趋势加强。部分建筑企业出于发展需求，在政府的引导下，成功开展了重组活动。如中国港湾建设总公司和中国路桥总公司合并组建中国交通建设集团公司，中国铁路工程总公司收购益坚国际集团等，这些企业通过兼并重组提高了竞争实力和行业地位，对于公司的行业地位也带来较大的冲击和威胁。

竞争对手发展迅猛。公司在建筑行业位居前列，但是近年来主要竞争对手发展势头迅猛，有部分竞争对手不仅巩固了其在原有细分市场的领导地位而且也逐渐渗透到公司的传统优势业务，对公司构成较大的竞争威胁。

（3）对策。

巩固传统优势业务，走相关多元化道路。继续巩固水利水电传统业务的优势地位，凭借在该市场领域的丰富管理经验和技术优势，积极向非水利水电市场领域拓展，大力发展基础设施业务、房地产业务、新能源开发和电力投资等业务。

抓住后危机时代的机遇，做好产业升级转型，提高企业竞争力。全球经济在经济危机过后必然要进行调整和变革，公司要提前做好准备，加快产业升级转型，促进承包方式转型，实现工程总承包业务的可持续发展；抓住低碳经济的机遇，大力发展绿色新能源，形成新的经济增长点。

积极展开兼并重组，提高行业地位和竞争实力。抓住电力体制改革大重组和房产为非主业的央企退出房产领域的机遇，积极展开兼并重组，扩大企业规模，壮大资本实力，提高公司在工程承包领域和房地产市场的行业地位和竞争实力。

做好行业标杆，推动市场竞争秩序的规范。发挥行业领导和示范作用，依法合规经营，推动建立竞争有序、规范高效的行业秩序。

争取尽快首发上市，增强融资能力。争取在 2010 年内实现公司成功首发上市，增强融资能力，改善资本结构，为公司进一步做强做大奠定基础。

3. 与竞争对手的对标分析

股份公司与国内外对标公司主要经营指标对比见表 2。

表 2　股份公司与国内外对标公司主要经营指标对比

项目＼公司	布宜格斯（BOUYGUES）（2009 年度）	中国建筑股份有限公司（2009 年度）	中国水利水电建设股份有限公司（2009 年度）
全球最大 225 家国际工程承包商排名	3	6	31
资产总额（亿元）	339.35 亿欧元	2926	1012.28

续表

项目 \ 公司	布宜格斯（BOUYGUES）（2009年度）	中国建筑股份有限公司（2009年度）	中国水利水电建设股份有限公司（2009年度）
负债总额（亿元）	242.09亿欧元	2043	876.35
营业收入（亿元）	313.53亿欧元	2604	755.45
利润总额（亿元）	18.55亿欧元	128.8	31
所有者权益（亿元）	97.26亿欧元	883	135.92
资产负债率	71.34%	69.80%	86.57%
雇员（职工，万人）	13.40	10.79	10.15
净资产收益率	14.97%	8.25%	19.93%
全员劳动生产率［万元/（人·年）］	23.4万欧元/（人·年）	241.3	74.4

公司选取法国布宜格斯公司和中国建筑股份有限公司为对标企业，这两家公司均为知名的国际工程承包商，近几年在全球最大225家工程承包商排行榜中均占据较前位置。布宜格斯公司主要从事建筑、电信、传媒电视和公共管理业务。中国建筑股份有限公司是建筑房地产综合性企业集团，主营业务为房屋建筑工程、基础设施建设与投资、房地产开发与投资和设计勘察业务。

通过与国内对标公司（中国建筑股份有限公司）和国外对标公司（布宜格斯公司）相关经济数据的对比分析，我们可以看出，公司在以下方面存在差距：

资产规模。与对标公司相比，公司的总资产仅为国内对标公司总资产的34.6%；以2009年12月31日汇率折算，布宜格斯公司的总资产约折合人民币3318亿元，是公司总资产的3倍，与中国建筑股份有限公司差距不大。与对标公司相比，公司的资产规模偏小，资产实力偏弱。

盈利水平。由于资产规模小，公司的营业收入、利润与对标公司有较大的差距。公司的净资产收益率高于两家对标公司，这说明公司的经营质量较好。在全员劳动生产率方面，公司为国内对标公司的30.8%，为国外对标公司的32.5%左右，与对标公司有较大的差距，说明公司在劳动生产率方面有待提升。

综合管理能力。公司已经形成了较为完备的管理体制，建立了高度集权的战略管理与充分授权的经营管理相结合的经营管理模式，管理水平有了较大幅度的提升。但是，在管理理念和管理手段上，公司落后于对标公司。在大型项目的综合管理能力上，公司与对标公司尤其是国外对标公司存在较大的差距。

二、战略构想和战略定位

（一）战略构想

以邓小平理论和“三个代表”重要思想为指导，以科学发展观统揽全局，构建和谐企业，转变发展观念，创新发展模式，提高发展质量，加快改革创新，调整产业结构，铸就企业软实力，增强国际化经营能力，大力提高经济效益和运营效率，实现企业安全、稳健、科学、和谐发展。以工程建设为核心，打造“中国水电”知名品牌。完善工程建设产业链，实现产业纵向一体化；巩固水电建设市场，大力开拓非水电建筑市场；依托国内市场，开拓国外建筑市场；整合内部资源，重组外部资源，切实把公司经济发展模式转入科学发展的轨道，完成公司科学发展阶段的新任务。建成相关多元化、现代化、国际化，有较强国际竞争力的质量效益型跨国公司。

上述战略构想，可概括为：

业务转型，即从单一水电施工企业转变为相关多元化的“大土木”建设公司，以主要以水电施工为业务支撑转变为基础设施业务、国际工程承包、水电建设业务“三足鼎立”的业务组合。

产业升级，即由传统低附加价值的施工生产经营型企业转变为高附加价值的总承包经营及相关技术咨询、资产经营和资本经营型企业。

管理上水平，即由传统国有企业管理模式转变为适应市场环境的跨国公司管理体制。彻底扭转规模扩张型的粗放式的管理方式，实施精益化管理，获得超过同行竞争对手的质量水平和效益水平，逐步达到国际先进经营管理水平。

（二）公司愿景及定位

1. 使命

成为行业领先，提供全方位、高质量的工程建设和资源开发服务，核心竞争力明显的大型跨国公司。

2. 战略定位

以工程建设、电力投资、机械制造与租赁、房地产开发和其他经营性业务为主营业务，以技术、质量为竞争核心，以创新为导向，逐步提升项目管理水平和资本运作能力，积极拓展国际工程承包市场、国际投资市场和非水电市场，以资产管理、资本运营与大型项目开发运作相结合，不断在更高的层次上形成和发展更为强大的综合国际竞争能力。成为行业领先，管理一流，品牌影响力明显，具有持续成长性和较强自主创新能力，可持续发展能力和国际竞争力的质量效益型跨国公司。

具体来说，公司要成为：

行业领先：巩固并发展水利水电行业的领先地位，大力拓展其他相关建筑领域，发挥公司在国家江河湖海治理和水力资源开发中的主力军作用，逐步成为以“高、大、难、险、新、精、尖、特”工程施工为主导的，涵盖相关工程投融资、设计、监理、建造、采购、运行、咨询的工程总承包和工程项目管理企业。通过技术创新和科学管理，保持国际领先的建设成就，持续开发应用行业领先水平的科技成果，掌握拥有世界领先的先进技术和设备，拥有一支高素质的知名专家和科技创新队伍。

管理一流：建立完善以产权为联结纽带，管理科学、运营规范，符合现代企业制度要求的管理体制，构建有效的公司治理结构，规范公司治理。创建质量效益型、创新型、和谐型企业，在管理理念、管理技术、管理模式、管理方法和管理手段上达到行业一流标准。

品牌影响力显著：充分发挥“中国水电”国内国际水电建设第一品牌的影响力、美誉度，通过资产重组、联合、并购等实现“中国水电”第一品牌的放大效应，进一步提升“中国水电”的品牌价值。

具有持续成长性：以科学发展观统领全局，坚持以人为本，转变发展观念，创新发展模式，提高发展质量，构建和谐企业，通过调整资产和产权结构、产业和产品结构、组织结构、队伍结构，使企业不断增强可持续发展的能力。在经营结构、技术结构、功能结构、人才结构上加快与国际接轨的步伐，更加主动、广泛地参与国际分工和合作。实现经营理念、经营战略、经营方式的国际化。

具有较强自主创新能力、可持续发展能力和国际竞争力的质量效益型跨国公司：弥补设计和管理上的薄弱环节，全面拉近与国际化大公司在管理上的距离，技术发展和设备制造紧跟世界潮流，全面参与国际竞争，成为真正意义上的跨国公司。

三、战略目标

（一）远景规划目标

成为相关多元化、现代化、国际化，有较强国际竞争力的质量效益型跨国公司。

（二）企业发展3～5年目标

在经营规模上实现“五年翻一番，争取进入500强”的目标。即：到2011年，实现资产总额和营业收入均超过1000亿元；到2015年，在2009年的基础上翻一番，达到资产总额、营业收入均超过1600亿元，争取进入世界500强行列。

在质量效益和成长性方面领先于国内主要竞争对手，不断提升在ENR全球最大225家国际承包商中的排名，成为具有较强国际竞争力的跨国公司。

（三）三年规划期主要发展目标

1. 财务目标

2012年资产总额达到1550亿元，营业收入达到1200亿元，实现利润总额55亿元。

2010～2012年规划期主要经济指标见表3。

表3　2010～2012年规划期主要经济指标　　万元

项目 \ 年份	2010	2011	2012
主营业务收入	8518103.33	10000000.00	12000000.00
利润总额	346297.34	480000.00	550000.00
净利润	280667.42	340000.00	420000.00
净产总额	11869560.29	13500000.00	15500000.00
国有资产总量	1407273.60	1760000.00	2200000.00
净资产	1759092.22	2200000.00	2700000.00
国有所有者权益	1407273.60	1760000.00	2200000.00
主营业务成本	7360018.01	8665000.00	10400000.00
成本费用总额	8275110.24	9500000.00	11320000.00

续表

项目 \ 年份	2010	2011	2012
人工成本	732534.81	810000.00	900000.00
总资产报酬率（%）	4.81	4.80	4.80
净资产收益率（%）	16.86	17.17	17.14
成本费用利润率（%）	4.23	5.05	4.86
资产负债率（%）	85.17	83.70	82.58
国有资产保值增值率（%）	126.33	125.06	125.00
固定资产投资总额	2117927.93	1900000.00	2100000.00

注 上述指标尚未考虑公司上市和对外重组因素。

2. 主要业务发展目标

（1）继续巩固国内水利水电建设市场的地位。确保国内水利水电市场占有率65%以上。通过精益化管理，提高水利水电建设业务的利润率，为公司的产业调整提供利润支撑。

（2）进一步加大非水电建筑市场的开拓力度，重点开拓铁路、公路、桥梁、港航市场，争取较大的市场份额，提高行业地位和市场占有率。到2012年，实现国内非水电施工营业收入与国内水电建筑业务收入持平。

（3）继续加大国际市场开拓力度。进一步巩固和发展亚洲、非洲市场，在欧、美市场占据一定份额。在国内对外工程承包企业的排名中稳居前3位，成为国内建筑行业的国际一流品牌。进一步提高国际市场占有份额，提高国际业务对公司的利润贡献度。到2012年，国际营业收入力争达到325亿元，实现利润16亿元；国际经营收入占总营业收入的27.08%，利润占利润总额的比重为29.09%。积极加大国际投资市场开拓力度，引领承包模式和主业结构转型升级。同时积极尝试与探索资产经营和资本经营来支持与扩大海外投资业务，提升海外投资业务的质量与资产周转率。

（4）继续加大资源开发业务投资力度，拓展融资渠道，扩大水电、风电、水务、优质矿产资源、坑口煤电等领域的开发规模。争取到2012年，总装机容量达到1000万千瓦以上，权益装机容量700万千瓦以上。做好已投产项目的运营管理，到2012年争取投资项目的收入突破80亿元，占总营业收入的6.67%。

（5）加大房地产开发与经营。提高房地产业务对公司的利润贡献度，争取使其成为公司利润的重要支柱。到2012年，房地产营业收入争取实现70亿元，占总营业收入的5.83%。

（6）巩固并拓展水利、水电、风电、航电永久设备及施工专用设备制造市场，积极发展设备租赁业务。到2012年，设备制造业务和租赁业务收入达到25亿元。

（7）积极开展工程咨询、监理、勘察、设计业务，通过重组、兼并逐步完善工程总承包功能，使其充分发挥技术创新作用，为公司保持行业技术领先地位提供技术创新平台。

2010～2012年规划期主营业务指标见表4、表5及图6、图7。

表4 2010～2012年规划期公司各业务板块收入对比表 亿元

项目 \ 年度	2010年	2011年	2012年
水电	320.0	330.0	340.0
非水电（基础）	215.0	280.0	340.0
国际业务	210.0	252.0	325.0
电力及其他投资	45.8	60.0	80.0
房地产	30.0	40.0	70.0
设备制造与租赁	16.0	20.0	25.0
设计咨询及其他	15.0	18.0	20.0
合计	851.8	1000.0	1200.0

表5 2010～2012年规划期公司各业务板块利润对比表 亿元

项目 \ 年度	2010年	2011年	2012年
水电	13.0	15.0	15.0
非水电（基础）	3.0	5.0	7.0
国际业务	12.0	15.0	16.0
电力及其他投资	2.5	4.0	6.0
房地产	2.0	5.0	6.0
设备制造与租赁	1.5	2.0	2.5
设计咨询及其他	1.0	2.0	2.5
合计	35.0	48.0	55.0

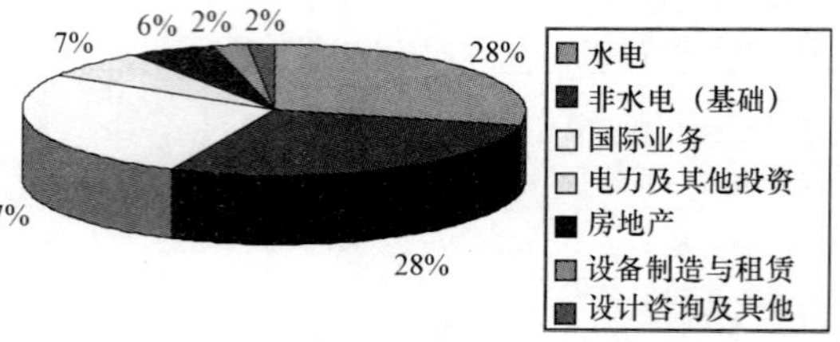

图6 2012年各业务板块收入比重图

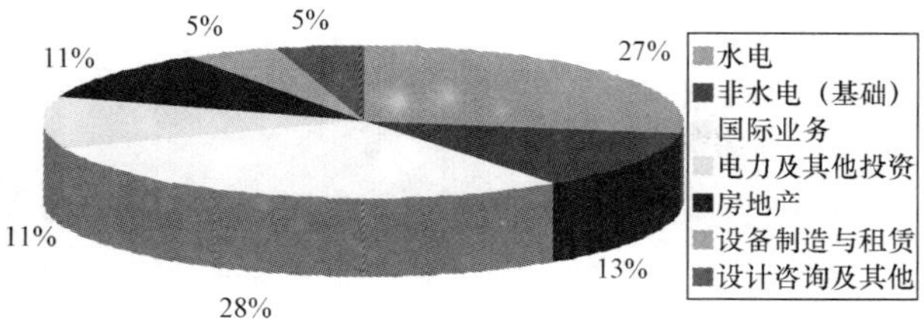

图 7　2012 年各业务板块利润比重图

3. 市场目标

巩固国内水利水电建设业务的绝对优势地位，市场份额保持在 65%左右。

非水电建设业务达到国内行业领先地位。

国际经营业务成为国内建筑行业中的国际一流品牌。

扩大电力投资业务市场份额，争取在重点区域形成规模优势。

加大房地产开发与经营，力争成为行业领先、具备较强投融资能力和品牌竞争力的房地产发展运营商。

保持水利、水电、航电永久设备及施工专用设备制造市场的国内领先地位，设备租赁业务占据国内较大市场份额。

4. 客户目标

进一步强化与核心客户的战略合作伙伴关系，逐步实现客户多元化，在区域国际市场形成自己的细分客户群。

5. 人力资源目标

按照“创新人才观念、优化人才结构、提高人才素质”的指导思路，加快推进人力资源队伍建设；努力形成与公司产业结构调整、增长方式转变相适应的总量适当、素质优良、层级合理、专业配套的人才梯队；基本建立起符合国际化、产业多元化和现代企业制度要求的人才选用、培养、评价和激励约束机制。

不断提高员工学历层次，员工年龄结构更趋合理，员工专业结构进一步改善，技术和管理类员工占在岗员工的比例达到 60%，初步实现公司由劳务密集型向技术管理密集型企业的转变。员工业务素质不断优化，水电、非水电、国际三大板块从业人员数量充足、结构合理，充分满足三大领域发展速度和规模要求。吸纳和引进包括投资、房地产、法律、经济、管理、财务和国际化人才等在内的各类优秀人才，精心打造一支数量足、结构佳、素质高的专业化运作团队。

6. 技术创新目标

建立系统完善、具有自身特色的科技创新体系，形成较强的自主研发和制造能力。技术发展紧随世界适用先进技术，保持传统主业水利水电行业工程技术的领先水平，系统掌握非水电基础设施领域重点行业先进技术，在其他非水电基础设施领域行业实现技术突破，总体施工技术水平达到国际先进水平。拥有影响力明显、具有自主知识产权的专利技术和技术品牌，保持行业发展的骨干力量和标准化的龙头地位，造就一支数量充足、结构合理的科技创新人才队伍。到 2012 年，科技投入达到营业额的 2%。

7. 节能减排目标

建立系统完善的企业节能减排组织管理、统计监测和考核奖惩体系等三大体系，不发生造成重大社会影响的重大环境污染事件和节能减排重大违法、违规事件，按期完成国务院国资委下达的节能减排考核目标，达到同行业节能减排先进水平。

8. 管理创新目标

决策机制科学，管理界面清晰，管理流程流畅，人力资源良性循环，公司资源配置合理，运作高效，有健全的考核和激励制度，形成充满活力的企业文化。注重培育企业硬实力和软实力，具有高瞻远瞩的全球战略决策能力和全球市场把握能力，按照国际惯例规范运作的全球战略管理机制和运作能力。

9. 信息化建设目标

实现公司核心业务的全面信息化，初步建成纵向贯通、横向关联、资源共享、安全可靠的信息集成平台；形成标准统一、流程清晰、职责明确、管理规范的信息化管理和支持体系；培养一支技术过硬，结构合理，能够支撑公司信息化建设与运营的人才队伍；促进 IT 和经营业务的有机融合，进一步提高信息化在企业核心竞争力、抗风险能力和可持续发展能力方面的作用。

10. 社会责任目标

按照 GB/T 19001—2000—ISO 9001：2000、GB/T 24001—2004—ISO 14001：2004、GB/T 28001—2001（OHSAS 18000）质量、环境、职业健康安全三大管理体系建立、实施并保持管理体系有效运行，确保公司不断满足顾客、社会、公众及员工的要求。

争取实现：合同履约率 100%，相关方满意度 80%以上；

预防污染，节约能源资源，不发生重大环境危害事故；

节能降耗指标达到国务院国资委要求；

控制安全责任事故，减少职业危害；

职工收入水平逐步提高，达到同行业中等以上水平。

11. 产业结构调整目标

巩固水利水电建设行业核心主业和行业领先地位，优先发展国际业务，大力开拓非水电建筑业务，积极审慎发展资源性投资业务，加快培育公司新的经济增长点，优化业务结构，形成国内水电、国内非水电、国际业务三足鼎立，工程承包产业与可再生能源产业协调发展的经营新格局。

12. 产权结构调整目标

继续建立健全各子公司的公司治理结构，深化企业体制机制改革。争取 2010 年实现首发上市，拓宽公司融资渠道。

13. 组织结构调整目标

改革公司内部管理体制和机制，适应市场需求和企业发展需要，准确定位各事业部、业务单元的功能，打造规范、高效、科学、现代的组织体系。

推进内部重组整合，通过内部整合，形成若干家年营业收入 100 亿元以上的具有较强综合实力的质量效益型骨干子公司和一批具有明显业务优势和特色的专业子公司，改变目前子公司业务雷同、内部同质竞争的状况。

14. 投资风险控制目标

(1) 资产负债率控制目标。

规划期内争取将资产负债率控制在 80%以内。

(2) 非主业投资控制目标。

规划期内，非主业资产占公司总资产的比重和非主业投资占公司总投资的比重原则上控制在 10%以内。

四、2010～2012 年规划期发展调整重点与实施计划

(一) 发展调整重点

1. 股份公司上市

争取在 2010 年完成股份公司首发上市工作。

2. 加快经营结构战略转型

加快生产能力向非水电建筑领域的转移，大力开发铁路、风电、核电、机场、港口、公路、轨道交通、水务工程、经济适用房、廉租房等非水电建筑工程承包市场，在风险可控、能力可及的前提下做强做大非水电建筑工程承包主业。

3. 加强风险管控

积极应对全球经济危机，继续贯彻实施“三控三强一确保”的综合风险防控措施。通过控制资产负债率增长，控制现金流量的异常波动，控制规模超能力无效增长，强化风险管控，强化精益化项目管理，强化非水利水电基础设施项目承包业务的市场营销，扩展市场需求及发展空间，确保公司持续稳步发展。

(二) 发展计划

1. 体制、机制创新计划

(1) 实现首发上市，深化现代企业制度建设。

做好首发上市的各项准备工作，争取 2010 年内实现股份公司上市。

遵照《中华人民共和国公司法》、《中华人民共和国证券法》、《上市公司治理准则》等法规，修订完善公司的各项规章制度，规范公司运作，明晰法人治理结构。进一步健全完善各子公司的公司治理结构。适时在工程局有限公司开展董事会、监事会试点工作。

(2) 进一步推动内部重组整合工作。

研究推进子公司层面的重组整合的实施方案，力争在 3 年内基本完成子公司的调整整合。继续研究内部整合、提升、新建科研设计企业的方案，夯实公司科技创新战略实施平台。

(3) 创新资源配置方式，构建集团化、社会化配置资源的强大能力。

适应公司战略转型需要，树立集团化、社会化配置资源的理念，创新资源配置方式。在施工作业和工程履约领域，大力开展以培育工程分包战略合作伙伴和推行架子队管理模式为主要内容的作业队伍管理模式创新工作，进一步利用好社会资源，创新劳动用工管理的体制与机制。

进一步推行架子队管理模式创新工作。把推行架子队管理模式工作纳入每一个新中标工程项目的前期策划，加快培养一批合格的架子队队长、工班长等架子队骨干人员，加强架子队管理制度的研究和集成。

进一步构建公司、工程局有限公司两级设备物资集中采购招标、租赁、调剂平台，降低采购成本，提高设备利用率，实现规模采购效益，促进资源共享。

2. 组织结构调整计划

(1) 根据公司上市的要求设置组织机构，建立健全公司治理结构，明晰产权关系，理顺管理体制。

(2) 培育以基础处理、桥梁、高速公路、机场、铁路专业施工为主的核心子公司，逐步形成专业技术领先的专业化明星子公司，减少同业竞争。

(3) 整合金属结构制造等业务，转移过剩生产能力。

(4) 逐步开展水电施工业务整合，进一步提升传统业务的竞争力。

(5) 进一步规范完善子公司公司治理结构，提高管理效率，提升管理水平。

3. 产业和产品结构调整计划

(1) 工程咨询与设计业务。

1) 发展目标。

整合资源，积累经验，增强工程项目咨询、设计、能力。

2) 发展措施。

通过投资、股权收购或兼并重组工程咨询与设计机构等方式，增强工程咨询、设计实力。

整合公司所属子公司的工程咨询与设计力量，组建公司直属的工程咨询与设计机构。

(2) 设备制造与租赁业务。

1) 发展目标。

做强做大，完善产业链条。盘活存量资产，优化设备资源配置。

2) 发展措施。

推动国内国际两个市场大型专用设备调剂和租赁经营双平台建设工作，科学管控增量、有效管控存量。

盘活公司沉淀的设备资产，实现大型专用设备一对多的服务模式，提高设备利用率，降低子公司资产负债率。

大力发展融资租赁，形成经营租赁和融资租赁协同发展的经营格局。

(3) 房地产开发业务。

1) 发展目标。

在风险可控的前提下，加快做好、做强、做大房地产业务，使其成为承担支撑公司利润增长的主要板块。

2) 发展计划。

产品结构计划。根据自身比较优势，以普通住宅、保障性住房为主，有选择的开发高档住宅、商业、酒店及城市综合体等高附加值经营性物业。

区域布局计划。以北京及环渤海经济圈为核心，以成渝、武汉、长株潭、海西等地区为发展重点，稳固并深耕已布局区域市场，逐步扩大其他区域战略布局。

资本计划。逐步打造与资本市场对接的投融资平台，同时积极谋求与其他非房地产主业的央企合作。

3) 发展措施。

抓住中央企业布局结构调整的机会，创造条件整合优质外部资源，研究创新商业模式，做强做大房地产板块。

加大优质土地储备开发力度，重点加强对区域性土地资源的系统性研究，挖掘资源，拓展项目。加强与地方政府的合作，协助其完成土地规划、基础设施建设等土地一级开发工作，通过实施 BT 项目等方式，换取优质土地资源。

充分发挥子公司所在地的地缘、人缘优势，引导和鼓励有能力的子公司参与到房地产业务板块中来，使“中国水电地产”品牌在房地产领域进一步彰显。

4. 积极参与环渤海与海峡西岸经济建设

充分调动公司在天津、福建的人缘、地缘等比较优势，成立专门的工作机构和工作班子，加紧研究开发环渤海与海峡西岸经济区的有关政策措施，积极参与环渤海与海峡西岸的基础设施建设任务，争取在这一轮发展中形成一定的产业规模优势，使环渤海（天津）与海峡西岸市场（福州、厦门）成为公司两个规模和效益新的增长板块。

5. 投资与融资计划

(1) 投资计划。

1) 发展目标。

充分挖掘投资机会，有序扩张投资规模，不断开拓新的潜力市场，谋求长期稳定的投资收益和资产升值，提高抗风险能力。

2) 发展措施。

加大水电开发力度。利用水电建设行业优势，争取在规划期内获得若干较大型水电项目的开发权。

根据国际业务发展的战略需要，结合国家相关政策，以控股或者参股的形式开展境外稀缺矿产资源开发，有效带动国际工程承包、主业投资，实现“矿电并举”。

加大节能减排投入，打造节能环保型企业。借国家产业升级实现节能减排战略目标的有利时机，加大投资开发风能等可再生清洁能源的力度，打造公司新能源产业。

形成风险适中，效益较高的投资组合。改变投资品种单一的局面，形成电源项目、水务、房地产、基础设施等多行业、多种类的投资组合，以分散风险，提高投资效益。

加大短期投资力度。以短期投资获得的投资回报来降低长期投资带来的投资成本压力。

建立良好的项目投资退出机制以实现投资运作的良性循环。

规划期公司重大投资计划见附表 4-1（略）。

(2) 融资计划。

建立与公司经营规模、资本实力、融资能力、管理能力相适应的融资管理体系，逐步实行融资集中统一管理，加强融资能力调控。

加强银企高端合作，创新融资方式、探索融资渠道的多元化，多渠道提高直接融资比重，构建更加稳健、合理、经济的融资结构。

通过合资合作，控股参股等方式，广泛吸纳社会资本，以增强国有资产的渗透力和支配调控能力。

加大资金集中管理力度，加快资金融通，严控对外担保，审慎安排资金投放，留足资金头寸。

制定符合上市公司监管规则的资金管理办法，完善内部控制制度；继续强化资金集约化管理，深化资金管理体制和业务创新。

6. 技术创新与科研开发计划

保持水利水电行业工程技术的领先水平，继续开展水利水电先进技术研究，继续围绕大型、特大型水利水电工程，针对世界级高坝、大库容、大容量水电站以及复杂地形地质及恶劣气候条件下建设水利水电工程的关键技术，围绕水利水电工程的全局性、关键性技术问题，进行重点攻关，保持在水电施工领域的技术领先地位。

面向紧迫需求，系统开展非水电基础设施重点领域关键技术研究。围绕公司产业结构调整需要，在非水电建设领域业务规模大、市场潜力大、技术要求高的重点发展行业，如铁路、公路、市政、工业与民用建筑、机场场道、疏浚与吹填等，加大科技攻关与开发力度，通过系统研究和工程实践，掌握其关键技术，总体达到先进水平。

超前部署，开展非水电基础设施其他领域技术储备研究。对具有一定市场潜力和开发前景的非水电基础设施其他行业，如港口码头、海上与潮间带风电、核电、火电、矿山等，积极开展技术储备研究，重点突破专业技术，紧跟市场经营步伐，发挥引领作用。

有效整合公司科技资源，对于事关公司发展的重要领域、涉及行业与公司技术进步的共性前沿技术和具有重大影响的工程项目设立公司重大科技专项。逐步提高发明专利在有效知识产权中的比重。

7. 节能减排计划

制订节能减排管理手册，规范统计方法和检测手段，建立节能减排考核机制，实施节能减排定额管理，在节能减排重点领域形成一批具有自主知识产权的“四新”技术，基本实现企业设备和工艺的现代化、规模化，全面提升节能减排技术水平和生产效率。

8. 信息化建设计划

大力推动主营业务信息化建设工作，大幅提高主营业务信息化的覆盖面，进一步提高项目管理的科学化、标准化、规范化和精益化水平。

完善功能，深化应用，强化集成，资源共享，加快信息系统集成化建设，进一步促进信息化在执行层、管理层、决策层与管理模式、管理流程的全面融合。

加强数据采集平台、数据交换平台和数据中心建设，充分利用信息系统积累的丰富数据资产，做好决策支持系统的建设工作。

9. 国际化经营计划

（1）发展目标。

稳步实施国际投资项目。进一步巩固和发展亚洲、非洲市场，在欧、美市场占据一定份额。在国内对外工程承包企业的排名中稳居前3位，成为国内建筑行业的国际一流品牌。

（2）发展计划。

在国际经营中，坚持“三个服务”的原则，即服务于国家的政治外交、服务于国家的资源战略、服务于集团公司的发展需要。

创新跨国经营的管理体制和经营模式，逐步培养并形成具有咨询、设计、项目管理、售后服务等综合功能和建设工程的总承包能力。

在开发国际市场的过程中，逐渐形成与国内外工程设计、咨询单位的长期稳定的合作关系，并吸引设计、咨询单位等外部投资者。

开展高层商务及重大营销活动，利用国家出口信贷政策和支持带资承包政策，加大融资项目市场开拓力度。

继续以政府资金为主线，以国家战略资源为导向，集中配置市场营销资源。针对我国政府资金投向，对有潜力的市场加强营销资源配置。

加强区域业务总部建设，市场前移，深度开发非洲和东南亚市场，重点拓展中东、中亚市场。

创新优化国际业务管理制度体系，理顺经济关系，充分调动各子公司的积极性，大力推进各子公司参与竞争性项目的自主投标。

大力开拓铁路、港口、机场、工民建等市场，拓展基础处理市场。

加大对国际项目投资力度，形成差异化经营，以投资来拉动公司的工程承包业务。

10. 人力资源计划

进一步推进人力资源开发与管理工作中的制度创新和机制创新。通过引入市场机制，把传统人事管理调整到整体性人力资本开发上来。制订和完善吸引、稳定人才的激励政策；建立各类人才库和后备人才储备库；建立科学的人才测评体系、绩效考核指标体系和按需培训机制；建立有利于各类优秀人才发挥作用的用人机制；形成讲实绩、重贡献的分配机制，逐步推进人力资源开发与管理的规范化、制度化。

11. 企业风险管理计划

围绕总体发展目标，通过在企业管理的各个环节和经营过程中执行风险管理的基本流程，培育良好的风险管理文化，建立健全全面风险管理体系，以对重大风险、重大事件的管理和重要流程的内部控制为重点，积极开展全面风险管理工作。

努力实现以下风险管理总体目标：一是确保将风险控制在与总体目标相适应并可承受的范围内；二是确保内外部，尤其是公司与股东之间实现真实、可靠的信息沟通，包括编制和提供真实、可靠的财务报告；三是确保公司遵守有关法律、法规；四是确保公司有关规章制度和为实现经营目标而采取重大措施的贯彻执行，保障经营管理的有效性，提高经营活动的效率和效果，降低实现经营目标的不确定性；五是确保公司建立针对各项重大风险发生后的危机处理计划，保护公司不因灾害性风险或人为失误而遭受重大损失。

12. 企业文化建设计划

到2015年建成公司企业文化创新工程，实现公司“三化一型”的战略目标。本规划期内主要开展发布宣传和深化延伸工作。

公司企业文化创新工程分三步实施：

第一步（2008～2010年）：发布宣传阶段。

公司文化已于2008年正式发布，公司文化总体表述为：在公司发展进程中，坚持自强不息、勇于超越的企业精神；追求为股东创效益、为社会担责任、为员工谋幸福的核心价值观；秉承顺势而变、诚信守诺、科技领先、管理图强的经营理念；广大员工恪守诚信、尽责、坚韧、团结、创新的行为规范；共同努力，建成相关多元化、国际化、现代化的具有较强国际竞争力的质量效益型的大型跨国公司，实现共同愿景。

通过会议、新闻宣传、印发文件、宣贯手册等多种形式，广泛宣传公司企业文化，使其覆盖各子公司、项目、员工各个层面，使公司的共有价值观得到全体员工的认同，并以此规范自己的行为。

第二步（2011～2013年）：深化延伸阶段。

执行“三统一、三放开”的原则，即公司的企业精神、核心价值观、企业标识必须高度统一。各子公司可根据自身特点和不同情况，对企业愿景、经营理念、员工行为规范等三个方面进行补充、细化和丰富，以适应企业管理和生产经营需要。

抓好公司企业文化的分支文化和基层文化。坚持“有总有分，先总后分，总分结合”的形式，公司文化对分支文化、基层文化是原则包容关系，同时实现分支文化和基层文化对公司文化的补充、细化和丰富。公司文化的横向延伸，即努力做好企业的质量文化、安全文化、廉洁文化、营销文化、总部文化、项目文化、小区文化等分支文化的建设。纵向延伸，即做好公司文化向各子公司、总部、项目、小区的延伸，坚持重心下移，推进文化理念向一线和基层延伸，使公司文化深入人心，落地生根，开花结果。

第三步（2014～2015年）：主题实践活动阶段。

通过“内化于心、固化于制、外化于形”，使企业文化深入人心，加强员工对公司企业文化的认知度。

内化于心，即采取学习培训、媒体传播等多种方式，普及企业文化，使企业文化覆盖公司各个层面，每个岗位和每个员工。

固化于制，即抓好制度建设，将文化理念融入各项规章制度之中，实现管理制度与文化理念的对接、融合，把文化的倡导力和制度的刚性执行力结合起来，形成合力。

外化于形，即培育行为文化，通过编制企业文化人格化代表的文化故事，开展各种企业文化的主题实践活动，使企业文化转变为全体员工的自觉行动。

加强企业文化阵地建设。搞好企业文化的外部形象策划工作，宣传公司品牌和企业标识，提高企业的社会美誉度。开展员工喜闻乐见的文化体育活动，丰富员工文化生活，提升员工文化素质。

五、战略措施

根据公司的战略定位和发展方向，公司以结构调整，优化资源配置，加大基础设施市场开拓，优先发展国际业务，巩固国内水电市场，提高自主创新能力，实施稳健审慎的投资策略等作为公司的核心发展战略；资本运营和内部有机增长作为保证发展战略顺利实施的手段，与公司的核心发展战略互为补充互为促进，形成具有公司特色的竞争优势。

（一）推动结构调整，优化资源配置，完善产业链条

调整业务结构，优化资源配置，实现产业结构的合理布局，做强做优核心业务，提高核心竞争力和经济效益。公司结合国家政策和市场竞争需要，确定并实施与公司战略目标相匹配的业务重组战略，积极推进公司内外部重组。

规划期内做到：一是以完善产业链、促进产业升级为目的，加强科研院所并购重组工作，提升公司的技术水平和创新能力；二是利用公司品牌优势，兼并重组公司外部企业，与相关企业建立战略联盟

或开展战略合作；三是做好上市准备工作，争取2010年择机上市；四是积极研究基于获取人才、技术、管理经验为目的的海外并购战略，有选择地兼并、收购符合公司战略发展需要的国外企业，引进国际一流的人才、技术和管理经验，提高国际资源配置能力，获取战略性资源，提升国际经营层次，推动公司国际化进程；五是以经营结构优化调整和战略转型为主线，创新管理体制。健全适应经营结构优化和战略转型的组织结构，通过内外部重组、整合，打造铁路等基础设施工程承包专业队伍；六是按照突出主业、形成特色、分类调控、集团协同的原则，引导子公司加快战略转型步伐，着力培育专业特色明显的子公司，打造专业品牌企业，逐步改变子公司业务同质化竞争的局面；七是巩固子公司改制成果，提高子公司的公司治理水平。

（二）加大对基础设施建设市场开拓力度

在中国政府实施的4万亿投资计划中有相当大的比例用于对铁路、公路、城市轨道、水利设施、城市和农村电网设施等基础设施领域的投资，由此可以预计在本规划期内国内基础设施建设市场的需求将是非常可观的。加大对公路、铁路、城市轨道交通等基础设施建设市场的开拓力度，是公司规划期内产业结构调整的重点。

围绕“大集团、大土木、大市场、大品牌”的经营理念开展市场营销，加大对基础设施建设市场尤其是高端市场的开拓力度，努力扩大市场份额，培育和形成新的经济增长点，增强公司的抗风险能力和可持续发展能力。规划期内要做到：一是发挥公司大土木工程施工主业优势，在巩固国内水电市场领先地位的同时，集中优势资源，大力开发铁路、公路、市政三大主要市场以及城市轨道交通、机场、房建三大专业市场以及近几年国家投入较大的油、气、粮战略储备建筑工程、国家军事基地建筑工程等非传统主业市场。二是继续健全股份公司、子公司的两级基础设施业务营销体系，构建立体式的市场营销体系，确保获取更多的市场份额。三是调整公司基础设施业务的投资方向，加强投资引领作用，减少常规性项目投资，提高“高、大、难”型项目的投资比重。同时，通过投资城市轨道交通、过江通道、过河通道，培育公司城市轨道和盾构专业化施工竞争力；通过投资城市给排水管网，培育公司水务工程专业施工力量。四是大力开拓铁路建筑市场。以建设京沪高铁项目为契机，加快形成适应铁路建设的经营模式、经营机制，形成技术优势，承揽更多的铁路项目，承揽和建设能起到标杆作用和具有品牌影响力的项目，力争在铁路市场占据较高的市场地位和较大的市场份额，成为铁路建设劲旅。五是创新基础设施建筑业务的管理体制、运作机制。加强公司基础设施事业部的功能建设，建立对基础设施业务集中管控的制度，培育基础设施业务的核心竞争力。六是加强基础设施业务资质建设，不断丰富资质内容、提升资质水平。七是加强基础设施建设专业技术人才引进和培养。重点培养、引进市场营销、项目经理等基础设施业务中高级经营管理人才。八是适应基础设施建设市场要求，调整项目管理体系、分包管理模式和成本核算模式，进一步提高专业化管理水平。九是建立公司非水电建筑业务营销数据库，实现公司内部非水电建筑业务资源共享。十是支持和鼓励子公司加强市场、资质、业绩、人员、设备、技术、资金等方面的合作，共同承揽、建设非水电项目。

（三）优先发展国际业务

目前，公司在全球水利水电建设市场占有50%以上的市场份额。公司国际经营业务承揽合同已占到公司新承揽合同金额的1/3，完成营业额占到公司总营业额的24%，完成利润占到公司利润总额的60%以上，国际经营业务已经成为应对金融危机、确保公司持续发展的重要支柱。

继续实施稳健的国际业务优先发展战略，在业务组合中突出国际业务的重要地位，继续扩大国际经营规模、提升国际经营层次和国际经营质量，提高国际营业收入占公司总营业收入的比重，增加国际营业利润占公司总利润的比重，将国际业务发展成为具有较强国际竞争力，较高创利能力的业务。

一是调整优化国际经营管理体制和管理模式。结合国际业务发展的新形势、新特点，创新国际业务经营体制、模式和机制。强化公司对国际业务的战略管控，管控重点在于营销规划、营销网络、资源统筹、项目履约指导和服务、督察、重大合同风险、财务风险和经营风险管控等方面。推进国际区域总部建设，逐步建立适应跨国公司管理要求的组织结构。二是调整国际市场营销策略。考虑到全球经济危机的影响，规划期内将集中优质资源深度开发有较高、较稳定回报的优质市场，大力推动政府互惠项目、合作项目、双优项目；暂缓进入市场风险较高以及管控能力不及的市场。在市场区域上，巩固亚洲传统市场，深度开发拓展海湾六国市场，全力开拓非洲市场，尝试开发美洲市场，形成规模化的国际市场项目群。三是在巩固国际水利水电工程承包市场领先地位的同时，向非水电建筑承包市场如水电资源、矿产资源、建材生产、环保产业等领域延伸。四是继续积极稳健开展国际资源性项目投资和国际优质企业购并业务，加快形成以工程承包为核心业务、资产经营为重点的国际经营产业结构。五是高度重视国际业务经营风险，防范和控制公司国际业务可能遭遇的各种风险，建立起全面风险管理体系。对国外项目风险源进行排查，制订相应的风险应急预案，做好落实实施工作，切实防控系统性经营风险。六是抓好在建工程管理，确保工程项目良好履约，保证项目预期收益，巩固和强化“中国水电”第一品牌形象，进一步增强国际业务持续发展能力。七是加大国际业务人才的开发力度，培养和造就一支复合型的国际业务人才队伍，推动国际化战略的全面实施。加大对国际业务人才的吸引、培养、选拔、培训力度，在薪酬分配制度上向稀缺性的国际人才资源倾斜，在区域营销机构设立和项目运作上积极推进人才使用的国际化、本土化。八是加强和国内涉外政府部门的合作，增强沟通能力，加大对外国政府、议会公关力度，降低政治风险。

（四）继续巩固国内水电建设市场的领先地位

目前，国内水电建设市场已呈明显萎缩的态势，水电建筑产能过剩，公司传统主业水电建设业务的经营面临较大挑战。

在规划期内，一是继续巩固和保持国内水电建设市场的市场份额和市场领先地位，逐步整合水利水电建设业务资源，进一步提升该业务板块的竞争能力和盈利水平，争取在全球市场获取更大的水利水电业务订单，继续巩固保持在世界范围“中国水电建设第一品牌”的行业排头兵地位。二是逐渐调整水电主营业务的结构，加强对水利资源建设工程市场和以水资源开发利用为核心的国土综合整治投资市场，为保持水利水电业务增长开辟新的增长点。三是继续加强对国内水电建设市场的战略统筹，避免恶性竞争，严格控制经营风险尤其是垫资风险，同时恪守企业社会责任，不将外部经营风险传递到下游的分包商和民工。四是强化对水电建设项目的精益化管理，提高在建工程项目的收益率，确保获取持续稳定的收益。五是加快变革创新传统的水电经营模式，加快调整组织结构、营销体系、管理模式、经营策略、人才结构，促进业务转型，加大水电建设高端市场开拓的同时，积极主动加快业务转型。

（五）大力发展房地产业务，不断提高房地产业务的市场份额

房地产市场经历了金融危机引发的市场剧烈波动后，面临土地供应资源日益紧张、行业发展区域不平衡和行业公司分化更加突出的特点。公司的母公司是国务院国资委核准的16家房地产为主业的央企之一，因此，公司要带头维护房地产市场秩序，履行好社会责任，提供优质价廉的房地产；同时要抓住中央企业布局结构调整的机会，创造条件整合优质外部资源，研究创新商业模式，做强做大地产板块。

一是与公司相关产业协调、谋求与地方政府的深度合作，开展规模较大项目建设和土地开发项目，分享城市化进程带来的市场份额。

二是积极谋求与非地产主业央企及其他战略投资人的相关合作，努力扩大资产规模；通过打造与资本市场对接的平台，增强投融资能力。

三是通过完善内部管理，打造核心能力，在公司所属房地产公司引领下，引领有条件的相关子公司开展地产开发业务，扩大房地产板块的经营规模，增大利润贡献。

（六）提高科技创新能力

认真贯彻党和国家建设创新型国家的战略决策，增强公司技术创新的主体意识和责任，深入实施“科技兴企”和“人才强企”战略，加快技术创新步伐，提高自主创新能力，积极推进创新型公司建设。

一是大力推进“股份公司统筹领导，以两级公司技术中心为主导力量，以设计科研单位为骨干，依靠两级科技委员会智力支持，走产、学、研合作之路，发动全体科技人员共同参与”的公司科技创新体系建设，形成符合工程承包公司特色的科技创新体系。

二是大幅度提高科技投入，按照“总部设立专项资金、子公司配套投入、项目资源共用”的原则，发挥公司和子公司两个层面的积极性，保证科研项目的资金投入。把企业的科技创新工作和国家、社会、行业发展的需求紧密结合起来，积极争取国家、行业的科技项目，与社会力量密切合作，努力实现科技投入的多元化。

三是不断创新和完善公司科技工作的管理体制。健全和加强公司科技管理组织体系，明确管理部门和管理岗位，加强管理力量，提供强有力的组织保障。完善科技创新组织体系，以公司技术中心建设为重点，理顺组织关系，明确管理责任与经济责任，真正发挥技术中心的作用。做好科技创新管理工作，以科技考核为抓手，以科研项目管理为主线，实现科技创新的全过程管理。

四是以激发科技创新活力、提高科技创新能力为目的，进一步加强科技创新机制建设。进一步完善科技投入机制，建立多层次、多渠道的科技投入机制，完善科技投入统计制度。进一步完善科技工

作激励约束机制，通过建立科技管理与创新责任制，加强科技考核工作，坚持科技奖励制度，激发科技工作者的创新激情。进一步完善科技工作评价机制，规范开展科技考核工作，准确评价子公司科技工作，坚持项目成果鉴定、验收的专家评估制，科学评价科技成果。坚持公司科技成果的企业共有属性，尊重科技工作者的劳动创造和成果创新单位的知识产权，构建公司科技成果有偿共享机制，发挥公司科技工作的规模效益。

五是深入实施知识产权战略，将公司的知识产权工作与公司改革、机制创新相结合，与结构调整、产业升级相结合，与企业开拓市场、经营发展相结合，与技术创新、提升自主开发能力相结合，以创造为核心，应用为关键，管理与保护为基础，大力增强企业核心竞争力。

深入实施标准化战略，积极参加国家、行业标准的编制修订工作，把公司的技术成果编入标准规范，引导行业技术发展；继续开展企业工法、技术标准、技术手册的编写制定工作，推动企业技术管理标准化；继续推动水电技术标准国际化工作，支持水电企业实施走出去战略。

六是始终坚持科技为经济发展服务的原则，继续推动公司科技成果推广与转化工作。制订有效的政策和措施，从根本上解决成果研发单位和应用单位两方面原动力不足的问题，推动公司内部成果有偿共享工作；继续以成果宣传推广、锻炼人才为目的，开展国内国外、公司内外形式多样的科技交流工作。继续开展企业技术标准、工法、重点新技术的总结应用工作，集成推广公司的“四新”技术。

七是积极推进工程科技管理信息化工作，以建设工程项目管理和科技管理信息为重点，构建公司网络化知识共享体系，提高科技资源网络化共享和利用效率。通过科技成果转化服务平台建设，完善科技成果信息服务体系。

八是深入实施“人才强企”战略，把科技人力资源作为最重要战略资源，紧紧抓住培养、吸引和用好人才三个环节，不断创新科技人才工作体制机制，营造有利于创新人才成长的良好环境。完善公司科技创新人才结构，重点造就一批代表行业水平的专家，一批刻苦钻研、献身求实的专业人才，一批能够直接将成果转化为生产力的高技能人才。

九是积极营造科技创新的政策环境，把创新文化作为企业文化的重要内容，秉承“自强不息、勇于超越”的企业精神和“顺势而变、诚信守诺、科技领先、管理图强”的经营理念，大力倡导敢于创新、勇于竞争、宽容失败、追求成功的精神，为科技创新提供良好的人文环境和文化氛围。

（七）加强节能减排管理

认真贯彻党和国家建设创新型国家的战略决策，切实履行企业节能减排的主体责任，建设资源节约型和环境友好型企业。

一是建立健全公司节能减排组织管理、统计监测和考核奖惩体系等三大体系。将节能减排管理组织延伸到各级组织和项目，确保组织保障；规范统计方法与检测手段，提高统计监测水平；建立奖惩机制，严格考核评价工作，开展创优评先活动。

二是加强管理制度体系建设，夯实节能减排定额、计量、统计等基础管理工作，大力开展宣传教育工作。

三是加强节能减排专业队伍建设，建立健全节能减排教育和培训制度，落实企业负责人、节能减排监督管理人员、节能减排重点岗位人员的培训制度。

四是加大节能减排专项投入，大力推广“四新”技术，淘汰落后工艺设备，开展节能技术研究，支持子公司技术改造，建设节约型企业。

五是调整产业结构，优先开发水电、风能等可再生清洁能源。

（八）科学规划，强化管理，加快信息化建设步伐

充分认识信息化的重要性，紧紧围绕公司战略目标和企业实际，做好信息化建设规划工作；进一步完善信息化组织机构，加强信息化人才队伍建设，切实加大信息化建设投入力度；加强信息化绩效考核，促进信息化协调、有序、健康发展。

（九）实施稳健、审慎的投资策略，切实提高投资项目的管控水平

为应对经济危机，公司在规划期内将实施稳健、审慎的投资策略。一是严格贯彻国务院国资委的要求，做到“三个不投”，即不投无法全过程控制风险的项目，不投回报率低于行业平均水平的项目，不投不符合国家产业政策导向和公司主业的项目。二是提高战略性投资项目的评审标准，审慎决策。合理安排资本性支出规模与结构，严控投资总规模，严控非核准项目的投资、严控非主业项目的投资，严控非经营性资产的购置与新建。三是加强境外投资管理。加强境外投资财务监督、审计和监察监督，切实防范境外投资风险。四是进一步完善投资后评价、考核、激励和责任追究制度，降低投资风险。五是加强投资项目建设与经营管理。加快项目开发、建设进度，缩短项目建设、投产周期，尽快获取投资收益。加强项目管理，严控投资项目成本费用，

拓宽融资渠道，降低融资成本，确保在建项目顺利实施。采取措施降低已投产项目的运行成本，取得最佳经营效益。确保投资业务有序可控，良性循环，持续发展。六是关注国家政策和市场发展趋势，适时调整房地产开发计划，确保在建项目的开发建设和资金回笼，防范经营风险。七是抓住国家电力结构调整、打造4个千万级风电开发基地的机遇，积极稳妥推进新项目开发，同时做好已投产项目的管理工作。

（十）以五项措施为抓手，全面推进人才队伍建设

以"事业吸引人、岗位造就人、政策激励人、培训提高人、情感留住人"五项措施为抓手，全面推进人才队伍建设，重点开发"经营管理、专业技术、专门技能"三支人才队伍，进一步激发人才潜能，提高劳动生产效率，为实现公司战略目标提供坚实的人才保障。

一是做强做大，用事业吸引人。不断拓展公司业务，为员工创造更多的职业发展机会，增强公司对人才的吸引力。用1～2年时间，在完成职位序列梳理的基础上，建立"纵向畅通、横向互通"的员工职业生涯发展体系，切实解决各类人才职业发展通道问题。用2～3年时间，建立基于公司品牌的统一招聘平台，规范招聘流程、整合招聘渠道，形成公司和子公司分工明确、协调有力的分层次专业化招聘体系。

二是竞争择优，以岗位造就人。用2～3年时间，全面完善竞争上岗、择优录用机制；扩大市场化选人范围，敢于善于使用公司外人才；进一步加大公司内部人才交流力度，在交流中培养锻炼青年骨干；积极探索"协议用人、不求所有、只求所用"的灵活用人模式，降低人才使用成本，提高人才使用效率。

三是完善制度，用政策激励人。用2～3年时间，在逐步实现差别化管理、个性化考核的基础上，建立以岗位价值为基础的岗位绩效工资体系，实现"岗变薪变、绩高薪高、动态调整、市场接轨"。用2～3年时间建立人才流失的预警机制，完善对核心人才的倾斜激励制度，稳定留住骨干人才。用1～2年时间，建立起人才工作的领导目标责任制，把培养、吸引、用好人才列入各级党政领导班子的任期目标和重要考核内容，保障各项人才工作落实到位。

四是重视教育，用培训提高人。用1～2年时间构建起覆盖全员的分类培训体系，以"培训与使用结合、培训与待遇结合"为抓手，开展以能力素质模型为基础的定制式培训。加快区域化培训基地建设，加快虚拟网络学院建设，实现公司内部知识经验的共享，构建学习型组织。

五是建设企业文化，用情感留住人。用2～3年时间形成公司统一的人才理念，努力形成"尊重知识、尊重人才"的良好氛围。重视精神鼓励，积极推行情感管理和细节关怀，通过关注员工"工作家庭平衡"，建立领导人定期沟通制度、项目机关两地轮岗制度，用心营造"情感留人"的良好氛围。

（十一）品牌建设

以品牌作为发展的旗帜，使公司的有形和无形资产通过品牌这一载体集中体现。品牌战略的实施主要在以下方面：一是提高的品牌影响力和知名度。以统一规范的标识和形象开展市场经营，加强外部宣传力度，通过各种媒体（广播电视、报纸杂志、网站、年鉴史志等）、各种渠道宣传品牌，强化客户对"中国水电建设"（SINOHYDRO）的心理认知和品牌忠诚度。二是创精品、名品工程。以优质的工程获得市场和客户的认可，赋予品牌优质的内涵，提高无形资产的价值。三是发挥公司的品牌、管理优势，利用无形资产实施重组扩张。通过兼并、收购等方式吸纳一批相关企业。四是加强对品牌及相关的无形资产的管理，强化对无形资产的保护意识，用法律来维护和保障无形资产的安全和利益，争取市场竞争的主动。五是发挥品牌的协同效应，在基础设施建设、房地产等业务领域，塑造和提升品牌价值。

（十二）加强全面风险管理，增强公司风险管控能力

规划期内要将应对危机、防范风险作为一项重要的任务，重点做到：一是加强国际经营风险防控。持续跟踪项目所在国的经济发展趋势特别是金融体系运转状况，重点防控银行和业主支付能力、资金、汇率、保函和担保、安全、履约等方面的风险。排查海外在建项目的系统风险源，明确项目风险类别和级别，分析评价风险，确定风险预警线，制订应急预案。避免涉足高风险和管控能力所不能及的市场、项目。加强国外应收款的回收力度。采取风险承担、风险规避、风险转换、风险对冲、风险补偿、风险控制等风险管理工具，最大限度上维护企业的利益，切实减少金融危机对海外经营活动的冲击。二是积极防范财务资金风险。加强现金流量监控，控制资产负债率的增长，防止出现资金链断裂风险。发挥预算管理对风险防范的积极作用。加强资金风险的预警监测。加大资金集中管理力度。加大应收账款催收力度，加快资金回笼。三是严格控制经营规模无效增长。坚持质量效益型的发展策略，在确

保质量效益的前提下拓展市场领域，实现规模适度增长。限制高负债、运营资金不足、项目管理水平不足的子公司超越负债能力扩大再生产。四是加强对在建项目的精益化管理。努力克服施工项目制度建设、经营管理中的突出问题和薄弱环节，彻底扭转无序粗放的经营模式。健全完善项目经营业绩考核制度，层层分解落实业绩目标并严格奖惩。加大项目管理模式的集成推广，创造、推广“中国水电”项目管理新模式。五是加强公司的风险管控职能。加强对子公司管理思路、管理体制、经营机制、业绩考核制度和落实公司发展战略程度的评价、考核。加强内控机制和企业法制建设。以建立健全企业法律风险防范机制为出发点和落脚点，构建以总法律顾问、法律事务机构、企业法律顾问为主轴的法制工作体系，完善法制工作长效机制。充分发挥法制工作的基础性、保障性作用，强化法制工作的预防、控制、补救和评价功能。深入开展经营行为法律审核工作，优化法律风险防控措施，确保法律管控与经营管理有机结合。保障企业法律风险充分防范，促进企业经营管理持续规范。

（十三）强化安全质量管理

秉承“科学管理、保证质量、诚信守法、安全环保、预防为主、持续改进”的方针，按照GB/T 19001—2000—ISO 9001：2000、GB/T 24001—2004—ISO 14001：2004、GB/T 28001—2001（OHSAS 18000）质量、环境、职业健康安全三大管理体系要求，不断强化全体员工的安全质量意识和企业的安全质量保障水平，进一步完善安全质量管理制度，提高安全质量管理队伍素质，建设和应用好安全质量信息管理系统，全面推进安全质量管理标准化工作和应急管理建设，努力降低事故率，提高工程质量，更好地履行企业安全质量主体责任。

一是进一步完善安全生产管理制度。研究学习现代安全管理方法和先进的职业安全技术，修订安全生产管理办法，并及时增补新业务领域的安全生产管理办法。二是认真贯彻落实安全生产的法律法规和规程规范，进一步加强安全生产监督管理组织和制度体系建设，层层落实安全质量责任制，保证安全质量管理的规范化和标准化，加强安全隐患排查治理，坚决遏制重特大安全事故。三是加强应急管理建设。进一步完善安全生产应急管理体系和应急预案，提高应急预案的可操作性，通过演练发现问题并持续改进，提高应急管理水平和应对突发事件的能力。四是全面推进安全质量信息管理系统的应用。覆盖公司、子公司、分局、项目部四级的安全质量信息管理系统已进入应用阶段，在该阶段要加强对有关人员的培训，使其尽快掌握信息系统的功能和使用方法；及时收集整理系统运行中发现的问题，适时对系统进行改进升级；充分利用系统的远程监控和远程咨询服务作用，增强公司总部、子公司二级总部对施工一线的安全监管和服务职能。五是加强安全生产投入，保证安全生产的资金、技术、教育、培训等资源投入，提高安全质量技术水平和装备水平。六是与公司战略转型、经营结构调整相适应，做好非水电建筑等新业务领域的安全质量管理体系建设。七是加强安全质量管理队伍建设。继续抓好项目安全总监的配置，确保到2012年底项目安全总监全部到位并能独立开展工作。继续加强安全督察队伍建设和施工技术队伍建设，开展对非水电领域的安全监管人员的培训。八是全面推行安全生产工作标准化。对管理制度、操作规程进行梳理，按照先进的标准来制定安全技术措施，规定正确的作业程序。九是坚决遏制以包代管、层层转包、违规分包。在生产经营过程中注重选择安全管理和安全履责能力强的分包商，注重对分包队伍的全过程安全监控。十是坚持质量责任制。把工程质量的优劣作为对相关经营管理人员考核的重要内容，并与经济利益挂钩。十一是结合公司实际，灵活运用贯彻质量管理体系标准：促使广大管理人员和职工对标准化质量管理进行再认识，对质量体系文件进行再学习、再培训，并从思想、组织、行为上引起高度重视；注重各个基础环节，加强以班组为单位的基础管理，按照质量管理体系的要求，切实将责任分解到每一个人；进一步抓好垂直贯标，公司各职能部门按照要素分配的职责，对主控程序的培训、检查、整改等负责到底，运用“PDCA”循环的原理不断改进实施效果，为体系的有效运行提供强有力的组织保障；深入基层开展调查研究，掌握相关单位体系运行状况，针对存在的问题，即时协商制定纠正和预防措施，认真贯彻实施；年终汇集整理相关信息，对质量体系运行的总体情况进行科学合理、实事求是的定性定量分析，及时检查体系运行的得失，总结经验，发现问题，为下一年度对体系进行改进和完善作好准备。

（十四）深入推进惩防体系建设，落实党风廉政建设责任制

按照中央的统一部署，深入推进惩防体系建设，认真落实党风廉政建设责任制。建立健全惩防体系建设的长效机制，发挥检查的导向作用，确保企业惩防体系建设的各项任务落到实处。从完善体制、机制、制度和管理着手，统筹各方面力量，综合治理、重在建设，有计划、分阶段、按步骤地深入推

进惩防体系建设。加强纪检监察队伍作风建设和能力建设，推进党风建设、反腐倡廉工作，切实落实党风廉政建设机制，不断完善配套制度，逐步规范检查考核工作。

以科学发展观为统领，用系统方法论为指导，全面构建符合公司实际的惩防体系，抓好惩防体系建设与生产经营管理的有机融合。在思想意识、工作内容、工作过程等方面加强惩防体系建设和生产经营管理的融合。围绕公司经营管理，确定惩防体系的定位和发展方向，将惩防体系建设纳入发展规划，与生产经营管理同步推进。在推进精细化管理、优化业务流程、加强风险管理与控制中，强化对经营管理权力的监督制衡。从强化公司管理的角度，推进反腐倡廉建设，促进和保证公司的改革发展。

逐步形成齐抓共建的惩防体系工作机制。建立健全联络员制度。公司子公司本部各部门、公司子公司惩防体系建设领导小组办公室、公司总部各部门分别确定一名惩防体系建设工作联络员，负责相关联络、报告、交流工作。强化责任人制度。构建“党委统一领导、党政齐抓共管、纪委组织协调、部门各负其责、职工群众广泛参与”的惩防体系领导体制和工作机制。将贯彻落实《惩防体系建设工作任务分解方案》情况列入对企业党风廉政责任考核重点内容，与各级领导班子的年终考核评价挂钩。把部门惩防体系建设工作完成情况，列入部门年终考核内容。建立半年总结和定期交流制度。公司惩防体系建设工作领导小组办公室和子公司惩防体系建设工作领导小组办公室每半年就惩防体系建设工作进展情况进行交流总结，公司惩防体系建设领导小组办公室每年组织召开一次惩防体系建设工作交流促进会议。

抓好权力运行的监督，强化对各级领导人员和有资源配置权的人员的监管，强化对“三重一大”决策、预算控制监管、外包队伍选用、设备物资采购、工程价款结算等五个环节的监管，强化对国际业务和投资业务两大领域的监管。

加强制度建设。以建立健全惩防体系各项制度为重点，以制约和监督权力核心，以提高制度执行力为抓手，推进反腐倡廉制度建设，建立内容科学、程序严密、配套全面、有效管用的反腐倡廉制度体系。按照国务院国资委统一部署，建立企业负责人职务消费制度、重大投资决策失误和重大财产损失责任追究制度。进一步深化企业人事、劳动用工和分配制度的改革。重点对投资决策、产权交易、资本运营、财务管理、物资采购、工程分包、项目招标等环节内控制度进行清理，形成有效的权力运行制衡机制。进一步完善企业全面风险管理，提升各业务领域特别是国际和投资领域的风险管理水平。

抓好制度落实情况的检查，形成令行禁止的公司“法治文化”。整合监督资源，不断改进检查方式，提高检查质量，通过监督检查，强化各级管理人员照章依规办事意识，保证制度有效落实。

（十五）积极履行社会责任，实现公司科学发展

按照国务院国资委要求，积极履行社会责任，促进公司科学发展。坚持节约资源，保护环境，热心参与社会公益事业。建立健全社会责任管理体系，结合公司的管理体系建立社会责任组织体系，建立相关的履行社会责任的制度体系。梳理形成符合公司实际，符合企业战略、业务和文化特色的社会责任理念。建立社会责任考核体系。建立利益相关方参与机制，促进公司更好地履行社会责任。定期编制、发布社会责任报告，加强对公司履行社会责任的宣传力度。

中国水利水电建设股份有限公司
建筑市场营销战略实施办法

（中水电股〔2010〕34号·2010年4月15日）

第一章 总 则

第一条 遵照国务院有关文件精神及国务院国资委的总体要求，为了履行出资人职责，维护股东权益，强化营销管理，规避市场风险，充分利用“两个市场”、“两种资源”，促进中国水利水电建设股份有限公司（以下简称股份公司）国内外建筑市场规范发展，确保国有资产的保值增值，特制定本办法。

第二条 制定市场营销战略的指导思想是：坚持以科学发展观为统领，以市场为导向，以发展为主题，以转型升级为主线，以改革创新为动力；发挥股份公司的整体优势，坚持多元化、现代化、国际化的发展道路，按照“大集团、大土木、大市场、大品牌”的营销方式，通过努力，使企业真正成为具有较强国际竞争力的质量效益型的大型跨国公司。

第三条 本实施办法适用于股份公司及各子公司和受集团公司委托管理的各子公司。

第二章 市场营销战略和主要任务

第四条 市场营销战略。

按照“大集团、大土木、大市场、大品牌”的营销方略，加快拓展股份公司新的市场领域，形成国内水利水电、国内非水电、国际业务协同发展的大营销新格局。

（一）巩固和扩大国内水利水电建设市场份额，确保国内水利水电市场的主导地位和龙头地位，努力扩大市场份额。

（二）坚定不移地实施“走出去”战略，优先发展国际业务。

（三）大力开拓非水电建筑业务，扩大国内铁路、城市轨道交通、核电、公路、机场、港航疏浚等重点建筑领域市场，着力产业调整，优化业务结构。

第五条 主要任务。

（一）坚决制止超常规的不合理低价中标，未经股份公司批准决不允许标后实质性降价等违规行为发生，决不允许向招标人做任何违规、违法的实质性承诺，追求企业合理盈利水平，促使市场价格水平理性回归，维护股东权益，确保实现股份公司和子公司国有资产的保值增值。

（二）充分发挥股份公司总部在市场营销战略中的统筹协调作用，实现子公司生产要素的优化配置，形成公司内部专业布局合理，资源配置科学，充分发挥子公司各自的专业特色，降低管理成本，进而实现最佳的规模效益。

（三）发挥在水利水电工程中形成的强劲的大土木建设能力，向建筑业其他子行业不断延伸。

（四）牢固树立集团意识、大局意识，围绕建立集团模式的国际化发展战略目标，发挥股份公司整体优势，共同走向国际市场。在国际经营工作中，要继续坚持“四个统一”的原则，努力打造“五个中心”。即：统一管理对外经营业务，统一配置对外经营资源，统一使用股份公司品牌，统一开展对外联合与合作；海外事业部是股份公司海外业务的营销中心，在建项目的综合管理中心，在建项目的后勤保障中心，海外项目外币结算和资金融通中心，海外投资和资本运作中心。

（五）基础设施工程作为股份公司的核心发展业务之一，要坚持以市场为导向，发挥“大土木”优势，在能力可及、技术可行、风险可控的基础上，紧紧围绕重点市场领域和主要区域，按照专业化与区域化相结合的原则，建立健全股份公司、子公司两级基础设施业务市场营销体系，全力开拓基础设施市场。

第三章 市 场 准 入

第六条 建立工程项目及项目业主资信台账。充分了解项目依法立项情况、业主的资金到位情况以及业主已往项目的履约情况等问题。特别是对于资信度较低、项目资金不到位、直接或变相要求垫资又无有关担保的项目、未合法立项的项目要按程序不予投标。

第七条 在项目投标阶段，对其招标文件中的合同条件、技术条款要进行认真分析研究，尤其是对工程预付款、履约保证金、工程款结算方式、合同变更处理等问题要予以重点关注，要充分估计工程履约及经营风险，谨慎决策，对有明显不合法规的歧视性条款或对明显不合常规的“霸王”合同条件的招标项目应理性投标。

第八条 为防止国有资产的流失，确保工程建设顺利实施，严禁在签订合同或合同执行过程中为发包方达到合同以外目的而发生非法交易行为，决不允许诸如虚增工程结算价款后套现返还发包方或其关联企业等涉嫌违规、违法行为的发生。

第九条 为提高在建项目工程质量，杜绝安全隐患，规避法律风险，各子公司要加强工程分包管理。严审分包商各种资信证明和综合施工能力，不允许引进不合格的分包商；严格遵循分包商评价程序；有序、受控、规范履行分包合同；坚决禁止通过出借企业证照及资质证书收取管理费或把分包商冠名为公司的下属单位等行为。

第十条 各子公司切实加强在建项目的管理，在工程承揽的数量、规模上必须量力而行，有序受控，要始终坚持在做优做强的基础上再做大的经营战略，防止盲目扩张而导致系统性管理风险。

第十一条 坚持以人为本的原则，不能以牺牲企业及职工利益或降低生产安全标准为代价而低价中标，在投标和项目实施过程中，凡涉及职工切身利益的费用，如安全措施费、营地建设费、职工培训费、劳动保护费、环境保护费、各类保险费等，必须按照有关规定给予取足或落实。

第十二条 在市场中，应本着互相尊重的原则，对于业主邀请参加投标的项目，有关公司要积极参与。股份公司要求参加项目竞标的单位，子公司应坚决执行，以维护股份公司市场营销战略的有效实施。

第十三条 在国际经营活动中，股份公司将统一配置对外经营资源，按照集团化模式开展国际经营工作。

（一）根据各子公司不同的特点，由海外事业部合理调配国外项目信息资源的使用，按照双向选择的方式，确定项目的运作主体和实施主体。各子公司获得的国外经营信息，必须及时按规定报股份公司海外事业部进行统一协调。

（二）贯彻市场经济原则，物流有偿，实行契约化管理。海外事业部邀请相关子公司进行项目资审、投标或对在建项目进行管理时，要签订协议或委托协议，对双方各自的责权利加以明确。

（三）股份公司各子公司，未经海外事业部同意，各子公司不允许与外单位就海外项目采取任何方式的合作。凡是海外事业部已经跟踪参与运作的国外项目，严禁子公司再与其他公司就此项目进行合作。

（四）不允许将自己的资质、资历等提供给别的公司或改头换面变成别的公司的资质、资历，参与国外项目的资审、投标或议标等合作。不允许以任何形式或直接或变相作为其他公司（企业）的子（分）公司或下属机构参与国外项目的竞争与实施。

（五）国外项目的运作，将逐步实行分级管理。海外事业部将重心逐渐转移到运作具有一定规模、一定难度、一定影响的大中型项目上去。原则上，1亿美元以上的投标项目或融、投资项目，由国际公司牵头，子公司配合；5000万～1亿美元的投标项目，由有条件和能力的子公司负责，海外事业部提供支持和服务，并负责总体把关；5000万美元及以下的投标项目，以子公司为主运作，海外事业部提供服务。子公司单独运作国际项目时，要以股份公司品牌进行。要充分发挥子公司的优势进行合理的资源配置，逐步推动有条件的子公司在统一品牌下相对独立地开拓海外市场，将竞争类和施工承包类项目的经营和实施主体，逐步下移给有条件的子公司，海外事业部将相应的对市场营销、公共关系负责分类指导，对项目的获得或实施提供全方位的帮助和指导，从而使公司内部交易成本最小化，使海外项目成为各子公司新的经济增长点和坚强支柱。

第十四条 在基础设施营销活动中，股份公司进一步强化以基础设施部为载体的基础设施业务发展平台，完善涵盖各子公司在内的网上营销资料共享平台，强化项目信息的汇集、筛选、提供、评审，建立投标补偿机制，加大对子公司的支持、协助和服务力度。

（一）有计划的消除资质障碍，鼓励有条件、有业绩、有部分专业资质或低资质的子公司通过自身的努力或者相互之间的资源整合，有计划地进行资质升级。根据子公司非水电建筑资源储备情况，优先帮助具备条件的子公司进行资质申请和升级，优先考虑子公司第一序列非水电建筑业务资质申请。股份公司从资源、资质、财务等方面给予积极的支持和帮助，并根据子公司实际情况给予针对性的帮助和扶持。

（二）子公司应根据股份公司确认的主营业务方向，认真分析自身市场优势和资源优势，制订出本公司“非水电建筑业务发展规划”，有计划、有目的开拓非水电建筑市场。

（三）非水电建筑市场营销模式原则上采取风险可控条件下灵活多样的经营模式，不允许整个项目对外分包。优先鼓励子公司间加强合作，共享资源；鼓励具备资质的子公司同资质对等的外部企业之间的合作，尤其是资质对等的国有企业间的合作，借助外力开拓市场。合作模式可以分为：独立经营，合作经营，分包经营，咨询服务等。

（四）对外合作项目要从市场开发的源头加强风险管控，在项目确定跟踪前要对合作方进行考核、评审，考核内容包括合作方（分包方）资质等级、履约能力、市场信誉、道德诚信、财务实力、人力资源及设备资源配置能力等，考核通过后才能合作，合作中要收取一定数额的风险保证金，若项目履约担保为现金，合作方按承担任务出具相应比例的现金保证金，若履约担保为银行保函，合作方按承担任务出具不低于履约保函限额20%的现金保证金。禁止将中标项目委托无相应资质企业经营，慎重对待与民营企业间合作经营或分包经营。

（五）使用股份公司和路桥公司品牌承揽项目，立项信息采用信息备案立项制度。资格预审通过后，购买招标文件之前，子公司需提交法人签字、盖章齐全的《合作协议书》和《承诺书》。

第四章 市场信息的收集与利用

第十五条 市场信息的收集内容包括：开发商等发包方的基本情况、工程项目的基本情况、拟订的分标方案、招标时段及相应的评标办法等。

第十六条 各子公司负责信息收集工作的专业人员应当有较强的工作责任心，每季度初将跟踪信息报股份公司市场经营部。市场经营部要广泛收集与整理市场信息，加强与子公司的信息沟通，将有价值的信息反馈给子公司使用，做到节省资源、信息共享。

第五章　市场风险控制

第十七条　要建立起风险评估体系。对适合股份公司业务特点的工程项目，从跟踪开始，就要进行初步风险评估，组织项目技术风险、政治风险、经济风险、资金风险的分析和论证，制订相应的规避风险预案。要联络有关政府主管部门、金融机构、保险公司、行业主管机构、项目所在地（国）有关政府机构、部门、建设单位、银行系统、业内专家共同进行经济风险论证。

第十八条　针对可预见的风险因素进行分析和评估，以确定其发生的可能性、发生的频率、所产生后果的严重程度，进而提前采取避险措施。

第十九条　根据行业特点和环境特点，定期进行营销领域全方位的风险分析和诊断，逐步建立规范化、流程化、科学化的管理模式。要强化高层监督，以保障及时发现风险、及时采取有效措施对风险加以控制。

第二十条　为更好地规避经营风险，强化股份公司市场营销战略，依法实施公司市场自律，凡股份公司认为投标价异常的竞标单位的主管领导应书面向股份公司说明情况。

第六章　市场营销部门的职能

第二十一条　股份公司市场经营部按照国家有关法规和股份公司章程，制订股份公司国内建筑市场的开发战略与发展规划，统筹管理协调子公司国内建筑市场营销工作。

第二十二条　股份公司市场经营部负责股份公司国内建筑市场信息采集与整理工作，分析市场形势、研究投标策略，围绕大型建设项目和重要客户进行跟踪服务和公关活动，建立股份公司国内建筑市场营销网络。

第二十三条　股份公司市场经营部负责对子公司国内大中型水电建筑工程及部分其他工程的标前事务按资源配置科学、经营管理成本最低的原则进行统筹协调，提出具体的实施意见，供股份公司领导决策，并交子公司付诸实施。

第二十四条　股份公司市场经营部负责对各子公司及子公司施工联营体履约过程中出现的较大合同变更、合同关系调整、重大理赔事项提供指导、协调、服务。征求子公司对股份公司市场营销统筹协调工作的建议和意见，总结工作中的经验教训，不断改进统筹方法，不断提高市场营销水平。

第二十五条　股份公司海外事业部是股份公司国际化战略的组织者和实施者，负责组织起草制订股份公司国际化发展的中长期战略规划，提出股份公司开拓国际市场的经营方针，制订有关外事工作的管理办法，是公司综合功能的一个组成部分。

第二十六条　股份公司海外事业部按照“四个统一”基本原则和集团化模式，代表股份公司管理、指导系统的外经业务；代表股份公司对子公司国际业务、股份公司直属国际工程部和驻外机构实施领导和管理。国际市场的统筹工作，由海外事业部按股份公司规定执行。

第二十七条　股份公司基础事业部归口管理公司国内非水电建筑业务。负责拟订股份公司国内非水电业务的市场战略、营销方略、管理规范、规章制度，适时制定国内非水电建筑工程营销布局、业务结构和改革发展方案，经股份公司批准后，代表股份公司组织系统实施。

第二十八条　股份公司基础事业部负责股份公司层面国内非水电建筑工程有关资质、技术及市场资源的利用、配置和管理，代表股份公司负责规范、协调、监督和管控子公司国内非水电建筑业务的市场竞争行为和秩序。负责指导、规范、监督子公司建立国内非水电建筑承包业务的组织体系、信息体系和相应的支持体系。

第七章　市 场 统 筹

第二十九条　股份公司在不违背市场经济原则和国家政策、法律的前提下对所有子公司在建筑市场的营销行为进行统筹，在统筹过程中各子公司要认真按照《中华人民共和国招标投标法》等法律和规章制度办事，讲诚信、讲合作、重沟通，要注重标书质量，提高投标竞技水平，精心维护股份公司的企业品牌和整体经济效益。

第三十条　建立和强化企业的诚信体系，树立自尊、自信、自律、自强的市场营销理念，在股份公司内部子公司之间的交流与合作中讲求诚信，互相支持，精诚合作，严格自律，共同维护公司规范有序的营销秩序和公司整体利益。

第三十一条　股份公司主要依据子公司的实际情况，结合子公司的地域影响、社会信誉、专业特色、公共关系、合同储备及综合施工能力等因素进行权衡后作出决定市场统筹，相关决定各子公司必须执行。

第三十二条　股份公司根据各子公司上报的基础资料和市场调研情况制订股份公司年度市场开发计划，并建立合同履约情况、年度合同存量台账。

根据上述台账对各子公司的投标项目跟踪进行适当的调整与安排，做到资源合理配置，最大限度提高股份公司的整体竞争实力。

第三十三条 根据本办法第三章市场准入标准，股份公司有权决定是否参与项目投标，子公司必须执行。

第八章 坚决制止极端超低价投标

第三十四条 股份公司各子公司必须转变观念，一定要树立科学的发展观，坚持正确的业绩观，既要争取占有较多的合同份额，又要有较为合理的投标报价，认真解决投标报价严重偏低的问题，推进规模和经营效益协调增长。

第三十五条 加强投标报价控制和成本分析是规避经营风险的重中之重，要坚持按市场规律办事。子公司在同项目竞标时，严禁开标后违规实质性降低标价，特殊情况应报股份公司批准。

第九章 处罚制度

第三十六条 为了保证《股份公司建筑市场营销战略实施办法》的贯彻和落实，根据国务院国资委关于管资产、管人、管事相结合的国有资产管理原则，对不能执行本办法及股份公司指令的单位和个人，股份公司将依据《企业领导人员违纪违规行为纪律处分暂行规定》追究违规公司法定代表人、主管领导、直接责任人的责任。

第十章 附则

第三十七条 本实施办法由股份有限公司市场经营部、海外事业部和基础设施事业部负责解释。

第三十八条 本实施办法自印发之日起执行。

中国水利水电建设股份有限公司
战略合作协议管理办法

（中水电股企〔2010〕8号·2010年5月27日）

第一章 总则

第一条 为进一步加强中国水利水电建设股份有限公司（以下简称股份公司）对外战略合作，规范战略合作协议的管理，结合公司实际，制定本办法。

第二条 战略合作协议是股份公司出于战略发展需要与其他企业、金融机构、地方政府等出于互惠互利，共同发展需要签订的协议。协议明确双方的权利和义务以及双方的合作范围、方式、期限等内容。战略合作协议的签订应遵循合法、公平、平等、协商、诚信的原则。

第三条 本办法适用股份公司战略合作协议的起草、签订、履行、跟踪。

第二章 合作协议的起草

第四条 战略合作协议的立项。立项方式分两种：

1. 直接由股份公司领导授意、指令。股份公司领导根据公司发展需要，授权有关部门、单位与意向企业、机构进行接触，履行相关规定及审批程序后，签订战略合作协议。

2. 由相关部门、单位提出。相关部门、单位提出需与有关企业、机构签订战略合作协议的意向，以签报形式报股份公司，经公司分管副总经理审签，总经理审定，董事长（法定代表人）批准后，开展相关后续工作。

第五条 战略合作协议文本起草有两种方式：

1. 我方提供文本。战略合作协议的主办部门按照公司领导指示，提出文本初稿，经企业发展部、法律事务部和其他相关部门会签后报公司领导，履行必要的程序后，形成正式文本。

2. 对方提供文本。战略合作协议正式签订之前，对方向我公司战略合作协议的主办部门、单位提交战略合作协议文本，经企业发展部、法律事务部和其他相关部门会签后报公司领导，履行必要的程序后，形成正式文本。

第六条 由我方或者对方提供的战略合作协议正式文本的形成及审定，应履行以下程序：

1. 相关部门会审。根据股份公司领导指示，相关部门结合部门职责，对战略合作协议文本相关内容进行审核，提出审核意见，提交战略合作协议主办部门、单位。其中：企业发展部牵头负责协议内容的审核，法律事务部负责协议合法性、合规性的审核。

2. 报请股份公司领导审批。主办部门与对方承办部门进行充分沟通协商，对战略合作协议文本达成共识后，主办部门将战略合作协议以签报形式报公司分管副总经理审签，分管副总经理审签同意后报公司总经理审批，总经理审批同意后报公司董事长（法定代表人）批准并授权签约代表人。

第三章　合作协议的基本内容

第七条　战略合作协议主要包括以下基本内容：

1. 双方基本情况。包括各自的基本情况，双方的优势。

2. 合作的目的。

3. 双方的权利和义务。

4. 双方合作的内容、范围、具体方式。

5. 合作期限。

6. 其他约定。如双方沟通的平台。负责部门，联系人，定期的沟通会议召开等。

7. 其他事项。

第八条　战略合作协议的内容应简单、明确，避免歧义及误解，必要时可附战略合作协议相关条款的解释条款。

第四章　合作协议的实施

第九条　签署程序。战略合作协议的主办部门、单位与对方主办部门进行沟通，确定战略合作协议签署的方式、地点和仪式等。由股份公司总经理工作部配合提供相关的服务。

第十条　战略合作协议签署的相关宣传报道工作由股份公司新闻中心负责，报道内容经主办部门、单位和信息披露事务管理部门审核后对外报道。

第十一条　战略合作协议签署后，文本需报企业发展部备案、存档。

第五章　合作协议的落实、追踪

第十二条　主办部门、单位每年定期就战略合作协议实施情况进行检查。发现落实过程中存在的问题，及时向公司领导汇报，提出建议。

第十三条　每年2月底前，主办部门、单位应及时将上一年度战略合作协议的落实情况形成书面报告，报企业发展部备案。

第六章　附　　则

第十四条　在本办法出台之前，相关部门、单位已签署的战略合作协议应报企业发展部备案、归档。

第十五条　本办法由股份公司企业发展部负责解释和修订，自发布之日起施行。

人　力　资　源　管　理

中国水利水电建设股份有限公司
总部劳动合同管理实施办法

（中水电股人〔2010〕16号·2010年3月18日）

第一章　总　　则

第一条　根据《中华人民共和国劳动合同法》（以下简称《劳动合同法》）以及有关法律、法规的规定，为进一步完善中国水利水电建设股份有限公司（以下简称股份公司）总部劳动合同制度，明确劳动合同双方当事人的权利和义务，保护职工的合法权益，结合股份公司实际，特制定本办法。

第二条　劳动合同是公司与职工遵循合法、公平、平等自愿、协商一致、诚实信用的原则，确立劳动关系，明确双方权利和义务的协议。

第三条　劳动合同依法订立具有法律约束力，当事人必须履行劳动合同规定的义务。双方当事人的合法权益受到法律的保护。

第四条　工会依法维护职工的合法权益。在股份公司制定和完善劳动规章制度以及劳动合同的订立、履行、变更、终止或解除等过程中，工会认为不适当的，可向公司提出，通过协商予以解决。

第五条　股份公司与职工建立劳动关系，应依据本办法，自用工之日起的1个月内以书面形式签订劳动合同。

第二章 劳动合同的订立

第六条 股份公司法定代表人与股份公司上级主管部门签订劳动合同。

股份公司及所属企业员工与本企业法定代表人或法定代表人委托代理人签订劳动合同。

劳动合同由双方分别签字，并加盖企业公章。

第七条 劳动合同文本一式两份，公司和职工各执一份。

第八条 股份公司如实告知劳动者工作内容、工作条件、工作地点、职业危害、安全生产状况、具体劳动报酬或薪酬制度以及劳动者要求了解的其他情况；与股份公司签订劳动合同的劳动者，必须具有合法的身份，股份公司有权了解劳动者与劳动合同直接相关的健康状况、知识技能、学历、职业资格、工作经历等基本情况，劳动者应当如实说明。股份公司不得与不具有合法身份的人签订劳动合同。

第九条 下列订立的劳动合同无效或者部分无效：

（一）以欺诈、胁迫的手段或者乘人之危，使对方在违背真实意愿的情况下订立或者变更劳动合同的；

（二）股份公司免除自己的法定责任、排除职工权利的；

（三）违反法律、行政法规强制性规定的。

对劳动合同的无效或者部分无效有争议的，由劳动争议仲裁机构或者人民法院确认。劳动合同部分无效，不影响其他部分效力的，其他部分仍然有效。

第三章 劳动合同的内容

第十条 劳动合同包括劳动合同书和附件。

（一）劳动合同书的内容

劳动合同书包含以下必备条款：

1. 用人单位的名称、住所和法定代表人或者主要负责人；

2. 劳动者的姓名、住址和居民身份证或者其他有效身份证件号码；

3. 劳动合同期限；

4. 工作内容和工作地点；

5. 工作时间和休息休假；

6. 劳动报酬；

7. 社会保险；

8. 劳动保护、劳动条件和职业危害防护；

9. 劳动争议仲裁；

10. 法律、法规规定应当纳入劳动合同的其他事项；

11. 其他。

劳动合同除上述必备条款外，股份公司可以与劳动者约定试用期、培训、补充保险和福利待遇等其他事项。

（二）劳动合同附件

1. 劳动合同变更书；

2. 劳动合同续订书；

3. 《岗位聘任协议书》、《员工培训协议书》、《岗位职级申请（确认）表》、《医疗期合同书》、《保密协议书》等有关协议。

第四章 劳动合同的期限

第十一条 劳动合同期限由股份公司根据工作需要和有关规定，考虑职工德、能、勤、绩等方面的表现和身体健康状况，与职工协商确定。劳动合同期限有以下三种：

（一）有固定期限的劳动合同

短期合同，期限最长为 1 年；

中期合同，期限为 3 年；

长期合同，期限为 5 年。

（二）无固定期限的劳动合同

（三）以完成一定工作任务为期限的劳动合同

第十二条 确定劳动合同期限的条件：

（一）短期劳动合同

由职工本人提出签订短期合同，经股份公司同意的。

（二）中期劳动合同

由公司根据工作需要与职工协商确定，一般为 3 年。

（三）长期劳动合同

适用于高、中级管理人员和专业技术骨干，一般为 5 年。

（四）无固定期限劳动合同

公司与职工协商一致，可以订立无固定期限劳动合同。

有下列情形之一，劳动者提出或者同意续订、订立劳动合同的，除劳动者提出订立固定期限劳动合同外，股份公司应当订立无固定期限劳动合同：

1. 劳动者在本单位连续工作满 10 年的。

2. 用人单位初次实行劳动合同制度或者国有企业改制重新订立劳动合同时，劳动者在该用人单位连续工作满 10 年且距法定退休年龄不足 10 年的。

3. 连续订立二次固定期限劳动合同，且劳动者没有本办法第二十四条和第二十五条第（一）、（二）

项规定的情形，续订劳动合同的。

签订无固定期限劳动合同的职工，到退休之日时无论其是否办理手续，劳动合同均自行终止，办理退休手续，开始享受基本养老保险待遇。

4. 法律法规规定的其他情形。

（五）以完成一定的工作任务为期限的劳动合同

公司为了完成某项特定项目或工作（含岗位）而需要从外单位借聘或社会聘用人员时，将与所述人员签订以完成一定工作任务为期限的劳动合同，此类合同将把完成此项项目或工作（含岗位）所需时间确定为劳动期限，并约定生效时间，项目或工作（含岗位）结束，或出现法定解除情形，合同即行终止或解除。

第十三条 每年新录用的大学应届毕业生，初次签订劳动合同期限一般不少于5年，并实行见习期。大学本科及以下学历的见习期为1年，双学士、硕士学位研究生的见习期一般为半年，博士学位研究生无见习期。见习期包括在劳动合同期限内。

第十四条 初次与股份公司签订劳动合同一般应有试用期。其中，劳动合同期限3个月以上不满1年的，试用期为1个月；劳动合同期限1年以上不满3年的，试用期为2个月；3年以上固定期限和无固定期限的劳动合同，试用期不得超过6个月。试用期包括在劳动合同期限内。

第十五条 以完成一定的工作任务为期限的劳动合同，不约定试用期。

第十六条 由股份公司出资培训、进修（包括出国培训、进修）的职工，应与股份公司签订服务期合同。职工违反服务期约定的，应当按照约定向公司支付违约金。违约金的数额不超过公司提供的培训费用。公司要求员工支付的违约金为服务期未满部分所应分摊的培训费用，用公式表示为：职工应支付违约金＝服务期未满时间/服务期×培训费总额。

第十七条 公司高级管理人员，公司全体中层干部以及财务、审计、工程科技业务部门的主管人员，出纳人员，档案室管理人员，机要交换员等人员，应与股份公司签订《保密协议书》，履行对公司相关保密事项的保密义务和竞业限制约定。

第五章 劳动合同的履行和变更

第十八条 股份公司与职工按照劳动合同的约定，全面履行各自的义务。

第十九条 劳动合同的变更：

（一）股份公司和职工双方协商一致，可以变更劳动合同；

（二）劳动合同签订时所依据的客观情况发生重大变化，致使原劳动合同无法履行，经双方协商一致，可变更劳动合同的相关内容；

（三）由股份公司出资参加学习、培训、出国深造等的职工要签订《职工培训协议书》，并相应变更劳动合同的相关内容和期限；

（四）劳动合同一经签订，如遇职工变更身份证、户口本出生日期的，仍依据初次签订劳动合同时所记载的职工出生日期为准，不予变更；

（五）法律、行政法规以及股份公司规章制度规定的其他情形的，可变更劳动合同相关内容；

（六）变更劳动合同时，双方应填写《劳动合同变更书》，办理相关手续。变更后的劳动合同文本由用人单位和劳动者各执一份。

第二十条 股份公司变更名称、法定代表人、主要负责人或者投资人等事项，不影响劳动合同的履行。

第六章 劳动合同的续订、解除或终止

第二十一条 劳动合同期满，经双方协商一致可续签劳动合同。

第二十二条 用人单位与劳动者协商一致，可以解除劳动合同。

第二十三条 劳动者提前30日以书面形式通知用人单位，可以解除劳动合同。劳动者在试用期内提前3日通知用人单位，可以解除劳动合同。

第二十四条 用人单位有下列情形之一的，劳动者可以解除劳动合同：

（一）未按照劳动合同约定提供劳动保护或者劳动条件的；

（二）未及时足额支付劳动报酬的；

（三）未依法为劳动者缴纳社会保险费的；

（四）用人单位的规章制度违反法律、法规的规定，损害劳动者权益的；

（五）以欺诈、胁迫的手段或者乘人之危，使职工在违背真实意思的情况下订立或者变更劳动合同，致使劳动合同无效的；

（六）法律、行政法规规定劳动者可以解除劳动合同的其他情形。

公司以暴力、威胁或者非法限制人身自由的手段强迫职工劳动的，或者公司违章指挥、强令冒险作业危及职工人身安全的，职工可以立即解除劳动合同，不需事先告知公司。

第二十五条 职工有下列情形之一的，股份公司可以解除劳动合同：

（一）在试用期间被证明不符合录用条件的；

（二）严重违反股份公司规章制度的；

（三）严重失职，营私舞弊，给股份公司造成重大损害的；

（四）劳动者同时与其他用人单位建立劳动关系，对完成股份公司的工作任务造成严重影响，或者经股份公司提出，拒不改正的；

（五）以欺诈、胁迫的手段或者乘人之危，使股份公司在违背真实意思的情况下订立或者变更劳动合同，致使劳动合同无效的；

（六）被依法追究刑事责任的。

第二十六条 有下列情形之一的，用人单位提前30日以书面形式通知劳动者本人或者未提前30日通知但额外支付劳动者1个月工资后，可以解除劳动合同：

（一）劳动者患病或者非因工负伤，在规定的医疗期满后不能从事原工作，也不能从事由用人单位另行安排的工作的；

（二）劳动者不能胜任工作，经过培训或者调整工作岗位，仍不能胜任工作的；

（三）劳动合同订立时所依据的客观情况发生重大变化，致使劳动合同无法履行，经用人单位与劳动者协商，未能就变更劳动合同内容达成协议的。

第二十七条 有下列情形之一，需要裁减人员20人以上或者裁减不足20人但占企业职工总数10%以上的，公司提前30日向工会或者全体职工说明情况，听取工会或者职工的意见后，裁减人员方案经向劳动行政部门报告，可以裁减人员：

（一）依照企业破产法规定进行重整的；

（二）生产经营发生严重困难的；

（三）企业转产、重大技术革新或者经营方式调整，经变更劳动合同后，仍需裁减人员的；

（四）其他因劳动合同订立时所依据的客观经济情况发生重大变化，致使劳动合同无法履行的。

裁减人员时，应当优先留用下列人员：

（一）与本公司订立较长期限的固定期限劳动合同的；

（二）与本公司订立无固定期限劳动合同的；

（三）家庭无其他就业人员，有需要扶养的老人或者未成年人的。

股份公司依照本条第（一）项规定裁减人员，在6个月内重新招用人员的，应当通知被裁减的人员，并在同等条件下优先招用被裁减的人员。

第二十八条 职工有下列情形之一的，股份公司不得依照本办法第二十五条、第二十六条的规定解除劳动合同：

（一）从事接触职业病危害作业的劳动者未进行离岗前职业健康检查，或者疑似职业病病人在诊断或者医学观察期间的；

（二）在本单位患职业病或者因工负伤并被确认丧失或者部分丧失劳动能力的；

（三）患病或者非因工负伤，在规定的医疗期内的；

（四）女职工在孕期、产期、哺乳期的；

（五）在本单位连续工作满15年，且距法定退休年龄不足5年的；

（六）法律、行政法规规定的其他情形。

第二十九条 股份公司单方解除劳动合同，应当事先将理由通知工会。股份公司违反法律、行政法规规定或者劳动合同约定的，工会有权要求股份公司纠正。股份公司应当研究工会的意见，并将处理结果书面通知工会。

第三十条 有下列情形之一的，劳动合同终止：

（一）劳动合同期满；

（二）劳动者开始依法享受基本养老保险待遇的；

（三）劳动者死亡，或者被人民法院宣告死亡或者宣告失踪的；

（四）用人单位被依法宣告破产的；

（五）用人单位被吊销营业执照、责令关闭、撤销或者用人单位决定提前解散的；

（六）法律、行政法规的其他情形。

因劳动合同期满终止劳动合同的，终止时间以劳动合同期限最后一日的24时为准。

第三十一条 劳动合同期满，职工具有本办法第二十八条规定情形之一的，劳动合同延续至相应的情形消失时为止。但职工患职业病或者因工负伤并被确认丧失或者部分丧失劳动能力的，劳动合同终止按照国家有关工伤保险的规定执行。

第三十二条 股份公司人事主管部门在劳动合同期满前30天就劳动合同的续订或终止以书面形式通知职工，职工应在7日内予以答复，逾期不答复者，视为不同意续订劳动合同。

第七章 劳动报酬、社会保险和福利待遇

第三十三条 职工的劳动报酬按股份公司管理制度中工资支付办法及相关规定执行。

第三十四条 职工的养老、医疗和失业等各项社会保险、社会福利和劳动保护，根据国家有关法规和股份公司制度办理，并依法执行国家规定的工时制度和各种休假制度。

第三十五条 职工患病或非因工负伤，需要停止工作医疗时，根据有关法规、政策给予3～24个月

的医疗期，并签订《医疗期合同书》。医疗期待遇按国家或北京市现行规定执行。

第三十六条 医疗期从病休之日起累计计算，在规定时间内累计病休时间达到规定的医疗期期限的视为医疗期满。病休期间的公休、假日和法定节日按病休日计算。

第三十七条 休产假女职工要与股份公司签订《休产假合同书》。产假期间待遇按照国家或北京市现行规定执行。

第八章 经济补偿和赔偿

第三十八条 有下列情形之一的，股份公司应当向职工支付经济补偿：

（一）职工依照本办法第二十四条规定解除劳动合同的；

（二）股份公司依照本办法第二十二条规定向职工提出解除劳动合同并与职工协商一致解除劳动合同的；

（三）股份公司依照本办法第二十六条规定解除劳动合同的；

（四）股份公司依照本办法第二十七条第一款规定解除劳动合同的；

（五）除股份公司维持或者提高劳动合同约定条件续订劳动合同，职工不同意续订的情形外，依照本办法第三十条第（一）项规定终止固定期限劳动合同的；

（六）依照本办法第三十条第（四）、（五）项规定终止劳动合同的；

（七）法律、行政法规规定的其他情形。

第三十九条 经济补偿按职工在股份公司总部工作的年限，每满1年支付1个月工资的标准向职工支付。6个月以上不满1年的，按1年计算；不满6个月的，向职工支付半个月工资的经济补偿。职工月工资参照职工解除或者终止劳动合同前12个月的平均工资确定。

职工月工资高于北京市上年度职工月平均工资3倍的，按北京市上年度职工平均工资3倍数额支付经济补偿金，股份公司支付经济补偿的年限最高不超过12年。

第四十条 除第三十八条规定的情形外，其他任何情况下解除劳动合同或终止劳动合同，股份公司不予以任何经济补偿。

第四十一条 职工违反规定解除劳动合同，对股份公司造成损失的，应赔偿股份公司下列损失：

（一）股份公司招收录用其所支付的费用；

（二）股份公司为其支付的学习培训费；

（三）对股份公司造成的直接损失。

第四十二条 职工在未与股份公司解除劳动合同的情况下，与其他用人单位又签订劳动合同，对股份公司造成经济损失的，其他用人单位应当承担连带赔偿责任。

第四十三条 解除或终止劳动合同时，股份公司将出具解除或终止劳动合同证明书，职工按照股份公司规定办理完工作交接后15日内，股份公司为职工办理档案和社会保险关系转移手续。

第九章 劳动争议的处理

第四十四条 股份公司成立劳动争议调解委员会，调解委员由职工代表、工会代表、股份公司代表组成，主任由工会代表担任，依法行使劳动争议的调解职能。

第四十五条 在履行劳动合同时发生争议，当事人双方应本着友好态度进行协商，协商不成可以向股份公司劳动争议调解委员会申请调解；不愿协商、调解或者调解不成，当事人一方要求仲裁的，应在劳动争议发生之日起1年内，向北京市海淀区劳动争议仲裁委员会申请仲裁。劳动争议仲裁委员会不予受理或者逾期未作出决定的，可以就该劳动争议事项向人民法院提起诉讼。

第十章 劳动合同的管理

第四十六条 股份公司人力资源部统一负责劳动合同的订立、变更、解除、终止和续订等管理工作。其他部门及个人未经股份公司法定代表人授权，不得擅自与任何人员签订任何形式的劳动合同。

第四十七条 双方当事人都要妥善保存已签订的《劳动合同书》。股份公司《劳动合同书》文本及相关附件协议由人事主管部门统一保管。职工《劳动合同书》文本及附件、由职工本人保管，如出现丢失，应及时补办。

第十一章 附　　则

第四十八条 本办法未尽事宜按国家和北京市有关法律、法规及有关规定执行。

第四十九条 遇有国家或北京市法律、法规修订、政策变动时，凡本办法与之发生抵触时，按法律政策规定执行，并相应修订本办法。

第五十条 股份公司所属企业尚未制定劳动合同实施办法的，参照本办法执行。

第五十一条 本办法施行前已依法订立且在本办法施行之日存续的劳动合同，继续履行，不重新签订新劳动合同；本办法第十二条第四款第（三）

项规定连续订立固定期限劳动合同的次数，自本办法施行后续订固定期限劳动合同时开始计算。

本办法施行之日存续的劳动合同在本办法施行后解除或者终止，依照本办法第三十八条规定应当支付经济补偿的，经济补偿年限自2008年1月1日起计算；本办法施行前按照当时有关规定，股份公司应当向职工支付经济补偿的，按照当时有关规定执行。

第五十二条 本办法自2010年3月1日起执行。

第五十三条 本办法由股份公司人力资源管理部负责解释。

中国水利水电建设股份有限公司企业法律顾问职业岗位等级资格评审管理办法（暂行）

（中水电股人〔2010〕61号·2010年6月24日）

第一章 总 则

第一条 为贯彻落实国务院国资委《关于印发〈国有企业法律顾问职业岗位等级资格评审管理暂行办法〉的通知》（国资发法规〔2008〕95号）文件精神，保证中国水利水电建设股份有限公司（以下简称股份公司）企业法律顾问职业岗位等级资格评审工作的顺利开展，制定本办法。

第二条 本办法依据《国有企业法律顾问职业岗位等级资格评审管理暂行办法》、《国有企业法律顾问管理办法》（国务院国资委令第6号）和《企业法律顾问执业资格制度暂行规定》、《企业法律顾问执业资格考试实施办法》（人发〔1997〕26号）制定。

第三条 按照本办法规定的条件，经评审合格并获得相应证书者，表明已具备相应的技术水平和能力。

第二章 评审范围及程序

第四条 企业法律顾问职业岗位等级资格评审范围是指取得企业法律顾问执业资格，在企业从事法律事务工作的专业人员。

第五条 企业法律顾问职业岗位等级资格分为企业一级法律顾问、企业二级法律顾问、企业三级法律顾问和企业助理法律顾问职业岗位。

第六条 企业一级法律顾问职业岗位资格相当于正高级专业技术资格。企业二级法律顾问职业岗位资格相当于副高级专业技术资格。企业三级法律顾问职业岗位资格相当于中级专业技术资格。企业助理法律顾问职业岗位资格相当于初级专业技术资格。

第七条 股份公司企业法律顾问职业岗位等级资格由股份公司统一评定、统一管理，且完全纳入专业技术资格评定工作规定程序。即企业法律顾问职业岗位等级资格的取得须严格履行申报（审查）、评委会评定、公开审查和资格授予与备案等四个阶段。企业一级、二级法律顾问执业岗位资格由股份公司负责评审推荐，企业三级、助理法律顾问职业岗位资格由股份公司授权各子公司进行评审认定。

（一）申报（审查）阶段：个人依据本办法、申报条件和股份公司当年度实行的专业技术资格申报工作要求，提出申请，由所在子公司审查。

（二）评委会评审阶段：由股份公司企业法律顾问职业岗位等级资格评审委员会统一评审企业一级法律顾问、企业二级法律顾问，企业三级法律顾问、企业助理法律顾问职业岗位根据条件，由各子公司进行评审认定。

（三）公开审查阶段：将评审、评议结果公示半个月，接受公众监督、审查。

（四）资格授予与备案：为通过公示的人员发文、办理证书、授予资格；同时企业一级法律顾问报国务院国资委备案。

第三章 申报条件

第八条 企业法律顾问职业岗位等级资格申报条件

（一）申请企业法律顾问职业岗位各等级资格的人员应同时具备下列四项基本条件：

1. 具有良好的职业操守和敬业精神；

2. 取得企业法律顾问执业资格，并按照规定进行注册备案；

3. 具有相应的法律专业基础理论水平以及分析和解决实际法律问题的工作能力，在企业内从事法律事务工作或其他相关专业工作符合规定年限，经考核合格；

4. 取得相应岗位等级专业技术人员计算机水平考试和职称外语等级考试合格证书，或符合股份公司专业技术职务评审关于职称计算机和职称外语相关办法规定。

（二）在学历、资历方面符合下列条件之一者，可认定为企业助理法律顾问岗位资格：

1. 大学专科毕业，从事法律工作满3年及以上；

2. 大学本科毕业，从事法律工作满1年及以上；

3. 硕士研究生毕业并获得硕士学位，经考核合格；

4. 先从事法律工作，后取得专业对口的专科学历，取得学历前年限2年折算为取得学历后1年，前后累计从事法律工作满3年及以上；

5. 先从事法律工作，后取得专业对口的本科学历，取得学历前年限2年折算为取得学历后1年，前后累计从事法律工作满1年及以上。

（三）参加全国统一考试，取得企业法律顾问执业资格，并按照规定进行注册后，在学历、资历方面符合下列条件之一者，可评定为企业三级法律顾问职业岗位资格：

1. 大学本科或专科毕业，并任助理级职务4年及以上；

2. 硕士研究生毕业并获得硕士学位，并任助理级职务2年及以上；

3. 博士研究生毕业并获得博士学位，经考核合格；

4. 先从事法律工作，后取得专业对口的本（专）科学历，取得学历前任助理级职务年限2年折算为取得学历后1年，前后累计任助理级4年及以上；

5. 先从事法律工作，后取得专业对口的硕士研究生学历，取得学历前任助理级职务年限2年折算为取得学历后1年，前后累计任助理级2年及以上。

（四）申报企业二级法律顾问职业岗位资格的人员，应系统掌握法学理论和专业知识，具有较高的政策水平和较为丰富的企业法律事务与企业管理经验，能有效组织和协调处理企业重大、疑难法律事务，并具备下列条件之一：

1. 具备大学本科及以上学历，并取得企业三级法律顾问职业岗位资格满5年，且取得企业法律顾问执业资格。

2. 具备大学本科及以上学历，取得中级专业技术资格满5年，并从事企业法律事务工作满10年，且取得企业法律顾问执业资格满2年。

3. 具备大学本科及以上学历，取得副高级及以上专业技术资格，并从事企业法律事务工作满10年，且取得企业法律顾问执业资格满2年。

（五）破格申报企业二级法律顾问。

对不具备规定学历，符合下列6条中的3条可破格申报企业二级法律顾问职业岗位资格评审：

1. 作为课题组主要负责人承担国家、省部级、集团公司、股份公司重大企业法律事务课题研究任务，已通过省部级、集团公司、股份公司技术鉴定或评审，或研究成果已被列为省部级、集团公司推广项目。

2. 直接代理涉及标的额超过1000万元的重大法律纠纷的处理事务（含诉讼、非诉讼和仲裁案件）2件以上，或作为本公司代理人处理本公司以中级人民法院为一审法院的案件，或作为本公司代理人处理本公司所在省有重大影响的案件1件及以上，或在参与企业重大决策、重大合同审查、重要规章制度的制定中避免了重大法律风险，为所在公司挽回或避免重大损失的。

3. 从事企业法律事务工作10年（含1997年实行企业法律顾问等级资格考试制度前从事公安、纪委等法律事务相关行业的工作年限）及以上，或取得律师（司法）考试合格8年及以上，或担任过基层人民法院法官、人民检察院检察官8年及以上、担任过中级以上人民法院法官、地市级以上人民检察院检察官5年及以上的，并且从事企业法律事务工作5年及以上的。

4. 担任子公司法律事务机构负责人或任公司主管法律事务的领导满5年，且主持并完善了该公司法律事务机构工作体系，有突出工作业绩的。

5. 任现职期间，因法律事务工作成绩突出，获得本专业集团公司、股份公司及以上表彰者。

6. 有较高的专业理论水平，正式出版过本专业有学术价值的专著，是前3名作者之一，或在国际、国内学术刊物上公开发表本专业学术论文2篇及以上的。

（六）申报企业一级法律顾问职业岗位资格的人员，应精通法学理论和专业知识，具有较高的政策水平、丰富的企业法律事务工作和企业管理工作经验，能胜任一个企业或一个系统法律事务的组织协调工作，并具备下列条件之一：

1. 具备大学本科及以上学历，并取得企业二级法律顾问职业岗位资格满5年，且取得企业法律顾问执业资格。

2. 取得副高级专业技术资格满5年，并从事企业法律事务工作满10年，且取得企业法律顾问执业资格满5年。

3. 取得正高级专业技术资格满5年，并从事企业法律事务工作满10年，且取得企业法律顾问执业资格。

第四章　评审条件

第九条　企业法律顾问职业岗位等级资格评审应当坚持客观公正，强调专业知识和管理能力，突出工作能力和业绩的原则。

第十条　申报评审企业一级法律顾问职业岗位资格的人员工作经历、能力、业绩和成果方面的要求如下：

（一）必备条件：

1. 精通法学基础理论和专业知识。对所从事的专业范围（或工作领域）有深入的研究和独到的见解，在同行专家中处于领先位置；

2. 熟练掌握和运用与本行业有关的法律、法规，熟悉国家其他有关的法律、法规和政策；

3. 熟练掌握本专业国内外的规则制度和发展动态，熟悉国际法律体系情况及现代管理科学等知识；

4. 有独立主持重大诉讼、非诉讼纠纷（包括调解、协商和仲裁本企业比较复杂的劳动纠纷）全过程处理的经历，且取得突出业绩；

5. 有指导企业二级法律顾问完成具体业务工作的经历或能力；

6. 熟悉主要相关专业的有关知识及未来发展趋势。

（二）具有非常丰富的法律工作实践经验，并具备下列条件之一：

1. 主持参加本公司重大合同的起草、审查、签订和重大商务谈判的全过程四项及以上，且法律风险防范成效显著。

2. 主持本公司涉法管理制度、发展规划、改革方案等起草工作不少于5项，并颁布实施取得成效。

3. 主持本公司法律事务工作8年及以上，对加强本公司法律风险管理和现代企业制度建设工作贡献突出，成绩显著。

4. 作为主要参与者，参加该公司贯彻推广国务院国资委、集团公司、股份公司颁发的有关企业总法律顾问制度建设、法制工作目标和与之相关的法律事务的推进工作四项及以上，达到上级业务主管部门规定要求，验收合格。

5. 正式出版本专业著作，是前3名作者之一，或主笔撰写不少于2万字的章节。

6. 独著或第一作者身份，在省部级以上刊物公开发表3000字以上论文至少3篇。

第十一条　申报评审企业二级法律顾问职业岗位资格的人员工作经历、能力、业绩和成果方面的基本要求如下：

（一）必备条件：

1. 有丰富的企业法律工作实践经验，能有效地组织和协调处理企业重大、疑难法律事务，有解决本专业领域重要法律事务实际问题的能力。

2. 具有较高的法学理论水平，系统掌握法学理论和专业知识，具有主持或主要参加过本企业、本业务涉及法律事务工作的《规章制度》及《管理办法》等企业规范性文件的起草、修改、审定工作。

3. 有全过程处理诉讼、非诉讼纠纷（包括调解、协商和仲裁本企业比较复杂的劳动纠纷）的经历。

4. 具有较高的法律信息收集、分析、判断和综合运用能力，能够对法律事务工作进行统计、分析、归纳，提出较高水准的分析报告，或主持组织法律专题调研，提出有价值的调研报告。

5. 有主持或作为主要成员参加贯彻、宣传、执行新法律、新法规的普法宣讲的能力和经历，且在建立、完善和规范企业管理制度方面作出了一定的业绩。

6. 有指导企业三级法律顾问或合同管理人员完成技术业务工作的经历或能力。

7. 任企业三级法律顾问、中级技术职称期间，在国际、国内学术刊物上公开发表本专业学术论文2篇及以上。

（二）具有较丰富的法律工作实践经验，具备下列条件之一：

1. 主持或作为骨干参加本公司重大合同的起草、审查、签订和重大商务谈判的全过程4项及以上，且法律风险防范成效显著。

2. 作为主要业务骨干，主持或主要参加过本公司涉法管理制度、发展规划、改革方案等起草工作不少于3项，并颁布实施取得成效。

3. 作为业务骨干，完成本企业法律事务总结和分析工作或本企业法律事务工作规划制订工作，有效推动本公司法律风险管理和现代企业制度建设工作。

4. 作为主要参与者，参加本公司贯彻推广国务院国资委、集团公司、股份公司颁发的有关企业总法律顾问制度建设、法制工作目标和与之相关的法律事务的推进工作2项及以上，达到上级业务主管部门规定要求，验收合格。

5. 正式出版本专业著作，是前5名作者之一，或主笔撰写不少于2万字的章节。

第五章　任职资格评审

第十二条　企业各级法律顾问职业岗位资格评

审工作一般每年举行一次。股份公司组建企业法律顾问职业岗位资格评审委员会，评审委员会设主任一人，副主任一人。并建立评审专家库，专家库委员包括法律、人力资源、企业管理等方面专家，其中法律方面的专家人数占评审委员会总数的比例不得低于1/2。股份公司评审委员会负责企业一级、二级法律顾问职业岗位资格的评审推荐工作。

第十三条 股份公司企业法律顾问职业岗位资格评审委员会执行委员须达到所规定的最低人数11人以上，方可开展评审工作。评审委员会执行委员须根据当年参评对象的专业分布和数量在评审委员会专家库中抽取，执行委员法律方面的专家人数占评审委员会总数的比例不得低于1/3。

第十四条 各子公司组建企业三级、助理法律顾问职业资格的考核评定小组，小组成员不少于7人，并负责本公司企业一、二级法律顾问职业岗位资格人员向股份公司的推荐工作。

第十五条 股份公司企业法律顾问职业岗位资格评审委员会和各子公司考核认定小组的推荐工作，必须坚持“客观公正、实事求是”的原则，树立质量第一的评审意识，掌握标准，坚持条件，严格程序，公开评价。

评委会表决时，经执行委员2/3及以上赞成，参评对象的职业岗位资格方获通过。各子公司对企业一、二级法律顾问职业岗位资格的推荐，须经本公司执行成员1/2（不含）以上赞成，推荐结果方为有效。

第六章 申报及评审材料

第十六条 申报企业一、二级法律顾问职业岗位资格的评审，采取个人申报的方式，参评对象按照股份公司人力资源部通知要求，并对照本办法规定条件，认为符合“申报条件”、“评审条件”、“外语和计算机考试”等项规定时，可申报企业各级法律顾问职业岗位资格的评审认定，并按规定报送有关评审材料。

第十七条 申报企业各级法律顾问职业岗位资格的评审，应报送以下材料：

1.《专业技术职务任职资格评审表》（A4）一式两份。

2.《高级专业技术职务任职资格评审推荐简表》（A4）一式两份。

3. 近5年内在国际或国内学术刊物上公开发表的代表本人水平的论文2篇及以上。

4. 任现职以来有关业绩、成果方面的主要材料：

（1）专业技术成果鉴定与获得的奖励、荣誉等一套，并能反映参评对象的排名及作用。

（2）公开发表的学术论文、研究技术报告或专著等一套，要附刊物封面、封底、目录和内容，对学术会议上交流的，要附录用证书或通知。

上述材料原件或复印件均可，但所有复印件一律用A4纸并均须经本公司人力资源部门审查原件后盖章，方为有效（下同）。

5. 应提供的其他证明材料：

（1）附先、后取得学历的毕业证书复印件各一份。

（2）全国统考的企业法律顾问执业资格证书和单位聘任文件的复印件各一份。

（3）参加全国统一组织的职称外语、计算机考试成绩合格证书原件及复印件各一份。

外语、计算机免试的，须附有关证书或证明材料复印件一份。

6. 破格申报的应补充提供以下材料：

（1）本公司同意参加评审的“破格报告”一份。根据申报条件，逐条逐项写清楚理由，并经该公司人力资源部门审查盖章。

（2）按“破格报告”所列理由，组织整理好有关证明材料一套。

7. 报股份公司评审材料要求：

（1）报股份公司评审人员的材料必须齐备、整洁，规格统一，除《评审推荐简表》和两份《评审表》外，其他材料应按目录顺序装订成册，各子公司人力资源部门应先进行清理，认真审查，严格把关。

（2）材料整齐完备后，按一人一袋装入大小统一的档案袋，纸袋须贴上填写好的《拟评审企业——级法律顾问职业岗位资格报送材料目录》。

（3）评审人员的信息要准确完整，结构和相关标识要与文件要求相符。

第七章 附 则

第十八条 企业法律顾问职业岗位等级资格证书由国务院国资委统一印制，股份公司核发。

第十九条 企业法律顾问在履行职责时，出现下列情形之一的，应当降低其岗位等级直至取消其职业岗位等级资格，并由评审机构收回岗位等级资格证书：

（一）违反职业操守，恶意串通，损害企业利益；

（二）因疏忽或重大过失，给企业造成较大经济损失，或严重损害企业声誉；

（三）连续2次不按照规定进行注册备案。

第二十条 作为破格条件、必备条件、充分条件及代表作品所报送的论文或专题技术报告，其参评对象均应为第一作者。正式出版的专业著作，未署名作者的，须附著作主编或副主编及主管部门的证明。

第二十一条 本办法中提及的公开发表的论文均指在国际或国内学术刊物上公开发表的学术论文，且具有国际刊号ISSN和国内统一刊号CN。

第二十二条 评审专业技术资格，必须严肃认真。对于虚报、伪造学历、资历、业绩以及剽窃他人成果者，一经查实，取消其资格，并给予必要的行政处分。

第二十三条 已取得律师资格或法律职业资格但未取得企业法律顾问执业资格者，其他资格、条件完全符合要求者，可以申请参加相应级别的评审，通过后在公司内部享受同等待遇，待取得企业法律顾问执业资格后发放相应的企业法律顾问职业岗位等级资格证书。

第二十四条 本办法实施前，各子公司已经对本公司取得企业法律顾问执业资格的人员予以资格确认的，继续有效，视同为取得企业三级法律顾问职业岗位资格；符合申报企业一级、二级法律顾问执业岗位资格条件的，可按照本办法规定提出申报。

本办法实施前，已经参与集团公司经济系列职称评审，并已获评高级经济师职称的企业法律顾问，符合申报企业一级、二级法律顾问执业岗位资格条件的，可按照本办法规定提出申报。

第二十五条 本办法由股份公司人力资源部、法律事务部负责解释。

第二十六条 本办法自颁布之日起施行。

财 务 资 金 管 理

中国水利水电建设股份有限公司对外担保管理制度

（中水电股〔2010〕51号·2010年4月15日）

第一章 总 则

第一条 为有效控制对外担保风险，规范中国水利水电建设股份有限公司（以下简称股份公司）对外担保行为，维护股东和公司的合法权益，根据《中华人民共和国公司法》、《中华人民共和国证券法》、《中华人民共和国担保法》、中国证监会《关于规范上市公司对外担保行为的通知》、《中国水利水电建设股份有限公司章程》（以下简称《公司章程》）等法律、法规和规章制度的规定，结合公司实际，制定本制度。

第二条 本制度所称担保是指股份公司以第三人身份为债务人对于债权人所负的债务提供担保，当债务人不能履行债务时，由公司按照约定履行债务或承担责任的行为。担保形式包括保证、抵押或质押。

第三条 本制度适用于公司及全资子公司、控股子公司（以下简称子公司）。

第四条 公司独立董事应在年度报告中，对公司累计和当期对外担保情况作出专项说明，并发表独立意见。

第二章 对外担保的原则

第五条 公司对外担保应当遵循合法、审慎、互利、安全的原则，严格控制担保风险。

第六条 公司为他人提供担保，应当采取反担保等必要措施防范风险，反担保的提供方应具备实际承担能力。

第三章 对外担保的权限范围

第七条 公司对外担保必须经公司董事会或股东大会审议通过。

第八条 公司的子公司及所属分公司未经股份公司审批授权不得办理担保业务。

第九条 应由董事会审批的对外担保，必须经全体董事过半数审议通过并经出席董事会的2/3以上董事审议通过并作出决议。

第十条 应由股东大会审批的担保，必须经董事会审议通过后，方可提交股东大会审批。须经股东大会审批的担保，包括下列情形：

（一）公司及控股子公司的担保总额，达到或超过最近一期经审计净资产的50%以后提供的任何担保；

（二）公司的担保总额，达到或超过最近一期经审计总资产的30%以后提供的任何担保；

（三）为资产负债率超过70%的担保对象提供的担保；

（四）单笔担保额超过最近一期经审计净资产10%的担保；

（五）对股东、实际控制人及其关联方提供的担保；

（六）上海证券交易所或者《公司章程》规定的其他担保。

第十一条 股东大会在审议为股东、实际控制人及其关联方提供的担保议案时，该股东或受该实际控制人支配的股东，不得参与该项表决，该项表决由出席股东大会的其他股东所持表决权的半数以上通过。

第十二条 股东大会或者董事会对担保事项作出决议时，与该担保事项有利害关系的股东或者董事应回避表决。

第四章 对外担保的管理

第十三条 公司各类担保业务的集中归口管理部门是公司资金管理部。法律事务部负责对担保合同合法性进行审查以及在担保合同履行过程中提供法律协助。

第十四条 公司及所属子公司应建立担保业务台账和担保档案管理制度，定期对担保业务进行统计分析，并确保担保资料及时分类，整理和归档。

第十五条 公司及所属子公司应加强担保的全程跟踪监督管理，及时对被担保人的担保履约情况进行追踪检查，发现问题，及时处理。

第十六条 公司及所属子公司应及时清理到期的对外担保业务，积极督促被担保人如期履约，如发生向债权人履行担保责任，必须及时向被担保人追偿。

第十七条 担保合同按以下要求进行管理：

（一）担保申请书相关内容与主合同必须完全一致，主合同的修改、变更须经担保人同意，并重新签订担保合同；

（二）担保合同一经签订，未经担保人书面同意，不得转让、抵押；

（三）担保合同的变更修改、展期均应按规定程序重新审批办理；

（四）担保合同按规定执行完毕后，被担保人应在10日内书面通知担保人；

（五）担保人应当在担保合同中明确要求被担保人定期提供财务会计报告，并及时报告担保事项的实施情况。

第十八条 担保人应加强对反担保财产的管理，妥善保管被担保人用于反担保的财产和权利凭证，定期核实财产的存续情况和价值，确保反担保财产安全、完整。

第五章 被担保方的资格

第十九条 被担保方须具备以下条件：

（一）具备借款人资格，且借款及资金投向符合国家法律法规、银行贷款政策的有关规定；

（二）资信较好，资本实力较强；

（三）具有较强的经营管理能力，借款资金投向项目具有较高的经济效益；

（四）资产流动性较好，短期偿债能力较强，在被担保的借款还本付息期间具有足够的现金流量；

（五）不存在重大诉讼、仲裁或行政处罚；

（六）公司认为需要具备的其他条件。

第二十条 担保申请人有下列情形之一的，公司及所属子公司不得为其提供担保：

（一）资金投向不符合国家法律法规或国家产业政策的；

（二）对公司或公司所属子公司存在逾期合同债务的；

（三）公司或公司所属子公司曾为其担保，而担保申请人发生过银行借款逾期、拖欠利息等情况，至本次担保申请时尚未偿还或不能落实有效的处理措施的；

（四）有其他明显不良信用行为的；

（五）存在重大诉讼仲裁或行政处罚的；

（六）不按要求提供反担保措施的；

（七）经营状况恶化、资不抵债、信誉不良，且没有改善迹象的；

（八）公司董事会认为不能提供担保的其他情形。

第二十一条 公司或子公司为公司合并会计报表范围以外的第三方提供担保，需视具体情况要求被担保人提供反担保以及提供反担保人的下列资料：

（一）《公司章程》、营业执照复印件、法定代表人的身份证明、反映与公司关联关系及其他关系的相关资料等；

（二）经具有资格的会计师事务所审计的最近3年的财务报告、有关资信及履约能力等证明文件；

（三）能够抵押或质押财产的名称、数量、质量、状况、所有权或使用权权属证明、保险、公证等有关文件，经具有资格的资产评估部门对抵押或质押财产作出的评估作报价等材料；

（四）按担保人要求出具的反担保文件及其他必要文件。

第二十二条 公司董事长或经合法授权的其他人员根据公司董事会或股东大会的决议代表公司签署担保合同。未经公司股东大会或董事会决议通过并授权，任何人不得擅自代表公司签订担保合同。

第六章 对外担保的信息披露

第二十三条 公司董事会或股东大会审议批准的对外担保，必须按照有关法律、法规，及时和按规定持续履行对外担保情况的信息披露义务。

第二十四条 参与对外担保事宜的任何部门和责任人，均有责任及时将对外担保的情况向公司董事会秘书报告，并提供信息披露所需的文件资料。

第二十五条 公司有关部门应采取必要措施，在担保信息未依法公开披露前，将信息知情者控制在最小范围内。任何依法或非法知悉公司担保信息的人员，均负有保密义务，直至该信息依法公开披露之日，否则将承担由此引致的法律责任。

第七章 法律责任

第二十六条 公司全体董事应当审慎对待和严格控制对外担保产生的债务风险，严格按本制度管理和批准对外担保事项。

第二十七条 责任人违反法律、法规规定或本制度规定，无视风险擅自越权对外提供担保，造成损失的，公司将依法追究其法律责任。

第八章 附 则

第二十八条 本制度经公司董事会拟订，并自股东大会决议通过之日起生效。

第二十九条 本制度由公司董事会负责解释。

第三十条 本制度的相关规定如与生效后颁布或修改的有关法律、法规和《公司章程》相抵触，应以有关法律、法规和《公司章程》规定为准。如发生上述情况，董事会将及时对本制度进行修订。

中国水利水电建设股份有限公司资金管理办法

（中水电股〔2010〕53 号 • 2010 年 4 月 22 日）

第一章 总 则

第一条 为统一规范中国水利水电建设股份有限公司（以下简称股份公司）的资金管理工作，加强资金集约化管理，提高资金整体效益，防范资金运营风险，根据国家相关法律、法规以及国务院国资委对中央企业财务资金管理的有关规定，结合股份公司资金管理工作实际，制定本办法。

第二条 股份公司资金管理是以银行账户管理和资金预算管理为基础，以资金收支两条线管理为基本模式，依托先进高效的资金管理信息系统，构建股份公司统一的现金池，对资金运行实施全程监管和集中调度，为实现股份公司战略目标提供坚实的资金保障。

第三条 资金管理的目标与原则。

（一）全面整合资金资源，优化资源配置，实现资金管理效益最大化；

（二）防范资金运营风险，确保资金链条安全；

（三）资金集中不改变资金的使用权和收益权；

（四）资金有偿使用。

第四条 资金管理的主要内容包括资金管理体制、银行账户管理、资金预算管理、资金集中管理、授信融资管理、外汇与金融衍生品管理、资金风险管理、资金管理信息系统、资金报告制度、资金管理的监督激励及考核等。

第五条 本办法所称资金为股份公司及所属各公司拥有或实际控制，用于生产经营、投资和筹资业务的一切资金收支。主要包括库存现金、银行存款、应收票据、金融衍生品以及其他货币资金等。

第六条 本办法适用于股份公司及所属全资和控股公司（以下简称各公司）。

第七条 本办法是股份公司资金管理的纲领性文件，各公司应按照本办法并结合自身实际情况和管理要求，完善内部管理细则并组织实施。

第二章 资金管理体制

第八条 股份公司资金管理部为资金管理工作的主管部门；资金结算中心是股份公司资金集中结算平台，与资金管理部合署办公，两块牌子、一套人马；各公司资金管理部门为股份公司资金制度及管理措施的执行部门，同时也是本公司资金归口管理的职能部门；股份公司授权资金管理部国际分部/国际公司资金管理部（以下简称国际分部）对国际业务资金实施归口管理。

第九条 股份公司资金管理部行使以下管理职责：

（一）负责股份公司资金管理制度及管理架构的建设，推动资金集约化管理与资金有效运作；

（二）负责资金预算的审核、汇总，对预算执行进行监督、分析与报告；

（三）负责银行账户的统一管理，确保账户资金规范、安全运行；

（四）构建股份公司资金集中管理模式和内部结算系统，负责资金的有效集中与合理调配，提供内部结算管理及服务；

（五）负责股份公司统一授信、筹融资业务的统筹管理，对各公司授信额度、融资计划执行实施监督控制，并负责内部资金融通、担保等内部信贷业务的管理；

（六）负责外汇资金的监管及金融衍生产品的管理，对各公司开展金融衍生品业务负责审核、批准；

（七）组织建立股份公司资金管理信息系统，并保障系统的安全、高效运行；

（八）建立资金报告体系，及时准确统计各类资金数据并进行分析评价报告，为股份公司决策提供资金信息支持；

（九）负责对各公司资金管理工作进行指导、检查、监督与考评；

（十）其他各项资金工作。

第十条 各公司资金管理部门负责公司总部及所属分、子公司、项目部（以下简称各公司及所属单位）资金的统一管理，其主要职责包括：

（一）贯彻执行国家有关法律法规、股份公司资金管理制度，制订本公司资金管理实施细则，监督、检查所属单位资金制度执行情况；

（二）代表本公司向商业银行申办信用等级资质，编制并执行经批准的融资计划，统一办理本公司对外借款、保函、担保等信贷业务；

（三）组织本公司资金预算的编制，并按时上报股份公司。监督本公司资金预算的执行，定期对资金预算进行分析、报告；

（四）申办股份公司内部授信，按规定办理内部资金融通业务，并确保融入资金的规范安全使用；

（五）负责统一向商业银行办理资金结算，为内部开户单位提供结算服务；

（六）统一规划、调剂本公司所属资金，负责内部调剂资金的规范化管理，并确保调剂资金的安全使用；

（七）负责本公司资金报表的审查、汇总、编制，并及时上报有关领导和股份公司；

（八）监督、检查所属单位资金使用情况，杜绝违规、违纪现象的发生；

（九）协助办理工程价款结算，参与债权债务的清理催收工作，确保结算资金的及时回笼；

（十）其他各项资金工作。

第十一条 国际分部的职责按照《关于完善国际业务资金管理的通知》（中水电〔2009〕52 号）相关规定执行。

第十二条 各公司应严格执行国家和股份公司关于资金管理的各项规章制度，完善内部资金管理责任制，落实资金管理机构和人员，明确资金管理职责。

第三章 银行账户管理

第十三条 资金管理以银行账户集中受控管理为核心。通过对账户开立程序、开户范围的确定，对账户资金归集、资金运行的要求，对账户日常管理的规范，实现各层级银行账户的集中管理，防范账户资金运行风险，提升股份公司资金集约化管理水平。

第十四条 股份公司根据实际需要确定主要业务合作银行范围，各公司及所属单位应在指定范围内开立银行账户，各公司总部基本账户集中于中国建设银行、中国银行，形成以 5 大国有银行为主，其他股份制银行补充，各有侧重的银行账户集中管理体系，实现各层级账户现金流的闭合管理。

第十五条 股份公司资金管理部行使以下账户管理职责：

（一）确定股份公司主要业务合作银行，建立银企高端合作，开通网上银行系统，搭建股份公司银行账户集中管理体系；

（二）负责股份公司及所属各公司银行账户的统一管理；

（三）负责股份公司银行账户开立、撤销业务的办理，并对各公司的开户申请进行审批、备案管理；

（四）负责对各公司账户资金进行归集和统一调配；

（五）指导、检查各公司账户管理工作。

第十六条 各公司资金管理部门行使以下账户管理职责：

（一）执行股份公司银行账户管理制度，建立健全本公司银行账户管理实施细则；

（二）负责本公司及所属单位银行账户的集中管理；

（三）负责本公司及所属单位银行账户开立、撤销业务的办理，负责对所属单位开户申请进行审批、备案及冗余账户清理等工作；

（四）负责对所属单位银行账户资金进行网银归集和监管；

（五）检查、监督所属单位账户管理制度执行情况。

第十七条 股份公司资金管理部对各公司境内、境外的银行账户实行年度审查制度。

第四章 资金预算管理

第十八条 资金预算是财务预算的重要组成部分，也是财务预算的编制基础，各公司资金预算与财务预算必须保持一致。

第十九条 资金管理部门是资金预算工作的主管部门，负责资金预算的审核汇总、监督控制、分析考核；财务部门负责资金预算的编制和执行；国际分部负责国际业务资金预算管理；其他职能部门按照职责分工，协助、配合做好资金预算相关工作。

第二十条 各公司一切资金收支要全部纳入资金预算管理范畴。按照全面预算的要求，预算编制应充分体现优化资源配置、以收定支、总量平衡的原则。年初各公司编制上报年度资金预算，经股份公司审批后，各公司应将年度资金预算分解编制月度资金计划，并报股份公司资金管理部备案。月度资金计划要合理分配并确保年度支出总额不超支。

第二十一条 各公司应将资金预算执行作为预算管理的核心工作。资金管理部门借助资金信息系统和网上银行平台，按照预算指标对本公司及所属单位的资金收支进行监督、控制、检查、分析，达到预算控制结算的目的。原则要求预算内资金支付由资金管理部监督执行、预算外资金支付实行逐笔审批，严禁出现“预算与实际执行两张皮”现象。

第二十二条 年度内资金预算如需调整，各公司按照财务预算调整频次及时调整并报股份公司批复。各公司应积极应对客观情况变化，严格控制支出增加、收入延误、项目进度拖后等不利的预算调整。

第二十三条 股份公司按年度对资金预算进行检查考核。资金预算执行情况作为检查考核的重点，其他主要考核内容包括实际支出情况、收入完成情况、调整频率及上报的及时性等，考核结果作为下一年度预算批复的重要参考依据。

第五章 资金集中管理

第二十四条 股份公司依托银行账户集中管理体系和资金管理信息系统，以收支两条线为基本模式，按照两级集中、预算控制的原则，加强各层级资金集中管理。

第二十五条 分、子公司、项目部的资金，通过网银系统上划至各公司总部归集账户，实现资金的第一级集中；股份公司将各公司集中资金，上划至股份公司归集账户，实现资金第二级集中。国际业务人民币账户资金由国际分步实施统一集中后，归集至股份公司银行账户，从而形成股份公司和各公司总部两级资金归集现金池。

第二十六条 各公司按照资金预算指标向股份公司提交拨款申请，股份公司资金管理部将资金下拨至各公司银行账户，各公司具体安排下拨资金的使用。各公司对于所属单位的资金下拨，除按照资金预算严格控制外，应拟定切合实际的资金使用审批制度，未经审批的资金不得办理下拨或支付手续。

第二十七条 原则要求项目部、分公司由其上级独立法人的公司总部统一进行资金收入结算，结算资金应直接进入公司总部收入账户；如需单独开户进行收入结算的，应选择股份公司确定的业务合作银行办理收款业务，并授权每个工作日定时自动或手工将资金归集到公司总部的收入账户。

第二十八条 原则要求各公司应实行“大额资金集中支付”。项目部、分公司的设备款、材料款、分包结算款等大额资金支付，通过网上申请由公司资金管理部门统一对外办理。

第二十九条 各公司应确保资金流入量和资金存量不得低于股份公司下达的资金集中度考核指标。各项收入应及时入账，不得截留资金、坐支收入。公司总部对所属单位的银行账户应实行限额控制，限额标准由各公司总部负责核定并定期跟踪评价。

第三十条 各公司对归集到股份公司的资金可以采取定期、通知或协议存款等方式，股份公司将根据实际情况对上存资金实行浮动优惠利率政策。

第三十一条 各公司应加强结算合同的集中管理，加大外部债权催收力度，确保结算资金的及时回笼。同时，要加强工程分包结算管理，未办理结算手续不得以“借款、预付款”等方式支付分包款项，严禁出现分包“超结、超付”现象。

第六章 授信融资管理

第三十二条 本办法所称授信是指股份公司组织向金融机构申请的统一授信业务；所称融资包括

对外融资和内部资金融通。为加强授信融资管理，优化整体融资结构，合理配置信用资源，控制融资信用风险，股份公司实行统一授信和融资计划的集中管理。

第三十三条 股份公司通过加大资金集中管理和内部资金调剂力度、完善内部信用制度等举措，提高内部资金融通的比重，逐步减少各公司对外融资额度，从而有效降低股份公司整体带息负债及融资成本，进一步提高股份公司资金调配效能及资金使用效率。

第三十四条 年初各公司编制上报年度融资计划，股份公司资金管理部审核、汇总后，统筹编制股份公司全年融资计划，报经董事会批准后组织执行。各级资金管理部门依据批复后的融资计划具体安排办理全年融资事宜。

第三十五条 各公司对外融资应在充分挖掘内源资金潜力的基础上，全方位拓展融资渠道，充分利用股份公司统一授信，降低融资成本。并合理确定存款和贷款比例，力求避免出现“存贷双高”现象。

第三十六条 各公司因暂时资金短缺，可向股份公司申请内部资金融通。股份公司根据各公司的内部信用情况、财务资金状况、资金投向等，按照支持主业、有偿使用的原则给予必要的资金支持。

第三十七条 各公司应积极加强银企沟通、协作，努力提高在当地金融机构的资信等级，力争银行流动性品种业务的免担保。

第三十八条 针对统一授信业务，股份公司在所属各公司内实施统一额度分配、集中风险控制管理。各公司应以股份公司统一授信为主，自主授信补充。同等条件下，统一授信应优先使用。具体管理执行《中国水利水电建设股份有限公司银行授信管理办法》。

第七章 外汇与金融衍生品

第三十九条 股份公司授权国际分部对外汇资金实行统一管理，国际分部应按照最佳现金持有量的要求，将外汇资金控制在合理区间以内，自由外汇应保持合理比例。

第四十条 各公司应依托股份公司业务合作银行按规定开立外汇账户、管理外汇现金流及操作金融衍生品交易。如受实际情况所限需通过其他金融机构办理的，须按照规定程序报请批准。

第四十一条 公司开展金融衍生品业务，应当由各公司决策机构审议后，报股份公司批准，未经批准任何单位不得擅自从事金融衍生产品交易。

第四十二条 外汇及衍生品交易须严格遵守稳健原则，以规避风险、锁定成本、稳定和改善股份公司现金流为最终目标，不得进行任何套利与投机交易。

第四十三条 各公司应建立健全外汇及衍生品台账管理规则，完整记录存款、交易等详细信息并定期向股份公司资金管理部报告业务情况。

第八章 资金风险管理

第四十四条 各公司须充分重视资金运行风险，应结合企业实际情况和管理要求建立涉及资金安全的重大事项报告制度。生产经营过程中发生或即将发生可能对企业资金安全构成较大影响的任何事实或事件，应按隶属关系及时报送上级领导及资金管理部门，并采取必要措施，确保公司资金安全。

第四十五条 资金风险管理的基本流程是“收集初始信息—资金风险评估—制订应对策略—实施解决方案—结果评价与改进”。各公司应按此流程组织实施风险管控。

第四十六条 现金流风险：各公司应重点监控现金流风险，按照资金预算指标保证现金流安全运行，量入为出并确保经营现金流稳定。特别是境外各区域业务总部、分公司、子公司和各项目部，须关注现金流币种匹配情况，避免因币种错配引发损失。

第四十七条 操作风险：资金业务操作（包括网上银行操作）过程中，可能会由于流程模糊、授权不清、员工错误等原因造成损失，信息系统会因软硬件故障而引发紧急情况。各公司应明确资金管理岗位职责和操作细则、突发情况的处理规范，有效保障操作流程中的资金安全。

第四十八条 或有风险：因担保、抵押等业务给股份公司带来的或有风险会对资金管理造成重大影响，因此各公司应充分重视并按规定管理各类或有风险，将可能的资金风险降到最低。

第四十九条 各公司及所属单位须建立风险预警机制，并针对以上主要风险制订资金风险预案，风险预案由各公司总部审核批准，同时应报股份公司归档备案。

第九章 资金管理信息系统

第五十条 资金管理信息系统是由资金管理软件、计算机及配套设施（含网络）组建的资金信息系统和股份公司开通的网上银行系统共同构成的信息化体系。该系统运用专业管理软件和网络技术对股份公司及各公司的全部资金业务进行采集、传输、分析、存储，并通过银企直联等方式与金融机构网上银行平台实施对接，实现股份公司各层级现金流全程在线处理、监督和控制。

第五十一条 本系统实行统一规范的业务管理体系，包括统一的办法、统一的流程、统一的核算等。信息系统建设以总体规划、分步实施为原则，先各公司总部、后所属分公司、项目部。

第五十二条 资金管理软件安装在股份公司，各公司通过股份公司VPN广域网络远程登录信息系统应用服务器，按统一分配的用户名和所属不同角色，依据不同岗位、不同级别的授权进行相关业务操作。

第五十三条 按照确定的业务合作银行范围，股份公司逐步开通网上银行系统，各公司通过授权方式将所属账户归集到网银系统中，并及时完成对所属单位银行账户的网银归集，以确保股份公司网银管理系统的全面覆盖。国际业务的网银系统建设由国际分部根据国际业务实际情况，经股份公司批准后，选择适合的金融机构开通网上银行系统，加强国际业务的资金集中管理。

第五十四条 资金管理信息系统依托于网络实现功能，使用本系统网络须遵守国家有关法律、法规，严格执行股份公司安全保密制度，不得利用网络从事危害企业资金安全、泄露企业商业秘密等违法犯罪活动，严禁通过网络进行任何黑客活动和性质类似的破坏活动，严格控制和防范计算机病毒的侵入。

第五十五条 为保障资金管理信息系统安全，各公司应建立健全内部管理制度，确保岗位职责明确、操作程序规范、网络通道安全、管理措施到位。

第十章 资金报告制度

第五十六条 股份公司资金报告体系由资金报表及报表分析说明组成。资金报告应以资金预算为起点、各类资金台账为基础，重点测算评估各类核心指标并应覆盖全部资金业务。

第五十七条 资金报告主要分为资金月报、季报和年中（年末）报告。各公司应及时上报资金报告，报告应做到数字真实、计算准确、内容完整、说明清楚。

第五十八条 资金报告应当包括股份公司主营业务、基础设施业务、境内外市场等主要板块的资金运行情况分析；应当在纵向上通过同比、环比等方法考察历史发展脉络，在横向上与行业平均水平及“标杆企业”进行对比，明确改进方向；应对宏观经济形势和政策进行跟踪，评估形势变化对股份公司资金运行的影响，并提出有针对性的应对措施。

第五十九条 资金报告是进行资金工作考核评价的重要依据，是辅助各级领导进行经营决策的重要手段，严禁任何单位提供具有虚假信息的资金报告。股份公司将根据编报质量等对各公司资金报告定期做出评价。

第十一章 监督激励与培训

第六十条 各公司应根据有关法律法规、股份公司相关制度，建立健全资金管理内控机制。内控机制应遵循分工牵制、授权制约的原则，应明确各个岗位的职责权限并配备合格的人员，并根据具体情况进行岗位轮换。

第六十一条 为保证资金安全，各公司应建立资金检查制度，对所属单位资金管理情况进行定期或不定期专项检查。并明确检查事后追究制度，因检查人员失职渎职，致使存在的违纪、违规事项未查出，事后由此发生危害资金安全情况，将追究检查人员的失职责任。

第六十二条 各公司须自觉接受股份公司安排的内部审计。此外股份公司将聘请会计师事务所对资金业务进行定期的外部审计，各公司应为审计工作提供全面支持，并及时整改纠正审计中发现的问题。

第六十三条 对于工作中坚持原则、勤勉尽职、做出突出成绩的资金人员，股份公司将按照相关规定予以表彰奖励，各公司可制订具体的有针对性的奖励办法。

第六十四条 对于工作中违反制度、失职渎职的资金人员，股份公司将按有关规定予以处罚，涉嫌违法的将按照法律程序办理。

第六十五条 各公司应充分重视资金人员的业务学习和培训。应为人员学习培训安排资金预算，用以支付必要的费用。股份公司将对各公司学习培训的效果进行考核检查。

第十二章 附　　则

第六十六条 相关已经公布的文件与本办法规定不一致时，以本办法为准。

第六十七条 本办法由股份公司董事会授权资金管理部负责解释。

第六十八条 本办法自发布之日起执行。

中国水利水电建设股份有限公司财务管理办法

（中水电股〔2010〕55号·2010年9月15日）

第一章 总 则

第一条 为规范财务行为，发挥财务管理在企业管理中的作用，推动企业可持续发展，根据《中华人民共和国会计法》、《企业财务会计报告条例》、《企业财务通则》、《企业会计准则》、《企业会计制度》以及其他相关法律、法规，依据中国水利水电建设股份有限公司（以下简称股份公司）《中国水利水电建设股份有限公司章程》（以下简称《公司章程》）、发展战略和企业实际，制定本办法。

第二条 本办法适用于股份公司及其全资子公司、有实质控制权的控股、参股企业（以下称简称各单位）。

第三条 财务管理的总体目标在于建立健全出资人财务监督制度体系和受资人财务管理制度体系，发挥财务管理的职能作用，集中股份公司各项资源，在着力提升企业经济效益，防范、化解经营风险的同时，实现股份公司价值最大化。

第四条 财务管理的基本任务：

1. 贯彻执行国家财经法规及相关制度，依法开展各项业务；

2. 建立健全各项财务管理制度，规范股份公司及成员企业的财务管理行为；

3. 理顺产权关系，维护股份公司及各利益主体的合法权益；

4. 认真开展会计核算业务，确保会计信息真实、准确、可靠；

5. 围绕股份公司的发展战略和经营目标，加强全面预算管理工作，提高股份公司资源的配置效率；

6. 做好各项财务收支的计划、控制、核算、分析与考核工作，确保企业经营活动的正常开展；

7. 重视资金的时间价值与风险价值，强化资金的集中统一管理，科学合理地筹集、使用资金，监督资金运转情况，确保资金安全，提高资金使用效益；

8. 规范资产管理业务，确保企业资产的安全、完整与合理流动，提高资产使用效率，实现国有资产保值增值的目标；

9. 加强投资业务管理，规范投资行为，规避投资风险，确保投资收益最大化；

10. 加强对担保、委托理财等高风险业务的管理，确保国有资产安全；

11. 发挥全员性财务管理的作用，加强与经营、合同、技术、人力资源、设备物资等相关业务主管部门的沟通，强化成本管理职能，提升企业经济效益；

12. 做好同建设单位、政府有关部门、金融机构等相关单位之间的沟通工作，争取良好的经营环境。

第五条 财务管理体制及功能定位。

股份公司实行“统一领导、分级管理、分级核算”的财务管理体制。

股份公司是投资决策中心、预算管理中心、资金集中管理中心；各单位是股份公司的利润中心、相对投资中心、预算中心、资金管理中心；各单位下属项目部是股份公司的成本中心，是整个股份公司创造利润的基本单元。

第六条 各单位应根据本办法，结合企业实际，制定具体的实施细则，报上级财务部门备案。

第二章 财务管理的组织机构及职责

第七条 股东大会作为公司的权力机构，在财务方面行使以下职权：

1. 决定公司发展战略、中长期发展规划、经营方针和投资计划；

2. 审议批准公司的年度财务预算方案、决算方案；

3. 对公司增加或者减少注册资本作出决议；

4. 对发行公司债券或其他证券及上市方案作出决议；

5. 对公司聘用、解聘会计师事务所作出决议；

6. 审议批准应由股东大会审议通过的担保行为和事项；

7. 审议批准公司在一年内购买、出售重大资产超过公司最近一期经审计总资产30%的事项；

8. 审议批准变更募集资金用途事项；

9. 审议股权激励计划；

10. 审议批准公司的利润分配方案和弥补亏损方案。

第八条 董事会作为股份公司的经营决策机构，在财务方面行使以下职权：

1. 执行股东大会的决议；

2. 决定公司的经营计划和投资方案；

3. 制订公司的年度财务政策，制订公司的年度财务预算方案、决算方案；

4. 制订公司的利润分配方案和弥补亏损方案；

5. 制订公司增加或者减少注册资本、发行债券方案或其他证券及上市方案；

6. 拟订公司重大收购、收购本公司股票或者合并、分立、解散及变更公司形式的方案；

7. 在股东大会授权范围内，决定公司对外投资、收购出售资产、资产抵押、对外担保事项、委托理财、关联交易等事项；

8. 制订公司的基本财务管理制度；

9. 制订公司的股权激励计划方案；

10. 向股东大会提请聘请或更换为公司审计的会计师事务所；

11. 决定公司的工资水平和福利奖励计划；

12. 监督公司内部的风险管理体系，包括风险评估、财务控制、内部审计、法律风险控制等内部控制制度的建立和实施情况。

第九条 监事会是对公司业务活动及会计事务等进行监督的机构，对公司股东大会负责，履行以下职责：

1. 对董事会编制的公司定期财务报告进行审核；

2. 检查公司生产经营和财务状况，审阅账簿、报表和文件。

第十条 股份公司总经理负责股份公司日常财务管理工作，履行以下职责：

1. 执行国家有关法律、法规及财经纪律；

2. 依法缴纳国家税款；

3. 依据《企业财务通则》和国家有关规定及《公司章程》，组织拟订股份公司的财务管理制度，并采取措施保证实施；

4. 根据股份公司的实际情况，按照精简、高效的原则，配备主要的财务工作人员；

5. 拟订公司年度财务预算方案、决算方案；

6. 组织实施董事会制定的年度经营计划、投资、融资和委托理财方案；审查财务收支预算，安排生产经营活动，监督考核成员企业生产经营目标的实现情况，确保国有资产保值增值；

7. 支持财务人员严格执行《中华人民共和国会计法》，对会计信息的真实性、完整性负责；

8. 接受财政、审计、税务等有关政府主管部门的监督、检查；

9. 对董事会负责并报告财务管理工作；

10. 组织研究股份公司的重大财务决策等。

第十一条 股份公司总会计师协助总经理工作，具体负责股份公司日常财务管理工作，执行《总会计师条例》和《中央企业总会计师工作职责管理暂行办法》，行使以下职权：

1. 组织贯彻执行国家有关财经法规、方针、政策和制度，保护股份公司财产的安全与完整；

2. 领导股份公司日常财务管理与会计核算工作；

3. 组织拟订和执行财务预算、财务收支计划，拟订资金筹措和使用方案，开辟财源，有效的使用资金；

4. 主管审批财务收支工作，检查各职能部门和各单位财务预算执行情况，审核财务决算；

5. 参与经营决策和项目投资决策，对决策的可行性提出意见；

6. 对股份公司财务机构的设置和财务人员的配备、会计专业职务的设置和聘任提出方案，组织财务人员的业务培训和考核，支持财务人员依法行使职权；

7. 对建立健全股份公司的财务与会计制度提出建议，协调公司内部及外部的各种财务关系；

8. 督导实施财务管理信息系统建设工作，发挥财务信息化在股份公司信息化建设中的核心作用；

9. 接受政府有关部门、社会监督机构的财务监督和检查；

10. 履行《总会计师条例》、《中央企业总会计师工作职责管理暂行办法》规定的其他职责等。

第十二条 股份公司财务产权部是股份公司财务管理的归口管理部门，负责股份公司财务管理工作。其主要职责在于：宣传国家财经法规政策，贯彻落实集团公司财务管理制度，拟订股份公司财务管理办法、会计核算办法以及与此配套的资产、产权、预算、成本等方面的管理制度，协管股份公司财会队伍建设，管理成员企业的财务管理、会计核算、财务信息系统建设工作，审查投融资等重大事项，参与股份公司重大经营决策活动，参与股份公司企业发展战略和年度经营目标的制订，负责经营目标考核工作。

第十三条 股份公司资金管理部是股份公司资金管理的专业部门，负责股份公司资金管理工作。负责股份公司资金运营管理工作，以信息化为手段，实施资金集约化管理，降低资金成本，提高资金效益；负责股份公司筹资管理工作，统筹融资，支持股份公司发展，控制负债风险；负责担保管理工作，规范担保行为，控制或有负债；负责资金预算管理工作，配合全面预算管理的实施；负责股份公司资金信息和外部金融信息的收集、反馈和分析工作。

第十四条 股份公司投资部负责股份公司投资管理工作，负责投资管理制度的制订与组织实施工作，负责股份公司对股份公司投资项目的调研、筹备、管理、风险控制等工作，协调各单位投资活动，指导各单位投资管理工作。

第十五条 股份公司设备物资部是对股份公司设备物资实施战略管控的归口管理部门，负责拟订股份公司设备物资资源的战略性管理战略并组织实施，负责股份公司设备物资资源的战略性优化配置工作，负责股份公司设备物资采购中心的日常工作，组织大型设备、大宗物资的招标采购工作，协调各子公司相互间的设备物资业务关系，实现股份公司利益最大化。

第十六条 成员企业按照《总会计师条例》设置总会计师，其中：全资子公司的总会计师由股份公司委派，接受股份公司的领导。

总会计师负责所在单位的财务管理工作，履行以下职责：

1. 编制和执行本单位预算、财务收支计划、信贷计划，拟订资金筹措和使用方案，开辟财源，有效地使用资金；

2. 进行本单位成本费用预测、计划、控制、核算、分析和考核，督促本单位降低消耗、节约费用、提高经济效益；

3. 参与本单位的经营决策和投资决策，对决策的可行性提出意见，并承担相应的责任；

4. 对本单位财务机构的设置和财务人员的配备和聘任提出方案，组织本单位财务人员的业务培训和考核，支持财务人员依法行使职权；

5. 负责本单位的会计核算管理工作，保证会计资料的真实、完整、准确；

6. 组织做好潜在的重大亏损与重大风险的预警工作，发现问题，及时处理并上报；

7. 履行《总会计师条例》、《中央企业总会计师工作职责管理暂行办法》规定的其他职责等。

股份公司聘任、推荐的全资、控股及参股企业的总会计师，除履行以上职责外，必须及时向股份公司汇报重大经济活动和重大财务事项，定期向股份公司述职。

第十七条 成员企业总部设立财务管理部，比照股份公司财务产权部进行机构设置和工作职责划分，具体负责本单位的财务管理与会计核算业务。同时应做好对被投资企业的财务监督工作，维护出资人利益。

第十八条 合同金额在1亿元以上的工程项目必须配备总会计师，具体负责项目的财务管理、会计核算及相关风险防范业务，其主要职责在于组织项目相关部门，做好成本的计划、预算、控制、分析、考核等工作，努力降低工程成本。

主要二级单位原则上应当配备总会计师，具体配备事宜按有关规定办理。

第十九条 各单位财务人员在行政上接受本单位的领导，在业务上接受股份公司财务产权部的领导。

所有财务人员的聘用必须符合《中华人民共和国会计法》的相关规定。

各单位财务部主任的任命，必须事先征求股份公司财务部的意见。财务部副主任的任命必须报股份公司财务产权部备案。

各子公司财务管理部副主任以上人员的处罚、解聘、辞退等必须报股份公司财务产权部行前备案。

第二十条 财务人员必须按照财政部的有关规定参加年度继续教育活动，完成规定的学习任务。

第二十一条 股份公司会同成员企业对总会计师的工作业绩进行考核，对财务管理工作进行考评。对于工作表现突出的财务人员，给予物质的或精神的奖励；对于严重违反财经法规的财务人员，根据错误的严重程度和造成的损失大小，给予相应的处罚。

第三章 财务会计基础工作

第二十二条 企业一切财务收支必须纳入财务部门统一管理。

第二十三条 会计凭证、会计账簿、会计报表和其他会计资料必须符合国家统一的会计制度的规定。

使用电子计算机进行会计核算的，其软件及其生成的会计凭证、会计账簿、财务会计报告和其他会计资料，必须符合国家统一的会计制度的规定。

任何单位和个人不得伪造、变造会计凭证、会计账簿及其他会计资料，不得提供虚假的财务会计报告。

第二十四条 股份公司及成员企业必须定期对所属单位进行财务会计监督检查，所属单位必须积极配合监督检查工作。

第四章 资 金 管 理

第二十五条 资金管理的目标是保护资金安全，提高资金使用效益。

第二十六条 股份公司资金管理部是股份公司内部资金管理的专门机构。

子公司必须设立资金管理部门，全面负责本单位的资金管理工作，在业务上接受股份公司资金管理部的领导。

第二十七条 股份公司对公司资金实行集中统一管理，各单位必须在股份公司资金管理部开立内部结算账户，按照“收支两条线”的原则，将企业资金逐步纳入股份公司集中管理范畴。

第二十八条 股份公司以现金流量管理为重点，以现代信息技术为手段，逐步建立起覆盖股份公司银行账户的资金管理网络，形成一个统一、规范、高效、安全的资金管理体系。

建立和完善资金管理信息的收集、分析和反馈制度，通过资金快报、资金管理软件、资金分析会议等方式强化资金管理信息的及时上报和反馈，最终实现资金管理信息的实时反映和实时监控。

第五章 设备物资采购管理

第二十九条 设备物资的采购应坚持公开、公平、公正、诚实、守信的原则。设备物资管理部门应建立健全操作有序、监控有力、管理规范的采购管理制度，以防止在采购过程中发生不正当行为，避免造成国有资产的流失。

第三十条 设备物资的采购实行集中采购、分级管理，大型机电设备、大宗材料和配件的采购应发挥股份公司的资源优势，实行股份公司集中采购、统一招标的采购模式，股份公司设备物资采购中心是公司大型设备、大宗物资集中招标采购的职能性交易平台。各成员企业应当建立规范的设备物资采购平台，公开招标采购零星单批设备物资。

第三十一条 对于所需设备，应本着提高设备利用效率的原则，首先在系统内部调剂解决，确需购置的部分必须纳入预算管理范围，坚持先计划后采购，无计划不采购的原则。

第六章 资 产 管 理

第三十二条 应收及预付款项是指在日常生产经营过程中发生的各项债权，包括：应收账款、应收票据、其他应收款和预付账款等。

第三十三条 各单位应制定债权管理办法，严格债权管理制度，落实债权回收责任。对所有应收款项应定期进行核查，确定每笔应收款项的可回收性，并编制应收款项账龄分析，提交相关领导、部门。各业务负责部门应经常与客户保持联系，定期进行催收，防止坏账的发生。

第三十四条 应收款项符合下列条件之一时，确认为坏账损失：

1. 债务单位撤销，依照民事诉讼法进行清偿后，确实无法追回的部分；

2. 债务人死亡，既无遗产可供清偿，又无义务承担人，确实无法追回的部分；

3. 债务单位或债务人逾期未履行偿债义务，超过3年仍不能收回的应收账款。

第三十五条 企业发生坏账损失，必须经主管地方税务征收机关确认。

各单位在核销坏账损失时，应事先将核销情况书面上报股份公司审批。

第三十六条 存货是指在日常生产经营过程中持有以备出售，或者仍然处在生产过程，或者在生产或提供劳务过程中将消耗的材料或物料等，包括各类原材料、周转材料、库存商品、低值易耗品等。

第三十七条 加强存货的出入库管理，存货入库时，应填制入库单，出库时应填制出库单，如实反映存货的收发、结存情况，切实做到账账相符、账实相符。库管人员与记账人员的职责分离。

第三十八条 存货应当定期、不定期进行盘点，保证账实相符。对于存货的盘盈、盘亏应及时办理相关审批手续，并按规定进行会计处理。会计期末应当对存货进行全面清查，如由于存货毁损、全部或部分陈旧过时或销售价格低于成本等原因，使存货成本高于可变现净值的，应按可变现净值低于存货成本部分，计提存货跌价准备。

第三十九条 固定资产是指使用期限超过1年的房屋、建筑物、施工机械、运输设备、生产设备以及其他与生产、经营有关的设备、器具、工具等。

不属于生产经营主要设备的物品，单位价值在2000元以上，并且使用年限超过2年的，也应当作为固定资产。

境外固定资产应同时具备使用年限在1年以上，单位价值在1000美元以上2个条件。不同时具备这两个条件的，为低值易耗品。

股份公司根据实际情况，在规定的固定资产分类及折旧年限的基础上，编制具体的固定资产目录。

第四十条 各单位应指定专门的部门负责固定资产实物管理。财务管理部门应会同固定资产实物管理部门定期对固定资产进行清查，对盘存、盘盈的固定资产报批后按照相关规定及时进行处理。暂时闲置和不需用的固定资产应报固定资产实物管理部门统筹安排，提高固定资产的使用效率。

第四十一条 各单位应根据《中国水利水电建设股份公司会计核算办法》的相关规定对固定资产计提折旧，并按用途计入相关成本费用。

第四十二条 机电物资管理部门组织大型设备、专用设备等在股份公司、各单位、项目部间调配使用，提高设备的利用效率。

第七章 投资管理

第四十三条 投资是指企业将所拥有的一定数量的资产（有形的或无形的）进行投入以取得一定收益和利益的活动，包括投资设立新公司；出资于其他公司；收购并购其他公司；对项目进行长期投资；土地、非生产性房屋等不动产的购建。

严禁购买企业债券、公司股票。严禁委托券商进行购买国债、企业债券、股票、基金等理财活动。

第四十四条 股份公司对投资实行集中管理，各单位拟投资的项目，不分金额大小，一律报股份公司审批。未经股份公司审批，不得进行实质性投资活动。股份公司为最高投资决策机构，由股份公司董事会实施决策，投资部为股份公司投资业务归口管理部门。

第四十五条 股份公司管理级次严格控制在三级以内，禁止形成股份公司层面的四级产权链。各单位不得单独设立履行投资管理和经营职能的法人投资机构。各单位的下属单位（子公司、分公司）不得对外投资。

第四十六条 投资行为应遵循决策科学化、行为程序化、管理制度化的准则。投资项目必须进行充分论证，科学评审，规范决策，防范主要投资风险，争取合理的投资收益水平。

第四十七条 建立投资档案管理制度，加强对外投资过程资料收集整理存档及权益证书的管理并指定相关部门保管。

第四十八条 股份公司投资部应加强对投资的管理，了解、检查、分析、考核被投资单位的财务状况和经营成果，对投资风险、投资回收等进行评价考核并向主管领导提出改进经营管理的意见。

第八章 筹资管理

第四十九条 筹资管理的基本原则：统筹管理、适度负债、规模控制、合理安排，优化资本结构、降低筹资成本、防控筹资风险。

第五十条 筹资包括权益筹资和债务筹资。股份公司权益资本筹资是指由出资人投入以及以发行股票方式筹资，债务筹资是指以负债方式借入资金，包括以短期借款、长期借款、应付债券、长期应付款等方式筹资。

第五十一条 筹资业务，应归口统一管理。股份公司权益筹资由财务产权部归口统一管理，各子公司权益资本筹资均需报股份公司批准。股份公司债务筹资由资金管理部统一管理，各子公司债务筹资由本单位资金结算中心或负责资金管理的部门统一管理，企业内部不得多头对外筹资、更不得层层下放筹资权。

第五十二条 在编制年度资金预算时，必须编制预计现金流量表，作为提出筹资计划的依据。股份公司总部筹资计划由财务产权部提出，报股份公司批准后由资金管理部实施。各子公司年度财务预算中的资金预算和筹资计划须经股份公司资金管理部审定，经股份公司批复后实施。

第五十三条 预算外增加筹资须报股份公司批准后实施。

第五十四条 股份公司和子公司资金管理部门应积极开拓筹资渠道、创新筹资方式和手段，合理确定筹资方案，努力降低筹资成本，为股份公司的可持续发展提供良好的金融服务。

第五十五条 股份公司以公司信用为基础，深化银企高端合作，为公司打造稳定的融资平台。股份公司应选择主要合作银行进行股份公司授信，子公司在该银行的授信纳入股份公司授信。对于取得的授信额度，股份公司根据各子公司生产经营情况进行综合平衡、调剂使用。

子公司根据筹资需要可适当选择其他合作银行，取得银行授信额度。

第五十六条 各单位应确保筹资方式、手段和资金使用上符合国家法律、法规以及政策制度，确保企业有足够财务能力偿还到期债务，切实维护股份公司信用。

第五十七条 财务管理部门和资金管理部门应定期对筹资情况进行分析评价，防范筹资风险。

第九章 担保管理

第五十八条 担保业务遵循的原则：平等、自愿、公平、诚信，依法担保、规范管理，审慎担保和促进发展兼顾，风险共担、风险可控。

第五十九条 股份公司各类担保业务的集中归口管理部门是资金管理部，各单位各类担保业务的归口管理部门是本单位资金结算中心（或其他担保业务管理部门）。

第六十条 股份公司可为各单位进行担保，各单位可为所属的单位、股份公司提供担保。股份公司及各单位在办理担保业务时，应严格遵守《中华人民共和国担保法》及《中国水利水电建设股份公司担保管理办法》的规定。

第六十一条 股份公司及各单位提供担保的方式为保证担保。担保的种类包括：流动资金贷款业务担保；银行承兑汇票业务担保；工程投标、履约、预付款保函及其他保函担保和出具《履约担保书》；

银行信贷证明担保；其他股份公司认可的担保。

第六十二条 股份公司、各单位及所属单位不得对民营、私营及非国有资产成分的企业或自然人提供担保。股份公司所属子公司原则上不得提供境外融资担保和外汇担保，确有必要提供的，须经国家有关部门批准和有资质的中介机构出具风险评估报告后，上报股份公司批准。

第十章 产权管理

第六十三条 股份公司产权管理实行股份公司、各单位、各单位的所属单位的三级管理体制。股份公司财务产权部负责组织实施产权管理的全面工作。

第六十四条 股份公司是中央管理的中国水利水电建设集团公司控股创立，股份公司享有《中华人民共和国公司法》等法律法规所规定权利，依法自主经营、自负盈亏，对其经营的国有资产承担保值增值责任。

第六十五条 股份公司与各单位建立以产权为纽带的母子公司体制，其产权关系由股份公司负责确立和登记，并由股份公司履行出资人职责，对国有资产实施监督管理。各单位与其投资的企业之间也应建立以产权为纽带的母子公司体制，其产权关系的确立，由各出资单位提供有关资料，上报股份公司统一办理。

第六十六条 产权登记分为占有产权登记、变动产权登记和注销产权登记。股份公司、成员企业发生产权登记事项变更时，应当及时办理产权登记。

第六十七条 各单位应在股份公司的统一组织下于每年的上半年完成对本单位产权登记情况的年度检查工作，并向股份公司报送产权登记年度汇总表和年度汇总分析报告。

第六十八条 产权转让是指股份公司及各单位将所持有的所属单位国有产权有偿转让给境内外法人、自然人或者其他组织的活动，区别于国有产权无偿划转和资产处置。

第六十九条 产权转让应当遵守国家法律、行政法规和政策规定，有利于股份公司整体经济布局和结构的战略性调整，促进国有资产的合理流动和优化配置，坚持公开、公平、公正的原则，保护国家、股份公司和其他各方合法权益。

第七十条 股份公司、各单位的国有产权转让应当在依法设立的产权交易机构中公开进行，产权交易机构的选择确定权在股份公司，各单位在进行产权交易时，应报股份公司批准并在股份公司指定的产权交易机构进行。

第七十一条 股份公司、各单位国有产权转让可以采取拍卖、招投标、协议转让以及国家法律、行政法规规定的其他方式进行。股份公司、各单位及所属从事该单位主营业务的重要全资或控股子公司（公司）的国有产权的国有股权不向管理层转让。

第十一章 预算管理

第七十二条 股份公司实行全面预算管理，全面预算管理是采用价值形式对股份公司经营活动进行预测、决策、目标控制和业绩评价的管理方式，是对战略目标和发展规划进行总体安排的一项重要管理活动。

第七十三条 股份公司实行由股份公司组织实施、分级归口管理的全面预算管理体制，即：建立由法定代表人、预算管理委员会、各预算责任单位（部门）构成的三级预算管理体制。

第七十四条 股份公司财务产权部负责组织全面预算管理工作，制订股份公司预算管理制度，审核、平衡、下达各单位预算指标，监督预算的执行与控制，考核评价预算的执行情况。

第七十五条 全面预算管理是一项全员参与、全面覆盖和全过程实时跟踪控制的系统工程。股份公司所有涉及价值形式的经营管理活动，都应纳入预算管理，明确预算目标，实行预算控制。

第七十六条 股份公司全面预算按年度编制，预算年度为公历 1 月 1 日～12 月 31 日。

第七十七条 股份公司预算的编制，采取“自下而上、分级编制、上级审定、逐级下达”的程序进行。

第七十八条 各单位应严格按照股份公司规定的预算内容和格式编报预算报告，也可结合自身特点制订内部统一的预算编制基础表格，统一预算指标计算口径。

第七十九条 预算一经下达，各单位及所属各单位必须认真组织实施，将预算指标层层分解，从横向和纵向落实到内部各部门、各单位、各环节及各岗位，形成“全员参与，全面覆盖，全过程实时控制”的全方位预算责任执行体系，任何部门和个人不得超越权限调整、变动预算指标。

第八十条 各单位及所属各单位应建立健全预算分析制度，定期召开预算分析会议，对预算执行过程中存在的问题及时查明原因，提出改进意见和措施，实时控制预算执行过程，确保预算目标的完成。

第八十一条 股份公司将各单位的主要预算指标纳入年度经营业绩考核范围，并按经营业绩考核办法，每年进行一次考核、兑现。

第十二章 成本费用管理

第八十二条 成本费用管理是对生产经营活动中所发生的一切成本和费用的形成进行预测、计划、控制、核算、分析和考核等一系列的科学管理。

第八十三条 成本费用管理实行目标控制、分级归口管理原则。股份公司、各单位及所属单位、项目部按照本单位管理体制，建立分层分级成本费用管理体系，实行成本费用目标管理。

第八十四条 各单位应加强对成本费用的控制，建立成本费用管理制度，编制成本费用计划，按月进行成本考核和成本分析，努力降低成本费用。

第八十五条 成本费用管理应遵循权责发生制和收入与成本费用相配比的原则，正确归集和反映实际成本费用。不得以预算成本、计划成本、定额成本、估计成本代替实际成本。

第八十六条 成本费用按生产成本、制造费用、营业费用、管理费用、财务费用等项目进行归集、核算和管理。各项成本费用的支出，应严格按照国家有关规定进行项目归集和列支。

第八十七条 下列各项开支不得列入成本费用：

1. 为购置和建造固定资产的支出；
2. 无形资产和其他资产的支出；
3. 对外投资的支出；
4. 被没收财物、支付滞纳金、罚款、违约金、赔偿金的支出；
5. 捐赠、赞助性支出；
6. 国家规定不得列入成本、费用的其他支出。

第十三章 收入、利润及其分配

第八十八条 营业收入是指销售产品或提供劳务等取得的收入，包括主营业务收入和其他业务收入。营业收入按权责发生制原则确认。

第八十九条 利润是指在一定时期内，从事生产经营活动所取得的经营成果。

第九十条 各单位发生的年度亏损，可以用下一年度的税前利润弥补；下一年度利润不足弥补的，经批准，可以在5年内用所得税前利润延续弥补；延续5年仍未弥补的亏损，用所得税后利润弥补。

第九十一条 股份公司缴纳所得税后的利润，除国家另有规定外，按下列顺序分配：

1. 弥补企业以前年度应由税后利润弥补的亏损；
2. 提取盈余公积金。

第九十二条 各单位交纳所得税后的利润按下列顺序分配：

1. 弥补企业以前年度应由税后利润弥补的亏损；
2. 提取盈余公积金；
3. 向投资者分配利润。

第九十三条 盈余公积金经母公司批准后，可以用于弥补亏损或用于转增资本金，但转增资本金时，所留存的该项公积金不得少于转增前注册资本的25%。

第十四章 财务会计报告与财务评价

第九十四条 财务会计报告是指反映企业在某一特定日期财务状况和某一会计期间经营成果、现金流量的文件。

第九十五条 财务会计报告分为年度、半年度、季度和月度财务会计报告。股份公司按照《中华人民共和国会计法》规定的结账日进行结账，不得提前或推迟。年度结账日为每年的12月31日，半年度、季度、月度结账日分别为每半年、每季度、每月的最后一天。

第九十六条 各单位除按月、按季、按年编制资产负债表、利润表、现金流量表等国家统一规定的会计报表外，还应根据内部管理的需要，编制《成本费用明细表》、《主营业务收入明细表》等内部报表。

第九十七条 按照《企业会计准则》的规定，股份公司、各单位对其他单位投资如占该单位资本总额50%以上（不含50%），或虽然占该单位注册资本总额不足50%但具有实质控制权的，应当编制合并会计报表。

第九十八条 股份公司财务产权部按照财政部及国务院国资委制定的企业财务评价指标按月度、季度和年度总结、评价股份公司及各单位的财务状况及经营成果。财务评价指标由反映企业财务效益状况、资产营运状况、偿债能力状况和发展能力状况四方面的基本指标和修正指标构成。

第九十九条 股份公司财务产权部要在财务评价指标计算和分析的基础上编写综合评价主要业务的财务评价报告。通过分析得出综合性的业绩评价结论，并进一步深入细致的分析原因，根据发现的问题提出改进措施。

第十五章 清 算 管 理

第一百条 股份公司、各单位及所属单位因出现《中华人民共和国公司法》规定的解散事由时，应依法进行清算，按国家有关规定成立清算机构，对所属的资产依法进行清算。

第一百零一条 清算机构在清算期间，负责制订清算方案清理公司财产，编制资产负债表和财产清单，处理公司债权、债务，向投资者收取已认缴而未缴的出资，结清纳税事宜以及处置公司的剩余财产。

第一百零二条 公司清算的财产包括宣布清算时公司的全部财产以及清算期间取得的财产。

第一百零三条 清算费用包括法定清算机构成员的工资、差旅费、办公费、公告费、诉讼费及清算过程中所必需的其他支出。清算费用从清算财产中优先支付。

第一百零四条 公司财产支付清算费用后，按照下列顺序清偿债务：

1. 应付未付的职工工资、劳动保险费以及按规定安置破产企业职工所需费用等；
2. 应缴未缴国家税金；
3. 尚未偿付的债务。

不足清偿同一顺序债务的，按照比例清偿。

第一百零五条 公司清算终了，清算收益大于清算损失、清算费用的部分，依法缴纳所得税。清算完毕，清算机构提出清算报告并出具清算期内收支报表。

第一百零六条 股份公司、各单位及所属单位被依法宣告破产的，依照有关企业破产的法律实施破产清算。

第十六章 财务风险管理

第一百零七条 财务风险就是财务经营效果的不确定性。财务风险由市场风险和非市场风险组成。市场风险主要包括利率风险、汇率风险和原材料风险等。非市场风险主要包括信用风险、内部管理风险、合同风险、政策性风险和流动性风险等。

第一百零八条 财务风险管理的目标是将财务风险控制在可承受范围之内，保证遵守国家财经法规制度，实现股份公司价值的最大化。

第一百零九条 财务风险管理的归口管理部门为股份公司财务产权部，股份公司财务产权部、资金管理部、投资部、设备物资管理部门及各单位具体负责财务风险管理工作。

第一百一十条 股份公司各风险管理部门应广泛收集与本股份公司风险管理相关的内外部信息，定期上报财务产权部，由财务产权部统一对财务风险信息进行规集和评估。

第一百一十一条 财务产权部根据财务风险评估的结果，围绕股份公司财务战略，确定风险偏好、风险承受度、风险管理有效性标准，选择风险承担、风险规避、风险转移、风险转换、风险对冲、风险补偿、风险控制等适合的风险管理策略。

第一百一十二条 财务产权部针对各类财务风险制订风险管理解决方案。方案一般应包括风险解决的具体目标，所需的组织领导，所涉及的管理及业务流程，所需的条件、手段等资源，风险事件发生前、中、后所采取的具体应对措施以及风险管理工具。

第十七章 纳 税 管 理

第一百一十三条 股份公司及各单位应指定专门部门（或人员）负责税收政策的研究与企业纳税筹划工作，确保依法纳税，维护国家、企业利益。

成员企业的专项纳税筹划方案须报股份公司备案。

第一百一十四条 股份公司及各单位应根据国家税收规定按时缴纳各种税金。各单位税务执行情况发生变动应及时向股份公司报告。

第十八章 重大财务事项的管理

第一百一十五条 各单位应根据业务发展需要合理筹集资金，建立资金预测及分析制度，应根据筹资用途分析确定筹资方式。股份公司对各单位的筹资行为实行预算控制，各单位年末上报下一年度筹资预算，由股份公司审核批准后执行。

第一百一十六条 各单位要加强资产的管理和核算，有效的控制资产损失。如需处理重大资产损失，须递交拟报废资产清单报股份公司审核批准，由股份公司审批后方能进行会计处理。

第一百一十七条 股份公司强化对各单位的预算控制，各单位按月检查预算完成情况，分析实际与预算的差异，提出有效改进措施，遇重大差异或其他重要情况，应及时上报股份公司。

第一百一十八条 各单位大额贷款、对外担保、投资项目、重要固定资产或生产经营设施的添置、产权变更（兼并、破产、股改等）、股本变更以及重大经济案件等重大财务事项实行向股份公司报审管理，各单位的重大财务事项由股份公司审核批准后方可办理。

第一百一十九条 财务产权部负责组织实施股份公司财务信息化工作，根据集团公司财务管理信息系统建设规划以及实施方案，分阶段、分步骤地推进股份公司的财务管理信息系统建设。各子公司使用集团公司统一指定的财务管理信息系统应用软件，进行会计核算和财务信息传输，实现内部财务信息的实时反映与过程监控。

第一百二十条 各单位应及时办理工程结算业务，并认真收集相关数据，为项目结算、调价、补差和索赔做好各项基础工作。

第一百二十一条 工程项目竣工后，各单位应及时收回项目资金以及财务印鉴，完成并账工作。同时处理好调价、补差、索赔等有关事宜。在竣工后90天内完成竣工决算报告的编制上报与审计工作。对于尚未清理的债权债务（包括工程尾款、质保金等）必须制订清偿计划，落实清偿责任。

第十九章 国际项目的财务管理

第一百二十二条 国际项目财务管理统一由股份公司财务产权部、股份公司资金管理部归口管理。股份公司委托中国水利水电建设集团国际工程有限公司行使国际项目的日常财务业务管理职能，包括：组织国际业务预算编制、保函管理、项目融资、国际业务的资金收付、成本费用管理以及国际项目财务信息（预算、核算、决算等信息）的汇总分析与国际业务财务及资金风险识别等职能。

第一百二十三条 股份公司内所有的国际项目，必须建立完善的财务管理机构。各财务管理机构的设立、撤销、分设、合并，由股份公司统一管理。

第一百二十四条 国际项目的财务管理分为境内财务管理和境外财务管理，境内财务管理包括：项目立项、保函的开具与撤销、合同的签订与备查、项目预算管理、筹资管理、款项的收付、出口退税、物资采购等；境外财务管理包括：资金管理、资产管理、成本管理、费用管理、纳税筹划等。

第一百二十五条 国际项目在办理外汇业务时，应严格遵守国家有关外汇业务的管理规定。所有国际项目收入中自由外汇部分必须全部汇入股份公司在国内的外汇账户。

第一百二十六条 各单位应定期对国际项目的财务状况、经营成果、现金流量及预算执行情况进行分析，发现问题，及时处理。重大问题必须逐级上报。

第二十章 附 则

第一百二十七条 本办法由股份公司董事会负责解释。本办法与国家法规、《公司章程》及规则不一致时，应从其规定。

第一百二十八条 本办法自2010年1月1日起施行。

中国水利水电建设股份有限公司资产管理办法

（中水电股〔2010〕56号·2010年9月17日）

第一章 总 则

第一条 为规范中国水利水电建设股份有限公司（以下简称股份公司）资产管理，明确资产管理责任，维护资产安全，促进资产合理流动，提高资产使用效率，确保股东权益保值增值，根据《中华人民共和国企业国有资产法》和《中国水利水电建设股份有限公司章程》等相关规定，结合股份公司实际，特制定本办法。

第二条 本办法所指资产为股份公司所拥有或者控制的资源，该资源预期能给股份公司带来经济利益。其具体包括流动资产、固定资产、长期投资、无形资产和其他资产。

第三条 本办法适用于股份公司及所属全资及控股子公司（以下简称各子公司）。

第二章 管理机构及职责

第四条 各子公司须成立公司主要负责人为主任，分管资产负责人或总会计师为副主任，机电物资、财务、公司发展（规划）、后勤（物业）、纪检监察、审计等部门负责人组成的资产监督管理委员会，负责对本单位资产的购置、重组、租赁、评估、拍卖、托管、报废、处置及投资等重大事项行使决策权，并对本单位的资产管理负全面责任。

第五条 股份公司实行“统一领导、三级管理、分级负责”的资产管理体制，即：股份公司为一级；各子公司为二级；各子公司所属分、子公司为三级。

（一）股份公司资产管理职责：

1. 贯彻执行国家有关资产管理的法律、法规和方针、政策；

2. 制定股份公司资产管理的规章制度，组织实施资产经营责任制的考核；

3. 审核并上报股份公司内部和与外部资产重组、评估、拍卖、托管方案；

4. 审定各子公司对外投资及股份公司规定审批权限的非生产性固定资产的购建计划；

5. 整合股份公司内部资源，推进股份公司内部资产合理流动，盘活存量资产，提高资产使用效率，确保股份公司资产保值增值。

（二）各子公司资产管理职责：

1. 根据股份公司资产管理办法的规定，制定本公司资产管理实施细则；

2. 负责建立与自身管理体制相适应的资产管理体制及运行机制，推进内部资产的有序流动，确保资产管理有序、运行高效；

3. 建立资产管理与经营责任制，明确各职能部门在资产管理中的责任，做到责、权、利相统一，以提高资产的完好率；

4. 根据经营规模的发展需要，合理确定资产规模及资产结构；

5. 健全资产管理报表体系，加强资产动态管理，提高资产使用效率。

（三）各子公司所属分、子公司资产管理职责：

1. 贯彻实施本公司的资产管理实施细则；

2. 严格执行各项资产管理流程和规章制度，落实资产管理责任制；

3. 负责资产的使用管理，及时填制和上报各类资产统计及运行报表，确保资产安全、完整；

4. 向各子公司报告有关资产管理工作。

第六条 股份公司财务产权部、总经理工作部、投资部、公司发展部、资金管理部、审计部、监察部等部门具体负责资产的管理工作，其职责是：

（一）股份公司财务产权部负责拟订股份公司资产管理办法，并负责组织实施；配合公司改革、改制的需要，参与股份公司资产重组、拍卖、托管方案的拟订，参与投资项目可行性分析及投资项目的资产管理，协调处理子公司资产管理事宜，并办理有关资产处理事项，同时负责股份公司总部各项资产的价值管理。

（二）股份公司总经理工作部负责组织实施股份公司总部各项资产的实物管理工作，包括房屋、设备等固定资产购置计划的拟订、汇总和报批，办理资产的采购、保管、报废等相关工作，并对股份公司总部资产的安全性、完整性负责。

（三）股份公司投资部负责拟订股份公司投资管理办法，组织指导股份公司投资活动，明确股份公司投资方向，控制投资规模，为股份公司及各子公司投资提供决策依据，并负责股份公司投资项目的资产管理及运行。

（四）股份公司企业发展部负责股份公司战略重组、改革、改制工作中资产重组、拍卖、托管方案的拟订。

（五）股份公司资金管理部负责按照国家有关政策的规定，履行资金管理与监督职能，统一管理内部开户单位的各项资金业务，并结合股份公司实际情况，拟订股份公司资金管理办法，建立健全内部资金监控系统。

（六）股份公司公司审计部负责对各子公司资产管理流程和法定代表人任期内资产经营情况实施审计，并对资产管理和评估进行审计监督。

（七）股份公司监察部负责对各子公司资产管理过程中的违规、违纪事件进行责任追究。

第三章　流动资产管理

第七条 现金的管理。

（一）股份公司及各子公司必须在下列范围内使用现金：

1. 工资、奖金、津贴；

2. 个人劳务报酬；

3. 各种劳保、福利费用；

4. 出差人员须随身携带的差旅费；

5. 转账结算起点以下的现金支付；

6. 人民银行确定的需要支付现金的其他支出。

除了上述现金使用范围外，各单位不得超范围使用现金，特别是分包工程款、材料款、设备款的支付。

（二）转账结算起点为5000元，转账结算起点以下的支付也可以采取转账结算。

（三）各单位必须建立健全现金日记账，建立每日清库对账制度和不定期财务主管抽查制度，确保现金的安全。

（四）现金收入应当及时存入银行，严禁“坐支”现金。

（五）各单位采取现金支票支付价款时，必须如实填写用途，严禁套取现金。凡是支付个人款项开具的现金支票，严禁以单位名称代替个人姓名。

（六）库存现金限额的核定由股份公司和各子公司资金管理部或财务部根据日常零星开支所需的现金量和交通远近情况具体核定。

（七）一次性提取现金超过5万元的（除单位正常提取的备用金），资金管理部应要求取款人提供有效凭据，并提前1天预约。

（八）严禁将大额现金（即超过2万元）长期保留在个人信用卡上，财务部门应定期进行清算。

（九）现金结算和信用卡的管理，严格执行中国人民银行的《现金管理条例》。

第八条 银行存款的管理。

各级资金管理部及分支机构必须根据中国人民

银行《人民币银行结算账户管理办法》以及《中国水利水电建设股份有限公司银行账户管理办法》的有关规定，开立银行账户，并履行管理与监督职能。

（一）各子公司资金管理部应根据国家有关政策的规定，结合公司实际情况，制定本公司资金结算管理办法，明确其职能、权限和责任，规定其结算内容、方式和结算纪律，健全内部资金监控系统，并对内部印鉴的管理与支票等重要结算凭证的购买、领用、签发、核对、清查和对作废票据的管理做出明确规定。

（二）凡设立了资金管理部的各子公司，其银行账户的管理及资金的收支都必须纳入资金管理部的统一管理和监督，严禁资金体外循环。

（三）按月编制“银行存款余额调节表”，确保公司银行存款账面余额与银行对账单调节相符。

第九条 违反现金管理和银行存款管理规定的，严格按照中国人民银行《现金管理条例》、《人民币银行结算账户管理办法》及股份公司的有关规定进行处罚。

第十条 应收款项的管理。

（一）应收款项包括应收账款、应收票据、其他应收款和预付账款。

（二）建立应收款项台账管理制度。各单位财务部门应按照客户和个人设立应收款项台账，详细反映内部各经办部门及各客户应收款项的发生、增减变动、余额及其每笔账龄等财务信息。并定期编制应收款项明细表，向单位领导和有关业务部门报送，提请领导督促有关责任部门采取相应的措施。各单位在建立应收款项台账管理制度的同时，还应加强合同管理，对债务人执行合同情况进行跟踪分析，防止坏账风险的发生。

（三）建立应收款项催收责任制度。各单位应当成立以总会计师为首的应收款项催收领导小组，并成立由财务、经营、机电物资、纪检、审计等业务部门组成的应收款项催收工作小组，采取内部下达催收指标和明确催收责任的形式，落实内部催收责任制，并将应收款项的催收与责任人的考核及奖惩挂钩。

（四）坏账损失的确认。各单位坏账损失视不同情况按以下原则确认：

1. 债务人宣告破产、撤销的，应当取得破产宣告、注销工商登记或吊销营业执照的证明或者政府部门责令关闭的文件等有关资料，在扣除债务人清算财产清偿的部分后，对仍不能收回的应收款项，作为坏账损失；

2. 债务人死亡或者依法被宣告失踪、死亡，其财产或遗产不足清偿且没有继承人的应收款项，应当在取得相关法律文件后，作为坏账损失；

3. 涉诉的应收款项，已生效的人民法院判决书、裁定书判定、裁定其败诉的，或者虽然胜诉但因无法执行被裁定终止执行的，作为坏账损失；

4. 逾期3年的应收款项，具有公司依法催收磋商记录，并且能够确认3年内没有任何业务往来的，在扣除应付债务人的各种款项和有关责任人的赔偿后余额，作为坏账损失；

5. 逾期3年的应收款项，债务人在境外及我国香港、澳门、台湾地区的，经依法催收仍未收回，且在3年内没有任何业务往来的，在取得境外中介机构的终止收款意见书，或者取得我国驻外使（领馆）出具的债务人逃亡、破产证明后，作为坏账损失；

6. 公司为了减少坏账损失而与债务人协商，对逾期应收款项按一定比例折扣后收回的，根据各单位资产监督管理委员会或总经理办公会审议决定和债权债务双方签订的有效协议，可将折扣部分作为坏账损失。

股份公司内部各单位之间核对一致的内部债权、债务，不得以任何理由，作为坏账损失；对于单边挂账的应收款项，在查清原因的基础上，应原账冲回，不得作为坏账损失。

（五）坏账损失的内部审批及认定程序。

各单位清查出来的坏账损失，股份公司投资的全资及控股子公司和各子公司所属的分、子公司分别上报股份公司和各子公司审批。

坏账损失的内部认定程序如下：

1. 内部有关责任部门或经办部门（人）经过取证，提出报告，阐明坏账产生的原因和事实；

2. 内部审计、监察部门经过追查责任，提出处理意见；

3. 对涉及诉讼的坏账损失应当委托律师出具法律意见书；

4. 内部财务部门经过审核后，对确认的坏账损失提出财务处理意见，并按照内部管理制度提交本单位资产监督管理委员会或经理办公会审定；

5. 财务部门依据税法的有关规定向主管公司所得税的税务部门逐笔或集中申报，申报审批后，按本办法的有关规定进行账务处理。

属于清产核资核销的应收款项的坏账，各单位应当参照集团公司《账销案存资产管理暂行办法》进行管理。

（六）坏账损失的财务处理。

1. 股份公司及各子公司坏账损失采用“备抵法”核算，计提的坏账准备金计入资产减值损失；

2. 坏账准备的计提管理按照《中国水利水电建设股份有限公司会计核算办法》（以下简称《股份公司会计核算办法》）执行。

第十一条 存货的管理。

（一）存货包括原材料、低值易耗品、周转材料、在建施工合同已完工部分但尚未办理结算的价款（或仍处施工生产过程中已耗用的材料物资等）、在产品、产成品等。

（二）各子公司对原材料、低值易耗品、周转材料、产成品的收发核算，原则上采取按计划成本核算，对计划成本与实际成本之间的差异，通过“材料成本差异”科目单独核算，并于每月末在库存材料和当期领用材料之间分摊差异。对核算量较小的单位可采取按实际成本核算，其发出材料按后进先出法进行核算。

对于实际成本的计价方法按照《股份公司会计核算办法》的规定执行。

（三）未完施工、在产品季末挂账必须由本单位经营（计划）部门牵头，生产、财务部门配合，确认当期完工项目、产品成本以及未完施工、在产品成本的挂账数。两项目的年末挂账，必须经本单位资产监督管理委员会或经理办公会审定。

（四）耗用的低值易耗品原则上采取一次性摊销，对于涉及数额巨大的，可采取“分次摊销法”。

耗用的周转材料由使用单位视其收益期的长短确定摊销期，同时应加强周转材料的回收管理工作。

（五）各单位应设置专门的存货管理部门，负责制订存货的计划、采购、验收、领用、付款等环节的内部管理流程，明确相关部门和岗位对存货管理各环节中的责任和权限，明确相关手续的办理，确保存货管理机构健全、流程规范、责任明确。

存货管理流程及职责是：

1. 请购计划与审批：各单位施工（生产）部门根据年度施工（生产）任务的安排，提供分项目的年度施工（生产）计划，机电物资部门依据分项目的年度施工（生产）计划，结合库存材料的类别和数量，编制年度存货请购计划，报本单位资产监督管理委员会或经理办公会审批。其季度、月份的存货请购计划与审批由各单位自行规定。

2. 询价与确定供应商：各单位机电物资部门或采购部门，根据存货请购计划及品种、规格、数量要求，本着“就近采购，优质优价”的原则，确定供应商。对于大宗材料既可采用招标方式、也可借助网络信息系统采取网上询价方式，确定供应商，确保存货质优、价廉、物美。

3. 合同的订立与审计：各单位机电物资部门或采购部门，在比质比价基础上确定供应商后，拟将订立的采购合同送经营、采购（或机电）、财务、审计等有关部门会签，并将询价情况（包括供应商的信誉、供货能力、方式、产品质量、材料价格、付款方式等）作为附件一并附上审阅。根据会签意见对其采购合同进行修订，报主管机电物资的领导审批后，方可签订。

4. 采购与验收：各单位机电物资部门或采购部门根据采购合同中有关条款的规定，积极组织进货，取得进货清单、发票，一并交仓库验收人员，仓库验收人员对采购物资的品种、规格、数量、质量和其他内容进行验收，填制验收凭证。对验收过程中发现的问题，应查明原因，及时处理。对不能及时取得的发票，按实际到货的品种、规格、数量组织验收，估价入账，并填制验收凭证。

5. 付款审批与执行：采购部门经办人凭进货清单、发票、验收凭证填制付款申请表，付款审批原则上实行联签制度，审批后，经财务部门审核办理付款手续。对涉及欠付的货款，采取主管财务的领导（或总会计师）和财务部门负责人联签方式支付欠款。

各单位应建立严格的请购审批制度，对于超计划（预算）和例外紧急需求的特殊采购项目，应当制订特殊请购审批程序。对于重要和技术性较强的采购业务，应当组织专家论证，实行集体决策和审批。

（六）各子公司可结合自身的实际情况，对大宗材料的采购，可在集中采购、统一配送等方面进行有益的尝试，推动公司内部物流中心的形成和发展。

（七）各子公司应建立和完善存货领用手续，对领用手续不完备、领用凭证要素填制不齐全的，管理部门有权不发货。同时，还须建立存货退库管理制度，严禁“以购代耗、以领代耗”，推行限额领料制度。

（八）各子公司应建立存货清查盘点制度，要求所属单位、项目部每年至少盘点一次。对账实不符的，其损失按以下原则确认：

1. 盘盈、盘亏净损失，依据完整、有效的清查盘点明细资料和内部有关责任部门审定结果确认。

2. 毁损、报废、霉烂变质、超过保质期且无转让价值，经过专业的质量检测或者技术鉴定的，扣除残值、保险赔款和责任人赔款后的余额，根据质量检测结果、保险理赔资料等确认。

3. 由于自然灾害或者其他意外事故等不可抗力因素造成的存货损失，扣除残值、保险赔款和责任人赔款后的余额，单位应当根据自然灾害或者意外事故的证据、保险理赔资料等确认。

4. 由于刑事犯罪造成的存货损失，单位应当根据司法机关结案材料，扣除残值、保险赔款和责任人赔款后，将余额确认为损失。

（九）存货损失的内部审批及认定程序：

各子公司清查出的存货损失，由各子公司自行规定内部审批权限。

存货损失的内部认定程序比照坏账损失的内部认定程序办理。

（十）存货损失的财务处理：

1. 盘盈的存货由各盘点单位自行处理，计入营业外收入。

2. 盘亏、毁损、报废、霉烂变质、超过保质期且无转让价值的存货，其损失在减去过失人或者保险公司等赔款后，计入当期管理费用，属于非常损失的计入营业外支出。

（十一）各子公司在对外处理、变卖存货时，应建立健全内部审批制度，完善审批程序，其收入一律纳入单位财务核算，严禁私存或私分。

（十二）存货跌价准备管理按照《股份公司会计核算办法》执行。

（十三）属于清产核资核销的存货，各子公司应当参照集团公司《账销案存资产管理暂行办法》进行管理。

第四章　固定资产管理

第十二条　固定资产是指使用期限超过1年的房屋、建筑物、施工机械、运输设备、生产设备以及其他与生产、经营有关的设备、器具、工具等；不属于生产经营主要设备的物品，单位价值在2000元以上，并且使用年限超过2年的，也应当作为固定资产。

境外固定资产应同时具备使用年限在1年以上，且单位价值在1000美元以上两个条件。

第十三条　固定资产按其经济用途和使用情况分为：生产用固定资产、非生产用固定资产、租出固定资产、未使用固定资产、融资租入固定资产。其中：生产用固定资产又分为：房屋、建筑物、施工机械、运输设备、生产设备、仪器及试验设备、其他生产用固定资产。

第十四条　固定资产目录，按照《水利水电基本建设施工公司固定资产目录》执行。

第十五条　固定资产计价，对于购置、自行建造、投资者投入、融资租入、改扩建、接受债务人抵债、非货币性交易换入、接受捐赠、盘盈和无偿调入的固定资产，分别按照《股份公司会计核算办法》规定的方法计价。

第十六条　固定资产折旧，按照固定资产类别分类计提折旧，其分类折旧率由股份公司参照国家规定的行业分类固定资产折旧年限和国家税务总局规定税前列支的最低折旧年限以及根据各子公司固定资产更新、技术改造及经济承受能力等因素综合确定。

折旧方法一般采用直线折旧法，各子公司也可结合施工特点等具体情况采用工作量法。固定资产综合折旧率不得低于股份公司确定的综合折旧率。

固定资产残值率为1%～5%（见附件1）。

第十七条　各子公司应结合自身的管理体制和运行机制，以不断提高固定资产的利用率和完好率为目的，确定有效的固定资产管理模式。同时，还必须建立严格的固定资产请购、采购、验收、付款等审批制度，明确内部各部门在固定资产管理各环节的管理权限和责任，使固定资产管理规范有序。其具体审批程序及职责是：

（一）请购：原则上各子公司年度固定资产请购计划应控制在年度计提的固定资产折旧额之内，尽可能避免通过银行举债和大量挤占流动资金超标准购置。股份公司总部的非生产性固定资产和各子公司属于股份公司审批权限的非生产性固定资产购建、土地的请购计划，由各部门和各子公司提出，总经理工作部汇总、审核。各子公司的请购计划由本单位机电物资、后勤（物业）部门提出。

（二）审批：股份公司总部的非生产性固定资产和各子公司属于股份公司审批权限的非生产性固定资产购建请购计划经集团公司总经理工作部、财务产权部、投资部审查，分管领导审核，总经理审批或总经理办公会集中审议批准。各子公司的固定资产请购计划经本公司资产监督管理委员会或经理办公会集中审议批准。

各单位应建立严格的固定资产请购审批制度，对于超计划的请购项目，特别是非生产性固定资产必须按规定程序报批，否则对经办人和责任人按照本办法的有关规定处理。

（三）固定资产询价与确定供应商、采购合同的订立与审计、采购与验收、付款审批与执行比照存货采购与付款的相关规定办理。

第十八条　各子公司内部固定资产的出租、出借、调入、调出、内部转移等，由双方协商办理，但必须规范内部操作程序，避免私设小金库和资产流失。

第十九条　固定资产管理应明确相关的管理部门，原则上不动产和设备的实物管理分别由各单位后勤（物业）部门和机电物资部门负责，登记固定资产卡片。固定资产的价值管理由财务部门负责，登记固定资产总账、明细账，三部门之间应定期核对账物，做到“账、卡、物”三相符。固定资产的使用应明确相关的责任人，对大型机械实行机长负责制和风险抵押金制，提高设备的完好率。

第二十条 各单位应建立固定资产定期清查制度，对账实不符的，其损失的确认原则比照存货办理。

第二十一条 固定资产损失的内部审批及认定程序：

（一）已达到规定使用年限、需报废的固定资产，由各子公司后勤部门（物业部门）、机电物资部门、商财务部门进行处理，并报本单位资产监督管理委员会各成员备案。

（二）对提前报废和盘盈、盘亏固定资产净损失，各子公司内部自行规定审批权限。

（三）各单位不需用的固定资产需对外处理时，应由后勤（物业）、机电物资部门提出处理方案，并按照各子公司内部自行规定审批权限进行审批。其中单台或批量处置账面原值在200万元（含200万元）以上的，须报股份公司审批。

固定资产损失的内部认定程序比照坏账损失的内部认定程序办理。

第二十二条 固定资产损失的财务处理：

（一）由于出售、报废或毁损等原因发生的固定资产清理净损益，计入当期营业外收入或支出；

（二）盘盈的固定资产计入当期营业外收入；盘亏或毁损的固定资产损失减去过失人或保险公司等赔款和残值后，计入当期营业外支出。

第二十三条 各子公司应加强固定资产修理的管理，应编制下达年度大修理计划和费用预算，制订大修理费用审核结算办法，对大修理费用发生不均衡、数额较大的可采取预提、待摊的办法，原则上年终不留有余额。

第二十四条 固定资产减值准备管理按照《股份公司会计核算办法》执行。

第二十五条 属于清产核资核销的固定资产，各子公司应当参照集团公司《账销案存资产管理暂行办法》进行管理。

第五章 长期投资管理

第二十六条 对外投资的立项、审批、跟踪、监管等参照《集团公司投资管理办法》执行。

第二十七条 长期股权、债权投资的计价按照《股份公司会计核算办法》的规定执行。

第二十八条 发生的股权投资损失，分别以下情况确认：

（一）对不具有控制权的股权投资，投资期限届满或者投资期限已超过10年，且被投资单位因连续3年经营亏损导致资不抵债的，公司根据被投资单位经注册会计师审计的资产负债表、损益表确认投资损失；被投资单位破产、注销工商登记或者县级以上人民政府决定关闭等，公司根据取得的相关法律文件、资料确认投资损失。

（二）对具有控制权的股权投资，被投资公司由于经营亏损的，公司应当按照权益法核算投资损失；投资公司由于违法经营或其他原因导致终止的，公司依据被投资公司注销工商登记或者依法关闭、宣告破产等法律文件及其清算报告确认投资损失；如果转让股权投资，公司依据生效的股权转让协议、被投资公司董事会决议确认投资损失。

第二十九条 发生的债权投资损失，属于债券投资的，根据公司内部业务授权资料，依据有关交易结算机构提供的合法的交易资金结算单据逐笔确认。超出内部业务授权范围的交易损失，应当追究业务人员的经济责任。属于债券以外的其他债权投资的，区别以下情形确认：

（一）被投资方已经终止的，根据被投资方清算报告确认。

（二）被投资方尚未终止的，可以根据与有关当事方签订的债权转让或者清偿协议确认，但投资期限未满的，有关协议应当进行公证；如果涉诉，应当根据有关法律文件、资料确认。

第三十条 各子公司清查出来的长期股权、债权投资损失，上报股份公司审批。

长期股权、债权投资损失的内部认定程序比照坏账损失的内部认定程序办理。

第三十一条 长期投资减值准备管理按照《股份公司会计核算办法》执行。

第三十二条 属于清产核资核销的股权投资损失，各子公司应当参照集团公司《账销案存资产管理暂行办法》进行管理。

第六章 无形资产、其他资产管理

第三十三条 无形资产是指股份公司及各子公司为施工生产、提供劳务、出租给他人、或为管理目的而持有的、没有实物形态的非货币性长期资产。包括专利权、非专利技术、商标权、著作权、土地使用权、商誉等。

公司自创的商誉不能作为无形资产。

第三十四条 各子公司购置、处置无形资产和用无形资产投资入股等行为，应报股份公司审批同意后方可进行。

第三十五条 各子公司取得的无形资产，包括购入的、投资者投入的、接受债务人抵债的、接受捐赠的，其实际成本的计价分别按《股份公司会计核算办法》确定的方法计价。

第三十六条 各子公司自行开发并按法律程序申请取得的无形资产，按依法取得时发生的注册费、聘请律师等费用，作为无形资产的实际成本。在研发过程中发生的材料费、租金、借款费用、开发人员工资及福利费等直接计入当期损益。

第三十七条 无形资产应当自取得当月起分别按受益年限、法律规定有效年限予以平均摊销，如果没有受益年限和法律规定有效年限的，摊销年限不应超过10年。

第三十八条 各子公司购入或以支付土地出让金方式取得土地使用权，在尚未开发或建造自用项目前，作为无形资产核算，并按第三十七条规定的年限分期摊销。进入开发和建造时，应将土地使用权的账面价值全部转入开发和在建工程成本。

第三十九条 出售的无形资产，应将所得价款与该项无形资产的账面价值之间的差额计入当期损益。出租无形资产，应将租金收入与出租无形资产的相关费用差额计入当期损益。

第四十条 无形资产应当按照账面价值与可收回金额孰低计量，对可收回金额低于账面价值的差额，应当计提无形资产减值准备。

第四十一条 其他资产是指除上述资产以外的其他资产，如长期待摊费用、临时设施等。

第四十二条 长期待摊费用是指公司已经支出，但摊销期限在1年以上（不含1年）的各项费用。包括中标项目的标前费、开办费等。

第四十三条 长期待摊费用应单独核算，原则上在其受益期限内平均摊销，也可根据实际情况，缩短摊销期限。

第四十四条 为配合主体工程搭建的临时设施，如果临时设施费用构成工程报价，则临时设施费用按照与工程价款收入相配比的原则进行划转。否则发生的临时设施费用，则按主体工程的受益期限平均摊销。

第四十五条 各施工项目部应加强完工项目临时设施的清理，清理的各类材料、部件应及时入库，并将其残值列入"营业外收入"。

第四十六条 无形资产减值准备管理按照《股份公司会计核算办法》执行。

第七章 在建工程管理

第四十七条 各子公司发生的自建固定资产、改建、扩建固定资产、融资租入的固定资产、需要安装的设备和大修理工程等均作为在建工程管理，进行单独核算。

第四十八条 在建工程项目立项书由各子公司视单位资金来源情况自行立项审批，并建立内部规范的项目立项审批制度，包括项目建议书、项目概预算等的审批，明确经营（计划）、后勤（物业）、机电物资、财务等部门在项目立项审批过程中的权责。其中非生产性在建工程项目的立项，由股份公司审批。

第四十九条' 在建工程在建期间，根据项目、设备安装工程、临时设施的不同特点，制订工程材料物资的收发保管制度、项目结算审批程序和权责，考核工程进度和资金拨付计划的实施，严格控制各项支出，并明确经营（计划）、后勤（物业）、机电物资、财务等部门在各个环节上的权责。

第五十条 在建工程竣工后，应建立竣工验收制度，明确竣工决算的编制、审查、验收等环节有关职能部门的职责，最后由后勤（物业）、机电物资部门、财务部门，根据审批的竣工决算，建立固定资产财务账和卡片，实施固定资产管理。

第五十一条 在建工程减值准备管理按照《股份公司会计核算办法》执行。

第八章 资产评估管理

第五十二条 集团公司负责对股份公司的国有资产评估工作进行监管，股份公司负责对各子公司的国有资产评估工作实施监管，并负责对国有资产评估监管工作进行指导和监督。

第五十三条 股份公司资产评估立项实行核准制。凡是经国务院、国务院国资委、集团公司、股份公司批准经济行为的事项涉及的资产评估，其立项均由股份公司负责核准。股份公司财务产权部会同相关部门负责股份公司资产评估立项的批复及资产评估结果的报批、审核及备案管理工作。

第五十四条 股份公司资产评估结果实行核准制和备案制。

（一）国务院国资委国有资产评估核准、备案项目：

1. 经国务院批准经济行为事项涉及的资产评估项目，由国务院国资委负责核准；

2. 经国务院国资委批准经济行为事项涉及的资产评估项目，由国务院国资委负责备案。

（二）集团公司国有资产评估审核、备案项目：

1. 需国务院国资委核准、备案的资产评估项目，由股份公司审核同意后，由集团公司审核并转报国务院国资委核准、备案。

2. 经集团公司、股份公司批准经济行为事项涉及的资产评估项目，由各子公司审核同意后，由股份公司审核并转报集团公司备案。

第五十五条 有下列行为之一的，应当对相关资产进行评估：

（一）整体或者部分改建为有限责任公司或者股份有限公司；

（二）以非货币资产对外投资；

（三）合并、分立、破产、解散；

（四）非上市公司国有股东股权比例变动；

（五）产权转让；

（六）资产转让、置换；

（七）整体资产或者部分资产租赁给非国有单位；

（八）以非货币资产偿还债务；

（九）资产涉讼；

（十）收购非国有单位的资产；

（十一）接受非国有单位以非货币资产出资；

（十二）接受非国有单位以非货币资产抵债；

（十三）法律、行政法规规定的其他需要进行资产评估的事项。

第五十六条 国有资产评估按以下程序进行：

（一）申请立项；

（二）资产清查；

（三）评定估算；

（四）验证确认。

第五十七条 国有资产评估工作的审批流程：

（一）申请单位根据批准的经济事项提交资产评估立项申请报告，并以正式文件逐级上报股份公司及所属子公司；

（二）股份公司财务产权部对上报的资产评估立项申请进行审批，并作出是否准予资产评估立项的批复决定；

（三）申请单位根据股份公司准予资产评估立项批复决定，积极配合股份公司统一委托的资产评估机构开展资产评估工作；

（四）申请单位收到资产评估机构的资产评估结果报告后，应对资产评估结果进行初步审核，审核同意后将资产评估结果报股份公司审核，并转报集团公司或国务院国资委核准、备案；

（五）申请单位根据核准、备案的资产评估结果，办理产权登记、股权设置、产权转让等有关的事宜。

第五十八条 各子公司应当如实提供有关情况和资料，并对所提供的情况和资料的客观性、真实性和合法性负责，不得隐匿或虚报资产，不得以任何形式干预评估机构独立执行行为。

第五十九条 凡需经国务院国资委核准的资产评估项目，相关子公司在申请资产评估立项时，须向股份公司、股份公司向集团公司报告下列有关事项：

（一）相关经济行为批准情况；

（二）评估基准日的选择情况；

（三）资产评估范围的确定情况；

（四）选择资产评估机构的条件、范围、程序及拟选订机构的资质、专业特长情况；

（五）资产评估的时间进度安排情况。

第六十条 相关子公司应当及时向股份公司报告资产评估项目的工作进展情况。股份公司认为必要时，可以对该项目进行跟踪指导和现场检查。

第六十一条 资产评估结果的核准按照下列程序进行：

（一）相关子公司收到资产评估机构出具的评估报告后应当逐级上报初审，经初审同意后，自评估基准日起8个月内报国务院国资委提出核准申请；

（二）国务院国资委收到核准申请后，对符合核准要求的，及时组织有关专家审核，在20个工作日内完成对评估报告的核准；对不符合核准要求的，予以退回。

第六十二条 相关子公司提出资产评估结果核准申请时，应当向股份公司报送下列文件材料：

（一）资产评估项目核准申请文件；

（二）资产评估项目核准申请表（见附件2）；

（三）与评估目的相对应的经济行为批准文件或有效材料；

（四）所涉及的资产重组方案或者改制方案、发起人协议等材料；

（五）资产评估机构提交的资产评估报告（包括评估报告书、评估说明、评估明细表及其电子文档）；

（六）与经济行为相对应的审计报告；

（七）资产评估各当事方的相关承诺函；

（八）其他有关材料。

第六十三条 股份公司对下列事项进行初审的基础上，报集团公司进行审核：

（一）资产评估项目所涉及的经济行为是否获得批准；

（二）资产评估机构是否具备相应评估资质；

（三）评估人员是否具备相应执业资格；

（四）评估基准日的选择是否适当，评估结果的使用有效期是否明示；

（五）资产评估范围与经济行为批准文件确定的资产范围是否一致；

（六）评估依据是否适当；

（七）公司是否就所提供的资产权属证明文件、财务会计资料及生产经营管理资料的真实性、合法性和完整性做出承诺；

（八）评估过程是否符合相关评估准则的规定；

（九）参与审核的专家是否达成一致意见。

第六十四条 资产评估结果的备案按照下列程序进行：

（一）相关子公司收到资产评估机构出具的评估报告后，自评估基准日起9个月内提出备案申请，将备案材料根据备案权限逐级报送给股份公司、集团公司或国务院国资委；

（二）集团公司、国务院国资委收到备案材料后，对材料齐全的，在20个工作日内办理备案手续，必要时可组织有关专家参与备案评审。

第六十五条 资产评估结果备案需报送下列文件材料：

（一）国有资产评估项目备案表（见附件3）或接受非国有资产评估项目备案表（见附件4）一式三份；

（二）资产评估报告（评估报告书、评估说明和评估明细表及其电子文档）；

（三）与资产评估项目相对应的经济行为批准文件；

（四）其他有关材料。

第六十六条 集团公司、国务院国资委根据下列情况确定是否对资产评估项目予以备案：

（一）资产评估所涉及的经济行为是否获得批准；

（二）资产评估机构是否具备相应评估资质，评估人员是否具备相应执业资格；

（三）评估基准日的选择是否适当，评估结果的使用有效期是否明示；

（四）资产评估范围与经济行为批准文件确定的资产范围是否一致；

（五）公司是否就所提供的资产权属证明文件、财务会计资料及生产经营管理资料的真实性、合法性和完整性作出承诺；

（六）评估程序是否符合相关评估准则的规定。

第六十七条 国务院国资委下达的资产评估项目核准文件和经集团公司、国务院国资委备案的资产评估项目备案表是相关子公司办理产权登记、股权设置和产权转让等相关手续的必备文件。

第六十八条 经核准或备案的资产评估结果使用有效期为自评估基准日起1年。

第六十九条 各子公司进行与资产评估相应的经济行为时，应当以经核准或备案的资产评估结果为作价参考依据；当交易价格低于评估结果的90%时，应当暂停交易，在获得原经济行为批准机构同意后方可继续交易。

第七十条 股份公司及各子公司应当建立公司国有资产评估管理工作制度，完善资产评估项目的档案管理，做好项目统计分析报告工作。

各子公司应当于每年度终了15个工作日内，股份公司应当于每年度终了30个工作日内将其资产评估项目情况的统计分析资料分别上报股份公司和集团公司。

第七十一条 股份公司及各子公司须接受国务院国资委、集团公司对公司国有资产评估工作的监督检查，并提供积极的支持和配合。

第九章 责任考核与追究

第七十二条 股份公司对子公司的资产管理和经营进行责任考核与责任追究，并对资产管理造成重大损失和违规购置非权限范围内非生产性固定资产的，按照《企业国有资产评估管理暂行办法》（国务院国资委令第12号）有关规定，并参照《中国水利水电建设集团公司领导人员违纪违规行为政纪处分暂行规定》有关罚则进行处罚。

第七十三条 各子公司资产监督管理委员会负责对本公司的资产管理和经营进行责任考核和责任追究，并对资产管理造成的损失在本办法规定的处理权限范围内的责任人予以责任追究，并作出决定。

第七十四条 股份公司的资产管理和经营责任考核与责任追究由集团公司负责组织和处理。

第七十五条 各子公司应层层建立资产管理和经营责任考核体系，将资产管理和经营责任的考核结果纳入领导干部业绩评价、奖惩、任免的范畴，也作为评比先进个人、单位、部门及红旗设备的主要条件。

第七十六条 对属于违法、违纪行为造成的资产损失，应当按照有关法律、法规以及党纪、政纪的规定，对负有直接责任的主管人员和其他直接责任人员予以处理；涉嫌犯罪的，应当移交司法机关追究其法律责任。

第十章 附 则

第七十七条 各子公司应根据本办法，结合自身的资产管理模式及运行机制，制定本单位的资产管理实施细则，确保资产管理规范有序。

第七十八条 本办法由股份公司董事会负责解释。本办法与国家法规及《公司章程》、规则不一致时，应从其规定。

第七十九条 本办法自2010年1月1日起执行。

附件：

1. 固定资产分类折旧年限及残值率（略）
2. 资产评估项目核准申请表（略）
3. 国有资产评估项目备案表（略）
4. 接受非国有资产评估项目备案表（略）

中国水利水电建设股份有限公司预算管理办法

（中水电股〔2010〕94号·2010年10月8日）

第一章 总 则

第一条 为适应现代企业管理的要求，健全内部约束机制，促使企业各项经济活动纳入预算管理轨道，确保企业战略目标的实施和年度经营目标的实现。根据财政部《关于企业实行财务预算管理的指导意见》和《中国水利水电建设股份有限公司章程》（以下简称《公司章程》）等相关规定，结合中国水利水电建设股份有限公司（以下简称股份公司）实际，特制定本办法。

第二条 企业预算管理是采用价值形式对企业经营活动进行预测、决策、目标控制和业绩评价的管理方式，是企业对战略目标和发展规划进行总体安排的一项重要管理活动。

第三条 企业预算应围绕企业的战略要求和发展规划，以收入、成本及资本预算为基础，以经营利润为目标，以现金流量为核心进行编制，充分反映企业预算期内各项经济活动的预定目标。

第四条 企业年度预算与年度会计决算编制口径应相一致。

第五条 企业预算按年度编制，预算年度为公历1月1日至12月31日。

第六条 预算管理的基本任务：

（一）确定企业远期战略目标和近期经营目标，有效地分配和使用企业资源。

（二）确定企业内部各管理层次在预算管理环节的管理责任和权限，有效地组织和协调企业的施工生产活动。

（三）对照预算目标，对企业经济活动实行控制、分析和监督。

（四）考核、评价各经营责任主体预算执行情况和经营业绩，确保企业战略目标和经营目标的实现。

第七条 预算管理的基本原则：

（一）注重效益，综合平衡。

（二）以收定支，防范风险。

（三）目标合理，切实可行。

（四）权责明确，规范运作。

第八条 本办法适用于股份公司及所属全资及控股子公司（以下简称各公司）。

第九条 各公司可根据本办法制定具体的实施细则。

第二章 预算管理的组织机构和职责

第十条 股份公司实行由股份公司组织实施、分级归口管理的预算管理体制，即：建立由法定代表人、预算管理委员会、各预算责任单位（部门）构成的三级预算管理体制。

第十一条 股份公司负责组织股份公司的预算管理工作，制定股份公司预算管理办法，审核、平衡、下达各子企业预算指标，监督预算的执行与控制，考核评价预算的执行情况。

第十二条 企业法定代表人或单位负责人应对预算管理工作负全责。各公司应根据情况设立预算管理委员会，确定预算管理委员会人员和工作职责，并报股份公司备案。

第十三条 预算管理委员会是实施预算管理的最高管理机构，各公司也应建立以法定代表人为预算管理委员会主任，分管财务工作的副总经理（副局长）、总会计师为副主任，财务、计划经营、人力资源、企业规划（发展）、设备物资、资金管理、投资、审计等相关部门负责人为委员的预算管理委员会。其职责是：

（一）拟订预算的目标、政策，制定预算管理的具体措施和办法。

（二）审议、平衡预算方案，组织下达预算指标。

（三）协调解决预算编制和执行中出现的问题。

（四）督促和检查本单位预算方案的实施。

（五）评价预算责任主体业绩并审批奖罚方案。

第十四条 财务部门是企业预算管理工作的牵头部门，受预算管理委员会的直接领导，对预算管理委员会负责，其主要职责是：

（一）负责建立和健全企业内部预算管理制度。

（二）负责组织企业预算的编制、审查、汇总、上报、下达、报告等具体工作，向预算管理委员会提交预算报告草案。

（三）跟踪监督预算的执行情况，分析财务预算与实际执行的差异和原因，提出改进管理的措施和建议。

（四）负责拟订成本费用预算和资产负债预算。

（五）负责预算管理的其他日常工作。

第十五条 企业内部计划经营、人力资源、设备物资、投资、资金管理、企业规划（发展）、审计等职能部门具体负责本部门业务涉及的预算编制、执行、分析、控制等工作，并配合财务部门做好总预算的综合平衡、协调、分析、控制及考核等工作。其部门主要负责人对涉及本部门预算的执行结果承担责任。

第十六条 计划经营部门应根据现有任务储备量和预算年度承揽任务情况，拟订年度施工生产计划，确定年度经营规模。

第十七条 人力资源部门应根据现有施工生产任务和施工组织设计及人员结构，合理安排和使用人力资源，在此基础上确定年度用工及工资计划。

第十八条 设备物资部门应根据现有技术装备能力及资源储备，结合预算期的经营规模，合理确定设备购置计划和存货采购计划。

第十九条 投资部门应根据国家宏观政策导向，结合本单位产业结构调整的要求，拟订项目及基建投资计划，确定年度投资规模。

第二十条 资金管理部门应根据企业预算期经营及投资活动的现金流量情况，合理拟订筹资计划，努力降低资金成本。

第二十一条 企业规划（发展）部门应根据企业战略发展和产业结构调整的要求，在各职能部门业务预算的基础上，科学、合理的确定企业远期发展规划和战略规划。

第二十二条 审计部门应根据月度、季度预算执行情况，重点审查监督预算执行偏离较大的单位，帮助企业制定控制措施。

第二十三条 各子企业所属各单位是预算的执行主体，应在各子企业预算管理委员会的指导下，负责本单位现金流量、经营成果和各项成本费用预算的编制、控制、分析工作，接受主管单位的指导、检查、考核，其主要负责人应对本单位预算的执行结果承担责任。

第三章　预算管理的范围和内容

第二十四条 预算管理是一项全员参与、全面覆盖和全过程实时跟踪控制的系统工程。企业所有涉及价值形式的经营管理活动，都应纳入预算管理，明确预算目标，实行预算控制。

第二十五条 企业预算是对一定时期内企业资金取得和投放、各项收入和支出、经营成果及其经营活动所做的具体安排。预算的主要内容包括：

（一）利润及利润分配预算：反映企业预算期内目标利润的构成和分配情况，包括收入预算、成本支出预算、期间费用预算、投资收益预算、营业外收支预算、税金预算及利润分配预算。

（二）现金流量预算：反映企业预算期内现金的流入、流出情况，包括经营活动产生的现金流量预算、投资活动产生的现金流量预算和筹资活动产生的现金流量预算。

（三）重大资本性收支预算：反映企业预算期内资本性资金的筹集与使用情况，主要包括基建投资预算、设备购置预算、技术改造支出预算和其他支出预算。

（四）资产负债预算：反映企业预算期内的资产、负债、所有者权益总量的变动情况。

（五）其他相关预算：反映企业预算期内主要财务指标和主要经济技术指标的预算情况。

第四章　预 算 编 制

第二十六条 预算编制依据：

（一）国家有关财经政策和相关规定。

（二）主管单位关于预算编制的总体原则和要求。

（三）本企业经营发展战略目标、生产经营计划和重大财务收支事项。

（四）先进、科学、合理的成本费用支出标准和相关定额。

（五）以前年度企业预算实际执行情况。

第二十七条 各预算执行单位和预算管理职能部门对负责的经济业务，编制各自的业务预算。

第二十八条 预算编制的内容和方法：

（一）利润及利润分配预算编制

1. 收入预算是预算执行单位在预算期内结算工程项目或提供劳务完成的工程量或实现的收入预算，

其编制主要依据年度目标利润、在建工程量或劳务需求及预算期预测新增的工程量等。各单位计划经营部门是该项预算编制的责任部门，工程技术等相关部门配合。

2. 成本预算是预算执行单位对预算期内为实现收入，而预测在人力、物力、财力等方面必要的直接成本以及所需要的各种间接费用。直接成本预算编制主要依据企业有关成本费用定额、物价水平、上年预算实际执行情况等资料；间接费用预算主要按照费用项目及上年预算实际执行情况，根据预算期降低成本费用的要求编制。为了对工程项目（产品、业务）实施有效的管理，需进一步编制分项目（产品、业务）成本费用预算。各单位计划经营部门和财务部门是该项预算的责任部门。

3. 期间费用预算是预算执行单位在预算期内组织经营活动必要的管理费用、财务费用、销售（营业）费用等，其编制应当区分变动费用与固定费用、可控费用和不可控费用，并根据上年实际费用水平和预算期内的变化因素，结合费用开支标准和企业降低成本、费用的要求，分项目、分单位（部门）进行编制。其中工资、福利费、劳动保险费、办公费、差旅费、业务招待费、税金等项目应当重点列示，各单位财务部门是该项预算的责任部门，其他部门应予配合。

4. 投资收益预算是预算执行单位在预算期内预计收到全资子公司、控股、参股企业的投资收益，其编制依据被投资企业历年经济效益及投资回报的分析资料，结合被投资企业当年的财务预算进行编制。各单位投资部门和财务部门是该项预算编制的责任部门。

5. 营业外收支预算是预算执行单位在预算期内取得或发生的与企业生产经营无直接关系的各项收支情况。应当根据企业上年度预算执行情况和国家有关政策规定编制，其中子弟学校经费、固定资产盘盈（盘亏）、处理固定资产净收益（损失）、捐赠、罚款等项目应当重点列示，各单位财务部门是该项预算编制的责任部门。

6. 税金预算是预算执行单位在预算期内缴纳的各项税（费）。主营业务税金及附加按照收入预算和执行的国家相关税率为依据编制；所得税应依据预算年度尚未弥补的累计亏损和实现的利润及税率（25%或15%）综合分析编制。各单位财务部门是该项预算编制的责任部门。

7. 利润分配预算是预算执行单位在预算期内对实现的利润进行分配的预算，应根据股份公司利润分配办法和审定的利润分配预案进行编制，其中提取的法定盈余公积和法定公益金应重点列示，各单位财务部门是利润分配预算的责任部门。

（二）资本性预算编制

1. 基建投资预算是预算执行单位在预算期内进行基本建设投资的预算，应根据本单位基建项目投资计划，结合在建基建项目的累计完工进度进行编制。

2. 设备购置预算是预算执行单位在预算期内购建、更新设备的预算，应根据本单位年度设备购置计划编制。

3. 技术改造支出预算是预算执行单位对现有设备和设施以及相应配套的辅助生产设施，利用国内外成熟、适用的先进技术，以提高其安全性、可靠性、经济性、可调性、满足环保要求，并增加生产能力而进行的完善、配套和改造的支出预算。应根据本单位的技术改造计划和上年的预算实际执行情况编制。

4. 其他支出预算：

权益性资本投资预算是企业在预算期内为获得其他企业单位的股权及收益分配而进行资本投资的预算，应根据企业有关投资协议和年度权益性资本投资计划编制。

债券投资预算是企业在预算期内为购买国债、企业债券、金融债券等支出的预算，应根据企业有关投资意向和决策资料编制。

各单位计划经营、设备物资、投资、技术、财务部门是该项预算的责任部门，其他有关部门予以配合。

（三）现金流量预算编制

1. 经营活动产生的现金流量预算是预算执行单位在预算期内有关经营活动的现金和现金等价物流入和流出的预计情况。根据收入预算和成本费用预算及债权债务预算等进行编制。

2. 投资活动产生的现金流量预算是预算执行单位在预算期内有关投资活动的现金和现金等价物流入和流出的预计情况。根据企业筹资预算、资本性预算等进行编制。

3. 筹资活动产生的现金流量预算是预算执行单位在预算期内有关筹资活动的现金和现金等价物流入和流出的预计情况。根据经营活动、投资活动的现金流量预算和期初借款规模及利率变动情况等进行分析编制。

各单位财务部门、资金管理部门、投资部门是该项预算的责任部门，其他部门予以配合。

（四）资产负债预算编制

以资产负债表期初数为基点，充分考虑利润及利润分配预算、资本性预算及现金流量预算等相关数据，对资产、负债、所有者权益期初数的影响进行分析编制。财务部门是该项预算的责任部门。

（五）其他相关预算编制

各单位应根据以上各有关预算指标，综合计算分析编制主要财务指标和经济技术指标预算。

第五章　预算的编制程序和方法

第二十九条　股份公司预算的编制，采取“自下而上、分级编制、上级审定、逐级下达”的程序进行。

第三十条　预算编制程序：

（一）编制上报：各公司所属各单位应根据中标合同的进度要求和年度生产经营计划及成本费用定额，编制并上报本单位年度预算指标。各公司根据本公司发展规划和对预算期内经济环境的预测，结合预算执行单位上报的预算指标，经过审查、汇总，提出本公司初步总体预算。并对审查过程中发现的问题，提出调整意见，及时与有关预算执行单位沟通。在此基础上，经本公司预算管理委员会审议确定企业年度预算目标，并按股份公司年度预算布置会要求的时间上报股份公司。

（二）修正审定：股份公司财务产权部根据股份公司发展规划和各公司上报的预算报告，结合各公司以前年度的预算执行情况，对各公司的预算目标进行修正。在修正调整的基础上，提出各公司的年度总预算和资产经营责任目标，并报股份公司总经理办公会审议批准。

（三）下达执行：各公司年度资产经营责任考核目标于每年股份公司工作会前下达。财务预算指标根据股份公司总经理办公会审议确定的总预算进行换算、分解，于每年初以文件形式下达。并以此作为股份公司上报集团公司年度预算目标的依据。

各公司依据股份公司下达的年度预算目标，结合所属单位上报的预算指标，将年度预算指标分解下达到所属各单位。

第三十一条　各公司预算可以根据不同的预算项目分别采用固定预算、弹性预算、滚动预算、零基预算、概率预算等方法进行编制。

（一）固定预算是根据预算期内正常的，可实现的某一业务量水平编制的预算，一般适用于固定费用或者数额比较稳定的预算项目。

（二）弹性预算是按照成本（费用）习性分类的基础上，根据量、本、利之间的依存关系编制的预算，一般适用于与预算执行单位工程量有关的成本（费用）、利润等预算项目。

（三）滚动预算是随着时间的推移和市场条件的变化而自行延伸并进行同步调整的预算，一般适用于季度预算的编制。

（四）零基预算是对预算收支以零为基点，对预算期内各项支出的必要性、合理性或者各项收入的可行性以及预算数额的大小，逐项审议决策从而予以确定收支水平的预算，一般适用于不经常发生的预算编制基础变化较大的预算项目，如对外投资、对外捐赠等。

（五）概率预算是对具有不确定性的预算项目，估计其发生各种变化的概率，根据可能出现的最大值和最小值计算其期望值，从而编制的预算，一般适用于难以准确预测变动趋势的预算项目，如开拓新市场、新业务等。

第六章　预 算 报 告

第三十二条　各公司严格按照股份公司规定的预算内容和格式编报预算报告，也可结合自身特点制定内部统一的预算编制基础表格，统一预算指标计算口径。

第三十三条　预算报告包括预算编制说明和预算报表：

（一）预算编制说明

主要说明企业基本情况和年度预算编制的依据、原则和方法，各项预算指标编制的具体说明，预算实施的措施和效果以及预算管理过程中的问题和建议。

（二）主要预算报表

1. 资产负债预算表：反映企业预算期末的资产、负债和所有者权益的全貌及财务状况。

2. 利润预算表：综合反映企业在预算期间的收入、成本费用及经营成果及利润分配的情况。一般根据收入预算、成本支出预算、期间费用预算、投资收益预算、营业外收支预算、税金预算和利润分配预算等有关资料分析编制。

3. 现金流量预算表：反映企业在预算期内经营活动、投资活动、筹资活动产生的现金量方向、规模和结构的情况。一般根据收入预算、成本费用预算、投资收益预算、重大资本支出预算等有关资料分析编制。

4. 所有者权益预算表：反映企业预算期所有者权益（或股东权益）的各组成部分预计增减变动情况。一般根据公司相关决议、利润分配预算资料分析编制。

5. 资产减值准备预算表：反映企业预算期各项资产减值准备的预计增减变动情况。一般根据相关资产预计减值和价值回升情况分析编制。

6. 成本费用预算明细表：反映企业预算期内成本费用的预计情况。根据成本预算、期间费用预算等相关资料分析编制。

7. 主要业务预算明细表：反映企业在预算期间内主营业务收入、成本及毛利的预计情况。根据收入预算、成本预算按不同产品和不同业务等相关资料分析编制。

8. 分业务（产品）主营业务成本费用预算明细表：反映企业在一定预算期间内主要业务有关成本费用的预计情况。根据成本预算应按不同产品和不同业务等相关资料分析编制。

9. 对外筹资预算明细表和长期股权投资预算明细表：反映企业在预算期内对外筹资、筹资费用和对下一级被投资单位的投资及投资收益的预计情况。根据投资收益预算等相关资料分析编制。

10. 固定资产投资预算明细表：反映企业在预算期间内进行购建、改建、扩建、更新固定资产等资本投资的预计情况。根据资本性预算按资本支出项目等相关资料分析编制。

11. 主要分析指标预算表：反映企业在预算期内主要财务指标的预算情况，根据其他预算指标综合计算分析编制。

第七章　预算的执行与控制

第三十四条　预算一经下达，各公司及所属各单位必须认真组织实施，将预算指标层层分解，从横向和纵向落实到内部各部门、各单位、各环节及各岗位，形成“全员参与，全面覆盖，全过程实时控制”的全方位预算责任执行体系，任何部门和个人不得超越权限调整、变动预算指标。

第三十五条　各公司及所属各单位应将预算作为预算期内组织、协调各项经营活动的基本依据，将年度预算细分为月份和季度预算，以分期预算控制确保年度预算目标的实现。

第三十六条　各公司及所属各单位应把预算管理同企业内部经营责任制相结合，形成责、权、利统一的管理体系。

第三十七条　各公司及所属各单位财务部门在预算执行过程中应做好以下几项主要工作：

（一）按预算执行责任单位和部门设立台账。

（二）在经济事项处理上，除按会计核算要求计入相应科目外，还应在辅助科目中反映应计入的预算责任对象。

（三）会计核算与预算管理相一致的项目，应保持一致。

（四）各单位应充分利用财务管理信息系统强化预算的执行与控制。

第三十八条　各公司及所属各单位应严格执行收入、成本费用预算，努力完成利润指标。在日常控制中，健全凭证记录，完善各项管理规章制度，严格执行生产经营计划和成本费用定额、定率标准，加强适时控制。对预算执行中出现的异常问题，及时查明原因，提出解决办法。

对于未纳入年度预算但确需发生的支出应由相关部门提出申请，财务部门审查后提交分管财务的领导或总会计师审批，涉及重大事项的应报本企业预算管理委员会审批。

第三十九条　各公司及所属各单位严格现金流量的预算管理，按时组织预算资金的收入，严格控制预算资金的拨付，合理调配资金，控制支出风险。

第四十条　预算资金的拨付：

（一）预算资金拨付的基本条件：

1. 下达执行单位的预算或签署的审批意见；

2. 合同协议或其他具有法律效力的凭据；

3. 按照财务制度规定需要提供的有关凭证。

（二）预算资金拨付的程序：由资金使用单位或预算执行单位填写拨付凭证，并附相关批件、合同或资料，送财务部门审核，按企业授权审批权限审批后，办理拨付手续。

（三）财务部门严格按照规定的审批权限拨付预算资金。

（四）预算资金支出，由财务部门根据资金的周转情况和项目进度情况拨付，除机关经费外，其余资金原则上按月度或季度拨付。合同或法律凭据规定支付时间的，按规定的时间支付。

第四十一条　预算一经确定，原则上不得调整。但当遇到下列情况之一时，各单位应及时编制预算调整方案，并按照规定程序上报审批：

（一）国家政策发生重大变化；

（二）市场形势发生重大变化；

（三）企业发展战略发生重大调整；

（四）受到不可抗力因素的影响。

第八章　预 算 分 析

第四十二条　各公司及所属各单位应建立健全预算分析制度，定期召开预算分析会议，对预算执行过程中存在的问题及时查明原因，提出改进意见和措施，实时控制预算执行过程，确保预算目标的完成。

第四十三条　预算分析应按职责分工由相关部门共同完成，在分析过程中应对各项超预算指标进行重点分析和说明，财务部门负责对执行总体情况进行分析，并撰写预算执行情况分析报告。

第四十四条 各公司及所属各单位应采取定量分析和定性分析相结合的方法进行预算分析。预算分析的主要内容包括：

（一）本单位预算执行情况及存在的问题。

（二）预算期内企业各项经济管理政策、内控制度对损益性预算的影响。

（三）企业投融资方案、基建及生产性固定资产规模等对资本性收支预算的影响。

（四）外部客观环境变化对本单位预算执行情况的影响。

（五）本单位财务风险、偿债能力、获利能力、资金流动性等财务状况分析。

（六）其他影响预算完成因素分析。

（七）解决预算执行偏差的意见和措施。

（八）预测全年预算完成情况。

第四十五条 股份公司对各公司预算执行情况实行分析报告制度，季度预算执行情况分析报告应于每季度终了20日内报股份公司财务产权部；年度预算执行情况分析报告应随下一年度预算报告一并上报股份公司。

第九章 预算的考核、评价与奖罚

第四十六条 股份公司将各公司的主要预算指标纳入资产经营考核范围，并按资产经营考核办法，每年进行一次考核、评价、奖罚。

第四十七条 各公司对所属各单位也应建立健全预算考核、评价、奖罚制度，对预算管理体系的整个过程进行考核，重在考核预算编制的科学性和预算执行的有效性。要将预算执行结果与各职能部门和所属单位的经济利益挂钩。对于不履行审批手续发生的预算外支出，应追究有关部门和当事人的责任。

第十章 附　　则

第四十八条 本办法由股份公司董事会负责解释。本办法与国家法规及《公司章程》、规则不一致时，应从其规定。

第四十九条 本办法自印发之日起执行。

附件：中国水利水电建设股份有限公司年度预算报表格式（略）

中国水利水电建设股份有限公司银行授信管理办法

（中水电股〔2010〕36号·2010年4月15日）

第一章 总　　则

第一条 为加强中国水利水电建设股份有限公司（以下简称股份公司）银行授信业务的规范管理，合理配置信用资源，有效控制信用风险，依据银监会《商业银行实施统一授信制度指引（试行）》及股份公司资金管理的有关规定，制定本办法。

第二条 本办法所称银行授信包括统一授信和自主授信。统一授信是指股份公司与授信银行总行签订综合授信协议，授信银行总行组织多家分支行联动，统一授予股份公司及所属各公司包括多种授信品种在内的最高综合授信额度。自主授信是指各公司在统一授信以外，自行选择商业银行申办的综合授信额度。

第三条 银行授信管理应遵循以下原则：

（一）统一原则。股份公司对统一授信采取统一组织申办、统一额度分配；对自主授信实施统一备案管理。

（二）集中原则。股份公司对银行授信风险实施集中监管。各公司应定期上报授信使用情况报表，同时对涉及授信风险的重大事项及时上报股份公司。

（三）适度原则。银行授信额度应与企业生产经营规模与财务能力相适应。

（四）各公司应以统一授信为主，自主授信补充。同等条件下，统一授信应优先使用。

第四条 统一授信使用单位均享受授信银行给予股份公司的金融优惠政策。

第五条 本办法适用于股份公司及所属全资和控股公司（本办法简称各公司）。

第二章 统一授信的申请

第六条 统一授信申请的办理程序：

（一）授信银行总行向各公司所在地经办银行下达授信通知，经办银行告知各公司；

（二）各公司向当地经办银行提交统一授信申请，并报股份公司资金管理部备案；

（三）股份公司资金管理部向授信银行总行提交授信相关资料，并配合授信银行组织开展统一授信工作。

第七条 统一授信备案资料：

各公司应向股份公司资金管理部提交以下统一授信备案资料：

（一）统一授信申请备案表（见附件1）；

（二）本年度经审计的财务报告；

（三）授信银行上年度授予本企业的信用等级证书；

（四）融资项目的合同或协议；

（五）股份公司要求提供的其他资料。

第八条 各公司申请授信额度必须实事求是，符合本公司实际需求，不得夸大、虚报额度，不得出现报送股份公司申请额度与提交经办银行申报额度不符的现象。

第三章 统一授信的分配和使用

第九条 统一授信经授信银行评审通过后，股份公司向授信银行总行提出初次分配意见。总行授信管理部门根据分配意见，综合各申请公司实际情况将额度切分至各地经办银行，各公司在统一分配的授信额度内使用授信、办理相关业务。

第十条 各公司应健全内部控制制度，加强信贷风险控制，科学合理使用授信。

第十一条 统一授信额度的调剂：

各公司年度内因生产经营发生重大变化或新增项目融资，需要新增授信额度，可向股份公司申请调增剂统一授信额度。

（一）向股份公司资金管理部提交授信调剂申报、核准书（见附件2）及和其他相关资料；

（二）经股份公司核准同意后，申请单位通过当地经办行向总行授信管理部门申请追加额度；

（三）股份公司资金管理部通知总行授信管理部门调剂授信额度。

第十二条 统一授信使用的担保：

担保办理按照《中国水利水电建设股份有限公司对外担保管理制度》执行，统一授信担保的要求如下：

（一）保函和信贷证明额度由股份公司提供最高额度担保；

（二）流动资金贷款、承兑汇票、贸易融资、信用证等由股份公司提供单项业务担保；

（三）各公司应努力提高在当地金融机构的资信等级，力争流动性品种银行业务的免担保。

第十三条 各公司应加强与当地经办银行的沟通，银行授信使用中出现分歧或争议，应与经办行协商解决；无法解决，及时上报股份公司资金管理部。

第十四条 统一授信使用过程中，股份公司可根据各公司生产经营、财务资金状况、授信使用和履约能力等情况，对其年度授信额度做出调整。如出现以下情况，股份公司可协商授信银行调减授信额度。

（一）申报额度与实际使用额度偏离较大，且无法确切说明偏差原由的；

（二）同等条件下，不优先使用统一授信的；

（三）银行信用下降、贷款归还无保障、信贷风险增加的；

（四）违反股份公司资金管理制度的；

（五）发生重大经营困难和财务资金风险的；

（六）其他影响改变授信额度的情况。

第四章 附　　则

第十五条 本办法自发布之日起实行。

第十六条 本办法由股份公司资金管理部负责解释。

附件：

1. 统一授信申请备案表（略）
2. 授信调剂申报、核准书（略）

中国水利水电建设股份有限公司资金结算管理办法

（中水电股资〔2010〕11号·2010年9月6日）

第一章 总　　则

第一条 为加强中国水利水电建设股份有限公司（以下简称股份公司）资金结算业务的统一管理，规范资金结算行为，保障资金运行安全，根据人民银行颁布的《支付结算办法》、《人民币银行结算账户管理办法》，以及《中国水利水电建设股份有限公司资金管理办法》，结合股份公司资金结算工作实际，制定本办法。

第二条 本办法所称资金结算是指股份公司及所属各公司（包括各全资子公司和控股子公司，下同）由于资金划拨、资金调剂、内外部结算等资金活动引起的货币收付行为。

第三条 资金结算管理的原则。

（一）全面性原则：资金结算管理涵盖股份公司及所属各公司所有资金收付业务。

（二）收支两条线原则：股份公司资金集中管理以收支两条线为基本模式，各公司按规定开立收、支专户。

（三）预算控制原则：股份公司及所属各公司的一切资金结算活动要全部纳入资金预算控制范畴。

（四）资金有偿使用原则：上存资金、资金调剂均需支付或收取资金占用费，但费率标准不得高于人民银行公布的同期、同品种利率水平。

第四条 各公司应依据本办法，并结合自身实际情况和管理要求，完善资金结算管理细则并组织实施。

第二章 机构及岗位设置

第五条 股份公司资金结算中心是股份公司资金集中管控平台，与资金管理部合署办公；资金管理部国际分部/国际公司资金管理部（以下简称国际分部）对国际业务的资金结算实施归口管理；各公司资金管理部门为本公司资金结算管理的职能部门，对本公司国内及国际资金结算业务实行归口管理。

第六条 各级资金管理部门应设置专门的资金结算岗位，至少应包括制单、复核、稽核等，岗位职责参见《中国水利水电建设股份有限公司资金管理信息系统管理办法》。结算岗位设置须分工明确、相互制衡，并实行定期轮岗制度。

第七条 资金结算岗位人员调动或因故离岗，必须办理岗位交接手续，其CA证书应及时注销。

第三章 资金结算管理

第八条 按管理需要，股份公司资金结算业务包括开户、资金划拨、结算、内部调剂、核算、财务报告及其他结算业务。

第九条 资金结算工作一律采用股份公司选定的资金管理系统进行业务处理，结算信息应全部纳入股份公司资金管理信息系统实施管理。

第十条 各级资金管理部门应遵守以下结算纪律：

（一）各公司资金管理部门应以公司名义开立银行结算账户，办理资金结算业务，开立的账户只限本单位使用，不准出租、出借；不得为本公司以外的单位或个人开立内部账户。

（二）各公司资金管理部门严格遵守结算纪律，不得签发、取得、背书转让无资金保证、无真实交易的票据或远期支票，套取信用；不得经办票据贴现等涉及商业银行的经营业务。

（三）谁的钱进谁的账，由谁支配，资金管理部不垫款。

（四）各公司之间不得有资金借贷或资金拆借的行为，并避免在资金往来中，形成关联方交易。

（五）及时处理各项结算业务，不得拖延、积压结算凭证，不得拒绝受理开户单位的正常结算业务。

（六）为各开户单位保密，除国家法律、法规有规定或股份公司委托监督的事项外，不代任何单位和个人查询、冻结、扣划开户单位账户内资金。

第一节 开户及相关业务

第十一条 股份公司所属各公司应选择股份公司指定银行开立账户，未经股份公司核准或备案，任何单位一律不得在金融机构开设账户。

各公司对银行账户的开立、备案、变更、撤销等管理活动及对银行账户资金的限额控制应严格按照《中国水利水电建设股份公司银行账户管理办法》的相关规定执行。

第十二条 凡纳入资金集中管理的单位，须在当地中国建设银行、中国银行同时开立一个“收入专户”和“支出账户”，实行“收支两条线”的结算模式。股份公司通过网上银行平台和资金信息系统，实现各层级银行账户现金流的闭合管理。

“收入专户”内的资金通过网上银行自动上存到股份公司的资金归集账户内。该账户除按规定汇划资金及汇划资金所产生的财务费用外，不得发生其他任何支出和支付行为。上存资金的归属和使用权不变。

“支出账户”是办理日常资金支付业务的基本存款户，由股份公司资金管理部从各单位上存资金账户中拨付资金。除此之外，该账户不得有其他任何形式的收款途径和来源。

“收入专户”和“支出账户”不得相互串用。

除专用账户（如：银行贷款户、社保基金专户、税收专户、业主监管账户等）以外，各公司在中国建设银行、中国银行以外其他指定银行所开立银行账户内的资金需经过网银系统归集后才能使用。

经股份公司核准，各公司总部在非指定银行开立的临时账户必须严格受限。该账户只收不支，账户内的资金转入网上银行的“支出账户”后，才能对外进行支付。各公司对非指定银行开立的账户应按月向股份公司资金管理部上报“银行账户余额表”。

各公司应按照“收支两条线”的模式，设计对分、子公司、项目部的结算框架。

第十三条 各公司应强化自身资金管理部组织建设，积极开通商业银行的网上银行业务，提高本单位内部资金集中管理的覆盖面和结算量，力争达到资金集中管理的全覆盖。

第十四条 各公司在股份公司资金管理部开户按以下程序办理：

（一）提交开户单位申请书及营业执照复印件；

（二）经股份公司资金管理部审查批准后，办理预留印鉴卡；

（三）股份公司资金管理部核定内部账号；

（四）提交资金集中管理签约银行的银行账户授权书等。

第十五条 股份公司资金管理部按本办法的规定对开立、撤销的账户进行审查，正确办理开销户，建立健全开销户登记制度，定期与开户单位对账。

第二节 资金划拨

第十六条 资金划拨包括资金上划和资金下拨，资金上划是对各单位收入资金的集中过程，资金下拨是对各项支出资金的控制管理。股份公司依托网上银行系统，通过资金上划集中、下拨控制，实现资金收支两条线管理。

第十七条 中国建设银行、中国银行实行收支两条线分账户管理，股份公司其他业务合作银行实行收支两条线单账户管理，无论何种账户管理方式，资金收支均按照以上资金划拨规定执行。

第十八条 资金上划。

（一）分、子公司、项目部的各项收入通过网上银行系统全额上划至各公司总部归集账户，实现资金一级集中；股份公司将各公司集中资金，上划至股份公司归集账户，实现资金二级集中。通过收入资金的两级集中，形成股份公司统一的“现金池”。

（二）国际业务资金由国际分步实施统一集中后，归集至股份公司银行账户。

（三）原则上各公司及所属单位的账户资金应全部纳入股份公司网上银行系统实施集中管理；网银账户无法归集的单位，应通过柜面电汇方式进行资金上划集中；业主监控资金的项目，应开通网银查询功能，各公司总部实施远程在线监管。

（四）未经集中程序的收入资金，不得办理资金使用手续。各项收入应及时上划集中，不得截留收入资金。

第十九条 资金下拨。

资金下拨实行二级集中拨付，控制手段主要为资金预算和资金审核。资金预算是对所属单位资金运行总量的控制；资金审核是对大额资金申请程序合规性进行审核。

（一）各公司年度预算内的资金拨付按照月度资金计划向股份公司提交拨款申请，经审批后，股份公司资金管理部将资金下拨至各公司银行账户，各公司具体安排下拨资金的使用。

预算外或超预算资金拨付，用款单位应遵照股份公司有关制度规定，履行相应审批程序并且批准后，向股份公司资金管理部提交拨款申请，经审核后，股份公司资金管理部办理资金拨付。

（二）各公司大额资金支出，无论预算内、外均应遵照股份公司有关制度规定，履行相应审批程序并且批准后，股份公司资金管理部方能办理资金下拨和对外支付手续。

（三）各公司总部资金支出及对分、子公司、项目部的资金下拨及资金使用要严格按照预算进行控制，由各公司按照股份公司规定制定相关管理制度进行规范。

（四）各公司要加快推进资金管理信息系统建设，逐步实现大额资金的集中支付。

第三节 资金结算业务

第二十条 资金结算业务包括：内部结算，即股份公司及所属各公司内部开户单位之间发生的资金往来；外部结算，即股份公司及所属各公司与内部开户单位以外的企业或个人发生的资金往来。

第二十一条 股份公司资金管理部办理的结算工具：

（一）办理内部结算的工具有：内部结算凭证、进账单、划收转账传票、划付转账传票、内部资金融通放款凭证、内部资金融通还款凭证、利息单等。

（二）办理外部结算的工具有：银行支票、银行汇票、汇兑结算、委托收款等。

第二十二条 股份公司各级资金管理部主要结算业务品种为：

（一）外部结算业务：银行存款、银行借款、银行保函、银行信贷证明、银行票据业务、信托产品、外国政府转贷款、委托贷款、短期融资券、中期票据、企业债券、公司债券等；

（二）内部结算业务：内部开户单位资金划拨、内部开户单位资金调剂、内部单位委托代收代付业务。

第二十三条 办理结算的方式：

（一）股份公司对外结算。

实行收支两条线结算的单位按照银行支付结算办法自行办理，其他单位按以下方式办理：

付款：开户单位填写内部结算凭证，注明结算方式，经办人签字，审批人审批后，加盖预留股份公司资金管理部印鉴；送交股份公司资金管理部换发银行结算凭证，加盖预留银行印鉴后由开户单位到银行办理，或通过网银直接对外支付。

收款：开户单位将外部银行支票，填写进账单，交股份公司资金管理部，股份公司资金管理部审核无误后，盖预留银行印鉴交开户银行入账。银行收账无误后，增加开户单位收款，若银行退票处理，进账单和支票一并退开户单位。

（二）股份公司开户单位之间的结算。

股份公司与所属成员单位之间资金结算只接受付款方主动发起的资金转账结算业务（签订代扣代缴业务的除外）。若采用内部转账方式结算，付款方填写内部结算凭证一式三联，加盖预留股份公司资金结算中心印鉴，经办人签字、审批人审批，交股份公司资金结算中心办理内部转账，也可采用电汇或网银的方式通过银行进行结算。

第二十四条 各公司资金管理部门应加强空白票据的管理，明确各种票据的购买、保管、领用、背书转让等环节的职责权限和处理程序，并专设登记簿进行记录，防止空白票据的遗失、被盗。

第四节 内部资金调剂管理

第二十五条 通过资金划拨方式，股份公司将各单位存量资金进行有效集中，在此基础上实施内部资金调剂，从而盘活闲散资金，提高内源资金使用效率，优化股份公司资金资源配置。

第二十六条 股份公司资金管理部负责办理各公司资金调剂业务；资金管理部国际分部负责办理各公司国际项目的资金调剂业务，在收到各公司为国际工程项目申请内部资金融通时，应报股份公司资金管理部做办前备案；各公司资金管理部门负责办理分、子公司、项目部资金调剂业务。

第二十七条 股份公司资金管理部提供资金调剂种类包括：

流动资金调剂：一年以内的短期资金调剂；

专项资金调剂：具有专项用途的资金，经股份公司批准可办理一年以上的资金调剂。

第二十八条 股份公司内部资金调剂仅限于股份公司子公司，申请单位须具备以下条件：

（一）拥有正常生产经营所必需的自有流动资金；

（二）遵守各项资金管理制度，以往调剂资金和担保无违约记录，完成资金集中各项考核指标；

（三）经营及财务状况较好，有良好的资信和偿债能力。

第二十九条 股份公司内部资金调剂的办理程序：

（一）调剂申报：申请单位向股份公司资金管理部提交申报资料。申报资料包括但不限于：法定代表人和总会计师签字并加盖公章的资金调剂申请书、近期基本经营状况及财务报告、调剂资金使用的详细说明；

（二）调剂审查：针对申报资料，股份公司资金管理部组织对申请单位的资格、借款用途、还款保障及其他情况进行审查，测评调剂资金风险，并结合股份公司资金情况，提出调剂意见与建议，按审批程序上报股份公司审批；

（三）审批通过后，签订资金调剂协议或由申请单位出具还款承诺书，发放内部调剂款。

第三十条 内部资金调剂的管理。

（一）各级资金管理部门应对资金调剂业务建立档案管理制度，确保业务终结资金调剂资料完整归档。

（二）各级资金管理部门应加强对调剂资金的跟踪管理，及时对调剂款的使用情况、用款单位的财务状况和清偿能力追踪调查和监督。用款单位须按协议约定使用资金，不得擅自改变资金用途。若发生影响调剂资金偿还履约的重大事项，用款单位应及时书面告知上级资金管理部门。

（三）股份公司资金管理部应对开户单位内部信用等级进行评定，对于信用等级高的单位，可给予适当调剂优惠措施。

第三十一条 内部调剂资金的回收：

（一）用款单位应按期主动归还调剂资金和缴纳资金占用费。

（二）用款单位因客观原因不能按期归还资金时，应提前15个工作日向资金管理部门提交书面申请书，并说明展期理由、展期金额及展期终结日，经资金管理部门审查核实后，按审批权限报送股份公司审批。原则上展期不得超过3个月，且只能展期一次，特殊情况下，专项用途的内部调剂款展期由股份公司另行审批。

（三）用款单位不能按期归还调剂款时，资金管理部门可采取自行扣收方式，直至还清本金和资金占用费。

第三十二条 资金占用费：资金管理部门按季计收资金占用费，费率标准不得超过中国人民银行规定的同期基准利率。

第五节 核算程序

第三十三条 资金结算中心核算程序。

（一）根据发生的资金业务填制结算凭证。

（二）根据结算凭证，逐笔生成记账凭证。

（三）根据已处理的凭证同银行和开户单位交换单据。

（四）当天的账务必须当天处理完毕，检查当天是否有已处理而未生成结算凭证的业务单据；检查当天是否有未审核、记账的凭证；检查当天账务是否平衡等。

（五）每月与银行、开户单位核对账目，编制余额调节表。

（六）月度终了办理月结，年度终了办理年度结转。

（七）定期将已处理的凭证、账簿和报表整理、装订，归档保管。

第六节 财务报告

第三十四条 各级资金管理部应全面、真实记录和反映各项业务活动及其财务状况，按期编制财务会计报表，并按《中国水利水电建设股份有限公司资金信息报告管理办法》的规定按期报送资金报表。

第七节 其他相关业务

第三十五条 各公司办理保函、信贷证明和票据业务在股份公司资金管理部批复的授信额度之内到所在地银行自行办理。

第三十六条 股份公司资金管理部其他业务管理。

（一）股份公司资金管理部和申办单位均应指定专人负责办理保函、信贷证明、信用证、授信等业务，并建立相关业务台账和业务档案；

（二）保函、信用证到期，及时通知申办单位，办理相关手续；

（三）按照股份公司相关业务规定办理保函、信用证、授信的变更、撤销手续；

（四）按照银行及股份公司相关规定收取保函、信用证办理的手续费。

第四章 附 则

第三十七条 本办法由股份公司资金管理部负责解释。

第三十八条 本办法自印发之日起实行。

中国水利水电建设股份有限公司融资管理办法

（中水电股资〔2010〕13号·2010年9月15日）

第一章 总 则

第一条 为加强中国水利水电建设股份有限公司（以下简称股份公司）的融资管理工作，规范融资行为，防范融资风险，实现融资的制度化、规范化，保证融资的效益性，依据国家有关法律、法规和《中国水利水电建设股份有限公司资金管理办法》，制定本办法。

第二条 本办法所称融资是指为满足股份公司及所属公司经营和发展的需要，以债务方式对外筹集资金的活动，包括向金融机构申请的贷款、票据，发行债券、信托融资、融资租赁等其他各种方式和渠道筹措资金的经济活动。

第三条 本办法适用于股份公司总部及所属全资、控股子公司（以下简称各公司）。

第四条 融资管理基本原则：

（一）股份公司集中管理、各公司负责落实的原则；

（二）合法合规性原则，融资筹措与使用符合国家有关法律、法规的要求；

（三）挖掘内部潜力、低成本融资的原则；

（四）合理确定规模、适当负债的原则。

第五条 融资工作纳入预算管理，各公司中长期和年度融资计划按预算管理规定程序审批。

第二章 融资管理机构及职责

第六条 股份公司资金管理部作为资金管理工作的主管部门，是公司融资工作的归口管理部门，也是股份公司具体融资业务的执行部门，其主要职责：

（一）根据国家有关法律法规和公司经营发展战略，负责制定、修改和完善公司融资管理办法及相关制度，并负责监督实施，推动公司融资活动规范运作；

（二）集中管控、统筹规划股份公司及子公司的融资工作，对子公司的融资工作进行组织协调、指导和监督；

（三）负责审核、编制公司年度融资计划，并负责督促子公司做好融资方案的落实工作；

（四）审查子公司融资活动或需要股份公司审批的与融资相关的其他事项，并提出专业建议且必要时进行动态跟踪管理；

（五）具体办理股份公司日常融资业务。

第七条 各公司资金管理部门负责本公司总部及所属分、子公司、项目部（以下简称各公司及所属单位）融资的统一管理，其主要职责：

（一）贯彻执行国家有关法律法规、股份公司融资管理相关规章制度，制定本公司融资管理实施细则，监督、检查所属单位融资相关制度执行情况；

（二）根据年度投资计划和财务预算，组织本公司融资计划的编制，并按时上报股份公司审批；

（三）认真执行经批准的融资计划，在股份公司核定的融资计划内统一办理本公司对外借款等融资业务，并定期对融资预算执行情况进行分析、报告；

（四）负责本公司的融资日常管理。

第三章 融资计划的编报、调整与审批

第八条 股份公司实行融资计划的集中管理。年度融资计划是公司财务预算的重要组成部分，年度融资计划按财务预算管理规定程序编报、审批。

第九条 股份公司的企业发展规划、年度财务预算和投资计划是制定融资方案的依据，子公司应在编制财务预算的基础上，编制相应的年度融资计划，明确融资用途、规模、结构和方式等相关内容，对筹资成本和潜在风险作出充分估计，年度融资计划编报完成后应按财务预算审批流程按时报股份公司资金管理部审批。

第十条 各公司编报的年度融资计划中，项目融资对应的项目必须在股份公司年度投资计划之内，项目的资金结构应符合国家对资本金的规定，根据项目总投资和资本金比例确定项目融资规模，项目融资应以长期融资为主，并结合现金流量管理，做好资金的动态平衡。

第十一条 流动资金贷款规模必须根据公司的经营规模、业务特点，同时结合公司的应收账款、存货、应付账款、资金周转速度等实际情况测算营运资金需求，并结合公司现金流、负债、还款能力，合理确定信贷需求及负债结构。

第十二条 各公司融资计划的编报应重点考虑是否符合公司发展需要、是否符合经济性要求以及潜在的风险因素，在融资规模上严禁贪多求大，融资期限要经济合理，利息、股息等水平要在公司财务能力可承受的范围之内。

第十三条 融资方案应按照优先使用内部资金的原则，各公司应加强资金集约化管理，增强内部资金调剂能力，提高内部资金融通的比重，有效降低股份公司整体带息负债及融资成本。

第十四条 各公司外部融资额与内部调剂资金额一并占用年度融资计划。外部融资额是指公司在银行等金融机构办理各类贷款、信托等融资性信贷业务以及通过债券融资、融资租赁等方式筹措资金的总体规模，内部资金调剂额度是指子公司在股份公司资金管理部和资金管理部国际分部办理的内部资金调剂的总体规模。

第十五条 各公司重大融资方案，如金融机构的项目银团组合贷款、项目担保贷款、信托融资、项目融资租赁、资本市场的中长期债务融资、银行间市场的债务融资、资产证券化等创新融资方式，除纳入年度融资计划管理外，要以专门报告形式上报股份公司审批，其他项目融资方案、境外机构贷款实行向股份公司报备，未经批准或报备，各公司不得从事上述重大融资活动。

第十六条 股份公司资金管理部按照股份公司整体战略方向对各公司上报的融资计划进行严格审核，重点关注融资用途的可行性和子公司相应的偿债能力。股份公司融资计划经股份公司资金管理部编报完成后，报公司总经理办公会审议，并提交董事会审定后由股份公司资金管理部负责下发并组织实施。

第十七条 对于当年核定的融资额度不能满足生产经营需要，确实需要增加融资额度的，子公司应向股份公司提交调整融资额度申请的专项书面报告。报告应说明申请增加融资的额度、融资方式、原因及相应的融资风险控制措施。股份公司资金管理部收到申请后，按规定程序进行审核，提出初步意见上报股份公司经理层审议通过后，由公司董事会审定或授权董事长在董事会闭会期间按照“三重一大”决策原则及内控程序行使决策权。

第十八条 股份公司资金管理部认为子公司融资计划需要作出调整时，应事先与子公司沟通，提出调整意见，在履行完规定审批程序后，以正式批复文件形式通知子公司进行调整。

第四章 融资计划的实施

第十九条 各公司在股份公司下达的融资计划

内，按照股份公司与各家银行总行签订的战略合作协议框架，具体负责与相关金融机构进行洽谈，明确融资规模、利率、期限、担保、还款安排以及相关的权利义务和违约责任等内容，并据此签订融资合同，办理相关融资业务；股份公司资金管理部负责协调金融机构并帮助落实股份公司重大项目的融资事宜。

第二十条 股份公司各事业部不得擅自以股份公司名义办理金融机构借款等其他任何形式的融资活动。

第二十一条 境外金融机构借款和境外其他融资事宜统一纳入股份公司资金管理部国际分部统筹管理，未经资金管理部国际分部批准，任何子公司不得从事境外融资活动。

第二十二条 各公司要恪守诚实、守信原则，要严格按照融资合同约定的借款用途使用资金，不得将流动资金贷款用于固定资产投资、股权投资、证券投资以及国家禁止生产、经营的领域或用途。

第二十三条 各公司应加强资金预算管理，合理调度资金，使资金到位与项目进度相匹配，减少资金沉淀，提高资金使用效率。

第二十四条 融资中涉及的担保问题，应严格按照《中国水利水电建设股份有限公司担保管理办法》执行。

第二十五条 各公司资金管理部门应按照国家统一的会计准则，对筹资业务进行准确的会计核算与账务处理。要分类建立信贷业务台账，相关信贷信息要完整，发生相关业务时应及时登记。

第二十六条 各公司资金管理部门对与融资活动相关的重要文件如融资合同、融资协议、贷款凭证等应妥善保管，必要时应登记造册，以备查用。

第五章 融资报告和监督、检查

第二十七条 各公司应加强融资全过程的风险管控，防范融资所涉及的一系列风险如政策风险、市场风险、利率风险、信用风险等。若出现可能给本企业造成损失的各类融资风险时，应第一时间报告股份公司资金管理部。

第二十八条 各公司应及时将融资计划的执行情况以月报方式向股份公司资金管理部反馈，对子公司在融资过程中遇到困难时，应及时、主动报股份公司资金管理部，股份公司资金管理部将充分利用高端银企合作平台尽快帮助子公司协调解决。

第二十九条 各公司应严格按融资合同或协议约定做好债务偿还安排，及时履行偿债义务。对预计不能按期偿还债务的，应提前2个月向股份公司提交书面报告，寻求解决方案；同时，积极做好与债权人的沟通协调，尽快采取有效措施，防止债务逾期，确保公司良好信誉。

第三十条 股份公司资金管理部将定期对各公司的融资规章制度执行情况、融资计划的落实情况、融资行为的规范程度、融资风险管控情况、融资结构优化情况进行动态监督检查。

第三十一条 对于超越权限融资、违反本规定融资以及在融资申报材料中弄虚作假，违规使用借款或因借款逾期没有按时偿还等，影响公司信誉或给公司造成经济损失的，公司将视情节轻重追究相关领导和责任人的责任。

第六章 附 则

第三十二条 本办法由股份公司资金管理部负责解释。

第三十三条 本办法自颁发之日起执行。

经 营 管 理

中国水利水电建设股份有限公司 国内联营体运营管理规定

（中水电股〔2010〕32号·2010年4月15日）

第一章 总 则

第一条 根据国家法规及国务院国资委的有关规定，为加强中国水利水电建设股份有限公司（以下简称股份公司）各公司所属施工项目联营体的管理工作，进一步提升联营体施工项目管理水平，促进联营体施工项目管理工作科学、规范、有序和受控地进行，确保联营体在如期实现施工项目履约目标的同时实现经营效益最大化目标，特制定本规定。

第二条 本规定适用于股份公司各公司所属国内施工项目联营体的运营管理。国际施工项目联营体的运营管理规定参照本规定由海外事业部另行制定。

第三条 本规定所称施工项目联营体，是指股份公司内部某一子公司作为责任方、股份公司内部其他一个或多个子公司作为协作方，彼此针对某一具体施工项目履约而联合成立的经济共同体，包括法人式联营体和非法人式联营体。

股份公司可根据发展战略、市场开拓、优势资源整合等情况或需要指定有关子公司组建联营体。未经股份公司批准，股份公司各子公司不得与股份公司以外的单位组建联营体。经股份公司批准组建的以股份公司某一子公司为联营体责任方、协作方含有非股份公司成员企业的联营体应参照本规定执行。

联营体成立之后，联营体应将联营协议、联营体章程和联营体运营管理办法报股份公司备案后执行。

第四条 本规定所称施工项目联营体的运营管理，是指联营体为了实现施工项目合同的履约目标和经营管理目标，采取各种有效手段，对联营体的施工项目从中标起始，经项目启动、实施到终结的全过程和全部工作（包括各种施工生产要素）进行的计划、组织、管理和控制的活动。

第五条 制定本规定是股份公司履行联营体国有资产出资人职责的具体表现。股份公司各公司、各部门、各联营体及各级管理人员必须认真遵照执行。本规定所明确的实质性内容应作为通用条款列入联营体章程和运营规则中。

第六条 联营体党建和精神文明建设、党风廉政建设、群众工作、工程技术管理、工程施工管理、工程质量管理和安全文明生产管理等工作，由联营体责任方严格按国家和股份公司及责任方本部的有关规定牵头执行。

第七条 股份公司授权市场经营部牵头对联营体实施战略及政策层面的归口管理。

第二章 联营体、责任方和协作方的责权利

第八条 联营体的责权利：

（一）联营体对业主承担全面完成施工项目合同履约目标的责任，对联营各方承担实现施工项目经营目标的责任。

（二）联营体对联营各方为联营体配置的施工生产要素拥有依法占有、使用和经营权。

（三）联营体实行独立经营、单独核算的经营方式。

（四）联营体负有使用、维护股份公司统一品牌形象的权利和责任。

第九条 责任方的责权利：

（一）责任方在联营体中处于中心领导地位，在联营体运营管理过程中发挥主导作用，是联营体完成施工项目合同履约目标和经营目标的责任单位。

（二）责任方不得以自身企业的名义干预联营体的经营管理活动。

（三）责任方有权派员出任联营体董事会董事长。

（四）责任方有权派员出任联营体监事会副主席。

（五）严格执行联营体董（监）事会的决议、决定。

（六）当联营体董事会不能对某一事项形成决议，而责任方又认为这将使联营体难以完成施工项目合同履约目标和经营目标时，在不违背联营体章程的情况下，责任方有权作出决断，并由董事会形成特别决议，同时免除协作方在此事项上的责任。如责任方决策失误，则由责任方承担补偿协作方在此事项中合同期待利益的责任，但经股份公司批准免责的除外。

（七）对联营体的技术成果、专利及其他无形资产享有权利。在联营体解散后，对联营体最终形成的依据国家法律、法规和规章应予保留的文件、档案和资料等承担保管责任。

（八）联营体竣工决算时，若营业收入利润率低于目标利润率时，由责任方承担补足责任。联营体营业收入目标利润率至少在2%以上（含2%），在此基础上的具体比例由董事会根据实际情况确定。降低营业收入目标利润率应经股份公司特别批准。

（九）按股份比例参与利益分配的权利。

第十条 协作方的责权利：

（一）协作方在联营体中处于协作地位，在联营体运营管理过程中发挥配合作用。

（二）协作方有权派员出任联营体董事会副董事长。

（三）协作方有权派员出任联营体监事会主席、副主席。

（四）严格执行联营体董（监）事会的决议、决定。

（五）当责任方对某一事项行使责任方决断权时，协作方有责任和义务配合责任方完成此事项的施工项目合同履约目标和经营目标，事后有权要求责任方就此事项作出必要的澄清说明。

（六）对联营体运营管理状况负有监督责任。

（七）对联营体的技术成果、专利及其他无形资产享有权利。

（八）按股份比例参与利益分配的权利。

第三章 联营体组织机构

第十一条 联营体的命名规范。

联营体名称格式为：<u>×××</u>项目<u>×</u>工程局有限公司<u>×</u>工程局有限公司联营体。

联营体名称由两部分组成，前半部分为联营体所实施施工的项目名称，后半部分由各联营方的企业简称组成，并按股份比例由高到低进行排列。股份比例相同的，其排序由当事双方协商解决。

第十二条 董事会。

（一）联营体设董事会对联营各方负责。

（二）董事会是联营体的最高权利和决策机构，由联营各方派出人员组成，股份公司可以根据情况决定是否派员担任董事会独立董事一职。

（三）在表决董事会决议时，当投票结果出现赞成票与反对票相同的情况时，董事长享有加投一票的权利。

第十三条 监事会。

（一）联营体设监事会对联营各方负责。鉴于联营各方的法定代表人都是董事会成员，监事会实际对董事会负责。

（二）监事会是联营体的最高监督和监察机构，由联营各方派出人员组成，股份公司可以根据情况决定是否派员担任监事会独立监事一职。

（三）监事会有权要求联营体总经理及其他高级管理人员出席监事会会议并回答有关问题，监事会的监督记录以及专项检查的结果应成为联营体总经理和其他高级管理人员绩效评价的主要依据。

（四）当联营体总经理及其他高级管理人员有重大失职行为或损害联营体利益时，监事会应当要求其予以限期纠正，必要时向董事会提出罢免或解聘的提议，董事会应就监事会的提议进行讨论和表决。

第十四条 联营体经理班子。

（一）联营体实行董事会领导下的总经理负责制，总经理及其班子对董事会负责，并接受监事会的监督、监察。

（二）联营体经理班子成员的配置限额方案由联营各方协商确定，经董事会同意后，由董事长聘任。

（三）财务、机电物资设备等主要岗位的配置限额方案由联营各方协商确定，联营体的其他职能部门的主要岗位可不采用由各联营方派员交叉任职的方式进行配置，具体配置方案由总经理办公会根据需要及人力资源状况确定。各职能部门的主要负责人由总经理聘任。

（四）总经理依《联营体章程》及董事会批准的运营规则行使职权时，重大问题实行总经理办公会决策制。

重要事项均应经总经理办公会在充分讨论、研究、取得一致意见后及时作出决策。意见不能取得一致时，由总经理作出决断并承担最后责任；持异议者可向董事会提起申诉，但在董事会作出修正前，必须先按总经理的决断意见办理，但不承担决策责任。

未经总经理办公会通过，因总经理独断决策行为而给协作方造成经济损失且无法给出合理解释的，由责任方承担全额补偿协作方经济损失的责任，但因总经理违反法律法规和联营体章程规定而导致的责任除外。对责任者个人责任的追究别按有关规定办理。

（五）总经理必须根据董事会或监事会的要求向董事会或监事会报告合同履约情况、资金运用情况和盈亏情况。

第四章　人事管理

第十五条　董事会应依据股份公司有关规定，在强化施工项目的合同履约责任和经营损益责任的基础上，结合联营体和合同施工项目的实际情况，制定联营体人事管理细则，明确联营体岗位设置、岗位职责、岗位权限、岗位行为规范、任免程序、业绩考核、工作评价和奖惩办法。

第十六条　董事会应给予总经理约定范围内的人事管理自主权。联营体的人事管理应积极引入市场竞争机制。

第十七条　由联营各方派往联营体工作的人员，其人事关系、工资关系等应转移到联营体人事管理部门；联营各方调动、调整已派往联营体工作的人员时，必须得到联营体的同意。

第十八条　由国家、行业主管部门、地方政府和股份公司发布，涉及联营体人员的职称、执业资格、继续教育、专业培训、专业会议等的文件或通知，联营各方应及时向联营体转达，联营体应及时向联营体有关人员转达。

第五章　施工生产要素的配置

第十九条　施工生产要素配置原则。

施工生产要素包括组织实施项目所必需的人力资源、施工设备资源、施工材料、施工技术资源和周转资金。配置的主要原则为：

（一）满足实施项目需要前提下的优化配置和动态管理。

（二）在确保质量、安全和进度前提下的效益最大化。

（三）在充分利用联营各方所拥有的优势资源的前提下，合理利用市场配置资源，实现资源的优化配置和最佳利用。

（四）优先发挥联营各方专业施工单位的专业优势。

（五）采用多种形式组织施工力量分担任务和化解经营风险。

第二十条　联营各方投入施工生产要素的回报。

联营体应采用经济的办法来处理联营各方向联营体投入施工生产要素并获得回报的关系。计算联营各方向联营体投入施工生产要素获得回报的费用标准和执行办法，应经董事会审定，并接受监事会的监督。

第二十一条　施工生产要素配置管理办法。

联营体应当制定《施工生产要素配置管理办法》，明确联营各方向联营体投入人力资源、施工设备资源、施工材料、施工技术资源和周转资金等施工生产要素应承担的责任、权利和义务，以及联营体在占有、使用、经营这些施工生产要素过程中应承担的责任、权利和义务；联营体利用市场配置施工生产要素时所应承担的责任、权利和义务。

第六章　工程分包与物资设备采购行为准则

第二十二条　工程分包与物资设备采购行为准则。

联营体应当制定《工程分包管理办法》和《施工物资设备采购管理办法》。

联营体参与进行工程分包与施工物资设备采购活动和实施管理的单位、部门和人员，都必须遵守以下行为准则：

（一）工程分包与施工物资设备采购行为应当合法，即应符合国家法律、法规、政策的规定。

（二）工程分包与施工物资设备采购行为应当守约，即应符合施工项目主合同有关工程分包与施工物资设备采购的规定。

（三）工程分包与施工物资设备采购行为应当受控，即工程分包与施工物资设备采购的全过程行为应符合联营体的有关规定。

（四）工程分包与施工物资设备采购必须通过市场竞争方式，择优选择工程分包队伍和供应商。

（五）工程分包与施工物资设备采购必须订立有效和规范的工程分包与施工物资设备采购书面合同。

（六）必须对工程分包与施工物资设备采购有关的质量、进度和施工安全等进行严格的控制。

（七）必须严格遵守国家和联营体有关工程分包与施工物资设备采购的岗位规范和个人行为准则。

第七章　财务管理与会计核算

第二十三条　会计机构和会计人员。

（一）联营体必须建立完善的财务管理体制，单独设立会计机构。会计机构内部必须建立稽核制度。

（二）联营体不得设置与总会计师职权重叠的项目副总经理。

（三）联营体会计人员的配备和工作交接必须符合《中华人民共和国会计法》的要求。

（四）联营体必须按照财政部规定组织会计人员参加继续教育活动，完成规定的学时。

联营体会计人员参加股份公司统一组织的培训活动，由责任方负责通知联营体。

第二十四条 财务管理。

（一）联营体必须严格执行国家财经法规，执行股份公司下发的各项财务管理制度。

（二）联营体董事会必须制定内部经营业绩考核办法时，并同时制定施工项目目标责任成本编制、修订、审定办法，并以施工项目目标责任成本作为量化经营损益责任考核结果的基础。

（三）联营体是施工项目成本管理与控制中心，应当建立健全目标责任成本的编制、分析、调整、核算、过程控制等管理体系，科学地对目标责任成本进行层层分解，将目标责任落实到人，实施目标成本的全面管理与控制。

（四）联营体必须建立健全货币资金、材料、固定资产管理等方面的内部控制制度，及时办理各项结算业务，及时进行债权债务清理，确保资产安全，提高资产使用效率。

第二十五条 风险控制。

（一）联营体不得对外出借营业执照、印鉴、银行账户，不得为任何外部单位和个人刻制行政或财务印章。

（二）联营体一律不得对外投资，不得涉足期货、股票、外汇炒卖等金融及衍生品高风险投资业务，不得通过证券机构购买国债，不得进行委托理财业务。

（三）联营体不得为任何外部单位及个人提供担保和借款。

第二十六条 会计核算。

（一）联营体必须严格按照《中华人民共和国会计法》、《企业财务会计报告条例》、《企业会计准则》、《企业会计制度》、《施工企业会计核算办法》、《中国水利水电建设股份有限公司会计核算办法》以及其他相关制度，根据实际发生的经济业务事项进行会计核算，填制会计凭证，登记会计账簿，编制财务会计报告。

（二）联营体的一切收支必须全部纳入会计核算，总经理对会计工作和会计资料的真实性、完整性负责。

（三）联营体必须及时向联营各方报送月度财务快报、季报和年度会计报表。报送以上报表应附详细的编表说明，若出现亏损，必须详细分析亏损原因，提出扭亏增盈措施。

（四）非法人联营体的会计报表，由联营各方按出资比例汇入母公司会计报表；法人联营体的会计报表，由联营各方按出资比例汇入合并会计报表。

（五）联营体必须采用股份公司统一推广的财务管理信息系统应用软件开展会计核算业务。原则上，联营体应当建立财务管理信息系统计算机网络，对其经营活动进行实时反映与过程监控。

联营体财务管理信息系统应用软件由联营体的责任方负责配备，相应费用由联营体承担。

第二十七条 清算。

（一）联营体的某一项目结束之后，必须编制该项目的竣工决算，竣工决算的编制由联营体财务部门牵头，其他部门必须积极给予配合。

（二）联营体应根据竣工决算审计意见及时进行相关处理。

（三）联营项目全部结束后，联营体的责任方必须及时组织联营各方对联营体进行财务清理，注销工商登记，注销银行账户，收回财务印鉴，完成与联营各方的结账工作。

（四）联营体的会计档案必须按照财政部《会计档案管理办法》的有关规定进行管理，联营体解散后，其会计档案交由联营体的责任方进行妥善保管。

第八章 资 金 管 理

第二十八条 联营体资金管理的基本原则：

（一）集中统一管理的原则。即资金的筹集和使用必须纳入联营各方的统一管理范畴；现金流量管理必须纳入股份公司统一管理范畴。

（二）有偿使用的原则。即从联营各方融入的资金必须按照约定的资金成本支付相应的资金占用费。

（三）过程受控的原则。即建立健全资金预算和计划管理制度，资金使用必须纳入联营各方统一的资金预算和计划管理范畴。

（四）管理责任制原则。即责任方对资金的全过程管理及资金使用安全和效益负全责，协作方负责全程监督。

第二十九条 联营体资金管理机构。

（一）联营体下设的财务部门为项目资金的归口管理部门，负责项目资金的筹集、工程价款结算、应收款项的回收以及资金的使用和分配等。

（二）联营各方以责任方负责、协作方参与设立项目资金结算中心，负责联营体银行账户的统一管理和项目内部资金结算，并按国家法规、股份公司规定及联营体运营规则监督项目资金预算和计划的执行及合规使用情况。

（三）股份公司资金管理部根据股份公司有关资金结算管理实施办法的规定负责对联营体现金流量实行集中统一管理。

第三十条 资金筹集：联营体应对项目现金流

量进行科学合理预测，项目资金如有缺口，应制定切实可行的融资计划，经报请联营体董事会（或类似权力机构）批准后予以实施。

第三十一条 开户和资金结算。

（一）联营体资金结算中心代表联营体开设银行账户，银行账户原则上只能开设一个基本结算户，因业务需要另开银行账户，需报责任方财务资金管理部门批准后方可办理，且新开账户实行限额管理，超出限额资金部分必须转入基本结算账户。

（二）联营体应在联营体资金结算中心开设内部结算账户，联营体全部资金收支必须通过联营体资金结算中心银行账户和联营体在联营体资金结算中心的内部账户办理。

（三）联营体资金结算中心在股份公司资金结算中心开设内部结算账户，并将所在地银行基本结算账户以授权管理方式纳入股份公司现金流量管理网络。股份公司核定基本结算账户日常备付资金余额，超出部分上存股份公司资金归集账户，并根据联营体资金结算中心需要即时下拨。上存资金的所有权和使用权不变，上存资金利息由股份公司资金结算中心按银行规定标准计付给联营体资金结算中心。

第三十二条 联营体应建立健全资金预算和计划管理制度以及内部资金审批制度，联营体资金结算中心应加强对联营体资金预算和计划执行情况及合法合规性的监督。

第三十三条 联营体应依据有关规定制定资金管理实施细则，加强资金筹集、使用、分配等各个环节的内部管理。股份公司及联营各方有权随时对联营体资金筹集、结算、使用、分配等进行检查和监督。

第三十四条 联营体上存股份公司资金结算中心的资金总流量，由股份公司按联营各方的股份比例相应增加责任方和协作方的资金归集总流量，以此考核联营各方负责人的经营业绩。

第九章 联合审计

第三十五条 联营体内部审计实行联合审计制度。对联营体的联合审计由责任方根据董事会的要求列入责任方年度审计计划，并牵头组织实施。当股份公司认为有必要时，股份公司将对联营体的年终财务决算或竣工决算实施直接审计。

第三十六条 联合审计组由联营体监事会和联营各方委派专业人员组成。组长原则上由责任方派员出任，但对竣工决算进行审计时，组长由股份公司派员担任。

第三十七条 根据内部审计工作规定，联合审计组应在实施审计前5个工作日，将由董事会签发的审计通知书送达被审计单位。被审计单位接到通知后，应按联合审计组的要求，准备相关资料，做好迎审准备。

第三十八条 联合审计组应按照内部审计工作规定的审计程序实施审计。审计完毕，应形成审计报告初稿，与被审计单位就审计结果交换意见。对审计中有争议的问题，审计组要实事求是听取意见，核准事实；个别意见分歧较大或难以确定的，将审计报告和被审计单位书面意见一并报送董事会进行裁定。审计报告应由审计组成员签字。

第三十九条 董事会接到审计报告和书面意见后，组织有关部门进行审定，并作出处理决定，通知被审计单位执行。如董事会在作出处理决定的过程中出现重大分歧，可报股份公司审计部，由股份公司裁决并按裁决意见执行。被审计单位应将执行审计意见的情况及时向董事会或股份公司汇报，必要时可要求联合审计组进行后续审计。

第十章 效能监察

第四十条 效能监察工作由董事会授权责任方牵头组织实施，协作方派员配合。

第十一章 维护联营体正常运营管理秩序

第四十一条 联营体内部的制度保证。

联营体必须建立健全与内部运营管理有关的各项规章制度，明确规定运营管理过程中有关部门、单位和个人的职责、权限和应遵守的行为规范、办事规程和工作流程，为维护联营体内部正常运营管理秩序提供制度保证。对于制度未及或没有作出具体规定但又涉及联营体内部不同单位之间或联营体与联营方之间经济关系事项，关系双方都必须签订内部书面协议，并严格履行协议。

第四十二条 争议的调解与裁决。

联营方之间、联营体与联营方之间或董事会内部出现重大争议时，关系一方或双方应及时申请股份公司归口主管部门予以协调。协调不成的，由股份公司实施裁决。

第四十三条 运用国有资产出资人的权力进行决断。

当因联营各方难以处理彼此之间的关系，导致联营体运营管理过程中出现的重要事项，已经对联营体合同施工项目的正常运营管理秩序和效益产生了严重的不良影响，或可能对联营体履约和联营体信誉具有较大的不良影响时，股份公司将根据情况与项目业主协商后及时作出决断。

第十二章　附　　则

第四十四条　本规定颁布之日后组建的联营体即应执行本规定，本规定颁布之日前组建的联营体可根据实际情况按本规定逐步调整完善。

第四十五条　本规定解释权归股份公司。本规定自颁布之日起施行。

中国水利水电建设股份有限公司统计管理办法

（中水电股经〔2010〕35号·2010年5月12日）

第一章　总　　则

第一条　为进一步加强和规范中国水利水电建设股份有限公司综合统计工作，确保综合统计工作真实、科学、规范、有效地进行，依据国家有关法律、法规及相关规定，结合中国水利水电股份有限公司（以下简称股份公司）战略发展需要，特制定本办法。

第二条　股份公司综合统计工作的基本任务是：对股份公司市场营销、经营、管理、建设等经营活动进行统计、调查、分析和研究，提供全面、准确的综合统计资料并实行统计监督；为领导决策提供参考、为开展经营管理活动提供借鉴和指导、为内外信息沟通提供重要依据；各项统计工作的开展以股份公司经济效益为中心，以服务集团战略发展为宗旨，建立健全统计数据质量监控和综合评估制度。

第三条　股份公司综合统计工作实行综合统计职能归口管理，按专业部门分工负责的统计管理体制。

第四条　股份公司综合统计归口管理部门要结合股份公司的实际情况，及时健全和强化统计报表制度、统计指标体系、统计标准、统计调查制度、统计规章并组织、指导、协调股份公司各部门、各公司的统计工作。

第五条　股份公司负责和监督各单位的统计机构、统计人员和其他相关人员必须执行《中华人民共和国统计法》及相关法律、法规、统计制度及本规定。

第六条　股份公司的统计机构和统计人员，依照《中华人民共和国统计法》独立行使统计调查、统计报告、统计监督的职权，不受干扰。

第七条　股份公司有权行使各公司统计管理职能。

第二章　统计机构及统计人员职责

第八条　股份公司市场经营部负责归口管理综合统计工作。各专业部门根据统计工作任务，协同做好支持和配合工作，认真履行向归口管理部门提供统计资料的责任和义务，按股份公司的规定和要求及时、准确、全面地报送统计资料。

第九条　股份公司综合统计归口管理部门统筹股份公司统计工作，制定计划方案，协调有关活动，各项统计调查应纳入统筹范围。

第十条　各公司应根据统计任务的需要指定一个部门负责归口管理综合统计工作，设置专职统计人员并明确统计负责人。遵照股份公司要求，落实并完成本单位统计任务，协调本单位统计工作，制定本单位统计工作制度对本单位二级单位综合统计工作执行情况进行检查监督。

第十一条　股份公司及各公司综合统计机构的主要职责是：

（一）股份公司综合统计机构的主要职责：负责股份公司及各公司的综合统计工作；制定和完善股份公司系统综合统计报表制度、统计指标体系、统计标准、统计调查制度、统计工作规章和统计工作现代化建设规划；汇编综合统计年报和定期报表，认真做好报表信息分析工作；定期开展综合性的统计分析和统计预测工作；增强信息管理的系统性、整体性，强化股份公司整体管理职能；统一上报和对外公布股份公司的综合统计资料；负责股份公司的综合统计信息网络建设和维护。

（二）各公司综合统计机构的主要职责：组织本单位的统计人员完成上级主管部门下达的统计调查任务；统一对外提供统计资料；负责本单位综合统计信息网络建设和维护；协调本单位各专业统计工作；对本单位生产经营和投资状况等方面进行统计分析、统计预测和统计监督。为强化责任意识，保证统计信息质量，股份公司实行统计资料提供和上报单位（部门）负责人签字确认制度。

第十二条　股份公司各专业统计按股份公司现行职责划分由专业主管职能部门负责完成，并向综合统计归口管理部门提供所需统计资料。综合统计归口管理部门有责任和义务向专业部门提供综合统计资料。各公司的专业统计机构，应按时完成股份公司各专业统计机构下达的统计调查任务并受当地政府统计部门专业统计机构的业务指导。

第十三条 股份公司及各公司的统计机构和统计人员有权要求有关单位和人员，依照国家有关规定，如实提供统计资料；检查统计资料的准确性，要求改正不确实的统计数据；揭发、检举和抵制统计调查工作中的违法行为。

第十四条 股份公司及各公司配备的统计人员均需持有统计从业资格证书，应当实事求是，恪守职业道德，具备执行统计任务所需的专业知识。各级统计人员岗位安排应保持相对稳定。

第三章 统计制度与统计调查

第十五条 股份公司及各公司必须严格执行国家统计局和股份公司颁发的统计调查制度。

第十六条 国家重大统计调查由股份公司综合统计部门依照国家统计局要求，组织有关专业统计部门共同负责实施。

第十七条 股份公司及各公司综合统计机构对统计调查与统计制度实行归口管理，制定统一调查计划、调查方案，统筹协调各专业部门的统计调查内容，规范统计工作。

第十八条 股份公司及各公司非统计部门所需统计资料可以从综合统计机构和专业统计机构收集，一般不允许单独进行统计调查。如确实需要，可作为一次性调查预先纳入股份公司统计调查计划，并按计划开展有关活动。

第十九条 股份公司及各公司统计调查方式以年度和定期报表为主，以快速调查、抽样调查、重点调查、典型调查为补充。

第二十条 各公司执行股份公司制定的统计标准，以保证统计调查中引用的指标含义、计算办法、分类目录、调查表示和统计编目等的标准化。

第二十一条 股份公司及各公司必须依照《中华人民共和国统计法》、国家有关规定和本办法，如实提供统计资料，不得虚报、瞒报、拒报、迟报，不得伪造、篡改。

第四章 统计资料的公布与管理

第二十二条 股份公司及各公司的统计资料由综合统计机构负责统一对外公布。对外使用的统计数据以综合统计部门公布的数据为准，专业数据以专业主管部门的专业统计数据为准。

第二十三条 股份公司及各公司应利用统计资料，逐步建立统计数据库和信息自动化处理系统，实现数据安全上网、信息共享，形成良性互动工作机制。

第二十四条 股份公司对综合统计信息开发应用贯彻统一规划、统一标准、分级实施的原则。各公司在股份公司统一规划下，可结合本单位需求，研究制定本企业的综合统计信息开发应用实施计划。

第二十五条 股份公司及各公司必须建立统计档案管理制度，按档案管理规定做好统计资料立卷、归档、交接和保管工作。统计信息的保密管理按照国家有关法律、法规执行。

第五章 统计分析与人员培训

第二十六条 股份公司及各公司应加强统计工作现代化建设，组织开展统计指标体系、统计调查方法、统计标准、统计制度的研究工作，定期开展统计分析和统计预测工作，对异常情况应认真分析并及时提出建议。

第二十七条 股份公司及各公司应重视统计队伍建设，加强统计专业人员的培养，有计划地加强对统计人员的专业知识和技术培训，组织专业学习，加强对统计人员的职业道德教育，提高统计人员的综合素质。

第六章 检查与监督

第二十八条 股份公司及各公司应设置统计检查监督小组或统计检察员，依法检查本系统统计法规和统计制度的执行情况，行使统计监督权。有关单位对统计机构、统计员反映、揭露的问题和提出的建议，应及时处理并作出答复。

第七章 奖励与惩罚

第二十九条 各公司应制定本企业的统计奖惩制度，对在统计工作中作出显著成绩的单位和个人给予适当的表彰和奖励。

第三十条 对违反法律、行政法规和本办法有关规定的，视情节轻重由主管部门按规定给予行政处分；构成犯罪的，依法追究其刑事责任。

第八章 附 则

第三十一条 股份公司各专业统计机构和各公司可依据本办法制定相应的实施细则。

第三十二条 本办法由股份公司市场经营部负责解释。

第三十三条 本办法自发布之日起施行，原办法（中水电经〔2005〕9号）同时废止。

投 资 管 理

中国水利水电建设股份有限公司投资管理办法

(中水电股〔2010〕54号·2010年4月30日)

第一章 总 则

第一条 为规范中国水利水电建设股份有限公司(以下简称股份公司)投资行为,规避投资风险,提高投资收益,根据《中华人民共和国公司法》等有关法律、法规及相关政策、规定,制定本办法。

第二条 本办法适用于股份公司、股份公司所属全资和控股公司(以下统称为企业)。

第三条 本办法所指的投资是指企业将所拥有的一定数量的资产(有形的或无形的)在国内进行投入以取得一定收益和利益的活动,包括投资设立新公司;出资于其他公司;收购并购其他公司;对项目进行长期投资;土地、非生产性房屋等不动产的购建等所有投资项目(其中"出资于其他公司;收购并购其他公司"视同项目类投资进行管理)。

第四条 企业投资活动必须符合以下原则:

(一)符合国家发展规划和产业政策;

(二)符合企业发展战略与规划;

(三)符合企业产业布局和产业结构调整方向;

(四)突出主业,有利于提高企业核心竞争能力;

(五)非主业投资应当符合企业调整、改革方向,不影响主业的发展;

(六)符合企业投资决策程序和管理制度;

(七)投资规模应当与企业资产经营规模、资产负债水平和实际融投资能力相适应;

(八)充分进行科学论证,预期投资收益应不低于国内同行业同期平均水平。

第五条 投资行为应遵循决策科学化、行为程序化、管理制度化、运营规范化的准则。投资项目必须进行充分论证,科学评审,规范决策,防范投资风险,争取合理的投资收益水平。

第二章 投资准入

第六条 股份公司投资管理级次控制在三级以内,股份公司层面原则上不得投资形成四级公司。股份公司所属全资和控股公司(以下简称所属公司)不得再单独成立履行投资管理和经营职能的法人投资机构,所属公司未经股份公司批准不得进行投资。如需投资设立二级法人经营机构的,必须报经股份公司批准。现已形成股份公司层面四级公司的所属公司,应视实际情况进行整合提升到三级。未能整合提升前,应加强对四级公司的监管。

第七条 企业投资严格坚持"投资项目与投资能力"相结合、有所为有所不为的原则,严禁恶性举债投资,严格防止因盲目投资造成企业财务能力下降,影响企业的财务信誉。

鉴于企业投资的产业门类基本为水电或与水电建设相关的产业,拟投资的企业应具备下列条件:

(一)工程局类公司需连续两年实现盈利后才能从事投资业务;投资类公司投资项目处于建设期的净利润小于零除外。投资项目运营期的净利润须大于零才可进行新的投资。

(二)工程局类公司企业资产负债率原则上不得超过股份公司平均水平或不得超过股份公司确定的控制标准;投资类公司企业资产负债率原则上不得超过股份公司确定的的控制标准。

(三)工程局类公司当年资本金性质的投资总额原则上不得超过本公司上年固定资产折旧额与净利润之和的80%;投资类公司资本金性质的投资总额不得超过所有者权益。

(四)工程局类公司经营活动现金净流量须连续两年大于当年会计利润;投资类公司经营活动现金净流量在投资项目建设期小于零除外。投资项目处于运营期的经营活动现金净流量须大于净利润与折旧之和的才可进行新的投资。

(五)投资类公司用于投资的自有资金应满足公司所属行业或项目行业的国家最低标准。

(六)拟投资的工程局类公司负债增长率不高于工程局公司平均水平。

第八条 所属公司非经营性固定资产投资,除满足第七条所述准入条件外,还须将相关计划报送股份公司按相关决策程序审批，同时年度现金流量净额不得为负数，且上年度期末的货币资金余额需满足计划进行的非经营性固定资产项目投资额度，不得因为现金不足而举债投资，加大经营风险。

第九条 投资项目准入限制：

（一）不符合本办法第四条要求的不得投资；

（二）国家法律、法规和产业政策明令禁止的不得投资；

（三）凡规模小的项目、收益差的项目、行业跨度大的项目，股份公司原则上不予批准；

（四）严禁购买企业债券、公司股票；严禁委托券商进行购买国债、企业债券、股票、基金等理财活动；

（五）企业对拟投资项目进行项目可行性研究、环境评价、土地供应和信贷融资、电力上网等申报工作中要严格执行国家行业审批相关规定，未获得审批手续的投资项目不得实施实质性投资建设；

（六）对拟建项目，一律要纳入国家或各省（自治区、直辖市）编制的行业发展规划中，按照行业准入条件及有关程序进行核准后，方可进行投资建设；

（七）需由国务院有关部门批（核）准的投资项目，所属公司应当在地方政府上报国务院有关部门的同时，将其有关文件报送股份公司，由股份公司报送中国水利水电建设集团公司（以下简称集团公司），由集团公司按规定行文上报。

第十条 投资项目的备案按照国资委有关规定在股份公司上报集团公司后，由集团公司向国资委备案。

第三章 投资管理机构及权限

第十一条 根据公司章程，股份公司董事会决定股份公司的投资事项。股份公司投资部（以下简称投资部）为股份公司投资业务归口管理部门，所属公司应建立健全相应的投资管理机构和投资决策程序并报股份公司备案。

第十二条 为保证投资项目审查、审批的科学化、规范化、制度化，股份公司设立相应的投资审查机构。股份公司设立投资项目评审委员会（以下简称评审委员会），评审委员会由股份公司分管领导及有关职能部门的负责人和外聘专家组成。评审委员会负责对拟投资项目的市场前景，科技可行性、先进性，经济效益及财务运作等进行系统地研究、分析、评价，并形成书面评审报告报总经理办公会审批。总经理办公会通过的项目上报股份公司董事会决策。评审委员会的日常事务和上报文件由总经理工作部负责。

第十三条 股份公司投资项目的最终审批权限，根据投资数额的大小决定：

（一）董事会可以决定股份公司的全部投资事项；

（二）在董事会闭会期间，董事长按照章程规定的董事会的授权决定股份公司的投资事项。

第四章 投资项目审批

第十四条 所属企业拟投资的项目，不分金额大小，一律报股份公司审批。未经股份公司批准，不得进行实质性的投资活动。

第十五条 向股份公司报批拟投资项目时，应以《投资项目建议书》的形式并附上相应的项目证明文件。《投资项目建议书》中至少应包括（但不限于）以下内容：

（一）项目背景；

（二）投资条件；

（三）资金来源和投入方式；

（四）合作方情况；

（五）技术、经济及环保评价；

（六）投资前景；

（七）风险评价。

第十六条 有审批时限要求的拟投资项目，所属企业应当在时限发生前至少15天向股份公司提交报批材料。

第十七条 对上报的拟投资项目，投资部负责初审，初审报告经股份公司分管副总经理审签、股份公司总经理、董事长同意后，提交股份公司评审委员会，评审委员会评审形成评审报告后，由评审委员会提交股份公司总经理办公会议通过后上报董事会进行决策。

第十八条 投资项目的初审和评审主要包括（但不限）以下内容：

（一）是否符合本办法对投资准入的规定；

（二）投资项目的资金来源、资金类形、投资效益及投资行为的合法性、合规性等；

（三）投资项目的可行性分析报告、投资计划及风险分析；

（四）有关的经济合同、协议及公司章程草案的合法性。

第十九条 评审和审批具体步骤如下：

（一）所属企业报送的投资项目，由于前期工作不够深入，《投资项目建议书》等报批资料不完备的，为抢占商机，可实行两阶段分步报批：

1. 向股份公司上报有关文件请求开展项目前期

工作。经过股份公司有关部门初步评估，具备进行前期工作条件的项目，在分管副总经理、总经理、董事长签字批准后，可以进行前期工作。前期工作费用较大时，须报董事会批准。

（1）投资项目前期工作范围包括：项目信息跟踪，项目设计咨询、评估，项目可行性研究、报批、核准以及部分进行前期工作所需项目公司注册等。前期工作要以锁定资源为目的，各公司不得进行实质性工程建设投资。

（2）投资项目前期费用支出必须严格控制在股份公司领导批准的前期工作范围和费用额度内，列入公司年度财务预算及投资计划进行管理，不得超支，不得将项目前期经费用于实质性投资活动或将投资所需资金列入前期经费。

（3）项目公司注册成立后，若出现项目无法进行的情况，项目公司的解散和清算工作应根据《中华人民共和国公司法》、公司章程的有关规定进行，投资损失应由项目公司各股东按照出资比例，自行承担。有关公司解散、清算事宜应在项目公司成立时所签署的公司章程中予以明确规定。

2. 如果已开展前期工作的投资项目基本可行，各公司要尽快形成《投资项目建议书》并附上相应的项目证明文件上报股份公司；如果项目不可行，各公司要申请股份公司批准后及时中止相关工作。

（二）所属公司报送的投资项目，基本符合评审条件的，由总经理工作部受理《投资项目建议书》，经股份公司总经理、董事长同意评审后转投资部进行初步审核并提出初审意见。

（三）评审委员会对股份公司总经理、董事长同意评审的投资项目进行评审，形成评审报告。

（四）评审委员会将评审报告及相关资料提交股份公司总经理办公会议审批通过后，上报股份公司董事会决策。

（五）股份公司通过的项目，项目批复文件由投资部拟文以股份公司名义批复。

第二十条 项目批复视不同情况作如下处理：

（一）不符合本办法对投资准入规定的，项目虽然具备一定投资条件，但存在严重缺陷或缺少落实的必要条件的，在项目初评阶段，由投资部请示股份公司领导后以投资部名义回复否决意见。

（二）未通过投资项目评审委员会评审的项目或未通过总经理办公会议审查的项目，经总经理工作部返回投资部协同有关部门处理。

（三）经股份公司批准的投资项目，由投资部拟文以股份公司名义按办文程序下发批复文件。

（四）前期工作完成后拟进行投资开发的项目，按照股份公司管理程序报批。

第五章 投资项目资金来源与要求

第二十一条 项目投资需要的资本金，原则上由投资企业自行筹措。资金来源应符合国家资本金制度的有关规定，主要包括：

（一）所属全资子公司上缴的利润；

（二）从所属控股、参股公司分得的股息、股利；

（三）转让国有资产所得收入；

（四）转让国有股权所得收入；

（五）依法取得的其他收益；

（六）银行提供的项目资本金贷款（软贷款）；

（七）经国家批准发行债券和股票筹集的资金；

（八）实物、无形资产等；

（九）其他符合国家规定的资金。

第二十二条 所属公司投资的公司注册资本金和项目资本金累计额度最高不得超过其母公司注册资本金或净资产的100%。用国家政策性银行发放的资本金贷款或发行债券、股票筹资进行权益性投资的可不受此限制。

第二十三条 所属公司对经批准的投资项目的担保，按照股份公司相关担保规定执行。

第二十四条 所属企业不得擅自个人集资参股投资或未经批准组建混合所有制公司投资与经营。

第二十五条 未经股份公司批准，所属企业不得交叉持股（相互投资设立公司），存在相互持股的企业应进行清理，并按国家规定的产权转让程序和方式予以转让，以确保股份公司内产权转让行为合规和产权关系清晰。

第六章 投资项目的实施

第二十六条 所有投资项目，必须纳入企业年度投资计划管理。

第二十七条 所属公司投资应制定投资实施方案，报股份公司备案，包括（但不限于）以下内容：

（一）出资时间、金额、出资方式及责任人；

（二）公司发起协议及章程；

（三）公司工商注册资料。

第二十八条 所属公司项目实施过程中出现下列情形的，应当重新履行投资决策程序，并将决策意见及时书面上报股份公司：

（一）资金来源及构成进行重大调整，致使公司负债过高，超出公司承受能力或影响公司正常发展的。

（二）股权结构发生重大变化，导致公司控制权转移的。

（三）投资合作方严重违约，损害出资人权益的。

（四）投资项目在实施过程中发生下列情况之一时：

（1）投资调概超过15%；

（2）工期拖延超过30%。

第二十九条 经批准的投资项目董事、监事及公司高级管理人员的任用按股份公司相关规定执行。

（一）股份公司投资项目由股份公司按照股份公司规定推荐人选；

（二）所属公司按照《中华人民共和国公司法》、公司章程及股份公司规定推荐人选并报股份公司备案。

第三十条 对派出董事、监事人员的责任、权利、义务及工作管理，按股份公司相关规定执行。所属公司可按照股份公司管理规定结合实际制定具体管理细则。

第三十一条 所属公司投资的项目公司涉及如下事项，应报股份公司批准：

（一）公司合并、分立、变更形式、解散方案；

（二）增资扩股方案；

（三）公司注册资本增加、减少方案；

（四）公司股东、股权结构变化情况；

（五）公司年度财务预算、决算方案；

（六）公司利润分配、弥补亏损方案；

（七）公司重要资产抵押、质押和转让方案；

（八）贷款担保情况；

（九）其他需要批准事项。

第三十二条 所属公司投资项目建设期、运行期的管理应按照股份公司制定的相应管理办法执行。

第三十三条 所属公司投资项目，应在投资项目竣工验收后进行自我总结评价并实施项目后评价，具体后评价实施办法按照股份公司相关规定执行。

第七章 投资项目的监督和考核

第三十四条 企业投资项目应建立相应的投资管理授权批准制度和岗位责任制，形成投资主体与责任主体相一致的机制。出资企业应责成并督促投资企业董事会建立健全经营层任期经营业绩责任考核奖惩机制及内部控制制度并使之有效实施。

第三十五条 企业从事具体投资业务的不相容工作岗位，应相互分离、相互制约和监督。不相容工作岗位包括：

（一）投资项目可行性研究与评估；

（二）投资的决策与执行；

（三）投资处置的审批与执行。

第三十六条 企业投资业务人员应具备良好的职业道德，掌握金融、投资、财会、法律等方面的知识。相关人员可视具体情况定期进行岗位轮换。

第三十七条 企业应建立符合政策法规的投资决策实施机制，推进依法治企，严禁任何个人擅自决定投资或者改变股份公司决策意见进行投资。

第三十八条 企业应建立投资责任追究制度。对于违反国家法律、国家产业政策投资的；未经股份公司批准实施投资项目的；对先实施、后报批投资项目的；对未履行规定决策程序的；对项目可行性研究及评审不负责任出现较大失误的；对项目建设投资失控和项目经营异常亏损及其他违反管理规定的，股份公司将严肃追究有关责任人员的领导责任。股份公司对投资项目的审核批准并不取代投资主体的违规或失职责任。

第三十九条 企业应规范投资业务流程，加强投资全过程管理，实施有效的流程管理和经营损益监控。加强对投资项目的内部审计和效能监察工作，建立从立项、审核、制定方案、组织实施、检查监督、总结、直到效益评估的程序体系，确保投资全过程得到有效控制，维护投资者权益。

第四十条 所属公司应按照规定向股份公司报送投资项目相关统计报表。

第四十一条 企业应建立投资档案管理制度，加强投资过程资料收集整理存档及权益证书的管理并指定专门部门保管。

第四十二条 所属公司投资的收回、转让与核销，应按规定程序决策并报股份公司审批。

第四十三条 派出董事、监事或其他管理人员的考核参照股份公司相关管理规定执行。所属公司可按照股份公司规定制定派出董事、监事或其他管理人员的履责考核细则并报股份公司备案。

第八章 附　　则

第四十四条 本办法主要规定股份公司投资项目的总体管理原则及审批流程管理，同时涵盖了投资项目建设、运营阶段的部分管理内容。

第四十五条 投资项目建设、运营实施管理参照股份公司相应管理实施细则执行。

第四十六条 国外投资项目管理在本办法的基础上，结合国际项目实际情况制定细则并实施管理。

第四十七条 本办法自印发之日起执行。

第四十八条 股份公司所属企业可按照本办法制定具体规定。

第四十九条 本办法由股份公司董事会负责解释。

中国水利水电建设股份有限公司
投资建设项目招标管理办法

（中水电股〔2010〕57号·2010年4月26日）

第一章　总　　则

第一条　为规范中国水利水电建设股份有限公司（以下简称股份公司）投资建设项目招标活动，加强招标过程管理，有效控制工程造价，合理缩短建设工期，确保工程质量和安全，保障投资者合法权益，根据《中华人民共和国招标投标法》等相关法律法规，结合股份公司招标工作的实际情况，制定本办法。

第二条　本办法适用范围：股份公司总部、股份公司子公司及间接控股公司以及中国水利水电建设集团公司委托股份公司或子公司管控的所有投资建设项目招标活动，包含BOT、BT等类别投资项目的总承包部组织的招标项目。

股份公司控股公司或间接控股公司应在公司章程或股东会、董事会决议中，明确规定其投资建设项目所有招标活动依照本办法执行。

但有下列情形之一的项目，其特殊情况与本办法的规定不相适应的，项目招标单位可酌情拟订该项目招标定标办法，报股份公司招标委员会批准后组织实施：

（一）海外投资项目所在国或地区法律法规与本办法不相适应的项目；

（二）由外国政府或国际金融组织提供贷款，有特殊要求的项目；

（三）由政府指定招标代理机构且按其规范程序招标、评标、定标的国家特许权项目、政府指令性项目；

（四）本公司章程中明确规定与办法不符的项目；

（五）经本公司董事会批准的因情况特殊不能使用本办法的项目。

第三条　下列建设项目必须招标：

（一）施工单项合同估算价在200万元人民币以上的；

（二）勘察、设计和监理等服务单项合同估算价在50万元人民币以上的。

对于因特殊情况无法采用招标形式确定中标人的，项目招标单位可酌情拟订特别处置意见，报股份公司招标委员会批准后实施。

第四条　投资项目的设备和物资采购招标按照《中国水利水电建设股份有限公司设备物资集中采购招标管理办法》和《中国水利水电建设股份有限公司设备物资采购中心集中采购招标实施细则》规定执行。

第五条　投资建设项目招标活动，必须遵守中华人民共和国和投资建设项目所在国的有关法律、法规以及股份公司的规定，必须遵循公开、公平、公正和诚信的原则。

第二章　机 构 职 责

第六条　股份公司对投资建设项目招标工作实行分级管理、分级负责，建立股份公司、投资公司、项目公司三级招标管理体系，在股份公司总部设立招标委员会、在各投资公司设立招标管理中心、在各项目公司设立招标管理小组。

为规范招标工作，缩短管理链条，提高效率，自下文之日起，国际工程有限公司、四川电力开发有限公司、路桥工程有限公司、房地产有限公司和新能源开发有限公司等投资公司及其控股项目公司的招标机构按本办法设立，华亭发电有限公司、崇信发电有限责任公司和水电七局有限公司、水电十四局有限公司等有投资建设业务的全资子公司的招标机构参照本办法设立。

第七条　股份公司招标委员会由股份公司领导和相关业务部门负责人组成。其主要职责是：

（一）招标委员会是股份公司投资建设项目招标管理的最高决策机构，指导、监督股份公司招标活动。

（二）审批投资建设项目招标管理规章制度。

（三）审批《项目分标规划》。

（四）召开股份公司招标委员会年度工作会议，总结上一年度投资建设项目招标工作完成情况，审批下一年度招标计划，研究决定股份公司招标工作的重大事项。

（五）审批“大额重要项目”的招标结果。

"大额重要项目"是指：国内投资建设项目施工单项合同估算价在2000万元人民币以上的，勘察、设计和监理等服务单项合同估算价在300万元人民币以上的；海外投资建设项目施工单项合同估算价在500万美元以上的，勘察、设计和监理等服务单项合同估算价在50万美元以上的；招标委员会确定的其他重要招标项目。

第八条 股份公司招标委员会办公室设在股份公司市场经营部，成员由相关部门专业人员组成，对股份公司招标委员会负责。其主要职责是：

（一）组织编制股份公司投资建设项目招标管理规章制度。

（二）监督、检查和指导股份公司投资建设项目招标工作，对股份公司招标工作进行归口管理。

（三）负责组织《项目分标规划》和年度招标计划的核审工作。负责报送由招标委员会审批的相关资料，负责招标委员会审批意见的文件起草和下达、分发工作。

（四）负责"大额重要项目"招标工作过程管理，包括：受理招标文件（含评标细则）、评标委员会成员报备工作；审查批准邀请招标的拟投标人；派人参与招标工作；对招标结果进行初审等工作。

（五）负责组织股份公司招标委员会年度工作会议，收集和整理年度招标工作总结，准备会议材料。

（六）在《股份公司市场经营管理系统》中研究建立招标信息化管理平台，通过把信息化引入招标业务具体实施过程中，以信息化手段固化招标管理业务流程，实现招标项目管理信息流转顺畅、实时受控和刚性管理。

（七）负责整理和建立股份公司合格供应商资源库，负责建立股份公司评标专家名册。

（八）负责股份公司招标委员会的其他日常工作。

第九条 投资公司招标管理中心主要职责是：

（一）指导、监督本公司贯彻执行国家有关招标管理法律法规和股份公司招标管理办法，审批本公司招标管理规章制度，研究决策本公司招标工作的重大事项。

（二）建立本公司招标管理中心办公室作为常设招标组织机构，并报股份公司招标委员会办公室备案。

（三）审核《项目分标规划》。

（四）审核投资建设项目年度招标计划。

（五）按审批权限负责对招标结果进行审核上报或审批。"大额重要项目"招标结果上报股份公司招标委员会审批，其他项目招标结果由投资公司自行审批。

第十条 投资公司招标管理中心办公室主要职责是：

（一）依据国家有关招标管理法律法规和股份公司招标管理办法，组织编制本公司招标管理规定。

（二）监督、检查、指导和归口管理本公司招标工作。

（三）负责组织《项目分标规划》专业审查和年度招标计划的编制、报送。

（四）授权组织或参与权限范围内的招标工作，审查资格预审文件、招标文件，推选评标专家，参与招标、开标、评标及合同签订的各项工作，并按规定权限将招标结果报批或备案。

（五）组织编制标准化招标文件范本、评标程序化文件、标准化评标细则模板。

（六）组织建立和管理各类供应商评价体系和信息资源库，建立准入机制。

（七）组织建立和维护评标专家名册，按专业类别实行信息化管理。

（八）负责投资公司招标管理中心的其他日常工作。

第十一条 项目公司招标管理小组主要职责是：

（一）项目公司是招标的责任主体，负责项目招标工作的具体组织实施、合同签约与执行等工作。

（二）研究决策本公司招标工作的重大事项，审批本公司招标工作实施细则，建立招标管理小组办公室作为常设招标组织机构，报上一级公司备案。

（三）审核《项目分标规划》。

（四）审核投资建设项目年度招标计划。

（五）按审批权限负责对招标结果进行审核上报或审批。

第十二条 项目公司招标管理小组办公室主要职责是：

（一）编制本公司招标工作实施细则。

（二）编制整体招标方案、年度招标计划、年度招标工作总结。

（三）委托专业单位或自行组织编制资格预审文件、招标文件，并组织专业人员进行审查。资格预审文件审查重点是强制性条件、投标人资质条件的确认及资格审查方式的确定（或评审办法）等；招标文件审查重点是投标人须知（包括资质要求、评标办法）、合同条款、技术条款、工程量清单等专业性较强的工作。

（四）组织资格预审工作，根据审查、排序情况，并按规定推荐或确定投标人名单。

（五）组织招标和评标，并按规定将招标结果上报审批或备案。根据审批意见和确定的招标结果，按照项目公司规定履行相关审批程序后，进行合同谈判和合同签约等工作。

第十三条 招标活动的监督工作应根据《中国水利水电建设股份有限公司招标监督暂行办法》的规定执行。

第三章 招 标 计 划

第十四条 《项目分标规划》

（一）项目在列入股份公司投资计划后，应按规定编制《项目分标规划》，并组织专家审查，并在实施第一个施工项目招标 30 天前，上报股份公司招标委员会审批。

（二）《项目分标规划》包括项目基本情况、管理规划、分标设计、分标概算和预计招标时间、审查意见或会议纪要（附审查人员名单），以及已审批的项目可行性研究报告或预可行性研究报告等内容。

（三）股份公司招标委员会在 15 天内以会议形式完成对《项目分标规划》的审查。

（四）《项目分标规划》审查通过后，股份公司招标委员会办公室在 7 个工作日内以文件形式下达，审批结果作为项目制定年度招标计划的依据。

第十五条 年度招标计划

（一）各公司应编制年度招标计划（本年 4 月 1 日至次年 3 月 31 日期间内招标计划），并组织审查，在每年 2 月 25 日前上报股份公司招标委员会审批。

（二）年度招标计划包括申请报告、年度招标情况说明、招标项目、招标范围、项目类别（建筑安装工程、设备物资采购、服务类等）、估计合同额、计划招标时间、招标方式（公开招标、邀请招标等）、招标组织形式（自行招标或委托招标）、审查意见或会议纪要（附审查人员名单）等内容。

（三）股份公司招标委员会办公室根据各公司上报的年度招标计划，在每年 3 月中旬组织专家对招标计划进行初审。

（四）初审完成后，在每年 3 月下旬由招标委员会主任（或副主任）主持召开招标委员会会议，对年度计划进行讨论并审批。

（五）年度招标计划经会议讨论批准后，股份公司招标委员会办公室在 7 个工作日内以文件形式下达，审批结果作为项目招标的依据。

（六）对于新批准开工但未列入年度招标计划的项目，要在项目招标 30 天前报股份公司招标委员会备案方可招标。

第四章 招 标 管 理

第十六条 除了满足相关法律法规以外，还必须具备下列条件，投资建设项目才能进行招标：

（一）《项目分标规划》已获股份公司招标委员会批准；

（二）拟招标项目已列入年度招标计划，并经股份公司招标委员会批准；

（三）"大额重要项目"的招标文件（包括评标办法和细则）已报股份公司招标委员会办公室备审；

（四）"大额重要项目"采用邀请招标的，拟邀请的投标人已获股份公司招标委员会办公室批准。

第十七条 招标人具有编制招标文件和组织评标能力的，可依法自行办理招标事宜；也可按规定选择具有相应资质和专业经验的招标代理机构办理招标事宜，并签订委托代理合同，明确双方的权利和义务。

第十八条 投资建设项目一般采用公开招标的方式，在股份公司网站(http://www.sinohydro.com)和项目审批政府部门指定媒介上同时公开发布招标公告，邀请不特定的法人或组织投标，并保证其符合规定的发布时限。

有下列情形之一的，经股份公司招标委员会在年度招标计划中批复同意，可进行邀请招标：项目技术复杂或有特殊要求，只有少数几家潜在投标人可供选择的；受自然地域环境限制的；拟公开招标的费用与公开招标的节资相比，得不偿失的等。采用邀请招标方式，需经政府项目审批部门核准的应按规定报其核准。

非特殊情况，邀请招标的投标人数量不应少于 5 个。

第十九条 招标人应当根据招标项目的特点和需要组织编制招标文件。招标文件中应明确的主要内容：投标须知、工程简介、招标范围、招标方式、技术要求、投标人资格和履行合同能力要求、投标报价要求、评标标准和细则、合同条款等。

招标人应当确定编制投标文件所需要的合理时间。依法必须招标的项目，自招标文件发出之日起至投标人提交投标文件截止之日止，最短不得少于 20 日。

招标文件不得要求或者标明特定的生产供应者以及含有倾向或者排斥潜在投标人等其他内容。

第二十条 发布资格预审公告、招标公告或投标邀请书，应当载明招标人的名称、地址，招标项目的内容、规模、资金来源、实施地点和工期、资格审查要求，以及获取资格预审文件和招标文件的办法等。资格预审文件和招标文件的发售时间最短不得少于5个工作日。

第二十一条 凡采用资格预审的，应按招标公告公布的资格标准对投标申请人进行资格审查。若符合资格条件的投标申请人数量少于7个，原则上所有符合资格条件的投标申请人均应成为投标人；若符合资格条件的投标申请人数量为7个及以上，根据审查、排序情况可好中选优，但投标人数量不应少于7个。投标人按规定确定后，不得随意增加或减少。资格预审后，招标人应通知资格预审通过的投标人，告知获取招标文件的时间、地点和方法，同时向资格预审未通过的投标申请人告知资格预审结果。

对进行资格后审的，由评标委员会按确定的资格后审标准和方法进行评审，对资格后审不合格的投标人，评标委员会应当对其投标作废标处理。后审结果作为评标的结论，写入评标报告。

第二十二条 招标人视项目实际情况，一般需要设置投标控制价，并在距投标截止时间5日以前公布。采用投标控制价方式招标的，应在招标文件中载明，当低于投标控制价的投标人少于3家时，则宣布招标失败。投标控制价的编制应不受外界干扰，其计价内容、计价依据应与招标文件完全一致。

第五章 开标管理

第二十三条 招标人应按照招标文件载明的投标地点和截止时间前接收投标文件，招标人应当拒收在递交投标文件截止时间后送达的投标文件。

第二十四条 开标由招标人主持，邀请所有投标人参加，并对开标全过程进行监督，对重要项目可邀请公证单位进行公证。开标地点与投标地点应一致。

第二十五条 开标时，当众检查投标文件的密封情况，经确认无异议后，由招标工作人员当场拆封，宣读投标人名称、投标价格、投标保函（或投标保证金）和投标文件的其他主要内容。在递交投标文件的截止时间前收到的所有投标文件，开标时都应该当众予以拆封、宣读。开标内容应当完整记录，经投标人代表、招标人代表、监标人、记录人签字确认。

第二十六条 投标人少于3家的，或因其他原因招标失败的，招标人应当向股份公司招标委员会报告。

第六章 评标管理

第二十七条 评标委员会由招标人依法组建，负责评标活动，推荐中标候选人。

（一）评标委员会成员由项目公司代表、投资人代表和相关的技术、经济方面的专家组成，专家应当从依法组建的专家库随机抽取。对于技术特别复杂、专业性要求特别高或者国家有特殊要求的招标项目，采取随机抽取方式确定的专家难以胜任评标的，可以由招标人直接确定专家。

（二）评标委员会成员应为5人及以上单数，其中技术、经济专家不得少于成员总数的2/3，外聘专家不得少于成员总数的1/2，来自同一法人单位的评委不得超过成员总数的1/3。

（三）评标委员会负责人可由招标人确定，或由评标委员会成员推举产生。

（四）评标委员会成员名单一般在开标前确定，并严格保密。

（五）评标委员会成员应严格遵守国家有关法律法规和股份公司规定，应当客观、公正地履行职责，遵守职业道德，对所提出的评审意见承担个人责任并自觉接受监督。评标委员会成员只对招标人负责，没有向本单位汇报情况的义务。

（六）有下列情形之一的，不得担任评标委员会成员：

（1）投标人主要负责人的近亲属；

（2）与投标人有经济利益关系或其他利害关系，可能影响对投标公正评审的；

（3）曾因在招标、评标以及其他与招标投标有关活动中有违法违纪行为而受过行政处罚或刑事处罚的。

评标委员会成员有上述规定情形之一的，应当主动提出回避。

第二十八条 对于复杂项目，评标委员会可以下设评标工作组和清标工作组。根据需要，评标工作组可再分为商务组、技术组。评标工作组和清标工作组人员向评标委员会负责，是否有评标委员会成员同等权利由招标人确定。

第二十九条 评标应封闭进行，招标人应做好评标保密工作，做好对外通信联络的控制工作。评标委员会成员和与评标活动有关的工作人员（包括评标工作组、清标工作组、监督和事务性人员）不得透露对投标文件的评审和比较、中标候选人的推荐情况及与评标有关的其他情况。

第三十条 评标委员会必须依据招标文件中载明的评标标准和方法、细则对投标文件进行评审、打分、推荐中标候选人，招标文件中没有载明的标准和方法不得作为评标和中标的依据。

第三十一条 评标中，评标委员会可以要求投标人对投标文件中的有关问题作必要的澄清、说明或者补正，其结果应以书面方式进行确认，并不得超出投标文件的范围或者改变投标文件的实质性内容。

第三十二条 施工招标项目一般应采用“最低评标价法”，并在招标文件中明确规定采用实质性满足招标文件技术和商务要求，评标价最低者中标的原则。

对于提前投产收益、减少征地费用等投资成本、分摊招标人其他费用等措施，要在招标文件中明确是否采纳，并尽可能量化为评标因素，明确规定评标价格调整方法，合理地折算成评标价处理。

第三十三条 对于技术特别复杂的施工项目和勘察、设计、监理、服务等项目，经各公司按规定审查批准，报股份公司招标委员会办公室备审后，也可采用“综合评分法”。

“综合评分法”要衡量投标文件是否最大限度地满足招标文件中规定的各项评价标准，采取综合评分的方法，规定技术、商务资信和评标价等部分计分的权重，以此计算出各投标人的综合得分。只有低于投标控制价的投标人才进入综合评审。

“综合评分法”评标基准价确定原则：

（一）当最低评标价经评审未低于成本价，且与次低评标价相差在5%以内（含5%），以最低评标价为评标基准价；

（二）当最低评标价与次低评标价相差在5%以上，以次低评标价为评标基准价。

第三十四条 评标委员会发现投标人的报价明显低于其他投标报价，可能低于其个别成本的，应当要求投标人作出书面说明并提供相关证明材料。投标人不能合理说明或者不能提供相关证明材料的，由评标委员会认定该投标人以低于成本报价竞标，其投标作废标处理。

第三十五条 评标工作一般为初步评审和详细评审两阶段进行。

（一）评标委员会组织对投标文件进行初步评审，对照招标文件中的有关要求对各投标文件进行符合性审查，未能在实质上响应的投标或符合招标文件中有关废标条件说明的，应作废标处理。

（二）经初步评审合格的投标文件，评标委员会应当根据招标文件规定的评标标准和方法，采取实名制，对投标文件进行系统地评审和比较。

（三）评标委员会对投标人按照评标价排序或综合评分高低排序，推荐中标候选人。

（四）对于划分有多个单项标段的招标项目，应首先按标段进行评标。招标文件允许投标人为获得多个标段同时中标而提出优惠的，评标委员会可以对投标人提出的优惠进行评审，提出将招标项目作为一个整体合同授标的建议。招标文件不允许投标人多个标段同时中标的，应当说明同一投标人多个标段同时排序第一时的中标原则。

第三十六条 评标委员会完成评标后，应当向项目招标人提交书面评标报告。评标报告应当如实记载包括（但不限于）以下内容：

（一）基本情况和数据表；

（二）评标委员会成员名单；

（三）开标记录；

（四）符合要求的投标一览表；

（五）废标情况说明；

（六）评标标准、评标方法或者评标因素一览表；

（七）经评审的价格或者评分比较一览表；

（八）经评审的投标人排序；

（九）推荐的中标候选人名单与签订合同前要处理的事宜；

（十）澄清、说明、补正事项纪要。

第三十七条 评标报告应该由评标委员会全体成员签字。对评标结论持有异议的，评标委员会成员应以书面方式阐述其不同意见和理由。评标委员会成员拒绝在评标报告上签字且不陈述其不同意见和理由的，视为同意评标结论。评标委员会应当对此作出书面说明并记录在案。监察人员应就评标过程是否履行规定程序以及执行评标纪律的情况出具监察报告。

第三十八条 评标委员会向招标人提交书面评标报告后即告解散。评标过程中使用的文件、表格以及其他资料应当即时归还招标人。

第七章 定标管理与合同签订

第三十九条 招标活动必须坚持“评标和定标相分离”原则，评标人员不参与定标工作，定标人员不参与评标工作。

第四十条 “大额重要项目”的招标结果必须报股份公司招标委员会审批，并按规定履行本公司相关管理程序后，才能确定中标人。

（一）招标人在评标结束后14个工作日内，需将项目招标结果申报审批材料上报股份公司招标委员会办公室。审批材料包括申请报告、评标报告、招标文件、推荐中标单位投标文件、招投标期间来往函件、投标控制价或标底编制材料、签订合同前要处理的事项等内容。

（二）对于建筑安装施工单项合同金额在2000万～

10000万元的招标项目，勘察、设计、监理、服务等单项合同金额在300万～2000万元的招标项目，股份公司招标委员会办公室在3个工作日内负责初审并提出意见，报招标委员会副主任、主任审批。

对于建筑安装施工单项合同金额在10000万元以上的招标项目，勘察、设计、监理、服务等单项合同金额在2000万元以上的招标项目，股份公司招标委员会办公室在3个工作日内负责初审并提出意见，送股份公司工程科技部、设备物资部和投资部等部门在5个工作日内完成会审。对招标结果持有异议的，可在《股份公司招标委员会审批意见表》上阐述其不同意见或理由，未阐述不同意见或理由的视为同意。经相关业务部门会审后，报招标委员会副主任、主任审批。

根据招标项目重要程度或招标结果异常情况，招标委员会主任或副主任可提议召开招标委员会会议，由会议讨论确定。

（三）招标委员会主任或副主任出差在外，可由股份公司招标委员会办公室主任电话请示，事后补签批。

（四）招标委员会审批确定后，股份公司招标委员会办公室在3个工作日内以文件形式批复给申报单位。

第四十一条 非“大额重要项目”的招标结果，根据子企业的招标管理规定自行审批和定标。

第四十二条 定标结束后，招标人应当及时将中标结果通知中标人和未中标的投标人。中标通知书对招标人和中标人具有法律约束力。中标通知书发出后，招标人改变中标结果或者中标人放弃中标的，应当承担法律责任。

第四十三条 招标人和中标人应当自中标通知书发出之日起30日内，按照招标文件、中标人的投标文件、澄清文件和合同谈判文件订立书面合同。招标人不得向中标人提出违背中标人意愿的要求，也不得增加其他优惠条件。招标人和中标人不得再行订立背离合同实质性内容的其他协议。

第四十四条 投标人以行贿手段或其他不正当手段谋取中标的，或者以其他弄虚作假方式骗取中标的，该投标人的中标作无效处理。

第四十五条 合同签订后5个工作日内，招标人应上网在《股份公司市场经营管理系统》中登记备案。

第四十六条 招标活动结束后，招标人应当将下列文件按照档案管理要求进行归档：

（一）招标方案及批复；

（二）招标公告或邀请函；

（三）资格审查文件（资格审查公告、审查报告）；

（四）招标文件及答疑文件（评标委员会要求投标人对有关问题澄清、说明或者补正文件）；

（五）投标文件（商务部分、技术部分、资审部分）；

（六）开标记录、评标标准及方法细则、评标报告、监察报告；

（七）定标会议纪要（含决标意见）、投标控制价或标底；

（八）中标函（通知书）、合同文件（含合同谈判会议纪要）；

（九）投标人名单、评标委员会成员名单、监察小组名单；

（十）其他应当存档的招投标文件。

第八章 工作纪律

第四十七条 任何单位和个人不得在招标中实施下列规避行为：

（一）将必须进行招标的项目化整为零，或者以其他任何方式规避招标；

（二）将必须公开招标的项目擅自改为邀请招标；

（三）招标人和投标人相互串通，虚假招标。

第四十八条 任何单位和个人不得从事下列违反法定招标程序的行为：

（一）必须公开招标的项目未按规定发布招标公告；

（二）另行订立背离合同实质性内容的其他协议；

（三）其他必须遵守正当招标程序的行为。

第四十九条 任何人在招标工作中负有保密义务，严格禁止从事下列行为：

（一）泄露投标人名称和标底；

（二）泄露招标工作领导小组和评标委员会人员名单；

（三）泄露编制标底或编制最高限价人员名单、编制地点；

（四）向投标人透露投标文件的评审、中标候选人的推荐以及与定标有关的其他情况；

（五）违反其他保密规定的行为。

第五十条 所有参加招标的工作人员要恪守职业道德，严守纪律，严禁从事下列行为：

（一）招标人及其工作人员与投标人或者与招标结果有利害关系的人在招投标期间私下接触；

（二）招标人收受投标人、中介人以及其他利害关系人的财物或者其他好处；

（三）其他违反职业道德和工作纪律的行为。

第五十一条 任何单位和个人不得实施下列违反回避规定的行为：

（一）明知本人的亲属或其他利害关系人直接或间接参与或代理本项目的招标，拒不退出招标工作；

（二）违反“评标和定标相分离”原则的行为；

（三）资格预审小组、评标委员会成员和领导小组成员有违反限制性规定未回避的行为；

（四）其他违反回避规定的行为。

第五十二条 任何单位和个人不得实施下列限制正当竞争的行为：

（一）违法或以不合理的条件限制或者排斥其他符合条件的法人或者组织参加投标；

（二）对潜在投标人实行歧视待遇；

（三）其他限制正当竞争的行为。

第五十三条 对违反本办法的招标单位，视情节轻重分别给予以下惩处：

（一）限期改正、通报批评；

（二）暂停项目执行或者资金拨付；

（三）没收非法所得。

第五十四条 未按规定报送《项目分标规划》、年度招标计划、“大额重要项目”招标结果，或上报材料不完整，由此引起审批困难或滞后的，其后果由申报单位负责。

第五十五条 对不按本办法要求向股份公司招标委员会进行报批、报备的，以及违反本办法其他规定的相关单位领导人，按照《中国水利水电建设股份有限公司企业领导人员违纪违规行为纪律处分暂行规定》进行处罚、相关责任人处罚参照上述规定执行。

第五十六条 对评标专家不能正确履行职责的，或在与招标有关的活动中有违法违纪行为的，取消其在股份公司内评标专家资格。

第五十七条 对违反本办法的投标人、招标代理机构以及其他中介服务机构或其工作人员，视情节轻重给予5年内禁止参加股份公司任何投标或招标工作的惩处。

第九章　附　　则

第五十八条 本办法由中国水利水电建设股份有限公司招标委员会负责解释。

本办法自颁布之日起施行。

工程、科技管理

中国水利水电建设股份有限公司
节能减排管理暂行办法

（中水电股工〔2010〕23号·2010年6月7日）

第一章　总　　则

第一条 为切实履行中央企业节能减排的主体责任，进一步加强和规范中国水利水电建设股份有限公司（以下简称股份公司）节能减排工作，建设资源节约型和环境友好型企业，依据国家有关法律法规和规章，按照国资委节能减排工作要求，制定本办法。

第二条 本办法所称子企业，是指股份公司全资和控股的子公司，包括建筑施工企业、投资企业和生产单位。

第三条 各子企业应严格遵守国家节能减排法律法规和有关政策，依法接受国家及地方政府节能减排监督管理部门的监督管理。

第四条 按照国资委对中央企业节能减排工作要求，股份公司受集团公司委托履行以下职责：

（一）贯彻落实国家节能减排方针政策及有关法律法规、标准，严格执行并完成国资委节能减排的工作要求和工作目标。

（二）研究制定股份公司节能减排工作发展规划和年度工作计划，建立健全股份公司科学、规范的节能减排组织管理、统计监测和考核奖惩体系（以下简称三大体系），制定节能减排管理制度。

（三）确立股份公司节能减排工作目标，建立责任制，建立健全节能减排工作的考核奖惩制度。

（四）开展对子企业节能减排的监督检查、考核和审计工作，建立问责制度。

（五）负责股份公司能源消耗和污染物排放的统

计和监测工作。

（六）按照规定，通过集团公司定期向国资委上报节能减排工作情况，及时上报节能减排重大违规和环保事故等重要事项。

（七）负责股份公司节能减排专项资金的预算编制、使用监督工作，组织开展节能减排技术创新与技术改造工作。

（八）负责股份公司并购、新建、改建、扩建等投资活动的评审决策，确保投资行为符合国家有关节能减排政策和标准。

（九）开展节能减排的培训、交流和宣传工作。

第二章 节能减排工作总体要求

第五条 各子企业应将节能减排工作列为企业的重要工作，把节能减排工作纳入企业发展规划和年度计划；应将节能减排贯穿在企业改革、结构优化调整、技术创新、加强管理和实现可持续发展的全过程。

第六条 各子企业应建立和完善节能减排组织管理体系，建立健全节能减排规章制度体系，建立节能减排工作目标体系，加强节能减排专业队伍建设。

第七条 各子企业应建立节能减排责任制，建立和完善企业内部节能减排考核与奖惩制度，并将节能减排工作和目标实施纳入年度考核内容，考核结果应作为相关领导和人员综合考核评价的重要依据。

第八条 各子企业应建立和完善节能减排统计监测体系，全面、真实地反映企业的节能减排工作现状，客观、公正、科学地评价节能减排工作进展。

第九条 各子企业应把结构调整与节能减排工作紧密结合，优化生产工艺和流程，逐步淘汰高污染、高耗能落后生产工艺、技术和装备。

第十条 各子企业应以科技创新和技术进步为重要手段，加大科技投入和技术攻关力度，在节能减排重点领域形成一批具有自主知识产权的核心技术，带头推广运用节能减排新技术、新材料、新工艺、新产品。

第十一条 各子企业应定期编制节能减排年度经费预算，加大投入力度，加快技术改造，实现企业设备和工艺的现代化、规模化，全面提升节能减排技术水平和生产效率。

第十二条 各子企业应建立健全党、政、工、团齐抓共管的工作机制，大力宣传普及节能减排知识，提高资源忧患意识，构建节约型企业文化。

第三章 节能减排工作组织管理体系与职责

第十三条 股份公司成立节能减排工作领导小组，组织领导股份公司节能减排工作。领导小组下设节能减排工作办公室，具体负责节能减排工作，办公室设在工程科技部。

第十四条 各子企业要建立健全本企业的节能减排领导机构。领导机构负责本企业节能减排总体工作，研究决策企业节能减排重大事项，建立工作制度和例会制度。领导机构组长应由企业主要负责人担任。

第十五条 各子企业要建立与企业生产经营相适应的节能减排协调、监督管理机构，明确节能减排工作的主管领导和主管部门，并在主管部门中设置专职负责协调、监督管理工作的内部专业机构，配备专职管理人员。

第十六条 各子企业应建立健全本企业的节能减排组织管理体系，企业的二级内部核算单位、控股公司、项目公司、项目部等均应明确节能减排工作分管负责人，明确专业管理部门并设置专（兼）职管理岗位，配备管理人员。

第十七条 各子企业应加强节能减排专业队伍建设，建立健全节能减排教育和培训制度，落实企业负责人、节能减排监督管理人员、节能减排重点岗位人员的培训制度。

第十八条 各子企业主要负责人是本企业节能减排工作第一责任人，对本企业节能减排工作负主要领导责任；负责领导逐级建立健全节能减排工作目标责任制，统筹节能减排和企业发展的关系，建立健全节能减排三大体系，探索先进的节能减排管理方式。

第十九条 企业节能减排工作主管负责人统筹组织生产过程中各项节能减排制度和措施的落实，分析评价企业节能减排状况，提出改进措施。对节能减排工作负分管领导责任。

第二十条 企业其他负责人应按照分工抓好主管范围内的节能减排工作，对主管范围内的节能减排工作负主管责任。

第二十一条 各子企业应层层分解节能减排目标，建立节能减排工作岗位职责，并实施问责制。

第四章 节能减排统计监测与报告制度

第二十二条 各子企业应建立健全节能减排统计监测体系。加强对生产过程中能源消耗和污染物排放的统计和监测，加强节能减排综合管理信息系统建设。

第二十三条 各子企业应夯实节能减排定额、计量、统计等基础管理工作，建立能源消耗及污染物排放统计台账，严格按照国家规定的口径、范围、折算标准和方法对能耗指标和污染物排放指标进行定期收集、定期汇总、定期分析。

第二十四条 各子企业应确保节能减排统计数据的完整和准确，通过企业自我检查、第三方检测、内部审计、外部审计等多种形式对节能减排效果进行评估和核定。

第二十五条 股份公司实施节能减排工作报告制度。

（一）各子企业应建立健全企业内部节能减排工作逐级汇总上报制度。

（二）各子企业应定期将本企业节能减排汇总报表和总结分析报告每半年度上报股份公司；半年报告于次月15日前上报，年度报告前次年1月15日前报报送。

（三）子企业节能减排总结分析报告应包括本企业能耗和污染物排放状况及变化、节能减排管理情况、节能减排措施、节能减排成效及存在的问题等。

第二十六条 各子企业应将本企业节能减排年度实施方案、重大举措、重要科研成果、各级政府有关部门对本企业及下属企业年度考核情况、节能减排重大违规和环保事故等重要事项及时报告股份公司。

第五章 节能减排考核、监督与奖惩

第二十七条 股份公司将子企业节能减排工作纳入股份公司企业负责人经营业绩考核体系，作为对子企业负责人经营业绩考核的内容。

第二十八条 股份公司对子企业节能减排实行统一考核、重点监督的方法进行监督管理。对建筑类建设施工企业、水电、风电投资企业等，原则上考核企业综合性能耗指标；对火电厂等企业重点监控，除考核综合性能耗指标外，还考核主要污染物排放指标。

第二十九条 子企业年度节能减排工作考核按照下列程序进行：

（一）每年度初，确定各子企业年度节能减排目标，并作为约束性指标纳入子企业负责人年度经营业绩责任书。

（二）每年度末，各子企业对节能减排工作和考核目标完成情况进行总结分析，并将总结分析报告报送股份公司。

（三）股份公司组成评价考核工作组通过审核子企业节能减排工作总结分析报告、现场核查和重点抽查等方式，对各子企业节能工作及节能目标完成情况进行评价考核和监督核查，形成综合评价考核报告。

（四）股份公司将子企业节能减排考核奖惩情况与子企业负责人经营业绩考核结果一并公布。

第三十条 股份公司对子企业年度节能减排考核的主要内容有：节能减排目标完成情况、节能减排工作组织和领导情况、节能减排制度体系建设情况、节能减排目标分解与责任制、节能减排法律法规执行情况、节能减排技术开发和推广情况、节能基础管理工作等。

第三十一条 子企业发生下列情形之一的，予以一票否决，视不合格处理；情节严重者，对责任企业和个人给予行政或经济处罚：

（一）未完成核定的任期节能减排考核目标；

（二）节能减排数据严重不实，弄虚作假的；

（三）发生重大环境污染事件，造成重大社会影响的；

（四）发生节能减排重大违法违规事件，造成恶劣影响的；

（五）被国家节能减排主管部门通报，给股份公司造成严重影响的。

第三十二条 子企业节能减排工作考核评价办法另行制定。

第三十三条 股份公司定期评选节能减排管理先进单位和个人，在股份公司范围内表彰。

第六章 附 则

第三十四条 本办法由股份公司负责解释。

第三十五条 本办法自发布之日起施行。

中国水利水电建设股份有限公司
工程分包管理办法

（中水电股〔2010〕33号·2010年4月15日）

第一章 总 则

第一条 为进一步加强对工程分包的监督管理，规范工程分包秩序，确保在建项目进度、质量和安全在控受控，提高在建项目的履约能力，提高顾客满意度，维护股份公司的整体利益与社会信誉，根据国家有关法律、法规及股份公司管控要求，制定本办法。

第二条 本办法所称的工程分包包括：

（一）股份公司及其全资子公司、控股子公司以及受中国水利水电建设集团公司委托管理的各公司（以下简称各公司）所承揽的工程项目分包；

（二）股份公司及其各公司与外单位联合中标项目的分包管理。

第三条 工程分包分为专业工程分包和劳务作业分包。专业工程分包是指施工总承包企业将其所承包工程中的专业工程发包给具有相应资质的其他建筑企业完成的活动；劳务作业分包是指施工总承包企业或者专业承包企业将其承包工程中的劳务作业发包给劳务分包企业完成的活动。

第四条 工程分包管理必须坚持的原则：

（一）要有利于促进股份公司的可持续发展。工程分包应树立诚信、平等、双赢的意识，将素质高、合作意识强的分包商培养成为长期合作伙伴。

（二）要有利于提高股份公司核心竞争能力。工程分包管理必须要严格控制分包价格、分包结算程序，把工程分包管理作为落实成本控制的主要抓手，着力提升核心竞争力。

（三）要有利于优化股份公司的资源配置。股份公司为应对激烈的市场竞争，必须保持成本领先战略以增强核心竞争力。股份公司务必大幅度减少低端生产资源，专注于项目管理，谋求高经济增加值的管理效益，必然要更多地需要分包商来完成施工任务。

（四）要有利于提高股份公司的履约能力。工程分包应当符合工程项目主合同的有关规定。对分包工程的工期和形象进度要求、技术和质量标准不得低于主合同相应的要求和标准。

（五）要有利于规范股份公司工程分包秩序。工程分包应坚持公平、公正、公开、择优选择分包商的原则，建立健全操作有序、监控有力、管理规范的工程分包制度，杜绝工程分包过程中不正当行为的发生。

第五条 各公司应逐步建立项目用工的长效机制。以提高劳务工素质为重点，建立健全教育、管理、服务一体化的项目用工长效机制，健全有效的激励机制和帮扶机制，激发劳务工的认同感、归属感。

第六条 对于铁路项目应按照铁路建设管理要求，按照“管理有效、监控有力、运作高效”的原则组建架子队，实行架子队管理模式应把握：一是要在劳务分包的基础上进行管理；二是监控层人员（管理人员、技术人员、生产骨干等关键岗位人员）必须是企业正式职工；三是劳务企业人员及企业聘用人员为作业人员；四是企业正式职工与劳务人员有机结合，对施工过程实施有效监控。

第七条 各公司必须高度重视工程分包管理工作，加强对工程分包管理工作的领导，切实提高分包管理基本制度的执行力，切实提高工程分包管理水平，切实提高在建项目的履约能力。

第二章 分包基本管理制度

第八条 股份公司的工程分包管理实行分级管理及归口管理原则。建立股份公司、各公司、项目部的三级工程分包管理体系。项目部是工程分包管理的直接责任主体，各公司是工程分包管理的第一责任主体，股份公司是工程分包的管控主体。

第九条 工程分包管理的基本制度：

（一）分包策划管理制度：各公司在主合同签订后，组织对项目应实施分包策划，完成标价分离、提出完整的目标（指标）分包方案和实施要求，并结合项目实际情况，明确指导分包价格和分包最高限价（总价和单价）。

（二）分包立项审批、合同备案与审批管理制度：各公司应建立授权清晰、责任明确、程序规范、管理高效的在建工程分包管理的立项审批、合同备案与审批管理制度。

（三）分包商资源库管理制度：建立股份公司分包商资源库。对分包商实施准入管理，将优秀的分包商培育为长期合作伙伴；对不合格分包商实施退出管理；对恶意违约的分包商实施禁入管理。

（四）竞争性选择分包商制度：各公司对拟分包项目应竞争性选择分包商，通过符合主合同要求的公开招标、邀请招标、竞争性谈判招标、询价招标等方式选择分包商。

（五）分包商履约过程管理制度：各公司须加强分包商履约过程管理，对分包商现场资源进行有效配置，对其技术、进度、质量、安全等进行有效管控，实行履约、质量、安全、进度、农民工工资支付等5项保证金制度；严格分包签证、结算、支付程序，严格坚持“先结算、后支付”的原则，以保持各公司、各项目部对施工现场的绝对支配、绝对管控。

（六）工程分包法律文件的标准化制度：各公司应促进工程分包法律文件的标准化建设，应逐步建立统一规范的工程分包法律文件，如分包商的授权书、不同专业的分包合同、劳务协议、分包工程结算单、现场签证单、完工清算协议等分包工程法律文件。

（七）重大事项报告制度：项目部对于本单位使用的分包商出现重大事项应在规定的时间内报本公司，各公司认为需要时报股份公司。

（八）分包商履约评价制度：各公司应加强对分包商履约期间的评价工作，注重分包商施工设备、技术管理、施工水平、协作配合等方面的评价工作。依据履约评价，各公司宜对分包商实施等级管理制度。

（九）分包商履约监督检查制度：股份公司根据各公司报告的重大事项、业主反映的情况及通过其他方式了解到的情况，对工程分包情况进行监督与检查。

（十）分包违规处罚制度：建立以实事求是、责任权利统一、惩处与责任相适应为原则的分包责任追究制度。

第三章　管理机构与职责

第十条　由股份公司总经理任组长、分管副总经理任副组长、相关部门负责人组成的股份公司工程分包管理领导小组，对股份公司的工程分包工作进行统一管理。工程分包管理领导小组是股份公司常设机构，其职责是全面负责股份公司工程分包管理工作，日常工作由市场经营部负责。

第十一条　股份公司市场经营部负责股份公司工程分包的归口管理工作，其主要职责是：

（一）负责依据国家有关法律、法规、政策和股份公司有关规定，制定股份公司分包管理相关规定；

（二）负责管理股份公司分包商资源库；负责对分包商资源库的使用工作进行规范、指导、监督和检查；

（三）负责对各公司提供的工程分包重大事项进行分析，并向股份公司工程分包管理领导小组汇报；

（四）负责组织监督检查股份公司及各公司的工程分包情况；

（五）负责股份公司安排的工程分包管理的其他工作。

第十二条　各公司必须成立工程分包管理领导小组，对公司的分包工作进行统一管理。由各公司总经理任组长，成员由相关部门负责人组成，日常工作由经营管理部门负责。工程分包管理领导小组是各公司的常设机构，其职责是全面负责本公司工程分包管理工作。

第十三条　各公司经营管理部门为本单位工程分包的归口管理部门，其主要职责是：

（一）负责根据本办法制定本单位工程分包管理实施细则；

（二）负责本公司工程分包法律文件的标准化建设；

（三）负责本公司分包商资源库的管理；

（四）负责建立本公司工程分包合同管理台账，向本公司工程分包管理领导小组报告工程分包管理情况及重大事项，必要时报股份公司市场经营部；

（五）负责组织监督检查本公司工程分包的履约情况。

第四章　工程分包策划、立项与审批

第十四条　工程分包必须遵循合法、有效的原则。不论工程规模大小，工程项目一律不得违规分包、违法转包。

第十五条　各公司应从技术方案、工程进度、成本控制、质量及安全环保、社会资源获取等方面进行分析策划，确定拟分包项目，根据分包合同预估的额度，按本公司的分包管理授权进行审批。

第十六条　工程分包应符合主合同的有关规定。各公司须建立健全在建工程分包管理的立项审批制度。

第五章　分包商选择与管理

第十七条　分包商选择与管理原则：

（一）互惠互利的原则。双方只有通过互惠互利的合作，才能达到“双赢”的目的，这是双方长期合作、共同发展的前提。

（二）长期合作的原则。选用的合格分包商必须符合股份公司及各公司的长期发展战略，避免短期行为。选择分包队伍应保持相对稳定。

（三）优势互补的原则。重点选择一批信誉好、能力强、业绩优的分包商进入股份公司分包市场，优化股份公司的资源配置。

（四）竞争性选择原则。选择分包商应采取符合主合同要求的公开招标、邀请招标、竞争性谈判招标、询价招标等竞争性方式。

（五）动态更新的原则。根据分包商履约情况，各公司工程分包管理领导小组负责组织对分包商每年至少进行一次全面、客观、公正的评价，根据考评结果，实行优胜劣汰，动态更新。

第十八条 各公司必须按照《股份公司分包商资源库管理办法》建立健全分包商资源库管理。工程项目分包应首先在分包商资源库中选择参加竞争的等级较高的分包商。

第十九条 对于实行架子队管理模式的工程项目，各公司在分包过程中需要提前向分包商明确，并签订书面意向，凡是不接受架子队管理模式的分包商，一律不准引进该工程项目。基础设施事业部应依据本办法，并结合铁路工程项目管理的特点，制定具有操作性的架子队管理实施细则。

第二十条 各公司应严格分包商的评审与监督管理，及时更新分包商资源库名录，并报股份公司市场经营部。

第二十一条 各单位对上级、业主单位推荐、介绍的合格分包商，必须按照分包商选用的原则，与其他分包商平等竞争、择优录用，为项目管理提供良好的环境。

第二十二条 对分包商坚持以培育与规范并重，管理与服务同步，促进工程分包行为的健康发展。加强分包队伍的技能培训与岗位教育，有目的地培养一批合格的、有实力的分包队伍。

第六章 分包合同签订

第二十三条 专业分包合同须参照股份公司《建设工程施工合同（范本）》起草。各类分包合同至少要包括：协议范围、单价或总价、材料供应、工期要求、资源投入计划、计量支付约定、质量要求、安全责任、环保要求、职业健康、违约责任、争议纠纷解决方式、农民工工资支付等内容。

第二十四条 分包合同条款中应写明，严禁分包商在施工过程中，将工程再转包给其他施工单位、切块分包或挂名分包。

第二十五条 分包合同中应明确分包商违约须承担的责任和经济索赔条款，明确退场的条件和退场方式，明确造成经济损失的补偿方式，明确设定有利于公平、公正解决争议纠纷的仲裁或诉讼方式。

第二十六条 分包合同必须明确以下保证金的约定：

（一）采取不同形式实行履约保证金制度，在工程竣工验收后支付；

（二）实行工程（进度）保证金制度，在工程竣工验收后支付；

（三）实行质量保证金制度，在工程竣工验收后质保期满，如无质量问题全部退还；

（四）实行安全保证金制度，安全保证金分年度考核支付；

（五）实行民工工资发放保证金制度，即每个分包商按一定的比例扣取作为民工工资发放保证金，若没有发生民工工资纠纷则予以返还。

第二十七条 分包合同内容不得违反法律法规、不得与主承包合同相抵触，分包合同中涉及的质量、进度、安全及技术等方面的要求不得低于主合同的要求和标准。

第二十八条 分包合同原则上不设预付款，如需支付分包预付款，必须要求分包商提供有效的、同等比例的银行预付款保函或有效的资产抵押。

第二十九条 在分包合同谈判前，应要求分包商提供法定代表人证书或按照各公司确定的法律文书格式出具有效的授权委托书和相关证明。

第三十条 各公司在主合同签订后，依据合同金额组织或授权组织对主合同进行分包策划，结合项目实际情况，根据确定的工程分包定价程序，明确指导分包价格和分包最高限价（总价或单价）。签订的分包合同价格不得超过确定的分包最高限价。

第三十一条 分包合同必须明确规定委托施工的详细内容，如一次不能全部明确的，分包实施过程中可以在合同以外以“补充协议”的形式补充明确。补充协议作为合同附件，按照合同签订程序签订。补充协议不能实质上改变原分包合同内容。

第三十二条 在与分包单位签订分包合同的同时必须签订“安全生产责任书”和“保廉合同”，“安全生产责任书”和“保廉合同”与分包合同具有同等法定效力。

第七章 分包商履约过程管理

第三十三条 各公司必须对分包工程工期、质量、安全要进行严格的管理控制，对分包的重要工程、关键部位、关键工序实行施工全过程旁监制度，严禁以包代管。

第三十四条 各公司应为分包工程提供主要的、关键的施工设备，依据分包合同约定或有偿供分包商使用。

第三十五条 各公司应加强分包工程的材料、设备管理，降低分包商施工成本，切实以提高各公司的成本控制水平。

第三十六条 各公司应加强分包工程人力资源管理，对分包商的人力资源状况及时掌握。各公司建立分包商主要负责人数据库，把长期合作分包商的管理人员培训计划纳入本公司内部培训体系。

第三十七条 各公司应加强对分包商履约期间的评价工作，注重分包商施工设备、技术管理、施工水平、协作配合等方面的评价工作。依据履约评价，建立健全分包商等级管理制度。

第八章 工程价款结算及支付

第三十八条 各公司应建立健全分包商现场签证、结算、支付的程序。严格坚持“先结算、后支付”的原则，根据分包合同的约定进行分包结算与支付。

第三十九条 分包结算应根据主合同的支付情况，同步同比例的支付分包结算，要严格按支付条件控制支付。不允许无协议或超越协议范围的结算和支付，不允许超已完工程量或实际进度的结算和支付。

第四十条 各公司要切实做好各个项目工程完后的分包商退场工作，在完工结算签订清算协议后，方可支付最后一次工程结算款。

第四十一条 各公司应加强分包统计管理。项目部要建立工程分包合同、工程结算价款及支付统计台账。

第九章 分包管理及项目用工监督与检查

第四十二条 股份公司将不定期针对一些问题较为突出、业主投诉多、经营效益差的项目进行工程分包及项目用工专项检查，对各公司工程分包管理办法的执行情况进行监督检查。

第四十三条 股份公司监督检查的主要内容包括（但不限于）：

（一）各公司分包管理各项制度的建立与执行情况；

（二）各公司分包项目工期、质量、安全等现场管理基本情况；

（三）各公司分包项目计量、结算、支付情况，民工工资发放情况；

（四）各公司创新项目用工机制、项目用工情况；

（五）各公司监督检查整改意见的落实情况。

第十章 工程分包档案管理

第四十四条 各公司应加强分包商资料的收集及保全。树立法律事实的概念，完善记录有证据支撑的事实。

第四十五条 各公司各级经营管理部门应组织对本单位的工程分包资料进行整理后归档，资料要有专人管理，特别要注意保留证据材料的原件。工程分包资料包括分包商基本资料、分包商评价、分包合同谈判、分包合同、分包结算、分包清算、工程分包监督与检查等资料。

第四十六条 各公司各级合同管理部门应建立本单位的工程分包合同、结算、分包单位、分包单位主要负责人台账及有关统计报表，定期结合经济活动分析进行一次工程分包情况分析，以便于随时掌握在建项目的工程分包情况。

第十一章 主要法律风险的防范

第四十七条 分包的合法性风险。工程分包必须做到：主体工程不分包；进行专业分包应符合主合同要求，一般应得到业主认可，不能整体肢解分包；必须分包给具有相应资质的企业，严禁各公司超分包商资质范围分包工程，严禁对无资质的分包商分包；分包工程不能再分包。

第四十八条 分包合同管理风险。各公司必须严格工程分包基本管理制度的执行。工程分包合同必须签订及时、格式规范、条款严谨、内容全面、单价合理。分包合同应按照各公司分包合同审批备案的制度要求经有关人员评审会签后，加盖双方印章。签订分包合同时应有意识地约定对自己有利的管辖机构解决纠纷，并确保该条款约定合法有效。

第四十九条 分包商授权管理风险。必须注重材料领用单、设备使用单、工程计量单、工程结算单、财务支付单等单据上分包商签字的有效性。上述各单据的签字人必须是分包商的委托授权人或是经分包商授权认可的由授权人委托的人员。

第五十条 为分包商担保的风险。严禁各公司随意为分包商充当担保人，尤其是充当连带保证人。严禁各公司为分包商与第三方签订的材料采购、设备租赁等合同的履行提供履约保证。各公司应严格印章使用管理，包括对项目部印章和分包商印章的管理。严禁与分包商在第三方合同中加盖各公司项目部公章，更不能为分包人刻制带有企业名称的印章。严格完善项目部代分包商支付款项的手续。所有代为支付的款项必须有分包商的确认，必要时要验证分包商的支付依据。代分包商支付劳务人员工资时不能以项目部的名义进行。

第十二章　罚　　则

第五十一条　对于各公司分包管理工作违规违纪行为的领导和人员，股份公司将按照《企业领导人员违纪违规行为纪律处分暂行规定》进行处理，情节严重构成犯罪的移送司法机关处理。各公司在工程分包管理中违反本办法的行为包括：

（一）不按程序立项审批而擅自分包的；

（二）选择非合格分包商资源库内的分包商，致使分包工程安全、质量、工期等达不到主承包合同要求的；

（三）不签订分包合同而施工或现场管理失控的；

（四）发生“违规签证、超合同分包、虚报工程量、小合同大结算、超付工程款”等行为的；

（五）通过给分包商多结多计而给企业造成经济损失的；

（六）由于内部管理漏洞，造成自有资源通过分包商流失的；

（七）其他违反本办法的行为。

第五十二条　当分包商在执行分包合同中有下述情况之一发生时，经各公司工程分包管理领导小组批准后，按合同约定及有关规定办理合同解除手续，情节严重时取消其合格分包商资格，3年内不得进入各公司及股份公司合格分包商资源库，必要时应进入司法程序。

（一）以行贿等不正当手段谋取分包工程合同的；

（二）分包商将分包工程再次转包的；

（三）分包商人员素质、技术水平、装备能力达不到合同要求的；

（四）分包商承担的施工内容出现重大质量、安全事故的；

（五）谎报、拖延报告工程质量事故和安全事故或者破坏事故现场、阻碍对事故调查或隐瞒的；

（六）由于分包商原因不能按合同工期完工的；

（七）实质性违犯双方之间合同的规定的；

（八）严重损害发包方利益的；

（九）其他违反本办法的行为。

第十三章　附　　则

第五十三条　股份公司内部分包管理按照《股份公司内部合同监督协调办法（试行）》执行。

第五十四条　本办法解释权属股份公司。

第五十五条　本办法自颁布之日起施行。

中国水利水电建设股份有限公司质量管理办法

（中水电股工〔2010〕37号·2010年9月9日）

第一章　总　　则

第一条　为贯彻“百年大计、质量第一”的方针，落实国家《质量振兴纲要》和《建设工程质量管理条例》，加强中国水利水电建设股份有限公司（以下简称股份公司或公司）质量管理工作，实施“质量兴企”战略，保证建设工程项目（以下简称工程项目或项目）质量，依据国家相关法律、法规与规定，结合公司实际，制定本办法。

第二条　本办法适用于股份公司总部、公司直管项目部、各子公司及其所属项目部、项目管理机构。各子公司包括股份公司所属从事建筑工程建设的全资子公司、控股子公司。

第三条　本办法所指“工程项目”，包括公司或子公司承建的各类建筑工程施工项目和设计施工总承包工程项目（统称承包项目）；包括公司或子公司投资控股的建设项目，含BOT、BT等项目（统称投资项目）；包括国内和国际的上述项目。

第四条　本办法所指项目部，是指代表企业进行承包项目管理的一次性现场组织机构，包括指挥部、项目经理部、联营体项目部及BOT、BT项目的总承包部等。项目管理机构是指投资项目法人（又称业主或建设单位）委派在现场专门从事该项目的管理组织，包括直管项目的项目法人自身、现场项目部、受委托的专业项目管理单位等。

第二章　管理体制与职责

第五条　股份公司质量工作实行统一管理、分级负责的管理体制。公司总部对公司质量管理工作实施“宏观管理、重点控制”的原则，总体把握、宏观指导，对重点领域、重点项目实施重点指导和管控，对直属项目进行直接管理。

第六条　股份公司工程科技部是公司质量管理工作的主管部门，对公司质量工作实施统一监督管理：

（一）贯彻落实党和国家关于质量工作的方针、政策和法律、法规、规章、强制性技术标准和要求。

（二）建立健全公司总部质量管理体系，组织总部质量体系贯标认证工作，并使之持续有效运行。

（三）指导、监督子公司质量管理体系的建立和有效运行。

（四）建立健全公司质量管理制度体系，建立公司质量管理责任制和股份公司总部的岗位责任制。

（五）按照“宏观管理、重点控制”的原则对公司质量管理工作进行指导、监督、检查和服务，组织开展公司质量活动。

（六）组织或指导公司质量事故的调查、处理工作，协调解决质量问题引起的重大工程事项。

（七）在总部人才培训规划指导下，开展质量从业人员的培训工作。

（八）组织开展公司质量管理“创优争先”工作，组织公司优质工程评选工作和行业与国家优质工程创优工作。

（九）引进和推广先进的质量理念，组织开展公司重大质量技术课题的研究，推进质量管理信息化与标准化工作。

第七条　股份公司各事业部是所从事行业和领域质量管理工作的业务归口管理部门，负责业务范围内工程质量的监督管理工作。

第八条　各子公司作为法人企业，全面负责本企业的质量管理工作。企业法人代表是本单位质量管理第一责任人，对本企业的质量工作负领导责任。企业主管质量的行政领导协助总经理开展质量管理工作，对本企业质量管理工作负直接领导责任。领导班子其他成员对分管工作范围内的质量管理工作负责。

第九条　各子公司要建立健全企业质量组织体系、责任体系、制度体系，建立健全全员质量管理的岗位责任制。在总部、下属单位和项目部设置相应的质量管理机构，配备必要的质量管理人员，保障质量工作的资源配置。

第十条　承包项目的工程质量实行项目经理负责制，项目部是项目工程质量责任的主体，项目经理是第一责任人，对企业负责。

第十一条　投资项目工程质量实行项目法人负责制，法人代表是第一责任人。项目法人成立的项目管理机构实行项目经理负责制，项目经理是第一责任人，对项目法人负责。项目设计、施工、监理等相关方按合同要求及有关规定对各自承担的工作负责。

第三章　质量管理体系与质量管理

第十二条　股份公司依据 ISO 9001（GB/T 19001）《质量管理体系—要求》，建立公司总部质量管理体系，并通过持续改进保持体系持续有效运行。

第十三条　股份公司各事业部应针对所从事行业和领域的质量管理工作制定相应的管理制度，开展质量监督管理工作。

第十四条　各子公司要按照 ISO 9001（GB/T 19001）《质量管理体系—要求》和股份公司的有关规定建立质量管理体系，并与股份公司质量管理体系形成有机的母子体系。

第十五条　各子公司要确立本企业的质量方针和质量目标，并把质量目标层层分解，实现质量管理工作的目标管理。

第十六条　各子公司要建立健全质量管理制度体系，使质量管理工作实现制度化、规范化、标准化。

第十七条　各子公司不得违法使用劳务，要加强从业人员的质量教育培训，坚持先培训、后上岗。未经教育培训或者考核不合格的人员，不得上岗作业，特种作业人员必须持证上岗。

第十八条　各子公司不得转包和违法分包工程，分包工程和劳务用工必须符合国家和股份公司的有关规定。要把分包协作队伍的质量管理作为质量管理工作的重中之重，制定专门的管理办法和措施，严禁“以包代管”。

第十九条　各子公司要树立“过程精品”、“过程管理”的新型质量管理理念并运用到项目管理之中，形成诚信支撑全员、全员覆盖过程、过程提升基础管理的局面。

第二十条　各子公司要通过技术进步，通过新材料、新工艺、新技术、新设备的推广应用提高工程项目的质量水平；要树立“质量效益”的理念，在质量管理中出效益。

第二十一条　各子公司要运用动态控制原理进行质量管理，对工程项目进行检查、考核，定期进行内部审核，并将审核结果作为管理评审的输入，促进项目的质量改进。

第二十二条 各子公司应了解用户对质量的意见，对质量管理体系进行审核，确定改进目标，提出相应措施并检查落实。

第二十三条 股份公司开展企业优质工程评比活动，并从中优选推荐省部级和国家级优质工程。鼓励和支持子公司有计划地开展争创优质工程活动。

第四章 承包项目质量管理

第二十四条 承包项目质量管理应按下列程序实施：

（一）进行质量策划，确定质量目标；

（二）编制质量计划；

（三）实施质量计划；

（四）总结项目质量管理工作，提出持续改进的要求。

第二十五条 子公司应进行质量策划，制定项目质量目标，规定实施项目质量管理体系的过程和资源。项目经理部应根据工程项目规模、特点和合同规定以及企业要求编制质量计划，项目质量计划应报企业批准后实施。质量计划应确定下列内容：

（一）质量目标和要求；

（二）质量管理组织和职责；

（三）所需的过程、文件和资源的需求；

（四）产品所要求的验证、确认、监视、检验和试验活动，以及接收准则；

（五）必要的记录；

（六）所采取的措施。

第二十六条 项目经理部应根据工程项目特点和合同要求，依据企业制定的质量管理体系，建立健全本项目的质量管理体系。

第二十七条 项目经理部应当建立现场质量管理机构，配备相应的质量管理人员，制定建设项目质量管理制度，建立健全质量保证体系，落实质量责任。

第二十八条 项目经理部职权范围内的分包工程，必须符合国家和股份公司的有关规定。

第二十九条 项目经理部应按规定对建筑材料、构配件、设备等进行检验，未经检验或检验不合格的，不得用于工程。采购的质量控制应包括确定采购程序、确定采购要求、选择合格供应单位以及采购合同的控制和进货检验。

第三十条 项目经理部应建立质量可追溯制度，严格工序管理，认真执行“三检制”，建立健全质量检验制度，加强质量检验工作，做到工程质量的全过程控制。

第三十一条 项目经理部应在质量控制的过程中，跟踪收集实际数据并进行整理。应将项目的实际数据与质量标准的规定和质量目标进行比较，分析偏差。根据分析的结果，采取措施，纠正偏差，对不合格的进行处置，并对不合格的处置效果和影响进行检查。

第三十二条 项目经理部应定期对项目质量状况进行检查、分析，提出目前质量状况、顾客满意程度、产品要求的符合性以及质量改进措施。

第三十三条 工程发生质量事故后，项目经理部必须按照有关规定向监理单位、项目法人（建设单位）及有关部门和企业报告，并保护好现场，按照规定接受工程质量事故调查，认真进行事故处理，不得隐瞒不报、谎报或拖延不报。

第三十四条 项目经理部应按规定做好质量技术资料的收集、整理和归档，保证竣工文件真实、完整。

第五章 投资项目质量管理

第三十五条 项目管理机构应主动接受各级政府质量监督机构的监督管理。

第三十六条 项目管理机构应根据工程项目特点和项目法人制定的质量管理体系要求，建立健全本项目的质量管理体系。

第三十七条 项目法人应进行质量策划，制定项目质量目标，规定实施项目质量管理体系的过程和资源。项目管理机构应根据工程项目规模、等级和运行要求以及项目法人要求，组织编制项目质量管理计划，报送项目法人批准。项目质量管理计划的主要内容应包括：

（一）明确质量目标和质量管理职能；

（二）明确各层次质量管理职能之间的配合和接口；

（三）确定实现质量目标的过程顺序，质量检测的环节、频率以及标准；

（四）确定和提供实现质量目标必需的资源；

（五）制定记录和报告数据的标准格式等。

第三十八条 项目管理机构应制定项目质量管理工作计划，主要内容应包括：

（一）编制质量管理活动计划；

（二）编制人员培训教育计划；

（三）制定工程建设合同文件质量条款；

（四）编制特殊工种人员资格考核计划；

（五）编制质量检查、检验计划；

（六）配合政府质量监督计划。

第三十九条 项目管理机构应建立现场质量管理机构，配备相应的质量管理人员，制定项目质量管理制度，建立健全质量保证体系，落实质量责任。

第四十条 项目管理机构应依法对项目的勘察、设计、施工、监理等相关方实行合同管理，在所签订的合同中明确质量目标、责任。

第四十一条 项目管理机构负责采购的建筑材料、构配件和设备，应当保证其质量，符合设计文件和合同要求。应对委托采购的重要建筑材料和工程设备的文件、采购实施过程以及产品供货或服务质量成果等进行质量管理和控制。

第四十二条 项目管理机构应制定项目质量控制措施，并组织实施和检查。应根据分阶段编制的验收工作大纲和验收管理办法对项目验收进行质量控制。

第四十三条 项目管理机构应监督和检查监理单位按有关规定实施工程质量控制，并进行监理管理。

第四十四条 项目管理机构应对项目设计、施工和监理等主要参建单位的质量管理计划的执行情况进行检查、考核、评价，并验证实施效果，督促提出改进措施。

第四十五条 项目管理机构应组织对出现的质量问题进行原因分析，纠正并制定改进措施。

第四十六条 发生工程质量事故后，项目管理机构应按规定及时报告并组织事故调查和处理，不得隐瞒不报、谎报或拖延不报。

第四十七条 项目管理机构应建立重大咨询或设计工作成果的质量评审制度，重大技术、经济决策做到先评估后决策。

第四十八条 项目管理机构应设必要的质量检查、监督手段，对工程项目质量进行控制和判断。

第四十九条 工程完工后，项目管理机构应及时组织有关单位进行工程质量验收、评定和签证，并做好档案管理工作。

第六章　附　　则

第五十条 设计施工总承包项目（EPC 项目）对相关单位的质量管理参照本办法规定。

第五十一条 国际工程项目的质量管理应符合所在国的法律、法规和规定。

第五十二条 各子公司应对设计、监理、咨询和设备制造等项目的质量工作，制定专门的管理办法。

第五十三条 本办法自发布之日起执行。

中国水利水电建设股份有限公司
信息化项目招标工作规范

（中水电股信〔2010〕8 号 • 2010 年 6 月 7 日）

第一章　总　　则

第一条 为进一步规范中国水利水电建设股份有限公司（以下简称股份公司）信息化项目招标管理工作，使招标工作规范、透明、公正、有序、受控，保证项目建设质量，控制项目建设成本，根据《中华人民共和国招标投标法》和国家相关法律、法规、政策，按照《中国水利水电建设股份有限公司设备物资集中采购招标管理办法》的具体要求，结合股份公司信息化项目招标工作的实际情况，制定本规范。

第二条 本规范适用于股份公司按照“统一规划、统一标准、统一建设、统一管理”原则（以下简称“四统一”原则）建设的信息化项目和股份公司总部的信息化项目，各子公司的信息化项目可参照执行。

第三条 本规范中的招标人是指股份公司。

第二章　组织机构与职责

第四条 信息化项目的招标组织机构由招标领导小组、招标领导小组办公室和招标工作组构成。

第五条 信息化项目招标领导小组（以下简称领导小组）是信息化项目招标工作的最高决策机构，负责指导、监督和审定所有信息化项目的招标工作。领导小组成员由股份公司决定，其主要职责是：

（一）审定年度招标计划；

（二）审定计划外新增项目的招标计划；

（三）审定招标工作组人员组成；

（四）审定招标文件；

（五）审定资格预审报告，确定合格投标人；

（六）审定评标委员会人员组成；

（七）审定评标办法和评分细则；

（八）审定招标工作组提请决策的重要事项；

（九）审定招标过程中的其他重大事项；

（十）讨论、审定评标报告，决策中标候选人；

（十一）向股份公司汇报属于“三重一大”范畴的事项。

领导小组决策方式：对于需要领导小组审定的事项，视情况以召开领导小组会议或采用文件会签的方式审定批准。讨论、审定评标报告，决策中标候选人事项，原则上必须召开领导小组会议进行审定。

第六条 信息化项目招标领导小组办公室（以下简称领导小组办公室）设在股份公司信息中心，对领导小组负责，其主要职责是：

（一）组织编制信息化项目招标管理规章制度；

（二）组织编制年度信息化项目招标工作计划；

（三）监督、检查和指导信息化项目招标工作，对信息化项目招标工作进行归口管理；

（四）负责领导小组的其他日常工作。

第七条 每个信息化项目都必须单独成立信息化项目招标工作组（以下简称工作组），具体组织开展本项目的招标工作。工作组由项目责任部门（单位）牵头建立，成员由项目责任部门（单位）、信息中心、设备物资采购中心和其他相关部门的有关人员组成，并报领导小组审定，其主要职责是：

（一）编制招标文件。招标文件包括招标公告、资格预审文件、招标工作大纲和标书等；

（二）推荐评标委员会人员组成；

（三）编制评标办法和评分细则；

（四）组建会务组，组织、监督会务组完成评标工作会议的相关后勤保障工作；

（五）监督评标委员会的评标工作；

（六）向领导小组汇报项目评审的综合情况；

（七）完成领导小组交办的其他事项。

第八条 招标活动的监督工作按照《中国水利水电建设股份有限公司招标监督暂行办法》的规定执行。

第九条 根据《中国水利水电建设股份有限公司设备物资集中采购招标管理办法》和《中国水利水电建设股份有限公司设备物资采购中心集中采购招标实施细则》的有关规定，股份公司设备物资采购中心是股份公司按照“四统一”原则建设的信息化项目和股份公司总部信息化项目的招标代理。

第三章 年度招标计划

第十条 各部门（单位）必须按照股份公司信息化建设规划，合理安排项目建设计划，并在每年的12月10日前，以书面形式向领导小组办公室上报次年信息化项目招标计划，由领导小组办公室汇总后，于12月31日前，统一报领导小组审批。

第十一条 年度招标计划经领导小组批准后在7个工作日内以文件形式予以下达，项目招标应按照批复的计划执行，涉及项目建设时间和预算费用变更的，须报领导小组审批。

第十二条 其他计划外的信息化招标项目，必须由有关部门（单位）向领导小组办公室提出申请，经领导小组审批同意后方可招标。

第四章 招　标

第十三条 信息化项目招标可采用公开招标和邀请招标两种方式。

第十四条 标准化的软件和硬件采购类项目采用公开招标，由招标代理在国内省级以上的媒体和股份公司网站上同时公开发布招标公告，邀请不特定的集成商、供应商、软件开发商等（以下统称为投标人）进行投标，并保证招标公告符合规定的发布时限。

第十五条 有下列情形之一，并经领导小组审批同意的，可进行邀请招标：

（一）项目技术含量高、专业性强，对投标人的专业技术、相关资质、业绩等有特定的要求，只有少数几家潜在投标人可供选择的；

（二）需要在较短时间内完成项目建设任务的；

（三）拟公开招标的费用与邀请招标的节资相比，得不偿失的。

非特殊情况，邀请招标的投标人数量不应少于5个。

进行邀请招标的信息化项目，必须通过技术交流会等方式广泛摸底，博采众议，在收集了大量的技术信息并进行评价后，从资信良好、业绩突出、履约表现优异的潜在投标人中选择满足项目建设需求的投标人，向其发出投标邀请书。

第十六条 招标文件的编制与审定。招标文件由工作组负责编制，信息中心、项目责任部门（单位）参与编制。信息中心主要负责IT技术部分，包括系统架构、系统接口、系统集成、部署方式等；项目责任部门（单位）主要负责业务需求部分，包括建设目标、建设规模、功能需求、实施范围等。

招标文件中应明确的主要内容：投标须知、项目简介、招标范围、招标方式、技术要求、投标人资格和履行合同能力要求、投标报价要求、评标标准和方法、合同条款等。招标文件不得要求或者标明特定的生产供应商以及含有倾向或者排斥潜在投标人等其他内容。

工作组应当确定投标人编制投标文件所需要的合理时间，公开招标的项目，自招标文件发出之日起至投标人提交投标文件截止之日止，最短不得少于20日。

招标文件编制完成后，须报领导小组审批。

第十七条 信息化项目招标必须对投标人进行资格审查，资格审查可以分为资格预审和资格后审两种方式。

（一）资格预审

采用邀请招标的信息化项目必须进行资格预审，必须在国内省级以上的媒体和股份公司网站上同时公开发布资格预审公告。

资格预审公告必须载明招标人的名称、地址，招标项目的内容、规模、资金来源、实施地点和工期、资格审查要求，以及获取资格预审文件的办法等。资格预审文件的发售时间最短不得少于5个工作日。

工作组应按照资格预审公告公布的资格标准对投标申请人进行资格审查。若符合资格条件的投标申请人数量少于5个，原则上所有符合资格条件的投标申请人均应成为投标人；若符合资格条件的投标申请人数量为5个及以上，根据审查、排序情况可好中选优，但投标人数量不应少于5个。

工作组将资格预审结果报领导小组审定。投标人按规定确定后，不得随意增加或减少。

资格预审后，工作组应通知资格预审通过的投标人，告知获取招标文件的时间、地点和方法，同时向资格预审未通过的投标申请人告知资格预审结果。

（二）资格后审

采用公开招标的信息化项目必须进行资格后审，资格后审的标准必须在招标公告中明确说明。评标工作开始后，评标委员会必须首先按照资格审查标准对所有的投标文件进行资格审查，只有通过审查的投标文件才能够进入下一轮的评审程序。

资格审查包括基本资格审查和专业资格审查。

（1）基本资格是指投标人的合法地位和信誉，主要包括以下内容：

1）具有独立订立合同的权利；

2）财务情况良好；

3）3年内没有违规、违法行为及被处罚记录；

4）没有处于责令停业、投标资格被取消、财产被接管、财产被冻结、破产或重大法律纠纷等状态。

（2）专业资格是指已具备基本资格的投标人履行信息化项目的能力，主要包括以下内容：

1）投标人的注册资金或净资产必须大于项目的预算费用。

2）系统集成类项目的投标人必须通过ISO 9000质量管理体系认证。

3）系统集成类项目必须具备信息系统集成资质；网络与信息安全类项目必须具备信息安全服务资质或涉密资质；软件开发类项目必须具备双软认证资质或CMM认证资质。

具体的资质级别要求根据各个项目的具体情况由工作组确定。原则上：

①100万以上的系统集成项目必须具备系统集成二级以上资质；200万以上系统集成项目必须具备系统集成一级资质；

②100万以上网络与信息安全项目必须具备信息安全服务一级以上资质；200万以上网络与信息安全项目必须具备信息安全服务二级以上资质或乙级以上涉密资质；涉密信息系统项目必须具备涉密资质；

③软件开发类项目必须具备双软认证资质；50万以上的软件开发项目应具备CMM1以上的认证资质；100万以上的软件开发项目应具备CMM2以上的认证资质。

4）必须具备同类信息化项目成功实施的经验。

5）必须具备一支能够顺利实施信息化项目的人才队伍，尤其是必须为本项目配备一支稳定的项目开发、服务团队。

6）必须具备良好的售后服务及技术支持能力。

第十八条 招标文件的澄清。工作组对已发出的招标文件进行必要的澄清或者修改的，应当至少在投标截止日期5个工作日前，以书面形式通知所有招标文件收受人。该澄清或者修改的内容为招标文件的组成部分。

投标人对招标文件提出的任何澄清请求，均应以书面形式提交给招标代理，由招标代理按照相关规定提交给工作组，工作组对所有在投标截止日期3个工作日以前收到的澄清要求均以书面形式予以答复，同时将问题与答复以书面方式发送给每个购买招标文件的投标人。

第五章　开标管理

第十九条 评分细则的编制与审定。

开标前，工作组必须根据招标文件规定的评标标准和办法编制完成评分细则，并报领导小组审核批准。

第二十条 招标代理应按照招标文件载明的投标地点和截止时间前接收投标文件，招标代理应当拒收在递交投标文件截止时间后送达的投标文件。

第二十一条 开标由招标代理主持，邀请所有投标人参加，并对开标全过程进行监督，对重要项目可邀请公证单位进行公证。开标地点与投标地点应一致。

第二十二条 开标时，须当众检查投标文件的密封情况，经确认无异议后，由招标工作人员当场拆封，宣读投标人名称、投标价格、投标保函（或投标保证金）和投标文件的其他主要内容。在递交投标文件的截止时间前收到的所有投标文件，开标时都应该当众予以拆封、宣读。开标内容应当完整记录，经投标人代表、招标人代表、监标人、记录人签字确认。

第二十三条 投标人少于3家的，或因其他原因招标失败的，工作组应当向领导小组报告。

第六章 评标管理

第二十四条 评标工作由评标委员会负责，包括评审投标文件，推荐中标候选人。

第二十五条 评标委员会具体人员组成由工作组根据每个项目的实际情况推荐，并经领导小组审核后确定，具体要求如下：

（一）评标委员会成员由招标人代表和有关技术、经济等方面的专家组成，其中技术、经济专家不得少于成员总数的2/3。专家应当从依法组建的专家库随机抽取，还未建立专家库的，可直接由工作组根据项目的实际情况推荐专家。

（二）评标委员会一般由技术组和商务组构成，技术组成员应为5人及以上单数，商务组成员应为3人及以上单数。

（三）评标委员会负责人可由工作组推荐，或由评标委员会成员推举产生，评标委员会负责人必须是技术组或商务组成员，并参与评标。

（四）评标委员会成员名单一般在开标前确定，并严格保密。

（五）评标委员会成员应严格遵守国家有关法律法规和股份公司的相关规定，客观、公正地履行职责，遵守职业道德，对所提出的评审意见承担个人责任并自觉接受监督。评标委员会成员只对招标人负责，没有向本单位汇报情况的义务。

（六）有下列情形之一的，不得担任评标委员会成员：

（1）投标人主要负责人的近亲属；

（2）与投标人有经济利益关系或其他利害关系，可能影响对投标公正评审的；

（3）曾因在招标、评标以及其他与招标投标有关活动中有违法违纪行为而受过行政处罚或刑事处罚的。

评标委员会成员有上述规定情形之一的，应当主动提出回避。

第二十六条 评标应封闭进行，须做好评标保密工作，做好对外通信联络的控制工作。评标委员会成员和与评标活动有关的工作人员不得透露对投标文件的评审和比较情况、中标候选人的推荐情况及与评标有关的其他情况。

第二十七条 评标委员会必须依据招标文件中规定的评标标准和办法，以及经领导小组审核通过的评分细则对投标文件进行评审、打分和推荐中标候选人。

第二十八条 评标中，评标委员会可以要求投标人对投标文件中的有关问题作必要的澄清、说明或者补正，其结果应以书面方式进行确认，并不得超出投标文件的范围或者改变投标文件的实质性内容。

第二十九条 信息化项目评标采用技术、商务分别排序，综合比较后确定推荐中标候选人的方法。

技术评标采用综合指数计算方法，实行百分制。技术评标要素为：投标文件的完整性、规范性及可信性；技术方案的先进性、实用性和可行性；投标产品技术指标、功能指标的符合度；项目管理及培训；质量保证体系；项目进度；技术支持及售后服务；备品备件供应情况及供应能力等。

商务评标采用综合指数计算方法，实行百分制。商务评标要素为：投标文件的响应性；投标人资质；财务状况；业绩；付款条件；价格及报价均衡合理性；交货期；安装调试时间及服务承诺等。

第三十条 评分规定。

（一）评标人员应遵循“公开、公平、公正、科学、择优”的原则。

（二）评标人员应力求客观、实事求是，避免学派偏见和个人偏爱。

（三）衡量、对比的依据应是招标文件、投标文件（含有效的澄清文件）、提供的正式数据资料，对口头回答和收集的资料只可作为参考。

（四）评标人员评分采取记名形式，并注明评标日期。

第三十一条 评标工作一般按照初步评审和详细评审两阶段进行。

（一）初步评审阶段，评标委员会要对照招标文件中的有关要求对各投标文件进行符合性审查。投标人资质不符合要求的不进入详细评审阶段；未能在实质上响应的投标或符合招标文件中有关废标条件说明的，应作废标处理。

（二）经初步评审合格的投标文件，技术组和商务组应当根据招标文件规定的评标标准和办法，以及经领导小组审核通过的评分细则，采取实名制，对投标文件进行系统地评审和比较。

第三十二条 评标委员会完成评标后，应当向工作组提交书面评标报告，包括技术评标报告、商务评标报告和综合评标报告。评标报告应当如实记载包括但不限于以下内容：

（一）基本情况和数据表；

（二）评标委员会成员名单；

（三）开标记录；

（四）符合要求的投标一览表；

（五）废标情况说明；

（六）评标标准、评标方法或者评标因素一览表；

（七）经评审的价格或者评分比较一览表；

（八）经评审的投标人排序；

（九）推荐的中标候选人名单与签订合同前要处理的事宜；

（十）澄清、说明、补正事项纪要。

第三十三条 技术评标报告须由技术组全体成员签字，商务评标报告须由商务组全体成员签字，综合评标报告须由评标委员会主任、副主任签字。对评标结论持有异议的，评标委员会成员应以书面方式阐述其不同意见和理由。评标委员会成员拒绝在评标报告上签字且不陈述其不同意见和理由的，视为同意评标结论，评标委员会应当对此作出书面说明并记录在案。监察人员应就评标过程是否履行规定程序以及执行评标纪律的情况出具监察报告。

第三十四条 评标委员会向工作组提交书面评标报告后即告解散。评标过程中使用的文件、表格以及其他资料应当及时归还工作组。

第七章 定标与合同签订

第三十五条 工作组在评标结束后10个工作日内，须将项目招标结果上报领导小组审批。审批材料包括综合评标报告、技术评标报告、商务评标报告、推荐中标单位投标文件、招投标期间来往函件、签订合同前要处理的事项等内容。由领导小组讨论、审定评标结果，确定预中标单位。

第三十六条 工作组根据领导小组的意见分别与预中标单位进行相关问题的谈判，并将谈判结果报领导小组审批，确定中标人。

第三十七条 定标结束后，招标代理应当及时将中标结果通知中标人和未中标的投标人。中标通知书对招标人和中标人都具有法律约束力。中标通知书发出后，招标人改变中标结果或者中标人放弃中标的，应当承担法律责任。

第三十八条 招标工作组和中标人应当自中标通知书发出之日起20个工作日内，按照招标文件、中标人的投标文件、澄清文件等进行合同谈判。合同谈判中，招标人不得向中标人提出违背中标人意愿的要求，也不得增加其他优惠条件。招标人和中标人不得再行订立背离合同实质性内容的其他协议。

第三十九条 合同谈判完成后，合同书必须经股份公司法律事务部审核。

第四十条 项目招标完成后，工作组须将项目招标的具体情况和合同书以签报的形式报股份公司领导审批。审批通过后应在规定的时间内（中标通知书发出30个工作日内）完成合同的签订工作。

第四十一条 投标人以行贿手段或其他不正当手段谋取中标的，或者以其他弄虚作假方式骗取中标的，该投标人的中标作无效处理。

第四十二条 合同签订后5个工作日内，工作组应在股份公司设备物资采购中心登记备案，并按照设备物资采购中心的要求将相关文件按照档案管理要求进行归档。

第八章 工作纪律

第四十三条 领导小组会议必须所有成员半数以上参加才有效。领导小组成员因故不能参加时，必须向领导小组组长请假，同时委托代表参加。

第四十四条 所有领导小组会议必须有正式会议纪要。需要领导小组成员签字确认的事项，必须有签批单。领导小组成员因故不能参加会议时，被委托代表必须向委托者汇报会议情况。由领导小组成员签字的审批事项，被委托者不能代签。

第四十五条 凡与投标单位有利益关系的人员应主动申请回避，不得成为工作组、评标委员会的成员。

第四十六条 评标委员会成员应严格自律，认真遵守国家有关法律、法规和股份公司的相关规定，严格执行评标的各项要求。

第四十七条 评标委员会成员及工作人员不得私下接触投标人，不得收受投标人的现金、有价证券或物品。

第四十八条 在评标阶段，所有对外活动及问题的澄清，都必须在工作组的领导下进行。严禁未经许可、自作主张地进行对外活动。

第四十九条 所有参加评标工作的技术、商务及工作人员必须认真执行以下评标保密条例：

（一）标书、评标文件、资料表格及各种表格等，只限于在评标规定的场所使用，不得外带，不得复制。

（二）评标人员及工作人员，不得在评标场所以外谈论有关评标内容，也不得打听、了解其他专业组的有关工作情况，各组之间需要交换情况，由工作组协调安排。

（三）所有的投标文件、资料等仅限于在评标场所中使用，评标人员必须使用会务组统一分发的“评标记录本”，评标结束后交会务组。

（四）评标人员及工作人员不得以任何方式（包括口述、电话、短信、书信、电子邮件等）向外通报评标信息，泄露评标秘密（如资料、投标书、报价、评标方式、联系方法、评标进度、评标委员会的决定、评标组织机构、评标人员名单等）。严禁与投标人及其代理人联系和泄露有关评标情况。

（五）需要向投标人澄清、询问的问题，应由各专业组组长审核签字，并经工作组组长同意后，交会务组统一对外联系办理。

（六）在各专业组内，专业组成员应严格执行保密纪律，保证本专业组的评审严格按照程序执行，不发生泄密问题。

（七）各专业组工作中的废纸、废表格等要统一存放，评标结束后装入袋中交会务组销毁。

（八）在评标打分和商务评价时，评标人员不得携带移动电话进入技术打分和商务评价现场。

（九）当评标人员因过失发生泄密或遗失资料等问题时，要及时向工作组或会务组报告。

（十）如发现评标人员及工作人员有意触犯本保密条例造成泄密问题的，将追究当事人法律责任。

第五十条 所有参加评标工作的技术、商务及工作人员必须认真执行以下资料管理条例：

（一）各专业组资料管理工作由组长统一负责，可在组内设专人管理，必须确保资料数量和内容完整、无丢失。

（二）与评标有关的文件资料，一律由会务组统一登记、编号，各专业组使用时请办理借阅手续，用毕及时归还会务组。评标工作结束时，会务组要清点资料，保证借出资料全部收回。所有正本均不予以借阅。

（三）各专业组借阅的资料，不得在其上涂改、添加任何符号，必须保持借阅资料的完整和清洁。

（四）复印资料必须由会务组统一办理。每次复印时，请填写复印申请单，并由专业组组长和工作组组长签字同意。复印后，会务组要登记文件、资料名称、页数及使用人。所有复印的文件、资料使用后，必须交回会务组。

（五）各专业组需要对外提供的文件、资料或通知等，分别由各组长签字，经工作组组长同意后，由会务组统一办理，原件由会务组存档。

（六）各专业组、会务组在评标过程中的废纸张应由会务组统一收集、销毁。

（七）评标工作结束时，个人的工作记录本交会务组封存。

（八）各专业组的评标意见、评标报告及其他评标资料均交到会务组统一保管及封存，个人或小组均不得带出评标地点。

第五十一条 所有参加评标工作的技术、商务及工作人员必须认真执行以下请假、会客及外线电话使用条例：

（一）为了保证评标工作的安全和顺利，评标人员在评标阶段不能离开评标地点，有特殊原因者必须向工作组组长请假，经批准后由会务组安排。

（二）评标人员有事需要拨打外线电话时，必须填写电话登记表，经工作组组长同意后，交会务组人员办理。通话时，会务组人员有权在场或录音。

（三）若原单位或家属有事需与评标人员联系，一律通过会务组中转。

（四）评标人员在评标工作期间不得私自会见投标人。

第九章 附　　则

第五十二条 本规范由股份公司信息化项目招标领导小组负责解释。

第五十三条 本规范自颁布之日起施行。

中国水利水电建设股份有限公司
互联网使用管理办法

（中水电股信〔2010〕9号·2010年6月23日）

第一章 总　　则

第一条 为加强中国水利水电建设股份有限公司（以下简称股份公司）互联网接入管理、信息发布管理和域名管理，充分发挥互联网的作用，促进信息资源的交流与共享，展示企业形象，打造“中国水电（SINOHYDRO）”品牌，根据《计算机信息网络互联网安全保护管理办法》、《互联网信息服务管理办法》、《中国互联网络域名管理办法》、《中国互联网络域名注册暂行管理办法》和股份公司的有关规定，按照统一领导、集中管理、分级负责的原则，制定本办法。

第二条 本办法适用于股份公司总部、各子公司、各事业部、各代表处、京沪高铁项目部（以下简称各单位）。

第二章 互联网接入管理

第三条 任何单位和个人不得利用互联网危害国家安全、泄露国家秘密，不得侵犯国家的、社会的、集体的利益和公民的合法权益，不得从事违法犯罪活动。

第四条 任何单位和个人不得利用互联网制作、复制、查阅和传播下列信息：

（一）煽动抗拒、破坏宪法和法律、行政法规实施的；

（二）煽动颠覆国家政权，推翻社会主义制度的；

（三）煽动分裂国家、破坏国家统一的；

（四）煽动民族仇恨、民族歧视，破坏民族团结的；

（五）捏造或者歪曲事实，散布谣言，扰乱社会秩序的；

（六）宣扬封建迷信、淫秽、色情、赌博、暴力、凶杀、恐怖或者教唆犯罪的；

（七）公然侮辱他人或者捏造事实诽谤他人的；

（八）损害国家机关信誉的；

（九）其他违反宪法和法律、行政法规的。

第五条 任何单位和个人不得从事下列危害计算机信息网络安全的活动：

（一）未经允许，进入计算机信息网络或者使用计算机信息网络资源的；

（二）未经允许，对计算机信息网络功能进行删除、修改或者增加的；

（三）未经允许，对计算机信息网络中存储、处理或者传输的数据和应用程序进行删除、修改或者增加的；

（四）故意制作、传播计算机病毒等破坏性程序的；

（五）其他危害计算机信息网络安全的。

第六条 用户的通信自由和通信秘密受法律保护。任何单位和个人不得违反法律规定，利用互联网侵犯用户的通信自由和通信秘密。

第三章 互联网信息发布管理

第七条 各单位的非经营性互联网信息发布网站必须按照有关规定向各单位所在的省、自治区、直辖市的电信管理机构或者国务院信息产业主管部门办理备案手续。

第八条 各单位从事经营性互联网信息服务的网站必须向各单位所在省、自治区、直辖市的电信管理机构或者国务院信息产业主管部门申请办理互联网信息服务增值电信业务经营许可证。

第九条 各单位的互联网信息发布网站应当按照经营许可或者备案的项目提供服务，不得超出经营许可或者备案的项目提供服务。非经营性互联网信息服务提供者不得从事有偿服务。

第十条 各单位应当在其互联网信息发布网站主页的显著位置标明其经营许可证编号或者备案编号。

第十一条 各单位的互联网信息发布网站不准开设BBS和聊天室服务。

第十二条 各单位的互联网信息发布网站不允许提供个人主页空间服务。

第十三条 各单位开设留言板功能的互联网信息发布网站必须建立上网用户日志留存制度，日志记录应当保存6个月以上，并在国家有关机关依法查询时予以提供。

第十四条 各单位开设留言板功能的互联网信息发布网站必须每天定时检查留言内容，发现有害信息必须及时删除，并追查相关人员责任。

第十五条 各单位的互联网信息发布网站不得制作、复制、发布、传播含有下列内容的信息：

（一）反对宪法所确定的基本原则的；

（二）危害国家安全，泄露国家秘密，颠覆国家政权，破坏国家统一的；

（三）损害国家荣誉和利益的；

（四）煽动民族仇恨、民族歧视，破坏民族团结的；

（五）破坏国家宗教政策，宣扬邪教和封建迷信的；

（六）散布谣言，扰乱社会秩序，破坏社会稳定的；

（七）散布淫秽、色情、赌博、暴力、凶杀、恐怖或者教唆犯罪的；

（八）侮辱或者诽谤他人，侵害他人合法权益的；

（九）含有法律、行政法规禁止的其他内容的。

第十六条 互联网信息发布实行工作责任制和

责任追究制，各单位必须建立互联网信息发布管理实施细则，明确信息发布的投递、审核和审批程序，建立各审批环节的责任人和责任追究制度，并将相关管理规定和制度上报股份公司信息中心备案。

第十七条 各单位建立的互联网信息发布网站必须体现股份公司的统一形象和企业的各自特点，网站风格必须符合股份公司下发的有关统一标识的规定。

第四章 互联网域名管理

第十八条 为了树立企业形象，推广 SINOHYDRO 第一品牌，保证股份公司网站群下域名的统一规范，各单位在保留自己注册域名的同时，必须按照股份公司统一的域名管理规定对外发布互联网域名，股份公司信息中心统一进行域名解析，并在股份公司的网站群站点链接中使用统一的域名进行设置。

第十九条 各单位自行申请的互联网域名必须按照国家的有关管理办法办理，并上报股份公司信息中心备案。

第二十条 股份公司已统一注册并保护了以下域名：

（1）sinohydro. com；

（2）sinohydro. com. cn；

（3）sinohydro. net；

（4）sinohydro. net. cn；

（5）sinohydro. cn；

（6）中国水利水电建设集团公司 . com；

（7）中国水利水电建设股份有限公司 . com；

（8）中国水电集团 . com；

（9）中国水电 . com；

（10）中水电 . com。

第二十一条 股份公司的域名系统采用层级结构设置各级域名，一级域名 sinohydro. com 由股份公司总部使用。

第二十二条 二级域名由各单位使用，二级域名的分配如下表所示。

单位名称	二级域名
水电一局有限公司	1j. sinohydro. com
水电二局有限公司	2j. sinohydro. com
水电三局有限公司	3j. sinohydro. com
水电四局有限公司	4j. sinohydro. com
水电五局有限公司	5j. sinohydro. com
水电六局有限公司	6j. sinohydro. com
水电七局有限公司	7j. sinohydro. com
水电八局有限公司	8j. sinohydro. com
水电九局有限公司	9j. sinohydro. com
水电十局有限公司	10j. sinohydro. com
水电十一局有限公司	11j. sinohydro. com
水电十二局有限公司	12j. sinohydro. com
水电十三局有限公司	13j. sinohydro. com
水电十四局有限公司	14j. sinohydro. com
水电十五局有限公司	15j. sinohydro. com
水电十六局有限公司	16j. sinohydro. com
基础局公司	jc. sinohydro. com
夹江有限公司	jj. sinohydro. com
国际公司	intl. sinohydro. com
路桥公司	lq. sinohydro. com
租赁公司	zl. sinohydro. com
新能源公司	xny. sinohydro. com
四川公司	scdl. sinohydro. com
华亭公司	ht. sinohydro. com
崇信公司	cx. sinohydro. com
房地产公司	fdc. sinohydro. com
港航公司	gh. sinohydro. com
华源公司	hy. sinohydro. com
京沪高铁项目部	jhgt. sinohydro. com
辽宁工程局	lgj. sinohydro. com
华科软公司	hkr. sinohydro. com

第二十三条 各单位互联网应用服务器的域名采用以下规则命名：应用服务器名称 . 二级域名。为了简化各单位互联网信息发布网站的域名，第二十二条中各单位的二级域名也是其对应的互联网信息发布网站的域名。

第二十四条 各单位邮件服务器的互联网域名分配如下表所示。与邮件服务器相关的 POP3 和 SMTP 服务的域名以别名的形式指向各个邮件服务器。各单位的邮件域采用其二级域名。

单位名称	邮件服务器互联网域名
股份公司总部	mail. sinohydro. com
水电一局有限公司	mail. 1j. sinohydro. com
水电二局有限公司	mail. 2j. sinohydro. com
水电三局有限公司	mail. 3j. sinohydro. com
水电四局有限公司	mail. 4j. sinohydro. com
水电五局有限公司	mail. 5j. sinohydro. com
水电六局有限公司	mail. 6j. sinohydro. com
水电七局有限公司	mail. 7j. sinohydro. com

续表

单位名称	邮件服务器互联网域名
水电八局有限公司	mail. 8j. sinohydro. com
水电九局有限公司	mail. 9j. sinohydro. com
水电十局有限公司	mail. 10j. sinohydro. com
水电十一局有限公司	mail. 11j. sinohydro. com
水电十二局有限公司	mail. 12j. sinohydro. com
水电十三局有限公司	mail. 13j. sinohydro. com
水电十四局有限公司	mail. 14j. sinohydro. com
水电十五局有限公司	mail. 15j. sinohydro. com
水电十六局有限公司	mail. 16j. sinohydro. com
基础局公司	mail. jc. sinohydro. com
夹江有限公司	mail. jj. sinohydro. com
国际公司	mail. intl. sinohydro. com
路桥公司	mail. lq. sinohydro. com
租赁公司	mail. zl. sinohydro. com
新能源公司	mail. xny. sinohydro. com
四川公司	mail. scdl. sinohydro. com
华亭公司	mail. ht. sinohydro. com
崇信公司	mail. cx. sinohydro. com
房地产公司	mail. fdc. sinohydro. com
港航公司	mail. gh. sinohydro. com
华源公司	mail. hy. sinohydro. com
京沪高铁项目部	mail. jhgt. sinohydro. com
辽宁工程局	mail. lgj. sinohydro. com
华科软公司	mail. hkr. sinohydro. com

第二十五条 各单位应按照要求统一规划邮件系统。除了已使用"用户名@sinohydro. com"作为互联网邮箱地址的员工以外，各单位员工在互联网上的邮箱应遵循以下格式："用户名@二级域名"。

第二十六条 各单位三级及以下单位的域名，既可以按照层次关系命名，也可以统一到二级域名，比如水电一局有限公司一分局的域名可以采用以下两种方式：

（1）1fj. 1j. sinohydro. com：层次命名法；

（2）1j1fj. sinohydro. com：二级命名法。

各单位自己建立的三级及以下级别的域名系统必须报股份公司信息中心备案。

第二十七条 三级以下（含三级）域名命名的限制原则：

（一）未经国家有关部门的正式批准，不得使用含有"CHINA"、"CHINESE"、"CN"、"NATIONAL"等字样的域名；

（二）不得使用公众知晓的其他国家或者地区名称、外国地名、国际组织名称；

（三）未经各级地方政府批准，不得使用县级以上（含县级）行政区划名称的全称或者缩写；

（四）不得使用行业名称或者商品的通用名称；

（五）不得使用他人已经注册过的企业名称或者商标名称；

（六）不得使用对国家、社会或者公共利益有损害的名称；

（七）长度不得超过20个字符。

第二十八条 对于以sinohydro. com为根的域名，由股份公司信息中心统一对外作互联网域名解析；对于各单位申请的域名，由各单位自己作互联网域名解析。

第五章 用户账号命名管理

第二十九条～第三十三条（略）

第六章 附　　则

第三十四条 本办法自颁布之日起执行。

第三十五条 本办法由股份公司信息中心负责解释。

中国水利水电建设股份有限公司
生产安全事故和自然灾害应急预案

（中水电股安〔2010〕13号·2010年9月17日）

1 总则

1.1 编制目的

规范中国水利水电建设股份有限公司（以下简称股份公司）生产安全事故和自然灾害的应急管理和应急响应程序，提高股份公司处置突发性生产安全事故和自然灾害的综合能力；积极预防和最大限度地减少生产安全事故和自然灾害所造成的人员伤亡和财产损失；保护员工和公众生命财产安全，促进股份公司全面、协调和可持续发展。

1.2 编制依据

依据国家《生产安全事故应急预案管理办法》、《生产经营单位安全生产事故应急预案编制导则》、《生产经营单位生产安全事故应急预案评审指南（试行）》、《电力企业综合应急预案编制导则（试行）》和《中国水利水电建设集团公司突发事件总体应急预案》制定本预案。

1.3 应急预案体系

1.3.1 股份公司生产安全事故和自然灾害应急救援预案体系主要包括股份公司生产安全事故和自然灾害应急预案；子公司、控股公司生产安全事故和自然灾害应急预案和专项应急预案；分局（分公司）生产安全事故和自然灾害应急预案和专项应急预案；各项目部生产安全事故和自然灾害应急预案、专项应急预案和现场处置方案。相互关系见图1。

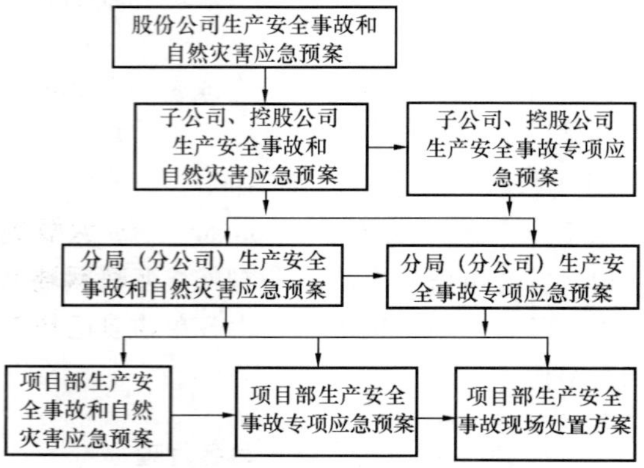

图1 股份公司生产安全事故和自然灾害应急预案体系图

1.3.2 股份公司生产安全事故和自然灾害应急预案是中国水利水电建设股份有限公司生产安全事故和自然灾害应急管理工作的总纲，是股份公司应对生产安全事故和自然灾害的指导性文件。

1.3.3 股份公司所属子公司、控股公司—分局（分公司）—项目部生产安全事故和自然灾害应急预案是各单位应对各自行政范围内的生产安全事故和自然灾害而制定的应急预案，专项应急预案和现场处置方案是为应对某一类型或具体场所、岗位的事故而制定的应急预案，是贯彻生产安全事故和自然灾害应急预案的支持性文件，主要包括：

——触电事故专项应急预案；

——坍塌事故专项应急预案；

——易燃、易爆危险物品事故专项应急预案；

——高处坠落事故专项应急预案；

——特种设备事故专项应急预案；

——机械伤害事故专项应急预案；

——防洪度汛专项应急预案；

——火灾事故专项应急预案；

——交通事故专项应急预案；

——物体打击事故专项应急预案；

——电厂垮坝事故专项应急预案；

——发电厂全厂停电事故专项应急预案；

——具体施工场所、岗位伤害事故现场处置方案。

1.4 工作原则

1.4.1 以人为本，安全第一。把保障员工和人民群众生命财产安全作为首要任务，最大限度地预防和减少突发事故造成的人员伤亡和财产损失。

1.4.2 预防为主，居安思危。贯彻落实“安全第一、预防为主、综合治理”的方针，日常做好预防、预测和预警工作，加强风险评价、应急物资、装备、队伍建设，加强应急培训和预案演练等工作。

1.4.3 统一领导，分级负责。实行股份公司领导下的行政领导负责制，所属单位按照各自的职责和权限对事故分级负责和属地管理，充分发挥各级应急机构的作用。

1.4.4 快速反应，加强联系。加强与属地政府应急救援机构的工作联系，服从政府应急救援工作的统一领导，争取当地政府应急救援队伍的支持和帮助，形成统一指挥、反应灵敏、协调有序、运转高效的应急管理机制。

2 适用范围

2.1 本预案是股份公司指导、协调各单位生产安全事故和自然灾害的应急管理工作总纲。适用于股份公司总部、各子公司、控股公司；适用于指导、协调股份公司范围内的生产安全事故和在施工项目发生的自然灾害的应对工作。

2.2 本预案适用于以下事故级别的应急工作：

（1）特别重大事故。造成死亡30人及以上，或者100人及以上重伤，或者造成直接经济损失500万元及以上的生产安全事故和自然灾害。

（2）重大事故。造成死亡10～29人，或者50人及以上100人以下重伤，或者造成直接经济损失200万～500万元的生产安全事故和自然灾害。

（3）较大事故。造成死亡3～9人，或者10人及以上50人以下重伤，或者造成直接经济损失50万～200万元的生产安全事故和自然灾害。

（4）一般事故。造成死亡1～2人，或者10人以下重伤，或者造成直接经济损失50万元以下的生产安全事故和自然灾害。

3 危险性分析

3.1 股份公司概况

中国水利水电建设股份有限公司是中央管理的中国水利水电建设集团公司控股创立的股份公司，是跨国经营的综合性大型企业，是中国规模最大、科技水平领先、最具实力、行业品牌影响力最强的水利水电建设企业。具有国家施工总承包特级企业资质、对外工程承包经营权、进出口贸易权、AAA级信用等级。截至2009年底，中国水利水电建设股份有限公司总资产达1022亿元，净资产122亿元，在中国各大区域设有18个全资子公司、9个控股公司、2个参股公司，在世界47个国家设有驻外机构。

股份公司主要从事国内外水利水电建设工程的总承包和相关的勘测设计、施工、咨询、监理等配套服务；机电设备、工程机械的制造、安装、贸易业务；电力、公路、铁路、港口与航道、机场和房屋建筑、市政公用、城市轨道等方面的工程设计、施工、咨询和监理业务；投融资业务；房地产开发经营业务；进出口贸易业务等。

3.2 危险性分析

目前，股份公司仍是一个以电力建设和建筑施工为主业的综合性企业，主要从事不同类型的大坝、电站厂房、引水和泄水建筑物、通航建筑物施工；基础工程施工、砂石料生产、水轮发电机组、输变电工程的建筑安装；堤防加高加固、泵站、涵洞、隧道、铁路、公路、桥梁、市政工程、房屋建筑、河道疏浚、灌溉、排水工程施工。另外，目前还建成投产了一些火电、水电投资项目。施工过程中部分工序接触易燃、易爆、尘毒作业。施工具有点多面广、多工种交叉作业、施工生产设施临时性、作业环境多变性、施工人员和设备流动性、复杂性的特点。施工过程中有可能会出现由于能量失控造成的山体滑坡、洞室塌方、爆炸、高空坠落、机械及交通伤害、物体打击、触电伤害等。根据股份公司生产特点，确定以下作业为重大危险因素：

（1）高边坡土石方开挖，支护及不良地质段开挖；

（2）爆破施工，导、截流施工，深基坑开挖施工，洞挖施工，斜井、竖井施工；

（3）高处模板施工，大模板施工，桥梁施工，脚手架施工；

（4）易燃易爆物品、剧毒物质的运输、存放、使用；

（5）大件运输，大型设备制造及大型金属结构制作安装；

（6）特种设备的安装拆卸、运行；

（7）大件起重吊装施工；

（8）厂内客运；

（9）重要临时设施施工（如高压供配电系统、设备的安装、调试；现场临时供电线路施工；厂内施工道路运行等）；

（10）电力生产设备的故障运行；

（11）电厂大坝、尾矿库的病险运行。

4 应急组织体系

4.1 应急组织体系

股份公司根据生产经营特点，设立生产安全事故和自然灾害应急管理组织体系 。应急组织体系由股份公司总部—各子公司、控股公司—各分局（分公司）—项目部的指挥机构、工作机构、保障部门、专兼职应急救援队伍组成。相互关系见图2。

4.2 指挥机构

股份公司生产安全事故和自然灾害应急救援最高指挥、协调机构是股份公司安全生产委员会，由以下人员组成：

（略）。

股份公司生产安全事故和自然灾害应急救援指挥机构的主要职责是：

（1）统一领导股份公司系统的生产安全事故和自然灾害的应急管理工作；

（2）协调股份公司总部、所属各单位应急指挥机构之间的关系；

（3）研究应急管理重大决策和部署；

（4）组织、审查生产安全事故和自然灾害应急救援预案，发布应急工作指令。

4.3 工作机构

股份公司生产安全事故和自然灾害应急救援工作办公室设置在股份公司安全生产监督管理部，由以下人员组成：

（略）。

股份公司应急救援工作办公室的主要职责是：

（1）组织落实应急救援指挥机构布置的各项任务及应急预案要求和应急工作指令；

（2）组织制定生产安全事故和自然灾害应急预案，检查应急预案的贯彻执行情况，协调应急管理工作的相关事宜；

（3）贯彻落实生产安全事故应急管理法律法规和条例，组织应急培训，宣传普及各类应急防护知识；

（4）检查和督查所属单位生产安全事故和自然灾害应急预案的编制、培训、演练等工作，并纳入股份公司安全考核范畴。

4.4 保障部门

股份公司生产安全事故和自然灾害应急救援保障部门主要由股份公司安全生产监督管理部、总经理工作部、工程科技部、设备物资部、财务产权部等组成。

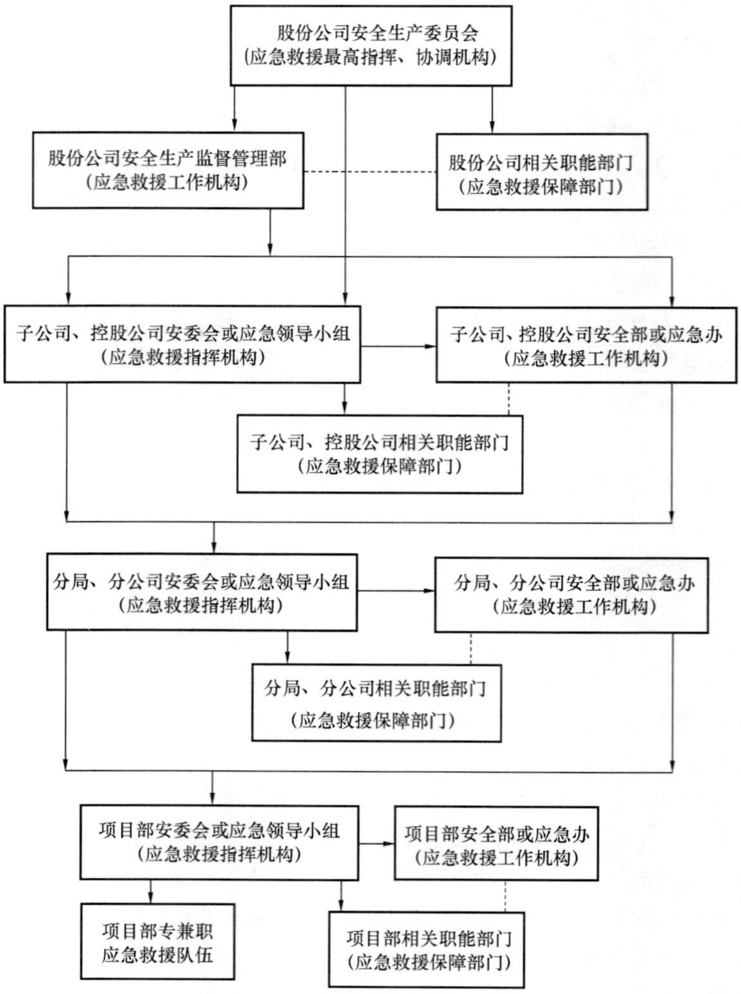

图 2　股份公司应急组织体系图

隶属　　沟通、联系

相关保障部门的职责：主要负责在应急救援时提供咨询、人员、技术、应急设备、资金方面的支持和保证。

4.5　专兼职应急救援队伍

4.5.1　股份公司—子公司（控股公司）—分局（分公司）的机关总部主要职责是生产经营任务的下达、管理，应急救援的重点主要在现场项目部。

4.5.2　股份公司专兼职应急救援队伍主要设置在项目部，人员由各项目部有关领导、相关部门负责人和作业层人员组成，主要职责是在发生生产安全事故时，及时进行现场救援，把人员和财产损失降到最低点。

4.5.3　股份公司所属各单位应急救援指挥机构、工作机构、保障部门的人员组成和职责与股份公司总部相符，并负责所管辖范围内发生的生产安全事故和自然灾害应对工作。

5　预防和预警

5.1　危险源、危险因素管理

股份公司和所属各单位逐级建立和健全重大隐患报告和备案制度、重大隐患分级治理和监控制度、隐患排查治理工作监督检查制度和隐患排查治理统计报告制度，实现对危险源和危险因素的有效预防和治理机制。股份公司所属各项目部在日常的安全管理中依据危险性分析和安全检查表的方法对施工现场和影响生活区域的危险源、危险因素进行分析、评价，确定危险源和危险因素的级别、制定相应的防控措施和安全技术措施，并加强动态监控和监测，确保危险源和危险因素得到排除或处于受控状态；同时，项目部将重大危险源和危险因素逐级上报至股份公司。

5.2 预警

5.2.1 股份公司和所属各单位通过安全生产信息管理系统和网站作为支持平台层层发布预警信息，保证预警信息指挥有力、准确畅通、反应灵敏、资源共享。

5.2.2 股份公司所属各单位项目部在对危险源、危险因素的日常检查和监测中发现有可能出现的事故信息，应根据各自制定的预案及时开展部署，迅速通知各相关部门采取行动，防止事件的发生或事态的进一步扩大，并立即向项目业主、监理和上级单位逐级上报。

信息报送内容：事故发生的单位、时间、地点、事故类别、伤亡人数、影响范围，以及所采取的现场处置措施等。

5.2.3 股份公司各级应急组织接到有可能引起较大及以上安全事故的险情信息后，各级应急管理办公室应密切关注事态的发展趋势，根据事件的发展状况和严重程度，及时将信息逐级报送各级应急指挥机构，并通报给各相关保障部门。

5.3 预警级别和措施

5.3.1 对照事故等级，依据突发事件可能造成的危害程度，股份公司事故应急预警级别分为红色（针对特别重大事故）、橙色（针对重大事故）、黄色（针对较大事故）和蓝色（针对一般安全事故）四级。

5.3.2 预警发布遵循科学慎重，预防为主的原则。对可能发生一般事故的，由分局（分公司）、项目部应急挥机构发布预警指令。对可能发生较大、重大和特别重大安全事故的，由子公司（控股公司）主要负责人或报请股份公司应急指挥机构发布。涉及项目建设区域外或影响到外围安全的，还应同时报请工程所在地的人民政府或其上级人民政府发布。

5.3.3 预警发布应符合国家有关规定，发布程序应按规定执行。

5.4 信息报告和处置

5.4.1 股份公司和所属单位应确定和发布 24 小时应急值守电话。

股份公司应急值守电话：010-58382835/3/2/1

传真：010-58382830

夜间值守电话：13601324547　13910173328

5.4.2 股份公司各级单位在进行事故信息报送时，应遵循快速、准确、简洁的要求。事故报送信息应逐级报送到股份公司，同时报送相关地方政府应急救援机构，并按照预案的要求，加强与当地医院、公安部门的联系。逐级报送流程见图 3。

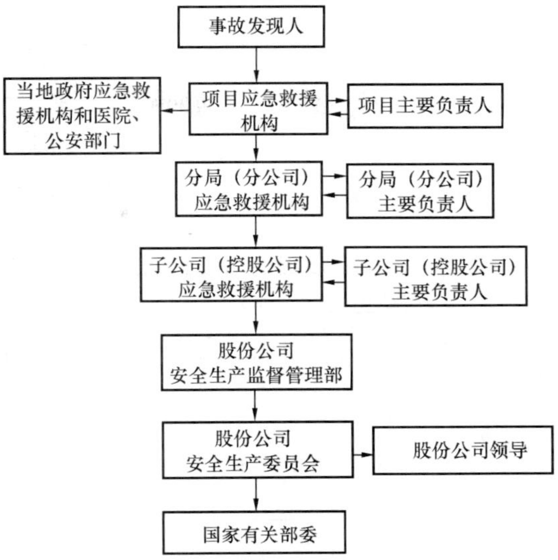

图 3　事故信息报告流程图

6 应急响应

6.1 响应分级

股份公司生产安全事故和自然灾害应急救援工作遵循分级响应的原则，根据生产安全事故的等级，按Ⅰ级（重大及以上安全事故）、Ⅱ级（较大安全事故）、Ⅲ级（一般安全事故）响应启动应急预案。

6.2 响应程序

6.2.1 Ⅰ级响应

特别重大和重大安全事故发生后，事故发生项目部立即向当地政府安全生产监督管理部门和负有安全生产监督管理职责的有关部门以及单位本部报告，同时立即报告股份公司安全生产监督管理部。股份公司在接到报告后立即启动应急预案，并组织人员赶赴现场，同时向国家安全生产监督管理总局、国资委、国家电力监管委员会等国家部委报告，并对后续处置情况也要及时续报。

6.2.2 Ⅱ级响应

较大安全事故发生后，事故发生项目部在 1 小时内向当地政府安全生产监督管理部门和负有安全生产监督管理职责的有关部门以及单位本部报告，并在 2 小时内报股份公司安全生产监督管理部。股份公司在接到报告后应立即启动应急预案，并组织人员赶赴现场，同时向国家安全生产监督管理总局、国资委、国家电力监管委员会等国家部委报告，并对后续处置情况也要及时续报。

6.2.3 Ⅲ级响应

一般安全事故发生后，事故发生项目部在 1 小时内向当地政府安全生产监督管理部门和负有安全生产监督管理职责的有关部门以及单位本部报告，并在 8 小时内报股份公司安全生产监督管理部，在接到

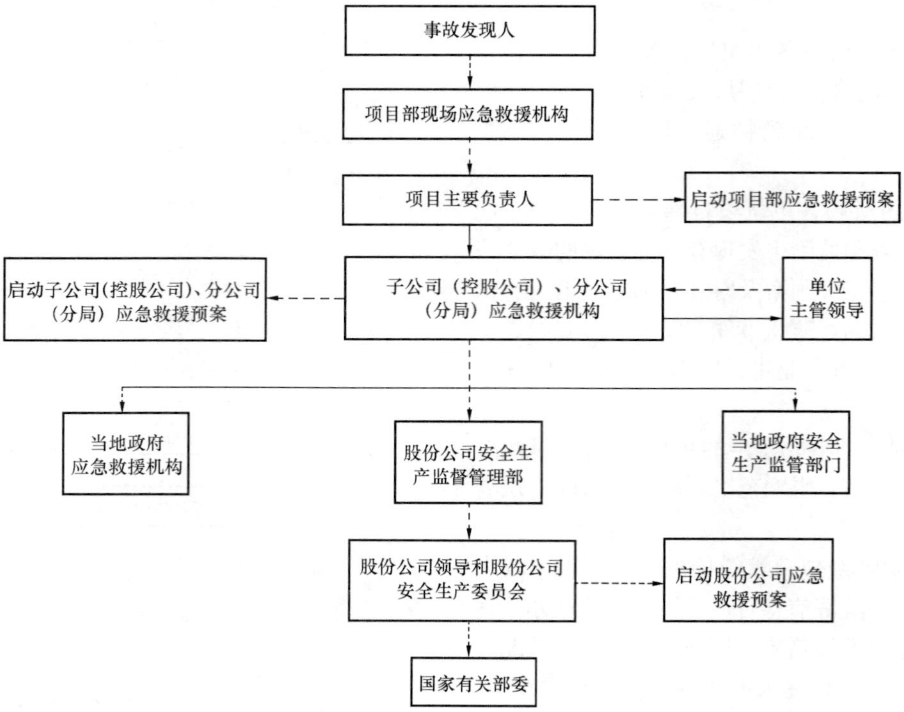

图 4　应急响应程序流程图

事故报告后，股份公司及时向国家电力监管委员会报告。事故单位在事故发生后应立即启动应急救援预案，控制和减少人员伤亡，防止事故的进一步扩大。

6.2.4　应急响应程序如图 4 所示。

6.3　应急结束

当遇险人员获救，事故现场得到有效控制，导致次生、衍生的事故隐患消除后，由事故现场应急救援指挥机构同意，调查取证完成后，可宣布应急结束和决定解除应急状态，应急救援队伍可撤离现场，并由相应级别的应急救援工作机构负责总结应急救援工作。

7　后期处置

7.1　善后处置

由事故发生的子公司（控股公司）、项目部负责事故的善后处置工作，包括：人员的补偿、安置；妥善安置和慰问受害和受影响的人员，保证员工情绪稳定；及时进行现场清理，尽快恢复正常的生产秩序。

7.2　事故调查

股份公司和各单位对各类生产安全事故要进行深入调查和评估，分析事故原因、查清事情真相、总结经验教训、开展批评教育和责任追究等。

7.3　应急评估

各级应急救援工作机构针对发生的事故，评估和检查本单位的应急救援工作，并及时对应急救援预案进行修订和完善，进一步加强和改善应急救援工作能力。

8　保障措施

8.1　通信保障

股份公司各级应急指挥机构、工作机构和参与事故应急救援有关的部门及人员的通信方式，由各单位提供并明确，按隶属关系报上一级和有关部门备案。有关单位及人员的通信方式发生变化的，应及时更新。

股份公司各子公司（控股公司）主要负责人的联系电话见附件 1。

8.2　应急设备、物资保障

8.2.1　为确保应急救援工作的实效性，股份公司对所属单位的应急救援物资、设备和医护人员实行就地、就近调用和应急状态下优先使用的原则。

8.2.2　根据股份公司生产经营的特点，应急设备、物资的保障主要在各施工项目部。各项目部应配备适量的应急设备、器材等物资装备，以保障应急救援调用。

常用应急救援设备和物资及医疗设备、急救物品清单见附件 2。

8.2.3　各项目部在制定应急救援预案时，应明确备用物资、设备的类型、数量、性能、存放位置，并定期进行检查维护。在应急救援时，立即报现场应急救援指挥机构以供调用。

8.2.4　应急救援设备、物资应首先充分利用项目建设的既有资源，必要时联系当地政府和有关部门及其他社会资源。各项目部在日常工作中，应调查了解并明确在紧急救援工作时对社会资源申请使用的程序和步骤。

8.3 专兼职应急救援队伍保障

根据股份公司生产经营的特点，各施工项目部要成立由项目领导、部门负责人、作业队负责人、一线重要岗位人员组成的专兼职应急救援队伍，并在制定的应急救援预案中明确。在日常应急管理工作中，应与业主、当地医院和政府有关部门加强沟通和联系，建立应急救援协作机制。

8.4 资金保障

股份公司总部和所属各单位按照每年的安全生产投入计划，预先安排应急管理资金，并专户使用，作为应急救援工作的先期资金保障。

在进行事故应急救援工作时，股份公司和所属各单位加强对应急资金的调用，确保资金的随时使用。

9 应急培训和演练

9.1 应急培训

9.1.1 股份公司总部和各子公司（控股公司）在每年开展的“三类人员”安全管理培训中把应急管理作为一项重要的培训考核内容。

9.1.2 股份公司所属各项目部在进行各种形式的员工教育培训时，把应急管理的法律法规和应急避险、逃生等常识作为日常安全教育的重点内容。

9.2 应急演练

9.2.1 股份公司和各子公司（控股公司）、分公司（分局）的总部重点开展消防等演练。各施工项目部应结合实际，开展触电、高空坠落、机械伤害、洞室坍塌、防洪度汛等多种形式的演练。

9.2.2 股份公司和各子公司（控股公司）每年至少组织一次全面应急演练；各项目部应根据危险性分析和施工形势及季节变化，不定期地开展重点部位、危险性较大作业活动的专项和现场处置方案应急预案全面演练。

9.2.3 应急演练的开展方式可根据条件，采用桌面演练、功能演练和全面演练。

9.2.4 在进行应急演练时，各级应急工作机构要制定演练的计划，并对演练的效果进行评估和总结，及时查找不足，及时改进应急救援预案，不断提高应急管理工作能力。

10 附则

10.1 股份公司和各单位对在生产安全事故或灾害应急救援工作中表现突出的个人和集体给予表彰和奖励；对失职或玩忽职守的有关人员，按照股份公司有关规章制度进行处理，构成犯罪的，移交司法机关，追究刑事责任。

10.2 本预案报送国务院国有资产监督管理委员会、国家安全生产监督管理总局和国家电力监管委员会备案。

10.3 股份公司各子公司（控股公司）应根据本预案制定本单位的生产安全事故和自然灾害应急预案，加强日常各项应急管理工作，并将本单位的总体应急预案和专项应急预案报股份公司和地方政府安全生产监督管理部门或应急管理部门备案。

10.4 本预案由股份公司安全生产监督管理部负责制定并解释。

10.5 股份公司每3年对本预案组织一次评审，并视评审结果和具体情况进行相应修改、完善或修订。

附件：

1. 中国水利水电建设股份有限公司所属各公司主要负责人联系电话（略）

2. 应急救援常用设备、物资和医疗设备、急救物品清单（略）

设 备 物 资 管 理

中国水利水电建设股份有限公司设备物资集中采购招标管理办法

（中水电股〔2010〕11号·2010年3月5日）

第一章 总 则

第一条 为了规范中国水利水电建设股份有限公司（以下简称股份公司）的设备物资采购招标活动，构建集中采购招标平台，提高管理水平，降低采购成本，实现资源配置的科学化、集约化，根据

《中华人民共和国招标投标法》，国家相关法律、法规、政策和中国水利水电建设集团公司设备物资集中采购招标管理的有关规定，特制定本办法。

第二条 本办法所称采购是指以购买方式获取设备和物资的行为。所称的设备和物资包括：机电产品、成套设备、工程材料和生产所需的大型模具等。其他统称物资的还有：设备的零配件、五金交电、劳保、工器具、轮胎、生产生活及办公设备（施）和信息化产品等。

第三条 本办法所指集中采购招标方式包括：公开招标方式、邀请招标方式、竞争性谈判招标方式、询价招标方式等。

第四条 本办法适用于股份公司以下各单位：

（1）股份公司总部；

（2）股份公司各公司及其所辖的全资和控股公司。

第五条 股份公司的设备物资集中采购招标工作以实现资源配置的科学化、集约化为目的，以实现规模采购的效益和效应为出发点，坚持公开、公平、公正和科学择优的原则，统一行为规范、技术与商务分离、决策与执行分离。

第六条 股份公司投资项目所需的设备物资的集中采购招标按照股份公司关于投资项目招投标管理的有关规定和本办法执行。

第七条 涉及安全生产的设备物资集中采购招标，应严格按照国家和股份公司安全管理的有关规定办理。

第八条 涉及危险品的设备物资集中采购招标，应严格按照国家和项目所在地政府的相关规定办理。

第九条 有下列情形之一的采购不限于本办法：

（1）涉及国家安全和秘密的；

（2）因生命财产安全遭受危险需要紧急采购的；

（3）因自然灾害等不可抗力因素需要紧急采购的；

（4）对高新技术含量有特殊要求的；

（5）政府（含国外政府）指定或认定的其他情形。

第二章 组织机构与职责

第十条 股份公司设备物资集中采购招标工作，按照“统一领导、两级集中、两级管理”的原则，实行股份公司统一领导，建立股份公司和各公司两级集中采购招标管理体系，加强战略管控，规范采购行为，实行科学管理。

股份公司设备物资采购中心（以下简称采购中心）作为一级采购招标机构，负责股份公司设备物资集中采购招标工作的重大事项，组织和指导股份公司设备物资集中采购招标工作，并直接进行一定金额以上的设备物资及高（新技术）、大（型、宗）、特（种）、专（用）设备物资的集中采购招标。

各公司应明确相应的设备物资采购管理部门，作为二级采购招标机构负责其管理权限范围内的设备物资的集中采购招标工作。

第十一条 采购中心职责：

（1）负责股份公司设备物资集中采购招标管理工作，制定和修订股份公司的设备物资集中采购招标管理办法，审查和备案各公司的设备物资采购招标实施细则。

（2）负责统筹和备案各公司申报的设备物资采购招标计划。

（3）负责监督和检查各公司采购工作制度和程序的执行情况。

（4）负责本办法规定的设备物资的集中采购招标工作。

（5）负责管理、审定和评价采购中心的合格供应商和评标专家库。

（6）负责受理股份公司设备物资的招、投标争议。

（7）负责统筹和管理国家规定应依法进行国际招标的设备物资采购项目。

（8）负责组织股份公司采购招标人员的业务培训。

（9）负责协调职能范围内与政府机构的相关事宜。

第十二条 各公司设备物资采购管理部门的职责：

（1）依据本办法，结合本单位具体情况制定采购招标实施细则并报采购中心备案。

（2）负责统一编制和申报本单位的设备物资采购招标计划和各类报表。

（3）负责配合采购中心的集中采购招标工作。

（4）负责权限范围内的设备物资的集中采购招标工作。

（5）负责本单位设备物资采购合同管理、供应商管理和评价，并向采购中心反馈设备物资使用和供应商服务情况。

（6）负责监督、检查和指导本单位范围内的设备物资采购行为。

（7）负责组织本单位采购招标人员的业务培训。

（8）负责协调职能范围内与当地政府机构的相关事宜。

第十三条 股份公司设备物资集中采购招标工

作分采购中心和各公司两级进行：

（1）国内项目所需预算价值200万元人民币（含200万）以上的单机设备，单项（批次）预算价值400万元人民币（含400万）以上的设备物资；国际项目所需预算价值30万美元（含30万）以上的单机设备，单项（批次）预算价值60万美元（含60万）以上的设备物资，由采购中心直接组织进行集中采购招标。采购中心按照“两级集中，动态分流”的原则统筹安排集中采购招标工作。

（2）国内项目所需预算价值200万元人民币以下，10万元人民币（含10万）以上的单机设备，单项（批次）预算价值400万元人民币以下，50万元人民币（含50万）以上的设备物资；国际项目所需预算价值30万美元以下，5万美元（含5万）以上的单机设备，单项（批次）预算价值60万美元以下，10万美元（含10万）以上的设备物资，由各公司按照本办法的规定并结合本单位制定的实施细则，规范有序地组织集中采购招标。

第三章　集中采购计划的编制

第十四条　各公司应根据现有设备物资的资源状况和工作需要编制年度设备物资采购预算，并在每年的1月31日前上报采购中心备案。上报的采购预算应与本单位上报股份公司的财务预算一致。

第十五条　各公司应在每季度最后10个工作日内向采购中心上报下一季度的季度采购招标计划表（附件1）。如有变更的，应及时向采购中心上报调整计划。

第十六条　每批次设备物资采购计划中属于采购中心负责的集中采购招标项目，各公司应在拟订采购时间10个工作日前，向采购中心递交经单位法定代表人或授权代表人签字的集中采购招标申报表（附件2）、集中采购招标委托书（附件3）、评标人员和评标办法审核意见表（附件4），并提供拟订的全套招标文件（电子版）。

第十七条　各公司应在每季度前10个工作日内向采购中心上报上季度的集中采购招标情况备案表（附件5）。

第十八条　各公司应在每年的1月31日前向采购中心上报上一年度的年度采购情况汇总表(附件6)。

第十九条　各公司应在项目中标后即时开展设备物资的采购策划工作。重大国际项目（合同金额2.5亿美元及以上）的采购策划方案由项目实施单位起草并上报采购中心，由采购中心、海外事业部、项目实施单位及相关部门进行会审。各公司按会审后的采购策划方案组织实施。

第四章　集中采购招标的方式与程序

第二十条　集中采购招标的方式和适用范围：

（1）公开招标是指招标人以招标公告的方式，邀请国内外不特定的供应商进行投标。股份公司的设备物资采购，凡具备公开招标条件的或依法应当公开招标的，都应当采用此方式。

（2）邀请招标是指招标人以投标邀请函的方式邀请特定的供应商进行投标。采用公开招标所需时间不能满足紧急要求，且能从资信良好、业绩突出、履约表现优异的供应商处采购满足项目实际需求的设备物资的，可采用此方式。

（3）竞争性谈判招标是指邀请两家以上的供应商就采购事宜报价、谈判的采购招标方式。当公开招标或邀请招标后，投标人不足3家或者没有合格标的；当工程项目急需采购且采用邀请招标方式的时间和程序不能满足要求的；技术复杂或者性质特殊，不能确定详细技术规格或者具体要求的；不能事先计算出价格总额的；股份公司系统单位生产的产品可以满足要求的，可采用此方式。

（4）询价招标是指向3家以上供应商发出询价单让其报价，然后在报价的基础上进行比较并确定最优供应商的一种采购招标方式。当工程项目确需紧急采购，采用邀请招标和竞争性谈判招标都不能满足时间要求，且采购的设备物资种类单一，现货货源充足的；采购的设备物资种类繁多，价格变化幅度小的，可采用此方式。

第二十一条　公开招标和邀请招标的程序：

（一）招标

（1）成立招标领导小组。招标领导小组由单位法定代表人或授权代表人及有关领导和相关业务部门负责人组成并下文明确。

（2）采用公开招标方式的采购招标公告，主要通过国内省级以上的媒体和股份公司网站发布，公告的内容包括：招标人的名称和地址，招标项目的性质、数量、实施地点以及获取招标文件的办法等事项。

（3）采用邀请招标方式的，应当向3个以上特定供应商发出投标邀请函。

（4）招标应当根据招标项目的特点和需要编制招标文件。招标文件应当包括招标项目所有实质性要求和条件以及拟订合同的主要条款，注明招标文件发出日期、投标人提交投标文件截止日期和开标日期。高（新技术）、大（型、宗）、特（种）、专（用）设备物资的招标文件，由采购中心组织专家进行审查。

(5) 开标应当按招标文件规定的时间、地点、程序和范围进行。开标必须邀请监督人员参加。开标时，应当众验明所有投标文件的密封未遭损坏，当众宣读投标人名称、投标价格和投标文件的其他主要内容。开标内容应当完整记录，经监督人员确认签字后存档备查。

（二）评标

(1) 评标委员会由专家和有关代表单数组成，专家人数不得少于2/3。评标委员会的人员组成报招标领导小组批准。开标后，评标委员会成员和监督人员按规定时间进驻指定地点进行评标。在评标期间，评标委员会成员名单对外严格保密。

(2) 评标专家应具备相关领域的工作经验和专业水平，熟悉有关招标投标的法律法规，身体健康。与投标人有利害关系的专家，不得进入相关项目的评标委员会；已进入的，应当更换。

(3) 评标办法应当在开标前制定完成并报招标领导小组审定批准。评标委员会应严格按照评标办法就商务和技术方面进行独立实名打分。评标委员会根据各供应商在商务和技术方面的综合得分情况进行综合评价并出具评标报告（附件7)，推荐首选中标供应商和备选供应商。监督人员应就评标过程是否履行规定程序以及执行评标纪律的情况在评标报告上签署意见。

（三）定标

(1) 评标委员会负责人和监督人员向招标领导小组汇报评标情况。

(2) 招标领导小组多数成员依据评标结果在定标审核意见表（附件8）上签署意见，确定中标供应商。

(3) 定标后，向中标供应商发出中标通知书并向未中标的投标人通报中标结果。

第二十二条 竞争性谈判招标的程序：

(1) 成立谈判小组。谈判小组由专家和有关代表共3人以上单数组成。

(2) 制定谈判文件。谈判文件应当明确谈判程序、谈判内容、合同草案的条款以及评定成交的标准等事项。

(3) 确定邀请参加谈判的供应商名单。谈判小组从符合相应资格条件的供应商名单中确定不少于两家的供应商参加谈判，并向其提供谈判文件。

(4) 谈判小组所有成员集中与单一供应商分别进行谈判。在谈判中，谈判的任何一方不得透露与谈判有关的其他供应商的技术资料、价格和其他信息。谈判文件有实质性变动的，谈判小组应当以书面形式通知所有参加谈判的供应商。

(5) 谈判结束后，谈判小组应当要求所有参加谈判的供应商在规定时间内进行最终报价。谈判小组根据符合采购需求、质量和服务相等且报价最低的原则确定成交供应商，并报请招标领导小组批准。

(6) 成交结果通知所有参加谈判的未成交的供应商。

第二十三条 询价招标的程序：

(1) 成立询价小组。询价小组由专家和有关代表共3人以上的单数组成。询价小组应当对采购项目的价格构成和评定成交的标准等事项作出规定。

(2) 确定被询价的供应商名单。询价小组根据采购需求，从符合相应资格条件的供应商名单中确定不少于3家的供应商，并向其发出询价单让其报价。

(3) 询价。询价小组要求被询价的供应商一次报出有效期不得更改的价格。

(4) 询价小组根据符合采购需求、质量和服务相等且报价最低的原则确定成交供应商，并报请招标领导小组批准。

第五章　其他采购

第二十四条 国际项目的当地采购是指在境外项目所在国家或地区购买以下设备和物资：

(1) 在项目所在国家或地区购买确能降低采购成本的；

(2) 必须使用项目所在国货币（不可自由兑换）购买的；

(3) 必须通过国外制造厂商在项目所在国家或地区指定代理商购买的；

(4) 其他特殊情况。

第二十五条 符合本办法第二十四条所述条件且采购预算金额达到本办法第十三条第（1）款规定的，各公司应向采购中心递交书面申请及下列资料，经采购中心书面批准后，方可进行国际项目的当地采购：

(1) 供应商的资质，业绩和售后服务能力；

(2) 供应商的书面报价；

(3) 国内采购和国际项目当地采购的价格比较分析；

(4) 其他需要提供的材料。

第二十六条 二手设备是指已经使用过但仍保持原有的基本使用价值或者全部使用价值的设备；经过新、旧部件混装或经过修理、翻新，恢复或保持原有技术性能的设备；未经使用过的库存积压的设备，虽然超过质保期或部件产生明显有形损耗，但仍保留原有的技术性能的设备。

第二十七条 二手设备的采购预算金额达到本办法第十三条第（1）款规定的，采购中心根据各公司递交的书面申请及下列资料进行审批：

（1）尽职调查报告；

（2）其他需要提供的材料。

第二十八条 国际EPC项目和直接供货项目所需机电产品且预算金额达到本办法第十三条第（1）款规定的，由采购中心根据各公司递交的申请材料，招标计划和方案进行审批并按下列方式进行：

（1）如在主合同中已确定供应商的，由各公司直接同供应商进行谈判，谈判过程和结果书面上报采购中心备案；

（2）如在主合同中已限定供应商选择范围的，由各公司同选择范围内的供应商进行竞争性谈判，谈判过程和结果书面上报采购中心备案；

（3）如在主合同中未限定供应商或业主同意可在原定供应商范围外另行选择的，由采购中心和各公司按照本办法的规定进行采购招标。所涉及的永久成套设备的主辅机应分别招标。

第二十九条 资源共享采购是指在招标有效期内利用采购中心的招标成果从相同中标供应商少量采购相同型号的产品。

第三十条 补充采购是指同一采购主体根据原采购合同为同一项目从相同中标供应商少量采购相同型号的产品。

第三十一条 符合资源共享采购和补充采购条件且采购预算金额达到本办法第十三条第（1）款规定的，采购中心根据各公司递交的书面申请进行审批。

第三十二条 符合本章所述采购条件且采购预算金额达到本办法第十三条第（2）款规定的，各公司按照本办法的规定并结合本单位制定的实施细则规范有序地进行采购。

第六章 合同的谈判、签订、执行和变更

第三十三条 集中采购招标工作结束，向供应商发出中标通知书后，最迟应在20个工作日内按照招标文件和确定的条件完成合同谈判。

第三十四条 合同谈判结束后，最迟应在5个工作日内完成合同的签订工作。

第三十五条 各公司应在每季度前10个工作日内向采购中心上报上季度的集中采购合同备案表（附件9）。

第三十六条 国际项目所需的设备物资集中采购招标后，合同由国际公司签订并负责执行。国内项目所需的设备物资集中采购招标后，合同由采购单位签订并负责执行。

第三十七条 凡集中采购招标已签订的合同，在执行过程中（或执行前）需要变更时，须报原采购招标组织单位和监察部门备案。合同的变更内容要以文字形式并经合同双方盖章签字后生效。变更部分是原合同不可分割的组成部分。因合同变更导致合同金额增加的，按原审批程序报批并备案。

第七章 供应商管理

第三十八条 本办法所称供应商是指“向股份公司提供设备物资及其相关服务的法人或其他组织”。采购中心对供应商实行“准入制”管理。

第三十九条 参加投标的供应商，原则上应是直接生产制造厂商。如果是采用代理制投标或供应的，必须是合法有效、授权范围和代理主体明确的代理商。

第四十条 供应商在招投标、合同谈判、合同执行、售后服务过程中有不良表现或违规行为的，采购中心将视具体情况对其进行警告、降级或列为不合格供应商。

第四十一条 其他有关供应商的管理按照股份公司供应商管理的有关规定执行。

第八章 监督检查和违规处理

第四十二条 股份公司的集中采购招标活动应当接受监督。各级监察部门依据股份公司对招标监督的有关规定对本单位的集中采购招标活动行使监督职能。

第四十三条 特殊或重大招标项目应当成立监督小组，对招标活动实行全过程监督。监督小组成员一般不少于3人。

第四十四条 监督内容：

（1）整个招标过程有无违反国家法律、法规和本办法规定的权限和程序的行为。

（2）招评标工作人员是否严格遵守工作纪律和履行职责。

（3）投标人是否存在违法违规行为。

第四十五条 下列行为属于违规行为：

（1）不按照本办法规定的权限和程序进行采购的；

（2）将项目拆分肢解，化整为零，规避集中采购招标的；

（3）低报预算价值，规避集中采购招标的；

（4）以工程急需为借口，规避招标程序的；

（5）向不合格供应商采购设备物资的；

（6）相互串通、暗箱操作，搞虚假招投标的；

（7）其他违反《中华人民共和国招标投标法》

等国家法律、法规和股份公司有关规定的行为。

第四十六条 各公司执行本办法的情况将作为效能监察、审计检查和年终考核检查的重点内容。

第四十七条 对违规单位相关领导人的处罚，按照股份公司关于企业领导人员违纪违规行为纪律处分的有关规定执行。对违规单位相关责任人的处罚，按照有关规定执行。

第九章 附 则

第四十八条 本办法自下发之日起生效。

第四十九条 本办法股份公司责成采购中心负责解释。

附件：

1. 季度采购招标计划表（略）
2. 集中采购招标申报表（略）
3. 集中采购招标委托书（略）
4. 评标人员和评标办法审核意见表（略）
5. 集中采购招标情况备案表（略）
6. 年度采购情况汇总表（略）
7. 评标报告（略）
8. 定标审核意见表（略）
9. 集中采购合同备案表（略）

中国水利水电建设股份有限公司设备物资采购中心集中采购招标实施细则

（中水电股〔2010〕11号·2010年3月5日）

第一章 总 则

第一条 为了开展中国水利水电建设股份有限公司（以下简称股份公司）设备物资采购中心的集中采购招标工作，构建股份公司集中采购招标平台，根据股份公司《设备物资集中采购招标管理办法》，制定本实施细则。

第二条 股份公司设备物资采购中心（以下简称采购中心）的集中采购招标工作以实现资源配置的科学化、集约化为目的，以提高股份公司的整体效益为出发点，坚持公开、公平、公正和科学择优的原则，实行技术与商务分离、决策与执行分离。

第二章 集中采购招标的计划和安排

第三条 采购中心负责汇总和备案各公司编制上报的年度设备物资采购预算，并对全年的集中采购招标工作进行统筹安排。

第四条 采购中心在每季度的前15个工作日内完成各公司该季度的采购招标计划表以及上一季度的集中采购招标情况备案表和集中采购招标合同备案表的汇总和备案工作。

第五条 采购中心可根据具体情况，对各公司采购招标计划中种类相同、采购时间接近，累计预算金额达到采购中心管理权限范围的设备物资进行集中采购招标。

第六条 采购中心在收到各公司上报的法定代表人或授权代表人签字的集中采购招标申报表、集中采购招标委托书、全套招标文件（电子版）和签字盖章的评标人员和评标办法审核意见表后及时发出招标通知（招标公告、投标邀请函、竞争性谈判邀请函、询价单）。

第三章 集中采购招标的程序

第七条 公开招标和邀请招标的工作程序：

（一）招标

（1）成立股份公司设备物资集中采购招标领导小组（以下简称招标领导小组），人员由股份公司领导、采购单位领导和有关部门组成。

（2）采用公开招标方式的，采购中心主要通过国内省级以上的媒体和股份公司网站发布招标公告。公告的内容包括：招标人的名称和地址，招标项目的性质、数量、实施地点以及获取招标文件的办法等事项。

（3）采用邀请招标方式的，采购中心向3个以上特定供应商发出投标邀请函。

（4）集中采购招标项目的商务和技术招标文件由采购单位根据招标项目的特点和需要编制。招标文件中包括招标项目所有实质性要求和条件以及拟订合同的主要条款，注明招标文件发出日期、投标人提交投标文件截止日期和开标日期。高（新技术）、大（型、宗）、特（种）、专（用）设备物资的招标文件，由采购中心组织专家进行审查。

（5）采购中心按照招标文件规定的时间、地点、程序和范围组织开标。采购中心将邀请采购单位代表和监督人员参加开标。开标时，采购中心人员当众验明所有投标文件的密封未遭损坏，当众宣读投标人名称、投标价格和投标文件的其他主要内容。采购中心人员负责完整记录开标内容，经监督人员确认签字后存档备查。

（二）评标

（1）评标委员会由采购中心从股份公司评标专家库中抽取的专家和采购单位推荐的专家或代表单数组成，专家人数不得少于2/3。评标委员会的人员组成报招标领导小组批准。开标后，评标委员会成员和监督人员按规定时间进驻采购中心指定的地点进行评标。在评标期间，评标委员会成员名单对外严格保密。

（2）根据购买单位的数量，评标委员会按下列方式组成：

1）单一采购单位：采购单位推荐专家和代表人数不低于评标委员会人员总数的1/3。评标委员会负责人由采购单位担任，采购中心派员协助。

2）多家采购单位：各采购单位推荐评标专家和代表人员的总数不低于评标委员会人员总数的1/2。评标委员会负责人由采购中心派员担任，各采购单位协助。

（3）评标办法在开标前报招标领导小组批准。评标委员会应严格按照批准的评标办法就商务和技术方面进行独立实名打分。评标委员会根据各供应商在商务和技术方面的综合得分情况进行综合评价并出具评标报告，推荐首选中标供应商和备选中标供应商。

（4）监督人员应就评标过程是否履行规定程序以及执行评标纪律的情况，在评标报告上签署意见。

（三）定标

（1）评标委员会负责人和监督人员向招标领导小组汇报评标情况。

（2）招标领导小组视项目情况，采取会签或会议形式，由多数成员依据评标结果在定标审核意见表上签署意见，确定中标供应商。

（3）招标领导小组中采购单位成员应在评标工作完成之日起的5个工作日内签署定标意见。如采购单位选择备选中标供应商，采购中心可在收到采购单位书面说明后的2个工作日内进行复议，并邀请首选中标供应商和备选中标供应商予以澄清。招标领导小组中采购单位成员应在收到复议结果后的3个工作日内签署定标意见。

（4）招标领导小组其他成员应在随后的5个工作日内签署定标意见。

（5）采购中心向获得招标领导小组半数以上成员同意的中标供应商发出中标通知书，并向未中标的投标人通报中标结果。

第八条 竞争性谈判招标的程序：

（1）采购中心组织成立谈判小组。谈判小组由采购中心从股份公司评标专家库中抽取的专家和采购单位推荐的专家或代表3人以上单数组成。谈判小组的人员组成报招标领导小组审核批准。

（2）采购单位制定谈判文件。谈判文件应当明确谈判程序、谈判内容、合同草案的条款以及评定成交的标准等事项。

（3）谈判小组从符合相应资格条件的供应商名单中确定不少于两家的供应商参加谈判，并向其提供谈判文件。

（4）谈判小组所有成员集中与单一供应商分别进行谈判。在谈判中，谈判的任何一方不得透露与谈判有关的其他供应商的技术资料、价格和其他信息。谈判文件有实质性变动的，谈判小组应当以书面形式通知所有参加谈判的供应商。

（5）谈判结束后，谈判小组应当要求所有参加谈判的供应商在规定时间内进行最终报价。谈判小组根据符合采购需求、质量和服务相等且报价最低的原则确定成交供应商，并报请招标领导小组批准。

（6）采购中心将成交结果通知所有参加谈判的未成交的供应商。

（7）如公开招标的投标人不足3家，可直接转为按竞争性谈判方式进行采购招标。谈判小组由经招标领导小组批准的评标委员会成员组成，评定事项以经招标领导小组批准的评标办法为准。

第九条 询价招标的程序：

（1）采购中心组织成立询价小组。询价小组由采购中心人员和采购单位推荐的专家或代表3人以上单数组成。询价小组的人员组成报招标领导小组审核批准。

（2）采购单位按采购项目的价格构成制定询价单。

（3）采购中心根据采购需求，从符合相应资格条件的供应商名单中确定不少于3家的供应商，并向其发出询价单让其报价。

（4）采购中心要求被询价的供应商一次报出有效期内不得更改的价格。

（5）询价小组根据符合采购需求、质量和服务相等且报价最低的原则确定成交供应商，并报请招标领导小组批准。

第四章 其他采购

第十条 国际项目的当地采购、二手设备的采购、资源共享采购和补充采购由采购中心根据各公司递交的书面申请和规定材料进行审批。

第十一条 国际 EPC 项目和直接供货项目所需的机电产品由采购中心根据各公司递交的书面申请、招标方案和计划进行审批。申请材料应包括：项目背景介绍、主合同概要、采购计划、采购预算、供应商介绍等。

第五章 合同的谈判、签订、执行和变更

第十二条 集中采购招标工作结束，采购中心向供应商发出中标通知书后，各采购单位最迟应在20个工作日内按照招标文件和确定的条件完成合同谈判。

（1）单个采购单位的合同谈判由采购单位组织，采购中心配合。

（2）多家采购单位的合同谈判由采购中心组织，各采购单位配合。

第十三条 合同谈判结束后，各采购单位最迟应在5个工作日内完成合同的签订工作。

（1）由采购单位与中标供应商签订合同，采购中心协助和监督合同的签订工作。

（2）采购合同及时上报采购中心备案。

第十四条 国际项目所需的设备物资在采购中心集中采购招标后，合同由国际公司签订并负责执行。国内项目所需的设备物资在采购中心集中采购招标后，合同由采购单位签订并负责执行。

第十五条 凡集中采购招标已签订的合同，在执行过程中（或执行前）需要变更时，须报采购中心和监察部备案。合同的变更内容要以文字形式并经合同双方盖章签字后生效。变更部分是原合同不可分割的组成部分。因合同变更导致合同金额增加的，由采购单位按原审批程序报采购中心批准并备案。

第六章 监督检查和违规处理

第十六条 采购中心所有的集中采购招标活动接受股份公司监察部门的监督。

第十七条 监察部门依据股份公司对招标监督的有关规定对采购中心进行的集中采购招标项目实行全过程监督。特殊或重大招标项目的监督小组由监察部组织相关部门的人员组成。

第十八条 采购中心人员应自觉遵守《中华人民共和国招标投标法》、国家相关法律法规和股份公司《设备物资集中采购招标管理办法》的有关规定。对采购中心人员的违规违纪处罚按照股份公司企业领导人员违纪违规行为纪律处分的有关规定执行。

第七章 附 则

第十九条 本实施细则自下发之日起生效。

第二十条 本实施细则由采购中心负责解释。

中国水利水电建设股份有限公司
设备物资管理办法

（中水电股〔2010〕12号·2010年3月5日）

第一章 总 则

第一条 为加强中国水利水电建设股份有限公司（以下简称股份公司）的设备物资管理，提高管理水平，根据国家有关法律、法规以及国务院国有资产监督管理委员会对中央企业资产管理和中国水利水电建设集团公司对设备物资管理的有关规定，结合股份公司设备物资管理工作的实际，制定本办法。

第二条 本办法适用于股份公司所属各公司。

第三条 股份公司的设备物资管理实行以股份公司为指导，以各公司为管理中心，以项目部为运营主体的设备物资管理体系。股份公司依据本办法对各公司设备物资管理工作实行指导、监督、协调、服务。

第四条 各公司按照本办法并结合本单位的实际情况和管理工作要求，完善设备物资管理制度并组织实施。

第五条 各公司的设备物资管理要按照相应的质量体系程序文件运行，按机械设备、物资的作业文件执行，并做好相应记录，使设备物资管理规范有序，管理全过程的质量得以有效控制。

第二章 机构及主要职责

第六条 股份公司设备物资部是股份公司设备物资管理的职能部门，负责股份公司设备物资管理

的指导、监督、协调和服务。

第七条 各公司应设立设备物资管理部门，负责本公司国内、国际以及联营体责任方设备物资管理工作。

第八条 股份公司设备物资部职责：

（一）负责拟订股份公司设备物资资源的管理战略，并组织实施。

（二）负责股份公司设备物资资源的战略性优化配置工作，并组织实施。

（三）负责拟订股份公司设备物资管理的规章制度，督促实施并检查考核。

（四）根据股份公司发展战略和科技进步的需要，推广应用新材料、新设备，促进节能减排工作。

（五）组织在使用的重大物资设备有关操作、维护、管理规程、规范的编写和应用。

（六）组织进行股份公司内设备物资的调剂工作，协调所属各公司间的设备物资业务关系。

（七）组织特大及以上设备事故的调查处理。

（八）收集、研究有关法律、法规和政策以及市场信息，为各公司提供相应服务。

（九）负责建立和管理股份公司设备物资信息化管理系统；负责股份公司设备物资技术进步的科研计划和管理创新项目的组织。

（十）负责配合股份公司人力资源部对设备物资管理人员和高技能人才的培训。

（十一）负责协调职能范围内与政府相关机构的关系。

第九条 各公司设备物资部或相应管理部门职责：

（一）贯彻执行国家有关设备物资管理的方针、政策、法规和股份公司有关设备物资管理的规定。

（二）负责建立和完善本单位设备物资管理的各项规章制度，并组织实施。

（三）负责拟订本公司设备物资资源的管理战略并组织实施。组织编制施工设备的使用购置计划，负责对施工设备进行监控和指导管理。

（四）负责本公司设备物资资源的优化配置工作，并组织和协调本公司设备物资的调剂工作。

（五）提出有关物资设备技术进步的科研计划项目，并负责具体实施。

（六）负责组织本公司重大及以下事故的调查和处理，参与股份公司组织的事故调查。

（七）负责按照国家和股份公司有关节能减排的规定，组织实施本公司的节能减排工作。

（八）负责建立健全本公司设备物资管理考核制度，并执行对所属单位设备物资管理工作的监督、指导、考核。

（九）负责配合本公司人力资源部对设备物资管理人员和操作人员的培训。

（十）负责协调职能范围内与当地政府相关机构的关系。

第三章 设备管理

第十条 各公司的设备管理要按照综合管理的方针，坚持技术与经济相结合的原则，优化配置资源的原则，规范地进行使用、保养、维修的原则，专业管理与全员管理相结合的原则。

第十一条 各公司应按照股份公司有关资源配置管理的权限要求进行设备资源的配置，同时在设备配置中遵循“科学合理、低耗高效”的原则，挖掘设备潜力，充分利用资源，合理使用设备，以较低的投入获得较高的产出。

第十二条 各公司应按照股份公司对大型专用设备管理的要求，科学地进行大型专用设备资源的配置，充分利用内部资源和社会资源，控制自有增量，实现股份公司大型专用设备资源的有效利用。

第十三条 各公司应根据股份公司《设备物资集中采购招标管理办法》的规定进行采购工作。按照设备物资采购审批权限及程序进行采购管理，防止越权及随意采购行为。

设备物资采购应本着“公开、公平、公正”的原则，在采购工作中做到“过程透明，阳光操作”。

第十四条 各公司应建立、健全设备操作、使用、保养规程和管理制度。应以提高设备综合效益和设备寿命周期的经济性为前提，坚持“遵章管理、合理使用、正确操作、安全第一”的原则。

第十五条 大、中型设备坚持定人、定机、定岗，设立人机档案卡和运行记录，人随机走，记录随机转移。大型设备必须实行机长负责制。

设备操作人员必须经过技术培训，经考试合格后获得操作证，属于特种机械的必须获得“特种作业操作证”。持证上岗，严禁无证操作。

第十六条 各公司应根据本公司设备的特点建立设备维护保养制度，严格执行并做好相应记录。

第十七条 根据本公司设备的构成和特点建立健全设备大修制度，完善审批、实施程序并建立设备维修档案，在大、中型设备中应逐步推行故障诊断、状态监测，实行状态检修（CBM）方式。

第十八条 各公司应在大、中型设备管理上逐步建立单机（车）核算制度。把寿命周期费用（LCC）、全面生产管理（TPM）的理论应用于管理实际，全面推行设备的精细化管理。

第十九条 各公司在特种施工设备管理中，应按照国家及股份公司有关特种设备的管理规定进行。

第二十条 各公司应建立闲置设备管理制度，加强内部租赁、让售，并通过股份公司实现内部闲置设备的合理调剂。

第二十一条 各公司应制定设备报废管理制度，严格报废设备的审批和程序。

第二十二条 各公司应建立和完善设备管理考核制度，并作为责任制考核内容。

第四章 物资管理

第二十三条 各公司在物资管理中应遵循"计划采购、定额发料、合理储备、保证经营"的原则。

第二十四条 各公司应加强对所属单位物资的计划和采购管理，指导所属单位科学地制定物资采购计划，能进行集中招标采购的，必须进行集中采购，严格采购程序，在采购工作中做到"过程透明，阳光操作"。

第二十五条 各公司应根据工程实际建立与之相适应的区域供应商信息库，指导所属单位的采购活动，提供信息服务。

第二十六条 各公司应对市场价格变动频繁、幅度大、采购量大的自购材料，建立风险评估和采购管理责任机制，科学决策。

第二十七条 各公司应制定和完善物资的现场管理制度，严格验收、验证、仓储管理程序，控制主要工程材料的现场加工、运输、使用环节，保证物资的正确合理使用。

第二十八条 各公司应制定和完善领用料制度，加强定额耗量的控制，加强材料消耗的事前、事中控制，做好单元工程、节点工程和整个工程项目物资统计核销管理工作。

第二十九条 各公司应加强节能减排和环境保护工作，建立能源和资源管理制度，控制相应的燃油、电、水等资源的消耗，提高经济效益。

第三十条 各公司应加强周转性材料的管理，并在设备物资部建立实物账，督促周转性材料的规范使用，提高周转率。

第三十一条 各公司必须严格按照国家以及当地政府的各项管理规定，加强对爆破材料、危险物资的采购、存储、使用、退库环节的控制，实施全员管理、全过程管理，杜绝事故的发生。

第三十二条 各公司应加强闲置物资的调剂管理，掌握物资动态，建立和完善物资的租赁、让售管理制度，减少库存积压和浪费，提高物资的使用效益。

第三十三条 各公司应加强现场报废物资的回收和让售管理，建立相应的内部管理审批、实施、监督制度。

第五章 设备物资的安全管理

第三十四条 各公司要高度重视设备物资的安全管理，加强职工安全教育和培训，健全和完善设备物资安全操作规程。

（一）设备物资管理部门作为设备物资安全管理责任部门，应配备满足设备物资安全管理必需的管理人员。

（二）应建立、健全设备物资安全管理制度，并作为考核指标，严格奖罚。

第三十五条 各公司应加强特种施工设备（起重设备、缆机、锅炉压力容器和压力管道等）的采购、验收、日常检查、定期检验和使用管理，加强对特种设备作业人员的培训，确保特种设备的安全使用。

第三十六条 机械事故的定义和等级：

设备凡由于使用、操作、维修、保管不当等原因而引起的非正常性损坏，均为设备事故。设备事故按照事故损失大小进行分类，划分为一般事故、重大事故、特大事故、特别重大事故。

（一）一般事故：直接经济损失2万～30万元的事故；

（二）重大事故：直接经济损失30万～100万元的事故；

（三）特大事故：直接经济损失100万～500万元的事故；

（四）特别重大事故：直接经济损失在500万元以上的事故。

第三十七条 设备事故的调查处理及处罚：

（一）对事故的处理，要坚持"四不放过"原则。

（二）一般设备事故由事故单位自行组织调查和处理，有关事故的全部资料由事故单位完整保存。

（三）重大设备事故由事故单位自行组织调查，必须在24小时内报告股份公司，并在30天内把事故直接损失及事故处理结果上报；特种设备的重大事故则视事故情况，必要时由股份公司派出专业人员赴事故现场组织调查。

（四）特大以上设备事故必须在24小时内上报股份公司，由股份公司派出专业人员会同事故单位赴事故现场组织调查。

（五）各公司应对每年发生重大事故以上设备事故情况进行统计并上报股份公司设备物资部。股份公司对事故单位按照直接经济损失总额的1%～3%进行处罚，处罚金由事故单位上缴股份公司财务产权部，作为安全基金使用。

（六）对延报、谎报、隐瞒不报或弄虚作假的事故单位，将视其情节轻重对事故单位的第一责任人和有关责任人给予经济处罚和和行政处分。

第三十八条 对易燃易爆物品、危险品和其他物资所引起的安全事故的处理，按照股份公司安全生产的有关规定执行。直接经济损失在50万元以上的事故，应在24小时内上报股份公司。

第六章 设备物资信息化管理

第三十九条 设备物资管理信息系统是股份公司信息化建设的重要组成部分，是提高管理水平的重要手段。各公司应高度重视设备物资管理信息系统的建设和应用。

第四十条 股份公司实施统一的设备物资信息化管理，共享公司内部设备物资资源、技术资源、管理经验以及公共资料。

第四十一条 各公司应加强基础管理工作，建立健全设备物资信息化管理制度，及时准确地收集、整理、录入、修改本公司设备物资管理基础资料。

第七章 设备物资管理评优与考核

第四十二条 各公司每年度应开展各种形式的设备物资管理评优活动，提高设备的完好率、利用率，合理控制物资的消耗，充分调动设备物资管理人员以及操作人员的积极性，对管理工作作出显著成绩的管理人员与机组人员应给予一定的物质奖励。

第四十三条 股份公司在各公司管理评优结果的基础上，每两年开展一次设备物资管理的评优活动，鼓励先进，倡导管理进步，以提高股份公司整体设备物资管理水平。

第四十四条 股份公司对各公司设备物资管理的综合状况进行考核。

第八章 设备物资的基础管理

第四十五条 各公司应建立规范、完善的设备档案管理制度，保证设备历史资料的完整性和可追溯性。大型设备及特种设备的技术档案必须建立在设备物资管理部门。

设备技术档案应包括产品合格证，设备安装和使用说明，配件目录、随机工器具登记表，设备运行、维修、维护保养记录，调配记录。特种设备必须有定期检验记录。

第四十六条 各公司应建立健全设备物资的验收交接、档案、管理和考核制度，制定与设备物资有关的工时、费用、消耗以及储备定额。

第四十七条 各公司应加强设备物资统计报表的管理，建立健全设备物资统计报表制度。

第四十八条 各公司必须将以下指标列入设备物资管理考核内容，部分指标要按照股份公司的要求上报。所有报表的报告期为上年12月25日至本年度12月25日。报告期内制度台日指不包括周六日、国家法定节假日的正常工作日。

1. 完好率

$$完好率=\frac{报告期内制度台日数中的完好台日数}{报告期内制度台日数}\times100\%$$

2. 利用率

$$利用率=\frac{报告期内实作台日数（包括加班台日数）}{报告期内制度台日数+加班台日数}\times100\%$$

3. 设备资产效能系数

$$设备资产效能系数=\frac{报告期内建安施工产值}{报告期内设备资产净值}\times100\%$$

4. 事故损失率

$$事故损失率=\frac{全年机械事故直接损失费}{年末自有机械设备净值}\times100\%$$

5. 技术装备率

$$技术装备率=\frac{报告期末机械设备净值（万元）}{报告期末职工人数或工人人数（人）}\times100\%$$

6. 动力装备率

$$动力装备率=\frac{报告期末机械设备总功率（kW）}{报告期末职工人数或工人人数（人）}\times100\%$$

7. 物资库存率

$$物资库存率=\frac{物资年末库存资金总额}{年度物资采购资金总额/12}\times100\%$$

8. 设备集中招标采购率

$$设备集中招标采购率=\frac{集中招标采购总额}{年度设备采购总额}\times100\%$$

9. 物资集中招标采购率

$$物资集中招标采购率=\frac{集中招标采购总额}{年度物资采购总额}\times100\%$$

第九章 教育与培训

第四十九条 各公司应重视设备物资管理人才的培养，建立设备物资专业技术和管理人才及高技能人才的管理机制。

第五十条 各公司应有计划地安排对设备物资管理人员、机械操作人员的培训工作，提高其业务水平。

第五十一条 各公司应按照国家有关安全管理的规定，对设备管理人员、操作人员、危险物资管理人员进行定期的安全教育和培训，特种设备的操作人员、危险物资管理人员（保管、运输、操作）应按照国家及股份公司安全管理的有关规定进行培训、考核、取证和年度审核。

第十章 附则和附表

第五十二条 本办法自下发之日起生效。

第五十三条 本办法由股份公司设备物资部负责解释。

附表及说明（略）

中国水利水电建设股份有限公司
供应商管理办法

（中水电股〔2010〕17号·2010年3月11日）

第一章 总 则

第一条 为规范中国水利水电建设股份有限公司（以下简称股份公司）采购活动中对供应商的管理，确保供应能力和质量，同合格供应商建立长期互惠供求关系，依据《中国水利水电建设股份有限公司设备物资集中采购招标管理办法》及股份公司相关管理办法规定，制定本办法。

第二条 本办法所称供应商是指向股份公司提供设备物资及其相关服务的法人或其他组织，包括国内供应商和国外供应商。

第三条 本办法适用于股份公司以下各单位：

（一）股份公司总部；

（二）股份公司各公司及其所辖的全资和控股公司。

第四条 管理原则：

（一）两级集中管理原则：中国水利水电建设股份有限公司设备物资部/采购中心（以下简称采购中心）和各公司的设备物资采购管理部门作为两级设备物资采购管理部门，行使对供应商的管理职能。

（二）资格认证原则：供应商必须通过资格认证，办理加入股份公司合格供应商库的手续，成为合格供应商，才具备向股份公司各单位提供相应的产品及服务的基本条件。

（三）动态管理原则：对合格供应商实行动态管理，对供应商的经营业务范围、基本资质、经营业绩、合同履约、售后服务等情况，每年进行一次复查并评价。

（四）信息化管理原则：对合格供应商的管理通过股份公司信息化平台进行。

第二章 组织机构和职责

第五条 采购中心是股份公司合格供应商的管理部门。各公司的设备物资采购管理部门是各单位合格供应商的管理部门。

第六条 股份公司合格供应商是指通过采购中心认证和评价的供应商。各公司的合格供应商是指通过该单位设备物资部门认证和评价的供应商。股份公司合格供应商自动获得各公司合格供应商的资格。各公司的合格供应商须通过采购中心的认证和评价后，方能具备股份公司合格供应商资格。

第七条 采购中心职责：

（一）负责编制并贯彻股份公司供应商管理办法，管理股份公司合格供应商。

（二）负责进行供应商的资格认证，并向通过认证的供应商颁发《中国水利水电建设股份有限公司合格供应商证书》。

（三）负责管理合格供应商成员档案。

（四）负责组织对股份公司合格供应商进行动态管理和定期评价，调整合格供应商成员。

（五）负责对各公司的供应商管理实施监督和检查。

（六）负责组织供应商管理的有关培训和会议。

第八条 各公司设备物资采购管理部门的职责：

（一）负责贯彻股份公司供应商管理办法和规定，并制定本单位的供应商管理细则。

（二）负责组织对本单位的供应商进行资格认证，并对供应商进行动态管理和定期评价。

（三）参与和配合采购中心对股份公司合格供应商进行动态管理和定期评价。

（四）负责向采购中心反馈合格供应商库成员的合同履约和售后服务情况。

（五）负责对本单位的合格供应商管理实施监督和检查。

第三章　合格供应商认证

第九条　潜在合格供应商由股份公司各公司推荐或由供应商书面申请。

第十条　潜在合格供应商的基本条件：

（一）具有法人资格。

（二）遵守国家有关法律、法规，未被发现有违规、违法行为。

（三）具有履行合同的能力和良好的履行合同的记录。

（四）具有良好的资金财务状况。

（五）制造商具有一定的生产能力、规模和相应的技术力量、并具有相应的质量/环保/职业健康体系认证证书和资质或生产许可，具有售后服务和质量跟踪服务体系。

（六）代理商有固定的经营场所，经营产品质量可靠，具有本企业或所代理产品的生产制造企业的质量/环保/职业健康体系认证证书和相应的产品销售资质，具有售后服务和质量跟踪服务体系。代理商应有相应产品的生产制造企业的授权书。

（七）服务单位有相应服务能力和规定的资质；具有售后服务和质量跟踪服务体系。

第十一条　申请认证的供应商，应填写供应商资格申报表，并向采购中心递交相关资料。

第十二条　采购中心对供应商申报的材料进行审核。经审核符合条件的，由采购中心颁发《中国水利水电建设股份有限公司合格供应商证书》，并在股份公司网站上进行发布。合格供应商可以参与股份公司和各公司的采购活动。

第十三条　合格供应商库成员相关资料发生变更时，需要及时将变更内容形成文字资料，并加盖单位公章，与有关变更的依据及时提供给采购中心；采购中心经核实无误后，办理证书变更、资料更新等手续。

第四章　考核与评价

第十四条　每年对供应商进行一次考核与评价。

第十五条　考核与评价主要是对供应商的履约行为和资质情况进行综合评议。

第十六条　考核与评价由采购中心和使用单位进行综合评估，内容见供应商评价表。

第十七条　根据考核与评价的结果将供应商分为3个级别：AAA级合格供应商、合格供应商、不合格供应商。

第十八条　采购中心对使用单位的得分进行统计并综合评估，连续3次得分85分以上或两次90分以上，为AAA级合格供应商；得分85分以下，60分以上，为合格供应商；得分60分以下，为不合格供应商。

第十九条　在采购活动中，AAA级合格供应商可享受同等优先待遇。

第二十条　不合格供应商不得进入股份公司下一年度的采购市场。

第二十一条　供应商的考核与评价接受股份公司监察部门的监督。各工程局（厂）、公司不得向不合格供应商采购任何产品，一经查处，将按有关规定予以处罚。

第五章　附　　则

第二十二条　本办法由采购中心负责解释。

第二十三条　本办法自发布之日起执行。

中国水利水电建设股份有限公司
特种设备管理办法

（中水电股〔2010〕24号·2010年3月23日）

第一章　总　　则

第一条　为加强中国水利水电建设股份有限公司（以下简称股份公司）特种设备的管理，保障特种设备的安全运行和节能，依据国家《安全生产法》、国务院《特种设备安全监察条例》、国家质量监督检验检疫总局《特种设备质量监督与安全监察规定》、交通运输部和有关部委颁发的法律、法规及中国水利水电建设集团公司对特种设备管理的有关规定，结合股份公司设备管理的实际情况，制定本办法。

第二条　本办法所称特种设备是指由国家认定

的、因设备本身和外在因素的影响容易发生事故，并且一旦发生事故会造成人身伤亡及重大经济损失的危险性较大的设备。股份公司管理的特种设备以国家安全生产监督管理总局、国家质量监督检验检疫总局、交通运输部及相关部委颁布的目录为准。

第三条 股份公司所属各公司特种设备的生产（含设计、制造、安装、改造、维修，下同）、购置、使用、报废应严格执行国家有关法律、法规及本办法。

第四条 股份公司特种设备的管理和使用接受各级特种设备质量技术监督行政部门监督与安全监察。

第二章 特种设备的范围

第五条 股份公司使用的特种设备主要有以下类别：

（一）锅炉、起重设备、电梯、压力容器、压力管道。

（二）各类船舶、交通运输工程车辆、场（厂）内专用机动车辆等设备。

场（厂）内专用机动车辆，是指除道路交通、农用车辆以外仅在施工作业区和生产车间等特定区域使用的专用机动车辆。

（三）防爆电器（气）、具有放射性对人有较大伤害的设备。

（四）其他特种设备。

（五）特种设备包括其附属的安全附件、安全保护装置和与安全保护装置相关的设施。

第三章 机构与职责

第六条 股份公司特种设备管理实行以股份公司为指导，各公司归口管理的模式。股份公司设备物资部是股份公司特种设备管理的职能部门。各公司设备物资管理部门是特种设备归口管理的责任部门。

第七条 股份公司设备物资部职责：负责贯彻执行国家对特种设备管理的法律、法规；负责股份公司特种设备管理的监督指导；负责监督各公司建立健全特种设备安全、节能管理制度及实施情况；负责组织股份公司特种设备的安全检查和考核并对重大及以上事故的调查、处理；参与股份公司对因特种设备造成的涉及人身伤亡的安全事故的调查、处理。

第八条 各公司设备物资管理部门职责：负责贯彻执行国家对特种设备管理的法律、法规及本办法；负责建立健全本公司特种设备安全、节能管理制度；负责落实与检查特种设备安全、节能管理制度的执行；负责建立特种设备台账及安全技术档案；负责组织本单位一般事故的调查、处理，配合对重大及以上事故的调查、处理等。

第四章 特种设备的设计与制造

第九条 股份公司特种设备设计制造单位须根据国家质量监督检验检疫总局颁发的《特种设备行政许可分级实施范围》的有关规定，取得相关的许可资格，方能从事特种设备的设计制造活动，设计制造单位应建立健全与特种设备设计制造相适应的管理制度和责任制度。

第十条 股份公司特种设备设计制造单位应执行国家及相关部委颁布的有关政策及法规，并取得相应的许可，按照资格范围内相关的国家技术规范的要求，进行设计制造活动。

第十一条 制造单位必须按照国家有关规定取得相应产品的生产许可证或安全许可证，必须严格执行制造工艺及过程质量控制，其产品必须按照国家相关规定进行出厂试验或检验。

第十二条 特种设备制造完成出厂时，应按规定出具安全技术规范要求的设计文件、产品质量合格证明、安装及使用维修说明、监督检验证明、能耗指标及其他相关资料。

第五章 特种设备的安装、改造与维修

第十三条 股份公司从事特种设备安装、改造、维修的单位，须根据国家质量监督检验检疫总局颁发的《特种设备行政许可分级实施范围》的规定，取得相关的许可资格，方可从事相应的活动。应建立健全与特种设备安装、改造、维修相适应的安全、质量、节能管理制度和责任制度，并配备相适应的人员和设施（包括生产条件、检测手段等）。特种设备安装、改造、维修人员必须经特种设备安全监督管理部门考核合格，取得国家统一格式的特种作业人员证书，方能从事相应的作业任务。

第十四条 各公司特种设备安装、改造、维修业务，必须由取得相关许可资格的单位进行。从事特种设备安装、改造、维修的单位必须按国家和地方有关法律、法规履行相应手续，严格遵守安全技术规范的要求，施工技术方案和安全防护措施由本单位安全监督管理部门审核并经安全技术负责人审批后，方能对项目施工。从事特种设备安装、改造、维修的单位不得以任何形式对其安装、改造、维修业务进行转包或者分包。

第十五条 各公司特种设备安装、改造、维修

完成后，须经相关的检验检测机构检验合格，方可交付使用。安装、改造、维修单位应在验收后，将有关技术资料移交给设备使用单位，设备使用单位应将其存入该特种设备的安全技术档案。

第六章 特种设备的购置、使用管理

第十六条 购置国产特种设备的，必须由取得相应许可资格的单位生产，并附相关部门要求提供的有关资料。购置进口特种设备的，必须是符合国家相关部门规定，取得合法的进口许可资格，并具备相关有效证件的合格产品。

第十七条 各公司在投入使用新购特种设备时，必须在国家有关部门规定的时间内办理特种设备登记手续，有登记标志的特种设备须将登记标志置于或附着于该特种设备的显著位置。

第十八条 各公司特种设备使用要根据本公司实际情况，设置特种设备安全、节能管理机构。从事特种设备的操作、维护及相关人员必须按国家有关规定，取得国家统一格式的特种作业人员证书，方可从事相应的作业或管理工作。

第十九条 各公司应实行特种设备责任保险制度，提高事故赔付能力。

第二十条 各公司必须建立有关设计生产、安装、改造、使用、维修、保养等安全技术档案管理制度，并设专人保管安全技术档案。

第二十一条 各公司根据特种设备现场使用情况，应制定不同种类特种设备的《安全操作规程》和《维护保养规程》。国家相关部门对特种设备要求定期检验的，应按规定检验。租赁特种设备必须是检验合格的设备。特种设备出现故障（发生异常）或能耗严重超标的情况，须及时消除、控制事故隐患和能耗超标，不得“带病”作业。

第二十二条 各公司对老旧特种设备应定期进行技术鉴定，并制定切实可行的安全预防保护措施，在严格监护下使用。

第二十三条 特种设备存在严重事故隐患、不符合能效指标的，无改造、维修价值，超过标准或者技术规程寿命期限要求的特种设备，应按照国家有关部门要求予以报废处理。各公司已审批报废的特种设备，应按国家有关部门的相关规定办理注销手续及处理。

第二十四条 各公司特种设备的设计生产、安装、改造、维修、使用、保养过程中必须贯彻国家有关节能减排的规定，保护环境，必须按规定处置污染物。

第二十五条 各公司应建立完善的特种设备台账及安全技术档案，并按股份公司要求上报主要特种设备定期检验情况表（附表一）。

第七章 应急预案及特种设备事故报告程序

第二十六条 各公司应根据特种设备实际机况、环境情况和使用情况等因素对危险源进行辨识和风险评估，并制定事故响应与控制的专项应急救援预案，并定期进行事故应急演练。

第二十七条 特种设备发生一般设备事故由事故单位自行组织调查和处理，有关事故的全部资料由事故单位完整保存；重大及以上设备事故必须在24小时内报告股份公司设备物资部（附表二），由股份公司设备物资部组织调查、处理。

第二十八条 特种设备发生人员伤害事故，各公司应按股份公司安全生产监督管理部的有关规定上报，并同时报股份公司设备物资部。

第八章 监督与处罚

第二十九条 股份公司设备物资部及其他相关部门，按照国家有关法律、法规，对各公司特种设备管理情况进行监督检查。

第三十条 对违犯国家有关法律、法规及本办法的行为，股份公司将根据有关规定予以处罚。

第九章 附则和附表

第三十一条 本办法自颁布之日起执行。

第三十二条 附表。

附表一：年度主要特种设备清查明细表（略）

附表二：特种设备事故快速报告表（略）

中国水利水电建设股份有限公司 大型专用设备资源管理办法（试行）

（中水电股〔2010〕58号·2010年4月26日）

第一章 总 则

第一条 为进一步加强中国水利水电建设股份有限公司（以下简称股份公司）设备资源的优化配置工作，合理控制大型专用设备的增量，盘活子企业现有存量，提高大型专用设备资源的使用效率，实现股份公司整体利益最大化，根据国家有关法律、法规，结合股份公司设备管理现状，制定本办法。

第二条 股份公司大型专用设备的管理，实行股份公司统筹配置与承载单位租赁经营管理相结合的原则。

第三条 本办法中所指大型专用设备是指一定能力或一定价值以上、专用于某一行业或者施工领域的工程机械设备。

第四条 本办法所指的承载单位是指股份公司内部从事设备租赁业务的公司和拥有较多的大型专用设备资源、专业化施工能力强、有成熟的设备租赁运营经验的其他公司。

第五条 本办法适用于股份公司各公司。

第二章 机构与职责

第六条 为了开展好大型专用设备资源的统筹配置与管理工作，股份公司成立大型专用设备资源配置领导小组（以下简称领导小组）。领导小组下设大型专用设备资源配置办公室（以下简称办公室），办公室设在股份公司设备物资部。

第七条 领导小组职责：

（一）负责股份公司大型专用设备资源配置的战略管理；

（二）负责审批确定大型专用设备租赁运营的承载单位；

（三）负责审批各公司大型专用设备资源的统筹配置方案；

（四）负责仲裁和决策大型专用设备资源管理中的争议和纠纷。

第八条 办公室职责：

（一）负责制定股份公司大型专用设备资源的管理规划；

（二）负责根据股份公司发展战略及市场情况，指导各公司大型专用设备资源的配置工作；

（三）负责大型专用设备资源管理中的日常工作；

（四）负责各公司大型专用设备资源配置需求的审查；

（五）负责调解大型专用设备资源管理中的争议和纠纷；

（六）负责领导小组安排的其他工作。

第九条 承载单位职责：

（一）负责建立与本办法相配套的大型专用设备租赁经营管理的机构、制度和办法；

（二）负责大型专用设备的维护及保养，确保待租设备处于完好状态；

（三）负责大型专用设备管理人员、操作人员的培训；

（四）负责开展好设备租赁服务工作，保证租赁设备的正常使用。

第三章 大型专用设备的种类及范围

第十条 大型专用设备的种类主要包括：特大型土石方设备、大型地下工程设备、大型吊装设备、大型基础处理设备、大型铁路公路工程专用设备、大型市政工程专用设备等（目录见附件1）。

第十一条 大型专用设备的种类及范围可根据股份公司的发展战略、业务范围以及大型专用设备资源状况进行调整。

第四章 大型专用设备资源的配置

第十二条 大型专用设备资源属股份公司管控、各子企业共享的资源，其配置和调剂权属股份公司，办公室将定期公布大型专用设备资源的在用及待用情况。

第十三条 除业主在招标中声明由其直接提供设备的情况外，各公司在项目投标阶段，必须将股份公司待用的大型专用设备资源作为各公司的共享资源进行配置。承载单位负责提供投标过程中业主要求提供的有关设备的相关资料。

第十四条 有大型专用设备需求的公司，除按照“三重一大”的要求进行集体决策程序外，还必须向办公室提交大型专用设备需求申请报告（附件2），办公室根据股份公司资源及市场情况提出有关设备配置方式（租赁、采购、调剂）、配置主体（采购主体）的初步意见，报股份公司决策审批。

第十五条 经股份公司决策审批后，相关公司必须严格按照审批意见进行大型专用设备的配置。

第五章 调剂与租赁经营双平台的建立与管理

第十六条 股份公司大型专用设备资源的管理，根据设备的具体情况分别采用调剂和租赁两种方式。调剂平台是股份公司大型专用设备资源配置、调剂和管理的平台；租赁经营管理平台是由各承载单位组成的大型专用设备租赁经营管理的实体平台。

第十七条 调剂平台以股份公司为主体，以股份公司大型专用设备资源为调剂对象，根据股份公司内部需求科学配置、统筹协调，实现设备资源的统一配置；租赁经营管理平台以承载单位为主体，在股份公司的指导下，通过对大型专用设备的专业化管理，有效开展租赁经营和管理工作。

第十八条 实行大型专用设备向承载单位相对集中管理的原则。非承载单位现有的大型专用设备应通过协商或综合评估方式，逐步转让给相应的承载单位进行集中管理。

第十九条 大型专用设备的让售，除按照“三重一大”的要求进行集体决策程序外，让售单位须专题上报股份公司，经股份公司审批后，方可让售，并将结果报办公室备案。

第二十条 承载单位的确定。

各公司根据自身的大型专用设备资源状况、设备使用的专业化程度、设备租赁运营的经验和能力向股份公司提出作为承载单位的申请，办公室根据各公司设备资源状况、设备完好率、利用率等情况进行审核，提出建议报领导小组审批确定。

第二十一条 承载单位应健全租赁服务的管理制度，并建立与租赁经营相适应的专业运营管理团队，做好设备的现场运行、维修保养等工作，做好下场设备的及时修理，确保设备完好。

第二十二条 承载单位应按季度向办公室上报有关大型专用设备的基本情况（附件3），按年度上报设备完好率、利用率情况（附件4）。

第二十三条 为确保股份公司内部设备租赁的正常运营，股份公司对承载单位进行监督管理，并可根据租赁经营业务开展的情况进行调整。

第六章 大型专用设备的内部租赁

第二十四条 大型专用设备内部租赁经营行为遵循市场化原则，内部租赁价格的确定按照参考市场租赁价格和内部指导定价相结合的原则。

在实施中有市场价格为参考的，执行低于市场价的租赁价格；没有市场价格作参考的，由租用双方协商和股份公司协调指导定价。

第二十五条 设备租赁合同的制定应遵照《中华人民共和国合同法》和股份公司有关管理规定，应在合同条款中明确双方的权利、义务以及设备安全的责任承担，保障设备安全运行及施工履约。

第二十六条 设备租赁方式及确定原则：

（一）由承租方自行配人操作运行和进行维修的，简称干租方式；

（二）由承租方自行配人操作运行，出租方进行维修的，简称准干租方式；

（三）由出租方配人操作运行，承租方自行维修的，简称准湿租方式；

（四）由出租方配人操作运行和进行维修的，简称湿租方式。

设备租赁方式由双方在上述方式中协商确定。为推动股份公司大型专用设备的调剂与租赁业务，应逐步建立和推行湿租或准湿租方式。

第二十七条 承载单位应严格按照租赁合同（协议）中双方约定的租赁服务内容提供优质服务；承租单位在租赁期间应为设备开展正常工作提供必要的工作环境和条件，并按照租赁合同（协议）进行租赁费用的结算。

第二十八条 承租单位不得要求承载单位操作人员违反设备安全操作规程强行施工，由此产生的事故责任，由承租方负责。

第二十九条 设备检修、保养不当及操作人员不当操作造成的事故责任，承载单位与承租单位按照过错责任承担的原则分别承担损失及赔偿。

第七章 责任及处罚

第三十条 股份公司对各公司有关大型专用设备配置、采购、租赁、使用等情况将进行相应的检查考核，以促进大型专用设备的科学配置与合理使用。

第三十一条 以下行为属于违规行为：

（一）没有按照本办法规定流程上报，擅自进行采购和租赁大型专用设备的；

（二）在租赁中与外单位弄虚作假，规避股份公司调剂的；

（三）未经批准，擅自对外让售大型专用设备目录上的设备的；

（四）其他违反本办法的行为。

第三十二条 对违反本办法规定的相关人员的处罚按照股份公司有关规定执行。

第八章 其 他

第三十三条 各公司应按照本办法的规定，制定相关设备资源配置与管理的制度、办法，提高设备资源的科学配置能力。

第三十四条 各公司应参照本办法的要求，加强通用类设备的管理，盘活沉淀资产，积极开展公司内部及股份公司子企业之间的设备调剂与租赁。

第九章 附 则

第三十五条 本办法解释权属股份公司。

第三十六条 本办法自下发之日起执行。

附件：

1.《股份公司大型专用设备目录》(略)

2.《大型专用设备需求申请报告表》(略)

3.《大型专用设备基本情况表》(季报)(略)

4.《大型专用设备单台累计完好率、利用率表》(年报)(略)

外事、国际经营管理

中国水利水电建设集团公司国际业务会计核算办法

(中水电〔2010〕4号·2010年1月6日)

第一章 总 则

第一条 为规范中国水利水电建设集团公司(以下简称集团公司)国际业务的会计核算工作，根据《中华人民共和国会计法》、《企业会计准则》以及国家相关法律、法规的有关规定，制定本办法。

本办法是《中国水利水电建设集团公司会计核算办法》的补充部分，中国水利水电建设集团公司及其成员企业在执行《中国水利水电建设集团公司会计核算办法》的同时，执行本办法。

第二条 本办法适用于集团公司、集团公司成员企业及其境外机构(包括境外全资子公司、控股子公司、区域业务总部、分公司、代表处、项目部及有实际控制权的联营体等)。

第三条 各单位应严格执行《中华人民共和国会计法》，规范会计核算业务，确保一切收支纳入财务核算范围，确保会计信息真实、准确、可靠。

各单位负责人对本单位的会计工作和会计资料的真实性、完整性负责。

第二章 会计核算

第四条 会计核算主体的确认。

国际项目的会计核算主体为集团国际公司、境外子公司、区域业务总部、境外项目公司、境外项目部以及集团内其他境外工程总、分包单位等实行财务独立核算的单位。

第五条 记账本位币的设置与变更。

(一)独立法人性质的境外子公司

境外子公司应根据企业会计准则及《中国水利水电建设集团公司会计核算办法》中相关规定，选择适合的记账本位币，并报集团海外事业部备案。

(二)非独立法人机构(含境外项目部、区域业务总部、经理部及代表处等)

境外非独立法人机构实质为集团公司经营活动的延伸，应按准则中的规定选择母公司的记账本位币，即人民币作为记账本位币。因特殊情况确需使用人民币以外的货币作为记账本位币，且符合企业会计准则中相关规定的，必须报集团海外事业部会同财务产权部批准后执行。

记账本位币一经选定，不可擅自变更。当会计核算主体因经营所处的主要经济环境发生重大变化，确需变更记账本位币的，报集团海外事业部会同财务产权部批准后，应当采用变更当日的即期汇率将所有项目折算为变更后的记账本位币。

本办法中，外币是指记账本位币以外的货币。

第六条 会计科目的设置。

各单位应按照《中国水利水电建设集团公司会计核算办法》的有关规定设置会计科目，确保科目编码、科目名称及核算内容规范。

在核算外币业务时，统一使用统账制记账方法，对于境外机构发生外币交易时，记账所涉及的会计科目应当进行外币辅助核算。

第七条 会计账簿的设置。

涉及外币核算的科目使用外币金额式日记账或外币金额式三栏明细分类账，其他科目使用金额式日记账或金额式三栏明细分类账。

总分类账、多栏式明细分类账等采用金额式账页。

各项目外币账簿的设置应能满足企业自身管理需求和所在国会计制度的要求。

第八条 日常会计核算。

一般业务遵照《中国水利水电建设集团公司会计核算办法》执行。对于国际业务涉及的特殊会计事项逐一制定具体的实施细则进行规范。

第九条 会计报表编制。

境外机构应按照《企业财务会计报告条例》和集团公司的有关规定，定期编制各类财务报表以及上级单位要求报送的相关资料。

若境外机构所在国的会计期间或会计政策与中国不一致，必须将财务报表调整为与中国的会计期间或会计政策一致后再行报送。同时，该境外机构必须报送具有连续性的财务报表调整资料。

第十条 项目竣工决算。

项目竣工决算资料应在项目竣工后90天内编制报送上级财务部门。

国际公司委托集团内其他子公司实施的项目应将业主批复的项目竣工决算资料报送国际公司财务部，由国际公司办理内部竣工决算，并对项目整个实施过程中的各项财务数据作出最终清算，明确债权债务关系。

第三章 外币折算

第十一条 折算汇率。

国际业务的折算汇率为即期汇率或即期汇率的近似汇率。折算汇率定期由国际公司统一查询中国人民银行公布的基准汇率并公布，境外机构必须统一使用公布的汇率进行外币折算。

第十二条 外币交易的折算。

（一）外币交易，是指以外币计价或者结算的交易。外币交易包括：

（1）买入或者卖出以外币计价的商品或者劳务；

（2）借入或者借出外币资金；

（3）其他以外币计价或者结算的交易。

（二）外币交易应当在初始确认时，按国际公司公布的记账汇率将外币金额折算为记账本位币金额。

（三）外币兑换业务或涉及外币兑换的交易事项，应当以交易实际采用的汇率，即银行买入价或卖出价折算。由于汇率变动产生的折算差额计入当期损益。

（四）固定资产入账时间晚于购入时间时，使用购入时间的记账汇率入账，累计折旧也应自购入时间的下一个月开始按人民币金额计算补提。

（五）在调整以前月度凭证的时候，应按原入账时的汇率冲回或进行调整。

第十三条 会计期末或结算日对外币交易余额的会计处理。

资产负债表日，企业应当分别外币货币性项目和外币非货币性项目进行处理：

外币货币性项目，是指企业持有的货币和将以固定或可确定金额的货币收取的资产或者偿付的负债。货币性项目分为货币性资产和货币性负债，货币性资产包括现金、银行存款、应收款项、应收票据以及持有至到期投资等；货币性负债包括应付款项、短期借款、应付债券、长期借款、长期应付款等。

外币非货币性项目是货币性项目以外的项目，如存货、长期股权投资、交易性金融资产（股票；基金）、固定资产、无形资产等。

（一）外币货币性项目在资产负债表日应采用国际公司公布的资产负债表日即期汇率折算。因即期汇率与初始确认时或者前一资产负债表日即期汇率不同而产生的汇兑差额，计入当期损益。

（二）以历史成本计量的外币非货币性项目，仍采用交易发生日的即期汇率折算，不改变其记账本位币金额，不产生汇兑差额。

（三）对于以公允价值计量的股票、基金等非货币性项目，如果期末的公允价值以外币反映，则应当先将该外币按照公允价值确定当日的即期汇率折算为记账本位币金额，再与原记账本位币金额进行比较，其差额作为公允价值变动损益，计入当期损益。如属于可供出售外币非货币性项目的，形成的汇兑差额，计入资本公积。

第十四条 报表折算。

采用人民币作为记账本位币的单位，会计报表采用人民币直接编制；记账本位币不是人民币的单位，应当按照以下原则将外币财务报表折算为人民币财务报表。

（一）资产负债表中的资产和负债项目，采用国际公司公布的资产负债表日即期汇率折算；所有者权益项目中“未分配利润”项目从折算后的利润表中直接取得，其他项目采用发生时的即期汇率折算。

（二）利润表中的收入和费用项目，采用国际公司公布的平均汇率折算。

（三）按照上述（一）、（二）折算产生的外币财务报表折算差额，在资产负债表中所有者权益项目下单独作为“外币报表折算差额”项目列示，其中属于少数股东的部分，并入少数股东权益项目。

（四）现金流量表采用国际公司公布的平均汇率折算。汇率变动对现金的影响额作为调节项目，在现金流量表中单独列报。

比较财务报表的折算比照上述规定处理。

第十五条 恶性通货膨胀经济中境外机构财务报表的折算。

对处于恶性通货膨胀经济中的境外机构财务报表进行折算时，需要先对其财务报表进行重述：

（一）资产负债表项目的重述。在对资产负债表项目进行重述时，由于现金、应收账款、其他应收款等货币性项目已经以资产负债表日的计量单位表述，因此不需要进行重述；通过协议与物价变动挂钩的资产和负债，应根据协议约定进行调整；非货币项目中，有些是以资产负债表日的计量单位列示的，如存货已经以可变现净值列示，不需要进行重述。其他非货币性项目，如固定资产、投资、无形资产等，应自购置日起以一般物价指数予以重述。

（二）利润表项目的重述。在对利润表项目进行重述时，所有项目金额都需要自其初始确认之日起，以一般物价指数变动进行重述，以使利润表的所有项目都以资产负债表日的计量单位表述。由于上述重述而产生的差额计入当期净利润。

对资产负债表和利润表项目进行重述后，再按上述报表折算原则将资产负债表和利润表折算为人民币报表。

在境外机构不再处于恶性通货膨胀经济中时，应当停止重述，按照停止之日的价格水平重述的财务报表进行折算。

第十六条 境外机构的处置。

企业可能通过出售、清算、返还股东或放弃全部或部分权益等方式处置其在境外机构中的利益。企业应在处置境外机构的当期，将已列入合并财务报表所有者权益的外币报表折算差额中与该境外机构相关部分，自所有者权益项目转入处置当期损益。如果是部分处置境外机构，应当按处置的比例计算处置部分的外币报表折算差额，转入处置当期损益。

第十七条 外币折算信息的披露。

境外机构应当在会计报表附注中披露与外币折算有关的下列信息：

（一）境外机构采用的记账本位币及选定的原因；记账本位币发生变更的，应说明变更理由。

（二）采用近似汇率的，近似汇率的确定方法。

（三）当期损益中的汇兑差额。

（四）处置境外机构对外币财务报表折算差额的影响。

第四章 附 则

第十八条 本办法由中国水利水电建设集团公司负责解释。

第十九条 本办法自下发之日起执行，原中水电〔2007〕31号文随即废止。

中国水利水电建设集团公司国际业务资金管理办法

（中水电〔2010〕5号·2010年1月6日）

第一章 总 则

第一条 为进一步规范中国水利水电建设集团公司（以下简称集团公司）国际业务资金管理工作，根据《企业国有资本与财务管理暂行办法》、《中华人民共和国外汇管理条例》、《现金管理暂行条例》等我国现行财经法律法规，结合国际业务所在国金融法律法规及集团公司相关管理制度，制定本办法。

第二条 本办法所称资金是指集团公司国际业务所管辖的全部现金、银行存款、其他货币资金和衍生金融产品（含人民币、外币及外汇管理条例所称外汇）。

第三条 国际业务资金管理是针对国际业务的显著特色，即其经济事项涉及多国货币计价、多国法律，并且多国货币资金经常跨国界流动等实际业务而进行的相关管理。

第四条 本办法适用于集团公司、集团公司所属子企业、控股公司及各单位（境外设置的子公司、分公司、控股公司、代表处、项目经理部、责任方联营体等机构）。

第五条 国际业务资金管理目标。

落实集团公司国际业务优先发展战略，主动适应各国金融环境，在国际间合法调配资金，提高资金使用效率，保障集团公司投资收益的及时回笼，确保集团公司资金安全，防范、化解金融风险。

第六条 国际业务资金管理的基本任务：

（一）贯彻执行国家、集团公司各项规章制度，依法筹集生产经营资金，合理管控国际业务经营现金流和权益现金流。

（二）充分运用先进的财务信息系统，做好资金的预算、控制、监督和考核工作。

（三）做好与资金相关的担保、保函、信用证等管理工作。

第七条 本办法是集团公司国际业务资金管理的纲领性文件，集团公司所属各单位应依据本办法，结合自身国际业务特点，制定具体的实施细则。

第二章 国际业务资金管理原则

第八条 国际业务资金管理应遵循的原则：

（一）收支两条线原则。实行收入集中、按预算安排支出的原则。

（二）统一管理原则。各单位实行资金管理责任制，单位负责人为资金管理第一责任人，对资金安全和资金使用效益负责，对境外资金运作进行统一管理，各单位财务负责人协助单位负责人管理资金。

（三）过程受控、防范风险的原则。运用预算管理和风险控制机制，对国际业务资金活动实行事前预测、事中控制、事后分析的全过程管理，监控资金收支，防范资金风险，提高资金使用效率，确保资金运行的安全高效。各单位对外经营活动的所有资金收入与支出必须纳入财务管理机构管理，严禁账外设账，严禁截留、挪用、转移资金。

（四）合法操作、讲究成本、追求效益最大化的原则。

第三章 国际业务资金管理的机构及职责

第九条 各单位应根据集团公司“四个统一”的原则开展国际业务，集团公司授权海外事业部/国际公司按集团公司制度规则对集团国际业务资金进行统筹、统管、统控。集团公司授权国际公司设立集团公司资金管理部国际分部，同时国际公司设立资金部，国际公司资金部作为国际公司管理职能部门，与国际分部一套人马两块牌子，业务上接受集团资金管理部的监管和指导。

第十条 国际公司资金管理部资金管理工作职责：

（一）接受集团公司资金管理部的业务指导和监督，服从国家、集团公司有关资金管理制度和规定，并充分运用集团公司资金结算中心的平台，为集团公司国际业务服务。

（二）负责集团国际业务资金管理结算体系建设，具体制定并完善国际业务资金预算、资金结算、信贷等业务管理制度并实施。

（三）负责集团国际业务资金运行情况的监管，规划、调剂、统筹各有关子公司国际业务资金，动态掌握其资金活动及流向，维护国际业务资金链安全，防范国际业务资金风险。

（四）负责办理各有关子公司国际项目的内部资金融通业务，负责内部融通资金的发放、回收，确保内部融通资金安全。

（五）按照集团相关制度规定，在集团授权范围内，管理并使用因开展国际业务需要以集团公司或国际公司名义在各金融机构开立的外币账户及所对应的人民币账户。

（六）按规定为有关子公司开立内部资金账户，统一管理国际公司与各有关子公司国际业务资金的日常结算业务。

（七）与集团公司资金管理部紧密配合，充分利用金融机构资源，进一步盘活国际公司短期的资金沉淀，将国内、国际的资金在集团公司层面统筹调剂使用，充分发挥资金使用效益。

（八）按照集团相关制度规定，在集团授权范围内，负责办理集团国际业务的保函、信用证明等业务。

（九）经集团公司审批负责办理国际业务担保业务。

（十）按集团公司审批程序，经集团公司批准后办理以集团公司名义的对外融资业务。

（十一）负责对集团国际业务资金运行状况进行分析，按集团公司要求编制国际业务资金分析报告。

（十二）负责其他国际业务资金管理事项。

第十一条 各单位在国际业务资金管理方面的职责：

（一）认真贯彻落实集团公司国际业务资金管理办法，制定本单位国际业务资金管理的规章制度。

（二）负责本单位国际业务资金管理机构的设置和会计人员的选派。

（三）负责审核所属单位国际业务资金预算，负责本单位国际业务资金预算的编制和执行。

（四）根据本单位的国际业务资金管理制度和财务预算制定本单位的国际业务资金筹措和使用计划。

（五）对本单位国际业务资金的安全、完整、合法和高效负责。

（六）根据集团公司资金集中管理的原则办理本单位国际业务资金结算业务，负责所属单位的国际业务资金头寸管理。

（七）负责本单位国际业务相关境内外银行账户的管理和日常货币资金的管理。

（八）负责对本单位的国际业务资金运行状况进行分析，定期编制国际业务资金分析报告。

（九）负责本单位国际业务与资金管理相关的其他事项。

第四章 国际业务资金预算管理

第十二条 按照《中国水电建设集团公司预算管理办法》的规定，在国际业务资金管理中全面推行资金预算管理，加强资金计划性，提高资金预算的前瞻性，保证项目资金流连续高效。要科学合理地编制资金预算，严格执行资金预算。

第十三条 国际业务资金预算应围绕企业的战略要求和发展规划，以收入、成本及资本预算为基础，以经营利润为目标，以现金流量为核心进行编制，充分反映企业预算期内各项经济活动的预定目标，预算口径与年度会计决算编制口径应一致。

第十四条 国际业务资金预算的执行与控制。国际业务资金预算是国际业务财务预算的重要内容，各单位资金预算确定后，任何部门和个人不得超越权限调整、变动预算指标，各单位及所属各单位应将资金预算作为预算期内组织、协调各项经营活动的基本依据，并将资金预算管理同企业内部经营责任制相结合，形成责、权、利统一的管理体系。

第十五条 各有关子企业必须准确编制国际业务月资金预算上报集团国际公司批准，预算内资金支付由国际公司资金部监督执行，预算外资金支付按规定程序实行逐笔审批制度，本月的预算外资金应纳入下月的资金预算内。为保证国际工程项目用款的及时性，允许月资金预算执行上下3%以内的预算弹性。

各子企业国际业务月资金预算于上月25日前完成编制上报，国际公司于每月1日前批复各子企业执行。

第十六条 各单位应当建立国际业务资金预算分析制度。每月初对上月资金预算的执行情况进行分析，找出实际与预算的差异，分析差异原因、提出改进措施或建议。因不可预见和其他合同事件造成项目延期或赶工需要，资金预算应相应及时调整，以满足调整后的进度计划需求。对于重大差异，应出具书面分析报告，上报上一级主管部门。

第五章 国际业务资金筹集管理

第十七条 根据集团国际业务“四个统一”原则，涉及国际业务的债券融资、产业投资基金融资、信托融资、股市融资、外国政府贷款、国际金融组织贷款、外国银行贷款、出口信贷、外国发行债券、企业并购、特许权使用费等资产转让等事项，各单位需上报集团公司批准，由国际公司会同开发或实施单位共同确定国际工程项目的融资计划和融资方式，相关的贷款事项由国际公司统一对外办理。

第十八条 各单位年度财务预算中的资金预算和筹资计划的实施，原则上不得超过集团公司的批复数，超预算部分须报集团公司另行批准。筹集从事国际业务所需的资金额含在批复数内。

第十九条 各单位筹集资金应坚持统筹管理、负债合理、按需筹资、依法筹资的原则，进行客观地收入分析和偿债能力分析，以防范筹资风险。

第二十条 各单位债务筹资由本单位资金结算中心或负责资金管理的部门按集团公司规定经办。其中，委托实施的项目由各有关子公司自行筹措所需资金，委托各有关子公司组成的联营体实施的项目由相关子公司按比例筹措资金。子公司筹措资金确实有难度的，可向国际公司资金部申请筹措，国际公司根据所承担的融资风险收取适当费用，但采用的内部资金融通费率不得高于同期、同品种银行贷款利率，同时完成集团资金管理部的办前报备手续。

第二十一条 各单位对外筹资应在充分挖掘内部潜力的基础上，全方位开拓筹资渠道，充分运用集团公司授信，降低筹资成本。用于国际业务的银行授信由海外事业部提出，经集团公司资金管理部审核报集团公司领导批准后，由海外事业部办理，有关合同、协议资料送集团公司资金管理部备案。

第二十二条 未经集团公司海外事业部同意和授权，各单位不得擅自向当地金融机构或当地其他机构办理融资业务。确因生产经营需要从当地金融机构取得当地银行授信的，必须报集团公司海外事业部批准；同时，各单位不得擅自对外提供借款及从事委托理财业务。

第二十三条 凡以国际项目名义申请的贷款，均应当严格按照贷款合同规定的用途专款专用，严禁挪用。

第二十四条 加强对应收账款的催收和管理，减少外部筹资。加强项目结算管理和合同管理，及时回收应收账款。

第六章　银行账户管理

第二十五条　境内与国际业务相关的人民币及外汇账户的开立、撤销和日常管理，应当执行中国人民银行颁发的《银行账户管理办法》和国家外汇管理局颁发的《境内外汇账户管理办法》及集团公司的相关规定。

第二十六条　各单位拟在当地开立自由外汇账户和当地币账户的，应当向集团公司提出申请，按要求提供相关资料，经国家外汇管理部门批准后方可开立。按照国家外汇管理部门境外外汇账户管理规定，不得出租、出借、串用外汇账户，不得随意改变账户开户银行及收支范围。

第二十七条　以集团公司名义中标的项目，各单位的境外银行账户必须以集团公司的名义开立。以国际公司名义中标的项目，各单位的境外银行账户必须以国际公司的名义开立。未经批准严禁擅自以个人名义开立任何账户，严禁公款私存。确因工作原因需要以个人名义开立账户的，要报经集团公司海外事业部批准，并严格按规定的程序管理。

第二十八条　以集团公司或国际公司名义开立的自由外汇账户的收入范围是从国内汇入的项目工程款；支出范围是支付当地项目分包商分包款，购买当地施工材料的零星支出及其他现场费用，支付当地施工人员的生活费和工资等。

第二十九条　以集团公司或国际公司名义开立的当地币账户的收入范围是业主直接以当地币方式支付的项目工程款及从自由外汇账户中兑换的当地币；支出范围是支付当地项目分包商分包款，购买当地施工材料的零星支出和其他现场费用，支付当地施工人员的生活费和工资等。

第三十条　各单位应当于境外开立外汇账户后30个工作日内将境外外汇账户开户银行名称、账号、开户单位名称等资料报集团公司海外事业部备案；每季度初的15个工作日内提供上季度对账单复印件；每年1月30日前提供上年度资金使用情况书面说明。

第三十一条　各单位在所在国开立银行账户，必须严格遵守所在国外汇和银行管理制度，建立定期的银行存款稽核和检查机制。

第三十二条　为确保资金安全，各单位银行账户的支票实行单位负责人和财务主管人员联签制度，支票和银行印鉴要分开存放。

第三十三条　各单位银行账户，只能按规定用途使用，不得出租或出借账户；各单位所实施业务完毕后，应及时汇回余款、撤销账户，并将撤户事宜报国际公司备案。

第七章　国际业务资金日常管理

第三十四条　资金收入管理：

（一）收入渠道。通常包括：收到的工程预付款、工程结算款、占用往来单位的款项、银行贷款及其他收入等。其他收入包括：设备及报废设备变价收入、废旧物资回收变价收入、临时设施回收变价收入、押金及违约金收入、罚没收入等。各单位对外融资前，都应出具融资成本比较分析报告作为融资依据。

（二）合同管理部门根据合同及时向业主或工程师报送完成工程量统计报表和支付申请，取得批复文件，办理相关结算手续，项目部根据结算凭证及时向业主提交支付申请、办理收款手续。工程结算款必须通过银行转账。合同管理部门应及时办理价外款项结算手续，便于财务部门根据结算手续及时办理转账结算，并统一纳入当期收入。财务部门对应收的款项应及时清理收回，以盘活资金。

（三）以集团公司、国际公司名义中标的境外项目，其结算款与其他收入款项的自由外汇部分，必须全部汇入集团公司或国际公司在中国境内的外汇账户，统一管理、集中使用。

（四）境外机构所有资金收入都必须纳入各单位财务核算，不准截留和转移，不准私设“小金库”。

第三十五条　资金使用管理：

（一）资金使用的范围主要包括：发放职工工资、奖金、津贴和支付劳务费；采购材料、机械配件及委托加工费用；购置设备和设备改良、大修理支出；购建临时设施及其他资产支出；工程或劳务分包支出；各种管理费用支出；偿还债务及其他支出。在具体的支付办理方式上，能用支票办理的业务，一律不许用现金支付。

（二）各单位应当拟定切合实际的资金支付审批权限规定，报其上级业务主管部门批准后执行。规定中应明确审批人对货币资金业务的授权批准方式、权限、程序、责任和相关控制措施，并规定经办人办理货币资金业务的职责范围和工作要求。

（三）资金的支付应当严格按照申请、审批、复核等规定的程序办理，并出具相应的支付凭据。支付货款时，应当有合同、发票、验收入库单等凭据；支付工程款、劳务款项时，应当有合同和工程进度确认单等凭据。

（四）严防挪用、贪污公款，侵占转移资金，私自担保、投资及借款等非法现象的发生。对违反上述规定的付款，财务人员有权且必须拒绝办理，并及时向上级主管部门报告。

（五）日常开支应严格按照预算执行，除中国进出口银行政府框架项下资金外，各单位对在国际公司资金部的存款享有自主支配权。各单位所辖项目部应对项目资金收支实行月度、季度、年度预算和实际执行情况的定期报送制度。国际业务资金管理坚持“谁的钱谁用、存款有息、占款付息、不透支用款”的原则。

（六）各单位应严格执行中国人民银行颁布的《现金管理暂行条例》及其实施细则，原则上以单位3天的日常零星现金平均开支额为标准作为库存现金限额，超过现金条例规定的支出，应全部用支票支付。各单位库存各币种现金经折合后，每日保险柜中库存现金余额不得超过2000美元，现金经管人员每次提款超过1000美元的，应至少保证有两名人员同行。

（七）各单位在办理外汇业务时，应严格遵守国家有关外汇业务的管理规定。各单位需要支付给当地的各类款项，优先以当地币支付，不足部分在月资金预算内由国际公司资金部根据项目资金预算及付款申请支付项目用款，汇到项目所在地的自由外汇专户上。

（八）由于项目所在地实行外汇管理等原因，需要国际公司在国内提取自由外汇现金的，各单位要在项目执行初期编制现金使用计划，每次支取现金由各单位提交支取现金申请，经海外事业部核准由国际公司负责向国家外汇管理部门报批。各单位应及时向集团公司海外事业部汇报所提自由外汇现金的兑换及使用情况。

（九）对于全部或部分以当地币结算的项目，各单位应充分考虑当地币与自由外汇的收支平衡问题，以避免最终“虚盈当地币，实亏外汇”的情况，并应根据所在国经济、金融实际情况对汇率风险进行充分分析，采用合理的货币持有或结算比例。

（十）各单位应严格按照《中华人民共和国外汇管理条例》、《结汇、售汇、付汇管理规定》及所在国有关外汇管理的规定办理售汇、结汇及付汇。国际业务的外币资金由集团公司授权国际公司统筹、统控、统管，国际公司资金部应定期将外币资金情况抄送集团公司资金管理部。

第八章　保函管理

第三十六条　所有以集团公司或国际公司名义承揽的境外项目，均由海外事业部授权国际公司统一办理各类保函及银行证明函件。在办理项目保函时，国际公司业务部门应当填制《保函申请书》、《银行证明申请书》以及相关保证金垫款申请，经项目负责人、主管领导审批后交至国际公司资金部，国际公司资金部审批确认后办理保函及银行证明函件的开立事宜。保函开出后，正本交给业务部门，副本由国际公司资金部保管。各业务部门及项目经理部应建立台账，登记保函及银行授信证明、资信证明的金额、有效期等信息。各业务部门、项目部应依据保函到期日或实际需要，及时向国际公司资金部提出保函撤销或修改申请，由国际公司资金部办理相关事宜。

第三十七条　集团公司或国际公司作为主承包商将项目分包给集团公司系统以外单位的，必须由分包商向集团公司或国际公司出具各种金额对应的保函，承担集团公司或国际公司对业主出具的保函中的相应义务，并根据具体情况要求其及时办理保函的延期或修改。

第三十八条　国际公司及各单位应随时掌握已出具的保函情况，分别登记管理各类保函。由分包商向集团公司或国际公司出具的保函应单独登记保管，定期检查分包合同履行情况。各单位应定期报告保函的执行情况，如发生或有可能发生保函项下索赔，各单位应立即报告海外事业部，详细说明索赔原因、可能发生的损失及拟采取的应对措施。

第九章　担保管理

第三十九条　国际项目的担保业务，原则上必须遵循集团公司《集团公司授信管理办法》和《担保管理办法》的规定。

第四十条　经集团公司批准的国际业务对外担保由集团公司授权国际公司统一办理。被担保人应当符合国家对外担保管理办法中被担保人的条件，并向国际公司出具担保申请以及所需材料，由国际公司报国家外汇管理部门审批。未经集团公司批准或授权，各单位不得擅自向当地提供任何形式的担保业务。

第十章　信用证管理

第四十一条　集团公司国际业务跟单信用证由境内外开证单位的物资保障部门和资金主管部门共同办理，需使用跟单信用证方式进行支付结算的，应向国际公司资金部提出书面申请，并提交相关的采购合同及银行要求提供的其他资料，由国际公司资金部统一办理信用证的开立、修改和承付。需使用其他类别信用证的单位，由申请单位向国际公司资金部提交申请，其他流程和跟单信用证一致。

第四十二条　办理信用证所发生的费用均由申请单位承担。因采用信用证结算方式复杂，实施国际项目的各单位以及境内、外机构要密切配合，严格把关，降低信用证结算中可能存在的风险和损失。

第十一章　国际业务资金风险管理

第四十三条　可导致资金产生风险的风险种类，通常可细分为：汇率风险、利率风险、应收账款等债权风险、预付账款等债务风险、开户行倒闭风险（信用风险）、所在国金融管制风险（流动性风险）、社会治安风险、内部法纪执行风险。所有单位都应向海外事业部提交所在国外汇管制及综合风险评估报告。一旦发生资金被冻结等风险事宜，应迅速上报海外事业部，共同寻求解决方案。

第四十四条　从事国际业务的各级机构应制定强有力的安全防范措施、内控制度；随时跟踪了解汇市预期走向，制定风险管理策略、掌握风险管理方法；财务人员应参与合同条款谈判，通过我国驻外使领馆经商机构、国内有关行业组织及国际著名咨询机构，关注他们对相关各国政治、经济形势的评估报告。各单位制定风险管理策略时，要涵盖如下方面的内容：签约前测算本、外币结算量比例，项目贷款前测算融资成本，日常监测汇率、利率变动的具体信息渠道，测算项目营运资金合理持有量，目标是建立妥善的风险计量、监测和控制系统。

第四十五条　对各单位在境外开立的当地币账户实行限额管理，特别是在发展中国家开立账户的资金存量应控制在最低水平，超过限额的各单位应上报超限额说明，并及时将超额资金上划至集团公司海外事业部给定的账户，由国际公司代为划转至款项所有人账户，以保证集团公司资金安全。

第十二章　重大资金事项的管理

第四十六条　各从事国际业务的单位要建立健全大额或重要货币资金支付集体决策或会签制度，任何个人无权划转大额国际业务资金，以免引发国际信用危机，损害集团公司声誉。大额或重要货币资金限额及范围由各单位结合实际作出书面规定，报海外事业部备案。因外部原因出现如下重大资金事项时，各单位应及时报告海外事业部：

（一）金融机构的存款和代保管的有价证券到期已确认不能收回；

（二）银行账户被依法查封、冻结；

（三）存款的金融机构关闭；

（四）发生支票诈骗或其他与银行存款有关的案件；

（五）发生现金被劫、被盗案件；

（六）其他重大资金事项。

第四十七条　从事国际业务的各单位，应严格遵守各项财经法规，严防挪用贪污公款、侵占转移资金、私自担保、私自对外借款、擅自投资等事项的发生。一旦发生上述事项，各单位应及时向上一级主管部门呈报。

第十三章　纪律与监督

第四十八条　各单位应当执行并细化落实国际业务资金结算纪律，进一步明确各环节或部门人员职责权限，对国际业务资金收支业务全过程进行监控。经办机构必须对以下事项作出明确规定：

（一）票据购买、保管、领用、注销的职责权限和程序；

（二）银行预留印鉴及相关印鉴分管和使用程序；

（三）内部稽核程序及经办人员岗位分工；

（四）要求现金账和银行账必须日清月结，至少每月一次与银行核对存款余额。核对中如有不符，必须查明原因，及时予以纠正。

第四十九条　国际业务资金管理的监督机构要履行监督检查职责。内部监督检查的内容主要包括：

（一）国际业务资金内部控制制度是否健全；

（二）国际业务资金预算执行情况；

（三）资金收支的合法性、合规性，包括是否符合当地的法律法规；

（四）资金授权审批制度的执行情况；

（五）资金管理岗位是否存在不相容岗位混岗的现象；

（六）支付款项印鉴是否分管；

（七）有价证券和票据的保管情况；

（八）货币资金是否账实相符；

（九）资金使用效能分析。

第十四章　国际业务资金考核管理

第五十条　对于国际业务资金管理中作出突出贡献的单位及个人，应给予适当的奖励。

第五十一条　对在检查中发现的违法、违规现象，应对责任人给予相应的处理；对由于个人行为给企业造成经济损失的，应对责任人给予相应的经济处罚，情节严重或触及法律者，应追究其法律责任。

第十五章　附　　则

第五十二条　本办法由中国水利水电建设集团公司海外事业部负责解释。

第五十三条　本办法自下文之日起执行，原中水电财〔2007〕83 号文随即废止。

中国水利水电建设集团公司
国际业务财务管理办法

（中水电〔2010〕6号·2010年1月6日）

第一章 总 则

第一条 为规范中国水利水电建设集团公司（以下简称集团公司）国际业务的财务管理行为，维护国家、集团公司和其他利益相关者的利益，根据《中华人民共和国会计法》、《企业财务通则》、《企业会计准则》等国家相关法律法规及集团公司《财务管理办法》的有关规定，结合国际业务的实际，特制定本办法。

第二条 本办法中的国际业务是指以集团公司或中国水电建设集团国际工程有限公司（以下简称集团国际公司）名义和集团公司、集团国际公司、成员企业与外单位合作承揽的海外业务。

第三条 本办法适用于集团公司、集团公司成员企业及其境外机构。

第四条 国际业务财务管理的基本任务是贯彻执行国家财经法规，按照规定要求组织和开展国际业务的财务管理工作，努力降低项目成本，防范经营风险，实现国有资产的保值增值。

第五条 国际业务财务管理的目标旨在适应集团公司国际化发展战略的要求，为集团公司国际业务的安全、规范、高效运营创造良好的财务环境。具体包括：

（一）理顺集团公司、集团国际公司、集团成员企业、境外机构之间的财务关系，发挥集团公司在国际业务上的整体优势和规模优势；

（二）规范集团公司国际业务的财务行为，完善国际业务的财务预算与计划、财务控制与监督、财务考核与评价等工作；

（三）规范境外机构的财务管理和财务行为；

（四）准确、及时反映国际业务的财务信息，加强国际业务的财务风险管理。

第六条 各境外机构应根据本办法制定实施细则，报所属上级单位审批，报集团公司海外事业部备案。

第二章 国际业务的财务管理体制及职责

第七条 集团国际业务财务管理工作实行“三级管理、二级核算”体制。集团公司是国际业务的一级财务管理单位，集团国际公司、集团各成员企业为国际业务的二级财务管理单位与一级核算单位，各境外机构为国际业务的三级财务管理单位与二级核算单位。

第八条 集团公司财务产权部在国际业务中的职责是负责国际业务财务会计政策的规范与统一，负责国际业务的预算控制、财务信息监控、决算考核和财务风险控制。

第九条 集团公司资金管理部在国际业务中的职责是负责国际业务银行授信和融资额度管理，国际业务资金预算管理，国际业务境内外本外币账户信息管理，人民币和自由外汇资金流信息管理，负责国际业务资金、保函、担保的信息集中与风险监控等工作。

第十条 集团公司海外事业部在国际业务中的职责是负责国际业务的组织、实施、监管，负责国际业务的日常财务管理工作，包括组织国际业务预算编制、保函管理、项目融资、国际业务的资金收付、成本费用管理以及国际业务财务及资金风险管理等。

第十一条 集团成员企业在国际业务中的职责是负责其所负责实施的国际业务预算的制定、资金使用计划的编制、项目的成本控制、项目部的预算执行情况监督、内部考核及项目的风险控制等工作。

第十二条 境外机构在国际业务中的职责是严格执行国家有关财经法规，严格执行集团公司财务、资金管理等相关规定，严格遵守所在地的财务会计、金融及税收管理法规。负责本机构国际业务的财务管理与会计核算工作，编制和执行国际业务财务预算、资金预算、日常财务收支计划，组织成本费用的预测、计划、控制、核算、分析和考核工作，参与经济合同的签订和经营决策工作，及时上缴主管单位管理费及利润，制定税收筹划方案，预警防范财务风险，遇到重大财务问题及时与上级财务部门沟通。

第十三条 境外机构必须建立完善的财务管理机构，配备合格的财务管理人员。财务人员的聘用必须符合《中华人民共和国会计法》的有关规定。

第十四条 境外机构财务管理机构人员的选配，由所属上级单位推荐。国际大型项目（5000万美元以上）原则上应配备总会计师。总会计师、财务负责人的选配由集团公司海外事业部、财务产权部核准。境外机构财务管理机构在配备专职会计人员的同时，必须配备专、兼职出纳人员，不允许出现会计兼任出纳现象，其他岗位设置遵循不相容岗位分离的原则。

第三章 预 算 管 理

第十五条 境外机构在项目中标后应及时编制项目财务预算（包括项目整体及年度）上报所属上级单位，同时报集团公司海外事业部。

第十六条 境外机构必须编制年度财务收支计划，并按月进行分解，编制月度财务收支计划。年度、月度财务收支计划上报所属上级单位，同时，报集团公司海外事业部。

第四章 融 资 管 理

第十七条 用于国际业务的融资应纳入所属成员企业的年度融资计划，报集团公司资金管理部审批，同时抄报集团国际公司。计划外融资单独报批。

第十八条 集团公司取得的银行授信额度由集团公司资金管理部统一管理。用于国际业务的银行授信额度由集团公司海外事业部提出，经集团公司资金管理部审核报集团公司领导批准后，由海外事业部办理，有关合同、协议资料送集团公司资金管理部备案。

第十九条 委托集团成员企业实施项目所需资金由集团成员企业筹措，委托集团成员企业组成的联营体实施项目所需资金由相关集团成员企业按比例筹措。

第二十条 集团成员企业在执行国际业务时遇到短期资金困难且自行筹措有难度的，可向集团国际公司申请筹措资金，集团国际公司根据集团成员企业的信用状况及境外项目实际情况，结合自身资金能力决定是否给予支持。若决定给予支持，则根据融资金额及融资风险收取资金占用费，资金占用费标准在执行集团公司相关文件规定的基础上，由双方协商确定。集团国际公司负责将资金支持方案报集团公司资金管理部备案。

第二十一条 未经集团公司同意和授权，境外机构不得擅自向所在地金融机构或其他机构办理融资和担保业务。确因生产经营需要向所在地金融机构或其他机构融资的，必须报集团公司海外事业部、资金管理部审批。

第五章 资 产 管 理

第二十二条 货币资金管理。

境外机构实行资金管理责任制，境外机构负责人为资金管理第一责任人，对资金安全和资金使用效益负责。

境外机构对外经营活动的所有资金收入与支出必须纳入财务管理机构集中统一管理，严禁账外设账、截留、挪用、转移资金、公款私存，确保资金安全、高效、有序运行。

境外机构应按照《现金管理暂行条例》、《银行结算管理办法》及所在地具体情况，制定本单位的资金管理办法，严格控制资金的使用范围。境外机构资金管理办法报所属上级单位审批，集团公司海外事业部、资金管理部备案。

境外机构除按《现金管理暂行条例》和当地有关规定可以使用现金范围的款项外，一切财务收支必须通过银行结算办理，严格执行《银行结算管理办法》和所在地有关规定。

第二十三条 银行账户管理。

（一）集团公司海外事业部对境外银行账户的开立、使用、撤销进行具体管理，海外事业部应将银行账户开立情况抄送集团公司资金管理部备案。

（二）境外机构拟开立境外银行账户的，应当向集团公司海外事业部提出申请，并按要求提供相关资料，经国家外汇管理部门批准，取得相关批准文件后方可开立。境外机构应选择所在地资信较好的银行开立账户。境外机构严禁擅自以个人名义开立账户。

（三）境外机构应当遵守国家外汇管理部门境外外汇账户管理规定，不得出租、出借、串用账户，不得随意改变账户开户银行及收支范围，并按要求及时将境外银行账户相关资料和账户信息上报集团公司海外事业部。

（四）经授权开立的所在地当地币账户和自由外汇账户由境外机构自行管理并按时向集团公司海外事业部报送相关账户资料。为确保资金安全，银行账户的使用实行单位负责人和财务负责人联签制度，并按规定在开户行预留印鉴。

第二十四条 应收及预付款项的管理。

应收及预付款项包括应收票据、应收账款、其他应收款、预付账款、备用金等。

境外机构对于已经形成的应收账款、其他应收款应及时清理和积极催收，责任到人，同时应定期进行账龄分析，采取相应措施，最大限度地降低坏账风险，避免给企业造成更大的损失。对于有证据证明确实无法收回的债权，按集团公司的相关制度规定进行处理。

第二十五条 存货管理。

存货包括各种原材料、燃料、低值易耗品、配件、周转材料、其他存货等。

（一）根据国际业务的规模和存货管理的复杂程度，境外机构存货可选择按实际成本或计划成本核算，境外机构应将采取的存货核算办法报集团公司海外事业部备案。境外机构对存货应严格审批、计划采购、加强实物验收，实行账物分管、管用分离的原则。建立存货定期盘点制度，发现账实不符的，要及时查明原因，分清责任，按不同的情况处理。

（二）领用存货必须根据材料消耗计划，采用限额领料单，并经境外机构负责人或其授权人员批准，方可办理出库手续。

（三）对已经出库尚未耗用的材料，境外机构应加强现场材料管理，防止丢失和毁损。

（四）工程完工时，境外机构应对现场材料进行及时清点，办理再入库手续。

（五）当由于市价下跌、陈旧、过时、型号不符、毁损等，导致存货的价值减少时，应计提存货跌价准备。

第二十六条 固定资产管理。

建立健全固定资产管理制度，规范固定资产的采购、验收、调拨、出售和报废等程序，定期对固定资产进行清查盘点，保证固定资产安全完整。

（一）境外机构固定资产的确认，按如下标准执行：

（1）使用年限在一年以上；

（2）单位价值在2000美元以上。

固定资产目录和折旧年限按照集团公司《资产管理办法》执行。

（二）为确保国际业务会计核算工作的客观性与可比性，统一境内外固定资产折旧年限的确定标准，具体按集团公司《资产管理办法》执行。如由于客观原因，确实需要改变固定资产折旧年限的，境外机构书面申请并报集团公司海外事业部、财务产权部按集团公司审批流程审批后方可执行。

（三）境外机构要加强对固定资产的日常管理，建立账卡，认真进行核算。固定资产购置、转移、变卖、报废时，境外机构财务管理机构要严格审查。

（四）固定资产的盘查。

境外机构要加强日常管理和维护，杜绝一切可以避免的损坏。如因个人原因造成损坏，要追究当事人和部门负责人的责任。固定资产须定期进行盘点，至少半年清查一次。盘亏、盘盈、毁损的固定资产，应核实情况，查明原因，按集团公司《资产管理办法》的规定进行处理。

（五）固定资产购建和处置。

固定资产的购建和处置，按集团公司《设备物资采购管理规定》和《资产管理办法》的规定执行。

第二十七条 国际业务工程物资采购按集团公司相关管理办法办理。

国内成员企业为境外机构代购设备物资后，应当及时办理清算手续，境外机构应当对设备物资及时入账。

第六章 成本费用管理

第二十八条 境外机构应建立健全成本管理责任制度，合理确定成本的核算对象，正确划分各项成本和费用。

（一）划清收益性支出和资本性支出的界限。

（二）划清项目成本和期间费用的界限。

（三）划清不同会计期间成本的界限。

（四）划清不同成本核算对象之间的成本界限。

第二十九条 建立、健全成本管理制度，加强成本事前、事中、事后管理。

（一）加强成本事前管理，项目施工前对施工方案进行优化比较，确定最优方案。

（二）加强成本事中管理，把成本管理的职责和降低成本指标横向分解落实到各职能部门，纵向层层分解落实到各级成本中心，做到凡是有机构设置的地方就有成本指标，凡是有人在岗的位置就有控制成本的责任，形成纵横交错的成本管理网络。

（三）成本事后管理，将实际成本费用与预算成本进行比较，及时发现问题反馈到事前和事中阶段，调整成本管理方式。

第三十条 境外机构要明确有关经济业务的办理程序、审批权限、责任分工，各级管理层在授权范围内行使职权，各种费用报销凭证都必须用中文注明品名、用途和金额，由经办人、验收人（或证明人）、财务负责人、境外机构负责人签字后方可报销。

第三十一条 集团成员企业可就集团公司或集团国际公司委托、分包其实施的国际项目，按营业收入的1%～3%计提项目管理费，从项目成本费用中列支。

第三十二条 国际业务在项目中标之前发生的所有费用，包括项目考察费用、开发费用、保函费用等按《中国水利水电建设集团公司国外工程项目投标标前协议管理办法》执行。

第七章 外汇管理

第三十三条 集团公司成员企业、境外机构在办理外汇业务时，应严格遵守境外机构所在国及我国有关外汇业务的管理规定。

第三十四条 国际业务收入中的自由外汇部分（包括预付款、工程款及其他收入）必须全部汇入集团公司或集团国际公司在中国境内的外汇账户。

第三十五条 境外机构需要支付的当地分包商分包款、当地设备和材料采购款、当地人员工资生活费及其他现场费用，首先以当地币支付；不足部分，经集团公司海外事业部核准由集团国际公司根据项目资金使用计划及付款申请汇到境外机构自由外汇账户上。经集团公司海外事业部核准委托集团成员企业施工项目在执行前，集团成员企业要向集团国际公司报送出具的授权书，集团国际公司根据授权书中指定人员签字确认的付款申请支付项目用款。境外机构应根据经营情况及项目进展情况编制年度外汇收支计划，作为财务收支计划的一部分。

第三十六条 由于境外机构所在地实行外汇管理等原因，需要在国内提取自由外汇现金的，境外机构要在项目执行初期编制现金使用计划，每次支取现金由境外机构提交支取现金申请，经集团公司海外事业部核准由集团国际公司负责向国家外汇管理部门报批。所提现金交境外机构后，由境外机构出具收据并尽快交集团国际公司。境外机构应及时向集团国际公司汇报所提自由外汇现金的兑换及使用情况。

第三十七条 项目结束后，境外账户资金应当全额汇回国内。

第三十八条 对于全部或部分以当地币结算的项目，集团国际公司、境外机构应充分考虑当地币与自由外汇的收支平衡问题，并根据所在国经济、金融实际情况对汇率风险进行充分分析，采用合理的货币持有或结算比例。

第八章 财务风险管理

第三十九条 国际业务应参照《中央企业全面风险管理指引》建立健全财务风险管理体系，防范财务风险。

第四十条 境外机构应建立国际业务财务风险分析、评价和控制的管理系统，对所面临的内部和外部的财务风险进行充分地分析和评价，预防财务风险的发生，确保经营目标的实现。

第四十一条 境外机构应当加强财务活动的风险管理，就所面临的融资风险、资金回收风险、汇兑风险、税务风险、保函和保证金风险等风险进行详细的分析评价，并采取相应的风险防范措施，制定相应的应急机制和议案，有效控制项目财务风险。

第四十二条 境外机构应当建立和完善业务风险预警指标体系，防范财务风险。

（一）确立财务分析指标体系，财务指标体系至少应当反映获利能力、偿债能力、运营能力、发展潜力四方面的状况。

（二）实时监测风险信号，根据风险形成的原因和过程，制定切实可行的风险管理策略。

第四十三条 境外机构应关注国内外企业财务风险失控导致危机的案例，及时收集整理与本机构的财务风险信息，并与行业平均指标霍先进指标进行对比，识别、评估可能存在的风险，上报集团公司海外事业部，由集团公司海外事业部汇总后报送集团公司财务产权部、资金管理部等相关部门。财务风险信息应包括：

（一）负债、或有负债、负债率、偿债能力；

（二）现金流、应收账款及其占销售收入的比重、资金周转率；

（三）产品存货及其占销售成本的比重、应付账款及其占购货额的比重；

（四）制造成本和管理费用、财务费用、营业费用；

（五）盈利能力；

（六）成本核算、资金结算和现金管理业务中曾发生或易发生错误的业务流程或环节；

（七）与本单位相关的行业会计政策、会计估算、与国际会计制度的差异与调节（如退休金、递延税项等）等信息；

（八）可能造成损失的其他环境变化因素。

第九章 财务会计报告

第四十四条 财务会计报告编报的责任：

（一）境外机构负责人是本单位财务会计报告的第一责任人，必须在上报的财务报告上签字，并对财务报告的真实性、合法性负责。

（二）境外机构总会计师（没有总会计师的为财务机构负责人）是本单位财务会计报告的第二责任人，必须在上报的财务报告上签字，并对财务报告的真实性、合法性负责。

（三）境外机构的财务部门报表编制人归口负责财务会计报告的编制和报送，是财务报告的直接责任人，必须在上报的财务报告上签字，并对财务报告的真实性、合法性负责。

第四十五条 财务会计报告编制的基本要求：

（一）境外机构应当根据真实、完整、准确的账簿记录资料，按照我国现行会计准则及集团公司规定的编制基础、编制依据、编制原则和方法编制财务会计报告。

（二）境外机构不得编制虚假的或者隐瞒重要事实的财务会计报告。

（三）任何组织或个人不得授意、指使、强令境外机构编制虚假的或者隐瞒重要事实的财务会计报告。

（四）境外机构应当根据实际情况需要，根据所在国会计制度规定编制财务会计报告。

第四十六条 财务会计报告的内容要求：

（一）境外机构应当根据集团公司规定的格式按时向所属上级单位及集团公司海外事业部报送各类财务报表。

（二）境外机构报送的财务会计报告至少应包括会计报表、会计报表附注和财务情况说明书。独立法人单位，应按上级要求报送其他专项报告和审计报告。当项目出现亏损或存在重大风险时，必须提供专项说明。

（三）境外机构应当报送的其他财务会计资料包括资金计划、工程结算资料、境外账户资料、竣工决算资料等。

（四）境外机构报送国内的财务会计报告必须使用中文，财务会计报告的会计期间必须和集团公司报告期间一致。

第四十七条 财务会计报告报送的时间要求：

（一）境外机构应按集团公司相关时间要求及时向集团公司海外事业部、集团成员企业报送各类财务报表。

（二）境外机构应按以下时间要求及时报送其他财务会计报告资料：

(1) 下一年度资金计划于本年度终了之前报送。

(2) 工程结算资料于每次结算完成（获得业主批复）后5个工作日内报送。

(3) 境外账户资料于每季度终了后15日内报送。

(4) 竣工决算报告于业主颁发竣工证书之日起90日内报送。

（三）集团公司海外事业部应将收集的境外机构的各类财务报表及相关资料进行汇总整理，报送集团公司财务产权部、资金管理部。

第十章　会计档案管理

第四十八条 境外机构的会计档案包括会计凭证、会计账簿、会计报表、电子财务档案、银行存款对账单、工程结算账单、项目竣工决算资料、税务资料、固定资产卡片、与业主监理工程师的往来信函、工程合同、分包协议、财务管理办法及会计工作移交清册等。

第四十九条 境外机构会计档案按财政部《会计档案保管办法》的有关规定保管。未经总会计师（未设置总会计师的单位，由财务负责人行使该职责）批准，任何外单位及与本单位无关人员无权查阅；对外提供经济情况、撰写新闻报道，应避免提及项目成本、工程结算收入及盈亏的具体数据。

第五十条 境外机构无权自行销毁任何会计档案。境外工程项目结束后，其会计档案由上级财务部门负责人监交，交由企业档案管理部门保管。移接手续必须合规，相关部门、人员签字盖章手续必须齐全。

联营体会计档案通过责任方财务部门交由责任方档案管理部门保管。

在境外注册的公司，其会计档案应当留存该公司，会计档案的管理除严格执行财政部《会计档案管理办法》的有关规定外，还应满足所在国对档案管理方面的有关规定。

第十一章　国际业务的财务监督

第五十一条 集团公司海外事业部应按月对国际业务的财务状况、经营成果、风险情况进行分析，在报送月度财务快报的同时，报送《中国水利水电建设集团国外项目财务情况简表》及其分析报告，对于重大亏损、重大风险应提供专项分析材料，提前做好预警工作。集团公司财务产权部、资金管理部应对国际业务中存在的财务问题及时进行研究，提出处理意见。集团公司海外事业部、财务产权部、资金管理部等有关部门之间应当加强业务联系与协作，共同防范国际经营中的财务风险。集团公司海外事业部因国际业务需要的集团公司相关财务、资金报表等资料，由集团公司财务产权部、资金管理部等相关部门协助提供。

第五十二条 财务监督的任务是规范国际业务的财务行为，维护国家、公司和其他投资者的利益，保护资产的安全、完整，防止欺诈和舞弊行为，使国际业务的各项经营活动健康有序进行。

第五十三条 国际业务的境外机构负责人是各境外机构财务行为的第一责任人，对本单位发生的违法、违纪、违规行为负有法律和行政责任。

第五十四条 境外机构应主动接受集团公司和集团成员企业的财务检查，境外机构应及时提供财务资料，并对所提供的财务资料的真实性、完整性负责。针对财务检查结果，集团公司各职能部门、集团相关成员企业有权提出处理意见，境外机构应及时进行整改。对于当年各项检查、审计中提出的问题，必须全部处理于当年决算之前。

第五十五条 集团公司海外事业部应根据需要会同集团公司相关职能部门定期与不定期地对境外机构实施财务检查和监督，对重点海外项目至少进行一次财务检查。集团成员企业必须定期对其所属的境外机构进行财务检查。

第五十六条 项目竣工后，境外机构所属上级部门应及时收回财务印鉴，撤销银行账户，完成并账工作。

第五十七条 所有竣工项目必须按照《集团公司施工项目部财务管理与会计核算指导意见》的相关规定编制竣工决算报告，并在项目竣工 90 天内报送上级财务部门，接受上级部门组织的竣工决算审计。项目经营责任制所规定的最终奖惩方案必须经由竣工决算审计后方可兑现。

第十二章　附　　则

第五十八条 本办法解释权属集团公司。

第五十九条 本办法自发布之日起执行，原中水电〔2007〕29 号文和中水电〔2007〕30 号文随即废止。

中国水利水电建设集团公司国外突发重大质量安全及自然灾害应急预案

（中水电〔2010〕13 号 • 2010 年 1 月 18 日）

1　总则

1.1　编制目的

建立健全应对中国水利水电建设集团公司（以下简称集团公司）境外机构（境外全资子公司、控股子公司、区域业务总部、分公司、代表处、项目部及有实际控制权的联营体等）所在国或地区突发重大质量安全及自然灾害应急救援体系和运行机制，提高应急救援能力，迅速、有序、高效地实施应急救助，最大程度地减少集团公司境外机构人员的生命和财产损失，确保境外项目的顺利实施。

1.2　编制依据

依据《国家突发公共事件总体应急预案》、《生产安全事故应急预案管理办法》、《国家自然灾害救助应急预案》、《中国水利水电建设集团公司突发事件总体应急预案》及国家有关救灾工作方针、政策和原则，制定本预案。

1.3　应急预案体系

集团公司突发重大质量安全及自然灾害应急救援预案体系主要包括集团公司国外突发重大质量安全及自然灾害应急预案；各公司国外突发重大质量安全及自然灾害应急预案；国外分公司、项目部突发重大质量安全及自然灾害应急预案和现场处置方案。相互关系见图 1。

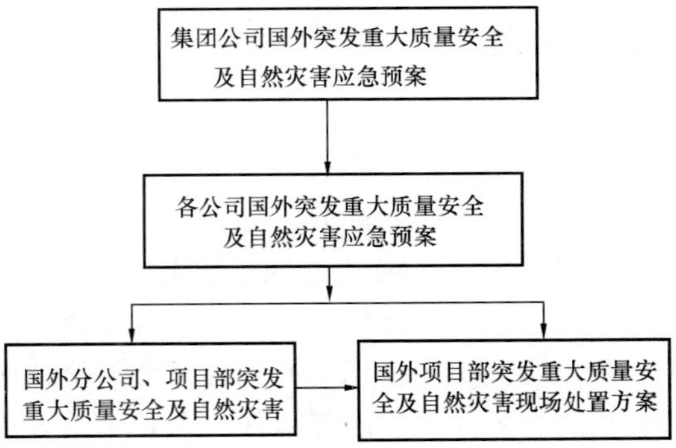

图 1　集团公司国外突发重大质量安全及自然灾害应急预案体系图

1.4　工作原则

1.4.1　以人为本，最大程度地保护集团公司境外机构人员的生命和财产安全。

1.4.2　集团公司统一领导，分级管理，条块结合，以块为主。

1.4.3　各子公司密切配合，分工协作，各司其职，各尽其责。

1.4.4　充分发挥集团公司境外机构的作用。

2　适用范围

2.1　凡在集团公司境外机构所在国或地区发生的质量安全事故、自然灾害（水旱灾害，台风、冰雹、雪、沙尘暴等气象灾害，火山、地震灾害，山体崩塌、滑坡、泥石流等地质灾害，风暴潮、海啸等海洋灾害，森林草原火灾和重大生物灾害等自然灾害）及其他突发公共事件达到启动条件的，适用于本预案。

2.2 本预案适用于以下生产安全事故的应急工作：

2.2.1 境外机构所在国或地区内，发生质量安全事故、自然灾害（水旱灾害，台风、冰雹、雪、沙尘暴等气象灾害，山体崩塌、滑坡、泥石流等地质灾害，风暴潮、海啸等海洋灾害，森林草原火灾和重大生物灾害等自然灾害）及其他突发公共事件，间接影响我境外机构的人员和财产安全或直接影响我境外机构的人员和财产安全。

2.2.2 集团公司境外机构所在国或地区内发生自然灾害造成集团公司驻外人员伤亡或需紧急转移安置集团公司驻外人员，房屋倒塌和损坏严重。

2.2.3 质量安全事故、公共卫生事件等其他突发公共事件造成大量人员伤亡、需要紧急转移安置或生活救助，视情况启动本预案。

2.2.4 对救助能力特别薄弱的地区等特殊情况，上述标准可酌情降低。

2.2.5 集团公司认为并决定的其他原因。

3 组织机构及职责

3.1 集团公司境外应急组织体系由集团公司总部—各子公司—境外各分公司、境外项目部的指挥机构、工作机构、专兼职应急救援队伍组成。

3.2 集团公司应急指挥中心领导小组（以下简称小组）为集团公司境外突发事件应急综合协调和指挥机构，负责协调集团公司总部、各子公司境外应急指挥机构之间的关系；研究境外应急管理重大决策和部署；组织、协调集团公司境外突发事件应急工作。

集团公司应急指挥中心领导小组由以下人员组成：

主　任：范集湘（集团公司总经理、党委副书记）

副主任：刘起涛（集团公司党委书记、副总经理）

孙洪水（集团公司副总经理）

黄保东（集团公司副总经理）

成　员：袁柏松（集团公司副总经理）

王彤宙（集团公司副总经理）

李跃平（集团公司副总经理）

唐苏军（集团公司纪委书记）

孙　璀（集团公司总会计师）

王宗敏（集团公司总经济师）

3.3 集团公司国外突发重大质量安全及自然灾害应急救援工作办公室设在集团公司海外事业部。海外事业部是集团公司海外突发事件应急综合协调机构，负责研究制定集团海外应急工作的方针、政策和规划，协调境外重大应急活动，指导子公司开展海外应急工作，组织、协调集团公司境外机构突发事件应急工作，负责处理日常事务。

集团公司海外应急救援工作办公室（海外事业部）主要由以下人员组成：（略）。

3.4 专兼职应急救援队伍。

集团公司国外突发重大质量安全及自然灾害应急救援的重点主要在现场项目部，专兼职应急救援队伍主要设置在项目部，人员由海外分公司和各项目部有关领导、相关部门负责人和作业层人员组成，主要职责是在发生重大质量安全及自然灾害时，及时进行现场救援，把人员和财产损失降到最低点。

3.5 集团公司所属各公司海外应急救援指挥机构、工作机构的人员组成和职责与集团公司总部相适应。

4 预警预报

4.1 预警预报：境外机构根据项目所在国政府有关部门，或我国驻外使领馆提供的突发事件预警预报信息，及时对可能受到威胁的项目作出预警。

4.2 根据预警，境外机构应做好应急准备或采取应急措施。

4.3 信息共享：集团公司海外事业部及时汇总各类灾害预警预报信息，向成员单位和有关境外机构通报信息。

4.4 信息管理：突发事件信息报告内容包括时间、地点、背景，造成的损失（包括人员伤亡数量、房屋倒塌、损坏情况及造成的直接经济损失），已采取的措施和需求。

5 应急响应

5.1 境外机构对于本国别区域内突发的事件，凡对集团公司境外机构和境外项目生命财产构成威胁，或造成人员伤亡和较大财产损失的，应在第一时间了解掌握情况，及时向海外事业部报告，同时报我国驻外使领馆，最迟不得晚于突发事件发生后 8 小时。海外事业部在接到事故报告后启动应急预案，组织有关人员赶赴现场，及时通报集团公司应急管理办公室和集团公司安全生产监督管理部。集团公司根据突发事件情况及时向国家有关部委报告。

5.2 在突发事件事态稳定之前，项目经理部均须执行 24 小时零报告制度。境外机构每天 9 时之前将截止到前一天 24 时的灾情向海外事业部上报，同时报我驻外使领馆。

5.3 境外机构在事态稳定后，应在2个工作日内核定灾情，向海外事业部报告，同时报我国驻外使领馆。

5.4 当突发事故现场得到有效控制，调查取证完成后，可宣布应急结束和决定解除应急状态，并由应急救援工作机构负责总结应急救援工作。

6 后期处置

6.1 善后处置

由集团公司海外事业部组织国际公司、事故发生的子公司、项目部负责事故的善后处置工作，包括人员的补偿、安置，妥善安置和慰问受害和受影响的人员，保证员工情绪稳定，尽快恢复正常的生产秩序。

6.2 事故调查

对突发事故要进行深入调查和评估，分析事故原因，查清事情真相，总结经验教训，开展批评教育和责任追究等。

7 应急保障

7.1 资金保障：集团公司安排集团整体突发事件应急资金预算，并按照应急工作分级负责、应急资金分级负担，以成员企业为主的原则，督促成员企业加大应急资金投入力度。集团公司境外机构要按外派人员数量准备应急资金。

7.2 物资保障：集团公司境外机构要对应急储备物资和储备库规划，分级、分类管理。要同参与紧急援助的医院、直升机所有者建立关系。

7.3 通信和信息保障：集团公司境外机构应明确和公布应急救援组织机构的联系方式并依法保障应急信息的畅通。应急信息网络应以公用通信网为基础，合理组建应急信息专用通信网络，确保信息畅通。

7.4 人力资源保障：境外项目经理部成立突发事件领导小组，组长由项目经理担任，并按规定配备专（兼）职突发事件工作人员。

8 培训和演练

8.1 境外项目经理部负责落实上级部门对协调处理突发事件的要求，积极开展突发事件应急教育活动，利用现场各种条件，宣传应急预防、避险、避灾、自救、互救的常识，增强驻外人员的防灾减灾意识。

8.2 境外各项目经理部应结合所在国区域实际，每年重点开展触电、高空坠落、机械伤害、洞室坍塌、防洪度汛和防止突发自然灾害等多种形式的应急演练。

9 奖励与责任

对在突发事件处理工作中作出突出贡献的先进集体和个人，由集团公司表彰；对在突发事件工作中英勇献身的人员，由集团公司按规定报请政府有关部门追认烈士；对在突发事件处理工作中玩忽职守造成损失的，依据有关规定追究当事人的责任，构成犯罪的，依法追究其刑事责任。

10 附则

10.1 本预案由海外事业部负责管理和更新。预案实施后，海外事业部应适时召集有关部门和专家进行评估，并视情况每年作出相应修改，并报送国家有关部委。

10.2 集团公司各公司应将本单位的海外项目突发重大质量安全及自然灾害应急救援报集团公司备案。

10.3 本预案自下发之日起执行，原中水电〔2007〕32号文中附件《国外突发重大质量安全及自然灾害紧急预案》随即废止。

中国水利水电建设集团公司
国际经营工作管理办法

（中水电〔2010〕17号·2010年1月25日）

第一章 总 则

第一条 为了加强对中国水利水电建设集团公司（以下简称集团公司）及其所属各子公司、控股公司国际经营工作的管理，规范国际经营工作秩序，促进国际经营工作健康、协调发展，制定本办法。

第二条 本办法所称国际经营工作，是指集团公司及其所属各子公司、控股公司在国（境）外（含香港、澳门特别行政区及台湾地区）从事经营的业务和活动。

第三条 本办法和集团公司相关规定中所提及的境外业务、海外业务、外经业务、国际业务均是国际经营的同义语。

第四条 集团公司鼓励、支持、促进所属各子公司、控股公司实施国际经营工作。

第五条 从事国际经营工作，不得危害中华人民共和国国家安全，不得损害中华人民共和国国家利益、社会公共利益和他人合法权益。

第六条 从事国际经营工作，应当遵守中国法律及项目所在国家法律，尊重当地宗教信仰和风俗习惯。

第七条 从事国际经营工作的单位，应当依法经营，信守商业信誉，履行商业合同。

第二章 管理原则

第八条 国际经营是集团公司中长期发展战略的重要组成部分，是落实科学发展观，实现又好又快发展，建设具有较强国际竞争力的质量效益型跨国集团的重要组成部分，国际业务优先发展是集团公司的战略。

第九条 集团公司国际经营所追求的目标是集团公司整体利益最大化和相关企业利益的和谐统一，通过打造集团化经营的商业模式，实行集中统一管理，主要包括以下内容：

（一）统一管理国际经营业务。在集团公司领导下，形成整个集团对外经营业务管理网络，形成集约化战略管理和经营管理的集团化国际经营模式，使集团各子公司、控股公司在国际经营业务产业链、价值链上充分发挥各自的优势，在确保集团整体利益的最大化的同时，实现规模和效益的协调增长。

（二）统一配置跨国经营资源。集团公司统筹协调合理调配人、财、物及信息资源，贯彻市场经济原则，实行契约化管理。

（三）统一使用集团公司品牌。集团公司各子公司、控股公司均需统一使用集团公司或集团国际公司品牌进行国际经营业务。

（四）统一开展对外联合与合作。各子公司、控股公司在集团公司的指导下，以集团公司或集团国际公司的名义与外单位开展联合与合作。

第三章 组织管理体系

第十条 集团公司对国际经营工作实行全面领导和管理，负责国际经营的战略管理，负责制定中长期发展规划，制定市场经营方针，组织对大型、特大型融投资项目的评估、高端运作和决策，协调并解决国际经营工作中的重大事项。

第十一条 集团公司国际经营工作的主管部门是海外事业部。海外事业部是集团公司国际化战略的拟订和组织者，是集团公司海外业务的综合归口管理部门。

第十二条 集团公司海外事业部的主要职责是：

（一）拟订集团公司国际经营战略和规划，经集团公司批准后，代表集团公司组织实施；

（二）拟订集团公司国际经营管理规范、规章制度和工作流程，建立集团公司国际经营的综合管理体系；

（三）规范集团公司所属各子公司、控股公司的国际经营组织结构体系、经济核算体系、技术和商务体系、资源配置管理体系、人力资源开发体系和相应的支持体系；

（四）收集、研究与集团公司国际经营有关国家的法律法规、行业规定、行业规范和市场信息等，并及时为子公司、控股公司提供相关服务；

（五）拟订对集团公司所属子公司、控股公司国际经营业务的考核办法，列入集团公司统一考核范畴，并参与考核工作；

（六）拟订集团公司国际经营财务和资金管理办法，并指导实施；

（七）拟订集团公司国际经营的设备、物资管理办法，并监督、指导实施；

（八）拟订集团公司外事工作管理办法，负责办理出国人员手续及外事管理的日常工作；

（九）统筹集团公司国外投资业务，负责国外投资项目决策前的初步评审，参与集团公司投资工作的评审工作，为集团公司国外投资决策提供依据；

（十）在国际经营范围内，代表集团公司参加政府有关部门、商会、学会、协会的工作和活动；

（十一）负责对集团公司国际经营工作的统筹、协调、监督、管理；

（十二）集团公司赋予的其他职责。

第十三条 集团公司各部门依照各自职责分工对国际经营业务履行监督管理职责。

第十四条 集团公司国际经营职能授权集团国际公司执行。对以集团公司名义对外签约的项目，集团公司授权集团国际公司具体实施，并授权集团国际公司以自身名义与集团公司所属其他各子公司、控股公司就项目实施签订相关协议。集团国际公司在与集团公司所属其他各子公司、控股公司共同实施集团公司（或集团国际公司）对外签约国际经营项目时，是平等合作关系，是契约关系。

第十五条 集团公司所属各子公司、控股公司在国际经营中的主要任务是：

（一）与集团公司及集团国际公司一起作为市场竞争主体不可分割的组成部分，是合同履约的主体和企业利润的主体，是国际经营的实施者。

（二）在集团公司（海外事业部）的授权下，代表集团公司（海外事业部）开发海外市场，在授权范围内，实施工程建设项目。

（三）对项目具有经营管理权，对项目的流动资金和资源进行优化配置，对项目的经营成果及合同风险负责。

第十六条 各子公司、控股公司在与集团公司利益不发生冲突的情况下，可以与外单位进行合作，发生此种情况时要根据规定的程序进行审批。各子公司、控股公司参与地方政府主导的国际合作项目，要根据规定的程序报集团公司审批备案，部分业绩指标可纳入地方政府的统计范围。

第十七条 为规范集团公司国际经营主管部门与集团所属各子公司、控股公司在境外工程投标和工程实施过程中的责任、权利和义务，保障项目中标后工程的顺利执行和履约，在投标前，双方应签订标前协议。

第十八条 集团公司、集团国际公司与各子公司、控股公司在国际经济活动中的经济关系界定：

（一）集团所属各子公司、控股公司获得项目信息并以集团公司或国际公司名义投标，海外事业部负责办理相关报批手续并提供保函和支持性文件，履行集团赋予的归口管理和保障服务职责。

（二）海外事业部直接获得项目信息，在海外事业部的组织下投标，并提供保函和支持文件的。

（三）议标项目，按合同价的一定比例由相关各子公司、控股公司包干实施合同。

（四）融资类项目，由集团公司国际经营主管部门与相关各子公司、控股公司商定工程实施费用后执行。

第十九条 集团公司内部经济纠纷调解委员会为集团公司国际经营内部经济纠纷的协调机构。海外事业部（国际公司）与集团所属其他子公司、控股公司产生经济纠纷双方难以解决时，可提交集团公司内部经济纠纷调解委员会调解、仲裁。各方面均应按调解、仲裁决定执行。

第二十条 集团公司（或集团国际公司）境外机构（境外全资子公司、控股子公司、区域业务总部、分公司、代表处、项目部及有实际控制权的联营体等）是集团公司国际经营组织机构的延伸和重要组成部分，受派出单位领导，并对派出单位负责。

第二十一条 建立健全优质、高效的国际业务的组织结构体系、支持体系和管控体系。集团各子公司、控股公司要努力打造符合本企业实际情况的国际经营模式，根据本企业国际经营业务发展实际情况，正确、有选择、创造性地采用全面国际化模式、事业部模式、国际部模式中一种模式。

第四章 资 格 管 理

第二十二条 集团公司将有计划地统筹国内国外两个市场、两种资源，重点支持综合能力强、国际化程度高、把国际经营作为核心竞争力的子公司、控股公司，帮助集团公司其他自子公司、控股公司积极发展国际业务。

第二十三条 根据商务部有关对实施对外承包工程单位进行资格管理的要求，集团公司对从事国际经营活动的单位实行资格管理，从事国际经营活动单位应当具备如下条件：

（一）具有法人资格；

（二）具有符合国家规定的注册资本或从事国际经营必需的资金；

（三）具有国际经营所必须的管理人员、专业技术人员；

（四）连续两年内无因进行非法经营活动或严重违反国家有关规定受过行政处罚；

（五）具有与所开发国外项目性质相符合的专业资格及经营业绩；

（六）连续两年没有违反集团公司国际经营工作管理办法。

第五章 投（议）标管理

第二十四条 为了发挥整个集团公司所有子公司、控股公司的积极性，对于非投资性国际工程项目，要按照分级管理的原则，根据项目估价的不同层级明确不同的责任主体及审批程序和决策机构。在项目投标方面，将逐步实行分级管理，国际公司的重心逐渐转移到运作具有一定规模、一定难度、一定影响的大中型项目上去。原则上，1亿美元以上的投标项目或融、投资项目，由国际公司牵头，子公司配合；5000万～1亿美元的投标项目，由有条件和能力的子公司负责，国际公司提供支持和服务，并负责总体把关；5000万美元及以下的投标项目，以子公司为主运作，国际公司提供服务。

第六章 内部委托施工（分包）管理

第二十五条 为发挥集团公司整体优势，根据不同项目的实际情况，集团公司（或集团国际公司）签约的国外项目将采取内部委托施工（分包）的形式履行合同。集团公司将制定《国外工程内部委托施工协议管理办法》，对内部委托事项作出专门规定。

第二十六条 根据本办法第十四条的授权，集团国际公司根据集团公司《国外工程内部委托施工协议管理办法》和负责项目具体实施的集团公司其他子公司、控股公司签署内部委托实施协议，内部委托实施协议中的委托单位均为集团国际公司，受托单位为集团公司所属其他子公司、控股公司。

第七章 联营体管理

第二十七条 根据具体情况，国外项目在执行过程中可采用联营体的管理模式。联营体分成3种形式：一是集团公司为责任方，与其他中外公司组成联营体；二是集团国际公司为责任方，与其他中外公司组成联营体；三是集团公司或其授权的子公司、控股公司为非责任方，与其他中外公司组成联营体。

第二十八条 无论何种形式的联营体，都应以目标一致、共赢为原则，建立起良性而规范的运营机制和决策机制，实现良好合作，互利共赢。

第二十九条 无论何种联营体，均要明确联营体各方股份比例，签署联营体书面协议，规定不同阶段的工作内容目标和责任权利，直至联营体正式组建和联营体章程的确定。

第三十条 联营体的管理应在联营体协议或联营体章程中作明确规定，原则上可采用两种模式：一是实行董事长领导下的项目经理（总经理）负责制，项目经理（总经理）由董事会向联营体成员内外招聘职业经理人，并按联营体协议或联营体章程的有关规定和程序进行管理；二是由其中某一方实行承包经营，另外几方进行监督。

第八章 在建项目管理

第三十一条 以集团公司或集团国际公司名义单独或联合签约的国外工程项目，均由集团公司对其进行统一规范管理。

第三十二条 集团公司对国外工程项目按自营项目、联营（联合）项目及委托实施项目3种不同的形式分别进行统一规范化的总体管理和项目支持。

第三十三条 对于集团公司（或集团国际公司）委托施工的国外项目，由集团国际公司与受托单位按照《国外工程项目内部委托实施协议管理办法》正式签订委托协议。

第三十四条 集团公司所属各子公司、控股公司应做好国外工程项目实施策划，项目实施模式设计，项目经理部的组建。

第三十五条 从事国际经营工作的单位，应当认真履约，加强对工程的工期、质量、资金、安全、环保的管理，提高各种资源的利用效率。

第三十六条 各子公司、控股公司应确保其履约项目部建立健全项目现场管理体系，包括信息管理、文档管理、合同管理、技术管理、进度管理、物资设备管理、成本管理、质量管理、安全管理、人力资源管理、环境保护管理等。

第三十七条 强化项目经理职责，在授权范围内项目经理负有全面管理职责，对项目工期、质量、安全、进度、成本、机械、材料、分包、环境保护等负有直接责任。项目经理要与集团国际公司或有关各子公司、控股公司法定代表人签订《项目目标管理责任制协议书》，严格执行协议书的有关规定，认真履行与业主签订的工程承包合同，确保各项指标的顺利实现。

第三十八条 从事国际经营工作的单位，不得将其从集团公司承接的工程项目中关键项目或控制项目转包给集团公司以外的单位或个人，也不允许将上述项目肢解后以分包的名义分包、转包给集团公司以外的单位或个人。特殊情况报集团公司批准。

第九章 财务管理

第三十九条 集团公司所属企业应根据《中国水利水电建设集团公司国际业务财务管理办法》的规定开展国际经营业务的财务管理工作，形成层级清晰、权益明确、职责分明的财务管理体系。

第四十条 国际经营财务管理的总体目标是适应集团国际化战略的发展要求，为集团公司国际经营业务的安全、规范、高效运营创造良好的财务环境；通过规范的财务管理，推动集团公司拥有的外经资源，给各子公司、控股公司创造资本附加值和增值效益；将集团公司、集团国际公司及参与国际经营的各子公司财物资源统筹运作，形成最大的集团效益，保证国有资产保值增值。

第四十一条 通过建立高效、规范的国际经营财务管理体系，达到以下具体目标：

（一）理顺集团公司、集团国际公司、集团其他成员企业、境外机构之间的财务关系，发挥集团公司在国际经营业务上的整体优势和规模优势；

（二）规范集团公司国际经营的财务行为，完善财务预算与计划、财务控制与监督、财务考核与评价等工作；

（三）规范境外机构的财务管理和财务行为；

（四）准确、及时反映国际经营的财务信息，加强财务风险管理。

第十章 投融资管理

第四十二条 国外投融资业务属资本运作型业务，本项业务由集团公司、集团授权的国际公司或集团公司批准的其他子公司经营运作。集团公司、集团国际公司和经集团公司批准的其他子公司在开展海外投融资业务时，要设立分公司、项目公司或必要的机构。

第四十三条 集团公司、集团国际公司和经集团公司批准的其他子公司的国际投融资项目应遵循的原则、组织与管理、监督与评价、评审与审批程序以及执行机构等应按照集团公司相关管理办法执行。

第四十四条 集团公司、集团国际公司和经集团公司批准的其他子公司积极开展符合国家政策和集团公司战略的国际投融资项目，不宜参加一般加工、贸易、服务项目、不具竞争优势的项目、不符合国家产业政策与集团战略的投融资项目。

第四十五条 集团公司、集团国际公司和经集团公司批准的其他子公司的国际投融资规模应与企业资产经营规模、资产负债水平和实际筹资能力相适应。

第四十六条 集团公司、集团国际公司和经集团公司批准的其他子公司国际投融资项目的预期投资收益应不低于国内同行业同期的平均水平。

第四十七条 国际投资项目，不论投资内容和投资规模，须按照《集团公司海外投资管理办法》的规定进行立项、审批、实施。

第四十八条 对未经集团公司审批的国际投资项目，集团公司将追究相关人员及领导的责任，给集团公司及所属企业或国家造成重大损失的，将按照有关规定进行处理。

第四十九条 所有经过集团公司批准的投资项目，其全部投资责任由负责投资的企业承担。

第五十条 集团公司所属企业参与集团公司或集团国际公司投融资活动，须与集团公司或集团国际公司就国际投融资项目签署有关投资协议，文件必须由公司法定代表人或其授权代表签署。

第十一章 审计监察管理

第五十一条 集团公司将根据《中国水利水电建设集团公司境外企业及工程项目审计办法（试行）》的规定开展内部审计工作，促进国际经营的规范性和有效性。

第五十二条 各单位应根据集团公司的相关规定积极开展国际经营业务的监察工作，围绕国际经营积极有效地开展执法监察和效能监察，为提高集团公司国际经营的经济效益服务。

第十二章 设备物资管理

第五十三条 集团公司在国际经营活动中，按照“统一领导、两级集中、两级管理”的原则，将逐渐强化统一采购。集团公司设备物资采购中心负责集团公司系统设备物资集中采购招标工作的重大事项并指导集团公司系统的集中采购招标工作，海外事业部按照“监督、指导、服务”的宗旨，在规定的范围内，对国外项目所需物资采购工作按照相关规定进行管理和提供技术支持，并直接负责国外工程项目项下物资（包括施工机械设备、永久设备和大宗材料等）采购、运输、保险及设备使用的管理指导。

第五十四条 设备物资采购原则上需要通过竞争方式进行。

第五十五条 集团公司有关业务主管部门应当建立《合格供应商名册》、《合格运输商名册》，定期对供应商和运输商进行更新，适时评价，实行动态管理。

第五十六条 国外工程项下购置的施工设备、永久设备和大宗材料等物资的出口报关、运输和保险等相关事宜，由海外事业部负责管理，并由所在项目部指定的国内采购工作组协助办理。

第五十七条 国外工程项下的设备物资采购均以集团国际公司名义与供应商签订采购合同，并做报关出口、出口退税手续，集团国际公司不收取任何费用。

第五十八条 项目实施单位应当对大型成套设备的建造、运输、验收、使用的全过程进行跟踪管理，要建立完备的设备物资档案。

第十三章 安全生产、质量和环境管理

第五十九条 按国际标准建立质量、环境、职业健康安全管理体系，开展标准化活动，加强生产作业的过程管理。

第六十条 集团公司所属各单位在国际经营工作中，应遵守国家有关安全生产法律、法规，树立“以人为本”的思想、坚持“安全第一、预防为主、综合治理”的方针，建立完善的安全生产管理体系，实施安全生产目标管理，健全各项安全生产规章制度，落实安全生产责任制，完善安全监督机制，加大事故隐患整改和重大危险源监控力度，全面提高安全生产管理水平，实现集团公司的安全生产管理目标。

海外事业部（集团国际公司）是集团公司海外项目安全管理的责任主体单位，对海外自营项目的安全管理负全面责任，对委托的国际项目负安全生产监管职责。

集团公司所属的参与国际项目建设的有关单位，应把国际工程项目的安全管理纳入到本单位安全生产管理工作的范畴，并作为其重要组成部分抓好抓实，按照有关的法律、法规、制度、合同、协议规定，对国际项目的安全管理负责。

第六十一条 委托实施项目中受托单位行政正职是安全生产第一责任人，联营体实施项目中联营体牵头方行政正职是第一责任人，国际公司自营或联营项目有国际公司牵头，项目中总经理为第一责任人。安全生产第一责任人，对本单位安全生产全面负责。各工程项目要设置专门安全生产管理机构和专职安全人员，按规定要求设置安全总监。

第六十二条 各单位要加强基层安全建设，开展安全质量标准化活动，加强生产作业的过程管理，按照标准、规范组织生产，努力做到施工现场标准化、岗位操作标准化、基层管理标准化。

第六十三条 各单位应切实保障员工在安全生产方面的各项权利，为员工创造安全作业环境，提供合格的劳动防护用品和工具。

第六十四条 各单位应根据“横向到边，纵向到底”的原则，制定各级管理人员、员工和部门的安全生产责任制。安全生产责任制应覆盖本单位所有组织和人员。

第六十五条 各单位应制定安全生产责任制考核办法，定期进行考核奖惩。实行各级领导、机关部门安全生产工作述职报告制度，将履行安全生产责任制情况列为干部考核的重要内容。

第六十六条 各单位应按要求定期对员工进行安全生产教育和培训，每年培训时间不低于法定培训时间，以提高员工安全技术素质，保证员工具备必要的安全生产技能和防范事故的能力。

第六十七条 各单位应制定安全检查制度，坚持日常检查和定期组织安全检查。对检查中发现的事故隐患，应立即排除。

各单位应按要求及时填报安全生产管理信息系统，保持更新各自的安全生产管理信息系统平台。

第六十八条 各单位要保证用于安全生产方面的资金投入。在编制年度预算时，要优先保证安全费用，按规定和实际需要列支事故隐患治理和安全技术措施项目经费，并纳入成本计算，为项目派出人员购买必要的保险。

各单位在国际经营工作中，应遵守国家有关产品质量的法律、法规和相关制度。

各项目应建立专门的管理体系和机构，配备必要的质量管理专职人员。设置必要的质量管理的测量、试验设备和设施。对测量、试验设备和设施进行率定和有效管理。落实质量管理制度，开展全面质量管理，重视生产过程质量管理，实现符合要求的产品质量。

各单位在国际经营工作中，应遵守国家有关产品质量的法律、法规，建立环境管理体系，实现东道国和业主要求的环境管理目标。

第十四章　合同与风险管理

第六十九条 国际经营中的合同与风险管理关系到企业预期经营目标能否实现，各有关单位要对整个项目生命周期进行有组织、有计划、系统化、规范化和持续不断的合同与风险管理，以期达到过程可控、结果可控，提高经营活动的效率和效果，降低实现经营目标的不确定性管理目标。

第七十条 集团公司及及其所属各子公司、控股公司从事国际经营活动，必须建立严密的风险评估和控制体系。要做到全过程管理，建立一套行之有效的风险防范和控制的规章制度。

第七十一条 各有关单位应确保相互间及时、真实、可靠的信息沟通与交流。合同与风险管理的各个环节对各自提供的风险管理原始信息的一致性、准确性、及时性、可用性和完整性负责，风险管理信息中心对原始信息与风险量化值的一致性、风险量化值的准确性和可用性、信息传递的及时性及完整性负责。

第七十二条 合同与风险管理应对风险进行动态识别和评判，借此制定切实可行的应对策略，确保应对策略的贯彻实施。

第七十三条 合同与风险管理的各级组织应切实履行监督与管理职能，确保各项应对策略符合集团公司总体经营战略和经营目标，确保公司有关规章制度和为实现经营目标而制定的各项措施的贯彻执行。

第七十四条 每个项目结束后，负责具体实施的现场管理单位应从风险预测、风险分析、风险处理方法与达到的效果等方面，对该项目的合同与风险管理工作进行总结，并上报相关职能部门进行归档或形成合同与风险管理案例，以便为今后的经营活动提供指导与借鉴。

第十五章　紧急状态管理

第七十五条 集团公司是突发事件的应急管理

最高指挥机构。集团公司海外事业部是集团公司海外项目应急管理工作的具体执行机构，负责应对海外项目发生的突发应急事件。在国际经营工作中，要切实加强对集团公司境外人员和机构的安全保卫工作，加强内部防范，健全应急处理机制，提高和加强境外机构应对突发事件的能力，确保境外机构人身、财产安全。

第七十六条 集团公司所属各子公司、控股公司及境外机构都要建立紧急状态预案。在处置突发事件时，必须坚持快速反应、统一指挥、整体配合、安全保密四项原则。

第七十七条 为了做好处置突发事件的各项工作，各单位要成立处置突发事件工作指挥中心，指挥中心下设综合协调组、思想政治工作组、安全保卫组、后勤保障组等办事机构。

第七十八条 集团公司各境外机构要建立安全保卫员制度，安全教育制度，值班制度，报告制度，与我国使馆和当地政府、警方、业主的联系制度，雇用当地人员审查制度。

第七十九条 要建立传递畅通、反应灵敏的预警信息渠道和沟通协调机制，妥善解决境外项目各类突发罢工事件与劳务纠纷。

第八十条 本章的规定，原则上也适用于项目所在国发生的质量安全事故、政治事件、自然灾害发生时的紧急状态处理。

第十六章　外 事 管 理

第八十一条 集团公司及所属资企业、控股公司人员因公出国（境），要严格按照归口管理、分级审批的规定办理。海外事业部统一负责集团公司上述人员因公出国（境）的管理工作。集团公司各所属子公司、控股公司外事、人事或组织部门负责本单位出国（境）事项的管理工作。

第八十二条 凡因国际经营工作需要，确需邀请外国人员来华访问、考察、商务洽谈、参加会议等，均由集团公司按照外交部授权办理有关手续。邀请外国副省部级以上官员和前政要正式来访，须由集团公司报请外交部或经外交部上报国务院审批同意后办理有关手续。

第十七章　人力资源管理

第八十三条 在国际经营工作中，要全面实施人才战略规划，建设高素质的国际经营专业技术人才队伍。集团公司将在工程技术领域、经济管理领域、财务会计领域、法律事务领域建立国际经营人才库，并将对国际经营人才库进行严格管理。

第八十四条 充分发挥集团公司国际经营专家委员会专家学科众多、专业精深的综合优势，为研究制定集团公司国际化发展战略，促进集团公司国际经济技术合作事业健康有序发展，提高集团公司国际经营决策科学化水平等方面发挥决策咨询作用。

第八十五条 集团公司国际经营专家委员会的主要职责是：参与集团公司重大国际经营和对外融投资项目的决策评估；对集团公司国际经营的发展进行深入地研究；对集团公司国际经营活动中的重大专业问题给予专业型、顾问型指导，在专业领域提出意见和建议；参与集团公司组织的有关国际业务培训和教学活动等。

第十八章　业绩评价管理

第八十六条 各有关单位应以集团公司发展战略为目标，根据相关规定建立国际经营业绩评价管理体系，通过有效的激励和约束机制促进集团公司国际经营业务的发展。

第八十七条 集团公司对所属企业国际经营进行业绩评价管理；集团公司各所属企业对其负责实施的国际经营执行单位进行考核和业绩评价管理。

第八十八条 各单位应本着公正、公平、客观、真实的原则开展国际经营业务的业绩评价工作。在考核过程中做到过程与结果并重，实质与形式共存。

第十九章　项目信息管理、科技创新与管理创新

第八十九条 集团公司及及其所属各子公司、控股公司在国际经营工作中，要加强对信息与科技创新工作的领导和管理，负责本单位国际项目的技术信息档案管理和科技创新成果的立项上报工作，加大信息系统的应用和推广力度，通过信息化手段优化业务流程，实现精细化管理。

第九十条 各有关单位要重视和关注境外包括大型水电站在内技术复杂项目建设过程中的信息管理和科技创新，要善于总结在工程建设管理过程中出现的新技术、新工艺、新方法、专利技术的学习、借鉴、吸收和消化，并逐渐完善创新。对具有推广价值的技术，按要求及时汇总到海外事业部，由海外事业部报集团公司科技部门列入推广计划，组织推广应用。

第九十一条 要加强对国外著名承包商、设备制造商、国外水电建设企业相关管理信息、科学技术、施工制造工艺、专利技术的学习、借鉴、吸收和消化，并逐渐完善创新。对具有推广价值的技术，由集团公司科技部门列入推广计划，组织推广应用。

第九十二条 在运作境外项目，尤其是投、融

资水电站项目时，各有关单位要努力争取项目业主对中国水利水电设计、施工、运行规范的认可，要通过国内有关政府部门的推动，尽早将我国成熟的水利水电设计、施工、运行规范推广到国外。

第九十三条 对有条件的项目，有关单位要积极探索在技术复杂项目建立适合高新科技发展机制、制度的尝试。

第九十四条 各单位应紧密围绕集团公司发展战略和经营目标，结合本单位工作实际，有针对性地确立国际工程管理创新课题。对有条件的项目，每年要设立一定数量的管理创新项目，投入必要的力量，形成管理创新成果。

第二十章 知识管理

第九十五条 知识管理是对一个企业集体知识与技能的综合，然后将这些知识与技能转化为现实生产力的过程。

第九十六条 知识管理的主要内容包括信息资源和信息系统管理、技术创新管理、企业文化管理、员工知识能力管理、企业组织和制度管理等。

第九十七条 知识管理的主要目标是：建立和营造促进知识学习、知识积累和知识共享的环境并激励员工的知识创新与交流；促进知识的评估利用和交流共享；提高员工整体素质，促进员工的创新能力和工作技巧；提高企业生存竞争能力，适应知识经济的需求，加强研究开发和创新能力，有效实现知识价值的科学转化；重视知识和人才，促使企业成长为学习型组织，提高国际经营者队伍整体的知识水平，不断提高技术进步对国际经营的贡献率。

第九十八条 集团公司在开展国际业务过程中，要构建支持知识管理的组织体系，加大对知识管理的资金投入，创造有利于知识管理的企业文化，制定鼓励知识创造和转移的激励措施，开发支撑知识管理的信息技术，建立知识管理评估系统。

第九十九条 集团公司海外事业部（国际公司）应组织建立国际经营的知识管理体系，通过内部网站、杂志、简报等各种信息平台进行国际业务专业知识和商务经验的交流和分享，集成国际业务管理的知识库。对于无法用文字图表表述的隐形知识，则通过评比表彰、培训、现场观摩、讨论会和网络交流平台等方法促进知识的分享。

集团公司其他职能部门和其他子公司、控股公司应积极参与并协助上述知识管理的交流、分享和集成活动。

第二十一章 党的建设及企业文化建设

第一〇〇条 海外工作机构党的建设，是集团公司党建工作的重要环节。在国际经营工作中，要加强党的建设，规范海外工作机构党建工作的内容、方式和方法。

第一〇一条 加强海外工作机构党建工作的目的，是把党组织建设成实施“走出去”战略坚强的领导核心和战斗堡垒；通过对党员行之有效的教育、管理和监督工作，充分发挥党员的积极性和创造性，确保党的路线、方针、政策的贯彻执行，确保集团公司国际化发展战略的实施。

第一〇二条 集团公司海外工作机构党组织的基本任务是：组织党员认真学习马克思列宁主义、毛泽东思想、邓小平理论和“三个代表”重要思想，学习党的路线、方针、政策及决议，学习党的基本知识，学习科学、文化和业务知识，宣传和执行党的路线、方针、政策，贯彻执行党中央、国资委党委、集团公司党委的决议、决定和指示，充分发挥党员的先锋模范作用，努力完成本单位所担负的任务。

第一〇三条 集团公司海外工作机构党组织的工作重点是：

（一）结合海外项目部的实际，抓好项目部的班子建设；

（二）抓好项目部队伍建设；

（三）抓好对党员的教育、管理工作；

（四）积极组织并开展企业文化建设，加强对员工的爱国主义、集体主义教育，激发员工的国家和企业荣誉感，不断发扬光大员工的集体主义精神，自觉维护集团公司品牌形象。

第一〇四条 海外工作机构党组织工作的具体原则、党组织设立的规定及程序、党组织及责任人的管理等具体工作内容，按照集团公司党委《关于加强海外机构党建工作的指导意见》和集团公司党委相关规定执行。

第二十二章 附　则

第一〇五条 集团公司授权海外事业部对本办法进行解释。

第一〇六条 本办法自下发之日起执行，原中水电外〔2007〕47号文随即废止。

中国水利水电建设集团公司
国外在建工程项目管理办法

（中水电〔2010〕18号·2010年1月25日）

在建项目的经营管理是集团国际经营活动的主体，为建立规范化、专业化、系统化、科学化的项目管理体系，强化规范国外工程项目合同签约后的经营管理，防范工程承包风险，以便提高国际工程项目的经济效益和社会效益，实现工程合同的全面履约，树立集团公司良好的品牌形象，更进一步地拓宽国际市场，特制定本办法。

第一章　总　　则

第一条　集团公司赋予海外事业部对成员企业的国际经营进行统筹、协调、监督和管理；集团国际公司对国际经营业务履行市场开发、项目经营的具体事宜，凡以集团名义或者国际公司名义签约的合同或者集团授权以其他成员企业的名义签约的合同，其工程项目的经营管理均由集团公司纳入正常的规范化管理的范畴，进行统一、规范化管理。

第二条　集团公司对国外工程项目按自营项目、联营（联合）项目及委托实施项目3种不同的形式分别进行统一、规范化的总体管理和项目支持。

第三条　本办法仅对项目实施中的若干重要方面提出了管理原则和要求，海外事业部质量手册、形成文件的项目管理规定、实施办法、工作制度、操作流程等构成项目管理的完整体系，具体实施时请按上述系统化的文件执行。

第二章　工程项目实施策划

第四条　项目合同签约后，对项目实施策划，安排有关部门编制项目实施建议（策划）书。

第五条　项目策划要依据项目特征和合同条件统筹考虑，构思经营方案，明确执行主体和权责、风险的承担、流动资金的需求和担保条件等重大议题后报集团公司审批。

第六条　项目策划的主要内容：

（一）对项目的战略目标（整体目标）；

（二）项目管理（实施）的组织模式；

（三）主要实施和分包方案；

（四）项目总进度计划；

（五）项目班子的推荐人选及分工；

（六）设备物资采购、资金、保函、保险安排意见；

（七）安全和应急事项管理等。

第七条　在实施建议书获得到批准后，委托实施单位建立项目经理部，相关部门和人员要立即着手编制项目实施的计划，制定项目管理的目标。

第三章　项目实施模式

第八条　根据承担实施风险方式的不同，分为以下3种主要项目实施模式：

（一）自营模式，是指签约主体——集团公司（或国际公司）出资并承担全部合同风险，自己组建项目经理部，自行配制资源进行项目实施的项目。

（二）联营（联合）模式，是指集团公司（或国际公司）与其他法人单位联营，来联合出资、共担项目合同风险、共享收益和与其他法人单位共同组建项目经理部进行项目实施的项目。

（三）委托实施模式，是指集团公司（或国际公司）将中标项目的整体或部分工程内容以书面委托书的形式（签署项目实施委托协议）承诺给集团公司的子公司或其他具有企业法人资格的承包商施工，由受托单位组建项目经理部，出资并承担实施风险的项目。

第四章　集团公司在项目实施中的管理和支持工作

第九条　总体管理和支持工作：

（一）制定项目实施方案（实施建议书），组织和审订项目经理部编制的实施计划。

（二）办理只有项目合同签约方才有权进行的与项目实施有关的手续和文件。

（三）颁布统一的规章制度和报表要求，及时报告执行项目的重大问题和处理。

（四）监督和稽核现场资金使用情况和财务会计报表。

（五）遴选或审核确认项目经理及派往项目现场的主要管理人员，并进行出国前的谈话。

（六）对项目实施中的重大合同事项、项目实施风险、安全生产、工程技术问题进行监管，必要时提供协助和支持。

（七）指导并帮助采购主要设备和材料，特别是国内制造生产设备和材料及出口和运输，协调其他工程项目的资源。

（八）指令驻外机构对项目实施提供帮助、支持和指导。

（九）对项目进行全过程的跟踪、检查及考核。对于在建的每个国外工程项目，原则上每年及项目完工均对其进行一次全面检查和考核，检查和考核的内容主要包括：

（1）规划、工期和进度；

（2）施工质量；

（3）项目成本控制；

（4）施工安全；

（5）环境保护；

（6）风险、索赔和文档管理情况；

（7）集团公司下达的各项经营计划指标的完成情况；

（8）集团公司相关制度的贯彻和市场信息；

（9）业主评价。

（十）收集、整理在建项目管理知识，建立和维护国际业务管理知识库和交流共享平台，更好地服务于市场开发和项目管理。

第十条 自营模式项目的管理：

（一）自营模式项目应对其实施的全过程进行管理，做好前期规划。在签订合同时或项目实施建议书阶段，就应按照合同的要求对其整个项目的合同思路、施工方案、工期进度、资源组织、风险防范、资金安排、成本、质量和安全环境等诸方面进行整体构思，为工程项目的实施打下良好基础。

（二）自营项目的管理主体是项目经理部，项目经理部是经营目标的主要承担者，国际公司的业务主管部门对自营项目部行使管理和领导权，同时业务主管部门也对项目部经营目标的实现负连带责任。

（三）实行项目目标管理责任制。自营项目部成立时，国际公司应与项目部签订《经营目标责任书》，以明确项目实施的经营目标和经营责任。对于规模较大或情况复杂的工程，如果一时难以准确测定经营目标，可在开工后半年之内签订上述责任协议书。

（四）自营项目的项目经理部应履行以下职责：

（1）根据集团公司的总体目标，严格履行合同和《经营目标责任制书》，按合同要求对项目组织具体实施，并执行集团公司和国际公司的质量体系及有关文件，对工程项目的施工进度、质量、安全、环境、成本核算等全面负责。

（2）必须及时反馈进度计划、成本控制、质量、安全、合同管理等各方面的信息，以便集团公司及时为其提供有力保障和支持。

（3）项目经理部必须制定严格的适合于该工程项目的规章制度，并及时上报集团公司，特别是物资采购计划、流动资金计划、工资待遇和奖励制度。

（4）加强合同管理，所有经营业务均应签订正式合同（协议）；对于项目的主体部分的分包（转包），应报集团公司审批。

第十一条 联营（联合）模式项目的管理：

（一）对于联营模式项目的管理，应根据集团公司（或国际公司）与联营方所签的联营协议和设立的董事会章程对项目进行管理，董事会授予项目部经营实施的权利并决策项目实施的重大事宜。联营（联合）项目也应通过与董事会签署《经营目标责任书》规范经营，项目部是经营目标的承担者和考核对象，管理费、利润或者风险的承担比例由联营协议规定。

（二）项目经理部的组建。联营（联合）模式项目的项目经理部及组成人员，应由集团公司（或国际公司）与联营单位根据联营体董事会章程共同商定，选派合适的项目经理和项目部主要成员，组成项目经理部。项目经理部的组织机构应根据工程项目的具体情况而定。

（三）联营项目的项目部应履行以下职责：

（1）根据集团公司（或国际公司）与联营方的总体目标，对工程项目组织具体实施，对工程项目的施工进度、质量、安全、环境、成本核算全面负责。

（2）必须及时填报集团公司及联营方所要求的各类统计报表，及时反馈有关各方面的信息，以便集团公司与联营方能及时了解工程项目的施工现状，从而为决策层的正确决策提供依据。

（3）项目经理部必须制定严格的适合于该工程项目的规章制度，并及时上报集团公司与联营方，以便使所施工的工程项目能取得最佳的经济效益和社会效益。

（4）项目经理部应本着高效节约的原则，积极组织推广和使用新技术、新方法、新材料和新工艺。

第十二条 委托实施模式项目的管理：

（一）集团公司（或国际公司）根据《项目实施委托协议》的约定对项目实施管理。

（二）项目经理部的组建：

（1）项目经理部经理及其他主要管理人员人选由实施单位推荐，经集团公司审查同意后，由集团公司（或国际公司）发文任命并办理项目经理授权书。

（2）根据项目实施要求，集团公司（或国际公司）选派合适人员参加项目经理部，作为项目部成员承担相应岗位工作，服从项目经理部的管理。

（3）每年末或项目结束后，项目经理必须向集团公司提交年度或项目工作述职报告。

（4）委托实施单位对项目经理和项目主要管理人员的变动应事先取得集团公司的同意。集团公司提出的对项目经理部不称职人员进行撤换要求，委托实施单位应予执行。

（5）项目经理和项目经理部主要成员离开工地所在国必须向国际公司主管部门报告并获得批准。项目经理无论何种原因回国必须经国际公司批准，并安排时间到国际公司述职。

（三）集团公司或者国际公司以委托实施模式的项目经理部对集团公司履行如下基本义务：

（1）执行集团公司和国际公司相关规定。

（2）报送项目实施方案，包括施工组织规划、总体进度计划、项目资源组织计划、质量计划、环境保护计划、项目成本控制计划、项目总现金流量（总收支计划）预测等方面内容。

（3）填报集团公司所要求的各类统计报表。

（4）在工程项目的施工过程中，必须及时反馈有关计划、进度、质量、安全、合同管理等各方面的动态信息，包括与业主和工程师就工程履约方面的重要函件、索赔方面的动态信息、重要合同事项以及重大突发事件等。

（5）项目经理部必须按实施单位的质量管理体系要求，编制项目的质量体系，该质量体系也应满足集团公司质量管理体系的要求。

（6）关键线路上的工程原则上不得分包，若由于资源能力限制所考虑的分包应报集团审批。

（7）制定严格的适合于该工程项目的规章制度，并及时报送集团公司。

（8）项目部应本着高效节约的原则，积极组织推广和使用新技术、新方法、新材料和新工艺。

（9）项目部应与被委托单位签订《经营目标责任书》，同时被委托单位要将《经营目标责任书》报国际公司备案。

第十三条 其他实施模式的项目管理。

自营模式、联营（联合）模式和委托实施模式以外的其他实施模式的管理，根据项目具体情况采用或参照3种主要模式的管理规定进行。

第五章 项目的现场管理

第十四条 项目经理的主要职责：

（一）在授权范围内对项目经理部进行全面管理，是项目经营、施工和管理的第一责任人，对项目工期、质量、安全、进度、成本、机械、材料、分包、环境保护等目标的实现负有直接责任；

（二）负责与集团公司（或国际公司）主管总经理或实施单位主管负责人签订《经营目标责任书》，严格执行责任书的有关规定，认真履行与业主签订的工程承包合同，确保各项指标的顺利实现；

（三）负责提出项目部门设置、部门职能和人员配备建议，经上级主管部门批准后实施，建立项目管理体系，健全项目规章制度，确保项目经理部的正常运转；

（四）领导项目经理部人员做好合同执行前的各项准备工作及执行过程中各项工作，包括资源配置、进场计划、总体布置、施工进度、施工方案等施工准备和现场的施工生产、合同管理等工作；

（五）建立并保持与业主、咨询工程师以及其他与项目实施有关的当地政府和社会各部门的良好关系，代表集团公司或集团国际公司组织项目的实施、合同的履约、必要社会活动的参与；

（六）负责组织工程项目竣工验收和移交工作，整理完整的项目档案；

（七）负责组织各部门进行自下而上项目阶段总结和完工总结，从而即时纠正管理误区和偏差。项目总结由国际公司整理，纳入国际业务管理知识库。

第十五条 项目经理部内部管理制度。

为保障项目经理部管理工作的有序开展，提高管理效能和工作效率，项目经理必须主持制定内部管理规章制度，这些规章制度应包括（不限于）：

（一）会议制度；

（二）文件管理或档案管理制度；

（三）项目管理和生产部门设置及其职能；

（四）领导成员分工和个人岗位职责；

（五）资金、财务和成本核算管理办法；

（六）信息管理制度；

（七）劳动人事工资制度、奖励办法；

（八）项目中方人员管理办法和员工守则；

（九）项目当地人员管理制度；

（十）项目行政、后勤管理规定；

（十一）质量管理制度；

（十二）项目安全管理制度；

（十三）技术方案的编制和实施办法；

（十四）项目环境保护管理办法；

（十五）项目预控成本管理办法；

（十六）施工机械、设备管理办法；

（十七）材料物资管理制度；

（十八）应急预案制度。

第十六条 项目现场施工管理。

项目现场施工管理一般是指按制定的计划直接组织现场施工，保证工程进度和质量，应包括以下一些内容：

（一）根据工程总进度计划，制定具体的作业计划并组织实施。

（二）编制施工方案，对方案的技术规范适应、环境影响、施工手段等要素，应与工程师讨论后获得批准，并组织实施。

（三）协调和处理分包商和各专业施工单位的关系，使之相互配合和衔接。

（四）与现场监理工程师直接交往，直接接受监理工程师的指示。但对于涉及工程变更和影响成本的重大问题，要安排合同管理部门研究处理。

（五）做好材料的仓储、保管、发放与回收，搞好设备的使用、保养维护和修理。

（六）核定与控制材料的使用，降低消耗定额，节约用料。

（七）招聘和雇用工人，合理安排劳动组织，充分发挥劳动效率，降低工耗。

（八）做好工资的核定和发放。

（九）做好各项工程记录，包括成本记录及工程索赔所需的记录及证据、工程日志、日报和工程照片等。

（十）做好工程计量和已完工程统计报表，以便计算和催要工程进度付款。

（十一）为保证工程质量，制定确保质量的措施并保证实施，处理工程质量问题。

（十二）进行工地的行政管理和日常生活管理。

（十三）积累和整理工程竣工移交报告的原始资料，积累和总结工程定额原始资料等。

第十七条 项目部工作的结束。

当项目结束工程施工并获得业主颁发的临时竣工证书时，如符合以下条件可撤回项目部的工作：

（一）项目维护工作量小，只需留少数人员进行维护工作。

（二）工程款已全部收回入账，合同规定的在颁发临时竣工证书时发还的部分保留金已支付；无索赔款或者争议已经完结。

（三）项目部与国内外的政府机构、商业团体、合作伙伴无重大法律纠纷或重大债务、债权关系。

（四）下场设备物资已清点造册，并已移交给指定的部门。

（五）业主、咨询颁发的竣工证书已移交给档案管理部门。

（六）为项目在国外开设的银行账户已经关闭。

（七）项目档案已经移交给指定的接收单位。

（八）项目部在当地银行的资金已经按指令进行处理。

（九）已完成项目最终管理总结报告。

第十八条 项目部的撤退。

如果在维修期期满前撤回项目部，需要建立项目留守组处理对内对外的未完事宜。项目经理或者项目经理部的撤回需要报请派出机构和签约主体的批准，项目经理部撤销后需要完成项目最终财务决算并经审计合格。

第六章 附 则

第十九条 集团公司委托海外事业部对本办法进行解释。

第二十条 本办法自下发之日起执行，原中水电外〔2007〕49号文随即废止。

中国水利水电建设股份有限公司
国际业务会计核算办法

（中水电股〔2010〕30号·2010年4月15日）

第一章 总 则

第一条 为规范中国水利水电建设股份有限公司（以下简称股份公司）国际业务的会计核算工作，根据《中华人民共和国会计法》、《企业会计准则》以及国家相关法律、法规的有关规定，制定本办法。

本办法是《中国水利水电建设股份有限公司会计核算办法》的补充部分，股份公司及其成员企业在执行《中国水利水电建设股份有限公司会计核算办法》的同时，执行本办法。

第二条 本办法适用于股份公司、股份公司成员企业及其境外机构（包括境外全资子公司、控股子公司、区域业务总部、分公司、代表处、项目部及有实际控制权的联营体等）。

第三条 各单位应严格执行《中华人民共和国会计法》，规范会计核算业务，确保一切收支纳入财务核算范围，确保会计信息真实、准确、可靠。

各单位负责人对本单位的会计工作和会计资料的真实性、完整性负责。

第二章 会 计 核 算

第四条 会计核算主体的确认。

国际项目的会计核算主体为中国水电建设集团国际工程有限公司（以下简称国际公司）、境外子公司、区域业务总部、境外项目公司、境外项目部以及股份公司内其他境外工程总、分包单位等实行财务独立核算的单位。

第五条 记账本位币的设置与变更。

（一）独立法人性质的境外子公司

境外子公司应根据企业会计准则及《中国水利水电建设股份有限公司会计核算办法》中相关规定，选择适合的记账本位币，并报股份公司海外事业部备案。

（二）非独立法人机构（含境外项目部、区域业务总部、经理部及代表处等）

境外非独立法人机构实质为股份公司经营活动的延伸，应按准则中的规定选择母公司的记账本位币，即人民币作为记账本位币。因特殊情况确需使用人民币以外的货币作为记账本位币，且符合企业会计准则中相关规定的，必须报股份公司海外事业部会同财务产权部批准后执行。

记账本位币一经选定，不可擅自变更。当会计核算主体因经营所处的主要经济环境发生重大变化，确需变更记账本位币的，报股份公司海外事业部会同财务产权部批准后，应当采用变更当日的即期汇率将所有项目折算为变更后的记账本位币。

本办法中，外币是指记账本位币以外的货币。

第六条 会计科目的设置。

各单位应按照《中国水利水电建设股份有限公司会计核算办法》的有关规定设置会计科目，确保科目编码、科目名称及核算内容规范。

在核算外币业务时，统一使用统账制记账方法，对于境外机构发生外币交易时，记账所涉及的会计科目应当进行外币辅助核算。

第七条 会计账簿的设置。

涉及外币核算的科目使用外币金额式日记账或外币金额式三栏明细分类账，其他科目使用金额式日记账或金额式三栏明细分类账。

总分类账、多栏式明细分类账等采用金额式账页。

各项目外币账簿的设置应能满足企业自身管理需求和所在国会计制度的要求。

第八条 日常会计核算。

一般业务遵照《中国水利水电建设股份有限公司会计核算办法》执行。对于国际业务涉及的特殊会计事项逐一制定具体的实施细则进行规范。

第九条 会计报表编制。

境外机构应按照《企业财务会计报告条例》和股份公司的有关规定，定期编制各类财务报表以及上级单位要求报送的相关资料。

若境外机构所在国的会计期间或会计政策与中国不一致，必须将财务报表调整为与中国的会计期间或会计政策一致后再行报送。同时，该境外机构必须报送具有连续性的财务报表调整资料。

第十条 项目竣工决算。

项目竣工决算资料应在项目竣工后90天内编制报送上级财务部门。

国际公司委托股份公司内其他成员企业实施的项目应将业主批复的项目竣工决算资料报送国际公司，由国际公司办理内部竣工决算，并对项目整个实施过程中的各项财务数据作出最终清算，明确债权债务关系。

第三章 外 币 折 算

第十一条 折算汇率。

国际业务的折算汇率为即期汇率或即期汇率的近似汇率。折算汇率定期由国际公司统一查询中国人民银行公布的基准汇率并公布，境外机构必须统一使用公布的汇率进行外币折算。

第十二条 外币交易的折算。

（一）外币交易，是指以外币计价或者结算的交易。外币交易包括：

（1）买入或者卖出以外币计价的商品或者劳务；

（2）借入或者借出外币资金；

（3）其他以外币计价或者结算的交易。

（二）外币交易应当在初始确认时，按国际公司公布的记账汇率将外币金额折算为记账本位币金额。

（三）外币兑换业务或涉及外币兑换的交易事项，应当以交易实际采用的汇率，即银行买入价或卖出价折算。由于汇率变动产生的折算差额计入当期损益。

（四）固定资产入账时间晚于购入时间时，使用购入时间的记账汇率入账，累计折旧也应自购入时间的下一个月开始按人民币金额计算补提。

（五）在调整以前月度凭证的时候，应按原入账时的汇率冲回或进行调整。

第十三条 会计期末或结算日对外币交易余额的会计处理：

资产负债表日，企业应当分别外币货币性项目和外币非货币性项目进行处理：

外币货币性项目，是指企业持有的货币和将以固定或可确定金额的货币收取的资产或者偿付的负债。货币性项目分为货币性资产和货币性负债，货币性资产包括现金、银行存款、应收款项、应收票据以及持有至到期投资等；货币性负债包括应付款项、短期借款、应付债券、长期借款、长期应付款等。

外币非货币性项目是货币性项目以外的项目，如存货、长期股权投资、交易性金融资产（股票；基金）、固定资产、无形资产等。

（一）外币货币性项目在资产负债表日应采用国际公司公布的资产负债表日即期汇率折算。因即期汇率与初始确认时或者前一资产负债表日即期汇率不同而产生的汇兑差额，计入当期损益。

（二）以历史成本计量的外币非货币性项目，仍采用交易发生日的即期汇率折算，不改变其记账本位币金额，不产生汇兑差额。

（三）对于以公允价值计量的股票、基金等非货币性项目，如果期末的公允价值以外币反映，则应当先将该外币按照公允价值确定当日的即期汇率折算为记账本位币金额，再与原记账本位币金额进行比较，其差额作为公允价值变动损益，计入当期损益。如属于可供出售外币非货币性项目的，形成的汇兑差额，计入资本公积。

第十四条 报表折算。

采用人民币作为记账本位币的单位，会计报表采用人民币直接编制；记账本位币不是人民币的单位，应当按照以下原则将外币财务报表折算为人民币财务报表。

（一）资产负债表中的资产和负债项目，采用国际公司公布的资产负债表日即期汇率折算；所有者权益项目中“未分配利润”项目从折算后的利润表中直接取得，其他项目采用发生时的即期汇率折算。

（二）利润表中的收入和费用项目，采用国际公司公布的平均汇率折算。

（三）按照上述（一）、（二）折算产生的外币财务报表折算差额，在资产负债表中所有者权益项目下单独作为“外币报表折算差额”项目列示，其中属于少数股东的部分，并入少数股东权益项目。

（四）现金流量表采用国际公司公布的平均汇率折算。汇率变动对现金的影响额作为调节项目，在现金流量表中单独列报。

比较财务报表的折算比照上述规定处理。

第十五条 恶性通货膨胀经济中境外机构财务报表的折算。

对处于恶性通货膨胀经济中的境外机构财务报表进行折算时，需要先对其财务报表进行重述：

（1）资产负债表项目的重述。在对资产负债表项目进行重述时，由于现金、应收账款、其他应收款等货币性项目已经以资产负债表日的计量单位表述，因此不需要进行重述；通过协议与物价变动挂钩的资产和负债，应根据协议约定进行调整；非货币项目中，有些是以资产负债表日的计量单位列示的，如存货已经以可变现净值列示，不需要进行重述。其他非货币性项目，如固定资产、投资、无形资产等，应自购置日起以一般物价指数予以重述。

（2）利润表项目的重述。在对利润表项目进行重述时，所有项目金额都需要自其初始确认之日起，以一般物价指数变动进行重述，以使利润表的所有项目都以资产负债表日的计量单位表述。由于上述重述而产生的差额计入当期净利润。

对资产负债表和利润表项目进行重述后，再按上述报表折算原则将资产负债表和利润表折算为人民币报表。

在境外机构不再处于恶性通货膨胀经济中时，应当停止重述，按照停止之日的价格水平重述的财务报表进行折算。

第十六条 境外机构的处置。

企业可能通过出售、清算、返还股东或放弃全部或部分权益等方式处置其在境外机构中的利益。企业应在处置境外机构的当期，将已列入合并财务报表所有者权益的外币报表折算差额中与该境外机构相关部分，自所有者权益项目转入处置当期损益。如果是部分处置境外机构，应当按处置的比例计算处置部分的外币报表折算差额，转入处置当期损益。

第十七条 外币折算信息的披露。

境外机构应当在会计报表附注中披露与外币折算有关的下列信息：

（一）境外机构采用的记账本位币及选定的原因；记账本位币发生变更的，应说明变更理由。

（二）采用近似汇率的，近似汇率的确定方法。

（三）当期损益中的汇兑差额。

（四）处置境外机构对外币财务报表折算差额的影响。

第四章 附 则

第十八条 股份公司授权海外事业部对本办法进行解释。

第十九条 本办法自发文之日起执行。

中国水利水电建设股份有限公司
国际业务财务管理办法

（中水电股〔2010〕31号·2010年4月15日）

第一章 总 则

第一条 为规范中国水利水电建设股份有限公司（以下简称股份公司）国际业务的财务管理行为，维护国家、股份公司和其他利益相关者的利益，根据《中华人民共和国会计法》、《企业财务通则》、《企业会计准则》等国家相关法律法规及《股份公司财务管理办法》的有关规定，结合国际业务的实际，特制定本办法。

第二条 本办法中的国际业务是指以股份公司或中国水电建设集团国际工程有限公司（以下简称国际公司）名义和股份公司、国际公司、成员企业与外单位合作承揽的海外业务。

第三条 本办法适用于股份公司、股份公司成员企业及其境外机构。

第四条 国际业务财务管理的基本任务是贯彻执行国家财经法规，按照规定要求组织和开展国际业务的财务管理工作，努力降低项目成本，防范经营风险，实现国有资产的保值增值。

第五条 国际业务财务管理的目标旨在适应股份公司国际化发展战略的要求，为股份公司国际业务的安全、规范、高效运营创造良好的财务环境。具体包括：

（一）理顺股份公司、国际公司、股份成员企业、境外机构之间的财务关系，发挥股份公司在国际业务上的整体优势和规模优势；

（二）规范股份公司国际业务的财务行为，完善国际业务的财务预算与计划、财务控制与监督、财务考核与评价等工作；

（三）规范境外机构的财务管理和财务行为；

（四）准确、及时反映国际业务的财务信息，加强国际业务的财务风险管理。

第六条 各境外机构应根据本办法制定实施细则，报所属上级单位审批，报股份公司海外事业部备案。

第二章 财务管理体制及职责

第七条 股份公司国际业务财务管理工作实行“三级管理、二级核算”体制。股份公司是国际业务的一级财务管理单位，国际公司、股份各成员企业为国际业务的二级财务管理单位与一级核算单位，各境外机构为国际业务的三级财务管理单位与二级核算单位。

第八条 股份公司财务产权部在国际业务中的职责是负责国际业务财务会计政策的规范与统一，负责国际业务的预算控制、财务信息监控、决算考核和财务风险控制。

第九条 股份公司资金管理部在国际业务中的职责是负责国际业务银行授信和融资额度管理，国际业务资金预算管理，国际业务境内外本外币账户信息管理，人民币和自由外汇资金流信息管理，负责国际业务资金、保函、担保的信息集中与风险监控等工作。

第十条 股份公司海外事业部在国际业务中的职责是负责国际业务的组织、实施、监管，负责国际业务的日常财务管理工作，包括组织国际业务预算编制、保函管理、项目融资、国际业务的资金收付、成本费用管理以及国际业务财务及资金风险管理等。

第十一条 股份公司成员企业在国际业务中的职责是负责其所负责实施的国际业务预算的制定、资金使用计划的编制、项目的成本控制、项目部的预算执行情况监督、内部考核及项目的风险控制等工作。

第十二条 境外机构在国际业务中的职责是严格执行国家有关财经法规，严格执行股份公司财务、资金管理等相关规定，严格遵守所在地的财务会计、金融及税收管理法规。负责本机构国际业务的财务管理与会计核算工作，编制和执行国际业务财务预算、资金预算、日常财务收支计划，组织成本费用的预测、计划、控制、核算、分析和考核工作，参与经济合同的签订和经营决策工作，及时上缴主管单位管理费及利润，制定税收筹划方案，预警防范财务风险，遇到重大财务问题及时与上级财务部门沟通。

第十三条 境外机构必须建立完善的财务管理

机构，配备合格的财务管理人员。财务人员的聘用必须符合《中华人民共和国会计法》的有关规定。

第十四条 境外机构财务管理机构人员的选配，由所属上级单位推荐。国际大型项目（5000 万美元以上）原则上应配备总会计师。总会计师、财务负责人的选配由股份公司海外事业部、财务产权部核准。境外机构财务管理机构在配备专职会计人员的同时，必须配备专、兼职出纳人员，不允许出现会计兼任出纳现象，其他岗位设置遵循不相容岗位分离的原则。

第三章 预算管理

第十五条 境外机构在项目中标后应及时编制项目财务预算（包括项目整体及年度）上报所属上级单位，同时报股份公司海外事业部。

第十六条 境外机构必须编制年度财务收支计划，并按月进行分解，编制月度财务收支计划。年度、月度财务收支计划上报所属上级单位，同时，报股份公司海外事业部。

第四章 融资管理

第十七条 用于国际业务的融资应纳入所属成员企业的年度融资计划，报股份公司资金管理部审批，同时抄报国际公司。计划外融资单独报批。

第十八条 股份公司取得的银行授信额度由股份公司资金管理部统一管理。用于国际业务的银行授信额度由股份公司海外事业部提出，经股份公司资金管理部审核报股份公司领导批准后，由海外事业部办理，有关合同、协议资料送股份公司资金管理部备案。

第十九条 委托股份公司成员企业实施项目所需资金由股份成员企业筹措，委托股份成员企业组成的联营体实施项目所需资金由相关股份成员企业按比例筹措。

第二十条 股份成员企业在执行国际业务时遇到短期资金困难且自行筹措有难度的，可向国际公司申请筹措资金，国际公司根据股份成员企业的信用状况及境外项目实际情况，结合自身资金能力决定是否给予支持。若决定给予支持，则根据融资金额及融资风险收取资金占用费，资金占用费标准在执行股份公司相关文件规定的基础上，由双方协商确定。国际公司负责将资金支持方案报股份公司资金管理部备案。

第二十一条 未经股份公司同意和授权，境外机构不得擅自向所在地金融机构或其他机构办理融资和担保业务。确因生产经营需要向所在地金融机构或其他机构融资的，必须报股份公司海外事业部、资金管理部审批。

第五章 资产管理

第二十二条 货币资金管理。

境外机构实行资金管理责任制，境外机构负责人为资金管理第一责任人，对资金安全和资金使用效益负责。

境外机构对外经营活动的所有资金收入与支出必须纳入财务管理机构集中统一管理，严禁账外设账、截留、挪用、转移资金、公款私存，确保资金安全、高效、有序运行。

境外机构应按照《现金管理暂行条例》、《银行结算管理办法》及所在地具体情况，制定本单位的资金管理办法，严格控制资金的使用范围。境外机构资金管理办法报所属上级单位审批，股份公司海外事业部、资金管理部备案。

境外机构除按《现金管理暂行条例》和当地有关规定可以使用现金范围的款项外，一切财务收支必须通过银行结算办理，严格执行《银行结算管理办法》和所在地有关规定。

第二十三条 银行账户管理。

（一）股份公司海外事业部对境外银行账户的开立、使用、撤销进行具体管理，海外事业部应将银行账户开立情况抄送股份公司资金管理部备案。

（二）境外机构拟开立境外银行账户的，应当向股份公司海外事业部提出申请，并按要求提供相关资料，经国家外汇管理部门批准，取得相关批准文件后方可开立。境外机构应选择所在地资信较好的银行开立账户。境外机构严禁擅自以个人名义开立账户。

（三）境外机构应当遵守国家外汇管理部门境外外汇账户管理规定，不得出租、出借、串用账户，不得随意改变账户开户银行及收支范围，并按要求及时将境外银行账户相关资料和账户信息上报股份公司海外事业部。

（四）经授权开立的所在地当地币账户和自由外汇账户由境外机构自行管理并按时向股份公司海外事业部报送相关账户资料。为确保资金安全，银行账户的使用实行单位负责人和财务负责人联签制度，并按规定在开户行预留印鉴。

第二十四条 应收及预付款项的管理。

应收及预付款项包括应收票据、应收账款、其他应收款、预付账款、备用金等。

境外机构对于已经形成的应收账款、其他应收款应及时清理和积极催收，责任到人，同时应定期进行账龄分析，采取相应措施，最大限度地降低坏账风险，避免给企业造成更大的损失。对于有证据证明确实无法收回的债权，按股份公司的相关制度规定进行处理。

第二十五条 存货管理。

存货包括各种原材料、燃料、低值易耗品、配件、周转材料、其他存货等。

（一）根据国际业务的规模和存货管理的复杂程度，境外机构存货可选择按实际成本或计划成本核算，境外机构应将采取的存货核算办法报股份公司海外事业部备案。境外机构对存货应严格审批、计划采购、加强实物验收，实行账物分管、管用分离的原则。建立存货定期盘点制度，发现账实不符的，要及时查明原因，分清责任，按不同的情况处理。

（二）领用存货必须根据材料消耗计划，采用限额领料单，并经境外机构负责人或其授权人员批准，方可办理出库手续。

（三）对已经出库尚未耗用的材料，境外机构应加强现场材料管理，防止丢失和毁损。

（四）工程完工时，境外机构应对现场材料进行及时的清点，办理再入库手续。

（五）当由于市价下跌、陈旧、过时、型号不符、毁损等，导致存货的价值减少时，应计提存货跌价准备。

第二十六条 固定资产管理。

建立健全固定资产管理制度，规范固定资产的采购、验收、调拨、出售和报废等程序，定期对固定资产进行清查盘点，保证固定资产安全完整。

（一）境外机构固定资产的确认，按如下标准执行：

（1）使用年限在一年以上；

（2）单位价值在2000美元以上。

固定资产目录和折旧年限按照股份公司《资产管理办法》执行。

（二）为确保国际业务会计核算工作的客观性与可比性，统一境内外固定资产折旧年限的确定标准，具体按股份公司《资产管理办法》执行。如由于客观原因，确实需要改变固定资产折旧年限的，境外机构书面申请并报股份公司海外事业部、财务产权部按股份公司审批流程审批后方可执行。

（三）境外机构要加强对固定资产的日常管理，建立账卡，认真进行核算。固定资产购置、转移、变卖、报废时，境外机构财务管理机构要严格审查。

（四）固定资产的盘查。

境外机构要加强日常管理和维护，杜绝一切可以避免的损坏。如因个人原因造成损坏，要追究当事人和部门负责人的责任。固定资产须定期进行盘点，至少半年清查一次。盘亏、盘盈、毁损的固定资产，应核实情况，查明原因，按股份公司《资产管理办法》的规定进行处理。

（五）固定资产购建和处置。

固定资产的购建和处置，按股份公司《设备物资采购管理规定》和《资产管理办法》的规定执行。

第二十七条 国际业务工程物资采购按股份公司相关管理办法办理。

国内成员企业为境外机构代购设备物资后，应当及时办理清算手续，境外机构应当对设备物资及时入账。

第六章 成本费用管理

第二十八条 境外机构应建立健全成本管理责任制度，合理确定成本的核算对象，正确划分各项成本和费用。

（一）划清收益性支出和资本性支出的界限。

（二）划清项目成本和期间费用的界限。

（三）划清不同会计期间成本的界限。

（四）划清不同成本核算对象之间的成本界限。

第二十九条 建立、健全成本管理制度，加强成本事前、事中、事后管理。

（一）加强成本事前管理，项目施工前对施工方案进行优化比较，确定最优方案。

（二）加强成本事中管理，把成本管理的职责和降低成本指标横向分解落实到各职能部门，纵向层层分解落实到各级成本中心，做到凡是有机构设置的地方就有成本指标，凡是有人在岗的位置就有控制成本的责任，形成纵横交错的成本管理网络。

（三）成本事后管理，将实际成本费用与预算成本进行比较，及时发现问题反馈到事前和事中阶段，调整成本管理方式。

第三十条 境外机构要明确有关经济业务的办理程序、审批权限、责任分工，各级管理层在授权范围内行使职权，各种费用报销凭证都必须用中文注明品名、用途和金额，由经办人、验收人（或证明人）、财务负责人、境外机构负责人签字后方可报销。

第三十一条 股份成员企业可就股份公司或国际公司委托、分包其实施的国际项目，按营业收入的1%～3%计提项目管理费，从项目成本费用中列支。

第三十二条 国际业务在项目中标之前发生的所有费用，包括项目考察费用、开发费用、保函费用等按《中国水利水电建设股份有限公司国外工程项目投标标前协议管理办法》执行。

第七章 外汇管理

第三十三条 股份公司成员企业、境外机构在办理外汇业务时，应严格遵守境外机构所在国及我国有关外汇业务的管理规定。

第三十四条 国际业务收入中的自由外汇部分（包括预付款、工程款及其他收入）必须全部汇入股份公司或国际公司在中国境内的外汇账户。

第三十五条 境外机构需要支付的当地分包商分包款、当地设备和材料采购款、当地人员工资生活费及其他现场费用，首先以当地币支付；不足部分，经股份公司海外事业部核准由国际公司根据项目资金使用计划及付款申请汇到境外机构自由外汇账户上。经股份公司海外事业部核准委托股份成员企业施工项目在执行前，股份成员企业要向国际公司报送出具的授权书，国际公司根据授权书中指定人员签字确认的付款申请支付项目用款。境外机构应根据经营情况及项目进展情况编制年度外汇收支计划，作为财务收支计划的一部分。

第三十六条 由于境外机构所在地实行外汇管理等原因，需要在国内提取自由外汇现金的，境外机构要在项目执行初期编制现金使用计划，每次支取现金由境外机构提交支取现金申请，经股份公司海外事业部核准由国际公司负责向国家外汇管理部门报批。所提现金交境外机构后，由境外机构出具收据并尽快交国际公司。境外机构应及时向国际公司汇报所提自由外汇现金的兑换及使用情况。

第三十七条 项目结束后，境外账户资金应当全额汇回国内。

第三十八条 对于全部或部分以当地币结算的项目，国际公司、境外机构应充分考虑当地币与自由外汇的收支平衡问题，并根据所在国经济、金融实际情况对汇率风险进行充分分析，采用合理的货币持有或结算比例。

第八章 财务风险管理

第三十九条 国际业务应参照《中央企业全面风险管理指引》建立健全财务风险管理体系，防范财务风险。

第四十条 境外机构应建立国际业务财务风险分析、评价和控制的管理系统，对所面临的内部和外部的财务风险进行充分地分析和评价，预防财务风险的发生，确保经营目标的实现。

第四十一条 境外机构应当加强财务活动的风险管理，就所面临的融资风险、资金回收风险、汇兑风险、税务风险、保函和保证金风险等风险进行详细的分析评价，并采取相应的风险防范措施，制定相应的应急机制和议案，有效控制项目财务风险。

第四十二条 境外机构应当建立和完善业务风险预警指标体系，防范财务风险。

（一）确立财务分析指标体系，财务指标体系至少应当反映获利能力、偿债能力、运营能力、发展潜力 4 个方面的状况。

（二）实时监测风险信号，根据风险形成的原因和过程，制定切实可行的风险管理策略。

第四十三条 境外机构应关注国内外企业财务风险失控导致危机的案例，及时收集整理与本机构的财务风险信息，并与行业平均指标霍先进指标进行对比，识别、评估可能存在的风险，上报股份公司海外事业部，由股份公司海外事业部汇总后报送股份公司财务产权部、资金管理部等相关部门。财务风险信息应包括：

（一）负债、或有负债、负债率、偿债能力；

（二）现金流、应收账款及其占销售收入的比重、资金周转率；

（三）产品存货及其占销售成本的比重、应付账款及其占购货额的比重；

（四）制造成本和管理费用、财务费用、营业费用；

（五）盈利能力；

（六）成本核算、资金结算和现金管理业务中曾发生或易发生错误的业务流程或环节；

（七）与本单位相关的行业会计政策、会计估算、与国际会计制度的差异与调节（如退休金、递延税项等）等信息；

（八）可能造成损失的其他环境变化因素。

第九章 财务会计报告

第四十四条 财务会计报告编报的责任：

（一）境外机构负责人是本单位财务会计报告的第一责任人，必须在上报的财务报告上签字并对财务报告的真实性、合法性负责。

（二）境外机构总会计师（没有总会计师的为财务机构负责人）是本单位财务会计报告的相关责任人，必须在上报的财务报告上签字并对财务报告的真实性、合法性负责。

（三）境外机构的财务部门报表编制人归口负责财务会计报告的编制和报送，是财务报告的直接责任人，必须在上报的财务报告上签字并对财务报告的真实性、合法性负责。

第四十五条 财务会计报告编制的基本要求：

（一）境外机构应当根据真实、完整、准确的账簿记录资料，按照我国现行会计准则及股份公司规定的编制基础、编制依据、编制原则和方法编制财务会计报告。

（二）境外机构不得编制虚假的或者隐瞒重要事实的财务会计报告。

（三）任何组织或个人不得授意、指使、强令境外机构编制虚假的或者隐瞒重要事实的财务会计报告。

（四）境外机构应当根据实际情况需要，根据所在国会计制度规定编制财务会计报告。

第四十六条 财务会计报告的内容要求：

（一）境外机构应当根据股份公司规定的格式按时向所属上级单位及股份公司海外事业部报送各类财务报表。

（二）境外机构报送的财务会计报告至少应包括会计报表、会计报表附注和财务情况说明书。独立法人单位，应按上级要求报送其他专项报告和审计报告。当项目出现亏损或存在重大风险时，必须提供专项说明。

（三）境外机构应当报送的其他财务会计资料包括资金计划、工程结算资料、境外账户资料、竣工决算资料等。

（四）境外机构报送国内的财务会计报告必须使用中文，财务会计报告的会计期间必须和股份公司报告期间一致。

第四十七条 财务会计报告报送的时间要求：

（一）境外机构应按股份公司相关时间要求及时向股份公司海外事业部、股份成员企业报送各类财务报表。

（二）境外机构应按以下时间要求及时报送其他财务会计报告资料：

（1）下一年度资金计划于本年度终了之前报送。

（2）工程结算资料于每次结算完成（获得业主批复）后5个工作日内报送。

（3）境外账户资料于每季度终了后15日内报送。

（4）竣工决算报告于业主颁发竣工证书之日起90日内报送。

（三）股份公司海外事业部应将收集的境外机构的各类财务报表及相关资料进行汇总整理，报送股份公司财务产权部、资金管理部。

第十章 会计档案管理

第四十八条 境外机构的会计档案包括会计凭证、会计账簿、会计报表、电子财务档案、银行存款对账单、工程结算账单、项目竣工决算资料、税务资料、固定资产卡片、与业主监理工程师的往来信函、工程合同、分包协议、财务管理办法及会计工作移交清册等。

第四十九条 境外机构会计档案按财政部《会计档案保管办法》的有关规定保管。未经总会计师（未设置总会计师的单位，由财务负责人行使该职责）批准，任何外单位及与本单位无关人员无权查阅；对外提供经济情况、撰写新闻报道，应避免提及项目成本、工程结算收入及盈亏的具体数据。

第五十条 境外机构无权自行销毁任何会计档案。境外工程项目结束后，其会计档案由上级财务部门负责人监交，交由企业档案管理部门保管。移接手续必须合规，相关部门、人员签字盖章手续必须齐全。

联营体会计档案通过责任方财务部门交由责任方档案管理部门保管。

在境外注册的公司，其会计档案应当留存该公司，会计档案的管理除严格执行财政部《会计档案管理办法》的有关规定外，还应满足所在国对档案管理方面的有关规定。

第十一章 财务监督

第五十一条 股份公司海外事业部应按月对国际业务的财务状况、经营成果、风险情况进行分析，在报送月度财务快报的同时，报送《中国水利水电建设股份有限公司国外项目财务情况简表》及其分析报告，对于重大亏损、重大风险应提供专项分析材料，提前做好预警工作。股份公司财务产权部、资金管理部应对国际业务中存在的财务问题及时进行研究，提出处理意见。股份公司海外事业部、财务产权部、资金管理部等有关部门之间应当加强业务联系与协作，共同防范国际经营中的财务风险。股份公司海外事业部因国际业务需要的股份公司相关财务、资金报表等资料，由股份公司财务产权部、资金管理部等相关部门协助提供。

第五十二条 财务监督的任务是规范国际业务的财务行为，维护国家、公司和其他投资者的利益，保护资产的安全、完整，防止欺诈和舞弊行为，使国际业务的各项经营活动健康有序进行。

第五十三条 国际业务的境外机构负责人是各境外机构财务行为的第一责任人，对本单位发生的违法、违纪、违规行为负有法律和行政责任。

第五十四条 境外机构应主动接受股份公司和股份成员企业的财务检查，境外机构应及时提供财务资料，并对所提供的财务资料的真实性、完整性负责。针对财务检查结果，股份公司各职能部门、股份相关成员企业有权提出处理意见，境外机构应及时进行整改。对于当年各项检查、审计中提出的问题，必须全部处理于当年决算之前。

第五十五条 股份公司海外事业部应根据需要会同股份公司相关职能部门定期与不定期地对境外机构实施财务检查和监督，对重点海外项目至少进行一次财务检查。股份成员企业必须定期对其所属的境外机构进行财务检查。

第五十六条 项目竣工后，境外机构所属上级部门应及时收回财务印鉴，撤销银行账户，完成并账工作。

第五十七条 所有竣工项目必须按照《股份公司施工项目部财务管理与会计核算指导意见》的相关规定编制竣工决算报告，并在项目竣工 90 天内报送上级财务部门，接受上级部门组织的竣工决算审计。项目经营责任制所规定的最终奖惩方案必须经由竣工决算审计后方可兑现。

第十二章 附 则

第五十八条 股份公司授权海外事业部对本办法进行解释。

第五十九条 本办法自发布之日起执行。

中国水利水电建设股份有限公司
外事管理规定

（中水电股〔2010〕71 号·2010 年 6 月 7 日）

第一章 总 则

第一条 为保证中国水利水电建设股份有限公司（以下简称股份公司）及其子公司、控股公司国际业务和对外交往规范、有序进行，进一步强化股份公司外事管理工作，根据外交部、中央纪委、中央组织部、中央外办、监察部、财政部、国资委、银监会、证监会、保监会印发的《关于中央企业外事管理工作的若干规定》及《中国水利水电建设集团公司因公出国（境）及邀请外国人员来华管理规定》、《中国水利水电建设股份有限公司章程》、《中国水利水电建设股份有限公司工作规则》等文件精神，结合股份有限公司的具体情况，制定本管理规定。

第二条 本规定适用于股份公司及其子公司、控股公司的外事管理工作。

第三条 股份公司及其子公司、控股公司外事管理工作要严格遵循统一领导、归口管理、分级负责、协调配合的原则。

第四条 股份公司海外事业部是股份公司及其子公司、控股公司外事管理工作的归口管理部门，统一负责股份公司及其子公司、控股公司的外事管理工作。股份公司各子公司、控股公司国际业务、人力资源、党委工作管理部门负责本单位的外事管理工作。

第二章 对外交往原则

第五条 贯彻执行中央对外方针政策，服从并服务于国家总体外交、维护国家对外形象；遵守国家法律法规，符合国家发展战略和产业政策，服务国家经济建设和社会发展。

第六条 坚持互利共赢的原则。在实现企业自身利益的同时，尽量做到符合东道国或目标国经济发展目标，促进当地经济社会发展。境外经营活动应遵守东道国或目标国法律法规，尊重当地风俗习惯，履行社会责任。妥善处理境外中资企业之间的合作与竞争关系。

第七条 增强安全和风险防范意识。开展对外经济合作应本着能力可及、风险可控和效益有保障的原则，科学评估东道国或目标国在政治、安全、法律、金融等方面的风险；实施项目时，应制定安全防范措施和应急预案。

第三章 因公出国管理

第八条 出国任务的申请。

（一）股份公司各子公司、控股公司可根据下列情况向股份公司申请出国任务：

（1）参与或实施国际经营或与国际经营有关的活动；

（2）列入股份公司出国计划和上级主管部门指定出国任务；

（3）根据相关经贸合同，由其他具有跨地区、跨部门出国任务审批权的单位及各省、直辖市、国务院各部委、隶属于国务院国有资产监督管理委员会的企业下达的出国任务；

（4）在与股份公司及其子公司、控股公司以外的单位联合进行国外商务活动时，提出的包括邀请外单位人员参加的组团申请；

（5）其他经股份公司批准的出国任务。

（二）股份公司各子公司、控股公司确定出国任务后，应尽早以子公司、控股公司文件向股份公司提出出国任务申请，申请内容应包括：

（1）出国事由；

（2）出国团组的人员构成、护照情况、派往国家及出访路线；

（3）出国时间及在境外停留时间；

（4）经费来源；

（5）与股份公司及其子公司、控股公司以外的单位签订的共同参与国外商务活动的备忘录、协议、合同等；

（6）凡出国参加重要国际会议、出访敏感或热点国家和地区以及出国任务涉及敏感问题的团组，须提供我驻外使领馆意见函或商务部、外交部批复函。

（三）海外事业部在接到各子公司、控股公司的书面报告后，依据有关规定和审批程序报相关领导审核批准后，办理出国手续。

（四）由外单位参加股份公司及其子公司、控股公司组团的出国任务，在由海外事业部征得该单位同意后，向该单位发出出国、赴港澳任务通知书及出国、赴港澳任务批件；在该单位人员提供护照及出国、赴港澳任务批件确认件（确认件应回复至中国水利水电建设集团公司）后，统一办理出国手续。

（五）股份公司各子公司、控股公司人员参加外单位出国任务时，海外事业部依据各子公司、控股公司的书面报告及外单位发出的出国团组征求意见函、出国、赴港澳任务通知书及出国、赴港澳任务批件，依据有关规定和审批程序审核批准后，办理出国手续。

第九条　出国任务审批原则：

（一）因公出国团组一定要有明确的任务和实质内容，讲求实效，本着小、少、精和勤俭节约的原则，杜绝一般性、重复性的参观考察。不得进行与业务工作不相关、专业不对口、业务不急需的培训活动。严谨借工作之便公费旅游，不允许利用业务关系接受外方安排的与业务无关的参观游览性出国。

（二）不得通过旅行社或中介机构联系邀请函事宜。邀请单位应该背景可靠，具有良好资信，与企业有业务往来或是潜在合作方。参加国际会议，一般应限定在企业所在行业范围内或与企业相关的技术领域。接受邀请时，应查明举办方背景、资信和会议内容、邀请范围、有无涉台或其他重要敏感问题等情况，必要时征求我有关驻外使领馆意见。

（三）凡由股份公司组团出国参加重要国际会议、出访外交部通知的敏感或热点国家和地区以及出国（境）任务涉及敏感问题的团组，须要事先征求我驻外使馆的意见。

（四）拟赴未建交国家参与项目建设时，该项目须先征得商务部、外交部的同意，方可办理出国审批手续。

（五）除与国际项目有关的经营活动之外，企业主要负责人员参加一般性经贸活动时，出访1个国家或地区，在外停留时间一般在5～7天之内；出访2个国家和地区，一般在7～12天之内，最长不超过14天；出访3个及以上国家和地区，一般在12～14天之内，最长不超过15天。以上天数均含旅途时间及抵离境当日，特殊情况须在请示中具体说明。

（六）企业主要负责人员（董事长、总经理、党委书记）原则上不得同团或同时出访，非特定项目需要，不得同时或短期内出访同一国家或地区。

（七）从严审批参加非股份公司及其子公司、控股公司组团的出国事项。原则上不参加各地区各部门及各类学会、协会、基金会等组织的团组，确有需要的，应根据任务确定专业人员参团。不允许参加无外事审批权单位组织的、违反规定组织的、无实质内容的团组。

（八）出访任务中拟与外方洽谈的项目应符合国家规划、产业政策及相关涉外法规。如涉及国务院监管部门或其他有关部门，需事先征得有关部门的同意。在履行报批手续前，不得对外作出具有约束力的承诺。

（九）股份公司及子公司、控股公司人员不准改变身份通过其他单位或以任何理由通过地方外办办理公务普通护照出国。

第十条　出国任务审批权限：

（一）股份公司董事长、总经理出国事项报送国资委审批。

（二）股份公司副总经理、总会计师、党委副书记、纪委书记、总工程师、总经济师、总法律顾问、董事会秘书、总经理助理因公出国事项，由董事长（党委书记）、总经理批准；子公司及控股公司主要领导（董事长、总经理、党委书记）、总部部门正职领导人员因公出国事项，由分管业务副总经理及分管外事工作副总经理审核，董事长（党委书记）、总经理批准；子公司及控股公司副总经理、三总师、总部部门副主任因公出国事项，由分管业务副总经理及分管外事工作副总经理审核，总经理批准；子公司及控股公司党委书记、纪委书记、工会主席、总部党委办公室副主任因公出国事项，由分管外事副总经理、党委副书记审核，党委书记批准。

第十一条 出国人员审批原则：

（一）政治条件：出国人员必须政治可靠，历史清楚，热爱社会主义祖国，思想健康，作风正派，遵纪守法。

（二）业务条件：业务娴熟，专业对口，具有与出国任务相适应的业务能力及外语水平。

（三）身体条件：身体健康，能适应长途旅行和紧张工作。

（四）专业性强的出国团组，要选派从事有关项目的专业人员。

（五）凡与出国任务无直接关系又不主管有关业务的领导干部，一律不得借故或照顾出国。

（六）已离休、退休人员，除实施项目和经营工作需要，原则上不再派遣出国执行公务。

（七）出国人员按其行政隶属关系办理审批手续。在审查批件有效期内调动工作单位的，再次出国时应由新单位重新办理审批手续。

（八）股份公司所属股份制公司、合资公司所聘任、借调的中方人员因公出国，凡人事关系隶属本企业的，由企业根据人员管理权限按因公出国管理程序报批。

（九）对不符合出国任务要求和条件的人员，负责出国人员审查工作的部门，要提出调整意见。如因本企业选派不当，给国家和企业造成重大损失或不良影响者，要追究派人单位领导者的责任。

第十二条 出国人员审查权限：

（一）股份公司人员出国审查部门是股份有限公司党委。

（二）股份公司子公司、控股公司人员出国审查单位是本单位党委。

第十三条 出国前的准备：

（一）团组出访前，组团单位外事主管部门必须对出国人员统一进行出国教育。教育内容包括：爱国主义和民族气节；外事政策和外事纪律；国家安全和保守机密；外汇管理和使用规定；海关规定；出国旅行知识；对外社交礼仪以及出访国家概况及风俗习惯等内容。

（二）短期出国团组实行团长负责制，团长须对出国行程及具体日程安排进行审查。

团长应通过外交部网站查询我驻外使领馆的联系方式，了解股份公司在当地机构的联系方式以及海外事业部的联系方式。

（三）出国团组根据出国任务通知书，按国家有关规定编制出国费用预算，在出国前一星期内办理购汇手续。

第十四条 出国团组的国外管理：

（一）出国团组要严格遵守出国任务件批准的出访国家、境外停留时间和出访路线。不准擅自增加出访国家，延长在外停留时间，不得以任何理由绕道旅行，不准自行经停香港或顺访申根国家，必要的过境应按最为经济合理的原则安排，否则所增加费用一律自行承担，并追究当事人的责任。

（二）在外期间，应遵守当地的法律法规，尊重当地风俗习惯，自觉接受我驻外使馆的指导和监督，严格遵守组织原则和外事纪律，严格执行请示报告制度。

（三）在外期间，应严格按财政部有关文件规定标准开支，保存好有关票据。

（四）出国人员要妥善保管护照、机票及现金，防止丢失被盗。

（五）在外期间，每到一地，应立即按规定与有关航空公司联系，确认下一程航班机票。

（六）在外遇到突发事件（人员出走，护照、机票及经费被盗，行李丢失，延误班机，发生车祸等意外情况）时，要沉着冷静，立即向上级主管部门汇报，并设法与我国驻当地使领馆联系、汇报，请求帮助。

（七）自觉维护国家和企业的荣誉与良好形象，严禁出入赌博、色情等不健康场所。

第十五条 团组回国后的管理：

（一）团组归国后，要向派出单位作出汇报，内容应包括：在外期间主要工作及活动；主要工作成果；存在的问题及采取的措施；外方提供的资料清单；执行外事纪律和财务制度的情况及存在的问题等。

（二）团组回国后应尽快凭单编制国外费用支出明细表，按照财务部门规定办理报销手续。

（三）对擅自出走、经劝告仍滞留不归人员，要进行党纪、政纪处分，所在单位应尽快将处理情况通知海外事业部，海外事业部将报告外交部及向有关驻外使领馆通报备案。

第四章　护照、签证管理

第十六条 护照、签证办理：

（一）股份公司各子公司、控股公司在接到《中国水利水电建设集团公司出国（赴港澳）任务通知书》后，应将《中国水利水电×××工程局有限公司因公出国及赴港澳人员审查批件》、办理护照和签证所需照片、邀请信、出国人员签证明细表一并送至海外事业部。

（二）护照、签证手续由海外事业部统一办理。严禁个人持公务普通护照自行到外交部、外国驻华使馆办理或催办，不准未经批准在国外擅自办理再次出国签证手续。

为执行国外项目招募的外派劳务人员需在本人户口所在地办理《中华人民共和国护照》（因私护照）。

国外长驻人员所持护照有效期不足6个月时，应由人员派出单位向股份公司申请办理护照换发手续，经批准后在驻在地我使领馆办理护照换发手续。

（三）领取护照时要认真核对护照与签证的姓名、性别、出生日期、出生地点及汉语拼音是否正确，钢印和发照机关印章及签署是否齐全。护照必须由本人用钢笔亲笔签名。

（四）办理签证所需邀请信（包括信函、传真）必须从邀请方本土发出；邀请函电一般要用邀请单位公文用纸；邀请函电必须由具有前往国国籍并具有法人资格的人员在近期签发。函电中要注明邀请单位的具体名称、通信地址、电话号码和传真号码。

邀请函电内容要写明详细的出访目的，具体的出访时间，明确费用支付者（欧美国家要明确人身保险及医疗保险的支付方），出访者的姓名、职务、护照号码，并有邀请人清晰的签名。

个别国家需要提供由本国有关机构发出的同意入境的文件。

（五）护照照片要求小二寸（32mm×40mm）光面纸的近期半身彩色照片（要求正面、清晰、白色背景、免冠、整洁，并在背面写出姓名及拼音）。

（六）各子公司、控股公司需授权有关人员领取护照或“出境证明”，同时按规定支付办理护照、签证的费用。

第十七条 护照管理：

（一）公务普通护照实行统一管理、分级保管、层层负责的原则。股份公司子公司、控股公司应建立公务普通护照收缴制度，由专人负责收缴并及时对有效及失效的护照分类进行登记、归档。

（二）出国人员回国后，须在两周内将护照交回护照管理部门；逾期无正当理由不交者，所在单位应通知股份公司通过外交部注销其护照，并在3年之内不再办理其公务普通护照。出国人员领取护照后，因故未能出国或调离原单位的应交回护照。

（三）在外常驻人员护照应由所在国驻外机构或项目部统一保管，驻外机构或项目部应建立护照借用登记制度，杜绝冒领冒用等严重违反外事规定事件的发生；对护照有效期进行监管，确保在外人员的护照在有效期。

（四）护照遗失或被窃时，持照人应立即向本单位外事部门和当地公安机构挂失，由该单位外事部门尽快书面报股份公司（附丢失护照人情况说明，相关证明，本人书面检查），并由股份公司报外交部备案，备案一个月后方可申请办理新护照。

（五）对在护照收缴与管理工作中未按规定履行职责，或发生问题后不及时报告、不处理的，股份公司将追究子公司、控股公司领导的相应责任；触犯法律的，依法追究其法律责任。

第五章 邀请外国人员来华审批事项

第十八条 邀请外国人员来华事项须经股份公司批准，并按照外交部授权以集团公司名义办理有关手续。

办理外国人员来华的申请文件中须含有被邀请人姓名、国籍、职务、护照号码、到华时间、在华停留时间、来华目的、在华地点及费用支付等内容。

第十九条 邀请外国副省部级以上官员和前政要正式来访，股份公司需提前20天以集团公司名义报送外交部或经外交部上报国务院审批。

邀请外国中央政府现职正部长级及以上官员来访，由股份公司以集团公司名义报外交部审核后报国务院审批。

第二十条 外国副总理及以上官员未经中方邀请非正式来访，如在华活动涉及股份公司及其子公司、控股公司，由股份公司以集团公司名义报外交部审核后报国务院审批。

第二十一条 邀请外国前国家元首和政府首脑及联合国前秘书长来访，由股份公司以集团公司名义报外交部审核后报国务院审批；邀请前国家副元首和政府副首脑以及个别重要国家的前外交部长或国防部长来访，报外交部审批或由外交部审核后报国务院审批。

第二十二条 邀请外国重要敏感人员及未建交官方人员来访，由股份公司以集团公司名义报外交部审批或由外交部审核后报国务院审批。

第二十三条 邀请外国中央政府现职副部长级和外国地方政府现职正、副省（州）长级人员来访，由股份公司以集团公司名义报外交部审批。

第二十四条 外国正部长级官员未经中方邀请非正式来访，如在华活动涉及股份公司及其子公司、控股公司，由股份有限公司以集团公司名义报外交部审批。

第二十五条 邀请外国前议长来访，一般可由股份公司以集团公司名义自行审批，如涉及个别重要国家，应征求全国人大常委会办公厅和外交部意见。

第二十六条 邀请其他外国有关业务人员来访，由股份公司自行审批，并以集团公司名义办理手续。

第二十七条 外国人来访的内部批件有效期为6个月，从批件中的来访日期起计算，超过6个月须重新报批。

第六章 邀请领导人出席外事活动

第二十八条 原则上不邀请党和国家领导人出席一般性的外事活动。

第二十九条 如确有必要邀请党和国家领导人出席重大外事活动、致辞、会见、宴请或担任名誉职务等，应严格按照有关规定，个案报外交部审核后报党中央、国务院审批。原则上不邀请多位领导人出席同一外事活动，也不安排领导人赴北京以外地区出席活动。

第三十条 邀请国资委或其他部委领导出席重大外事活动，需至少提前一周将请示文件及相关材料报送国资委或其他部委。

第七章 举办国际会议及参加国际组织

第三十一条 在华举办、承办国际会议、应按规定从严掌握。

第三十二条 申请参加国际组织，应充分了解该组织背景情况，从政治影响、业务发展以及承担经费等方面综合考虑，不得参加需承担政治义务的国际组织，不得参加高消费联谊性质的国际组织，避免将承担经费与企业经营规模挂钩。

第三十三条 申请参加政府间或重要的、政治性较强的非政府间国际组织，由股份有限公司报外交部审核后报国务院审批；申请参加其他非政府间行业性国际组织，征求相关部门意见后报外交部审批。涉及台湾问题或其他重要敏感问题，须事先商外交部，经与有关组织交涉并妥善解决后方可办理报批。

第三十四条 参加国际组织事项须由股份公司申请办理，由股份公司海外事业部归口管理。

第八章 涉外捐赠、在国际组织兼职和接受奖项

第三十五条 股份公司及子公司、控股公司涉外捐赠应本着配合国家总体外交大局、履行相应社会责任、创造良好舆论环境和促进企业经营发展的原则进行。

第三十六条 涉外捐赠应量力而行，合理节约，符合企业资金管理要求，履行审批手续。不得随意对外承诺或承担长期捐赠义务。

第三十七条 股份公司人员不得在背景复杂的境外组织或机构中兼职，也不得接受其荣誉称号和奖项。

第九章 驻外机构管理

第三十八条 股份公司及其子公司、控股公司驻外机构负责人应具有政治敏感性和国际化经营管理能力。选派工作要从政治和业务上综合考虑，审批时应有股份公司人事与外事部门共同出具的审核意见。驻外机构人员应按规定办理常驻手续，不得就地改变身份。

第三十九条 股份公司子公司、控股公司要加强对驻外人员的管理和教育。驻外机构人员应自觉接受我驻外使领馆的指导和监督。遵守当地法律法规，通过正常途径解决因商务活动引起的纠纷。重大问题及时报告派出单位及我驻外使领馆或代表机构。

第四十条 驻外机构应提高安全防范意识，加强防范措施，特别是风险较高国家的，要及时掌握驻在国形势变化等情况，向股份公司提出合理建议，防患于未然。

第十章 涉外应急机制

第四十一条 股份公司及各子公司、控股公司须制定涉外突发事件应急预案，确保在紧急情况下及时采取有效措施，最大限度地预防和减少因突发事件造成的损失，切实维护我企业和人员生命财产安全及合法权益。

第四十二条 应急预案中应明确规定组织指挥体系和职责、分级响应、处置程序、应急保障以及应急预案的动态管理等内容。

第四十三条 股份公司及各子公司、控股公司驻外机构应参与由我驻在国使领馆牵头、各驻外机构相互配合的应急协调处理机制，发挥应有的作用。

第十一章 保密纪律

第四十四条 在对外交往中要严格保守国家秘密和企业商业秘密。要根据国家有关规定健全保密制度，规范重要涉密人员的对外交流活动。

第四十五条 加强对企业内部外籍人员、已取得其他国家和地区永久居留权人员的管理，坚持内

外有别。内部文件、规定和要求以及敏感信息应按规定严格限制接触范围。

第四十六条 出国人员要严格遵守保密规定。不得携带党和国家秘密级及以上密级文件出访，不得携带涉密文件、资料及重大科研项目情况以及记录有涉密内容的便携式电脑或移动存储介质出国。如确因工作需要必须携带，须按规定报批，注意通信保密，防止失密或泄密。

第十二章 纪律与监督

第四十七条 股份公司及各子公司、控股公司在对外工作中必须严格遵守外事纪律、财务纪律和有关规章制度，在对外活动中提高警惕，严守秘密，及时请示报告。

第四十八条 外事、纪检监察、组织人事、审计和财务部门要加强监督和检查，对违反纪律规定的行为及时予以纠正。情节严重者，要给予党纪、政纪处分。对危害国家安全或违法犯罪行为，要依法追究刑事责任。

第四十九条 因公出国团组或驻外机构和人员发生违纪违规问题，除对当事人严肃处理外，还要根据有关规定追究组团单位或驻外机构以及派出单位负责人的责任。

第十三章 附　　则

第五十条 本规定的修改和解释权归股份有限公司。

第五十一条 本规定自发文之日起执行。本规定在实施中，如与上级规定不符，以上级最新规定为准。

中国水利水电建设股份有限公司
国际经营工作管理办法

（中水电股〔2010〕78号·2010年7月8日）

第一章 总　　则

第一条 为了加强对中国水利水电建设股份有限公司（以下简称股份公司）及其所属各子公司、控股公司国际经营工作的管理，规范国际经营工作秩序，促进国际经营工作健康、协调发展，制定本办法。

第二条 本办法所称国际经营工作，是指股份公司及其所属各子公司、控股公司在国（境）外（含香港、澳门特别行政区及台湾地区）从事经营的业务和活动。

第三条 本办法和股份公司相关规定中所提及的境外业务、海外业务、外经业务、国际业务均是国际经营的同义语。

第四条 股份公司鼓励、支持、促进所属各子公司、控股公司实施国际经营工作。

第五条 从事国际经营工作，不得危害中华人民共和国国家安全，不得损害中华人民共和国国家利益、社会公共利益和他人合法权益。

第六条 从事国际经营工作，应当遵守中国法律及项目所在国家法律，尊重当地宗教信仰和风俗习惯。

第七条 从事国际经营工作的单位，应当依法经营，信守商业信誉，履行商业合同。

第二章 管理原则

第八条 国际经营是股份公司中长期发展战略的重要组成部分，是落实科学发展观，实现又好又快发展，建设具有较强国际竞争力的质量效益型跨国集团的重要组成部分，国际业务优先发展是股份公司的战略。

第九条 股份公司的国际经营目标是股份公司整体利益的最大化和相关企业利益的和谐统一。打造集团化的经营模式，实行集中统一管理是实现这一目标的重要手段，主要包括以下内容：

（一）统一管理国际经营业务。在股份公司领导下，形成整个股份公司对外经营业务管理网络，形成集约化战略管理和集团化国际经营模式，使股份公司各子公司、控股公司在国际经营业务产业链、价值链上充分发挥各自的优势，在确保股份公司整体利益的最大化的同时，实现规模和效益的协调增长。

（二）统一配置跨国经营资源。股份公司统筹协调、合理调配人、财、物及信息等资源，贯彻市场经济原则，实行契约化管理。

（三）统一使用股份公司品牌。股份公司各子公司、控股公司均需统一使用中国水利水电建设股份有限公司或中国水电建设集团国际工程有限公司（以下简称国际公司）品牌进行国际经营业务。

（四）统一开展对外联合与合作。各子公司、控股公司在股份公司的指导下，以股份公司或国际公司的名义与外单位开展联合与合作。

第三章 组织管理体系

第十条 股份公司对国际经营工作实行全面领导和管理，负责国际经营的战略管理，负责制定中长期发展规划，制定市场经营方针，组织对大型、特大型融投资项目的评估、高端运作和决策，协调并解决国际经营工作中的重大事项。

第十一条 股份公司国际经营工作的主管部门是海外事业部。海外事业部是股份公司国际化战略的拟订和组织者，是股份公司海外业务的综合归口管理部门。

第十二条 股份公司海外事业部的主要职责是：

（一）拟订股份公司国际经营战略和规划，经股份公司批准后，代表股份公司组织实施；

（二）拟订股份公司国际经营管理规范、规章制度和工作流程，建立股份公司国际经营的综合管理体系；

（三）规范股份公司所属各子公司、控股公司的国际经营组织结构体系、经济核算体系、技术和商务体系、资源配置管理体系、人力资源开发体系和相应的支持体系；

（四）收集、研究与股份公司国际经营有关国家的法律法规、行业规定、行业规范和市场信息等，并及时为子公司、控股公司提供相关服务；

（五）拟订对股份公司所属子公司、控股公司国际经营业务的考核办法，列入股份公司统一考核范畴，并参与考核工作；

（六）拟订股份公司国际经营财务和资金管理办法，并指导实施；

（七）拟订股份公司国际经营的设备、物资管理办法，并监督、指导实施；

（八）拟订股份公司外事工作管理办法，负责办理出国人员手续及外事管理的日常工作；

（九）统筹股份公司国外投资业务，负责国外投资项目决策前的初步评审，参与股份公司投资工作的评审工作，为股份公司国外投资决策提供依据；

（十）在国际经营范围内，代表股份公司参加政府有关部门、商会、学会、协会的工作和活动；

（十一）负责对股份公司国际经营工作的统筹、协调、监督、管理；

（十二）股份公司赋予的其他职责。

第十三条 股份公司各部门依照各自职责分工对国际经营业务履行监督管理职责。

第十四条 股份公司国际经营职能授权国际公司执行。对以股份公司名义对外签约的项目，股份公司授权国际公司具体实施，并授权国际公司以自身名义与股份公司所属其他各子公司、控股公司就项目实施签订相关协议。国际公司在与股份公司所属其他各子公司、控股公司共同实施股份公司（或国际公司）对外签约国际经营项目时，是平等合作关系，是契约关系。

第十五条 股份公司所属各子公司、控股公司在国际经营中的主要任务是：

（一）与股份公司及国际公司一起作为市场竞争主体不可分割的组成部分，是合同履约的主体和企业利润的主体，是国际经营的实施者。

（二）在股份公司（海外事业部）的授权下，代表股份公司（海外事业部）开发海外市场，在授权范围内，实施工程建设项目。

（三）对项目具有经营管理权，对项目的流动资金和资源进行优化配置，对项目的经营成果及合同风险负责。

第十六条 各子公司、控股公司在与股份公司利益不发生冲突的情况下，可以与外单位进行合作，发生此种情况时要根据规定的程序进行审批。各子公司、控股公司参与地方政府主导的国际合作项目，要根据规定的程序报股份公司审批备案，部分业绩指标可纳入地方政府的统计范围。

第十七条 为规范股份公司国际经营主管部门与所属各子公司、控股公司在境外工程投标和工程实施过程中的责任、权利和义务，保障项目中标后工程的顺利执行和履约，在投标前，双方应签订标前协议。

第十八条 股份公司、国际公司与各子公司、控股公司在国际经济活动中的经济关系界定：

（一）各子公司、控股公司获得项目信息并以股份公司或国际公司名义投标，海外事业部负责办理相关报批手续并提供保函和支持性文件，履行股份公司赋予的归口管理和保障服务职责。

（二）海外事业部直接获得项目信息，在海外事业部的组织下投标，并提供保函和支持文件的。

（三）议标项目，按合同价的一定比例由相关各子公司、控股公司包干实施合同。

（四）融资类项目，由股份公司国际经营主管部门与相关各子公司、控股公司商定工程实施费用后执行。

第十九条 股份公司内部经济纠纷调解委员会为股份公司国际经营内部经济纠纷的协调机构。海外事业部/国际公司与股份公司所属各子公司、控股公司产生经济纠纷双方难以解决时，可提交股份公司内部经济纠纷调解委员会调解、仲裁。各方面均应按调解、仲裁决定执行。

第二十条 股份公司（或国际公司）境外机构（境外全资子公司、控股子公司、区域业务总部、分公司、代表处、项目部及有实际控制权的联营体等）是股份公司国际经营组织机构的延伸和重要组成部分，受派出单位领导，并对派出单位负责。

第二十一条 各子公司、控股公司应建立健全优质高效的国际业务的组织结构体系、支持体系和管控体系，要努力打造符合本企业实际情况的国际经营模式，根据本企业国际经营业务发展实际情况，正确、有选择、创造性地采用全面国际化模式、事业部模式、国际部模式中的一种模式。

第四章 资 格 管 理

第二十二条 股份公司将有计划地统筹国内国外两个市场、两种资源，重点支持综合能力强、国际化程度高、把国际经营作为核心竞争力的子公司、控股公司，帮助股份公司其他子公司、控股公司积极发展国际业务。

第二十三条 根据商务部有关对外承包工程资格管理的规定和要求，股份公司对从事国际经营活动的单位实行资格管理，从事国际经营活动单位应当具备如下条件：

（一）具有法人资格；

（二）具有符合国家规定的注册资本或从事国际经营必需的资金；

（三）具有国际经营所必需的管理人员、专业技术人员；

（四）连续两年内无因进行非法经营活动或严重违反国家有关规定受过行政处罚；

（五）具有与所开发国外项目性质相符合的专业资格及经营业绩；

（六）连续两年没有违反股份公司国际经营工作管理办法。

第五章 投（议）标管理

第二十四条 为了发挥股份公司所有子公司、控股公司的积极性，对于非投资性国际工程项目，要按照分级管理的原则，根据项目估价的不同层级明确不同的责任主体及审批程序和决策机构。在项目投标方面，将逐步实行分级管理，国际公司将管理重心逐渐转移到运作具有一定规模、一定难度、一定影响的大中型项目上去。原则上，1亿美元以上的投标项目或融、投资项目，由国际公司牵头，子公司配合；5000万～1亿美元的投标项目，由有条件和能力的子公司负责，国际公司提供支持和服务，并负责总体把关；5000万美元及以下的投标项目，以子公司为主运作，国际公司提供服务。

第六章 内部委托实施管理

第二十五条 为发挥股份公司整体优势，根据不同项目的实际情况，股份公司（或国际公司）签约的国外项目将主要采用内部委托实施的方式履行合同。股份公司将制定《国外工程内部委托实施协议管理办法》，对内部委托事项作出专门规定。

第二十六条 根据本办法第十四条的授权，国际公司根据股份公司《国外工程内部委托实施协议管理办法》和负责项目具体实施的其他子公司、控股公司签署内部委托实施协议，内部委托实施协议中的委托单位均为国际公司，受托单位为股份公司所属其他子公司、控股公司。

第七章 联营体管理

第二十七条 根据具体情况，国外项目在执行过程中可采用联营体的管理模式。联营体分成3种形式：一是股份公司为责任方，与其他中外公司组成联营体；二是国际公司为责任方，与其他中外公司组成联营体；三是股份公司或其授权的子公司、控股公司为非责任方，与其他中外公司组成联营体。

第二十八条 无论何种形式的联营体，都应以目标一致、共赢为原则，建立良性、规范的运营机制和决策机制，实现良好合作，互利共赢。

第二十九条 无论何种联营体，均要明确联营体各方股份比例，签署书面联营体协议，规定不同阶段的工作内容目标和责任权利，直至联营体正式组建和联营体章程确定。

第三十条 联营体的管理应在联营体协议或联营体章程中作明确规定，原则上可采用两种模式：一是实行董事长领导下的项目经理（总经理）负责制，项目经理（总经理）由董事会向联营体成员内外招聘职业经理人，并按联营体协议或联营体章程的有关规定和程序进行管理；二是由其中某一方实行承包经营，另外几方进行监督。

第八章 在建项目管理

第三十一条 以股份公司或国际公司名义单独或联合签约的国外工程项目，均由股份公司对其进行统一规范管理。

第三十二条 股份公司对国外工程项目按自营项目、联营（联合）项目及委托实施项目3种不同的形式分别进行统一规范化的总体管理和项目支持。

第三十三条 对于股份公司（或国际公司）委托实施的国外项目，由国际公司与受托单位按照《国外工程项目内部委托实施协议管理办法》正式签订委托协议。

第三十四条 股份公司所属各子公司、控股公司应做好国外工程项目实施策划，项目实施模式设计，项目经理部的组建。

第三十五条 股份公司所属各子公司、控股公司应当认真履约，加强对工程的工期、质量、资金、安全、环保的管理，提高各种资源的利用效率。

第三十六条 股份公司所属各子公司、控股公司应确保其履约项目部建立健全项目现场管理体系，包括信息管理、文档管理、合同管理、技术管理、进度管理、物资设备管理、成本管理、质量管理、安全管理、人力资源管理、环境保护管理等。

第三十七条 强化项目经理职责，在授权范围内项目经理负有全面管理职责，对项目工期、质量、安全、进度、成本、机械、材料、分包、环境保护等负有直接责任。项目经理要与国际公司或有关各子公司、控股公司法定代表人签订《项目目标管理责任制协议书》，严格执行协议书的有关规定，认真履行与业主签订的工程承包合同，确保各项指标的顺利实现。

第三十八条 股份公司所属各子公司、控股公司不得将其从股份公司承接的工程项目中关键项目或控制项目转包给股份公司以外的单位或个人，也不允许将上述项目肢解后以分包的名义分包、转包给股份公司以外的单位或个人。特殊情况需报股份公司审批。

第九章 财务管理

第三十九条 股份公司所属企业应根据《中国水利水电建设股份有限公司国际业务财务管理办法》的规定开展国际经营业务的财务管理工作，形成层级清晰、权益明确、职责分明的财务管理体系。

第四十条 国际经营财务管理的总体目标是适应股份公司国际化战略的发展要求，为股份公司国际经营业务的安全、规范、高效运营创造良好的财务环境；通过规范的财务管理，推动股份公司拥有的外经资源，给各子公司、控股公司创造资本附加值和增值效益；将股份公司、国际公司及参与国际经营的各子公司财物资源统筹运作，实现股份公司效益最大化，保证国有资产保值增值。

第四十一条 通过建立高效、规范的国际经营财务管理体系，达到以下具体目标：

（一）理顺股份公司、国际公司、其他成员企业、境外机构之间的财务关系，发挥股份公司在国际经营业务上的整体优势和规模优势；

（二）规范股份公司国际经营的财务行为，完善财务预算与计划、财务控制与监督、财务考核与评价等工作；

（三）规范境外机构的财务管理和财务行为；

（四）准确、及时反映国际经营的财务信息，加强财务风险管理。

第十章 投融资管理

第四十二条 国外投融资业务属资本运作型业务，本项业务由股份公司、国际公司或股份公司批准的其他子公司经营运作。股份公司、国际公司和经股份公司批准的其他子公司在开展海外投融资业务时，要设立分公司、项目公司或其他必要的机构。

第四十三条 股份公司、国际公司和经股份公司批准的其他子公司的国际投融资项目应遵循的原则、组织与管理、监督与评价、评审与审批程序以及执行机构等应按照股份公司相关管理办法执行。

第四十四条 股份公司、国际公司和经股份公司批准的其他子公司积极开展符合国家政策和股份公司战略的国际投融资项目，不宜参加一般加工、贸易、服务项目、不具竞争优势的项目、不符合国家产业政策及股份公司战略的投融资项目。

第四十五条 股份公司、国际公司和经股份公司批准的其他子公司的国际投融资规模应与企业资产经营规模、资产负债水平和实际筹资能力相适应。

第四十六条 股份公司、国际公司和经股份公司批准的其他子公司国际投融资项目的预期投资收益应不低于国内同行业同期的平均水平。

第四十七条 国际投资项目，不论投资内容和投资规模，须按照《中国水利水电建设股份有限公司海外投资管理办法》的规定进行立项、审批、实施。

第四十八条 对未经股份公司审批的国际投资项目，股份公司将追究相关人员及领导的责任，给股份公司及所属企业或国家造成重大损失的，将按照有关规定进行处理。

第四十九条 所有经过股份公司批准的投资项目，其全部投资责任由负责投资的企业承担。

第五十条 股份公司所属企业参与股份公司或国际公司投融资活动，须与股份公司或国际公司就国际投融资项目签署有关投资协议，文件必须由公司法定代表人或其授权代表签署。

第十一章 审计监察管理

第五十一条 股份公司将根据《中国水利水电建设股份有限公司境外企业及工程项目审计办法》的规定开展内部审计工作，促进国际经营的规范性和有效性。

第五十二条 各单位应根据股份公司的相关规定积极开展国际经营业务的监察工作，围绕国际经营积极有效地开展执法监察和效能监察，为提高股份公司国际经营的经济效益服务。

第十二章 设备物资管理

第五十三条 股份公司在国际经营活动中，按照“统一领导、两级集中、两级管理”的原则，将逐渐强化统一采购。股份公司设备物资采购中心负责股份公司系统设备物资集中采购招标工作的重大事项并指导股份公司系统的集中采购招标工作，海外事业部按照“监督、指导、服务”的宗旨，在规定的范围内，对国外项目所需物资采购工作按照相关规定进行管理和提供技术支持，并直接负责国外工程项目项下物资的（包括施工机械设备、永久设备和大宗材料等）采购、运输、保险及设备使用的管理指导。

第五十四条 设备物资采购原则上需要通过竞标方式进行。

第五十五条 股份公司有关业务主管部门应当建立《合格供应商名册》、《合格运输商名册》，定期对供应商和运输商进行更新，适时评价，实行动态管理。

第五十六条 国外工程项下购置的施工设备、永久设备和大宗材料等物资的出口报关、运输和保险等相关事宜，由海外事业部负责管理，并由所在项目部指定的国内采购工作组协助办理。

第五十七条 国外工程项下的设备物资采购均以国际公司名义与供应商签订采购合同，并办理报关出口、出口退税手续，国际公司不收取任何费用。

第五十八条 项目实施单位应当对大型成套设备的建造、运输、验收、使用的全过程进行跟踪管理，要建立完备的设备物资档案。

第十三章 安全生产、质量和环境管理

第五十九条 股份公司所属各单位应按国际标准建立质量、环境、职业健康及安全管理体系，开展标准化活动，加强生产作业的过程管理。

第六十条 股份公司所属各单位应遵守国家有关安全生产法律、法规，树立“以人为本”的思想、坚持“安全第一，预防为主，综合治理”的方针，建立完善的安全生产管理体系，实施安全生产目标管理，健全各项安全生产规章制度，落实安全生产责任制，完善安全监督机制，加大事故隐患整改和重大危险源监控力度，全面提高安全生产管理水平，实现股份公司的安全生产管理目标。

海外事业部（国际公司）是股份公司海外项目安全管理的责任主体单位，对海外自营项目的安全管理负全面责任，对委托的国际项目负有安全生产监管职责。

股份公司所属的参与国际项目建设的有关单位，应把国际工程项目的安全管理纳入到本单位安全生产管理工作的范畴，并作为其重要组成部分抓好抓实，按照有关的法律、法规、制度、合同、协议规定，对国际项目的安全管理负责。

第六十一条 委托实施项目，受托单位行政正职是安全生产第一责任人；联营体实施项目，联营体牵头方行政正职是第一责任人；国际公司自营或牵头联营项目，国际公司总经理为第一责任人。安全生产第一责任人，对本单位安全生产全面负责。各工程项目要设置专门安全生产管理机构和专职安全人员，按规定要求设置安全总监。

第六十二条 各单位要加强基层安全建设，开展安全质量标准化活动，加强生产作业的过程管理，按照标准、规范组织生产，努力做到施工现场标准化、岗位操作标准化、基层管理标准化。

第六十三条 各单位应切实保障员工在安全生产方面的各项权利，为员工创造安全作业环境，提供合格的劳动防护用品和工具。

第六十四条 各单位应根据“横向到边，纵向到底”的原则，制定各级管理人员、员工和部门的安全生产责任制。安全生产责任制应覆盖本单位所有组织和人员。

第六十五条 各单位应制定安全生产责任制考核办法，定期进行考核奖惩。实行各级领导、机关部门安全生产工作述职报告制度，将履行安全生产责任制情况列为干部考核的重要内容。

第六十六条 各单位应按要求定期对员工进行安全生产教育和培训，每年培训时间不低于法定培训时间，以提高员工安全技术素质，保证员工具备必要的安全生产技能和防范事故的能力。

第六十七条 各单位应制定安全检查制度，坚持日常检查和定期组织安全检查。对检查中发现的事故隐患，应立即排除。

各单位应按要求及时填报安全生产管理信息系统，保持更新各自的安全生产管理信息系统平台。

第六十八条 各单位要保证用于安全生产方面的资金投入。在编制年度预算时，要优先保证安全费用。按规定和实际需要列支事故隐患治理和安全技术措施项目经费，为项目派出人员购买必要的保险，相关费用纳入成本计算。

各单位在国际经营工作中，应遵守国家有关产品质量的法律、法规和相关制度。各项目应建立专门的管理体系和机构，配备必要的质量管理专职人员，设置质量管理必要的测量、试验设备和设施。各项目应对测量、试验设备和设施进行率定和有效管理，落实质量管理制度，开展全面质量管理，重视生产过程质量管理，实现符合要求的产品质量。

各单位在国际经营工作中，应遵守国家有关法律、法规，建立环境管理体系，实现工程所在国和项目业主要求的环境管理目标。

第十四章　合同与风险管理

第六十九条 国际经营中的合同与风险管理关系到企业预期经营目标能否实现，各有关单位要对整个项目生命周期进行有组织、有计划、系统化、规范化和持续不断的合同与风险管理，以期达到过程规范、结果可控，提高经营活动的效率和效果，降低实现经营目标所潜在的不确定性。

第七十条 股份公司及其所属各子公司、控股公司从事国际经营活动，必须建立严密的风险评估和控制体系。要做到全过程管理，建立一套行之有效的风险防范和控制的规章制度。

第七十一条 各有关单位应确保相互间及时、真实、可靠的信息沟通与交流。合同与风险管理的各个环节对各自提供的风险管理原始信息的一致性、准确性、及时性、可用性和完整性负责，风险管理信息中心对原始信息与风险量化值的一致性、风险量化值的准确性和可用性、信息传递的及时性及完整性负责。

第七十二条 合同与风险管理应对风险进行动态识别和评判，借此制定切实可行的应对策略，确保应对策略的贯彻实施。

第七十三条 合同与风险管理的各级组织应切实履行监督与管理职能，确保各项应对策略符合股份公司总体经营战略和经营目标，确保公司有关规章制度和为实现经营目标而制定的各项措施的贯彻执行。

第七十四条 每个项目结束后，负责具体实施的现场管理单位应从风险预测、风险分析、风险处理方法与达到的效果等方面，对该项目的合同与风险管理工作进行总结，并上报相关职能部门进行归档或形成合同与风险管理案例，以便为今后的经营活动提供指导与借鉴。

第十五章　紧急状态管理

第七十五条 股份公司是突发事件的应急管理最高指挥机构。股份公司海外事业部是股份公司海外项目应急管理工作的具体执行机构，负责应对海外项目发生的突发应急事件。在国际经营工作中，要切实加强对股份公司境外人员和机构的安全保卫工作，加强内部防范，健全应急处理机制，提高和加强境外机构应对突发事件的能力，确保境外机构人身、财产安全。

第七十六条 股份公司所属各子公司、控股公司及境外机构都要建立紧急状态预案。在处置突发事件时，必须坚持快速反应，统一指挥，整体配合，安全保密四项原则。

第七十七条 为了做好处置突发事件的各项工作，各单位要成立处置突发事件工作指挥中心，指挥中心下设综合协调组、思想政治工作组、安全保卫组、后勤保障组等办事机构。

第七十八条 股份公司各境外机构要建立安全保卫员制度，安全教育制度、值班制度，报告制度，与我国使馆和当地政府、警方、业主的联系制度，雇用当地人员审查制度。

第七十九条 股份公司各单位要建立传递畅通、反应灵敏的预警信息渠道和沟通协调机制，妥善解决境外项目各类突发罢工事件与劳务纠纷。

第八十条 本章的规定，原则上也适用于在项目所在国发生的质量安全事故、政治事件、自然灾害事件等紧急状态处理。

第十六章　外 事 管 理

第八十一条 股份公司及其所属子公司、控股公司人员因公出国（境），要严格按照归口管理、分级审批的规定办理。海外事业部统一负责股份公司上述人员因公出国（境）的管理工作。股份公司各所属子公司、控股公司外事、人事或组织部门负责本单位出国（境）事项的管理工作。

第八十二条 凡因国际经营工作需要，确需邀请外国人员来华访问、考察、商务洽谈、参加会议等，均由股份公司按照外交部授权办理有关手续。邀请外国副省部级以上官员和前政要正式来访，须由股份公司报请外交部或经外交部上报国务院审批同意后办理有关手续。

第十七章　人力资源管理

第八十三条　在国际经营工作中，要全面实施人才战略规划，建设高素质的国际经营专业技术人才队伍。股份公司将在工程技术领域、经济管理领域、财务会计领域、法律事务领域建立国际经营人才库，并将对国际经营人才库进行严格管理。

第八十四条　充分发挥股份公司国际经营专家委员会专家学科众多、专业精深的综合优势，为研究制定股份公司国际化发展战略，促进股份公司国际经济技术合作事业健康有序发展，提高股份公司国际经营决策科学化水平等方面发挥决策咨询作用。

第八十五条　股份公司国际经营专家委员会的主要职责是：参与股份公司重大国际经营和对外融投资项目的决策评估；对股份公司国际经营的发展进行深入地研究；对股份公司国际经营活动中的重大专业问题给予专业型、顾问型指导，在专业领域提出意见和建议；参与股份公司组织的有关国际业务培训和教学活动等。

第十八章　业绩评价管理

第八十六条　各有关单位应以股份公司发展战略为目标，根据相关规定建立国际经营业绩评价管理体系，通过有效的激励和约束机制促进股份公司国际经营业务的发展。

第八十七条　股份公司对所属企业国际经营进行业绩评价管理；股份公司各所属企业对其负责实施的国际经营执行单位进行考核和业绩评价管理。

第八十八条　各单位应本着公正、公平、客观、真实的原则开展国际经营业务的业绩评价工作。在考核过程中做到过程与结果并重，实质与形式共存。

第十九章　项目信息管理、科技创新与管理创新

第八十九条　股份公司及其所属各子公司、控股公司在国际经营工作中，要加强对信息与科技创新工作的领导和管理，负责本单位国际项目的技术信息档案管理和科技创新成果的立项上报工作，加大信息系统的应用和推广力度，通过信息化手段优化业务流程，实现精细化管理。

第九十条　各有关单位要重视和关注境外包括大型水电站在内技术复杂项目建设过程中的信息管理和科技创新，要善于总结在工程建设管理过程中出现的新技术、新工艺、新方法、专利技术的学习、借鉴、吸收和消化，并逐渐完善创新。对具有推广价值的技术，按要求及时汇总到海外事业部，由海外事业部报股份公司科技部门列入推广计划，组织推广应用。

第九十一条　要加强对国外著名承包商、设备制造商、国外水电建设企业相关管理信息、科学技术、施工制造工艺、专利技术的学习、借鉴、吸收和消化，并逐渐完善创新。对具有推广价值的技术，由股份公司科技部门列入推广计划，组织推广应用。

第九十二条　在运作境外项目，尤其是投、融资水电站项目时，各有关单位要努力争取项目业主对中国水利水电设计、施工、运行规范的认可，要通过国内有关政府部门的推动，尽早将我国成熟的水利水电设计、施工、运行规范推广到国外。

第九十三条　对有条件的项目，有关单位要积极探索在技术复杂项目中建立适合高新科技发展的机制、制度。

第九十四条　各单位应紧密围绕股份公司发展战略和经营目标，结合本单位工作实际，有针对性地确立国际工程管理创新课题。对有条件的项目，每年要设立一定数量的管理创新项目，投入必要的力量，形成管理创新成果。

第二十章　知 识 管 理

第九十五条　知识管理是对一个企业集体知识与技能的综合，然后将这些知识与技能转化为现实生产力的过程。

第九十六条　知识管理的主要内容包括信息资源和信息系统管理、技术创新管理、企业文化管理、员工知识能力管理、企业组织和制度管理等。

第九十七条　知识管理的主要目标是：建立和营造促进知识学习、知识积累和知识共享的环境并激励员工的知识创新与交流；促进知识的评估利用和交流共享；提高员工整体素质，促进员工的创新能力和工作技巧；提高企业生存竞争能力，适应知识经济的需求，加强研究开发和创新能力，有效实现知识价值的科学转化；重视知识和人才，促使企业成长为学习型组织，提高国际经营者队伍整体的知识水平，不断提高技术进步对国际经营的贡献率。

第九十八条　股份公司在开展国际业务过程中，要构建支持知识管理的组织体系，加大对知识管理的资金投入，创造有利于知识管理的企业文化，制定鼓励知识创造和转移的激励措施，开发支撑知识管理的信息技术，建立知识管理评估系统。

第九十九条　股份公司海外事业部（国际公司）应组织建立国际经营的知识管理体系，通过内部网站、杂志、简报等各种信息平台进行国际业务专业知识和商务经验的交流和分享，集成国际业务管理的知识库。对于无法用文字图表表述的隐形知识，

则通过评比表彰、培训、现场观摩、讨论会和网络交流平台等方法促进知识的分享。

股份公司其他职能部门和其他子公司、控股公司应积极参与并协助上述知识管理的交流、分享和集成活动。

第二十一章　党的建设及企业文化建设

第一〇〇条　海外工作机构党组织的建设，是股份公司党建工作的重要环节。在国际经营工作中，要加强党的建设，规范海外工作机构党建工作的内容、方式和方法。

第一〇一条　加强海外工作机构党建工作的目的，是把党组织建设成为实施“走出去”战略坚强的领导核心和战斗堡垒；通过对党员行之有效的教育、管理和监督工作，充分发挥党员的积极性和创造性，确保党的路线、方针、政策的贯彻执行，确保股份公司国际化发展战略的实施。

第一〇二条　股份公司海外工作机构党组织的基本任务是：组织党员认真学习马克思列宁主义、毛泽东思想、邓小平理论、“三个代表”重要思想以及“科学发展观”，学习党的路线、方针、政策及决议，学习党的基本知识，学习科学、文化和业务知识，宣传和执行党的路线、方针、政策，贯彻执行党中央、国资委党委、集团公司、股份公司党委的决议、决定和指示，充分发挥党员的先锋模范作用，努力完成本单位所担负的任务。

第一〇三条　股份公司海外工作机构党组织的工作重点是：

（一）结合海外项目部的实际，抓好项目部的班子建设；

（二）抓好项目部的队伍建设；

（三）抓好对党员的教育、管理工作；

（四）积极组织并开展企业文化建设，加强对员工的爱国主义、集体主义教育，激发员工的国家和企业荣誉感，不断发扬光大员工的集体主义精神，自觉维护股份公司品牌形象。

第一〇四条　海外工作机构党组织工作的具体原则、党组织设立的规定及程序、党组织及责任人的管理等具体工作内容，按照股份公司党委《关于加强海外机构党建工作的指导意见》和股份公司党委相关规定执行。

第二十二章　附　　则

第一〇五条　股份公司授权海外事业部对本办法进行解释。

第一〇六条　本办法自下发之日起执行。

中国水利水电建设股份有限公司
海外投资管理办法

（中水电股〔2010〕86号·2010年7月8日）

第一章　总　　则

第一条　为了促进和规范中国水利水电建设股份有限公司（以下简称股份公司）海外投资行为，提高投资收益，规避投资风险，保障股份公司海外投资业务持续、稳健发展，根据《中华人民共和国公司法》、《境外投资管理办法》等我国国家法律法规及《中国水利水电建设股份有限公司投资管理办法》等相关规定，制定本办法。

第二条　本办法适用于股份公司、股份公司所属全资子公司、控股子公司的所有海外投资行为。股份公司、股份公司授权的中国水电建设集团国际工程有限公司（以下简称国际公司）或股份公司批准的其他子公司是股份公司海外投资主体（以下统称为海外投资企业）。

第三条　本办法所称海外投资，是指海外投资企业通过新设（独资、合资、合作）、并购、增资、再投资等方式在国外设立企业或取得既有企业的所有权、控制权、经营管理权等权益的行为。

第四条　海外投资企业开展海外投资活动应当遵守境内外有关法律、行政法规，国际惯例，符合股份公司发展战略，遵循“聚焦主业、量力而行、效益优先、规模适度、风险可控”的原则，建立和维护“中国水电”国际品牌。

第二章　海外投资监管和项目准入

第五条　股份公司海外事业部为股份公司海外投资业务的归口管理部门；股份公司总部各职能部门按照职责权限，统筹、指导、服务、监管股份公司海外投资业务。

第六条 海外投资项目准入限制：

（一）不符合《中国水利水电建设股份有限公司投资管理办法》第四条要求的不得投资，即必须符合以下原则：

（1）符合国家发展规划和产业政策；

（2）符合企业发展战略与规划；

（3）符合企业产业布局和产业结构调整方向；

（4）突出主业，有利于提高企业核心竞争能力；

（5）非主业投资应当符合企业调整、改革方向，不影响主业的发展；

（6）符合企业投资决策程序和管理制度；

（7）投资规模应当与企业资产经营规模、资产负债水平和实际投融资能力相适应；

（8）充分进行科学论证，预期投资收益应不低于同行业同期平均水平。

（二）国家法律、法规和产业政策明令禁止的不得投资。

（三）非控股的项目、规模小的项目、收益差的项目、风险不可控的项目，股份公司原则上不予批准。

（四）严禁从事境外期货、股票、外汇炒卖以及金融衍生品交易等高风险业务。

（五）海外投资企业应当在其对外签署的与海外投资相关的合同或协议生效前，取得有关政府主管部门的核准。未获得审批手续的海外投资项目不得实施实质性投资建设。

第七条 海外投资企业应该具备以下条件：

（一）建立健全的法人治理结构和有效的内部管理制度，有明确的海外投资规划；

（二）具有较强的投资管理能力、风险评估能力和投资绩效考核能力；

（三）具有经验丰富的投资管理人员，熟悉海外投资业务，主管海外投资业务的高级管理人员从事投资或者其他经济工作五年以上；

（四）满足《中国水利水电建设股份有限公司投资管理办法》要求的其他条件。

第八条 海外投资业务应注重对投资目的国、投资行业和方式以及投资时机的选择，注重投资收益。

第三章 海外投资决策

第九条 海外投资决策应坚持国有及国有控股企业决策原则，严格执行“三重一大”集体决策程序，充分论证，科学评审，规范决策，防范投资风险，争取合理的投资收益。

第十条 股份公司董事会为股份公司海外投资最高决策机构。股份公司投资项目评审委员会负责海外投资项目的评审工作，为项目决策提供意见和建议。

第十一条 海外投资企业进行海外投资前应当充分论证海外投资的经济技术可行性，充分考虑国内外投资环境的差别，重点从市场状况、技术条件、风险控制、人员配备、成本收益等方面，认真评估政治风险、市场风险、汇率风险、信用风险、道德风险、法律风险及其他风险。

国际公司或经股份公司授权的其他子公司海外投资项目应提交本企业决策后上报股份公司，进入股份公司的决策程序。

第十二条 股份公司海外投资项目的决策依据包括（但不限于）：本办法对投资准入的规定；股份公司发展战略；东道国（地区）投资环境；国际投资风险；项目实施单位的财务状况、筹资能力、投资管理和经营控制能力；合资（合作）方的资信状况；项目的市场前景、技术可行性、投资成本、经济效益、财务运作等条件。

第四章 海外投资项目审批程序

第十三条 海外投资企业拟投资的海外项目，不分金额大小，一律报股份公司审批。未经股份公司批准，不得进行实质性投资活动。

第十四条 海外投资企业上报的拟投资海外项目，由海外事业部负责初审；股份公司评审委员会评审；股份公司总经理办公会审议通过后，报股份公司董事会决策。

第十五条 海外投资项目评审和审批的具体步骤如下：

（一）由拟进行海外投资的股份公司所属企业向海外事业部提交《投资项目建议书》及相应证明文件，海外事业部进行初步审核并提交初审报告。《投资项目建议书》的主要内容详见《中国水利水电建设股份有限公司投资管理办法》。

（二）初审报告经股份公司分管副总经理审签、股份公司总经理、股份公司董事长同意后，提交股份有限公司评审委员会评审。

（三）股份公司评审委员会评审形成评审报告后，由评审委员会提交股份公司总经理办公会审议。

（四）股份公司总经理办公会审议通过后，报股份公司董事会最终决策。

（五）项目批复文件由海外事业部拟文，以股份公司名义批复。

第十六条 投资项目的初审和评审主要包括（但不限于）以下内容：

（一）是否符合股份公司对投资准入的规定；

（二）投资项目的资金来源、资金类型、投资效益及投资行为的合法性、合规性等；

（三）投资项目的可行性分析报告、投资计划及风险分析；

（四）有关的经济合同、协议及公司章程草案的合法性。

第五章 海外投资项目资金来源与要求

第十七条 海外投资项目所需资本金，可使用自有外汇、人民币购汇，由拟投资企业自行筹措。海外投资项目经国家有关部门核准后，按照现行外汇管理有关规定办理外汇资金购付汇核准手续。

第十八条 海外投资企业对经批准的海外投资项目的担保，按股份公司有关规定执行。

第十九条 海外投资企业用于海外投资的国有资产（包括固定资产、流动资产、无形资产和其他资产），都必须在进行可行性研究前按照《企业国有资产法》和国务院国资委有关规定进行评估；对投资的非国有资产可以参照上述规定进行评估。

第二十条 海外投资企业应加强对我国、东道国（地区）产业政策、金融政策、税收政策的研究，依托国内金融机构，积极利用商业银行贷款、国际金融组织贷款、国外政府贷款、项目融资、融资租赁等方式多渠道筹措资金。

第六章 海外投资项目的实施

第二十一条 所有海外投资项目必须纳入企业年度投资计划管理，报股份公司批准后实施。

第二十二条 海外投资应制定投资实施方案，报股份公司备案，内容包括但不限于：

（一）项目概况；

（二）出资时间、金额、出资方式及责任人；

（三）项目总体目标和年度目标；

（四）国际投资风险控制；

（五）公司发起协议及章程；

（六）公司工商登记注册资料。

第二十三条 股份公司直接投资的海外项目，由股份公司授权国际公司或其他经营主体组织实施。国际公司或经股份公司批准的其他经营主体投资的项目，经股份公司批准后由投资经营主体组织实施。

第二十四条 海外投资企业应按照国务院国资委《中央企业全面风险管理指引》的要求，加强海外投资项目实施过程中的全面风险管理工作，规范风险管理基本流程，建立健全风险管理体系。

第二十五条 保险是转移海外投资风险的重要手段。海外投资项目要重视保险，根据实际情况，选择适当的保险种类和期限及时投保。

第二十六条 所有海外投资项目必须经股份公司审核批准后，方可开展前期工作。前期工作以锁定资源为目的，未经股份公司批准，不得进行实质性工程建设投资。

第二十七条 海外投资项目前期工作范围包括：项目跟踪、信息收集、评估、筛选、设计咨询、可行性研究、报批核准以及部分进行前期工作所需项目公司注册等。项目实施单位应全面调查和掌握东道国（地区）政治、经济、基础设施、法律、自然地理、社会文化等投资环境因素，规避投资风险。

第二十八条 海外投资项目前期费用支出必须严格控制在股份公司批准的工作范围和费用额度内，列入所属公司年度财务预算及投资计划，不得超支，不得将项目前期经费用于实质性投资活动或将后续投资所需资金列入前期经费。

在开展前期工作的过程中，如果由于工期和经济效益考虑，确实需要开展实质投资，应单独以签报方式由股份公司总经理办公会审议，股份公司董事会批准后方可实施。

第二十九条 股份公司同意进行下一阶段工作的项目，各公司必须按照本办法规定，认真履行投资项目评审决策程序，由股份公司总经理办公会审议，股份公司董事会批准后方可进行项目实施，正式开工建设。

第三十条 海外投资项目应按国家有关规定由股份公司向相关政府主管部门申请核准、备案。

第三十一条 海外投资项目在正式签署公司合同、章程前，须经法律顾问出具法律意见书，报股份公司审批。

第三十二条 在建海外投资项目要通过业主管控，强化施工管理，严格控制投资成本，保证工程质量、安全、工期。

第三十三条 加强海外投资项目运营期管控，不断提升项目的运营能力及精细化、专业化管理水平，降低管理成本，提高经济效益，实现预期投资目标。

第三十四条 通过并购方式投资的海外项目应注重后续管理，有效、深入地整合业务、管理、企业文化，不断增强核心竞争力，实现可持续发展。

第三十五条 股份公司对控股海外投资项目制定具体细则明确管控流程。

第三十六条 股份公司委派或推荐的海外投资项目负责人应当按商务部要求，当面或以信函、传真、电子邮件等书面方式及时向驻外使（领）馆报到登记。

第三十七条 东道国（地区）政府要求项目公

司报告的重大事项，项目公司应该按照项目公司章程向项目公司董事会报告，同时报股份公司。

第三十八条 股份公司制定海外投资项目后评价年度工作计划，有目的地选取具有典型意义的投产项目开展后评价工作，不断提高海外投资项目决策能力、设计水平、项目管理水平和运营水平。海外投资项目按股份公司的有关规定组织和开展海外投资项目的后评价工作。

第三十九条 海外投资项目实施过程中出现下列情形之一的，项目实施单位必须提出改进管理或避免损失的意见和建议，及时书面上报股份公司：

（一）项目无法实现预期投资目标或实现预期目标的可能性极低；

（二）项目投资效益低下或出现重大亏损并预计在短期内难以改变；

（三）项目面临重大不可控风险，影响企业正常运营；

（四）股权结构发生重大变化，导致企业控制权转移；

（五）合资（合作）方严重违约，损害出资人利益。

第四十条 海外投资项目增资扩股、股权转让、合并、分立、变更形式、解散清算等事项时，应报股份公司审批。

第七章 海外投资项目的考核

第四十一条 股份公司对海外投资项目的审计工作，绩效考核、管理人员考核工作参照股份公司相关规定执行。

第四十二条 股份公司所属企业应按照股份公司相关规定报送海外投资项目情况和统计资料，确保报送情况和数据真实准确。

第四十三条 建立和完善海外投资档案管理、信息管理制度。海外投资业务相关资料，包括海外投资项目所有相关可行性研究、会议决议及纪要、权益证书等资料应及时送交海外事业部存档、备案。

第四十四条 海外投资企业海外投资行为违反本办法或股份公司有关规定的，股份公司将严肃追究有关人员的责任，按照股份公司有关规定给予责任人处罚。

第八章 海外投资项目紧急状态管理

第四十五条 股份公司是全系统突发事件的应急管理最高指挥机构。海外事业部是股份公司海外投资项目应急管理工作的具体执行机构，负责应对海外投资项目发生的突发应急事件。海外投资企业应全力配合海外事业部的应急管理工作。

第四十六条 海外事业部应按照股份公司突发事件应急预案的相关要求，结合项目实际情况，建立预警机制，制定海外投资政治、经济、环境、社会等突发事件专项应急预案。预案应按照有关规定上报股份公司备案。

第四十七条 海外投资企业要树立风险防范意识，加强应急预案的培训教育工作，不断提高预防和处置突发事件的能力。

第九章 附 则

第四十八条 股份公司在中国香港、澳门特别行政区以及台湾地区的投资管理参照本规定执行。

第四十九条 本办法是《中国水利水电建设股份有限公司投资管理办法》的补充，未尽事宜，按《中国水利水电建设股份有限公司投资管理办法》的相关规定执行。

第五十条 本办法由股份公司授权海外事业部负责解释。

第五十一条 本办法自印发之日起施行。

中国水利水电建设股份有限公司
应对境外恐怖事件应急预案

（中水电股外〔2010〕9号·2010年6月7日）

1 总则

1.1 编制目的

为了贯彻落实党中央和国务院关于应急管理的指示精神，保障中国水利水电建设股份有限公司（以下简称股份公司）境外经营活动中人员和机构的生命财产安全，健全应急处理机制，提高和加强驻外机构应对恐怖事件的能力，特制定本预案。

1.2 适用范围

本指导性意见适用于股份公司及所属各子公司、

股份公司在境外设立的经理部、代表处、分公司、项目部。

1.3 处置突发事件的原则

必须坚持快速反应、统一指挥、整体配合、安全保密四项原则。

1.3.1 快速反应的原则。由于突发事件的突发性，事态发展的易变性，必须反应敏捷、快速应对、妥善处置突发事件。

1.3.2 统一指挥的原则。处置突发事件工作要服从命令，听从指挥，及时请示汇报，重要情况及拟采取的重要措施须经上级批准后方可实施。

1.3.3 整体配合的原则。境内、境外各部门团结协作，互通情况，紧密配合，充分发挥整体配合的优势，共同处置突发事件。

1.3.4 安全保密的原则。驻外机构人员要严格遵守安全防范工作纪律和保密制度，对不服从指挥、擅离职守或违反规章制度造成不良后果以及不注意国际影响，造成损失、泄密的人员，要按照有关规定追究其责任。

2 处置突发事件的组织指挥

为了做好处置突发事件的各项工作，各单位需成立处置突发事件工作指挥中心，指挥中心下设办事机构。办事机构的组成是：

2.1 综合协调组

主要负责上情下达、下情上报，按照上级部署，做好各项工作的组织协调，及时进行情况、信息汇总上报，使上级领导能够及时准确地了解当地敌情、社情、民情动态和工作进展情况，为领导决策提供依据。

2.2 思想政治工作组

主要负责做好员工的思想政治工作，统一员工的认识，解除员工的顾虑，使全体工作人员自觉坚守岗位，严加防范，尽职尽责。

2.3 安全保卫组

主要负责安全保卫、调查控制、技术取证等工作。

2.4 后勤保障组

主要负责做好处置突发事件的交通（包括必要的航空运输措施）、资金、食宿安排、通信联络等后勤保障工作。

3 工作措施与要求

3.1 安全员制度。驻外机构设立专（兼）职安全员，安全员负责当地政治、经济、敌情、社情、民情的掌握及应对处置，协助境外机构负责人做好安全保卫工作。

3.2 建立教育制度。派出单位对所有出国（境）团组、人员必须进行行前的安全防范教育，驻外机构要根据当地社情动态，开展经常性安全防范教育，不断提高境外常驻人员的安全意识。

3.3 建立与我国使馆和当地政府、警方、业主的联系制度。驻外机构到达所在国家和地区后，应立即向大使馆报告人员、任务、居住地点等情况，按照大使馆的部署与当地政府、警察局和业主建立联系，取得其支持和配合，共同建立安全防范机制。如有必要，可请当地政府派军队、警察或雇用专业保安进行保卫，确保人身安全。

3.4 雇用当地人员审查制度。驻外机构在雇用当地人员时要对其进行必要的审查，并签订雇用合同，严防可能对我方人员安全与利益造成伤害的人员乘机混入其中。

3.5 突发事件应急处理措施。处置突发事件工作指挥中心要在第一时间对受伤人员或财产进行施救、转移或采取一切必要的措施进行保护，尽可能避免或减少人员伤亡和财产损失。在事件发生后立即向业主、当地政府和警方、中国驻当地使领馆及股份公司进行汇报，并尽快就事件进展、采取措施及处理结果等情况向有关部门书面汇报。

3.6 建立突发事件信息报告制度。

3.6.1 股份公司驻外机构所在国家发生上述或其他突发事件后，项目部应于每天16时以前，向所在工程局（厂）有关部门报告当日人员及项目的安全情况（直至事件解除）；有关工程局（厂）接到报告后第一时间向股份公司海外事业部报告。海外事业部在接到突发事件报告后的2小时内向股份公司领导报告。股份公司国际公司直属驻外机构，直接向海外事业部报告。

3.6.2 突发事件报告的内容包括：时间、地点、事件人物、事件过程、事件的严重性及可能产生的后果、所采取的初步措施等。

3.6.3 当出现十分紧急情况时，驻外机构要根据事态发展和变化，随时报告。如正常报告渠道不畅通时，可以越级报告。

3.6.4 向国资委、商务部、外交部等政府主管部门的报告，按股份公司要求进行。

3.6.5 建立值班制度，形成必要的组织网络。国外突发事件报告的接收人，要认真做好电话记录，同时要做好保密工作。

3.6.6 建立有效的通信网络，通信网络要保证24小时畅通，实行全方位网络沟通联络。

3.7 突发事件信息报告程序。

3.7.1 在出现突发事件的情况下，项目部一方面要向国内主管部门和主管领导报告，同时，要向我国驻该国的大使馆、领事馆、经（商）参处报告，在我国政府驻外机构的领导下，采取应急措施，保护人员的安全和工作机构的财产，减少紧急状态带来的负面影响。

3.7.2 在出现突发事件的情况下，驻外机构、项目部也应向业主、监理工程师报告，研究处理方案。必要时，通过业主要求当地政府和警方等，对营地、施工现场、营地与工地之间必经路线提供武装保护。

3.7.3 发生突发事件后，驻外机构、项目部要对我中方人员的生活、生产、外出公务活动制定特殊的纪律约束条例。同时，也严控外籍人员活动的范围。

3.7.4 根据突发事件的严重程度，经请示股份公司后，作出将人员紧急疏散、撤退或回国的决定。作出决定前，要将决定事项通知我国驻外使领馆，通知业主和工程师。实施决定时，要进行严密的组织，首先确保人员的安全。

3.8 保密制度。驻外机构要落实具体的保密制度和防范措施，并明确具体责任人。涉及诸如文件、图纸、技术资料、工艺、科研项目、商业秘密等内容的软件，要采取必要的保密技术防范措施。

3.9 出国人员管理制度。驻外机构人员在境外必须维护国家尊严及民族形象，遵守所在国法律，尊重当地风俗习惯。要与所在地的政府、警察机构建立良好的关系，特别是在恐怖高危国家和地区，要建立严格的外出工作、公务和活动制度。要尽量与当地群众搞好关系，避免发生矛盾，严禁作出违法违规或与当地风俗习惯相悖的事情。

3.10 设立安全围栏和门岗。项目部应在营区和施工区设立安全围栏、门岗并安排值班人员。

4 附则

4.1 本预案由海外事业部负责管理和更新。

4.2 本预案自下发之日起执行，原中水电〔2007〕32号文中附件《应对境外恐怖事件应急预案》随即废止。

中国水利水电建设股份有限公司
国外突发重大质量安全及自然灾害应急预案

（中水电股外〔2010〕9号·2010年6月7日）

1 总则

1.1 编制目的

建立健全应对中国水利水电建设股份有限公司（以下简称股份公司）境外机构（境外全资子公司、控股子公司、区域业务总部、分公司、代表处、项目部及有实际控制权的联营体等）所在国或地区突发重大质量安全及自然灾害应急救援体系和运行机制，提高应急救援能力，迅速、有序、高效地实施应急救助，最大程度地减少股份公司境外机构人员的生命和财产损失，确保境外项目的顺利实施。

1.2 编制依据

依据《国家突发公共事件总体应急预案》、《生产安全事故应急预案管理办法》、《国家自然灾害救助应急预案》、《中国水利水电建设股份公司突发事件总体应急预案》及国家有关救灾工作方针、政策和原则，制定本预案。

1.3 应急预案体系

股份公司突发重大质量安全及自然灾害应急救援预案体系主要包括股份公司国外突发重大质量安全及自然灾害应急预案，各公司国外突发重大质量安全及自然灾害应急预案，国外分公司、项目部突发重大质量安全及自然灾害应急预案和现场处置方案。相互关系见图1。

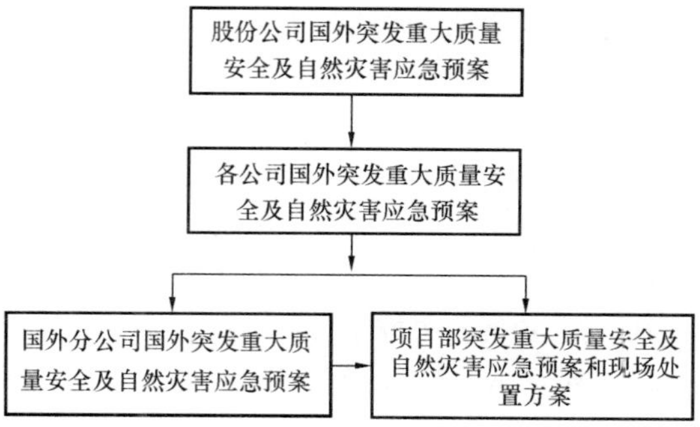

图1 股份公司国外突发重大质量安全及自然灾害应急预案体系图

1.4 工作原则

1.4.1 以人为本，最大程度地保护股份公司境外机构人员的生命和财产安全。

1.4.2 股份公司统一领导，分级管理，条块结合，以块为主。

1.4.3 各子公司密切配合，分工协作，各司其职，各尽其责。

1.4.4 充分发挥股份公司境外机构的作用。

2 适用范围

2.1 凡在股份公司境外机构所在国或地区发生的质量安全事故、自然灾害（水旱灾害，台风、冰雹、雪、沙尘暴等气象灾害，火山、地震灾害，山体崩塌、滑坡、泥石流等地质灾害，风暴潮、海啸等海洋灾害，森林草原火灾和重大生物灾害等自然灾害）及其他突发公共事件达到启动条件的，适用于本预案。

2.2 本预案适用于以下生产安全事故的应急工作：

2.2.1 境外机构所在国或地区内，发生质量安全事故、自然灾害（水旱灾害，台风、冰雹、雪、沙尘暴等气象灾害，山体崩塌、滑坡、泥石流等地质灾害，风暴潮、海啸等海洋灾害，森林草原火灾和重大生物灾害等自然灾害）及其他突发公共事件，间接或直接影响我境外机构的人员和财产安全。

2.2.2 股份公司境外机构所在国或地区内发生自然灾害造成股份公司驻外人员伤亡或需紧急转移安置股份公司驻外人员，房屋倒塌和损坏严重。

2.2.3 质量安全事故、公共卫生事件等其他突发公共事件造成大量人员伤亡、需要紧急转移安置或生活救助，视情况启动本预案。

2.2.4 对救助能力特别薄弱的地区等特殊情况，上述标准可酌情降低。

2.2.5 股份公司认为并决定的其他原因。

3 组织机构及职责

3.1 股份公司境外应急组织体系由股份公司总部—各子公司—境外各分公司、境外项目部的指挥机构、工作机构、专兼职应急救援队伍组成。

3.2 股份公司应急指挥中心领导小组（以下简称小组）为股份公司境外突发事件应急综合协调和指挥机构，负责协调股份公司总部、各子公司境外应急指挥机构之间的关系；研究境外应急管理重大决策和部署；组织、协调股份公司境外突发事件应急工作。

股份公司应急指挥中心领导小组由以下人员组成：

主　任：范集湘（股份公司董事长）

副主任：刘起涛（股份公司总经理）

孙洪水（股份公司副总经理）

黄保东（股份公司副总经理）

成　员：袁柏松（集团公司副总经理）

王彤宙（股份公司副总经理）

李跃平（股份公司副总经理）

陈永录（股份公司纪委书记）

孙　璀（股份公司总会计师）

王宗敏（股份公司总经济师）

3.3 股份公司国外突发重大质量安全及自然灾害应急救援工作办公室设在股份公司海外事业部。海外事业部是股份公司海外突发事件应急综合协调机构，负责研究制定集团海外应急工作的方针、政策和规划，协调境外重大应急活动，指导子公司开展海外应急工作，组织、协调股份公司境外机构突发事件应急工作，负责处理日常事务。

股份公司海外应急救援工作办公室（海外事业部）主要由以下人员组成：（略）。

3.4 专兼职应急救援队伍。

股份公司国外突发重大质量安全及自然灾害应急救援的重点主要在现场项目部，专兼职应急救援队伍主要设置在项目部，人员由海外分公司和各项目部有关领导、相关部门负责人和作业层人员组成，主要职责是在发生重大质量安全及自然灾害时，及时进行现场救援，把人员和财产损失降到最低点。

3.5 股份公司所属各公司海外应急救援指挥机构、工作机构的人员组成和职责与股份公司总部相适应。

4 预警预报

4.1 预警预报：境外机构根据项目所在国政府有关部门，或我国驻外使领馆提供的突发事件预警预报信息，及时对可能受到威胁的项目作出预警。

4.2 根据预警，境外机构应做好应急准备或采取应急措施。

4.3 信息共享：股份公司海外事业部及时汇总各类灾害预警预报信息，向成员单位和有关境外机构通报信息。

4.4 信息管理：突发事件信息报告内容包括时间、地点、背景，事件发生的经过，项目基本信息，造成的损失（包括人员伤亡数量、房屋倒塌、损坏情况及造成的直接经济损失），已采取的措施和需求。

5 应急响应

5.1 境外机构对于本国别区域内突发的事件，凡对股份公司境外机构和境外项目生命财产构成威胁，或造成人员伤亡和重特大财产损失的，应在第一时间了解掌握情况，及时向海外事业部报告，同时报我国驻外使领馆，最迟不得晚于突发事件发生后8小时。海外事业部在接到事故报告后启动应急预案，视需要组织有关人员赶赴现场，并及时通报股份公司应急管理办公室和股份公司安全生产监督管理部。股份公司根据突发事件情况及时向国家有关部委报告。

5.2 在突发事件事态稳定之前，项目经理部均须执行24小时零报告制度。境外机构每天当地时间9时之前将截止到前一天24时的灾情向海外事业部上报，同时报我驻外使领馆。

5.3 境外机构在事态稳定后，应在2个工作日内核定灾情，向海外事业部报告，同时报我国驻外使领馆。

5.4 当突发事故现场得到有效控制，调查取证完成后，可宣布应急结束和决定解除应急状态，并由应急救援工作机构负责总结应急救援工作。

6 后期处置

6.1 善后处置

由股份公司海外事业部组织国际公司、事故发生的子公司、项目部负责事故的善后处置工作，包括人员的补偿、安置，妥善安置和慰问受害和受影响的人员，保证员工情绪稳定，尽快恢复正常的生产秩序。

6.2 事故调查

对突发事故要进行深入调查和评估，分析事故原因，查清事情真相，总结经验教训，开展批评教育和责任追究等。

7 应急保障

7.1 资金保障：股份公司境外机构要根据外派人员数量准备应急资金。

7.2 物资保障：股份公司境外机构要对应急储备物资和储备库规划，分级、分类管理。要同参与紧急援助的医院、直升机所有者建立关系。

7.3 通信和信息保障：股份公司境外机构应明确和公布应急救援组织机构的联系方式并保障应急信息的畅通。应急信息网络应以公用通信网为基础，合理组建应急信息专用通信网络，确保信息畅通。

7.4 人力资源保障：境外项目经理部成立突发事件领导小组，组长由项目经理担任，并按规定配备专（兼）职突发事件工作人员。

8 培训和演练

8.1 境外项目经理部负责落实上级部门对协调处理突发事件的要求，积极开展突发事件应急教育活动，利用现场各种条件，宣传应急预防、避险、避灾、自救、互救的常识，增强驻外人员的防灾减灾意识。

8.2 境外各项目经理部应结合本国别区域实际，每年重点开展触电、高空坠落、机械伤害、洞室坍塌、防洪度汛和防止突发自然灾害等多种形式的应急演练。

9 奖励与责任

对在突发事件处理工作中作出突出贡献的先进集体和个人，由股份公司海外事业部表彰；对在突发事件工作中英勇献身的人员，由股份公司海外事业部按规定报请政府有关部门追认烈士；对在突发事件处理工作中玩忽职守造成损失的，依据有关规定追究当事人的行政责任，构成犯罪的，依法追究其刑事责任。

10 附则

10.1 本预案由海外事业部负责管理和更新。

10.2 股份公司各公司应将本单位的海外项目突发重大质量安全及自然灾害应急救援报海外事业部/国际公司技术安全部备案。

10.3 本预案自下发之日起执行，原中水电〔2010〕13号文中附件《中国水利水电建设集团公司国外突发重大质量安全及自然灾害紧急预案》随即废止。

中国水利水电建设股份有限公司
处理国外承包项目突发罢工事件应急预案

（中水电股外〔2010〕9号·2010年6月7日）

1 总则

1.1 编制目的：提高中国水利水电建设股份有限公司（以下简称股份公司）管理国外项目和处置突发罢工事件的能力；明确股份公司及相关组织应对突发罢工事件的职责、权利和义务，做好应对突发罢工事件的各项准备；规范各类突发罢工事件应急处置工作，最大程度地预防和减少各类突发罢工事件及其造成的危害，保障劳工的生命财产安全，维护股份公司及境外项目部的权益及稳定，促进股份公司国际经营业务持续快速协调发展。

1.2 编制依据：根据国家有关法律、法规和商务部商合发〔2003〕249号文件《关于处理境外劳务纠纷或突发事件有关问题的通知》精神，结合股份公司国际业务的实际状况编制。

1.3 适用范围：本预案适用于股份公司境外项目执行过程中由中方劳务人员和项目所在国劳工引发的突发罢工事件的应急处置工作，规范和指导境外项目突发罢工事件的应急处置工作。发生重大、特大突发罢工事件时，按国家及项目所在国法律、法规和本预案执行，本预案与国家及项目所在国法律、法规相冲突的，按国家及项目所在国法律、法规执行。

1.4 工作原则：

1.4.1 以人为本。突发罢工事件应急处置工作以保障公司境外项目安全、稳定为首要任务。最大限度地减少突发罢工事件造成的针对人身和公共财产的危害，建立健全应对突发罢工事件的有效机制。

1.4.2 教育优先。在招聘劳务人员时严格把关，对国内派遣的劳务人员和在项目所在国招聘的当地劳工一视同仁，明确劳务人员在项目中的地位、权益、责任及义务。在上岗前，除了做好劳务人员的专业技能培训，还应做好相关法律、法规、制度的培训。

1.4.3 分级负责。在股份公司的统一领导下，应急处置工作实行分级管理、分级负责、条块结合、属地为主的应急管理体制。根据突发罢工事件的严重性、可控性、所需动用的资源、影响范围等因素，启动相应应急预案，落实岗位责任制，明确责任人及其指挥权限。股份公司负责处置重特大突发罢工事件，股份公司海外事业部及境外项目部负责处置本项目部一般及较大突发罢工事件。境外项目部发生重大、特别重大突发罢工事件，股份公司立即启动高一级应急预案。

1.4.4 整合资源。充分利用现有资源，实现机构、资源、信息的有机整合，形成横向纵向相结合的协调联动机制；不同类型突发罢工事件应急处置工作的牵头部门充分发挥职能作用，其他相关部门和单位密切配合；充分依靠和发挥境外项目所在地使领馆、当地警察在处置突发罢工事件中的作用。

1.4.5 预防为主。贯彻预防为主思想，树立常备不懈观念，做好经常性应对突发罢工事件的思想准备、预案准备和机制准备，将预防与应急处置有机结合起来，力求做到早发现、早报告、早控制、早解决。建立健全信息报告体系、科学决策体系、处理实施体系和恢复损失体系。

1.4.6 分类指导。发生罢工事件，要区别中方人员和外方人员的不同情况，采取不同的处理方式。若属于外方人员罢工，要视全国性、地方性或本项目的不同范围，与当地不同层级政府部门联系并解决问题；若属于中方人员罢工，要认真分析产生事件的外部原因和内部原因，运用教育疏导和依照法律进行解决。

1.4.7 依法实施。应急管理工作应根据有关法律法规和规章的规定进行。处理罢工事件的法律运用，要依照中国法律和驻在国法律办事，还与相关政策衔接，与完善公司管理制度相结合，依法规范相关组织和人员在应急处置工作中的行为，实现应对突发公共事件工作的规范化、制度化、法制化。

2 组织机构与职责

2.1 应急领导机构。股份公司是全公司突发罢工事件应急管理工作的领导机构。股份公司应急委员会由股份公司领导和有关部门负责人组成，在股份公司的领导下，通过股份公司党政领导班子联席会研究、决定和部署应急管理工作，海外事业部具体负责相关突发罢工事件的应急管理工作。

2.2 海外事业部在处理境外突发罢工事件中的主要职责是：研究决定股份公司境外项目各类突发罢工事件应急处置工作的重大问题；审定股份公司境外项目突发罢工事件应急预案；负责较大突发罢工事件的应急组织指挥；配合股份公司组织协调重大和特别重大突发罢工事件应急处置工作。

2.3 海外事业部在处理境外突发罢工事件中的具体职责：负责股份公司海外项目应急管理日常工作，履行值守应急、信息汇总和综合协调职责；负责接收和办理向股份公司应急委报送的紧急重要事项；承办股份公司海外项目应急管理的专题会议，督促落实股份公司有关决定事项和领导批示、指示精神；指导和监督子公司海外项目突发罢工事件应急体系、应急信息平台及应急预案体系的建设与维护；检查、指导和协调各部门、单位和各境外项目部的应急管理工作；组织各专业应急队伍和有关人员的培训；收集、分析和报告突发罢工事件相关信息；组织有关单位和专家会商事件发展趋势，对事件造成的损失及影响进行评估；协调处理突发罢工事件的善后工作。

2.4 监测、预警与报告。

2.4.1 监测。海外事业部要整合监测信息资源，利用现有信息传输渠道，建立健全突发罢工事件预测预警系统，完善预测预警机制。组织开展日常监测工作并监督检查，确保监测系统正常运行。分类确定各类突发罢工事件信息监测网络，落实人员、职责，广泛收集、核实、分析、评估各种可能引发突发罢工事件的信息。建立突发罢工事件预测评估制度，组织专家和相关部门进行会商，对事件发展趋势进行预测。

2.4.2 预警级别。根据突发罢工事件的可控性、危害程度、影响范围、持续时间、事件类别等情况，综合分析、判定预警级别，并根据事件发展情况适时调整。预警级别由低到高分为一般（Ⅳ级）、较大（Ⅲ级）、重大（Ⅱ级）、特别重大（Ⅰ级）四级，依次采用蓝色、黄色、橙色和红色表示。

2.4.3 预警级别确定后，除因涉及国家安全等原因需要保密的外，预警信息由确定预警等级的境外项目部通报海外事业部。预警信息发布内容包括：

（1）事件的性质、原因或可能原因；

（2）事件发生的时间、地点及范围；

（3）事件可能造成的损失；

（4）对事件的应对措施和控制情况；

（5）事件的其他情况。

2.4.4 预警级别信息发布后，海外事业部和其他相关部门须采取以下应对措施：

（1）进入应急工作状态，启动相应的应急预案。

（2）境外项目部要立即成立由项目部领导牵头，部门经理和项目负责人参加的突发事件处置小组。根据商务部商合发〔2003〕249号文件《关于处理境外劳务纠纷或突发事件有关问题的通知》要求，在充分了解实际情况的情况下，及时作出初步的处置方案，并报海外事业部。执行项目的相关工程局（厂）在作出处置方案后，以最快的速度派出工作组前往事发地了解情况，解决问题。

（3）工作组与项目部、罢工人群取得沟通，了解掌握第一手资料，并与劳务人员派出单位相互配合，控制局面，消除引发突发事件的因素。

（4）要求参加处置突发公共事件的队伍和人员进入待命状态，并根据需要动员、招募后备人员。

（5）重大突发事件应及时向我国驻外使（领）馆经商参处（室）汇报情况，请求指导和帮助。

（6）突发罢工事件发生后，境外项目部突发事件处置小组要采取相应措施，密切注意和防止次生、衍生事件发生。

3 应急响应

3.1 基本响应

3.1.1 事发地先行处置。突发罢工事件发生后，境外项目部突发事件处置小组必须迅速作出反应，指派有关人员进行先期应急处置，尽可能地控制事态发展。

3.1.2 对于先期处置未能有效控制事态的事件，立即报告海外事业部。执行项目的相关工程局（厂）提出处置建议并报告海外事业部及股份公司分管领导，研究确定事件级别和是否启动相应应急预案。

海外事业部接到突发公共事件的报告后，按照“统一指挥、属地为主、专业处置”的要求，根据需要成立现场指挥部，调集、指挥应急处置。

3.1.3 查阅劳务人员有关合同资料，确认该事件与合同条款的关系和责任。

3.1.4 现场处置突发事件，根据事件性质，采取不同的对策了解掌握资料，交涉解决问题。对于伤亡事件，应首先配合劳务人员派出单位做好抚恤工作，同时要以合同为依据，划分责任；对于纠纷、群体闹事事件，要说服劳务人员放弃过激行为，同时要以劳务合同和有关法律为依据，在与劳务人员派出单位、劳务人员交流的基础上，分清是非，消除事件的引发因素。

3.1.5 组织协调有关部门，迅速恢复正常生产生活秩序。

3.2 分级响应

3.2.1 分级启动预案。突发罢工事件级别确定后，海外事业部立即按规定程序启动相应预案。启动高级别预案时，低级别预案同时启动；启动总体预案时，对应的专项预案同时启动。

3.2.2 对海外事业部应急处置中自身难以解决的重大问题及时报告股份公司。

4 后期处置

4.1 善后处置

4.1.1 善后处置原则。应急处置结束后，海外事业部及相关部门按照统一领导、分级负责、属地管理、及时稳妥的原则做好善后处置工作。

4.1.2 安置与处罚。对情节不同、影响程度不同的罢工事件参与者，进行分别的安置与处罚。情急严重、影响极坏者，开除、遣送回国，并保留诉诸法律的权利。

4.2 调查和总结

4.2.1 现场指挥部适时成立事件原因调查组，组织专家调查分析事件发生的原因及发展趋势，预测事故后果。应急处置完毕后，海外事业部组织对事件发生的原因、性质、影响、责任、处置过程和恢复生产等问题进行调查评估，并向股份公司报告。重大、特别重大事件的调查按国家有关规定执行。

4.2.2 应急结束后对应急处置工作进行及时总结，研究预警和处置工作中的经验和教训，完善应急预案和应急机制，提高预警和应急处置能力。对责任事故，要找出管理上的漏洞和不足，避免类似事故再次发生。对在应急期间有突出表现的单位和个人进行表彰奖励，对好的做法和经验进行总结推广。

5 附则

5.1 股份公司各成员企业根据本预案制定各自的实施细则，报海外事业部备案。

5.2 股份公司委托海外事业部对本预案进行解释。

5.3 本预案自下发之日起执行，原中水电〔2007〕32号文中附件《处理国外承包项目突发罢工事件应急预案》随即废止。

中国水利水电建设股份有限公司海外区域业务总部管理办法实施细则（暂行）

（中水电股外〔2010〕24号·2010年9月29日）

第一章 总 则

第一条 为了加强对中国水利水电建设股份有限公司（以下简称股份公司）海外区域业务总部的经营管理，按照《中国水利水电建设股份有限公司海外区域业务总部管理暂行办法》以及股份公司相关规定，并参照股份公司海外事业部/国际公司的有关管理制度，制定本实施细则。

第二条 本实施细则中所称海外区域业务总部，是指股份公司根据国际业务发展战略需要，在海外重点区域市场设立的并在股份公司授权和制度规定范围内执行股份公司国际业务战略，承担所在区域海外业务的相关经营管控职能，履行管理职责，实现经营目标，服从股份公司管控，接受股份公司考核，相对独立运作、相对独立核算的经营管控机构。

第三条 股份公司授权海外事业部/国际公司按照股份公司的要求直接管理和考核区域业务总部。

第四条 海外事业部/国际公司在总部设置区域业务管理部，集中、统一为所有的区域业务总部提供日常业务方面的支持和服务。

海外事业部/国际公司区域业务管理部直接与区域业务总部对接并履行职能，归口办理相关事务，跟踪落实并协调相关职能部门进行支持、服务、监管，往来文应抄送相关职能部门。

对于投资类项目、矿产资源型项目等非单纯工程承包业务，由海外事业部/国际公司相关职能部门负责，区域业务总部提供支持与配合。

第五条 区域业务总部应遵守所在国的法律法规，依法经营，并加强法律风险防范机制建设，建立健全法律风险管控体系，统一管理处置所在区域项目重大法律风险。

第二章 职责和组织机构

第六条 区域业务总部在股份公司海外事业部/国际公司的直接领导下，代表股份公司在该区域直接行使市场开发、项目营销以及在建项目履约管控职能。在区域内执行项目的股份公司所属子公司和控股公司，应服从区域业务总部在授权范围内的管控、指导、协调、服务。

第七条 区域业务总部有相对独立的用人权，其组织机构、岗位设置、人员编制由区域业务总部根据市场特点，按照“因事设岗、因岗设人、精简高效”的原则提出，并报海外事业部/国际公司批准后实施。

第八条 区域业务总部负责制定员工岗位聘任管理办法，报海外事业部/国际公司批准后实施。

由区域业务总部聘任的海外事业部/国际公司驻外人员，在国外工作期间享受与海外事业部/国际公司相对应的管理和业务岗级待遇，回国后则由海外事业部/国际公司根据原岗位和在国外工作期间年度考核评价确定其新岗级。

第九条 区域业务总部财务管理人员的选配，应严格执行《中国水利水电建设股份有限公司国际业务财务管理办法》文件的相关规定，其中区域业务总部总会计师及财务负责人，直接由海外事业部/

国际公司派出，由区域业务总部管理，接受海外事业部/国际公司财务部门和区域业务总部的双重领导。

第三章 市场营销

第十条 区域业务总部是股份公司在该区域市场范围内负责市场营销的唯一授权机构，代表股份公司负责该区域的市场营销及管控。区域业务总部应及时掌握所属区域市场的政治、社会、经济发展状况，深入分析市场发展驱动因素，宏观把控股份公司的市场营销风险。

第十一条 在区域内执行项目的股份公司所属子公司和控股公司，应严格遵照“四个统一”原则，严禁未经区域业务总部授权，自行对外开展营销活动、承揽项目。对违反规定的单位，区域业务总部视情节将有权对其处罚，上报海外事业部/国际公司依股份公司有关规定处理，情节严重者可令其退出该区域市场。

第十二条 区域业务总部代表股份公司在《中国水利水电建设股份有限公司海外区域业务总部管理暂行办法》和本细则授权范围内，负责本区域市场内投（议）标项目及中国政府提供信贷项目的资格预审/后审工作、投（议）标工作、合同谈判、商务谈判及合同文件签署等市场营销工作。

第十三条 项目立项、投标和审批：

（一）区域业务总部、区域市场内执行项目的股份公司所属子企业的驻外机构（经理部）、在建项目部均应积极从各种渠道收集工程信息。

（二）区域业务总部对评审通过、拟投（议）标合同金额预计 500 万美元以上的项目报送海外事业部/国际公司备案。

（三）设计、施工单位的确定。

设计和施工单位的选择必须符合股份公司国际业务优先发展战略及国际市场总体布局，在同等条件下，应优先选配股份公司已进入该区域市场的子公司或控股公司，并由区域业务总部和施工、设计单位签订标前协议或合作意向书，其中合同金额预计 1000 万美元以上的报国际公司备案。

在报海外事业部/国际公司批准后，可根据项目专业情况进行市场化资源配置，或者引入新的股份公司子企业。

区域业务总部有权提出股份公司子企业市场准入和退出建议。

（四）咨询选择和咨询服务协议。

区域业务总部负责选择合适的咨询，在授权范围内签署咨询服务协议并报海外事业部/国际公司备案。原则上咨询服务协议按照公司标准格式签订，如遇特殊情况需报海外事业部/国际公司审批。

（五）联营。

当需要联营时，由区域业务总部提出联营伙伴和联营方式，报海外事业部/国际公司批准。

联营协议需报海外事业部/国际公司批准后，授权区域业务总部签署。

（六）与其他窗口单位合作。

在区域业务市场内因其他原因拟采用其他单位名义进行投标或实施项目时，需报海外事业部/国际公司批准。

（七）投标组织。

区域业务总部负责与相关股份公司子企业或外部合作伙伴共同组成投标小组，全面负责项目投标的各项工作，履行风险评估和评审程序。

（八）对投标报价 2 亿美元（含 2 亿美元）以下的项目，由区域业务总部组织有关领导和专家评审投标书和投标报价，并决定投标条件和投标报价。

投标报价 2 亿美元以上投（议）标项目由区域业务总部完成评审后，需报海外事业部/国际公司并按相关规定组织审评。

新业务类型、新合同格式以及其他高风险类业务，无论金额大小，在区域业务总部完成评审后，需报海外事业部/国际公司并按相关规定组织审评。

第四章 项目履约

第十四条 项目中标后，如因特殊情况，未能执行标前协议而更换实施单位的，区域业务总部应对项目实施单位的重新选择提出建议方案，报海外事业部/国际公司批准。

对未签订标前协议而由区域业务总部直接投标的项目，由区域业务总部从股份公司已进入该区域市场的子企业中选择实施单位，合同金额超过 1000 万美元的报海外事业部/国际公司备案。

第十五条 区域业务总部负责按股份公司有关规定准备内部委托实施协议、保廉协议，报海外事业部/国际公司批准后，区域业务总部代表股份公司/国际公司与股份公司子企业/控股公司正式签署。

第十六条 股份公司各子公司/控股公司向区域业务总部报送项目领导班子成员的建议人选，经区域业务总部审核通过后报海外事业部/国际公司办理相关授权。对项目履约过程中不适合的项目经理人选，区域业务总部有权要求更换。

第十七条 区域业务总部与各委托实施单位在区域范围内共同打造出信誉可靠的供应链平台，做到优质资源共享。委托实施单位拟定的主要施工设备和物资采购方案，需报区域业务总部备案，按股份公司有关规定采购。

第十八条 区域业务总部对在建项目的管控，表现在对在建项目的进度、安全、质量、成本等方面进行指导、监督、服务、管控，逐步建立一体化市场，统一标识，统一设计，统一标准，统一采购，统一资金，加强共性管理。

第十九条 对新签项目，委托实施单位应向区域业务总部报送施工组织设计，资金流计划，人员、设备配置等进行备案，区域业务总部视项目和委托实施单位情况进行审查，提出修正意见。

第二十条 区域业务总部对区域范围内的现有资源在有偿使用的原则下进行充分调配和利用。

第二十一条 区域业务总部负责协助委托实施单位做好人员进场以及获取所在国工作准证等工作，并加强对区域市场内的劳务管理工作的总体管控，根据区域市场的特点，提出统一的劳务工作指导意见。

第二十二条 区域业务总部通过汇报、报告/报表、巡察等手段，对项目进度、质量、安全等实现监督，对在建项目出现的问题提出整改意见，在遇到重大进度、质量、安全问题时，区域业务总部根据其严重程度有权提出项目进入紧急状态，报海外事业部/国际公司批准后组织实施。

第二十三条 区域业务总部对区域业务市场项目的合同风险管理进行指导、监督，并建立相应风险预警机制。如遇严重的合同风险，区域业务总部将全面支持并与委托实施单位共同解决，同时报海外事业部/国际公司。

第二十四条 委托实施单位拟分包及拟签订的工程分包合同须报区域业务总部审核批准。分包合同签订后应报区域业务总部备案，作为工程进度付款的依据。

区域市场内工程项目的设计分包合同原则上由区域业务总部统一对外签订。

第二十五条 区域业务总部配合委托实施单位进行项目竣工验收、质保金、保函索还事宜。

第二十六条 各区域业务总部根据各自区域市场的实际情况，参照股份公司、海外事业部/国际公司相关规定制定区域业务在建项目管理办法并报海外事业部/国际公司批准后执行。

第五章 财务资金管理

第二十七条 区域业务总部应遵守中华人民共和国及区域业务所在国财经、税收法律法规，认真执行股份公司的财务管理、会计核算、资金管理等相关规定。

第二十八条 区域业务总部应按照股份公司国际业务《财务管理办法》、《会计核算办法》、《预算管理办法》、《资产管理办法》、《资金管理办法》、《外汇风险管理办法》、《银行账户管理办法》等相关制度制定实施细则，并据此开展区域内财务管理、会计核算及资金管理等工作。相关实施细则报海外事业部/国际公司批准后执行。

第二十九条 区域业务总部应严格控制现金支出。无特殊情况需要，严禁发生频繁、大额现金支出。区域业务总部须制定《现金管理实施细则》，报海外事业部/国际公司批准后执行。

第三十条 区域业务总部为股份公司在该区域银行账户归口管理部门，行使银行账户的管理和监督职能，保证银行账户使用的合法性和合规性，确保资金安全，防范资金风险。

第三十一条 区域业务总部应拟定费用报销制度，报海外事业部/国际公司批准后执行。

第三十二条 区域业务总部是独立核算的非法人机构，负责组织收入、成本、费用的预算及日常管理工作，发生的相关费用实行预算管理。

第三十三条 区域业务总部负责本区域内保函风险管理工作，及时安排委托实施单位办理已经到期的各类保函撤销手续。

第三十四条 区域业务总部办理授信、融资、保函、信用证等业务，办理对外提供借款及从事委托理财、利用境外账户内的资金进行抵押、质押或担保等业务，办理金融衍生交易等高风险业务，必须报海外事业部/国际公司批准。

经海外事业部/国际公司批准可在条件成熟的区域市场开立并使用当地授信额度，并接受海外事业部/国际公司的监督管理，保函格式等内容需经过海外事业部/国际公司审核批准。

第三十五条 区域业务总部应根据区域业务市场的特点制定区域业务总部的资金拨付流程，报海外事业部/国际公司批准后执行。

第三十六条 区域业务总部应加强固定资产管理，预算外的固定资产的购置与处置应报海外事业部/国际公司批准。

第三十七条 区域业务总部应根据股份公司、海外事业部/国际公司相关规定，按时报送各类财务会计资料，包括财务月报、财务简报、资金月报、资金计划、财务季报、财务预算报表、财务预算执行报表、财务决算报表及其他需要报送的资料等。

第三十八条 区域业务总部负责牵头指导各委托实施单位（项目部）编制符合所在国会计准则及税法要求的会计报表，接受当地会计师事务所审计，负责统一对外提供会计报表等财务资料。

第三十九条 在海外事业部/国际公司的指导下，区域业务总部负责组织本区域的整体税收筹划工作，将税收筹划方案报海外事业部/国际公司备案。

第四十条 区域业务总部接受海外事业部/国际公司的财务监督和检查。

第六章 劳动人事

第四十一条 海外事业部/国际公司派驻区域业务总部长期工作的员工（以下简称驻外人员）的人事关系由海外事业部/国际公司统一管理。驻外人员的劳动人事管理见《中国水电建设集团国际工程有限公司劳动人事管理办法》。

第四十二条 考虑到国外工作的特点，区域业务总部工作人员实行任期制度。区域业务总部正、副职负责人及驻外人员的一个任期时间均为三年。

第四十三条 区域业务总部可向海外事业部/国际公司提出用人要求，驻外人员派往区域业务总部工作前应征得区域业务总部的同意。驻外人员离开区域业务总部回国工作须经区域业务总部批准同意后，由海外事业部/国际公司统一安排工作。

驻外人员调动手续按照《中国水电建设集团国际工程有限公司员工内部调动管理办法》执行。

第四十四条 区域业务总部驻外人员的考勤与休假管理办法，由区域业务总部根据区域市场的实际情况，参照《中国水电建设集团国际工程有限公司考勤和休假管理办法》和《中国水电建设集团国际工程有限公司驻外人员待遇管理办法》制定，报海外事业部/国际公司批准后执行。

第四十五条 区域业务总部主要负责人的工作岗位在区域业务市场。区域业务总部正职负责人因公务、休假等原因回国，应书面征得海外事业部/国际公司主要领导同意。

第四十六条 区域业务总部正、副职负责人回国后应向海外事业部/国际公司领导汇报工作；每年度或必要时向海外事业部/国际公司领导递交述职报告或工作汇报。

第四十七条 区域业务总部正职有权向海外事业部/国际公司提出区域业务总部副职的提名或撤换的建议。

第四十八条 鼓励区域业务总部实行员工本土化策略，依据所在国有关劳动法律法规，使用本地和外籍职员。区域业务总部录用的外聘中外籍员工情况应定期报海外事业部/国际公司备案。

第四十九条 区域业务总部录用外部人员时应按照国际公司《关于规范劳动用工的通知》的相关规定执行。区域业务总部不得以海外区域业务总部作为劳动用工主体签订各类劳动用工协议，可通过专业公司提供所需雇员。

第七章 薪酬与待遇

第五十条 股份公司或国际公司派往海外区域业务总部驻外人员薪酬由国内基薪、驻外津贴、绩效奖等三部分组成。

第五十一条 驻外人员的国内基薪，根据区域业务总部确定的岗级，按照《中国水电建设集团国际工程有限公司基础工资管理办法》执行。

第五十二条 驻外人员伙食补助、驻外津贴等待遇按照《中国水电建设集团国际工程有限公司驻外人员待遇管理办法》执行。

第八章 业绩考核

第五十三条 区域业务总部的经营业绩纳入海外事业部/国际公司的业绩范围，是股份公司考核海外事业部/国际公司的重要组成部分。

第五十四条 股份公司授权海外事业部/国际公司负责对区域业务总部下达年度考核指标、审定年度预算报告，并按照《中国水电建设集团国际工程有限公司海外区域业务总部经营业绩考核管理暂行办法》执行。

第五十五条 为加大区域业务市场的营销力度，区域业务总部的中标奖按照《中国水电建设集团国际工程有限公司中标奖管理办法》执行。

第五十六条 区域业务总部录用的中方外聘人员、外籍雇员的薪酬、福利待遇依照其与区域业务总部对应的、在所在国注册的有限责任公司/分公司签订的劳动合同执行，并由各区域业务总部自行考核。

第九章 审计监察

第五十七条 区域业务总部应按照股份公司、海外事业部/国际公司的有关规定，结合区域业务总部具体实际，定期和不定期主动接受内、外部审计、纪检监察与党风廉政建设检查工作，以促进区域业务总部提升管理效能，推动区域业务总部经营目标的实现。

第五十八条 对区域业务总部的内部审计工作，按照《中国水利水电建设股份有限公司内部审计工作规定》、《中国水利水电建设股份有限公司境外企业及工程项目审计办法（暂行）》、《中国水电建设集团国际工程有限公司内部审计工作实施细则》、《中国水电建设集团国际工程有限公司经济责任审计实施办法》等文件执行。

第五十九条 关于区域业务总部的效能监察工作，按照《中国水利水电建设股份有限公司效能监察实施办法》、《中国水电建设集团国际工程有限公司效能监察实施细则》等文件执行。

第六十条 关于区域业务总部及其所属项目部的"三重一大"事项，按照股份公司、海外事业部/国际公司有关文件执行。

海外区域业务总部应编制区域业务总部"三重一大"实施细则，并经海外事业部/国际公司审批。区域业务总部及其所属项目部应当明确"三重一大"事项的内容与范围，规范"三重一大"事项的决策形式和程序，做好"三重一大"事项的监督和责任追究工作，实现科学民主决策，有效规避经营风险。

第六十一条 关于区域业务总部领导人员的廉洁从业，按照《中国水利水电建设股份有限公司党风廉政建设责任制实施办法》、《中国水电建设集团国际工程有限公司领导干部廉洁从业若干规定（试行）》等文件执行。

区域业务总部应建立健全监督制约机制，规范和约束领导人员廉洁从业行为，区域业务总部领导人员应当严格遵守廉洁从业行为规范，加强他律和自律，切实维护国家、公司和职工群众的利益。

第六十二条 关于区域业务总部中层管理人员的廉洁谈话，按照《中国水电建设集团国际工程有限公司中层管理人员廉洁谈话制度》执行。区域业务总部应按照《中国共产党党内监督条例（试行）》的要求，履行监督职责，建立健全区域业务总部中层人员谈话制度。

第十章 附 则

第六十三条 本实施细则适用于股份公司各海外区域业务总部。

第六十四条 本实施细则由股份公司授权海外事业部解释、修订。

第六十五条 本实施细则自发布之日起实施。

审计、监察工作管理

中国水利水电建设股份有限公司
投资建设项目审计管理办法

（中水电股〔2010〕39号·2010年4月16日）

第一章 总 则

第一条 为加强对中国水利水电建设股份有限公司（以下简称股份公司）投资建设项目的审计监督，强化工程建设项目管理，规范投资行为，提高投资效益，根据《中华人民共和国建筑法》、《中华人民共和国招投标法》、国资委《中央企业内部审计管理暂行办法》等法律、法规、规定，结合股份公司实际，制定本办法。

第二条 本办法适用于各子公司投资建设项目的审计工作。

第三条 股份公司审计部是投资项目审计监督的主管部门，负责对投资项目的立项、建造、竣工、运营等阶段实施审计监督，对重要事项进行专项审计或审计调查。

第二章 审计组织

第四条 投资项目审计实行"谁投资、谁组织审计"的原则。股份公司直接投资的项目，由股份公司审计部组织审计；子公司投资的项目，由各子公司负责审计，股份公司审计部根据需要组织抽审；尚未设立内部审计机构的子公司投资项目的审计，由股份公司审计部商子公司组织实施。

第五条 投资项目审计实行重点审计与一般审计相结合、阶段性审计与全过程跟踪审计相结合、内部审计与委托社会中介组织审计相结合的原则。

第六条 根据国家工程建设领域的有关法规、

规定，股份公司投资项目造价审计和工程竣工决算审计原则上委托具备资质的中介机构实施。

第三章 审计内容

第七条 投资项目的审计内容包括：投资立项审计、设计（勘察）审计、招投标审计、合同管理审计、设备物资采购管理审计、工程施工审计、财务收支审计、工程造价审计、竣工财务决算审计、竣工验收审计等。

第八条 投资立项审计主要对项目履行立项、报批、审查、批准程序的合法性、合规性进行审查。

第九条 设计（勘察）审计主要对投资项目委托设计（勘察）机构程序的合法合规性、初步设计方案及施工图纸是否满足工程建设需要进行审查。

第十条 招投标审计主要对投资项目设计、监理、建安、设备物资采购招投标过程的合法性、合规性进行审查。

第十一条 合同管理审计主要对投资项目合同签订、审批、变更、合同资料保管的合法性、合规性进行审查。

第十二条 设备物资采购管理审计主要对投资项目建设过程中设备物资的采购、保管、使用合法性、合规性进行审查。

第十三条 工程施工审计主要对投资项目工程进度、质量、安全、投资控制情况进行审查。

第十四条 财务收支审计主要对投资项目建设单位内部控制制度的健全性和有效性、资金的筹集和使用、大额费用开支、会计核算的真实性、合法性进行审查。

第十五条 工程造价审计主要对投资项目概算执行、工程价款结算进行审查。投资项目造价控制是投资项目管理的重要内容，工程造价审计是股份公司投资项目审计监督的主要方式，凡股份公司投资项目在没有委托中介机构进行造价审计之前，不得与施工单位办理工程决算。

第十六条 竣工财务决算审计主要对投资建设法人单位是否按规定及时编制竣工财务决算、竣工财务决算内容的完整性、程序的合法合规性进行审查。

第十七条 竣工验收审计主要对投资项目验收手续和资料是否齐全、有效，项目试运行情况及合同履行结果进行审查。

第十八条 投资项目具体审计内容由股份公司审计部门根据管理需要以及项目情况确定。

第四章 审计程序

第十九条 投资项目审计分为准备、实施、报告、整改4个阶段。

第二十条 准备阶段主要内容包括：明确审计内容、成立审计小组、制定审计方案、下发审计通知等。

第二十一条 实施阶段主要内容包括：进驻项目现场；查阅资料；核查、取证、计量、分析、汇总；形成初审意见；与被审计单位沟通；复核后，形成审计报告初稿；与被审单位交换意见等。

第二十二条 报告阶段主要内容包括：向股份公司主要领导报告审计重大事项、审计报告征求被审单位意见、修改审计报告、下达审计建议。

第二十三条 整改阶段主要内容包括：被审计单位贯彻落实审计意见、按要求向股份公司审计部报送审计整改情况。

第五章 审计要求

第二十四条 被审计项目单位应当按要求向审计部门或受托中介机构及时提供有关文件、资料、报表等，并对资料的真实性、完整性、合法合规性负责。

第二十五条 采取委托审计方式开展投资项目审计的，审计部门应当与中介审计机构签订委托审计协议，明确双方权利义务。委托中介机构审计费用列入投资项目建设造价。

第二十六条 审计部门应当对受托中介机构履约情况及工作成效进行监督、评价。

第二十七条 股份公司审计部门或受托中介机构应当按照股份公司内部审计的有关规定，认真履行职责，并对被审计单位投资项目的重要资料履行保密义务。

第六章 附则

第二十八条 对利用外资的投资项目审计，除按照股份公司有关规定执行外，还应依据外资审计有关规定执行。

第二十九条 本办法具体实施细则按股份公司审计部门有关规定执行。

第三十条 本办法由股份公司审计部负责解释。

第三十一条 本办法自印发之日起执行。

中国水利水电建设股份有限公司内部审计工作规定

（中水电股〔2010〕65号·2010年5月12日）

第一章 总 则

第一条 为了加强中国水利水电建设股份有限公司（以下简称股份公司）的内部审计工作，建立健全内部审计制度，根据《中华人民共和国审计法》、《审计署关于内部审计工作的规定》、国务院资产监督管理委员会（以下简称国资委）的《中央企业内部审计管理暂行办法》和股份公司章程，制定本规定。

第二条 股份公司及各子公司依据国家的法律规定，实行内部审计制度，设立独立的内部审计机构，配备专职的工作人员，有效开展内部审计工作，强化内部监督和风险控制。

第三条 本办法所称内部审计是指股份公司总部及各子公司的内部审计机构在本单位主要负责人的领导下开展工作，依据国家有关法律法规、财务会计制度和企业内部管理规定，独立监督和评价本单位及所属单位财务收支、财务预算、财务决算、资产质量、经营绩效、内部控制的健全和有效，以及有关经济活动的真实、合法和效益的行为，以促进加强经营管理和实现企业经济目标。

第四条 股份公司总部及各子公司应当按照国家有关规定，依照内部审计准则的要求，认真组织做好内部审计工作，及时发现问题，明确经济责任，纠正违规行为，检查内部控制程序的有效性，防范和化解经营风险，维护各单位正常生产经营秩序，促进提高经营管理水平，实现国有资产的保值增值。

第五条 控股、参股企业及股份公司系统内联营项目的内部审计工作在董事会（代表委员会）或监事会的领导下，受托进行。

第六条 股份公司的内部审计工作接受国资委的指导和监督。股份公司系统各子公司的内部审计工作接受股份公司审计部的指导、评价和监督。

第二章 内部审计机构与人员

第七条 股份公司设立审计部，负责股份公司总部及系统审计工作，定期或根据审计专题向股份公司领导报告工作。

第八条 股份公司所属各子公司应当按照国家有关规定，建立独立的内部审计机构，并配备相应的专职工作人员。各子公司应根据需要下设审计派出机构或配备专职审计人员。

不具备条件设立内部审计机构的其他单位，应当设立专职审计员。

第九条 各子公司内部审计机构的负责人直接对本单位负责人负责并报告工作。

第十条 各子公司内部审计机构负责人的任免，应事先征求股份公司审计部的意见。

第十一条 内部审计人员应当具备审计岗位所必需的会计、审计等专业知识和业务能力；内部审计负责人还应具备相应的专业技术职务资格；具备较强的沟通能力。

第十二条 内部审计人员实行岗位资格和后续教育制度，股份公司及各子公司应当予以支持，要保证内部审计人员后续教育的必要学时。岗位资格证的认证和考试工作，按属地原则进行。

第三章 内部审计机构主要职责

第十三条 股份公司审计部及各子公司内部审计机构应当履行下列主要职责。

（一）建立健全内部审计工作制度，编制年度内部审计工作计划。

（二）对本单位及所属单位的财务收支、财务预算、财务决算、资产质量、经营绩效及其有关的经济活动进行审计。

（三）对所属单位主要领导人的任期经济责任进行审计。

（四）对所属单位经营管理和效益情况进行审计。

（五）对所属单位内部控制制度的健全性、合理性和有效性进行评审。

（六）对本单位及所属单位的物资采购、工程招标、对外投资及风险控制等经济活动和重要的经济合同等进行审计。

（七）对发生重大财务异常情况的所属单位进行专项审计调查。

（八）组织开展固定资产投资项目工程造价审

计、竣工决算财务审计以及投资项目后评价。

（九）组织或参与对控股、参股企业及股份公司系统联营项目的审计。

（十）指导子公司、控股公司内部审计工作的开展。

（十一）其他审计事项。

第十四条 股份公司审计部要积极协调与指导股份公司审计学会开展工作。

第十五条 股份公司所属各子公司内部审计机构应当与外部审计协调相关审计工作，并按规定对外部审计提供必要的支持和相关工作资料。

第十六条 股份公司及各子公司应当制定相应规定，确保内部审计机构具有履行职责所必需的权限，主要是：

（一）参加本单位有关经营和财务管理重大决策会议，参与有关职能部门研究制定和修改企业规章制度并督促落实。

（二）要求股份公司有关职能部门及所属单位及时提供年度预算决算及执行情况、会计报表和生产经营等有关文件、资料，有关职能部门及所属单位应对其提供文件资料的真实性、完整性负责。

（三）检查被审计单位会计报表、会计账簿、会计凭证，现场勘察相关资产，查阅生产经营活动等方面的有关文件、会议记录、电子数据等资料。

（四）对与审计事项有关的部门和个人进行调查，并取得相关证明材料；对正在进行的严重违法违规和严重损失浪费行为，做出临时制止决定，并及时向单位主要负责人报告。

（五）对可能被转移、隐匿、篡改、毁弃的会计报表、会计账簿、会计凭证以及与经济活动有关的资料，经本单位主要负责人批准，有权予以暂时封存。

（六）提出改进管理、提高效益的建议和纠正、处理违规行为的意见，并责成有关单位按规定限期纠正。

（七）对违法违规和造成严重损失浪费的单位和个人，给予通报批评或者提出追究责任的建议；对审计中查处的超出审计范畴的违纪违法问题，移交本单位纪检、监察部门处理。

（八）重大事项，有权直接向股份公司及各子公司法定代表人报告。

（九）其他有关内部审计工作必须的权限。

第四章 内部审计工作程序

第十七条 股份公司各级审计机构应在考虑股份公司及各子公司当年的工作重点、经营目标和审计可用资源的基础上，制定年度审计计划，并报本单位负责人批准后下达。

第十八条 内部审计机构应当按照内部审计基本准则要求的程序，即制定项目审计计划、下达审计通知书、组织实施审计、交换审计意见、出具审计报告、下达审计意见（决定）、开展后续审计，进行内部审计工作。

第十九条 内部审计机构负责人应当根据年度计划确定的审计项目和时间安排，指定审计项目负责人，选派内部审计人员。

第二十条 审计项目负责人在充分了解被审计单位有关情况的基础上，制定项目审计计划和具体审计方案，做好实施审计前的准备工作。

第二十一条 内部审计机构应在实施审计前5个工作日，向被审计单位送达审计通知书，特殊情况可在实施审计时送达。对于领导干部的离任审计项目，审计通知书应抄送离任领导本人。

第二十二条 在实施审计时，内部审计人员应深入调查、了解被审计单位内部控制制度情况，并按一定方法进行测试和评价。

第二十三条 内部审计人员可以运用审核、观察、询问、函证和分析性复核等方法，获取充分、相关、可靠的审计证据，以支持审计结论和建议。

第二十四条 内部审计人员应将审计程序的执行过程及收集和评估的审计证据，记录于审计工作底稿。

第二十五条 内部审计人员应在实施必要的审计程序后，出具审计报告。出具审计报告前应当与被审计单位交换审计意见。被审计单位有异议的，应当自接到审计报告之日起10个工作日内提出书面意见，逾期不提出的，视为无异议。

第二十六条 股份公司及各子公司内部审计机构应当将审计报告与被审计单位意见一并报本单位负责人，被审计单位若对审计报告有异议且无法协调，由股份公司或各子公司负责人处理。

第二十七条 审计报告上报本单位主要负责人审定后，内部审计机构应当根据审计结论向被审计单位下达审计意见（决定）。

第二十八条 内部审计人员对主要审计项目应进行后续审计，督促检查被审计单位对审计意见的采纳情况和对审计决定的执行情况。

第二十九条 内部审计机构对已办结的内部审计事项，应当按照国家档案管理规定建立审计档案。

第三十条 内部审计机构应当每年度向本单位负责人提交内部审计工作总结报告，并按民主管理的要求向本单位职工代表大会报告工作。

第五章　内部审计工作要求

第三十一条　股份公司及各子公司内部审计机构应当遵守内部审计准则和规定，按照本单位主要负责人的要求实施审计，加强内部监督，纠正违规行为，规避经营风险。

第三十二条　股份公司及各子公司内部审计机构应当对违反国家法律法规和本单位内部管理制度的行为及时向单位主要负责人报告，并提出处理意见；对发现的被审单位内部控制管理漏洞，及时提出改进建议。

第三十三条　对于被审计单位及相关工作人员不及时落实内部审计意见，给本单位造成损失浪费的，股份公司及各子公司应当追究相关人员责任；对于给本单位造成重大损失的，还应当按有关规定向上一级机构及时反映情况。

第三十四条　根据国资委的要求，股份公司审计部的下列工作事项报国资委备案：

（一）年度内部审计工作计划和工作总结报告；

（二）重要子公司负责人的经济责任审计报告；

（三）审计中发现的重大违法违纪问题，重大资产损失问题，重大经济案件及重大经营风险，重大财务异常情况，专项报送。

第三十五条　各子公司审计机构的下列工作事项报股份公司审计部：

（一）年度内部审计工作计划和工作总结报告；

（二）季度、年度审计统计报表；

（三）内部审计报告；

（四）审计工作向职代会的报告；

（五）重大审计事项报告。

第三十六条　股份公司及各子公司内部审计机构应当不断提高内部审计业务质量，并依法接受上级主管部门对内部审计业务的指导、监督和管理。

第三十七条　内部审计人员办理审计事项，遇有下列情形之一的，应当自行回避，被审计单位有权申请审计人员回避：

（一）与被审计单位负责人或有关主管人员之间有夫妻关系、直系血亲关系、三代以内旁系血亲以及近姻亲关系的；

（二）与被审计单位或者审计事项有其他经济利益关系的；

（三）与被审计单位或者审计事项有其他利害关系的；可能影响公正执行公务的。

审计人员的回避，由审计机构负责人决定；审计负责人的回避，由本单位主要负责人决定。

第三十八条　内部审计人员办理审计事项，应当严格遵守内部审计职业规范，坚持原则、客观公正、忠于职守、保持廉洁、保守秘密，不得滥用职权，徇私舞弊，泄露秘密，玩忽职守。

第三十九条　各级内部审计机构对本股份公司所属单位严格遵守财经法纪、经济效益显著、贡献突出的集体和个人，可以向本单位主要负责人提出表扬和奖励的建议。

第四十条　股份公司及各子公司主要负责人应当保障内部审计机构和人员依法行使职权和履行职责；各单位应当积极配合内部审计工作，并提供必要的工作条件，保证内部审计机构及人员能够及时掌握相关信息资料。任何组织和个人不得对认真履行职责的内部审计人员进行打击报复。

第四十一条　内部审计机构履行职责所必需的经费，应当列入财务预算，由股份公司及各子公司予以保证。内部审计人员参加相关专业技术职务资格的考评、聘任和后续教育，股份公司及各子公司应当按照有关规定予以执行。

第六章　内部审计工作责任

第四十二条　内部审计机构应当依法行使职权，履行职责，积极开展内部审计工作，并对出具的内部审计报告的客观真实性承担责任。

第四十三条　对于滥用职权、徇私舞弊、玩忽职守、泄露秘密的内部审计人员，由所在单位依照国家有关规定给予行政或者纪律处分；有犯罪嫌疑的，依法移交司法机关处理。

第四十四条　对于认真履行职责、忠于职守、坚持原则、做出显著成绩的内部审计人员，股份公司及各子公司应当给予奖励。

第四十五条　任何组织和个人不得对认真履行职责的内部审计人员进行打击报复。对于打击报复内部审计人员的问题，有关单位应及时予以纠正；有犯罪嫌疑的，依法移交司法机关处理。受打击报复的内部审计人员有权直接向股份公司或国资委报告。

第四十六条　被审计单位相关人员不配合内部审计工作，拒绝审计或者不提供资料、提供虚假资料、拒不执行审计结论的，股份公司及各子公司主要负责人应当及时予以严肃处理；涉嫌犯罪的，移交司法机关处理。

第七章　附　　则

第四十七条　本细则适用于股份公司总部、各子公司。

第四十八条　本细则由股份公司负责解释、修订。

第四十九条　本细则自发布之日起施行。

中国水利水电建设股份有限公司《保廉合同》管理办法

（中水电股〔2010〕68号·2010年5月12日）

第一章 总 则

第一条 为确保《保廉合同》得到切实有效执行，依据中国水利水电建设股份有限公司（以下简称股份公司）党风廉政建设和反腐倡廉工作实际制定本办法。

第二条 《保廉合同》管理应当坚持及时有效，重点突出、实事求是、分级管理和“谁审批，谁验收”的原则。

第三条 本办法适用于股份公司各公司和集团公司委托管理的子公司。

第二章 合 同 签 订

第四条 各公司在进行工程发包、分包活动时，无论金额大小，只要签订发包或分包合同的都必须签订《保廉合同》。

第五条 《保廉合同》作为发包或分包合同的一部分，其名称、编号与发包或分包合同一致。

第六条 《保廉合同》签订双方及代表与发包或分包合同一致并加盖双方公章。

第七条 应参照《保廉合同范本》签订《保廉合同》，合同中应明确双方权利、义务及违约责任，明确负责验收的单位或部门。

第八条 《保廉合同》签订完后，应在所在项目或者单位进行内部公示。

第九条 在签订发包或分包合同的同时没有按规定签订《保廉合同》的，负责验收工作的部门责令其在通知下发10日内补签。

第三章 合同执行过程管理

第十条 《保廉合同》应和发包或分包合同一并保存，按照审批权限的不同，“谁审批，谁管理”，“谁备案，谁管理”。

第十一条 监察部门应当指定专人参与执行过程的管理工作。

第十二条 经营管理部门负责对本单位《保廉合同》进行汇总。

第十三条 负责组织实施《保廉合同》验收的部门在监察部门的配合下对《保廉合同》执行情况进行监督，可以采取定期向双方工作人员发放调查表，走访谈话等监督形式。

第十四条 《保廉合同》执行过程中，监察部门负责对违约行为和违法违纪线索的调查处理。在接到群众举报或在调查走访中发现问题时，要及时进行调查核实，严格按照《保廉合同》约定和有关规定进行处理。

第四章 合 同 验 收

第十五条 《保廉合同》应与发包或分包合同一并验收，《保廉合同》验收率应达100%。

第十六条 按照“谁审批，谁验收”的原则，组织实施《保廉合同》验收工作，应成立验收小组对合同进行验收。各级监察部门对下一级单位《保廉合同》的验收工作进行重点抽查。

第十七条 对于规模大、工期长的项目，应当进行《保廉合同》的中间验收，中间验收时间由合同中明确的负责验收工作的部门根据实际情况确定，一般以自然年为中间验收时间段。

第十八条 《保廉合同》的验收原则上采取个别谈话和验收会议相结合的方式。

1. 个别谈话由验收小组人员组织，谈话对象为随机确定的双方管理人员和普通工作人员，重点是乙方管理人员。

2. 验收会议由验收小组负责人主持，邀请合同双方签约人或代表参加。会议议程为：会议组织者宣读有关合同验收的要求；双方就合同履行情况进行自查；乙方对甲方进行评议（可采取发放调查表的形式，当场发放，当场收回，甲方代表回避）；验收小组负责人进行会议总结并宣读本合同范围内的验收意见。

3. 经验收合格的，由验收小组填写验收表格；存在轻微违纪或被提出改进建议的，由验收小组对当事人进行诫勉谈话；发现违纪违法线索的，暂停合同裁定，由监察部门负责调查核实。

4. 经对违纪线索进行核实为失实的，监察部门以通知或重新召开验收会议的形式对合同进行裁定；存在违纪行为的，按照合同约定及相关规定进行处罚。

第十九条 有关合同执行过程中的信访举报材料及调查核实材料，按照案件档案进行管理。

第五章 罚 则

第二十条 《保廉合同》签订率及验收率不达标的，按照股份公司党风廉政建设责任制考核评分标准进行扣分。

第二十一条 对违反《保廉合同》约定的行为，由组织验收工作的部门按照合同约定对违约方进行处罚；甲方个人存在违法违纪行为的，按照有关规定给予党纪、政纪处分，涉嫌犯罪的，移交司法机关追究刑事责任；乙方个人存在违法违纪行为的，配合乙方单位进行查处，乙方单位违约的，两年内不得在甲方单位从事工程施工的投标或分包。

第二十二条 《保廉合同》管理人员、验收工作人员存在弄虚作假、玩忽职守，包庇纵容违纪行为的，对责任人进行相应的处罚。

第六章 附 则

第二十三条 各公司应根据本办法，制定符合本公司实际的《保廉合同》管理实施细则。

第二十四条 本办法由股份公司监察部负责解释。

第二十五条 本办法自公布之日起实施。

中国水利水电建设股份有限公司
重大事项内部报告制度

（中水电股总〔2010〕38 号·2010 年 7 月 8 日）

第一章 总 则

第一条 为规范中国水利水电建设股份有限公司（以下简称股份公司）重大事项的内部报告、传递程序，保证信息披露的真实、准确、完整、及时、公平，保护股份公司股东利益，确保股份公司规范运作，根据《中华人民共和国公司法》、《中华人民共和国证券法》、《上海证券交易所股票上市规则》、《中国水利水电建设股份有限公司章程》（以下简称《公司章程》）、《中国水利水电建设股份有限公司信息披露管理制度》（以下简称《信息披露管理制度》）等有关规定，制定本制度。

第二条 重大事项内部报告制度是指当股分公司或所属各子公司、控股公司等发生，或即将发生可能对股份公司股票及其衍生品种的交易价格产生较大影响的任何事实或事件以及本制度规定的其他重大事项时，按照本制度负有报告义务的有关单位和个人及时将有关信息向股份公司报告的制度。

第三条 本制度适用于股份公司本部、子公司、控股公司、参股公司、公司的控股股东、实际控制人和持有公司 5%以上股份的股东以及其他负有报告义务的单位和个人。

第二章 组织机构和职责

第四条 股份公司董事会统一领导和管理重大事项内部报告工作，董事长全面负责股份公司的重大事项内部报告工作，董事会秘书具体组织和协调股份公司的重大事项的内部报告工作。

第五条 下列人员为本制度所称重大事项的报告义务人：

（一）股份公司董事、监事、高级管理人员；

（二）股份公司总部各部门负责人；

（三）股份公司所属各子公司董事、监事、高级管理人员；

（四）股份公司委派至各控股公司、参股公司的董事、监事、高级管理人员；

（五）股份公司各派出机构领导人员；

（六）股份公司的控股股东、实际控制人和持有公司 5%以上股份的股东；

（七）上述部门或股份公司指定的日常联系人。

上述报告义务人均负有按照本制度规定的时点向股份公司报告其职权范围内所知悉的内部重大事项的义务，并对所报告事项及相关资料的真实性、准确性和完整性负责。

股份公司各部门及各派出机构负责人、各子公司、控股公司的董事长及总经理全面负责本部门或本公司的重大事项报告工作，各控股公司的董事会秘书或经指定的一名子公司高级管理人员具体负责组织和协调本股份公司的重大事项报告工作；对于参股公司，股份公司所委派的董事、监事或高级管理人员具体组织和协调参股公司重大事项的报告和日常联系工作。

各子公司、控股公司、派出机构应指定一名部门主任级别人员作为本公司重大事项报告工作的日常联系人，公司各部门应指定一名副主任作为本部门重大事项报告工作的日常联系人，日常联系人应当熟悉相关业务和法律法规，并报股份公司董事会办公室备案；如日常联系人发生变动，应于变动之日起2个工作日内向股份公司董事会办公室办理变更备案登记。

第六条 股份公司董事会办公室是股份公司重大事项内部报告工作的归口管理部门，具体承担重大事项内部报告的相关工作。股份公司各部门、各子公司和控股公司的总经理工作部、董事会办公室或相关的专门机构具体承担本公司重大事项的报告工作。

第三章 重大事项的范围及报告时点

第七条 本制度所称重大事项，包括但不限于：

（一）拟提交股份公司股东大会、董事会、监事会审议的事项及相关决议，应当及时报告。

（二）股份公司或所属各子公司、控股公司、派出机构发生的以下重大事项，应当于中标通知书发布或合同签署前5个工作日内报告：

1. 签订与日常生产经营活动相关的境内重要合同（包括总承包、设计、施工、制造安装，联合体承包等），合同额达到人民币5亿元以上。

2. 境内投资（包括固定资产投资、设备购置、转让或收购股权、合资、委托理财、BT、BOT等合同）、融资（包括委托贷款）等达到以下标准的：

（1）合同金额或交易涉及的资产总额达到人民币5亿元以上；

（2）合同履行或交易预计产生的利润达到人民币1亿元以上。

3. 海外业务涉及金额达到3000万美元以上。

（三）股份公司或所属各子公司、控股公司、派出机构对外任何担保（包括但不限于因申请由银行向第三方出具的投标保函、预付款保函、履约保函等提供的反担保）。

（四）股份公司或所属子公司、控股公司、派出机构发生的关联交易事项，达到以下标准之一的，应当在合同签署前5个工作日报告：

1. 与关联自然人之间发生的交易金额在人民币30万元以上的关联交易；

2. 与关联法人发生的交易金额在人民币3000万元以上的关联交易；

3. 根据证券监管机构要求应当披露的其他关联交易。

由股份公司财务部门牵头相关业务部门配合于每季度结束后15个工作日内向股份公司董事会办公室报送关联交易的数据统计和分析。

股份公司财务产权部应当及时向董事会办公室报送因股权关系导致公司关联人变化的关联人名单及关联关系的说明。

（五）股份公司或所属各子公司、控股公司、派出机构发生的重大诉讼、仲裁事项，达到以下标准之一的，应当及时报告：

1. 涉及金额在人民币1000万元以上的（标的额为外币的，按立案当日汇率折算）的重大诉讼、仲裁事项；

2. 虽未达到前款标准或者没有具体涉案金额的，但基于案件特殊性，可能对公司股票及其衍生品种交易价格产生较大影响的诉讼、仲裁事项；

3. 涉及股份公司股东大会、董事会决议被申请撤销或者宣告无效的诉讼事项；

4. 涉及股份公司法定代表人的诉讼、仲裁事项。

（六）出现下列可能致使股份公司面临重大风险的情形时，应当及时报告：

1. 发生重大亏损或者遭受重大损失；

2. 发生重大债务或重大债权到期未获清偿；

3. 可能依法承担的重大违约责任或大额赔偿责任；

4. 计提大额资产减值准备；

5. 拟决定解散或者被有权机关依法责令关闭；

6. 预计出现资不抵债；

7. 主要债务人出现资不抵债或进入破产程序，公司对相应债权未提取足额坏账准备；

8. 主要资产被查封、扣押、冻结或被抵押、质押；

9. 主要或全部业务陷入停顿；

10. 发生重大安全生产事故；

11. 因涉嫌违法违规被有权机关调查或受到重大行政、刑事处罚；

12. 董事长或者总经理无法履行职责，董事、监事、高级管理人员因涉嫌违法违规被有权机关调查或采取强制措施及出现其他无法履行职责的情况；

13. 因前期已报告的信息存在差错，未按规定报告或虚假记载，被有关机构责令改正或者经董事会决定进行改正；

14. 证券监管机构或股份公司认定的其他重大风险情况。

（七）股份公司出现下列情形之一的，应当及时报告：

1. 变更公司名称、股票简称、公司章程、注册资本、注册地址、办公地址和联系电话等；

2. 经营方针和经营范围发生重大变化；

3. 减资、合并、分立；

4. 变更会计政策、会计估计；

5. 董事会就股份公司发行新股、可转换公司债券或者其他再融资方案形成相关决议；

6. 中国证券监督管理委员会发行审核委员会对公司新股、可转换公司债券发行申请或者其他再融资方案申请提出相应的审核意见；

7. 持有股份公司5%以上股份的股东或实际控制人持股情况或控制股份公司的情况发生或拟发生较大变化；

8. 股份公司董事长、总经理、董事（含独立董事）或监事提出辞职或发生变动；

9. 生产经营情况、外部条件或生产环境发生重大变化（包括产品价格、原材料采购、销售方式发生重大变化等）；

10. 新颁布的法律、法规、部门规章、政策可能对公司经营产生重大影响；

11. 聘任、解聘为股份公司审计的会计师事务所；

12. 法院裁定禁止控股股东转让其所持股份；

13. 任一股东所持股份公司5%以上股份被质押、冻结、司法拍卖、托管或者设定信托或者被依法限制表决权；

14. 获得大额政府补贴等额外收益，转回大额资产减值准备或者发生可能对股份公司的资产、负债、权益或经营成果产生重大影响的其他事项；

15. 其他可能影响股份公司声誉、股价等重大事项。

（八）股份公司控股股东、实际控制人发生以下事件时，应当主动告知股份公司董事会，并配合股份公司依据上市规则履行信息披露义务：

1. 持有股份公司5%以上股份的股东或者实际控制人，其持有股份或者控制股份公司的情况发生较大变化；

2. 法院裁决禁止控股股东转让其所持股份，任一股东所持股份公司5%以上股份被质押、冻结、司法拍卖、托管、设定信托或者被依法限制表决权；

3. 拟对上市公司进行重大资产或者业务重组；

4. 证券监管机构规定的其他情形。

第八条 如果股份公司已公开披露本制度第七条所述的重大事项，报告义务人还应当按照下述规定持续报告重大事项的进展情况：

（一）董事会、监事会或者股东大会就该重大事项形成决议的，及时报告决议情况；

（二）拟就该重大事项与有关当事人签署意向书或者协议的，应提前5个工作日报告意向书或者协议的主要内容；上述意向书或者协议的内容或履行情况发生重大变化或者被解除、终止的，及时报告发生重大变化或者被解除、终止的情况和原因；

（三）该重大事项获得有关部门批准或者被否决的，及时报告批准或者否决的情况；

（四）该重大事项出现逾期付款情形的，及时报告逾期付款的原因和付款安排；

（五）该重大事项涉及的主要标的物尚未交付或者过户的，及时报告交付或者过户情况；超过约定交付或者过户期限3个月仍未完成交付或者过户的，及时报告未如期完成的原因、进展情况和预计完成的时间，并每隔30日报告一次进展情况，直至完成交付或者过户；

（六）该重大事项发生可能对股份公司股票及其衍生品种交易价格产生较大影响的其他进展或者变化的，及时报告进展或者变化情况。

第四章 重大事项报告程序

第九条 重大事项的报告应遵循下列程序：

（一）报告义务人在知悉本制度第七条所述重大事项发生时，按照本制度规定的时点以电话、传真或邮件等便捷方式向股份公司董事会办公室报告，同时将加盖公章的有关书面材料和电子邮件报送股份公司董事会办公室；特别重大或紧急的事项，可直接向股份公司董事长、总经理或董事会秘书报告，并同时报股份公司董事会办公室。

（二）各子公司、控股公司、派出机构发生本制度第七条所述重大事项时，属于法定信息披露事项的，股份公司相关管理部门应对报告事项内容进行确认，并在收到股份公司董事会办公室报告的一个工作日内将确认结果反馈股份公司董事会办公室。即，如上午收到报告，则下午提交确认结果；如下午收到报告，次日上午提交确认结果。

（三）股份公司董事会办公室将需要披露的重大事项报股份公司董事会秘书，由其进行合规性审查，确定是否履行相应的披露程序，并提请股份公司董事长审批。一经批准，由股份公司董事会秘书组织完成信息披露的相关工作。

第十条 所报送重大事项属法定信息披露事项的，由股份公司董事会秘书按照相关规定负责组织统一对外披露。对需履行会议审定程序的事项，应立即报告董事长，并按股份公司章程规定及时向全体董事发出临时会议通知。

对投资者关注但非强制性信息披露的敏感信息，股份公司董事会办公室根据实际情况，组织股份公司有关方面及时与有关监管部门、投资者进行沟通与交流或进行必要的澄清。

第十一条 本制度第九条第一款所述的“有关书面材料”，包括但不限于：

（一）发生重大事项的原因、各方基本情况、重大事项的主要内容；

（二）所涉及的中标通知书、合同意向书或协议书等相关法律文件；

（三）所涉及的政府批文、法律法规、法律文书等；

（四）股份公司总法律顾问、法律事务部、中介机构关于重大事项出具的法律意见；

（五）股份公司内部对重大事项审批的意见、相关决议；

（六）股份公司董事长、总经理、董事会秘书或报告义务人认为与事项密切相关的其他重要材料。

第十二条 股份公司董事会秘书、董事会办公室需要进一步了解重大事项的详细情况的，报告义务人应当积极配合。

第十三条 股份公司董事会秘书应根据股份公司实际情况，适时组织对报告义务人进行公司治理及信息披露等方面的培训，以保证股份公司内部重大事项报告的及时和准确。

第十四条 股份公司董事会办公室、相关部门以及所属各子公司、控股公司、派出机构应当建立重大事项的管理台账。

第五章 保 密 措 施

第十五条 在重大事项报告过程中，应当合理界定需要知悉该重大事项人员的范围。

任何接触或知悉重大事项的单位和个人均负有保密义务，在其任职结束后仍然有效，直至该秘密成为公开信息。

涉及股份公司对外商务谈判、投资及股权变更、资产债务重组等事项，当事各方必须在事情发生前签署《保密协议》，任何人不得在股份公司依法履行信息披露义务前泄露该信息。

第十六条 股份公司按相关要求向银行、税务、工商、统计、国资委、外管局等外部使用人报送的材料、报表等含有第七条所述重大事项的，必须事先征求股份公司董事会办公室意见。如果确因工作需要提前向特定对象透露尚未发布的法定披露信息和其他股价敏感信息的，则必须设定尽可能少的透露内容和最小范围的透露对象，有必要时，须与透露对象签署保密协议条款或进行书面的保密提示，约定其在该保密内容未发布前负有的保密义务和泄密的法律责任。

第六章 奖 惩

第十七条 股份公司建立重大事项报告的考核评价制度。

第十八条 由于报告义务人的失职，对应报告重大事项瞒报、少报、漏报或导致重大事项泄露的，股份公司将追究相关报告义务人的责任；由此给股份公司带来不良影响或损失的，股份公司将根据股份公司遭受损失的程度向其提出适当的赔偿要求；情节严重触犯有关法律的，由司法机关处理。

第七章 附 则

第十九条 本制度所称“及时”是指第七条所列重大事项发生的当天。本制度中的“以上”均包含本数。

第二十条 股份公司所属各子公司、控股公司、派出机构应根据本办法，制定本单位的重大事项报告制度，并报股份公司董事会办公室备案。

第二十一条 本制度未尽事宜，适用有关法律法规、证券监管机构以及《公司章程》的有关规定。

第二十二条 本制度与法律法规、证券监管机构及《公司章程》的有关规定相冲突的，依照法律法规、证券监管机构及《公司章程》的有关规定执行。

第二十三条 本制度及其修订自股份公司董事会普通决议通过之日起生效。

第二十四条 本制度由股份公司董事会负责解释。

中国水利水电建设股份有限公司
开展廉洁从业专项教育活动实施方案

（中水电股党〔2010〕26 号·2010 年 3 月 19 日）

为贯彻落实中央关于加强反腐倡廉建设和构筑惩治和预防腐败体系建设的要求，按照“标本兼治、综合治理、惩防并举、注重预防”的反腐倡廉工作方针，立足企业实际，坚持以教育预防为主，着力提高各级领导人员廉洁从业意识，维护领导人员队伍纯洁稳定，推动公司稳步快速发展，中国水利水电建设股份有限公司（以下简称股份公司）党委和股份公司决定从2010年4月开始，利用3个月时间，在公司各级领导班子和领导人员中间开展一次廉洁从业专项教育活动。

一、深刻认识开展廉洁从业专项教育活动的重大意义

教育是反腐倡廉工作的基础性环节，是构筑惩治和预防腐败体系的基石。开展廉洁从业专项教育工作具有重大的现实意义。

（一）开展廉洁从业专项教育活动，是落实党的十七大和中纪委全会精神，加强反腐倡廉建设的需要。中央把反腐倡廉工作作为关系到党的生死兴亡和执政地位巩固的关键大事来抓，从党的建设根本要求和科学发展的大局出发，高度重视反腐倡廉工作。党的十七大明确提出加强反腐倡廉建设，把它放到与党的思想建设、组织建设、作风建设、制度建设同等重要的位置来抓，不断加大教育、制度、监督并重的惩治和预防腐败力度，努力构筑健全稳固的惩治和预防腐败体系。构建惩防体系，监督是关键，制度是保证，教育是基础。开展廉洁从业专项教育活动就是要不断筑牢这个基础。

（二）开展廉洁从业专项教育活动，是推进公司改革发展的需要。股份公司的平稳快速发展，得益于有一支勤奋、敬业、廉洁向上的优秀的管理团队。领导人员政治强、人品正、廉洁形象好，团队的战斗力就强，公司的改革发展就有保证。开展廉洁从业专项教育活动，有利于我们把思想和行动统一到中央对反腐倡廉的要求和部署上来，有利于创造安全、稳定、和谐的企业内部环境，有利于领导人员健康从业、安全从业，为实现公司持续快速发展作出积极贡献。

（三）开展廉洁从业专项教育活动，是以改革创新精神全面推进公司党建工作的需要。新时期新形势下股份公司党建工作面临着许多新课题新考验。如何按照公司制企业的体制和制度要求，规范董事会、经理层和监事会的关系，如何提高领导班子民主决策、科学决策、高效决策能力，如何发挥党组织的政治核心作用，如何解决领导人员的思想观念、作风形象、能力素质与党的反腐倡廉工作要求的关系。开展专项教育活动必将对解决这些问题起到积极的促进作用，从而不断加强和完善党的思想建设、组织建设、作风建设、制度建设和反腐倡廉建设，努力把党组织的政治优势和组织优势转化为推动公司科学发展的强大动力。

二、准确把握开展廉洁从业专项教育活动的指导思想、目标要求和主要原则

（一）指导思想。开展廉洁从业专项教育活动，要以邓小平理论和“三个代表”重要思想为指导，贯彻落实科学发展观，组织各级领导班子和领导人员以学习国有企业领导人员廉洁从业若干规定和集团公司下发的有关文件为主线，通过学习，提高思想认识，解决突出问题，建立制度体系，注重实践成果，促进廉洁从业，打造一支科学化、专业化、高效、廉洁的一流管理团队，为建设具有较强国际竞争力的质量效益型跨国企业集团作出更大的贡献。

（二）目标要求。通过开展专项教育活动，努力实现以下目标：

1. 提高思想认识，解决突出问题。通过开展活动，进一步把各级领导人员的思想统一到中央精神上来，切实提高对做好反腐倡廉工作重要意义的认识，不断夯实各级领导人员廉洁从业思想道德基础和筑牢拒腐防变思想道德防线；进一步增强做好廉洁自律的自觉性和坚定性，增强带领职工群众共同推进企业持续健康协调发展的信心和决心。活动中通过调查研究，对照文件要求，找准突出问题，采取得力措施解决问题，促进党风和反腐倡廉各项工作，促进领导班子建设。

2. 完善制度体系，创新体制机制。按照惩防体系实施纲要的要求，对本单位现行的管理制度、监督制度和反腐倡廉专项制度进行梳理，重新进行补充、修订、完善，形成系统完善、有效管用的制度体系。通过完善制度体系，形成股份公司党风廉政建设体制机制，促进股份公司又好又快发展。

3. 加强廉洁自律，促进廉洁从业。坚持把务求实效作为开展专项教育活动的出发点和落脚点，通过扎实开展专项教育活动，强化各级领导人员对廉洁从业条规的掌握和深入理解，自觉用条规履行职责并规范行为，加强廉洁自律，促进廉洁从业。

（三）主要原则。开展专项教育活动要着重把握好以下原则：

1. 坚持解放思想。以实事求是为前提，以解放思想为先导，以改革创新为动力，进一步更新观念、转变思路、完善体制机制，破解党风建设和反腐倡廉工作中存在的热点、难点问题，解决群众反映强烈的突出问题。

2. 突出实践特色。在专项教育活动中，各单位必须结合实际，务求实效，防止形式主义。做到四个结合，一是与做好科学发展观的后续整改工作相结合，着力解决党风廉政建设方面存在的突出问题，促进反腐倡廉工作；二是与创建“四好”领导班子相结合，认真解决领导班子和领导人员在作风建设方面的突出问题，加强领导班子思想作风建设；三是与股份公司工程建设领域突出问题专项治理工作相结合，按照要求扎实开展专项治理工作；四是与推进股份公司建立健全惩治和预防腐败体系的工作相结合，逐步形成惩治和预防腐败体系的工作机制和制度体系。

3. 正面教育为主。活动以《国有企业领导人员廉洁从业若干规定》（以下简称《若干规定》）《若干规定》的学习为主线，坚持制度条规学习与实践教育相结合，自觉进行自我教育、自我对照、自我提高。坚持标准更高、要求更严、效果更好的要求，组织各级领导人员认真开展学习，实事求是地查找存在的问题，深刻分析产生问题的原因，全面总结经验教训，认真开展批评与自我批评，牢固树立正确的世界观、人生观、价值观，进一步明确努力方向。

三、明确开展廉洁从业专项教育活动的范围、内容和总体要求

参加这次专项教育活动的范围是，股份公司各级领导班子和领导人员；重点是股份公司总部、各子公司、京沪高铁项目部处级以上领导班子和领导人员以及项目部班子成员。

专项教育活动学习的主要内容包括：《〈国有企业领导人员廉洁从业若干规定〉学习辅导》（以下简称《规定辅导》），《国有企业领导人员腐败案例剖析》（以下简称《案例剖析》），两办印发的《关于开展工程建设领域突出问题专项治理工作的意见》；集团公司印发的《工程发包、分包、设备物资采购和市场营销等领域廉洁从业若干规定》、《关于进一步推进集团公司建立健惩治预防腐败体系的工作意见》、《集团公司建立健全惩治预防腐败体系2008～2012年工作规划任务分解方案》等。股份公司党委将编印《廉洁从业专项教育读本》（以下简称《读本》）作为必读书目。各单位结合实际，可以自行编辑参考书目，增加必要的学习内容。

开展专项教育活动，要做到“三个贯穿始终”，即把加强学习贯穿始终、把领导带头贯穿始终、把边学边改贯穿始终。要做到“三个更加注重”，即学习更加注重联系实际、教育更加注重提高思想认识、活动更加注重解决突出问题。通过专项教育活动，进一步加强“四好”领导班子建设，提升各级领导班子和领导人员领导企业科学发展的能力和水平，涌现一批“四强”党组织和一批“四优”共产党员。

四、开展廉洁从业专项教育活动的总体安排和方法步骤

专项教育活动分为学习调研、分析检查、整改验收3个阶段。每个阶段有两项重点工作，共3个阶段6项重点工作。时间为3个月，从2010年4月初开始，到2010年6月底结束。

（一）启动工作（4月初）。做好思想准备、组织准备和工作准备。一是各单位要结合实际制定专项教育活动方案。方案贵在结合实际，重在简便易行，具有可操作性。二是明确本单位党风廉政建设责任制领导小组、办公室负责此项活动的组织工作。形成党委统一领导，党政共同负责，纪委组织协调，各有关部门齐抓共管的工作机制。近期，各单位领导小组、办公室要组织所属单位党委、纪委负责人进行培训，明确任务，分清责任，形成组织工作体系。三是开好动员大会。各单位要提前做好准备，在股份公司动员大会召开之后，立即召开本单位动员大会，对本单位专项教育活动进行动员部署。

（二）第一阶段：学习调研（4月上旬至5月中旬），重点抓好组织学习、开展调研两项工作。

1. 认真抓好学习。各单位要结合实际，制定切实可行的学习方案，采取集中学习、个人自学、培训辅导、集体研讨等形式，组织领导人员认真学习《规定辅导》、《案例剖析》和《读本》3本书，重点学好《规定辅导》。对《若干规定》强调要逐条学习，掌握精神实质，要联系案例学习，结合自身实际学习。总的学习时间不少于3天24个学时，其中集中学习不少于2天16个学时。各单位在学习中，要重点抓好公司领导班子和项目部领导班子的学习，要处理好工学关系，确保学习效果。

2. 开展调查研究。要在深入学习的基础上，着重围绕本单位领导班子和领导人员在廉洁从业，党风、作风方面存在的主要问题进行调查研究。各单位要组织调研小组，由领导班子成员带队，会同纪检监察、审计监督等部门，选择重点单位、重要领域和重点部位进行调研，注意选择正反两方面的典型事例进行剖析，查找存在的问题和提出对策建议，体现超前思维，具有前瞻性、指导性。

为扎实搞好专项教育活动，各单位在活动期间开展“听、读、看、答”活动，即听专题辅导报告，可请当地纪委、党校的专家作辅导报告；读《若干规定》和股份公司有关文件的原文，各单位自行组织；看违纪案例专题教育片，专题片由股份公司监察部统一提供；组织条规知识竞赛答题活动，答题由股份公司统一组织。

（三）第二阶段：分析检查（5月中旬至6月上旬）。重点抓好查找突出问题、心得体会交流两项工作。

1. 认真对照检查，找准突出问题，提出整改措施。在学习和调查研究的基础上，各级领导班子要结合单位和自身实际，召开专题会议，重点查找领导班子、领导人员4个方面的突出问题，一是认真查找领导班子、领导人员在党风、党纪、党性方面的突出问题；二是认真查找执行国有企业领导人员廉洁从业若干规定方面的突出问题；三是认真查找建立健全惩治和预防腐败体系工作中的突出问题；四是认真查找工程建设领域专项治理工作中的突出问题，在认真查找问题的基础上，提出整改措施。

2. 召开领导班子学习体会交流会，相互启发，共同提高。各单位要认真组织领导班子、领导人员学习体会交流会。在交流会上，每位领导要认真准备书面发言材料。交流会后，各级领导班子要撰写分析检查报告。报告要突出分析和检查两个重点，准确反映本单位反腐倡廉工作的实际情况，全面梳理存在的问题，实事求是分析存在问题的主客观原因，确定改进的具体措施。各级领导人员要在学习、调研和参加学习体会交流会以后写一篇学习心得，内容包括：本人对专项教育活动的认识；对学习廉洁规定内容的理解；自2008年以来担任领导职务及所从事的工作情况、制度执行情况和廉洁从业情况。充分运用学习条规、文件的成果，调查研究的成果，查找突出问题的成果，提出整改措施和努力方向。

（四）第三阶段：整改验收（6月上旬至6月底）。重点抓好制定整改方案和检查验收两项工作。

1. 制定整改落实方案，集中解决突出问题。领导班子整改方案应以分析检查报告为主要依据，注重可操作性。整改落实方案既要着眼当前亟须解决的问题，提出切实可行的措施，又要着眼长远，制定推动惩防体系建设的中长期规划。对梳理出的突出问题和需要完善的制度，按轻重缓急和难易程度，分别明确整改落实的目标、方式和时限要求。明确分管领导、分管部门的责任，使整改落实工作有章可循、责任到人。要根据整改落实方案，集中力量在活动中切实解决几个突出问题。坚持边学边改、边查边改，能改的马上改。

2. 督促检查，考核验收。股份公司党委将于6月中旬成立检查组，对专项教育活动采取普遍验收与重点抽查相结合的办法进行检查验收，对没有完成专项教育内容或完成质量不高的，要求及时补课。各单位可根据实际情况，对本单位开展专项教育活动先行自查自检。这次专项教育活动成果和创新情况将作为股份公司年度党风廉政建设责任制考核的重要内容，特别是丰富学习内容，创新学习方式，创新活动载体等方面作为加分项列为责任制考核内容。

（五）活动总结（6月底）。各单位要对专项教育活动进行全面总结，及时召开总结大会，认真总结活动中取得的成效和经验，对巩固和扩大专项教育活动成果提出要求。股份公司将于2010年6月底或七一期间召开总结大会。

专项教育活动结束后，各单位党委将总结报告于2010年7月10日前报股份公司。专项教育活动各阶段的时间，由股份公司总体掌握，必要的活动上下统一进行，各单位要注意从总体上把握时间进度，统一步伐，保证专项教育活动的质量和效果。

五、加强对廉洁从业专项教育活动的组织领导

（一）完善领导和工作机构，明确组织关系。专项教育活动在股份公司党委和行政统一领导下进行。股份公司由党风廉政建设责任制领导小组负责指导和协调。领导小组办公室设在监察部，负责具体工作。各公司、京沪高铁项目部要根据领导人员变化及时调整党风廉政建设责任制领导小组和办公室，并负责组织实施这项工作。股份公司总部的专项教育活动由直属党委负责组织实施，股份公司海外项目的专项教育活动由项目部所在单位和国际公司共同负责，结合实际，采取灵活适当的方式进行。

（二）落实领导责任，加强分类指导。各单位党委书记、行政主要负责人共同履行第一责任人的职责。领导班子成员要发挥表率作用，带头学习调研，带头分析检查，带头整改落实。在坚持专项教育活动总体要求的同时，各单位要结合实际和特点，根据总部机关和所属基层单位等不同层面的情况，加强分类指导，增强活动的针对性和实效性。各单位要加强与股份公司党风廉政建设领导小组办公室的沟通联系，活动中的重要情况要及时报告。各单位的专项教育活动实施方案、领导班子分析检查报告、领导班子整改落实方案和开展专项教育活动总结等4个材料按时报股份公司党风廉政建设领导小组办公室。

（三）鼓励探索创新，做好宣传工作。各单位要在坚持专项教育活动基本要求的前提下，紧密结合企业实际和需要，因企制宜、创新载体，充分运用举办展览、演讲征文、知识竞赛等喜闻乐见的形式，增强专项教育的效果，扩大宣传影响。要充分发挥简报、报刊、广播电视和网络等媒体的作用，大力宣传开展廉洁从业专项教育活动的重大意义，宣传廉洁从业的先进典型，宣传专项教育活动的部署、要求、做法、经验和成效，指导所属单位开展好专项教育活动。宣传工作要突出政治性、政策性和导向性，防止出现偏差。专项教育活动要讲成本、重实效，防止铺张浪费，不搞文山会海，杜绝形式主义。

中国水利水电建设股份有限公司党风廉政建设责任制实施办法

（中水电股党〔2010〕47号·2010年5月25日）

第一章　总　　则

第一条　为加强中国水利水电建设股份有限公司（以下简称股份公司）党风廉政建设，明确各级党政领导班子对党风廉政建设应负的责任，保证党中央、国务院和国务院国资委关于党风廉政建设决策和部署的贯彻落实，根据《中共中央、国务院关于实行党风廉政建设责任制的规定》和《中国水利水电建设集团公司党风廉政建设责任制的实施办法》，结合股份公司实际，制定本办法。

第二条　落实党风廉政建设责任制，要以科学发展观和“三个代表”重要思想为指导，坚持“两手抓，两手都要硬”的方针，贯彻党风廉政建设和反腐倡廉工作的各项要求，为股份公司改革发展和国有资产保值增值提供保障。

第三条　落实党风廉政建设责任制，要坚持党委统一领导，党政齐抓共管，纪委组织协调，部门各负其责，依靠群众支持和参与的领导体制和工作机制。把落实党风廉政建设责任制作为班子建设、队伍建设的重要内容，纳入各级党政领导班子、领导人员目标管理，把党风廉政建设与企业经济工作、精神文明建设和其他业务工作紧密结合，一起部署，一起落实，一起检查，一起考核。

第四条　落实党风廉政建设责任制，要坚持从严治党、从严治企；坚持全面构建惩治和预防腐败体系；坚持教育、制度、监督并重；坚持集体领导与个人分工负责相结合；坚持谁主管，谁负责，一级抓一级，层层抓落实的工作原则。

第二章　责任内容

第五条　股份公司党政领导班子对股份公司党风廉政建设负全面领导责任。党委书记、董事长、总经理对股份公司的党风廉政建设负总责；股份公司领导班子其他成员根据分工，对职责范围内的党风廉政建设负主要领导责任；股份公司总部各职能部门正职对本部门的党风廉政建设负主要领导责任。

第六条　股份公司及各子公司党政领导班子，在党风廉政建设中承担以下领导责任：

（一）坚持标本兼治、综合治理、惩防并举、注重预防的工作方针，认真落实《集团公司建立健全惩治和预防腐败体系2008～2012年工作规划任务分解方案》（中水电党〔2009〕62号）和《关于进一步推进公司惩防体系建设的工作意见》（中水电党〔2009〕110号），完善各项管理机制，从源头上预防和治理腐败；

（二）认真贯彻落实上级关于党风廉政建设的有关部署和要求，分析研究职责范围内的党风廉政状况，研究制定党风廉政建设工作计划，并组织实施；

（三）组织党员、员工学习党风廉政建设理论，学习国家法律法规和党纪政纪条规，进行党性党风党纪和廉洁从业教育；

（四）贯彻落实上级有关党风廉政制度，结合本单位实际情况，制定具体办法和规定，并组织实施；

（五）履行监督职责，对职责范围内的党风廉政建设情况、领导班子和领导人员廉洁从业情况进行监督、检查和考核；

（六）严格执行党管干部原则和国有企业选拔聘用人员的有关规定，防止和纠正用人上的不正之风；

（七）切实加强组织建设，领导、组织并支持纪检组织、监察部门履行职责。

第七条　股份公司及各子公司党政主要负责人是第一责任人，共同对本单位的党风廉政建设负总责。主要目标责任：

（一）党委主要负责人

1. 负责抓好本级和下一级党委领导班子成员的管理教育和监督工作，抓好领导人员廉洁从业，督促、检查、考核、奖惩，领导班子成员抓好职责范围内的党风廉政建设工作，抓住重点、难点，制定切实可行的制度和配套措施，把党风廉政建设责任制一级一级落到实处。

2. 定期主持召开党委会议、党政联席会议或党风廉政建设领导小组会议，研究党风廉政建设的状况，抓住主要矛盾，找出党风廉政建设存在的重点问题和薄弱环节。根据党中央和上级的工作部署，结合本单位实际，明确工作重点，制定和布置党风廉政建设工作规划、任务和措施，并组织实施。

3. 主持召开领导班子民主生活会，注重提高生活会质量。解决领导班子成员廉洁从业方面的问题，带头开展批评与自我批评，加强领导班子团结，增强领导班子成员廉洁自律、廉洁从业意识，提高领导人员拒腐防变能力。

4. 加强对纪检组织、监察部门的领导，重视执纪队伍建设，认真听取他们的工作汇报，亲自指导协调违法违纪案件的查处，为开展执纪监督创造有利环境和必要的条件。

（二）行政主要负责人

1. 抓好同级副职领导人员和所属二级单位主要行政领导的廉洁从业，督促、检查、考核、奖惩，坚持“一岗双责”，抓好分管单位、部门党风廉政建设责任制落实情况。

2. 强化企业管理，建立健全各项规章制度，完善约束监督机制，开展效能监察，加强对有业务处置权的部门及人员的管理、教育和监督，规范经营行为，抓好职责范围内的领导人员的廉洁从业工作，落实各项管理及监督制度。

3. 加强对各监督部门的指导，形成执纪监督工作合力，支持执纪监督工作的开展，为开展执纪检查和查处违纪案件提供经费和工作条件。

第八条 党政领导班子其他成员、职能部门的主要负责人，依据党内或行政工作分工，对职责范围内的党风廉政建设负主要领导责任。

第三章 责任考核

第九条 股份公司党政领导班子及成员执行党风廉政建设责任制情况的检查、考核由上级机关负责。股份公司总部各部门及负责人的考核，由股份公司直属纪委会同有关部门结合年度员工考核工作一并进行。

第十条 在股份公司党委统一领导下，股份公司纪委、监察部会同相关部门对股份公司所属单位领导班子和领导人员党风廉政建设责任制的执行情况进行监督、检查和考核。

第十一条 股份公司对所属单位的党风廉政建设责任制的检查和考核内容由4部分组成，即与责任制考核评分标准点对点考核、股份公司党委常委评价意见、在本企业进行中层领导人员、员工代表中进行问卷测评。

第十二条 党风廉政建设责任制落实情况的考核结果，作为对领导人员的业绩评定、薪酬兑现、选拔任用的重要依据。

第十三条 领导人员落实党风廉政建设责任制的工作情况，作为民主生活会和述职报告的一项重要内容。

第四章 责任追究

第十四条 按照“谁主管，谁负责”的原则，党风廉政建设责任制实行下管一级，责任追究实行上追一级的责任机制。完善制度，落实责任，强化监督检查和考核工作力度。把落实党风廉政建设责任制纳入各项工作的目标管理之中，出现党风廉政方面的问题，领导班子和主要领导要承担责任。副职出现问题，正职要承担相应的责任，下级班子及部门负责人出现问题，分管领导要承担相应的责任。责任追究中的组织处理由组织、人事部门负责，纪律处分由纪委、监察部门负责。

第十五条 领导人员违反本办法责任内容的相关规定，在党风廉政建设中疏于管理，失职渎职，有下列情形之一的，要追究其领导责任：

（一）因领导班子违反“三重一大”事项决策错误和严重不负责任造成严重后果的；

（二）因用人不当发生严重腐败和违法违纪问题的；

（三）对苗头性倾向性腐败现象和群众举报的违纪问题，不及时提醒、不及时查处，致使滋长蔓延并产生恶劣影响的；

（四）对违法违纪者包庇、纵容，有案不查，压案不报或查处不力的；

（五）领导班子中出现严重腐败问题，或所管辖部门出现严重腐败问题又得不到及时解决的；

（六）其他需要追究的相关责任。

第十六条 实施责任追究，要实事求是，分清集体责任，主要领导责任与重要领导责任，按照《中共中央、国务院关于实行党风廉政建设责任制的规定》、《中国共产党纪律处分条例》、《国有企业领导人员廉洁从业若干规定》以及集团公司的相关规定，追究领导责任。

第五章 附 则

第十七条 依据《中国共产党纪律处分条例》

的规定，在实施责任追究时，对有关责任人员区分如下：

（一）主要领导责任者，是指在职责范围内，对直接主管的工作不负责任，不履行或不正确履行领导职责，对发生严重违法违纪案件的负直接领导责任的领导人员。

（二）重要领导责任者，是指在职责范围内，对应分管的工作或参与决策的工作，不履行或不正确履行职责，对发生严重违法违纪案件的负次要领导责任的领导人员。

第十八条 本办法适用于股份公司总部、各子公司、控股公司。集团公司委托代管的单位按照本办法执行。

第十九条 股份公司各公司应根据本办法制定实施细则和有关配套制度。

第二十条 本办法由股份公司纪委、监察部负责解释。

第二十一条 本办法自发布之日起施行。

中国水利水电建设股份有限公司加强廉洁文化建设的实施意见

（中水电股党〔2010〕59号·2010年6月17日）

为深入贯彻落实党的十七届四中全会精神，进一步发挥廉洁文化在反腐倡廉中的重要作用，营造“崇廉守法、廉荣腐耻”的文化氛围和良好风尚，完善中国水利水电建设股份有限公司（以下简称股份公司）企业文化体系，现就加强和推进廉洁文化建设提出以下实施意见。

一、充分认识加强廉洁文化建设的重大意义

企业廉洁文化建设是企业文化建设的重要组成部分，也是新形势下开展党风建设和反腐倡廉工作的有效载体和途径，对于改善企业经营管理、提升企业文化品位、促进公司健康和谐发展具有重要作用。

（一）加强廉洁文化建设是建立学习实践科学发展观长效机制的具体举措

企业廉洁文化是以先进廉洁思想为内涵、与企业文化建设和反腐倡廉工作有机结合的产物，是关于思想观念、思想道德、精神品位、生活观念、价值观念和行为规范的总和。通过加强廉洁文化建设，广泛传递廉洁知识、廉洁要求、廉洁理念等价值取向，充分发挥廉洁文化激浊扬清、扶正驱邪的功能，有利于提高各级领导人员、广大党员和员工的思想境界、文化素养和道德情操，加强企业领导班子建设和党员干部队伍的思想作风建设；有利于发挥企业党组织的政治核心作用，弘扬党的优良传统和作风，引导党员特别是党员领导人员遵纪守法、崇尚廉洁；有利于不断巩固和扩大学习实践科学发展观活动成果，健全长效机制，营造公司改革发展稳定的良好社会环境和舆论氛围。

（二）加强廉洁文化建设是构建惩治和预防腐败体系、深化反腐倡廉工作的重要内容

廉洁文化建设是反腐倡廉宣传教育工作在新时期、新阶段的拓展和提升，也是惩治和预防腐败体系的有机组成部分。通过廉洁文化的宣传、教育、引导和熏陶，不仅可以丰富和拓展反腐倡廉教育的内容和范围，还可以为制度建设提供理念支撑，为监督提供价值标准，更有效地帮助人们树立正确的世界观、人生观、价值观，树立廉洁、诚信、勤俭、奉献等积极健康的思想观念，规范自身行为，进一步筑牢反腐倡廉工作的思想基础、群众基础和舆论氛围，促进企业反腐倡廉工作持续健康发展。

（三）加强廉洁文化建设是新时期传承发扬企业优良传统和企业精神的内在要求

股份公司有着50多年光荣历史，有着深厚的文化底蕴，在长期的科研、生产、经营等各项活动中，形成了具有优良历史传统和时代内涵的“自强不息，勇于超越”的企业精神，也是股份公司推进反腐倡廉的思想政治优势。通过推进廉洁文化建设，不断丰富和完善企业管理理念，旗帜鲜明地引导广大党员、干部、员工树立“认认真真学习、清清白白做人、干干净净干事”的廉洁核心理念和“六崇尚、六反对”的廉洁从业准则，使之成为广大干部、职工自觉遵循的职业操守和实践行为，贯穿于企业日常管理和职工的工作行为之中，推动公司实现更好更快发展。

（四）加强廉洁文化建设是实施企业战略目标，促进企业全面进步的客观需要

企业廉洁文化建设是企业核心竞争力的组成部

分。当前，股份公司正处在快速持续发展的重要时期，加快建设具有较强国际竞争力的质量效益型跨国企业的任务，不仅包括各项经济技术指标，也包括营造廉洁高效的经营环境、持续改进的制度环境、规范守信的竞争环境、健康和谐的人文环境等。通过开展廉洁文化建设，在股份公司各个领域大力营造廉洁从业、诚实守信、依法经营的良好环境，进一步促进经营管理者遵规守纪、勤廉敬业和提高经营管理水平，促进企业各项工作的规范运行，全面履行企业的经济责任、政治责任和社会责任，提升企业品牌知名度和美誉度。

二、廉洁文化建设的指导思想、理念表述和时间安排

（一）指导思想

以邓小平理论、“三个代表”重要思想和科学发展观为指导，坚持“标本兼治、综合治理、惩防并举、注重预防”的方针，不断健全和完善具有股份公司特色的惩治和预防腐败体系。通过开展廉洁文化活动，培育廉洁从业理念，建设廉洁文化阵地，营造廉洁文化氛围，规范廉洁从业行为，落实廉洁从业规定，培育廉洁型干部队伍，逐步构建起与现代企业制度相适应、与惩防体系和企业文化相协调的廉洁文化建设长效机制，推动反腐倡廉建设再上新台阶，为实现股份公司改革发展战略目标提供坚实的思想基础和文化支撑。

（二）理念表述

廉洁文化理念，是廉洁文化建设的思想基础，是激励广大职工行为高尚的精神动力。挖掘、培育、提炼、形成具有导向、激励、约束、凝聚功能和作用的廉洁文化理念，是公司廉洁文化建设的重要任务。

经过广泛调查研究和多方征求意见，股份公司的廉洁文化理念表述为：在股份公司发展进程中，坚持“认认真真学习、清清白白做人、干干净净干事”的廉洁核心理念，大力弘扬和培育员工“六崇尚、六反对”的廉洁从业准则，即崇尚刻苦学习，反对因循守旧；崇尚遵纪守法，反对腐败行为；崇尚爱岗敬业，反对不讲效率；崇尚团结协作，反对各行其是；崇尚文明礼仪，反对松散习气；崇尚勤俭节约，反对铺张浪费。充分调动广大干部职工的积极性，始终保持自强不息、勇于超越和清正廉洁的精神风貌，为企业健康、持续、和谐发展作出积极贡献。

认认真真学习。重视学习、刻苦学习、善于学习，是中国共产党的优良传统和政治优势，也是领导人员和经营管理人员加强修养、提升境界、增强本领、不断进步的重要途径。特别是在股份公司内外形势不断发展变化的情况下，只有认认真真地学习、与时俱进地学习、持之以恒地学习，才能始终跟上时代进步的潮流。要深入学习中国特色社会主义理论体系，使认认真真学习成为不断增强政治上坚定、理论上清醒的过程；要自觉更新知识，全面学习掌握做好本职工作必需的知识和技能，使认认真真学习成为掌握客观规律性、培养世界眼光、增强战略思维能力、提高工作本领的过程。全体员工要认认真真学习政治理论和业务技术知识，爱岗敬业，不断提高思想素质和技能素质，努力成为知识型员工。

清清白白做人。这是对领导人员的基本要求，也是每位员工的立身之本，为人之道，处世之基。清清白白做人，就是做思想务实、生活朴实、作风扎实的人，就是做尊重科学、尊重实践、尊重规律的人，就是做诚实守信、言行一致、表里如一的人，就是做勤勤恳恳工作、努力进取创造、任劳任怨奉献的人。各级领导人员要始终保持中国共产党员的政治本色，进一步坚定理想信念，增强自觉抵御各种腐朽落后思想影响的能力，严格按照中国共产党的原则和政策办事，努力做到心正、言正、行正，讲团结、讲大局、讲正气，做到情为民所系，权为民所用，利为民所谋。股份公司经营管理人员要树立正确的人生观、权力观，严格自律自省，提升道德素质，用人格力量做到谨慎用权，守住防线，修正自我，自觉抵制腐败思想的侵蚀。

干干净净干事。领导人员干干净净干事，就是要作风正派，情趣健康，艰苦奋斗，勤俭节约，不谋私利，带头反对铺张浪费和大手大脚，保持艰苦奋斗的传统和锐意进取的激情；就是要明辨是非，区分善恶，分清美丑，增强责任意识和纪律观念，依法从事生产经营管理活动，自觉遵守法律法规和企业各项规章制度，维护企业良好信誉和形象；就是要忠诚企业，爱岗敬业，勤奋工作，以强烈的事业心和高度的责任感，争当想干事、肯干事、能干事、干成事、不出事的干部，努力创造经得起实践检验的业绩。公司经营管理人员要立足岗位，正确履职，不做不干净的事，保持清正廉洁的形象。

“认认真真学习、清清白白做人、干干净净干事”的廉洁核心理念和“六崇尚、六反对”的廉洁从业准则，构成了股份公司的廉洁文化理论体系。它是对股份公司“自强不息、勇于超越”的企业精神的弘扬，是企业宝贵的无形资产和精神财富。各单位要注重运用廉洁文化理念感化、引导和规范员工从业行为，促使各级管理人员和广大职工进一步增强并落实廉洁文化理念和准则；要结合企业规章制度建设，把廉洁文化理念融入其中，使之成为有关规章制度的基本条文、办事程序及约束规范，促进廉洁理念向各个管理环节和各个层次渗透。通过廉洁文化理念培育和实践行为，进一步树立诚信负责的公众形象、廉洁敬业的员工形象、和谐发展的公司形象。

（三）时间安排

第一阶段：宣传发动阶段（2010年第三季度）。组织党员干部学习领会文件精神，深刻认识加强廉洁文化建设的重要意义，明确廉洁文化建设的目标要求，全面启动廉洁文化建设工作；成立廉洁文化建设领导机构，明确相关责任，为廉洁文化建设提供组织保障；制定具体实施方案，对廉洁文化建设的指导思想、基本原则、主要内容、重点工作、总体要求等进行明确；利用企业宣传媒体和各种文化载体，大力营造廉洁文化的浓厚氛围。

第二阶段：组织实施阶段（2010年第四季度）。根据本《实施意见》要求，各单位广泛开展廉洁文化建设活动，认真推进和落实“五廉”活动，做到各种标牌悬挂整齐到位，各种标志性语言宣传普及；推进廉洁文化制度建设，构建具有较强操作性的学习教育、工作规范、工作考核、责任追究等制度保障体系；加强调查研究，研究和总结廉洁文化建设的经验、特点和规律，培养和树立一批廉洁文化建设的正面典型，不断把廉洁文化建设引向深入。

第三阶段：完善提高阶段（2011年1～12月）。加强对“五廉”活动的督查指导，针对问题整改提高，充实完善廉洁文化建设制度体系，使廉洁文化建设步入制度化、规范化管理轨道。

三、廉洁文化建设工作任务

廉洁文化建设是一项长期的系统工程。根据股份公司加强企业文化建设总体规划和反腐倡廉工作总体要求，有计划、有步骤、有声势、有成效地开展廉洁文化建设活动。

（一）加强宣传，营造氛围

股份公司廉洁文化建设已经全面启动，今后一段时间的主要工作就是要大力开展对廉洁文化理念的学习和宣传，解决廉洁文化的落地生根问题。各单位要立足实际，采取学习培训、媒体宣传等多种方式普及廉洁文化知识，形成较强舆论声势，使其迅速传播，人人皆知；要以职工群众为主体，增强廉洁文化的群众性、广泛性和影响力，渗透到企业生产和生活的各个方面，落实到每个岗位和员工，体现在员工思维方式、生活方式和工作方式之中，使全体员工的廉洁文化素养得到极大提高。

（二）制定计划，全面推动

各单位要结合实际，认真制定廉洁文化建设实施方案，全面启动廉洁文化建设活动。要围绕“四好”领导班子、“四强”党组织、“四优”党员队伍与“四有”职工队伍建设，充分发挥廉洁文化建设的服务和保证作用；要与企业党建工作相结合，加强企业领导班子建设，发挥党员先锋模范作用和党组织的战斗堡垒作用；要与企业文化建设相结合，提高企业的文化品位和文化竞争力；要与厂务公开、民主管理相结合，提高企业的经营、管理水平和生产效益；要与职工素质教育相结合，提高干部职工的综合素质。股份公司将适时组织廉洁文化建设现场观摩会，总结推广经验与成果，加强相互借鉴和交流，推动廉洁文化建设深入开展。

（三）创新载体，推进“五廉”

要把廉洁文化有机融入到企业文化建设中，通过多种方式建设廉洁班子、廉洁机关、廉洁项目、廉洁岗位、廉洁家庭，进一步形成“以廉为荣、以贪为耻”的尚廉氛围，培养职工高尚的精神境界、价值观念、道德修养、敬业精神和人格品德，促进股份公司生产经营工作健康持续发展。

班子廉。廉洁文化首先是领导人员的文化。要结合开展“四好”班子创建活动，增强领导班子对廉洁文化建设的组织力和带动力，使领导班子及其成员“一岗双责”得到进一步落实，廉洁从业各项规定得到认真执行，思想作风、学风、工作作风、领导作风、生活作风得到进一步改进；要把廉洁从业内容纳入中心组学习和各级管理人员培训班范畴，通过开展述职述廉和员工评廉等活动，大力推动廉洁文化进班子。各级领导人员要带头学习廉洁文化理念，带头落实廉洁文化建设任务，带头参加廉洁文化建设各项活动，带头执行廉洁从业规章制度，落实好党风廉洁建设责任制、民主集中制和“三重一大”决策机制，在各级领导班子中形成尊廉、崇廉、守廉的良好风气，用清正廉洁行为带动全体管理人员，形成廉洁从业的氛围。

机关廉。结合“六型”总部创建活动，深入开展科学发展观教育和作风纪律教育，努力打造学习创新型总部、战略管控型总部、指导服务型总部、规范高效型总部、形象示范型总部、团结向上型总部，不断增强机关工作人员的廉洁从业意识。廉洁文化进机关的主要任务是倡导“诚实守法、廉洁敬业”，树立“廉洁高效”的机关形象；提高机关干部队伍的思想政治素质，打造“廉洁务实”的机关干部队伍；提高机关建设水平，提升机关服务基层、服务企业发展的水平和质量。廉洁文化进机关，必将对机关作风、机关形象和机关工作人员思想政治素质产生深远影响，促进机关更好履行职能，为企业改革发展稳定提供更加优质、高效的服务和保证。

项目廉。结合文明施工项目创建活动，倡导合法经营、讲求信用、公平竞争、效率优先、安全生产的经营文化理念，自觉维护遵纪守法、诚实守信的市场行为准则，努力实现“工程优质，干部优秀”目标。要组织项目领导和经营管理人员学习上级组织有关廉洁从业的文件，加强对管人、管财、管物、管事的思想教育和过程监控，堵塞管理漏洞，防止在重要项目、重要业务及关键环节发生违规违纪问题；要将廉洁文化建设与项目部开展的各项活动结合起来，充分运用“职工之家”进行社会公德、职业道德和艰苦创业教育，设立廉洁从业警示牌，张贴廉洁从业规范、廉洁从业标语等，引导项目工作人员勤勉敬业，廉洁从业，艰苦创业；要把项目廉洁文化建设与签订保廉合同、开展效能监察等活动结合起来，促使项目各项管理工作业务流程顺畅，职责权限明确，员工操作规范，监督检查到位，提高企业精细化管理水平；要积极探索与建设单位、设计监理、协作队伍、供应商等开展廉洁共建活动，与公检法机关开展“检企共建”活动，加强信息沟通，研究共建措施，促进廉洁共建、法纪共守、和谐共进、互利共赢。

岗位廉。结合“创先争优”各项活动，把廉洁从业要求融入岗位职责，营造富有廉洁文化色彩的岗位环境。针对不同行业、不同岗位实际，制定具体的从业行为规范，增强基层领导人员和经营管理人员遵纪守法和岗位奉献意识，特别要加强对有业务处置权的重点岗位人员进行廉洁教育，制定约束措施，确保廉洁从业。在重要岗位人员中推行廉洁从业公开承诺制，在关键岗位人员所在部门设立廉洁警示、提示牌，张贴警语警句格言，悬挂道德规范等，发挥廉洁文化对岗位的渗透和教化功能；建立岗位保廉的检查考核制度，有效落实各项廉洁自律规定和企业管理制度，为完成各项生产经营任务作出贡献。

家庭廉。结合文明家庭创建活动，把廉洁教育融入家庭日常生活，为增强党员干部及其家庭成员抵御腐败的能力创造良好的家庭环境。要重点组织领导人员家属学习廉洁规定，阅读廉洁刊物，接受廉洁教育，提高她们家庭助廉的自觉性。要通过发家庭廉洁倡议书、廉洁贺卡、廉洁叮嘱信、廉洁短信息等进行助廉提醒；通过举办“清廉家风”征文、廉洁知识竞赛、亲情话廉座谈、征集治家格言等活动，使廉洁治家理念家喻户晓、深入人心。开展选树廉内助典型、廉洁家庭等活动，引导领导人员配偶、子女及亲友当好贤内助、廉内助，共建幸福、和谐家庭。

（四）健全制度，规范操作

要把廉洁文化理念贯穿到股份公司各项经营管理制度和企业管理体系中，与企业的经营管理制度、对各级领导人员的业绩考核体系结合起来，规范企业运作方式和领导人员、管理人员用权行为，在各项工作流程、制度建设中体现廉洁文化建设的要求，逐步建立起覆盖企业经营管理、规范党员干部行为的廉洁制度体系，真正使廉洁文化融入经营、融入管理，促进企业依法经营、合法经营、廉洁经营。全体中国共产党员和各级管理人员要用维护党风廉政建设责任制的模范行为，带动广大员工增强制度观念，崇尚制度威严和执行制度的良好习惯，为企业发展创造良好的环境。

（五）建设阵地，抓好典型

结合单位实际，进一步整合企业文化资源，利用好各种活动载体，组织开展丰富多彩的廉洁文化活动。重点是开展专题学习活动、案例教育活动、文化创建活动、艺术展示活动、专题宣传活动、经验交流活动等。要培育和树立廉洁文化建设的先进典型，强化正反典型教育，适时总结廉洁文化建设的经验和成果，建成一批过硬的廉洁文化活动示范点，打造一批有影响的廉洁文化精品项目，树立一批廉洁文化建设先进单位和个人，通过交流相互借鉴，相互促进，取长补短，推动廉洁文化建设向纵深发展。

四、廉洁文化建设几点要求

企业廉洁文化建设是一项系统工程，贯穿于企业的全部活动和成长发展过程。必须依照新时期党建工作的总体部署和要求，必须依靠各级党政工团组织和全体员工的共同参与，必须依托企业的各项生产经营和改革发展工作，才能扎实有序推进，取得实实在在效果。

（一）加强领导，健全机制

各单位党政领导对加强廉洁文化建设负有重要领导责任。要把廉洁文化建设纳入本单位战略发展的总体规划，融入党委工作的总体部署，寓于惩治和预防腐败体系建设的各个环节，建立完善廉洁文化建设的长效机制；要坚持党委统一领导、党政共同负责、党委工作部和纪检监察部门牵头、各有关部门协同、广大员工积极参与的反腐倡廉工作领导体制和工作机制，成立由纪委、监察、宣传、工会、团委等相关部门负责人参加的领导小组；纪检监察部门要发挥好组织协调作用，及时掌握各项工作进程，研究解决工作中遇到的新情况、新问题，加强对活动开展情况的督促检查。工会、共青团等组织要结合业务工作，发挥各自优势，密切配合，形成合力，共同推进廉洁文化建设深入开展；要建立健全廉洁文化建设的目标管理、考核评价和激励机制，不断强化监督检查和考核力度，以督查促推进、以考核促落实，对优秀廉洁文化项目、活动要进行奖励表彰。各级领导人员要带头倡导、实践和传播廉洁文化，带头执行企业规章制度和廉洁从业各项规定，为广大职工作出表率。

（二）周密安排，逐项实施

要结合企业发展战略和本单位实际科学制定具体实施意见和方案，确定重点推进计划和措施，细化分解目标任务，统筹安排，逐项实施，循序渐进。要把廉洁文化建设列为对“四好”领导班子建设、“创先争优”各项活动和各职能部门的重要考核内容之一，纳入各级党风廉政建设责任制和企业经营者年度考核范围，作为评价单位发展水平、发展质量和领导干部工作实绩的重要内容，与其他工作同部署、同检查、同奖惩，确保廉洁文化建设目标的实现。

（三）广泛参与，突出重点

企业廉洁文化建设要从企业改革、发展、稳定的大局出发，发动广大员工积极参与，重点加强廉洁文化重点领域、岗位、环节的监督防范管理，加强对管人、管财、管物、管事的过程监控，要注重以人为本，贴近实际，贴近生活，贴近群众，组织开展内容丰富的廉洁文化建设活动，满足党员干部对廉洁文化不断增长的精神需求；要坚持走群众路线，尊重广大员工和基层的首创精神，及时总结廉洁文化建设中创造的新鲜经验和有效做法，发挥好典型的示范带动作用，树立清廉正气，防止腐败现象发生。

（四）联系实际，注重效果

开展廉洁文化建设要弘扬求真务实之风，要从实际出发，力戒形式主义，挖掘自身潜力，突出自身特色，抓出工作亮点。要深入研究廉洁文化建设规律，逐步改进宣传教育方式方法，切实增强教育的针对性和有效性，努力使企业廉洁文化建设富有成效，促进企业实现可持续健康发展。

加强廉洁文化建设是全党全社会的共同责任，也是企业一项具有战略性、全局性的战略任务。各单位要根据本意见精神，结合实际，制定贯彻落实的具体措施，把加强廉政文化建设的各项工作落到实处，努力开创企业廉洁文化建设的新局面！

关于加强和改进股份公司纪检监察组织建设的实施意见

（中水电股党〔2010〕85号·2010年10月25日）

为贯彻落实中央纪委、中央组织部、监察部、国务院国资委党委联合下发的《关于加强和改进中央企业和中央金融机构纪检监察组织建设的若干意见》（中纪发〔2010〕12号），结合股份公司实际，就加强股份公司各级纪检监察组织建设制定本实施意见：

一、充分认识加强和改进股份公司纪检监察组织建设的重要性和紧迫性

1. 加强和改进公司纪检监察组织建设，是推进公司科学发展的客观需要。当前，股份公司正处于调整结构上水平、快速发展的关键时期，实现公司科学发展，需要有党的坚强领导，需要有健全有力的纪检监察组织发挥监督保障作用。加强公司纪检监察组织建设，有利于健全公司权力制衡约束机制，推进公司科学发展。

2. 加强和改进公司纪检监察组织建设，是新形势下党的建设的重要内容。贯彻落实党的十七大、十七届四中全会精神，加强和改进党的建设，是一项长期的重要政治任务。切实加强和改进公司纪检监察组织建设，深入推进党的思想建设、组织建设、作风建设、制度建设和反腐倡廉建设，有利于坚持党对国有企业的领导，把党组织的政治优势转化为推动企业科学发展的强大动力。

3. 加强和改进公司纪检监察组织建设，是推进公司反腐倡廉建设的重要举措和组织保证。近年来，股份公司认真落实中央和国务院国资委关于反腐倡廉建设的一系列决策部署，以完善惩治和预防腐败体系建设为重点整体推进党风建设和反腐倡廉各项工作，取得了切实成效。同时也应看到，股份公司改革发展面临新的机遇和挑战，党风建设和反腐倡廉工作面临许多新情况新问题。与新形势新任务相比，股份公司纪检监察组织建设中还存在着体制机制不完善、机构设置不健全、人员编制不足、班子配备不强、队伍素质不高等问题，这些问题制约着股份公司纪检监察组织作用的发挥，必须引起高度重视，抓紧加以解决。

二、建立健全股份公司各级纪检监察组织并充分发挥其作用

1. 坚持党对中央企业的领导是一个重大原则问题，任何时候都不能动摇。纪检组织作为党组织的重要组成部分，肩负着检查党的路线、方针、政策和决议在公司贯彻执行情况的重要任务；监察部门是公司行使内部监督检查职能的重要部门，负责对管理权限内各单位、部门的经营活动及其管理人员实施监督检查；要按照切实发挥企业党委政治核心作用的要求，大力加强纪检监察组织建设。

2. 股份公司所属各级单位要按照党章规定设置纪检组织，所在单位设立党委的，要设立纪委；建立党总支、党支部的，委员中要有专职或兼职纪检委员。

股份公司全资子公司所属分公司、国内直管项目部（施工局），应设立监察部门，并与纪委合署办公，国外直管项目部、区域经理部可酌情设置专职或兼职纪检监察人员；股份公司控股公司所属二级单位，监察部门的设立可根据工作需要单独设立或与其他监督部门合署办公，并同时作为本单位纪委的办事机构；建立党总支、党支部的基层单位，党总支、党支部内的专职或兼职纪检委员，同时任本单位监察员，开展纪检监察工作。

3. 强化各级纪检监察组织的职责。各级纪检监察组织要按照党章和有关法律法规要求，切实履行纪检、监察两项职能：

要认真履行监督检查职责，维护党的章程和其他党内法规，加强对党的路线、方针、政策、决议和国家法律法规及公司发展战略、重大决策部署贯彻执行情况的监督检查。

要协助各级党委加强党风建设和组织协调反腐倡廉工作，从整体上推进惩治和预防腐败体系建设，配合党委相关部门深入开展党性党风党纪教育和廉洁文化建设。

健全权力运行制约监督机制，监督企业党组织和决策机构认真执行党内监督条例和“三重一大”等各项制度规定，重点加强对领导班子、领导人员和关键岗位的监督，促进企业有效开展内部控制和风险管理工作。

受理本单位党组织、党员和员工在党纪、党风和廉洁从业方面的检举、控告、申诉及建议、反映等信访举报，依法依纪查办违纪违法案件，并按照工作制度规定及时作出反馈或向上级报告。

严格执行《国有企业领导人员廉洁从业若干规定》，促进领导人员廉洁从业。

强化监察职能，注意发挥监察工作贴近企业生产经营管理的特点和优势，加强效能监察，保证企业改革发展健康顺利进行。

三、进一步完善股份公司纪检监察机构有效履行职责的体制机制

1. 各级纪委在同级党委和上级纪委的领导下开展工作。上级纪委和监察部门要经常听取下级纪委和监察部门的工作汇报，及时帮助解决工作中的问题。下级纪委和监察部门负责人要每半年以书面形式向上级纪委和监察部门汇报工作、述职述廉，及时报告重大问题，汇报的主要内容参照股份公司关于纪委书记述职的规定及股份公司关于领导人员述廉议廉制度的实施方案的相关要求。上级纪委和监察部门要对下级纪委和监察部门及其负责人的工作进行考核。

2. 股份公司所属各级单位要按照现代企业制度的要求，通过“双向进入、交叉任职”等途径，进一步畅通纪检监察组织有效履行监督职责的渠道，逐步做到符合条件的纪委书记依法进入董事会担任董事；并根据需要可以进入经理班子兼任副总经理；符合条件的监察机构正职依照法定程序进入企业监事会担任监事。纪委书记应参加或列席董事会、监事会、经理（行政）办公会以及其他有关重大问题决策的会议；纪委副书记、监察部门正职和党总支、党支部的纪检委员（监察员）可根据需要参加或列席同级党委、行政的相关会议；对有违反党和国家的方针政策、法律法规、企业管理规定的有关问题，应及时提出意见，如果所提意见不被接受，要向上级报告。

3. 各级纪检监察组织要在党委、行政领导下，积极探索加强组织协调、整合监督资源形成监督合力的有效途径和办法。要建立由纪委牵头，监事会、监察、巡视、审计、法律等部门参加的监督工作协调性机构或联席会议制度，及时沟通信息，形成所在单位监督工作合力，增强监督工作实效。

四、大力加强股份公司各级纪检监察组织领导班子建设

1. 各级纪检监察班子要把思想政治建设放在首

位。坚持用中国特色社会主义理论体系武装头脑，坚定理想信念，提高政治素养。深入学习实践科学发展观，全面把握科学发展观对党风建设和反腐倡廉工作提出的新要求，不断提高领导班子服务和促进科学发展的能力。讲党性，重品行，作表率，廉洁从业。

2. 各子公司纪委设纪委书记 1 名，一般配备 1～2 名副书记和若干名委员，党委设常委的企业，纪委可以设常委。纪委书记按照同级副职配备，由党委常委（党委委员）担任纪委书记的，其在党委内列党委副书记之后与其他党委常委（党委委员）一并按任同职级时间的先后进行排序。纪委副书记配备中层正职级领导人员。监察部门正职应同时担任纪委副书记。纪委常委（纪委委员）配备中层正职或副职级领导人员，可以专职，也可由党委工作部（组织）部门、纪检监察部门、审计、法律等部门的负责人兼任，一般不从财务部门、物资设备部门、经营管理部门的负责人中产生。纪委书记的首要职责是做好纪检监察工作，可以参与领导班子分工，分管与纪检监察业务关系密切的工作，并把主要精力放在纪检监察工作上；对在领导班子内分工过多又没有足够精力抓纪检监察工作的纪委书记，上级纪委有权进行协调，合理调整其分工或建议其改任其他领导职务。

3. 各子公司纪委书记拟任人选，由股份公司党委企业领导人员管理部、党委组织部、纪委在共同考察、听取子公司党委的意见后提出任职人选意见，股份公司党委按有关程序进行任命；纪委副书记、监察部门正职的选配，由所在单位事先书面上报股份公司纪委、监察部并得到确认后，各子公司再按干部管理权限和规定程序履行有关手续。下级单位的纪委书记、纪委副书记，纪委委员（常委），监察部门正职、副职的提名、任免、奖惩、交流和调动，应事先听取上级纪委、监察部门意见，然后按照人事管理权限和规定的程序办理。

各级纪委换届前，纪委书记、副书记、纪委委员（常委）的候选人预备人选应事先书面征求上级纪委意见，上级纪委同意后，再由本级党委向上级党委报告，履行相关程序。选举结果在报上级党委履行程序时，抄送上级纪委。

4. 加大对纪检监察领导人员的交流力度。注意选拔有经营管理工作经历的优秀的领导人员担任纪委书记。积极支持优秀的纪检监察领导人员转任或提任企业行政领导职务。各子公司纪委书记原则上实行交流任职，在本单位产生的人选，一般安排到其他公司任职；在同一单位任职满 6 年、57 岁以下的纪委书记，原则上交流到其他公司任职或在原单位转任其他领导职务。

五、建设一支高素质的纪检监察工作人员队伍

1. 各级纪检监察组织要按照精干高效、利于工作的原则，配备与工作量相适应的专职纪检监察工作人员。纪检、监察人员编制应分开计算、合并使用。

其中，对从事工程施工为主的子公司，年营业收入在 100 亿元以上或职工规模在 10000 人以上的，本部应配备 5 名以上专职纪检监察工作人员；年营业收入在 30 亿～100 亿元（含 100 亿）之间或职工规模在 3000～10000 人之间的，本部应配备 4～5 名专职纪检监察工作人员；年营业收入在 30 亿元（含 30 亿）以下或职工规模在 3000 人以下的，本部应配备不少于 3 名专职纪检监察工作人员。同时满足上述营业收入和职工人数两个条件，按就高不就低原则进行配备。

对从事投资业务为主的控股公司，公司总资产在 200 亿元以上的，本部应配备 4 名以上专职纪检监察工作人员；总资产在 100 亿～200 亿元（含 200 亿）之间的，本部应配备 3～4 名专职纪检监察工作人员；总资产在 100 亿元（含 100 亿）以下的，本部应配备不少于 2 名专职纪检监察工作人员。

各子公司所属基层单位纪检监察工作人员的配备由各单位结合工作实际进行规定。同时，随着所在单位人员、资产、业务经营规模和工作量的增加，纪检监察工作人员编制也要相应增加，人力资源部门要给予支持，确保编制到位。

2. 严格规范各级纪检监察组织选人标准，严格进入条件，防止安置性、照顾性进人。拓宽选人视野，注重选调懂业务、懂管理、懂政策的中青年优秀人才充实纪检监察工作人员队伍，不断优化队伍的年龄、知识和专业结构。今后，凡调任纪检监察岗位工作的，各子公司本部纪检监察人员应具备本科以上学历，各子公司所属二级单位本部纪检监察人员应具备大专以上学历。纪委书记、副书记、监察部门正、副职等职位应具有经营管理和党务工作等方面的综合工作经历，具有与该职务相关的教育背景和从业经历。

3. 要注意整合和用好现有纪检监察工作力量。可以根据工作需要，采取在系统内统一调配使用人员力量，也可组织不同形式的集中巡视和监察工作。要充分发挥兼职纪检监察人员的作用，加强对他们的培训，强化责任意识，提高履职能力。

4. 大力提高纪检监察工作人员政治和业务素质。

要按照深入学习实践科学发展观的要求，把开展“做党的忠诚卫士、当群众的贴心人”主题实践活动作为加强纪检监察队伍建设的重要抓手，建立全面提高人员素质的长效机制。各有关方面要把企业纪检监察工作人员纳入干部培训整体规划，实施全覆盖、多手段、高质量的培训。要突出纪检监察业务培训，重点提高查办案件和开展效能监察工作的能力；对缺乏经营管理业务工作的纪检监察工作人员要加强经营管理方面的培训。

5. 建立健全纪检监察工作人员考核、激励和保障机制。各级纪检监察工作人员的工资、职称、奖金、福利等待遇，应与纪检监察工作相近的人力资源或审计等部门相同。考核评价办法应该根据纪检监察工作性质和特点，逐步建立健全监督管理的机制和制度。对工作成绩显著的纪检监察工作人员，股份公司将在股份公司党委开展表彰和奖励时一并考虑；对违犯党纪政纪的，要严肃处理；对履职不当、不适合在纪检监察岗位工作的要坚决调离。

要注意从业务骨干中选拔优秀人才到纪检监察部门工作，积极推动纪检监察工作人员与经营管理部门双向交流。对从事纪检监察工作成绩突出的优秀纪检监察工作人员，应适时提拔使用或转任交流。对从事纪检监察工作满8年的纪检监察工作人员，原则上转岗交流。对从事纪检监察工作成绩特别突出但受职数限制不能提任领导职务的纪检监察工作人员，按照中纪委关于“中央企业可以根据各自工作实际设置必要的纪检监察职级职务层次，充分调动纪检监察工作人员的工作积极性，为他们成长进步创造条件”的要求，可配备相当所在单位中层副职的纪检监察专员岗位。

六、切实加强对股份公司各级纪检监察组织建设的领导

1. 股份公司党委将各级纪检监察组织建设情况纳入党风廉政建设责任制考核范围，每年定期对各单位纪检监察组织建设情况进行检查考核；各子公司参照要求对所属单位纪检监察队伍建设情况进行检查考核。

2. 各级纪检监察组织要切实加强对下级纪检监察组织建设工作的业务指导，及时总结推广经验，发现和帮助其协调解决在纪检监察组织建设中的问题；下级纪委、监察部门要及时上报工作中遇到的新情况和新问题，加强信息交流和沟通，共同促进纪检监察组织建设水平的不断提高。

3. 各子公司要据此意见制定本单位的实施细则，报股份公司纪委备案。各子公司党委要按照党风廉政建设制的要求和本意见精神，切实承担起加强单位纪检监察组织建设的领导责任，注重结合实际，协调解决问题，深入推动本意见的贯彻落实。

中国水利水电建设股份有限公司
领导人员述廉议廉制度的实施意见

（中水电股党〔2010〕93号·2010年11月22日）

根据国资委党委《关于在中央企业开展述廉议廉工作的意见》（国资委党委纪检〔2006〕174号）精神，股份公司就领导人员述廉议廉工作提出如下意见。

一、指导思想

以邓小平理论和“三个代表”重要思想为指导，深入贯彻落实科学发展观，以《中国共产党章程》等党内规章为依据，积极探索新形势下加强对企业领导班子、领导人员监督的有效形式，进一步健全监督机制，拓宽监督渠道，改进监督方式，充分发挥组织监督和民主监督的作用，提高领导人员廉洁从业意识，加强领导人员作风建设，强化领导人员自觉接受监督的意识，不断推进股份公司党风建设和反腐倡廉工作的深入开展。

二、述廉议廉对象

股份公司党委管理的各公司领导班子和领导人员。

三、述廉内容

主要报告领导班子及领导人员以下情况：

（一）遵守政治纪律的情况。主要是贯彻执行党的路线、方针、政策、决议；落实股份公司发展战略、工作部署；开展“四好班子”建设；履行领导职责的情况。

（二）经营业绩情况。主要是按照科学发展观和市场经济规律确定企业改革发展思路，解决影响企业改革发展稳定的突出问题，提高企业经济效益和核心竞争力，实现国有资产保值增值以及安全生产、质量管理等方面的情况。

（三）执行民主集中制的情况。主要是执行民主集中制各项制度，在重大问题特别是企业生产经营的重大决策、重大项目安排、大额度资金运作事项及重要人事任免等方面，实行集体决策的情况。

（四）落实党风廉政建设责任制的情况。主要是落实责任制的组织领导、责任分工、检查考核、责任追究等方面履行反腐倡廉领导职责，组织开展“惩防体系”建设和反腐倡廉工作的情况。

（五）廉洁从业情况。主要是履行《中国共产党党员领导干部廉洁从政若干准则》、《国有企业领导人员廉洁从业若干规定》和有关领导干部廉洁自律各项制度的情况；加强领导班子、领导人员思想作风、学风、工作作风、领导作风、生活作风的情况；落实领导班子廉洁承诺内容的执行情况；报告个人和家庭重大事项，自觉接受监督等情况。

（六）职工反映的突出问题以及其他情况。

述廉议廉内容要突出重点，具有针对性。要注意把领导人员廉洁从业方面带有普遍性、倾向性的问题，员工意见比较集中、反映比较强烈的问题，对党风建设和反腐倡廉工作影响比较大的问题作为述廉议廉的重点内容。开展述廉议廉工作前，要广泛征求广大党员和员工的意见，并将所征求的意见进行分析梳理，向党政领导班子集体反馈。

股份公司纪委、党委组织部、党委企业领导人员管理部根据工作需要，对领导班子、领导人员述廉议廉工作提出指导性意见。

四、述廉议廉时间和形式

（一）领导班子、领导人员述廉议廉工作每年进行一次。

（二）领导班子、领导人员述廉议廉工作在企业职工代表大会上进行。没有设立职工代表大会的可与领导班子党内民主生活会一并进行，述廉议廉采取由企业领导班子、领导人员宣读集体和本人述廉报告的方式。参加会议人员，根据会议形式确定，本单位党委认为需要时，也可适当扩大范围。与职工代表大会进行时，须经与职工代表大会协商一致。与会人员可就有关问题向述廉对象进行质询，并对述廉对象进行民主测评。测评工作与职代会对领导班子每年一次的民主测评统筹结合一并进行。

五、述廉议廉工作程序

按照“自我总结、民主评议、班子集体反馈意见、认真整改”四个步骤进行。

（一）撰写述廉报告。领导人员要对照《中国共产党党员领导干部廉洁从政若干准则》、《国有企业领导人员廉洁从业若干规定》要求，写好述廉报告。报告必须由领导人员本人撰写，要实事求是、客观准确、简明扼要。对所征求的员工意见，对存在的问题不隐瞒、不回避。

（二）召开述廉评廉会议。会议召开前党委要充分做好会议组织工作，安排好会议议程。会议期间党委应将述廉议廉内容及相关的政策、规定和评议要求传达给参加会议的人员，便于与会人员进行监督。各公司党委应提前5个工作日书面将会议准备情况报告股份公司纪委、党委组织部、党委企业领导人员管理部。

（三）收集和反馈意见。采取请与会职工代表和邀请参加的会议人员填写评议表，设置意见箱的形式收集意见。汇总统计工作由职工代表和工会监督进行，统计工作结束后及时与党委主要负责人、公司法定代表人（董事长、总经理）沟通，如实反馈员工提出的意见和民主测评的情况。

（四）报告工作情况。各公司党委应在述廉议廉工作完成后，一个月内将述廉议廉工作报告、评议结果、整改措施和领导人员的述廉报告，统一报股份公司纪委，并抄送股份公司党委组织部、党委企业领导人员管理部。

六、工作要求

（一）加强领导，认真组织。领导人员的述廉议廉工作，由各公司党委负责组织。各公司党委要把述廉议廉工作作为加强和改进党内监督的重要内容加以落实，切实加强领导。要认真制定方案，精心组织实施。纪委、工会和党委组织部门、领导人员管理部门要在党委领导下，积极主动地做好各项组织协调工作。

（二）发扬民主，突出整改。领导人员要本着对组织、对领导班子、对本人高度负责的精神，按照述廉议廉的内容和要求，认真准备，实事求是地向组织和与会代表报告本人及领导班子履行职责和廉洁从业的情况。对述廉议廉中反映出的问题和评议结果，党委要认真分析，研究制定整改措施。对民主评议中员工意见较大的领导班子或领导人员，股份公司纪委、党委组织部、党委企业领导人员管理部对其进行谈话提醒；对问题严重的班子成员进行诫勉谈话；对隐瞒、回避重要情况，或者存在其他问题的领导人员，在调查核实的基础上，在一定范围内通报批评；构成违纪的，按有关规定给予纪律处分。

（三）综合分析，运用成果。各公司党委要对述廉议廉的情况进行一次综合分析，将述廉议廉的成果运用到企业领导人员考核、奖惩和选拔任用中。企业领导人员的述廉议廉报告、民主测评的情况以及对有关问题调查处理的结论性材料，按相关规定分别收入考察工作档案、廉政档案，作为今后考察领导人员的重要依据。

（四）积极探索，不断完善。各公司党委要从实际出发，大胆实践，积极探索，不断完善述廉议廉制度。同时，又要注意与现有的监督制度相衔接，形成对企业领导人员监督管理的整体合力。中层以下领导人员的述廉议廉工作，参照本方案，结合各单位实际组织实施。

（五）述廉议廉工作制度是加强企业党风廉政建设的重要内容，列入股份公司党风廉政建设责任制的考核内容。

中国水利水电建设股份有限公司招标监督暂行办法

（中水电股察〔2010〕3号·2010年3月24日）

第一章　总　　则

第一条　为加强中国水利水电建设股份有限公司（以下简称股份公司）招标活动的监督管理，规范招标行为，保障股份公司和投资人的合法权益，根据《中华人民共和国招标投标法》和有关法律法规，以及股份公司招标和设备物资采购管理的有关规定，制定本办法。

第二条　本办法适用于股份公司总部及各公司。

第三条　各公司应根据本公司实际情况参照本办法自行制定招标监督实施细则。

第四条　本办法所称招标是指工程发包（分包）、设备物资采购、废旧设备物资处理和服务项目等的招标活动。

第五条　监察部门在招标工作中实施监督的基本原则是：依法监督、分级实施，同级监督、规范程序，客观公正、维护权益。

第六条　股份公司总部及各公司的招标活动及参加招标的工作人员应当接受同级监察部门的监督。

第二章　监督管理的职责

第七条　监察部门在招标活动中主要履行下列职责：

（一）监督招投标各方执行有关招投标法律、法规的情况；

（二）检查招标活动执行股份公司规定的相关工作程序和规则的情况；

（三）受理对招投标活动的投诉和举报；

（四）对招标活动中违法违纪行为进行调查处理；

（五）对开评标过程中发生可能影响正常招标活动行为的招标工作人员，及时提请招标负责人或招标会议主持人停止其履行职务或取消其资格。

第八条　监督人员在实施监督过程中必须认真履行职责，对发现的问题，有权提出质询并提出改进建议。参与招标的工作人员必须支持和配合监督检查工作，对监督人员提出质询和改进建议进行答复和纠正。

第三章　监督内容

第九条　监察部门对以下重点环节和内容进行监督检查：

（一）招标准备阶段监督检查的主要内容

1. 是否存在将应依法进行招标的项目化整为零或者以其他方式规避招标的行为；

2. 是否存在以不合理条件限制或者排斥潜在投标人；

3. 招标项目是否已列入经批准的年度招标计划；

4. 是否按规定确定招标方式，有无将法定公开招标的项目改为邀请招标，审批手续是否齐全；

5. 采取邀请招标的，邀请的投标人是否已按程序组织审批；

6. 招标文件是否按程序组织审查和批准，招标文件中是否公布了举报电话。

（二）开标环节监督检查的主要内容

1. 开标活动是否严格按照招标文件规定时间进行；未按时提交投标文件或投标保证金（如需）的，是否按规定取消投标人资格；

2. 投标人的投标文件是否密封完好；

3. 唱标内容和开标记录是否同投标文件内容一

致，开标记录是否签字完整；

4. 投标人数量不足3家时，是否按规定进行处理。

（三）评标阶段监督检查的主要内容

1. 评标人员是否存在与投标人或其特定关系人进行联系的行为，招标工作人员是否存在未经评标委员会主任授权情况下私自与投标人联系的行为；

2. 评标开始前是否由评标委员会主任组织对招标文件、评标办法的主要内容向评标人员做详细介绍，评标人员职责是否明确；

3. 评标人员和工作人员是否存在违反评标纪律（附件一）的行为；

4. 资格审查、符合性检查及废标的处理是否严格按照招标文件和评标办法的规定执行；

5. 在评标过程中，需要澄清、说明或补正的，是否以书面形式进行；

6. 评标资料是否完整；

7. 招标人有无干预、影响评标的行为。

（四）定标阶段监督检查的主要内容

1. 是否存在领导人员违反规定干预和插手定标工作的行为；

2. 未能依据评标委员会推荐的中标候选人确定中标人时，招标人是否有充分的理由并形成书面意见，书面意见是否有招标单位法人、分管领导和部门负责人签字，是否报同级监察部门备查。

第四章　监督方式

第十条　股份公司招标监督实行同级监督、分级实施，建立股份公司、各公司、各公司二级单位等三级监督体系。各级监察部门为招标监督归口管理部门。

第十一条　股份公司招标监督实行现场监督、不定期监督检查和根据举报进行检查等监督方式。

第十二条　股份公司监察部对设备采购单项合同估算价在1000万元人民币以上的项目和物资采购单项合同估算价在5000万元人民币以上的项目实行现场监督。

各公司对工程发包（分包）、设备物资采购、废旧设备物资处理和服务项目等项目实行现场监督的范围根据各公司实际情况自行制定。

第十三条　对需要现场监督的项目，招标人应在开标前3个工作日，向同级监察部门报送招标工作方案简介。

第十四条　监察人员通过现场监督或通过举报发现招标中存在违法违规行为事件，应在事件查实后7个工作日内向上一级监察部门书面告知事件具体情况和处理意见。

第十五条　监察部门对本办法第十二条规定之外的招标项目，可酌情采取抽查的方式进行事后监督。

第十六条　监督人员不得作为评标小组人员参与评标，且不得发表可能影响招标结果的言论。

第十七条　现场监督人员对招标过程的合法性、合规性签字确认，并会同招标工作有关部门做好相关文件的保密和保管工作。

第十八条　执行现场监督的招标工作结束后，监督人员应当填写招标监督情况表（附件二），并在评标委员会会议上宣读监督结论报告。

第五章　责任追究

第十九条　对违反国家法律法规和本办法的行为，监察部门应及时予以纠正，或提出书面监察建议；情节严重的，监察部门可直接或组织有关部门调查处理。

第二十条　发现投标人和招标人之间互相串通的，监察部门可提请认定中标无效，并提请有关单位依法追究相关人员的责任。

第二十一条　对违反本办法的人员按《国有企业领导人员廉洁从业若干规定》和股份公司相关规定追究其违纪责任；对违反本办法的投标单位按有关规定取消竞标资格；对违反本办法的评标人员取消专家资格，并书面通知其所在单位。

第六章　附　则

第二十二条　本办法由股份公司监察部负责解释。

第二十三条　本办法自发布之日起实施。

附件：

1. 评标工作纪律（略）

2. 招标监督情况表（略）

中国水利水电建设股份有限公司效能监察实施办法

（中水电股察〔2010〕4号·2010年4月8日）

第一章 总 则

第一条 为进一步规范股份公司效能监察工作，完善公司治理，促进经营管理者正确履行职责，提高企业效能，实现国有资产保值增值，根据《中央企业效能监察暂行办法》，并结合股份公司实际，制定本办法。

第二条 本办法适用于股份公司总部及各公司。

第三条 股份公司监察部在股份公司总经理的直接领导下，负责指导、组织协调和实施股份公司效能监察工作。

第四条 效能监察是监察部门针对影响企业效能的有关业务事项或活动过程，监督检查相关经营管理者履行职责行为（简称履职行为）的正确性，发现管理缺陷，纠正行为偏差，促进企业规范管理和自我完善，提高企业效能的综合性管理监控工作。

第五条 本办法所称相关经营管理者是指：股份公司总部各职能部门及各公司的各级管理人员；股份公司派到控股和参股公司的管理人员；其他有业务处置权的重要岗位人员。本办法所称的主要经营管理者是指企业主要经营负责人。

第六条 检查经营管理者履职行为正确性遵循以下标准：

（一）合法性：经营管理者履职行为必须是合法的授权行为，必须符合国家相关法律法规和企业领导人员廉洁从业的相关规定，必须按规定接受监督；

（二）合规性：经营管理者履职行为必须符合国家、行业和企业相关管理程序、业务流程和技术规范；

（三）合理性：经营管理者履职行为在职责权限内的合理裁量，必须符合科学发展、以人为本、精益化管理、降低成本增加效益、持续经营等管理原则；

（四）时限性：经营管理者履职行为对有特殊时限要求的管理事项不得擅自延长或者缩短时限。

第七条 效能监察工作坚持以下原则：

（一）科学发展原则。围绕企业经营管控中心，服务企业改革发展大局，建立节约型企业，促进企业又好又快发展，不断增强企业经济实力。

（二）依法监察原则。有章必循、违章必究、执纪必严、激励守法合规履职行为。

（三）实事求是原则。重调查研究、重证据，客观公正。

（四）协调统一原则。监察与纪检、监事会和审计等其他监督部门及业务部门相互协调；监督检查经营管理者履职行为与服务经营管理目标相统一；促进制度建设与提高企业效能相统一；完善企业内部管理控制机制与构建惩治和预防腐败体系相统一；教育与奖惩相统一。

第二章 效能监察工作的领导体制和责任体系

第八条 按照企业人事管理权限或者产权关系，依据“统一要求、分级负责”的原则，建立健全效能监察责任体系，形成在企业党政领导下，由主要经营管理者负责，监察部门组织协调，相关业务部门密切配合，职工群众积极参与的效能监察领导体制和工作机制。

第九条 股份公司总经理是股份公司效能监察工作的第一责任人。各公司的主要经营管理者是本企业效能监察的第一责任人。第一责任人的主要责任是：

（一）作为本公司效能监察的主管领导，要积极推动效能监察工作深入开展，充分发挥效能监察在经营管理中的综合监督作用，加强内部监督和风险监控；

（二）确定本公司效能监察的范围和应当接受检查的经营管理者。确定和批准效能监察立项，批准工作报告、监察建议和决定等重大事项，定期听取本公司的效能监察工作情况汇报；

（三）建立健全本公司监察机构，根据实际需要配置与监察工作任务相适应的专兼职监察人员，为本公司开展效能监察工作提供组织保证。

第十条 各级监察部门负责组织协调和实施本企业效能监察工作，主要职责是：

（一）按照本企业主要经营管理者和上级部门有关效能监察工作的要求，结合相关业务部门建议及本企业经营管理实际，提出效能监察年度工作计划和效能监察立项意见，负责本企业的效能监察日常工作；

（二）组织协调相关业务部门参与效能监察工作，与业务部门协商配合，形成监督合力；

（三）根据批准的立项，组织成立效能监察项目检查组，实行效能监察项目负责制；

（四）依据项目检查组的监察意见，提出监察建议和监察决定的意见并报批，受理效能监察决定有异议的申诉，并组织复审；

（五）开展调查研究、组织经验交流、理论研讨、业务培训，总结推广先进典型经验，剖析经营管理的薄弱环节，警示其他经营管理者；

（六）完成本企业主要经营管理者和上级部门交办的其他事项。

第十一条 各相关业务部门在效能监察工作中，负有提出立项建议、参与配合实施、通报相关情况、提供相关资料和提供业务培训的义务。并负责落实针对本部门的效能监察建议或决定以及向本企业主要经营管理者提出意见、建议。

第十二条 效能监察检查组依据同级监察机构的授权，具体负责效能监察项目的实施。

第十三条 效能监察项目检查组成员负责效能监察项目的检查。效能监察项目检查组成员应当熟悉效能监察业务，了解管理制度和经营管理情况，有丰富的工作经验，爱岗敬业，忠于职守，公正廉洁。

第三章 效能监察的任务、内容、权限和方式

第十四条 效能监察主要任务是：

（一）检查经营管理者履职行为，执行国家法律法规和企业管理制度、完成经营管理目标任务的情况，促进企业落实执行力，维护指令畅通；

（二）监督检查经营管理者履职行为的正确性，发现并纠正行为偏差和管理缺陷，分析存在问题的原因，会同有关业务部门提出监察建议或决定的意见，加强内部管理监控；

（三）按规定参与调查违反国家法律法规和企业管理制度造成国有资产损失的问题，依法依规追究有关责任者的责任，避免和挽回国有资产损失；

（四）按规定参与调查处理企业发生的重大、特大安全生产责任事故，促进企业落实安全生产责任制；

（五）按规定及时将发现的违法违规违纪线索，移交有关部门调查处理，督促企业依法经营和经营管理者廉洁从业；

（六）督促监察建议或决定的落实，总结推广管理经验，健全管理制度，促进企业规范管理，完善企业激励约束机制。

第十五条 股份公司主要以提高公司管控能力和落实执行力为目的，围绕公司战略管控、内控制度、决议、决定的落实为重点开展效能监察。各公司主要以降低企业成本、提高企业经济效益为目的，围绕生产经营管理、项目管理、设备物资采购、工程分包、清收清欠等开展效能监察。基层单位主要围绕项目成本控制开展效能监察。效能监察的具体内容主要是：

（一）对生产经营开展效能监察。主要监督检查被检查的经营管理人员是否按照市场经济的要求和企业有关制度组织生产经营活动，是否合理有效使用人力、物力和资金；生产经营决策过程是否合规，决策结果是否正确可行；经营目标是否实现；是否按安全生产规程、规范组织生产活动。

（二）对设备、物资管理开展效能监察。主要监督检查被检查的经营管理人员对设备、批量物资采购是否按规定程序进行，对按规定必须招标（团购）的设备、批量物资是否采用招标（团购）的方式进行采购，采购供应是否按期、按质、按量满足生产经营的需要；是否按照质价比最优的要求，采购适合本企业使用的质量合格、价格合理的设备、物资；设备、物资入库验收、保管、领用是否建立了必要的规章制度并严格执行；设备、物资的储备是否完好合理。

（三）对财务及产权管理开展效能监察。主要监督检查被检查的经营管理人员是否按照国家的财政法规、财经纪律、财务制度进行财务管理和财务监督；是否执行预算管理、消耗定额和费用标准；是否有降低成本的控制措施，是否合理管理使用企业资金；产权管理和交易是否按照国家法律法规和股份公司管理制度进行。

（四）对劳动、人事、教育管理开展效能监察。主要监督检查被检查的经营管理人员是否贯彻执行国家劳动、人事、教育方面的方针、政策、法律、法规等；选拔任用人员是否遵循选贤任能、德才兼备的原则，是否严格履行相关程序；薪酬的分配是否贯彻落实了按劳分配，效率优先、兼顾公平的原则；机构设置、定岗定员是否合理；人才培训是否符合企业产业结构调整和工作需要。

（五）对投资项目开展效能监察。主要监督检查被检查的经营管理人员是否执行民主决策程序；项目是否进行了可行性研究；立项程序是否合法合规，手续是否完备；工程招标、设备物资采购是否按规定程序进行；项目组织实施是否进行了有效管理；项目投资出现超概，是否合理、合规，是否履行了

必要的程序；项目是否得到预期收益。

（六）对技术管理开展效能监察。主要监督检查被检查的经营管理人员是否贯彻执行国家及企业有关科技工作的方针政策、法规制度；是否进行技术改造和引进新技术、新工艺；是否为科技人员创造良好的工作条件；技术成果是否及时转化为生产力；是否对自有知识产权进行必要保护。

（七）对后勤服务管理开展效能监察。主要监督检查被检查的经营管理人员是否认真贯彻执行国家和地方政府有关政策、规定；是否在住房、医疗、卫生、交通、通信、办公条件等方面建立了规章制度，并严格执行；是否严格执行了厂务公开制度，并积极为部门、职工提供必要的工作条件和生活条件。

（八）对制度落实情况开展效能监察。主要监督检查被检查的经营管理人员是否存在违反制度规定的行为，是否履行了必要的程序流程，是否执行了报批手续，所在单位是否按规定制定了配套制度，是否按规定进行资料整理并建立档案。

第十六条 监察部门开展效能监察工作有下列权限：

（一）要求被检查的经营管理者及其所在部门（单位）报送与效能监察项目有关的文件、资料，对效能监察项目的相关情况作出解释和说明；

（二）查阅、复制、摘抄与效能监察项目相关的文件、资料，核实效能监察项目的有关情况；

（三）经主要经营管理者批准，责令被检查的经营管理者停止损害国有资产、企业利益和职工合法权益的行为；

（四）建议相关部门暂停涉嫌严重违法违规违纪人员的职务；

（五）效能监察人员可以列席与效能监察项目有关的会议；

（六）效能监察项目涉及本企业以外的股份公司其他单位人员的，可请求相关单位协助查询和调查，有关单位应予协助，必要时可申请股份公司监察部予以协调。

第十七条 效能监察可以采用下列监察方式：

（一）针对企业经营管理活动的重点、难点，针对资产管理的风险因素和职工群众反映的热点问题等，开展单项或者综合事项的效能监察；

（二）针对业务事项和管理活动的全过程或重点环节，开展事前、事中、事后或全过程效能监察；

（三）充分利用信息化管理系统开展效能监察工作。

第四章 效能监察基本程序

第十八条 效能监察的基本程序包括确定效能监察项目、实施准备、组织实施、拟定监察报告、作出监察处理、跟踪落实、总结评审和归档立卷等。

第十九条 效能监察立项通过以下方式确定：

（一）上级主管部门统一组织的效能监察项目；

（二）主要经营管理者直接指定的效能监察项目；

（三）相关业务部门根据工作需要，年初向监察部门提出立项建议，由监察部门汇总后，报主要经营管理者批准的效能监察项目；

（四）监察部门调查分析，研究拟定并报主要经营管理者批准的效能监察项目。

经拟定的效能监察项目，由监察部门填写效能监察立项表和效能监察立项统计表，报主要经营管理者审批并报上级监察部门备案。

第二十条 效能监察实施准备的主要过程是：

（一）成立效能监察项目检查组，检查组成员应根据具体立项情况确定，一般以监察部门负责人牵头，相关部门派人参加，并聘请有丰富工作经验的相关管理、技术人员参与，本人或者近亲属与效能监察项目有利害关系，或者有其他关系可能影响公正监察的，不得作为检查组成员。

（二）对效能监察项目检查组成员进行相关专业知识及法律法规和企业相关制度的培训。

（三）收集整理检查依据，理清监察项目的主要业务流程和关键岗位权限，找准主要监察点，明确检查目的、要求和方法步骤，制定实施方案。

（四）向被检查的经营管理者所在部门（单位）发送效能监察通知，相关部门（单位）应当提供效能监察必需的工作条件。

第二十一条 效能监察组织实施的主要内容是：

（一）向被检查的经营管理者所在部门（单位）通报实施效能监察的目的、要求和相关事宜；

（二）依据效能监察项目实施方案规定的方法和步骤对有关经营管理者进行检查；

（三）检查效能监察项目有关经营管理者履职行为、执行国家法律法规和企业管理制度、完成管理目标任务的情况；收集与监察项目有关的文件资料和事实陈述；检查经营管理者履职行为的正确性，发现行为偏差和管理缺陷；

（四）向被检查的经营管理者及其所在部门（单位）通报监察情况，听取其意见，并予以确认；

（五）会同相关业务部门对发现的行为偏差和管理缺陷进行分析，并查找其在体制、机制和制度等方面存在的问题，研究提出监察建议或决定的意见。

第二十二条 效能监察项目实施后，效能监察项目检查组应当实事求是、客观公正地拟定效能监察报告，并报本企业主要经营管理者批准，效能监察报告内容包括监察依据、检查过程、发现的行为偏差和管理缺陷、管理控制制度分析和监察建议或决定意见等。

第二十三条 监察部门对检查中发现的需要追究党纪政纪处分或者法律责任的问题，按照权限报批后，移交有关部门处理；对涉及本企业以外的单位和个人的问题，移交有处理权的单位；对需要进行监察处理的，经企业主要经营管理者批准后，下达监察建议或者监察决定。

第二十四条 监察部门应当对监察建议或者决定的执行情况进行跟踪检查，督促整改意见的落实，及时将效能监察结果及整改情况抄送给各有关业务部门和人力资源部门使用。

第二十五条 股份公司每年对全年效能监察工作进行总结。各企业应将本单位效能监察工作总结及效能监察工作情况统计表经主要经营管理者批准后，于11月底前报股份公司监察部，并报本企业党政主要负责人。

第二十六条 已经完成的效能监察项目资料要及时立卷归档。卷宗应包括立项表、实施方案、总结报告、《监察建议书》、《监察决定书》等全部原始资料。

第五章 监察建议和决定

第二十七条 监察部门在效能监察工作中，对查明的下列尚不构成纪律处分的行为偏差事实，报批后，下达整改监察建议：

（一）不执行、不正确执行或者拖延执行国家法律法规和企业规章制度，以及重要决策、决议、决定等，应予以纠正的；

（二）不执行、不严格执行企业内部管理制度的，或者存在管理缺陷的；

（三）经营管理者决策、计划、指令以及经营管理活动不适当，应予纠正或应予撤销的；

（四）违反选人、录用、任免、奖惩工作原则和程序，决定明显不适当的；

（五）按照国家法律法规和企业管理制度相关规定，需要予以经济赔偿的；

（六）其他需要提出监察建议的。

第二十八条 监察部门在效能监察工作中，对查明的下列未涉嫌犯罪的违规违纪事实，报批后，作出监察处分决定：

（一）违反国家法律法规和企业管理制度，按照人事管理权限应当给予相关责任人纪律处分的；

（二）不按规定追缴，或者不按规定退赔非法所得的；

（三）已经给国有资产、企业利益或职工合法权益造成损害，未采取补救措施的；

（四）其他需要作出监察处分决定的。

第二十九条 监察建议或决定应当以书面形式送达被检查的经营管理者及其所在部门（单位），被检查的经营管理者及其所在部门（单位）应当采纳或必须执行。

第三十条 被检查的经营管理者及其所在部门（单位）应当在收到监察建议或决定之日起的15日内提出采纳或者执行意见，采纳或执行情况要书面报告下发监察建议或决定的监察部门。

对监察决定有异议的，被检查的经营管理者可以在收到监察决定之日起30日内向作出决定的监察部门申请复审；复审应在收到复审申请之日起的30日内完成。复审期间，不停止原决定执行。

第六章 奖励与惩处

第三十一条 监察部门在开展效能监察过程中，对下列机构和人员，可建议本企业主要经营管理者给予精神或物质奖励：

（一）企业经营管理者正确履行职责，模范遵守国家法律法规和企业管理制度，经营管理成效显著，贡献突出的；

（二）相关部门认真开展效能监察工作取得重大经济和社会效益的；

（三）效能监察人员忠于职守，坚持原则，有效制止违法违规违纪行为，避免或挽回重大国有资产损失，贡献突出的；

（四）控告、检举重大违法违规违纪行为的有功人员；

（五）其他应当奖励的部门、单位和个人。

第三十二条 被检查的经营管理者及其所在部门（单位）违反本办法，有下列行为之一的，由所在企业按人事管理权限对直接责任人和其主管负责人给予相应的纪律处分；涉嫌犯罪的，依法移送司法机关处理：

（一）拒不执行监察决定，或者无正当理由拒不采纳监察建议的；

（二）阻挠、拒绝检查人员依法行使职权的；

（三）拒绝提供相关文件、资料和证明材料的；

（四）隐瞒事实真相、出具伪证，或者隐匿、毁灭证据的；

（五）利用职权包庇违法违规违纪行为的；

（六）其他需要给予纪律处分的。

第三十三条 检查人员有下列情形之一的，由所在企业根据情节给予相应的纪律处分；涉嫌犯罪的，依法移送司法机关处理：

（一）玩忽职守，造成恶劣影响和严重后果的；

（二）利用职权为自己或他人谋取私利的；

（三）利用职权包庇或者陷害他人的；

（四）滥用职权侵犯他人民主权利、人身权利和财产权利的；

（五）泄露企业商业机密的；

（六）其他需要给予纪律处分的。

第七章 附 则

第三十四条 各级企业应根据本办法，制定符合本企业实际的实施细则或单项工作操作规程。

第三十五条 本办法自颁布之日起实施。

综 合 管 理

中国水利水电建设股份有限公司对外捐赠管理暂行办法

（中水电股〔2010〕72号·2010年5月21日）

第一章 总 则

第一条 为了加强中国水利水电建设股份有限公司（以下简称股份公司）对外捐赠事项管理，规范对外捐赠行为，有效维护股东权益，引导各公司正确履行社会责任，根据《中华人民共和国公益事业捐赠法》和国资委《关于加强中央企业对外捐赠管理有关事项的通知》（国资发评价〔2009〕317号）、集团公司《关于印发〈中国水利水电建设集团公司对外捐赠管理暂行办法〉的通知》（中水电财〔2010〕8号）以及股份公司相关议事规则等有关规定，特制定本办法。

第二条 本办法适用于股份公司、股份公司所属全资、控股子公司。

第三条 本办法所称对外捐赠是指企业自愿无偿将其有权处置的合法财产赠送给合法的受赠人用于与生产经营活动没有直接关系的公益事业的行为。

第二章 对外捐赠管理机构及责任

第四条 股份公司负责根据国家相关规定和要求，拟定完善股份公司对外捐赠管理办法，明确管理部门、职责和权限，界定对外捐赠范围，确定对外捐赠限额，严格捐赠审批程序，以达到规范股份公司对外捐赠行为，维护股东权益的目的。

第五条 股份公司总经理工作部是股份公司对外捐赠的牵头管理部门，负责股份公司总部及所属子公司在股份公司审批权限内对外捐赠行为和额度的审核、备案、拟文批复以及向总经理办公会、董事会提交审议议案工作，并向集团公司报送属国资委审批和备案的捐赠事项。参与年度股份公司对外捐赠预算支出项目、支出方案及支出规模等事项的审核。

第六条 股份公司财务产权部负责股份公司年度对外捐赠预算的审核、汇总，对年度对外捐赠预算支出项目、支出方案及支出规模等预算安排作出详细说明，向集团公司报送对外捐赠预算专项报告。

第七条 股份公司纪检监察、审计部门负责对外捐赠项目在制度建设、工作组织、决策程序、预算安排、项目实施和财务处理等方面进行监督检查。

第八条 各公司应根据股份公司对外捐赠管理暂行办法的规定制定本单位实施细则，规范对外捐赠的管理。

第三章 对外捐赠范围

第九条 各公司对外捐赠范围包括：

一、向受灾地区、定点扶贫地区、定点援助地区或困难的社会弱势群体的救济性捐赠；

二、向教科文卫体事业和环境保护及节能减排等社会公益事业的公益性捐赠；

三、向社会公共福利事业的其他捐赠等。

第十条 各公司用于对外捐赠的资产应当权属清晰、权责明确，应为公司有权处分的合法财产，包括现金资产和实物资产等，不具处分权的财产或不合格产品不得用于对外捐赠。

第十一条 各公司经营者或者其他职工不得将公司拥有的资产以个人名义对外捐赠。

第十二条 除国家有特殊规定的捐赠项目之外，各公司对外捐赠应当通过依法成立的接受捐赠的慈善机构、其他公益性机构或政府部门进行。对于有关社会机构、团体的摊派性捐赠、赞助事项，各公司应当依法拒绝。

第四章 对外捐赠规模

第十三条 各公司对外捐赠应当充分考虑自身经营规模、盈利能力、负债水平、现金流量等财务承受能力，坚持量力而行的原则，合理确定对外捐赠支出规模和标准。

第十四条 对于盈利能力强、负债水平低、经营活动现金流量充裕的公司，对外捐赠支出规模原则上不得超过200万元；对于盈利能力大幅下降、负债水平偏高、经营活动现金流量为负数或者大幅减少的公司，对外捐赠规模原则上不得超过50万元；对于资不抵债、经营亏损或者捐赠行为影响正常生产经营的公司，除特殊情况外，不得安排对外捐赠支出。

第五章 对外捐赠的审批权限及程序

第十五条 股份公司对外捐赠实行统一管理，各公司及所属单位、项目部未经股份公司批准或备案不得擅自对外捐赠。

第十六条 股份公司总部及各公司对外捐赠支出应纳入年度财务预算管理，每年安排的对外捐赠预算支出应经公司董事会或类似决策机构批准同意后上报股份公司，股份公司审核汇总后随年度财务预算报股份公司董事会审议，审议通过后上报集团公司。

第十七条 股份公司总部实际发生预算内有明确捐赠对象的捐赠项目，小于10万元（含10万元）的，由股份公司总经理审批后实施；超过10万元（不含10万元）且小于500万元（含500万元）的，由股份公司总经理办公会审议批准，并经董事长确认后实施；超过500万元和突发性重大自然灾害或者其他特殊事项超出预算范围需要紧急安排对外捐赠支出，无论金额大小，在经股份公司总经理办公会审议后，报董事会审议，并由集团公司转报国资委备案同意后实施。

第十八条 各公司及所属单位、项目部实际发生预算内的捐赠项目，小于10万元（含10万元）的，由各公司董事会或类似决策机构审批后，报股份公司备案后实施；超过10万元（不含10万元）且小于500万元（含500万元）的，由各公司履行内部决策程序后，经股份公司审批后实施；超过500万元和突发性重大自然灾害或者其他特殊事项超出预算范围需要紧急安排对外捐赠支出，无论金额大小，在各公司履行内部决策程序后，经股份公司审批，并由集团公司转报国资委备案同意后实施。

第十九条 根据股份公司内部管理制度，实际发生捐赠项目超过500万元和突发性重大自然灾害或者其他特殊事项超出预算范围需要紧急安排对外捐赠支出，无论金额大小均报董事会审议，其中：在董事会闭会期间，一个会计年度内累计金额不超过200万元的对外捐赠由董事长行使决策权。

第六章 监督检查

第二十条 各公司应加强对外捐赠事项的财务监督工作，在实际发生对外捐赠支出后，应当规范账务处理，并将支出情况向社会公开。

第二十一条 股份公司将通过纪检监察、审计部门对对外捐赠管理和捐赠项目实施效果实施监督检查和后续跟踪，对制度不健全、未按规定程序决策、未及时向股份公司报备等不规范行为，股份公司将视情节进行处理，追究相关责任人的责任。

第二十二条 对在对外捐赠过程中存在营私舞弊、滥用职权、转移公司资产等违法违规行为的，予以依法处理。

第七章 附 则

第二十三条 本办法由股份公司负责解释。

第二十四条 本办法自印发之日起施行。

中国水利水电建设股份有限公司公文处理办法

（中水电股总〔2010〕47号·2010年8月9日）

第一章 总 则

第一条 为使中国水利水电建设股份有限公司（以下简称股份公司）公文处理工作规范化、制度化、科学化。依据《国务院国有资产监督管理委员会公文处理暂行办法》（国资发〔2006〕171号）、《中国水利水电建设股份有限公司章程》（中水电股〔2010〕40号）、《中国水利水电建设股份有限公司工作规则》（中水电股〔2010〕2号），结合股份公司工作实际，制定本办法。

第二条 股份公司公文是股份公司在企业运营过程中所形成的具有特定效力和规范体式的文书，是依法治企和传达贯彻党和国家的方针、政策，发布企业规章制度，安排生产经营活动，请示和答复问题，报告和交流情况的重要工具。

第三条 公文处理是指公文的拟制、办理、管理、整理（立卷）、归档等在内的一系列相互关联、衔接有序的工作。

第四条 公文处理应当坚持实事求是、精简、高效的原则，做到及时、准确、安全。

第五条 公文处理必须严格执行国家法律、法规和其他有关规定，确保国家秘密的安全，确保股份公司商业秘密的安全。机密文、电要有专人保管和处理，按规定范围传阅、使用。

第六条 股份公司总经理工作部是股份公司公文处理的管理部门，主管总部行政公文的处理工作，并负责对总部各管理部门和各子公司、控股公司的公文处理工作进行业务指导。股份公司总部、事业部等管理部门应指定兼职人员具体负责本部门公文处理工作。

第七条 股份公司各级负责人应高度重视公文处理工作，加强对公文处理工作的领导和检查，并自觉遵守本办法，对签发的公文承担相应的责任。

第二章 公 文 种 类

第八条 股份公司常用的公文种类主要有：

（一）决定

适用于对重要事项或重大事项作出决策和安排，奖惩有关单位及人员，变更或者撤销下属单位不适当的决定事项。

（二）通知

适用于向总部各部门、股份公司各成员企业批转的公文，转发上级机关及不相隶属单位的公文，传达需要下级单位办理和需要有关单位周知或执行的事项，发布或转发各种规章制度，聘用或解聘人员。

（三）通报

适用于表彰先进，批评错误，传达重要精神、交流重要情况。

（四）报告

适用于向上级单位汇报工作，反映情况，提出建议，答复上级单位的询问。

（五）请示

适用于向上级单位请求指示、批准。

（六）批复

适用于答复下级单位的请示事项。

（七）函

适用于商洽工作、询问和答复问题，向不隶属关系单位或部门请求批准和答复审批事项。

（八）会议纪要

适用于记载会议情况和议定事项。

（九）意见

适用于对重要问题提出见解和处理办法。

（十）规定

用于对股份公司特定范围内的某项业务工作和事务制定具有约束力的行为规范。

第三章 公 文 格 式

第九条 公文一般由秘密等级和保密期限、紧急程度、发文单位标识、发文字号、签发人、标题、主送单位、正文、附件说明、成文日期、印章、附注、附件、主题词、抄送、印发单位和印发日期等部分组成。

（一）有保密要求的公文，应根据保密程度，在公文首页右上角标明“绝密”、“机密”、“秘密”。其中，“绝密”、“机密”级公文还应当标明份数序号。

（二）紧急公文应根据紧急程度，在公文首页右上角标明“特急”、“急件”。如需要标明保密程度和紧急程度的公文，应将保密程序与紧急程度上下排列，保密程度在上，紧急程度在下。

（三）发文单位应写单位全称或规范化简称。联合行文时，主办单位应当排列在前。

（四）发文字号一般包括：单位代字、年号、序号。联合行文只标明主办单位发文字号。股份公司总部各部门要使用规范的发文代字（股份公司总部发文代字详见附录一）。

公文的发文字号一般标注在发文单位之下，横线上方居中。函件的发文字号标注在横线下方右侧。发文字号中的年份用六角括号“〔 〕”括入，不使用中括号“[ ]”。

（五）报上级单位的公文应在横线上方左侧标注字号，右侧注明签发人，如有会签人，应注明会签人姓名。“签发人”三字用仿宋体字，后标全角冒号。

（六）公文标题应简要准确地概括公文的主要内容，其中请示性公文应当在附注处注明联系人及电话，并准确标明公文种类。标题中除法规、规章名称加书名号外，一般不用标点符号。

转发文件的标题，除转发的文种为“通知”时省略外，其他文种可保留一级，如“关于转发×××批复的通知”。转发的文种是通知时，为“关于转发×××的通知”。

标题位于横线下2行，用2号方正小标宋体字，可分一行或多行居中排布。回行时，要做到词意完整，排列对称，间距恰当。

（七）主送单位是指公文的主要受理单位，抄送单位是除主送单位外需要执行或知晓的其他单位，二者均应当使用全称或者规范化简称（股份公司及总部和各子公司简称详见附录二、附录三）。

（八）首页必须显示正文。正文用3号仿宋字体，文中如有小标题可用3号小标宋体字或黑体字。计量单位、数字、标点符号、汉语拼音要按照国家有关规定规范使用。

（九）公文如有附件，应在正文之后，成文时间之前注明附件的顺序和名称。附件名称后不加标点符号，附件的序号和名称前后标识要一致，与主件装订在一起。印发和转发文件时，不作附件标识。

（十）公文除以电报形式发出的以外，应当加盖印章；联合行文时，联合单位都应当加盖印章；联合行文的盖章顺序，应与文头单位排列顺序相同。

当公文排版后所剩空白处不能容下印章位置时，采取调整行距、字距的措施加以解决，使印章与正文同处一面，不采取标识“此页无正文”的方法。

单一单位制发的公文在落款处不署发文单位名称，只标识成文日期。当印章下弧无文字时，采用下套方式，即仅以下弧压在成文日期上；当印章下弧有文字时，采用中套方式，即印章中心线压在成文日期上。

（十一）成文日期以负责人签发的日期为准，联合行文以最后签发负责人的签发日期为准。人事任免的文件，以会议讨论通过的日期为准，并在标题之下、正文之前注明会议名称和通过日期。

（十二）公文如有附注（需要说明的其他事项），应当加括号附注，用3号仿宋体字，居左空2字圆括号标注在成文日期下一行。

（十三）文件应当标注主题词；报上级单位的文件应按照上级单位的要求和《公文主题词表》标注主题词。下发的文件，按公文所涉及的范围、内容、文种的顺序标注主题词，一般不超过5个词汇。

如有抄送单位，抄送单位间用逗号隔开，回行时与冒号后的抄送单位对齐，在最后一个抄送单位后标句号。

股份公司公文最后标识印发机关和印发日期，印发机关统一标注为“中国水电股份公司总经理工作部”，印发日期以公文付印的日期为准。

（十四）版记（主题词、抄送、印发机关、印发日期）应置于公文最后一面，版记的最后一个要素置于最后一行。

第十条　信函式公文首页标识发文单位全称，字体为小标宋，与上下两线均印红色。发文字号置于上线下一行版心右边缘顶格标识。发文字号下空1行标识公文标题。如需标识秘密等级或紧急程度，可置于上线下1行版心左边缘顶格标识，首页不显示页码。

第十一条　公文用纸采用国际标准A4型。文字从左至右横写、横排，左侧装订。骑马订或平订的订位为两钉钉锯外订眼距书芯上下各1/4处。

第十二条　公文格式本办法未明确的，结合本单位实际，参照《国家行政机关公文格式》（GB/T 9704—1999）执行。

第四章　行 文 规 则

第十三条　行文应当确有必要，注重效用。

第十四条　行文关系应根据各自的隶属关系和职权范围确定，一般不得越级请示和报告。

（一）股份公司在职权范围内，可以对子公司行文布置工作（行文文种主要是通知、通报、批复、决定、规定、意见、函、会议纪要等）；可以向地方政府及有关单位行文（行文文种主要是函、通知、意见等）；可以根据业务需要向其他业务关系单位行文（行文文种主要是函、通知、意见等）。

（二）按照有关规定，股份公司不直接向国务院国资委等有关部委行文；但经集团公司授权可由股份公司代集团公司拟文向国务院国资委等有关部委及工作部门行文（行文文种主要是请示、报告、意见）。

（三）股份公司对子公司的下级单位不行文；对参股公司确有必要行文的以“函”的形式行文。

（四）股份公司与股份公司党委可以联合行文，与子公司不联合发文。

（五）一般不以股份公司文件方式向上级领导个人报送“请示”、“报告”、“意见”。

（六）涉及股份公司规章制度、重要决定、重要批示的文件，以“中水电股”发文代字行文。

（七）股份公司各部门在职能范围内可以就具体业务工作对子公司或相关业务部门行文（行文文种主要是函、通知、意见），但不得越权向子公司行文。涉及两个及以上部门职能范围的事项，部门之间对有关问题未经协商一致，不得各自向下行文，如擅自行文，股份公司应当责令纠正或撤销。各部门一般不对股份公司以外单位行文，各部门之间一般不行文。

（八）股份公司各子公司不得越级向国资委等有关部委行文，不直接向集团公司行文，而应向股份公司行文。

（九）向股份公司的“请示”应一文一事，“报告”中不得夹带请示事项。

（十）除股份公司领导直接交办的事项外，一般不得直接给股份公司领导行文。

（十一）不得以股份公司部门名义向上级单位报送“请示”、“意见”和“报告”。

（十二）不得多头主送文件，如需同时送其他单位，应当用抄送形式。

第五章　收文办理

第十五条　收文办理是指对收到公文的办理过程，包括签收、登记、审核、拟办、批办、分发、承办、催办、立卷、归档、销毁等程序。

收文办理一般按以下程序进行：

股份公司收文：由总经理工作部主任或主任授权副主任拟办——根据公司领导业务分工和批办权限呈公司领导批示——相关部门办理。

第十六条　收文处理。

（一）国务院及国务院国资委等有关部委给集团公司的来文及外部单位给集团公司的来文，由集团公司总经理工作部签收、登记、拟办、分办、督办、立卷、归档。来文经集团公司总经理批示后，涉及应由股份公司承办的文件，由股份公司按程序办理。各业务部门通过其他渠道（会议、邮寄等）收到的给集团公司的公文，需交集团公司总经理工作部按以上程序处理。

（二）接收公文时，总经理工作部文秘处应认真核查来文单位、文件件数、时限要求和密封情况，确认无误后方可签收。签收公文应注明签收人姓名和签收日期；签收紧急件、机密件时应登记公文序号，签收特急公文应注明签收时间。收文分为办件和阅件，对主送股份公司需要答复、汇报或反馈结果的公文为办件，挂“股份公司收文处理单”，并粘贴办件条形码；需要送公司领导和有关部门阅知的公文为阅件，直接在来文首页上粘贴阅件条形码。

（三）凡股份公司内、外单位发给股份公司的公文，由股份公司总经理工作部统一按以上程序办理。各部门收到子公司或外单位报送给股份公司的文件，不得自行处理，应交股份公司总经理工作部按以上程序办理。

（四）股份公司各控股（参股）公司凡报给其公司董事长、董事、监事的文件，应直接发送至董事长、董事、监事；发送给股份公司派出董事、监事的文件，由有关管理部门转送至董事、监事，股份公司总经理工作部不予收文办理。

（五）对下级单位报送的需要办理的公文，股份公司总经理工作部应当对来文进行审核，审核的重点是：来文是否属公文处理范围，是否符合行文规则，文种使用是否正确，公文格式是否规范等。对不符合规定的公文，报经总经理工作部负责人批准后退回呈报单位，并说明原因，要求修改后再报。

（六）总经理工作部主任对来文提出拟办意见，由股份公司领导批办，由有关部门承办。如公文需要两个及以上部门办理的，拟办、批办公文时明确主办部门或牵头部门，紧急公文应当明确办理时限。

（七）批办公文时，对有具体请示事项的，主批人应当明确签署意见、姓名和审批日期，其他批阅人圈阅视为同意；没有请示事项的，圈阅表示已阅知。

（八）对有保密要求的、加盖股份公司收文登记章的和有其他特殊要求的文件传阅后退总经理工作部；凡需办理的，由主办部门办理后及时退总经理工作部归档。

（九）凡属股份公司领导和各部门传阅的文件，由总经理工作部文秘人员具体做好传阅转换工作，有关领导和部门不得积压，也不得横传。

第十七条 公文传递。

（一）公文的传批、传阅顺序原则上按照公司领导的排序，传批件由后向前送批，传阅件由前向后送阅。如公司领导出差，注明后依次传递。

（二）公文在传批、传阅过程中，公司领导批示总部有关部门阅处的，原则上需待公文传批完毕后再转相关承办部门；时限紧急的由总经理工作部复印送相关承办部门先行办理，原件继续传批。

（三）公文交换。股份公司公文传递应当通过总经理工作部公文管理人员交换进行。股份公司领导和总部各部门传递公文，原则上在每个工作日的（上午9：30～10：30，下午16：00～16：30）时段传递和收取；特急件随时转出交接；下班后或节假日，除特急件外其他文件原则上不再传送，特急件由总经理工作部值班人员负责联系办理。

第十八条 公文督办。

（一）总经理工作部负责公文督办工作。

（二）对重要的和有时限要求的文电，由总经理工作部负责催办，做到紧急公文跟踪催办，重要公文重点催办，一般公文定期催办。

（三）除总经理工作部文秘人员负责催办外，承办单位的领导要及时催办，并将办理情况及时向有关方面反馈。

（四）公文办理完毕后，主办单位要及时将办理情况告知总经理工作部文秘处，并办理销号手续。

（五）未能按时办理的公文，主办单位要及时与有关单位沟通，并向总经理工作部文秘处说明情况；对上级单位交办的未能按时办结的事项，由总经理工作部或有关业务部门负责向上级机关作出说明。

（六）公文办理时限要求：

1. 上级领导同志批示件和上级单位交办的公文，一般应在两周内办结；有具体时限要求的，从其要求。

2. 股份公司总部部门间会签的公文，原则上不超过3个工作日，最迟不超过5个工作日，超时需提前与主办部门协商，否则将视为同意（主办部门应在签报中说明）。

第六章　发 文 办 理

第十九条 发文办理是指以股份公司总部名义制发公文的过程，一般包括拟稿、会签、审核、签发、复核、印制、用印、登记、分发、立卷、归档、销毁等程序。

除公司领导签发外，从拟稿到印制以及电子归档，一律通过办公自动化系统进行。股份公司发文具体流程是：主办部门拟稿——主办部门负责人核稿——主办部门送有关会签部门会签——主办部门送总经理工作部核稿——送股份公司分管或协管领导审核——总经理工作部按公文签发权限送股份公司领导签发——总经理工作部编号——主办部门校对——总经理工作部复核、印刷、盖章、分发、整理——归档。

第二十条 发文办理内容。

（一）拟稿

草拟股份公司文件或部门文件，拟稿人应按办公自动化系统上发文稿纸上的栏目要求填写清楚。草拟公文应做到：

1. 要符合国家的法律、法规和方针、政策及有关规定，符合企业的实际情况，符合国资委、集团公司、股份公司的有关规定。

2. 情况属实，观点明确，表述准确，结构严谨，条理清楚，文字精练，字词规范，标点正确，篇幅力求简短。

3. 人名、地点、单位名称、数据和引文应当准确无误。日期应写明具体的年、月、日，“零”写为“○”。引用公文应先引标题，后引发文字号，并加括号。使用简称时，一般先用全称，并用括号注明简称。使用外文字母缩写，应先用中文全称，并注明外文缩写。引用外文应当注明中文含义。

4. 结构层次序数，第一层为“一”，第二层为“（一）”，第三层为“1.”，第四层为“（1）”。

5. 公文中的数字，除成文时间、部分结构层次序数和词、词组、惯用语、缩略语等必须使用汉字外，应当使用阿拉伯数字。

6. 公文使用国家法定计量单位。

7. 公文中使用非规范化简称时，应使用全称并注明简称。使用国际组织外文名称或缩写名称时，在第一次出现时应注明准确的中文译名。

（二）会签

各部门承办的股份公司发文，凡涉及其他部门业务的应在本部门负责人审核后送有关部门会签，会签后再发总经理工作部核稿。

（三）核稿

为保证公文质量，拟稿部门负责人需对拟制的公文进行全面审核，严格把关。股份公司发文在送公司领导审核、签发之前，必须经总经理工作部核稿，对不符合要求的文件应及时退经办人修改或重办。

总经理工作部核稿的重点是：

1. 是否需要行文；

2. 是否符合行文规则；

3. 发文单位是否准确；

4. 公文的主送单位是否正确；

5. 有关部门是否已协商、会签；

6. 提出的要求、办法和措施是否明确具体、切实可行；

7. 公文内容、文字表述、文种使用、公文格式等是否符合本办法及股份公司其他相关规定。

（四）签发

1. 各部门报送股份公司领导签发的公文应当做到：

（1）符合《国家行政机关公文处理办法》的有关规定，符合股份公司公文处理的有关要求。

（2）必须经拟稿部门主要负责人核签，主要负责人不在时，根据授权由临时主持工作的负责人核签。

（3）涉及其他部门需要会签的，部门会签完后方可报送。

2. 公文签发实行权责相结合的原则，按照股份公司《工作规则》的规定：

（1）股份公司公文签发按照股份公司《工作规则》第五十三条、第五十四条执行。

（2）经股份公司总经理授权，股份公司部分日常性生产经营公文由股份公司分管领导签发。

（3）股份公司常规性贺电、唁电、业务联系函件、介绍信由总经理授权总经理工作部主任签发。

（4）授权签发事项，每月由总经理工作部汇总后向授权人报告。

（5）签发人在审批公文时应当签署明确意见，并签写姓名和审批时间；其他审批人圈阅，应当视为同意，或在圈阅的同时签明“同意”。

（6）对纸质文稿进行修改和签批公文，用笔用墨必须符合存档要求。不得在文稿装订线外书写。

（五）印制

股份公司公文正式印制前，总经理工作部印制人员应进行核对，重点是：审批、签发手续是否完备，附件材料是否齐全，格式是否统一、规范等。

各部门文件由总经理工作部排版、印制，主办部门编号、存档。办公自动化系统上的电子公文的技术服务、分类、存档由信息中心管理，并按照规定设定权限。

（六）用印

股份公司用印严格按照《中国水利水电建设股份有限公司印章管理办法》（中水电股〔2010〕14号）规定执行。

第二十一条　翻印。

上级单位标有密级的公文，除绝密和注明不准翻印的以外，经总经理工作部主任批准后，可以翻印。翻印件同正式文件一样管理。翻印时，要注明翻印机关、时间、份数和印发范围。

第二十二条　电报收发和处理。

（一）明码、密码电报由总经理工作部签收，集中分办、管理，注明“亲收”、“绝密”必须由收电人或收电人指定的人亲自启封。

（二）属于需要办复的电报，应及时送股份公司领导或主办部门阅办，急电随到随办，不得积压。

（三）密码电报要严格管理，不准擅自抄录、翻印、复制，不得在不利于保密的场合存放、交接密码电报。不得携带密码电报到公共场所或作为出差、办事的证明。

第二十三条　签报办理。

股份公司总部各部门向公司领导请示工作，反映情况，报告交办事项办理结果以及重要公文的起草过程，有关事项的背景，承办单位的意见和建议等事宜时应使用“签报”。

（一）“签报”不得同时分送两位以上公司领导阅批。

（二）“签报”须有拟稿部门主要负责人签字并加盖拟稿部门公章，“签报”内容应简明扼要，一事一报；如涉及其他部门职能，应会签有关部门，部门间如有分歧意见应在签报中注明。

（三）总部各部门的“签报”可根据公司领导职责分工，直接呈报股份公司分管领导阅批，重大事项报股份公司总经理阅批。

（四）“签报”作为股份公司机关的内部文件，由股份公司总经理工作部统一管理。除人事任免、案件查处等内容的签报按有关规定办理外，其余签报均应在办公自动化系统上拟稿，并在做好实物归档的同时，在办公自动化系统上存档，每年年底整理好后移交总经理工作部存档。

第七章　公文立卷归档、销毁

第二十四条　公文办理后，应当根据《中华人民共和国档案法》和有关规定，及时将公文定稿、正本和有关材料（包括音像）整理好后送总经理工作部或主办部门（单位）立卷归档。电报随同文件一起立卷归档。在认真做好实物归档工作的同时，做好在办公自动化系统中的归档。

（一）公文归档要根据其相互联系、特征和保存价值分类整理立卷，保证归档文件材料的齐全、完整，能准确反映本单位主要工作情况，以便保管和利用。

（二）联合办理的公文，定稿由主办单位立卷归档。

（三）公文复制件作为正式文件使用时，应加盖复制单位证明章，视同正式文件妥善保管。

（四）案卷应当确定保管期限，按照有关规定定期向档案部门移交，个人不得保管应归档的公文。

（五）没有归档和存查价值的公文，经过鉴别和主管领导人批准，可定期销毁。销毁秘密公文，要进行登记，由两人监销，保证不丢失、不漏销。

第八章　附　　则

第二十五条　外事等有特殊要求的公文处理，可按照外交部等有关部门的规定办理。

第二十六条　本办法适用于股份公司总部各部门和各子公司。

第二十七条　各子公司参照本办法制定本单位的公文处理办法。

第二十八条　本办法由股份公司总经理工作部负责解释。

第二十九条　本办法自2010年8月1日起实行。

附件：1. 中国水利水电建设股份有限公司及各部门发文代字

2. 中国水利水电建设股份有限公司及总部称谓规范

3. 中国水利水电建设股份有限公司各子公司称谓规范

4. 其他常用称谓规范

附件1：

中国水利水电建设股份有限公司及各部门发文代字

序号	全　称	股份公司发文代字	部门发文代字
1	中国水利水电建设股份有限公司	中水电股	
2	中国水利水电建设股份有限公司董事会	中水电股董	
3	中国水利水电建设股份有限公司监事会	中水电股监	
4	董事会办公室		董办
5	监事会办公室		监办
6	总经理工作部	中水电股总	股总
7	人力资源部	中水电股人	股人
8	财务产权部	中水电股财	股财
9	工程科技部	中水电股工	股工
	环境保护部	中水电股环	股环
10	安全生产监督管理部	中水电股安	股安
11	投资部	中水电股投	股投
12	市场经营部	中水电股经	股经
13	企业发展部	中水电股企	股企
14	审计部	中水电股审	股审
15	监察部	中水电股察	股察
16	资金管理部	中水电股资	股资
17	信息中心	中水电股信	股信
18	设备物资部	中水电股设	股设
19	法律事务部	中水电股法	股法
20	史志办公室	中水电股史	股史
21	海外事业部	中水电股外	股外
22	基础设施事业部	中水电股基	股基
23	房地产事业部	中水电股房	股房

附件2：

中国水利水电建设股份有限公司及总部称谓规范

序号	全　　称	简称
1	中国水利水电建设股份有限公司	股份公司
2	中国水利水电建设股份有限公司董事会	董事会
3	中国水利水电建设股份有限公司监事会	监事会
4	董事会办公室	董办
5	监事会办公室	监办
6	总经理工作部	总经理部
7	人力资源部	人资部
8	财务产权部	财务部
9	工程科技部	工程部
	环境保护部	环保部
10	安全生产监督管理部	安全部
11	投资部	投资部
12	市场经营部	市场部
13	企业发展部	发展部
14	审计部	审计部
15	监察部	监察部
16	资金管理部	资金部
17	信息中心	信息中心

续表

序号	全　称	简称
18	设备物资部	设备部
19	法律事务部	法律部
20	史志办公室	史志办
21	海外事业部	海外部
22	基础设施事业部	基础部
23	房地产事业部	房地产部

附件3：

中国水利水电建设股份有限公司各子公司称谓规范

序号	全　称	简　称
1	中国水利水电第一工程局有限公司	水电一局有限公司
2	中国水利水电第二工程局有限公司	水电二局有限公司
3	中国水利水电第三工程局有限公司	水电三局有限公司
4	中国水利水电第四工程局有限公司	水电四局有限公司
5	中国水利水电第五工程局有限公司	水电五局有限公司
6	中国水利水电第六工程局有限公司	水电六局有限公司
7	中国水利水电第七工程局有限公司	水电七局有限公司
8	中国水利水电第八工程局有限公司	水电八局有限公司
9	中国水利水电第九工程局有限公司	水电九局有限公司
10	中国水利水电第十工程局有限公司	水电十局有限公司
11	中国水利水电第十一工程局有限公司	水电十一局有限公司
12	中国水利水电第十二工程局有限公司	水电十二局有限公司
13	中国水利水电第十三工程局有限公司	水电十三局有限公司
14	中国水利水电第十四工程局有限公司	水电十四局有限公司
15	中国水电建设集团十五工程局有限公司	水电十五局有限公司

续表

序号	全　称	简　称
16	中国水利水电第十六工程局有限公司	水电十六局有限公司
17	中国水电基础局有限公司	水电基础局有限公司
18	中国水电建设集团夹江水工机械有限公司	夹江有限公司
19	中国水电建设集团国际工程有限公司	国际公司
20	中国水电建设集团四川电力开发有限公司	四川公司
21	中国水电建设集团新能源开发有限责任公司	新能源公司
22	中国水电建设集团路桥工程有限公司	路桥公司
23	中国水电建设集团房地产有限公司	房地产公司
24	中国水电建设集团华亭发电有限责任公司	华亭公司
25	中国水电建设集团崇信发电有限责任公司	崇信公司
26	中国水电建设集团租赁控股有限公司	租赁公司
27	中国水电建设集团港航建设有限公司	港航公司
28	北京华源水利水电工程咨询公司	华源公司

附件4：

其他常用称谓规范

集团公司：在强调母公司地位，行使出资人权利的时候，使用“集团公司”称谓。

“股份公司总部”：指股份公司各管理部门和事业部。

“子公司”：指股份公司的全资公司和控股公司，不包括参股公司。

“成员企业”：指股份公司全资企业、控股企业和参股企业。

停止使用股份公司“本部（机关）”、“所属企业”等称谓，分别以股份公司“总部”、“子公司”代替。

统称：各子公司；总部各部门；股份公司各成员企业。

中国水利水电建设股份有限公司商业秘密保护实施细则（试行）

（中水电股总〔2010〕48号·2010年7月27日）

第一章　总　　则

第一条　为加强企业商业秘密保护工作，保障企业利益不受侵害，根据《中华人民共和国保守国家秘密法》、《中华人民共和国反不正当竞争法》等法律法规和《中国水利水电建设集团公司保密工作管理办法（试行）》的相关规定，制定本细则。

第二条　本细则所称的商业秘密，是指不为公众所知悉、能为企业带来经济利益、具有实用性并经企业采取保密措施的经营信息和技术信息。

第三条　商业秘密是企业重要的资产，决定了现代企业的竞争优势和持续发展能力。公司所有员工要树立商业秘密安全保护意识，防范、杜绝涉密事件的发生。

第四条　公司经营信息和技术信息中属于国家秘密范围的，必须依法按照国家秘密进行保护。

第五条　公司商业秘密中涉及知识产权内容的，按国家知识产权有关法律法规进行管理。

第六条　公司商业秘密保护工作，实行依法规范、企业负责、预防为主、突出重点、便利工作、保障安全的方针。

第二章　机 构 与 职 责

第七条　公司商业秘密保护工作按照统一领导、分级管理的原则，实行企业法定代表人负责制。各单位要成立保密委员会和保密办公室。

第八条　各公司保密委员会是商业秘密保护工作的工作机构，负责贯彻国家有关法律、法规和规章，落实上级保密机构的工作要求，研究决定本单位商业秘密保护工作的相关事项。

第九条　各公司保密办公室作为本单位保密委员会的日常办事机构，负责依法组织开展商业秘密保护教育培训、保密检查、保密技术防护和泄密事件查处等工作。

第十条　各公司保密办公室应当配备保密工作人员，负责商业秘密保护管理。

第十一条　各公司科技、法律、知识产权等业务部门按照职责分工，负责职责范围内商业秘密的保护和管理工作。

第三章　商业秘密的确定

第十二条　公司商业秘密的保护范围主要包括但不限于：战略规划、管理方法、改制上市、并购重组、产权交易、财务信息、投融资决策、产购销策略、国际重大项目合作与谈判、资源储备、客户信息、招投标事项等经营信息；设计、程序、制作工艺、施工方法、技术诀窍等技术信息。（详见《中央企业商业秘密指导目录》）

第十三条　因国家秘密范围调整，企业商业秘密需要变更为国家秘密的，必须依法定程序将其确定为国家秘密。

第十四条　对商业秘密的管理，是企业内部管理的一项重要工作内容。公司商业秘密及其密级、保密期限和知悉范围，根据部门管理职责，由产生该事项的业务部门拟定，公司主管领导审批，保密办公室审定并备案。未经批准，个人不得擅自确定密级。

第十五条　公司商业秘密的密级，根据泄露会使企业的经济利益遭受损害的程度，确定为核心商业秘密、普通商业秘密两级，密级标注统一为“核心商密”、“普通商密”。

第十六条　公司各业务部门自行设定商业秘密的保密期限。可以预见时限的以年、月、日计，不可以预见时限的应当定为“长期”或者“公布前”。

第十七条　公司商业秘密的密级和保密期限一经确定，应当在秘密载体上作出明显标志。标志由单位规范简称、密级、保密期限三部分组成（字体为隶书），如“中国水电核心商密（1年）”、“中国水电核心商密（长期）”、“中国水电核心商密（公布前）”。不属于商业秘密的，不应当作出商业秘密标志。

第十八条　各公司、各部门要严格确定商业秘密知悉范围，并根据工作需要限定在最小范围。知悉范围应当限定到具体岗位和人员，并按照涉密程度实行分类管理。知悉范围以外的人员，因工作需要知悉商业秘密的，应当经过部门负责人或公司主管领导批准。

第十九条 商业秘密保密期限届满或者已公开的，自行解密；保密期限根据实际情况可以延长；商业秘密在保密期限内不需要继续保密的，应当及时解密。

第二十条 商业秘密需变更密级、保密期限、知悉范围或者在保密期限内解密的，由业务部门拟定，主管领导审批，保密办公室备案。

第二十一条 商业秘密的密级、保密期限变更后，应当在原标明位置的附近做出新标志，原标志以明显方式废除。保密期限内解密的，应当以能够明显识别的方式标明“解密”的字样。

第四章 保护措施

第二十二条 各公司与员工签订的劳动合同中应当含有商业秘密保护条款或签订保密承诺书。

各公司应与涉密人员签订保密协议，在保密协议中应明确保密内容和范围、双方的权利与义务、协议期限、违约责任。

第二十三条 各公司、各部门因工作需要向各级国家机关，具有行政管理职能的事业单位、社会团体等提供商业秘密资料，应当以适当方式向其明示保密义务。所提供涉密资料，由业务部门拟定，主管领导审批，保密办公室备案。

第二十四条 各公司、各部门涉及商业秘密的咨询、谈判、技术评审、成果鉴定、合作开发、技术转让、合资入股、外部审计、尽职调查、清产核资等活动，应当与相关方签订保密协议。

第二十五条 在涉及发行证券、上市及上市公司信息披露过程中，要建立和完善商业秘密保密审查程序，规定相关部门、机构、人员的保密义务。

第二十六条 加强重点工程、重要谈判、重大项目的商业秘密保护，建立保密工作先期进入机制，关系国家安全和利益的应当向上级有关部门报告。

第二十七条 对涉密岗位较多、涉密等级较高的部门（部位）及区域，应当确定为商业秘密保护要害部门（部位）或者涉密区域，特别要加强防范与管理。（股份公司秘密保护要害部门：总经理工作部、海外事业部、企业发展部、财务产权部、投资部）

第二十八条 各公司、各部门应当对商业秘密载体的制作、收发、传递、使用、保存、销毁等过程实施控制，确保秘密载体安全。

第二十九条 涉及商业秘密的文件及其他载体形式的材料，业务部门应按照档案工作相关规定及时整理、立卷并按时向档案业务部门移交归档。

第三十条 个人留有的已解密或仍处于保密期内但不再保存的涉密文件及其他载体，当事人不得随意丢弃，应妥善保管，按照保密部门规定的时间到指定单位作集中统一销毁处理。

第三十一条 印发涉密文件，应按照公司公文处理相关规定执行。不得在OA系统上起草和流转处理涉密文件。

第三十二条 各公司应当加强涉及商业秘密的计算机和网络信息系统、通信及办公自动化等信息设施、设备的保密管理，保障商业秘密信息安全。严格做到“上网不涉密、涉密不上网、电脑不混用、U盘不乱插”。

第三十三条 对存有公司商业秘密的计算机禁止接入外网，同时要设置登录密码并经常更换。对涉密文件或文件夹要进行加密处理。

第三十四条 对存有商业秘密的光盘、U盘、移动硬盘等存储介质要指定专人妥善保存，未经授权不得随意传递复制。严禁将存有涉密信息的移动存储介质接入互联网下载和复制数据，以杜绝网络中可能存在网络拦截、黑客攻击、病毒木马等。

第三十五条 涉及公司商业秘密的便携式计算机在任何时间、任何地点不得接入互联网。

严禁将涉及商业秘密计算机带出国外，严禁携带涉及商业秘密计算机游览、探亲、访友、参观和出入公共场所，公司领导原则上不携带计算机出国。确因工作需要携带涉及商业秘密计算机外出，应经所在单位有关部门检查、审批，并采取保护措施，必须使涉密计算机处于携带人的有效控制之下。

第三十六条 举办会议或者其他活动涉及商业秘密的，主办单位应当采取保密措施，并对参加人员进行保密教育，提出具体保密要求。

第三十七条 在对外交往与合作中需要提供公司商业秘密事项，或者任用、聘用的境外人员因工作需要知悉公司商业秘密的，应当报部门领导和公司分管领导批准，并与对方签订保密协议。

第三十八条 保管存有公司商业秘密文件、资料、移动存储介质的人员在调动工作、出国学习、退休时，要按规定办理移交、清退手续。

第三十九条 各公司应当将商业秘密保护工作纳入风险管理，制定泄密事件应急处置预案，增强风险防范能力。发现商业秘密载体被盗、遗失、失控等事件，要及时采取补救措施。发生泄密事件后，首先由所在部门负责调查，并将调查情况及时上报本单位保密办公室，由保密办公室上报保密委员会。发生重大泄密事件，各公司要在知悉后24小时之内查处并报告股份公司保密委员会。

第四十条 各公司应当对侵犯本单位商业秘密的行为，按照《中华人民共和国反不正当竞争法》等法律法规主张权利，要求停止侵权，消除影响，赔偿损失。

第四十一条 各公司应当保证用于商业秘密保密教育、培训、检查、奖励及保密设施、设备购置等工作的经费。

第五章 奖励与惩处

第四十二条 保密业务部门对遵守保密制度的情况进行检查，有关单位应当配合。保密业务部门发现单位存在泄密隐患的，应当要求其采取措施，限期整改；对存在泄密隐患的设施、设备、场所，应当责令停止使用；对严重违反保密规定的涉密人员，应当建议有关部门给予处分并调离涉密岗位。

第四十三条 对在商业秘密保护工作中，成绩显著或作出突出贡献的部门和个人，单位应给予表彰和奖励。

第四十四条 发生商业秘密泄密事件，由本级保密委员会负责组织有关部门认定责任，相关部门依法依规进行处理。

第四十五条 公司员工泄露或者非法使用商业秘密，情节较重或者给企业造成较大损失的，应当依法追究相关法律责任。涉嫌犯罪的，依法移送司法机关处理。

第六章 附 则

第四十六条 各公司应当结合本单位实际，依据本细则制定本企业商业秘密保护实施办法。

第四十七条 本细则自发布之日起施行。

附件：中央企业商业秘密指导目录（略）

中国水利水电建设股份有限公司
创建一流办公室实施办法

（中水电股总〔2010〕65号·2010年10月8日）

第一章 总 则

为进一步做好新形势下中国水利水电建设股份有限公司（以下简称股份公司）系统的办公室工作，争创一流办公室，促进企业又好又快发展。根据国务院国资委《关于新形势下加强中央企业办公室工作的指导意见》（国资发研究〔2008〕1号）、《中国水利水电建设股份有限公司章程》和《中国水利水电建设股份有限公司总经理工作细则》的有关要求，特制定《中国水利水电建设股份有限公司创建一流办公室实施办法》（以下简称《实施办法》）。

第一条 指导思想。

以邓小平理论和“三个代表”重要思想为指导，深入贯彻落实科学发展观，坚持服务企业改革发展稳定大局，紧紧围绕企业生产经营和改革发展目标，牢牢把握企业发展规律和办公室工作规律，着力构建适应股份公司发展要求的办公室工作体制机制，求真务实，开拓创新，准确定位，全面履责，充分发挥股份公司办公室系统综合协调、行政枢纽、参谋助手、服务沟通、督促检查、信息编报、窗口联系、统筹管理的功能和作用，促进公司构建具有较强国际竞争力的质量效益型跨国企业集团战略目标的实现。

第二条 总体思路。

研究把握新形势下办公室工作规律，找准和强化办公室功能定位，引导和推动办公室工作机制的建立与完善。着力围绕公司科学发展的全局性、战略性、前瞻性问题，提高公司办公室系统的参谋能力、辅助决策能力、服务能力、协调能力和保障能力，不断增强责任意识、服务意识、大局意识、参谋意识和创新意识。积极运用现代企业管理理论和思想，借鉴同行业及国内外知名企业办公室先进理念和经验，切实提升股份公司办公室系统工作水平，提高工作效率和质量，努力争创一流办公室，促进公司持续健康科学发展。

第三条 总体要求。

不断加强股份公司系统办公室工作的科学化、制度化、规范化和信息化建设，力争用2～3年时间，努力使多数办公室在创建学习创新型、战略管控型、指导服务型、规范高效型、形象示范型、团结向上型总部（简称六型总部）的过程中保持领先水平，达到政令畅通、执行有力、规范高效、服务优质、作风过硬的一流水平。

第四条 基本原则。

（一）坚持把办公室工作融入企业改革发展稳定大局，着力提高办公室工作的综合管理水平；

（二）坚持把制度建设和信息化建设贯穿始终，着力推进办公室工作科学化、制度化、规范化、流程化、标准化和信息化；

（三）坚持把持续加强办公室队伍建设放在重要位置，着力提高办公室工作人员的政治素养、政策水平和业务能力，打造学习型、服务型、规范型、创新型和团结型工作团队；

（四）坚持优质服务理念，着力提高办公室工作的服务质量；

（五）坚持合理统筹各种关系，着力提高办公室工作的协调水平；

（六）坚持完善重点工作督办机制，着力增强办公室工作的督办效果；

（七）坚持做好信息收集编报工作，着力提高办公室工作的参谋能力和辅助决策能力；

（八）坚持规范流程和标准化管理，着力提高办公室工作的效能；

（九）坚持做好企业形象标识系统建设工作，着力提高办公室在维护和放大企业品牌建设中的作用；

（十）坚持创新工作方式方法，着力提高办公室工作的管理水平和创新能力。

第二章　工 作 职 责

第五条　股份公司总经理工作部职责：

（一）负责股份公司办公室系统创建一流办公室办法的制定和组织实施工作。

（二）接受国资委办公厅、集团公司总经理工作部等上级主管部门工作的指导、监督、检查和考评。

（三）按照总部质量、环境、职业健康安全体系标准运行要求，负责文件控制程序和信息沟通程序的制定，并对其运行、监督检查实施职责范围内的领导。

（四）负责股份公司总经理工作部各项工作的管理、控制和监督。对职责范围内的工作进行实施和控制，按照公司领导的安排，对职责范围外的工作进行督办和检查。

第六条　各子公司、控股公司、京沪高铁项目部、海西发展区域总部等有关单位（以下统称子公司）办公室职责：

（一）负责本公司办公室各项工作的管理、控制和监督。对职责范围内的工作进行实施和控制，按照领导的安排，对职责范围外的工作进行监督和检查。

（二）接受股份公司总经理工作部工作的指导、监督、检查和考评。

（三）按照总部质量、环境、职业健康安全体系标准运行要求，负责文件控制程序和信息沟通程序的制定，并对其运行、监督检查实施领导。

（四）负责组织实施本公司创建一流办公室工作。

第三章　考评内容、要求与程序

第七条　考评内容及要求：

（一）综合协调

加强与政府部门、业务关联单位、行业内兄弟单位、新闻媒体、股东、社会公众等各方面的联系沟通，做好对外窗口服务工作，营造良好的外部发展环境。加强向公司领导汇报工作和工作协调，做好公司领导开展调研工作的策划与安排。遇有重要工作或重大活动涉及多个部门时，主动积极与各部门进行联系与沟通，营造和谐的内部工作环境。协调解决好企业改革发展稳定遇到的各种矛盾和问题，努力提高企业整体运转效能和效率，有效发挥办公室的综合协调作用。加强值班工作，确保 24 小时与上级有关部门、公司内部及所属企业的信息联络畅通，企业重要信息要及时上报股份公司。完善会议管理制度，改进会风，做好会务，重要会议、重要活动有关情况要在一定范围内及时通报，上级党政组织的重要指示和会议精神要及时组织传达。

（二）工作督办

牢固树立大局意识和责任意识，紧紧围绕企业中心任务及早作出重点工作安排。加大督促检查力度，保证重大决策和重要工作部署落实到位。加强对所属企业办公室工作的指导和督查，发挥好全系统办公室工作的整体优势，提高执行力。加强办公室基础管理工作，建立有效的工作督办管理体系，制定相应管理制度，及时、认真地贯彻落实上级机关、公司及总部各部门重要会议精神、重要决定、决议等，及时按要求上报有关贯彻落实措施和情况。抓好本公司每年所确定重点工作的落实和重要工作督办，形成督办通报，确保各项工作全面落实，各项任务及时完成。在执行和督办中加强调查研究，及时发现工作中带有全局性、苗头性、倾向性、趋势性问题，积极做好公司领导的信息参谋，为领导决策提供真实准确的第一手资料和决策建议。

（三）公文处理

按照党中央、国务院、国资委、集团公司以及股份公司对公文处理的有关规定和要求，结合企业实际，建立有效的公文管理体系，制定相应的管理制度，明确岗位职责和要求，对发文办理、收文办理、公文流转、印章使用等进行严格、标准化的过程控制，不断提高公文处理质量和效率。

（四）档案管理

严格按照《中华人民共和国档案法》、《企业档案工作规范》及国资委关于加强企业档案工作的有关规定和要求，建立有效的档案管理体系，完善相应管理制度，明确岗位职责和要求。档案管理部门对所属单位档案工作实行归口管理，积极开展档案业务检查、指导、培训和交流等工作，抓好档案的归档、查询、编研等工作，开展档案信息化建设工作，不断提高档案管理为中心工作服务的能力和水平。

（五）企业形象标识建设

按照股份公司关于企业形象标识和企业品牌建设的要求积极开展企业品牌建设工作。为树立公司的企业形象，打造“中国水电（SINOHYDRO）”品牌，积极推广《中国水电建设集团形象识别实用手册》，扎实推进企业品牌形象建设，努力发挥企业形象建设的整体效应，为“中国水电（SINOHYDRO）”品牌在行业及社会扩大影响力发挥积极作用。规范执行《中国水电建设集团形象识别实用手册》，在办公场所、重大活动现场布置、重要施工项目实现形象标识的规范化。在不断强化企业品牌建设中，增强广大员工的自豪感、自信心以及归属感，使“中国水电（SINOHYDRO）”标识深入人心。

（六）重大事项报告

根据股份公司《重大事项内部报告制度》的有关要求，做好信息披露工作，真实、准确、完整、及时地报送重大事项。建立有效的重大事项报告工作管理体系，完善相应管理制度，明确岗位职责和要求，不断提高重大事项报告工作的水平和工作人员的素质。

（七）保密

按照党中央、国务院、国资委、集团公司以及股份公司对保密工作的要求，建立有效的保密工作管理体系，完善相应管理制度，明确岗位职责和要求，明确界定保密范围和相应密级，严格管理密品和密件，加强涉密计算机系统管理，加强涉密部门、部位和各类专项工作的保密管理，减少一般失泄密事件，杜绝重大失泄密事件的发生。

（八）信访维稳

按照党中央、国务院、国资委、集团公司以及股份公司关于加强信访维稳工作的要求和部署，加强领导、落实责任，健全信访维稳工作机构，建立有效的信访维稳工作管理体系，确保信访维稳工作渠道畅通。完善相应管理制度，明确岗位职责和要求，把握工作重点，协调处理好重大群体性上访问题，及时、妥善的处理各类信访事件，积极、有效地化解矛盾，不断提高信访维稳工作质量和水平，维护企业科学、稳定运行。

（九）队伍建设

加强全局意识和服务意识，准确定位，及时、优质地为本公司领导、总部部门和基层各单位提供全方位价值服务，全面加强执行力建设。

要求本公司办公室人员做到“个人角色要定位、个人行动要到位、与人沟通要换位、思考问题要越位”。工作中坚持讲程序、讲规范、讲质量、讲效率，做到办文不出差错、办事周到细致、处理问题考虑全面、反映情况客观公正，服务中做到热心、耐心、诚心、细心。保证工作人员规范权力运行，遵纪守法、廉洁自律。

对本公司办公室人员建立有效的考评管理体系和培训管理体系，制定相应管理制度，促进本公司办公室人员不断提高工作效率和工作质量。

（十）办公自动化建设

按照国资委《关于加强中央企业信息化工作的指导意见》（国资发〔2007〕8号）和《进一步推进中央企业信息化工作的意见》（国资发〔2009〕102号），配合信息中心切实做好本公司及所属单位办公自动化系统的建设与应用，逐步实现网上办公，实现与其他信息系统的信息互通和资源共享，提高协同办公水平。落实信息安全保护责任，建立健全管理制度，应用现代保密技术，确保办公自动化系统信息安全。以办公自动化系统为切入点，积极推进企业业务流程再造，降低企业运营成本，提高办事效率。

第八条 本公司办公室工作满意度。

全面做好各项服务工作，创新工作，持续推进公司总部正规化建设，不断提高服务质量，全面提升服务水平，确保公司领导、总部各部门、基层单位和员工满意。

第九条 创建一流办公室综合考评每年逐级进行一次，于次年3月底前完成。评价方法以每年为一个考评年度（每年1月至本年12月）。

2010年实施预考评，采取各公司自评考评形式，报股份公司总经理工作部备案，2011年1月正式实施。

第十条 考评对象为股份公司各子公司办公室（总经理工作部、总经理办公室、综合部、办公室等，以下统称办公室）。

第十一条 考评组组成人员：

（一）股份公司创建一流办公室考评组由股份公

司总经理工作部牵头组织成立，人员构成如下：

组长：股份公司总经理工作部主任。

副组长：股份公司总经理工作部副主任。

成员：股份公司总经理工作部负责相关业务的人员，根据需要抽调子公司相关人员或邀请外部专家。

股份公司总经理工作部安排专人负责公司创建一流办公室的日常工作。

（二）各子公司办公室要成立创建一流办公室工作组，办公室明确一名副主任负责创建一流办公室的日常管理工作，明确一名工作人员具体负责创建一流办公室的日常工作。

第十二条　考评指标和指标要素：

（一）考评指标包括办公室系统十项重点工作，即综合协调（15分）、工作督办（15分）、公文处理（15分）（控股公司折算为20分）、档案管理（10分）、企业形象标识建设（10分）、重大事项报告（10分）、保密（10分）、信访维稳（15分）（控股公司折算为10分）、队伍建设（15分）、办公自动化建设（15分），共130分。

（二）第八条指标为本公司办公室工作满意度测评，本项指标20分。本公司办公室工作满意度测评指办公室在总部部门中年度多维度测评情况，由本公司组织人事部门负责提供原始材料，并报本公司总经理审核后上报股份公司总经理工作部。

（三）考评一般为第七条（一）～（十）项指标和第八条指标构成，满分合计150分，若经创新性加分后满分超过150分的，按150分计算。

第十三条　指标要素为各项工作中涉及的不同方面或关键控制点，根据其重要性设定分值。每项指标要素均设立相应的评分标准。

第十四条　各项考评指标计算根据各子公司关键控制点的执行情况单独设立扣分项，扣分累计不超过考评项目的总分值。考评中发现某项工作具有创新性并推动该项工作显著变化的，可由考评组酌情加1～2分（称为创新性加分），创新性加分累计不超过10分。

第十五条　当发生以下情况时，涉及信访维稳部门不作为或有渎职等现象的，信访维稳工作整项工作不得分：到政府机关或敏感地区聚集，且造成重大政治影响的；在国家重大活动期间进京上访，且造成恶劣影响的；有危害公共安全、破坏公共秩序、冲击政府机关和上级机关、堵塞交通及服毒、自焚、自残等极端行为的。

第十六条　具体考评按印发考评通知——组织自评——综合考评并评选出一流办公室——通报表彰的程序操作。

第十七条　考评通知内容包括具体时间、人员安排、实施要求、考评表格等。被考评公司必须严格按照通知要求进行各项工作准备。

第十八条　各子公司办公室对照考评指标和指标要素，对本公司各项工作进行认真、客观、全面地总结和自评，并按照考评要素编制自评报告，连同本公司上年度办公室工作总结，于下一年3月10日前一并报送股份公司总经理工作部。

第十九条　综合考评由股份公司总经理工作部考评各子公司办公室和有关业务部门（考评内容在有关业务部门的，由各子公司办公室负责协调工作，有关业务部门接受考评；由于各子公司办公室职能设置有所不同，综合考评重点考评本实施办法所涉及的内容，本实施办法未涉及的内容只作为参考）。综合考评严格遵循以下规定：

（一）考评组依据考评指标和指标要素，分别对子公司进行打分。

（二）考评组分别根据与子公司实际工作的接口情况和记录，对相关子公司自评内容逐项进行复核。

第二十条　考评组根据综合成绩，计算各子公司单项考评成绩和最终考评成绩，评选一流办公室。单项考评成绩与综合考评成绩计分遵照以下规定：

（一）单项考评成绩（D）＝自评单项考评指标成绩×50％＋综合单项考评指标成绩×50％＋创新性加分。

（二）综合考评成绩（Z）＝自评综合成绩×50％＋综合考评成绩×50％＋创新性加分。

以综合考评成绩（Z）分别从高分到低分依次排序确定名次后，再按照20％、60％、15％、5％的比例确定A、B、C、D 4个档次。

第二十一条　一流办公室还应当同时满足以下5个条件：

（一）未发生信访维稳工作否决得分情况。

（二）未发生重大泄密事件。

（三）单项考评成绩均不低于8分（满分为10分）或12分（满分为15分）。

（四）综合考评成绩不低于130分。

（五）在本公司总部部门年度满意度测评中达到A类（第一档次或百分制达90分以上）。

第二十二条　按综合考评成绩（Z）得分从高到低排序并划分档次后，A档次即为当年评选出的股份公司一流办公室。

第四章　通报与表彰

第二十三条　股份公司总经理工作部考评组将

评选出的股份公司系统一流办公室，在公司内部进行通报表彰并颁发荣誉证书、奖牌或奖杯。

第二十四条 股份公司创建一流办公室是股份公司内部管理的一项常规性工作，实行一年一评。股份公司总经理工作部于每年3月底前，对上年度创建一流办公室综合情况进行通报，对上年度一流办公室进行表彰。

第五章 附 则

第二十五条 根据本《实施办法》的要求，制定《中国水利水电建设股份有限公司创建一流办公室综合考评细则》（简称《考评细则》）（略）。

第二十六条 股份公司创建一流办公室综合考评不替代各项工作的专项考评，专项考评材料和成绩可以作为综合考评的依据。

第二十七条 本《实施办法》和《考评细则》适用于股份公司办公室系统，有关要求对子公司总部部门具有同等约束力。

第二十八条 本《实施办法》和《考评细则》由股份公司总经理工作部负责解释。

第二十九条 本《实施办法》和《考评细则》自印发之日起在各子公司试行，2011年1月1日起正式实施。

党群工作和企业文化建设

中国水利水电建设股份有限公司
党委（常委）会议事规则

（中水电股党〔2010〕33号·2010年4月16日）

第一章 总 则

第一条 为适应中国水利水电建设股份有限公司（以下简称股份公司）建立现代企业制度要求，充分发挥企业党组织政治核心作用，积极参与企业重大问题决策，提高企业党委（常委）会议事质量和效率，根据《中国共产党章程》（以下简称《党章》）、《中华人民共和国公司法》（以下简称《公司法》）、《中央组织部、国资委党委关于加强和改进中央企业党建工作的意见》（以下简称《意见》）、《中央企业领导人员管理暂行规定》（以下简称《暂行规定》）、《中央企业领导班子和领导人员综合考核评价办法（试行）》（以下简称《考评办法》）、《中国水利水电建设股份有限公司章程》（以下简称《公司章程》）的有关规定，制定本规则。股份公司党委要按照党章规定的党委工作职责，坚持“科学、创新、规范、专业、务实”的工作思路，开展富有特色的企业党建工作，促进企业科学可持续发展。

第二条 进一步完善股份公司的领导体制，从制度上保证党组织在公司治理结构中发挥政治核心作用。要妥善处理股份公司党委与董事会、经理层、监事会的关系，形成党组织与公司治理结构职责明确、有机融合、运转协调的新型的领导体制。

第三条 充分发挥公司党委把握方向、选人用人、参与决策、协调力量、保证监督的职能作用，明确企业党委（常委）会的职权，界定议事范围，规范工作流程，确保党的路线、方针、政策和上级党组织的指示、决定在本企业得到贯彻落实。股份公司党委在企业中发挥政治核心作用，围绕生产经营中心开展工作，股份公司党委实行常委制，党委书记主持党委全面工作。

第二章 议事原则

第四条 股份公司党委（常委）会的议事原则。

（一）民主集中制原则

按照“集体领导、民主集中、个别酝酿、会议决定”的原则，严格执行党委（常委）会的议事规则和决策程序，增强党委班子的整体合力。党委主要负责人要增强民主意识，善于集中集体智慧，充分进行沟通讨论；党委班子成员要增强大局意识，尊重和支持主要负责人履行职责，自觉维护党委决议的严肃性，提高执行力。

（二）依法合规原则

股份公司党委（常委）会讨论研究问题、做出决策，应符合《公司法》等有关法律法规、党规、《党章》和《公司章程》的规定，并与股份公司工作规则相一致，理顺党内决策与企业依照法律和规章决策的衔接程序，尊重董事会对重大问题的统一决策、监事会有效监督的职权，与股东会、董事会、监事会、经理层加强沟通，形成共识。党委要切实处理好与董事会的关系，发挥在企业重大问题决策中的参与作用；处理好与经理层的关系，发挥在执行党的方针政策和国家法律法规方面的保证监督作用；处理好企业内部各种利益群体之间的关系，发挥维护各方权益的协调作用；处理好与各群众组织的关系，发挥领导和凝聚作用，推进企业和谐、健康、持续发展。

（三）调查研究原则

股份公司党委（常委）会要以科学发展观为指导，对企业的重大问题决策事项，要充分运用党组织的政治优势，广泛听取各方面意见，深入开展调查研究，充分进行论证，保证决策的民主性、科学性和正确性。

第三章　议事范围

第五条　党委（常委）会的议事范围：

（一）围绕贯彻落实党的路线、方针、政策和上级党组织的决议、决定和有关指示，结合实际提出实施意见和措施，讨论向上级党组织的报告、请示。

（二）研究和决定党组织自身思想建设、组织建设、作风建设、制度建设中的重大问题以及党群机构设置、定员编制问题。研究部署纪检监察、廉洁从业、预防与惩治腐败工作。确定股份公司党建工作的其他重大问题，审议股份公司年度党建工作要点和总结，部署安排党建工作重要活动。

（三）研究和决定思想政治工作、精神文明建设和企业文化建设等方面的重大问题。

（四）研究和决定召开股份公司党代会、党建工作会及以党委名义召开的重要会议的有关事项。

（五）研究加强股份公司和所属企业领导班子建设以及后备干部队伍建设的规则、计划和主要措施，确定股份公司选人用人标准，评价体系、领导人员管理规定等重大问题。坚持“确定标准、规范程序、完善制度、集体决定”的原则，按股份公司党委管理干部的权限，股份公司党委对公司总部高管以下的部门领导人员、事业部领导人员以及股份公司管辖的各子公司、控股公司领导班子成员提出选用意见和建议。对股份公司委派到成员企业的股东代表、外部董事、外部监事的配备方案和人选方案提出建议；选任由股份公司管理的党群组织和部门的负责人。

（六）研究确定企业人才队伍建设规划、措施方案，对股份公司人力资源整体开发提出指导性意见。

（七）股份公司党委积极参与企业重大问题决策，按中办发〔2004〕31号文件及有关文件的规定，参与企业重大问题决策的主要内容是：企业发展战略、中长期发展规划、公司生产经营方针；财务预算和决算，大额资金使用；公司资产重组和资本运作中的重大问题；重要建设项目安排和重要工程项目投招标、施工总承包；重大技术改造和技术引进项目；公司结构、资产结构、队伍结构调整中的重大问题；公司的重要改革方案和重要管理制度的制定、修改；公司重要人事安排、奖惩及内部机构的设置调整；涉及企业职工利益的重大问题等提出意见和建议。

（八）支持董事会、监事会、经理层依法行使职权，保证监督董事会和经理层决策的重要事项的贯彻落实。党委（常委）成员通过出席公司董事会、总经理办公会，审议公司重大决策、重要项目安排和大额度资金使用等经营管理及涉及职工重大切身利益调配的重大问题，并提出意见和建议。

（九）定期听取股份公司纪委及监察部门、工会、共青团组织的工作汇报，提出指导性意见；讨论决定拟提交股份公司职代会审议的决议、报告；研究讨论维护稳定及社会治安综合治理等项工作中的重要问题。

（十）研究审定党群组织提出的创先争优活动方案，审议股份公司先进党组织、优秀党员、优秀党务工作者、劳动模范等各类先进集体和个人名单，负责向上级组织推荐先进集体和个人。

（十一）需经党委（常委）会集体讨论决定的其他重要事项。

第四章　议事程序

第六条　党委（常委）会的议事程序：

（一）确定议题。股份公司党委（常委）会应在会前确定议题，做到征集议题广泛、研究议题民主、确定议题科学，不搞临时动议。会前，党委工作部（党委组织部）负责征集党委（常委）会议题。对需要提交党委（常委）会研究的事项，先由党委（常委）委员或职能部门提出初步意见，报主管领导审定；重要事项和综合性工作，还要征求有关单位和分管领导的意见，形成拟定议题。党委工作部（党委组织部）将党委（常委）委员和有关部门理出的拟定议题汇总，由党委书记确定党委（党委）会议题。

（二）沟通酝酿。对准备提交党委（常委）会议决定的重大事项，股份公司党委书记要与总经理、党委副书记事先充分沟通，达成一致，形成共识，确定会议议题，再召开党委（常委）会议集体研究决定，形成党委（常委）会的决议和决定。

（三）会议决定。党委（常委）会要充分发扬民主，参会党委（常委）成员对研究事项要充分发表意见，在充分讨论的基础上，方可进行表决。

（四）人员要求。股份公司党委（常委）会必须有半数以上党委（常委）委员到会方能召开。党委（常委）委员因故不能参加会议，应在会前请假，其意见可用书面形式表达。

（五）股份公司党委常委会议由党委书记主持，党委副书记及党委常委出席会议。党委工作部（党委组织部）主任列席会议。

根据会议内容，由股份公司党委书记酌情确定其他有关负责同志列席会议。党委书记因故不能主持会议又确有必要召开党委会议时，由党委书记委托党委副书记主持会议。

（六）股份公司党委（常委）会议议题及会议通知由党委书记签发。会议纪要由党委副书记会签，党委书记签发。

第五章　议事方式与责任

第七条　党委参与重大问题决策的实施方式。

股份公司党委对重大问题要集体研究，提出意见和建议，并由股份公司党委书记向董事会、经理层通报，使党组织的意图得到尊重和体现。对于党委（常委）会提出的意见和建议，依法进入董事会、监事会、经理层的党委（常委）成员，在会上要根据党委（常委）会的决定表达意见，维护党委决议、决定的严肃性。

第八条　股份公司党委按照干部管理权限，在领导人员的考核选用工作中，可采取总经理提名、组织推荐、民主推荐、公开招聘等方式进行，并由党委（常委）会确定考察对象。考察工作由股份公司党委主导，组织人事部门负责考察工作。在考察的基础上，股份公司党委（常委）会研究决定提出选用建议，由股东会、董事会或经理层依照法律规章和程序聘任。在对被提名推荐的人选进行组织考察、会议研究之前，党委书记要与总经理、党委副书记充分沟通，形成共识。

第九条　党委（常委）成员在落实党委（常委）会决议中的责任。

股份公司党委（常委）会作出决定后，党委（常委）成员要带头贯彻执行，为决定的顺利实施提供强有力的思想、政治和组织保证。如对议决事项有不同意见或在实施中发现新情况，应及时向党委主要领导反映或提出复议，在未作出新决定之前，不得发表与集体决定相悖的言论或作出不符合集体决定的行动。党委要领导下级党组织和全体党员、团结带领职工群众，保证决定的贯彻实施，并对落实情况加强监督检查。

第六章　会 议 组 织

第十条　股份公司党委（常委）会议分为定期会议和临时会议。定期会议的内容、次数、召开的时间，由党委（常委）按照《党章》的要求结合工作实际作出具体规定。发生下列情形之一时，党委书记应组织召开临时党委（常委）会：

（一）遇有重要或紧急情况，必须召开的；

（二）有 1/3 以上党委（常委）成员提议的；

（三）党委书记认为有必要的；

（四）上级党委认为有必要的。

第十一条　党委（常委）会议题如需进行表决，可根据有关规定，分别采取口头表决、举手表决、无记名投票等表决方式，以赞成票超过应到会委员人数的半数为通过。会议决定多个事项的，应逐项表决。未到会党委（常委）成员可以向会议提交书面意见，但不得委托他人代为投票。

第十二条　会议形成的纪要、决议、请示、报告等文件，由党委副书记会签，党委书记签发，党委书记外出时，可委托党委副书记代签。

第十三条　党委（常委）会应做好会议记录。对应该保密的会议内容，参会人员应遵守保密纪律，严格保密。

第十四条　股份公司党委工作部（党委组织部）负责办理党委（常委）会会议通知、会议记录和有关文件的起草、传递、归档工作，负责检查、督促会议决定事项的贯彻、落实情况。

第七章　附　　则

第十五条　股份公司管理的各子公司、控股公司党委可根据本规则原则，结合自身实际，制定本企业的党委会议事规则。

第十六条　本规则未尽事宜，应遵照《党章》和《公司法》、《暂行规定》、《公司章程》、《考评办法》的有关规定和上级党组织有关文件精神执行。

第十七条　本规则由股份有限公司党委负责解释。

第十八条　本规则自发布之日起执行。

关于开展争创“四强”党组织争做“四优”共产党员活动的实施方案

（中水电股党〔2010〕35号·2010年4月15日）

根据中共中央组织部、国务院国资委党委《关于在国有企业开展争创“四强”党组织争做“四优”共产党员活动的通知》（组通字〔2010〕5号）精神，经中国水利水电建设股份有限公司党委（以下简称股份公司党委）研究，决定在全公司各级党组织和全体党员中开展争创以政治引领力强、推动发展力强、改革创新力强、凝聚保障力强为主要内容的“四强”党组织，争做以政治素质优、岗位技能优、工作业绩优、群众评价优为主要内容的“四优”共产党员活动（以下简称争创“四强四优”活动）。为切实开展好争创“四强四优”活动，特制定实施方案如下：

一、开展“四强四优”活动指导思想

坚持以邓小平理论和“三个代表”重要思想为指导，深入贯彻落实党的十七大、十七届四中全会和全国国有企业党建工作会议精神，以科学发展观为统领，以改革创新精神推进党建工作，不断巩固和拓展深入学习实践科学发展观活动成果，进一步加强和改进党的基层组织建设，大力加强党的执政能力建设和先进性建设；按照参与决策、带头执行、有效监督的要求，适应新形势、新任务，创新活动内容方式，找准开展活动、发挥作用的着力点，增强党组织的创造力、凝聚力、战斗力，更好地发挥企业党组织的政治核心作用、党支部的战斗堡垒作用、党员的先锋模范作用，把各级党组织建设成为“四强”的战斗集体，把党员队伍建设成为“四优”的骨干力量，切实调动各级党组织和广大党员为公司科学发展做贡献的积极性创造性，把党的思想政治优势、组织优势和群众工作优势，转化为企业的创新优势、竞争优势和发展优势，为实现公司科学发展提供思想保证、政治保证和组织保证。

二、开展“四强四优”活动目标要求

（一）争创“四强”党组织的目标要求

1. 政治引领力强。坚持用中国特色社会主义理论体系武装头脑，增强企业贯彻落实科学发展观的自觉性和坚定性，保证监督党的路线、方针、政策和国家法律、法规在企业的贯彻执行，坚持企业的社会主义方向，推动企业积极承担经济责任、政治责任、社会责任；充分发挥党组织政治核心作用，明确党组织参与企业重大问题的方法、途径，形成制度，认真执行；制定和落实加强企业领导班子建设以及后备干部队伍建设的规则、计划和主要措施，以及领导人员评价体系、领导人员管理规定等，确保企业党委在新体制下规范运作；制定党建工作责任制和相关制度体系，形成具有本单位特点的党建工作体系，推进党建工作制度化、程序化、规范化；党组织战斗力强，班子成员分工明确，团结协作，党性强、作风正、业务精、威信高；发挥党组织选人用人的主导作用，坚持德才兼备、以德为先的用人标准，选人用人途径科学、顺畅、有效；坚持民主集中制原则，班子成员带头学习贯彻党的路线、方针、政策和上级党组织的指示、决议。

2. 推动发展力强。转变发展理念，切实把基层党的组织优势转化为发展优势，把握企业发展方向，大力营造有利于企业科学发展的良好氛围；融入生产经营开展工作，积极参与企业重大问题决策，完善经营决策机制，促进企业重大决策的科学民主；继续执行股份公司关于国内项目党建和海外机构党建的两个文件，推行项目党建“三同时”、“三基本”的工作经验；推动企业拓展发展思路，建立健全有利于科学发展的工作机制，有效解决影响科学发展的突出问题；紧紧围绕企业改革发展稳定大局，发动党员、职工在破解生产经营难题、完成急难险重任务中充分发挥党组织的战斗堡垒作用和共产党员的先锋模范作用，推动科学发展成效显著，各项工作目标任务圆满完成。

3. 改革创新力强。大力推进企业党建工作改革创新，不断丰富党组织活动载体，改革创新党建工作方式，形成与现代企业制度相适应的党建工作新机制、新方法；把党的建设和企业实际工作紧密结合起来，有效调动党组织和广大党员的积极性创造性，以党建工作创新促进企业管理创新、技术创新、体制机制创新，提高企业自主创新能力，增强企业核心竞争力。

4. 凝聚保障力强：党内生活制度化、民主化，保障党员主体地位和民主权利，建立健全党内生活制度，积极发展党内民主，尊重党员主体地位，以党内民主带动职工民主，党组织对职工群众的吸引力和凝聚力增强；加强党组织自身建设、党务工作人员队伍素质建设和党员队伍先进性建设，健全党组织工作机构，完善党建工作机制，建设一支政治强、业务精、作风好、肯奉献的党务工作队伍，为党组织开展工作提供有力保障；大力加强经营管理者队伍、党员队伍、职工队伍建设，重点加强人才队伍建设，企业党委要研究确定人才队伍建设规划，对人力资源整体开发提出指导性意见，为企业科学发展提供组织和人才保证；充分发挥政治优势、组织优势和群众工作优势，坚持以人为本，有效开展思想政治工作，推进企业文化建设，加强企业民主管理，完善职工代表大会制度，保障职工合法权益，团结群众，凝聚人心，维护企业和谐稳定。

（二）争做“四优”共产党员的目标要求

1. 政治素质优。自觉加强政治学习，按照“科学理论武装、具有世界眼光、善于把握规律、富有创新精神”的新要求，提高自身素质，创建学习型党组织；党员意识强，理想信念坚定，在思想上、行动上与党中央保持高度一致；带头贯彻落实党的路线方针政策，坚决执行党的决定；切实遵守党的纪律和企业各项规章制度，践行科学发展观，讲党性、重品行、做表率，发挥党员的先锋模范作用。

2. 岗位技能优。积极学习市场经济、现代科技、经营管理、法律法规及本专业的知识，刻苦钻研业务，熟练掌握岗位技能，不断提高职业化和专业化能力，成为本专业的行家里手，具有一流的技术、技能素质，在企业生产经营活动中发挥骨干作用。

3. 工作业绩优。带头干实事、求实效，带头为生产经营出谋划策，带头营造比、学、赶、帮、超的浓厚氛围；爱岗敬业，勤奋工作，勇挑重担，能够带领群众攻坚克难，创造一流工作业绩；在生产经营、创新进取、节能降耗、提高效益等方面成为模范标兵。

4. 群众评价优。立足本职，甘于奉献，为人正派，人品端正；牢记党的宗旨，积极联系和服务群众，听取和反映职工群众意见，在条件许可的范围内力所能及地帮助群众解决实际困难；廉洁从业，作风优良，践行社会主义荣辱观，在群众中树立良好形象。

三、开展“四强四优”活动的范围、内容和步骤

股份公司党委将2010年定为“创先争优年”，开展“创先争优”活动，要按照股份公司党委总体要求，坚持“全年规划，全面推进，逐月落实，务求实效”的工作思路，在本单位党组织的统一领导下，制定切实可行的争创“四强四优”活动实施方案，对全年工作逐月作出安排，认真规划，有序推进。

按照中央组织部、国务院国资委党委2010年1月发出的《关于在国有企业开展争创“四强”党组织争做“四优”共产党员活动的通知》，2010年一季度为股份公司开展“创先争优年”活动的准备工作阶段。主要任务为：

一是转发中央组织部、国务院国资委党委组通字〔2010〕5号文件，并提出具体要求，组织各级党组织、全体共产党员学习党的十七届四中全会和全国国有企业党的建设工作会议精神，组织各级领导班子和领导人员学习《中央企业领导人员管理暂行规定》、《中央企业领导班子和领导人员考核评价办法》等文件，提高认识，统一思想。

二是起草股份公司党委开展争创“四强”党组织争做“四优”共产党员活动的实施方案，指导各单位开展这一活动。

三是明确各公司党组织负责开展争创“四强四优”活动的领导责任和组织责任，形成组织工作网络。准备工作阶段结束后，2010年二、三、四季度每一季度为活动的一个阶段，每个阶段两项重点工作，统筹兼顾，全面推进。

参加股份公司争创“四强四优”活动的范围是：股份公司总部及各子公司、控股公司的在职党员，重点是各级党委班子成员和副处级以上党员领导人员。

（一）第一阶段为学习调研阶段（2010年4月初至2010年6月底）。重点抓好两项工作，一是制定规划，认真学习文件；二是调查研究，开展评选工作。具体做好以下工作：

1. 2010年4月，股份公司印发争创“四强四优”活动方案，要求各公司党委结合实际，按照股份公司党委的要求，有针对性地制定本单位开展争创“四强四优”活动实施方案，提出明确目标和具体措施，召开有关会议，对活动进行动员和部署，并于2010年4月30日前将本单位的活动方案报股份公司党委工作部（联系人孙建立，电话010-58382802）。要求各单位所属二级单位、大型项目部党组织和基层党支部按照本单位开展争创“四强四优”活动的要求，制定具体的实施意见，报各公司党委。各级党组织要召开开展争创“四强四优”活动动员会，进行层层动员，让每个党员都明白开展活动的意义、目标、内容、步骤，明确努力方向。

2. 2010年4月下旬至2010年6月底，各级党组织要组织党员认真学习文件，采取集中学习与个人自学相结合、学习文件与集体讨论相结合、理论与

实践相结合的学习方法。学习要确定“必读书目”和“自选书目”，必读书目有：《党章》，《中共中央关于加强和改进新形势下党的建设若干重大问题的决定》（2009 年 9 月 18 日中国共产党第十七届中央委员会第四次全体会议通过），《关于推进学习型党组织建设的意见》，集团公司党委《关于学习贯彻全国国有企业党的建设工作会议精神的通知》（中水电党〔2009〕95 号），学习胡锦涛同志 4 月 6 日在全党深入学习实践科学发展观活动总结大会上的讲话，中央组织部、中央宣传部《关于在党的基层组织和党员中深入开展“创先争优”活动的意见》，中央组织部、国务院国资委党委《关于在国有企业开展争创“四强”党组织争做“四优”共产党员活动的通知》（组通字〔2010〕5 号），股份公司党委《关于开展争创“四强”党组织争做“四优”共产党员活动的实施方案》，以及本单位开展争创“四强四优”活动的实施方案等文件。各级党委和处以上党员领导人员在学好上述文件的基础上，还要学习《党的十七届四中全会〈决定〉学习辅导百问》（党建读物出版社、学习出版社编），集团公司党委《关于开展“四好”领导班子创建活动的实施方案》（中水电临党〔2006〕7 号），股份公司党委《关于转发〈中央企业领导人员管理暂行规定〉和〈中央企业领导班子和领导人员综合考核评价办法（试行）〉的通知》（中水电股党〔2010〕19 号），股份公司党委《关于转发〈关于开展向沈浩同志学习活动的通知〉的通知》（中水电股党〔2010〕22 号），股份公司党委、股份公司《关于印发〈中国水利水电建设股份有限公司开展廉洁从业专项教育活动实施方案〉》等文件。

3. 2010 年 4 月，各级党组织要按照“四强四优”的标准，各单位要组织调研小组，由领导班子成员带队，会同党委工作部、人力资源部、纪检监察部等部门人员，到有关下属单位和项目部进行调研，主要调研下属单位和项目部开展“四好”领导班子创建活动的经验和问题；基层党组织思想、组织、作风建设的经验和问题；项目党组织贯彻“三同时”、“三基本”要求的经验和问题；党员如何立足本职岗位发挥作用的经验和问题，注意选择正、反两方面的典型事例进行剖析，查找存在问题的根源，并提出对策建议。为提高工作效率，各单位争创“四强四优”活动调研小组可与开展廉洁从业专项教育活动的调研小组合并进行。

4. 2010 年二季度，股份公司各级党组织要按照“四强四优”评选条件，广泛开展争创活动，争创“四强四优”活动可与各单位开展的争创“五好”党支部活动、争创“五个模范”活动结合起来，将以上内容纳入“四强四优”评选条件之中，使其内容更加丰富。2010 年 6 月，各单位要按照“四强四优”条件评选出先进党组织、优秀共产党员和优秀党务工作者。同时，采取好中选优的原则，推荐股份公司党委表彰的先进党组织、优秀共产党员和优秀党务工作者。2010 年 7 月初，各单位党委要组织“七一”纪念大会，表彰“四强”党组织、“四优”共产党员。各单位党组织要组织有关人员，认真总结先进基层党组织、优秀共产党员、优秀党务工作者的先进事迹，并在报刊、网站、闭路电视上进行报道，大力宣传他们的先进事迹，掀起学先进、赶先进的热潮。

（二）第二阶段为评议整改阶段（2010 年 7 月初至 2010 年 9 月底）。重点抓好认真进行党员评议和强化基层党组织建设两项工作。

1. 2010 年 7 月、8 月，各级党组织要以党支部为单位，每位党员在学习文件的基础上，对照“四优”共产党员的条件，写一篇党员自我评议报告。评议报告的主要内容是：总结本人参加活动的体会，按照党员条件，立足本职岗位，重点总结查找发挥先锋模范作用的情况和问题，肯定成绩，查找不足，提出改进措施。评议报告要在党支部会上宣读，接受党员的评议，通过相互交流、相互评议，达到相互帮助、共同提高的目的。

2. 各单位党委要在认真调研的基础上，对所管辖的党组织中存在涣散软弱等问题的，要按照“四强”党组织、“五好党支部”的要求，提出解决存在突出问题的改进意见，有关党组织要针对上级党组织提出的意见，提出具体的整改方案，做到时间、内容、措施、责任人四明确、四落实。第三季度，各级党委要结合“四好”领导班子的创建情况，着重检查各级党员领导人员在党性党风党纪方面存在的突出问题，还要把检查“四强”条件的落实情况纳入本年度党委班子民主生活会中，对照条件，查找不足，提出改进措施。

（三）第三阶段为建制总结阶段（2010 年 10 月初至 2010 年 12 月底）。重点是抓好建立党建工作责任制及相关制度体系和总结“四强四优”活动两项工作。

1. 2010 年 10 月、11 月，各单位党委要按照股份公司党建工作责任制及相关文件的精神，制定完善本单位党建工作责任制及制度体系，推进党建工作规范化、制度化的进程。各单位在制定制度的过程中，要注意总结本单位开展党内创先争优活动的经验，并将经验上升为有关制度，形成本单位党内创先争优活动的制度体系，形成长效机制，长期坚持，不断完善。

2. 2010年12月，各级党组织要认真总结开展“四强四优”活动的经验，并组织党内外群众对活动开展的成效进行一次满意度测评，满意度测评的情况要及时向股份公司党委报告。股份公司总部、各子公司、控股公司要在层层总结经验的基础上，开好本单位争创“四强四优”活动总结大会，并形成总结报告，报股份公司党委。

四、开展“四强四优”活动的总体要求和工作措施

（一）开展活动的总体要求

1. 提高思想认识，加强党建工作。在整个活动中，学习调研阶段是打基础的阶段，各级党组织要认真组织好党委班子、党员领导人员、党员的学习，合理安排时间，切实把握文件精神，明确开展活动的各项要求。在活动中，各级党组织要坚持把学习文件、提高认识、统一思想贯穿始终，为开展活动打下坚实的思想基础；把党员领导人员带头贯穿始终，发挥党员领导人员的示范表率作用；把边学边改贯穿始终，认真做好整改工作，务求取得实效。

2. 突出实践特点，坚持统筹推进。在整个活动中，必须坚持解放思想、实事求是、与时俱进的原则，开展活动坚持紧密结合实际，务求实效，不搞形式主义。坚持统筹推进的原则，要把开展争创“四强四优”活动与科学发展观活动整改落实后续工作结合起来，对党建工作的突出问题要逐条整改，取得实效；与创建“四好”领导班子活动紧密结合起来，使之相互衔接、相互促进；与完成2010年的生产经营目标和任务结合起来，围绕完成本单位的生产经营目标和任务，发挥党员的先锋模范作用，在创造一流经营业绩上见成效；与股份公司开展廉洁从业专项教育活动相结合，提高各级领导班子、领导人员的廉洁从业意识，推进廉洁从业工作。

3. 完善制度体系，创新体制机制。坚持及时总结各单位党建工作经验，总结开展“创先争优”活动的经验，形成党建工作制度体系和创先争优活动制度体系。通过完善制度体系，形成股份公司和各单位党建工作的新体制。

（二）开展活动的主要措施

1. 加强领导，落实责任。各级党委要加强领导，把开展争创“四强四优”活动纳入今年党建工作的重要议事日程，各单位党委对开展活动的实施方案，活动每一阶段的安排和小结都要召开专题党委会，进行认真安排，提出指导性意见。各子公司的党委书记及所属单位的党委书记、党工委书记、党支部书记是开展此项活动的第一责任人，要层层落实责任，形成组织工作网络体系。股份公司和各子公司、控股公司党委负责活动的领导和指导工作，各公司党委工作部为活动办公室的牵头部门，会同本单位人力资源部、纪检监察部等部门人员共同组成办公室，办公室设在各单位党委工作部。各单位党委工作部主任为本单位开展活动的联络员，负责与股份公司党委工作部的日常联络工作。

2. 建立信息通报制度。股份公司下属的各子公司、控股公司党委要按股份公司开展活动实施方案及活动安排表的要求，每月向股份公司党委汇报开展活动的书面报告。由股份公司党委汇总后，由集团公司党委统一向国资委党建局汇报。

3. 加强分类指导。各子公司、控股公司要针对下属单位规模、党组织、党员的不同情况，提出不同的要求和目标，特别要注重在基层党支部和生产经营一线的党组织和党员中开展活动。海外工作机构开展此项活动，由国际公司党委和所在公司党委根据党委管理责任分别进行，确保工作到位、责任到位。

中国水利水电建设股份有限公司 基层党组织换届选举工作暂行办法

（中水电股党〔2010〕54号·2010年6月2日）

为了加强中国水利水电建设股份有限公司（以下简称股份公司）基层党组织建设，提高党组织的战斗力、凝聚力，充分发挥党组织在企业政治核心作用，进一步健全党的民主集中制，完善党内选举制度，规范党内选举工作，根据《中国共产党章程》、《中国共产党基层组织选举工作暂行条例》，结合股份公司基层党组织换届选举工作的实际，特制定中国水利水电建设股份有限公司基层党组织换届选举工作暂行办法。

一、公司党委会的设立、任期及委员职数

根据工作需要和党员人数，经股份公司党委批准，各子公司、控股公司分别设立党委会。

按中办发〔2009〕41号《中央企业领导人员管理暂行规定》的规定，股份公司党委会每届任期5年。各子公司、控股公司党委会每届任期应根据公司党委的实际情况，任期为3～5年为宜，具体换届时间由各公司党委报告股份公司党委审批。各公司党委换届一般应在公司经营班子换届后进行，以保证党委班子和经营班子的有效衔接。

各公司党委会设书记1名，副书记1～2名，委员职数确定的依据是公司党员人数和领导班子的职数以及党委所承担的工作任务，原则上与经营班子实行交叉任职，由各公司党委提出报告，经股份公司党委批准。

二、换届选举的程序、方法

（一）公司委员会的选举

各公司党委委员候选人，由上届委员会根据多数党员的意见确定，报股份公司党委审查同意后，提交党员代表大会进行选举。

公司党委委员候选人的差额为应选人数的20%。

公司党委委员会委员在任期内因人员变动出缺，按国资委党办组织〔2009〕34号文件的要求［见附件：《国资委党委办公室转发〈中央组织部组织局关于中央企业党委（纪委）届中增补委员答复函的通知〉》］，一般可不再增补，确因特殊情况需要补选的，经报股份公司党委审批后，应当召开党员大会或党员代表大会按有关规定进行补选。

（二）选举工作的实施

公司党委会进行换届选举，应当召开党员大会或党员代表大会。党员大会或党员代表大会由上届委员会主持。

进行选举时，有选举权的到会人数超过应到会人数的4/5以上，会议有效。

选举应当先推选出监票人和计票人。监票人负责对选举全过程进行监督；计票人在监票人监督下进行工作。

选举一律采用无记名投票的方式。选票上的候选人名单以姓氏笔画为序排列。因故未出席会议的党员，不得委托他人代为投票。

选举收回的选票，少于投票人数，选举有效；多于投票人数，选举无效，应重新选举。每一选票所选人数少于规定应选人数的为有效票，多于规定应选人数的为无效票。

进行正式选举时，被选举人获得的赞成票超过实到会有选举权的人数的一半，始得当选。当选人多于应选名额时，以得票多的当选。如遇票数相等不能确定当选人时，应对票数相等的被选举人重新投票，得票多的当选。

（三）公司党委书记、副书记及纪委书记的产生

公司党委书记、副书记及纪委书记的产生，由上届委员会提出候选人预备人选，报股份公司党委审查同意后，作为候选人在委员会全体会议上进行选举。会议由委员会全体会议推荐一名新当选的委员主持。

纪律检查委员会的第一次全体会议应在党委第一次全体会议之前召开，并将选举结果在党委第一次全体会议上通过。

选举书记、副书记、纪委书记时，采取等额选举的办法。

在任期内，书记、副书记、纪委书记出缺，可由股份公司党委直接任命；股份公司党委认为有必要的，也可以指派或调动。

三、换届选举的审批程序

各公司任期届满，公司党委应在召开党员代表大会40天之前，向股份公司党委提出召开党代会（或党员大会）进行选举的报告，主要内容包括企业党委管理的下属党组织和党员队伍的基本情况，党委换届的情况，计划召开的时间，拟定代表名额，“两委”委员、书记、副书记名额，选举办法等，并经股份公司党委书面或口头批准。

得到答复后，各公司党委向股份公司党委呈报“两委”组成人员候选人预备人选的请示，经股份公司党委常委会审议通过，并作出书面批复。同时，积极和当地党组织汇报、请示，并按当地党组织的要求筹备会议。

党员大会或党代会选举结束后，各公司党委向股份公司作出“两委”候选人选举结果的报告，经股份公司党委常委会审批，股份公司党委将与地方党委沟通后，作出对选举结果的批复。

四、新建和改制、调整等单位党组织的选举

新组建的单位在组建中应同步建立党的组织。一般先由股份公司党委任命临时党委负责人，工作一段时间后，再召开党员大会或党员代表大会选举产生新的委员会，但时间不得超过一年。

改制、调整的单位在改制、调整中应同步考虑党组织的设置。应在半年内及时召开党员代表大会选举产生新的委员会。

五、其他基层党支部的换届选举

其他基层组织的换届选举工作按照《中国共产党章程》及所在党委的具体要求进行。

六、附则

任期未满需要提前进行换届选举或因特殊原因延期换届选举的，应向股份公司党委报告，并经股份公司党委批准后，方可提前或延期。提前或延期均不能超过一年。

附件：《国资委党委办公室转发中央组织部组织局关于中央企业党委（纪委）届中增补委员答复函的通知》（略）

中国水利水电建设股份有限公司
深入开展创先争优活动实施意见

（中水电股党〔2010〕57号·2010年6月4日）

根据中央企业创先争优活动领导小组《关于印发〈中央企业深入开展创先争优活动实施意见〉的通知》（央企创先组发〔2010〕1号）和中央组织部、国资委党委2010年5月21日召开的中央企业深入开展创先争优活动动员部署会议精神，为保证中国水利水电建设股份有限公司（以下简称股份公司）创先争优活动扎实开展，取得实效，现就创先争优活动提出如下实施意见。

一、开展创先争优活动的重要意义

在党的基层组织和党员中深入开展创先争优活动，是党的十七大提出的一项重大任务，是贯彻落实党的十七届四中全会精神，加强和改进新形势下企业党的建设的重要部署。开展创先争优活动是巩固和扩大学习实践活动成果的需要；是推动企业科学发展上水平，促进和谐企业建设的需要；是加强和改进企业党的建设，充分发挥企业党组织政治核心作用、基层党组织战斗堡垒作用和共产党员先锋模范作用的需要。

股份公司深入开展创先争优活动，对于巩固和扩大学习实践活动成果、健全长效机制、抓好整改落实后续工作，对于以改革创新精神加强改进党建工作、充分发挥党组织政治核心作用，对于推动企业深化改革，确保公司科学、持续、稳步、健康发展都具有重要意义。

二、开展创先争优活动的总体要求和主要目标

股份公司深入开展创先争优活动的总体要求是，认真贯彻落实党的十七大和十七届三中、四中全会精神，以邓小平理论和“三个代表”重要思想为指导，以深入学习实践科学发展观为主题，坚持从股份公司实际出发，改革创新，务求实效，统筹推进党的建设其他经常性工作，充分发挥企业党组织的政治核心作用、基层党组织的战斗堡垒作用和共产党员的先锋模范作用，在推动企业改革发展、加强改进党的建设实践中建功立业。

按中央企业创先争优活动领导小组的统一要求，股份公司深入开展创先争优活动，要把握好“推动科学发展、促进社会和谐、服务人民群众、加强基层组织”的主要目标，把这次活动作为学习实践活动的继续和延伸，围绕科学发展中心任务，积极开展创先争优活动，把党的政治优势转化为企业的核心竞争力。

推动科学发展，就是要求基层党组织认真履行职责，切实贯彻落实党和国家的路线、方针、政策，贯彻落实中央组织部、国务院国资委党委有关规定和要求以及本企业科学发展规划、思路、举措；党员要以模范行动影响和带领广大职工群众努力完成各项工作任务。

促进社会和谐，就是要求基层党组织和党员及时了解职工群众思想动态，有针对性地做好引导工作；积极践行社会主义核心价值体系，更好地履行企业社会责任，推动形成良好社会风气；主动排查矛盾纠纷，做好化解工作，自觉维护企业和社会稳定；在重大突发事件面前，立场坚定、旗帜鲜明，坚决捍卫国家、人民的利益。

服务人民群众，就是要求基层党组织和党员充分尊重职工群众，紧紧依靠职工群众，认真倾听职工群众呼声，及时反映职工群众意愿，主动关心职工群众疾苦，帮助职工群众解决生产生活中遇到的实际困难；积极参加党员主题实践活动，多为职工群众办实事办好事，让职工群众得到更多的实惠。

加强基层组织，就是要求始终把抓基层、打基础工作摆在更加突出的位置，大力推进基层组织工作创新，优化组织设置，进一步扩大党的组织和党的工作覆盖面，创新活动方式，积极推进学习型党组织建设，增强党员队伍的生机活力，造就高素质的基层党组织带头人队伍，保证党组织参与决策、带头执行、有效监督，充分发挥企业党组织的政治核心作用和党支部的战斗堡垒作用，广泛深入开展党建带团建、党建带工建等活动。

这“四句话”目标，是一个有机整体。推动科学发展、促进社会和谐，是创先争优活动的着力点；服务人民群众，是创先争优活动的落脚点；加强基层组织，既是创先争优活动的重要目标，也是搞好活动的基础和保证。

三、开展创先争优活动的范围、主要内容和基本要求

（一）活动范围

这次创先争优活动，按中央企业创先争优活动领导小组的安排，依据党组织关系属地管理原则，各子公司党组织关系在地方的由地方党委负责组织领导，股份公司党委负责指导，党组织关系在国资委的由股份公司党委直接领导。因此，股份公司总部直属党委和各在京公司党委（不含水电二局有限公司党委），创先争优活动由股份公司党委直接组织领导。这次参加股份公司总部创先争优活动的人员范围是在京控股公司、总部机关全体共产党员。京沪高铁项目部临时党委参照本实施意见执行。

（二）活动的主要内容

按照中央创先争优活动领导小组的要求，这次创先争优活动以创建先进基层党组织、争当优秀共产党员为主要内容。先进基层党组织的基本要求是，学习型党组织建设成效明显，出色完成党章规定的基本任务，努力做到“五个好”，即领导班子好、党员队伍好、工作机制好、工作业绩好、群众反映好。优秀共产党员的基本要求是，模范履行党章规定的义务，努力做到“五带头”，即带头学习提高、带头争创佳绩、带头服务群众、带头遵纪守法、带头弘扬正气。

结合股份公司实际，股份公司党委要求公司总部直属党委和在京控股公司党委要开展好创建“五好党支部”、争当“五个模范”的创先争优活动，作为开展创先争优活动载体，抓紧抓好，抓出实效。

“五好党支部”是指支部班子好、党员队伍好、工作机制好、工作业绩好、群众反映好。具体要求是：

1. 支部班子好。党支部人员能够用中国特色社会主义理论体系武装头脑，认真完成支部组织党员学习的任务，自觉贯彻落实科学发展观，发展理念新，综合素质高，业务能力强，团结协作好，在党员和群众中享有较高威信。按上级党组织安排定期研究支部工作，较出色地完成本支部的工作任务。

2. 党员队伍好。全体党员能够按党员标准和要求，认真履行党员义务，为本单位、本部门的业务骨干。党员能够立足本职岗位，发挥先锋模范作用，队伍整体战斗力强。

3. 工作机制好。党支部机构健全，分工明确，党小组长健全，工作到位。能够坚持以经营管理为中心开展工作，党支部认真执行党委制定的党建工作制度，推进党建工作规范化、制度化。

4. 工作业绩好。每名党员作用发挥好，在本单位、本部门工作成绩突出。本单位党组织发挥战斗堡垒作用，在推进公司工作中做出显著成绩。

5. 群众反映好。党支部凝聚力强，能够密切联系群众，在群众心目中是一个坚强有力的集体，是群众可以信赖、可以依靠的团队。

“五个模范”是指刻苦学习的模范、勤奋工作的模范、服务群众的模范、弘扬正气的模范、文明建设的模范。具体要求是：

1. 刻苦学习的模范。能够不断用新的知识武装头脑，积极参加党支部组织的学习，积极学习本岗位需要的业务知识，不断提高自身的素质和能力，提高职业化、专业化能力，成为本职工作的行家里手。

2. 勤奋工作的模范。工作态度端正，富有激情，有较高的事业心、责任感。勇于承担急难险重的工作任务，为完成任务加班加点，任劳任怨，具有奉献精神。工作认真负责，精细到位，工作质量达到较高标准。工作中敢于创新，讲求效率，成为本单位本部门的业务骨干。

3. 服务群众的模范。党员服务意识强，总部和各公司党员要为基层单位和群众提供优质服务，做到对基层单位反映的急事、要事尽快拿出处理意见，做到急事、要事不过夜。对基层反映的一般问题，也要及时作出回答，为基层单位和群众排忧解难。党员要关心群众的生活，经常和群众谈心，帮助他们进步。

4. 弘扬正气的模范。努力做到讲党性、重品行、作表率，做发扬党的优良传统的模范，工作中吃苦耐劳，团结同志，公道正派，办事认真，作风优良。

党员能够带头团结协作，做好部门之间、公司之间、部门与公司之间的相互协作，共建和谐总部。能够带头遵纪守法，模范执行廉洁规定，做到廉洁从业。

5. 文明建设的模范。带头按创建文明单位的标准要求自己，带头遵守职业道德、社会公德、家庭美德，按直属党委的要求做到六崇尚、六反对。在总部创建全国精神文明建设先进单位的工作中，党员要按全国文明单位的要求，认真完成本部门本单位的目标分解任务，在创建文明单位工作中发挥促进作用。

（三）活动的基本要求

开展创先争优活动要做到以下5个结合：

一是开展创先争优活动要与学习实践科学发展观后续整改落实工作相结合。创先争优活动是进一步做好学习实践活动整改落实后续工作、巩固和扩大学习实践活动成果、建立完善科学发展长效机制的重要举措，是学习实践活动的继续和延伸。学习实践活动是以党的最新理论成果武装全党的集中性主题教育活动，创先争优活动是推动基层党组织和党员立足本职发挥先锋模范作用的经常性工作。这两项活动要有机衔接、相互促进。

二是开展创先争优活动要与“四好”领导班子建设，与“四强四优”活动相结合。股份公司“四好”领导班子创建工作开展多年，积累了宝贵经验，活动主体为企业党组织。股份公司党委和在京控股公司党委要按股份公司创建“四好”领导班子实施方案，继续抓好创建工作，不断提高创建水平。股份公司直属党委和在京控股公司党委还要认真贯彻执行股份公司党委开展“四强四优”活动实施方案，逐月完成今年各项工作任务，把这一工作抓实抓好。要把创先争优活动与“四好”领导班子建设、“四强四优”活动有机结合起来，通过党内主题实践活动，发挥党员作用，推动企业改革发展。

三是开展创先争优活动要与学习型党组织建设相结合。要把建设学习型党组织的要求贯穿于创先争优活动全过程，采取得力措施抓好党委中心组学习，认真安排好党支部的学习，学习要有组织、有制度、有考勤、有效果。以学习型党组织建设带动学习型企业建设，组织广大党员深入学习领会科学发展观，学习新知识新技能，不断提高思想政治素质和工作本领，努力使党组织和党员成为引领科学发展的旗帜、推动自主创新的引擎、完成工作任务的标杆、维护和谐稳定的柱石。

四是开展创先争优活动要与“六型”总部建设相结合。党组织和党员结合创先争优工作，按学习创新型、战略管控型、指导服务型、规范高效型、形象示范型和团结向上型“六型”总部建设要求，在本职岗位上发挥示范带头作用和先锋模范作用。使两者有机地融为一体，不断提高总部员工素质，提高总部服务意识和服务水平，促进总部各项工作，共同为股份公司改革发展服务。

五是开展创先争优活动要与总部创建全国精神文明先进单位相结合。根据创建全国文明单位考评条件，直属党委对总部各部门创建工作目标进行了量化和分解。各支部、党员结合本单位本部门工作，按照文明单位创建要求，与开展好创先争优活动紧密结合，共同推进，共同提高，力争创建工作再上新台阶，实现创争活动与文明建设成果的双丰收。

四、开展创先争优活动的方式、步骤

根据中央企业创先争优活动领导小组的统一部署和股份公司的实际，创先争优活动从时间上划分为两个大的阶段：一是从2010年5月开始到2011年6月，着重围绕迎接建党90周年开展创先争优活动。在搞好动员的基础上，各单位各部门要坚持抓好学习实践活动后续整改落实工作，切实兑现向职工群众作出的承诺，建立健全深入学习实践科学发展观的长效机制；引导基层党组织切实履行职责，共产党员立足本职岗位争创一流业绩，兴起创先争优活动热潮。二是从2011年7月开始到2012年6月，着重围绕迎接党的十八大开展创先争优活动。引导基层党组织和广大党员以昂扬向上的精神风貌，更加出色的工作业绩，向党的十八大献礼。

活动期间划分3个阶段：一是学习动员阶段（2010年5～6月）。制定实施意见，组织学习，明确标准，形成共识，对“五好党支部”、“五个模范”标准进行学习研讨。二是活动实施阶段（2010年7月～2012年5月）。开展诸如提合理化建议、技术创新、完成急难险重任务、服务群众等好人好事活动。三是建制表彰阶段（2012年6月）。活动结束前制定完善相关的制度体系，认真总结开展创先争优活动，召开表彰大会，对先进党委、党支部和优秀共产党员进行表彰，制定考评细则，推进党内创先争优工作规范化、制度化、常态化，促进党建工作上水平。

开展创先争优活动要紧紧围绕股份公司改革发展、生产经营的中心工作通过公开承诺、领导点评、群众评议、形成制度、评选表彰等方式，扎实推进创先争优活动。

公开承诺。在京控股公司党委、直属党委各党支部，要制定开展创先争优活动实施方案和具体工作计划，每名党员要提出参加活动的具体打算，并采取适当方式向职工群众公布，作出承诺，接受职工群众监督。

领导点评。党委、党支部负责人适时对基层党组织和党员开展创先争优活动情况进行点评，实事求是肯定取得的成绩，指出存在的问题和努力方向。

群众评议。股份公司党委对在京控股公司党委、直属党委，在京控股公司党委、直属党委对各党支部，各党支部对党员开展创先争优活动情况，适时组织党员、职工群众进行评议。

形成制度。认真总结开展活动的经验，并把这些做法、经验上升到制度层面，建立党委、党支部的各项党建工作制度，并形成体系，形成机制，推进党建工作制度化、正规化。

评选表彰。股份公司党委对在京控股公司党委、直属党委，各党支部对党员开展创先争优活动情况进行考核。在此基础上，适时评选表彰创先争优活动中涌现出的先进基层党组织和优秀共产党员。评选表彰要注重工作实绩和社会公认度，广泛听取党员和职工群众意见。2012 年“七一”前，股份公司将表彰“2010～2012 年创先争优活动”先进基层党组织、优秀共产党员。

五、加强组织领导

各在京控股公司党委、直属党委要切实加强对创先争优活动的领导和指导。充分借鉴运用学习实践活动的成功经验和有效做法，要讲成本、重实效，防止铺张浪费，不搞文山会海，杜绝形式主义。要结合实际制定实施意见和工作计划，加强督促检查和工作指导，及时总结交流工作经验，确保创先争优活动有计划有步骤地向前推进。

落实领导责任。各在京控股公司党委、直属党委要成立创先争优活动领导小组及办公室，在同级党委领导下开展工作。在京控股公司党委、直属党委要全面负责本单位本部门的创先争优活动，党委书记担任创先争优活动领导小组组长，履行第一责任人的职责，行政负责人要带头参加、积极支持开展创先争优活动。在京控股公司党委领导小组、办公室联络人员、联络方式报股份公司创先争优活动领导小组办公室，总部各党支部要明确一名联络员报直属党委。

鼓励探索创新。股份公司党委鼓励和支持在京控股公司党委、直属党委、各党支部在认真贯彻执行股份公司党委部署和要求的同时，根据各单位各部门实际情况，积极探索创新，精心设计活动载体，丰富活动内容，创新活动方式，增强创先争优活动的感染力和吸引力。组织广大党员干部开展多种形式的岗位奉献、岗位创新、岗位创效等活动。

运用典型引路。充分发挥报刊、互联网、党员电化教育、板报橱窗等媒介的作用，大力宣传先进基层党组织和优秀共产党员的先进事迹，努力形成学习先进、崇尚先进、争当先进的良好风气。股份公司将建立网页，办活动简报加强对活动的领导和指导。

加强督促检查。股份公司将采取召开座谈会、经常性督查、随机抽查等方式，了解活动进展，通报活动情况，总结交流经验，研究解决问题。对创先争优活动思想上不重视、工作上不得力的，及时提出批评，要求限期整改。

在京控股公司党委、直属党委要加强与股份公司创先争优活动领导小组及办公室的联系与沟通，创先争优活动的有关重要情况要及时报告。

股份公司规范企业领导班子民主生活会制度的实施意见

（中水电股党〔2010〕65 号·2010 年 7 月 15 日）

民主生活会制度是党内政治生活中的一项重要制度，是解决领导班子自身矛盾、加强党内监督、提高领导干部思想水平和党性修养的有效途径。坚持和健全企业领导班子民主生活会制度，是加强企业领导班子思想作风建设、增强班子团结、促进党性锻炼的重要形式，是贯彻民主集中制，完善民主科学决策制度，保证党的路线、方针、政策和决议的正确贯彻执行的重要措施。为加强股份公司和所属子公司领导班子思想政治建设，规范两级班子民主生活会制度，进一步加强创建“四好”领导班子建设，依据《中国共产党章程》、《关于党内政治生活的若干规定》，结合实际，制定本实施意见：

一、召开领导班子民主生活会的基本方式

为提高一年一次的领导班子民主生活会的质量，根据先进性教育活动和深入学习实践科学发展观活动的经验，股份公司及各子公司要采用“3＋1”的方法召开领导班子民主生活会。“3”是指：每年度的民主生活会必须有一个鲜明的主题，民主生活会围绕主题展开。同时，民主生活会前开展有针对性的学习，主要是学习与主题相关的有关文件；班子领导人员之间开展一次面对面的谈心交心，特别是班长和班子成员逐一谈心，通过谈心达到交换认识、统一思想的目的；广泛征求一次基层单位和党员群众对班子的意见，找出班子存在的突出问题。“1”是指：写好一个发言材料，开展严肃的批评和自我批评。

1. 认真组织好学习。

各单位在召开民主生活会前要认真组织好班子成员的学习。

学习内容主要包括：党的路线方针政策、《中国共产党章程》、《中国共产党党内监督条例（试行）》以及上级有关廉洁自律的文件。集中学习时间至少为1天。学习要发扬理论联系实际的学风，为对照检查、自我剖析和开展自我批评做好准备。

2. 广泛征求意见并如实反馈。

各单位要在会前广泛征求基层单位和广大党员、群众对领导班子、领导干部在自身建设方面的意见和班子成员在党性党风、勤政廉政方面的意见。对于领导班子的意见和建议，经整理后在会上通报；对于领导干部个人的意见由党委主要负责人会前如实反馈给本人。

3. 认真撰写发言提纲。

领导班子成员要根据民主生活会的主题和党员、群众所提意见，认真准备书面发言提纲，检查存在的问题，剖析思想根源；同时，对其他领导成员提出批评意见，对领导班子存在的突出问题要提出整改建议。不能出席会议的同志，其发言提纲可由有关同志在会上代为宣读，会后要及时向本人转达领导班子其他成员的批评意见。

4. 开展谈心活动。

谈心是民主生活会前必不可少的重要环节。党委和行政主要负责人要同领导班子每个成员分别谈心，领导班子成员之间也要互相谈心，要通过恳谈交心活动沟通思想，增进了解，互相帮助，化解矛盾，加强团结。

二、召开领导班子民主生活会的主要程序

（一）会前准备

党员领导干部民主生活会的准备工作，应于开会前30天着手进行。主要是：

1. 开好“班长”碰头会，本单位党政主要领导共同研究，确定本次会议的主题。根据本单位中心工作或领导班子中存在的主要问题，认真分析研究、确定重点议题。

2. 会前20天将会议主题、会期及会前准备等情况报经股份公司党委，股份公司党委同意后方可召开，党组织关系在地方党委的子企业、公司还要向地方党组织报告，并邀请地方党组织有关人员参加会议。

3. 会议日期和主题，须提前10天通知应到会人员，使其做好准备，按时参加。班子成员要根据会议主题，联系实际写出思想汇报及批评与自我批评的发言提纲；主要领导还要对班子整体情况作出分析，写出总结提纲。

（二）正式会议

会期时间要根据班子成员多少、会议内容多少进行适当安排，使与会人员有充分的时间发表意见，切实解决好班子建设中存在的主要问题。领导班子民主生活会由各单位党委书记主持，议程一般为：

1. 通报会前征求的意见、建议。

2. 通报上一次民主生活会存在问题整改情况。

3. 班子成员围绕中心议题宣读发言材料，汇报思想，交流情况，查找差距，总结经验教训。就会前收集和会上反映的问题，联系班子和个人思想作风建设方面的实际，实事求是的讲清问题，坦诚相见的开展批评与自我批评，并提出今后整改措施。

4. 党委书记做好集体总结。要求主题鲜明，在简要评价上次生活会反映的问题处理、改进情况的基础上，重点概括本次生活会解决的问题，总结经验，找准问题，提出改进意见。

5. 请上级党组织领导发表讲话，对民主生活会的质量作出评价，并提出指导性意见。

各单位党委工作部（组织部）要做好生活会记录。要求字迹工整清晰，内容翔实完整，保持发言者讲话的原意。

（三）会后工作

1. 会后15日内，要向上级党委报送会议情况报告和原始记录、个人发言提纲。报告的内容应包括会议的基本情况、批评与自我批评的情况、检查出来的主要问题及整改措施、上次生活会整改措施的落实情况及效果。

2. 民主生活会中适于向下一级党组织或本机关通报的情况，应予以及时通报。对于群众普遍关心的问题的整改措施，视情况以适当方式公布。

3. 按照会上提出的要求，认真落实改进措施。落实情况要及时整理，详细记载，在下次民主生活会上进行总结。

4. 对整改措施的落实情况党委要定期检查，并在适当会议进行说明或作出汇报。

5. 民主生活会所形成的资料、报告、记录由专人保管、归档，以备查阅。

三、有关要求

1. 根据2001年中纪委、中组部下发的《县以上党和国家机关党员领导干部民主生活会的若干意见》的要求，领导班子民主生活会一年召开一次，时间可安排在8～12月之间。其目的是便于集中时间和精力解决领导班子存在的突出问题，更好地发挥民主生活会的作用。

2. 参加人员：领导班子成员。本单位的党委工作部（组织部）、人力资源部（企业领导人员管理部）、机关党委、总经理工作部（办公室）、监察部部室的领导列席参加，必要时可吸收其他有关人员列席。

3. 上级党委要加强对所属单位领导班子民主生活会的指导，领导同志每年至少要参加一个所属单位领导班子的民主生活会。对问题较多、群众意见较大的所属单位领导班子，在召开民主生活会时，上级党组织要给予具体的指导，可以提前介入。对那些不符合要求的民主生活会，可提出责令重开的建议。

关于开展争创“四好党委”、“五好党支部”和争当“五个模范”活动的实施意见

（中水电股党〔2010〕67号·2010年8月5日）

按照中央办公厅转发《中央组织部、中央宣传部关于在党的基层组织和党员中深入开展创先争优活动的意见》和中央企业创先争优活动领导小组下发的《中央企业深入开展创先争优活动实施意见》的精神，为全面贯彻落实党内创先争优制度，结合当前开展的创先争优活动和“四强四优”活动，股份公司党委决定在股份公司各级党组织和党员中开展争创“四好党委”、“五好党支部”和争当“五个模范”活动，现提出如下实施意见。

一、指导思想

以邓小平理论、“三个代表”重要思想和科学发展观理论为指导，围绕股份公司改革发展目标，认真贯彻落实中央关于开展创先争优活动精神，结合股份公司工作实际，加强党的作风建设，提高党员素质，发挥党委的政治核心作用、党支部的战斗堡垒作用和党员的先锋模范作用，推动股份公司党建工作再上新水平。通过开展创先争优活动，围绕提升企业发展能力，把党的政治优势转化为企业的核心竞争力，推动企业科学可持续发展。

二、活动内容和目标要求

结合股份公司实际和特点，股份公司党委提出创建“四好党委”、“五好党支部”和“五个模范”具体内容和目标要求。

“四好党委”是指政治引领作用好、推动发展作用好、改革创新作用好、凝聚保障作用好。具体要求是：

1. 政治引领作用好。坚持用中国特色社会主义理论体系武装头脑，增强企业贯彻落实科学发展观的自觉性和坚定性，保证监督党的路线、方针、政策和国家法律、法规在企业的贯彻执行，坚持企业的社会主义方向，推动企业积极承担经济责任、政治责任、社会责任；充分发挥党组织政治核心作用，明确党组织参与企业重大问题的方法、途径，形成制度，认真执行；制定和落实加强企业领导班子建设以及后备干部队伍建设的规则、计划和主要措施，以及领导人员评价体系、领导人员管理规定等，确保企业党委在新体制下规范运作；制定党建工作责任制和相关制度体系，形成具有本单位特点的党建工作体系，推进党建工作制度化、程序化、规范化；党组织战斗力强，班子成员分工明确，团结协作，党性强、作风正、业务精、威信高；发挥党组织选人用人的主导作用，坚持德才兼备、以德为先的用人标准，选人用人途径科学、顺畅、有效；坚持民主集中制原则，班子成员带头学习贯彻党的路线方针政策和上级党组织的指示决议。

2. 推动发展作用好。转变发展理念，切实把基层党的组织优势转化为发展优势，把握企业发展方向，大力营造有利于企业科学发展的良好氛围；融入生产经营开展工作，积极参与企业重大问题决策，完善经营决策机制，促进企业重大决策的科学民主；

继续执行公司关于国内项目党建和海外机构党建的两个文件，推行项目党建“三同时”、“三基本”的工作经验；推动企业拓展发展思路，建立健全有利于科学发展的工作机制，有效解决影响科学发展的突出问题；紧紧围绕企业改革发展稳定大局，发动党员、职工在破解生产经营难题、完成急难险重任务中充分发挥党组织的战斗堡垒作用和共产党员的先锋模范作用，推动科学发展成效显著，各项工作目标任务圆满完成。

3. 改革创新作用好。大力推进企业党建工作改革创新，不断丰富党组织活动载体，改革创新党建工作方式，形成与现代企业制度相适应的党建工作新机制、新方法；把党的建设和企业实际工作紧密结合起来，有效调动党组织和广大党员的积极性创造性，以党建工作创新促进企业管理创新、技术创新、体制机制创新，提高企业自主创新能力，发挥党委的政治核心作用，把党的政治优势转化为企业的核心竞争力，推动企业科学可持续发展。

4. 凝聚保障作用好。党内生活制度化、民主化，保障党员主体地位和民主权利，建立健全党内生活制度，积极发展党内民主，尊重党员主体地位，以党内民主带动职工民主，党组织对职工群众的吸引力和凝聚力增强；加强党组织自身建设、党务工作人员队伍素质建设和党员队伍先进性建设，健全党组织工作机构，完善党建工作机制，建设一支政治强、业务精、作风好、肯奉献的党务工作队伍，为党组织开展工作提供有力保障；大力加强经营管理者队伍、党员队伍、职工队伍建设，重点加强人才队伍建设，企业党委要研究确定人才队伍建设规划，对人力资源整体开发提出指导性意见，为企业科学发展提供组织和人才保证；充分发挥政治优势、组织优势和群众工作优势，坚持以人为本，有效开展思想政治工作，推进企业文化建设，加强企业民主管理，完善职工代表大会制度，保障职工合法权益，团结群众，凝聚人心，维护企业和谐稳定。

“五好党支部”是指支部班子好、党员队伍好、工作机制好、工作业绩好、群众反映好。具体要求是：

1. 支部班子好。党支部人员能够用中国特色社会主义理论体系武装头脑，认真完成支部组织党员学习的任务，自觉贯彻落实科学发展观，发展理念新，综合素质高，业务能力强，团结协作好，在党员和群众中享有较高威信。按上级党组织安排定期研究支部工作，较出色地完成本支部的工作任务。

2. 党员队伍好。全体党员能够按党员标准和要求，认真履行党员义务，为本单位、本部门的业务骨干。党员能够立足本职岗位，发挥先锋模范作用，队伍整体战斗力强。

3. 工作机制好。党支部机构健全，分工明确，党小组长健全，工作到位。能够坚持以经营管理为中心开展工作，党支部认真执行党委制定的党建工作制度，推进党建工作规范化、制度化。

4. 工作业绩好。每名党员作用发挥好，在本单位、本部门工作成绩突出。本单位党组织发挥战斗堡垒作用，在推进公司工作中作出显著成绩。

5. 群众反映好。党支部凝聚力强，能够密切联系群众，在群众心目中是一个坚强有力的集体，是群众可以信赖、可以依靠的团队。

“五个模范”是指刻苦学习的模范、勤奋工作的模范、服务群众的模范、弘扬正气的模范、文明建设的模范。具体要求是：

1. 刻苦学习的模范，带头学习提高。能够积极参加支部学习，加强个人自学，认真学习政治理论，认真学习实践科学发展观，自觉坚定理想信念。认真学习科学文化知识和专业知识，不断用新的知识武装头脑，积极学习本岗位需要的业务知识，不断提高自身的素质和能力，提高职业化、专业化能力，成为本职工作的行家里手。

2. 勤奋工作的模范，带头争创佳绩。工作态度端正，富有激情，有较高的事业心、责任感。勇于承担急难险重的工作任务，为完成任务加班加点，任劳任怨，具有奉献精神。工作认真负责，精细到位，工作质量达到较高标准。工作中敢于创新，讲求效率，成为本单位本部门的业务骨干，并在本职岗位上作出显著成绩。

3. 服务群众的模范，带头优质服务。党员服务意识强，要为群众提供优质服务，要牢记为人民服务的宗旨，坚持党和人民的利益高于一切，吃苦在前，享受在后，克己奉公，多做贡献。多为职工群众排忧解难。党员要关心群众的生活，经常和群众谈心，帮助他们进步。积极帮助群众解决实际困难，自觉维护群众正当权益。

4. 遵守纪律的模范，带头弘扬正气。做到讲党性、重品行、作表率，做发扬党的优良传统的模范，工作中吃苦耐劳，团结同志，公道正派，办事认真，吃苦耐劳，作风优良。党员能够带头团结协作，做好单位之间、部门之间、同事之间的相互协作，共建和谐单位、和谐部门。能够带头遵纪守法，模范执行各项廉洁规定，做到廉洁从业。发扬社会主义新风尚，敢于同不良风气、违法乱纪行为作斗争。

5. 文明建设的模范，带头遵守道德。带头按照创建文明单位、文明项目、文明社区的标准要求自己，带头遵守职业道德、社会公德、家庭美德。始终保持自强不息、勇于超越的企业精神，展现共产党员积极向上、自信顽强的精神风貌。广大党员要积极参加精神文明建设和创建文明单位的各项活动，在文明建设工作中发挥促进作用。

三、措施和要求

1. 加强领导，落实责任。各单位党委要把开展争创“四好党委”、“五好党支部”和争当“五个模范”活动纳入重要议事日程，作为党内创先争优方面的基本制度，认真执行，周密安排，做到责任、措施、工作“三个到位”。各级党委领导班子要切实履行职责，抓好本单位的创建活动，党委书记为创争活动第一责任人，党政主要领导和党员领导人员要率先垂范，发挥表率作用，带领本级党委认真落实创争活动各项要求。

2. 完善制度，强化指导。各单位党委要根据本《实施意见》要求，结合实际，找准切入点，制定创建规划，建立健全本单位创建工作实施方案，制定考评办法和细则。要落实配套制度，制定本单位创争活动的标准和要求、方法和步骤，坚持将制度建设贯穿整个创争活动的全过程和各个环节，不断建立和完善各级党委的相关制度。各单位党委每年评选一次，股份公司党委每两年评选一次，2012 年为第一次评选。各单位评选表彰活动建议在每年的“七一”期间进行。

3. 层层落实，常抓不懈。争创“四好党委”、“五好党支部”和争当“五个模范”为主题的创争活动是一项长期任务和一个动态过程，也是各级党委的日常工作，各单位要坚持从实际出发，不断丰富活动内容，创新活动方式，强化活动效果，力戒形式主义。要按照创争的目标要求，精心组织，认真抓好创争工作，层层落实，做到常抓不懈。要运用各种有效形式，广泛宣传创争活动中的先进典型，广泛宣传创争活动中的成功做法与经验，营造浓厚的创争氛围。各单位党委要着力抓好总部党组织、工程项目党组织和海外党组织的创争活动。创争活动要以基层单位的党组织为重点，以加强党的基层组织建设工作。各级党委派出的党工委，各党总支要结合实际，比照“四好党委”的条件，参加“四好党委”创争活动，使创争活动全面覆盖，并做到规范化、制度化、长态化，全面提升股份公司的党建工作水平。

关于加强和改进党员管理工作的意见

（中水电股党〔2010〕80 号 • 2010 年 9 月 19 日）

党员管理是党的建设的重要组成部分，是指党组织按照《中国共产党章程》和党内的有关规定，通过一定的方式和手段，使党员认真履行义务，正确行使权力的一项重要工作。主要是根据党员数量、分布和流动情况，建立党的组织；对党员进行教育、审查和鉴定；严格党员组织生活，加强监督和整顿纪律；发挥党员先锋模范作用，表彰优秀党员；严肃处置不合格党员等。根据《中国共产党章程》和中央有关文件精神，结合公司实际，制定本《意见》。

第一章　总体要求和主要原则

第一条　党员管理的总体要求

党员管理以提高党员素质、增强党性为目标，通过有效的管理工作，使党员领导人员的标杆作用和党员的先锋模范作用得到充分发挥，使党的先进性得到体现。党员管理的基本任务：

1. 引导党员严格履行义务，保障党员充分行使权利。

2. 组织党员参加党的活动。

3. 严格党员组织关系和党籍管理。

4. 保持党员队伍的先进性和纯洁性。

第二条　党员管理的基本原则

1. 从严治党的原则。一是通过加强党员管理，使党员自觉履行党员义务。对不履行党员义务，经过多次教育不能改正的，要劝其退党，或者从党内除名；二是通过加强党员管理，维护和保障党的纪律的严肃性和权威性；三是通过加强党员管理，对党员特别是党员领导人员实行有效的监督。

2. 讲求实效的原则。党员管理工作做得如何，主要看实际效果，看党员的素质是否有所提高，党性是否有所增强，在岗位上是否作出实绩，是否发挥先锋模范作用。

3. 分层分类管理的原则。根据党员的职务、年龄、文化、经历等不同类型、不同层次的特点，采取有针对性的管理措施，使管理取得实效。

4. 制度规范的原则。主要包括3个方面：一是制定和完善党员管理制度。如“三会一课”制度、民主评议党员制度、党员目标管理制度等；二是制度的实施和检查；三是引导党员自觉地执行制度。

5. 组织管理与思想教育相结合的原则。党员思想教育要以党员管理为基础，通过经常性的党员管理，使党的思想教育落到实处，并巩固教育成果；党员管理也要以党员思想教育作保障，通过深入细致的思想教育，使党员管理措施顺利实施，并做到经常化、制度化。

6. 继承与创新相结合的原则。必须坚持与时俱进，以改革的精神在实践中积极探索，研究新情况，解决新问题，创造新经验，使党员管理工作在改进中加强，在转变中适应，在发展中提高。

第二章　党员管理的主要内容

第三条　在党员管理的过程中，主要依靠制度来落实党员管理。主要包括以下内容：

1. 党的组织生活制度。组织生活通常是指党员参加所在支部的党员大会或党小组会，以及党员领导人员民主生活会。公司每个党员，不论职务高低，都必须编入党的一个支部、小组或其他特定组织，参加党的组织生活，接受党内外群众的监督。不允许有任何不参加党的组织生活、不接受党内外群众监督的特殊党员。这项制度是加强党员管理，对党员进行批评监督，促进党员发挥先锋模范作用，提高党的战斗力的组织保证。

2. 党员定期向党组织汇报思想和工作制度。党员定期参加组织生活会，汇报自己的思想和工作，得到党组织和同志们的帮助，接受党组织的教育和监督，这是党组织了解掌握党员思想和工作情况，加强党员管理的重要途径。

3. 党日制度。是指党组织和党员进行党的活动的专门时间的规定。坚持这一制度，对于活跃党内民主生活，增进党的团结，加强和改善党的领导，充分发挥基层党组织的战斗堡垒作用和党员的先锋模范作用具有重要意义。

4. 党员交纳党费制度。按期交纳党费，是党员必须具备的一个起码条件，是党员对党应尽的义务，是党员关心党的事业的具体表现。按照《中国共产党章程》规定，对无正当理由，连续6个月不交纳党费者，应当按自行脱党处理。

5. 民主评议党员制度。民主评议党员制度是根据从严治党的方针，把党员教育、管理和监督融为一体，加强党的建设的一项基本制度。

6. 转移党员组织关系制度。党员组织关系介绍信是党员政治身份的证明。党组织在党员变更工作单位或居住地点时，按照有关规定将其党员组织关系由一个单位或地区转移到另一个单位或地区。有关党组织只有在接到组织关系介绍信后，才能承认党员身份，并将其编入一个支部，参加党的组织生活。党员临时外出，时间在6个月以内的，可开具党员证明信，证明其党员身份，在所去单位党组织过组织生活，但在这个党组织中没有表决权、选举权和被选举权。

7. 流动党员管理制度。加强和改进对流动党员的管理，使他们在流动中能够及时参加党的组织生活，接受党组织的教育、管理和监督，发挥先锋模范作用，是党员管理的一个新课题，也是新形势下加强党的建设的一项十分紧迫的任务。

第三章　党员组织关系

第四条　党员组织关系，是指党员对党的基层组织的隶属关系。党员组织关系包括正式组织关系和临时组织关系，转移正式组织关系需开具“党员组织关系介绍信”，转移临时组织关系需开具“党员证明信”。在通常情况下，党员的组织关系与行政关系同时办理。

第五条　党员组织关系介绍信。党员组织关系介绍信是党员变动组织关系的凭证。党员因工作单位发生变化，外出学习或工作时间较长（6个月以上）且地点比较固定的，应按规定转移党员正式组织关系，即开具党员组织关系介绍信。党员组织关系转出后，党员在党组织中的隶属关系随即发生变化，党员应在转入单位党组织参加党的组织生活，交纳党费等。

第六条　党员证明信。党员证明信是党员临时外出参加组织生活的凭证，即党员临时组织关系。党员证明信一般只限在6个月内使用。持党员证明信的正式党员，其组织关系没有转移，仍在原单位参加党的组织生活、交纳党费和享有表决权、选举权和被选举权。

第七条　转移党员组织关系的要求。转移党员组织关系是党员管理的重要内容。及时办理接转党员组织关系，是加强党员管理的一项基础性工作和重要措施，也是增强党员的党性和组织观念，加强党员教育、管理和监督的一项经常性工作，各级党组织要切实重视和做好这项工作。

第八条　党员组织关系介绍信是党员政治身份的证明。各单位党组织开具党员组织关系介绍信要使用统一式样的“中国共产党党员组织关系介绍信”，要用毛笔或钢笔填写，字迹要清楚，不得涂改；在介绍信上必须加盖公章，存根的连接部位加盖骑缝章。介绍信的有效期可根据具体情况确定，一般不应超过3个月。党员组织关系介绍信由党员自己携带，不能自己携带的，应由本单位通过机要转递。

第九条 党员组织关系介绍信或党员证明信丢失和过期的处理。党组织应教育党员妥善地保存自己所携带的党员组织关系介绍信或证明信；如果发生丢失，党员要及时向所在单位的党组织报告。党组织应对丢失介绍信、证明信的情况进行了解，如确系本人不慎丢失，可由原单位党组织予以补转，同时将原介绍信或证明信作废。接收单位党组织，要对介绍信进行认真核对，并对丢失介绍信、证明信的党员给予批评教育。

第十条 过期党员组织关系介绍信和党员证明信的处理。党员组织关系应及时转移，无故不按期转移组织关系是组织观念淡薄的一种表现。对于过期党员组织关系介绍信或证明信，要调查了解，弄清原因，分清责任。对于无正当理由，导致党员组织关系介绍信或党员证明信过期的，应给予严肃的批评和教育。党员组织关系介绍信过期超过6个月的，要按照《中国共产党章程》规定作自行脱党处理。如系经办人工作不慎造成的，要对其进行严肃的批评教育。

第十一条 流动党员组织关系的转移。党员流动符合有关政策规定，党组织应及时为他们转移组织关系。其中外出时间较长（6个月以上）、地点比较固定的，应转移党员正式组织关系。外出时间较短（6个月以内）或外出时间较长但暂时无法转移组织关系的，使用《流动党员活动证》。短期外出（6个月以内）参加会议、学习进修等，应开具党员证明信，交所去地区、单位的党组织。

第四章 党的组织生活

第十二条 党的组织生活是党组织对党员进行管理、教育、监督的重要形式。党的组织生活主要内容包括：组织党员学习党的路线、方针、政策，传达上级党组织的文件、指示，对党员进行党的知识教育，开展批评与自我批评，发展党员，处理违纪党员和不合格党员，以及其他适合党员特点的活动。

第十三条 党的组织生活主要形式：支部（本制度指党总支或党支部，下同）党员大会、支部委员会、党小组会、上党课、党支部（党小组）组织生活会、民主评议党员、党员领导干部过双重组织生活等。

第十四条 “三会一课”是党内生活的主要形式。“三会”是指：支部党员大会、支部委员会、党小组会。“一课”是指：党课。“三会一课”制度是健全党的组织生活，严格党员管理，加强党员教育的重要方式，是加强支部建设，提高党支部战斗力、凝聚力的重要保证。

1. 支部党员大会。一般每3个月召开一次，也可根据需要随时召开。主要内容是：传达、学习党的路线、方针、政策和上级党组织的决议、指示精神，并结合本支部的实际制定贯彻实施计划；讨论通过本支部的工作计划；听取和审议党支部委员会的工作报告，选举新一届党支部委员会；增补和撤销支部委员，选举出席上级党代表大会或党代表会议的代表；对吸收党员和预备党员转正作出决议；开展民主评议党员工作，提出对党员的奖励表彰和处理意见；对本单位工作计划、重要工作安排、重大改革事项进行讨论，并提出意见和建议；支部的其他重要事项。

2. 党支部委员会。每月至少召开一次。主要内容是：分析研究支部工作的进展情况和党员、群众的思想状况以及党员发挥先锋模范作用的情况，制定加强职工思想政治工作的措施；讨论决定贯彻上级党组织的指示；研究党员教育、管理、监督的具体办法；研究发展党员计划；确定入党积极分子以及对其进行培养、教育、考察；讨论优秀党员的表彰及对犯错误党员处理的初步意见；对党支部近期活动作出安排；研究需要提交党员大会讨论的其他问题。

3. 党小组会。每月至少安排一次。主要内容是：围绕本单位的中心工作和党支部近期任务，向党员布置工作；有计划地组织党员学习政治理论和业务知识；组织召开组织生活会，沟通情况，交流思想，开展批评和自我批评，解决支部和党员自身存在的问题。

4. 党课。每年至少安排一次。主要内容要以《中国共产党章程》为基本教材，既包括党的基本理论、基本路线和基本知识教育，以及党的宗旨、纪律、优良传统和形势任务等，也可以结合中心工作和党员思想实际确定内容。党课形式除集中讲授外，还可采取专题讨论、知识竞赛、实地参观等灵活多样的形式，力求理论联系实际，解决思想认识问题。上党课时，可吸收入党积极分子参加。

第十五条 党支部（党小组）组织生活会。组织生活会是党支部或党小组以交流思想、总结经验教训、开展批评与自我批评为中心内容的组织生活制度。召开组织生活会前，党支部书记（党小组长）要认真做好准备工作。与上级党组织沟通情况，听取对开好组织生活会的意见；深入实际调查研究，确定会议主题；广泛开展谈心活动，征求意见，找出问题和不足；将会议的时间、地点提前通知党员，使其安排好工作和其他事宜，保证参加会议。

第十六条 双重组织生活。是指党员领导人员既要参加所在党支部、党小组定期召开的组织生活会，又要参加领导班子的民主生活会。坚持党员领导人员双重组织生活制度，对于加强党员领导人员的思想和作风建设，提高依靠自身力量解决问题和矛盾的能力，增强党员领导人员与党员群众的联系，转变作风，防止以权谋私等腐败现象的发生，具有十分重要的作用。

第五章 党员和党员领导人员的责任、义务

第十七条 按照《中国共产党章程》规定，党员必须履行下列义务：

1. 认真学习马克思列宁主义、毛泽东思想、邓小平理论和“三个代表”重要思想，学习党的路线、方针、政策及决议，学习党的基本知识，学习科学、文化和业务知识，努力提高为人民服务的本领。

2. 贯彻执行党的基本路线和各项方针、政策，带头参加改革开放和社会主义现代化建设，带动群众为经济发展和社会进步艰苦奋斗，在生产、工作、学习和社会生活中起先锋模范作用。

3. 坚持党和人民的利益高于一切，个人利益服从党和人民的利益，吃苦在前，享受在后，克己奉公，多做贡献。

4. 自觉遵守党的纪律，模范遵守国家的法律法规，严格保守党和国家的秘密，执行党的决定，服从组织分配，积极完成党的任务。

5. 维护党的团结和统一，对党忠诚老实，言行一致，坚决反对一切派别组织和小集团活动，反对阳奉阴违的两面派行为和一切阴谋诡计。

6. 切实开展批评和自我批评，勇于揭露和纠正工作中的缺点、错误，坚决同消极腐败现象作斗争。

7. 密切联系群众，向群众宣传党的主张，遇事同群众商量，及时向党反映群众的意见和要求，维护群众的正当利益。

8. 发扬社会主义新风尚，提倡共产主义道德，为了保护国家和人民的利益，在一切困难和危险的时刻挺身而出，英勇斗争，不怕牺牲。

第十八条 按照党内创先争优的有关规定，结合实际，公司全体党员要争当“五个模范”、做到“五个带头”。具体要求是：

1. 刻苦学习的模范，带头学习提高。能够积极参加支部学习，加强个人自学，认真学习政治理论，认真学习实践科学发展观，自觉坚定理想信念。认真学习科学文化知识和专业知识，不断用新的知识武装头脑，积极学习本岗位需要的业务知识，不断提高自身的素质和能力，提高职业化、专业化能力，成为本职工作的行家里手。

2. 勤奋工作的模范，带头争创佳绩。工作态度端正，富有激情，有较高的事业心、责任感。勇于承担急难险重的工作任务，为完成任务加班加点，任劳任怨，具有奉献精神。工作认真负责，精细到位，工作质量达到较高标准。工作中敢于创新，讲求效率，成为本单位本部门的业务骨干，并在本职岗位上作出显著成绩。

3. 服务群众的模范，带头优质服务。党员服务意识强，要为群众提供优质服务，要牢记为人民服务的宗旨，坚持党和人民的利益高于一切，吃苦在前，享受在后，克己奉公，多做贡献。多为职工群众排忧解难。党员要关心群众的生活，经常和群众谈心，帮助他们进步。积极帮助群众解决实际困难，自觉维护群众正当权益。

4. 遵守纪律的模范，带头弘扬正气。做到讲党性、重品行、作表率，做发扬党的优良传统的模范，工作中吃苦耐劳，团结同志，公道正派，办事认真，吃苦耐劳，作风优良。党员能够带头团结协作，做好单位之间、部门之间、同事之间的相互协作，共建和谐单位、和谐部门。能够带头遵纪守法，模范执行各项廉洁规定，做到廉洁从业。发扬社会主义新风尚，敢于同不良风气、违法乱纪行为作斗争。

5. 文明建设的模范，带头遵守道德。带头按照创建文明单位、文明项目、文明社区的标准要求自己，带头遵守职业道德、社会公德、家庭美德。始终保持自强不息、勇于超越的企业精神，展现共产党员积极向上、自信顽强的精神风貌。广大党员要积极参加精神文明建设和创建文明单位的各项活动，在文明建设工作中发挥促进作用。

第十九条 党员领导人员的责任、义务按照《中国水利水电建设股份有限公司企业领导人员管理暂行办法》和《中国水利水电建设股份有限公司企业领导班子和领导人员综合考核评价办法》的有关规定执行。

第二十条 对党员领导人员加强管理的几项工作：

1. 认真开展创建“四好”领导班子活动，努力

打造“政治素质好、经营业绩好、团结协作好、作风形象好”的领导班子。

2. 认真组织召开领导班子民主生活会，按照股份公司党委提出的“3＋1”的方法认真做好会议的准备工作。

3. 坚持党员领导人员谈话制度，认真开展对党员领导人员任前谈话、廉洁谈话、诫勉谈话。

4. 坚持民主评议党员领导人员制度，根据目标责任完成和履职情况，对领导人员作出综合评定，充分发挥职工代表在企业民主管理和监督中的作用，增强干部考评的广泛性和实效性。

第六章　发展党员工作

第二十一条　发展党员工作是公司党的建设的重要内容，对于保持公司党员队伍的生机与活力，不断提高党员素质，推进公司党的先进性建设，壮大党员队伍，增强党组织的凝聚力和吸引力具有重要的现实意义。

第二十二条　发展党员工作，要从贯彻党的基本路线的要求出发，贯彻“坚持标准，保证质量，改善结构，慎重发展”的方针，有领导、有计划地进行。发展生产一线岗位优秀的工人、知识分子、团员、青年特别是各类专业技术骨干和优秀共青团员入党，是公司发展党员工作的重点。要注重在无党员的班组、部门以及在女职工中发展党员。

第二十三条　根据《中国共产党章程》、《中国共产党发展党员工作细则（试行）》和党内有关规定，发展党员要坚持党性、反对派性的原则；坚持重在政治表现的原则；坚持入党自愿的原则；坚持个别吸收的原则。

第二十四条　发展党员工作流程：

1. 确定入党积极分子

（1）坚持教育引导，做好发展党员的基础工作。要把发展党员工作的着力点放在入党积极分子队伍建设上。

（2）申请入党人必须向党支部提出书面申请，郑重地向党组织表明自己的政治选择的形式。

（3）党支部要建立申请入党人档案。

（4）共青团组织要做好发展党员的“推优”工作。原则上，28周岁以下团员青年入党，必须经过“推优”。

（5）党支部确定入党积极分子。党支部同申请入党人谈话；支委会征求党内外意见；支委会讨论确定入党积极分子；支委会指定培养联系人。

（6）上级党委向入党积极分子所在党支部发《入党积极分子考察登记表》，党支部要对入党积极分子进行规范的培养、教育和考察，支部书记、党小组长、培养人及入党积极分子，按季度认真填表。

（7）向入党积极分子发放学习材料，并对其进行入党基础知识培训和党的基础知识测验。

2. 列为发展对象

（1）党支部确定的培养联系人对入党积极分子进行经常性地个别教育和帮助；吸收入党积极分子听党课，列席接收新党员支部大会；入党积极分子经常向党组织进行思想汇报（一般一个季度至少一次）。

（2）培养联系人向党支部提出可否列为发展对象的意见；支委会讨论列为发展对象；支委会确定两名正式党员作入党介绍人。

3. 预备党员的接收

（1）党支部向上级党委提出对发展对象“近期发展党员的书面报告”。

（2）上级党委对发展对象进行政治审查。政治审查的基本方法是：同本人谈话、查阅有关档案材料、找有关单位和人员了解，以及必要的函调或外调。在听取本人介绍和查阅有关材料后，情况清楚的可不再函调或外调。凡没有经过政治审查的，不能发展入党。政治审查后，党委将政审情况通知党支部。

（3）党支部安排发展对象、入党介绍人等填写《入党志愿书》。

（4）召开支委会，听取入党介绍人关于发展对象的情况介绍，对发展对象填写的《入党志愿书》和有关问题进行审查，确认发展对象具备入党条件，手续完备后，决定提交支部大会进行讨论。

（5）召开接收预备党员的支部大会，支部作出决议，并上报上级党委审批。

（6）上级党委派专人同发展对象谈话，作进一步考察；召开党委会讨论审批发展对象为预备党员。

4. 预备党员的管理教育考察和转正

（1）党组织应及时将上级党委批准的预备党员编入党支部和党小组。通过党的组织生活和实际工作锻炼，对他们继续进行教育和考察。预备党员的预备期为一年，即经过一年的预备期教育和考察后，才能进行转为正式党员。

（2）上级党委向预备党员所在党支部发《中共预备党员考察教育情况登记表》，党支部对预备党员进行一年以上的培养、教育和考察，支部书记、党小组长、入党介绍人及预备党员本人，按季度认真填表。

（3）预备党员的义务同正式党员一样。预备党员的权利，除了没有表决权、选举权和被选举权以外，也同正式党员一样。

(4) 预备党员预备期满后，应主动向所在党支部提出转为正式党员的书面申请，党支部应当及时讨论其能否转为正式党员。认真履行党员义务，具备党员条件的，应当按期转为正式党员；需要继续考察和教育的，可以延长预备期，但不能超过一年；不履行党员义务，不具备党员条件的，应当取消预备党员资格。预备党员转为正式党员，或延长预备期，或取消预备党员资格，都应当经支部大会讨论通过和上级党委批准。

(5) 预备党员转正后，应将其《入党志愿书》、入党和转正申请书、自传、政审材料、教育考察的材料，交本单位党委组织部门并存入本人人事档案。无人事档案的，建立党员档案，由所在党委保存。

第七章　民主评议党员

第二十五条　民主评议党员是党支部按照有关规定，定期组织党员开展评议的一种基本制度，也是党组织从严治党，加强党员教育、管理和监督，提高党员素质，增强党组织的凝聚力、战斗力、创造力的一项经常性活动。

第二十六条　民主评议党员工作每两年进行一次。在上级党委的领导下，以党支部为单位，有计划、有步骤地组织进行。

第二十七条　民主评议党员的原则

1. 坚持人人平等的原则。任何党员不论入党时间长短、年龄大小、职位高低，一律平等，不存在任何“特殊党员”。

2. 坚持民主公开的原则。要真正尊重和保护党员的民主权利，充分发扬民主，使广大党员积极参与监督，自觉接受监督。

3. 坚持实事求是的原则。一切从实际出发，具体问题具体分析，以事实为根据，诚心诚意，以理服人，做到监督批评准确。

第二十八条　民主评议范围：公司全体正式党员和预备党员。

第二十九条　民主评议党员的方法步骤

1. 学习教育。通过学习《中国共产党章程》、党的理论体系和有关文件，一方面提高党员对评议活动的认识，使每个党员都明确评议的目的、意义和要求，提高党员参加民主评议的自觉性和积极性；另一方面，通过学习，对党员进行党员标准的教育，使每个党员都能明确新时期合格党员的标准，为评议做好准备。

2. 自我评议。在学习讨论的基础上，组织党员对照党员标准，围绕评议内容，认真总结自己一年来在思想、工作、学习、纪律、作风等方面的情况，肯定成绩，找出差距。自评前，应广泛征求党内外群众的意见，作出合乎实际的自我评价，并认真、如实地写好个人总结交党支部审定。

3. 民主评议。一般应召开支部党员大会进行民主评议。程序是：党员本人在党支部大会或党小组会上作自我总结，汇报自我评议情况；与会党员对照党员标准进行互相评议。评议中要是非分明，敢于触及矛盾和问题，认真开展批评与自我批评，避免评功摆好。党内互评后，还可以通过座谈会或民意测验等方法，广泛听取党外群众的意见。

4. 组织考察。在个人总结、党内评议和听取群众意见的基础上，召开支部委员会，进行实事求是的分析、综合，形成组织意见。意见应与本人见面，并向支部大会报告。对确定为优秀党员和不合格党员的，要报上级党委批准。

5. 表彰与处理。通过民主评议，对评出的优秀党员，党组织要给予表彰；对于不合格党员，应区别不同情况，按照有关规定，妥善处理。

第八章　不合格党员的组织处理

第三十条　对个别不履行党员责任义务、不发挥党员作用、不具备党员条件的，要多做教育工作，促使他们尽快转化为合格的共产党员。对经教育不改、不符合党员条件的，要根据《中国共产党章程》和有关规定，劝其退党，并按照正常程序进行处理。对违纪党员，要按照《中国共产党纪律处分条例》的规定，给予纪律处分。

第三十一条　注重做好教育帮助工作。对不履行党员义务、不具备党员条件的党员，党组织要有针对性地做好教育帮助工作。要明确责任，落实帮助和教育的措施，引导他们正视存在的问题，深刻剖析思想根源，制定切实可行的整改措施并认真进行整改，提高思想觉悟，增强党员意识，努力做合格的共产党员。

第三十二条　妥善进行组织处理。对不合格党员的组织处理要严格履行组织手续。对于那些大多数党员和非党群众认为是不合格的党员，且经教育不改、不符合党员条件的党员进行组织处理，要严格按照《中国共产党章程》和有关规定执行。支部大会讨论时，要认真听取本人的说明和申辩，按照少数服从多数的原则进行表决，形成决议。必须做到事实清楚、理由充分、处理恰当、手续完备。党支部对党员除名、劝退或者提出限期改正，都应报上级党委审批。组织处理的方式和程序，参照中共中央批转中央组织部《关于建立民主评议党员制度的意见》(中发〔1988〕13号)和中央组织部《关于做好处置不合格党员工作的通知》(组通字〔1988〕25号)的有关规定执行。

第三十三条 准确把握政策界限。对不履行党员义务、不具备党员条件的党员进行认定的基本依据是《中国共产党章程》。各级党组织要认真贯彻党要管党、从严治党的方针,防止失之于软、失之于宽;同时要认真执行政策,防止借机打击报复的现象发生。

第九章 流动党员的管理

第三十四条 流动党员是指由于就业或居住地变化等原因,在较长时间内无法正常参加原单位党组织活动的党员。

第三十五条 党员外出无固定地点,暂时无法转移组织关系,应使用《流动党员活动证》。

第三十六条 流动性大,无固定地点,但可以经常返回原单位的,可不转移党员组织关系,仍由原单位党组织管理。

第三十七条 集体外出、地点相对集中,且有3名以上党员的,可通过建立党支部(临时党支部)或党小组进行管理。

第三十八条 党员流出期间管理:

1. 原单位党组织应通过适当方式与外出党员保持联系,了解党员外出后的思想、工作情况,及时通报党组织的重要情况,通知外出流动党员按规定参加党内选举等重要活动。

2. 原单位党组织要利用流动党员返回之机,通过集中学习、召开座谈会或走访等形式,认真听取党员外出期间的工作和思想情况汇报,征求他们的意见和建议。

3. 原单位党组织发现外出党员不按规定接转组织关系,或不将《流动党员活动证》交外出所在地或单位党组织,长期不参加组织生活、不交纳党费、不做党所分配的工作等情况时,要严肃批评教育,并按有关规定严肃处理。

4. 原单位党组织每年要对《流动党员活动证》审核一次。

第三十九条 流出党员返回后管理:

1. 外出流动党员返回后,原单位党组织要认真查验《流动党员活动证》等有关材料,及时了解党员外出期间的表现和参加党的组织生活情况。

2. 了解预备党员外出期间的表现,按规定做好预备党员转正工作。

3. 按规定做好有关组织手续办理工作,及时纳入管理。

第四十条 对外来流动党员的管理:

1. 流入到公司各单位的流动党员,所在单位党组织要认真查验《流动党员活动证》,做好外来流动党员身份确认工作。及时将确认后的流入党员编入党支部、党小组,并登记造册,报上级党委组织部门备案。

2. 公司各单位党组织对接收的外来流动党员,要同本单位的党员一样严格管理,关心爱护他们,组织他们参加党的组织生活和其他党内活动,按规定收缴党费,并做好外来流动人员中预备党员的教育和管理工作。

3. 所在单位党组织要认真在《流动党员活动证》上如实填写党员参加组织生活、交纳党费等情况,及时将外来流动党员的重要情况反馈给流出地党组织。

第十章 切实加强对党员管理工作的领导

第四十一条 各级党组织要重视和加强对党员管理工作的领导,把党员管理工作列入重要议事日程,定期研究部署,定期检查开展情况,及时发现总结工作中的好经验、好做法,用制度的形式固定下来,使党员管理工作步入制度化、规范化的轨道。

第四十二条 要建立健全工作责任制。各级党组织要建立一把手总负责的责任制;要坚持一级抓一级,一级对一级负责,层层抓落实,切实做到责任到人,分工明确,措施有力,真正把党员管理工作落到实处。

第四十三条 各级党组织要以改革创新的精神积极探索新形势下加强党员管理工作的措施、方法和途径,认真研究新情况,解决新问题,创造新经验,使党员管理工作在改进中加强,在转变中适应,在发展中提高。要把继承优良传统和改革创新有机结合起来,不断改进工作方法和活动方式,使党员管理工作真正适应新形势、新任务的要求。

第十一章 附 则

第四十四条 本《意见》自下发之日起生效。

第四十五条 本《意见》由股份公司党委负责解释。

关于加强股份公司国内项目党建工作的实施办法

（中水电股党〔2010〕83号·2010年10月19日）

为加强股份公司国内项目党建工作，规范项目党建的工作内容、工作方式，特制定股份公司国内项目党建工作实施办法。

第一章　总　　则

第一条　坚持项目发展到哪里，党组织就建到哪里，作用就发挥到哪里的原则。坚持“三同时”、“三基本”的项目党建工作原则。“三同时”即在建立经营班子的同时建立党组织；在明确生产经营负责人的同时，明确党组织的负责人；在安排检查生产经营工作的同时安排检查党建工作。“三基本”是指：形成项目党建工作的组织体系，要求结合项目实际，建立党委、党总支、党支部、党小组完整的组织体系；形成项目党建工作基本的制度体系，形成党建思想、组织、作风建设的制度体系；形成项目党建工作基本的主题实践活动体系。

第二条　坚持围绕经营抓党建、抓好党建促经营的原则，项目党建必须围绕项目生产和经营开展党建工作，推动项目全面履约，完成生产经营任务，取得良好的经营效益。

第三条　项目党建必须坚持结合实际，务求实效的原则，紧密结合项目生产经营和队伍建设的工作，通过党建工作推动生产经营和队伍建设，项目党建工作必须务求实效，不搞形式主义。

第二章　项目党组织的设立及人员配备

第四条　坚持项目党组织与行政组织同步设立。各公司党委在设立项目行政组织的同时，一并研究设立项目党组织。各单位党委应根据项目的规模、工期、职工人数、党员人数等不同情况，恰当设置项目党组织。对工程量大、工期长、职工人数多的项目部，成立项目部党委。项目联营体党组织的设置，由联营体责任单位党委和联营单位党委共同协商提出党组织设置意见，达成共识，一般应设党工委。党组织工作机构和行政办公室实行“一套机构、两块牌子、双重职责、合署办公”，可成立项目综合部或综合办公室。对少数施工时间短、人员少的项目部，应成立党总支或党支部。

第五条　按照“精干高效、交叉任职”的原则，应根据项目的实际情况，可由项目经理兼任党委书记。也可配备党委书记，并兼任项目部副经理，大的项目可配备一名专职党委副书记、纪委书记、工会主席。项目联营体党工委负责人的任职由参建单位党委共同协商任命，也要坚持交叉任职的原则。在项目部综合部（综合办公室）内明确1～3名兼职党务工作者，一身多职、一人多岗，对项目部党建工作统一管理，并兼做其他行政工作。

第六条　建立党委或党总支的工程项目部，应按股份公司党委《关于加强和改进股份公司纪检监察组织建设的实施意见》的要求，设立相应的项目纪检组织。

第七条　工程项目部专职政工人员一般应从本单位政工人员中调整解决。如本单位确有困难的，可提出报告，由上级党组织委派。工程项目部专职政工人员的岗位级别和其他待遇应与同级别行政管理人员一致。

第八条　坚持项目思想政治工作与施工管理工作同步考核。各单位党委对项目部的行政和党组织的主要负责人实行“一岗双责”制度，党政主要负责人共同承担生产经营和思想政治工作双重职责，共同接受上级党政组织的检查考核。

第三章　项目党组织的基本任务

按照《中国共产党章程》对党的基层组织基本任务的规定，结合项目的实际情况，项目党委、联营体党工委等党组织的基本任务是：

第九条　贯彻执行中央和上级党组织关于基层党建工作的决议、决定和指示，研究制定项目党建的计划、制度、措施，并组织实施。

第十条　建立健全项目党的组织，建立项目党委、党支部、党小组，做到组织网络健全，分工明确，工作到位。

第十一条　围绕项目履约，结合生产经营中心任务，开展党建主题实践活动，确保项目生产经营目标的实现。把项目生产经营的重点和难点问题作为项目党建工作的重要内容。结合项目实际，开展党员先锋工程、党员先锋岗、党员身边无事故等主题实践活动，开展党内“创先争优”等活动，促进项目施工与管理。

第十二条 坚持党管干部、党管人才的原则，项目党组织应把抓好班子建设作为工作重点，以提高领导班子的领导能力和经营执政能力为中心，以搞好班子的思想政治教育为基础，抓好班子的思想建设、组织建设、作风建设。开好项目班子民主生活会，开展“四好”领导班子创建工作。项目党组织要抓好项目人才队伍建设，制定人才培养计划，加强人才培训工作，加强实践锻炼，努力做到建一个项目，出一批人才。

第十三条 对党员进行教育、管理、监督，提高党员素质，增强党性，严格党的组织生活，坚持和完善民主评议党员制度，定期开展党员党性分析评议活动。加强思想政治工作，组织党员开展经常性谈心活动，沟通思想，相互启发教育。经常分析党员思想状况，及时解决思想问题，增强思想政治工作的预见性、针对性和实效性。

第十四条 坚持标本兼治、综合治理、惩防并举、注重预防的方针，指导项目纪检监察组织开展效能监察、领导人员廉洁从业等活动，完善和规范“三重一大”集体决策制度，推动项目廉洁从业工作。

第十五条 密切联系群众，经常了解群众对党员、对项目党的工作的批评和意见，维护群众的正当权利和利益，做好群众的思想政治工作。

第十六条 坚持项目党建带工建、带团建的原则。项目党组织要加强对项目工会、共青团组织工作的领导和指导，定期研究重点工作。指导工会组织认真开展劳动竞赛、小改小革、提合理化建议等活动。指导工会办好项目“职工之家”，开展因地制宜的文体活动。指导项目共青团组织开展青年突击队、争当青年岗位能手等活动，调动各方面人员的积极性、创造性，共同搞好项目工作，形成党建工作合力。

第十七条 领导开展创建文明工程工作，努力做到项目履约进度好、工程质量好、安全生产好、经济效益好、工地环境好、队伍建设好，努力创建局级、股份公司级文明工程，促进项目进度、质量、安全、效益、环境、队伍建设的协调发展。

第十八条 对要求入党的积极分子进行教育和培养，做好经常性的发展党员工作，重视在生产、工作第一线和青年中发展党员。

第十九条 教育党员和群众自觉抵制不良倾向，践行“八荣八耻”社会主义荣辱观，坚决同各种违法犯罪行为作斗争。

第四章 项目党组织的基本工作制度

第二十条 坚持民主集中制原则，认真执行上级组织颁布的各项规章制度。

第二十一条 坚持重大问题集体讨论决定制度。属于党组织决定的问题或以党组织名义提出的重大问题的意见和建议，都必须经党的委员会集体决定。

第二十二条 坚持重要工作情况通报制度。项目部重要工作和领导成员在各自职权范围内决定的重要事项，领导班子成员特别是党政主要领导之间，必须及时通气，沟通情况，统一思想，协调工作。由于事情紧急需要立即处理，而来不及通气的重要事项，应在处理后及时向领导班子成员通报情况。

第二十三条 坚持重大问题的请示、报告制度，项目部党组织要根据上级党组织的工作部署，结合工程建设实际，既要独立负责地开展工作，又要在重大问题上及时、主动向上级党组织请示或报告。

第二十四条 建立并坚持党委理论中心组学习制度，每月进行一次中心组学习，努力提高政治、业务素质和领导能力。学习的主要内容是：深入贯彻落实科学发展观的有关论述、时事政治、政策法规、各项规章制度、经济管理知识和施工科技知识。项目党委理论中心组学习要结合项目生产经营、队伍建设、经营管理等实际，围绕主题进行专题发言，集体讨论，达到统一思想、提高认识的目的。

第二十五条 建立和健全监督约束机制。切实加强对党员特别是党员领导人员的教育和监督约束，抓好党风廉政建设。

坚持每年一次的党员领导人员民主生活会制度，通过开展批评和自我批评，提高项目部领导班子解决自身矛盾和问题的能力，增进团结。党员领导人员必须坚持参加“双重组织生活”，自觉接受党组织和党员监督。

认真贯彻落实党风廉政建设责任制及各项制度，每半年检查一次廉洁自律情况。要切实加强对财务收支、物资采购、资金运作、收入分配、人事任用等方面的监督。

项目部党组织和纪检监察机构对党员和职工的违纪行为，要认真查处；严重违纪行为要及时向上级报告，并协助做好调查处理工作。

第五章 理顺关系 加强领导 注重实效

第二十六条 各公司党委要加强对项目党建工作的领导，党委要专题研究项目党建工作，并按此《实施办法》的精神，结合本单位的实际情况，制定项目党建工作的实施细则。

第二十七条 各公司要按《实施办法》的要求，对国内项目党组织的隶属关系进行一次检查，理顺关系，加强领导和指导，加强日常工作。

第二十八条 各公司要按此《实施办法》的要求，对现有项目党组织的组建和活动开展情况进行一次检查，提高项目党建工作水平。

第二十九条 认真总结项目党建工作经验，形成国内项目党建工作制度，不断完善项目党建工作制度体系，依靠制度加强项目党建工作。

第六章 附 则

第三十条 本《实施办法》将根据项目党建工作实际不断修改完善。

第三十一条 本《实施办法》自发布之日起实行。

中国水利水电建设股份有限公司建设“四个一流”职工队伍实施意见

（中水电股党〔2010〕89号·2010年11月17日）

为进一步加强中国水利水电建设股份有限公司（以下简称股份公司）职工队伍建设，激发广大职工特别是基层一线职工的创造活力，提升股份公司核心竞争力，深入贯彻落实国务院国资委党委《关于中央企业建设“四个一流”职工队伍建设的实施意见》精神，现就股份公司开展建设“四个一流”（一流职业素养、一流业务技能、一流工作作风、一流岗位业绩）职工队伍工作提出如下意见。

一、总体要求

1. 建设“四个一流”职工队伍的指导思想

坚持以邓小平理论和“三个代表”重要思想为指导，深入贯彻落实科学发展观，紧紧围绕股份公司发展战略和生产经营任务，以建设“四个一流”职工队伍为目标，以尊重职工、激发活力、促进企业与职工共同发展为宗旨，以落实岗位责任制为基础，以培养爱岗敬业、严谨诚实的企业文化为核心，以理论武装、班组建设、职工素质工程、企业文化建设等为载体，切实加强职工队伍的教育、培训、考核、管理、激励和关爱，不断提高职工队伍的思想素质、执行能力、业务技能、知识结构、创新意识和工作理念，着力打造一支技术精湛、作风过硬的高素质、高层次、现代化的职工队伍，为把股份公司建设成为具有国际竞争力的大型跨国企业提供扎实雄厚的人才基础和智力保证。

2. 建设“四个一流”职工队伍的工作目标

经过5年努力，使股份公司职工的政治素养、道德水准、职业操守明显提升，责任意识、发展意识和创新意识明显增强，操作技能、业务能力、岗位贡献明显提高，技师、高级技师及其他高技能人才占技能劳动者的比例有明显增加，建立健全产学结合的职工技能培训基地，对一线职工的高水平职业技能培训和现代管理知识轮训全面普及，有利于高素质职工队伍建设成长的工作制度和工作环境较好地建立和形成，使股份公司职工成为顺应时代潮流、具有较高科技文化素质和思想道德修养、能和国际先进企业职工相媲美的现代企业职工。

3. 建设“四个一流”职工队伍的基本要求

一流职业素养，就是牢固树立社会主义核心价值观的主导地位，有良好的思想素质、职业道德和敬业精神，勤劳朴实、踏实工作、热爱岗位、忠诚企业、牢记使命、报效国家。一流业务技能，就是熟练掌握岗位知识，技艺精湛、业务精通、勤奋好学、开放包容，有较强的学习力、执行力、创造力和自主管理、自我完善、持续改进的能力，关键岗位职工的业务技能和工作效率达到国际先进企业职工水平。一流工作作风，就是严谨、诚实，在工作中遵章守纪、服从管理、一丝不苟、认真精细，严格按工艺纪律和业务规范操作，信守诺言和规则，在同行业中发挥表率作用。一流岗位业绩，就是敢为人先、创新超越、不断挑战、勇争一流，在安全生产、产品质量、服务水平、成本控制等方面行业领先，优质高效地完成任务。

4. 建设“四个一流”职工队伍的主要任务

一是加强职工队伍思想道德建设，激发广大职工奋发向上的精神动力。要结合企业实际深入开展社会主义核心价值体系学习教育活动，加强理想信念教育和思想政治工作，有针对性地开展形势政策教育，引导广大职工牢固树立中国特色社会主义共同理想，坚定搞好企业、报效国家、振兴中华的信心，争做模范公民，努力塑造热爱党、热爱祖国、热爱社会主义、热爱企业、热爱岗位的价值取向。要加强企业优良传统教育，鼓励和引导职工热爱本职岗位，倾心本职工作，干一行、爱一行，在平凡的岗位上努力做出不平凡业绩。要构建具有时代精神和企业特色的企业文化，充分发挥股份公司先进文化的凝聚、激励、协调和导向作用，使企业文化理念内化为广大职工的思想意识和行为习惯。

二是加强职工队伍业务技能建设，不断提高职工的岗位竞争能力。适应股份公司结构调整、产业升级、工艺优化的需要，鼓励职工结合岗位特点和要求，不断提高自身科技文化水平、改善知识结构、提升技能等级，增强对新技术、新工艺、新知识的掌握和运用能力。切实抓好职工技能培训和技能评价、考核、激励制度建设，强化对职工的综合性考核和多项技能的考核。鼓励职工积极参与技术革新和项目攻关活动。制定个人职业生涯规划，鼓励职工通过本职岗位的扎实、勤奋工作，按照阶梯式发展规律实现自身价值，畅通技能人才的职业发展通道。

三是加强职工队伍工作作风建设，培育爱岗敬业、严谨诚实的主流企业文化。要把爱岗敬业、严谨诚实作为企业的主流文化，大力倡导"三老四严"（对待事业，要当老实人，说老实话，办老实事；对待工作，要有严格的要求、严密的组织、严肃的态度、严明的纪律）等优良工作作风，以岗位责任制为基础，以自主自律、自我管理为手段，加强企业基层建设。认真学习借鉴国际知名企业员工严谨工作、用心做事的良好态度。教育职工严格遵守规章制度，严格执行岗位工作标准和作业规程，严格按照工艺纪律操作，把精益求精、一丝不苟、办事认真、工作细致的理念变成职工的工作作风和自觉的行为习惯，以全优的标准要求每一个岗位、每一位职工，为企业做出突出的贡献。

四是加强职工队伍绩效体系建设，引导职工为实现企业发展目标创造一流工作业绩。要加强职工绩效管理，完善职工业绩考核办法，建立客观合理科学高效的业绩考核体系。坚持正面激励为主，激励职工为实现企业发展目标创造良好业绩。要充分相信和善于运用职工的智慧，最大限度发挥个人创造力和团队力量，鼓励职工独立思考、自我发现问题，鼓励职工在不断实践中创新，在不断创新中超越。要充分挖掘一线职工潜能，把企业质量、成本、安全、服务等指标层层分解至每一班组、每一岗位，发动职工改善攻关，创造一流的工作业绩。要把职工的岗位业绩作为岗位任用、调配和确定劳动报酬的依据，准确地衡量和评价职工的工作质量和工作业绩，激励先进、鞭策后进。及时查找制约职工业绩提升的因素，帮助职工寻求改进业绩的方法，提供改进机会和资源支持，努力营造比学赶帮超的发展氛围，促进每位职工不断提高工作业绩，高质量的完成工作任务。

二、工作内容

1. 继续抓好班组建设

要进一步明确班组建设的工作目标、实施方案和具体措施，建立健全工作机制。股份公司将继续进一步做好班组长岗位业务技能培训，各公司也要普遍开展班组长培训，提高班组长发展水平。

一是要充分发挥股份公司6家电力行业高技能培训基地及各公司技校（培训中心）职能，力争5年内对现有班组长轮训一遍（包括农民合同工担任班组长的人员），对普通职工的培训以施工现场举办夜校为主。教育培训管理部门要加强教育培训经费使用管理，保障基层一线职工学习培训经费不低于所提教育经费总额的30%。培训工作要制定详细培训计划，编制培训教材，保证培训人员比例。

二是有条件的单位近年内要有计划地选送优秀的班组长到国外知名建筑企业进行为期半年左右的实习培训，消化吸收国际先进企业班组建设的先进经验、管理理念、科学方法和信息技术。

三是各公司要依据不同类型的专业制定班组标准化制度、规范化的工作程序和流程。

四是工会每年要开展、评比一次"创建学习型红旗班组、争当知识型先进职工"活动，抓好优秀班组创建工作，着力提高班组建设工作水平，总结、提炼班组建设经验。

五是建立起优秀班组长选拔到项目副经理等管理岗位的政策通道。对政治素质高、协调能力强、业绩突出和具有领导潜质的优秀班组长重点培养，为他们提供岗位晋升阶梯和职业生涯接续通道。

2. 深入开展职工技能竞赛活动

要根据企业发展和岗位需求，积极开展技能竞赛活动，并形成制度，坚持不懈，持续开展。要积极参加国家级一类职工技能竞赛，根据需要选派优秀技能人才参加国际技能比赛和技能交流。各公司应每年举行一次以上技能竞赛，对优胜选手给予一定的奖励和待遇；股份公司每两年举行一次职工技能竞赛，对获得一等奖选手授予股份公司"技术能手"称号，获得一、二、三等奖，35岁以下的，授予股份公司"青年岗位能手"称号；对参加国家一类比赛，获得名次的，根据情况报请授予"五一劳动奖章"和"全国技术能手"、"电力行业技术能手"

等称号，或直接晋升技师、高级技师等，并给予一定的物质奖励。

3. 广泛开展技术创新活动

鼓励职工积极创新，支持职工围绕生产、科研、经营等重点任务和关键环节，通过建立创新小组、攻关团队、专业技术协会等形式，广泛开展创先争优、技术革新、专利发明、节能减排等不同内容的创新创效活动。对先进的工艺操作方法、技术革新的带头人给予大力宣传，重大的技术革新可以发明人的名字命名，并给予特殊奖励。

4. 拓宽拔尖技能人才培养使用渠道

根据企业特点，要在企业部分特有工种、关键岗位中设立首席技师或首席操作师、工种带头人、专家型技能人才等高级技能人才职位，并建立相应的待遇政策；要创造良好的工作条件，发挥他们在关键时候的关键性作用。要充分发挥拔尖技能人才传帮带作用，通过技师研修、名师带徒、设立技能大师工作室等方式培养高技能人才，加强高技能人才梯队建设。拓宽技能人才开发、培养、使用渠道，使各工种高技能人才的高招、绝技和工作经验得到推广应用。要注重选拔拔尖技能人才参与企业科研攻关和重大技术改造工程，在实践中提高技能人才促进科研成果转化的能力。制定高技能人才与工程技术人才职业发展贯通办法，吸引和稳定一批核心高技能人才。

5. 推行职业资格证书制度

要大力加强职业技能鉴定工作，进一步突破年龄、资历、身份和比例限制，加快建立以职业能力为导向、以工作业绩为重点、注重职业道德和职业知识水平的技能人才评价体系。实现职业资格证书与学历文凭并重，职业资格证书制度与就业上岗制度及相应的待遇相衔接。鼓励职工参加国家颁发的职工资格证书考试，要推行国际职业资格证书制度，大力培养具有世界眼光、适应国际化发展要求的各类人才。力争5年内使股份公司高级工以上高技能人才由现在的近24000人提高到30000人以上。

6. 开展形式多样的职工文化活动

加强职工文化建设是建设和谐文化、构建和谐企业的重要组成部分，是促进职工队伍整体素质提高的内在要求。要开展形式多样、内容丰富、健康向上的职工文化活动，帮助职工放松身心、缓解压力、精神愉悦地投入工作。职工文化建设在提高职工身心健康和生活质量，引导职工建立科学、健康、文明的生活方式等方面发挥着重要作用。健康愉快、生动活泼、丰富多彩的文化娱乐和体育活动，能够让广大职工在活动中陶冶情操、增长知识、强健体魄、增进团结、振奋精神，提升职工队伍素质。

7. 做好关爱职工工作

要坚持厂务公开民主管理制度，发挥职代会制度的作用。建立职工诉求表达机制，开展职工满意度调查，及时发现和改进存在的问题，提高职工满意度和对企业的忠诚度。要畅通职工与管理层的沟通渠道，建立企业领导人员与职工面对面互动对话沟通机制，按照定时有序沟通和及时反馈的原则，就职工关心的就业岗位、工资福利、社会保险、安全卫生和职业健康等方面的问题进行沟通交流。要关心困难职工生活，健全困难职工档案，打造覆盖困难职工生活补助、求学资助、就业援助、医疗救助的全方位平台，对环境特别艰苦的一线工作岗位，要保证职工必要的生活条件。企业党政领导要定期走访慰问困难职工，帮助他们解决实际困难。

三、保障机制

1. 提高思想认识

深入推进“四个一流”职工队伍建设是增强股份公司核心竞争力、创造一流发展业绩的重要基础。没有一流的职工，难有一流的企业。股份公司只有建设一支高素质的职工队伍，才能适应未来更高层次、更高水平、更加激烈的竞争，实现建设有国际竞争力大公司的奋斗目标。要深刻认识此项工作的重要意义，把职工队伍素质作为企业核心竞争力的重要组成部分，根据企业的发展战略，确定职工队伍建设的目标和任务。

2. 加强组织领导

要将“四个一流”职工队伍建设工作列入整体工作认真研究部署。各级领导要认真执行规章制度，带头落实各项措施。加强和改进基层党组织建设，发挥广大党员在职工中的示范带动作用，通过党员队伍建设带动职工队伍建设。要根据企业发展实际制订职工队伍建设规划，定期研究解决工作中存在的主要问题。要结合企业特点，明确分工、整合力量、各负其责、协调推进，努力形成职工队伍建设领导有力、层次清晰、齐抓共管的工作格局。

各公司要成立建设“四个一流”职工队伍领导小组，主要领导担任领导小组组长；要成立日常办事机构，负责职工队伍的教育、培训、考核、管理、督导、检查等工作，日常办事机构设在公司工会，公司人力资源部做好协助工作。

3. 健全工作机制

要建立健全推进职工队伍建设的长效机制，认真研究制定建设“四个一流”职工队伍的工作目标、实施方案和主要措施，明确考核标准，建立评价机制，有重点、分步骤地加强职工队伍建设。要坚持分层分类原则，结合职工队伍的实际，采取合适的方法和途径，使之与企业特点相适应。进一步完善职工队伍的选拔培养、考核激励和管理约束机制，不断完善创新工作载体。

4. 抓好督导检查

要按照一级抓一级、层层抓落实、责任到人、工作到位的要求，加强对建设“四个一流”职工队伍工作的督导检查，及时发现新情况、解决新问题。要及时总结并提炼建设“四个一流”职工队伍的成功经验，及时推出一批在建设“四个一流”职工队伍工作中成绩突出的典型，广泛宣传、扩大影响，带动股份公司职工队伍建设不断取得新成效，推动股份公司科学发展上水平。

股份公司党委关于推进学习型党组织建设的实施意见

（中水电股党〔2010〕100号·2010年11月30日）

为认真贯彻党的十七届四中全会精神，落实《中共中央办公厅印发〈关于推进学习型党组织建设的意见〉的通知》（中办发〔2009〕44号），进一步加强和改进股份公司党建工作，推进股份公司学习型党组织建设，根据《国资委党委关于推进学习型党组织建设的实施意见》（国资党委宣传〔2010〕60号）的要求，结合股份公司工作实际，现提出如下实施意见：

一、深刻把握学习型组织建设的重大意义，明确指导思想、主要原则和目标要求

推进学习型党组织建设，是加强和改进股份公司党的建设，把党的政治优势转化为企业的核心竞争力和发展能力，促进股份公司做强、做大，实现科学发展的必然要求。学习型党组织建设是强调团队学习，团队成员互动，共同提高的一种组织行为。在学习型党组织建设的实践中，要把个人学习提高到团队学习的境界，把个人智慧在更高基础上形成团队智慧，从而把党组织的政治优势转化为学习优势、智能优势，促进企业又好又快发展。各级党委要深刻把握推进学习型党组织建设的深刻内涵，高度重视，抓好落实。

（一）指导思想

推进学习型党组织建设，必须高举中国特色社会主义伟大旗帜，坚持以邓小平理论和“三个代表”重要思想为指导，深入贯彻落实科学发展观，全面贯彻党的十七大和十七届三中、四中、五中全会精神。紧密围绕股份公司改革发展大局，按照科学理论武装、具有世界眼光、善于把握规律、富于创新精神的要求，以提高党员的素质和能力为基本目标，深入学习党的路线方针政策和国家的法律法规，学习企业经营管理所需的各方面知识。以学习型党组织建设带动和促进学习型企业建设，从而促进股份公司加快转变发展方式，不断提升核心竞争力，为企业科学可持续发展提供动力机制和智力保障。

（二）主要原则

建设学习型党组织，应遵循以下主要原则：

1. 坚持解放思想、实事求是、与时俱进，用发展着的马克思主义指导新的实践。深入贯彻党的思想路线，准确把握当今世界发展大势，准确把握社会主义初级阶段基本国情，准确把握企业改革发展实际，不断总结股份公司发展规律，结合实际，统筹兼顾，推进股份公司又好又快发展。

2. 坚持理论联系实际的马克思主义学风，切实推动实际问题的解决。着力在推动企业经营管理工作上下工夫，在推动企业党建工作上下工夫，在提高党员领导人员素质和能力上下工夫，努力做到学以致用、用以促学、学用相长，力戒形式主义。努力把学习成果转化为运用科学理论、科学知识分析和解决实际问题的能力，增强工作的原则性、系统性、预见性和创造性。

3. 坚持领导人员作表率，调动广大党员的积极性主动性。党员领导人员坚持把学习作为提高素质、增长本领、做好领导工作的根本途径，先学一步，学深一些，作不断学习、善于学习的表率，推动本单位本部门党组织和党员的学习。充分发挥广大党员的主体作用，激发党员的学习热情，满足党员多方面的学习需求。

4. 坚持改革创新，鼓励大胆探索。围绕股份公司的中心任务，着眼打造具有国际竞争力的质量效益型跨国企业集团目标，创造性地开展推进学习型党组织建设工作。把推进学习型党组织建设与党的先进性建设结合起来；与巩固扩大学习实践科学发展观活动成果结合起来；与开展争创“四好”领导班子、“四强”党组织、争做“四优”共产党员等创先争优活动结合起来，以形成合力。

（三）目标要求

通过努力形成抓学习的制度，抓学习的机制，抓学习的良好环境。着力营造和形成重视学习、崇尚学习、坚持学习、善于学习的浓厚氛围，牢固确立党组织全员学习、党员终身学习的理念。以抓好学习型领导班子建设为关键，以抓好基层党员领导人员学习与培训为基础，充分发挥党组织政治核心作用、基层党组织战斗堡垒作用和党员先锋模范作用，不断提高全体党员思想政治素养和岗位业务素质。引导党员领导人员以解放思想为先导，用新的理念和视野，科学分析企业发展的基础和条件、优势和劣势、机遇和挑战，破解体制机制、管理、技术、市场等难题，不断促进企业科学发展上水平。

二、明确学习重点，把握学习的主要内容

紧密结合企业和党员思想、工作实际，从提高思想政治素养和业务能力出发，精心安排学习内容，认真组织学习活动，努力提高学习效果。

（一）抓好理论武装

组织党员深入学习中国特色社会主义理论，学习实践科学发展观，学习践行社会主义核心价值体系，学习贯彻党和国家的方针、政策。党员领导人员要带头学习，认真研读原著，从而进一步增强责任感使命感，坚定理想信念，坚持走中国特色的国有企业发展之路，增强改革发展的信心与决心。各单位党委工作部门要组织好学习材料的订阅，组织收听、收看党内重大活动实况，组织学习中央领导讲话报告、有关政策文件，编发党员理论学习材料，为党员领导人员的学习做好服务工作。认真抓好政策理论的宣传普及工作，针对党员关心的热点、难点问题，解疑释惑。抓住党员的关注点，用党员听得进的语言、讲党员听得懂的道理，做到真学真懂真信真用。

（二）学好专业知识

党员领导人员和广大党员要着眼企业发展战略，认真学习相关专业知识，特别是企业战略管理、市场营销管理、财务资金管理、人力资源管理、风险管理、企业文化管理等与企业相关的基本知识，构建开放的学习体系，优化知识结构，开阔工作思路，提高工作水平。

（三）掌握岗位技能

党员要立足本职，适应岗位和履职的需要，按照“干什么学什么、缺什么补什么”的原则，加强业务学习，掌握岗位技能。认真学习掌握信息技术、网络运用等新知识、新技能，以适应党员素质提升的新要求。结合岗位特点，深入开展以提高职工素质工程为重点的多工种、多层次、多渠道的岗位练兵、技术培训、技能大赛、青年创新创效和青年成长成才等活动，努力使党员成为本专业本岗位的行家里手。

（四）注重实践特色

教育引导党员特别是各级领导人员，既要向书本学习，更要向实践学习、向职工群众学习、向优秀企业学习。不断学习总结和借鉴运用基层和职工群众在实践中创造的好做法、好经验。善于运用企业改革发展的成果对党员进行教育，不断推动学习向广度和深度发展。学习型党组织建设的重点是各级党员领导人员，党员领导人员必须树立学习就是工作，学习才能提高的理念，积极推进工作学习化、学习工作化，使学习和工作相互交融、相互促进，真正把学到的知识、具备的素质转化为谋划工作的思路、促进工作的措施、领导工作的本领。

三、明确方法、步骤，不断创新学习载体和途径

结合新形势下党员特别是各级领导人员的学习需求和特点，以及股份公司改革发展的实际，坚持继承与创新相结合，充分运用好企业组织学习的有效做法和经验，积极探索富有时代特点、生动活泼的学习方式。

（一）不断改进学习方式，增强学习效果

1. 坚持运用已经形成的党委理论中心组学习制度。平均每月一次，全年不少于 12 次。针对不同的学习内容，适当扩大参加人员范围。党委理论中心组采用“三个三分之一”的学习方法，即用三分之一的时间学习中央、国资委等上级组织的重要文件；用三分之一时间传达上级重要会议精神，布置重要工作；用三分之一时间专家辅导、专题发言，集体讨论，形成共识。中心组成员每年至少撰写 1 篇学习心得体会文章，每月阅读 1 本书。

2. 持之以恒开展好形势任务教育。每季度举行一次形势任务报告会，由单位的党政主要领导向员工讲解形势，明确任务，鼓励先进，鞭策后进，引导员工关心关注企业的经营和发展，为企业改革发展出谋划策，鼓舞士气，促进企业发展。

3. 党组织坚持“三会一课”制度。健全组织生活，严格党员管理，加强党员教育。支部党员大会一般每 3 个月召开一次、支部委员会一般每月召开一

次、党小组会一般每月召开一次，抓好政治理论学习和业务学习。每年组织开展一到两次集中性的党课活动，各单位党委书记、总经理、党委副书记要带头讲党课，促进学习风气的形成。主要内容要以《中国共产党章程》为基本教材，既包括党的基本理论、基本路线和基本知识，以及党的宗旨、纪律、优良传统和形势任务等，也可以以单位改革发展中的重大问题为课题，结合实际确定党课内容。力求理论联系实际，解决思想认识问题。

4. 积极开展专题研讨会，采取以会带训等形式，并在实践中不断加以完善。进一步畅通和拓宽党组织和党员领导人员学习教育成果的转化运用渠道，通过集体交流、开辟专栏、媒体宣传、简报反映、出版文集等形式，促进学习教育成果共享，运用学习成果指导实践，推动工作。

（二）精心设计载体，不断创新学习方式

大胆探索，鼓励创新，提倡结合本单位、部门及不同岗位实际，不断探索创新学习形式。

1. 充分运用好企业报刊、网络等媒体，为党员领导人员学习创造条件。不断创新学习理念，增强学习兴趣，激发创造活力。

2. 定期举办报告讲座，讲解政治、经济、法律、管理等与企业相关的形势、知识、前沿理论，邀请大学教授、党校专家、知名学者、政府官员等学术或理论界的权威人士参与授课，同时吸收更多的员工参与听讲，扩大学习的覆盖面和员工参与度。

3. 开展主题学习教育活动。近几年中央开展的先进性教育活动、学习实践科学发展观活动、创先争优活动等，都是非常好的学习载体，通过活动加强学习，取得了很好的效果。同时还要利用重大节庆日、重大历史事件纪念日，围绕企业的重大举措、重大活动选准切入点，组织开展各具特色的主题学习教育活动，形成运用重大节庆纪念日等组织党员学习的工作机制。

4. 丰富和完善读书交流、知识竞赛、技能比武、参观考察等广大党员喜闻乐见的学习手段和工作抓手，引导广大党员特别是党员领导人员把学习作为一种政治责任、精神追求和生活方式。借鉴国内外企业学习型组织建设的有效做法，大力倡导开放式学习、互动式学习、研究式学习、共享式学习等形式，不断激发党员学习的内在动力。切实做好学习服务，有针对性地推荐学习书目，满足广大党员和党员领导人员的学习需求。

（三）积极拓展学习阵地，努力搭建更好的学习平台

积极整合企业学习培训资源，创新学习培训载体，拓展学习培训阵地。充分发挥党校、培训中心等在教育培训中的主渠道、主阵地作用。积极运用信息网络技术，加强党员远程教育、视频会议等学习教育网络建设，努力打造覆盖企业各级党组织和全体党员终身学习的服务平台。深化与高校、科研院所、行业培训机构的合作，更好地利用社会资源为学习型党组织建设提供服务。

（四）鼓励党员自学，形成深厚的学习氛围

1. 制定有关政策，鼓励广大党员和员工积极开展政治理论和专业知识技能的学习。结合本单位实际需要和岗位需要，督促员工在职学习，可以采取对取得在职学历学位者给予报销一定比例学费的办法，对取得有价值的职业证书给予一次性奖励的办法，对参加在职学习考试在时间上给予提供方便等多项措施，鼓励员工在职学习。

2. 畅通职业发展通道，让爱学习、肯学习、会学习、有学习效果的同志有更广阔的发展空间，在任职提拔、物质奖励、评先选优等方面优先考虑。引导转变学习作风，鼓励真学，学有用的东西。对通过学习真正达到有业务专长的同志放到合适的岗位，发挥其才干，使其学有成就，激发其更大的学习动力。

3. 大力宣传，营造学习型的企业文化。形成积极向上，人人想学习，人人爱学习，只有学习才能有更好发展的良好的企业文化氛围。

（五）建立健全学习制度，推进学习型党组织建设的科学化、制度化、规范化

1. 集体学习制度。各单位党委要认真落实股份公司有关党委理论中心组学习制度，明确中心组的学习时间、目标、责任及相关的考勤、交流、通报等要求，精心设计主题，发挥示范引导作用，不断提高学习质量。

2. 学习培训制度。认真落实股份公司党委关于党员领导人员教育培训工作的有关制度和要求，科学安排岗前培训、业务培训、晋职培训、理论培训和领导人员轮训等。不断研究党员领导人员成长规律，增强培训的针对性和实效性。认真落实《2009～2013 年全国党员教育培训工作规划》，建立基层党员轮训制度。股份公司各单位要有计划地选送企业党员领导人员参加中央党校、国资委党校的短期培训。建立健全党员个人自学制度，明确要求制定学习计划和目标，强化党员干部的日常学习，激发个人自学的内在动力。

3. 调查研究制度。党员领导人员要针对企业改革发展的难点和职工群众关注的热点问题，加强调查研究，深入实际、深入基层、深入职工，调查情况，研究对策，提高决策的民主化科学化水平。认

真落实中央关于领导人员到基层调研和撰写调研报告的具体规定。写作是一种最好的学习方式，更能增强学习效果。领导人员要亲自定选题、定思路、定提纲，亲自撰写调研报告。

4. 学习考核制度。建立健全述学、评学和考核评价机制。学习型党组织建设作为党建和思想政治工作的一部分，要把其列为党建工作责任制考核的一项重要内容，形成激励约束长效机制。制定具体办法，领导人员在年度述职时要述学、评学。要把理论素养、学习态度和学习能力作为选拔任用领导人员的重要依据，形成注重学习、注重实践的用人导向。

四、加强组织领导，切实履行工作职责

各级党委要充分认识建设学习型党组织的重要意义，以高度的责任感和政治敏锐性把建设学习型党组织工作列入重要工作日程，纳入整体工作规划，作出专门部署，精心组织，狠抓落实。

（一）明确职责，落实责任

建立健全党委统一领导，党政齐抓共管，党委宣传、组织、人力资源部门密切配合，层层抓落实的工作格局，确保责任到位、指导到位、投入到位、服务到位。党委工作部要切实发挥牵头负责作用。组织、人力资源等部门要把建设学习型党组织与领导人员教育培训、加强领导班子和领导人员队伍建设、基层党组织和党员队伍建设结合起来。工会、共青团等群团组织要充分发挥自身优势，开展各具特色的学习教育活动。各公司党委要成立建设学习型党组织工作协调小组及其工作机构，负责指导此项工作。各公司党委要在12月20日前将协调领导小组和工作机构名单，以及本单位建设学习型党组织实施意见，报股份公司党委（联系人：梁伟　电话010-58382188）。

（二）分类指导，督促检查

各级党委要根据不同时期、不同阶段、不同层次、不同岗位党员领导人员的特点，把学习的普遍性要求与特殊需要相结合，分别提出相应的学习计划、任务和要求。党委要经常了解各级党组织的学习情况，加强督促检查，有针对性地提出改进意见。各级党组织要认真履行组织党员学习的重要职责，党委书记负总责。各公司党委在每年1月底前向股份公司党委专题报送上一年度学习情况总结和本年度学习计划。股份公司党委将对各公司建设学习型党组织工作进行督促检查。

（三）舆论引导，营造氛围

要把握正确导向，充分发挥本单位网站、报纸的作用，开辟建设学习型党组织专栏、编发简报等，加强舆论宣传，为推进学习型党组织建设营造浓厚氛围。要注意从不同层面、不同岗位中发现典型、宣传典型，以点带面，不断扩大典型的辐射效应。股份公司网站开辟“股份公司建设学习型党组织”专栏，及时宣传推进股份公司学习型党组织建设的要求、思路、做法及成效。股份公司党委将组织开展经验交流，适时召开学习经验交流会，宣传先进典型，推广成功经验，进行通报表彰。

中国水利水电建设股份有限公司
海外工作机构党建工作指导意见

（中水电股党〔2010〕101号·2010年11月29日）

为了加强股份公司海外工作机构党的建设，规范海外工作机构党建工作的内容、方式和方法，适应公司国际业务经营和发展新形势、新任务的要求，把党组织建设成实施“走出去”战略的领导核心和战斗堡垒，充分发挥党组织的保证监督作用和党员先锋模范作用，确保党的路线、方针、政策的贯彻执行，为股份公司国际化发展战略提供思想和组织保证，特制定本指导意见。

第一章　总　　则

第一条　本指导意见所涵盖的海外工作机构党组织系指：股份公司驻国外代表处、区域业务总部、子公司、分公司、项目部（含由股份公司、国际公司独立承建或由子公司受股份公司委托实施的项目及中方联营体项目部中的党组织）。

第二条　工作原则：

（一）坚持经营工作做到哪里，股份公司党组织就建到哪里，作用就发挥到哪里的原则。坚持“三同时、三基本”的海外党建的工作原则，“三同时”即在建立海外机构经营班子的同时建立党组织；在明确海外机构生产经营负责人的同时，明确党组织的负责人；在安排检查海外机构生产经营工作的同时安排检查党建工作。“三基本”是指：形成海外机构党建工作的基本组织体系，要求建立党委（党工委）、党总支、党支部、党小组完整的组织体系；形成海外机构党建工作基本的制度体系，建立党建思想、组织、作风建设的制度体系；形成海外机构党建工作基本的主题实践活动体系，开展爱国主义教育、党员先锋岗等主题实践活动。

（二）加强海外机构党建和思想政治工作，紧紧围绕生产经营中心，促进经营管理的原则；遵守涉外纪律和所在国法律法规，维护国家和企业利益的原则；以人为本，加强教育管理与解决实际问题相结合的原则；党组织结构、党员身份、党内职务、党内活动、党内文件不公开的原则。

（三）海外机构党组织开展党的活动限于内部进行。不参与、介入所在国的一切政治活动；坚持注重实际，小型多样，分散灵活的方式开展党内活动，不以党组织名义公开举办大型活动或召开大型会议。

第三条 海外机构党建工作和党组织接受股份公司党委的领导。为便于工作，股份公司党委授权国际公司党委归口管理海外机构的党建工作，海外机构的日常党建工作接受股份公司党委工作部、党委组织部和国际公司党委的工作指导。

第二章 海外工作机构党组织的基本任务

第四条 宣传和执行党的路线、方针、政策，贯彻执行党中央、国资委党委、股份公司党委关于党建工作的决议、决定和指示，研究制定所辖单位党建工作计划、制度、措施，并组织实施，充分发挥党员的先锋模范作用，团结、组织党内外的干部和群众，努力完成本单位所担负的任务。

第五条 组织党员认真学习马克思列宁主义、毛泽东思想、邓小平理论和“三个代表”重要思想，深入贯彻落实科学发展观，学习党的路线、方针、政策及决议，学习党的基本知识，学习科学、文化和业务知识。

第六条 围绕国际经营活动，结合生产经营中心任务，开展党建主题实践活动。把生产经营的重点和难点问题作为党建工作的重要内容。结合项目实际，开展“党员先锋工程”、“党员先锋岗”、“党员身边无事故”等主题实践活动，充分发挥党员领导人员的标杆作用，充分发挥党员的先锋模范作用，开展党内“创先争优”、“四优四强”等活动，促进项目施工与管理。

第七条 领导开展创建文明工程工作，促进施工项目进度、质量、安全、效益、环境、员工队伍建设的协调发展。

第八条 对党员进行教育、管理、监督，提高党员素质，增强党性锻炼。

第九条 充分发挥党员和员工的积极性和创造性，发现、培养和推荐他们中间的优秀人才，鼓励和支持他们在国际化经营工作中贡献自己的聪明才智。

第十条 对要求入党的积极分子进行教育和培养，按照程序做好经常性的发展党员工作，努力把业务骨干培养成党员，重视在经营工作第一线和优秀青年员工中发展党员。

第十一条 加强思想政治工作，教育党员和员工自觉遵守各驻在国的法律、法令，尊重当地的宗教和风俗习惯，在工作区域建立良好和谐的公共关系；教育党员和员工自觉抵制商业贿赂和不良倾向，抵制资本主义腐朽的生活作风，践行“八荣八耻”社会主义荣辱观，坚决同各种违法犯罪行为作斗争，对违法违纪党员，依法依纪严肃处理。

第十二条 加强“四好”领导班子和党风廉政建设，合理安排理论学习中心小组学习的内容、时间、方式，组织召开领导班子民主生活会，对领导班子进行监督管理，确保廉洁从业。

第十三条 加强对海外工作机构的工会、共青团工作的领导。各单位要重视海外工作机构工会、共青团工作，凡具备条件的海外工作机构都要建立工会组织和共青团组织。党组织要坚持“党建带工建”、“党建带团建”的指导方针，经常听取工会、共青团工作的汇报，研究解决实际问题，指导开展各种活动。

第三章 海外工作机构党组织贯彻落实“三重一大”决策制度的基本要求

第十四条 海外工作机构党组织要按照政治核心的地位、作用，充分发挥参与决策、保证监督的作用，对决策内容进行政治把关，保证党的路线、方针、政策在本单位得到贯彻执行。党组织负责人在企业改革发展过程中，必须率先垂范，带头落实，组织党员干部带领职工努力实现制定的改革发展任务。

第十五条 海外工作机构领导班子成员特别是主要负责人要带头执行“三重一大”决策制度，规范用权行为，充分发挥领导班子的集体智慧和力量，实现集体决策、科学决策、民主决策、依法决策，提高决策水平和决策质量，确保在激烈的国际市场竞争中抓住机遇、科学发展。

第十六条 海外工作机构党组织要加大对“三重一大”决策程序和重要事项的监督检查，及时发现问题、落实整改、追究责任、完善制度，防止决策失误，防范决策风险。对项目部的人事任免要经过党组织集体讨论，并报上级组织决定。对国际经营业务中属“三重一大”内容的事项，必须遵照管理规定和程序，酌事项内容，经过股份公司、国际公司和项目部领导班子集体讨论决定并认真贯彻执行。海外机构党组织如发现重大决策与党和国家方针政策、法律法规不符或脱离实际的情况及时提出意见，如得不到纠正，应向上级反映，切实发挥监督保证作用。

第四章 海外工作机构党组织的工作重点

第十七条 结合海外工作机构的实际，抓好海外工作机构班子建设，使其成为海外工作机构的坚强领导核心。

第十八条 抓好人才队伍建设，特别是与行政组织一道抓好海外人才队伍建设，培养适应海外项目施工与管理的各类人才，培养精通海外商务工作、技术工作及熟练掌握外语技能的复合型人才，为国际化经营提供人才支撑。

第十九条 配合行政组织，抓好国内外聘劳务人员和外籍雇员的管理工作，为完成海外项目任务提供人力资源保证。负责在项目现场全面了解和掌握外聘国内劳务人员思想动态，参与对国内外聘劳务人员劳务纠纷的调解工作，杜绝群体事件的发生。

第二十条 按照管理权限审批所属党组织的建立，审批党员的发展工作。

第二十一条 抓好对党员的教育、管理工作，结合海外工作的实际，开展“创先争优”“四强四优”表彰先进党支部和优秀党员，加强对员工的爱国主义、集体主义教育，激发员工的国家和企业荣誉感，不断发扬光大员工的集体主义精神，将企业文化融入每位员工的心中，维护 SINOHYDRO 的品牌形象。

第二十二条 通过行之有效的工作，维护驻外机构和人员的安全，按照我国驻外机构和上级领导的有关指示，处理好突发事件。

第二十三条 协助行政部门维护驻外机构和人员的安全，按照我国驻外机构和上级领导的有关指示，处理好境外经营活动中遇到的政局动荡、军事政变、军事冲突、边界纠纷、民族纷争、部族暴动、部落骚乱、自然灾害、瘟疫流行等突发事件，建立一种信息畅通、联络畅通、上情下达、下情上报的快速反应机制。

第二十四条 重视和加强国（境）外宣传报道工作，积极围绕国（境）外工程的重点、难点和亮点，加大对国（境）外项目建设成果、科技管理创新成果和先进典型事迹在国内外媒体的宣传力度。特别要加强网站建设，充分利用录像、摄影、网络、传真等方式，提高国（境）外宣传报道质量，扩大覆盖面，增强宣传效果。重视海外机构信息报送网络建设，积极向国资委《央企要情》投稿，宣传企业品牌。

第二十五条 加强党风廉政建设。为规范国（境）外项目领导人员的用权行为，项目经理、书记要按照上级党组织要求签订党风廉政建设责任状，明确对项目党风廉政建设的责任。项目其他管理人员，特别是涉及人、财、物等关键岗位人员，也要与项目党组织签订党风廉政建设责任书。项目党组织要加强监督，严格管理，有效防范和化解风险，维护企业财产的安全。

第二十六条 关爱职工，打造和谐团队。海外各级党组织要把改善员工工作生活条件、丰富业余文化生活、关注员工身心健康、提供后勤保障服务作为日常工作的重要内容。畅通与员工的沟通渠道，认真听取他们的意见和建议，及时进行员工心理健康的疏导工作，加强人文关怀。

第五章 海外工作机构党组织设立的基本原则、规定及程序

第二十七条 坚持“精干高效”、“一套人马，两种职责”的原则。鉴于国际经营工作的特点，海外工作机构党组织原则上不配备专职书记，可根据管理规模及工作需要，由本机构的行政负责人（党员）兼任书记，安排一名副职兼任副书记，侧重抓好党务工作；大型项目可设一名专职副书记兼纪委书记。

第二十八条 海外工作机构党的工作部门与行政合署办公，明确专（兼）职工作人员负责党务工作和纪检工作。党内文件资料要有专人保管，按照档案管理规定需要保存的应及时转递回国，不需要长期保存的应定期销毁，电子文档要有专用介质存放。

第二十九条 股份公司或国际公司为责任方、与其他中国公司组成联营体，单项工程合同额在1亿美元、工期在2年及以上的成立联营体党工委。

组建程序：由国际公司党委书面征询联营体中其他单位党委的意见后，由国际公司党委和其他单位党组织共同批准成立。

第三十条 股份公司或国际公司为非责任方、与其他中外公司组成联营体、但我方所承担的工作内容具有相对独立性，合同额在1亿美元以上、工期

在2年及以上的成立项目党工委。

组建程序：如由1个子公司独立承建，由该公司党委负责组建党工委，报国际公司党委批准；如由2个及以上子公司组成联营体共同承建，则由责任方提出党工委设置意见，报国际公司党委批准。

第三十一条 股份公司2个及以上子公司参与经营活动的大型国别或区域市场，成立股份公司该国别或区域党工委，视情况，党工委可下设党（工）委、党总支或党支部。

组建程序：由国际公司党委根据该国别市场情况，成立该国别或区域党工委。其下设党（工）委、党总支、党支部，分别由相关子公司党委提出设置意见，并入党工委统一管理。

第三十二条 国际公司为责任方，与股份公司其他子公司组成联营体共同实施的项目，合同额在1亿美元以上，合同在2年及以上的，成立项目党委。

组建程序：由国际公司党委设置项目党委。

第三十三条 由股份公司或国际公司签约，由股份公司其他子公司独立实施的项目或项目群，视工程规模、工期及党员人数，可成立党（工）委、党总支或党支部。

组建程序：由承建单位提出党组织的设置意见，报国际公司党委审批。

第三十四条 股份公司或国际公司签约并由国际公司实施的项目，由国际公司党委设置党组织。国际公司在境外子公司、分公司党组织的设置，视情况可成立党支部，由国际公司党委审批和管理；如不具备独立成立党支部的条件时，其党员可仍然参加原党组织的活动。

第三十五条 国际公司或股份公司子公司派出常驻人员中的党员，如不具备成立党组织条件的，经向所在国使馆党委征求意见后，可以编入邻近地区股份公司所属党组织中。

第六章 海外工作机构党组织及负责人的组织管理

第三十六条 由股份公司或国际公司与其他企业联营的海外项目成立的党（工）委，接受双方（或多方）党委的共同领导。

第三十七条 党（工）委负责人的任命按干部管理权限予以审批。按照"谁审批，向谁负责"的原则，海外工作机构党组织要按照党的组织原则，每半年向国际公司党委汇报一次工作，日常工作及时向国际公司党委汇报，并接受股份公司党委工作部、党委组织部、国际公司党委工作部和子公司党委工作部门的指导。

第三十八条 海外工作机构党（工）委成立后，应逐级建立党支部、党小组，形成党组织完整体系。

第三十九条 海外工作机构中的党组织，均须将组织建设情况报驻在国大使馆党委备案，接受大使馆党委的领导。

第四十条 各子公司党委要切实加强对海外工作机构党建工作的领导，按照本指导意见的要求，结合本单位的实际情况，制定海外工作机构党建工作的实施细则，不断健全并完善党建工作制度体系。

第七章 常驻国外工作党员的组织管理

第四十一条 凡已被确定为常驻国外工作的党员（一年以上），在出国时应从原单位开具党员证明信（临时组织关系），并向所去目的地股份公司海外工作机构党组织递交党员证明信，参加该组织党的组织活动；在境外工作结束回国前，要从所在海外工作机构党组织开具党员证明信，并将组织关系交回原单位。

第四十二条 预备党员或入党积极分子出国时，上级单位党组织要将考察材料转至海外机构党组织继续培养考察，预备期满申请转正或新发展党员由上级单位党委审批，或由授权的海外党（工）委审批。出国后向海外工作机构党组织提出入党申请的员工，由海外工作机构党组织审查后列为积极分子培养考察。在海外工作期间发展的党员和考察的入党积极分子，在回国时，由其所在党组织负责将发展时和考察期间形成的所有资料转到国内有关党组织。

第四十三条 常驻国外，并已被编入股份公司所属海外工作机构党组织的党员，根据中央组织部《关于中国共产党党费收缴、使用和管理的规定》（中组发〔2008〕3号）文件精神，均须向所在的党组织缴纳党费。

（一）党费的计算基数

根据中组发〔2008〕3号文件规定，凡按月领取工资的党员，每月以工资总额中相对固定的、经常性的工资收入（税后折合成人民币）为计算基数，按规定比例交纳党费。其中：国际公司员工以国内岗位工资为计算基数；股份公司各子公司员工以所在项目核定的月工资标准为计算基数。

实行年薪制的党员，以每月的基薪（包括五金）为计算基数，折合成人民币，按规定比例交纳。

（二）党员交纳党费的比例

党员交纳党费的比例为：每月工资收入（税后）在3000元以下（含3000元）者，交纳月工资收入的0.5%；3000元以上至5000元（含5000元）者，交纳1%；5000元以上至10000元（含10000元）者，交纳1.5%；10000元以上者，交纳2%。

（三）交纳党费的规定

1. 党员应向其正式组织关系所在的党支部交纳党费；

2. 党员应当按月交纳党费。遇到特殊情况，经党支部同意，可以每季度交纳一次党费，也可以委托其亲属或者其他党员代为交纳或补交党费。对无正当理由，连续6个月不交纳党费的党员，按自行脱党处理；

3. 党员工资收入发生变化后，从按新工资标准领取工资的当月起，以新的工资收入为基数，按照规定比例交纳党费；

4. 预备党员从支部大会通过其为预备党员之日起交纳党费；

5. 党组织应当按规定收缴党员党费，不得垫交或扣缴党员党费，不得要求党员交纳规定以外的各种名目的“特殊党费”。

（四）各级海外党组织上缴党费规定

1. 党支部每季度将所收党费全额向上级党组织缴纳，不得留存。

2. 股份公司或国际公司为责任方的海外联营体党工委所收党费按100%比例每季度向股份公司党委（国际公司党委代收）缴纳一次党费。

3. 股份公司各子公司独立实施的海外项目或项目群设立的党（工）委、党总支或党支部每季度向所在的子公司党委100%上交党费，不得留存。

4. 纳入股份公司海外大型国别或区域党工委管理的各子公司设立的党（工）委、党总支、党支部，每季度向该国别或区域党工委100%上交党费，不得留存。该国别或区域党工委按所收党费行政隶属关系每季度向所在单位党委缴纳一次党费。

5. 国际公司境外子公司、分公司党支部每季度向国际公司党委缴纳一次党费，不得留存。

第八章　附　　则

第四十四条　本指导意见由股份公司党委负责解释，自发布之日起执行。

关于加强企业文化建设的实施意见

（中水电股党〔2010〕115号·2010年12月30日）

根据国资委关于企业文化建设的总体部署，围绕公司发展战略规划和奋斗目标，为加强公司企业文化建设，充分发挥先进企业文化对提升企业发展能力、增强企业核心竞争力、推进企业科学可持续发展的积极作用，指导各公司推进企业文化的延伸落地工作，特制定本实施意见。

一、公司企业文化建设的指导思想和基本方针

（一）指导思想

贯彻落实以人为本、全面、协调、可持续的科学发展观，积极适应国际国内市场竞争的变化，努力建设符合股份公司发展战略、遵循文化发展规律、体现职工根本利益、具有时代精神和企业特色并为全体职工普遍认同的企业文化。要立足于文化强企、文化治企、文化育人，与提高企业的发展能力相结合，提升企业的核心竞争力和软实力，推进企业科学可持续发展。

（二）基本方针

坚持以人为本、全员参与的方针。员工是企业文化的基本载体，是推动企业文化发展的主体力量。在企业文化建设中，要集中员工的智慧来构建企业文化建设的目标方案；要通过员工的生动实践实现企业文化建设的各项任务，要通过企业文化建设，把企业先进的文化和共有价值观变为每一员工的行为准则和自觉行动，发挥群体的力量，推进企业又好又快发展。

坚持围绕中心、服务大局的方针。要把企业文化建设同企业生产经营管理和改革发展中心任务紧密结合。发挥企业文化对确立企业发展战略、经营方针和管理方式的导向作用，发挥企业文化在制度建设中的引领作用，推进企业发展和生产经营任务的完成。

坚持突出特色方针。要在坚持统一性的同时，紧密结合本单位实际，正确处理共性与个性的关系，努力创新，打造富有企业鲜明特色的文化品牌。

二、遵循“三统一、三放开”原则，构建股份公司企业文化的新体制、新机制

企业文化建设要本着“体现共性、彰显特色”的原则，既坚决贯彻股份公司的主体文化，又注重打造具有自身特色的企业文化；既防止企业文化上各行其是的分散主义倾向，又要防止企业文化缺乏个性的倾向。股份公司企业文化的实践过程必须遵循“三统一、三放开”原则，即企业精神、企业核心价值观、企业标识3个方面，股份公司上下必须高度统一、规范到位，维护公司文化的统一性；在企业愿景、经营理念、职工行为规范3个方面，各单位可根据自身特点和不同情况进行补充、细化和丰富，充分增强个性和特色。

三、加强企业文化载体建设，抓好七个方面工作

股份公司企业文化体系已经建立，各子公司要突出实践特色，抓好载体建设，推进企业文化的落地延伸，重点抓好以下7个实践环节，形成股份公司企业文化从上到下完整的操作体系。

（一）集中抓好公司企业文化的宣贯和理念转化工作

一是要继续加大宣贯力度，通过各种生动活泼、细致入微的宣传，促使股份公司企业文化迅速传播，使公司的企业精神、核心价值观、经营理念真正成为企业发展战略和管理理念的精髓，成为企业每一个员工共享的价值观念和行为准则；二是要最大限度地把广大员工都组织到企业文化建设实践中来，让公司文化进基层、进项目、进工地，覆盖到公司的各个层面；三是要坚持企业文化建设与党的建设、经营管理、宣传思想工作、精神文明建设等有机结合，形成合力。

（二）拓展企业文化内涵，抓好横向分支文化建设

企业文化是一个系统工程，需要全方位的推动和多层次的建设。要努力抓好企业文化的横向延伸工作，整体谋划，同步推进安全文化、质量文化、廉洁文化等分支文化建设。

深入开展安全文化建设。以安全文化建设为重点，打造持续安全观、安全效益观、安全责任观，秉承安全发展的理念；要继续认真贯彻公司“一个强化，一个支持，一个落实，3个坚决反对”的安全观，即强化以人为本、珍爱生命、安全发展的核心理念，坚决支持员工对违章指挥、违章操作说“不”，把安全管理落实到公司的每一个项目、每一个部位、每一台设备、每一名员工、每一名农民工，坚决反对安全生产在不受控条件下的赶工抢工，坚决反对安全生产在不受控条件下的产值规模扩张，坚决反对企业减少必要安全投入形成的非正常业绩利润。通过开展安全文化建设，培养广大员工遵章守纪、按章办事、规范作业、文明施工的良好习惯，形成以文化促管理、以文化保安全的良好局面。

深入开展质量文化建设。按照股份公司《质量管理办法》的要求，以“干优质工程，干精品工程”、“百年大计、质量第一”为目标，坚守“细节决定成败、品质决定生存”的质量管理理念，不断增强职工的质量意识和精品意识，为社会奉献一流产品和优质服务。

深入开展廉洁文化建设。按照股份公司党委《关于加强廉洁文化建设的实施意见》的要求，认真开展廉洁文化建设的各项工作。坚持“认认真真学习，清清白白做人，干干净净干事”的廉洁核心理念，大力弘扬和培育员工崇尚刻苦学习，反对因循守旧；崇尚遵纪守法，反对腐败行为；崇尚爱岗敬业，反对不讲效率；崇尚团结协作，反对各行其是；崇尚文明礼仪，反对松散习气；崇尚勤俭节约，反对铺张浪费的“六崇尚、六反对”廉洁从业准则，建立廉洁从业的良好环境，营造廉洁干事的企业氛围，为企业健康、持续、和谐发展作出积极贡献。

（三）坚持重心下移，促使企业文化向总部、项目、小区纵向延伸

各子公司要进一步将企业文化活动向一线和基层延伸，使公司文化深入人心，落地生根，开花结果，扩大覆盖面，增强影响力。

加强总部文化建设。股份公司总部、各子公司机关要成为企业文化建设的示范窗口。要按照股份公司企业文化的总体要求，结合创先争优活动，开展“创建六型总部、争当五个模范”主题活动，努力形成组织创先进、党员争优秀、企业上水平、员工提素质的良好局面，发挥总部文化的示范引领作用。总部文化的基本要素是：学习创新、战略管控、指导服务、规范高效、团结向上、形象示范。股份公司和子公司两级机关要认真组织实施好企业重大庆典、重要会议、重大活动的形象宣传工作，主要办公、会议场所等可根据需要悬挂企业文化相关的宣传标语或广告牌，体现总部文化特色。

加强项目文化建设。施工项目是公司生产经营的前沿阵地，也是基层文化的重要窗口。项目文化的基本要素是：诚信履约、精细管理、优质安全、注重效益、文明施工、塑造精品、培育人才、服务员工、回报社会、造福人类。在项目文化的创建中，要坚持建一流工程与创一流效益和谐一致，工程建设与维护生态和谐一致，建精品工程与促进员工发展和谐一致，突出项目文化的特色。

加强小区文化建设。要把各公司的职工居住小区作为延伸公司文化的一个阵地，开设“社区文化

活动室”、“老人之家”等服务机构，开展各种健康有益、丰富多彩的社区服务和文体娱乐活动，满足广大职工群众文化精神需求，提高居民生活质量。小区文化的基本要求是：讲求社会公德，提倡文明行为，形成互助风尚，开展文体活动，服务职工家属，建设和谐家园。各单位要把小区文化和创建文明小区工作结合起来，制定小区文化建设规划，认真抓好落实。

加强岗位文化建设。公司各岗位从业人员是企业文化的直接践行者，是文化落地的终端。企业文化建设要紧密结合各自具体岗位特点开展，落实到每一位员工的岗位实践。在文化渗透与推广中，用企业共有价值理念强化员工的自豪感，用企业的历史使命激发员工的责任感，用尊重关怀增强员工的归宿感，激励广大员工努力提高工作质量、工作效率和工作水平，在本职岗位上争创一流业绩，为企业的发展贡献自己的智慧和力量。

（四）充分发挥各级领导人员和先进人物的模范作用，争当企业文化的人格化代表

1. 充分发挥各级领导者在企业文化建设中的主导作用

企业各级领导在文化建设中居于主导地位。各级领导、特别是主要领导要成为企业文化建设的倡导者、推动者，更要成为企业文化的实践者，首先要坚定信念，充满激情，勤政廉洁，遵守纪律，以身作则，率先垂范，充分发挥示范带头和标杆作用。各级领导要用先进文化规范自己的行为，要求下级做到的事情，自己首先要做到；要求下级不做的事情，自己首先不做，以实际行动争当企业文化的人格化代表，成为引领广大员工实践先进文化的旗帜和标杆。同时，在企业文化实践过程中，必须组织广大员工共同参与，形成领导者引领、执行者组织、实践者参与的“三位一体”互动体系，促进企业文化建设不断深入。

2. 培育宣传先进典型，充分发挥典型的示范作用

各类先进人物是企业文化的人格化代表，他们用自己的行为诠释了企业先进文化理念，具有很强的示范带头作用。各单位要选树一批在各方面有代表性的，职工可见、可敬、可学的榜样，通过大力宣传那些发生在我们身边、广大员工看得见、摸得着的典型人物，通过向先进人物学习，共同践行企业的先进文化，形成企业集体奋斗的广大群体，成为推动企业发展的优秀的人力资源。

（五）编发本单位《企业文化故事集》

各单位要广泛发动职工群众，主动发现、培育和宣传企业中反映企业文化的各种先进人物，总结他们的先进事迹，组织开展理念故事创作与征集活动，把身边典型的人和事进行总结归纳，编写成与理念有关的小故事，用故事诠释理念，实现公司文化人格化、理念故事化，使人格化代表的文化故事人人皆知，成为广大职工的自觉追求和共同行动。

（六）继续开展好“三创建”活动

通过创建文明总部活动，建设学习创新型、战略管控型、指导服务型、规范高效型、形象示范型、团结向上型一流“六型”总部，推动机关建设；通过创建小区文化，不断满足员工日益增长的“求知、求美、求乐”的精神需求；要重点开展创建文明工程项目活动，要按照《文明工程项目创建活动实施意见》的要求，以全面履行项目合同为基础，在国内外水电项目、非水电项目广泛开展文明工程项目创建活动，促进工程项目的经济效益、党群工作与队伍建设、施工环境、安全生产、工程质量、施工进度的达标工作，推动优质工程、精品工程建设，提高项目文明施工水平，提高企业的经济效益和社会效益。各施工项目要结合实际，加强现场宣传设施建设，施工现场要制作项目部营地规划和工区“五牌一图”布置标准，即股份公司文化示意牌、股份公司标识示意牌、项目文化示意牌、大型工程简介牌、规章制度牌、安全质量进度环保保证体系图等，营造出文明安全的施工氛围。

（七）加强企业形象建设工作，扩大企业的影响力

1. 编制本单位的《企业文化手册》

以发挥企业文化的管理功能为目标，各子企业都要尽快编辑完成本单位的《企业文化手册》。手册应包括企业发展历程、企业精神、愿景目标、经营理念、员工行为守则、企业标识、企业人格化代表故事精选等内容。今后，大学生进入公司，在开展岗前入职教育中，企业文化是一项重要内容，要与其他培训一并进行。

2. 加强阵地建设，为企业文化建设创造有利工作环境

各子企业要充分利用本单位报刊杂志、网站、闭路电视等宣传媒体，抓好一本书、一本画册、一部电视宣传专题片、一个展览室的“四个一”建设，展示企业文化建设的特色亮点。内部网站要开辟企业文化建设专栏，加大对企业文化建设的宣传，丰富企业文化建设的内容。

3. 建立健全业余文工团和业余文艺小分队

各子企业都要创造条件成立业余文工团，有条件的单位还可组织文艺小分队等，深入一线和工地

进行慰问演出；要着力创作一批反映基层火热生活的精品力作，不断推出反映公司文化的优秀作品，丰富广大职工的文化生活。

四、进一步加强对企业文化建设的领导

1. 提高认识，加强领导。建设先进的企业文化是企业党政领导的共同职责，各级领导要切实把企业文化建设纳入重要议事日程，作为企业的一件大事摆在突出位置，认真抓紧抓好。各单位要明确企业文化建设的主管部门，安排专（兼）职人员负责此项工作；要形成企业文化建设党政主要领导负总责、分管领导具体负责、主管部门牵头组织、各职能部门分工协同、全体员工广泛参与的工作体制；要根据公司党委的总体部署，把企业文化建设纳入单位党建工作责任制的考核体系之中，定期检查考核，并与领导班子的业绩考核挂钩，推动企业三个文明建设。

2. 认真谋划，精心组织。各单位要按照企业发展战略总体规划，制定本单位的企业文化规划；要紧密围绕企业的中心工作，精心设计企业文化活动方案，抓住各种机遇，融入文化活动，内凝人心，外树形象，促进企业生产经营工作。

3. 加大投入，创造条件。各级领导要树立对企业文化的投入就是对企业发展投资的观念，从人力、财力、物力等方面给予必要的支持；各单位要把企业文化建设的必要经费列入年度预算，加大对企业文化活动场所、设备等基础设施的投入，创造良好的工作条件。

4. 注重发挥党政工团组织在企业文化建设上的作用。工会、共青团组织要充分发挥自身优势，发挥在企业文化建设中的特殊职能和作用，认真抓好职工之家、青年之家、群众体育文化娱乐活动等，共同推动企业文化建设。

各单位要按照本意见要求，制定好本单位企业文化的实施办法并于2011年3月底报股份公司党委工作部。

《中国水利水电建设集团公司人物志（1950～2006）》编修指导意见

（中水电股史〔2010〕6号·2010年6月17日）

一、指导思想和编修原则

《中国水利水电建设集团公司人物志（1950～2006）》是集团公司志系列编著22卷之一。编修《人物志》要以马克思主义、毛泽东思想、邓小平理论和“三个代表”重要思想为指导；以深入学习实践科学发展观活动为动力，进一步弘扬“自强不息、勇于超越”的企业精神，大力歌颂“拼搏奉献、争创辉煌”的水电建设者；以“存史、资治、教化、致用”和启迪未来为目的；坚持“依法修志、存真求实、顺时记述、述而不论”的编修原则；确保志书质量，打造精品志书。

二、入志人物范围和条件

1950年8月9日～2006年12月31日期间在中国水利水电建设集团公司（含其前身沿革单位）工作，为集团公司作出过重要贡献并产生重大影响，符合下列条件之一的人员均属入志范围：

（一）领导干部。特指：①曾在公司工作过的党和国家领导人；②担任过副局级（地师局级单位）以上及相当职务的领导人员。

（二）高级专业技术人员。特指“两院”院士；享受政府特殊津贴人员；有突出贡献的中青年专家；享受教授、研究员同等有关待遇的高级工程师；主任医师、特级教师及相当人员；获国家科技进步奖、省部级科技进步一等奖人员。

（三）先进模范人物。特指获省、部级以上的劳动模范和先进生产（工作）者、五一劳动奖章获得者、三八红旗手。

（四）代表。特指当选为全国和省党代表大会、人民代表大会的代表和政协会议委员。

（五）老红军及离休干部。

（六）革命烈士。

三、《人物志》的结构和体例

（一）以人物释文、列表、名录等形式构成完整的《中国水利水电建设集团公司人物志》。

（二）全书分领导干部、高级专业技术人员、先进模范人物、代表、老红军及离休干部、革命烈士6类人物，分别以人物释文、列表、名录来记述。

1. 领导干部、高级专业技术人员用人物释文形式记述。按姓氏笔画为序，释文字数一般不超过400字，特殊重要人物不超过800字。

2. 先进模范人物用列表形式记述。按国家级、省级、部级排序，同期同级别人物按姓氏笔画为序。

3. 代表用名录形式记述。按国家级、省级分列，以当选届次排序，同期同级别人物按姓氏笔画为序。

4. 老红军及离休干部用名录形式记述。老红军、享受部级（含副部级）待遇、享受局级（含副局级）待遇、一般离休待遇分列，以参加革命时间先后为序，同期同级别人物按姓氏笔画为序。

5. 革命烈士用人物释文形式记述。按国家有关部门、省政府批准为革命烈士日期排序，同期人物按姓氏笔画为序，释文字数不超过400字。

（三）人物释文采用规范的语体文，把握行文要素记述顺序，一般不作评价。其内容包括姓名、生卒年月、籍贯、性别（男性省略）、民族（汉族省略）、学历、主要经历（与水电建设有关的任职和突出业绩）等，不记述在“文革时期”群众组织的任职。

（四）列表人物的撰写内容包括姓名、性别（男性省略）、获奖层级、获奖时间及获奖称号等，用列表形式予以标注。

（五）名录人物的基本要素包括姓名、性别（男性省略）层次级别、时间等。

（六）6类人物中具有双重或多重身份的，按人物释文、列表、名录形式分别对应予以记述。

（七）人物记述截止时间为2006年12月31日。

四、编修《人物志》计划时间表

（一）2010年6月30日前，印发《中国水利水电建设集团公司人物志（1950～2006）》编修指导意见，正式启动编修工作。

（二）2010年12月31日前，各单位完成6类入志人物摸底、资料收集、整理工作，着手准备《人物志》初稿编纂工作。

（三）2011年4月30日前，各单位报送《人物志》初稿资料。

（四）2011年7月31日前，由史志办公室汇总、归类、编辑成稿，请方志专家评审指正，修改完善后报送公司领导终审定稿。

（五）2011年12月31日前，《人物志》正式出版发行。

五、编修《人物志》的几点要求

（一）加强领导，做到“四个落实”。各单位主要领导及分管领导要高度重视《人物志》编修工作，做到“组织、人员、经费、条件”四个落实，确保按期完成工作任务。

（二）统筹安排，搞好配合协作。各单位在开展《人物志》编修工作中要统筹安排、明确任务、分步实施、通力协作。基础资料的收集、归类、整理离不开各单位组织、人事及有关部门的大力支持和积极配合，各单位史志责任部门要与组织、人事等部门加强联系，搞好协作，共同做好《人物志》基础资料编辑工作。

（三）存真求实，强化“四个意识”。《人物志》的生命在于真实。把握好《人物志》的关键环节，要在存真求实上下工夫，以组织、人事档案资料为基本依据，保证《人物志》在史实关上不出纰漏，需要强化“四个意识”：权威的资料意识；背景分析意识；辨伪意识；全面客观意识。以此保证编修《人物志》的质量。

附件：

1. 人物释文（样式）（略）
2. 人物列表（样式）（略）
3. 人物名录（样式）（略）
4. 编修《人物志》准备情况说明（略）

中国水电
SINOHYDRO

第三篇　专　　论

Chapter Ⅲ Special Thesis

2010年集团公司领导专论

在中国水利水电建设股份有限公司2010年安全生产工作会议上的讲话

（2010年1月31日）

范 集 湘

同志们：

在集团公司、股份公司2010年工作会议暨职代会闭幕之际，我们召开股份公司2010年安全生产工作会议，目的是深入学习实践科学发展观，贯彻落实中央有关会议精神，落实工作会暨职代会的工作部署，进一步推动公司安全生产状况持续稳步好转，推动公司在新形势下更好更快发展。

刚才，孙洪水副总经理传达了全国安全生产工作会议精神并作了安全生产工作报告，对2009年的工作进行了系统地总结，对2010年的工作作了具体的安排，希望会后大家认真贯彻落实。

借这个机会，我讲几点意见。

一、对2009年安全生产工作总体评价

2009年，集团公司坚持以科学发展观为指导，积极应对国际金融危机影响，改革发展各项工作取得新的成果，主要经营指标再创历史新高，取得首次进入千亿元中央企业行列的重大历史性突破，实现了在高风险期的持续稳步发展。一年来，集团安全生产工作在公司经营规模快速增长、产业结构和业务结构调整步伐加快、安全生产管理难度不断增加，全国安全生产形势整体好转而建筑行业的安全生产形势相对恶化，以及自然灾害、震区地质结构不稳等不利因素增多的情况下，经受住了的考验，取得了全年仅发生1起死亡1人的一般性安全生产性责任事故，成绩优异，来之不易。公司安全生产形势总体持续稳步好转，科学有效的安全生产工作机制正逐步形成，得到国务院国资委、国家安监总局、国家电力监管委员会的肯定。这里我代表公司、公司党委向集团公司、各子公司和项目一线从事安全生产工作的同志们表示亲切的问候和衷心的感谢，并致以崇高的敬意！

公司2009年的安全工作成绩是近几年最好的，但是否做到了本质安全？作为公司的法定代表人，我认为还有差距。安全生产事故有偶发性，但偶发性后面有必然性，所以我们提出来用100%的措施去防范哪怕1%的事故概率，就是这个道理。在总结成绩的同时，我们还要对面临的安全生产形势进行正确的分析、评价，认识到我们仍面临着严峻的安全生产形势，不能有丝毫的松懈。比如去年全年经调查属于自然灾害的事故5起，死亡16人，失踪31人，因灾伤亡人数是多年来少有，这给我们敲响了警钟。当然这些灾害的发生有“5·12”地震后地质条件变化的客观因素，但我们更需要从主观上找原因，如对自然灾害认识不足、重视不够、防范措施不到位的问题，这些都是我们必须采取有力措施加以解决的。此外，在全员安全意识的提高上，在安全生产责任的落实上，在安全生产制度落实的有力、有效上，在安全生产的基础管理上，仍有一些突出问题和薄弱环节，稍有松懈，就会出现反弹。对此，我们一定要始终绷紧安全生产这根弦，始终保持如履薄冰的忧患意识，警钟长鸣，常抓不懈。

二、认清形势，进一步增强做好今年安全生产工作的责任感、使命感和紧迫感

集团公司、股份公司工作会暨职代会，深入分析了公司当前面临的形势和任务，提出了今年公司工作的指导思想和总体要求，全面部署了各项工作。如何贯彻好会议精神，在新形势下进一步促进安全

生产形势持续稳步好转，为公司更好更快发展创造安全和谐的环境，是我们面临的重大任务。

从总体上看，安全生产工作面临的任务更加繁重，工作要求不断提高。一是集团公司整体改制后安全生产工作面临新的内部环境。集团公司95%的资产转入股份公司，商誉、业绩、人才、商标全部转入股份公司，形成两级法人，集团公司是国资委管理的中央企业，是股份公司的出资人代表，占有99%的股份；股份公司是独立法人、自主经营、自负盈亏；国资委仍然要对集团公司进行业绩考核，但由于我们是整体上市，股份公司的业绩在很大程度上决定了集团公司的业绩，股份公司的安全事故也是集团公司的安全事故。我同时作为两经济主体的法定代表人，责任是一致的，但服务、履职的平台、主体是不一致的。对以上关系我们要有正确的认识。二是公司安全生产监管的点多、面广、战线长、跨度大的特点将更加明显。随着公司的规模快速增长，产业结构和业务结构调整的步伐加快，以及外部重组工作的有序推进，安全生产管理的外延在迅速扩大，与之相比目前安全生产保障能力还存在明显的不适应，这方面的难度是前所未有的。三是党和国家历来高度重视安全生产工作，胡锦涛总书记、温家宝总理从科学发展和构建和谐社会的高度，多次深刻阐述安全生产的重要性，提出明确的要求。按照中央要求，我国依法治安、科学治安的工作力度将进一步加大。作为中央企业，能否切实承担起安全生产的重大责任，在国民经济科学可持续发展中作表率，是对我们的重大政治考验。四是目前我国正处在工业化快速发展时期，同时又处在安全生产基础薄弱、矛盾凸显、隐患增多、事故易发的特殊时期，这一时期的建筑行业更加显示出高危的特点。从去年全国的情况看，在安全事故整体较大幅度下降的同时，建筑施工事故总量却在上升。这一行业特性对我们安全生产的挑战是巨大的、长期的。五是随着经济社会的发展进步，安全生产的社会关注程度不断上升，安全生产事故的综合性负面影响越来越大，责任主体付出的成本越来越高，“不安全”的经营活动注定是不可持续的，尤其是重特大事故对企业的影响有时是致命的。

冷静地分析安全生产新形势，积极地应对安全生产面临的新挑战，需要我们从落实科学发展观和中央企业社会责任、促进公司更好更快发展的高度，来认识和谋划安全生产工作；需要我们以高度的责任感、使命感，坚持不懈、持之以恒地抓好安全生产；需要我们以责任的落实到位、制度的执行有力为主要抓手，采取更加切实有效的措施，保持平稳向好的安全态势；需要我们以更高标准来要求自己，努力持续提升安全生产的工作水平。总之，在集团改革发展的关键时期，安全生产工作只能加强不能放松，只能提高不能下滑，只能提高保障能力而绝不能弱化，这是我们各级领导和从事安全生产工作的同志们的重大责任所在。

三、切实做好安全生产工作，推动公司更好更快发展

要以科学发展观为指导，贯彻落实好党中央、国务院关于加强安全生产工作的一系列指示精神和决策部署，贯彻落实好全国安全生产一系列会议部署，坚持安全发展理念，继续深入开展“安全生产年”活动，以预防为主、加强监管、落实责任、增强制度执行力为重点，坚决遏制重特大事故，着力构建安全生产的长效机制，从根本上推动安全生产的持续稳定好转，推动公司更好更快发展。

今年的安全生产工作必须做到“四个突出、三个加强”。“四个突出”：一是要突出预防为主，落脚点在重大施工组织设计的安全措施和系统性、经常性的隐患排查上；二是突出过程监管，特别是要对重大、高危项目实行全天候监管，对分包队伍承担的项目实行全程监管；三是要突出责任落实，安全生产责任要纵到底、横到边，每个人都要承担相应的安全责任，要切实抓好企业的主体责任、企业的法定代表人的责任、部门的责任、综合管理部门的责任、协同管理部门的责任、一岗双责的责任的层层落实；四是要突出制度执行力，前面三项突出能否落到实处，关键就在于我们的执行力怎么样。“三个加强”：一是要加强安全教育培训，安全教育的目的是提高我们的安全管理队伍、专业技术队伍、员工队伍的安全意识、安全素质。二是加强安全生产的基础工作，提高安全生产的保障水平。包括安全投入、施工组织设计、科技兴安、标准化建设、应急体系建设等项工作。三是加强协作联动，狠抓系统性安全，提高安全管理的整体水平。

按照“四个突出、三个加强”的要求，我再展开强调几点。

（一）进一步加强安全生产责任体系建设，确保各级责任落实到位

这几年公司安全生产的责任体系建设成效明显，这里再强调一下。一要紧紧抓住安全生产责任制这个关键，按照“统一领导、落实责任、分级管理、分类指导、全员参与”的原则，切实落实“一岗双责”制度，进一步完善安全生产责任体系。二要坚

决强化领导责任。各企业法定代表人、各单位经营管理主要负责人是第一责任人，要对安全生产工作负总责，特别是在安全的投入及保障能力上不能弱化，同时要做好组织协调工作，努力形成主要领导亲自抓、分管领导具体抓、其他领导配合抓的工作格局。要将安全生产责任制层层分解到每个部门、每个单位和每个岗位，形成"人人关心安全、人人重视安全、人人做好安全"的良性局面，要坚决杜绝安全责任层层衰弱、层层递减、"末梢坏死"的情况。三要严肃责任追究，保证责任落实到位。一旦发生安全生产事故，要严格依法、按制度处理，绝不能姑息、迁就。对严重忽视安全生产工作造成损失的领导人员，要坚决按程序撤换。

要正确处理安全与发展的关系。安全生产的投入一定要到位，安全监管的组织架构一定要完善，安全监管队伍一定要配齐，这是做好安全生产工作最基本的前提。此外，有的企业出现安全生产事故，除了我们经常说的领导重视不够、安全意识不到位、安全技术措施不到位、安全投入不够、从业者安全素质低外，还有一个系统性、普遍性的问题，就是超能力扩张规模，导致管理跟不上、措施跟不上、人员跟不上，在这个问题上我们要高度重视。作为股份公司绝不允许为了经济和效益的增加而弱化安全的保障能力。

（二）继续在制度执行上狠下工夫，努力提高安全生产的标准化水平，使法治安全落到实处

狠抓制度执行、推进法治安全是这几年公司安全生产形势得以稳步好转的有效举措。安全生产归根结底是制度执行力的问题，事故的发生，往往是由于制度执行不到位、"三违"不断引起的。推进法治安全，就是要严格依法按规办事，进一步解决"严格不起来、落实不下去"的问题，在原则问题上来不得半点心慈手软。要敢于板起安全的铁面孔，敢抓敢管，敢出重拳，敢于严格执法；要严肃铁的纪律，保证各项规章制度、工作程序能够在实际工作中得到贯彻，确保在执行中不走样、不变形。要继续加大安全生产制度执行的监管力度，深化监督检查的内容，坚持经常性的监督检查，注重监督检查的实效性，绝不能走过场，绝不能流于形式。安全生产管理人员要有职业精神，恪尽职守，忠于制度，不怕得罪人、不当老好人，敢于负责、敢抓严管。要加强教育和引导工作，营造法治安全的文化环境，增加违规违章者的羞耻感和人格成本付出。制度落实到位，关键在于第一责任人，有的企业分管领导在前方提出整改措施与意见，项目经理却习惯于绕个弯子，找到主要领导想办法，从而弱化了安全的严肃性、严格性。如果"一把手"、第一责任人不高度重视这一问题，不旗帜鲜明地、甚至"矫枉过正"地支持安全生产工作，从事安全生产的同志就难以板起铁面孔。

股份公司成立后，安全生产的制度体系建设一定要跟上。第一，要与公司现代企业制度建设、公司治理紧密结合，抓紧制度体系的对接工作。在过渡期，股份公司安全生产管理暂按集团公司的现行规章制度执行、运作，不能出现规制断档。第二，要根据新的业务领域安全生产监管的需要，在技术层面建立一套覆盖全业务的内容科学、程序严密、配套全面、有效管用的制度体系。第三，大力推进安全生产标准化工作，把我们过去安全生产中的成功经验提炼出来，借鉴其他企业好的做法，形成安全生产工作的标准，通过标准化工作推动企业实现本质安全。努力促使形成员工的行为符合安全规范，安全规范成为员工的作业习惯的良好状态。

有的单位主要领导到京沪高速铁路施工现场参观后，感触很深。同样是水电职工，为什么在铁路项目的梁厂能做到现场工具摆放、作业过程严格按规定进行？这是因为铁路施工的标准化要求高。如果我们在水电和其他建筑领域施工中学习、运用、推广铁路的标准化管理，那么我们的安全管理水平也会相应提高，系统性的安全管理就能初步形成。这个问题解决了，我们的长效安全机制、本质安全机制才能建立，安全基础才能夯实。

（三）把自然灾害的防范放在更加突出的位置，抓好抓实隐患排查治理工作

一定要把自然灾害的防范工作作为今年安全生产管理的一项重中之重的任务。今年一些地区气候出现异常，地震后的川西甘南地区，极易发生坍塌和泥石流等地质灾害，自然灾害造成安全事故的可能性增大，对此我们应以如履薄冰的心态，高度重视，采取有力措施加以应对。在施工营地选址时，要加强地质灾害隐患排查，对周边存在地质灾害隐患的营地要毫不犹豫地搬迁，绝不能心存侥幸；对每个存在可能发生地质灾害的项目部要开展细致的辨识工作，做好应对灾害的预案，及早进行应急演练，防患于未然。

进一步深化隐患排查和治理工作，把各项防范措施做在前面，及时消除事故隐患。要在思想认识上牢固树立"隐患就是事故"的理念，在方法手段上树立"风险管理"的理念，在工作中树立"发现隐患是能力，消除隐患是业绩"的理念。要把隐患治理与安全标准化工作相结合，与每年各类安全生产活动相结合，与各项安全生产专项检查相结合，落

实隐患排查治理责任，建立隐患排查治理的长效机制，常抓不懈，贯穿始终，将隐患排查治理工作制度化、规范化。要拓宽对安全生产隐患的认识，凡是危及人身安全的不安全因素，即使是项目本身以外的不安全因素，都应列入排查范围，果断采取相应措施。

在对待安全问题上，我们要摆脱过去的听任业主安排、自己承担安全风险的历史，要清楚地认识到股份公司是一个大型国际公司，要充分发挥公司的整体优势，一致对不安全的安排说“不”，同时在说“不”时要讲究策略、讲究方式，要清醒地认识到我们的业主也是中央企业，同样负有安全生产主体责任。在这类问题上，企业的主要领导要引起高度重视，必要时要亲自出面与业主沟通，最大限度地减少安全风险。

（四）高度重视国际项目的安全生产，为国际业务优先发展提供保障

国际项目安全管理的环境与国内差异很大，既有社会、政治、经济方面的，也有地理气候、技术标准、风俗习惯方面的，这就决定了国际项目的不安全因素复杂且不确定性强。此外，国际项目发生安全事故往往还会引起外交纠纷，造成恶劣的国际政治影响。2005 年赞比亚炸药厂爆炸事故发生后，愤怒群众把中国派去调查的工作人员团团围住，如果没有总统卫队救助，很有可能演变成严重的国际事件。2009 年 9 月，印度一座在建设的热电厂烟囱发生倒塌，造成多人死亡。事故发生后中方员工被围困，并发生严重冲突，89 名中方员工被禁止离境。这两个典型事例告诉我们，国际项目的安全管理工作要求更高、更具有挑战性。各级领导要高度重视，把安全管理作为国际业务管理的重要组成部分常抓不懈。要有针对性把国内安全生产方面的经验和安全技术引入到国际项目，加强对员工的安全培训，认真开展应对紧急情况和恐怖袭击等方面的预案编制和相关准备工作，加强对外部安全风险的防范。无论出现什么情况，一定要把员工的人身安全放在各项工作的首位。

最后我再强调一点，目前正值年初岁末，影响安全生产的季节性、时段性因素较多，安全生产工作任务艰巨繁重。要按照有关要求，认真安排部署好春节和“两会”期间的安全生产工作，确保平安。

同志们，我们要以邓小平理论和“三个代表”重要思想为指导，深入贯彻落实科学发展观，开拓创新，扎实工作，继续推动公司安全形势持续稳步好转，为公司更好更快发展提供强有力的安全保障。

着力提升纪检监察工作水平 推动公司更好更快发展

——在中国水利水电建设集团公司、中国水利水电建设股份有限公司 2010 年纪检监察工作会议上的报告

（2010 年 2 月 1 日）

范　集　湘

同志们：

今天我们召开公司 2010 年纪检监察工作会议，这次会议的主要任务是：深入贯彻党的十七届四中全会、十七届中央纪委四次、五次全会及中央企业纪检监察工作会议精神，回顾总结集团公司 2009 年纪检监察工作，围绕今年所确定的目标和任务，部署 2010 年纪检监察工作，签订 2010 年党风廉政建设责任书。

现在我受公司党委委托，代表公司纪委作 2010 年纪检监察工作报告。

一、2009 年集团公司纪检监察工作主要情况

2009 年，集团公司坚持以科学发展观为指导，积极应对国际金融危机影响，改革发展各项工作取得新的成果，主要经营指标再创历史新高，取得首次进入千亿元中央企业行列的重大历史性突破，实现了在高风险期的持续稳步发展。在改革发展过程中，公司各级纪检组织、监察部门紧密围绕生产经营这一中心任务，扎实推进党风建设和反腐倡廉各项工作，在强化企业管理、防范经营风险、保证国有资产安全等方面发挥了积极有效的促进作用，为

公司持续健康稳步发展提供了有力的保障。

（一）深入推进党风建设和反腐倡廉各项工作，为企业持续健康发展创造良好环境

1. 在学习实践活动中深化党性党风党纪教育，强化各级领导团队、管理团队的作风建设和廉洁从业意识，增强正确履职能力

坚持把反腐倡廉教育纳入各级党委中心组学习内容，及时传达贯彻落实上级的各项反腐倡廉制度规定。学习实践科学发展观活动启动后，认真组织党员、党员领导干部学习胡锦涛同志在十七届中央纪委三次全会上的重要讲话精神，学习中央颁布的《国有企业领导人员廉洁从业若干规定》等四个文件，各级领导团队、管理团队的廉洁从业意识进一步增强；通过活动中的专题民主生活会，组织述廉议廉，自觉对照检查，深入查找各级领导班子在党性党风党纪方面存在的问题，提出整改意见和措施并加以落实，领导班子的凝聚力、创造力和战斗力明显增强。与学习实践活动相结合，继续强化廉洁从业教育，全年开展廉洁从业教育活动439场次，受教育人数为14129人次；坚持在工作会议或职代会上进行廉洁承诺，认真执行领导人员重大事项报告、个人收入申报和述廉议廉等制度，取得较好效果。

2. 严格执行党风廉政建设责任制，进一步推进惩防体系建设

层层抓党风廉政建设责任制的落实，全年共签订责任书2739份。在考核内容上，及时将年度开展的重点工作纳入责任制考核体系，对“惩防体系、国外项目效能监察、工作创新”等项目的评分标准进一步细化，重新修订责任制评分标准和评价办法，增强了考核内容的针对性和可操作性。在考核方式上，落实“一岗双责”的制度要求，引入集团公司党委成员对各子公司的考核评价，首次由公司党委成员、总经济师带队考核，对子公司执行情况的评价更加全面客观。从考核结果看，去年子公司最高分为98.73分，最低分为90.26分，平均分为95.45分。得分前五名的依次是：四局、七局、十一局、十三局、四川公司。集团公司党风廉政建设责任制工作得到国资委的肯定，一些经验和做法编入了国资委纪委编写的经验材料。

以党风廉政建设责任制为抓手，认真落实中央和国务院国资委部署的惩防体系建设任务，强化监督检查。2009年出台了《推进惩治和预防腐败体系2008～2012年工作规划任务分解方案》和《关于进一步深入推进惩防体系建设的工作意见》，进一步明确了各级惩防体系建设的工作目标、工作计划、工作重点和工作措施，齐抓共建的工作格局初步形成。惩防体系管理信息系统正式投入运行，25家子公司实现了与公司系统的两级对接。与惩防体系建设相结合，强化制度建设的检查，在制度建设方面做了很有成效的工作。

3. 坚持“一手硬、一手强”，为生产经营保驾护航

“一手硬”是指在年度生产经营工作中，针对暴露出来的问题，公司两级纪检组织、监察部门采取了强有力的措施，查处、惩治违规违纪事件，协助检察部门惩治违法行为，提高惩处的威慑和警示作用。去年，集团公司纪委收到举报信件32件，反映的主要问题有：挥霍浪费公共财产4件，弄虚作假4件，违反从业规定4件，贪污3件，生产经营2件，反映其他问题的15件，都已按相关规定进行了处理。没有发现有案不查、瞒案不报和查案不力、处理不当或责任追究不落实的问题。2009年，有3名子公司班子成员因履职不当或违反集团公司工作纪律分别受到党纪、政纪处分。“一手强”，就是为生产经营保驾护航要强。企业出现了违纪违规违法事件，不仅会影响整个经营管理团队的士气，同时还会损害企业正常健康的经营环境，影响到企业科学发展。纪检组织、监察部门既要做到惩治违规“一手硬”，同时又要把违纪违规违法事件对企业产生的负面影响降低到最低限度，还要注重教育、预防工作。去年公司纪检组织、监察部门在“一手硬、一手强”做了大量工作，有许多成绩值得总结。

4. 推进“企检共建”工作，共同预防职务犯罪

截至2009年底，公司总部和8家子公司分别与当地检察机关签订了“企检共建”工作方案。积极开展“企检共建”警示教育活动，全年累计组织党员和领导人员参观监狱、看守所等警示教育基地8次，邀请检察院相关人员作预防职务犯罪讲座15次，反响强烈，效果十分明显。

（二）围绕生产经营关键领域和重要环节，积极发挥经营管理过程中的监控、规范和提效功能

1. 深入推进效能监察工作，促进规范管理、降耗增效

全年效能监察立项540项，提出监察建议1508条，作出监察决定31个，整章建制494个，避免经济损失4371万元，挽回经济损失258.5万元，节约资金6592.34万元，直接增加经济效益1715.1万元。一是首次开展针对国际项目的效能监察。集团公司总部组织了对部分国际风险较大项目和重点项目的效能监察，查找出问题和不足26项，提出监察建议28条并督促整改。国际公司、水电二局、水电十三局等海外营业收入比重较大的子公司，按照要求开

展了本级国际项目的效能监察工作，取得了初步效果。二是针对工程招标、分包、设备物资采购等重点领域和环节，进行专项效能监察，实施过程监督。对存在的决策程序违规、风险防控不到位、资金支付不设防、制度执行不到位等问题进行了认真剖析，下发了监察建议，对相关人员进行了责任追究。对招标过程中的违规行为及时纠正，促进了工作程序的合法合规。三是积极开展成本管理效能监察，督促企业切实纠正管理粗放、资源浪费、效率低下等问题，促进了降本增效。四是深入推进安全生产效能监察，督促受监察单位进一步提高安全生产意识，狠抓安全生产规章制度的落实，严肃惩处违规行为，为集团安全生产形势总体稳定受控作出了积极贡献。

2. 组织对投资项目的专项检查工作，促进产业结构调整和业务结构调整的规范有序

一是开展了承建中央新增投资项目的自查和抽查工作。按照国务院国资委对中央企业承担中央新增投资项目实施情况进行监督检查的要求，对 24 个重点项目的施工管理、合同管理、安全生产和党风廉政建设等工作情况进行自查。在此基础上，集团公司组成检查组，对宁杭和南广两个高速铁路项目进行了抽查并督促整改。二是开展了公司投资项目的专项检查。相关子公司对 43 个投资项目进行了自查，集团公司对四川电力公司大金坪水电站、路桥公司邛名高速公路、房地产公司西岸观邸项目等进行了抽查，强化了投资项目管控，推动了投资项目的顺利实施。三是针对铁路项目在非水电基础设施业务发展中的特殊作用，对所有铁路施工项目进行党风廉政专项监督检查，研究探索铁路业务领域开展纪检监察工作的体制机制、工作思路和工作方法，努力推进铁路业务的健康快速发展。

（三）强化纪检监察队伍建设，进一步提高执业水平

一是以组织建设为基础，通过健全纪检监察部门，提高纪检监察人员的专业素质，提升了纪检监察队伍的整体素质和能力。去年有两个子公司健全了组织机构，公司全年增加编制 71 人（含工程项目部），纪检监察部门与业务部门双向交流 128 人次，使队伍结构趋向合理。去年年底，对公司监察部副主任、三个子公司纪委书记岗位候选人进行了公开选拔竞聘。二是积极组织各级纪检监察人员参加中纪委、国资委纪委等单位组织的各类业务培训。去年累计有 278 人参加了效能监察、招投标监督管理、查办案件等各类业务培训，进一步提高了专业能力和业务素质。

2009 年，集团公司党风建设和反腐倡廉等各项工作按照年初的工作计划和安排稳步推进，集团公司纪委、监察部与各子公司的纪检监察工作人员做了大量工作，取得了明显成效，成绩应予充分肯定。这里，我代表公司、公司党委、纪委，对为纪检监察工作和集团发展做出积极贡献的同志们表示衷心的感谢！

但同时我们也应清醒地看到，与新形势、新任务的要求相比，工作还存在着一些不容忽视的问题，主要表现在以下几个方面：

（1）少数党员领导人员宗旨意识不牢，在“讲党性、重品行、树表率”方面差距较大，工作作风不实，学习作风欠缺，履职不到位，工作浮躁；工作作风、生活作风存在一定问题，在职工群众中造成了不良影响。有的领导人员在婚丧嫁娶事宜中给管理对象发请帖，造成了不良的影响；有的领导人员以创造和谐的交流环境为由，与管理对象进行带有资财性质的打麻将、打牌活动，这些都是绝对不能允许的。

（2）极个别单位不同程度存在“无制度可用”、“制度不管用”、“有制度不用”的现象，少数领导人员依法治企的意识淡薄，执业粗放随意。

（3）惩防体系建设基础工作还较为薄弱，各子公司惩防体系建设工作开展情况尚不均衡，部分单位存在着任务分解不落实，部门没有责任人等问题；将惩防体系建设有机融入经营管理、落实到具体业务工作中的措施需要改进，相关职能部门的主动性尚有差距。

（4）“一岗双责”意识有待加强，个别子公司和部分领导人员认为生产经营是硬指标，党风建设和反腐倡廉建设是软任务，对党风建设和反腐倡廉工作不重视、不注意、不落实。

（5）纪检监察队伍现状仍不能满足公司未来发展的要求。

对上述问题，我们要高度重视，采取有力措施加以解决。

二、2010 年公司纪检监察工作的形势和主要工作

刚刚结束的集团公司、股份公司工作会暨职代会，深入分析了公司当前面临的形势和任务，提出了今年公司工作的指导思想和党建工作的总体要求，全面部署了各项工作。如何贯彻好会议精神，在新形势下更好地发挥纪检监察工作的保驾护航作用，是我们需要抓紧破解的重大课题和勇于承担的重大责任。

从总体形势看，纪检监察工作面临的形势更加

复杂，工作要求将不断提高。一是中央和国资委对中央企业的党风建设和反腐倡廉工作越来越重视，要求越来越高，社会关注程度越来越大，职工群众的期望值越来越高。二是公司改革发展更加深入，中国特色的现代国有企业制度正逐步建立，主营业务整体上市工作在快速推进，产业结构和业务结构调整步伐加快，内外部重组工作有序推动，这些重大变革，对纪检监察工作的对象、内容、方式将产生深刻影响，工作的挑战性和复杂性会明显增强。特别是在现代企业制度下，纪检监察工作如何融入法人治理结构、有效整合监督资源、解决同级监督难的问题越来越紧迫，难度越来越大。三是在后金融危机时代，不确定因素比以往更多，我们面临着更高水平、更高层次、更加激烈的市场竞争，企业风险管控、基础管理中的一些问题更加突出，管理的难度大大增加，纪检监察工作融入企业管理面临的考验更加严峻。

根据新的形势，2010 年公司纪检监察的总体思路是：以邓小平理论和“三个代表”重要思想为指导，深入学习实践科学发展观，贯彻落实十七届中央纪委五次全会和中央企业纪检监察工作会议精神，全面落实公司工作会议暨职代会的安排部署，在国资委纪委和公司党委的领导下，加快建设符合中国特色现代国有企业制度要求的反腐倡廉工作体系，推进纪检监察各项工作转型升级上水平；以惩防体系建设为主线，严格执行党风廉政建设责任制，以完善制度和提高制度执行力为抓手，突出抓好企业领导人员廉洁从业、“三重一大”集体决策制度的落实、各项基本管理制度的执行、效能监察和专项检查等重点工作，提高综合监督能力，保障和促进公司更好更快发展。

2010 年公司党风建设和反腐倡廉工作的主要目标：

(1) 坚持“一岗双责”，切实担负起职责范围内党风建设和反腐倡廉工作职责。

(2) 落实党内监督各项制度，全面贯彻落实《国有企业领导人员廉洁从业若干规定》，规范厂务公开工作。

(3) 进一步健全党内民主生活会制度，述廉议廉、廉洁承诺等各项制度，全面加强领导人员作风建设。

(4) 自觉遵守国家法律法规和党纪政纪条规，严肃查处违纪违法案件，严格实行责任追究。本级和下一级领导班子及其成员不发生违法和严重违纪问题，本年度职工违法和严重违纪人数少于职工总数的 1.5‰。

(5) 在促进企业发展过程中，全面做好稳定工作，不发生影响稳定的重大事件、突发事件。

(6) 全面落实公司各项管理制度，围绕企业生产经营，开展监督检查工作。

(7) 全面完成“惩防体系”年度目标。

(8) 不发生领导人员大办婚丧喜庆事宜，避免给管理对象发放请柬造成不良影响或借机敛财；不发生与管理对象进行具有赌博性质的打牌等行为。

为实现上述目标，要做好以下工作：

(一) 全面推进公司《建立健全惩防体系 2008～2012 年工作规划》任务分解方案的有效落实

一是加强组织领导，落实工作责任。坚持党委统一领导、党政齐抓共管的工作格局，全面落实“一岗双责”的工作制度。各级领导班子是反腐倡廉建设的责任主体，主要负责人要负总责，班子其他成员抓好职责范围内的惩防体系建设工作。二是建立起责任分工明确、职责划分清晰、责任追究到位的各部门通力合作的工作机制。各项分解任务的牵头单位要履行主抓职责，会同有关部门抓好分解任务落实，协办部门要积极配合，做好分工负责的工作。三是加强监督检查，全面推进惩防体系建设各项任务的落实。要将惩防体系建设列入责任制年度考核目标，加大考核比重，加强检查考核力度，进一步探索建立适应本公司特点的惩防体系工作考核评价机制和评价办法，突出量化考核，及时分析解决存在的问题。四是加强惩防体系建设的工作指导，加大培训和交流力度，提高体系运行的有效性和持续性。

(二) 认真落实《国有企业领导人员廉洁从业若干规定》，规范领导人员的从业行为

企业主要负责人要切实承担起落实《国有企业领导人员廉洁从业若干规定》的责任。一是开展为期三个月的以学习《若干规定》为主要内容的廉洁从业专项教育活动，以此来推动廉洁文化建设，营造廉洁从业氛围，规范从业行为。二是按照《若干规定》的要求，紧紧围绕权力运行的重点岗位和关键环节，以规范股份公司运行为契机，从制度、流程等方面进行认真梳理，做好廉洁从业规定与经营管理制度的衔接，与领导人员管理规定、领导班子和领导人员综合业绩考核评价办法的衔接，与公司管控和风险管理制度的衔接。三是将贯彻落实《若干规定》的情况作为责任制考核的重要内容，作为各级领导人员考核奖惩的重要指标，作为民主生活会对照检查、年度述廉议廉和职代会民主评议的重要内容，接受监督和民主评议。四是要按照《若干规定》的要求，加强领导人员作风建设，大力弘扬民主作风，认真落实“三重一大”集体决策制度。

我们公司有其特殊的行业特性，不仅有简单的劳动群体，还有复杂的劳动群体，有三分之二的职工在艰苦岗位、野外工作。在这种情况下，领导人员接受了组织的聘任，就必须要按照岗位的要求履职，否则在重要岗位上违规违纪违法，产生的负面影响比在其他行业大得多，危害程度也要高得多。各级领导人员一定要从自身做起，自重、自警、自省、自励。一定要坚持“在党言党”，要按照党章的规定，充分发挥党员的先锋模范作用和表率作用；要坚持用科学的、专业的方法去抓党建，通过制度建设，整合监督资源，提高监督效率，减少监督频次，确立纪检监察工作服务保障企业生产经营的大工作思路。2010年，股份公司党委的工作着力点要放在这些方面。

（三）查办重点案件，促进公司健康发展

（1）重点查办三类案件。一是违反《若干规定》的案件，包括以权谋私、利用职权为特定关系人牟利，滥用职权给企业造成损失的案件；二是工程招标、分包、设备物资采购工作中的违纪违法案件；三是违反财经纪律私设“小金库”的案件。

（2）健全协调机制，全面推动“企检共建”工作。“企检共建”工作是预防职务犯罪的有效途径之一，也是维护企业利益的有效方式。尚未开展“企检共建”的子公司要在2010年6月底之前完成共建协议的签署工作。已经开展“企检共建”的子公司，要认真总结经验，查找不足，把工作做实，不能流于形式。通过与地方检察机关的沟通、互动，健全查办案件的协调机制，打击犯罪，维护企业利益。

（3）严格依纪依法办案，发挥查办案件的治本功能。加大案件查办力度，积极研究解决当前少数单位有案不查，有案难查、无人办案、不会办案的问题。信访举报线索具有可查性的必须要查，股份公司转办的案件必须在规定的时间内向股份公司报告案件查处情况。建立健全案件及信访、举报线索定期分析制度，研究案件发生的特点和规律，运用案件通报和“一案两报告”制度，促进企业加强管理，发挥治本功能。提高办案人员的能力和素质，进一步规范办案基础工作，加强对基层办案工作指导，严肃处理瞒案不报、压案不查等情况。

（四）开展专项检查，强化企业管理

（1）组织开展工程建设领域专项治理。要按照《开展工程建设领域突出问题专项治理工作方案》的要求，着重检查项目决策管理、招标投标管理、合同管理、物资采购和资金安排使用管理、施工质量管理、项目安全管理等环节。认真查处项目中的腐败问题。在今年3月15日前，完成对2008年以来立项、在建和竣工项目的排查工作。在搞好全面排查的基础上，边检查、边纠正、边健全制度，完善工程建设项目管理制度。要建立长效监督机制，推动项目管理的标准化、规范化，保证项目的资金安全和人员廉洁。各子公司要以本单位纪检监察机构为主，主动开展工作，不能被动接受检查。同时还要提高检查效能，降低检查成本，减少检查频次。股份公司层面主要以抽查为主。子公司党政主要领导要高度认识这项工作，要认清这是你们的第一责任，党委书记要统筹安排，其他领导要全力支持。

（2）严肃财经纪律，清理“小金库”。国资委纪委要求中央企业对2008年以来各项“小金库”资金的收支数额以及2007年底“小金库”资金滚存余额和形成的资产进行清理。对设立“小金库”数额较大或情节严重的，应追溯到以前年度。国资委纪委将酌情选择一些问题突出的企业重点督查，并要求各中央企业将清查工作总结于11月底前报送。公司总部将对此项工作作出具体安排，各子公司要提高认识，切实做好落实工作。

（3）围绕重要领域和关键环节、主要风险点扎实开展效能监察。继续开展国际项目、非水电业务、投资业务的效能监察，防范经营风险。继续开展成本管理效能监察，降低管理风险。在工程招标、分包、物资设备采购、财务管理、应收账款等方面，加强监督检查，提高企业效益，改善管理效能。

三、对党风建设和反腐倡廉工作的几项要求

（一）切实提高制度执行力，增强制度实效

着力推进制度建设，做好治本抓源头工作。在坚决惩治腐败的同时，更加注重治本，更加注重预防，更加注重制度建设。反腐倡廉的哪个环节，都离不开制度的规范和保证作用，必须把建设内容科学、程序严密、配套全面、有效管用的制度体系贯穿于反腐倡廉工作的始终，形成一套用制度管权、按制度办事、靠制度管人的有效机制，这样才能真正做到从源头上防治腐败。要与公司现代企业制度建设与公司治理紧密结合，深化体制机制改革和制度创新，提高制度的针对性、实效性，努力在重要领域和关键环节上取得新突破，将制度建设提高到一个新的水平。要通过制度建设，促进权力运行公开透明，保证监督渠道畅通、控制到位。关键人员、关键岗位、关键环节必须有严密的制度约束，让流程更加清晰，行权更加阳光。

狠抓制度的执行，切实增强制度的权威性、约

束力。制度一旦制定，就必须严格执行，在制度执行上任何人没有任何借口。要坚持有纪必依、执纪必严、违纪必究，坚决制止有令不行、有禁不止、随意变通、恶意规避等严重破坏制度的行为；坚决严肃查处违纪违法和各种违反制度案件，发现一个查处一个，绝不手软，绝不姑息，增强惩治的威慑力。只有这样，反腐倡廉制度才能行得通、管得住、用得好。同时要加强教育和引导工作，营造以法治企的文化环境，增加不按制度办事、不按制度行权者的羞耻感和成本付出。

（二）领导人员要率先垂范，切实承担起反腐倡廉工作的责任

企业反腐倡廉工作能否取得实效，关键在于各级领导人员，特别是主要负责人的高度重视、支持和身体力行。主要负责人一定要增强制度面前没有特权、制度面前人人平等、制度约束没有例外的意识，率先执行制度，管住自己，管住自己的配偶、子女和身边工作人员，以实际行动维护组织的威信和制度的权威。领导人员在原则问题上不能动摇，在生活小节上不能马虎。要抗得住诱惑，经得起考验，不辱使命，不负重托。一定要洁身自好，加强修养。要始终保持政治上的清醒，不断改造主观世界，消除私心杂念，做政治上的明白人。职位高了，不代表水平就高，尽管工作任务繁重，要尽量挤出时间多学习，多一些健康的生活情趣。交友要讲原则，不能只讲感情。要善于听取方方面面的意见，团结和自己意见不同的人，公开透明，自觉接受监督。

企业主要负责人不仅要管好自己，还要管好企业、管好队伍。要切实履行党风廉政建设责任制规定的“一岗双责”的政治责任和领导责任，抓好责任分解、责任考核和责任追究三个关键环节，建立全面覆盖、层层传递的责任体系，管好班子，带好队伍。子企业要加强对二级单位和三级单位的监管，防止监管功能层层弱化、层层递减、“末端坏死”的现象。各级党委一定要切实落实好党管干部、党管人才的原则和党要管党、从严治党的方针，把好用人关和监督关，促使领导人员不能、不想、不敢违法违纪。一定要重用德才兼备、业绩突出的干部，一定要支持一身正气、坚持原则的干部，一定要鼓励实实在在干事的干部，一定要鞭策得过且过、不思进取的干部，一定要教育不讲原则、跟风办事的干部，一定要严惩投机取巧、贪污腐化的干部。只有在干部选拔任用上树立了新风正气，加强对干部的教育和监督，企业才会有良好的文化环境，开展廉洁从业工作才会有深厚根基。

（三）认真落实“三重一大”集体决策制度，有效制衡，规范行权

不廉洁行为的本质表现通常为：权力失控，权钱交易，权力和利益的交易，权力和人际关系的交易。解决这些问题，必须对权力有效制衡，这首先体现在决策上。科学的决策必须以制度规则为基础，“三重一大”集体决策制度就是实践证明了的较为系统的制衡机制，是我们要坚决贯彻执行的决策制度。要以制度规则和“三重一大”集体决策制度为前提，使领导班子成员分工明确，权责匹配，各尽其责。要以价值趋同和情感沟通为纽带，使领导班子成员每个人对工作都心中有重点，脑子有方向，手中有任务，不能只“一把手”明白，而其他班子成员不明白。总之，如果领导班子在行权时做到了以制度规则为基础，以机制制衡为根本，以情感沟通为纽带，以权责匹配为保证，这个领导班子的领导能力就会增强，不廉洁从业的行为就会大幅减少。

除了决策制衡外，还要加强过程制衡、过程监督。一个企业的生产经营管理涉及各部门间的合作与协调，涉及利益的分割，涉及人、财、物的配置等大量复杂问题。在管理过程中，各单位“一把手”必须注意，凡是在某一件事情上具有决定权的，在与之相应的资金使用上必须要有制约、制衡，这就是业务的不相容性，不能一个人说了算，“管事者不能管钱”；凡是具有人事安排和管理权的，不得授予其具体事务管理权，“管人者不能管事”；权力与利益必须脱钩，不能运用手中的权力去追求利益；权力与责任必须挂钩，不能只重视行权而忽视履责。

（四）加强纪检监察队伍建设，着力提升工作水平

公司改制后，纪检监察工作只能加强、不能削弱。要健全纪检监察机构设置和人员编制，配强用好纪检监察队伍。要强化纪检监察工作双重领导体制，完善纪委书记向上一级纪检组织报告工作的制度。监察部门负责同志调整前，要征求上一级纪检组织、监察部门的意见。要进一步完善纪检监察人员选拔任用机制，加大轮岗、交流力度，加强教育培训，不断提高纪检监察队伍专业化水平。注重建设学习型纪检监察组织，通过各种业务培训，着力提高解决实际问题的专业素质和业务能力，夯实履行职责的基础。纪检监察人员要按照政治坚强、公正廉洁、纪律严明、业务精通、作风优良的总要求，忠实履行职责，带头遵纪守法，严格依法依纪依规办事，讲正气，树形象。

各级纪检监察干部要加强对岗位属性的理解和认知，从事纪检监察工作，必须要坚持原则，不能

怕得罪人，否则纪检监察工作就会缺少威慑力，形同摆设，企业的歪风邪气就会上升，正气就会不畅。纪检组织、监察部门工作非常重要，我们要正确定位，有知才能有位。

同志们，2010年公司改革发展的任务十分繁重，党风建设和反腐倡廉工作承担着十分重要的责任。让我们以邓小平理论和“三个代表”重要思想为指导，深入贯彻落实科学发展观，在国务院国资委党委、公司党委的领导下，适应形势，扎实工作，将公司纪检监察工作提高到一个新的水平，为公司实现更好更快发展，加快建设具有较强竞争力的质量效益型跨国企业集团提供有力支持和保证。

在公司总部2010年工作会议上的讲话

（2010年3月17日）

范　集　湘

同志们：

刚才起涛同志总结了总部2009年的工作，对2010年工作作了安排，并指出了存在的问题，分析了原因，我完全赞同。希望大家会后认真学习贯彻，并针对本部门的情况，拟订今年的工作计划、工作措施，对存在问题要抓紧整改，力争使今年的工作做得更好。

下面，我讲几个方面的问题，与大家沟通交流。

一、辩证地看待2009年总部考评结果

刚才表彰了2009年总部先进部门和先进个人，这里向受到表彰的部门和同志表示祝贺。先进部门和先进个人是根据考评结果确定的，这是公司对大家一年来工作业绩的认可，是同志们应该享有的荣誉。怎样看待考评结果呢？

这次总部考评，有一个突出特点就是民主程度非常高。公司主要领导、副职各只占10%和15%的权重。大家都知道，充分的民主化带来的就是趋势的导向和局部的差异。一般而言，行使民主权利的人的素质及对同样问题的觉察角度是不同的，这样对同样问题的判断结果也会有差异。正所谓“横看成岭侧成峰，远近高低各不同”。

近些年来，我本人深切地感到总部整体素质、能力在提升，每个部门、绝大多数员工都有长足进步。当然横向比较，个体差异也是比较大的。在这种情况下，总部部门和个人什么样的表现影响考评者的判断呢？

比如财务产权部一方面要承担日常财务管理职责，同时在“跨越工程”、经营业绩考核等方面也做了大量卓有成效的工作。再比如信息化建设工作，在基础薄弱的情况下，从央企中的C级跃升到B级，网页制作进入前三名，成效明显；安全生产工作在2009年的成绩比较突出；审计、监察工作范围不断拓宽，工作量不断加大，成效也很明显；设备物资采购在碰撞当中运行，矛盾阻力比较大，但整体有序推进；基础设施业务形成了持续成长的态势，房地产业务2009年的业绩超过前三年。这些业务对应的部门没有进入先进行列，这是以民主的方式评价的结果。我们要理性地认识、分析，找准自己丢分的原因。

比如职代会基层代表的评价，基层的同志平时对有些部门了解并不多，这些部门的同志到基层去，可能一个动作、一句不合适的话，或者自己没把问题搞清楚还在作风上很强势，就会把分丢了。这可简单概括为一次性博弈，没有重复性。虽然这种评价未必全面，但是为基层服务、让职工满意是总部工作的主要目标之一，方向没有错，所以只能适应性地调整我们自己，这也是我下面将要讲到的总部建设问题。

所以我希望没有评上先进的部门和同志要发扬自己的成绩，提振信心，更要瞄准自己的不足，调整自己。同时也希望评上先进的部门、同志，要看到自己的不足。当然我们也会不断地完善考评办法，但是提高民主评议的程度，这方向不能变。大家都能辩证地看待考评结果，这样就会使考评的正面作用得以放大。

二、认清形势，审视差距，推进“六型”总部建设，确保公司更好更快发展

（一）关于目前面临的形势

在今年的工作会议暨职代会上和刚才起涛同志的讲话中对形势都作了客观的分析。从公司总部角

度来讲，我们要高度重视新形势下的三个新特点：一是在后金融危机时代，不确定因素比以往更多，我们面临着更高水平、更高层次、更加激烈的市场竞争，总部的战略引领和战略管控面临的考验更加严峻。二是中央和国资委对中央企业的工作要求越来越高，中央企业的社会关注程度也越来越大，职工群众期盼更好更快发展、共享发展成果的要求越来越强烈。三是公司跨入千亿资产央企行列，初步建立了现代国有企业制度，主营业务整体上市工作正在积极推进，产业结构和业务结构调整步伐加快，内外部重组工作有序推动，这些重大变革，对总部工作将产生深刻影响，工作的挑战性和复杂性明显增加。

（二）客观辩证地认识发展成绩和审视存在的差距

近几年，集团实现了持续稳步发展，各项主要经济指标连创历史新高，在央企及行业中的地位和影响力、国际竞争力和品牌影响力明显提升。在国资委评价局编发的2010年第一期《企业财务动态》中，集团公司首次进入了资产总额1000亿元以上规模的53户中央企业行列，在这53户中，按2009年度营业收入增长率指标排列居第10位，实现了历史性重大突破。在没有外来注资的情况下，相比2004年，集团的资产规模翻了两番，营业收入从200多亿元增长到近800亿元，利润总额从2.4亿元增长到30多亿元。取得的业绩是有目共睹的，我们水电人为之而振奋，为之而自豪。但是看看去年最新的国际国内排名，在中国企业五百强中集团排名第89位，比上年略有下降，在全球最大225家国际承包商中，按国际营业收入从第50位退到了第55位。尽管这样的排名受不少资源类企业兼并重组的影响很大，尽管集团的规模增长有历史的、外部因素的制约，尽管集团发展很快，但客观现实是我们相对落后了！我作为集团公司、股份公司法人代表，始终有着一种强烈的危机感、紧迫感，压力很大。所以我们要始终保持清醒的头脑，真正认识到企业的发展是“不快则退、不优则败、不进则亡”。

历届公司领导班子都有一个愿望，就是让十几万水电员工感觉好一点，尊严多一点，安全感多一点。这个愿望在逐步实现，但还有很远的距离，需要我们继续努力。

公司再发展的瓶颈或者叫做“天花板”在什么地方？可以概括为“三加一”：第一，市场需求的创造不够。虽然公司从单纯的施工承包，向BT、BOT延伸，并进入资源开发领域，但市场需求仍然不够。第二，生产方式变革不够。在工程承包领域，相对于其他中央建筑企业，我们配置资源的社会化程度较低，成建制引入合格分包商较少，劳动生产率不高。如果这个问题不解决，用传统的水电的生产方式去做“非水电”业务，肯定会遇到资源的“天花板”。第三，管控能力跟不上。“一”是指：外部战略重组。由于多种原因，大的外部战略重组进展迟缓，限制了我们的外延性增长。

在这种情况下，我们一定要有强烈的危机感、紧迫感，保持清醒的头脑，咬紧发展不放松，保持创业发展的激情不衰减。千万不能自我陶醉。

“六型”总部建设的“天花板”在什么地方？这方面的内容起涛同志刚才讲了，这里我强调两个比较突出的问题。

一是部门管理。部门管理是总部管理的基础，部门主任是部门的“一把手”，起关键作用。总部部门管理的水平是参差不齐的，有的分工不清楚，责任不清楚，检查不到位，学习风气不浓，正常的例会不开，部门基本的管理都没有。这种情况下何以管理下级公司？基层的同志会怎么看总部？有的部门缺乏团结、和谐的从业环境，主任、副主任之间沟通不够，管理链条过长，资源整合不够。比如遇到重点工作，要整合部门之力去做好。但是有的部门就像《潜伏》似的，单线联系，互不通气，资源能得到整合吗？部门主任不是“千手观音”、“三头六臂”，要靠大家共同努力。所以我希望总部建设从部门管理抓起，学习型总部从学习型部门抓起，总部作风的转变从部门作风转变抓起，部门主任要负第一责任。

二是部门的协同。有一个问题是几十年沿袭下来的，就是企业内部分工太细与生产经营系统化统筹管理的矛盾，这一矛盾无处不在。我们分成了若干部门，无论哪个部门都不可能独立完成生产经营系统化管理的任务，这就需要部门之间的协同。总部现在的系统功能和部门的系统功能都较弱，影响到整个总部的系统效益。总部部门的协同还涉及一岗双责或一岗多责的问题。比如廉政建设、安全生产、党建与经营、财务与经营即是如此。

系统化管理离不开大局意识和组织意识，这里强调的是要警惕、反对“三小”来肢解我们的组织。所谓“三小”，一是“小格局”，心胸狭窄，按人划线，容不得能力强的人，这种人的破坏性很大。二是“小圈子”，分体系外和体系内、你的人我的人，自作多情，划来划去，严重影响单位的风气。三是“小爱好”，学习没工夫，一提娱乐兴趣很大；办事办法少，一说怎样让领导高兴点子很多。“三小”不反，怎么可能风清气正！

（三）继续大力推进“六型”总部建设，担当起引领、带动公司更好更快发展的历史重任

总部对内是公司的首脑机关、指挥中枢，对外则代表着公司的形象，体现着公司的作风，反映着公司的水平。公司战略意图的实现和战略任务的完成，很大程度上取决于总部战略管控与服务职能能否有效发挥，很大程度上取决于总部的同志在履责能力上能否紧扣“六型”总部要求，尽快实现转型升级上水平。总部的同志担负的任务光荣而艰巨，同时面临的挑战严峻而空前。需要我们进一步增强责任感、使命感，进一步强化紧迫感、危机感，居安思危，如履薄冰。要充分认识到，加快推进总部管理职能转型，加快总部管控能力升级，已经成为摆在我们面前的一项迫在眉睫的战略性任务，我们必须以改革创新的精神去推动。

第一，从能力建设入手，为全公司转型升级起示范标杆作用。要紧扣股份公司战略、体制改革、结构调整、外部变化，根据各部门担负的职能、内涵变化进行再造、复合、转型，真正体现顺势而为、应势而为，承担自己担负的任务，支持公司发展。从当前最紧要的工作看，一是继续加快推进治理结构、领导体制的转型。在理清关系、正确定位、建章立制的基础上，强化规范运作，尽快形成依法合规、符合实际；各司其职、各负其责；各尽其能、协调高效的新的治理结构和机制。二是继续加快推进管理体制、管理模式的转型。当前，重中之重的工作是要抓紧股份公司具体管理制度的建设。在过渡期，股份公司暂按集团公司的现行规章制度执行、运作，不能出现规制断档。三是继续加快推进组织架构的转型。必须设立的机构要尽快设立，已设立的机构在履责上要加快适应性地调整到位。四是继续加快推进经营管理能力的升级性转型。

第二，进一步明确公司总部的定位和主要职能。股份公司创立后，我们确定了公司治理的基本思路、原则，初步建立了公司治理结构和基本的制度、规则，做到了平稳过渡。作为集团公司，仍是国务院国资委监管的中央企业，要接受中央政府的管理、指导，做好对接联络等相关工作。同时，集团公司是股份公司的绝对控股股东，有责任、义务支持、规范、服务于股份公司的运营管理。

由于集团是整体改制，在某种程度上，集团公司总部和股份公司总部具有管理上的相融性，目标上的一致性。从职能上讲，有以下五大职能：一是战略引领、管控，包括制定公司战略方向、建设企业文化、建立集团共同的愿景和价值观、对重大经营管理业务管理、确定并实施重要的投资并购活动和创建集团共同的运作政策、标准和流程。总部管理的核心工作，就是根据发展需要，制定完善战略管控体系、制度，并按照分工，狠抓战略、制度的贯彻落实，领导管组织、组织管系统、系统抓落实，推进从操作型总部向战略管控型总部切实转变。二是绩效获取，包括审核批准子公司的战略规划、考核子公司的绩效、监督管理下属公司的财务状况、管理集团品牌、监控集团的运营风险。三是资源配置与整合，包括制定和实施子公司间的资源共享机制、整合财务资金管理、市场营销渠道和供应链、对高管人员进行培养和配置。四是关键的公司活动，包括股东关系管理，对顾客、供应商、中介机构、媒体、协会、政府等公共关系管理，集团危机管理等。五是为子公司提供优质服务和专家支持。“六型”总部的建设成果怎样，总部转型升级上水平到了哪一步，关键就要看这五大职能履行得如何。

第三，适应新形势、新需要，提升领导能力、管理能力。这里我仅从认识层面讲。首先，思想境界要高一些。其次，认识能力要强一些。同样看一个问题，要看出问题的本质，看出共通性的原因，采取一个办法可以解决多种问题。第三，作风要正派，执行力要强。每个人都有自己的缺点和不足，处在不同的岗位是组织的安排。在这种情况下，我们怎么行权、做事？就是要以德折服人、以真诚取信人、以真情感动人、以能力去引领人、以共赢凝聚人，这样二级企业对总部才会认同、信服、有归属感，才能带来本质上的同心同德、上下和谐。否则再好的战略意图在执行中也会层层递减，甚至阻力很大。如果我们奉行单边的价值取向，水平不高还很讲魄力，自己不清楚还很果断、很强势，自以为是的傲慢，公司的向心力、凝聚力、战斗力要受到损害，十几万人是做不到万箭同靶的。

三、进一步加强和改进党的建设，为总部转型升级上水平提供坚强保证

（一）大力推进学习型党组织建设，在打造学习型总部、学习型部门中发挥表率作用

学习型党组织建设，是中央最近提出的一个新要求。学习型组织建设从学习型党组织建设抓起，通过学习型党组织建设引领学习型企业建设。

第一，推进学习型党组织建设是时代和企业发展的必然要求。我们工作、生活在一个以变革、调整、创新为显著特征的时代，倡导建设学习型组织、学习型社会，已成世界潮流。当前，公司正处在改革发展的关键阶段和负重爬坡期，工作内涵不断丰富，工作要求不断提高。在这种背景下，总部党组织要有创造

力、凝聚力、战斗力，党员要发挥先锋模范作用，必须以科学的理论武装头脑，必须学习掌握中国特色现代国有企业运营管理所必需的知识，在不断优化知识结构、开阔思路、把握规律中，提高战略思维、创新思维、辩证思维能力，提高职业素养和岗位履责能力。总部党组织要成为总部党员学习新知识、增长新本领的引领者、组织者，引导每位党员把学习作为一种政治责任、一种精神追求、一种生活方式。每位党员一定要根据承担的任务、肩负的使命、面临的问题、岗位的要求，有针对性地学习，通过不断的学习着力提高认识问题、解决问题的能力。

第二，要把解放思想、创新应变作为推进学习型党组织建设的重要抓手。一个善于学习的党组织，需要坚持继承与创新相统一，保持改革创新、开拓进取的精神状态，鼓励大胆探索，勇于迈出创新步伐。党组织要营造宽松环境，尊重党员的首创精神，创新学习理念，激发创造活力，积极拓展学习的内容、途径、渠道，创新学习的思路、办法和机制，在学习中增强改革创新、科学发展的意识和本领。

要在学习型党组织的建设中引导党员，充分认识到公司发展到今天，我们必须站在新的发展高度，因势利导，顺势而变，以发展的观点去分析问题、解决问题，坚决反对所谓"以不变应万变"的僵化思想。解放思想需要对事业高度负责的精神和不畏艰险、勇往直前的勇气和魄力，敢于否定自我，敢于打破传统习惯势力的束缚。在这方面党员领导干部要率先垂范，积极作为。总部全体党员要在解放思想上多下工夫，坚决克服自满、自恋、自闭的心态，敢于、善于与新的要求、先进水平"对标"，眼睛向内，轻看成绩，重看问题，审视不足，明确方向，自我变革、调整、提升。在市场瞬息万变、充满竞争的环境中，骄傲自满、墨守成规不仅不能实现转型升级上水平，而且终将会被淘汰。

第三，要把改进作风作为推进学习型党组织建设的重要目的。作风是思想政治素养的外在表现，境界高才能作风正。要善于把加强学习与增强党性、升华思想、陶冶情操紧密结合起来，以正确的世界观、人生观、价值观和权力观、地位观、利益观武装头脑，夯实党员干部作风建设的思想理论根基。通过学习，增强党性原则，提高职业素养，忠诚于企业和事业。通过学习，增强表率意识，做一身正气、清正廉洁的模范。

当前，总部党员的作风建设总体上是好的，但也存在一些不适应新形势新任务要求的问题。要通过学习型党组织的建设，促进总部员工队伍作风建设的加强和改进。一是在工作作风方面，要牢固树立责任感、使命感，充满激情、勤奋实干，努力追求最佳管理成效。要忠于职守、规范履职，尽快修炼成为现代企业制度下的优秀从业者。要理解、尊重子公司，真心实意地为他们提供价值服务，为他们创造良好的经营环境，解决实实在在的困难和问题。坚决反对自己不清楚、方法不得当、手段不高明却很强势的现象。要加强调查研究，深入基层了解下情，有针对性地、有的放矢地解决基层的问题，坚决反对作风飘浮、不求实际，察言观色、欺上瞒下，浅尝辄止、得过且过，注重形式、忽视效果的工作作风。二是在端正文风方面，要倡导重实际、说实话、办实事、求实效的良好风尚，文贵精而不贵长，要减少空话、套话；要加强公文管理，部门负责人是各部门公文工作第一责任人，要带头学习，严格把关，加强督导，促进落实。三是在会风方面，会议要精心准备，提前布置，不开无准备的会；要突出重点，务实高效，与会议主题无关的话不说；与会议内容无关的活动不安排；要狠抓落实，责任到人，督促检查会议决策的落实情况。四是在团结协作方面，要全力打造和而不同、人和政通的总部。部门之间要倡导分工负责、主动配合、互相服务、协同推进，坚决避免各自为政、互不沟通、互相推诿、互不得罪的风气，最大限度地发挥整体功能，形成万箭同靶、同心推进公司制度的贯彻落实。

（二）发挥党组织在公司治理结构中的政治核心作用，健全并强化党组织有效参与决策的机制

去年，分别由中共中央办公厅、国务院办公厅和中组部颁发的《中央企业领导人员管理暂行规定》、《中央企业领导班子和领导人员综合考核评价办法（试行）》，是中央探索建立中国特色现代国有企业制度的重要成果，是加强中央企业各级领导班子建设的重要制度保障，是国有企业组织人事工作的基本规章制度。中组部、国务院国资委明确要求中央企业要把落实两个文件作为今年党建工作的重要任务来抓，我们一定要坚决贯彻执行。

总部要加快拟订集团公司党委常委和股份公司党委常委会议两个议事规则，进一步明确公司党组织与法人治理结构的关系，对党组织参与重大问题决策的职责和内容、途径和方法作出适应性的调整和明确规定，并要求子公司党委完善相应的制度。一是要按照中央关于建立具有中国特色的现代国有企业制度的要求，建立公司治理结构与党组织"职责明确、有机融合、运转协调"的运作机制，坚持把发挥董事会在经营决策上的重要作用、发挥经理层在执行上的重要作用与发挥党组织的政治核心作用紧密结合起来。要准确定位，正确行权履责。董

事会应代表出资人依法行使决策权，并对行使职权的结果负责。经理层应认真履行忠实义务和勤勉义务，确保董事会决议和各项要求的贯彻落实，实现公司的各项经营目标。党委应积极维护和支持董事会、经理层依法行使职权，保证公司治理结构的有效运行，把国有企业的独特政治优势转化为核心竞争力。二是要坚持党管干部与董事会依法选聘经营管理者、经营管理者依法行使用人权相结合、组织考察推荐与市场化选聘经营管理者相结合的原则，充分发挥党组织在公司重要经营管理领导人员的选任中发挥主导作用。要把领导班子建设作为加强和改进国有企业党建工作的核心任务。这是最近习近平同志、李源潮同志的要求。股份公司要按照《暂行规定》和《考评办法》，抓紧修订、颁发公司领导人员管理办法，并依此指导规范子公司的相关管理办法。三是要进一步坚持党组织参与“三重一大”事项的民主决策制度，完善党组织参与重大问题决策的形式及程序，从制度上保证党组织有效地参与决策，并及时将成熟的经验和做法上升为公司的工作规则和基本制度。我们要研究一个内容和形式有机结合的途径，尽量提高效率。但绝不能因为讲究效率，而忽视“三重一大”民主决策制度。这是中国特色现代国有企业制度中的一个重要课题。

（三）加强和创新总部党建工作，建设坚强有力、先进性明显的总部党组织

党组织的政治核心作用不是通过抓具体的经营业务来体现的，而主要体现在党要管党，从严治党，管组织、管党员、管干部，让合格的党员在重要岗位上履行好职责。这方面有的党员干部在认识上有误区。有的企业党委书记认为分管的事情少，没事可做，实际上却把应做的事情忽略了，自己把自己边缘化了，这就是没有找准发挥作用的抓手和途径。

总部全体党员和党员领导干部，要深刻认识中国特色社会主义市场经济条件下国有企业党组织的历史定位、地位和不可替代的重要作用，以牢固的责任感、使命感，不断加强党的自身建设。一是党要管党、从严治党。抓好三个环节：决策环节，党委全程参与，提出建议协助决策；执行环节，动员总部党组织党员努力去推动、支持、执行战略和决策；监督环节，党要管党，首先是管党员，管党组织。二是党组织要有战斗力，要充分发挥战斗堡垒作用。党员领导人员要处处起表率作用，党员要发挥先锋模范作用，要讲党性、重品行、树表率。对个别不履行责任和义务的党员，总部党组织要及时对其进行教育、帮助，违纪违规的组织要按党章严肃处理。三是认真学习贯彻廉洁从业若干规定，一定要堂堂正正做事，勤勤恳恳做人，干干净净行权。在廉洁从业专项教育活动、工程建设领域专项治理工作和惩防体系建设工作中，总部应该起表率作用。

今年总部要带头贯彻落实好中组部、国资委党委《关于在国有企业开展争创“四强”党组织争做“四优”共产党员活动的通知》要求，推进“四强”、“四优”活动的开展。总部直属党委要结合此项活动，把建设股份公司一流总部作为工作重点，结合实际对党员领导干部、党员提出明确要求，教育、引导他们在本职岗位上充分发挥示范带头作用和先锋模范作用。总部在2011年申报全国文明建设工作先进单位，进而申报全国文明单位，直属党委要抓好具体落实工作。

同志们，公司总部肩负的使命责任重大，任务光荣艰巨。希望总部全体员工、全体党员始终以高度的责任感和使命感，以更加奋发有为的精神状态推进总部转型升级上水平，以良好的工作业绩落实公司重大决策和部署，为打造新型集团总部，建设具有较强国际竞争力的质量效益型跨国企业集团而努力奋斗！

在公司廉洁从业专项教育活动启动（视频）会议上的讲话

（2010年4月6日）

范 集 湘

同志们：

为深入贯彻落实十七届中央纪委第五次会议精神和国资委纪检监察工作会议精神，进一步推动惩治和预防腐败体系建设，着力提高公司各级领导人员廉洁从业意识，确保公司健康快速发展，公司党委和公司决定，在全公司集中开展一次为期三个月

的廉洁从业专项教育活动。今天我们召开这个会议，主要任务是对专项教育活动进行动员部署。

刚才，陈毓江局长作了一个很好的专题辅导，他紧密结合国有企业的实际，从理论与实践的结合上，对《国有企业领导人员廉洁从业若干规定》进行了详细解读，我听了之后很受启发，有两点体会：一是因为我们处在中国特色社会主义市场经济环境中，经营的是国有资产，所以国有企业领导人员该做什么，不该做什么，用什么原则办事，按什么程序做事，必须严格按照党的规定、按照国家法律规定来进行。二是对于企业决策、行权、办事、薪酬、兼职等经营行为，作为中央企业，我们必须要认真贯彻落实中办和国办印发的《中央企业领导人员管理暂行规定》和《国有企业领导人员廉洁从业若干规定》，切实解决工作中不规范、不完善的问题。

最近，全党都在认真学习《中国共产党党员领导干部廉洁从政若干准则》，这与我们学习贯彻《国有企业领导人员廉洁从业若干规定》是一致的，《国有企业领导人员廉洁从业若干规定》是专门为国有企业领导人员“量身定做”的法规性文件，与针对全党的《若干准则》相比，规定更具体，操作性、指导性更强，所以，这次专项教育活动还是要把《国有企业领导人员廉洁从业若干规定》作为主要学习内容。下面，我就开展这次专项教育活动讲几点意见：

一、深刻认识开展廉洁从业专项教育活动的重大意义

胡锦涛总书记强调，反腐倡廉建设必须从教育抓起，不断夯实领导干部廉洁从政思想道德基础，筑牢拒腐防变思想道德防线。近年来，公司开展了多次廉洁从业专项教育活动，均取得了较好的效果，为提高领导人员廉洁从业意识、有效预防腐败起到了积极作用。这次专项教育活动不是简单的重复教育，是结合世情、国情、党情的深刻变化，结合公司反腐倡廉工作的新形势，结合公司的发展实际，而进行的思想整顿和作风纪律整顿。所以，每个同志都要站在讲政治的高度，以对党、对国家、对企业、对个人高度负责的态度，充分认识开展廉洁从业专项教育活动的重要意义，确保教育活动取得实实在在的成效。我们要着重从以下几个方面进一步提高认识：

第一，党的十七大、十七届四中全会、中纪委五次全会和国务院国资委，对加强反腐倡廉建设都提出了新的要求。党的十七大明确从提高党的执政能力、保持和发展党的先进性的全局高度，把反腐倡廉建设放到与党的思想建设、组织建设、作风建设、制度建设同等重要的位置来抓。十七届四中全会指出，坚决反对腐败，是党必须始终抓好的重大政治任务。胡锦涛总书记在十七届中央纪委五次全会上强调：当前要加强对领导干部的教育监督，以党性党风党纪教育为重点，加强对党员干部特别是领导干部的理想信念教育和廉洁从政教育，大力弘扬党的优良作风，继续引导领导干部讲党性、重品行、作表率。今年中央企业纪检监察工作会议明确提出，要按照十七届中央纪委五次全会部署，以惩防体系建设为统领，严格执行党风廉政建设责任制，把突出抓好企业领导人员廉洁从业作为年度四项重点工作之一。

按照党中央和国务院国资委的要求，深入推进以构筑公司惩防体系为主线的反腐倡廉工作，必须从教育抓起，着力提高教育实效，开展廉洁从业专项教育活动就是要不断筑牢这个基础。中央企业作为党执政的重要经济基础，肩负着推动企业改革发展和抓好反腐倡廉建设的双重任务。开展专项教育活动这一重要举措，符合中央和国资委关于加强国资监管、维护出资人利益的要求，有利于正确把握中央和国资委关于反腐倡廉工作的重要部署，有利于切实解决影响和制约企业发展的不廉洁问题，促进公司的更好更快发展。

第二，建设企业高素质领导人员队伍，必须切实把廉洁从业教育抓紧抓好。建设一支素质高、作风硬、品德好、业务精、能征善战的领导班子和领导人员队伍，是实现公司更好更快发展的根本保证。总体上看，我们这支水电建设团队是一支作风过硬、能吃苦、能打硬仗、经得起考验的队伍。但是，我们也应看到，当前社会上形形色色的不健康的东西，也在时时刻刻侵蚀着一些同志思想和肌体，如果理想信念动摇、思想防线不牢，经不起金钱的诱惑和“糖衣炮弹”的袭击，就很容易跌入不廉洁的泥潭甚至腐败的深渊。事实上，我们的队伍里也的确存在个别领导人员经不住各种诱惑和考验而倒下的深刻教训。因此，我们必须从加强党的建设和各级领导班子建设的高度，深刻认识开展廉洁从业教育的重要性和紧迫性，切实加强对各级领导人员的教育、管理和监督，努力建设一支高素质的领导人员队伍。

同时也要看到，近年来随着公司业务的快速发展，一大批年轻同志快速走上了各级领导岗位，有些已担任子公司或下级公司的主要领导。这些同志有知识、有闯劲，个人事业进步顺利，但成长路径单一，缺乏党组织生活和艰苦环境的严格锻炼，他们的思想和行为一旦有所偏差就会出现问题。因此，开展廉洁从业教育对他们来说尤为重要。这次教育活动，我们将《若干规定》作为一项重要内容。这些规定既是对各级领导人员严格的行为约束，也是对大家真正的关心和爱护。各级领导人员要倍加珍惜这次学习机会，通过教育不断增强党性锻炼，增强廉洁从业意识，切实提高拒腐防变能力。

第三，推进公司的改革和发展，迫切需要开展廉洁从业专项教育活动。公司的快速健康发展，离不开和谐稳定廉洁的内外部环境，离不开积极向上的企业廉洁文化氛围。当前，公司发展正处于重要转型和战略机遇期，正致力于建立科学规范的法人治理结构，建设质量效益型的大型跨国企业集团。面对激烈的市场竞争，如果没有一个良好的企业形象，必然会影响到企业的正常经营，甚至错失发展的大好机遇。近年来，公司内部违纪违法的现象仍时有发生，尽管是极少数人、极个别现象，但我们绝不可低估这些问题对公司造成的负面危害。特别是公司即将上市，作为公众公司，领导人员如果违纪违法，不光会对个人、家庭造成伤害，对公司的负面影响也是巨大的。过去我们公司有的单位就曾经因为主要领导人员出了问题，使企业经营受到很大影响，甚至长期陷入困境。痛定思痛，在公司发展的关键时期，我们绝不可以因为廉洁方面出现问题，而影响企业发展。

开展廉洁从业专项教育，使我们的各级领导人员熟悉和掌握有关法规，特别是工程建设领域的行为规范，知道那些能做，那些不能做，那些是“绿灯”，那些是“红线”，有助于各级领导人员在当前社会转型时期树立一个比较正确的判断是非的标准和行为准则；有助于各级领导人员增强党性，改进作风，强化自律意识，树立良好形象。我们必须清醒地认识到，领导人员自身廉洁与否，与公司健康发展息息相关，只有自身干干净净，一身正气，才能以身示范，带领广大员工，排除各种阻力，克服各种困难，推进各项改革和管理，推动公司更好更快发展。

第四，开展廉洁从业专项教育活动，是以改革创新精神全面推进公司党建工作的有效措施。新时期新形势下公司党建工作面临着许多新的课题和新的考验。党的十七大提出以改革创新的精神全面加强和改进党的建设，对我们公司而言，主要应从以下几个方面贯彻落实：一是发挥党组织在公司治理结构中的政治核心作用；二是坚持和发扬党内民主、健全和强化党组织有效参与决策的途径和职能；三是探索党组织在企业选人用人中发挥主导作用的有效途径，把各级领导班子建设作为党建工作的核心任务；四是坚持党要管党、从严治党，充分发挥党员的先锋模范作用，将党组织的政治核心作用有效转化为企业的核心竞争力。开展廉洁从业专项教育活动，对于我们进一步解放思想、更新观念，进一步加强和改进党的建设，将起到积极的促进作用，从而不断加强和完善党的思想建设、组织建设、作风建设、制度建设和反腐倡廉建设。各级党组织和领导人员要以这次学习教育活动为契机，熟知党的各项法纪法规和条例制度，着眼于继续解放思想，坚持改革创新；着眼于提高综合素质，增强创新能力；着眼于弘扬党的优良作风，保持和发展党的先进性，全面加强和改进新形势下的公司党建工作，为公司发展提供坚强的思想保证、政治保证和组织保证。

二、明确目标要求，把握方法步骤，推动专项教育活动扎实有序的开展

为开展好这次专项教育活动，公司制定了比较详细的实施方案，会前已正式印发各单位作了安排。这个方案是开展好这次专项教育活动的重要指导文件，大家要高度重视，抓好落实。这里，我强调四点要求：

（一）要正确把握开展专项教育活动的指导思想和目标要求

这次专项教育活动的指导思想是：以邓小平理论和“三个代表”重要思想为指导，贯彻落实科学发展观，组织各级领导班子和领导人员，以学习《国有企业领导人员廉洁从业若干规定》和公司下发的相关文件为主线，通过学习文件，提高思想认识，解决突出问题，建立制度体系，注重实践成果，促进廉洁从业，打造一支科学化、专业化、高效、廉洁的一流领导团队和管理团队，为建设具有较强国际竞争力的质量效益型大型跨国企业集团作出更大的贡献。总的目标要求是：通过开展专项教育活动，切实提升各级领导人员的思想认识，解决影响和制约企业科学发展的潜在不廉洁问题；建立完善公司反腐倡廉制度体系和经管管理制度体系，创新党风廉政建设的工作体制和机制；强化各级领导人员对廉洁从业条规知识的掌握和理解，促进领导人员廉洁从业。各单位要认真按照这一指导思想和目标要求，并在专项教育活动中做到“三个贯穿始终”，即：把加强学习贯穿始终、领导带头贯穿始终、边学边改贯穿始终；做到“三个更加注重”，即：学习更加注重联系实际，教育更加注重提高思想认识、活动更加注重解决突出问题。确保活动不搞形式，不走过场。

（二）要切实抓好学习教育这个基础环节

这次专项教育活动，学习教育是重点，也是活动能否取得成效的前提和保证。所以，各单位要始终把学习教育作为第一任务。在学习内容上，认真学习《国有企业领导人员廉洁从业若干规定》及《规定辅导》，公司编印的《廉洁从业专项教育读本》以及《国有企业领导人员腐败案例剖析》，并根据本单位情况，适当自选一些法律法规、领导讲话以及相关管理制度等作为学习的补充内容。在学习方式上，扎实开展好“听、读、看、答”等活动，即听专题辅导报告、读完规定文件、看警示录像、组织法规知识答卷；采取集中学习、个人自学、组织培训、集体研讨等形式，强化学习效果；各级班子的主要负责人要带头作专题学习辅导。在学习时间上，要保证总的学习时间不少于3天24个学时，其中集中学习不少于2天16个学时。在学习范围上，要涵盖公司各级领导班子和领导人员，重点是公司总部、各子公司、京沪高铁项目部处级以上领导班子和领导人员，以及子公司各项目经理部班子成员。要通过学习，使各级领导人员真正了解和掌握各项制度的主要内容和精神实质，做到学深学透、入脑入心。要妥善处理好工学关系，做到两不误、两促进、两提高。学习阶段结束后，各单位要组织一次答题竞赛，检验学习的效果。

（三）要突出实践特色，重点解决存在的突出问题

开展这次专项教育活动，关键是解决领导人员在廉洁从业和纪律作风方面存在的突出问题。要结合股份公司和本单位年度重点工作，做到四个结合并重点解决四个方面的突出问题：一是与做好科学发展观活动的后续工作相结合，着力建立长效机制，解决党风廉政建设与反腐倡廉方面存在的突出问题，促进反腐倡廉工作。二是与创建“四好”班子相结合，着力解决领导班子、领导人员在党性党纪党风方面存在的突出问题，以及执行《若干规定》方面存在的问题，切实加强领导班子和领导人员思想作风建设。三是与开展工程建设领域专项治理工作相结合，着力解决专项治理工作中的突出问题，促进此项工作的进一步落实。四是与推进惩防体系建设工作相结合，着力解决在惩防体系建设工作中的突出问题，努力构建公司惩防体系建设的制度体系和工作机制。

（四）要明确开展专项教育活动的总体安排和方法步骤

这次专项教育活动总体时间为三个月，从4月初开始到6月底结束。专项教育活动分为学习调研、分析检查、整改验收三个阶段、六项重点工作。今天召开启动视频会议后，各单位要尽快召开专门会议，制定详细的工作计划，对本单位专项教育活动进行安排部署。

在学习调研阶段，要重点抓好组织学习和开展调研两项工作。在深入学习的基础上，着重围绕领导班子和领导人员在廉洁从业、党风、作风方面存在的主要问题，组织调研小组，选择重要领域和重点部位进行调研，查找存在的突出问题和提出对策建议。

在分析检查阶段，要重点抓好查找突出问题和心得体会交流两项工作。其中，要认真组织开好各级领导班子和领导人员的查找问题专题会和学习体会交流会。在查找问题的基础上，切实按照“解决四个方面的突出问题”的要求，提出整改措施；重点做好各级领导班子的分析检查报告，并开好领导人员的个人学习心得交流会。

在整改验收阶段，要重点抓好制订整改方案和检查验收两项工作。领导班子整改方案要做到目标明确，责任到人，措施得力。公司党委将于6月中旬成立检查组，对专项教育活动采取企业自检与公司重点抽查相结合的办法进行检查验收。这次专项教育活动成果和创新情况将作为公司年度党风廉政建设责任制考核的重要内容。

三、紧密联系企业实际和个人思想及工作实际，强化自律严格他律，自觉用《若干规定》规范自己的行为

教育活动不能空对空，只有紧密联系企业经营实际和个人思想及工作实际，认真对照检查，找出问题、解决问题，才是这次教育活动的真正目的。《若干规定》是各级领导人员正确行权履职的基本要求，每个同志都要把《若干规定》当作一把“尺子”，去高标准看齐；当作一面“镜子”，去勤对照除尘；当作一条“底线”，去执行维护；当作一柄“利器”，去惩处立威。

（一）各级领导人员要模范执行《若干规定》，争做廉洁从业的表率

企业的持续健康发展，领导人员是关键。一个腐败的领导对企业的破坏作用是巨大的。所以，领导的地位和作用决定了其必须做廉洁从业的表率。作为企业领导人员，对上，要对企业和出资人负责，对下，要对职工群众负责；在工作和生活中，对企业员工的思想和行为有很大的影响力和示范性。因此，领导人员成为廉洁从业的表率，做到清正廉洁、严于律己、少犯错误或不犯错误，与正确履职、引

领企业科学发展关系重大。

领导人员要模范执行《若干规定》，首先要从自身做起。《若干规定》针对当前国有企业领导人员廉洁从业方面存在的突出问题，分别从维护国家和出资人利益、维护企业利益、防止利益冲突、规范职务消费行为、加强作风建设等五个方面，提出了39项具体要求，这些要求具有很强的针对性。近年来，个别子公司少数领导人员就是因为违反了上述规定，受到了组织的处理甚至法律制裁。各级领导人员要逐条逐项进行对照检查，带头自查自纠，发挥表率作用。要注重加强党性修养和作风建设，坚持自重、自省、自警、自励，保持高尚的精神追求，培养健康的生活情趣。我建议各级领导人员要切实管好“三个圈”，做到严于律己，清正廉洁。要规矩“工作圈”。重点是要正确认识和使用权力，权力观决定地位观，地位观决定利益观，领导人员只有牢固树立正确的权力观，才能主动接受管理和监督，保持政治上的清醒头脑，为企业、为职工掌好权用好权。要注意“生活圈”。要管住自己的配偶、子女和身边工作人员，不准他们利用自己的特殊地位和影响，去谋取不正当私利；要分清良莠、谨慎交友，要提防投其所好、投机取巧的人，搬弄是非，混淆视听，从中渔利，切忌近朱者赤、近墨者黑，一时交友不慎，而导致“雪人墨池”。要净化“娱乐圈”。要自觉抵御“灯红酒绿”的诱惑，不涉足低级庸俗的休闲活动，警惕在觥筹交错、打牌赌博、轻歌曼舞中一步步迷失自己。

其次，领导人员要切实履行党风廉政建设责任制“一岗双责”的政治责任和领导责任，抓好职责范围内的党风建设与反腐倡廉工作。要管住自己，管好班子，带好队伍，建立全面覆盖、层层传递的责任体系，形成一级抓一级、层层抓落实的工作格局。

（二）要加强制度建设，用制度规范领导人员的从业行为

胡锦涛总书记在十七届中央纪委五次全会上指出：要进一步加强反腐倡廉制度建设，提高反腐倡廉教育的科学性、规范性、有效性。制度建设在反腐倡廉工作具有长远性、全局性和根本性。我们要利用这次教育活动的机会，系统地将《若干规定》与企业实际相结合，制定和完善系统有效的配套制度，把廉洁从业的各项要求切实融入企业生产经营管理流程中。

一要把《若干规定》的要求具体化。主要是针对本单位的实际情况以及领导人员廉洁从业中容易出现问题的地方，有针对性地把《若干规定》的各项要求落实到企业权力运行机制以及决策、生产、经营、管理等各项规章制度中，约束关键领域和关键环节，真正做到从生产经营管理的源头防治腐败，形成廉洁从业工作与企业改革发展、生产经营活动相互融合、相互促进的局面。二要建立健全企业贯彻落实《若干规定》的监督制约机制。《若干规定》中有针对性地重申并提出了多项监督制度，如民主生活会、述职述廉、民主评议、“三重一大”集体决策、厂务公开、报告个人有关事项、领导人员廉洁承诺、兼职、任期和离任经济审计、薪酬管理等。为保证各项廉洁要求落实到实处，各单位要结合实际，抓好企业现行各项监督制度的修订和完善工作。还没有建立相关监督制度的，要抓紧建立；已有的监督制度与《若干规定》不适应的，要抓紧修订。要与建立股份公司法人治理结构相结合，健全企业纪检组织、监察部门与监事会、审计部门协调配合的机制，整合监督资源，形成监督合力，加强对各级领导人员特别是主要负责人廉洁从业情况的监督。

这里，特别要强调一下，各级领导人员要以平常心自觉接受监督。自觉接受监督是领导人员正确行使权力的重要保证，是领导人员健康成长的重要条件，是衡量领导人员政治觉悟和境界高低的重要标准。监督是防止权力变质最好的防腐剂，有效的监督可以随时纠正领导人员在行使权力中出现的偏差，使领导人员不能腐败、不敢腐败。所以，领导人员只有主动接受方方面面的监督，时刻将自己置于党纪国法和广大职工的监督之下，才能做到正确用权、廉洁从业。公司和公司党委严正要求，我们不要不廉洁的项目，不要不廉洁的营业收入，不要不廉洁的经营利润。

（三）要推进廉洁文化建设，优化企业发展的健康氛围

加强廉洁文化建设，是实现企业持续健康发展的重要内涵和支撑。客观地分析子公司少数领导人员违纪违法的原因，根本原因在于其理想信念丧失，但也不能否认有些单位内部的不良文化、不良风气，为其违法乱纪起到了推波助澜的作用。比如：少数单位逢年过节，内部层层“拜访”，请客送礼，高消费吃请，“庸俗”文化盛行；有的单位内部划小圈子、搞小团体，以吃喝、交际、互相吹捧、相互关照为纽带，将健康的人际关系“功利”化；有的单位习惯以所谓的“潜规则”代替依法诚信经营，以不合规的方式去建立所谓的“公共关系”。又比如：个别领导人员特别是极少数主要领导组织观念淡薄，作风专横，班子内部缺乏理解与沟通，不太注意按组织原则办事，喜欢个人说了算；有的领导人员

“官本位”思想严重，不深入基层，不开展调查研究，假话虚话喜欢听，真话不想听，真话听不到，主观臆断，自以为是，照抄照转，简单行事；有的领导人员责任感下降，进取心淡薄，重视个人得失，淡化岗位责任，对企业发展激情不足，得过且过，对职工反映的问题麻木不仁。在这种风气之下，领导人员怎么能保持廉洁从业？又怎么能建立风清气正的发展环境！

对以上种种不良现象，我们要坚决反对，绝不姑息迁就。一要旗帜鲜明的倡导“崇廉守法、爱岗敬业、诚实守信”的廉洁从业理念，真正使廉洁从业成为各级领导人员的自觉意识和行为准则。二要拓展教育活动内涵与处延。要按照专项教育活动“四个结合”的要求，以多种形式推动廉洁理念进班子、进岗位、进家庭，用文化的力量传播廉洁从业的规定和要求，使廉洁理念渗透到企业生产经营的各个环节，形成“廉荣腐耻”的良好发展环境。三要严肃惩治各种不正之风和不廉洁行为，重点查处违反《若干规定》的行为。这次教育活动坚持正面教育为主，同时也是对有问题的同志提供了一次向组织说明问题的机会，对主动说清问题的，要根据党纪和政纪，减轻或免予处理。对顶风违纪的、不听劝诫的，要严肃惩处。

四、加强领导，扎实工作，确保专项教育活动取得成效

开展廉洁从业专项教育活动是当前一项十分重要的工作任务。这项工作时间紧，任务重，要切实加强领导，精心组织安排，确保收到实效。

一要加强组织领导。公司党委、行政对这次专项教育活动高度重视，专门由党风廉政建设责任制领导小组负责指导和协调各项工作，领导小组办公室设在监察部，负责日常具体工作。各单位要按照《教育活动实施方案》的要求，建立完善活动组织领导机构，落实领导责任。各级党政主要负责人要带头履行第一责任人的职责，各级领导人员要发挥表率作用，带头学习调研，带头分析检查，带头整改落实。

二要做好宣传督导。要精心制定宣传报道方案，充分运用报刊、电视、网络等媒体，扎实做好专项教育活动的新闻宣传和舆论引导工作，要及时总结和推广专项教育活动中的好经验、好做法、先进典型，为活动顺利开展营造良好氛围。要加强对开展专项教育活动的督促检查，加强分类指导和沟通联系，及时发现和解决教育活动中存在的问题。要坚持从实际出发，讲实际、重实效，既要有声有色，又要扎扎实实，防止文山会海，力戒形式主义，确保务实有效。

三要加强探索创新。在按要求、保质量完成专项教育活动各阶段工作任务的同时，鼓励各单位紧密结合工作实际，创新活动方式，搭建特色鲜明、富有成效的活动载体，使专项教育活动的安排既符合要求，又结合实际便于开展、亮点突出。要大力推动制度建设创新，加强全局性、前瞻性问题的研究，解决突出问题、总结工作经验，在活动中建立完善关于促进领导人员廉洁从业、加强企业管理等方面的制度体系建设。

同志们，开展好这次廉洁从业专题教育活动，意义重大，影响深远。让我们以高度的政治责任感和求真务实的作风，认真抓好此次教育活动，确保教育活动达到预期目的，切实打造一支科学化、专业化、高效、廉洁的一流领导团队和管理团队，为推动公司更好更快发展作出新的贡献。

在股份公司廉洁从业专项教育活动总结（视频）会议上的讲话

（2010年7月9日）

范　集　湘

同志们：

刚才，纪委陈书记代表股份公司党委作了一个很好的报告，系统地总结了这次廉洁从业专项教育活动的做法、特点和取得的成效，同时也比较辩证、客观地指出了工作中存在的差距。在总结成绩中，对有些单位提出了表扬，希望大家要相互借鉴学习；对工作中存在的问题和不足，希望各单位要对照检查，补课整改。关于下一步党风建设和反腐倡廉工作，陈书记从巩固廉洁从业专项教育活动的成果、持续提高公司合法经营、廉洁从业的能力和水平等方面，紧扣经营管理中心工作的重点问题，提出了系统性的比较全面的要求，并就贯彻《关于加强和改进中央企业和中央金融机构纪检监察组织建设的若干意见》文件精神和贺国强等领导同志讲话精神进行了重点传达。希望各单位结合实际，认真学习，切实贯彻。

借此机会，我围绕廉洁从业、反腐倡廉工作谈四点意见：

一、公司党风建设和反腐倡廉工作面临的形势和任务

首先，我国改革开放三十多年来，经济社会取得巨大进步，政治文明和精神文明建设逐步加强，国家正处于一个高速发展的黄金机遇期，世界对中国的关注度越来越高，人民群众对国家的期望值也在越来越高。同时，随着国家经济的持续高速增长，也带来了深刻的社会发展矛盾，社会正处于矛盾的凸显期。从中央角度看，若不狠抓反腐倡廉建设，党的执政地位就会受到挑战。

其次，过去，中国水电集团受关注度比较低，现在资产规模超过1000亿元以后，社会影响力在迅速提高，企业受社会的关注度在提高，员工对企业的期望值、对领导人员的评价要求也在提高。过去领导人员从业行为不规范，可能会在小范围内造成不良影响。但是，现在领导人员如果为人、行权、做事不规范，便会产生放大效应，很多问题会引起突发性的矛盾，甚至会影响企业的正常发展。所以说，做好领导人员廉洁从业和反腐倡廉工作，对公司健康、安全、和谐、稳定发展事关重大！

讲这个问题的目的就是让大家认识到：为什么党中央、国务院国资委从来没有像现在这样对中央企业的廉洁从业、反腐倡廉这么关注？就是因为国家以及企业的发展到了一个新的阶段，出现了一些新的特点。我们务必对这个系统性的社会背景有深刻的认识，跟中央保持高度一致，根据公司实际和发展需要，切实抓好廉洁从业、反腐倡廉工作。

二、要系统性地、统筹地认识党的建设和反腐倡廉工作

首先，党风建设和反腐倡廉工作内容很多，若不统筹地、系统性地进行认识，就会把这些工作当成“运动”，就会“运动式”的来做反腐倡廉工作，“运动式”的来做纪检监察工作，“运动式”的来做党的建设工作。围绕公司当前开展的各项工作，大家应当树立一个认识：不管是工程建设领域专项治理，廉洁从业专项教育，还是治理商业贿赂，还是惩防体系建设，目的就是要预防和惩治各种腐败行为。工作只是手段，为企业营造健康的发展环境才是目的。

其次，党的建设，包括四强四优、四好班子、创先争优等活动也是一个目的，就是加强党的组织建设，让组织能够承担起领导发展的历史责任。加强党的组织建设，要让党员领导人员讲党性，重品行，树表率；在工作中，树立高度的责任感和使命感，以身作则，带领大家干，及时提出新思路、创新新经验，创造性地开展工作。我们的四强四优、四好班子建设、创先争优等活动，包括所有的评比等党建工作只有紧扣这个目的，才能符合党中央的要求，否则就又是“运动式”的。因此，我们各级党委、各位党委书记，应该系统性地、统筹地来思考、筹划本单位的党建和反腐倡廉工作。工作形式、方法都可以创新，但是目的不能缺失和偏颇。

企业这样做的目的就是按照党的要求，促进企业合法合规、又好又快发展，这是纲。而抓好党建和反腐倡廉工作，就是围绕又好又快实现企业发展目标的两大系统工程。这两大系统工程各有侧重，相互保障，相互支持。这就是系统性地看待工作。我们有的党委书记没搞清楚，上面来了指示，折腾一下就过去了，再来一个指示，还是一阵风似的过去了，始终没把党建、反腐倡廉工作看成一个系统。我思考很久，就是要站在更高的层次，系统性地、全面地来认识党建和反腐倡廉工作，党建和反腐倡廉工作的目的、制度、方法、手段是一体化的，是纲举目张的。这个问题清楚后，我们就把它融入整个生产经营管理系统全过程，专业、系统地将其做好。

三、抓好反腐倡廉、廉洁从业工作要重点抓好的几项工作

（一）要把思想建设作为反腐倡廉、廉洁从业的根本性工作来抓

思想建设始终是党的建设的首要问题，只有通过思想建设，才能解决党的思想路线和提高党员思想素质问题，使全党在政治上、组织上和行动上保持一致。目前，我们有些从事党建的同志或者是党委书记，觉得思想建设工作无从下手，关键是对思想建设的根本任务认识不清，重要性认识不够。思想建设作为根本性的工作，应该通过党的理论的学习、研究，把党的理想信念、党的方针政策转化为

企业的凝聚力和发展力，统一思想，统一认识。比如，党中央非常重视国有企业领导人员廉洁从业工作，中办、国办专门印发《国有企业领导人员廉洁从业若干规定》来统一思想、进行规范。如何执行？首先就应该从学习开始，从理论上的误区开始，然后联系实际，大家就知道了这个工作为什么这样办。

（二）要把组织建设作为反腐倡廉、廉洁从业的基础工作来抓

党组织、党委会、支部会、党规党纪对我们党员应有约束力和规范力，一个党员应该对党组织遵从，对党的命令和决定服从。事实证明，哪个单位党组织很健全、健康，组织生活非常严谨，组织纪律非常严格，生产一定搞得很好，这就是党组织的战斗堡垒作用。不狠抓组织建设，不把组织建设作为基础性工作来抓，组织的规则、规章、纪律没有约束力，党员对其没有畏惧感，不遵从，工作就难以顺利开展。所以希望各级党委坚定不移地把组织建设作为基础性工作来抓，抓好这项工作，使我们各级领导班子，各级管理团队讲大局、讲政治、有纪律、有组织，这样的队伍才有战斗力。

（三）要把制度建设作为反腐倡廉、廉洁从业的保障性工作来抓

制度带有根本性、全局性、稳定性、长期性。制度好可以使坏人无法任意横行，制度不好可以使好人无法充分做好事，甚至会走向反面。加强制度建设是抓好反腐倡廉、廉洁从业工作的根本保障。要做到四个方面：制度要健全，制度要有权威性，制度要能执行，员工要畏惧制度。像陈书记刚才提到的，发了文件，有个别领导却说不知道，这种现象是很严重的轻视制度的行为，要坚决杜绝类似情况的发生。作为保障性工作的制度建设一定要抓好。

（四）要把监督监察、查办违纪违规作为反腐倡廉、廉洁从业的重要手段发挥效应

查处违纪违法案件，是党章和国家法律赋予纪检监察部门的重要任务和职责，也是惩治腐败和端正党风企风的重要举措。纪检监察工作一定要精干高效，切实加强。要明确定位，健全机构，强化职能，完善体制机制。要做到党组织走到哪里，纪检监察工作就安排到哪里。要根据实事求是的原则贯彻这个精神、方式、模式。目前在发展中出现了以下几个方面问题：第一，我们有的单位对外合作不够规范、不够专业，有时候涉及违规；第二，处理公共关系，礼尚往来的时候“搭便车”；第三，在工程分包、设备物资采购时，还存在个别单位和个人占便宜、拿好处现象。还有一个问题就是内部的不良现象，内部聘用上岗、提职等出现送礼现象。不过，以上几种现象都是个别情况，多数人还是很阳光的。纪检监察部门应针对问题，严加惩办，对于违法乱纪行为和人员绝不姑息迁就，坚决捍卫公司的利益，为促进企业又好又快发展肃清障碍。

综上所述，只有把思想建设作为根本性工作来抓，把组织建设作为基础工作来抓，把制度建设作为保障性工作来抓；把监督监察、查办违纪违规作为重要手段，廉洁从业才可能成为长效机制。

四、关于企业党的建设和党委领导人员的定位问题

国有企业党政分设，每个企业都有党政主要负责同志，同属正职，但是各人的职责不一样。执行董事、总经理首要职责还是领导经营，实现国有资产保值增值；党委书记主要职责则是通过党建促经营，通过参与重要决策管干部，培养后备干部，抓作风建设，关注职工的第一反应，维持企业稳定，让企业保持正确的发展方向、让干部廉洁从业、让党员干部按照党的要求发挥作用。有的党委书记不履职，作为党委书记，对党的基础知识、党的规章制度、文件精神不学习、不清楚，对企业党建工作不重视，把自己定位为经营的主要领导之一，通过抓经营来抓党建，不心悦诚服地为总经理当好助手，出现错位、越位问题。党委书记应通过抓党的组织建设、思想建设、班子建设、作风建设、反腐倡廉建设来促进和保障经营管理工作，只有这些工作做好了，才能去协助总经理并服从总经理调配。同时，总经理在抓工作时也要服从党委书记的党建工作安排，这就是央企特色。总经理和党委书记都是单位主要负责人，应各负其责，各司其职，在其位谋其政，希望各级党委书记以各自单位为主体，把自己的工作做好。

五、关于其他几项工作

第一，半年过去了，希望各单位按照公司统一安排，认真总结、反思、梳理，面对新环境有一个创新的思考。企业的竞争就是学习能力的竞争，领导班子智慧的竞争。因此，各单位领导班子要有一个创新的思考，对于下阶段的工作有一个变革的调整。

第二，在股份公司上市静默期，提醒大家要注意三点：一是企业经营一定合法合规；二是企业管理一定要标准规范；三是企业员工一定要廉洁从业。“三个一定”要共勉，铭记在心，作为常态，持之

以恒！

第三，面对复杂多变的市场环境，要加快建立方向明确的、多层级、多维度的市场开拓机制，做好系统的、多维、多层级的公共关系工作。要有攻坚克难的精神，下半年的市场开拓务必不能吃“老本”，不能影响公司上市预期。

第四，要坚定不移地深入实施国际业务优先发展战略。4万亿元的投资拉动已经到尾声了，国内的基础设施建设强劲的增长势头终究是不可持续的，而国外的市场更广阔，所以要更加坚定不移地实施国际业务优先发展战略，保证战略落地。一要加紧培养国际化人才，特别是注重与外方的沟通交通能力；二要深度开拓国际市场。

第五，今年气候反常，自然灾害极端频繁，汛期来临，各单位务必高度重视安全生产问题，安全规章必须落到实处，进度、产值、安全、业主要求、营销策略必须让位于生命安全。

在股份公司纪委书记、监察部门负责人培训班（座谈会）上的讲话

（2010年8月6日）

范　集　湘

同志们：

刚才陈书记讲得很好，我完全赞同，希望大家认真贯彻落实。从2004年9月我调任到集团公司工作，先后担任集团公司副总经理、总经理，改制后同时担任股份公司董事长、党委书记以来，这是我第一次参加纪委书记、监察部门负责人专题会议。今天到这里来参会，既是履行我的职责，同时也是代表公司和公司党委看望大家。

本次会议是一次研讨会、座谈会、培训会，相当于纪委书记专题工作会议。对参加这次会议，我非常重视，反复思考讲什么、怎么讲？我一直认为并坚持的是，讲话一定要看对象，有针对性，解决实际问题，达到实际效果，即中央要求的“讲管用的话”，而不能不分场合、对象，总是“三句半”式的一个套路，“长、空、假”话连篇。

借这个机会，我讲几个方面的意见。

一、公司近几年发展和上半年生产经营情况

这里通报一下公司的生产经营情况，目的是使大家对公司发展情况有清晰的认识和准确的定位，从而使纪检监察工作更好地实现关口前移，预防为主，融入中心，服务大局，不仅作企业发展的“消防车”、“净化器”，还要担负起“助推器”的重要责任。

（一）关于上半年的情况

今年上半年，在大家的共同努力下，公司经营实现了时间、任务“双过半”的目标，保持了持续快速发展的良好态势。从主要数据看，完成营业收入412.3亿元，同比增长33.7%；实现利润15.5亿元，同比增长41.3%；新签合同额617.7亿元，同比增长23.7%，半年职工劳动生产率突破30万元。上半年的经营状况可以概括为“一大重要变化、一大明显差距和两大主要忧虑”。

一大重要变化：即上半年公司营业收入、新签合同总额出现更加明显的结构性变化。一方面，国内水电营业收入首次低于营业收入总量的50%（为42.3%）。另一方面，国际业务新签合同突破总量的50%（达53.74%），国际业务和国内非水电业务收入已占到总收入52.3%，新签合同额占到总额的73.52%。这是公司调整优化主业结构的重大成果，也是一次重大的历史性的变化，当然这一变化也给我们带来了不小的挑战。

一大明显差距：即总资产运营效率不高，同比小幅降低。上半年公司总资产周转率为0.8次，存货周转率为3.27次，劳动生产率31万元/半年，大幅低于中央建筑企业平均水平。从施工承包业务板块的总资产使用效率看，上半年公司为0.48，比上年同期降低了0.02个百分点。

这些数字说明，虽然我们是中央企业、中国水利水电行业第一品牌，但资产的杠杆系数小于1，也就是投入一元资产实现的营业收入不到一元，问题是很突出的。究其原因，主要是公司资源配置小生产方式占主流，社会化程度低。不少子企业陷入这样一种固有循环：中标、买设备、招队伍，再中标、

再买设备、再招队伍，总承包、专业分包、工序分包、劳务分包“四位一体”都是自己主导干，没能配置专业的战略分包商、工序分包商、劳务提供商。而同类其他建筑企业，资源配置的社会化程度明显高于我们。比如，在国内小浪底、二滩与我们合作过的旭普林公司、英波吉罗公司，只派来几百个管理人员，而我们工程局成建制地给他们“打工”，他们公司资产运营效率必然很高。这已经是20年前的事情了。最近我曾经到国内三家建筑企业的北京地铁项目调研，情况与我们也有很大不同。其中一个项目，生产组织有条不紊，现场布置和着装规范统一，生产效率很高，而主包商仅派出17个管理人员，除了打桩机是自己配置的外，其余挖、装、运、混凝土浇筑的设备和人员全由成建制的分包企业带来，这些分包商都是有资质、有实力的成建制单位。他们的资产杠杆系统能不大于1吗？劳动生产率能不高于我们吗？

我们几十年水电施工的特点是资源配置方式单一、社会化程度低，在业务结构发生重大变化的情况下，如果我们仍延续这种传统的生产方式，总资产运营效率还会走低，规模增长将走到尽头，这迫切需要大家作深刻的反思，并以创新变革的措施解决好。

两大主要忧虑：一是公司累计合同存量增长率同比低于营业收入增长率，市场需求变化给公司的市场开拓、市场营销带来更多的不确定性和更大的挑战。二是负债率偏高，存贷结构不合理，应收账款、已完工未结算款增长过快，经营风险加大。

（二）关于2004年以来的情况

国资委从2004年开始对中央企业实行任期考核，到2009年已有两个任期。这六年公司实现营业总收入2848亿元，实现利润总额78.75亿元，年均增长率分别为24.69%、66.55%。其中，2009年，实现营业收入755.45亿元，总资产1022亿元，实现利润31亿元，分别比上年同期增长24.17%、33.8%和99.74%，进入53户千亿元资产中央企业行列，实现了重大历史性突破。2009年实现的营业收入、实现利润、总资产分别是2003年的3.95倍、61倍、4.89倍，实现了连续6年持续快速协调发展。

2007年，在中央企业负责人2004～2006年第一任期考核中取得“实现利润大幅度增长、效益迅速提高和净资产收益率上升最快、盈利水平显著增强”的突出经营业绩，被国务院国资委授予中央企业“绩效进步特别奖”荣誉称号。在2010年7月23日中央企业负责人会议上，集团又以“强化集团管控，推进转型升级上水平，夯实企业管理基础”的突出业绩，获得2007～2009年中央企业负责人经营业绩考核第二任期“管理进步特别奖”，再次受到国资委表彰。

6年来，公司的社会地位在持续快速提升。2009年，中国水电集团在全球最大225家国际工程承包商中以总营业额排名第31位，以国外营业额排名第51位，比2003年分别提升26位、30位。2010年，在“中国企业500强”中排名第78位，分别比2009年、2003年提升11位和24位。这些年在中国经济社会持续发展的大背景下，其他企业也在发展，虽说水涨船高，但事实是有进有退。我们排名在提升，说明中国水电集团发展速度相对较快，水电人有理由为此感到自豪和骄傲！

在国际经营方面，这几年突飞猛进。通过大力实施国际业务优先发展战略，2004～2009年共实现国际经营收入580.11亿元，年均增长58.87%，利润总额45.25亿元，年均增长136.72%，其中，2009年国际经营实现收入199.47亿元，实现利润19.2亿元，累计合同存量740亿元，国际从业员工1.36万人，分别是2003年的24倍、50倍、8.5倍、8.1倍。2009年末，国际营业收入已占集团总收入的26.40%，国际经营实现利润已占集团利润总额的65.22%，国际业务优先发展业绩显著。

公司的发展成果，凝聚着十几万水电人的智慧和汗水，纪检监察工作有效地发挥了保证监督护航的作用。几年来，公司的内部经营环境和外部经营环境总体向好，党风建设和反腐倡廉工作扎实推进，干部队伍健康向上，较好地防范了违规违法案件的发生和减少了由此对企业生产力造成的影响，同志们为此付出了艰辛劳动，作出了积极贡献。这里，我代表公司和公司党委，向大家表示衷心的感谢，致以崇高的敬意！

二、认识把握新形势的要求，围绕建设和增强公司发展能力提高纪检监察工作的水平

（一）当前纪检监察工作所面临的新形势

纪检监察工作面临的形势可以概括为“三新”：第一，经济社会发展进入新阶段。中央和国资委对中央企业的党风建设和反腐倡廉工作越来越重视，要求越来越高，社会关注程度越来越大，职工群众的期望值越来越高。党中央一向高度重视党的自身建设，坚决预防和惩治腐败，将此项工作提高到巩固强化执政基础的高度。目前中国社会正处于社会矛盾凸显期，矛盾的系统性、关联性特征明显，如果执政党的建设跟不上，就可能引发群体性、恶性事件，对党和国家造成难以估量的损失。为此，从

中央层面，针对党风建设和反腐倡廉工作以及纪检监察工作出台了一系列规定，提出了新的要求。对此我们一定要保持清醒的政治头脑，与中央保持高度一致。第二，公司经营环境发生新变化。企业规模持续增长，产业结构和业务结构调整步伐加快，业务布局跨地区、跨国界、跨行业、跨所有制的特征更加明显，这些重大变化，对纪检监察工作的对象、内容、方式将产生深刻影响，工作的挑战性和复杂性会明显增强。第三，公司治理结构提出新要求。公司整体改制基本完成，上市工作正在全力推进，在中国特色现代国有企业制度下，纪检监察工作如何融入法人治理结构、有效整合监督资源、解决同级监督难的问题越来越紧迫，难度越来越大。

最近我针对“中央企业公司治理的理论与实践”作了系统的专题研究，其中对中国特色现代国有企业制度下的党建工作包括纪检监察工作如何认识和开展作了深入思考。坚持党对国有企业的领导，确立党组织在国有企业中的政治核心地位，是由国有企业的根本属性决定的，体现的是执政党的意志，是法定的安排，任何时候都不能动摇。这一重要前提，与其他所有制企业有着根本性的区别。怎样处理好党组织的政治领导和法人治理结构之间的关系，中央也作了规定，我们一定要不折不扣地予以执行。我的体会是党建工作包括纪检监察工作，一定要围绕提升企业的发展能力这个主题，把党的政治优势转化为企业的核心竞争力，推进企业更好更快发展；党建工作和纪检监察工作，一定要制度化、程序化、规范化、专业化。

（二）中央企业公司治理结构形态及区别

关于中央企业公司治理，按照中央办公厅、国务院办公厅相关文件规定，我再展开讲一下。

中央企业公司治理目前是两种基本形态，一种是传统的工厂制，另一种是现代公司制。公司制改造和上市是中央企业改革的方向，是建立中国特色现代国有企业制度的有效途径。中国水电集团公司是工厂制企业，中国水电股份公司是现代公司制企业，这两种公司制在我们公司同时存在。区别主要有几个方面。

第一，传统的工厂制企业中，股东对外承担无限民事责任，中国水电集团即是一个承担无限责任的集团，公司出现的问题可以追溯到出资人——国务院。股份公司是有限公司，如果出现重大民事问题，承担责任的范围则以注册资本金为限，不会追溯到出资人。

第二，领导体制不同。中国水电集团实行总经理负责制，总经理是法人代表，既组织决策又领导执行；股份公司实行的是股东会、董事会、监事会、经理层分层负责的领导体制，党委会全面参与治理。股东会是股份公司最高权力机构，董事会是股东会的常设决策机构，行使决策权，监事会既监督经理层，又监督董事会，经理层在董事会的领导下实施日常经营管理工作，是执行的领导者。两种体制相比较，过去的体制层级少、决策快，现在的体制层级多、决策慢，但这种变化是基于效率和风险之间的权衡。过去的体制相对而言失误的概率较大，风险较大，决策和执行的责任不清，现在的体制决策失误可能性降低，决策执行权责清晰，决策由董事会负责，执行由经理层负责。

第三，决策机构及运行模式不同。按照中共中央、国务院文件明确及章程规定，传统工厂制下的集团公司，其决策机构是党委（党组）、总经理班子，总经理既是企业生产经营“三重一大”决策的组织者，又是日常经营管理工作的领导者。设立了董事会的公司制企业，其“三重一大”决策机构是党委（党组）、董事会；未设立董事会的公司制企业，其决策机构是党委（党组）、总经理班子。在设立董事会的治理结构中，股东会是公司的最高权力机构，党委（党组）、董事会是决策机构，经理层是董事会领导下的日常经营管理的执行机构，经理层实行总经理负责制。目前，公司所属子企业部分实行“三重一大”党政联席会议决策形式，这是将党委会和总经理班子会合并决策的模式，我认为这种模式也是可行的，但关键是要进一步完善、规范，将中央要求贯彻落实到位。

由传统企业制度向现代企业制度转变实现了三大分离、三大制衡：一是选人和用人的分离。对领导人员的选用、培养、推荐、考察，由党委主导完成，董事会和经理层依法按规聘任并负责其日常履职尽责管理，目的是要形成科学制衡的机制。二是决策和执行的分离，即决策机构和执行机构的权力、责任、义务清晰、明确。董事会对决策负责，经理层对执行落实负责。三是监督和决策执行的分离。监事会对股东会负责，同时对董事会、经理层实施监督。

三、关于纪检监察工作的地位、定位和作用

纪委是党委的重要工作部门，纪检监察工作是我们党的工作的重要组成部分。纪检监察工作要在党委的统一领导下进行，各级党委一定要把这项工作列入重要的议事日程，切实抓紧、抓实、抓好。必须统筹考虑、统筹安排、统筹资源配置，建立纪

委牵头专业部门协同的工作机制。

（一）纪检监察工作是企业经营活动有序有效运行的重要保障

主要体现在三个方面：一是捍卫企业的制度，维护制度的权威和刚性。二是旗帜鲜明地支持发展，鸣锣开道，保驾护航。我们从事的是完全竞争的行业，要在合法合规的前提下，支持经营，支持发展。对企业行为要外圆内方，对个人不良行为要严格、严肃、严厉。三是与专业部门一道，开前门、堵后门，完善制度，规范流程，支持市场竞争。

（二）纪检监察工作要重心前移，预防为主

一要看业务链、权力链、责任链是否规范，是否健全，是否执行到位。企业运行离不开三个链条：业务链、权力链、责任链，纪检监察工作的落脚点和着力点是权力链、责任链，就是对权力的管理和规范，对履职的评价和失职的责任追究。同时要盯住业务链，把原则、精神、要求制度化、标准化、规范化，使从业人员按制度办事、按标准办事、按程序办事，不走样、不跑调、不扭曲。我们要盯住行使权力的人，主要是掌握人权、财权和事权的领导和重要岗位人员。但对合法合规、有利于企业发展的事情，以及实实在在为企业做事的人，一定要旗帜鲜明地鼓励、肯定和帮助，这就是保驾护航。

二要参与决策。要按照党章和“三重一大”集体决策等方面要求，纪检监察机构负责人要参加或列席企业董事会、党委会、监事会、经理办公会以及其他有关重要问题决策的会议。制衡比监督更有效，因此决策要公开、清晰、透明，防止权力过分集中。

三要依法依规查办案件，惩治个人违规违纪绝不手软，切实起到教育、警示、威慑作用。

四要超前策划好、安排好纪检监察工作的组织建设、制度建设、机制建设。要建设学习型纪检监察队伍，吸收专业技术干部充实纪检监察队伍。要用专业的精神研究纪检监察工作，善于运用科学的方法、手段。党建和纪检监察工作也是专业性很强的工作，有其自身规律性，所以学习型纪检监察组织要着力于能力的提升和素质的提高。纪检监察工作从业者，自身首先要过得硬，在工作中做廉洁从业的表率，做坚持原则的表率，做抵制歪风邪气的表率，做维护党纪党章、法规的表率。纪检监察工作有其特殊性、挑战性，各级党委尤其是企业的主要领导要切实支持纪检监察工作，关心从事这项工作的同志。

四、当前需要做好的几项重点工作

（一）着力解决同级监督难的问题

解决同级监督难的问题，必须从制度安排上下工夫。一是从责任体系上，要进一步明确监督本级领导班子成员是纪委书记应负的责任。二是规范述职报告工作制度。纪委书记在接受同级党委的领导、向同级党委报告工作同时，必须接受上级纪委领导、向上级纪委报告工作。要进一步明确述职内容，如纪检监察基本情况（好的、差的）、存在的挑战、主要的问题、潜在的风险，以及敏感的人和事。纪委书记认为自己的正确意见和建议未被采纳而影响党的方针政策的学习贯彻落实时，有责任及时向上级纪委报告，上级纪委必须严格执行保密制度。三是要明确失职查处。这几项工作做好了，纪检监察工作的信息渠道就通畅了，信息就对称了，责任就明确了，工作就扎实有效了，同级监督难的问题才有可能逐步解决。公司要在调研的基础上充分听取各方面的意见，形成规范的制度体系并强力推行，层层落实下去。

（二）切实抓好纪检监察工作组织建设

最近，中央纪委、中组部、监察部和国资委党委联合印发了《关于加强和改进中央企业和中央金融机构纪检监察组织建设的若干意见》。为了落实这一意见，公司正在拟订具体实施办法，希望这次会议上大家认真讨论。这里要强调的是，对中央纪委文件和国资委的有关要求要认真贯彻落实，同时制度安排一定要结合公司实际，务求实效。比如，企业的哪一级需要设纪委，哪一级需要设专职纪检员；专职纪检员承担什么职责，具有什么地位，发挥什么作用；如何在基层项目上建立健全纪检监察组织机构，人员配备以什么样的形式，都需要我们在深入调研、充分掌握情况的基础上，制订切合实际的具体规定。总体要求就是企业的经营活动开展到哪里，纪检监察工作就覆盖到哪里，确实做到横到边，纵到底。特别是国际业务风险大，管理链条长，纪检监察工作要更加强化。

（三）贯彻执行好“三重一大”决策制度，从严治理“小金库”，预防和惩治腐败

贯彻“三重一大”决策制度和开展“小金库”专项治理活动，是加强党风建设和反腐倡廉工作、构建惩防体系的重要方面。公司年中工作会议专门对中央精神和要求作了传达，对工作做了部署，现在关键是要层层抓好落实。在这两项工作中，纪检监察部门负有重要责任，要确保工作落实到位。

最后，希望大家共同努力，开好这次会议，更要抓好会议精神的落实，切实将公司纪检监察工作

提高到一个新的水平，为公司更好更快发展提供有力支持和保证。

强化责任　务实创新
把党组织的政治优势转化为核心竞争力

——在股份公司2010年党建工作座谈会上的讲话

（2010年12月30日）

范　集　湘

同志们：

紧张忙碌的2010年马上就要结束了。一年来，股份公司党委在党中央和国资委党委的领导下，坚持解放思想，与时俱进，结合实际，努力创新，融入中心，服务大局，广大党员和党务工作者做了大量扎实有效的工作，为推动公司科学发展作出了卓越的贡献，我代表集团公司、股份公司向你们致以崇高的敬意和表示衷心的感谢，谢谢大家！

本次会议是一次研讨会、交流会、座谈会，也是党委书记专题工作会议。会议的主要任务是，深入贯彻落实党的十七届五中全会和中央企业负责人会议精神，总结交流党建工作经验，研究部署“十二五”时期以改革创新精神加强和改进公司党建工作，更好地为企业科学发展提供思想保证、政治保证和组织保证。下面，借这次会议的机会，我就新形势下股份公司党建工作谈三点意见。

一、对2010年党建工作的简要回顾

2010年，公司各级党组织认真贯彻落实党的十七届四中、五中全会和全国国有企业党建工作会议精神，以开展创先争优活动为契机，进一步加强和改进党建工作，党建工作取得显著成绩，主要表现在以下几个方面：

（一）坚持党管干部原则，领导班子建设得到了加强

公司党委认真学习贯彻全国国有企业党建工作会议和中组部、国资委召开的中央企业选人用人满意度座谈会精神，股份公司和各公司党委按中央建立现代企业制度的要求，建立公司治理结构与党组织职责明确、有机融合、运转协调的运作机制。各级党组织认真贯彻集团公司和股份公司两个工作规则，认真贯彻集团公司、股份公司党委（常委）会两个议事规则，认真贯彻股份公司领导人员管理办法，形成了符合实际的工作制度。股份公司和各公司积极探索企业干部人事制度改革的新途径，采取公开竞聘、竞争上岗、差额选举的办法，加大竞争性选拔领导人员和领导机关重要岗位人员的工作力度。目前，公开竞聘已成为公司领导人员选拔任用的主要的渠道之一。创建“四好”领导班子活动得到有效推动和延伸，在创建活动中，我们进一步强化“一条主线、三个结合、实现三个见成效、加强五大建设”的思路，目前，股份公司每两年评选一次，各子企业每年评选一次，并把创建活动延伸到子企业的二级单位和大中型项目部，已形成从上到下完整的体系和长效机制。水电七局党委在两级班子中深入开展“四好”领导班子创建活动，按照“举旗帜、抓班子、带队伍、促发展”的思路，在活动中把握“一条主线”，坚持“三个结合”，做到“三个到位”，取得了一定的效果。各单位要按照《股份公司企业领导人员管理暂行办法》的要求，认真制定本单位管理办法和考评细则，进一步加强对各级领导人员的管理，继续做好创建“四好”领导班子工作，加强领导班子的思想、组织、作风建设，努力提高领导班子整体功能，提高领导人员的素质和领导能力。

（二）建立健全党建工作制度，做到党建工作制度化、程序化、规范化

去年以来，股份公司党委将党建工作制度建设作为重点工作之一，采取废、改、立的方法，下工夫抓了股份公司党建工作制度体系的建立和制度创新工作，根据企业党建工作的新形势和新变化，修订了一批工作制度，新建了一批工作制度，涵盖了党建工作的主要内容，形成了一套相对完善的制度体系，为建立党建工作责任制打下了基础。2009年以来，股份公司党委对各公司的党建工作情况进行了广泛深入调研，在此基础上，形成了股份公司党

建工作责任制。各公司党委认真落实股份公司党委各项制度，在制度建设上取得了明显进步。水电五局党委去年率先制订并实施了党建工作责任制，结合自己的实际，按股份公司党建工作制度的要求，制订了28项党建工作的制度，经过一年的试行和完善，取得了较好的效果，为股份公司实施党建工作责任制积累了经验。水电八局党委制订了《党建工作管理办法》、《党建管理分手册》，并建立和完善了党支部建设11项基本工作制度，为项目党建提供了制度支持。

（三）规范“三重一大”民主决策程序，发挥党委在企业重大问题决策中的重要作用

股份公司党委按照中央《关于进一步推进国有企业贯彻落实“三重一大”决策制度的意见》，制订了“三重一大”民主决策制度和股份公司党委议事规则，保证了决策的民主性、科学性。各公司按照股份公司的要求，健全了党委议事规则和“三重一大”民主决策制度，有效地提高了决策的科学性。四川公司党委按照“三重一大”民主决策制度规定，建立健全了决策规则体系，推进了会商制度，决策过程遵照“酝酿、讨论、论证、可研和方案比较”程序进行，全年共作出“三重一大”决策事项63项，全部按程序集体决策，收到较好效果。

（四）落实具体措施，加强项目党建工作

工程项目是公司党建工作的主阵地。今年，股份公司党委重新修订了国内、海外项目党建工作的指导意见，进一步明确了“三同时、三基本”的要求，对项目党建起到了指导作用。水电十三局党委结合海外项目实际，制订了《关于加强国外项目党组织建设的实施意见》及《党建工作考核评价办法》等，促进了国外项目的党建工作。国际公司党委认真履行股份公司党委授权，先后两次派出检查组，到卡塔尔、柬埔寨等九个国别市场进行党建工作检查指导，有力推动了海外项目党建工作。

（五）深入开展创先争优活动，加强基层党组织建设和党员教育管理工作

股份公司党委将今年定为创先争优年，先后开展了“四强四优”、“创先争优”活动，提出了“全年规划、全面推进、逐月落实、务求实效”的工作思路，形成了活动的组织体系、操作体系、制度体系，各级党委领导重视，精心组织，活动开展得有声有色。今年8月12日，国资委创先争优活动检查巡视组把股份公司作为国资委系统开展创先争优活动片区的典型单位，组织7家中央企业的领导来公司检查创先争优活动开展情况和观摩国际公司第二党支部党员争创“五个模范”的民主评议会，对股份公司创先争优活动和党员民主评议活动给予了较高评价和充分肯定。股份公司党委注意把开展活动与建立党建工作长效机制结合起来，把活动中一些好的做法用制度的形式固定下来，避免一阵风。在创先争优活动中，我们采取选树典型、宣传典型的办法推动工作。我们选取了集团公司玉树恢复重建指挥部围绕中心开展党群共建创先争优的典型。在玉树重建工作一开始，公司党委就成立了玉树重建现场指挥部党委、工会、团委，在平均海拔3600米和零下15度的高寒缺氧地区，党组织开展了争创先进基层党组织、优秀共产党员的活动，共产党员特别是党员领导人员在玉树工作时间最长、完成任务最重、工作业绩最好、群众威信最高。四局总经理、玉树重建现场指挥部临时党委书记王维斌同志自开工以来，四个多月时间五上玉树，累计在一线工作130多天，发挥了带头示范作用，感染和带动了一批党员和干部，也感动了地方政府领导，为集团公司争得了荣誉，非常不容易，表现了对企业的忠诚。2011年1月，集团公司党委将召开玉树灾后重建表彰大会，总结经验，表彰先进。最近，股份公司党委发出通知，要求公司各级党组织、全体共产党员开展向邓国平同志学习的活动，追授他为优秀共产党员。邓国平同志是国际公司总经理助理，为了海外工程营销工作，今年多次赴国外谈判，超负荷地忘我工作，因心脏病突发累倒在工作岗位上。他是我们在开展党员争创“五个模范”方面的突出典型，公司报纸、新闻媒体、网站都有集中报道，在公司广大职工中引起强烈反响。

（六）强化组织和制度建设，党风廉政建设工作进一步加强

股份公司党风廉政建设责任制得到进一步落实，修订了责任制考核评价办法、效能监察办法、保廉合同管理办法等15项制度；按照中央要求，下发了加强纪检监察组织建设的实施意见，加强了纪检监察队伍建设；惩防体系建设得到进一步推进，深化了任务分解，落实了惩防体系建设的任务；廉洁从业专项教育活动取得较好效果，各级领导人员受教育面达到95%；有计划、有重点地组织了效能监察工作，开展了工程建设领域突出问题专项治理和“小金库”专项治理工作，取得了阶段性成果。按照股份公司党委和纪委的要求，子企业党风廉政建设、惩防体系建设、廉洁文化建设等工作也明显加强，水电十一局党委组织开展廉洁文化讲座、廉洁从业警示教育活动、企检共建活动、廉洁承诺活动，切实加强廉洁文化建设。

（七）加强领导，充分发挥了群众组织的作用

党委加强对工会、共青团组织的领导，主要体现在给任务、压担子上，鼓励和支持群众组织围绕生产经营中心开展活动。今年6月，京沪高铁三标段面临着无砟轨道铺设的攻坚战，股份公司工会在全线工期进度相对滞后的情况下，组织参战的13个单位开展劳动竞赛，从6月至9月连续超额完成生产任务，还创造了全国铁路系统日铺板的最高纪录，创造了京沪高铁第一家完成铺设轨道任务的佳绩。这说明，我们的党群工作必须紧紧围绕生产经营中心开展工作，就把工作做实了，党群工作做好了，也能为企业直接创造效益。在第七届全国电力行业职业技能竞赛中，股份公司工会组团与葛洲坝集团、安能集团的选手同台竞技，囊括了前7名，前20名我们占了17名，占到绝对优势，与中国水电第一品牌相匹配，受到社会各界的广泛好评。在南水北调项目上，股份公司工会也搞了劳动竞赛，效果也不错。团委通过深入开展青年突击队、青年志愿者、青年文明号、青年岗位能手、青年安全示范岗等活动，引导团员青年积极参加到创先争优活动之中，特别是在玉树灾后重建工作中，组织开展了青年建功竞赛活动，引导广大团员青年克服高原施工不利影响，为灾后重建作出了积极贡献。

面对新形势新任务，党建工作还存在许多不适应的地方。主要问题有：第一，有些领导对党建工作的地位和作用认识不够深刻，忽视党的建设，党建工作有被弱化的倾向。二是一些单位、包括子企业的二级单位的一些党委书记对岗位职责认识不清，把主要精力用于具体的生产经营工作，而对领导班子建设、党委参与重大问题决策、加强对人才工作的领导等重大问题缺乏思考和研究，不感兴趣，工作很不到位，这将使新时期的企业领导体制出现缺失，影响单位党建工作的整体推进。三是有些单位对建设学习型党组织、学习型班子的工作不够重视，领导班子和领导人员的学习抓得不紧，影响了领导人员素质和能力的提升；党员学习制度不健全，制度执行也不到位。四是一些单位党建工作制度体系不完善，没有根据新形势的需要不断建立和修订党建工作制度，党建工作制度化仍有一定差距。五是有的单位党建工作存在强势递减的问题，总部的党建工作抓得较好，但基层的党建工作有弱化趋势，一些项目部的党组织不健全，工作差距较大。六是有的单位基层党组织活动不正常，党建工作抓得不实，不能有效发挥作用。七是有些单位党建自身队伍建设差距较大，专职党务工作者配备不到位，党群干部选拔难、安心难，后继乏人问题突出，等等。解决这些问题，需要我们在党建工作的理念、思路和方式方法等方面不断改革创新，采取有力措施，解决这些问题。

二、股份公司面临的形势和任务分析

在这里与大家交流一下公司的形势任务，目的是使大家对公司发展情况有清晰的认识和准确的定位，从而使党建工作更好地融入中心，服务大局，更好地发挥促进和保障作用。

股份公司的改革发展离不开国家和市场的大环境和新特点。从国家改革发展来讲，“十一五”时期是我国经济发展历程中极不平凡的五年，也是中央企业改革发展极不平凡的五年。面对极其复杂的国际国内形势，在中央领导下，“十一五”时期我国经济社会发展取得巨大成就。我们公司同国家快速稳步发展的形势一样，“十一五”时期，集团公司班子带领各级班子和广大职工解放思想、锐意改革、创新开拓、艰苦奋斗，取得了企业改革发展和生产经营的显著成绩，可以说过去的五年，是我们公司成立以来发展最快、最好的时期。2009年，公司取得跨入资产总额千亿元以上的53户中央企业行列的重大历史性突破，当年实现的营业收入、实现利润、总资产分别是2003年的3.95倍、61倍、4.89倍。2010年从集团层面看，预计实现营业收入将突破千亿元大关，同比增长33%；利润总额将达到38亿元，同比增长23%；资产总额将达到1300亿元以上，均再创历史新高。2009年，国际业务营业收入、利润总额、累计合同存量、国际从业员工分别是2003年的24倍、50倍、8.5倍、8.1倍。从今年上半年的数据看，国际营业收入已占到收入的1/4，利润占60%以上，新签合同额首次超过一半，国际业务优先发展战略落地情况良好。

从公司“十一五”发展情况可以看出两个问题：一是我们在2005年就提出要贯彻落实科学发展观，确立了建设具有较强国际竞争力的质量效益型大型跨国企业集团的发展目标，明确了“行业领先、管理一流、品牌影响力明显、具有持续成长性”的战略定位，初步形成了符合企业实际的科学可持续发展战略体系。在这个战略目标中，我们以转变经济发展方式为重点，以质量效益型发展为主线，把发展的质量、效益放在扩大企业发展规模之前，把做强做优企业放在做大企业之前，强调又好又快，好字当头，快速持续发展，避免了一些企业盲目扩大规模，忽视发展的质量效益问题，这才有六年多来利润增长60多倍的突出业绩。二是我们在近六年的发展中，突出建设具有国际影响力的大型跨国集团的目标，大力推行国际经营业务优先发展战略。六年来，国际利润增长50倍，创造利润占到股份公司利润总额的60%以上。12月23日，国资委主任、党委书记王勇同志提出要培育具有国际竞争力的世界一流企业，而我们这六年建设具有国际竞争力的大型跨国集团的工作已初步形成了体系，积累了经验，为建设世界一流的跨国公司奠定了基础。这些事实说明，近年来，集团公司提出的科学发展的战略是符合中央、国资委要求的。实践证明，正是这个正确的发展战略引领我们在“十一五”时期取得突出业绩，也为公司今后科学发展创造了条件。

“十一五”时期，我们取得了突出的业绩，但与同行业先进企业对标，公司发展还存在一些突出问题，还面临不少困难和挑战。主要表现在：

一是长期以国内水电为主导的一元业务结构下的组织结构、管理体制、资源配置、业务流程、管理模式，与现行相关多元的业务结构的重大变化不适应的矛盾依然突出。领导干部与管理团队的素质、能力与业务结构的战略性调整要求，与转变发展方式的要求还存在许多不适应，这是我们面临的本质性、系统性、共性的问题。

二是公司今年上半年累计合同存量增长率同比低于营业收入增长率，揭示市场需求变化给公司的市场营销带来的更多的不确定性和更大的挑战。公司开拓国际国内市场、增加工程承包合同订单任务依然艰巨。

三是产业结构和业务结构仍不尽合理。虽然近年来国际工程承包业务、国内非水电建筑业务及电力投资、房地产等业务发展较快，但其营业收入占总量营业收入的比例仍显偏低。国内外市场开发及市场营销体系建设、内部产能配置、社会资源配置等方面，还存在一定差距，发展方式、组织架构、管理模式仍待调整优化上水平。

四是工程项目主动经营的创新意识不强，基础管理工作较薄弱，标准化、规范化、程序化水平不高，导致与业主合理、理性博弈的能力弱，运营过程提效降耗能力不强。

五是企业资本实力不足，负债率偏高。虽然近几年公司利润水平有较大提高，但总体资本积累速度相对较慢，大大制约了公司的发展能力。

六是解决历史欠账和困难的负担沉重，如不能很好解决这些问题，必然会影响企业和职工队伍的稳定。

纵观今后一个时期，股份公司的改革发展正处在一个关键的历史阶段，机遇和挑战并存，希望与困难同在，我们要充分利用国内外的有利条件，在公司“十一五”快速平稳发展的基础上，采取得力措施，着力解决制约公司科学发展的突出问题，推进企业更好更快发展。

根据党的十七届五中全会和中央经济工作会议、中央企业负责人会议精神，2011年及今后一个阶段公司改革发展的指导思想是：高举中国特色社会主义伟大旗帜，以邓小平理论和“三个代表”重要思想为指导，深入贯彻落实科学发展观，以科学发展为主题，以加快转变发展方式为主线，以提升企业的发展能力为中心，全面推进企业科学发展转型升级上水平的工作，努力建设具有国际竞争力的质量效益型的世界一流跨国公司。

在今后一个时期内，要坚持贯彻落实科学发展观，全面推进企业转型升级上水平工作，我们要继续深化完善公司在科学发展观活动中提出的“五个转变、五个上水平”的战略构想。同时，坚持解放思想、顺势而变，紧扣股份公司转变经济发展方式这条主线，努力实现“五个转变”：一是积极推进公司发展方式由粗放型发展向集约型发展的转变，坚持质量效益型发展的正确方向。二是积极推进增长方式由主要依靠要素投入、规模扩张向主要依靠科技进步、劳动者素质提高、管理创新的转变。三是积极推进传统的水电一元化的格局向相关多元化格局和体制机制的转变，推进企业组织结构、管理体制、资源配置、业务流程、管理模式的再造和创新。按相关多元化格局的要求，加大企业产业结构和业务结构调整的步伐，使国际经营、非水电建筑业务、电力投资和房地产等业务的营业收入和利润总额在公司总比例中不断扩大，起到支撑公司科学发展的作用。四是积极推进由传统的以国内经营为主的企业向建设具有国际竞争力的世界一流的跨国公司的转型，全面提升国际化经营能力和水平。按跨国公司的要求，立足全球配置资本、人才、技术、市场等各类资源，逐步实现战略、运营、管理、文化全球化的目标，建设真正意义上的跨国公司。五是积极推进由传统的国有企业向具有完善法人治理结构和运行机制的现代公司转型，积极创造条件，尽快实现整体上市的目标，以上市公司为融资平台，利用股权融资、债券融资、项目融资等多元化方式筹集建设资金，提升公司投融资能力，切实降低资产负债率。

2011年是公司“十二五”规划的开局之年，我们要按照公司“十二五”发展规划的要求，按照科学发展、转型升级上水平的要求，认真规划2011年工作，扎扎实实完成2011年改革发展和生产经营任务，为公司实现“十二五”规划的目标奠定基础。

三、深入研究股份公司新形势下党建工作的新特点、新任务，全面提升公司党建工作水平

（一）对新时期党建工作新形势、新特点的认识

对新时期如何做好企业党建工作，我想谈几点认识。最近，党中央陆续出台了一系列制度文件，对新形势下加强和改进国有企业党的建设做出了重大部署，对切实解决当前企业党的建设的突出问题提出了新的更高要求。这是新的变化，显示出国有企业党建工作越来越重要。我体会，主要是五个方面的挑战和问题：第一，在社会主义市场经济条件下，从国家的宏观政策层面上看，我们党既要坚定不移地走社会主义道路，又要搞有中国特色的市场经济，二者怎么有机结合，才能把握有中国特色社会主义这个正确的方向。第二，建立有中国特色的现代企业制度，既要借鉴西方国家的现代企业制度，但又不能生搬硬套，需要进一步体现中国特色，又符合企业实际，便于操作。第三，在国有企业，如何坚持党的领导，充分发挥党组织政治核心作用，又要同完善社会主义市场经济规则有机结合，这对我们是个大的挑战。第四，企业党建工作的路径、抓手、载体、方式不是很明确，新时期党建工作创新的任务十分艰巨。第五，企业领导体制从党委领导下的厂长负责制到厂长负责制，再到现在中国特色社会主义现代企业制度的架构，党组织和行政组织二者怎样融合，才能形成职责明确、有机融合、运转协调的新机制。这五个方面的问题是我们党在建设中国特色社会主义市场经济条件下面临的一个新的挑战。2010年，党中央连续出台了一系列政策制度，就是为我们处于社会主义市场经济微观主体的企业量身定做的规则，就是要解决国有企业党建工作的定位、路径、抓手、载体和方式问题。对此，各级党组织、党员干部都要认真学习，领会精神实质，结合实际，认真贯彻执行。中央政治局委员、国务院副总理张德江同志在中央企业负责人会议上讲，国有企业是我们党的执政根基，中央企业是国民经济的顶梁柱，我们一定要认真贯彻中央领导同志的重要讲话精神和国资委党委的要求，充分认识加强国有企业党建工作的重要性，要像研究企业发展战略、金融商务问题一样，去研究党建工作怎么做，带头承担起应尽的政治责任和社会责任，勇于当好推动国家科学发展的排头兵。同时，我们一定要坚持解放思想、实事求是、与时俱进的思想路线，潜心研究新时期国有企业党建工作的新特点。我认为主要表现在以下四个方面。

一是把党的政治优势转化为企业的核心竞争力的规律越来越清晰。国有企业党组织作为执政党的基层组织，具有先进的理论指导和价值追求、健全的组织体系和工作机制、严格的组织纪律和优良作风，这是西方国家任何企业都不可比拟的独特优势。在12月23日召开的中央企业负责人会议上，国资委主任、党委书记王勇同志指出“要深入探索现代企业制度条件下发挥党组织政治核心作用的有效方法和途径，努力把企业党组织的政治优势转化为核心竞争力”。我们在党建工作实践中，不但要认识把国有企业党组织的政治优势转化为企业的核心竞争力是一条规律，我们必须遵循它，而不能违背它。同时，要紧密结合我们公司的实际，寻找党的政治优势怎么有效转化的途径和方式的问题。在公司党建工作实践中，我们总结了五个方面的转化，较好地解决了转化的路径问题。即加强领导班子和人才队伍建设，把党的组织优势转化为企业的领导力；确保党委参与企业重大问题决策，把党委的政治核心作用转化为企业发展的保障力；加强党的基层组织建设，把党支部的战斗堡垒作用和广大党员的示范带动作用，转化为企业的凝聚力和人力资源活力；加强党风建设和反腐倡廉工作，把党的组织纪律优势转化为企业的执行力；落实党建工作责任制，把党的体制机制优势转化为提升企业党建工作的推动力。在工作中，我们坚持抓好这五个转化，结合各单位的实际，把党建工作推上一个新台阶。

二是党建工作融入企业科学发展大局和生产经营中心的特点越来越突出。企业是经济组织，国有企业的根本使命是通过完成生产经营任务，为国家创造更多效益，实现国有资产的保值增值，这也是出资人的追求。因此，企业的党建工作必须坚持围绕中心、服务大局，用一流的党建工作为企业发展提供必不可少的动力条件，为实现企业的发展目标提供政治和组织保证。在实践中，我们要树立发展的理念，深入贯彻落实科学发展观，把企业党建工作作为企业核心竞争力和劳动生产力的重要组成部分，把提高企业经济效益、增强企业发展能力、实现国有资产保值增值作为党建工作的出发点和落脚点，作为检验党建工作成效的重要标准。

三是坚持党要管党、从严治党的原则越来越重要。党组织的重要职责是管理好党组织，并通过党组织管好党员，这样，党组织才能有活力、有生命力。我们集团公司目前有职工126900人，在职党员30463人，党员占职工人数的24%，达到四分之一。各公司副处级以上的领导人员中，党员占到95%以上。因此，企业党组织的重要职责就是抓好基层党组织建设，抓好党员领导人员、党员的管理工作，真正做到一个党委就是一个政治核心，一个党支部

就是一个战斗堡垒，一个党员领导人员就是一个标杆，一个党员就是一面旗帜。首先，各级党委要严格管理党组织，对软弱涣散的党组织要加强整顿，有的要采取组织手段，保证各级党组织充分发挥作用，坚强有力。其次，要通过党组织去履行严格教育管理党员的责任。对党员领导人员要严格管理，使他们认真履责、规范行权，处处起到示范作用。同时，对党员也要严格教育和管理，使每个党员都能立足岗位充分发挥先锋模范作用，党员在工作中就是要比非党员干得好，这是一个基本要求，才能带动群众一起建功立业。对不能发挥先锋模范作用的党员，要及时教育，多次教育仍不改正的，要及时处置，劝其退党，保持党组织和党员队伍的先进性。

四是党建工作科学化的要求越来越专业。党建工作作为一门专业，有其自己独特的规律、规矩、规定，我们的党群工作人员要成为专家型的人才，特别是党委书记要当专家型的党委书记，要把党建工作做得科学、规范、务实。各级党委书记首先要在党言党，在岗履职，热爱党建工作，全身心地干好党建工作，而不是用主要精力去干具体的生产经营工作，而不抓党建工作。党委书记要立足岗位钻研党建工作，成为党建工作的行家里手。要真正搞清楚党委书记和总经理因分工不同带来的不同的履职内容。按上级要求，一个单位的党政一把手要实行“一岗双责”，既要对生产经营负责，又要对党建工作负责。但由于党政主要负责同志职位性质的不同，党委书记主要是围绕党建抓经营，而总经理是围绕经营抓党建，职责不同，工作的内容、方法就不同。再比如，党政主要负责同志对单位的领导班子建设要齐抓共管，但由于分工不同，党委书记要主抓领导班子建设工作，领导班子和领导人员的思想、组织建设、作风、团结、廉洁方面，党委书记是第一责任人，总经理兼党委副书记要协助党委书记做好工作；总经理则主抓班子的日常管理，领导班子的分工、授权、协调、督办，总经理是第一责任人，党委书记要协助总经理抓好班子管理工作。既有分工就有协作，单位党政主要负责同志在明确分工、准确履职的前提下，还要精诚团结、相互支持，形成合力。

下阶段，我们重点在党建理论和党建制度的科学化上下工夫，推进公司党建工作科学化的水平。在今年年中工作会上，我提出要在全公司推行党建工作责任制，实际上，我们党建工作责任制的一些内容早就有了，我们年终考核“四好”班子、党风廉政建设，实际上就是党的建设的一个组成部分，我们现在要全面推行党建工作责任制，就是在过去的基础上，按照中央新的要求，把这一工作做得更全面、更完善、更扎实，涵盖我们企业党建工作的主要方面，并建立切合实际的考核体系，通过建立党建工作责任制这个平台、载体，全面推进公司的党建工作。为什么必须推行党建工作责任制？首先是上边有精神。2009年，党的十七届四中全会通过的《中共中央关于加强和改进新形势下党的建设若干问题的决定》指出“坚持党要管党、从严治党，全面落实党建工作责任制，建立健全党建工作长效机制”，已列入党的决定之中，我们必须坚决贯彻执行党中央的决定。胡锦涛同志在2010年1月21日十七届中央政治局第二十一次集体学习时强调基层党组织要建立党建工作责任制，确保党的基层组织建设各项任务落到实处。为此，中组部专门发了文件，进一步落实此项工作。其次是下边有要求。我们在2009年、2010年党建工作责任制调研中，基层党务工作者、特别是党委书记都要求尽快在全公司推行党建工作责任制。第三是党建工作有需要。我们强调抓好党建工作责任制、抓好公司从上到下党建工作的制度体系这两件事，两项基础性工作，就是要解决基层党组织、党务工作者干什么、怎么干、如何考核三个问题，这三个问题解决了，我们的党建工作就会提高到一个新水平。

（二）今后一个阶段党建工作的指导思想和主要任务

根据我们对国有企业党建工作新特点的分析，股份公司下阶段党建工作的指导思想是：坚持科学、创新、规范、务实、专业的党建工作思路，努力建设新时期股份公司党建工作的新体制，即“融入中心、服务大局；把握方向、参与大事；抓好班子、带好队伍；建立制度、形成体系；保证监督、促进发展”的新体制。紧紧抓住以改革创新的精神做好企业党建工作这条主线，以把党的政治优势转化为核心竞争力、发展能力为重点，强化党建工作的理论创新；以推行党建工作责任制、建立党建工作完整的制度体系两项基础性工作为重点，强化党建工作的制度创新；以发挥党委在加强领导班子建设的作用为重点，强化党建工作的组织创新，为建设具有国际竞争力的质量效益型的世界一流的跨国公司提供思想保证、政治保证和组织保证。为此，2011年重点要做好以下几项工作：

（1）以改革创新的精神推动企业人事制度改革，加强领导班子建设，发挥企业党委在选人用人上的主导作用。要进一步贯彻全国国有企业党建工作会议精神和中央企业提高选人用人满意度座谈会精神，把领导班子建设作为加强和改进国有企业党建工作的核心任务，抓好对文件的落实工作。要坚持党的德才兼备、以德为先的干部路线，配强各级领导班子，选好用好党政主要负责同志。要认真贯彻股份公司领导人员管理暂行办法和考评办法，做好明年子企业考核换届工作，以及对领导班子和领导人员考评工作；各子企业要尽快制定实施细则。要加快干部人事制度改革步伐，加大竞争性选拔经营管理者的力度，通过公开竞聘、竞争上岗，使优秀人才脱颖而出，使相形见绌者及时退出领导岗位。要根据企业发展、产业结构调整和总部建设的需要，通过市场化选聘领导人员的工作要延伸到各公司及总部重要岗位的工作人员，进一步加大市场化选聘人才的力度。

要进一步深化“四好”领导班子建设。下阶段，我们开展“四好”班子活动，重点要放在提高各级领导的素质和能力上，加强领导班子的能力建设，强化领导班子的整体功能，促进企业的发展。搞好国有企业，引领企业科学发展，重点在选配好领导班子，关键在配强党政主要负责同志。各级领导人员、特别是主要领导的素质和能力，主要领导的战略智慧、思想境界和洞察力决定着一个单位发展的速度和高度。结合实际，我们必须加强各级领导的思想作风建设，重点提高“六种意识”，即大局意识、发展意识、制度意识、团队意识、组织意识、纪律意识。我们必须加强领导人员的能力建设，提高“六种能力”，即指明发展方向的能力，战略思维能力，激发员工自主创新的能力，组织和沟通协调能力，整合资源、建立统一战线的能力和化解风险、应对危机的能力。

（2）加强党委参与重大问题决策，发挥党委政治核心作用，提高企业科学决策水平，保证企业发展的正确方向。最近，中共中央办公厅、国务院办公厅印发了《关于进一步推进国有企业贯彻落实“三重一大”决策制度的意见》，指出未设董事会的国有企业，其决策机构是党委（党组）、总经理班子，总经理既是企业生产经营“三重一大”决策的组织者，又是日常经营管理工作的领导者。设立了董事会的公司制企业，其“三重一大”决策机构是党委（党组）、董事会。在设立董事会的治理结构中，股东会是公司的最高权力机构，党委（党组）、董事会是决策机构，经理层是董事会领导下的日常经营管理的执行机构，经理层实行总经理负责制。我们走的是中国特色社会主义现代企业发展道路，是在不断总结、探索中不断创新自己的发展道路，一定要遵照中央的要求，不能迷失方向。

（3）大力推进学习型党组织建设，引领企业增强创新应变能力。学习型党组织建设是中央最近提出的一个新要求，各级党组织要认真落实学习型党组织创建活动，以学习型党组织建设带动学习型企业建设。要围绕企业改革发展大局，以促进公司科学发展上水平为基本目标，以党委中心组学习为龙头，以抓好学习型领导班子为关键，以抓好基层党员学习与培训为基础，组织全体党员、特别是党员领导人员加强学习，提高思想政治和业务素质，加强党员队伍的思想建设和能力建设。

（4）围绕建立党建工作责任制，加强党建工作的制度建设，形成从上到下党建工作完整的制度体系，推进党建工作科学化、制度化、规范化。股份公司和各公司要建立起内容完备、结构合理、功能健全、科学管用的企业党建工作的制度体系，以建立党建工作责任制为主线，健全党建工作的制度体系，使每一项主要的党建工作都有制度支撑。同时，要抓好对党建制度的落实工作，提高执行力。结合公司实际，从2011年开始将在全公司推行党建工作责任制，要抓好以下几个环节：一是要加强党建工作责任制建设，按照领导人员“一岗双责”的要求，明确党委和党委书记、副书记的职责，要求党委书记把主要精力用于党建工作，履行好第一责任人职责。二是层层落实党建责任，子企业要制订落实股份公司党建工作责任制的实施细则，明确本单位开展党建工作责任制的具体方案，做好党建工作责任制向子企业的二级单位和大中型项目部班子的延伸工作。三是围绕党建责任制的总体要求，各子企业党委要建立配套制度体系，把党建工作纳入企业整个管理体系之中，形成党建工作程序化和模块化管理，提高党建工作的专业化水平。四是运用好考核成果，把党建工作责任制的考核结果同领导人员的使用挂钩，同领导人员的年薪挂钩，注重考核的效果。

（5）加强领导，加大力度，进一步做好党风廉政建设和纪检监察工作。要以构建惩防体系为抓手，全面加强党风廉政建设和纪检监察工作，完善制度建设，抓好制度落实。进一步深化廉洁从业教育活动，继续推进专项治理工作。我们要认真贯彻执行2010年12月中共中央、国务院新修订的《关于实行党风廉政建设责任制的规定》，各级领导班子和领导人员要担负起反腐倡廉工作的政治责任，股份公司和各公司党风廉政建设责任制的考核，由党委组织，纪委牵头，单独考核，考核成果纳入领导班子、领导干部的目标管理体系之中。各级领导在党风廉政建设工作中，一是要按党委分工，抓好分管范围内的党风廉政建设工作；二是要模范执行廉洁从业若干规定和上级的各项廉洁规定，不要违反每一条规定，以身作则，言行一致，起到表率作用。

（6）围绕生产经营中心，开展好项目党建工作。要认真落实股份公司关于加强国内项目、海外项目党建工作指导意见的文件精神，认真抓好项目党建工作，做到经营活动开展到哪里，党的组织就建到哪里，党建工作就覆盖到哪里，通过组织的政治优势把党员、党员干部组织起来形成坚强有力的战斗堡垒。要按国资委党建局的要求，进一步总结加强海外机构党建工作的经验，形成长效机制，打造央企海外党建工作品牌。

（7）加强企业文化建设，打造企业软实力。经过几年来的努力，集团文化已经发布。我们下阶段各公司的中心任务是，结合本单位实际，通过企业文化的实践活动，让企业文化中的核心价值观成为全体员工的信仰和追求，成为全体员工的自觉行动。最近，股份公司党委起草了关于加强企业文化建设的实施意见，提出了抓住七个实践环节，完成企业文化的延伸工作。各单位党委要按照文件精神，制定实施细则，突出实践特色，推进企业文化的深化和落地工作。

（8）贯彻中央企业创先争优活动经验交流会精神，抓好创先争优、四强四优活动，全面加强基层党组织建设。各子企业创先争优活动接受地方党委和股份公司党委双重领导，要加大股份公司对各公司开展活动的领导和指导力度，加强领导，精心谋划，进一步建立健全活动的组织体系、操作体系、制度体系，加强创先争优活动的组织领导工作，扎实推进创先争优活动深入开展。下阶段，创先争优活动要紧紧围绕公司贯彻落实科学发展观，提升企业的发展能力，推进企业科学发展这一主题进行，我们的党建工作就是要严格按照中央的要求，定好位，做到位，一切服务于发展，服务于经济，服务于企业又好又快的成长，这个方向任何时候都不能偏。

最后，我强调两件事，一是各单位党委要高度重视加强党建自身组织建设的问题，努力建设一支政治上靠得住，工作上有本事，作风上过得硬，职工群众信得过的专职党务工作者队伍。各级党政组织要关心党群干部的成长，加强对党群干部的培训，提高专业化的水平。同时，各级党委要认真贯彻全国国有企业党建工作会议精神，按李源潮同志的要求，企业的党群工作人员要与经营管理人员实行同岗同薪，充分肯定他们的工作贡献。二是2011年“两节”将至，要坚决杜绝公司内部以过节为名的一些不廉洁行为，切实加强节日期间党风廉政建设。这是关系到企业的风气，关系到各级领导人员的政治生命和职业生涯的大事，要采取严厉措施，坚决予以杜绝。各单位党委要认真贯彻股份公司纪委最近下发的《关于重申廉洁从业有关规定加强廉洁自律工作的通知》，党委要召开专题会议，提出贯彻措施，切实做好廉洁自律工作。要积极营造“欢乐、祥和、文明、节俭”的节日氛围，组织开展一些活跃节日气氛、益于职工身心健康、寓教于乐的文娱体育活动。各级党政组织要关心离退休职工、困难职工生活，做好“两节”期间扶贫济困送温暖的工作，真正把党的关怀送到困难职工群众手中，让职工群众过一个欢乐、和谐、祥和的春节。

同志们，新的历史时期赋予我们新的历史使命，做好新时期的党建工作使命崇高、任务艰巨。希望大家认清形势，共同努力，开好这次会议，抓好会议精神的落实，找准着力点，强化责任，务实创新，切实将党建工作提高到一个新的水平，为公司更好更快发展提供有力支持和保证。

在中国水利水电建设集团公司、中国水利水电建设股份有限公司2010年纪检监察工作会议上的讲话

（2010年2月1日）

刘　起　涛

同志们：

今天，我们召开集团公司和股份公司纪检监察工作会议，总结2009年工作，研究部署2010年党风建设和反腐倡廉工作，研究如何面对股份公司运行后的新形势，做好纪检监察工作，为公司持续健康发展提供有力保证，具有特别重要的意义。刚才，集湘同志代表集团公司和股份公司纪委所作的工作报告，我完全同意，希望大家要深刻领会，全面贯彻落实。

借此机会，我主要就加强惩防体系建设，全面深入推进反腐倡廉工作讲两点意见：

一、公司惩防体系建设取得积极进展和较好成效

惩防体系建设作为党中央、国务院推进反腐倡廉建设的重大战略举措，应该讲，公司自2006年按照中央和国资委的部署，启动惩防体系建设以来，从促进和保证企业改革发展的高度，积极推进各项工作，取得了较好成效。

一是公司在认真部署和落实中央《实施纲要》和《实施规划》的基础上，结合企业实际，细化各项目标任务，落实责任，明确时限，基本构建了惩防体系建设框架，初步形成了齐抓共建格局，明确了反腐倡廉建设目标，使反腐倡廉建设作为一项系统工程，有计划、有目标、有步骤地向前推进。二是坚持将惩防体系建设有机融入生产经营管理中心，从防范和管控企业经营风险的角度开展工作，在推进企业精益化管理，优化业务流程，加强风险管控的过程中，进一步强化了对权力的监督与制衡，促进和保证了企业的改革发展。三是始终坚持以“两手抓、两手硬”的思想着力构建惩防体系，深入开展反腐倡廉警示教育，更加注重制度建设，严肃惩处各项违纪违规行为，扎实推进惩防体系各项工作任务，为促进企业持续健康发展提供了重要保证。四是近年来，各级领导人员“一岗双责”的意识不断增强，依法、依规、廉洁履职的意识得到提高，各级领导人员进一步加深了对廉洁从业内涵和要求的理解，切实认识到了廉洁从业对个人成长、企业发展的重要性。

总结以上成绩的取得，得益于我们通过惩防体系建设为公司构建了一个风险管控和防范的机制，得益于各级纪检监察人员的辛苦努力和勤奋工作。这里，我代表集团公司党委和集团公司，代表股份公司党委和股份公司向你们并通过你们向所有从事纪检监察工作的同志表示诚挚的问候和衷心的感谢！

企业的发展是一个历史进程，在肯定成绩的同时，也必须清醒地看到，当前公司反腐倡廉工作中还存在不少问题。虽然惩防体系建设为我们搭建了一个预防、控制、纠错的“免疫”系统，但站在公司发展新的起点，仍有一些现实存在的问题亟待解决，同时还面临着新的情况和挑战：

（1）惩防体系建设的基础工作还很薄弱。表现在：体系建设工作进展不平衡，有的企业工作措施还不够具体、落实也不到位，有的只是简单的层层复制，缺少结合企业实际抓落实的思路与措施；有的领导对惩防体系建设的重要性认识不够，片面地认为惩防体系建设是党委的任务，或者是纪委的工

作，认为生产经营是硬指标，惩防体系建设是软任务，体系建设与生产经营管理脱节，存在“两张皮”现象。

（2）公司内违纪违规的现象仍时有发生。反映出：个别领导人员依法廉洁履职的意识还有待进一步增强；个别领导人员作风不实、形式主义、享乐主义和生活作风不节俭的问题还没有得到彻底解决；个别领导人员宗旨意识和责任意识不强，一些损害企业利益和职工群众反映强烈的不正之风还没有得到有效遏制。

（3）党风建设和反腐倡廉工作面临新挑战。随着股份公司的成立，国资监管体制、企业经营机制和管理模式将会发生根本性的变化，如何保证反腐倡廉工作与建立现代企业制度同步发展；如何探索纪检、监察、审计和企业监事会工作有效融合的工作途径，整合监督资源；如何进一步创新纪检监察工作的领导体制、工作机制和工作方法。这些都是各级领导班子和纪检组织、监察部门面临的重要课题。

上述问题不解决，势必会直接关系到惩防体系建设的深入推进，势必会直接影响企业科学发展和领导人员的形象。因此，我们要高度重视，切实采取措施，认真加以解决。

二、与时俱进，深入推进股份公司治理结构下的惩防体系建设

集团公司暨股份公司2009年工作会议，在理性分析国际国内经济形势，深入研究战略态势的基础上，进一步提出企业发展目标，并力争尽快实现整体上市，这标志着集团公司由传统国有企业向公众的现代企业的重要转变。建立公众企业需要有更加“专业化、规范化、透明化”的领导体制和管理机制，惩防体系建设的功能和内容与企业经营管理的目标是高度一致的，为全面推进企业科学发展提供了重要思想和制度保证。因为防范违纪违法案件发生、预防腐败和犯罪，本身就是非常重要的管理；我们惩治的违纪违法行为，也往往都是违背企业科学发展的行为，是与管理不相容的非廉洁行为。因此，加强惩防体系建设，把惩治和预防融入企业管理，本身就是贯彻落实科学发展观、推动公司科学发展的过程。这种认识要固化到各级经营管理者的头脑中，切实变为指导行动的思想观念。

（一）要继续坚持将惩防体系建设作为推进股份公司反腐倡廉工作的主线和统揽

重点把握好三个方面的工作要求：

（1）要用系统论的方法整体推进反腐倡廉工作。惩防体系建设涵盖了教育、制度、监督、改革、纠风、惩处等六要素，必须要运用系统论的方法，整合协调各要素，坚持突出重点，抓住关键，以点带面，整体推进，增强主动性和前瞻性。针对目前反腐倡廉工作中存在的问题，我们既要找出病因，对症下药，还要按照系统论的工作思路，把单纯地亡羊补牢调整为未雨绸缪，综合运用教育、制度、监督、改革、惩治等各种措施，建立廉洁风险预警机制，系统减少违规行动。

（2）要推动惩防体系建设与各项管理工作一体化。现在，我们强调职能部门的惩防体系建设负责制，就是要求各职能部门自觉地将职责范围内的工作与惩防体系建设相联系，参与制订体系实施方案，负责制定部门工作计划，切实完成各项分解任务。比如：今年，我们将贯彻落实《国有企业领导人员廉洁从业若干规定》作为一项重点工作，我们既要通过开展集中性的专项教育活动，使领导人员增强依法廉洁履职意识，使员工了解和参与监督；也要通过修订和完善各项内控制度，把廉洁从业的要求落到权力运行的全过程；也要通过查处违纪违法案件，使职工群众从我们工作中坚定反腐倡廉的信心。做到惩防体系建设与各项管理工作融为一体，确保工作成效。

（3）要建立抓落实的长效工作机制。好的体系规划需要可行的工作机制抓落实，各单位要立足于公司改革发展实际，从加强组织领导、完善齐抓共建、强化责任落实、量化考核评价、加强监督检查等五方面深入思考，建立抓落实的长效机制，全面推进各项任务的落实。目前，公司正在制订的“十二五发展规划”已将惩防体系建设纳入其中，各单位要有相应举措，将惩防体系建设与本单位发展战略、经营管理有机结合，切实提出抓落实的思路与措施。

（二）要进一步扎实推进反腐倡廉制度体系建设，切实抓好制度的执行和落实

胡锦涛总书记在十七届中央纪委五次全会上强调：反腐倡廉制度建设是惩防体系建设的重要内容，是加强反腐倡廉建设的紧迫任务。要以建立健全惩防体系各项制度为重点，以制约和监督权力为核心，以提高制度执行力为抓手，加强整体规划，抓紧重点突破，逐步建成内容科学、程序严密、配套完备、有效管用的反腐倡廉制度体系，切实提高制度执行力，增强制度实效。胡总书记的讲话为我们加强反腐倡廉制度建设指明了方向，也充分说明了制度建设的重要性。目前，股份公司正处在加快转型过渡阶段，其中一项很重要的任务就是制度、

办法的转型及调整。在这个过程中，我们要一手抓制度的修订、完善，一手抓制度的执行，努力形成用制度管权、用制度管事、用制度管人的反腐倡廉新局面，做到权力运行到哪里，制度就约束到哪里。

第一，要坚持改革创新，与建立现代企业制度、完善公司治理等有机结合，科学配置企业决策权、执行权、监督权，积极理顺股份公司董事会、监事会、经理层、党委会之间的工作关系，明确相互定位和工作流程，解决好履责和制衡问题，尽快落实股份公司及子企业两级的运营规则及管理模式。

第二，要以规范、优化业务流程为重点，建立由制度、流程和关键控制点组成的全面风险管理体系，把惩防体系工作的指导思想和基本要求根植于经营管理，形成“事事有制度覆盖、人人受程序约束”的监管局面，让权力在阳光下运行。要重点在决策管理、财务管理、资产管理、绩效审计、风险管理等内控关键程序和环节上，逐步建立一整套的授权审批制度、责任联签制度、内部审计制度和责任追究制度；要在投资、担保、抵押等事项的管理权限上，建立风险识别、监测、控制和化解机制，从源头上规范领导人员、有资源配置权人员的经营管理行为和廉洁从业行为。

第三，要切实加强反腐倡廉教育制度、监督制度、预防制度和惩治制度建设。继续巩固深化学习实践科学发展观活动成果，总结先进性教育的经验，完善学习教育制度；坚持和发扬民主集中制原则，进一步完善“三重一大”集体决策制度，制定和完善党内情况通报、情况反映、重大决策征求意见等发展党内民主监督的制度；进一步坚持和完善领导人员廉洁承诺、重大事项报告、述廉议廉、纪委书记述职、诫勉谈话等反腐倡廉基础制度建设，形成有效预防腐败的长效机制；进一步建立健全腐败案件及时揭露、发现和查处机制，严禁瞒案不报、压案不查和有案难查的现象发生。

第四，要切实抓好各项制度的执行，强化制度执行力。制度建设是企业防治腐败的有力手段和措施，然而，制度又是要靠执行来贯彻落实。目前，我们有的子公司制度制订很完整，装订很精美，但就是执行不够，导致管理和工作混乱无序，产生管理漏洞，降低盈利水平，甚至产生腐败。因此，企业既要有完善的制度，更要有很好的执行力，才能发挥制度本身的管理和规范作用。一是要抓好制度宣传教育，提高各级管理人员的制度执行意识，切实把制度转化为自我的行为准则和自觉行动，筑牢遵纪守规的思想基础。二是要切实加强对制度执行情况的监督检查。要整合监督资源，推进各项监督措施的落实，提高监督的质量和效果，切忌监督停留在表面，造成管理失控、制约失衡。三是要加大对违反制度的查处力度。用执行制度的模范行为示范引导广大员工，用执行力低下造成危害的事件警示教育员工；要加大对违反制度的人和事的惩处力度，坚决杜绝“权力大于制度”、“制度执行人情化”的行为，切实维护制度的严肃性和权威性。四是要建立制度执行力的考核机制。每一项制度都应有相应的考核机制，使不遵守制度的人和事得到相应的惩处。五是各级领导人员要做执行制度的模范。领导人员既要抓好制度的制定，更要做严格执行制度的模范，始终做到带头学习制度，严格执行制度，自觉维护制度，用自身模范遵守制度的行为来影响员工，树立制度面前人人平等、制度面前没有特权、制度约束没有例外的意识。

（三）要持之以恒抓好作风建设，确保反腐倡廉各项任务的有效落实

“是非明于学习，名节源于党性，腐败止于正气”。没有好的作风，腐败问题就会乘虚而入；作风建设也必须根据时代和形势的变化注入新内涵，常抓常新。必须看到，我们正处在体制转轨、社会转型的大变革中，以全新的精神风貌推动公司在新起点实现新跨越，这是我们的崇高使命。

1. 要重点加强领导人员作风建设

一要大力弘扬密切联系职工群众的作风。领导人员要心系职工群众，切实解决漠视职工疾苦和损害职工权益的突出问题。二要大力弘扬求真务实的作风。公司未来发展的目标已定，关键要脚踏实地、埋头苦干。各级领导人员要树立正确的业绩观，把企业的决策做好，把企业的战略制订好，把企业的基础管理搞好；坚决反对搞形式主义、做表面文章、钻制度的空子，对掺水分、造虚假业绩的领导人员一经发现，就要有惩罚措施，不仅不予提拔重用，还要调整职务、给予处理。三要大力弘扬艰苦奋斗的作风。去年集团实现了利润过30亿元的历史跨越，经济实力增强了，但艰苦奋斗、勤俭节约的好传统绝不能丢。要严控公务接待等费用支出，严禁大手大脚和奢侈浪费。四要大力弘扬廉洁从业的作风。领导人员保持清正廉洁，要从生活作风抓起。要把领导人员的生活作风纳入党风廉政建设视野，把领导人员的社交圈纳入监督范围，帮助领导人员培养健康的生活情趣，保持高尚的精神追求，及时发现和纠正少数领导人员在社会交往、休闲娱乐和生活作风方面存在的突出问题。

2. 要重点加强领导班子作风建设

首先，要切实增强领导班子和领导人员的执行力意识。主要是三个层面：一是对党和国家的法律法规、公司各项规章制度、重要决策、部署，要不折不扣的坚决执行；二是对各级领导班子做出的集体决策，要一经决策，坚决维护，狠抓落实；三是要按照分工切实履行好自己的职责，加强职责范围内工作的监督检查，狠抓下级落实。其次，要增强班子团结协作意识。领导班子团结与否关键在于主要领导，班子建设中，主要领导既要当好班长，发挥核心作用，又要学会“弹钢琴”，注重发挥班子每个成员的主动性、积极性；班子成员之间要做到多交流、勤沟通；要正确认识增进团结与坚持原则的关系，团结并不是无原则的“一团和气”，而是以组织原则为前提、以事业发展为基础、以加快发展为目标的团结。第三，要增强班子民主集中意识。要坚持贯彻民主集中制原则，正确认识民主与集中的关系。各级班子要大力弘扬民主作风，认真落实“三重一大”等集体决策制度，切实完善各项议事规则和决策程序。

在这里，我代表集团公司和股份公司领导班子成员郑重承诺：认真学习并严格执行《国有企业领导人员廉洁从业若干规定》；带头执行公司各项规章制度和“三重一大”等集体决策制度；加强党性修养，树立和弘扬优良作风，依法依规廉洁履职。希望大家积极支持我们履行承诺，并给予监督。

同志们，坚决惩治和有效预防腐败，是全党的一项重大政治任务，公司推进惩防体系建设的工作任重道远。让我们认真贯彻党的十七大、十七届中央纪委五次全会精神和中央企业纪检监察工作会议精神，深入学习落实科学发展观，坚定信心，开拓进取，勤奋工作，真抓实干，以党风建设和反腐倡廉工作新的成效，为公司持续健康发展作出新的贡献。

在公司总部2010年工作会议上的讲话

（2010年3月17日）

刘　起　涛

同志们：

今天召开公司总部工作会议，主要任务是总结总部2009年工作，贯彻落实公司2010年工作会议精神，安排部署总部2010年的工作，坚持以科学发展观为统领，凝心聚力，加快发展，持续提升总部的工作绩效，全面建设具有较强国际竞争力的质量效益型跨国企业集团。

下面我讲三个方面意见：

一、2009年公司实现持续稳步发展并取得显著成绩，总部在公司改革发展中发挥了重要作用

2009年，公司坚持以科学发展观为统领，一方面积极应对金融危机的严峻挑战，另一方面牢牢把握国家拉动内需为建筑行业发展带来的新机遇，加强管理、开拓创新，使各项工作取得新的重要成果，实现了持续稳步发展。全年实现营业总收入778.61亿元，新签合同额929.88亿元，合同存量1787.26亿元，实现利润总额30.74亿元，总资产达到1022.63亿元，国有资产保值增值率152.96%，上缴各种税金35.59亿元。2009年公司跨入资产总额1000亿元以上的53户中央企业行列。

面对复杂的内外部经济环境和艰巨的经营发展任务，总部各部门有效发挥在公司改革发展中的“龙头”作用，紧紧围绕公司战略部署和工作安排，围绕“六型”总部建设，创新发展思路，强化管控职能，加强队伍建设，深化对企业发展规律和科学发展规律的认识，不断加强制度建设和执行力建设，努力发挥总部战略引领、业务指导、全面带动、科学管控和价值服务的作用，努力实现能力提升、管理升级、绩效创优，为公司各项事业的健康发展发挥了重要作用，营造了较好的发展环境。

（一）体制改革取得新进展

在公司上下的坚定支持下，在参与“跨越工程”的全体员工、中介机构的艰苦努力下，2009年11月27日我们成功召开股份公司创立大会，实现了“跨越工程”阶段性目标，股份公司的治理结构、组织架构和制度体系、运行规则初步建立，标志着推进现代企业制度建设、整体改制上市工作取得重大成果，为公司科学发展上水平奠定了体制基础，在公司改革发展史上具有里程碑意义。

（二）集团化建设迈上新台阶

以公司发展战略为引领，以提高价值创造为目标，通过总部的战略管控、协调、组织和价值服务，大幅提升了公司资源的利用效率及经营效益，“大集团、大土木、大市场、大品牌”、“国际业务优先发展”、“大力发展非水电”等战略进一步推进并取得明显成效，集团化建设迈上新台阶。

（三）各项管理工作取得新成效

根据公司发展需要，不断提高总部专业化管理水平，建立了覆盖公司主要业务流程和各部门主要职责的制度体系，各项专业管理工作持续改进，管理体系作用得到较好发挥，总部各部门为公司的改革发展作出了积极贡献。

（1）财务资金管理不断加强，公司风险管控体系继续完善。财务及预算管理、资金与产权管理、风险防范和融资管控方面取得新成效，内部资本市场功效充分发挥，2009年公司层面资金集中度达到70.9%，成功发行了13亿元企业债券和11亿元短期融资券，总的授信额度达到2287亿元，存量授信为1374亿元，进一步改善了公司的债务结构和外部融资环境。

（2）以优化资源配置为先导，着力推进精益化管理见实效。成立了科学管理委员会，进一步强化基础管理，不断推动公司各层级管理转型升级上水平。推动实施目标成本管理和项目精细化管理，积极引导和推动子公司从管理构架、管理流程、管理方法、资源配置等方面持续优化，在铁路项目全面贯彻“高标准、讲科学、不懈怠”和“六位一体”的要求，着力推广架子队管理模式见到实效。

（3）业绩考核体系的激励导向作用得到较好发挥。推行分类考核、分类指导的考核原则，模拟试行EVA考核制度，逐步建立起经营业绩考核的长效机制，有效发挥了业绩考核制度的战略导向与杠杆作用，为建立精细化的经营模式提供了有力支撑。

（4）人才管理及领导班子建设得到不断加强。不断健全选人用人机制，年内选拔、引进、调整、交流了一批企业领导人员和专业技术人才，大力开展了企业高管人员的综合素质能力培训，为实现公司战略目标提供优秀的人才支持，进一步健全、规范了各级领导班子考核和薪酬管理工作。

（5）科技管理工作成效突出，自主创新能力不断提升。从组织体系、资源配置、措施办法等方面不断加强科技管理工作，实现了较好的经济效益和社会效益。全年公司共获得“鲁班奖”等高层次奖项达30多项，获得国家发明专利9项、实用新型专利55项，获得中国企业新纪录47项。

（6）不断加强安全管理体系建设，保持了持续稳定的安全生产形势。安全生产基础管理工作进一步加强，与2008年相比，安全生产责任事故伤亡人数大幅下降，未发生较大以上安全生产责任事故，安全生产工作形势总体保持稳定。

（7）设备物资的集团化采购与管理进一步加强。坚持“围绕集团战略，防范采购风险，建设两个平台，夯实两项基础，实现两个创新”的工作思路，创新管理模式，优化资源配置，进一步增强了资源配置调控力，设备物资的规范化管理工作有序有力。

（8）信息化管理整体水平显著提升。两级总部办公自动化和各业务应用系统建设不断推进，公司信息化整体水平显著提高。2009年，在国资委组织的中央企业信息化水平测评中达到了B级，位列中央企业第34名。在中央企业网站绩效评估中，公司网站被评为A级，位列中央企业第3名。

（9）法律风险防范工作契合经营管理进一步加强，依法治企水平继续提升。

（四）主营业务发展取得新成绩

按照集团战略部署，不断调整优化，加快转型升级，加强统筹协调，整合内部资源，构建国内外市场营销新平台，促进了公司主营业务持续健康发展。

1. 水利水电建筑业务板块

继续保持行业主导地位，实现了水电项目新签合同214.7亿元，水利项目新签合同132亿元，水电建筑经营质量有了很大提高，经营利润水平继续好转，水电在建项目进展顺利，大型水电建筑项目履约良好，质量、进度、安全等总体受控，彰显了“中国水电建设第一品牌”的核心竞争力优势。

2. 国际业务板块

坚定实施国际业务优先发展战略，持续推进国际业务集团化建设，国际市场空间不断拓展，国际经营规模和效益得到了快速增长。目前，公司在48个国家有在建项目211个，合同总额1029.49亿元，2009年实现国际业务营业收入193.17亿元，实现利润总额19.21亿元，占公司利润总额的62.5%，在45个国家设立了57个驻外机构，国际业务涵盖了水利水电、非水电和投资业务，形成了业务多元化格局。

3. 非水电建筑业务板块

加快推进经营结构的战略性调整和优化转型，加强了基础设施业务的经营管控，完善了基础设施业务发展战略、具体考核措施及支持政策，从制度和机制上促进各子公司在基础设施业务领域加快发展，2009年公司国内非水电业务新签合同额207.57亿元，占总签约额的22%，使基础设施建筑业务成为公司重要的经济增长源。

4. 国内投资业务板块

采取“三控三强一确保”的综合性风险防范措施，调结构、强管控，重点推进水电、风电等新能源和房地产领域投资发展，使投资业务成为公司经营性资本集中区域和营业收入增长源。截至2009年底，公司控股开发项目共59个，控股开发电力项目总装机约918万千瓦，权益装机约659万千瓦，项目涉及总投资规模约678亿元。房地产开发项目初步形成了全国性的战略布局，2009年实现营业收入9.97亿元、利润0.79亿元，较2008年都有较大幅度增长，“中国水电地产”品牌在行业内也有了一定的知名度。

（五）总部员工素质得到新提升

通过加强总部员工教育培训，加大干部交流和培养力度，公开选聘专业性、复合性、高学历人才充实到总部关键岗位，总部队伍结构进一步优化，整体素质不断提升。2009年底，总部共有长期员工171人，平均年龄38岁，其中大学本科以上学历人员130人，占76%；高级职称94人，占55%。总部员工队伍向学历层次高、工作阅历丰富、结构合理、富有竞争力的优秀团队方向迈进，工作标准和质量继续提高，表现出积极向上的精神状态、良好的大局意识、过硬的工作作风和较高的职业素质。

（六）党建工作开创新局面

认真学习贯彻党的十七届四中全会精神和国有企业党建工作会议精神，有效发挥了党组织的政治优势、组织优势和群众工作优势，学习实践科学发展观活动收效显著，基层党建工作得到持续加强，“四好”班子创建成效明显，全面推进党风廉政及反腐倡廉建设，有效发挥了监督保障作用，职代会的民主管理作用初见成效，共青团工作得到加强。信访和维稳工作继续得到重视和加强，有效维护了企业稳定。企业文化落地、修志编鉴工作取得新的成果，企业品牌形象建设和宣传工作进一步加强，提高了公司的社会声誉和市场影响力，公司被中国品牌发展组委会评为“60年中国品牌形象奖”，公司总部继续被国资委党委推荐为“首都文明单位标兵”。

2009年，总部在公司各项事业发展中发挥了极为重要的作用，总部的管理职能和价值服务水平进一步提升，“六型”总部建设不断完善并取得新成效，为公司发展迈入新阶段作出了重要贡献！为此，我代表公司领导班子向总部的全体员工表示衷心的感谢！

回顾过去，我们要肯定成绩，分析现状，“对标”先进，我们还要清醒认识到，公司经过近几年的快速发展，现在遇到了负债率偏高、融资手段单一、管理和技术人才稀缺等发展瓶颈问题。面对新形势新任务和公司转型升级上水平的新要求，总部工作还存在一定的差距和不足，主要表现在：一是总部战略引领、业务指导、全面带动、科学管控和价值服务的作用发挥还需要进一步加强。在战略引领上，对关系公司改革发展稳定重大问题的研究还不够，对结合企业实际应对内外环境变化趋势的洞察力、判断力、驾驭力提升还存在不足，总部决策的预见性、前瞻性、科学性和有效性有待进一步加强；在业务指导上，管理前移、超前工作、闭环落实、主动作为不够；在全面带动上，体现在对子公司系统性、协同性、差异化管理方面还不够；在科学管控上，管理体系建设还需要持续加强，流程设计部分存在条块分割现象，职能管理和业务管理体系建设集成化效果不够明显；在价值服务上，服务水平和创造价值的能力都需进一步提升。二是总部作风建设需要进一步加强。开拓创新意识不强，在有一定难度工作面前管理手段、管理办法单调和薄弱；真抓实干程度不够，存在一定的形式主义和官僚作风，个别同志在政策研究分析、重要文件起草、关键工作检查落实方面难以亲力亲为，存在走过场、说套话、轻诉求、推诿、扯皮、拖拉等现象；全局意识有待加强，对公司提出的一系列重大决策和战略部署领会不深，与公司保持一致的自觉性、坚定性不够；对价值服务存在认识偏差、执行偏差，在具体工作中难以创造高价值的服务。这种服务具体表现为热情不高、能力缺失、主动程度不够、效率不高、质量不优。

以上问题不同程度地存在于我们周围，不同程度地影响着总部工作绩效的提升，有历史原因形成的问题，也有企业发展中出现的新问题，总部全体员工要科学分析，正视不足，认真加以改之。

二、2010年总部工作面临的新形势和新任务

今年是我国继续应对国际金融危机、保持经济平稳较快发展、加快转变经济发展方式的关键一年。今年也是公司发展的关键一年，公司2010年工作会议对我们面临的形势进行了全面分析，总体来说是机遇与挑战并存。

从外部看，世界经济还有许多不稳定、不确定的因素，我国经济发展面临的内外部形势极为复杂，

我国经济回升还存在不稳固、不平衡、不全面的情况，在危机冲击下，经济发展方式粗放的矛盾将进一步暴露，经济长期高速增长导致生产要素成本上升，利润空间缩小。国家在继续促进和保持经济稳定回升的同时，积极推进“抓改革，调结构，促转型，保民生”，以绿色、智能和可持续发展为特征的新一轮技术革命和产业革命正在孕育着新的突破。发达国家和跨国公司从应对危机开始，就已经做出跨越危机的一系列战略安排，不断向发展中国家转移成本困难，力图在新能源和低碳经济等新兴产业、先进技术、国际竞争和道德评判中占领制高点，形成竞争新优势。我们要密切关注后危机时代世界经济的新动向，谋划继续有效应对危机的新举措，抢抓新形势新变化带来的市场机遇和发展空间，管理图强，科学发展，切实推进转型升级上水平。

从内部因素看，2010 年是公司整体改制后的第一年，也是中央企业第三个任期考核的第一年，公司将面临党和国家对中央企业的一系列新要求，面临《公司法》对上市公司规范运行的一系列刚性要求，面临公司整体上市的新挑战，面临全面对接国资委 EVA 考核的新要求，面临电力体制改革的深化和中央企业外部重组的新机遇，面临巩固发展水电主业、优先发展国际业务、大力拓展非水电业务、稳步发展投资业务的新任务。

结合面临的新形势，围绕“立足主业增实力、抢抓机遇保发展”。公司 2010 年的主要经济指标经过研究后已报董事会批准（具体数据略）。这些指标，是经过公司经营层、党委会和董事会反复研究确定的。这些指标从公司发展的需要、与中央建筑企业的发展相比并不算高，但要完成这些指标，难度依然很大，从公司层面需要经营层、党委会、董事会、监事会形成合力，把完成以上指标当做共同的责任。

2010 年目标任务相当艰巨，总部要充分发挥在公司发展中的“龙头”和统领作用，树立大局观和全球视野，加快健全总部管理体制和工作机制，按照建立“六型”总部的要求，提升总部的领导力、带动力、调控力和影响力，着力打造一支作风硬、能力强、素质优、业务精、形象好的优秀员工团队，全面提高总部员工的职业能力和综合素质。总部全员要把思想和行动统一到公司的决策部署上来，坚定信心，明确责任，以严谨扎实的作风、更加努力的工作，着力推进公司向具有较强国际竞争力的质量效益型跨国企业集团目标迈进。

三、深入贯彻落实公司 2010 年工作会议部署，围绕公司主业发展，着力提升总部工作绩效，确保公司更好更快发展

加快发展、增创效益、促进转型升级上水平是公司 2010 年工作的三大任务。我们要认真贯彻落实公司 2010 年工作会议精神和董事会的各项重大决策，坚持以人为本，充分调动全体员工的主动性、积极性和创造性，发扬“自强不息、勇于超越”的企业精神，团结协作，共同努力，不断提升总部工作绩效，确保公司更好更快发展。

（一）坚持不断地把握工作重点，全力做好各项工作

要确保股份公司年内顺利实现上市目标。要充分认识整体改制上市工作的紧迫性、艰巨性和复杂性，科学筹划、细步落实，从组织保障、任务分解、措施细化上落实各项工作，全力以赴确保“中国水电”股份如期成功上市。

要积极参与中央企业重组整合工作。积极参与相关中央企业之间的重组工作，力求在完善产业价值链方面取得实质性突破。要围绕夯实公司“四大主业”，争取在中央企业非主业资产向其他中央企业主业的集中整合中有所作为。要进一步明确子公司的定位和发展方向，研究编制子公司层面的布局调整实施方案。

要进一步提升公司治理水平。总部要结合公司治理结构调整和管理模式的转变，按照有关法律法规、中央和国资委要求、公司章程、公司工作规则和议事规则规定开展工作，从公司领导、总部部门到普通员工，都要尽快实现角色转变，积极主动适应新的工作流程和要求，要从推进治理结构、领导体制、管理机制和组织架构快速转型上下工夫，理顺理清多层治理下的各方责权利关系，准确定位，完善制度，健全机制，切实提升具有中国国有企业特色、符合上市公司要求的公司治理水平，为公司的发展搭建更完善、更科学的体制机制和发展平台。

要确保完成全年各项经营目标。要深入分析不确定性因素增多的复杂形势对公司生产经营的影响，把握工作重点，带动全局，带活全局，确保全面完成各项经营目标。

一是要立足主业，加大市场营销。按照“大集团、大土木、大市场、大品牌”的战略定位，巩固发展水电建筑传统市场全球领先地位。2010 年南水北调工程计划安排投资 480 亿元，要采取超强措施，调整策略，进一步发挥各子公司优势，确保在“质”和“量”上实现突破；大力拓展非水电业务，推进两级营销体系建设，大力开拓“铁路、城市轨道交

通、核电、公路、机场、港航疏浚”等六大重点市场，以及近几年国家投入较大的油、气、粮战略储备、棚户区改造、新农村建设和国家军事基地建筑工程等非传统主业市场，2010年，我国铁路基本建设投资7000亿元，年内将有70个新开工项目，我们要加强重点营销，力争实现重点突破；要继续实施国际业务优先发展战略，继续强化国际市场营销，重视成熟国别市场的深度开发和新兴市场的营销，发挥区域总部的积极作用；要加强房地产市场营销，切实提高房地产业务的份额和经营质量；要统一思想，积极跟进国家区域发展战略，努力参与环渤海与海峡西岸等国家重点、热点区域经济建设，让环渤海与海峡西岸等热点区域的业务尽快成为公司新的经济增长极。

二是加强各项专业管理工作，夯实发展基础。主要是：科学制订“十二五”发展规划，完善战略体系管理；统筹推进国际业务发展，加大营销和项目管理，努力增加市场份额和增强创利能力；加强对铁路项目的管理，着力打造铁路建设队伍、着力培育铁路施工主力子公司、着力完善铁路项目管理模式，努力实现扭亏为盈，切实提高经营效益；以降低成本、增加效益为目标，继续加强物资设备集中采购和大型专用设备的管理；进一步加强财务资金管理，建立全面预算管理体系，整合公司财务要素指标，建立财务、经营月度指标分析模型，按照真实、准确、完整、专业、简明的要求编制好财务分析报告，继续加强资金集中管理，切实加大应收账款回收力度；完善审计和监察工作管理体系；以提高投资项目的运营管控水平和投资收益为主切实加强投资管理，继续加大在水电、风电等低碳经济领域优质资源的占有；加强法律风险防范工作，提高依法治企水平，按要求编写并发布企业全面风险管理报告；大力实施人才强企战略，推进人才战略落地，分层级抓好培训工作；进一步完善绩效考核制度，按照“上水平、更精准、更规范”的要求全面对接EVA考核；加强科技管理工作，树立“大科技”观念，加大科技投入，深入实施知识产权战略和标准化战略，继续加强信息化建设工作；以制度体系建设等为主，按照规定确保质量、安全、环保、职业健康等方面的投入到位，进一步加强安全质量环保管理；继续加强维稳工作，抓好节能减排工作，积极履行社会责任，认真编写企业社会责任报告。

三是进一步加强党建和精神文明建设。要根据党中央、国务院对中央企业的一系列新要求，结合公司整体改制上市的重大变化，积极探索党组织、工会、共青团等组织有效发挥作用的途径和方法，不断增强党组织的凝聚保障能力。要坚持“科学、创新、规范、专业、务实”的党建工作思路，认真学习贯彻党的十七届四中全会和全国国有企业党的建设工作会议精神，贯彻落实中组部、国资委党委《关于在国有企业开展争创“四强”党组织争做“四优”共产党员活动的通知》要求，全面贯彻落实科学发展观，巩固、扩大、发展保持共产党员先进性教育活动和学习实践科学发展观活动成果，健全和完善保持共产党员先进性、促进企业科学发展的长效机制，进一步增强总部各级党组织的创造力、凝聚力、战斗力，广泛深入地开展中央企业“创建先进基层党组织，争当优秀共产党员、优秀党务工作者”活动。要继续加强总部惩防体系建设，按照中央要求，搞好工程建设领域专项治理工作，抓好公司《廉洁从业专项教育活动实施方案》的落实工作。总部各级党组织要围绕“管理效益年”的中心任务，抓住重点工作和重要节点，组织宣传教育引导工作，唱响主旋律，发挥好舆论的导向作用，通过榜样示范、典型引路，鼓舞干劲，凝聚人心，为公司的持续快速发展营造良好的舆论环境和氛围。

（二）坚持不断解放思想，推动公司科学发展

总部员工要按照行业先进标准和公司改革发展要求，坚持不断解放思想，推动公司科学发展。一是树立大局意识，要从公司全局来看待工作，把公司各项事业与个人岗位职责和日常工作紧密结合，把企业发展与个人发展紧密结合，准确把握公司的战略决策和工作重点，增强贯彻落实公司各项部署、要求的自觉性和主动性；坚持推进集团化建设，正确认识集团化运作的重大现实意义，科学对待各种责、权、利关系的调整，正确处理整体和局部、长远和短期的关系，坚持以企业整体利益和价值最大化为前提开展工作。二是树立创新意识，股份公司上市成为公众公司将面临许多新变化，要坚持将创新理念全面融入总部日常工作，创造性地解决公司遇到的新矛盾和新问题。三是树立风险意识，在后危机时代，机遇与风险并存，在新的发展阶段我们面临市场营销难度加大、国际经营不可预见因素增加、投资及施工项目经营质量亟待提高等诸多困难，因此要建立科学的风险管理体系，举一反三，多手段、多方法、超前准备、积极应对各种风险。四是树立服务意识，要坚持有利于总体目标实现、有利于提升价值创造、有利于员工和公司发展、有利于为子公司解决各种困难和实际问题做好各项服务工作。

（三）坚持不断开展管理创效，持续提高工作效率和效益

按照公司2010年工作会的部署，有关业务部门要尽快做好“管理创效年”活动方案的设计。总部要在“管理创效年”活动中发挥“龙头”和引领作用，按照“注重实效、注重实绩”的要求，一是要梳理部门管理要素和管理规章，按照“科学、系统、规范、高效、受控”的原则，明晰总部部门的功能和定位。二是按照“各司其职，各负其责”的要求，加强决策环节、监督环节和执行环节作用的有效发挥。三是建立任务分解和压力传递机制，结合公司战略，对年度任务进行层层分解，细化做到目标、人员、措施、时限、责任的对应性安排，传递压力，推动发展，确保全年任务的完成。四是加强职业化建设，按照管理标准化、业务流程化、人员专业化的要求切实推进总部的职业化建设。

（四）坚持不断加强制度体系建设，有效发挥总部职能

要适应上市公司的新要求，结合公司运营需要，一是科学调整、补充完善新体制下的各项管理制度、架构、流程、办法及细则，进一步理顺集团公司、股份公司、子公司间各项工作的有序对接和高效运行，加快推进体制机制转型，实现从公司领导集体到总部各部门，具体到每一个岗位每一项职能，都要有责权清晰的工作规则、明确的工作制度、科学的业务流程和明晰的岗位职责，做到工作有分工、管理有制度、议事有规则、办事讲程序、事事求规范。二是对照新要求和先进性标准，各部门要全面总结经验，认真查找各自职责定位、工作流程和机构设置上存在的问题，弥补职能缺失，理顺交叉重叠，撤减冗余繁杂，形成有效的制度和科学的机制。三是通过制度建设，建立统一、规范、高效、共享的工作协调、工作运行、信息沟通制度，有效发挥总部的战略决策中心、资源调配中心、管理控制中心、财务与资金管理中心和绩效评价中心职能；有效发挥总部三个事业部的战略“引领”和三个专业化公司的“龙头”带动作用；有效发挥各部门集成化的专业管理和业务指导作用。

（五）坚持不断加强能力建设，积极推进专业能力提升

从成本收益的角度考虑，公司总部存在的基本价值是总部创造的价值要高于总部的运营成本。因此，总部必须考虑如何最大限度地发挥自己的作用，正确定位、提高素质、适应转型、创造价值。要按照建设具有卓越领导力和优质服务水平公司总部的目标，综合采取各种措施，坚持不断加强业务建设，积极推进专业能力的提升。一是建立学习培训的长效机制。结合工作需要和员工需求，多渠道、多方式、分层次、有计划、有目的的开展员工实用性学习培训，改进知识结构，掌握专业技能，不断提高专业能力。总部要重点抓好子公司领导人员、公司技术带头人、新型业务所需专家、海外业务人才和总部员工的培训，要精心设计培训方案，提高培训的针对性和有效性；但是培训也不能太多、太频繁，这样反而会给大家增加麻烦、影响工作。二是要加强总部与子公司之间的人才交流，试行总部与子公司之间干部人才双向挂职锻炼制度，拓宽人才成长通道。以后新进总部工作的大学生，一般要有两年以上基层工作经历，没有基层工作经历的要统筹安排补课。要严格执行干部选拔任用程序，加强对优秀年轻干部的培养和使用，逐步建立总部干部员工能进能出、职务能升能降的机制。三是要有效运用学习实践活动成果，不断认识和把握企业发展规律，改进工作方法，提高工作成效。总部工作头绪多、涉及面广，要深刻认识企业特点，注意方式方法，统筹兼顾，突出重点，自觉按企业发展规律和方式开展工作，保证工作取得实效。四是要健全完善部门及全员绩效考核体系建设。科学设计易于操作的多维度考核指标要素，公正评价部门及员工绩效，发挥绩效考核在总部建设中的积极作用。

（六）坚持不断加强作风建设，着力培育优秀总部文化

公司当前处于转型发展的关键阶段，要坚持不断加强作风建设，培育优秀的总部文化。一要加强执行力建设。按照上市公司的高标准、高质量要求，精益求精，尽职尽责。对重点、难点工作，领导人员要指挥前移、亲力亲为。公司分管领导、部门负责同志要亲自组织重大问题研究，亲自组织重要文件起草，亲自组织重点工作的检查落实。要讲实话、办实事、见实效，杜绝浮躁和表面现象，各项工作抓好具体落实，各个环节实现闭环管理。二要加强履职履责，增强管理效果。按照职责分工和权限划分，超前工作、主动作为，严格要求、保证质量、按时完成。三要培育务实作风，厉行节约，提高效率。坚持工作从实际出发，提倡勤俭节约，下基层出差要轻车简从，多替基层着想，多为基层服务，少给基层添麻烦、增加负担，到基层考察、调研要有的放矢，真正给基层解决实际问题。四要改变会风文风。按照会议及文件形式服务内容的原则，坚持少开会、开短会、开解决问题的会；领导人员坚持少讲话、讲短话、讲管用的话，坚持少发文、发短文、发有价值的文。现在会议、文件还是偏多，

以后要坚持可开可不开的会就不开，可发可不发的文件就不要发，提倡“一页纸报告”，能通过视频召开的会议通过视频解决，不能通过视频召开的会议一般也要在北京总部召开，在基层开会，我们难以控制成本，而且承办会议的单位都互相攀比，这样必然会给基层增加负担。五要加强职业道德建设。做事先做人，讲话、办事要出于公心，不卑不亢、公道正派、坚持原则，模范遵守公司员工守则、职业道德和社会公德，提倡简单、低调、高雅的生活方式，企业内部少搞“吃吃喝喝”、不搞“团团伙伙”，共同打造风清气正的总部文化，要防止出现权力部门化、部门利益化现象发生，一定要让权利在阳光下运行。

同志们，公司2010年工作任务已经明确，总部作为公司的首脑机关，作用至关重要，责任十分重大。总部各部门和广大员工要胸怀全局，从自身做起，从现在做起，积极作为、狠抓落实，把决策变成实践，把任务变成行动，把蓝图化为现实，为加快建设具有较强国际竞争力的质量效益型跨国企业集团而努力奋斗！

围绕中心　服务大局
开创性地做好办公室工作
为公司又好又快发展作出新的贡献

——在2010年公司办公室工作会议上的讲话

（2010年8月26日）

刘　起　涛

同志们：

这次会议是股份公司成立后召开的第一次办公室工作会议，主要是为了认真贯彻落实公司年度工作部署，总结交流经验，安排部署争创一流办公室工作，增强各子公司间的联系与协调，进一步提升办公室系统的工作能力和管理水平，推进公司各项事业又好又快发展。

长期以来，公司各级办公室系统紧紧围绕公司的改革、发展、稳定大局，务实进取，开拓创新，做了大量卓有成效的工作，自身建设得到不断加强，为公司的持续健康发展作出了积极贡献。在此，我代表公司和公司党委，也代表集湘董事长，向辛勤工作在办公室系统的同志们表示衷心的感谢和亲切的问候！

借这个机会，我谈两方面意见。

一、认清形势，把握大局，切实增强做好办公室工作的责任感和使命感

2010年以来，国内外经济形势呈现新的发展趋势。世界经济逐步复苏，但复苏进程依然曲折。国内经济继续朝着宏观调控的预期方向发展，回升的好势头更加稳固，但经济运行中仍存在一些潜在的系统性风险，影响经济增长的不确定因素不断增多，国家将继续实施积极的财政政策和适度宽松的货币政策，着力于加强和改善宏观调控，化解潜在系统性风险。

从公司今年1～7月经营情况看，公司实现稳步快速健康发展。但对比先进企业和公司自身发展的要求，还存在一定的差距和问题，集中体现在受路径依赖规律的影响，长期水电主业经营模式下的管理运行与现行业务结构发生重大变化不太相适应的矛盾更加突出。这是我们面临的本质性、系统性、共性的问题，如不认真应对，不仅影响当前而且会危及公司的可持续发展。

股份公司设立后，面对国内外经济形势变化，围绕加快发展、增创效益、促进转型升级上水平三大任务，公司坚持以科学发展观为统领，抓机遇、拓市场、调结构、促发展，各项工作取得积极进展和新的重要成果。一是主营业务稳健发展。完成营业收入和实现利润都较同期有较大增长，资金与投资管理可控受控，未发生重大质量安全事故，各项经济技术指标保持稳步发展。二是上市工作积极推进。目前各项材料已上报证监会审查，上市各项工作积极推进。三是积极参与重组整合。围绕构建具有完整产业链的、具有较强国际竞争力的质量效益型跨国企业集团的目标，积极参与央企重组与同类企业的整合，提高公司的综合实力和核心竞争力。四是完善提升公司治理。按照有关法律法规和上市公司的要求，公司细化制订了一系列管理制度和议事规则，加快推进治理结构、领导体制、管理机制和组织架构的快速转型，经过积极建设、磨合、适应和完善，公司治理运转高效，公司发展稳步健康。

还有四个月时间我们将迎来“十二五”，公司发展也将进入重要战略机遇期。公司制订了“十二五”发展规划，提出了发展目标，办公室系统要有新的作为，就必须认清当前形势、了解发展趋势，把握工作大局、服务服从大局，切实增强做好办公室工作的责任感和使命感。

（一）积极适应公司快速发展的新形势对办公室工作提出的新要求

今年是“十一五”最后一年，公司推进“大集团、大土木、大市场、大品牌”战略取得重要成果，公司进入提速增效、健康发展的新阶段。

但是，进入今年以来，我们在市场营销、项目管控、子公司盈利能力的提升方面还面临着许多新情况、新问题，国内水电市场受移民、环保的影响，新招标项目已经难以满足企业快速发展的需要，国内非水电市场特别是铁路市场开发没有实现预期目标，国际市场受金融危机影响市场开发难度增加，各子公司盈利能力有待进一步提升。

综观整个宏观经济形势，特别是面对后金融危机时代世界经济的新动向，建筑行业竞争更加激烈，实现公司快速持续发展的任务更加艰巨，目前全系统仍然面临如何实现规模效益协调增长、如何创新企业体制机制、如何实现跨越式科学发展等诸多困难和问题。面对发展中出现的新情况、新问题，公司审时度势，作出了一系列重大决策和部署，这都需要我们办公室系统要以更加务实的态度抓好贯彻落实。同时也要求我们视野要更加开阔，反应要更加敏捷，工作要更加扎实，工作思路和作法要融入大局，具体工作开展要细致入微，总之要开创性地做好办公室工作，为企业的全面、协调、可持续发展提供积极有效的价值服务。

（二）积极适应公司总部职能转变为做好办公室工作提出的新标准

契合新的形势和战略发展需求，公司两级总部机关职能由传统的“管理、控制、服务”转变衍生为“战略引领、业务指导、全面带动、科学管控、价值服务”等职能，这些职能始终贯穿在“决策环节、监督环节和执行环节”的全过程，办公室系统基本职能也由“运转枢纽和参谋助手”发展为“综合协调、行政枢纽、参谋助手、服务沟通、督促检查和窗口联系”职能。这些职能的转变为做好办公室工作提出了新标准。这就要求办公室工作必须抓好“四个着重”，即做好具体事务性工作的同时要着重于抓大事、谋全局、当高参；做好当前工作的同时要着重于结合实际、超前思考、超前服务；做好领导交办任务的同时要着重于主动性服务、创造性工作；做好内部协调服务的同时着重于形象品牌塑造、公共关系建设。

（三）积极适应公司体制机制创新给办公室工作带来的新挑战

随着公司整体改制上市，公司的治理结构和管理模式都发生了变化，在管理运行上将面临《公司法》对上市公司规范运行的一系列刚性要求，各项工作的开展要按照有关法律法规、中央和国资委要求、公司章程、公司工作规则和议事规则规定来进行，这就要求办公室必须尽快适应新机制、新体制的要求，要加速实现角色转变，积极主动适应新的工作流程和要求，切实改变不合时宜的思维方式和工作方法，完善制度，健全机制，准确定位，探索规律，创造绩效，切实推进具有中国国有企业特色、符合上市公司要求的公司治理水平的提升。

二、围绕中心，真抓实干，开创性地做好办公室工作

今年3月，国务院国资委召开中央企业办公室系统工作会议，提出从今年开始，要在中央企业开展“创建一流办公室”活动，对办公室工作进行全面考核。同时，国资委出台了《关于新形势下加强中央企业办公室工作的指导意见》，对新形势下加强中央企业办公室工作的总体要求是：不断加强办公室工作的科学化、制度化、规范化和信息化建设，力争用2～3年时间，努力使多数中央企业办公室达到政令畅通、执行有力、规范高效、服务优质、作风过硬的一流水平。“政令畅通、执行有力、规范高效、服务优质、作风过硬”这20个字总结得非常好，也应该成为我们公司办公室工作的基本方针和总体要求。

对于办公室的基本职责，讲起来是“中枢、纽带”，非常关键、非常重要；做起来却是事无巨细，头绪繁多；强调起来更是责任重大，不能懈怠。可以说，办公室做的可能许多都是小事，但结果都是大事，关系的是全局。一个企业的运转，以及运转当中很多问题的解决，都要靠办公室来组织协调。办公室是领导决策的支持中心、事务办理的执行督导中心、信息的交流和处理中心、公文文件的运转

中心，更是方方面面工作的综合协调中心和服务保障中心。这么多中心集合在一起，更凸显了办公室工作的重要性。因此，从事办公室工作的每一位同志，都要把自己的工作职责与其重要性联系起来，切实增强工作的责任感，一丝不苟地把本职工作做好。各级领导要对办公室工作给予足够重视，对办公室工作人员要在政治上多帮助、精神上多安慰、生活上多关心，要帮助他们解决工作、生活中的实际困难，促进办公室工作出成绩、上水平。

公司即将实现上市跨入新的发展阶段，面对新形势、新机遇、新挑战、新任务，公司各级办公室系统要紧紧围绕既定的战略目标和任务，按照国资委《关于新形势下加强中央企业办公室工作指导意见》和《关于中央企业建设“四个一流”队伍的实施意见》的要求，在制度建设、公文处理、信访维稳、保密档案管理、应急管理、企业社会责任、信息化建设及队伍建设等方面不断作出新成绩，要持续加强自身建设，不断提高能力素质，充分发挥办公室的职能作用，围绕中心，真抓实干，开创性地做好办公室工作，为企业发展作出新的更大的贡献。

下面，我对公司各级办公室工作提八个方面的要求。

（一）契合实际，提供价值服务

当前，公司正处于快速发展的关键时期，一方面面临电力体制改革的深化和中央企业外部重组的新机遇；另一方面面临巩固发展水电主业、优先发展国际业务、大力拓展非水电业务、稳步发展投资业务的新任务。各种历史累积的问题和现实产生的矛盾交织在一起，公司及各子公司改革、发展、稳定的任务还很繁重，表现在办公室方面就是工作头绪多、涉及面广，简单说就是文多、会多、事务多。这就要求办公室人员要掌握实情，严格审核把关，提供高质量高效率的价值服务，这种价值服务要坚持“四个有利于”、立足“三办”、搞好“三个服务”。

坚持“四个有利于”即坚持有利于总体目标实现、有利于提升价值创造、有利于员工和企业发展、有利于为各级解决各种困难和实际问题。

立足“三办”即办好文、办好会、办好事。办文要按照股份公司关于公文处理的有关要求，从公文的办理程序、文字、内容等各个方面严格审核、反复推敲，确保公文的合法性、规范性与可操作性，要坚持写短文章、出短文件，可发可不发的文件就不要发，提倡用“一页纸报告”的形式汇报工作；办会要周密考虑会议的时间、级别、规模、形式等，可开可不开的会议要坚决不开，协调不够、准备不足的会议应暂时不开，必须开的会议要尽可能几个会议合并开，能开视频会议的就开视频会，切实提高会议实效，降低会务成本；办事就是要对一切事务性活动妥善安排，多给领导出谋献策，多为领导分忧，使领导从文山会海和繁杂事务中解脱出来，集中时间精力研究处理重大问题。

搞好“三个服务”就是办公室工作要为基层、为机关、为领导提供价值服务，这三个服务要发挥好相辅相成、融合集成的作用。

（二）加强调研，当好参谋助手

办公室工作在发挥好运转枢纽作用的同时，更要注重深入开展调研，及时准确地为领导决策提供有价值的建议和意见，发挥好参谋助手作用。

一是要做好调研和信息工作。调研是成事之基，谋事之道，也是发挥好参谋助手作用的基础，办公室工作更要重视调研手段的运用，调研要围绕大局和主要工作有的放矢、贴近中心、靠近重点，搜集信息要全面、精选、有用，要找准工作的着力点和切入点，摸清新动态，摸实新情况，摸准新问题，要持续抓好综合类信息上报数量和编报质量。

二是要超前谋划，主动作为。办公室汇集、掌握了各种信息、资料、情况，在发挥参谋助手作用中，办公室人员要有强烈的超前意识，要善于把握全局和各阶段的工作重点，把握领导的工作意图，对有关工作和情况要早熟悉、早考虑、早研究、早介入，未雨绸缪，服务在前，主动协调，真正在一些事关全局、影响企业中长期发展的重大问题上为领导当好参谋，创造绩效。

三是要将办公室工作融入全局，从全局视野来开展工作。要帮助领导想大事、议大事、谋大事，要善于发现问题、解剖难点、挖掘本质，提出解决问题的建议和意见。

四是要讲究方式方法，敢于讲真话、谋实招，为领导严格把关、查漏补缺、辅助决策，真正发挥好参谋助手作用。

（三）强化执行，确保行动到位

正确的决策只有付诸实践才能见到实效，因此加强执行力建设非常重要。为构建具有较强国际竞争力的质量效益型跨国企业集团，公司作出了一系列重大部署和重要决定，形成了一系列管理制度、办法和细则，建立了一套行之有效的运行体制机制，在发展的各个阶段采取了一系列有针对性的措施，这都需要我们要抓好细化落实，尤其是各级办公室要把握好工作节奏和时点，开展有效的督查督办工作，切实加强决策后各工作环节的闭合，要从注重实效实绩的角度强化执行，抓好落实，确保行动到位。办公室执行力建设就是要着重围绕企业的重大工作部署和领导交办的事项展开督查督办，要敢于坚持原则，实事求是，不怕得罪人，做到报实情，讲实话，办实事，求实效，出实绩；要创新督查督办的方式方法，形成制度，规范程序，务求实效。

（四）创新理念，搞好公共关系

公共关系是企业同各种社会组织及公众之间建立的全部关系的总和。公司即将实现上市成为公众公司，构建和谐的公共关系、创造良好的发展环境对实现公司的可持续发展至关重要。这就更加要求我们要注重加强与政府部门的关系、与新闻媒体的关系、与业务关联单位的关系、与行业内兄弟公司的关系和投资者的关系等。办公室承载着窗口联系职能，要创新理念，提高认识，赋予这项工作更多新的内涵和实质内容，以协调适应不断变化着的各种内外部环境，要对开展公共关系活动有一个正确的认识，杜绝低层次、低效能、重复内耗性和与管理规制冲突的公共关系活动。

具体来说，协调好与政府部门的关系，就是要依托各子公司、项目部的地缘、人缘、业缘优势，发挥好各子公司市场竞争主体的作用，寻求与政府部门的合作和支持，为企业的发展创造良好的外围环境，实现共赢发展。

加强与新闻媒体的关系，就要从行业领先的大型央企角度出发，认清企业的地位和发展方向，要真正理解央企作为国民经济发展的支柱承载着的政治、经济、社会三大责任，从而加强与社会公众的互动，确保信息对称，促进理解沟通及公司品牌的建设，尤其在公司上市后更要注重信息披露和与新闻媒介的联系。

协调好与业务关联单位的关系，就是要建立一种更加高效运转的关联机制，促进关联业务的顺利开展。

协调好与行业内兄弟公司的关系，就是要认识到加强集团化建设的重要意义，在市场竞争日益激烈、市场细分更加深入的情况下，认清行业的现状实情和发展趋势，建立一种市场竞争合作关系，减少恶性竞争，引导行业健康发展，共同维护行业的公众品牌形象，在竞争和合作中争取更加有利的位置。

加强与投资者的关系，就是要增强发展的信心，争取更大力度的支持，促进企业的发展。

（五）做好协调，凝聚工作合力

办公室系统工作发挥着承前启后、上传下达、联系内外、沟通左右的重要作用，做好协调非常重要。协调的目的就是要凝聚工作合力来解决实际问题。这就需要建立一种常效的工作协调机制，具体就要按照部门分工和岗位职责抓好落实，事无巨细要分工明确，责任到人，杜绝岗位空档和职责重叠。对于涉及部门多、容易扯皮的问题，一时职责不明、无人负责的问题，执行环节可能出现疏漏的问题等，都要主动协调，及时补位。在开展协调工作中要注意方式方法，善于解决矛盾，既不失职，又不越权。从公司实际来说，要熟悉各项议事规则、办事程序和流程规范，要通过周全细致的工作，消除领导之间可能出现的误解，打通部门之间的隔阂，搞好上下之间的衔接，把各个层次的力量凝聚起来，把各个方面的积极性调动起来，形成一心一意干事业、齐心协力抓落实的工作局面。

（六）坚持学习，增强素质能力

要做好办公室工作，就要坚持以人为本的工作理念，通过工作实践，按照建设“一流职业素养、一流业务技能、一流工作作风、一流岗位业绩”的目标，努力培养一支政治强、纪律严、业务精、作风硬的办公室人才队伍。办公室工作人员要坚持学习，把加强学习作为做好办公室工作的基础工程来抓，强化终身学习的理念，养成勤奋学习的习惯，形成浓厚的学习氛围，不断更新知识，紧跟时代步伐，把握发展规律，建设学习型机关，培养学习型员工。要善于学习，坚持博学、精学，做到学以致用、学有所成，不断增强自己的综合素质和能力，不断适应新形势的发展要求。增强素质能力首先要着眼于增强业务能力、核心能力和快速响应能力的提升，在业务能力培养上要体现复合型、专业化能力的提升，在核心能力培养上要体现参谋助手、广泛公共关系的作用，在快速响应能力培养上要体现高质量、高效率、全闭合的工作水准。

（七）立足务实，转变工作作风

公司当前处于转型发展的关键阶段，要坚持不断加强办公室工作作风建设。要立足务实，切实转变工作作风，用良好的工作作风来创造优秀的工作绩效、树立企业的公众形象、促进各项任务目标的全面实现。在工作作风建设上，要坚持做到“五个注重”。

一是要注重提高工作效率和质量。办公室工作事务繁杂、时限控制要求高，又处于机关部门运转枢纽的关键环节，要养成今天的事今天办、重要的事优先办、限时的事计时办、能办的事马上办、分外的事协助办、困难的事想法办、复杂的事梳理办，做到不压文、不压事、不拖拉、不扯皮，切实提高处理事项、协调配合的效率和质量。

二是要注重简化程序、优化流程、把握规律。办公室工作事务复杂但也有规律可循，要认真研究办公室工作的规律和特点，结合形势变化和发展需求，简化工作程序、优化工作流程、严格执行落实，在具体工作开展中要掌握灵活原则，但更重要的是要坚持程序把关、流程控制，要尽量规范特事特办、急事急办的程序，避免失误和犯错。

三是要注重履职履责。全面履职履责是创造高绩效的基础和关键，要按照岗位职责分工设计，恪尽职守、尽职尽责地办好每一件事、处理好每一项业务。

四是要注重改进工作方式方法。在长期工作中，办公室积累了丰富的实践经验，形成了一套行之有效的运作和管理模式，在机关部门中发挥着引领、示范、带头作用，但是，办公室也不能按部就班、墨守成规，必须适应形势和任务不断变化的需要，要在遵循办公室运行规律的前提下，顺应不断发展变化的新形势，总结经验，与先进对标，大胆探索与创新，坚持不断改进工作方法，提高工作效能。

五是要注重建立良好的职业操守。要提倡爱岗敬业精神和精益求精的工作作风，不断提高自己的工作水准，保持饱满的工作激情和持之以恒的责任心，团结协作、共同努力做好各项工作。

（八）注重实效，开展管理创效

按照公司关于开展“管理创效年”活动的具体安排，根据注重实效的要求，围绕年度工作部署，办公室要发挥好引领和载体的作用，认真搞好“管理创效年”活动，切实创造优秀的工作绩效。

一是要按照“科学、系统、规范、高效、受控”的原则，梳理办公室系统的业务内容、管理要素和制度体系，明确岗位分工、明晰功能定位。

二是细化办公室系统在决策环节、监督环节和执行环节发挥有效作用的途径、办法和措施。

三是要对照要求和标准，进一步加强各专项工作；要按照制度要求，结合企业实情细致做好信访和维稳工作，保障企业的健康稳定发展；要加强保密工作，保密工作要做到制度、措施、人员、责任、监督五到位，切实增强防范能力；要进一步理顺档案管理机制，不断提升档案管理专业化水平；要加强信息化建设，努力推进办公自动化的有效运用。

四是采取有效措施推进办公室系统的职业化建设，按照管理标准化、业务流程化、人员专业化的要求切实推进办公室工作的职业化建设。

五是要建立科学的办公室工作考评体系，制定实施细则，科学设计定量定性指标，建立绩效考核长效机制，提升办公室创效水平，并通过考评不断总结办公室系统的先进工作经验，固化先进的管理成果并加以推广运用，集成放大管理效果。最近，股份公司总经理工作部专门组织起草了《股份公司创建一流办公室实施办法》和《股份公司创建一流办公室综合考核评分细则》，并提交这次会议讨论，进一步征求大家的意见和建议，修订完善后将发布实施。创一流办公室工作，志平主任将进行具体的部署，希望引起大家高度重视，按照要求扎扎实实做好各项工作。

同志们，公司改革发展的任务艰巨而繁重，机遇与挑战并存。面对新任务、新机遇、新挑战，公司各级办公室要紧紧围绕公司的发展战略和目标任务，持续加强自身建设，自我加压、自我驱动，充分发挥办公室的职能作用，围绕中心，服务大局，努力开创办公室各项工作的新局面，为企业的又好又快发展作出新的更大的贡献！

把握市场脉搏　激发营销活力
以营销为先导引领公司发展迈上新台阶

——在公司2010年市场营销专题会议上的讲话

（2010年8月31日）

刘　起　涛

同志们：

这次会议，是股份公司成立后召开的第一次市场营销会议，跃平副总经理随后要对市场营销工作进行详细的总结和部署。

下面，我讲三方面意见。

一、市场营销工作呈现新特点，公司实现稳健快速发展

股份公司设立以来，公司坚持以科学发展观为统领，认真贯彻中央企业负责人会议精神，全面落实年度工作部署，抢抓机遇，强化管理，公司治理运转高效，各项工作开展有序有力，实现了稳健快速发展。今年1～7月，公司完成营业收入456.4亿元，为年计划的63%，同比增长27.5%；实现新签合同额735.9亿元，是年计划的75.1%，同比增长19.3%；累计合同存量2017.5亿元，同比增长10.7%。

从各业务板块市场营销情况来看，呈现以下新特点：一是公司开始呈现国际与国内市场份额各占一半，工程承包与资产经营协调发展，国内水电、国内非水电、国际经营“三足鼎立”的经营格局，市场营销发展势头看好。二是公司市场营销内部不均衡，市场份额向较大子公司集中趋势愈加明显。三是国内水电市场营销趋势看好；国内非水电市场仍有较大潜力；国际板块营销成果显著，新签约合同额、合同存量、平均合同价格均实现较大提升。四是市场营销区域化与行业集中明显，紧跟国家战略的区域布局积极推进。

今年以来，公司各级坚定不移实施“大集团、大土木、大市场、大品牌”的发展战略，积极应对复杂多变的国内外经济形势，抢抓机遇、积极作为，公司营销战略推进成效明显，“责任营销”与“品牌营销”取得积极进展，营销成果在质和量上均有较大提升，实现了预期目标，市场营销工作取得了可喜成绩。借此机会，我代表公司、公司党委，也代表集湘董事长对大家的辛勤努力表示衷心的感谢！

二、科学研判企业发展的内外部形势，不断提高对市场营销工作的认识

虽然说上半年公司市场营销取得了较为突出的成绩，但是对标先进，仍存在一些不容忽视的问题。

主要表现在：一是营销体系作用的发挥与市场竞争形势的变化还有不相适应的地方。两级总部集中营销的力度迫切需要进一步加强。二是实施差异化的营销策略和准确的市场认知与市场竞争形势的对接尚有一定差距。三是需要进一步加强针对各业务板块特点营销措施的落实。国内非水电营销要在借鉴中创新，市场磨合和培育进程要提速推进；海外投资业务要进一步加大开拓力度；区域市场整合的优势互补作用要快速放大提升。四是子公司市场营销发展不均衡。传统路径依赖过重、业务结构单一、市场营销两极分化的问题依然不同程度存在。

以上问题必须引起我们足够重视，要透过现象看本质，进一步深化对市场规则和客观规律的认识，科学理性地看待企业的发展，用发展的眼光看待前进中存在的问题，采取切实有效的措施努力加以解决。要加强对市场营销工作和企业发展的认识，理清思路，明确方向，开阔视野，开创性地做好营销工作。

一是对企业发展的进程要有一个理性的认识。

科学梳理企业发展进程，是为了正确研判企业每个发展阶段的特征，更好地推进企业在发展方向、目标和重要措施落实方面找准定位，加快推进转型升级上水平。公司的发展和体制机制的变化经历了三个重要阶段：一是1998年公司由传统行政管理体制转变为母子公司并进入国际市场，公司迈出国际化经营的关键一步；二是2002年电力体制深化改革公司成为国务院国资委直接管理的中央企业，实现了业务结构的逐步调整和规模化发展；三是2009年11月整体改制设立股份公司，公司治理结构发生重大变化，公司发展跨入新阶段。这三个阶段科学递进、循序发展、成果显著。尤其是2004～2009年，在良好的宏观政策和经济环境下，公司实现了快速规模化发展，六年内实现营业收入、利润年均增长率分别为24.7%、66.6%。2009年公司跨入53户千亿元资产中央企业行列。

纵向比较，公司战略推进和集团化建设成效明显，市场竞争主体的地位逐步提高，国内与国际两个市场的开发培育成型，各业务板块实现协调发展，尤其是国内非水电市场逐步拓展，国际化经营实现长足进展，公司正朝着相关产业多元化的方向发展，结构调整和业务升级取得积极进展。

横向分析，我们还要看到与同行先进企业之间在市场营销、经营管理、产业结构与布局、资本运营等方面的差距，特别是子公司间发展不平衡，规模化营销程度不高，目前全资子公司全年新签约合同额过百亿的企业并不多。

当前，公司的发展受到资本瓶颈限制和市场竞争加剧的双重压力，如何科学破解发展难题，增强发展能力，进一步解放生产力和生产关系，保持企业基业常青，仍需我们着力关注。

二是对影响企业发展现阶段的主要矛盾要有一个准确的把握。

企业发展的不同阶段面临着不同的矛盾和问题，我们要善于抓住影响企业发展的主要矛盾和问题的主要方面，扫清发展的障碍，加快企业科学发展。

从公司目前的发展阶段和面临的市场环境看，公司国内国际市场培育和各业务板块架构实现了阶段性、跨越式发展，为推进公司战略目标的实现奠定了坚实基础，公司发展面临的市场前景广阔。但是我们要清醒认识到，公司的发展仍然面临着一系列矛盾和问题，其中有三个矛盾持续影响着公司的快速健康发展。一是长期水电一元化结构与多元化经营发展不相适应的矛盾；具体表现在：公司产业集中度不高，子公司业务结构单一、雷同、同质化竞争明显，企业管理运行与业务结构发生重大变化的不相适应等。二是资源配置和企业快速发展的矛盾；具体表现在：资产负债率偏高，融资能力和手段有限，企业资金流、人才流、物流、信息流等各种资源的优化配置与企业快速发展的要求相比尚有差距。三是企业的快速发展和发展能力不足的矛盾；企业的组织架构和体制机制与企业快速发展的要求还有不相适应的地方，企业的持续增量发展是以积累为基础、以创新为动力、以市场为先导，企业的快速发展对企业发展的能力提出了更高的需求，基础薄弱、动力不足、市场规模与效益的失衡等都将导致企业发展能力的缺失，从而影响企业的快速发展。

这三个矛盾成为影响公司当前发展的主要矛盾，并伴随着公司的发展呈现出不同的变化。对这三个矛盾我们要进行科学梳理，认真应对，循序渐进，逐步解决，在开展营销工作时更应准确把握、科学谋划。

三是对市场形势的变化要有一个科学的判断。

当前，世界经济正在逐步复苏，各种积极变化和不利因素并存，复苏进程依然曲折。国内经济企稳回升稳固，但经济运行中仍存在一些潜在的系统性风险，国家实施的地产调控、淘汰落后产能、限制地方政府融资平台等多种紧缩性政策作用也逐步显现。这些内外因素的变化给企业生产经营带来重要影响。

从国内看，一是水利项目投资力度会加大，但因项目小、数量多、分布广、参与主体多，导致竞争加剧，水电项目在处理好环保、移民两大问题的基础上将加快发展步伐但总量有限。二是铁路、公路、轨道交通、市政工程等非水电市场新开工项目增多，市场份额的争夺也十分激烈，风电、核电、军事工程等非传统主业市场开发不确定性较大。三是国家在宏观调控政策上进行适度调整给企业生产经营成本带来一定影响。四是建筑企业兼并重组趋势加强，行业结构矛盾更加突出，同质化竞争加剧，各细分市场竞争激烈。

从国际看，也面临着许多不利因素，一是国际工程承包市场垄断趋势加强，西方发达国家主导技术标准、运行规则与运行模式的状况仍未改变。二是国际承包市场产业组织和分工不利于中国企业，多边金融机构和投资开发商主要是西方主导和来自西方，规划设计、项目管理等上游业务和高端领域几乎被西方企业垄断。三是公司的资本实力和融资能力较弱，难以用投资和进一步本土化的模式来持续国际承包市场扩张和市场占有。资金实力和融资渠道问题仍然是公司国际经营面临的最大挑战。四是人民币汇率改革对公司国际业务的发展将带来诸多不利影响。

四是对企业发展的未来要有一个全面的谋划。

战略决定成败，思路决定出路。我们要对企业的未来有一个科学而全面的思考与谋划。

近3～5年将是公司发展的重要推进期，实现上市和央企重组将为公司的发展搭建新的平台，并有力推进公司综合实力和核心竞争力的快速提升。在公司2010～2012年发展规划里，明确了“业务转型、产业升级、管理上水平”的目标。各子公司要准确把握宏观形势和行业态势，遵循经济运行规律和企业发展规律，分解落实三年规划指标，努力朝构建综合实力较强的骨干企业、打造具有明显业务优势和特色的专业化公司方向发展。

近5～10年也将是公司规模效益化发展的重要战略机遇期，公司发展面临的市场空间广阔。从国内来说，建筑业仍是拉动国民经济快速增长的重要因素，未来10年基础设施投资增长率有望保持在25%以上。一是国家战略引领区域经济建设带来许多市场机遇。国家将实施新一轮西部大开发和沿海开放战略，加大新疆经济建设，推动海西、环渤海、广西北部湾、江苏沿海、上海、辽宁沿海、长株潭等区域经济建设，这些区域未来的基础设施建设市场前景广阔。二是水利水电建筑市场仍有较大发展空间，包括水电、风电、火电、核电在内的能源建设仍将持续。根据国家能源结构调整的需要，以及受节能减排等压力的驱动，国家将加快发展水电、风电、核电及配套电网建设，国内水电将迎来新一轮的增长周期，火电、风电、核电及配套电网建设将进一步加大力度。水利工程将延续建设的高峰期，并且继续呈现数量多、范围广、规模小、非标准的特点，国家也将加大防洪减灾的水利基础设施建设；南水北调项目近三年将有千亿元投资项目启动；常规水电装机容量将达到3.28亿千瓦，抽水蓄能电站装机约有5000万千瓦，西南小水电建设项目也将在未来5～10年迎来新的建设高峰期。三是其他基础设施建设市场空间广阔。未来5年内公路建设投资将达到3万亿元；2020年前铁路建设总投资将达到5万亿元；城市轨道交通投资规模将超过1万亿元；机场建设投资约有4500亿元；水运港口、水务市场和房地产投资市场发展前景看好。从国际来说，一是亚洲和非洲仍是中国对外承包工程的主要市场，拉美地区也将成为我国对外承包工程新的增长点。二是国际工程承包市场呈现新特点。以资源开发合作为导向的工程承包增长迅速，合作模式呈现多样化，产业结构调整与境外投资对工程承包的拉动作用越来越大。三是后金融危机时代，全球大多数地区仍存在较大的市场需求，非洲、亚洲和拉美地区等基础设施领域存在较大的市场增长空间和开发潜力。四是国家鼓励与支持“走出去”，国际经营面临良好的政治经济环境，国际市场潜力巨大。

三、加强营销体系建设，创新营销方式，以改革创新的精神做好市场营销工作

市场营销工作是引领企业发展的“龙头”工作。开展市场营销工作始终要以公司发展战略为指引，以市场为中心，构建有力的营销体系，采取有效的竞争策略和营销手段，建设“适应型”组织、打造“适应型”企业，进一步加强总部及子公司两级营销力度，进一步加快培育区域化市场，进一步加强专业市场开发，以改革创新精神做好市场营销工作，以市场营销的大发展引领企业实现规模效益化发展。

（一）加强营销理念建设，树立现代市场“大营销”理念，建立适应市场变化的营销策略

市场营销是渗透到企业价值创造全流程中的一项重要经营管理活动，培育强大的市场营销能力是实现公司战略的重要支撑，是构建核心竞争力的重要组成部分。

公司的改革发展已进入提速增效的新阶段，大力加强市场营销、快速扩大市场份额对公司发展尤为重要迫切。要加强学习与创新，转变观念，树立“大营销”、“营销创造价值”和“营销引领企业发展”的理念。“大营销”就是要有全球视野，集聚各层次、各区域、各类型营销人才，发挥“大土木”优势，大力开拓国际国内两个市场，抓好工程承包与资产经营两项业务，全力推进各业务板块的可持续协调发展，构建全产业链营销、全产业链价值创造，实现叠加效应、抱团发展、链条延伸的价值效益最大化。积极构建体系健全、领导重视、分层落实、全员全方位参与的营销格局，要将营销工作列为“一把手”工程，按领导分工实施多方位授权营销，分解任务目标，明确责任权限，紧盯市场前沿、紧抓市场机遇、紧跟营销动态，调动各方积极性，形成合力推进市场营销。要建立与市场相适应的营销策略，结合企业实际进一步研究细化传统市场、非传统市场、新兴市场和专业市场的营销策略，采取符合建筑市场特色的营销手段，在对标和学习中解决营销模式创新、市场培育的问题，解决竞争能力缺失、竞争方式单一的问题。

（二）加强营销体系建设，切实抓好营销体系架构和分层营销作用的发挥，努力扩大营销成果

一是要加强总部、子公司两级营销。努力构建总部、事业部/专业化公司、子公司营销“三位一体”的立体化市场营销体系。总部营销要突出战略引领、高端营销、上下结合，要建立与业主方、合作方的定期互访与沟通机制，重点关注战略性大客户；事业部/专业化公司营销要突出业务引导、业绩创造、品牌塑造，要引领产业集中，发挥好人才、经验、能力、市场认知等诸方面的集成聚合作用，深度开发成熟市场，有效开辟新兴市场，强化行业领域的专业化品牌建设；子公司营销要突出市场培育、广泛参与、重点突破，要构建流域项目群、地域项目群、行业项目群，实现规模化发展。

二是要有效发挥公司市场统筹协调的导向作用、区域业务总部及专业化公司的领跑作用、子公司市场竞争的主体作用等“三种作用”。总部要立足于公司体制机制的特点，突出全局资源共享，要发挥好各部门在市场营销中的作用，整合优势抱团发展，突出特色助力发展，引领全产业链竞争，实现上中下无缝链接，避免各自为战、割裂分散的同质化竞争，真正发挥好统筹协调作用，要深入研究事业部营销与管理职能定位，适应市场形势的需要，架构各业务板块事业部组织职能；区域业务总部及专业化公司要发挥规模、专业、区域影响、市场品牌的领跑作用；子公司要把市场营销作为加快发展的重要抓手，切实调动发挥好各级的积极性，形成合力促进营销。

（三）加强营销战略推进，抓好“两个市场”和“两项业务”的有效拓展，构建完整产业价值链

一是要着力加强区域市场营销，要提早布局、加快培育、有序推进、力争突破。要善于占领先机、把握商机，进一步发挥子公司的市场辐射作用和区位竞争优势，进一步发挥区域业务总部、代表处、职能部门等各方面的营销作用，紧跟国家战略，以目标项目和重要区域为依托，统筹细化公司在西部大开发、新疆市场、环渤海及海西等新兴经济区域的市场布局，抢占先机，加快推进市场培育，为新一轮区域市场竞争奠定基础，力争获得大订单、取

得新业绩。

二是要抓好国内国际两个市场的营销，坚持国内外工程承包和资产经营双轨发展、互有侧重，实现产能的合理分布和结构优化，构建完整产业价值链，推进跨国企业集团建设，国内市场要立足主业巩固增量发展，国际市场要实现“两轮驱动、双向发展”。在国内市场：要结合各业务板块市场特点，拓市场、增订单、促发展。在水电业务板块，要对大项目、大流域、大市场早做安排，提早介入，重点跟进，突出子公司的专业特色和综合实力，发挥品牌优势，巩固并提升大型水利水电工程项目的市场份额，在抽水蓄能电站市场开发方面要给予重要关注，扩大中小型水利水电项目份额，继续加大对南水北调、辽宁辽西北引水工程等大型水利设施建设项目的开发和管理。在非水电业务板块，要以在建项目为载体，强化市场培育，大力支持和引领各子公司采取有力措施扩大非水电市场份额；加强专业化公司和各子公司的协调配合，突出经营重点，集中突破专业市场；要加大力度开拓非传统主业市场和新兴市场，力争实现新突破。在投资业务板块，要按照标准化、规范化、程序化的要求，严控成本，强化项目前期、在建及投产项目管控；结合实际，统筹解决滚动发展能力的问题，通过并购、出售和资源融合，实现公司投资板块的滚动健康发展。在国际市场：坚持工程承包和资产经营“两轮驱动、双向发展”。公司国际化经营程度越高，在未来竞争中就将占据更加主动的位置。在海外业务拓展上，要在战略定位、资源配置、组织架构、业务结构调整等方面科学筹划、分步推进。要树立“大海外”、“大国际”、“大市场”理念，积累跨国经营经验，打造跨国经营模式，抢抓市场机遇，完善全球区域市场布局，加快推动公司国际化经营实现新发展。在国际工程承包市场，要坚持实施优先发展战略，引领子公司在组织架构、资源配置方面加强对国际业务优先发展战略推进的积极响应和细步落实。在国际投资业务领域，要结合国际竞争形势，加大工作力度，积极圈占国际优质投资资源，构建完善的海外投资业务管控体系，力争在新一轮国际竞争中占据优势发展的主动权和制高点。

（四）加强营销措施落实，进一步做好相关工作，为实现营销目标创造条件和基础

一是要制订并抓好符合市场需要的营销措施的落实。各子公司要结合市场分布、专业优势和企业实际，掌握投资主体情况，采取针对性的营销措施和手段，努力扩大传统市场、优势市场份额，确保营销成果“量价齐升”。加强非传统主业市场营销，消纳过剩产能，缩短市场渗透和培育的进程，不断开拓新兴市场领域，实现快速扩张，满足企业规模效益化发展的需求。

二是要加强有关专项工作，为市场营销工作创造条件和基础。要加强科技创新工作，争创科技成果，不断提升自主创新的能力，完善公司的技术品牌，加强技术标准和施工工法的研究、推广与输出，把科技进步转化为生产力；要加强品牌塑造，坚持成本低、质量优、信誉佳，确保合格履约，争创优质工程、精品项目和示范工程，加强品牌的宣传推广；加强资质资信工作，有计划、有措施地提升企业资质，争创优秀业绩和信誉，提高公司的竞争力；制订并实施商业信息保护制度，明确界定保密范围，严格信息披露程序。

三是要遵循市场规律，坚持依法合规营销。市场营销工作千头万绪，营销成果对企业发展影响大。我们既要遵循市场规律，坚持依法合规营销，又要采取各种灵活方式努力扩大营销成果，更要注重法律法规的学习，加强营销风险防范和危机应对。在营销业务领域要坚持“三重一大”民主决策程序，杜绝“一言堂”和“个人行为”现象，要发挥好集体智慧，开创性地做好市场营销工作。要结合工程领域专项治理和“小金库”专项治理两项重要工作，推动市场营销实现快速健康和谐发展。关于这方面工作，永录副书记还要提具体要求。

四是要实现市场营销成果和经营管理的有机结合，加强项目履约，提高营销价值。要从营销的角度对实施项目提出有价值的建议，做好各项交底工作，对项目关键节点和重要技术问题提早进行研究，杜绝营销“拿订单”和实施项目“交产品”两张皮现象，使营销工作前后延伸，扩大营销与经营的成果。要加强项目实施过程中与业主方的回访联系工作，要注重与项目相关方的沟通交流，注重市场信誉的深层和持久培育，要细化研究相关工作，建立长效机制。要坚持大局观念，树立良好的市场品牌和信誉，在项目推进中要正确处理好整体与局部、履约与效益的关系。

五是要完善市场营销激励机制，加强市场营销专业化团队建设。要科学设计营销激励制度，采取有效措施，培养复合型的营销专业化人才团队。长期从事市场营销工作的同志十分辛苦，面对市场的不确定性和不规范，有时开展工作显得“无奈”又“无助”，各级组织和各级领导一定要关心、关爱从事营销工作的员工，要想方设法解决他们的后顾之忧，使从事市场开发的同志能够全身心、充满激情地投入营销工作，争创新业绩。

同志们，当前市场竞争形势十分激烈，不进则退、慢进乃退。企业的竞争很大程度上是以营销为先导，市场机遇稍纵即逝，市场营销是企业发展的龙头，一刻也不能放松，我们要以百折不挠的精神，以敢为人先的勇气，顺势勇为，全方位推进市场营销工作，为实现公司又好又快发展而努力奋斗！

求真务实 精益求精
努力完成股份公司2010年史志鉴工作任务

——在股份公司2010年史志鉴工作会议上的讲话

（2010年5月14日）

袁 柏 松

同志们：

今天我们召开股份公司2010年史志鉴工作视频会议。这次会议是股份公司成立后召开的第一次史志鉴工作会议，主要任务是：贯彻股份公司2010年工作会议精神，认真总结2009年公司史志鉴工作编纂经验，部署2010年公司史志鉴工作任务；进一步以科学发展观统一思想，努力完成公司史志鉴工作任务；为提高公司企业文化软实力，彰显中国水电品牌形象，确保公司持续稳步快速发展，作出应有的贡献。

中国版协年鉴工作委员会、北京地方志办公室、国资委年鉴社、中国电力出版社的领导及专家莅临会议，指导工作，在这里我代表股份公司表示热烈的欢迎！对他们多年来给予公司史志鉴工作的大力支持和帮助，表示衷心的感谢！

下面，我就公司史志鉴工作和公司发展形势讲三点意见。

一、对2009年公司史志鉴工作的基本评价

2009年，史志鉴工作在公司的正确领导下，坚持以科学发展观为指导，认真贯彻落实公司2009年工作会议精神，全面落实2009年公司史志鉴工作视频会议所确定的各项任务。坚持求真务实、编鉴修志，为企业科学可持续发展服务的宗旨，认真编纂集团公司年鉴（2009年卷）、编修公司《组织机构志》、《大事记》和《光辉历程》历史画册；始终坚持组织、指导、协调、服务的工作职能，进一步抓好各公司《公司志·局（厂）卷》的编修工作。在公司总部各部门、各公司的共同努力下，公司史志鉴编纂工作取得了显著成果，主要表现在以下几个方面：

（一）全面部署史志鉴编纂工作任务计划

2009年2月下旬，公司下发了2009年史志鉴工作要点，提出了以邓小平理论、“三个代表”重要思想为指导，深入学习实践科学发展观，认真落实公司2009年工作会议精神和总体部署，解放思想、改革创新，继续坚持“创新、精品、效率、效益”的史志鉴工作方针，提出了修志、编鉴、供稿、培训等四项任务，对公司史志鉴编纂工作任务进行了总体安排部署。5月中旬，公司召开了史志鉴工作视频会议，总结了2008年史志鉴工作，充分肯定了2008年史志鉴工作取得的成绩和经验，找出了在史志鉴工作开展中存在的问题和不足，明确了2009年史志鉴工作任务计划和工作目标。

（二）2009年史志鉴工作的主要特点

1. 史志鉴编纂工作成果显著

公司年鉴（2009年卷）在公司上下的共同努力下，做到了当年编纂，当年出版、发行；2009年公司修志工作取得显著成果。例如：水电四局有限公司、水电六局有限公司、基础局有限公司的分志卷已正式出版、发行。《光辉历程》历史画册经过公司上下艰辛的工作也已正式出版、发行。公司的《组

织机构志》、《大事记》，大部分单位已报送了资料，公司史志办正加紧对报上来的材料进行修改、汇总、整理。

2. 保证质量打造精品，公司年鉴（2008年卷）获第四届全国年鉴编纂出版质量评审特等奖

质量是志鉴的生命，也是志鉴的价值所在。保证质量，打造精品是我们修志编鉴工作永远追求的目标。

在公司年鉴（2003～2005年卷）荣获中国版协年鉴工作委员会举办的全国年鉴编校质量评比一等奖，公司年鉴（2006年卷、2007年卷）获得全国年鉴编校质量评比特等奖之后，2009年，公司年鉴（2008年卷）又积极参加了中国出版工作者协会主办、中国版协年鉴工作委员会承办的五年一度的第四届全国年鉴编纂出版质量评比活动。经评委会对规定抽查的篇目、段落、字数、编纂出版质量等方面认真审查，公司年鉴（2008年卷）获得了综合特等奖。这是年鉴编纂获得的最高荣誉，它不仅扩大了公司年鉴的知名度，而且对提升公司的企业形象发挥了积极作用。

3. 扩大业界交流发挥公司志鉴对外宣传作用

2009年史志办继续开展业界交流活动，广泛地与国资委年鉴、中央部委级年鉴、中央企业年鉴及地方史志界交往，通过交换年鉴、史志资料，互相学习交流经验，提高了公司志鉴在业界的知名度。通过协助中国版协年鉴工作委员会（研究会）承办第四次全国企业年鉴研讨会，在全国企业范围内有力宣传了“中国水电”的品牌和形象。这次会议我也参加了，确实受益匪浅，通过这次会议也认识了许多年鉴界的专家学者和朋友。2009年公司作为中国版协年鉴研究会、北京地方志学会的常务理事单位，参加了常务理事会等活动，派员分别参加了国资委、住建部、中国电力年鉴的编纂工作会议。参加了国家电监会、国资委召开的《汶川特大地震抗震救灾志》资料长编的审稿会议。

4. 加强了修志编鉴工作的调研、指导和服务

2009年为了推动公司分志卷的编修工作，公司史志办分别在长沙和成都召开了修志编鉴专题调研会。根据各单位修志工作的进展情况和遇到的实际问题，有针对性地作了规范编修指导服务工作，就编修分志卷工作的节点目标、存在问题和解决办法进行了深入的研讨，就搞好编修分志卷工作进行了经验介绍和交流，水电四局有限公司在长沙编修分志卷专题座谈会上介绍了编修分志卷的经验，对其他单位编修分志卷工作起到了借鉴和促进作用。公司史志办还先后到水电五局、水电七局、水电八局、水电十局、水电四川公司、夹江水工机械厂、都江堰水电十局灾区、葛洲坝集团等单位进行调研，通过调研和专题座谈会进一步推动了各公司编修分志卷的工作，受到基层单位的好评。

5. 按时完成了国家有关部委年鉴和《汶川特大地震抗震救灾志》稿件以及资料长编的报送任务

2009年公司史志办先后完成了向电力行业编委会办公室和国资委办公厅报送《汶川特大地震抗震救灾志》资料长编的任务。《汶川特大地震抗震救灾志》资料长编，在总部各部门、各公司，尤其是水电十局有限公司、四川电力公司和水电五局、水电七局有限公司的共同配合、大力支持下，形成了集团公司51000字、100多张图片的抗震救灾资料，公司史志办对这些资料进行了补充、修改和完善，形成了集团公司汶川特大地震抗震救灾资料长编。为保证《汶川特大地震抗震救灾志》资料的质量，公司史志办按照公司领导的要求，严格把好政治关、文字关、图片关、质量关，公司报送的资料翔实，图片丰富，编纂质量较好，得到了电力编委会办公室的认可和好评。向国务院国有资产监督管理委员会办公厅报送《汶川特大地震抗震救灾志·图志》有关图片材料，得到国资委综合局的肯定和表扬。同时还向《中国国有资产监督管理年鉴》、《中国建设年鉴》、《中国电力年鉴》、《中国水力发电年鉴》提供公司年度入鉴稿件。

6. 继续抓好史志鉴业务培训工作

2009年公司史志办继续通过以会代培等多种形式对从事史志鉴编辑工作人员进行培训，在5月份召开的公司2009年史志鉴工作视频会议上，邀请中国版协年鉴研究会副会长兼学术专委会主任孙关龙教授就中国年鉴的发展和年鉴编修工作进行了专题业务辅导培训，主、分会场参训人员达349人。通过不断培训，进一步提高了公司史志鉴编辑人员业务水平。

2009年在公司总部各部门、各公司的共同努力下，通过全体志鉴编纂人员的默默耕耘与无私奉献，公司史志鉴工作取得了很大成绩和显著成果，在此，我代表公司向大家表示祝贺和感谢！

在肯定成绩的同时，我们还要清醒看到公司志鉴编纂工作还有较大的差距，仍存在着一定问题和不足，和公司当前发展的新形势、新任务的要求相比，还有很多不相适应的地方。一是史志鉴工作进展不平衡，个别单位在修志、编鉴工作上重视不够，投入的人财物不够，造成部分单位修志工作进展迟缓，影响集团公司整体修志工作。二是史志鉴工作队伍建设有待加强和保护稳定。个别单位人员不稳

定，造成编纂工作衔接不好，产生空档；从事史志鉴工作人员的编著能力、业务水平有待提高。以上这些问题从一定程度上影响和制约了我们修志编鉴工作的开展，我们必须高度重视，需要在今后工作中认真加以研究和解决。

二、公司发展的新业绩及面临的形势任务

（一）2009年公司取得的新业绩

2009年是进入新世纪以来我国经济发展最为艰难的一年，也是公司发展进程中极为重要的一年。公司上下以深入学习实践科学发展观活动为强大动力，积极应对国际金融危机的严峻挑战和建筑行业发展的新形势，坚定不移地实施“三控三强一确保”的重大举措，齐心协力，顽强拼搏，各项工作取得了积极进展，保持了持续快速发展势头，取得了显著成绩。

1. 2009年，公司实现了持续快速发展，经营规模和效益同步大幅增长

一是营业收入大幅增长。实现营业收入778.61亿元，比上年增长28.04%。二是市场营销总体保持良好势头。新签合同金额929.88亿元。合同存量为1787.26亿元，比上年增长15.5%。三是经济效益持续稳步提高。实现利润总额30.74亿元，比上年增长90.23%。四是公司实力和竞争力进一步增强。总资产达到1022.63亿元，同比增长33.88%，净资产增加到156.05亿元，净资产收益率12.95%，国有资产保值增值率152.96%。在经营规模大幅增长的同时，资产负债率受控并相比于2008年降低1.91%。五是产业结构调整初见成效，投资业务板块已成为公司新的收入增长源。六是经营质量继续提高。全员劳动生产率60.55万元/人·年，同比增长19.56%。在岗员工人均工资40081元，同比增长14.98%。公司全年上缴各种税金35.59亿元。

公司主营业务持续健康发展，转型升级取得明显成效，水利水电建筑业务板块得到巩固发展。截至2009年底，公司累计完成水电装机容量1.3亿千瓦，为我国绿色能源开发和低碳经济发展作出了历史性贡献。

公司国际经营业务板块持续快速健康发展。目前，公司在48个国家有在建项目211个，合同总额1029.49亿元，在45个国家设立了57个驻外机构。公司的国际声誉和影响力进一步彰显。

公司非水电建筑业务板块持续增长。按照“大集团、大土木、大市场、大品牌”的战略思路，确立了基础设施业务在公司持续发展中的重要战略定位。推动铁路、公路、轨道交通、港航建设等业务领域加快发展，使基础设施建筑业务成为公司重要的经济增长源。

公司国内投资业务板块稳步发展。按照经营结构调整战略总体部署，重点推进新能源、房地产、基础设施领域投资发展。投资业务板块已经成为公司经营性资本集中区域和营业收入增长源。“中国水电地产”品牌在行业内也有了一定的知名度。

2. 企业改制、整体改制上市工作取得重大进展

2009年，公司把加快公司制股份制改革步伐，推进公司整体改制上市作为拓宽企业发展平台、创新机制体制、提升企业核心竞争力、推进企业科学发展上水平的一项重要工作来抓。2009年11月27日，中国水利水电建设股份有限公司胜利召开创立大会，实现了“跨越工程”节点目标，这是公司整体改制上市工作具有实质意义的重大阶段性成果，为实现“跨越工程”的最终目标奠定了工作基础，为公司科学发展上水平奠定了体制基础，在公司改革发展历史上具有里程碑意义。

3. 2009年，集团公司党建和精神文明建设取得显著成绩，为公司的科学持续发展提供了有力支持和可靠保证

集团公司党委把学习实践科学发展观活动与学习全国国有企业党的建设工作会议精神相结合，积极探索新形势下加强和改进党建工作的新思路、新途径和新方法，努力把党组织的政治优势转化为企业核心竞争力，党组织的政治核心作用得到充分发挥。公司总部连续5届荣获首都文明单位称号，连续10年荣获中央国家机关文明单位。

（二）公司2010年工作的主要任务及一季度经营情况

2010年是实施“十一五”规划的最后一年，是公司整体改制后的第一年，也是中央企业第三个任期考核的第一年，公司将面临《公司法》对上市公司规范运行的一系列新要求，面临公司整体上市的新挑战，面临全面对接国资委EVA考核的新要求，面临电力体制改革的深化和中央企业外部重组的新机遇。因此，做好今年的工作，意义非常重大。2010年，我们要力争使“中国水电”股份成功上市，这将会为企业又好又快发展提供更好的资本支撑、更加科学的体制机制和发展平台，必然会大大提升企业的信誉和形象。

公司在2010年工作会议上，明确了公司工作的总体思路：认真贯彻党的十七大、十七届三中、四中全会精神及中央经济工作会议精神，深入学习实践科学发展观，按照中央企业负责人会议的安排部署，贯彻落实股份公司董事会决议，遵循企业发展

规律，立足主业增实力，抢抓机遇保发展。力争在市场开拓方面取得新业绩，在完善公司治理结构和整体上市方面迈出新步伐，在提高企业整体效益方面拿出新举措，在推进行业科技领先方面实现新目标，在确保企业安全稳定方面再上新台阶，在推动企业和谐发展方面开创新局面，为国民经济平稳较快发展作出新贡献。

2010年公司主要经济指标：新签合同额1000亿元，完成预算收入854.66亿元，EVA考核值7.5亿元，实现利润不低于30亿元，资产保值增值率不低于115%，职工年均收入与企业发展协调增长。

2010年一季度经营情况：公司完成营业收入189.6亿元，完成年度计划（725亿元）的26.15%，比去年同期（129.7亿元）增长46.2%；实现利润4.8亿元，完成年度计划的18.46%，比去年同期（3.66亿元）增长31.14%；完成新签合同193.88亿元，完成年度计划（1000亿元）的19.39%，比去年同期（300.48亿元）下降35.48%；合同存量为1744.14亿元，合同存量较上年度末（1728.6亿元）增加0.9%。

为了完成公司的工作任务，希望从事史志鉴编纂工作的同志们，要把本职工作同公司科学发展大局密切结合，进一步坚定信心，求真务实，精益求精，以更加有力的组织领导，更加有效的工作措施，全面完成修志编鉴工作的各项任务，为股份公司更好更快发展作出新的贡献。

三、2010年史志鉴工作的指导思想、任务和要求

（一）2010年史志鉴工作的指导思想

2010年公司史志鉴工作的指导思想是：以邓小平理论、“三个代表”重要思想为指导、深入学习实践科学发展观，认真落实2010年股份公司工作会议暨一届一次职工代表大会会议精神和总体部署，求真务实、精益求精，继续坚持“创新、精品、效率、效益”的史志鉴工作方针，认真组织编纂公司年鉴（2010年卷）；继续编修好公司《组织机构志》、《大事记》和《人物志》三本志书；继续指导协调各公司编修分志卷，按时编辑并报送《中国国有资产监督管理年鉴》、《中国电力年鉴》、《中国建设年鉴》、《中国水力发电年鉴》相关资料，在史志鉴工作实践中，为公司创精品、树形象，谱写新篇章。

（二）努力完成2010年史志鉴四个方面的工作任务

2010年公司史志鉴工作要坚持科学、创新、规范、专业、务实的工作思路，重点做好以下四个方面的工作：

1. 认真抓好公司年鉴（2010年卷）的编纂工作

认真做好公司年鉴（2010年卷）的编鉴工作框架设计，设计好2010年卷年鉴的框架，抓紧抓好撰稿组稿、编辑加工和出版发行工作。做到当年编纂、当年出版发行，继续保持编校质量的好成绩。

2. 全面开展公司志系列编著的编修工作

（1）公司《组织机构志》。按照《中国水利水电建设集团公司组织机构志》篇目编写工作指导意见的要求，2010年上半年要继续做好稿件的汇总、整理、编写、修改加工、编辑工作，2010年底前出版发行。

（2）公司《大事记》。按照编修《中国水利水电建设集团公司大事记》工作指导意见的要求，上半年要继续做好稿件的汇总、整理、编写、修改加工、编辑工作，2010年底前出版发行。

（3）公司《人物志》。2010年上半年启动公司《人物志》（1950～2006）修编工作，年内做好基础资料的汇总和整理。

（4）《公司志·局（厂）卷》。继续指导和推动公司14家有限公司分志卷的修编工作，力争2010年有6～8家有限公司分志卷出版发行。

3. 按时报送有关年鉴、专志资料

按照《汶川特大地震抗震救灾志》电力编委会和国资委编委会的要求继续做好《汶川特大地震抗震救灾志》的有关文字、图片资料的补充，尽可能多的在国家《志》中反映集团公司在抗震救灾、恢复重建中的良好表现。此外，还要认真抓好向《中国国有资产监督管理年鉴》、《中国电力年鉴》、《中国建设年鉴》、《中国水力发电年鉴》提供稿件的组稿撰稿工作，充分利用这些平台，不断提高公司在业内外的知名度和企业文化软实力。

4. 继续加强业务培训，建设高素质的编鉴队伍

建设高素质的编鉴队伍是做好修志、编鉴工作的基础，编纂志书年鉴是一专项综合性的系统工程，没有高素质的编纂队伍，修志编鉴工作很难开展，志书、年鉴的编纂质量就无法保证；要想建设一支高素质的编鉴队伍，就要从理论素养、业务知识和编纂能力上，加强对修志编鉴人员进行全面的业务培训。2010年史志办公室继续采用以会代培、专家辅导、业务交流、专题调研等外培内训的方式加强对公司编纂志鉴人员的业务培训；发挥四个协作组的作用，组织内外交流活动；聘请地方志专家对有关单位修志资料进行评审、把关和指导。通过多种方式的培训不断提高修志编鉴的能力和水平。

（三）进一步加强组织领导，确保修志编鉴任务

的完成

公司史志鉴编纂工作，从2004年起步至今已有7年的时间，公司各级领导对公司修志编鉴工作都十分重视，在各级领导和全体编纂人员的共同努力、辛勤工作下，取得了可喜的成绩和显著成果，尤其是公司年鉴编纂工作成绩斐然，2003～2005卷被评为编校质量检查评比一等奖，2006、2007卷是特等奖，2008卷是中国版协评的编纂出版质量评比综合特等奖，这也是年鉴评审的最高奖项了。水电二局、四局、六局、基础局等四个单位先后完成了编修分志卷任务并出版发行。在这里，要特别提出表扬，希望其他单位向他们学习，加紧编修工作，这些成绩的取得是全体专兼职史志鉴工作人员共同努力和辛勤劳动的结果。但是我们大家决不能松懈，我们要清醒地看到，今明两年是修志工作的关键之年，是完成第一轮修志的时间节点，对还没有完成修志任务的单位，时间很紧，任务非常重，所以希望正在编修分志卷的单位，一定要进一步的提高认识，狠抓落实，增强责任感、紧迫感和使命感；进一步的加强组织领导，按照公司2010年史志鉴工作任务计划的要求，抓紧配备必要的人力、物力和财力，给予修志编鉴人员以全力支持，充分调动他们的积极性、主动性、创造性，确保公司修志任务的按时完成。

同志们，2010年公司史志鉴工作思路、计划目标已经确定，让我们以邓小平理论和“三个代表”重要思想为指导，以科学发展观为指引，以更加昂扬的斗志，更加扎实地工作，求真务实，精益求精，努力完成2010年史志鉴工作任务。

更新观念　真抓实干
促进股份公司又好又快发展

——在股份公司2010年审计工作会议上的讲话

（2010年6月4日）

袁　柏　松

同志们：

今天我们召开股份公司年度审计工作会议，会议的主要任务是：深入贯彻落实股份公司2010年工作会议暨职代会精神，传达贯彻国资委中央企业经济责任审计经验交流会议精神，总结2009年审计工作，部署下一阶段审计工作任务，以科学发展观为统领，围绕股份公司工作重点，更新观念，真抓实干，努力开创股份公司审计工作新局面，为促进股份公司又好又快发展作出贡献。本次会议得到了国资委、国有企业监事会的重视和支持，我代表股份公司表示衷心的感谢！

下面我就公司审计工作讲几点意见。

一、2009年公司审计工作的成效

2009年公司各级审计部门认真领会和落实公司战略决策和工作部署，认清形势，紧扣公司发展重点、难点、热点问题开展工作，为公司可持续健康发展及战略目标的实现发挥了审计应尽的责任。

（一）围绕中心，认真开展审计工作

一是加强审计制度体系和管理平台建设，针对存在“后任不理前任事”的现象，首次在公司内部推行领导干部离任经济事项交接办法，受到了国资委收益管理局的肯定。股份公司审计部全年新制定5项管理性制度，进一步完善了审计制度体系；二是为确保国有资产安全完整，促进国有资产保值增值，以经济责任审计为实施载体，全面完成了子公司负责人离任和任期经济责任审计，实现了“离任必审”；三是围绕调整经营结构、转变经济增长方式这条主线，开展了投资项目和非水电项目审计工作，并以委托审计的方式，首次聘请中介机构对四川公司大金坪水电站开展了工程竣工决算审计和投资项目后评价工作；四是继续强化对公司国际项目的监督，针对海外项目的特点，选择有代表性的项目点，对项目管理和项目实施进行了审计。公司各级审计部门全年累计完成国外审计项目22个，国际业务审计监督的力度继续增强；五是积极配合国家审计署对京沪高铁三标段的审计，做好迎审自查自纠工作。在审计署开展审计的前期，组织相关部门对三标段

项目部及各工区开展了自查自纠整改工作。通过自查自纠，一些会计核算、经营管理中的问题在审计署检查前得到改进和纠正；六是进一步推动审计信息平台建设，推动审计管理软件在子公司的使用，审计信息化建设取得实质性进展。

（二）结合实际，有针对性地开展专项审计

一是对在建项目履约风险进行了重点关注，在对卡塔尔路赛CP1项目审计过程中，对项目面临的工期、合同、资金链以及分包商索赔、税务、环境和安全等潜在风险进行了系统分析，对区域业务总部和项目部提出了强化风险管控、防范风险的具体建议；二是针对公司执行建造合同后，有可能在某个会计年度导致会计信息失真，形成会计报表利润和真实利润不匹配的问题，在审计实施过程中，扩大了项目审计覆盖面，重点关注了各被审单位建造合同执行情况，并在审计报告中明确指出有关单位建造合同管理存在的问题；三是审计方式更加灵活有效，部分单位将审计工作与企业管理紧密结合，开展了预算执行审计、经营业绩考核兑现审计，通过实施专项审计工作，把企业的热点问题通过审计的形式落实，突出了审计监督与服务功能。

（三）督促整改，审计服务更加主动

审计的最终目的是从制度和机制上解决企业发展中的问题，审计问题的整改落实至关重要，审计部门在下达审计意见的同时，对被审单位提出了明确的整改要求和整改期限，各级审计部门也通过后续审计或其他方式督促整改，整改形式多样，跟踪及时，做到了“举一反三”，大大促进了股份公司管理水平的提高。

总之，在过去的一年里，我们不仅收获了在应对危机中强化审计监督的成果，而且提高了在复杂形势下组织审计工作的实际能力，为今后的审计工作打下了坚实的基础。借此机会，我代表股份公司向各位会议代表并通过你们向公司全体审计干部和关怀支持审计工作的领导和同志们表示衷心的感谢和诚挚的慰问！

在肯定成绩的同时，我们还要清醒地看到公司审计工作还存在着需要改进的问题，主要是：审计队伍素质和公司科学持续发展的要求还有差距，科学审计理念还没有完全成为广大审计人员的自觉行动，贯彻落实还不到位；审计创新的力度仍需继续加大，审计工作自觉服务于公司发展大局的能力亟待进一步提高；审计监督效能还需进一步加强，审计成果运用的放大效应没有完全发挥等。这些问题，需要我们在今后工作中予以高度重视，积极研究对策，逐步加以解决。

二、公司快速发展形势下审计工作面临的形势任务

（一）2009年公司改革发展取得新成果

2009年公司广大干部、职工以深入学习实践科学发展观为强大动力，齐心协力，顽强拼搏，各项工作取得了积极进展，保持了持续快速发展势头。主要体现在：一是经营成果显著，公司实力进一步增强。全年实现营业收入755.45亿元，新签合同935.81亿元，合同存量达到了1728.6亿元；经营效益大幅提升，经营质量继续提高，公司总资产突破1000亿元大关，全年实现利润总额31亿元；公司净资产、营业收入利润率、净资产收益率、国有资产保值增长率、全员劳动生产率、职工收入都有不同程度的提高，各项经济指标呈现良好上升趋势。二是企业改革改制取得重大进展。2009年11月27日，中国水利水电建设股份有限公司召开创立大会，公司整体改制取得了具有实质意义的重大阶段性成果，与相关企业的重组工作继续稳步推进。三是公司主营业务持续健康发展，转型升级取得明显成效。水利水电业务得到巩固发展，国际业务持续快速健康发展，非水电建筑业务持续增长，国内投资业务稳步发展。

（二）公司2010年一季度经营计划完成情况

2010年是国家实施“十一五”规划的最后一年，是公司整体改制后的第一年，也是中央企业第三个任期考核的第一年，公司将面临整体上市的新挑战，面临《公司法》对上市公司规范运行的一系列新要求，面临国资委实施EVA考核的新形势，面临中央企业外部重组的新机遇。因此，做好今年的工作，意义非常重大。

公司在2010年工作会议上，明确了总体工作思路：认真贯彻党的十七大、十七届三中、四中全会精神及中央经济工作会议精神，深入学习实践科学发展观，按照中央企业负责人会议的安排部署，贯彻落实股份公司董事会决议，遵循企业发展规律，立足主业增实力，抢抓机遇保发展。力争在市场开拓方面取得新业绩，在完善公司治理结构和整体上市方面迈出新步伐，在提高企业整体效益方面拿出新举措，在推进行业科技领先方面实现新目标，在确保企业安全稳定方面再上新台阶，在推动企业和谐发展方面开创新局面，为国民经济平稳较快发展作出新贡献。

2010年公司主要经济指标：新签合同额1000亿元，完成预算收入854.66亿元，EVA考核值7.5亿元，实现利润不低于30亿元，资产保值增值率不低于115%，职工年均收入与企业发展协调增长。

2010年公司一季度经营情况：完成营业收入189.6亿元，完成年度计划（725亿元）的26.15%，比去年同期增长46.2%；实现利润4.8亿元，完成年度计划的18.46%，比去年同期增长31.14%；新签合同193.88亿元，完成年度计划（1000亿元）的19.39%，比去年同期下降35.48%；合同存量为1744.14亿元，较上年度末增加0.9%。

（三）审计工作面临的形势和任务

从宏观层面看，国际国内经济形势依然十分复杂，不确定的因素也较大。为保持股份公司科学、持续、健康发展，公司进一步明确了“大集团、大土木、大市场”的战略思路，努力进入新的业务领域，在扩大市场份额方面取得新业绩，实现“四大主业”之间、传统业务与新型业务之间、国内市场和国际市场之间的合理结构比例。在股份公司转型升级上水平的关键发展阶段，审计如何适应，如何在股份公司产业结构调整、转型、升级中发挥审计的职能和作用，将是审计人员面临的新问题。

从公司组织结构上看，2009年11月，集团公司完成了股份制改造，目前上市的各项工作正在全力推进，力争在2010年下半年实现整体上市。作为上市公司，其管理体制、经营模式、监管要求等将发生根本转变，在公司治理结构调整和管控模式转变过程中，如何准确定位内部审计职能，调整和完善内部审计管理制度体系，尽快适应股份制公司对内部审计的要求，将是审计人员必须面对的新任务。

从公司治理层面看，股份公司已构建了股东会、董事会、监事会等公司治理结构，在董事会下设审计与风险管理委员会，公司审计部作为委员会的日常办事机构，主要完成以下职责：负责公司内部审计和外部审计的沟通协调，审查、监督外部审计机构是否独立客观及审计程序是否有效；审查、监督公司的财务报表、年度、中期和季度报告的完整性，审阅报表及报告所载有关财务申报的重大意见；审查公司内部控制制度及其实施情况。如何在公司治理中有效发挥内部审计的职能，妥善处理好决策层、经营层及外部审计的关系将是全体审计人员要面临的新课题。

因此，在公司发展的新形势下审计工作将要面临以下新的任务和要求：

第一，内部审计必须定位于公司的发展目标，服务于公司的战略决策。股份公司的发展目标已经明确，调整经营结构，转变增长方式，四大主业协同发展已成为未来几年公司发展的主旋律，作为公司监督体系的重要组成部分，审计工作要服务于股份公司发展大局，发挥内部审计在预防、揭示和抵御风险功能，促进公司强化管理，增加价值，又好又快发展，是各级审计部门必须完成的首要任务。

第二，要适应公司治理结构变化，用发展的眼光，健全和完善审计组织体系和管理体系。充分理解并发挥审计保障经济运行的“免疫系统”功能，构建科学有效的内部审计组织构架、制度体系和工作流程，实现审计工作规范化、科学化，积极构建与股份公司科学发展相适应的审计体系是新形势下内部审计的重要目标。

第三，要履行好监督与服务的职能，在发挥监督评价功能的同时，要为公司实现价值增值提供有效的服务。监督评价作为审计的基本职能，通过对公司各级管理层主要负责人任期或离任的经济责任审计和专项审计，为公司健康发展起到监督保障作用。但发现和揭示问题不是审计的最终目的，对问题进行系统分析，找出问题产生的原因，提出改进建议，督促整改落实，才能更好地发挥审计的作用，这就是审计的服务功能，两者如何结合，准确把握，是审计人员在审计工作实践中必须承担的使命。

三、准确定位，不断进取，逐步实现内部审计转型升级

各级审计部门要紧紧抓住公司发展战略和管理要点，准确定位内部审计职能，实现内部审计转型。股份公司内部审计转型必须结合公司法人治理结构要求和刘家义审计长的“免疫系统”论述，结合科学审计、和谐审计的要求，不仅要实现内部审计提升层次、拓展空间、实现价值最大化的目标，也要成为公司建立和完善现代企业法人治理结构的保障。

（一）内部审计转型必须以财务收支审计为基础，实现财务收支审计与绩效审计相结合的转变

财务收支审计是向现代审计转型的基础，现代审计是要建立在财务信息的真实性和财务管理十分健全的基础之上的。通过财务收支审计发现管理上存在的不足和漏洞，全面掌握被审计单位的信息与活动，并在分析财务收支审计成果的基础上，提出规范管理的审计意见和建议，促使被审计单位从防范经营风险，提高管理水平的高度，关注各项生产要素配置，关注管理效率和效益，以发挥审计在完善管理、提高效益方面的作用。

（二）内部审计转型必须以完善公司治理结构为中心，实现监督评价向监督评价与完善公司治理相结合转变

随着股份公司现代企业制度的建立，要通过开展公司治理环境、治理流程、治理程序审计，为公

司治理提供有力的支持。内部审计机构是公司职能部门，要对公司管理层负责，同时也是董事会审计与风险管理委员会的办事机构，也要对董事会审计与风险管理委员会负责，这种双重领导机制，可以通过公司治理审计实现公司决策层、经营层之间信息的有效沟通，加速信息流动，降低治理成本，发挥内部审计部门的作用。

（三）内部审计转型必须以内部控制审计为主线，以风险管理为核心内容，实现监督评价向监督评价与完善管控体系相结合转变

各级审计部门要把内部控制审计、风险管理审计与常规审计相结合，以确保公司遵守国家法律法规，各项信息真实、可靠，资产安全、完整，经济资源有效使用为审计目标，查找内部控制体系漏洞和盲点，提出有前瞻性的意见和建议，发挥内部审计在促进内控制度健全，有效防范经营风险方面的作用。

（四）内部审计转型必须以经济效益审计为重点，实现审计查错纠偏向促进公司效益最大化转变

内部审计是一项立足和服务于本单位，具有很强内向性的监督工作。作为单位领导最关心的是经营目标的实现和经济发展质量，经营政策和分配方案是否与经营目标相适应。所以内部审计要关注经营目标，关注绩效，关注责任，有效开展经济效益审计。通过经济效益审计，发现和揭示被审单位因经营管理不善所造成的损失浪费问题，分析产生问题的根源，从而提出有针对性的改进建议，促进被审单位降本增效。同时通过对所属单位主要领导人开展经济责任审计，分析评价其在履行责任期间利用资源的经济性、效益性和有效性，客观评价经营业绩，促使国有资产实现保值增值。

（五）内部审计转型必须以计算机辅助审计为载体，实现从传统的单纯手工操作向基于网络技术的计算机应用转变

借助计算机辅助审计手段，发挥计算机审计更加准确、快捷的作用，实现审计信息化，审计部门能及时、全面地收集经营管理信息和财务信息，建立分层次的审计数据库和管理系统，形成信息共享，提升审计对业务部门信息的利用效率，提升审计工作质量，减少误差，提高审计效率，

当然，股份公司内部审计转型与发展是一项长期而艰巨的任务，审计人员务必充分认识到内部审计工作转型的必要性和紧迫性，结合公司实际，创新工作方法，有效整合审计资源，不断提高审计质量。

四、加强组织领导，提升审计成果运用水平，关注审计重点，全面完成任务

（一）继续加强对审计工作的领导和管理，提升审计能力

首先，股份公司各级领导要继续重视、支持审计工作，进一步加强对审计工作的领导，及时协调解决审计工作中遇到的困难，为审计人员正常开展工作创造条件，使审计部门更好地发挥保障经济健康运行的职能；其次，要进一步加强审计队伍能力建设。审计作为全方位、高层次、综合性的经济监督工作，涉及的领域越来越广，承担的任务越来越重，各级审计人员必须加强审计新理念、新方法和国家政策法规的学习，熟悉公司各项业务流程和管理要求，不断提高自身的综合素质和执业能力；第三，要进一步加强审计队伍的作风建设，要坚守“依法审计、客观公正”的职业道德，弘扬“依法、求实、严谨、奋进、奉献”的审计精神，加强审计职业道德建设，依法按规，保护好企业商业秘密，切实维护好企业利益，努力打造一支政治过硬、业务精通、作风优良、廉洁自律、文明和谐的审计干部队伍。

（二）加强审计问题分析，提升审计成果的运用水平

股份公司各单位近年对审计发现问题的整改落实情况总体上是比较重视的，整改比较到位，审计成果也得到了较好的运用。但从统计的审计问题看，建造合同准则的执行、分包工程管理等一些系统性的问题还在工程局有限公司层面存在，这些问题的存在，制约着公司整体管理水平的提高。股份公司各级审计部门要加强对问题的系统性分析，从多个角度、不同层面、多个时期进行剖析，揭示问题产生的根源，提出有针对性的、可操作的审计建议，从规范管理完善制度层面促进整改，提升审计成果应用水平，从更高层面上发挥审计的职能作用。

（三）关注公司管理重点，为提高公司效益充分发挥内部审计的作用

2010年，股份公司开展了以切实加强公司基础管理，进一步规范治理结构，按照“管理上水平，创效增能力”为目标的“管理创效年”活动。同时为增强公司国内国际业务的竞争能力和抗风险能力，确保公司持续稳定健康发展，启动公司全面风险管理，紧密结合公司“三控三强一确保”的要求，在公司“转型升级上水平”的过程中，通过构建全面风险管理的组织职能体系、制度体系、风险评估与内控体系、信息与沟通体系、培训体系、监督与检查体系等“六大体系”，有效地防范战略风险、财务

风险、市场风险、运营风险、法律风险等“五类风险”，保证公司全面风险管理总体目标的实现，这两项工作对审计工作提出了新要求。各级审计部门要认真贯彻落实以提高效益为中心，狠抓项目精益化管理和总部价值服务能力的主线，关注公司基础管理工作，促进公司内部控制制度体系的健全性和有效性，发挥内部审计在全面风险管理中的积极作用，同时把各生产要素配置和管理作为审计关注重点，揭示其影响或制约效益、效率发挥的原因，充分发挥审计部门在提高效率，价值增值方面的作用。

（四）真抓实干，全面完成今年的审计任务

（1）今年年初在海口召开的国资委中央企业经济责任审计会议上，国资委收益管理局刘德恒局长作了题为《认真总结，不断完善，深入开展中央企业经济责任审计工作》的报告，要求中央企业要进一步理清工作思路，不断深化经济责任审计工作，把经济责任审计作为中央企业防范企业风险、规范企业经营管理行为、加强企业领导人员监督、促进企业持续健康发展的重要手段。股份公司各级审计部门要认真领会，准确把握，执行到位，扎实做好经济责任审计工作。首先，一定要做到“离任必审”，各单位企业负责人离任，必须进行离任经济责任审计，切实做到未经审计，不得解除经济责任；其次，要按照股份公司企业负责人管理要求，对任期届满未离任的企业负责人应组织任期经济责任审计，实现监督关口前移，更加及时、有效地对任期内的经营业绩情况进行监督和评价；第三，经济责任审计要和各级企业负责人任期绩效兑现薪金相结合，未经审计确认，企业负责人任期绩效薪金不得提前兑现；第四，要创新经济责任审计方式，拓宽经济责任审计领域，逐步建立不同组织模式下经济责任审计工作程序、组织运行机制、评价体系和审计内容等。

（2）要围绕股份公司“立足主业增实力”的工作思路，继续强化对国际业务、非水电业务审计监督。2009 年，股份公司完成国际业务收入 193.17 亿元，国内非水电业务收入 208.65 亿元，国际业务、非水电业务收入占公司业务收入的 51.61%，已成功支撑了公司的半壁江山，但从具体业务类型上看，国际业务、非水电业务与国内水电业务相比，由于投资主体、监管要求、税收政策、管控模式等不同因素的影响，管理的差异化较大，管理内容更加复杂。股份公司各级审计部门要根据企业的实际，有针对性地开展专项业务审计，从加强财务管理规范会计核算，从体制、机制、制度层面提出审计建议，把建立国际业务、非水电业务的有效管控体系作为当前的重要工作来抓，这也是审计服务股份公司发展大局的具体体现。

（3）要进一步加大对股份公司投资项目的审计力度，切实发挥对投资业务的审计监督作用。股份公司目前的投资已涉及水电、风电、火电等电源建设项目以及公路、房地产、水务等领域，投资方式上有控股、参股项目，也有以资本运作为主的 BT、BOT 项目，公司各级审计部门要通过开展投资项目过程跟踪审计、竣工决算审计、专项审计调查和投资项目后评价，加强对投资项目立项审批、资金使用、工程造价、项目管理、工期质量管控等环节的监管，围绕降低工程造价、提高投资回报、防范投资风险的目标开展审计，继续建立和完善投资项目的审计监督体系和评价体系，准确评价投资项目，规范投资行为，提高投资效益。

（4）2010 年股份公司面临的外部审计任务较重，有国家审计署委托地方审计机关开展对股份公司五家单位 2009 年财务收支审计，有国家审计署开展国家投资重点项目过程跟踪审计延伸到公司所属单位的审计，这是提高股份公司管理水平、促进公司健康持续稳步发展的重要机遇，股份公司各被审计单位要高度重视，从全局和战略高度，把思想统一到国家审计署、股份公司的要求上来，要坚持审计工作“一把手”负责制，主要领导亲自抓，做好各项迎审准备。各级审计部门要发挥整体协调职能，全程参与审计的各阶段工作，对自查自纠中和审计过程中发现的问题要及时汇总，并与相关部门及时沟通，研究解决发现的问题，提出整改意见，认真整改落实，保证各项审计工作的顺利完成。

（5）进一步推进审计信息化建设，目前股份公司审计信息系统试运行已经验收合格，各级审计部门要充分利用审计信息系统平台的有效功能，突破传统审计模式，加强信息化环境下审计实务研究，改进审计方法，提高审计工作质量，扎扎实实做好审计工作。

同志们，股份公司 2010 年工作目标已经明确，我们要不断更新思想观念，创新工作方法，苦练内功，真抓实干，为促进股份公司又好又快发展，作出应有的贡献。

加强内部控制　提高风险管控能力
构建系统、规范、有效的全面风险管理体系

——在股份公司全面风险管理工作视频会议上的讲话

（2010年7月14日）

袁　柏　松

同志们：

今天股份公司召开全面风险管理工作视频会议，这是公司为适应内部管理和外部监管需要，进一步加强全面风险管理与内部控制而专门召开的一次专题工作会议，标志着股份公司全面风险管理工作正式启动。

这次会议的主要任务是：贯彻落实股份公司发展规划和2010年工作会议精神，按照国家有关部门加强企业全面风险管理与内部控制工作的要求，研究部署公司全面风险管理与内部控制工作，在科学发展观的引领下，通过开展全面风险管理与内部控制体系建设，进一步加强和改善企业管理水平，提高企业风险防范能力，加快建设具有较强国际竞争力的质量效益型跨国公司的步伐。

下面，我讲几点意见。

一、充分认识开展全面风险管理与内部控制工作的重要意义，进一步提高公司管理水平

全面风险管理与内部控制作为企业的一项基础管理工作，是我国在借鉴美国《萨班斯法案》和《风险管理整合框架》的基础上，结合我国实际情况制定的一套企业风险管理与内控体系制度文件。美国的《萨班斯法案》因安然事件而制定，又因间接地有助于企业防范风险而备受推崇。特别是国际金融危机以来，企业风险管理与内部控制的重要作用与意义，更是得以充分体现。企业是否建立了有效的风险管控体系，对能否成功应对金融危机起了重要的作用。这方面的事例不少，经验教训令人深思。当前，国际金融危机的阴影尚未消除，世界经济复苏存在诸多困难。股份公司置身于世界经济发展的大环境中，不仅需要有效地防范和化解因国际经济形势复杂多变而带来的国际业务经营风险，而且还需要适应国内调结构、保增长的经济形势。因此，建立起一套与公司发展相适应的风险管理体系，加强内部控制，管理和防范好公司的战略风险、财务风险、市场风险、运营风险和法律风险，确保公司持续快速科学发展，显得尤为重要和紧迫。

（一）加强风险管理与内部控制是适应公司快速发展形势的迫切需要

一个企业成熟与否，风险管理与内部控制体系是否建立健全是个重要的标志。近年来，公司在建设具有国际竞争力的质量效益型跨国公司的战略引领下，经营规模取得了跨越式的大发展。2003年，集团公司成立之初，公司的资产总额为207亿元，营业收入为183亿元，经过7年的发展，到2009年公司的总资产超过了1000亿元，营业收入近800亿元，与集团公司成立之初相比，无论是总资产还是营业收入，都实现了翻两番的好成绩。但是在看到公司快速成长的同时，我们也应当清醒地看到，伴随着公司经营规模的成倍增加，因人财物资源短缺，管控能力不适应快速发展形势而带来的风险也在逐渐累积。这些发展中面临的风险，从种类上来说，既有经营环境所处的宏观经济风险、又有经营过程中的战略风险、财务风险、运营风险等。对于这些风险，如果我们不了解自己承受风险能力的极限，没有形成自己独特的风险文化和有效的风险管理标准，就不能有效地对风险加以管控，不能准确地掌握各类风险发生、发展的初始信息，不能科学地进行风险评估，提出切实可行的风险管理策略和解决方案，进而及时做出各种承担风险、规避风险、转移转换风险或者对冲风险的决策，我们的事业就会受到影响，持续快速科学发展的战略就会面临挫折。因此，建设风险管理与内部控制体系，既是我们现实工作的需要，更是公司发展的迫切要求。

（二）加强风险管理与内部控制是进一步提高企业经营管理水平的需要

通过加强和改进企业的风险管理与内部控制，实现管理流程和制度的规范化、程序化和标准化，

可以带动整个企业管理水平的全面提升，提高企业的经营效率和效果。近年来，各企业在开展企业风险管理与内部控制方面，做了大量卓有成效的工作，确保了公司的快速健康发展。特别是在应对国际金融危机、“5·12”汶川地震过程中，各企业按照“三控三强一确保”的综合风险防控措施，突出风险管理，加强内部控制，成功克服了地震灾害所造成的困难，平稳化解了国际金融危机带来的负面影响，为公司稳步快速发展起到了积极的作用。但是在看到成绩的同时，也必须清醒地认识到，我们的风险管理与内部控制工作与国内外一流的企业相比，还有较大的差距。从整体上看，公司系统28家全资及控股子企业中，许多企业尚未形成良好的风险管理与内部控制基础环境，虽然一些企业开展了定员定岗管理工作，对各工作岗位进行了职责描述，对岗位的权限作了界定，但这种职责、权限的描述和界定往往偏重于管理事项及其相应权限的划分，缺乏明确的关键控制点和控制标准；一些企业的内部控制活动主要还是以财务审计控制为主，往往只重视具体的控制活动，而忽视了控制目标、控制责任，战略、运营等方面的控制体系总体较薄弱；对风险的管理还缺乏有效的信息反馈与检查约束机制，总体还是以事后应对为主，事前防范、事中控制不足；个别企业还存在规章制度不少，但执行力不强，管理过程不受控，有令难行，有禁难止，制度规定与实际执行“两张皮”的现象，亟待我们从内部控制和风险管控入手，加强和改善企业管理，促进企业经营管理水平的提高。

（三）加强风险管理与内部控制是公司增强管控能力的基本要求

公司自2002年底组建企业集团以来，积极推进集团化建设，初步建立健全了具有自身特色的企业战略、人力资源、财务资金、市场运营、监督考核等集团管控体系。但在整个管控体系建设过程中，公司的风险管控体系建设还滞后于公司集团化建设的进程。我们的各项管控体系中，虽然也包含了许多风险管理与内部控制的规定、措施，但整体的风险管理体系、策略还有待建立健全，员工的风险意识、风险文化还有待形成。因此，全面风险管理作为目前公司管控工作中的短板，已迫切要求我们应以实施全面风险管理为契机，重点突破内控机制建设、风险管理体系建设、重大风险业务监控等薄弱环节，进一步优化公司管控框架体系，实现管控能力和管控效率的进一步提升，促进公司又好又快地发展。

（四）加强风险管理与内部控制也是国家监管部门的硬性要求

公司“跨越工程”在大家的共同努力下，已取得了重要的阶段性进展。按照工作目标，公司力争年内在国内A股市场发行上市，这对我们来说，既是机遇，也是压力。作为一家上市公司和公众企业，如何满足政策、法律法规和监管机关的严格监管要求，如何使公司成为一个市场形象好，企业实力强，成长空间大的上市公司，这些都对我们的管理工作提出了更高的要求。从国家层面对上市公司的监管要求来看，为提高上市公司质量，保护投资者权益，财政部、证监会、审计署、银监会和保监会等五部委于2008年5月22日联合发布了《企业内部控制基本规范》，今年4月15日，又联合发布了《企业内部控制配套指引》，要求在境内外同时上市的企业，应自2011年1月1日起施行；在上海证券交易所、深圳证券交易所主板上市的公司，应自2012年1月1日起施行。同时，要求实施内部控制的企业，必须对本企业内部控制的有效性进行自我评价，披露年度自我评价报告，同时聘请具有资质的会计师事务所对财务报告内部控制的有效性进行审计并出具审计报告。因此，规范有序地做好企业内部控制，已经成为上市公司面临的一项强制性监管规定，工作如果不能落到实处，则难以满足监管部门的监管要求。

此外，公司上市发行后，股份公司仍是一家国有控股企业，同样也必须遵照执行国有资产监管的相关政策、法律法规。在国资监管部门对企业开展全面风险管理的要求方面，国资委先后颁发了《中央企业全面风险管理指引》、《关于中央企业开展全面风险管理工作有关事项的通知》等文件，对中央企业的全面风险管理工作提出了明确要求。特别是2008年8月颁布的《中央企业资产损失责任追究暂行办法》（国资委20号令），明确规定了企业因内部控制存在重大缺陷或者内部控制执行不力等情形而造成资产损失的，应按损失程度不同，追究相关责任人责任；造成企业重大或者特别重大资产损失的，除按照规定对其他相关责任人进行责任认定外，企业分管负责人和企业主要负责人应当分别承担分管领导责任和重要领导责任，强调了中央企业建立健全全面风险管理体系的重要性和紧迫性。因此，从确保国有资产安全，保护投资者利益角度讲，股份公司也必须把风险管理与内部控制作为一项基础性的工作，切实履行好责任。

二、企业全面风险管理的内涵及其与内部控制的关系

（一）企业全面风险管理的内涵

在企业经营过程中，风险与机遇是辩证的统一体。企业经营管理的过程在某种程度上就是对机遇的把握和对风险的控制过程。只有善于把握机遇，企业才能发展；也只有妥善控制风险，企业才能立于不败之地。因此，可以说控制风险与把握机遇同样重要。

全面风险管理是一个既陌生又熟悉的话题。说它陌生是因为此前我们的管理体系中很少提及全面风险管理的概念，对它的认识和理解还不够深入；说它熟悉是因为我们的管理工作在很多方面就是围绕风险控制来展开的，它与我们的日常管理密不可分。

对于全面风险管理的内涵，国务院国资委制定的《中央企业全面风险管理指引》中明确指出："企业全面风险管理是指企业围绕总体经营目标，通过在企业管理的各个环节和经营过程中执行风险管理的基本流程，培育良好的风险管理文化，建立健全全面风险管理体系，包括风险管理策略、风险理财措施、风险管理的组织职能体系、风险管理信息系统和内部控制系统，从而为实现风险管理的总体目标提供合理保证的过程和方法。"

有别于企业危机管理、预警管理等狭义的风险管理手段和方法，全面风险管理的"全面"体现在以下几个方面：其一，战略性。企业危机管理、预警管理主要从操作层面进行指导，而难以谈及对企业战略的突出支持意义，全面风险管理是从战略层面入手，对企业面临的风险进行梳理和分析，并制订相应的管理和应对策略；其二，系统性。全面风险管理涉及发展战略、企业文化、公司治理、组织架构、管理流程、信息系统、财务安排、金融工具使用等企业经营的方方面面，对风险管理技术、手段、方法、策略进行了全盘的整合。其三，专业性。全面风险管理推进风险管理职能部门的设立，实施专业化管理。最后，全员性。全面风险管理是企业董事会、监事会、管理高层、各部门、各层次全员参与的一项管理工作。

（二）企业全面风险管理与企业内部控制的关系

在国资委大力倡导企业全面风险管理的同时，财政部、证监会等部门从企业监管的角度要求企业建设内部控制体系。按照财政部等五部委相关文件的规定："企业内部控制是指由企业董事会、监事会、经理层和全体员工共同实施的，旨在实现控制目标的过程，这个过程既包括了对企业经营管理活动的合规性要求，又是对企业资产安全、财务报告及相关信息真实、完整提供保证的具体规范。"企业经营所承受的风险，如果不能够采用风险转移或有效对冲等手段进行低成本、科学化管理的话，就必须考虑利用企业内部控制的方法进行风险管理。尤其是对企业无可回避的关键性重大风险，必须设计严格的控制流程，并密切监控实施过程，这些都是内部控制包含的内容。

全面风险管理和内部控制的区别体现在以下几个方面：

从性质上来讲，内部控制是一种基于损失最小化的被动式预防管理，注重于通过环境分析，在管理政策、组织机构、业务流程、市场经营层面减少不确定性，将风险可能带来的损失降到合理程度之下，内部控制关注的焦点是信息和决策的质量控制和操作风险控制；风险管理是基于损失最小化管理和绩效最优化管理相结合的一种管理方式，兼具防御性管理和进取性管理的双重特征，寻求的是风险和机遇的最佳平衡点。

从内容上来讲，内部控制主要侧重于企业内部各项流程的规范重整，而全面风险管理除了内部流程外，还包括企业外部和证券市场、保险公司、供应商等合作伙伴、政府等相关部门围绕企业风险的各种合作与博弈活动，包括各种财务安排、公共关系（例如政府关系、媒体关系）等。

从涉及的风险特征来看，内部控制针对的是企业需要承担的风险，需要在流程层面体现对承担风险的应对举措；而全面风险管理应对的是所有的风险，需要根据风险及其收益的判断，来做出风险的取舍。

全面风险管理与内部控制的联系体现在以下几个方面：

内部控制是全面风险管理的重要组成部分和基本依托。正是在已经成熟、完善的内部控制基础上，进行外围的延伸，将危机管理、预警管理、金融风险控制、战略风险控制的相关内容和风险识别风险评估的相关技术进行整合，形成了全面风险管理体系。

全面风险管理思想贯穿在内部控制体系的设计之中。内部控制体系的设计，首先要识别关键风险流程，例如企业并购、期货交易等，针对这些关键风险流程实施重点设计；其次，要围绕风险管理策略目标，针对企业战略、规划、产品研发、投融资、市场运营、财务、内部审计、法律事务、人力资源、采购、加工制造、销售、物流、质量、安全生产、环境保护等各项管理及其重要业务流程，完善规章制度，制定风险管理策略和方案。

从上面的分析我们可以看出，虽然全面风险管理与内部控制在概念的外延和形式上有所不同，但是从实质上却是对一项工作的两种不同表述：全面风险管理总体侧重于要求企业建立风险导向型内控；而内部控制，更倾向于要求企业应当建立管理合规型内控。二者不仅在本质上具有一致性，在内容上也大体相同，且相互补充，互为完善，其目的都是为了企业经营管理水平的进一步提高，各类风险的有效防范。基于企业全面风险管理与内部控制在本质上的一致性，我们在企业管理的过程中，应当把两者有机地结合起来，把它作为一项不可分割的工作来安排。

三、精心组织，科学安排，高效有序地做好公司风险管理与内部控制各项工作

（一）公司全面风险管理与内控体系建设的指导思想与总体目标

公司全面风险管理与内部控制工作的指导思想是：认真贯彻落实《中央企业全面风险管理指引》和《企业内部控制基本规范》及其配套文件精神，紧密结合公司整体上市与管理的实际情况，在公司"转型升级上水平"过程中，通过开展全面风险管理和内部控制工作，进一步提升企业管理水平，有效增强公司的抗风险能力与市场竞争能力，为把公司建设成具有较强国际竞争力的质量效益型跨国公司奠定坚实的管理基础。

总体工作目标是：通过全面风险管理与内部控制工作的开展，力争用三年左右的时间，在公司系统内构建起全面风险管理与内部控制的组织职能体系、制度体系、风险评估与管理体系、信息与监测体系、培训与文化体系、监督与改进体系等"六大体系"，有效地防范战略风险、财务风险、市场风险、运营风险、法律风险等"五类风险"，促进公司又好又快地发展。

（二）公司全面风险管理与内部控制体系建设工作的总体规划

按照"统筹规划、分步实施"的原则和横向覆盖到边（公司系统所有企业），纵向延伸到底（项目点）的工作要求，股份公司全面风险管理体系的建设总体分为三个阶段：

第一阶段为公司总部实施阶段。从现在开始，用1年左右的时间，基本完成公司总部全面风险管理与内部控制的组织职能体系、制度体系、风险评估与管理体系、信息与监测体系、培训与文化体系、监督与改进体系等"六大体系"建设，初步形成具有公司特色的企业风险管理文化。

第二阶段为子企业试点阶段，在总部启动全面风险管理及内部控制工作同时，根据公司全面风险管理整体框架设计和全面风险管理体系建设的总体实施规划，适时启动试点企业的工作，试点企业的试点工作应在2011年上半年完成。非试点企业在试点阶段应指派专人参与试点企业的全面风险管理体系建设工作，学习试点企业的工作方法和工作经验，为下一步本企业工作的开展奠定基础。

第三阶段是总结推广、规范运行阶段。此阶段要求各子企业应在总结推广股份公司总部及试点企业开展工作经验的基础上，全面开展风险管理体系建设，并于2011年12月底前完成相关各项工作，初步建立起覆盖公司三级管理体系的风险管理与内部控制体系，为体系的规范、高效运行及信息系统的开发应用奠定基础，创造条件。

具体工作计划为：

1. 公司总部的工作计划安排

2010年公司总部全面风险管理与内部控制工作的总体目标是初步构建公司的全面风险管理体系，具体包括以下几个方面的内容：一是初步建立起全面风险管理的组织、制度体系，明确相关工作职责；二是梳理、分析公司面临的风险点，形成风险信息库，初步搭建起涵盖风险评估、风险管理策略和防范方案的全面风险管理体系；三是研究提出公司2010年度全面风险管理报告；四是研究提出内部控制自我评价报告。工作计划落实的时间节点控制如下：

2010年7～8月，组织相关工作人员的进行业务知识的集中培训，同时完成公司全面风险管理整体框架设计和体系建设的总体实施规划；2010年9～12月，进行风险辨识和评估，完成对公司业务流程、制度体系的梳理，全面辨识和评估公司存在的主要风险点，对内控与管理方面存在的缺陷进行诊断；2011年1月研究提出公司年度风险管理报告；2011年1～2月，分别从战略层面和内控层面对重大风险管理进行改进和优化，完善相关业务流程和制度体系，提出公司的风险管理策略和重大风险应对方案；2011年3月，向国资委报送2011年全面风险管理年度报告；2011年4月提出2011年内部控制自我评价报告；2011年5月研究提出公司《内部控制手册》和《管理建议报告书》，经履行公司决策程序后印发公司系统执行。

2. 各子企业的工作计划安排

（1）试点企业的工作安排。

企业全面风险管理与内部控制是一项与企业生产经营和管理密不可分的工作。由于各子企业与公司总部在功能定位、管理体系上存在差异，其风险重点也有所不同（公司总部的风险重点在于对子企业的管控风险，而子企业的风险重点则在于自身的生产经营风险），因此，虽然公司总部的全面风险管理与内部控制体系要覆盖、延伸到各子企业，但不能替代子企业自身的体系建设工作。在公司总部开展全面风险管理与内部控制体系建设的同时，将在子企业层面选取部分企业作为试点，同步开展全面风险管理与内部控制体系的建设工作。根据子企业自身的意愿和业务板块的分布情况，公司决定将水电四局、水电十四局、国际公司、路桥公司四家企业确定为本次企业全面风险管理与内部控制体系建设工作的试点企业。

这里需要说明的是，子企业的全面风险管理与公司总部的风险管控虽然在工作理念、方式方法方面总体一致，但是在工作深度上对子企业的要求更高。根据公司全面风险管理体系建设工作规划的要求，子企业的风险管理体系需要结合企业实际情况将全面风险管理及内部控制工作从管理部门延伸至生产经营第一线，从二级公司总部纵向延伸到施工项目点。这个工作环节非常重要，因为项目点是施工企业风险管理的第一道防线，能不能将风险管理工作落实到最基层，落实到项目点，关系到股份公司覆盖三级管理层次的全面风险管理体系的建立及今后的运行效果。希望试点企业在研究试点工作方案时，要充分考虑这个因素，结合实际，把风险管理与企业生产经营第一线的情况有机地结合起来，提升企业内部管理水平，同时也为其他企业将这项工作落实到第一线提供有益的经验。

（2）非试点企业的工作安排。

非试点企业当前主要应做好以下工作：

一是要抓好学习宣传工作。各非试点企业要根据本次会议精神，进一步加强对《全面风险管理指引》、《企业内部控制基本规范》、《企业内部控制配套指引》等政策文件的学习，掀起“人人学内控、人人讲风险、个个受约束”的良好学习氛围，提高认识，增强风险观念，认真领会其对防范企业风险、提高企业管理水平的重要意义。

二是要立足于企业的长远发展，根据企业现阶段的实际情况，按照《配套指引》的要求，逐项对照，从对各项业务流程和管理规章制度的梳理入手，对企业在发展战略、财务资金、市场运营、投融资、项目管理、安全质量环保等工作中存在的问题和风险，进行认真的查找、分析、研究，梳理出现阶段存在的主要风险源和重大风险点，进而及时制定出相应的风险防控措施和应对方案，有效地规避或化解经营管理工作中所面临的重大风险。

三是要做好专业人才的培训培养工作。全面风险管理工作涉及面广、专业性强，作为一项长期性的企业管理工作，股份公司将逐步培养一支专业工作的队伍，要求各企业都要指定专人专职负责。对于各非试点企业，虽然不要求马上启动这项工作，但也要早准备、早安排。除选派得力的人员参加总部组织的各项业务培训活动，熟悉掌握开展风险管理的工作流程、工作方法外，还要积极参与试点企业的试点工作，通过学习实践，学习工作方法，积累工作经验，锻炼一支队伍，为下一步自行开展工作做好准备，打好基础。

四、几点要求

（一）认识上要足够重视

全面风险管理与内部控制是一项十分重要的工作，关系到公司未来的持续、快速、健康发展，也关系到各企业管控能力、管理水平的进一步提高。因此要求各企业、各部门要进一步提高对做好这项工作重要性、紧迫性的认识，把这项工作作为理清各项流程，完善各项管理制度，提高企业管理水平的重要契机，扎扎实实把工作做好，不做表面文章，务求实效。在实际工作中，要正确处理好风险与效率的有机关系，牢固树立“效益、效率和风险相平衡”的经营观念。在抓市场机遇的同时，要按照风险的两面性原理，注重风险的防范与控制，将风险控制在可承受的范围之内。在提高效率的同时，注重风险的控制程度与效率的平衡，注重处理好风险控制的严肃性与风险管理体系动态适应性的关系，强化关键风险点的管控，使风险控制与工作效率的提高形成良性的互动。

（二）组织上要提供有力保障

全面风险管理涉及管理工作的方方面面，不是某一个单位、某个职能部门一家的事，只有各企业、各职能部门通力协助配合，共同努力，才能把工作做好，才能使我们的管理体系更完善、更科学。希望公司总部各职能部门、各试点企业正确处理好全面风险管理与各项日常业务工作的关系，统筹安排好各项工作，确保必要的资源配置与投入，为工作开展提供有力的组织保障。特别是在前期工作培训、业务流程梳理、风险信息收集等阶段，工作量大，任务繁重，希望大家要按照股份公司的工作安排，做到组织落实、人员落实、工作责任落实，扎实有序地推进各项工作。

（三）要紧密结合经营管理实际开展工作

全面风险管理的最终目的是通过管理体系的建设和优化，保障和促进企业持续快速健康发展。如果风险管理脱离了经营管理实际，风险管理就成为空中楼阁，工作就失去了意义。因此各企业、各部门都要从本企业、本部门的管理现状出发，将风险管理与企业生产经营管理紧密结合起来，立足于解决经营管理工作中存在的突出问题来开展这项工作。通过查找本企业、本部门在风险管理、内部控制方面存在的缺陷与不足，改进和优化业务流程、管理流程，完善规章制度，加强企业的执行力和控制力，促进企业发展，实现全面风险管理与经营管理工作的紧密结合。

（四）要按期完成各项工作目标

全面风险管理体系建设具有程序性较强的特点，在不同的工作阶段，工作的内容和要求各不相同，尤其是内部控制工作，一个环节的工作没有做好，就会影响下一个环节工作的开展。因此，在工作过程中，要高质量地完成各阶段的各项工作任务，确保总的工作目标按期实现。股份公司全面风险管理与内部控制工作方案进一步细化后，将尽快发至公司总部各部门、各企业执行。全面风险管理领导小组办公室要加强工作的检查督促和业务指导，建立相应的考核评价机制。

（五）要逐步形成全面风险管理与内部控制工作的长效机制

风险管理与内部控制体系建设虽然是这次全面风险管理工作的主要目标，但并不是说体系建起来了，这项工作就完成了。风险管理的全面性、持续性、动态性特征要求我们各企业、各级组织、每一位员工都要树立起长期的风险管理理念。要通过宣传教育、学习培训，不断提高每个员工特别是各级领导干部、关键岗位员工的风险意识，将风险意识贯彻到企业运行的每一个流程、每一个工作岗位中去，使每个员工都能多一些思考，多一份责任，杜绝因风险意识欠缺而造成的损失。不管是这次全面风险管理的试点企业还是其他非试点企业，今明两年都要逐步建立健全重要岗位的风险评估机制和控制规范，要使每个员工都能明确本职岗位的风险和控制标准，形成人人都是一道防火墙的风险管理体系，形成一个能促进企业又好又快发展的风险和内控管理长效机制。

同志们，公司的全面风险管理与内部控制体系建设工作已经启动，大量的工作需要我们去完成，也更需要我们发扬吃苦耐劳的精神和顽强的工作作风，优质高效做好各项工作。当前，公司面临着上市发行、快速发展的重大历史机遇，风险管理与内部控制工作，对于全面提高企业驾驭风险的能力具有重要的现实意义和深远的历史意义，希望大家能站在有利于促进公司科学发展的高度，努力克服工作中出现的各种困难，圆满完成各项工作任务，为建设具有国际竞争力的质量效益型跨国公司作出更大的贡献。

全面落实三年目标　强化法律风险管控
在推动全面风险管理中提升法制工作整体水平

——在股份公司 2010 年法制工作会议上的讲话

（2010 年 9 月 29 日）

袁　柏　松

同志们：

今天我们召开股份公司 2010 年法制工作会议，这是股份公司成立后举办的第一次法制工作会议。会议在全面实现公司法制工作三年规划目标的关键时刻召开，必将对公司法制工作的进一步深化及经营管理整体工作的稳健推进起到积极作用。

本次会议的主要任务是：深入贯彻中央企业法制工作研讨会精神，落实股份公司 2010 年度和年中工作会议安排，根据国务院国资委推行中央企业法制工作新三年目标的整体部署，全面总结公司法制工作三年规划的进展情况，深入研究分析企业法制工作面临的新形势、新挑战和新任务，围绕“三加强一严控”的经营管控要求，明确下一阶段的主要任务和具体措施，确保公司法制工作三年目标的如期实现。在推动企业全面风险管理工作中进一步强化法律风险防范能力，不断提升股份公司法制工作整体水平。

集湘董事长和起涛总经理对这次会议十分重视，

要求全面总结、大力推动、追求实效，法制工作要在公司的改革发展中发挥更加突出的作用，我们要认真贯彻落实。下面，我讲四个方面的意见：

一、两年多来公司落实法制工作三年目标取得新的进展，法制工作取得新的成效

自2008年集团公司实施法制工作三年规划以来，公司上下积极制定落实方案，采取有力举措，三年目标正在逐步得以实现，法制工作水平得到不断提升。目前，股份公司总部和子公司两级法律风险防范机制基本形成，运作良好；经营行为法律审核专项检查活动效果明显；“五五”普法总结验收工作扎实开展；历史遗留法律纠纷案件处理成果显著；公司整体法律风险可控受控。在国务院国资委近期公布的《中央企业法制工作三年目标第二年度进展情况通报》中，集团公司各项指标综合评价成绩位居123家中央企业的第39位，进步明显。

一是各公司法制工作推进力度普遍加大。多数公司已将法制工作提升到保证企业实现稳健经营、科学发展的战略高度来认识。各层级管理人员的法制意识全面树立，各公司更加重视法制工作的组织、制度和执行体系建设，更加重视发挥法制工作对经营管理的专业支撑作用，更加重视法制工作人才队伍培养。有的公司专门召开班子会议专题研究推进法制工作的机制设计、人员配置等关键问题；有的公司召开法制工作专项会议，主要领导亲自部署、明确要求、狠抓落实。

二是总法律顾问制度落实情况进展顺利。经过股份公司的全力推动和各公司的积极跟进，目前股份公司总部和各子公司已全部落实总法律顾问制度。28家子公司均聘任了总法律顾问，其中实现总法律顾问专职化的达到11家。公司总法律顾问团队在各自所在岗位，参与重大经营决策、规范企业经营管理、维护企业合法权益发挥了积极有效的作用。同时，有15家子公司设立了法律事务部，7家子公司在相关职能部门内部独立设置了法律事务机构。既聘任专职总法律顾问又独立设置法律事务机构的子公司有水电一局、七局、八局、九局、十局、十三局、十六局、基础局等公司。

三是经营行为法律审核的保障机制日趋完善，实际效果日益明显。今年上半年，股份公司开展了经营行为法律审核工作专项检查活动，在各公司全面开展自查的基础上，股份公司组织对11家子公司进行了现场抽查，结果显示各公司均对经营行为法律审核工作出台了制度性保障措施并得以严格实施，法律审核流程得以规范，工作机制基本完备。多数公司企业规章制度、重大经济合同、重要决策的法律审核把关率实现了100%的目标。初步统计，两年多来公司总部经法律审核的各项规章制度112件、经济合同95件、重大决策51件。各子公司法律审核规章制度225件、经济合同2533件、重大决策152件、其他法律文件844件。水电二局通过公司内部URP管理系统，嵌入法律部门审核会签环节，实现了对外签订各类合同的法律审核把关；水电十二局制定了15项涉及法律审核的规章制度，并采用季度台账的模式对审核业务进行归类登记；水电十三局在公司总部和分公司两个层面均成立了经营行为法律审核工作组，指导和督促审核工作的开展；水电十五局经营行为法律审核工作合理地融入了公司法人治理结构，形成了良好的法律审核组织模式和工作机制；水电基础局由总法律顾问兼任董事会秘书，全程参与了公司改革、法人治理，防范法律风险取得良好效果；路桥公司法律事务部与风险管控中心合署办公，强化了对包括法律风险在内的全面风险管理；国际公司、港航公司经营行为法律审核职能由公司经营管理部门承担，有效实现了法律审核与经营管理的密切结合。

四是法律纠纷案件得以有效处置。自2008年启动历史遗留案件专项处置活动以来，公司未发生因违法经营导致的重大法律纠纷案件，历史遗留的法律纠纷案件正在逐步得以解决，案件发案率逐年降低趋势明显，企业法律顾问协调处理法律纠纷的能力显著提高。2008年至今年上半年，总部及各公司共计处理法律纠纷案件601起，涉及金额109279万元，其中总部对9家子公司的10余起重大法律纠纷案件进行了专项指导协调。通过企业法制工作人员的积极努力和有效工作，避免和挽回经济损失达19548万元，特别是针对一些历史遗留的可能产生负面影响的纠纷案件，经过不懈努力，取得了较好的诉讼成果，切实维护了企业利益，为企业的持续稳健发展保驾护航。水电十一局法制工作人员在接洽处理一起建设主管部门行政处罚案件时，发现该案涉及其他多家子公司，立即向股份公司总部报告，并向其他相关公司提供帮助，实现了信息和资源的沟通共享，使得股份公司控制该重大法律风险赢得了主动。

五是法制工作人才队伍建设不断推进。经过持续推动和共同努力，公司已初步建立起了一支具备一定规模和素质的专职企业法律顾问队伍。通过内部调整和社会化公开招聘，股份公司法律事务部增加配置了3名法律工作人员，部门建设得到进一步强化。目前，股份公司专职法制工作人员达115人，较

2008年同期增加了51人，增幅达80%；其中已经取得企业法律顾问资格的47人，取得律师或法律职业资格的45人，取得“双证”的20人，人才队伍较好地保持了稳定性、连续性和成长性。6月，股份公司出台了《企业法律顾问职业岗位等级资格评审管理办法（暂行）》，明确设立企业法律顾问职称序列，进一步完善了公司法制工作人员的专业成长和晋升机制。水电八局在总部与分局两个层次探索法制工作管理模式创新，通过实施法律顾问委派管理制度，加强对法制工作人才队伍的培养和锻炼。

六是“五五”普法工作圆满完成。自2006年启动“五五”普法工作以来，各公司高度重视，积极制定并严格落实普法规划，精心组织领导，认真筹划安排，采取多种形式扎实开展法制宣传教育，各层级管理人员的法制观念和法律风险防范意识逐步增强，公司突出建筑业、国际化特色开展普法宣传活动得到了国资委的充分肯定。今年5月开始，股份公司开展了“五五”普法总结验收工作，分阶段进行了各公司自查和股份公司抽查，结果表明各公司“五五”普法各项任务已圆满完成。水电三局普法工作实现了多部门配合有序开展，因普法的优异成绩获得全国工会系统“五五”普法活动先进单位；水电五局“五五”普法期间发放普法各类资料数千份，投入经费达20余万元；水电六局开展了“我对法制的认识”论文征集活动，加深干部群众的法制意识，营造合规文化氛围；水电七局层层签订了《“五五”普法责任书》，将普法依法治理工作与评先工作和年度工作目标考核挂钩；四川电力公司协办了地方政府举行的“五五”普法成果展，既促进了法制宣传教育“五进”（进机关、进乡村、进社区、进学校、进企业）活动，又很好地宣传了“中国水电”法制企业的品牌。

七是法制工作在公司运营过程中发挥了重要作用。公司两级总部在进行重大投资、重大合同、招投标、企业改制等重大决策时，更加注重通过企业法律顾问和社会专业机构把关，从源头上防范法律风险。股份公司总部通过公司章程、议事规则等制度设计，明确了总法律顾问列席总经理办公会、董事会、股东会议的程序，注重由法律部门参加投资评审会议、设备招标会签等多种务实方式进行法律论证。各公司法制工作人员全面参与了近年来的改革改制重组，做出了大量卓有成效的工作。同时，法制工作在维护企业根本利益、规避经营风险、防止经济损失等方面发挥了重要作用。特别是在经济危机的严峻时期，企业实现了高风险期的持续稳步发展，传统主业优势加强、新兴业务稳步拓展、国际业务逆势推进，在这一历史性进程中，没有发生严重法律风险和重大法律事件，法制工作发挥了突出的保障和促进作用。

法制工作取得的上述成绩，是公司各级领导真正重视和倾力支持的结果，是公司法制工作人员辛勤工作和不懈努力的结果。借此机会，我代表股份公司和股份公司党委向大家表示衷心的感谢和崇高的敬意！

在充分肯定成绩的同时，我们也必须清醒地看到股份公司法制工作需要强化的薄弱环节和存在的不足。一是部分子公司法制工作体系有待进一步完善；二是经营行为法律审核工作需要进一步深化，提升审核水平、追求实际效果；三是法制工作队伍综合能力急需进一步提升。这些方面的问题，需要我们在今后工作中下大力气加以改进和完善。

二、股份公司法制工作面临着新形势、新挑战和新任务

（一）法制工作面临着公司改制上市后内部优化、外部整合的新形势

当前，公司的改革发展已经进入全新的阶段，法制工作也必将面临着新的形势。

一是内部环境中，集团公司整体改制已顺利完成，组建了股份公司，正在着力推进年内在国内A股市场发行上市。股份公司成立以后，公司的治理机构、组织架构、制度体系等均发生了一系列的新变化；公开发行上市后，企业性质转变为社会公众公司，要遵守的法律、法规和规章会增加，面临的监管和监督会增多，公司经营管理的透明度要求会随之提高，经营压力也会进一步加大，法制工作在公司按照现代企业治理的规则规范运作过程中将承担更多的职能。

二是外部环境中，随着全球产业升级和结构调整力度不断加大，国资委在不断推进中央企业相互联合、上下游整合等多种形式的兼并重组，着力打造80～100家极具竞争实力的大型企业集团。按照国资委的部署，年内电网主辅分离改革及电力设计、施工企业一体化重组将进入实质性运作阶段，集团公司作为参与重组的主要中央企业，对未来的改革发展会产生深远影响。在参与整合重组过程中会面临保持稳定和规范实施的具体任务。

上述新情况、新变化，需要我们高度重视，无论是企业改制上市还是调整重组，都蕴藏着大量的法律业务需求，我们要做好相应的思想准备和工作安排，进一步提高法制工作服从、服务于生产经营及阶段性中心工作的响应能力。

（二）法制工作面临着公司转型升级所带来的现代化、多元化、国际化的新挑战

近年来，公司积极调整产业结构，推进转型升级，业务领域不断拓宽，跨国经营程度日渐加深。目前公司已呈现出管理现代化、业务多元化、经营国际化的发展新格局。

其一，管理现代化给法制工作带来服务模式的新挑战。股份公司的组建，是公司推进现代企业制度建设，由传统国企向现代企业转型的一个重要里程碑，公司健全完善了治理结构，企业体制机制改革进一步深化，形成了各司其职、协调运转的制衡机制。法制工作如何规范服务股东会、董事会、监事会及经营管理层，充分发挥其科学决策、防控风险的作用，需要深入研究并执行好《公司法》、《证券法》、《企业国有资产法》等相关法律规定，积极适应新的治理环境下的一系列新变化、新要求。

其二，业务多元化给法制工作带来服务领域的新挑战。公司在巩固水利水电建筑核心主业及行业领先地位的基础上，实施国际业务优先发展战略，加大力度全方位开拓国内基础设施建筑市场，加快培育新的经济增长点，优化业务结构，形成了国内水电、国内基础设施、国际业务三足鼎立、工程承包产业与可再生能源产业协调发展的大经营新格局。法制工作服务的领域也要在公司业务拓展的大背景下，逐步向新的领域延伸，在服务传统的建筑施工主业的基础上扩展到投融资、资产运营领域，在服务单一的水利水电工程的基础上扩展到铁路、公路、城铁、港航等大土木工程领域，在服务施工承包模式的基础上扩展到EPC、BT、BOT等新型融资建设领域。新领域要求法制工作要有新的知识储备、新的经验积累。

其三，经营国际化给法制工作带来服务层次的新挑战。按照国家“走出去”的战略部署，近年来公司坚定实施国际业务优先发展战略，国际市场空间不断拓展，市场份额不断扩大，“中国水电”品牌的国际声誉和影响力不断提升。2009年，国际业务实现的利润占到公司利润总额的62.5%，今年上半年，国际业务完成营业收入占公司总营业收入的26.5%，新签合同额占公司总签约额的53.7%，这是一个本质性的变化，需要引起我们法制工作人员的关注。在国际业务作为公司的支撑性业务的格局下，跨国经营过程中会遇到大量的法律事务，涉及复杂的国际规则，法制工作不可回避地要融入国际业务中，在服务内容上涵盖国际业务，在服务层次上与国际接轨。目前较为紧迫的是要认真研究法制工作如何进一步融入国际经营、法律管控如何为国际业务风险管理提供支撑。

（三）法制工作面临着由基础体系建设阶段向整体水平提升阶段转型的新任务

及时引领公司法制工作进入整体水平提升阶段是我们的重大战略使命。经过两年多的大力推动，公司法制工作的组织体系、制度体系和执行体系得到健全，股份公司总部和各子公司两级法律风险防范体系初步形成并有效运转，基础体系建设已初步完成，正在实现由基础体系建设完善阶段向持续规范和能力提升阶段的转型。

法制工作实现阶段性的跨越，也给这项工作以及从事这项工作的全体人员带来了新的任务：一是要进一步巩固和规范法律工作的组织、制度和执行体系，保障法制工作开展的长效机制；二是要持之以恒地抓好职能部门与人才队伍建设，持续提升从业人员的整体素质和服务能力；三是要进一步深化法制工作的业务内容，全面提升工作成果取得实效。

三、在开展全面风险管理中进一步提升法制工作水平

为适应强化内部管理的需要，满足外部监管的要求，进一步提高公司风险管理与内部控制能力，实现公司科学发展上水平，股份公司于7月正式启动了全面风险管理工作。全面风险管理工作作为现阶段公司内部管控中的重点工作，需要引起大家的高度重视和积极参与。同时，法制工作与全面风险管理有着密不可分的关系，公司总部和各子公司要以开展全面风险管理为契机，梳理法律风险防范流程、理顺法律管控业务设计，在开展全面风险管理过程中，进一步提升法制工作的水平。要重点解决好以下几个方面的关系：

（一）把握好法制工作与企业全面风险管理的关系

全面风险管理是围绕总体经营目标，通过执行风险管理的基本流程，培育风险管理文化，建立健全全面风险管理体系，实现风险管理的总体目标提供合理保证的过程和方法。全面风险管理中重点对战略风险、财务风险、市场风险、运营风险、法律风险等“五类风险”予以管理。目前，业界基本统一的认识是，其他各类风险管控不力最终都会以法律风险的形式综合体现出来。

法制工作的核心目标是保障企业法律风险充分防范、促进企业经营管理持续规范，是通过发挥其事前预防、事中控制、事后补救和综合评价等功能，对企业法律风险进行全面动态管控。

从二者的职能定位和实践经验不难判断，法制

工作是全面风险管理的重要组成部分，工作内容涵盖在其中。法制工作是企业全面风险管理的重要基础性、保障性工作，是企业内部风险管控机制的重要环节和工作平台，是全面风险管理的切入点，并能推动全面风险管理向纵深发展。

（二）把握好法制工作与企业法律风险防范的关系

首先，法制工作是法律风险防范的基础和前提。通常概念中，多数人将法律风险防范等同于法制工作的全部，这是一个不正确的观念，其混淆了二者的相互关系。法制工作是企业加强基础管理，实现经营行为规范化、制度化、法制化的综合管理，法律风险防范只是作为法制工作的一项具体部署和安排，是法制工作的重要组成部分。

其次，法律风险防范是法制工作的中心任务、是法制工作的出发点和落脚点。企业法律风险分布的广泛性和客观性，以及法律风险和其他风险的伴生性和转化性，使得企业的法律风险防范在法制工作中显得尤为重要，占据着核心位置。应将加强企业法律风险防范作为企业法制工作的中心任务。

（三）把握好法律管控与经营管理的关系

现代企业的管理本质是法制化、规范化的管理，通过法律管控对企业经营发展各种法律事务的处理和法律风险的处置，是现代企业管理的重要内容。促进法律管控融入企业经营管理，既是提升企业法制工作水平的重要手段，同时也是实现企业管理现代化的客观要求和衡量标准。

一方面，法律管控有益于经营管理。法律管控与企业经营管理的有效融合，不会给企业增加多少成本，只会给企业带来良好效益。实践证明：堵塞法律漏洞，防范法律风险，维护合法权益，避免资产损失，实际上就是创造了经济效益。

另一方面，经营管理离不开法律管控。企业在开展经营管理中要推进企业法律风险防范机制建设，通过对经营管理流程的规范，使法律审核成为企业管理的重要一环；通过明确各部门、各岗位在法律风险防范中的职责，并进行全程管理和监控，使法律管控全面渗透到企业经营管理的各个环节。实践证明，法律管控对经营管理支撑作用是直接的、可持续的。

四、下一阶段全面落实法制工作三年目标和着力提升法制工作整体水平的几点要求

（一）要在服务生产经营管理过程中推动法制工作三年目标的全面落实

2011 年是国家启动实施“十二五”规划的开局之年，也是公司落实 2010～2012 三年发展规划的重要阶段。从现在起到明年 7 月份，也是国资委确定的法制工作三年目标落实的最后关键时期。虽然我们落实三年目标的进展较为顺利，但从国资委近期的进展情况通报来看，还存在着不小的差距，尤其是在合同审核和案件处理方面需要进一步加强。实现三年目标的最终目的是保障和促进生产经营管理，各公司要结合经营管理工作的开展促进三年目标的全面实现，而不是停留在口头和书面上。

促进法制工作三年目标的全面落实要抓住重点，突破难点，全力推动。首先股份公司层面要抓好总体指导协调。其次是各子公司作为责任主体，要对照各自企业确定的规划节点目标和股份公司的统一指标，没有完成的抓紧落实，特别是部分子公司要进一步加强法制工作的体系建设。2011 年二季度初，股份公司要对各公司法制工作三年目标完成情况进行一次重点检查，推动三年规划的全面落实。

（二）要将法制工作有效融入企业全面风险管理工作中

一是法制工作队伍要全员重视全面风险管理工作。全面风险管理工作是具有长期性的一项十分重要的工作，关系公司管控能力、管理水平的进一步提高。因此要求法制工作全体人员要进一步提高对这项工作重要性、紧迫性的认识，并自觉地将之作为提升综合能力的重要契机。

二是法制工作要全面参与到全面风险管理工作中。法制工作本身就是全面风险管理工作的重要组成部分，要积极融入。全面风险管理内容很复杂，其总体目标的其中一项是要确保企业遵守有关法律法规，法制工作要承担起法律风险管理的使命，不断增强企业法律风险的识别、管理和控制能力，保证企业依法合规经营。

三是法制工作要全力支持全面风险管理工作。全面风险管理涉及管理工作的方方面面，需要大家的通力协助配合。法律部门要为全面风险管理机构提供专业支撑，实现法制工作与全面风险管理工作的良性互动。

（三）要充分发挥总法律顾问队伍在开展法制工作中的牵头作用

各公司要进一步巩固总法律顾问制度的落实，为所选任的总法律顾问行权履职提供组织、制度和机制保障。总法律顾问要充分发挥法制工作开展的牵头作用。

其一，总法律顾问要通过参与公司重大经营决策，保证公司决策层直接获得法律论证意见和决议的依法合规守纪。

其二，总法律顾问要负责组织制定法律风险管理战略和具体实施计划，并全面指导协调实施。

其三，总法律顾问要持续推动法律事务机构的职能完善和法制工作队伍的整体能力提升。

（四）要不断提高法制工作的水平和质量，在法律服务中讲求实际效果

要发挥好法制工作的保障促进作用，法律服务要做到精准、主动和及时。在抓好管理职能尤其是法律事务基础工作的同时，不断提高工作能力，切实在法律服务实践中出亮点、出业绩、出经验。

一是做好决策法律服务和过程控制。要为公司重大决策事项和涉及企业和职工切身利益的重要事宜等提供全过程法律支持和服务。

二是积极依法维权创效、妥善处置纠纷案件。要主动运用司法手段加大对应收账款的法律清收力度，积极应对各类纠纷案件，切实维护企业的合法权益。

三是全面协助相关重点业务。要积极响应阶段性重点领域的业务法律需求，做好法律风险评估和防范，密切协同配合，追求实际效果。当前要重点研究公司上市后对法制工作的业务需求。

（五）要持续完善经营行为法律审核工作的保障体系和工作机制，提升法律审核权威性

股份公司总部和各公司要更加重视并深化实施经营行为法律审核工作，提供完备的保障体系和工作机制，持续提升法律审核的权威性。

第一，制度保障。各公司要根据《国有企业法律顾问管理办法》及公司关于经营行为法律审核的制度规定，赋予总法律顾问和法律事务机构应有的地位和职责，进一步发挥企业法律顾问在重要规章制度、重大经济合同和重要决策中的审核把关作用。

第二，机制保障。要进一步健全和完善企业重要经营决策会议制度，规范决策程序和业务流程，保证总法律顾问参加企业重要经营决策会议，保证企业做出每项重要经营决策都有法律审核意见，努力在决策层面筑起法律的防火墙。要继续完善企业法律顾问全程参与企业重要经营活动的法律审核机制，把好重要合同的签约、履行、维权等重要关口。

第三，效果保障。要逐步规范并形成经营行为法律审核工作相对统一的规范标准，法制工作人员在提出法律审核意见时，既要依法论证全面表达，也要为企业寻求法律可行的途径。要善于在法律框架内提出解决问题的方法，不能因为法律审核工作的介入，降低决策效率，贻误发展机会。

（六）要从长计议、统筹规划，切实加强法制工作人才队伍建设

从上半年法制工作人员摸底的总体情况来看，股份公司法制工作人员的队伍尚处在成长阶段，与股份公司的经营规模、组织机构和人员构成相比，比例略显失调，尚需不断扩展企业法制工作力量，急需提升从业人员的综合能力，进一步加强法制工作人才队伍建设，尽快建立起一支素质高、作风硬的专业人才队伍。

在稳定队伍方面，通过引进和培养“两条腿走路”的方式，改善人才紧缺，力量薄弱的问题。对紧缺人才要重点引进，同时要把现有的队伍培训好、稳定好，要鼓励具备条件的员工参加法律顾问资格考试，加强自我培养。同时要利用社会的专业法律资源为企业服务，建立起内外两支法律队伍相结合的人才库。

在提升能力方面，法制工作人员一定要秉承法律思维与管理思维相结合的工作理念，加强法律专业知识和企业管理知识的学习，时刻注意自己的工作方式方法，变被动服务为主动参与，努力使自己的工作适应企业经营管理的实际需要。不要仅仅停留在单纯套用法条的层次，要学会用法律思维审视管理问题，用管理语言表述法律意见。

在加强交流方面，要积极开展各公司法制工作人员的协作交流活动，认真梳理总结以往经验和教训，通过编制案例汇编、法律指引等，使公司全体法制工作人员都能够学习借鉴。

在激励促进方面，从明年开始，要积极推进，将法律顾问职业岗位资格评审纳入职称评审的统一序列，按期开展资格评审工作；同时，要研究制定法制工作的考核评价机制，对专职人员进行综合考评。

（七）要着手筹划开展“六五”普法法制宣传教育工作，加大法律培训力度

今年是“五五”普法的最后一年，要善始善终、保质保量地完成“五五”普法确定的各项工作目标任务，同时要尽早思考“六五”普法工作的总体规划安排。

一是做好“五五”普法收尾工作。目前股份公司的总结验收已基本完成，年底前要按照统一部署做好“五五”普法的企业内部评先选优工作，及时表彰和向上级推荐表彰工作突出的集体和个人。

二是做好“六五”普法前期筹划。在认真总结前期普法经验、把握普法工作发展规律的基础上，结合当前普法工作的形势，加强研究工作，精心策划，准确定位，结合实际，着手准备拟订“六五”普法规划工作。

三是做好法制宣传教育。结合企业实际，不断

创新方式方法，增强针对性和实效性，大力开展法制宣传教育，为培育和构建企业合规文化、提升企业软实力奠定坚实基础。

四是做好法律知识培训。股份公司法律事务部要结合公司生产经营工作的重点以及法律法规的修订或出台的情况，为法制工作专兼职人员量身订制培训计划，统筹安排、精心组织各类专业培训，加大对企业总法律顾问、法律事务机构负责人和法律专业人才的培训力度，加快建设一支专业能力强、综合素质高的法制工作专家队伍。

同志们，新形势、新挑战、新任务为法制工作赋予了新内涵、新使命、新机遇，也为法制工作人员成长成才提供了更宽阔的舞台。希望通过今天这次会议能够进一步增强大家搞好法制工作的责任感、使命感和紧迫感，继续探索创新、扎实工作。让我们在国资委和股份公司的领导下，共同开创法制工作的新局面，为进一步提高公司的综合竞争力、促进公司的科学发展提供更加有力的法律保障！

强化措施　落实责任　继续促进本质安全建设

——在2010年安全生产工作会议上的报告

（2010年1月31日）

孙　洪　水

同志们：

这次会议的主要任务是：贯彻落实全国安全生产电视电话会议和水电建设股份公司工作会议精神，总结2009年安全生产工作，部署2010年工作，表彰先进，以更大的决心，更强的责任感，更有力的措施搞好2010年的安全生产工作。以抓项目、抓标准化、抓队伍建设、抓安全技术、抓一线员工培训为重点，落实责任、落实安全投入、落实技术措施，不断提高安全管理水平，努力把中国水利水电建设股份有限公司建设成本质安全企业。

在全国安全生产电视电话会议上，张德江副总理指出：2010年全国安全生产工作总体要求是：认真贯彻落实党的十七大精神和十七届三中、四中全会精神，以邓小平理论和“三个代表”重要思想为指导，深入贯彻落实科学发展观，全面落实中央经济工作会议部署，坚持安全发展理念，继续深入开展“安全生产年”活动，以预防为主、加强监管、落实责任为重点，深化“三项行动”和“三项建设”，进一步促进安全生产形势的持续好转。突出预防为主，着力做好事故超前防范；突出加强监管，继续严厉打击非法违法生产经营行为；突出落实责任，严格安全问责制度；加强宣传教育和队伍建设，提高各类安全人员素质；加强安全基础工作，不断提高安全保障水平；加强协作联动，推进安全生产综合治理。

今年，我们安全生产工作的重点，就是要围绕“总体要求”抓好落实 。

今天的会议，范集湘董事长将作重要讲话，对集团公司2009年的安全生产工作进行全面的分析和评价，并提出今年安全生产工作的目标和要求，对我们下一步做好安全工作具有很强的指导意义。一会儿，刘起涛总经理在会议总结中，还要进一步强调安全生产工作，对董事长和总经理的讲话和要求，我们一定要深刻领会，认真落实。

下面，我从三个方面报告安全生产工作。

一、“安全生产年”各项活动扎实有效，安全生产形势持续稳定

2009年，是以“深入开展三项行动，全面加强三项建设”为主要内容的“安全生产年”。按照国务院安委办和有关部委的工作部署，结合实际，集团

公司以项目安全管理为重心，全面开展“三项行动”和“三项建设”。从健全规章制度、深化隐患治理、强化检查考核、落实安全责任、加强宣传教育等方面入手进一步规范安全生产管理工作，2009年的安全生产总体形势进一步的稳定好转，全年发生一般性安全生产责任事故1起、死亡1人，是集团有史以来责任事故起数和死亡人数最少的一年。

1. 认真履行安全责任正在成为全体员工的自觉行为

通过深入学习实践科学发展观活动，总结近几年安全生产管理实践，我们深刻认识到：安全生产是一个企业必须履行的社会责任，建设本质安全是企业不断发展、长治久安的基本保证，也是全体员工的共同愿景和努力方向。领导高度重视安全生产，全体员工安全意识不断提高，是我们搞好安全生产工作的制胜法宝。

基于这样的认识，集团公司围绕发展战略的需要，以项目安全管理为核心，不断加强项目安全监管力量，大力推行项目安全总监制和安全督察组巡回检查；不断强化安全检查考核，强化安全事故的责任追究，进一步促进各级领导对安全生产重视程度、履责能力和水平的不断提高。

在过去的一年中，范集湘董事长、刘起涛总经理在多次会议上强调安全生产工作的极端重要性，并提出工作要求。范集湘董事长要求公司各级领导干部高度重视安全生产工作，并提出要“用100%的措施防范概率只有1%的事故”。刘起涛总经理强调，全体员工要将“安全就是效益”的理念渗透到骨子里，外化在行动上。公司其他领导坚持“一岗双责”，总部各部门认真履行安全责任，使安全生产工作融汇到公司生产经营的各个环节。

各子公司、控股公司高度重视安全生产，不断完善安全管理规章制度，不断完善安全生产责任制度，形成了主要领导全面抓、分管领导具体抓、其他领导配合抓的“一岗双责”安全管理工作格局。各单位、各项目结合工作实际，不断探索新的安全管理方式，不断丰富安全管理内容，不断规范安全管理方法，着力加强安全能力建设。“领导重视、员工自觉、责任落实、投入保证、管理规范、技术支持”已经成为我们搞好安全生产工作的基本经验。

2. 安全基础工作得到全面加强

近几年来，在各级领导和安全管理人员高度重视下，在全体员工的共同努力下，安全基础建设工作得到不断完善、加强和夯实，主要体现在以下几个方面。

一是安全管理制度得到进一步的细化和完善，使之更加合理，操作性更强。2009年，随着集团公司安全生产形势不断变化和安全生产管理水平的不断提升，对《安全生产考核管理办法》中的考核内容、重点、评分标准和权重进行了调整，增加了对自然灾害事故、交通事故的责任追究和处罚力度，进一步融入了建设本质安全企业思想，反映了公司新的安全观，使得安全考核工作更全面、更合理，标准要求更高。各子公司在完善管理制度方面投入大量精力，如九局、十一局发布了《建筑工程实用安全技术手册》，十三局出台了《安全技术交底模块》，十四局修改了《职业病防治实施细则》，华亭公司制定了《工器具安全使用办法》等。

二是进一步加强了安全管理队伍建设，各单位认真贯彻和执行项目安全总监制和安全督察制，绝大多数的项目配备了安全总监，大大加强了项目安全生产监管力量；以工程施工为主业的子公司成立了安全督察组，并按“检查、监督、指导”的原则开展安全生产督察。各单位充分利用社会资源，开展形式多样的项目经理和专职安全管理人员培训活动，安全培训已成为提高现有人员安全管理能力水平的重要手段。同时，各单位加大力度招聘安全专业的毕业生充实安全管理队伍。这些措施的实行，加强了安全监管队伍建设，进一步促进了安全管理水平的提高。

三是管理标准化正在成为安全生产管理的重要工具和有效手段，各单位、特别是十四局公司，先后开展了安全管理标准化研究工作，随着这一工作的深入展开，集团公司安全管理的成功经验、安全技术的一般方法、安全作业的工作流程等，将成为集团公司的企业标准，为中国水电品牌提供重要基础支撑。集团公司研发的安全生产信息化管理系统已在系统内广泛应用，这一系统的应用极大地缩小了集团公司与各单位、各项目的时间与空间的距离，为实现系统内安全管理的时效性、规范化、标准化、降低安全管理成本打下了良好基础。

3. 非水电项目的安全生产管理快速跟进

非水电项目的生产经营活动已经成为集团公司生产经营活动的一个重要组成部分，搞好非水电施工领域的安全监管是保证集团公司安全生产总体形势稳定好转重要工作。针对非水电项目起步较晚、管理经验和能力相对匮乏的特点，集团公司和各子公司高度重视铁路、公路等基础设施项目和房地产项目的安全生产工作，高频率地开展了对非水电项目的安全生产监督检查和工作指导，有力地促进了非水电项目安全生产管理工作稳步向前推进。

4.“三项行动”“三项建设”活动成效显著

2009年是以“深入开展三项行动，全面加强三项建设”为主要内容的“安全生产年”。集团公司按照国务院安委办及有关部委的要求，结合集团公司实际，以加强安全能力建设为目标，以隐患治理为着力点，将“三项行动”、“三项建设”分成三个阶段进行，即第一阶段自查自纠，第二阶段整改检查，第三阶段总结经验。同时，将安全队伍建设、安全标准化工作和员工安全培训有机结合到这一活动中。为这项主题安全活动形式多样、效果明显注入了新的元素。

在开展“三项行动”、“三项建设”活动中，我们继续深入开展隐患排查治理工作，全年共查出一般隐患19743项，并全部在规定时限内完成整改，查出重大隐患422项，完成整改374项，整改率89%，落实整改资金7272万元。对短期不能完成整改的隐患，按照落实责任人、制定整改措施、落实整改资金、规定整改期限四项要求逐一落实。

二、2009年安全事故情况

2009年，集团公司共发生了10起事故，死亡人数22人，失踪31人。其中，经调查属于自然灾害的事故5起，死亡16人，失踪31人；场外交通事故3起，死亡4人；由集团子公司的分包商承担责任的安全生产事故1起，死亡1人；由集团子公司承担主要责任的安全事故1起，死亡1人。

虽然2009年没有发生较大及以上安全生产责任事故，但上述这些事故的发生，说明我们在安全管理工作中还存在盲区，在隐患排查治理工作方面还存在死角，有的单位还存在安全责任不落实的问题，个别项目安全管理存在着突出的问题。

特别是在自然灾害的防范方面，还存在漏洞和侥幸心理。去年共发生5起地质灾害事故，给企业造成了很大的经济损失和负面影响，有客观的原因，但也同时说明我们对生活营地作业场所的周边地质环境认识不够，对水电站安全运行的能力和经验不足，对这类隐患排查治理还不彻底，对“不满足安全生产条件不施工”的原则执行得不坚决，这些问题都需要我们在今年的工作下大力气予以解决，各单位要从上述事故中吸取教训，举一反三，认真检查整改，防患于未然。

三、强化措施，落实责任，促进本质安全建设

今年是股份公司成立的第一年，还要择机上市，这就要求我们在安全生产方面不能出大问题，否则，社会负面影响太大，股民也不会认可，在这个背景下，各级领导更要倍加努力，负起责任，确保安全生产形势持续稳定，为建设本质安全企业奠定良好的基础。

今年股份公司的安全生产工作思路是：深入贯彻落实全国安全生产电视电话会议和股份公司工作会议精神，以项目安全管理为中心，以落实项目经理安全责任为切入点，以安全管理标准化为手段，抓安全监管队伍建设、抓隐患治理检查整改、抓作业人员安全培训，规范管理，规范现场，规范作业。逐步建立安全生产长效机制，不断促进本质安全建设。

1. 落实项目经理责任，保证安全资源配置

搞好安全生产和搞好其他工作一样，一要领导重视，二要资源到位，三要方法对路。这三个前提条件中，领导重视最重要，有了领导的正确认识，安全生产所需的各种资源就能配置到位，安全管理的办法就能创新有效。我们同时在建的项目有一千六百多个，在这些项目中，项目经理是保证安全生产资源配置的关键人物，他们对安全生产重要性的认识正确与否，直接影响项目安全生产。因此，各单位要充分认识项目经理在安全生产中的重要地位和作用，把项目经理在安全生产方面的业绩融入选拔任用、考核评价、激励约束等各个环节，充分利用安全生产责任制度和安全生产检查考核管理制度，引导、督促项目经理重视安全生产工作，让每个项目经理懂得“以人为本是企业生产经营的出发点和落脚点，也是企业可持续发展的基础”。只有项目经理的思想认识到位了，才会产生对安全生产工作的主动性和创造性，企业的安全生产才能得到保障。

2. 加强队伍建设，提高安全监管能力

建设一支能正确履行监管责任的安全队伍是搞好安全生产的前提，也是我们的一项长期任务。

通过三年的努力，各单位项目安全总监已基本到位，各单位安全督察工作在实现集团公司安全形势持续好转中发挥了重要作用，我们要继续抓好这两项工作。

各单位要进一步加强对项目安全总监和其他安全管理人员的考核、培训工作，搞生产经营是业绩，抓好安全生产同样也是业绩，要创造条件建设一支高素质的安全生产监管队伍，不断提高安全生产监管能力，同时，要不断加强对项目总工的技术培训，使项目总工有能力完成安全技术措施组织、编写、审核工作。安全生产监管队伍建设的目标就是要让每个项目的项目经理、安全总监、总工程师和安全监管人员都能具备正确履行安全责任的认识、能力和水平，使每个项目都能够有意识、有能力把安全

生产工作抓实抓好。

3. 加强一线员工培训，夯实安全基础

人是企业生产经营的主体，也是安全生产工作的主体，因此，不断提高一线作业人员的作业技能和安全意识是安全生产管理工作的重点之一，提高他们的素质就必须做好安全培训。目前，数十万农民工工作在我们各个工地上，各级领导尤其是项目部领导要充分认识到，对农民工的安全培训、技能培训是搞好安全生产的重要基础，只有把这个基础夯实了，我们的安全生产才有了保证。从近几年项目员工安全培训情况来看，虽然各单位采取了一些办法，但培训效果不是很理想，其中有对安全培训的认识问题，也存在培训师资方面的问题、教材方面的问题和培训资金问题。因此，对一线员工安全培训工作，要从抓项目一把手的认识入手，要制订针对一线作业人员的培训制度。一要保证培训师资、保证培训资金、保证培训时间。二要规范培训教材，做到因岗施教，对不同的岗位，设置不同的课程，编制不同的计划，采取不同的教育培训方式。三要坚持“危险告知制度”，要将不按规程操作可能造成的严重后果讲清楚，要把正确操作方法告诉员工。四要把师资建设作为搞好培训工作的重要手段，把技术人员、项目管理人员和安全监管人员作为重要师资加以培训。

4. 充分发挥安全技术在安全生产中的支撑作用

安全技术是安全生产保障体系的重要组成部分，安全技术的指导作用成功与否直接影响到生产作业安全。一个规范的科学的安全技术措施可以指导我们按照正确的程序施工，消除施工中的安全风险。

从安全检查发现的情况来看，大部分项目都制订了安全技术措施，安全技术措施的指导作用在逐年提高，但是还有一部分项目安全技术措施没有明确施工程序，没有消除安全风险的具体方法，仅仅是泛泛而谈几条原则，内容空洞、缺乏针对性。有的项目部在进行危险性较大的作业时，甚至没有制订安全技术措施，比如2008年发生的一起事故，作业前没有制订安全技术措施，更谈不上安全技术交底，施工人员只是凭经验施工，最后导致了严重事故。编制安全技术措施的关键是依据设计要求、技术规程规范以及力学、电学等基础理论，规定一项施工的工作程序、注意要点和消除隐患的方法，并把这些内容反映在图纸上，反映在工作程序上。

经验是我们搞好安全工作的依据之一，但仅仅凭经验是不够的，没有安全技术支撑就不能保证生产安全。因此，各单位要把安全技术措施的编制、审核、批准、交底、执行五个环节作为项目安全生产的一项重要内容来抓，并且明确项目总工程师是编制安全技术措施主要责任人，主管生产的副经理是技术措施实施的主要责任人。

5. 全面推进安全生产信息管理系统的应用

股份公司安全信息管理系统已经运用近一年，设计这个系统时，就考虑了股份公司项目分布地域广远，直接管理难度大的特点，在这个系统中嵌入了检查、监管、咨询功能，通过这个系统集团公司和各子公司二级总部就可以比较方便地开展远程监管。通过2009年的试运行，系统信息登录量总体偏低，部分项目对安全信息系统的作用和功能不了解，对信息管理系统的应用缺乏主动性。还有个别项目安全管理工作本身就不规范，甚至责任制度管理制度也没有，没有什么资信登录到这个系统。今年，我们要充分利用这个系统促进安全管理标准化、规范化，把这个系统引入到安全考核体系中来，着力推广使用，让信息系统成为提升我们安全管理水平的重要平台。同时，我们要不断完善这个系统，解决二级总部更方便地开展对所有项目的检查监管，解决项目部更方便地登录安全管理内容和提出咨询要求。

6. 进一步提高应对自然灾害的能力

2009年，地质灾害给我们造成了重大人员伤亡和财产损失，也给集团公司带来了一定的负面影响。发生自然灾害固然有客观的原因，但是，人为的因素也存在，如果防范措施得当，就可以减少或避免损失。分析灾害的成因，举一反三，我们要从以下五个方面开展预防自然灾害的能力建设，一是牢固树立“要施工、先防灾”的安全意识；二是对现场临设和生活区开展安全评估，通不过安全评估的地方不得建营地，已建的，要采取包括改建在内的切实可行的防范措施；三是开展自然灾害事故隐患排查，存在隐患的区域不得安排施工作业，不得作为生活办公营地，不得停放设备存放材料；四是加强项目对台风、泥石流、洪水预报、预警工作，制订应对自然灾害的应急预案；五是结合应急预案宣传与演练，开展对员工防灾培训。

7. 大力推进安全管理标准化，促进本质安全建设

随着经济社会不断发展，安全管理水平已成为社会评价一个企业的重要标准。目前，股份公司所属各单位均已通过职业健康安全管理体系的认证，安全管理制度、操作规程也已趋于完善，实行安全标准化的条件已经具备。从今年开始，各单位要全面推进安全生产标准化工作，采取试点引路的方法，选取各方面条件都比较成熟的项目进行试点，然后

总结经验全面推广。

安全管理标准化、施工作业标准化是防止人的误操作、瞎指挥、设备带病运行、超负荷运行、不安全环境下作业引发安全事故的有效手段。安全标准化是一个系统工程，包括安全管理标准化、安全技术标准化、安全设施标准化、安全环境标准化、安全培训标准化和安全作业标准化等内容。今年，要初步建立起四个方面的安全标准：一是对现有管理制度、责任制度进行梳理，建立安全生产的制度体系标准；二是把过去成功运用的各类技术作业方法，按照标准化工作思路加以总结，建立具有普遍指导意义的技术体系标准；三是依据安全技术体系标准，建立项目生产、生活设施安全标准、作业环境安全标准，设备使用、维修、保养标准等；四是从规范培训内容、培训时间、培训师资、考核方式入手，建立一线作业员工安全教育培训标准。

8. 开展“安全心中有数”活动，继续深化隐患治理

搞好安全生产工作，要做到心中有数。各公司主要领导要全面了解本单位安全生产情况，每年要对安全生产工作重点项目排排队，哪些项目需要加强安全管理人员，哪些项目需要在技术力量方面给以支持，哪些项目业主安全监管力量强，哪些项目弱等，要有一个全面的了解，并有针对性地开展管理工作。从2009年的安全生产检查考核情况来看，大部分单位和项目的安全生产情况是好的，但仍然有部分项目的安全生产令人担忧，主要表现为施工现场必需的安全设施缺失，安全生产管理人员不能满足岗位要求，内业资料管理混乱、不能准确地反映安全生产的真实情况，这部分项目不出事故是偶然，出事故是必然，是影响我们安全生产的重大隐患。各单位要认真开展安全检查考核工作，摸清家底，充分发挥安全督察组的传、帮、带作用，对那些管理不到位的项目进行安全扶贫，督促其整改到位，消除这些影响我们安全生产的重大隐患，同时股份公司也要对这些项目进行重点关注，跟踪检查。务必使那些安全管理的薄弱环节得到加强，务必使生产安全在控、受控。对那些不思悔改的项目经理，要及时予以调整。

继续深化隐患治理工作，安全生产法明文规定，各生产经营单位主要负责人要：督促、检查本单位安全生产工作，及时消除生产安全事故隐患。这条法律条文包含三层含义，第一，开展隐患排查整改工作是各单位一把手的安全生产责任之一；第二，安全检查的目的是消除事故隐患；第三，生产经营活动不停，隐患治理工作不止。近几年安全形势持续稳定好转的原因之一，就是较好地开展了安全检查、隐患治理工作，这是一条重要经验，要继续开展、不断完善。一是坚持常态化原则，加强检查，随时检查随时整改。对不能及时处理的隐患，项目部要专门研究，定措施、定资金、定时间、定责任人。二是对一些重要时段、重要项目、特殊设备要组织专业人员开展专项的隐患排查。三是发挥安全督察组在隐患排查治理工作中的作用。

各级安全监管部门要加强对隐患治理工作的指导。要从人员培训、遵章守纪、激励机制等方面入手，消除人的不安全行为隐患；要从保证设备完好、安全装置、安全设施有效等方面入手消除作业环境中的隐患；要从责任不清、方法不明、管理混乱等方面消除管理方面存在的隐患。各单位要探索隐患治理工作的新方法，运用标准化工作方法，借助信息管理系统不断完善隐患排查治理工作。

9. 进一步加强国际项目、非水电项目的安全监管

目前，国际项目、非水电项目已经成为股份公司快速发展的重要组成部分。按照建设质量效益型的跨国公司的发展思路，我们的经营领域必然是逐步扩展，新领域将会越来越多，这些项目安全生产情况的好坏直接影响公司的整体形势。因此我们要加强对新领域知识的学习，熟悉新领域的管理习惯，并把我们的传统经验与新领域、新知识结合起来，保证国际项目、非水电领域的安全生产处于受控状态。鉴于国际项目安全生产工作的特殊性和重要性，从今年开始，将安全生产考核机制引入到国际项目中。各单位认真学习有关文件，认真落实安全生产责任。

10. 加强应急管理，提高防范和处置事故灾害能力

应急管理是减少损失和降低不良影响的有效措施之一，也是预防事故的有效方法。各单位进一步完善安全生产事故应急管理办法，各项目部要在重大危险因素辨识的基础上编制、完善应急预案，保证应急预案有针对性，对预防事故、减少事故损失有指导作用；同时，要求认真组织演练，包括图上作业演练，要通过演练发现预案中存在的问题，并及时改进，切实达到“预防事故、磨合机制、锻炼队伍、教育公众”的目的，提高防范和处置事故灾害能力。

同志们，以人为本意义重大，安全生产任重道远，持续改进永无止境，我们要以更大的热情、更加务实的作风，扎实工作，不断研究新情况、探索新思路、解决新问题，不断加强安全生产能力建设，

强化措施，落实责任，保持安全生产形势的持续稳定，为建设本质安全企业而努力奋斗。

在股份公司2010年质量管理工作会议上的讲话

（2010年7月12日）

孙 洪 水

同志们：

今天召开股份公司2010年度质量管理工作会议，会议的主要任务是：认真实践科学发展观，进一步落实股份公司工作会议精神，总结去年安全质量专题工作会议以来股份公司质量管理工作，交流经验，研究部署今后一段时期的工作重点，表彰公司优质工程等。

本次质量管理工作会议是股份公司成立以来的第一次质量管理会议，是一次十分重要的会议。本来年初计划质量与安全工作会合并起来开，但公司领导考虑到最近几年我们在质量管理方面有弱化的趋势，决定把本次会议作为专题会议单独开。前面宗敦峰总工程师代表股份公司对我们近一年多来的质量管理工作作了一个很好的专题报告，对股份公司的质量管理形式和下一步工作安排做了具体的部署。住房和城乡建设部质量安全管理司的王司长也非常关注我们公司的工程建设和质量管理，百忙之中来参加我们的会议，并作了重要讲话，他从国家层面（或住建部层面）对我们整个建筑行业的质量工作作了介绍，指出了存在的一些问题，并介绍了下一步政府在质量监管方面的一些工作和政策方针。王司长的讲话是非常值得我们借鉴的，对我们工作的启发也是非常深刻的。我尤其注意到了他讲话中提到的目前工程建设行业存在的质量意识、质量责任、质量规范和质量监管这四个方面不到位的问题。我们今天的会议，首先表彰了近两年来获得省部级优质工程以及我们公司的优质工程，聘请了289位同志作为我们公司质量管理专家库的专家，让我们以热烈的掌声对获奖单位、项目及受聘专家表示欢迎和感谢！在最近一两年中，经过公司全体工作人员的努力，质量管理工作也取得了一定的成绩，尤其是在国家级和省部级工法、科技成果奖、优质工程奖和一些样板工程方面。从总体上来讲，这些成绩对于公司的信誉提升、效益增长，还有规模的增长都起到了非常好的支撑和引领作用。在座各位都是各单位分管质量管理工作的领导和主管部门的负责同志，这几年来做了很多辛勤的工作，在此我也代表股份公司对大家这几年的辛勤努力和从事质量管理行业各个方面的技术人员、管理人员表示衷心的感谢！

借本次会议，希望把我们公司和子公司之间的质量管理方面做得好的地方总结出来，把做得不到位或者欠缺的地方分析出来，我们共同研究和探讨，以促进公司质量管理水平的提升。后面会议还安排有经验交流，明天上午还有一个讨论，希望让大家能够对公司的整个质量管理工作有一个全面的了解。对于好的经验，我们共同学习推广；对于存在的问题，我们还要进行思考和整改，以更好地提升公司整体质量管理水平。下面我讲几点意见：

一、要加大质量工作的宣传力度，积极营造公司上下重视质量管理的浓厚氛围

目前的形势是国家和社会对工程质量和安全越来越关注，但客观地讲，股份公司这几年在质量管理方面相对来说有所弱化，主要表现在我们自己的内控或自律方面的弱化。我们这种自律工作的弱化，导致出了问题以后，不是积极地查明问题的原因、分析透彻、找出责任人、贯彻落实好具体措施，而是通过其他方法把事故（或质量问题）大事化小、小事化了，大家可能考虑了公司的发展、形象和品牌，不要因为质量问题而对今后承揽工程或开拓市场产生影响。但这样一种理念持续不了多久。大家可能有印象，2003年国家《安全生产法》刚颁布，在法律的执行层面还是比较弱。从2004年起，安全生产工作从中央到地方，各方面重视的力度逐步地加大。大家对安全生产的理念开始转变，逐渐形成了人人重视安全生产的氛围，出了安全事故没人想去隐瞒，都及时向社会公开，把真正的原因和事故情况分析透彻，采取措施加以解决。但在质量管理方面，目前来说我们还有一定的差距。所以从公司层面来讲，要逐渐通过一些制度或者措施，真正解决在质量管理理念方面出现的偏差，要加大质量工

作的宣传力度，要通过各种方式让我们的领导、技术人员和员工们清醒地认识到质量管理工作的重要性。从意识上来提高，这一点是非常重要的。

二、要全面推进落实质量责任方面的制度建设

现在公司质量管理的一个薄弱环节就是两级总部，一是股份公司总部层面，二是各子公司总部层面。从公司总部到项目部，怎么去层层落实质量管理制度还做得不够。主要是因为质量管理制度建设方面不够全面，导致从股份公司总部到子公司总部再到项目部这条管理链上出现了责任落实不明确的情况。作为股份公司总部层面的质量管理工作，到底该做什么？目前我们在原有基础上经过完善，起草了一个质量管理办法，供大家在会议上讨论，希望大家仔细研究，提出建议。我们作为股份公司总部对质量这一块应该怎么管？管到哪些事情？管到哪些内容？我想从大的方面来讲，首先是国家在质量上的方针政策的落实，第二就是抓一些重大质量事故，对质量事故责任人进行责任追究。我认为这是股份公司总部目前要抓的两个要点。作为子公司总部到底应该做哪些事情？怎么来保证股份公司在质量管理方面方针政策落到实处，特别是落实到项目上去？这几方面的责任我想需要通过一些办法明确下来。其他方面包括一些报告分析制度、质量评价体系等关于质量管理方面的工作制度，也需要梳理和进一步完善，使其能够更有效地落实到质量管理工作中来。因此制度建设应该是质量管理工作的一项重要内容。

三、要继续夯实质量管理基础工作

今后应从以下两方面夯实质量管理基础工作：

一是各公司要更加重视创建优质工程这项工作，并在创建优质工程的各个环节上，逐步做到标准化、规范化。要加大力度打造股份公司的质量品牌，以品牌引领和支撑公司的发展。特别是要思考如何发挥国际项目的质量影响力，如何利用一些国际机构和建设部对我们在国外的项目进行评价，支撑公司的“走出去战略”和“国际优先战略”。

二是将质量安全年活动常态化。去年公司按照国家质量安全年活动要求，在郑州开了一个质量安全工作会议，在会议上公司为质量安全年活动做了很好的部署，非常系统。我认为现在应该利用这种契机，将质量安全年这种方式延续下来，作为一种常规活动，做好我们公司在宣传日常质量意识和质量管理方面的工作。

四、质量管理体系方面

质量管理是一个系统工程，涉及公司的方方面面，总部和子公司都是一个经济实体组织，但是这个组织的各个方面，每个环节和内容都涉及工程质量。哪个环节的工作不到位，都会使我们的产品质量出现问题。在质量管理方面要注意两点：一是是否制定了相应的制度、标准和规范，制定得是否合理；二是在制度规范齐全、合理的情况下，如何对工程质量进行监督和落实。在日常工作中，我们要着重在这两方面下工夫。

目前，公司总部和各子公司都已经通过了质量管理体系、环保管理体系和职业健康与安全管理体系认证。从项目现场的管理来看，经过多年的运行和磨合，质量体系在履约、产品的质量保证和项目现场的形象建设等各个方面均起到了很好的作用。一开始大家取得这种认证是出于市场开拓方面的需要，但这三个体系经过这些年的运行，我们应该重新认识和理解。这么复杂的系统工程，正是因为有这样一个标准的规范和体系，我们才能调动各方面的积极性，把质量工程真正做到位。我们要有一个整体的思路和清晰的规划，把想做的事情做好，这样我们写出来的体系文件（或标准）才能符合我们公司的发展实际。对内，通过这种方式来调动我们各个环节的积极因素；对外，表明我们有这样的能力和资格来满足产品的质量要求。作为质量体系认证，除了“做好”还要“写好”，写出来的就是我们的承诺，就要按照这个来做。只要把握好这个环节，我们就能把质量体系的工作做好。但是为什么总是存在着“两层皮”的现象？这确实值得反思。由于质量认证工作涉及的部门较多，从领导到各部门，每到年底或复检时大家都疲于应付。我认为主要责任在各位领导身上，领导怎么来认识和对待这个体系。如果领导高度认识到这一点的重要性，并且按照程序去做，相信认证就不是问题了。平时的所有工作都要按照规定来做，把要做的事情都记录下来，那么检查的时候只要把平时的工作拿出来汇报一下，抽查的内容也是按照规定的检测方法去检测，这项工作就没有问题了。但是每次在迎审的过程中，相关部门和领导都觉得为难，说明我们在日常管理工作中的基本程序还是有所欠缺。所以要分析一下，到底是标准还是人的理念上出了问题。如果是标准设立得太复杂，有些程序不合理，我们要给予修改和完善，尽量简化，提高工作效率。但如果是领导观念上出现了问题，由于某种原因不愿意按照程序规定去做，那就必须梳理和改变观念，让我们平时所做与最终审核的完全一致。利用这个体系来保证产品的质量非常重要，需要格外重视。

五、要完善相关准入制度

国家对工程建设各方面的准入制度有相应的要求，对于我们来说要重点注意两方面：一是人，二是队伍。人的方面，包括专业培训和执业资格取证。如果这方面出现偏差，万一出现质量问题就无法交代。所以大家要做好人员培训和从业资格这两方面的工作。下面重点说一下关于队伍的问题。据不完全统计，我们公司的外协和劳务队伍大概有40多万人。我们有大量的工作需要分包给外协队伍，如果这方面掌控不到位，就容易出现质量事故，这将对公司的声誉造成很大的影响。因此，必须对外协（或分包）队伍采取具体的措施进行质量监管，在准入制度方面要严格把好关。各子公司在选择分包队伍时对质量方面的承诺和监控，从程序、制度、办法到具体实施上，都应该有明确的制度。

六、要开展工程项目质量问题的集中整治，加大责任追究力度

刚才提到大的事故和小的质量缺陷，我们目前都通过简单的办法将其处理了。但是我们今后的市场越来越大，市政和工民建等都是与老百姓直接相关的。如果不把责任体系落实，不加大追究责任的力度，今后将会造成很大的负面影响。因此，从股份公司层面要加大对重大事故的追究力度。希望各子公司、各项目部对质量问题采取相应的措施，落实相应的制度。

借宗总的报告强调了以上六个方面的问题。我只是抛砖引玉，希望在后面的交流和明天的讨论中，大家能集思广益，对股份公司的质量管理办法和操作提出一些好的建议，同时你们回去以后认真思考一下，如何在各自子公司、项目和分局层面促进和落实质量管理的工作。还有一个很重要的任务，是要让子公司和自己的团队在质量管理意识及要求上取得共识。提高质量管理意识，做好质量管理措施，这也是各领导和负责人该做的事。

最后，质量管理工作是一门系统的管理科学，与公司发展的每一个环节都是息息相关的。我们要以不断创新的精神，认真探索质量效益型的发展之路，为提升公司的品牌影响力和经营质量作出应有的贡献。

科学发展　推进有序
强化控制　确保收益

——在股份公司2010年度投资研讨会上的讲话

（2010年9月19日）

王　彤　宙

同志们：

今天我们在这里召开股份公司2010年度投资工作研讨会。作为研讨会的重要组成部分，股份公司于7月在上海组织了投资培训，培训活动选的两个地点都非常有意义。上海证券交易所主要是由于股份公司准备上市，我们正在做上市的前期准备工作，有利于大家开阔视野，增长知识；对于上海联合产权交易中心，大家都知道，现代企业发展，特别是投资业务，资本运营产权交易是重中之重，一方面我们在日常工作中产权不断通过发展而变化，另一方面在资本平台上，我们会逐步的通过并购、重组加快发展，所以对于现代资本市场和将作为现代化的上市公司，必须要深刻认识产权交易的作用和意义。更重要的是解放思想、开动脑筋，深化对于现代企业投资管理的认识。学习考察后我想大家都会在思想上进行不同程度的思考，对自身的发展差距有了更深的认识，提升自身综合素质水平的要求也更加迫切。

从2004年开始召开第一次集团公司投资研讨会到现在，已经过去6年了。依靠大家的共同努力，我们每年都在发展，总的来说都在健康的稳步推进。6年以来，集团公司各项业务飞速发展，整体实力不断提高，集团公司已由单一的水利水电施工企业发展成为工程承包、投资开发、国际经营等多元发展的大型企业集团。2007年集团公司总资产超过500亿元，进入中央企业500亿～1000亿元规模企业行列；2009年11月27日，集团公司与中国水利水电工程顾问集团公司在北京共同发起创立中国水利水电建设股份有限公司，公司总股本66亿元，截至2010年6月，新成立的水电股份公司总资产约1100亿元。从营业规模来看，2009年营业规模约800亿，今年预计超过1000亿。在企业做强做大的过程中，1000亿规模是一个关口，是一个瓶颈，是一个拐点。对于处在这个时期的企业，下一步如何发展是一个很重要的问题，希望大家认真思考，这关系到集团公司和股份公司下一个阶段的发展速度、发展规模、发展方式、发展效益和发展质量。

对集团公司这几年的投资业务，特别是各个投资类企业和各个工程局参与的投资业务的整个开发管理工作，总体感觉一是很不容易，二是工作取得巨大成效，三是仍然存在很多有待突破的重要问题，四是前面发展的路还很长。

今年，我们将面临更为复杂的国际、国内形势。国际经济形势的起伏将会对我国的经济发展以及国家的宏观调控政策产生影响，使未来我国经济发展和国家政策导向不确定性增强。目前股份公司在做上市前的工作，这也是股份公司成立后的第一次投资会议。如何解决前进中的问题，切实提高管理水平，确保投资收益，建立一支符合上市公司管控要求的管理团队，是我们下一步工作亟待解决和提高的重要工作。

投资总体情况投资部已经作了介绍，接下来我想简要谈三方面的内容，与大家共同探讨。

一、投资工作依然要坚持以科学发展观为指导方针

目前全党、全国人民掀起了学习和实践科学发展观的活动，应该说科学发展观已经深入人心，得到了不仅是党内，而且是党外、全国上下的认同，也得到了世界上的高度关注和大部分有识之士的认可。但如何科学发展依然是我们今后投资工作发展的指导方针。

经过多年的努力，截至2010年6月，股份公司控股开发项目共计76个，其中电站55个，房地产项目14个，路桥项目4个，水务项目1个，国外矿产项目1个，国外水泥厂项目1个。其中控股开发电力项目总装机容量约973万千瓦，权益总装机容量约713万千瓦；房地产项目开发面积约340万平方米；高速路总里程约160公里。项目涉及总投资规模约1198亿元。76个项目涉及国内、国外，项目行业涉及水电、火电、风电、高速公路、房地产、水务、基础设施BT项目等。股份公司每年度投资计划目前接近160亿元。投资工作所取得丰硕成果固然令人振奋，但是我们应该清醒地认识到，多路出击、简单的规模化只是投资的初级阶段，提高投资活动质量，获取最大投资收益才是投资的终极目标。目前投资业务收益与投资业务所占有的资产相比，我们创造的效益还没有凸显出来。一是由于我们投资业务开展时间比较晚，正在投资高峰期；二是我们的效益水平不是很高。所以我们在成绩面前要注意反思，注意保持清醒的头脑，规范、有序推进投资活动，促进投资工作科学、受控、健康发展，仍然是我们下一步工作的重点。

1. 目标明确，风险可控

坚持以投资带动产业结构调整，为股份公司可持续发展创造条件是我们的既定战略，但是前提必须是风险可控。风险有多种多样，但是总的来说，股份公司的投资业务面临的突出风险主要有以下几方面。一是国家宏观调控所带来的投资项目结构性风险。宏观经济形势以及经济发展是有一定规律的，需要我们认真分析这些规律，探求规避风险抓机遇的方式和手段。宏观经济调控也是有规律的，当经济热的时候需要降温，当经济趋冷的时候需要刺激。要深入研究在大的宏观经济环境下，不同项目、不同行业、不同区域的不同规律，需要我们在投资管控的方式手段上注意和这些不同规律结合起来。近几年我们围绕主业积极投资，利用投资来促进主业的快速增长，这对于发挥我们的比较优势，提升主业竞争力是对的，也是必要的。但是投资项目多是长期项目，中短期的投资项目较少，当国家政策变动时，很难及时做出反应，不利于有效地分散投资风险，不利于提高股份公司抗风险能力，不利于集团产业结构的优化。二是投资资金面临着利率风险和结构性风险。许多项目是中长期投资，但所利用的资金却以短期为主，“借短用长”就会造成一个风险缺口。现在的融资渠道较少，手段单一，主要依靠银行信贷资金，国家货币政策稍有变化，融资难

度和融资成本将会加大，对我们的投资增长速度将会产生影响。因而一方面如何抓住不同的贷款方式，来规避资金成本的增加还需要认真研究。另一方面就是如何重点突破短、平、快的项目，对于一些企业，要求长、中、短投资项目结合，要求长、中、短有一定比例，要有所为有所不为，适当时候可以稀释股权，优化产权，提前释放资金，要考虑如何以最小的投资带动最大的产出和投资规模为我们出效益。三是国外项目投资面临着政治风险、汇率风险以及商业模式的风险。我们在国内投资所面临的投资环境局限于我国内部，比较单一而熟悉，而跨国投资则面临着与国内完全不同的文化、法律、政治及经济等陌生环境，因而涉及的因素更加复杂多变。而且我们的跨国投资涉及多种货币的使用，不同货币之间的汇率是随着国际经济关系的变化而不断改变的。同时国际项目包括国内很多上报的项目，对供水、供电、交通等协作资源分析也有所欠缺。随着我们国外投资额的不断增加，政治风险、汇率风险、商业模式等风险应该持续引起我们的高度重视。

2. 突出主业，定位清晰

2005年9月，国务院国有资产监督管理委员会确认水电集团主业范围为“建筑工程；相关工程技术研究、勘测、设计、服务与专用设备制造；水电投资建设与经营；房地产开发经营”。根据国资委的规定并充分发挥自身规模和品牌优势，股份公司主要投资发展方向为相关的电力产业及房地产业，其中电力产业投资进行了适当调整，加大了水电、风电等可再生能源的开发力度，房地产的开发也提升到以股份公司为主进行规模开发。

俗语讲术业有专攻，以熟悉的行业为主进行发展，可以节约资源，效率和效益都更易受控。跨领域需要人才、资源的积累，要很长时间，而且这种积累的过程，就是比同行业多增加投资成本的过程。所以尽管我们的投资领域不断拓展，但是我们依然严格遵从国资委的相关规定，按照股份公司的发展战略，发挥自身优势，紧密围绕主业进行投资。从投资结构来看，在投资总额中，电力投资所占比重在近五年中一直保持在78%以上，是股份公司投资业务的主要组成部分，对投资业务的发展有着举足轻重的作用；房地产开发和路桥开发所占比重在7%～11%的区间内小幅波动。以电力为主，特别是水电为主的投资结构仍然是股份公司投资发展的主线。同时依据股份公司在调整产业结构中的投资中心的战略定位，目前已经形成以股份公司为主、具备条件的二级单位参股投资开发的投资架构和相互合作关系。通过股份公司的牵头，打造专业投资平台，活化二级子企业的资金、资源，也能够带动二级子企业在结构上进行转型和调整，特别是在业务结构、资产结构和收益结构上。各子企业要根据发展方向、发展思路、发展区域来定投资方向。比如四局、十四局已经取得了很好的业务成果。

此外，在股份公司层面，目前有四川电力开发公司、路桥公司、房地产公司以及新能源公司等行业类投资公司，如何制订各公司在股份公司发展中的战略定位，明确长期发展规划和目标，将直接影响股份公司的战略发展。为此，各专业类投资公司的发展也要主业明确，行业定位清晰，做好公司未来3～5年发展规划，对股份公司的投资发展起到支撑作用。同时股份公司将由投资部负责对各业务领域的宏观经济形势加强分析，对中短期发展的态势进行认真研究，从股份公司层面确定大的发展思路、发展节奏和发展方向。积极配合股份公司企划部完善各个投资业务在股份公司层面的介入比例，完善投资业务的中、长、短期规划和滚动规划，完善年度投资计划额度。这项工作现在开始着手，明年将正式启动。

3. 计划合理，有序推进

目前随着股份公司实力的不断壮大以及投资业务工作的开展，水电、风电、房地产等业务都取得了长足发展，许多具备条件的工程局公司也参与到投资业务中，部分单位也取得了成功案例。但是实际工作中，仍然存在投资冲动下项目选择的盲目性，投资计划的随意性。因而紧密围绕主业的投资是我们要坚持的投资战略，注重企业的投资承受能力，特别是资产负债率指标，严格投资计划，把握投资节奏，合理确定投资规模是提高投资经济效益的基础。以更好地促进投资工作健康开展。

从股份公司层面来看，建筑业务和投资业务是主要两大板块，这两块是相辅相成的。最近经过测算，如果把建筑和投资业务分开，建筑业务负债率超过投资业务负债率，也就是说，我们真正的负债率与我们建筑业务的经营管理的质量有很重要的关系。要研究真正负债是负在哪的问题，寻找正确的突破口。

在投资计划中，投资的第一要务就是项目选择，项目选择好了，事倍功半。在投资领域有一句名言，“进去的是垃圾，出来的必然是垃圾。”就是项目选不好，后面就好不了。所以原则上坚持：一是不符合法规政策的项目不做；二是不符合企业战略的项目不做；三是属于国家淘汰或者已经走入衰退期的行业以及国家已经发出警告的行业的项目不做；四是不符合股份公司投资管理指标要求的不做。同时我们还要注意参股的效益不明显的项目要研究如何处理，要逐步收缩，对于亏损的项目要坚决处理。

二、投资管理依然要坚持以质量效益为抓手

1. 前期可研深度是基础

质量效益从何而来？关键是要理清我们的投资管理程序，第一步是项目建议书，经股份公司决策同意立项。第二步是可行性研究报告。投资项目建议书是项目机会研究和项目可靠性的论证，是确定建设项目前具有决定性意义的工作；是投资可行性研究之前的预可研；是对项目进行初步的技术、财务、经济、环境和社会影响的评价；是对项目是否可行进行判断，从而决定是否投入更多的人力和资金进行第二步可行性研究。项目可行性研究报告是对拟建项目市场需求状况、建设规模、产品方案、生产工艺、设备选型、工程方案、建设条件以及投资估算、融资方案、财务与经济效益，环境和社会影响及项目可能产生的风险的分析、比较和论证，从而得出是否值得投资、方案是否合理的结论，是建设项目决策阶段最重要的工作。是否高度重视此项工作，将直接影响到项目可行性研究的质量和决策水平的提高。

2. 工程建设成本是重点

目前股份公司很多项目处于建设阶段，强化建设成本控制是投资质量得到有效保障的重要环节。要以投资额控制为主线，要究创新管理体制，重点是工程造价控制。首先建立成本责任制，成本控制与经济责任制相互补充，成本控制是建立健全企业内部经济责任制的主要条件，而企业内部经济责任制，又是保证成本控制有效实施的重要保证，落实成本责任是项目成本进行有效控制的关键。其次在施工生产过程中，为了有效地控制施工费用的支出，防止损失和浪费，对施工各项费用应分别建立完善项目成本控制制度。我们要研究创新投资建设项目的管理体系，在政府规定的管理体系基础上，重建企业的管理体系，引入造价咨询监理，保证各个阶段成本的控制。三是提高全员成本意识，以效益引导分配是落实成本责任，提高全员成本意识的重要手段。对工程成本造价的控制就是在满足项目合理的质量标准的前提下，在建设项目实施阶段从规划、设计开始，把工程项目成本造价控制在准许的限额内，力求合理使用人力、物力、财力，取得较好的投资效益和社会效益。四是严格工程竣工决算审计，同时引入监察系统的效能监察。投资估算、概算、预算、竣工验收等内容是管控的依据，其中重点关注实施过程中对于预算的各种变更授权批准程序以及投资管理过程中变化因素，是投资管控的重要部分。

3. 项目运行效益是目标

投资项目管理实施前期可研深度可靠、成本控制有效，目标只有一个，就是效益最大化。提高投资经济效益，不是一般性的问题，而是一个带有全局性、战略性的大问题。讲求和提高投资经济效益，是实现股份公司发展战略目标的重要途径。实现股份公司既定的可持续发展战略目标和推进股份公司投资业务健康发展，关键在于提高投资效益，其中运行阶段是实现投资收益的重要实施阶段。采取何种有效的措施是保证投资收益的重要手段。

三、管理水平的提高依然以制度、团队素质建设为基础

1. 以上市公司制度建设标准为目标

去年底股份公司已经成立，目前公司上市在即，如何加强投资管理制度的建设，直接关系到公司经营管理水平、风险控制能力和经济效益的实现，也是衡量上市公司经营管理水平的重要标志之一。为此，以上市公司制度建设水平为标准，全面健全股份公司管理制度，使管理制度更加现代化、透明化，实施更加规范的业务流程的再造，将对股份公司上市后经营水平的提高起到推动作用。目前重点是建立投资内控文本制度，即制订一系列业务操作程序规范，连同管理办法、管理措施等，成为公司各职能部门和子公司、分支机构共同遵守的行为规范，进一步规范投资行为，规避投资风险。

2. 正视差距，建设学习型管理团队

通过上海的考察学习，我想大家对于提高综合素质水平的紧迫感有更深的体会。学习型组织理论是知识经济时代最先进的管理理论，它倡导团队学习，以持续提升全员的学习力为根本，用学习力激活创造力，用文化力推动生产力，进而提升组织的竞争力，实现人的全面发展。因而创建学习型管理团队不仅符合客观经济形势的要求，也是股份公司可持续发展的迫切需要。

3. 素质提升的基础是专业化水平的提高

股份公司有几大投资类公司，这些投资类公司同时肩负着为集团公司培育人才，打造专业性优秀团队的责任。同时还肩负着对宏观经济形势的认识和分析研究，提升专业化技术管理、专业化管控能力水平的重任。从每个投资公司的角度来讲，如何把有限的资金用在最重要的地方，进一步提高资金、资产的周转率，要求每个专业化的公司都要提升专业化的管控水平，各项经济运行指标力争处于同行业先进或者相对先进的水平。

同志们，股份公司正在努力完成上市工作，我们正面临十分难得的发展机遇。让我们共同努力，在集团公司和股份公司的正确领导下，拼搏进取，顺势而为，把投资业务发展推上新的里程，为集团公司的发展、股份公司的壮大作出新的贡献。

紧抓发展机遇　创新营销模式
积极主动抢占市场份额
促进核心业务健康发展

——在公司2010年市场营销专题会议上的讲话

（2010年8月31日）

李　跃　平

同志们：

今天，我们召开股份公司成立以来的第一次市场营销专题会议，刘起涛总经理亲自参加会议，并作了重要讲话。这次会议的主要任务是：认真贯彻落实公司2010年年中工作会议精神，以科学发展观为统领，围绕公司“加快发展、增创效益、促进转型升级上水平”目标，总结交流前一阶段公司市场营销工作所取得的经验与存在的不足，分析当前公司市场营销工作所面临的新形势、新特点和新问题，按照“拓市场、调结构、强管理、增效益、保上市、促发展”的要求，研究部署下一阶段公司市场营销重点工作内容，实现下一阶段的“保订单、保市场份额、保增长”目标。

一、对前一阶段市场营销工作的简要回顾

（一）2010年上半年市场营销情况

1. 新签合同与合同存量保持稳健增长

今年上半年，公司新签合同总金额617.7亿元，同比（去年499.5亿元）增长23.66%，为全年新签合同计划总金额（1000亿元）的61.8%。其中，国内水利水电工程新签合同额163.6亿元，同比（去年136.3亿元）增长20.1%，为该板块年度计划（280亿元）的58.4%；国内非水电工程新签合同额122.2亿元，同比（去年141.5亿元）减少13.7%，为该板块年度计划（378亿元）的32.3%；国际工程新签合同额332.0亿元（约合48.6亿美元），同比（去年221.8亿元）增长49.6%，为该板块年度计划（342亿元）的97.1%。三大板块新签合同额占公司新签合同总额的比重依次为26.5%、19.8%、53.7%。

公司2010年二季度末的合同存量总额为1965.6亿元，同比（去年1731.5亿元）增长13.5%。其中，国内水利水电工程合同存量735.4亿元，同比（去年655.9亿元）增长12.1%；国内非水电工程合同存量266.7亿元，同比（去年407.7亿元）减少34.5%；国际工程合同存量963.4亿元，同比（去年667.9亿元）增长44.2%。三大板块合同存量额占公司合同存量总额的比重依次为37.4%、13.6%、49.0%。

2. 营业收入同比大幅攀升

今年上半年，公司完成营业收入总额为412.3亿元，同比（去年308.3亿元）增长33.7%，为全年营业收入计划总金额（725亿元）的56.9%。三大板块完成的营业收入额占公司营业收入总额的比重依次为42.3%、24.3%、26.5%。

（二）市场营销工作的主要特点

1. 国内水利水电工程的市场规模占公司总规模的比重与去年基本持平

今年上半年，国内水电、国内非水电和国际工程新签合同占公司新签合同总额的比重分别为26.5%、19.8%、53.7%，而2009年上半年三大板块的比重分别为27.2%、28.4%、44.4%。在去年西安召开的市场营销会上，我们曾经指出，国内水利水电工程的市场规模占公司总规模的比重虽然仍

在持续下降，但下降幅度有所收窄。今天这些数据表明，国内水利水电工程的市场规模占公司总规模的比重仍呈现下降态势，但下降幅度继续收窄。

2. 国内水利水电工程的市场规模今年总体稳定，单项合同的平均标的额保持着持续增大的良好势头

今年上半年，国内水利水电工程新签合同额163.6亿元，在去年同期的136.3亿元基础上增加了26.7亿元，主要受益于水电工程市场增量的扩大。完成今年国内水利水电工程新签合同计划额还需要新签合同116.4亿元，而近期已投标但尚未定标的标的额比较大的项目有藏木电站(10亿元)、长河坝电站(58亿元)、溧阳抽水蓄能电站(26亿元)，合计94亿元，如果能从中成功获得比较大的份额，那么今年新签合同计划的完成压力将大为减轻，甚至有望超额完成计划。

国内水利水电工程单个合同的平均标的额呈现逐年增大的态势。今年上半年，单个合同的平均标的额为7700万元，比去年全年的单个合同平均标的额7000万元增大了10%。单个合同的平均标的额保持逐年增大的态势，有利于减少市场开发成本和在建工程经营管理成本，有利于资源配置的优化，有利于集团规模化经营环境的改善，但对公司内部那些竞争力较弱的中小型子公司却是一种压力。

3. 国内水利水电工程的合同存量增长速度落后于营业收入增长速度

今年上半年国内水利水电工程合同存量同比增长13.5%，但营业收入同比却增长了33.7%，这意味着新签合同额增量不能满足营业收入快速增长要求，导致合同存量总额在绝对额上升的同时，合同存量的充裕度却在下降。

4. 国内水电工程建筑市场面临转机、水利工程建筑市场持续稳定

2009年初出现的水电建筑市场萎缩、水利建筑市场增长的结构性变化局面，在今年上半年仍得以延续：今年上半年，水利工程新签合同占国内水利水电工程新签合同额的39.2%，同2009年全年40.0%的比重基本持平。但这种局面有望在年底出现转机，在近期已投标但尚未定标的项目中，水电建筑市场的比重已远大于水利建筑市场，由于标的额比较大，一旦签约，将进一步提高水电工程在国内水利水电工程新签合同额中的比重。

5. 新签合同增量向优势企业集中，“马太效应”表现明显

今年上半年，新签合同呈现出强者愈强、弱者愈弱的“马太效应”现象，新签合同增量明显向优势企业集中，内部竞争力差异在加大。具体体现在两个方面，一是在竞争同一个项目时，特级企业获取合同的能力明显优于非特级企业；二是盈利能力强的企业，不仅拥有获取合同的能力优势，所获合同的价格水平还明显高于盈利能力弱的企业。

（三）市场营销工作的总体评价

股份公司市场营销机制得到进一步强化，市场营销成效显著。主要表现在：一是公司坚持以科学发展观统领发展全局，继续强力推行“大集团、大土木、大市场、大品牌”发展战略，不断完善市场营销机制，抢抓发展机遇，进一步巩固了公司在国内水利水电建筑市场的龙头地位，特别是南水北调工程项目营销方面取得了重要成果，圆满实现国内水利水电板块时间、任务“双过半”的目标，市场营销成效显著。二是在大力推行各子公司“责任营销”、充分发挥子公司在市场竞争中的主体作用的同时，公司还通过高端化运作、提升营销过程中的对接层次，有效发挥公司市场统筹的导向作用，进一步提高了公司的品牌感召力和影响力，不仅使国内水利水电建筑市场的营销成功率明显提高，还在核电、军工等非传统主业市场方面取得了突破性进展。如水电十一局在南水北调充分利用地缘、人缘优势加强营销，已在南水北调工程累计签约36.77亿元；在核电建筑市场领域各局充分发挥专业特色，水电九局先后中标两个核电站砂石料系统的建设与运行管理，水电八局中标一个核电站砂石料系统的建设与运行管理，基础局中标一个核电站基础处理工程；水电十二局利用专业优势，签约某国防建筑工程。三是各子公司的集团意识、效益意识和诚信意识有了进一步提高，在坚决执行公司“优质工程、规范服务、合理价格、公平条件、互利双赢、和谐发展”市场经营方针的基础上，从事市场营销工作的同志围绕2009年市场营销专题会议中提出的“争量保价”目标辛勤工作，付出了大量心血，使公司在水电发展的徘徊期乃能取得国内水利水电建筑市场规模稳步增长的佳绩。在此，谨向大家表示衷心感谢，并致以崇高的敬意！

在看到市场营销取得成绩的同时，也应该看到在市场营销管理中还存在诸多制约公司市场营销能力提升的问题。

一是市场营销体制滞后于市场变化发展的需要。在国内市场，尤其是水利水电建筑市场，股份公司体制形成的分散营销方式，在和外部集团营销方式竞争时，还存在实力和话语权等方面的差异与不足。

二是局部竞争力退化。以当地材料坝为例，在这方面，我们多败北于竞争对手，竞争力退化的严重性直接会影响到公司的长期可持续发展能力。因为，随着国内水电开发重心在区域上的进一步西移，

当地材料坝比其他坝型更具经济性，是未来大坝的重要发展方向。局部竞争力退化的现象，从另一个侧面提醒我们，市场营销不能只重规模扩张而忽视品牌和核心竞争力的建设。

三是市场营销人员对市场营销理论研究的不足。以什么样的观念来指导企业的市场营销，企业就会有什么样的行为，而这种行为直接关系到企业的生存和发展，因此，企业必须树立正确的营销观念。要树立正确的营销观念，需要我们不断学习和研究市场营销理论。而树立正确的营销思想，仅是获得营销成功的先决条件之一，企业的营销成功还需要通过科学的营销管理来落实正确的营销观念。所谓营销管理，是指企业把科学的管理技术和方法用于对市场营销的管理，通过管理系统（包括营销信息、营销策划、营销组织和营销控制四个系统）发现、分析、选择和利用市场营销机会，以实现企业预期目标的过程。实践中，一些市场营销人员还存在着不正确的营销观念，部分企业还没有完善自身的营销管理系统，这不仅制约着市场营销工作的有效开展，还出现太多的低级错误或问题。比如，一些市场营销人员固守低价竞争思想，不论业主、竞争对手是谁，不论低价结果如何，总是"向底部竞争"，一味以低价吸引业主。这是典型的缺乏现代营销理论指导的例子，没有形成正确的行之有效的营销观念和策略，靠的是碰运气。又比如，投出去的标价比业主标底、甚至比主要竞争对手报价（次低标）低了20%还多，这不仅是理论知识匮乏的表现，还是对市场、尤其是对竞争对手缺乏研究的表现。

四是市场营销的复合型人才的培训工作有待加强。我们的营销队伍还普遍存在着这种现象：懂技术不懂报价，懂报价不懂技术，懂土建不懂机电，懂公关不懂专业，懂商务不懂法律……想象一下，当业主公布一个低于成本价的价格作为投标上限价时，我们中还有人夸业主给的价格很合理，那会是一种什么样的感觉？我们无法苛责这个人，因为他不懂造价知识。我们唯一能做的，就是花大力气去培训我们的队伍，尽最大可能使他们成为复合型人才。

五是市场营销的高端化水平仍有待提高。市场营销的高端化特征，一是项目高端化，即项目对自身企业资质具有标杆作用；二是竞争对手高端化，对手非常强大，但又必须战胜它；三是运作主体高端化。这方面的问题主要出在对高端化认识程度不够，企业社会影响有限，商业生态系统失衡，导致营销效果较差。

六是在市场营销过程中，要高度关注投资主体的财务状况和投（融）资能力。当前，资本市场高度一致地认为，一些举债规模过大的地方政府面临着债务风险，对此要防患于未然。

二、当前主要市场的形势分析

国内建筑业务的发展空间广阔。一是国家全面推进建设小康社会，工业化、城镇化步伐不断加快的背景下，建筑业成为拉动中国国民经济快速增长的重要因素，基础建设投资加大，未来10年投资增长率有望保持在25%以上；二是国家进一步推进西部大开发战略，今后10年要把西部建设成国家重要的能源基地；三是受二氧化碳减排等压力的驱动，国内水电将迎来新一轮的增长周期；四是国家重点水利工程南水北调项目招标进程加快，年内所有项目均计划开工；五是近几年，国内水灾不断，国家会继续加大加快水利项目的投资，一批水利项目会相继上马。

（一）国内水利水电开发形势

国家已经确定，到2020年非化石能源占一次能源的比重达到15%。据国家能源局依此判断，2020年要达到上述目标，初步规划水电装机容量需达到约3.8亿千瓦，其中常规水电3.3亿千瓦以上（抽水蓄能电站5000万千瓦），考虑到水电建设周期，初步推算2010～2015年6年间需核准开工水电项目1.2亿千瓦左右。另，国家能源局2010年7月20日表示，为了推进新兴能源产业的发展并完成截至2020年的碳减排目标，能源局编制了2011～2020年新兴能源产业发展规划，将累计增加直接投资5万亿元，在规划中提出了"加快推进水电的开发建设"的意见（该规划已上报国务院）。据此，国家将加快发展水电，国内水电建设将迎来新一轮的增长周期。

根据统计，在建水电工程至少有200亿～250亿元的基建投资招标工作尚未实施，分别为澜沧江流域、大渡河流域、金沙江中游、雅砻江流域、汉江流域和抽水蓄能电站等。就目前形势来看，这部分招标将集中在今年下半年和明年进行，且以明年上半年居多。如果按照获得其中65%的合同份额计算，我们从中可以获得大约140亿元的新签合同额。今年上半年已核准了部分水电开工项目，加上今年下半年及明年核准的项目，可以预计水电建筑还能保持稳定的市场份额。

水利工程投资主要受中央政策影响较大。近年来，国家实施区域经济发展战略，使我国区域协调发展战略基本形成。水利是区域发展的重要支撑，国家加快区域统筹和协调发展步伐，必将有力推动重点地区水利建设。经过改革开放30年的跨越式发展，我国综合国力迈上新台阶，为水利快速发展提供了雄厚的物质条件，水利对经济社会发展的保障作用显著增强。党的十七届三中全会把加强以农田水利为重点的农业基础设施建设作为解决“三农”问题的重大举措，明确提出2010年底前完成大中型和重点小型病险水库除险加固任务，2013年底前解决农村饮水安全问题，力争到2020年基本完成大型灌区续建配套与节水改造任务，同时对大江大河大湖治理、节水灌溉建设、水资源节约保护、水土流失防治、小水电建设、防洪排涝抗旱设施建设等提出了新要求。

今后几年，水利年度投资规模将远远超过以往年份，水利建设项目多，范围广，时间紧，要求高。从政府大规模投资计划中可以明显感觉到，政府对于民生建设的投资力度在加大。根据统计，在建大型水利工程（不含南水北调工程）每年都会有数百亿的基建项目实施招标。特别是今年以来的水灾恢复工程项目成为今后几年的市场营销工作的重点市场。

国家重点水利工程南水北调中、东线一期工程将在2014年实现全线通水。据了解，南水北调项目招标进程加快，年内所有剩余项目均计划开工。

（二）抽水蓄能电站开发形势

之所以把抽水蓄能电站从水利水电板块中专门提出来强调，是因为我们正迎来抽水蓄能电站集中建设的大好时机。

随着我国风电、光伏、核电等可再生能源的高速发展，新能源发电装机大幅提升，如何实现电网系统调峰平衡和电能储存的问题亟待解决。建设抽水蓄能电站被业界认为是解决上述两大问题的最佳办法，抽水蓄能电站装机大幅扩容已成为可能。一个印证是，国家能源局在中国能源战略与“十二五”能源发展论坛上表示，随着我国可再生能源产业发展对抽水蓄能电站的需求增加，我国抽水蓄能电站2020年规划装机目标将大幅提升，原计划约为5000万千瓦，实际上有望提升到1亿千瓦。

截至2009年底，我国电源机组以煤电为主，抽水蓄能发电装机容量仅占总电力装机容量的1.66%，相比之下，全球多数发达国家在拥有较大比重的燃气等调峰电源装机的情况下，抽水蓄能的装机容量都占到了3%～10%之间，因此，我国抽水蓄能电站作为智能电网建设中不可或缺的部分，目前装机仍不足，未来发展速度可期。

按照每千瓦3000元的基建投资估算，即使原装机容量5000万千瓦的目标不变，自2010年开始至2020年为止，抽水蓄能电站建设每年可提供约100亿元的市场总额。当前的形势是，地方政府和各大电源公司都在积极投资建设抽水蓄能电站，2010年集中开工了不少项目，如江西洪屏、新疆白杨河、广东梅州等，在2010年规划开工的项目有黑龙江荒沟、安徽岳西、安徽山岔、河南五岳等，此外，已知拟建的100万千瓦以上的还有近20个项目。

目前，公司在抽水蓄能电站市场的占有率还没有达到预期，原因很多，但有两方面需要予以改善：一方面是库盆施工方面的资质有待提高，另一方面主要原因是对抽水蓄能电站主要开发商国网、南网公司的影响力还需要进一步提高。公司下一步将扶持在面板堆石坝、地下工程、可逆式机组安装方面具有较好品牌影响力的子公司参与抽水蓄能电站市场的竞争。

（三）风电开发形势

根据中国可再生能源学会风能专业委员会自2009年12月底至2010年3月初的调查，2009年中国（不含台湾省）新增风电装机10129台，容量13803.2MW，年同比增长124%；累计风电装机21581台，容量25805.3MW，年同比增长114%。

截至2009年12月31日，中国风电累计装机超过200万千瓦的省份有4个，分别为内蒙古（920万千瓦）、河北（279万千瓦）、辽宁（243万千瓦）、吉林（206万千瓦）。2009年国电集团（含龙源电力）新增风电装机260万千瓦，市场占有率18.8%，位列市场第一位；排名前5的开发商中，还有大唐、华能、华电、中广核，市场占有率分别为12.6%、11.9%、8.3%、6.2%。

预计今后5～10年，中国每年新增风电约1000万千瓦，按10000元/千瓦计，每年总投资在1000亿元。风电建设投资一般为：建筑工程费用占8%、设备和金属结构安装费用占6%、塔筒制作占11%、设备采购占65%、其他费用占10%。

因此，根据公司目前经营优势，可参加建筑工程、设备和金属结构安装工程、塔筒制作工程，约占总投资的25%，即每年度有250亿元招标金额，其中塔筒制作安装约80万吨。按30%的市场占有率计算，每年可承揽75亿元合同额，其中建筑工程约25亿元、制作安装工程约50亿元。

（四）核电开发形势

根据发改委《电力行业月报（2010年1月）》公布的资料，2009年，核电进一步加快了立项核准和建设速度，全年共核准浙江三门2台125万千瓦、山东海阳2台125万千瓦、广东台山2台175万千瓦核电机组，其总建设规模850万千瓦，并于年内先后开工建设，截至2009年底全国核电建设施工规模已达21台2305万千瓦。为实现2020年完成非化石能源消费占比15%的目标，届时核电规模至少达到7500万千瓦以上，2015年达到3900万千瓦，这项项目将在“十二五”结束前开工。

核电建设投资一般为：一般建筑安装工程费用占12%、特殊建筑安装工程费用占18%、设备采购占60%（核岛、常规岛、辅助设备占比约为46%、30%和24%）、其他费用占10%。

预计今后5～10年，中国每年新增核电900万千瓦，每年总投资在1200亿元左右。根据公司目前经营优势，可参加一般建筑安装工程，每年度有150亿元招标金额。按20%的市场占有率计算，每年可承揽30亿元合同额。

（五）电网建设形势

我国目前已形成华北、东北、华东、华中、西北和南方电网共6个跨省区电网以及海南、新疆和西藏3个独立省网，到2010年，我国将建成330千伏及以上交流线路11.3万公里，直流线路8000公里，“十一五”期间共新增交流线路3.8万公里，直流线路3400公里，今后几年间每年电网投资都在2500亿元以上。一方面，近几年由于水电建设提速，使得电网建设一直滞后于水电建设，已导致有电输送不出去的局面出现，引起各方高度重视；另一方面，近几年风电发展迅猛，而风电站大多建在远离电网的地域，对输变电建设有新的投入要求，面对输变电线路投资不足的局面，风力发电企业已经开始考虑自行投资建设输变电线路。过去，输变电市场属于地方企业主导的市场，各公司很少参与其中，因此，风力发电企业投资建设输变电线路将是我们进入输变电线路安装市场的契机。

三、下一阶段股份公司水利水电市场营销工作的总体思路与工作指南

公司市场营销工作的总体思路是：贯彻年中工作会议要求，坚持科学发展观，遵循市场经济规律，开展市场营销理论研究，创新市场营销管理体系，着力解决当前制约市场营销工作的关键问题，实施“占先机、抢市场、强品牌、增效益”的工作方针，巩固国内水电核心主业的市场地位，为公司实现规模和效益的同步增长以及转型升级上台阶提供可靠的保障。

（一）发挥传统主业优势，沿“两条主线”进一步夯实公司在国内水利水电建筑市场的龙头地位

为实现二氧化碳减排目标，国家将大力发展非化石能源建设，国内水电建筑市场有望于近期进入增长期，对公司的发展是一个很好的机遇。但必须注意的是，由于水电工程的投资主体并不是中央财政，其增长受制于国家宏观政策的影响比较明显，因此增长的规模和延续时间还存在较大的不确定性；另一方面，受益于国家加大基建投资以应对全球金融危机的举措，以及国家区域发展战略，水利建筑市场持续稳定增长。下一阶段，各子公司要积极发挥各自在传统主业上的优势，沿“两条主线”进一步夯实公司在核心主业国内水利水电建筑市场的龙头地位。

一条主线是巩固水电工程建设市场，努力扩大市场份额。水电建筑市场是我们鏖战多年的传统主业市场，切实巩固公司在水电建筑市场的龙头地位，既是企业生存和发展的需要，也是我们的历史责任。对水电工程建设市场，不仅要争量保价，还要将自身优势转化成效益。争量是为了保市场份额、保经营规模增长，保价是为了保效益增长，而将自身优势转化成效益，则是为了使品牌、影响力等无形资产创造出实实在在的效益。我们要清醒地认识到，铸造品牌，不是为了博取一个虚名，而是为了透过品牌效应使自己获得更有利的竞争地位，为自己创造更多的利润，因此，对于那些非我莫属的项目，要有舍我其谁的气魄，坚持以合理价格中标。

另一条主线是在巩固南水北调工程建设市场的同时，努力提高公司在大中型水利工程建设项目方面的市场占有率。南水北调工程的建设进程正在提速，招标进程加快，年内所有项目均计划开工。在建且主体工程尚未招标的大中型水利工程还有信阳市淮河干流出山店水库、广西大藤峡水利枢纽工程、贵州黔中水利枢纽一期工程、内蒙古海勃湾水利枢纽工程等，这些在建项目的中标情况不仅影响到2011年公司的市场营销任务的完成情况，对于提高公司在大中型水利工程建设项目方面的市场占有率也有着重要意义。当前，国家自然灾害频繁发生，要积极把握灾后水利工程治理机会，努力扩大中小型水利工程市场份额，这既利国利民也利己。

（二）依托传统市场，延伸技术优势，实行“两个转型”，稳健转移剩余产能

拓展非传统主业领域的建筑市场空间，是推进公司生产经营发展战略的需要，也是确保公司2011年新签合同额稳步增长的需要。各子公司2011年要进一步加强非传统主业领域的建筑市场营销工作力度，力争使输变电、风电、核电、港口、码头、航道、堤防等工程的市场营销工作有一个新的突破。

当前，公司内部金属结构制造安装和机电设备安装的整体产能将面临严重过剩。由于历史原因，这部分产能主要集中在国内水利水电市场，但由于近两年新开工建设的水利水电项目过少，这部分潜在的市场总额相对过小，未来新开工建设的水利水电项目，又受建设周期制约，不能及时提供市场份

额，随着大多数在建水利水电工程的竣工和装机投产，产能过剩的问题将更加突出。因此，如何未雨绸缪地做好产能转移工作，是当前必须考虑的紧迫问题。一个是产品结构的转型，努力扩大风电金结制安工程、输变电工程的市场份额，实现金结制安剩余产能的转移；另一个是产业结构的转型，努力渗透水电站机组运行、检修市场，实现机电安装企业的经营高端化。

（三）创新市场营销体制，整合两级主体资源，消除竞争劣势，发挥组织优势

相对于葛洲坝的集团营销，我们的一些子企业竞争力偏弱且信息不对称，从而导致竞标的被动。因此：我们必须弥补自己的体制性缺陷，整合资源，发挥我们的体制性优势。除加强股份公司的统筹协调机制外，要通过区域营销管理模式等组织和机制的创新，获取市场竞争的主动权，提高市场竞争的效率。

四、下一阶段市场营销工作的几点具体要求

公司市场营销工作任务还十分繁重，各子公司要切实落实公司2010年年中工作会议精神，进一步加强市场营销工作力度，水电市场营销要把握重点、巩固增量发展，确保行业主导地位。要对大项目、大流域、大市场早做研究，提早介入，重点跟进，突出子公司的专业特色和综合实力，发挥品牌和区位竞争优势。要继续加大对南水北调等水利建筑项目的开发和在建项目管理。要有效发挥子公司的地缘、人缘优势，积极参与中小型水利水电项目建设。国内市场领域要做强做优、不断巩固，扩大市场、增加份额，确保年度市场营销目标全面实现。借此机会，提几点具体要求：

（一）加强市场布局战略管理，保证公司内部有序发展

各子公司对主营业务要进行再细分，以确立细项业务发展方向，结合区域发展战略，综合考量与主要顾客的关系、联盟等情况，确立合理的市场布局，并将相应的业务发展目标纳入市场营销战略管理中，为确保相关业务保持长期稳定发展提供行动指南。公司市场经营部要汇总分析各子公司的市场布局情况，协调并消除其中存在冲突的地方，以保证公司内部有序发展。

（二）加强市场营销理论研究，创新营销思维，创新市场营销模式

管理大师彼得·德鲁克认为：“企业有两个基本功能，一个是营销，另一个是创新，其他都是成本。只有营销和创新产生效益”。要做好市场营销，离不开创新活动。涉足新领域市场营销，更需要品牌创新、技术创新和管理创新的支持。只有不断创新，才能有效拓展非传统主业领域市场，实现剩余产能稳健转移的目标。

公司倡导立体、多维度、跨体制的营销模式。立体化营销模式是指股份公司内部上下互动，左右互动，既分兵把守又整体统筹，达到高度协调、高效的营销模式。区域总部的建立就是这种模式的体制特征。

多维度营销模式是在立体化营销模式只关注有形的营销模态的基础上，进一步关注无形的营销模态。跨体制营销是指加强与民企的合作，利用其市场资源，合法运作，扩张市场。对于建筑施工企业来说，如果没有市场，就等于没有生命，生存和发展就更无从谈起。市场对我们是如此重要，客观上要求我们必须站在长远和全局的角度去认识市场，使用符合自身实际情况并行之有效的市场营销理论去指导市场博弈活动，而不是沿用“头痛医头，脚痛医脚”、就事论事的片断式思维去和市场打交道。为此，各子公司要督促市场营销骨干人员加强市场营销理论的学习，鼓励并支持他们对市场营销理论进行研究的行为，消除他们中可能存在的轻视、漠视、偏视市场营销理论的观念。

（三）提高履约水平，树立品牌形象，通过“二次营销”拓展市场

“二次营销”是指实现良好履约，通过建立企业良好信誉，树立品牌扩展市场的手段。对于新市场来说尤其如此，它能最大限度地吸引住合作过的业主，从而能以更低的营销成本再次获得类似工程合同。如八局、九局的人工砂石料加工品牌，基础局的技术品牌在核电建设领域的表现，十四局的地下工程品牌在石油工程建设领域的表现，都充分证明了“二次营销”的重要性。

（四）加强法律法规知识教育，提高风险管控能力

任何市场营销活动都受到法律法规的约束，加强市场营销队伍的法律法规知识教育，是保护员工、规避企业风险的必经之路。市场营销工作面临的环境是特别庞大的、复杂的、变化频繁的、难以预料的，有时候还面临不熟悉的情况出现，因此，各子公司必须完善法律法规知识或法律方面的技术支持，理顺营销策略，坚持守法经营，不断提高风险管控能力，有效防范法律风险的产生。

（五）加强商业信息保密意识教育，集中清理一次各单位公开发布信息过程中所存在的问题，严格规范信息披露行为，维护企业利益

市场营销过程中需要保密的信息范围很广，包括但不限于尚未付诸实施的市场营销战略、市场营销方向、市场营销规划、市场营销项目及市场营销

决策等。保密的目的不仅是为了确保市场营销成果可控，也是为了防止自身完全“裸露”在竞争对手面前。但是，我们在网络上收集到不少子公司的与市场营销有关的信息，这些信息中，有披露自己单位正在跟踪的项目、在编在投项目信息的，也有全文披露自己单位的市场营销会议资料或与市场营销有关的公文函件的，更有甚者，连市场营销座谈会的会议纪要也进行了全文披露。市场营销的设想、计划、目标、手段、策略等信息，毫无顾忌地拱手相送给大众，充分暴露出有关子公司在市场营销保密工作方面的意识已经薄弱到令人瞠目结舌的地步。

各子公司务必加强相关人员的商业信息保密意识教育，集中清理企业在公开发布信息过程中所存在的问题，严格规范信息披露行为，切实维护自身利益。

（六）加强市场营销工作标准化建设，提高市场营销工作的规范化

组织目标的实现需要适宜人员按照规定的标准来完成，这样就使公司提出标准化管理的要求，目的是提高市场营销工作的规范化。一要依据法律，规范流程，建立市场营销工作的标准化体系，完善营销工作流程。二要建立市场营销人员业务水平测试体系，对信息收集、项目跟踪、施组、商务报价等人员建立专业人员评价模块。三要提高标书内容的质量、最终报价的可靠性，提高编标人员的专业素质，提高对市场价格的把握水平。随着各子公司经营规模的不断扩大，编标人员的整体素质近期有逐步下降的趋势，这值得各单位高度重视。

（七）进一步提高市场营销的高端化管理水平

市场营销的高端化首先是要立足于提高品牌、知名度、实力，落实到话语权的提升上。其次是通过工作间的互相信任、互相帮助，实现彼此之间理解与支持。进而建立高端人脉关系，达到高层认可，影响高层决策。

同志们，股份公司正处在改革发展的关键时期，水利水电建筑市场作为公司传统的核心业务需要我们齐心协力、共同努力，我们肩负的责任繁重而光荣，要充分利用和维护“中国水电第一品牌”的良好市场声誉，用诚心拓市场，用服务创优势，扩大市场份额，提升市场地位，实现应有利益，促进核心业务健康发展，确保核心业务做好、做大、做强。

认真总结　提高认识　狠抓落实
全面推动公司信息化建设上水平

——在股份公司信息化工作研讨会上的讲话

（2010年11月30日）

黄　保　东

各位代表、同志们：

今天，我们召开股份公司信息化工作研讨会。本次会议的主要任务是：全面贯彻落实国资委第三次中央企业信息化工作会议精神和股份公司2010年工作会议要求，认真总结“十一五”信息化建设工作，查找差距，分析原因，提出下一步公司信息化建设的主要方向、工作目标和具体措施，重点就公司信息化“十二五”战略规划和工程项目管理系统进行研讨。下面我就公司信息化工作谈几点意见。

一、“十一五”期间信息化工作总结

“十一五”期间，公司按照国资委《关于加强中央企业信息化工作指导意见》和住建部《施工总承包企业特级资质信息化考评标准》的要求，坚持

“四个统一”和“经济实用、科学先进”的总体建设原则，积极落实公司信息化“十一五”规划实施方案，进行了较大规模的信息化基础设施建设、信息系统建设、网络与信息安全建设以及标准规范与支持体系的建设工作，在公司各级领导的高度重视和大力支持下，经过总部各部门和各子企业的共同努力，公司信息化整体水平显著提高，信息化建设迈上了一个新的台阶。在2008年国资委组织的中央企业信息化水平测评中被评为C级，位列中央企业第42名，在2009年测评中提升到B级，位列中央企业第34名。具体讲，主要表现在以下几个方面：

（一）信息化基础设施不断完善

2006年，公司总部以新办公楼建设为契机，按照相关标准和规范，建成了公司总部信息机房和局域网，使公司总部的信息化基础设施达到国内同行业领先水平。水电十一局、水电十三局、四川公司也以搬迁新办公大楼为契机，建成了标准的信息机房和局域网。水电二局和水电五局投入专项资金对信息机房进行了升级改造。在公司总部和各子企业都已经建立局域网和信息机房的基础上，根据发展需要，公司从2007年开始着手进行覆盖全公司的虚拟专用广域网（VPN）的建设工作，通过各子公司的共同努力，到2009年底，覆盖公司总部、子企业、三级单位和大多数项目部的经济实用、安全可靠的虚拟专用广域网（VPN）平台基本形成。公司总部和各子企业的信息化基础设施经过近几年的建设有了显著的改善和提升，为公司各项信息化应用持续安全和稳定运行提供了可靠的保障。

（二）信息系统全面建设和推广应用

1. 基础信息系统建设及应用情况

目前，企业外网网站、电子邮件、即时通信、视频会议、办公自动化等信息化基础应用系统已在公司总部和各子企业得到全面普及和应用。

公司总部的外网网站在2009年国资委组织的中央企业网站绩效评估中被评为A级，位列中央企业第3名，受到了国资委的表彰。公司总部和各子企业外网网站组成的“中国水电”门户网站群，已经成为公司对外展示企业形象、传播品牌、提升软实力和进行企业文化宣传的平台和重要窗口。即时通信系统自2004年部署应用以来，大大提高了公司员工之间的通信效率，降低了沟通成本，已经成为公司日常办公不可或缺的沟通工具。视频会议系统自2006年12月26日开通以来已召开公司级会议上百余次，分会场参会人员约35000人次，共节省费用7000多万元。视频会议系统的应用，突破了时空限制，节约了会议成本和差旅费用，扩大了会议受众，提高了公司总部和各子企业整体协同和沟通能力。2006年起，办公自动化系统在总部升级改造的基础上在整个公司进行了全面的推广，目前已有22家子企业使用了办公自动化系统，4家子企业正在部署办公自动化系统。办公自动化系统的应用，降低了办公成本，规范了公文管理，提高了公司全员信息化应用水平，取得了很好的效果。

2. 经营管理信息系统建设及应用情况

“十一五”期间，公司通过建设和应用财务管理、资金管理、人力资源管理、工程项目管理、设备物资管理等经营管理系统，切实增强了两级总部的管控能力、抗风险能力、资源配置能力和可持续发展能力。

财务集中核算系统从2007年开始，经过近3年建设，目前已完成了系统在公司总部和各子企业总部部署及推广应用工作。通过统一核算制度、统一会计科目体系、统一基础数据，规范系统编码、规范业务流程，实现了财务信息集中，大大增强了两级总部财务管控能力和集约化经营管理能力。资金的集约化管理和使用是发挥集团价值的重要手段之一，公司集中统一的网络化资金管理平台的建成，不仅满足了公司资金集约化管理的要求，有效降低资金管理风险，而且通过银企直连使公司资金使用效率明显提高，也为公司与各大金融机构对接、建立战略合作关系提供了良好支持，为公司的发展创造了良好的融资环境。人力资源管理系统在实现公司总部人力资源基本管理业务信息化的同时，通过系统重点采集和汇总了公司系统内企业领导人员队伍、经营管理人才队伍、专业技术人才队伍、技能队伍、党群队伍共4万多“五支人才队伍”的人员信息。为公司各级管理人员提供了丰富的人力资源报表和决策分析数据。设备物资管理系统的建设试点工作已经完成，近期将进行集中培训和部署。通过系统的建设统一了公司设备物资基础信息编码，规范了设备物资基础管理工作，提高了两级总部的设备物资管理水平和资源配置能力。财务核算和报表系统在公司全面应用使得以凭证、账簿、会计报表等为主要对象的传统审计工作面临巨大的挑战，审计管理系统的建设应用不仅使以上问题得到有效改善，而且提高了各级审计部门的工作效率和工作质量。此外安全生产、惩防体系、信息资源网、市场经营、工程科技等其他管理信息系统的建设和应用，也进一步提升了公司有关业务部门的纵深专业管理能力和服务水平。

3. 以工程项目管理系统为核心的主营业务建设及应用情况

工程项目管理系统作为公司核心业务系统，是支撑公司做强、做大主业的重要保障。2008年公司总部在对各子企业项目管理业务信息化现状进行了调研和规划的基础上，选择了水电十一局和水电十五局作为工程项目管理系统试点单位，进行了系统的试点开发工作。在试点系统优化定型的基础上，于2009年7月开始在各子企业推广应用。目前，在以施工业务为主的21家子企业中，已有14家子企业使用了工程项目管理系统，其中8家特级资质企业都已部署了工程项目管理系统，并正在项目部进行推广应用工作，有2家（国际公司和港航公司）正在建设，5家子企业（一局、九局、十局、十六局、辽工局）没有使用系统。在已经推广使用的子企业中水电三局通过定期检查通报各项目部数据的方式来推动系统在项目部的应用，取得了良好的应用效果。水电二局通过在项目组织和资源配置方面的标准化，使得项目管理信息化变为项目管理的规范化。工程项目管理系统的推广应用提高了公司在建项目的信息化和精益化管理水平。

（三）网络与信息安全水平不断提升

随着公司日常办公、沟通协同、业务和管理工作的信息化，公司对信息系统的依赖日益增强，同时信息系统的一体化、集成度和复杂度不断提高，来自互联网的各种边界攻击和入侵扫描日益频繁，系统安全稳定运行面临较大威胁，网络与信息安全形势日益严峻。为了有效保护公司网络与信息资源安全，全面落实公安部、国资委和电监会等有关国家部委对信息安全的各项要求，公司总部从2009年3月开始着手进行了网络与信息安全系统的全面建设工作。通过在公司总部部署内网访问控制管理系统、防垃圾邮件网关、入侵防御系统、网站防篡改系统、统一网管系统、信息安全审计系统、存储与备份系统、漏洞扫描工具等安全软件产品，建立信息安全运行管理制度，从物理安全、运行安全、信息安全、安全制度等四个方面构建公司立体的安全防护体系，从整体上提高了公司网络与信息安全防护水平，在国家重大活动和节假日期间公司的网络运行没有发生一起安全事故，受到了国家电监会的表彰。为了进一步提升公司信息资源的容灾能力，今年年初开始进行了公司异地灾备中心的建设工作，通过在四川公司新建大楼的信息机房建立公司总部核心数据的异地灾备中心，确保当公司总部数据中心发生灾难时，可及时从灾备中心恢复，保障公司业务系统运行的安全性、连续性和稳定性，提高灾难恢复速度及可靠性，将各种风险影响降到最低。

（四）标准和规范体系不断完善，IT服务管理水平稳步提升

近年来，公司陆续出台了《公司信息化项目实施与验收管理办法》等20项管理办法和《公司网络视频会议系统建设规范》等5项标准规范，指导和规范公司信息化建设、管理、运维和考核等工作，有力地促进了“四个统一”的信息化总体建设原则的落实。许多子企业也根据公司的管理制度，制定并完善了本单位的相关制度，形成了全公司的信息化管理制度体系，规范了信息化建设和管理工作，有效地保证了信息资源共享，大大提高了信息化工作的规范化、标准化管理和服务水平。

在IT基础设施建设和运营管理方面，公司通过采用虚拟化、SOA架构、绿色IT等新技术，不断提高IT基础设施的安全性、可靠性和利用率、降低能耗，提升和创新IT运维模式和管理水平，降低IT运营成本。

应该说，公司信息化工作取得上述成效是非常不易的。公司各级领导给予了大力的支持，信息化从业人员为此做出了大量的工作。在此，我代表股份公司向辛勤工作、无私奉献，为公司信息化工作作出突出成绩和重要贡献的同志们表示衷心的感谢！

二、信息化工作面临的深层次问题和主要挑战

近几年来，虽然公司的信息化建设取得了一定的成绩，并发挥了积极作用，但与国资委、住建部的要求相比，与国际、国内同行业的先进企业相比，与公司发展战略要求和公司在国际上的知名度和品牌影响力相比还有较大差距。主要表现在以下几个方面：

（一）信息化建设资金投入严重不足，投资结构失调且不能持续

2009年公司（含各子企业）信息化投入约为1.2亿元，占公司2009年营业收入的0.15%，而国资委所属的中央企业2008年的平均比例为1.12%，欧美和日本等全球知名承包商约为0.6%～1%左右。因此无论是与中央企业的平均投入水平相比还是与欧美、日本等全球知名承包商相比，我们在信息化资金投入方面差距很大，信息化资金投入严重不足。

据调查，国内施工企业信息化投入中，硬件、软件、咨询及其他IT服务的投入比例约为6∶3∶1，我们基本也是这一比例，我们的信息化资金投入主要在网络和应用系统建设方面，在信息化规划、系统运营支持服务、系统升级优化等方面投入很少。

而发达国家及其成熟市场这一比例约为1∶1∶1，国内施工企业在信息化投入中"重建设轻咨询"、"重建设轻维护"、"重硬件轻软件"、"重软件轻数据"、"重技术轻管理"的倾向严重，影响了企业信息化协调健康发展，当然这与我们信息化目前的发展阶段有关。

（二）信息化人员比例低、复合型人才缺乏

在日本的大型施工企业中，信息化人员占员工总数一般在2%左右，我们公司约为0.1%左右。在国内同行业一些信息化先进企业如中建一局、中建五局、中建八局、中交二航局、中交四航局等，不但信息部门为一级部门，而且企业总部的信息化专职人员都在20人左右。而我们各子企业除水电十一局外没有一个信息部门为一级部门的，信息化专职人员也没有一个超过5个的，有些子企业甚至没有一个信息化专职人员，人员的配备远远不能满足信息化工作的实际需要，岗位职责难以落实，职能难以充分发挥，就连日常运行维护工作都只能疲于应付，更不要说信息化规划、系统建设和优化升级了。

我们知道，一项建筑工程一般要经过可研、初步设计、施工设计、施工、竣工验收、运行维护等阶段。而建设一个信息系统和建筑一项工程的过程基本是一致的，甚至往往比建设一项建筑工程还要复杂和艰难。因为他要克服技术、组织、思想、观念上的种种困难。同时信息系统建设过程是企业管理模式与信息系统互动交融的过程，只有信息系统方面的知识和技术是不能胜任的，还需要具有较强的理论修养和沟通协调能力，了解企业管理知识，能站在全局和系统的角度，把企业实际业务需求和信息技术有机结合，才能保证系统的实用性和先进性。同时信息技术是一个日新月异的技术，信息化工作人员缺乏系统的学习和培训，不能及时更新、补充专业知识和管理知识，不能提高业务能力，就无法适应公司信息化建设和公司业务快速发展的新要求。

人才是企业发展的"第一资源"，这一点在企业信息化方面体现得更为充分。信息化是同企业的生产、经营、管理、决策有机融合的一项工作，综合性、系统性和专业性很强，对从业人员的综合素质、专业能力要求非常高。但是，由于长期以来各子企业对信息化战略地位、核心价值认识不足，导致信息化人员的比例、专业能力、综合素质等与公司发展对信息化从业人员的要求相比还有很大的差距，可以说信息化专业人才匮乏已经成为制约公司信息化发展最重要的因素。

（三）基础管理的规范化、标准化程度低，信息化价值无法充分体现

相比西方200多年的大工业发展的管理体系积累，我国几乎是从大农业社会向信息社会迅速迈进，企业管理者在短短的30年改革开放中获得的是"填鸭式"的管理积累，现实和历史因素造成了很多中国企业普遍的基础管理缺失。比如，集团型企业的供应商、分包商信息都无法共享，会计科目体系无法统一等。我们公司也一样，以标准化为主要内容的基础管理一直是我们的"短板"。就拿我们经营多年的水电工程业务而言，仍旧习惯于传统的、凭经验的、粗放式的管理，没有从企业层面梳理、总结和提炼形成系统科学的管理模式。公司总部、子企业、分公司各级对项目的管控内容、管控要素和管理流程标准化程度低，甚至有的项目成本核算体系不清晰、不规范，责、权、利不明确，从而导致不同子企业和同一子企业不同项目经营管理水平差距较大，先进的项目管理经验不能有效推广共享，历史的项目管理经验难以沉淀和有效利用。

信息系统作为企业管理模式的载体，只有和管理模式有机结合，才能充分发挥作用。由于我们基础管理的标准化、规范化程度低，管理模式不成体系，导致管理模式很难在管理信息系统中有效固化、优化和提高，制约了信息化在公司生产、经营、管理、决策过程中的价值体现和效益发挥，降低了公司整体协同运作效率，也制约了公司规模的扩大和产能增长。而葛洲坝集团已召开了10多次以"规范管理、防范风险、提高项目整体管理水平"为主题的在建工程项目管理工作会，大大提高了项目的规范化管理水平。上海隧道股份为了提高管理的规范化和标准化管理水平，成立了公司项目标准化管理办公室来专门推动项目的标准化管理工作。

（四）信息系统主要以职能部门的业务应用为主，系统横向关联少，集成度较差，相关标准和规范建设还要继续加强

目前，公司的应用系统建设主要还是以职能部门的业务管理需求为主，主要实现了部门内部的协同管理，提高了各项管理业务的工作效率，提升了部门的专业管理水平。很少跨越部门界限、业务界限和专业条块管理界限，进行全局考量和端到端的流程梳理，导致完整的业务流程被割裂在不同的信息系统中，系统间横向关联少，集成度较差。同时我们虽然已经制定和发布了相关的信息化标准和规范，但主要还是信息管理方面的，有关信息系统总体架构、数据交换、信息编码等方面的技术标准建设还有大量的工作，需要继续加强。

（五）主营业务信息化还有较大差距

通过国资委的测评和我们对各子企业的考核发现，主营业务信息化是我们的薄弱环节，目前已经开展主营业务信息化工作的子企业主要是各特级资质企业，还有相当一部分子企业没有开展主营业务系统建设工作，在已经实施和正在实施主营业务系统的子企业中，绝大多数都存在领导重视不够，系统推进慢，项目覆盖率低，推进难度大，基础信息不全等问题。而同行业的中建一局通过建立企业基础信息编码规范，实现了各应用系统间数据共享，通过流程优化打破了主要业务系统之间的壁垒，全面提升了企业管理效率；中建五局通过项目管理系统和财务系统的集成和数据共享，以财务管理为核心，以成本管控为重点，实现财务业务一体化集成管理；中建八局、福建安装公司等通过实施 ERP 实现了企业物流、资金流、信息流的集成和统一；国家电网公司在信息化“十一五”发展规划基础上，统一实施了 SG186 工程，通过实施构建覆盖总部、网省公司、地市公司三级、八大类应用系统和六大保障体系，建成了主营业务基本融合的企业集团级信息系统，实现了内部信息横向集成和纵向贯通。欧美等全球知名承包商在通过信息化实现项目现场和总部协同管理的基础上，目前已开始把 BIM（建筑信息模型技术）作为工程信息化的核心技术，应用于建筑项目设计、建造和运营全生命周期过程，实现工程项目设计效果可视化、参与各方的数据共享、协同工作、高效管理和过程的精细化管理。

因此，在主营业务信息化方面，不论从系统整体应用水平、还是从系统覆盖面、系统使用时间、系统应用的广度和深度、业务的标准化以及业务财务一体化集成管理方面相比，我们都和国内外同行业先进企业仍然有较大差距。

（六）子企业信息化整体水平明显偏低

去年，为促进各子企业信息化建设工作，公司组织对各子企业信息化进行了绩效考核，这里我通报一下 2009 年子企业信息化绩效考核情况。说明一点，企业信息化绩效考核本身难度大，这次考核结果也不一定十分准确，但代表了一个趋势，因此大家要辩证的看待。

参加 2009 年信息化绩效考核工作的子企业共有 27 家。满分 100 分，平均得分为 60.65 分。考核结果分为 A、B、C、D、E 5 个级别，其中 A 表示国内领先，B 表示国内先进，C 表示国内平均，D、E 在表示国内平均水平之下。在 27 家子企业中，C 级占 13 家，D 级占 14 家。说明我们子企业信息化平均水平低于国内同行业平均水平。我们是中国水电第一品牌，不管是在国内还是国际上都是有相当影响力的，但我们子企业信息化平均水平却没有达到国内同行业平均水平，且没有一个达到 A 和 B 级的，没有值得表扬的，我们都要深刻分析原因，我们的任务还很艰巨！

这次考核中，D 级的好多子企业主要依靠总部集中部署或推广应用的一些系统形成了一定的信息化管理能力，取得了一些分数，工作的积极性和主动性还不够，信息管理部门的职能作用没有得到有效发挥。公司总部信息中心的主要职责是公司整体的信息化建设规划、信息化基础架构建设、重大信息化项目的建设、标准体系的建设和总部管控类系统建设，是为总部存在的价值服务的，并对各子企业信息化工作进行指导、监督、检查和考核。各子企业信息管理部门要切实发挥职能作用，要依据公司信息化整体规划，制定本企业的信息化发展规划，按照相关标准，自行组织各自业务系统和管理系统的建设工作，构建各产业链纵向一体化的业务体系，满足本企业信息集成共享以及企业自身管理的需要。

此次考核对所有子企业都出具了考核报告，并已于 3 月下发，指出了各单位存在的主要问题及下一步工作的重点。请各子企业认真查找不足，提出切实可行的、系统性的解决办法，并抓好落实工作。考核为 D 级的企业要在 2011 年底达到 C 级，C 级企业也要向 B、A 级企业提升。

三、下一步信息化建设思路和重点工作

（一）认真调研，做好信息化“十二五”战略规划的制定、研讨、宣贯和落实工作

信息化不是企业的运营成本，而是企业的战略性资产，这就需要我们准确把握投资方向，做好战略规划。要做好信息化“十二五”战略规划，首先要对股份公司“十一五”信息化工作进行全面、系统的总结，认真调研分析公司发展战略目标、业务发展和业务单元组织模式对信息化的要求，尤其是股份公司成立所带来的运营及管理模式的变化。其次要结合 IT 技术的发展和公司目前信息化现状，在和国内外同行业先进企业进行对标的基础上，深刻分析公司信息化所面临的挑战，明确“十二五”期间信息化建设目标、建设内容、信息系统总体架构、部署架构、数据架构、应用架构和 IT 治理架构，制定目标清晰、任务清晰、步骤清晰的信息化发展规划，为公司发展战略目标的实现提供坚强支撑。各子企业也要根据公司的信息化战略规划，结合本单位的实际，认真做

好本单位的信息化规划工作。

目前，股份公司信息化“十二五”战略规划项目组已经对公司“十一五”期间信息化工作进行了大量的前提调研工作，并对现状做出了评估，分析了公司发展战略和各业务板块发展对信息化的需求，形成了公司信息化“十二五”战略规划的初步方案，包括总体目标蓝图和各类子企业目标蓝图。这也是本次会议重点研讨的内容，大家要从公司的整体战略出发，结合各自企业的实际情况，认真总结，充分沟通交流，明确目标，统一思想，确保信息化“十二五”战略规划的科学性和各项工作的顺利实施。股份公司信息中心和各子企业要加强对规划的学习和宣贯，确保对信息化“十二五”战略规划更好的领会、理解和落实。

（二）抓紧做好以工程项目管理为核心的一体化综合管理信息平台的建设和应用工作，支撑主业做强做大

虽然通过“十一五”期间大家的共同努力，我们的信息化建设迈上了一个新的台阶，但是我们必须清醒地认识到主营业务信息化仍然是我们的薄弱环节。关于项目管理信息化的重要性，在去年的综合项目管理系统的推广工作会议上我已做了阐述，在这里我再强调几点：一是建筑企业是以项目为经营主体的，其价值来源于项目所产生的收益。项目管理是施工企业的生产和经营活动的核心业务，也是我们企业信息化的重中之重，可以说，项目管理信息化水平的高低代表了我们企业信息化水平的高低，也代表了我们企业管理水平的高低。二是要以工程项目管理系统为核心，把企业各种系统综合起来形成企业统一的信息运营平台，减少重复劳动和数据重复录入，各级管理人员可自动获得需要信息，每一个职能系统都是综合管理平台的子系统。进一步加大集团化建设力度，为子企业提供更大的平台，通过集团化建设来共享和放大子企业的能力，解决子企业解决不了的问题，摊低单个子企业相应的成本，各子企业也要在共性化平台上加大自己个性化的力度。三是特级资质信息化考核标准的初衷是为了推动施工企业信息化建设，提高施工企业管理水平，提高竞争力。而我们有的子企业搞项目管理信息化是被动实施或者盲从，将考核与生产管理的现状脱离，出现“两张皮”的现象，这就偏离了住建部的要求，这一点我们必须要充分认识。各子企业在实施工程项目管理系统的时候一定要结合自身实际，走主动实施和可持续发展的道路，要以住建部特级资质考核为契机，切实加强组织领导，认真梳理公司现行的项目管理模式、管控体系、管控要素、管理流程和最佳管理实践，实现项目管理和信息化互相促进的局面，真正从“要我信息化”转变为“我要信息化”。

（三）完善功能、深化应用、强化集成，进一步提高信息化的核心价值

目前，公司整体信息化工作已经从“大规模的基础设施和信息系统建设”阶段向“建设与应用并重，着力提高集成水平”阶段转变。这就要求我们的工作重心也应该从以建设为主逐步向建设和应用并重、着力提高集成水平转移。我们要建立业务部门和信息中心密切协调与合作的信息系统持续优化机制，继续加强培训力度，及时解决系统应用中出现的新情况、新问题，加快系统完善升级。要根据各个系统的实际情况，采取多种措施和手段，扎实推进系统深化应用工作，切实保证信息系统实用、易用、好用、在用，推动系统应用水平的持续上升。加快推进协同共享、横向集成、纵向贯通的一体化信息系统平台的形成，不断提高信息化的覆盖率、普及率、集成率和贡献率。要通过不断优化完善系统功能，深化系统应用，强化系统集成，进一步促进信息化在业务执行层、企业管理层和决策规划层与管理模式及管理流程的融合，提高业务执行层的工作效率和质量，提高企业管理层的管理和分析能力，提高决策规划层的决策质量和效率，从而更好的体现信息化的价值。

（四）大力推进两级总部知识管理系统的建设工作，使之成为提升企业整体运行质量和管理水平的重要支撑

要将股份公司的工法、业务流程、文件模板、项目案例、技术方案、最佳实践等资源进行规范化、电子化和网络化，保证所有子企业和每个员工在使用这些资源时的标准化，做到整个公司管理水平的高起点和一致性。各子企业也要把施工工序、风险控制点等核心控制程序在知识管理系统中实现，加强子企业综合管理能力向分子公司和项目部的传递，提高项目收益，提升整个企业的运营水平。

（五）进一步加强网络和信息安全建设，加强安全意识，全面提高信息安全防护水平

今年以来，国资委多次发文强调企业信息安全保密工作的重要性，并且将企业信息安全保密的范围由原来的涉密信息扩大到包括企业生产经营和管理在内的商业秘密，这就大大提高了企业信息安全保密工作的边界和难度，也对我们的信息安全保密工作提出了更高的要求。信息安全保密工作是一项全面的系统工程，特别是在企业内部已经形成网络互连的情况下，任何一个环节和边界的疏漏都会使

其他的防护形同虚设。目前，我们的信息安全建设工作亟须加强，各子企业信息安全防护水平普遍较低，同时也存在信息安全人员缺乏、技术能力不足以及安全措施不到位的情况。各单位要进一步加强信息安全建设，全面提高安全防护水平。严格管理，抓好信息安全制度落实，加强督促检查，切实把各项制度规定贯穿于信息系统建设和使用的全过程，使其真正发挥应有作用。同时，信息安全保密工作的重点是提高认识，加强安全保密的意识，各子企业要积极落实国家有关部委和股份公司信息安全各项要求，加强宣传教育，引导大家深刻认识信息安全的易发性、隐蔽性、危害性，真正在思想上警醒起来、重视起来，牢固树立安全意识、风险意识和责任意识。

（六）抓紧做好软件正版化工作

按照国家版权局、信息产业部、国资委等九部委联合下发的《关于印发〈关于推进企业使用正版软件工作实施方案〉的通知》精神，国资委对中央企业的软件正版化工作进行了统一部署，并下发了《关于推进中央企业使用正版软件工作有关事项的通知》（国资厅发〔2006〕57号）文件，明确要求中央企业要尊重知识产权，树立软件产权意识，制定相关方案和时间表，采取切实有效措施，加快实施企业软件正版化工作。

目前，股份公司软件正版化的重点是office办公类软件和CAD设计软件，虽然我们部分单位已经购买了一定数量的办公软件，但是根据统计的情况来看差距很大，有的单位只买了几套正版的office，5家做得最好的单位每家也只购买了100多套，最多实现了子企业总部的正版化，这与我们公司的实际使用数量相差太大。而且这种购买的方式也不能从根本上解决公司的软件正版化问题，我们任何一个分公司或者项目部的应用盗版软件都会给公司造成法律风险，特别是随着公司海外业务的不断扩展，我们更应该注意公司的整体形象和保护知识产权的意识。

按照国资委的统一部署，今年是中央企业实施软件正版化工作整体目标的最后一年，各子企业一定要从守法经营、社会责任、经营风险的高度认识正版化工作，加大集中采购的力度，从根本上彻底解决股份公司的软件正版化问题。

四、提高认识，采取切实有效的措施，全面落实信息化建设的各项任务

（一）进一步全面的、系统的认识信息化

信息化已经和正在改变着企业的运营模式和日常作业方式，在有形和无形中带来了企业效率和效益的提升，因此要切实提高对信息化的认识，进一步重视信息化建设工作，必须明确信息化建设不是要不要做的问题，而是怎么做好的问题，否则就会逐渐被市场所淘汰。目前，各子企业在项目管理信息系统实施方面存在的一些问题和困难不应成为我们信息化工作的障碍，我们要两种手段和两种措施兼而有之，一起应用，该强制就要强制，必须用制度化来推动信息化。同时，信息化要增加可操作性和实用性，要给项目带来实实在在的价值。

大家不要把信息化神秘化，更要消除对信息化认知的误区：一是认为信息系统可以一次建成，却不知需要持续优化改进，导致信息系统在持续优化、运维管理等方面很难得到支持；二是认为信息系统是万能的，盲目或有意夸大信息系统的功能和作用；三是信息系统建设是信息部门的事，却不知需要全员参与共同努力才能完成；四是认为信息化就是手工工作的电子化，不知道企业信息化的过程就是IT和业务有机融合，企业运行效率提升的过程；五是对信息系统吹毛求疵，把管理问题当信息系统问题，不知道管理的标准化、规范化是实施好信息化的前提；六是信息化要等到企业有钱以后才能提上议事日程。

认识决定行动。只有从思想上真正提高了认识，才能变被动要求为主动参与，才能促进所有员工积极参与，增强全员信息化意识。我们一定要提高认识，加强宣传，让更多的人了解信息化、支持信息化、重视信息化、学习信息化、献身信息化。

（二）切实加大投入，落实机构和人员

通过和国内外同行业先进企业相比，我们在信息化投入、信息化人员比例和人员素质方面都存在很大差距，2009年的信息化绩效考核也表明这一点。这个问题我们三番五次讲，为什么没有很好的落实呢？关键还是思想认识不到位，战略思维和创新思维不够，现在不是讨论信息化要不要搞的问题，而是必须搞、必须搞好的问题。首先，传统的投入观念一定要改变，信息化建设是一个渐进的过程，正因为我们对信息化需求的不断提升，所以必须要有持续的投入；其次对信息化产生的直接效益、间接效益以及效益的滞后性要有准确的理解。要成为现代化的企业就必须成为信息化企业，要成为全球化的企业也必须成为信息化企业。提高认识，落实到行动上就是加大资金投入、健全组织机构、加强队伍建设，在资金、人才等方面，向信息化倾斜。信息化作为一项战略性和技术性很强的工作，各单位可以创新工作思路和方法，积极引进“外脑”，建立本单位信息化专家组，提高决策水平。

（三）加强信息技术标准和管理规范建设，统一标准，整合资源，减少重复劳动和投入，保障信息集成共享和管理科学高效

作为一个大型跨国企业集团，要实现业务协同、信息共享、管控高效和一体化运营，标准体系建设是非常重要的。要结合公司目前信息化建设的实际情况，通过统一标准和统一建设来提高效率和实现低成本的升级换代，这是集团化战略和集团化建设的一部分。要把信息化阶段性认识清楚，把各单位的现状认识清楚，从自己的实际出发，用制度化的方式和实实在在的效益来驱动信息化建设进程。要在股份公司范围内进行最佳实践和案例的共享，各子企业也要在自己企业内部进行共享，进一步加强培训、参观和交流研讨，统一标准和模式，特别是在项目管理方面加强标准化建设，加快项目管理信息化建设速度和资源共享。要进一步梳理和完善公司信息化管理、组织、规划、建设、应用和运维等各方面的制度，形成完备的制度体系，用制度规范信息化建设，用制度推进信息化应用，用制度巩固信息化成果。当前重点要结合公司整体信息化工作从“大规模的基础设施和信息系统建设”阶段向“建设与应用并重，着力提高集成水平”阶段转变的实际情况，重点组织编制信息化应用管理和系统集成方面的有关标准和规范，适应信息系统应用深化、运行管理和信息集成共享的需要。

要加快建立公司公共信息编码体系，对影响公司全局的公共信息编码要进行分类规划，统一编码，在编制过程中首先着重解决业务影响范围大、重要性强的数据信息编码，如财务科目编码、组织机构编码、人员编码、客户编码、项目编码、供应商编码、分包商编码、设备编码、材料编码、合同编码等，切实提升公司信息资源标准化水平，规范信息编码体系管理工作，为信息系统集成应用和信息资源共享奠定良好的基础，满足各应用系统数据集成、业务集成和流程集成的需要。同时对公司的公共信息编码要实现统一制定、集中管理、分散使用，保证公共信息编码的一致性、完整性。

（四）大力加强信息技术培训，提高全员信息化素质

企业信息化是对传统管理手段的创新、管理信息系统的应用、部分或全部替代手工劳动引起的工作方式、管理模式的变革，由于传统的习惯很难改变，因此也容易导致初期阻力很大。往往引起员工的恐惧、漠视、误解、反感、抑制等情绪，导致信息化项目建设过程不顺利、建成以后难以推广的现象，对此，我们必须要有充分的思想准备。同时信息化是一种从零开始的建设、应用、普及和不断优化升级的过程，也是人们的认知不断逐步深入的过程，它能够在无形中提高企业的运营效率、效益、管理水平和竞争力。因此，在企业信息化建设过程中，必须坚持不懈地通过培训、交流、研讨、竞赛、奖励等多种形式和手段宣贯信息化理念，不断提高全员信息化素质，提高全员信息化知识和应用技能，实现信息化知识的共享转移，使广大员工正确认识和充分理解信息化，增强信息化建设的信心，成为信息化项目的真正倡导者、推动者、参与者、使用者和受益者。而全员信息化素质的提高反过来会极大地促进信息化工作，从而在整个公司形成良性的信息化文化氛围，实现信息化的全员参与，造就一批高素质的复合型人才，建立一支过硬的信息化队伍，为信息化工作的深入推进奠定坚实的基础。

（五）积极开展对外交流和同行业信息化对标工作

世界是平的！现在社会发展逐步走向开放、协作、共赢。我们要在信息化和全球化竞争中取胜，需要有全球化的视野和新思维。要积极开展对外交流，发现和探索移动互联网、云计算、物联网、虚拟化等新技术应用给企业带来的商业价值，积极开展与国内外同行业先进企业的信息化对标工作，查找不足，分析原因，学习和借鉴国内外先进企业的信息化建设经验和最佳实践，消化吸收、为我所用，切实加快做好企业信息化建设工作。同时要加强与住建部、电监会、施工企业管理协会等上级主管部门和行业协会的沟通联系，争取它们的支持，积极参与有关行业信息化课题研究，为公司信息化发展创造良好的外部环境。

同志们，当前公司发展改革已进入关键时期，我们面临着前所未有的机遇与挑战。大力推进信息化建设，是顺应全球新的竞争环境的需要，是全面提升管理水平的需要，是满足上市目标和服从上市企业监管的需要，是从企业信息化走向信息化企业，打造具有较强国际竞争力的企业集团的战略选择。我们一定要站在科学发展的战略高度，进一步转变观念，统一思想，加强信息化工作的重要性和紧迫性的认识，加快信息化建设步伐，大幅提升信息化水平，为提升公司管控服务能力与整体运营效率和效益提供坚强支撑，为公司科学发展作出更大的贡献！

圆满完成年终财务资金工作任务 全面提升财务预算、决算工作水平

——在集团（股份）公司2010年度财务决算、2011年度财务预算布置会暨财务资金工作座谈会上的讲话

（2010年11月29日）

孙　璀

同志们：

今天，我们在陕西西安举办集团（股份）公司2010年度财务决算、2011年度财务预算布置会暨财务资金工作座谈会。这是股份公司成立以来组织召开的第一次财务预决算专题会议，会议内容很重要。

这次会议的主要任务是贯彻落实财政部、国资委预决算会议精神，部署集团（股份）公司2010年度财务决算报表、2011年度财务预算报表、《企业年度工作报告》编报任务，全面总结2010年财务资金工作和统筹安排2011年财务资金工作。

下面，我结合集团（股份）公司财务、资金管理工作和财务预算、决算管理情况，讲四点意见：

一、今年以来集团（股份）公司生产经营情况

今年以来，面对复杂的宏观经济环境和自然灾害频发的严峻挑战，集团（股份）公司认真贯彻落实年初及年中工作会议精神，坚持以科学发展观为指导，加大市场开拓力度，优化资源配置，推动管理创新，生产经营主要指标均创历史同期最好水平，确保了在复杂经济形势下的持续稳步发展。

（一）生产规模快速增长，营业收入首次突破1000亿元

2010年，集团预计实现营业收入1007.40亿元，超过1000亿元，实现历史性突破，比上年的755.45亿元增加251.95亿元，增长率为33.35%，明显高于上年24.25%的增幅。预计将有4家子公司营业收入超过百亿元。

（二）经济效益稳步增长，利润创历史新高

2010年，集团预计实现利润38.23亿元，较上年的31亿元增加7.23亿元，同比增长23.32%，创历史最好水平。营业收入利润率预计为3.8%，较上年的4.1%降低0.3个百分点，预计处于央企建筑行业的平均水平。

从利润增长的构成因素分析，营业利润同比增加6.96亿元，占利润增长数的96.27%，可见主营业务和其他业务对利润贡献较大，其中：资产减值损失减少2亿元，资产质量较上一年度有较大提高；营业外收支相抵后为0.24亿元，较去年−0.03亿元相比增加0.27亿元，占利润增长数的3.73%。

股份公司所属27家子公司中，仅有两家单位预计亏损，盈利面为92.59%。盈利前六家单位依次是：国际公司10.64亿元、水电七局5.52亿元、水电十四局4.05亿元、水电八局3.8亿元、水电四局3.24亿元、路桥公司2.9亿元。这六家子公司预计实现利润30.14亿元，占集团利润近八成。

（三）成本费用增幅高于营业收入，营业成本增幅较大

2010年，集团预计成本费用支出970.78亿元，比上年的721.75亿元，增加249.03亿元，同比增长34.50%，高于营业收入增幅1.15个百分点，成本费用利润率预计达到3.94%，低于上年0.35个百分点。

对成本费用的构成要素进行分析，营业成本同比增长36.11%，高于营业收入增幅2.76个百分点、营业成本增长过快；管理费用、财务费用同比分别

增长 24.43%和 27.39%，分别低于营业收入增长 8.92 个百分点和 5.96 个百分点，集团上下对非生产性费用的控制和加强资金集约化管理的效果逐步得到体现。

二、近年来集团（股份）公司财务预决算管理工作取得的成效

近年来，随着集团（股份）公司的持续稳步发展、财务管理职能的不断拓展和深化，集团（股份）公司预决算管理工作取得了明显成效。

（一）深化会计基础工作，会计信息质量逐年提高

自集团公司 2002 年底组建以来，组织所属企业开展了清产核资，夯实了资产质量；从 2007 年开始执行新《企业会计准则》，实现了从行业制度到企业会计准则的顺利平稳过渡；先后制定了集团公司《资产管理办法》、《会计核算办法》、《财务管理办法》等制度，统一了整个集团的会计政策与会计估计；采取公开招标的方式统一选聘审计机构，统一了审计口径，节省了审计费用；建立资产减值准备制度，统一了应收账款坏账准备账龄分析比例和个别认定法规则；对境内、境外施工承包、水力发电和火力发电企业的固定资产折旧情况进行了分析研究，统一了集团内固定资产的折旧年限；对《建造合同准则》进行了持续的研究，组织成立三级管理机构，先后制定了《指导意见》、《实施细则》，对子公司执行情况进行验收和指导，增强了会计信息的可靠性。

各子公司每年通过全面开展户数清理，狠抓财务基础管理，完善会计内控制度，改进管理流程，加强会计管理与业务管理的衔接，大范围的会计基础工作检查，规范编制预算和决算的合并会计报表，有效促进了企业财务会计信息质量的提高。特别是各子公司借集团公司改制上市之时机，严格按照证监会要求进行了 2007 年 6 月 30 日和 2008 年 12 月 31 日时点的资产评估、土地评估和审计工作，将账内、账外资产进行了彻底清理、盘点和核实，预决算报表反映的信息越来越准确、越来越全面。

连续 7 年，会计师事务所均对我集团决算合并报表出具了标准无保留意见的审计报告。2009 年，股份公司 27 家二级子企业全部为标准无保留意见的审计报告。集团公司财务决算报表编制工作连续多年获财政部全国范围内的通报表扬。

（二）建立健全预决算各项管理工作，财务预决算管理体系不断完善

集团公司在每年决算前，组织子公司进行合并范围备案工作；每年结合国资委、财政部的新要求，根据年度经营形势、预决算管理存在的问题，分别制定下发预算报表和决算编制布置文件，有针对性地提出工作要求；加大对业务问题的研究，先后规范了安全生产经费计提与使用、利润分配、小改制建账、BOT 项目的会计核算、三类人员费用的计提与精算、统筹外费用管理等业务，促进了企业财务决算管理的逐年深化；集团公司在国资委、财政部预决算报表的基础上，结合集团实际管理需要，设计了自己的预算报表、决算报表，并每年组织对预决算报表的修订，针对变化了的新情况，增加或删除部分内容，今年股份公司专门组织报表修改小组，对月报、季报、年度决算、年度预算报表的格式和内容进行了修订，最终确定 2010 年股份公司财务决算报表 135 张，财务预算报表 57 张；每年组织召开预决算布置会，采取集中培训、专题发言、小组讨论的形式，对决算、预算和《企业年度工作报告》编制工作进行专项布置；组织开展集团年度财务预算、决算报告的集体审核工作，采取听汇报、看资料、提问题、签意见的方式，复核子公司的预决算报表，保证财务预决算报表编制和财务决算审计质量；每年组织对各子公司财务数据、绩效评价情况进行书面批复，就审核发现的问题以及处理意见逐条反馈子企业进行整改，揭示企业经营管理短板；每年组织预决算报表编制单位的评比活动，促进子企业争优创先，提高报表编制水平。这一系列的财务预决算管理工作形成了有序的闭环，逐步建成了完善的预决算管理运行体系，有力地支持了集团各项管理工作的顺利开展。

各子公司近年来不断加大预决算工作组织力度，认真编制预决算报表、报告以及各类专项说明材料，加强对所属单位预决算报表层层审核，保证了集团上下互动，基本实现了会计信息的对称。

（三）创新预决算管理工作手段，完善预决算报表编制信息系统

通过几年的努力，集团（股份）公司成功推动了各级子公司的财务信息化建设，取得了可喜的成绩。

在财务集中核算管理平台建设方面，从 2008 年开始，集团（股份）公司坚持“统一领导、统一规划、集中实施”的推广模式，用三年时间分阶段分步骤搭建集团财务集中核算管理平台。集团（股份）公司首先统一规范了会计科目、客商档案编码、资产类别、币种设置，有效保障了财务集中核算管理平台的统一性，并制定了标准实施范本，明确了操作流程，要求子公司必须按照实施范本的要求，将

完备的实施方案报经集团公司多部门会签审核批准后才能搭建系统。2008年，集团总部核算平台的搭建工作完毕，包括集团总部在内的12家子公司核算平台已经完全集中到了集团总部，核算账套超过了200个。2009年，进入集团京外子公司的财务集中核算管理平台推广建设阶段。截至2009年12月31日，除一局在进行前期方案准备工作外，其他子公司均已进行NC系统核算工作。截至目前，除十局、十一局、辽工局外，八局、七局、五局已经通过验收，其他工程局的验收工作正在进行中，预计在年底前完成全部验收工作。

在财务报表管理平台建设方面，按照集团财务集中管理的规划要求，集团（股份）公司从2004年开始用了四年时间建立了格式和内容统一的，涵盖集团财务月报、季报、年报、预算报表、产权报表等财务报表的、网上填报与离线填报相结合的、项目部、工程局和集团公司实时联动的三级报表编制平台，提高了财务信息反馈的时效。这个平台，在财务系统2000多个报表编制点一直平稳运行。2009年，针对集团内往来款年底对账人工核对工作量大、抵消不充分的问题，集团（股份）公司开发了集团内关联往来核对功能，为关联往来核对、合并报表编制提供了极大的方便。2010年，集团（股份）公司在对水电八局进行测试的基础上，将财务报表管理平台和财务集中核算管理平台这两大平台进行整合，目前已经顺利实现账务处理与报表系统的对接，包括期初数提取，取数比例将达到70%～80%，将极大地提高报表编制效率和质量。

（四）预决算成果应用广泛，为企业经营管理和决策提供了有力支撑

决算资料作为股份公司上市招股说明书的重要数据来源，有效地支撑了上市之前向证监会申请上市所需的各项财务信息。股份公司上市之后，财务信息将通过季报、半年报、年报和重大事项公告等形式，接受社会公众的监督，展示股份公司的形象。

集团（股份）公司及子公司充分利用预决算资料对集团及所属各级子企业财务状况、运行质量、经营与财务风险等进行分析评价，有效推动了各级子企业改进经营管理，进一步优化资源配置，增强了企业的竞争力。

股份公司通过财务决算开展经营成果的正式考核，认定子公司经营业绩，为绩效考核工作与人力资源管理提供了决策依据。基于决算资料的企业综合绩效评价，有利于股份公司及所属各版块企业开展行业对标，了解自身的竞争地位，找出短板，增强竞争能力。根据《中央企业综合绩效评价管理暂行办法》（国资委令第14号）及实施细则，国资委对股份公司2009年财务绩效评价得分为80.4分，处于建筑行业良好水平，其中：盈利能力状况和经营增长状况均处于行业优秀水平，资产质量状况处于良好水平，债务风险状况处于较低水平。股份公司对各子公司2009年决算结果开展了绩效评价，评价的结果，已经在决算批复中反馈给了各单位，明年开始我们要将评价结果在股份公司范围内进行通报。

（五）融资管控能力逐步增强，资金集约化管理的效益不断提高

今年，股份公司制定下发了融资管理办法，对股份公司融资活动进行了规范要求，截至目前股份公司各项融资工作基本受控，表现在：一是严格按照融资计划控制融资规模，今年经股东会审核确定的股份公司融资计划为510.9亿元，截至10月末股份公司银行借款总额为446.8亿元，占融资计划的87.5%；二是融资业务流程逐步规范。目前股份公司融资活动基本都严格按照融资管理办法的相关要求履行程序，股份公司对融资规模的整体协调和掌控能力得到提升，尤其是对大额融资活动的管控能力逐步增强；三是融资形式更加多样化。为优化融资结构、降低融资成本，股份公司目前正在积极筹备发行企业债券、中期票据和短期融资券，各子公司也积极采用非银行融资方式改善现金流，应付票据、信托融资、融资租赁等间接融资金额逐步增加。

截至目前，资金NC系统已在各子公司本部全面上线，与建行的银企直连已正式运行，之后将陆续实现与中行、农行的银企直连，初步搭建起一个业务覆盖全面、操作便捷、流程规范的网络化资金管理平台。从运行效果来看，目前基本做到了资金网上流转，资金结算和账务处理的速度加快，资金管理业务的流程得以梳理和简化。伴随着资金管理手段的改进和集约化管理力度的加大，资金集约化管理的效益也不断凸显。通过实施资金集约化管理，至10月各级资金管理部利用集中资金累计对内调剂资金65亿元，为各子公司直接节省财务费用约4亿元。

集团（股份）公司财务预决算管理取得的这些成绩，凝聚了股份公司广大财务资金管理人员的大量心血与汗水，特别是2007年以来，为编制三年一期财务报表，各级财务资金管理人员付出了巨大的努力，作出了突出的贡献，取得了阶段性的胜利，在这里我代表股份公司对大家的辛勤工作表示衷心感谢！

为了鼓励先进，促进工作，集团（股份）公司每年开展财务报表编报工作先进单位的评比表彰活

动。今年共评选出2009年度财务报表编报工作先进单位和表扬单位各8家。希望受表彰的公司发扬成绩、再接再厉；希望各子公司向先进单位学习，扎实工作，创先争优，推动集团财务报表编报工作再上新台阶。

三、集团（股份）公司财务预决算及财务资金管理工作中发现的主要问题

近年来，随着集团改革与发展的不断深入，集团管控力度不断加大，集团（股份）公司的经营管理水平有了很大提高，但随着经济形势和经营环境的不断变化，以及集团（股份）公司经营规模的不断扩大和产业结构的转型升级上水平，部分子公司在预决算和财务资金管理方面仍然存在一些亟待解决的问题。

从国资委对集团公司2009年财务决算批复情况看，国际公司、水电十局金融衍生业务浮动盈亏未纳入表内核算，四局、七局长期挂账的应收股利未按照企业会计政策计提减值准备问题，并因此将对利润的影响金额2062.3万元，调整了集团公司的业绩利润。同时，国资委在批复中对股份公司担保总额较大，应收账款和未完施工增幅较大，应收账款周转率和存货周转率低，带息负债同比增长较快，资产负债率较高，以及大额资金调度和支付不规范等问题逐项进行了提示。

结合国资委批复，从去年股份公司对所属单位财务预算、决算审核情况以及今年的各项检查情况看，各子公司的问题主要反映在以下几个方面：

（一）部分公司会计核算不规范

一是个别单位其他应收与其他应付款的核算不规范。比如，将能够明确归属于应收、应付账款核算的工程款等款项在其他应收款与其他应付款中核算，个别单位在其他应付款中存在单方挂账内部费用，个别单位将大额应付职工年金长期挂账。由于个别单位对其他应收与其他应付核算的不规范，造成了股份公司合并资产负债中其他应收款与其他应收款余额较大，期末其他应收款与其他应付款占流动资产与流动负债总额的比例分别为5.6%与11%，已经偏离正常水平，今年各单位要重点清理，财务产权部和审计机构要加大审核力度。二是个别单位内部关联往来期末余额未能核对一致，与集团内其他单位的往来款项平时没有建立定期核对机制，年底集中对账工作量大，影响了单位报表上报时间。三是个别单位将项目前期费用未计入当期损益，而是在长期待摊费用核算。四是个别单位报销的交通补贴、通信补贴等，未纳入职工工资总额管理，违反了财政部于2009年11月12日下发的《关于企业加强职工福利费财务管理的通知》（财企［2009］242号）的相关规定，即按固定标准按月发放给职工的交通补贴、通信补贴等，应纳入职工工资总额核算。

（二）部分公司财务管控不严

一是存在私设“小金库”现象。在目前正在开展的股份公司“小金库”专项治理工作中，自查阶段共发现“小金库”55个，金额2391.01万元，其中：截留营业收入设立的“小金库”11个，金额677.12万元。用资产处置、出租收入等设立“小金库”26个，金额335.91万元。用其他收入设立的“小金库”5个，涉及金额70.89万元。虚列支出设立“小金库”11个，涉及金额1700.44万元，主要是以领未耗的材料和虚列分包工程款、材料款。其他形式设立的“小金库”2个，金额13.45万元，为收取的中级职称评审费未入账形成的“小金库”。二是个别项目部内控制度不健全，执行不到位，材料采购、材料验收、材料收发业务由同一人完成，没有对材料进行定期盘点，废旧钢铁、包装物、材料等物资无人管理。个别项目部未建立健全统供材料管理控制制度，未对物资的耗用、节约情况进行有效管理，不利于工程成本的有效控制。个别项目部对已实际到库的材料未及时办理入库手续，也未及时规范核算实际入库的材料。三是集团内部分包工程结算不及时，部分已退场的分包队伍长期未结算，预付工程款长期挂账，账面未能真实反映工程成本。四是个别单位存在由于历史和结算延迟等原因长期挂账的应收应付款项，没有及时清理。五是对外捐赠管理不规范。个别子公司未履行相应审批程序，擅自对外捐赠。

（三）部分公司资产运行质量下降

一是应收账款和未完施工大幅增加。根据股份公司半年报，2010年上半年应收账款余额143.55亿元，较年初136.87亿元，增长4.88%，低于同期营业收入增幅2.94个百分点，部分子公司应收账款呈现出增幅过快、总额过高以及账龄较长的情况。上半年，股份公司未完施工为131.56亿元，较年初增加24.79亿元，增长23.22%，占存货净值53%，显著高于中国铁建等建筑行业上市公司，占营业收入34.79%，也显著高于其他上市公司，部分子公司增幅超过30%，表明结算滞后的现象比较严重，潜亏风险较大。二是亏损子企业较多。2009年股份合并报表有两家子公司亏损，2010年预计仍有两家子公司亏损。子公司所属97家三级子企业中，处于亏损状态的有28户，占29%。三是部分企业债务风险加大。2009年末中央企业平均资产负债率为60.1%，集团公司资产负债率86.57%，是资产负债率超过85%的12家中央企业之一。股份公司所属子公司中，有8家资产负债率超过85%，其中水电二局、水电九局分别已高达95.05%、92.99%；有三家企业经营现金净流量为负数，经营资金保障不足。四是个别单位对境外项目实施进度、难度估计不足，造成大量设备、人员闲置，多数项目完工后施工设备不能及时转运其他项目，资产利用效率低，造成资源巨大浪费。

（四）部分公司建造合同准则执行不够到位

集团公司去年制定并要求各子公司执行《中国水利水电集团公司〈建造合同准则〉实施细则》，建造合同准则执行情况较上年有了很大的改观，但由于各局领导重视不一，执行的力度不一，仍有少数单位存在以下现象：一是个别项目部，未按照集团公司《建造合同实施细则》要求编制《分期执行建造合同收入、费用、毛利确认表》；二是个别项目的预计总收入和总成本的调整上报、审批手续滞后，项目的账面完工进度与形象进度差异较大；三是工程结算不及时，期末已完工未结算的工程成本挂账和预收账款挂账较大；四是未设置建造合同台账，未对完工百分比与工程结算差异进行分析。

（五）资金管理需要进一步加强

一是资金集中度有所下降。从10月的报表数来看，股份公司的资金存量和流量集中度都有下降的趋势，其中股份公司资金存量集中度较去年同期下降3.1个百分点，资金流量集中度较去年同期下降了3.1个百分点。当前各子公司资金需求量增加、业主监管资金量的增大以及项目分散、项目资金沉淀大都对资金集中度造成了不利影响，资金集约化管理工作任重而道远。二是存贷双高问题再次凸显。2009年末，经过大家的共同努力，股份公司存贷款比例处于相对合理水平，存贷双高现象得到明显改善。但从今年10月的数据来看，股份公司再次面临存贷双高的压力，10月股份公司货币资金170.3亿元，银行借款446.8亿元，存贷款规模较年初都有大幅上升。股份公司货币资金增加的重要原因在于国际工程货币资金的大幅增加，这部分资金由于自由调度性较差造成资金沉淀，部分单位如国际公司、水电十三局、水电八局、水电十一局这种情况比较明显。三是资金使用流程还需规范。目前部分子公司在资金使用上存在一些不规范的情况，包括没有严格按照股份公司“收支两条线”的要求，直接从收入户支出资金或在支出户沉淀大量资金不上存；重复设置收入账户；资金使用缺乏预算控制，审批流程不严格等。如何规范资金支付流程、加强资金预算约束、降低资金支付风险是我们工作中要着力提高的地方。四是自有资金不足造成投资能力受限。目前股份公司处于转型发展的关键时期，投资项目多，资金需求量大。按照国家相关法律规定，自有资金与银行借款必须按比例匹配，自有资金不足是制约股份公司投融资能力的一个瓶颈，崇信公司、四川公司、房地产公司、路桥公司等投资类公司都存在此类情况。一方面要提高股份公司的经营创现能力，增加资金积累；另一方面如何在有限资金的情况下发挥资本的最大效益，是我们需要思考的问题。五是部分单位存在融资规模超计划而未报批现象。目前股份公司整体融资规模整体受控，但出现了部分单位融资额超计划的情况。有个别单位没有按照融资管理办法要求，重大融资项目未上报股份公司审批。

（六）部分公司行业对标情况不理想

今年，股份公司利用国资委企业综合绩效评价系统对子公司进行了财务绩效评价，其中：

（1）建筑业板块。与集团外企业对标，选取国资委《企业绩效评价标准值2010》中的建筑业（全行业）值，我们子公司盈利能力、资产质量和经营增长指标普遍好于建筑业（全行业）平均值，但债务风险状况（主要是资产负债率，建筑板块平均83.26%）明显高于其平均值75%。与集团内企业对标，建筑版块内各公司财务指标最好值和最差值之间差距明显，比如总资产周转率最高是1.73次，最低是0.34次；资产负债率最低为76.15%，最高为95.05%；主营业务收入增长率最高为92.31%，最低为7.77%。

（2）房地产板块。房地产公司选取国资委《企业绩效评价标准值2010》中的房地产开发业（全行业）值，除主营业务收入增长率和已获利息倍数高于行业优秀值、应收账款周转率为行业平均值外，其他主要指标均处于较低或较差水平。

（3）电力板块。四川公司选取水力发电业（全行业）值，盈利能力和资产质量处于平均水平，经营增长处于良好水平，债务风险处于较差水平，当然这与四川公司还处在进一步开发阶段，未全部发电有关。华亭公司选取电力发电业（全行业）值，除应收账款周转率处于良好水平外，其他主要财务指标处于较差、较低水平。电力板块企业应加快开发进度，争取早日进入运行期，改善业绩指标。

上述问题，有些虽然是经营方面的问题，但是直接影响会计信息质量，影响管理水平，影响股份公司的形象。希望各公司高度重视，在决算工作中要高度关注，积极采取有效措施加以解决，推动股份公司经营管理再上新台阶。

四、做好2010年度财务决算、2011年度财务预算工作的几点要求

为规范集团（股份）公司财务预决算工作，股份公司下发了《关于做好2010年度财务决算管理及报表编制工作的通知》和《关于做好2011年度财务预算管理及预算报表编制工作的通知》，对今年预决算管理以及预决算报告的编制工作提出了具体要求，在本次会议上，集团（股份）公司有关人员将进行详细布置，希望大家能够认真学习。

下面，我结合当前经济形势和股份公司管理要求，就做好2010年度财务决算、2011年度财务预算工作再强调几点：

（一）切实加强组织领导，认真做好财务预决算工作

今年以来，集团（股份）公司生产经营和经济效益实现了持续较快增长，明显好于年初预期，但我们面临的国际国内经济环境仍然存在较多不确定、不稳定因素，集团（股份）公司面临的国际国内经济环境仍然十分复杂，不确定、不稳定因素依然较多，企业财务风险还比较高，集团（股份）公司财务预决算管理工作任务还十分艰巨，各级子公司要在财务预决算管理工作中认真分析经济形势，密切跟踪经济发展动向，充分认识企业经营管理实际，细化应对措施，优化资源配置，提高资产质量，管控财务风险，促进经营管理持续改善。今年是股份公司成立后第一个年头，财务信息至关重要。今年的财务预决算工作，有可能是股份公司上市前的最后一个年度预决算工作，不仅决算报表是供证监会发审委审阅的重要资料、是二级市场上潜在股东购买公司股票的必要参阅资料，而且真实准确的财务数据还是股份公司发行股票并上市的定价基础，因此对我们今年的预决算报表质量提出了更高的要求。

各公司要高度重视财务预决算管理与报表编制工作，一是认真总结以前年度财务预决算工作经验，切实贯彻集团（股份）公司工作要求，强化组织领导，细化实施方案，明确职责分工，落实工作责任；二是加强各部门分工协作，做好与经营、人事相关部门的联系和沟通，保证数据真实、准确和完整，保证与经营、工资统计指标口径衔接一致；三是及时开展财务预决算业务培训，落实财务预决算编制、审计及上报要求，严格工作规范，确保财务预决算工作进度和工作质量，全面按时完成财务决算工作任务；四是加大财务预决算内部审核工作力度，对所属子企业财务预决算报表要逐级进行审核，严把数据质量关；五是按时上报财务预决算报表，对无特殊原因延迟上报预算、决算报表，影响股份公司整体工作进度的，股份公司将进行通报。

（二）强调严肃工作纪律，确保会计信息质量

各公司要扎实做好财务预决算报表编制的基础工作，严格执行《企业会计准则》和国资委、财政部、集团（股份）公司关于会计核算、财务预决算管理有关要求。一是认真开展户数清理，准确界定合并范围，提升重要子企业管理级次，清理整治非持续经营子企业，收集参股被投资单位财务信息；二是认真开展债权债务核对、清理工作，确保账账相符、账龄清晰，加强应收款项管理，落实催收责任，减少资金占用，增强收现能力，防范坏账损失；三是做好存货、固定资产等实物资产的清查盘点与资产质量核实，真实反映资产状况，进一步健全存货管理内控制度，堵塞管理漏洞，统筹安排存货规模及资金占用，加快存货周转；四是规范相关资产的公允价值计量与核算，有条件的单位可以启动资产减值测试工作；五是认真开展在建工程清查，准确掌握项目完工进度和工程物资价值，合理确定利息资本化方法，及时做好竣工决算和完工项目结转工作；六是充分抵消内部往来和内部交易；七是规范确认收入，及时结转、分摊成本费用，及时足额计提各项减值准备，禁止任何虚构交易行为，不得存有账外企业、账外资产和账外账，“小金库”资金必须全部纳入2010年决算；八是不得未经备案批准随意变更重大会计政策和会计估计，不得随意利用会计差错调节年度间利润；九是认真清理各类风险业务，规范会计核算和信息披露，健全委托理财、股票基金、金融衍生业务的内部控制制度，加强担保、抵押、诉讼等或有事项的清理与管理；十是充分披露财务会计信息，不得对重大财务会计事项隐瞒不报，真正做到全面、真实、准确反映年度财务状况、经营成果和现金流量。

（三）高度关注应收账款和未完施工，不断提高资产运行效率

近年来，围绕“做强做大”的战略目标，各子公司积极开拓市场，加大非水电、海外工程和电力投资力度，经营规模不断扩大，经济效益逐年提高。但部分企业应收账款和未完施工不断增加，坏账与减值风险加大，影响了集团整体运行质量及盈利水平。

各公司要高度关注已完工未结算的增长情况、

资产占比情况以及与项目总收入占比情况，进一步认真分析已完工未结算项目的详细构成和具体成因，对严重滞后结算的项目应重点关注，并采取措施加大结算力度，对存在可能的潜亏风险的项目，应认真分析合同预计总收入是否高估，预计总成本是否预计不足或两者同时存在等。集团内的EPC、BT、BOT项目的总承包方要及时足额办理对分包商的结算，并据此确认成本。总之，应努力降低已完工未结算额度，并减少其占用时间，提高资产运行质量，降低经营风险。

各公司要高度关注应收账款增幅过快、总额过高以及账龄较长的情况，采取有力措施，积极收回应收账款，减少应收账款被业主占用及不合理占用时间，加快应收账款周转速度，提高资金使用效率。

（四）搭建全面预算管理平台，推动建立全面预算管理体系

预算管理是企业实施战略管理与控制的重要手段，是有效组织和协调企业日常生产经营活动的重要依据，因此，预算编制是否科学、合理显得尤为重要。为此，集团公司进一步创新预算管理机制，改革预算管理方式，进一步提高预算决策的科学性和规范性，准备在现有预算报表体系的基础上，着手搭建预算管理平台，以平台为载体，将各职能部门的预算统一到预算管理平台中，实现职能部门间数据的自动传递，预算目标的自动分解，最终实现全员参与、全面覆盖的全面预算管理体系。

集团全面预算平台的建设，已经纳入集团公司2009年科学管理与创新课题立项，项目完成截止时间为2011年6月30日。财务产权部与项目协作单位水电七局有限公司和房地产公司进行了多次的沟通，并在水电七局召开了专题研讨会，项目的整体框架已经基本成型。目前。水电七局和房地产公司正在相关单位的协助下进行业务板块的报表设计，预计明年3月份能完成平台的运行测试，将按期完成课题。

（五）继续加强资金管理，严控存贷款规模

密切关注宏观经济形势变化，维持资金链条稳定。当前通货膨胀势头较猛，加息预期上升，许多银行贷款额度紧张，放贷困难，对股份公司的融资工作造成不利影响。各公司要提前做好资金筹划，项目贷款要加紧落实，加强对现金流的监督管理，确保股份公司资金链条的正常运行。

增强资金预算的约束力，防范资金风险。各单位要提高预算编制的准确性，准确预测资金余缺，逐步建立资金年度预算、季度、月度资金计划，资金使用要透明、规范，增强资金预算对资金支付的约束力，预算外资金支付要严格遵守“三重一大”的审批决策程序。

继续规范银行账户管理。目前股份公司银行账户数量整体仍偏高，主要合作银行外的银行账户还有231个，各单位要严格按照银行账户管理办法的要求，对一般账户、专用账户、临时账户做出清理，尽可能统一到股份公司指定银行。通过资金信息系统和银行网络实施资金的统一管理，确保资金的流转速度，确保资金监管到位。同时要严格控制新增账户数量，规范账户开立的审批程序。加强对账户资金使用的监管，严格按照股份公司“收支两条线”的要求规范账户资金收付，确保账户资金安全。

将存贷款规模控制作为后期重点工作来抓。当前处于股份公司上市的关键时期，股份公司资产负债率一直处于高位，国资委对股份公司存贷款规模问题比较重视，加强对存贷款规模控制非常重要。各子公司要提高对资金使用的计划性和前瞻性，提高资金的周转速度，尤其是要通过合法的手段增强国际资金的使用效率，降低资金沉淀，调控好存款规模。在贷款规模控制上，各单位要严格执行融资计划，严禁盲目依靠银行借款实现规模的无效增长，部分超计划的单位要完善审批程序，项目融资要报资金管理部备案，重大融资项目要报股份公司审批。

规范担保程序，严控担保规模。各单位要严格按照担保预算控制担保规模，按照担保管理办法的要求规范履行担保程序，及时清理到期担保。审慎使用担保资源，限制对流动性融资品种的担保，禁止对外担保，严禁超股权比例担保。

（六）加强重大事项财务监督和财务绩效评价工作，深化财务决算成果应用

国资委财务决算管理工作已经从过去重点关注会计信息质量转到重点关注企业重大经营管理事项上来，每年组织的财务决算审核不断强化对大额资产损失、重大投资与并购、大额资金筹措、成本费用控制、对外担保与对外捐赠、债务风险控制、金融衍生业务、非经常性损益、境外企业及资产管理、绩效评价等直接影响国有资产保值增值的重大经营管理事项审核，检验企业内部控制的规范性与有效性。各公司应当充分认识财务决算成果的重要性，进一步加大财务决算信息的应用力度，做好财务数据挖掘和分析利用工作，为企业改进经营管理服务。

各公司要通过财务预决算管理，引导所属子企业加强内控体系建设，推进投融资管理、担保捐赠管理、高风险业务管理等工作，进一步增强对所属子企业的管控能力与资源配置能力，增强企业风险

防范能力。

各公司要通过财务预决算工作，了解和掌握境外企业生产经营和财务状况，完善管理制度和政策，加强对境外企业投资、筹资、担保等重大事项的监督管理，加强对境外企业和机构的监督、检查和考核，明确经营责任与监管责任。

各公司要结合2010年度财务决算工作结果，利用绩效评价工具及时开展财务绩效自评工作，认真分析公司及所属子企业的经营效益、资产质量、债务风险和经营增长等情况，深入剖析各业务板块的利润贡献、运营效率、现金流量、发展前景。积极开展与国际、国内先进企业的对标活动，揭示“短板”，寻找差距，识别企业面临的风险，提出对策建议。股份公司将根据《中央企业综合绩效评价管理暂行办法》及其实施细则，在国资委对股份公司财务决算进行审核的基础上，开展财务绩效评价工作，评价结果将在股份公司范围内进行通报。

（七）深入分析小金库形成原因，建立防范的长效机制

从设立“小金库”的数额分析，自查发现的“小金库”在100万元以上的4个，50万元到100万元之间的3个，10万元到50万元之间的19个，10万元以下的29个。由此可见，自查发现的“小金库”金额多集中在50万元以下，说明部分领导干部虽已意识到私设“小金库”是违法行为，但仍抱有侥幸心理。此类情况应进一步加强领导人员的法律意识和纪律教育，提高其自觉遵纪守法意识和责任意识，廉洁从业，使其从意识上筑起一道私设“小金库”的思想防线。

从设立“小金库”的来源形式分析，虽然隐匿收入设立“小金库”个数（42个）大于虚列支出设立的“小金库”（11个），但虚列支出设立的“小金库”金额（1700.4万元）远大于隐匿收入设立“小金库”的金额（677.12万元），说明隐匿内部资产处置收入设立“小金库”操作较为方便，但来源有限，而虚列支出又成为设立的“小金库”的一大来源。针对此类现象，应加强企业内部控制制度建设，加强合同管理和企业基础管理工作，确保各项经济业务和经济活动的每个环节都处于监督之下，使其不能设立“小金库”。

从设立“小金库”支出的内容分析，“小金库”主要用于职工工资、福利及接待支出，针对此类现象，应加强职工收入分配政策和福利政策的研究，不断完善分配制度和福利政策，使得各项职工工资、奖金及福利等支出均符合政策规定，纳入财务核算，使其不必设立“小金库”。特别强调，在努力做好内控机制有效实施的同时，应重点关注容易被忽视的非主业财务基础管理工作，从本次“小金库”专项治理检查情况看，非主业内部控制和财务管理现状不容乐观，表现出制度不健全、人员不到位，素质不高，内部审批不到位，上级监督不到位等问题，应引起我们高度关注，股份公司已经下文要求各子公司对非主业进行一次全面的自查自纠活动，希望各单位认真对待，切实开展相关工作，提高非主业财务管理水平，从而提升股份公司整体管理水平，保证企业健康发展。

同志们，股份公司的改革发展任务还十分艰巨，财务管理工作还面临诸多困难和挑战，希望大家进一步深化财务预决算管理工作重要性的认识，统一思想、坚定信心，积极开拓、扎实工作，认真组织做好2010年度财务预决算和相关财务资金管理工作，并以此为契机，夯实管理基础，改进财务绩效，提升经营管理水平，为股份公司的持续健康发展作出新的更大的贡献。

在公司廉洁从业专项教育活动启动（视频）会议上的讲话

（2010 年 4 月 6 日）

陈　永　录

同志们：

刚才范总对开展这次专项教育活动作了全面部署，提出了明确的要求。我仅围绕开展这次专项教育活动和范总的动员讲话谈几点意见：

第一，我们这次在全公司领导干部中，利用三个月时间，集中进行廉洁从业专项教育，这个决定充分表明了集团公司和股份公司党委对企业反腐倡廉建设的高度重视，也表明了公司领导对抓好企业反腐倡廉工作的决心和信心。大家都知道，反腐倡廉对于一个执政党来说，关系到执政地位的巩固；对于一个国家来说，关系到整个社会的稳定；对于一个企业来说，关系到企业的兴衰；对于一个领导干部来说，关系到个人的政治生命、个人的职业生涯和个人的家庭幸福。公司之所以下这么大工夫搞专项教育活动，就是为了使大家从思想上强化意识，打牢基础，构筑防线，增强抵御能力。这既是一项重大的政治任务，也是真正意义上对大家的关心和对企业的负责。希望每个同志按照范总的动员部署，提高认识，狠抓落实，扎扎实实做好三个阶段的六项重点工作，确保不流于形式、不走过场。

第二，最近中央采取了一系列重大举措，中央对加强反腐倡廉建设的力度不断加大。大家也看到，从党中央到中纪委到国资委，一个文件接着一个文件，一个会议接着一个会议，一个讲话接着一个讲话。从发布推进惩治和预防腐败体系建设工作规划，到连续颁发《国有企业领导人员廉洁从业若干规定》和《党政领导干部廉洁从政若干准则》，从开展清理“小金库”和工程建设领域突出问题专项治理，到严肃查处一批违法违纪案件，都可以看出中央的工作力度。胡锦涛总书记在中纪委五次全会上明确指出：“要深刻认识反腐败斗争的长期性、复杂性、艰巨性，以更加坚定的信心、更加坚决的态度、更加有力的措施、更加扎实的工作，抓紧解决反腐倡廉建设中人民群众反映强烈的突出问题。”对这项工作，中纪委和国务院国资委也加大了指导和督促检查的力度。我们这个专项教育活动，就是适应这个形势，以实际行动落实中央部署，通过学习《规定》、查找问题、自查自纠、完善制度、建立惩防体系，从而有效保证企业的健康发展。

第三，近几年，在集团、股份公司领导下，在公司各级领导和广大干部职工的共同努力下，公司取得了突飞猛进的发展，总资产由 2007 年的不足 400 亿元，达到了 2009 年 1000 亿元，可以说成绩有目共睹，前景令人鼓舞。这是由于我们树立了科学的发展观，确立了符合公司实际的发展理念、发展思路、发展战略，找到了一条可持续发展的路子。每一个水电人都会希望我们的企业越来越好，要保持这种良好的发展势头，最基本的一条就是企业不能出问题，干部不能出问题。那么《若干规定》、《若干准则》和公司制定和修订出台的一系列制度规定，就是为了企业和干部不出问题，所以，我们不能把这些规定、准则和制度理解为“紧箍咒”，而应把它当作“护身符”。通过学习教育，就是为了使大家时刻保持清醒头脑，知道哪些能做，哪些不能做，应该怎么做，不应该怎么做。从而有效地保护企业、保护自己。当然，我们是个竞争性行业，企业在激烈的市场竞争中生存和发展，我们的工作有很多困难，常常会遇到一些“潜规则”、“游戏”等各种情况，我们必须牢记，我们是中央企业，对我们来说，这个“游戏”一定要把握好“度”，不能出“游戏圈”，切实做到底线不能越，红线不能踩，高压线不能碰；要讲原则，讲程序，特别是“三重一大”等重要事项，要做到民主决策和科学决策，要按照范总讲的“不要不廉洁的项目、不要不廉洁的收入、不要不廉洁的利润”。只有这样，才能更好地保护企业、保护自己，实现企业健康发展和又好又快发展。我们这次教育活动的真正目的也就在这里。

以上三点意见，请大家批评指正。

在股份公司廉洁从业专项教育活动总结（视频）会议上的讲话

（2010年7月9日）

陈永录

同志们：

三个月前的4月6日，也是在这个范围，也是这种形式，范总对在全系统开展廉洁从业专项教育活动进行了动员和部署。三个月来，公司系统各级党委和各级领导人员，按照股份公司党委的部署安排和范总的讲话要求，紧密结合本单位工作实际，充分利用专项教育活动这个契机，坚持解放思想，强化正面教育，突出实践特色，着力加强领导班子和领导人员思想建设，着力推动党风建设和反腐倡廉建设，着力解决单位和自身存在的突出问题，活动取得了初步成效，达到了提高思想认识，完善制度体系，加强廉洁自律，促进廉洁从业的预期目的。根据各单位的总结情况和公司对部分单位的抽查情况，我受范总委托，代表股份公司党委对这一活动作一简要小结。

讲三个问题。

一、这次专项教育活动的基本情况和总体评价

大家反映，我们这次专项教育活动，从时机上看，正值全党学习贯彻十七届中央纪委第五次会议精神和胡锦涛总书记重要讲话之时，正值《国有企业领导人员廉洁从业若干规定》和《中国共产党党员领导干部廉洁从政若干准则》颁布不久，正值中央开展工程建设领域突出问题专项治理工作进入排查阶段，正值我们公司整体改制工作基本完成、整体上市工作进入关键环节，在这个时机，股份公司决定利用三个月时间，在全系统集中进行专项教育活动，是从全党工作的大局出发，是从公司发展的长远考虑，这个决策非常正确，也非常及时。从专项教育的内容看，做到了三个突出：一是突出党纪法规教育。通过教育，使大家讲党性，筑牢思想防线；重品行，守住从业底线；守纪律，不碰法纪红线；作表率，树好廉洁形象。二是突出查找问题。大家从对企业、对个人关心爱护和高度负责的态度，认真查找制度漏洞，查找薄弱环节，查找问题苗头，特别是对重点部门、重点岗位、重点环节，加强监督检查，及时堵塞漏洞。三是突出边整边改。各单位针对问题，深入调研，完善制度，及时整改，确保活动不走过场。从这次活动的范围看，公司所属29个子公司、控股公司、辽工局、京沪高铁项目部和股份公司总部，都参加了专项教育活动，受教育人数达到15319人。其中股份公司总部处级以上领导人员，各子公司、控股公司、京沪高铁项目部中层以上领导人员4020人，项目经理部班子成员4987人，使各级领导人员教育活动面达到95%以上。

股份公司党委和股份公司领导高度重视这次专项教育活动，切实加强了对活动的组织领导和工作指导。活动筹备阶段，专题召开党委常委会议审议确定工作方案；活动实施阶段，先后两次召开专题会议，对专项教育活动情况进行检查部署和情况汇总。6月7～25日，股份公司组成四个巡视检查组，采取普遍检查和重点抽查相结合的办法，对11个公司专项教育活动的开展情况进行检查验收。从总的情况来看，各单位认真按照这次教育活动的指导思想，准确把握活动开展的工作原则，全面落实活动开展的目标要求，严格执行“三个阶段”的总体安排和方法步骤，紧密结合本单位实际，既严格执行规定动作不走样，又结合实际大胆创新，各单位的做法和特点体现在以下五个方面：

（一）切实加强领导，精心安排部署

这次专项教育活动，一个突出的特点是各单位都高度重视，切实把专项教育活动摆在了重要位置，认认真真抓落实。一是明确由党风廉政建设责任制领导小组负责指导和协调工作，建立了党委统一领

导，党政齐抓共管，纪委组织协调，部门各负其责，依靠群众参与的工作机制，形成了一级抓一级、层层抓落实的工作格局。多数单位还抽调骨干人员充实到领导小组办公室，加强了组织力量。二是各单位都结合工作实际，制定了活动方案和时间进度表，明确活动的总体目标、方法步骤、工作任务和具体要求，细化各项工作，合理安排进度，保证了活动有计划有步骤地稳步推进。三是动员深入，启动迅速。在股份公司召开动员会后，各单位及时响应，迅速行动，采取多种形式进行层层动员，据了解，各单位都是主要领导亲自动员讲话，作出安排部署，提出明确要求。实践证明，正是由于领导的高度重视，认识到位，严密组织，才有效推动和保证了活动的开展。

（二）学习教育扎实，调研工作深入

胡锦涛总书记指出："反腐倡廉建设必须从教育抓起，不断夯实党员干部廉洁从政思想道德基础，筑牢拒腐防变思想道德防线"。专项教育活动三个阶段六个重点环节，各单位都把抓好教育作为基础环节，集中时间和精力，努力在理论学习和法规教育上下工夫。为了帮助大家的学习，股份公司专门编印下发了《廉洁从业专项教育读本》，同时规定了必读书目，明确了学习重点。在这个阶段，各单位采取集中学习、个人学习、专题培训、辅导讲座、集体讨论等多种形式，认真组织各级领导人员，深入学习中央领导同志有关重要讲话、《企业领导人员廉洁从业若干规定》、《党员领导干部廉洁从政若干准则》和有关法规制度，引导大家提高认识，强化意识，增强抵御能力。切实做到恐惧"红线"，遵守"底线"，牢记"安全线"。这一阶段，大多数单位把开展活动对象扩大到二级单位中层以上领导人员，特别把重点部门、关键岗位、重点环节人员列为教育活动对象。一些单位对不能参加集中学习的同志采取"刻录光盘、送学上门"等形式及时补课，较好地保证了学习教育活动的质量；特别是对一些边远单位的教育活动，主管部门的领导也给予了应有的重视。5月份我去水电十二局调研，顺便到租赁公司所属的位于富春江一个小镇的只有24个人的中水发电设备有限公司，正赶上租赁公司的林书记专程从北京去讲课、座谈、了解专项教育情况。这个小厂从管理到经营还是不错的。说明我们的专项教育确实深入到了各个基层单位。

另外，在抓好学习的基础上，各单位纷纷组织调研小组，重点围绕本单位领导人员在廉洁从业、工作作风、落实制度等方面存在的主要问题，深入重点单位、重点领域和重要部位进行调研，调研中，大多数单位都通过召开座谈会、个别谈话、发放调研问卷等形式广泛征集职工意见，征求的意见涵盖了企业经营管理、党风廉政建设、员工关注的热点等方方面面，使整个调研活动很实在、很有成效。水电十五局一把手和领导班子成员分别带队，组成11个调研组对35个局属单位、项目部和局机关进行检查调研，共形成调研报告12份，提出经营管理、队伍建设、廉洁从业、职工利益等方面115条意见和建议，并召开公司党委专题会议，对调研报告进行讨论研究，拿出解决问题的意见和办法，他们将调研报告汇编成册达110页，下发到基层，使大家看到专项教育活动不是在走过场，而是真正在查找问题、解决问题，有效激发了大家参与活动的热情，增强了大家的凝聚力，也提高了干部职工为企业发展献计献策的积极性。

（三）注重分析检查，突出整改落实

分析检查是对各级领导人员学习成果、认识成果的检验，也是对班子民主作风和干部素质的检验。在学习和调研基础上，各单位认真抓好分析检查和心得体会交流工作，主动查找班子和自身存在的问题。召开领导班子查找问题专题会，主要是充分运用学习调研的成果，找准突出问题，深刻剖析原因，明确整改措施和努力方向。各级领导人员的学习体会交流会，主要是认真准备书面发言材料，交流个人对专项教育活动的认识和对法规文件内容的理解，深入开展批评与自我批评，联系职务分工谈履职，联系工作职责找差距，联系教育活动谈努力方向和改进措施，并在此基础上形成领导班子分析检查报告。据统计，活动期间，全系统共召开各级班子查找问题专题会和心得体会交流会1388次，各级领导人员撰写心得体会8236篇。这个数字也充分说明了大家的重视程度和认真态度。

分析检查的目的是找出问题的原因，提出解决的办法。各单位以分析检查报告为基础，制定切合实际的整改方案，并按照边学习、边检查、边整改的思路，从完善制度体系入手，对影响领导人员廉洁从业方面的突出问题立即进行整改。例如水电九局进一步规范职务消费和招待费管理，规定了每季度在公司党政联席会上进行通报。水电十局为了加强项目管理，重新整合制定了《项目管理制度手册》、《项目质量管理手册》、《项目安全管理手册》。水电十三局积极推进惩防体系建设与各项管理工作一体化，进一步完善了惩防体系中、长期规划，补充、修订了各项管理制度，形成了较为系统的惩防体系和各项管理体系制度。京沪高铁项目部制定下发了《项目经理廉洁自律"七不准"》、《项目经理部党风廉政建设责任制实施办法》，并与项目经理部党委主要成员、班子成员和2个直属党支部书记签订了党风廉政建设责任书，在项目部党员中层干部中，实行了廉政保证金制度，同时，督促工区与参建工程局纪检监察部门签订党风廉政建设责任书，层层落实了廉政建设责任制。华亭公司积极健全党组织和纪检监察机构，围绕“三标一体化认证”工作，制定完善了党建、纪检监察的工作制度和工作标准。不少单位还对调研中职工反映强烈的突出问题积极进行整改，让广大职工切实感受到了教育活动带来的变化。

（四）联系经营实际，突出实践特色

各单位以专项教育活动为契机，坚持用科学发展观统领全局，把受教育对象在教育活动中激发出来的积极性和创造性，引导到推进公司又好又快发展上来，较好地促进了各项工作。一是多数单位把开展专项教育活动作为推动企业发展的难得机遇。比如：水电一局、四局等单位将专项教育活动和作风建设整合起来，作为企业提升发展的大机遇，借东风、乘良机，统一共识，凝聚发展的强大动力。二是把专项教育活动与企业经营管理中心工作结合起来，各单位普遍在活动中做到了坚持“四个结合”，注重“三个贯穿始终”，坚持“三个更加注重”，突出实践特色，防止形式主义。水电二局、三局、十一局、四川公司、新能源公司、港航公司等单位还把开展专项教育活动与今年正在开展得“管理创效年”、“安全生产年”、“创先争优”和创建“四好”领导班子等工作结合起来，引导广大党员和各级领导人员，以争创一流业绩的精神状态，做好本职工作，促进企业发展。京沪高铁项目部开展了“大干一百二十天”的专项劳动竞赛活动，并召开竞赛动员大会，要求各参建单位，“以十二分的干劲决战决胜，书写水电人铁路建设壮丽新篇章”。我们有十三个工程局在京沪高铁，工程难度大，技术含量高，进度要求快，到实地看了工程，我们都会为水电人特别能吃苦、特别能战斗、特别能攻关克难的精神所感动，也为他们取得的多个科研奖项和多个优质工程而感到自豪。

此外，这次专项教育活动中，股份公司将工程分包、设备物资采购等重点工作领域的相关规章制度作为重要学习内容，对以上工作领域的制度建设和执行情况进行检查梳理。各单位通过学习调研，认真分析业务流程，查找可能发生问题的薄弱环节，不断完善现有的管理制度体系，进一步创新管理体制和机制。在设备物资采购方面，大部分单位都制定了与本单位实际相结合的设备物资集中采购管理办法和实施细则，成立了相关组织机构，严格设备物资采购的计划编制和控制，通过两级集中采购平台的上下互动，较好地实现对设备物资采购的集中管控。水电八局等单位结合专项教育活动开展，举办设备物资领域廉洁从业专题会议，促进廉洁从业工作向专业管理纵深发展。在工程分包方面，大部分单位注重工程分包管理的全流程管控，并能抓住工程分包管理的关键环节，不断规范分包管理管控体系。水电五局、七局通过规范分包管理、建立分包价格体系，把定期调整工程分包指导价格，作为审批分包的控制条件之一 。这些，都体现了教育活动的具体化。

（五）活动形式多样，营造氛围浓郁

为保证专项教育活动取得实效，各单位注重通过多种形式和途径，拓宽教育活动领域和空间，积极营造活动氛围。一是各单位充分利用电视台、网络、报纸、板报、横幅标语等各种媒介和形式，对专项教育活动进行广泛深入的宣传。股份公司总部和20家单位都在网站设立专项教育活动专栏，水电十五局、十六局、夹江公司等7家单位编写了专项教育活动专刊，水电十五局专刊发到17期。活动期间，股份公司网站共发布专项教育活动信息136篇，各子公司专栏发布信息1371篇，编写专项教育活动简报494期。较好地建立了工作交流的平台，营造了浓厚的廉洁教育氛围。二是积极开展“听、读、看、答”等活动，活动期间，公司系统共组织各类专题辅导报告787场，组织观看违纪案例教育片773场，组织法规知识答题竞赛活动280场，进一步丰富了教育内容，深化了活动主题。三是开展各具特色、形式新颖的教育活动。水电四局在活动期间对所有中层领导人员进行廉洁谈话，要求党员领导人员以实际行动为玉树抗震救灾多作贡献；水电六局纪委组成廉洁从业宣讲团，分别深入7个基层单位开展廉洁从业讲座；水电一局、七局、十一局、十三局、十四局等单位组织领导人员参观当地监狱和警示教育基地，让大家身临其境，现场说法；国际公司除积极通过网络传达沟通专项教育活动信息之外，还将有关学习辅导和领导讲话刻成光盘送发到国外项目，并把卡塔尔和柬埔寨两个项目作为重点，多次进行督促检查；水电十二局请省委纪委领导同志讲课辅导；房地产公司邀请海淀检察院举办预防职务犯罪讲座，并通过视频会的形式扩大到所属分、子公司；基础局等单位还举办廉洁格言、警句征集和廉洁从业征文活动。路桥公司结合自己的实际情况，将廉洁从业39个不准进行细化，制作了《廉洁从业自查表》，让每个中层以上领导人员填写备案。通过这些灵活多样的方式，增加了活动的感染力，使活动开展得有声有色，教育效果进一步增强。

这次以落实《若干规定》和公司有关管理制度为主线的廉洁从业专项教育活动，使各级领导人员更加深刻地认识到了党风建设和反腐倡廉工作的重要性，更加清楚地掌握了个人所在岗位的廉洁从业要求，增强了各级领导人员的法纪观念、党性修养和廉洁从业意识，各级领导人员廉洁从业的带头示范作用更加明显，影响企业科学发展的一些问题和职工反映强烈的突出问题有的已经解决或正在着手解决，公司健康、和谐、安全的发展环境得到进一步改善。

在充分肯定学习教育效果的同时，我们还应当保持应有的冷静，仅仅三个月的学习教育，只能说有一定成效，但不能估计过高。就这次专项教育活动也还存在着一些问题和不足。一是教育活动整体开展不平衡，大多数单位高度重视，活动轰轰烈烈，有声有色，主动性、创造性比较好，效果比较明显；而少数单位显得比较被动，抓得不够有力，疲于应对，教育的深度、广度、质量、效果都有欠缺。二是个别领导人员在开展教育活动中，模范作用不够，学的不够扎实，调研不够深入，问题找得不准，特别是联系实际不够紧密，分析检查和开展批评与自我批评，存在走过场的现象，真正触及问题不够。也有的由于自身要求不严，导致群众有负面反映。三是个别单位在重要工作领域制度体系尚不健全，制度修订不及时，跟不上企业发展的要求；有的单位尽管制度较多，但未进行科学、系统的梳理，未进行有效的整合，导致制度零碎、分散，可操作性不强。有的单位制度很好，但执行力大打折扣，甚至层层衰减的现象比较突出。这些问题必须引起我们的高度重视，认真研究制定有效措施，在今后工作中切实加以解决。

二、巩固和扩大专项教育活动成果，深入推进党风建设和反腐倡廉工作

反腐倡廉、廉洁从业是一项长期的政治任务，不可能一蹴而就，更不可能一劳永逸。作为阶段性的专项教育活动，只能起到督促学习、强化意识、完善制度、解决部分问题的作用，要确保企业不出问题，领导人员不出问题，必须持之以恒，常抓不懈，这根弦一刻也不能放松。尤其是股份公司面临业务转型、产业升级、管理上水平，正在向多元化、现代化、国际化，有较强国际竞争力的质量效益型跨国公司迈进，党风建设和反腐倡廉工作的任务越来越重，领域越来越宽，难度越来越大。特别是随着各公司国际业务的不断拓展，就廉洁从业而言，国外经营的环境更为复杂，诱惑及挑战性比国内更大，而该方面的工作由于客观、主观原因相对较弱，国资委要求对国际业务要更加关注并加强监察。我们要认真分析面临的形势与挑战，进一步巩固和扩大这次专项教育活动成果，深入推进以惩防体系建设为主线的反腐倡廉工作，保障公司又好又快发展。

（一）认真落实整改，建立教育长效机制

这次专项教育活动已告一段落，但整改落实的工作不能中断，要防止阶段性工作紧张结束后的松劲、懈怠情绪。

首先，各单位要严格对照本单位制定的整改落实方案，按计划促进整改工作的落实。对正在进行整改的事项，要切实加大工作力度，确保按时完成；对未按照整改时间要求完成整改的事项，要深入分析原因，督促限期整改，必要时实施责任追究。各级纪委、监察部门要密切跟踪后续整改落实情况，继续加大督促检查力度，督促整改落实到位，绝不能虎头蛇尾，更不能开“空头支票”。

其次，要在建立教育长效机制上下工夫。加强领导人员廉洁从业教育是一项重要的系统工程，需要长期坚持。从我们的领导人员看，至少四类人员是需要进行经常性教育预防的。一是对有权力的领导人员，需要我们经常性的开展宗旨意识教育和权力观、价值观、利益观教育，帮助他们正确认识手中的权力，正确处理好权力与责任的关系，从而引导他们依法、正确、廉洁履职，自觉将廉洁从业作为个人的价值取向和行为准则。二是对从事国际业务的领导人员，由于他们远离祖国，远离母体，承担任务的压力更大，职责更重，面临的风险更多，除在工作生活上给予更多关心之外，更需要对他们进行理想信念教育，党纪法规和企业规章制度教育，以及对国家、对企业的忠诚教育。三是对少数自身要求不严的领导人员，需要我们及时提醒、帮助和诫勉，以避免他们在小错误不断的情况下没有人提醒，最终酿成大错。四是对每年新提拔任职、走上领导岗位的领导人员，需要进行严格的组织生活锻炼和培养，加强正面引导，促使他们健康成长，少走弯路。因此，必须要高度重视教育在廉洁从业中的基础性预防作用，要进一步增强对廉洁从业教育长期性、重要性和必要性的认识，把教育有机融入企业生产经营管理之中，列为党风廉政建设责任制考核的重要内容，深化认识，增强信心，扎实推进。要结合企业实际和特点，不断丰富教育的形式和内容。要采取经常性教育和集中教育活动相结合，正面教育与警示教育相结合，全员教育和重点岗位教

育相结合的方法，根据不同的阶段、不同的对象，采用不同的教育方法；要以科学的方法正确区分不同层次、不同岗位的教育对象，因人施教，分类实施，切实提高教育的针对性和实效性。各级领导人员特别是主要领导，要切实履行好党风廉政建设的“一岗双责”，在本职岗位上争做廉洁从业的模范，在分管工作中经常地宣讲廉洁从业，对职责范围内的党风建设和反腐倡廉工作给予高度重视和大力支持。

这里我们强调经常性的教育预防，并不是忽视惩治工作。事实上，我们搞教育是为了关爱和保护干部，而没有惩治的结合，教育就会显得苍白无力，惩防体系的建设也会少了一个重要方面。所以对个别教育无效、执意违规越线、以身试法的人员，我们必须要通过查办案件的手段，依纪依法处理，充分发挥惩治的威慑力。从某种意义上说，惩治也是一种教育，只不过是反面教育。

（二）切实加强制度建设，提高制度的执行力

反腐倡廉工作的成效，不仅取决于制度的制定，更取决于制度的执行。从这次专项教育活动的情况看，目前，我们在制度建设和执行方面还存在许多突出问题，其中，既有制度本身的问题，也有执行主体、机制和环境等各方面因素，这说明制度的建设和执行是一个系统工程。我们需要从组织管理的角度，从制度本身和执行的主体、机制、环境等四个方面进行深入分析，建立提高制度执行力的框架和思路，制定有效措施。

首先，要强化制度建设的科学性和系统性。企业的各项规章制度就是为了解决特定问题，在一定时间和空间范围内通用的方法和规则。制度建设既要体现科学性，又要贴近企业实际，否则制度执行就会大打折扣，更难以达到预期效果。现在，党中央强调要大力加强反腐倡廉制度建设，股份公司正在加快建立现代公司制度体系，其实质就是强调制度建设的科学性与系统性。各单位务必要根据股份公司新的制度要求，结合本单位实际和发展需要，切实加大制度修订、完善力度，逐步建成内容科学、程序严密、配套完备、有效管用的制度体系，从而提升整体工作能力和水平。

其次，作为制度执行主体的人或组织，是影响执行力中最能动、最活跃、最积极的因素，执行主体的精神面貌、态度、素质、能力，以及对制度的知晓度、对制度的理解能力，都将影响到制度的执行质量和效果。为此，我们要提高制度执行力，就必须要强化执行主体的责任意识，持之以恒的通过公司管理体系文件的宣贯，使各级组织和每名员工都深刻理解制度的意义，明确执行制度的责任，明确本职岗位应遵循那些制度，违反这些制度将要承担什么责任和后果。这次教育活动中，我们发现个别领导人员和管理人员对一些重要制度不熟悉，甚至不知晓，这反映出制度执行者的责任意识薄弱，也说明我们在制度宣贯中还存在薄弱环节，必须采取有效措施进行改进。

再次，要建立制度的执行、评价、监督、奖惩机制。主要是通过建立制度执行机制，使工作流程更加阳光透明，确保制度执行不以个人的意愿为转移；通过建立评价机制，及时对制度执行情况进行跟踪总结；通过建立监督和奖惩机制，对制度的执行情况进行监督检查，从而促使制度的执行达到预期效果。目前，股份公司制度体系在少数基层单位特别是工程项目执行衰减的现象比较突出，各单位要高度重视，不断建立完善保证制度执行的工作机制。

最后，要注重形成制度执行力的环境。外因会通过内因发生作用，环境也会改变制度执行主体的行为。胡锦涛总书记在第十七届中纪委五次全会上强调制度的执行力，就是要求我们把制度执行变成行为习惯，形成制度执行的文化。目前，股份公司正在大力推进企业文化和廉洁文化建设，我们要把提高执行力和践行企业文化、廉洁文化结合起来，将强制性的制度执行升华到文化层面，使大家自发自觉的按照制度规范行为，实现他律到自律的转化。

（三）强化监督约束，探索建立与现代企业制度相适应的监督管理机制

防范领导人员违纪违法除了要靠教育引导、制度保障外，最重要的便是组织监督、组织约束。近年来，股份公司积极完善法人治理结构，加快建立现代企业制度，企业经营管理体制与机制发生了明显变化。我们要以系统、动态和发展的眼光，不断分析现有监督机制对客观形势发展的适应水平，采取相应对策，提高监督水平。

一要积极整合监督资源，发挥监督合力。要按照建立现代企业制度和完善公司治理结构的要求，在董事会、监事会和经理层之间，形成决策权、执行权、监督权相互制衡与协调的权力结构，促进内部制约；并在此基础上，探索建立由纪委牵头，监事会、监察、审计、法律等部门参加的监督工作协调性机构或联席会议制度，最大限度地整合包括党内监督、人事监督、财务监督、审计监督、法律监督等在内的各种监督资源，及时沟通信息，形成监督合力。

二要突出监督重点，防范企业风险。要继续围

绕领导人员用权、关键环节监控、重大资金管理、重要工程项目监管开展监督工作。重点是以权力制衡为核心，强化对领导人员的监督；以关键环节为重点，强化对企业经营行为的监督；以防范企业风险为目的，强化专项检查监督；切实使监督真正贴近企业中心工作，提高经营管理水平和防范风险能力。

三要高度重视发挥党组织监督的作用。国有企业的资本属性，决定了党组织监督是企业内部监督的重要环节。我们要充分发挥党组织在重大决策中的监督保障作用，充分发挥党组织在维护改革发展和稳定中的中坚作用，充分发挥党员、先进人物在职工中的先锋模范和带头作用，充分发挥党风廉政建设和反腐倡廉工作在企业改革发展中的保障作用，切实把党的理想信念通过企业价值理念建设转化为企业的凝聚力，把党的方针政策通过企业战略规划和实施转化为企业的发展力，把党员的先进性标准通过先进典型塑造转化为企业的带动力，把党的纪律作风通过企业规章制度及行为规范转化为企业的执行力。目前，公司上下正在深入开展“创先争优”活动，这对于巩固和扩大专项教育活动成果、充分发挥党组织政治核心作用和保证监督作用具有十分重要的意义。各级党组织要勇于承担党章赋予的职责，做好党的方针政策的监督者，企业重大决策的参与者，利益关系的协调者，管理制度的维护者，企业文化的引领者和自身建设的责任者。

三、认真贯彻落实中纪发〔2010〕12号文件和中央领导同志讲话精神，切实加强纪检监察组织建设

纪检监察队伍作为重要的监督力量，承担着重要职责。最近，中央纪委、中组部、监察部和国资委党委联合印发了《关于加强和改进中央企业和中央金融机构纪检监察组织建设的若干意见》，这是一个很重要的文件，对于加强国有资产监管、推进中央企业反腐倡廉建设、推动中央企业科学发展具有重要意义。为了贯彻好落实好文件精神，5月10日，中纪委在西直门宾馆专门召开贯彻落实《若干意见》座谈会。中央政治局常委、中央纪委书记贺国强到会作重要讲话，中组部常务副部长沈跃跃、国资委主任李荣融作大会发言，都强调了贯彻落实文件的重要性和紧迫性。5月12～14日，国资委纪委在上海举办中央企业纪委书记培训班，对贯彻落实12号文件专门进行座谈和讨论；6月3日，国资委又召开中央企业主要负责同志和纪委书记参加的会议，专题传达贺国强同志的重要讲话，对贯彻落实12号文件提出明确要求。大家都有一个共同的感觉，中央、中纪委、中组部、国资委专门就加强纪检监察组织工作，下这么大力气，这是从来没有过的。为了便于大家学习贯彻，文件和领导讲话我们已经印发各单位，借此机会我把几次会议的要点做个简要传达：

（一）几次会议都强调了贯彻落实12号文件的重要意义

贺国强强调，中央纪委、中组部、监察部、国资委联合下发这个文件，是经中央领导同志同意的，这是第一个专门规范中央企业纪检监察组织建设的文件，充分体现了党中央、国务院对中央企业党风建设和反腐倡廉工作的高度重视，体现了中央有关部门对纪检监察工作的大力支持。他说，国有企业是我国国民经济的重要支柱，是党执政的重要经济基础，是发展中国特色社会主义的重要力量。中央企业在国民经济和社会发展中的重要地位和作用，决定了其党风建设和反腐倡廉工作的极端重要性。李荣融主任在发言中指出，认真落实文件精神，加强和改进中央企业纪检监察组织建设，是完善国有资产监管、推动国有企业科学发展的客观需要；是加强和改进新形势下中央企业党的建设的重要内容；是推进中央企业反腐倡廉建设的重要举措。

（二）几次会议强调了贯彻落实文件的四个重点

一是要明确定位。文件明确指出，坚持党对中央企业的领导，是一个重大原则问题，任何时候都不能动摇；纪检组织作为党组织的重要组成部分，肩负着检查党的路线方针政策和决议在企业贯彻执行情况的重要任务；要按照中央企业党组发挥领导核心作用、中央企业党委发挥政治核心作用的要求，切实加强纪检监察组织建设。

二是要健全机构。中央企业及下属单位要按照党章规定设置纪检机构，所在单位设立党委的，要设立纪委；建立党总支、党支部的，委员中要有纪检委员。中央企业总部及其下属大型企业，人员多、经营规模大的县级机构，要单独设置监察机构，同时设立纪委和监察机构的企业，其纪委和监察机构可以实行合署办公。做到党组织建到哪里，纪检组织就设置到哪里；业务工作延伸到哪里，纪检监察工作就跟进到哪里。

三是要强化职能。按照党章和法律法规要求，切实履行纪检、监察五项职能。①加强对党的路线方针政策决议和国家法律法规及企业发展战略、重大决策部署贯彻执行情况的检查；②协助企业党委加强党风建设和组织协调反腐败工作，从整体上推进惩防体系建设，深入开展党风党纪教育和廉洁文化建设；③健全权力运行制约监督机制，监督企业

认真执行党内监督条例和“三重一大”等各项制度规定，促进企业开展内部控制和风险管理工作；④受理信访举报，依纪依法查办违纪违法案件；⑤严格执行《国有企业领导人员廉洁从业若干规定》，促使企业领导人员廉洁从业等。

四是要完善体制机制：①中央企业及下属单位纪委在同级党委和上级纪委的领导下开展工作；②上级企业纪委和监察机构要经常听取下级企业纪委和监察机构的工作汇报，加强指导和考核；③按照现代企业制度要求，通过双向进入、交叉任职等途径，进一步畅通纪检监察机构有效履行监督职责的渠道，逐步做到符合条件的纪委书记依法进入董事会担任董事，并根据工作需要可以进入经理班子兼任副总经理；④符合条件的监察机构正职依照法定程序进入企业监事会担任监事；⑤纪委书记应根据情况参加或列席董事会、经理办公会以及其他有关重大问题决策的会议，监察机构正职根据工作需要参加或列席相关会议；⑥各企业可以建立由纪委牵头，监事会、监察、审计、法律等部门参加的监督工作协调性机构或联席会议制度，形成所在单位监督工作合力。（上述6项要求中的第3项，由于领导职数和董事会构成比例问题，国资委将出台实施细则。）

（三）几次会议强调要把纪委领导班子建设作为关键环节

一是要建立健全纪委领导班子。中央企业纪委设书记1名，一般配备1～2名副书记和若干名委员，党委设常委的企业，纪委可以设常委；纪委书记按同级副职配备。

二是要严格选任程序。下级纪委的纪委书记、副书记、常委，监察机构的正职、副职的提名、任免、奖惩、交流和调动，应事先听取上级纪委、监察机构的意见，然后按干部管理权限和规定的程序办理。

三是要明确分工。纪委书记的首要职责是做好纪检监察工作，根据需要可以参与领导班子的分工。

四是要加大交流力度。中央企业纪委书记原则上实行交流任职。在同一单位任职满6年、57岁以下的纪委书记原则上轮换岗位或交流到其他企业任职。

（四）几次会议要求把纪检监察队伍建设作为基础工程

一是要充实工作力量。中央企业要按照精干高效、有利于工作的原则，配备与工作量相适应的专职纪检监察工作人员，纪检、监察人员编制应分开计算，合并使用；其中专职纪检工作人员编制总数按一般不少于专职党群工作人员编制总数的15%比例核定；专职监察工作人员的编制的配备要纳入企业内部中层行政机构人员编制总盘子中一并考虑，随着所在单位人员、资产、业务经营规模和工作量的增加，纪检监察人员编制也要相应增加。

二是要提高人员素质。要规范纪检监察机构选人标准，严格进入条件，防止安置性、照顾性进人，拓宽选人视野，注重选调懂业务、懂管理、懂政策的中青年优秀人才，不断优化队伍的年龄、知识和专业结构。加强培训，提高能力。支持纪检监察机关之间双向交流或挂职锻炼。

三是要强化激励保障。根据纪检监察工作性质和特点，制定纪检监察工作人员考核评价办法，完善纪检监察工作人员的激励保障机制，规范薪酬待遇标准，合理确定纪检监察工作人员职务职级层次，对作出突出成绩的优秀人员要及时奖励和提拔使用。

（五）几次会议都强调抓好文件和会议精神的贯彻落实

一要落实责任。企业主要负责人要承担纪检监察组织建设的主要责任，切实肩负起贯彻落实文件的政治责任。以党风廉政建设责任制为抓手，亲自对执行文件作出部署，过问贯彻过程，协调解决问题。

二要完善制度。结合企业发展实际，研究制定贯彻落实文件的具体办法，明确职责任务，并做好与原有制度的配套衔接。

三要突出重点。要下大力解决目前企业纪检监察组织建设中存在的突出问题，组织机构不够健全的，要加快和完善组织机构，人员力量薄弱的企业，要重点充实人员。

四要监督检查。中纪委、国资委党委要加强对中央企业贯彻落实文件的指导，并适时对贯彻文件情况进行监督检查，尤其是要加大对二、三级企业监督检查力度确保文件层层落实到位。要把贯彻落实文件情况作为党风廉政建设责任制检查考核的重要内容，对贯彻执行不力的要严肃追究责任。

对12号文件和会议精神，股份公司党委常委进行了认真传达学习，表示不折不扣贯彻执行。根据12号文件和会议精神，股份公司纪委对系统各单位的纪检监察组织建设情况，进行了调查摸底，有些单位确实存在纪检监察组织不够健全的情况。最近股份公司起草了《关于进一步加强和改进纪检监察组织建设的实施意见》，现正在各单位征求意见，还将在下旬召开的纪委书记座谈会上，进行讨论修改，成熟后报股份公司党委常委审定，下发之后，各单位要认真贯彻执行。

希望各级纪检监察人员要有高度的责任感和紧迫感，积极加强自身建设，提高履职能力和水平，切实发挥好为企业保驾护航的作用。

同志们，搞好党风建设和反腐倡廉工作，促进各级领导人员廉洁从业，任务艰巨，责任重大。希望大家以这次会议为契机，在全面总结专项教育活动工作的基础上，以高度的政治责任感与使命感，更加扎实有效地做好领导人员廉洁从业，深入推进党风建设和反腐倡廉工作，为股份公司的健康稳步发展作出新的更大的贡献！

在股份公司纪委书记、监察部门负责人培训班（座谈会）上的讲话

（2010年8月6日）

陈　永　录

同志们：

在范总讲话之前，我先作个发言，供大家讨论，讲五个方面的问题。

一、关于贯彻落实中纪委文件精神问题

（一）关于按照12号文件规定，进一步健全纪检监察机构问题

机构健全是做好纪检监察工作的首要前提。从我们这个系统情况来看，大多数单位机构比较健全，人员能够满足工作要求。但也有一些单位机构不够健全，人员配备不强。特别是下属单位和基层单位缺位较多。我们做了个统计，股份公司所属27个子公司、控股公司和京沪高铁项目部，设立纪检监察部门的27个，共有专职纪检监察人员68人，兼职人员34人（含党委副书记兼纪委书记、控股公司合署办公人员）。27个单位下设的分局、直属单位、局管项目部共270个，设置纪委或监察部门合署办公的有183家；其中专职122人（含党委副书记兼纪委书记或工会主席），兼职535人（含分局合署办公的工作人员或纪委委员）。16个工程局加辽工局，从事纪检监察工作人员人数最多的是四局，128人；最少的13人（五局）。其余的11个全资公司和控股公司，人数最多的是港航公司16人，最少2人。

这次会议之后，要按照文件规定和范总讲话精神，各工司、事业部、分公司、项目部和海外项目，凡是设党委的必须设纪委，设临时党委的要设临时纪委，设党总支、党支部的要设专职纪检委员。同时要赋予任务，强化责任，切实落实“两加强、两汇报”制度，即加强同级党委对同级纪委的领导，同级纪委向同级党委汇报工作，加强上级纪委对下级纪委的领导，下级纪委向上级纪委汇报工作。并建立半年一次的书面汇报和每年一次的会议汇报制度。这次会议之后，大家一定要充分利用好这把“尚方宝剑”，机构和人员没有健全的，要尽快健全起来。没有独立设置的要独立出来。有困难的提出来，我们协调。凡机构不健全的年底考核要加重扣分。

（二）关于按照文件规定配齐配强纪检监察机构领导班子问题

搞好组织建设，关键在配好班子。我们要按照文件规定，配强纪委书记，配好纪委副书记和纪委委员，形成健全的领导班子，不能出现“有长无组”、“光杆司令”的情况。纪委副书记和纪检委员可以是专职，也可以由组织人事、审计、法律等部门的负责人兼任。要根据本单位领导班子成员的具体情况和工作需要，明确纪委书记的分工。作为班子成员，纪委书记承担本单位与纪检监察业务相关的工作是必要的，也有利于有效履行监督职责，但同时纪委书记要把做好纪检监察工作作为首要职责。关于纪委书记的职级配备和在党委中的排序，文件进行了明确规定，要认真贯彻落实。另外，关于纪委书记、副书记、委员（常委），监察部门正职、副职的提名、任免、奖惩、交流和调动，应事先听取上级纪委、监察部门的意见，然后按照干部管理权限和规定的程序办理；包括各级纪委的换届人选要征求上级纪委的意见，都要认真贯彻执行。

（三）关于按照文件规定配备专职纪检监察工作人员问题

文件规定，专职纪检工作人员的总编制，一般不少于专职党群工作人员编制总数的15%。这是就目前情况针对专职纪检工作人员给出的下限。根据这个精神，结合我们公司的实际，主要是党群干部的编制不太规范。所以，我们在实施意见中，按年

营业收入划定了几个具体数字。其中年营业收入50亿元以上5～7名，30亿～50亿元的4～5名，30亿元以下的不少于3名；控股公司本部不少于2名，其中至少有1名专职。同时，随着人员、资产、业务经营规模和工作量的增加，纪检监察人员的编制也要相应增加。这个数字不算最后确定，大家讨论意见归纳之后，还要报股份公司党委常委会审定通过。这里特别强调要从讲政治的高度，重视和加强对海外项目部纪检监察人员的配备，要求这些纪检监察人员以对国家、对企业高度负责的态度，严格实施纪检监督，确保企业在海外不发生任何违纪违法问题。

（四）关于按照文件规定建立健全体现纪检监察工作特点的激励保障机制问题

为避免纪检监察人员待遇偏低的情况发生，文件规定要逐步建立健全纪检监察工作人员的考核奖励制度，其待遇可以参照与纪检监察工作相近的人力资源或审计部门确定。文件还规定了要积极推动纪检监察工作人员向经营管理部门轮岗交流，根据工作实际可以设置必要的纪检监察职级职务层次，不断拓展纪检监察工作人员的职业发展空间；对作出突出成绩的优秀人员，要及时给予奖励，适时提拔使用。这些规定体现了中央对纪检监察工作和人员的重视关心，大家要充分运用好这些规定，切实调动广大纪检监察人员的积极性。

（五）关于落实“三重一大”决策制度问题

最近，中共中央办公厅、国务院办公厅印发了《关于进一步推进国有企业贯彻落实“三重一大”决策制度的意见》的通知（中办发〔2010〕17号）。为贯彻落实这个文件，中纪委专门召开中央企业主要负责人和纪委书记参加的会议，中央书记处书记、中央纪委副书记何勇作重要讲话。股份公司也召开视频会议进行了传达。这是我们纪检监察部门下半年重点工作之一。要充分发挥纪检监察部门的组织协调作用，协助党委加强对“三重一大”决策制度贯彻执行情况的监督检查，要组织有关部门结合本单位实际对落实《意见》进行细化量化，并完善配套制度。股份公司已对2003年和2006年制定的“三重一大”决策程序和若干规定进行修订和完善，在股份公司审定并报请国资委审批后实行。各单位也要对照《意见》的内容加以健全，形成完善的实施办法，特别是要明确决策事项的范围，制定规范严密的决策程序。同时，要进一步完善财务管理、物资购销、工程建设项目、产权交易和选人用人等方面的配套制度，通过把权力运行纳入制度化、规范化、程序化轨道，确保“三重一大”决策落实到位。

（六）关于“小金库”专项治理问题

这项工作一定要认真对待，绝不能存有任何侥幸心理。就这个问题，中纪委、监察部、财政部、审计署、国务院国资委五部委联合发文，国资委又专门召开会议部署，李荣融讲话。股份公司也专门召开视频会议传达贯彻，作出部署，提出要求，可见各级的重视程度，从领导的讲话中，可以开出看出这次专项治理的决心和力度。8月初，动员部署，主要是思想发动、政策宣传、舆论引导。9月底前，主要是自查自纠。自查面必须达到100%，确保不走过场，不留死角。要建立自查自纠工作承诺制和公示制，对于专项治理中瞒报漏报自查自纠信息的，将严肃追究责任单位和相关责任人员的责任。11月底前要抽调专门力量进行重点抽查，抽查比例不低于20%。12月底前进行整改落实。这项工作自查自纠是以财务部门为主，重点抽查是以审计部门和纪检监察部门为主，对单位和人员的处理是以纪检监察部门为主。处理原则：“依纪依法，宽严相济”。对自查发现的问题从轻从宽处理。对被查发现的“小金库”，除依法进行财务、税务等相关处理外，还要对责任企业依法进行行政处罚，对有关责任人员要依纪依法追究责任。对治理工作走过场的单位，要给予通报批评并责令整改；对问题严重的，要追究主要负责人的责任。对在治理工作中弄虚作假、压案不查、对抗检查、拒不纠正、销毁证据、突击花钱、打击报复举报人的，要从重处理。涉嫌犯罪的，移交司法机关依法处理。《意见》下发后再设立“小金库”的，对单位主要领导、分管领导和直接责任人，按照组织程序先于免职，再依据党纪政纪和有关法律法规追究责任。纪检监察部门要从保护企业、保护干部的事业心和责任感出发，对这项工作要高度重视、积极参与、加强督促检查，认真落实好各个阶段的任务。

（七）关于纪检监察工作的主要职能及当前和今后一段时期的目标任务

有的同志有一种错误的认识，感到纪检监察工作比较虚，没有搞生产经营有成就感，甚至不太热心这项工作。这些同志没有认识到自己工作的地位和作用，没有认识到自己的职责和责任，所以感到不查案子就无事可做，于是热衷于去跑项目、搞经营。在视频会上，范总批评了个别党委书记不热衷于党的工作，我们的纪委书记也要注意这个问题。实际上，我们要做的工作很多。按照党章和法律法规要求，纪检监察工作5项职能是必须做好的：①加强对党的路线方针政策决议和国家法律法规及企业发展战略、重大决策部署贯彻执行情况的检查；

②协助企业党委加强党风建设和组织协调反腐败工作，从整体上推进惩防体系建设，深入开展党风党纪教育和廉洁文化建设；③健全权力运行制约监督机制，监督企业认真执行党内监督条例和“三重一大”等各项制度规定，促进企业开展内部控制和风险管理工作；④受理信访举报，依纪依法查办违纪违法案件；⑤严格执行《国有企业领导人员廉洁从业若干规定》，促使企业领导人员廉洁从业等。围绕上述5项职能，我们当前和近期的工作目标任务也要做到，贯穿一条主线：用科学发展观统领惩防体系建设工作。着眼两大目标：打造“中国水电”第一品牌，把公司建成多元化、现代化、国际化，有较强国际竞争力的质量效益型跨国公司。融入三大板块：国内水电建设、国内非水电建设、国际业务。推进四项工程：廉洁文化建设工程，效能监察工程，惩防体系制度建设工程，廉洁从业保障工程。创新五种机制：反腐倡廉宣传教育工作机制，管理运行监督制约机制，效能监察融入生产和经营管理工作机制，领导人员作风建设工作机制，纪检监察查办案件工作机制。统筹六项工作：加强对公司重大决策部署贯彻落实情况和学习实践活动、廉洁从业专项教育整改方案落实情况的监督检查；加大宣传教育力度，积极推进廉洁文化建设；以效能监察为抓手，努力构建党的建设和思想政治工作保障体系；理顺工作体制机制，加强纪检监察干部队伍建设；注重体制机制创新，探索规范管理运行监督约束机制建设规律；建立由纪委牵头，监事会、监察、审计、法律等部门参加的监督工作协调性机构或联席会议制度，形成监督工作合力，增强监督工作实效。可以说，纪检工作责任重大、使命光荣，任务艰巨，任重道远，我们应当牢记职责，不辱使命，扎扎实实做好本职工作。

二、注意研究中央企业违法违纪案件的特点和出现的新情况

（一）中央企业违纪违法案件常见的四类问题

一是贪污贿赂。主要是利用职务之便在企业改制、产权转让等过程中侵吞国有资产；有的通过虚假手段将国有资产从企业账中转出，隐匿于账外，非法改变国有资产的权属性质，然后进行贪污私分；有的胆大妄为、无视法纪，利用手中权力疯狂敛财；有的采用与亲属或特定关系人的企业签订假合同等手段，转移利润。

二是失职渎职。主要表现在经营管理中滥用职权，履行职责中玩忽职守，失密泄密，以及在签订、履行合同中失职。

三是违反财经纪律。有的企业领导人员和财务部门负责人，违规担保、拆借、挪用，进行信用证诈骗，私设“小金库”，违规委托理财，搞非主业冒险经营，给企业造成巨大损失。有的利用企业管理混乱，截留、挪用、私分收费收入，用虚假票据套取经费，进行资金账外循环，巧立名目，肆意侵吞挥霍。

四是商业贿赂。特别是在招投标过程中，以不正当竞争手段行贿受贿，投标是贿赂别人，招标是接受别人贿赂。尤其是工程建设领域比较突出。今年3月，中央治理商业贿赂领导小组印发了《2010年治理商业贿赂工作要点》，提出要把查处工程建设、土地出让、产权交易等重点领域的商业贿赂案件作为办案工作的重点，加大对行贿行为刑事处罚、经济处罚和资格处罚的力度，既要查处国外经济组织在我国内地的商业贿赂行为，又要查处中资企业在国外的商业贿赂行为。对媒体已有报道并受到国外法律追究的案件，要密切关注，审慎稳妥应对。我们最关心的就是在国外出事。

我们是施工企业，是高危行业，面临着激烈的市场竞争，目前在经营管理中存在的问题有以下几个方面比较突出：

在工程分包方面：一是分包队伍选择程序不到位，有的没有公开招标，存在着个别领导人员个人指定现象。二是在工程款支付上不走程序，相关责任部门没有实行联签。三是个别人员向分包商索取贿赂。四是个别领导人员干预工程分包，有的亲属和关系人参与分包。五是有的项目班子成员与分包商、供货商打牌，变相受贿。

在设备物资采购方面：一是采购缺乏计划性，有的采购过量，重复购置，有的购进设备无法使用，造成浪费。二是支付设备物资款不走程序，个别人说了算。

在财务管理方面：存在大量白条，在项目上套取现金，发票不规范，支付费用采取虚假会计凭证；有的私自挪用公款。

在选人用人方面：有的不按程序办事，有的没有经过集体研究，搞任人唯亲等。

（二）当前中央企业违纪违法案件出现三种新现象和易发多发的三类人群

三种新现象：一是携款逃跑找不到人。二是资本损失找不到线索。三是境外案件鞭长莫及。有种摸不着、看不见、走不近的感觉。

三种易发多发人群：

一是二、三级企业领导人员。二、三级企业是实体，与市场打交道多，贡献大，风险相对多。

二是关键岗位人员。就是管钱、管财务、管资金的人，管物资、管采购的人，管项目、管经营的人，企业领导人员违纪问题，多与关键岗位人员有关，形成企业内部权与钱、权与物相互勾结的腐败行为。这是企业窝案串案的一个特点。

三是低职年轻人员。一般具备较高学历，担任一定的职务，是经营管理的骨干力量，由于没有经过严格的党性锻炼，“初生牛犊不怕虎”，这种案件多发生在基层单位。

（三）违纪违法案件的三种手段

出现了贪污贿赂方式智能化，侵吞对象隐蔽化，反调查手段多样化。

第一种手段：直接变间接。主要是曲线敛财，采取违规担保融资、违规质押或出租国有资产等方式间接谋取私利；由直接低评资产转为调整账目低估资产；由定向转让产权转为规避市场交易，侵占国有资产。

第二种手段：当期变预期。有些领导人员受贿在时间上由当时转为预期，铺好后路，多以退休后高薪聘用、期权、期股或以家属工资等名义受贿。

第三种手段：有形变无形。侵害金融资产和无形资产，违规决策投资股票、期货以及委托理财，在企业股权激励过程中利用股票、期权等方式掩饰犯罪或利用干股进行贪污贿赂。以往是直接隐匿企业有形资产，如房屋、土地等，今年出现了隐匿权益等无形资产的案件。隐匿对象为企业即将取得的权益，如尚未支付出让金及未取得权证的土地、房产等，以及企业的知识产权、品牌、商誉等。

三、关于企业解决作风和腐败问题的三个主要思路

（一）从实际出发，按规律办事，强化四个规律性认识

一是内与外。企业在内部生产经营管理和工作中，相对平稳，运转健康，虽然偶有案件发生，但案件不多，大案很少。但是，当企业作为市场主体与外部发生关系，特别是与中介组织和其他各类企业打交道时，发生违纪违法案件的几率相对较高。特别是在法律法规不完善或监管缺位的情况下，与不良中介机构、非公企业合谋，在资产评估、产权交易、关联交易等环节，采取伪造有关材料、徇私舞弊、损公肥私、低估贱卖等手段侵吞国有资产，个人捞取好处。在工程项目招标、材料设备集中采购中，也会发生违纪违法问题。

二是动与静。企业在生产经营管理和组织结构相对稳定，有规律地运转，违纪违法行为较少，发生的案件不大，多是决策失误造成的问题，管理漏洞造成的问题。企业处于改制重组、产权交易、破产兼并等较大动态过程，常常在某种程度上要破除旧规章，建立新秩序，这样的环境和氛围，常被一些别有用心的人利用，容易发生案子，甚至大案子，造成国有资产流失。

三是虚与实。企业各项基础工作扎实，管理精细，制度严格，执行力强，包括对党的建设工作、职工思想工作、党风廉政建设等务虚的工作落实到位时，企业就会健康顺利进行，发生问题几率就会很小。如果基础工作薄弱，制度不执行，任务不落实，用形式主义抓工作，搞短期行为，对党风廉政建设乃至教育、制度、监督不重视，管理秩序就会混乱，极有可能被人利用搅浑水，造成国有资产流失。务虚的不实，务实的就虚，也就是教育、监督、管理这些工作落不到实处，所谓实的利润、销售收入就实不了、就上不来。

四是公与私。企业领导人员公私分明，正确对待自己的多种角色，正确处理各种利益关系，正确对待权力，正确处理与身边人的关系，企业发展就健康顺利。经营管理者对这些角色、关系处理不当，不能正确对待国家利益、出资人利益、企业利益、职工利益和个人利益，出现公权滥用、公款私存、徇私枉法等现象时，往往就会出现问题甚至发生案件。企业领导人把董事会“一人一票”决策和党委会集体决策，变成自己或少数人说了算，就容易出现决策失误，酿成大错；把职务消费扩大到个人、家庭乃至小团体范围，就会超越界限，出现违纪违法问题；对亲属或身边工作人员要求不严，放任甚至纵容他们打着自己旗号与企业发生各种经济往来，极易出问题。不少失职渎职、贪污贿赂、违反廉洁自律规定，案件都会出自这个方面。内外关系是个环境问题，动静关系是个风险问题，虚实关系是个作风问题，公私关系是个世界观问题、立场问题。

（二）从作风建设抓起，防微杜渐

作风是经常的态度和行为，大家都容易犯作风问题，比如形式主义，不负责任，脱离群众，弄虚作假，效率低下，短期行为，政绩工程、铺张浪费等。但作风问题是腐败问题的后备军，它会不知不觉向腐败滑去。如果说有的作风问题还追究不到人的责任，一旦演变成腐败问题，只要发现就逃避不了惩治，即便像陈良宇这样的高级干部也如此。所以要从作风问题抓起，防微杜渐。解决作风问题要加强党性修养，因为，党性是作风的内在根据，作风是党性的外在表现。如何加强党性修养，要按照总书记在十七届中央纪委三次全会上要求的“六个

着力”和“坚持理论和实践相统一、坚持继承光荣传统和弘扬时代精神相统一、坚持改造客观世界和改造主观世界相统一、坚持加强个人修养和接受教育监督相统一”进行。有了正确的思想态度，才能有良好的作风表现。

（三）运用惩防体系，综合治理

按照惩防体系的要求，就要做到预防和惩治相结合，抓好教育、制度、监督、纠风、改革、惩处等六个方面的工作，特别是六者要相互联系，产生六个一相加大于六的效果。教育要强调警示教育、案例教育、法纪教育，让务虚中透着坚硬，通过纪检教育留下深刻的印记，的确起作用。制度就是要不断健全，有人负责执行，有人检查，执行力就强。监督就是要整合监督资源，严格责任追究。惩治就是要坚决查办案件，打击违纪违法者，体现威慑力。作风就是要加强党性修养和品质建设。改革就是要善于发现体制和机制上的障碍，向上级和综合部门反映，从源头解决问题，特别要通过改革解决体制机制上的问题。

四、关于纪检监察工作应当注意的几个问题

（一）处理好与被监督者的关系，正确对待工作对象

纪检监察机构作为监督的主要力量，同企业领导人员和管理者等被监督者同在企业，要向领导人员和管理人员强调在善于接受监督中开展工作，也是为了把企业搞好。纪检机构不仅有惩处职责，也有保护责任；不仅要保护资产，更要保护职工，保护领导人员。因为企业经营管理是支配人财物，支配人财物就是一种权力运用，有权力运用的地方就容易出现腐败。而权力腐败很容易危害干部，流失资产。不管是建立决策权、执行权、监督权相互制约的权力运行机制，还是执行“三重一大”决策制度，以及在管理中开展效能监察，都是为了实施监督，对权力制约。表面上监督者与被监督者是矛盾，实际上是一种关爱和保护，有许多违纪违法的企业领导人员在监狱中发问，为什么你们当初不警醒我、批评我？事实上，搞权力腐败的人已经头脑发热，再响的警钟他当时也听不见，再大的警告也看不见。

从事纪检监察工作的同志，要协助党组织把党风廉政建设责任制落到实处，要组织学习党纪法规，同志有了问题要早点提醒、打招呼，不要让小问题因工作不到位而演变成大问题。事实上，有时候还真不是企业领导人员脑子发热，听不见警钟，有时候是我们没有敲警钟，没有尽到责任。

邵宁主任在报告中讲到，前面是市场“潜规则”，后面是党纪国法，有的企业特别是市场竞争性比较激烈的行业，为了企业的生存经营人员到了无奈的程度。这说明国资委领导非常理解从事生产经营工作企业的难处，特别是业务拓展和利润增加的艰辛，在工作中充分考虑客观因素。另一方面，要提醒我们的领导人员，在风险频发的市场环境中保持清醒，坚持原则。同时，要积极研究不完善市场体制下的对策和措施，比如诚信体系建设、黑名单制度、建立战略合作伙伴等，规避风险。还要改进监督工作方式方法，监督不是一脸严肃，也可以有点亲和力。

（二）处理好预防和惩治的关系，全面把握工作内容

从我们的工作内容看，可以分为三种，一是绝大多数人，是需要教育预防的；二是少数有轻微问题的人，是需要我们提醒帮助转化的；三是极少数人，需要通过查办案件的手段依纪依法处理的。不同的人需要用不同的方法，有需要预防的，有需要打击的。从查处的大量违纪违法者的原因看，一是属于思想政治教育不够，世界观有问题；二是属于不懂法纪和规章，不知道应该干什么，不应该干什么，稀里糊涂出了事；三是不少人在小错误不断的情况下，没有人提醒，滑到违法犯罪的边缘；四是在自己思想薄弱的时候，缺少监督出了问题。上述四种情况，大都不需要通过查办案件去解决，而需要我们经常的思想政治教育、法纪教育和宣传，需要组织上的提醒帮助和戒勉，需要通过作风建设、党性修养，需要及时必要的监督等途径来保障。我们强调的预防性工作，并不是忽视案件查办工作。党的十七大提出的“更加注重治本，更加注重预防，更加注重制度建设”，是在“坚决惩治腐败的同时”所强调的“三个注重”，没有查办案件工作，我们的宣传、教育作风建设等工作会大打折扣，教育就没有说服力、制度就失去约束力、监督就没有威慑力。宣传教育和作风建设，不能纯粹是理论和政策的说教，一定要通过对典型案例的分析来教育，才能起到好的预防效果。惩防体系建设，没有查办案件，体系建设就少了一个重要方面，就得不到体系建设的综合效应，谈不上体系建设的整体性、系统性、协调性和实效性。在中央企业有的单位有案件不办不查，纪检人员怕影响企业形象，有的怕惹人得罪人，有的是明哲保身、得过且过，有的是不负责任，有的队伍素质受限办不了案子。结果把小案拖成了大案，个案拖成了窝案，把自己可以办的拖成了上级机关和司法机关才能办的案子。个别企业想片面地通过预防性工作来彰显自己的成绩，结果有问题

不查，又捂不住矛盾，被暴露出来，工作很被动。可以看出，预防工作因为没有与案件查办的威慑作用相结合而显得苍白无力。

（三）处理好纪检与市场、社会等外部的关系，营造良好的工作环境

中央企业近年的问题，多发生在企业外部，特别是在市场交易中，因此我们一定要分析发生问题的市场原因，通过查办案件，解决问题，与各种市场主体包括政府一起在解决消极负面的市场问题上下工夫。同时，解决市场和企业外部的问题，只靠国资委和中央企业也不行，我们还要充分借助公检法司等部门以及地方纪检机关的作用，建立共同预防机制，加强案件查办的协调配合。这几年我们实施企检共建，正在从这方面努力。我们要从自发到自觉，一旦认识到与社会各方面联系、合作、共建的必要性 、重要性，就要去主动加强联系，把惩防体系拓展到企业所在的社会。

（四）正确把握纪检监察工作的方法，改进工作作风

现在，纪检工作和反腐倡廉的战线越来越长，领域越来越宽，情况越来越复杂，难度越来越大，群众期望越来越高，工作压力越来越重。这就要求我们提高素质，增强能力，转变作风，讲究方法艺术，积极应对，做好工作。一是将纪检监察的各项工作打包在一起，减少扯皮，增加合力，提高效率。二是整合各种检查调研指导工作，既深入基层，增强联系沟通，又不干扰基层，减轻基层负担，改进工作作风。三是纪检监察工作要与企业的管理工作捆绑，加强工作的针对性，主动围绕中心工作，服务大局，不产生“两张皮”。四是各种领导小组等尽可能整合，避免多头指挥，相互抵消作用，加强统一指挥和领导。这样既能兼顾各项工作，集中使用力量，又能减少重复，提高效率，务实工作，避免形式主义。

五、关于纪检监察部门和纪检监察干部自身建设问题

打铁先要自身硬。纪检监察干部处在反腐倡廉工作的前沿经历着腐蚀与反腐蚀、诱惑与反诱惑的严峻考验，必须在加强自身建设上下工夫。要认真落实中纪委发〔2010〕19号《关于进一步加强和改进纪检监察干部队伍建设的若干意见》文件精神，努力把我们这个队伍建设成为政治坚强、公正廉洁、纪律严明、业务精通、作风优良的队伍。

一是要加强学习，武装思想，坚持用理论指导实践，不断提高党性修养，不断提高政治敏锐性和政治鉴别力，善于从政治上观察和处理问题，在重大问题上立场坚定、旗帜鲜明，在关键时刻和重大事件中经得起考验。切实加强职业道德，带头讲党性、重品行、作表率。

二是坚持严格要求、严格教育、严格管理、严格监督。切实做到“五严守五禁止”：严守政治纪律，禁止发表与党的路线方针政策和决定相违背的言论；严守工作纪律，禁止越权批办、催办或干预有关单位的案件处理、干部人事等事项；严守办案纪律，禁止以案谋私、违纪违法办案；严守保密纪律，禁止泄露信访举报内容、案件情况等秘密；严守廉政纪律，禁止利用职权和职务上的影响谋取不正当利益。我们要把贺国强同志提出的“五严守、五禁止”的要求，作为自身建设的重要内容，作为衡量纪检监察干部的标尺，作为规范纪检监察干部行为的铁的纪律。

三是注意过好“五关”，把握“六慎”。

过好“五关”：一要坚定信念，过好政治关。以政治上的坚定性保证思想上的纯洁性和工作上的原则性。二要力戒贪欲，过好金钱关。古人说，贪如火，不遏则燎原；欲如水，不遏则滔天。我们要像古人“吾日三省吾身”那样去检查自己，不断提高拒腐防变能力，保持一身正气，两袖清风。特别是在办案过程中，更要注意。三要坚持原则，过好生活关。外面的世界很精彩，八小时以外的诱惑也多多，纪检监察干部同样要享受生活，但要把握好分寸和尺度，享受生活不能违反职业道德、职业职责和职业纪律的要求。四要严格要求，过好家庭关。家庭是社会的细胞，是拒腐防变的前哨。严格要求亲属子女，把家庭作为廉洁从业的安全港湾，对筑牢拒腐防变思想道德防线有着重要作用，要加强家庭美德建设，严防私情、亲情干扰和影响廉洁从业。五要接受监督，过好律己关。廉洁从业要有耐得住清贫的定力和抵抗诱惑的毅力。有人说，口渴时觉得能喝下整个大海，这叫贪念；真口渴时只喝下属于自己的一杯清水，这叫自律。我们要自觉落实好《若干规定》和《若干准则》，自觉接受组织、群众、舆论的监督，严防自己的行为“逾矩”。

把握“六慎”就是我们常说的慎权、慎思、慎行、慎独、慎小、慎交友。纪检监察人员特别是领导人员，就像圆规，要找好立足点；像直尺，要一丝不苟，公正无私；像火车，要勇往直前，绝不越轨；像荷花，要洁身自好，出污泥而不染；像绿叶，要朴实无华，甘当配角；像阳光，要无私奉献，给人温暖。“五关”过好了，“六慎”做到了，我们做工作腰杆也就硬气了，履行职责也就有了底气。

四是努力当好党的忠诚卫士。中纪委要求纪检监察干部要“做党的忠诚卫士、当群众的贴心人”。做党的忠诚卫士，关键是做到忠诚。纪检监察干部时常面临监督与反监督，腐蚀与反腐蚀，腐败与反腐败的考验，有人把我们纪检监察工作叫做没有硝烟的战场，如果没有对党、对企业的赤子之心，就很难过好“五关”，就很难做到“六慎”。所以，对党忠诚，是纪检监察干部的政治品质。对党忠诚，就要做到心中有党，用党的理想激励自己，用党的标准要求自己，用党的纪律约束自己；对党忠诚，就要坚守责任，信守使命，任何时候都要清醒地认识到自己的责任，扎扎实实做好本职工作；对党忠诚，就要视党、国家和企业的利益高于一切，敢于负责，敢抓敢管，坚决依纪依法严惩腐败分子，捍卫党纪国法的尊严，弘扬新风正气，抵制歪风邪气；对党忠诚，就要敢于开拓创新，抓住关键环节，突破热点难点问题，努力把腐败现象减少到最低限度。

这里需要指出的是，我们有的纪检监察领导人员，千万不要种了别人的地，荒了自己的田。纪检监察工作尽管不能直接产生经济效益，但我们是直接服务于生产经营，融入生产经营，只要我们把国有资产看住了，把企业各级领导人员教育监督好了，发挥了保驾护航的作用，确保企业不出问题，领导人员不出问题，保证企业健康、可持续发展，这个效益要比直接参与生产经营大的多。希望大家要算大账，算长远账，不要算小账，算眼前账。

在股份公司2010年新闻宣传暨信息工作会议上的讲话

（2010年6月20日）

陈　永　录

同志们：

今天，我们召开股份公司第一次新闻宣传暨信息工作会议，认真分析当前公司新闻宣传形势，研究和部署今后一个时期的新闻宣传工作任务，这对加强公司新闻宣传暨信息工作，促进公司科学持续又好又快发展，必将起到十分重要的推动作用。

下面，我讲四个问题。

一、充分认识新闻宣传和信息工作在企业发展中的地位和作用

可以这样说，在当前市场经济条件下，面对开放与激烈竞争的市场，没有一个企业不重视新闻宣传和信息工作。其地位和作用可以从以下几个方面来认识：

（一）新闻宣传和信息工作是服务于公司改革、发展和稳定大局的重要工作，是公司整体工作不可或缺的重要组成部分

大家知道，我们公司是有着13万职工的中央管理的、跨国经营的综合性大型集团企业，是国内规模最大、最具实力、行业品牌影响力最强的水利水电建设企业集团。有着近60年的光荣历史，创造了中国水电建设的辉煌业绩，特别是自1999年以来，连续入选“全球225家最大承包商”，连续入选国内最大50名外经企业排名行列；2009年以国际营业额排名全球第56位，在中国企业500强排名第89位，在中国对外承包工程企业中经营额排名第5位。企业总资产由2007年的不足400亿元，至2009年底达到1012亿元。已经形成国内水利水电、国内非水电和国际业务三足鼎立的发展战略格局，在国际上树立了“中国水电建设第一品牌”的良好形象。公司于2009年12月，由中国水利水电建设集团公司整体改制重组，设立中国水利水电建设股份有限公司，正在积极筹备公司整体上市工作，公司已走上科学发展、快速发展、可持续发展的轨道。这些光荣的历史、辉煌的业绩、巨大的成就及培育出的企业精神、企业文化和改革发展面临的新形势，都需要新闻宣传这个窗口去宣传、去推动、去保障、去引导，让更多的人认识中国水电、了解中国水电、关注中国水电、支持中国水电，大力营造有利舆论环境，努力提升企业软实力。所以，从一定意义上说，新闻宣传也是企业生产力。

（二）新闻宣传和信息工作具有内聚人心外树形象的重要功能

在激烈的市场竞争中，企业要想不断提高竞争能力，就必须依靠强而有力的宣传工作，强化对企业形象的宣传，不断提高知名度，增强影响力。同

时，要通过强有力的宣传思想工作把全体员工的思想统一到企业的中心工作和发展战略上来，将企业的战略思想转化为行动、成为现实。

所谓内聚人心，就是通过我们的报纸、信息、网络对企业的形势任务、发展思路、战略规划、决策部署、经营理念、重大举措，迅速、广泛、准确、及时地传达到每一个员工，以正确的舆论，统一思想、协调步伐、凝聚力量，引导广大员工积极参与企业改革发展各项工作；通过正确的舆论导向，加大正面宣传报道，唱响主旋律，打好主动仗，为企业发展创造良好的舆论环境；通过对企业先进集体和英雄模范人物的事迹的突出宣传、颂扬，在企业形成"学先进、赶先进"的良好风尚；通过大力弘扬企业精神，将全体员工团结在企业精神的旗帜下，激发企业员工的创业积极性，增强企业的活力；通过加强宣传精神文明和反腐倡廉建设，建立和谐企业，弘扬正气，倡导廉洁文化，净化企业风气。

所谓外树形象，就是通过新闻报道的辐射作用，将企业的业绩、实力、技术优势、经营思路、企业品牌、发展方向等，向社会进行广泛宣传，树立企业的良好形象，提升企业形象无形资产；借助企业发展的亮点和重点工程建设的重要节点，利用重大报道契机，不断提高企业的社会知名度、美誉度，扩大企业的社会影响力，使企业生产经营融入市场和区域经济，为企业发展营造有利的舆论环境和社会氛围；通过对企业的多形式、多层次、多渠道的宣传公关，对企业市场表现大力宣传和对企业品牌形象的大力推介，塑造企业形象，提高用户和投资者对企业的认可度，以提高企业的竞争力，推动企业的市场拓展工作。

（三）新闻宣传和信息工作是企业经营活动和提供决策的基础

现代企业经营管理理论认为，信息在生产力体系中占重要地位。当前，决定社会生产力水平更取决于信息的占有程度。信息已成为企业开展生产经营活动、提高经济效益的宝贵资源和重要工具。因此，每一个企业，要取得较好的经济效益，必须重视信息资源的收集，从低层次决策所用信息向高层次决策所需信息转化，在信息管理系统中充分开发与利用宝贵的信息资源。信息是无形的财富。信息创造经济效益，国内外企业的实践证明，加强和改进信息管理工作，会使信息传递速度加快，准确畅通，工作效率和生产效率大大提高。每一个企业，要取得好的经济效益，就必须重视信息这一无形财富的收集、运用和管理工作。信息是决策的基础，是提高企业竞争能力的有力手段。企业经营管理中所需信息是非常广泛的，它既包括企业内部的信息，也包括外部的信息。只有把内部外部、国内国际、方方面面的信息汇集起来，才能帮助企业管理者正确决策、科学决策和及时决策。

所以，希望大家一定要充分认识做好新闻宣传和信息工作的重要意义，充分认识企业新闻宣传和信息工作者肩负的责任，可以说责任重大，使命光荣，任重道远，需要不断加强学习，不断总结经验，不断探索创新。

二、近年来公司新闻宣传工作取得了显著成绩

水利水电工程报、公司新闻网站是股份公司运用舆论工具推动公司改革与发展的专业新闻媒体，承担着公司党委赋予的公司改革与发展的思想宣传和舆论引导的重要任务。近年来，在公司党委的正确领导下，水利水电工程报、公司新闻网站坚持以邓小平理论和"三个代表"重要思想为指导，以科学发展观为统领，坚持正确的舆论导向，坚持围绕中心、服务大局，坚持"三贴近"原则，着力报道公司的发展战略和经营思路，全面展示公司近年来快速发展和改革创新的巨大成就，为公司发展提供了强有力的思想保证、舆论支持和精神动力，发挥了企业媒体"外树形象，内聚人心"的重要作用，营造了公司发展与改革的良好舆论环境。各公司承办的报纸、内刊、闭路电视，紧紧围绕企业中心工作，服务改革发展这个大局，为党的路线方针政策在企业的贯彻执行，为沟通信息、扩大企业影响，为保障企业健康发展，发挥了重要作用，为宣传公司品牌和各单位的业绩作出了重要贡献。从事公司信息写作、报送的同志，积极采写公司各类重要信息，为公司被评为国资委 2009 年信息工作先进单位，作出了显著成绩。在此，我代表公司党委和公司向近年来付出辛勤劳动和作出重要贡献的广大新闻宣传工作者，表示亲切的慰问和崇高的敬意！

公司新闻宣传工作有以下几个亮点，值得认真总结：

（一）始终坚持围绕公司中心工作，积极宣传公司发展战略、经营思路，开展了大量卓有成效的新闻宣传报道工作，以正确的舆论导向，为公司快速发展提供了强有力的舆论支持

去年以来，水利水电工程报、公司新闻网站围绕集团公司学习实践科学发展观活动提出的战略转型升级上水平的构想，围绕五个转变、五个上水平的工作，围绕集团有效应对国际金融危机，

充分报道集团和子企业应对危机的措施、成果。针对2009年集团公司积极推进企业整体改制上市工作，特别是股份公司创立工作，着力宣传企业品牌和实力，宣传改革改制措施，收到较好效果。对上述几个中心性工作，报社增强新闻宣传的导向性，组织了一批言论文章，及时报道各个子企业、公司在科学发展方面典型事例，集中宣传科学发展观活动的措施和成果；运用专题、专栏、专版等多种形式进行深度报道，有力地推动了各项工作的完成。

（二）整合资源，通过多渠道宣传公司行业领先地位和技术优势，彰显企业话语权，提高企业知名度，扩大了“中国水电”品牌影响力

围绕“中国水电”品牌宣传，股份公司新闻中心在企业媒体加大宣传报道的同时，与中国经济时报、中国电力报、人民铁道报、国资委网站建立长期合作与短期报道相结合的宣传报道协议，抓住公司重大报道契机，整合新闻资源，多渠道、多途径、多层次、全方位拓展公司对外宣传报道，突出宣传公司行业领先地位和技术优势，彰显了公司在行业的话语权，提高企业知名度。特别是2009年，新闻中心积极推进新闻宣传工作创新，新闻宣传呈现立体性、全方位、多样性的特点，企业品牌形象宣传工作有较大进步。一是通过积极有效地新闻策划与公关，首次在中央电视台新闻联播节目播出集团京沪高铁项目的新闻报道。二是完成集团公司形象电视专题片，协助完成集团公司科技形象电视专题片，协助国际公司完成电视宣传片（外文版）。三是围绕集团中心工作，先后制作集团公司科学发展上水平展板、京沪高铁西渴马1号隧道现场会大型展板、成都西部博览会展板反映集团整体形象以及在川企业成就系列展览，收到较好效果。2009年，集团公司首次建立信息工作领导小组，建立健全了全集团自下而上的重要信息工作网络，重要信息的投稿量明显增加，全年在《央企要情》上稿74篇，在央企总分排名第21位，是历年来最好成绩，信息报送工作得到公司领导的表扬和肯定。

（三）推动企业文化建设，发挥了正气聚心的感召作用

近年来，公司新闻宣传工作在改革中前进、在创新中发展，内生力日益增强。一是围绕公司发展战略和中心任务的宣传，突出宣传了企业以经济效益为中心这个主题。二是通过企业先进典型的宣传，弘扬了企业“自强不息、勇于超越”和科学、规范、专业、务实与争先创优、廉洁从业的精神。三是通过对公司承建的国内外标志性工程形象的宣传，增加企业的知名度、美誉度，有效地鼓舞了员工的士气、激发了员工的创业激情。四是通过对公司团队形象的宣传，在社会公众心目中树立起一流团队形象，为增强企业的市场竞争力起到了积极作用。

在看到成绩的同时，还应当看到我们的工作还存在一些明显不足和面临一些亟待解决的问题。一是宣传资源分散，基层队伍不稳，大宣传格局有待完善。由于子企业机构合并宣传工作有所弱化（人员减少、工作兼职过多），加之岗位待遇偏低，挫伤了基层宣传工作人员的积极性和主动性，致使宣传工作缺乏有机的统一和统筹发展。二是创新意识不够强，应变能力有待提高。由于我们应对变化的能力不足，客观上限制了一些宣传功能和手段的发挥，造成新闻宣传的力度不够、深度不足、层次不高。这种状况与公司发展对新闻宣传工作的要求极不适应，必须引起各级领导高度重视，并切实采取措施，逐步解决并加以完善。

三、今年新闻工作宣传工作的基本要求和重点

从现在起到明年，是迎接党的十八大和中国共产党建党90周年加强企业党的建设的重要时期，也是股份公司准备整体改制上市的关键时期，公司的宣传工作任务重、要求高、责任大，因此，我们要认真谋划，周密安排，突出重点，狠抓落实，切实推动公司新闻宣传工作上层次、上水平。

新闻宣传工作的基本要求是：高举旗帜、围绕大局、服务人民、改革创新，坚持正确舆论导向，提高舆论引导能力，营造良好舆论环境，更好地发挥宣传党的主张、弘扬社会正气、通达社情民意、引导社会热点、疏导公众情绪、做好舆论监督。这是中央对新闻宣传工作的基本要求。结合我们公司的实际，高举旗帜，就是要高举中国特色社会主义理论这面旗帜，坚持邓小平理论和“三个代表”重要思想，贯彻落实科学发展观，坚持党对企业的领导不动摇，政治上不能出任何问题。围绕大局，就是服从和服务于党和国家的工作大局，服从和服务于公司改革发展的大局，把我们的水电建设特别是国际业务，统一于国家政治外交，统一于国家资源战略，统一于公司发展需要。当前，就是要把股份公司员工的思想统一到科学发展观的要求上来，统一到公司的各项决策部署上来。服务人民，就是要坚持以人为本，一切从职工群众的根本利益出发，想职工之所想，急职工之所急，积极为公司员工办实事、解难事，及时解答职工群众最关心的热点难点问题。改革创新，就是不断探索现代企业制度的

改革，推动公司制度创新、管理创新和体制机制创新。坚持正确的舆论导向，就是把握公司新闻宣传工作的主旋律，坚持团结、稳定、鼓劲、正面宣传为主，坚持贴近实际、贴近生活、贴近群众的原则，不断加强新闻宣传的针对性和实效性，努力满足职工群众的多方面、多层次、多样化的精神文化需求。同时，要切实提高新形势下各级党委领导新闻宣传工作的能力，确保宣传思想工作扎实推进、富有成效，为公司快速发展提供强有力的思想保证、舆论支持、精神动力和文化条件。

同时，还要积极探索企业新闻宣传的内在规律。要适应信息技术快速发展、媒体格局深刻变化、舆论环境日益复杂的新形势，深入研究和积极探索企业新闻宣传的特点和规律，切实增强企业新闻宣传的预见性、系统性、时效性。要讲求宣传艺术，丰富报道形式，选好切入点，找准结合点，把新闻宣传工作的一般规律与公司的行业特点有机结合起来，把社会公众的关注点与公司工作的着力点有机结合起来，不断提高企业新闻宣传报道水平。

2010 年是公司整体改制后的第一年，也是中央企业第三个任期考核的第一年，公司将面临《公司法》对上市公司规范运行的一系列新要求，面临公司整体上市的新挑战，面临电力体制改革的深化和中央企业外部重组的新机遇。我们新闻宣传工作的中心，就是要紧紧围绕贯彻落实今年工作会议提出来的主要任务和工作目标，全面做好新闻宣传工作，有力促进和推动公司全年各项工作目标的顺利实现。

2010 年新闻宣传工作的重点应把握以下十个方面：

（1）要大力宣传中国水电的企业精神、企业使命、经营理念、核心价值观和发展思路、发展战略，着力提高企业影响力，为公司顺利上市营造良好环境。

（2）要大力宣传公司的经营业绩，包括如何执行“三控三强一确保”的风险防范措施，夺取应对经济危机的新成绩。包括各单位保市场、保订单，特别是开拓非水电市场方面取得的成绩、经验。同时，要报道各单位立足项目做好精益化管理，争取经济效益的成绩和经验。

（3）要加大对京沪高铁工程建设宣传的力度。宣传水电人特别能吃苦、特别能战斗、特别能忍耐，严格管理、科学施工、攻坚克难、顽强拼搏，为祖国争光、为水电争荣誉的先进事迹。

（4）要加大对国际业务的宣传力度。按照公司积极推进“走出去”战略，国际业务优先发展战略，重点宣传开拓国际市场的典型，宣传国际项目信誉好、履约能力强的典型，宣传科学管理、文明施工、维护企业形象，得到当地政府和群众认可并融入当地社会的典型，推动国际业务做大做强。

（5）要加大典型单位、典型项目、典型人物的宣传。要注意发现、注意挖掘、注意总结，力争推出在公司、在建筑行业、甚至在全国叫得响的典型单位、典型项目和典型个人。要推出若干名知名的项目经理、知名的水电建设专家、知名的非水电建设专家、知名的国际项目专家、知名的经营管理者、知名的科学技术专家、知名的廉洁从业个人等，使大家学有榜样，赶有目标。

（6）要围绕公司转型升级上水平这一战略任务，积极推动学习实践科学发展观活动的认识成果转化为实践成果。进一步深化对公司发展的五个规律的探索，即：企业改革创新的规律，企业的成长规律，企业建立突出主业、适度相关多元的产业结构的规律，企业经营国际化规律，把党的政治优势转化为企业核心竞争力的规律。努力实现“五个转型”，即进一步由传统的单一水电施工公司，向水利水电、铁路、公路、城市轨道交通、市政、机场、港口与码头、工民建等业务相关多元的大土木建筑公司转型；进一步由传统单一的低端施工生产型工程公司，向总承包经营与投资开发经营协调互补、施工生产与资产经营并重的综合型公司转型；进一步由传统的国内市场向跨国经营，由单一国际工程承包向国际工程总承包、国际投资开发等国际化程度较高的跨国公司转型；进一步由传统的规模扩张、粗放管理向以技术创新和效益创造为中心的规模与效益协调增长的质量效益型公司转型；进一步由传统的国有企业向建立符合现代企业制度要求的具有法人治理结构和运行机制的现代化公司转型。使公司实现“五个上水平”，即：在提高企业队伍素质特别是领导班子、管理团队的素质方面上水平；在调整结构、优化资源配置方面上水平；在坚持集团公司发展战略不动摇，强化集团管控方面上水平；在加强经营管理、加强基础工作、提高质量效益方面上水平；在推动技术创新、提高科技竞争力方面上水平。围绕战略转型升级上水平，是我们当前和今后一个时期新闻宣传部门的重要工作。各单位要以实践特色作为重点，围绕年度生产经营中心工作，做好舆论引导，着力转变不适应、不符合科学发展观的思想观念，切实把公司广大员工的积极性引导到科学发展观上水平、夺取公司又好又快发展新胜利上来。

（7）要突出管理创新、科技创新的宣传，推动公司“管理上水平，创效增能力”的总体目标的实现。从 2010 年 5 月开始到年底，公司开展“管理创效年”活动。各单位要紧扣活动的主题、目标、进程做好宣传报道工作。重点抓好承包合同管理、提高项目运营水平、降低企业经营风险的报道。抓好投资项目管理、降低投资项目风险、确保投资项目实现预定目标的报道。抓好工程分包管理、优化社会资源配置、确保工程质量与安全和进度目标、促进在建项目的精益化管理的报道。要立足公司战略发展和应对未来竞争的需要，切实贯彻“科技领先”的经营理念，报道公司在国内外世界级水利水电建设项目中，通过科研攻关和工程实践，持续取得相当数量的有影响、高水平、拥有自主知识产权的科技成果。要报道公司在非水电基础设施重点领域将水利水电施工的先进技术与相关行业技术集成创新，打造成具有中国水电特色的技术品牌的新成果。要报道公司深入实施知识产权战略和标准化战略取得的新成果。

(8) 要推进党建工作创新，为公司发展提供坚强政治保证。一是要做好创建“四好”领导班子活动和开展廉洁从业专项教育活动报道。开展“四好”领导班子创建活动和开展廉洁从业专项教育活动，是股份公司加强领导班子建设进一步发挥党组织在公司治理结构中的政治核心作用、保障企业健康发展的重要举措。各单位要精心制定宣传报道方案，充分运用报刊、电视、网络等媒体，扎实做好两项活动的新闻宣传和舆论引导工作，及时总结和推广活动中的好经验、好做法、先进典型，使活动取得扎扎实实的成效。二是要做好公司“创先争优”年的报道。最近，按照国资委党委的要求，股份公司党委下发了深入开展创先争优活动的实施意见，股份公司新闻中心和各单位新闻宣传部门要认真做好这一活动的宣传工作，宣传各单位的好做法、好经验，推进面上工作。股份公司党委将今年定为“创先争优年”，开展以争创“四强”党组织、争做“四优”共产党员为主要内容的创先争优活动，发挥基层党组织的战斗堡垒作用和党员的先锋模范作用。这对巩固学习实践活动成果，推动企业科学发展战略实施，进一步加强企业基层党组织建设与调动和激发企业广大党员的积极性、主动性和创造性，都有重大意义。做好这项宣传工作十分重要，要掌握活动各个阶段的重点、节奏，使报道工作有序推进。要总结政治引领力强、推动发展力强、改革创新力强、凝聚保障力强的“四强”党组织的典型，做好示范引导。要树立宣传政治素质优、岗位技能优、工作业绩优、群众评价优“四优”共产党员榜样，大力宣传他们的先进事迹，掀起学先进、赶先进的热潮。

(9) 要做好企业法制和文化建设的报道。结合企业整体上市，要加大对《公司法》、《证券法》及相关法律的宣传力度，使企业不断完善法律风险防范机制，使员工不断提高法制观念和法律意识。企业文化建设，主要解决发展观念、思路和共有价值观以及战略认同度的问题，使社会主义核心价值体系和企业精神、企业理念这些文化元素在企业中深入人心，达成共识，潜移默化地成为广大员工的自觉行为，进而形成推动企业不断发展的强大精神动力。

(10) 要加大反腐倡廉和惩防体系建设宣传力度。发挥报纸、网络的教育功能，广泛宣传《党员领导干部廉洁从政若干准则》、《企业领导人员廉洁从业若干规定》和三重一大决策法规制度，使企业领导人员讲党性，筑牢思想防线；重品行，守住从业底线；守纪律，不碰法纪红线；作表率，树立廉政标杆。发挥舆论监督功能，做到警钟长鸣，确保企业不出问题，干部不出问题。

以上提出了今年新闻宣传的十项重点工作，供大家研究参考。实际上企业宣传工作还有很多方面，这里强调的是重点，总之是要紧紧围绕企业中心工作，围绕提升企业形象，围绕企业的又好又快发展，努力发挥好新闻宣传工作的作用。

四、对今后一个时期新闻宣传和信息工作的几点要求

新形势、新任务要求我们必须以十七大精神和科学发展观统领公司的新闻宣传工作，努力完成公司党委赋予我们的各项工作任务。下面，就如何做好今后的宣传信息工作提几点要求。

(一) 各级党委要切实加强对新闻宣传工作的领导

新闻宣传是党的思想宣传工作的一项战略任务，股份公司各级党组织要把新闻宣传工作牢牢把握在手中，要坚持党管新闻的原则，切实加强对新闻宣传工作的领导，做到思想上高度重视，工作上摆到议事日程。要全面指导公司的新闻宣传工作，定期研究制定本单位的新闻宣传工作的整体规划，就公司重大政策、重点工作、先进典型的宣传及舆论引导工作提出要求。要把新闻宣传工作置于公司改革与发展的全局之中，切实加强组织领导，形成新闻宣传部门组织、策划、实施，各部门通力协作的中国水电新闻“大宣传、大服务”格局。要以高度的政治敏锐性和政治鉴别力，在重大问题、敏感问题、热点问题上严格把关，弘扬主旋律，打好主动仗。要积极为新闻宣传和信息部门提供必要的组织和物质保证，在人员上、经费上、设备上、办公条件上，尽可能满足实际工作需要，满腔热情地支持新闻宣传和信息工作。

（二）整合集团新闻资源，形成大宣传格局，提升“中国水电”品牌影响力

发挥新闻媒体的作用，形成宣传工作合力，是新时期企业宣传的重要特征。要充分利用好广播、电视、网络、报纸、刊物等多种视听平台载体功能，建立形成多级别的信息征集、反馈系统，形成快速的信息传递网络。一是发挥报纸说明性强、阅读主动性、权威性和深层反映新闻事实真相、预测新闻事件的发展趋向等特点优势，对公司重大新闻事件进行整体反映和深刻透视。二是充分利用电视、网络技术直观、形象和信息量大、传播速度快、影响范围广等特点，对公司阶段性工作进行全方位密集性覆盖。三是积极借用公众传媒平台。在认真分析当地报刊、电视等媒体栏目用稿需求的基础上，找准与公众传媒的对接点，利用动态消息、专题通讯、图片视频等手段，把公司行业用语“演绎”成通俗易懂的“大众”语言，把公司的“新闻价值”向社会“输出”。同时，实时关注和监测各类媒体的舆情，采取新闻报道、权威发布、现场交流等方式，加强舆情引导。四是注意搭乘社会热点“班车”。关注节庆时段、政府和相关部门面向社会开展的大型“热点”活动，通过散发宣传材料、参展、联办、协办等方式传播公司信息，增进社会对公司的了解，展示宣传公司的形象。

要充分依靠和运用各方面力量，形成合力，把新闻宣传工作做深做活。股份公司正式上市后，在接受新闻媒体监督的同时，注意加大正面宣传力度，从而影响社会对企业的评价、信任和信心。主动向新闻媒体反映企业新情况、新发展、新业绩，邀请媒体对企业的重大新闻事件共同进行宣传策划，积极引导社会舆论，引起政府和全社会对企业的关注和支持。要抓住各种机会与媒体交朋友，保持经常性地联系与沟通，积极争取媒体对公司新闻宣传工作的支持与配合，通过积极有效的公关工作，影响有影响的媒体，让有影响的媒体影响企业的发展。

要不断强化“中国水电”大品牌意识。“中国水电”品牌是公司上下经过50年的精心打造，已成为享誉海内外的国际知名品牌，这是中国水电13万职工的共同财富，我们要倍加珍惜和爱护，要利用舆论高度关注的契机，强化公司“大集团、大土木、大市场、大品牌”发展战略的宣传，强化大局观念，对外一个声音，一个口径，一个标准，放大与提升“中国水电”品牌效应。

（三）形成信息报送工作的机制，推进信息报送工作上水平

信息工作是辅助领导了解情况、作出决策的重要方式，是促进业务交流的一个平台，也是推动工作的重要手段，并直接或间接地对提高工作效率和效益发挥着重要作用。股份公司的信息报送工作，主要是让国资委及国家各部委的领导及时了解集团公司各方面的重要工作。同时，国资委办公厅在收集的信息中择优上报给中央办公厅、国务院办公厅，为党中央、国务院重大决策提供参考。这项工作对争取党中央、国务院和国资委领导及时了解集团情况，宣传企业的业绩和经验，提升企业形象都有十分重要的意义。

为规范股份公司信息报送管理工作，各公司领导班子要明确一名领导分管信息报送工作。建立健全运行机制，确保公司信息网络有序、高效、高质量运行。股份公司党委近日下发了《信息与报送工作管理办法》、《信息报送要求内容和流程》两个制度文件，将公司信息报送网络建立为总部信息专报员分支网络，子企业、公司信息专报员分支网络，海外机构信息专报员分支网络三支分支网络，进一步细化了分工，明确了责任，目的是通过建立从上到下完整的信息网络，完成信息报送工作任务，提高信息质量。各单位要认真按照两个文件制度要求，认真贯彻执行。

（四）着力打造一支高素质的新闻宣传工作者队伍

企业新闻宣传事业的发展，关键是要建设一支具有坚定政治立场、良好业务素质、高尚职业道德、过硬工作本领的企业新闻宣传工作者队伍。因此，必须高度重视队伍建设，不断提高企业新闻从业人员的综合素质。

一是要保证人员配备，建立立体综合型新闻宣传队伍。随着股份公司的发展和上市后的宣传需要，股份公司今后的对外宣传要不断向高端媒体发展，上层次上水平，提高企业知名度，提升品牌影响力，这对新闻资源的整合和对资料的收集都有更高的要求；同时，股份公司新闻中心每年都有更新企业DVD形象宣传片和画册的任务。这就需要各单位能够及时提供高质量符合要求的影视图片资料，做好这一工作的前提是各单位要保证配备一定数量的人员和设备投入。股份公司各级领导应树立新闻宣传人才也是企业必不可少的重要人才的观念，扭转宣传干部得不到认可、宣传队伍青黄不接的局面，特别是电视摄像队伍亟待加强扩充培养。在确保新闻宣传岗位人员得力够用的同时，各级领导要经常走

访新闻宣传部门，了解他们的困难，真心实意地为他们办实事、解难事。要从政治上、工作上、生活上多关心、多支持新闻宣传工作者，为他们创新创造、成长成才提供有利条件。

二是加大学习培训力度。新形势、新任务，对新闻宣传队伍建设提出了新的更高要求，要进一步加强新闻宣传干部队伍培养教育，提高他们的综合素质。一要加强理论学习，特别是对科学发展观和特色社会主义理论体系的学习，提高新闻宣传干部的思想理论素质。二要进一步加强新闻宣传业务培训。要通过各种形式，广泛开展新闻宣传知识的学习、研究和培训，并积极为他们提供学习研讨、考察实践的机会，使他们开阔视野、开阔思路，不断提高新闻宣传的质量和水平，提高广大记者和通讯员的综合素质和实践能力。同时要采取有效的激励机制，切实关心新闻宣传工作者的学习、工作、生活和成长进步，激励他们爱岗敬业，努力工作，创新作为。

三是组织新闻记者进行采风活动。为迅速提高公司新闻记者和通讯员的实战能力，股份公司新闻中心要根据公司年度生产经营重点组织记者到大项目进行采风活动。要进一步加强新闻工作者“三贴近”工作，不断提高新闻系统工作人员思想和业务水平。要通过到一线的实践熟悉工程，了解经营，增强与职工的情感，锤炼刻苦扎实的工作作风。要逐步实现由被动报道向主动报道转变，由对一些现象进行面上宣传向深层次理性思考转变，写出高质量有分量的深度报道。

同志们，做好今年的公司新闻宣传暨信息工作任务艰巨，责任重大。希望公司全体新闻宣传和信息工作者围绕大局，围绕中心，在竞争中发展，在发展中进步，不断提升公司新闻宣传工作的高度、广度和深度，不断增强新闻宣传工作的影响力，为股份公司又好又快发展作出新贡献！

加强学习　提高认识
为推进企业民主政治建设、推动企业健康发展而努力奋斗

——在集团公司、股份公司一届一次职工代表大会上的讲话

（2010年1月30日）

王　宗　敏

各位代表、同志们：

中国水利水电建设集团公司、中国水利水电建设股份有限公司职工代表大会在公司党委、公司的关怀下，经中国水电股份有限公司党委批准于今天正式建立了，这是中国水电13万名职工政治生活中的一件大事，标志着我们在集团层面建立起了推进企业民主政治建设的平台，为广大职工依法行使民主管理权力、促进公平正义、维护团结稳定、表达诉求愿望创造了更有利的条件。

职代会制度是伴随着新中国前进的步伐而形成的有中国特色的企业民主管理的基本制度，历史悠久。各水电工程局几十年实行职代会的经验和教训是我们建立集团职代会的宝贵财富。《宪法》、《公司法》、《劳动法》中的明确规定，确立了广大职工参与企业民主管理的法律依据。

国有企业所有制的性质决定了职工是企业的主人。我们企业中的绝大部分领导干部都是从普通的职工一步一步走到领导岗位，和广大职工有着天然的血肉联系，这是我们做好民主管理的基础。在我们成长的道路上，曾无数次看到了广大职工充满智慧的创造性的劳动；在我们从幼稚走向成熟，从懦

弱走向坚毅的岁月中，一个又一个有着不平凡技艺和阅历的同事、工友、领导对我们人生的影响至今还留下了深深的烙印。在企业最困难的时候，他们勇敢地为国企改革付出了最大的牺牲，面对企业的低潮，他们同企业同甘苦共患难，从来没有丧失过振兴企业的信心！他们是企业的脊梁，支撑着我们这个企业从弱小走向强大。“群众是真正的英雄，而我们常常是幼稚可笑的”，这是一代伟人毛泽东同志从丰富的人生阅历中总结出来的并被实践证明的真理。全心全意依靠工人阶级，认真倾听群众的呼声，关心他们的疾苦，自觉接受广大职工的监督，赢得广大职工的拥戴是我们做好国有企业的一条根本经验，也是衡量一个领导干部政治素质的基本标准。

我们领导干部的身边常常布满了鲜花和掌声，特别是当一个单位作出一定的成绩时，各种赞扬声会像海潮一样源源不断。有的领导干部会比较清醒，也有的领导干部陶醉在一片赞扬声中自我欣赏，忘记了取得成绩的背后无数默默奉献的无名英雄，忘记了耀眼的光环是广大职工用心血和智慧铸就的，骄傲自大，个人主义膨胀，看不起同事和领导，唯我独尊，听不进去反面意见，逐渐走上了脱离群众，最后被广大职工抛弃的道路。这些历史的教训应该成为我们各级领导干部在行使权利时的一面镜子。

去年9月，香港大学为一个只认识5个字的80岁的老太太举行隆重仪式，授予她香港大学荣誉院士称号，是因为这位老太太在做饭和清扫卫生的岗位上，为老师和学生默默服务了44年。全体院士全票通过，充分体现了香港大学的一批知识精英对一个普通劳动者发自内心的尊重。

都是大梁建不起大厦，都是大石筑不起雄伟的大坝，和我们土建队伍伴随终生的混凝土是由大石、中石、小石、砂子按照合适比例组合起来，再用胶凝材料——水泥把它们之间所有的空隙填充起来，并把它们凝固在一起，形成了能抗击巨大压力的混凝土。

一个企业也是由不同特长的人组成的集合体。要把这个集体建设成无坚不摧的钢铁长城，也需要一种胶凝材料把一个个有不同特长的人凝聚在一起，形成团结的合力。这种胶凝材料就是公正民主的企业文化，这种文化建立的基础就是职工参与民主管理。

一个企业，能不能把职工参与民主管理落到实处，不仅仅是停留在口头或写在书面上，关键是各级领导干部特别是主要领导是不是发自内心尊重职工，是不是相信在广大职工中蕴涵着伟大的创造精神。鲁迅先生曾经说过：“血管里流出来的是血，水管里流出来的是水。”如果我们的领导干部思想上就缺乏民主意识，那么职代会制度、职工参与民主管理只会挂在墙上，流于形式。所以我们的各级领导干部都应该加强学习，不断提高自身的民主管理意识。

国资委党委、国资委依据法律规定，以正式文件的形式对中央企业职工代表大会确定了五项基本原则和五项职权。

一、职工代表大会应遵循的五项基本原则

第一条，坚持党的领导的原则。

国有企业党组织在企业中处于政治核心地位，是职工依法参与民主管理的政治保证和组织保证。企业职代会必须坚持企业党委领导，把全心全意依靠工人阶级的指导方针落到实处。

第二条，坚持推进民主政治建设的原则。

民主建设的核心是：保障职工的知情权、参与权、表达权、监督权。创造一个让广大职工敢于发表意见和乐于发表意见的宽松环境，促进企业内部的公平正义。

敢于发表意见的前提是领导要虚怀若谷，不要今天有人提个不同意见，明天就送一双小鞋。乐于发表意见的前提是领导干部要闻过则喜，从思想上认识到：不管意见正确与否，是否采纳，都是在关心企业的发展，都会对企业领导人的决策产生启示或借鉴的作用。这是民主政治建设的更高一个层次。

古人教导我们：“知屋漏者在宇下，知政失者在草野。”最了解情况、最先发现企业存在问题的是最靠近市场前沿的职工，创造一个让他们畅所欲言、能够充分发表意见的环境，无疑对企业的发展和持续进步都会起到积极的推动作用。

反面的意见，不对称的意见，常常会促使最高决策者反思或修改自己的决策和行为。

第三条，坚持促进企业发展的原则。

一个企业面对残酷的市场竞争能够长期的生存下去，是很不容易的。放眼世界，百年企业是不多见的。曾雄居世界近百年的许多欧洲建筑巨头，至今大部分在市场中已经销声匿迹。成功三年，崩盘三天。历史的教训告诉我们要常怀忧患意识。

企业的兴衰与每一个职工的利益息息相关，市场不间断的压力会促使企业更加团结。职工代表大会、企业民主管理都应始终坚持促进企业发展的原则。

第四条，坚持推进现代企业制度的原则。

职工民主管理是现代企业制度的重要组成部分，

是社会生产力和生产关系发展到一定阶段的产物。社会生产力越发达，社会分工越细，企业的科技含量和资源的集中度越高，就越需要依赖劳动者的集体智慧、集体劳动和集体创造，对职工民主管理的需求就越高。

经营者在履行管理权力时，要充分尊重和依靠劳动者；职工在依法履行民主管理权利和义务时，要积极参与企业管理，自觉维护经营管理者的权威。

第五条，坚持促进劳动和谐的原则。

关心群众生活，倾听群众的呼声，力所能及地及时解决群众存在的困难，是每一个领导干部是否具备群众观点的标志。我们的权利是谁给的？是上级组织依据群众的公论而推举的。我们出身于草根，来自于基层，不要忘记曾为国企改革而做出牺牲的弱势群体。法律规定的职工利益任何一级组织和领导都不要去侵犯，侵犯了职工的权益就会伤害到企业赖以生存的基石。

主持一个单位工作的领导干部，不仅承担着完成上级下达的各项经济指标的任务，还承担着保障广大职工安全就业的神圣职责。我们永远不要忘记下岗职工那渴望工作的一双双期盼的眼睛，在企业发展的同时，要努力创造更多的就业岗位为这个弱势群体带来生活的希望。

没有文化的企业是沙漠，没有人愿意在沙漠中生活，建立起相互关心、相互帮助、助人为乐的企业文化，创造出催人奋进、令人心情舒畅的工作环境是我们建立和谐企业的基础，这一切都会形成推动企业持续前进的强大动力。

二、职工代表大会的五项职权

第一条，审议建议权。

企业的工作报告、经营计划、发展规划、年度计划、改制方案、重大改革措施、职工安全卫生措施、教育培训计划及奖励方案和经费使用；重大规章制度的制定、厂务公开、集体合同履行、职务消费管理制度，都应该通过职代会等形式听取职工意见。职代会对以上事项有不同意见时，企业负责人应慎重考虑。

第二条，审议通过权。

改制中的职工安置方案、职工奖惩办法、涉及职工切身利益的重要规章制度、集体合同草案、年金方案、住房制度改革方案等涉及职工切身利益的重大事项，在审议方案的基础上，进行投票表决，形成通过或不通过的决议。要有职工全体代表的三分之二同意才能通过。决议一旦形成，经营者管理者要遵照执行。

第三条，监督评议权。

职代会要在企业党组织的领导下，对相关领导成员进行民主评议，民主评议的结果按照干部管理权限报干部管理部门存档，作为今后使用干部的参考依据。

最近中央领导多次强调：在任用干部时要特别关注民主评议的结果，不信任票超出一定比例时，不得再继续留用。

第四条，民主选举权。

职代会应依法选举、监督和罢免企业职工董事、职工监事。选举职代会专门委员会成员，选举企业劳动争议调解委员会的职工代表。

第五条，法律法规赋予职代会的其他权利。

以上所述的五项原则和五项权利既是中央和国资委党委的要求，也是法律赋予职代会的神圣职责。各级党组织应从政治上、组织上给予保证，各级行政组织要自觉遵守法律的规定，各级工会组织要认真履行职责。通过民主管理，集中群众的智慧，推动企业的发展；通过民主监督，维护企业利益和职工合法权益不受侵犯，保证企业沿着健康的道路稳步前进！

依据国资委党委的要求，职代会闭会以后，还要建立职代会联席会议制度、质量评估制度、专门委员会工作制度、职工代表巡视检查制度、职工代表培训及述职评议制度、职代会的文书档案管理制度、职代会工作问责制度及职工董事定期向职工代表大会报告制度。

各位代表、同志们，2009年我们在集团公司、集团公司党委的领导下，取得了令人瞩目的成就，广大职工用智慧和勤劳的双手将我们的企业又推向了新的高度。新的一年，我们的任务更加繁重而艰巨。各级工会组织，都是党领导下的工人阶级群众组织，是职工合法权益的代表者和维护者。我们一定要与企业共命运，和职工心连心，不负历史使命，不负党政的委托，不负职工的期望，认真落实“组织起来、切实维权”的工作方针，支持企业创造新的业绩！在股份公司党委和上级工会的领导下，依照法律和工会章程独立自主地开展工作，为推进企业的民主管理，维护公正民主的企业文化，有勇气反映企业可能出现的问题和灾难，为推动企业更好更快的健康发展贡献我们的力量！

顺势勇为　锐意创新　扎实工作 全面推进股份公司质量管理工作上水平

——在股份公司2010年质量管理工作会议上的工作报告

（2010年7月12日）

宗　敦　峰

同志们：

今天召开股份公司2010年度质量管理工作会议，会议的主要任务是：认真实践科学发展观，进一步落实股份公司工作会议精神，总结去年安全质量专题工作会议以来股份公司质量管理工作，交流经验，研究部署今后一段时期的工作重点，表彰公司优质工程，顺势勇为、锐意创新、扎实工作，为股份公司持续稳步快速发展提高支撑和保障。

根据会议安排，我就股份公司质量管理工作作一专题报告。

一、一年来质量管理工作的简要回顾

（一）认真贯彻执行党和国家的政策方针，加大股份公司质量工作的管控力度

2008年以来，为应对国际金融危机，党中央、国务院扩内需、保增长、调结构、促改革、惠民生，实施了促进经济平稳较快发展的一揽子重大举措，及时出台了一系列刺激经济增长的政策措施，基础设施建设领域既迎来了加快发展的重大机遇，又肩负起完成扩大内需项目的神圣职责，更对建筑企业的管理水平提出了严峻挑战。为确保扩大内需政策的成效，促进工程建设领域健康有序的发展，结合总体战略推进，党和国家对工程质量工作高度重视，提出了明确的要求和任务。

在2008年底的中央经济工作会议上，中央决定2009年在全国开展“质量和安全年”活动，立足提高质量、保障安全、扩大需求、促进增长，大力实施以质取胜战略，努力营造有利于质量进步的社会环境，着力实施质量提升工程，加强质量安全监管，提高技术保障能力，全面提升质量安全总体水平，促进经济保持平稳较快发展。

2009年8月，中共中央办公厅、国务院办公厅近日印发了《关于开展工程建设领域突出问题专项治理工作的意见》，把治理劳民伤财的“形象工程”、脱离实际的“政绩工程”和威胁人民生命财产安全的“豆腐渣”工程作为规范和健全工程建设市场的重要工作内容。

9月2日，国务院领导同志在听取国资委领导同志工作汇报时作出重要指示：“中央企业要高度重视安全生产，高度重视工程质量，高度重视央企形象。”

面对工程建设和质量管理工作的紧迫形势和艰巨任务，股份公司认真贯彻党和国家以及相关上级政府部门的各项工作要求，加大总部质量管理指导与管控的工作力度，取得了明显成效。

一是及时召开了股份公司质量管理专题工作会议，系统总结近年来集团公司质量管理工作，交流经验，分析形势，研究部署质量管理工作的工作方针和工作重点，部署开展“质量和安全年”活动工作。

二是认真开展“质量和安全年”活动，深刻认识开展“质量和安全年”活动的重大意义，把开展“质量和安全年”活动作为加强质量管理工作的重要机遇，通过统一思想认识，加强组织领导，精心安排部署，扎实开展工作，使“质量和安全年”成为质量宣传年、质量提升年、质量服务年、质量整治年和质量建设年，全面推动公司质量管理工作上水

平，取得了实效。

三是按照国资委、水利部、铁道部、南水北调办公室等上级政府部门的要求，股份公司及时召开专题会议，传达上级精神要求，分析形势任务，多次开展质量检查和专项整治工作。其中2010年11月，与安全生产监督管理部一起组织11个质量安全检查组，分赴全国34个重点施工工地进行了质量安全大检查，12月又组织了铁路工程专项检查。质量检查和专项整治工作通过查制度、查管理、查隐患，强化质量目标管理体系、质量责任体系和质量评价考核体系，对质量隐患和问题整改定责任人、定措施、定期限，消除了质量隐患，确保了公司工程质量的良好受控，支撑了企业健康持续发展。

四是针对股份公司工程质量重大事项，科学展开调查，实事求是进行处理，积极开展与相关方的协调工作，努力维护公司的整体信誉和权益。

五是继续加强总部的技术管理指导服务工作，先后组织参加了安谷水电站可行性研究报告咨询与审查、沙湾水电站2009年防洪度汛应急预案研究制定、毛尔盖水电站2011年汛前提前下闸蓄水规划方案咨询、伊朗巴赫蒂亚里大坝和水电站工程设计复核报告咨询等工作。通过有效的技术指导和服务，规避质量风险，提高质量效益。

（二）母子公司质量管理体系持续有效运行，工程质量水平不断提高

一年来，股份公司坚持“创精品、树品牌、增效益”的质量管理指导思想，不断增强品牌意识和责任意识，建设精品工程。各子企业牢固树立“百年大计、质量第一”的观念，以贯彻ISO9000质量标准为抓手，大力开展质量宣传、教育和培训工作，健全全员参与的质量管理责任体系，不断完善质量管理规章制度体系，构建全过程的质量控制制度，严格工序管理，质量意识深入人心，质量管理工作取得不断进步。

2008年，针对股份公司直接管理施工项目的新情况，公司总部对质量、环境、职业健康安全体系文件及时进行了修订和换版后，2009年通过有效运行，按期完成了总部质量、环境、职业健康安全体系三证合一的复审工作。目前，针对股份公司新体制的总部体系换版工作已基本完成，海外事业部组织全系统力量的母子公司一体化国际工程质量管理体系文件编写工作已完成，将按计划在近期颁布实施。从各单位一年来第三方认证贯标复查工作看，公司系统质量管理体系持续有效运行，并得到了持续改进。

2009年，股份公司工程项目质量总体处于良好状态，在建工程项目1815个，共有224291个质量评定单元，合格率100%；优良单元工程194520个，优良率86.77%；没有发生过重大及以上质量事故。

一年来，股份公司依靠包括质量工作在内的项目科学管理和技术进步，继续着水电、非水电、国际三大市场工程建设的一个又一个辉煌业绩。

2009年，构皮滩水电站实现了大型水电站60万千瓦机组“一年五投”的奇迹，工程质量优于国际标准。拉西瓦水电站和小湾水电站也实现了70万千瓦机组“一年四投”和“一年三投”的佳绩，创造了我国高海拔、高寒地区和峡谷地区大型机组安装的新纪录。

公司承建的非洲最大的水电工程麦洛维水电站10台机组全部并网发电；负责施工的非洲杯卢班戈体育场、本格拉体育场、安哥拉机场等国际标志性非水电工程均顺利移交；股份公司国外首个BOT项目柬埔寨甘再水电站顺利投产发电。

股份公司国内非水电标志性项目京沪高铁工程，通过加强标准化管理，工程质量优良，水电四局在2009年度京沪全线41家局级单位综合履约信誉评价中取得第四名的佳绩，公司7家单位排名在30名以内，中国水电铁建品牌地位不断巩固，目前已全部转入线上安装工程。

一年来，股份公司国内外工程项目继续着的“中国水电第一品牌”的骄人业绩，和非水电中国水电品牌初步确立，又涌现出大量的精品工程。

（三）积极开展工程评优创优工作，股份公司质量品牌不断提升

去年以来，股份公司继续以开展创优评先为切入点，通过开展国家、省（部）级和企业优质工程，以及优秀项目经理、诚信企业创建与评选等工作，创建精品工程，培育项目经理队伍。

2009年，集团公司承建的山东泰安抽水蓄能电站、西安市黑河金盆水利枢纽工程和海南省大隆水利枢纽工程获得鲁班奖，伊朗塔里干水利枢纽工程获得中国建筑工程首届境外工程鲁班奖；公伯峡水电站工程获得水电工程的第一个国家优质工程金奖；还获得中国电力优质工程奖7项，中国水利工程优质（大禹）奖3项以及一批省（部）级优质工程。12项工程获得“新中国成立60周年百项经典暨精品工程”，小浪底斜心墙堆石坝、紫坪铺面板堆石坝获得国际堆石坝工程里程碑工程奖。此外，还推荐了34名项目经理参加“全国电力优秀项目经理”评选，推荐7名项目经理参加“全国工程优秀项目经理”评选。股份公司评优创优工作的继续丰收，保持了公司良好的市场形象和质量品牌。

前不久，根据股份公司新修订的优质工程评选办法，公司组织了2008年度和2009年度中国水电优质工程的评选工作。通过工程科技部资料审查，专家复查组现场抽查和专家组评审，共有35个项目获奖，这些获奖工程既是股份公司的标杆，又为明、后两年公司参加行业和国家优质工程奖做了积极储备。

股份公司质量创优评先工作的有效开展，对企业质量管理工作起到了较好的激励与导向作用，调动了广大工程技术人员创精品、树品牌的积极性。

此外，股份公司成立以来，工程科技部对总部质量管理制度进行了梳理和策划，修订了《中国水利水电建设股份有限公司优质工程奖评选办法》和《中国水利水电股份有限公司优秀项目经理评选办法》，起草了《中国水利水电建设股份有限公司质量管理办法》和《中国水利水电建设股份有限公司工程质量事故处理暂行规定》。

经过各子公司积极推荐，经股份公司有关部门和专家认真审查，股份公司领导审定，建立了企业工程质量管理专家库，聘任289人为股份公司质量管理专家。质量管理专家涵盖水利水电、火电、风电、路桥、高速铁路、房地产六大行业24个专业。

在股份公司质量工作不断取得进步的同时，依然存在着许多差距和不足，有些是长期未能根本解决的，有些是发展中引起的：

一是股份公司质量形势总体良好，总体受控，但从历次质量检查的结果和客户反映看，仍然存在着不少质量隐患和质量风险，甚至是质量问题，尤其是合同额小、地处偏远地区或地方的小项目，管理水平明显偏低，子企业之间，同一企业的不同项目间的管理水平差异较大，股份公司质量工作的标准化程度较低。

二是各级组织质量管理从业人员存在数量不足、专业素质偏低的现象，个别项目和管理人员存在习惯性盲目乐观和侥幸心理，甚至质量意识淡漠。

三是个别单位管理制度缺失、陈旧，尤其是有些新成立的公司，系统的质量管理制度体系不能满足企业发展和质量管理工作的需要，亟待健全。

四是工程创优工作力度仍需加大，行业优质工程与国家优质工程的申报工作缺乏规划，创优工作能力尚需提高。还有一定数量的施工子企业，由于历史原因，国家级优质工程尚属空白，与市场地位很不相称。

二、认清形势，时刻保持质量工作的紧迫感和责任感

随着股份公司新型法人治理结构的建立和不断完善，随着公司业务转型、产业升级、管理全面上水平，加速建设质量效益型跨国企业集团步伐的不断加快，以及公司上市和电力企业重组等诸多因素的新的变化，股份公司各项管理工作不断面临新的形势和任务，质量管理工作也是一样。特别是今后一个时期，国际金融危机的影响还未完全消退，企业发展面临的环境和条件十分复杂，要在未来更高层次、更高水平、更为激烈的竞争中赢得优势。关于股份公司新形势下企业发展与管理面临的挑战、机遇与任务，股份公司领导在不同场合都有深刻论述，希望大家认真领会。从质量管理专业角度分析，近期股份公司质量工作有以下特点。

一是近年来，股份公司经济持续快速发展，国内非水电市场和国际市场不断向深度和广度拓展，但公司管理与专业人才队伍总量不足，各类资源相对短缺的基本形势仍然没有根本性改变，这就使得质量风险相对加大，稍有不慎和懈怠，就会酿成千古遗憾，必须“警钟长鸣、如履薄冰”。

二是股份公司上市进入静默期，电力企业重组的步伐在不断推进，社会公众对央企的关注度不断提高，管理工作中，任何质量不良事件和问题都会产生放大效应，给企业带来巨大的负面效应。

三是股份公司新型法人治理结构刚刚建立，业务转型与经营领域不断变化，公司总部对质量工作的管理定位、管理职责和管控力度需要与之适应，公司各类业务与不同领域的质量管理体系与制度需要健全和规范，质量管理工作面临着创新和变革的更高要求。

四是股份公司非水电业务范围广、领域宽，企业质量品牌的建立刚属起步，系统性和影响力都跟不上发展的步伐，主要依靠的仍然是传统主业水电品牌，必须以创造性地工作，超常规取得进步。

为此，要以不断增强全体员工的质量意识为目的，深入持久地开展质量宣传教育工作，不断增强质量工作的紧迫感和责任感。

一要牢固树立质量意识。质量是企业的生命，质量管理是企业永恒的主题，社会的进步与企业发展会对质量工作不断提出新的要求。要牢固树立质量振兴事业是全公司的事业，必须全企业重视、全员参与的理念，要实施“质量兴企”战略，把质量管理形成企业文化，建立质量管理的长效机制。

二要不断增强法制意识。我国已步入法制社会，建筑市场不断规范，法律法规是我们的行动指南和工作准则。要加强质量法制教育，增强全体员工的质量法制观；要切实履行法定的质量义务，做到依法生产、经营；还要运用质量法律、法规，依法维护企业自身的合法权益。

三要强化忧患意识和责任意识。质量责任是终身的，质量工作关系到股份公司的健康持续发展。新形势下公司的质量管理工作不容乐观，存在诸多质量隐患和质量风险，必须要有强烈的忧患意识和责任意识，以对国家、对社会、对企业、对历史、对人民、对生命高度负责的精神，认认真真抓好质量工作。

四要始终保持精品意识和品牌意识。要通过建造精品工程不断巩固集团公司国内水利水电工程的质量品牌，同时，要加大力度打造中国水电在国际、非水电领域的质量品牌。

三、扎实工作，全面推进股份公司质量管理工作上水平

分析股份公司质量管理工作的新形势，公司质量管理工作的任务仍然是紧迫与艰巨的，公司质量管理工作的工作思路是：认真实践科学发展观，大力实施“质量兴企”战略和品牌战略，进一步贯彻落实股份公司工作会议精神，建立健全母子公司质量管理体系，建立和完善质量责任制，严格工程质量的过程控制，全面提升企业质量管理水平，培育企业质量文化，持续打造企业质量品牌，为公司持续稳步快速发展提高支撑和保障。为此，要重点做好如下工作：

第一，建立健全母子公司质量管理体系，不断完善工作机制。经过多年的完善和运行，股份公司两级法人企业的质量管理体系良好运行，但两级体系系统性、整体性不够，不能做到有机结合。在公司国际项目一体化质量管理体系颁布实施后，公司将开展国内水电、非水电领域两级企业质量管理体系的一体化研究，建立有机的母子企业质量管理体系。

要不断完善和创新股份公司质量管理工作机制，研究建立子企业质量工作考核机制和激励约束机制，规范股份公司质量检查工作，加强质量宣传和教育，培育企业质量文化。

第二，建立完善质量责任制，严格质量责任追究制度。一要按照股份公司新型法人治理结构，清晰界定公司各级组织质量责任。股份公司对质量工作实行统一管理、分级负责制，逐步建立公司总部、子企业、项目等分级、分层次管理的管理体系；二要将质量责任层层分解，做到目标管理，建立全员管理的岗位责任制；三要继续强化工程质量终身负责制度，无论何时出现重大工程质量事故，不管当时的负责人调到了哪里，担任了什么职务，都要追究相应的行政和经济责任；四要建立股份公司与子企业两级质量事故和违规行为的责任追究制度，并严格执行。

第三，进一步健全管理制度体系，大力推行质量标准化管理。股份公司成立后，各项管理业务都在进行制度换版或修订工作，要以此为机，进一步梳理总部和子企业的质量管理制度，建立健全覆盖公司主营业务范围和领域，全过程控制质量工作的两级企业管理制度体系。目前，股份公司开发的工程项目管理、科技管理和节能减排等工作内容的管理软件已投入试运行或即将开发完成，要把信息化作为提高质量管理水平的重要手段，实现质量管理工作的标准化、信息化。

第四，严格工程质量的过程控制，加强分包队伍与劳务用工管理。要树立“过程精品”、“过程管理”的新型质量管理理念，通过建立质量可追溯制度，把材料供应、施工工艺、检验试验、检查验收等作为现场质量过程重点控制的要素，严格工序管理，认真执行“三检制”，做到工程质量的全过程控制。要把分包协作队伍和临时劳务人员的管理作为质量管理工作的重中之重，制订专门的管理办法和措施，严禁“以包代管”。

第五，树立新型的质量观念，依靠科技进步和加强管理提高工程质量水平。工程质量水平的提高不能靠一味的提高标准、牺牲成本来实现，要通过资源的有效配置、标准化管理和技术进步攻关来保证，要大力推广应用新材料、新工艺、新技术，开展质量技术研究，在质量管理中出效益。要加强技术管理，强化质量技术措施，降低质量成本、控制技术风险。

第六，继续开展“创优评先”活动，持续打造股份公司质量品牌。股份公司的质量品牌是国内国际、水电与非水电市场营销的重要基础，是企业综合竞争力的重要组成。股份公司在非水电领域的品牌建设刚刚起步，要在相关领域牢固树立享誉中外的中国水电品牌仍然任重而道远，要增强使命感，精心策划、明确载体、重点推进，系统打造公司非水电领域的质量品牌，并做到跨越式进步。

第七，加强教育培训，强化能力建设。质量管理与从业人员的工作能力和素质，关系到股份公司质量工作的整体水平。一要加强管理与从业人员的职业教育和素质培养，开展全方位、多层次的教育培训，不断提高队伍的素质和业务实践能力；二要做好质量管理与检验人员培训取证工作，在总部专业人员总体工作规划指导下，搭建公司总部平台，提高培训效率、质量和水平；三要重点做好作业队伍和外来劳务人员的培训和持证上岗工作，把分包队伍和外来劳务人员的教育培训纳入到企业管理范畴。

第八，进一步规范和加强质量信息报告制度。一是强化各级组织重大质量事项报告意识，发生质量问题、质量事故以及由质量引起的重大事件的单位要按照规定及时向上级和有关单位报告；二是建立问责制度，对重大质量事项违反规定隐瞒不报、谎报或拖延不报的单位和个人实行责任追究；三是根据股份公司业务范围和领域不断拓展的要求，改进和规范质量统计信息的要求，做到统计工作的科学与准确。

同志们，股份公司的发展日新月异，不断加强和创新质量管理工作是长期、艰巨的任务，让我们坚定走质量效益型发展之路的信念，为股份公司转变经济增长方式、提高经营质量，为加速建设具有较强国际竞争力的质量效益型跨国集团作出应有的贡献。

第四篇　综　　述

Chapter Ⅳ Introductory Collection

中国水利水电建设集团公司概况

一、基本情况

中国水利水电建设集团公司（Sinohydro Corporation，以下简称集团公司）是中央管理、跨国经营的综合性大型企业，是中国规模最大、科技水平领先、最具实力、行业品牌影响力最强的水利水电建设企业。具有国家施工总承包特级企业资质、对外工程承包经营权、进出口贸易权、AAA级信用等级，被商务部列为重点支持发展的大型外经企业。2010年，集团公司在全球最大225家国际工程承包商中以总营业额排名第26位，在“中国企业500强”中排名第78位，分别比2005年上升23位、21位，进入中国建筑业企业前五强行列。

自20世纪50年代以来，集团公司承担了国内70%以上的大中型水利水电工程建设任务，参建了长江三峡等上百座世界瞩目的大型水电站，总装机容量突破1.3亿千瓦，约占全国水电装机总容量的70%，为中国常规水电装机容量、水电在建规模跃居世界第一作出了突出贡献。

集团公司主营业务为：建筑工程；相关工程技术研究、勘察、设计、服务与专用设备制造；水电投资建设与经营；房地产开发经营。具备年完成土石方开挖50000万立方米、混凝土浇筑5000万立方米 、水轮发电机组安装3000万千瓦、水工金属结构制作安装80万吨以上的综合施工能力。

凭借勇于创新的科学精神，集团公司在施工中攻克了一系列世界级技术难题，承建的多项水利水电工程获得了国家及地方政府颁发的鲁班奖、金质奖、银质奖、优秀工程奖，同时在交通、市政、工业与民用建筑、水务等非水电建筑领域也取得了显著业绩。2008年中标京沪高速铁路工程对集团公司全面开拓非水电建筑市场产生了深远影响，在世界建筑市场进一步彰显了“中国水电”品牌。

集团公司认真贯彻落实中央“走出去”的发展战略，优先发展国际业务，规模由小到大，国别由少到多，模式由低到高，逐步实现了从“量”到“质”的跨越。截至2010年底，集团公司在世界53个国家设有69个驻外机构，在亚洲、非洲、中东、大洋洲、南美洲等地区承建了210多个项目，经营范围涉及水电站、水利设施、机场、城市基础设施建设、大型场馆、高速公路及矿业开发等领域。在全球拥有约50%的水电建筑市场份额，“中国水电”已成为国际上水利水电建设的第一品牌和行业代表。

集团公司积极稳健地开展投融资业务，投资建设了水电、煤电、风电等一批优质能源项目、BOT高速公路项目，并积极进行房地产开发。投资80亿元承建的天津武清BT项目创造了集团公司资本实力和承包能力、投资能力和施工能力有机结合的“武清模式”。

秉承“自强不息，勇于超越”的企业精神，通过坚韧、创新的实际行动，集团公司建筑总承包业务已形成国内水电、国内非水电、国际业务“三足鼎立”的格局，由过去单一的水利水电施工企业初步发展成为集工程承包、水电、风电能源投资开发、国际经营及房地产开发协调发展的综合性大型跨国企业集团。由于经营业绩突出，集团公司2007年获得了国务院国资委授予的“绩效进步特别奖”荣誉称号，2010年获得了国务院国资委授予的“管理进步特别奖”荣誉称号。

中国水利水电建设集团公司与中国水电工程顾问集团公司共同发起创立了中国水利水电建设股份有限公司（以下简称股份公司），并于2009年11月27日成功召开了股份公司创立大会，2010年1月29日国务院国有企业监事会主席高怀忠与中国水利水电建设集团公司总经理、股份公司董事长、党委书记范集湘共同为中国水利水电建设股份有限公司揭牌。股份公司的创立为集团公司科学可持续发展打造了新的体制平台。

截至2010年，集团公司拥有20个全资子公司，10个控股公司，2个参股公司。伴随着国家的经济发展，早在2005年集团公司就制定出“十一五”发展规划，确立了“全面建设行业领先，管理一流，品牌影响力明显，具有持续成长性和较强国际竞争力的质量效益型跨国企业集团”的发展目标和“四大主业协同发展，建筑工程承包、资产经营两条主线稳健延伸，国际、国内两大市场双向拓展、良性发展”的战略发展模式，并积极实践落实。“十一五”期间，集团公司生产经营连续五年保持快速增长，累计实现营业收入3283.93亿元，期末资产总额达1209.93亿元，跨入资产规模、营业收入双超千亿元的中央企业行列。

二、集团（股份）公司2010年改革发展主要情况

（一）生产经营连续五年保持快速增长，跨入资产规模、营业收入双超千亿的中央企业行列

“十一五”期间，公司累计实现营业收入3283.93亿元，年均增长25.71%；累计实现利润111.73亿元，年均增长57.36%，利润指标增长高于央企建筑业平均值。期末资产总额1209.93亿元，所有者权益为135.87亿元。2010年与2005年相比，营业收入增长了3.14倍、利润增长了9.65倍、资产总额增长了3.52倍。新签合同年均增长23.98%，年末合同存量增长了2.5倍。营业收入、新签合同、资产规模均超过千亿元。“十一五”期间在岗职工人均收入从2005年末的19242元/(人·年)，提高到2010年的45606元/(人·年)，年均增长达到22.83%。

由于经营业绩突出，公司2007年获得了国务院国资委授予的“绩效进步特别奖”荣誉称号，2010年又获得了国务院国资委授予的“管理进步特别奖”荣誉称号。2010年，公司在全球最大225家国际工程承包商中以总营业额排名第26

位，在“中国企业500强”中排名第78位，分别比2005年上升23位、21位，进入中国建筑业企业前五强行列。

2010年，公司实现营业收入1007.13亿元，同比增长33.33%。其中：国内水电建筑业务营业收入完成412.38亿元，占营业收入的40.95%，同比增长22.89%；国际业务完成262.62亿元，占营业收入的26.08%，同比增长35.95%；国内非水电建筑业务完成营业收入259.32亿元，占营业收入的25.75%，同比增长24.28%；电力生产等其他业务营业收入72.81亿元，占总营业收入的7.23%（发电营业收入22.74亿元，占总营业收入的2.26%；房地产营业收入18.91亿元，占总收入的1.88%）。

2010年，新签合同1347.6亿元，同比增长44.9%。其中：国内水电建筑业务490.7亿元，占新签合同的36.4%，同比增长41.5%；国内非水电建筑业务306.1亿元，占新签合同的22.7%，同比增长47.4%；国际业务550.9亿元，占新签合同的40.9%，同比增长46.7%。合同存量为2127.5亿元，同比增长19%。其中：国内水电建筑业务合同存量820.2亿元，占合同存量的38.6%，同比增长19.1%；国内非水电建筑业务合同存量289.3亿元，占合同存量的13.6%；国际业务合同存量1017.9亿元，占合同存量的47.8%，同比增长37.5%。国际合同存量首次超过1000亿元。

2010年，公司实现利润总额37.95亿元，同比增长17.17%；营业收入利润率为3.77%。成本费用利润率3.91%；净资产收益率（不包含少数股东权益）16.25%；国有资产保值增值率112.3%。全员劳动生产率77.2万元/(人·年)，同比增长31.9%；在岗员工人均工资45606元/(人·年)，同比增长12.3%。

从以上数据可以看出：第一，建筑业务结构调整成效突出，五年前公司营业收入的90%以上来自水利水电施工，对单一业务的依赖度极高，目前这一状况得到扭转；第二，市场结构调整进展良好，国际经营业绩卓越，比重大幅度增加，实现了跨越式发展；第三，产业结构调整初见成效，房地产、发电营业收入占比4.06%，而利润占比18%，投融资业务对公司利润的贡献显著。

（二）经营结构发生了重大变化，国际业务、非水电建筑业务、投资业务得到长足发展

“十一五”期间，公司始终坚持巩固水电建筑业务的核心主业地位，实现了营业收入、新签合同额、利润的稳步增长，在水电建筑行业的排头兵地位进一步巩固。同时，以“自强不息、顺势而变”的精神，变革几十年形成的水电一元型单一产业结构，实施“大集团、大土木、大市场、大品牌”战略，加快结构调整优化，加快战略转型升级，大力实施国际业务优先发展战略，大力拓展非水电建筑业务，积极稳健投资开发有持续盈利能力的相关经营性产业，公司的市场结构、业务结构和产业结构发生了重大变化。市场从国内市场为主调整到国内、国际两个市场齐头并进，主业从单一水电建筑调整到四大主业共同发展，产业结构由单一建筑业调整到建筑业、投融资业、房地产业等多产业协同齐驱，形成了国内水电、国际业务、国内非水电、投融资业务协调发展的经营格局。建筑承包业务已基本形成国内水电、国际业务、国内非水电“三足鼎立”的格局。公司已由单一的水利水电施工企业初步发展成为集国内外建筑工程承包，能源、房地产、基础设施、矿产等投资业务协调发展的，具有较强国际竞争力的综合型跨国公司。

五年来，国际业务实现了快速发展，已成为公司持续发展的重要支柱。规模从小到大，国别由少到多，经营范围由窄到宽，业务链由低到高，逐步实现了从“量”到“质”的跨越。2010年末，国际业务合同存量超过1000亿元，营业收入和新签合同增长率均大幅超过我国对外承包业务的总体增长率。在全球最大225家国际承包商中，公司以国外营业额排名第41位，比2005年上升了40位。2010年，在中国外经企业排名中，公司以新签合同额排名第二、以营业额排名第三。“中国水电”已成为国际工程建设领域的知名品牌，已成为中国水电产业“走出去”的行业代表。海外事业部/国际公司在引领、组织、服务国际业务优先发展战略的实践中，作出了显著的重大贡献，各子公司卓有成效的国际经营业绩强有力地支撑了公司国际业务的跨越式发展。

2010年，公司进一步调整优化国际市场结构，国际经营战略引领作用进一步发挥，管理制度体系和支持保障体系进一步完善，经营管控、管理水平进一步提升，产业结构进一步升级。市场空间不断拓展，新开辟8个国别市场，成功进入西亚市场。水电十三局有限公司整体能力强、国际化程度高、自主营销业绩出色；水电八局有限公司在火力发电新领域业绩突出；水电七局有限公司、水电五局有限公司罗塞雷斯联营体狠抓项目精细化管理，出色地整合、利用当地社会资源，创造了大坝月填筑强度超过110万立方米的新纪录，受到业主书面表扬；卡塔尔区域业务总部在路赛项目的变更索赔中，直接与欧美咨询公司和世界一流承包商同台竞技，合同索赔和新增合同额大幅增加，使区域合同总额接近30亿美元，取得良好效益和品牌效应。

五年来，国内非水电建筑业务持续增长，发展潜力巨大。公司已全方位进入公路、铁路、地铁、市政、港航疏浚及其他基础设施领域，实现了经营规模、经营领域的快速扩张，占公司收入的比重大幅提高，经营质量和利润率逐步提升。“十一五”期间，公司一举跨入铁路建设领域，承建了举世瞩目的京沪高铁三标项目，并率先完成了轨道铺通任务，以优良的业绩得到了铁道部的充分肯定，奠定了“中国水电铁建”坚实的品牌基础。京沪高铁三标项目部领导班子和广大员工，科学管理，真抓实干，绩效显著，深受业主好评。

2010年，公司继续大力推进非水电建筑业务发展战略，进一步采取有效措施，推动子公司大力开拓铁路、公路等非水电主业市场，并在核电、军工等建筑市场取得了突破，使非水电项目签约额持续大幅增长。路桥公司、水电三局有限公司、水电七局有限公司、水电十四局有限公司在公路、铁路市场开发中成绩显著。全年公司非水电建筑业务收入、市场营销额都超过“十一五”规划目标值一倍以上，营业收入比2006年增长了7.16倍。

五年来，公司稳步推进投资业务发展，调整优化产业结构初见成效。公司投资业务从小到大，增强了公司持续赢利能力和防御建筑业系统性风险的能力，已成为公司战略发展的重要业务，投资开发了相关经营性产业，包括水电、火电、风电等能源项目、房地产项目、高速公路等基础设施项目、矿产项目等。“十一五”末，公司投资项目形成的资产总量约400亿元，约占资产总额的33%。公司控股开发项目共计93个，其中电力项目总装机容量达1352万千瓦，权益装机容量约1020万千瓦，已投产运营装机容量395万千瓦。房地产业务以6亿元资金起步，创造了近80亿元的资产规模，累计开工面积186万平方米，累计销售面积113万平方米，累计获得项目用地2671亩，其中，2010年新增项目用地1876亩，销售面积44.7万平方米，营业收入、土地储备和利润同比都大幅增长，房地产公司经营业绩、经营管理能力提升明显。

2010年，共完成投资195.3亿元，其中，电力占43%、房地产占35%、基础设施占21%。主要投资项目营业收入、利润同比均有较大幅度增长，其中四川电力公司作出了突出贡献。2010年电力项目共完成投资83.1亿元，新增装机容量406万千瓦，其中，崇信电厂两台60万千瓦燃煤机组顺利投产发电，崇信发电公司工作卓有成效。由基础事业部/路桥公司组织实施的邛名、武邵两个BOT公路项目按期建成通车运营，培育提升了公司非水电基础设施投资、建设能力和资质水平，扩大了“中国水电”品牌在基础设施投资领域的影响。

（三）确立了公司战略发展目标，集团化建设取得显著成效

“十一五”期间，公司以增强核心竞争力、提高经营质量效益为重点，确立了“行业领先，管理一流，品牌影响力明显，具有持续成长性和较强自主创新能力、可持续发展能力和国际竞争力的质量效益型跨国企业集团”的战略目标，形成了由公司总体战略、各经营单元战略、各职能战略之间统筹协调、上下联动、较为完整的发展战略体系。建立了公司国内、国际经营的战略管控模式，不断健全了战略管控措施。公司的战略管控力、经营控制力、风险防控力不断提高，子公司的大局意识、整体意识大为增强。公司的发展战略和有效的集团管控，保证了公司的持续快速发展，得到了国务院国资委的充分肯定。

2010年，公司各项管理和管控工作进一步加强，企业风险总体受控。广泛开展“管理创效年”活动并取得预期成效。进一步落实安全生产责任制和长效管理机制，安全生产形势持续稳定，年内没有发生较大及以上安全生产责任事故。继续强化工程质量管理，工程质量合格率和优良率稳步提升。继续发挥经营业绩考核导向作用，加强EVA考核制度建设，推行分类考核、分类指导，健全了考核机制。加强了财务、资金、资产、担保管理及风险管控，财务管控力进一步增强，财务会计核算连续五年受到财政部表扬。资金预算、监管和融资管控进一步强化，集约化管理效益提升，两次企业债券的发行创下同期限品种发行利率最低的纪录，大大降低了融资成本。加强了经济责任审计评价工作和对项目的审计监督、效能监察工作，增强了审计与监察效果。设备物资管理进一步强化，设备物资集团化采购与管理进一步规范。全面风险管理与内部控制体系建设工作全面启动，相关工作有序推进。法制工作三年规划目标初步实现，“五五普法”各项任务全面完成，两级法律风险防范机制基本建立并有效运行。

（四）企业改革取得重大进展，构建了现代企业制度的新体制新机制

“十一五”期间，公司以建立现代企业制度为目标，大力推进主辅分离辅业改制，圆满完成了各子企业的公司制改建，实现了中国水电集团整体改制，成立了股份公司。建立了规范的股份公司治理结构和管理体制，推进了规范的董事会建设，制定完善了各项议事规则和基本制度，明确了决策、执行、监督等方面的职责权限，形成了有效的运作、监督、管理机制并规范运作，进一步提升了公司治理水平，增强了发展的动力和活力，实现了从传统企业制度到现代企业制度的体制变革。2010 年 3 月，公司如期向证监会报送了首发上市申请材料，千方百计克服房地产业有史以来最严厉的宏观调控政策对公司上市审核带来的重重困难，积极创造条件推进公司首发上市工作。

进行了管理体制的构建创新。整合集团内的优势资源和力量，构建了适应结构调整优化的组织结构和业务架构。组建了专业化公司和投资性公司，打造了非水电工程承包、国际业务和投资业务专业化队伍。构建了 4 个事业部和 3 个国际业务区域总部及海西区域总部。调整明确了子公司主业结构。加强了两级总部建设，总部的管理和管控能力有很大提高。开展了内部管理体制改革工作，理顺了子企业内部各级次之间的管理关系，在经营规模不断扩大的情况下，公司总体的管理级次基本控制在三级以内。

推进了管理机制的变革创新。全面推行了以质量效益、安全生产、廉洁从业为主要指标的业绩考核制度。不断调整和强化了内部激励、约束、监督机制。不断调整强化市场开发的管理运作机制，公司应对市场变化的能力和开拓市场的能力不断提高。建立健全了安全生产长效管理机制，实现了安全生产形势的稳步好转，扭转了“十一五”初期安全生产的被动局面。加强管理创新工作，6 项管理创新成果被评为全国企业管理现代化创新成果，28 项管理创新成果被评为电力行业管理现代化创新成果。

（五）自主创新能力持续提升，科技水平在我国水电建设行业处于领先地位

公司大力实施建设行业科技领先型企业战略，加强技术创新体系建设，科技资源配置得到优化，科技创新投入逐年加大，自主创新能力不断增强，攻克了建造各类特大型水利水电枢纽工程的一系列世界级技术难题，取得了一批先进科技成果，形成了一批优势明显的技术品牌，开发了一批具有自主知识产权的独有技术，系统掌握了铁路、公路、电力、市政等基础设施相关行业的关键技术。“十一五”期间，公司荣获“鲁班奖”15项（其中，国际工程2项）、国家优质工程金银奖共16项、国家科技进步奖4项，获得专利200余项、国家级工法55项，成立了国家级企业技术中心，公司在水电施工标准化工作的龙头地位得到强化。节能减排工作体系不断健全，工作扎实有效，全面实现了国务院国资委要求的节能减排考核目标。推进了信息化建设，建立了办公自动化、视频会议、网站系统，逐步构建了多项管理系统，信息化管理和信息化运用水平逐步提高。

（六）经受特大地震等自然灾害和国际金融危机的重大考验，取得了抗震救灾恢复重建和防范金融危机风险的胜利

公司是在“5·12”汶川特大地震中受灾最严重的中央企业之一，也是遭受2010年洪灾损失的央企之一。面对灾难，公司上下全力以赴抗震救灾，大力开展灾后恢复重建工作，使受灾职工及家属及时得到妥善安置，受灾企业尽快恢复了生产，减轻了损失。同时，积极履行中央企业的社会责任，在汶川地震和玉树地震发生后，大力支援地方救灾和重建工作，得到了灾区地方政府和人民的赞誉。公司被住房和城乡建设部授予“抗震救灾先进集体”荣誉称号。

2008年以来，面对国际金融危机的严峻形势，公司及时提出了“三控三强一确保”的工作方针，建立健全了全面风险管理体系，加强了内部控制工作，在财务、资金、项目、投资、法律等各方面，采取有力有效的管控措施，控制成本，挖潜增效，严控风险，抢抓机遇，开拓市场，确保增长，使公司在国际金融危机形势下实现了稳步、快速发展，规避了系统性的经营风险，圆满实现了国务院国资委对公司第二任期的考核目标。

（七）充分发挥党组织的政治核心作用和保证监督作用，党的建设、精神文明建设和企业文化建设成效显著

“十一五”期间，公司成立了党委，建立了党建工作新机制，建立了公司治理结构与党组织职责明确、有机融合、运转协调的运作机制。积极开展了深入学习实践科学发展观活动并取得良好效果，有力地推动了公司战略转型升级上水平。各级党委积极参与重大问题的决策，围绕生产经营中心和改革发展大局开展党建工作，为实现各项发展目标提供了坚强的思想保证和组织保障。深入开展“四好”领导班子创建活动，各级班子的思想建设和能力建设不断增强。积极探索党管干部原则和市场化选聘人才相结合的有效方式，建立健全了适应市场经济要求的选人用人新机制。采取公开竞聘、竞争上岗的办法，加大竞争性选拔领导人员和重要岗位人员的工作力度，公开竞聘已经成为公司领导人员选拔的主要方式之一。2010年，进一步健全完善了党建工作责任制度，做到党建工作制度化、程序化、规范化。健全了党委议事规则和“三重一大”民主决策制度，发挥党委在企业重大问题决策中的重要作用，提高了决策的民主性、科学性。深入开展了“创先争优”活动，加强了基层党组织建设和党员教育管理工作。在玉树地震恢复重建项目开展了党群共建创先争优工作，有力地促进了工程建设，树立了良好的企业形象。

“十一五”期间，公司各级党组织全面推进党风廉政和反腐倡廉建设，加强了惩防体系建设。围绕“加快发展、增创效益、促进转型升级上水平”的中心任务，坚持“标本兼治、综合治理、惩防并举、注重预防”的反腐倡廉工作方针，以全面推进惩防体系建设为主线，突出抓好领导人员廉洁从业、查办案件、专项检查、制度建设和组织建设等重点工作，在防范企业经营风险、加强国资监管、确保国有资产保值增值等方面发挥纪检监察工作的重要作用。制定了公司关于“三重一大”决策制度的实施办法，积极开展“三重一大”自查自纠，促进企业领导人员廉洁从业、规范决策行为、提高决策水平、防范决策风险。

以“三创建”活动为内容的精神文明建设深入开展，建立并发布了集团文化体系。品牌形象建设效果明显，彰显了“中国水电”的品牌影响力。维稳工作不断加强，解决了重大历史遗留问题，进一步改善和提高了离退休职工和下岗职工的生活，减轻了企业负担，促进了企业和谐稳定。企业民主管理得到进一步加强，股份公司建立了职代会制度，各级工会组织的作用充分发挥。各级工会在京沪高铁三标、南水北调等工程项目开展劳动竞赛活动，组织技能大赛活动，促进了生产经营工作。各级团组织深入开展青年突击队、岗位能手等活动，激励青年员工为企业的持续科学发展做出了突出贡献。史志鉴编纂工作取得了阶段性成果，扩大了“中国水电”品牌影响力。

（总经理工作部）

集团公司、股份公司领导班子

中国水利水电建设集团公司领导班子

集团公司总经理、党委副书记：范集湘（法定代表人）

集团公司党委书记：刘起涛（2010年11月调出）

集团公司党委常委：袁柏松　孙洪水　王彤宙　李跃平　黄保东　孙　璀

集团公司党委副书记、纪委书记：陈永录（2010年1月26日，国资党任字〔2010〕7号）

中国水利水电建设股份有限公司领导班子

股份公司董事长、党委书记：范集湘（法定代表人）

股份公司董事、总经理、党委副书记、党委常委：刘起涛（2010年11月调出）

股份公司副总经理、党委常委：袁柏松　孙洪水　王彤宙　李跃平　黄保东

股份公司党委常委、纪委书记、监事会主席：唐苏军（2010年1月调出）

股份公司党委常委、总会计师：孙　璀

股份公司党委副书记、纪委书记、监事会主席：陈永录（2010年2月23日，国资党委干二〔2010〕27号）

集团公司、股份公司组织机构

中国水利水电建设集团公司组织机构

集团公司整体改制成立中国水利水电建设股份有限公司后，集团公司的绝大部分业务、资产和人员进入股份公司，集团公司作为国务院国资委授权投资机构，对股份公司行使国有股权管理职能，并对未纳入股份公司的存续业务和资产进行管理。集团公司设立总经理工作部、党委工作部、财务产权管理部三个职能部门，负责集团公司日常运营和存续资产的管理，其他各职能部门、事业部撤销。

集团公司主要成员企业如下：

控股公司：中国水利水电建设股份有限公司、四川成名高速公路发展有限公司、福建武邵高速公路发展有限公司、北京华科软科技有限责任公司。

共同控股公司：中国水务投资公司。

参股公司：东芝水电设备（杭州）有限公司。

中国水利水电建设股份有限公司组织机构

中国水利水电建设集团公司已整体改制成立中国水利水电建设股份有限公司，经中国水利水电建设股份有限公司党委常委会、股份公司总经理办公会研究，并提交股份公司一届二次董事会审议，对股份公司总部职能部门及行政组织设置如下：

（1）股份公司职能部门设置基本上保持集团公司原有架构。由集团公司的职能部门下移到股份公司，工作职责不变。

（2）为满足公司制企业运作需要，设立董事会办公室、监事会办公室。

（3）股份公司总部职能部门构成如下：

总经理工作部、党委工作部（党委组织部）、人力资源部（党委企业领导人员管理部）、财务产权部、工程科技部（环境保护部）、投资部、市场经营部、企业发展部、安全生产监督管理部、资金管理部、设备物资部（设备物资采购中心）、审计部、监察部（纪委办公室）、法律事务部、信息中心、海外事业部、基础设施事业部、房地产事业部、铁路事业部、史志办公室、海西发展区域总部。

（4）股份有限公司成员企业：

全资公司：中国水利水电第一工程局有限公司、中国水利水电第二工程局有限公司、中国水利水电第三工程局有限公司、中国水利水电第四工程局有限公司、中国水利水电第五工程局有限公司、中国水利水电第六工程局有限公司、中国水利水电第七工程局有限公司、中国水利水电第八工程局有限公司、中国水利水电第九工程局有限公司、中国水利水电第十工程局有限公司、中国水利水电第十一工程局有限公司、中国水利水电第十二工程局有限公司、中国水利水电第十三工程局有限公司、中国水利水电第十四工程局有限公司、中国水电建设集团十五工程局有限公司、中国水利水电第十六工程局有限公司、中国水电基础局有限公司、中国水电建设集团夹江水工机械有限公司、中国水电建设集团辽宁工程局有限公司。

控股公司：中国水电建设集团国际工程有限公司、中国水电建设集团路桥工程有限公司、中国水电建设集团四川电力开发有限公司、中国水电建设集团房地产有限公司、中国水电建设集团新能源开发有限责任公司、中国水电建设集团租赁控股有限公司、中国水电建设集团港航建设有限公司、中国水电建设集团华亭发电有限责任公司、中国水电建设集团崇信发电有限责任公司、中国水电建设集团铁路建设有限公司、中国水电建设集团甘肃能源投资有限公司。

（人力资源部）

中国水利水电建设集团公司组织机构图（截至 2010 年底）

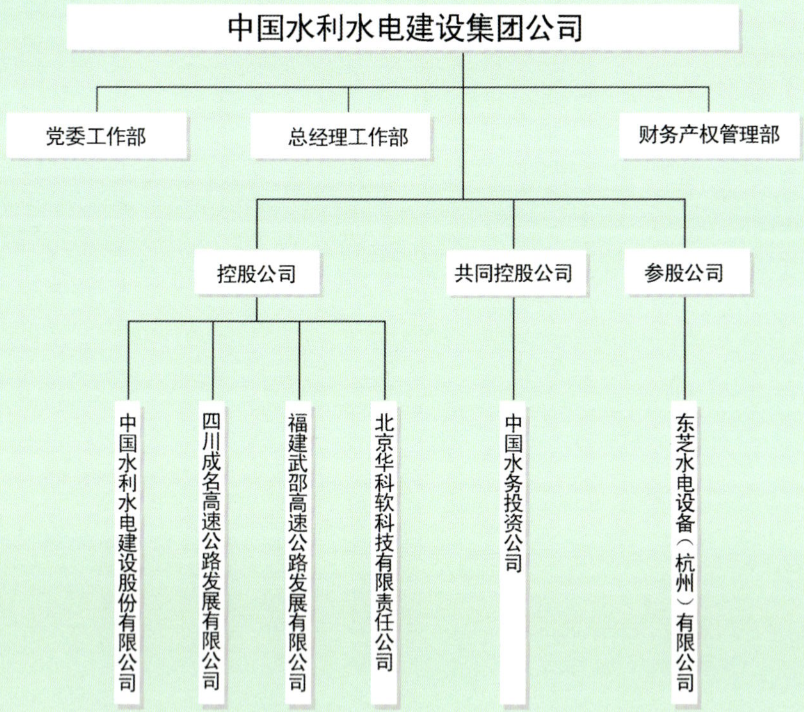

中国水利水电建设股份有限公司组织机构图（截至2010年底）

- 中国水利水电建设股份有限公司
  - 公司党委
  - 董事会
    - 董事会办事机构
      - 人事薪酬与考核委员会
      - 审计与风险委员会
      - 战略委员会
      - 董事会办公室
    - 经理层
      - 总经理工作部
      - 党委工作部（党委组织部）
      - 人力资源部（党委企业领导人员管理部）
      - 财务产权部
      - 工程科技部（环境保护部）
      - 投资部
      - 市场经营部
      - 企业发展部
      - 安全生产监督管理部
      - 资金管理部
      - 设备物资部（设备物资采购中心）
      - 审计部
      - 监察部（纪委办公室）
      - 法律事务部
      - 信息中心
      - 海外事业部
      - 基础设施事业部
      - 房地产事业部
      - 铁路事业部
      - 史志办公室
      - 京沪高铁项目部
      - 海西发展区域总部
      - 全资子公司
        - 中国水利水电第一工程局有限公司
        - 中国水利水电第二工程局有限公司
        - 中国水利水电第三工程局有限公司
        - 中国水利水电第四工程局有限公司
        - 中国水利水电第五工程局有限公司
        - 中国水利水电第六工程局有限公司
        - 中国水利水电第七工程局有限公司
        - 中国水利水电第八工程局有限公司
        - 中国水利水电第九工程局有限公司
        - 中国水利水电第十工程局有限公司
        - 中国水利水电第十一工程局有限公司
        - 中国水利水电第十二工程局有限公司
        - 中国水利水电第十三工程局有限公司
        - 中国水利水电第十四工程局有限公司
        - 中国水电建设集团十五工程局有限公司
        - 中国水利水电第十六工程局有限公司
        - 中国水电基础局有限公司
        - 中国水电建设集团夹江水工机械有限公司
        - 中国水电建设集团辽宁工程局有限公司
      - 控股子公司
        - 中国水电建设集团国际工程有限公司
        - 中国水电建设集团路桥工程有限公司
        - 中国水电建设集团四川电力开发有限公司
        - 中国水电建设集团房地产有限公司
        - 中国水电建设集团铁路建设有限公司
        - 中国水电建设集团新能源开发有限责任公司
        - 中国水电建设集团租赁控股有限公司
        - 中国水电建设集团港航建设有限公司
        - 中国水电建设集团华亭发电有限责任公司
        - 中国水电建设集团崇信发电有限责任公司
        - 中国水电建设集团甘肃能源投资有限公司
  - 监事会
    - 监事会办事机构
      - 监事会办公室

（人力资源部）

中国水利水电建设集团公司业务发展示意图
（2002～2010年）

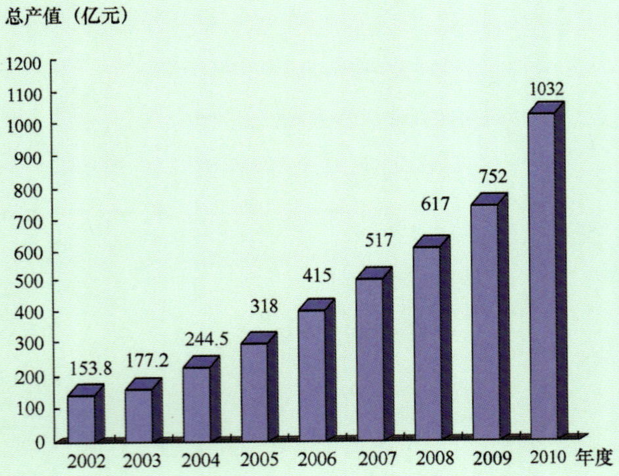

图1　集团公司经营业绩成长图示

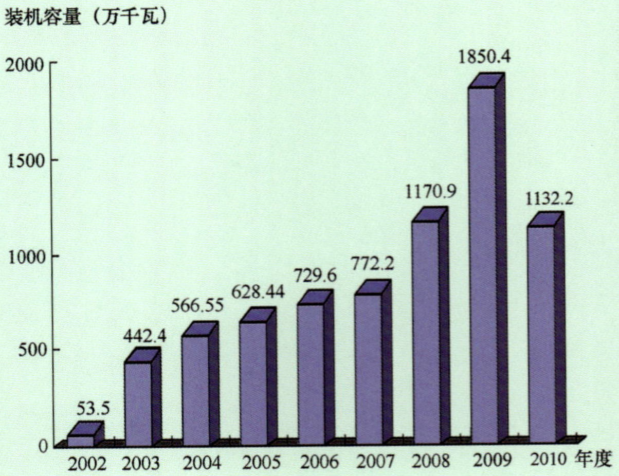

图2　集团公司大中型机组安装业绩成长图示

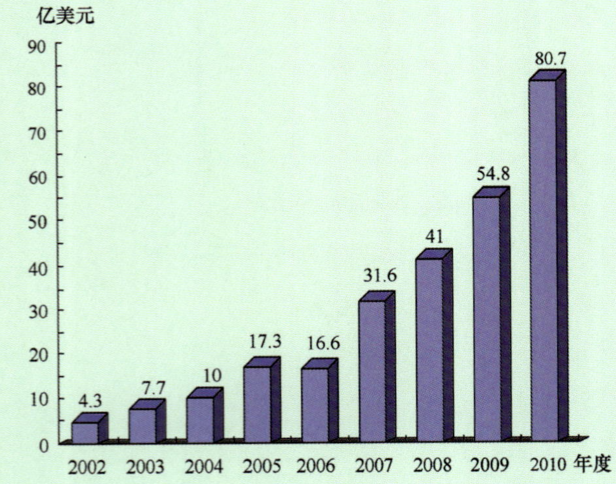

图3　集团公司国际经营签约额图示

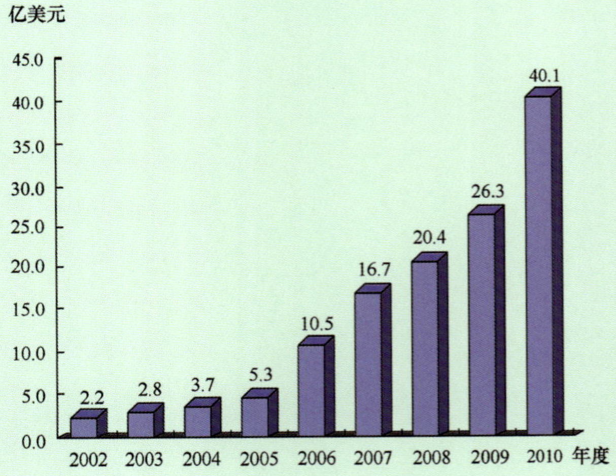

图4　集团公司国际经营实现营业额图示

中国水利水电建设集团公司国际经营营业额排名
（2000～2010年）

	2000年	2001年	2002年	2003年	2004年	2005年	2006年	2007年	2008年	2009年	2010年
国际排名	136	128	89	81	81	68	51	50	56	41	24
国内排名	25	31	13	11	8	6	4	4	4	5	3

注　国际排名是指全球最大225家国际承包商排名名次。国内排名是指我国对外承包工程业务营业额前50名排名名次。

（市场经营部　海外事业部）

中国水利水电建设集团公司 2010 年产业(营业收入)结构图

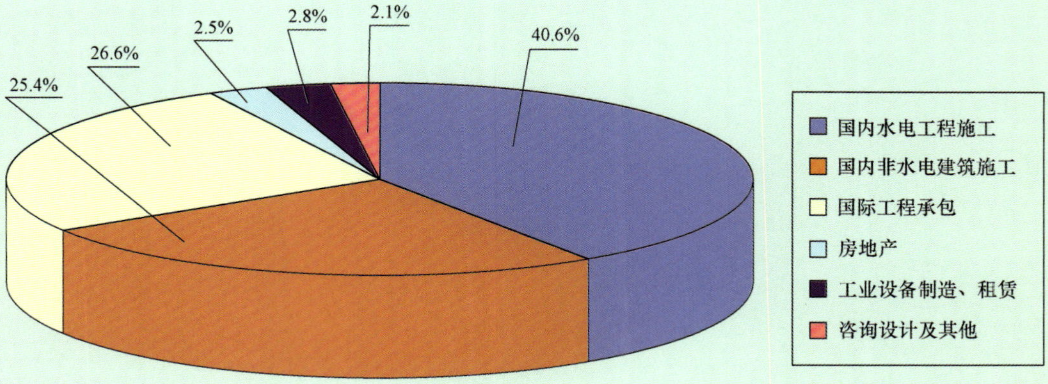

(市场经营部)

第五篇 大 事 记

Chapter Ⅴ Memorabilia

大 事 记

2010 年

一月

1月1日，孟加拉国电力发展委员会主席 Mrk-abir 一行考察了石卡巴哈燃气电站项目工地，对水电八局有限公司项目部的工作表示满意。

1月29日13时40分，中国水利水电建设股份有限公司揭牌仪式在北京集团总部隆重举行，国有企业监事会主席高怀忠和集团公司总经理，股份公司董事长、党委书记范集湘共同为股份公司揭牌，集团公司党委书记，股份公司总经理、党委副书记刘起涛主持揭牌仪式并致辞。

1月29～31日，集团公司、股份公司2010年工作会议暨一届一次职工代表大会在京召开。国务院国有企业监事会主席高怀忠出席会议并讲话，集团公司总经理范集湘作了题为《坚持科学创新精神，努力提升公司治理水平，加快转型升级步伐，确保公司更好更快发展》的报告；集团公司党委书记刘起涛作了题为《深入贯彻落实科学发展观，立足主业增实力，抢抓机遇保发展》的报告。集团公司党委常委，股份公司副总经理、党委常委袁柏松、孙洪水、王彤宙、李跃平、黄保东；集团公司党委常委，股份公司总会计师、党委常委孙璀；股份公司职工董事、总经济师、工会主席王宗敏；集团公司顾问刘经迪、付元初；股份公司总工程师宗敦峰等出席会议。

1月30日，马达加斯加总理维塔尔·阿尔伯特一行到水电十四局有限公司承建的安得卡拉卡水电站3号机组工地考察。

1月31日，股份公司安全生产工作会议在北京召开。股份公司董事长范集湘出席会议并作重要讲话，总经理刘起涛主持会议，股份公司副总经理孙洪水作了题为《强化措施，落实责任感，继续促进本质安全建设》的安全生产工作报告；副总经理袁柏松、李跃平、王彤宙、黄保东，总会计师孙璀，总经济师王宗敏，总工程师宗敦峰等出席会议。会上，刘起涛代表股份公司与各子公司、控股公司签订了2010年度安全生产责任书。会议表彰了安全生产优秀企业、安全生产先进项目部（集体）、优秀项目经理（负责人）和安全生产先进个人。

二月

2月1日上午，集团公司2010年纪检监察工作会议在京召开。股份公司董事长范集湘作了题为《着力提升纪检监察工作水平，推动公司更好更快发展》的报告，股份公司总经理刘起涛出席会议并作重要讲话。股份公司副总经理袁柏松主持会议。副总经理孙洪水、王彤宙、李跃平、黄保东，总会计师孙璀，总经济师王宗敏等出席会议。会上，刘起涛代表集团公司和股份公司领导班子成员郑重承诺：认真学习并严格执行《国有企业领导人员廉洁从业若干规定》，带头执行公司各项规章制度和“三重一大”等集体决策制度，加强党性修养，树立和弘扬优良作风，依法依规廉洁履职，并希望大家给予监督。范集湘、刘起涛与各子公司、集团控股公司党政一把手签订了2010年度党风廉政建设责任书。

2月1～2日，股份公司国际经营工作会议在京召开。股份公司董事长范集湘，总经理刘起涛出席会议并讲话。股份公司副总经理袁柏松、孙洪水、王彤宙、李跃平、黄保东，总会计师孙璀，总经济师王宗敏，总工程师宗敦峰等出席会议。黄保东作了《科学发展，战略引领，全面推动公司国际化转型，持续提升国际竞争力》的工作报告。袁柏松宣读了关于表彰2007～2009年度国际经营标兵、先进工作者的决定。

2月2日，集团公司党委书记刘起涛会见了委内瑞拉能源石油部部长拉法埃尔·拉米雷斯一行。

2月3日，云南省总工会党组书记卢正国一行到水电十四局有限公司慰问。

2月3～6日，股份公司总经理刘起涛在副总经理王彤宙等人陪同下，到福建厦门、漳州、福州等地考察海峡西岸经济区建设市场和投资环境，并于6日上午与福州（平潭）综合实验区管委会签署战略合作框架协议。

2月4日上午，股份公司副总经理黄保东在集团总部会见了牙买加副总理肯尼斯·巴夫一行。双方就今后在牙买加和加勒比海地区能源和基础设施领域加强合作进行了友好会谈。

2月9日，集团公司投资建设的四川沙湾电站最后一台机组投产发电。至此，沙湾电站4台机组全部投产发电。

2月10日，集团公司和辽宁省水利厅共同在辽宁省水利水电工程局召开干部大会，宣布经辽宁省人民政府和国务院国有资产监督管理委员会批准，辽宁省水利水电工程局整体无偿划转集团公司管理，成为集团公司全资子企业。

2月11～12日，铁道部副部长卢春房等对京沪高速铁路进行现场办公，看望慰问奋战在建设一线的干部职工。集团公司总经理范集湘陪同卢春房检查公司施工点，并出席了12日在上海召开的总结会。

2月21日，股份公司承建的缅甸耶瓦水电站首台机组投产发电。当天缅甸代总理登盛莅临耶瓦项目工地视察慰问，缅甸电力部长致函股份公司表示祝贺和感谢。

2月25日，股份公司总经理刘起涛在副总经理王彤宙陪同下对集团京沪高铁项目部进行考察并出席了京沪高铁三标段项目经理部2010年工作会议。

2月26日，集团公司党委书记刘起涛到贵广铁路项目慰问考察。

2月26～28日，集团公司总经理范集湘到苏丹项目考察，并与中国驻苏丹大使李成文会谈。

2月27日，股份公司副总经理黄保东在钓鱼台国宾馆拜会了正在我国进行国事访问的赞比亚总统班达一行。

三月

3月1日，集团公司总经理范集湘拜会了苏丹水利灌溉部长、苏丹大坝执行管理局局长奥萨玛和项目总监穆塔兹先生。期间，范集湘同奥萨玛就苏丹罗赛雷斯大坝加高项目、麦洛维大坝项目及即将启动的新项目等进行了深入交谈。

3月2日，苏丹总统巴希尔视察水电七局有限公司承建的南苏丹麦瑞迪水厂。

3月8～11日，国务院国有企业监事会主席高怀忠在股份公司副总经理孙洪水等陪同下到水电十四局有限公司检查指导工作。

3月9日，云南省委秘书长杨应楠等视察水电七局有限公司承建的糯扎渡水电站建设工程。

同日，水电三局有限公司以36.6亿元中标新建铁路大同—西安客运专线站前施工二标段工程。

3月17日，股份公司召开总部工作会议，董事长范集湘就进一步改进总部工作作风和加强党的建设作了重要讲话，总经理刘起涛就总部去年的工作总结和今年的工作安排作了专题讲话。股份公司副总经理袁柏松主持会议，副总经理孙洪水宣读了总部2009年度先进集体和先进个人的表彰决定。

3月18日，国际公司与马来西亚当地伙伴LOH-LOH建筑工程有限公司组成的联营体中标马来西亚胡鲁登嘉楼州水电工程CW2标段主体土建工程，合同额8.28亿马币（约合2.5亿美元）。

3月22日，股份公司董事长范集湘在副总经理黄保东等陪同下在雅温得拜访了喀麦隆能源水利部部长米歇尔·纳伽克·托姆迪奥。

3月24日，港航公司投资近10亿元新建的两艘9029型绞吸式挖泥船在荷兰顺利下水，港航公司在IHC造船厂举行了隆重的下水仪式。中国驻荷兰大使张军，股份公司副总经理李跃平，港航公司董事长童劲松、党委书记随守信，中国船级社驻鹿特丹办事处总经理杭仲九，CMC公司经理黄旭东，IHC公司有关领导出席仪式。

3月25日，国务院南水北调工程建设委员会办公室主任张基尧、副主任张野，湖北省副省长田承中一行检查了湖北兴隆水利枢纽工程。

同日，正在老挝访问的陕西省委书记赵乐际在中国驻老挝大使馆人员和水电十五局有限公司董事长王增发陪同下，来到设在万象的水电十五局有限公司驻老挝项目经理部看望慰问员工。

同日，国际公司委内瑞拉代表处代表股份公司与委内瑞拉石油公司就紧急电站项目一期工程签订EPC总承包合同，将在9个月内为业主提供900兆瓦装机容量的燃油燃气电站，合同总价约13.5亿美元。

3月25～26日，股份公司副总经理袁柏松对公司京沪高铁四工区水电四局有限公司大汶河大桥桥面系施工作业进行现场考察，并出席了各子公司、贵广铁路、南广铁路项目的总经济师、总会计师及京沪高铁三标段各工区经营负责人、项目部相关部门领导参会的京沪高铁项目经理部2010年审计自查自纠工作会议。

四月

4月8日（当地时间），苏丹麦洛维水电站第10台机组并网发电。为庆祝麦洛维水电站全部机组并网发电，苏丹大坝执行管理局在麦洛维发电厂房举行了盛大庆典仪式。苏丹总统巴希尔、苏丹政府部长级高层官员、阿拉伯基金会代表、中国驻苏丹大使李成文、股份公司麦洛维项目部负责人、中国水利电力对外公司总经理陆国俊、苏丹社会各界和项目部职工代表等两千余人参加典礼。

4月13日，集团公司党委书记刘起涛会见了加蓬经济、贸易、工业和旅游部部长马戈罗赫·恩戈姆比亚一行。

4月15日，股份公司副总经理王彤宙在股份公司路桥铁路中心总经理蒋宗全、水电三局有限公司党委书记刘美华等人陪同下到大西二标项目部检查指导工作。

4月16日，集团公司党委书记刘起涛在总部会见了福建省副省长张志南一行，双方就进一步推进合作建设海峡西岸经济区有关事宜进行了亲切友好的会谈。

4月18日，国务院国资委监事会主席路耀华到水电七局有限公司承建的糯扎渡水电站工地视察。

4月19日，水电六局有限公司参建的吉林双沟水电站两台机组先后正式投入商业运营。

4月20日，集团公司向玉树灾区首批捐款1120万元。

4月23日，西藏自治区人民政府副主席次仁到股份公司西藏旁多项目考察工作。

4月24日，受国务院副总理回良玉委托，住房和城乡建设部部长姜伟新到玉树抗震救灾一线亲切看望慰问股份公司抗震救灾队伍。

4月24～27日，集团公司总经理范集湘一行考察股份公司地产公司四川片区工作、乐山片区电力开发项目，会见乐山市党政领导，出席四川公司2010年度股东会。

4月27～28日，股份公司总工程师宗敦峰率团到福建省泉州市考察。

4月28日，华亭公司二届五次董事会暨第九次股东会、崇信公司一届五次董事会暨第五次股东会在甘肃平凉召开。股份公司董事长范集湘出席会议并讲话，股份公司副总经理王彤宙主持会议，党委副书记陈永录出席会议。

五月

5月1日，集团公司党委书记刘起涛拜会了前来上海参加世博会开幕式的加蓬共和国总统阿里·邦戈，双方进行了亲切友好的交谈。

同日，水电八局有限公司承建的马来西亚沐若水电站胜利截流。

5月9日，长沙市委书记陈润儿到湘江长沙综合枢纽工程水电工地，实地了解水电八局有限公司承建工程进展以及安全度汛工作。

同日，股份公司与中国水利电力对外公司（简称中水对外公司）在北京举行苏丹上阿特巴拉水利枢纽工程联营协议签字仪式。水电五局有限公司、水电七局有限公司负责人代表股份公司与中水对外公司分别签订工程C1-B及C1-A标段联营协议。C1-B标由水电五局有限公司与中水对外公司联合承建（水电五局有限公司所占比例49%），合同额为4.18亿美元。C1-A标由水电七局有限公司与中水对外公司联合承建（水电七局有限公司所占比例49%），合同总额4.19亿美元。

5月11日，股份公司以中水电股人〔2010〕53号文聘任林文进为水电十六局有限公司执行董事，徐炳春为监事；以中水电股人〔2010〕54号文聘任林文进为水电十六局有限公司总经理，李良顺（兼）、吕孟静、吴广忠、魏振刚、方彦铨、金建国、杨伟明为副总经理，曾继亮为总会计师，吴秀荣为总工程师。12日，股份公司党委以中水电股党〔2010〕46号文任命李良顺为水电十六局有限公司党委书记，林文进为党委副书记（兼），徐炳春为党委副书记、纪委书记；批准谢小坡为工会主席。

5月12日，湖南省副省长韩永文率省政府有关部门负责人到水电八局有限公司承建的湘江长沙综合枢纽工程施工工地考察调研。

同日，由中国对外承包工程商会主办、股份公司协办的“全球水电发展及BOT、PPP模式的应用”论坛在国家会议中心召开。中国对外承包工程商会会长刁春和，股份公司董事长范集湘出席论坛并致辞，股份公司总经理刘起涛及中外专家、学者、业内同行共计约200多人出席本次论坛。中国对外承包工程商会副会长、股份公司副总经理黄保东主持论坛并演讲。

5月13日，西藏自治区主席白玛赤林到旁多水利枢纽工程考察指导工作。

5月18日，安哥拉马兰热市城市基础设施建设项目举行开工典礼，安哥拉副总统费尔南多先生、城乡建设部部长、马兰热省省长等相关政府官员出席了开工仪式。

5月19日，股份公司副总经理王彤宙到天津武清新城开发BT项目检查指导工作。

5月20日，股份公司副总经理孙洪水在水电十三局有限公司总经理何占颂等陪同下，到水电十三局肯尼亚内罗毕锡卡公路工程项目考察。

同日，股份公司副总经理李跃平到中国水电建设集团房地产（长沙）有限公司，就房地产行业经营业绩考核与激励机制的建立和完善、项目投资评审等有关问题进行专题调研。

同日，股份公司投资的贵州杨家园水电站首台机组并网发电。股份公司总经济师王宗敏、遵义市统战部部长陈梓泽、新能源公司总经理吴洵、水电十一局有限公司总经理孙玉民、水电十六局有限公司总经理林文进等出席发电仪式。

5 月 21 日，水利部副部长刘宁检查吉林哈达山水利枢纽工程防汛工作。

5 月 23 日，正在肯尼亚访问的国务院南水北调工程建设办公室主任张基尧率南水北调代表团前往股份公司肯尼亚萨苏木大坝项目考察水处理厂，并看望慰问了项目员工。

5 月 28 日，坦桑尼亚总统基奎特参加了股份公司承建、水电十三局有限公司施工的坦桑尼亚坦噶—浩乐浩乐公路工程开工典礼并剪彩。

同日，集团公司总经理范集湘应邀赴北京门头沟区政府，就双方合作事宜与门头沟区委副书记、代区长王洪钟等进行了会谈。

5 月 29 日，集团公司党委书记刘起涛一行对京沪高铁三标段施工一线员工进行慰问，到水电十三局有限公司调研指导工作。

同日，集团公司首个境外投资水电项目——柬埔寨甘再水电站 PH2 电站并网发电。

5 月 30 日，水电六局有限公司承建的贵州省北盘江董箐水电站 4 号机组正式投入商业运行。

六月

6 月 1 日，股份公司总经理刘起涛在公司总部会见了西班牙维拉米尔（甘孜）能源开发有限公司总经理、中国区项目主席 Rodriguez（罗德利）一行，双方就有关合作事宜进行了友好会谈。股份公司副总经理李跃平、总工程师宗敦峰参加会见。

同日，贵州董箐水电站第 3 台、第 4 台机组正式投入商业运行。8 日，业主在电站厂房举行了投产发电庆典仪式，承担电站主要施工任务的水电六局、九局、十一局、十二局有限公司的建设者们参加了仪式。

6 月 2 日，股份公司总经理刘起涛在总部会见了前来北京参加厄瓜多尔科卡科多—辛克雷水电站项目融资合同签字的厄瓜多尔战略协调部长格拉斯和财政部长帕特里西奥及其代表团成员一行。

6 月 3 日，正在肯尼亚访问的全国政协副主席王刚在内罗毕会见了集团公司总经理范集湘一行。

6 月 4 日，湖北省委书记罗清泉视察水电十五局有限公司参建的湖北潘口水电站项目工地。

6 月 5 日，坦桑尼亚总统基奎特到股份公司承建、水电十三局有限公司施工的坦桑尼亚 118 公路项目考察。

同日，集团公司总经理范集湘到肯尼亚锡卡公路项目检查指导工作，慰问项目员工。

同日，股份公司副总经理袁柏松到崇信公司检查工程建设情况，并与崇信公司经营班子、中层干部进行座谈。

6 月 6 日，新疆维吾尔自治区党委书记张春贤到别迭里水电站工程考察，对集团公司促进新疆经济发展给予充分肯定。

同日，江西省洪屏抽水蓄能电站举行开工庆典。江西省委书记苏荣、省长吴新雄，国家电网公司总经理刘振亚等出席庆典。江西省主要领导、电站各股东方领导及电站参建单位共 8000 余人参加庆典。水电三局、五局有限公司分别承建了该电站通风兼安全洞工程、进场公路和进厂交通洞等工程。

同日，应邀出席昆明第 18 届进出口商品交易会的集团公司党委书记刘起涛拜会了老挝政府常务副总理宋沙瓦·凌沙瓦一行，双方进行了富有成果的会谈。此前，刘起涛到水电十四局有限公司检查调研，与水电十四局领导班子成员进行了座谈。

6 月 10 日，股份公司总经理刘起涛在公司总部会见了台湾亚翔（荣工）集团公司总裁姚祖骧，荣工工程股份有限公司董事长欧来成、副总经理曾国基，台湾禧通科技股份有限公司总裁汪恩全，圣芳工程有限公司董事长刘贤忠，苏建兴营造有限公司董事长陈添喜一行，双方就有关合作事宜进行了友好会谈。股份公司副总经理王彤宙、李跃平等参加会谈。

6 月 17 日，集团公司总经理范集湘在钓鱼台国宾馆拜会了正在我国访问的莫桑比克总理艾雷斯·阿里一行。

6 月 19 日，股份公司董事长范集湘在副总经理王彤宙陪同下，到水电四局有限公司检查指导工作，与水电四局领导班子成员及部门负责人进行座谈并讲话。

6 月 22 日，湖南省委书记周强深入水电八局有限公司承建的湘江长沙综合枢纽工程施工现场，实地检查指导湘江防汛工作，看望慰问奋战在施工第一线的广大员工。

同日，股份公司承建的刚果（布）英布鲁水电站 4 号、3 号机组先后并网发电。

同日，股份公司副总经理李跃平在公司总部会见了施耐德电气（中国）投资有限公司副总裁曹伟一行，双方进行了友好会谈。

6 月 25～27 日，集团公司总经理范集湘在总经理助理曾兴亮等陪同下对马来西亚市场进行工作检查和指导。

6月26日，水利部副部长周英一行到在建的西藏旁多水利枢纽考察工作。

6月30日，青海省委书记强卫带领省委省政府、玉树州委州政府等相关领导到集团公司建设营地慰问职工并检查指导工作。

同日，股份公司副总经理黄保东会见了来华访问的埃塞俄比亚外交部长塞·尤姆·梅斯芬代表团一行。

七月

7月1日，股份公司副总经理黄保东会见了来华访问的埃塞俄比亚财政部长苏菲安·艾哈迈德代表团一行。

7月3日，集团公司总经理范集湘考察了公司承建、水电十局有限公司具体实施的斐济南德瑞瓦图可再生能源项目，并亲切慰问项目员工。

7月6日，山西省委书记袁纯清到水电十一局有限公司承建的引黄入晋北干线大梁水库工程考察，对工程进展情况表示满意。

7月7日，集团公司党委书记刘起涛应邀在钓鱼台国宾馆拜会了来华访问的巴基斯坦总统扎尔达里，双方进行了亲切友好的交谈。

7月8日，河南省副省长刘满仓一行冒雨深入水电四局有限公司承建的南水北调中线沙河渡槽工地检查工程建设情况，亲切慰问一线建设者。

7月9日，集团玉树灾后重建指挥部指挥长、股份公司副总经理王彤宙拜会了青海省玉树灾后恢复重建现场指挥部指挥长、副省长马顺清和指挥部第一副指挥长、副省长张建民。王彤宙还到集团玉树灾后重建现场指挥部检查指导工作，与各部门和参建单位负责人亲切座谈。

7月9～11日，集团公司党委书记刘起涛陪同中国进出口银行行长李若谷到安哥拉进行工作访问。期间，刘起涛拜会了安哥拉总统多斯·桑托斯，桑托斯对股份公司在安哥拉战后重建中作出的贡献表示由衷感谢，并希望今后更多地参与安哥拉建设。

7月13日，在中共中央总书记胡锦涛和阿根廷总统克里斯蒂娜见证下，股份公司副总经理黄保东与阿根廷能源公司总裁艾斯比诺萨在北京人民大会堂签署了合作备忘录。

7月14日，刚果（金）主管基建的副总理Simon Bulupi Galati在业主代表浦西马、道路与公路局局长等人陪同下，到股份公司承建的金沙萨中心医院项目视察工作。

同日，厄瓜多尔战略协调部部长格拉斯、电力部部长米歇尔考察了股份公司承建的科卡科多—辛克雷水电站（CCS）项目。

7月15日，水电八局有限公司承建的西藏自治区藏木水电站厂房土建及金属结构安装工程施工合同签字仪式在四川成都举行，合同价10.37亿元。

7月19日，股份公司副总经理孙洪水、总工程师宗敦峰冒雨来到水电十四局有限公司天津地铁项目部，就项目部科研课题“地铁工程盾构法隧道施工技术应用与研究”进行中间检查指导。

7月20日，加蓬总统阿里·邦戈在能源矿产部部长等陪同下到股份公司承建、水电十四局有限公司负责实施的布巴哈电站项目部视察。

同日，股份公司副总经理孙洪水应邀出席了在北京钓鱼台国宾馆举行的安徽省与中央企业合作发展座谈会。国务院国资委副主任黄丹华，安徽省委书记张宝顺、省长王三运以及上百家中央企业负责人或代表出席座谈会。

7月21日，集团公司党委书记刘起涛在公司总部会见了阿曼地方市政与水资源部次大臣阿里·阿卜里先生一行，双方就阿曼基础设施建设市场情况和公司在阿曼市场业务发展前景进行会谈。

7月23～25日，国务委员戴秉国访问刚果（金）期间，专程考察了股份公司承建的中刚互惠合作第二批基建项目——刚果（金）金沙萨中心医院和人民宫广场1标。

7月25日，股份公司副总经理李跃平一行到复工后的呼和浩特抽水蓄能电站考察。

同日，股份公司承建的孟加拉石卡巴哈15万千瓦燃气调峰电站投产发电。

7月27日，股份公司承建的南苏丹麦瑞迪供水项目举行隆重竣工仪式。苏丹第一副总统兼南方政府主席萨尔瓦·基尔，苏丹大坝电力部奥萨玛部长，苏丹大坝执行管理局项目总监穆塔兹等出席仪式。

7月30日，股份公司2010年年中工作会议在京召开，股份公司董事长范集湘作重要讲话，总经理刘起涛作年中工作报告，副总经理袁柏松主持会议，副总经理孙洪水、王彤宙、李跃平、黄保东，总会计师孙璀，党委副书记陈永录，总经济师王宗敏出席会议。

八月

8月1日，股份公司与尼泊尔电力局上塔马克西项目公司正式签署上塔马克西水电站的土建标施工合同，合同额约1.9亿美元。尼泊尔政府要员、中国驻尼泊尔大使等出席签约庆祝仪式。工程由水电十一局有限公司与水电六局有限公司联合承建。

8月2日，水利部副部长矫勇到基础局有限公司旁多水利枢纽大坝基础工程项目考察工作。

8月3日，国务院总理温家宝代表党和国家到水电一局有限公司口前基地，看望和慰问遭受“7·28”特大洪水袭击的逾万名受灾员工和家属。

同日，股份公司副总经理孙洪水、工会主席王宗敏一行看望慰问水电一局有限公司在“7·28”特大洪涝灾害中遭受重大损失的员工和家属，并转达了集团公司领导对受灾人员的关心和慰问。

8月4日，苏丹国务部长兼大坝执行管理局总裁哈德理、苏丹大坝执行管理局总经理穆塔兹及加达里夫当地政府官员一行到水电七局有限公司承建的上阿特巴拉工地现场，视察工程建设情况。

同日，福建省委书记孙春兰、省长黄小晶考察水电十六局有限公司承建的平潭环岛路竹屿口段，勉励项目部再接再厉、精心管理、科学安排，高质量、快速度地建设好平潭环岛路项目，为海峡西岸经济区建设多作贡献。

同日，国务院国有企业监事会主席高怀忠、新任国务院国有企业监事会主席李志群和监事会10办事处工作人员到集团总部检查指导工作并听取工作汇报。集团公司总经理范集湘作工作汇报，党委书记刘起涛主持汇报会，集团公司领导班子成员，总部各部门主任，海外事业部、基础设施事业部、房地产事业部负责人出席汇报会。

8月6～7日，中国工程院院士、铁道部总工程师何华武一行对京沪高铁三标段五工区水电十四局有限公司承建的泗河特大桥无砟轨道先导段工程建设及综合试验情况、水电五局有限公司承建的二工区和铺轨工区的崔马线路所42号道岔的施工情况进行现场调研。

8月11日，股份公司承建、水电十四局有限公司具体负责实施的刚果（布）英布鲁水电站1号机组并网发电。至此，英布鲁电站4台机组全部实现并网发电。

同日，委内瑞拉国家石油能源部长拉斐尔·拉米雷一行考察了股份公司承建的新中心电厂施工现场，对项目施工进展高度称赞。

8月11～12日，集团公司党委书记刘起涛在玉树检查指导工作时，拜会了青海省玉树地震灾后重建现场指挥部指挥长马顺清，双方就加快推进重建项目施工展开了广泛沟通和交流。刘起涛还到水电四局有限公司检查指导工作并与水电四局班子成员座谈。

8月12日，水电十一局有限公司整体承建的新疆冲乎尔水电站枢纽工程4台机组全部并网发电。

8月13～14日，全国援外工作会议在北京召开。集团公司总经理范集湘作为实施援外项目的中央企业代表参加会议，受到国家主席胡锦涛、国务院总理温家宝亲切接见。

8月17～19日，国务院南水北调工程建设办公室主任鄂竟平、河南省副省长刘满仓一行到水电十一局有限公司承建的陶岔渠首枢纽工程、南水北调中线穿黄Ⅰ标、焦作1段2标，水电四局有限公司承建的沙河渡槽Ⅰ标工程考察，对工程建设情况给予充分肯定。

8月17日，股份公司承建的青海拉西瓦水电站1号机组并网发电，标志该电站首批5台机组全部投产。

8月20日，股份公司总经理刘起涛在副总经理袁柏松、李跃平等陪同下到辽宁工程局有限公司检查指导工作，并与班子成员座谈。

同日，以水电十六局有限公司为责任方的福贵联营体在贵州沙沱水电站大坝取出16.92米长碾压混凝土芯样，再度改写由该公司保持的全国新纪录。

8月22日，云南小湾电站最后一台70万千瓦机组正式投产发电。至此，股份公司承担安装的小湾电站6×70万千瓦机组全部投产。水电十四局有限公司承担电站全部机电安装施工，水电一局有限公司、水电三局有限公司、水电四局有限公司、水电七局有限公司、水电八局有限公司、水电十四局有限公司和中国葛洲坝集团公司担负了主体土建工程施工。

8月25日，“全国水电装机容量突破2亿千瓦标志性机组揭牌仪式”在澜沧江小湾水电站现场隆重举行。云南省常务副省长罗正富致辞，国家能源局新能源和可再生能源司司长王骏宣读全国水电装机容量突破2亿千瓦标志性机组文件，中国华能集团公司总经理曹培玺、中国电力企业联合会党组书记孙玉才、国家能源局副局长刘琦先后讲话。股份公司副总经理孙洪水和承担小湾水电站主体工程施工的集团成员企业负责人参加仪式。刘琦、孙玉才、罗正富、曹培玺为全国水电装机2亿千瓦标志性机组——小湾水电站4号机组揭牌。

8月26日，国家能源局、云南省人民政府在昆明隆重举行中国水电100年纪念大会。多位党和国家领导人对中国水电百年纪念活动分别作出重要批示，发来贺信和题词。国家发展和改革委员会副主任张国宝，云南省省长秦光荣出席会议并讲话。中国水力发电工程学会理事长周大兵，中国电力企业联合会党组书记孙玉才，中国工程院院士陆佑楣，中国科学院院士张楚汉，中国工程院院士陈厚群、马洪琪、曹楚生出席会议。股份公司副总经理孙洪水、水电十四局有限公司党委书记洪坤等共300多人出席纪念大会。

同日，国务院南水北调工程建设委员会办公室主任鄂竟平一行在北京市领导陪同下到水电二局有限公司承建的惠南庄泵站检查指导工作。

8月27日，水电七局有限公司中标新建沪昆铁路客运专线——长沙至昆明段（贵州）站前CKGZ-TJ-1标段，总金额为24.94亿元。

8月30日，美国《工程新闻记录》（ENR）发布了2010年度国际承包商和全球承包商前225强排行榜。在以海外业务收入排名的全球最大225家国际承包商榜单中，集团公司位列全球最大225家国际承包商第41位，较2009年度的第56位上升了15位，位列上榜54家中国公司的第7位。在以总营业收入排名的225家最大全球承包商榜单中，集团公司位列225家最大全球承包商第26位，较2009年度的第31位上升了5位，在上榜的中国37家公司中位列第6位。

同日，在出席股份公司南水北调工程项目建设专项会议期间，股份公司总经理刘起涛，副总经理李跃平、党委副书记陈永录、总经济师王宗敏等带领与会人员到南水北调中线穿黄工程考察，慰问一线干部职工。31日，刘起涛等到水电十一局有限公司检查指导工作，并与领导班子成员座谈。

8月，水电十四局有限公司被住房和城乡建设部核准为隧道工程专业承包一级资质和水利行业设计甲级资质。

九月

9月2日，刚果（金）总统约瑟夫·卡比拉出席了股份公司承建的50年庆大桥竣工典礼。

9月4日，水电八局有限公司基础分局沙沱项目部在沙沱水电站大坝14号坝段二级碾压混凝土区检查孔J14—1—1混凝土钻孔取芯施工过程中成功取出一根直径219毫米、长17.08米的二级配碾压混凝土芯样，再次刷新了国内混凝土取芯最长纪录。

9月8日，股份公司副总经理王彤宙出席由股份公司承建的孟加拉石卡巴哈燃气电站发电庆典。孟加拉国总理谢赫·哈西娜出席电站发电庆典，与中国驻孟大使张宪一共同为电站投产发电揭幕。股份公司国际公司党委书记丁拯国、水电八局有限公司党委书记朱素华、副总经理黄敏，及孟加拉国能源部、交通部等政府官员出席庆典。

9月12～18日，股份公司副总经理李跃平率代表团访问马里，出席巴马科赛努机场航站楼项目奠基仪式，考察股份公司各在建项目部，并向在马里工作的员工致以中秋佳节的问候。李跃平一行还考察了公司肯尼亚锡卡公路项目。

9月13日，集团公司总经理范集湘在公司总部会见了来华访问的摩尔多瓦总理弗拉迪米·尔·菲拉特及政府代表团一行。

9月13日、15日，刚果（金）总统卡比拉在对刚果东部地区进行全面视察期间，出席了股份公司承建的中刚一揽子基建项目——布腾博市政道路工程开工典礼和RN4-LOT1沥青路面工程竣工典礼。刚果（金）副总理兼内务部部长及股份公司驻刚果（金）授权代表等共同出席。

9月20日，赤道几内亚总统奥比昂一行视察了股份公司承建、水电六局有限公司施工的吉布洛水电站工地。奥比昂对工程进度、现场组织和施工质量给予充分肯定。

9月22日，来华访问的几内亚比绍总理卡洛斯·戈梅斯一行到股份公司总部访问，股份公司副总经理黄保东与戈梅斯总理进行了友好交谈。

9月25日，集团公司总经理范集湘带队到芜湖市考察项目，并会见了芜湖市委书记陈树隆。

9月27日，水电八局有限公司承建的藏木水电站奠基仪式在西藏山南地区加查县举行，西藏自治区主席白玛赤林、常务副主席郝鹏，中国华能集团公司总经理曹培玺，水电八局有限公司副总经理刘中刚等出席开工奠基典礼。

9月29日，股份公司总工程师宗敦峰一行前往荷兰IHC9029挖泥船监造组检查指导工作。

伊朗当地时间9月29日，股份公司与伊朗赞江省水利厅正式签署穆山帕大坝项目合同，合同额约100.35亿元人民币。伊朗赞江省水利厅厅长法黑弥，股份公司授权代表、国际公司副总经理季晓勇分别代表双方在合同文件上签字。

9月30日，青海省委书记强卫在省委秘书长沈何，副省长马顺清、张建民，集团公司玉树灾后重建现场指挥部指挥长王维斌和副指挥长席浩、张宏等陪同下，到集团公司玉树重建项目施工现场慰问并检查指导工作。

十月

10月1日，肯尼亚副总理姆达瓦蒂及水利部部长、项目业主维多利亚湖西部委员会主席，德国大使和主投资方德国KFW银行代表等出席了股份公司承建的肯尼亚供水工程二期通水仪式。

同日，股份公司承建、水电七局有限公司具体实施的巴基斯坦汗华水电站实现大坝下闸蓄水。

10月3日，水电八局有限公司等单位承建的四川嘉陵江草街航电枢纽工程首台机组并网发电。

10月5日，新疆维吾尔自治区党委书记张春贤视察水电十五局有限公司承建的乌雪特水库项目。

10月8日，国务院副总理李克强在河南省南阳市主持召开南水北调工程建设工作座谈会期间，专程到水电十一局有限公司承建的南水北调中线陶岔渠首枢纽工程视察，看望广大施工建设人员。

10月8～9日，股份公司副总经理黄保东一行到水电十三局有限公司、港航公司、基础局有限公司检查指导工作。

10月12～13日，集团公司总经理范集湘到贵州考察房地产公司在建项目和待开发地块，听取汇报并讲话。

10月12～15日，股份公司党委副书记陈永录到水电十六局有限公司检查指导工作。

10月13日，股份公司承建，水电七局有限公司、水电八局有限公司组织实施主体土建工程施工的马来西亚巴贡水电站实现下闸蓄水。

10月14日，水电四局有限公司、水电十五局有限公司等单位承建的黄河积石峡水电站成功下闸蓄水。

10月15日，股份公司中标摩洛哥拉巴特环城高速公路工程，合同总额约2.4亿美元。该项目由水电五局有限公司负责具体实施。

10月20日，湖南省省长徐守盛在长沙会见了集团公司总经理范集湘一行。范集湘考察了中国水电地产（长沙）公司在建及跟踪项目。

10月21日，福建省副省长张志南一行专程到通车在即的武邵高速公路查看项目建设情况。

10月26日，集团公司总经理范集湘在北京国际俱乐部饭店拜会了来华访问的格鲁吉亚总理吉拉乌里，就进一步加强双方合作进行了交流。

同日，水电十四局大理聚能投资有限公司与云南省宾川县签订风电开发协议，协议金额约22.3亿元。

10月26～27日，中国共产党水电十六局有限公司第七次代表大会在福州隆重举行。股份公司副总经理袁柏松代表公司和公司党委参加了大会，福建省委组织部、福建省纪委领导莅临大会指导，公司精神文明共建单位武警福建总队政治部领导到会祝贺，120名正式代表出席大会。

10月27日，股份公司副总经理袁柏松到武邵高速公路考察，并要求总结经验、坚定信心、留住人才、做大集团。

10月28日，国务院南水北调工程建设委员会办公室主任鄂竟平在湖北省副省长田承忠、水电五局有限公司总经理郑久存、基础局有限公司副总经理田学良等陪同下到南水北调兴隆水利枢纽工程考察指导工作。

同日，股份公司中标苏丹卡及巴尔水电站项目，中标金额约7.05亿美元。卡及巴尔水电站工程位于麦洛维大坝下游300千米的尼罗河干流上，电站总装机容量36万千瓦，主要工程内容包括大坝施工及发电厂房、办公楼全部土建和水工机械设备设计、制作、安装、试运行等。

同日，股份公司副总经理黄保东在公司总部会见了专程来访的菲律宾交通通讯部部长何塞·德赫苏斯一行，双方就项目合作事宜等进行了坦诚、友好的交流。

同日，水电十五局有限公司创办的建局以来首份报纸——《秦海水电报》正式出版。

10月29日，水电七局有限公司中标四川长河坝水电站泄洪系统工程，合同金额约18.6亿元。

10月31日，水电七局有限公司参建的世界第一条载重万吨列车、客货共线铁路包（头）—西（安）铁路内蒙古段全线开通。

十一月

11月1～3日，国务院国有企业监事会主席李志群在集团公司总经理范集湘陪同下到四川公司调研灾后重建工作。

11月2日，吉林省委副书记巴音朝鲁到由水电六局有限公司承建的哈达山水利枢纽施工现场视察。

11月3日，贵州省省长赵克志视察水电十五局有限公司局参建的黔中水利枢纽水源枢纽工程工地。

11月4日，厄瓜多尔总统拉斐尔·科雷亚在电力和可再生能源部部长米格尔卡罗奥拉诺等陪同下，考察了股份公司承建的科卡科多—辛克雷水电站项目现场并听取项目进展汇报，和项目部主要成员进行了深入交流。

11月8日，水电十四局有限公司和新能源公司开发投资的云南大理者磨山风电场二期项目20台机组提前并网发电。

11月9日，四川省首条以BOT方式建成的邛崃—名山（简称邛名高速）高速公路BOT项目通车仪式在邛崃西收费站广场隆重举行，标志着股份公司投资建设的国道318线邛名高速全线通车。四川省副省长王宁、集团公司总经理范集湘等为通车剪彩。

11月9日，水电四局有限公司等单位承建的黄河积石峡水电站首台机组并网发电。

11月10日，股份公司与印度尼西亚当地公司组成的联合体中标印尼东加里曼丹2×10万千瓦火电项目，合同金额约2.8亿美元。

11月14日，水电三局、六局、十一局有限公司等参与建设的辽宁省大伙房水库输水二期工程正式通水。辽宁省委书记王珉启动通水按钮，水利部部长陈雷、辽宁省省长陈政高出席通水仪式并讲话。

11月15日，北京市委书记刘淇在北京市委相关领导陪同下到水电二局有限公司正在建设的永定河晓月湖工程了解工程进展情况，慰问工程建设者。

同日，股份公司承建的加蓬布巴哈水电站项目举行截流仪式，加蓬总理姆巴及外交部长、能源部长、装备部长、交通部长、内政部长、预算部长等内阁要员，中国驻加蓬大使李福顺、商务参赞胡平出席仪式。股份公司总经理助理丁拯国、水电十四局有限公司总经理周宇等共同参加截流仪式。

同日，赞比亚能源部长孔贾、副部长伊玛西库等政府官员到股份公司下凯福峡水电站BOOT项目现场，实地考察由股份公司承担的前期勘测工作进展情况。

同日，铁道部在安徽蚌埠南站举行京沪高速铁路全线铺通仪式。集团公司总经理范集湘应邀出席仪式。

同日，中国水电控股投资建设、福建省首条以BOT方式建成的武夷山—邵武高速公路通车庆典仪式在武邵高速公路起点——武夷山下坝枢纽互通隆重举行。福建省副省长张志南，股份公司副总经理王彤宙、总经济师王宗敏等共同启动通车按钮。

11月16日，四川公司控股开发的四川小金县木坡水电站成功实现一期截流目标，比计划工期提前12天。

同日，股份公司副总经理王彤宙，总经济师王宗敏一行抵平潭综合实验区考察，与实验区管委会党工委副书记、副主任杜源生进行了会谈，考察了水电十六局有限公司参建的平潭纵贯线道路等项目。

11月17～18日，股份公司副总经理李跃平在水电十局有限公司总经理杜学泽、水电十四局有限公司党委书记洪坤等陪同下到夹江水工有限公司、水电七局有限公司检查指导工作。

11月17日，水电五局有限公司承建的四川汶川古城电站首台机组正式投产发电。

11月18日，水电十四局有限公司中标云南澜沧江黄登水电站引水发电系统土建及金属结构安装工程，合同金额为11.37亿元。

同日，经辽宁省工商行政管理局核准登记，中国水电建设集团辽宁工程局有限公司股东由集团公司变更为股份公司。至此，辽宁工程局有限公司正式成为股份公司全资子公司。

11月20日（当地时间），正在安哥拉访问的国家副主席习近平来到罗安达省基兰巴基阿希市，与驻安哥拉中资企业代表座谈。习近平对集团公司在安哥拉所取得的成绩给予充分肯定。股份公司副总经理黄保东代表集团参加座谈会并作工作汇报。

11月25～26日，股份公司董事长范集湘在副总经理孙洪水、王彤宙等陪同下，到天津武清BT项目、天津地铁项目部检查指导工作。

11月26日，水电十三局有限公司总部入津揭牌仪式在天津喜来登酒店隆重举行。天津市副市长熊建平和集团公司总经理范集湘共同揭牌。

十二月

12月4日，水电五局有限公司中标四川长河坝水电站大坝工程，合同金额24.5亿元。

12月5～6日，集团公司总经理范集湘应邀出席了在广东召开的2010年中国进出口银行银企座谈会。

12月5日，四川公司举行中国水电（四川）大厦入驻仪式，四川省副省长王宁莅临祝贺并为四川公司入驻大厦揭牌。此前，省人大常委会副主任杨志文莅临公司祝贺乔迁之喜。

12月6日，水电十一局有限公司在三门峡崤山宾馆举办庆祝建局55周年茶话会。

12月7～8日，集团公司总经理范集湘到中国广东核电集团和中国南方电网有限责任公司，就广泛开展国内与国际市场合作交换了意见，集团国际公司与南方电网国际公司签署战略合作协议。

12月9日，福建省与中央企业项目洽谈会在北京人民大会堂举行，国务院国资委主任王勇，副主任黄丹华、金阳，福建省委书记孙春兰、省长黄小晶，116家中央企业负责人共400余人出席会议，股份公司董事长范集湘应邀出席洽谈会，副总经理李跃平代表股份公司签订了项目合作框架协议。

12月11～12日，四川省政法委书记王怀臣、省委宣传部长黄新初先后来到集团四川公司，察看中国水电（四川）大厦，听取了四川公司董事长刘明江、总经理荣其富的工作汇报。

12月12日，苏丹国家道路与桥梁部、交通部、劳工部部长一行到股份公司承建的爱—马公路现场考察工程施工及合同执行情况，并就南苏丹公投对项目实施影响相关问题进行沟通。

12月13日，在国务院总理温家宝和柬埔寨首相洪森的见证下，集团公司总经理范集湘与柬埔寨水资源和气象部部长林建河在人民大会堂北大厅签署了柬埔寨北部农田灌溉开发项目之斯伦流域水利开发项目（一期）总承包协议。

同日，水电十四局有限公司中标四川长河坝水电站引水发电系统建筑工程，合同金额15.12亿元。

12月15日，股份公司承建的缅甸耶瓦水电站隆重举行工程竣工发电庆典。缅甸总理登盛出席庆典并作重要讲话，曼德勒省军区司令、国家电力一部部长等缅甸政府高级官员，股份公司副总经理孙洪水等出席庆典。

同日，新疆维吾尔自治区党委常委宋爱荣受自治区党委书记张春贤委托，在乌鲁木齐昆仑饭店会见了股份公司副总经理王彤宙一行，双方就推进新疆经济建设，参与开发新疆交通、水利水电等基础设施建设进行了会谈。

同日，股份公司副总经理李跃平在公司总部会见了 Bert Kips 先生率领的荷兰 IHC 公司代表团一行。港航公司董事长童劲松、股份公司有关部门负责人陪同参加会见。

12月18日，欣合—琅勃拉邦230千伏输电线路项目开工仪式在老挝举行。股份公司副总经理袁柏松、老挝国务院总理府部长兼国家企业改善委员会主席赛胜利、老挝能源矿产部部长苏里翁、中国驻老挝大使馆参赞张玉成及国家电网公司代表等参加开工仪式。

同日，四川省自贡市小井沟水利工程在自贡市荣县保华镇隆重开工建设。四川省委书记刘奇葆出席开工仪式并宣布工程开工。股份公司副总经理王彤宙出席开工仪式并为工程奠基培土。

12月20日，南非副总理斯亚邦格·维勒在刚果（金）内政部副部长陪同下，参观访问了股份公司承建的金沙萨中心医院项目。

12月22日，泰国产电机构（EGAT）总裁苏塔、副总裁松布恩出席了股份公司与泰国意大利泰公司（ITD）联营体共同承建的泰国乔比雅水电站1号机组并网发电庆典仪式。

同日，股份公司投资控股的中国水电矿业（老挝）钾盐有限公司年产12万吨钾盐项目在老挝万象市纳塞通县举行开工典礼。老挝常务副总理宋沙瓦·凌沙瓦、中国驻老挝大使布建国、股份公司副总经理袁柏松出席典礼仪式。

12月23日，崇信电厂2号机组正式投入商业运营。

12月28日，刚果（金）总统卡比拉在总统府亲切会见了股份公司驻刚果（金）代表，并向股份公司员工祝贺新年。

同日，中国华电集团公司在柬埔寨额勒赛水电工地举行隆重的截流仪式，柬埔寨王国首相洪森、中国驻柬埔寨王国大使潘广学、中国华电集团公司总经理云公民、柬埔寨王国政府官员、水电八局有限公司副总经理曹跃生等出席截流典礼。

同日，水电十局有限公司医院正式并入都江堰市人民医院。

12月29日，股份公司对水电十五局有限公司党政领导班子进行换届调整，聘任王增发为董事长，徐中秋为副董事长。同时，水电十五局有限公司首次设立监事会。股份公司党委任命王增发为党委书记，梁向峰兼任党委副书记。12月31日，根据股份公司推荐，水电十五局有限公司董事会聘任梁向峰为总经理。

12月29日12时至30日12时，水电七局有限公司在亭子口水利枢纽工程21～26号底孔坝段高程355.7～357.2米施工中，施工碾压混凝土15840立方米，创造了大坝主体工程单日单仓混凝土施工新的世界纪录。

12月30日，股份公司尼日尔阿泽里克矿冶项目成功试生产第一桶产品。

第六篇　集团化建设

Chapter Ⅵ Development of Sinohydro Corporation

集团公司工作会议

【2010年工作会议】 2010年1月29～31日，集团公司2010年工作会议暨一届一次职工代表大会在北京集团总部召开。

国务院国有企业监事会主席高怀忠出席会议并讲话，集团公司总经理、党委副书记范集湘，党委书记、副总经理刘起涛，副总经理袁柏松、孙洪水、王彤宙、李跃平、黄保东，总会计师孙璀，总经济师、工会主席王宗敏，总工程师宗敦峰，总法律顾问王书宝出席会议。集团各子公司、控股公司党政主要负责人等共计227人在主会场参加会议；各子公司、控股公司、京沪高铁项目部、机关部门主任以上领导人员共计约850人在各公司分会场参加了视频会议。范集湘在会上作了题为《坚持科学创新精神，努力提升公司治理水平，加快转型升级步伐，确保公司更好更快发展》的工作报告；刘起涛作了题为《深入贯彻落实科学发展观，立足主业增实力，抢抓机遇保发展》的总结讲话。

会上，集团公司对各子公司、控股公司2009年经营业绩进行了考核兑现，并签订了2010年经营责任书和集体合同。

（韩　磊）

【2010年年中工作会议】 2010年7月30日，集团公司2010年年中工作会议在北京集团总部召开，集团公司总经理范集湘，党委书记刘起涛，副总经理袁柏松、孙洪水、王彤宙、李跃平、黄保东，总会计师孙璀，党委副书记陈永录，总经济师王宗敏出席会议。会议以视频会议形式召开。股份公司高级管理人员、总部部门副主任以上人员、在京公司领导班子成员在主会场参加会议。各子公司、京外各控股公司、京沪高铁项目部领导班子成员、机关部门主任以上人员及二级单位主要负责人在各分会场参加会议，主会场、分会场共计1130余人参加了会议。

会议的主要任务是：贯彻落实中央企业负责人会议精神，以科学发展观为统领，总结上半年工作，分析面临的形势，落实年度工作部署，着力推进下半年重点工作，全面实现年度各项工作目标。

会上，陈永录传达了中纪委、国务院国资委关于贯彻落实“三重一大”决策制度，推进国有企业党风廉政建设和反腐倡廉工作座谈会精神。孙璀传达了国务院国资委关于“小金库”专项治理工作会议精神。

（韩　磊）

【2010年总部工作会议】 2010年3月17日，集团公司在北京召开总部工作会议，集团公司总经理范集湘，党委书记刘起涛，副总经理袁柏松、孙洪水、黄保东，总会计师孙璀，党委副书记陈永录出席会议。公司在京领导，总部各部门、各事业部领导，各驻京子公司领导和总部全体员工参加了会议。范集湘就进一步改进总部工作作风和加强党的建设作了讲话；刘起涛就总部2009年工作总结和2010年工作安排作了专题讲话。袁柏松主持会议，孙洪水宣读了集团公司总部2009年度先进集体和先进个人的表彰决定，8个先进集体、61名先进工作者受到表彰。

（韩　磊）

企　业　管　理

董事会办公室

【部门2010年工作】 2010年，董事会办公室严格遵照股份公司《章程》和《董事会议事规则》等规章制度，努力适应新体制要求，认真履行部门职责，较好地完成了各项工作任务。

（一）股份公司基本制度建设工作

按照《公司法》、《证券法》等法律、法规和中国证监会、上海证券交易所颁布的规范性文件要求，会同相关职能部门、中介机构，在充分借鉴建筑行业上市中央企业制度化建设成功做法和经验的基础上，董事会办公室牵头组织起草了股份公司“三会”《议事规则》、《总经理工作细则》、《重大事项内部报告制度》、《信息披露管理制度》等21项基本制度，并具体组织了基本制度草案的讨论、修订及审定工作，形成了股份公司基本制度体系。

（二）股东大会、董事会会务工作

董事会办公室严格遵照股份公司《章程》、《股东大会议事规则》、《董事会议事规则》中关于会议议题、会议文件、会议程序和时限的规定，认真做好议案材料组织、议案拟写、议案内控审批、文件送达、会务服务、决议签署等一系列工作。全年共完成7次股东大会、13次董事会会议的筹备和会务工作。会后，及时印发会议决议，并对股东大会、董事会决议执行情况进行了催办。

（三）董事会信息交流工作

加强董事会与各相关方的交流互动，董事会办公室构建了董事会工作信息交流平台，不定期编写了《董事会工作情况通报》，向公司董事、监事、高级管理人员和相关部门、子公司发布。2010年共编发4期《董事会工作情况通报》。

（四）业务管理流程优化工作

董事会办公室遵照有关规章制度，充分结合股份公司经营管理实际要求，不断细化、完善业务管理流程。在会议议案方面，下发《关于股东大会和董事会会议议案提交及撰写有关事项的通知》，明晰了议案提交的责任主体、格式要求、内控流程等；在会议文件方面，明确了股东大会、董事会会议文件的审批签发方式，规范了股东大会、董事会会议记录和决议签审时限；在紧急事项决策方面，形成了董事会授权董事长在董事会闭会期间行使决策权并事后报告制度，规范了以非现场方式召开股东大会、董事会会议履行审议决策程序的方式等。

（五）内部管理工作

董事会办公室全体员工紧密围绕服务董事会规范运作、科学决策这个工作重心，努力学习公司治理、董事会治理等方面的理论和规范，不断提高员工理论基础和业务技能。突出团结、协作的团队精神和规范、效率的职业观念，员工综合素质有了新的提高，部门工作很快走上有序、规范轨道。

（六）首发上市审核阶段性工作

股份公司成立后，原“跨越工程”办公室综合事务组的职能转入董事会办公室继承。董事会办公室先后参与完成了股份公司首发上市申请材料的编制、审核和上报工作；统筹、协调完成了股份公司房地产项目土地专项核查工作；完成了股份公司IPO的财经公关公司选聘工作；开展了股份公司内控与风险管理体系建设及相关培训工作。

（刘向阳）

【董事会工作情况通报】 为构建股东大会、董事会工作信息交流平台，董事会办公室编制了《董事会工作情况通报》，向股份公司股东、董事、监事、高级管理人员和相关职能部门（子公司）发布。2010年，董事会办公室共编辑印发《董事会工作情况通报》4期，发布股东大会、董事会会议决议，反映董事会建设和工作情况。

（刘向阳）

【股份公司基本制度建设】 董事会办公室严格遵照《公司法》、《证券法》等法律、法规和中国证监会、上海证券交易所颁布的规范性文件要求，结合股份公司改革发展和经营管理实际需要，牵头组织相关职能部门、中介机构，拟订了股份公司《章程》、《股东大会议事规则》、《董事会议事规则》、《监事会议事规则》、《总经理工作细则》、《独立董事工作制度》、《董事会战略委员会议事规则》、《董事会人事薪酬与考核委员会议事规则》、《董事会审计与风险管理委员会议事规则》、《董事会秘书工作细则》、《信息披露管理制度》、《投资者关系管理制度》、《关联交易管理制度》、《募集资金管理制度》、《对外担保管理制度》、《投资管理办法》、《财务管理办法》、《资产管理办法》、《资金管理办法》、《预算管理办法》、《重大事项内部报告制度》共计21项基本制度，并按照审批程序和权限，组织召开股东大会、董事会会议予以审议批准，形成了股份公司基本制度体系。董事会办公室将基本制度以股份公司正式文件印发施行，并汇编成册。

（刘向阳）

【董事会办公室职责体系及有关工作规范】 董事会办公室是股份公司董事会的日常办事机构，由股份公司董事会秘书直接领导，负责股份公司股东大会、董事会和董事会专门委员会的日常工作；负责对外信息披露与投资者关系管理等。

董事会办公室内设综合处和投资者关系处，对应负责履行董事会办公室相应职能。

董事会办公室建立周例会制度，健全了议案撰写工作管理办法。

2010年4月29日，股份公司董事会办公室下发《关于印发〈董事会办公室例会制度（试行）〉的通知》（董办〔2010〕5号）。例会原则上每月召开一次，由办公室主任主持，办公室全体人员参加，主要作用和目的是更好地履行部门职能、安排部门工作、沟通工作情况、提升服务质量。

2010年7月13日，董事会办公室制定下发《关于股东大会和董事会会议议案提交及撰写有关事项的通知》（中水电股董〔2010〕13号），对股东大会和董事会会议议案的提交程序和撰写要求作了明确规定。

（刘向阳）

跨越工程

【股份公司首发上市申请】 2010年3月29日，股份公司向中国证监会上报了首发上市申请文件。中国证监会对股份公司首发上市申请文件进行了初步审查，并于4月30日出具了《行政许可项目审查反馈意见通知书》，根据中国证监会要求，股份公司协同保荐机构就通知书中的有关问题进行研究，形成书面反馈回复意见并于5月17日上报中国证监会。

在此期间，适逢国家对房地产市场进行宏观调控，增加了由国土资源部对拟首发上市公司进行土地专项审核的新程序。因此，中国证监会于7月2日将公司首发上市申请材料转送至国土资源部进行核查，专项核查的支持性意见是中国证监会批准公司首发上市的必备条件。

股份公司按照国土资源部的核查要求，积极配合各级国土资源管理部门对首发上市涉及的12个房地产项目的合规性进行了认真细致的自查和外审，并多次向国土资源部、中国证监会、国务院国资委专题汇报有关情况，请求支持股份公司实现年内首发上市。

经过房地产项目土地专项审核，国土资源部最终认定股份公司部分房地产项目用地存在因政府原因导致的违反国家土地管理有关法律法规和政策等问题，建议不支持股份公司首次公开发行股票。为此，股份公司采取了剥离转让昆明县花山水园项目、贵阳金朱路项目至中国水利水电建设集团公司的方案，并按时完成了剥离转让工作。后经保荐机构核查，股份公司符合企业首发上市各项条件。

（刘向阳）

【收购工作】 2010年，股份公司完成了对中国水电建设集团辽宁工程局有限公司全部股权的收购工作。

（刘向阳）

综 合 管 理

总经理工作部

【部门2010年工作】 2010年，总经理工作部以建设六型总部为目标，认真贯彻落实股份公司工作会议暨一届一次职工代表大会精神，积极适应公司改制后的新形势和新任务，主要做了以下工作。

（一）围绕中心，服务大局，在全系统广泛开展争创一流办公室活动

总经理工作部按照国资委办公厅有关开展争创一流中央企业办公厅（室）活动的精神和要求，制定了《股份公司创建一流办公室实施办法》，同时配套出台了《股份公司创建一流办公室综合考评细则》，对全系统开展创建一流办公室工作作出安排。股份公司开展争创一流办公室活动《实施办法》和《考评细则》得到国资委办公厅的肯定。

（二）加大工作督办力度，确保公司重大决策和重要工作部署落实到位

总经理工作部认真做好公司2010年度所确定重点工作的落实和重要工作督办。公司工作会议后，根据总经理工作报告中对全年工作的安排部署，将工作报告中的具体工作内容进行分解并落实到具体责任部门。部门加强了对文件办理过程的跟踪和催办。对所有来文办理过程和办理结果进行网上分类记录，根据文件紧急程度和重要程度向有关承办部门提出办理时限要求，以发送信息、电话提醒等方式共催办、督办文件100多件次。

（三）根据公司整体改制上市新形势，进一步规范公文处理工作

股份公司成立后，为使股份公司公文处理工作更加规范化、制度化、科学化，总经理工作部重新

修订了股份公司《公文处理办法》。新的《公文处理办法》对公文种类、公文格式、行文规则、收文办理、发文办理、公文的立卷、归档和销毁等过程控制进行了明确规定，对总部各部门发文代字以及公司总部和各子公司的称谓简称及其他常用称谓进行了规范。对公司经营管理活动中所产生的各类文件进行严格管控。根据国资委办公厅关于《中央企业报送公文特别提示》中指出的有关报送公文中存在的问题，认真学习对照，对在公文起草和报送中存在的类似问题进行了梳理，对下属各单位在公文报送和公文拟稿中存在的不规范问题进行了情况通报。

（四）加强对公文核稿、流转、催办工作，推进公文规范化、标准化、精细化管理

股份公司创立后，总经理工作部不断加强和改进公文管理工作，严把公文拟稿和公文核稿质量关。

（1）在提高重要文稿撰写质量上狠下工夫。

（2）严格把好核稿关。

（3）做好公文运转管理及指导工作。

（五）加强组织领导，认真做好维稳、信访和“两节”期间各子公司矛盾纠纷排查工作

（1）认真做好上访人员接待和来访信件受理工作。2010年，总经理工作部共接待到公司总部来访的职工群众96批211人次，受理来信62件，全年共转送、交办信访事项43件，其中交办事项16件。

（2）下大力气推动信访积案化解工作。

（3）积极协调处理了有关子公司涉及群体性上访事项。

（4）开展了2011年“两节”前各子公司有关矛盾纠纷排查工作，切实维护企业稳定和节日祥和。

（六）进一步加强保密工作，建立长效工作机制

按照国资委2010年保密工作会议精神和公司保密委员会扩大会议精神，对股份公司保密工作作出安排，并对公司《保密工作管理办法（试行）》、《公司保密工作规则》及涉及商业秘密、计算机及网络信息安全、涉外保密、涉密载体、信息报送和信息发布等14个保密管理办法和规定作了重新修订和印发。

（七）不断提高后勤服务工作水平，努力为员工创造舒适和谐的工作环境

（1）物业、餐饮服务工作取得新成绩。物业满意度考评达到97%。餐饮服务满意度考评继续保持在96%的高位。

（2）节能降耗工作取得新成绩。在能源价格上涨、办公人员及办公楼层增多的情况下，2010年度公司能源使用与2009年综合比较，用电节约1.3%，自来水节约2%，生活热水节约11%，总体节约1.35%。

（3）服务保障工作再上新台阶。2010年，公务接待180余次，接待人数约8000人；参与100多次大、小会议的会务工作；认真做好办公用品领用、办公设备采购及维修、办公家具购置、调整和改造办公室等工作。

（4）企业住房制度改革工作取得新突破。2010年，国资委正式批复了《中国水利水电建设股份有限公司总部住房补贴实施办法》，圆满地完成了国资委规范中央企业住房补贴工作的任务。

（5）在京员工房产遗留问题取得新进展。2010年，先后解决了10起住房遗留问题，并取得了房屋所有权证。

（6）后勤事务管理制度建设取得新成果。制定了《总部办公区车辆出入停放管理办法》，建立了《总部办公楼重点部位巡检制度》，强化总部内部安全保卫，对保安人员进行了调整，加强了对大楼的消防安全管理，签订消防安全责任书120份，全年消防设施设备完好率100%，消防火灾责任事故发生率为零，被评为2010年度北京市海淀区甘家口片区“消防安全先进单位”。

（杜永昌）

文秘管理

【公文核稿工作】 2010年，总经理工作部共审核各级各类文稿1100余份，其中上报国资委等国家有关部委文件206份。以集团公司和股份公司名义上报的公文无一退文，全部符合国资委对央企上报公文的规范要求，被国资委评为“2010年全年公文报送无差错企业”。

（韩　磊）

【公文运转及管理】 2010年，总经理工作部共收到外来文件3300余份，其中登记办理文件2101件，呈送集团公司领导和转送总部各部门传阅文件1200余份；发文1136个，印制23000万余份，用印4.1万人次，传递各部门签报等文件2000余份。

（韩　磊）

【投资评审工作】 2010年，股份公司共召开投资评审会9次，评议工程项目17个，总经理工作部共整理、编写项目评审报告17份。

（韩　磊）

【集团公司领导人员公务活动计划编写】 2010年，

总经理工作部共编辑印发《集团公司有关领导人员主要公务活动计划表》40期，统筹协调公司领导每周主要公务活动。

（韩　磊）

【集团公司工作日志编写】　2010年，总经理工作部共编辑印发《工作日志》12期，主要记录公司领导公务活动。

（韩　磊）

【股份公司办公室工作会议】　8月26日，股份公司在北京召开办公室工作会议，公司29家子企业的办公室负责人及有关人员共60人与会，公司总经理刘起涛出席会议并讲话。刘起涛对公司两级总部办公室工作提出了8个方面的要求。

总经理工作部主任王志平对"创一流办公室"工作进行了安排部署；总经理工作部副主任吴旭良、杨永胜分别就保密、档案管理及企业社会责任工作作了安排，对"创一流办公室"综合考核评分细则作了说明。

水电四局有限公司、水电七局有限公司等8家子公司作了经验交流。

（韩　磊）

综合事务管理

【中国水电（四川）大厦】　根据集团公司2009年第三十九次总经理办公会议、股份公司2010年第六次总经理办公会议和一届四次董事会会议精神，2010年5月31日，股份公司购买了中国水电（四川）大厦26024.08平方米的房产（价格为7660元/平方米）和128个车位（价格为80000元/个），房产包括裙楼的一层（2153.99平方米）、主楼一至二层和四至十四层（23865.7平方米）。该项目是中国水电地产（成都）公司投资开发的生态型5A甲级写字楼，位于成都市高新区德赛一街。

（张　军）

【总部住房制度改革】　为推动公司总部住房制度改革，完成国资委规范中央企业总部住房补贴工作任务，2010年10月29日，股份公司印发了《中国水利水电建设股份有限公司总部住房补贴实施办法》（中水电股总〔2010〕67号），内容包括指导思想、基本原则、范围、标准、审批程序等共6章25条。该办法实事求是，既维护了企业利益又惠及员工，对稳定员工队伍、增强企业凝聚力，发挥了积极作用。

（张　军）

【企业领导人职务消费】　为规范职务消费工作，根据国务院国资委《关于规范中央企业负责人职务消费的指导意见》精神，2010年10月28日，股份公司印发了《中国水利水电建设股份有限公司企业领导人员职务消费管理暂行办法》（中水电股总〔2010〕71号），明确了股份公司职务消费工作领导小组组成和职责，并对纳入职务消费的人员范围、项目、标准做了具体的规定。

（张　军）

【总部车辆出入管理】　2010年12月24日，股份公司总部印发了《中国水电建设股份有限公司总部办公区出入停放管理办法》（股总〔2010〕43号），对车辆进出办公区、车辆停放、门岗保安执勤等事项作了详细规定。

（张　军）

【总部办公楼物业和餐饮管理】　2010年12月24日，股份公司分别与北京城建物业管理有限公司和北京金丰餐饮有限公司续签了《中国水电建设股份有限公司总部办公楼物业管理委托合同》和《中国水电建设股份有限公司总部员工餐饮服务合同》，合同期限皆为二年，即2011年1月1日至2012年12月31日。

（张　军）

【维稳信访工作】　2010年4月16日，股份公司印发了《关于进一步加强2010年维稳信访工作的通知》（中水电股党〔2010〕36号），对2010年维稳信访工作作出统一安排。为加强建筑施工过程中的稳定工作，股份公司于10月19日印发了《关于加强建筑施工过程中稳定工作的通知》（股维稳办〔2010〕2号），各子企业按要求对施工项目及现场认真开展了专项矛盾纠纷排查化解活动。妥善处理了数起长达10余年的信访积案。注重及时汇总分析维稳信访情况，信访部门全年共编印《信访工作月报》12期、《信访工作通报》4期。

2010年，公司总部共接待职工群众来访96批211人次，共受理来信62件，来信处理率和来访接谈率均达100%。全年共转送、交办信访事项43件，其中交办事项16件。

（李铁路）

【2010年专项会议计划】　为贯彻落实股份公司2010年工作会议精神，2010年3月8日，总经理工作部印发了《关于制定2010年度专项会议计划的通知》

(股总〔2010〕8号)，提出了拟以股份公司名义召开的专项会议计划，经总经理工作部汇总后报公司领导审批。4月30日，总经理工作部印发了《关于股份公司2010年专项会议计划的通知》(中水电股总〔2010〕24号)，各部门(事业部)2010年专项会议计划共计34个。

(张 扬)

【保密管理制度】 2010年，股份公司有关部门陆续建立、修订完善了六个方面保密工作相关制度和规定。

(1) 在保密工作总体要求和管理方面，制定了《保密工作管理办法》、《保密工作规则》。

(2) 在计算机网络信息安全管理方面，制定了《计算机信息安全保密管理规定》、《关于进一步加强网络信息安全保密工作的通知》等文件。

(3) 在涉外保密管理方面，制定了《因公出国(境)人员外事及保密纪律》、《关于进一步做好出访人员携带电子设备保密管理的通知》。

(4) 在涉密载体管理方面，制定了《集中统一销毁无保存价值纸质文件材料暂行规定》。

(5) 在信息报送和信息发布方面，制定了《信息报送工作管理办法》、《网站新闻中心版块上稿制度及保密制度》等。

(6) 在商业秘密管理方面，制定了《商业秘密保护实施细则(试行)》、《总部商业秘密管理规定(试行)》、《总部各部门保密事项及保密责任人汇总表》。

(李铁路)

【档案管理工作】 2010年，总经理工作部根据国资委有关档案工作评价标准，制定了创建一流办公室档案工作评价细则。按时向国家档案局报送了国家标准《电子文件归档与管理规范》征求修改意见。按时完成了档案事业统计年报工作，得到国家档案局表扬。2010年，认真履行工作职责，及时接收、整理、归档文书档案文件材料和实物档案材料，做好档案的保管和利用，全年共整理文书档案材料46卷1224件、实物档案78件。

(张 扬)

人力资源管理

人力资源部

【部门2010年工作】 2010年，人力资源部(党委企业领导人员管理部)在公司党委领导下，遵循建设“六型”总部机关的标准，围绕部门职责，积极履行基本职能，紧扣公司战略、体制改革、结构调整和外部变化，顺势而为，根据部门担负的职能、内涵的变化大力推进业务转型。

(李燕明 李 捷 何 明)

【中国水利水电建设集团(股份)公司企业领导人员管理暂行办法】 根据中共中央办公厅和国务院办公厅印发的《中央企业领导人员管理暂行规定》、中组部和国务院国资委印发的《中央企业领导班子和领导人员综合考核评价办法(试行)》，2010年9月27日，人力资源部制定下发了《集团(股份)公司企业领导人员管理暂行办法》，该办法分为19章共114条，对集团(股份)公司领导人员管理作出了一系列规定。

(人力资源部)

领导班子建设

【集团公司总部高级管理人员调整补充工作】 2010年，鉴于集团公司已整体改制成立股份公司，人力资源部对股份公司总部各部门负责人重新进行了聘任。又先后调整、补充总部高级管理人员21人，其中提拔6人，交流4人，职务兼任10人，调离1人。共涉及董事会办公室、总经理工作部、党委企业领导人员管理部、党委组织部、纪委办公室、工程科技部、基础设施事业部、海西发展区域总部等8个部门。

(李燕明 李 捷 王 勃 吴 磊)

【全资子公司领导班子换届及调整补充工作】 2010年，人力资源部对16家子公司上届任期内班子建设情况进行了涉及学历、年龄、从业经历、学习培训、民主测评等方面的综合分析，为领导班子换届考核掌握了翔实的资料。2010年第四季度根据股份公司制定下发的《企业领导人员管理暂行办法》(中水电股党〔2010〕81号),对水电十一局有限公司、水电十五局有限公司领导班子进行了换届考核。

(李燕明 李 捷 王 勃 吴 磊)

【控(参)股公司董事会、监事会、经营层推荐工作】 2010年,人力资源部对路桥公司、房地产公司、四川公司、甘肃能源投资公司、崇信公司、中水电津城投资公司等6家单位的董事会、监事会、经营班子成员进行了推荐、调整,共计25人。

(李燕明 李 捷 王 勃 吴 磊)

【控股型投资企业下属公司主要负责人备案制管理工作】 2010年,人力资源部共批复海西发展区域总部、卡塔尔区域业务总部、房地产公司、水电十二局有限公司的备案制管理干部6人。

(李燕明 李 捷 王 勃 吴 磊)

【企业领导人员公开招聘工作】 2010年,人力资源部面向公司、社会进行了集团公司财务部副主任,股份公司财务部副主任、资金部副主任等3个岗位的公开竞聘工作。

(李燕明 李 捷 王 勃 吴 磊)

【企业领导人员教育培训工作】 2010年,人力资源部先后组织12批37人参加了由中央党校、国家行政学院、中国浦东干部学院、中国井冈山干部学院、中央党校国资委分校组织的各级、各类企业领导人员培训。

(李燕明 李 捷 王 勃 吴 磊)

人才开发管理

【项目经理班】 2010年,人力资源部继续分别与中国科学院研究生院(基业长青公司)、清华大学国际工程项目管理研究院合作,举办了两期国内项目经理培训班、一期国际项目经理培训班,总计培训人员147人。

(李燕明 何 明 顾建新)

【企业负责人培训班】 2010年,人力资源部继续举办了第四期企业领导人员培训班,共有43人参加学习。全年培训干部共80人。

(李燕明 李 捷 何 明 王 勃 顾建新)

【铁路取证培训班】 为适应铁路工程建筑市场及各施工单位在招投标和施工中对取证的需求,进一步提高股份公司所属各公司在铁路工程建设施工中的管理能力和技术水平,2010年8月,人力资源部举办了一期110人的铁路客运专线与部分普通铁路工程施工管理和技术人员培训班。

(李燕明 何 明 顾建新)

【其他培训】 为提升总部员工整体素质,加快建设"六型总部",对股份公司总部各职能部门及事业部员工开展了针对性培训,2010年11月,人力资源部陆续举办6次专题课程讲座。

按照国务院国资委《关于加强中央企业班组建设的指导意见》的部署和中央企业班组建设现场推进会精神的具体举措,根据股份公司发展需要,人力资源部认真落实对班组长培训的要求,举办了两期班组长培训,培训班组长97名,进一步提升班组长生产管理水平,强化班组长现场执行力,促进中央企业班组建设,推动企业科学发展。

(李燕明 李 捷 何 明 顾建新)

专业技术职称评审

【2010年度职称评审】 2010年度职称申报、评审结果见表1。

表1 2010年度职称申报评审情况

项目	各单位初审通过人数	集团公司复审通过人数	复审通过率(%)	评委会评审通过人数	评审通过率(%)
教授级高工	76	71	93.4	48	67.6
高级工程师	374	351	93.85	261	74.36
高级经济师	67	66	98.5	52	78.8
高级会计师	28	26	92.8	25	96.15
高级政工师	38	32	84.2	22	68.75
合计	583	546	93.65	408	74.7

高级政工师22人已报至国资委政工工作领导小组并得到了批准。公司连续三年高级政工师审批100%通过。

(李燕明 李 捷 何 明 张顺兴 顾建新)

【中国电力企业联合会第七届全国电力行业(水电建设板块)坝工模板工职业技能大赛】 2010年9月12～16日,股份公司承办了中国电力企业联合会第七届全国电力行业(水电建设板块)坝工模板工职业技能大赛，股份公司圆满完成竞赛任务，取得优异成绩，被中国电力企业联合会授予优秀组织单位，大赛第1名至第7名全部为股份公司选手获得，前10名中股份公司占了8名，前20名中占了17名，前40名中占了33名，有1人被全国总工会授予“全国五一劳动奖章”，3人被人力资源和社会保障部授予“全国技术能手”，30人被中国电力企业联合会授予“电力行业技术能手”和“优秀技能选手”荣誉称号。

（李燕明　何　明　张顺兴）

【高级技师评审】　2010年3月23～26日，股份公司在贵阳参加了中国电力企业联合会组织的2009年度高级技师评审会议。股份公司共136人参评，有129人通过评审，通过率达94.85%。这是近几年来股份公司取得的最好成绩。

（何　明　张顺兴）

【职业技能鉴定工作】　由中国电力企业联合会组织的“职业技能先进鉴定站和优秀工作者”评选活动于4月进行，经申报和推荐，水电七局有限公司、水电十四局有限公司鉴定站被评为先进鉴定站，水电四局有限公司、水电五局有限公司分别有1人被评为优秀工作者。

（何　明　张顺兴）

劳动工资管理

【加强工资总额控制】　在2010年工资总额管理中，人力资源部主要解决了工资总额指标不足的问题，在与国资委分配局清算2009年度工资总额时，经过反复协商沟通，国资委分配局核增了单位工资总额4.08亿元，并纳入2010年工资总额基数中，有效解决了单位工资总额指标长期不足的问题。

（李燕明　何　明　顾建新）

【工资增长率控制】　按股份公司业绩考核指标规定，人力资源部对所属各单位2010年业绩考核在岗职工人均工资增长率控制指标进行了设定。按照控制工资增长幅度和适度提高工资增长幅度两方面考虑，引导子公司合理调整薪酬发放，更科学合理地设置薪酬目标。

（李燕明　何　明　顾建新）

【企业负责人年薪制情况】　继续对企业领导人员年薪制管理办法进行调整，在计算全资子公司负责人基薪时，对5项指标权重进行了较大调整。整个指标权重，着重考虑了企业做大规模（主营业务收入）的需要和企业管理难度（职工人数）。规定了所属全资子公司负责人基薪按一个经营任期，三年固定不变，基薪逐步趋于稳定。而各控股公司业务性质存在很大差别，所处行业薪酬水平差距较大，在确定控股公司负责人基薪时，主要参考所处行业薪酬水平，注重内外部公平性，以定性评价为主。

（李燕明　何　明　顾建新）

总部人事管理

【集团公司总部职能部门及员工年度考核】　2010年，人力资源部对年度总部考核指标进行适当调整，同时将总部职能部门与事业部的考核分开进行。详尽地规定了考核工作的内容、程序、评价标准、审定程序、奖惩等考核工作涉及的每个环节，形成由公司领导、部门负责人、总部员工、总部职工代表、各子企业共同参与的立体式、多层次的考核体系，在实施中辅助以表格化的考核工具，完成了对19个总部管理部门、3个事业部和171名总部员工的年度考核，评选出8个先进集体和61名先进工作者。此外，按照该考核结果和有关规定，编制了2009年度总部年度奖金发放方案，该方案在提高整体激励的基础上给予表现突出的优秀员工不同等级奖励，形成差异化的激励机制，促进了公司总部员工的积极性。

（李燕明　赵　莉）

【集团总部人力资源招聘工作】　2010年，人力资源部根据总部部门用人需求，采取面向系统内外公开竞聘的形式，为董事会办公室、总经理工作部、工程科技部、法律事务部、市场经营部、企业发展部、财务产权部、资金管理部、投资部、审计部选聘及调入工作人员17人。年度内为公司工程科技部、监察处、水电报社招收研究生3名，安置军队转业干部2名。

（李燕明　何　明　赵　莉）

【劳动合同管理】　股份公司成立后，171员工的劳动合同关系均转至股份公司。人力资源部印发了《中国水利水电建设股份有限公司总部劳动合同管理实施办法》、《股份公司总部考勤和休假管理细则》，规范公司员工考勤及休假和劳动合同管理。年内完成了总部员工劳动合同的签订、变更、续签等工作，累计解除劳动关系5人。

（赵　莉）

【总部社会保险管理工作】 股份公司成立后，在北京市宣武区建立了股份公司社会保险登记证，并将总部员工191人的五险一金转入股份公司社会保险账户。确保了在册总部191名员工8项保险和在京子公司677人的补充养老保险数据无一差错。及时办理了调入、调出、结算、停保、起封、工伤等业务，并按期办理退休职工相关手续，使其顺利纳入社会化发放。

此外，积极和医疗保险机构沟通，争取政策优惠和工作便利，为总部及在京公司员工报销医疗费用，最终报销比例达95%。

（赵 莉）

【离退休人员管理服务工作】 2010年，人力资源部起草下发了《关于进一步加强离退休人员管理工作的指导意见》，及时转发了中组部《关于开展老干部工作政策业务知识竞赛知识活动的通知》，参与组织了驻京老干部"乐晚年·展风采"表演活动，丰富了离退休人员业余文化活动。

除及时按照政策对离退休人员的养老金进行调整并保证按月足额发放、报销医疗费用之外，年内还组织离退休党支部开展了多次学习活动，11月组织46名总部离退休人员到北京周边有代表性的雾灵山、白龙潭旅游胜地参观游览。同时为加强股份公司总部离退休职工管理工作，印发了《中国水利水电建设股份有限公司总部离退休职工管理办法》的通知，实现离退休职工管理工作的制度化、规范化。

（赵 莉 张顺兴）

专业会议

【2010年度人事劳动统计年报会议】 2010年底，组织集团所属企业负责人事、劳动、教育统计工作的人员召开视频专项会议，集中部署2010年集团教育统计年报工作、集团人才统计年报工作、集团劳动工作统计年报工作和离退休人员统计年报工作，进行了相关指标的详细解释和讲解，对有关软件的使用进行了详细演示，各项报表工作顺利完成。

（吴 磊）

其 他

【股份公司"十二五"人才战略规划】 2010年，人力资源部完成了股份公司"十二五"人才战略规划撰写工作；规划总结了"十一五"期间人才工作的主要成就和问题，提出了未来5年人力资源工作目标和方向，对全系统"十二五"人力资源工作的开展提供了指导和参考。同时，在搜集和整理子公司人力资源管理基础数据和问卷调查的基础上，完成了包括《人才现状分析报告》、《人力资源管理机制报告》、《人员供给与需求预测报告》、《人力资源对标分析报告》、《公司战略解读和人才发展分析报告》5个支撑性研究报告。

（李燕明 何 明 吴 磊 段苏桓）

【岗位和薪酬调研工作】 股份公司成立后，逐步加强公司总部管控力度，为进一步建立与完善股份公司岗位序列、薪酬体系，规范薪酬结构，人力资源部对部分子公司和国际项目进行了岗位序列和薪酬体系调研工作，并引进咨询机构，对整体岗位序列和薪酬体系进行分析诊断，在此基础上，形成股份公司岗位序列指导意见和股份公司薪酬管理体系指导意见。

（李燕明 何 明 顾建新 段苏桓）

财务与产权管理

财务产权部

【部门2010年工作】 2010年，财务产权部认真贯彻落实股份公司年度工作部署，坚持以科学发展观为指导，围绕集团发展目标、发展战略和"确保公司更好更快发展"这个中心任务，解放思想、勇于创新，切实履行部门职责，着力把握能够影响和带动全局的工作，坚定不移地推进股份公司财务管理工作转型升级上水平，坚定不移地加快推进建设具有较强国际竞争力的质量效益型跨国企业集团的进程：①着力打造新的"财务管理体制和制度体系"两大体系，使股份公司财务管理工作成功转型；②进一步加强了"经营业绩考核、执行建造合同准则、财务预算管理"三项核心工作，使股份公司财务管理逐步升级；③努力实现财务信息质量、财务管理能力、财务管理手段、财务人员素质四个方面上水平。

（唐定乾）

财务管理

【2010年财务决算管理工作】 2010年，财务产权部编制上报财政部、国资委《中国水利水电建设集团公司2010年度财务决算报告》、《2010年利润分配预案》及《财务决算专项说明》、《资产减值准备财务核销情况报告》、《账销案存资产管理情况报告》、《保值增值说明材料》等专项报告及会计师事务所审定出具的审计报告与各专项审核报告。上报财政部和国资委审核的资产总额为1234.6亿元，负债总额为1066.4亿元，所有者权益总额为168.3亿元（含少数股东权益29.6亿元）。全年实现营业收入1014.8亿元，实现利润总额38.2亿元。

（杨桂仙）

【2010年财务快报分析工作】 2010年，财务产权部加强对月度财务快报中公司资产状况、损益情况等财务数据的整理和分析，参照国资委评价局财务动态报告模式，建立了月度财务快报分析模版。纵向反映发展趋势，横向比较暴露落后企业，加强对资产负债率过高、重要财务指标变动大等情况的关注力度，对偿债能力、营运能力、资产质量进行深入分析。

（李毅华）

【2009年企业年度工作报告】 根据《国有企业监事会暂行条例》规定及国务院国有企业监事会关于做好2009年度《企业年度工作报告》要求，集团公司积极准备并将填报任务层层分解，组织成员企业认真开展《企业年度工作报告》填报工作。截至2010年1月31日，集团公司总部及二级子企业全部完成填报任务，并以正式文件上报国有企业监事会。

（刘　静）

【推进财务管理体制转型工作】 2010年，财务产权部加快推进财务管理体制的转型。

（1）为提高各子公司总会计师职业素质、执业能力，2010年7～8月，协调安排所属二级子公司总会计师参加了国家会计学院总会计师培训班；组织参加了第一期注册管理会计师（CMA）职业资格认证培训；11月在财务决算会上邀请公司董事会办公室领导对上市公司信息披露、财务资金管理等内容进行宣讲。

（2）针对股份公司制企业对财务管理的相关要求，加强了对财务岗位的研究，细化了财务产权部内部处室职责、岗位职责，对部分岗位人员进行调整，落实管理责任。

（3）对子公司资产处置、产权转让、资产评估、财务审计、预决算报表、经营业绩考核、小汽车购置、对外捐赠等重大财务事项进行审核批复，实行财务集团化管理。

（李　莹）

【推进财务管理制度转型工作】 根据《公司法》要求，2010年，财务产权部组织起草了股份公司《财务管理办法》、《会计核算办法》、《预算管理办法》、《资产管理办法》、《关联交易管理制度》等财务规章制度，逐步建立起满足股份公司要求的财务制度体系，确保财务管理、预算管理、资产管理等各项工作规范有序进行。

（王　东）

【修订完善集团公司财务报告】 2010年，财务产权部依据证监会《公开发行证券的公司信息披露编报规则第15号——财务报告的一般规则、第2号——年度报告的内容与格式、第3号——半年度报告的内容与格式、第13号——季度报告内容与格式特别规定、第19号——财务信息的更正及相关披露》等法规，对月度财务快报、季度报表、半年报、决算报表的格式和内容进行修订、完善和补充，形成各类报表200余张，同时完善了大量报表公式的编制、编报说明和布置工作，以满足上市公司财务信息归集和披露要求。

（李毅华）

【集团财务集中核算管理平台推广建设工作】 2010年，财务产权部及信息中心完成了对水电八局有限公司NC核算系统的验收。同时，还完成了对水电十一局有限公司、水电十局有限公司实施NC系统的批复。截至2010年底，除水电一局有限公司外，股份公司成员企业均实现NC核算系统的运行。

在不断完善财务集中核算管理平台建设的基础上，推动财务报表管理平台建设和财务集中核算管理平台有效对接，选取水电八局有限公司进行对接试验，编制了取数公式，选取数据进行试验，对试验反映的问题进行分析、修改、完善。在2010年决算编报时鼓励决算编制较好的单位选用从核算平台直接取数的方式编制决算报表。

（杨展业）

【小金库专项治理工作】 2010年，财务产权部按照国资委治理“小金库”工作领导小组的统一部署，出台了《“小金库”专项治理实施办法》，建立健全领导体制和工作机制，召开了专项治理工作推进会，下发《关于进一步加强“小金库”专项治理工作的通知》等补充文件，建立“小金库”专项治理工作旬报告制度和自查自纠工作承诺制和公示制，自查自纠工作面达到100%，及时向国资委上报工作报告和统计报表。自查发现“小金库”户数55个，“小金库”各项表现形式合计2391.01万元。

同时，财务产权部还积极参与“小金库”重点检查阶段的工作，下发《关于进一步加强非主业财务管理的通知》。12月，完成了“小金库”自查自纠“回头看”和“小金库”专项治理活动全面总结工作。

（刘　静）

【债务风险控制方案报告】 2010年，财务产权部结合年度财务预算编报中涉及的债务预算安排，明确了集团公司未来三年资产负债率控制及债务结构调整分年度目标，制订了债务风险防范措施，并向国资委上报了《关于中国水利水电建设集团公司债务风险控制方案的报告》（中水电〔2010〕25号）。

（张爱卿）

会计核算

【《建造合同准则》执行工作】 2010年，财务产权部高度关注公司应收账款和未完施工，防范经营风险。关注各子公司《建造合同准则》执行情况，对月报、半年报利润可靠性持续进行分析，对重大项目及盈亏波动较大的项目有针对性地询问，高度关注应收账款增幅过快、总额过高及账龄较长的情况，以及已完工未结算的增长情况、占资产的比重及占项目总收入的比重情况，及时提示经营风险。

同时，将《建造合同准则》执行作为集团科学管理课题进行立项研究，将前一阶段先进企业《建造合同准则》执行成果总结转化成规范的、有指导意义的读本，进而推动其他企业深入执行《建造合同准则》，如期完成了《建造合同准则执行与提高》课题研究工作，形成论文，已提交集团公司科学管理委员会。

（王　东）

【规范会计核算和财务管理工作】 2010年，财务产权部对集团公司发展过程中涌现的新的会计核算和财务管理问题进行深入研究，形成多份系统性、指导性意见，先后解决了海西区域总部、灵台南煤矿、中国水电大厦受托租赁财务管理体制建立问题；BT、BOT项目建设成本摊销问题；集资购买大型专用设备计提折旧和会计核算问题；金融衍生产品会计核算问题；分部会计报告编制问题；水电十局有限公司移交医院资产处置建议；配合人力资源部推进集团公司补充养老保险保值增值工作，并开展了离职人员保险金退还等工作；推进水务公司纳入集团合并报表相关工作；推进全资子公司债务优化工作；配合房地产公司创新融资工作；规范离退休人员统筹外费用申报、审批、结算支付程序和财务处理工作。

（王　东）

税务管理

【争取整体改制税收优惠政策工作】 2010年，财务产权部积极争取整体改制税收优惠政策。向财政部和国家税务总局上报了《关于对中国水利水电建设集团公司重组改制过程中税收优惠政策的请示》，并于12月28日收到国税总局《关于中国水利水电建设集团公司重组改制上市资产评估增值有关企业所得税政策问题的通知》（财税〔2010〕48号），解决了重组改制上市过程中资产评估增值涉及的企业所得税政策问题，明确了集团公司在重组改制上市过程中发生的经国资委核准并已进行账务处理的资产评估增值95.37万元应缴纳的企业所得税不征收入库，直接转计集团公司国有资本金。

（刘　静）

【指导子公司各项税收筹划工作】 2010年，财务产权部积极协助子公司税务事项处理，协助水电十四局有限公司进行所得税汇算清缴科研项目认定工作，为加计扣除相关费用、节约企业所得税提供支持；提出甘肃能源公司组织方式的涉税影响分析；协助提供国际公司海外项目投标中相关涉税事项证明；协助处理港航公司境外购船涉税事项，为其下一步进口增值税减免工作创造良好条件。

（杨展业）

【2010年度税收管理工作】 2010年，财务产权部按时完成开具了2009年度股份公司国地税完税证明；收集完成股份公司母公司2009年度企业所得税纳税申报表及各成员企业2007～2009年度纳税申报表。完成了年度企业纳税情况调查及总部经济发展专项情况调查等工作；积极应对税务机关各项税务调查，每月按时申报总部增值税、营业税、个人所得税等

各项税种；按季度申报企业所得税；4月15日前完成了房产税半年申报缴纳及土地使用税缴纳工作；5月完成了母公司企业所得税汇算清缴及审计鉴证工作。

（杨展业）

资产管理

【2010年集团公司资产减值准备专项报告】 根据国资委关于《中央企业资产减值准备财务核销工作规则》（国资发评价〔2005〕67号）和2010年财务决算工作要求，财务产权部对集团公司资产减值准备情况进行了统计汇总。2010年，当年增加（计提）2.14亿元，当年减少4.52亿元，当年核销资产损失原值120.56万元，资产减值准备财务核销120.56万元。

（李 莹）

【2010年度账销案存资产管理专项报告】 为进一步加强集团公司清产核资后续管理工作，财务产权部及时办理账销案存资产的销案和清理回收工作。2010年累计销案资产1183.14万元，占年初账销案存资产的9.09%。清理收入累计213.49万元，影响本年当期损益182.57万元，剩余账销案存资产总额为11837.89万元。

（傅国钢）

【2010年度国有资产评估管理工作】 按照国资委《关于做好2010年度国有资产评估项目统计分析工作的通知》（国资厅发产权〔2010〕99号）精神，集团公司制定下发了《关于做好2010年度国有资产评估项目统计工作的通知》（中水电财〔2011〕28号），对集团公司2010年度国有资产评估项目统计工作做了安排和布置。根据成员企业上报情况和集团公司备案项目统计，2010年度共完成了水电九局有限公司对所属公司进行非货币增资进行的评估、辽宁工程局和陕西水电汽修厂进行公司制改建进行的评估等10个项目。

（傅国钢）

业绩考核

【子公司全面实现EVA考核】 2010年，财务产权部在对2009年经营业绩进行模拟EVA考核的基础上，对子公司分别下达了EVA考核目标值，与国资委新的考核制度全面对接，进一步引导子公司提升公司价值创造能力、技术创新能力、风险控制能力和可持续发展能力，进一步发挥经营业绩考核对子公司战略引领作用，推动集团产业结构和业务结构加快调整。

（张 黛）

【子公司2009年考核兑现及EVA考核结果】 根据《股份公司所属企业（公司）负责人年度经营业绩考核暂行办法》、《股份公司电源建设（运营）单位负责人年度经营业绩考核暂行办法》等文件精神，以及股份公司与各子公司签订的年度经营业绩责任书，2010年财务产权部依据子公司上报的预算执行报表，对归口管理的考核指标完成情况、得分情况进行测算，在汇总其他职能部门考核结果的基础上，对子公司负责人绩效年薪进行测算，形成最终年度经营业绩预考核奖励结果报告，并进行了预考核绩效年薪的兑现。

（张 黛）

【子公司2010年指标目标值测算工作】 按照“不低于前三年（2007～2009年）实际完成值的平均数及不低于上年考核目标值和实际完成值的平均值”的原则，结合股份公司发展战略和各子公司生产经营目标，在参考各子公司前几年考核指标的完成情况和其上报的2010年考核指标目标值的基础上，测算了本部门归口管理的考核指标目标值，并汇总下达了各子公司2010年考核指标目标值。

（张 黛）

【集团公司负责人2010年度经营业绩考核指标目标值和2009年度经营业绩考核报告】 按照国资委《关于认真做好2010年中央企业经营业绩考核工作的通知》要求，根据国资委与集团公司签订的2009年度经营业绩责任书和经中介机构审计的集团公司2009年度企业财务决算报告，2010年财务产权部计算编制并上报了集团公司负责人2009年度和2007～2009年任期经营业绩考核完成情况报告。

按照国资委《关于报送2010年度和2010～2012年任期中央企业负责人经营业绩考核目标建议值报告的说明》要求，结合集团公司2009年、2007～2009年任期考核指标实际完成值和2010年财务预算情况，以及2010～2012年集团公司所在行业生产经营环境分析和集团公司发展战略，2010年财务产权部测算编制并上报了集团公司负责人2010年度和2010～2012年任期经营业绩考核目标建议值的报告。

（张 黛）

预算管理

【2010年预算上报工作】 根据国资委财务预算会议

有关精神，2010年财务产权部对集团财务预算报表格式进行了相应修改，并及时召开集团年度预算布置会议，将相关精神及有关要求传达、布置到各成员企业。2010年1月，对各成员企业年度预算报表进行了审核、汇总，并在规定时间内上报国资委，较好地完成了年度预算报表上报工作。

（刘　佳）

【2010年预算批复工作】　为确保股份公司预算目标顺利实现，财务产权部根据年初确定的企业发展目标，结合各成员企业上报的年度财务预算，于2010年4月以文件形式将年度财务预算指标批复下达到所属企业。同时要求所属企业按公司批复下达的财务预算，结合各预算执行单位情况，层层分解落实到各施工生产及管理环节，确保预算目标落到实处。

（刘　佳）

【总部资金及费用收支预算管理】　2010年，财务产权部根据集团公司总部资金支出的不同性质，进一步细化月度预算资金报表格式，将总部专项支出单独列示，于2010年5月完成了总部2009年度资金收支预算执行情况和2010年资金收支预算，以及2009年度费用收支预算执行情况和2010年费用收支预算分析报告。

（刘　佳）

【2010年预算调整工作】　2010年8月，考虑到集团公司上半年生产经营完成情况较好，按时间进度各项经营指标已突破年度预算目标。财务产权部根据各成员企业上报的年中调整预算，结合年中工作会议总体要求，通过综合平衡、调整，最终编制集团年中调整预算上报国资委。

2010年11月，集团公司对各所属企业2010年度主要财务指标预计完成情况及2011年主要财务指标预算数进行了汇总，确定了集团2010年度收盘情况及2011年度经营目标，按时上报了国资委。

（刘　佳）

产　权　管　理

【2010年度产权登记管理和资产购置、处置批复工作】　2010年，财务产权部完成办理产权登记证11项，申请上报办理产权登记证36项，并按时向国资委报送了产权登记、资产评估等日常性管理文件。完成资产购置批复15件，涉及金额约1300万元；完成土地、房产等资产处置批复10件。

（傅国钢）

【2010年度产权转让和资产评估管理工作】　2010年，财务产权部指导有关子公司完成了武邵、成名公司股权转让，平凉房地产公司股权转让，辽宁工程局小改制，陕西汽修厂小改制等产权事项，推进了水电十三局有限公司收购华瑞公司持有的路桥公司10%股权转让事宜。指导有关子公司完成了武邵、成名公司股权转让，平凉房地产公司股权转让，辽宁工程局小改制等事项对应的资产评估备案工作10项。

（傅国钢）

落实国家改革政策

【向财政部申请政策性贴息工作】　2010年，财务产权部根据财政部有关基建贴息和地震灾后重建贷款贴息的政策，积极向其申请政策性贴息。组织有关单位进行上报，经过审核汇总后上报财政部，2010年集团公司共获得财政部基建贷款贴息资金0.40亿元，地震灾后恢复重建贷款资金1.91亿元。

（傅国钢）

【向国资委及财政部申请国有资本预算资金工作】2010年，财务产权部按照国资委《审计署关于国资委2008年至2009年中央国有资本经营预算执行情况的审计决定》的要求，上报了《关于国有资本经营预算审计问题整改情况的报告》。按照财政部《财政部关于编报2009年中央企业国有资本经营决算的通知》和国资委《关于做好2009年度中央企业国有资本经营决算工作的通知》，分别向财政部和国资委上报了集团2009年国有资本经营决算报告，聘请中天运会计师事务所对决算报告进行了审核，出具了鉴证报告书。

（刘　佳）

【分离办社会工作】　2010年，财务产权部经过与财政部企业司多次沟通，积极督促尚未完成分离办社会的子公司加快与地方政府沟通协调，尽快按照财政部要求补充和完善资料。依据财政部关于集团分离企业办社会工作遗留问题的处理意见，要求水电八局有限公司和水电十三局有限公司加强与地方政府的沟通，尽快将停办学校的离退休教师移交地方。

（张　黛）

【非主业宾馆酒店分离重组摸底调查和上报工作】2010年，财务产权部根据国资委《关于进一步开展中央企业所属宾馆酒店类单位情况调查的通知》（国资厅发评价〔2009〕109号）要求、国资委召开的

"中央企业非主业宾馆酒店分离重组视频会议"精神，组织对各级子企业开办的宾馆酒店类单位进行摸底调查，并依调查结果起草上报了《关于中国水利水电建设集团公司所属宾馆酒店类单位调查情况的报告》(中水电〔2010〕47号)。

（刘　佳）

专业会议

【2010年度财务决算、2011年度财务预算布置会议】2010年11月23～25日，集团公司召开了2010年度财务决算、2011年度财务预算布置会暨财务资金工作座谈会。会议贯彻了财政部、国务院国资委中央企业预决算工作会议精神，通报了2010年集团公司预计生产经营及财务情况，深入分析了国内、国际经济环境对集团持续发展及预决算编报工作的影响，研究部署了2010年度财务决算、2011年度财务预算和《企业年度工作报告》编报工作。

（刘　静）

跨越工程相关工作

【改制相关审计、资产评估工作】　2010年，财务产权部根据中国证监会发行上市审核要求，组织并指导各子公司如期完成了股份公司IPO申报报表工作，同时为满足证监会补充材料的要求，按时上报完成了以2010年6月30日为时点的半年财务报告编制工作。同时，配合完成了股份公司IPO招股说明书的编制、申报、问题回复工作；完成了股份公司内部控制工作报告。

委托北京中锋资产评估有限公司进行了公司房地产业务存货资产评估，按时完成了"跨越工程"涉及的房地产业务存货资产评估工作。

（李　莹）

工程科技管理

工程科技部

【部门2010年工作】

（一）在科技进步与管理方面

工程科技部积极贯彻落实"建设具有较强国际竞争力的行业科技领先型企业"的科技发展战略，努力打造"中国水利水电建设第一技术品牌"，公司技术品牌日益丰富，行业科技领先的影响力进一步彰显，2010年主要做了以下工作：

(1) 新的一批科研项目结题并形成成果。公司立项的科技项目共有32项完成鉴定验收，被专家鉴定为国际领先8项，国际先进15项，国内领先4项，国内先进5项。

(2) 继续以科技立项为龙头，促进企业科技创新与进步工作。继续开展科技奖励工作。2010年共有36项科研成果获得股份公司科技进步奖，其中特等奖3项、一等奖7项、二等奖12项。

(3) 继续系统打造股份公司"中国水电建设"科技品牌。

1）各类国家级、省（部）级科技奖励获得丰收，如水电七局有限公司牵头与中南勘测设计研究院合报的《200米级高碾压混凝土重力坝关键技术》获国家科技进步二等奖。

2）创造服务平台，积极推荐国家和行业先进集体和个人。

3）公司牵头组织编写的《水利水电施工技术全书》，5部中的4部已通过大纲评审，编撰工作全面启动。

4）首次参加了建设部组织的《建筑业10项新技术（2009版）》的编写工作，股份公司3项新技术入选。

(4) 继续实施企业知识产权战略和标准化战略。2010年股份公司获得国家专利120项，其中发明专利17项，实用新型专利103项。

(5) 继续利用课题鉴定、科技评奖、科技立项、技术咨询等技术业务会，推动科技成果推广与子企业间的技术交流与合作。

（二）在工程项目管理与质量管理等方面

2010年工程科技部进一步贯彻落实公司工作会议精神，积极履行在工程项目管理、质量管理、资质管理等方面的职能，引导子公司打造"中国水电"质量品牌，以质量品牌为公司持续稳步快速发展提供支撑和保障，主要做了以下工作：

(1) 积极组织开展灾后恢复重建工作。

2010年，工程科技部参与了青海玉树灾后恢复重建工作，牵头承担了汶川地震灾后重建后续工作和3家子公司遭受洪灾后的损失认定、补偿等有关工作。

（2）进一步夯实了公司质量管理体系，加大了打造“中国水电”质量品牌的力度。

1）颁布了《股份公司质量管理办法》、《股份公司工程质量事故处理暂行规定》和《股份公司优秀项目经理评选办法》。

2）经部门组织初审、现场复查、评审委员会评审，共39项工程被评为中国水电优质工程。

3）组织召开了股份公司质量管理工作会议，并聘任了首批质量管理专家，建立股份公司质量管理专家库。进行了公司总部三标一体化管理体系换版认证，组织了两次质量专项检查，牵头举办了两期质量管理从业人员培训班。

（3）加强了在建工程项目质量检查工作和质量管理人员培训工作。

1）工程科技部联合安全生产监督管理部等有关部门加强了在建工程项目质量安全检查工作。

2）工程科技部分别组织了水利工程质量管理人员培训班和铁路工程质量管理人员培训班，共培训质量管理人员约200人。

（4）做好资质管理工作、业绩考核工作和学（协）会工作。

（三）在节能减排管理方面

2010年，股份公司认真贯彻落实国资委的《中央企业节能减排管理暂行办法》，成立了环境保护部（与工程科技部合署办公），进一步加大节能减排工作力度。截至2010年底，股份公司圆满完成了国资委下达的节能减排年度考核指标和任期考核指标。

（工程科技部）

工程项目管理

【青海玉树灾后重建工作及子公司洪水灾后重建工作】 2010年青海玉树地震灾害发生后，经国资委推荐，集团公司紧急承担了玉树灾后恢复重建工作，现场施工任务经部门建议委托给水电四局有限公司承担。集团公司成立了玉树地震灾后恢复重建工作领导小组，并设立了三级组织机构，领导小组办公室设在工程科技部。积极开展工作，迅速颁布了《关于加强青海玉树灾后恢复重建工作的指导意见》。在参与重建的4家央企中，集团负责的工程形象和进度是最好的，得到青海省和国资委的好评。2010年集团援建项目共开工建设11项，总建筑面积30余万平方米。工程科技部还牵头承担了2010年3家子公司遭受洪灾后的损失认定、补偿等有关工作。

（李红春 熊海华）

【在建工程项目】

（一）在建工程完成实物工程量统计

2010年，股份公司完成主要工程量如下：

（1）土石方开挖：土方2.49亿立方米，石方1.32亿立方米。

（2）土石方回填：8618.73万立方米。

（3）混凝土浇筑：常态混凝土4773.17万立方米，碾压混凝土503.37万立方米。

（4）机组安装：125台，1132万千瓦。

（5）金属结构制作安装：制作24.71万吨，安装25.23万吨。

（6）基础处理：灌浆265.86万米，防渗墙402.00万平方米。

（二）2010年在建工程质量情况

截至2010年底（根据各单位上报资料统计），在建工程中，全部单元工程19.81万个，其中优良单元工程18.09万个，优良品率96.31%；一次验收合格率99.3%；未发生重大质量事故。

（李红春 熊海华）

【2010年质量检查】 2010年，工程科技部联合安全生产监督管理部等有关部门加强了对在建工程项目质量安全检查工作，特别是对在建铁路工程项目和南水北调工程项目的质量检查工作，对工程项目质量工作起到了较好的促进作用。

（工程科技部）

【2010年质量培训工作】 2010年，工程科技部分别组织了水利工程质量管理人员培训班和铁路工程质量管理人员培训班，共培训质量管理人员约200人。另外，在结合总部贯标工作中，举办了总部内审员培训班。

（工程科技部）

【2010年度股份公司获电力行业、全国优秀施工企业名单】

（一）全国电力建设优秀施工企业名单

中国水电建设股份公司、水电四局有限公司、水电七局有限公司、水电八局有限公司、水电十三局有限公司。

（二）全国优秀施工企业获得单位

中国水电建设股份公司、水电十五局有限公司、水电七局有限公司、水电十三局有限公司、水电四局有限公司。

（刘华俊）

【2010 年度股份公司各级优秀项目经理】

（一）股份公司优秀项目经理

2010 年，股份公司共有 59 人获得股份公司优秀项目经理称号，名单如下：于海安、杨少山、张永东、王保春、李炳汉、常民、张宏、王俊明、张宏伟、廖成林、李法海、谢仕平、赵军、郑万胜、丁晓强、马雨峰、赵立强、王学仁、唐崇正、陈宇、潘广宇、贺毅、杨建安、谭峰、白延庆、谢卫东、李正江、张俊、杨友录、邹晓松、胡湛军、杨志才、赵喜云、练新军、黄德平、应宁坚、赵余红、章余红、侯学刚、齐保军、沈亮、司圣文、刘建平、张世越、刘洪卫、张昆、刘士诚、钱永平、唐扬文、郭联合、白小成、韩林安、李占勤、秦边疆、林文进、李介立、吕锋、李久春、陈一平。

（二）全国电力建设优秀项目经理

2010 年，股份公司共有 26 人获得全国电力建设优秀项目经理称号，名单如下：舒江、徐庆元、吴文豪、宫凌杰、薛天野、李介立、何明峡、屈劲松、张宏伟、高建民、林山、赵军、李法海、丁晓强、马雨峰、徐成中、白永生、刘凤龙、童泽林、章亦耘、练新军、黄彦德、戚继舫、韩林安、秦边疆、林文进。

（三）全国工程建设优秀项目经理

2010 年度，股份公司共有 12 人获得优秀项目经理称号，名单如下：秦边疆、童泽林、白永生、徐成中、屈劲松、章亦耘、林文进、黄彦德、范开平、高建民、林山、赵军。

（刘华俊）

【2010 年度股份公司各级优质工程获奖项目】

（一）鲁班奖

2010 年，股份公司共有 4 项工程荣获中国建筑工程鲁班奖，分别是：水电六局有限公司和水电五局有限公司承建的江苏宜兴抽水蓄能电站；水电十四局有限公司、水电七局有限公司、水电六局有限公司、基础局有限公司、水电十一局有限公司和水电十五局有限公司承建的黄河小浪底水利枢纽工程；水电十五局有限公司承建的新疆乌鲁瓦提水利枢纽工程；水电七局有限公司和水电五局有限公司承建的苏丹麦洛维水利枢纽工程。

（二）国家优质工程奖

2010 年，股份公司共有 3 项工程获国家优质工程银奖，分别是：水电十六局有限公司、水电十一局有限公司、水电十四局有限公司承建的云南李仙江戈兰滩水电站工程，水电八局有限公司承建的华能巢湖发电有限责任公司一期工程，水电三局有限公司承建的湘江航运开发株洲航电枢纽工程。

（三）中国水利工程优质（大禹）奖

2010 年，股份公司共有 3 项工程获中国水利工程优质（大禹）奖，分别是：水电十五局有限公司承建的乌鲁瓦提水利枢纽工程、沂沭泗河洪水东调南下续建工程刘家道口枢纽工程，水电五局有限公司承建的甘肃省昌马水库枢纽工程。

（四）中国电力优质工程奖

2010 年，股份公司共有 4 项工程获中国电力优质工程奖，分别是：江苏宜兴抽水蓄能电站工程、云南李仙江戈兰滩水电站工程、贵州清水河大花水水电站工程和华能吉林通榆风电特许权项目二期 100.5 兆瓦工程。

（李红春　熊海华）

科技开发与管理

【股份公司科技考核工作】　2010 年，科技考核与奖励工作有效开展。股份公司两级企业建立了科技工作考核制度，科技工作考核纳入企业经营业绩考核，与企业负责人年薪挂钩。

2010 年，共有 6 家企业获得股份公司 2010 年度科技进步先进企业荣誉称号，分别是：水电七局有限公司、水电八局有限公司（并列第一）、水电四局有限公司、水电五局有限公司、水电三局有限公司、水电十四局有限公司。

（李红春　熊海华）

【股份公司科技成果鉴定工作】　2010 年公司立项的科技项目共有 32 项完成鉴定验收，被专家鉴定为国际领先 8 项、国际先进 15 项、国内领先 4 项、国内先进 5 项。

（李红春　熊海华）

【股份公司科学技术进步奖】　2010 年，经股份公司科学技术专家委员会评审、投票表决，共 36 个科研项目分别获得特等奖和一、二、三等奖。其中由股份公司立项，水电八局有限公司完成的“椭圆双极线性聚能药柱爆破技术研究与应用”、水电七局有限公司完成的“复杂地质高陡边坡施工技术与安全控制”、水电四局有限公司完成的“小湾水电站特高拱坝施工技术”获特等奖。

（李红春　熊海华）

【股份公司中国电力科学技术奖获奖项目】 在中国电机工程学会组织的 2010 年度中国电力科技奖评审中，股份公司获得二等奖 1 项，三等奖 5 项。

（李红春　熊海华）

【股份公司水力发电科学技术奖获奖项目】 在中国水力发电工程学会首次开展的水力发电科学技术奖评审中，股份公司获得一等奖 1 项，二等奖 2 项，三等奖 8 项。

（李红春　熊海华）

【股份公司国家科技进步奖获奖项目】 2010 年，由股份公司立项、水电七局有限公司牵头组织研究的科研项目《200 米级高碾压混凝土重力坝关键技术》荣获 2010 年度国家科技进步二等奖。

《200 米级高碾压混凝土重力坝关键技术》对 200 米级碾压混凝土重力坝的坝体断面、防渗排水结构、温控防裂和碾压混凝土高温多雨气候环境下全年连续施工等关键技术问题进行了深入研究，研究成果为龙滩工程设计和施工提供了技术基础。该项研究成果已在龙滩大坝工程中应用，解决了设计和施工中的关键技术问题，使大坝工期缩短一年，提前蓄水发电，取得了显著经济和社会效益。相关成果已在光照等高碾压混凝土坝工程中推广应用。

（李红春　熊海华）

【股份公司科研立项、重大科技专项立项工作】

（1）经过评审，2010 年股份公司建议立项的科研项目共有 24 项，其中，股份公司提供经费资助项目 24 项，资助经费预算总计 740 万元，需各公司自筹经费 1280 万元，合计 2020 万元。

（2）股份公司 2010 年首批批准立项重大科技专项 4 项，分别为：

1）特高拱坝关键施工技术研究与应用。

2）特大地下洞室群施工安全环保关键技术研究与应用。

3）特高边坡关键施工技术研究与应用。

4）高速铁路施工关键技术研究。

（李红春　熊海华）

贯标工作

【股份公司总部质量、环境、职业健康安全体系运行工作】 2010 年股份公司总部完成了质量、环境、职业健康安全体系三年一次的换证认证工作，三个体系运行良好。

（李红春　熊海华）

节能减排工作

【股份公司节能减排管理】 2010 年，股份公司认真贯彻落实国资委的《中央企业节能减排管理暂行办法》，成立了环境保护部，进一步加大节能减排工作力度。截至 2010 年底，股份公司圆满完成了国资委下达的节能减排年度考核指标和任期考核指标。主要做了以下工作：

（1）公司节能减排组织管理、统计监测和考核奖惩体系等三大体系不断健全。

（2）继续加强企业节能减排管理制度建设。

（3）积极开展节能减排宣传周活动。

（4）举办了公司节能减排管理培训班。

（5）配合财务产权部做好国资委对集团公司第三任期和“十二五”节能减排考核目标的测评工作。

（李红春　熊海华）

专利工作

【股份公司专利】 2010 年，股份公司获得国家专利 120 项，其中发明专利 17 项，实用新型专利 103 项，在 2009 年末股份公司拥有专利总数项的基础上，增长了一倍多。另有 103 项技术申请专利已获受理。

（李红春　熊海华）

资质管理

【股份公司资质管理】 2010 年，股份公司资质工作主要按照建设部特级企业重新核定展开。股份公司各特级资质企业，除设计甲级资质所需条件外，其他条件已基本具备。

常规资质申报方面成果如下：

（1）水电十二局有限公司获得爆破与拆除工程专业承包一级资质。

（2）水电十四局有限公司获得工程设计水利行业（水库枢纽、灌溉排涝）乙级资质。

（3）水电五局有限公司获得工程设计水利行业（河道整治）乙级资质。

（4）水电十四局有限公司获得隧道工程专业承包一级资质。

（5）路桥公司获得铁路工程施工总承包三级资质。

（6）水电十五局有限公司获得隧道工程和桥梁工程专业承包一级资质。

（7）水电七局有限公司获得铁路工程施工总承包三级资质。

（李红春　熊海华）

学（协）会及标准化工作

【水电行业学（协）会工作】 2010年，股份公司作为水利水电建设行业龙头施工企业，积极发挥行业学（协）会牵头骨干力量，不断加大力度参加水利水电及相关行业的学（协）会工作，股份公司技术类学（协）会的地位继续得到加强。

（李红春 熊海华）

【行业标准化工作】 2010年，股份公司完成制定和修订电力行业标准送审稿12部，征求意见稿9部，其中有11部标准完成报批。

（李红春 熊海华）

专业会议

【股份公司质量管理专题会议】 2010年7月12～13日，股份公司2010年质量管理工作会议在京召开。股份公司副总经理孙洪水参加会议并讲话，总工程师宗敦峰作了《顺势勇为、锐意创新、扎实工作，全面推进股份公司质量管理工作上水平》的工作报告。会议总结了2009年安全质量专题工作会议以来股份公司的质量管理工作并交流了经验，研究部署了今后一段时期的工作重点，表彰了一批公司优质工程，还讨论了《中国水利水电建设股份有限公司质量管理办法》和《中国水利水电建设股份有限公司工程质量事故处理暂行规定》等规章制度。

（李红春 熊海华）

市场经营

市场经营部

【部门2010年工作】 2010年，市场经营部积极拓展工作思路，创新市场营销管理方法，强化精益化管理基础，加强投资造价控制，提升总部价值服务，推动科学管理上水平，圆满完成了各项任务。

（一）积极拓展工作思路，加大市场营销管理力度，国内水电市场营销成效显著

（1）市场经营部依据市场形势，着力开拓电力系统在水电产业外的投资市场。2010年市场营销管理成效显著，全年新签国内水利水电工程合同488.32亿元，较去年同期增长37.7%。

（2）充分发挥股份公司大平台作用，积极开拓市场空间，提高公司影响力。2010年8月在郑州市组织召开南水北调工程项目建设专项会议，获得建设单位高度重视。2010年公司在南水北调工程建设中完成新签合同118.8亿元，同比增加34%。

（二）强化精益化管理，大力夯实管理基础

（1）完善管理制度，规范公司治理。

（2）贯彻落实工作会议精神，积极开展“管理创效年”活动。

（3）推进信息化建设，提高业务管理效率。

（三）加强在建项目调查，提高股份公司履约水平

（1）2010年度对15家顾客单位进行了满意度调查，满意度达88%。

（2）2010年3月完成了南水北调京石段项目履约情况调查，分析指出各子公司合同履约中存在的共性问题，提高了项目履约管理水平。

（3）建立南水北调在建项目季报制度及内部合同半年报制度。

（四）规范项目招标行为，加强投资造价控制

（1）审查项目分标规划，提高分标科学性。

（2）建立项目招标计划，提高招标计划性。

（3）审批大额招标结果，提高招标规范化。

（4）审查项目执行概算，提高投资可控性。

（五）利用管理创新平台，推动科学管理上水平

（1）择优推荐5项成果参加中国电力企业联合会评选，其中4项成果获得二等奖。择优推荐了3项成果参加中国企业联合会评选，2项成果获国家级二等奖。

（2）2010年6月组织召开科学管理委及各专委会秘书长会议，对2009年科学管理与创新结题课题进展情况进行跟踪检查和指导，完成了11个课题的

结题工作。

（六）加强经营形势分析，完善部门职能建设

1. 加强经营形势分析，完善经营计划管理

（1）根据公司领导批示，牵头编写股份公司各季度经营分析报告。

（2）参与了各子公司2009年度经营业绩考核认定，并制定下达了2010年各公司生产经营及营销计划。

2. 加强统计工作，提供决策依据

（1）组织编写季度统计报表，分析经营活动指标，为决策提供依据。

（2）组织举办了综合统计业务培训班，来自各子企业以及二级单位的64名学员参加了培训。

（3）顺利通过北京市统计局统计执法检查。

（4）股份公司2009～2010年统计工作第六次荣获国家统计局颁发的建筑业统计工作评比特等奖。

（七）推进学习型总部建设，全力配合总部其他部门工作

（1）加强学习，大力推动学习型总部建设。

（2）团结协作，全力配合总部其他部门工作。

（件义平）

市场营销

【规范合作营销】 2010年11月25日，针对市场营销过程中存在的子企业与外部企业或个人合作不规范行为，市场经营部下达了《关于规范市场营销中合作营销的通知》（中水电股经〔2010〕61号），通知分析了规范营销行为对风险防范的重要意义，部署了下一步规范营销行为的重点工作，以期建立职责明确、程序合法、行为规范的市场营销秩序，以制度化管理防范、控制和化解合作营销活动中的法律风险和经济风险。

（件义平）

【建筑市场营销战略实施办法】 2010年4月15日，为规避市场风险，充分利用“两个市场”、“两种资源”，促进公司国内外建筑市场规范发展，确保国有资产的保值增值，股份公司制定了《建筑市场营销战略实施办法》，本办法共10章38条，包括总则、市场营销战略和主要任务、市场准入、市场信息的收集与利用、市场风险控制、市场营销部门的职能、市场统筹、坚决制止极端超低价投标、处罚制度、附则等，自发布之日起执行。

（件义平）

【多元化市场开拓】 2010年市场经营部积极实施股份公司市场经营战略，强化市场统筹，善于抢抓机遇，主动配合其他板块，依照“巩固水电市场地位，抢占水利市场份额，积极进入电力系统非水电产业”的营销策略，运用分散营销与集中营销相结合，着力开拓各发电系统在水电产业外的投资市场，积极拓展南水北调、风电、核电、军工、港航等市场，取得了较好成效。

（件义平）

【海峡西岸市场调查】 市场经营部积极参与股份公司海峡西岸市场调查，2010年1月7日，分别对福州（平潭）和厦门（海门）区域展开调研，为股份公司参与海峡西岸经济区建设提供决策参考，并积极协助有关部门和海西区域总部展开市场营销。

（件义平）

经营管理

【2010年生产经营计划】 根据公司发展规划、年度营销计划、市场形势及在建项目合同执行情况，市场经营部制定并于2010年3月4日下达了2010年各公司生产经营及非水电自主营销计划，拟定了投资项目造价指标考核目标。

（件义平）

【2009年经营业绩考核】 根据股份公司业绩考核委员会统一安排，市场经营部2010年1月派人参加了2009年度各子公司营业收入、非水电自主营销、投资项目造价指标等经营业绩考核指标认定工作。

（件义平）

【内部经济纠纷调解办法】 2010年5月12日，为维护股份公司股东权益，维护各子公司合法权益，公正、及时、合理和有效地调解内部经济纠纷与争议，市场经营部负责修订了《内部经济纠纷调解办法》，经征求有关部门意见，并经股份公司领导审批后，以《中水电股经〔2010〕34号》文件印发执行。本办法对内部经济纠纷调解的原则、范围、方式、程序等方面作了规定。

（件义平）

【工程分包管理办法】 2010年4月15日，为进一步加强对工程分包的监督管理，规范工程分包秩序，确保在建项目进度、质量和安全受控，市场经营部负责修订了《工程分包管理办法》，以中水电股〔2010〕33号文件印发执行。本办法明确了股份公司分包管理的基本原则，建立了分包管理基本制度，

建立了分包策划制度，明确了分包商选择基本要求、分包合同签订基本要求、分包商履约过程评价、分包工程结算与清算基本要求、分包项目用工监督与检查、分包档案管理等。

（仵义平）

【分包商资源库管理办法】 2010年5月21日，为加强对股份公司分包商的监督管理，优化社会资源配置，完善分包商管理，提高工程分包管理水平，增强项目履约能力，确保工程项目质量、安全和进度，市场经营部负责修订了《分包商资源库管理办法》，以中水电股经〔2010〕36号文件印发执行。办法明确了分包商资源库管理必须坚持的基本要求与基本原则，建立了分包商管理基本制度，分包商分类形式与标准，分包商入库、评审与使用基本要求，实施分包商动态管理，建立了分包商退出机制。

（仵义平）

【内部合同监督协调办法】 2010年5月20日，为维护股份公司整体利益，建立合规合法、权责清晰、履约规范的内部合同关系，提高内部合同管理工作水平，公正、及时、规范和有效地处理内部合同争议与纠纷，市场经营部修订了《内部合同监督协调办法（试行）》，以中水电股经〔2010〕33号文件印发执行。本办法从内部合同的准备、订立、生效、履行、变更、解除、纠纷解决、终止、立卷归档等方面，对内部合同全过程进行有效管理。

（仵义平）

【建筑工程施工合同（范本）】 2010年5月12日，为进一步规范工程分包市场，提高项目防范风险及项目精细化管理水平，根据《合同法》有关条款，市场经营部负责修订了《建筑工程施工合同（范本）》，以中水电股经〔2010〕31号文件印发执行。

（仵义平）

【国内联营体运营管理规定】 2010年4月15日，为加强股份公司国内项目联营体管理工作，提升联营体管理水平，确保联营体实现经营效益最大化目标，市场经营部负责修订了《国内联营体运营管理规定》，以中水电股〔2010〕32号文件印发执行。办法明确了国内联营体的组建、参与方的权利责任、组织机构的设立、人事管理、生产要素管理、工程分包与物资采购、财务管理、资金管理、效能监察、审计管理等规定。

（仵义平）

【南水北调京石段项目履约情况调查】 2010年3月，市场经营部对各子公司在南水北调京石段项目的合同履约情况进行了调查，并把剩余尾工、发生缺陷与处理情况及遗留问题进行梳理，撰写了《股份公司南水北调工程京石段建设项目合同执行情况》并上报公司。

（仵义平）

【南水北调劳动竞赛工作】 2010年8月31日，股份公司在南水北调郑州专题会议上决定自2010年9月1日至12月31日在南水北调河南段开展劳动竞赛活动，确保工程建设目标实现。市场经营部参与了活动目标拟定和阶段目标完成情况的考核工作。

（仵义平）

【灾后损失认定】 2010年入汛后，水电一局有限公司口前基地，水电六局有限公司太平湾基地、蒲石河项目和三湾水利枢纽项目，水电十局有限公司都江堰板房区及医院，水电十六局有限公司南平、沙溪口基地先后遭受特大洪水灾害，部分房屋和厂房被淹，设施被洪水冲毁，造成重大财产损失。市场经营部根据各受灾企业上报的相关材料，参与了损失认定工作。

（郑悦峰）

【建造合同研讨会】 2010年8月3～4日，市场经营部参与了股份公司组织的在长沙召开的《建造合同准则执行管理与提高》研讨会，会议主要总结《建造合同准则》执行中的经验，研究、分析执行《建造合同准则》工作中的难点、存在的问题并商量对策。

（徐鹏程）

【市场经营管理系统】 股份公司市场经营管理系统包括市场营销子系统、经营管理子系统、投资建设管理子系统和综合统计子系统四个子系统，部署在股份公司内网。2010年10月14日，市场经营管理系统正式启用，系统经历9个月开发、测试，3个月试运行，6个月正式运行，基本达到股份公司要求。

（仵义平）

【工程效能监察】 2010年8～9月，市场经营部参加了股份公司监察部组织的2010年度国际项目效能监察，分析总结了区域经理部市场营销管理与合同商务管理、项目部合同商务管理的经验与成绩，并查找管理中存在的问题，提出了整改要求。

（仵义平）

【廉洁从业专项教育活动检查】 2010年6月，市场经营部参加了股份公司组织的廉洁从业专项教育活动检查工作，对子公司廉洁从业专项教育活动的组织、开展情况进行了检查，并提出了建设性意见。

（仵义平）

【2010年顾客满意度调查】 为提高股份公司各子公司项目管理水平和履约能力，市场经营部通过前期策划、调查分析、整改落实、意见反馈等四个阶段，于2010年7～10月对15家顾客单位进行了满意度调查，并根据顾客单位反馈提出整改通知单，督促相关成员企业落实整改。

（仵义平）

【调解合同纠纷，规范内部合同履约】 2010年，市场经营部负责处理了水电九局有限公司和新能源公司关于圆满贯水电站合同纠纷、水电八局有限公司与水电七局有限公司关于糯扎渡水电站溢洪道项目的合同争议。市场经营部根据《内部经济纠纷调解办法》，通过调研分析、专家会审、双方答辩，最终确定了争议双方均认可的调解方案，较好地解决了双方多年争议问题。

（仵义平）

【分包商资源库系统】 按照股份公司《分包商资源库管理办法》（中水电股经〔2010〕36号）相关要求，分包商资源库管理系统实现了对分包商信息的收集、展示、动态管理、评审等功能，并根据用户不同，实现内网评审（市场经营管理系统）和外网填报信息（中国水利水电信息资源网）相结合的模式，实现了对股份公司分包商资源进行信息化管理的基本需求。

（仵义平）

造价管理

【投资建设项目招标管理办法】 为满足体制改革管理要求，2010年4月26日，股份公司修订印发了《中国水利水电建设股份有限公司投资建设项目招标管理办法》（中水电股〔2010〕57号），内容包括总则、机构职责、招标计划、开标管理、评标管理、定标管理、合同签订和其他共8章59条，自发布之日起施行。

（胡慧君）

【2010年投资建设项目招标计划评审】 2010年，股份公司共审批四川公司等10家单位年度投资建设项目招标计划462项，招标金额94.21亿元，涉及水电、火电、风电、公路、房地产等行业。

（胡慧君）

【审查投资建设项目分标规划】 2010年，股份公司共审批四川公司等单位6个投资建设项目整体分标规划，对分标规划提出了意见和建议，提高了招标科学性。

（胡慧君）

【大额重要招标项目结果审批】 2010年，股份公司共完成四川公司等单位21项大额重要招标项目结果审批，为股份公司招标工作规范、公平运转提供了保障。

（胡慧君）

【甲米一级水电站和者磨山二期风电场执行概算初审】 2010年，市场经营部完成了四川公司甲米一级水电站和水电十四局有限公司者磨山二期风电场执行概算的初审，从编制原则、编制时间等方面提出了评审意见。

（胡慧君）

管理创新

【科学管理委员会章程】 2010年5月14日，股份公司修订印发了《中国水利水电建设股份有限公司科学管理委员会章程》（中水电股〔2010〕64号），内容包括总则、工作任务、组织机构、工作制度、活动经费和其他共6章25条，自发布之日起施行。

（胡慧君）

【股份公司两项成果获国家级管理创新成果奖】 2010年10月，股份公司组织申报第十七届全国企业管理创新成果，推选出3项成果参与评选，其中2项成果被审定为二等奖，分别是股份公司申报的“大型施工企业攻守平衡的风险管理”和路桥公司申报的“施工企业融资建造项目决策管理”。

（胡慧君）

【股份公司四项成果获电力行业管理创新成果奖】 2010年5月，股份公司组织推选5项管理创新成果参与中国电力企业联合会组织的2010年电力行业企业管理创新成果奖申报，其中有4项成果被评为二等奖。

（胡慧君）

综合统计

【综合统计工作】 截至2010年底，市场经营部完成了股份公司2009年报表汇编、各季度报表统计及分析、12次月报；完成了国家统计局建筑业统计年报、各季度股份公司生产情况、财务状况、房屋建筑情况统计报表；完成了2010年北京市经济状况调查统计；完成了海淀区统计局各季度关于股份公司总部生产情况、能源消耗情况、财务状况统计报表；完成了国资委2009年度和2010年各季度企业调查问卷等工作。

（郝维华）

【统计管理办法】 2010年5月，市场经营部印发了《中国水利水电建设股份有限公司统计管理办法》（中水电股经〔2010〕35号），办法对统计机构、统计人员职责、统计制度、统计调查、统计资料的公布与管理、统计检查与监督、统计奖励与惩罚等进一步作了明确规定。

（郝维华）

【综合统计业务培训班】 2010年6月1～5日，股份公司在北京举办了综合统计业务培训班，来自各子公司的64名学员参加了培训。培训的课程有：新统计法解读与执法检查、工程预算与财务核算、统计数据分析与统计分析报告等。

（郝维华）

【建筑业统计工作评比特等奖】 2010年股份公司统计工作成绩突出，再次获得国家统计局颁发的建筑业统计工作评比特等奖。

2010年，市场经营部修订了《中国水利水电建设股份有限公司统计管理办法》，及时健全和强化统计报表制度、统计指标体系、统计规章制度，采取切实可行措施，保证了统计数据质量，有效加强和规范了综合统计工作。同时，股份公司建立市场经营管理系统，综合统计作为核心运行模块正式启用，信息化水平稳步提升。

（郝维华）

专业会议

【2010年市场营销专题会议】 2010年9月1日，股份公司在郑州召开了2010年市场营销专题会议。股份公司总经理刘起涛出席会议并作重要讲话，副总经理李跃平作了《紧抓发展机遇，创新营销模式，积极主动抢占市场份额，促进核心业务健康发展》的专题报告。会上总结了2010年市场营销形势，阐述了发展思路，分析了主要问题，指出了潜在风险，剖析了工作中的不足，就下一阶段市场营销工作提出了具体要求。

（仵义平）

【2010年南水北调工程项目建设专项会议】 2010年8月31日，股份公司在郑州组织召开了南水北调工程项目建设专项会议。专项会议贯彻落实了“提高管理创效益，加强履约促开发”的要求，获得建设单位高度重视，为扩大公司在南水北调的影响力起到了良好作用。

（仵义平）

安全生产监督管理

安全生产监督管理部

【部门2010年工作】 2010年，安全生产监督管理部开展了以隐患排查治理为重点内容的“安全生产心中有数”活动，以点带面推动股份公司所属各单位、项目部加强安全督查和安全检查考核，排查各类安全隐患，强化履职能力建设；以股份公司上市为契机，梳理和完善各类安全生产管理制度，运用信息系统服务和监控施工现场，加强安全管理队伍建设和教育培训工作，推进安全生产管理工作标准化，保持了安全生产形势持续稳定和受控。

主要开展的工作如下：进一步落实安全生产责任制，强化安全履责；开展“安全生产心中有数”活动，推动各级第一责任人正确履职；认真组织和开展隐患排查治理工作，重点消除较大事故隐患；结合实际修订安全管理制度，进一步健全和完善安全生产制度体系；进一步落实项目安全总监制度，加强安全教育培训工作；加强国际项目和铁路、公路等非水电项目的安全监管力度；以安全管理信息系统为平台，推动各单位安全管理过程标准化；加强了公司安全生产应急救援管理工作。

基于上述努力，2010 年公司安全生产形势持续稳定、受控，没有发生较大及以上安全生产责任事故，与上年相比，包括自然灾害在内的各类事故起数下降 40%，死亡人数下降 75%。尤其是在全国多地遭受洪涝灾害和恶劣天气的情况下，自然灾害引发的人身伤亡事故得到有效遏制。全年共发生 2 起一般安全生产责任事故、死亡 2 人。

（高　翔）

制度建设

【安全生产心中有数活动】　为贯彻全国安全生产工作会议和国资委安全生产工作会议精神，预防各类事故发生，保持安全生产形势持续稳定受控，股份公司决定开展“安全生产心中有数”活动，活动分两个阶段进行：第一阶段（3～4 月）为各项目自查自纠、各公司进行检查落实阶段；第二阶段（5～6 月）股份公司组织 12 个安全生产督查组对各单位工作开展情况进行督查。

活动的主要内容是：子公司一把手对本单位安全工作做到 3 个心中有数：①对班子成员、职能部门的安全责任及落实情况心中有数；②对存在重大不安全因素的项目和重大隐患心中有数；③对安全生产监管薄弱的项目部心中有数。各项目经理对项目安全生产做到 6 个心中有数：①对项目班子成员和职能部门的安全责任及落实情况心中有数；②对生活办公营地、作业现场的事故隐患及防范措施心中有数；③对所有设备安全性能心中有数；④对安全技术措施心中有数；⑤对员工尤其是一线员工的安全意识和安全技能心中有数；⑥对现场安全监管尤其是对分包协作队伍（架子队）的安全监管心中有数。

（贺芳明）

【应急预案修订】　依据《生产经营单位生产安全事故应急预案评审指南》，按照关键要素、一般要素的要求，股份公司对原有的《生产安全事故和自然灾害应急救援预案》重新进行修订和发布，确保应急救援预案的适宜性和可操作性。

（王建伟）

安全生产管理

【事故隐患排查整治工作】　2010 年，股份公司对所属 28 个子公司（控股公司）的 1200 余个项目开展了隐患排查治理工作，共计排查出一般隐患 6628 项，整改 6303 项，整改率 98.84%；排查出重大隐患 82 项，整改 66 项，整改率 80.49%；列入治理计划的重大隐患 16 项，落实治理资金 1405 万元。对发现的重大隐患制定了专项措施，按照定人员、定措施、定时限、定责任等原则监控治理。

（贺芳明）

【股份公司注册安全工程师注册申报工作】　4 月 10 日，股份公司向国家安全生产监督管理总局推荐了 6 名初始注册安全工程师，7 月初顺利取得注册证。12 月底，公司向国家安全生产监督管理总局推荐了 60 名初始注册、51 名延续注册和 6 名变更注册安全工程师。

（陈魏龙）

【安全管理培训】　2010 年，安全生产监督管理部在培训基地和各单位培训中心共组织了 2 期安全管理人员培训班、3 期安全管理继续教育培训班、1 期注册安全工程师继续教育班，共培训和再教育项目经理、安全管理人员 1000 多人次，均取得水利部“三类人员安全生产考核合格证书”，培训教育注册安全工程师 80 多人，加强了股份公司各单位安全管理人员安全素质，提高了履职能力。

（唐晓勇）

【“安全生产月”活动】　2010 年 6 月，子公司按照股份公司统一部署，开展了一系列安全月活动，继 6 月 1 日各单位在机关本部和国内外项目部以安全会议、安全签名、安全宣誓、升安全旗等多种形式启动“安全生产月”活动后，股份公司和各单位于 6 月 13 日又集中开展了安全生产咨询日和应急预案演练周活动，持续提高了全体员工安全意识和安全技能，加强了事故预防能力和应急管理工作。

（王建伟）

【职业健康安全体系认证】　10 月 16～19 日，北京大陆航星质量认证中心到股份公司进行第三方认证审核，并对京沪高铁三标项目进行现场审核。审核认为股份公司安全管理体系运行正常，符合标准要求，决定推荐给股份公司颁发职业健康安全管理体系认证证书；同时，也发现了职业健康安全管理体系中存在的问题，通过举一反三进行整改，持续改进了股份公司一体化管理体系。

（陈魏龙）

安全生产检查

【防汛检查】 2010年5月，为有效防范汛期突发性山洪、滑坡、泥石流等次生灾害和可能由自然灾害引发的安全事故，股份公司成立了以副总经理孙洪水为组长的汛期安全生产工作领导小组，并下发了《关于切实做好汛期安全生产加强自然灾害防范工作的通知》，要求各单位要成立汛期安全生产工作领导小组，加强安全风险分析和评估，制订切实可行的防范措施；加强对重点监控项目和各项目部防度汛措施的安全检查；建立和完善自然灾害监测预警机制，加强对重大自然灾害信息的滚动预警和预报工作；加强应急值守，建立领导日常带班制度，保证信息畅通，发现重大险情时要立即启动应急预案，妥善处置事故，最大限度减少人员伤亡和财产损失。

（王建伟）

【事业部检查与调研】 2010年，安全生产监督管理部重点加强了对国际项目和铁路、公路等非水电建设项目的安全管控。安全生产监督管理部参与了国际业务HSE培训，与基础事业部组织2个检查组对铁路在建项目进行安全检查，并多次到京沪、宁杭、南广、贵广、武郚、成名、成简等建设项目进行培训和检查，统一了股份公司各单位安全生产管理制度执行力，推动了国际和非水电项目安全管理工作。

（刘凤权）

【2010年度安全生产综合考核】 2010年11月初到12月中旬，股份公司派出10个检查考核组，对公司所属66个项目部进行安全考核。通过考核，有27个子企业被评为股份公司安全生产优秀企业，121个项目部（项目经理）被评为安全生产优秀项目部（项目经理），152名基层单位从业人员被评为安全生产先进个人。

（刘凤权）

专业会议

【2010年安全生产工作会议】 2010年1月31日，股份公司召开了2010年安全生产工作会议，股份公司领导班子、高级管理人员、总部各部门主任、各子企业党政一把手、分管安全负责人共125人参加会议。

股份公司董事长范集湘在会上作重要讲话，副总经理孙洪水作工作报告。总经理刘起涛代表股份公司与各子公司、控股公司签订了2010年度安全生产责任书。会议表彰了25个安全生产优秀企业，103个安全生产先进项目部（集体），103名优秀项目经理（负责人），133名安全生产先进个人。

（贺芳明）

【安全生产视频会议】 2010年3月18日，股份公司召开会议传达贯彻国资委2010年安全生产工作会议精神。股份公司领导范集湘、刘起涛、孙洪水出席会议并讲话，黄保东、孙璀、陈永录出席会议。

会上，孙洪水传达了国资委副主任黄淑和对2004年以来中央企业生产安全责任事故情况的通报和国资委主任李荣融在国资委2010年安全生产工作会议上的讲话精神。

股份公司高级管理人员，各部门主任、副主任，在京控股公司主要领导在主会场参会，各子公司、京外控股公司主要领导在各分会场参会，总计613人参加此次视频会议。

（王建伟）

【2010年安全生产专题会议】 2010年9月3日，股份公司在北京召开2010年安全生产专题工作会议，贯彻落实《国务院关于进一步加强企业安全生产工作的通知》，并提出以建设本质安全企业为目标，从规范安全技术、提高员工素质、强化制度的执行力、完善安全管理的体制机制等方面入手，积极探索安全生产管理新方法。股份公司副总经理孙洪水出席会议并讲话，各子公司、控股公司安全生产分管领导、安全总监、部门负责人、督察组组长共计70多人参加了会议。

（唐晓勇）

先进单位及先进个人

【股份公司2010年度安全生产优秀企业】

中国水利水电第一工程局有限公司
中国水利水电第二工程局有限公司
中国水利水电第三工程局有限公司
中国水利水电第四工程局有限公司
中国水利水电第五工程局有限公司
中国水利水电第六工程局有限公司
中国水利水电第七工程局有限公司
中国水利水电第八工程局有限公司
中国水利水电第九工程局有限公司
中国水利水电第十工程局有限公司
中国水利水电第十一工程局有限公司
中国水利水电第十二工程局有限公司

中国水利水电第十三工程局有限公司
中国水利水电第十四工程局有限公司
中国水电建设集团十五工程局有限公司
中国水利水电第十六工程局有限公司
中国水利水电建设集团国际工程有限公司
中国水利水电建设集团四川电力开发有限公司
中国水利水电建设集团新能源开发有限责任公司
中国水利水电建设集团路桥工程有限公司
中国水利水电建设集团房地产有限公司
中国水利水电建设集团华亭发电有限责任公司
中国水利水电建设集团崇信发电有限责任公司
中国水利水电建设集团租赁控股有限公司
中国水利水电建设集团港航建设有限公司
中国水电基础局有限公司
中国水电集团京沪高速铁路土建工程三标段项目经理部

（陈魏龙）

【2010 年度安全生产先进单位及优秀项目经理】

序号	项目部（集体）	项目经理
1	水电一局有限公司江边水电站项目部	邱仁庆
2	水电一局有限公司成简快速路项目部	安之若
3	水电一局有限公司黄登水电站项目部	王志范
4	水电一局有限公司鲁地拉施工局	张志强
5	水电一局有限公司哈达山项目部	贾秀峰
6	水电二局有限公司西岸官邸项目部	林胜强
7	水电二局有限公司博茨瓦纳卡玛机场项目部	于海安
8	水电二局有限公司南水北调鹤壁项目部	兰　德
9	水电二局有限公司利比亚贝达 608 套房建项目部	杨学良
10	水电三局有限公司向家坝施工局	闫景参
11	水电三局有限公司阿海施工局	屈劲松
12	水电三局有限公司京沪高铁项目部	沈建平
13	水电四局有限公司宁杭客专工程指挥部	高建民
14	水电四局有限公司向家坝机电安装项目部	李津沛
15	水电四局有限公司博茨瓦纳项目部	闫兴华
16	水电四局有限公司安哥拉索尤项目部	刘延明
17	水电四局有限公司南水北调沙河渡槽工程项目部	金　俊
18	水电四局有限公司纳子峡项目部	王裕彪
19	水电四局有限公司宁杭客专丁蜀梁场	葛建军
20	水电四局有限公司黄丰项目部	赵永鹏
21	水电四局有限公司南水北调 TJ4-4 标项目部	王　贤
22	水电四局有限公司水工机械总厂加工中心	董志忠
23	水电五局有限公司三分局	刘勇军
24	水电五局有限公司响水涧施工局	郭文杰
25	水电五局有限公司毛儿盖项目部	李法海
26	水电五局有限公司波波娜项目部	巫世奇
27	水电五局有限公司南水北调焦作段项目部	赵　军
28	水电五局有限公司木里沙湾金结工程项目部	吴前锋
29	水电五局有限公司锦屏施工局	张　强
30	水电五局有限公司埃塞俄比亚瓦加马吉项目部	曹国义
31	水电五局有限公司塔乌高速公路项目部	张曙光
32	水电六局有限公司三分局	付瑞川
33	水电六局有限公司溪洛渡施工局	翟万全
34	水电六局有限公司蒲石河项目部	孙　磊
35	水电六局有限公司拉法基三期项目部	丛振民
36	水电七局有限公司锦屏施工局	蔡　超
37	水电七局有限公司南广铁路项目部	潘广宇
38	水电七局有限公司亭子口水电站施工局	张业勤
39	水电七局有限公司溪洛渡施工局	杨　勇
40	水电七局有限公司 CCMD 罗赛雷斯大坝加高项目部	钟盛超
41	水电七局有限公司桐子林项目部	陈旭东
42	水电七局有限公司水工机械厂	彭拥兵
43	水电七局有限公司向家坝施工局安装工区	徐绍波
44	水电七局有限公司台山市风电场项目部	廖良胤
45	水电七局有限公司成简快速路项目部	高　峰
46	水电七局有限公司阿海拌和和制冷系统项目部	张　斌

续表

序号	项目部（集体）	项目经理
47	水电八局有限公司五分局	黄宝铭
48	水电八局有限公司机电制造安装分局	姚正鸿
49	水电八局有限公司昭化施工局	刘邵星
50	水电八局有限公司南水北调天津项目部	李　刚
51	水电八局有限公司向家坝砂石项目部	邓三才
52	水电八局有限公司鲁地拉砂石施工局	朱邦民
53	水电八局有限公司马来西亚沐若项目部	王　晖
54	水电八局有限公司加纳布维项目部	刘秀平
55	水电九局有限公司观音岩项目部	蔡　静
56	水电九局有限公司黄金坪项目部	李庭坚
57	水电九局有限公司邛名高速项目部	张　俊
58	水电十局有限公司南水北调漳古段项目部	皮晶敏
59	水电十局有限公司福堂水电站项目部	闫志强
60	水电十局有限公司宁朗水电站项目部	侯彦君
61	水电十局有限公司哈萨克斯坦项目部	陈廷康
62	水电十一局有限公司官地项目部	赵喜云
63	水电十一局有限公司大梁水库项目部	丁新强
64	水电十一局有限公司吉勒布拉克项目部	马月俊
65	水电十一局有限公司京沪高铁一工区第七作业处	赵新泽
66	水电十一局有限公司卡里巴北岸电站扩机项目	刘本江
67	水电十一局有限公司埃塞俄比亚 GD99 公路项目	孙东红
68	水电十一局有限公司南水北调高邑赞皇段项目部	赵　祥
69	水电十二局有限公司两河口施工局	应宁坚
70	水电十二局有限公司响水涧施工局	练新军
71	水电十二局有限公司墙框堡水库项目部	李洪林
72	水电十三局有限公司南水北调SG13 标项目部	戚继舫
73	水电十三局有限公司武邵高速项目部	杨旭东
74	水电十三局有限公司青岛双积公路项目部	齐宝军
75	水电十三局有限公司肯尼亚锡卡公路项目部	张玉富
76	水电十三局有限公司卡塔尔 182 供水项目部	孙金辉
77	水电十三局有限公司坦桑尼亚坦嘎项目部	司圣文
78	水电十三局有限公司肯尼亚伊玛里公路项目部	曲　岩
79	水电十三局有限公司京沪高铁七工区	沈　亮
80	水电十四局有限公司牛栏江泵站项目部	刘　涛
81	水电十四局有限公司泸定项目部	张述毕
82	水电十四局有限公司贵广铁路十标指挥部	唐光皋
83	水电十四局有限公司溪洛渡项目部	黄　岗
84	水电十四局有限公司鲁地拉项目部	谢勇兵
85	水电十四局有限公司糯扎渡机电安装项目部	孙泽熙
86	水电十四局有限公司喀麦隆 LOT2 芒菲公路项目部	张宝忠
87	水电十四局有限公司刚果（布）OBO 公路项目部	郭航飞
88	水电十四局有限公司缅甸太平江水电站项目部	马光群
89	水电十四局有限公司西安地铁一号线十标项目部	田永根
90	水电十四局有限公司里底电站项目部	蒋　济
91	水电十五局有限公司苗家坝水电站项目部	范亦农
92	水电十五局有限公司亭口水库项目部	杨　昌
93	水电十五局有限公司克孜加尔水利枢纽项目部	韩林安
94	水电十五局有限公司水文巷住宅楼项目部	解社生
95	水电十六局有限公司南水北调 TJ2—4 标项目部	翁　勇
96	水电十六局有限公司成简快速路四标项目部	冯旭栋
97	水电十六局有限公司响水电站扩机项目部	郑秀同
98	水电十六局有限公司山口水利枢纽项目部	郑昌莹
99	水电十六局有限公司格鲁吉亚公路隧道项目部	许曹津
100	辽工局有限公司山口岩水利枢纽项目部	段晓杰
101	辽工局有限公司大伙房输水六标项目部	冷显好
102	辽工局有限公司大伙房输水鞍山加压站项目	王　志

续表

序号	项目部（集体）	项目经理
103	基础公司大宁调蓄水库项目部	孟凡辉
104	基础公司南水北调辉县项目部	魏忠和
105	基础公司兴隆水利枢纽项目部	郭卫东
106	老挝水泥工业有限公司（国际公司）	李　明
107	中国水电矿业（老挝）钾盐有限公司（国际公司）	童鸿频
108	四川公司四川圣达水电开发有限公司	罗　武
109	四川公司盐源甲米河水电开发有限公司	陈一平
110	新能源公司瓜洲风电有限公司	吴建伟
111	路桥公司武邵高速公路总承包部	李介立
112	路桥公司成简快速路总承包部	王　维
113	房地产公司第二分公司	邓朝辉
114	房地产公司绵阳长兴有限公司	张小军
115	华亭公司技术部锅炉专业组	罗　鹏
116	崇信公司基建工程部	张学军
117	租赁公司设备租赁部	钱庆云
118	港航公司南宁防洪工程项目部	郑济伟
119	港航公司东太湖整治工程项目部	张　平
120	京沪高铁五工区水电十四局	刘仕诚
121	京沪高铁铺轨工区水电十三局	米兰彬

（陈魏龙）

【股份公司2010年度安全生产先进个人】

水电一局有限公司：邓吉明、王军、周景涛、高巍、滕雷、郭磊、金哲光、程凯胜、严在峰。

水电二局有限公司：郜长江、马占军、任全福、刘柱。

水电三局有限公司：高统彪、李曙光、吴天能、付新峡、沈建滨、王保春、董训忠。

水电四局有限公司：刘忠金、王跃文、张宏斌、梁加虎、张玉芳、荆建平。

水电五局有限公司：公丕强、祁强、刘彦鹏、陈治东、杨胜全、侯成林、刘建国、焉庆、张叶祥、魏豫。

水电六局有限公司：高泗忠、王洁、申维英、刘桂香、温霞、郭玉、史艳萍、王淑娥。

水电七局有限公司：赵胜利、彭智辉、胡文山、杨志军、胡俊海、曹明伟、刘剑、任建洪、邱剑、禹冬连。

水电八局有限公司：江先春、朱红、万晓林、易勇、王杰、吴键、郑智仁、隋斌、袁琪、文海波。

水电九局有限公司：徐正铭、蒲建华、王克勤、徐友祥、田敏、本贵文。

水电十局有限公司：廖文斌、龙波、张义飞、刘代权、黄涛、曹毅、杨运鹏、廖海国。

水电十一局有限公司：马凤芝、叶中华、张海峰、郭超杰、孔莹、贾海叶、杨和明、王立法、丁卫江、方绍曾。

水电十二局有限公司：李逢英、刘瑞标、张凯帆、祝敬萍。

水电十三局有限公司：于瑞波、刘荣杰、高宗文、黄彦德、姚晓峰、米志勇、方新畅、王文珏、毛庆明。

水电十四局有限公司：罗霖、刘昆会、李有福、彭春林、张超、李德翔、浦友繁、宋钊忠、李庆堂、李世阳、李朝杰。

水电十五局有限公司：刘国庆、吴飞、邓选惠、王淑云、刘炳宜、孙鸿立、杜国刚。

水电十六局有限公司：王文飞、谢荣复、张武华、李国富、金孝民、吴群、黄宗生、严文福。

辽宁工程局有限公司：冯克锋、栗宜状、孙利、石峰、安钢。

基础局有限公司：周国峰、姚朝铭、李富、贺永利。

国际公司：蒋千璐。

路桥公司：张敏、史永康。

港航公司：王志清、谷素琴、李亮、王志亮。

房地产公司：邢俊。

华亭公司：牛宽。

崇信公司：伊生峰。

租赁公司：吉永。

新能源公司：林志跃。

四川公司：王福斌、光现红。

京沪高铁三标段土建工程项目部：赵同生、唐超。

（陈魏龙）

资 金 管 理

资金管理部

【部门2010年工作】 2010年，资金管理部积极顺应股份公司形势变化，按照“三控三强一确保”的要求，进一步提升公司筹资能力，增强资金流动性，严防资产负债率上升，加强资金流监管，确保资金安全。加强总部战略管控，提升价值服务水平，规范资金管理流程，建立符合现代公司要求的资金管理体系。

2010年，资金管理部围绕公司战略发展目标和年度工作计划，重点做了以下工作：

（1）以银行账户管控为基础，以资金信息化建设为手段，扎实推进国际国内资金集约化管理，初步建立了完整、高效、安全的资金集约化管理体系。

（2）按照现代企业制度和全面风险管控要求，规范梳理管理流程，逐步建立完善的资金管理制度体系。

（3）密切关注信贷形势变化，加强融资管控，拓宽融资渠道，全力确保公司资金链条顺畅稳定。

（4）拓宽高端银企合作范围，深化业务合作领域，充分发挥大集团金融优势。

（5）加强对融资、担保等风险业务的统筹管控，建立严密的资金风险防范机制，确保公司资金业务平稳运行。

（陈　美）

资 金 管 理

【制度建设】 2010年，资金管理部制定了一系列资金管理制度，包括《中国水利水电建设股份有限公司资金管理办法》、《中国水利水电建设股份有限公司银行账户管理办法》、《中国水利水电建设股份有限公司银行授信管理办法》、《中国水利水电建设股份有限公司资金信息报告管理办法》、《中国水利水电建设股份有限公司资金管理信息系统运行管理办法》、《中国水利水电建设股份有限公司资金结算管理办法》、《中国水利水电建设股份有限公司担保收费管理办法》、《中国水利水电建设股份有限公司融资管理办法》等，形成以资金管理办法为统领，理念先进、内容全面、可操作性强的制度体系，有效控制了资金操作风险。

（陈　美）

【资金集约化管理】 2010年，资金管理部继续推进资金集约化管理，按照国资委和股份公司战略管控要求，进一步完善资金集约化管理体系，以制度建设为保障，以银行账户管理为基础，以资金信息化建设为手段，初步建立了完整、高效、安全的资金集约化管理体系。

（1）实行银行账户受控管理，确保资金集中受控。规范银行账户开立权限和流程，限制账户开立范围和数量，加强账户资金使用监管，实行银行账户年审制度。

（2）加强内部资金调剂，发挥资金最大效益。通过对资金集约化管理，提高了资金循环利用效率，降低了外部融资规模，节约了财务费用。

（陈　美）

【资金预算管理】 2010年，资金管理部进一步推进按月进行资金报表分析制度，动态掌握资金流动信息和各单位资金余缺状况。对部分资金紧张、财务状况不佳或者投融资需求量大、资金链条运行不畅的子公司给予重点和持续关注，对可能存在的资金风险进行预警和提示，对重大项目融资落实情况进行逐笔跟踪和核实。按照“三重一大”的管理要求，资金使用审批流程、资金计划管理不断规范和完善，能够按照年度预算和月度计划来安排资金收支，资金使用的计划性和可控性逐步增强，资金预算控制能力逐步提高。

（陈　美）

【国际业务资金管理】 2010年，资金管理部国际分部按照制度要求承担对股份公司境外业务包括资金、境外账户、保函、融资等的集中管理职能，初步建立了国际资金管理制度体系，国际资金收支的计划性逐步增强，加大了国际国内资金调剂力度，提高了国际资金流转速度和使用效益。对国际资金尤其是当地货币风险保持高度警惕，动态关注国际汇率和局势变化，要求各单位及时进行外汇资金结汇，确保外汇资金安全保值。

（陈　美）

【资金风险管理】　2010年，资金管理部根据制度安排，明确了总部集中管控的理念，争取实现业务受控、资源受控、风险受控，确保股份公司各项资金业务平稳运行。严格按照融资计划合理调控融资规模，重大融资方案必须上报股份公司审批、备案，逐步提高对融资规模的整体协调和掌控能力。严格履行担保审批程序，严格控制担保总量。凭借资金信息系统和网银建设，对各单位网上资金流转进行实时监管；按月进行资金报表分析，动态掌握资金流动信息和各单位资金余缺状况。

（陈　美）

【资金管理信息系统建设】　2010年资金管理信息系统努力做到提高信息质量，实现信息透明，加强系统安全。在资金管理信息系统覆盖方面，资金管理信息系统已经在各二级公司完成上线工作，完成了数据集中工作，实现了股份公司对所属单位报表、账簿、凭证逐级深入的穿透式查询。2010年，资金管理部集中力量在有条件上线的各二级公司派出的资金管理分部、办事处完成了上线推广工作，缓解了上下级信息不对称的局面。在资金管理信息系统银企直联方面，完成中国建设银行、中国农业银行的银企直联账户归集及提交工作，初步搭建起一个业务覆盖全面、操作便捷、流程规范的网络化资金管理平台。在资金管理信息系统决策支持方面，重点解决了决策支持系统实时取数与信息全面覆盖的兼容问题。

（陈　美）

【资金管理培训】　2010年8月9～13日，资金管理部举办了上市公司资金管理运作培训班，股份公司所属各子公司资金管理部门负责人及从事资金管理工作的业务骨干、资金管理办事处负责人共计70余人参加了培训。培训班组织了包括上海证券交易所、中信建投证券有限责任公司、清华大学、中央财经大学等专业人士的师资力量，紧扣上市公司资金管理实务这一核心业务，讲授公司对外担保与关联资金往来规范、监管案例专题分析、重大事项内部报告制度、上市公司募集资金规范、公司内部控制与风险管理、公司理财与资金管理模式等内容，深度解析资金管理模式、内部控制及上市公司规章制度等知识。

（陈　美）

融资管理

【银企高端合作】　2010年，资金管理部对银企资源进行整合，选取7家商业银行和2家政策性银行作为主要合作银行开展重点合作。股份公司陆续同中国建设银行、中国银行、中国工商银行等8家银行签订了战略合作协议，成为各主要合作银行的总行级重点客户，享受优先便利的金融服务和资金支持。截至2010年底，股份公司在各银行授信总额已达到2644亿元。同时凭借良好的银企资源，绝大多数子公司成为各主要合作银行的3A级客户，享受到全额信用贷款及优惠利率待遇，降低了公司融资成本和风险。

（陈　美）

【融资统筹管控】　2010年，资金管理部要求各单位严格按照融资计划合理调控融资规模，重大融资方案必须上报股份公司审批、备案，逐步提高股份公司对融资规模的整体协调和掌控能力，融资增速得到良好控制，重点关注股份公司存贷款规模的平衡，在合理的存贷比内进行资金总量调控，在保障资金用款的同时改善存贷结构。

（陈　美）

【企业融资工作】　2010年，资金管理部全力做好投资项目的融资落实工作。在各银行信贷额度日趋收紧的情况下，许多主要合作银行的信贷额度优先保证股份公司融资需求。无论是在建电力投资项目还是受国家政策调控的房地产项目、地方政府的BT项目，都得到了各大银行的鼎力支持。同时，积极采用各种非银行融资方式改善现金流，应付票据、信托融资、融资租赁等间接融资金额所占比例逐步增加，融资结构趋向多元化，降低了融资成本。

（陈　美）

担保管理

【企业担保管理】　2010年，资金管理部按照担保管理办法，严格履行担保审批程序，控制担保总量。采取诸多措施，包括采用国际上通用的“安慰函”替代担保，与合作银行开发免担保产品等。截至2010年底，股份公司及子公司实际对外担保总额为241.4亿元，在固定资产贷款增加担保65.2亿元的前提下，公司担保总额比2009年底（242.6亿元）减少1.2亿元，担保得到较好控制。

（陈　美）

专业会议

【2010年资金管理工作座谈会】 2010年4月6日，资金管理部召开了资金管理座谈会，各子公司资金管理部门负责人共计30余人参加。针对股份公司形势，会议对资金管理工作提出了以下要求：要继续完善资金管理制度，建立标准化、科学化的资金管理体系；以加强银行账户管理为基础，以先进的信息化系统和网银结算体系为平台，以建立统一的资金池为目标，继续加强资金集约化管理，提高内部资金使用效益；加强风险管控，重点关注融资风险、担保风险、信息披露风险、募集资金使用风险，确保资金管理安全、平稳运行等。

（陈 美）

【2010年资金管理工作会议】 2010年11月29日～12月1日，集团（股份）公司2010年度财务决算、2011年度财务预算布置会暨财务资金工作座谈会在西安召开，股份公司总会计师孙璀，公司董事会办公室、财务产权部、资金管理部、审计部相关领导，股份公司所属各单位总会计师、财务产权部和资金管理部主任及财务预算、决算编制人员共计230余人参加会议。

会上，孙璀作了《圆满完成年终财务资金工作任务，全面提升财务预算、决算工作水平》的讲话，各公司详细汇报了2010年资金管理工作，展望了2011年的资金管理工作前景，客观分析了存在的问题。

（陈 美）

企 业 改 革

企业发展部

【2010年部门工作】 2010年，企业发展部围绕解决影响公司可持续发展的突出问题，继续推进企业改革重组上市，为实现股份公司年度各项改革发展目标和“十二五”谋篇布局作出了积极努力。

（一）积极推动外部大重组工作，取得重大突破

2010年，企业发展部加强与国资委、国家发展改革委、财政部、电监会等国家部委的沟通，努力推动电网主辅分离和电力建设设计施工一体化大重组方案的出台。为确保大重组后企业平稳、高效运行，企业发展部启动了重组后的管控模式、组织架构研究课题，研究拟订有关预案。

（二）按照“业务转型，产业升级，管理上水平”的战略思路，进一步加强战略管理

2010年，企业发展部组织制定《股份公司“十二五”发展规划》和《股份公司2010～2012三年规划》，按期向国资委上报了“十二五规划”，得到国资委规划局肯定。

加强对子企业战略工作的指导、引导，在股份公司和子公司两个层面开展了“十一五”战略管理工作总结工作。

组织制定了《股份公司战略合作协议管理办法》，规范了股份公司战略合作协议的签署和实施工作流程。

（三）努力完成股份公司首发上市的有关工作

按照“跨越工程”办公室的统一部署，积极履行业务法律组的工作职责。协调并审核中介机构编制的《招股说明书》、《法律意见书》等材料。督促有关子公司积极整改完善职工持股遗留问题的清理工作。反复与环境保护部和地方环保部门沟通，取得了同意股份公司整体改制上市的环保核查意见。完成了辽宁工程局公司制改建并纳入股份公司的工作。

（四）积极发挥部门职能作用，努力促进体制机制创新

拟订并推动实施铁路公司/铁路事业部的组建方案。

制定了《子公司设立撤并法人机构管理暂行办法》及《子公司所属法人机构章程指引》。2010年度新设11家三级公司，注销3家三级公司，注销1家历史遗留企业。

配合有关部门开展了整合集团甘肃煤电资源、推进煤电一体化方案的研究工作。

积极稳妥参与试点城市公立医院改革，指导水电十局有限公司、水电四局有限公司、水电九局有限公司开展分离剥离企业办医院工作。

积极总结管理创新成果。2010年，企业发展部

执笔的两项成果先后获奖：《大型施工企业攻守平衡的风险管理》荣获国家级管理创新成果二等奖，《水电施工企业内部管理体制改革》荣获电力行业管理创新成果二等奖。

（五）全面风险管理与内部控制工作取得阶段性成果

从2010年3月起，企业发展部增加了全面风险管理工作职责。建立了从股份公司总部到子公司全面风险管理与内部控制工作的组织领导和工作体系，研究制定了《股份公司全面风险管理与内部控制工作方案》，先后举办了3期业务培训班，培训业务骨干220多人，开展全面风险管理知识竞赛活动，共有22206人参加。股份公司总部业务流程梳理和风险分析工作已基本完成，《全面风险管理报告》和《管理建议书》已经编制完成。4家试点子企业及非试点企业全面风险管理与内部控制体系建设按计划有序推进。

（六）把惩防体系建设切实融入部门的管控、指导和服务工作

高度重视惩防体系建设工作，进一步强化了惩防体系建设责任第一责任人制度，建立了联络员制度，把惩防体系建设工作有机地融入部门的各项职能工作。

（七）加强部门自身建设，不断提高学习创新、指导服务的能力

进一步健全和完善部门工作制度和工作流程。加强学习研究，密切跟踪国内外特别是同行业企业的改革发展动态，加强对标，创建学习创新型部门，不断提高学习创新、指导服务的能力。深入基层了解实际情况，找准工作着力点。健全与所属企业的工作网络，加强对子企业改革发展工作的指导。

（王晓轶）

战略管理

【集团公司、股份公司“十二五”发展规划和2010～2012年三年规划编制工作】　按照国务院国资委《关于开展中央企业“十二五”发展规划编制工作的通知》（国资厅发规划〔2009〕58号）要求，企业发展部组织开展了集团公司、股份公司“十二五”发展规划和2010～2012年三年规划编制工作，并完成了上述规划编制工作，于2010年4月向国务院国资委上报了《集团公司2010～2012年三年规划》，8月向国务院国资委上报了《集团公司“十二五”发展规划》。

新编制的规划对集团公司的战略目标进行了重新审视，提出了“建设具有较强国际竞争力的质量效益型世界一流公司”的战略目标和“围绕一个目标，做到‘四强四优’，实施五大战略，推动企业转型升级上水平”的战略思路，并围绕战略目标实现提出了一系列切实可行的战略措施。

（王晓轶）

【股份公司制定《战略合作协议管理办法》】　为进一步加强股份公司对外战略合作，规范战略合作协议的管理，企业发展部制定了《战略合作协议管理办法》，办法对股份公司战略合作协议的起草、签订、履行、跟踪等作了详细规定。

（王晓轶）

改制上市

【股份公司章程修订】　为维护中国水利水电建设股份有限公司、股东和债权人合法权益，规范股份公司的组织和行为，根据《中华人民共和国公司法》、《中华人民共和国证券法》、《上市公司章程指引（2006年修订）》和其他有关规定，制订了《中国水利水电建设股份有限公司章程》，并于2010年3月23日经中国水利水电建设股份有限公司2010年度第二次临时股东大会审议通过。章程包括总则，经营宗旨和范围，股份，股东和股东大会，董事会，总经理及其他高级管理人员，监事会，财务会计制度、利润分配和审计，通知和公告，合并、分立、增资、减资、解散和清算，公司中的党团组织，劳动管理和民主管理，修改章程，附则共14章内容。

（王晓轶）

【股份公司整体改制上市环保核查工作】　按照整体改制上市要求，股份公司开展了上市环保核查工作。2010年1月12日，以中水电股〔2010〕1号文向环境保护部上报了《关于首次上市申请环保核查的请示》，提请环境保护部对股份公司所属中国水电建设集团华亭发电有限责任公司、中国水电建设集团崇信发电有限责任公司两家生产企业进行上市环保核查，经过反复与环境保护部和地方环保部门沟通，环境保护部向中国证监会出具《关于中国水利水电建设股份有限公司上市环保核查情况的函》（环函〔2010〕147号），同意股份公司通过上市环保核查。

（王晓轶）

【辽宁工程局公司制改建并入工作】　经国务院国资委和辽宁省人民政府批准，辽宁省水利水电工程局于2010年2月8日整体无偿划转集团公司并更名为中国水电建设集团辽宁工程局。随后，集团公司启

动了辽宁工程局公司制改建和纳入股份公司的一系列工作。8月13日完成辽宁工程局由全民所有制企业（国有企业）整体改建为有限公司的工商登记工作。11月18日，经辽宁省工商行政管理局核准登记，中国水电建设集团辽宁工程局有限公司股东由集团公司变更为股份公司。至此，辽宁工程局正式成为中国水利水电建设股份公司全资子公司。

（王晓轶）

管理体制

【股份公司制定《子公司设立撤并法人机构管理暂行办法》】　为规范子公司设立、变更、合并、分立、解散、注销其所属法人机构的行为，构建产权清晰、层次精简、结构合理、管理科学的管理体制，股份公司根据国家有关法律法规、政策及股份公司《章程》、《工作规则》及有关规章制度的规定，制定了《子公司设立撤并法人机构管理暂行办法》，并于2010年8月17日以中水电股〔2010〕92号文印发。该办法共分总则、管理职责、管控程序、法人机构的设立和变更、法人机构的撤并和附则六章。

（王晓轶）

【股份公司制定《子公司所属法人机构章程指引》】为规范子公司所属法人机构的组织和行为，完善子公司所属法人机构的治理结构，保障子公司所属法人机构及其股东、债权人的合法权益，形成权责分明、管理受控的运行体制，根据国家有关法律法规、政策以及股份公司章程、规章制度的规定，股份公司制定了《子公司所属法人机构章程指引》，于2010年10月18日以中水电股〔2010〕95号文印发。《章程指引》适用于子公司依据《公司法》设立的有限责任公司类型法人机构，分为不设董事会（同时不设监事会）和设董事会（同时设监事会）两个版本。子公司在制订、修订所属法人机构章程时，根据《子公司设立撤并法人机构管理暂行办法》（中水电股〔2010〕92号）有关规定，结合具体情况选用。

（王晓轶）

【股份公司铁路公司/铁路事业部组建方案】　为适应铁路市场竞争环境需要，企业发展部研究制订了股份公司铁路公司/铁路事业部组建方案。方案对组建铁路公司/铁路事业部的意义与必要性、可行性进行了分析，提出了组建方案的设想和总体思路。

方案提出铁路公司组建的总体思路为：股份公司以现有京沪高铁三标项目部全部资产及项目部和基础设施事业部（铁路中心）部分管理人员为基础，给予一定的货币资金投入，设立具有独立法人资格的专业铁路公司。

在组建铁路公司的同时，股份公司在部门序列中增设铁路事业部，铁路事业部和铁路公司实行“一套人马、两块牌子”。除领导班子成员和财务负责人由股份公司直接任免外，铁路事业部内部有相对独立的人、财、物等管理权限，其编制和费用由股份公司另行核定。其基本职能定位是：铁路事业部是股份公司铁路业务的归口管理部门，其基本职能是对股份公司的铁路建设业务进行行业战略引领、高端市场营销、内部关系协调和项目履约监管。

组建方案还对关于铁路公司资质问题，如何处理铁路事业部/铁路公司与基础设施事业部/路桥公司的关系问题，以及铁路事业部/铁路公司和铁路业务从业子公司关系问题作出说明，提出了建议和意见。

（王晓轶）

【《大型施工企业攻守平衡的风险管理》获国家级管理创新成果奖】　《大型施工企业攻守平衡的风险管理》获得2010年度国家级管理创新成果二等奖。成果主要系统总结了集团在面临抗震救灾和灾后恢复重建的巨大挑战以及受到国际金融危机不利影响的情况下，贯彻落实国务院国资委工作部署，以科学发展观统揽全局，结合自身实际，强化集团管控，调整经营策略，推进战略转型升级上水平，创造性地采取“三控三强一确保”的综合风险防控措施，努力克服汶川特大地震灾害造成的严重困难，审慎地、积极地应对国际金融危机，实现了高风险期持续稳步发展的成功经验。成果主要从大型施工企业攻守平衡的危机风险解决方案的背景、内涵和主要做法以及方案实施的主要效果等几个方面对集团公司风险管理进行了总结和说明。

（王晓轶）

【《水电施工企业内部管理体制改革》获电力行业管理创新成果奖】　《水电施工企业内部管理体制改革》获2010年度电力行业管理创新成果二等奖。成果站在集团管控高度，总结、推广并提升部分工程局的改革经验，以组织结构调整和管理流程再造为主要形式，对工程局的管理体制进行全面设计和规范。同时，强化经营细胞和内部管理，在子企业内部形成比较简洁的组织结构和产权结构，为集团内子企业之间的调整重组、集团对外重组和集团母公司整体改制奠定基础。

成果产生于2006年7月，自2007年1月在所属

16 个水电工程局全面实施以来，已应用 3 年。成果实施头 2 年累计效益额 1.92 亿元，平均年度效益额 9618 万元。

（王晓轶）

【水电十局医院成功移交地方政府】 水电十局有限公司按照国家医药卫生体制改革精神及股份公司要求，就所办医院整体移交都江堰市事宜与都江堰市政府及相关部门进行了多次沟通，洽谈后达成一致意见，水电十局有限公司向公司上报了《关于水电十局有限公司医院整体移交都江堰市的请示》（公司发〔2010〕8 号），2010 年 7 月 8 日，股份公司以中水电股企〔2010〕14 号文印发《关于水电十局医院整体移交都江堰市有关事项的批复》，批复同意水电十局有限公司将所属水电十局医院整体移交给都江堰市。12 月 28 日，水电十局有限公司与都江堰市政府正式签订移交协议，水电十局医院成功移交都江堰市。水电十局有限公司共移交人员 362 人，其中在职职工 268 人、离退休人员 94 人。

（王晓轶）

企业法制建设

法律事务部

【部门 2010 年工作】 2010 年法律事务部积极贯彻公司年度工作部署，严格落实“三加强一严控”管控要求，通过行之有效的法律管控和服务手段为公司规范运行、科学发展提供了强有力的支持和保障。截至 2010 年底，公司总部和子公司两级法律风险防范机制基本形成，确立了法制工作统一管控、分级管理、纵向指导、横向协作的运行模式。

（一）坚持战略引领，推进法制工作三年目标全面落实

2010 年是公司推进法制工作三年规划目标的第三个年头，三年目标逐步实现，法制工作水平持续提升。在国资委公布的《中央企业法制工作三年目标第二年度进展情况通报》中，公司各项指标综合评价成绩位居 123 家中央企业第 39 位。

（二）注重科学管控，持续完善法制工作制度体系

2010 年，公司制定出台了《企业法律顾问职业岗位等级资格评审管理办法（暂行）》，为法制工作人员的专业成长和晋升机制提供了制度保证。针对投资类公司中部分外部股东出资不到位的问题，在充分调研、全面评估论证的基础上，制定下发了《关于进一步规范公司运营加强外部股东管理的通知》，旨在持续防范投资运营法律风险，维护公司整体利益和全体出资人合法权益。

（三）加强业务指导，不断提升法律审核和合同管理水平

通过开展法律审核专项检查、组织法律审核研讨培训、出台法律审核指导意见、实施合同管理课题研究等，加强对二级单位的业务指导，不断提升全系统法制人员队伍整体法律审核和合同管理水平。

（四）体现价值服务，防控结合依法维护企业核心利益

加强了对重大案件处置的指导，如江苏省耀德资产管理有限公司诉集团公司、河南小浪底系列劳务调差纠纷等案件。

（五）忠实履行职责，积极支持服务公司规范运行

法律事务部通过参与投资评审和招标评审现场发表法律意见、落实公司领导批示、出具书面法律意见书等方式，为公司重大事项提供了优质高效的法律支持。

（刘薇薇）

法制化管理

【法制工作三年目标落实】

（一）制度落实

截至 2010 年底，公司总部及各子公司全面实施了企业法律顾问制度，28 家子公司均聘任了总法律顾问。

（二）平台搭建

15 家子公司设立了法律事务部，7 家子公司在相关职能部门内部设置了专门法律事务机构。

（三）队伍壮大

公司专职法制工作人员达到 115 人，职业素质明显提高。

（四）业务扎实

公司总部和子公司法律审核把关率基本实现了100%的目标。

（五）风险可控

在公司实施战略转型升级及改制改组过程中，没有发生严重法律风险和重大法律事件，企业实现了持续稳步发展。

（刘薇薇）

【企业法律风险防范】 在公司总部，法律服务已全方位融入经营管理活动之中，法律事务部通过多种方式为公司重大事项提供法律支持。全年参加决策会议28次、专题会议21次，出具书面法律意见书50份，审签经营性管理文件16份。在子公司，法律事务已嵌入内控管理流程，为公司重大经营决策、经营合同、规章制度及其他重要经营性法律文件提供法律审核服务，有力支持了企业健康科学发展。

（刘薇薇）

【经营行为法律审核】 股份公司于2010年4～7月开展了经营行为法律审核工作专项检查活动，在子公司自查自纠的基础上，公司派检查组着重从保障体系、工作机制、流程设计、业务开展和产生的实际效果等五个方面对11家子公司进行随机现场抽查，针对检查结果，检查组分别提出了具体改进意见。

公司出台了《关于进一步加强经营行为法律审核工作的指导意见》，对深化重要经营决策、经济合同、企业规章制度、法律纠纷案件和其他经营性法律文件的法律审核分类进行了梳理规范，以期对各公司提升法律审核质量和水平给出具体业务指导。

（刘薇薇）

【法制宣传教育】 2010年上半年，股份公司组织开展了“五五”普法总结验收工作，按照验收实施方案和指导标准，分阶段进行了子公司自查和公司抽查，并及时向国资委报送了总结验收自查报告，公司突出建筑业、国际化特色开展普法宣传活动得到了国资委的充分肯定。此外，公司确定了“12·4”全国普法宣传日宣传活动主题是“弘扬法制精神，服务企业发展”，安排了多项普法宣传活动，各子公司积极响应，取得了良好效果。

（刘薇薇）

【法律纠纷案件管理】

（一）加强重大纠纷处置指导

（1）有效扭转了江苏省耀德资产管理有限公司诉集团公司出资不实责任纠纷案件的严重不利局面，避免了直接经济损失400余万元的同时维护了集团公司声誉。

（2）协调督办了河南小浪底系列劳务调差纠纷案件，此案涉及小浪底项目三个联营体4家子公司，涉案金额逾亿元，在各子公司共同努力下，最终取得法院全面支持，驳回了对方的诉讼请求，避免直接经济损失1290万元。

（3）重点关注历史遗留法律纠纷较多、纠纷案件频发、法律风险较大的子公司，对3家子公司的3起重大法律纠纷案件给予了综合协调和业务专项指导，取得良好效果。

（4）为妥善处理锦赤铁路项目“11·29”事件提供有效的法律支持。

（5）重点关注国际业务中产生的纠纷案件处置，成功处理赵德俊诉公司劳务纠纷案件，避免经济损失百万余元。

（6）协调消除成员单位在深圳市瑞沃建设有限公司串通投标案中的不利影响，维护了公司良好形象。

（二）加强整体法律风险状况掌控

法律事务部通过对各子公司报送备案的法律纠纷案件情况的汇总分析，定期形成案件情况分析报告，从不同角度全面分析公司法律纠纷案件态势，透过案件分布情况把握企业整体法律风险状况，并有针对性地提出具体管控指导意见。

（刘薇薇）

【法制人员队伍建设】 2010年6月25日，公司制定出台了《企业法律顾问职业岗位等级资格评审管理办法（暂行）》（中水电股人〔2010〕61号），办法明确设立了企业法律顾问职称序列，对企业法律顾问的岗位资格评审作出细化规定，为公司法制工作人员专业成长和晋升提供了制度保证。

（刘薇薇）

专业培训

【合同风险防范培训】 2010年11月合同风险防范培训会上，法律事务部邀请1名国内工程建设行业知名法律专家和公司内部4名资深法律专家，分别讲授了建设工程合同管理与纠纷处理，项目融资建造，法律事务机构如何支持项目履约、如何在争议案件处理中最大限度维护企业合法权益，法律手段如何参与应收账款催收，总法律顾问如何行权履职等内容。授课专家还就与会人员在工作实际中遇到的疑难法律问题进行了答疑解析。

（刘薇薇）

专业会议

【2010年法制工作会议】 2010年9月29日，股份公司法制工作会议在北京召开。公司副总经理袁柏松出席会议并作了题为《全面落实三年目标，强化法律风险管控，在推动全面风险管理中提升法制工作整体水平》的讲话。公司相关部门负责人、子公司领导及法制工作人员、经营管理人员共计620余人参加会议。会议由公司总法律顾问王书宝主持并安排部署了八项重点工作。

（刘薇薇）

【法律审核专题研讨】 2010年11月9～11日，股份公司法律审核专题研讨暨合同风险防范培训会议在长沙举行。来自股份公司及各子公司的总法律顾问、法律事务机构负责人和法律顾问骨干人员共计80余人参加会议。专题研讨围绕法制工作三年目标的总体要求，就如何进一步完善法律审核工作机制，明确法律审核工作标准，保证法律审核工作实际效果，全面推动法律审核融入生产经营管理，有效控制法律风险作了探讨。

（刘薇薇）

信息化管理

信息中心

【部门2010年工作】 2010年，信息中心认真贯彻落实国资委第三次中央企业信息化工作会议和股份公司2010年工作会议精神，紧紧围绕转型升级上水平的战略目标，不断加强总部战略引领和服务职能，强化系统集成和信息资源共享，充分利用信息化提高风险防范和决策支持水平，使股份公司信息化水平又迈上一个新台阶，圆满完成信息化“十一五”建设目标。2010年，信息中心重点完成了以下工作：

（1）全面做好“十一五”信息化工作总结和“十二五”信息化战略规划的制定工作。

（2）以住建部特级企业资质考核为契机，组织和指导各子企业抓紧做好工程项目管理系统的建设工作。

（3）切实发挥职能作用，配合各业务主管部门重点做好市场经营管理系统、设备物资管理系统、工程科技管理系统的开发建设。完成股份公司总部及部分子企业财务核算系统、审计系统的推广和验收；完成了投资管理系统前期调研和招标；完成了资金管理系统、国资委惩防系统培训和深化应用等工作。

（4）加强项目建设管理，积极做好总部异地灾备、两级数据中心、决策支持、内网门户、网站、信息资源网开发建设和信息安全保密工作，完成办公自动化系统的二期推广和一期验收工作。

（5）扎实做好信息化基础设施的建设和管理，进一步完善标准规范和支撑体系建设，加强网络和信息系统运行维护及总部IT服务工作。

（王海涛）

信息系统建设

【工程项目管理系统建设】 信息中心以特级资质就位为契机，大力推进以工程项目管理为核心的主营业务管理信息化建设。一方面，通过行业间参观学习、子企业经验交流、组织研讨会等形式，总结工程项目管理系统建设和推广应用实践经验，切实保证实施效果。另一方面，通过到子企业现场检查、实施单位定期汇报等方式，督促子企业加快工程项目管理系统建设速度和推广应用力度。截至2010年底，在以施工为主业的21家子企业中，已有15家实施了工程项目管理系统，8家特级资质子企业完成了工程项目管理系统的部署，并逐步开展培训和推广。

为提高国际工程项目管控能力并确保股份公司总部特级资质就位，建立满足国际工程项目管理需要的多项目综合管控平台，信息中心于2010年9月开始组织实施总部国际工程项目管理系统，到2010年底完成第一阶段建设任务。在实现总部海外事业部/国际公司的主要业务需求的基础上，开发了与各子企业有关国际项目管理业务的接口，随后进入系统培训及试运行阶段。

（杨军红）

【软硬件支持平台二期建设】 为进一步完善股份公

司总部软硬件支撑环境，为各业务系统数据及应用集成打造安全、高效、统一的IT支撑平台，信息中心在软硬件支持平台一期成果的基础之上，2010年3月启动了二期建设工作。该项目于6月底前完成需求调研并通过需求评审，按照设计方案进行了开发建设。

截至2010年底，二期项目完成了内网门户整体框架建设，实现了统一用户管理，建立了数据仓库并实现数据的集中管理，确立了股份公司总部和子企业总部两级数据中心整体架构，建成了统一应用负载均衡，制定了基于SOA的架构体系以及系统接口、单点登录、应用集成的标准规范，基本实现办公自动化、人力资源、财务核算、市场经营、资金管理、设备物资6大成熟业务系统与门户的单点登录和应用集成，解决了用户需要牢记多个业务系统密码的问题，实现了用户一次登录多次使用并能访问所有被授权业务系统的功能。

（洪宝恩）

【总部数据中心和决策支持系统建设】 为解决数据分散在各个业务系统中，无法为领导高效决策提供全面、关键数据的问题，2010年3月信息中心启动了总部数据中心和决策支持系统建设工作。5月底完成了需求调研并形成总体设计方案，6月完成了环境部署和上线评审工作，开展元数据建设、数据模型建设和指标体系建设，制定8大主题指标体系规划。截至2010年底，决策支持系统完成了抽取人、财、物、市场经营等核心业务系统数据到数据仓库的工作，并通过内网平台集中展示领导仪表板、市场经营分析、财务管理分析、资金管理分析、人力资源分析、设备物资分析6大主题的数据分析成果。

（洪宝恩）

【IT管理信息系统建设】 为提高信息中心对IT项目的信息化管理水平，同时引入ITIL的理念加强信息中心运行维护服务能力，2010年8月信息中心启动了IT管理信息系统建设工作，搭建了一个具有界面、表单、流程等开发功能，能够实现内容管理、文档管理和项目管理的协同工作平台。通过此平台，信息中心技术人员及管理人员可以根据需要快速开发和应用功能模块，实现协同工作、信息资源共享。

（洪宝恩）

【信息系统建设】 为切实做好各经营管理信息系统建设工作，信息中心按照股份公司信息化建设“四统一”的原则，在统一实施的基础上充分调动和发挥各业务主管部门作用，保证了业务系统的实施和应用效果。主要经营管理信息系统2010年度建设情况如下：

（一）财务核算系统

完成了各子企业的推广应用工作，组织水电三局有限公司等10家子企业完成财务核算系统的初步验收和总部财务核算系统的最终验收。系统各模块运行良好，功能满足集中核算业务管理的需要。

（二）资金管理系统

一方面，采用中国金融认证中心的数字认证体系，实现与中国建设银行的银企直联，并完成和中国银行、中国农业银行的直联测试。另一方面，在设有资金管理部的18家子企业完成全面推广应用工作。2010年6月，系统通过了上线评审，随后下发系统运行管理办法，并制定了向70余家三级资金管理机构推广的实施方案。8月开始第一批三级机构的推广部署工作，2010年底其他三级机构的推广工作也全面展开。

（三）市场经营管理系统

完成开发部署和试运行工作。2010年6月系统开发部署完毕，通过上线评审后进入试运行，9月4家试点子企业完成历史数据和实时数据录入工作，并根据试运行情况基本完成系统消缺和优化工作，10月开始系统进入全面试运行阶段。

（四）工程科技管理系统

完成开发部署和试运行工作。2010年9月系统通过上线评审，并开始在5家试点子企业试运行，进行了集中和现场的用户使用培训，启动历史数据和实时数据录入工作。

（五）审计管理系统

完成推广应用和系统终验工作，系统包含的功能模块基本投入实际使用，功能上满足审计业务管理的需要。2010年5月，系统通过最终验收。

（六）设备物资管理系统

完成系统推广应用工作。2010年初，结合3家试点子企业的应用情况，将系统的部署方式从“分布式”调整为“大集中”，同时完善“大集中”模式下的系统功能。2010年11月系统通过终验，并开始在全部子企业推广应用。

（七）信息资源网二期

完成系统深化应用工作，并委托北京华科软科技有限公司开展运营工作，到2010年底系统完成试运行。

（八）投资项目管理系统

2010年底前主要完成了项目建设方案的制订和招评标工作。

（王海涛）

【门户网站建设】 为进一步发挥企业门户网站在对外品牌宣传、企业形象展示、沟通与交流中的重要作用，信息中心按照国资委要求的构建“基本信息发布、动态信息发布、产品与服务展示、网络营销与客户交互、用户体验和运行管理”于一体的“电子服务型中央企业网站”的总体目标，不断加强在网站群、组织机构、内容保障、安全运行和电子商务方面的建设工作。2010 年，重点开展了以下工作：

（1）强化中国水电网站群体系建设，进一步规范品牌展示。

（2）加强网站内容体系建设，确保网站拥有充实的资讯和信息，进一步提高网站的国际影响。

（3）加强用户体验服务功能的建设。

（4）加强站群间信息与功能的集成，增强网站的商务运营能力。

（5）进一步加强门户网站安全建设。

（6）进一步加强网站相关制度的建设。

截至 2010 年底，中国水电门户网站由 29 家子企业共计 36 个站点的网站群构成，涉及英文、法文、中文简体、繁体及手机等多个版本，建立了 5 个大型频道、9 个一级栏目、57 个二级栏目。在国资委组织的 2010 年度中央企业网站绩效评估中，公司网站再创佳绩，依然保持 A 级，位列中央企业第 5 名。

（洪宝恩）

【移动信息机建设】 为充分利用手机短信提高办公业务响应速度，2010 年 7 月，公司部署了中国移动信息机平台。一方面，实现了与网站群监控系统的集成，加强对业务系统的运行状态监控，通过监控告警短信的提醒，确保能够及时发现问题，保障各业务系统正常运行。另一方面，通过与 RTX 系统的集成，增强了员工对内、对外沟通的便捷性和高效性。

（赵晓琬）

【OA 办公自动化系统推广】 为进一步加强公文管理，提高办公效率，2010 年 9 月公司启动了第二批办公自动化系统推广工作，推广单位包括水电一局有限公司、水电六局有限公司、水电九局有限公司、辽宁工程局有限公司。11 月 23～26 日，信息中心在北京组织了办公自动化系统培训会议，4 家推广单位主管文件收发的文秘人员和信息中心技术人员参加了培训。

（赵晓琬）

网络与安全

【总部核心数据异地灾备系统建设】 为确保公司总部人、财、物、经营管理等核心数据资产万无一失，信息中心在总部存储与备份系统的基础上，启动总部核心数据异地灾备系统建设工作。该项目于 2010 年 1 月完成招评标工作，3 月召开项目启动会。随后，信息中心和集成商、设备原厂商一起，按照国家《信息系统灾难恢复规范》要求，制定了满足规范第五级要求的数据级容灾方案。同时，将异地灾备系统和股份公司原有的存储与备份系统统一进行规划，制定了股份公司总部数据保护体系，5 月 21 日，该数据保护体系方案通过专家评审。建设方案为：第一步，完成设备安装部署，并通过虚拟化存储设备将原来存储在 EMC 设备上的数据迁移到新存储设备上；第二步，搭建一个远程灾备模拟环境，在该环境下完成了所有灾备策略的配置、测试、优化等工作；第三步，整合资源，对原有存储和备份系统进行优化调整，配合异地灾备策略，将总部各个业务系统的数据全部纳入统一的数据保护体系，并对核心数据进行异地灾备。

（王海涛）

【三级及以下单位 VPN 广域网建设】 为保证各业务系统数据能够安全、可靠地传输，股份公司实施了 VPN 广域网项目，2010 年 6 月系统通过终验。截至 2010 年底，VPN 广域网已经覆盖所有二级单位本部和部分三级及以下单位。

根据业务系统的使用需求，信息中心继续加大三级及以下单位 VPN 广域网建设力度。首先，采用各种手段持续优化改善 VPN 广域网系统，确保三级及以下单位能够迅速、高效、经济地接入股份公司广域网；其次，结合各业务系统的个性化需求，设计差异化的解决方案。VPN 广域网向项目部的延伸为业务管理系统更加全面地覆盖项目部提供了有力支撑与保障。

（骞　巍）

【总部网络与信息安全系统深化应用】 为有效防止信息网络瘫痪、应用系统破坏、业务数据丢失、企业信息泄密、终端病毒感染、有害信息传播、恶意渗透攻击等威胁，全面保障骨干网络和核心应用及业务数据安全，股份公司总部进行了网络与信息安全系统建设，通过部署内网访问控制系统、防垃圾邮件网关、入侵防御、网站防篡改、统一网管、信息安全审计、漏洞扫描、存储与备份等安全防护措施，并对原有的网络和服务器系统进行安全加固，基本建成了立体化的信息安全防御体系。

按照国资委对中央企业网络与信息保密工作的要求，信息中心深入了解并掌握安全防御体系中每个产品的技术路线、功能特点和运行维护操作，通过实际环境的应用，不断优化完善系统功能，持续提高系统整体防御能力。

（骞　巍）

信息化管理工作

【信息化“十二五”战略规划编制工作】　为明确股份公司未来五年信息化战略目标和任务，尽快提升股份公司信息化整体水平，信息中心在2010年7月完成了信息化“十二五”战略规划项目招评标工作；8月启动规划编制工作；9月项目组对“十一五”成果进行总结，先后到总部各业务部门和9家子企业进行实地调研，提出切实可行的解决方案；10月初步完成符合现代企业管理规范、支撑企业发展战略的IT应用模式与系统架构的设计。截至2010年底，完成了规划的五个报告，并通过信息化研讨会与子企业充分沟通和研讨，为总部和子企业信息化“十二五”建设工作指明了方向。

（张春林）

【2010年度子企业信息化建设工作绩效考核】　2010年12月，为充分发挥总部科学管控和战略引领职能，加强对子企业信息化工作的指导和检查，按照《公司信息化建设工作绩效考核暂行办法》的要求，成立了由信息中心和8个业务部门相关信息化管理人员组成的考核小组，严格按照“资料上报—独立评分—集中审核”的流程开展工作。年底，考核小组集中对各单项评分进行复议审核，形成最终考核成绩。信息中心圆满完成了各子企业2010年度信息化绩效考核工作。

（张春林）

【最佳电力信息化成果申报工作】　为加强信息技术交流和学习，借鉴其他企业成熟的信息系统建设经验，同时宣传股份公司信息化建设成果，2010年初信息中心推荐办公自动化系统、财务资金管理系统、视频会议系统、工程项目管理系统、总部网络与信息安全立体防御体系、施工安全信息化管理系统共6项信息化成果，参加中国电力企业联合会组织的2009年度最佳电力信息化成果评选活动。最终，办公自动化系统、财务资金管理系统和视频会议系统3项成果获中国电力企业联合会2009年度最佳电力信息化成果一等奖。

（杨军红）

【股份公司信息化建设项目招标工作规范】　为加强股份公司信息化项目招标管理工作，使招标工作规范、透明、公正、有序和受控，保证项目建设质量，控制项目建设成本，2010年6月8日，信息中心制定并印发了《中国水利水电建设股份有限公司信息化建设项目招标工作规范》（中水电股信〔2010〕8号），从组织机构设立及职责分工、年度招标计划的管理、招标管理、开标管理、评标管理、定标与合同签订等方面对股份公司信息化项目招标工作作了严格规定。

（王海涛）

【股份公司互联网使用管理办法】　为加强股份公司互联网接入管理、信息发布管理和域名管理，充分发挥互联网的作用，促进信息资源的交流与共享，展示企业形象，打造“中国水电（SINOHYDRO）”品牌，2010年6月24日，信息中心制定并印发了《中国水利水电建设股份有限公司互联网使用管理办法》（中水电股信〔2010〕9号），从互联网接入管理、互联网信息发布管理、互联网域名管理、用户账户命名管理等方面对股份公司各单位使用互联网的相关行为作了严格规定。

（王海涛）

【股份公司计算机设备和信息网络使用管理办法】为加强股份公司计算机设备和信息网络管理，提高设备利用率和完好率，保证正常网络应用和信息服务，确保信息网络系统的安全，2010年11月30日，信息中心制定并印发了《中国水利水电建设股份有限公司计算机设备和信息网络使用管理办法》（中水电股信〔2010〕22号），从计算机设备管理、信息网络管理、网络信息审查等方面对股份公司各单位使用计算机和信息网络的相关行为作了严格规定。

（王海涛）

【股份公司计算机信息安全保密管理规定】　为加强股份公司计算机信息安全保密管理工作，2010年11月30日，信息中心根据国家有关保密法规，针对国家秘密及企业商业秘密，按照“业务谁主管，保密谁负责”、“谁使用，谁负责”的原则，制定并印发了《中国水利水电建设股份有限公司计算机信息安全全保密管理规定》（中水电股信〔2010〕23号），从涉密IT设备的管理、涉密计算机的管理、信息传递管理、上网信息管理、保密监督等方面对公司各单位计算机信息安全保密工作作了严格规定。

（王海涛）

【股份公司公共信息编码方案】 为统一和规范股份公司及子企业在应用系统开发建设中信息编码的使用，保证各应用系统数据充分共享与交互，实现企业数据中心编码统一，2010年12月2日，信息中心制定并印发了《中国水利水电建设股份有限公司公共信息编码方案（征求意见稿）》（中水电股信〔2010〕24号）。该方案参照国家有关规定，重点对业务影响范围大、重要性强的组织机构编码、人员编码、供应商编码、分包商编码、客户编码、工程项目编码、合同编码、设备编码和材料编码规则进行规范，并征求相关单位意见。

（杨军红）

信息化综合事务

【企业信息管理师国家职业资格认证工作】 为贯彻国资委、人力资源和社会保障部对国有企业信息化从业人员进行职业资格认证的要求，信息中心会同人力资源部组织股份公司总部及子企业信息化从业人员分期分批参加企业信息化管理师认证培训工作。

2010年度，股份公司总部及子企业共有55人参加国家企业信息管理师培训及资格认证，其中17人获得高级企业信息管理师资格认证，28人获得中级企业信息管理师资格认证，10人获得初级企业信息管理师资格认证。

（赵晓琬）

【信息技术培训工作】 2010年6月，为提高总部管理人员信息化理论水平和基本操作技能，信息中心在总部举办了两期信息技术和技能培训。第一期主题为“办公自动化系统升级版的功能培训”，参加培训人员包括各部门文书和其他员工。第二期主题为“网络与信息安全知识全员培训”，参加培训人员包括股份公司总部和在京直属公司员工，培训达到了提高全员网络与信息安全意识的目的，增强了总部办公网络全员安全防御能力。

（赵晓琬）

专业会议

【信息化研讨会】 2010年11月30日～12月1日，股份公司信息化工作研讨会在总部召开，各子企业信息化工作分管领导、信息部门负责人和工程项目管理系统实施部门负责人共70多人参加会议。股份公司副总经理黄保东作了题为《认真总结，提高认识，狠抓落实，全面推动公司信息化建设上水平》的讲话。会议还邀请行业信息化权威专家黄如福教授作了《建筑企业特级资质评价信息化相关标准的解读》的专题报告。

（杨军红）

第七篇　科学可持续发展

Chapter Ⅶ Scientific Sustainable Development

国际化经营

概　述

2010年是集团公司整体改制为股份公司的第一年，也是集团公司实现跨越式发展的关键一年。面对复杂的国际经济形势，海外事业部/国际公司在股份公司的战略指导下，以科学发展观为统领，大力实施国际业务优先发展战略，不断开拓新的国际市场，进军新的领域，同时不断加强内部改革，使国际业务持续快速健康发展。

一、国际经营继续又好又快发展

2010年，国际业务完成营业收入人民币265.41亿元，同比增长33.06%；实现利润22.02亿元；新签国际项目合同金额550.85亿元，超额完成2006年底国际经营工作会制定的“到2010年，国际经营收入力争达到总营业收入的30%，年国际营业收入达到26亿美元（约177亿元人民币）以上，年新签合同金额达到60亿美元（约408亿元人民币）以上，年利润额1.2亿美元（约8.2亿元人民币）以上”的目标。国际业务合同存量达到1017.93亿元，首次超过1000亿元，占股份公司合同总存量的47.8%，同比增长37.55%。

二、国际市场实现不断优化

截至2010年底，股份公司在海外56个国家承担265个在建项目，合同总额220.35亿美元（其中非洲24个国家156个项目，亚洲25个国家98个项目，美洲4个国家7个项目，大洋洲2个国家2个项目，欧洲1个国家1个项目）。驻外机构从2010年初的57个增加到69个，驻外机构所在国从45个增加至53个。同时，股份公司新开辟了格鲁吉亚、摩尔多瓦、白俄罗斯、菲律宾、毛里塔尼亚、委内瑞拉、巴布亚新几内亚、加拿大、智利、哥斯达黎加等10个国别市场，形成了东南亚、北非、东非、中非、西非、中东等区域化的相对稳定市场，安哥拉、卡塔尔、利比亚、苏丹、老挝、印尼、博茨瓦纳和委内瑞拉等项目群国别市场。正在建设的约20亿美元的厄瓜多尔科卡科多—辛克雷水电站、约16亿美元的委内瑞拉应急电站等，标志着股份公司在拉美市场取得了质的突破；哈萨克斯坦、格鲁吉亚、摩尔多瓦市场的成功进入，标志着股份公司在西亚、东欧市场也取得了初步进展。

三、业务多元化发展趋势明显

海外事业部/国际公司在重点发展水利水电建设核心业务、增强在国际承包市场竞争力的同时，积极抓住机遇拓展其他业务领域。2010年底，股份公司国际业务逐步拓展至火电、机场、路桥、市政基础设施、矿山、房建与房地产基础设施、疏浚吹填与港航、矿业、咨询服务、建材业务等方面，并进一步向农业、生态园综合发展等领域推进。国际业务主业结构基本形成了以水电建设为核心的“大土木、大建筑”格局。目前，水利水电工程形成的营业收入、合同存量约占股份公司海外总营业收入、合同存量总额的30%～40%，非水利水电类工程形成的营业收入、合同存量约占60%～70%。

四、产业结构向经营模式高端迈进

在产业结构升级调整方面，海外事业部/国际公司紧跟国家经济外交政策，努力实施国家资源战略和能源战略，积极开展境外水电和矿业投资开发业务，截至2010年底，成功拓展了电力、矿产、水泥等基础行业和领域的投资业务。已投产的老挝甘蒙塔克水泥厂运行情况良好，2010年实现销售收入3063万美元，同比增长11%。在建项目7个，包括柬埔寨甘再水电站项目、老挝南俄5水电站项目、老挝万象平原钾盐矿一期年产12万吨钾盐项目、尼泊尔上马相迪水电站项目、刚果（金）铜钴矿开发项目、莫桑比克水泥厂项目、中老铁路项目；正处于前期运作的项目3个，分别是老挝南乌江流域梯级水电站、赞比亚下凯福峡水电站和缅甸哈吉水电站。

五、组织结构进一步优化

为进一步优化国际经营管理的组织结构，作好对国际市场、区域市场业务的规划和市场资源统筹配置以及国际市场统筹协调，2010年，海外事业部/国际公司继续根据市场特点、各子公司业务专长、历史状况、资源和国际业务发展阶段，不断完善系统资源在全球的配置，相对稳定地划分市场区域，防止内部资源冲突、重复和浪费。主要措施包括：制定各子公司市场中长期统筹布局方案，并形成相对竞争机制；充分利用本土资源，进一步加快区域业务总部建设的步伐；制定区域业务总部管理实施细则，并监督各区域业务总部相应制定内部管理制度，初步形成国际化格局；继续强有力地推行《国际业务管理指导手册》，统一模式，实现模块化管理；编制并宣贯股份公司质量、环境和职业健康安全三标一体化管理体系海外业务子体系，引进国际先进管理工具和国际标准，推广国际工程管理优秀案例，逐步形成海外业务标准化的管理流程和管理规则，实现管理创新。

六、有效规避、化解风险，国际业务运行稳健

在不断强化市场营销的同时，海外事业部/国际公司十分重视项目风险控制环节，严格执行项目投标过程中的各级评审管理制度，从源头上规避风险。在2010年“管理创效年”活动中，对在建项目管理环节所面临的突出问题，如业主拖欠工程款、境外项目劳动用工、境外项目税收策划等问题进行了专题研究，制订并实施了具有针对性的应对措施，使项目管理日趋精细，合同履约更加规范，保证了国际业务的平稳运行。

总之，2010年，海外事业部/国际公司凭借在组织、管理、营销等多方面的良好表现，使“中国水电”在国际同行业界中的影响力与行业地位显著提升。2010年，股份公司名列全球最大225家国际承包商第41位，比2009年提升14位；在商务部对外承包工程前50强企业排名中，股份公司以国际新签合同金额排名第二、以国际营业额排名第三。与此同时，通过科学可持续地开展国际经营，股份公司全方位参与了我国政治经济外交，在引领中国企业“走出去”战略中逐渐发挥重要作用，在业内的影响力不断提升。与当地政府、中外同业合作伙伴建立了良好的合作关系，与多家银行建立了良好的业务关系，拥有足额银行授信和强有力的金融支持，是中国涉外金融机构优质大型客户，是承包商会、机电商会副会长单位，并正在申请加入博鳌论坛钻石会员。2010年，股份公司被评为“履行社会责任金奖企业”、“感动非洲十大企业”之一，承建的苏丹麦洛维水电站荣获中国建筑最高奖项——鲁班奖，是股份公司第二次获得境外鲁班奖。“中国水电”正以成熟、稳重、负责的企业形象倍受各东道国赞誉。

（国际公司）

集团公司海外事业部/国际工程有限公司

【2010年工作】　2010年，海外事业部/国际公司总体工作思路是：进一步学习实践科学发展观，解放思想，贯彻落实股份公司工作会、职代会和国际经营工作会关于国际业务的安排部署，进一步推进国际业务优先发展战略的实施，继续强化发挥好引领、示范、管控、支持、服务作用，奋力开拓国际市场，积极推动投融资业务，推动国际业务转型升级，不断创新经营模式，实现“三个转变”（由主要承揽现汇项目向重点开发政府框架、资源类项目与现汇项目相结合转变；由长期处于传统的工程施工环节向积极参与前期策划、设计、采购、安装、管理运营等环节转变；由技术含量较低的中小型项目向科技、管理水平高的大型综合项目转变），不断提升国际化程度和国际竞争力，更多地承担支撑股份公司规模和利润增长的双重任务，努力推进国际业务持续快速发展。

【2010年国际经营工作会议召开】　2010年2月1日下午～2日上午，三年一度的国际经营工作会议隆重召开，这是集团公司整体改制成立股份公司后召开的第一次国际经营工作会议。会议围绕“加快转型升级步伐、确保公司更好更快发展、提升国际经营水平”这个主题展开讨论。集团公司总经理、股份公司董事长兼党委书记范集湘，集团公司党委书记、股份公司总经理兼党委副书记刘起涛出席会议并作重要讲话。国务院国有企业监事会10办处长查丽华，集团公司党委常委、股份公司副总经理、党委常委袁柏松、孙洪水、王彤宙、李跃平、黄保东，集团公司党委常委、股份公司总会计师、党委常委孙璀，股份公司职工董事、总经济师、工会主席王宗敏，股份公司总工程师宗敦峰、总法律顾问王书宝，股份公司董事会秘书王志平，总经理助理曾兴亮、丁拯国、李燕明、杨忠，股份公司监事会监事孙宝田、段尚毅、许贺龙，总部部门主任以上人员，各子公司执行董事、总经理、党委书记，四川电力公司董事长、华亭公司、租赁公司总经理及其他特邀控股公司领导，国际公司领导班子成员、总经理助理、各部门正副领导，各区域总部、驻外项目部、分公司负责人、代表，各子公司、控股公司主管国际经营工作的副总经理、国际部（或外经部门）负责人共计184人参加了会议。各子公司、控股公司等22个分会场的代表参加了视频会议。

【范集湘一行到苏丹项目考察】　2010年2月26～28日，集团公司总经理、股份公司董事长兼党委书记范集湘在股份公司总经理助理、国际公司党委书记丁拯国等的陪同下到股份公司苏丹项目考察。期间，范集湘在股份公司驻苏丹喀土穆办事处召开的2010年苏丹在建项目群及市场开发工作会议发表重要讲话；到罗赛雷斯项目考察，亲切慰问项目员工并参加了罗赛雷斯项目召开的中层以上干部会议并发表重要讲话。

在苏丹考察期间，范集湘还在丁拯国的陪同下拜会了中国驻苏丹大使李成文以及经参处参赞郝洪社，就股份公司2010年在苏丹市场的发展进行了友好交谈。

【黄保东到老挝进行工作访问】 2010年3月2～4日，股份公司副总经理、国际公司董事长黄保东对老挝进行了为期3天的工作访问。黄保东出席了老挝水泥工业有限公司董事会，听取了股份公司驻老挝各项目公司（项目部）的工作汇报，并拜会了老挝国家副主席本杨·沃拉吉阁下及其他政府有关部委人士。在老挝访问期间，黄保东还亲切慰问了奋战在一线的公司员工。

【黄保东到安哥拉进行工作访问】 2010年3月30日，股份公司副总经理、国际公司董事长黄保东在水电二局有限公司总经理刘国栋、水电十一局有限公司总经理孙玉民等陪同下到安哥拉进行工作访问。期间，黄保东首先拜会了安哥拉总统多斯桑托斯，就安哥拉水电资源和矿产资源领域的合作开发等深入会谈，并达成初步意向。拜会了中国驻安哥拉大使张伯伦和参赞邹传明。此外，黄保东还出席了股份公司安哥拉区域市场2010年度工作会议暨表彰大会，考察了承建的罗安达供水项目。

【股份公司协办“全球水电发展论坛”】 2010年5月12日上午9时，由中国对外承包工程商会主办、股份公司协办的“全球水电发展及BOT、PPP模式的应用”论坛在国家会议中心顺利召开。中国对外承包工程商会会长刁春和，集团公司总经理、股份公司董事长范集湘出席论坛并致辞，集团公司党委书记、股份公司总经理刘起涛及中外专家、学者、业内同行共计约200多人出席。中国对外承包工程商会副会长、股份公司副总经理黄保东主持论坛并演讲。

【孙洪水到肯尼亚锡卡公路项目考察】 2010年5月20日，股份公司副总经理孙洪水在水电十三局有限公司总经理何占颂、副总经理兼东非经理部总经理秦超等陪同下，到水电十三局有限公司负责实施的肯尼亚内罗毕——锡卡公路工程项目考察。孙洪水一行察看了项目公路施工、拌和站等施工现场，对施工质量、进度表示满意，对项目部始终把公司信誉放在首位、想方设法确保履约给予充分肯定。

【范集湘考察肯尼亚项目群】 2010年6月5日下午，集团公司总经理范集湘在国际公司总经理助理周家义、水电十三局有限公司总经理何占颂、副总经理兼东非经理部总经理秦超等陪同下，到水电十三局有限公司负责实施的肯尼亚内罗毕——锡卡公路工程项目检查指导工作，慰问项目员工。范集湘一行查看了沿线现场施工、质量和进度情况，对现场管理和生产组织给予积极评价。

【股份公司工程项目综合管理系统（国际项目）建设研讨会召开】 2010年6月10日，股份公司召开工程项目综合管理系统（国际项目）建设研讨会，海外事业部有关部门负责人、各子企业海外事业部/国际公司和信息中心负责人共49人参加了会议。会议主要就股份公司信息化建设情况和工程项目管理系统建设的整体部署、国际工程项目管理模式、管控体系、管控要素、管控内容及国际工程项目综合管理系统等进行讨论。

【范集湘到马来西亚检查指导工作】 2010年6月25～27日，集团公司总经理范集湘在股份公司总经理助理、国际公司总经理曾兴亮，水电七局有限公司总经理张建文、水电八局有限公司总经理林修建、中国水电（马来西亚）公司总经理车伟力等陪同下对马来西亚市场进行工作检查和指导。期间，范集湘参加了项目部召开的股份公司在马来西亚各单位的中层以上干部会议，并会见了马来西亚第一大上市公司森纳美公司的代理总裁和CEO拿督阿兹哈。

【黄保东参加国际公司庆祝建党89周年党员大会】 为纪念中国共产党建党89周年，认真贯彻落实股份公司党委争创“四强”党组织和争做“四优”共产党员活动精神，总结上一阶段廉洁从业专项教育活动开展情况，2010年7月1日，国际公司在京隆重召开庆祝建党89周年党员大会。集团公司党委常委、股份公司副总经理兼国际公司董事长黄保东出席会议并讲话。大会还向国际公司先进基层党组织、优秀共产党员、优秀党务工作者代表颁发了奖牌和荣誉证书，并举行了新党员入党宣誓仪式。国际公司在京领导班子成员、区域业务总部领导、总经理助理及直属各党支部委员、部门负责人、在京全体党员和入党积极分子等120余人参加会议。

【范集湘到斐济南德瑞瓦图项目考察】 2010年7月3日，集团公司总经理范集湘在股份公司总经理助理、国际公司总经理曾兴亮、水电十局有限公司总经理杜学泽的陪同下考察了股份公司承建、水电十局有限公司具体实施的斐济南德瑞瓦图可再生能源项目，并亲切慰问项目员工。

【范集湘出席全国援外工作会议受到中央领导亲切会见】 全国援外工作会议2010年8月13～14日在北京召开。会前，中共中央总书记、国家主席胡锦涛，中共中央政治局常委、国务院总理温家宝亲切会见了全体与会代表，与代表握手表示问候，并合影留念。集团公司总经理范集湘作为实施援外项目的中央企业代表参加会议，受到胡锦涛、温家宝亲切会见。令计划、李建国、马凯、戴秉国、钱运录等参加会见。温家宝发表重要讲话。中共中央政治局委员、国务院副总理王岐山主持会议并作了总结讲话。国务院委员戴秉国出席会议。共42家中央企业代表参加会议。

【集团公司跃居全球最大225家国际承包商第41位】 2010年8月30日，美国《工程新闻记录》(ENR)发布了2010年度国际承包商和全球承包商前225强排行榜，中国水利水电建设集团公司位列第41位，在上榜的54家中国公司中排第7位。在以总营业收入排名的225家全球最大承包商榜单中，中国水利水电建设集团公司排列第26位，在上榜的37家中国公司中排第6位。

【黄保东到印尼、缅甸项目部指导工作】 2010年8月28日～9月2日，股份公司副总经理、国际公司董事长黄保东到公司印尼、缅甸项目部指导工作。8月28日，黄保东与中国进出口银行、中国开发银行、中国首钢集团、中国铝业海外控股公司、招商证券、华彬集团等领导到达印尼。期间，黄保东首先与印尼最大的煤炭公司——布米资源公司董事长尼尔万·巴克瑞先生进行友好会谈，随后与印尼政府、当地企业就煤电投资合作、开拓市场空间、获取经济资源及循环经济产业园等相关事宜进行深入探讨。

8月30日，黄保东考察了股份公司缅甸项目情况。9月2日，在缅甸首都内比都拜会了缅甸电力部副部长苗敏先生，并就耶瓦水电站履约及最终发电日期等进行协商并达成共识。双方还就进一步开拓缅甸电力市场深入交流。

【集团公司名列2010中国企业500强第78位】 2010年9月4～5日，由中国企业联合会、中国企业家协会主办、安徽省人民政府协办、合肥市人民政府承办的2010中国企业500强发布暨中国大企业高峰会在合肥市召开。股份公司副总经理袁柏松代表集团公司与来自全国各地的500强企业代表、专家学者、政府部门和新闻单位的代表共1000余人参加了会议。根据本次会上正式发布的报告，中国水利水电建设集团公司在“2010中国企业500强”中名列第78位（比2009年上升了11位），在“2010中国企业效益200佳”中排名第116位（比2009年上升了44位）。

【王彤宙到孟加拉国各项目检查指导工作】 2010年9月7～9日，股份公司副总经理王彤宙，股份公司总经理助理、国际公司党委书记丁拯国在水电八局有限公司党委书记朱素华、副总经理黄敏陪同下出席集团公司孟加拉国石卡巴哈燃气电站发电庆典，并驱车数百公里到石卡巴哈项目、达吉公路项目检查指导工作。在孟加拉国期间，王彤宙一行还拜会了中国驻孟加拉国大使和经商处参赞，并会晤了孟加拉国交通部长等官员。

【李跃平访问马里并出席赛努机场航站楼项目奠基仪式】 2010年9月12～17日，股份公司副总经理李跃平率代表团访问马里，出席巴马科赛努机场航站楼项目的奠基仪式，考察公司各在建项目部，并代表股份公司党委和股份公司向工作在马里的同志致以中秋佳节的问候。访问期间，李跃平一行还专程拜会了大使张国庆和参赞刘奇，并且与赛努机场航站楼项目业主、马里千年挑战账户总经理赖莱女士进行了友好交谈。此外，李跃平还出席了马里第四期《中国水电集团国际业务管理指导手册》宣讲培训的开班仪式。

【李跃平到马里阿拉塔纳干渠项目部指导工作】 2010年9月15日，股份公司副总经理李跃平在国际公司工程二部总经理田海华、国际公司合作部总经理夏畅、港航公司总工程师王德军、马里项目经理翟德勤等陪同下，到马里阿拉塔纳干渠项目部考察指导工作，并代表股份公司对节日期间奋战在施工一线的项目员工表示慰问和感谢。

【李跃平考察肯尼亚项目群】 2010年9月18日，股份公司副总经理李跃平一行到公司肯尼亚项目群考察。李跃平一行先后到锡卡公路K10+790跨线立交桥、锡卡公路拌和站及肯尼亚伽撒拉尼污水标项目新建营地等施工现场查看，随后听取了肯尼亚锡卡公路、松高罗电站、萨苏木大坝、供水二期等项目工作汇报。李跃平高度评价各项目进度情况，并代表股份公司给在东非全体工作的员工送去中秋节的问候和精美月饼。

【股份公司召开三标管理体系海外业务子体系首次宣贯视频会】 2010年10月28日，股份公司质量、环境和职业健康安全管理体系海外业务子体系（以下简称海外业务子体系）首次宣贯视频会在北京召开，全面动员和部署海外业务子体系的实施工作。股份公司副总经理、国际公司董事长、海外业务子体系最高管理者黄保东出席会议并作讲话。股份公司总经理助理、国际公司总经理曾兴亮主持会议。股份公司总经理助理、国际公司党委书记丁拯国，股份公司副总工程师、工程科技部（环境保护部）主任吴新琪，股份公司安全生产监督管理部主任高翔等参加会议。国际公司全体在京领导和员工、水电二局有限公司相关领导等约 190 人在北京主会场参会，水电一局、水电三局至水电十六局、基础局、水电辽宁局等有限公司领导约 300 人在分会场参会。

【刘琦向集团公司致感谢信】 2010 年 11 月 1 日，国家能源局副局长刘琦在 2010 年 10 月 16～17 日专程考察集团公司参建的马来西亚巴贡水电站项目后，深受感动，特发出感谢信，对集团公司在马来西亚市场经营表示赞赏，肯定了集团公司在贯彻落实中央“走出去”战略中取得的显著成绩，并肯定了集团公司在带动中国技术、设备及劳务出口等方面作出的突出贡献。

【习近平与驻安哥拉中资企业代表座谈，充分肯定集团公司在安哥拉取得的成绩】 当地时间 2010 年 11 月 20 日上午，正在安哥拉访问的国家副主席习近平在罗安达省基兰巴基阿希市与驻安哥拉中资企业代表座谈。股份公司副总经理、国际公司董事长黄保东代表集团公司参加座谈会并作工作汇报。习近平对集团公司在安哥拉所取得的成绩给予充分肯定。会后，习近平与黄保东亲切握手，并赞许地说“中国水电在安哥拉业绩突出，做得很好”。中国进出口银行、中国石油化工集团公司、中国机械工业集团有限公司、中信集团公司、中国兵器工业集团公司、中国路桥工程有限责任公司、中国工商银行、中工国际工程股份有限公司的代表参加座谈。

【集团公司荣获“中非友好贡献奖——感动非洲十大中国企业”】 2010 年 12 月 21 日下午，由中非人民友好协会和中国国际广播电台主办、《非洲》杂志社承办的“中非友好贡献奖——感动非洲十大中国企业”颁奖典礼在人民大会堂举行。全国政协副主席、中非友协会长阿不来提·阿不都热西提，中非友协副会长冯佐库，中国外交部、中国人民对外友好协会的相关领导和负责人，非洲驻华使团代表、感动非洲获奖及提名企业代表近 700 人参加典礼。股份公司副总经理黄保东出席并代表集团公司上台领奖。股份公司总经理助理、国际公司党委书记丁拯国出席了颁奖典礼。在中非友协倡议下，10 家获奖企业还发起成立初始规模约 500 万元人民币的“中国企业对非慈善基金”，各企业代表依次在倡议书上郑重落印。

【黄保东出席股份公司海湾国家市场经营专题研讨会】 2010 年 12 月 25～26 日，股份公司副总经理、国际公司董事长黄保东到卡塔尔市场考察并先后出席了股份公司海湾国家市场经营专题研讨会及 CP1 项目“大干一百天”总结表彰大会。在研讨会上，黄保东在讲话中要求总结过去，认真反思，顺势而变，进一步提升竞争力，扩大市场份额，把海湾国家市场作为股份公司未来发展的支柱市场。在 CP1 项目“大干一百天”总结表彰大会上，黄保东首先转达了集团公司党委及集团公司总经理、股份公司董事长范集湘向奋战在项目上的全体员工的亲切问候，并对项目部“大干一百天”取得的成绩和受表彰的先进集体及个人表示祝贺。

（国际公司）

外事管理

【国际公司成立固定资产鉴定小组】 为提高国际公司固定资产使用效率，降低固定资产使用成本，根据《中国水电建设集团国际工程有限公司固定资产管理办法》要求，2010 年 1 月 13 日，海外事业部/国际公司发布中国水电国际总〔2010〕4 号文，决定成立国际公司固定资产鉴定小组，负责国际公司固定资产大修和报废更新的鉴定工作。领导小组成员如下：

组　长：季晓勇

组　员：刘光荣　陈道春　杨志强　马保华　郭　萌

【国际公司成立固定资产采购小组】 为加强国际公司固定资产采购的管理和监督工作，完善固定资产采购体制，根据《中国水电建设集团国际工程有限公司固定资产管理办法》要求，2010 年 1 月 13 日，海外事业部/国际公司发布中国水电国际总〔2010〕5 号文，决定成立国际公司固定资产采购小组。人员组成如下：

组　长：丁拯国

副组长：沈国华

组　员：苗　军　杨天福　刘光荣　原海新　马秀芝　刘　欣　高敬东

【国际公司规定财务部、资金部部门职责】 根据工作需要，2010 年 1 月 18 日，海外事业部/国际公司发布中国水电国际人〔2010〕3 号文，明确财务部和资金部部门职责。

财务部主要负责集团国际业务财务会计政策的规范统一，牵头集团国际业务、国际公司及境外单位的财务管理、会计核算工作和国际业务、国际公司的国有资产产权管理、财务预算管理以及集团国际业务税收筹划及国际公司税收管理工作；定期编制集团国际业务及国际公司的各类财务会计报表，对投资活动财务事项的管理和分析；配合内外部审计及各项财务检查；组织开展集团国际业务、国际公司财务培训工作等。

资金部主要负责建立健全集团国际业务资金结算体系，统筹管理集团国际业务资金，建立、完善国际业务资金计划管理体系；监管国际业务资金运行情况的，分析、规划、调剂、统筹各工程局有限公司国际业务资金，编报各种资金报表；管理以集团公司或国际公司名义在境内外各金融机构开立外币账户及对应人民币账户；按规定办理国际业务的内部资金融通业务，负责统筹使用银行综合授信额度等。

【股份公司成立中国水利水电建设集团公司利比亚区域业务总部】 为更好地在利比亚开展工作，2010年1月30日，股份公司印发中水电股人〔2010〕8号文，决定成立股份公司利比亚区域业务总部。

【国际公司——达信海外工程风险管理研讨会圆满举办】 为进一步提高国际公司海外项目风险管理水平，落实公司提出的保险统管、建立统一平台的管理思想，2010年3月8日，海外事业部/国际公司与知名风险管理咨询公司——达信保险经纪有限公司共同组织了海外工程风险管理研讨会。公司领导对此次研讨会十分重视，股份公司副总经理、国际公司董事长黄保东亲自出席研讨会。

【国际公司成立预算专业委员会】 为提升国际公司的全面预算管理工作水平，加强对公司预算管理工作的领导，明确预算管理职责，增强全员参与意识，确保预算管理工作有序开展，2010年3月9日，海外事业部/国际公司成立国际公司预算专业委员会，其职责是：确定预算管理体系和预算执行范围；根据公司中长期战略目标和战略规划，拟订预算目标、政策，制订预算管理具体措施；审议、平衡预算方案，组织下达预算指标；协调解决预算编制和执行中的问题，必要时作出预算调整议案；督促、检查和评价公司各预算责任单位预算执行情况。委员会成员如下：

主　任：曾兴亮

副主任：丁拯国　宋东升　季晓勇　盛玉明
　　　　杜　楠　沈德才　沈国华

常务副主任：沈国华

成　员：辛宗懿　田海华　孙玉林　侯晓暾
　　　　张国来　王国民　封雁国　余　忠
　　　　杨天福　刘光荣　彭定武　于来新
　　　　夏　畅　苗　军　刘绍泉　原海新

【国际公司组建技术评审专家库】 为加强国际公司海外项目技术评审管理工作，充分发挥技术专家的作用，2010年3月15日，海外事业部/国际公司建立了技术评审专家库。技术评审专家由技术安全部统一管理，一般采用动态管理，也可根据专业要求，采用相机邀请的方式。聘为“顾问”的专家按《中国水电建设集团国际工程有限公司“顾问”聘用管理暂行办法》执行。所聘用的专家需经常参加相关项目技术咨询，并取得很好的咨询效果，在同行业享有较高声誉，一般不宜大于75岁（特殊情况除外，如院士等），专业应满足国际业务的发展要求。

【《中国水电建设集团国际工程有限公司对外捐赠管理暂行办法》印发】 为进一步规范国际公司对外捐赠行为，指导各部门、各区域业务总部、各分公司、各子公司正确履行社会责任，根据《中华人民共和国公益事业捐赠法》、国务院国资委《关于加强中央企业对外捐赠管理有关事项的通知》和《中国水利水电建设集团公司对外捐赠管理暂行办法》等有关规定，2010年3月25日，海外事业部/国际公司制定《中国水电建设集团国际工程有限公司对外捐赠管理暂行办法》。该办法共计7章19条，主要内容包括：第一章总则；第二章对外捐赠管理机构及责任；第三章对外捐赠范围；第四章对外捐赠规模；第五章对外捐赠的审批流程及程序；第六章对外捐赠的监督检查；第七章附则。

【国际公司独立设置党委工作部】 为进一步加强党建工作，2010年4月16日，海外事业部/国际公司决定党委工作部独立办公，不再与总经理工作部合署办公。

【《中国水电建设集团国际工程有限公司项目竣工决算审计办法》印发】 为规范公司工程项目（含投资类）竣工决算审计工作，正确评价所实施项目的经济效益，提高项目经营管理水平，2010年4月16日，海外事业部/国际公司制定《中国水电建设集团国际工程有限公司项目竣工决算审计办法》，实施细则共计5章24条，主要内容为：第一章总则；第二章审计内容；第三章审计工作的组织与实施；第四章审计报告和评价意见；第五章附则。

【国际公司成立工程建设领域突出问题专项治理工作协调小组】 2010年4月21日，根据集团公司《关于印发〈中国水利水电建设集团公司开展工程建设领域突出问题专项治理工作方案〉的通知》要求，海外事业部/国际公司成立国际公司工程建设领域突出问题专项治理工作协调小组，主要负责落实集团公司部署的工程建设领域突出问题专项治理工作任务，组织指导各部门、各境外机构开展专项治理工作，并适时组织监督检查。协调小组人员如下：

组　长：曾兴亮

副组长：丁拯国、孙　越

组　员：盛玉明　杜　楠　吴文豪　沈德才　沈国华　刘凤秋　孙　彦　贠　亮　周尚民　范云龙　刘光荣　苗　军　周春来　杨天福　刘绍泉　原海新　封雁国

【落实《对外承包工程管理条例》专项检查工作】 2010年6月28日，按照股份公司《关于转发“商务部等七部委关于开展落实〈对外承包工程管理条例〉专项检查的通知”的通知》的要求，海外事业部/国际公司各部门认真学习、切实贯彻落实商务部等七部委文件，并依据《对外承包工程管理条例》和本单位实际，逐条对照检查，深入进行了自查、整改和总结。

【《中国水电建设集团国际工程有限公司党委工作规则》印发】 为坚持和健全党的民主集中制，增强领导班子民主决策、科学决策和驾驭公司的能力，改进公司党委领导体制与工作机制，根据《中国共产党章程》和《中共中央关于进一步加强和改进国有企业党的建设工作的通知》，2010年7月12日，海外事业部/国际公司参照《中国水利水电建设股份有限公司党委（常委）会议事规则》，制定《中国水电建设集团国际工程有限公司党委工作规则》，共计5章21条，内容主要包括：第一章总则；第二章议事和决策规则；第三章日常工作规则；第四章公文处理规则；第五章附则。

【国际公司成立“小金库”专项治理工作领导小组和工作机构】 按照股份公司“小金库”专项治理工作领导小组的统一部署，为切实加强国际公司“小金库”专项治理工作的组织领导，2010年9月2日，海外事业部/国际公司成立“小金库”专项治理工作领导小组和工作机构，领导小组成员如下：

组　长：曾兴亮、丁拯国

副组长：孙　越　沈国华

成　员：杨天福　刘光荣　苗　军　辛宗懿　田海华　孙玉林　侯晓暾　张国来　王国民　原海新　封雁国　彭定武　周春来　于来新　刘正云

领导小组下设办公室，办公室设在财务部。

【《中国水电建设集团国际工程有限公司重大事项内部报告制度》印发】 为规范公司重大事项的内部报告、传递程序，保证信息披露的真实、准确、完整、及时、公平，保护公司股东权益，确保公司规范运作，根据《中华人民共和国公司法》、《中华人民共和国证券法》、《中国水利水电建设股份公司信息披露管理制度》、《中国水利水电建设股份有限公司重大事项内部报告制度》及《中国水电建设集团国际工程有限公司章程》等相关法律法规和规章制度，2010年9月27日，海外事业部/国际公司拟订《中国水电建设集团国际工程有限公司重大事项内部报告制度》。内容主要包括：第一章总则；第二章组织机构设置和职能构成；第三章重大事项范围及报告节点；第四章重大事项报告程序；第五章保密措施；第六章奖惩；第七章附则等共计7章19条。

【《中国水利水电建设股份有限公司海外区域业务总部管理办法实施细则（暂行）》发布】 为进一步落实国际业务优先发展战略，加强对股份公司海外区域业务总部的经营管理，提高国际业务的经营管控效率，2010年10月14日，股份公司制定《中国水利水电建设股份有限公司海外区域业务总部管理办法实施细则（暂行）》，共计10章65条，主要内容为：第一章总则；第二章职能和组织机构；第三章市场营销；第四章项目履约；第五章财务资金管理；第六章劳动人事；第七章薪酬及待遇；第八章业绩考核；第九章审计监察；第十章附则。

【国际公司成立保密委员会】 为保守国家秘密，维护国家安全，保证公司各项工作顺利进行，根据《中华人民共和国保守国家秘密法》、《中华人民共和国保守国家秘密法实施办法》和股份公司对国际公司保密工作的要求，同时结合国际公司实际，2010年10月14日，海外事业部/国际公司成立保密委员会，人员如下：

主　任：曾兴亮　丁拯国

副主任：孙　越　刘风秋

委　员：车伟力　宋东升　季晓勇　盛玉明

杜　楠　吴文豪　沈德才　沈国华

孙彦华　贠　亮

委员会下设办公室，办公室设在总经理工作部。

【《中国水电建设集团国际工程有限公司驻外机构管理办法》印发】　根据《中国水利水电建设股份有限公司子公司设立撤并法人机构管理暂行办法》（中水电股〔2010〕92号）的相关规定，结合股份公司在跨越工程中对驻外机构的法律尽职调查中发现的问题以及财政部、国务院国资委对中央企业境外个人代持资产专项自查清理活动中发现的问题，海外事业部/国际公司对原驻外机构管理办法作了修订，2010年10月28日制定《中国水电建设集团国际工程有限公司驻外机构管理办法》。该办法共8章33条，主要内容为：第一章总则；第二章驻外机构设立；第三章驻外机构职责；第四章驻外机构管理；第五章驻外机构考核；第六章驻外机构撤销与变更；第七章罚则；第八章附则。

【《中国水电建设集团国际工程有限公司境外投资类子公司、项目公司经营业绩考核暂行办法》印发】为进一步明确公司海外投资类子公司、项目公司的经营责任，发挥绩效考核的激励和导向作用，充分调动员工的工作积极性及创造性，创造良好的经营业绩，以实现国际业务的快速、持续、健康发展，2010年11月1日，海外事业部/国际公司制定《中国水电建设集团国际工程有限公司境外投资类子公司、项目公司经营业绩考核暂行办法》。该办法共计10章30条，主要内容为：第一章总则；第二章组织机构及工作职责；第三章薪酬体系；第四章考核指标体系及分值；第五章年度经营责任书的签订程序；第六章年度经营业绩考核程序；第七章考核结果的运用；第八章风险抵押金制度；第九章特殊情况的处理原则；第十章附则。

【《中国水电建设集团国际工程有限公司优秀员工疗养管理暂行办法》印发】　为贯彻落实科学发展观，切实维护员工的健康权益，根据《中华人民共和国劳动法》、《中华人民共和国工会法》等有关规定，按照股份公司对员工疗养工作的计划要求，2010年12月3日，海外事业部/国际公司制定《中国水电建设集团国际工程有限公司优秀员工疗养管理暂行办法》，该办法共计5章14条，主要内容为：第一章总则；第二章疗养条件；第三章疗养待遇标准；第四章组织管理；第五章附则。

【《中国水利水电建设股份有限公司海外工作机构党建工作指导意见》发布】　为发挥党在工作中的作用，促进公司国际业务持续健康快速发展，2010年12月13日，股份公司制定《中国水利水电建设股份有限公司海外工作机构党建工作指导意见》并下发各海外机构。该意见共计8章44条，内容主要包括：第一章总则；第二章海外工作机构党组织的基本任务；第三章海外工作机构党组织贯彻落实“三重一大”决策制度的基本要求；第四章海外工作机构党组织的工作重点；第五章海外工作机构党组织设立的基本原则、规定及程序；第六章海外工作机构党组织及负责人的组织管理；第七章常驻国外工作党员的组织管理；第八章附则。

【《中国水电建设集团国际工程有限公司计算机信息安全保密管理规定》印发】　为加强计算机设备和信息网络的管理，提高设备的利用率和完好率，保证正常的网络应用和信息服务，确保信息网络系统的安全，根据国家有关法律、法规，结合国际公司实际情况，2010年12月20日，海外事业部/国际公司制定《中国水电建设集团国际工程有限公司计算机设备和信息网络使用管理办法》。该办法共计6章31条，主要内容包括：第一章总则；第二章计算机设备管理；第三章信息网络管理；第四章信息传递管理；第五章网络信息审查；第六章附则。

（国际公司）

国际商务

【刘起涛会见委内瑞拉能源石油部部长】　2010年2月2日下午，集团公司党委书记、股份公司总经理兼党委副书记刘起涛会见了委内瑞拉能源石油部部长拉法埃尔·拉米雷斯、委内瑞拉石油公司副总裁及其他委内瑞拉政府官员等一行。集团（股份）公司党委常委、股份公司副总经理黄保东，股份公司总经理助理、海外事业部常务副总经理曾兴亮等陪同会见。

【牙买加副总理访问集团公司】　2010年2月4日上午，黄保东在集团公司总部会见了牙买加副总理肯尼斯·巴夫一行。双方就今后在牙买加和加勒比海地区的能源和基础设施领域加强合作进行会谈。

【黄保东拜会赞比亚总统班达】 2010年2月27日上午，股份公司副总经理、国际公司董事长黄保东在钓鱼台国宾馆拜会了正在我国进行国事访问的赞比亚总统班达一行。国际公司副总经理宋东升等参加了会见。会上双方就在建的卡里巴北岸扩机电站、已签约的伊泰兹水电站和跟踪项目相关问题进行了深入交流。

【范集湘拜会苏丹水利灌溉部部长奥萨玛】 2010年3月1日，集团公司总经理范集湘在股份公司总经理助理、国际公司党委书记丁拯国、公司驻苏丹总代表叶浩亮和苏丹罗赛雷斯大坝项目总经理莫永彪等陪同下，拜会了苏丹水利灌溉部部长、苏丹大坝执行管理局局长奥萨玛和大坝局项目总监穆塔兹先生。范集湘同奥萨玛就苏丹罗赛雷斯大坝加高项目、麦洛维大坝项目及大坝局即将启动的新项目等进行了较深入的交谈。

【刚果（金）总统顾问莫伊斯访问股份公司】 2010年3月5日下午，股份公司总经理助理、国际公司总经理曾兴亮会见了来访的刚果（金）总统顾问、中刚合作执行秘书莫伊斯先生及刚果（金）政府代表团成员。国际公司副总经理宋东升等陪同参加会见。

【刘起涛会见国际体育单项联合会总会主席一行】 2010年3月25日，集团公司党委书记、股份公司总经理刘起涛会见了国际体育单项联合会总会主席、国际奥委会荣誉委员海因·维尔布鲁根先生一行。股份公司总经理助理国际公司党委书记丁拯国等参加了会见。

【黄保东拜会埃塞俄比亚总理梅莱斯】 2010年7月22日上午，股份公司副总经理、国际公司董事长黄保东在埃塞俄比亚总理府拜访了埃塞俄比亚政府总理梅莱斯·泽纳维，双方就水电战略伙伴合作协议、技术支持和技术转让、人员培训、项目开发模式、项目融资、国际水权等事宜进行了深入交谈。埃塞俄比亚能源矿产部部长阿劳马耶胡·特格努、总理办公室主任和水电十一局有限公司总经理孙玉民、国际公司总经理助理周家义等参加了会谈。

【范集湘拜会喀麦隆能源水利部部长】 2010年3月22～23日，全国政协主席贾庆林正式访问喀麦隆。作为随同出访的企业家代表之一，集团公司总经理、股份公司董事长范集湘参加了贾庆林议会大厦演讲、喀麦隆瓦耶议长举办的欢迎宴会和喀麦隆总统比亚举办的招待宴会等活动。

3月22日下午，范集湘在股份公司副总经理、国际公司董事长黄保东、国际公司副总经理宋东升、水电十四局有限公司党委书记洪坤等陪同下拜访了喀麦隆能源水利部部长米歇尔·纳伽克·托姆迪奥。在喀麦隆访问期间，范集湘一行还考察了水电十四局有限公司正在建设的雅温得城市排污项目工地。

【范集湘出席巴塔电网项目优买贷款协议签字仪式并陪同中国进出口银行行长李若谷考察吉布洛水电站项目】 2010年3月26日，中国进出口银行行长李若谷在赤道几内亚经济首都巴塔与赤道几内亚财政部部长梅尔乔尔签订巴塔电网项目优买贷款协议。集团公司总经理、股份公司董事长范集湘，国际公司副总经理宋东升，水电六局有限公司总经理厉建平、副总经理刘宝及其他中资公司领导出席签字仪式。签字仪式后，李若谷在范集湘等陪同下考察了由股份公司承建、水电六局有限公司具体施工的赤道几内亚吉布洛水电站项目工地。

【范集湘随同中国进出口银行代表团访问刚果民主共和国】 2010年3月29～30日，集团公司总经理、股份公司董事长范集湘随同中国进出口银行行长李若谷带领的中国进出口银行代表团一行访问刚果民主共和国。国际公司副总经理宋东升陪同访问。

3月29日，范集湘及中国进出口银行代表团一行在刚果民主共和国总统顾问穆伊斯和重大工程办公室主任浦西马的陪同下考察了由股份公司承建的金沙萨中心医院项目现场。3月30日上午，范集湘随同中国进出口银行代表团一行拜会了刚果民主共和国总理穆兹多，就进一步扩大在刚果（金）国家重建事业上的合作等进行深入会谈。3月30日下午，范集湘随同中国进出口银行代表团一行参加了中国、刚果（金）合作项目评估会闭幕式。

【曾兴亮随同商务部部长陈德铭对缅甸进行工作访问】 2010年3月29日～4月1日，股份公司总经理助理、国际公司总经理曾兴亮随同商务部部长陈德铭对缅甸进行了为期4天的工作访问。访问期间，曾兴亮参加了缅甸使馆经参处组织的中国企业家座谈会，并代表股份公司在会上发言；先后拜会了股份公司在缅甸输变电项目的合作方SUPREME集团总裁及副总裁、油码头项目业主金山公司副总裁；代表股份公司专程看望缅甸代表处员工。

【刘起涛会见加蓬经济、贸易、工业和旅游部部长一行】 2010年4月13日下午，集团公司党委书记、股份公司总经理刘起涛会见了加蓬经济、贸易、工业和旅游部部长马戈罗赫·恩戈姆比亚等一行。会谈双方就彼此关心的问题和项目进行深入交流，并签订有关项目合作备忘录。股份公司总经理助理、国际公司总经理曾兴亮、国际公司副总经理宋东升等陪同参会。

【黄保东会见孟加拉国交通部部长阿布·侯赛因】 2010年4月12日，股份公司副总经理、国际公司董事长黄保东在国际公司总经理助理邓国平陪同下，会见了来华参加博鳌论坛的孟加拉国交通部部长阿布·侯赛因代表团一行。会谈中，宾主双方就孟加拉国基础设施建设等方面进行深入交流和讨论。

【黄保东访问台塑石化公司与新亚建设有限公司】 2010年4月14日，股份公司副总经理、国际公司董事长黄保东到台湾参观考察，并在台北市与台塑石化公司董事长王文潮、台湾新亚建设有限公司董事长张英进行会晤。集团港航公司副总经理李振旺等陪同访问。

【刚果（布）能源水利部部长一行访问股份公司】 2010年4月14日下午，刚果（布）能源水利部部长伊图阿代表团一行访问股份公司，股份公司总经理助理、国际公司总经理曾兴亮代表股份公司会见来访宾客。会谈双方就彼此关心的问题和项目进行深入交流，并共同制订了下一步合作计划。国际公司副总经理宋东升等参加会见。

【黄保东会见埃塞俄比亚财经发展部部长一行】 2010年4月19日，股份公司副总经理、国际公司董事长黄保东会见了来华访问的埃塞俄比亚财经发展部部长索菲安·阿姆德代表团一行。会谈中，宾主双方就埃塞俄比亚未来能源发展战略及融资方式等进行了深入交流和讨论。

【曾兴亮随中国商务部政府经贸代表团访问利比里亚】 2010年4月22～23日，股份公司总经理助理、国际公司总经理曾兴亮随中国商务部政府经贸代表团访问利比里亚。访问期间，中国商务部副部长傅自应率领的政府经贸代表团与利比里亚总统瑟利夫、利比里亚有关内阁部长举行了部长级双边会谈。曾兴亮代表股份公司出席会议，并与中国开发银行、中非发展基金达成合力推动咖啡山水电站修复及圣保罗河流域水电梯级开发投资建设的共识。此外，应有关方面邀请，曾兴亮委派国际公司总经理助理周家义参加了“中利经贸合作论坛”，并代表股份公司在论坛上发言。

【刘起涛拜会加蓬共和国总统阿里·邦戈】 2010年5月1日，集团公司党委书记、股份公司总经理刘起涛拜会了前来上海参加世博会开幕式的加蓬共和国总统阿里·邦戈，双方进行了亲切友好地交谈。加蓬共和国外交部部长、经济部部长及中国驻加蓬大使李福顺参加了会见。

【摩尔多瓦共和国内阁国务部长访问股份公司】 2010年5月4日，股份公司总经理助理、国际公司总经理曾兴亮在股份公司总部会见了来访的摩尔多瓦共和国内阁国务部长维克多·博迪（VictorBodiu）。摩尔多瓦共和国驻华代办阿那托利·乌列基安一同参加了会谈。

【曾兴亮拜会塞拉里昂总统科罗马】 2010年5月7日晚，股份公司总经理助理、国际公司总经理曾兴亮在新锦江饭店拜会了前来上海参加世博会塞拉里昂日的塞拉里昂共和国总统欧内斯特·巴依·科罗马，双方进行了友好交谈。塞拉里昂财政部副部长康泰博士、国际公司工程二部及投资二部有关人员参加了会见。

【黄保东赴美访问并拜会多家美国知名企业集团人士】 2010年5月21～25日，股份公司副总经理、国际公司董事长黄保东先后访问了美国AES公司总部、美国斯坦利（STANLY）集团总部，并与GE全球销售和市场总裁乔姆斯·恩苏秀（Jomes N. Suciu）进行了友好会谈。国际公司副总经理宋东升陪同访问。

5月21日，黄保东和美国AES公司主管拉美和非洲事务的常务副总裁、拉美公司总裁、非洲公司总裁等进行了深入和富有成效的工作会谈，双方签署了合作备忘录。

5月24日，黄保东一行访问美国斯坦利（STANLY）集团总部，与斯坦利主席格莱格·汤姆普鲁斯（GregsThomopulos）及总裁等高管进行了全天工作会谈，并就在中东、非洲和加勒比地区的合作达成众多一致意见。

5月25日，黄保东会见GE全球销售和市场总裁乔姆斯·恩苏秀（JomesN. Suciu）先生，双方就集团公司和GE在火电、风电、水处理、海水淡化等领域的全球合作进行了深入交流。

【刘起涛会见西班牙维拉米尔（甘孜）能源开发有限公司总经理一行】 2010年6月1日，集团公司党委书记、股份公司总经理刘起涛会见了西班牙维拉米尔（甘孜）能源开发有限公司总经理、中国区项目主席罗德利（Rodriguez）一行，双方就有关合作事宜进行了友好会谈。股份公司副总经理李跃平、总工程师宗敦峰、维拉米尔（甘孜）能源开发有限公司高管以及股份公司市场经营部、海外事业部、水电五局有限公司负责人等参加了会见。

【刘起涛会见厄瓜多尔战略协调部部长及财政部部长】 2010年6月2日上午，集团公司党委书记、股份公司总经理刘起涛在集团总部会见了前来北京参加厄瓜多尔科卡科多—辛克雷水电站项目融资合同签字的厄瓜多尔战略协调部部长格拉斯和财政部部长帕特里西奥及其代表团成员一行。股份公司副总经理、国际公司董事长黄保东、国际公司副总经理宋东升与科卡科多—辛克雷水电站项目的管理成员陪同参加了会见。

【刘起涛拜会老挝常务副总理宋沙瓦】 2010年6月6日，应邀出席昆明第18届进出口商品交易会的集团公司党委书记、股份公司总经理刘起涛拜会了老挝常务副总理宋沙瓦·凌沙瓦一行，双方进行了富有成效的会谈。

【刘起涛会见台湾亚翔（荣工）集团公司总裁一行】 2010年6月10日，集团公司党委书记、股份公司总经理刘起涛会见了台湾亚翔（荣工）集团公司总裁姚祖骧、荣工工程股份有限公司董事长欧来成、副总经理曾国基、台湾禧通科技股份有限公司总裁汪恩全、圣芳工程有限公司董事长刘贤忠、苏建兴营造有限公司董事长陈添喜一行，双方就有关合作事宜进行友好会谈。股份公司副总经理王彤宙、李跃平，股份公司总经理助理、海外事业部副总经理丁拯国，路桥公司总经理汤明、水电十六局有限公司总经理兼海西区域开发总部总经理林文进等参加会谈。

【范集湘拜会莫桑比克总理艾雷斯·阿里】 2010年6月17日上午，集团公司总经理范集湘在钓鱼台国宾馆拜会了正在中国访问的莫桑比克总理艾雷斯·阿里一行，国际公司副总经理宋东升等陪同。会谈后，范集湘接受了莫桑比克国家电台、电视台等媒体的采访。

【国际公司代表团考察东帝汶】 应东帝汶政府副总理古特雷斯的邀请，2010年6月23～27日，国际公司副总经理盛玉明代表股份公司率团对东帝汶进行商务考察。考察期间，代表团拜会了古特雷斯副总理、东帝汶基础设施部部长、自然资源国务秘书；会见了东帝汶外交部秘书长（拟任驻华大使）；拜访了中国驻东帝汶大使馆代办房新文，与使馆有关人员进行座谈。

【黄保东会见埃塞俄比亚外交部部长和财政部部长一行】 2010年6月30日～7月1日，股份公司副总经理、国际公司董事长黄保东在国际公司副总经理宋东升等陪同下，先后会见了来华访问的埃塞俄比亚外交部部长塞尤姆·梅斯芬和由埃塞俄比亚财政部部长苏菲安·艾哈迈德带队的代表团一行。会谈中，双方就埃塞俄比亚水电能源发展的融资、项目开发模式、国际河流水权分配等问题进行了深入的交流和讨论。

【黄保东会见巴基斯坦水电开发署主席一行】 2010年7月5日下午，股份公司副总经理、国际公司董事长黄保东会见了来华访问的巴基斯坦水电开发署（WAPDA）主席沙克·杜拉尼一行。双方就集团公司刚中标的达拉瓦特等中小型水坝项目交换了意见。国际公司副总经理宋东升等陪同参加会见。

【刘起涛拜会巴基斯坦总统扎尔达里】 2010年7月7日，集团公司党委书记、股份公司总经理刘起涛应邀在钓鱼台国宾馆拜会了来华访问的巴基斯坦总统扎尔达里，双方进行了亲切友好地交谈。巴基斯坦总统代表团成员、中国驻巴基斯坦大使刘健、国际公司副总经理宋东升等参加了会见。

【刘起涛陪同中国进出口银行行长李若谷访问安哥拉】 2010年7月9～11日，集团公司党委书记、股份公司总经理刘起涛陪同中国进出口银行行长李若谷到安哥拉进行工作访问。水电四局有限公司党委书记王争鸣、国际公司副总经理盛玉明等陪同访问。访问期间，刘起涛会见了安哥拉政要；听取了安哥拉区域总部及股份公司驻安哥拉各单位的工作汇报。

【曾兴亮会见刚果（金）财政部部长和重建部部长】 2010年7月16日，股份公司总经理助理、国际公司总经理曾兴亮在北京会见了刚果（金）财政部部长马塔塔、重建部部长穆锁卡和刚果（金）国家电力公司总经理杨格一行。双方着重就股份公司在刚果（金）即将启动的新项目——ZONGOⅡ水电站交换了意见，并商谈了项目下一步的工作。

【黄保东随421项目考察组出访赞比亚】 2010年7月17～21日，由商务部、财政部、中信保和中国机电商会联合组成的421项目考察组出访赞比亚，考察项目执行情况。股份公司副总经理、国际公司董事长黄保东在水电十一局有限公司总经理孙玉民、国际公司总经理助理周家义等人的陪同下，参加了考察组在赞比亚境内的所有商务活动。黄保东和考察组与赞比亚财政与国家计划部部长西通贝科·穆索科图瓦内等官员进行了深入交谈。7月20日，黄保东参加了中国驻赞比亚使馆经商处举办的中资企业座谈会；与赞比亚能源与水利发展部部长肯尼思·孔加就下凯富峡水电站项目事宜进行洽谈。

【喀麦隆总理会见集团公司代表】 2010年7月19日上午，喀麦隆总理菲莱蒙·杨在总理府接见了国际公司副总经理宋东升，双方就合作事宜进行了友好会谈。

【刘起涛会见阿曼地方市政与水资源部次大臣阿里·阿卜里】 2010年7月21日，集团公司党委书记、股份公司总经理刘起涛会见了阿曼地方市政与水资源部次大臣阿里·阿卜里先生一行，双方就阿曼基础设施建设市场的情况和股份公司在阿曼市场业务的发展以及前景进行了会谈。国际公司副总经理盛玉明、杜楠等参加了会见。

【国际公司与铁道三院签署战略合作协议】 2010年7月21日，国际公司与中国铁道第三勘察设计院集团有限公司（以下简称铁道三院）签署海外战略合作协议。股份公司总经理助理、国际公司总经理曾兴亮和铁道三院总经理王洪宇出席签字仪式并签字。出席签字仪式的还有铁道三院副总经理何松林，国际公司领导孙越、沈德才、刘风秋等。

【黄保东会见赞比亚财政与国家计划部部长、能源与水利发展部部长】 2010年8月4日，股份公司副总经理、国际公司董事长黄保东会见了来访的赞比亚财政与国家计划部部长西通贝科·穆索科图瓦内博士、能源与水利发展部部长肯尼思·孔加先生一行，双方就赞比亚电力能源等基础设施建设市场情况及下凯富峡水电项目合作投资开发等相关事宜进行了友好坦诚地会谈。赞比亚驻华大使卢潘多·姆瓦佩、赞比亚国家电力公司总经理穆普瓦亚、国际公司副总经理宋东升、国际公司总经理助理周家义及国际公司相关业务部门负责人参加会谈。会上，双方就下凯富峡水电站投资项目的推进、水电建设技术、投资模式、融资保险、特许协议、参股结构、前期投入、电力市场等方面交换了意见。

【黄保东拜会来京访问的肯尼亚副总统卡隆佐·穆西约卡】 2010年8月12日，股份公司副总经理、国际公司董事长黄保东在北京国际饭店拜会了前来参加中非农业技术合作论坛的肯尼亚副总统卡隆佐·穆西约卡。双方回顾了集团公司在肯尼亚的在建项目，并对下一步合作的具体项目进行深入探讨。

【黄保东会见印尼国家电力公司总裁】 2010年8月13日，股份公司副总经理、国际公司董事长黄保东会见了来访的印尼国家电力公司总裁余世甘一行，双方就印尼电力能源等基础设施项目建设进行了坦诚友好地会谈。

【宋东升拜会赤道几内亚总统奥比昂】 2010年8月18日中午，来华访问的赤道几内亚共和国总统特奥多罗·奥比昂·恩圭马·姆巴索戈在下榻饭店亲切会见国际公司副总经理宋东升，双方就有关项目合作事宜进行了坦诚、友好的交流。

【王彤宙拜会孟加拉国交通部部长】 2010年9月10日上午，股份公司副总经理王彤宙在水电八局有限公司副总经理黄敏的陪同下拜会了孟加拉国交通部部长阿布·侯赛因，双方就孟加拉国交通建设市场进行了友好沟通，并就集团公司承建的达吉公路项目进行了深入交流。

【范集湘会见摩尔多瓦总理菲拉特】 2010年9月13日晚，集团公司总经理范集湘在集团公司总部会见了来华访问的摩尔多瓦总理弗拉迪米尔·菲拉特政府代表团一行。股份公司副总经理、国际公司董事长黄保东，股份公司总经理助理、海外事业部副总经理丁拯国，国际公司副总经理宋东升，水电十六局有限公司总经理林文进、副总经理金建国等参与会见。会后，摩尔多瓦交通和基础设施部副部长与黄保东分别代表摩尔多瓦交通和基础设施部、国际公司签署了“摩尔多瓦紧急战略公路项目”合同协议。

【几内亚比绍共和国总理访问集团公司总部】 2010

年9月22日下午，来华访问的几内亚比绍共和国总理卡洛斯·戈梅斯一行到集团公司总部访问，股份公司副总经理、国际公司董事长黄保东与戈梅斯总理进行了友好交谈。股份公司总经理助理、国际公司总经理曾兴亮，安哥拉区域业务总部总经理孙彦华等参加会谈。会谈后，几内亚比绍共和国经济、计划与地区一体化部部长和曾兴亮，分别代表几内亚比绍政府、国际公司签署合作备忘录。

【刘起涛拜会赞比亚副总统特乔治·孔达】 2010年10月21日下午，集团公司党委书记、股份公司总经理刘起涛拜会了来华访问的赞比亚副总统特乔治·孔达，双方就项目合作事宜等进行了坦诚、友好的交流。股份公司总经理助理、海外事业部副总理丁拯国等参加会见。

【范集湘会见缅甸电力一部部长】 2010年10月22日上午，集团公司总经理范集湘前往缅甸首都内比都会见了缅甸电力一部部长佐敏上校，双方就缅甸耶瓦项目的实施坦诚地交换了意见。股份公司副总经理、国际公司董事长黄保东、水电六局有限公司党委书记耿金富、缅甸电力一部副部长及各司司长参加了会见。

【范集湘拜会格鲁吉亚总理吉拉乌里】 2010年10月26日，集团公司总经理范集湘在北京国际俱乐部饭店拜会了来华访问的格鲁吉亚总理吉拉乌里，就进一步加强双方合作进行了交流。股份公司总经理助理、国际公司总经理曾兴亮，国际公司副总经理季晓勇等参加了会见。会见后，曾兴亮代表集团公司接受了格鲁吉亚国家电视台的专访。

【黄保东会见菲律宾交通通信部部长一行】 2010年10月28日下午，股份公司副总经理、国际公司董事长黄保东在集团公司总部会见了专程来访的菲律宾交通通信部部长何塞·德赫苏斯一行，双方就项目合作事宜等进行了坦诚、友好的交流。股份公司总经理助理、国际公司总经理曾兴亮等陪同参加会见。10月30日下午，宾主双方再次举行会谈，并就有关项目签署合作备忘录。

【苏丹道路桥梁部国务部长哈密德·玛哈穆德·瓦基尔一行访问股份公司】 2010年10月29日，苏丹道路桥梁部国务部长哈密德·玛哈穆德·瓦基尔一行访问股份公司。股份公司总经理助理、国际公司党委书记丁拯国代表股份公司会见来宾。双方就股份公司的苏丹在建项目和市场前景进行会谈；就股份公司在苏丹建筑市场下一步的发展和前景进行了详细深入的探讨。国际公司副总经理季晓勇等陪同参会。

【黄保东会见泰国能源部常务秘书】 2010年11月5日下午，股份公司副总经理、国际公司董事长黄保东在泰国拜会了泰国能源部常务秘书蓬猜。泰国产电机构负责人和国际公司副总经理沈德才等参加了会见。

【黄保东一行访问法国7个集团和公司】 2010年11月22～26日，股份公司副总经理、国际公司董事长黄保东先后对法国波洛莱集团（Bollore Group）、万喜集团（Vinci Group）、阿尔斯通公司（Alstom）、GDF苏黎世环能集团（GDFSUEZ）、柯因贝利咨询公司、法国布依格集团（Bouygues Group）和法国电力公司（EDF Group）进行友好访问。股份公司总经理助理、国际公司党委书记丁拯国、国际公司副总经理宋东升、国际公司副总经理季晓勇等陪同访问。

11月22日，黄保东一行来到波洛莱集团，波洛莱环非物流公司总裁多米尼克·拉方（Dominique Lafont），执行副总裁菲利普·拉伯恩（Philippe Labonne）、埃里克·马累（Eric Melet）和埃里克·尚塞（Eric Sanchez）等热情接待并举行会谈。

11月23日上午，黄保东一行到万喜集团访问，会见了万喜集团海外部执行副总裁让·路易斯·塞万克斯（Jean-Louis Servranckx），近东、中东和中亚地区执行副总裁斯蒂芬·阿伯瑞（Stephane Abry），商业经理弗朗索瓦·查瓦里（Francois Chevallier）和非洲地区执行副总裁让·皮埃尔·道邦（Jean-Pierre Dauban）等高层领导。

11月23日下午，黄保东一行访问阿尔斯通公司，与阿尔斯通公司董事会主席兼CEO柏柯龙（Patrik Kron）、高级副总裁丹尼斯（Denis Cochet）、副总裁胡戈（Hugues Barbier）、弗拉德瑞克（Frederic Pierucci）和伊夫斯（Yves Mourlaas）等公司高层领导举行会谈。

11月24日上午，黄保东一行访问法国GDF苏黎世环能集团，并应邀出席早餐会，苏黎世环能集团国际事务总监丹尼斯·西蒙诺（Denis Simonneau）及能源国际战略总监迪迪埃·希尔（Didier Sire）热情接待。

11月25日上午，黄保东一行访问柯因贝利咨询公司，并与柯因贝利咨询公司首席执行官达尼拉·德沃莱（Daniel Develay）、副总裁让·铁西斯（Jean

Teyssieux）等进行了长时间的友好交流与会谈。

11月26日上午，黄保东一行访问布依格集团。集团公司作为布依格集团历史上首家来访的中国企业，受到布依格集团高层热烈欢迎。布依格国际部执行副总裁让·麦克·杜卡斯（Jean-Michel Ducasse）和让·皮埃尔·马格林（Jean-Pierre Margolin）等会见黄保东一行并深入交流。

11月26日下午，黄保东一行对与集团公司保持长期友好合作的法国电力公司（EDF Group）进行首次正式访问。法国电力公司执行副总裁兼亚太区总裁马识路、水电工程与运营部代表、亚太区总部代表等热情接待代表团一行。

【范集湘出席2010年中国进出口银行银企座谈会】 2010年12月5～6日，集团公司总经理范集湘应邀出席了在广东召开的2010年中国进出口银行银企座谈会，股份公司副总经理、国际公司董事长黄保东，股份公司总经理助理、国际公司总经理曾兴亮，股份公司总经理助理、海外事业部副总理丁拯国一同出席会议。范集湘在座谈会上发言，并就进一步加强银企合作、促进企业更好地“走出去”、对中国进出口银行的金融支持导向和业务创新提出具体意见和建议。随后，在中国进出口银行与重点大型企业的项目对接会中，股份公司将目前推动较成熟的31个海外项目纳入与中国进出口银行的项目对接，项目总金额122.5亿美元，双方还就上述项目深入交换了意见。

【黄保东陪同铁道部总工程师何华武到泛亚铁路中通道磨憨（磨丁）—万象段铁路考察】 2010年12月14～18日，股份公司副总经理、国际公司董事长黄保东陪同铁道部总工程师何华武到泛亚铁路中通道磨憨（磨丁）—万象段铁路项目沿线进行实地考察调研。由铁道部、中老铁路工作组、中国中铁股份有限公司、中国水利水电建设集团公司组成的70多人代表团参与全程考察。

【刚果（金）总统卡比拉会见集团公司驻刚果（金）代表并致新年问候】 2010年12月28日下午，刚果（金）总统卡比拉在总统府亲切会见了集团公司驻刚果（金）代表，并向集团公司祝贺新年。

（国际公司）

国际合作

【股份公司签约毛里塔尼亚矿石新港建设工程合同】 2010年2月4日，在毛里塔尼亚北部港口城市努瓦迪布，股份公司授权代表与毛里塔尼亚国家工业与矿业公司（SNIM）总经理签订了努瓦迪布矿石新港建设工程的设计—建造合同。合同总价7257万欧元，工期30个月。

【缅甸耶瓦水电站首台机组正式投产发电】 2010年2月21日，当地时间14时30分，由股份公司承建的缅甸耶瓦水电站首台机组（1号机）顺利实现“72小时带负荷试运行”，在不停机不消缺的情况下直接投产发电。试运行期间，机组出力和运行状况良好，成功送电1115万千瓦·时。

【股份公司中标格鲁吉亚隧道修复项目】 2010年3月1日，股份公司以折合约2901万美元的标价正式中标格鲁吉亚E-60公路瑞考蒂隧道修复项目，成为第一个在格鲁吉亚通过国际竞争性投标中标工程项目的中国企业。该项目位于格鲁吉亚东西交通的必经之路，全长约1.75千米，由国际复兴开发银行出资。

【塔山水电项目中方联合体揭牌仪式在京举行】 2010年3月16日，塔山水电站项目中方联合体在北京中国水利电力对外公司（以下简称中水对外公司）总部大楼召开会议，并举行联合体揭牌仪式。本次会议围绕塔山项目工作目标、中方联合体组织机构划分、短期及中长期发展计划等展开具体讨论。

【股份公司签订委内瑞拉紧急电站两项合同】 2010年3月26日，在股份公司签订委内瑞拉紧急电站项目第一期工程合同当天，电站项目新中心电厂主机采购合同经过艰苦谈判在北京签订。股份公司和西门子公司代表分别在合同上签字。总价近2亿美元的委内瑞拉紧急电站项目新中心电厂主机采购合同，是目前股份公司签署的最大单笔采购合同，其成功签订标志着委内瑞拉紧急电站项目第一期工程正式进入实施阶段。

【股份公司中标马来西亚胡鲁登嘉楼水电站主体工程项目】 2010年3月18日，国际公司与当地伙伴Loh&Loh建筑工程公司组成的联营体接到业主发来的中标意向通知书，中标马来西亚胡鲁登嘉楼水电站土建主体工程，中标金额约合2.5亿美元。

【苏丹麦洛维水电站10台机组全部并网发电】 2010年4月8日，随着苏丹总统巴希尔按下启动按钮，麦洛维水电站第10台机组并网发电，标志着经过CC-

MD JV 七五联营体 7 年的艰苦努力，电站大坝建设和机组安装与调试全部完成，10 台机组全部并网发电，工程开始发挥效益。

【股份公司签约承建格鲁吉亚 E-60 公路瑞考蒂隧道修复项目】 2010 年 4 月 14 日，格鲁吉亚 E-60 公路瑞考蒂隧道修复项目签约仪式在格鲁吉亚首都第比利斯举行。国际公司副总经理季晓勇代表股份公司与格鲁吉亚基础设施建设部公路局主席拉马兹在项目合同上签字。瑞考蒂隧道修复项目位于格鲁吉亚 E-60 公路 143 千米处，是连接格鲁吉亚东西部的交通干道，合同金额折合约 2901 万美元，工期 720 天。

【股份公司与刚果（布）签署合作备忘录】 2010 年 4 月 19～20 日，股份公司总经理助理、国际公司总经理曾兴亮陪同商务部代表团考察刚果（布）市场。20 日下午，曾兴亮与刚果（布）能源水利部负责人举行会谈，并代表股份公司与刚果（布）能源水利部就未来合作签署备忘录。

【股份公司签署哈吉水电站协议备忘录】 2010 年 4 月 24 日，在缅甸首都内比都，国际公司代表股份公司与缅甸电力一部计划司、泰国产电机构国际有限公司（EGATi）、缅甸 IGOEC 公司签署哈吉水电站协议备忘录。国际公司副总经理沈德才，缅甸 DHPP 司长尤基苏、缅甸 IGOEC 公司总经理尤・文・卡英，泰国产电机构国际有限公司（EGATi）董事萨乌斯・普拉图努库尔、维拉克・坎查纳皮布尔作为主签人分别代表中国、缅甸、泰国三方在协议上签字。缅甸电力一部部长库尔佐敏阁下、中国驻缅甸联邦大使馆经济商务参赞处参赞金洪根等 100 余人应邀出席。

【股份公司签约承建柬埔寨王国斯登沃代水电站主体工程】 2010 年 4 月 27 日，柬埔寨王国斯登沃代水电站主体工程施工合同签字仪式在北京凤展大酒店隆重举行。该电站位于柬埔寨额勒赛河上游支流——沃代河上，由中国大唐集团公司控股的云南东南亚经济技术投资实业有限公司投资建设。该电站主体工程由股份公司承建，水电八局有限公司负责具体实施，合同总价 8729 万美元，工期 36 个月。

【股份公司签约刚果（金）一揽子合作第二批三个基建项目】 2010 年 5 月 8 日，股份公司与刚果（金）政府签署第二批三个基建项目的总承包合同，分别为首都和平路、恩交库路和东部布腾博市政道路工程。合同总额约 1 亿美元。

【股份公司签订苏丹上阿特巴拉水利枢纽工程联营协议】 2010 年 5 月 9 日，股份公司与中水对外公司在北京举行苏丹上阿特巴拉水利枢纽工程联营协议签字仪式。

苏丹上阿特巴拉水利枢纽工程总库容 27 亿立方米，装机容量 11.7 万千瓦，业主为苏丹水利部大坝执行局。工程由 C1-A 标和 C1-B 标组成，其中 C1-A 合同金额 4.19 亿美元，工期 5 年零 4 个月；C1-B 合同金额 4.18 亿美元，工期 4 年零 10 个月。

【股份公司中标越南松邦 4 水电站工程】 2010 年 5 月 19 日，越南电力部向股份公司签发越南松邦 4 水电站土建工程 XL-1 号标和 XL-2 号标的中标通知书，两合同总价约合人民币 6.8 亿元。该电站位于越南与老挝边界的邦河（Bungriver）上，由亚洲发展银行投资，业主是越南电力部松邦 4 水电站项目管理委员会。该项目将由水电十二局有限公司具体负责施工，总工期 43 个月。

【股份公司承建的安哥拉两城市基础设施建设项目开工】 2010 年 5 月 12 日，股份公司承建的安哥拉恩泽托（NZETO）市城市基础设施建设项目顺利开工。2010 年 5 月 18 日，股份公司承建的安哥拉马兰热市城市基础设施建设项目举行盛大开工典礼，安哥拉副总统费尔南多先生、城乡建设部部长及副部长、马兰热省省长等相关部委及省内领导在股份公司区域总部总经理助理李海的陪同下参加了开工仪式。

【股份公司承建的博茨瓦纳卡玛国际机场新航站楼一期正式移交】 2010 年 5 月 18 日上午，股份公司承建的第一个航站楼项目——博茨瓦纳卡玛国际机场新航站楼一期正式移交业主，中国驻博茨瓦纳大使馆临时代办苟皓东参赞及经商处宫和平参赞到现场考察。卡玛国际机场航站楼项目于 2008 年 6 月 10 日开工，是股份公司承建的第一个航站楼项目。

【基奎特总统为坦桑尼亚坦噶—浩乐浩乐公路工程开工剪彩】 2010 年 5 月 28 日 13 时 30 分，坦桑尼亚总统基奎特参加了由股份公司承建、水电十三局有限公司施工的坦桑尼亚坦噶—浩乐浩乐公路工程开工典礼并剪彩。该工程是美国援助坦桑尼亚千年挑战资金项目公路升级项目的第一段。股份公司以 5393 万美元中标，工期 27 个月。工程主要内容包括 65 千米的道路升级改造以及桥梁、箱涵和附属排水结构物等。

【柬埔寨甘再水电站BOT项目PH2电站正式并网发电】 2010年5月29日，随着1号机组甩负荷试验的成功，集团公司首个境外投资水电项目——柬埔寨甘再水电站PH2电站正式进入并网发电阶段。自2010年5月31日起，甘再水电站BOT项目将向柬埔寨贡布省提供1500千瓦·时的前期电力供应。

【厄瓜多尔科卡科多—辛克雷水电站项目融资协议在京签署】 2010年6月3日，股份公司承建的厄瓜多尔科卡科多—辛克雷水电站项目融资协议签署仪式在北京举行。股份公司副总经理黄保东、国际公司副总经理宋东升参加仪式。

【巴基斯坦达拉瓦特大坝项目签约仪式举行】 当地时间2010年6月9日20时30分，巴基斯坦达拉瓦特大坝项目EPC合同签约仪式在巴基斯坦总理府隆重举行。国务院副总理张德江、巴基斯坦总理吉拉尼出席仪式并作见证。股份公司副总经理、国际公司董事长黄保东和巴基斯坦水电开发署（WAPDA）主席沙克·杜拉尼分别代表双方签署协议。该合同的签订，标志着达拉瓦特大坝项目正式进入履约阶段。拉瓦特大坝项目合同金额9064万美元，工期36个月。

【股份公司签订牙买加项目合作备忘录】 2010年6月16～19日，股份公司总经理刘起涛访问牙买加。在途经加拿大时，刘起涛一行拜访了加拿大赛姆考普（CEMCORP）公司，并与其在牙买加进行项目合作签订合作备忘录。

【刚果（布）英布鲁水电站4号、3号机组提前并网发电】 2010年6月22日20时30分、20时50分，股份公司承建的刚果（布）英布鲁水电站4号、3号机组先后实现并网发电，比英布鲁电站北京高层会议确定的并网发电时间分别提前14天和34天，实现了电站建设中最具里程碑意义的节点目标。英布鲁水电站为河床径流式水电站，总装机容量12万千瓦，多年平均发电量6.815亿千瓦·时。该电站于2004年11月正式开工。

【股份公司中标坦桑尼亚两个公路项目】 2010年6月28日和7月2日，股份公司中标的坦桑尼亚多多玛—玛雅玛雅公路和湃拉米浩—姆冰噶公路项目签字仪式先后在坦桑尼亚国家公路局举行。多多玛—玛雅玛雅公路全长43.65千米，合同金额3060万美元，工期27个月；湃拉米浩—姆冰噶公路全长78千米，合同金额5984万美元，工期27个月。

【股份公司签订马里首都国际机场新航站楼建设项目合同】 2010年6月29日，股份公司签订赛努（Senou）国际机场新航站楼建设项目施工合同。马里总统杜尔出席并见证签约仪式。新航站楼建设项目由美国千年挑战账户（MCC）出资，业主为MCA-MALI，工期23个月，合同金额7161.9万美元。

【刚果（金）人民宫广场1标项目顺利完工】 2010年6月30日，刚果（金）50年国庆阅兵典礼在股份公司承建的人民宫广场上成功举办。出席典礼的有联合国秘书长潘基文、刚果（金）总统和总统夫人、比利时国王和王后、中国住建部部长姜伟新、中国驻刚果（金）大使吴泽献等要员。人民宫广场坐落在首都金沙萨市中心，是刚果（金）政府集会及各大庆典举办地。2009年12月5日，股份公司签约承建广场1标项目，合同金额约1966万美元，工期5个月。

【莫桑比克两供水工程顺利移交】 2010年7月2日和7月23日，股份公司承建的莫桑比克楠普拉供水工程和彭巴供水管网扩建工程分别顺利完成移交。两项目完成后，极大改善了当地供水条件，共解决约132000户居民的饮水问题。

【股份公司与阿根廷能源公司签署合作备忘录】 2010年7月13日下午，在中共中央总书记、国家主席胡锦涛和阿根廷总统克里斯蒂娜见证下，股份公司副总经理、国际公司董事长黄保东与阿根廷能源公司总裁艾斯比诺萨在北京人民大会堂签署合作备忘录。该备忘录表达了双方在能源领域的合作意愿，尤其是在水电和风电等清洁能源领域的合作意愿。

【国际公司与埃塞俄比亚电力公司签署战略合作协议】 2010年7月23日上午，国际公司与埃塞俄比亚电力公司在亚的斯亚贝巴签署战略合作协议。股份公司副总经理、国际公司董事长黄保东和埃塞俄比亚电力公司副总经理阿卜杜拉肯分别代表双方在协议上签字。埃塞俄比亚矿产能源部部长阿拉玛耶胡、国际公司总经理助理周家义等参加签字仪式。协议签署后，双方将在技术支持、技术转让、人员培训和水电站项目合作开发等领域展开深层次合作。

【孟加拉国石卡巴哈燃气电站顺利投产发电】 2010年7月25日，孟加拉国石卡巴哈15万千瓦燃气调峰电站项目圆满结束"168小时试运行"，顺利投产发电。孟加拉国石卡巴哈燃气电站项目是集团公司在海外承接的第一个EPC燃气电站项目，由水电八局有限公司负责具体施工。

【苏丹副总统出席麦瑞迪供水项目竣工仪式】 当地时间2010年7月27日13时，股份公司承建的南苏丹麦瑞迪供水项目举行竣工仪式。苏丹第一副总统、南苏丹总统撒娃·基尔，苏丹大坝电力部部长奥萨玛，苏丹大坝执行管理局项目总监穆塔兹及项目所在地政府官员出席仪式。随着基尔副总统启动水厂水处理设备按钮，符合WHO国际标准的清洁饮用水通过15千米的管道输送到麦瑞迪县100多个取水点。麦瑞迪供水修复项目是股份公司在苏丹的首个EPC总承包项目，工期12个半月，由水电七局有限公司具体实施。

【股份公司中标沙特吉达公路地下通道工程】 2010年7月28日，股份公司收到沙特城乡事务部正式中标函，成功中标沙特阿拉伯王国吉达市地下通道工程，标价折合3600万美元，工期24个月。沙特吉达公路地下通道工程项目是股份公司成功开拓沙特市场的重要标志。

【股份公司签约尼泊尔上塔马克西水电站土建标】 2010年8月1日，股份公司与尼泊尔国家电力局上塔马克西项目公司正式签署上塔马克西水电站土建标施工合同，合同金额约1.9亿美元。尼泊尔政府要员、中国驻尼泊尔大使及经商参处参赞共同出席了项目签约庆祝仪式。上塔马克西水电站总装机容量465兆瓦，是尼泊尔迄今为止最大规模的水电站，号称尼泊尔"三峡"。工程由水电十一局有限公司与水电六局有限公司联合实施。

【股份公司签订莫桑比克水泥厂项目投资协议】 2010年8月6日，莫桑比克马普托市一条新型干法水泥生产线项目投资协议和股东协议在股份公司总部大楼举行。中国开发银行行长助理兼中非发展基金董事长赵建平，股份公司副总经理、国际公司董事长黄保东出席仪式。国际公司总经理曾兴亮、中非发展基金总裁迟建新、济南域潇集团公司董事长吴涛分别代表三方在协议上签字。莫桑比克马普托市水泥厂项目投资额约1亿美元，股份公司作为牵头方与中非基金和济南域潇集团公司共同出资。

【股份公司签订赞比亚下凯富峡水电站投资合作备忘录】 2010年8月10日，赞比亚政府、中非发展基金、股份公司就赞比亚下凯富峡水电站BOOT项目投资开发签订谅解备忘录。赞比亚财政与国家计划部部长西通贝科·穆索科图瓦内博士、赞比亚驻华大使穆森歌女士、中国驻赞比亚大使李强民、中国开发银行副行长李吉平、赞比亚国家电力公司总经理穆普瓦亚、股份公司总经理刘起涛等领导和来宾出席并见证仪式全程。赞比亚能源与水利发展部部长肯尼思·孔加、中非发展基金总裁迟建新、股份公司副总经理黄保东分别代表三方在谅解备忘录上签字。股份公司总经理助理、国际公司总经理曾兴亮主持仪式。

【刚果（布）英布鲁电站4台机组全部并网发电】 2010年8月11日，由股份公司承建、水电十四局有限公司具体负责实施的刚果（布）英布鲁水电站1号机组成功实现并网发电，至此，英布鲁电站4台机组全部实现并网发电，项目重大节点目标均已实现。英布鲁水电站总装机容量12万千瓦，建成后将成为刚果（布）国家电网的主力电站。

【股份公司签约苏丹雨水收集项目】 2010年8月12日，股份公司签约苏丹雨水收集项目。股份公司总经理助理、国际公司党委书记丁拯国与来中国访问的苏丹大坝执行管理局项目总监穆塔兹先生分别代表双方在协议上签字。该项目为解决偏远地区百姓和牲畜旱季严重缺水的问题，将根据苏丹政府资金安排分期、分片开发。本次股份公司签约的是300座水坝一揽子合作开发的框架协议及第一期工程实施协议，合同金额9450万美元，将以EPC方式承包。

【卡比拉总统为五十年庆大桥竣工剪彩】 2010年9月2日，刚果民主共和国总统约瑟夫·卡比拉出席了由集团公司承建的五十年庆大桥竣工典礼。仪式上，刚果（金）计划部部长致词，对集团公司所作的贡献给予高度评价。在刚果（金）政府高级官员和集团公司代表的陪同下，卡比拉总统为大桥剪彩并步行进行考察。五十年庆大桥全长440米，是刚果（金）第二长大桥。因该桥竣工适逢刚果（金）独立五十周年，因此刚果民主共和国总统亲自将其命名为"五十年庆"大桥以示纪念。该项目于2008年8月28日开工，由水电十四局有限公司负责具体实施。

【股份公司中标马来西亚胡鲁登嘉楼水电工程】 2010年9月9日，国际公司与马来西亚LOH－LOH

工程有限公司组成的联营体收到马来西亚能源有限公司的中标函，正式承建胡鲁登嘉楼水电工程 CW2 标段土建主体工程。这是股份公司在西马半岛承建的第一个水电项目。CW2 标段主体土建工程合同金额约 2.5 亿美元，总工期 56 个月。

【卡塔尔 CP1 项目签订新增三大管线项目合同】 2010 年 9 月 9 日，集团公司卡塔尔路赛 CP1 项目部与业主在卡塔尔多哈签订了新增三大管线项目合同，合同金额 1.04 亿美元。至此，CP1 合同总金额累计达 9.41 亿美元。此次新增的 CP1 三大管线是滨海区域的中央空气冷却水管道、天然气管道和固体垃圾真空管道，预计于 2011 年底项目竣工。

【斯里兰卡北方公路项目正式启动】 2010 年 9 月 9 日，斯里兰卡财政部和中国进出口银行在北京签署了斯里兰卡北方公路 C11A&C11B 标公路融资协议，标志着股份公司承建的此项目正式启动。C11A&C11B 标公路全长 95 千米，是斯里兰卡北部省份战后重建的首批重点项目，项目总投资约 1 亿美元，工期 30 个月。

【股份公司与摩尔多瓦签订摩尔多瓦紧急战略公路项目合同协议】 2010 年 9 月 13 日晚，集团公司总经理、股份公司董事长范集湘在集团公司总部会见了来华访问的摩尔多瓦总理弗拉迪米尔·菲拉特政府代表团一行。股份公司副总经理、国际公司董事长黄保东，股份公司总经理助理、海外事业部总经理丁拯国，国际公司副总经理宋东升，水电十六局有限公司总经理林文进、副总经理金建国等参与会见。会后，摩尔多瓦交通和基础设施部副部长与黄保东分别代表双方签署“摩尔多瓦紧急战略公路项目”合同协议。

【卡比拉总统出席刚果（金）东部两工程开工、竣工典礼】 2010 年 9 月 13 日和 15 日，刚果（金）总统卡比拉对刚果（金）东部地区进行全面视察期间，出席了股份公司承建的中刚一揽子基建项目“布腾博市政道路工程”开工典礼和“RN4-LOT1 沥青路面工程”的竣工典礼。刚果（金）副总理兼内务部部长、北基伍省省长、重建部部长、财政部部长、社会保障部部长、刚果（金）选举委员会主席以及集团公司驻刚果（金）授权代表共同出席两仪式。

【肯尼亚萨苏木大坝主体工程完工】 2010 年 9 月 13 日，由股份公司承建、水电十三局有限公司负责具体实施的肯尼亚萨苏木大坝修复工程混凝土施工圆满完成，至此萨苏木大坝已具备蓄水能力。该项目实际工期比合同工期提前近 3 个月。

【肯尼亚供水工程二期项目顺利竣工】 2010 年 9 月 16 日，股份公司承建的肯尼亚供水工程二期项目取得业主颁发的竣工证书，顺利竣工。该项目由德国 KFW 银行贷款，业主是维多利亚湖北部委员会，合同金额 1672 万美元。工程于 2008 年 8 月 8 日开工。

【股份公司签约承建伊朗穆山帕大坝项目】 2010 年 9 月 29 日，股份公司与伊朗赞江省水利厅正式签署穆山帕大坝项目合同，合同金额约 100.35 亿人民币。伊朗赞江省水利厅厅长法黑弥先生、股份公司授权代表——国际公司副总经理季晓勇分别代表双方在合同上签字。伊朗穆山帕大坝项目被纳入中伊一揽子合作计划，是伊朗能源部急需开发建设的重点项目。穆山帕大坝总装机容量 108 兆瓦，工期 60 个月。

【肯尼亚副总理姆达瓦蒂出席肯尼亚供水工程二期通水仪式】 2010 年 10 月 1 日，肯尼亚副总理姆达瓦蒂、水利部部长、项目业主维多利亚湖西部委员会主席、德国大使和主投资方德国 KFW 银行代表等出席了股份公司承建的肯尼亚供水工程二期通水仪式。该项目是德国 KFW 银行贷款项目，2008 年 11 月 8 日开工，2010 年 8 月 7 日工程竣工移交。

【股份公司签约加蓬道路整治工程】 2010 年 10 月 8 日，加蓬阿基尼—奥孔加道路整治工程项目签约仪式在加蓬总理府举行。加蓬总理保罗·比格约出席仪式并代表政府签字批准该项目，随后国际公司驻加蓬代表代表股份公司与加蓬基础设施部代表共同签署项目合同。中国驻加蓬大使李福顺、经商处参赞胡平等出席项目签约仪式。阿基尼—奥孔加道路整治工程道路全长 74 千米，是加蓬国道整治计划的一部分，由伊斯兰发展银行和加蓬政府共同投资建设，工期 30 个月，合同金额约 6872.35 万欧元。

【股份公司签约摩洛哥拉巴特环城高速公路】 2010 年 10 月 15 日，股份公司收到拉巴特环城高速公路项目中标通知函，标志着合同金额约 2.4 亿美元的拉巴特环城高速公路项目施工合同正式生效，股份公司成功登陆摩洛哥市场。该项目将由水电五局有限公司负责具体实施。拉巴特环城高速公路全长约 40 千米，业主是摩洛哥国家高速公路公司。

【股份公司签约沙特延布场地准备项目】 2010年10月19日下午，沙特延布场地准备项目签约仪式在沙特首都利雅得举行，沙特延布和朱拜勒皇家委员会主席沙特·宾·阿卜杜拉·宾·泽纳彦亲王与股份公司授权代表孙玉林分别在合同上签字。该项目业主是延布和朱拜勒皇家委员会，合同金额4000万美元，工期2年。水电十三局有限公司将负责该项目的具体实施。沙特延布场地准备项目的签约标志着股份公司成功登陆沙特实现零的突破。

【股份公司中标苏丹卡及巴尔水电站项目】 2010年10月28日，股份公司中标苏丹卡及巴尔水电站项目，中标金额约7.05亿美元。卡及巴尔水电站工程总装机容量36万千瓦，业主为苏丹大坝执行局，总工期约5年。

【股份公司中标哈萨克斯坦双西公路修复项目】 2010年10月30日，股份公司中标中国西部—欧洲西部（双西公路）2183～2217千米标段公路修复项目，这是股份公司在哈萨克斯坦承建的第一个项目，也是迄今为止中国企业在哈萨克斯坦境内承揽的首个公路项目。双西公路全长34千米，沥青混凝土路面，双向四车道，该项目由世界银行提供贷款。此次股份公司中标的标段是双西公路的一部分，工期39个月，中标金额5800万美元。

【股份公司再获马来西亚输电线路合同】 2010年11月1日，马来西亚沙捞越能源公司（SEB）正式通知中国水电（马来西亚）有限公司与当地公司组成的联营体中标从姆鲁（Murum）水电站至姆鲁交汇口变电站约50千米双回路四分裂导线275千伏架空输电线路项目，中标金额约合人民币2.1亿元，项目于2010年11月15日开工，工期20个月。至此，股份公司在马来西亚累计中标输电线路总合同金额约合人民币13.2亿元，线路总长超过400千米。

【股份公司中标印尼东加里曼丹20万千瓦火电项目】 2010年11月10日，印尼国家电力公司（PLN）签发授标函，正式将印尼东加里曼丹2×10万千瓦火电项目授予股份公司。印尼东加里曼丹燃煤电站为EPC工程，中标金额约2.8亿美元，将由股份公司与当地公司组成的联合体实施，工期33个月。

【股份公司签约安哥拉万博省足球场修复项目】 2010年11月21日，股份公司与安哥拉万博省政府签署了万博省嘎啦足球场修复项目一期合同，合同金额约538万美元。

【股份公司签订委内瑞拉卡布雷拉火电站项目补充商务合同】 2010年11月22日，国际公司与委内瑞拉能源石油部所属的委内瑞拉国家石油公司（PDVSA）签署卡布雷拉火电站项目补充商务合同，增加建设一座装机容量20万千瓦的火电站及配套输变电工程，增加合同金额2亿美元。卡布雷拉火电站项目是股份公司2010年3月承建的委内瑞拉紧急电站项目一期工程的重要组成部分。

【股份公司签约格鲁吉亚西部绕城公路项目】 2010年12月6日下午，股份公司中标格鲁吉亚西部绕城公路项目。签约仪式在格鲁吉亚首都第比利斯举行，格鲁吉亚基础设施部公路局第一副主席努戈扎尔和股份公司授权代表孙玉林分别代表双方在合同上签字。格鲁吉亚西部绕城公路项目全长15.4千米，合同金额约6230万美元，工期24个月，将由水电十六局有限公司负责具体实施。

【股份公司签约哥斯达黎加楚卡斯水电站项目】 2010年12月10日，股份公司在哥斯达黎加首都圣何塞签署了楚卡斯水电站项目合同，这是股份公司在拉美地区通过竞争性投标签署的第一个合同，合同金额9236万美元。项目业主为意大利电力公司艾奈（ENEL），资金来源为业主自筹。该电站总装机容量50兆瓦，工期30个月。水电十一局有限公司负责该项目的具体实施。

【范集湘代表股份公司签署柬埔寨斯伦水利开发项目协议】 2010年12月13日，在国务院总理温家宝和柬埔寨首相洪森的见证下，集团公司总经理、股份公司董事长、党委书记范集湘代表股份公司与柬埔寨水资源和气象部部长林建河在人民大会堂北大厅签署了柬埔寨北部农田灌溉开发项目之《斯伦流域水利开发项目（一期）总承包协议》。股份公司总经理助理、国际公司总经理曾兴亮陪同参加签字仪式。

【缅甸耶瓦水电站举行竣工发电庆典】 2010年12月15日，股份公司承建的缅甸“三峡工程”——耶瓦水电站隆重举行工程竣工发电庆典。缅甸总理登盛出席庆典并作重要讲话。曼德勒省军区司令、缅甸电力一部部长、副部长等缅甸政府高级官员，股份公司副总经理孙洪水、国际公司副总经理季晓勇等出席庆典。耶瓦水电站总装机容量为79万千瓦，是目前缅甸境内装机容量最大的电站，也是股份公司目前对外出口成套机组中单机容量最大的项目。

【袁柏松参加老挝欣合—郎勃拉邦230千伏输电线路项目开工仪式】 2010年12月18日，欣合—郎勃拉邦230千伏输电线路项目开工仪式在老挝举行。股份公司副总经理袁柏松、老挝国务院总理府部长兼国家企业改善委员会主席赛胜利、老挝能源矿产部部长苏里翁、中国驻老挝大使馆经参处参赞张玉成以及万象省政府办公厅、郎勃拉邦省政府办公厅、老挝国家电力公司等官员以及国际公司副总经理杜楠、水电十局有限公司总经理杜学泽、水电十五局有限公司副总经理阚建平、水电基础局有限公司董事长张源智等参加仪式。项目合同金额约1.29亿美元，采用中国政府提供的优惠贷款，工期3.5年。

【股份公司中标刚果（金）基桑加尼国际机场项目】 2010年12月18日，股份公司收到刚果（金）民航局寄发的通知书，正式中标刚果（金）基桑加尼班戈卡（BANGOKA）国际机场项目，中标金额约2500万美元，工期2年。基桑加尼班戈卡（BANGOKA）国际机场项目位于刚果（金）第三大城市基桑加尼市，业主为刚果（金）民航局，资金来源为非洲开发银行。水电二局有限公司将具体负责项目实施。

【股份公司签约印尼东加燃煤电站项目】 2010年12月21日，印尼第一批1000万千瓦加速电站建设规划中的最后一个项目——印尼东加2×11万千瓦燃煤电站项目签约仪式在印尼国家电力公司总部举行。印尼国家电力公司总裁余世甘、国际公司副总经理盛玉明、印尼阿迪卡亚建筑公司总经理邦邦代表相关方在合同上签字。水电八局有限公司副总经理黄敏、印尼国家电力公司副总经理巴吉约等出席仪式。印尼东加燃煤电站项目为EPC交钥匙工程，电站装机容量22万千瓦，合同金额2.8亿美元，工期33个月。由股份公司和印尼阿迪卡亚建筑公司组成的联合体共同承建。

【中国水电矿业（老挝）钾盐有限公司年产12万吨钾盐项目举行盛大开工典礼】 2010年12月22日15时，由国际公司投资控股的中国水电矿业（老挝）钾盐有限公司年产12万吨钾盐项目在老挝万象市纳塞通县举行盛大开工典礼。老挝常务副总理宋沙瓦·凌沙瓦、中国驻老挝大使布建国女士、参赞张玉成、股份公司副总经理袁柏松出席典礼仪式。水电十局有限公司总经理杜学泽、水电基础局有限公司董事长张源智、老挝各部委及万象市有关县村代表和中资企业代表共约300人参加开工典礼。袁柏松、老挝能源矿产部副部长宋奔·拉沙松潘分别在典礼上致辞。随后，宋沙瓦·凌沙瓦、布建国、袁柏松、张玉成等挥铲为项目奠基。

【泰国乔比雅水电站1号机组并网发电】 2010年12月22日，泰国产电机构（EGAT）总裁苏塔（SUTAT）、副总裁松布恩（SOMBOON）在股份公司乔比雅水电站项目负责人的陪同下，出席了股份公司与泰国意大利泰工程公司（ITD）联营体共同承建的泰国乔比雅水电站1号机组并网发电庆典仪式。泰国乔比雅水电站设计安装2台6兆瓦灯泡机组，该套机组是中国出口泰国的首批灯泡机组。项目预计于2011年2月正式交付运营。

【股份公司签署尼泊尔上马相迪BOT水电站项目《购电协议》】 2010年12月29日下午，上马相迪BOT水电站项目《购电协议》在尼泊尔首都加德满都正式签署。国际公司副总经理沈德才和尼泊尔国家电力局局长扎哈（Jha）博士分别代表双方在协议书上签字。此次项目《购电协议》的签署，标志着股份公司正式拥有项目法定开发权，项目建设进入实质性新阶段。上马相迪BOT水电站项目总装机容量50兆瓦，总投资1.64亿美元，是尼泊尔最大的外资能源项目，也是中国企业在尼泊尔投资最大的项目。国际公司占有项目90%股份。

（国际公司）

国际经营可持续发展

【安哥拉区域业务总部成功承办驻安哥拉中资企业2010年春节联欢晚会】 2010年2月1日，驻安哥拉中资企业商会2010年迎新春联欢晚会在安哥拉首都罗安达热带影院隆重举行。本次晚会由驻安哥拉中资企业商会主办，股份公司安哥拉区域业务总部承办。中国驻安哥拉大使张伯伦、经商参赞兼中资企业商会名誉会长邹传明、政务参赞王卫、各中资企业商会成员代表共170人出席活动。

【卡塔尔CP1项目职工积极为外籍患病员工捐款】 2010年2月1日，卡塔尔路赛CP1项目部机械工区尼泊尔籍员工柏哈都不幸患病，经诊断需常年做血液透析或肾移植才能维持生命。CP1项目部得知情况后，立即发起爱心捐款倡议并得到项目全体员工的积极响应。2月17日，股份公司卡塔尔路赛CP1

项目将折合人民币52584元的捐款汇到项目尼泊尔籍患病员工柏哈都家中，为他送去项目关怀，帮他渡过难关。

【《人民日报》刊登范集湘署名文章】 2010年3月17日，《人民日报》第3版刊登了集团公司总经理、股份公司董事长范集湘的署名文章——《发挥中国企业在对非整体外交中的独特作用》，概要介绍了中非合作的重大意义等。文章发表后，引起广泛关注。

【股份公司参展亚洲水资源与可再生能源开发国际会议】 2010年3月29～30日，股份公司在马来西亚沙捞越婆罗洲会展中心参加了第三届亚洲水资源与可再生能源开发国际会议及展览，展现了股份公司在水电这一清洁、可持续利用和再生性清洁能源领域中的建设成就。第三届亚洲水资源与可再生能源开发国际会议及展览以水资源与清洁可再生能源为主题，由英国《水电与大坝》杂志社主办，沙捞越能源公司（SEB）协办，共有约70家来自欧美和东南亚地区的知名公司参展。

【法国电视台关注股份公司刚果（金）工程项目】 2010年5月19日，由股份公司承建、水电二局有限公司负责具体实施的金沙萨中心医院和人民宫广场项目受到法国TV3电视台的关注，两名记者来到现场进行纪实性采访。此次采访由中国驻刚果（金）大使馆安排，以展示中国企业在刚果（金）投资建设的工程项目、当地工人在中国企业的就业情况以及中国工人在非洲的生活、工作状况。股份公司承建的金沙萨中心医院和人民宫广场项目属刚果（金）“五大工程”项目，被列为采访的重点对象。

【中非经济技术合作小组开展“感受中国速度”活动】 2010年5月26日，由中国政协、天津市政协、中非经济技术合作小组共同组织的非洲驻华使节“感受中国速度”——天津考察一日行活动启动，21个非洲驻华使馆的37位使节参加活动，中央政治局委员、中共天津市委书记张高丽会见了非洲使节团团长及成员。股份公司作为中非经济技术合作小组秘书处为这次活动的顺利开展起到了积极的保障作用。

【股份公司参加印尼2010中国工程和工程机械展】 2010年5月26日，“中国工程和工程机械、矿山机械和建材机械展览会”在印尼首都雅加达国际展览中心隆重开幕，印尼副总统布迪约诺、中国驻印尼大使章启月等出席开幕式。股份公司及数十家中国知名工程企业和工程机械制造企业参展。本次展览由中国贸易促进会机械行业分会、中国对外承包工程商会共同举办，是庆祝中国印尼建交60周年及2010中国与印尼友好年系列活动之一。

【邓亚萍指导集团公司海外青年突击队工作】 2010年8月17日上午，共青团北京市委副书记、前乒乓球世界冠军邓亚萍专程到集团公司承建的博茨瓦纳卡玛国际机场航站楼项目，检查指导参与项目建设的北京市第一支海外青年突击队——于海安青年突击队工作。水电二局有限公司于海安青年突击队成立于2002年，先后获得“北京市重大工程优秀青年突击队”、“北京市学习型先进班组”、“北京市安全生产及安康杯优秀班组”、“北京市优秀青年突击队标杆”等荣誉，2008年6月第一次走出海外，成为北京市第一支被团市委授旗命名的海外青年突击队。

【股份公司参建海外项目入选当地货币背面图案】 2010年9月，股份公司曾参与建设的老挝南累克水电站厂房工程被作为背面图案印在老挝国家银行发行的20000基普纸币上。股份公司南累克水电站的建设成绩经受住了时间考验，得到了老挝人民的公认。

【股份公司应邀参加第四届中国印尼能源论坛】 2010年10月19～20日，由国家能源局和印尼能源矿产部联合举办的第四届中国印尼能源论坛在广西南宁举行。国家发展改革委副主任、国家能源局局长张国宝、广西壮族自治区主席马飙等出席论坛。应国家能源局邀请，股份公司参加本届论坛，国际公司副总经理盛玉明代表股份公司在主论坛上发言。

【股份公司应邀出席第四届中国—拉美企业家高峰会】 2010年10月21日，股份公司总经理助理、国际公司总经理曾兴亮应邀代表股份公司参加了在成都举行的第四届中国—拉美企业家高峰会并作发言。曾兴亮主要介绍了股份公司在拉美市场的基本情况，并围绕中国企业开展中国拉美合作的有利因素、挑战及开拓拉美市场的主要战略和思路等发表看法，赢得参会各方的高度评价。

【股份公司参加拉美经济研讨会】 2010年10月29日，由美国泛美银行和媒体等机构主办的拉美经济第十六届研讨会（The 16th annual Latin Trade Symposium & Bravo Business Awards）在美国迈阿密召开。应盛情邀请，股份公司成为唯一参会的中国企业。国际公司副总经理宋东升代表股份公司参加会议，并在会上就股份公司经营情况及在拉美业务作专题发言。

【柬埔寨甘再水电站BOT项目获当地政府颁发的“优秀工程项目”荣誉证书】 2010年11月18日，柬埔寨贡布省政府为表彰集团公司甘再项目公司在工程进度、质量、安全及环保等方面作出的突出业绩和贡献，特颁发了“优秀工程”项目荣誉证书，这是贡布省政府首次颁发此荣誉给外资企业。

【国际公司向柬埔寨红十字会捐款，慰问“11·22”踩踏遇难民众】 2010年2月2日上午，国际公司副总经理沈德才等一行5人前往柬埔寨红十字会，代表股份公司向该会捐赠3万美元善款，以表达对柬埔寨“11·22”金边钻石岛踩踏事件遇难民众的关爱。柬埔寨红十字会秘书长普陈缇尼女士接见了沈德才一行。

【厄瓜多尔科卡科多—辛克雷项目部走访当地社区加强交流与合作】 圣诞节来临之际，为进一步加强与当地社区的交流和友谊，2010年12月15日，集团公司科卡科多—辛克雷项目部在中国驻厄瓜多尔大使馆的配合下，连续走访和慰问了项目周边的市区政府及26所中小学校、近5000多名中小学生，并赠送了笔记本电脑、糖果、球类等办公用品和节日礼品。

【加蓬布巴哈电站项目部圣诞节慰问当地师生和村民】 2010年12月22日，股份公司加蓬布巴哈电站项目部带着足球、衬衫、大米和食用油等丰富的圣诞礼物走访慰问了布巴哈电站附近两个村子的村民和两所小学的师生。当地佛朗斯州州长和教育局局长全程参与了走访慰问活动。每逢节日，该项目部都要带着纪念品走访当地相关政府部门，走访慰问电站周边村民和学校师生，这些活动大大增进了集团公司与当地人民的友好情谊，为项目顺利实施创造良好外部环境。

（国际公司）

国际工程投融资项目

【老挝甘蒙塔克水泥厂】 该水泥厂位于老挝甘蒙省东北部22千米，首都万象以南350千米，总投资额6800万美元，材料开采期30年。2006年9月13日，股份公司与老挝政府签订投资协议，同年11月26日，项目企业老挝水泥工业有限公司在老挝注册，股份公司总投资3060万美元为控股方，北京中科电工贸有限公司总投资1020万美元，老挝澳新永珍商业银行及当地企业个人等共同参股总投资2720万美元。水泥厂建设主体工程于2006年12月完工，2007年10月正式进入商业运营期。2010年年产熟料45.38万吨，水泥46.47万吨，全年销售水泥熟料52.96万吨，营业收入3062.33万美元。

【柬埔寨甘再水电站BOT项目】 该项目位于柬埔寨西南部的大象山区的甘再（Kamchay）河上，是柬埔寨王国以BOT方式进行开发的国际招标项目，主要建设内容包括碾压混凝土大坝、取水口、发电引水隧洞、厂房、开关站及其他辅助设施。电站总装机容量19.41万千瓦，总投资2.805亿美元，建设期4年，特许经营期40年。2007年9月18日项目主体工程开工，2009年12月7日首台机组投产发电，截至2010年底，累计完成工程量超过项目全部工程量的2/3。

【老挝南俄5水电站BOT项目】 该项目位于老挝北部的朗勃拉邦省和香圹省交界处，是股份公司以BOT方式进行投资开发的水电站项目。电站总装机容量12万千瓦，年发电量5.07亿千瓦·时，工程总投资1.99亿美元（含融资成本）。项目由股份公司与老挝国家电力公司组成南俄5发电有限公司共同进行开发，其中国际公司持股85%，老挝国家电力公司持股15%。整个项目的EPC（设计—采购—施工）部分由股份公司实施，建设期4年。

截至2010年底，大坝已浇筑至1058米高程，引水隧道完成83%，压力管道全线开挖贯通，压力钢管安装完成22%，其他各项主体工程基本完成。目前，已委托中国水电顾问集团昆明勘测设计院承担电站进水口塔体与边坡整体稳定性、厂房和尾水闸门井筒整体稳定性分析工作，并进行电站整体复核的准备，为2011年下闸蓄水作准备。

【老挝万象平原钾盐矿项目】 老挝万象平原钾盐矿一期年产12万吨钾盐项目位于老挝万象市赛塔尼县与纳塞通县境内的塔贡矿区，预计项目总投资额折合约9469万美元。该项目计划建设期2年，将采用国际上技术先进、无污染的开采工艺进行开发，预计2012年正式投产，开采期30年。

2006年2月，国际公司在老挝首都万象与老挝政府签订钾盐矿普查和勘探协议。2010年7月，该项目初步设计完成，截至12月，完成加工厂区、取水口、外部道路及采矿区局部的征地（购地）工作；

基础工程及配套的初步设计完成；环境影响评估报告通过老挝政府各级评审；班海矿区勘查工作量完成80%；加工厂主要设备招标、采购工作完成。2010年12月22日，在万象市纳塞通县举行盛大开工典礼，标志着该项目进入实质性的建设阶段。

【尼泊尔上马相迪水电站项目】 该电站坐落于尼泊尔西部上马相迪河上，采用混凝土闸坝，总装机容量50兆瓦，年平均发电量达3.31亿千瓦·时。该项目为目前尼泊尔最大的外资能源投资项目，也是中国企业在尼泊尔投资最大的项目。电站特许经营期35年（含施工期4年），总投资额约1.659亿美元。

2010年3月11日，集团公司在尼泊尔正式注册成立上马相迪项目公司。12月29日，集团公司与尼泊尔国家电力局在加德满都正式签署《购电协议》。根据协议，国际公司控股占有项目90%的股份，尼泊尔当地合作伙伴萨格玛萨电力公司参股10%，全部电量将售给尼泊尔国家电力局。截至2010年底，该项目开发协议的谈判正在有序开展，补勘补测招标工作也在顺利推进。

【刚果（金）铜钴矿项目】 该项目位于刚果（金）南部加丹加省矿区，由6个矿段组成，矿区面积约16平方千米。该项目的开发是中国刚果（金）"资源换项目"一揽子合作的重要内容。预计投资额36.63亿美元，建设期4年，开采期23年（不含基建期）。

2008年4月22日，股份公司与中国中铁股份有限公司一起同刚果民主共和国签署了《关于刚果民主共和国矿业开发和基础设施建设的合作协议》。9月26日于刚果（金）完成注册手续，并拥有矿区采矿权。截至2010年底，补勘工作和项目可行性研究报告均已完成，并将可行性研究报告以及项目材料报送至国家发展改革委审批。

【赞比亚下凯富峡水电站项目】 该电站项目位于赞比亚首都卢萨卡西南90千米的卡富埃河上，由最大坝高130米的混凝土面板堆石坝、左岸溢洪道、右岸泄洪洞、装机容量750兆瓦的右岸引水发电系统组成。该项目工期初步规划为6年，总投资约20亿美元。

该电站是赞比亚政府极力支持的国家能源战略项目，中非发展基金、中国开发银行等积极支持以股份公司为主要股东，参与下凯富峡水电站项目投资。2010年8月10日，股份公司与中非发展基金、赞比亚政府签订了开发备忘录。截至2010年12月，该项目已完成首批现场补勘补测等外业。

【莫桑比克水泥厂项目】 该项目位于莫桑比克首都马普托省的马古德市，首期将建设一条年产50万吨的水泥生产线。该项目是股份公司在非洲投资的第一个建材项目，一期投资额为8440万美元，股份公司作为牵头方，与中非发展基金、济南域潇集团公司共同投资，合同运行期30年。该项目计划于2011年6月开工建设，2013年5月投产。

2010年4月，莫桑比克水泥厂投资项目得到股份公司董事会批准。8月，股份公司与中非发展基金、济南域潇集团公司签订股东合资协议，组建公司董事会并成立项目筹备组，开始项目建设筹备工作。2010年9月，向国务院国资委和国家发展改革委提交了核准项目的申请报告。截至2010年12月，项目完成了矿区勘探、项目可行性研究、法律尽职调查报告、项目环境影响评估报告等一系列文件资料。

（国际公司）

国际工程承包项目

东南亚地区

【马来西亚巴贡水电站项目】 该项目位于马来西亚沙捞越州拉让江上游的巴贡地区，分为土建和设备两部分，资金全部由马来西亚政府提供。电站设计建造一座高205米、坝顶长度740米的混凝土面板堆石坝，设计总装机容量为240万千瓦，合同工期5年。

股份公司与马来西亚亚森那美公司等6家马来西亚本地承包商组成的马—中联营体，以4.7亿美元的最低标价和经济技术指标综合第一名的优势中标。2002年9月30日，马来西亚首相马哈蒂尔正式授予马—中联营体承担巴贡水电站的施工建设权。项目为EPC合同形式，设计及关键施工技术均由股份公司承担。股份公司分获1B标、2&3标和11B标，分包总金额达到13.3亿马币，约合3.5亿美元，其中1B标（包括土石方工程、发电引水隧洞开挖浇筑和厂房混凝土工程等）由水电七局有限公司承担；2&3标（包括电站进水口和溢洪道混凝土工程）由水电八局有限公司承担；11B标（为人工砂石料和混凝土的生产与供应）由国际公司承担。2002年10月8日电站开工，2010年10月下闸蓄水。截至2010年底，项目主体工程已完成约99.5%，计划2011年5月第一台机组充水试运转。

【马来西亚275千伏输电线路工程】 该项目位于马来西亚沙捞越州，主要工程内容为设计、采购、施工和试运行。线路总长 281.5 千米，途经巴贡水电站—斯米拉胶变电站—电解铝厂的 275 千伏输电线路，由 A、B 两个标组成。

2008 年 9 月 12 日，集团马来西亚分公司正式收到项目业主沙捞越能源公司的中标函，中标金额约 1.28 亿美元（其中 A 标 6690 万美元，B 标 6110 万美元），总工期 39 个月。A 标于 2008 年 9 月 24 日开工，B 标于 2010 年 1 月 4 日开工。2010 年 7 月 23 日，马来西亚巴贡—斯米拉胶 275 千伏输电线路工程 A 标一期工程提前完工。截至 2010 年 12 月底，A 标各项施工任务基本完成，累计完成总产值的 99.6%；B 标项目各项任务正在有序开展，累计完成总产值的 44.4%。

【马来西亚班谷（Bengoh）供水工程项目】 该项目位于沙捞越州下辖的古晋行政区，是由马来西亚联邦政府投资的市政公用设施。该项目为蓄水取水工程，主要为下游 30 千米处的巴图水处理厂提供清洁水源，以解决沙捞越州首府古晋市供水。该工程主要内容包括一座碾压混凝土大坝、取水塔、上游船泊斜道、运行控制办公室等构筑物，开挖工程总工程量约 30.5 万立方米，碾压混凝土 15 万立方米，常态混凝土 2 万立方米。

2008 年 2 月 3 日，股份公司接到中标函成为项目的施工总承包者。中标总价约 4000 万美元，总工期 30 个月。2008 年 3 月 1 日，项目正式开工。由于业主移民原因，完工时间延至 2011 年 5 月 15 日。2010 年 5 月 14 日，大坝混凝土全部浇筑完成；8 月 31 日，边坡支护及大坝基础处理工程顺利完成。截至 2010 年 12 月底，累计完成工程量的 97.35%，累计完成产值 3894 万美元。

【马来西亚姆鲁水电站 275 千伏输电线路项目】 该输电线路全长约 50 千米，为从姆鲁（Murum）水电站至姆鲁交汇口变电站双回路四分裂导线 275 千伏架空输电线路项目，主要为姆鲁水电站调试运行反向送电，并将姆鲁的电力输入马来西亚沙捞越州电网，满足民都鲁地区萨马拉诸（Samalaju）工业园高能耗工业项目的供电需求，并提高供电的安全性和可靠度。

2010 年 11 月 1 日，中国水电（马来西亚）有限公司与当地公司组成的联营体以 9800 万亿马币（约合 2.1 亿元人民币）中标，业主为沙捞越能源公司（SEB）。项目于 2010 年 11 月 15 日开工，工期 20 个月。截至 2010 年 12 月底，项目各项前期准备工作正在有序开展。

【马来西亚胡鲁登嘉水电站项目】 该电站位于马来西亚登嘉楼（Terengganu）州西部的肯叶尔（Kenyir）湖上游的普额（Puah）河上，总装机容量 250 兆瓦，项目业主为马来西亚国家能源有限公司。2010 年 3 月 18 日，国际公司与当地伙伴 Loh&Loh 建筑工程公司组成的联营体以诸多优势击败众多竞争对手，中标该电站土建主体工程，中标金额约合 2.5 亿美元，工期 1674 天。主要工程包括 1 座 70 米高的心墙土石坝、1 个溢洪道、导流洞、地下厂房、进水口及引水发电隧洞、尾水洞、输水洞、28 米高的输水混凝土坝、开关站等。截至 2010 年 12 月底，工程尚处于施工准备阶段。

【尼泊尔西克塔灌溉项目】 该项目位于尼泊尔中西部开发区的 Banke 区，主体建筑是 317 米长的钢筋混凝土拦河闸，其他为闸顶公路桥、防洪大堤、左右岸渠首进水口、右岸进口闸门和金属结构、沉沙池、大堤防护、交叉排水等。项目由尼泊尔政府自筹资金，业主是尼泊尔政府水源部灌溉局。

2006 年 6 月 5 日，股份公司签订中标合同，合同金额约 2576.8 万美元，工期 42 个月。2006 年 7 月 4 日，工程正式开工。2010 年 5 月 10 日，项目顺利通过业主、监理、咨询三方验收并正式签发移交证书，比原定竣工工期提前 65 天。

【尼泊尔库里卡尼 3 水电站土建工程】 该电站是一个 3 级梯级电站项目，位于尼泊尔中部发展区，是整个库里卡尼（Kulekhani）水电建设计划的一部分，梯级电站 1 和 2 分别装机容量 6 万千瓦和 3.2 万千瓦。

2008 年 4 月 4 日，股份公司与尼泊尔国家电力公司（NEA）正式签署了水电站土建工程合同，设计装机容量 14 兆瓦，主要施工内容包括沉沙池、重型混凝土管子、引水隧道前池、输水隧道（包括施工支洞、水平段压力管道和斜坡段压力管道）、半地下式发电厂房、箱涵式尾水管、敞口式尾水渠、出口河道护坦、场内道路排水、高边坡防护和排水、门卫房、仓库、河道防护、开关站及开关站沿河侧浆砌石防护等附属构筑物。项目合同金额约 1785 万美元，合同工期 4 年，2008 年 4 月 27 日开工，预计 2012 年完工。由于受到当地政局动荡、党派经常举行罢工、恶劣天气等影响，项目施工有所拖延。截至 2010 年 12 月底，项目累计完成产值约 339 万美元，累计完成总工程量的 19.75%。

【尼泊尔上塔马克西水电站项目】 该项目位于尼泊

尔首都以东180千米的上塔马克西河上。电站采用高水头（822米）冲击式水轮发电机组，总装机容量465兆瓦，是尼泊尔迄今为止最大规模的水电站，号称尼泊尔“三峡”。项目由尼泊尔国家电力局、尼泊尔财团、尼泊尔养老金基金等联合投资开发，业主为上塔马克西水电有限公司。

2010年8月1日，集团公司与尼泊尔国家电力局上塔马克西项目公司正式签署电站一标土建工程合同，合同金额约1.78亿美元，施工总工期1656天，主要内容包括进场道路、混凝土重力坝、进水口、沉沙池、长7.9千米的低压引水隧洞、高385米的钢衬压力管道竖井、高410米的调压井、地下式厂房、尾水洞等。2010年9月2日，项目正式开工。截至2010年12月底，项目各项前期准备工作正在有序开展。

【老挝南立1-2水电站项目】　该电站位于老挝万象省佛旺（FEUANG）区的万象省萌峰县境内，是中国长江三峡集团公司全资子公司中水对外公司首个海外BOT水电投资项目，也是老挝政府和国外公司签订的第一个BOT项目。施工内容包括混凝土面板堆石坝、溢洪洞、泄洪（兼导流）洞、引水发电系统、2座均质土副坝、发电厂房、南里大桥工程等。电站装机容量10万千瓦，总投资约1.5亿美元。

2007年8月22日，股份公司与中水对外公司签订项目分包合同，合同金额8504万美元，工期39个月。2007年9月1日工程开工；2010年5月31日，提前3个月顺利完成主体工程施工。2010年8月29日，股份公司举行隆重竣工发电庆典。项目累计完成土石方开挖293万立方米、土石方回填210万立方米、混凝土浇筑25万立方米、钢筋制造安装1.6万吨、锚杆2.9万余根、帷幕灌浆和固结灌浆46000米、回填灌浆20000平方米、金属结构制造安装3265吨。

【老挝万荣—南俄5—丰沙万（佛萨文）115千伏输变电线路项目】　该项目位于老挝北部，主要施工内容包括总长155千米的115千伏输变电线路、2座变电站的升级改造。2006年5月18日，股份公司与北京中科电工贸有限公司组成联营体，与老挝国家电力公司（EDL）签约，之后北京中科电工贸有限公司又将其在联营体中份额全部转让给股份公司，至此股份公司成为项目总承包商。项目总合同金额2663万美元，工期44个月。2010年8月15日，工程顺利竣工。

【老挝欣合—琅勃拉邦2（230千伏）输变电线路工程】　该工程位于老挝西北部，连接万象省欣合区和琅勃拉邦省湘恩区。工程主要内容：欣合变电站至琅勃拉邦2变电站全长164千米的230千伏同塔双回输电线路；新建一座变电站；扩建欣合变电站2个230千伏间隔。2009年8月11日，股份公司与项目业主老挝国家电力公司（EDL）签订合同承建该项目，总工期为42个月，合同金额约1.26亿美元。2010年12月18日，项目正式开工，截至12月底，各项前期准备工作有序开展，完成产值约46.33万美元。

【缅甸太平江水电站项目】　该电站位于缅甸东北克钦邦境内，紧邻中缅边境。电站装机4台，总容量24万千瓦，由首部枢纽、引水系统和厂区枢纽等部分组成。工程由中国大唐集团公司投资控股，华中电力国际经贸有限责任公司和江西省水利规划设计院参与投资建设，总投资16.75亿元人民币。

2007年11月16日，股份公司与大唐（云南）水电联合开发有限责任公司在京签署工程总承包框架协议书，成为缅甸太平江水电站工程总承包商，合同金额约2.93亿元人民币，并委托水电十四局有限公司具体实施，承担包括电站全部土建施工、金属结构制造安装及机电电气设备安装等建设任务。2007年12月19日项目正式开工；2010年8月29日，电站首台机组并网发电；2010年12月31日，最后一台机组正式投产。

【缅甸耶瓦水电站（机电标、金属结构标）】　该电站位于缅甸眉特格河上，总装机容量79万千瓦，比缅甸已建成的水电总装机容量还大，有缅甸的“三峡工程”之称。

2005年7月15日，股份公司与业主缅甸国家电力部水电局签订合同，负责电站的机电标和金属结构标的施工，合同总价1.25亿美元。机电标（EM1）的施工内容包括设计、供货、安装和调试4台19.75万千瓦的机组以及所有相关辅助设备，建造一个230千伏变电站；金属结构标（HSS2）包括设计、供货、安装、调试发电洞进口闸门启闭设备和泄流底孔闸门启闭设备等。

2010年2月21日，电站首台机组（1号机）投产发电。12月13日，最后一台水轮发电机组（4号机）正式并网投产发电。12月15日，电站举行盛大的竣工发电庆典。

【柬埔寨科奥普斯跨海大桥项目】　该项目位于柬埔寨王国西哈努克省夏威夷海滩旅游开发区，是国际投资商为开发科奥普斯（Koh Puos）岛屿而修建的配套交通设施。2007年10月22日，国际公司与项目业主——科奥普斯（柬埔寨）投资开发有限公司签署《科奥普斯跨海大桥EPC建造合同》，合同总金额为1700万美元，完工日期为2010年3月31日。

科奥普斯跨海大桥项目是集团公司在柬埔寨承揽的第一个EPC合同项目。大桥设计全长900米，主要工程量包括混凝土约22018立方米、桥梁结构钢筋约3074吨、预应力钢筋约778.4吨。设计、施工、制造、安装、运营和维修均采用中国标准。

2008年6月7日，柬埔寨首相洪森主持了大桥开工仪式。在项目建设过程中，由于受金融危机的影响，投资人的资金财务状况影响到了项目的正常施工，投资人、业主代表和承包商经协商，同意把完工日期延期到2011年6月1日，就补偿问题也已经达成一致意见。截至2010年12月底，岛侧和大陆侧双侧引桥的下构、墩柱、盖梁及T梁预制安装全部完成，桥面混凝土施工完成87.5%，主桥下构、墩柱及承台全部完成，累计完成合同工程量的89.35%，完成总产值1608.3万美元。

【越南福和闸堰项目】　该工程位于越南南部的平福省与平阳省交界处的Song Be河上，主要由土坝、引水渠取水口、溢洪道、紧急溢洪道、渔道、场内施工道路组成。工程范围包括土建、金属结构制造与安装、电气工程施工等。主要工程量为：土方开挖306万立方米；石方开挖16万立方米；土方填筑142万立方米；混凝土浇筑20万立方米；钢筋制造安装8790吨；干砌块石1.2万立方米；抛石3.9万立方米；反滤料5万立方米；帷幕灌浆9886米；土工布9万平方米；土工格栅制造安装24万平方米。

2007年11月19日，股份公司收到业主——越南农业部水利项目投资建设管理九局发布的中标函，12月27日双方正式签约。该项目资金由亚洲发展银行贷款提供，合同总价折合4245.64万美元，合同工期3年，质保期1年。股份公司委托水电十二局有限公司进行工程实施。2008年3月9日工程开工。2010年12月10日，全长435米的大坝基础开挖结束，全面进入填筑施工阶段。截至2010年12月底，项目完成工程量的约87%，累计完成产值3728.05万美元。

【越南太安水电站项目】　该电站坐落在越南河江省，装机容量82兆瓦，项目总投资1.2亿美元，电站建成后将成为目前越南最大的水利电力发电站。2007年12月28日，人民电器集团与股份公司作为联合体与越南太安水电股份公司签订电站机电设备供货、技术服务、机电设备安装及金属结构件制造安装合同，合同金额202.61万美元，工期22个月。2008年12月9日，项目正式开工；2010年12月25日，电站1号、2号机组正式投产发电。截至2010年12月底，项目累计完成产值约200.9万美元，工程建设即将完成。

【越南松邦4水电站土建项目】　该电站位于越南与老挝边界处的邦河（Bung river）上，由亚洲发展银行投资，业主是越南电力部松邦4水电站项目管理委员会。2010年5月19日，股份公司中标电站土建工程XL-1号标和XL-2号标；6月15日，股份公司与项目业主正式签订承包合同，两合同总价累计约合人民币6.8亿元，总工期43个月。主要施工内容包括碾压混凝土大坝、溢洪道、导流渠、引水隧洞、电站厂房、尾水渠、开关站和各类配套的附属工程等。2010年9月3日，项目正式开工。截至2010年12月底，累计完成产值约52.76万美元。

【文莱都东水坝项目】　该项目位于文莱都东（Sg Tutong）盆地的原始热带雨林中，是文莱近年来建设的最大水坝工程项目，目的是保证向文莱摩拉地区和都东地区提供长期和可靠的水资源，并保证在河道整理完成后能够在枯水期有效控制从文莱都东放水到下游的缺水地区。2010年1月25日，股份公司与文莱发展部正式签署项目合同，合同金额4.37亿元人民币，工期45个月。项目主体工程包括23千米的进场路和坝顶长500米、最大坝高44米的土石坝。

2010年2月1日，项目正式开工。截至2010年12月底，23千米临时进场道路已贯通；坝区、生活区和办公区建设已完成；拌和楼安装基本完成；导流洞出口边坡上部开挖、喷锚及边坡支护工作完成；导流洞进口顶部平台开挖已完成；导流洞洞挖进尺40米；累计完成产值733.08万元。

【泰国纳瑞水电站项目】　该项目位于曼谷东北部彭士洛府（Phitsanulok）境内，为EPC模式，工程内容包括设计、制造、供货、安装一套0.8万千瓦的灯泡贯流式机组及设计、建造电站厂房和其他相关土建，合同金额约1800万美元，工期24个月。

2009年5月29日，股份公司和泰国Italian-Thai公司组成的ITD-中水电联营体（ITD-SINO Consortium）与业主泰国产电机构（EGAT）签订电站EPC承包合同。股份公司负责机电设备（业主要求当地采购的设备除外）设计、供货和安装指导，泰国ITD公司负责业主要求在当地采购的设备供货、土建部分设计和施工以及所有机电设备安装。2009年3月12日工程正式开始建设。截至2010年12月底，全部机电设备到达工地现场，现场安装正按计划进行，累计完成产值307.38万美元，完成工程量的71%。

【泰国乔比雅水电站项目】　该电站位于泰国主要河流湄南河（Chao Phraya River）主河道上，属EPC项目类型，工程内容包括新建进场道路、桥梁、进出水渠道、厂房的设计施工和2台6兆瓦灯泡贯流式机组的设计、供货和安装。

2008年3月12日，股份公司和当地合作伙伴泰国Italian-Thai公司组成的联营体与业主泰国产电机构（EGAT）就电站施工签订承包合同，合同金额约2000万美元，工期24个月。工程于2007年12月13日开工，2010年12月22日1号机组并网发电。截至2010年12月底，累计完成产值571.2万美元，完成工程量的80%。

【印尼贾蒂格德大坝工程】　该工程位于印尼西爪哇省万隆市附近，大坝为高110米的黏土心墙堆石坝，总装机容量11万千瓦。该工程完工后将为西爪哇省万隆地区的灌溉、供水和发电等方面提供便利。该项目建设资金通过中国优惠买方信贷筹集。

2007年9月25日，股份公司和印尼承包商（CONSORTIUM OF INDONESIA CONTRACTORS）组成的联合体与项目业主印尼公共工程部签订施工合同，合同总金额2.4亿美元，工程总工期65个月。2007年11月15日工程开工。由于雨季对施工影响较大，致使导流洞施工进度滞后，并直接影响大坝施工进度。经过项目部向业主提出索赔和延期的申请，业主批准将施工总工期延至2013年12月。但是，由于2010年当地合作伙伴导流洞施工进度继续滞后，未能如期于2010年5月实现截流。至2010年12月底，土石方开挖完成近90%，混凝土浇筑完成70.41%，累计完成产值7893.7万美元。

【印尼亚齐燃煤电站项目】　该项目位于印尼苏门答腊岛北部亚齐（Aceh）自治区，属于印尼10000兆瓦一揽子35个燃煤电站工程总承包项目之一，合同总价约2.45亿美元，合同工期33个月，为EPC项目。工程内容包括设计、采购、供货、安装2台110兆瓦汽轮发电机组、2台循环流化床锅炉和其他辅助生产设施，修建厂房、卸煤码头、开关站等。

2008年4月25日，股份公司和印尼国家电力公司签订项目施工合同。由于工程所在地印尼亚齐社会环境的影响，经与业主谈判，开工日期调整到2009年3月3日。由于2009年3月14日工地发生暴力阻工事件，截至2009年9月2日项目仍处于停工状态，经与业主协商，项目再次获得延期248天的索赔，合同工期调整为40个月（第一台机组37个月）。

2010年5月18日第一方混凝土浇筑，7月27日进行1号锅炉房吊装。截至2010年12月底，项目累计完成产值1.13亿美元，占合同总金额的46.05%。

【印尼阿萨汉1号水电站厂房项目】　该电站位于印尼北苏门答腊省会棉兰（Medan）东南的阿萨汉河上游，安装2台混流式机组，总装机容量180兆瓦。该水电站是由中国华电集团（香港）公司与印尼BDSN公司以BOO方式合资经营，中国华电集团（香港）公司控股并融资，施工总承包方为中国华电工程（集团）有限公司。

2007年9月28日，股份公司与中国华电工程（集团）有限公司签订印尼电站厂房项目合同，施工内容包括厂房土建、尾水渠土建、开关站土建、厂房至开关站275千伏线路、机电设备和金属结构安装等，合同金额2540万美元，工期31个月。2007年12月5日开工，2010年2月28日竣工。

南亚地区

【孟加拉国石卡巴哈燃气电站项目】　该项目位于孟加拉国东南部港口城市——吉大港，机组装机容量为150兆瓦。2008年2月20日，股份公司与项目业主——孟加拉国电力发展委员会（BPDB）签约承建该项目，合同金额8383万美元，工期18个月。承包范围主要包括电站全部工程设计、制造、相关土木建筑工程、安装、试验及调试等。水电八局有限公司负责项目具体实施。

2008年4月9日项目开工；2010年6月29日，燃机点火一次成功；2010年7月25日，全部设备顺利完成“168小时试运行”，具备移交条件。2010年9月8日，孟加拉国总理谢赫·哈西娜出席电站发电庆典，并与中国驻孟加拉大使张宪为电站投产发电揭幕。

【孟加拉国达卡—吉大港公路改建工程】　该公路总长约192千米，改建工程项目总投资折合约3.5亿美元，是孟加拉国最大的公路建设项目，分10个标段竞标。2009年12月13日，股份公司中标公路改建工程10个标段中2、3、4、5、6、8、9等7个标段（总长约140千米）的工程建设，合同金额1.7亿美元，工期3年，主要任务是将现有2车道公路扩建为4车道公路，施工范围包括路基施工、沥青混凝土路面、桥梁、涵洞、道路标记、交通标志、绿化带等。水电八局有限公司负责该项目施工。

2010年1月10日，股份公司与业主——孟加拉国交通部公路与高级公路管理局正式签订合同，但是由于业主方土地移交拖延，同时业主方监理工程师2010年12月9日才正式到场，因此工程直至2010年12月10日才正式开始。截至2010年12月底，项目部办公楼土建基本完成，现场维修车间、试验室等临建设施基本完成，场地清理、施工测量、道路维修等前期准备工作有序开展。

【斯里兰卡ICB10公路项目】 该项目位于斯里兰卡东部Siyambalanduwa-Ampara-Karativu路段，主要内容为77.82千米的公路修复（沥青路面、路基、交通管理标志、排水设施等），合同金额1087万美元，合同工期24个月。2006年11月6日项目开工；2008年11月19日业主发出终止10标合同的通知，10标施工暂停；2008年12月11日业主撤销终止10标合同的通知，施工重新开始；2010年3月26日项目完成并通过初步验收。

【斯里兰卡C11A&C11B公路工程项目】 该项目为C11A&C11B公路路面改造和升级工程，全长95千米，为斯里兰卡北部省份战后重建的第一批重点项目，总投资1.0032亿美元，合同工期30个月，项目资金由中国政府援助。

2009年10月17日，股份公司与项目业主——斯里兰卡公路局正式签署C11A&C11B公路项目合同。2010年9月9日，斯里兰卡财政部和中国进出口银行在京签署公路C11A&C11B标公路融资协议，标志着该项目正式启动。2010年11月13日，斯里兰卡北方公路C11A&C11B标开工。截至2010年12月底，项目各项前期准备工作有序开展。

【印度印第拉萨格尔左主渠项目】 该项目（安德拉邦灌溉项目No.6合同段）位于印度安德拉邦纬沙卡帕特南区，为EPC总承包项目，由当地政府出资。工程主要内容为主渠工程、自111千米至136千米的混凝土内衬砌主渠道工程以及相关的桥梁、导流结构建筑物的施工等。2005年3月23日，由集团公司与当地的马达胡坎（MADHUCON）公司组成的联营体与业主安德拉邦灌溉部签订合同。合同金额19.62亿印度卢比，约合4360万美元，合同工期30个月。

2005年3月23日，工程开工，后因“水权”澄清问题，业主于2006年5月发布暂停施工令。2007年5月，业主发布开工令。复工后，布线和设计工作再报业主审批，项目将延期至2012年6月30日竣工。2010年项目施工按计划进行。

【印度洪水主渠灌溉项目】 该项目（安德拉邦灌溉项目No.17合同段）位于印度安德拉邦卡瑞姆纳格尔区，为EPC总承包工程，由当地政府出资。工程主要内容为103千米至122千米洪水主渠（Flood Flow Canal）的无内衬砌主渠道开挖项目以及相关的桥梁、导流结构建筑物等。

2005年3月19日，由集团公司与当地的马达胡坎（MADHUCON）公司组成的联营体与业主安德拉邦灌溉部签订合同。合同工期30个月，合同金额约合4420万美元（19.9亿印度卢比）。2005年3月19日工程开工。由于业主资金不足，同时当地分包商工程进度缓慢，经协商，项目延期至2011年6月30日竣工。2010年工程施工按计划进行。

【印度卡瓦库塞提水灌溉项目】 该项目（印度安德拉邦灌溉项目No.29合同段）位于印度安德拉邦玛哈布纳格尔区，为EPC总承包项目，由当地政府出资，施工目的是为安德拉邦卡瓦库塞地区275个村庄提供灌溉和饮用水工程。工程主要内容包括160千米无内衬砌主渠的开挖和覆盖，18万英亩（1英亩＝4046.86平方米）的渠道网络输水工程以及相关结构建筑物的施工等。

2005年3月19日，由集团公司与当地的马达胡坎（MADHUCON）公司组成的联营体与业主安德拉邦灌溉部签订合同。合同工期24个月，合同金额约合12140万美元（54.63亿印度卢比）。2005年3月19日工程开工后，由于业主在征地以及移交项目施工用地等方面已累计滞后近一年和项目设计审批推迟等因素，项目获得延期，竣工日期延迟至2011年12月31日。2010年工程施工按计划进行。

【印度安德拉邦印第拉萨格尔溢洪道项目】 该项目位于印度安德拉邦纬沙卡帕特南区，为EPC总承包项目，由当地政府出资。施工内容：在印迪拉萨格尔大型灌溉水利枢纽工程右岸建造长度为985.5米的溢洪道工程；48个泄水口；设计安装、调试和试运行48个弧形闸门。

2005年3月23日，由集团公司与当地的马达胡坎（MADHUCON）公司组成的联营体与业主安德拉邦灌溉部签订合同。合同工期36个月，合同金额约1.4亿美元（63.36亿印度卢比）。2005年3月23

日工程开工后，因“水权”问题，业主于2006年5月发布暂停施工令，2007年5月复工。2009年8月23日，由于设计变更等原因，业主关闭该项目。截至2010年12月底，项目尚未恢复，处于停工状态。累计完成产值约2296.4万美元。

【印度GNSS流域渠道灌溉项目】 该项目位于印度安德拉邦卡达帕区（KADAPA），主要工程内容包括GNSS流域合同包—05/06标段（自141.350千米至161.250千米）的勘测、设计、土石开挖的主渠道工程以及横跨主渠的桥梁、建筑物的施工等。工程为EPC总承包项目，业主为印度安德拉邦灌溉部，承包商为集团公司与印度当地的马达胡坎（MADHUCON）公司组成联营体（MADHCON-SINOHYDRO J.V.）。2007年10月11日，联营体与业主签订合同，施工工期为48个月，维护期24个月。中标合同价约合3353万美元（13.41亿印度卢比）。2010年，项目施工进展顺利。

【巴基斯坦汗华水电站工程】 该电站位于巴基斯坦西北边境省的汗华河与印度河交汇处，装有2台34.25兆瓦的混流式机组和1台3.65兆瓦的冲击式机组，总投资1.04亿美元。电站由土建及金属结构标、机电安装标和输变电标三个标组成。

2003年5月30日，股份公司中标电站的土建及金属结构标，总工期48个月，标价约3065万美元。2004年12月，增加4条进场道路施工，工期延长4个月。2005年1月12日项目开工。2007年因巴基斯坦安全局势恶化，业主紧急通知暂时停工。2008年4月1日，项目正式复工。2008年7月2日大坝第一仓混凝土浇筑；2009年4月15日引水隧洞全线贯通；2010年10月4日2号机组正式并网发电。截至2010年12月底，累计完成产值约6049.6万美元。

【巴基斯坦杜伯华水电站工程】 该电站位于巴基斯坦西北边疆省印度河支流上，为高水头引水式电站，装机容量13万千瓦。工程主要由混凝土重力坝、塔式发电取水口、引水隧洞、双室式调压系统、压力钢管、发电厂房和尾水渠等建筑组成。项目资金由业主巴基斯坦水电开发署（WAPDA）融资，最初签约日期为2003年6月2日，原合同金额4632万美元。2005年10月工程开工后，由于设计变更，新增合同金额2504.5万美元，施工期从53个月延长至57个月。2007年，由于巴基斯坦发生反政府叛乱事件，工程停工。2008年3月28日复工。2010年7月，项目遭受特大洪水及泥石流自然灾害，设备、物质材料及永久和临时工程损失巨大，经过全体员工的不懈努力，施工逐步恢复正常。截至2010年底，项目累计完成产值7381.86万美元。

【巴基斯坦高摩赞项目】 该项目位于巴基斯坦西北边境内的印度河支流高摩赞河上，为多功能项目，以灌溉为主，兼顾防洪发电。工程由大坝、电站厂房、55千米的132千伏输变电线路、大坝下游35千米的分水堰及分水堰下游6.6万公顷的灌区组成。主要建筑物包括高133米的碾压混凝土大坝、电站、进水口、左右岸非溢流坝、溢洪道及下游防护工程。电站装机2台，共17兆瓦。2002年6月17日，股份公司与巴基斯坦水电开发署（WAPDA）签约承建工程，合同金额8722万美金，合同工期40个月。

2004年10月9日，巴基斯坦高摩赞项目发生“10·9”绑架人质事件，工程于10月停工。后经股份公司和巴基斯坦水电开发署（WAPDA）友好协商，双方于2006年12月联合签署谅解备忘录：中止承包合同，WAPDA将该项目以议标形式授予巴基斯坦边防工程团（FWO），股份公司作为FWO的分包商，仅承担高摩赞大坝、厂房、鞍坝、永久道路的设计、采购和施工，原承包合同项的大坝永久住房、输变电线路、渠道等项目交由其他承包商承担。2007年4月9日，FWO和股份公司双方正式签订高摩赞厂坝分包合同，合同金额8722.5万美元。

2007年6月19日，股份公司施工队伍入场。2010年11月28日，大坝右岸碾压混凝土浇筑计划顺利完成，达到762米高程。由于业主累计拖欠工程款折合2468余万美元，同时考虑到周边日益恶劣的安全环境，从2010年12月15日起，项目施工全面减速。截至2010年12月底，累计完成产值8170万美元。

【巴基斯坦达瓦特大坝项目】 该项目位于巴基斯坦信德省，工程内容主要包括混凝土重力坝、溢洪道、主渠及支渠的设计、土建施工与金属结构安装等。项目业主是巴基斯坦水电发展署（WAPDA）。2010年6月9日，股份公司与项目业主正式签订巴基斯坦达拉瓦特大坝项目EPC合同，合同金额约9100万美元，合同工期36个月。2010年6月30日项目开工，到2010年底各项前期准备工作都有序开展。

中亚地区

【塔吉克斯坦—吉尔吉斯边界公路修复二期工程】 该工程位于杜尚别至吉尔吉斯斯坦边境。主要施工内容：长约72.9千米的路基及沥青混凝土路面；163

座各类涵洞；12 座新建桥，2 座修复桥；各类混凝土排水沟；金属笼挡墙，毛石混凝土挡墙。2007 年 1 月 24 日，股份公司与塔吉克斯坦交通部签订中标合同，中标价格 2662 万美元，工期 917 天。2007 年 5 月 16 日工程开工，2010 年 8 月 6 日竣工。

【哈萨克斯坦欧洲西部—中国西部公路项目 5 标段】 该公路项目位于哈萨克斯坦南哈萨克斯坦州境内，沥青混凝土路面，双向 4 车道。2010 年 10 月 30 日，集团公司接到哈萨克斯坦交通通信部（项目业主）的书面通知，中标双西公路第 5 标段公路修复项目。第 5 标段全长 34 千米，合同金额 5878 万美元，工期 30 个月。这是集团公司在哈萨克斯坦承建的第一个项目，也是迄今为止中国企业在哈萨克斯坦境内承揽的首个公路项目。2010 年 11 月 20 日，签署项目合同。该项目由水电十六局有限公司负责实施。2010 年项目处于前期准备阶段。

东欧地区

【格鲁吉亚 E-60 公路瑞考蒂（Rikoti）隧道修复项目】 该项目位于格鲁吉亚东西交通的必经之路，全长约 1.75 千米。2010 年 3 月 1 日，股份公司中标该项目，成为第一个在格鲁吉亚通过国际竞争性投标中标工程项目的中国企业。4 月 14 日，股份公司与项目业主格鲁吉亚基础设施部公路局签订施工总承包合同，合同金额折合约 2901 万美元，工期 720 天。主要工程内容：拆除原有衬砌与围岩间隙的回填灌浆以及原有洞顶混凝土吊顶；修缮两端洞脸，洞身钢筋混凝土二次衬砌（厚 25 厘米）；重新修建吊顶混凝土和通风道；重新浇筑混凝土路面；重新设计施工隧道配套的变电、通风、照明、消防、信号、警报等系统。

2010 年 6 月 1 日项目开工。10 月 31 日，全面完成回填灌浆；全面完成隧道电缆、电气、原吊顶混凝土结构物及路面底板混凝土的拆除；全面完成隧道底板混凝土浇筑。截至 2010 年底，累计完成产值 1030 万美元，完成全部工程量的 35.5%。

非洲地区

【摩洛哥塔扎—乌基达高速公路项目】 该工程位于摩洛哥北部。2008 年 4 月 28 日，股份公司与中国海外工程公司签订分包合同，承建塔扎—乌基达高速公路 3.3 标和 4.1 标，两标段公路全长 65.88 千米（4.1 标段 34.88 千米，3.3 标段 31 千米），全路段为沥青混凝土路面，双向四车道，合同金额 16.167 亿迪拉姆（折合约 2 亿美元），工期 30 个月。工程内容包括涵洞、通道、桥梁等。

2010 年 7 月 29 日，4.1 标段土方及构造物工程全部完成；12 月 13 日，两标段 5 座大桥共 22 跨 176 片 T 梁全部顺利吊装就位，全面进入路面施工阶段；12 月 27 日，4.1 标段全部完成沥青混凝土摊铺施工。

【摩洛哥拉巴特环城高速公路项目】 该项目位于摩洛哥首都拉巴特附近，全长 39.968 千米，业主是摩洛哥国家高速公路公司。该公路建成后将连接摩洛哥第一大城市卡萨布兰卡和首都拉巴特之间现有高速公路和出城高速公路，对进出首都拉巴特的车辆进行分流，改善摩洛哥北部经济核心地区的交通状况。

2010 年 10 月 15 日，股份公司中标该项目，并与项目业主签订施工合同，合同金额约 2.4 亿美元，工期 32 个月。主要内容为 39.968 千米双向四车道的高速公路施工。中标拉巴特环城高速公路项目使股份公司在摩洛哥建筑市场实现了零的突破。11 月 1 日项目开工。2010 年各项前期准备工作都有序开展。

【利比亚迈尔季地区房建项目】 该项目位于利比亚东部邻近地中海的迈尔季（Al Marj）省。2007 年 8 月 12 日，股份公司与利比亚住房及基础设施建设部（HIB）签订合同，承建迈尔季地区 4500 套房建项目，合同金额折合约 3.93 亿美元，工期 42 个月。2007 年 10 月 25 日，项目合同获得利比亚政府批准生效，开始施工。截至 2010 年底，累计完成产值约 2096 万美元。

【利比亚斯蒂·哈姆拉地区房建项目】 该项目位于利比亚东部临近地中海的绿山省。2008 年 12 月 29 日，股份公司与利比亚住房及基础设施建设部（HIB）签订合同，承建利比亚斯蒂·哈姆拉（Sidi Al Hamri）地区 2000 套房建项目，合同金额约为 2.42 亿美元，工期 34 个月。2009 年 8 月 20 日，项目地块在经过调整后，签署补充协议，并确定为贝达地区 608 套民用住房建造以及斯蒂·哈姆拉地区 1500 套民用住房设计和建造。

贝达地区 608 套 38 栋四层民用住房于 2008 年 10 月 21 日正式开工，由水电二局有限公司负责具体实施；斯蒂·哈姆拉地区 1500 套民用住房还未正式开工，拟由水电十六局有限公司负责具体实施。

截至 2010 年 12 月底，贝达地区 608 套民用住房项目累计完成产值约 5218 万美元；斯蒂·哈姆拉地区 1500 套民用住房未正式开工。

【利比亚瓦迪·海亚梯省房建项目】 该项目位于利比亚西部的瓦迪·海亚梯（Wadi al Hayat）省。2007年10月1日，股份公司与利比亚住房及基础设施建设部（HIB）签订合同承建房建项目，合同金额折合约4.4亿美元，工期46个月。施工内容包括4500套民用住房设计和建造，由水电十三局有限公司负责具体实施。2008年10月27日项目主体工程正式开工。截至2010年12月底，项目累计完成产值8686.54万美元。完成土方开挖2176套，浇筑独立基础混凝土2091套，基础回填2049套，浇筑混凝土基础梁1965套，浇筑上部混凝土框架结构1861套，墙体砌筑1491套。

【利比亚甘特省房建项目】 该项目位于利比亚西南部甘特（Ghat）省。2007年8月12日，股份公司与利比亚住房及基础设施建设部（HIB）签订合同，合同金额折合3.07亿美元，工期46个月，施工内容为3000套民用住房设计和建造，由水电四局有限公司负责具体实施。2008年8月6日项目部分地块正式开工。截至2010年12月底，项目累计完成土石方开挖与回填73.85%，混凝土浇筑36.97%，钢筋工程39.33%，砌体砌筑35.68%。累计完成产值折合约8181万美元。

【利比亚乌姆艾拉尼卜省房建项目】 该项目位于利比亚中西部乌姆艾拉尼卜（Um Al Aranib）省。2007年9月27日，股份公司与利比亚行政发展中心（ODAC）签订项目合同，合同金额折合3.88亿美元，工期24个月。合同内容包括利比亚乌姆艾拉尼卜省2000套民用住房、公共建筑房屋、小区内基础设施的施工。2008年9月1日项目正式开工，由水电九局有限公司负责具体实施。截至2010年12月底，项目累计完成土方明挖86.76%，混凝土浇筑54.91%，钢筋工程77.93%，砌筑49.8%。累计完成产值折合约11307.85万美元。

【利比亚绿山省贝达市608房建基础设施项目】 该项目位于利比亚东部临近地中海的绿山省。2010年5月2日，股份公司与利比亚住房及基础设施部（HIB）签订合同，承建该基础设施项目，合同金额折合约1587万美元，工期8个月。施工内容是对608套38栋四层民用住房的配套基础设施进行施工建设。2010年10月25日项目正式开工。水电二局有限公司负责项目具体实施。截至2010年12月底，累计完成施工产值折合约363万美元。

【阿尔及利亚布谷斯大坝项目】 该项目位于阿尔及利亚东部塔夫省，坝高71.4米的土坝，坝顶长635.61米，大坝建成后，将为下游地区提供生活和工业用水，并为下游的麦克斯纳坝调节水量。2004年12月，股份公司与阿尔及利亚水利部大坝司正式签约，合同金额6929万美元，工期34个月，2005年1月25日正式开工。水电十六局有限公司负责项目具体实施。由于业主供图严重滞后等因素导致工程拖期。2008年11月8日，业主签发1号补充协议，将合同工期修改为47个月，工期延长至2008年12月31日。自2007年5月填筑开始以来，项目工期再次受到加深开挖和工程量增加影响而延误，经谈判，业主同意将工期继续延长至2010年3月31日。2010年2月23日，顺利实现下闸蓄水。2010年12月底，项目施工基本结束。

【阿尔及利亚苏夫管道一期项目】 该项目位于南部沙漠地区瓦德省苏夫河谷地区。工程内容包括258千米长的PVC集水管、47.6千米直径800毫米和1000毫米玻璃钢管、1.2千米长抽水井管PVC管、井泵的供应和铺设。管道一期项目由股份公司和当地最大的建筑企业COSIDER联营实施，股份公司占75%的份额。合同总金额约为1.21亿美元，原规定工期34个月后延长至42个月。2005年10月8日开工，水电三局有限公司负责项目具体实施。2010年12月底，完成全部工程，准备验收。

【阿尔及利亚苏夫管道二期项目】 该项目位于南部沙漠地区瓦德省苏夫河谷地区。工程主要包括436千米长的PVC管道和5.4千米长的玻璃钢管铺设和相关土建工程。2005年11月16日，阿尔及利亚水利部水净化司将项目施工授予股份公司，合同金额7772万美元，工期37个月。2005年5月29日开工，后因增加合同内容延长4个月。水电三局有限公司负责项目具体实施。截至2010年12月底，累计完成产值7480万美元。

【阿尔及利亚布萨达防洪工程】 该工程位于阿尔及利亚北部城市布萨达，工程由阿尔及利亚政府投资，项目业主为阿尔及利亚米西拉省水利局。2007年9月16日，股份公司和排灌司工程（ONID）公司联合中标该项目，股份公司占60%的股份，合同金额604.8万欧元（约837.71万美元），合同工期18个月。工程内容包括河道清理、河床清理、钢筋混凝土排水涵、毛石砌体修筑、铅丝笼护坡和排污管道等，由水电十三局有限公司负责具体实施。2008年4

月23日开工，水电十三局有限公司负责项目具体实施。由于征地问题，业主置换了部分施工区段，造成工期延长至2010年8月。又由于项目设计方案不合理，造成开工后工程变更非常大，出现了很多新的工程作业，同时土方工程量也与实际工程量相差很大，因此对工期造成较大影响。截至2010年12月底，项目累计完成产值888.441万美元，股份公司承担的工程量已基本完成，只剩少量的河床清理工作还在进行。

【阿尔及利亚瓦德经济适用房项目】 该项目位于阿尔及利亚瓦德省瓦德市东郊，项目共分三个标段，主要工程内容分别为250套、420套、500套F3型住宅小区的设计与修建，项目业主为阿尔及利亚瓦德省住房建设局。2009年1月27日，股份公司中标，合同总金额3960万美元，第1标段250套（62栋）工期12个月，第2标段420套（106栋）工期16个月，第3标段500套（125栋）工期16个月。水电三局有限公司负责项目具体实施。项目于2009年8月26日正式开工，但由于征地未完成随即停工。2009年10月18日，420套标段颁发开工令，后因业主征地问题，推迟一年开工。2009年10月18日，500套标段正式开工。2009年11月23日，250套标段复工。截至2010年12月底，250套标段累计完成产值481.67万美元；500套标段累计完成产值434.23万美元；420套标段处于开工初期。

【苏丹麦洛维大坝工程】 该项目位于苏丹共和国北方卡瑞玛城（Karima）东北部的尼罗河上，由苏丹灌溉及水力资源部投资兴建，主要用于发电和农业灌溉。大坝工程内容为左岸黏土心墙坝、面板堆石坝、灌溉取水口、土堤、厂房、溢流坝段、非溢流坝段、右岸面板堆石坝、灌溉取水口、土堤等。2003年6月16日，股份公司和中水对外公司组成的联营体中标承建大坝工程。2003年7月，项目开工。2006年2月7日，经过协商，合同完工日期变更为2008年1月31日首批2台机组发电，2008年11月30日完工。

2003年10月6日，由股份公司（水电七局有限公司、水电五局有限公司联营体）和中水对外公司组成的联营体（CCMD JV）再次与业主大坝工程执行委员会（Dams Implementation Unit）签署中标函，承担麦洛维3D标，即水工金属结构标的设计、制造、供货、安装和调试试验（EPC合同）。3D标主要内容包括金属结构及水工机械、发电厂房取水口、变压器检修车间、发电厂房、厂房尾水管、冲沙底孔、溢洪道、溢洪孔等，合同金额6089.83万美元，合同工期1760天。2003年6月15日开工。2009年3月3日，首批2台机组投产发电。2009年5月15日，大坝主体工程完工。2010年4月8日，第10台机组正式并网发电，项目竣工。

【苏丹罗赛雷斯大坝加高项目】 该项目位于苏丹达玛晋（Damazin）市，主要施工内容为在原罗赛雷斯（Roseires）大坝基础上将其整体加高10米，并移位、检修和更新大坝现有的水力控制系统、翻修深水底孔等。加高后的大坝全长25.1千米，包括24.1千米的土石坝和1千米混凝土坝，库容增加40亿立方米。2008年4月27日，股份公司和中水对外公司组成的联营体与业主苏丹大坝运行管理局（DIU）签订施工合同，合同金额3.96亿美元，工期1308天。水电七局有限公司和水电五局有限公司负责具体实施。2008年8月13日，项目正式开工。截至2010年12月底，累计完成产值18688.6万美元。

【苏丹麦瑞迪供水修复项目】 苏丹麦瑞迪（Meridi）为西赤道州重要城镇，殖民地时期修建了一座小型水坝和城市供水系统，因几十年的内战，年久失修，水坝闸门和供水系统完全废弃。经与大坝局议标，股份公司于2008年8月27日与苏丹大坝运行管理局（DIU）签订苏丹麦瑞迪供水修复项目合同，合同内容包括修复水坝闸门、重建包括10千米管道和一座日产3000立方米的水处理厂以及100个供水点的水处理、供应系统，合同金额约501.14万美元，合同期365天。该项目是股份公司在苏丹的第一个EPC（设计、采购、施工）总承包项目，2008年12月15日开工，水电七局有限公司负责具体实施。2010年7月27日，修复项目竣工。

【苏丹爱尔兰科—马拉卡勒（爱马）公路工程】 该工程位于苏丹首都喀土穆南部，使用“中苏一揽子贷款”资金建设。2009年1月9日，股份公司签约承建项目，合同总价2.215亿美元，工期42个月。道路全长345千米，由水电五局有限公司、水电七局有限公司联营体负责具体实施。2010年1月22日，项目主体工程开工。截至2010年12月底，项目路基清理、剥离，路基填筑、碾压、管涵及箱涵施工等作业有序开展，累计完成产值约1580.94万美元。

【苏丹上阿特巴拉水利枢纽工程】 该水利枢纽工程位于苏丹国南部，总装机容量11.7万千瓦，总库容27亿立方米，由C1-A标（Rumela）和C1-B标

(Burdana）组成，业主为苏丹水利部大坝执行管理局。2010年5月9日，股份公司与中水对外公司签订工程C1-B及C1-A标段联营协议，其中C1-A标为大坝土建及水利机械设备项目，由水电七局有限公司与中水对外公司联合实施（其中水电七局有限公司占比49%），合同金额4.19亿美元，工期5年零4个月；C1-B标主要由左右岸土堤、左岸土石坝、河床心墙坝、溢洪道、灌溉取水口及厂房组成，由水电五局有限公司与中水对外公司联合实施（其中水电五局有限公司占比49%），合同金额4.18亿美元，工期4年零10个月。

2010年5月15日，C1-B标开工。2010年11月5日，C1-A标溢洪道主体工程开工。截至2010年12月底，C1-A标累计完成产值1390.71万美元，C1-B标累计完成产值1152.59万美元。

【苏丹雨水收集项目】 该项目由约300座系列小型水坝组成，分布于苏丹北部各州山区，用以储蓄雨水，解决长期困扰的偏远地区百姓和牲畜旱季严重缺水问题。2010年8月12日，股份公司与项目业主——苏丹水利部大坝执行管理局签约300座水坝一揽子合作开发框架协议及第一期工程实施协议。一期工程合同金额9450万美金，将由股份公司以EPC方式总承包，水电五局有限公司负责项目具体实施。截至2010年12月底，项目各项前期准备工作有序开展。

【苏丹乌姆路瓦巴—阿布金背哈公路项目】 该公路项目属中苏“石油、信贷、工程一揽子协议”下的六路一桥项目之一，位于苏丹南库尔多凡州，工程内容包括141千米沥青混凝土路面高等级公路及沿途数十个小型结构物施工。2009年3月1日，苏丹高速公路管理局（NHA）正式与股份公司签订施工合同，合同金额6320万美元，工期36个月。水电七局有限公司负责项目具体实施。2010年2月9日，工程开工。截至2010年12月底，共计完成土方填筑25.8万立方米，底基层填筑3.5万立方米，基层填筑5450立方米，沥青喷洒1.88万平方米，沥青路面铺筑875立方米，累计完成产值约730万美元。

【埃塞俄比亚阿迪迪斯阿巴巴—塔玛博公路项目】 该项目位于埃塞俄比亚首都北部，工程拟升级目前土石路面为沥青路面，路宽7米，双向行车道，局部加宽至4车道。路面长70千米，其中包括3条隧洞的修复，长度分别为600米、60米、58米。施工内容包括土建工程、修复现有桥梁及新建桥涵、修复排水等设施。2007年5月30日，股份公司与业主埃塞俄比亚公路局签订总承包合同，合同金额6200万美元，工期3年。6月21日项目正式开工。由水电二局有限公司负责具体实施。截至2010年12月底，项目累计完成产值2116.53万美元，累计完成总量的55.65%。

【埃塞俄比亚阿萨拉—朵朵拉公路（AD116）升级项目】 该项目位于埃塞俄比亚南部，内容为升级从阿萨拉到朵朵拉长为116.5千米的路段路面，将现有路面扩宽至7米的双向行车道，包括土建工程、底基及基础处理、表层处理、混凝土工程、浆砌石工程等施工。2007年7月27日，股份公司与业主埃塞俄比亚公路局签订总承包合同，合同金额折合约4493万美元（现由于设计变更等原因增至约5362.5万美元），工期3年。2007年8月16日正式开工，由水电十一局有限公司负责具体实施。

2010年6月21日，项目沥青混凝土170米试验段通过监理工程师的验收。2010年11月27日，业主批复项目287天延期，修正后的项目完工日期为2011年5月29日。截至2010年12月底，便道施工全部完成，主路底基层施工完成115.77千米，基层施工完成51.34千米，沥青路面施工完成37.11千米，各种构筑物完成162座。累计完成产值2801.68万美元，占合同总量的52%。

【埃塞俄比亚舌可勒—青尼罗河公路项目】 该项目位于埃塞俄比亚西部，内容为升级从舌可勒到青尼罗河长71千米路面为碎石路面的公路，包括加宽路面至6米行车道。2007年7月27日，股份公司与业主埃塞俄比亚公路局签订总承包合同，合同金额2200万美元，工期3年。项目于2007年9月4日正式开工。由水电二局有限公司负责具体实施。截至2010年12月底，项目累计完成产值1073.23万美元，累计完成总量的52.43%。

【埃塞俄比亚青尼罗河—固巴公路项目】 该项目位于埃塞俄比亚西部，内容为升级从青尼罗河到固巴全长66千米、路面为碎石路面的公路。其中包括加宽路面至6米宽双向行车道，在青尼罗河上修建一座跨度为355米的桥梁。2007年7月27日，股份公司与业主埃塞俄比亚公路局签订总承包合同，合同金额2700万美元，工期3年。项目于2007年9月1日开工。由水电二局有限公司负责具体实施。截至2010年12月底，项目累计完成产值934.28万美元，累计完成总量的49.4%。

【埃塞俄比亚阿索萨—库尔穆克（AK97）公路升级项目】 该项目为公路升级改造工程，位于埃塞俄比亚西部，全长96.7千米、现有路面为碎石路面，将被改造升级为沥青双表处路面，行车道宽7米，两侧路肩各1.5米。2008年12月5日，股份公司中标成为该项目总承包，合同金额折合5341万美元，工期3年。2009年4月9日开工，水电十一局有限公司负责具体实施。截至2010年12月底，项目累计完成产值1479.04万美元。

【埃塞俄比亚贡达尔—德巴克公路升级改造项目】 该项目为公路升级改造工程，位于埃塞俄比亚北部，全长99.15千米，现有路面为碎石路面，将被改造升级为沥青混凝土路面，行车道宽7米，两侧路肩各1.5米。2008年12月9日，股份公司中标成为该项目总承包，合同金额折合7187万美元，工期3年。项目于2009年4月1日开工，水电十一局有限公司负责具体实施。截至2010年12月底，项目累计完成产值折合约835.2万美元。

【马里费鲁（Felou）水电站】 该电站位于马里境内塞内加尔河上，总装机容量6.3万千瓦，年均发电量3.4亿千瓦·时。项目业主为塞内加尔河组织（OMVS）下属的马南塔利能源公司（SOGEM）。2009年5月18日，股份公司与业主签订项目承包合同，合同金额约合1.7亿美元，施工期38个月。该项目是中国公司迄今在马里境内承建的最大工程承包项目，2009年11月24日开工，水电十五局有限公司负责项目具体实施。截至2010年12月底，项目业主及工程师住房及办公室土建部分已全部结束，并通过验收交付使用。其他各项作业正在有序开展。累计完成产值1865.4万欧元。

【马里阿拉塔纳干渠道改造项目】 该项目为尼日尔下游渠道改造工程，总长约140千米。2010年1月6日，股份公司与项目业主马里千年挑战账户（MCA-MALI）正式签约承建该项目，合同金额约4632.8万美元，工期24个月。工程内容包括灌渠拓宽加深、渠堤修筑、灌渠边防防护、少量建筑物施工以及为实施这些工程而需要设置与施工的临时工程。

2010年3月2日项目开工。2010年6月27日，提前3天完成C点阿拉塔纳干渠道施工节点。截至2010年12月底，疏浚工程累计完成产值约1285万美元，为总量的27.73%。

【马里赛努（Senou）国际机场新航站楼建设项目】 该项目位于马里首都巴马科，1975年建成。新航站楼建设项目由美国千年挑战账户（MCC）出资，业主为马里千年挑战账户（MCA-MALI）。项目主要内容是在现有机场大楼右侧建设一座15600平方米的现代化航站楼，并安装IT和通信、旅客栈桥、行李输送、安保、水电、环保等配套设施。2010年6月29日，股份公司与马里千年挑战账户（MCA-MALI）签订赛努新航站楼建设项目的施工合同，合同金额7161.9万美元，合同工期23个月。水电二局有限公司负责项目具体实施。2010年9月14日项目开工。截至2010年12月底，累计完成产值609.7万美元，占总量的8.5%。

【毛里塔尼亚努瓦迪布矿石新港项目】 该项目位于毛里塔尼亚第二大城市努瓦迪布市东南方向，是毛里塔尼亚国家工业与矿业公司（SNIM）的重点建设项目，目的是扩建矿石外运码头，提高矿石出口产量，项目建成后，港口可停靠5万～25万吨级货轮，以保证未来码头的矿石输出能力。2010年2月4日，股份公司与毛里塔尼亚国家工业与矿业公司签订了新港建设工程的设计、建造合同，合同总价7257万欧元，工期30个月。中国水电港航建设有限公司负责具体实施。2010年4月18日项目开工。截至2010年底，完成码头平台修整、临时施工导堤和临时码头建设以及骨料试验等工作。累计完成产值1474美元。

【尼日尔阿泽里克铀矿冶总承包项目】 该铀矿位于尼日尔北部荒无人烟的戈壁上。2007年6月，中国国核海外铀资源开发公司（SINOU）、中兴金源科贸有限公司（ZXJOY INVEST）、千辉控股有限公司（TRENDFIEND HOLNDING）和尼日尔政府共同组建阿泽里克矿业股份公司启动铀矿开采项目。2008年3月31日，股份公司与中国国核海外铀资源开发公司签署了尼日尔阿泽里克铀矿冶总承包项目合同，并委托水电十局有限公司具体实施。工程内容主要包括矿山土建施工、采购安装一座2×6兆瓦的燃煤电厂和一座金属水冶厂、94千米进场道路，合同金额约1.63亿美元，工期900天。阿泽里克铀矿项目是股份公司在海外承担的首座矿山项目。2008年7月1日项目开工。2010年12月18日，IR矿主斜坡道工程施工完成，进入皮带道开挖支护施工阶段。截至2010年12月底，项目累计完成产值1.25亿美元。

【加纳布维（BUI）水电站工程】 该电站位于加纳

北部地区布朗—阿哈福（Brong-Ahafo Region）省与北部（Northern Region）省交界的青沃尔特（BLACK VOLTA）河段上。工程建设内容包括电站工程设计，土建工程施工，机电设备供货、安装与调试，输电线路的供货与安装，还包括设备采购、设计、制造、运输、组装、试验、试运行等。布维水电站由中国进出口银行贷款兴建，总投资约6亿美元，设计装机容量40万千瓦，为114米高碾压混凝土坝，年发电量10亿千瓦·时。

2007年4月19日，随同全国政协主席贾庆林出访非洲四国的集团公司总经理范集湘与加纳共和国能源部长 Joseph Adda 在加纳首都阿克拉正式签署了布维水电站 EPC（设计—采购—施工）合同。该合同范围包括水电站工程、输变电线路工程、环境移民及灌溉工程等，总合同金额为5.97亿美元，合同工期1720天。2007年8月24日开工。2008年12月2日，电站比合同工期提前一年实现截流。截至2010年底，项目进入混凝土施工高峰期，累计完成67.38万立方米，累计完成产值2.84亿美元。

【加蓬布巴哈水电站项目】 该项目位于加蓬东南部重要城市弗朗西丝维尔（Franceville）附近。电站属引水式电站，装机容量160兆瓦，施工内容包括大坝、引水隧洞、调压井、厂房、开关站、输变电线路及配套工程等。2007年7月20日，股份公司与加蓬能源矿产部能源水利局草签了布巴哈（Poubara）水电站合同，合同金额约3.98亿美元，工期54个月。2008年11月15日，加蓬总统邦戈亲自为工程奠基。2008年12月25日，项目合同正式生效，水电十四局有限公司负责项目具体实施。截至2010年12月底，工程量最大的三个工作面——进水口、导流明渠及调压井开挖基本完成，进入混凝土浇筑阶段，项目累计完成产值1.14亿美元，占总量的35%。

【加蓬雷西—拉斯杜维尔公路项目（LOT2）】 该项目位于加蓬中东部奥古维·娄娄省，全长97千米。项目资金由非洲发展银行提供，业主为加蓬公共工程、基础设施和建设部。2009年2月6日，股份公司与项目业主签约承建该项目，合同金额9800万欧元，工期32个月。水电十四局有限公司负责项目具体实施。2010年8月7日公路项目开工，加蓬代总统罗丝·芙朗辛·罗贡贝出席典礼。2010年11月26日，沥青碎石试验段施工完成。截至2010年12月底，累计完成产值1777.4万美元。

【加蓬阿基尼—奥孔加道路整治工程】 该工程位于加蓬东南部地区上奥古维省，是加蓬国道路整治计划的一部分。道路全长74千米，由伊斯兰发展银行和加蓬政府共同投资建设。2010年10月8日，股份公司与加蓬基础设施和装备部签约承建该项目，合同金额约6872.35万欧元，工期30个月。水电十四局有限公司负责项目具体实施。2010年10月28日项目正式启动。

【加蓬利伯维尔电网改造工程】 该项目位于加蓬首都利伯维尔，内容是对现有电网进行改造、升级和扩建，提高电网安全性，保证利伯维尔地区的供电安全。工程包括225千伏/90千伏等级及90千伏/20千伏等级变电站建设、架空输电线路和地下电缆输电线路铺设等。2009年12月16日，股份公司与加蓬水利能源部正式签订商务合同（设计建造合同），合同金额1.3亿美元，总工期24个月。由水电四局有限公司负责具体实施。2010年10月21日，首批20余名工程管理人员前往项目现场，前期准备工作有序开展。

【赤道几内亚吉布洛水电站项目】 该电站位于赤道几内亚中南省崴勒（Wele）河中游，为低坝有压引水式电站，装机容量4×3万千瓦，年均发电7568亿千瓦·时。2007年3月13日，股份公司与赤道几内亚能源矿产部签订施工总承包合同，合同总额2.57亿美元，工期42个月。根据合同，股份公司承担的主要施工内容包括河床溢流坝、泄洪排沙闸、电站进水口、左岸引水隧洞、调压井、压力管道及电站厂房等的施工。水电六局有限公司负责项目具体实施。2008年4月15日，总体工程开工。2010年5月16日，电站第一块最重的17吨桥板成功吊装就位；7月25日，项目发电厂房部分封顶开始；12月16日，首台机组转子成功吊装。截至2010年12月底，项目累计完成产值约2.1亿美元。

【赤道几内亚巴塔市电网改扩建项目】 巴塔市是赤道几内亚的经济首都，目前城市无高压电网，城网最高电压为中压15千伏，城市电力供应匮乏。巴塔市电网改扩建项目主要内容包括高压、中压、低压以及城市公共照明系统四部分。2009年6月20日，股份公司与赤道几内亚政府签订工程合同，合同金额3.23亿美元，工期913天。由水电六局有限公司负责项目具体实施。由于项目预付款一直没有到位，项目实施受到较大影响。2010年12月13日，赤道几内亚财政部发出巴塔电网改扩建项目的预付款指令。截至2010年12月底，项目主要进行了营区设施安装、维护，新建办公楼组装，同时正在进行城网调度中心及中低压部分初步设计工作。

【刚果（金）非洲开发银行 RN1-Lot1/Lot2 标公路项目】 刚果（金）非洲开发银行 RN1-Lot1/Lot2 标公路项目分为两个标段：Lot1 标恩塞克—卢非米段位于刚果（金）首都金沙萨（Kinshasa）以东方向，全长 94.58 千米，属老路修复工程，合同金额 3409 万美元；Lot2 标克旺果—肯凯段位于刚果（金）首都金沙萨以东方向，包括全长 72.8 千米重建路段以及 139 千米乡村道路修复，合同金额 4661 万美元。两项目均由刚果（金）政府和非洲发展银行共同出资。2008 年 7 月 21 日，股份公司与业主刚果民主共和国公共工程及重建部签约，合同工期 22 个月。2008 年 12 月 18 日开工。由水电十四局有限公司负责项目具体实施。

2010 年 11 月 27 日，项目沥青混凝土施工完毕；12 月 3 日，项目实现全线 170 千米行车层全线铺通的节点目标，公路主体完工；12 月 9 日，Lot1 标公路通过技术验收；12 月 21 日，Lot2 标进行技术验收。截至 2010 年 12 月底，项目累计完成产值 8631 万美元，进入竣工准备阶段。

【刚果（金）RN4-Lot1 标公路项目】 该项目位于刚果（金）东部，为刚果（金）4 号国道起始段贝尼到卢拉段道路，全长 60 千米。2008 年 6 月 29 日，股份公司与项目业主刚果（金）重建部签约承建该项目，合同金额 5778.5 万美元，工期 24 个月。水电十四局有限公司负责项目具体实施。2009 年 6 月 1 日开工。2010 年 6 月 27 日，项目沥青混凝土摊铺顺利结束，提前 95 天实现节点目标；8 月 30 日，项目顺利通过临时验收；9 月 15 日竣工。

【刚果（金）金沙萨中心医院项目】 该项目位于刚果（金）首都金沙萨，医院总建筑面积约 4 万平方米，占地面积 9.7 万平方米，医院总床位 420 张，重建后将成为中非地区最大、医疗设备最先进、医疗科室最多的综合性医院。2008 年 6 月 28 日，中刚双方签署《刚果民主共和国基础设施建设协议》及中刚一揽子合作项下首批 3.5 亿美元优先基建项目，其中包括由股份公司承建的金沙萨中心医院项目，合同金额为 9987 万美元，工期 20 个月。水电二局有限公司负责项目具体实施。2009 年 5 月 2 日，医院项目开工。截至 2010 年底，项目办公楼及康复中心基本建设完成，动力中心施工正在有序开展，累计完成产值 8602 万美元。

【刚果（金）人民宫广场建设项目】 刚果（金）人民宫广场是刚果（金）标志性建筑物之一，坐落在刚果民主共和国首都金沙萨市中心位置，是政府集会及各大庆典举办地，具有深远的政治意义。2009 年 12 月 5 日，股份公司签约承建刚果（金）人民宫广场 1 标项目，合同金额约 1966 万美元，工期 5 个月。水电二局有限公司负责项目具体实施。2010 年 5 月 31 日，项目顺利竣工；6 月 30 日，刚果（金）50 年国庆阅兵典礼在人民宫广场上成功举办。

【刚果（布）英布鲁水电枢纽工程】 该枢纽工程位于刚果河支流莱菲尼河下游巴泰凯高原地区，以发电为主，承担刚果电力系统调峰、调频和骨干电站作用，安装轴流转桨式水轮发电机组 4 台，装机总容量 12 万千瓦，年发电量 6.85 亿千瓦·时。工程主要建筑物由土坝、泄水闸、电站厂房、引渠及尾水渠、开关站、进场公路及生活区建筑工程等组成。2004 年 10 月 29 日，股份公司与中国机械设备进出口总公司（CMEC）签署承包合同，承担枢纽临时和永久工程的土建和机电设备的安装任务，合同金额约 7221 万美元，合同工期 54 个月。2004 年 11 月 1 日开工。

2010 年 6 月 22 日，电站 4 号、3 号机组提前并网发电；7 月 8 日，2 号机组提前并网发电；8 月 11 日，电站 1 号机组提前并网发电，至此，英布鲁电站 4 台机组全部实现并网发电。截至 2010 年底，项目累计完成产值 1.13 万元，进入竣工准备阶段。

【肯尼亚伊马利（Emali）公路项目】 该项目位于肯尼亚奥洛托克托镇，施工主要内容为将奥洛托克托镇总长 100.5 千米的道路沥青路面升级并建设 1.5 米宽路肩，修建 4 座公路大桥和 30 条管涵。项目业主是肯尼亚公路和公共工程部，项目资金由阿拉伯非洲经济开发银行和石油输出国组织提供。2007 年 10 月 5 日，股份公司与业主签订中标合同，合同金额 6100 万美元，合同工期 30 个月。2007 年 11 月 5 日工程正式开工，水电十三局有限公司负责具体实施。由于业主拖欠工程款，工程进度有所拖延。2010 年 7 月 23 日，项目 93.5 千米主体工程完工移交。截至 2010 年底，项目累计完成产值 5507.64 万美元，占合同总量的约 90.3%。

【肯尼亚恩组亚（Nzoia）供水项目Ⅰ期】 该项目位于肯尼亚西部省，主要工程内容包括修建取水设施、提供和安装各种供水管线以及城市管网、修建水处理厂以及配套工程、提供和安装各种水表以及排污工程等。工程施工范围涉及基塔勒（Kitale）、韦布耶（Webuye）、邦戈马（Bungoma）三个镇。项目业主为肯尼亚维多利亚湖北部水管理处。项目资金由德国 KFW 银行以及肯尼亚政府提供。2007 年 3 月 21 日，股份公司与当地合作方组成的联营体与业主签约，合同金额 2300 万美元，工期 30 个月。2007 年 5 月 21 日工程正式开工。该项目由水电十三局有限公司负责实施。截至 2010 年底，项目主体工程基本完成，总计完成产值 3234.71 万美元，进入竣工准备阶段。

【肯尼亚松高罗水电站工程】 该电站位于肯尼亚首都内罗毕西北约 350 千米处，总装机容量 2×1.06 万千瓦。项目业主为肯尼亚电力公司（KENGEN）。项目资金由日本 JICA 银行以及肯尼亚电力公司提供。主要工程内容包括修建引水渠道、高位水池、压力钢管、电站厂房、输变线等土建施工及机电设备设计、采购与安装。2008 年 9 月 9 日，股份公司中标，合同金额约 5155 万美元，工期 36 个月，维护期 12 个月。2008 年 11 月 7 日开工。该项目由水电十三局有限公司负责实施。

2010 年 10 月 21 日，引水渠溢流堰完工；11 月 12 日，项目高位水池渐变段、直线段、圆弧段、进水口完工。截至 2010 年底，累计完成产值约 2266 万美元，占合同总量的 43.93%。

【肯尼亚内罗毕—锡卡公路升级改造工程第 2 标段项目】 该公路是连接肯尼亚首都内罗毕以及距内罗毕东北方向 50 千米的锡卡（Thika）市的高等级道路。锡卡公路升级改造工程共分 3 个标段。工程主要内容包括 14.1 千米的道路升级改造为 A 级道路（部分路段加宽为 8 车道，部分加宽为 6 车道）、箱型高架桥梁、立交桥、人行天桥、地下过道、管涵、自行车道以及人行道等。项目业主为肯尼亚公路部。项目资金由非洲发展银行以及肯尼亚政府提供。2008 年 9 月 15 日，股份公司以 1.4 亿美元中标该工程第 2 标段；11 月 14 日股份公司与业主签约，合同工期 30 个月，维护期 24 个月。该项目建设由水电十三局有限公司负责实施。

2009 年 1 月 26 日业主正式下达开工令，但是由于咨询工程师延迟发布施工图纸直至 2009 年 4 月 6 日，工程进度受到一定影响。截至 2010 年 12 月底，项目累计完成产值 6325.40 万美元，为合同总量的 45.17%。

【肯尼亚萨苏木大坝修复项目】 该项目位于肯尼亚西部 90 千米处。工程主要内容包括修建 125 米防渗墙、溢流堰的拆除和修复、道路的升级改造、大坝防护石的整砌、提供和安装大坝监测仪器等。项目业主为肯尼亚阿斯水务管理局。项目资金由法国 AFD 全额融资。2008 年 11 月 11 日，股份公司与当地合作方组成的联营体与业主签约，合同金额为 3200 万美元，合同工期为 24 个月。2008 年 12 月 9 日工程正式开工。该项目建设由水电十三局有限公司负责实施。2010 年 11 月 3 日项目竣工。

【肯尼亚布西亚（Busia）供水项目Ⅱ期】 该项目位于肯尼亚西北部与乌干达接壤的布西亚镇，主要工程内容包括修建取水设施、提供和安装各种供水管线以及城市管网、修建水处理厂以及配套工程、提供和安装各种水表以及排污工程等，施工范围涉及布西亚（Busia）和娜巴丽（Nambale）两个镇。项目业主为肯尼亚维多利亚湖北部水务局。项目资金由德国 KFW 银行以及肯政府提供。2008 年 7 月 28 日，股份公司与当地合作方组成的联营体与业主签约，合同金额 1800 万美元，合同工期 24 个月。2008 年 8 月 8 日工程正式开工。该项目由水电十三局有限公司负责实施。2010 年 8 月 4 日，主体工程正式通水运行，9 月 16 日竣工。

【肯尼亚科密拉及欧鲁赤灌溉项目】 该项目位于肯尼亚西部，由非洲开发基金援助，用以改善农业基础设施、消除贫困、提高小型农户生活水平。科密拉灌溉项目主要工程内容包括渠首取水结构物一座、14 千米的主渠及附属结构物、13.64 千米的支渠及附属结构物、拦沙结构物一座、49.6 千米的三级排水系统、进场及服务道路 11.7 千米公路、管理房一栋等；欧鲁赤灌溉项目主要工程内容包括渠首取水结构物一座、桥一座、14 千米的主渠及附属结构物、12.87 千米的支渠及附属结构物、拦沙结构物一座、三个倒虹吸、31.4 千米的三级排水系统、进场及服务道路 16.8 千米公路、管理房一栋等。2009 年 9 月 9 日，股份公司与项目业主肯尼亚地区发展部签订两标段合同，合同金额约 3882 万美元。2009 年 10 月 24 日，项目正式开工，工期 30 个月。由水电十三局有限公司负责实施。

截至 2010 年底，已完成科密拉夜间蓄水池 NS1 表土清除以及进出口结构和冲洗阀施工；完成除边沟外所有道路工程；完成灌区管理房目主体结构。累计完成产值 961.72 万美元，为合同总量的 29.73%。由于联营体合作方施工效率较低，整体工程进度受到一定影响。

【肯尼亚伽撒拉尼污水干线项目】 该项目位于内罗毕市郊，由世界银行国际开发协会融资，是用以改善内罗毕污水系统的项目，主要工程内容包括49千米、直径为300～1200毫米的混凝土管线和1.4千米的箱涵和附属工程等。2010年2月5日，股份公司成功竞标该项目，合同金额1879万美元，工期2年，水电十三局有限公司负责项目具体实施。2010年4月28日开工。截至2010年底，各项工作有序开展，累计完成产值653.38万美元，为合同总量的34.63%。

【坦桑尼亚盖塔（Geita）—乌萨旮旯（Usagara）公路工程】 该工程位于坦桑尼亚西北部，与之前股份公司承接的亚布齐拉约姆博—盖塔公路（117公路）相接。项目全长90千米，主要内容包括将90千米砂砾路面升级为沥青双表处路面的设计加施工，另外还有管涵、箱涵、护坡、转盘、码头和地磅站等工程。该项目业主是坦桑尼亚国家公路局（TANROADS），由坦桑尼亚政府单独出资兴建。2007年12月21日，股份公司与坦桑尼亚国家公路局签约承建项目，合同金额6163万美元，工期两年。水电十三局有限公司负责项目具体实施。2008年5月12日开工。2010年2月1日项目顺利竣工。

【坦桑尼亚辛吉他（Singida）—明金谷国家公路项目第1、2标段】 该项目位于坦桑尼亚东北部，分3个标段。2009年1月28日，股份公司与坦桑尼亚国家公路局（TANROADS）正式签约坦桑尼亚辛吉他—明金谷国家公路项目第1、2标段施工合同。第1标段为辛吉他—卡泰石，总长65.1千米；第2标段为卡泰石—达瑞达，总长73.8千米。该项目资金由非洲发展银行提供，合同金额累计约9458万美元，项目工期分别为30个月和33个月。工程内容主要包括土石方开挖、路基水稳层填筑和碾压、双表处路面铺设以及附属排水结构物等。项目由水电十三局有限公司具体实施，2009年3月11日工程正式开工。

2010年12月12日，辛吉他公路1标段项目正式开始双表处路面摊铺施工。截至2010年底，项目1标段累计完成产值1739.23万美元，占1标段合同总量的33.19%；2标段累计完成产值1864.3万美元，占2标段合同总量的35.6%。

【坦桑尼亚坦嘎（Tanga）公路项目】 该项目位于坦桑尼亚坦嘎省汉德尼市，合同金额9308万美元，项目业主为坦桑尼亚基础事业部公路局。工程包括两标段，合同工期分别为23个月和27个月。主要工程内容为：第1标段马卡塔（Mkata）—汉丹尼（Hadeni）段将现有长约54千米的砾石路面公路升级改造为标准沥青路面，并建设桥梁、箱涵和其他排水工程；第2标段科洛戈维（Korogwe）—汉丹尼（Handeni）段将现有长约65千米的砾石路面升级改造为标准沥青混凝土路面公路，并建设箱涵和混凝土包管其他排水工程及相关的道路附属工程。2009年6月15日，股份公司与项目业主签约承建该项目，水电十三局有限公司负责项目具体实施。

第1标段于2009年12月28日开工，第2标段于2010年7月19日开工。由于业主负责的沿线村庄民房拆迁工作进展缓慢，加之工程款拖欠，工程整体进度受到影响。截至2010年底，项目累计完成产值1435万美元，占合同总量的15.42%。

【坦桑尼亚坦嘎（Tanga）—浩乐浩乐（Horohoro）公路项目】 该项目位于坦桑尼亚坦嘎省境内，起始于坦嘎省城的东北方向，沿印度洋海岸向北通往肯尼亚边境。工程主要内容包括65千米的道路升级改造、桥梁、箱涵、管涵和附属排水结构物等。该项目资金来源美国千年挑战基金驻坦办事处（MCA-T），是美国援助坦桑尼亚千年挑战资金项目，也是美国在坦桑尼亚投资的第一条公路项目。业主代表为坦桑尼亚国家公路局（TANROADS）。2009年12月22日，股份公司签约承建该项目，合同金额约合5393万美元，总工期27个月。2010年5月5日，项目主体工程开工。截至2010年12月底，累计完成产值770.3万美元，为合同总量的14.28%。

【坦桑尼亚多多玛—玛雅玛雅公路项目第1标段】 该项目位于坦桑尼亚中部多多玛省，起点始于坦桑尼亚政治首都多多玛市郊，第1标段全长43.65千米。主要施工内容包括43.65千米道路升级改造、箱涵、管涵和附属排水结构物等。工程由坦桑尼亚政府出资建设，业主为坦桑尼亚国家公路局（TANROADS）。2010年6月28日，股份公司正式签约承建该项目，合同金额3060万美元，工期27个月。由于业主资金问题，截至2010年12月底，尚未接到开工令，各项前期准备工作正在有序开展。

【坦桑尼亚马赛诗和纳臣圭供水项目】 该项目位于坦桑尼亚南部的马赛诗（Masasi）和纳臣圭（Nachingwea）两镇，主要是自姆宾维给（Mbiwingi）河流取水供应到两镇。主要施工内容包括铺设输水钢管线、PVC配水管线、新建混凝土水池、提升泵站等。

项目业主为坦桑尼亚姆它瓦（Mtwara）供排水局。2010年7月14日，股份公司签约承建该项目，合同金额2300万美元，工期15个月。由于业主资金不到位无法开工。截至2010年底，未收到项目开工令，项目各项前期准备工作正在有序开展。

【坦桑尼亚佩拉米霍—姆宾加公路升级项目】 该项目位于坦桑尼亚南部的汝乌玛省境内，全长78千米，主要内容包括78千米道路升级改造、桥梁、箱涵和附属排水结构物等，业主为美国千年挑战基金驻坦桑尼亚办事处。2010年7月2日，股份公司以折合约5985万美元签约该项目，合同工期27个月。水电十三局有限公司负责项目具体实施。2010年8月9日项目正式开工。截至2010年12月20日，项目主营地建设完成，工程师营地目前基础开挖已经全部完成。其他各项项目前期准备工作正在有序开展。

【莫桑比克楠普拉市供水管网扩建项目】 该项目位于莫桑比克东北部楠普拉省的省城楠普拉（Nampula）市，主要内容包括铺设规格为直径50～400毫米的7种规格MPVC管74.5千米。2008年2月1日，股份公司与项目业主莫桑比克国家供水投资基金（FIPAG）签约承建该项目，合同金额204万美元，工期18个月，水电十一局有限公司具体负责实施。2008年5月27日开工。经业主向世界银行申请，2010年2月20日，股份公司与业主签订补充合同又增加了25%原合同额工程量，计增加35千米管线。2010年7月31日，供水项目顺利完工，解决了当地100000户居民的饮水问题，使当地管网覆盖率达97%以上。

【莫桑比克彭巴市供水管网扩建项目】 该项目位于莫桑比克德尔加杜角省的省会城市彭巴（Pemba），由世界银行投资，总计铺设PVC管道约126.5千米。工程分三级管网，主要内容包括管网设计、管沟开挖回填、管子铺设、管件安装、打压试验、阀门井施工和试运行。2008年2月1日，股份公司与业主莫桑比克国家供水投资基金（FIPAG）签约，合同金额约130万美元，总工期18个月，水电十一局有限公司负责具体实施。2008年5月26日，项目开始施工。经业主向世界银行申请，2010年2月20日，股份公司与业主签订补充合同增加25%原合同金额工程量，计增加24.5千米管线；7月31日，工程顺利竣工。彭巴供水管网扩建后，该城市供水管网覆盖率由原来城市人口的60%左右增至100%，解决了大约32000户居民的饮水问题。

【莫桑比克利跨瑞供水工程项目】 该工程位于莫桑比克赞比西亚省省会克里马内（Quelimane）市北50千米处的利跨瑞（Licuari）和尼克阿达拉（Nicoadala）两镇之间，由世界银行投资，主要包括15千米长的输水干线设计和施工任务，管线采用DN500球墨铸铁管，替代原来的旧管线并与尼克阿达拉镇新建的DN500球墨铸铁管主管线连接。

2010年7月16日，股份公司中标项目设计和施工合同（EPC），合同金额折合约370.4万美元，工期9个月。2010年11月1日开工，截至年底，项目各项前期准备工作正在有序开展，累计完成产值50万美元。

【赞比亚卡里巴水电站北岸扩机项目】 该电站位于赞比亚和津巴布韦交界的赞比西河上的卡里巴峡谷段，是赞比亚第二大水电站，1976年投入运行，原装机容量600兆瓦，2002年经扩容达到720兆瓦。为满足赞比亚国内发展和南部非洲地区的电力需求，2004年12月21日，赞比亚政府国家电力公司（ZESCO）与股份公司在赞比亚首都卢萨卡签署卡里巴北岸扩机工程可行性研究设计咨询协议。根据协议，由股份公司对电站进行增扩装机台数、增扩容量及工程设计等进行可行性研究。2005年12月28日，股份公司向赞比亚国家电力公司递交最终可行性研究报告，并向赞比亚国家电力公司作了设计汇报，同时提出融资商务报告。经过技术磋商及和中国进出口银行的融资/贷款方案（买方信贷）谈判，2007年11月19日，股份公司与赞比亚国家电力公司确定该项目的扩机方案（2×180兆瓦＝360兆瓦），并正式签订EPC合同。合同金额约2.43亿美元，工期48个月。2008年11月5日，工程正式开工。水电十一局有限公司负责项目具体实施。

2010年4月1日，电站扩机项目进水口围堰灌浆圆满完成；11月4日，所有反井施工圆满结束。截至2010年底，项目累计完成6687.94万美元，占合同总量的27.52%。

【安哥拉奎托供水项目】 该项目位于安哥拉比耶省，工程包括设备供应、安装和测试及土建工程的施工，工作内容为CUSSOLA分水堰、取水口、泵站和引水管道、CUSSOLA水处理厂、CUSSOLA饮用水水库和EE2泵站、CUSSOLA饮用水的引水渠、R1水库、供水管网、CANGALO水处理厂（KUITO）的扩建等，项目业主为安哥拉计划部。2007年5月4日签订项目合同，合同金额2038万美元，工期24个月。水电十三局有限公司负责项目具体实施，

2007年6月4日开工。2010年1月15日项目竣工，1月28日正式为奎托市供水。

【安哥拉四地区农业灌溉追加项目】 该项目（二期）合同类型为设计、供货、施工、安装和调试培训（EPC），主要为一期项目的延续。在卡西图、甘德杰拉斯、卢埃那、马吐布四个地区执行工程均包括购买、供给和安装相应设备并布置相关的管道；建立石油储存及运输体系，并运输和配置相关设备；建造必要的制造供给功能的建筑物。项目资金来源为中国进出口银行的买方信贷，属于中国政府与安哥拉政府签署的中安一揽子合作项目之一。业主为安哥拉农业部。2007年4月26日签订项目合同，合同金额5400万美元，工期15个月。水电十三局有限公司负责项目具体实施。2007年9月开工建设。2010年4月16日，工程竣工。

【安哥拉教育部万博和比耶两所农学院追加项目】两所农学院追加项目合同类型为EPC交钥匙合同，分别在一期项目的基础上对原有的农学院追加辅助设施，包括给排水管网与市政管网的连接、污水处理系统、供电与市政电网的连接、电话网络系统，每所学校追加10栋教师公寓、1栋阶梯教室。项目资金来源为中国进出口银行的买方信贷，属于中国政府与安哥拉政府签署的中安一揽子合作项目之一。

2007年7月20日签订项目合同，合同金额2950万美元，工期12个月。水电十三局有限公司负责项目具体实施。2009年1月1日开工。2010年3月21日，比耶农学院追加项目顺利竣工；4月19日，万博农学院追加项目顺利竣工。

【安哥拉教育部维拉理工学院和中学、马兰热两所中学追加项目】 两所中学追加项目合同类型为EPC交钥匙合同。分别在一期项目的基础上对原有的学院追加辅助设施，包括给排水管网与市政管网的连接，供电与市政电网的连接，电话网络系统，进校道路等。理工学院增加阶梯教室和校长公寓。项目资金来源为中国进出口银行的买方信贷，属于中国政府与安哥拉政府签署的中安一揽子合作项目之一。2007年7月20日签订项目合同，工期12个月，合同金额1478万美元。由水电四局有限公司负责项目具体实施。2009年3月15日开工。2010年8月25日，维拉理工学院和中学项目竣工；7月1日，马兰热两所中学追加项目顺利竣工。

【安哥拉卫生部四所省级医院追加项目】 安哥拉卫生部四所省级医院（本格拉中心医院、马兰热国家医院、万博中心医院、卢班戈中心医院）追加项目合同类型为EPC交钥匙合同，分别在一期项目的基础上在每所医院增加氧气站、医生和专家宿舍、设备供应等。项目资金来源为中国进出口银行的买方信贷，属于中国政府与安哥拉政府签署的中安一揽子合作项目之一。2007年5月21日签订项目合同，工期15个月，合同金额7592万美元。水电二局、四局、十三局有限公司负责项目具体实施。2008年9月17日开工。2009年8月25日，卢班戈中心医院追加项目首先竣工。2010年8月6日，本格拉中心医院追加项目竣工；10月31日，万博中心医院追加项目竣工。截至2010年底，马兰热国家医院追加项目基本完工，进入竣工准备阶段。

【安哥拉卢埃纳—卢库塞公路修复项目】 该项目承包方式为EPC总承包。该工程是对卢埃纳—卢库塞全长134千米的道路进行修复和加宽，包括对现有道路路面破除、路面和路肩修补、加宽和修复现有排水构筑物、新建桥梁和侵蚀防护工程的施工、道路修整和绿化等。项目业主为安哥拉公路局。2007年8月14日签订项目合同，合同金额9086万美元，工期15个月。2007年8月14日开工。由水电十三局有限公司负责项目具体实施。截至2010年12月底，累计完成产值5239万美元，占合同总量的58%。

【安哥拉罗安达城市管网改造项目】 该项目位于安哥拉首都罗安达，主要建设内容包括分水中心和供水管网。2008年10月7日，股份公司与罗安达公共供水公司签约，合同金额4890万美元，工期24个月。由水电十三局有限公司负责项目具体实施。2010年6月15日开工，12月底，累计完成产值1467.18万美元，占合同总量的30%。

【安哥拉安杜鲁—尼亚雷阿公路修复项目】 该项目位于比耶省境内平原区，修复原因是公路老化，运输效率低。业主为安哥拉公路局。2008年12月4日，股份公司签约公路修复项目合同，合同金额3075万美元，工期18个月。该项目路段全长44.2千米，双表处路面，路面宽9米，由水电十三局有限公司负责项目具体实施。2008年12月26日开工，截至2010年12月底，累计完成产值1609.45万美元，占合同总量的53%。

【安哥拉恩赞托(N'zeto)—索尤（Soyo）高速公路项目】 该项目位于安哥拉北部省份扎伊尔省，长96

千米，路面宽22米，为双向四车道的沥青混凝土路面，设计时速100千米/时，是安哥拉公路网中100号公路的重要一段。2008年12月1日，股份公司与安哥拉工程部正式签约，合同金额6.05亿美元，工期36个月。水电四局有限公司负责项目具体实施。2009年1月1日开工，截至2010年底，项目各项作业正在有序开展，累计完成产值1.03亿美元，占合同总量的17%。

【安哥拉卢埃纳—卢库塞134千米公路项目追加】该公路追加项目全长134千米，在之前卢埃纳—卢库赛公路项目的基础上继续施工，将双层沥青表处路面改为沥青混凝土。2008年9月12日，股份公司正式与安哥拉公路局签约，合同金额4076万美元，工期15个月，水电十三局有限公司负责项目具体实施。2009年1月15日开工，截至2010年底，累计完成产值1118万美元，占合同总量的28%。

【安哥拉本格拉体育场场外工程项目一期】 该项目位于本格拉省本格拉市，主要工程内容包括主干道和主体育场外部场区环形道路、环形广场及东部场区次干道、东部场区停车场、停车位、绿化区域等。项目业主是安哥拉公共工程部和财政部。2009年6月24日，股份公司签约承建该项目，合同金额为1.11亿美元，工期7个月。由水电四局有限公司负责项目具体实施。2009年6月12日开工，2010年1月8日竣工移交。

【安哥拉卢班戈体育场场外工程项目】 安哥拉卢班戈体育场场外工程占地面积104396平方米，包括停车场26152平方米，广场26500平方米，人行道3600平方米，公共道路30000平方米，绿化面积18287平方米。主要施工内容为土方开挖与回填3.16万立方米、3500米给排水管道和其他配套工程。2009年7月22日签订合同，合同金额约2183万美元，工期8个月，水电二局有限公司负责项目具体实施。2009年4月6日开工，2010年1月8日竣工。

【安哥拉奎托瓜纳沃纪念碑项目】 该项目位于宽多库班戈省。2008年8月22日，股份公司与业主安哥拉工程部签订合同，在奎托瓜纳沃建设一座纪念碑、五栋别墅（每栋建筑面积约200平方米）、一座餐厅、一座博物馆和一座图书馆，合同金额约1845万美元，工期12个月，水电十三局有限公司负责具体实施。2008年8月22日开工，2010年5月1日竣工。

【安哥拉卢埃纳和平广场（和三栋房建）项目】 该项目位于莫西科省卢埃纳市，工程主要内容是和平广场图书馆，设计建筑面积1118平方米；还有单层框架填充墙结构、钢筋混凝土平屋面和餐厅及管理房，其中餐厅建筑面积537.3平方米，管理房建筑面积509.4平方米，均为单层框架填充墙结构。2009年8月24日，股份公司签约承建该项目，合同金额为353万美元，工期8个月。由水电十三局有限公司负责具体实施。2009年10月1日开工。截至2010年底，累计完成产值268.23万美元，占合同总量的76%。

【安哥拉比耶省五栋楼修复项目】 该项目位于比耶省奎托市，主要工程内容包括五栋楼的翻新工作，项目业主是比耶省政府。2010年2月25日，股份公司签约承建该项目，合同金额为90万美元，工期4个月。由水电十三局有限公司负责项目具体实施。2010年6月12日开工，12月12日竣工。

【安哥拉北宽扎省政府大楼新建项目】 该项目位于北宽扎省恩达拉坦多市，主要工程内容包括建设一座政府大楼，建筑面积约为3700平方米，项目业主是北宽扎省政府。2010年6月18日，股份公司签约承建该项目，合同金额为399万美元，工期10个月。由水电十一局有限公司负责项目具体实施。截至2010年12月底，累计完成产值59.85万美元，占合同总量的15%。

【安哥拉北宽扎省护理学院新建项目】 该项目位于北宽扎省恩达拉坦多市，主要工程内容包括建设一座护理学院，建筑面积约为4300平方米。项目业主是北宽扎省政府。2010年6月18日，股份公司签约承建该项目，合同金额为406万美元，工期10个月。由水电十一局有限公司负责具体实施。2010年9月29日开工，截至2010年底累计完成产值74万美元，占合同总量的19%。

【博茨瓦纳卡昂—户昆茨（Kang-Hukuntsi）公路修复工程】 该公路工程位于卡格拉格帝（Kgalagadi）地区北部，长108千米，宽36.7米，路肩宽1.5米；环路长7.8千米，宽5米，路肩宽1米。道路设施包括排水管涵、土方工程、沥青路面工程、安全护栏、交通信号、交通标识。2008年10月6日，股份公司中标该项目，合同金额8120万美元，工期30个月。业主为博茨瓦纳共和国工程交通运输部下属公路局，资金来源为博茨瓦纳政府。水电四局有限公司负责项目具体实施。2009年3月2日开工，截至2010年底，累计完成产值2216.74万美元，为合同总量的48.10%。

【博茨瓦纳迪克戈洪大坝工程】 该大坝位于博茨瓦纳东北部的博茨瓦纳和津巴布韦的界河汇流处上游3千米。项目业主为博茨瓦纳矿产部、能源部和水利部水利司。工程主要由40米高、4.6千米长的黏土心墙坝和溢洪道、非正常溢洪道、引水建筑物、进场道路等组成，建成后库容达到4亿立方米，成为博茨瓦纳第一大水利工程，是博茨瓦纳北水南调工程的源头工程，可以满足该国日益增长的采矿业和生活用水需求。2007年12月17日，股份公司中标，合同金额折合约2亿美元，总工期47个月。水电十一局有限公司负责具体实施。工程于2008年3月9日开工。截至2010年底，累计完成产值约1.72亿美元，占合同总量的88.2%。

【博茨瓦纳卡玛国际机场航站楼项目】 该项目是股份公司承建的第一个航站楼项目。卡玛国际机场（SIR SERETSE KHAMA INTERNATIONAL AIRPORT）以博茨瓦纳开国总统卡玛先生名字命名，位于博茨瓦纳首都哈博罗内（GABORONE）。项目业主为博茨瓦纳工程交通部下属的建筑工程服务司（DBES），资金来源为OPEC国际发展基金和阿拉伯银行非洲经济发展银行。2008年6月4日，股份公司正式签约承建航站楼项目，工期23个月，合同金额约7000万美元。水电二局有限公司负责具体实施。工程分两期完成：一期为修建新建航站楼；二期是拆除旧航站楼并重建以及室外停车场、景观设施施工。新航站楼主体地上三层，局部四层，总建筑面积24580平方米，是旧航站楼面积的10倍。

2008年6月10日，项目正式开工。2010年5月18日，卡玛国际机场新航站楼一期正式竣工移交业主。2010年底，二期工程也累计完成工程总量的40%。

【博茨瓦纳FR78公路升级项目】 该项目位于博茨瓦纳东北部，包括4.5千米双向四车道沥青混凝土道路（城市道路）、73.5千米双向两车道沥青双表处道路及两条总长0.7千米的单表处交通支路，主要施工内容是使总路面宽度达到11.4米。项目业主是博茨瓦纳交通工程部公路局。2008年8月14日，股份公司中标该项目，合同金额折合约5945万美元，总工期24个月。2008年9月29日开工，水电十一局有限公司负责具体实施。截至2010年底，累计完成产值2500万美元，占合同总量的42.05%。

【博茨瓦纳骆察尼（LOTSANE）大坝项目】 该大坝位于博茨瓦纳东南部，施工内容包括1.7千米长30米高的黏土心墙堆石坝、混凝土引水及泄水建筑物、饮用和灌溉用泵站及灌溉管道、水处理厂、办公及运行办公楼等，工期912天，合同金额约8977.62万美元，由博茨瓦纳政府出资。2009年3月6日，股份公司与博茨瓦纳矿物部、能源部与水资源部就实施骆察尼大坝及附属工程建设正式签约，4月6日开工。水电十一局有限公司负责具体实施。截至2010年底，累计完成产值4810.22万美元，占合同总量的62.55%。

【马达加斯加118号公路项目】 该项目位于马达加斯加岛南边，主要内容为四段总长约67千米的道路修复工程。由世界银行投资，业主是马达加斯加经济带动及一体化计划国家委员会。2007年11月14日，股份公司与业主签订施工总承包合同，合同金额521.34万欧元，工期16个月。2007年12月6日开工，水电十四局有限公司负责具体实施。2009年3月17日，由于马达加斯加政权更迭导致世界银行中止投资，项目被迫停工。2010年9月8日，股份公司与项目业主重新签约，合同金额调整为258万欧元（不含税），工期14个月。2010年9月9日项目恢复施工，截至2010年底，项目自重新开工以来累计完成产值69万欧元，占新签合同总量的26.7%。

【马达加斯加安德卡拉卡水电站3号机组供货安装项目】 该电站位于马达加斯加首都塔娜娜利亚佛的东面。2008年8月16日，股份公司与马达加斯加国家水电公司（JIRO SY RANO MALAGASY）正式签订安德卡拉卡电站3号机组供货安装合同，合同金额3314.33万美元，工期27个月。根据合同要求，股份公司承担供货及安装三相交流发电机、水轮机和变电站（含变压器）；相关土建及进水口改造、混凝土浇筑、12.25千米进场公路修建等工程施工。2009年1月19日开工，水电十四局有限公司负责具体实施。截至2010年底，累计完成产值636.42万美元，占合同总量的19.20%。

【马达加斯加安德卡拉卡4号机组供货安装工程】 该电站位于马达加斯加首都塔娜娜利亚佛以东206千米。2010年2月23日，股份公司与马达加斯加国家电力公司（JIRO SY RANO MALAGASY）正式签订安德卡拉卡4号机组供货安装合同补充协议，合同金额折合391.22万美元，工期198天。4号机组供货安装合同内容包括一台水轮机埋件部分的供货、安装及厂房相关土建工程施工等。2010年2月24日开工，水电十四局有限公司负责具体实施。截至2010年底，累计完成产值68.74万美元，占合同总量的17.57%。

中东地区

【阿曼马斯喀特污水收集系统项目】 该项目位于阿曼首都马斯喀特市，由阿曼政府投资，是该国的重点建设项目之一。项目涵盖大约5000公顷的城市面积，横跨首都马斯喀特市5个区，入户连接21000户用户。主要工程为250千米长、管径1000～2200毫米的玻璃钢（GRP）排水主干线管道铺设，250千米长、管径200～800毫米的PVC支线管道铺设，约300千米长的PVC入户连接和灌溉管道铺设以及中央污水泵站1座、局部性泵站2座。2004年11月8日，股份公司与阿曼污水服务公司签订承包合同，合同金额约合1.5亿美元，工期36个月，维修期12个月。2004年12月8日开工，水电十一局有限公司负责具体实施。2010年1月5日项目投入试运行，8月24日正式移交业主。截至2010年底，累计完成产值1.08亿美元，占合同总量的97%。

【卡塔尔多哈新机场项目】 该项目位于卡塔尔首都多哈市区。工程内容包括2条长度分别为4.85千米和4.25千米的跑道、3条平行的滑行道、5座碾压混凝土停机坪以及排水系统、灯光系统、4个集水池、一条长约1000米的双向六车道交通隧道的施工。2005年7月18日，股份公司与Gamuda Berhad公司和WCT Engineering Berhad公司组成中马联营体，中标多哈新国际机场的道面、隧道和集水池项目。2005年9月20日，中马联营体与多哈新国际机场筹备委员会签约，合同金额约合4.94亿美元，工期33个月。2005年7月28日项目开工。2008年3月18日，股份公司签订设计变更合同，工期延长至55个月（含试运行3个月）；6月25日，由于设计变更再次签订变更合同，合同金额增至7.16亿美元。截至2010年12月底，工程累计完成合同金额8.6亿美元，占合同总量的90.34%。

【卡塔尔路赛项目CP1标段】 该标段是路赛场地平整后继续进行的房地产基础设施项目，主要合同内容包括交通道路、给排水、排污、通信、供电、照明、灌溉、绿化等。2008年3月26日，股份公司收到业主卡塔尔迪阿房地产公司的中标函，中标金额6.42亿美元，工期700天。2008年6月2日开工，由水电三局、水电十三局、水电十局有限公司共同负责具体实施。

2010年7月18日，股份公司与业主签订新增项目合同，增加间接费金额1.95亿美元；11月29日，股份公司再次与业主签订新增三大管线项目合同，增加合同金额1.04亿美元，至此，CP1总合同金额增至9.41亿美元（新增三大管线工程分为机电安装和土建配套两部分，主要包括CP1工程海滨区域的中央空气冷却水管道、天然气管道和固体垃圾真空管道等，工期14个月）。2010年11月17日，CP1项目首根电缆正式开始铺设。截至2010年底，累计完成产值4.99亿美元，占合同总量的53%。

【卡塔尔GTC182三地供水项目】 为改进卡塔尔城市供水和满足卡塔尔未来几年发展需要，卡塔尔政府将一系列供水系统的各种更新和升级工程合并构成GTC182/2007项目。卡塔尔城市供水工程GTC182/2007项目位于卡塔尔北方区域，主要为西岸区（West bay area）、尤穆萨拉水库及泵站区（Umm Salal Rps area）、阿尔霍区（Al Khor Area）三个区域。项目业主为卡塔尔水电总局（QATER GENERAL ELECTRICITY&WATER CORPORATION，简称“KAHRAMAA”）。2008年10月14日，股份公司中标GTC182三地供水项目，工期30个月，合同金额1.56亿美元，合同为EPC合同。2008年10月30日项目开工，水电十三局有限公司负责项目具体实施。截至2010年底，累计完成产值9457.3万美元，占合同总额的66.67%。

【也门穆卡拉佛瓦哈市污水管网工程5号合同】 该工程位于佛瓦哈市南部，主要施工内容：长度大约70千米、直径为150～400毫米的污水管道铺设；963个人孔的制造、安装；2000个检查井的制造、安装；2座污水提升泵站的建造及设备安装。项目资金来源于世界银行贷款。2005年9月15日，股份公司与也门水利环境部哈达拉毛（Hadramout）省水利环境局签署施工合同，合同金额544.17万美元，工期18个月。2006年4月5日工程开工，水电十三局有限公司负责具体实施。

2008年5月28日，主管线完工。2009年11月10日，住户线完工；12月25日，沥青路面完工。由于业主指定分包商工程质量存在问题，同时业主验收流程复杂缓慢，对工程如期竣工有较大影响。截至2010年12月底，项目累计完成产值625万美元，进入竣工准备阶段。

【也门塔兹农村学校经援项目】　该项目位于也门塔兹省索布尔山区麦瓦迪姆村，属于中国对也门的经援项目，资金来源为中国商务部。主要施工内容是设计、建造总建筑面积约580平方米的学校。2010年4月21日，股份公司与中国商务部国际经济合作事务局签订设计施工总承包合同，合同金额约人民币469万元，总工期8个月。水电十三局有限公司负责项目具体实施。2010年5月30日开工，截至12月底，累计完成产值70万美元，为合同总金额的99.57%。

【科威特萨巴艾哈迈德新城C区基础设施工程项目】该项目由科威特政府出资在距科威特市区东南部50千米的阿拉马迪（Alahmadi）区建设，占地总面积3500万平方米，建9000套房屋及商店、医院、银行、学校等配套设施。整个新城项目分A、B、C、D、E五区块。2009年5月20日，股份公司与科威特住房总局签约C区工程项目，内容包括永久及临时道路、供水及污水系统、灌溉系统、变电站等。签约合同金额约4150万美元，工期690天。2009年8月3日开始施工，水电八局有限公司负责项目具体实施。截至2010年12月底，累计完成产值2217.2万美元，占合同总量的53%。

【沙特阿拉伯Al-Bathna区公用事业发展项目】　该项目位于沙特阿拉伯延布市，主要工程内容包括箱涵、房建、土方开挖回填、道路及停车场、交通标识及路灯系统、饮用水及消防系统、污水系统、景观设施及绿化系统等。项目业主是沙特朱拜勒和延布皇家委员会。2010年10月19日，股份公司与业主在沙特首都利雅得签约承建该项目，合同金额4000万美元，工期2年，水电十三局有限公司将负责项目具体实施。沙特Al-Bathna区公用事业发展项目是股份公司在沙特市场零的突破。截至2010年底，项目前期各项准备工作有序开展，尚未正式开工。

大洋洲地区

【斐济群岛南德瑞瓦图可再生能源项目】　该项目位于斐济群岛的维提岛西北部，为装机2台22兆瓦冲击式水轮发电机组的水电站项目。工程包括最大坝高40米、坝顶长度71.7米的混凝土重力坝、溢洪道、输水隧洞、压力管道、132千伏变电站和直线距离5千米长的输变电线安装。该项目为采用单价结算并可调差的EPC合同，总合同金额约1.248亿美元，工期1072天。2008年9月8日，股份公司与斐济群岛国家电力局签订该项目合同，中国开发银行就该项目的融资方案签约仪式同时完成。水电十局有限公司为主、水电六局有限公司参与对项目进行具体实施。工程于2008年9月15日开工。

2010年4月24日，项目大坝二期截流成功；7月11日，调压井工程及调压井和引水隧洞连通洞完成贯通；9月27日，引水隧洞基本实现贯通。截至2010年12月底，项目累计完成产值7142.63万美元，占合同总量的57.6%。

南美洲地区

【厄瓜多尔科卡科多—辛克雷水电站EPC合同】　该项目位于厄瓜多尔查克（Chaco）和鲁巴基（Lumbaqui）地区的科卡（coca）河流域，电站设计总装机容量150万千瓦（8台机组），年发电量88亿千瓦·时，建成后将满足厄瓜多尔全国人口三分之一的电力需求。整个项目将由中国进出口银行提供85%的买方信贷。2009年10月5日，股份公司与科卡科多—辛克雷公司正式签署电站EPC总承包合同，合同金额23亿美元，工期66个月。工程内容：萨拉多取水枢纽由溢洪道、取水口工程、沉沙池工程和取水管道工程；24.8千米长混凝土衬砌输水隧洞；混凝土面板堆石坝；由引水建筑物和发电建筑物组成的发电厂房；引水建筑物。该项目是厄瓜多尔历史上外资投入金额最大、规模最大的水电站项目，同时也是目前中国对外投资承建的最大水电站工程。2010年7月28日工程开工，水电十四局、水电十局有限公司负责项目具体实施。截至2010年12月底，项目尚处于设计阶段。

【委内瑞拉紧急电站项目】　该电站项目是中国委内瑞拉能源电力领域合作框架项下的重要项目。2010年3月25日，股份公司与项目业主委内瑞拉能源石油部所属的委内瑞拉石油公司（PDVSA）就紧急电站项目一期工程签订EPC总承包合同，合同总造价为13.5亿美元，工期为9个月。一期工程共建两个电厂：一个电厂是位于马拉凯市瓦伦西亚湖边的"新卡夫雷拉燃气电厂项目"，装机容量20万千瓦，由水电十一局有限公司实施；另一个电厂位于卡贝略港附近的"新中心电厂"，装机容量77.2万千瓦，由水电八局、水电十二局有限公司共同实施。

2010年11月22日，股份公司再次与业主签署紧急电站项目新卡夫雷拉燃气电厂1号补充商务合同，增加装机容量18.2万千瓦，并相应增加电厂建设工期3个月，增加合同金额2.17亿美元。至此，委内瑞拉紧急电站项目第一期总装机容量增至115.4万千瓦，总造价增至15.72亿美元。截至2010年12月底，工程尚未开工，项目初步设计、设备进场、临建设施建设等各项前期准备工作有序开展。

（国际公司）

中国水利水电建设集团公司驻外机构

序号	机构名称	国家
1	中国水电尼泊尔代表处	尼泊尔
2	中国水电马来西亚代表处	马来西亚
3	中国水电巴基斯坦代表处	巴基斯坦
4	中国水电孟加拉国代表处	孟加拉国
5	中国水电乌兹别克斯坦代表处	乌兹别克斯坦
6	中国水电津巴布韦代表处	津巴布韦
7	中国水电泰国代表处	泰国
8	中国水电印度尼西亚代表处	印度尼西亚
9	中国水电缅甸代表处	缅甸
10	中国水电伊朗代表处	伊朗
11	中国水电吉尔吉斯斯坦代表处	吉尔吉斯斯坦
12	中国水电老挝代表处	老挝
13	中国水电埃塞俄比亚代表处	埃塞俄比亚
14	中国水电伯里兹代表处	伯里兹
15	中国水电（马来西亚）有限公司	马来西亚
16	中国水电阿尔及利亚代表处	阿尔及利亚
17	中国水电苏丹代表处	苏丹
18	中国水电印度代表处	印度
19	中国水电利比亚代表处	利比亚
20	中国水电也门代表处	也门
21	中国水电约旦代表处	约旦
22	中国水电安哥拉代表处	安哥拉
23	中国水电坦桑尼亚代表处	坦桑尼亚
24	中国水电阿富汗代表处	阿富汗
25	中国水电斯里兰卡代表处	斯里兰卡
26	中国水电卡塔尔代表处	卡塔尔
27	老挝水泥工业有限责任公司	老挝
28	中国水电蒙古国代表处	蒙古国
29	中国水电柬埔寨代表处	柬埔寨
30	中国水电塔吉克斯坦代表处	塔吉克斯坦
31	中国水电菲律宾代表处	菲律宾
32	中国水电刚果民主共和国（金）代表处	刚果民主共和国（金）
33	中国水电刚果民主共和国（布）代表处	刚果民主共和国（布）

续表

序号	机构名称	国家
34	中国水电越南代表处	越南
35	中国水电赤道几内亚代表处	赤道几内亚
36	中国水电甘再项目公司	柬埔寨
37	中国水电南非有限责任公司	南非
38	中国水电（阿联酋）分公司	阿联酋
39	中国水电（利比亚）分公司	利比亚
40	中国水电（安哥拉）有限责任公司	安哥拉
41	中国水电（博茨瓦纳）有限责任公司	博茨瓦纳
42	中国水电矿业（老挝）钾盐有限公司	老挝
43	中国水电加纳代表处	加纳
44	中国水电（俄罗斯）有限责任公司	俄罗斯
45	南俄5发电有限公司	老挝
46	中国水电（泰国）有限公司	泰国
47	中国水电斐济代表处	斐济
48	华刚矿业股份有限公司	刚果民主共和国（金）
49	中国水电（厄瓜多尔）分公司	厄瓜多尔
50	中国水电（赞比亚）有限公司	赞比亚
51	中国水电（阿布扎比）分公司	阿联酋
52	中国水电（乌干达）有限公司	乌干达
53	中国水电委内瑞拉代表处	委内瑞拉
54	中国水电厄瓜多尔代表处	厄瓜多尔
55	中国水电哥伦比亚代表处	哥伦比亚
56	中国水电（卡塔尔）国际工程有限责任公司	卡塔尔
57	中国水电哥斯达黎加代表处	哥斯达黎加
58	中国水电马里代表处	马里
59	RISH有限责任公司	卡塔尔
60	中国水电毛里求斯代表处	毛里求斯
61	中国水电（委内瑞拉）有限公司	委内瑞拉
62	中国水电（摩洛哥）分公司	摩洛哥
63	中国水电格鲁吉亚代表处	格鲁吉亚
64	中国水电沙特阿拉伯代表处	沙特阿拉伯
65	中国水电波兰代表处	波兰
66	中国水电（沙特阿拉伯）分公司	沙特阿拉伯
67	中国水电（乌兹别克斯坦）分公司	乌兹别克斯坦
68	中国水电（哈萨克斯坦）分公司	哈萨克斯坦
69	中国水电喀麦隆代表处	喀麦隆

投资开发

投资部

【部门2010年工作】 2010年是股份公司夯实基础、促进发展的一年。根据股份公司2010年工作会议提出的“加强战略管理，强化投资管理，严把投资方向”的指示精神，有效落实“合理控制负债规模，严禁超越自身实力的过度投资”、“继续落实‘三控三强一确保’（严控资产负债率上升，严控规模无效增长，严控现金流异常现象；强化集团风险管控，强化精益化项目管理，强化非水利水电基础设施项目承包业务的市场营销，努力开源增收，扩展市场需求空间；确保集团持续稳步发展）的综合性防风险促发展措施”、“提高投资项目的运营管控水平和投资收益，执行稳健、审慎的投资策略”的总体要求，2010年，投资业务在股份公司的领导下，以“三加强一严控”（进一步加强市场营销工作，进一步加强项目管理，进一步加强国际经营管理能力建设，严控资产负债率上升，确保现金流安全）为切入点，进一步加强项目前期工作和项目管理，健全投资管理体系，严控资产负债率上升，重点搞好投资在建、运营项目的精细化管理，确保投资收益，全面推进股份公司投资管理工作进入新阶段。

（一）打造投资业务板块，积极推动公司实现长期可持续发展

截至2010年底，股份公司控股开发项目（包括前期工作、在建项目以及建设竣工项目）共计93个，投资业务范围涉及电力、房地产、基础设施、水务等多个领域。股份公司主要投资项目形成资产总量约400亿元，约占股份公司资产总额的三分之一；主要投资项目实现总收入约44亿元，约占股份公司年度营业收入的4.4%；实现利润约8亿元，约占股份公司年度利润的22%。投资业务的发展，在一定程度上带动了股份公司系统内施工承包业务的增长，在子公司层面形成或将形成施工产值约177亿元、金属结构制造安装约1.6亿元、设备制造合同金额约4.32亿元。

（二）突出重点抓管控，确保公司投资活动科学、稳步、受控、健康发展

1. 年度重要工作节点目标如期实现

2010年，股份公司投资工作在强化总体控制的基础上，制订年度工作重点工作目标，有针对性地向重点环节倾斜。投资部与项目公司团结协作，推进年度工作重点目标如期实现。一是甘肃崇信火电2×60万千瓦项目于2010年3月5日顺利取得了国家发展改革委的核准批复；二是四川公司安谷水电站环境影响评估报批工作取得了实质性进展。2010年4月7日，国家发展改革委批复安谷水电站开展前期工作，并批复上网电价“实行与新建火电厂相同的电价”，为股份公司水电重点项目安谷水电站的顺利投资开发、提高投资收益水平创造了有利条件。

2. 重点项目工作取得突破性进展

（1）部分电力项目如期核准。四川地区溪古水电项目（25万千瓦）、木坡水电（4.5万千瓦）项目分别于2010年1月4日、1月29日取得四川省发展改革委核准批复；3月9日，云南大理者磨山二期（1.5万千瓦）风电项目取得云南省发展改革委核准；10月23日，内蒙古风电二期（4.95万千瓦）取得内蒙发展改革委核准。

（2）在建电力项目建设进展顺利。正在建设的四川毛尔盖电站（42万千瓦）、溪古电站（25万千瓦）、木坡电站（4.5万千瓦）工程进展正常。2010年5月8日，贵州杨家园电站（4万千瓦）1号发电机组并网发电；11月8日，云南大理者磨山二期20台机组提前并网发电，实现该风电场61台机组全部投产；11月16日，崇信2×60万千瓦火电项目一台机组启动进入试运行阶段。

（3）房地产开发土地储备力度进一步加大。2010年，股份公司中标贵阳金朱路地块、四川绵阳铁牛广场地块项目，其后又陆续中标北京中关村科技园区昌平园东区限价商品住房项目、河北唐山凤凰新城项目、四川都江堰中兴镇住宅和商业建设用地以及成都龙泉驿区的国有土地使用权，总计增加约1870亩开发的土地储备，有效推进了房地产项目后续开发工作开展。

（4）基础设施重要投资项目如期进入运营阶段。2010年10月，股份公司投资建设的四川邛名高速公路交工验收获得通过；11月9日全线通车，成为四川省18个BOT高速公路项目中最早通车的项目，也是四川省交通重点项目三年集中建设攻坚活动启动以来建成的第一个重点项目；11月15日，股份公司投资建设的福建武夷山至邵武高速公路BOT项目通车。

（5）国外水电开发取得阶段性成果。为落实股份公司国际化发展战略的实施，利用自身发展优势，积极配合国际公司寻求水电资源投资开发。目前股份公司在建的海外投资水电站有柬埔寨甘再水电站BOT项目、老挝南俄5水电站BOT项目，在建规模约31万千瓦。目前正在进行前期工作的有尼泊尔、印尼、老挝、缅甸部分水电项目。

3. 投资管理各阶段工作重点明确，全面推进

（1）重点强化与国务院国资委规划发展局、环境保护部、国家发展改革委、国家能源局等政府主管部门的沟通交流，有效获得国务院国资委、环境保护部、国家能源局等国家主管部门业务指导与支持，建立起良好的沟通交流渠道。

（2）投资项目初评审重点强化实地踏勘调研以及资产负债率指标控制。先后参与了股份公司惠安造船厂BT项目、锦州围海造地项目、唐山房地产项目以及水电辽宁局有限公司新疆水电项目的考察，同时参与四川公司等多个电站的移民、环保、泄洪等审查工作，深入实际，为项目前期评估提供了真实准确的第一手资料，为集团公司项目评审、有效规避投资风险提供了扎实依据和前期保障。

（3）项目建设与运营重点强化规范化管理。投资部作为部分控股公司董事会管理的日常办公机构，坚持按“三控三强一确保”以及“三加强一严控”的管控要求，重点强化项目建设、运营规范化管理以及指标控制。行使董事会管理职能，协调、办理相关公司董事会、股东会议并审核相关全部议案资料，并完成上报股份公司的报批工作。督促落实相关股东会、董事会决议的执行情况，有效提高公司管理水平，更好地适应现代企业制度的管控要求。

（4）规避风险，重点优化投资结构。在控制开发节奏的前提下，重点推进水电项目建设进程；加大风电、房产地开发力度；稳步推进火电项目开发进度；有序开展基础设施投资项目开发建设，引导、支持有能力的企业加大BT项目投资，减少BOT项目投资。在加强投资总体控制的基础上，有效地缩短了投资回收期，降低了投资资金压力，取得了一定的成效。

（5）坚持集中学习制度。为了响应股份公司打造学习型总部的要求，推进公司总部建设，投资部以不断提高部门人员综合素质水平为目标，以坚持每周集体固定时间政治业务学习为手段，经过近两年的坚持集体学习，取得了积极的建设成果。

投资管理

【股份公司印发完善投资项目相关批复手续的通知】2010年3月25日，股份公司印发《关于完善投资项目相关批复手续的通知》（中水电股投〔2010〕6号），重点强调股份公司所有批准实施的投资项目应尽早完成各项相关报批手续，包括项目核准、备案、环境影响评估、用地、并网协议等。其中电力项目在核准后重点完成土地使用手续的报批工作，以保障投资项目的顺利实施。

【股份公司制订投资管理办法】　2010年4月30日，股份公司印发《中国水利水电建设股份有限公司投资管理办法》（中水电股〔2010〕54号），严格投资原则、投资准入管理，并在管理机构、投资项目审批、投资项目资金来源、项目实施、监督考核等方面均作了明确规定，为股份公司投资工作管理、有效规避投资风险提供扎实可靠的制度基础。

【股份公司制订2010年度投资计划及投资调整计划】为了贯彻落实国务院国资委以及集团公司风险管控要求，公司继续压缩和控制固定资产投资规模，经多次调整后，经股份公司董事会通过，股东会批准，审慎推出2010年度投资计划，确保重点，控制节奏，较好地贯彻了国资委在经济形势不断变化的形势下“有保有压”的指导方针。2010年四季度，根据国内经济形势的变化以及股份公司投资项目实际情况，适时调整年度投资计划，保障投资项目建设进度。

【投资项目管理系统开发】　为进一步加强股份公司投资管理信息化管理水平，投资部协同集团信息中心，着手进行投资项目管理系统开发，目标是对投资项目管理实施规范化、网络化、流程化管理，支持多级管理模式，实现对投资项目全过程的管理，实现投资项目的科学决策、实施过程的控制和监督、运营效果的跟踪评价，实现数据的快速收集、统计分析、信息共享，进而强化投资管理能力，提高整体项目管理水平。

【《外国政府贷款在投资项目上的实践》课题研究】2010年度与港航公司、水电十四局有限公司共同完成股份公司《外国政府贷款在投资项目上的实践》

理论课题研究，总结现有经验成果，探索外国政府贷款在国内投资项目建设上推广的方向，为股份公司投资业务发展的新模式提供理论依据。同时通过不断钻研投资理论，努力提高业务主管部门的理论分析研究水平。

业务培训

【股份公司基础设施业务培训】 2010年6月，在股份公司基础设施业务培训中，针对股份公司新的管控要求，重点强化了投资准入、项目申报的管控要求以及国家相关主管部门新的管理动向。

【股份公司2010年度投资培训实践活动】 2010年7月8～9日，股份公司在上海举办2010年度投资培训实践活动，重点对上海证券交易所、上海联合产权交易所进行考察学习。股份公司投资部、各子公司从事投资开发管理的相关领导及业务骨干约55人参加了此次考察学习活动。通过投资实践活动，与会人员均表示开阔了视野，加深了对资本市场的了解和认知。

专业会议

【投资类公司投资工作座谈会】 2010年1月14日，投资部召开投资类公司投资工作座谈会，在肯定成绩的基础上，统一思想，加强针对面临政策、经济形势的认识，查找问题，提出措施，确定了年度投资工作的总体基调和要求，为年度投资工作健康开展创造条件。

【年度投资研讨会】 为进一步统一思想认识，股份公司于2010年9月19日召开2010年度投资研讨会，中心内容就是进一步强调目前投资工作依然要坚持科学发展观为指导方针，严格做到目标明确、风险可控，突出主业、定位清晰，计划合理、有序推进的总体要求。坚持做到不符合国家政策法规的不投、不符合企业发展战略的不投、行业面临淘汰和衰退期以及国家政策不予支持的不投、达不到股份公司投资管控指标要求的不投。坚持项目选择上“有所为有所不为”的原则。

（陈立峰　孙　晶）

股份公司股权投资情况表

建设单位	项目名称	注册资本（万元）	股权结构	经营范围
中国水利水电建设股份有限公司	国际公司	83000	股份公司82%、新能源公司12%、租赁公司6%	国际工程施工与投资
	租赁公司	28000	股份公司53.57%、水电四局有限公司28.57%、新能源公司17.86%	机电设备租赁
	新能源公司	51680	股份公司66.14%、水电四局有限公司11.61%、水电八局有限公司2.9%、水电九局有限公司2.9%、水电十四局有限公司11.61%、闽江局4.84%	投资开发
	四川公司	210000	股份公司82%、水电七局有限公司6%、成都勘测设计研究院12%	水电开发
	华亭公司	20000	股份公司70%、甘肃华亭煤电股份有限公司15%、甘肃火电工程公司10%、甘肃电力明珠集团公司5%	电力开发
	崇信公司	5000	股份公司90%、华亭煤业集团有限责任公司10%	电力开发
	港航公司	30000	股份公司51%、水电十三局有限公司30%、国际公司19%	航道疏浚
	路桥公司	60000	股份公司33%、水电四局有限公司10%、水电七局有限公司10%、水电十四局有限公司10%、水电十五局有限公司15%、闽江局12%、华瑞投资公司10%	基础设施
	房地产公司	60000	股份公司81.5%、水电二局有限公司10%、新能源公司8.5%	房地产开发
	甘肃能源投资公司	3000	股份公司100%	甘肃能源投资板块业务
	水务公司	90721	新华水利水电投资公司33.068%、集团公司33.068%、中国水务集团公司（香港）13.228%、北京拓世诺金投资公司9.283%、山西万家寨引黄工程总公司5.511%、内蒙古能源发电投资公司2.205%、浙江电联集团公司0.551%、中国水利水电科学研究院0.551%、北京达能电力投资公司0.551%、水利部综合开发管理中心1.984%	水务投资开发

股份公司主要开发项目表

建设单位		项目名称	投资总额（万元）	股权结构	目前进展情况
四川公司	阿坝明达水电公司	四川明达电站	8224	四川公司控股60%	阿坝州壤塘明达水电站是四川公司控股建设的国家扶贫开发项目，电站总装机容量3×1600千瓦
	阿坝水电公司	柳坪水电站	128209	四川公司67%、四川远通水电开发公司33%	2008年12月19日，首台机组发电；12月22日，1号、2号机组投入商业运营。2009年5月22日，3号机组并网发电
	阿坝水电公司	色尔古水电站	182873	四川公司67%、四川远通水电开发公司33%	2009年5月8日9时正式下闸蓄水；6月22日，2号机组顺利进入商业运行；6月29日，3号机组顺利进入商业运行；7月22日，1号机组投产发电
	四川松林河流域开发公司	大金坪水电站	83822	四川公司50%、水电五局有限公司10%、水电十局有限公司14%、启明星公司16%、水电七局有限公司7%、水电七局成都工程公司3%	大金坪电站主体工程于2003年12月18日开工；2006年6月底首台机组发电；2006年10月底工程全部竣工
	四川松林河流域开发公司	洪一水电站	47620	四川公司50%、水电五局有限公司10%、水电十局有限公司14%、启明星公司16%、水电七局有限公司7%、水电七局成都工程公司3%	2009年4月30日，洪一水电站主体工程施工全部完成，具备充水及机组启动条件；5月28日，首台机组试运行；6月2日，2号机组投入商业运行
	四川毛尔盖水电公司	毛尔盖水电站	683057	四川公司68%、成都勘测设计研究院10%、四川鼎能公司10%、四川远通水电开发公司12%	2008年2月13日获得国家发展改革委的项目核准批文；2008年11月28日顺利实现截流；2010年底，大坝全断面填筑至2100米高程
	四川圣达水电公司	沙湾电站	478289	四川公司51%、四川圣达集团有限公司49%	1号机组2009年4月15日并网发电，4月18日进入72小时试运行，4月22日进入商业运行。4号机组已于2009年4月10日完成定子吊装，4月21日开始定子下线；7月8日4号机组正式进入商业运行
	四川美姑河水电公司	美姑河水电开发	65632（一期柳洪电站）	中国水电工程顾问集团34%、四川公司25.5%、中国电力工程顾问集团25.5%、凉山洲15%	参股，一期柳洪电站发电
	四川紫兰坝水电公司	紫兰坝水电站	86400	四川公司18.37%、水电五局有限公司12.24%、华电四川发电有限公司60.14%、广元玉龙水电开发有限公司9.25%	参股运营

续表

建设单位		项目名称	投资总额（万元）	股权结构	目前进展情况
四川公司	圣达水电公司	安谷电站	763000	四川公司51%、四川圣达集团有限公司49%	进行前期工作
	中铁能源公司	五一桥电站	108915	四川公司100%	2008年10月12日实现首台机组发电，10月16日实现第2台机组发电，11月23日实现第3台机组发电；2008年12月18日，五一桥电站由中国铁建十四局集团公司正式移交四川公司
	四川盐源甲米河公司	甲米河一级	45943	四川公司55%、盐源电力公司25%、水电七局成都工程公司15%、盐源国资委5%	2008年4月28日取得甲米河一级水电站开发权，4月29日获得核准；2010年顺利推进工程建设
	四川盐源甲米河公司	甲米河二级	20947	四川公司55%、盐源电力公司25%、水电七局成都工程公司15%、盐源国资委5%	2008年4月28日取得二级水电站开发权。目前在做前期工作
	四川小金川流域水电开发公司	小金、三叉、美卧、春堂坝、杨家湾	222012	四川公司55%、水电十四局有限公司25%、岷江电力20%	前期筹备
	小金川水电公司	木坡水电站	50792	四川公司55%、水电十四局有限公司25%、岷江电力20%	2010年1月29日取得四川省发展改革委核准，建设期
	脚木足筹建处	下尔呷、巴拉、达维		四川公司100%	前期筹备
	阿坝水电公司	四川太平驿电站	24115	阿坝水电公司参股40%	参股运营
国际公司		柬埔寨甘再项目	28050万美元	国际公司100%	2006年3月与柬埔寨政府签订合约，确定BOT开发方式，特许运营期为44年；2010年7月3日，甘再项目首台PH2运营发电
		老挝南俄5项目	19975万美元	国际公司85%（其他由老挝方占有）	建设期
		刚果（金）“资源换项目”一揽子合作	79200万美元	国际公司20%（其他由中国铁路工程建设股份公司等股东占有）	参股，项目补勘工作已完成80%；项目的可行性研究报告已完成，政府审批中
		万象平原钾盐矿	3430万美元	国际公司70%、青海镁盐投资公司30%	项目建设期，已签开采协议
		老挝甘蒙塔克水泥厂项目	3060万美元	国际公司45%（其他由北京中科电工贸易有限公司等股东占有）	项目运营顺利
		南乌江项目	133000万美元	待定	前期工作
		缅甸哈吉项目	98400万美元	国际公司51%	前期工作
		尼泊尔上马相迪	16300万美元	国际公司90%	前期工作
		印尼佳迪格德	18000万美元	国际公司95%	前期工作
		塔山项目	405000万美元	国际公司45%	前期工作
		莫桑比克水泥厂			前期工作

续表

建设单位		项目名称	投资总额（万元）	股权结构	目前进展情况
新能源公司	吉林长岭分公司	吉林长岭风电一期	45555	新能源公司100%	长岭风电一期工程于2006年6月开工建设；2007年5月并网发电
	吉林长岭分公司	吉林长岭风电二期	47046	新能源公司55%、中电控股有限公司45%	长岭风电二期工程于2008年7月21日开工建设，首批机组2009年3月1日并网发电
	吉林长岭分公司	吉林长岭风电三期	46993	待定	前期工作
	内蒙古分公司	内蒙古风电一期	42850	新能源公司100%	2007年7月9日正式开工建设；2008年11月27日开始陆续投入试运行
	贵州桐梓河水电公司	圆满贯水电站	31578	新能源公司51.66%、水电九局有限公司25%、水电十一局有限公司16.67%、遵义神禹科技实业有限责任公司6.67%	2009年3月27日下闸蓄水，5月17日1号机组并网发电，6月12日投入商业运营
	贵州桐梓河水电公司	杨家园水电站	29694	新能源公司51.66%、水电九局有限公司25%、水电十一局有限公司16.67%、遵义神禹科技实业有限责任公司6.67%	2010年5月8日1号发电机组并网发电
	贵州桐梓河水电公司	兰子口水电站	14225	新能源公司51.66%、水电九局有限公司25%、水电十一局有限公司16.67%、遵义神禹科技实业有限责任公司6.67%	前期工作
	甘肃瓜州风电有限公司	甘肃酒泉干河口风电场	183670	新能源公司100%	2008年5月9日获得国家发展改革委批准；2010年5月15日正式开工建设
	参股郑州燃气发电公司	郑州燃气发电	13750	中国电力投资集团51%、新能源公司39%、郑州高新国有资产经营有限公司10%	参股运营
崇信公司		崇信电厂一期2×600兆瓦火电	465546	股份公司90%、华亭煤业集团有限责任公司10%	2009年5月取得国家发展改革委同意开展前期工作的路条；2010年3月取得国家发展改革委核准；2010年底，两台机组相继并网发电
华亭公司		华亭矿区煤矸石电厂2×135兆瓦工程	136964	股份公司70%、甘肃华亭煤电股份有限公司15%、甘肃火电工程公司10%、甘肃电力明珠集团公司5%	2005年11月28日开工建设；1号机组于2006年12月12日并网发电；2号机组于2007年5月16日并网发电

续表

建设单位		项目名称	投资总额（万元）	股权结构	目前进展情况
路桥公司	中国水电四川成名高速公路发展有限公司	国道318线成都邛崃至雅安名山高速公路BOT项目	252786	路桥公司70%，水电五局有限公司、水电七局有限公司、水电十四局有限公司各10%	2008年10月31日开始施工，历时24个月，于2010年11月8日全部完工并通过验收，已进入运营期
	武邵高速公路发展有限公司	福建武夷山至邵武高速公路BOT项目	444852	路桥公司68%、南平市高速公路发展有限公司32%	2007年10月29日开始施工，历时36个月，于2010年11月15日全部完工，正式通车进入运营期
	四川成简快速路发展有限公司	成都成简快速路项目	186918	路桥公司100%	建设期
	中水电津城投资发展有限公司	天津武清项目	800000	路桥公司30%，房地产公司20%，天津新技术产业园区武清开发区总公司10%，水电四局有限公司、水电十一局有限公司、水电十三局有限公司、水电十四局有限公司各10%	市政：现在正在进行尾工和竣工结算；房建：截至2011年3月底，全部楼座已经进入主体施工阶段，部分楼座已进入屋顶坡屋面施工和二次结构施工阶段
房地产公司	房地产第一分公司	香江西住宅	74187	房地产公司100%	项目取得了征地结案证明，已进入土地一级开发成本审计流程
	房地产第二分公司	北苑项目	134258	房地产公司100%	项目5个楼全部封顶
	房地产门头沟分公司	门头沟琉璃渠、高家园项目	110000	房地产公司100%	项目已签订《拟征用土地协议》，项目土地一级开发实施方案已通过2010年第一期北京市政府储备土地联席会，开发实施方案审批中
	房地产昌平分公司	北京昌平北郡嘉园项目	69000	房地产公司100%	目前公司针对现场存在深基坑的情况，已组织设计院结构专业人员进行现场踏勘，并根据周边地块工程地质勘察报告，组织设计院完成了初步的地基基础概念性设计
	房地产唐山分公司	唐山首郡项目	234300	房地产公司70%、北京九州泰富文化传播有限公司30%	已完成项目修建性详细规划方案和初步设计，项目现场临时围挡开始进场
	绵阳长兴房地产公司	绵阳中环长兴房地产有限公司长兴太阳城	105693	房地产公司55%、四川长兴实业（集团）有限公司45%	项目二期全面开工，提前完成结构封顶目标
	绵阳长兴房地产公司	海赋外滩项目（铁牛广场）	58201	房地产公司55%、四川长兴实业（集团）有限公司45%	2010年3月30日中标，拆迁谈判过程中
	贵阳房地产公司	观山湖1号	109011	房地产公司占70%、水电九局有限公司占30%	全面交房，已全部完成竣工备案

续表

建设单位		项目名称	投资总额（万元）	股权结构	目前进展情况
房地产公司	贵阳房地产公司	贵阳金朱路项目	100000	房地产公司100%	2010年1月通过招拍挂方式获得。完成一期施工图设计（电子版成果），完成一期桩基施工图设计（图纸版成果），完成景观设计第一次汇报并根据汇报意见进行方案深化工作
	成都公司	水电房地产成都公司中国水电大厦	39718	房地产公司66.67%、水电五局有限公司占33.33%	项目已经竣工
	成都公司	水电房地产成都公司西岸观邸	165644	房地产公司66.67%、水电五局有限公司占33.33%	项目一期按期实现“五一”交房
	成都公司	成都市龙泉驿区云立方项目	239720	房地产公司66.67%、水电五局有限公司占33.33%	2010年12月16日，成都公司摘牌获得该项目用地
	中唱水电（都江堰）置业有限公司	青云阶项目（都江堰）	46401	房地产公司80%、中国唱片总公司20%	2010年9月30日完成了4个地块的土地拍卖、挂牌出让公告
	长沙公司	“星城映象”项目	714320	房地产公司60%、水电八局有限公司40%	项目一期工程已按照年度目标如期入住
	昆明公司	昆明市盘龙区金檀项目	60202	房地产公司60%、水电十四局有限公司40%	规划新方案已获得昆明市政府批示
水电四局有限公司		青海尼那水电站	118000	水电四局有限公司100%	水电四局有限公司2007年8月13日收购
	参股黄河中型水电公司	青海省黄河苏只水电站	18615（收购款9618万元，增资9000万元）	黄河上游水电开发公司40%、水电四局有限公司30%、青海天河电力公司20%、青海富源电力公司10%	2003年11月1日开工建设；2005年12月30日，一期苏只水电站首台机组正式并网发电
水电七局有限公司	四川昭觉县昭源电力公司	苏巴姑水电站	31890	水电七局有限公司51%、四川万能通实业有限公司49%	2010年12月30日首台机组并网发电
	久隆水电开发公司	久隆洪坝电站	40999	水电七局有限公司40%、四川万能通实业有限公司30%、四川雅安泰能实业有限责任公司14%、四川省德昌县鸿星电力有限责任公司16%	2003年底动工；2005年6月，洪坝水电站全面投产
	久隆水电开发公司	久隆湾二电站	30360		主体工程于2004年7月动工；2005年12月8日进行机组启动。2006年初湾坝二级水电站全面建成投产
	久隆水电开发公司	沙坪电站	86513		该电站于2005年8月8日正式动工，经过28个月建成；2007年12月31日3台机全部投运
	久隆水电开发公司	偏桥电站	113790		偏桥电站3台机组于2008年7月、9月相继投产并网发电

续表

建设单位		项目名称	投资总额（万元）	股权结构	目前进展情况
水电七局有限公司	久隆水电开发公司	一道桥电站	41246	水电七局有限公司40%、四川万能通实业有限公司30%、四川雅安泰能实业有限责任公司14%、四川省德昌县鸿星电力有限责任公司16%	2006年12月主体工程正式开工建设；2009年6月13日投产发电
	久隆水电开发公司	斜卡电站	144475		建设期
	久隆水电开发公司	踏卡电站	78812		2008年11月主体工程开工；2010年10月23日并网发电
	四川九龙溪古水电开发有限公司	溪古电站	195465	四川久隆水电开发有限公司75%、四川中铁能源五一桥水电有限公司25%	2010年1月4日，溪古水库电站项目获四川省发展改革委核准。工程在建设之中
水电十四局有限公司	大理聚能投资有限公司	者磨山风电场一期	32000	水电十四局有限公司70%、新能源公司30%	2007年6月21日，土建工程施工全面展开；2008年12月6日，首批风电机组并网发电；2008年12月30日，全部机组投产发电
	大理聚能投资有限公司	者磨山风电场二期	15009	水电十四局有限公司70%、新能源公司30%	风力发电机组安装和电气设备安装正常，已完成3套风力发电机组安装，2套塔架安装完成。2010年9月17日，3台发电机组并网发电

设备物资管理与采购

设备物资部/设备物资采购中心

【部门2010年工作】 2010年，设备物资部紧扣股份公司发展战略，深入贯彻落实科学发展观，以加强能力建设为基础，以创新管理模式为重点，着力抓管理制度的完善与创新，引领资源配置理念与方式的转变，优化管控与服务的措施和手段，提高工作效率和效益，有序有力地开展了全年工作。

（一）设备物资管理方面

（1）完善制度，稳步提升管理能力。为适应国内国际形势发展的变化，秉承股份公司“顺势而变，诚信守诺，科技领先，管理图强”的经营管理理念，结合股份公司的成立，设备物资部对有关管理制度进行了全面的梳理和修订，下发了《中国水利水电建设股份有限公司设备物资管理办法》、《中国水利水电建设股份公司设备物资集中采购招标管理办法》等五项管理制度，进一步优化流程，提高了管理办法的可操作性。同时，着重于管理制度的创新，分别制订下发了《中国水利水电建设股份有限公司大型专用设备资源管理办法（试行）》、《股份公司大型专用设备内部调剂转让与租赁价格制订的指导意见》等。通过这些制度的修订和完善，进一步深化了设备物资管理工作，提升了股份公司设备物资管理能力。

（2）创新模式，推进资源优化配置。按照年初工作计划，设备物资部通过抓管理创新来推动股份公司的资源优化配置工作。创新性地制订出台了《中国水利水电建设股份有限公司大型专用设备资源管理办法（试行）》，确定了股份公司大型专用设备的承载单位，组织召开了大型专用设备调剂与租赁经营双平台承载单位座谈会，探索建立双平台运营管理机制，初步开展了大型专用设备资源的调剂与租赁经营活动，盘活了大量闲置设备。

(3) 突出重点，提高安全管理水平。在修订和下发《中国水利水电建设股份有限公司特种设备管理办法》的基础上，进一步督促子公司完善设备安全管理制度，并结合效能监察、安全生产专项检查等具体形式，开展了以特种设备、危险物资为主要内容的设备物资安全检查，重点对国外项目、非水电项目进行了重点抽查，并以点带面、上下结合，带动子公司和项目部对设备物资安全管理进行自检和抽检，督促各项安全管理措施的执行落实，建立起了多级安全管理检查体系，进一步促进了施工设备和危险物资的安全管理工作。

(4) 稳健有序，推广应用信息系统。为加强基础管理，创新管理手段，开发了设备物资管理信息系统并进行试点运用。通过对3个试点单位信息系统运行情况的总结，梳理并规范了管理流程，解决了软件试运行中存在的一些问题。2010年9月组织了信息化的验收，12月组织了子公司有关业务人员培训工作，为下一步全面推广奠定了基础。

(5) 加强学习，不断提升综合能力。按照股份公司继续大力推进"六型"(学习创新型、战略管控型、指导服务型、规范高效型、形象示范型、团结向上型)总部建设的要求，设备物资部以"创先争优"的学习实践活动为契机，组织员工参加思想教育和专业知识的学习，进一步提升员工的理论水平和专业能力。同时，积极落实股份公司加强总部带领力、管控力、执行力和服务力"四种能力"建设的精神，进一步梳理部门的职能，明确自身的功能定位，对管理工作中的信息传递和执行效率等进行了改进，着力优化管理流程，提高了部门在管理工作中的价值创造能力和管理绩效。

(6) 加强总部管控工作力度，积极参加国务院国资委、行业协会组织的有关活动。设备物资部先后参与了基础设施部组织的铁路工程质量安全大检查、国际项目的效能检查、部分子公司有关水灾损失的核定、"小金库"治理检查、新能源公司瓜州项目的执行概算审核等工作。同时，参加了国务院国资委、电监会组织的有关政府采购协议(GPA)的会议，组织子公司参加了由中国电力设备管理协会开展的推选全国电力行业设备管理先进单位和先进个人的活动，四川公司、水电十三局有限公司和水电十四局有限公司被评为"全国电力行业设备管理工作先进单位"。

(二) 采购招标管理方面

(1) 超前统筹，加强采购计划管理。以季度采购计划为抓手，着重加强了采购计划管理。通过要求子公司按时编制并上报季度采购计划并对计划执行情况进行分析，促使子公司设备物资管理人员更加重视采购计划的及时性和科学性；通过对采购计划进行统计汇总和统筹安排、两级集中采购平台的管理工作更加有序，结合更加紧密，集中采购的管控能力进一步得以提升。

(2) 精心组织，科学安排重大采购。加强了对国际项目的资源配置和采购计划的管理，针对大型国际项目，逐步开展了设备物资的中标及后策划工作，科学配置资源、合理制订采购计划。如厄瓜多尔CCS项目，在年初组织了该项目第一批进场设备的配置和采购策划工作，又在11月针对该项目现场施工用电方案中有关电压等级、频率等技术方案进行了研究，以保证项目的施工需要为前提，在设备的选型、后续利用等方面进行了充分论证，优化了该项目的施工用电方案，为项目整体设备资源配置和设备选型采购提供了依据。

(3) 注重源头，加强了供应商管理。认真开展供应商的资格审查和年度评价工作，累计审查了102家供应商递交的资格申报材料，组织子公司对98家供应商进行了年度评价并完成了汇总、评分。与此同时，设备物资采购中心同部分通用施工设备的主要供应商进行了面对面交流，就年度(季度)集中采购招标工作开展讨论，一方面沟通双方对新的采购供应模式的看法，另一方面征求供应商对具体操作方式上的建议和意见，既增进了双方的理解，也提高了季度(年度)集中采购招标的可行性和操作性。

(4) 加强管理，提高采购工作效率。设备物资采购中心在日常工作中，紧紧围绕股份公司领导提出的"不断提高集中采购工作效率"的指示精神，着重加强内部管理，梳理流程，苦练内功，把工作计划细化到周，落实到日，任务明确，责任到人，进一步提升了集中采购管理工作的效率。

设备物资管理与采购制度建设

【印发《中国水利水电建设股份有限公司设备物资管理办法》】 为了加强股份公司设备物资管理，根据国家有关规定以及国务院国资委对中央企业资产管理的要求，结合股份公司实际情况和发展需要，2010年3月5日，股份公司以中水电股〔2010〕12号文印发了《中国水利水电建设股份有限公司设备物资管理办法》。该办法分为"总则"、"机构及主要职责"、"设备管理"、"物资管理"、"设备物资的安全管理"、"设备物资信息化管理"、"设备物资管理评优与考核"、"设备物资的基础管理"、"教育与培训”、“附则和附表”共10章53条，对股份公司设备物资管理工作进行了规范。

（施光辉）

【印发《中国水利水电建设股份有限公司设备物资集中采购招标管理办法》】 根据《中华人民共和国招标投标法》和国家相关法律政策，参照股份公司有关管理规定，2010年3月5日，股份公司以中水电股〔2010〕11号文印发了《中国水利水电建设股份有限公司设备物资集中采购招标管理办法》。该办法分为“总则”、“组织机构与职责”、“集中采购计划的编制”、“集中采购招标的方式与程序”、“其他采购”、“合同的谈判、签订、执行和变更”、“供应商管理”、“监督检查和违规处理”、“附则”共9章49条，明确了采购招标组织机构、程序、合同管理、监督检查，对各采购招标职责、范围、违纪工作及要求作了规范。

（万明罡）

【印发《中国水利水电建设股份有限公司设备物资采购中心集中采购招标实施细则》】 2010年3月5日，股份公司以中水电股〔2010〕11号文印发了《中国水利水电建设股份有限公司设备物资采购中心集中采购招标实施细则》。该细则分为“总则”、“集中采购招标的计划和安排”、“集中采购招标的程序”、“其他采购”、“合同的谈判、签订、执行和变更”、“监督检查和违规处理”、“附则”共7章20条，明确了采购招标程序并对各采购招标过程及要求作了说明。

（万明罡）

【印发《中国水利水电建设股份有限公司供应商管理办法》】 2010年3月11日，股份公司以中水电股〔2010〕17号文印发了《中国水利水电建设股份有限公司供应商管理办法》。该办法分为“总则”、“组织机构和职责”、“合格供应商认证”、“考核与评价”、“附则”共5章23条，对股份公司设备物资采购中合格供应商的认证、考核与评价等进行了规范。

（万明罡）

【印发《中国水利水电建设股份有限公司特种设备管理办法》】 2010年3月23日，股份公司以中水电股〔2010〕24号文印发了《中国水利水电建设股份有限公司特种设备管理办法》，该办法分为“总则”、“特种设备的范围”、“机构与职责”、“特种设备的设计与制造”、“特种设备的安装、改造与维修”、“特种设备的购置、使用管理”、“应急预案及特种设备事故报告程序”、“监督与处罚”、“附则和附表”共9章32条，对股份公司特种设备管理进行了规范。

（郑国安）

【印发《中国水利水电建设股份有限公司大型专用设备资源管理办法（试行）》】 2010年4月26日，股份公司以中水电股〔2010〕58号文印发了《中国水利水电建设股份有限公司大型专用设备资源管理办法（试行）》。该办法分为“总则”、“机构与职责”、“大型专用设备的种类及范围”、“大型专用设备资源的配置”、“调剂与租赁经营双平台的建立与管理”、“大型专用设备的内部租赁”、“责任及处罚”、“其他”、“附则”共9章36条，对股份公司设备资源的优化配置和管理进行了规范。

（施光辉）

【印发《中国水利水电建设股份有限公司大型专用设备内部调剂转让与租赁价格制订的指导意见》】 为了在股份公司内部更加有效地开展大型专用设备的调剂转让与租赁，推进设备资源优化配置，根据《中国水利水电建设股份公司大型专用设备资源管理办法（试行）》，2010年10月29日，股份公司以中水电股设〔2010〕6号文印发了《中国水利水电建设股份有限公司大型专用设备内部调剂转让与租赁价格制订的指导意见》。该指导意见为“总则”、“设备调剂转让以及租赁价格的协调与裁定”、“大型专用设备调剂转让价格的制订”、“大型专用设备调剂转让的实施”、“大型专用设备租赁价格的制订”、“大型专用设备租赁的实施”、“附则”共7章23条，对股份公司内部开展设备价值评估、租赁价格的制订提供了指导依据。

（施光辉）

设备物资管理工作

【大型专用设备资源管理】 为有序开展子公司之间大型专用设备资源的调剂转让和内部租赁工作，设备物资部梳理了有关设备调剂转让和租赁运营程序，形成了较为完善的设备价值评估、租赁价格制订的机制。在开展设备调剂租赁运营工作中，着重组织了铁路工程专用施工设备的优化配置，调剂利用了京沪高铁的下场设备和模板，为股份公司共节约采购资金8000万元以上，在股份公司层面进行的设备资源调剂与配置工作收到了很好的效果。

（施光辉）

【大型专用设备调剂与租赁运营研讨会】 2010年8

月，设备物资部组织召开了大型专用设备调剂与租赁经营双平台承载单位运营研讨会，专题对设备调剂转让和租赁运营中可能存在的障碍和管理工作中可能存在的问题进行了充分的研讨。通过此次会议，解除了承载单位在设备调剂转让和租赁运营中的顾虑，梳理了有关设备调剂转让和租赁运营的程序，并对设备价值评估、租赁价格的制订形成了较为完善的指导意见。

（施光辉）

【股份公司强化铁路项目设备物资安全管理工作】 设备物资部在修订和下发《中国水利水电建设股份有限公司特种设备管理办法》的基础上，进一步督促子公司完善设备安全管理制度。2010年5月进行了对京沪高铁、宁杭、贵广、南广等铁路项目的安全检查，通过对铁路专用设备以及起重吊装设备的重点抽查和对设备物资现场、设备规程、安全等管理方面执行情况的检查，强化了铁路施工项目设备物资安全管理意识，进一步促进了项目施工设备和危险物资的安全管理工作。

（郑国安）

【股份公司设备评价机制调研与探索】 按照股份公司发展的要求，设备物资部积极开展股份公司关键设备的使用、维护、售后服务等情况的信息追踪工作，收集整理了一批关键（批量）设备的使用数据。分别于2010年8～9月对水电十三局有限公司武清项目所采购的沥青拌和系统、水电十四局有限公司天津地铁项目采购的设备使用情况进行了调研，要求使用单位及时收集各类数据并为今后逐步建立关键（批量）设备的信息反馈和使用评价机制奠定基础。

（施光辉）

【股份公司设备物资管理信息系统启用】 通过对3个（水电三局有限公司、水电八局有限公司、水电十一局有限公司）试点单位信息系统运行情况的总结，设备物资部梳理并规范了管理流程，解决了软件试运行中存在的一些问题。2010年9月组织了对系统的验收，并于12月初召开了股份公司子公司有关业务人员培训工作会议，会后各子公司进行了数据收集和录入工作。信息化系统的全面推广应用，将对设备物资管理工作的转型升级起到积极的促进作用。

（许　超）

【设备物资部内外交流协作】 2010年，设备物资部对内积极参与股份公司开展的专项工作，主要参与了铁路工程质量安全大检查、子公司有关水灾损失的核定、“小金库”治理检查、预算审核与投资项目执行概算审核、国际项目的效能监察等工作；对外积极参与国务院国资委、电监会的政府采购协议（GPA）调研与交流和电力设备管理协会开展的各项评优活动，并组织了与其他中央企业的交流活动，增进了对企业文化、产业结构、产品和需求的相互了解。

（施光辉）

设备物资采购工作

【集中采购招标】 2010年，设备物资采购中心累计为股份公司总部、各公司等16个单位的国内外34个项目组织开展了集中采购招标项目86个，累计发出招标文件451份，共有451家（次）供应商参与了招标。累计从评标专家库中抽取了463人（次）系统内外专家参加评标，其中外部专家有64人，内部专家201人。截至2010年底，完成75个招标项目，累计中标金额人民币14.939亿元。

（万明罡）

【设备物资集中采购招标领导小组全体成员会议】 2010年初，设备物资采购中心组织召开了设备物资集中采购招标领导小组全体成员会议，并根据会议提出的要求，合理调整了两级集中采购平台的管理额度，着力加强了两级集中采购平台的有机互动和同步建设，重点加大了对成员企业集中采购平台的监督和指导力度，进一步提升了集中采购的效率和效益。

（万明罡）

【采购计划管理】 2010年，设备物资采购中心以季度采购计划为抓手，着重加强了采购计划管理。通过要求成员企业按时编制并上报季度采购计划并对计划执行情况进行分析，促使成员企业设备物资管理人员更加重视采购计划的及时性和科学性。通过对采购计划进行统计汇总和统筹安排，两级集中采购平台的管理工作更加有序，结合更加紧密，集中采购的管控能力进一步得以提升。

（万明罡）

【厄瓜多尔CCS水电站双护盾掘进机采购】 2010年10月，设备物资采购中心对厄瓜多尔CCS水电站输水隧洞双护盾硬岩掘进机（单台价值约人民币2亿元）组织了招投标工作。针对此次工作，采购中心充分利用业界知名专家以及国内其他企业的招标经验和设备运行管理经验，并有机结合在招标过程中，确保了该项重大采购招标工作的圆满成功。

（万明罡）

【供应商审查评价工作】 2010年，设备物资采购中心累计审查了102家供应商递交的资格申报材料，完成了98家供应商年度评价工作。与此同时，设备物资采购中心同部分通用施工设备的主要供应商就年度（季度）集中采购招标工作模式进行了交流，为今后开展季度（年度）集中采购招标奠定了基础。

（彭 林）

专业会议

【设备物资信息系统培训会议】 2010年12月2～3日，股份公司设备物资管理信息系统培训会议在公司总部召开。股份公司设备物资部、信息中心负责人，总部、各公司负责该系统的管理员和业务操作人员共240余人通过现场和视频的形式参加了培训会议。

股份公司副总经济师、设备物资部主任苟达平在会上全面回顾了设备物资管理信息系统研发及在试点单位应用的过程，阐述了该系统对股份公司设备资源共享、大宗设备物资集团化采购以及设备物资管理工作信息化的重要意义，并对今后的工作提出了明确的要求。

通过两天的学习培训，各子公司的系统管理员和业务骨干熟悉了系统的各项功能，掌握了基本操作方法，达到了预期的培训效果。

会议要求各公司高度重视、精心组织，开展好“股份公司设备物资管理信息系统”的启用及后续应用工作。

（许 超）

第八篇　党群工作和企业文化建设

Chapter Ⅷ Corporation Culture & Party Construction

综 合 工 作

【概述】 2010年，股份公司党委按照全国国有企业党建工作会议精神及中共中央、中组部、国资委对国有企业六个配套文件的精神，根据新形势的新变化、新要求，在总结过去党建工作成功做法和不足的基础上，突出变革、创新，实现了三个转变：①从运动式党建向制度化党建的转变；②从注重总部党建工作向既注重总部党建又更加注重基层党组织建设的转变；③从注重理论向注重工作内容、方式务实的转变。股份公司党建工作形成了一系列系统性、改革性的创新，为股份公司的中心工作提供了坚强的思想、政治和组织保证。

1. 建立股份公司党建工作责任制框架，初步形成了党建工作的制度体系

按照全国国有企业党建工作会议的要求，2010年股份公司党委认真落实党建工作长效机制，在认真调研的基础上，起草、建立了股份公司党建工作责任制暂行办法和考评办法，建立了党建工作责任制框架，健全党建工作责任制体系，明确各级党委工作职责，使党建工作有章可循，从而推动了各级党组织的制度体系和长效机制建设。

以建立党建工作责任制为核心内容，2010年股份公司党委先后起草了《股份公司党委议事规则》、《关于加强党员管理工作的实施意见》等22项党建工作责任制的配套制度，涉及领导班子建设、党委参与重大问题决策、加强基层党组织建设以及党管人才、项目党建、建设学习型党组织、精神文明和企业文化建设、团委工作等9个方面，涵盖了企业党委的主要工作，形成了公司党建工作责任制完整的制度体系。

2. 围绕企业中心开展党建工作，对生产经营起到直接的推动作用

2010年，股份公司党委修订了国内项目党建工作指导意见，使项目党建制度更趋完善，党的建设得到了进一步加强。主要手段是开展各种主题实践活动，发挥党组织、党员作用，保证项目任务完成。

2010年，股份公司党委重新修订了海外机构党建工作的指导意见，总结了海外党建工作的经验，围绕生产经营和项目施工与管理，增加了关于加强党组织参与海外项目民主决策、控制风险等新内容。海外工作机构的党建工作，结合所在国和项目实际，因地制宜地开展工作。党组织机构健全，制度完善，活动经常，工作规范，主题实践活动富有特色，不因在海外而降低工作标准。党组织在凝聚人心、融入经营、稳定队伍等方面起到了重要作用，为经营工作作出了突出贡献。

3. 进一步开展“四好”领导班子创建工作，强化创建体系

2010年，股份公司党委及各单位党组织继续落实股份公司党委《关于开展“四好”领导班子创建活动的实施方案》及考核评价办法，落实《关于加强“四好”领导班子创建工作的指导意见》精神，进一步规范和加强了“四好”领导班子建设工作，取得了明显成效。在创建活动中，进一步强化“一条主线、三个结合、五个建设、三个见成效”（以贯彻落实科学发展观，推动企业改革发展和生产经营，实现企业转轨变型、科学发展为主线；坚持创建工作与企业的战略目标相结合，与生产经营和管理工作相结合，与班子建设和队伍建设相结合；加强思想建设，加强能力建设，加强组织建设，加强制度建设，加强作风建设；在班子建设上见成效，在“四好”领导班子创建活动上见成效，在经营业绩上见成效）的制度体系，每两年评选一次“四好”班子，各子企业每一年评选一次“四好”班子，并把“四好”班子创建活动延伸到二级单位和大中型项目部，形成从上到下完整的体系和长效机制。

4. 深入开展创先争优活动，取得显著成效

2010年，股份公司党委起草了开展“四强四优”（政治引领力强、推动发展力强、改革创新力强、凝聚保障力强；政治素质优、岗位技能优、工作业绩优、群众评价优）、“创先争优”两个实施意见和工作流程，提出了“深入开展创先争优活动，提高企业发展能力，推进公司科学可持续发展”的活动主题，将2010年定为企业党委的“创先争优年”，形成公司系统上下一致的组织、操作、制度三个体系。8月，国务院国资委创先争优活动检查巡视组把股份公司作为开展此项活动片区的典型单位，组织了7家

中央企业领导到公司进行党员争创五个模范活动的现场观摩。创先争优活动选取集团公司玉树恢复重建指挥部为党群共建典型，评选出在玉树恢复重建工作中的先进基层党组织、优秀共产党员、青年突击手，促进了创先争优工作。

5. 建设学习型党组织，营造重视学习、崇尚学习、善于学习的氛围

根据《国资委党委关于推进学习型党组织建设的实施意见》要求，股份公司党委成立了学习型党组织建设领导小组，下发了《股份公司党委关于推进学习型党组织建设的实施意见》，在公司上下开展了推进学习型党组织的活动。通过努力形成了抓学习制度、抓学习机制、抓学习环境，营造了重视学习、崇尚学习、坚持学习、善于学习的浓厚氛围。以抓好学习型领导班子建设为关键，以抓好基层党员领导干部学习与培训为基础，充分发挥党组织的政治核心作用、基层党组织的战斗堡垒作用和党员的先锋模范作用，不断提高全体党员思想政治素养和岗位业务素质。以解放思想为先导，引导党员领导干部用新的理念和视野科学分析企业发展的基础和条件、优势和劣势、机遇和挑战，破解体制、机制、管理、技术、市场等难题，不断促进企业科学发展上水平。

6. 围绕股份公司发展战略规划和奋斗目标，深化企业文化建设

(1) 把股份公司文化与股份公司的战略目标相融合，实现企业文化与企业战略和谐统一。股份公司党委起草下发了《关于加强企业文化建设实施意见》，各子公司突出股份公司文化的实践特色，形成了股份公司从上到下完整的操作体系。

(2) 进一步推进企业文化建设的延伸和落实工作。股份公司所属各公司围绕股份公司的核心文化，遵循“三统一、三放开”(企业精神、企业核心价值观、企业标识是集团公司企业文化的重要内容，集团上下必须高度统一；在企业愿景、经营理念、职工行为规范三个方面，各单位可根据自身特点和不同情况进行补充、细化和丰富) 和“统筹协调、整体推进、注重实效”的原则，坚持重心下移，根据企业自身特点和不同情况进行补充、细化和丰富，推动企业文化向项目、小区、岗位延伸。

(3) 进一步抓好企业文化的载体建设。集中抓好企业文化的宣贯和理念转化工作，深入开展廉洁文化等横向分支文化建设，拓展企业文化内涵，充分发挥先进的企业文化对提升企业发展能力、增强企业核心竞争力、推进企业科学可持续发展的积极作用。

7. 进一步加强精神文明建设创新工作，取得了明显成效

2010 年，股份公司继续开展精神文明建设工作，以创建文明工程、文明机关、文明小区为载体，把文明建设同项目党建、机关党建及小区党建有机结合起来，使党建工作做到了虚实结合、虚功实做，收到了实效。

2010 年，评选表彰了 18 个股份公司文明工程项目；集团公司总部连续 5 届荣获“首都文明单位”称号，连续 10 年荣获“中央国家机关文明单位”称号，2007 年、2008 年分别荣获“中央国家机关文明单位标兵”称号和“首都文明单位标兵”称号；2009 年、2010 年荣获“首都文明单位标兵”称号。

8. 加强对工会、共青团组织的领导，群众工作迈上新台阶

2010 年 6～9 月，股份公司工会组织 13 家单位在京沪高铁施工现场开展劳动竞赛，在众多参建单位中率先完成轨道铺设任务。9～10 月，股份公司工会组织 13 家单位在南水北调河南段开展劳动竞赛，连续 4 个月超额完成任务，完成率达 139.45%。股份公司工会组团参加第七届全国电力行业大坝模板工的职业技能竞赛，集团公司囊括了大赛前 7 名，并且在前 20 名中占了 17 名。

股份公司和各子企业普遍建立了困难职工救助基金，各子公司普遍建立困难职工帮扶中心，开展了“三不让”(不让困难职工生活在贫困线以下；不让职工子女上不起学；不让职工看不起病) 承诺活动。

2010 年，股份公司团委继续围绕企业中心开展工作：探索了分类引导青年工作；积极开展“共青团关爱农民工子女志愿服务行动”、抗旱救灾、抗震救灾等活动；开展深化导师带徒、青年突击队、青年文明号和“我为重点工程作贡献”等活动；在玉树灾后恢复重建项目上，组织开展了青年建功竞赛活动。在创新创效活动中，向中央企业团工委推荐的 3 项成果获得“中央企业青年创新奖”三等奖，4 项成果获得优秀奖，集团公司团委荣获优秀组织奖。

9. 坚持正确舆论导向，取得显著成绩

2010 年，股份公司党委以促进科学发展转型升级上水平为主线，积极做好舆论宣传工作，全年在各大媒体发表稿件 162 篇。在《央企要情》上稿 102 篇，在国资委管辖的 125 家中央企业中排名第 8 位，在央企建筑企业中名列第一，取得公司历年来信息报送工作的最好成绩。组织中央电视台记者采访南水北调、玉树救灾、京沪高铁项目，并在中央一台播出消息，引起较大反响。

(刘家玉)

党委工作部

【部门2010年工作】 2010年，党委工作部按照股份公司党委要求，突出变革和创新，实现了三个转变：①实现了从运动式党建向制度化党建的转变；②实现了从注重总部党建工作向既注重总部党建又更加注重基层党组织建设的转变；③实现了从注重理论务虚向注重工作内容、方式务实的转变。主要工作有以下几个方面：

1. 通过专题调研，起草股份公司党建工作责任制，促进党建工作制度化建设

按照股份公司党委的统一部署，2009～2010年，党委工作部通过专题调研，开始起草股份公司党建工作责任制的实施意见和考评办法。与党委和企业相关部门、相关人员一起，先后起草了《股份公司党委议事规则》、《关于加强党员管理工作的实施意见》等22项党建工作责任制的配套制度，涵盖了企业党委的主要工作，促进党建工作制度化建设。

2. 重新修订海外机构党建工作指导意见和国内项目党建工作指导意见

在调查研究的基础上，党委工作部与国际公司党委重新修订了海外机构党建工作的指导意见，总结了海外党建工作的经验，增加了关于加强党组织参与海外项目"三重一大"民主决策、控制风险等新内容。党委工作部还修订了国内项目党建工作指导意见，使项目党建制度更趋完善。

3. 进一步完善股份公司创建"四好"领导班子长效机制

2010年，党委工作部继续落实股份公司党委《关于开展"四好"领导班子创建活动的实施方案》及考核评价办法，落实《关于加强"四好"领导班子创建工作的指导意见》精神，进一步规范和加强了股份公司"四好"领导班子建设工作，取得了明显成效。在创建活动中，进一步强化"一条主线、三个结合、五个建设、三个见成效"的制度体系，完善了股份公司创建"四好"领导班子长效机制。

4. 建立创先争优活动组织、操作、制度三个体系，取得显著成效

作为开展创先争优活动的牵头部门，2010年初，党委工作部起草了公司开展"四强四优"、"创先争优"两个实施意见和工作流程，形成公司上下一致的组织、操作、制度三个体系，得到了国资委创先争优活动检查巡视组的高度评价。在创先争优活动中，党委工作部与工程科技部一起评选了玉树恢复重建工作中的先进基层党组织、优秀共产党员、优秀青年突击队，促进了创先争优工作。在公司开展党员争创五个模范活动中，总结推广了国际公司总经理助理邓国平忘我工作、争创一流的典型事迹，组织了长篇通讯和系列报道，在公司上下引起强烈反响。

5. 组织开展推进学习型党组织活动，营造重视学习、崇尚学习、善于学习的氛围

2010年，党委工作部按照股份公司党委要求，起草了《股份公司党委关于推进学习型党组织建设的实施意见》，组织开展了推进学习型党组织的活动，确立党组织全员学习、党员终身学习的理念，营造和形成了重视学习、崇尚学习、坚持学习、善于学习的浓厚氛围，不断提高全体党员思想政治素养和岗位业务素质。

6. 起草加强企业文化建设实施意见，抓好企业文化载体建设，推进股份公司文化战略落地

（1）党委工作部起草了《关于加强企业文化建设实施意见》，把股份公司文化与股份公司的战略目标相融合，实现企业文化与企业战略和谐统一。

（2）进一步推进企业文化的延伸落地工作，推进股份公司文化重心下移，要求所属子公司根据自身特点和不同情况，对企业文化进行补充、细化和丰富，以适应企业管理和生产经营需要。

（3）集中抓好股份公司企业文化的宣贯和理念转化工作，深入开展廉洁文化等横向分支文化建设，进一步抓好企业文化的载体建设，拓展企业文化内涵。

7. 进一步开展"三创建"活动和总部文明单位创建活动，促进股份公司精神文明建设

2010年，党委工作部继续落实股份公司党委精神文明建设工作任务，进一步开展以创建文明工程、文明机关、文明小区为载体的"三创建"活动，把文明建设同项目党建、机关党建及小区党建有机结合起来。同时党委工作部还起草了股份公司总部创建全国文明单位任务分解方案，把创建任务落实到

总部各部门和在京各公司，收到了实效。全年评选表彰了18个股份公司的文明工程项目。集团公司总部连续5次荣获“首都文明单位”称号；连续10年荣获“中央国家机关文明单位”称号；2007年、2008年分别荣获“中央国家机关文明单位标兵”称号和“首都文明单位标兵”称号；2009年、2010年集团公司总部荣获“首都文明单位标兵”称号。

8. 围绕生产经营实际和职工切身利益，进一步加强工会工作，取得明显成效

2010年6～9月，股份公司工会组织13家单位在京沪高铁施工现场开展劳动竞赛，在众多参建单位中率先完成轨道铺设任务。9～10月，股份公司工会组织13家单位在南水北调河南段开展劳动竞赛，连续4个月超额完成任务，完成率达139.45%。股份公司工会组团参加第七届全国电力行业大坝模板工的职业技能竞赛，囊括了大赛前7名，并且在前20名中占了17名。

工会组织时刻关心职工生活，股份公司和各子企业普遍建立了困难职工救助基金和困难职工帮扶中心，开展了“三不让”承诺活动。

9. 以科学发展转型升级上水平为主线，加大对外宣传力度

2010年，集团新闻中心（报社）围绕促进公司科学发展转型升级上水平为主线，把握正确舆论导向，加强对典型事件和人物的报道。同时围绕生产经营，组织开展了京沪高铁、武邵高速公路、大型水电站项目施工的集中采风活动，受到基层单位的好评。

（刘家玉）

创先争优活动

【创先争优活动领导机构】

（一）集团公司

根据中央组织部、国资委党委《关于在中央企业党的基层组织和党员中深入开展创先争优活动的意见》要求，集团公司党委于5月28日印发中水电党〔2010〕18号文件，成立集团公司创先争优活动领导小组。领导小组组长及成员如下：

领导小组组长

刘起涛（党委书记）

领导小组副组长

范集湘（总经理、党委副书记）

陈永录（党委副书记、纪委书记）

领导小组成员

袁柏松（党委常委）

孙洪水（党委常委）

王彤宙（党委常委）

李跃平（党委常委）

黄保东（党委常委）

孙　璀（党委常委）

领导小组主要职责：掌握创先争优活动的进展情况，提出工作要求和指导性意见，确保创先争优活动取得扎扎实实的成效。

领导小组办公室设在集团公司党委工作部，负责处理领导小组的日常工作。

办公室主任

段尚毅（党委工作部主任）

（二）股份公司

为深入贯彻落实中央组织部、国资委党委《关于在中央企业党的基层组织和党员中深入开展创先争优活动的意见》精神，加强对创先争优活动的领导，股份公司党委于5月28日印发中水电股党〔2010〕53号文件，成立股份公司创先争优活动领导小组：

领导小组组长

范集湘（董事长、党委书记）

领导小组副组长

刘起涛（总经理、党委副书记）

陈永录（党委副书记、纪委书记）

领导小组成员

袁柏松（党委常委、副总经理）

孙洪水（党委常委、副总经理）

王彤宙（党委常委、副总经理）

李跃平（党委常委、副总经理）

黄保东（党委常委、副总经理）

孙　璀（党委常委、总会计师）

王宗敏（工会主席、总经济师）

宗敦峰（总工程师）

领导小组主要职责：掌握创先争优活动的进展情况，提出工作要求和指导性意见，以适当方式对

总部各部门、各事业部和在京公司开展创先争优活动情况进行督促检查，确保创先争优活动取得扎扎实实的成效。

领导小组办公室设在股份公司党委工作部，负责处理领导小组的日常工作。

办公室主任

段尚毅（党委工作部主任）

（梁　伟）

【创先争优活动】　6月4日，股份公司党委印发《关于深入开展创先争优活动实施意见》（中水电股党〔2010〕57号），制定创先争优活动方案，对开展创先争优活动的重要意义、总体要求、主要目标、活动范围、主要内容、基本要求、方式、步骤及组织领导等进行了部署。这次创先争优活动以创建先进基层党组织、争当优秀共产党员为主要内容。对先进基层党组织的基本要求是：组织建设成效明显，出色完成党章规定的基本任务，努力做到“五个好”，即领导班子好、党员队伍好、工作机制好、工作业绩好、群众反映好；对优秀共产党员的基本要求是：模范履行党章规定的义务，努力做到“五带头”，即带头学习提高、带头争创佳绩、带头服务群众、带头遵纪守法、带头弘扬正气。

根据中央企业创先争优活动领导小组的统一部署，活动从时间上划分为两个大的阶段：一是从2010年5月开始到2011年6月，着重围绕迎接建党90周年开展创先争优活动；二是从2011年7月开始到2012年6月，着重围绕迎接党的十八大开展创先争优活动。活动期间划分三个阶段：

（1）学习动员阶段（2010年5～6月），内容是制定实施意见，组织学习，明确标准，达成共识，对“五好党支部”、“五个模范”标准进行学习研讨。

（2）活动实施阶段（2010年7月～2012年5月），活动内容是开展诸如提合理化建议、技术创新、完成急难险重任务、服务群众等好人好事活动。

（3）建制表彰阶段（2012年6月），内容是活动结束前制定完善相关的制度体系，认真总结活动，召开表彰大会，制定考评细则，推进党内创先争优工作规范化、制度化、常态化，促进党建工作上水平。

（梁　伟）

【四强四优活动方案】　4月15日，股份公司党委下发《关于印发〈关于开展争创“四强”党组织、争做“四优”共产党员活动的实施方案〉的通知》（中水电股党〔2010〕35号），对在各级党组织和广大共产党员中开展“四强四优”活动作出全面部署。“四强四优”活动即争创以政治引领力强、推动发展力强、改革创新力强、凝聚保障力强为主要内容的“四强”党组织，争做以政治素质优、岗位技能优、工作业绩优、群众评价优为主要内容的“四优”共产党员。

《实施方案》明确了争创“四强四优”活动的指导思想，将“四强四优”活动细分为三个阶段，并制订了“活动工作流程表”，细化了具体工作内容：

（1）第一阶段从4月初到6月底，为学习调研阶段，重点抓好制订规划，认真学习文件和调查研究，开展评选活动等两项工作。

（2）第二阶段从7月初至9月底，为评议整改阶段，重点抓好党员评议和强化基层党组织建设两项工作。

（3）第三阶段从10月初到12月底，为建制总结阶段，重点是抓好建立党建工作责任制及相关制度体系和总结“四强四优”活动两项工作。

通知对“四强四优”活动提出了总体要求：①提高思想认识，加强党建工作；②突出实践特点，坚持统筹推进；③完善制度体系，创新体制机制。

（魏立军）

【四好党委、五好党支部、五个模范活动】　8月5日，股份公司党委下发了《关于印发〈关于开展争创“四好党委”“五好党支部”和争当“五个模范”活动的实施意见〉的通知》（中水电股党〔2010〕67号），对在创先争优活动中组织开展四好党委、五好党支部、五个模范活动作出了部署。“四好党委”具体内容为政治素质好、经营业绩好、团结协作好、作风形象好；“五好党支部”是指支部班子好、党员队伍好、工作机制好、工作业绩好、群众反映好；“五个模范”是指党员要争当刻苦学习的模范、勤奋工作的模范、服务群众的模范、弘扬正气的模范、文明建设的模范。

（梁　伟）

【建立创先争优信息通报制度】　为及时了解、掌握创先争优活动开展情况，更好地推动股份公司创先争优活动，股份公司于2010年5月12日下发《关于开展创先争优活动有关情况的通知》，建立创先争优信息通报制度。基本要求是：建立信息报送的组织体系、操作体系、制度体系，各单位设立一名联络员，负责与股份公司创先争优活动领导小组办公室保持经常沟通联系，及时反馈活动开展情况、总结先进典型及经验。报送内容是开展活动的主要做法、基本情况、主要经验、对创先争优活动开展情况的意见和建议等。

（孙建立）

【评选先进基层党组织、优秀党务工作者、优秀共产党员】 6月30日，股份公司党委下发《关于表彰先进基层党组织、优秀共产党员、优秀党务工作者的决定》（中水电股党〔2010〕62号），对一年来在开展创先争优活动中涌现出来的水电一局有限公司云南分局党委等70个先进基层党组织、冯国庚等72名优秀共产党员、李一等53名优秀党务工作者予以表彰，并分别授予“先进基层党组织”、“优秀共产党员”和“优秀党务工作者”称号。股份公司党委号召广大基层党组织、共产党员和党务工作者，向受到表彰的先进集体和优秀个人学习；号召继续广泛深入开展创先争优活动，全面加强股份公司党的建设，更好地发挥党组织的政治核心作用、党支部的战斗堡垒作用和党员的先锋模范作用，为建设具有较强国际竞争力的跨国企业而努力奋斗。

（孙建立）

【党群共建，创先争优】 12月23日，股份公司党委下发《关于进一步开展党群共建促进创先争优活动的通知》（中水电股党〔2010〕112号），在各基层组织中开展党建带工建、党建带团建、党工团共建促进创先争优活动。活动以深入学习实践科学发展观和“创新载体、完善机制、争当先锋、服务大局”为主题，以“党建带工建、党建带团建”为切入点，以党工、党团共建创先争优作为推进新形势下工会、共青团工作的强大动力，建立健全各项机制。大力加强工会组织、共青团组织建设和职工队伍建设，充分发挥工会和共青团组织在股份公司发展中应有的作用，全面提高职工队伍的整体素质，着力推进和谐企业建设，促进股份公司改革发展和生产经营各项任务完成，努力形成“组织创先进、党员争优秀、企业上水平、职工提素质”的新局面。

（刘　晶）

【创先争优活动报道被国资委简报采用】 创先争优活动开展以来，股份公司党委工作部在办好自身简报的同时，积极向国资委中央企业创先争优活动领导小组办公室报送信息，及时反映活动动态、经验做法、活动成效等，为各级领导及时、准确掌握情况，指导和推动创先争优活动深入开展提供了大量生动鲜活的资料。截至2010年12月31日，共有5篇报道被国资委创先争优活动简报采纳，16篇稿件被国资委创先争优活动专题网站采用，充分发挥了指导基层活动、服务领导决策、推动工作落实、营造舆论氛围、引领工作创新的作用。

（孙建立）

【国资委创先争优工作巡视检查组检查观摩】 8月12日，中央企业创先争优活动第七巡回检查组组长邵春保一行，来集团公司检查创先争优活动开展情况。检查组会同5家参加座谈会的中央企业10位领导一同观摩了国际公司第二党支部以争当“五个模范”为主题的党员民主评议会议，并听取了国际公司党委开展创先争优活动情况的汇报。集团公司总经理、股份公司董事长、党委书记范集湘，集团公司党委副书记、纪委书记陈永录以及集团公司党委工作部等部门负责同志陪同参加了观摩。

会上，国际公司第二党支部6名党员代表结合自身工作，对照“五个模范”标准进行了自我评价。与会的支部党员对6名党员的自我评价进行了民主互评。评议结束后，国际公司党委书记丁拯国就国际公司开展创先争优活动情况作了专题汇报。

在观摩支部党员评议和听取专题汇报后，国资委纪委副书记、监察部驻国资委监察局局长、第七巡回检查组组长邵春保作了讲话，对国际公司第二党支部组织生活会和国际公司创先争优活动开展情况给予了高度评价。

（梁　伟）

党　建　工　作

【建立股份公司党委（常委）会议事规则】 为适应股份公司建立现代企业制度要求，充分发挥企业党组织政治核心作用，积极参与企业重大问题决策，提高企业党委（常委）会议事质量和效率，股份公司党委于2010年4月16日下发了《中国水利水电建设股份有限公司党委（常委）会议事规则》（中水电股党〔2010〕33号）。《规则》规定了股份公司党委（常委）会的议事原则：一是民主集中制原则；二是依法合规原则；三是调查研究原则。股份公司党委要按照党章规定的党委工作职责，坚持“科学、创新、规范、专业、务实”的工作思路，开展富有特色的企业党建工作，促进企业科学可持续发展。《规则》分为总则、议事原则、议事范围、议事程序、议事方式与责任、会议组织、附则等七章共十八条。

（刘家玉）

【党委中心组学习】 9月1日，股份公司党委印发《中国水利水电建设股份有限公司党委中心学习组学习制度》（中水电股党〔2010〕78号），要求党委中心学习组要坚持学以致用、学用结合、统一认识、促进工作的原则，坚持“三个结合”和“三个三分之一”的原则。“三个结合”是理论与实践相结合、集体学习与个人自学相结合、定期学习和系统学习相结合；“三个三分之一”是用三分之一的时间学习中央和国资委等上级组织的重要文件，用三分之一的时间传达上级重要会议精神，布置重要工作，用三分之一的时间进行专家辅导、专题发言、集体讨论，达成共识。

（刘　晶）

【学习型党组织建设】 11月30日，股份公司党委下发了《关于印发〈股份公司党委关于推进学习型党组织建设的实施意见〉的通知》（中水电股党〔2010〕100号），对推进学习型党组织建设工作作出了具体部署。《通知》要求：要深刻把握学习型组织建设的重大意义，明确指导思想、主要原则和目标要求；明确学习重点，把握学习的主要内容；明确方法、步骤，不断创新学习载体和途径；加强组织领导，切实履行工作职责。在学习内容上，要抓好理论武装，学好专业知识，掌握岗位技能，注重实践特色；在学习方式上，要坚持运用已经形成的党委中心组学习制度，持之以恒地开展好形势任务教育，党组织坚持“三会一课”制度，积极开展专题研讨会；在学习载体上，要充分运用好企业报刊、网络等媒体，定期举办报告讲座，开展主题学习教育活动，丰富和完善读书交流、知识竞赛、技能比武、参观考察等学习手段。

（梁　伟）

【基层党组织换届选举工作制度】 为了加强股份公司基层党组织建设，提高党组织的战斗力、凝聚力，充分发挥党组织在企业的政治核心作用，进一步健全党的民主集中制，完善党内选举制度，规范党内选举工作，根据《中国共产党章程》、《中国共产党基层组织选举工作暂行条例》，结合股份公司基层党组织换届选举工作的实际，股份公司党委于2010年6月印发了《中国水利水电建设股份有限公司基层党组织换届选举工作暂行办法》（中水电股党〔2010〕54号）。《暂行办法》对各子公司党委会的设立、任期及委员职数，换届选举的程序、方法、审批程序，新建和改制、调整等单位党组织的选举以及其他基层党支部的换届选举等都作出了明确规定。

（李　玉）

【领导班子民主生活会制度】 为加强股份公司和所属子公司、控股公司领导班子思想政治建设，规范两级班子民主生活会制度，进一步加强“四好”领导班子建设，2010年7月15日股份公司党委下发了《股份公司规范企业领导班子民主生活会制度的实施意见》（中水电股党〔2010〕65号），对召开领导班子民主生活会的基本方式、主要程序等作出了明确规定。

（李　玉）

【股份公司领导班子民主生活会召开】 根据国资委党委的要求，结合股份公司实际情况，股份公司党委班子于12月10日召开了2010年度民主生活会。

会议由股份公司董事长、党委书记范集湘主持。党委常委范集湘、陈永录、袁柏松、孙洪水、李跃平、黄保东、孙璀参加了会议。党委常委王彤宙因事请假，提交了书面发言材料。国资委企干二局六处处长魏弛昊、纪委党风室副处长郭阳出席会议。按国资委纪委述廉评廉专题民主生活会的要求，股份公司总法律顾问、董事会秘书、总经理助理、纪委委员、工会常委、民主党派人士、部门主要负责人、纪检监察等部门的工作人员和部分职工代表共52人列席了会议。

本次专题民主生活会紧密围绕贯彻落实科学发展观的主题与贯彻落实《党员领导干部廉洁从政若干准则》、《国有企业领导人员廉洁从业若干规定》、切实加强领导干部作风建设的主题进行。结合科学发展观学习实践活动后续整改工作和加强领导干部作风建设，领导班子成员深入剖析自身存在的与科学发展观要求不相适应的思想作风问题，就个人党风党纪方面和职工群众反映强烈的突出问题进行深刻分析。

（李　玉）

【人才管理工作】 为健全党管人才制度，股份公司党委于10月20日印发《关于加强人才管理工作的意见》（中水电股党〔2010〕84号），明确了党委加强人才管理工作的指导思想、原则、内容、措施和要求。《意见》指出，党委管理人才工作主要是管宏观、管政策、管协调、管服务。加强党对人才工作的领导和管理，重点是把握好人才工作和人才队伍建设的方向，抓好人才队伍建设的大事，解决好人才队伍建设的关键问题。充分发挥党的思想政治优势、组织优势和密切联系群众的优势，广泛调动党内和方方面面的积极性，重视人才工作，支持人才工作，做好人才工作，形成工作合力。党委管理人才工作的主要内容包括抓战略思想的研究、抓总体规划的制定、抓重要制度的制定、抓创新工程的策划、抓重点人才的培养、抓典型案例的宣传。

（梁　伟）

【国内项目党建工作】　为加强股份公司国内项目党建工作，规范项目党建的工作内容、工作方式，股份公司党委于10月印发了《关于加强股份公司国内项目党建工作的实施办法》（中水电股党〔2010〕83号）。本实施办法共6章31条，对项目党组织的设立及人员配备、基本任务、基本工作制度等作出规定，并要求各子公司制定实施细则。

（李　玉）

【党员管理工作】　为进一步加强和改进对各类党员的管理，依据《中国共产党章程》和中央有关文件精神，结合公司党员队伍现状，股份公司党委于9月19日下发了《关于印发〈关于加强和改进党员管理工作的意见〉的通知》（中水电股党〔2010〕80号）。《意见》提出了党员管理工作的总体要求和原则，明确了党员管理的主要内容，对党员组织关系、组织生活、责任义务、党员发展、民主评议党员、不合格党员的组织处理、流动党员的管理等作出了具体规定，同时要求切实加强对党员管理工作的领导。

（魏立军）

【海外工作机构党建工作】　为了加强股份公司海外工作机构党的建设，规范党建工作的内容、方式和方法，适应国际业务经营和发展新形势、新任务的要求，把党组织建设成实施“走出去”战略的领导核心和战斗堡垒，充分发挥党组织的保证监督作用和党员先锋模范作用，确保党的路线、方针、政策的贯彻执行，为国际化发展战略提供思想和组织保证，股份公司党委于11月印发了《中国水利水电建设股份有限公司海外工作机构党建工作指导意见》（中水电股党〔2010〕101号）。本指导意见共8章44条，对海外工作机构党组织的基本任务、贯彻落实“三重一大”决策制度的基本要求、工作重点、基本原则、规定及程序、党组织及负责人的组织管理、常驻国外工作党员的组织管理等内容作出了明确规定。

（李　玉）

【党建工作座谈会】　12月30日，股份公司2010年党建工作座谈会在公司总部召开。集团公司总经理、股份公司董事长、党委书记范集湘作了题为《强化责任，务实创新，把党组织的政治优势转化为核心竞争力》的重要讲话。股份公司党委副书记、纪委书记陈永录主持会议并作总结讲话。袁柏松、孙洪水、李跃平、黄保东、孙璀、王宗敏、宗敦峰以及各子公司党委书记、党委工作部主任，总部副主任以上人员和在京公司领导班子成员共116人参加了会议。

会议的主要任务是：深入贯彻落实党的十七届五中全会和中央企业负责人会议精神，总结交流党建工作经验，研究部署以改革创新精神加强和改进公司党建工作，更好地为企业科学发展提供思想保证、政治保证和组织保证。

范集湘在讲话中阐述了中央对国有企业党建工作的新要求；回顾了2010年的党建工作，充分肯定了公司各级党组织所做的工作和取得的成绩；结合贯彻落实最近召开的中央企业负责人会议精神，对股份公司面临的形势和任务进行了分析，提出了下一阶段公司要贯彻科学发展观、抓住转变经济发展方式这条主线，实现五个转变的新理念；在对新时期党建工作新特点进行深入分析的基础上，提出了党建工作重点任务。

陈永录在总结讲话中说，会议的主要收获一是总结了成绩，鼓舞了士气；二是认清了形势，统一了认识；三是明确了任务，坚定了信心。各子公司要按照这次会议的要求，求真务实，抓好落实：一要尽快召开一个领导班子专题会议；二要认真组织好传达贯彻；三要制定和完善一套落实措施。

会上，水电四局有限公司、水电五局有限公司、水电七局有限公司、水电八局有限公司、水电十一局有限公司五家单位作了经验交流。

（魏立军）

【总部机关党建工作】　2010年，总部直属党委及各党支部牢牢把握“推动科学发展、促进社会和谐、服务人民群众、加强基层组织”的目标，围绕科学发展这个中心任务，把党的政治优势转化为企业的核心竞争力。开展了争创五好党支部、党员争当“五个模范”活动。总部机关1个党支部、5名党员被股份公司党委评为2010年度先进基层党组织和优秀共产党员。

（刘　晶）

宣传工作

【新闻宣传和信息工作会议】 6月20日，股份公司成立后第一次新闻宣传暨信息工作会议在北京召开。会议总结了2009年工作，布置了2010年宣传工作任务。

会上，股份公司党委副书记、纪委书记陈永录和国资委网络处副处长胡来斌分别讲话，新闻中心负责人作报社工作专题讲话。股份公司党委工作部主任、党委组织部部长段尚毅主持会议。

会议提出：坚持以科学发展观统领新闻工作全局，坚持创新，整合资源，构建统一、高效的新闻宣传工作大格局，进一步健全公司宣传网络，全面提高新闻宣传水平，努力开创股份公司新闻宣传工作新局面，为股份公司科学发展提供强有力的舆论支持和营造积极健康的舆论环境。

陈永录对2010年新闻宣传工作提出十项报道重点，对今后一个时期新闻宣传和信息工作提出了四点要求：①各级党委要切实加强对新闻宣传工作的领导；②要整合集团新闻资源，形成大宣传格局，提升“中国水电”品牌影响力；③要形成信息报送工作的机制，推进信息报送工作上水平；④要着力打造一支高素质的新闻宣传工作者队伍。

新闻中心负责人在讲话中重点对股份公司新闻中心下半年将要组织进行的京沪高铁项目、武邵高速公路BOT项目、南水北调项目三大采风活动进行了说明和布置。

会上表彰了2010年度对集团新闻宣传工作和文化建设作出贡献的先进记者站、优秀记者、优秀通讯员和162篇好新闻、副刊好作品。水电四局、水电八局、水电七局有限公司3个标兵记者站作了经验交流发言。

股份公司所属各单位党委工作部负责人、新闻中心（报社）负责人、信息报送员近80人参加了会议。

（任乐云）

【信息工作制度建设】 2010年6月，股份公司从加强信息工作规范化建设入手，制定下发了《股份公司信息报送工作管理办法》（中水电股党〔2010〕60号）、《股份公司信息报送工作实施细则》（中水电股党〔2010〕61号），同时健全了股份公司和各子企业两级信息工作领导小组，加强对信息工作的领导，强化了信息员队伍建设，并建立了国内信息、国外信息、总部信息三个网络分支，完善了信息报送网络。

（孙建立）

【集团公司被评为中央企业信息工作先进单位】 2010年，国资委办公厅发出通报，表彰本年度39个中央企业信息工作先进单位和98名信息工作先进个人，集团公司连续四年获得“中央企业信息工作先进单位”荣誉称号。

2010年，集团公司的信息报送工作取得了历年来最好成绩。全年共向国资委《央企要情》报送稿件189篇，被采用102篇，位列125家中央企业的第8位，位列7家建筑类央企的第1位，为提高集团公司的知名度和美誉度发挥了积极作用。

（孙建立）

【对外宣传报道工作】 2010年，新闻中心坚持“围绕中心，服务大局”的宣传工作宗旨，积极推进公司的社会知名度和品牌影响力宣传工作。

（1）抓住企业重大事件，在央视高端媒体进行报道。以集团公司承建的南水北调东线穿黄隧洞工程贯通、青海玉树救灾与重建、京沪高铁率先完成铺轨任务等重大事件为契机，提前策划，主动与中央电视台央企对接组联系沟通，提供相关资料，并组织配合与中央电视台到工地现场采访，使这三条重大消息及时在中央一台播出。

（2）抓住集团公司国际经营业绩和重大事件、“中国水电”战略转型等重大新闻报道内容，与《人民铁道报》、《中国企业报》、《中国水电》等报刊合作，刊发了一批深度报道的专刊、专版，向社会各有关层面介绍集团公司的整体形象。据不完全统计，集团公司2010年分别在《人民日报》、《工人日报》、《光明日报》、《中国能源报》、《国际商报》、《中国电力报》、《中国水利报》、《人民铁道报》、《中国企业报》、《中国水电》等报刊发稿件200多篇。

（3）组织各子公司记者站在当地省市媒体进行

对外宣传报道。据不完全统计，2010 年各子公司通过各种渠道在中央媒体、行业媒体和省市媒体共发稿件 1200 多条、篇（幅），其中水电四局有限公司的消息《集团玉树灾后重建第二批项目正式开工》被国务院选用，通讯《以实际行动书写中国水电的风采》刊登在了新华社《瞭望》周刊上，并被送到“两会”代表驻地，宣传了集团公司的品牌形象。

（4）参与《中国电力报》开展的 2010 年感动电力征文活动。新闻中心组织推荐的《邓国平：永远的国际骑士》、《水电七局抢险突击队：九天八夜抢通映汶“生命线”》分别获得感动电力人物奖和感动电力团队奖。

（任乐云）

【京沪高铁新闻采风】 7 月中旬，新闻中心组织多名记者到京沪高铁工地采风，围绕“伟大的决策，伟大的工程，伟大的精神，伟大的建设者”这一主题进行宣传报道，对京沪高铁三标项目部推荐的 8 名个人和 6 个集体典型进行了宣传报道，撰写稿件 14 篇，登载在集团公司网站、《水利水电工程报》上，全方位展示了集团公司战略转型和在京沪高铁创造的“中国速度”。

（任乐云）

【武邵项目新闻采风】 9 月 1 日，股份公司新闻中心组织相关子企业记者参加的中国水电新闻中心记者团一行 17 人，到“中国水电”控股投资建设的福建武邵高速公路工地采风，围绕各参建单位在项目经营模式上探索和企业转型经验，以及突出的先进事迹、先进人物的采风主题进行了全面报道，并在公司网站和《水利水电工程报》上刊登。

（任乐云）

【集团公司玉树抗震救灾宣传报道工作】 2010 年 4 月 14 日，玉树发生大地震后，集团公司在第一时间组织救援队赶赴灾区参与救援、组织捐款，并在灾后重建中承担主要任务。围绕这一事件，新闻中心组织了《紧急部署青海玉树抗震救灾》、《集团公司向玉树灾区首批捐款 1230 万元》、《中央电视台聚焦玉树废墟清理工作中的中国水电》、《格萨尔王广场上飘扬起中国水电旗》等相关稿件进行报道。《水利水电工程报》开设“聚焦玉树重建”栏目，连续报道集团公司作为玉树重建四家央企之一，勇担社会责任，困难、考验面前不低头，全面完成 2010 年各项任务指标的事迹。《玉树地震灾后恢复重建万人誓师大会隆重举行》、《集团玉树灾后重建工作快速推进》、《玉树重建党旗红》等文章，对玉树抗震救灾工作进行了及时有效的报道。

（任乐云）

【《水利水电工程报》】 《水利水电工程报》创刊于 1994 年 5 月 1 日，是原中国水利水电工程总公司主办的内部刊物，以报道水利水电工程建设为主。1994～1998 年，《水利水电工程报》为四开小报，每周一期，自办发行。1999 年 1 月，改为对开大报，信息量增大，报社开始有计划、有目的地组织稿件，并对重大活动进行前期策划，收到了较好的报道效果。1999 年 6 月，《水利水电工程报》由中国水利水电工程总公司与中国水力发电工程学会联合主办，拓宽了报道面，报道的内容更加丰富。2002 年 12 月 29 日中国水利水电建设集团公司组建后，《水利水电工程报》归口党委工作部管理，承担了更加繁重的对内对外宣传报道任务。2005 年 7 月 11 日，《水利水电工程报》实现了电子版上网，从第 559 期开始，读者可以登录集团公司网站，方便快捷地阅读《水利水电工程报》内容。2008 年，《水利水电工程报》围绕集团公司中心工作加大宣传力度，外树形象，内聚人心，发挥了团结、稳定、鼓劲的作用，为集团公司打造具有较强国际竞争力的质量效益型跨国集团创造了良好的舆论环境。2006 年 12 月 10 日，《水利水电工程报》在全国电力行业首届报纸质量检查评比活动中，获“全国电力行业优秀报纸”称号。截至 2010 年 12 月 31 日，《水利水电工程报》已发行了 854 期。

（任乐云）

工　会　工　作

【一届一次职工代表大会】 1 月 29～31 日，集团公司、股份公司 2010 年工作会议暨一届一次职工代表大会在京隆重召开。会议的主要任务是：深入贯彻落实党的十七大、中央经济工作会议、中央企业负责人会议精神，总结 2009 年工作，部署 2010 年任务，进一步以科学发展观统一思想，大力推进战略转型升级，完善公司治理，用创新精神构建具有中国特色的现代国有企业制度，加快建设具有较强国际竞争力的质量效益型跨国企业集团，确保公司科学发展、持续稳步发展。

国务院国有企业监事会主席高怀忠出席会议并作重要讲话；集团公司总经理、股份公司董事长、党委书记范集湘作了题为《坚持科学创新精神，努力提升公司治理水平，加快转型升级步伐，确保公司更好更快发展》的报告；集团公司党委书记、股份公司总经理、党委副书记刘起涛作了题为《深入贯彻落实科学发展观，立足主业增实力，抢抓机遇保发展》的报告。

国务院国有企业监事会 10 办事处主任王永庆，股份公司独立董事石成梁、金普庆、刘新兰、韩方明出席会议。股份公司领导袁柏松、孙洪水、王彤宙、李跃平、黄保东、孙璀、王宗敏、宗敦峰，顾问刘经迪、付元初，总部部门副主任以上、各子公司、控股公司党政主要负责人、职工代表在主会场参加了会议，各子公司、控股公司、京沪高铁项目部人员在各自分会场参加了视频会议。主、分会场共 1077 人参会。

高怀忠在讲话中对集团公司近年来的快速健康发展给予了充分肯定，对公司在新形势下科学持续发展提出了殷切期望，特别是对公司抓住机遇、做好准备、适时上市、在市场上展示形象、提升发展水平和发展能力，建设一支章法严明、步调一致、无坚不克的管理团队和职工队伍，提出了更高的要求。

范集湘在报告中简要回顾了公司 2009 年改革发展及党建工作取得的主要成绩和主要经验，分析了当前公司面临的形势和任务，从战略角度提出了 2010 年工作指导思想、重点工作任务和基本要求。

刘起涛在报告中对公司改革发展的各项工作进行了系统、翔实的回顾和总结，提出了 2010 年的工作思路、工作任务和措施。

1 月 30 日，集团公司、股份公司举行一届一次职代会第一次全体会议，工会主席王宗敏作了题为《组织起来，切实维权为推进企业民主政治建设、推动企业健康发展而努力奋斗》的讲话；总会计师孙璀作了《关于业务招待费和职工福利费使用情况的报告》；工会副主席段尚毅作了《关于职工代表提案的说明》。

1 月 31 日上午，集团公司、股份公司举行一届一次职代会第二次全体会议，审议并一致通过了范集湘、刘起涛所作的报告；审议通过了《2009 年业务招待费和职工福利费使用情况的报告》的决议；审议通过了职代会各专门委员会名单；审议通过了股份公司集体合同。

王宗敏在讲话中指出，集团公司、股份公司职代会的正式成立，是集团公司 13 万职工政治生活中的一件大事，标志着在集团层面建立起了推进企业民主政治建设的平台，为广大职工依法行使民主管理权力、促进公平正义、维护团结稳定、表达诉求愿望创造了更有利的条件。

会议期间，与会代表就公司改革发展的重大问题进行了热烈讨论，并结合本单位实际情况，对如何贯彻落实这次会议精神、加快战略转型、加快结构调整、转变发展方式、提高经营质量效益、确保公司又好又快发展等提出了许多宝贵的建议和意见。

（魏立军）

【职代会制度建设】 按照股份公司第一次职工代表大会的要求，股份公司工会制定了职工代表大会联席会议制度、代表培训制度、代表述职评议制度、代表巡视制度、专门委员会工作制度、代表提案管理制度、质量评估制度、职工董事述职制度、文书档案管理制度等 9 项职工代表大会的有关制度，经股份公司党委审查同意，于 6 月 2 日下发了《关于印发中国水利水电建设股份有限公司职工代表大会有关制度的通知》（中水电股工会〔2010〕14 号），全面规范职工代表大会的各项工作。

职代会联席会议制度对职工代表大会联系会议的职权、会议内容、会议程序作出了明确具体的规定；职代会代表培训制度对职工代表培训内容、培训方式方法作出了明确规定；职代会代表述职评议制度对职工代表述职评议的方法和程序、述职评议内容作出了具体规定；职代会代表巡视制度对职工代表巡视的目的意义、基本原则、组织领导、巡视和被巡视对象、巡视内容、巡视方式、工作步骤、巡视纪律等作出了明确规定；职代会专门委员会工作制度对职工代表大会各专门委员会的设置、工作职责、会议决策原则等作出了具体规定；职代会代表提案管理制度对提案征集审理委员会的主要职责、提案内容、提案方式、提案组织工作、提案处理工作、提案检查等作出了具体规定，并规范了职工提案的形式和反馈方式；职代会质量评估制度对评估范围、评估内容、评估时间与形式、评估结果作出了详细规定，并配发了《职代会质量评估测评表》；职代会职工董事述职制度对职工董事向职工代表大会述职的次数、述职内容、职工代表大会对职工董事履职情况测评及考核评价等内容作出了具体规定；职工代表大会文书档案管理制度对文书档案管理职责、文书归档范围、职代会文书档案借阅制度、保存期限作出了具体规定。在建立上述9项职工代表大会制度的同时，股份公司工会要求各公司根据以上制度规定，进一步修订完善本单位职工代表大会有关制度，完善职工代表大会制度体系。

（魏立军）

【获厂务公开先进单位】 2010年，全国厂务公开协调小组授予10家中央企业“全国厂务公开民主管理先进单位”荣誉称号，集团公司榜上有名。

在中国能源化学工会、国资委群众工作局和股份公司党委领导下，股份公司工会和各基层工会组织认真贯彻落实国资委党委和国资委颁发的《关于建立和完善中央企业职工代表大会制度的指导意见》，全面推进和规范职代会建设，各单位按时召开职代会，依法落实职代会的各项职权，形成了民主管理体系，为确保集团公司各项改革发展措施的顺利实施发挥了重要作用。

（刘　晶）

【中央企业红旗班组和先进职工名单】 9月16日，国务院国资委在人民大会堂召开中央企业红旗班组（科室）和先进职工表彰大会，集团公司共有10个班组、10名个人受到表彰。水电六局有限公司赤道几内亚吉布洛水电站项目部、水电八局有限公司孟加拉石卡巴哈项目部工程管理部安装调试小组、水电九局有限公司观音岩水电站砂石项目中碎车间、水电十一局有限公司京沪高铁项目移动模架运行维护班、水电十二局有限公司两河口施工局测量队、水电十三局有限公司卡塔尔GTC182项目水池工区综合班、水电十四局有限公司岗曲河电站项目经理部、房地产（长沙）有限公司工程管理部、四川公司阿坝水电开发有限公司发电部、基础局有限公司西藏旁多项目部工程质量技术部等10个单位被授予“中央企业红旗班组（科室）”荣誉称号。水电七局有限公司科研设计院院长助理兼副总工程师李正云被国务院国资委授予“中央企业先进职工标兵”、“中央企业先进职工”荣誉称号；水电十局有限公司工程师夏成元、水电十六局有限公司机电制造安装分局水工厂修理分厂班长蒋耀平、水电四局有限公司宁杭客专一分部项目经理韩永阳、国际公司安哥拉区域业务总部总经理助理李海、新能源公司内蒙古风电分公司运营部经理兼风电场厂长宋梅香、水电五局有限公司埃塞俄比亚86公路项目部项目经理兼书记梁岗伟、水电二局有限公司刚果（金）项目管理部总经理柯勇、水电十五局有限公司马里奴母布谷垃圾站项目经理付军涛、水电三局有限公司基础工程分局加工车间主任郑晓等10位同志（含李正云）被授予“中央企业先进职工”荣誉称号。

（刘　晶）

【公司2人荣获全国劳动模范称号】 “五一”前夕，水电四局有限公司刘玉瑾、水电五局有限公司张曙光被评为全国劳动模范。为弘扬劳模精神，激励全系统职工向劳模学习，4月26日，股份公司特邀请两位劳模到公司总部，召开劳模座谈会。集团公司党委书记、股份公司总经理刘起涛出席座谈会并作重要讲话，股份公司副总经理孙洪水、股份公司总经理助理李燕明参加座谈会并讲话。人力资源部、工会、团委等相关人员参加了座谈会。

（刘　晶）

【表彰公司劳动模范和先进生产者】 5月13日，股份公司党委、股份公司、股份公司工会联合下发《关于表彰2008～2009年度集团公司劳动模范和先进生产（工作）者的决定》（中水电股党〔2010〕48号），授予水电一局有限公司查洪刚等20名同志为2008～2009年度集团公司劳动模范，授予水电一局有限公司李岱等81名同志为2008～2009年度集团公司先进生产（工作）者。

（刘　晶）

【京沪高铁劳动竞赛】 2010年5月26日～9月25日，股份公司工会在京沪高铁三标段组织开展了“大干一百二十天，确保实现铺轨目标”的专项劳动竞赛活动。活动中，各参建单位积极响应股份公司号召，紧紧围绕竞赛目标，加大资源配置，强化激励措施，优化施工组织，服从统一调配和安排，加强团结协作，互相增援，战高温，斗酷暑，昼夜奋战，高标准、高质量、高效率组织施工，创造了单套铺板设备月铺2078块的新纪录。通过专项劳动竞赛，全面完成了底座板、支承层、轨道板、道岔板和道岔铺设以及铺轨等生产任务，如期实现了8月1日由北京方向开始铺轨和10月底全面完成三标段铺轨任务的总体目标，劳动竞赛取得预期效果。

10月29日，股份公司在现场召开京沪高铁专项劳动竞赛总结表彰大会，对竞赛优胜单位、先进集体和先进个人进行了表彰。

（李　玉）

【南水北调劳动竞赛】 2010年9月1日～12月31日，股份公司在南水北调工程河南段开展劳动竞赛动。各参建单位克服诸多不利因素，优化组织，强化领导，顽强拼搏，持续保持大干热潮，连续4个月超额完成任务，共完成产值11亿元。完成土石方开挖1900余万立方米，土石方回填516余万立方米，混凝土浇筑48余万立方米，有力地推动了南水北调工程又好又快建设。而后，股份公司在郑州市召开竞赛总结表彰会，对21个先进集体和78名先进个人进行了表彰奖励。

（李　玉）

【坝工模板工技能竞赛】 8月30日，股份公司坝工模板工技能竞赛在水电八局有限公司银盘工地圆满落下帷幕。此次技能大赛是股份公司成立以来规模最大、参赛人数最多的竞赛，挑选出来的45名选手将代表股份公司参加第七届全国电力行业坝工模板工技能竞赛。水电一局有限公司、水电三局有限公司、水电五局有限公司、水电八局有限公司、水电十二局有限公司、水电十四局有限公司、水电十五局有限公司荣获竞赛优秀组织奖，承办单位水电八局有限公司获特别贡献奖。

（刘　晶）

【参加中央企业测量工技能竞赛】 6月29日，由国务院国资委、人力资源和社会保障部联合主办的中央企业职工技能竞赛工程测量工决赛落下帷幕，集团公司代表队获优秀组织奖，水电七局有限公司李正云获铜奖，水电三局有限公司刘运波、水电四局有限公司杨芳云、水电五局有限公司刘龙江、水电八局有限公司刘林华、水电十局有限公司张建明、水电十一局有限公司职召伟、水电十二局有限公司马岗平、水电十三局有限公司王风伟、水电十五局有限公司房贡峰获优秀奖。赛前，选手集中在郫县进行了为期10天的半封闭强化训练。比赛中，他们团结协作，顽强拼搏，表现出良好的精神风貌，树立了良好的“中国水电”形象。

（刘　晶）

【参加第七届全国电力行业职业技能竞赛】 9月14～17日，第七届全国电力行业职业技能竞赛坝工模板工决赛在重庆银盘水电工地举行。竞赛由中国电力企业联合会、人力资源和社会保障部中国就业培训技术指导中心、中国能源化学工会全国委员会主办，中国水利水电建设集团公司承办。本次大赛是专门针对水电工程建设企业联合举办的第一次全国性的技能竞赛活动，同时也是自2000年开展全国电力行业职业技能竞赛活动以来首次由水电工程建设企业承办的一次技能竞赛活动。竞赛中，集团公司31名参赛选手进入前40名表彰名单（囊括了前7名），获得了与“中国水电”第一品牌相匹配的佳绩。水电八局有限公司张志平荣获竞赛第1名。

（刘　晶）

【劳动模范疗养】 为落实股份公司先进人物有关待遇，鼓励先进人物再接再厉续写辉煌，经股份公司党委同意，结合实际情况，股份公司工会印发了《关于印发〈股份公司先进人物奖励性疗养管理办法〉的通知》（中水电股工会〔2010〕24号）。依据该办法，股份公司工会于9月5～28日分三批组织54名公司先进人物赴北戴河疗养。

（秦媛媛）

【特困职工帮扶】 2010年，股份公司工会对本人或直系亲属因患重大疾病、意外伤害、自然灾害等造成家庭生活特殊困难的特困职工进行帮扶，全年共下拨特困帮扶基金60.5万元。

（刘　晶）

共青团工作

【股份公司13个集体、7名青年受到中央企业团工委表彰】 “五四”前夕，中央企业团工委召开表彰会，股份公司6个青年集体被命名为“青年文明号”，2个团委被命名为“五四红旗团委”，2个团支部被命名为“五四红旗团支部”，3个单位的团组织被确定为第十批（2010～2012年度）“中央企业五四红旗团委创建单位”；3个青年荣获岗位能手，2名团员获“优秀共青团员”荣誉，2名团干部获“优秀共青团干部”荣誉。

（魏立军）

【集团公司团委获中央企业青年创新奖】 3月30日，由中央企业团工委、中央企业青年联合会、国家科学技术奖励工作办公室、中国企业联合会联合举办的“神华杯”第二届中央企业青年创新奖表彰大会在国资委隆重召开。国资委主任、党委书记李荣融出席会议并作重要讲话，团中央书记处常务书记、全国青联主席王晓等领导出席会议并为获奖代表颁奖。股份公司党委副书记、纪委书记陈永录在主会场出席了表彰大会。

集团公司团委荣获“神华杯”第二届中央企业青年创新奖优秀组织奖，水电十四局有限公司尹俊宏等完成的《三峡地下电站主厂房开挖及岩壁梁混凝土防裂控制施工技术》荣获“神华杯”第二届中央企业青年创新奖铜奖，水电六局有限公司叶明，水电七局有限公司张建文，水电十四局有限公司和孙文，水电八局有限公司朱素华、邓文明等完成的5项科技成果荣获优秀奖。

（魏立军）

【股份公司团委荣获中央企业共青团和青年工作视频短片作品大赛优秀组织单位】 2010年3～9月，中央企业团工委在中央企业各级团组织中广泛开展了共青团和青年工作视频短片作品大赛。通过大赛评审委员会初审、复审，最终评选出富有时代性、体现先进性、反映新时期中央企业共青团和青年工作的优秀获奖作品，股份公司团委推荐的《唱响青春献水电——“青年职业生涯导航”活动简介》荣获大赛三等奖，《导师带徒》荣获优秀奖，股份公司团委荣获优秀组织单位。

（魏立军）

【股份公司共青团工作研究成果荣获中央企业共青团和青年工作理论研究优秀奖】 3月2日，中央企业团工委印发《关于表彰中央企业共青团和青年工作理论研究获奖成果的决定》，股份公司团委完成的《让青年的思想脉搏与企业的发展共同跳动——中央企业青年思想状况研究》一文荣获优秀奖，并被纳入中央企业团工委编辑出版的《理论探索》一书。

（魏立军）

【抗旱救灾工作】 按照团中央的总体部署，中央企业共青团对口支援重庆市抗旱救灾工作。4月1日，股份公司团委下发《关于组织团员青年支持抗旱救灾工作的通知》，就抗旱救灾工作作出了部署。通知号召系统广大团员青年积极参与抗旱救灾工作，开展“每人捐赠一瓶饮用水”活动。各子公司团委积极发挥组织和网络优势，迅速调动本单位内部各级团组织，动员广大团员青年积极开展捐赠活动。4月15日，共青团重庆市委给公司发来感谢信，对公司积极响应党中央、国务院的号召，充分发扬中华民族“一方有难、八方支援”的传统美德，组织动员团员青年支持抗旱救灾工作表示感谢。

（魏立军）

【抗震救灾工作】 玉树地震发生后，集团公司团委及时了解灾情，并按照中央企业团工委的要求，在参与抗震救灾的水电四局有限公司迅速成立3支抗震救灾青年突击队，组织11台设备和31名救援人员紧急赶赴地震灾区。4月15日，集团公司抗震救灾青年突击队抵达玉树结古镇，全面投入到紧张的救灾工作中。5月5日上午，经过19天的顽强拼搏，青年突击队圆满完成抗震救灾各项任务。在19天的时间里，青年突击队克服高原缺氧、气候恶劣、余震不断等不利影响，参与了灾民安置点格萨尔王广场供电抢修、帮助灾区民众解决饮用水难题、为灾区民众提供医疗服务等工作，完成了扎曲南路、玉树州城建局、扎西科路、扎西宾馆、第一完全小学等受灾部位的人员搜救、坍塌物清理和道路警戒任务，彰显了“中国水电”的良好形象。在随后组织的抗震救灾捐款活动中，按照中央企业团工委的统一要求，广大团员青年纷纷慷慨解囊，积极参加了由股份公司统一组织的捐款活动，为受灾群众献上了一份爱心。

（魏立军）

【玉树重建青年建功活动】 随着集团公司玉树灾后恢复重建工作的全面展开，8月3日，股份公司团委下发了《关于印发〈中国水电集团玉树灾后重建项目开展青年建功竞赛活动的实施方案〉的通知》，青年建功竞赛活动随即在援建施工现场正式启动。活动持续时间为2010年7月至2012年12月，贯穿灾后恢复重建的整个过程。活动共分为三个阶段：第一阶段自2010年7月至2010年10月，重点围绕实现玉树县第三完全小学教学楼主体框架封顶及其他当年开工项目重大节点目标展开；第二阶段自2011年4月至2011年10月，重点围绕玉树州第二民族高级中学、玉树县第四完全小学、玉树州公共服务中心、加吉娘村异地安置点等第二批重建项目主体工程各节点目标展开；第三阶段自2012年4月至2012

年12月，重点围绕确保重建项目全面竣工、质量安全一次性达标展开。第一阶段，股份公司团委组织开展了“争先创优”、“大干一百天”、“青年安全生产示范岗”等活动。为保证活动持续有效进行，成立了青年建功竞赛活动领导小组，并将每年评选表彰3个优秀青年突击队和若干青年突击手标兵。

8月18日，中央企业团工委书记、中央企业青联主席许高峰对《中国水电集团玉树灾后重建项目开展青年建功竞赛活动的实施方案》作出批示：玉树灾后重建工作具有十分重要的政治意义，在玉树开展青年建功竞赛活动非常必要，该方案深入贯彻党中央、国务院关于玉树灾后重建的精神，立足共青团的根本任务和工作特点，把服务灾后重建与履行共青团职责有机结合起来，可操作性较强。希望中国水电集团团组织在恢复重建的各项工作中，充分调动团员青年的积极性和创造性，全力参与玉树灾后重建工作，为实现灾后重建的全面胜利作出更大贡献，并在活动中进一步增强团组织的凝聚力和影响力，进一步彰显中央企业的良好形象。

（魏立军）

【关爱农民工子女活动】 2010年，按照团中央和中央企业团工委的总体部署，集团公司团委制定了《关爱活动实施方案》，对关爱农民工子女活动开展的各个阶段和各项工作作出了详细部署，制定了结对计划，分解落实到每一个子企业团委。活动启动仪式之后，集团公司团委抓紧落实工作计划，以小型分散为特点组织了20余次专项活动。股份公司团委还下发了《关于开展“共青团关爱农民工子女志愿服务行动”的通知》，明确了关爱活动服务对象，落实了感受城市、爱心捐赠、亲情陪伴、学业辅导、自护教育等关爱内容。各子公司团委重点组织基层青年志愿者服务队、小组等与农民工子女建立结对关系，进一步扩大结对规模，深化结对内容，规范结对要求；重点围绕结对帮扶、爱心捐赠等内容，采取寓教于乐、生动活泼的形式，帮助农民工子女度过一个快乐而有意义的儿童节。据不完全统计，公司各级团组织与农民工子女结对共500对，参加活动的志愿者近1000名，捐款捐物合计5万余元。

（魏立军）

【开展青年安全生产活动】 2010年，根据水电行业特点，结合共青团中央等六部委提出的“安全生产月”活动要求，集团公司各级团组织开展了“安全生产、青年争先”活动，积极参与企业安全教育和管理工作：紧密结合实际，立足小事，宣传安全常识，培养职工安全观念和安全意识；联合安全部门组织开展了知识竞赛、青年安全岗等多种形式和内容的活动，对规范安全管理发挥了积极作用。由集团公司团委牵头，联合安全生产监督管理部、工会共同组织参加了全国安全知识竞赛，集团公司及7个子企业获得了优秀组织奖，集团公司团委书记魏立军荣获优秀组织者称号。团委牵头组织了“安全伴我行”演讲比赛活动，在公司范围内营造了“安全生产、安全光荣”的浓厚氛围。集团公司团委推荐的选手杨莉在全国“安全伴我行”演讲比赛中荣获优秀奖。

（魏立军）

【落实三部委文件自查情况】 《中共中央办公厅转发〈中央组织部、国务院国资委党委关于加强和改进中央企业党建工作的意见〉的通知》自2006年下发以来，国资委党委每两年组织一次中央企业落实情况的自检自查。2010年，范集湘、刘起涛、陈永录等集团公司党委领导分别对自检自查工作作出批示，要求团委认真做好自检自查工作，并对有关工作进行了指导。公司团委在认真梳理近几年共青团工作的基础上，进行了全面地自检自查，并对发现的问题进行了分析，实事求是地填写了自检自查工作手册。

（魏立军）

精神文明和企业文化建设

【企业文化建设】 12月30日，股份公司党委下发了《关于加强企业文化建设的实施意见》（中水电股党〔2010〕115号）。该文件共分四部分：

（1）企业文化建设的指导思想、总体目标与基本内容。

（2）遵循“三统一、三放开”（在企业精神、企业核心价值观、企业标识三个方面，股份公司上下必须高度统一、规范到位，维护公司文化的统一性；在企业愿景、经营理念、职工行为规范三个方面，各单位可根据自身特点和不同情况进行补充、细化和丰富，增强个性和特色）原则，构建股份公司企业文化的新体制、新机制。

（3）抓好企业文化的载体建设工作。

（4）加强对企业文化建设的领导。

文件要求各单位要贯彻落实以人为本、全面、协调、可持续的科学发展观，围绕中心，突出特色，积极适应国际国内市场竞争的变化，努力建设符合股份公司发展战略、体现职工根本利益、具有时代精神和企业特色并为全体职工普遍认同的企业文化体系。

（孙建立）

【廉洁文化建设】　为进一步发挥廉洁文化在反腐倡廉中的重要作用，营造“崇廉守法、廉荣腐耻”的文化氛围和良好风尚，完善公司企业文化体系，6月17日，股份公司党委下发了《关于加强廉洁文化建设的实施意见》，明确提出公司的廉洁核心理念：认认真真学习，清清白白做人，干干净净干事。廉洁从业准则为“六崇尚六反对”，即崇尚刻苦学习，反对因循守旧；崇尚遵纪守法，反对腐败行为；崇尚爱岗敬业，反对不讲效率；崇尚团结协作，反对各行其是；崇尚文明礼仪，反对松散习气；崇尚勤俭节约，反对铺张浪费。《实施意见》要求，要把廉洁文化有机融入企业文化建设中，广泛开展“五廉”活动（结合开展“四好”班子创建活动，建设廉洁班子；结合“六型”总部创建，建设廉洁机关；结合文明施工项目创建，建设廉洁项目；结合“创先争优”活动，建设廉洁岗位；结合文明家庭创建，建设廉洁家庭），切实取得成效。

（孙建立）

【总部文明单位创建】　2010年，直属党委按照首都文明单位标兵和全国文明单位创建标准，结合股份公司总部实际，以落实工作责任为基础，大力开展文明单位创建活动。直属党委指定总部各部门（事业部）主任为创建全国文明单位部门工作的第一责任人。按照直属党委统一领导、各部门（事业部）和在京公司齐抓共管、全员创建的原则，将全国文明单位考评标准和要求量化细化，层层分解任务、全员落实责任，把创建工作落实到总部每个部门、每个员工，达到了预期目标。

（刘　晶）

史志建设

【部门年度工作】　2010年，史志办公室认真贯彻集团公司、股份公司工作会议精神，深入学习实践科学发展观，全面落实史志鉴工作会议所确定的年度各项任务，积极开展史志鉴的编纂工作。一年来，史志办公室紧紧围绕集团经济建设的中心任务和发展大局，继续发扬“自强不息、勇于超越”的企业精神和求真务实的工作作风，克服各种困难，扎实工作，锐意进取，勤勤恳恳、兢兢业业、精益求精地做好史志鉴编纂工作，为提高集团（股份）公司文化软实力，为建设集团（股份）公司和谐的企业文化，为集团（股份）公司又好又快、科学可持续发展作出了应有贡献。

【召开2010年史志鉴工作会议】　5月14日，集团公司、股份公司在北京总部召开了公司2010年史志鉴工作视频会议。公司党委常委、副总经理袁柏松出席会议并作了题为《求真务实、精益求精，努力做好修志编鉴工作》的重要讲话。袁柏松在讲话中对公司2009年史志鉴工作给予了很高的评价和充分肯定，同时向与会人员简要通报了公司2009年所取得的成绩和2010年改革发展的主要任务，对公司史志鉴工作提出了希望和要求。

会上，史志办主任郭志对公司2010年史志鉴编纂工作提出了具体的目标和要求，对各项工作任务完成的时间进一步进行了细化、量化。

中国出版工作者协会年鉴工作委员会、北京市地方志办公室、国资委年鉴社、中国电力出版社等单位领导、专家和有关人员应邀出席会议。公司总部各部门、在京子公司负责人和组稿撰稿人员62人在公司总部主会场参加会议，京外子公司分管史志鉴工作的领导和组稿撰稿人员214人分别在22个分会场参加会议。

为确保会议所确定的各项任务落到实处，会后史志办公室又印发了《集团公司2010年史志鉴工作会议纪要》。

【认真做好集团公司《年鉴》（2010年卷）的编纂、发行工作】 按照公司领导的指示，认真做好集团公司《年鉴》（2010年卷）的框架设计、组稿撰稿、编辑加工和出版发行工作。集团公司《年鉴》（2010年卷）全书设置12个篇目，载录条目1875条，收录大事322条。全卷共约170万字，彩版48页，印刷3000册，光盘1000张，于2010年11月29日出版发行，史志办具体组织了向各子公司、总部各部门的发送工作和向国家有关部委、企业单位的赠送与交换工作。

【积极开展集团公司志书编修工作】

（一）集团公司《组织机构志》、《大事记》

在股份公司领导的高度重视，各子公司、总部各部门的大力支持配合下，经过三年的时间汇总、编辑，基本完成了《组织机构志》、《大事记》初稿。史志办在编辑总部资料工作中先后多次查阅了中央档案馆、国家电网公司人事档案室、中国水电工程顾问集团公司档案室、武警水电部队史志资料和集团公司行政、文书、人事档案等文件、文献资料，工作量和工作难度很大。为了尽快完成初稿编辑工作，史志办积极协调各方关系和力量，加班加点工作，最终编辑完成了约56万字的《组织机构志》初稿和36万字的《大事记》初稿，并经中国电力出版社简装印刷成册，报送公司领导、方志专家及有关部门领导进行审阅。

（二）《集团公司志·局（厂）卷》

2010年，水电十二局有限公司、水电八局有限公司、水电七局有限公司、水电十一局有限公司的“分志卷”陆续进入印刷、出版流程；水电十四局有限公司的“分志卷”送审稿在年底前已报送股份公司审核；水电三局有限公司、水电五局有限公司、夹江有限公司、水电一局有限公司、水电十三局有限公司、水电九局有限公司、水电十六局有限公司、水电十五局有限公司、水电十局有限公司的分志卷编纂工作也在抓紧进行。

【按时报送有关年鉴、专志资料】 2010年，史志办完成向国资委、电力志编纂办公室报送《汶川特大地震抗震救灾志·灾后重建志》的相关资料。在公司总部各部门、各子公司尤其是在四川公司、水电十局有限公司、水电五局有限公司、水电七局有限公司的共同配合、大力支持下，史志办汇总编辑后完成了向国资委《灾后重建志》报送国有资本经营预算支持灾后重建的资料初稿、资料长篇、大事记、图片的任务；完成了向国资委综合局报送《汶川特大地震抗震救灾志·英模人物分卷》有关资料的任务；完成了向电力志编纂办公室报送《汶川特大地震抗震救灾志·灾后重建志》相关资料的任务。集团报送的资料，得到了国资委、电力志编纂办公室的认可和好评。

同时，史志办还组织完成了向《中国国有资产监督管理年鉴》、《中国建设年鉴》、《中国电力年鉴》、《中国水力发电年鉴》提供年度稿件的工作；完成了公司领导交办的在《中国水利年鉴》上进行公司2009年度经营业绩彩页宣传的工作。上述这些对外提供的稿件，内容丰富，组稿质量较好，突出“中国水电”特色，均得到有关单位的肯定和好评。

【正式启动公司《人物志》编修工作】 自2009年以来，在公司领导的重视和支持下，史志办为进一步做好编修《人物志》的准备工作，在借鉴《中国电力人物志》、《北京志·人物志》、《中国人物年鉴》、《葛洲坝工程局·人名录》等志书编纂经验的基础上，多次请北京地方志办公室专家给予指导。内部专门召开了《人物志》研讨会，六易其稿，不断修改完善。经公司领导审核批准，于2010年6月18日印发了《人物志编修指导意见》，并正式启动了集团公司志书系列22卷之一的《人物志》编修工作。在2010年底前，各单位报送了《人物志》入志人物统计表。

【继续抓好史志鉴业务培训工作】 2010年，史志办继续通过多种形式对从事史志鉴编辑工作的人员进行培训，不断提高史志鉴编辑人员业务水平。采取以会代培的形式，在5月14日下午召开的集团公司2010年史志鉴工作视频会议上，邀请北京市地方志学会秘书长罗保平就关于人物志的撰写问题作了专题业务培训辅导。主、分会场参培人员达300多人。

【适时组织内部研讨和交流活动】 为了推动集团公司《人物志》的编修工作，史志办于2010年4月27～28日，在天津杨村专门召开了由水电二局有限公司、水电四局有限公司、水电六局有限公司、基础局有限公司分管领导、组织人事部门、史志部门负责人参加的《人物志》专题研讨会。史志办主任郭志就《人物志》的编修提出了要求。会议邀请北京地方志办公室副主任谭烈飞、秘书长罗保平分别就《人物志》的编纂方法和注意的问题做了专题讲课。会议取得了较好的效果。

9月7～8日，史志办在郑州专门召开了各子公司史志部门负责人参加的《人物志》、《分志卷》专题研讨会，史志办主任郭志作了专题讲话并在会上进行了较为详细的修志业务指导。北京地方志办公室秘书长罗保平就《人物志》的编纂进行了讲课。会议达到了预期的目的。

2010年史志办还派人到水电三局有限公司、水电五局有限公司、水电七局有限公司、水电八局有限公司、水电九局有限公司、水电十局有限公司、水电十三局有限公司、水电十四局有限公司、水电十五局有限公司、四川公司、华亭公司、崇信公司等单位进行了调研、指导。

【集团公司《年鉴》（2008年卷）荣获全国编纂出版质量评比综合特等奖】 2010年5月11日，由中国版协主办、全国年鉴工委会承办的第四届中国年鉴编纂出版质量评比表彰会在山东济南召开。全国共有350多部年鉴参评。集团公司《年鉴》（2008年卷）经过评审、推荐、投票表决、复审、社会公示环节，荣获综合特等奖，这是公司年鉴荣获的最高荣誉。中国版协常务副主席刘波等领导颁发奖杯和证书。

【扩大业界交流发挥集团志鉴对外宣传作用】 2010年，史志办继续开展业界交流活动，广泛与国资委年鉴、中央部委级年鉴、中央企业年鉴及地方史志界交往，通过交换年鉴、史志资料，互相学习交流经验，提高了集团志鉴在业界的知名度，在全国企业范围内有力宣传了“中国水电”品牌和形象。

集团公司作为中国版协年鉴研究会、北京地方志学会的常务理事单位，派员参加了常务理事会的各项活动，还分别参加了国资委、住房和城乡建设部、中国电力年鉴编纂工作会议和修改《抗震救灾志》资料的审稿会议。

（郭　志　边建利）

第九篇　检 查 监 督

Chapter Ⅸ Inspection & Supervision

纪 检 监 察

纪委·监察部

【部门2010年工作】

（1）增强各级领导人员对反腐倡廉建设重要性和紧迫性的认识。

（2）强化责任，党风廉政建设责任制有效落实。

（3）强化基础，惩防体系建设有效推进。

（4）强化教育，筑牢廉洁从业思想防线。

（5）强化监督检查，专项治理取得阶段性成果。

（6）推动企检共建，加强信访管理，严肃处理各类违纪违规行为。

（7）加强队伍建设，提升纪检监察工作人员能力和水平。

（陈应年）

【党风廉政建设责任制考核】 2010年，股份公司与各子公司共签订党风廉政建设责任书27份，子公司与所属单位签订党风廉政建设责任书4670份，责任书签订率达到100%。对27个子公司（不含辽宁工程局有限公司）党风廉政责任制进行考核，平均得分96.24分，最高分98.79分，最低分87.11分；国际公司、水电七局有限公司、水电十一局有限公司、房地产公司均达到98分以上。与2009年相比，党风廉政建设点对点考核由平均96.61分上升到97.11分，上升0.5分；本单位民主测评由28.17分上升到28.75分，上升0.58分；股份公司班子成员对子公司测评打分由18.37分上升到18.49分，上升0.12分。

（陈应年）

【推进惩防体系建设】 2010年，股份公司调整、充实了惩防体系建设领导小组成员，建立联络员制度，强化责任人制度和定期交流制度。9～11月，股份公司纪委与三个片区惩防体系建设组长单位先后组织27家子公司开展惩防体系建设工作交流研讨活动。组织召开了总部部门惩防体系建设情况汇报交流会，并参加了国资委组织的惩防体系建设交流促进会。

对惩防体系管理信息系统应用提出了更高要求，子公司完成了对系统平台的完善，实现了两级领导人员述廉议廉、个人收入申报的系统应用。

（陈应年）

【廉洁从业教育扎实开展】 2010年3月，为认真贯彻落实《国有企业领导人员廉洁从业若干规定》、《中国共产党党员领导干部廉洁从政若干准则》，股份公司在全系统开展了为期三个月的廉洁从业专项教育活动。子公司党委高度重视，严格按照三个阶段六个重点环节狠抓落实。全系统共15319人参加教育活动，其中副处级以上领导人员4020人，项目经理部班子成员4987人；召开各级班子查找问题专题会和心得交流会1388次；撰写心得体会8236篇；共组织各类形式讲座787场；组织观看违纪案件教育片773场；组织法规知识答题竞赛280场。教育活动有效促进了廉洁文化建设，营造了企业健康发展的良好氛围。

（陈应年）

【修订公司党风廉政建设责任制考核评价办法和考核评分标准】 2010年6月，监察部重新修订责任制评分标准和评价办法，增强了考核内容的针对性和可操作性。在考核方式上，以落实“一岗双责”为重点，及时将年度开展的重点工作纳入责任制考核体系，对惩防体系建设、专项治理、国外项目效能监察、工作创新等项目评分标准进一步细化。

（陈应年）

【加强制度建设】 按照公司改制要求，监察部对纪检监察工作专项制度进行了修订和健全，累计修订下发了党风廉政建设责任制考核办法、领导人员述廉议廉、廉洁谈话、纪委书记（监察部门负责人）述职报告、《保廉合同》管理办法、效能监察实施办法、招标监督暂行办法、纪检监察组织建设实施意见等16项规章制度。为认真贯彻中央办公厅、国务院办公厅关于进一步推进国有企业贯彻落实“三重一大”决策制度的意见，股份公司重新制定了“三重一大”决策制度实施办法，并已报国资委审批。

（陈应年）

【效能监察和专项监督检查工作】 股份公司总部于2010年8～9月选取三个具有代表性的国际项目和两个区域总部（经理部）开展效能监察，对项目合同商务管理、财务资金管理、设备物资管理、文件信息管理、党建和纪检监察工作等六个方面实施效能监察和监督检查。查找发现问题29个，提出监察建议34条。

2010年，股份公司系统效能监察共立项726项，提出监察建议1899条，作出监察决定101个，整章建制736个，避免经济损失6152万元，挽回经济损失4426万元，节约资金6699万元，直接增加经济效益10027万元。

（陈应年）

【专项治理工作】 2010年两个专项治理工作取得阶段性成果。股份公司成立了工程建设领域突出问题专项治理工作协调小组，制定了详细的实施方案，层层组织对2008年以来中央投资项目和股份公司投资项目进行全面排查。股份公司总部选择南水北调等项目运用效能监察手段开展专项治理工作抽查，围绕项目合同管理、财务资金管理、设备物资采购管理、安全生产管理以及专项治理自查情况等方面进行综合效能监察，共查找发现问题45个，提出监察建议49条。

“小金库”专项治理工作，股份公司各单位自查面达到100%，自查两千多户，自查发现各类“小金库”60个，“小金库”涉及金额2449万元。股份公司组织四个检查组分别对10个单位进行了监督检查，提出建议61条。自查和整改进展情况分别于2010年9月和11月向国资委作了报告。

（陈应年）

【信访、案件工作】 2010年，股份公司纪委共收到信访件19件次，比2009年同期减少13件次，下降40.63%。其中：署名信访件8件次，匿名信访件11件次。反映的主要问题有：个别领导人员工作作风霸道，擅用权力，办事不公，违规用人，收受贿赂，弄虚作假，生活作风有问题等，也有涉及个人待遇等历史遗留问题。对这些信访举报，监察部经过分析甄别分别作出处理。凡涉及子公司班子成员的，股份公司纪委都进行谈话核实，对其警示或提醒，要求有则改正，无则加勉。

2010年，股份公司系统内共发生违法案件并移送或受到司法机关处理的有11起，涉案人员15人，其中一般管理人员8名，处级领导人员7名。违法犯罪案件类型均为经济案件。

（陈应年）

【企检共建工作】 推进“企检共建”工作，共同预防职务犯罪。截至2010年底，股份公司总部及京外21家子公司均已与当地检察机关签订企检共建方案和工作协议。通过不断深化“企检共建”活动，与检察院建立联席会议制度、联络工作制度、情况通报制度、案件查办协作制度、法律服务制度和协助警示教育制度等，进一步丰富了查办案件的功能和手段。水电四局有限公司主动邀请青海省人民检察院参与单位重要经营管理活动过程监督，水电十三局有限公司邀请地方检察院到南水北调工地举办廉政讲座，夹江有限公司与检察院建立了“行贿犯罪档案查询”工作机制等。

（陈应年）

【加强纪检监察队伍建设】 2010年7月，股份公司贯彻落实中央纪委、监察部等四部委联合下发的《关于加强和改进中央企业和中央金融机构纪检监察组织建设的若干意见》，结合实际，认真开展队伍建设状况调查研究，并经股份公司党委会审议，制定下发了《关于加强和改进股份公司纪检监察组织建设的实施意见》。2010年，部分监督力量较为薄弱的子企业成立独立的监察部门，调整补充了4个子公司的纪委书记，新增纪检监察机构编制121人（含工程项目部），纪检监察部门与业务部门双向交流190人次。

坚持纪委书记报告工作和纪委民主生活会制度。组织27家子公司的纪委书记报告工作。通过听取专项工作报告，沟通思想，交流情况，比较全面地了解了各级领导班子反腐倡廉和班子成员廉洁从业情况。各子公司自觉执行召开纪委民主生活会制度，按时召开民主生活会。组织各级纪检监察人员参加国资委纪委、中央纪委等单位组织的效能监察、招投标监督管理、案件审理等各类业务培训，进一步提高了纪检监察人员专业能力和业务素质。

（陈应年）

专业会议

【股份公司2010年纪检监察工作会议】 2010年1月30日，股份公司纪检监察工作会议在公司总部召开。各子公司、控股公司党委书记、总经理、纪委书记和总部部门负责人107人参加会议。股份公司党政领导范集湘、刘起涛、袁柏松、孙洪水、王彤宙、李跃平、黄保东、孙璀出席会议。会议由股份公司副总经理袁柏松主持。股份公司董事长、党委书记范集湘在会上代表纪委作了工作报告，股份公司总经理、党委副书记刘起涛发表讲话。会上，范集湘、刘起涛与27家子公司、控股公司党委书记、总经理分别签订了2010年度党风廉政建设责任书。

（陈应年）

【纪委书记座谈会】 2010年8月3～4日，股份公司在西安市召开了各子公司纪委书记、监察部门负责人参加的座谈会（培训班），会议组织学习观看了中央纪委副书记干以胜和国务院国资委副主任邵宁在中央企业纪委书记研讨会上的辅导录像，各子公司纪委书记汇报了本单位上半年工作，交流了工作中的主要做法、不足及工作难点。

（陈应年）

审 计 工 作

审 计 部

【部门2010年工作】 2010年，股份公司审计部紧紧围绕公司发展战略和管理要点，切实履行内部审计监督、服务和管理职责，继续调整完善审计制度体系，努力创新审计工作理念和工作方法，拓展审计监督领域，在更高层次、更大范围内发挥更有效的作用，为公司科学、持续、较快发展发挥审计应有的作用。

（1）2010年，股份公司各级审计部门共完成审计项目281个，共提出审计整改意见1400多条。股份公司审计部全年共完成审计项目21个，提出审计建议116条，较好地完成了年度审计工作计划。

（2）以经济责任审计为重点，继续坚持“届满必审”、“离任必审”的原则，结合所属子企业负责人任期届满全面开展子公司负责人任期经济责任审计。2010年股份公司各级审计部门共开展经济责任审计项目59个，其中股份公司审计部对9家子公司总经理（董事长）实施了任期经济责任审计，审计中全部达到了审计资产覆盖率达70%或审计单位个数达50%的要求。

（3）继续加强投资项目的过程监管，努力拓展审计监督领域。2010年股份公司审计部组织开展了对新能源公司内蒙古风电项目的投资跟踪审计，对房地产公司中国水电（四川）大厦的工程竣工审计。

（4）围绕股份公司“国际优先”战略，全力推进境外项目审计，审计部联合海外事业部、财务产权部、中介机构开展了对利比亚区域总部及四个所属项目、十五局有限公司突尼斯齐亚迪尼大坝项目和马里费鲁电站项目、卡伊机场项目等的审计，以及水电十局有限公司伊朗塔里干完工项目的审计。

（5）以高度的责任感，积极配合国家审计署审计工作：

1）配合国家审计署开展京沪高速铁路投资跟踪审计。

2）配合国家审计署开展对部分子公司的财务收支审计。

（6）按照国资委关于开展“小金库”专项治理工作的要求，根据公司统一安排，11月由审计部牵头组织了对10家子公司“小金库”重点检查，全面完成了“小金库”专项治理重点检查工作，并形成了“小金库”重点检查报告。

（7）履行董事会审计与风险管理委员会办公室职责，于10月15日召开了审计与风险管理委员会首次会议，会议听取并审议了审计部、企业发展部2010年1～9月公司内部审计和全面风险管理工作情况汇报，听取了法律事务部、财务产权部、市场经营部围绕风险管理开展工作的情况。审计与风险管理委员会充分肯定了公司内部审计和风险管理工作。

（8）审计部组织召开了股份公司审计工作会议，各子公司主管审计工作的领导和审计部门负责人交流了工作经验，强化了审计责任意识，提高了新形势下做好审计监督重要性和紧迫性的认识。

（9）加大审计人员培训力度。审计部于6月组织系统审计业务骨干10多人参加了国资委组织的审计业务知识培训，10月组织50名审计骨干参加了在南京审计学院举办的以“内部控制指引”、“投资项目审计”为主题的审计专题培训，取得了良好效果。

（付宜彤）

【经济责任审计】 2010年，审计部对水电六局有限公司、水电七局有限公司、水电十二局有限公司、水电十三局有限公司、水电十四局有限公司、水电十五局有限公司、基础局有限公司、租赁公司、华源水利公司等 9 家子公司总经理（董事长）实施了任期经济责任审计。

(1) 2010 年 4 月 9～21 日，股份公司审计组对张源智和赵存厚 2006～2009 年任中国水电基础局有限公司董事长和总经理期间的经济责任情况进行了就地审计。任期内，累计完成营业收入 33.94 亿元；新签合同项目 224 个，合同金额 43.87 亿元；劳动生产率由 2005 年的人均 36.46 万元提高到 2009 年的 65.35 万元，增长 79%；2009 年全员平均工资为 49129/(人·年)，比 2005 年 32518 元/（人·年）增加 16611 元，年平均增长率为 10.87%；累计实现利润 1.72 亿元。实现了国有资产保值增值。

(2) 2010 年 5 月 5～14 日，股份公司审计组对吕瑞翔 2006～2009 年任中国水电建设集团租赁控股有限公司总经理期间的经济责任情况进行了就地审计。吕瑞翔任总经理四年来，累计完成营业收入 25.4 亿元；新签合同金额 54.92 亿元，截至 2009 年末，合同存量为 5.7 亿元；四年的利润总额分别为 3280 万元、4286 万元、5985 万元、6850 万元，累计实现利润 2.04 亿元。实现了国有资产保值增值。

(3) 2010 年 6 月 21～28 日，股份公司审计组对北京华源水利水电工程咨询公司 2007～2009 年经营情况进行了送达审计。2007～2009 年，累计实现营业收入 683 万元，累计实现利润 109.8 万元，经济效益较好。

(4) 2010 年 7 月 15～28 日，股份公司审计组对周宇 2006～2009 年任中国水利水电第十四工程局有限公司总经理期间的经济责任情况进行了就地审计。周宇任总经理四年来，累计完成企业总产值 224 亿元；任职期末全员劳动生产率 66.43 万元/(人·年)，比任职期初的 27.22 万元/(人·年)，增长 39.21 万元/(人·年)，平均增长 25%；职工人均年收入从 2005 年的 17666 元/(人·年)，增长至 2009 年的38644元/(人·年)，增长 20978 元/(人·年)，平均增长 22%；任期内共签订合同项目 25 个，合同金额 292 亿元；累计实现利润 8.37 亿元。实现了国有资产保值增值。

(5) 2010 年 7 月 16～27 日，股份公司审计组对张建文 2007～2009 年任中国水利水电第七工程局有限公司总经理期间的经济责任情况进行了就地审计。累计完成营业收入 222.86 亿元；全员劳动生产率 2009 年达到 69.69 万元/(人·年)，比 2006 年的 47.03 万元/(人·年)，增长了 22.66 万元，年均增长 13.20%；2009 年全员平均工资达到 3.91 万元/(人·年)，比 2006 年的 2.49 万元/(人·年)增加 1.42 万元，年均增长 10%；新签合同 140 余项，合同总金额 226.72 亿元；会计报表反映利润总额 12.92 亿元。实现了国有资产保值增值。

(6) 2010 年 8 月 16～28 日，股份公司审计组对孙阳 2007～2009 年任中国水利水电第十二工程局有限公司总经理期间的经济责任进行了就地审计。累计完成总产值 62 亿元；全员劳动生产率从 2006 年的 34.43 万元增长至 2009 年的 68.9 万元，年均增长 18.9%；在职职工人均年收入从 2006 年的 3.2 万元增长至 2009 年的 4.6 万元，三年增长 43.7%；任期内共签订合同项目 100 个，合同金额 69 亿元；会计报表反映任期共实现利润总额 8740 万元，考虑 2007 年消化清产核资挂账损失 3000 万元因素，本次审计核实三年累计实现业绩利润 1.17 亿元。实现了国有资产保值增值。

(7) 2010 年 8 月 17 日～9 月 2 日，股份公司审计组对何占颂 2007～2009 年任中国水利水电第十三工程局有限公司总经理期间的经济责任情况进行了就地审计。累计实现营业收入 109.37 亿元；全员劳动生产率 2009 年达到 111.29 万元/（人·年），比 2006 年的 73.90 万元/（人·年），增长了 37.39 万元，年均增长 14.62%；2009 年全员平均工资比 2006 年的 3.75 万元/（人·年）增加 1.73 万元，年均增长 11.98%；累计中标工程项目 166 个，合同金额 203.29 亿元；实现利润总额 4.88 亿元。实现了国有资产保值增值。

(8) 2010 年 9 月 8～20 日，股份公司组成审计组，对王增发和徐中秋 2006～2009 年任中国水利水电第十五工程局有限公司董事长和总经理期间任期经济责任进行了就地审计。四年来，实现营业收入 73.81 亿元；中标合同 113 项，合同金额 90.39 亿元；在岗职工劳动生产率由 2005 年的人均 33.95 万元提高到 2009 年的 62.49 万元，平均增长 14%；在岗职工收入由 2005 年的 2.13 万元提高到 2009 年的 3.55 万元，平均增长 14%；任期内累计实现考核利润 2.08 亿元。实现了国有资产保值增值。

(9) 2010 年 11 月 5～19 日，股份公司审计组对厉建平 2007～2009 年任中国水利水电第六工程局有限公司总经理期间的经济责任情况进行了就地审计。累计完成营业收入 55.62 亿元；全员劳动生产率 2009 年达到 36.65 万元/(人·年)，比 2006 年的 22 万元/(人·年)增长了 18.54 万元，年均增长 19.07%；2009 年在岗职工平均工资比 2006 年的 1.58 万元/(人·年)增加 0.85 万元，年均增长 15.43%；新签合同 160 余项，合同总金额 80.12 亿元；实现利润总额 8069.53 万元。实现了国有资产保值增值。

（付宜彤）

【境外项目审计】　2010 年 12 月，审计部联合海外事业部、财务产权部、中介机构开展了对利比亚区域总部及所属水电二局、水电四局、水电九局、水电十三局有限公司利比亚房建项目以及水电十五局有限公司突尼斯齐亚迪尼大坝项目和马里费鲁电站项目、卡伊机场项目的财务收支、内部结算、经营成果审计，并对水电十局有限公司伊朗塔里干完工项目开展审计。

（付宜彤）

【投资项目审计】

（1）2010 年 11 月 22～25 日，股份公司审计组对新能源开发有限责任公司内蒙古风电分公司洪格尔风电场一期工程项目自开工以来的投资、经营情况进行了就地审计。审计范围包括：投资完成情况、项目经营状况、内控制度建设情况、招标管理情况、质量控制情况、安全管理情况。

（2）2010 年 12 月 4～11 日，股份公司和房地产公司组成联合审计组，对房地产（成都）公司投资开发的中国水电（四川）大厦项目进行竣工审计。审计范围涉及项目立项、建设、竣工、交付使用全过程，审计重点为工程立项、设计、施工、监理、招投标、设备采购、合同管理、工程结算等环节的合法合规性，对工程投资以及概算执行结果进行审计核实。

（付宜彤）

【经营业绩考核审计确认】　根据股份公司与所属企业签订的 2009 年度资产经营责任书及财务决算资料，审计部参加了 2010 年初对所属企业 2009 年度经营指标完成情况预考核的检查工作，并配合财务产权部对各单位指标完成情况进行专项审计确认。

（付宜彤）

【股份公司制定投资建设项目审计管理办法】　2010 年 3 月，审计部印发了《中国水利水电建设股份有限公司投资建设项目审计管理办法》（中水电股〔2010〕39 号）。该办法由“总则”、“审计组织”、“审计内容”、“审计程序”、“审计要求”、“附则”共 6 章 31 条构成，对股份公司投资建设项目审计管理工作进行了规范。

（付宜彤）

【股份公司制定投资建设项目审计实施细则】　2010 年 3 月，审计部印发了《中国水利水电建设股份有限公司投资建设项目审计实施细则》（中水电股〔2010〕39 号）。该细则由“总则”、“审计组织”、“审计内容”、“审计程序”、“审计报告”、“附则”共 6 章 48 条构成，对股份公司投资建设项目审计起到了具体指导作用。

（付宜彤）

【股份公司制定内部审计工作规定】　2010 年 4 月，审计部印发了《中国水利水电建设股份有限公司内部审计工作规定》（中水电股〔2010〕65 号）。该规定由“总则”、“内部审计机构与人员”、“内部审计机构主要职责”、“内部审计工作程序”、“内部审计工作要求”、“内部审计工作责任”、“附则”共 7 章 49 条构成，对股份公司内部审计工作进行了规范。

（付宜彤）

【股份公司制定内部审计质量控制规范】　2010 年 4 月，审计部印发了《中国水利水电建设股份有限公司内部审计质量控制规范》（中水电股审〔2010〕7 号）。该规范由“总则”、“审计准备阶段”、“审计实施阶段”、“审计终结阶段”、“附则”共 5 章 54 条构成，对规范内部审计工作流程、保证审计工作质量起到了指导作用。

（付宜彤）

【股份公司制定投资项目后评价管理办法】　2010 年 5 月，审计部印发了《中国水利水电建设股份有限公司投资项目后评价管理办法》（中水电股〔2010〕67 号）。该办法由“总则”、“项目后评价的组织和管理”、“项目后评价要求”、“项目后评价的内容”、“项目后评价的依据和方法”、“项目后评价实施”、“附则”共 7 章 26 条构成，对股份公司投资项目后评价管理工作进行了规范。

（付宜彤）

【股份公司制定内部审计委托管理办法】　2010 年 5 月，审计部印发了《中国水利水电建设股份有限公司内部审计委托管理办法》（中水电股〔2010〕69 号）。该办法由“总则”、“内部审计委托内容”、“程序、内部审计委托方式”、“内部审计委托管理”、“附则”共 5 章 27 条构成，对股份公司内部审计委托业务管理工作进行了规范。

（付宜彤）

【培训工作】

（1）2010年6月，股份公司审计部组织系统审计业务骨干10余人参加了国资委组织的审计业务知识培训。

（2）2010年10月，股份公司审计部组织50名审计骨干参加了股份公司与南京审计学院举办的审计专题培训班。培训班讲授了以“内部控制指引”、“投资项目审计”为主题的有关内容，取得了良好效果。

（付宜彤）

专业会议

【2010年股份公司审计工作会议】　2010年6月4～5日，股份公司审计工作会议在青海省西宁市召开。股份公司副总经理袁柏松出席会议，股份公司财务产权部、监察部、资金管理部负责人和全资子公司、控股公司主管审计工作的领导、审计部门负责人共70人参加会议。袁柏松作了题为《创新求实，真抓实干，促进股份公司又好又快发展》的重要讲话，会议听取了审计部主任邓孟元所作的《发挥内部审计“免疫系统”功能，努力开创股份公司审计工作新局面》的工作报告，会议传达了中央企业经济责任审计经验交流会议精神。

（付宜彤）

监事会

【监事会对集团公司进行实地监督检查】　2010年，财务产权部配合国有企业监事会完成了对股份公司及所属成员企业的监督检查工作。4月份，国有企业监事会10办事处正式进驻集团公司总部及下属企业开展检查工作，财务产权部配合检查工作，提供需要的凭证、账簿及报表、审计报告等资料，并就其提出的问题进行认真解答；派人配合监事会对水电二局、水电九局、水电四局、水电七局、水电十四局有限公司等进行了实地财务监督检查，听取了相关子公司领导关于2009年子公司情况的介绍和总会计师关于2009年财务情况的介绍，审阅了子公司2009年财务报表、内控制度、组织机构设置及子公司审计报告等资料，并起草了汇报材料。

（李毅华）

第十篇 成员企业要览

Chapter Ⅹ Group Members

中国水电建设集团四川电力开发有限公司

概　　况

【综述】　中国水电建设集团四川电力开发有限公司（以下简称“四川公司”）是中国水利水电建设集团公司（以下简称“集团公司”）为整合在川资源、发挥整体优势，联合中国水利水电第七工程局有限公司（以下简称“水电七局有限公司”）、中国水电顾问集团成都勘测设计研究院（以下简称“成勘院”）于2006年10月在成都市挂牌成立的。集团（股份）公司持股82%，成勘院持股12%，水电七局有限公司持股6%。

截至2010年底，四川公司注册资本金20.39亿元，拥有1家全资子公司，控股11家、参股3家水电开发公司，1个筹建处。员工699人。取得水电资源开发权550万千瓦，主要集中在岷江、大渡河、雅砻江三大流域10条河流上，包括岷江下游、大渡河、足木足河、黑水河、松林河等。其中，已建成投产7个电站，总装机容量110.08万千瓦；在建项目3个，发电装机容量58万千瓦；筹建项目12个，发电装机容量350万千瓦。

2010年，四川公司结合企业战略规划，围绕项目投资和电站经营两条主线，坚持目标进度、投资控制两大刚性管控，强化片区集约化管理和标准化建设，启动了CDM工作，构建了经营风险防范体系。全年完成投资36.25亿元；完成融资23.69亿元；销售电量44.27亿千瓦·时，营业收入9.6亿元；实现利润2.42亿元；年末总资产达165.49亿元。

项目筹建方面：木坡、甲米二级、春堂坝水电站获得核准；安谷水电站已通过国家环保部环评审查；脚木足流域巴拉、达维、下尔呷3个水电站按期实现项目前期准备工作目标；岷江航电工程完成了可行性研究报告编制并通过审查，启动了可行性研究阶段各项工作。项目建设方面：沙湾水电站实现了二期工程提前下闸蓄水和最后一台机组提前投产发电的“双提前”目标；毛尔盖水电站重要单位工程进度目标均按期或提前完成；甲米一级水电站引水隧洞开挖、机电安装工程平稳推进，首部枢纽、厂房枢纽一期度汛工作目标提前实现；木坡水电站于2010年11月16日提前14天实现一期截流。

【领导班子】　2010年，四川公司领导班子为：董事长刘明江（党委书记）；总经理（兼党委副书记）荣其富；副总经理张跃涛（工会主席）、罗朝国（兼总会计师）、杨建明、牟官华、刘万海；总工程师杨清；纪委书记靳山。（其中，2010年2月2日，股份公司党委任命靳山为临时党委委员、临时纪委书记，同时免去张跃涛临时纪委书记职务；2010年8月10日，股份公司推荐刘万海为副总经理。）

【一届五次董事会】　2010年3月4日，四川公司第一届五次董事会在成都市召开。会议由四川公司董事长刘明江主持，职小前、张长源、许贺龙、唐定乾、马邦凯（张建文董事委托人）、荣其富、张跃涛8位董事出席会议，监事会成员、集团公司相关部门负责人、四川公司领导班子成员、部门负责同志、各控股公司负责同志等列席会议。

此次会议审议并批准了四川公司总经理荣其富题为《巩固发展成果，提升发展质量，推进公司持续优质发展》的工作报告；听取了四川公司2009年财务决算和2010年财务预算报告；审议并通过了《投资与招标计划》、《工程项目建设进度计划》、《电力生产营销计划》、《设立安全生产监督部的议案和董事会三个专门委员会工作报告》；预审了《公司2010年筹融资计划》、《增加资本金的议案》、《修改公司章程》、《成立岷江航电公司》、《启动安谷水电站前期工作的议案》、《足木足河水电项目开发专题报告》、《毛尔盖移民创新方案》、《毛尔盖提前下闸蓄水方案等议案和方案》，并同意提交股东会审议。

【年度股东会】　四川公司2010年度股东会、监事会于2010年4月27日在成都市召开。股东单位法定代表人、集团公司总经理范集湘以及成勘院院长郑声安、水电七局有限公司总经理张建文出席会议。股东单位及四川公司相关领导和专业人员列席会议。

会议听取、审议并批准了四川公司董事长刘明江所作的工作报告和监事会主席文成华所作的监事会工作报告；审议并批准总会计师罗朝国所作的《2009年财务决算和2010年财务预算的报告》；审议并同意《2009年度投资计划》、《2010年度筹融资计划》、《关于修改四川公司章程的议案》、《成立四川岷江下游航电开发公司的议案》、《岷江下游航电工程工作思路的议案》、《启动安谷电站前期移民和施工准备的议案》、《关于足木足河流域开发有关专题的议案》、《关于毛尔盖公司实行移民创新机制的议案》、《关于毛尔盖公司提前下闸蓄水为股东增加收益的议案》；审议并原则同意推进《筹建乐山片区集控中心的议案》；审议并原则同意《解决四川公司滚动发展能力的议案》。

【第一次党代会】 2010年4月24日，四川公司第一次党员代表大会在成都市隆重召开，成立了四川公司党委。集团公司、股份公司领导范集湘、王彤宙、陈永录以及集团公司组织部长、党委工作部主任段尚毅出席会议。四川公司68名党员代表参加会议。

会议听取、审议并通过了四川公司临时党委、临时纪委工作报告。大会采用无记名投票方式，差额选举产生了四川公司8名党委委员：刘明江、牟官华、杨清、杨建明、张跃涛、罗朝国、荣其富、靳山；刘明江、荣其富分别当选为书记、副书记。会议选举产生了5名纪律检查委员会委员：史胜军、李宏伟、张光元、周志强、靳山，在纪委全会选举中，靳山当选为纪委书记。集团公司党委和四川省国资委党委同意选举结果并给予了批复。

【一届一次职代会、工会会员代表大会】 2010年3月26日，四川公司第一次工会会员代表大会在成都召开。本次大会正式代表共73名，实际到会71名。

会上，四川公司副总经理张跃涛作了题为《发挥工会职责，切实维护职工权益，加强民主管理，全力推进公司发展》的工会工作报告；副总经理罗朝国作了业务招待费和职工福利费使用情况报告。

会议以差额选举、无记名投票的方私选举王树升、刘崇新、张跃涛、张琦、陆元务、罗武、金维（以姓氏笔画为序）7名同志为四川公司工会第一届委员会委员。在工会委员会第一次全体会议上，张跃涛当选为四川公司工会委员会主席。

【国务院国有企业监事会主席李志群到四川公司调研】 2010年11月1～3日，国务院国有企业监事会主席李志群在集团公司总经理、党委书记，股份公司董事长、党委书记范集湘的陪同下到四川公司调研灾后重建工作。李志群对四川公司良好的发展态势给予充分肯定，对灾后重建项目表示满意，他希望四川公司牢记使命、不负重托，大力发展清洁能源，为国家节能减排、为中国水电集团转型升级作出贡献。

四川公司组织机构图

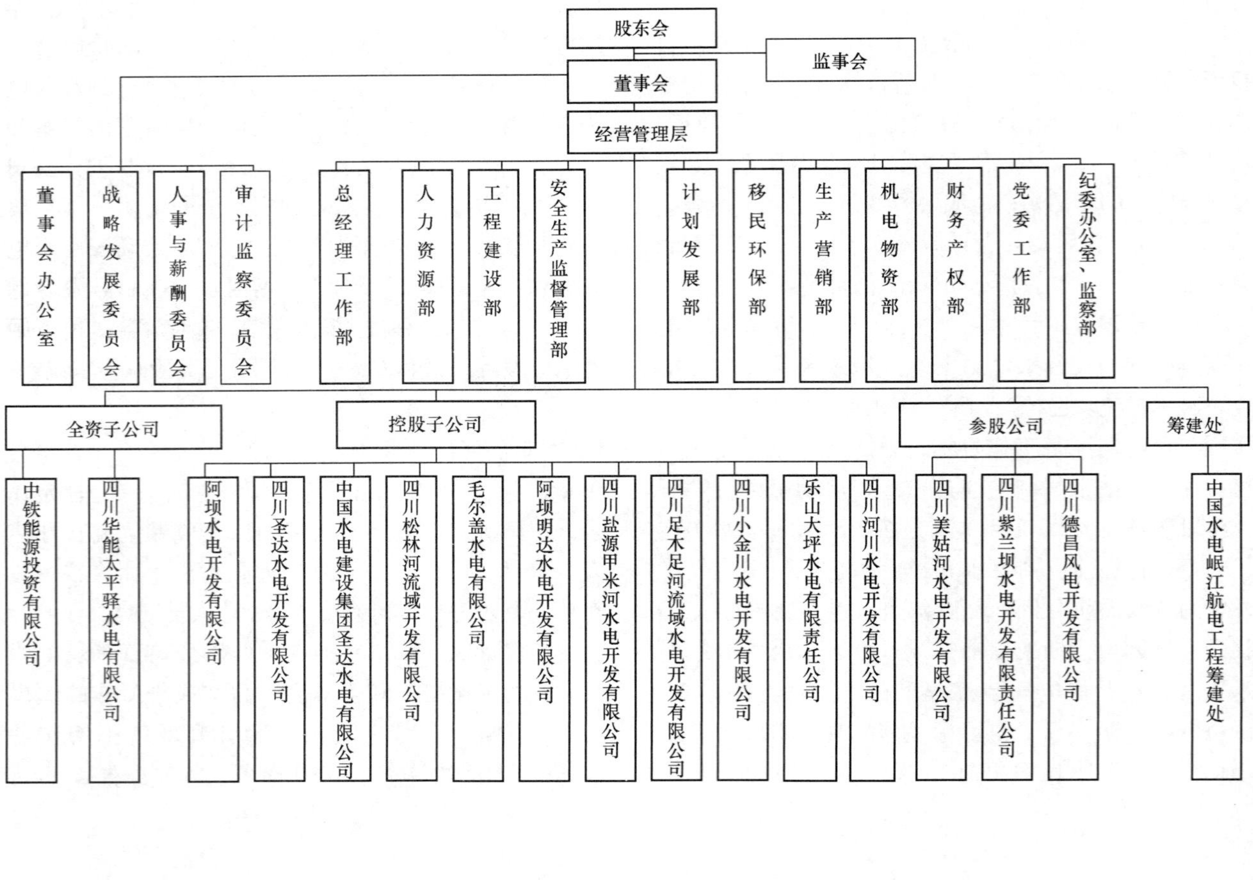

全资子公司

【中铁能源投资有限公司】 该公司简称“中铁能源公司”，前身为中国铁建十四局集团有限公司的全资公司。2007年11月，四川公司与中国铁建十四局集团有限公司签订《中铁能源投资有限公司股权转让协议》，收购其全部股权，从而成为四川公司的全资子公司。

中铁能源公司投资开发的五一桥水电站装机容量13.2万千瓦、龙溪沟水电站装机容量0.5万千瓦，均已发电。2010年9月，该公司五一桥水电站运行维护工作由委托运行转为由四川松林河流域开发有限公司与中铁能源五一桥水电有限公司实行统一管理，实现片区集约化电站运行管理模式。截至2010年底，中铁能源公司注册资本金1.2亿元，总资产8.81亿元。

控股子公司

【阿坝水电开发有限公司】 该公司简称“阿水公司”，前身为四川省阿坝州水电开发总公司，是一个以国有资产为主的混合所有制企业，2004年被集团公司并购后，重组为阿水公司。四川公司成立后，阿水公司又并入四川公司，成为四川公司控股子公司。阿水公司注册资本为4.55亿元，四川公司和四川远通水电开发有限公司分别持股67%和33%。阿水公司在所开发的柳坪水电站装机容量为12万千瓦、色尔古水电站装机容量为15万千瓦，两电站分别于2008年12月22日、2009年6月22日投入商业运营。此外，阿水公司还持有四川华能太平驿水电有限责任公司40%的股权。太平驿水电站装机容量26万千瓦，已经投产发电。

截至2010年底，该公司总资产为32.30亿元，实现售电收入24023.09万元。

【四川圣达水电开发有限公司】 该公司前身为四川圣达集团有限公司的子公司。2005年7月14日，集团公司与四川圣达集团有限公司实施战略合作，对该公司进行重组。重组后公司注册资本金8亿元，其中集团公司持股51%，四川圣达持股49%，系国有资本绝对控股公司。2007年，集团公司将所持51%的股份转让给新成立的所属四川公司，由此该公司成为四川公司的控股子公司，仍继续负责沙湾水电站、大坪水电站项目的建设和运营管理。

2010年底，该公司注册资本金8亿元，总资产增长至47.60亿元。沙湾水电站于2010年3月25日最后一台机组投产发电，至此该电站全部投入商业运行，实现售电收入39307万元。

【中国水电建设集团圣达水电有限公司】 该公司简称“中水圣达公司”，成立于2005年9月，系四川公司控股的子公司，截至2010年底，该公司注册资本1亿元，总资产8.02亿元，其中四川公司持股51%，中水圣达公司持股49%，系国有资本绝对控股公司，主要负责乐山市境内安谷水电站项目的筹建、建设和运营管理。

安谷水电站筹建工作进展情况：2010年1月和4月，长江水利委员会先后批复了安谷水电站防洪评价报告、水资源论证报告以及规划同意书；2010年4月，国家发展改革委下发了同意安谷水电站开展前期工作的复函；2010年7月和9月，国土资源部和水利部分别批复了水电站的土地预审和水土保持方案；2010年8月，四川省发展改革委核准电站前期移民试行工程；2010年10月，水电站环评报告通过国家环境评估中心的评估；2010年11月，水电站可行性研究报告通过了水电水利规划设计总院的审查。

安谷水电站自开展前期工作至2010年底，累计完成投资56846.68万元，其中2010年完成投资39757.92万元。

【四川松林河流域开发有限公司】 该公司前身为中旭投资有限公司的子公司，属民营企业。2004年8月10日，阿坝水电开发有限公司收购并重组该公司。2006年10月，四川公司成立后成为该公司的控股股东。2010年，该公司根据四川公司战略发展部署，转型为“雅（安）、甘（孜）、凉（山）”片区集约化管理的专业发电公司。截至2010年底，该公司总资产增长为13.13亿元，实现售电收入20741万元。

【毛尔盖水电有限公司】 该公司前身为四川省阿坝州九寨水电开发公司的子公司。2005年6月18日，阿坝水电开发有限公司对其收购重组。2006年10月，该公司并入新成立的四川公司，当年注册资本金1亿元，2008年注册资本金追加至2亿元。该公司主要负责毛尔盖水电站项目的建设和运营管理。2010年底，总资产增长至42.55亿元，由其开发的毛尔盖水电站项目完成投资199654万元，投资受控。

【阿坝明达水电开发有限公司】 该公司是阿坝水电开发有限公司联合阿坝州壤塘县国有资产经营公司于2006年4月组建的，注册资本金1000万元，其中阿坝水电开发有限公司持股60%，阿坝州壤塘县国有资产经营公司持股40%。2007年，该公司并入新成立的四川公司，成为四川公司的控股子公司，由其负责建设与运营管理的明达水电站也于2007年投产。

2010年底，该公司总资产为7663万元，装机容量0.48万千瓦的明达水电站销售电量1101万千瓦·时，实现售电收入310.91万元，创地区历史最高发电水平。

【四川盐源甲米河水电开发有限公司】 该公司于2007年12月成立，注册资本金3000万元，其中四川公司持股55%，盐源县电力公司持股25%，水电七局成都工程有限公司持股15%，盐源县国有资产控股公司持股5%。该公司主要负责筹建、建设和经营甲米河一级、二级水电站。截至2010年底，该公司总资产3.31亿元，完成投资15372.62万元。

【四川小金川水电开发有限公司】 该公司于2009年12月16日正式注册成立，截至2010年底，公司注册资本为5000万元，总资产1.74亿元。该公司由4家股东组成，其中四川公司持股49.5%、水电十四局有限公司持股22.5%、四川岷江水利电力股份有限公司持股18%、阿坝州政府国有资产监督管理委员会持股10%。该公司负责总装机容量为31.1万千瓦的木坡、小金、春堂坝水、杨家湾、美卧、三叉6座水电站的筹建、建设和运营管理，其中木坡、春堂坝、杨家湾、三叉4座电站作为一期开发工程，美卧、小金2座电站作为二期开发工程。2010年，该公司累计完成项目投资13744万元。

【四川足木足河流域水电开发有限公司】 该公司成立于2009年11月4日，前身为中水集团四川公司脚木足河流域水电开发筹建处。该公司主要负责四川省阿坝州脚木足河下尔呷、巴拉、达维水电站和明达水电站及其他后续电源项目的开发建设和运营管理。该公司注册资本金1亿元，其中四川公司持股90%，阿坝州国资委持股10%。2010年，脚木足河流域水电站处于前期筹建阶段，完成投资10263.64万元。

【乐山大坪水电有限责任公司】 该公司成立于2009年11月，是四川公司与乐山大沫水电有限责任公司（以下简称“大沫公司”）共同出资成立的有限责任公司。该公司注册资金800万元，其中四川公司持股70%，大沫公司持股30%。大沫公司主要负责乐山大坪水电站工程建设、经营、管理。四川圣达水电开发有限公司对大沫公司进行管理。2010年完成投资6394万元。

筹建处

【中国水电岷江航电工程筹建处】 中国水电岷江航电筹建处成立于2009年9月，负责对岷江干流流域水电资源开发的前期筹建，其主要工作：制定单位和项目施工管理办法；根据水电站建设制定相应的工作计划及资金使用计划；负责组织与协调项目报批；负责与项目所在地、四川省相关部门建立联系；负责制定水电站补充规划、环境评价等资料、材料；负责提出前期阶段现场必要的道路、电力线路、通信和生活设施等工程建设的建议并协调实施。

岷江航电工程起于乐山，止于宜宾，规划建设老木孔、东风岩、犍为、龙溪口4个梯级航电工程，是集航运、发电、防洪、供水、旅游、环保为一体的综合性水利工程，是四川省通江达海的战略性水上通道。四川公司控股开发其中的老木孔和犍为两级电站，其中老木孔电站规划装机容量为40.575万千瓦，犍为枢纽规划装机容量50万千瓦。2010年，筹建处完成投资7968万元。

开发项目

【柳坪水电站】 该电站位于四川省阿坝州茂县境内，是黑水河水电梯级开发的最末一级引水式电站。该电站由四川公司控股的阿坝水电开发有限公司投资建设，总投资12.82亿元，装机3台，总装机容量12万千瓦，设计年发电量5.28亿千瓦·时。该电站于2005年9月开工，2009年机组全部投产发电。2010年发电量54587万千瓦·时。

【色尔古水电站】 该电站位于四川省阿坝州黑水县境内，是黑水河水电梯级开发的第四级电站。该电站由四川公司控股的阿坝水电开发有限公司投资建设，装机容量15万千瓦，总投资18.29亿元。该电站于2005年开工，2009年3台机组全部投入商业运行，2010年发电量为61321万千瓦·时。

【沙湾水电站】 该电站位于四川省乐山市，为大渡河干流下游河段梯级开发的第一级水电站。工程以发电为主，兼顾灌溉，安装4台单机容量12万千瓦的水轮发电机组，设计年发电量24.07亿千瓦·时。该电站于2005年12月开工，2010年3月最后一台机组投入商业运行，2010年发电量为18.11亿千瓦·时。

【大坪水电站】 该电站位于四川省乐山市，主要建筑物包括接头坝、电站厂房、尾水闸及附属建筑物。

该电站安装一台灯泡贯流式水轮发电机组，装机容量为0.62万千瓦，设计年发电量4762万千瓦·时，动态总投资6552万元。2010年底项目基本完成，2010年12月25日完成机组试运行，计划于2011年1月正式投产发电。

【大金坪水电站】　该电站位于四川省雅安地区石棉县境内松林河干流上，为干流开发方案中最上游一级水电站，是一座从湾坝河、洪坝河联合引水、于松林河干流建厂发电的引水式电站。安装3台4.3万千瓦混流式水轮发电机组，2007年全部投入商业运行，2008年获得股份公司颁发的“中国水电优质工程奖”。2010年12月23日，该电站通过竣工验收，标志着工程建设全面完成。2010年发电量为60637万千瓦·时，无重大安全事故发生。

【洪一水电站】　该电站位于四川省雅安地区石棉县与甘孜州九龙县交界的松林河次源——洪坝河上，是松林河支流洪坝河最下游的一级水电站。该电站安装2台单机容量为4万千瓦的混流式水轮发电机组，设计年发电量4.09亿千瓦·时，2009年全部投入商业运行。2010年发电量为36925万千瓦·时，无重大安全事故发生。

【五一桥水电站】　该电站位于四川省甘孜州九龙县境内的九龙河上，是九龙河梯级开发中的第二级水电站。该电站为径流引水式电站，设计装机3台，总装机容量，13.2万千瓦，设计多年平均发电6.576亿千瓦·时。该电站于2006年开工，2008年3台机组全部投入商业运行，2010年发电56476万千瓦·时。

【龙溪沟三级水电站】　该电站位于九龙河支流龙溪沟上，装机容量0.5万千瓦，设计年发电量2730万千瓦·时。为便于电网的统一管理，龙溪沟三级水电站作为五一桥水电站子站运行，目前已建成发电。

【毛尔盖水电站】　该电站位于四川省阿坝州黑水县境内，是黑水河流域水电规划“二库五级”中的第三梯级第二个水库式引水电站。该电站总装机容量42万千瓦，设计年发电量17.17亿千瓦·时，工程概算总投资683057.15万元。

该电站于2008年2月开工，2008年11月截流。2010年主要工程形象：6月15日，16.3千米引水隧洞开挖及支护全线贯通；调压井开挖及支护实现贯通，井身混凝土衬砌已全部完成；年底，大坝填筑至2100米高程。

【安谷水电站】　该电站位于四川省乐山市境内，是大渡河下游最后一个梯级电站。工程为发电、防洪、航运、灌溉、供水综合利用的大Ⅱ型水电工程，总库容6330万立方米，总装机容量77.2万千瓦，设计多年平均发电量31.44亿千瓦·时。建设时间为2010～2015年，总投资101.6亿元。

截至2010年底，6个移民安置点完成基础设施建设并且验收移交给地方政府；完成导流明渠土石方开挖467.96万立方米，完成导流明渠和尾水渠钢筋笼防护7100立方米，其他筹建工作进展顺利。

【甲米河一级水电站】　该电站位于四川省凉山州盐源县境内的甲米河上，为径流引水式电站，设计装机3台机组，总装机容量3.6万千瓦，设计年发电量15509万千瓦·时，投资概算4.6亿元。

该电站于2008年5月31日开工建设，2009年11月28日一期截流成功，2010年11月15日二期截流成功。截至2010年底，除1号支洞下游洞段尚剩余130米外，其余洞段全部贯通，并逐步转入混凝土衬砌阶段，各项计划考核目标提前完成。

【甲米河二级水电站】　该电站位于四川省凉山州盐源县境内的甲米河上，为径流引水式电站，设计装机3台机组，总装机容量2.4万千瓦，设计年发电量10167万千瓦·时，投资概算2.45亿元。预计2011年开工建设，主体工程总工期33个月。

【明达水电站】　该电站位于四川壤塘县下游约16千米，是阿坝州壤塘县主要电源供应点。总投资8200万元，装机3台，总装机容量4800千瓦，设计年发电量3615万千瓦·时。

该电站于2003年8月开工，2006年11月首台机组发电，2007年3月2、3号机组发电。2010年发电1578万千瓦·时，完成年计划的175.30%，创历史最高水平。

【巴拉水电站】　该电站位于四川省马尔康县日部乡巴拉上游的峡谷内，控制流域面积15840平方米，初拟装机容量为73.86万千瓦（含生态机组1.86万千瓦），设计年发电量24.27亿千瓦·时。该电站总投资84亿元，须搬迁安置人员232人。2010年进场公路（日部乡至射江村段）已动工建设。

【达维水电站】　该电站位于四川省马尔康县达维乡下游宝岩附近，控制流域面积16607平方千米，规划装机容量36万千瓦，设计年发电量16.25亿千瓦·

时，总投资约44亿元，须搬迁安置人员1009人。

【下尔呷水电站】　该电站为大渡河干流上游“龙头”水库，坝址位于阿坝县境内的阿柯河和麻尔曲汇口下游，调节库容约19.3亿立方米，具有多年调节性能，规划装机容量60万千瓦，静态投资77亿元。目前已完成预可行性研究报告（咨询稿）编制，正待审查。

【木坡水电站】　该电站位于四川省阿坝州小金县木坡乡境内，系抚边河干流规划的自上而下“一库五级”方案的第三级，为日调节水电站，发电和兼顾下游生态用水。该电站装机3台，总装机容量4.5万千瓦，设计年发电量1.91亿千瓦·时，计划2012年10月第一台机组发电。

该电站于2010年6月1日开工。2010年主要工程形象：11月16日，提前14天实现闸首一期截流目标；厂房基础土石方开挖4.8万立方米，12月20日进行厂房第一仓混凝土浇筑；引水系统完成洞挖及支护3909米；其他部位按计划有序施工。

【春堂坝水电站】　该电站为沃日河梯级开发中的第四级电站，主要建筑物包括首部取水枢纽、左岸引水系统和厂区枢纽。拦河坝采用混凝土闸坝形式，最大坝高21.5米，装机3台，总装机容量5.4万千瓦。2010年12月30日，该电站建设获四川省发展改革委核准。

【杨家湾水电站】　该电站为小金川支流抚边河水电梯级规划中第四级电站，主要建筑物包括首部枢纽挡水建筑物、取水建筑物、引水建筑物和厂区建筑物。水库正常蓄水位2574米，装机2台，总装机容量6万千瓦，设计年发电量25983万千瓦·时。截至2010年12月，该电站项目核准除环评外，其他专题的评审已全部完成。

参股公司

【四川美姑河水电开发有限公司】　该公司成立于2003年6月。截至2010年底，该公司注册资本金1.6亿元，其中中国水电工程顾问集团公司持股36%、中国水电建设集团四川电力开发有限公司持股25.5%、中国电力工程顾问集团公司持股23.5%、中国水电顾问集团成都勘测设计研究院持股15%。该公司的主要任务是对四川省凉山州境内美姑河干流水力资源进行流域、梯级、滚动和综合开发。

美姑河是金沙江左岸的一级支流，已规划河段长度70千米，落差1155米，按“一库五级”方案开发，总装机容量约53.2万千瓦，设计年发电量约24亿千瓦·时。开发项目包括五个梯级水电站：牛牛坝水电站、瓦洛水电站、瓦吉吉水电站、柳洪水电站和坪头水电站。

柳洪水电站装机容量18万千瓦，于2004年2月正式开工，2007年8月投产发电，截至2010年底，发电量7.53亿千瓦·时，发电销售收入1.60亿元，盈利6076万元。坪头水电站装机容量18万千瓦，2006年2月开工，计划于2011年4月投产发电。后续项目牛牛坝水电站、瓦吉吉水电站正在进行可行性阶段研究，瓦洛水电站正在进行预可行性研究阶段研究。截至2010年底，累计完成投资21.6亿元，形成固定资产20.3亿元。

【四川紫兰坝水电开发有限责任公司】　该公司成立于1998年9月，注册资本金11025万元，控股方华电四川发电有限公司持股60.14%，中国水利水电建设集团公司四川电力开发有限公司持股18.37%，中国水利水电第五工程局有限公司持股12.24%，广元市玉龙水电开发有限责任公司持股9.25%。该公司的主要任务是开发、经营四川紫兰坝水电站。

紫兰坝水电站位于四川省广元市境内，是嘉陵江支流——白龙江干流梯级开发规划中的最后一级。该电站采用贯流式水轮发电机组，装机3台，单机容量3.4万千瓦，设计年发电量4.41亿千瓦·时。该工程于2003年10月28日开工，2007年机组全部投产发电。2010年发电3.32亿千瓦·时，全年发电收入0.88亿元，盈利275万元。

【四川德昌风电开发有限公司】　该公司于2010年3月成立，注册资本金1000万元，中国水利水电建设集团四川电力开发有限公司持股250万元，中水顾问集团成都勘测设计研究院持股750万元，主要负责四川省德昌县安宁河峡谷（一期）风电场建设和运行管理。一期项目计划在2011年5月投产发电。

风电场位于四川省凉山彝族自治州德昌县麻栗乡境内，是四川省第一个风电项目。一期工程建设规模为1.6万千瓦，拟安装单机容量2兆瓦的风力发电机组8台，总投资18352.97万元。截至2010年底，完成投资582万元。

可持续发展

【岷江航电预可行性研究通过审查】　2010年6月13日，水利水电规划设计总院会同四川省发展改革委，在成都市召开了岷江航电老木孔、犍为枢纽工程预可行性研究报告审查会。审查认为，各报告均满足水电工程预可行性研究阶段内容和深度的要求，原则同意各报告。

【甲米河一级水电站扩容可行性研究报告通过评审】甲米河一级水电站扩容前原核准装机容量24兆瓦，多年平均发电量12573亿千瓦·时；扩容后，该电站装机容量36兆瓦，多年平均发电量15509亿千瓦·时。

2010年12月8日，四川省工程咨询研究院组织专家召开了凉山州甲米河一级水电站扩容可行性研究报告评审会。四川省发展改革委、省水利厅、省地电局、省公安消防总队、省电力公司以及盐源县政府等相关单位，中国水电建设集团四川电力开发有限公司、项目业主四川盐源甲米河水电开发有限公司和设计单位的领导、专家和代表共计60余人出席了会议。会议原则通过了该水电站扩容可行性研究报告，为项目核准奠定了坚实基础。

【甲米河二级水电站建设获核准】 2010年8月16日，四川省凉山彝族自治州发展改革委印发《关于四川省盐源县甲米河二级水电站工程核准的通知》（凉发改交能〔2010〕699号），标志着甲米河二级水电站工程转入正式建设期。

【四川公司与五家企业签订直供电协议】 2010年4月20日，四川公司分别与自贡鸿鹤化工股份有限公司、中昊晨光化工研究院、攀枝花钢城集团有限公司、中钢集团四川炭素有限公司、峨嵋半导体材料厂签订了2010年直供电协议，为沙湾、色尔古、柳坪、大金坪、洪一、五一桥6个水电站的直供电任务找到了新的购买方，也为各电站在丰水期尽最大能力发电创造了条件，对确保完成四川公司2010年的发电任务具有重要的意义。

【节能减排】 2010年，四川公司根据国家有关法律法规、技术标准和有关规定，结合股份公司文件要求，先后制定了《中国水电建设集团四川电力开发有限公司节能减排暂行管理办法》、《中国水电建设集团四川电力开发有限公司节能减排统计监测暂行规定》、《中国水电建设集团四川电力开发有公司节能减排考核暂行办法》三大体系，做到工作有标准、管理有制度、考核有依据，并将节能减排纳入企业发展规划。

【CDM管理】 2010年，柳坪水电站、色尔古水电站分别获得正式注册。毛尔盖CDM（清洁发展机制）项目取得买方国——英国政府的批准函，审核报告和两国批准函均已完成，正式向EB（CDM的执行理事会）机构——联合国CDM执行理事会提出注册申请。沙湾项目已被联合国EB审核机构就ERM（环境资源管理）的审核工作进行抽查，所有审核证据均已提交；电站项目开始在EB通过为期一个月的完整性检查，顺利公示。

党群工作和企业文化建设

【党建工作】 2010年，四川公司党委建立健全了组织、工作体系，建立了公司治理结构与党组织“职责明确、有机融合、运转协调”的运作机制，有效发挥了董事会在经营决策上、经理层在执行上的重要作用和党组织的政治核心作用。一是以创建“四好”领导班子为着力点，突出抓好班子学习、作风建设、“三重一大”民主决策工作，有效发挥领导班子的引领带头作用；二是按照“双向进入，交叉任职”的原则，建立健全了党的组织体系建设，完善了党建工作制度，提高了党建工作专业化、制度化、规范化水平；三是坚持“党要管党”的原则，加强了党员队伍建设，认真开展了创先争优、廉洁从业专项教育和管理创效活动，印制并发放了支部工作手册，统一指导各党组织开展“三会一课”。发展党员26名，有65人·次党员获得各级各类表彰；四是坚持党管人才的原则，按照人才成长的路径选好人、育好人、用好人，努力完善人才培养、评价和激励、约束机制，全面推进人才强企战略；五是加强思想政治工作和精神文明建设，高度关注公司内部稳定；六是强化对纪委及群团工作的组织领导，推进了公司协调发展；七是按照党风廉政建设责任制要求，抓组织、人员、责任、工作到位，责任制贯彻执行良好，促进了公司健康发展。

【监察工作】 2010年，四川公司纪检监察工作围绕经营管理目标任务，进一步完善了领导组织、工作机构、规章制度、检查执行体系，以责任制为龙头，效率效益为重点，认真开展，有序推进。具体为：按照工作计划进行了责任分解，根据层层签订的21份党风廉政建设责任书明确了责任；科学调整领导分工，成立了监察部、纪委办公室和惩防体系领导及工作机构；修订完善了惩防体系等规章制度11项，认真贯彻执行“三重一大”民主决策制度、中心组学习制度，创新了片区民主生活会模式；加强了专项工作，效能监察、专项治理、廉洁从业专项教育有序开展。除此之外，还围绕“集约经营、规范管理”，针对投资和进度刚性目标、招标以及电力安全生产开展了效能监察，监督招标23项。按照工作方案，对8个项目进行了全面排查，没有违规违纪和不廉洁现象。紧紧抓住制度、职权、行为“三个关键”以及分公司、领域、岗位、环节“四个重点”，切实开展好廉洁从业专项教育活动。全年未发现违规违纪和不廉洁行为，提高了企业效益。

【工会工作】 2010年3月26日至27日，四川公司召开了第一届一次职工代表大会、工会会员代表大会，选举产生了四川公司工会委员和工会主席。四川公司本部成立了机关工委，各子公司相应成立了工会组织。

四川公司工会切实履行职责，完善工作体系，不断强化民主管理，切实维护职工利益，有效发挥了团结职工、参与管理、维护权益的作用。2010年，在四川公司党政支持下，公司工会在发电控股公司开展了“稳发满发100天”、“我为安全生产做贡献”的主题活动，有效推进了电力生产标准化和年度发电指标的完成。

【共青团工作】 2010年，四川公司全体团员青年充分发挥先锋模范作用，立足岗位，服务公司战略发展。团员青年在沙湾水电站开展了“共植青年林，同播青春梦”主题的植树活动。通过“五四”青年节活动、“立足岗位创先争优活动”等，进一步增强了团员青年主题意识教育，促进了公司年度目标的完成。

【新闻宣传】 四川公司的新闻宣传工作归属党委工作部。2010年，以四川公司网站和内部宣传刊物为平台，围绕中心工作，着力报道四川公司的发展战略和经营思路，全面展示四川公司快速发展和改革创新的各项成就，为四川公司发展提供了舆论支持和精神动力，发挥了企业宣传“外树形象，内聚人心”的重要作用，营造了四川公司发展与改革的良好舆论环境。各控股子公司也充分利用内部刊物和四川公司网站开展宣传工作，为宣传各单位的业绩作出了贡献。全年共在股份公司新闻网站上稿183篇，在《水利水电工程》上稿75篇，在《四川日报》、四川电视台等地方媒体上稿21篇。2篇稿件被《水利水电工程》评为一等奖，多篇稿件被评为优秀奖；1人被股份公司报社评为“标兵记者”，1人被评为“优秀特约记者”，1人被评为“优秀通讯员”。

【企业文化建设】 按照集团（股份）公司打造集团文化的总体部署，四川公司结合发展战略定位和发展目标，认真进行总体规划，制定符合现代电力投资和水电开发企业特点及符合企业实际、科学合理、便于操作、长远目标与阶段性目标相结合的企业文化建设方案，始终正确处理四川公司对内对外的关系，塑造和谐、健康向上的企业文化，增强企业竞争实力，使企业充满活力。同时，严格按照集团公司规范要求，在品牌建设、对外电力营销和对外宣传中使用、维护和树立“中国水电”标识，在集团大品牌的平台下，努力培育四川公司的个性化、特色化品牌，有效提升四川公司的品牌地位，形成良好的社会形象，创造良好的社会公共关系。

（四川公司）

中国水电建设集团租赁控股有限公司

概　　况

【综述】 中国水电建设集团租赁控股有限公司（以下简称“租赁公司”）成立于2004年11月1日，由中国水利水电建设集团公司（以下简称“集团公司”）、中国水利水电第四工程局有限公司（以下简称“水电四局有限公司”）和中国水电建设集团新能源开发有限责任公司（以下简称“新能源公司”）共同出资组建，公司注册资本金2.8亿元。

租赁公司是国家商务部批准的全国第五批融资租赁试点企业，是国内外多家施工机械设备知名品牌在中国水电工程领域的独家总代理。租赁公司下辖浙江中水发电设备有限公司、中水电融通租赁有限公司、中水电北固建设机械有限公司三家全资子公司，深圳能科达机械工程有限公司、深圳百业达机械设备租赁有限公司两家控股公司，以及中国水电建设集团国际工程有限公司、天津中基大地工程有限公司、深圳赛能达事业发展有限公司三家参股公司。

租赁公司主营业务是经营租赁、融资租赁及相关业务。经营范围：各种施工机械、车辆及其他机械和电气设备的租赁、销售、维修；融资租赁业务；各种零配件的生产、销售；提供相关的技术服务；电子产品、新材料、建筑装饰材料的销售和相关服务；科技信息和相关的技术服务；机械化施工；机械及电气设备的安装；进出口业务；危险化学品经营；焦炭批发；技术、管理咨询、培训、展览等。

租赁公司是多家国际施工机械设备著名品牌在中国水电工程领域的总代理，与世界各大施工机械生产厂商建立了长期友好的合作关系。租赁公司利用集团（股份）公司的整体优势，积极推进大型施工机械的租赁业务，努力实现资源合理配置及共享。租赁公司以水电产业为依托，积极向公路、铁路等基础建设项目渗透；以工程机械租赁为基础，不断拓展其他机电产品租赁市场；以经营性租赁为起点，逐步向金融性租赁发展。

租赁公司的战略定位：优化资源配置，优先发展经营租赁业务，规模发展融资租赁业务，创新发展营销贸易业务，稳健发展机械制造业务，提高管理水平，打造核心竞争力，实现科学可持续发展。到2012年，将租赁公司建设成为管理一流、品牌影响力明显、具有持续成长性和较强自主创新能力、可持续发展能力的质量效益型公司，成为一流的工程设备管理及设备提供商。

【领导班子】 2010年，租赁公司领导班子成员为：总经理、党委副书记吕瑞翔；党委书记、副总经理林玉杰；副总经理张斌、杨宁生、钱庆云；党委副书记、纪委书记、工会主席闫靖德；总工程师蔡启光；总会计师姚国良，总经济师卜五洲。

【2010年工作】 2010年，租赁公司坚决贯彻股份公司各项工作部署，实现了年度各项工作目标：

（一）经营业绩

全年完成营业收入8.8亿元，同比增长124.58%，较股份公司2010年初下达计划指标5.5亿元超出60%。实现自营利润总额6622万元，同口径同比增长88%，较股份公司2010年初下达计划指标3850万元超出72%。营业收入利润率为7.52%。总资产周转率为0.65次，比2009年增长0.2次，资产效率提高近45%；应收账款周转率为7.1次，比2009年增加4.43次。新增合同存量24亿元，同比增长近2.6倍。截至2010年底，租赁公司资产总额达15.6亿元，比2009年增加4.53亿元，增长近41%；资产负债率为72.54%；净资产收益率为20.56%，比2009年增长近5.4个百分点；EVA经济增加值为1500万元，较股份公司2010年初下达计划指标1000万元超出50%；国有资产保值增值率115.71%。

（二）确立新一轮三年战略发展规划

2010年，租赁公司根据自身发展实际，以原有三年战略规划为基础，制定了更切合实际、更富有远见的新一轮三年战略规划。新的三年规划，坚持以科学发展观统揽全局，在宏观战略上，强调转变企业发展观念、创新企业发展模式、调整业务运营结构、建设营销服务渠道、增强国际化经营能力；在具体发展策略上，立足租赁行业，有机整合融资租赁、经营租赁、营销贸易、机械制造四大主营业务，强调打造高效多元、长短结合、协调互补的业务组合；在实际运行过程中，注重建立衔接更为合理、流程更加规范、体系更为完整的产业价值链条；在最终目标上，把握旨在为客户提供最全面、最适用、最有价值的专业性业务解决方案，全力打造“中国水电租赁”品牌，确保股东价值最大化，力争将租赁公司建设成为“专业化、现代化、市场化的行业一流效益型公司”。

（三）强化现代企业法人治理结构

2010年，租赁公司各业务板块进入实体化运作的条件已基本成熟，为加快建立现代法人企业治理结构的进程，租赁公司适时相继注册组建了作为租赁公司开展国际国内融资租赁业务平台的境内关外公司——中水电融通租赁有限公司，组建了作为对接股份公司“双平台”建设的载体——中水电北固建设机械有限公司。至此，租赁公司初步形成了三个全资子公司、两个控股公司、两个参股公司、一个分公司的两级组织构架，并严格按照完善法人治理结构、规范科学制衡的要求，构建租赁公司两级法人组织的运行机制。

（四）创新各项内部管理

（1）强化经营管理。以股份公司开展“管理创效年”为契机，以落实管理创效益为中心，加大深化经营管理工作的力度，通过规范和完善统计报表制度、定时召开经营管理月度例会等措施，有效促进了租赁公司经营管理水平的提升，被股份公司评为管理创效活动先进单位。

（2）规范制度体系。2010年，租赁公司对原有规章制度进行了规模最大、涵盖面最广的一次修订和增补，编修完成了《租赁公司制度汇编手册（2010版）》。

（3）强化财务管理。2010年，租赁公司生产经营规模加速扩张，使得资金风险加大，为此租赁公司确立了以现金流管理为核心的整体思路，突出货币资金管理：制定了《租赁公司资金管理办法》，努力避免坏账风险；进一步夯实货币资金管理工作，合理控制存贷款规模，以较低的资金成本保证生产经营的需要；以股份公司加强预算管理水平、进一步开展全面预算管理工作的思路为指导，强化预算管理工作，为实现租赁公司财务预算管理全覆盖做好准备；积极关注国内财政、货币、税收政策的调整趋势，进一步优化税收筹划；进一步深化银企合作，积极探索满足生产经营规模的新融资渠道。

（4）落实审计整改。2010 年，租赁公司先后委托中天运会计师事务所进行了年度会计报表审计、接受集团（股份）公司对租赁公司 2006～2009 年经济责任情况的审计，并分别出具了相应的审计报告。之后，租赁公司专门召开了多次专题会议进行研究分析，明确整改责任部门、整改措施和时限要求，最终达到了相应的整改要求。

（5）加强人力资源规划与培训。按照新一轮发展战略规划，租赁公司坚持“党管人才”的原则，实施人才强企战略。以加快提升人力资源职业能力为目标，制定了《“十二五”人才规划纲要》，为确保该《纲要》的实施，又制定了《中国水电建设集团租赁控股有限公司三年人力资源规划》。继续加强员工培训工作，开展导师带徒活动。

（6）加强设备运行管理。修订完善了《施工机械设备安全操作和维护保养规程》、《安全生产突发事件应急预案》等相关制度；完成了设备评估以及验资手续；进一步落实设备管理责任，加强日常监管。租赁公司被股份公司评为“2010 年度安全生产优秀企业”；设备租赁部被股份公司评为“2010 年度安全生产先进项目部”。

（7）提升信息化建设水平。2010 年，租赁公司完成了网站域名更换，整体形象和功能得以提升。为满足各事业部、所属公司业务审批及管理流程的需要，对原有 OA 办公系统进行调整和升级。

（五）党建和精神文明建设工作

2010 年，按照集团公司党委的统一部署，租赁公司党委积极做好以下几方面的工作任务：一是积极开展“四好”领导班子创建活动，提升了各级领导班子引领企业科学发展的能力和水平；二是全面落实党风廉政建设责任制，推动和完善了惩防体系建设；三是建立完善廉洁从业制度，积极发挥纪检监察部门的监督职能，增强各级干部员工廉洁自律意识；四是开展廉洁从业专项教育、“创先争优”、“四强四优”和创建学习型组织等系列大型活动。

【年度工作会暨一届一次职代会】　2010 年 2 月 6 日，租赁公司在北京本部召开 2010 年度工作会议暨一届一次职工代表大会。集团（股份）公司总经济师、工会主席、租赁公司董事长王宗敏出席会议。

会上，王宗敏就国有大型企业改革发展思路发表了讲话；租赁公司总经理吕瑞翔作了题为《齐心协力　顺势勇为　加快推进公司战略调整、科学发展上水平》的工作报告；租赁公司党委书记、副总经理林玉杰传达了集团（股份）公司 2010 年工作会议暨一届一次职代会精神；租赁公司总会计师姚国良就租赁公司 2009 年财务预算执行情况及 2010 年预算情况进行了分析，并通报了租赁公司 2009 年经营业绩的考核情况；租赁公司副总经理钱庆云宣布了租赁公司企业文化手册及员工手册的正式发布；租赁公司党委副书记、纪委书记、工会主席闫靖德宣读了一届一次职代会形成的各项决议；租赁公司副总经理张斌宣读了对先进集体和个人予以表彰的文件。林玉杰作了题为《以科学发展观为指引提升公司竞争力促进公司快速健康发展》的总结讲话。

会议对租赁公司 2009 年度“四好”领导班子、文明单位（部室）、先进集体、劳动模范、中青年科技标兵、先进工作者进行了表彰颁奖。林玉杰与各经营部门、事业部、所属公司的党政主要领导分别签订了经营责任书、党风廉政建设责任书、安全生产责任书。

【年中工作会】　2010 年 7 月 15 日，租赁公司在北京召开了 2010 年年中工作会议。租赁公司所有在京领导、各单位负责人以及所有在京员工都参加了会议。股份公司总经济师、工会主席、租赁公司董事长王宗敏出席会议。

会上，王宗敏发表讲话，肯定了租赁公司在 2010 年上半年取得的成绩，并结合租赁公司当前形势，有针对性地就未来近十年的能源发展趋势以及集团公司下一步的重组方案作了阐述和讲解，并对租赁公司的发展和下一步的工作作了重要指示。租赁公司总经理吕瑞翔作了题为《总结经营成果　夯实发展基础　为全面完成年度工作目标而奋斗》的工作报告；总会计师姚国良作了租赁公司 2010 年上半年财务情况报告，对 2010 年上半年财务预算执行情况行了详细地分析；副总经理钱庆云作了题为《求真务实 齐抓共管 推动租赁公司安全管理水平上台阶》的专题安全工作报告。租赁公司党委书记、副总经理林玉杰进行总结讲话。

【公司第一次董事会】 2010 年 1 月 27 日，租赁公司在北京召开 2010 年第一次股东会及第一次董事会，股份公司总经济师、租赁公司董事长王宗敏以及租赁公司董事、监事参加了此次会议。

会议听取并审议了租赁公司 2009 年工作报告；听取并审议了租赁公司 2010 年经营计划；听取并审议了租赁公司 2009 年财务决算及 2010 年财务预算的报告；审议了租赁公司 2009 年利润分配方案；听取了北方租赁基地筹建及新公司设立情况汇报；听取了南方租赁基地筹划情况汇报；审议了租赁公司增加资本金的方案及相关情况；听取了租赁公司 2009 年机构设置情况汇报。

租赁公司组织机构图

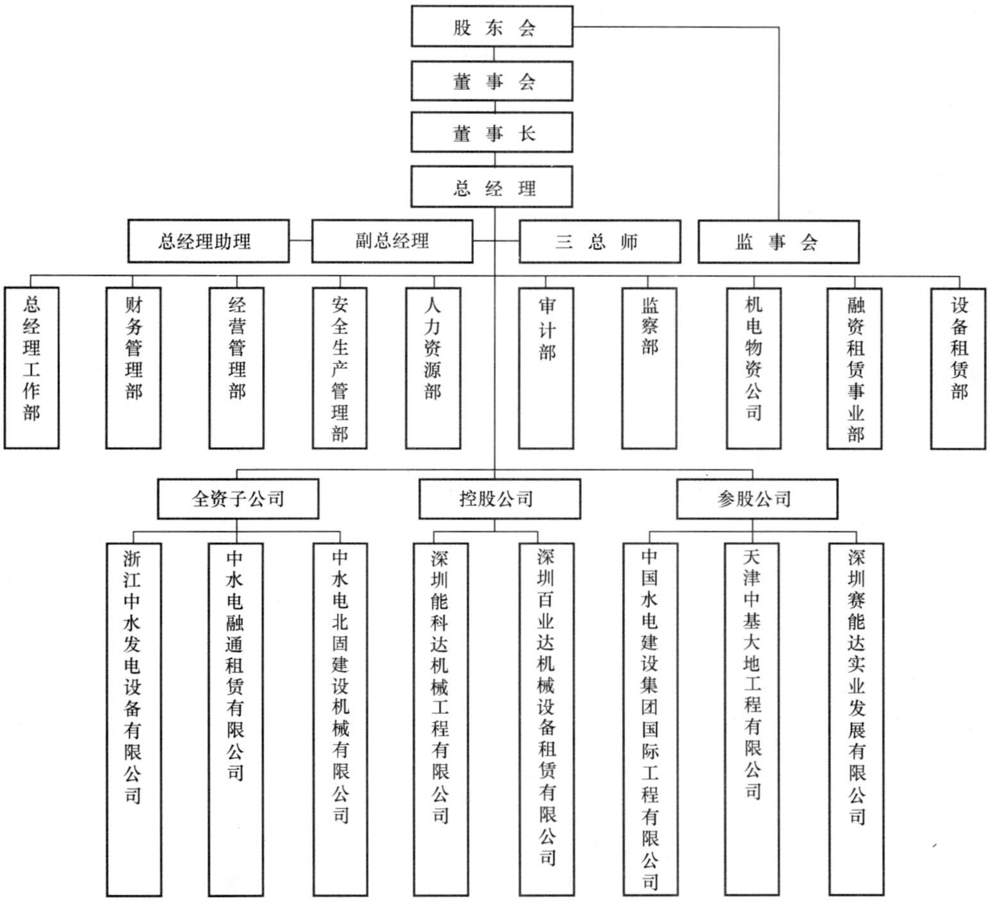

设备租赁、采购、制造业务

【构建集团公司租赁平台及开展设备租赁业务】 2010 年，租赁公司坚持以服务股份公司为中心，积极实践股份公司大型专用设备双平台建设，在降低股份公司设备存量、盘活设备资源、控制设备增量方面做了大量积极工作。

一是按照“南北两基地 ＋ 四个服务站”的整体规划，以华北、西南为区域中心，积极开展设备基地或服务站的建设工作：北方固安基地的建设已经全面展开，预计 2011 年基本完成；西南基地超前谋划，目前相关建设工作也在抓紧落实之中；昆明、华南、华东、新疆四个服务站也相继建成或正在统筹规划中。二是稳步开展股份公司各成员企业大型专用设备租赁、调剂工作。作为股份公司资源配置的主要承载单位，租赁公司凭借专业化、性能优越的设备和方式灵活的技术支持，已初步建立起了设备的租赁、调剂运行体系，2010 年有近 30 台套大型专用设备在系统内多个项目点的施工建设中发挥了积极作用。三是以授权成为股份公司大型专用设备承载单位为契机，对系统各成员企业的相关大型设备的闲置情况、原值、净值、技术性能以及资产账务等情况进行摸底，积极为闲置设备提供市场信息，并对部分设备进行了回购，为系统内多家单位完成闲置设备的对外租赁业务，在盘活系统内闲置设备资源方面进行了积极实践。

【融资租赁业务】 2010 年，融资租赁业务取得显著成效，融资方式和渠道取得新突破。在国家商务部获批的融资租赁企业试点中，租赁公司的经营业绩仅次于中联重科融资租赁（中国）有限公司。

一是通过不断进行业务创新、结构调整、品牌营销，经营规模在风险可控的前提下放量扩大，盈利水平显著提升，已成为带动各项业务共同发展的龙头与核心，对租赁公司其他业务的拉动作用进一步显现。二是在全面分析融资租赁业务发展面临的内外环境基础上，战略管理取得突破，制定了《融资租赁业务2010～2012年发展规划》，提出了融资租赁业务的发展定位和目标以及实现发展的具体措施。初步建立了解决融资租赁业务发展方向性问题的战略机制，为融资租赁业务层层有效分解、实现核心战略有效落地奠定了基础。三是融资租赁国际、国内保理业务取得突破，与中国银行、深圳发展银行等多家金融机构，就国际租赁、股份公司系统内租赁和社会租赁的部分融资租赁项目做了应收租金保理业务，实现了租赁公司自身乃至融资方式和渠道的重要突破，推动了融资租赁业务依靠自身造血机能满足发展需求的发展机制的形成。

【营销贸易业务】 创新营销模式，延伸产业链条。通过保兑仓、买断式营销等新型业务模式，租赁公司与多家系统外客户达成了合作，在多个区域市场中将产品范围延伸至能源产品、化工原料、基础建材等领域。

一是创新业务开展模式，以准金融业务发展为引领，大力开拓具有融资性质的新型营销业务——保兑仓、买断式营销、分期销售等业务，在稳步开展传统贸易营销业务的前提下，对贸易营销业务进行了积极创新；二是积极拓宽产品类型，面对传统营销市场逐渐呈现回落的趋势，超前谋划，顺势调整，及早入手，成功开拓了电石、石灰石、兰炭等化工能源原料的保兑仓业务，并探索和总结了一套针对新型业务规范操作的风险控制方法，取得了较好效果；三是全力拓展非水电市场，积极响应国家开发西部市场的战略要求，对西南市场、海南市场、西北市场进行了大力开拓，特别是在新疆市场打开了局面。

【机械制造业务】 为夯实机械制造业务基础，完善股份公司水电产业链条，2010年，租赁公司为机械制造业务制定了更贴近实际的发展策略，给予培育期，夯实传统水轮机组和其他产品的制造、加工业务基础，为承揽中小型水轮机组的生产制造、安装调试、技术技改业务积累市场商誉。

一是以打造基础产能为核心积极推进制造基地建设，2010年一期厂房已经投入运营，二期建设计划也上报股份公司审批；二是保证质量，稳步积累市场声誉，截至2010年，租赁公司顺利完成了贵州圆满贯、贵州杨家园、四川乌龟石、中美洲伯利兹瓦卡等十多个水电站机组的制作、安装，并顺利并网发电；三是在股份公司的大力支持下，继续拓展市场，制造业务首次进入新业主的采购视野，营销工作取得实效。

全资子公司

【浙江中水发电设备有限公司】 该公司是由租赁公司出资、在原富春江水电设备总厂改制的基础上于2005年9月23日演变成立的，注册资本2000万元，法定代表人吕瑞翔。公司经营范围为成套水力发电设备及配件、电站水电机械设备及配件、纺织专用机械设备、冶金机械设备、建筑工程机械设备以及金属结构件的制造、安装等业务并提供相关的技术服务，同时开展建筑工程机械设备和电梯设备的租赁、销售、维修等业务。

【中水电融通租赁有限公司】 该公司是租赁公司的全资子公司，于2010年12月17日成立，注册资本5000万元，法定代表人张斌。公司经营范围为：施工机械（港口设备除外）、电气设备的租赁、销售、维修；融资租赁；机械零配件的生产、销售；焦炭的销售；电子产品、新材料、建筑装饰材料的销售；货物和技术的进出口业务（限从事国家法律、法规允许经营的进出口业务）；相关技术咨询和管理服务。

【中水电北固建设机械有限公司】 该公司于2010年5月成立，是由租赁公司投资的法人独自企业，注册资本5000万元。公司经营范围为：大型设备零部件及钢构件制作生成；各种施工机械、车辆及其他机械和电气设备的租赁、销售、维修；电子产品、建设装饰材料的销售和相关服务；货物进出口，技术进出口；技术管理、咨询、培训、展览等业务；提供履带吊、汽车吊、高架门机、塔机等大型起重安装机械，液压抓斗、旋挖钻机等大型软基处理机械，以及大型土石方机械的租赁服务。

控股公司

【深圳能科达机械工程有限公司】 该公司成立于1993年，是集团公司与阿特拉斯·科普柯（香港）有限公司和香港敏达机械服务有限公司共同投资经营的合资企业，注册资本50万美元，法人代表吕瑞翔。2002年11月，阿特拉斯·科普柯（香港）有限公司授权深圳能科达机械工程有限公司负责其建筑与矿山产品在中国水利水电行业的总经销。公司经营范围为：机电设备及零配件的采购与批发、机电设备的技术服务、机械设备及零配件和机电成套设备的进出口、机电设备相关的技术及出口、工程机械翻新和设备维修、技术咨询。

【深圳百业达机械设备租赁有限公司】　该公司是由原中国水利水电工程总公司与水电五局有限公司、水电七局有限公司、水电八局有限公司等单位共同投资组建的有限公司，成立于1993年7月12日，注册资本2500万元，法人代表吕瑞翔。公司经营范围为：各种施工机械、车辆及其他机械、电气设备的租赁、销售；兴办实业；国内商业、物资供销业；进出口业务。

中国水电建设集团新能源开发有限责任公司

概　　况

【综述】　中国水电建设集团新能源开发有限责任公司（以下简称“新能源公司”）于2007年7月由中国水电建设集团投资有限责任公司（2004年7月成立）变更、在国家工商总局登记设立。该公司由中国水利水电建设集团公司（以下简称“集团公司”）、中国水利水电第十四工程局、中国水利水电第四工程局、中国水利水电十六局、中国水利水电第八工程局、中国水利水电第九工程局出资组建，集团公司控股，注册资本金5.168亿元。

新能源公司主要经营水电发电、风力发电、太阳能发电、生物发电等再生能源开发，实业、电力、热力、煤炭、交通、水务等基础设施项目的投资，投资咨询等。

集团公司根据国内风电行业投资逐步走向专业化的特点，成立新能源公司作为风电项目的投资和运营主体，实行专业化开发、管理和运营。新能源公司确定“依托中国水电品牌、利用内外资源、开拓国内国际市场、全面打造集团公司风电产业”总体战略，在集团公司的统一部署下，负责集团公司风电资源的规划布局、资源获取、项目前期工作、项目开发和发电运行。

几年来，新能源公司在风电、水电投资开发中积累了较为丰富的经验，培养了一批专业技术人才，有较强的专业优势和竞争力。为推动新能源事业的发展，新能源公司坚持按照集团公司战略部署和本公司战略目标，在发展进程中坚持“自强不息、勇于超越”的企业精神，秉承“顺势勇为、诚信守诺、科技领先、管理图强”的经营宗旨，恪守“热爱祖国、忠诚公司、爱岗敬业、团结协作”的行为规范，追求“为股东创效益、为社会担责任、为员工谋幸福”的核心价值观，努力将公司建设成为质量效益明显的专业化公司。

【领导班子】　新能源公司领导班子由6人组成：董事长（兼临时党委书记）王宗敏；总经理（兼临时党委副书记）吴洵；副总经理（兼临时纪委书记、工会主席、总法律顾问）刘瑞杰、魏达；总会计师沈沉；总工程师刘平。

【年度工作会议暨纪检监察会议】　2010年2月4～5日，新能源公司在北京召开2010年工作会议暨纪检监察会议。集团公司总经济师、新能源公司董事长兼临时党委书记王宗敏出席会议并作了重要讲话。新能源公司党政领导班子成员、各分（子）公司经营班子成员、公司总部员工共50余人参加了会议。

会上，董事长王宗敏对新能源公司2009年取得的成绩给予了充分肯定，就国企改革发展趋势和当前面临的形势进行了分析，并对新能源公司2010年工作提出了希望和要求：一是要加快市场开发步伐；新能源公司要采取多项措施，大力积极储备优质项目资源，为新能源公司的可持续发展奠定基础；二是继续完善管理规章制度体系建设，以电厂标准化管理为先导，尽快完善各模块管理体系，提升管理水平和管理效益；三是要切实抓好电厂管理；要逐步培育新能源公司的专业化运营检修队伍，认真、一丝不苟地抓好电厂管理各项工作；四是加强学习，提高认识，加强民主政治建设；要建立新能源公司职代会，完善企业民主管理，进一步调动和发挥全体员工的积极性，推动新能源公司更好更快发展。

会议传达了集团公司、股份公司2010年工作会议、纪检监察会议、安全生产会议精神；听取了吴洵作的工作报告；听取了刘瑞杰作的纪检监察工作报告；通报了对各分（子）公司2009年经营业绩考核情况，并签订了2010年经营业绩、党风廉政和安全生产三项责任书。会议还对2009年先进单位（部门）和先进工作者进行了表彰。

会议期间，新能源公司组织了“2010：新能源、新发展、新收获，凝聚团队力量、追求质量效益、实现跨越发展”的主题活动。

【第九次股东会暨二届四次董事会、监事会】 新能源公司第九次股东会暨二届四次董事会、监事会于2010年3月15日在北京召开。会议由新能源公司董事长王宗敏主持，股东代表、公司董事和监事参加了会议。

与会代表听取并审议通过了总经理吴洵所作的总经理工作报告、总会计师所作的《2009年财务决算报告》、《2010年财务预算报告》、《2010年融资计划草案》、《2010年项目投资计划》、《2009年度利润分配方案》。

【人力资源管理】 2010年，新能源公司积极推进落实《新能源公司2009～2012年人力资源管理规划》，组织对总部各部门及各分（子）公司办公系统人员进行了专业培训，培训内容涉及文秘、行政、人事、培训、信息化工作等。组织员工参加职业资格获取培训，全年共培训86人·次，培训费用36.44万元。完善绩效考核制度，为员工建立补充养老保险、补充医疗保险。组织职业技能竞赛，举办形式多样的活动，调动员工工作积极性，增强团体凝聚力。

【项目开发】 2010年，新能源公司依照集团公司批示，开展了辽宁省北票市王子山风电项目、河北省万全县风电项目的前期准备工作，并已取得了批复文件；签订了山东省海阳市、辽宁省阜新市、湖南省株洲县、山西省怀仁县、河南省卢氏县等地的风电开发协议。

【安全生产管理】 2010年，新能源公司坚持以贯彻落实“安全生产年”为主线，以全面落实“安全生产心中有数”精神为重点，开展安全生产月活动。活动中，学习了《国务院办公厅关于进一步加强安全生产工作的通知》，并紧紧结合本公司安全生产现状，认真开展了安全隐患排查、消防应急演练、重大危险源排查治理、反“三违”等四个专项整治工作，从而加强了各层面的安全检查力度和安全投入。

依据《风电场生产管理标准》，新能源公司根据各风电场机组点多、面广的特点，进行分类管理，进行不定期安全检查，发现隐患，及时整改。对在建风电场的关键部位、关键节点进行现场排查，对风机吊装等有可能出现安全风险的各个环节，制定详细措施，进行严格监管，确保不失控。

2010年，新能源公司没有发生任何安全生产事故，连续三年被股份公司评为“安全生产优秀企业”，贵州桐梓河水电开发有限责任公司、中水电中电风力发电有限公司、中国水电建设集团瓜州风电有限公司分别被评为“安全生产优秀项目部”。

【组织机构建设】 2010年，新能源公司按照精干、高效、复合的要求，设立了资源开发部，主要负责全国范围内资源获取与项目前期开发工作。各分（子）公司也根据项目进展对组织机构进行适时调整，明确职责权限，不断提高管控和执行力，有效推动了各项工作进展。

总经理工作部、党委工作部在工作面广、头绪多、任务繁杂、人员紧张的情况下，以饱满的热情有效发挥运转枢纽的作用，保证了新能源公司的正常运行；项目管理部是在建和运行项目管控、服务和信息交流的中心，2010年理顺了管理流程，在安全、质量、信息等方面工作出色，保证了在建和发电项目的正常运行；资源开发部在资源获取方面加大工作投入，在开拓辽宁、湖南等项目市场中取得重大进展；财务产权部在完成日常财务运转的基础上，完成了内蒙古分公司一期项目审计，协助分（子）公司完成融资和竣工结算工作，在规范财务管理、拓宽融资渠道等方面作了大量开创性工作。

【党群工作】 2010年，新能源公司临时党委认真贯彻集团公司党建工作会议精神，完善党建工作制度，健全党建组织机构，围绕生产经营中心，积极开展党建、纪检监察、工会等工作，促进了新能源公司持续和谐发展。

2010年，新能源公司制定了《新能源公司临时党委开展争创“四强”党组织争做“四优”共产党员活动方案》，并于2010年4月26日在新能源公司本部召开专门会议，对活动进行了动员和部署，明确活动的具体目标和要求，全面拉开“创先争优”活动的序幕，同年底活动取得显著成效。坚持反腐倡廉，积极开展廉洁从业教育，制定下发了《中国水电建设集团新能源开发有限责任公司开展廉洁从业专项教育活动实施方案》、《中国水电建设集团新能源开发有限责任公司加强廉洁文化建设的实施方案》，明确廉洁文化建设的目标要求，全面启动廉洁文化建设工作。强化监督，公司上下级之间分别签订廉政建设责任书，进一步加大了预防和治理腐败行为的力度。

【效能监察】 根据新能源公司2010年效能监察工作计划和立项意见，对各分（子）公司进一步加强效能监察工作的领导，完善效能监察工作责任体系，有针对性地开展事前、事中、事后监察。在与设计、监理、施工单位以及设备制造单位的经济、业务往来中，严格执行廉洁从业规定；在工程设备招标过程中，均严格按照新能源公司招标管理规定和设备物资采购管理规定进行，始终坚持合法、公开、公正原则，未发现关联交易和暗箱操作的事项。

2010年8月，新能源公司向股份公司上报了贵州桐梓河水电开发有限责任公司效能监察材料并进行经验交流。2010年9月，对甘肃瓜州干河口第四风电场工程项目实施效能监察，规范安全生产管理，严格设备物资管理，节能降耗，控制管理成本，规范、闭合管理流程和管理环节，提高了管理效率和效益。

【企业文化建设】 2010年，新能源公司临时党委和工会进一步推进和落实《关于加强新能源公司企业文化建设工作的通知》，深入基层对企业文化建设进行调研。通过积极开展“三创建”、各层级职工专业与素质培训、职工之家建设等活动，建立困难职工帮扶基金并完善相关管理办法、组织员工进行定期体检、关注员工身心健康等，逐步构建起新能源公司“敬岗爱业，忠诚公司；团结协作，坚忍不拔；脚踏实地，建立最强的执行力”的特色企业文化。

各分（子）公司还在办公区、厂区内悬挂、张贴企业精神、核心价值观、经营宗旨、员工守则和形象标识，并通过多种载体建设良好的工作氛围和符合发展的企业文化，凝聚人心，形成合力，促进新能源公司和谐发展。

【成立资源开发部】 2010年3月，在风电资源争夺日益激烈的形势下，新能源公司专门成立了资源开发部，主要负责全国范围内风电、小水电资源的获取工作以及分（子）公司项目前期开发进度的协调和管理。该部门成立以来，签订了多个省份的风电开发权，并配合北票筹备处推进了辽宁省北票王子山风电场的前期工作。

新能源公司组织机构图

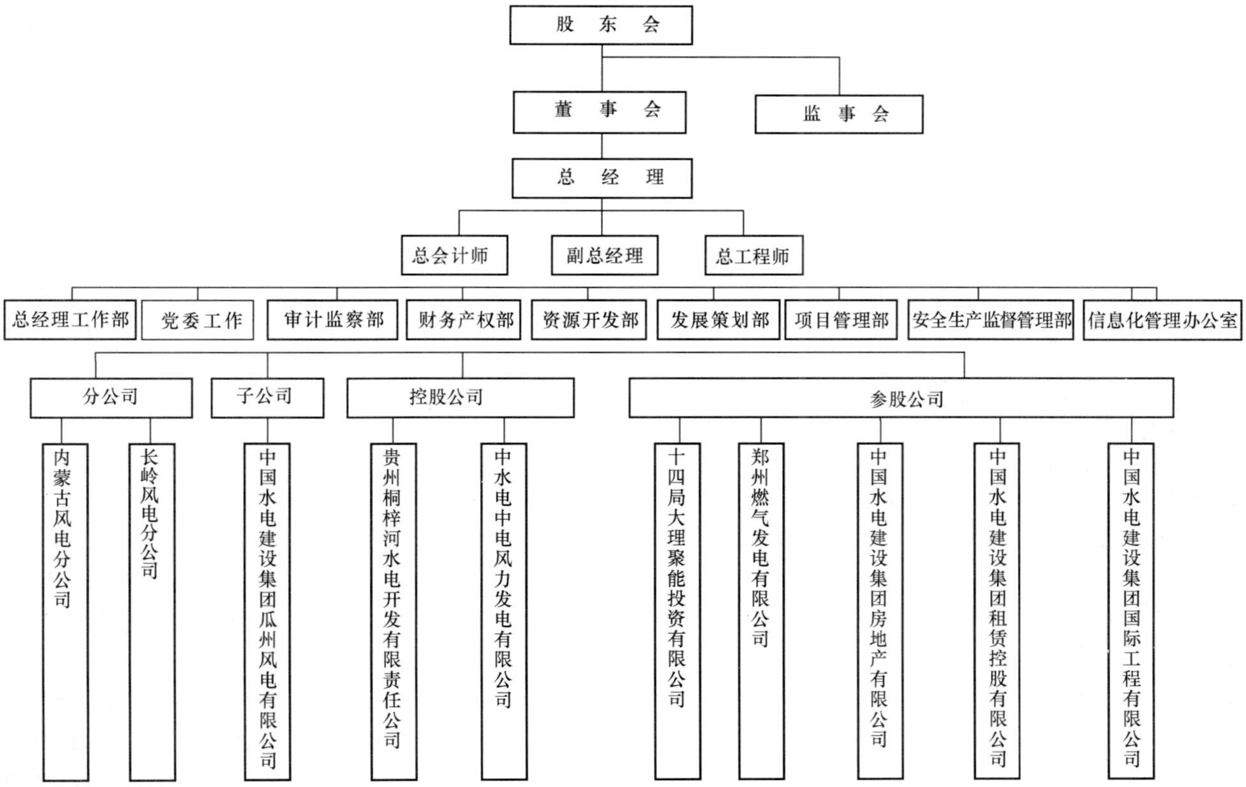

【杨家园水电站并网发电】 杨家园水电站位于贵州省习水县二郎乡，地处赤水河一级支流桐梓河下游河段，是贵州省的重点工程项目之一，由集团公司控股的贵州桐梓河水电开发有限责任公司投资兴建，

也是集团公司在桐梓河上投资兴建的第二座水电站。大坝为碾压混凝土双曲拱坝，电站装机容量40兆瓦，平均发电量1.389亿千瓦·时。

2010年5月8日，电站首台机组顺利并网发电。同年6月17日，第二台机组投产发电。

【洪格尔项目二期通过核准】　该项目位于内蒙古锡林郭勒盟阿巴嘎旗，建设规模为49.5万千瓦，规划安装33台1500千瓦风力发电机组，概算总投资4.1亿元。2010年9月23日，内蒙古自治区发展改革委以内发改能源字〔2010〕2147号《关于中国水电灰腾梁二期4.95万千瓦风电项目核准的批复》核准该项目。

投资开发

【长岭风电项目一、二、三期】　长岭风电项目一期全部在运营阶段，全部风机在厂家质保内进行正常运行维护。2010年发电量9177万千瓦·时，销售收入5632万元；实现全年净利润1621万元，上缴利税1262万元。

长岭风电项目二期全部在运营阶段，全部风机在厂家质保内进行正常运行维护，2010年发电9211万千瓦·时，销售收入4799万元，实现净利润862万元。

长岭风电项目三期，2010年6月13日完成微观选址，同年7月18日由吉林省电力公司受吉林省能源局委托以吉电发展〔2010〕695号文件批复《吉林长岭王子风电场三期工程预可行性研究报告审查意见》，同年8月18日吉林省电力勘测设计院完成地址详勘。

【洪格尔风电项目一、二期】　洪格尔风电场（电网名称为贝力克风电场）位于内蒙古锡林浩特与阿巴嘎旗交界的辉腾梁草原上，总占地面积65.34平方千米，规划装机容量30万千瓦，分六期开发。

一期工程共安装发电机组66台，总装机容量4.95万千瓦。2008年11月27日首台机组并网发电。

二期工程项目位于内蒙古锡林郭勒盟阿巴嘎旗，建设规模为49.5万千瓦，规划安装33台1500千瓦风力发电机组，概算总投资4.1亿元。2010年9月23日，内蒙古自治区发展改革委以内发改能源字〔2010〕2147号《关于中国水电灰腾梁二期4.95万千瓦风电项目核准的批复》核准该项目。

【桐梓河水电开发项目】　该项目位于贵州省遵义市境内的桐梓河上，新能源公司控股开发的3座电站是圆满贯、杨家园和兰子口水电站，设计总装机容量11万千瓦，开发预计总投资约12.72亿元。

圆满贯水电站位于贵州省仁怀市火石岗乡，总装机容量4万千瓦，2006年7月开工，由于国家和地方政府现行征地和移民安置补偿标准的大幅增加，贵州省发展改革委批准的投资总额为5.0189亿元，由于地质资金调整概算又增加，预计最终概算为5.167亿元。2010年9月16日，电站库区510米以上移民专项验收合格。

杨家园水电站位于贵州省习水县二郎乡，总装机容量4万千瓦，由于国家和地方政府现行征地和移民安置补偿标准的大幅增加，杨家园水电站总投资约为4.2亿元。2010年3月28日，电站下闸蓄水；同年2月5日，完成1号机组转子吊装；同年5月8日，首台机组并网发电。2号机组定子于2010年5月19日吊装完成，转子于同年5月26日吊装完成，同年6月17日2号机组并网发电，同年8月30日电站主体工程提前完成了目标责任书中最后一个节点要求。

兰子口水电站位于贵州习水县回龙乡境内，属桐梓河干流水电梯级开发规划的第八级梯级电站（最末级电站），装机容量为2×15兆瓦，预计总投资约为3.3亿元。

【干河口风电项目】　瓜州干河口第四风电场规模为200兆瓦，2010年5月15日开工，预计于2011年3月全部完工，总计工期15个月。截至2010年12月底，先后完成了64千米场内施工道路、133台风机基础开挖、混凝土承台浇筑、接地系统、箱变基础浇筑、133台风机安装工作。

国家发展改革委能源局和甘肃省人民政府于2010年11月3日在北京和瓜州举行了酒泉千万千瓦风电一期竣工、敦煌750千伏输出线路投运和二期风电启动的仪式。

【如东风电项目】　该项目位于江苏省如东县北凌外滩的潮间带上，历经两年多认真筹备，目前已完成核准需要的所有专题评审工作。

2010年5月15日，《中水电江苏如东海上风电场（潮间带）100兆瓦示范项目安全预评价报告》通过由水电水利规划设计总院主持的审查。2010年8月5日，中水电江苏如东100兆瓦潮间带风电场示范工程二次接入系统设计报告，通过了江苏省电力公司主持召开的评审会议。2010年12月28日，项目勘察设计合同签字仪式在北京举行。中国水电建设集团新能源开发有限责任公司总经理吴洵与中国水电顾问集团中南勘测设计研究院副院长刘路平分别代表合同甲乙方在合同协议上郑重签字。

【北票风电项目】 该项目位于辽宁省朝阳地区北票市东北约60千米处，安装1500千瓦风力发电机组33台，总投资45155.49万元。2010年5月，电场第一版可行性研究报告编制完成，同年6月30日获取辽宁省物价局《关于中国水电建设集团新能源开发有限责任公司阜新盘山楼、北票王子山风电场上网电价承诺函》，同年12月17日获取辽宁省发展改革委《关于请协助推进中国水电北票王子山风电场前期工作的函》，允许开展前期工作。

【万全风电项目】 该项目位于河北省张家口市万全县境内，规划装机容量30～49.5兆瓦，安装20～33台单机容量为1500千瓦的风力发电机组。2010年5月，经股份公司批准，该项目正式启动；同年10月，河北省发展改革委同意开展项目前期工作；同年11月，完成项目可行性研究报告（初稿）。

【株洲风电项目】 2010年10月20日，新能源公司有关领导在株洲市与株洲政府签订了朱亭镇风电开发项目合作协议，装机容量20万千瓦，拟投资20亿元。

同日，湖南省长徐守盛会见中国水电建设集团股份公司董事长范集湘。徐守盛省长希望与中国水电建设集团股份公司在巩固已有合作的基础上，加强在水利水电资源开发、城市基础设施建设、房地产、劳务输出、人才培养等领域的合作，实现互惠双赢。湖南省将一如既往地创造良好环境，支持中国水电建设集团股份公司在湘发展。范集湘董事长表示将在水利水电、水工机械、新能源等方面，加大在湘投资力度，促进湖南省经济发展。

目前，株洲风电场项目各项工作严格按照协议顺利推进，已在朱亭镇等地建设了4个测风塔，测风数据采集良好。

【淖尔梁风电项目】 该项目位于内蒙古自治区呼和浩特市武川县哈乐镇，是武川县已规划的6个风电场之一，占地面积约80平方千米，项目规划装机容量30万千瓦。一期装机容量4.95万千瓦，安装33台单机容量为1500千瓦风力发电机组，年发电量约12117万千瓦·时。

【者磨山风电项目】 由新能源公司参股投资建设的大理者磨山风电场二期工程位于云南省大理市西南面的者磨山上，与者磨山风电场一期工程紧紧相邻。项目装机容量为15兆瓦，安装单机容量750千瓦的风力发电机组20台。

电场二期工程自2010年5月6日开工；同年9月17日首批3台机组成功并网发电；同年11月8日20台机组全部并网投产发电。至此，大理者磨山风电场二期工程全部顺利建设完成。

【郑州燃气电站项目】 郑州燃气发电有限公司由新能源公司参股组建，该公司开发的郑州燃气电站项目是“西气东输”的配套工程，2005年3月4日通过国家发展改革委核准，建设经营两台390兆瓦燃气—蒸汽联合循环发电机组，项目总投资23.83亿元。

该电站位于郑州高新技术产业开发区西部，占地面积15.96万平方米；电站燃料来源为“西气东输”工程的天然气，冷却水源为郑州市污水处理厂处理过的城市中水，电力送出由500千伏线路并入河南电网；机组设计年利用小时数为3500小时，年发电量26亿千瓦·时。

该电站项目两台机组分别于2007年1月4日和2007年4月21日通过168小时试运行。2008年5月，取得由河南立亚会计师事务所有限公司出具的《郑州燃气电站（2×390兆瓦）燃气蒸汽联合循环机组工程竣工决算审核报告》，标志着该电站联合循环机组工程建设各项工作基本结束。

控股子公司及分公司

【吉林长岭风电分公司】 该公司成立于2005年3月17日，是新能源公司的全资非法人公司。2010年总发电量为9177万千瓦·时，销售收入5632万元，实现全年净利润1621万元，上缴税款1199万元。

【内蒙古风电分公司】 该公司是经中国水电建设集团新能源开发有限公司批准成立，在内蒙古锡林郭勒盟阿巴嘎旗工商行政管理局注册的非法人公司，由新能源公司直接管理，负责在内蒙古自治区、河北省投资开发风电项目。

由内蒙风电分公司负责开发建设的内蒙古锡盟灰腾梁洪格尔风电场一期工程于2007年7月开工，2008年11月完工，累计投资4.2亿元。二期工程于2010年9月23日获得核准。

【贵州桐梓河水电开发有限责任公司】 2006年6月14日，新能源公司（原中国水电建设集团投资有限责任公司）与中国水利水电第九工程局有限公司

(原贵州久巨投资有限责任公司)、遵义神禹科技实业有限责任公司就共同开发桐梓河圆满贯、杨家园、兰子口梯级水电站签署了《合作协议书》，并共同出资组建贵州桐梓河水电开发有限责任公司，进行上述水电站的开发建设。2010年9月25日完成工商注册登记，注册资本1亿元人民币。股权比例分别为新能源公司62%，中国水利水电第九工程局有限公司30%，遵义神禹科技实业有限责任公司8%。

2009年2月27日，董事会研究决定，聘梁晓东任贵州桐梓河水电开发有限责任公司副总经理兼总工程师。2009年4月24日，公司临时股东会通过增加注册资本2000万元，增加后注册资本为1.2亿元人民币。中国水利水电第十一工程有限公司也成为公司新股东。2009年8月26日，董事会研究决定，聘王敖召任贵州桐梓河水电开发有限责任公司副总经理兼总工程师，唐新民不再担任贵州桐梓河水电开发有限责任公司副总经理，梁晓东不再兼任贵州桐梓河水电开发有限责任公司总工程师职务。2009年12月9日，根据增加股东单位和人事工作变动等情况，桐梓河公司股东会审议通过新一届公司董事会由吴洵、陈学云、魏达、高留发、陈卫平、席阳、韦自祥7人组成，吴洵为董事长，陈学云为副董事长，席阳任公司总经理，王敖召任董事会秘书。监事会由牛健、石冬梅、白化忠、舒艳明组成，牛健为监事会召集人。

该公司下设综合部、财务部、计划合同部、工程技术部、机电设备管理部、安全生产监督管理部6个部门，并在公司内部设置两个分支机构圆满贯水力发电厂和杨家园水力发电厂，均属公司非法人、内部非独立核算单位。

【中水电中电风力发电有限公司】 该公司成立于2008年5月20日，注册资本金15631.84万元，新能源公司出资55%，中电风力发电有限公司出资45%。公司董事长王宗敏（新能源公司），副董事长杨明才（中电风力发电有限公司），总经理张秋野（新能源公司）。

2010年4月12日，中水电中电风力发电有限公司电力业务许可证办理完毕。2010年实现销售收入4799万元，全年净利润862万元，上缴税款1035万元。

全资子公司

【中国水电建设集团瓜州风电有限公司】 该公司成立于2009年12月，是新能源公司的全资子公司，注册资本金2.2亿元。该公司主导产业为投资开发、经营风力发电、小水电、太阳能等可再生能源。该公司设董事会、执行监事和经营管理机构。董事长（法定代表人）王宗敏，董事会董事王宗敏、吴洵、吴建伟，执行监事刘瑞杰，总经理吴建伟。该公司下设综合管理部、财务产权部、计划合同部、工程技术部、生产运营部、安全生产监督管理部6个部门。

参股公司

【郑州燃气发电有限公司】 该公司是中国电力投资集团公司、中国水利水电建设集团公司、郑州高新国有资产经营有限公司共同发起组建的，共同投资开发郑州燃气电站工程。2004年6月17日，该公司在河南省郑州市正式注册，2010年6月10日，公司原股东中国电力投资集团公司将其持有的公司股权全部无偿转让给中电投河南电力有限公司。2010年7月9日，公司完成股权变更工作，股东为中电投河南电力有限公司、中国水电建设集团新能源开发有限责任公司、郑州高新国有资产经营有限公司。

公司董事长梁华军（中电投河南电力有限公司），副董事长王宗敏（中国水利水电建设集团公司），总经理董宝林（郑州燃气发电有限公司），监事会主席丁永泉（中国水利水电建设集团公司）。

2010年，该公司获得诸多荣誉称号：被中国电力投资集团公司授予“2010年度综合统计工作先进单位”荣誉称号；被中电投河南电力有限公司评为“党纪国法企规教育年”活动先进单位；被中电投河南电力有限公司授予“2010年度先进集体”荣誉称号；被中国电力设备管理协会授予“第三届全国电力行业设备管理工作先进单位”荣誉称号；被河南省电力监管办授予“2010年度全省电力安全生产先进单位”荣誉称号；公司党委获中电投河南电力有限公司“减亏增效、党员先行”主题实践活动先进党组织荣誉称号。

【大理聚能投资有限公司】 该公司是由中国水利水电第十四工程局和新能源公司共同出资，于2007年11月在云南省大理市注册成立的投资公司，注册资本为7600万元，其中水电十四局出资70%，新能源公司出资30%。公司的经营范围为：风力发电和中小型水电站投资；清洁能源开发；水务、市政投资等项目。

中国水电建设集团房地产有限公司

概　　况

【综述】　中国水电建设集团房地产有限公司（以下简称“房地产公司”）是中国水利水电建设股份有限公司（以下简称“股份公司”）的控股企业。2005 年 9 月，经国务院国资委核准，股份公司成为具有房地产主业的 16 家中央企业之一，房地产公司承担股份公司房地产统筹发展任务，具有房地产开发壹级资质，注册资本金 6 亿元。

房地产公司的核心任务为房地产开发与经营，是面向全国市场，集土地开发、房地产开发、物业管理为一体，产品覆盖住宅、写字楼、零售物业、酒店等多种物业的房地产品牌资产综合运营商。目前，已先后在北京、天津、贵阳、成都、绵阳、昆明、长沙、武汉、都江堰等城市进行了房地产开发，“中国水电地产”品牌实力日渐彰显。

截至 2010 年底，房地产公司在北京、成都、贵阳、长沙等设有子（分）公司 12 个，员工人数 434 人。

房地产公司以高品质需求为立足点，满足人们对美好生活空间的向往，引领客户共享卓越空间，并致力于消费者、投资者、企业员工以及社会利益的最大实现为企业使命；以成为中国领先的，具备较强品牌竞争力、投融资能力的房地产发展运营商为企业愿景；以品质、诚信、责任为企业价值观；以品质的保障为品牌定位；以恪守专业、诚信的原则，致力于提供一流品质的房地产物业产品和完善的服务为品牌承诺。时刻铭记央企社会责任，积极发挥中国最大的水电施工企业资源优势，决心不断做强、做大“中国水电地产”品牌。

2010 年，房地产公司以科学发展观为统领，认真贯彻落实股份公司战略指引，在复杂多变的国家宏观经济和房地产市场形势之下，在国家持续加大房地产市场调控力度的政策背景之下，理性审慎分析内外部市场环境，积极应对经营难度和风险，扎实深入调研，果敢把握机遇，全面加大市场开拓力度，取得了全年成功竞获 6 个项目地块、公司业绩考核主要经济指标在股份公司投资类公司中均名列前 3 名的历史性突破和突出业绩。房地产公司发展战略规划编制完成并实施，企业治理管理水平全面提升。房地产公司以 6 亿元资本金起步，创造了近 80 亿元的资产规模，重组后 5 年内总资产增加了 12 倍，实现了财务杠杆的最大化。多项目、跨区域发展战略格局初步建立，为推进股份公司利润增长，做强、做大房地产板块，推进公司转型升级上水平，“十二五”再上新台阶及可持续发展奠定了坚实基础。

2010 年，房地产公司新开工面积 39 万平方米，竣工面积 45.2 万平方米，在售项目销售 4265 套住房，车位 532 个。全年完成项目投资 63 亿元，资产总额增加到 74.86 亿元，实现营业收入 25.85 亿元，实现利润总额 2.98 亿元，企业经营管理成绩主要表现在以下方面：主要经济指标再创历史新高，经营业绩实现跨越式增长；年度土地储备取得重大历史性突破，市场拓展规模效应开始呈现；销售目标超额完成，“中国水电地产”品牌影响力日益增强；项目建设顺利推进，在建工程项目管理水平显著提升；树立创新理念，财务资金管理成为保障公司健康发展的重要支撑体系；战略及管理体系研究取得重要成果，公司完成从培育期向成长期的飞跃；认真落实“跨越工程”部署，股份公司上市涉及房地产项目核查各项配合工作圆满完成；公司第一次党员代表大会胜利召开，党建、纪检、监察工作和企业文化建设深入开展。

【领导班子】　房地产公司经营班子由 11 人组成：董事长、党委书记夏进；总经理、党委副书记万小伦；常务副总经理杨宝林；副总经理母连生、杨振明、王国良、薛志勇、周济、李永前；党委副书记、纪委书记李贵；总会计师秦普高。

【2010 年工作会议】　2010 年 2 月 8～9 日，房地产公司 2010 年工作会议在北京召开。公司经营班子成员、各子（分）公司班子成员、有关负责人、公司本部部门负责人、职工代表共 130 余人参加了会议。

集团公司总经理、股份公司董事长、党委书记范集湘，股份公司副总经理，房地产事业部总经理孙洪水出席会议并作重要讲话。集团公司党委书记、股份公司总经理刘起涛致电向会议的召开表示祝贺。房地产公司董事长夏进在会上讲话，总经理万小伦作工作报告。

会议首先传达了集团公司、股份公司2010年工作会议暨一届一次职工代表大会，股份公司2010年安全生产工作会议，国资委、集团公司、股份公司2010年纪检监察工作会议精神。

范集湘在讲话中进一步明确指出，集团公司、股份公司将积极发展房地产业务，在抑制投机性购房的同时，国家把保障性住房建设及城市棚户区改造工程放在房地产业发展的重要位置，在财政、金融和土地政策上给予大力支持。以市场为导向，加快业务结构的调整是必然选择。投资板块、房地产板块要更多地承担支撑集团公司、股份公司利润的增长，并以此支持国际国内建筑施工板块增强低成本竞争力。

孙洪水在讲话中指出：房地产业务的发展对于集团公司和股份公司未来的发展具有重要意义，要深刻领会房地产公司当前面临的形势和任务，努力推进房地产公司持续、快速、健康发展。

夏进在会上作了《解放思想、顺势而为、勇挑重担、塑造品牌、为集团房地产业务发展作出更大贡献》的讲话。万小伦总经理作了《肩负责任与使命、直面机遇和挑战、努力创造房地产公司发展新业绩》的工作报告。

房地产公司班子副职分别在会上作了述职报告。与会代表对会议工作报告进行了分组讨论。会议宣读了《关于授予母连生等七位同志2009年度特别贡献奖的决定》。同时，房地产公司与各（子）分公司在会上签订了2010年经营业绩考核和党风廉政建设责任书。

【年度董事会、股东会】　2010年3月16日，房地产公司第一届七次董事会、监事会会议在北京召开。股份公司副总经理、房地产事业部总经理孙洪水出席会议并作重要讲话。房地产公司全体董事、监事出席了会议，公司经营班子成员列席了会议。房地产公司董事长夏进主持会议。

孙洪水在讲话中指出，要根据股份公司的战略要求，进一步强化房地产事业部的职能建设，引领股份公司房地产板块的发展；要进一步建立健全适应行业竞争要求的薪酬体系和人才进退机制，为房地产公司的可持续发展提供保障；要进一步加强项目管理和市场研究，为股份公司科学决策提供支持；要进一步加强品牌建设和科技进步推广工作。

会议听取并审议了《关于房地产公司2009年董事会工作报告的议案》、《关于房地产公司2009年总经理工作报告的议案》、《关于房地产公司2009年监事会工作报告的议案》等议案，对房地产公司董事会和监事会2009年度工作进行了全面总结和回顾。会议还听取并审议了《关于房地产公司2009年度财务决算和2010年度财务预算方案的议案》等议案，并同意提交房地产公司股东会审议。

2010年5月26日，房地产公司在北京召开第六次股东会，股东代表股份公司总会计师孙璀、水电二局有限公司总经理刘国栋、新能源公司总经理吴洵出席会议。房地产公司董事、监事及公司领导班子成员列席了会议。会议由房地产公司董事长夏进主持。

会议听取并审议了《房地产公司2009年董事会工作报告》、《房地产公司2009年度监事会工作报告》、《房地产公司2009年度财务决算和2010年财务预算方案》等8项议案；通过了《房地产公司2009年董事会工作报告》、《房地产公司2009年度监事会工作报告》、《房地产公司2009年度财务决算和2010年财务预算方案》、《房地产公司2010年度投资计划方案》、《房地产公司2010年度融资方案的议案》和《房地产公司2009年度利润分配方案》。

会议认为，2009年，房地产公司在股份公司领导及股份公司各部门的支持下，公司董事会和经营班子勤勉工作，努力进取，全面完成了年初制定的各项经营目标。股东会充分肯定公司董事会和经营班子过去一年的工作。

与会股东表示，2010年是房地产公司发展进程中重要而关键的一年。面对多变的政策形势和波动的市场环境，全体股东将一如既往地支持房地产公司的发展。

房地产公司董事会及经营班子表示，在股份公司发展战略指引下，公司将努力把握复杂形势，充分利用好股份公司给予的大力支持，在提升公司内部管理能力、持续打造优秀执行力的基础上，努力完成好2010年各项工作目标，确保公司科学稳健发展，为股份公司房地产板块又好又快发展作出新的贡献。

【所获荣誉】　2010年，房地产公司荣登“第十届中国地产发展年会2009～2010年度先锋企业”榜；北京“美立方家园”项目夺得“2009年度最受搜房网友关注热销楼盘”大奖；中国水电大厦（四川）获深圳市第十四届优秀工程勘察设计公共建筑二等奖，被评为2010年成都市物业服务“十佳写字楼”；成都

“西岸观邸”项目获2010年成都市物业服务“五星级住宅小区”称号；长沙“星城映象”项目荣获2010年长沙低碳先锋楼盘称号、2010年长沙十佳规划设计楼盘称号。房地产长沙公司受邀为长沙市房地产协会副理事长单位，被评为2010年湖南最受尊敬企业，取得3A信用等级企业，获长沙统计工作先进单位。长沙公司工程部荣获国务院国资委授予的“中央企业红旗班组（科室）”称号。贵阳“观山湖1号”项目获2010贵阳地产年度品牌称号。房地产绵阳公司获绵阳市传媒大奖十大品牌开发企业、绵阳楼市贡献力企业、绵阳市2010年纳税先进企业一等奖。

【战略及管理体系建设】　为明晰发展战略，改进和完善管理体系，促进管理水平和专业能力不断提升，从2009年11月起，房地产公司开展了历时一年的战略及管理体系建设工作。通过借助外部咨询公司，共同对公司进行了全方位的诊断，在充分认识公司优、劣势的基础上，对公司发展战略进行了全方位梳理，进一步规范和强化公司的组织管控体系和授权体系、优化业务流程体系、完善人力资源及绩效考核体系。

通过一年多的时间，完成了房地产公司业务流程、战略规划体系、组织管控体系、制度流程管理体系、绩效考核与人力资源管理体系等的全面梳理，建立了基于房地产项目价值管理的母子公司管控体系和授权体系，调整了房地产公司组织架构，明确了部门职责。完成了房地产公司在投资评审、计划管理、预算管理、成本管理、采购管理、设计管理、工程管理等全环节管理流程及管理程序的梳理和优化等各项工作。同时，针对房地产项目开发的特点，认真分析业务流程中的管理问题和难点，剖析各项业务流程中影响效率和效益提升的管理薄弱环节，编写了组织管理手册和权责手册、10个业务流程、56份工作指引，推行后对提升工作效率、促进专业水平与管理水平起到了推动作用。

制定了房地产公司近、中、远期战略规划，提出了分三步走、三阶段的发展战略：第一阶段（2010～2012年）战略目标是稳步发展，苦练内功，建立高素质的人才梯队，增加土地储备，在2012年，公司营业收入要到达50亿元；第二阶段（2013～2017年）战略目标是加快发展，培育核心能力，整合资源，区域领先，2015年实现营业收入100亿元；第三阶段（2018年以后）的战略目标是成为中国领先、具备较强品牌竞争力、投融资能力较强的房地产开发运营商。

【党建工作】　2010年，房地产公司党委坚持以邓小平理论和“三个代表”为指导，学习贯彻科学发展观，围绕公司经营发展，积极开展党建工作。加强党的制度建设，印发了《中国水电建设集团房地产有限公司党委中心学习组学习制度》等多项制度；加强党的组织建设，新成立了绵阳、门头沟、二分公司3个党支部，调整了四川联合党支部，批复通过了绵阳公司、门头沟公司、二分公司党支部的委员组成；积极创建“四好”班子；召开了年度民主生活会；认真开展创先争优活动；认真开展“五个模范”党员评议活动。

【第一次党员代表大会】　2010年8月11～12日，房地产公司召开第一届党员代表大会。集团公司总经理、股份公司董事长、党委书记范集湘，集团公司、股份公司党委工作部主任段尚毅，房地产公司临时党委书记、董事长夏进，临时党委副书记、总经理万小伦等50名党员出席会议。范集湘在会议开幕式上发表重要讲话。大会听取、审议并通过了临时党委、临时纪委的工作报告；充分肯定了房地产公司各级党组织在加强党的领导、改进党的自身建设、推进公司发展等方面的成绩，提出了今后几年的发展目标、工作重点，对主要任务进行了部署；对房地产公司党建工作和纪检工作提出了要求和建议。大会按照组织程序投票选举产生了第一届委员会、第一届纪律检查委员会，产生了第一届党委书记、纪委书记。

【企业文化建设】　2010年，房地产公司努力建设企业文化，不断整合员工力量，积极实现制定的目标。以股份公司整体文化为基础，统一标识，统一行动，积极主动开拓创新。将企业文化建设纳入公司新的发展规划，结合自身经营管理，打造“中国水电地产”企业文化。确定公司未来发展的使命为“实现国资保值增值，彰显国企社会责任，创造永恒居住文化，提供广阔发展空间”；企业愿景为“成为最值得信赖的房地产行业领先者”；企业价值观为“品质、诚信、责任”。积极创建廉洁文化，为经营管理建立风清气正的良好环境。

房地产公司组织机构图

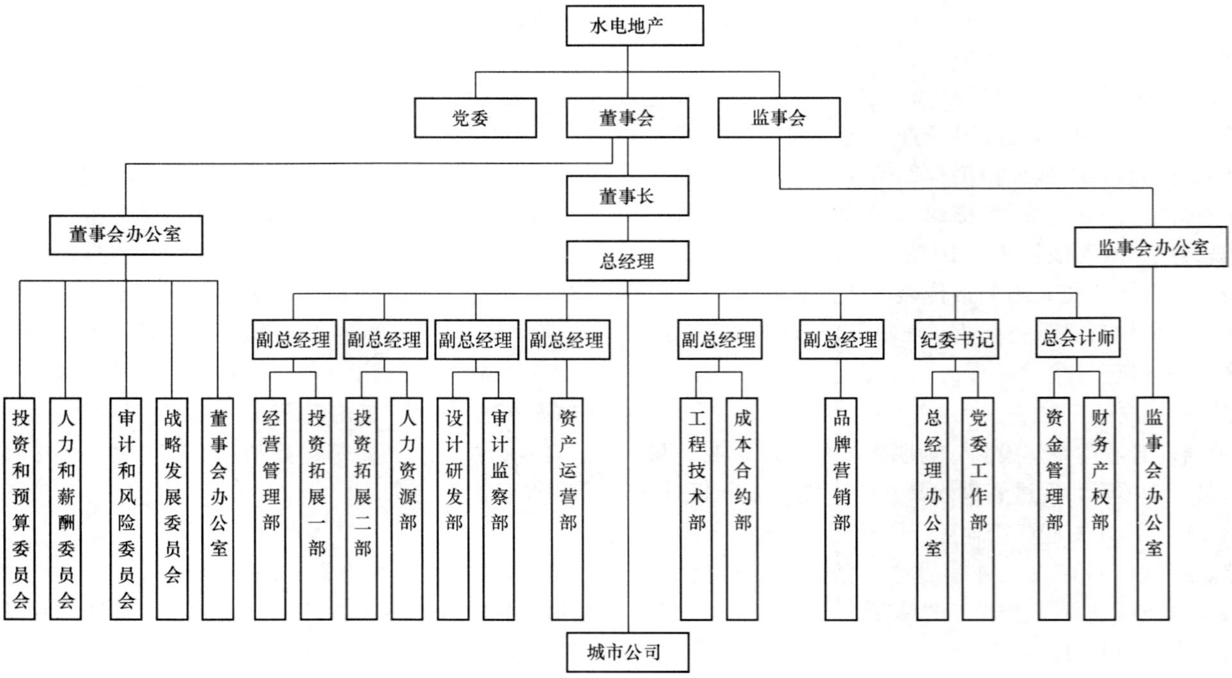

控股公司

【中国水电建设集团房地产（成都）有限公司】　该公司成立于2006年1月10日，由房地产公司与水电五局共同出资组建，注册资本金1.5亿元，拥有房地产开发企业贰级资质。开发的成都高新区“中国水电大厦（四川）”项目已竣工。正在开发的项目为“西岸观邸”、“中国水电·云立方”。

【中国水电建设集团房地产（贵阳）有限公司】　该公司成立于2006年6月13日，由房地产公司与水电九局在贵阳共同出资组建，注册资本金5000万元。正在开发的项目为“观山湖1号”和“中国水电·观府壹号”。

【中国水电建设集团房地产（长沙）有限公司】　该公司是房地产公司旗下一家区域性子公司，注册资本金5000万元，核心业务是房地产开发与经营，拥有房地产开发企业叁级资质，资信等级AAA级。正在开发的项目为“星城映象”。

【中国水电建设集团房地产（昆明）有限公司】　该公司成立于2008年1月8日，由房地产公司和水电十四局有限公司共同出资组建，注册资本金5000万元。正在开发的项目为“中国水电·金檀”。

【中国水电建设集团房地产（绵阳长兴）有限公司】　该公司成立于2007年9月10日，由房地产公司和四川长兴实业（集团）有限公司共同出资组建，注册资本金2000万元。正在开发的项目为四川绵阳“长兴太阳城”、“中国水电·海赋外滩”。

【中唱水电（都江堰）置业有限公司】　该公司成立于2007年11月2日，由房地产公司与中国唱片总公司共同出资组建，注册资本金2000万元，正在开发的项目为“中国水电·青云阶”。

【中国水电建设集团房地产有限公司第一分公司】　该公司为房地产公司直属分公司，位于北京市朝阳区，正在推进的项目为北京香江西住宅的土地一级开发项目。

【中国水电建设集团房地产有限公司第二分公司】　该公司为房地产公司的直属分公司，于2009年在北京市朝阳区注册成立，正在开发的项目为“美立方家园”，致力于将“美立方家园”打造成为“国奥版·优活国际社区”。

【中国水电建设集团房地产有限公司北京门头沟分公司】　该公司为房地产公司的直属分公司，成立于2008年8月15日，目前正积极致力于推进北京市门头沟区1500余亩土地的土地一级开发工作。门头沟项目对于丰富房地产公司的产品线、完善公司在北京市场的布局具有重要的意义。

【中国水电建设集团房地产有限公司北京昌平分公司】 该公司为房地产公司的分支机构，成立于2010年8月11日，正在开发的项目为位于北京市昌平区南邵镇的“中国水电·北郡嘉源”保障房项目。该项目是房地产公司实施“良品加民生”的重要项目，对于丰富公司产品线、完善在北京市场的布局具有重要意义。

【中国水电建设集团（唐山）房地产开发有限公司】 该公司成立于2010年8月26日，正在开发的项目为“中国水电·首郡”项目，是房地产公司在唐山开发的第一个项目，占地278亩。

开发项目

【中国水电·贵阳观山湖1号项目】 作为房地产公司在贵阳的开山之作，2006年，观山湖1号项目全面启动。项目占地面积208亩，总建筑面积37.39万平方米，房地产公司倾力将该项目打造成林城贵阳首屈一指的高尚人文居住区。2010年小区居民全面入住。

凭借“观山湖1号”项目的成功开发运营，房地产公司在贵阳房地产市场树立起良好的信誉及美誉。同时，贵阳公司通过该项目的实践，开发经验得到进一步积累。

【中国水电·观府壹号项目】 2010年，中国水电建设集团房地产（贵阳）有限公司成功竞拍“金阳2009—10”号地块（命名为“中国水电·观府壹号”）。该地块是贵阳金阳新区2010年度出让面积最大的地块，位置佳、环境优越，具有极大的升值潜力和空间。

【中国水电·西岸观邸项目】 该项目位于四川省成都市金牛区，占地100余亩，建筑面积32.9万平方米。2008年4月30日，一期主体工程正式开工，10月正式销售，2010年4月26日竣工交付业主。二期工程处于正常建设及销售过程中。

【中国水电·云立方项目】 该项目位于四川省成都市龙泉驿区，规划净用地面积85605.73平方米，规划方案已原则通过审查，现正在进行前期施工准备。

【中国水电·金檀项目】 该项目位于四川省昆明市盘龙区东二环路大树营绿化带旁，占地面积52.12亩，总建筑面积136580.61平方米。该项目建筑以住宅为主，预计2011年7月开工。

【中国水电·长兴太阳城项目】 该项目位于四川省四川绵阳市科技创业园区内，由市政规划道路自然分成相邻的两个地块，因此该项目分为两期开发。本项目一期工程现已竣工并交付使用。二期工程正在建设中，工程物业形态分为花园洋房、电梯洋房及配套商业，共计19栋，建筑面积约23.5万平方米（含地下室）。

【中国水电·海赋外滩项目】 房地产公司于2010年3月30日通过国有建设用地挂牌出让，竞得绵阳铁牛广场南侧地块，开发项目定名为“中国水电·海赋外滩”，规划建筑面积106981平方米，物业形态均为高层建筑，共4栋。2010年12月，项目拆迁工作、三通一平完成，12月26日正式开工建设。

【中国水电·青云阶项目】 该项目位于四川省都江堰市青城山组团中兴镇，距世界文化遗产、著名旅游胜地——青城山约2000米。项目总占地面积约948亩，总建筑面积约40万平方米，是集文化、旅游、商业、住宅为一体的大型复合地产项目。房地产公司于2010年11月10日在都江堰通过竟拍方式取得了土地485.99亩，于2010年11月25日在都江堰通过竟拍方式取得了土地316.19亩，目前正进行项目开发前期工作。

【中国水电·美立方项目】 该项目位于北京市朝阳区，占地约4.4万平方米，总建筑面积16多万平方米，总投资超过11亿元。在项目设计中针对目标客户，进行了多种户型创新，并根据“绿色地产”的开发理念，在北京市场首次全项目采用太阳能热水节能技术，此技术既降低了业主的使用成本又增强了居住舒适度，极大地方便了业主的日常生活，提升了项目的居住品质。2009年项目开工，2010年项目各项工作进展顺利。

【中国水电·北郡嘉源保障房项目】 该项目于2010年8月中标后，各项前期手续办理全面推进。截至2010年底，已确定了可行性研究、水土保持、环境评定、交通评定报告的编制单位，完成了水土保持、交通评定等手续的报批工作。规划设计方案基本定稿，临时设施施工单位已进场开始围墙的砌筑，地勘公司进场开始勘探作业。

【中国水电·门头沟琉璃渠、高家园项目】 2010年6月，项目实施方案顺利通过了北京市国土局2010年第一次政府储备土地和入市交易土地联席会预备会。2010年10月，通过了北京市2010年第一次政府储备土地和入市交易土地联席会审批。2010年11月16日，取得了该联系会会议纪要（授权）。截至2010年底，项目在前期手续办理、项目立项、征地拆迁等方面全力推进，取得了阶段性进展。

【中国水电·香江西项目】 该项目位于北京市朝阳区崔各庄，为土地一级开发。截至2010年底，已经完成一级开发主要任务，进入成本审计阶段，为土地入库和上市交易作准备。

【中国水电·首郡项目】 该项目位于河北省唐山市路北区，规划总用地面积约18.55万平方米，总建筑面积约58万平方米，其中地上建筑面积约46万平方米，地下建筑面积约12万平方米，用途为商业与住宅，总户数约为2670户。

中国水电建设集团路桥工程有限公司

概　况

【综述】 中国水电建设集团路桥工程有限公司（以下简称“路桥公司”）是中国水利水电建设集团公司（以下简称“集团公司”）为了实施战略转型、整合全集团非水利水电业务优势资源、按照现代企业制度组建运营的新型公司制企业。股份公司基础设施部是归口管理全集团公司基础设施建筑业务的职能部门（与路桥公司合署办公），负责管理全集团公司基础设施建筑业务的战略规划、市场营销，规范、协调、监督和管控子企业基础设施建筑业务的市场运营。

路桥公司成立于2006年4月，注册资本6亿元人民币，具有公路工程施工总承包特级资质，隧道、桥梁、路基、路面工程施工专业承包壹级资质和综合试验检测乙级资质，获得“质量、环境、职业健康安全”管理体系认证，AAA级信用企业。路桥公司主要从事公路、铁路、市政、港口与航道、矿业和房建等工程的施工与基础设施项目的投资建设，在国内外承建了一大批高等级主干线公路、大型特大型桥梁、隧道以及地铁、市政和铁路等工程项目。

路桥公司广泛涉足基础设施项目投资领域，积极发展BT、BOT、BOO、BOOT项目，其中以BOT投资模式承建福建省武夷山至邵武高速公路项目、四川邛崃至雅安高速公路项目，投资规模达60亿元；以BT投资模式承建成都至简阳快速路，投资17.39亿元；以BT投资模式承建天津武清新城开发项目，投资规模80亿元。

路桥公司/基础设施部依托集团公司“大集团、大土木、大市场”的资源优势，秉承“强总部、精专业、细项目”的管理思想，奉行“激情理性，精品立足市场；科学和谐，创新铸就企业”的经营理念，对外以全方位满足业主需求为己任，对内追求员工幸福感和成就感极大化，着力培育施工总承包管理能力、资本运作能力和通过自主创新拓展的核心竞争力，打造优质工程，提供一流服务。

【领导班子】 2010年，路桥公司领导班子由12人组成：总经理（兼党委副书记）汤明；党委书记（兼副总经理）陈庆和；副总经理周孝武、李介立、张宜松、蒋宗全、韩志强、午向阳、付少鹏；党委副书记（兼纪委书记）刘延超；总会计师党卫；总工程师曹玉新。

【2010年工作】

1. 经营业绩稳步增长

2010年，路桥公司实现营业收入62.95亿元，比2009年增长35.55%；实现利润总额2.99亿元，比2009年增长230.93%。营业收入利润率为4.69%，比2009年提升2.81个百分点。截至2010年12月31日，路桥公司资产总额110.61亿元，是集团公司总资产超百亿的4家单位之一。

2. 市场开拓稳步推进

2010年，路桥公司中标项目21个，中标金额49.24亿元，其中公路项目20个，总额46.45亿元。铁路项目中标广东省佛（山）肇（庆）城际轨道交通项目。以投资方式中标了福建省龙海市龙江大桥项目。以基础设施事业部名义全年新签合同金额112亿元。

【孙春兰视察武邵高速公路】 2010年1月14日，福建省委书记孙春兰在福建省委常委、省委秘书长杨岳及及南平市委书记雷春美、市长龚清概、常务副市长张兆民陪同下，视察武邵高速公路建设情况。

【第一次党员代表大会】 2010年2月7日，路桥公司第一次党员代表大会在京召开。集团公司总经理、股份公司董事长、党委书记范集湘出席会议并讲话。

会议选举产生了路桥公司第一届党委和纪委，陈庆和、汤明、周孝武、李介立、蒋宗全、韩志强、刘延超、党卫等8名同志当选为路桥公司第一届党委委员，刘延超、梁浩东、李炳东、梁磊、郭万红等5名同志当选为路桥公司第一届纪律检查委员会委员。随后召开党委第一次全体会议和纪委第一次会议，分别选举了路桥公司党委书记、副书记和纪委书记。

【年度工作会】 2010年2月8～9日，路桥公司2010年度工作会议在北京召开。集团公司党委书记、股份公司总经理、党委副书记刘起涛，股份公司副总经理、党委常委、路桥公司董事长王彤宙出席会议并作重要讲话。路桥公司经营班子、部门负责人、所属单位负责人、职工代表参加了会议，水电四局有限公司、水电七局有限公司等股东单位代表应邀参加了会议。路桥公司本部全体管理人员和四川分公司、武邵项目公司、武邵总承包部、天津项目公司等所属单位管理人员（通过视频方式）列席了会议。

会上，路桥公司总经理汤明作了题为《以使命为基础，激情理性地打造一流企业》的工作报告；党委书记陈庆和作了题为《同心协力迎接新挑战，扎实工作抢抓新机遇，为持续健康发展提供强有力的思想保证和组织保证》的讲话；党委副书记、纪委书记刘延超作了题为《全面履行纪检监察职责，为公司全面健康协调发展提供坚实保障》的纪检监察工作报告；副总经理张宜松作了题为《切实转变安全管理思想，狠抓安全生产源头管理，实现公司安全生产长治久安》的安全生产工作报告；总会计师党卫作了《2009年财务预算和2010年财务预算（草案）报告》。

会议期间，与会代表围绕领导讲话和报告进行了深入而热烈的讨论，对如何贯彻落实会议精神、抢抓历史机遇、实现科学发展献言献策；进行了领导班子述职和民主测评；通报了2009年经营业绩考核结果；签订了2010年经营业绩、安全生产、党风廉政责任书；表彰了2009年度优秀员工和共青团系统先进集体、先进个人。

【第一次董事会、监事会】 2010年3月11日，路桥公司2010年第一次董事会、监事会在北京召开。董事会审议并通过《路桥公司2009年工作完成情况和2010年工作安排》、《武邵、成名项目运营方案》、《关于武邵、成名公司股权受让方式及对价的议案》、《投资项目2009年考核结果及2010年考核指标下达计划》、《路桥公司2009年管理费用执行情况及2010年管理费用预算》、《路桥公司2009年投资完成情况和2010年投资计划》、《路桥公司2009年融资完成情况和2010年融资计划》、《路桥公司2009年度财务决算（草案）和2010年度财务预算（草案）》、《路桥公司2009年度利润分配方案（草案）》等。监事会审议通过路桥公司《2009年度财务决算和2010年度预算的报告》和《2009年度监事会工作报告》。

【中国水电再捧“火车头”奖杯】 2010年5月18日，中国水利水电建设股份有限公司南广铁路平南制梁场喜获中华全国铁路总工会“火车头”奖杯，3位优秀工作者获“火车头”奖章，这是股份公司继京沪高铁项目后再次获此殊荣。

【张高丽视察武清BT项目】 2010年6月3日，天津市委书记张高丽在武清调研工作时，视察了由中水电津城项目公司开发建设的武清“新城开发”BT项目东蒲洼小区。

【福建省四套班子考察武邵高速公路】 2010年6月12日下午，福建省省委书记孙春兰、省长黄小晶、省政协主席梁绮萍及福建省省委、省政府、省人大、省政协四套班子的21名主要负责人，会同福建省省直部门负责人和各区市党政主要领导共计110余人组成“比学赶超，加快发展”考察调研组，在南平市委书记雷春美、代理市长裴金佳的陪同下，到南平市进行考察，期间视察了武邵高速公路项目。

【基础设施融资建造项目管理高级研讨会】 2010年6月28～30日，股份公司基础设施融资建造项目管理高级研讨会在北京召开。研讨会聘请了国内著名大学教授、法律界资深律师、路桥公司管理人员和基业长青管理咨询公司强强联手组成优秀的教学团队，授课内容为基础理论、法律法规、管理实务、案例研讨和经验交流等五大模块，运用课堂讲授、案例研讨、经验交流等多种教学手段，有效提高了学员的实战能力。

【路桥公司荣获“新世纪十年——中国建筑业综合实力50强”称号】 2010年8月在中国建筑业百强企业发展峰会上，路桥公司荣获“新世纪十年——中国建筑业综合实力50强”荣誉称号，路桥公司总经理汤明荣获“新世纪十年——中国建筑业100位杰出贡献企业家”荣誉称号。

【基础设施业务专题会议】 2010年10月14～15日，股份公司2010年基础设施业务专题会议在江苏省宜兴市召开。集团公司总经理、股份公司董事长、党委书记范集湘出席会议并作重要讲话。股份公司副总经理王彤宙、总经济师王宗敏、总工程师宗敦峰、总经理助理杨忠，基础设施部常务副总经理汤明、副总经理陈庆和出席会议。股份公司总部有关部门负责人，各子公司、控股公司，京沪、贵广、南广、宁杭、沪昆、大西铁路项目、海西区域总部主要负责人及相关人员100多人参加了会议。

会议主题：围绕“加快发展、增创效益、促进转型升级上水平”的发展目标，认真贯彻落实股份公司2010年度和年中工作会议精神，总结经验教训，明确发展信心，提升能力建设，推动股份公司基础设施业务发展再上新台阶。

会议表彰了2007～2010年度股份公司基础设施业务经营管理先进单位、标兵和先进工作者；发布了《铁路工程建设标准化管理手册（2010版）》、《基础设施项目实施指导手册（2010版）》及其《案例集》、《高速铁路施工技术与管理论文集》、《铁路工程项目经营管理研究报告》和中国水电“从江河到原野”铁路专题宣传片和宣传画册。

【试验检测中心新址揭牌】 2010年11月4日，路桥公司试验检测中心新址揭牌仪式在北京市昌平区举行。

该中心是由路桥公司和水电五局有限公司合作筹建、共同管理、自主经营的中心试验室。试验检测中心新址的落成，标志着路桥公司所属的公路工程试验检测综合乙级资质中心试验室在北京地区拥有了自己的母体试验室，对促进公司业务更好、更快发展提供了必要条件。该中心于2010年12月顺利通过北京市道路工程质量监督站的信用评价。

【邛名高速公路通车】 2010年11月9日上午，邛崃至名山段高速公路通车典礼在邛崃西收费站举行。四川省副省长王宁宣布通车，省政府副秘书长彭琳主持仪式。集团公司总经理、股份公司董事长、党委书记范集湘，总经理助理、人力资源部主任李燕明，副总经济师、集团房地产公司董事长夏进以及四川省、成都市、雅安市等领导为通车剪彩。路桥公司总经理、四川成名高速公路发展有限公司董事长汤明，雅安市副市长朱玉贵，成都市市委秘书长邓全忠，省交通运输厅厅长高烽分别在会上讲话。

邛名高速起于大邑王泗，经邛崃桑园、平乐、夹关，止于名山新店，与成雅高速公路相接，全长52.7千米，是四川省18条BOT项目中第一个通车的项目。

【武邵高速公路通车】 2010年11月15日上午，武夷山至邵武高速公路全线通车，通车庆典在起点武夷山下坝互通隆重举行。

福建省副省长张志南，国家交通战备局副局长叶满宇，中国水利水电建设股份有限公司副总经理王彤宙、总经济师王宗敏，福建省军区参谋长王孝华，福建省交通运输厅厅长李德金，南平市委书记雷春美共同启动了通车按钮。南平市委副书记、市长裴金佳主持通车仪式。股份公司基础设施部常务副总经理、路桥公司总经理汤明，南平市委书记雷春美，福建省交通运输厅厅长、省高速公路指挥部总指挥长李德金分别发表了热情洋溢的致辞。

该工程是福建省首次采用“投资＋设计＋施工”总承包（BOT＋EPC）模式试点的省重点项目，也是交通运输部在全国四省（区）一市采取高速公路设计施工总承包5个试点项目之一。

【城市基础设施建设暨天津武清BT项目管理模式研讨会召开】 2010年12月21日，股份公司“城市综合基础设施建设暨天津武清BT项目管理模式研讨会”在天津市武清天鹅湖度假村召开，旨在认真总结天津武清BT项目经验，推广BT项目管理模式。

基础设施事业部/路桥公司本部组织机构图

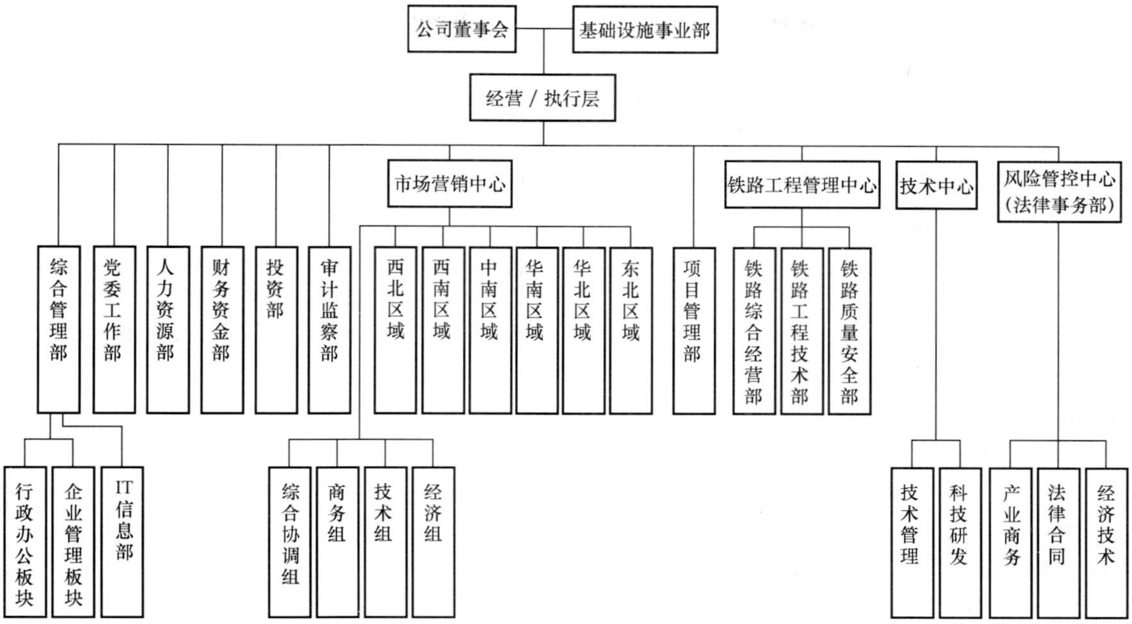

注：公司设立业绩考核委员会、质量安全管理委员会，办事机构分别设在财务资金部、项目管理部。

企 业 管 理

【市场营销】 2010年，市场营销中心增设华东、河南区域，成立了华中、华南经营部。发布了路桥公司《市场营销管理手册》及《市场营销中心市场区域管理细则（试行）》，启动了市场营销激励措施，同时，进一步完善了股份公司基础设施业务市场信息报送制度。

【项目管理】 2010年，路桥公司项目管理重点是推动《基础设施项目实施指导手册》的贯彻与落实，故组织编制了《承包项目管理规定》及《项目管理考评办法》作为《指导手册》运用的指南和保障，取得了路桥公司在建项目年度安全质量零事故的好成绩。

2010年，路桥公司在建项目39个，均处于总体受控状态，部分项目为集团品牌和路桥公司争得了荣誉。武（夷山）邵（武）、邛（崃）名（山）高速公路顺利通车，其中武邵高速公路获福建省2010年度重点项目建设优胜奖。四川成都至简阳快速路项目顺利实现龙泉山一号、二号高瓦斯隧道贯通及成（都）渝（重庆）环线乐山至雅安段路基TJ—7标段高速公路大桥T梁成功架设等关键线路节点工期。武清项目一期市政工程基本完工，房建工程进展顺利，成为天津市市政建设标杆工程。新建南京至杭州铁路客运专线站前及相关工程NHZQ—2标以超常规手段推动全线施工进度，工程全面受控。新建南宁至广州铁路站前工程客专5标项目实施样板引路创品牌工程荣获中华全国总工会“火车头”奖杯，荣获南（宁）广（州）铁路公司“品牌工程”奖。陕西延安安塞经志丹至吴起高速公路路基桥隧工程LJ—21标多次得到业主奖励，奖励金额共计449万元。泉州至南宁高速公路湖南段界化垄（湘赣界）至茶陵项目施工第Ⅰ合同段连续两个季度在业主的考核评比中名列第一。山西清石黄河大桥克服“9·19”特大洪水影响顺利实施。贵州思剑、思遵高速公路及湖南省新化至溆浦高速公路第12合同段多次得到业主好评。河南济宁至祁门高速公路永城段（一期工程）TJ—4标前期2个月内完成产值近2000万元。四川省内江至遂宁高速公路土建工程、成（都）渝（重庆）环线乐山至雅安段路基TJ—7标段为名列前茅的施工标段。珠海机场高速公路、宁（德）武（夷山）高速公路（南平段）路基土建工程A13施工合同段、丽江至攀枝花高速公路攀枝花段项目路基工程施工均完成了年度计划。天津大道、都江堰龙池连接线高速公路工程等项目均已顺利交工。

【公司机构调整】 2010年，路桥公司先后成立了铁路工程管理中心、技术中心、风险管控中心（法律事务部）、党委工作部、人力资源部、审计监察部、IT信息部（现为综合管理部内设部门），完善、强化了部门职能，理顺了发展模式。

【财务和资金管理】 2010年，路桥公司筹集资金49.72亿元，确保了武（夷山）邵（武）、邛（崃）名（山）公路项目顺利通车和津城、成（都）简（阳）公路项目建设稳步推进。认真探索、不断规范BT、BOT项目财务管理及会计核算行为。配合股份公司完成了集团公司对武邵68%股权、成名70%股权向路桥公司的转让工作。积极拓宽融资渠道，银行授信总额度达198.8亿元，外部融资环境进一步改善。

【人力资源管理】 2010年，路桥公司全年共新进28人，总人数达338人（含项目后勤人员39人），较去年增加5%。全年共组织毕业生培训、中高层培训等公司层面培训30余次，累计参加人员900余人。

【风险管控】 2010年，路桥公司制定了《全面风险管理试行办法》、《全面风险管理与内部控制工作方案》等管理制度，风险管理与内部控制体系建设开始起步。合同管理和合同法律审核正常开展，依法治企工作稳步推进。

【科技创新】 截至2010年底，路桥公司共拥有新型专利10项，发明专利1项。“施工企业融资建造项目决策管理”获第十七届全国企业管理现代化创新成果奖；5个课题获2010年度中国电力建设优秀QC小组成果三等奖；3项课题成功立项为股份公司科研课题。编制出台了《专家库管理办法》等科技创新管理制度，成功通过北京市企业技术中心年度评价；成功申报“高速铁路施工关键技术”为股份公司重大科技专项，稳步推进股份公司范围内18个铁路相关课题。先后4次召开科研专题会议。

【资质管理】 2010年，路桥公司成功申报了铁路施工总承包叁级资质；完成多名一级建造师、造价工程师等有关人员证件的变更注册，使公司一级建造师数量达60人。

党群工作和企业文化建设

【组织建设】 路桥公司党委成立正式后，先后成立了四川分公司临时党委、津城项目公司党支部，并对路桥公司本部原来3个党支部的设置进行了调整，从第一党支部拆分成立了第四党支部和第五党支部，实现了党组织对全体党员的覆盖。

【队伍建设】 2010年，路桥公司按照“凭德才、重业绩、重公论”的用人导向，严格执行干部管理制度。按照规范程序选拔任用中层干部6人，对四川分公司、津城项目公司等单位的24名拟提拔干部进行了考察。同时，针对路桥公司发展需要，积极开展了包括中高层管理人员在内的各项培训30余次。

【“创先争优”活动】 2010年，路桥公司党委认真开展“创先争优”活动。成立了“创先争优”活动领导小组，开展争创“四强”党组织、争当“四优”党员的“四强四优”（政治引领力强、推动发展力强、改革创新力强、凝聚保障力强；政治素质优、岗位技能优、工作业绩优、群众评价优）活动，成效显著。在路桥公司党委召开的纪念建党89周年表彰大会上，对30名先进个人和4个先进集体进行了表彰。在2010年召开的基础设施业务专题会议上，对股份公司各单位70名先进个人和12个先进集体进行了表彰。

【企业文化建设】 2010年7月，举办第一次新闻宣传培训班，并制作了路桥公司宣传画册、铁路宣传画册和《从江河到原野》宣传纪录片。开展了“促可持续发展，创学习型公司”读书活动，党政一把手亲自担任读书活动领导小组组长。通过自学、写心得、评比考核等阶段营造浓厚的学习氛围，有效推进了学习型公司建设。

【共青团工作】 2010年4月8日，路桥公司第一次团代会顺利召开，选举产生了第一届路桥公司团委。评选了路桥公司年度优秀共青团员、优秀共青团干部、五四红旗团支部和青年岗位能手。组织开展了路桥公司“导师带徒”活动。由于共青团活动开展得有声有色，路桥公司团委被股份公司团委推荐为中央企业五四红旗团委。

项目开发

【广东省珠海机场高速公路工程土建工程第A3标段项目】 2010年1月15日，路桥公司以6.77亿元中标广东省珠海机场高速公路工程土建工程第A3标段。A3标段长7.962千米，工期670天。

【青岛双积公路高新区至红石崖段工程Ⅰ标项目】 2010年2月2日，路桥公司以2.24亿元中标青岛双积公路高新区至红石崖段工程Ⅰ标。该标段长7.65千米，工期24个月。

【丽江至攀枝花高速公路C10、C13标段项目】 2010年3月5日，路桥公司分别以2.0亿元、2.79亿元中标丽江至攀枝花高速公路攀枝花段土建路基工程施工C10、C13标段。C10合同段长3.87千米，工期24个月；C13合同段长6.484千米，工期24个月。

【乐山至雅安段公路TJ7标段项目】 2010年3月9日，路桥公司以2.62亿元中标乐山至雅安段公路路基土建工程TJ7标段。该标段长11.052千米，工期20个月。

【界化垄（湘赣界）至茶陵高速公路1标项目】 2010年3月25日，路桥公司以1.814亿中标湖南省界化垄（湘赣界）至茶陵高速公路1标。该标段长4.96千米，工期730天。

【思南至剑河高速公路土建第1标段项目】 2010年4月6日，路桥公司以4.249亿元中标贵州省思南至剑河高速公路土建施工第1标段。该标段起点为思南县城西侧双龙，终点为岑松，长9.63千米，双向四车道，工期26个月。

【珠三角城际轨道交通佛山至肇庆项目施工总承包6标项目】 2010年5月13日，路桥公司以2.79亿中标珠三角城际轨道交通佛山至肇庆项目施工总承包6标。该标段长7.204千米，工期823天。

【新化至溆浦高速公路第12合同段项目】 2010年5月13日，路桥公司以2.93亿中标湖南省新化至溆浦高速公路第12合同段。该段长2.88千米，工期731天。

【澜沧江乌弄龙场内右岸干线公路项目】 2010年8月20日，路桥公司以9482.2162万元中标云南澜沧江乌弄龙场内右岸干线公路。公路长6.34千米，工期13个月。

【红岛连接线双高路至海湾大桥红岛收费站段Ⅰ标段项目】 2010年8月31日，路桥公司以10360.61万元中标红岛连接线双高路至海湾大桥红岛收费站段工程Ⅰ标段。该项目位于青岛市城阳区、高新区，长2.55千米，合同工期12个月。

【桃园（川陕界）至巴中高速公路第一阶段土建工程LJ8标项目】 2010年9月10日，路桥公司以26086.27万元中标四川省桃园（川陕界）至巴中高速公路工程项目第一阶段土建工程施工LJ8标。该标段长4.9千米，工期24个月。

【思南至遵义高速公路土建工程第Ⅰ类工程第SZTJ—7标项目】 2010年9月21日，路桥公司以18406.25万元中标贵州省思南至遵义高速公路土建工程第Ⅰ类工程第SZTJ—7标。该标段长7.3千米，工期24个月。

【津宁高速公路工程13标段项目】 2010年12月15日，路桥公司以17171.52万元中标津（天津）宁（宁河）高速公路工程13标段。该标段长24.07千米，计划工期264天。

【长沙至韶山至娄底高速公路土建工程4标段项目】 2010年12月22日，路桥公司以14947.22万元中标湖南省长沙至韶山至娄底高速公路项目土建工程4标段。该项目长9.6千米，合同工期22个月。设计速度100千米/小时，双向四车道，宽26米。

【澜沧江上游沿江公路至吉介土段公路工程】 2010年12月23日，路桥公司以22896.28万元中标云南澜沧江上游沿江公路至吉介土段公路工程。该合同段属于澜沧江上游沿江公路的一段，位于云南省迪庆州维西县中路乡境内，长9.01千米，技术标准三级，混凝土路面。

【郑卢高速公路洛宁至卢氏段土建工程施工项目LSTJ-9标段】 2010年12月24日，路桥公司以26577.66万元中标河南郑卢高速公路洛宁至卢氏段土建工程LSTJ-9标。该标段是河南省高速公路网西部支线之一，位于洛阳市洛宁县上戈镇和故县乡境内，长5.10千米，计划工期19个月。

中国水电建设集团港航建设有限公司

概　　况

【综述】　中国水电建设集团港航建设有限公司（以下简称“港航公司”）是中国水利水电建设集团公司（以下简称“集团公司”）从满足港口航道发展与产业结构调整的战略需要出发，整合、重组集团成员企业的港口、疏浚业务资源，由集团公司及其子公司中国水利水电第十三工程局（以下简称“水电十三局”）、中国水电建设集团国际工程有限公司（以下简称“国际公司”）三家作为发起人成立的由集团公司控股的有限责任公司。2008 年，水电十三局为满足集团公司发展需要，改制并更名为“中国水利水电第十三工程局有限公司”（以下简称“水电十三局有限公司”），并将持有的港航公司股权变更为水电十三局有限公司持有。2009 年，集团公司整体改制成立了中国水利水电建设股份有限公司（以下简称“股份公司”），并将持有的港航公司股权变更为股份公司持有。港航公司股东变更为股份公司、水电十三局有限公司、国际公司。

2010 年，港航公司深入贯彻落实科学发展观，抢抓机遇，奋力拼搏，全年完成营业收入 6.58 亿元，同比增长 43.47%；实现利润总额 1683 万元，营业收入利润率 2.56%。

【2010 年公司监事会会议】　2010 年 3 月 25 日，港航公司 2010 年监事会会议在天津总部召开。监事会主席席国超、监事黄华波、国际公司委托代表杨志强出席会议。港航公司总会计师林锋、董事会秘书及财务部门负责人列席会议。

会议审议并通过了席国超作的《监事会 2010 年工作报告》。根据《股份公司工作规则》，拟将《中国水电建设集团港航建设有限公司章程》（2009 年 12 月修订）作进一步修改，并提交股东会审议决定。

【年度工作会暨一届三次职代会】　2010 年 2 月 23～24 日，港航公司 2010 年工作会议暨一届三次职代会在天津总部召开。

会议传达了集团公司、股份公司 2010 年工作会议暨一届一次职代会以及股份公司国际经营工作会议精神；听取和审议了港航公司行政工作报告、工会工作报告和财务工作报告；审议通过并签订了 2010 年工资集体协商决议书、经营业绩责任书；表彰了 2009 年度港航公司劳动模范、先进集体、先进生产工作者、质量管理先进单位和优秀项目部。

港航公司总经理赵景涛作了题为《转变思想 抢抓机遇 努力夯实港航公司发展基础》的工作报告。报告全面总结了港航公司 2009 年各项工作，全面深入地分析了港航公司发展面临的新形势、新任务，从“转变思想，确保国内国外在建项目的成功实施；抢抓机遇，争取国际国内市场营销取得新的突破；强化管控，推进港航公司基础管理工作上水平；以人为本，加强党建和企业文化建设构建和谐企业”4 个方面部署了 2010 年重点工作，为港航公司的生产经营指明了方向。

【公司章程修正】　港航公司通过股东会，以征求意见函方征得各股东同意，将《中国水电建设集团港航建设有限公司章程》第十九条，修改为“公司设监事会，成员 5 人。由中国水利水电建设股份有限公司、中国水利水电第十三工程局有限公司、中国水电建设集团国际工程有限公司各推荐 1 人，经股东大会选举产生。职工监事 2 人，由公司职工通过职工代表大会、职工大会或者其他形式民主选举产生。监事会设主席 1 人，由十三局有限公司向监事会推荐并由全体监事过半数选举产生。”

【领导班子】　2010 年，港航公司领导班子成员为：董事长、党委副书记童劲松；总经理、党委副书记赵景涛；党委书记；副总经理随守信；副总经理李振旺、张平；总工程师王德军；总会计师林锋。

（解　贞）

【组织机构调整】　2010 年，港航公司根据发展需要进行了机构调整：将一公司、二公司整合为一个分公司，简称“中国水电港航公司一公司”；成立信息中心，与总经理工作部合署办公；成立资金管理部。经董事会同意，设立董事会办公室、监事会办公室，分别与总经理工作部、监察部合署办公。

（郭　婧）

港航公司组织机构图

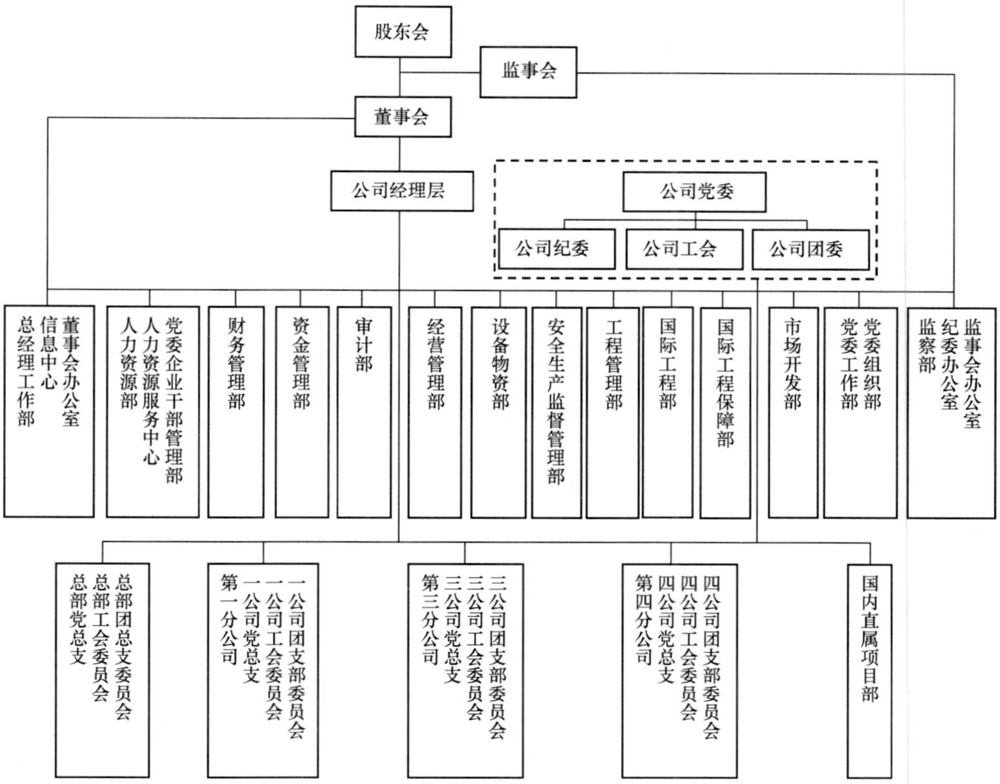

市场开发

【综述】　2010 年，港航公司签订施工合同书计 11 份，合同总额 4.6 亿元。其中，独立中标项目 7 个，中标合同金额 3.26 万元；分包项目 4 个，分包合同金额 1.34 万元。

在开拓国际市场方面，港航公司继续重点开发非洲、中东及东南亚市场，并借助在建项目，努力开拓当地及周边市场，针对性地开展营销工作，取得良好效果。中标毛里塔尼亚努瓦迪布新矿石码头工程，合同金额约 7257 万欧元。

（李　洁　崔　攀）

【渤海新区吹填造陆二期施工二标段项目】　该工程位于河北省沧州市渤海新区综合港区已建临港公路东侧，由临港公路、南疏港路、拟建东围堤、拟建中疏港路延伸段围成的长方形区域和吹填子埝、隔堤围成的 D2-1 区域，整个吹填区总面积 814.3 万平方米。港航公司中标的二标段主要包括吹填子埝、隔堤、D2-1 区吹填，中标额为 2.24 亿元。

（余　琦）

【金井湾填海造地工程】　2010 年 12 月，港航公司完成了福建省平潭金井湾（海峡如意城功能片区）填海造地工程的投标工作，投标总报价为 4.96 亿元。主要工作内容包括吹填造地、临时排水沟和护坡项目。

（余　琦）

【毛里塔尼亚努瓦迪布矿石码头工程】　该工程位于毛里塔尼亚努瓦迪布市，是港航公司中标的第一个大型综合港口项目。主要工程内容为在现有的铁矿石出运码头的基础上新建一个可接纳 5 万～25 万吨级矿石船的码头，以满足铁矿出口量不断增长的需要。该工程于 2010 年 1 月中标，同年 4 月正式开工，工程合同金额约为 7257 万欧元，合同总工期 30 个月。

（崔　攀）

工程建设

【综述】　2010 年，港航公司承建国内外项目共 20 个，其中国际项目 3 个，国内项目 17 个，完工项目 8 个。

2010 年是港航公司的“项目管理年”，港航公司加大项目管理力度，加强制度的执行力，规范项目管理流程，促使项目管理逐步向精细化迈进，管理水平、技术水平、施工能力、履约能力有了明显提高，得到了业主、监理等相关单位的普遍认可。全年没有出现较大的质量、安全、健康与环保事故。

【马里阿拉塔纳干渠改造工程】 该工程为尼日尔河下游渠道改造部分工程，是由集团国际公司中标、港航公司全面实施的工程项目，合同金额约4633万美元，合同工期24个月。

该工程主要内容为渠道土方开挖、沿线堤岸土方填筑、黏土铺设、石方施工、钢板桩防护及引水闸、泄洪闸等。2010年累计完成产值9831万元。工程履约良好，多次受到了业主、咨询及政府部门的好评。

【东太湖综合整治试验段工程一标】 该工程位于江苏省苏州市吴中区东太湖，2010年5月中标，合同金额约为4247万元。工程主要内容为将行洪供水通道B段及B段两侧保护区处的土方吹填至新大堤堤基土方缺土较大的低洼区。全年工程履约情况良好。

【尔王庄水库至津滨水厂供水管线工程】 该工程为天津市南水北调室内配套工程尔王庄水库至津滨水厂供水管线工程，工程起点为天津市宝坻区尔王庄乡，终点为天津市东丽区津滨水厂。港航公司2009年12月25日中标，合同金额约4436万元。工程主要内容有管道工程、阀井工程、预埋套管及顶管工程。该项目2010年按合同工期顺利完工，工程履约情况良好。

（邢雪梅）

投融资管理

【投资管理】 2010年，港航公司累计完成投资1.4亿元，其中第二艘7025型挖泥船完成投资256.4万元，第一艘9029型挖泥船完成投资－333.1万元（受欧元汇率下降调整汇差和下水款未入账影响），第二艘9029型挖泥船完成投资9054.4万元，第二艘多功能船完成投资12.4万元，第三、四艘多功能船完成投资5万元，毛里塔尼亚工程设备采购项目完成投资4254.3万元，马里工程设备采购项目完成投资551.6万元。

【融资管理】 2010年底，港航公司带息负债合计约15亿元，其中流动资金借款4亿元，固定资产借款8.5亿元，融资租赁余额2.8亿元。港航公司采取优先提取方便快捷、资金成本相对较低的流动资金借款，后提取资金成本相对较高的长期借款和融资租赁款的方式，既满足了企业生产经营的需要，又降低了企业的融资成本。利用汇率掉期的优势，在建造第二艘9029型挖泥船上为港航公司节约挖泥船建造成本3642万元。

【免税购建第一艘9029型挖泥船】 2010年5月6日，港航公司成立了挖泥船免税工作小组，就港航公司以集团公司名义购建挖泥船免税事项进行请示，经股份公司相关部门协商，并得到股份公司领导批准，决定将以集团公司名义变更为以股份公司名义办理9029型挖泥船免税事宜。经多方努力，国家发展改革委和财政部同意将集团公司借用德国政府促进贷款的项目单位变更为股份公司，股份公司“以股份公司名义办理9029型挖泥船免税事宜”的批示得到了国家相关部委的认同，成功对该船办理了免税。

（饶青青）

企业管理

【科技立项】 2010年，港航公司科技工作有了实质性的发展和提高。成功召开了2010年科技工作会议，颁布了《中国水电港航公司科技规划（2010～2015）》、《中国水电港航公司科技进步项目开发管理办法》《中国水电港航公司科技进步考核办法》等6项相关的科技进步管理办法，明确了港航公司科技进步的目标、方向，为港航公司科技进步工作的进一步发展奠定了坚实的基础。技术骨干积极参加疏浚行业技术研讨会，员工编写的《浅谈软岩开挖施工技术探讨》和《利用计算机预设管路下泥浆的流量》经推荐、评审在世界第十九次疏浚论文集发表。

（邢雪梅）

【办公自动化系统开发】 为提高工作效率，加快企业内部信息沟通，港航公司根据股份公司的安排部署，结合自身的业务流程特点，自主开发设计一套符合港航公司办公需求的自动化系统，以满足公司总部、分公司、国内外项目部之间的异地协同办公，全面提高企业的自动化办公水平，更好地服务生产经营工作。OA办公自动化系统于2009年开始研发，到2010年底，总部的发文流转和下属单位的接收上报已经实现。在总部之外，各分公司、项目部都可以取消纸质文件流转，全部运转发文管理、收文管理，真正把办公自动化系统全面推广到了基层单位。

（白亚琴）

【船员培训】 2010年，港航公司在荷兰进行建造的两艘9029型绞吸式挖泥船下水运作，为满足船舶对操作人员技术能力的需求，港航公司加强了对配置船员的岗位培训。2010年8月和10月，人力资源部与IHC疏浚技术装备有限公司合作，分别在荷兰当地、中国天津举办了两期9029模拟器培训班，主要采用新型逼真的绞刀模拟器，使受培人员在特定条件下训练，并取得显著效果，为港航公司在内部继续推广先进技术，发挥传、帮、带作用打下基础。2010年7月，新进20名大学生船员，为加快此批毕业生船员的培养进程，提升港航公司疏浚工程技术水平，人力资源部和中交天津航道局有限公司职工中等专业学校合作，开展了为期1个月的新船员入职业务培训，着重对疏浚工程基础、技术、施工工艺、船舶安全等方面知识进行强化，并认证考试，为新员工尽快掌握非自航船舶技术奠定基础。

（戚晓航）

【人力资源发展规划】 2010年，为落实《2008～2012年发展战略与规划》，实施人才战略，做好人才储备，港航公司特制定《2010～2012年人力资源发展规划》。规划通过对职工数量、工龄结构、学历、职称、职级、离职率、人力资源成本等各方面情况盘点，对数据进行汇总、归纳，对在核心岗位上人员年龄结构、操作技能、专业结构、人工成本等主要方面分析，提出对策和措施，明确了人力资源开发、运用的指导方针和目标。

（郭 婧）

【“中国水电J07”顺利交船】 2010年3月，港航公司在大连辽南船厂建造的、总投资1.62亿元的第二艘7025型绞吸式挖泥船在河北省滦南嘴东项目进行了挖泥试验。

【“中国水电J08”、“中国水电J09”顺利下水试挖】 2010年3月，港航公司在荷兰IHC公司建造的两艘9029型绞吸式挖泥船“中国水电J08”和“中国水电J09”在荷兰IHC造船厂顺利下水。2010年7月，“中国水电J08”在荷兰IHC造船厂进行了挖泥试验，同年10月抵达巴基斯坦卡拉奇项目施工。

【船舶购建与技术改造】 为满足毛塔项目施工设备配备需要，2010年4月，港航公司新购9条施工船舶（打桩船1艘，起重船1艘，非自航货驳2艘，自航货驳1艘，交通测量船1艘，交通船2艘，起锚艇1艘），总金额约5773万元。2010年6月，港航公司与杨柳青船厂签订了一艘造价107.5万元的14米测量船的建造合同，经过4个月的监造，2010年10月发运至卡拉奇项目配合疏浚工程项目施工。

针对“鲁济宁浚0040”（3800型）挖泥船多次发生泥泵轴断轴的问题，由设备物资部牵头成立了技改小组，对该船的泥泵轴进行技术改造。通过现场测量与召开技术论证会，确定了技改方案。此技术改造方案成本低，使用周期长，节约资金14万元，并使船舶提前投入使用。

【船舶调遣】 2010年10月25日，在卡拉奇项目施工的“中国水电J05”、“中国水电J06”挖泥船及随船的配件、管线在巴基斯坦卡拉奇港起航回国，于2010年11月30日到达国内天津港，历时一个多月，耗资185万美元，顺利完成了一次大规模的船舶调遣转移。

（戚晓航）

【船舶安全管理体系】 2010年，随着港航公司经营规模的不断扩展，船舶类型和数量也在不断增多，船舶安全监管工作已成为重中之重。根据《中华人民共和国船舶安全运营和防止污染管理规则》和《船舶安全管理体系》认证范围，港航公司需建立船舶安全管理体系。2010年5月，正式启动船舶安全管理体系建立工作，成立了船舶安全管理体系领导小组，明确了岸基体系管理部门和编制人员。2010年9月中旬完成了《安全管理手册》、《安全职责手册》、《程序文件》、《操作须知》和《应急须知》等体系文件的初稿，并递交海事局进行审核。

（李志玲）

【增收节支】 2010年，港航公司制定了《中国水电港航公司增收节支实施方案》，进一步促进货币资金的合理有序流动，压缩非生产性费用开支，努力缓解货币资金严重不足的局面。该方案的主要内容是：从加强组织领导，全员参与；强化市场开发工作，源头保增收；完善措施，加强管理，节约开支，开源节流并举；严格货币资金计划管理，确保有限资金的高效使用；进一步落实应收款项回收管理措施，确保应收尽收和资金及时回笼；提高设备使用效率，定期盘点，防止资产流失；合理安排物资材料采购支出，降低采购成本；加强部门配合，规范建造合同准则的执行；加强财务预算管理，重点审查预算外费用支出；开展税收筹划，降低纳税成本；严格控制非生产性费用开支，牢固树立艰苦奋斗、过紧日子的思想；加强内部费用收取管理；加强制度执行力度，夯实公司发展基础；就进一步建立健全内部控制制度等14个方面提出具体措施，并落实各项措施的牵头部门，确保执行到位。

【财务分析】 2010年，港航公司起草了三年财务分析报告。就三年来取得的成果、财务状况分析、财务指标分析、各项财务指标对比分析、内部费用收取情况分析、2010年上半年财务状况分析、存在的主要问题及管理建议等方面进行了阐述。此报告正视港航公司发展现状，总结经验，研究解决方案，为实现企业又好又快发展奠定了基础。

（李　君）

【管理创效】 2010年，港航公司以股份公司“管理创效年”活动为契机，结合自身的实际情况，开展了“管理创效”活动。各二级单位也结合总体要求，制定了活动实施方案，部分单位活动方案具体，目标明确，有详细的调研计划和调研分析，调研成果体现出了制度创新和技术创新。活动中发现了管理过程中存在的问题，并制定针对性措施予以解决和完善，起到了“管理创效”的作用。“管理创效”活动制度健全，职责明确，活动方案实施有序、得当，取得了一定效益，基本上达到了预期目标。

【风险管控】 2010年，港航公司贯彻落实股份公司有关加强企业全面风险管理与内部控制工作的精神，成立全面风险管控工作小组，制定《全面风险管理与内部控制的工作方案》，明确了工作目标和任务。在网站上设立“风险管控”专栏；组织全体员工进行风险管理知识竞赛。通过开展全面风险管理与内部控制体系建设，进一步加强和改善管理水平，提高了企业风险防范能力。

（郝燕明）

【法制建设】 2010年，港航公司基本完成法制工作三年目标，企业规章制度、重大经济合同、重要决策的法律审核把关率达到100%。全年未发生因违反经营规定导致的重大法律纠纷案件，历史遗留的法律纠纷案件得到有效解决。进一步规范法律审核工作，全年共审核经济合同17份，并出具法律意见书，特别是针对国外项目的劳务分包合同、勘察设计合同及设备采购给予全方面的法律咨询服务，为国外项目合规运行提供了保障。继续深入开展法制宣传教育活动和法律业务培训活动，决策层、管理层、执行层人员法制观念和法律风险防范意识得到增强，依法经营管理的水平不断提高。

（冯文涵）

【国际保障】 2010年，港航公司在国际保障工作中对出国人员、物资等方面进行了系统化与制度化的规范。人员方面，通过制定护照管理办法，加大可控性；物资方面，细化并落实物资管理办法，严格控制物资招投标流程，较好地完成了国外项目物资保障工作。

（宋初昊）

【审计工作】 2010年，港航公司突出审计工作思路转型，按照“依法审计、服务大局、围绕中心、突出重点、求真务实”的工作方针，积极发挥内部审计监督、评价、服务职能，切实履行内部审计职责，认真落实审计计划。2010年内，实施经济责任审计3个，固定资产投资项目审计1个，认真做到强化监督、完善管理、提高经济效益。

（赵丽霞）

党群工作和企业文化建设

【党建工作】 2010年，港航公司党委紧紧围绕公司发展的中心工作，以继续贯彻科学发展观为重点，以积极创建“四好”领导班子、“四强”党组织、“四优”共产党员等创先争优活动为中心，以巩固党建体系、完善党建制度、加强人才队伍建设、营造企业文化为目标，大力开展各项内容丰富、形式多样的党群工作，增强了凝聚力和竞争力，为港航公司发展提供了有力的思想保证和精神动力。2010年，港航公司3个集体分别荣获天津市五一劳动奖状（奖章）、天津市模范职工小家、优秀基层党支部称号，6名个人先后分别获优秀工会工作者、优秀工会积极分子、优秀组工干部、天津市百名杰出女性、天津市建功立业先进女职工等荣誉称号。

【思想和组织建设】 2010年，港航公司党委遵照上级党组织的工作部署，以创建学习型领导班子为主线，以完善中心组学习活动为抓手，不断提高理论学习水平，有效推动了以中心组学习为主体的思想建设工作的规范化和制度化。港航公司党委全年组织订阅辅导书籍23类1030余本，举办学习活动13期86场·次，安排干部职工参加外部理论培训班14次，组织内部理论学习班20次。

2010年11月，成立了党委组织部和党委企业干部管理部，分别与党委工作部和人力资源部合署办公。落实两级“四好”领导班子创建工作，先后制定下发了《中国水电港航公司党委会议事规则》等组织管理制度。做好干部考核及党员管理工作，2010年，确定25名入党积极分子、5名发展对象，吸收18名同志入党，27名预备党员转正。

围绕“贯彻科学发展观，提升企业的发展能力，解决影响港航公司科学发展的突出问题，推动公司科学可持续发展”的主题，港航公司于10月19日召开了2010年度领导班子民主生活会，各二级单位也按照要召开了民主生活会。民主生活会的召开，进一步加强了两级班子建设，为实现企业健康快速发展奠定良好基础。

【党内创建活动】 2010年4月，港航公司党委组织开展了以争创“四强四优”为主要内容的创先争优活动，先后制定了《关于开展争创“四强”党组织、争做“四优”共产党员活动的实施方案》、《中国水电港航公司深入开展创先争优活动实施意见》和《关于开展争创“四好党委”、“五好党支部”和争当“五个模范”活动的实施意见》，在3个分公司、4个在建项目开展基层调研活动。期间组织党员干部职工学习培训6项24场·次，订阅相关书籍10余类500余本。2010年7月1日，港航公司党委评选表彰了公司级先进党组织5个、优秀共产党员15名、优秀党务工作者6名。向股份公司推选出先进党组织1个、优秀共产党员3名、优秀党务工作者1名。创先争优活动已在港航公司形成制度。

按照股份公司党委要求，在2009年学习实践科学发展观活动基础上，港航公司党委认真抓好后续整改落实工作，积极解决港航公司发展中存在的薄弱环节和疑难问题。2010年，港航公司领导班子按照各自工作职责，指导公司各相关部门和各直属单位、项目部，分步、逐步对各项方案进行落实整改，要求各二级单位和总部各部门加大整改工作的落实。同时，结合领导班子民主生活会的召开对整改情况进行认真总结，制定和落实新的工作部署和措施。

【落实党风廉政建设责任制】 2010年，港航公司以落实党风廉政建设责任制为主，全面履行纪检监察职能，突出抓好制度建设、专项教育、领导人员廉洁从业教育等各项工作，积极推进惩防体系建设，为扎实推进港航公司各项工作提供有力保障。党政主要负责人与领导班子副职、各二级单位党政一把手、直属项目部主要负责人、总部各部门负责人（含副职）分别签订目标责任书，各二级单位也分别与所属船队、部门科室签订了党风廉政建设责任书，做到了层层签订、目标明确、逐级落实的工作格局。建立起纪检监察联络员工作网络，实行了纪检监察信息月报制度，不断加强纪检监察工作力度。2010年10月，港航公司与天津市滨海新区人民检察院举行“企检共建”实施方案签字仪式。企检双方联手做好预防职务犯罪工作，有力促进了党风廉政建设和反腐倡廉工作的开展，对港航公司生产经营健康有序发展起到良好的推动作用。

（索江华）

【新闻宣传工作】 2010年，港航公司党委围绕生产经营的中心工作及“创先争优”、“抗旱救灾”、“抗震救灾”等年度主线活动及社会焦点活动，利用局域网等宣传阵地，采取座谈、竞赛等组织形式，进一步做好宣传工作。同时，抓好通讯员队伍建设，组织和鼓励基层单位通讯员加大工程建设、经营管理等宣传力度，加大对先进典型的宣传力度，更多反映一线职工的精神风貌，展现港航公司建设成就和良好形象。全年共向各类宣传媒体发布宣传稿件143篇，出版内刊《中国水电港航》3期，按照港航公司宣传奖励标准发放8000余元稿酬奖励。同时，制定、更新宣传方案、制度5项，订阅宣传书籍200余册。

【企业文化建设】 2010年，港航公司结合安全生产及反腐倡廉主题，先后开展了“安全文化”、“廉洁文化”等相关主题教育活动，分别以安全施工为核心任务，以廉洁从业为活动载体，积极组织系列创建评比活动。在各单位以技术比武、安全演练、知识答题、演讲比赛等形式开展安全、廉政教育活动，参加活动人数为港航公司总人数的95%，并选派优秀选手参加上级单位主题竞赛活动。上报安全、廉政知识答卷134份，征集安全、廉政理论征文48篇，切实普及了安全知识、廉政文化，为港航公司和谐、健康发展营造了良好氛围。

【工会工作】 2010年，港航公司工会修订了职工代表大会制度，完善了港航公司厂务公开制度，与基层4个直属分会签订了年度《工会工作目标责任书》，制定了《工会工作目标考核实施细则》，全年分两次对工会工作落实情况进行考核。根据港航公司第一届职代会工会委员会职责变化情况，对工会工作小组进行调整。先后选派15名工会干部参加全国总工会、天津市总工会举办的安全生产督导师培训、工会干部业务培训、工会财务人员培训等。

以创建“工人先锋号”为活动载体，组织开展了“安康杯”、“渤海杯”、“奋进杯”、“滇池杯”等专项劳动竞赛活动；以深化职工素质工程为主题，组织开展了合理化建议征集活动、职工书屋创建活动、“巾帼建功立业”活动；以丰富职工文化生活为主线，组织举办了“港航杯”羽毛球、乒乓球比赛等文娱体育活动，并积极引导基层单位结合工程情况开展职工文体活动，不断加大海外项目职工文体活动力度。

组织开展了以“关爱生命、安全发展”为主题的“安全生产月”活动；开展了以“遵章守纪、杜绝违章，珍惜生命、确保安全”为主题的安全生产答题活动；开展了送温暖、阳光助学、金秋助学等帮扶活动，2010年初为17名困难职工发放慰问金4万余元，2010年中为3名困难职工发放救助金6000元，为8名困难职工子女发放助学款8400元。

【共青团工作】 在股份公司团委和天津市团委的领导下，共青团中国水电港航公司临时委员会于2010年5月27日正式成立，2010年底，港航公司共有144名团员、2个团总支、3个团支部、21名专兼职团务工作者。各级团组织在做好建章立制等基础工作的同时，大力加强团干部及青年骨干的教育培养，大胆探索基层组织建设的切入点和有效途径，重点帮助项目一线团员青年解决工作、生活中的实际问题。

通过团支部书记例会、团员交流会、青年座谈会等形式，学习贯彻上级党团组织的会议文件精神，沟通交流社会、企业及青年群体关注的热点、焦点问题，并推选具备网络技术特长的青年员工创建了年轻人学习园地、青年论坛，充分利用网络空间为团员青年提供开阔的学习、互动、交流平台。开展“推优入党”系列活动、青年科技创新系列活动，“我为企业献青春，急难险重展风采”、“节能减排青年当先，安全生产青年争先”等主题教育实践活动。定期开展团员青年技能培训、导师带徒、岗位练兵、技能比武等活动。在抗震救灾、抗旱救灾等社会捐助活动中，港航公司团员青年为灾区人民捐款捐物万余元；在送温暖献爱心等帮扶活动中，团员青年不但积极捐款捐物，而且选派代表到困难同事家中探访慰问。在2010年度新闻宣传工作中，青年团员发挥了积极作用，在网站等媒体上发稿占稿件总数的85%以上。

（郑　颖）

中国水电建设集团华亭发电有限责任公司

概　况

【综述】 中国水电建设集团华亭发电有限责任公司（以下简称“华亭公司”）成立于2003年9月，由中国水利水电建设集团公司（以下简称“集团公司”）、甘肃华亭煤电股份有限公司、甘肃火电工程公司、甘肃电力明珠集团公司共同投资组建，注册资本金3亿元，其中集团公司持股70%，甘肃华亭煤电股份有限公司持股15%，甘肃火电工程公司持股10%，甘肃电力明珠集团公司持股5%。

华亭公司经营范围为：电能的生产和销售；煤电项目的开发、建设、投资、经营；电力技术咨询、服务、综合利用；房地产开发及工商贸易等。主要负责华亭电厂2×14.5万千瓦机组运行和二期2×66万千瓦机组扩建项目的前期工作。

2010年，华亭公司在中国水利水电建设股份有限公司（以下简称“股份公司”）和董事会的正确领导下，在各股东单位的大力支持和帮助下，始终坚持发展第一要务，以安全稳定生产为基础，着力提高机组运行经济性，扎实开展市场营销，积极推进节能减排，加强职工队伍建设和党的建设，完成了股份公司下达的各项任务，顺利实现了确定的“十一五”规划目标。

截至2010年底，华亭公司累计安全生产天数达1479天，全年完成发电量11.18亿千瓦·时，实现销售收入2.46亿元，上缴税金1629.92万元。积极推进电厂二期扩建项目，机组供热改造工作取得新进展。推动华亭县完成了城市供热规划。委托西北电力设计院完成了供热机组改造可行性研究设计。

【领导班子】 华亭公司领导班子由6人组成：总经理张维荣；副总经理杨晓强、张奋来、苏广平；总会计师樊荣钊；纪委书记梁小成。

【2010年工作会议】 2010年2月5日，华亭公司召开2010年工作会议。总经理张维荣作了题为《强化生产运行，提高风险管控能力，确保企业安全平稳渡过难关》的工作报告。

会议全面总结了华亭公司2009年的工作，客观分析了面临的形势和任务，明确并安排部署了2010

年八项重点工作：一是持续强化安全生产，增强机组安全运行水平；二是增强市场开拓能力，寻求政策支持，努力改善经营困境；三是加强资金和财务管理，在确保资金链安全的前提下降低财务费用；四是深入开展精益化管理，提高管理水平；五是扎实推进节能减排和科技创新工作，建设资源节约型和环境友好型企业；六是强化人力资源核心地位，制定与公司发展战略相匹配的人才引进、培养、激励机制；七是通过完善产业链提高华亭公司可持续发展和抗风险能力，改善经营环境，防止经营风险；八是加强党建和企业文化建设，确保职工队伍稳定。

【第九次股东会暨二届五次董事会】 2010年4月28日，华亭公司第九次股东会暨二届五次董事会在甘肃省平凉市召开。集团公司总经理、股份公司董事长、党委书记范集湘出席会议并作重要讲话。股份公司副总经理、党委常委、华亭公司董事长王彤宙主持会议。

会议听取审议了华亭公司总经理张维荣作的题为《强化安全生产运行，推进企业管理创新，提高风险管控能力，确保企业安全平稳渡过难关》的报告；审议通过了2009年度财务决算和2010年财务预算报告等议案。

【财务审计】 2010年9～10月，甘肃省审计厅受国家审计署委托，对华亭公司2009年度财务收支情况进行了审计。2010年10月25日，甘肃省审计厅向华亭公司下达审计决定书和审计报告。报告指出：华亭发电有限责任公司能够按照现代企业制度的要求建立法人治理结构，公司的重大决策能够按照法定决策程序进行。会计核算基本符合国家财务会计制度和会计准则的要求，财务资料基本完整，财务基础工作比较扎实，内部控制制度比较健全、有效，财务管理基本规范，会计资料基本真实地反映了年度财务收支情况。审计报告同时也指出了华亭公司在财务管理方面需要加强和改进的地方，对华亭公司下一步发展提出了建议。

【人力资源管理】 2010年，华亭公司启动员工竞聘上岗工作，首批对生产部门备用值长、热控班长等9个岗位进行公开竞聘，竞聘按照笔试、面试、民主测评程序进行，共有48名员工报名参加，22人竞聘成功。竞聘上岗作为华亭公司选人用人的创新举措，增强了员工的工作责任感、紧迫感，为德才兼备的优秀管理人员和专业技术人才能够脱颖而出提供了机制保障。对个别工作能力、作风素质达不到岗位要求、不能正常履职的，进行待岗处理。

规范华亭公司领导人员职务消费，制定了《华亭公司领导人员职务消费管理标准》，进一步明确了领导人员职务消费的范围、标准。制定了《华亭公司各控股公司工资总额管理办法》等制度，加强对控股公司工资总额、人力资源的有效监管。

在员工培训中，2010年初制定系统的培训计划和工作措施，分步监督实施，重点提高职工的履职能力。全年举办32期专业技术培训班，班组技术讲课60次。组织4人参加股份公司班组长培训班。将15人安排到崇信电厂参加机组调试培训。

华亭公司组织机构图

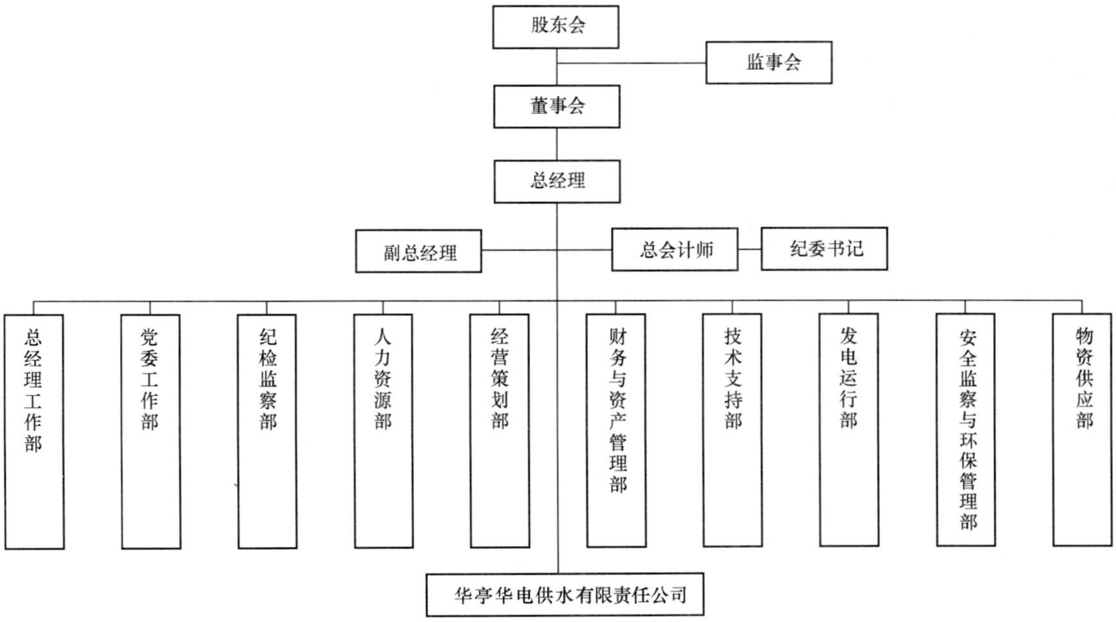

生产经营

【安全生产】 2010年，华亭公司针对长期单机运行且负荷较低、安全管理风险和难度不断加大的问题，从强化各级领导人员安全管理责任入手，采取系列行之有效的措施，确保了全年安全生产形势总体平稳。

一是全面落实各级安全生产、安全管理责任制。适时调整了安委会成员；召开安全工作例会3次；公司安全第一责任人与各部门签订安全生产目标责任书，生产部门负责人与值长、班组长签订安全生产目标责任书，将安全生产责任与职工绩效挂钩，逐级建立了起全员、全方位、全过程的安全管理体系。

二是加强安全管理制度建设。编制实施了《防止电业生产重大事故二十五项反措实施细则》、《危险点分析预控措施》等12项工作标准，制定了特种设备运行反事故措施，细化了机组典型工作的危险点分析和预控，安全管理制度得到进一步完善和充实。

三是开展“安全生产年”系列活动，培育安全文化。按照股份公司要求，华亭公司2010年开展了“安全生产年”、“安全心中有数”系列活动。组织员工观看安全影像资料6次，举办1次安全知识竞赛、1次安全演讲比赛、3次反事故演习，开通了安全网络。

四是加强隐患排查治理，注重源头防范。以深入开展安全生产年、三项行动为切入点，将隐患排查工作贯穿到日常工作中。坚持每月开展一次常规性安全检查，每季度开展一次综合性安全检查，定期召开危险点预控分析会。全年组织开展各类安全隐患排查18次，查处隐患94项并进行治理。

五是抓好机组运行过程控制。在机组运行管理中，推行“四化”（工作项目程序化、运行操作规范化、控制指标精细化、岗位工作全能化）工作流程，各项生产作业实现可控、在控。全年单机连续安全运行天数达到了153天，创华亭公司单机安全运行历史新高。2号机组、1号机组分别荣获全国CFB锅炉13.5万～15万千瓦级纯凝机组竞赛二等奖和三等奖。

【经营管理】 2010年，面对煤价大幅上涨、电价不到位，火电企业体制性、政策性亏损的形势，华亭公司解放思想，创新思维，通过内部挖潜，争取政策，着力改善经营状况，全面完成了各项经营指标。

一是全力争取电量，获得电力外送资格。在整个电力市场低迷、外部经营环境严峻的形势下，华亭公司创新经营思路，积极宣传环保机组特性，排除了政府对机组容量限制外送而争取到外送资格。全年共争取到外送电量1.68亿千瓦·时，占总上网电量的16.48%，增加发电利用小时数640小时。外送电量的获得在很大程度上遏制了华亭公司经营业绩的下滑。召开经营工作专题会议、物资暨燃料管理研讨会，提出了改善经营环境、降低生产成本的20余项措施并加以落实，取得了一定成效。

二是挖掘机组潜能，最大限度掺烧煤矸石，成本得到有效控制。由于燃料成本占电厂经营成本的绝对比重，降低燃料费用对提升华亭公司经营效益具有决定性作用。在不能掌控煤价节节攀升趋势的情况下，华亭公司凭借循环流化床锅炉的优势，深挖机组潜能，经过合理论证和测算，最大限度掺烧价格相对较低的煤矸石，以降低燃料费用。全年共采购煤矸石33800吨，节约燃料费用169.43万元。同时，通过节能奖励手段，对机组启停用油量进行定额管理，降低了燃油成本，全年耗用燃油41吨，在机组有大修的情况下比2009年同期节约费用19.5万元。

三是积极开展机组小指标竞赛，最大限度挖掘机组潜能，提高机组运行经济性。全年厂用电率同比下降0.6%，节约资金30.34万元/月；供电煤耗同比下降6.12克/(千瓦·时)，汽耗率同比下降0.15千克/(千瓦·时)，节约标准煤1163吨/月。

四是加强预算管理，管理费用和财务费用得到有效控制。大力压缩差旅费、招待费、办公费、车辆费等管理费用，以部门为单位，下达了费用指标，并与绩效考核挂钩，取得了明显效果。全年管理费用批准预算955.23万元，实际发生846.88万元，较预算下降11.34%；财务费用批准预算5786.58万元，实际发生5315.59万元，下降8.14%。

五是推行定额管理，力求物资库存趋于合理。生产部门、物资管理部门在物资计划、物资采购管理中注重研究经济库存量，努力降低资金占用成本。在满足2号机组大修的前提下，华亭公司库存物资金额比2009年末降低100多万元。

【节能减排】 依照平凉市政府及环保部门的要求，华亭公司2010年出色完成了节能减排目标任务。电除尘器除尘效率高达99%以上，烟尘排放量199.75吨，较政府下达的指标减少83.4%；二氧化硫排放量为453.37吨，较政府下达的指标减少88%；氮氧化物排放量697.49吨；工业废水达到“零”排放；粉煤灰及炉渣销售给水泥厂等建材单位，综合利用率达90%。

【"三标一体化"贯标认证】 按照股份公司开展"管理创效年"中"管理上水平，创效增能力"的总体目标要求，基于华亭公司正在从创业起步向集约化经营、提升效益和公众形象的现代化发电企业迈进，着眼于管理提升、文化建设、团队建设的需要，华亭公司于2009年开展了为期8个月的"三标一体化"（质量标准、环境标准、职业健康标准一体化。）认证工作。按照贯标工作要求，共编制了1个管理手册和22个程序文件，对华亭公司管理标准、技术标准和工作标准进行了全面梳理，对部分制度标准进行了增补，共修订和补充完善管理标准146项，技术标准38项。识别一般环境因素86项，重要环境因素18项，确认危险源99项，重大危险源19项，对风险因素涉及的相关问题实施了有效控制。

【锅炉风机变频改造】 锅炉风机采用变频调速作为我国节能降耗的一项重点推广技术，受到国家和各发电企业的普遍重视，特别是在当前发电企业整体不景气、机组长期低负荷运行的情况下，对高耗能电机进行变频改造、加强节能降耗工作显得尤为重要。

2010年，华亭公司经多次调研和反复论证，对1号、2号锅炉的八大风机成功进行了变频改造，节能效果极为明显，厂用电率同比下降约1.2个百分点，相当于平均每天节约电费1.08万元。锅炉风机项目的改造成功，对降低华亭公司发电运营成本意义重大。

【2号机组大修】 2010年7月至8月中旬，华亭公司对2号机组进行了首次大修，对机组在近几年运行过程中暴露出的问题进行了全面消除。大修共完成标准和非标准项目1000多项，试验、检测项目达90多项，无重大安全事故发生。开机后各项运行技术指标均符合要求，为今后机组安全、经济、长周期运行奠定了坚实基础。

党群工作和企业文化建设

【党建工作】 2010年，华亭公司党委紧紧围绕战略推进和生产经营中心工作，注重发挥党委在推动公司发展中的政治核心作用，着力打造学习型党组织，落实党风廉政建设责任制，较好地完成了股份公司下达的各项任务。

（1）以学习型党组织创建为载体，扎实开展创先争优活动。创先争优活动开展以来，华亭公司党委按照股份公司党委的总体要求，着力打造学习型党组织，突出"五抓五促五提高"（抓基础，促活动引导，着力提高党员思想境界；抓培训，促技能提升，着力提高党员业务素养；抓实践，促经营改善，着力提高党员岗位贡献；抓创新，促思想解放，着力提高党员的创新思维；抓廉政，促廉洁从业，着力提高党员抗风险能力），努力将创先争优活动成果转化为企业的核心竞争力，取得了明显成效。

华亭公司党委为党员干部发放《责任胜于能力》、《阳光心态》、《做最好的中层》等学习书籍384本，为领导班子成员配发了《镜鉴》等警示教育读本。通过各种渠道搜集党员主题教育光碟并组织收看，以此作为党员主题教育活动的一种形式而长期坚持。组织全体党员先后收看了《人类需要三大营养——行为营养、心理营养和健康营养》、《中国传统文化的当代价值》等，并举办了专题讲座。

围绕企业当前面临的难得机遇和现实问题，华亭公司党委在华亭、崇信两个公司党员队伍中开展了"贯彻中央西部大开发精神，改善企业经营环境，推动企业发展"大讨论活动，共征集到合理化建议84条，内容涵盖市场营销，精益化管理，华亭、崇信公司资源整合，完善产业链等多个方面，为公司决策提供了宝贵的参考意见。其中，"以汽轮机通流部分改造为技改项目争取资金"的建议实施后，获得国家财政部财政奖励基金1000万元。创新财务管理思路，充分挖掘国家政策优势，以增值税抵扣银行贷款的方式，为崇信公司节省资金2亿元。

（2）开展了以争当"五个模范"（刻苦学习的模范、勤奋工作的模范、服务群众的模范、弘扬正气的模范、文明建设的模范）为主题的民主评议党员活动，对每一名党员按照"五个模范"的要求进行量化评议，强化党员的自律意识和廉洁意识。华亭公司60名党员参加了各自党支部的评议，参评率和合格率达到100%。

（3）加强党风廉政建设，有序推进惩防体系建设。华亭公司党委将党风廉政建设与生产经营工作同推进、同落实。根据班子成员分管的工作范围划分了廉政责任区，各负其责，加强党风廉政建设。结合"三标一体化"贯标认证工作，修改、完善纪检制度22项。建成了MIS系统和SIS系统，完成华亭公司风险管控体系。华亭公司党委从制度建设、重点环节监督、岗位轮换、经营活动的关键环节入手，有效杜绝了违纪事件的发生。2010年实现了干部职工零违纪、职工零举报。惩防体系建设按照"围绕'五个要素'、抓好'五个突出'（将制度建设作为基础要素，突出预防性和动态性；将流程管控作为制衡要素，突出系统化和模块化；将风险管理作为预控要素，突出可评价和可控制；将监督监察作为保障要素，突出关键人和关键事；将文化建设作为核心要素，突出文化宣贯和文化引领）”的思路积极推进。

注重加强党员干部和重要岗位工作人员廉洁从业教育，开展了为期3个月的廉洁从业专项教育活动。活动分3个阶段6个重点环节扎实推进，共开展廉政学习教育10次，受教育人员达200余人·次。与平凉市检察院建立企检共建关系，组织全体党员、部分重要岗位人员60余人赴平凉市监狱进行警示教育。

开展效能监察，保证各项工作高效运转、监督落实。围绕华亭公司安全生产和经营工作的关键环节开展了效能监察工作，监察组通过对所选项目的效能过程监控评估，在建章立制、规范业务流程、提高管理效率等方面提出效能监察建议16条，并跟踪、督促责任单位和部门对发现的问题及时进行整改落实。

将党风廉政建设责任制的考核结果纳入部门三项责任制考核。2010年底，华亭公司对10个部门、3个控股公司党风廉政建设责任制落实情况进行了统一检查和考核，考核结果均纳入部门三项责任制考核，并与绩效挂钩。考核结果为3个部门为满分，7个部门（控股公司）得分在95分以上。从考核结果看，职工对部门抓反腐倡廉工作满意度高，对干部职工廉洁从业行为认可度高。

（4）健全组织机构，加强党建、纪检基础管理。在股份公司的关心下，华亭公司成立了纪委和纪检监察部。调整党支部人员组成，配强了党支部班子。

【工会、共青团工作】 2010年，工会、共青团工作有序开展，相继举办了第三届职工篮球赛、庆国庆棋牌选拔赛、登山比赛、羽毛球赛、“坚强体魄、勇攀高峰”党员登山等活动，进一步活跃了职工文化生活。2010年，华亭公司3个集体、1名个人获得省级奖励，1个集体、3名个人获得股份公司奖励。

【宣传工作】 加强媒体报道，扩大企业影响。2010年，先后有《中国电力报》、《甘肃日报》、国资委网站等媒体在显要位置对华亭公司发展、节能减排成果报道10次。随着甘肃能源公司的成立，将《华电信息》改版为《中国水电甘肃发电》，2010年华亭公司共编辑、出版5期。

控股公司

【华亭华电供水有限责任公司】 该公司前身为华亭县王峡口水库管理处，隶属华亭县水务局。为了加快王峡口水库扩建工程建设步伐，推动水资源的合理开发、利用和管理，促进地方经济发展。根据《水法》、《公司法》及相关法律、法规的规定，经华亭发电有限责任公司、华亭县国有资产投资经营公司、甘肃华明电力股份有限公司协商一致，本着利益共享、风险共担的原则，共同出资发起设立华亭华电供水有限责任公司并成立董事会和监事会。

该公司于2005年2月8日在华亭县工商行政管理局注册登记，注册资金为4081.6万元，其中华亭公司出资51%，华亭县国有资产投资经营公司出资36%，甘肃华明电力股份有限公司出资13%。2005年3月6日，该公司正式挂牌。

该公司职责范围为：主要负责王峡口水库扩建工程（总库容786万立方米、总投资4886万元）的实施；负责水库营运、维护和管理；根据《水法》、《防洪法》等法律法规，在水行政主管部门的监督下，搞好经营过程中水库主体工程的防洪、抗汛工作；按照有关规定收取水资源费和供水费用；水库的建设周期要满足华亭发电有限责任公司华亭电厂一期工程用水的需要。

中国水电建设集团崇信发电有限责任公司

概　况

【综述】 中国水电建设集团崇信发电有限责任公司（以下简称“崇信公司”）是由中国水利水电建设股份有限公司（以下简称“股份公司”）和华亭煤业集团有限责任公司于2006年6月发起成立的。崇信公司注册资本金为8亿元，其中崇信公司持股90%，华亭煤业集团有限责任公司持股10%。

崇信公司发展战略：立足于建设绿色环保坑口电站和实施煤电联营，制定了建设总装机容量为893万千瓦、煤炭产能700万～1000万吨的“华亭—崇信—灵台煤电一体化基地”。崇信公司的经营范围为：电能的生产和销售；煤电项目的开发、建设、投资、经营；电力设备器材销售；电力技术咨询、电力生产服务；房地产开发以及工商贸易等。

崇信公司项目被甘肃省政府列为“十一五”规划重点电源建设项目。项目一期规划容量为2台60万千瓦超临界空冷燃煤机组，二期、三期分别为2台100万千瓦扩建机组。一期工程项目总投资46.5亿元，于2010年3月获得国家发展改革委核准，2号机组于2010年12月23日顺利通过168小时试运行，正式进入商业运营。项目二期扩建2×100万千瓦机组工程2010年7月通过初步可行性研究报告审查，在第十六届兰州洽谈会上签约。2010年4月，甘肃省政府同意将甘肃灵台南煤田矿产资源配置给中国水电集团。煤炭资源的配置，使崇信公司健全了产业链条，为实施煤电一体化发展奠定了坚实基础。

2010年，崇信公司认真贯彻落实股份公司工作会议精神和崇信公司一届五次董事会精神，坚持一手抓工程建设，一手抓管理提高，尤其着力抓好工程安全、质量、进度和资金管理，严格控制工程造价，完成了董事会确定的年度目标。

队伍建设方面，根据董事会批准的定员编制方案，崇信公司积极配置专业技术人才。截至2010年底，崇信公司共有职工373人，集管理、生产运行、设备检修为一体的公司综合团队初步建成。

企业文化建设方面，崇信公司针对地处偏僻、职工业余文化生活匮乏的现状，积极创造条件开展文体活动。先后组织了职工篮球赛、第二届职工冬季长跑运动会，增进了职工之间的交流。成功举办了新年联欢晚会，取得良好效果。

【领导班子】　2010年，崇信公司领导班子由5人组成：总经理张维荣；副总经理刘玉柱（兼总工程师）；副总经理张奋来、赵明星；总会计师樊荣钊。

【企业发展规划】　崇信公司“十二五”的发展思路为：以邓小平理论和“三个代表”重要思想为指导，深入贯彻落实科学发展观，按照国家建设大火电、大煤电基地的发展思路，调整产业结构，加快灵台南煤田开发进度，以实现“华亭—崇信—灵台煤电一体化基地”目标。以经济效益为核心，改善外部经营环境，创造经营效益，加强集约化经营和精细化管理，转变效益增长方式，增强崇信公司抗风险能力，回报股东，回报社会，努力把崇信公司建设成为行业领先、管理规范，具有较强集约化管理能力、盈利能力、市场竞争能力、可持续发展能力的质量效益型能源投资公司，为甘肃省地方经济发展发挥积极作用，为股份公司创造效益。

发展目标：到2015年末，崇信公司火电装机容量达到293万千瓦，建成华亭电厂二期2×66万千瓦扩建项目，形成华亭电厂、崇信电厂两个百万千瓦电厂；建设灵台唐家河年产400万吨煤矿，灵台南川河年产300万吨煤矿，煤炭产能达到450万吨；适度发展水电，水电装机规模力争达到50万千瓦；崇信公司总资产达到220亿元以上，实现年收入59亿元以上。

【崇信电厂新建项目获国家发展改革委核准】　2010年3月5日，国家发展改革委以发改能源〔2010〕384号《国家发展改革委员会关于甘肃崇信电厂新建工程项目核准的批复》，同意建设崇信电厂2×60万千瓦项目新建工程。

【第五次股东会暨一届五次董事会】　2010年4月28日，崇信公司一届五次董事会暨第五次股东会在甘肃省平凉市召开。股份公司董事长范集湘出席会议并作重要讲话，副董事长王彤宙主持会议。

会议审议通过了崇信公司2009年度总经理工作报告，审议通过了2009年度财务决算报告和2010年度财务预算报告等议案。

【年度工作会暨安全生产工作会】　2010年2月6日，崇信公司2010年工作会议暨安全生产工作会议在崇信县召开。崇信公司总经理张维荣向大会作了工作报告，并对安全生产工作作了重要讲话；副总经理赵明星作了安全生产工作报告；副总经理李立卓作了会议总结；副总经理刘玉柱、张奋来、总会计师樊荣钊以及总经理助理、中层干部、职工代表80余人参加了会议。

会议分析了崇信公司发展面临的形势，提出工作思路，重点安排部署了八项工作任务：一是积极推动项目核准工作，及早实现项目核准；二是科学组织，统筹协调，实现年内各项经营、工作目标；三是强化工程安全、质量管理，实现工程建设目标；四是加强成本管理和资金管理，降低投资成本和经营成本；五是加强市场营销工作，完善产业链条，努力提高企业盈利能力；六是进一步健全公司管理体系，按现代企业发展要求全面提升管理水平；七是积极推动崇信电厂二期2×100万千瓦项目前期工作，力争将崇信电厂二期列入甘肃省“十二五”电源发展规划；八是以人为本，加强企业文化和干部职工队伍建设。

【煤电一体化取得新进展】 规划装机容量达893万千瓦的“华亭—崇信—灵台”煤电一体化基地位于甘肃省最大的矿区——华亭矿区，年开采量2000万吨。崇信公司采用的超临界直流空冷机组项目具有坑口区位优势，所辖电厂为坑口电厂，与区域内其他电厂相比，具有运输成本低的优势。随着灵台南煤田的建成投产，崇信公司的低成本优势和电厂的经营优势将得到显现。

2010年4月，甘肃省政府将甘肃灵台南煤田作为中国水电集团甘肃火电板块的配套资源配置给中国水电集团，甘肃火电板块煤电一体化工作取得重大进展。灵台南矿区煤炭资源量12.98亿吨，煤层开采条件好，适合建设现代化大型矿井，建设周期为3.6年，年设计生产能力达700万～1000万吨。煤炭资源的取得，为完善产业链条、提高企业抗风险能力提供了保障。

【崇信电厂二期扩建项目签约】 2010年7月6日，作为第十六届兰州洽谈会能源类重点签约项目，崇信电厂二期2×100万千瓦发电机组建设项目意向书正式签订。股份公司副总经理王彤宙、总经理助理夏进、投资部副主任董锋出席了签约仪式。西北代表处主任、崇信公司总经理张维荣和崇信县县长唐志峰分别代表双方在项目意向书上签字。

【崇信电厂二期扩建项目通过初可行性研究审查】 2010年7月10～11日，《崇信电厂二期2×100万千瓦扩建项目初步可行性研究报告》审查会议在平凉市举行。平凉市市委常委、副市长赵成城，西北电网公司计划发展部副主任张汝桢，崇信公司总经理张维荣参加会议并讲话。甘肃省发展改革委、工信委、国土资源厅，甘肃省电力公司及股东单位的29家单位60多名代表参加会议。

最后，项目可行性研究报告被审议通过。

【公司年度领导班子民主生活会】 2010年10月22日，崇信公司2010年度领导班子民主生活会在平凉市召开。股份公司团委书记魏立军受股份公司党委指派参加会议并讲话。会议由崇信公司总经理张维荣主持。华亭公司、崇信公司领导班子成员杨晓强、张奋来、苏广平、刘玉柱、赵明星、樊荣钊参加会议。

会上，崇信公司纪委书记梁小成通报了本次民主生活会征求意见情况。班子成员深入剖析了各自思想情况，认真查找了思想建设及管理工作中存在的不足，并就崇信公司一年来的发展情况和班子建设进行了总结，提出了崇信公司下一步发展与经营的工作意见和建议。

【公司成立团委】 2010年5月28日，崇信公司团委成立，机构设置5人。2010年6月29日，崇信公司党委明确李晓斌为团委书记，张芳芳、段俊峰为组织委员，杨澜为宣传委员，段云龙为生产委员。

崇信公司组织机构图

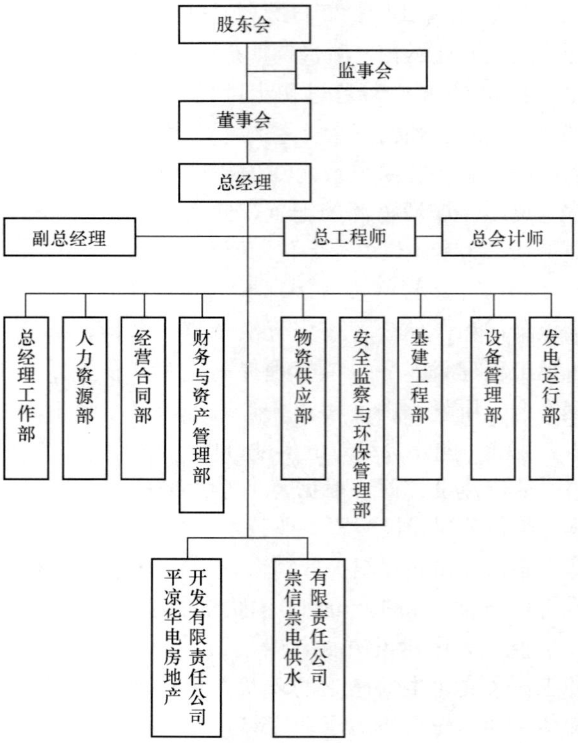

工 程 建 设

【崇信电厂1号机组实现锅炉水压试验和厂用系统带电工程节点】 2010年4月10日，崇信电厂1号锅炉水压试验一次成功，44788道焊口及承压部件无一泄漏。同日，该机组厂用带电系统试验一次成功，标志着工程建设进入了实质性分部试运行阶段。2010年5月9日，机组实现汽轮机扣缸节点目标，比计划工期提前了6天。

【崇信电厂一期工程启动验收委员会会议】 2010年11月8日，崇信电厂一期2×60万千瓦机组工程启动验收委员会第一次全体会议在兰州市西北宾馆隆重召开。会议讨论确定了启动验收委员会组织机构及人员组成；听取了有关单位关于1号机组整套启动试运行前的工作汇报；同意崇信电厂1号机组开始整套启动试运工作。

中国水利水电建设股份有限公司、平凉市政府、甘肃省发展改革委、及省相关部门、崇信县政府、华亭煤业集团、西北电网公司、西北电力设计院以及有关工程参建单位代表70余人参加了会议。

【崇信电厂2号机组通过试运行正式移交】 2010年12月23日，由西北电建三公司安装的崇信电厂一期2号机组一次性通过168小时满负荷试运后，正式移交崇信公司发电运行部投入生产。集团公司总经理、股份公司董事长范集湘，股份公司副总经理王彤宙对崇信公司表示祝贺。股份公司市场经营部主任、第四综合检查组组长刘伟民参加了2号机组正式移交生产仪式并讲话。中国水电建设集团甘肃能源投资有限公司总经理、崇信公司总经理张维荣主持签字仪式并讲话。各参建单位以及公司各部门100余人参加了移交生产仪式。

企业管理

【安全管理】 崇信公司坚持“安全第一、预防为主、综合治理”的工作方针，从落实安全责任、加强基础管理、强化监督检查等方面着手，控制、预防、消除施工中存在的安全隐患，实现了年度安全生产零事故目标。主要采取了以下措施：

一是认真落实安全管理责任，使安全工作常态化；通过安全工作会议、安委会会议以及月度安全例会，及时检查安全态势，调整工作部署，使安全保证体系的防控作用得到充分发挥。

二是强化制度建设，夯实安全基础，先后制定了《特种设备管理制度》、《危险化学品管理制度》、《工作票管理制度》、《安全设施标准化管理规定》等安全管理办法，重点加强对特种设备、锅炉压力容器、化学品以及机组运行各种操作的规范管理；完成了全厂安全警示标识、警戒线以及安全综合提示牌的布置工作。

三是充分发挥《安全预控手册》的指导作用，重点加强对高空作业、交叉作业、带电作业以及油、汽的运输、保管等危险源的预防；编写了《运行危险点分析与预控措施》，保证重大操作步骤明确、存在危险因素明确和防范措施明确；编写了《60万千瓦机组运行事故汇编》并组织学习；定期组织生产人员开展反事故演习，提高了运行人员处理事故的应变能力。

四是强化监督检查，对厂用带电、锅炉水压、锅炉点火、整套启动、机组并网等的安全环境进行专项检查，对存在的安全隐患以定人、定时间、定措施的原则进行整改，确保了项目节点目标实现的安全性。

【质量管理】 2010年，崇信电厂1号机组完成单位工程62项、分部工程303项、分项工程1177项，2号机组完成单位工程36项、分部工程176项、分项工程819项，验收合格率均为100％。两台锅炉受监焊口共计89584个，无损检验100％，一次合格率为98.71％；汽机受监焊口16632个，一次无损检验合格率为99.51％，焊口外观质量符合要求。主要采取了如下措施：一是加强监督检查，发挥公司质量管理部门、监督部门以及监理单位工程管理人员作用，深入现场监督检查施工单位质量行为，严格控制项目操作、检验和验收；二是健全质量控制措施，通过委托设备监造加强对制造过程以及出厂试验的质量控制；三是检查落实质量管理责任，严格班组、工区、工地、监理及建设单位四级验收管理，较好地控制了土建收尾验收、设备到货验收、设备安装分部试运验收的质量；四是利用调试和整套启动试运行，全面系统地检查设备以及各个系统存在的问题和缺陷，生产人员也参与调试工作，配合、督促安装单位进行缺陷的记录和整改。

【成本控制】 2010年，崇信公司严格成本管理，将年度预算和工程建设紧密结合，将投资计划、资金使用计划分解为季计划、月计划，按计划开展设备招标、物资采购以及进度款审批支付工作，较好地发挥了预算对成本的控制作用。

加强融资工作。在银行信贷政策趋紧的情况下，千方百计多渠道筹措资金。截至2010年底，共获得银行固定资产贷款授信金额149.65亿元，已签借款合同36.5亿元，实际贷款金额27.8亿元。对贷款采用多次小额提取办法，尽量减少资金沉淀，降低贷款利息。全年减少利息支出1936万元，有效降低工程投资。

加大进项税抵扣力度。利用设备陆续到货的有利时机，全年累计抵扣到货设备增值税2.79亿元，有效降低了工程造价。2010年，崇信公司完成投资13.36亿元，累计完成37.1亿元。

【职工培训】 2010年，崇信公司将培训作为提升企业员工能力的重要手段，通过对年度培训计划分专业分阶段进行落实、将技术培训与考核上岗相结合、生产运行人员实施竞聘择优上岗等措施，增强了培训实际效果。

项目开发

【收购平凉华电房地产公司股权】　按照国资委关于国有资产转让的相关规定，根据崇信公司第五次股东会决议，同意崇信公司收购华亭公司控股的平凉华电房地产开发有限责任公司95%的股权，按照评估价值6265.94万元收购。

【崇信崇电供水有限责任公司成立】　2010年12月18日，崇信崇电供水有限责任公司（以下简称“供水公司”）成立暨揭牌仪式在崇信公司举行。平凉市副市长杨军出席会议并讲话；崇信公司副总经理刘玉柱致欢迎词；崇信公司副总经理张奋来主持仪式。杨军和刘玉柱共同为供水公司成立揭牌。崇信县委副书记崔仁杰、常务副县长张力，华亭公司、崇信公司班子成员杨晓强、苏广平、樊荣钊、梁小成以及平凉市、崇信县相关单位领导共80余人参加了仪式。

供水公司由崇信公司与崇信县国有资产经营公司共同出资组建，注册资本金7580万元，其中，崇信公司出资80%控股，崇信县国有资产经营公司出资20%。供水公司为有限责任公司，具有独立法人地位，享有由股东投资形成的全部法人财产权，独立核算，自负盈亏。供水公司负责铜城水库的营运、维护和管理，在当地水行政主管部门的监督下，经营过程中还要搞好水库的抗旱、防汛工作。

（崇信公司）

中国水利水电第一工程局有限公司

概　　况

【综述】　中国水利水电第一工程局有限公司（以下简称“水电一局有限公司”）是中国水利水电建设股份有限公司（以下简称“股份公司”）下属的全资子公司，拥有相应的生产经营自主权。

水电一局有限公司成立于1958年，2008年完成公司制改建，为国有独资的、以水利水电施工为主，兼营市政基础设施、公路路基工程的大型综合性骨干企业。拥有大中型施工设备4699台套；注册资本金2.43亿元，资产规模20.9亿元。具有建设部核发的水利水电工程施工总承包壹级、市政公用工程施工总承包壹级、机电安装工程施工总承包壹级、土石方工程专业承包壹级、公路路基工程专业承包壹级、地基与基础工程专业承包壹级和钢结构工程专业承包贰级资质和吉林省商务厅颁发的中华人民共和国对外承包工程资格；具有国家级试验室计量认证资质、乙级水利水电设计资质和省级颁发的乙级测绘资质；省级工程爆破设计施工资质和工程监理资质；具有国家和省级各类生产、安装、维护许可证12项。通过了ISO 9001：2000质量管理体系标准认证、ISO 14001：2004环境管理体系标准认证和OHSAS 18001：2001职业健康安全管理体系标准认证。

2010年，水电一局有限公司从业人员为8606人、其中包括各类专业技术人员2201人、高级专业技术人员221人、中级专业技术人员532人、高级技师172人。

（杨立平　何　水）

【领导班子】　水电一局有限公司领导班子成员为：执行董事兼总经理、党委副书记茹彩江；党委书记、副总经理王国强；工会主席、党委委员刘士信；副总经理、党委委员刘恩；副总经理、党委委员毕成福；监事、党委副书记兼纪委书记艾民；副总经理兼总经济师、党委委员霍福山；副总经理、党委委员黄中鑫；总会计师、党委委员戴德宏。公司咨询王征、赵冠群。

（杨立平　何　水）

【组织机构】　水电一局有限公司机关本部设有18个职能部门，下设8个施工分局（包括分公司），另设有施工局（直属项目部）7个，辅业单位4个。公司机关的18个职能部门是：总经理工作部、财务产权部、资金管理部、经营发展部、人力资源管理部、社会保险部、工程技术部、市场开发部、基础设施业务部、安全监察部、审计部、设备物资管理部、新闻信息中心、法律事务部、党委工作部、纪委监察部、工会办公室、海外事业部。8个施工分局（包括分公司）是：第一分局、第二分局、第三分局、路桥工程分局、基础处理分局、机电安装分局、云南分局、长春工程公司。7个施工局（包括直属项目部）是：西南施工局、铁路施工局、松江施工局、辽南施工局、西金沟项目部、林白项目部、登棚项目部。4个辅业单位是：勘测设计院、员工培训中心、职工总医院、基地管理处。公司组织结构：实行公司、分局（含其他二级施工生产单位）、项目部二级管理，三级核算；企业办社会单位实行费用补贴。

（何　水　杨立平）

【法人治理结构】　水电一局有限公司按照《公司法》，注册于吉林省长春市。

水电一局有限公司实行执行董事负责制。执行董事由股东委派，每届任期三年，执行董事任期届满，由股东继续委派可以连任。执行董事兼任总经理。执行董事为公司的法定代表人。执行董事按《公司章程》的规定行使职权，履行义务。公司党政联席会议是公司的最高决策权力机关。决策方式：按照《公司章程》、《公司工作规则》规定，公司的重大问题由公司集体决策。

水电一局有限公司设经营管理层（高级管理人员），负责公司的日常经营管理。其职位、职数和人选由股东决定。高级管理人员每届任期三年，任期届满经过聘任可以连任。高级管理人员在任期内不胜任或有严重失职、违法行为，由股东免除其职务。

水电一局有限公司机关职能部门代表公司行使本专业管理和控制职权，履行监督管理责任和义务。部门负责人实行聘任制，根据履职情况决定聘任或解聘。

水电一局有限公司对执行层（各生产单位）负责人实行聘任制和委派制。通过年度《经营业绩责任书》对各二级生产和服务单位下达年度经济技术指标和管理（服务）工作任务。根据履职情况决定聘任或解聘。

依据《公司章程》和股东要求，水电一局有限公司设监事一人，由股东委派。监事每届任期三年并可以连任。监事依照法律、法规和《公司章程》规定行使职权，履行义务。

（杨立平　何　水）

【主营业务】　水电一局有限公司主营业务为四大业务板块：国内水利水电建筑、国内非水利水电建筑、国际业务、勘测设计咨询。

国内水利水电建筑：国内水利水电建筑施工是水电一局有限公司的传统核心主业，是水电一局有限公司营业收入和利润的主要来源，占水电一局有限公司市场份额的约55%，在技术、管理和规模上具有一定的优势。

国内非水利水电建筑：国内非水利水电建筑市场，是水电一局有限公司近几年来大力开拓的施工领域，是水电一局有限公司调整产业结构的努力方向。依托股份公司的优势，在高速公路、铁路、风电、工业厂房、城市供水、给水、城市水务、港口、污水处理等领域不断拓展施工规模，目前占水电一局有限公司市场份额的约20%。

国际业务：国际业务是水电一局有限公司有限发展的核心业务，是水电一局有限公司公司近三年来的主攻方向。充分依靠股份公司的影响力和品牌优势，在股份公司的领导和扶持下，大力开拓国际市场，逐步形成规模，形成企业新的经济增长点，目前占水电一局有限公司公司市场份额的约25%。

勘测设计咨询：勘测设计咨询目前还没有形成规模，服务领域较为狭窄，现处于起步阶段。

（杨立平　何　水）

【2010年主要业绩】　2010年，水电一局有限公司全年实现营业收入27.04亿元，同比增长26.94%，完成股份公司下达指标21.70亿元的124.6%。全年新签合同总额为36.78亿元；完成计划30亿元的122%。目前，水电一局有限公司累计合同存量达103余亿元。全年实现报表利润4942.22万元，实现营业收入利润率2.88 %（目标利润率为1.6%）。资金集中度为83.64%。在岗职工人均工资增长率为22.64%。全员劳动生产率31.42万元/(人·年)，同比增长30.95%。单元工程一次验收合格率达100%，优良率达85%以上。安全生产平稳受控，未发生生产性死亡事故，事故率控制在股份公司规定的指标范围内；未发生重大火灾、交通、机械设备安全生产事故，被股份公司授予“安全生产优秀企业”荣誉称号。

2010年，水电一局有限公司全年水利水电项目新签合同金额达到20.3亿元，完成计划指标（15亿元）的135%；全年新签非水电项目合同金额8.25亿元，完成2010年初计划指标（7亿元）的117%；海外市场进一步拓宽，先后中标刚果（金）市政工程、埃塞CHEMOGA-YEDA水电站工程，总计1.23亿美元，同时推进了刚果（金）ZONGO-Ⅱ水电站融资协议的签订，推动了BUSANGE水电站前期工作，参加了刚果（布）北方公路等项目的投标工作。

（杨立平　何　水）

国内工程

【金沙江鲁地拉水电站进水口及引水隧洞土建及金属结构安装工程】　鲁地拉水电站位于云南省大理州宾川县和丽江市永胜县交界的金沙江中游干流河段上，是金沙江中游河段梯级开发的第七级电站，上接龙开口水电站，下接观音岩水电站。该电站以发电为主，同时兼有水土保持、库区航运和旅游等综合效益的水利水电枢纽工程。

2010年，水电一局有限公司在鲁地拉水电站承建的工程项目主要是鲁地拉水电站进水口及引水隧洞土建及金属结构安装工程。工程于2007年11月30日中标，合同金额为2.29亿元，2008年1月9日开始进场施工，2008年6月16日正式开工，计划于2013年12月底全部工程完工，总工期为66个月。该工程由进水口、1～6号引水隧洞、1号和6号施工支洞及拦污栅、闸门等土建和金属结构安装工程组成，截至2010年末，共完成实物工作量：土方明挖5761立方米、石方明挖1567立方米、混凝土54012立方米、钢筋制作安装1452吨、锚杆5051根、喷混凝土1561平方米。

（何　水　李爱霞）

【黑龙江省黑河市爱辉区金湾水电站】　2010年8月16日，水电一局有限公司中标黑龙江省黑河市爱辉区金湾水电站，中标金额8746.0718万元，施工总工期为27个月。

金湾水电站工程位于黑龙江右岸一级支流的法别拉河中下游，距黑河市46千米，是一座以发电、防洪为主的水利枢纽工程。工程定为一等工程，电站装机总容量2.2万千瓦，由以下几部分组成：挡水坝工程；溢洪道工程；引水工程；电站主、副厂房工程；升压站工程；临时工程；为完成本标工程所需临时工程及设施等。

金湾水电站工程由水电一局有限公司第一分局承建，工程于2010年8月开工，到2010年12月末，已经完成部分临设工程，主体工程未进行。

（何　水　孙国红）

【南水北调中线一期工程总干渠漳河北至古运河南土建施工SG12标】　南水北调中线一期工程总干渠土建施工SG12标，起点自河北省临城县李家韩，终点至临城县东渎村，总长7.07千米，其中渠道长6.736千米，建筑物长0.334千米，包括大型交叉建筑物1座，左岸排水建筑物4座，渠渠交叉建筑物1座，节制闸、退水闸、排冰闸各1座。水电一局有限公司于2010年6月1日中标，合同标价为2.19亿元，总工期30个月。工程于2010年6月开工，到2010年12月末，SG12标共计完成土石方开挖（含清表土）31.3万立方米；土方填筑1.8万立方米；混凝土浇筑3540立方米；钢筋制作安装251吨；强夯累计完成12万平方米；累计完成投资1983.8万元，占总投资的9%。

（何　水　教　波）

【嘉陵江凤仪航电枢纽工程】　嘉陵江凤仪航电枢纽左岸泄洪冲沙闸及厂房土建工程，位于四川省凤仪县，水电一局有限公司于2007年8月中标该工程的左岸泄洪冲砂闸及厂房土建工程，合同总金额为1.85亿元，总工期46个月。工程于2007年9月15日开工。2010年完成混凝土浇筑133794立方米，左岸挡水坝段1、3号坝段，安装间工程；2、3号机组第二段管型座及侧墙；1～3号机组宽槽；预制梁预制施工；主、副厂房砖砌体等重点部位施工已经完成。完成产值867万元。

（何　水　丑振宇）

【安徽响水涧抽水蓄能电站工程】　安徽响水涧抽水蓄能电站工程位于安徽省芜湖市。水电一局有限公司于2007年5月15日中标该电站工程骨料加工系统和混凝土生产系统，中标金额7282.9217万元。主要工程量为：骨料加工550000立方米；混凝土生产250000立方米。截至2010年12月末，响水涧项目部共完成：外供骨料158790.82立方米；外供混凝土173064.83立方米。完成产值3650万元。

（何　水　丑振宇）

【四川江边水电站工程】　四川省甘孜州九龙县九龙河江边水电站厂区枢纽土建及金属结构安装工程，水电一局有限公司于2007年12月24日正式接到中标通知书，中标金额为1.34亿元，2007年12月31日工程首批人员进场，2008年2月24日主体工程正式开工。

水电一局有限公司承担的主要工程项目：施工导流及水流控制系统的土石方明挖地下洞室开挖、支护、灌浆、混凝土工程、压力管道的制造与安装、永久性排水和闸门与启闭机的安装等项工程。截至2010年，江边项目部完成主要实物工程量：地下洞室开挖4.121立方米；锚杆21428根；喷混凝土3519.2平方米；混凝土浇注42830立方米；钢筋制作安装2760吨；回填灌浆8630平方米；固结灌浆

1679.2吨；完成施工产值6461万元。2010年，江边项目部被业主授予“质量管理二等奖”和“安全管理特别单位”荣誉。

（何 水 丑振宇）

【云南澜沧江大华桥水电站导流隧洞土建及金属结构安装工程、云南澜沧江大华桥水电站通风洞及交通洞土建工程】 大华桥水电站位于云南省澜沧江上游怒江州兰坪县兔峨乡境内，是澜沧江干流上游河段规划梯级开发中的第六级水电站，电站上接黄登水电站，下接苗尾水电站。2010年，水电一局有限公司在大华桥水电承建的工程项目主要有两项：

（1）2010年8月26日，水电一局有限公司中标大华桥水电站导流隧洞土建及金属结构安装工程（DHQ/C1），中标金额为1.16亿元，工期自2010年9月1日至2012年3月31日。该工程主要包括导流隧洞工程、旁通洞工程、右坝肩工程、6号和11号公路工程、干笔河石料场工程、安全监测工程、主要临时工程等工程项目。自2010年9月1日开工至2010年末，共完成土石方开挖18500立方米（合同量为470793立方米），石方洞挖40780立方米（合同量为109371立方米），喷混凝土705.73立方米（合同量为7654立方米），钢筋及钢筋网3.02吨（合同量为3724吨），锚杆及锚筋桩17.3吨（合同量为400吨），各项主体工程正全面展开。

（2）2010年8月6日，水电一局有限公司再度中标云南澜沧江大华桥水电站通风洞及交通洞土建工程（DHQ2010/T3），中标金额为2121万元，工期自2010年8月30日至2011年5月31日。该工程主要包括通风兼安全洞、主变压器通风洞、尾调交通洞、交通洞和主变交通洞工程。自2010年8月30日开工至2010年末，共完成土石方开挖600立方米（合同量为37676立方米），石方洞挖7094.59立方米（合同量为100560立方米），其他工程项目正在紧张有序开展。

（何 水 李爱霞）

【云南澜沧江黄登水电站左岸场内公路工程、云南澜沧江黄登水电站拉关河渣场防护及排水洞工程】 黄登水电站位于云南省兰坪县境内，采用堤坝式开发，是云南澜沧江上游古水至苗尾河段水电梯级开发方案的第五级水电站，以发电为主。上游与托巴水电站、下游与大华桥水电站相衔接，坝址位于营盘镇上游。2010年，水电一局有限公司在黄登水电站承建的工程项目主要有两项：

（1）云南澜沧江黄登水电站左岸场内公路工程（R1标）2009年8月，水电一局有限公司中标，合同金额为1.58亿元，2009年9月开始进场施工，计划于2011年6月30日全部工程完工，总工期为22个月。截至2010年末，进厂公路工程全面完成，具备通车条件，绕坝交通已形成。2010年度完成实物工程量：土石方明挖803695立方米、石方洞挖62026立方米、土石方回填52164立方米、浆砌石33400立方米、混凝土10989立方米、喷混凝土14234立方米、钢筋制作安装347吨、锚杆446吨、钢结构制造安装506吨、排水孔13625米。

（2）2010年5月，水电一局有限公司中标云南澜沧江黄登水电站拉关河渣场防护及排水洞工程（HD2010/T1标），中标金额为3295万元。合同工程主要包括拉关河渣场防护工程、拉关河排水洞工程等工程项目。根据工程进度计划，此项目于2010年5月开工，其中的排水洞工程已经于2010年11月完成。

（何 水 李爱霞）

【梨园水电站泄洪冲砂洞土建及金属结构安装工程，梨园水电站上咱日沟渣场永久排水系统工程】 梨园水电站位于迪庆州香格里拉县（左岸）与丽江地区玉龙县（右岸）交界河段，是金沙江中游河段规划的第三个梯级，上游与两家水电站相衔接，下游为阿海水电站，电站装机容量为240万千瓦（4×60万千瓦）。2010年，水电一局有限公司在梨园水电站承建的工程项目主要项目分别为：

（1）梨园水电站泄洪冲砂洞土建及金属结构安装工程（LY2010/C01-A）于2010年7月中标，合同金额为1.77亿元，工程于2010年11月1日开工，计划于2013年8月30日完工。泄洪冲砂洞工程包括2条施工支洞、1条交通洞、1条通风洞、泄洪冲砂洞有压段、工作闸门室交通洞、泄洪冲砂洞无压段和护岸工程。截至2010年末，泄洪洞1号施工支洞已施工至主洞位置，支护及时跟进；2号施工支洞洞脸工程除剩余固结灌浆Ⅱ序17个孔的灌浆外其余工程全部完工；交通洞进尺32米，支护跟进；泄洪洞出口1540马道以上开挖、支护全部完成；1560以下至1540边坡开挖完成约15000立方米。

（2）梨园水电站上咱日沟渣场永久排水系统工程（LY2010/T07），水电一局有限公司于2010年12月28日中标，合同金额为880万元，计划于2011年5月31日完工。该工程包含排水渠A、B、C，急流槽和排水涵洞，主要工程量包括土石方明挖33225立方米，钢筋制作安装305.9吨，C25混凝土8703立方米。

（何 水 李爱霞）

【河南宝泉抽水蓄能电站引水系统上斜井钢衬工程】 河南宝泉抽水蓄能电站引水系统上斜井钢衬工程位于河南省辉县薄壁乡境内。2010 年 6 月，水电一局有限公司中标该项工程，合同总金额为 4147.665 4 万元。宝泉抽水蓄能电站引水系统引水上斜井共两条，上斜井上部钢衬范围为斜井直段起始点为 718.882 米高程，斜井倾角为 50°，单条共 117 节，总长约 351 米。内套钢管直径为 5.8 米，加劲环高 10 厘米，间距为 40～150 厘米，钢管钢种为 Q345R（板厚 20～28 毫米），钢管制造安装约 3272 吨。截至 2010 年底，共完成制作量为 3124.678 吨，完成安装量为 2908.678 吨。工程计划于 2011 年 1 月全部完工。

（何　水　教　波）

【江苏溧阳抽水蓄能电站工程施工供水系统工程】 江苏溧阳抽水蓄能电站地处江苏省溧阳市，上水库位于龙潭林场伍元山工区，与安徽省接壤。水电一局有限公司 2009 年 6 月中标该项工程，合同金额为 2250.4382 万元，合同工期为 23 个月。该电站供水系统由取水泵房（设于沙河水库左岸岸边，位于下水库以北约 300 米左右处）、高程 100 米水池和一级加压泵房、高程 220 米调节水池和二级加压泵房、高程 300 米水池以及输水主干管等组成，供水水源为沙河水库。工程于 2009 年 7 月 1 日开工，到 2011 年 6 月 30 日系统全部投产（含试运行）。自开工至 2010 年 12 月，产值为 1399.3361 万元，占主体合同的 62.18%。

（何　水　教　波）

【四川俄公堡水电站工程】 四川木里河俄公堡水电站位于四川省凉山彝族自治州。水电一局有限公司于 2009 年 5 月 8 日正式接到四川木里河俄公堡水电站开发有限公司中标通知书，中标金额为 7248.75 万元。2009 年 6 月 6 日，四川木里河俄公堡水电站主体工程正式开工，截至 2010 年 12 月末，俄公堡项目部完成主要工程量：压力管道开挖 6406 立方米；厂房孤石爆破解小 86874.06 立方米；厂房砂卵石开挖 63125.94 立方米；小沟河砂卵石开挖 8791.71 立方米；小沟河石方开挖 14181.12 立方米；右岸桥台灌注桩 90.48 立方米。完成产值 1344 万元。

（何　水　丑振宇）

【锦凌水库工程左岸土石坝工程】 2010 年 4 月 26 日，水电一局有限公司长春工程公司中标锦州市锦凌水库工程左岸土石坝工程（合同编号：JLSK LC-03），中标金额 7029.1768 万元，施工工期为 871 天。锦凌水库工程位于锦州市境内的小凌河干流上，坝址位于锦州市近郊区的后山河营子村，距锦州市中心 9.5 千米，水库总库容 8.08×10^8 立方米。水库任务是以承担锦州市的防洪和供水为主，并兼顾改善地下水环境。

锦凌水库枢纽是以土坝为基本坝型的混合坝。大坝坝顶高程 64.80 米，最大坝高 48.3 米，坝长 1148.0 米。土坝分左右岸布置，主河槽混凝土坝段布置有右连接段、引水坝段、底孔坝段、溢流坝段、挡水坝段、左连接段。工程于 2010 年 5 月 20 日开工，截至 2010 年 12 月末，已完成各项临设工程。

（何　水　赵艳梅　关尧月）

【大渡河泸定水电站伞岗坪移民安置点土地开发整理工程】 2010 年 6 月 24 日，水电一局有限公司中标四川大渡河泸定水电站伞岗坪移民安置点土地开发整理工程，中标金额 3113.6433 万元，施工总工期为 6 个月。该工程为泸定水电站伞岗坪移民安置点基础工程，位于伞岗坪移民安置点 E 组团。工作内容包括道路及挡墙工程、场平工程、内部供水、内部排水工程、电力工程、绿化工程等。截至 2010 年 12 月末，已完成临设工程，主体工程施工未进行。

（何　水　孙国红）

【京沪高铁项目工程】 水电一局有限公司京沪高铁工程于 2008 年 4 月 16 日开工，预计到 2011 年 6 月末正式竣工。水电一局有限公司管段施工地点位于山东省泰安市高新区，起止桩号 DK466＋530～DK475＋117.45，工程总量 2.4644 亿元。截至 2010 年末，水电一局有限公司京沪高铁项目部共计完成产值 2.16 亿元，3 年间，水电一局有限公司京沪高铁项目部被集团公司授予“征地拆迁工作先进单位”、“安全生产先进单位”、“质量管理先进单位”荣誉，2010 年被京沪高速铁路股份有限公司授予“铁路建设决战 66 天劳动竞赛先进集体”荣誉，取得铁道部京沪高铁总指挥部及济南指挥部的 7 张绿牌等。2010 年 6 月 13 日铁道部副部长卢春房、2010 年 10 月 21 日京沪公司董事长蔡庆华、2010 年 3 月 18 日和 7 月 1 日京沪公司总经理李志义等领导前来视察指导工作，并给予高度的评价。

（何　水　李　莹）

【辽宁草市至抚顺高速公路项目路基工程第四合同段工程】 草市（辽吉界）至抚顺（南杂木）高速公路工程项目路基工程第四合同段，标段所在地为抚顺市清原县，起止桩号K34+000～K46+000，延线长12千米，路基总挖方1651046立方米，填方1576946立方米；大小构造物61座，其中大桥3座，中桥2座，小桥1座，公分离式立交桥6座，通道桥13座，钢筋混凝土盖板涵32座，圆管涵4座。2007年9月28日，水电一局有限公司中标该工程，合同标价为1.55亿元，经过2008～2009年两次变更后，到2010年合同标价调整为1.595亿元，计划工期共20个月。到2010年9月27日，由水电一局有限公司路桥工程分局所属公路项目部历经3年修建的沈吉高速公路草市至抚顺南杂木段高速公路正式开通，这标志着沈吉高速公路辽宁境内全线贯通。2010年完成产值1123.5410万元。

（何　水　常　乘）

【阜新至盘锦高速公路工程】　阜新至盘锦高速公路工程项目路基工程第四合同段位于辽宁省北镇市，起止桩号K41+500～K58+000，延线长16.5千米，内有路基、桥涵、互通立交、排水、防护等工程。路基总挖方149.8808万立方米，填方175.4249万立方米；大小构造物43座，其中中桥2座，小桥1座，公分离式立交桥4座，通道桥19座，钢筋混凝土盖板涵16座，跨线桥1座。2009年9月1日，水电一局有限公司中标该工程，合同金额为1.17亿元，计划工期21个月。截至2010年7月底，该项工程已经全部完成。2010年完成产值7675.3403万元。

（何　水　常　乘）

【成（都）简（阳）快速路（成都段）路面工程】　成（都）简（阳）快速路（成都段）工程起于四川省成都市东山国际大道900米处，先后穿越龙泉山1、2号隧道至夏家沟，跨越汤家河国道318线，经回龙角、王家湾，上跨成渝高速公路，止于龙泉湖环湖公路。全线采用双向四车道一级公路标准建设，设计速度80千米/小时，路基宽度24.5米，汽车荷载等级为公路—1级，桥涵与路基同宽，隧道建筑界限10.25×5.0米，全线采用沥青砼路面，全长15.681千米。水电一局有限公司于2010年9月29日中标成简快速路路面工程，合同总造价8364.8341万元。合同工期为2010年10月23日至2011年4月30日。2010年度完成产值535.9245万元。

（何　水　刘明霞）

【深圳市公明供水调蓄工程第Ⅶ标工程】　深圳市公明供水调蓄工程位于公明光明、石岩三个街道办辖区，主要建设内容包括4部分：公明水库扩建工程，鹅颈水库至公明水库连通工程，公明水库至石岩水库供水工程及白花引水改造工程。2008年11月，水电一局有限公司中标该工程，合同金额为2.64亿元。项目于2008年12月开工，合同工期至2011年11月。截至2010年末，放水隧洞开挖、锚喷支护、洞内钢衬底板混凝土、进口闸室灌注桩混凝土浇筑已全部完成，项目累计完成产值8440.2268万元，主体工程完成总合同金额的31.92%。

（何　水　教　波）

【长白山国际旅游度假区南区蓄水池工程】　长白山国际旅游度假区南区蓄水池工程位于吉林省白山市，该工程主要担负着为长白山滑雪场人工造雪提供水源的任务，是长白山国际旅游度假区的重要组成部分。滑雪场蓄水池位于旅游景区的西北侧山地冲沟内，蓄水池容积70万立方米，工程主要由拦水坝、放水竖井及放空管道、蓄水区防渗及膜下排水排气系统、蓄水区岸坡防护、上游截渗导流工程等部分组成。水电一局有限公司松江施工局于2010年9月中标此项工程，合同金额为4398.7195万元，总工期为15个月。工程于2010年9月28日开工，2011年7月底实现蓄水目标。到2010年末，共完成土方开挖及余方弃置173451.5立方米，灌注桩施工完成799米。

（何　水）

国际工程

【刚果（金）ZongoⅡ水电站】　刚果（金）ZongoⅡ水电站项目单机5万千瓦，总装机容量15万千瓦。水电一局有限公司于2009年12月25日签订授权施工委托协议，合同金额3.729亿美元。2010年，水电一局有限公司刚果（金）ZongoⅡ水电站项目经理部已经成立，第一批设备物资由天津港装船运抵现场。水电站进场道路基本上可以满足施工车辆的正常通行；大坝营地和厂房营地已经具备生活和办公条件；该项工程于2010年8月完成初步设计。工程将于2011年1月由刚果（金）政府有关部门与中国进出口银行签订ZongoⅡ水电站项目的融资协议，项目开工日期临近。

（何　水　余　成）

【尼日尔IR矿项目工程】　尼日尔IR矿项目主要承担IR矿基建工程、IR矿斜坡道输送系统安装及试运行、电气设备安装与试运行、井下排水设施安装及调试等项目的施工。业主为中核阿泽里克矿业股份公司，水电一局有限公司于2008年7月签约，合同金额3602万美元。工期为30个月，截至2010年底完成产值1873万美元。

（何　水　佘　成）

管理创新

【经营管理管控体系】　2010年，水电一局有限公司实行公司对分局、分局对项目两级管理；公司主要领导亲自抓在建工程管理尤其是经营管理；公司经营部门在审定项目合同预算总成本时，对毛利、分包模式、成本控制办法、考核目标、索赔思路等方面作出具体安排。这加强了公司对分局的管控力度，通过一年4次的检查来督促分局的经营管理工作；通过日常的分包审批、建造合同的审查、索赔资料的分析、进度报表的统计等及时帮助解决分局及项目上出现的经营问题；通过各种有效的措施体现公司总部检查、指导、服务、考核的作用；强化了分局对项目的管理力度，分局对项目每年至少检查2次，50万元以上的分包项目由分局组织招标，100万以上的索赔分局全程跟踪。每月召开项目经济分析会，从成本指标的控制情况、业绩指标的完成情况、分包管理、已完未结情况等几个方面对项目的经营进行综合分析，制定解决问题的方案。

（何　水　姜　玄　宝金玉）

【调整三年发展规划】　2010年，水电一局有限公司根据2009年各项生产经营指标的实际完成情况和市场开拓情况，对2009～2010年发展规划中的相关指标进行了调整，增补了2012年市场开发及产业结构目标和主要经济规划指标。

调整后的主要经济指标为：2009～2012年4年力争累计完成市场开发145亿元，其中，国内水电业务占37%，国内非水电业务占29%，国际业务占34%；2009～2012年4年力争累计完成营业收入111亿元，其中，国内水电、国内非水电、国际业务业务收入比例为5∶3∶2；2009～2012年利润逐年增长，4年累计实现利润1.5亿元。

（何　水　姜　玄　宝金玉）

【内部管理体制改革】　2010年，水电一局有限公司为进一步适应和理顺内部管理体制改革的要求，强化专业技术和区域优势，将原东源公司更名为勘测设计院，并将工程技术部的实验室职能划入；将原由二级单位管理的林白铁路项目经理部划归水电一局有限公司直管项目；将原水电一局有限公司直管的凤仪航电项目经理部划归二级单位管理；撤销了大型特种设备租赁公司。

（何　水　姜　玄　宝金玉）

【资质升级】　为适应企业发展的需要，根据水电一局有限公司近几年来的工作业绩，地基与基础工程专业由原来的承包贰级——可承担工程造价1000万元及以下各类地基与基础工程的施工，升级为承包壹级——可承担各类地基与基础工程的施工；2010年4月16日，水电一局有限公司取得吉林省商务厅颁发的《中华人民共和国对外承包工程资格证书》。

（何　水　姜　玄　宝金玉）

【管理创效年活动】　水电一局有限公司按照“管理上水平，创效增能力”的总体目标，从2010年5月开始，在水电一局有限公司范围内开展了“管理创效年”活动。通过贯彻落实实施方案，紧紧围绕强化管控为主线，以增加效益活动为载体，狠抓经营管理日常工作，经过半年多的努力，取得了一定的经济效益，营业利润率提高了0.03个百分点。其中，国内水电业务营业利润率提高了0.05个百分点，项目亏损面降低了17个百分点；国际业务营业利润率提高了1.6个百分点；国内非水电业务营业利润率提高了0.02个百分点，项目亏损面降低了13个百分点。

（何　水　姜　玄　宝金玉）

【启动全面风险管理工作】　为增强水电一局有限公司抗风险能力，确保水电一局有限公司持续稳定健康发展，根据股公司的要求，于2010年5月开始启动全面风险管理工作。2010年工作目标：初步健全全面风险管理组织、制度体系，明确组织职责；梳理、分析水电一局有限公司各业务流程面临的风险点，初步搭建涵盖风险识别、风险评估、风险管理策略和防范方案的全面风险管理体系；2010年底向股份有限公司上报2010年全面风险管理年度报告。

（何　水　姜　玄　宝金玉）

【财务管理】　2010年，国家审计署授权吉林省审计厅对水电一局有限公司2009年财务收支进行审计。水电一局有限公司对此次审计十分重视，成立了迎审领导小组，确定了迎审目标和自查自纠审计方案，组织了专职人员对公司在建项目进行了多次自查，检查项目累计达72个，覆盖面达80%。有效地行使了内部审计职能，财务管理水平有了大幅度的提高。在国家审计署的检查过程中，水电一局有限公司财务部门积极配合检查工作，通过对水电一局有限公司本部、5个二级单位、26个在建项目进行检查的结果来看，基本上达到了水电一局有限公司既定目标，同时在完善内部控制、防范经营风险、规范经营行为等方面起到了积极作用，加大了内部检查力度，收效明显。

（景毓生　何　水　刁志勇）

【资金管理】　2010年，水电一局有限公司在股份公司的支持和关心下，结合自身资金管理工作的实际，以完善资金管理制度，提升资金管理水平为重点，进一步发挥资金规模效益，资金管理成效明显。截至2010年底，水电一局有限公司为二级单位内部融通资金1.88亿元；公司资金管理部归集的货币资金是22.16亿元，比2009年同期归集资金，增长幅度是12.8%；上存集团公司的资金集中度为87.53%；资金日存量集中度达到了34.39%。在银行授信管理上，水电一局有限公司以集团公司统一授信为主，自主授信为补充，同等条件下，以中国建设银行统一授信优先使用。到2010年，保函授信总额度22.9亿元，已使用额度16亿元，剩余额度6.9亿元。截至2010年12月末，办理各类保函总计65465万元，银行授权书、银行存款证明、资信证明及银行对账单等720份。

（景毓生　何　水　刁志勇）

【债权清收工作】　2010年，水电一局有限公司领导高度重视债权清收工作。要求各二级单位要把清收工作放在重中之重，相继召开了多次债权清收专题会议，分析了各单位清收额度空间，把该指标作为考核各单位负责人的一个重要方面。由于清收力度的加强，本年度债权工作有了好的收效，资金的收回一方面确保了各项目的顺利履约，同时也为水电一局有限公司今后更好的承揽工程争取到了信誉。

（景毓生　何　水　刁志勇）

【设备物资管理】　2010年，根据股份公司的要求，结合水电一局有限公司设备物资管理的实际，修改下发了水电一局有限公司《设备管理办法》、《物资管理办法》、《设备物资集中招标采购实施细则》、《设备安全管理制度》、《特种设备管理办法》、《供应商管理办法》、《放射性同位素和射线装置管理制度》等7项管理制度，用以指导全公司的设备物资管理工作。各二级单位根据水电一局有限公司的管理制度，制定并完善了本单位的实施细则，形成了全公司的设备物资管理制度体系，做到了有章可循、有据可依。自水电一局有限公司下发《物资采购权限审批规定》以来，各单位能按水电一局有限公司要求上报审批，同时，设备物资管理部作为中国物资采购网的VIP会员，可随时掌握全国各地区主要材料价格信息，并通过水电一局有限公司网站定期发布，作为各单位材料采购的指导价格，2010年已发布45期。针对二级单位提报的物资采购审批单，对照当期当地的市场价格逐项审核，减少了以往项目自己采购价格偏高而带来的经济损失，有效地控制了采购成本。在2010年的《物资管理办法》中，新增了已完工项目物资转移跟踪闭合等规定，避免项目完工物资流失造成损失。

（宿桂琴　何　水　刁志勇）

【红旗设备竞赛】　2010年，水电一局有限公司为增强操作人员和设备物资管理人员的责任感和敬业精神，提高大型设备完好率和利用率，认真开展红旗设备竞赛评比活动，按照红旗设备竞赛标准，对各二级单位推荐上报的红旗设备，经水电一局有限公司研究决定评选出挖掘机等17台“红旗设备”、罗晓东等32名“爱机先进个人”、张翠华等11名“设备物资管理先进个人”，并予以表彰和奖励，使其从“让我管好设备”变成“我要管好设备”。

（宿桂琴　何　水　刁志勇）

【科技获奖情况】　水电一局有限公司报送的《丰满水电站大坝混凝土防渗灌浆技术研究与应用》和《船坞沉箱围堰基床升浆技术研究》获2010年度股份公司科技进步三等奖。

（何　水　刁志勇　王瑞英）

【安全质量环保管理】　水电一局有限公司安全质量环保管理工作平稳受控。严格落实了安全生产责任制，切实履行了监管职责，深入开展隐患排查治理工作，质量、环境与职业健康安全管理体系有效运行，各项指标均在年度控制指标范围内。

【质量管理成果】　由水电一局有限公司报送的《地下洞室不良地质条件开挖工艺改进》和《提高钢筋直螺纹套筒连接合格率》分别被中国电力建设企业协会评为2010年度中国电力建设质量管理成果二等奖和三等奖。

（何　水　刁志勇　王瑞英）

【职称评定】　2010年，根据股份公司职称评审文件要求，水电一局有限公司成立了工程、政工中级职称评审委员会。通过资料评审和答辩等工作，评出中级职称68人，其中工程师58人、经济师1人、会计师2人、主治医师2人、政工师5人；初级职称346人。在参加上级的职称评审中，水电一局有限公司共有13人被评为高级职称，其中：教授级高级工程师1人，高级工程师8人，高级经济师1人，高级会计师2人，高级政工师1人。

（何　水　刁志勇　戴　恒）

【新闻宣传】　2010年，水电一局有限公司信息化建设及信息新闻工作围绕大局，积极作为，成功申报2010年度“全国企业文化先进单位”荣誉称号。中国国际出版社出版的《开放的长春》收入水电一局有限公司简介、业绩文字与图片。《吉林日报》、《长春晚报》、《新文化报》、《中国电力报》、《中国水利报》、《水利水电工程报》等行业媒体和社会媒体先后发表各类体裁、题材的文章23篇。股份公司网站采集水电一局有限公司报送的新闻信息230条，在股份公司主要版块有30条，共260条。

2010年，《东北水电报》共出版44期，其中8版19期，每一期报纸都在网站上发布电子版。百度、搜狐、新浪、新华等网站转发和转载《东北水电报》文章、图片30篇（幅）。

（刘　利　何　水　刁志勇）

【职工培训】　2010年，水电一局有限公司加大对各级管理人员和员工的培训力度，培训管理人员492人·次，培训员工686人·次。水电一局有限公司培训中心协同公司海外事业部、人力资源部、共同举办水电一局有限公司赴刚果（金）Zongo Ⅱ水电站项目工区第一批进场人员及公司设计院相关人员参加的培训班70人。与吉林省建设厅安全监察处、公司安全监察处共同举办的“三类人员”取证培训班91人。组织评审行业工种技师26人·次、高级技师35人·次；通用工种技师30人·次、高级技师13人·次。为特种作业（电工、焊工、起重、机动车、架设）共办证14次，362人·次。其中：新办证217人·次，复审145人·次。九大员培训办证35人·次。组织2010年职业技能鉴定总人数185人·次，合格179人，其中通用工种15人，行业工种164人·次。积极开展远程班组长培训管理工作。

（何　水　刁志勇　吴　晶）

【抗洪救灾】　2010年7月28日凌晨，吉林省永吉县口前镇发生了当地有水文记载以来的最大洪灾，洪水由南向北，横扫口前镇，口前镇全城被淹，最深积水处达6米。水电一局有限公司口前基地位于口前镇最南端，处于洪水必先经过之处，灾情十分严重。洪灾中，水电一局有限公司在口前地区有6549户职工住户受损（其中，过水重灾户1323户）。同期，桦甸地区因连日暴雨发生洪灾，桦甸至吉林市交通一度中断，水电一局有限公司桦甸职工生活基地有634户受损（其中，重灾户126户）。水电一局有限公司在口前地区一楼居民房屋平均积水约1.5米，一楼公共办公室全部被淹，道路、供水、供电、通信等公共设施损毁严重，对外失去一切联系，职工群众的日常生活受到严重影响，公司财产遭受严重损失。截至2010年8月4日，水电一局有限公司直接经济损失9906.57万元。

灾情发生后，党中央、国务院和各级政府、股份公司高度重视，温家宝总理亲临水电一局有限公司受灾现场视察；吉林省省委书记孙政才到永吉县视察并亲自到水电一局有限公司受重灾的职工总医院慰问；股份公司副总经理孙洪水，股份公司监事、总经济师兼工会主席王宗敏到水电一局有限公司口前基地查看受灾情况，并慰问受灾职工群众；股份公司的兄弟单位也伸出援助之手，慰问并帮助水电一局有限公司职工群众共渡难关。截至2010年12月末，水电一局有限公司在股份公司的大力支持下，遭受重灾的口前基地灾后重建工作有序开展，组织抢修口前基地过冬供暖工作正常进行。

（何　水　李宗刚）

【法律事务】　2010年，水电一局有限公司正处于发展前进的重要时期，公司法律部门是以自己的独特视角和工作方式来实现工作价值。一是提升工作层次，从大处着手，重点关注全局性问题；二是积极参与公司生产经营的主要工作，对有争议的招投标工作、施工项目的争议问题、债权债务的清收处理等工作；三是全程参与生产经营工作。2010年，水电一局有限公司法律部从招标文件的审核至项目竣工审计等，都全力参与，履行法律工作的职能：一是参与重要施工合同的谈判；二是加强法律审核工作，年内审核各类施工合同50多份，审核授权委托书40多份，审核解除劳动合同文件3份；三是充分发挥法律顾问函的作用，年内发出法律顾问函2份，及时、准确地向业主阐明公司的观点，从法律上厘清关系，防止其要求水电一局有限公司承担违约的法律责任；四是向水电一局有限公司提交法律意见书1份，指出了施工过程中可能出现的法律风险，并提出了防范风险的建议，年内共审核各类合同50多份。通过这些工作，筛分出大量的法律风险，有效防止了经营工作的失误、失控。参与各类诉讼37起，其中：作为原告4起，诉讼标额788万元；作为被告33起，诉讼标的额2626万元，共挽回经济损失1012万元。

（何　水　刁志勇　王宝进）

【来信来访工作】 2010年，水电一局有限公司各级信访部贯彻水电一局有限公司提出的“发展为重、稳定为先、稳中求好、又好又快”的工作思路，紧紧围绕年度信访工作重点，积极开展矛盾纠纷排查化解，努力畅通信访渠道，继续贯彻执行信访“专责制”，妥善处置了集体性上访事项，及时消除了影响，确保了水电一局有限公司持续稳定，为水电一局有限公司实现科学发展作出了贡献。2010年，共接访处理80次、189人，其中：集体访8次，99人；个体访92次，124人。

（何 水 赵卫东）

安全生产

【安全生产责任制落实】 2010年初，水电一局有限公司召开安全生产工作会议，与各二级单位签订《安全生产责任书》14份；年内召开安全生产委员会会议3次；考核14个二级单位。水电一局有限公司领导班子成员每到项目上检查、布置、总结生产工作的同时都检查、布置、总结安全工作，坚持把安全生产工作放在优先位置，时刻做到警钟长鸣。水电一局有限公司注重加强 安全生产的“三个”体系建设，即公司、二级单位、项目部三级安全主体责任体系建设；以各级专职安全管理人员为主的监察体系建设；以各单位总工程师和工程技术人员为主体的安全技术保障体系建设。通过3个责任体系的建设，水电一局有限公司形成了横向到边、纵向到底的安全网络，实现了全员、全过程的安全生产管理。

（何 水 于文娟 李贵华）

【安全生产制度建设】 根据股份公司要求，2010年，水电一局有限公司修订完善了《水电一局有限公司安全生产检查制度》等7项管理制度，下发、转发了《2010年安全生产年活动方案》、《关于开展“安全生产心中有数”活动的通知》等34个安全管理文件，确保水电一局有限公司现行制度合规有效。水电一局有限公司在加强安全生产制度建设的同时，加强安全风险控制。加强了对重大危险因素的普查、登记、建档等工作，全面掌握水电一局有限公司重大危险因素的类型、分布情况及变化趋势，实施跟踪监控管理。定期组织专项安全检查，对存在的重大危险因素，采取控制措施，防止发生事故。把项目按照安全风险程度、隐患治理难度和业主重视程度等因素划分为公司级管控5个、分局级管控14个、项目级管控38个，进一步促进了安全风险管理的实效性。2010年，水电一局有限公司的安全生产继续保持了稳中趋好的态势，各项指标均在股份公司责任书规定范围之内，共发生生产性事故15起，同比下降21%；杜绝了生产性死亡事故；未发生重大火灾事故、群体急性中毒事故。

（何 水 于文娟 李贵华）

【安全教育培训】 水电一局有限公司采取了多种途径加强专职安全管理人员的培养，鼓励参加各类培训教育和考试，有30人取得注册安全工程师资格，有16人在安全管理岗位工作，有212名专职安全管理人员通过培训考试取得安全生产考核合格证书。采取轮岗培训的形式，从各单位选拔优秀安全管理人员到安全监察部进行岗位培训和锻炼。共组织专职安全管理人员30人·次，到安全标准化取得成效的项目上去检查和学习，通过看现场、查内业，采取“手把手、点对点、面对面”等行之有效的现场指导，达到了相互学习，相互提高的目标。

（何 水 于文娟 李贵华）

【安全生产活动及专项整治情况】 为贯彻落实股份公司和水电一局有限公司2010年安全生产工作会议要求，水电一局有限公司下发了《关于开展“安全生产心中有数”活动的通知》，并建立了活动领导小组，明确了责任。水电一局有限公司“安全生产心中有数”活动督查组先后对二级单位领导班子成员是否做到了“三个心中有数”（对班子成员、职能部门的安全责任及落实情况心中有数、是否对存在重大不安全因素的项目和重大隐患心中有数、是否对安全生产监管薄弱的项目部心中有数）进行面对面的沟通，并组织公司2171人参加了答题活动，通过“安全生产心中有数”活动，进一步强化了全员安全意识。一是组织安全生产督察组、检查考核评价小组，分别于上半年和下半年对在建项目开展了以“现场检查，消除隐患；内业检查，规范管理；会议交流，提高认识；专业培训，本质安全”为主题的安全检查评价活动。对成简等30个项目进行了重点安全检查，安全检查共排查隐患184项，整改率100%。各单位自查自改项目43个，排查隐患1086项，整改率100%。二是组织开展学习“白国周班组”管理法活动。水电一局有限公司安全监察部同机电安装分局一起以口前机械厂为试点单位，开展“白国周班组”管理法活动，活动旨在借鉴和吸收“白国周班组”先进的理念和管理经验，以对标的方式查找水电一局有限公司的班组标准化建设和安全管理等方面的差距，从源头入手，进一步加强班组建设，提升班组成员综合素质，筑牢安全生产防线。

（何 水 于文娟 李贵华）

【安全生产获奖情况】　水电一局有限公司荣获2010年度集团公司“安全生产优秀企业”称号；江边水电站项目部、成简快速路项目部、哈达山工程项目部、黄登水电站项目部、鲁地拉施工局5个项目部获集团公司2010年度“安全生产先进项目部”称号；邱仁庆、安之若、贾秀峰、王志范、张志强等5人荣获集团公司2010年度“安全生产优秀项目经理”荣誉；邓吉明、王军、周景涛、高巍、滕雷、郭磊、金哲光、程凯胜、严在峰等9人荣获集团公司“安全生产先进个人”荣誉。另外，水电一局有限公司云南分局黄登和大华桥项目部荣获华能澜沧江水电工程筹建处“黄登·大华桥水电工程2010年度安全生产先进集体”、“黄登·大华桥水电工程2010年度安全生产先进工区（班组）”荣誉；梨园项目部荣获云南金沙江中游公司梨园建设分公司授予“安全生产项目部”称号，鲁地拉项目部荣获云南华电鲁地拉有限公司颁发的“安全文明生产评比第一名”称号，水电一局有限公司西南施工局藏木水电站项目部荣获华能西藏分公司2010年度“藏木水电站安全先进班组”荣誉。

（何　水　于文娟　李贵华）

党群工作和企业文化建设

【开展创先争优活动】　2010年，水电一局有限公司各级党组织以党的十七大、十七届四中、五中全会精神为指导，深入贯彻落实科学发展观，按照党中央、吉林省省委及吉林省国资委党委的部署和要求，扎实开展学习实践科学发展观活动，大力实施党的基层组织先进性建设工程，在服务中心工作、推动科学发展，提高核心竞争力，凝聚职工群众、维护企业和社会稳定等方面发挥了重要作用，为水电一局有限公司生产经营和改革发展稳定提供了坚强保证。

为了加强组织领导，水电一局有限公司党委建立了党建工作领导体系，党委书记认真履行党建工作第一责任人的职责，切实加强对党建工作的领导和指导，确保足够精力抓党建工作；分管副书记作为直接责任人，形成党委班子成员分工明确、共同抓党建的工作领导组织机构，充分调动班子成员齐抓共管基层党建工作的积极性。党委定期研究基层党建工作，定期召开系统党建工作会议。各级党组织认真部署和落实党建工作，加强党组织建设，推行党建工作目标管理，明确任务，落实责任，强化各级党组织抓基层党建工作的自觉性和主动性，形成了党委统一领导，有关部门齐抓共管，一级抓一级，层层抓落实的工作格局。各基层党组织结合实际开展了“我的分局我负责”、“建立学习型组织，打造学习型团队”、“党员就在我身边”、“正视困难 提升素质 发挥作用”等丰富多彩的党内专题教育活动，要求共产党员在积极投身“四强”、“四优”活动的基础上，发挥主力军作用，要求每个党员要重温各自的岗位职责，立足本岗，抓好本职工作，推进了“四强”、“四优”活动的深入开展。2010年，水电一局有限公司各级党组织为群众做好事、做实事近200件，完成大型急难险重任务88件，共产党员始终冲锋在前，群众在受到鼓舞和带动的同时，也积极向党组织靠拢，经组织培养，确立为年度重点培养对象的积极分子共114人。

（高　全　何　水）

【企业文化建设和精神文明建设】　水电一局有限公司重视企业文化建设和思想政治工作，各级党组织带领工会和共青团组织，利用报纸、电视、网站等平台，加强新闻宣传工作和思想政治教育，使员工更多的了解水电一局有限公司的形势任务和方针政策，增强了工作责任感和主动性，把思想统一到了加快发展的共同目标上来。通过对水电一局有限公司企业文化的宣传贯彻，在营造团队执行意识强、人员关系和谐、内部交往坦诚的企业文化氛围以及维护稳定方面作出了努力。在口前基地遭受特大洪水袭击后，水电一局有限公司党政工领导第一时间奔赴现场组织救援。各级领导干部和基层党组织指挥有方，组织有序，先锋表率作用突出，彰显了水电一局有限公司员工的精神风貌和干群团结向上的企业精神，体现了各单位在灾情面前服从指挥、顾全大局的执行意识，体现了职工家属团结互助的浓郁亲情。2010年，水电一局有限公司再获“全国企业文化建设优秀单位”荣誉称号。

（高　全　何　水）

【水电一局有限公司第十五届四次职代会】　2010年2月3～4日，水电一局有限公司在吉林省长春市召开了十五届四次职工代表大会，来自水电一局有限公司各单位的155名代表（含列席代表）参加了大会。会议的主要任务是：传达贯彻股份公司2010年工作会议精神，总结水电一局有限公司2009年生产经营情况，部署2010年的各项工作任务，动员水电一局有限公司全体干部职工，同心协力，攻坚克难，为实现水电一局有限公司复兴发展目标而努力奋斗。

会议审议通过了以下议题：传达贯彻股份公司2010年工作会议精神；听取审议《水电一局有限公司2010年工作报告》；听取审议《水电一局有限公司财务决算报告》；听取审议《水电一局有限公司审计

工作报告》；报告2009年《集体合同》、《女职工权益保护专项集体合同》执行情况；审议签订2010年《集体合同》、《女职工权益保护专项集体合同》；公布2009年水电一局有限公司二级单位经营业绩责任书完成情况和兑现，签订2010年经营业绩责任书；民主评议、测评水电一局有限公司领导班子成员。

（何　水　袁　红）

【抗洪救灾表彰】　2010年10月26日，为树立典型，表彰先进，弘扬抗洪精神，水电一局有限公司、公司党委、公司工会在吉林省长春市召开了抗洪抢险总结表彰大会，水电一局有限公司总部及二级单位的代表参加了会议。会上，水电一局有限公司、公司党委、公司工会对基地管理处等4个单位授予“抗洪抢险先进单位”荣誉；对口前基地供暖科等9个集体分别授予抗洪抢险集体一、二、三等功荣誉；对张春伟等45名同志分别授予抗洪抢险立功个人一、二、三等功荣誉；对被授予个人一等功荣誉及被吉林省、市政府授予荣誉称号的同志提前授予“2010年度水电一局有限公司先进生产（工作）者”称号。吕洪泉、赵宝华两同志被吉林省省委、省政府授予“吉林省抗洪抢险先进个人”荣誉称号。

（何　水　袁　红）

【走访慰问送温暖活动】　2010年，水电一局有限公司工会走访慰问困难职工3256户。其中，走访慰问在职职工困难户2981户；慰问离退休职工困难户228户；走访慰问省部级以上劳动模范、先进人物22户。共发放走访慰问补助款1462661元。通过开展走访慰问送温暖活动，缓解了职工的困难程度，维护了水电一局有限公司职工队伍的稳定。

（何　水　储孝波）

【共青团工作】　2010年，水电一局有限公司团委在股份公司团委、公司党政的领导下，紧紧围绕“党团共建·创先争优”工作，坚持以党建带团建，以服务大局有新作为、服务青年有新业绩、团的建设有新发展为目标，以“引领青年思想、服务青年成才、致力一局发展、加强基层建设”为主线，切实履行组织青年、引导青年、服务青年、维护青年权益的职能，团结引领广大青年为努力实现水电一局有限公司追赶式发展贡献力量。截至2010年12月末，水电一局有限公司共有35周岁以下青年职工2012人，团员413人。水电一局有限公司团委下设11个基层团组织。

（何　水　曾奇志）

【开展“青”字号活动】　水电一局有限公司团委结合施工实际，在“劳动竞赛”活动中，以“各尽其能，各得其所”口号为指导，号召青年职工积极参与，争做青年岗位能手和青年突击队模范，开展青年职工培训结合导师带徒活动、安全生产青年争先活动和“导师带徒”等活动。在“导师带徒”活动中以“选师认徒、签订协议、传技授艺和考核、评比及表彰”4个方面的内容为重点，注重抓好“建立导师带徒信息档案、实行目标培养、因人施教和实施跟踪考评”3个环节，得到广大青年职工的一致欢迎和认可。

（何　水　曾奇志）

检查监督

【反腐倡廉工作】　2010年，水电一局有限公司开展了“领导人员廉洁从业专项教育”活动，举办了各类形式多样、内容丰富的学习活动。2010年5月17日召开专题会，组织集中学习了《国有企业领导人员廉洁从业若干规定》；举办了2次专题教育讲座，聘请地方检察院领导进行授课；组织各级领导人员107人到吉林省第二监狱参观；组织观看《职务与犯罪》等反腐倡廉专题教育片；以《镜鉴》为教材，学习剖析有关案例，做到了警钟长鸣；为巩固学习效果，2010年6月水电一局有限公司范围内开展了廉洁从业知识测试，497人参加，测试成绩95分以上者占全部人数的87%。在这次活动中，水电一局有限公司副处级以上人员及项目部班子成员受教育率达到100%。通过这次教育活动，各级领导人员廉洁从业意识、执行意识和工作作风得到了进一步提升。

（何　水　伦冠梅）

【加强反腐倡廉制度建设】　2010年，水电一局有限公司新制定、修订反腐倡廉制度4项，即《招标监督实施细则》、《党风廉政建设责任制考核评价办法》、《效能监察实施细则》、《保廉合同管理实施细则》等。2010年，水电一局有限公司加强了对各级班子执行“三重一大”民主决策制度的监督，把它列为党风廉政建设责任制考核的重点检查内容；认真落实党风廉政建设责任制，公司一级签订责任书45份，各二级单位签订169份，并及时对二级单位落实责任制情况进行了年中抽查和年末检查考核；认真执行领导人员述职述廉评廉制度，公司班子成员11人在2010年2月3日召开的职代会上进行了述职述廉；认真执行保廉合同签订制度，共签订《保廉合同》80份，签约率100%，2010年11月对漳古等项目部

《保廉合同》落实情况进行了检查验收。

（何　水　伦冠梅）

【惩防体系构建工作】　2010年，水电一局有限公司加大了惩防体系构建工作力度，建立了惩防体系长效工作制度，如联络员制度、总结交流制度、责任人制度等。2010年1月，建立了惩防体系建设联络员名单，以确保体系建设各项信息的交流与沟通；2010年8月20日，召开了惩防体系构建工作分析交流会，各职能部门根据责任分工对本部门任务完成情况作了介绍，提出了存在的问题及今后工作建议；加大了惩防体系构建工作在党风廉政建设责任制考核中的分值和比重，细化了检查考核内容；完善了惩防体系建设信息管理系统，及时组织人员对各项信息进行了整理录入。

（何　水　伦冠梅）

【效能监察】　2010年，水电一局有限公司继续把对施工项目开展综合效能监察作为一项重要工作来抓，以强化项目监管，及时纠正突出问题。为加强对工作的领导，水电一局有限公司调整了行政监察委员会、效能监察领导小组。公司、分局（处）两级单位，结合实际，围绕生产经营重点领域和环节，在设备材料采购、工程分包、安全生产等方面进行了立项，2010年全公司共立项17项。2010年6月8日，由水电一局有限公司监察部牵头，经营、审计、财务等部门配合，对长岭风电项目开展了为期1周的综合效能监察工作。监察组认真检查、分析了项目部在经营过程中存在的问题和漏洞，并形成专项报告，提出了改进项目管理的详细建议。2010年11月21日，对漳古等项目部效能监察立项完成情况进行了验收检查，并提出了加强项目管控的意见和建议。水电一局有限公司纪委监察部还积极参与了安全生产大检查活动，参与了废旧设备处理、大型设备采购评标会议，对其过程进行了全程监督。

（何　水　伦冠梅）

【审计工作】　2010年，水电一局有限公司审计工作取得了较好的成绩，审计范围不断扩大，审计质量进一步提高。2010年共完成各类审计项目21项，其中：分局长、项目经理离任经济责任审计3项，经营业绩考核17项，经营管理审计1项，另外还组织参加了对水电一局有限公司所属项目财务收支情况的检查工作。2010年审计部工作的重点是接待国家审计署委托吉林省审计厅对水电一局有限公司2009年度财务收支情况的检查工作。在2010年的审计中，共查出违纪、违规金额601万元，提出审计处理意见12条，已下发审计报告的审计意见全部得到落实。

（何　水　朱洪光）

【经济责任审计工作】　2010年，经济责任审计工作在水电一局有限公司已形成制度，并受到水电一局有限公司各级组织的高度重视。水电一局有限公司审计部对所有涉及离任、机构合并的单位和项目全部进行了离任经济责任审计和经营情况的审计。通过审计，对被审单位负责人任职期间经营业绩及履职情况进行了客观、公正的评价，为水电一局有限公司领导和人事部门考核、任用干部提供了依据。另外，对机构变动项目的经营情况也进行了全面审计，划清了经济责任和经营结果。

（何　水）

中国水利水电第二工程局有限公司

概　况

【综述】　2010年，中国水利水电第二工程局有限公司（以下简称“水电二局有限公司”）制定企业发展规划：深入贯彻落实科学发展观及中国水利水电建设集团公司（以下简称“集团公司”）、中国水利水电建设股份有限公司（以下简称“股份公司”）2010年工作会议精神，以效益推动公司战略，以效益促进公司发展，以效益提升公司实力，以效益凝聚公司文化。推行精益化管理，完善公司上游产业链，抓好房建特级资质申报工作，转变营销模式，实现公司管理转型。

2010年是水电二局有限公司的收益年，为实现公司的年度管理目标，做了以下10方面工作：

（1）按照科学发展观的要求，坚持统筹兼顾，正确处理好3个关系（当前与长远的关系，规模与效益的关系，发展与稳定的关系）。

（2）以效益推动公司战略，落实房建特级资质申报工作。

（3）转变营销模式，推动公司管理模式转型，以效益促进公司发展。

（4）以效益提升公司实力，推行人才发展子战略。

（5）强化总部服务、协调意识，提高管理效率，实现公司有效管控。

（6）将项目管理作为公司的核心管理，推动商务体系建设。

（7）贯彻落实《建造合同准则》，深化全面预算管理，推动财务体系的进一步完善。

（8）加强安全生产和国外人员财产安全风险防范工作。

（9）加大科技投入，提高科技创新水平。

（10）以效益凝聚公司文化，加强执行力建设，改进党、工、团工作，为公司的发展保驾护航。

【领导班子】　水电二局有限公司党政领导班子成员为：执行董事、总经理、党委副书记刘国栋；党委书记兼副总经理李启友；监事、党委副书记兼纪委书记李文凯；副总经理兼总经济师路玉武；副总经理李志斌；副总经理兼总工程师常满祥；副总经理彭刚；总会计师许宁；工会主席景立山。企业顾问杨南安、安兰廷；企业专业技术顾问王宝顺。

【人员及组织机构】　2010年，水电二局有限公司在册员工1665人；中、高级职业经理人各3人；拥有各类专业技术人员494人，其中高级（含高级以上）职称130人，中级职称217人；具有一级建造师资格75人，二级建造师资格8人；拥有大专以上学历904人，其中本科以上学历601人，研究生以上学历32人；国内员工1195人，驻国外施工管理人员470人，离退休员工2072人。

2010年，水电二局有限公司依照适应生产经营工作需要，提高管理效率，精简办事机构，缩短管理链条的原则，公司组织机构依然为决策层、管理层和经营（执行）层。决策层由水电二局有限公司党政领导构成。管理层由水电二局有限公司总部各部门及各项目管理部组成；总部设有总经理工作部、战略管控部、市场营销部、人力资源部、财务产权部、资金管理部、资产管理部、商务管理部、工程管理部、安全监管部、技术部、审计部、纪检监察部、离退休管理部等14个职能部门和党委工作部（团委、史志办）、工会办公室等2个党群办事机构；各项目管理部有国内第一项目管理部、第二项目管理部、津城总承包管理部，国外埃塞项目管理部、安哥拉项目管理部、利比亚项目管理部、刚果（金）项目管理部、博茨瓦纳项目管理部。经营（执行）层设有实业部、物资设备租赁中心、物流中心、北京贸易分公司以及国内外各项目经理部。

【企业资质、资信】　2010年，水电二局有限公司注册资本金由10000万元增至13000万元。水电二局有限公司具有房屋建筑工程施工总承包壹级、水利水电施工总承包壹级、建筑装饰装修工程专业承包壹级、钢结构工程专业承包壹级、机电设备安装工程专业承包贰级等建筑业资质；有大Ⅱ型平面滑动闸门、大Ⅱ型平面定轮闸门、大Ⅲ型弧形闸门、大Ⅲ型拦污栅、大型水利水电工程压力钢管、大型水利水电工程压力钢岔管等工业产品生产许可证；另有特种设备制造许可证（压力容器）、特种设备安装改造维修许可证（起重机械）和建筑施工安全生产许可证。取得银行AAA资信等级并通过ISO 9001国际质量体系认证、ISO 14001环境管理体系认证和GB/T 28001职业健康安全管理体系认证。

【年度业绩】　2010年，水电二局有限公司实现营业收入30.66亿元，同比增长29.18%；新签合同45.75亿元，同比增长76.58%；实现利润6500万元，同比增长193.84%；全员劳动生产率178万元/（人·年），同比增长23.90%；在岗员工人均工资57562元/年，同比增长19.79%；资产负债率从94.27%降低到92.26%；总资产29.85亿元。

2010年，水电二局有限公司各项工作取得进步，市场营销实现规模与效益的同步增长。国内共有66个项目，覆盖10省区，涉及房屋建筑、装饰装修、涵洞掘挖、病险水利工程除险加固、金属结构安装等业务领域；国际业务合同存量占水电二局有限公司合同存量的55%；国内非水电项目市场营销额年均增长125%；基础设施业务快速发展，水电二局有限公司被评为股份公司基础设施业务经营管理先进单位；水电二局有限公司由上而下积极稳妥地推进企业“管理创效年”活动，有9个管理部门和基层单位分别形成课题研究成果15项，内容覆盖财务、资产、工程质量、安全生产、人力资源、薪酬设置、项目档案、知识库建设等多个管理领域；进一步贯彻落实股份公司安全生产责任制和长效管理机制，坚决遏止了各类重大事故、事件的发生，确保了全年生产活动安全稳定，安全生产死亡事故零记录、重大设备事故零记录，工程质量合格率100%，水电二局有限公司第一项目管理部和第二项目管理部被北京市总工会、北京市安全生产监督管理局授予2009年度北京市“安康杯”竞赛优胜单位荣誉；水电二局有限公司安哥拉卢班戈体育场项目经理部荣获“北京市模范集体”称号；科技成果《砂卵石地基大型泵站施工技术研究与应用》获集团公司2010年科技进步二等奖，获得专利证书4项（含与水电三局有限公司合作开发发明专利1项），承担了3项电力行业标准制定任务，形成工法4项；会同社会专业机构，通过对后备人才队伍进行测评，建立了后备人才档案，基本解决了水电二局有限公司项目部级别后备人才的储备、分类及培养问题；成功举办第九届职工运动会，充分展示了水电二局有限公司积极向上的文化氛围，增强了企业凝聚力和职工责任感。

（陶海霞）

国内工程

【综述】 2010年，水电二局有限公司国内新签合同86个，其中水利水电17个，工民建17个，其他52个，合同金额32.15亿元。

【工程建设】

（1）“长兴太阳城”项目二期主体工程Ⅷ标段工程，位于四川省绵阳市。工程地下1层，地上16～22层。2010年2月27日签订合同，建筑面积37000平方米，合同金额4412.65万元，工期为2010年2月至2011年4月，2010年完成产值3452.17万元。

（2）北京城外诚家居广场西营业厅改建工程，位于北京市。建筑面积23860平方米，2010年5月签订合同，合同金额3657.7万元，工期为2010年5月至2010年9月。2010年完成产值3283.20万元。

（3）泰莱白金湾住宅楼工程，位于辽宁省沈阳市。1～3号楼地下1层、地上11层，4～7号楼地下2层、地上17层，建筑面积104800平方米。2010年4月签订合同，合同金额25884.5万元。工期为2010年4月至2011年10月，2010年完成产值8064.87万元。

（4）京都花园住宅小区2、4、6、8、9、10、11、12、13号楼工程，位于河北省张家口市。建筑面积63172平方米，总造价7943.91万元，工期为2010年5月18日至2012年5月31日。工程为框架剪力墙结构。2010年完成产值2700万元。

（5）水资源与水土保持工程技术综合试验大厅等3项工程，位于北京市延庆县。工程面积4655平方米，合同金额1714.33万元，工期为2010年10月10日至2011年6月10日。

（6）中直机关院内200楼、201楼、202楼工程，位于河北省北戴河。合同金额874.5万元，工期为2010年10月28日至2011年6月15日。

（7）水利水电科学研究院北院3、4号住宅楼新签补充合同，合同价3254.06万元。2010年完成产值2007.90万元。

（8）北京城外诚家居广场沙发厅改建工程，位于北京市。建筑面积37135平方米，合同金额5978.73万元。工期为2010年11月1日至2011年4月30日，2010年完成产值700万元。

（9）津城项目总承包工程，位于天津市武清区，分4个标段。其中：东蒲洼还迁小区1～25号楼工程，框架剪力墙结构，地下1层，地上17层，建筑面积159023平方米，合同金额42261.07万元，工期为2010年8月11日至2011年10月31日；东蒲洼还迁小区26～50号楼工程，框架剪力墙结构，地下1层，地上17层，建筑面积166967平方米，合同金额44766.72万元，工期为2010年8月11日至2011年10月31；东蒲洼还迁小区51～81号楼工程，框架剪力墙结构，地下1层，地上17层，建筑面积195837平方米，合同金额52198.14万元，工期为2010年8月11日至2011年10月31日。徐官屯还迁小区（孔官屯片）1～32号楼工程，框架剪力墙结构，地下1层，地上15层，建筑面积176373平方米，合同金额46088.56万元，工期为2010年8月11日至2011年10月31日。2010年完成产值54095万元，其中，自行完成产值28741.7万元。

（10）大兴新城滨河森林公园水利工程第五标段，该项目合同金额3846.33万元，合同工期为2010年2月8日至2010年12月30日。

（11）南水北调中线一期工程总干渠漳河北至古运河南（委托河北省建设管理项目）土建施工SG2标（邯郸县段）工程，位于河北省邯郸县，桩号范围(50+182)～(61+168)，总长10.986千米，有大型交叉建筑物1座，左岸排水建筑物6座，分水口门2座。该项目合同金额33589.25万元，合同工期为2010年6月至2013年3月。2010年完成产值6284.61万元。

（12）永定河门城湖（三家店至麻峪河段）工程第三标段，位于北京市门头沟区。工程造价4649.46万元，合同工期为2010年7月至2011年9月。

（13）永定河莲石湖（麻峪至京原铁路河段）工程施工第一标段，位于北京市石景山区。全长2.8千米，合同金额1.59亿元，合同工期为2010年8月1日至2011年8月31日。2010年完成产值6380万元。

（14）松江电站石龙场内公路高边坡防护工程，合同金额1566万元。

（15）永定河晓月湖（规划梅市口桥至卢沟桥橡胶坝河段）工程，位于北京市。合同金额4228.89万元，合同工期为2010年9月25日至2011年6月30日。

（16）葆李沟、黄土岗灌渠及老凤河（丰台区）治理工程第一标段，位于北京市丰台区。合同金额2352万元。

（17）四川毛滩电站尾水渠下段工程，位于四川省夹江县。合同金额9894.67万元，合同工期为2010年12月1日至2012年5月20日。

（王文林　刘　赟　李　萌）

国际工程

【综述】　2010年，水电二局有限公司中标工程8个，新签合同5个，合同总金额为11.77亿元人民币，国际营业收入14.49亿元人民币。其中新签较大合同有马里（AIR-B02）塞努国际机场新航站楼项目、利比亚Um AI-Aranib 2000套独立住房和基础设施施工项目中的601套住房子项目、安哥拉卢班戈体育场附属及追加项目。2010年，水电二局有限公司在国外建筑市场中逐步稳固，在机场建设项目方面成绩尤为突出，中标了马里、刚果（金）等4个机场项目。

【中标工程】

（1）马里（AIR-B02）塞努国际机场新航站楼项目。本工程合同价为7161.95万美元，委托金额为7018.71万美元。业主方为马里千年挑战账户，工期为23个月。马里机场项目是水电二局有限公司在马里国家的第一个工程项目，属新兴市场。新航站楼工程总建筑面积15600平方米，是马里巴马科国际机场一座现代化装备的航站楼，施工内容包括：土建工程、机械工程、电气工程、给排水及特殊系统工程；室外停车场、道路工程，共有车位464个；雨水工程施工；新饮用水水塔工程及供水管线施工；高压、中压及低压线路施工包括柴油发电设施和建筑供配电施工；废物处理设施的施工；建筑周边相关的设施施工包括景观绿化施工。

（2）安哥拉卢班戈体育场附属及追加项目。本项目是卢班戈体育场完工后的追加附属工程，项目总金额为1124.89万美元。项目包括3部分：第一部分为骑警队、警犬队和警察局新建项目，金额为440.93万美元，工期为6个月；第二部分为场外排水项目，金额为143.14万美元，工期为9个月；第三部分为变更及追加项目，金额为540.82万美元，工期为12个月。

（3）刚果（金）金沙萨机场、卢本巴西机场A标、金桑加尼机场等3个机场项目。3个机场项目共计8900万美元，施工内容为机场控制塔、消防楼等，均由非洲发展银行投资。

（4）安哥拉万博体育场修复项目一期工程。本工程为EPC合同，项目业主是万博省政府，合同金额为48000万宽扎（安哥拉币），工期18个月。项目位于安哥拉万博省嘎啦市，包括一座体育场主场的修复及改造，规模约7500座。另外，新建一座训练场及室外篮球场、游泳池，并对球员宿舍及俱乐部进行修复等。

【在建工程】　2010年，水电二局有限公司在建国际工程项目11个，本年度共完成产值199721.98万元人民币。

（1）埃塞俄比亚A-T71公路工程。工程位于埃塞俄比亚首都ADISS东北部，属于亚的斯亚贝巴—沃立地亚道路升级改造项目的第一期工程的第二标段。公路长71千米，路面宽7米。主要施工内容为道路铺设、3个隧道改造和附属排水设施，合同金额为6842万美元。工程于2007年6月21日开工，工期3年。2010共完成产值3702万元人民币。

（2）博茨瓦纳卡玛国际机场航站楼工程。工程分3层：地面层，13600平方米；第二层，6200平方米；第三层，3700平方米。工程于2008年6月10日正式开工，工期为23个月。2010年完成产值13841.84万元人民币。

（3）刚果（金）金沙萨中心医院项目。项目总建筑面积40000平方米，五层框架结构，该项目重建后将成为中非地区最大、医疗设备最先进、医疗科室最完善的综合性医院，为设计、施工总承包工程。水电二局有限公司于2008年6月28日与刚方重建部在刚果（金）首都金沙萨签订了刚果（金）金沙萨中心医院项目合同。该项目合同总价为99873757.77美元，业主为刚果（金）重建部，合同工期为20个月。2010年完成产值32062.26万元人民币。

（4）利比亚Um AI-Aranib2000套独立住房和基础设施施工项目中的601套住房子项目。项目总建筑面积135930平方米，其中：A户型18栋（每栋3套），总面积为15840平方米；B户型261套，总面积为60030平方米；C户型286套，总面积为60060

平方米。合同总额为94607280利比亚第纳尔。工程于2009年9月21日开工。2010年工完成产值20180.26万元人民币。

(5) 利比亚贝达608套房建项目。利比亚贝达608套房建工程为利比亚HIB（Housing and Infrastructure Board）住房部项目，设计和监理为利比亚EDG（Engineering Design Group）公司，合同工期为34个月。项目位于贝达市市区边缘地带，距班加西210千米，距迈尔季104千米，紧邻利比亚地中海边缘公路，交通方便。项目一共两种户型，38栋楼，每栋4层，每层4户，共608户，单体建筑面积2880平方米，共计109440平方米。结构为全现浇四层框架结构，层高3.2米。合同金额约为5421万美元。本项目属于HIB住房部重点关注项目。2010年完成产值8656.59万元人民币。

【竣工工程】

(1) 安哥拉卢班戈育场场外工程。该项目位于安哥拉维拉省府卢班戈市，是"非洲杯"足球的主赛场场外施工工程，施工合同金额为2117.82万美元，工期为2009年7月至2010年1月交工。施工内容包括场外道路、停车场、绿化工程等项。

(2) 埃塞俄比亚A-B70公路工程。该工程位于埃塞俄比亚西部邻近苏丹边境，是Assosa至Guba公路的第一标段。公路全长70.6千米，宽6米，标价总额2458.82万美元。工程于2007年9月1日开工，合同工期为3年。

(3) 埃塞俄比亚B—G66公路工程。该工程位于埃塞俄比亚西部邻近苏丹边境，是Assosa至Guba公路的第二标段。公路长66.2千米，宽6米，标价总额2958.26万美元。工程于2007年9月5日开工，合同工期为3年。

（王文林　王　鹏　李　萌）

管理创新

【企业改革】　2010年是水电二局有限公司"推行精益化管理，完善公司上游产业链，抓好房建特级资质申报工作，转变营销模式，实现公司管理转型"的一年。按照现代企业制度的要求，水电二局有限公司对已经成型的各项管理制度进行了完善和优化，力求打造一个持续的、稳定的、能满足公司发展要求的管理体制。同时，创新水电二局有限公司"BT"总承包施工管理模式，加强总包项目管控。2010年初，水电二局有限公司成立了天津房建施工总承包管理部，经过近半年的运行，基本达到了预期效果，项目履约良好。按照住房和城乡建设部关于特级企业资质考评的要求，水电二局有限公司除了技术升级等外，还通过加强信息化建设等手段，逐步落实住房和城乡建设部关于特级企业资质考评的各项信息化要求，并通过推行水电二局有限公司运营管理系统等管理手段，促使水电二局有限公司管理更加透明、高效，逐步实现全水电二局有限公司信息化的管理，促使水电二局有限公司管理真正上水平。

2010年，水电二局有限公司由上而下积极稳妥地推进企业"管理创效年"活动，历时8个月的时间。通过"管理创效年"活动，提炼形成了《项目管理指导手册》、《建筑业相关纳税综述浅究》、《人才测评技术在企业后备人才队伍建设中的应用》、《企业供应链管理系统的完善和分析》等15项具有一定理论高度的创新成果，研究活动成果的推广和实施，对于夯实企业基础管理工作，提高企业管理水平有着非常重要的指导和现实意义。

（高　峰）

【经营管理】　随着水电二局有限公司经营领域不断扩展，经营规模不断增长，特别是水电二局有限公司遵循现代企业管理模式，进行公司制改建、发展战略调整和组织机构优化重组后，经营状况呈现可持续良性发展趋势，经营规模持续稳定增长，这给定位为国际化工程管理公司的水电二局有限公司，就如何有效地利用社会资源来确保水电二局有限公司经营规模的持续增长、经营质量稳步提升提出了挑战。为有效解决以上问题，加强公司分包管理工作，确保分包项目顺利履约，水电二局有限公司制定了《工程项目分包管理办法》、电子流程、国内外各项分包合同范本和履约保证措施等，并根据其执行情况进行不断修订，在一定程度上有效规避和分散了法律风险。同时，通过召开公司级分包战略合作研讨会议、区域联合检查等形式，积极推进了企业分包管理模式转变、强化企业分包管理工作、促进企业分包管理上水平、有效地防范分包风险。

（高　峰）

【工程管理】　2010年，水电二局有限公司国内在施项目主要分布在北京、天津、辽宁、吉林、四川、贵州、甘肃、湖南、内蒙古、河北、河南等省市，以房屋建筑和水利水电项目为主，同时涉及装饰装修、金属结构安装等业务领域，在施项目共有66个，共有15个单位工程竣工交付使用，竣工面积达232789平方米。竣工项目主要有：北京万柳小区34号配套商业楼加层工程，成都西岸观邸2、5、7号楼工程，北京亚宝生物药业产业基地1号综合厂房及维修车间等7项工程，四川灾后重建的绵竹市汉旺镇二期廉租房工程、汉旺镇综合服务中心工程，贵阳观山湖1号项目二期工程第一标段7、8号楼等，竣工工程合格率为100%。

2010年，水电二局有限公司质量管理工作健康发展，组织机构健全，工程质量稳步提高。通过多年的贯标认证，水电二局有限公司管理体系已日趋完善，同时，通过对管理体系的有效整合，实现了水电二局有限公司管理工作一体化，实现了管理的精干、高效。水电二局有限公司标准化、规范化管理的理念已深入人心，工程质量全面处于受控状态。2010年，国内项目共进行了两次内部审核和一次外部审核，海外项目进行了一次内部审核和一次外部审核，两次外部审核均顺利通过。

2010年，工民建项目共完成检验批35259个，合格率为100%，水工项目单元工程2824个，其中优良单元工程2654个，一次验收合格率100%，优良品率94%。

（倪卫东）

【财务管理】 2010年，水电二局有限公司在财务管理方面做了以下主要工作：

（1）根据股份公司2010年9月颁发的《中国水利水电建设股份有限公司财务管理办法》，财务部组织相关部门根据股份公司的管理办法，研讨并起草水电二局有限公司财务管理办法实施细则，水电二局有限公司按照《股份公司财务管理办法》、《股份公司财务预算管理办法》，对2009年度制定的10个财务管理制度，结合实施近两年来的效果，广泛征求各级财务人员的意见，逐步予以修订。制定了《建造合同准则执行管理办法》、《竣工结算办法》，进一步完善了《委派财务人员管理办法》、《委派人员考核办法》、《非生产费用管理办法》。

（2）办理了水电二局有限公司增资变更手续，注册资金由原来的1亿元增加到1.3亿元。

（3）对国内20个项目部、国外埃塞项目、博茨瓦纳项目、利比亚项目、安哥拉项目、刚果（金）项目、马里项目进行财务检查，解决了项目执行建造合同、管理部费用分摊、税务审计以及执行水电二局有限公司管理制度过程中存在的问题，进一步规范了国内、外项目部会计核算工作。

（4）根据国家税务总局颁布的新《营业税法》，发布《关于规范项目部营业税纳税时间的意见通知》，进一步规范项目部的纳税行为，及时、合理地规避了水电二局有限公司纳税风险。开展企业三年纳税自查，配合主管税务局对水电二局有限公司纳税评估检查工作。

（5）对收尾项目进行债权债务清理，收尾项目应收账款共收回5400万元，确保了国有资产不流失。

（于丽萍）

【资金管理】 2010年，水电二局有限公司认真贯彻落实集团公司2010年工作会议精神，紧紧围绕水电二局有限公司总体发展战略目标，积极落实水电二局有限公司各项管理制度，在日常工作中细化了资金管理要求，先后补充制定了《资金部知识管理办法》、《资金集中管理办法》、《资金使用计划管理办法》、《内部资金融通管理办法》、《票据管理办法》、《资金安全管理办法》、《资金管理内部基础工作规范》、《公司属各单位资金管理业务指导意见》、《资金管理内部报表管理办法》等9项管理办法，主要用于规范水电二局有限公司日常资金管理工作的开展；认真分析经济形势、解放思想、开拓创新，在银根逐渐紧缩的金融环境下，努力做好前期筹划工作，保证到期贷款顺利归还，维护了水电二局有限公司的信誉；以水电二局有限公司逐步走向良性发展为契机，实现商业银行贷款由集团公司担保到信用担保的重大转变，2010年共争取到银行信用担保额度22亿元，不但对水电二局有限公司正在申请特级资质有一定的推动作用，而且还为水电二局有限公司近年来不断扩张的生产经营规模提前做好资金准备，更为重要的是集团公司担保变为自身信用担保后，各种银行中间业务办理手续更加便捷，大大提高了工作效率，每年还可节约近200万元的担保费。

（幸国青）

【商务管理】 2010年，水电二局有限公司进一步强化了商务管理工作。

（1）加强了日常商务工作的管理。商务管理部加大了对上、对下结算、索赔、合同管理、成本预测和控制分析等方面的检查指导力度，并通过项目月报监测项目执行情况。组织了各项目进行实地检查，指导项目商务工作。通过对项目日常成本工作了解、指导及月成本表的反映，对项目成本情况进行了监控。

（2）2010年8月起草并发布了《建造合同准则执行管理办法》，在办法中根据水电二局有限公司新的体系设置详细规定了各单位的具体职责范围，规定了适合本单位的工作流程和工作机制，在具体的编制、调整、审核等各环节进行了详细规定。水电二局有限公司于2010年5月、6月、8月举办了3期《建造合同准则》培训班，培训内容为《建造合同准则》、《集团公司〈建造合同准则〉实施细则》、项目成本测算方法、讨论水电二局有限公司相关实施办法草稿、交流项目商务工作情况等。参加人员包括项目经理、商务经理、商务人员、财务人员以及总部和管理部相关部室人员等，共计180人。

（3）2010年3月发文正式开展内部定额编制工作。成立了水电二局有限公司内部定额领导小组和工作小组，对内部定额编制工作的人员机构、职责分配、编制计划等进行了部署。根据计划对相关项目分配的数据进行了收集。对南水北调鹤壁项目、南水北调邯郸项目、天津武清总承包项目、贵阳观山湖一期项目、蒲石河项目、成都西岸观邸项目进行了蹲点，指导项目进行数据收集统计，并发文布置财务系统、资产管理系统对相关数据进行收集统计。对南水北调鹤壁项目、天津武清总承包项目、贵阳观山湖一期工程、成都西岸观邸一期工程及北京水科院3、4号楼工程进行了详细的技术经济分析。

（高慧琳）

【资产管理】 2010年，水电二局有限公司加强了物资设备采购计划和采购合同管理。分别制定国内、国外、生产性物资、非生产性物资4个采购计划审批流程和国际、国内两个合同审批流程。通过合同评审，将水电二局有限公司经济责任风险降到最低。在计划审核时，重点关注策划书规定招标采购物资的审批和非生产性物资的审批。同时，一次性采购金额较大的物资设备采购招标由水电二局有限公司招标中心组织，全年共组织设备物资招标采购181项，招标总金额为11123万元。通过采购招标降低的采购金额为256万元，降低采购成本2.3%。组织了对国内项目部自己完成的招标采购和比价采购工作的检查，对采购过程中不规范的地方进行了纠正，对招标程序、资料收集等方面的规范化进行了指导。进一步完善物资设备管理制度，对水电二局有限公司《物资管理办法》、《设备、配件管理办法》、《物资设备采购招投标管理办法》进行了重新梳理，做了修订，并新发布了《物资设备采购招投标实施细则》和《供应商管理细则》。进一步规范了招标程序，明确了合格供应商的认证办法，细化了对供应商管理和监督的程序，制定了对供应商考核与评价的相关制度。

2010年水电二局有限公司在物资设备管理工作信息化方面迈上了一个新台阶。计划审批、合同评审基本上都通过《企业运营管理系统》（i6p）完成，物资采购入库出库也通过i6p录入，逐步摆脱手工记账。信息化促进了物资设备管理科学化水平，数据记录准确，数据提取方便，数据分析迅速、快捷。

（赵志刚）

【人力资源开发】 2010年，水电二局有限公司继续推行扁平化的管理思路，缩短管理链条，大大提高了人力资源管理的力度和水平，在"十百千"人才战略指引下，人力资源管理工作水平大大提高。

2010年，水电二局有限公司继续加大培训工作力度，从素质培训、业务培训、取证培训三方面着手，全面提高员工整体素质。在积极参加股份公司各类培训班的基础上，又开设了水电二局有限公司内部的"项目团队核心成员"培训班、"中层领导干部素质提升"培训班、物资采购专项培训班等。同时，2010年继续开办取证培训班，为水电二局有限公司200余人·次取得了上岗证书，满足了施工的需要。

2010年，水电二局有限公司共有35人申报2009年度职称。经过水电二局有限公司和股份水电二局有限公司的评审，共有1名教授级高级工程师、6名高级工程师、1名高级会计师、1名政工师、17名工程师通过评审，获得相应专业技术资格。2010年的职业技能鉴定按计划执行，经过理论及实操考试，股份公司评审通过了6名高级技师，水电二局有限公司职业技能鉴定站评审通过了1名中级工、1名高级工及3名技师。

2010年，根据水电二局有限公司人才战略的部署，人力资源管理引入了测评机制，并列为2010年度水电二局有限公司管理课题。第一阶段对水电二局有限公司生产一线参加工作4年以内的大中专毕业生进行了测评，从职业价值观、性格测试、能力倾向、管理素质、管理技能、管理风格6个方面作出了客观的评价。测评结果将成为水电二局有限公司人才分类管理和后备人才选拔使用的可靠依据，并为下一步的培训工作提出建设性意见。

2010年，水电二局有限公司各岗位严格执行内部竞争上岗的原则，根据各岗位需求进行了13场内部竞聘，共计有106人·次参加，聘任两级管理岗位人员29人。初次尝试项目经理岗位的竞聘工作，2010年内聘任人员7人，收到了良好效果。

（贾慧剑）

【离退休职工管理】 2010年底，水电二局有限公司共有离退休人员2234人。根据京人社养发〔2010〕29号文件，从2010年1月开始，水电二局有限公司有1806人增加了养老金，每月人均增加养老金209.37元。

2010年5月，给居住外省市的退休人员寄发生存调查信229封。协助人力资源部开展2010年残疾证核对、离退休人员非统筹费用报表填报和收缴2010年4～7月退休人员补缴社保费用等工作。

高度重视"两节"开展送温暖活动，离退休管理部两节期间慰问走访40多户，补助离退休、内退人员195人，发放困难补助费7.83万元，发放春节慰问费22.29万元。"七一"前夕，对19名新中国成立前入党的老党员进行走访慰问，送去慰问金，体现了水电二局有限公司各级组织的关怀。协助工会组织9名退休劳模参加体检，协助安监部组织30名退休人员参加矽肺体检。截至2010年底，离退休管理部党委共有党员371名。全年增加退休人员102人，减少40人。

（胡晓珊）

科技进步

【技术进步】 2010年，水电二局有限公司的科技工作重点是以水电二局有限公司科技子战略为基础，配合水电二局有限公司申报特级企业资质对科技成果的要求开展，在水电二局有限公司内创造良好的科技创新氛围。探索走"产学研"科技发展模式，提高水电二局有限公司的科技水平。在专利申报、工法编写等方面取得突破，全面完成了水电二局有限公司年度科技工作计划目标。2010年，投入科研经费1240.96万元，占水电二局有限公司营业收入30.66亿元的4.05‰。其中，用于技术改造和并新产品开发175.71万元；新技术、新工艺开发916.93万元；信息化建设和人才测评148.32万元。

2010年，水电二局有限公司着力科技创新体系与科技管理制度的打造，修订了《科技开发业务管理与考核办法》，并增加了水电二局有限公司《科技统计管理制度》，建立起了科技投入统计平台，进一步健全了水电二局有限公司科技创新体系，加强了水电二局有限公司科技工作的管控力度。

2010年，在科技工作会议上增选了5名专业技术带头人，涉及路桥、工民建、实验、金属结构和设备等专业。目前，水电二局有限公司拥有专业技术带头人12名，基本涵盖了水电二局有限公司所从事的主营业务。

2010年，水电二局有限公司探索新型科技合作机制，通过与中国建筑材料科学研究总院下属北京新中岩建材科技有限公司签署了《科技研发合作协议》，与科研单位建立长期的战略合作伙伴关系，提高了科技水平。水电二局有限公司正式迈上了"产学研"科技发展道路。

2010年，水电二局有限公司科技成果取得长足进步。立项科研项目10项，技术改造项目2项，水电十二局有限公司作为联合体在集团公司立项1项。《砂卵石地基大型泵站施工技术研究与应用》科研成果顺利通过了集团公司组织的鉴定验收，成果总体达到国际先进水平，同时该成果获集团公司2010年度科技进步二等奖。承担了3项电力行业规程编写任务，分别是：《混凝土泵车安全操作规程》、《塔式起重机安全操作规程》和《平地机安全操作规程》，此次规程编写填补了水电二局有限公司的在行业标准编写方面的空白。向国家知识产权局申报专利9项，其中发明专利2项。与水电三局有限公司、水电十五局有限公司合作开发一种控制法兰焊接变形的方法和无轨式自保护全位置自动焊接装置及焊接工艺2项发明专利。获专利证书4项，其中一种控制法兰焊接变形的方法专利号为ZL200810232663.0、托架式隧道内管道运输安装车专利号为ZL200920163727.6、B500×H1700立面铣床专利号为ZL201020182530.x、一种负压式喷淋净化除尘系统专利号为ZL201020182542.2。截至2010年底，水电二局有限公司累计申报专利12项。为提高项目的管理水平，完成了5项模块的定稿，并在年度科技工作会上进行了发布。

（罗维成 汪 涛）

【信息化建设】 2010年，水电二局有限公司建设了远程监控系统，通过流媒体技术将水电二局有限公司总部办公楼监控、东郊办公楼监控、各项目现场监控资源整合，使水电二局有限公司领导及相关业务部门在水电二局有限公司总部就可以通过网络监控项目前方施工进度情况。建立了水电二局有限公司一卡通系统，将门禁系统、考勤系统、集中打印系统及食堂充值系统纳入其中，做到一卡统一集中管理。继续大力推行水电二局有限公司运营系统，国内各项目部加大推行力度，并将系统推广至国外项目部，通过合同管理模块、供应链管理模块、项目管理模块等，进一步规范了水电二局有限公司业务流程，提高了水电二局有限公司管理水平。开发决策支持系统，为水电二局有限公司决策层领导提供决策数据，运用数据挖掘技术，将领导关心的数据以报表的形式展现，并配合多种形式的统计图表，使得分析数据更加直观。2010年，水电二局有限公司信息化建设得到了长足的发展，信息化有效地支撑了水电二局有限公司的管理。

（孙 强）

安全生产

【安全生产责任制】 2010年，水电二局有限公司切实加强各级各岗位的安全生产责任的落实。公司安全第一责任人与项目部安全第一责任人签订了安全生产责任书，全年共签订安全生产责任书44份。

【安全生产管理】 水电二局有限公司认真推动项目安全总监的管理工作，推进项目安全总监制在项目部上的落实，安全总监聘任率达100%。开展“安全生产年”和“安全生产心中有数”活动，树立“发现不安全是能力，消除隐患是业绩”的观念，加强对在施项目的专项治理和综合性安全检查工作，全年共检查发现一般事故隐患591条，均已落实整改完毕，整改率达到100%，排查出重大隐患2项，整改完成1项，另一项已由业主方组织治理（隐患整改责任单位是业主），有效地避免了重大事故的发生。水电二局有限公司全年安全生产投入：国内共计2594万元；国外共计约1598万元。

【安全教育培训】 水电二局有限公司不断加强三级教育培训，做到新入场人员、转岗、重新上岗人员100%受教育。2010年，共有53人参加了水利水电工程施工管理人员安全考核培训，34人取得水建安B类安全资格证书，19人取得水建安C类安全资格证书。2010年共有3人通过了国家注册安全工程师考试，全公司共有注册安全工程师20人。10名已注册的安全工程师参加了继续教育。积极组织开展“安全月”活动，做到早组织、早策划，通过悬挂安全条幅、标语、彩旗、宣传画、壁报、板报等营造安全宣传氛围；通过开展安全咨询日活动、举行安全知识竞赛答卷等活动进行全员安全教育培训。活动取得很好的效果，推动了各项安全生产工作的落实。

（张欣东）

党群工作和企业文化建设

【党建工作】 水电二局有限公司党委充分发挥政治核心和保障监督作用，全面参与战略目标、战略决策的制定和调整，为水电二局有限公司战略落地和工作目标的实现提供坚强的思想和政治保障。水电二局有限公司党委深入贯彻落实科学发展观，紧紧围绕水电二局有限公司改革与发展，以生产经营为中心，融入中心，服务大局，坚持“两手抓，两手都要硬”，围绕水电二局有限公司2010年效益年，加强和改进党的建设工作，做到党的组织建设“三同时”和“三基本”。加强领导班子建设，水电二局有限公司属各级党组织实现党政领导干部双向进入，交叉任职。建设学习型企业党组织。举办了党支部书记和党务干部培训班。根据组织机构变化，水电二局有限公司下设2个党委，4个党总支，4个党工委，1个直属党支部。

2010年6月，水电二局有限公司党委开展创先争优活动，并制定了深入开展创先争优活动实施方案，提出工作目标和要求，制定创建方式与工作步骤。经过学习动员，创建活动正稳步进入实施阶段。同时，开展了“四强四优”活动。2010年“七一”，水电二局有限公司党委表彰了15个先进基层党组织，48名优秀共产党，3名优秀党务工作者。水电二局有限公司埃塞AB—70项目党支部书记李文祥被授予为北京市国资系统“群众心目中的好党员”称号，受到北京市国资委的表彰。

纪念建党89周年之际，水电二局有限公司党委开展“共产党员献爱心”捐献活动。2010年4月，水电二局有限公司党政工团开展“抗震抗旱奉献爱心”捐款活动，全公司共有1688人捐款，捐款总额共计人民币225462.02元。2010年6月，开展共产党员献爱心活动，共收到捐款人民币31095元、美元4512元。2010年8月，水电二局有限公司党政工团组织全体党员干部团员职工，给甘肃舟曲灾区捐款，共计收到捐款45746.85元。为表彰水电二局有限公司在“抗震、抗旱”中踊跃捐款的行动，北京市总工会、北京市温暖基金会和北京交通台、劳动午报一起授予水电二局有限公司为“优秀组织单位”荣誉称号。2010年11月，按照北京市市委、市国资委的要求，完成了《中共中国水电二局有限公司组织史资料（1958.6～2010.8)》的编辑与报送任务。

（何兴明）

【企业文化建设】 2010年，水电二局有限公司按照建立具有公司特点企业文化的要求，不断丰富公司职工的文化生活，并通过多种载体营造良好的氛围，凝聚人心，形成合力，促进发展。在这一年里，水电二局有限公司的企业文化活动开展得生机蓬勃，广大职工积极参与。

2010年3月5日，为庆祝国际妇女节100周年，水电二局有限公司举办了快步健身走和团体跳绳比赛，公司女职工在享受节日的快乐氛围中体验到了健身的乐趣。春节、中秋节是中华民族的传统节日，水电二局有限公司领导每逢春节、中秋节慰问国内外生产一线的职工、水电二局有限公司全国劳模、困难职工、离退休老职工，这已成为水电二局有限公司企业文化建设中的一部分。节日期间，水电二局有限公司属各项目自编自演节目，文艺晚会、演唱会以及球、棋类体育比赛等群众性文体活动丰富了广大职工的精神文化生活。

2010年9月26日，水电二局有限公司隆重举办第九届职工运动会，水电二局有限公司全体职工及集团公司在京单位参与了这项体育盛事。运动项目的设置较以往运动会项目有所区别，既将企业文化和体育健身巧妙结合，又展现了企业的凝聚力。运动会的召开还带动了工间操、健排舞等职工广泛参与的活动，水电二局有限公司广大职工坚持每天上午、下午做工间操。

面对干旱、玉树地震、舟曲泥石流，水电二局有限公司职工踊跃捐款捐物，纷纷伸出援手奉献爱心，累计捐款人民币271208.87元。

（崔朋娇）

【工会工作】 2010年，中国水电二局有限公司工会组织全体职工广泛开展各项经济技术创新和劳动竞赛活动。涌现出10个先进集体和52名先进工作者；谭忠莲被评选为集团公司劳动模范；马庆鹏被评为集团公司先进工作者；李志永被评选为北京市劳动模范；郭森获得北京市“三八红旗奖章”荣誉称号；水电二局有限公司审计部荣获全国“‘五一’巾帼标兵岗”荣誉称号。水电二局有限公司工会积极组织职工开展“安康杯”竞赛活动，在广大职工中开展了“安全知识答卷”活动，开展“安全生产月宣传日”活动。

水电二局有限公司工会组织广大职工积极开展丰富多彩的各项文体活动，年内组织承办了水电二局有限公司职工文艺汇演；女工举办青年湖健步走和跳绳比赛；举办健排舞培训班；由水电二局有限公司党政工团主办的第九届职工运动会于2010年9月26日在总政八一田径场举行，包括股份公司在京联队参加的13支代表队618名运动员参加了58个项目的比赛，集团（股份）公司党委副书记、纪委书记陈永录，市总建筑工会主席宋丽静，北京市国资委副巡视员等领导参加了开幕式。

水电二局有限公司十届五次职代会暨工作会，通过了集体合同（女职工权益保护协议）。

2010年，水电二局有限公司成立了帮扶救助中心。水电二局有限公司党政工联合下发《关于建立困难职工帮扶中心和困难职工救助基金的通知》《中国水利水电第二工程局有限公司困难职工帮扶救助基金管理办法》（草案）。

（王凤华）

【共青团工作】 2010年，中国水电二局有限公司团委围绕企业中心工作，继续推进青年突击队等具有水电二局有限公司特色的共青团品牌工作。2010年5月，水电二局有限公司历史性的有8支青年突击队被评为“北京市优秀青年突击队”，其中3支获得标杆称号。2010年8月，时任共青团北京市委副书记邓亚萍率北京青年代表团到水电二局有限公司承建的博茨瓦纳首都卡玛机场航站楼项目调研考察北京市第一支海外青年突击队“于海安青年突击队”工作。双优竞赛取得一定成绩，2010年底，博茨瓦纳首都机场航站楼项目团支部被共青团北京市委评为“北京市五四红旗团支部”。进一步推进青年文明号工作，通过“创青年团队品质、增强文明号凝聚力”主题团日活动，增强了青年文明号的向心力和凝聚力。

水电二局有限公司团委结合重大纪念日开展了“重温入团誓词、感受科技魅力”主题团日活动；在党组织的带领下开展了学习党的十七届五中全会精神活动；在玉树地震等自然灾害发生时，号召团员缴纳特殊团费；多次开展团员意识教育活动和团干部培训。水电二局有限公司团委还加强横向联系，积极参加团区委和街道社区组织的各项文体活动，充分展示水电青年的风采。

2010年12月，水电二局有限公司第十二次团代会胜利召开，会上全体代表审议了上一届团委工作报告并选举产生了新一届委员会，进一步完善了团的组织建设。

（于　鲲）

【新闻宣传】 2010年，中国水电二局有限公司宣传工作紧紧围绕公司经营发展战略规划的“2345”中心工作和“收益年”这一主题，坚持正面宣传鼓干劲，造势聚力促发展，不断拓宽宣传阵地，运用水电二局有限公司内外网、《北京水电报》等，大力宣传国内外各项目的工程面貌、安全质量进度、职工精神面貌等各方面的新突破、新成绩，树立“中国水电”的品牌，提高信誉。较好地完成了宣传思想工作和精神文明建设工作，促进了各项工作的顺利开展，收到了良好的宣传效果。2010年共出刊《北京水电报》15期。围绕“创先争优”和“四强四优”等党内活动广泛开展宣传工作。以纪念建党89周年为契机，大力宣传北京市劳模集体——安哥拉卢班戈体育场项目部、北京市劳模李志永、北京市国资委“群众心目中的好党员”李文祥等先进事迹，在水电二局有限公司上下掀起了学习先进、争当先进的良好氛围。

为了提升第九届职工运动会的文化内涵和影响力，在运动会筹备及召开期间，成立了宣传机构，制定翔实的宣传方案，拟定宣传口号和标语，前期制作了4期《九运会专刊》电子期刊，营造了浓厚的氛围。运动会期间，邀请北京电视台、劳动午报、科技日报、中国水利报、首都建设报、水利水电工程报等媒体，以活动为载体，对水电二局有限公司从不同角度进行宣传，提升了水电二局有限公司的知名度。

根据工作需要，进一步修订了《新闻宣传管理办法》，适当提高了稿酬的标准。2010年9月中旬，开办了2010年度宣传信息工作会议暨通讯员培训班，表彰了2009～2010年4个先进记者站和15名优秀通讯员，邀请老师分别从新闻写作、摄影两个方面为通讯员进行了辅导。

（张雪华）

【史志工作】 2010年，中国水电二局有限公司史志办公室按照集团（股份）公司史志办公室的工作部署，完成了《中国水利水电建设集团公司年鉴2010》水电二局有限公司稿件的编写工作。完成了《中国水利水电建设集团公司组织机构志——中国水利水电第二工程局卷》和《中国水利水电建设集团公司组织人物志——中国水利水电第二工程局卷》的编辑、审定、上报工作。

（孙玉红）

检查监督

【落实党风廉政建设责任制】 2010年，中国水电二局有限公司各级党组织分别和下属单位签订党风廉政建设目标责任书67份，实现了全公司党风廉政建设一级抓一级，层层抓落实的工作格局。

水电二局有限公司纪检监察部重新完善和修订了公司《惩治与预防腐败体系2008～2012年工作规划实施方案任务分解表》、《落实党风廉政建设责任制实施细则》等规章制度。

2010年4月，水电二局有限公司开展了为期3个月的廉洁从业专项教育，水电二局有限公司党委制定了开展廉洁从业专项教育活动具体的实施方案。活动期间，利用OA办公网新闻栏目出刊了4期简报、廉洁从业知识问答8期，张贴了《廉政中国》反腐倡廉宣传画24套。召开了廉洁从业警示教育会，聘请了西城区检察院领导前来授课。组织了各级领导干部廉洁从业知识问答活动，330名领导干部认真参加了答卷。

水电二局有限公司纪检监察部先后发放《七个怎么看》、《党员领导干部必修的25课》、《六个为什么》、《国有企业领导人员廉洁从业若干规定》、《关于实行党政领导干部问责的暂行规定》、《国有企业领导人员腐败案例剖析》、《关于实行党政领导干部问责的暂行规定》、《镜鉴》、《廉洁文化在企业》等读物，警示教育光盘等廉洁从业学习资料共210多套；收看警示教育光盘5套；宣传漫画2套；在橱窗里张贴宣传教育图片4套。组织党员领导干部50多人参观军博反腐倡廉警示教育。收看《第一书记》、《远山的红叶》等影视教育片，推动了水电二局有限公司廉洁文化工作的开展。

2010年，水电二局有限公司纪检监察部累计进行廉政谈话41人·次，国外工程项目部副职以上领导干部回国述职谈话8人·次；参与了6名新竞聘的中层以上领导干部的考察工作，填写了领导干部任职廉洁鉴定表。

（周长山 张 延）

【效能监察工作】 2010年，水电二局有限公司确立专项效能监察3项，国内、外项目管理部效能监察立项13项。建立了由党政统一领导，纪检监察部门牵头组织协调，相关部门参加配合，水电二局有限公司广大职工群众积极参与的效能监察工作领导体制和工作机制。

2010年，根据股份公司的统一安排，完成了工程建筑领域突出问题专项治理工作和“小金库”专项治理工作。

水电二局有限公司纪检监察部针对2010年国内新开工程编制了4份项目管理部效能监察策划书；参与设备物资采购投招标监督工作共73项，涉及采购投招标金额上亿元；参与劳务分承包投招标的监督11次；参与各级领导干部选拔程序的监督工作15项；发出监察督办书9份。由水电二局有限公司纪检监察部牵头，开展了水电二局有限公司总部16个职能部室2010年度绩效考核工作。

（周长山 张 延）

【十一届一次职代会】 2011年2月18日，中国水电二局有限公司召开第十一届一次职工代表大会，听取审议了刘国栋总经理题为《落实经营发展战略 加快转变发展方式 全面建设质量效益型国际化工程管理公司》的工作报告。审议了许宁总会计师题为《围绕中心 夯实基础 服务大局 共同开创水电二局新局面》的财务工作报告、路玉武副总经理题为《深化企业改革 构建全方位立体化项目管控模式 抓住历史机遇 保证公司持续稳定发展》的经营工作报告、李志斌副总经理题为《提高安全管理意识 落实安管

理责任 为公司快速发展提供可靠的保障》的安全生产工作报告、常满祥副总经理题为《建立科技创新体系 营造科学技术氛围为 为公司申报房建特级资质提升综合竞争力提供科技保障》的科技工作报告、彭刚副总经理题为《抓住市场机遇 增强履约能力 坚持国际业务优先发展 推进国际业务升级上水平》的国际工程报告。李文凯副书记做了《纪检监察工作报告》及《业务招待费使用情况报告》。大会期间，公司级领导干部述职并进行民主测评，圆满完成了会议各项议程。职工代表对刘国栋总经理的工作报告进行了讨论，并在大会上通过。

此次职工代表大会圆满完成了换届选举，水电二局有限公司属各单位严格按照民主程序进行选举，共选出代表101名，经代表资格审查小组审查，完全符合代表资格。会议筹备期间，职代会代表提案工作小组接到职工代表提案60条，经审查对15条提案予以立案，26条作为建议，19条作为意见。

（王凤华）

【审计工作】 2010年，水电二局有限公司共完成内部审计13项、其中领导干部离任经济责任审计1项、年度经济效益审计3项、在施和已完工程项目审计6项、总部职能部门管理绩效审计3项，下达审计意见书8份，提出改善内部经营管理意见和建议69条，被审计单位已采纳或落实68条，落实率98.55%。对总部重要资源管理部门的绩效审计是拓宽审计领域、实现审计转型的重要探索。组织制定了《审计意见落实情况考核办法》、《竣工项目审计实施办法》、《内部控制审计测评实施细则》，并修订了《境外工程项目审计实施办法》等内部管理制度，对规范内部审计工作、强化内部审计成果运用发挥了积极作用。按照国务院国资委要求和股份公司部署，组织完成了水电二局有限公司"小金库"专项治理自查自纠和重点检查工作。水电二局有限公司审计部被中华全国总工会授予2010年度"全国五一巾帼标兵岗"称号。

（马佩珩）

【法治工作】 2010年是"五五"普法的收官之年，水电二局有限公司认真落实法制工作"三年规划"，以建立健全法律风险机制为核心，不断优化企业法律资源，打造企业合规文化，完善法律风险防范机制建设，并在实践中不断探索、改进，聘任李文凯（水电二局有限公司监事、党委副书记、纪委书记）为总法律顾问，落实了企业总法律顾问制度，进一步加强与专业的律师（惠诚律师事务所）顾问团队的战略伙伴合作，使水电二局有限公司的法律事务机构逐步完善；加强法制建设，制定各类管理办法，建立并推行13个合同（协议）范本，严格审查工作流程、程序，完成经济合同法律审核359份，强化了水电二局有限公司的合同管理机制；对重要决策、规章制度、法律意见书制度进行普遍推广，使企业的各项生产经营活动始终在法律框架下运行，大大提高了管控效率和管理水平。重大法律纠纷发案率持续下降，企业内部法制环境得到不断改善。

2010年3月，水电二局有限公司战略管控部利用网络资源制作并发布《法律ABC》法律事务电子期刊，涉及法律知识广泛，每月一期，共发布10期。结合自身实际，组织中层以上领导干部参加中国普法网开展的法律知识网上竞赛，为水电二局有限公司生产经营管理工作提供了切实有效的法律支持，在普及法律知识的同时，也降低了企业的法律风险。

2010年，新增法律纠纷21起，涉及金额524万元。其中，作为原告的案件1起，涉案金额70万元，双方已签订还款协议书，为企业挽回了损失；作为被告方共20起，涉案金额合计454万元。作为被告案件中，已经处理完毕14起，涉案金额共计295元；未处理完毕6起，涉案金额159万元；律师函6份，涉及金额251万元。

（徐 晶）

中国水利水电第三工程局有限公司

概 况

【综述】 中国水利水电第三工程局有限公司（以下简称"水电三局有限公司"）为中国水利水电建设股份有限公司（以下简称"股份公司"）的全资子公司，是建筑业集施工、科研、设计、开发、采购、制造安装、监理、咨询为一体的大型国有企业。

水电三局有限公司拥有配套机械设备12000台(套)，年施工能力为：土石方开挖2500万立方米；混凝土浇筑400万立方米；钻孔及灌浆20万米；金属结构制作安装3万吨；机组安装100万千瓦；工业民用建筑10万平方米；高等级公路50千米。公司注册资金3.02亿元，拥有总资产30.57亿元。现有职工12041名，其中各类专业技术和管理人员3706名，具有高级职称的专业技术人员478名，持证建造师100名，持证监理工程师55名。高级技师65名、技师315名。水电三局有限公司在以往被陕西省政府评为“省级先进企业”和“重合同守信用企业”的基础上，于2010年再次获得陕西省“重合同守信用企业”荣誉；2000年以来连续被中国建设银行和中信实业银行评定为AAA级信用等级企业。

【企业资质】　水电三局有限公司具有水利水电工程施工总承包特级、公路工程施工总承包贰级、房屋建筑工程施工总承包贰级、市政公用工程施工总承包贰级、土石方工程专业承包壹级、钢结构工程专业承包壹级、试验室壹级、测绘甲级、工程监理乙级、工程设计乙级、工程勘测乙级等资质。

【领导班子】　水电三局有限公司领导班子人员为：执行董事、公司总经理兼党委副书记章运礼；党委书记兼副总经理刘美华；副总经理焦继轩、张雅兴、张育林、胡海涛、张波、单勇锋；监事、党委副书记兼纪委书记付胜利；总会计师刘玉建；总工程师王鹏禹；总经济师任世玉；工会主席吴家明；咨询司勤。

【组织机构】　水电三局有限公司下辖6个区域分局(四川分局、云南分局、西北分局、陕西分局、中南分局、华东分局)、4个专业分局(制造安装分局、路桥分局、基础工程分局、铁路分局)及勘测设计院、国际工程部、实业发展总公司。公司机关设置的机构和部门有：总经理工作部、党委工作部(含史志办公室、新闻宣传处、局团委)、局纪委(监察处)、局工会、市场开发部、人力资源部、企业发展部、设备物资部、财务管理部、资金管理部、生产经营部、工程科技部、社会保险管理部、审计部、安全生产监督管理部(安全督察组)、法律事务部。费用单位有：职工医院、职工培训和劳务管理中心。基地部分单位重组为中国水利水电第三工程局有限公司实业发展总公司，下辖水电公司、物业公司、社区服务中心、汉中公司、西安公司；苏州三新公司、岭南液化气公司、谷城联虹电业公司及陕西联重工贸公司划归实业发展总公司管理序列。

【经营业绩】　2010年，水电三局有限公司全年营业收入51.01亿元，实现利润总额1.35亿元，营业收入利润率为2.65％，年末资产总额30.57亿元。在岗全员劳动生产率达到62.24万元/(人·年)，在岗职工平均工资为4.03万元/(人·年)。全年完成土方开挖1783.79万立方米，石方开挖909.42万立方米，混凝土浇筑398.30万立方米，金属结构制作安装2.42万吨，钢筋制作安装8.98万吨，水轮机发电机组投产8台，装机容量45.20万千瓦。2010年，中标项目41个，总金额为95.54亿元，其中：国内水电业务中标31项，新签合同金额30.32亿元；国内非水电业务中标10项，签约合同金额41.22亿元；国际在建的卡塔尔路赛CP1项目新增合同金额24亿元。截至2010年底，水电三局有限公司合同存量126.44亿元，其中：国内水利水电56.96亿元；国内非水电32.19亿元，较2009年增长14倍；国际工程37.29亿元。

国内工程

【综述】　2010年，水电三局有限公司国内在建项目共116个，其中本年度新开工施工项目29个，8台机组投产发电，总装机容量45.20万千瓦。

【桃源水电站工程】　该水电站位于湖南省常德市桃源县城附近的沅水干流上，是沅水干流最末一个梯级开发水电站。电站枢纽主要由泄洪闸、发电厂房、船闸等水工建筑物组成。安装9台灯泡贯流式发电机组，单机容量20兆瓦，总装机容量180兆瓦。水电三局有限公司于2010年9月中标砂石加工、混凝土生产、供水及废水处理系统工程，中标金额15160.51万元。2010年9月开工，截至2010年底完成土石方开挖2.69万立方米，钢筋制作安装526.09吨，混凝土浇筑0.4万立方米。2010年10月25日中标电站厂房土建及金属结构安装工程，金额27380.92万元。2010年10月上旬开工，截至2010年底完成土方开挖41.09万立方米。

【江苏溧阳抽水蓄能电站】　该水电站地处江苏省溧阳市，枢纽建筑物主要由上水库(位于龙潭林场伍员山工区，与安徽省接壤)、输水系统、发电厂房(含地面开关站及副厂房)及下水库(位于天目湖镇吴村)等4部分组成。该水电站安装6台单机容量250兆瓦的可逆式水泵水轮发电机组，总装机容量

1500兆瓦。水电三局有限公司于2010年10月18日中标电站引水系统及地下厂房施工工程，包括引水主洞、引水岔管、引水支洞、厂房系统、排水廊道、尾水支洞、尾水闸门室、尾水岔洞、部分施工支洞、相应的临建设施等项目，中标金额70 978.22万元。工程于2010年10月进点，主要进行施工前的准备和临建工程，全工程预计2016年8月31日完工。

【大同至西安铁路客运专线站前工程】 水电三局有限公司承建大同至西安铁路客运专线站前工程2标段，线路位于山西省范围，起讫忻州市，终至太原市，途经忻州市、阳曲县、太原市尖草坪区，全长49.412千米。合同金额为36.6亿元，合同段总工期为46个月，正线长度达到49.412千米。本合同段工程正线共有隧道3座，总长11.93千米，桥梁15座，总长27.16千米，桥隧工程约占正线线路全长的79.1%。部分地段桥隧相接，施工条件差。隧道穿越的地质条件差，防排水要求高。全线桥梁特殊结构梁类型多样，542孔900吨级箱梁预制、运输、架设，施工难度大。水电三局有限公司设立大西铁路施工指挥部，由四川分局、西北分局、云南分局、铁路分局、制造安装分局、路桥分局分别组成项目部，承担施工任务。工程于2010年3月10日开工，2010年末累计完成投资7.14亿元。主要实物工程量为：土方开挖442.87万立方米，CFG桩16.49万米，水泥土挤密桩112.71万米，柱锤冲扩桩7.45万米，隧道1684延米，桥梁墩台0.99万圬工方，桥梁钻孔桩26.65万米，路基填筑1.7万立方米。

【呼和浩特抽水蓄能电站】 该水电站位于内蒙古自治区呼和浩特市东北部的大青山区，距离呼和浩特市中心约20千米。电站枢纽主要由上水库、水道系统、地下厂房系统、下水库工程组成，工程等别为一等，工程规模为大（1）型。总装机容量1200兆瓦，装机4台，单机容量300兆瓦。2010年5月7日，水电三局有限公司中标电站引水系统土建及钢管安装工程，合同金额31288.58万元，合同工期至2014年5月31日。主要承建内容为：引水事故闸门井工程、引水隧洞工程、引水调压井工程、压力管道土建工程、压力管道钢管制造与安装工程、监测设施、机电工程，参与并配合安全鉴定工作，以及引水系统初期充排水配合工作。工程于2010年5月开工，截至2010年底完成投资1714.62万元。完成主要工程量为：土石方明挖21366立方米，石方洞挖59381立方米，喷混凝土支护2933立方米，锚杆支护7359根。

【南水北调中线一期工程】 2010年9月8日，水电三局有限公司中标南水北调中线一期工程总干渠沙河南至黄河南（委托建管项目）禹州长葛段第六施工标段，合同金额21256.33万元。标段长度8.5千米，标段内共有各种建筑物15座。施工主要内容为渠道工程，包括土石方开挖、土石方回填及特殊土处理等。主要建筑物施工：左岸排水4座，均为排水倒虹吸，分别为刘亮沟排水倒虹吸、席庄南沟排水倒虹吸、南陈庄沟排水倒虹吸和李庄沟排水倒虹吸；渠渠交叉建筑物1座，为白沙东干灌渠倒虹吸工程。工程开工日期为2010年9月1日，完工日期2013年4月30日，总工期32个月。截至2010年底，主要完成产值803万元，施工内容主要是临建设施，包括沿渠道路、施工区围挡、拌和系统、生产和生活营地，土方开挖13.89万立方米。

【毛家河水电站】 水电三局有限公司于2009年底中标毛家河水电站大坝工程，2010年3月10日，水电三局有限公司再中毛家河水电站厂区土建工程标，合同金额12529.93万元。合同工期30个月，2010年3月1日开工，2012年8月31日完工。2010年3月1日开工至2010年底，毛家河水电站大坝工程完成投资37125125元，主要实物工程量为：大坝右岸坝肩土方开挖6500立方米，石方开挖130000立方米；进水口土方开挖3000立方米，石方开挖18000立方米。毛家河水电站厂区土建工程完成投资7090224元，主要实物工程量为：厂房工程土方开挖20000立方米，石方开挖50000立方米；调压井土方明挖4000立方米，石方明挖10000立方米。

【尼勒克一级水电站】 该水电站位于新疆维吾尔自治区伊犁喀什河尼勒克盆地河段，装机容量220兆瓦。工程由拦河引水枢纽、引水渠、跨尼勒克河倒虹吸、压力前池、泄水陡坡、压力钢管、厂房、尾水渠及渠系建筑物等项目组成。2010年3月19日，水电三局有限公司中标该水电站工程第Ⅳ标（压力前池、泄水陡坡、压力钢管和厂房），中标金额15280.95万元。本标段2010年3月31日开工，2012年9月30日完工，计划总工期30个月。开工至2010年底累计完成投资4183.61万元。完成土石方开挖91万立方米，砾石回填2万立方米，喷混凝土1389立方米，挂网36吨，砂浆锚杆1483根，钻孔灌浆8969米，排水孔3700米，混凝土1.33万立方米，钢筋制作安装629.8吨，房建1600平方米。

【海勃湾水利枢纽工程】 该工程位于内蒙古自治区

境内的黄河干流，总装机容量9万千瓦。2010年10月16日，水电三局有限公司中标该水利枢纽工程电站土建及金属结构和机电设备安装项目，合同金额269700658.00元，合同工期为2010年10月1日至2014年4月30日。开工至2010年底累计完成投资595.61万元，完成围堰填筑14.75万立方米、块石备料2.1万立方米、施工现场彩钢房建设2500平方米、高喷防渗墙4810平方米。

【白龙江橙子沟水电站】 该水电站位于白龙江甘肃省陇南市境内，为白龙江干流上水电梯级开发规划的第15级电站，为径流引水式电站，枢纽工程主要任务是发电，工程规模为三等中型工程。2010年3月1日，水电三局有限公司中标白龙江橙子沟水电站发电厂房工程，合同金额11973.05万元。进场日期为2009年8月15日，完工日期为2012年3月31日。施工项目部正常进场后，因业主迟迟未能解决征地问题，项目部至2010年底均在进行前期准备工作。

2009年5月开始施工的电站发电引水隧洞工程C标段，截至2010年底完成累计投资7861.73万元，完成土方开挖3933.83立方米，石方开挖14874.28立方米，石方洞挖46.23万立方米（其中：施工支洞洞挖3.96万立方米，主洞洞挖42.27万立方米），钢支撑1347.39吨，喷混凝土13.59万平方米，各种锚杆6.96万根，钢筋挂网426.12吨，各类灌浆钻孔1255米，固结灌浆758.26吨。

【甘肃北大桥第二风电场基础工程项目】 该风电场为甘肃酒泉千万千瓦级风电基地首批开发项目之一，工程总装机容量201兆瓦，位于甘肃省西北部的酒泉地区瓜州县城东北约40千米以远的区域，建设装机规模为201兆瓦，安装134台东汽1500千瓦风电机组。水电三局有限公司于2010年3月22日中标本标段134台风电机组的土建工程施工，主要包括钢筋混凝土风机基础，变电站混凝土箱形基础。2010年3月20日开工，2010年10月20日完成全部合同内容。

【乐雅高速公路TJ7标段】 2010年3月9日，水电三局有限公司中标国家高速公路网成渝地区环线乐山至雅安段公路路基土建工程TJ7标段，全长11.052千米，设计时速为80千米/小时，沥青混凝土路面，包含洪雅互通式立交1处、大中桥15座涵洞渡槽等其他构造物工程。中标金额26262.41万元，合同工期20个月。2010年5月开工，2011年12月完工。开工至2010年底累计完成投资8320.2万元，完成主要实物工程量：路基清理31.95万立方米；路基挖方45.84万立方米；路基填方45.67万立方米；砂砾石换填13.27万立方米；桩基3536.57米。

（梁周莉　陈家新）

国际工程

【综述】 2010年，水电三局有限公司在建国际项目7个，新增合同金额24亿元，继续巩固和发展了中东和非洲市场，在向更多国家和地区市场扩展的同时，产业相关多元化程度不断深入。

【卡塔尔路塞CPI项目】 该项目位于卡塔尔多哈市区以北22千米，主要工程内容是：公共设施箱涵、市政道路、饮用水系统、污水系统、灌溉水系统、雨水系统、地表水系统、66千伏和11千伏开关站与配电系统、通信管网、ELV管网的土建及设备采购安装等。合同工期为2008年4月至2011年11月。水电三局有限公司、水电十局有限公司、水电十三局有限公司组成联营体承建，水电三局有限公司作为责任方占有股份的50%。2010年7月11日，获得6.66亿元间接费补偿；2010年9月9日，新增中央水冷、垃圾收集与煤气输配三大系统管线工程，合同金额3.54亿元，水电三局有限公司在CP1项目全年累计新增合同金额24亿元。2010年，完成土石方开挖63.1万立方米，混凝土浇筑14.6万立方米，土方回填50.6万立方米，钢筋制作安装19331吨，管道安装10189米，累计完成产值133672万元，为合同总价的38.8%。

【阿联酋诺富特和艾比斯宾馆工程】 该工程位于阿拉伯联合酋长国阿布扎比市穆萨发工业开发区。中国航空技术国际工程（阿联酋）公司中标阿联酋诺富特和艾比斯宾馆工程，工程总建筑面积58600平方米，合同金额折合人民币8.043亿元，合同工期为2008年11月至2011年1月。水电三局有限公司与浙江海天建设集团有限公司组成联营体承建，水电三局有限公司占51%的股份。2010年，完成钢筋制作安装1725吨，混凝土浇筑1.1万立方米，砌体22561平方米，累计完成产值16697万元，为合同总价的68.34%。

【阿尔及利亚玛乌阿纳大坝工程】 该工程位于阿尔及利亚塞地夫省，是阿尔及利亚政府投资的公益性水库工程。合同金额折合人民币10.15亿元，合同工期为2008年12月至2011年12月。水电三局有限公司（占 51%的股份）和水电十三局有限公司（占 49%的股份）组成联营体承建。中标主要工程项目是黏土芯墙土石坝工程、导流洞工程、竖井工程等。2010 年，完成土石方开挖 72.4 万立方米，土石方回填 7.7 万立方米，累计完成产值 4980 万元，为合同总价的 18.09%。

【阿尔及利亚德拉迪斯项目】　该工程位于阿尔及利亚东部，项目属于“东部”系统的一部分，每年从北部向南部调水约 1.89 亿立方米。项目主要由挡水建筑物、取水建筑物、放空洞、交通设施等组成。合同工期为 2008 年 5 月至 2011 年 9 月，合同金额 5.07 亿元，水电三局有限公司（占 49%的股份）和水电十三局有限公司（占 51%的股份）组成联营体承建。2010 年，完成土石方开挖 7.9 万立方米，混凝土浇筑 1.0 万立方米，钢筋制作安装 529 吨，完成产值 1709.6 万元，为合同总价的 14.98%。

【阿尔及利亚瓦德房建项目】　该工程为阿尔及利亚瓦德省（OUED）住宅建设局组织的瓦德地区低收入者住房项目，3 个标段共计 1170 套（293 栋）住房，分布在瓦德省两个区域，地处撒哈拉沙漠边缘。工程施工范围主要包括基础工程、主体结构、砌体工程、防水工程、室内外饰工程、室内外给排水工程、室内外电气工程及室外绿化工程、小区道路等，合同工期为 2009 年 11 至 2012 年 2 月，合同金额 2.71 亿元。2010 年，完成土石方开挖 3.61 万立方米，混凝土浇筑 1.5 万立方米，钢筋制作安装 364 吨，完成产值 5138.3 万元，为合同总价的 17.71%。

【阿联酋阿布扎比商务大厦工程】　该工程位于阿拉伯联合酋长国阿布扎比省。2009 年 12 月，中国航空技术国际工程（阿联酋）公司中标。水电三局有限公司签约整体分包合同，合同金额折合人民币 12.09 亿元，合同工期 30 个月。工程包括基础和上层建筑钢筋混凝土、砌块墙、镀铝门窗、地板、墙体、天花板装饰、空调、电器、木工、排水及外围工程等。主要工程量为：混凝土 10.86 万立方米，钢筋制作安装 1.41 万吨，砌体 10.41 万平方米。该项目已签约，尚未开工。

（李　娟）

投资开发

【综述】　截至 2010 年底，水电三局有限公司所属全资、控股及参股公司共 9 家，其中全资公司 5 家，控股公司 1 家，参股公司 3 家。

【陕西江河水利水电土木勘测设计研究有限公司】　该公司为水电三局有限公司独资设立的有限责任公司，注册资本金 100 万元。主要经营范围为水利水电工程、工业与民用建筑工程及市政工程的勘察设计和装饰设计。2010 年实现营业收入 242.86 万元。

【安康市岭南液化气有限公司】　该公司为水电三局有限公司独资设立的有限责任公司，注册资本金 46 万元。主要经营范围为液化气及系列产品的储存分装、灶具、五金交电以及日用品的销售。2010 年实现营业收入 1246.48 万元。

【中国水利水电第三工程局工程监理有限公司】　该公司为水电三局有限公司独资设立的有限责任公司，注册资金 117.77 万元。主要经营范围为工程监理、技术咨询服务、工程概预决算编制、报价、评估、审计咨询、招投标咨询服务、工程调价调整、索赔技术服务、技术方案制作、工程管理、合同咨询服务、信息服务和中介服务。2010 年实现营业收入 124.55 万元。

【陕西联重工贸有限公司】　该公司原名陕西秦云工贸有限公司，为水电三局有限公司独资设立的有限责任公司，注册资本金 800 万元。该公司创立于 2003 年 9 月，主要经营范围为水电站、公路、房屋等建设项目的开发、施工及管理等。2010 年实现营业收入 615.09 万元。

【陕西灞湖置业有限公司】　为进一步盘活水电三局有限公司自有土地资源，并力求在房地产市场开发中有所突破，经股份公司批复同意，由水电三局有限公司出资，并经陕西省工商行政管理局批准，于 2010 年 10 月注册成立陕西灞湖置业有限公司，注册资本金 800 万元。

【苏州三新商品混凝土有限公司】　该公司由水电三局有限公司与苏州联发房地产公司于 1995 年共同出资组建，现股东为中国水电三局与自然人股东沙朝晖先生。该公司坐落在苏州市工业园区，主要从事商品混凝土生产和营销，公司现注册资本金 2200 万元，其中水电三局有限公司出资 1540 万元，占 70%的控股权，沙朝晖先生出资 660 万元，占 30%的参股权。现有搅拌楼 2 座，年商品混凝土生产能力 50 万立方米。2010 年实现营业收入 4305.51 万元。

【湖北谷城联虹电业有限公司】　该公司创立于 1999

年1月，由水电三局有限公司与谷城县水电开发公司、襄樊电力集团、襄樊电力集团谷城银盛公司、谷城县华鑫公司5家单位共同出资组建，注册资本金3340万元，其中水电三局有限公司出资1575万元，占47%的参股权。湖北谷城联虹电业有限公司主要负责庙子头水电站的建设与经营。2010年实现营业收入1533.64万元。

【石泉发电有限责任公司】　该公司于1998年2月注册成立，注册资本金7500万元，由水电三局有限公司与大唐陕西发电有限公司、安康国有资本经营公司、中国水电顾问集团西北勘测设计研究院四家单位共同出资组建，水电三局有限公司出资1275万元，占17%的参股权。石泉发电有限责任公司主要负责石泉水电站机组的扩建管理和发电运营。2010年实现营业收入6908.4万元。

【陕西汉江投资开发有限公司】　该公司于2002年1月注册成立，首期注册资本金1000万元。2009年9月，经国家发展改革委和商务部审核同意，该公司性质变更为中外合资企业，陕西省工商行政管理局向该公司颁发了外商投资企业营业执照，现股东为大唐陕西发电有限公司、陕西省水电开发有限责任公司、陕西省交通厅航运管理局、水电三局有限公司、日本电源开发株式会社。现注册资本金11.37亿元，水电三局有限公司出资5685万元，占5%的股权。该公司开工建设的喜河水电站工程于2003年6月启动，2006年12月机组全部投产发电；开工建设的蜀河水电站工程于2005年底启动，2010年12月机组全部投产发电。

（王紫林）

管理创新

【"管理创效年"活动】　贯彻落实股份公司"管理创效年活动"工作，制定下发了《中国水电三局"管理创效年"活动实施方案》，活动分4个阶段，由生产经营部牵头组织。方案下发后，各单位广泛开展了创效活动，并取得一定成效。活动的开展，对进一步加强项目的管控能力，完善风险防范机制，提升获利水平等都起到了积极作用。公司综合项目管理系统得到推广和应用，信息化建设不断完善。2010年底前，"管理创效年"活动前3个阶段开展情况已经完成，进入第四阶段，即总结交流阶段。

【开展项目经济评估工作】　该项目经济评估是推进项目管理、加强项目管理能力、提升获利水平、完善风险防范机制、规范项目经理责任制体系的一项重要工作。生产经营部对新中标合同额度达到评估标准的项目，安排经济管理专家和二级单位商务人员赴工地进行经济评估，评估小组通过对新中标项目的施工组织设计与实际施工方案进行对照比较，通过对临建布置、主体施工机械的布置、主体施工方案的审核，提出较为合理的评估意见。2010年分别完成了对云南分局毛家河项目，中南分局白市、湘祁项目，华东分局溧阳砂石拌和项目，西北分局尼勒克、宝瓶河项目，四川分局乐雅高速项目等7个项目进行了经济评估，同时，对西北分局上报的北大桥风电场和桥湾风电场自评项目评估报告进行了审核批复。

（陈家新）

【设备物资管理】　2010年，水电三局有限公司按照向家坝、阿海等项目对门、塔机等大型设备的使用台数和安装时间，及早确定设备维修计划和审定安拆方案，安排对闲置和下场门、塔机等大型设备进行修理和改造，共完成门、塔机安拆任务33台·次；同时，向家坝项目组织了对业主2台MQ2000港机的恢复性修理，并安装投产，取得了使用许可证书。进一步规范了特种设备的安装、使用、检验及管理工作程序，加强对特种设备使用过程中的管理力度。大西铁路客专项目中标后，水电三局有限公司及时通过股份公司主管部门协调，从系统内兄弟单位组织调拨了龙门式起重机、静载实验台座、箱梁模板、移动模架造桥机等铁路及桥梁专用施工设备和机具共计21台（套），节约了约2000万元的设备采购资金，满足了大西铁路客专项目施工的需要。

为使区域分局进一步做大、做强，早日实现实体化管理，水电三局有限公司通过对其他公司的调研，经多次研讨，多方面征求意见，提出了《设备物资管理方案》。新方案力求充分发挥区域管理优势，积极调动各管理层级在设备物资实物管理方面的积极因素，从而达到管资产和管人相结合，管物和管钱相结合，最大限度地发挥施工设备在项目施工中的作用。

水电三局有限公司与陕西省质量监督局及陕西省特种设备协会协商，在全公司范围内组织了特种设备管理人员和作业人员的取证培训工作，全年共培训特种设备管理人员培训82人·次（其中，起重机械82人、电梯15人），特种设备作业人员培训103人，培养了一批特种设备作业人员和管理人才。

（沈　钧）

【财务管理】 2010年，财务管理继续坚持“三控三强一确保”的管控要求，夯实基础，防范风险，科学理财。一是结合新的形势和管控要求，组织制定水电三局有限公司财务管理办法，进一步完善财务管理内控制度体系，提升水电三局有限公司财务管控体系的监管力度。二是从夯实基础工作入手，上半年组织各单位（项目）对财务收据管理进行全面自查，从源头上堵塞管理漏洞。三是进一步强化水电三局有限公司财务预算管理，通过年初分解落实预算指标，季度分析通报执行情况并督促采取纠偏措施，不断夯实预算管理基础工作，促进水电三局有限公司预算目标的实现。四是以资产负债表为主线，通过规范管理，逐项做实财务信息。五是不断完善水电三局有限公司财务信息分析体系，定期向公司领导报送财务情况分析报告，同时将分析结果通报给二级单位领导和总会计师，引导其从分析结果中发现管理问题，不断发掘财务信息管理价值和决策支持功能。六是积极推进《建造合同准则》的学习、宣传和实施工作，强化组织体系，健全工作机制，优化工作流程，分析执行结果，督促工程结算，严控未完施工，防范项目潜亏风险。七是继续加大水电三局有限公司债权债务管理力度，年初安排债权清收计划，按季分析督办，年末进行考核，促进资金回流；严控预付账款，严控资产负债率，提高资产运行效率。八是继续推进财务信息化建设，财务信息实时、集中管理初步实现。九是落实局属单位总会计师考核制度，通过工作考核，督促总会计师（财务负责人）认真履责，提高财务队伍执行力和管控力。十是积极贯彻落实五部委和股份公司“小金库”专项治理工作会议精神，精心组织，切实开展“小金库”专项治理工作，防范管理漏洞，降低管理风险。加强国际项目财务风险管控，组织召开国外项目财务工作座谈会，对国外项目财务管理思路进行认真研究分析，加强水电三局有限公司总部对国外项目财务管理力度。

（张立选）

【资金管理】 2010年，根据股份公司部署，紧紧围绕水电三局有限公司年度工作目标，以银行账户管理为核心，通过优化资金管理体系，建立了二级单位资金集中管理平台，实现了资金两级集中，盘活了内部资金，极大地提高了资金使用效益，充分利用现有资金，帮助水电三局有限公司所属生产经营单位解决资金短缺问题，同时也降低了水电三局有限公司在商业银行的贷款和融资成本，体现了资金集中管理的优越性，为水电三局有限公司的持续、快速发展提供了可靠的资金保障。2010年，在营业收入增长45%的情况下，外部融资规模降低38%，节约财务费用近千万元；建立了公司、分局两级资金审批制度，资金审批流程包括横向审核、纵向审批，使各相关单位和职能部门充分行使本岗位风险监管权。通过区域办事处实现工程项目资金流实时在线监管，落实各项资金管理制度的执行情况，确保资金使用安全；按照“年度预算控制月度资金预算，月度资金预算控制实际资金使用”的工作思路，通过严格资金预算、实时“在线”的过程控制及预算执行差异控制，强化资金预算导向和控制作用；通过严控预付款支付、建立预付账款预警和清查机制及规范委托支付流程，降低了资金支付风险；通过资金NC系统的实施部署，实现了资金信息系统的全业务管理及信息共享、业务协同，进一步增强了内部管控力。

（叶　平）

企业改革

【基地单位重组】 2010年3月，根据水电三局有限公司深化产业结构调整、优化辅业资源配置、加快基地机构调整重组的工作目标，正式启动基地单位的重组工作。在统筹考虑基地管理、服务及经营职能有序发展的基础上，以集约基地职能、理顺经营关系、强化管控手段为主导思路，按基地保障服务、经营和驻基地的管理职能3条主线进行整合重组。在新组建的中国水利水电第三工程局有限公司实业发展总公司的统一管理体系下，建立以社区服务、物业管理、基地水电等供应和辅业经营四大业务板块，按各自的市场规律开展管理和经营业务，以实现基地工作方式及经营服务模式的转变，提升基地整体管理质量，不断深入市场化管理方式，推动基地稳定和谐发展。

【强化机关职能】 根据水电三局有限公司发展思路和规范管理职能的要求，启动规范水电三局有限公司总部职能部门职能职责工作，对机关部门管理权责、职能范围、业务定位、管理流程等进行明晰、调整和确定。2010年6月，制定下发了《中国水利水电第三公司有限公司机关部门管理职能与职责》，这是水电三局有限公司根据发展需要和规范管理要求制定的管理规范和工作标准，是界定和明确机关各部门主要工作职能和权责范围的依据，同时也是机关各部门开展工作、规范业务流程、检查和落实责任的履责标准。

【制度建设创新】 根据水电三局有限公司转型升级和能力建设要求，成立制度建设领导小组，并启动了水电三局有限公司制度建设工作。机关各部门对现有管理制度进行系统清理、整合、废止及制度创新，第一次以模块化方式建立水电三局有限公司制度树体系，同时对各项管理制度按模块进行归类，形成《中国水电三局制度建设工作指引》（讨论稿），提出了制度体系建设工作原则，规范了制度建设工作要求和工作程序，且为此召开制度建设工作研讨会，机关职能部门和各生产经营单位共同对制度建设进行分析研讨。制度建设领导小组要求水电三局有限公司各职能部门、各单位要围绕各自的管理职能、经营发展和业务流程，创新管理方式，使水电三局有限公司管理制度和项目实际需求能更好地接轨。

【深化医疗机构改革】 2010 年 6 月，按照股份公司《关于积极参与试点城市公立医院改革的通知》精神和水电三局有限公司的安排，积极参与和调研关于公立医院的改革工作，对安康地方卫生系统、公司职工医院参与公立医院改革情况进行工作调研，系统分析水电三局有限公司参与地方公立医院改革的可行性，形成了《关于公司参与公立医院改革赴安康市卫生系统进行基本情况调研报告》，得到了股份公司的肯定和支持，为水电三局有限公司参与公立医院改革的决策提供了基础依据。

【法律尽职调查工作】 根据股份公司“跨越工程”要求，组织安排水电三局有限公司法律尽职调查补充资料工作，全面完成了 2010 年在组织性调查、法律事务性调查、房地产调查、重大业务合同、税收、对外担保及各全资、控股公司调查和各专项证明材料的工作。根据证监会有关规定和中介机构的要求，对水电三局有限公司内部控制有关事项即 2006～2009 年历次改革改制和机构重组整合、公司化改建、法人治理规范、区域化管理、公司治理层决策、议事规则、三重一大决策程序参与程度和风险评估过程等进行系统全面总结。

【机构整合】 2010 年 8 月，根据水电三局有限公司结构调整安排，启动对水电三局有限公司工民建资源的整合工作，将路桥分局原工民建资源整合到实业发展总公司内，有效集约了水电三局有限公司工民建队伍和项目资源。

【制定“十二五”规划】 2010 年 10 月，根据股份水电三局有限公司要求，完成水电三局有限公司“十一五”期间发展战略的全面总结，并初步形成水电三局有限公司“十二五”规划草案初稿，重点在管理体制、发展战略、产业结构、经营模式、管理创新、制度建设、管控手段、资源配置、监督和风险防范、社会责任履行、社会保障、和谐基地和党群工作上进行系统规划和调整。

（陈越文）

科 技 进 步

【科技管理体系】 2010 年，水电三局有限公司在已形成的科技管理体系基础上，进一步规范技术中心的组织机构，中心由工程科技处、科技成果推广处、综合管理处、技术中心试验基地和二级单位技术分组成；落实了中心各级组织人员的到位；建立了独立的财务部门。所建立的 2 个系统、3 个层次的科技管理体系，经过近年来的运行，满足了科技工作的需要，促进了科技工作的发展，满足了地方政府和行业协会、学会团体的要求，取得了较好的成效。

2010 年，结合水电三局有限公司科技工作发展的需要，对原有 38 个规章制度中的 11 个进行了修订，新增了《国际工程技术管理办法》和《非水电工程技术管理办法》。现有各种规章制度共计 40 个，基本覆盖了科技管理工作的各个方面，加强了科技工作的管控力度，保证了科技工作的顺利进行，促进了科技工作的持续发展。

【科技经费投入】 水电三局有限公司科技经费来源主要由 3 部分组成：一是在股份公司立项的科研项目，股份公司拨付一部分费用，这部分费用是跟着具体科研项目走的，是“戴帽”下达的科研经费；二是由水电三局有限公司党政联席会研究确定的年度公司科技经费。三是各二级生产经营单位投入的科技经费，由二级单位支出。

水电三局有限公司建立了严格、有效的科技经费管理机制，保证和规范科研经费的投入，即每年初制定科技经费计划，经水电三局有限公司党政联席会议和领导审批后开始执行，科研项目实施过程中加强监控，年底严格按照计划要求核对项目完成情况，并予以结算。

为了加强对科技经费的管控力度，保证科技经费的有效管理和分配使用，防止截留、挤占、挪用等不良现象的发生，确保发挥每一笔科技经费的效益，水电三局有限公司对 2009 年 1 月至 2010 年 9 月的科技经费落实情况行了核查。水电三局有限公司工程科技部协同纪检监察部对云南分局的科技经费落实情况进行了抽查。

2010年，水电三局有限公司计划投入科技经费2386.78万元，占计划产值45.57亿元的5.24‰；实际科技投入2586.93万元，占实际产值51.01亿元的5.07‰；不仅达到了股份公司的要求，而且满足了陕西省省级企业技术中心的要求。

2010年，水电三局有限公司对技术交流投入26万元；《水电施工技术》期刊办刊费15万元；技术论文占版费、学会会费15.4万元。

【技术中心建设】　水电三局有限公司技术中心由工程科技处、科技成果推广处、综合管理处、技术中心试验基地和二级单位技术分中心组成，是以在建大中型项目为依托，以当前行业中的前沿技术为目标，以施工中的难题为重点，以企业发展的方向为突破口，进行科技创新建设的研发机构。

在技术中心的管理中，重点抓了实体建设，技术中心中试基地在西安浐灞区建成，占地面积6000平方米，投入资金1489万元，技术中心及中试基地的相关人员也已开始在新办公地点办公。为了发挥技术中心的科技创新作用，更好地为水电三局有限公司的科技发展服务，满足省级技术中心的各项指标要求，经水电三局有限公司研究决定，自2010年第四季度起，水电三局有限公司技术中心实行内部财务独立核算，成立财务科，逐步成为相对独立的实体组织机构。

2010年，水电三局有限公司技术中心首次接受陕西省工业信息化厅两年一次的评审，经过技术中心全体人员的努力，在全省143家评定企业中获得第26名（前13名为国家级技术中心），评价得分为86.2分，名列省级技术中心第13位，被评为优秀，进入省级先进技术中心行列，顺利通过评审，提高了水电三局有限公司在陕西省的知名度。

【工程科技管理系统建设和工程档案建设】　2010年10月26日，水电三局有限公司组织召开了股份公司开发的工程科技管理信息系统试运行专题会议。会后组织相关单位和人员参加工程科技管理系统培训，制定计划，落实责任单位及人员。对试行中出现的问题及时进行沟通解决，按照计划进行了中间检查，对录入内容存在的问题下发整改意见和进度计划要求。目前，信息录入基本正常，对于过程发现的问题，已按股份公司科技部要求整理上报。

为确保工程档案管理能达到特级资质企业信息化考核标准，水电三局有限公司下发了《关于要求各区域分局清查竣工项目移交档案资料的紧急通知》，督促项目竣工资料及时移交水电三局有限公司档案室。同时，重新分配工程科技档案的责任，制定月计划，落实责任人。工程科技部已完成大部分科技档案的上传工作，在网上就可查到水电三局有限公司的科技工作、技术中心和中试基地的相关资料，如科技活动、科技成果、规范书籍、设计资料等。目前正在根据项目进展情况进行科技档案和在建工程的数据采集录入工作，下一步将可实现远程检索查询和监控。与此同时，对技术档案（包括已建工程和在建工程的施工档案）、设计档案、技术资料、技术图书、科技获奖、科研项目、技术标准、获得的专利、工法、科技文件进行了规范性的收集、分类、索引和重新建库。各二级单位均已经成立了工程档案管理小组，完成了部分档案整理工作，基本达到2010年的计划目标。

【技术革新改造和合理化建议活动】　2010年，水电三局有限公司对职协活动中的优秀成果进行奖励，奖金40万元。在活动中，上报成果80项，自评经济效益5420.25万元。多年来，水电三局有限公司一直坚持把群众性的技术革新改造、四新推广、职工技能比武、节能减排和合理化建议活动纳入全国总工会和地方政府、协会团体组织的活动中，取得了可喜的成绩。2010年，共获得全国、陕西省、集团各项荣誉32项。其中：获得第十九届全国发明展金、银、铜奖4块；获得陕西省职工经济创新优胜单位，省职工技术创新科技成果一、二等奖，职工技术创新先进个人，先进集体，陕西省工人先锋号，省立功竞赛先进集体，先进个人，省技术创新特殊贡献奖，省职工技协先进集体，先进个人等荣誉14项；获得集团公司坝工模板工技能大赛二等奖及优秀组织奖3项；获得陕西省职工技能大赛测量工状元1个，混凝土实验状元1个，技术能手6个。

【人才管理与激励机制】　2010年，水电三局有限公司加大对人才管理和人才素质的培训力度，建立健全了分级人才库，为专业技术人员的成长提供发展平台；制定下达了全年15项380万元的人员培训计划，加强科技人员在管理、技术等方面的培训力度，提高科技人员的专业素质，逐步满足水电三局有限公司在建项目对技术人才的需要；通过选拔、考评，经水电三局有限公司党政联席会议审议批准，水电三局有限公司首批工程技术专业岗位人才选聘工作顺利落下帷幕，此举标志着水电三局有限公司工程专业技术人才又一成长通道基本形成。首次选聘出水电三局有限公司首席专家1名，公司专业总工2名，公司专业副总工1名，公司二级单位专业总工2

名，青年技术骨干1名。此项工作使水电三局有限公司在提高技术人员待遇的工作走上了制度化和标准化轨道。2010年，水电三局有限公司共投入24.8万元奖励在科研项目、施工组织设计、工法编写、专利申报、优秀论文发表等技术创新活动中表现突出的单位及科技人员；每两年进行一次优秀科技人员、优秀科技工作者、优秀工程技术人员、优秀青年工程技术人员的评选活动，并对这些优秀人才进行表彰奖励，2010年该项奖励费用共计8.34万元。

【质量管理工作】 2010年，水电三局有限公司质量管理工作在公司领导的正确领导和各单位领导和员工的普遍关注和重视下，在建项目工程质量情况良好，质量管理水平稳步发展。2010年初，水电三局有限公司与二级单位签订了质量责任书，年中进行过程控制和中间检查，对重点项目跟踪，年终进行考核。截至2010年11月底，水电三局有限公司在建工程项目累计完成38316个单元工程，其中，水电工程10526个，优良单元工程9507个，工程合格率100.00%，优良率90.32%；非水电单元工程27790个，工程合格率100.00%；全年未发生较大以上工程质量事故；截至2010年11月底，已收到210份在建工程项目的顾客满意度调查表，平均分为90.30分，实现了水电三局有限公司质量控制目标。

【节能减排工作】 2010年是水电三局有限公司开展节能减排工作的第二年，在股份公司的正确领导下，水电三局有限公司上下坚持把节能减排作为落实科学发展观、构建和谐社会的重大举措，作为调整经济结构、转变发展方式的突破口，作为加强和改善宏观调控和增收节支的重点，多措并举，围绕重点项目等关键环节，以项目实施为着力点和突破口，积极开展资源综合利用，强力推进。开展节能减排活动降低了水电三局有限公司运营成本，提高了水电三局有限公司在市场上的竞争力，取得了一定的成效。

根据水电三局有限公司2010年节能减排计划，二级单位计划投入节能减排资金345.88万元，经统计，二级单位实际投入节能减排资金305万元，水电三局有限公司安排资金40万元，实际使用资金35万元，由于资金安排到位，所以各单位节能减排工作得以顺利进行。2010年，水电三局有限公司完成营业收入51.01亿元，全年万元产值综合能耗为0.2261吨标准煤/万元，同比下降4.6%，实现了节能减排目标。

【科技成果】 2010年，水电三局有限公司科研项目立项12个，其中在股份公司立项3个，水电三局有限公司立项9个。2010年验收及2011年计划验收2009年前立项的科研项目15个，其中股份公司立项的8个，水电三局有限公司立项的7个。2010年验收的项目中，获得股份公司科技进步二等奖2项、三等奖1项。

湖南株洲航电枢纽工程获2010年度全国优质工程银质奖。水电三局有限公司勘测设计院获陕西省2010年度工程建设（勘察设计）优秀QC小组省级二等奖1项、省级三等奖1项。

水电三局有限公司总工程师王鹏禹被中国电力联合会聘为电力行业标准化水电施工技术委员会委员，被中国建筑业协会评为“十一五”期间全国建筑业科技进步与技术创新先进个人。

“KGM絮凝剂的研发及在水泥高喷灌浆工程中的应用”、“高强钢压力钢管制造安装及焊接施工技术研究”获股份公司科技进步二等奖，“多元粉体胶凝材料试验研究”获股份公司科技进步三等奖；“多元粉体胶凝材料试验研究”被陕西省劳动竞赛委员会评定为陕西省职工经济技术创新成果一等奖，“风力发电机组塔架制造研究”被评定为陕西省职工经济技术创新成果二等奖；“采用双掺料技术碾压混凝土质量控制”被陕西省勘察设计协会评定为陕西省2010年度工程建设优秀QC小组省级二等奖，“京沪高铁三标段混凝土外观质量控制试验”被评定为陕西省2010年度工程建设优秀QC小组省级三等奖；“京沪高铁三标段混凝土外观质量控制试验”被股份公司授予优质工程奖；“湖南株洲航电枢纽工程”被中国施工企业管理协会授予全国优质工程银质奖。

承担国家和行业标准的编写工作。由水电三局有限公司主编的《水利水电工程场内道路施工规范》等4部标准已于2010年10月1日出版发行，剩余4部国家标准已经完成报批稿的编写；国家能源局以国能科技〔2010〕320号文下达的2010年第一批能源领域行业标准制（修）订计划中，水电三局有限公司承担了《水电水利工程施工项目度汛风险评估规程》和《水利水电工程施工期安全监测规程》2部新标准的编写工作。

2010年，水电三局有限公司申报专利被受理3项，其中实用新型2项，发明专利1项；授权7项，其中实用新型5项，发明专利2项。这些专利的取得，展示了水电三局有限公司的核心技术竞争力。

2010年9月，水电三局有限公司8项专利参加了由中国发明协会和陕西省人民政府主办、陕西省知识产权局承办的全国第十九届发明展览会，取得了1金奖、2银奖、3铜奖的好成绩。

水电三局有限公司科技人员在各种杂志上发表论文150余篇，其中12篇被中国水力发电年鉴收录，2篇获得陕西省第十一届自然科学优秀论文三等奖。向陕西省水力发电学会推荐优秀论文15篇，学会正在进行论文筛选，预计2011年出版；向股份公司基础设施部推荐优秀铁路施工论文32篇，其中11篇被收录进《高速铁路施工技术与管理论文集》。

2010年，水电三局有限公司承担了全国水利水电施工技术信息网组织的《水利水电施工技术全书》中两个分册（第三卷混凝土工程中第二册混凝土材料及配合比设计、第五册模板钢筋预埋件）的主编任务，截至2010年底，两册的初稿编写工作基本完成。出版发行了《水工混凝土及土工试验》一书，提高了水电三局有限公司中心试验室品牌的知名度。水电三局有限公司的科技进步工作总结已连续三年被水力发电年鉴收录。

（工程科技部　陈家新）

【员工培训】　2010年，围绕水电三局有限公司“人才兴企”战略，加大了自主人才培养力度，制定了有效、合理、可实施的年度培训计划，确定培训工作中的重点，把服务一线、服务施工项目、减少对工程项目影响放到了首要位置。工作中采用确定主要责任部门、多部门协作的方法，分类、分层次、有效地开展各项培训工作，取得了较好的效果。

根据水电三局有限公司发展的需要，确定一级建造师、特种作业及三类人员培训为取证培训工作重点；三总师及员工专业技能培训为素质培训工作重点；OA、VPN、NC系统培训为业务技能与推广培训工作重点。

2010年，举办了一级建造师考试取证，三类人员、三总师、新员工入职教育，特种作业、五大员等计划内培训项目共计28项培训；举办企业战略管理中高层计划外培训1项、铁路经营管理培训1项，选派优秀人员参加股份公司举办的项目经理、国际工程、铁路专业技术人员、造价人员等培训共计11项；选派人员参加水利部、建设部、审计部等各部位和专业管理委员会等机构组织的继续教育培训项目共计9项。2010年度，共计完成各方面的培训项目50项，累计参加培训人员共计3413人·次，涵盖了取证培训、各项继续教育培训、素质培训、业务技能与推广培训、国际工程人员培训、经营造价管理人员培训、各专业技能培训等多方面的内容，使员工素质得到了进一步提高，满足了水电三局有限公司现阶段发展的需要。

（俞海波）

安全生产

【制度建设】　2010年，水电三局有限公司安全主管部门对以责任制为核心的安全生产规章制度进行了系统的梳理和完善，全年新增4个（《中国水电三局有限公司安全生产评价管理办法》、《中国水电三局有限公司安全生产费用管理实施细则》、《中国水电三局有限公司工程爆破技术人员管理办法》、《中国水电三局有限公司国际项目管理办法》）、合并8个、更新22个、废止4个规章制度，新修订的制度更加合理、操作性更强。水电三局有限公司各单位也在完善管理制度方面投入了大量精力，如云南分局出台的《管理制度汇编》对安全规章制度作了重点收录，陕西分局编制了《危险性较大分部分项工程安全管理办法》等。

【安全教育】　2010年，水电三局有限公司各项目作业人员（含分包队伍和临时用工）继续教育、进厂及转岗培训累计达5000余人·次。同年10月，邀请水利协会专家授课，在安康教培中心举办了水利部安全生产“三类人员”延期教育和取证考核培训班，共有381人参加了培训。此外，大西铁路客专指挥部组织65人参加了由水利部授课考核的“三类人员”现场培训教育；全年有55人参加了由西安市公安局和爆破协会组织的爆破作业人员年度考核。水电三局有限公司采取“企校联合”的方式，与杨凌技术学院签订了《安全管理人员订单式培训协议》，从2011年起每年为水电三局有限公司培养和输送50名左右安全管理专业的大学生。

【隐患排查】　为切实做好2010年事故隐患治理工作，水电三局有限公司于2010年3月初成立了以章运礼总经理为组长的隐患排查治理领导小组，对全年隐患排查治理工作统一部署，实施了以预防高空坠落事故、坍塌事故、特种设备事故、地质灾害为重点内容的隐患治理活动，并制定了隐患排查治理工作方案，明确了指导思想、工作目标，按照“阶段推进”的方式在水电三局有限公司范围内推进隐患排查治理工作的深入开展，全年组织开展了4次大规模的安全检查督查活动。2010年3月下旬，组成了4个安全督查组，对19个在建项目安全隐患进行了全面排查，检查组现场编制了《项目安全现状评价报告》，对查出来的重大隐患和安全管理问题都在评价报告里提出具体的整改要求，并要求项目部限期进行整改；同年5～6月，组成5个检查组，对23个在建项目、7个区域和专业分局本部施工生产过程安全工作状态进行了检查考核，考核采取考核评分的方式，对各单位（项目部）安全管理及施工现场进行了逐条对标，所有隐患及发现的问题都以书面报告的形式按隶属关系汇总发至分局本部，要求各单位组织专项现场验收、限期完成整改，并以书面形式将整改情况上报水电三局有限公司；同年9月，利用管理体系监督审核的机会，派员随同外审组，对部分在建项目和分局本部安全管理工作进行了检查和指导，并邀请外审专家作了职业健康安全管理知识现场讲座，排查了隐患，整改了问题，培训了员工，预防了事故；同年12月，组成5个检查考核组，对水电三局有限公司所属13个二级单位本部及部分在建项目进行了年终安全生产检查考核。2010年，水电三局有限公司组织了各类安全检查、督查及各单位、项目部的自查，共排查隐患（含管理问题）1525项，整改率100%。在排查的1525项隐患中，列入水电三局有限公司治理整改计划的重大隐患10个，落实资金200余万元，落实责任10个，制定专项应急措施10个。

【“重典治安”措施】　2010年，为确保各项管理制度、操作规程及安全生产工作部署得到有效落实，水电三局有限公司以维护员工的安全健康为目标，全面贯彻国家有关安全生产的法律法规和方针政策，继续倡导“重典治安”、“铁腕管安全”的管理理念。一是2010年初根据各单位所辖项目数量以及各项目的风险等级，提高了各级第一责任人的安全风险抵押金额度，加大了兑现奖惩比重；二是对于安全管理问题较多、安全工作滑坡严重的单位，对单位第一责任人进行了“诫勉谈话”，督促转变观念、重视安全，及时整改存在问题；三是结合考评情况，依据水电三局有限公司相关规定，对部分责任心不强、履职情况较差的项目安全总监和安全部门负责人进行撤换；四是依据施工过程安全生产工作状态考评结果，在年度安全生产专题会议上对5个先进单位和项目部的第一责任人进行了奖励，对3个排名靠后的单位和项目第一责任人进行了对等处罚；五是针对个别项目部因业主、设计和监理单位迟迟不予批复治理方案，存在重大隐患危及生产安全的，首次使用了“停工令”，停止了危险部位的施工。

【安全活动】　2010年，水电三局有限公司组织开展了“安全生产心中有数”活动，制定了活动细则。面对2010年暴雨、泥石流等自然灾害多发情况，各项目部提前作出了应对方法，把灾害损失降到了较低的水平，没有发生导致人员伤亡的因灾事故。“安全生产心中有数”活动取得了较好成效。开展了形式多样的安全宣传活动，通过“安康杯”、“安全月”、“安全生产摄影作品评选”、“安全生产经验现场交流”等活动，努力提高全员安全生产意识，取得了较好的成效，也得到了陕西省总工会、云南省等地方主管部门及业主、监理的好评。

【管理体系】　2010年，水电三局有限公司上半年完成了《管理手册》的修订和更新，印发了E－Ⅰ版《管理手册》；审核、批准了8个二级单位报批的《管理分手册》和19个建项目部报批的《项目管理计划》；督促和指导27个二级单位和项目部建立健全了管理体系组织机构和管理者代表；完成了内部审核及管理评审工作，外聘专家和公司审核组采取现场培训的方式，完成了500余人·次标准知识和体系文件的教育培训，接受了方圆标志认证集团的监督审核，同年11月取得了审核通过确认单，顺利通过监督审核。

【安全业绩】　水电三局有限公司2010年度安全生产工作被集团评定为优秀，并连续3年被授予“安全生产先进企业”称号，阿海、向家坝、京沪高铁项目部被授予“安全生产先进项目部”称号，屈劲松等3人被授予“优秀项目经理”称号，高统彪等7人被授予“安全生产先进个人”称号；水电三局有限公司连续4年获得“全国‘安康杯’先进单位”称号，章运礼总经理被授予全国“安康企业家”称号，高统彪被授予“‘安康杯’优秀组织个人”称号；水电三局有限公司获得“陕西省管理体系优秀认证企业”称号，冯亮被授予“优秀管理者代表”称号。

（高统彪）

党群工作和精神文明建设

【党建工作】　2010年，水电三局有限公司党委以科学发展观为指导，认真学习贯彻党的十七大、十七届四中全会、十七届五中全会和全国国有企业党的建设工作会议精神，按照“围绕经营抓党建、抓好党建促经营、找准载体促发展、进入管理起作用”的要求，紧紧围绕水电三局有限公司生产经营和改革改制工作实际，抓稳定、保大局、促发展，发挥了积极的作用。水电三局有限公司党委高度重视建立党建工作长效机制，结合水电三局有限公司制度建设工作需要，对党建工作制度进行了认真的梳理，采取废、立、改的方法，下工夫抓了水电三局有限公司党建工作制度体系的建立和制度创新工作。2010年初，制定了《水电三局有限公司党支部建设达标考核办法》、《水电三局有限公司党支部达标考核细则》等制度文件，有力促进了基层党建工作的规范有效开展。

水电三局有限公司党委坚持党要管党、从严治党的原则，全面落实党建工作责任制，确保党的建设各项部署落到实处。通过检查考核，2010年度，云南分局、大西铁路客专指挥部、实业发展总公司、铁路分局、基础工程分局荣获水电三局有限公司"党建目标责任制考核优秀单位"荣誉。

水电三局有限公司各单位党组织结合生产经营，以"创先争优"活动为主线，围绕施工生产积极开展"党员先锋岗"、"党员责任区"、"党员身边无事故"、"党员突击队"等主题活动，通过形式多样的载体丰富了党建工作的内容，有力促进了生产经营工作。2010年"七一"前夕，水电三局有限公司党委对在创先争优活动中表现突出的14个先进基层党组织、72名先进个人进行了表彰，其中4个先进基层组织、6名先进个人受到股份公司党委表彰。

【领导班子建设工作】 水电三局有限公司党委坚持把"四好"领导班子创建活动作为企业领导班子建设的工作主线和学习实践活动长效机制的重要举措予以全面推进，从而带动企业人才队伍整体建设。在创建活动中，我们进一步强化"一条主线、三个结合、实现三个见成效、加强五大建设"的思路，并在创建组织体系上，构成公司、分局和项目部3个层面的三级联创格局。水电三局有限公司党委在2010年底对各单位"四好"领导班子创建活动进行了检查、验收，西北分局、基础工程分局、制造安装分局、勘测设计院、铁路分局被评为2010年度"四好"领导班子。水电三局有限公司党委通过积极做好每年度"四好"班子的评比表彰工作，使"四好"班子创建不断向纵深发展。

水电三局有限公司党委还以中心组学习和领导班子民主生活会为抓手，加强了班子思想政治建设。2010年10月22日，水电三局有限公司党委在西安市召开了2010年度领导班子民主生活会，认真查找了水电三局有限公司在改革发展中存在的不符合科学发展观的突出问题，同时，通过民主生活会，达到统一思想、增进团结的目的。

水电三局有限公司党委坚持党管干部原则，印发了《关于进一步规范干部管理有关事项的通知》，调整了组织和人事部门在干部管理工作中的职责分工，明确了党委在选人环节的具体工作，充分发挥了水电三局有限公司党委在选人用人中的主导作用，明确了党管干部主要内容，进一步加大了对年轻干部的培养和使用力度，使众多的年轻干部走上了领导岗位。

【开展争创"四强四优"和创先争优活动】 水电三局有限公司党委把开展"四强四优"活动、创先争优活动作为2010年的重点工作来抓，根据中组部、国资委以及股份公司党委的要求和部署，制定了活动的实施方案，扎实推进活动开展。结合水电三局有限公司生产经营特点，水电三局有限公司党委提出了"四强四优"活动中"五个带头"、"四个提高"、"三个到位"的工作目标。一是党员领导干部要发挥表率作用，做到"五个带头"，即带头学习、带头搞活动、带头找差距、带头作示范、带头抓落实；二是在机关作风建设上要实现"四个提高"，即提高决策能力、提高工作质量、提高办事效率、提高服务水平；三是加强基层党组织建设，实现"三个到位"，即机构设置、人员配备到位，开展工作到位，发挥作用到位，确保争创"四强四优"活动在水电三局有限公司扎实有效地开展。

水电三局有限公司党委按照"推动科学发展、促进社会和谐、服务职工群众、加强基层组织"的目标，积极开展创先争优活动，把活动作为学习实践活动的继续和延伸，围绕企业科学发展的中心任务，把党的政治优势转化为企业的核心竞争力。结合水电三局有限公司实际，创先争优活动坚持"五个好"、"五带头"的同时，继续巩固水电三局有限公司长期坚持的创建"五好党委"、"五好党支部"、"五好党员"活动，进一步提升水电三局有限公司创先争优活动的整体水平，努力打造富有特色的创先争优活动品牌。

【企业文化与宣传思想工作】 水电三局有限公司党委从提高对企业文化建设重要性的认识入手，加大对企业文化的宣贯力度，严格按照集团公司"三放开三统一"的原则，全方位规范使用集团统一形象标识、企业精神、核心价值观等。结合水电三局有限公司实际，制定了《水电三局有限公司形象宣传管理办法》，下发了《关于开展企业文化理念征集活动的通知》，确保集团文化落地生根，推动企业和谐、稳定发展。按照股份公司要求，认真制定《水电三局有限公司文明工程项目创建活动实施意见》及考评细则，积极开展文明工程创建活动，四川分局金家坝施工局、京沪高铁三标段五工区项目部等8个项目部被命名为水电三局有限公司级"文明工程"称号，进一步提高了在建工程安全文明施工水平。

水电三局有限公司党委始终坚持不懈地搞好宣

传与文化载体建设，构建了以《水利水电新闻报》为主要平台，以集团报纸和行业及全国性媒体为突破，以各基层单位简报为基础，以宣传栏、墙报等为重要补充的对内对外宣传体系。2010 年 4 月，水电三局有限公司党委在西安市召开了新闻宣传暨通联工作会议，宣传思想工作得到了进一步的加强，水电三局有限公司记者站获得股份公司“先进记者站”称号。

【团建工作】 水电三局有限公司党委通过党建带团建工作，以共青团组织为纽带，深入开展青年文明号、青年突击队和安全岗位示范岗等活动，充分调动广大职工的积极性与创造性，从而带动队伍整体建设。水电三局有限公司团委坚持以服务公司、服务青年为总体目标，持续扩大“号、手、队”活动的参与面，不断增强团组织活力。2010 年，水电三局有限公司 1 个基层团组织、5 名团员青年获得股份公司以上表彰，团组织在水电三局有限公司改革发展中发挥了生力军和突击队作用。

（陈晓全）

【新闻宣传】 2010 年，新闻宣传工作以科学发展观为统领，围绕中心，服务大局，为推进水电三局有限公司的发展唱响“转型升级上水平”的主旋律。紧贴局内大事要事，全方位及时报道市场营销、生产经营、科技创新、抗险救灾、企业文化等方面的重要新闻，对提升企业形象发挥了积极的推动作用。《水利水电新闻》共出 36 期，增刊 4 版，报道有关新闻消息 1300 条，上《中国水利报》、《水利水电工程》、《陕西工人》、《南水北调》等省部级报刊报刊杂志文章消息 160 余篇，上网消息 2168 条。

（沈兰春 陈家新）

【党风廉政建设责任制】 2010 年，水电三局有限公司高度重视党风廉政建设责任制工作，与生产经营工作一起部署、一起落实、一起检查、一起考核，确保了党风廉政建设责任制的全面落实。

2010 年初，水电三局有限公司党风廉政建设第一责任人分别与区域分局、专业分局、基地单位及机关部门等 31 个党风廉政责任单位签订了党风廉政建设责任书。各二级单位会后均通过职代会、工作会等形式及时与所属单位、职能部门签订了党风廉政建设责任书。通过这种方式，使党风廉政建设责任制得到了层层贯彻落实。

为进一步强化党风廉政建设责任制工作，水电三局有限公司结合实际，对党风廉政建设责任制考核评价办法及评分标准，进行了修订。

2010 年 4～6 月，水电三局有限公司纪委领导和纪检监察部门利用深入基层推动“廉洁从业专项教育”活动之际，对各单位上半年落实党风廉政建设责任制工作情况进行了抽查。2010 年 11 月下旬，水电三局有限公司采取联合检查考核、分组分片的方式，对各单位党风廉政建设责任制开展情况进行了考核，31 个签订责任书的考核单位中有 30 个优秀、1 个良好。

【反腐倡廉宣传教育工作】 2010 年，水电三局有限公司重视加强各级干部反腐倡廉宣传教育工作。一是加强重大节日廉政教育。在 2011 年元旦及春节期间，提出“七不准”要求。要求领导干部认真执行《中共中央纪委关于严格禁止利用职务上的便利谋取不正当利益的若干规定》等廉政规定，自觉加强廉洁自律。二是制定下发了 2010 年《纪检监察宣传教育工作意见》，明确了全年宣传教育工作的指导思想、主要任务和工作内容，切实发挥反腐倡廉宣传教育在党风廉政建设中的基础性作用。三是按照股份公司党委、股份公司的总体部署，认真开展了为期 3 个月的廉洁从业专项教育活动，取得了较好的教育成果。本次教育活动针对性强，重在提高思想认识，解决突出问题；重在完善制度体系，创新体制机制；重在强化各级领导人员对廉洁从业条规的掌握和深入理解，自觉用条规履行职责并规范行为。做到了“三个贯穿始终”（即把加强学习贯穿始终、把领导带头贯穿始终、把边学边改贯穿始终）和“三个更加注重”（即学习更加注重联系实际、教育更加注重提高思想认识、活动更加注重解决突出问题）。教育活动覆盖面广泛，涉及水电三局有限公司所有在建项目、副主任以上干部 227 人。在活动中，共查找出问题 165 条，累计修订和完善制度 192 个，制定整改方案 62 个。活动中，还推出了征文、宣传栏评比、开展廉洁承诺、开展腐败风险源分析、组织“廉洁从业知识答题”等一系列富有特色的自选动作。四是继续贯彻执行了对新提拔干部的廉政考试制度，把廉政考试纳入了惩治和预防腐败体系建设。对 2010 年新提拔的干部全部在公示阶段进行廉政考试，考试成绩全部符合任用要求。五是认真执行各项廉政制度。《水电三局贯彻党内监督条例实施细则》、《水电三局“三重一大”民主决策实施细则》、《水电三局厂务公开管理办法》、《水电三局处级以上领导干部收入申报制度的规定》等廉洁制度在实际工作中得到了充分落实。2010 年重点强化了廉洁谈话制度，于 2010 年 9 月开展了为期一个月的廉洁谈话活动，谈话达486人·次，覆盖了水电三局有限公司管理的各个层级，取得了较好的效果。

（胡海涛）

【工会工作】 2010年，水电三局有限公司工会认真贯彻落实全总关于“组织起来，切实维权”的工作方针和“两个普遍”的工作要求，紧紧围绕水电三局有限公司全年生产经营工作大局，团结带领各级工会组织和广大职工，把“党群共建”创先争优活动与工会的重点和难点工作有机地结合起来，开展了大量卓有成效的工作。

职代会制度得到落实。完成了职工代表大会换届选举工作，召开了水电三局有限公司八届一次职工代表大会，共有242名代表参加了会议。会前和大会期间，共征集职工代表提案89条。水电三局有限公司各单位都按照《水电三局职工代表大会实施细则》的要求召开了职代会（职工大会）。

2010年初，水电三局有限公司工会制定了职工代表3年培训规划。2010年5月底，水电三局有限公司工会在陕西工运学院举办了为期3天的职工代表培训班，有50多名职工代表参加了培训。

继续深化厂务公开工作。2010年3月5日，陕西省厂务公开领导小组办公室确定水电三局有限公司为全省第六次厂务公开检查第11检查组的牵头单位，组织全省6家单位进行互检并形成了检查报告。2010年11月10日，水电三局有限公司在陕西省召开的全国厂务公开民主管理工作调研检查座谈会上作了经验介绍。全国厂务公开协调小组成员、中组部组织二局局长陈向群在座谈会上对水电三局有限公司厂务公开管理工作“向重大决策方面延伸、向生产经营管理领域延伸、向职工切身利益方面延伸、向党风廉政建设方面延伸”的作法给予了充分肯定并提出了表扬。水电三局有限公司被评为2010年“全国厂务公开先进单位”。

水电三局有限公司工会按照陕西省总工会《关于开展省级厂务公开职代会星级创建活动的通知》的精神，积极组织各单位参加全省厂务公开职工代表大会星级创建活动。2010年底，有10家单位被认定达到陕西省厂务公开职代会四星级标准，有3家单位达到三星级的标准。水电三局有限公司被评为“陕西省厂务公开职代会年度五星级单位”。

积极推动工资集体协商制度建设。2010年初，水电三局有限公司工会把2010年确定为推进工资集体协商机制建设的规范年。2010年3月初至4月中旬，水电三局有限公司工会组织了两个调研小组，分赴云南分局等单位及15个重点施工项目，开展职工工资收入状况的专题调研。调研紧紧围绕分局及项目上的岗位工资、超时工资、加班工资等内容，调研中共召开座谈会22次，涉及职工400余人，发放调查问卷1120余份，个别走访职工群众43人，查看工资发放单35份，最终形成了《水电三局有限公司职工工资发放状况调查报告》上报水电三局有限公司党委，为党政领导全面了解和掌握职工工资收入情况打下了基础。2010年5月初，水电三局有限公司工会又派专人陪同陕西省总工会领导专程到咸阳陕棉八厂就职工工资集体协商工作进行调研取经。起草了《水电三局有限公司工资集体协议》草案，广泛征求公司机关和部分二级单位的意见，召开了行政和职工代表的协商会议，反复修改草案。2010年7月，组织工会同志到中铁宝桥集团学习调研工资集体协商开展情况，经过不断协商和修改，最终形成《水电三局有限公司工资集体协议》。在2011年职代会期间，水电三局有限公司工会将代表职工方与公司方签订本《协议》。

深入开展“创建学习型组织，争做知识型员工”活动。2010年6月起，利用3个月的时间，对生产经营单位的班组长进行一次管理能力的专项培训，有486名班组长及工区长参加了培训和考试。在完成国务院国资委举办的第一批班组长培训计划后，水电三局有限公司工会又于2010年4月组织了第二批班组长远程教育培训，为此投入报名费3万余元，还为各二级单位配发了《企业班组长培训教程》300册。

春节期间，水电三局有限公司工会在安康、汉中、西安3个基地举办了正月十五社火表演和燃放焰火活动。为庆祝“三八”国际劳动妇女节100周年，水电三局有限公司女职工委员会在西安、安康基地分别开展了别开生面的女职工趣味游戏和健身排舞比赛活动，200多名女职工参加活动。水电三局有限公司工会还在安康基地举办了有90多人参加的迎“五一”乒乓球赛、188人参加的春季长跑赛，举办了“建设者风采”职工摄影大赛活动，全公司13家单位的50余名职工参加了比赛，参赛作品达230多幅。

为庆祝新中国成立61周年和陕西省总工会成立60周年，水电三局有限公司工会于2010年9月28、29日晚上在安康基地职工俱乐部举办了两场职工文艺晚会，水电三局有限公司10多个单位、200多名演职人员参加演出，安康市政府副市长、3000余名职工和家属一同观看了演出。

【劳动竞赛活动】 2010年初，水电三局有限公司工会重新修订并下发了《水电三局有限公司劳动竞赛管理办法》。水电三局有限公司各级组织在京沪高铁、鸭嘴河、南水北调等7个项目上开展了不同形式的专项劳动竞赛活动。其中，水电三局有限公司工会与铁路分局京沪高铁项目部一同在集团公司开展的“大干120天，确保实现铺轨目标”竞赛活动中，连续4次取得了B组第二名和抽检现场评定为“绿牌”的好成绩，获得集团公司的多次奖励。向家坝施工局在业主举办的“向家坝水电工程劳动竞赛2010年经验交流会”上作经验介绍。为推动重点、难点项目的工程进展，水电三局有限公司工会与路桥分局一同组织落实集团公司在南水北调焦作段开展重点项目劳动竞赛活动，月月超额完成生产计划。2010年8月，水电三局有限公司工会又在京沪高铁项目部承办了陕西省“水电杯”测量工、混凝土试验工技能大赛，有42名选手参赛。其中，2名取得“陕西省技术状元”称号，6名取得“陕西省技术能手”称号，2人晋升为高级技师，4人晋升为技师，32人取得高级工资格。

2010年6月，在国务院国资委举办的中央企业职工技能竞赛工程测量工决赛中，水电三局有限公司勘测设计研究院刘运波代表集团公司参加比赛。2010年8月，水电三局有限公司工会又组织8名坝工模板工参加了集团公司举办的坝工模板工技能竞赛，水电三局有限公司2名选手获二等奖、4名选手获优秀奖，水电三局有限公司工会获优秀组织奖。2010年9月14～18日，水电三局有限公司2名获奖选手代表集团公司参加了第七届全国电力行业职业技能竞赛，取得了三等奖的好成绩。

【技能和职业培训】　阿海施工局举办了有40人参加的碾压混凝土技术培训班；大西铁路客专指挥部组织60多人参加了股份公司基础事业部主办的铁路项目经营管理培训班；职工培训和劳务管理中心举办了有45名下岗职工参加、为期3个月的测量工转岗培训班；向家坝施工局与三峡总公司向家坝建设部联合举办了有278名农民工参加的专业技术培训班，培训结束后，为取得特种作业的农民工兄弟颁发岗位操作证书，受到了普遍好评。

【技术创新工作】　2010年9月初，水电三局有限公司选送了8项发明成果参加在西安市举办的第十九届全国发明展。经过大会评审，水电三局有限公司共获得1金奖、2银奖、1铜奖。水电三局有限公司副总工程师周林被授予“陕西省职工技术创新特殊贡献人物”称号；水电三局有限公司工会荣获第十九届全国发明展览会陕西职工展团优秀组织奖；水电三局有限公司职工技协被授予“陕西省职工技协工作先进集体”称号；马金猛被授予“陕西省职工技协工作先进个人”称号。水电三局有限公司技协组织继续开展技术革新改造和“四新”推广工作，全年共收到各单位申报立项的节能减排、技术创新项目86项。经过组织专家评审，有54项成果被确定为水电三局有限公司2010年度技术创新优秀成果，创经济效益5420.25万元。

【职工互助保险工作】　2010年6月初，水电三局有限公司工会为11000余名职工办理了公司职工住院互助保险，收到保金40万余元，其中为3700余名下岗职工免除保费。2010年度，共为255名出险职工办理了公司职工住院互助保险赔付，赔付金额23.38万余元。水电三局有限公司工会还为近7227名职工办理了陕西省总工会开展的职工互助保险投保及续保工作，收到保金34.68余万元。2010年度，共为76人次职工办理了陕西省互助保险赔付，赔付金额11.49万元。2010年终，水电三局有限公司职工互助保险基金会根据全年出险职工的实际，又拿出6.1万元再次进行了补助。水电三局有限公司工会被评为2010年度陕西省互助保险先进单位。

【帮扶救助工作】　2010年“双节”期间，水电三局有限公司及其工会承集350余万元困难补助金，对全公司2343名下岗职工和7000余名离退休人员、1100余名职工遗属进行慰问。除此之外，还在“五一”和“国庆”期间上门慰问困难职工610人，发放慰问金17万余元；对上访困难户、家庭人员大病及意外情况等23人进行了困难救助，发放补助金2.6万元；慰问省部级以上劳模或遗属35人，发放补助金4.6万元。

开展“一元钱”助学活动，即发动全公司在职职工为困难职工子女就学每人每月捐出一元钱，水电三局有限公司工会配套拿出等额的钱，形成助学专项基金。目前，水电三局有限公司工会为此已拨付资金8万元，已有34名困难职工子女享受了助学帮扶，共发放帮扶资金3.4万元。

2010年“五一”和“国庆”前后，水电三局有限公司工会开展关爱劳模活动。大力宣传了全国“五一”劳动奖章先进人物和股份公司劳动模范的先进事迹。“中秋”、“国庆”期间，专门为48名省部级以上劳模进行了体检，并对35户困难劳模或遗属进行了看望和慰问，并安排部级劳模赴北戴河进行疗养。

【抗震救灾，抗旱救灾】 水电三局有限公司工会紧紧围绕集团公司抗旱救灾工作的总体安排和部署，积极配合公司行政开展抗旱救灾工作。云南、贵州等省份遭受旱灾，水电三局有限公司工会领导多次致电受灾地区的单位，了解项目部抗旱救灾工作开展情况。云南分局工会按照分局党委的要求，组织人员前往贵州灰洞水电站工地，积极与当地政府联系，分别为受干旱的董王中心学校及董王交足豪学小学的孩子们送去了150箱矿泉水，为云南水城县都格乡马龙雁心希望小学的孩子们送去了150箱矿泉水；在云南楚雄彝族自治州红十字会工作人员的陪同下，把饱含三局员工爱心的4000千克优质大米，送到了受灾严重的仓岭镇黄草村乡亲们手中。在青海玉树受灾后，水电三局有限公司工会积极相应公司党政组织的号召，第一时间行动起来，在全公司开展了献爱心捐款活动，把筹集到的100.92万元捐款送到了陕西省红十字会。甘肃舟曲发生灾难后，水电三局有限公司在第一时间组建了援建队伍奔赴灾区进行抢险，并捐款30万元。

2010年8月，陕西安康遭遇到50年一遇的特大洪水灾害，水电三局有限公司工会及时组织对职工受灾情况进行调查，并将调查情况以文件形式向水电三局有限公司党委进行专题报告。同时，水电三局有限公司工会又安排救助资金5万元，对46名受灾职工家庭进行了救助。

【“五五”普法工作】 “12·4”全国法制宣传日到来之际，水电三局有限公司工会两级组织在生活营地、施工现场悬挂标语、图版，大力营造“弘扬法制精神，促进社会和谐”的氛围。水电三局有限公司工会还组织职工参加全国百家网站“五五”普法法律知识竞赛活动，并在法制宣传日当天，会同水电三局有限公司法律事务部在安康基地举办普法活动。水电三局有限公司工会荣获“全国工会系统‘五五’普法先进单位”称号，赵启萍同志获得“全国工会系统‘五五’普法先进个人”称号。

【“职工之家”创建工作】 继续按照《中国水电三局职工之家管理实施细则》开展“职工之家”创建活动，并将“职工之家”规范化管理作为一项重要工作进行检查。制造安装分局被评为“全国职工书屋示范点”；陕西分局工会被评为陕西省“模范职工之家”；基础工程分局工会获全国“模范职工小家”荣誉称号；水电三局有限公司工会获全国“模范职工之家”荣誉称号。

（朱　辉）

监督检查

【审计监督】 2010年，水电三局有限公司继续强化审计监督作用，要求各单位和项目做好基础管理工作，积极配合国家投资项目审计工作，最大限度降低和化解有关风险，规范和提升经营管理水平，专门下发了《关于认真做好2010年国家投资项目审计工作的通知》（局审〔2010〕5号）。同时，加强制度建设，制定了《中国水利水电第三工程局有限公司内部审计质量控制实施细则》（局审〔2010〕21号）和《中国水利水电第三工程局有限公司经济责任审计实施办法》（局审〔2010〕25号）两个制度性文件，规范内部审计工作流程，使内部审计工作制度化和标准化，保证了内部审计工作质量和效率。2010年开展常规性的审计工作，一是继续强化领导干部经济责任审计工作；二是积极开展完工项目竣工决算审计工作；三是不断加大国外项目和国内非水电以及国家重点工程的审计工作；四是下发审计管理建议书，促进被审单位加强管理。2010年共完成审计部共进行审计项目30项，其中：事前审计6项、财务收支审计1项、经营情况审计3项、经济责任审计8项、竣工决算审计11项。下发审计意见97条，提出审计建议117条，执行审计意见58条，采纳审计建议91条。审计意见执行率95%，审计建议采纳率100%，审计结果执行情况较好，反映出被审单位对审计意见和建议比较重视。

重视审计信息化建设，依托金长源审计软件，并结合已有的用友财务软件和NC财务系统，积极开展计算机辅助审计工作，大大简化了审计工作过程，审计工作效率明显提高。重视审计人员素质建设，派员参加了国务院国资委和国家会计学院共同举办的国有企业总会计师岗位（审计专题）培训班学习；参加了陕西省内部审计师协会举办的内部审计人员后续教育培训班，完成了内部审计人员岗位从业资格证书的年检注册工作；参加了股份公司在南京审计学院举办的审计业务培训班，系统学习了企业内部控制指引和中央企业全面风险管理指引等内容，帮助内部审计人员系统掌握了内部控制和风险管理的重点难点问题。

（陈家新）

【效能监察工作】 2010年，在调查研究的基础上，水电三局有限公司选定“工程质量管理”和“小金库的清理工作”作为效能监察立项。

“工程质量管理”方面，选定了南水北调焦作项目作为效能监察的实施对象，主要基于该项目是国家投资项目，想通过对该项目实施“工程质量管理”为内容的效能监察，检查该项目在工程建设突出问题专项治理方面的落实情况，进一步规范项目经营管理。

“小金库的清理工作”方面，主要基于贯彻落实国务院国资委、集团公司关于对“小金库”的专项治理工作精神，清查“小金库”、“账外账”等违规行为，进一步规范水电三局有限公司财务管理工作。水电三局有限公司财务部牵头，财务、纪检联合组成了8个检查小组，深入在建项目及问题较集中的单位进行专项检查。检查中没有发现存在“小金库”的情况，并接受了股份公司的检查。

对国际工程的效能监察，主要是对越南小中河项目进行了立项，以节点工期、施工难点以及对前期专家组整改措施的落实情况为立项内容。与云南分局、工程科技部联合组成监察小组，深入项目开展了效能监察工作。对存在的问题，以监察建议书的形式要求项目限期整改。

【工程建设领域专项治理工作】　2010年，水电三局有限公司按照股份公司对专项治理工作的要求，制定下发了《开展工程建设领域突出问题专项治理工作方案》，成立了工作机构，专责落实专项治理工作。一是对中央投资项目重点开展了专项治理工作检查。2010年4月上旬，由纪检监察部、生产经营部组成两个检查组，对南水北调河南焦作项目、南水北调丹江口项目和京沪高铁项目等3个中央投资项目，开展了专项治理工作检查。检查的内容包括项目分包队伍管理、重要物资材料采购、工程质量管理、安全管理、资金管理、党风廉政建设等。二是结合大西铁路新开工项目，对大西铁路开展专项治理工作进行了安排和部署。把专项治理工作与大西铁路实行的规范化、标准化、制度化管理相结合，使大西项目一开始就实施规范化、制度化的管理要求。

【信访案件查办工作】　2010年，水电三局有限公司监察部共接到信访件两起，一起是反映退休人员报销医疗费问题，已经按照信访件管理办法，进行了转办落实；一起是反映一位主任级领导干部的有关问题，按照案件程序进行相应的调查核实，经核实此件反映的内容失实。

在案件查处方面，对水电三局有限公司一名副主任级干部在担任项目经理期间的违纪案进行调查核实，依照办案程序，按照有关规定对当事人进行了党纪政纪处理。另外，按照水电三局有限公司主要领导的批示意见，对原云南分局响水项目在经营过程中存在亏损及项目主要负责人失职等问题，依照程序对对当事人进行了调查处理。全年未发生重大违法违纪案件，未发生有案不查、瞒案不报和查案不力、处理不当或责任追究不落实的问题。

【惩治和预防腐败体系工作】　2010年，水电三局有限公司高度重视惩治和预防腐败体系的贯彻落实工作。一是把此项工作列入党委重要议事日程，做到与生产经营、党建工作一起部署、一起检查、一起落实、一起考核。二是积极搭建部门参与惩防体系建设的平台。成立党政主要领导负总责、相关部门参与的构建惩防体系工作小组和办公室，明确了工作责任。形成了齐抓共管、共同推进的工作格局。三是水电三局有限公司纪委在惩防体系建设中发挥了组织谋划、任务分解、聚集合力、督促检查任务落实等方面的作用，逐步形成了“党委统一领导，党政齐抓共管，部门各负其责，纪委组织协调，依靠群众的积极支持和参与”的反腐败领导体制和工作机制。四是水电三局有限公司领导班子成员分工明确，认真履行了各自管辖范围内的惩防体系落实工作，利用检查工作、工作调研、日常协调管理等形式，督促检查，将惩防体系融入管理全过程。五是继续执行了惩防体系任务细化分解方案，各部门根据内容分解任务，制定了各自的工作贯彻计划，明确了负责人和联系人。2010年年中和年末两次对本部门执行惩防体系工作进行自查，并形成书面总结送报监察部。六是积极参与股份公司系统内的定期总结交流，增强沟通协作。定期向股份公司报送水电三局有限公司惩防体系执行情况，按时参加了在水电七局有限公司举办的惩防体系片区交流促进会。通过交流，吸取和借鉴了兄弟单位一些好的做法，并运用到自身的具体工作实践之中，对进一步完善惩防体系建设起到了积极的作用。

（胡海涛）

中国水利水电第四工程局有限公司

概　况

【综述】　中国水利水电第四工程局有限公司（以下简称“水电四局有限公司”）隶属中国水利水电建设股份有限公司（以下简称“股份公司”）

2010年底，水电四局有限公司在册职工10332人（年平均人数10300人），其中全年平均在岗人员9736人，不在岗人员564人；全员平均年龄37.75岁，其中男8128人（38.32岁），女2204人（35.63岁）。学历结构：硕士以上25人、大学本科以上2074人、专科2615人、中专2361人（含技校）、高中1361人、初中以下1869人。职称结构：高级181人（其中，教授级高工28人）、中级827人、初级1139人；各类管理和专业技术人员5508人，技术工人中，高级技师99人、技师524人、高级工3876人。

【领导班子】　2010年，水电四局有限公司领导班子组成为：王争鸣为水电四局有限公司党委书记，王维斌为党委副书记（兼），王科选为党委副书记兼纪委书记，李聚良为工会主席；王维斌为水电四局有限公司执行董事（公司法定代表人），王科选为监事；王维斌为水电四局有限公司总经理（兼），王争鸣（兼）、席浩、徐银林、李斌、高建民、万连宝、梁军、许春江、戎建国为副总经理，张国庆为总会计师，席浩为总工程师（兼），张宏为总经济师。

【企业资质】　水电四局有限公司具有国家水利水电工程施工总承包特级资质；土石方专业承包、钢结构工程专业承包壹级资质和进出口企业资格证书；公路工程施工总承包、房屋建筑工程总承包、市政公用工程施工总承包、预应力工程专业总承包、隧道工程专业总承包、公路路基工程专业承包贰级资质；特种设备安装、维修保养、改造资质，获得中国实验室国家认可证书。

【年度业绩】　2010年，水电四局有限公司全年实现营业收入105.1亿元，同比增长30.78%，首次突破百亿元大关，占股份公司营业总收入的10.44%；实现利润2.38亿元，占股份公司利润总额的6.27%；新签合同金额112.27亿元，同比持平，占股份公司签约总额的8.33%。全员劳动生产率102.04万元，同比增长30.05%。经济增加值（EVA）为3.04亿元，比考核指标增加1.25亿元。在岗职工年均收入同比增长14.26%。

在股份公司对子企业的年终考核中，水电四局有限公司营业收入排名第三，营业收入利润率（按业绩利润）排名第四，业绩利润总额排名第四，人均创收排名第三。在股份公司所有单位中，水电四局有限公司安全生产考核排名第四，党风廉政建设考核排名第五。主要考核指标位居股份公司第一方阵前列。

2010年，水电四局有限公司合同储备金额共计211.48亿元。国内工程126.06亿元，其中：水电工程79.28亿元；铁路工程12.38亿元；公路及其他工程34.40亿元。国外工程85.42亿元。合同储备金额继续保持近200亿元的规模。从合同储备构成上来看，国内水电工程占37.49%，基础设施（非水电）工程占22.12%，国外工程占40.39%。

2010年，水电四局有限公司荣获中国施工企业管理协会颁发的“全国优秀施工企业”称号、中国电力建设企业协会颁发的“全国建设优秀施工企业”称号、中国建筑业协会颁发的“‘十一五’全国建筑业科技进步与技术创新先进企业”称号。

（李　乐）

国内工程

【综述】　2010年，水电四局有限公司国内工程施工项目共有62个，分布于全国18个省、直辖市，其中，新开工项目13个，已完工和尾工项目11个。各在建项目管理更加科学，工程进度、形象基本安合同约定完成，施工技术水平、管理水平、施工能力得到了各建设单位和监理单位的普遍认可，项目履约情况良好，施工质量稳定，主要实物工程量均超额完成年计划。全年无较大质量和安全事故发生。

2010年完成工程量为：土方开挖882.15万立方米，石方开挖515.58万立方米，土石方回填701.30万立方米，混凝土浇筑413.40万立方米、碾压混凝土浇筑230.49万立方米，砌筑砖石15.35万立方米，金属制作安装8.14万吨，岩锚72.1万吨，锚杆锚筋桩20.21万根，钢筋制作安装8.51万吨，固结帷幕灌浆34.66万米，回填接缝灌浆10.95万平方米，排水孔11.73万米，机组安装7台（196万千瓦）。

（李　乐）

【国内中标工程】　2010年，水电四局有限公司国内中标58项（含议标和预中标项目），中标签约金额76.76亿元（包括天津武清区新城开发区BT项目市政工程基础设施一期约1.1亿元、玉树灾后重建项目约35亿元），中标率为18%，其中，水利水电项目40.66亿元，非水利水电项目36.10亿元。国内中标工程有：大唐云南罗平山风电场（一期）工程风力发电机组塔架工程；甘肃黑河宝瓶水电站水工金属结构压力钢管制作与安装工程；南水北调中线一期工程总干渠沙河南至黄河南段（中线建管局直管）沙河渡槽工程第一施工标段“沙河－1”工程；华能托什干河别迭里水电站工程机电设备安装工程Ⅰ标段；小湾水电站孔雀沟三期渣场综合治理与生态绿化工程；积石峡水电站库区索道桥工程；积石峡水电站库区索道桥工程；大通河纳子峡水电站大坝3095米高程以上两岸坝肩及溢洪道开挖工程；黄河羊曲水电站对外交通专用公路工程第Ⅱ标段；云南金沙江中游阿海水电站进水口闸门设备项目；甘肃瓜州干河口第三风电场风力发电机组塔架及基础环采购；伊江上游水电项目密松水电站工程对外交通板瓦至其培公路工程测量中心运行管理；新疆巴州开都河小山口水电站机电设备安装工程；云南澜沧江黄登水电站左右岸缆机平台一期开挖支护工程；甘肃瓜州干河口第四风电场内80台风机发电机工程；大通河纳子峡水电站工程导流洞；泄洪洞金属结构闸门和埋件制造；观音岩水电站左岸大坝土建及金属结构安装工程；雅砻江官地水电站边坡抗震加强锚索加固工程施工；云南澜沧江干笔河综合治理工程；黄河班多水电站厂房钢平台设计、制造、运输及安装工程；伊江上游水电项目密松水电站5、7号场内道路工程施工；黄河积石峡水电站上游临时桥拆除工程；四川毛滩水电站厂坝工程土建及金属结构设备安装；黄河羊曲水电站施工控制网工程；新疆伊犁库什塔依水电站工程机电设备安装与调试工程；南水北调中线一期工程总干渠沙河南至黄河南（委）禹州长葛段工程施工第五施工标段；黄河拉西瓦南干渠引水枢纽工程；黄河羊曲水电站左岸上坝公路、左岸进场公路工程；纳子峡水电站混凝土面板堆石坝工程；江西三和电力股份有限公司峡山水电站土建施工工程；甘肃省讨赖河三道湾3×30兆瓦水电站工程水工金属结构及起重设备标第一包弧形闸门、平板闸门、拦污栅及埋件；中电投新疆能源玛依塔斯风电场一期49.5兆瓦工程塔架制作；四川省德昌安宁河峡谷风电场（一期）示范工程风力发电机组塔筒制造及技术服务；河口水电站固定卷扬式启闭机设计制造；黄河拉西瓦水电站库区码头修建工程；华能格尔木20瓦（峰值功率）并网光伏电站（一期）工程太阳能电池组件设备支架采购；台兰河一、二级水电站主体建筑安装工程Ⅱ标；黄河大河家水电站一期围堰填筑工程；长江三峡水利枢纽三峡高程120米施工栈桥拆除工程；丹达河电站首部枢纽土建及金属结构安装工程；新疆塔什库尔干河齐热哈塔尔水电站Ⅲ标建筑及金属结构安装工程；玛尔挡水电站生活营地场平工程；积石峡水电站清关公路加高工程；文江口水电站引水隧洞及调压井工程施工；南平市安丰水厂水毁滑坡治理工程；宝瓶水电站、柴家峡水电站、九甸峡水电站；青海玉珠风电场金属结构加工、2010年度（大华桥、溪洛渡、拉西瓦水电站）测量；试验运行委托项目四项；毛滩水电站机电设备安装工程；南水北调中线一期工程总干渠陶岔至沙河南段（委）南阳段第五施工标段“南阳－5”；天津武清区新城开发区BT项目市政工程基础设施一期；玉树灾后重建房建等基础设施工程。

（李　乐　崔治红）

【拉西瓦水电站工程】　2010年，拉西瓦水电站工程形象进度及主要工程量完成情况：

双曲拱坝混凝土工程（坝4标），年底大坝最高均已达到海拔高程2460.0米，最低坝段1号和22号坝段海拔高程为2460.0米（因垂线孔施工无法浇筑），表孔坝段2、3号大梁浇筑海拔高程为2459米，完成中孔、右孔启闭机室浇筑，接缝灌浆海拔高程为2460米以下，所有接缝灌浆已全部完成，固结灌浆施工完毕。

金属结构工程，底孔、左右深孔工作闸门及液压启闭机安装完成，处于运行中，右表孔工作门调试中，底孔、左右深孔事故闸门埋件安装完成，底孔事故闸门运行中，左右深孔闸门正在拼装，表孔事故闸门正在拼装，坝顶门机安装完成，正在试运行。

全年完成主坝混凝土浇筑8.1万立方米，完成主坝钢筋安装2865吨，铜止水安装180米，橡胶止水安装383米，金属结构安装1117.7吨。坝1标于2010年12月完工，3号结构体工程除部分喷混凝土、排水孔未完成外，其余施工项目全部完成，南干渠引水枢纽隧洞出口临时道路开挖施工完成，施工支洞处于施工阶段。

（李　乐　一分局）

【积石峡水电站工程】　2010年，积石峡水电站工程形象进度及主要工程量完成情况：

导流洞、中孔泄洪洞及泄洪排沙底孔工程完工，共浇筑混凝土9044.42立方米，钢筋制作安装228.79吨，金属结构结构及设备安装827.09吨，砖砌体343.03立方米，墙面抹灰5424.13平方米，瓷砖铺设1940.28平方米，钢爬梯制作及安装2.57吨，回填灌浆92平方米，接触灌浆120平方米，C20喷护370.2平方米，锚杆打安238根，混凝土爆除763.4立方米，石渣清理495.2立方米。

溢洪道工程，完成混凝土浇筑7.11万立方米，钢筋制作安装1497.57吨，金属结构结构及设备安装563.05吨，坝顶门机下游侧轨道安装25对米，石方开挖1184.17立方米，固结灌浆钻孔824米，ϕ28锚杆打安925根，ϕ100毫米排水孔钻孔692米，接触灌浆2626.24平方米，帷幕灌浆2992米，预应力锚索张拉566.14米，砖砌体75.5立方米，钢筋笼码放2400立方米，钢桁架梁制作安装4.4吨。

进水口工程，完成混凝土浇筑7823.22立方米，钢筋制作安装471.43吨，帷幕灌浆1065.59米，接触灌浆50.88平方米，回填灌浆946平方米，ϕ100毫米排水孔钻孔335.4米，金属结构结构及设备安装2593.22吨，坝顶门机上游侧轨道安装68对米，钢爬梯制作及安装10.03吨，60毫米×8毫米接地扁铁铺设2.80吨。

压力钢管工程，完成混凝土浇筑1.63万立方米，钢筋制作安装901.36吨，接触灌浆2607.7平方米。

导流洞封堵工程，完成混凝土浇筑5084.95立方米，钢筋制作安装136.45吨，石渣回填9747立方米，钢筋笼码放1064立方米，浆砌石砌筑1499.95立方米，混凝土爆除141立方米，ϕ25锚杆打安64根。

厂坝间消防通道及绿化带工程，完成混凝土浇筑509立方米，钢筋制作安装0.97吨。

清关公路处理工程，完成石渣填筑7.57万立方米，钢筋笼码放4.18万立方米，锚拉钢筋制作安装80.39吨，混凝土管涵埋设40米，型钢制作安装14.24吨，土石方开挖2.16万立方米，石方开挖8656.58立方米，场地平整2.35万平方米。

上游临时钢拱桥拆除工程，完成拆除204吨。

（李　乐　一分局）

【引洮供水工程】　2010年，引洮供水一期工程总干渠9号隧洞形象进度及主要工程量完成情况：

稍家沟斜井，TBM通风洞开挖29米，已完成主洞中部920米洞身混凝土二次处理，隧洞进口TBM滑行轨道床混凝土浇筑50米，预制管片15083片，管片止水条粘贴7431.5环，TBM设备掘进9013米，TBM设备管片安装9773米。

稍家沟斜井，TBM通风洞石方洞挖246.95立方米、喷混凝土37.26立方米、钢拱架制作安装5.21吨、挂网0.31吨、锚杆制作安装150根，稍家沟斜井底部堵头混凝土浇筑106立方米，隧洞进口50米加强段轨道床浇筑45.95立方米、钢筋制作安装2.11吨、Ⅰ43钢轨敷设4.47吨，管片预制钢筋混凝土浇筑2.86万立方米、钢筋制作安装242.73吨、止水条粘贴2.91万米、螺纹橡胶套管安装108692个、定位销54346个，TBM掘进洞挖石方9013米（23.39万立方米）、管片衬砌9773米（4.64万立方米）、豆粒石充填及灌浆1.99万立方米，中部920米洞身段二次处理混凝土浇筑1707.65立方米。

（李　乐　一分局）

【贵广快速铁路十二标段工程】　2010年，贵广快速铁路十二标段工程形象进度及主要工程量完成情况：

征地拆迁：完成永久征地397.09亩，累计完成2368.88亩，处于计划调整后的新增用地333.7亩；临时用地完成64.72亩，累计完成610.39亩；房屋拆迁共涉及村民民宅137户，鼎湖段房屋拆迁工作进行中；三电迁改共涉及193处，已经迁改通信光缆10道；临时迁改通信光缆2处、低压电力线路9处。

正线施工：桥梁工程完成7816.5延长米，其中，特大桥6760延长米，大桥882延长米，中桥174延长米，板梁加固区1491圬工方。涵洞工程完成407横延米；肇庆东站场完成清淤39.57万立方米，清表1.01万立方米，土方填筑83.15万立方米，高压旋喷桩90.1万米，填碎石1.03万立方米，回填C类土1.38万立方米；路基岩溶处理完成造孔6.8万米，注浆2.2万立方米。肇庆东货场完成清淤21.7万立方米，清表5.6万立方米，土方填筑66.82万立方米，水泥砂浆搅拌桩11.68万米，土工格栅4.1万平方米。区间路基开挖完成54.1万立方米，清淤19.56万立方米。自2010年9月30日梁场首孔箱梁预制成功后，已完成8孔箱梁的预制。

（李　乐　一分局）

【白龙江橙子沟水电站引水隧洞工程】　2010年，白龙江橙子沟水电站引水隧洞工程形象进度及主要工程量完成情况：引水隧洞1号洞上游完成上层石方洞挖148米，下游完成上层石方洞挖718米；引水隧洞2号支洞段上游完成上层石方洞挖428米，下游完成上层石方洞挖268米；崔家沟右半幅基坑开挖及引水隧洞开挖支护施工，共计完成52米灌注桩施工；全年完成沙砾石开挖4万立方米，石方明挖1500立方米，石方洞挖13.84万立方米，喷射混凝土8022立方米，各类锚杆40616根，挂网钢筋150.5吨，钢支撑1091.2吨，收敛检测点安装40个，灌注桩混凝土浇筑24.75立方米，钢筋制作安装1.57吨。

（李　乐　一分局）

【宁杭快速铁路工程】　2010年，宁杭快速铁路工程形象进度及主要工程量完成情况：

一分部：完成正线征地计划2.41亩；完成大临用地计划10亩；完成三电迁改计划34处；完成施工便道计划修筑315米。桥涵钻孔桩计划582根/19416米，完成596根/20811.1米（设计变更后增加14根钻孔桩）；承台完成计划192个/37690立方米；墩身完成计划270个/39829立方米；桥台完成计划1个/273立方米；丁蜀特大桥预应力混凝土现浇简支箱梁完成计划1孔/40.6延米；丁蜀特大桥预应力混凝土连续梁计划完成7座/1207.5延米，实际完成8座/1322.18延米（2010年3月设计变更后，增加1座32+48+32米支架现浇连续梁）。桥面系工程，完成丁蜀特大桥防护墙施工计划6018.75双延米/2351.3立方米。附属工程，完成土石方计划8万立方米。钢板桩插打计划6.1万米，完成14.99万米（本线桥墩大部分处在淤泥、水塘之中，导致钢板桩施工量增大）。钢栈桥计划1座/1279.09米，未完（施工方案变更）。台后及锥体填筑完成299立方米。

二分部：完成钻孔桩412根/1.22万米，完成承台浇筑153个/2.63万立方米、钢筋制作安装1271.04吨，墩身浇筑176个/3.33万立方米、钢筋制作安装1643.41吨；完成桥台浇筑1座/197立方米；完成门式墩盖梁浇筑3片/683.7立方米；完成连续梁浇筑247段/939.4延米；完成垫石浇筑203座墩/415.8立方米，钢筋制作安装112.3吨；完成吊篮安装199座墩，防护墙浇筑167孔梁/5711.45双延米。2010年10月26日，宁杭二分部施工的客专南河特大桥工程5座连续梁全部合龙，打通了南河特大桥全部运架梁通道，如期完成任务目标，宁杭客运专线的线下工程施工全部完成。

三分部：完成钻孔桩466根/1.05万米；完成承台68个，墩身66个，现浇梁体56孔，管桩858根/1.16万米，框架桥188米。路基工程，完成土石方开挖20.58万立方米，CFG桩7.54万米，管桩1.66万米，AB组填料回填27.92万立方米，级配碎石回填8.79万立方米，级配碎石掺5%的水泥回填10.79万立方米，预压土填筑16.66万立方米，夯填土回填5.42万立方米；改良土13.7万立方米填筑全部完成。林家坝特大桥和茶亭河特大桥线下结构施工全部完成，施工中的19座框架涵、5座立交桥、1座燕山路中桥全部完成，路基工程基本完成。丁蜀制梁场，完成32.6米和24.6米预应力混凝土简支箱梁预制314孔；完成混凝土10.33万立方米，钢筋制作安装1996.6吨；安装盆式橡胶支座预埋钢板1256块，安装防落梁预埋钢板1256块，接触网支柱基础预埋435处，拉线基础预埋123处；完成预应力钢绞线2876.57吨，锚具安装16634套；完成梁面打磨验收；完成陶都路特大桥26孔，馆官特大桥21孔，跨新长铁路大桥7孔，共计完成54孔。完成林家坝特大桥混凝土浇筑1.72万立方米，钢筋制作安装2770.2吨，梁体接地端子埋设180个，PVC管预埋1187套，盆式橡胶支座安装172套，防落梁措施安装176块，接地网支柱基础埋设74处；预应力钢绞线410吨，波纹管安装3.09万米；征地面积合计2.28万平方米。2010年12月，林家坝项目从箱梁浇筑正式转入桥面附属及其无砟轨道底座板施工，已完成防护墙混凝土施工481.2立方米，钢筋131.8吨；完成梁面打磨处理47孔；完成桥面防水层、滑动层铺设906米，挤塑板安装120块。

（李　乐　一分局　三分局　五分局）

【纳子峡工程】　2010年，纳子峡工程形象进度及主要工程量完成情况：

导流洞工程，完成土石方开挖7.84万立方米，喷混凝土1.04万立方米，锚杆制作安装35488根，型钢拱架制作安装1701吨，混凝土浇筑1.64万立方米，钢筋制作安装1127.92吨，回填灌浆4242平方米，固结灌浆6676米。

泄洪洞工程，完成洞室开挖149米，锚杆制作安装3262根，喷混凝土182.5立方米；完成左岸趾板土石方开挖7.36万立方米，左岸坝体清坡16.26万立方米，锚杆制作安装1684根，喷混凝土207立方米；完成右岸溢洪道引渠段土石方开挖15.12万立方米，锚杆制作安装259根；完成右岸趾板土石方开挖8.14万立方米，右岸坝体清坡8.44万立方米；完成左岸永久上坝路开挖1698.81米，喷锚489.37立方米，锚杆制作安装2137根，浆砌石护坡713.32立方米，PVC排水管879米，挂网3.24吨。

（李　乐　一分局）

【羊曲水电站工程】 2010年，羊曲水电站工程形象进度及主要工程量完成情况：完成原有临时道路拓宽1760米，土方开挖1.6万立方米，土石回填1.3万立方米，砂砾石回填3200立方米；1号施工便道开挖420米，完成土方开挖1.2万立方米，2号施工便道开挖870米，完成土方开挖1.3万立方米，梁厂平整及碾压2000平方米；预制梁底模完成混凝土浇筑73立方米；砂石及混凝土拌和系统全部完成，具备混凝土生产条件；生活区建设完成1200平方米，地坪平整2000平方米，基本完工。完成5号桥人工挖桩完成造孔108.7米；5号桥桥台钻机打桩完成造孔63米；4号桥桥台钻机打桩完成造孔28米；3号桥人工挖桩完成造孔30.5米；涵洞工程3号涵洞金属波纹管基础回填2000立方米；路基边坡造孔300米；砂石料生产2800立方米；桩基钢筋笼加工43吨；防撞墩制作33个；标识牌制作20榀。

（李　乐　一分局）

【玉树灾后重建工程】 2010年，玉树灾后重建工程形象进度及主要工程量完成情况：

玉树县第三完全小学场内道路及场地平整房建等临建设施完成并投入使用；教学实验综合楼于2010年10月16日全线封顶；完成场地平整、基础开挖、主体框架混凝土浇筑。全年共完成场地平整5149.69平方米，土石方开挖1.7万立方米，基础土方回填1.56万立方米，钢筋制作安装732.41吨，模板安装3.54万平方米，混凝土浇筑4640.95立方米，脚手架搭设1.95万平方米，接地扁铁制作安装998米，PVC穿线管预埋1.75万米，墙体砌筑311立方米。

玉树县第二民族中学场内道路及场地平整房建等临建设施全部完成并投入使用。1号教学楼于2010年10月19日主体封顶，提前计划3天完成；2号教学楼于2010年10月25日主体完成，提前计划22天完成。完成第二民族中学主体框架结构；全年共完成土石方开挖6271.10立方米，钢筋制作安装679吨，模板安装2.84万平方米，混凝土浇筑3390.19立方米，脚手架搭设2.29万平方米，条基砌筑351.63立方米。

青海省广播电影电视局920发射台：920发射台场内道路及场地平整房建等临建设施全部完成并投入使用。920发射台永久围墙于2010年11月10日砌筑完成。完成920发射台场地平整及永久围墙砌筑，全年共完成场地平整6.37万平方米，土方开挖1535立方米，灰土垫层234立方米，软基混凝土垫层103立方米，土方回填1351立方米，围墙砌筑762立方米，清水墙砂浆勾缝3844.97平方米。

玉树县小苏莽乡农牧民住房：确定同完成基础开挖82户，基础混凝土浇筑23户，墙体砌筑13户，屋顶及圈梁混凝土浇筑3户，装饰装修样板房1户；年下同完成基础开挖75户，基础混凝土浇筑19户，墙体砌筑1户；吉乃同完成基础开挖41户，基础混凝土浇筑25户，墙体砌筑4户；屋顶及圈梁混凝土浇筑1户；那拢达完成基础开挖20户，基础混凝土浇筑11户，墙体砌筑4户；屋顶及圈梁混凝土浇筑1户。完成小苏莽乡民房基础施工、围墙砌筑及屋面施工，全年共完成基础土方开挖1.15万立方米，基础回填472.14立方米，混凝土浇筑3857.97立方米，墙体砌筑657.46立方米，确定同样板房完成1套（79.98平方米）。全年共完成房屋拆迁255户，场地平整、地基开挖309户，毛石基础浇筑286户，地圈梁浇筑262户，墙体砌筑253户，封顶198户，女儿墙浇筑4户，样板房装修4户。

（李　乐　一分局　五分局）

【南水北调中线一期穿黄工程】 2010年，南水北调中线一期穿黄工程北岸工程土建及设备安装工程：北岸明渠工程包括北岸河滩明渠和北岸连接明渠，全长约9.97千米。主要工程量：北岸渠道建筑物土方明挖186.10万立方米，土方填筑331.29万立方米，混凝土浇筑11.20万立方米，钢筋制作安装8218.1吨，预制涵管36米，复合土工膜63.02万平方米，挤密砂桩35.75万米，浆砌石14.06万立方米，沥青混凝土路面5.43万平方米，混凝土路面1266.55平方米；北岸跨渠建筑物土方开挖2.27万立方米，土方填筑31.14万立方米，混凝土（含桩混凝土）浇筑7743.82立方米，钢筋制作安装567.66吨，预应力钢绞线224束，复合土工膜313.66平方米，沥青混凝土路面5906平方米，预制混凝土柱9888根。

2010年完成主要工程量：土方开挖13.96万立方米、土方回填2.94万立方米、混凝土浇筑2.63立方米、钢筋制作安装13.58吨。渠道土方开挖完成11.51万立方米，渠道土方填筑完成4.43万立方米，渠道植草完成4.34万平方米。完成新蟒河倒虹吸出口排涝槽浆砌石2205立方米，碎石垫层900立方米，倒虹吸进出口段坡面植草7868.01平方米。完成老蟒河河道倒虹吸右岸护坡浆砌石528.34立方米，砂砾石垫层158.34立方米。完成跨渠桥1号路跨渠桥两侧连接道路桥台搭板混凝土40.64立方米，铺装防水混凝土8.80立方米，钢筋制作安装10.67吨，完成连接道路临时路面硬化施工。完成新蟒河至老蟒河区间排水工程堆石体550立方米，砂砾石垫层180立方米。

（李　乐　二分局）

【南水北调中线一期工程总干渠黄河北至羑河北新乡和卫辉段第二施工标段】　新乡和卫辉段是南水北调中线一期工程总干渠Ⅳ渠段（黄河北至羑河北）的组成部分，位于Ⅳ渠段的中部。黄羑段总共分有9个设计单元，新乡和卫辉段是第七个设计单元，位于河南省新乡市的凤泉区和卫辉市。该设计单元起点位于新乡市凤泉区前郭柳村西南孟坟河渠倒虹吸出口，终点位于沧河倒虹吸出口，与鹤壁段起点相接，全长27.20千米，其中渠道长25.42千米，建筑物长1.78千米。水电四局有限公司中标施工标段为新乡和卫辉段第二施工标段，标段长度12.72千米，标段内共有各种建筑物18座，其中：河渠交叉建筑1座，左排倒虹3座，渠渠交叉倒虹1座，分水闸1座，公路桥7座，生产桥5座。

2010年，工程形象进度及主要工程量完成情况：石方开挖86.81万立方米、土方开挖79.78万立方米、土石方回填126.23万立方米、混凝土浇筑3.71万立方米。临建工程：主要进行箱梁预制场的建设、防洪度汛、水土保持、隔离网维护、右岸沿渠道路维护、桥梁临时绕行道路施工以及施工期的环境保护等。主体工程：渠道开挖11.18千米，占渠道长度的87.9%，已成型7.04千米，占渠道长度的55.3%；渠道回填8.15千米，占渠道长度的64.1%，填筑成型2.89千米，占渠道长度的22.7%。渠道衬砌210米，已衬砌128米。渠渠交叉建筑物：已完成1～11号共11个管节的混凝土浇筑。左排建筑物：已完成3～8号管身段以及1号（左联）、1号（右联）底板、2号（右联）、2号（左联）底板、出口消力池1号翼墙混凝土浇筑。漫流沟左排水倒虹吸：已完成2～7号共4个管节以及1号（右联）底板、9号（右联）底板混凝土浇筑。杨村沟左排倒虹吸：已完成1～7号管节共6个管节以及9号底板混凝土浇筑。公路桥：饮马庄北公路桥完成下部桥墩桥台灌注桩、1～2号桥墩连系梁、0号桥台盖梁与耳墙、桥墩墩柱混凝土浇筑以及箱梁预制。农专路公路桥：完成下部桥墩桥台灌注桩、1号桥墩墩柱及1、2号承台混凝土浇筑。安都东公路桥：完成桥墩桥台灌注桩及1号桥墩系梁、2号桥墩系梁、桥墩墩柱混凝土浇筑。西大双西公路桥：完成桥墩灌注桩混凝土浇筑。控制性建筑物：完成温寺门分水闸管身段和进口段垫层混凝土浇筑。

（李　乐　二分局）

【南水北调中线一期工程天津干线廊坊市段TJ4-4标工程】　南水北调中线一期工程天津干线廊坊市段TJ4—4标，全长约10.61千米。本标段主体建筑物为：有压输水钢筋混凝土箱涵，共长9.812千米；通气孔6座；河渠交叉建筑物2座；保水堰1座；公路交叉建筑物为小型公路涵6座及廊大公路涵；分水口2座；电气金属结构设备的采购制造单独分标，安装纳入本土建及设备安装施工标，安全监测仪器采购与安装单独分标，需要本合同承包人给予配合；预埋通信管道，全线铺设。

2010年，工程形象进度及主要工程量完成情况：土方开挖205.8万立方米、土石方回填49.1万立方米、混凝土浇筑13.13万立方米、钢筋制作安装1.07万吨。主体工程11个区段处于施工阶段，土方开挖在6个施工区域进行，土方回填在5个施工区域进行，混凝土浇筑在11个施工区段进行。临建工程：主、副营地拌和站备料区地坪浇筑；备料区遮阳防雨棚搭设；主、副营地之间高压线架设；主、副营地之间施工道路填筑及路面硬化。

（李　乐　二分局）

【南水北调中线一期工程总干渠沙河南至黄河南段沙河渡槽段】　南水北调中线一期工程总干渠沙河南至黄河南段沙河渡槽段工程位于河南省鲁山县城东，全长11.94千米，其中进口明渠长2.84千米，出口明渠长50米，渡槽长9.05千米，段内有各类建筑物13座，其中：河渠交叉建筑物1座，左岸排水建筑物5座，控制建筑物2座（节制闸、退水闸各1座），跨渠公路桥5座。沙河渡槽段工程等级为一等，主要建筑物为1级。附属建筑物与河道护岸工程以及河穿渠工程上下游连接段等次要构筑物按3级建筑物设计，施工导流等临时工程按4级建筑物设计。

2010年，工程形象进度及主要工程量完成情况：石方开挖1.2万立方米、土方开挖24.25万立方米、土石方回填40.71万立方米、混凝土浇筑4.9万立方米、钢筋制作安装2895.08吨。渠道工程：完成部分土方开挖、土方碾压回填施工。官店东北沟倒虹吸工程：完成4～6号管身段底板混凝土浇筑及4、7号管身段底板钢筋制作安装。沙河梁式渡槽下部结构工程：完成3组试验桩施工；完成590根灌注桩施工；完成0号墩下部结构施工；完成1号墩左右线承台混凝土浇筑、右线墩身混凝土浇筑及左线墩身钢筋制作安装；完成2、3、5、6号墩左右线承台混凝土浇筑及左右线墩身混凝土浇筑；完成4号墩左右线承台混凝土浇筑及墩身钢筋制作安装，并完成右线墩身混凝土浇筑；完成7号墩右线承台混凝土浇筑，并进行左线钢筋制作安装；完成8号墩左线垫层混凝土浇筑并进行承台钢筋制作安装；完成9号墩左线垫层混凝土浇筑并进行承台钢筋制作安装；完成10号墩右线垫层混凝土浇筑；完成9～16号墩承台土方开挖施工以及34号墩卵石开挖。

（李　乐　二分局）

【新疆波波娜水电站工程】　2010年，新疆波波娜水电站工程形象进度及主要工程量完成情况：电站发电引水洞共完成洞身衬砌混凝土浇筑6928.82立方米，钢筋安装958.33吨，橡胶止水带安装1466.20米；隧洞工程完成回填灌浆8038.09平方米，固结灌浆9051米。3号施工支洞完成封堵混凝土浇筑529.86立方米，钢筋制作安装7.84吨，锚杆安装制作安装36根，固结灌浆180米，回填灌浆105.60平方米，接触及接缝灌浆166.06平方米，闸门埋件安装0.99吨；电站发电厂房及C3砂石系统工程主副厂房、安装间主体混凝土及砌体全部完成；厂区左侧地坪混凝土基本完成；厂区栏杆完成150延米，厂区照明设备安装全部完成，金属结构安装及防腐全部完成；泄洪渠原设计混凝土全部完成；尾水反坡混凝土施工全部完成。整个工程全年共完成石方开挖0.07万立方米、土方开挖0.36万立方米、混凝土浇筑1.57万方、钢筋制作安装1212.5吨、金属结构制作40.74吨、金属结构安装115.07吨、排水孔180米、锚杆60根。

（李　乐　二分局）

【云南龙江水利枢纽工程】　2010年，云南龙江水利枢纽形象进度及主要工程量完成情况：混凝土浇筑9.77万立方米、钢筋制作安装1278吨。左岸16号坝段下游挡墙、18号坝段坝顶铺装层混凝土浇筑完成；右岸3～11号坝段坝顶铺装层混凝土、1～4号坝段防浪墙混凝土及10、11号坝段防浪墙混凝土浇筑完成；河床12、15号坝段防浪墙混凝土浇筑完成。

（李　乐　二分局）

【山西黄河龙口水利枢纽工程】　2010年，山西黄河龙口水利枢纽形象进度及主要工程量完成情况：完成混凝土浇筑2.88万立方米；完成坝顶门机、底孔弧门系统运行；完成底孔弧门水封更换工作；19号坝段输水钢管制作进行之中；完成消力池围堰填筑、闭气；完成表孔坝段坝后一级消力池及二级消力池基坑一次性排水及基坑清理；完成主廊道及排水廊道及其他廊道消缺处理；完成右岸进场道路拓宽及临河侧挡车墩施工；完成右岸边坡危石处理；完成坝顶警卫室、热油泵房及左边墙楼梯间内外装修；完成高程895米观测廊道及电梯井永久门制作安装。

（李　乐　二分局）

【观音岩水电站工程】　2010年，观音岩水电站工程形象进度及主要工程量完成情况：石方开挖63.59万立方米、土方开挖15.14万立方米、土石方开挖26.14万立方米、混凝土浇筑4.49万立方米、钢筋制作安装1175吨、排水孔45300米、锚杆23660根。左岸进厂辅线公路路基开挖、坡面素喷混凝土全部完成。左岸下游中线公路及延长线路基开挖全部完成，中线公路左侧部分浆砌石排水沟砌筑完成。左岸尾水平台公路于2010年3月开工，公路路基开挖全部完成，公路左侧路肩混凝土挡墙浇筑完成，公路钢筋混凝土排水沟及素混凝土排水沟浇筑完成，水泥稳定层碎石层施工完成。左岸坝基Ⅰ区高程1020以上边坡开挖完成。坝基Ⅰ区边坡支护大部分已完成，坝基上游侧边坡支护全部完成。左岸坝基C区88束锚索造孔、穿索注浆、墩头浇筑、张拉全部完成。坝基Ⅱ区边坡开挖、支护已全部完成。1139米高程灌浆平洞洞挖施工完成。底板钢筋混凝土衬砌于2010年8月30日开始，2010年12月底底板混凝土浇筑全部完成。1093米高程灌浆平洞于2010年2月4日开工，2010年11月隧洞开挖全部完成。1043米高程灌浆平洞隧洞开挖于2010年11月全部完成。进厂辅线公路及尾水平台边坡贴坡混凝土浇筑2010年10月全部完成。

（李　乐　二分局）

【宁夏西夏水库工程】　2010年，宁夏西夏水库工程形象进度及主要工程量完成情况：土方开挖5800万立方米、土石方回填28.1万立方米、混凝土浇筑0.18万立方米、钢筋制作安装42.5吨、金属结构制造16.7吨、金属结构安装16.7万吨。大坝坝体内坡砌护、汇流池进水闸门安装完成；大坝坝体内坡砌护非筛分土铺设6143.2立方米，筛分土铺设6143.2立方米，砂砾石2744立方米，狗头石铺设3528立方米；进水口闸门安装完成1扇，汇流池溢流管制作安装4.2吨；输水塔装修、输水塔钢楼梯制作安装、流量计井井壁加高、坝顶公路基础整平进水闸闸房基础施工及坝体上游狗头石砌护处于进行中；输水塔外墙装修355平方米，一层地板混凝土垫层进入浇筑阶段，一、二层照明施工完成。

（李　乐　二分局）

【江西下坊水电站工程】　2010年，江西下坊水电站工程形象进度及主要工程量完成情况：石方开挖3.29万立方米、土方开挖3.70万立方米、混凝土浇筑6.19万立方米、钢筋制作安装1393.57吨。完成主机段副厂房安装场段上、下游吊车梁及装卸场桥机轨道4个仓号等部分施工。主体工程发电厂房部分工程完成。

（李　乐　二分局）

【新疆托什干河别迭里水电站工程】　别迭里水电站工程位于新疆维吾尔自治区克孜勒苏柯尔克孜自治州阿合奇县境内的托什干河上，海拔高程1710～1940米，为新疆阿克苏河流域“2库11级”中的第八级，径流式电站，采用引水式开发，总装机8台，装机容量为24.8万千瓦。该工程施工分为6个标段，水电四局有限公司中标标段为第Ⅴ标段，主要施工项目为：引水渠道末段、一级电站排冰闸、前池、泄水槽、压力管道、厂房、尾水渠、防洪堤、连接渠道、泄水渠分水闸等建筑工程、压力钢管制作安装工程以及闸门、启闭机安装工程。

2010年，工程形象进度及主要工程量完成情况：土方开挖3.5万立方米、土石方回填12.5万立方米、混凝土浇筑8.94万立方米、钢筋制作安装4580吨、金属结构制造6796吨、金属结构安装6563吨。排冰闸混凝土浇筑施工进行中；引水渠完成270米长的渠道板混凝土衬砌施工；压力前池及进水口浇至1923.15米；压力钢管制作全部完成，并完成压力管道流量井以上压力钢管（凑合节除外）及空间弯管的安装，完成镇墩1～4号混凝土施工，完成流量井以上压力管道垫板混凝土施工；主厂房主体结构混凝土全部到顶部设计高程，副厂房完成高程1821.0以下混凝土施工，主机间二期混凝土完成1、2号机锥管以下及3、4号机蜗壳以下混凝土施工；泄水槽底板混凝土施工全部完成，泄水槽边墙混凝土完成90段。

（李　乐　二分局）

【金安桥水电站工程】　2010年，金安桥水电站工程形象进度及主要工程量完成情况：混凝土浇筑22.78万立方米，钢筋安装1.03万吨，金属结构安装5262吨，固结、帷幕灌浆1.41万米，接缝、接触及回填灌浆1.95万平方米，排水孔完成3.25万米，锚杆制作安装1168根，围堰挖除45.2万立方米。2010年11月25日，金安桥水电站工程下闸蓄水，导流洞封堵完毕。主坝0～12号、19～20号坝段到达坝顶1424米高程，13～15号坝段的闸墩混凝土到达1407米高程，溢流坝段左、右导墙施工全部完成，背管混凝土完成7～9号坝段，10号坝段达到高程1344.0米，坝前拦污栅及栅叶安装全部完成，坝顶门机具备运行条件，进水口检修及工作门安装完成，坝体固结、帷幕灌浆全部完成，排水孔施工完成。

（李　乐　三分局）

【功果桥水电站工程】　2010年，功果桥水电站工程形象进度及主要工程量完成情况：左岸砂石加工系统生产砂石料192.76万吨，石料回采225.08万吨。大坝土建及金属结构安装工程：完成土石方开挖13.36万立方米，石方洞挖0.2万立方米，混凝土浇筑84.7万立方米，锚杆制作安装6192根，固结灌浆5.22万米，排水孔0.78万米。坝体碾压混凝土2～7号坝段到达高程1272.5米，8～12号坝段到达高程1284米，13～15号坝段平均到达高程1293.5米，16号坝段到达高程1301米；常态混凝土1、17号坝段到达高程1309米，14～16号坝段平均到达高程1303米，8～12号坝段闸墩混凝土到达高程1293米，溢流面到达高程1273米，13号坝段到达高程1286米。消力戽池土石方开挖全部完成，左挡墙碾压混凝土浇筑至高程1243米，右挡墙碾压混凝土浇筑至高程1257米，消力戽池到达1222米高程；护坦贴坡及底板浇筑完成；下游消能区工程正在全面施工中。6～13号坝段帷幕灌浆全部完成，下游消力戽池帷幕灌浆全部完成；坝体固结灌浆随主坝混凝土浇筑进行。

（李　乐　三分局）

【铁索桥水电站工程】　2010年，铁索桥水电站工程形象进度及主要工程量完成情况：混凝土浇筑158立方米，钢筋制作安装19吨，固结灌浆1000米，金属结构安装86吨。由于建设单位不能及时供货，工程窝工时间较长，全年只进行了1号溢流孔工作门、坝顶防护栏杆安装以及冲沙工作门、检修门和取水口门叶、门槽等部位的防腐刷漆施工。

（李　乐　三分局）

【黄登水电站右岸场内公路工程】　2010年，黄登水电站右岸场内公路工程形象进度及主要工程量完成情况：土石方开挖197.81万立方米，石方洞挖0.87万立方米，砌体3.32万立方米，混凝土浇筑1.57万立方米，喷混凝土1.57万立方米，锚杆安装201吨。场内公路工程，除右岸下游低线公路受影响外，其他6条（右岸坝顶公路、右岸缆机支线公路、罗松场河弃渣场公路、布纠河弃渣场公路、右岸上游联络线公路、右岸上游低线公路）路基开挖基本完成，边坡支护施工正在进行中。缆机平台开挖左右岸缆机平台一期开挖支护工程，完成土石方开挖29万立方米，砌体840立方米，混凝土浇筑（锚墩）300立方米，喷混凝土664立方米，锚杆1061根，钢筋制作安装27.37吨（挂网7.73吨）。左岸缆机平台完成高程1825米马道以上3层的土石方开挖，1750米高程集渣平台土石方开挖完成60%，支护工程完成高程1855米以上锁口锚索以及边坡锚索施工，完成高程1840米以上喷锚支护施工；右岸缆机平台完成高程1815米以上2层马道的土石方开挖，1676米高程集渣平台土石方开挖完成50%，支护工程完成高程1830米以上锁口锚索以及喷锚支护施工。

（李　乐　三分局）

【大华桥干笔河综合治理工程】　2010年，大华桥干笔河综合治理工程形象进度及主要工程量完成情况：土方开挖0.2万立方米，石方洞挖0.48万立方米，喷混凝土0.15万立方米，锚杆安装2200根。排水洞开挖支护完成（0+841.88）～（0+620）段（出口段），排水洞进口进场施工道路路基开挖完成（0+00）～（0+200）段，其他项目由于征地原因均未开工。

（李　乐　三分局）

【刘家峡排沙洞工程】　2010年，刘家峡排沙洞工程形象进度及主要工程量完成情况：完成排沙洞洞身标准段、岔管段、无压段的整体混凝土浇筑，以及进口闸门井16仓、出口闸门井8仓、出口泄槽7段的混凝土浇筑，共完成混凝土浇筑3.20万立方米、钢筋制作安装2128.80吨，洞身段固结灌浆4.54万米、回填灌浆1.48万平方米，进出口闸门井金属结构安装291.23吨，岔管段拦污栅安装21吨。

（李　乐　四分局）

【永定桥水利工程】　2010年，永定桥水利工程形象进度及主要工程量完成情况：土方开挖33.1万立方米，石方开挖29.13万立方米，石方洞挖8181立方米，土石方回填7.5万立方米，边坡混凝土喷护3814立方米，混凝土浇筑10158.8立方米，钢筋制作安装76.99吨，金属结构制作安装205.51吨，灌浆2407.4米，回填灌浆1048.91平方米，浆砌石6551.63立方米，边坡锚杆制作安装1.17万米，砂砾石垫层4.32万平方米，泥结石路面9.59万平方米，路基回填1.69万立方米。

（李　乐　四分局）

【黄丰工程项目】　2010年，黄丰工程项目形象进度及主要工程量完成情况：砂石料系统生产砂石料24.1万立方米、混凝土系统生产混凝土18.6万立方米，完成黏土岩开挖1946.5立方米、砂砾石开挖5468立方米、砂砾石回填7207立方米、混凝土浇筑12.5万立方米、钢筋制作安装5953吨、固结灌浆4211米、金属结构埋件安装81.7吨。

（李　乐　四分局）

【向家坝水电站工程】　2010年，是向家坝水电站大坝Ⅱ期主体工程施工第一个高峰年，全年完成混凝土浇筑108万立方米，完成固结灌浆7.85万米；完成压力钢管制作1667吨，完成压力钢管安装1012吨；完成钢筋制作安装6950吨；提前18天完成主坝100万立方米混凝土浇筑节点目标；左岸厂房坝段总体形象达到平均270米高程。

（李　乐　五分局）

【溪洛渡水电站工程】　2010年，溪洛渡水电站工程形象进度及主要工程量完成情况：完成料渣清理8.0万立方米，混凝土浇筑32.66万立方米，石方洞挖1.32万立方米，钢筋制作安装4143.1吨，喷混凝土1.27万立方米，锚杆59641根，排水孔8691米，固结灌浆5143米，锚索75束。工程二道坝2～7号坝段全部到顶，1号坝段浇筑至高程379米，8号坝段浇筑至高程383米，洞室开挖全部完成，左右岸回填混凝土全部完成，水垫塘底板混凝土2.4米升层全部浇筑完成，天然边坡原合同支护项目全部完成。

（李　乐　五分局）

【小湾水电站工程】　2010年是小湾水电站收官之年，全年完成混凝土浇筑7.84万立方米；完成1号导流中孔封堵门、2号泄洪中孔事故检修门下闸、3号泄洪中孔事故检修门下闸和1、4号泄洪中孔事故检修门下闸任务，1、2、3、4号溢流表孔工作门吊装及联合调试，左岸高程1245米栈桥二期、三期拆除等工作；大坝接缝灌浆全部完成，1～3号导流中孔A段封堵回填灌浆全部完成，大坝冷却水管回填全部完成，1221.5～1245米高程接缝灌浆质量检查孔施工完成，右岸坝顶帷幕灌浆施工全部完成，1号坝段坝顶固结灌浆全部完成，1～3号导流中孔A段接触灌浆施工全部完成。

（李　乐　五分局）

【武邵高速公路工程】　2010年，武邵高速公路工程形象进度及主要工程量完成情况：混凝土1.24万立方米，浆砌工程1800立方米，钢筋制作安装387吨，锚杆、锚索6102米，边坡防护4.56万平方米，路面工程36.18万平方米，大小三改工程3项。

（李　乐　路桥分局）

【天津大道工程】　天津大道工程第2合同段位于天津市津南区，路线全长7.32千米，主要工程项目有：主线道路工程、市政管网工程、东沽路大桥、四里沽分离式立交桥、卫津河中桥、老海河中桥、双桥河中桥等5座桥梁工程、一条地下通道及泵站工程。工程中标合同总价为5.69亿元，合同工期17个月，于2008年12月20日开工，2010年5月20日工程竣工。由于非承包商原因，建设单位同意将工期延后至2010年8月31日。2010年9月30日，天津大道日通车，完成主要工程量：清表29.38万平方米、清淤24.46万立方米、回填混渣24.19万立方米、碎石垫层6.55万立方米、土工格栅57.71万平方米、水泥搅拌桩45.2万米、钻孔灌注桩420根、承台51个、桥台22个、墩柱105根、盖梁46个、预制小箱梁288片、石灰粉煤灰土32.42万平方米、水泥稳定碎石60.3万米。

（李　乐　路桥分局）

【武清开发区市政工程】　天津市武清开发区西区工业区、北区一期基础设施工程，西区承建开源道、工业三路两条道路，总长约为3千米，其中包括给、排水工程，综合管线工程及其他附属构筑物工程；北区承建保税一路、保税北路两条道路，总长约为2千米，一座雨水泵站、一条河道和两座箱涵工程，其中包括给、排水工程，综合管线工程及其他附属构筑物工程。

道路工程进行了路基软基换填、碎石垫层、8%灰土、基层12%灰土、二灰碎石、侧石安装、人行道等项目的施工；河道工程进行了土方开挖、混凝土挡墙基础、混凝土挡墙墙身、浆砌石挡墙墙身、钢筋混凝土压顶、台背回填、8%水泥土回填、满水试验及验收工作；排水工程进行了土方开挖、碎石垫层填筑、管道安装、混凝土雨污水井基础垫层、砖砌雨污水井、土方回填、闭水试验以及验收工作；泵站工程进行了土方开挖、进出水段、泵房主体混凝土结构、附属用房、机电设备，电气安装、设备调试、运行及实体验收。

2010年共完成挖淤泥11.46万立方米，回填碎石7.54万立方米，土工格栅15.31万平方米，回填8%灰土8.79万立方米，挖一般土方53.33万立方米，土方回填32.28万立方米，石灰稳定土8.49万平方米，石灰、粉煤灰、碎（砾）石15.42万平方米，安砌石质侧石1.09万米，球墨铸铁管7750米，铺设钢筋混凝土承插口排水管1.49万米，砌筑检查井556座，收水井237座，浇筑混凝土1085立方米，非预应力钢筋1369吨，浆砌片石挡墙4486立方米，浇筑毛石混凝土挡墙7472立方米，PVC—双壁波纹管ϕ110毫米5.81万米，HDPE高密度乙烯管ϕ90毫米7655米，PVC塑料管2.4万米，泵站附属用房1座。

（李　乐　路桥分局）

【内遂高速公路工程】　内遂高速公路工程第六标段位于四川省安岳境内，全长6.39千米，主要工程量土石方开挖156.6万立方米，填方145.4万立方米，大桥2座，跨线桥2座，涵洞（通道）32道。合同工期18个月，于2009年10月20日开工，计划2011年3月30日竣工。

路基工程：完成土石方开挖114.32万立方米，路基填筑95.42万立方米，软基处理10.21万平方米，涵洞完工30道。

桥梁工程：云川沟大桥桩基42根全部完成，系梁完成20根，墩柱完成25根，盖梁完成9个，桥台4个全部完成，预制吨梁20片；纸湾大桥桩基32根全部完成，系梁18根全部完成，墩柱完成22根，盖梁完成10个，桥台4个全部完成，预制吨梁20片；石佛互通跨线桥桩基22根全部完成，桥台完成3个，连续箱梁完成3跨1联；文兴路跨线桥桩基18根全部完成，墩柱完成9根，桥台4个全部完成，连续箱梁完成3跨1联。

（李　乐　路桥分局）

【官地水电站工程】　2010年，官地水电站工程形象进度及主要工程量完成情况：大坝工程混凝土已全部超年计划达到了1254米高程；消力池工程消力池全面展开大规模的混凝土浇筑施工，至2010年12月底完成1/3的设计工程量；灌浆工程所有固结灌浆已全部施工完毕；完成1871米高程至1825米高程3个梯段开挖。

2010年完成主要工程量：土石方开挖4.7万立方米、锚索187束、固结灌浆1.42万吨、混凝土浇筑127.4万立方米、钢筋制作安装2211吨、钢筋笼制作安装4.36万吨、喷混凝土2231立方米。

（李　乐　官地项目部）

【京沪高速铁路三标段四工区工程】　2010年，京沪高速铁路三标段四工区工程形象进度及主要工程量完成情况：2010年2月7日，提前3天完成了92孔箱梁预制任务，整体制梁工作提前1个月完成；同年3月20日，完成桥面系先导段底座板混凝土浇筑；同年4月3日，按期完成716孔箱梁架设；同年5月25日，完成桥面系防护墙施工；同年5月31日，完成遮板预制及安装；同年6月6日，吊篮安装全部结束；同年6月23日，完成梁面打磨、修补及防水层喷涂施工；同年7月25日，全面完成桥面系底座板混凝土浇筑；同年9月底，完成大部分大型设备的拆除转移；同年11月20日，全面完成侧向挡板混凝土浇筑；同年12月6日，全面完成栏杆预制；同年12月15日，在水电系统各单位中率先完成栏杆安装，全面完成测量、沉降评估及试验等工作，至此，大汶河特大桥主体工程及主要工程项目全面完工。

（李　乐　赵宏伟）

【机组安装工程】　2010年，水电四局有限公司机电安装分局承担了青海拉西瓦、积石峡、云南龙江等水电工程的机组安装任务，全年共完成装机7台套，总装机容量达196万千瓦。其中：完成拉西瓦水电站最后1台70万千瓦机组的安装调试，于2010年8月17日并网发电；云南龙江水电站3台8万千瓦机组安装分别于2010年7月17日、7月30日、11月1日完成，并投产发电；青海积石峡水电站3台30万千瓦机组安装分别于2010年11月9日、11月27日、12月13日完成，并投产发电。

（李　乐　靳　敏）

【尼那电厂】　2010年，尼那电厂年发电量7.91亿千瓦·时，单月最高发电量9596.7万千瓦·时，单日最高发电量338.4万千瓦·时，年、月、日发电量均创电站收购运营以来最好成绩。

（李　乐　尼那电厂）

国际工程

【综述】　2010年，水电四局有限公司新增国际工程储备18.47亿元，新开辟亚洲市场（缅甸密松5、7号场内道路工程），非洲加蓬利伯维尔城市供电保障项目和埃塞俄比亚切莫嘎—耶达水电项目相继开工建设。全年国际工程项目完成产值5.29亿元，完成年计划的47.39%，其中安哥拉区域经理部完成产值1.75亿元，利比亚国际经理部完成产值2.64亿元，博茨瓦纳K—H公路改建项目完成产值0.79亿元。全年无质量事故发生，工程质量均达到合同要求。

（李　乐　朱　伟）

【国际中标工程】　2010年，水电四局有限公司海外事业部完成投标、跟踪及正在进行投标的国际项目主要有30个，项目金额约934.4亿元。属于重点跟踪及编标工作的议标项目4个：利比亚3000套住房配套基础设施项目及公共建筑项目、伊朗巴赫蒂亚里水电站、埃塞俄比亚哈雷雷—韦若贝萨水电站。伊朗巴赫蒂亚里水电站项目正在进行合同谈判。全年新增中标合同金额18.47亿元：加蓬利伯维尔地区供电保障项目，合同金额8.32亿元；安哥拉马兰热市政项目，合同金额5.12亿元；安哥拉本格拉体育场附属及追加项目，合同金额0.57亿元；乍得邦戈尔—凯洛—蒙杜—喀麦隆边境大道修复项目，合同金额4.46亿元。

（李　乐　朱　伟）

【安哥拉工程项目】　截至2010年12月底，安哥拉共有在建项目3个，分别为马兰热中心医院一期追加项目、索约公路项目、绍里木机场配套设施项目。马兰热中心医院一期追加项目土方工程累计完成4680立方米，完成合同总量的100%；混凝土工程累计完成3730立方米，完成合同总量的97.34%；砌筑工程累计完成2720立方米，完成合同总量的100%；钢筋制作安装累计完成309吨，完成合同总量的100%；装饰装修累计完成3.48万平方米，完成合同总量的99.43%。索约公路项目土方开挖累计完成28.66万立方米，完成合同总量的9.55%；土方回填累计完成27.31万立方米，完成合同总量的4.55%；箱涵混凝土浇筑累计完成9165立方米，完成合同总量的22.91%；天然砂砾石铺设累计完成2641立方米，完成合同总量的0.33%；管涵安装累计完成813米，完成合同总量的14.52%；钢筋制作安装累计完成1133.7吨，完成合同总量的8.91%。绍里木机场配套设施机场配电房和排水渠项目共计完成土方开挖7510立方米，土方回填2276立方米，混凝土浇筑2265立方米，钢筋制作安装163吨。

（李　乐　朱　伟）

【博茨瓦纳工程项目】　截至2010年12月底，博茨瓦纳K－H公路修复项目累计完成便道覆盖揭除97.64万平方米，完成合同总量的95.26%；便道路床完成105.9万平方米，完成合同总量的103%；便道基层填筑完成11.76万立方米，完成合同总量的94.74%；便道路路面底涂层填筑完成54.97万立方米，完成合同总量的72.71%；便道路面封层填筑完成73.76万立方米，完成合同总量的97.57%；主路覆盖揭除完成115万平方米，完成合同总量的

61.40%；主路路床完成108.52万平方米，完成合同总量的64.42%；主路路床完成108.52万平方米，完成合同总量的64.42%；主路G6选定层完成14.87万立方米，完成合同总量的64.08%；主路G5底基层完成10.27万立方米，完成合同总量的46.53%；主路G4基层完成3.43万立方米，完成合同总量的14.22%；主路路面底涂层完成18.46万平方米，完成合同总量的12.78%；主路路面奥塔封层第一层封层完成16万平方米，完成合同总量的10.65%。

（李　乐　朱　伟）

【利比亚工程项目】　截至2010年12月底，利比亚甘特3000套别墅房建项目土石方开挖和回填累计完成77.99万立方米，完成合同总量的73.85%；混凝土工程累计完成9.98万立方米，完成合同总量的36.97%；砌筑工程累计完成20.01万立方米，完成合同总量的35.68%；钢筋制作安装累计完成9438吨，完成合同总量的39.33%；抹灰工程累计完成6536平方米，完成合同总量的0.27%。

（李　乐　朱　伟）

【缅甸密松水电站场内道路工程】　2010年，缅甸密松水电站场内道路主体工程完成清表15.78万平方米，土石方开挖14.49万立方米，5号路土石方填筑35.42万立方米，混凝土挡墙810立方米，边坡挂网2356平方米，涵管施工完成317.5米。

（李　乐　朱　伟）

投资开发

【综述】　2010年，水电四局有限公司继续实施稳健的对外投资活动，全年对外投资0.47亿元，同时，根据《青海省水电资源配置办法》等有关政策法规，向青海省发展改革委报送了《关于参与青海省水电资源开发的请示》，并积极跟踪青海省境内黄河上游、通天河、澜沧江流域已规划的水电站开发建设和经营管理项目。2010年6月，水电四局有限公司对投资并购项目实施了专项检查，并接受了国务院国资委和股份公司的联合检查验收。

【投资项目】　2010年，水电四局有限公司根据股份公司《关于对水电四局有限公司投资建设酒泉新能源装备项目的批复》及《关于水电四局有限公司调整水电四局（酒泉）新能源装备有限公司年度投资计划的批复》要求，完成了对酒泉新能源项目的投资，投资额为0.17亿元。依据《天津市武清区人民政府关于天津武清区“新城开发”BT项目招商引资的决定》、《天津市武清区人民政府关于天津武清区“新城开发”BT项目授权委托书》、《天津武清区“新城开发”BT项目投资合作合同》，并经股份公司批准，水电四局有限公司参股中水电津城投资发展有限公司，投资额为0.3亿元，持股比例10%，经营范围为项目投资及咨询服务、资产管理、市政工程及房屋建筑工程施工、工程技术咨询。

（张宗元　企业发展部）

管理创新

【综述】　2010年，水电四局有限公司围绕“管理创效年”这一主题，以“精细、精确、精益”为管理要求，夯实基础管理，完善管理制度，提高质量效益；拓展外部融资渠道，强化内部融资功能，缓解资金紧张局面；完善内部控制过程，规范权力运行；加强审计监督，堵塞企业漏洞；启动“全面风险管理与内部控制”试点工作，强化企业体系建设，在实现“管理上水平，创效增能力”工作目标上迈出了新的一步，各项经济指标考核位于同行中前列，受到了股份公司的好评。

（张宗元）

【内部经营合同管理】　2010年，水电四局有限公司通过对下属各单位上年各项经济指标完成情况的对比和实际考核，核定了各单位全年计划必保产值、产值管理费、劳务管理费、设备租赁费、房地产租赁费等主要费用指标，核定了新增营业收入利润率、应收账款周转率、资金集中度、职工工资增长率等指标。水电四局有限公司与二级单位签订了内部承包经营合同，明确了水电四局有限公司与各单位的经济关系和经济责任。在执行过程中，水电四局有限公司组织有关人员通过经常性沟通、统计报表、经济分析、日常检查、调研等方式，使各单位按照水电四局有限公司确定的目标和要求，推动各项经济指标的完成。

（张宗元　经营管理部）

【工程分包管理】　2010年，水电四局有限公司根据《股份公司分包商资源库管理办法》、《股份公司施工分包管理实施办法》等有关内容条款，重新修订了《水电四局有限公司工程分包管理实施办法》和《水电四局有限公司分包商资源库管理办法》。为了进一步加强和规范工程分包管理工作，水电四局有限公司印发了《关于进一步加强和规范分包管理工作的通知》，从贯彻落实公司有关分包管理办法和制度、增强工程分包的计划性、重视“农民工”工资发放等12个方面，对公司分包管理工作作了更为严格的规范和要求。2010年，公司严格按照分包管理制度和管理程序，共评价选择分包队伍32个；通过分包商资源管理系统注册166家分包商，其中有43家完成了资料登记，并进行了评审。

（张宗元　经营管理部）

【质量管理】　2010年，水电四局有限公司坚持开展全面质量管理活动，组织督察组对水电四局有限公司下属单位施工项目进行专项检查指导，对新开工项目及时建立质量管理体系，组织开展质量管理及QC小组活动，确保质量管理工作的全面落实。2010年，水电四局有限公司在建工程质量良好，《提高风电塔架质量验收一次合格率》等5个质量管理科目分别获得中国电力建设企业协会颁发的中国电力建设优秀质量管理成果二、三等奖；水电四局有限公司第一分局贵广双向水泥砂浆搅拌桩工艺研究QC小组等6个QC小组，获得青海省质量管理协会、青海省总工会、共青团青海省委、青海省科学技术协会授予的“青海省优秀质量管理小组”称号；水电四局有限公司机电安装分局龙江机电设备安装项目部配管班等2个项目班组，获得“青海省质量信得过班组”称号；席浩等2人获得“青海省质量管理小组活动卓越领导者”称号。

（张宗元）

【人力资源及劳动合同管理】　2010年，水电四局有限公司继续贯彻和完善《工资分配指导意见》、《员工管理办法》等规章制度，优化配置人力资源，全年新增人员822人，其中招录学生779人、安置复转退伍军人33人、调入10人。全年减员801人，其中解除劳动合同345人、终止劳动合同22人、自动离职62人、因工死亡5人、非因公死亡15人、退休275人、调出77人。截至2010年12月底，水电四局有限公司在册员工10332人，其中男员工8128人，女员工2204人。

（张宗元　人力资源部）

【设备资源管理】　2010年，水电四局有限公司按照设备管理方面的有关规定，继续加强对设备的动态管理和有效利用，提高了设备资源的利用率；采购设备严格按管理权限和程序，采取公开招标及有关部门监督、核实、审批等规程实施；对设备使用维修实施全过程监控，发现问题及时纠正和解决，保证了设备管理工作良好运行。截至2010年12月底，水电四局有限公司拥有设备8486台（套），原值1.74亿元，其中特种设备199台（套），主要为电梯、锅炉、起重机械等。全年采购设备1785台（套），采购金额1.55亿元；公司范围内调剂设备54台（套），原值8459.85万元；办理退场（退库）设备58台（套），原值1.18亿元；申报报废设备322台（套），原值3716.19万元，净值182.09万元；处理让售闲置废旧设备225台（套），让售金额904万元；大修、改造、检修设备42台（套），投入费用510.14万元。

（张宗元　资产管理部）

企业改革

【企业改革及改制工作】　2010年，水电四局有限公司按照股份公司建立现代企业制度和整体改制上市的战略部署，调整优化组织结构和业务架构，在巩固国内水电建筑核心主业的基础上，全力推进非水电和国际业务；建立和完善了劳务吸纳、聘用和管理的长效机制；深化了以质量效益、安全生产、廉洁从业为主要指标的业绩考核制度；建立健全了国际质量体系、环境与健康安全管理体系；修订完善了核心管理制度汇编，建立了统筹协调、体系完备的管控模式，水电四局有限公司的整体竞争和管控能力进一步增强。2010年，水电四局有限公司下属6个子公司、2个已撤企业的补充资料清单上报股份公司。

（张宗元　企业发展部）

科技进步

【综述】　2010年，水电四局有限公司按照“十一五”科技发展规划和全年科技工作计划，继续加大对重大科技的开发与应用，加大对重大工程技术的引进与吸收，加大对科研经费的投入；坚持开展科研、技术革新和合理化建议活动，鼓励水电四局有限公司各单位积极采用新技术、新工艺，并及时总结施工经验，组织科研项目与工程项目创新创优的评审和申报；推广工法的实施应用，提高企业自主创新能力和科学管理水平；全面推动水电四局有限公司信息化的覆盖面，提高水电四局有限公司自动化办公水平；积极争取多项工程资质许可认证的申报、取证工作，扩大水电四局有限公司在工程投标及施工中的认知度和实力；分别对经过认真评审出来的优秀科技进步项目、合理化建议项目和优秀科研工作者及优秀工程技术人员，进行了表彰和奖励。2010年，水电四局有限公司荣获"全国电力建设优秀施工企业"、"全国技术创新先进企业"等称号。

（张宗元　工程管理部）

【科技经费投入】　2010年，水电四局有限公司依托股份公司、青海省政府有关部门的支持及自筹资金，科技投入费用5445.32万元。其中：审定科技开发项目15项，投入资金3538.73万元；申请股份公司科研立项项目6项，青海省科研立项项目1项，投入经费1250万元；用于信息化建设费用268万元；用于科技人才培养培训费用369.09万元；用于奖励优秀科研成果、优秀科研、工程技术人员39.5万元；科技成果鉴定评审费30万元等。

（张宗元　工程管理部）

【科技开发基金项目】　2010年，水电四局有限公司共确定了15个科技开发基金项目，分别是：沙河特大渡槽关键技术研究与应用；人工砂石筛分系统设计及改造设计；观音岩水电站缆机主塔架安装；京沪高铁桥面系底座板施工技术研究应用；大孔径钻机桩施工技术研究；大跨度预应力混凝土连续梁跨交通枢纽施工工艺研究、高速铁路大跨连续梁跨交通枢纽施工工艺研究、高速铁路连续梁线形控制；客运专线路基施工工艺研究；非洲南部地区公路工程施工技术研究与应用；低应变反射波法在基桩检测中的应用研究；高速铁路特大桥线下工程稳定性分析及沉降评估技术研究；升船机专用控制网技术研究与应用；高性能混凝土在宁杭客运专线NHZQ－Ⅱ标的研究与应用；三角高程测量技术研究与应用；大型水电站胶凝材料并联卸灰系统工艺研究；海外工程项目群施工数据管理系统一期。

（张宗元　工程管理部）

【科技成果转化与推广】　2010年，水电四局有限公司继续加大科技成果的转化与推广，表现突出的有："小湾水电站特高拱坝施工技术"，获得国家专利和国家一级工法各一项；"高寒地区高拱坝冬季施工综合技术研究与应用"，获得国家发明专利一项，并形成工法；"弱风化玄武岩骨料碾压混凝土研究与应用"；"特高拱坝坝基灌浆技术"；"高可靠度接触灌浆技术"，获得国家专利，并形成专项工法。

（张宗元　工程管理部）

【获得国家专利项目】　2010年，水电四局有限公司获得国家发明专利1项，项目名称为"可重复使用的单向注浆器"；实用新型专利10项，分别是：无线承码防撞装置，墩柱钢筋绑扎模具，大直径钢管卷制支撑装置，大直径钢管抓梁，钻机成孔精度扶正器，紧固件紧固、起旋时准确对位及防脱装置，安全使用常用工具的防护装置，混凝土冬季施工保温装置，量角器，限位装置。

（张宗元　工程管理部）

【施工标准和施工工法编制】　2010年，水电四局有限公司主编的《水电水利边坡施工技术规范》、《水电水利施工机械（装载机）安全操作规程》、《水电水利施工机械（单斗挖掘机）安全操作规程》、《水电水利施工机械（推土机）安全操作规程》上报国家能源局批准发布，参编的《水电水利测量施工技术规范》已通过送审稿审查会，形成了报批稿。水电四局有限公司水工机械总厂参与制定的《风电塔架制造安装检验验收规范》（DB 62/1938—2010）作为甘肃省地方标准已发布实施。水电四局有限公司主编修订的《水工混凝土钢筋施工规范》经过组织审查，将于2011年3月提交会议审查稿；参与编写的《水工混凝土施工规范》完成征求意见稿。水电四局有限公司编写的《水电施工全书》完成初稿，正在组织审查和修改。水电四局有限公司编写的《圆环开裂法评价混凝土开裂性试验工法》、《高寒地区混凝土双曲拱坝聚苯乙烯永久保温板施工工法》、《大型空冷水轮发电机定子下线工法》3项工法，获得青海省省级工法。

（张宗元　工程管理部）

安全生产

【综述】　2010年，水电四局有限公司坚持"安全第一、预防为主、综合治理"的安全生产方针，全面贯彻落实国发〔2010〕23号《国务院关于进一步加强企业安全生产工作的通知》等文件精神，立足项目安全管理，继续深入开展"安全生产年"活动，着力落实各级安全生产责任，保持公司环境与职业健康安全管理体系的有效运行，坚持开展安全宣传教育、培训及考核活动，加大对安全工作的投入，全年累计安全投入1.58亿元，加强对各类安全风险的防控。2010年，水电四局有限公司发生各类事故7起，轻伤7人，没有发生重伤及以上生产性安全责任事故，实现了全年安全生产目标。

（张宗元　安全监察部）

【安全生产管控措施】　2010年，水电四局有限公司围绕安全生产工作目标，召开安全生产工作会议，公司总经理与公司二级单位签订安全生产责任书，并下达安全生产控制指标。专题召开水电四局有限公司安委扩大会议，研究部署水电四局有限公司安全管理重点工作。完善安全管理制度，相继出台《劳动防护用品管理办法》、《安全生产技术措施管理办法》、《应急救援预案管理办法》和《关于对海外工程安全管理工作的通知》、《公司海外业务突发事件、重大安全生产及自然灾害事故应急救援预案》，成立了以公司总经理和党委书记为组长的公司应急管理领导小组。印发了《水电四局有限公司2010年"安全生产年"活动实施细则》、《关于进一步推进安全生产"三项行动"的通知》、《关于开展"安全生产心中有数"活动的实施方案》、《关于开展2010年"安全月"活动的通知》、《关于立即开展泥石流、山体滑坡等自然灾害隐患排查确保生产施工安全工作的紧急通知》、《关于立即开展海外项目安全生产隐患排查治理的紧急通知》和《关于开展在建项目安全现状评价工作的通知》等文件，并将现行实施的各类安全管理制度和管理文件汇编成册，形成《安全生产管理制度（汇编）》，为水电四局有限公司各单位安全生产工作的具体操作提供了便利。在实施过程中，公司安全管理部门与二级单位相互协调配合，强化责任落实，确保措施到位，并坚持不懈地组织开展安全宣传教育、自查、督查和考核活动。2010年，共对28个在建项目、2个非主业单位和6个国际项目实施了安全督察，下发督察报告20份，检查通报2份，提出整改要求119项，督察建议114条。共有15个二级单位对68个在建项目进行了安全项目现状评估，评估率达到了水电四局有限公司在建项目的93%。据统计，全年水电四局有限公司共查出一般隐患7460个，重大隐患22个，投入整改资金838.43万元，一般隐患整改率99.7%，重大隐患整改率90%。

（张宗元　安全监察部）

【安全教育培训】　2010年，水电四局有限公司与有关安全培训机构合作，组织举办了3期"三类人员"延期培训班和3期首次取证培训班，延期培训120人，首次考核取证186人。选派2人参加了中国安全生产科学研究院组织举办的GB/T 28001新标准研讨培训班。组织项目经理23人、专职安全管理人员15人分批参加了股份公司举办的"三类人员"培训学习。水电四局有限公司各单位结合工程施工情况，组织开展了入场教育和安全教育活动。

（张宗元　安全监察部）

青海玉树抗震救灾及恢复重建

【玉树抗震救灾】　2010年4月14日，青海省玉树藏族自治州发生7.1级强烈地震，水电四局有限公司响应股份公司和青海省地方政府的号召，组织抢险救援队赶赴灾区进行救援，并集水电四局有限公司财力物力和公司内部职工、家属捐款捐物，支援灾区，累计捐款捐物200余万元。水电四局有限公司玉树抢险救援队获得中华全国总工会"全国工人先锋号"称号，水电四局有限公司工会被评为"青海省玉树抗震救灾先进工会组织"，水电四局有限公司第一分局抢险救援队被授予青海省"工人先锋号"称号，水电四局有限公司医院获得青海省"玉树抗震救灾优秀护理集体"称号，水电四局有限公司2名职工被评为"青海玉树抗震救灾优秀职工"。

（张宗元）

【玉树恢复重建】　按照党中央、国务院的重大决策和国务院国资委、股份公司的部署，水电四局有限公司代表股份公司承担了青海省玉树结古镇城西片区29个项目近32万平方米的房建施工任务，之后又应青海省要求，承揽了玉树歇武镇、小苏莽乡共计1651套房建额外任务。通过克服多种困难、艰辛努力，2010年内实现了玉树县第三完全小学首栋教学楼主体竣工，玉树州公共卫生服务中心行政楼在第二批开工项目首个封顶，当年开工项目陆续达到主体工程节点要求，圆满完成了2010年内各项重建任务，创造了4天完成一层楼、9天完成一栋农房的玉树奇迹，受到了青海省省委、省政府的高度评价。现场指挥部2个工区被青海省总工会授予"工人先锋号"称号，3个基层党组织、4名党员受到中共玉树州委表彰。青海省玉树震后重建现场指挥部专门向国务院国资委发出感谢信，对股份公司等央企及参建人员表示敬意和感谢。

（张宗元）

党群工作和企业文化建设

【综述】　2010年12月底，水电四局有限公司党委下属有21个党委、47个党总支、337个党支部；党员总数5640人，其中在职职工党员3464人，离退休职工党员2151人，其他挂靠党员25人；党员中女党员1027人。2010年，水电四局有限公司各级党组织围绕企业改革创新发展，深入开展创先争优活动；充分发挥党组织的政治核心作用和战斗堡垒作用，为企业健康发展提供坚实保证；加强"四好"领导班子建设，努力创建团结干事、和谐奋进的领导团队；坚持党管干部原则，落实和推进人才强企战略；加强党风和反腐倡廉建设，深入推进效能监察、执法监察力度；积极组织开展党内建设活动，加强对党员的教育和管理；积极响应党中央和国家号召，勇于承担社会责任，树立国企品牌形象，全面提升企业影响力；围绕企业发展稳定，在水电四局有限公司各级党组织的带领下，广泛发挥工会、共青团和女工组织的作用，加强思想政治工作、精神文明建设和企业文化建设，切实帮助解决职工群众的实际问题和生活难题，推进了水电四局有限公司稳定可持续发展。

（张宗元　武亚琴）

【党建工作】　2010年，水电四局有限公司党委围绕“以改革创新精神加强和改进党的建设，巩固和拓展学习实践活动成果，推动公司又好又快发展”这一工作着力点，组织党员扎实开展创先争优活动。作为先进典型，水电四局有限公司在青海省国有企业创先争优活动座谈会上进行了经验交流，并被青海省评为“全省国有企业创先争优先进基层党组织”，在全省推广经验。在建党89周年纪念活动中，水电四局有限公司党委对所属37个先进基层党组织、50名优秀党员、24名优秀党务工作者进行了表彰。围绕改革发展和生产经营，水电四局有限公司各级党组织坚持以“创先争优”为动力，组织党员干部开展争创“四强”党组织、争做“四优”党员学习活动，并在生产经营实践中推动党组织建设。继续深入开展“四好”领导班子创建活动，加强领导班子自身建设，水电四局有限公司连续荣获股份公司授予的“四好”领导班子称号。坚持项目设立和党组织建立同步进行，调整、增补了13个单位的党委（直属党总支、支部）委员、纪委委员。坚持落实党风廉政责任制，继续完善监督预防和惩防体系，坚持开展廉洁从业等反腐倡廉系列宣传教育活动，水电四局有限公司各级领导干部受教育面达到100%，并对200余名中层领导干部进行了廉洁从业谈话。坚持不懈地抓好发展党员工作，按照“坚持标准，个别吸收”的标准，全年共发展新党员113人。坚持党管干部原则，进一步优化干部队伍结构，全年新提拔任用16名中层干部，为水电四局有限公司持续稳定发展提供了组织保证。

（张宗元　武亚琴）

【领导班子民主生活会】　根据青海省省委、股份公司党委关于开好2010年领导班子民主生活会的有关要求，水电四局有限公司领导班子专题民主生活会于2010年10月11日在西宁市召开。本次民主生活会的主题是：围绕贯彻科学发展观，提升企业的发展能力，解决影响公司科学发展的突出问题，推动公司科学可持续发展。水电四局有限公司领导班子成员及党委委员15人参加了会议，1人因公请假。股份公司党委常委、副总经理李跃平，股份公司监察部副主任周德荣，青海省纪委常委梁青芳等领导参加了会议。水电四局有限公司纪委、监察部、总经理工作部负责人列席了会议。会议由水电四局有限公司党委书记、副总经理王争鸣主持。会期1天。

会议议程6项：水电四局有限公司监事、党委副书记兼纪委书记王科选汇报本次领导班子民主生活会的准备情况；水电四局有限公司执行董事、总经理、党委副书记王维斌汇报2010年水电四局有限公司领导班子工作情况；水电四局有限公司党委书记、副总经理王争鸣通报2009年水电四局有限公司领导班子专题民主生活会征集意见的整改落实情况；水电四局有限公司监事、党委副书记兼纪委书记王科选通报本次领导班子民主生活会征集的意见；水电四局有限公司领导班子成员逐一宣读发言提纲，班子成员之间开展批评与自我批评；上级领导讲话。会上，青海省纪委领导、股份公司领导作了讲话，分别对会议召开情况作了评价并提出了要求。最后，王维斌代表水电四局有限公司领导班子作了总结发言。水电四局有限公司各二级单位党组织按照规范要求，全部召开了民主生活会。

（张宗元　武亚琴）

【工会工作】　2010年，水电四局有限公司各级工会组织围绕企业中心工作，以服务生产经营、服务职工群众、促进企业和谐发展为基点，积极组织开展多种形式内容的劳动竞赛，为重点工程、急难险重任务的完成提供了强有力的保证。坚持在制度建设方面狠下工夫，出台和完善了一系列的规章制度和办法，如《关于开展“五小”项目活动的实施办法》、《关于进一步完善职工代表大会制度的实施意见》、《关于在重点工程项目施工中开展劳动竞赛的指导意见》、《关于在广大职工中深入开展创先争优活动的实施意见》等，并将八大项40余种规章制度汇编成册。组织继续深入贯彻《劳动法》、《劳动合同法》等法律法规，加大对企业的民主监督力度，维护职工群众的合法权益，为企业和谐稳定发展创造条件。在组织开展职工“五小”活动中，共申报53个项目，经过评审，有34个项目进入评奖范畴，16个项目获奖。坚持不懈地组织开展厂务公开、“安康杯”、“送温暖”活动，督促施工生产安全，关心体贴困难职工，帮助基层单位及职工协调解决问题和困难。在“安全生产年”活动中，积极配合做好对职工的安全生产教育，组织有关人员参加了青海省总工会等单位举办的“安全生产咨询日”活动。继续坚持“三为三送”这一品牌工程，出资130多万元慰问施工一线职工，并为青海省玉树州称多县残联捐款13万元，对1481名困难职工、194名特困职工进行走访摸底，将有关资料上报青海省总工会。在“金秋助学”活动中，对47名困难职工子女救助资金4.3万元。全年走访慰问离退休困难职工家庭、离退休职工遗属、工亡职工遗属、待岗困难职工、重特大病职工和省部级以上劳模3160人（户）·次，发放慰问金260多万元；经过调查协调，减免特困户取暖费685户，共计25.15万元。水电四局有限公司被确定为“全国劳动争议调解示范单位”之一，被推荐为“全国模范劳动关系和谐企业”。

（张宗元　公司工会）

【共青团工作】　2010年，水电四局有限公司各级团组织围绕公司中心工作，着重开展了几个大项工作：

（1）强化正确思想引导，坚定青年理想信念。水电四局有限公司团委以学习落实“科学发展观”为引领，组织团员青年开展“中央企业共青团活力大讨论”、理想信念和形势任务教育等活动，引导团员青年立足岗位，树立信心，扎实工作。

（2）深化主题实践活动，带领青年建功立业。水电四局各级公司各级团组织围绕工程建设和经营管理工作，继续组织开展“让青春在重点工程闪光”、“青工技能振兴计划”和“双争双创”活动，深入推动“青年文明号”、“青年安全生产示范岗”、“青年岗位能手”等争创活动的进行。荣获省级“青年文明号”4个（其中，标杆文明号1个），股份公司“青年文明号”2个。

（3）加强组织建设，保持团组织先进性活力。水电四局有限公司全年共获得1个全国“五四红旗团支部”、1个青海省“五四红旗团委”、2个股份公司“五四红旗团委”等集体荣誉称号；1名同志获得股份公司“优秀团干部”、2名同志获得股份公司“青年岗位能手”称号。

（4）坚持党建带团建，不断推进团的建设创新发展。积极做好发展团员和推荐优秀团员青年入党工作，全年推荐21名优秀团员青年加入了中国共产党。截至2010年12月底，水电四局有限公司团委下属有22个二级团委、58个团总支、126个团支部。

（张宗元　李贵信）

【女工工作】　2010年，水电四局有限公司两级工会女职工组织，按照水电四局有限公司《女职工“建功立业工程”和“素质提升工程”实施方案》，组织女职工开展岗位练兵、技术比武等活动。自开展女职工建功立业示范岗以来，共有5个女职工集体获得“全国女职工建功立业示范岗标”称号，有8名女职工获得省级以上“女职工建功立业标兵”称号。继续实施“女职工爱心帮扶工程”，维护女职工的合法权益。水电四局有限公司9个单位为1100名女职工安排了体检；根据公司各单位情况，有17个公司所属单位建立了女职工委员会和女工小组；对水电四局有限公司所属女工干部进行了培训，并选派6名女工干部参加了省级以上培训；对12个单亲女职工家庭子女进行助学，发放助学金2.4万元。截至2010年12月底，水电四局有限公司共有女职工2305人。

（张宗元　付红凤）

【精神文明创建活动】　2010年，水电四局有限公司按照《水电四局精神文明建设规划》等规划方案，结合创建文明单位活动，对公司精神文明建设工作做了具体安排。水电四局有限公司各级党群部门召开专题会议，传达落实水电四局有限公司党委精神文明建设等方面的工作安排和要求。水电四局有限公司各单位通过宣讲、座谈会、走访慰问、集中活动等方式，组织党员及职工群众开展精神文明建设活动，创办公司各种媒体刊物，继续延伸精神文明建设活动的宣传力度，扩大对企业品牌形象的宣传，凝聚干部职工的信心和力量。水电四局有限公司在获得“全国文明单位”荣誉称号后，再次获得“青海省文明单位”荣誉称号。

（张宗元）

【宣传工作】　2010年，水电四局有限公司两级宣传部门坚持以科学发展观为统领，围绕企业发展稳定大局，抓住工程建设、市场开发、管理改革、科技创新、队伍建设、党建和精神文明建设等主题，有效利用网络、报纸、刊物等媒体，为宣传企业、鼓舞职工、推动企业稳定发展提供了精神动力和舆论支持。全年累计内部发稿3300余篇（幅），对外发稿1600余篇（发送股份公司稿件1100余篇，发往国家、省部级媒体稿件500余篇）。在青海玉树抗震救灾和恢复重建中，宣传工作人员先后采写210余篇稿件，及时宣传水电四局有限公司在抗震救灾和承建工程的进展情况，彰显了“中国水电”的品牌形象。水电四局有限公司记者站连续被股份公司评为“标兵记者站”。

（张宗元　郭明星）

【职业技术教育】　2010年，水电四局有限公司培训中心技工学校围绕教学、培训、校办产业工作，全年完成招生1000余人，毕业生就业率98%以上。完成各种培训3000人，技能鉴定2000余人。教师外送培训36人·次，岗位培训达到80%以上。2010年，学校的焊接技术应用、电气运行与控制、水利水电工程施工、汽车运用与维修4个专业，被青海省列为省级重点专业。在青海省中等职业学校技能大赛上，学生获得一等奖3名、二等奖4名、三等奖10名；在全国职业院校技能大赛上，学生获得中职组电工电子技术专业单片机项目二等奖、钳工专业三等奖。学校自筹资金100多万元，维修改造了学校基础设施；购置教学仪器100多台套，完善教学条件。学校电气工程专业被国家教育部确定为示范性专业建设，获得360万元的教学设备投资。

（张宗元　禹红英）

【普法工作】　2010年，水电四局有限公司按照上级组织和部门的法律工作要求，深入实施《水电四局有限公司法律审核工作实施细则（试行）》、《水电四局有限公司法律事务管理办法》。水电四局有限公司所属21家单位重新推选了法制分局长，配备了专兼职法制工作人员。按时完成了3次法律尽职补充调查和确认工作。水电四局有限公司“五五”普法和“十一五”时期依法治理工作考核验收顺利通过。2010年6月，在青海省普法依法治省办公室对“五五”普法和“十一五”时期依法治理工作考核中，水电四局有限公司取得99分的优异成绩，被评为青海省“五五”普法依法治理优秀单位。

（张宗元　企业发展部）

【治安保卫消防工作】　2010年，水电四局有限公司公安处及公司所属二级单位依照签订的综合治理目标管理责任书，层层落实目标、责任和措施。全年共发生刑事案件16起，同2009年相比发案率降低17%；受理治安案件和民事调解案件80起，结理76起，结案率96%；全年为企业挽回经济损失123万元；参与制止矛盾纠纷、上访事件19起36人·次；帮助协调解决水电四局有限公司职工群众5486人的户口由龙羊峡、李家峡迁入西宁市；按照消防管理工作要求，水电四局有限公司所属单位共组建义务消防组织35个，下发火灾隐患通知62份，进行消防技能演练和培训26次，全年未发生火灾事故。

（张宗元　公安处）

检查监督

【党风廉政建设责任制落实情况】　2010年，水电四局有限公司党政主要领导分别与公司副职领导、公司所属二级单位和机关部门签订了党风廉政建设责任书，共计51份；水电四局有限公司各二级单位逐级签订了党风廉政建设责任书，共签订责任书365份，签订率达到100%。水电四局有限公司党委重新修订了党风廉政建设责任制考核评价办法和考核评分标准。2010年底，水电四局有限公司对二级单位党风廉政建设责任制执行情况进行了量化考核，22个单位为优秀，2个单位为良好。

（张宗元　吕成军）

【纪检监察工作】　2010年，水电四局有限公司纪检监察工作主要有以下几个方面：

（1）专题召开了水电四局有限公司纪检监察工作会议，水电四局有限公司党委书记代表水电四局有限公司领导班子向职工群众作出4项廉政承诺，水电四局有限公司及各单位领导599人·次也向职工作出了廉洁承诺。

（2）坚持日常检查和集中考核相结合，保证了党风廉政建设责任制的落实到位。

（3）强化惩防体系建设，抓好制度落实。根据工程建设和工作变动情况，及时调整和充实了水电四局有限公司惩防体系建设领导小组成员，建立了联络员制度，强化了责任人制度、半年总结和定期交流制度，修订和完善了《工程施工分包管理实施办法》、《分包商资源库管理办法》等制度，转发实施股份公司《国际业务财务管理办法》、《会计核算办法》、《工程发包、分包、设备物资采购和市场营销等领域廉洁从业若干规定》等管理办法和规定，深入推进“三重一大”民主决策的落实。

（4）加强企业廉洁文化建设，起草了《公司加强廉洁文化建设实施方案》，水电四局有限公司及所属单位成立了廉洁文化建设领导机构，组织开展廉洁班子、廉洁机关、廉洁项目、廉洁岗位、廉洁家庭“五廉”活动，不断巩固反腐倡廉惩防体系的建设。

（5）坚持开展党性党风党纪教育，扎实推进廉洁从业专项教育活动。水电四局有限公司及所属单位全年组织党课及反腐倡廉形势报告73场·次，组织学习《廉政准则》、《廉洁从业若干规定》245场·

次，开展廉洁从业教育240场·次，建立及修订生产经营制度14项，建立及修订廉洁从业制度67项。水电四局有限公司公司各单位组织各级领导人员开展了为期3个月的以学习《国有企业领导人员廉洁从业若干规定》为主要内容的廉洁从业专项教育活动。水电四局有限公司及各单位2150人参加教育活动，其中：中层以上领导221人，项目部班子成员525人。召开专题会和心得交流会127次，撰写心得体会1323篇。坚持干部廉洁从业谈话教育制度，对200余名中层领导人员进行了廉洁从业谈话，水电四局有限公司公司各单位开展廉洁谈话679人。坚持开展述廉议廉活动，219名中层以上领导人员按照规定进行了述廉议廉，221人完成了惩防体系管理信息系统中领导人员个人信息的录入工作，报告了重大事项。

（6）强化监督检查，深入开展效能监察等专项治理工作。重点围绕工程建设、小金库、经营管理等重点环节，查找问题，堵塞漏洞。全年对2008年以来水电四局有限公司投资项目和国家投资工程项目进行了全面排查，对35个重点单位（项目部）进行了监督检查，开展效能监察56项，通过效能监察，避免经济损失333.73万元，挽回经济损失352.93万元，节约资金52.28万元，直接增加经济效益650.79万元，建章立制41个。

（7）加强信访管理，及时解决和查处违纪问题。水电四局有限公司纪委全年共受理群众信访举报4件（3件由青海省纪委转办），其中检举控告类2件，其他类2件。检举控告类中涉及水电四局有限公司管中层领导人员1件，涉及二级单位中层干部1件。水电四局有限公司纪委通过调查核对，全部办结，对1名中层领导人员进行了提醒谈话。无立案案件。

（8）加强队伍建设，提升纪检监察人员素质。全年新成立纪委2个，增补二级单位纪委委员8名，新增纪检监察人员30人，与业务部门交流13人。组织二级单位纪委书记向水电四局有限公司纪委报告了单位落实党风廉政建设责任制情况及领导干部履职和廉洁自律情况，并组织召开了水电四局有限公司纪委民主生活会。

（张宗元　吕成军）

【厂务公开】　2010年，水电四局有限公司对于厂务公开的格式、内容等方面，制定了一套系统的原则性参照标准。青海省总工会将水电四局有限公司列为厂务公开民主管理工作的调研单位之一。2010年，水电四局有限公司及所属各单位定期或不定期进行厂务公开，水电四局有限公司工会领导在公司工作会及职代会上，对水电四局有限公司双文明建设共计10个大项内容作了厂务公开报告。在青海省厂务公开协调领导小组2010年的检查评比中，水电四局有限公司被评为“青海省推动厂务公开民主管理工作先进单位”。

（张宗元　公司工会）

【职工代表大会监督】　2010年，水电四局有限公司在水电四局有限公司召开工作会暨九届四次职工代表大会上，审议了水电四局有限公司各项工作报告，民主评议了水电四局有限公司级领导干部。根据《中华人民共和国劳动法》、国家劳动部门《集体合同规定》、《工资集体协商试行办法》等法律法规，按照青海省有关部门要求，在水电四局有限公司第五轮劳动合同的基础上，起草拟定了包括基础工资、年休假、企业年金、住房公积金、工资增长幅度、内部待岗生活补助、女职工产假工资、取暖费等内容的《工资集体协商专项合同书》，并经2011年召开的九届五次职工代表会议上讨论通过，正式签订了工资集体协商合同。

（张宗元　公司工会）

中国水利水电第五工程局有限公司

概　况

【综述】　中国水利水电第五工程局有限公司（以下简称“水电五局有限公司”）是集投资、施工、安装、制造、设计、科研为一体，以建筑业为主业，具有水利水电工程施工总承包特级、市政公用工程施工总承包壹级、房屋建筑工程施工总承包贰级、地基与基础工程专业承包壹级、公路路基工程专业承包壹级、隧道工程专业承包贰级、物业服务国家壹级等资质，具有对外承包工程经营权的大型建筑施工企业。是 ISO 9001：2000 标准质量管理体系、ISO 14001：2004 标准环境管理体系、GB/T 28001：2001 标准职业健康安全管理体系认证和达标企业，连续 10 年被建设银行等授予“AAA 级信用企业”。2010 年底，企业拥有先进设备 6000 余台（套）；年完成土石方挖填 1600 万立方米，混凝土浇筑 220 万立方米，大型隧洞开挖、衬砌 1.8 万延米，金属结构制作安装 3 万吨，大型水轮机组安装 150 万千瓦以上。2010 年，实现营业收入 65.65 亿元，同比增长 30.90%；实现利润总额 2.13 亿元，同比增长 28.11%；市场营销签约额 136.50 亿元，同比增长 133.65%；在岗员工平均收入增长 16.64%；国有资产增值保值率 132.69%；全员劳动生产率 73.60 万元/（人·年）。截至 2010 年底，公司总资产 45.85 亿元。水电五局有限公司有股权投资项目 8 个，其中全资公司 3 个，控股公司 1 个，参股公司 4 个；股权投资总额 21725.44 万元，其中全资及控股子公司 2226 万元，参股公司 19499.44 万元。年度实现投资收益 958.82 万元。连续 16 年保持省级“重合同守信用企业”称号，连续 8 年被授予国家级“重合同守信誉企业”荣誉，连续 7 年获得四川省政府“四川省 100 强企业”称号。2010 年内，水电五局有限公司荣获“全国工程建设质量管理优秀企业”、“全国优秀施工企业”、“全国用户满意企业”、“全国电力建设优秀施工企业”、“全国电力行业 AAA 级信用企业”、“四川省质量管理优秀企业”、“四川省放心工程示范单位”、“四川省五一劳动奖状”、四川省“建筑企业综合实力、最大市场份额、最佳效益额前 10 名”、“全国厂务公开民主管理先进单位”、“全国‘安康杯’竞赛优胜企业”、“四川省工程建设质量管理小组活动先进单位”、江苏省“重质量守信誉诚信施工单位”、集团公司“安全生产优秀企业”等荣誉称号。

【领导班子】　水电五局有限公司现任领导班子成员为：执行董事、总经理兼党委副书记郑久存；党委书记兼副总经理申茂夏；副总经理吴高见、卢学文、赵玉、贺鹏程、宁俊云、张邯涛、杜相如；党委副书记兼纪委书记、监事郝国英；总工程师吴高见（兼）；总会计师古昌祥；总经济师刘庆东；工会主席王民安。

【组织机构和职工队伍】　水电五局有限公司总部设有：总经理工作部、市场开发部、工程管理部、海外事业部、基础事业部、经营管理部、安全监察部、财务管理部、人力资源部、资金管理部、企业发展与投资管理部、设备物资部、审计部、社会保险事业管理部、监察部（与局纪委合署办公）、党委工作部（下设组织处）、北京办事处、昆明办事处等职能部门，以及公司工会、团委机关。二级单位有：第一分局、第三分局、第五分局、机电制造安装分局、基础处理分局、机电物资公司、科研所（中心试验室）、咨询公司、职教中心（与广播电视大学等合署）、基地分局、实业总公司。直属项目部（施工局）有：长河坝施工局、锦屏施工局。直属公司有：四川建筑装饰设计工程有限公司、四川能达水利水电咨询有限公司、陕西盛泰混凝土工程有限公司、成都五兴物业管理有限公司。

水电五局有限公司有员工 8943 人，各类专业技术人员 1942 人，专业技术人员中，教授级高级工程师 25 人，高级专业技术人员 245 人，中级专业技术人员 846 人；监理工程师 295 人，建造师 199 人（其中一级建造师 85 人，二级建造师 114 人）；享受政府津贴专家 3 人，四川省有突出贡献专家 1 人，专业技术带头人后备人选 3 人；集团公司专业技术带头人 2 人。

（高锦峰　何永定）

国内工程

【长河坝水电站大坝工程】　长河坝水电站位于四川省甘孜藏族自治州康定县境内，电站控制集水面积为 56648 平方千米。水库正常蓄水位 1690.00 米，总库容 11.4 亿立方米，调节库容 4.15 亿立方米，具有季调节能力。工程为一等大（1）型工程，枢纽挡水建筑物为砾石土心墙坝，坝顶高程为 1697.00 米，最大坝高 240.00 米。电站总装机容量 4×65 万千瓦。长河坝水电站枢纽建筑物主要由砾石土心墙坝、泄洪系统、引水发电系统组成。本标工程除大坝填筑外还包括河道截流、上下游土石围堰填筑、围堰基础及堰体防渗施工等。砾石土心墙坝坝顶高程为 1697.00 米，心墙最低建基面高程为 1457.00 米，最大坝高 240.0 米。坝顶宽度为 16.0 米，坝顶长度 497.94 米。工程于 2010 年 12 月 2 日中标，合同金额为 242890.1598 万元。

（任俊友　李　翔）

【溧阳抽水蓄能电站上水库库盆工程 C2 标】　溧阳抽水蓄能电站地处江苏省溧阳市，上水库位于龙潭林场伍员山工区，与安徽省接壤；下水库位于天目湖镇吴村，与沙河水库为邻，水电站位于苏南地区负荷中心。枢纽建筑物主要由上水库、输水系统、发电厂房（含地面开关站及副厂房）及下水库等 4 部分组成。电站总装机容量6×25万千瓦。

本合同项目主要包括上水库库盆、上水库进/出水口、①～②副坝、上水库环库公路、上水库施工期水流控制及初期蓄水、施工电源引接以及相应土建工程一期混凝土中的部分埋管埋件施工等。

上水库利用龙潭林场伍员山工区两条较平缓的冲沟在东面筑坝成库，主要建筑物由1座主坝、2座副坝、库岸及库底防渗体系等组成。上水库正常蓄水位291.000米，死水位254.000米，调节库容1195.9万立方米，库口面积0.39平方千米。主坝为钢筋混凝土面板堆石坝；2座副坝位于水库南北两侧垭口处，均为钢筋混凝土面板堆石坝；上水库的防渗体系由挡水大坝和库岸的钢筋混凝土面板、库底开挖和石渣回填后上覆的土工膜防渗体系组成。环库轴线总长（含坝顶部分）2417.05米。工程于2010年10月8日中标，合同金额为54870.1596万元。

（任俊友　李　翔）

【南水北调中线一期汉江兴隆水利枢纽泄水闸土建及金属结构、机电安装工程】　兴隆水利枢纽位于汉江下游湖北省潜江、天门市境内，是南水北调中线汉江中下游4项治理工程之一，同时也是汉江中下游水资源综合开发利用的一项重要工程。

兴隆水利枢纽由拦河水闸、船闸、电站厂房、鱼道、两岸滩地过流段及其上部的连接交通桥等建筑物组成。枢纽正常蓄水位36.2米，相应库容2.3亿立方米，规划灌溉面积327.6万亩，规划航道等级为Ⅲ级，电站装机容量为4万千瓦。

本合同项目主要包括泄水闸1～56号闸室、闸顶公路桥和门机大梁等上部结构及闸室对应的上下游消能防冲设施；左、右侧门库及上部结构、左侧上下游翼墙；左侧泄水闸至纵向围堰连接段；右侧上下游翼墙及挡土墙；围堰内进水渠和出水渠；拦漂排墩；与上述土建部分对应的金属结构及机电设备安装（含一期埋件制作）及调试；施工临时工程；小于或等于全年10%频率洪水条件下，围堰靠基坑侧坡面的维护；施工期水土保持及环境保护等。工程于2010年2月10日中标，合同金额为32803.1588万元，2010年4月6日开工。

2010年完成主要工程量：土方开挖1261811.29立方米、水泥土搅拌桩293969.71米、水泥砂垫层2331.49立方米、防渗墙C20混凝土43.59立方米、C10混凝土垫层432.3立方米、C25混凝土2271.94立方米。完成产值5056.60万元。

（任俊友　李　翔　李　婷）

【珠海机场高速公路土建工程第A3标段】　珠海机场高速公路位于珠海市金湾区和斗门区，是珠海市公路规划网“九高速、四纵三横、九加密”中的第四高速。本合同标段为第A3标段，起止桩号为（K22＋300）～（YK30＋332.827），全长8.032827千米。主要工程内容为乾务互通立交、珠峰大道高架桥、乾务一号大桥、锅盖栋一号隧道、乾务二号大桥、锅盖栋二号隧道、粤西沿海高速跨线桥、金台互通立交。工程于2010年1月15日中标，合同金额为67699.92万元。合同工期670天，2010年3月20日开工。

2010年完成主要工程量：开挖、初支1789米，仰供开挖初支、仰拱二衬、回填、整平完成737米，二次衬砌365.5米。完成产值15719.2万元。

（李　翔　李　婷）

【贵州省思南至剑河高速公路土建工程第1标段】思南至剑河高速公路是《贵州省骨架公路网规划》“678”网中第二纵——沿河至榕江高速公路的中间路段，起于思南，与瑞杭线思南至遵义高速公路相接，终于剑河，与沪昆线三穗至凯里高速公路相接，按双向四车道高速公路标准建设。本合同段为第1标段，起点为思南县城西侧双龙，终点为岑松，起止桩号为（K0＋620）～（K10＋250），全长9.934千米。行车速度为80千米/小时，路基宽21.5米，全封闭，全立交。工程于2010年4月6日中标，合同金额为2494.5033万元。合同工期26个月，2010年8月17日开工。

2010年完成主要工程量：土石方开挖26.6万立方米，混凝土浇筑5000立方米，土石方回填3万立方米。完成产值1700万元。

（李　翔　丁晓勇　李　婷）

【南水北调中线一期总干渠黄河北至美河北辉县段第五施工标段】　辉县段是南水北调中线一期工程总干渠Ⅳ渠段（黄河北至美河北）的组成部分，位于Ⅳ渠段的中部，地域上属于河南省的辉县市。工程于2009年3月16日中标，合同金额为32 218.995 6万元。2009年4月1日工程开工。

2010年完成主要工程量：土方开挖150.58万立方米，土石方开挖21.32万立方米，混凝土浇筑4.16万立方米。2010年完成工程产值11819.3万元，自开工以来累计完成产值14366.8万元。

【南水北调中线一期总干渠黄河北至美河北焦作1段第一施工标段】　焦作1段是南水北调中线一期工程

总干渠Ⅳ渠段（黄河北至羑河北）的组成部分，位于Ⅳ渠段的北部，黄羑段总共分有9个设计单元，焦作1段是继温博段和沁河倒虹吸工程段后的第三个设计单元。地域上属于河南省焦作市区的西半部。工程于2009年4月16日中标，合同金额为19109.2423万元。2009年4月25日开工，2009年7月10日正式施工。

2010年完成主要工程量：土方挖填81.41万立方米，混凝土浇筑3.41万立方米。2010年完成施工产值7082.90万元，自开工以来累计完成产值8410.50万元。

【亭子口水利枢纽电站厂房工程】 亭子口水利枢纽位于四川省广元市苍溪县境内，是嘉陵江干流开发中唯一的控制性工程。本工程为电站厂房及尾水渠工程。坝后式电站厂房布置在左岸，安装间布置于厂房左端，主厂房上下游均布置有副厂房。电站厂房顺流向长度49.48米，1～3号机组段宽28.0米，4号机组段宽30.80米，安装间Ⅰ段宽21米，安装间Ⅱ段宽26米。工程于2009年9月25日中标，合同金额为34105.5689万元，2009年10月1日开工。

2010年完成主要工程量：土方开挖0.50万立方米，石方开挖60.22万立方米，混凝土浇筑1.20万立方米。2010年完成施工产值5906.50万元，自开工以来累计完成产值5906.50万元。

【南水北调中线一期工程天津干线工程廊坊市段TJ4－3标段】 南水北调中线一期工程天津干线全长155.344千米，天津干线共分为有6个设计单元。廊坊市段工程是天津干线中的第四个设计单元。廊坊市段起点位于河北省廊坊市固安县马庄镇李洪庄村西约900米处，桩号为XW75＋927米，终点位于河北省廊坊霸州市与天津市武清区分界处，桩号XW131＋360米，全长55.433千米。本标段为天津干线廊坊市段TJ4－3标，设计桩号为（XW99＋897）～（XW111＋600），标段长11.70千米。该段以现浇混凝土箱涵为主，为有压输水箱涵，其他主要建筑物包括：通气孔5座、分水口1座、小型倒虹吸5座、小型公路涵4座、保水堰1座、王泊排干倒虹吸、通信系统的硅芯管采购和埋设。工程于中标2009年7月23日，合同金额为43996.9902万元，2009年7月15日开工。

2010年完成主要工程量：土方开挖175.50万立方米，混凝土浇筑10.99万立方米。2010年完成施工产值13232.50万元，自开工以来累计完成产值19139.00万元。

【昭化水电站右岸闸坝工程】 昭化水电站工程位于广元市昭化镇境内，是白龙江规划的最后一级水电站，电站位于嘉陵江亭子口水利枢纽工程（在建）库区内。本标段为昭化水电站右岸闸坝土建工程，包括右岸11孔泄洪闸土建工程、右岸非溢流坝土建工程、白龙江大桥防护工程、罗家桥河道疏浚工程。工程于2009年11月18日中标，合同金额为11450.067万元，2009年11月1日开工。

2011年完成主要工程量：土方开挖76.26万立方米。2010年完成施工产值3600.20万元，自开工以来累计完成产值4160.20万元。

【牛栏江—滇池补水工程控制性试验场地输水线施工11标段】 牛栏江—滇池补水工程分布于云南省曲靖市沾益县、会泽县以及昆明市的寻甸县、嵩明县和昆明市盘龙区境内。本标段工作范围为输水线路桩号（104＋738.44）～（114＋809.436），包括输水线路大五山隧洞（26＋134）～（36＋205）及其3条施工支洞土建工程。大五山隧洞段长10071米，断面采用标准马蹄形断面，底拱半径为4.0米，侧底拱半径为6.0米，顶拱半径为2.0米，开挖断面约4.8米×5.4米（宽×高）。施工支洞均为斜井支洞，断面均为城门洞型，断面尺寸5.0米×5.0米（宽×高）。工程于2009年9月6日中标，合同金额为23867.9978万元，2009年8月1日工程开工。

2010年完成的主要工程量：土方开挖2.93万立方米，石方开挖7.70万立方米，混凝土浇筑1.52万立方米。2010年完成施工产值6598.30万元，自开工以来累计完成产值7427.30万元。

【广东清远抽水蓄能电站水道及厂房系统土建工程Ⅰ标段】 清远抽水蓄能电站位于广东省清远市清新县太平镇境内，地理位置处于珠江三角洲西北部。本标段枢纽工程主要由水道系统的上库进出水口，上库闸门井，引水隧洞系统工程上平洞、竖井段、中平洞、1号和2号施工支洞施工及堵头组成。工程于2009年10月21日中标，合同金额为10722.0216万元，2009年9月1日工程开工。

2010年完成主要工程量：土方开挖21.90万立方米，土石方开挖19.26万立方米，混凝土浇筑1.4万立方米。2010年完成施工产值5048.50万元，自开工以来累计完成产值6926.40万元。

【立洲水电站砂石加工系统工程】 立洲水电站位于四川省凉山彝族自治州木里县木里河干流河道上，系木里河干流（上通坝至阿布地河段）水电规划

"一库六级"的第六个梯级，采用引水式开发，上游接固增水电站，其下游为锦屏一级水电站库区。本工程为砂石加工系统，负责生产供应整个主体工程建设所需的混凝土骨料，混凝土总量约82.6万立方米，需砂石净料总量约182万吨，其中碎石115万吨，砂67万吨。工程中标于2009年2月4日，合同金额为12600.0万元，2009年1月15日工程开工。

2010年完成的主要工程量：土方开挖16.00万立方米，石方开挖8.30万立方米，混凝土浇筑1.80万立方米，金属结构制作安装1150.00吨。2010年完成施工产值3541.70万元，自开工以来累计完成产值5263.60万元。

【南水北调东线第一期工程穿黄河北区穿黄隧洞工程】 该工程位于山东省东平和东阿两县境内，黄河下游中段，地处鲁中南山区与华北平原接壤带中部的剥蚀堆积孤山和残丘区，是南水北调东线工程从东平湖至黄河以北输水干渠的一段输水工程，是南水北调东线的关键控制性项目。工程于2008年1月4日中标，合同金额为2609.9188万元，2008年3月1日工程开工。

2010年完成主要工程量：土方开挖2.69万立方米，石方开挖2.08万立方米，混凝土浇筑0.39万立方米。2010年完成施工产值1031.70万元，自开工以来累计完成产值3321.20万元。

【南水北调东线第一期工程穿黄河北区出口闸及隧洞出口连接段工程】 该工程位于山东省东平和东阿两县境内，黄河下游中段，地处鲁中南山区与华北平原接壤带中部的剥蚀堆积孤山和残丘区，是南水北调东线的关键控制性项目。工程于2008年6月17日中标，合同金额为1072.33万元。

2010年完成主要工程量：石方开挖0.72万立方米，混凝土浇筑0.19万立方米。2010年完成施工产值953.70万元，自开工以来累计完成产值953.70万元。

【毛尔盖水电站大坝工程】 毛尔盖水电站位于四川省阿坝藏族羌族自治州黑水县境内，黑水河中游红岩乡至俄石坝河段，是黑水河流域水电规划二库五级方案开发的第三梯级电站，该电站为大（2）型混合式，单一发电工程。工程于2008年4月16日中标，合同金额为81895万元，2008年4月1日开工。

2010年完成主要工程量：土方开挖275.01万立方米，石方挖填785.51万立方米，混凝土浇筑28.88万立方米。自开工以来累计完成产值78963.30万元。

【沙溪航电枢纽左岸闸坝及船闸土建工程】 沙溪航电枢纽工程位于四川省阆中市沙溪乡嘉陵江干流上，枢纽上接苍溪梯级，下与金银台梯级相连，电站枢纽距阆中市约12千米，212国道从坝区左岸通过，交通较为方便。工程于2008年9月17日中标，合同金额为27981万元，2008年10月11日开工。

2010年完成主要工程量：土方开挖11.96万立方米，石方开挖0.48万立方米，混凝土浇筑381.65万立方米。2010年完成施工产值7183.70万元，自开工以来累计完成产值20926.70元。

【溧阳抽水蓄能电站施工支洞、厂区灌排廊道及部分灌浆工程】 江苏溧阳抽水蓄能电站地处江苏省溧阳市，上水库位于龙潭林场伍员山工区，与安徽省接壤；下水库位于天目湖镇吴村，于沙河水库为邻。工程于2008年11月17日中标，合同金额为13385.65万元，2008年12月16日开工。

2010年完成主要工程量：土方开挖0.15万立方米，石方开挖4.87万立方米，混凝土浇筑1.66万立方米。2010年完成施工产值6274.40万元，自开工以来累计完成产值9128.90万元。

【亭子口水利枢纽左岸前期工程】 亭子口水利枢纽位于四川省广元市苍溪县境内，是嘉陵江干流开发中唯一的控制性工程，是以防洪、灌溉及城乡供水、发电为主，兼顾航运，并具有拦沙减淤等效益的综合利用工程。工程于2008年11月24日中标，合同金额为12678.15万元。

2010年完成主要工程量：土方开挖6.59万立方米，石方开挖16.37万立方米，混凝土浇筑1.76万立方米。2010年完成施工产值5488.50万元，自开工以来累计完成产值14032.30万元。

【苗家坝水电站右岸排沙洞、发电引水洞、厂房土建及金属结构安装工程】 苗家坝水电站位于白龙江下游，甘肃省文县境内，距下游已建成的碧口水电站公路里程31.5千米。电站尾水与碧口水电站水库回水衔接。工程于2008年12月22日中标，合同金额为21656.9099万元。

2010年完成主要工程量：石方开挖17.89万立方米，混凝土浇筑10.11万立方米，金属结构制作安装806.00吨。2010年完成施工产值12346.20万元，自开工以来累计完成产值17851.60万元。

【安徽响水涧抽水蓄能电站上水库土建工程】 响水涧抽水蓄能电站位于安徽省芜湖市三山区峨桥镇境内，装机容量4×25万千瓦。2007年9月30日，水电五局水限公司中标上水库土建工程，合同金额为3.35亿元，2007年12月28日开工。

2010年完成主要工程量：土方开挖6.56万立方米，石方开挖59.12万立方米，混凝土浇筑6.89万立方米。2010年完成产值9401.10万元，自开工以来累计完成产值15618.20万元。

【锦屏二级水电站闸坝工程】 锦屏二级水电站位于四川省凉山彝族自治州木里、盐源、冕宁三县交界处的雅砻江干流锦屏大河弯上，是雅砻江干流上的重要梯级电站，电站总装机容量8×60万千瓦。2007年10月16日，水电五局有限公司中标首部拦河闸坝工程，合同金额为3.856亿元，2008年1月15日开工。

2010年完成主要工程量：土方开挖0.52万立方米，石方开挖3.88万立方米，混凝土浇筑11.55万立方米。2010年完成产值9783.6万元，自开工以来累计完成产值21093.7万元。

【锦屏二级水电站西端引水洞C2标】 锦屏二级水电站引水系统采用4洞8机布置型式，引水隧洞洞群沿线上覆岩体一般埋深1500～2000米，最大埋深约为2525米，具有埋深大、洞线长、洞径大的特点。电站总装机容量8×60万千瓦。工程于2007年7月16日中标，由水电五局有限公司与中铁二局集团公司联营承建，中标合同金额为8亿元，水电五局有限公司占有份额为3.36亿元。

2010年完成主要工程量：石方开挖0.78万立方米，混凝土浇筑7.55万立方米。2010年完成产值5999.6万元，自开工以来累计完成产值9670.00万元。

【锦屏二级水电站厂区枢纽调压井工程】 锦屏二级水电站调压室竖井内径为26.00米，钢筋混凝土衬砌厚度为1.00米，顶高程为1711.00米，竖井底板高程为1574.20米，总高度约为136.80米。本工程属水电五局有限公司于2007年6月从葛洲坝集团公司分包承建工程，分包合同金额为2.531亿元。

2010年完成主要工程量：石方开挖16.31万立方米，混凝土浇筑1.07万立方米。2010年完成产值8058.00万元，自开工以来累计完成产值15425.90万元。

【长河坝水电站左岸高边坡开挖及支护工程】 长河坝水电站位于四川省甘孜藏族自治州康定县大渡河上游金汤河口以下4～7千米河段上，是大渡河梯级开发中的第十级电站，电站总装机容量4×65万千瓦。工程于2007年6月11日中标，合同金额为18070.591万元，2007年6月12日开工。

2010年完成主要工程量：土方开挖0.15万立方米，石方开挖112.89万立方米，混凝土浇筑1.91万立方米。2010年完成产值10936.1万元，自开工以来累计完成产值14294.9万元。

【沙溪航电枢纽右岸泄洪冲沙闸及厂房土建工程】 沙溪航电枢纽工程位于四川省阆中市沙溪乡嘉陵江干流上，总装机容量为8.7万千瓦，共安装3台单机容量2.9万千瓦的贯流式灯泡机组。工程于2007年7月18日中标，合同金额为1.68亿元，2007年9月20日开工。

2010年完成主要工程量：混凝土浇筑0.78万立方米。2011年完成产值2140.30万元，自开工以来累计完成产值16397.70万元。

（高锦峰 李婷 李翔）

国际工程

【摩洛哥拜本高速公路工程】 该工程全称为摩洛哥拜莱希德—本艾哈迈德高速公路工程一标段。本标段工程为双向四车道全封闭高速公路，全长38.60千米。中标合同金额137861.75万人民币（含税价）。工程总工期为32个月，2010年4月16日开工，计划完工时间为2012年12月15日。该工程位于摩洛哥阿特拉斯山脉以北，起始位置距离卡萨布兰卡大致40千米左右，主要地形为平原丘陵地形，海拔在200～600米之间，PK00～PK22段地势相对平坦，PK22～PK38.6段为山区丘陵地形。

本标段工程主要工作范围分成4个部分：临建设施、补充设计、测量、内外部质量控制；剥离清障、土方工程、区域排水及植被；路体工程；各类构造物：立交桥施工、水利构造物、上下通道、行人便道［不包括标志标线、安全防护、围栏（墙）、种植等工程内容］。工程于2010年4月16日开工，主体工程于2010年8月16日开工。2010内完成了承包商营地和监理营地的建设；启动了R3、R4、D3、D4的清表及开挖，启动了R3、R4的填筑；完成了OH223、OH241－1等6道管涵的安装；完成了PS85、PS96等6个上通道的基础钢筋混凝土浇筑。

2010年度完成的主要工程量：土石方开挖43.398 6万立方米，土方填筑18.304万立方米，管涵安装511.10米，混凝土浇筑2535立方米。2010年完成施工产值4672万元（人民币）。

【摩洛哥塔贝高速公路工程】 该工程全称为摩洛哥拜莱希德—贝尼梅拉高速公路第五标段。本标段工程为双向四车道高速公路，全长21.878千米。工程于2010年2月18日中标，合同金额77375.88万迪拉姆（税前）。工程总工期为28个月，2010年4月16日开工，计划完工时间为2012年8月16日。工程位于摩洛哥阿特拉斯山脉以北，本标段前半段为起伏不大的小丘陵，后半段为平原。

本标段工程主要工作范围分成4个部分：临建设施、补充设计、测量、内外部质量控制；剥离清障、土方、区域排水及植被；路面工程；各类构造物：箱涵、高架桥、立交桥、上通道、车行通道等［不包括标志标线、安全防护、围栏（墙）、种植等工程内容］。工程于2010年4月16日开工。2010年内，完成营地和临建设施建设，并投入使用；进行了主体工程施工前期工作，取得主体工程开工令。

2010年度完成主要工程量：营地建设1项，实验室1项，混凝土浇筑拌和站0.5项，筛分系统0.5项，清障70.87公顷，清表5.4216万立方米，土方开挖12.8196万立方米，土方回填12.8196万立方米，涵管安装2156延米，钢筋制作安装440吨，混凝土浇筑5403立方米。2010年度完成施工产值551.5万美元。

【摩洛哥拉巴特绕城高速公路工程】 该工程位于摩洛哥首都拉巴特附近，标段主要位于平原兼小丘陵区。公路沿线海拔在30～150米之间，沿线基本是城市郊区，几乎全部为果园、农田，通道等构造物、管网线等较多。本标段工程起始端与A3公路相连，终点端与6号国家公路相接，沿线在PK5、PK18、PK35等道路桩号附近有RP4022、RR401、RP4008等公路与拟建高速公路交叉相连，且在本标起点附近有一条电气化铁路通过，对外交通便利。本标段高速公路是为了将非进入RABAT市的车辆进行分流，连接现有的卡萨布兰卡与拉巴特之间的高速公路和出拉巴特城市的高速公路的路段，全长39.9675千米。工程合同金额为163786.49万人民币，总工期为32个月，2010年11月1日开工，计划完工时间为2013年7月1日。

2010年完成的主要工程量：补充地勘钻孔完成180.71米，反铲挖孔完成5.79米，临建工程征地8.27公顷。2010年度完成施工产值8.44万美元。

【苏丹上阿特巴拉水利枢纽工程】 该工程全称为苏丹上阿特巴拉水利枢纽工程C1－B标段，位于苏丹东南部的苏丹、埃塞俄比亚和厄立特里亚三国交界地；公路与首都喀土穆的距离为460千米，与苏丹港的距离为659千米。工程以CWE－CTGC JV名义于2010年4月中标，中标合同价为41832.1565万美元。由水电五局有限公司和中国水利电力对外公司组成联营体实施，水电五局有限公司占49%的股份。工程总工期为58个月。工程主要功能为灌溉，其次为发电。主要工作范围由左右岸土堤、左岸土石坝、河床心墙坝、溢洪道、灌溉取水口及厂房组成，枢纽总长6，615.84米。左右岸土堤最大堤高为24.80米，左岸土堤长940米，右岸土堤长4735.84米；左岸心墙坝最大坝高约44.80米，坝长190.50米；河床心墙坝最高坝高约51.3米，坝长608.5米；溢洪道位于Setit河左侧，最大高度54.8米，宽约141米，设有6个低位泄水孔（6扇弧形闸门）、2个高位表孔（设2扇弧形闸门，其上各带有组合翻板闸门），消力池段长约112.99米，消力坎段长28米；灌溉取水口及厂房宽约52米，3个灌溉取水口，其上今后拟安装3台灯泡贯流式水轮机发电机组。工程于2010年9月1日开工。2010年内，主要进行临建及前期准备工作，完成土方开挖42.5万立方米。2010年度完成施工产值1280.06万美元。

（郭　威　高锦峰）

【苏丹麦洛维大坝工程】 麦洛维大坝工程位于尼罗河上，地处非洲苏丹共和国的北部，距离苏丹首都喀土穆约480千米。工程由水电五局有限公司和水电七局有限公司共同承建，合同总额约6.1亿欧元。合同标段比例为：水电七局有限公司57.5%，水电五局有限公司42.5%。工程于2003年6月15日开工。2010年，工程由主体施工高峰期转入尾工阶段，年内，2A标、2C标正式移交。

2010年内完成主要工程量：土石方挖填2720万立方米，混凝土浇筑190万立方米，金属结构制作安装14.3万吨。2010年完成产值1578万欧元（其中，土建2标1422万欧元，金属结构3D标156万欧元），自开工以来累计完成产值8.3795亿欧元（其中，土建2标7.47亿欧元，金属结构3D标9095万欧元）。

【苏丹麦洛维灌溉项目合同MIP－C1A左岸水渠穿越式排水建筑物工程】 该工程位于苏丹北部，

距离首都喀土穆以北 300～400 千米的地区，尼罗河第三瀑布和第四瀑布之间。本合同段区域位于尼罗河左岸，麦洛维大坝左岸取水口下游 40 千米内的区域。工程由水电五局有限公司和水电七局有限公司共同承建，合同总金额 2250 万美元。工程于 2009 年 4 月 10 日开工，2010 年 3 月工程全部完工。2010 年内完成主要工程量：土石方填筑 1.5 万立方米，混凝土浇筑 6900 立方米；累计完成土石方挖填 5 万立方米，混凝土浇筑 1.57 万立方米。2010 年完成产值 315 万美元，自开工以来累计完成产值 907 万美元。

【苏丹罗赛雷斯大坝加高工程】　罗赛雷斯大坝加高工程位于南距苏丹首都喀土穆 550 千米的 Damazin 市。项目为水电五局有限公司和水电七局有限公司联营项目，合同金额 3.96 亿美元，水电五局有限公司占 32%的股份。工程于 2008 年 5 月 1 日开工。2010 年完成主要工程量：土石方开挖 233.66 万立方米，土石方填筑 632.93 万立方米，混凝土浇筑 6.36 万立方米；累计完成土石方开挖 301.45 万立方米，土石方填筑 652.34 万立方米，混凝土浇筑 7.73 万立方米。2010 年完成工程产值 12671.26 万美元，自开工以来累计完成工程产值 19165.76 万美元。

【苏丹爱尔兰克—马拉卡尔（345 千米）公路工程】该工程位于南苏丹上尼罗河州境内，北起 RENK 县南至 MALAKAL 市。工程主承包商为集团公司，水电五局有限公司和水电第七局有限公司组成“五七联营体”负责施工，水电五局有限公司为责任方，占 55%的股份，中标合同价为 22157.373 万美元。工程于 2009 年 12 月 15 日开工。2010 年完成主要工程量：清表 306.74 公顷，原地面翻松碾压 103.59 万平方米，路基填筑 106.67 万立方米，稳定土底基层 0.30 万立方米，原道路路基加宽 21.33 万立方米，原道路加宽调整的砂封黏土层 5.27 万立方米，沥青底基层 0.89 万立方米，沥青混凝土 420 立方米，桥梁混凝土（预制梁）96 立方米。累计完成主要工程量：清表 527.14 公顷，原地面翻松碾压 109.47 万平方米，路基填筑 106.67 万立方米，稳定土底基层 0.30 万立方米，原道路路基加宽 21.33 万立方米，原道路加宽调整的砂封黏土层 5.27 万立方米，沥青底基层 0.89 万立方米，沥青混凝土 420 立方米，桥梁混凝土（预制梁）96 立方米。2010 年完成产值 1830.76 万美元，自开工以来累计完成工程产值 1877.52 万美元。

【摩洛哥伊米塔鲁特—阿加拉段高速公路工程】　摩洛哥伊米塔鲁特—阿加拉段（Imintanoute-Argana）高速公路工程位于摩洛哥西南部。该标段是水电五局有限公司与中国海外工程总公司的合作项目，合同金额1.4685亿美元。工程于 2007 年 2 月 15 日开工，2010 年 12 月全面完成并验收。2010 年完成主要工程量：土石方开挖 89.64 万立方米，土石方填筑 16.68 万立方米，混凝土浇筑 0.31 万立方米，混凝土管涵安装 542 米，底基层 9.33 万立方米，非处理碎石 24.98 万立方米，沥青碎石 28.03 万吨，沥青混凝土 13.5 万吨。自开工以来至 2010 年底累计完成工程量：土石方开挖 1274.70 万立方米，土石方填筑 549.10 万立方米，混凝土浇筑 6.15 万立方米，混凝土管涵 9712 延米，底基层 53.02 万立方米，非处理碎石 34.53 万元立方米，沥青碎石 35.90 万吨，沥青混凝土 14.38 万吨。2010 年完成产值 5.2427 亿元人民币（按投标汇率计算），自开工以来累计完成产值（人民币）14.3603 亿元（按投标汇率计算）。

【摩洛哥塔乌高速公路 3.3 标段】　摩洛哥王国 TA-ZA - OUJDA 高速公路 3.3 标段，位于摩洛哥北部塔扎省境内。工程为水电五局有限公司与中国海外工程总公司的合作项目。中标税前价 7556.6615 万欧元，约合人民币 8.21409 亿元（税后价 9067.9938 万欧元，约合人民币 9.85691 亿元）。工程于 2008 年 4 月 28 开工。2010 年完成主要工程量：承包商建点 10.6%项，土方开挖 215.20 万立方米，路基填筑 176 万立方米，涵管安装 1426.80 延米，混凝土浇筑 2.35 万立方米，钢筋制作安装 3078.50 吨，搭瓦预制 7373 延米，非处理碎石生产 19.80 万立方米，非处理碎石上料 11.70 万立方米，T 梁预制 92 榀，T 梁吊装 104 榀，沥青碎石层施工 2.1775 延米，排水沟施工 2.6892 万延米，沥青碎石层施工 2.1775 万延米。2010 年完成产值 26570.2 万迪拉姆（摩洛哥币），自开工以来累计完成产值 51872.82 万迪拉姆（摩洛哥币）。

【摩洛哥东西高速公路塔乌 4.1 标段】　该工程为水电五局有限公司与中国海外工程总公司的合作项目。中标税前价 6701.6056 万欧元，约合人民币7.28465 亿元（税后价 8041.9267 万欧元，约合人民币 8.74157 亿元）。工程于 2008 年 4 月 28 开工。2010 年度完成主要工程量：承包商建点 28.00%项，清障剥离 10.45 公顷，土方开挖 5.3 万立方米，路基填筑 35.61 万立方米，涵管安装 313.5 延米，混凝土浇筑 6243.39 立方米，钢筋制作安装 835.53 吨，隔离墩施工 32989.2 延米，锥坡防护 8324 平方米，饰板吊装 1792.32 延米，防护栏杆安装 1743.52 延米，桥上路缘石 900.08 延米，桥上人行道 394.06 平方米，排水沟施工 37737.71 延米，防冲乱石 38316.74 立方米，路缘石预制 1939.98 延米，路肩凸缘 55031 延米，沥青碎石基层施工 719.38 延米，非处理碎石基层 6859.69 立方米，非处理碎石 22.8 万立方米，沥青碎石 11.87 万吨，沥青混凝土 10.29 万吨。2010 年完成产值 27079.46 万迪拉姆，自开工以来累计完成产值 58112.72 万迪拉姆。

【埃塞俄比亚高博高博—伽士纳道路改造工程】 埃塞俄比亚高博高博—伽士纳（Gob Gob-Gashena）公路升级改造工程，位于埃塞俄比亚中北部地区。该标段为水电五局有限公司与中国水利电力对外公司的合作项目，合同金额为 2619.35 万美元。工程于 2006 年 7 月 31 日开工，2010 年 12 月 20 日全部工程达到合同约定移交条件。2010 年度完成主要工程量：沥青混凝土路面 54 万平方米，基层 base11 万立方米，浆砌石及混凝土工程 2.4 万立方米。累计完成工程量：沥青混凝土路面 68 万平方米，基层 19 万立方米，底基层 29 万立方米，其他回填 41 万立方米，弃料开挖 40 万立方米，涵洞 139 个，浆砌石 5.40 万立方米。2010 年完成产值 2429.82 万美元，自开工以来累计完成产值 4006.40 万美元。

【埃塞俄比亚瓦佳—马吉道路改造工程】 埃塞俄比亚瓦佳—马吉道路改造工程地处埃塞俄比亚南部热带雨林地区。该工程是水电五局有限公司与中国水利电力对外公司合作的项目，合同金额约 8773 万美元。工程于 2007 年 9 月 25 日开工。2010 年完成主要工程量：土方开挖 270.10 万立方米，石方开挖 15.60 万立方米，土方填筑 46.20 万立方米，封层填筑 5.50 万立方米，磨耗层路面 11.00 万立方米，底基层 2.80 万立方米，基层 1.60 万立方米，沥青双表处 4.70 万平方米，管涵安装 1409 米，浆砌石挡土墙 4.40 立方米，浆砌石排水沟 4.10 万平方米，钢筋制作安装 14 吨，混凝土浇筑 189 立方米。累计完成工程量：土方开挖 774.50 万立方米，石方开挖 63.10 万立方米，土方填筑 171.00 万方立方米，封层填筑 12.60 万立方米，磨耗层路面 16.30 万立方米，底基层 3.50 万立方米，基层 1.60 万立方米，沥青双表处 4.70 万平方米，管涵安装 4570 米，浆砌石挡土墙 5.9 立方米，浆砌石排水沟 4.30 万平方米，钢筋制作安装 37 吨，混凝土浇筑 695 立方米。2010 年完成产值 2563.92 万美元（水电五局有限公司部分），自开工以来累计完成产值 7062.46 万美元。

（郭　威　高锦峰）

基础事业与非水电业务

【基础事业市场开发】 2010 年，水电五局有限公司基础事业市场开发工作取得重大突破。年度内先后中标了广东省珠海机场高速公路工程土建工程、丽江至攀枝花高速公路工程、吉林省大伙房水库输水应急入连工程、贵州省思南至剑河高速公路工程、四川省烟草公司泸州市公司烟水配套工程、江苏省太仓市应急水源地工程围堤工程、四川省平武县南坝水电站灾后恢复重建工程、牡丹风电场工程、四川省嘉陵江亭子口公路复建工程、法国开发署优惠紧急贷款四川省城镇市政基础设施灾后重建工程等项目，中标金额 16.6 亿元人民币，其中非水电工程中标金额 15.8 亿元人民币。2010 年内，在做好基础事业投标工作的同时，重点关注了公路、铁路、市政、水务等基础事业市场信息，做了大量工作。完善了基础事业管理机构，充实了技术及管理人员，明确了职责权限，制定了各项管理规章制度。起草完成了水电五局有限公司管理型项目管理等制度。以加强“四个体系”、“五支队伍”建设为主线，完善和规范基础事业部门及各岗位的工作职责。加强非水电人才培养和职工培训，年培训 49 余次，接收大中专毕业生 9 人，引进外部人才 10 余人。2010 年，基础事业完成产值 1.8 亿元。

（高锦峰　崔　竣）

【物资供应及物流】 2010 年，水电五局有限公司物资供应及物流业务，在巩固原有市场的基础上，积极开发新市场，提高市场营销额。先后签订了苏丹爱玛公路项目采购合同、内蒙古大唐国际无缝管买卖合同、水电九局木坡水电站钢筋采购合同、摩洛哥王国高速公路 3.3 标段设备物资采购合同、四川省盐源甲米河一级水电站水泥补充采购合同、国电毛滩钢筋采购合同等。2010 年内，共签订物资供应及物流业务主附合同 120 份，市场营销新签约合同金额 2.3 亿元，年末合同储备 2.6 亿元，完成营业收入 14248.72万元。

（高锦峰）

【物业服务与建筑装饰】 水电五局有限公司物业服务与建筑装饰等业务分 3 个经营板块：物业服务、建筑装饰、输（变）电运行。2010 年度，成五兴物业管理有限公司在原一级行业资质的基础上，成为中国物业协会常务理事单位，其承担的中国水电大厦

（四川）物业服务被评为“成都市物业服务十佳写字楼”，西岸观邸被评为“成都市2010年物业服五星级住宅小区”。在继续保持电站营地物业与已有商务物业服务的同时，先后中标西昌卫星发射中心、中国移动四川成都分公司、成都地铁1号线皂角树车辆段及OCC B栋保洁及辅助生产服务，薛古木卡营地、邛名高速收费站点及邛名高速路面保洁物业服务，德阳汇通大厦、民和益地水电站临时营地等7个物业服务项目。2010年，市场营销额2500万元，完成营业产值2456.7万元。四川建筑装饰设计工程有限公司获得金属门窗专业承包壹级资质、幕墙工程专业承包叁级资质。首次承接新材料幕墙项目，开发了铝型材产品和新型高端产品。成功挤入“蓝光”等知名房地产企门窗制作、安装合格供应商名单，承接了摩玛城、西南交大棠蓉小区门窗制作安装等一批具有行业影响力的项目，开始承接大额订单。2010年，市场营销额4154.66万元，完成营业产值3000万元。输变电业务获得送变电工程专业承包贰级资质和承装（修、试）电力设施二级许可证。中标云南省德清县丹达河水电站10千伏送变电工程、省道303线巴朗山隧道施工供电工程等项目。2010年，市场营销额1099万元，完成营业产值690万元。

（高锦峰　徐蒙格）

【试验、检测、测量业务】　2010年8月，水电五局有限公司科研所通过水利部全国甲级水利工程质量检测单位资质评审委员会及其专家组的评审，获得“岩石工程甲级”、“混凝土工程甲级”和“量测甲级”3项水利专业资质。2010年11月，水电五局有限公司与集团路桥公司合作筹建、水电五局承建的大型公路工程母体试验检测基地——北京昌平试验检测中心正式挂牌成立。2010年，公司试验、检测、测量业务努力向国际工程项目和国内外非水电业务项目拓展，取得了新的进步。中标苏丹上阿特巴拉项目施工测量、试验检测专业分包合同，合同金额5700万元。2010年内，新签订合同22个，合同金额8552.30万元，年末合同存量9240万元，完成经营产值3178.92万元。

【职业教育与培训】　2010年，水电五局有限公司职业教育与培训工作坚持“以职工培训为主体，以职业教育为主线，以校办产业为辅助，以管理创效为目标”的指导思想，取得了经济效益与社会效益双丰收。水电五局有限公司职教中心于2010年11月，跻身于国家中等职业教育改革发展示范学校行列，为广元市唯一一所国家示范中等职业学校。2010年12月，被四川大学成人教育学院授予“四川大学2010年度先进教学站点”称号。2010年内，继续承担了四川省人民政府稳藏计划9+3教育工作任务，组织完成了技师学院的申报工作。在多方沟通与积极努力下，与四川大学、西南交通大学、韩国湖原大学等实现了联合办学发展新模式。共有27名教师的论文和教研成果分别发表、获奖和在国家级刊物上刊登。

2010年，职教中心承办各种培训36期，培训人数3299人·次。其中：水电五局有限公司内部各种培训1134人·次，集团公司内培训273人·次，广元市农民工培训1892人次。与此同时，进行各类技能鉴定1260人，特种作业取证考核857人，复审考核309人，关键岗位培训448人，驾驶员培训6098人，道路运输从业资格证培训1687人。加强水电五局有限公司内部技能人才培训，开办了第二届公司专项班，招录学生200人，从教学内容、教学手段上改进，重点从职业素养和职业能力着手进行培养。采取由专业教师带领测量等专业学生前往京沪高铁、长河坝、亭子口等项目参加工程抢工等方式，进行学习实践和工作锻炼，使学生毕业后均能独立上岗。2010年，职业教育与培训业务完成营业收入3150万元。

（高锦峰）

投资开发

【四川松林河流域开发有限公司】　四川松林河流域开发有限公司成立于2002年12月，注册资本16000万元，专业从事电能的生产和销售以及水电项目的开发、建设、投资、经营、水电技术咨询、服务及综合利用。水电五局有限公司为该公司的参股方，出资比例为10%，累计已出资金额为3410万元；控股方是中国水电建设集团四川电力开发有限公司，出资比例为50%；其余参股方及出资比例分别是四川启明星科技发展有限责任公司16%、水电十局有限公司14%、水电七局成都水电建设工程有限公司7%、水电七局成都工程有限责任公司3%。根据四川松林河流域开发有限公司2010年财务报表，2010年末资产总额为131294.85万元，2010年实现营业收入20740.26万元，实现净利润6011.66万元，净利润率为28.99%。

【四川紫兰坝水电开发有限责任公司】　四川紫兰坝水电开发有限责任公司成立于1998年9月，注册资本11025万元，经营范围包括电力开发、建设、销售等。水电五局有限公司为该公司的参股方，出资比例为12.24%，已出资金额为1350万元；控股方是华电四川发电有限公司，出资比例为60.14%；其余参股方及出资比例分别是中国水电建设集团四川水电开发有限公司18.37%、广元玉龙水电开发公司9.25%。该公司开发的紫兰坝水电站位于四川省广元市境内，是白龙江干流梯级开发规划中最后一级梯级电站，厂内安装3台贯流式水轮发电机组。电站装机容量10.2万千瓦，保证出力2.9万千瓦，年发电量4.41亿千瓦·时，预计总投资90054万元。目前紫兰坝水电站工程已完工，机组已投入运转。该公司2010年经营状况有所好转，但经营能力、管理能力和创利能力有待加强，利润实现情况较差，投资收益不太理想。2010年末，该公司资产总额76598.02万元，所有者权益8911.40万元。2010年实现营业收入8832.57万元，实现净利润275.41万元，净利润率为3.12%。

【四川建筑装饰设计工程有限公司】 四川建筑装饰设计工程有限公司成立于2007年10月，注册资本500万元，为水电五局有限公司全资子公司。营业范围为：塑钢门窗、木门窗、铝合金门窗、金属结构、幕墙的设计、制造、销售、安装；销售建筑材料、机电设备、五金交电、金属材料、金属制品加工等。2010年末资产总额1996.15万元，所有者权益512.70万元。2010年实现营业收入3008.28万元，上交投资收益后实现净利润7.17万元。根据财务报表反映和2010年对该公司经营情况的了解和掌握，该公司总体经营状况良好，持续发展较好。

【四川能达水利水电咨询有限公司】 四川能达水利水电咨询有限公司成立于1993年11月，因拓展业务、增强市场竞争力和提升资质需要，该公司于2008年8月经集团公司审批同意后注册资本增加为200万元，经营范围为：水利水电咨询、工程监理、建设工程项目管理、机电及金属结构设备制造、水利水电建设工程环境保护监理等。该公司为中国水利工程协会的会员单位，取得了水利工程施工监理甲级、水利工程建设环境保护监理资质。该公司为水电五局有限公司全资子公司。2010年末资产总额653.27万元，所有者权益426.34万元。2010年累计营业收入1519.47万元，实现净利润198.21万元，净利润率为13.04%。根据财务报表反映和2010年对该公司经营情况的了解和掌握，该公司总体经营状况较好，投资效益较为理想。

【陕西盛泰混凝土工程有限公司】 陕西盛泰混凝土工程有限公司成立于2001年7月，注册资本1080万元，主营业务为混凝土生产与销售，于2004年12月股权结构重新调整后，作为水电五局有限公司控股子公司核算。截至2009年末，水电五局有限公司的出资比例为95%，另外5%的股份为盛泰公司6名管理人员共同持有。因公司迁址重建、受房地产市场下滑等因素制约，对生产经营产生较大影响，经营面临较大困难。2010年，根据股东会和董事会对该公司2010年工作提出的管理体系、队伍建设、经营管理、债权回收、市场营销及成本管理等方面要求，该公司积极进行了完善和加强，经营情况有所好转，得到有效发展。2010年末资产总额3589.48万元，所有者权益1120.20万元。2010年实现营业收入2778.11万元，实现净利润12.98万元。

【成都五兴物业管理有限公司】 成都五兴物业管理有限公司成立于2003年12月，因市场竞争和业务拓展需要，该公司于2008年5月经集团公司审批同意后注册资本增加至500万元，主营业务为物业管理、市政设施维修、房屋经纪等。该公司为水电五局有限公司全资子公司。2008年12取得中华人民共和国住房和城乡建设部一级物业管理企业资质。2010年末资产总额1035.71万元，所有者权益528.84万元。2010年累计营业收入2384.03万元，上交投资收益后实现净利润15.97万元。根据财务报表反映和2010年对该公司经营情况的了解和掌握，该公司总体经营状况良好，对城市物业服务市场得到较大发展和开拓。

【中国水电建设集团中环（成都）房地产有限公司】中国水电建设集团中环（成都）房地产有限公司成立于2006年1月，注册资本15000万元，经营范围包括房地产开发经营、商品房销售、房地产开发技术咨询、物业管理等。水电五局有限公司与集团房地产公司于2008年1月18日达成协议联合受让四川圣达集团持有中国水电建设集团中环（成都）房地产公司45%的股份，重组该公司。经重组后，水电五局有限公司为该公司的参股方，出资比例为33.33%，认缴出资金额5514.44万元，控股方是集团房地产公司，出资比例为66.67%。该公司本部在成都成都高新区桂溪工业园A栋1楼，目前处于建设期。该公司现有中国水电大厦（四川）写字楼及中环西岸观邸两项房地产开发项目。2010年实际完成投资（直接投资）33439.91（133207）万元，销售面积132899.30平方米，车位128个，合同签约额

96244.78万元，销售回款97857.89万元，确认收入73202.65万元，实现利润153.57万元，净利润113.69万元。其中，西岸观邸住宅项目一期已交房入住，二期工程进展顺利，已完成投资33000.50万元，销售面积109619.18平方米，合同签约额75314.37万元，销售回款71059.94万元。根据财务报表反映和2010年对该公司经营情况的了解，该公司总体经营状况较差，无投资效益。2010年末资产总额185294.66万元，资产负债率91.98%，所有者权益14863.24万元。2010年实现营业收入73202.65万元，净利润113.69万元。

【中国水电建设集团四川成名高速公路发展有限公司】 中国水电建设集团四川成名高速公路发展有限公司成立于2007年11月，注册资金10000万元，经营范围包括公路工程建设、经营、管理，项目投资及咨询服务等。2008年10月，水电五局有限公司与集团公司、集团路桥公司、水电七局有限公司、水电十四局有限公司等五方签订增资扩股协议，并确定股权结构为：水电五局有限公司为该公司的参股方，股权比例为10%，；控股方为中国水利水电建设集团公司，股权比例为50%；其余参股方及股权比例分别是集团路桥公司20%、水电七局有限公司10%、水电十四局有限公司10%。该公司本部在成都高新区天府大道中段一号。目前，该公司主营成都邛崃至名山高速公路BOT项目开发，工程于2008年10月28日开工。2010年3月，该公司受让中国水利水电建设集团公司持有的中国水电建设集团四川成名高速公路发展有限公司10%的股权，正式为该公司的股东，完善了相关的转让手续，签订了的股权转让协议。项目已按计划完工，造价基本控制在概算内，2010年11月初全线通车，2010年度尚无收入。

（杨志明）

灾后恢复重建

【职教中心恢复重建】 四川水电高级技工学校（职教中心）灾后恢复重建共分为5部分内容：新建工程项目（包括学生公寓、学生食堂、车工实习车间、汽车实习车间），建筑面积共9491平方米；校舍修复项目，共计11766平方米；附属工程（运动场地等）；教学设备购置项目；天然气开户项目。

2009年12月底，水电五局有限公司职教中心（四川水电高级技工学校）整体重建方案（可行性研究报告）和预算方案均编制完成，预算资金2598万元。后根据四川省发展改革委在《四川省汶川地震灾后恢复重建规划项目实施计划（中期调整本）》（川发改革投资〔2009〕1225号）精神，调整为2123万元，于2010年底上报四川省发展改革委审查批准。

2010年3月30日，四川省发展改革委以川发改社会〔2010〕118号《关于四川水电高级技工学校灾后重建项目可行性研究报告的批复》，同意四川水电高级技工学校按照《四川水电高级技工学校灾后重建项目可行性研究报告》，在现学校内进行灾后恢复重建。建设内容及规模为：新建学生公寓、学生食堂、车工实习车间、汽车实习车间等，建筑面积共9115平方米；维修加固校舍建筑面积共11766平方米；购置图书、教学实验仪器设备及配套附属设施建设等。总投资及资金来源为：总投资2123万元，资金来源为国家灾后重建基金，不足部分由学校自筹。

2010年8月10日，投资300万元的恢复重建国债项目——四川水电高级技工学校教学实训综合楼竣工验收，进入竣工决算和资料审计阶段。2010年底，整体灾后重建项目，经过努力进入政府施工项目网上招标阶段。

【水工机械厂恢复重建】 2010年，水电五局有限公司实施了4项未列入四川广元地区灾后恢复重建规划项目恢复重建工作，均为第一水工机械厂恢复重建项目，由水电五局广元片区灾后恢复重建项目部承建。2010年，共完成灾后恢复重建投资136.4026万元。

第一水工厂木模车间恢复工程。2010年，完成主要工程量：墙体拆除后重砌：383.59立方米，墙面裂缝处理725平方米，窗户更换958.82平方米，受损地面恢复79.64平方米，内墙涂料7545.84平方米，墙面抹灰3191.79平方米。完成投资62.3841万元。

第一水工厂热处理车间恢复工程。2010年，完成主要工程量：墙体拆除后重砌330.56立方米，墙面裂缝处理700.8平方米，窗户更换943.77平方米，受损地面恢复102.33平方米，内墙涂料8341.12平方米，墙面抹灰3419.91平方米。完成投资65.6868万元。

第一水工厂电修车间恢复工程。2010年，完成主要工程量：墙面裂缝处理158.64平方米，受损地面恢复52.25平方米。完成投资3.237万元。

第一水工厂大门、围墙恢复工程。2010年，完成主要工程量：原大门柱子拆除重砌14.37立方米，柱面贴瓷砖47.02平方米，灯具安装2套，围墙拆除重砌 65 米。完成投资 5.0947 元。

（唐　晖　高锦峰）

管 理 创 新

【在建工程项目】　2010 年，水电五局有限公司新增工程项目 54 个。截至 2010 年末，国内国外在建工程项目标段总数达到 134 个，项目管理部 82 个。2010 年内，有长河坝等 3 个项目实现截流；邛名高速公路、伊阿高速公路 2 个项目实现通车；所有在建项目关键节点工期如期实现。在建工程合同履约率 100%，合同履行顾客满意率 95%以上。

2010 年，水电五局有限公司加强对新中标项目的前期策划工作和在建工程技术服务工作，大力开展工程项目创优和在建工程项目现场质量巡检，提高和增强了履约能力。针对日益做大的市场规模，工程管理部创新管理思路和工作方法，根据新中标项目的技术特点、中标金额大小及水电五局有限公司发展战略等不同情况，采用在水电五局有限公司组织专家组会议审查、专家个别审查和专家组到工地现场审查 3 种方式进行前期策划审查，审查率达到 100%。

（高锦峰　杨增文）

【市场营销】　2010 年，水电五局有限市场营销工作的业绩使得在大项目及大区域市场有新的延伸，水利建设项目上营销上取得新的业绩，机电安装领域实现重大突破，国际工程市场继续巩固延伸，围涂治理及物流、物业、建筑装饰、环境保护监理、移民监理、水土保持监理、风电安装等非水电建筑工程领域不断拓展，产业结构更趋合理，促使多元产业得到了快速发展。2010 年，水电五局有限公司中标国内外工程 170 余项，签约合同总金额（市场营销额）136.5 亿元。国内主业项目平均报价 1.35 亿元，单标最大合同金额 24.29 亿元。中标项目中，国内水利水电工程项目 41 项，签约合同金额 62.60 亿元；海外项目 4 个，签约合同金额约 52.30 亿元；国内非水电项目 15 项，签约合同金额 18.04 亿元；多元化产业经营项目 105 项，签约合同金额 4.60 亿元。

（高锦峰　杨增文）

【企业转型发展】　2010 年，水电五局有限公司产业结构调整和转型发展规划取得实效与积极进展。2010 年，完成了《中国水电五局有限公司 2009～2011 三年发展战略与规划》的编制工作，并组织、指导各子公司完成《2010～2012 三年发展战略与规划》的编制。引领子公司从战略高度规划公司的未来发展方向、目标、措施，增强持续快速发展的压力和动力。先后制定了《中国水电五局有限公司子公司资本金注资方案》、《中国水电五局有限公司子公司合同管理办法》、《中国水电五局有限公司子公司薪酬及经营业绩考核办法》和《中国水电五局有限公司全面风险管理实施办法》，开始了《公司投资管理办法》、《公司外派董事、监事管理办法》研究制定工作。通过一系列规章制度的建立，规范了水电五局有限公司子公司资本金注册程序和管理机制；严格了子公司对外经济合同的报批和管理，加强合同风险控制；建立了子公司科学的经营业绩考核和评价体系，将经济增加值首次纳入考核体系，促进了子公司提高经济效益，提升了子公司价值创造能力和资本回报水平，建立了科学、规范的激励和约束机制；加强了水电五局有限公司全面风险管理，逐步构建全面、有效、系统的风险管理体系，加强风险防范措施，提高了水电五局有限公司快速发展过程中的抗风险能力。

截至 2010 年 12 月底，水电五局有限公司有股权投资项目共 8 个，其中，全资公司 3 个、控股公司 1 个、参股公司 4 个。股权投资总额 21725.44 万元。其中，全资及控股子公司 2226 万元，参股公司 19499.44 万元。2010 年实现投资收益 958.00 万元。

（高锦峰　杨志明）

【干部队伍建设】　2010 年，水电五局有限公司组织对所属二级单位 2009 年经营业绩、人才队伍建设、党风廉政建设、工会工作等各方面工作进行了综合检查考核，进行了两级领导班子成员年度述职测评和后备干部推荐工作。通过降职免职、诫勉谈话等方式，强化各级领导的组织观念和“教练意识、主动意识、复制意识、双赢意识”。加强对水电五局有限公司属各二级单位（直属项目部）领导班子的效能监察。重点对班子成员在各岗位的履职情况进行考察，并依据考察结果对个别单位履职较差的班子成员作出了岗位调整，通过人员调整，有效改善了二级单位领导班子的结构，提升了工作业绩。

2010 年，对水电五局有限公司属部分单位、部门领导班子和领导干部进行了调整充实，全年共调拨中层以上干部 32 人次，考察各级新提拔人员 45 人；新组建项目领导班子 34 个，新聘或调整聘任项目领导人员 170 多人·次。开展人才队伍建设和两级机关建设，强化组织观念、集团化意识和执行力，强化水电五局有限公司属各单位（子公司）机关对项目履约的管控和服务职能。开展“职业化”建设，制定企业管理岗位职责，推进职业化建设，实现从“职务化”向“职业化”的转变，提升了员工素质。继续实行水电五局有限公司总部季度绩效考核工作。开展学习型企业建设工作，继续推进人才工程“四个体系”、“五支队伍”建设。组建、聘任新重组单位领导班子和班子成员，对水电五局有限公司总部及所属有关单位部分重要管理岗位领导作了调整和充实。

（潘其丽　高锦峰）

【劳动用工及薪酬管理】　加强和规范劳动用工管理工作。2010年，在岗职工平均工资增长率为16.64%。一年来，水电五局有限公司不断推进薪酬体系改革，重点在逐步完善经营层年薪制，推进计件工资制、分项任务承包等多种分配制度上加大改革力度。2010年，启动水电五局有限公司员工薪酬体系全面改革，聘请社会咨询机构，进行薪酬体系全面改革方案策划、制定、宣传、实施。逐步建立和完善以市场价位为导向，以绩效考核为基础的薪酬分配管理体系。

通过加大国内、外市场开发力度，扩大稳定就业岗位，解决下岗职工再上岗；加强劳动合同管理，及时清理超假不归、擅自离岗违反劳动纪律等人员，办理特殊工种职工等，加强了合同管理，有效地控制了不在岗人员。

【人力资源管理】　2010年，水电五局有限公司坚持树立并推广现代人力资源管理理念，深化提升了各级组织对人力资源管理的认识，促进了人力资源的引导、开发。对水电五局有限公司属各经营单位下达人才引进指标，并将完成情况纳入年终业绩考核中。同时，通过与智联招聘等国内知名网站合作，招聘公司紧缺的各类人才。从2010年开始，将技能人才引进工作纳入人才规划，通过与相关职业技能培训院校联合培养紧缺技能人才、选拔优秀劳务派遣人员转签为水电五局有限公司劳动合同制员工、委托公司职教中心定向培养急需短缺技术工种和专业，及通过外协队伍、劳务市场、劳动就业服务单位等多方面信息来源，建立了社会人力资源信息库等方式和手段，逐步解决技能人才短缺瓶颈。

2010年，水电五局有限公司加大职工培训力度，培训各类员工达3000人·次以上；招聘大中专毕业生462人；引进非水电和国际业务优秀人才30余人；定向培养35名国际业务人才；在职教中心开办技能工人专项班，培养招收技能工人132人，缓解了水电五局有限公司各类急需人才紧张的局面。继续加强两级机关建设，提高机关人员能力，强化机关对项目的服务、管控、指导和监督。

（王冬伶　高锦峰）

科技进步

【科技创新】　2010年，水电五局有限公司科技创新立项28个，加上以前年度科技创新立项项目，截至2010年底，共有33个水电五局有限公司科研项目正在进行研究。其中，列入集团公司的科研项目有6个。

水电五局有限公司2010年底科研项目汇总表

序号	名　称	立项年度
1	地下厂房开挖及支护施工技术研究	2010
2	全断面针梁台车在南水北调东线穿黄隧洞工程20°斜井混凝土施工中的设计与应用	2010
3	清远抽水蓄能电站大直径深竖井施工技术研究	2010
4	牛栏江滇池补水工程斜井施工和运输系统技术研究	2010
5	土石坝智能化施工工艺研究	2010
6	可移动式碎石土自动加水系统研究与应用	2010
7	清水混凝土施工技术研究	2010
8	液压蓄能卧罐设计与制造	2010
9	连续式铜止水带成型机研制	2010
10	崔马庄线路所道岔施工	2010
11	高速铁路无砟轨道轨道板水泥乳化沥青砂浆灌注施工技术研究	2010
12	降低混凝土总碱含量技术研究	2010
13	300米级高堆石坝关键施工技术研究	2010
14	高碎石土心墙坝快速筑坝施工技术研究	2009
15	高土石坝工程堆石料、过渡料料源的多源化研究	2009
16	高土石坝砾石土掺配及含水量调整技术研究	2009

续表

序号	名　　称	立项年度
17	“数字化机械施工”技术应用与研究	2009
18	大型轴流转桨式水轮机安装技术研究	2009
19	钢管柱贝雷梁高支架简支梁施工工法研究	2009
20	苗家坝水电站滑坡体群GPS自动监测技术研究	2009
21	桐子林水电站混凝土拌和系统综合监控管理系统研究	2009
22	长河坝水电站工程截流施工技术研究	2009
23	大型调压井群施工技术研究	2009
24	大断面变顶高尾水隧洞开挖及衬砌施工关键技术研究	2008
25	大型隧洞群平交段施工	2008
26	长河坝工程左右岸特陡高边坡施工与支护方法研究	2008
27	高性能混凝土耐久性技术措施及检测评定技术研究	2008
28	CFG桩施工工艺研究	2008
29	高填方路基沉降控制技术	2008
30	大跨度连续梁挂篮悬灌施工技术研究	2008
31	移动模架施工技术研究	2008
32	大型深埋调压室竖井群岩爆及有害气体施工安全控制技术研究与应用	2007
33	软弱地质竖井中沉井施工技术	2007

水电五局有限公司承担的集团公司科研项目汇总表

序号	名　　称	立项年度
1	大型深埋调压室竖井群岩爆及有害气体施工安全控制技术研究与应用	2007
2	软弱地质竖井中沉井施工技术	2007
3	南水北调东线穿黄隧洞爆破震动控制及阻水技术	2008
4	“智能化机械施工”技术应用与研究	2009
5	普通全断面针梁台车在南水北调东线穿黄隧洞工程20°斜井混凝土施工中的设计与应用	2010
6	高水力学指标过水围堰关键技术控制与运行	2010

【科技成果】　2010年度，水电五局有限公司被中国施工企业管理协会评为技术创新先进企业。水电五局有限公司总结编写的《新型复合料碾压混凝土施工工法》通过四川省住房和城乡建设厅工法评审，评为四川省2009年度省级工法。2010年度，水电五局有限公司加大了知识产权保护、申报力度。2009～2010年，有2项发明型专利和28项实用新型专利通过国家知识产权局审核并已授权（见下表），并有21项发明型专利和14项实用新型专利正在申报、审核过程中。

2010年度，水电五局有限公司科技计划投入为6037.65万元，实际科技总投入为6601.47万元，公司科技投入占主营业务产值（65亿元）比例为1.01%，达到了集团公司的要求。

水电五局有限公司2009～2010年授权专利汇总表

序　号	名　　称	专利号	年度
一	发明型专利		
1	可方便拆卸的对拉螺栓配套装置	ZL200710050701.6	2009
2	软弱岩石地质条件下水电站调压室竖井的施工方法	ZL200810045887.0	2010
二	实用新型专利		
1	弧门面板加工装置	ZL200620118192.7	2009
2	可方便拆卸的对拉螺栓配套装置	ZL200720082258.2	2009
3	用于模板连接及固定的组合连接件	ZL200820064067.1	2009
4	一种施工现场大型氨制冷设备集中控制系统	ZL200820064596.1	2009
5	管口封孔盖装置	ZL200820140933.0	2009
6	混凝土垂直运输缓冲装置	ZL2009200791074	2009
7	一种内宽检测尺	ZL200920080250.5	2010
8	一种砂筒式桥梁临时支座	ZL200920080799.4	2010
9	气瓶防冻结装置	ZL200920080345.7	2010

续表

序 号	名 称	专利号	年度
10	水电站平面闸门止水座面和滑道座面加工专用铣床	ZL200920080408.9	2010
11	一种水电站机组导叶传动机构	ZL200920080760.2	2010
12	一种大型开式液压压力机	ZL200920079797.3	2010
13	一种利用刨床加工圆弧面的加工装置	ZL200920079825.1	2010
14	简易手动弯管机	ZL200920080346.1	2010
15	一种钢筋混凝土保护层垫块	ZL200920176872.8	2010
16	供水管网监控系统	ZL200920176873.2	2010
17	门座起重机回转机构的辅助制动装置	ZL200920242539.2	2010
18	具有可控硅过流保护的直流可调稳压电源	ZL200920242649.9	2010
19	带有无级调速装置和剪断装置的滚压式铜子水成型机	ZL201029122050.1	2010
20	安全防漏卧罐	ZL2010201175797	2010
21	简易实用的竖井开挖测量放线装置	ZL201020549381.6	2010
22	简易自制手动拔轮器	ZL201020135830.2	2010
23	砂浆夹钢丝网边坡截水沟	ZL2010201176747	2010
24	一种液压蓄能混凝土卧罐	ZL2010201093782	2010
25	反井钻机到孔倾角测斜装置	ZL2010201042371	2010
26	半自动切割机可调式弧形导轨	ZL2010201084105	2010
27	一种简易钎尾加工装置	ZL2010201086717	2010
28	振动碾压机智能施工控制系统	ZL2010201384082	2010

【规程规范编写】 2010年，水电五局有限公司承担编写的《水利水电施工环境保护规程》通过审查，参加编写的《水电水利工程砾石土心墙堆石坝施工规范》进入审查阶段，参加编写的《电力行业职业技能鉴定指导书（水轮机安装）》的修订工作初稿完成。根据电力行业水电施工标准化技术委员会和水电水利规划设计总院的要求，先后完成了《水电水利工程施工重大危险源辨识及评价导则》、《核子法密度—含水率现场测试技术规程》、《水电水利工程砾石土心墙堆石坝施工规范》和《水电水利工程土石心筑坝材料填筑碾压试验规程》等4项标准的修改工作。

国家能源局批准水电五局有限公司负责《碾压式土石坝施工规范》、《水电水利工程施工机械砼泵车安全操作规程》、《水电水利工程清水混凝土施工规范》、《水电水利工程水下混凝土施工规范》、《水电水利工程沥青混凝土面板堆石坝施工规范》5项电力行业标准编写（修订）工作，正在进行。

【科技成果推广应用】 2010年，水电五局有限公司取得的《不良地质条件下超大型调压井工程关键施工技术研究》、《昌马水库泄洪排砂洞大塌方处理—大型管棚综合施工技术》等科技成果在全公司内得到广泛推广和应用。其中，《不良地质条件下超大型调压井工程关键施工技术研究》被作为集团公司重点推广新技术项目进行推广和应用，显著提高了水电五局有限公司市场竞争力和签约率，近年调压井类型的工程中标额达8.5亿元，先进技术先后成功应用于锦屏二级水电站大型调压室群、瓦屋山水电站调压井、桑坪调压井、栗子坪调压井等工程，大型管棚施工技术成功应用于栗子坪压力管理不良地质段工程。先进技术的推广应用在保证安全、质量、进度和节约成本方面发挥了巨大作用，取得了显著的工程技术经济效益。对工器具革新改造并取得突破性进展，2009年度立项研究的铜止水成型机和智能液压卧罐成果已投入生产、营销，市场反映良好。

2010年，水电五局有限公司制作了土石坝工程、混凝土工程、抽水蓄能电站工程等专业工程画册，加强了水电五局有限公司“四新”技术科技成果的宣传力度。把“四新”技术应用作为水电五局有限公司管理目标，通过申报集团公司科研项目、水电五局有限公司立项和水电五局有限公司属各单位立项、科技进步评审奖励、合理化建议和技术改进、施工组织设计优化管理等多种形式，促进“四新”技术在项目的推广应用。通过召开水电五局有限公司科技大会、科技立项评审、科技成果评审等多种形式，对已取得的科技成果进行了表彰交流，促进了成果转化和推广。通过水电五局有限公司网络等各种信息平台的建立和完善促进了科技成果的推广。

水电五局有限公司自办的《科技与管理》内部刊物，在促进内外部施工技术交流、管理经验借鉴学习上，起到了积极的作用。2010年4月，根据四川省水力发电工程学会《关于评选2008～2009年学会优秀论文的通知》(川水电学〔2010〕11号) 的文件要求，水电五局有限公司卢学文、杨玉银、谢和平《长斜井卷扬运输系统在引黄隧洞施工中的应用》荣获优秀论文二等奖，田中涛《晃桥水库堆石坝填筑料的设计优化与挤压破碎带天然石料的应用》等3篇论文荣获优秀论文三等奖，赵军、王孙俊、王克生《沙坪水电站引水隧洞测量控制与洞内贯通误差分析》等16篇论文荣获优秀奖。2010年10月，在龙泉驿召开的四川省水力发电工程学会2010年学术会暨2008～2009年度优秀论文表彰会议上，四川省水力发电工程学会对获得二、三等奖的论文作者予以表彰和奖励，同时还对优秀奖论文作者给予了表彰。

2010年，水电五局有限公司先后向全国水利水电施工技术信息网、水利水电土石坝工程信息网、四川省水力发电工程学会、《四川水力发电》杂志社等单位推荐优秀论文59篇；参加中国大坝学会、全国水利水电施工技术信息网、四川省水力发电工程学会、四川省工程爆破协会等学术团体组织的学术交流活动20余次，参会人数30余人·次。

【科技队伍建设】 2010年，组织申报评审通过教授级高级工程师1人，经评审获得高级专业技术职称人员14人、中级专业技术资格人员135人、初级职称人员361人。目前，水电五局有限公司高中级技术职称人员达994人，在专业技术管理岗位上发挥了积极作用。

根据四川省水力发电工程学会的工作安排，完成四川省水力发电工程学会专家库第二批专家的推荐工作。2010年4月，经四川省水力发电工程学会审议，水电五局有限公司杜相如、任俊友、母中兴等入选为四川省水力发电工程学会专家库第二批专家。

2010年，根据市场准入制度的需要，加强企业资质升级所需的建造师、注册土木工程师等考前培训。共组织155人报名参加一级建造师考试，100人参加一级建造师考前培训；组织166人报名参加注册土木工程师考试，120人参加注册土木工程师考前培训；组织21人参加全国造价工程师考前培训。选派14名优秀项目经理参加了集团公司组织的两期项目经理培训，组织92名同志参加公司技能鉴定，推荐18名高级技师在集团公司进行评审、69名技师在四川省技能鉴定指导中心进行评审。根据在各级单位的工种调研，举办第二期高技能人才专项培养班，共报名238人。通过高技能人才专项培养班的举办，能够在很大程度上缓解水电五局有限公司对高技能人才缺乏的压力，解决水电五局有限公司快速发展对于高技能人才的需求。

【技术革新和合理化建议】 2010年，为激励工程管理人员、工程技术人员对施工组织设计（方案）优化（或合理化建议、设计变更）的创新劳动，推动科技创新、技术进步，改善经营管理，增强企业内部活力，提高技术管理对项目经营效益的贡献率，水电五局有限公司对《在建工程施工组织设计（方案）优化或合理化建议、设计变更管理办法》进行了修订。2010年11月2日组织召开了在建工程施工组织设计（方案）优化、合理化建议或设计变更成果评定工作，共9个项目通过评定。

（梁　涛　高锦峰）

安 全 生 产

【责任制实施与考核】 2010年3月23日，水电五局有限公司召开安全生产工作会议，贯彻落实国务院国资委、集团（股份）公司安全工作会议精神；总结2009年度安全生产工作，安排部署2010年安全生产工作重点；对2009年度安全生产先进单位、先进项目、优秀项目经理、优秀管理人员进行表彰，对人身伤亡事故按照“四不放过”原则进行处罚。水电五局有限公司各单位党政负责人、分管安全生产工作副职以及水电五局有限公司总部各部门主任100人参加会议。水电五局有限公司主管安全生产工作的副总经理卢学文作了题为《坚持安全发展，创新管理模式，加强管理力度，促进安全生产形势持续稳定好转》的工作报告。总经理与各单位安全第一责任人及总部各部门负责人签订2010年度安全生产责任书。

2010年，水电五局有限公司进一步加强安全生产监管队伍建设，继续推行安全生产总监制度，完善监管责任体系，强化工作责任落实，按照“谁主管、谁负责”的原则，全面落实安全生产责任。2010年，全公司未发生负主要责任的死亡事故，未发生火灾事故。隐患整改率100%，安全督察员配备到位率100%。无新发职业病，未发生群体性食物中毒事件和环境污染事故、环境投诉事件。

【安全生产】 2010年，水电五局有限公司强化在建项目安全生产监督管理，积极开展安全综合检查和专项安全督察。加大了对重点项目、重要部位的安全监管力度，重点排查了隧道开挖、调压井、竖井、高边坡等生产部位安全防护工作，预防和控制了塌方、高处坠落等安全事故发生。对长期存在的施工现场管理和设备等方面安全隐患，进行了专项督察和整治。组织安全督察组，对58个在建项目进行了安全专项检查，下发了74份整改通知书，督促项目部进行了认真整改。在年度的安全管理工作中，根据水电五局有限公司转型发展，不断开拓其他建筑行业的安全管理需要，强化安全督察，重视和加强安全管理信息化、安全技术建设，认真处理好发展与安全、效益与安全的关系，开展安全生产月、安全心中有数、百日安全等活动，举办培训班、发放宣传画册等形式，使安全宣传教育深入到各在建工程项目、各生产班组。

加强对协作队伍安全管理工作的监督检查力度，把好协作队伍施工资质证书和安全生产许可证审查关口，指导和监督协作队伍做好安全生产管理规章制度的制定和执行；督促协作队伍健全安全管理机构或配备专兼职安全管理人员，对其业务给予指导检查；对协作队伍的安全投入、安全设施和防护用品配备进行严格的督察。

及时治理隐患，超前防范事故，坚决改变重事后查处、轻事前防范的倾向。2010年，继续坚持开展安全隐患排查治理工作，对在建工程项目开展拉网式排查，共排查安全隐患2916项，督促整改2914项，隐患整改率99.9%。加强地质灾害的防治演练和预防工作，制定落实自然灾害应急救援预案，重视防灾知识和应急知识培训，提高在建项目防范自然灾害的能力和工作人员应急处置技能。加强地质灾害预警机制建设，与当地水文气象部门加强沟通联系，做好对台风、泥石流、洪水预报、预警工作。在暴雨季节坚持干部值班制度，对现场临时设施和生活营地等进行隐患排查和安全评估，存在隐患的区域不得安排施工作业，不得作为生活办公营地，不得停放设备存放材料。

严格安全技术措施，高度重视职业病防治和环境保护工作的落实。整理全公司各项目在施工过程中可能发生的事故隐患和可能发生安全问题的环节进行预测，建立年度高风险重大危险清单，督促各在建项目在技术上和管理上采取措施，加强职业病防治工作，对有职业病风险施工人员要求进行强制体检，杜绝患职业病的外协人员进场。提高厂区、生活营地环境的舒适性，在减低噪声、提高污水达标排放、增强环境绿化、防治降尘工作上严格要求。

继续抓好各类人员的安全培训，强化对各级安全管理人员及特种作业人员的上岗资格培训，强化入场教育、班组教育活动的开展，提高从业人员素质，在职工中牢固树立“在岗一分钟，安全六十秒”的思想。使水电五局有限公司安全生产管理由单一的水电工程管理转变为多种行业、多种规范、多种工程的安全管理，并使安全生产工作达标，实现了“坚持安全发展、创新管理模式、加强管控力度，促进安全生产形势持续稳定好转”工作目标。

（高锦峰　王　燕）

党群工作和精神文明建设

【党建建设】 2010年，水电五局有限公司党委坚持把党的思想建设、组织建设、作风建设、制度建设和班子队伍建设有机结合，进一步转变思想观念，加强党的建设，努力探索发挥党组织政治核心作用的途径和方式方法。在以往工作的基础上，水电五局有限公司党委创新党建工作制度体系，深入推进“四好班子”创建活动，使党建工作进一步融入中心、服务大局，实现了企业党建工作与生产经营“两结合、两不误、两促进”。继续开展“四好”班子创建活动，以“四强四优”、“创先争优”等活动为主体，逐步建立健全了活动的组织体系、操作体系和制度体系。水电五局有限公司党委注意把开展创先争优活动与建立党建工作长效机制结合起来，把活动中一些好的做法用制度的形式固定下来，避免了“一阵风”。第三分局党委将“创先争优”活动与打造土石坝品牌、创建高绩效团队有机结合，在大坝填筑中，创造了最高月填筑112万立方米、最高日填筑4万立方米的佳绩；第三分局党委被评为“中央企业先进基层党组织”。机电制造安装分局等基层党委将“创先争优”活动与管理创新结合起来，建立并试运行项目管理模块，推动了项目的规范化、标准化运作。各单位及项目党支部把促进生产经营的成效作为重要检验标准，通过党内创先争优等有效载体，较好地发挥了党支部的战斗堡垒作用和党员的先锋模范作用。

2010年，水电五局有限公司有3个单位被评为2009～2010年“四好领导班子”。水电五局有限公司党委印发《关于建设学习型党组织的实施意见》，大力推进建设学习型党组织、学习型领导班子。在党员干部中广泛开展了“三个一”活动，鼓励党员干部积极参加相关知识学习和业务培训，努力营造良好的学习环境。继续采取公开竞聘、竞争上岗、差额选举的办法，加大竞争性选拔领导人员和机关重要岗位人员的工作力度，提高了选人用人的公信度和职工群众的认可度。二级单位在选任项目经理及关键岗位经营管理人员时，也积极推行竞争上岗和公开竞聘的选拔方式，取得较好成效。水电五局有限公司党委还坚持与四川省委党校联合举办中层领导干部综合能力素质提升培训班，较好地促进了经营队伍思维方式、经营理念和管理能力的提升。

（高锦峰　赵江峰）

【工会职代会工作】　2010年，水电五局有限公司召开了四届九次职工代表大会，讨论、审议通过了《总经理工作报告》、《职代会工作报告》等重要文件；审议通过并签订了《公司2010年度女职工权益保护专项集体合同》。职代会闭会期间，先后召开职代会代表团团长会议4次，审议通过了水电五局有限公司2010年度《扶贫帮困资金分配方案》、《职工培训计划》、《“金秋助学”实施方案》、《劳动竞赛安排意见》；讨论、审议了《公司职工休息休假管理制度》、《公司劳动争议调解实施办法》、《国际工程项目工资管理办法》、《国际工程项目员工休假制度》、《公司授权经营单位负责人薪酬管理暂行办法》、《公司扶贫帮困资金使用与管理办法》、《公司困难职工帮扶中心职工重大疾病救助实施办法》等一系列与企业生产经营和职工切身利益息息相关的重大议案。2010年，对79名公司中层领导干部的任用调整开展了监督评议；协调解决了9名职工再就业；对442名职工解除或中止劳动合同、职工各项保险费用收缴以及劳模先进的推选等工作进行了监督评议。开展了职工代表对安全生产、劳动保护等的巡视检查活动，扎实有效地开展了厂务公开工作，组织开展了以“深化厂务公开、促进企业和谐”为主题的“厂务公开工作职工满意度调查”等活动。2010年，职代会共征集10个单位81名职工代表及职工提案27件，予以立案22件，内容涉及职工队伍建设、在建项目管理、企业经营管理、企业文化建设、企业投资发展等6个方面。继续实施了“企业温暖工程”。2010年，开展“困难职工帮扶”慰问、“送温暖”、“送清凉”、“金秋助学”等活动共投入资金投入资金330.13万元；使6个生活基地、12个二级单位、17个边远艰苦项目部和7类需要慰问救助人员，约17000余人次的职工和农民工得到了困难帮扶、慰问救助和企业关怀，百余名困难职工子女享受到了助学救助。对26名全国、省部级劳模和“全国五一劳动奖章”获得者发放慰问金1.3万余元；对5名全国劳模获得者进行身体检查。2010年，开展医疗互助行动，246名女职工参加了大病互助医疗保险，3301人参加了职工住院医疗互助医疗保险，为42名职工办理了医疗费用报销手续。

【劳动竞赛】　2010年，水电五局有限公司团结动员广大职工全力投入生产经营中心工作，在公司改革发展中发挥主力军作用，建功立业。2010年初，制定印发《2010年度劳动竞赛安排意见》，在水电五局有限公司广泛开展形式多样的劳动竞赛活动。组织南水北调工程7个项目开展了以“南水北调建功勋、树丰碑”为主题、以“四比四保”（比质量，保精品工程；比安全，保安全工程；比进度，保完成年度目标；比效益，保投入产出比）为内容的劳动竞赛。在深入调查研究的基础上，制定了《南水北调劳动竞赛考核评比奖励办法》，并且做到了“月月有评比、事事有跟踪、项项有结果”，促使南水北调各项目的质量、安全等工作有了新突破，走上了新台阶，受到了南水北调工程建设管理局等单位的高度关注与好评。参加了四川省“灾后重建，再立新功”劳动竞赛，水电五局有限公司工会获得了“组织奖”，机电制造安装分局获得了“四川省五一劳动奖状”，刚永才获得了“四川省五一劳动奖章”；参加了股份公司京沪高铁劳动竞赛和南水北调河南段劳动竞赛，29名个人和5个集体分别获得先进荣誉；积极创建“工人先锋号”活动，毛尔盖项目部被授予四川省“工人先锋号”称号；广泛开展“安康杯”竞赛活动，水电五局有限公司被授予“全国‘安康杯’竞赛优胜企业”称号。大型片区劳动竞赛活动和专项劳动竞赛活动的有机结合和广泛开展，促进了水电五局有限公司在建项目管理和合同履约能力的提升。

（王　涛　高锦峰）

【共青团工作】　2010年，水电五局有限公司团委继续开展了“青年文明号”和“五四红旗团支部”创建活动，开展“实施青工技能振兴，争当青年岗位能手”、“科学发展、青年争先”等活动，制定了创建活动实施细则，将争创工作规范化，制度化，使水电五局有限公司创建活动名列集团公司团委系统前列。2010年，水电五局有限公司各级团组织和广大团员青年响应号召，在各自岗位上勇于实践、富于创新，用自己的行动展现了青年职工的亮丽风采，创建工作成果丰硕。2010年，水电五局有限公司团委荣获国务院国资委“中央企业红旗团委”称号，水电五局有限公司下属第五分局团委、机电制造安装分局团委分别荣获“四川省国资委系统优秀团组织”称号。

（郭川龙　高锦峰）

【信访维稳】　20世纪70年代计划经济时期参加甘肃碧口水电站建设，后返回原籍参加农业生产或工作的甘肃省庆阳籍民工，分别于2010年3月、8月和12月，有组织地到水电五局有限公司成都总部进行了3次大规模的集体上访，提出在过去艰苦时期为国家建设出了力、流了汗，现在应该给予一定的经济补偿，向水电五局有限公司提出经济补偿或养老的要求。3次累计来水电五局有限公司上访的群访人员达140余人，3次集体上访共留驻20余天，干扰了正常的办公秩序，给社会造成了不稳定的影响。3次集体上访，水电五局有限公司党政组织给予了高度重视，积极组织了接访和矛盾纠纷化解工作，控制了事态发展。与此同时，水电五局有限公司多次向股份公司和甘肃省信访局分别进行了书面报告和情况通报，依据《信访条例》的规定给予了书面答复，并邀请四川省信访办、甘肃省庆阳市信访局等相关领导亲临现场，对群访人员进行耐心、细致地政策讲解、安抚劝导工作。

3次大规模的民工集体上访，虽经公司领导、信访办公室及有关部门的工作，妥善劝阻了事态的进一步发展，但由于这一部分人员年龄较大、文化程度低，长年生活在信息经济欠发达的农村，思想观念落后、陈旧，不能正确理解问题，解决他们的思想问题和实际困难还需要有一个过程。今后，还需要通过地方政府做工作，并伴随农村养老保险、合作医疗制度的逐步完善，使这一部分人养老和医疗等得到保障，其矛盾纠纷问题就能比较顺利地化解。

（郭万里　高锦峰）

检查监督

【党风廉政责任制】　2010年，水电五局有限公司各级纪检组织按照股份公司和公司纪检监察工作会议部署，认真抓好党风廉政建设责任制的落实、廉洁从业教育和效能监察等工作，开展了工程建设领域突出问题专项治理和“小金库”专项治理工作，取得较好成效。

2010年3月23日，水电五局有限公司召开党建暨纪检监察工作会议。水电五局有限公司监事、党委副书记、纪委书记郝国英作了题为《紧密围绕中心任务开展工作，努力提升公司纪检监察水平》的工作报告。确定了年度纪检监察工作的指导思想，安排部署了2010年度党风廉政建设、反腐倡廉工作和效能监察工作，确定了党风建设和反腐倡廉工作、纪检监察工作、效能监察工作的要点、主要目标。会上，水电五局有限公司党委与下属单位、部门签订了党风廉政建设责任书，签订率100%；13名领导班子成员在会上进行廉洁承诺和工作述职。印发了水电五局有限公司《2010年纪检监察要点》和《2010年效能监察工作要点》。

2010年，根据集团（股份）公司的有关文件精神，结合水电五局有限公司实际，修订、完善了《水电五局党风廉政建设责任制规定》、《水电五局党风廉政建设责任制考核评价办法考核评分标准》等制度。坚持做到了把党风廉政建设工作、纪检监察工作与生产经营工作同布置、同落实、同检查、同考核，把党风廉政建设工作、纪检监察工作纳入水电五局有限公司的生产经营工作中去，通过党风廉政建设、纪检监察工作促进生产经营的良性循环。实行了各级领导人员廉洁承诺和述廉议廉制度，各级领导人员通过职工代表大会和领导班子民主生活会进行廉洁承诺和述廉议廉，增强廉洁从业意识和接受职工群众监督。

加强纪检监察组织建设。在7个设立党委的二级单位设立了纪委，调整、健全了6个二级单位的纪委领导班子。建立了纪检监察工作例会制度，坚持每季度召开一次纪检监察工作例会，汇报、讨论、研究部署各阶段纪检监察工作。制定印发了《关于召开纪委民主生活会的意见》，各二级单位纪委按规定和要求，召开了纪委领导班子民主生活会。加强各级领导干部履行“一岗双责”职能教育，在全公司内形成“一级抓一级，层层抓落实”的党风廉政建设责任体系。加强对下属单位贯彻执行党风廉政建设责任制的落实情况的检查、考核工作，促进党风廉政建设责任制的有效落实。

【廉洁从业专项教育活动】　2010年4～6月，根据股份公司党委和股份公司统一部署，开展了廉洁从业专项教育活动。通过学习调研、分析检查、整改验收3个阶段活动的有效开展，使水电五局有限公司各级领导干部受到了廉洁从业教育。结合水电五局有限公司的实际制定了“廉洁从业二十三条”，进一步规范了企业领导人员和重要岗位人员从业行为，提高了党性修养和拒腐防变的能力。

在廉洁从业专项教育活动中，水电五局有限公司各级领导人员特别是年轻干部受到了廉洁从业教育，深化了思想认识。促进了各级领导人员和具有资源配置权的管理人员对相关廉政制度和生产经营管理规定的学习，增强了行使职权的规范意识。通过扩大教育和宣传范围，增强了职工群众对领导人员监督的自觉性和有效性。创新教育载体，丰富了廉洁从业教育形式，深化了教育效果。专项教育活动中，紧密围绕生产经营工作实际开展，讲求实效，不走过场，做到了专项教育活动和生产经营工作两不误、两促进。结合水电五局有限公司主营业务特点，水电五局有限公司纪委在深入调研的基础上，制定印发了《水电五局有限公司工程分包、设备物资采购、设备租赁、市场营销和项目管理等领域廉洁从业若干规定》，从制度入手，进一步细化和规范水电五局有限公司各级领导人员及具有资源配置权人员的从业行为。对学习调研中发现的问题进行认真分析检查，清晰了产生问题的根源，明确了改进措施，制定了整改方案，为构建水电五局有限公司惩防体系和各项管理长效机制奠定了良好基础。

【效能监察】 2010年，继续开展了效能监察工作。水电五局有限公司及各下属单位结合实际，围绕生产经营中心设立效能监察项目56个，覆盖面达到水电五局有限公司在建工程项目的1/3。2010年8月和10月，分别组织效能监察工作组，对水电五局有限公司直管项目——锦屏施工局和长河坝施工局领导班子建设与领导班子履职情况进行效能监察。2010年9～10月，围绕水电五局有限公司管理创效年活动开展，对管理混乱、严重亏损的3个项目部进行了效能监察，找出了原因与问题，提出了整改意见。2010年12月，对基础处理分局管理机制及管理流程运行情况进行了效能监察，针对存在的问题提出了监察建议。水电五局有限公司纪检监察部门全程参加了水电五局有限公司总部组织的设备采购、物资采购、工程分包招标、废旧物资处理等监察工作。水电五局有限公司属各单位围绕年度效能监察立项项目，有效开展了效能监察工作。2010年，各单位和项目通过开展效能监察工作，创造效益1438万元，避免经济损失2192万元。

（李茂荣　高锦峰）

【审计工作】 2010年，水电五局有限公司审计工作结合企业实际，按照“强化内部监督，增强审计监督的权威性、准确性、有效性和灵敏性”的总体要求，履行内部监督与服务职责，不断增强审计工作的主动性和前瞻性，在完善制度体系、创新工作理念、拓展监督领域等方面进行了有力的探索和实践。

2010年，水电五局有限公司审计工作紧密围绕水电五局有限公司提出的进一步优化经营业务结构，加大项目管控力度，增强履约和创利能力的管理目标，结合各单位实际，重点进行了二级单位主要负责人经济责任审计、经济效益审计，在继续风险审计、内控制度审计的基础上，积极开展各类审计调查，审计成果落实等不同形式的专项审计。共开展审计项目25个，共提出审计问题138条、管理建议147条，通过各项审计业务的开展实施，揭示和纠正了部分单位在工程分包管理、物资设备管理、工资核算管理、财务核算管理等方面违反水电五局有限公司核心管理制度的事项，切实履行了内部监督与服务职责。

【内部专项审计】 按照关于集团公司加强企业经济责任审计审计工作的要求，先后对第一分局、第五分局、机电制造安装分局、科研所、咨询公司、职教中心、陕西盛泰混凝土工程有限公司等7家分局及子公司负责人实施了离任和任期经济责任审计。在经济责任审计中实行了领导干部离任经济事项交接办法，增强了领导干部的责任意识和自律意识。通过设置审计意见箱、开展审计问卷调查和访谈等形式，把财务信息和非财务信息相结合，突出审计重点，降低审计风险；严格审计范围，始终做到对单位负责人“离任必审”和“任期届满必审”，确保了审计制度的有效性。

有针对性地进行了第一分局牛兰江滇池项目、基础处理分局、第五分局南水北调等项目的内控制度审计。对被审计单位的财务、劳资、机电、物资、成本、质量、安全、合同等内控制度进行了符合性的测试，对经营管理中存在的问题提出整改意见和建议。要求和督促项目部针对管理中的薄弱环节，进一步制定和完善具有可操作性、符合内部控制原则的相应管理制度，并要求在相应的控制环节予以全面落实。

对基础事业部、四川建筑装饰设计工程有限公司、陕西盛泰混凝土工程有限公司、职教中心等非水电经营单位与业务，进行了多种形式的审计调查、评估，针对其市场风险、合同履约风险、经营风险等，提出了系列审计建议。通过审计，就百水电项目管理层的风险性、管理过程的充分性和有效性进行检查、评估、报告，并提出改进意见，保证非水电单位管理系统的有效运行、财务信息的及时准确、投资决策的正确性和经济活动的合法行。

水电五局有限公司审计部门对第五分局邛名高速项目、四川建筑装饰设计工程有限公司审计成果落实情况进行了专项检查，对于查出的问题和被审计单位及相关工作人员不及时落实内部审计意见的，建议对造成损失浪费的相关责任人追究责任，予以处理；对在审计过程中发现的管理规范、业绩优秀的单位，建议予以表扬和奖励。

2010年，水电五局有限公司通过加强审计业务培训、再教育培训、交叉审计、审计人员资格认证、参与效能监察、设备材料采购合同谈判等途径，培养和锻炼了审计工作人员的业务能力，提高了综合业务素质，积累了审计工作经验，发挥了审计监督作用，维护了水电五局有限公司整体利益。

（高锦峰）

中国水利水电第六工程局有限公司

概　况

【综述】　中国水利水电第六工程局有限公司（以下简称“水电六局有限公司”）始建于1958年11月，是隶属于中国水利水电建设集团公司（以下简称“集团公司”）、中国水利水电建设股份有限公司（以下简称“股份公司”）的子公司，具有水利水电工程施工总承包壹级、市政公用工程施工总承包壹级、公路工程施工总承包贰级、房屋建筑工程施工总承包叁级、堤防工程专业承包壹级、工程测量甲级、工程设计乙级和金属结构制作安装、水工启闭机械制造安装、起重机安装改造维修、门式起重机安装改造维修、超大型压力钢管制作安装、输变电线路安装与维护以及供暖、设备租赁、工程监理、房屋出租、场地出租等资质和资信。截至2010年底，拥有机械设备3881台（套），原值5.37亿元，大部分是新购置的技术先进、性能优良、国内外知名品牌的大型施工设备；设备总功率13.88万千瓦，技术装备率3.38万元/人，动力装备率23.76千瓦/人。

水电六局有限公司坚持“秉承传统，追求卓越”的企业精神和“国际化、多元化”的发展理念，创造多项精品工程。水利水电地下工程、水轮机组安装、金属结构制作安装以及非水电行业的地下储油储气库工程、高速铁路工程、风电工程、大坝补强工程等领域的专业核心技术在国内处于领先水平。国内外营销网络和战略结构已趋于完备，国内施工项目遍及15个省、直辖市、自治区。海外6个施工项目遍及5个国家，且具有持续开发潜力。1992～1994年连续3年名列中国500家最大经营规模和500家最佳经济效益建筑企业行列；在堤坝、电站、码头建筑行业100家最大经营规模企业中居第23位。1994～2010年连续7年被辽宁省企业信誉评级委员会评为“AAA”级信誉企业单位。1999年7月通过ISO 9002质量认证，并于2004年12月通过环境管理体系认证和职业健康安全管理体系认证。2005年进入“全国机电安装50强企业”。2009年荣获中国首批电力建设行业“AAA”级信用企业。2010年首次获得中国建设银行“AAA”级信用等级，跨入“中国水利水电施工企业20强”行列。

2010年，面对异常严峻的经济形势和空前繁重的生产经营任务，水电六局有限公司坚持科学创新发展，全面超额完成年度各项目标，创出多项国家和省部级奖项，荣获多项国家和省部级荣誉称号。国内水电市场的传统优势地位继续巩固，非水电市场领域取得新进展，签约了一批大型国家及省重点项目；国际市场继续保持稳定发展，经营业绩再创历史新高，并且实现在竞争性投标项目领域零的突破。

（赵树明　陈洪星）

【领导班子】　2010年，水电六局有限公司领导班子成员有12人，分别是：执行董事兼总经理、党委副书记厉建平；党委书记兼副总经理耿金富；监事、党委副书记兼纪委书记马英怀；副总经理王学庆、姜明廷、刘宝、李国、杨成文（兼总工程师）、李璞盛、祝郴阳；总会计师于庆波；工会主席徐达。

【队伍状况与机构设置】　2010年，水电六局有限公司员工总数为5844人。其中：管理人员和专业技术人员2241人，拥有各类专业技术职称人员1426人。水电六局有限公司总部机关设13个部室：总经理工作部、人力资源部、财务部、资产管理部、工程管理科技部、工程开发部、海外事业部、安全部、审计部、党委工作部、纪检监察部、工会、中心试验室；设4个归口管理部门：史志办公室、新闻中心、培训中心、信息中心。下设4个直属二级单位：离退休职工管理处、太平湾基地管理处、宽甸基地管理处、职工中心医院。下设6个直属生产经营单位：一分局、二分局、三分局、机电安装分局、工程公司、西南分局。

（陈洪星）

【生产经营与业绩】 2010年，水电六局有限公司以“坚持科学创新，凝聚发展力量，强力推进公司国际化、多元化建设进程”为目标，准确判断抢机遇，从容应对抗风险，果断决策保发展，国际市场保持稳定发展，国内水利水电市场继续巩固传统优势地位，非水电市场领域取得新进展。在建承包工程规模继续快速增长，企业品牌影响力进一步提升，节能减排贯穿于企业可持续发展全过程，在发展、获利、合同储备、价值创造、资产运营、激励和融资能力等方面都取得新成效，全面超额完成年度目标，实现又好又快发展。

2010年，实现营业收入22.77亿元，同比增长1.74%，其中国内水电建筑业占营业额的59.01%，国际工程营业额占总营业额的21.51%，国内非水电建筑业占营业额的19.48%；实现营业收入利润率4.95%，超过股份公司下达的1.6%的指标，同比增长2.32%。成本费用利润率为5.36%，高出股份公司下达的3.66个百分点；新签合同金额32.88亿元，其中国内水电工程占签约金额的72.03%，国内非水电工程占11.47%，国际工程占16.5%。现有合同存量较2009年末增长15.6%；经济增加值比股份公司下达指标增加721.65万元；资产负债率为71.44%，资产状况良好。资金集中度93.87%，比2009年高出19.23个百分点。资产总额同比增长18.36%，创历史之最；在岗职工平均工资增长率15.92%；获得银行授信首次突破15亿元，首次获得中国建设银行“AAA”级信用等级评定，银行贷款由担保贷款转变为信用贷款。

2010年完成实物工作量：土方1187.83万立方米，石方288.94万立方米，混凝土浇筑112.46万立方米，金属结构制作12678.82吨，金属结构安装10109.9吨；安装4台机组（缅甸耶涯水电站），共79万千瓦。

【年度荣誉】 2010年，水电六局有限公司取得较好业绩，荣获多种荣誉称号，获得多项奖励。

荣获全国电力行业优秀企业、2009年度中国水利水电施工企业20强、全国“安康杯”竞赛优胜企业（连续6次）、全国厂务公开民主管理先进单位、中央企业五四红旗团委、辽宁省“讲理想、比贡献”活动先进集体、辽宁省先进女职工组织、股份公司安全生产优秀企业、股份公司先进基层党组织和先进记者站、丹东市年鉴编纂工作先进单位、丹东市“温暖助学活动”突出贡献奖等荣誉。

承建的工程，荣获2项中国建设工程鲁班奖、3项中国电力优质工程奖、3项中国水电优质工程奖；2项股份公司科技进步二等及三等奖、1项中国电力建设科学技术成果二等奖、3项中国电力建设优秀QC小组成果奖、1项“神华杯”第二届中央企业青年创新优秀奖；2项科技成果被鉴定为达到国际先进水平、1项科技成果达到国内领先水平、1项成果通过股份公司科研课题立项审查并立项；1项发明获国家发明专利。

所属部分团队和员工分别被授予中央企业红旗班组、辽宁省优秀班组、云南省工人先锋号、金沙江流域水电工程劳动竞赛先进集体、四川省重点水电建设项目专项监察执法行动先进单位、水电股份公司先进基层党组织、铁道“火车头”奖章、中央企业优秀党务工作者、全国电力行业技术能手、全国能源化学系统“女职工建功立业”标兵、辽宁“五一”奖章、金沙江流域水电工程优秀建设者、辽宁省优秀工会工作者、辽宁省“讲理想、比贡献”活动科技标兵、辽宁省思想政治工作研究先进个人、股份公司劳动模范和先进生产（工作）者、股份公司优秀共产党员和优秀党务工作者等荣誉。

（赵树明）

【洪涝灾害】 自2010年8月20日起，水电六局有限公司所在的丹东地区连降大到暴雨，鸭绿江发生特大洪水，并引发严重泥石流和内涝灾害。太平湾生活基地、宽甸生活基地、蒲石河抽水蓄能电站和三湾水利枢纽项目均遭受不同程度的洪涝或泥石流灾害。生活基地153户平房和楼房受灾，生产、供水、供电、供热等设施，及道路交通、办公设备和广播电视系统，均遭受不同程度的损毁，两个项目施工被迫停止。经统计，洪水灾害给水电六局有限公司和职工造成直接损失约2286万元。

灾情发生前，水电六局有限公司启动防洪度汛应急预案，提前将人员全部安全撤离。受灾后，水电六局有限公司领导在第一时间赶赴受灾一线，全面实施调度指挥和救援抢险工作，组织开展房屋修缮等生产、生活自救，迅速恢复职工及家属的正常生活秩序，给予每户受灾职工家庭1000元的资金补助，并号召所属单位和个人为水电六局有限公司及丹东地区受灾人员踊跃捐款。

（陈洪星）

国内工程

【综述】　2010年，水电六局有限公司国内在建施工项目87个，分布在黑龙江、吉林、辽宁、内蒙古、山西、山东、河北、江西、湖北、广西、四川、重庆、浙江、云南、贵州、新疆等16个省、自治区、直辖市。全年完成企业总产值17.87亿元，其中：建筑业总产值17，72亿元，多种经营及其他产值0.15亿元。22个非水电项目完成施工产值4.40亿元，占建筑业总产值的24.83%，与2009年相比提高2.45个百分点。国内中标工程66项，新签合同金额27.43亿元。国内竣工工程42项，竣工产值7.66亿元。工程施工质量平稳，单元工程合格率100%，优良率93.10%。

（张　平）

【中标工程】　2010年，水电六局有限公司国内中标工程66项，新签合同金额27.43亿元。其中：水电工程45项，合同金额23.67亿元；非水电工程21项，合同金额3.77亿元。

中标合同金额在1亿元以上的有7项，分别是：南水北调中线一期工程汉江兴隆水利枢纽船闸土建及金属结构、机电安装工程施工（合同金额2.03亿元），南水北调中线一期工程总干渠沙河南至黄河南（委托建管项目）宝丰郏县段（合同金额2.78亿元），南水北调东线一期工程胶东干线济南至引黄济青段工程（第六批）明渠段工程施工6标段（合同金额1.17亿元），江苏溧阳抽水蓄能电站工程（C4标）尾水系统土建工程（合同金额3.16亿元），四川雅砻江卡拉、杨房沟水电站交通专用公路工程土建Ⅸ标施工（合同金额2.74亿元），四川上通坝水电站引水隧洞工程C4－5标（合同金额1.22亿元），辽宁太平湾发电厂长甸电站改造工程引水系统工程施工（合同金额1.63亿元）。

水电工程中标合同金额在2000万元以上、1亿元以下的有16项，分别是：辽宁省葫芦岛青山水库工程主坝工程和溢洪道工程、三湾水利枢纽及输水工程枢纽左岸建筑及安装工程和输水管线建筑安装及附属工程、鞍山丁香湖工程施工第一标段丁香裕拦河坝工程、蒲石河抽水蓄能电站引水隧洞下平段断层处理，金沙江溪洛渡水电站左右岸电缆出线竖井上段二期土建工程，贵州省沙沱水电站机电设备安装工程、沙陀水电站平面闸门及拦污栅制造合同，黑龙江省国电庆丰电站土建工程施工合同，四川省广元文江口水电站引水隧洞及调压井土建工程，重庆市武隆鸭江大桥电站（扩建）工程，内蒙古呼和浩特抽水蓄能电站泄洪排沙洞工程，甘肃省白龙江九龙峡水电站调压井和压力管道及发电厂房工程，山西省万家寨引黄工程北干线1号隧洞工程Ⅱ标合同补充协议，埃塞俄比亚B标段风电标塔筒制作工程。

非水电工程中标合同金额在2000万元以上的有5项，分别是：江西省武山铜矿云池尾矿库工程1、2号初期坝一标段，河北省古滦河生态公园（城区段）综合整治及景观改造工程施工，四川省阿坝州马尔康县日部乡射江公路（铁柱岩段）施工标、都江堰拉法基水泥三期扩建工程矿山工程竖井和平洞系统项目建设施工合同补充合同，内蒙古元宝山灰场三期扩容工程。

（潘　虹）

【竣工项目】　2010年，水电六局有限公司国内竣工工程42项，竣工产值7.66亿元，分别是：辽宁省蒲石河抽水蓄能电站厂前区土石方开挖填筑工程、电站库区废墟清理、电站水泵水轮机部分埋件供货分包合同、电站闸门弧门拦污栅设备采购、电站发电机定子转子平衡梁设备采购项目、电站10吨门式起重机制作安装，锦凌水库工程临时建筑工程，大伙房水库输水工程D&B3施工段、输水工程六河段工程及输水（二期）工程取水头部启闭机设备采购标，铁岭县新调线下游橡胶坝工程，铁岭电厂至铁岭新城区热电联产供热一级管网B标段，铁岭镇西堡风场一期49.5兆瓦工程道路施工，榛子岭水库机电金属结构设备采购及安装工程、除险加固水土保持合同工程，宽甸县污水处理厂工程，中朝界河塌岸严重和重要河段近期重点防护工程——潮沟防洪闸（泵站）工程，法库县尚屯水库除险加固工程施工标一期第二标段，葫芦岛市龙屯水库除险加固工程、金属结构设备工程；吉林省大兴川电站右岸进场道路施工合同、电站右岸业主临建板房施工合同，云峰水电站大坝右F15断层处理工程，双沟水电站压力管道厂房系统土建工程、调压井工程、引水系统土建生态钢管封堵体制作，松山溢洪道出口及下游河道治理工程，石龙水电站溢洪道检修闸门弧形工作闸门制造，磨盘山电站闸门及压力钢管制作，引嫩入白供水工程泵站机电设备及金属结构安装工程（第四标段）钢管加工项目；四川省滇池西岸截污治污A2标段工程、双马宜宾水泥制造有限公司二期建设工程平场土石方工程及附属工程，溪洛渡水电站左岸电缆出线竖井上段一期土建工程；贵州的芙蓉江清溪水电站引水发电系统及厂房土建工程、清溪水电站场内公路路面硬化工程、乌江渡发电厂252千伏GIS及其附属设备换型改造安装工程；云南省功果桥水电站地下厂房施工支洞工程、溪洛渡水电站右岸电缆出线竖井上段一期土建工程；浙江省宁波白溪水库引水工程隧洞10标（白岩支洞）工程；安徽省蒙城枢纽土建、金属结构及电气设备安装工程；重庆市武陵光伏材料有限公司酉阳6万吨/年高纯硅机电安装项目。

【南水北调中线一期兴隆水利枢纽船闸土建及金属结构机电安装工程】　该工程位于汉江下游湖北省潜江、天门市境内，是汉江中下游水资源综合开发利用的一项重要工程。兴隆水利枢纽由拦河水闸、船闸、电站厂房、鱼道、两岸滩地过流段及其上空的连接交通桥等建筑物组成。枢纽正常库容2.73亿立方米，规划航道等级为Ⅲ级，电站装机容量40兆瓦。水电六局有限公司承建的主要工程是船闸主体段和上、下游引航道，合同金额20303.45万元。2010年4月6日开工，合同工期2010年4月6日至2012年6月25日。截至2010年12月31日，船闸主体深层水泥土搅拌桩完成总量的90.7%，闸室段土方开挖完成，船闸主体开挖全部完成，六棱块预制完成总量的24.6%。

【南水北调中线一期沙河南至黄河南宝丰郏县段七标段】　总干渠全长234.75千米，起点位于河南省鲁山县马楼乡薛寨村北，终点位于河南省荥阳市王村乡新店村北。水电六局有限公司承建的工程位于郏县境内，全长为5.96千米。标段内共有各类建筑物11座。合同金额27807.47万元。计划开工日期2010年12月1日开工，完工日期为2013年6月30日。实际开工日期2010年12月25日。由于动迁等原因，工程按修改计划已于2010年12月25日开工，没有形成产值。

【南水北调东线一期济南至引黄济青（第六批）明渠段工程】　该工程位于胶东输水干线西段的下游，是胶东输水干线西段工程的重要组成部分，输水线路全长111.260千米。水电六局有限公司承建的明渠段工程位于邹平县境内，全长6.226千米。工程主要包括渠道开挖、填筑、衬砌、管理道路、安全防护等工程，交叉建筑物工程46座（处）。合同金额11718.2万元。2010年12月30日签订合同，完工日期为2012年6月30日，总工期18个月。工程已按计划于2010年12月26日开工。

【雅砻江卡拉、杨房沟电站专用公路土建Ⅸ标工程】该工程位于四川省凉山彝族自治州木里县境内。水电六局有限公司承建的土建Ⅸ标工程全长8.8千米，含2座隧道和2座桥梁，以及明线段。路面宽7米，线型采用标准公路三级。合同金额27397.99万元。合同工期为2011年2月15日至2013年6月30日。2010年11月29日签订合同，截至2010年12月31日，仍处于准备阶段。

【溧阳抽水蓄能电站尾水系统工程施工C4标段】该工程位于江苏省溧阳市，主要由上水库、输水系统、发电厂房及下水库等4部分组成，安装6×250兆瓦的可逆式水泵水轮发电机组，装机总容量1500兆瓦。水电六局有限公司承建的工程主要包括：尾水主洞、尾水调压室、通风洞、厂区自流排水洞及相应的临时设施等项目。合同金额31604.56万元。合同工期为2010年10月31日至2016年4月30日。截至2010年12月31日，主体工程未开工；生活区总体形成；生产区自建拌和系统安装、场区内供电设施已完成，综合加工厂正在施工中；110千伏安变电站至尾调通风洞洞口高压线路布置、线杆支立已完成，7号通风竖井井口中心点上部覆盖层开挖、交通洞洞口供水管路铺设正在施工。

【葫芦岛市青山水库两项主体工程】　该工程位于辽宁省葫芦岛市六股河中游，由枢纽工程及输水工程组成。枢纽工程由主坝、副坝、溢洪道、输水洞和码头组成，工程等别为二等，规模为大（2）型水库。水电六局有限公司分别于2010年5月26日中标大坝工程、2010年9月19日中标溢洪道工程。

（1）大坝工程。主坝为黏土心墙砂砾石坝，坝长735.63米，最大坝高42.79米，坝顶宽7.0米。工程主要包括：主坝坝体填筑、护坡、基础处理、坝顶路面、防浪墙、排水沟，主坝至溢洪道道路及基础处理，上坝路等。合同金额为9738.62万元。合同工期为2010年5月26日至2013年12月31日。截至2010年12月31日，土石方开挖完成95%，坝基混凝土浇筑完成75%，灌浆完成38%。

（2）溢洪道工程。这是继大坝工程后承揽的又一主体工程。工程由进口引渠、堰体控制段、陡槽及出口明渠段和出口防护工程等5部分组成。工程主要包括：溢洪道土建、溢洪道金属结构及电气设备安装、进场公路的路基填筑、溢洪道右岸防洪堤及相应临时工程。合同金额7560.36万元。合同工期为2010年9月19日至2013年12月31日。由于征地、动迁等原因，2010年尚未开工。

【三湾水利枢纽及输水工程左岸建筑及安装工程】

该工程位于辽宁省丹东市振安区境内爱河干流的九连城庙岭村，以城市供水为主，兼顾发电，是爱河水能开发的最末一级，也是为丹东市供水提供安全保障的大型综合利用水利工程，距鸭绿江入口8.0千米。由水库枢纽工程、输水工程和净水厂工程3部分组成，工程等别为二等，工程规模为大（2）型。水电六局有限公司承建的工程主要包括：挡水坝段、取水坝段、泄洪闸、鱼道坝段、电站厂房的上游挡水部分、取水泵站等。合同金额9697.19万元。合同工期为2010年9月26日至2012年7月20日。截至2010年12月31日，进场工程完成70%，导流工程完成50%，施工供电完成80%，施工通信完成50%，施工临时交通完成50%，临时仓库及附属工厂完成50%，现场室内试验完成60%，混凝土生产系统完成20%。

【阿坝州日部乡射江公路（铁柱岩段）工程】 该工程位于四川省阿坝州马尔康县日部乡射江村，是足木足河流域4座梯级电站前期进场公路的一部分。水电六局有限公司承建的公路工程，起点高程2683.3米，终点设计高程为2794.30米，全长10.791千米，包括隧道725米/2条，桥梁140米/2座以及明路段长10026米。合同金额7650万元。合同工期为2010年9月20日至2012年9月20日。截至2010年12月31日，办公生活营地、油库、水泥库、火工材料库全部完成；单幅路基土方开挖完成，具备单车通行条件；施工便道修建完成。

【九龙峡电站调压井、压力管道及发电厂房工程】 该工程位于甘肃省迭部县旺藏乡白龙江干流上，坝址距迭部县城47千米，距兰州市401千米。电站为引水式电站，电站装机容量3×27兆瓦，以发电为主。枢纽工程为筑坝挡水加引水式。水电六局有限公司承建的引水发电系统在右岸，主要由压力引水洞、调压井、压力钢管和岸边式厂房等组成。拦河坝为混凝土重力坝，厂房为右岸引水式岸边明厂房。合同金额5887.67万元。合同工期为2010年10月1日至2012年12月31日。2010年11月18日签订合同。由于征地、动迁等原因，2010年没有正式开工。

【武山铜矿云池口尾矿库1号初期坝工程】 该工程位于江西省瑞昌市白杨镇。该坝为透水堆石坝，坝顶高程56米、顶宽4米。工程主要内容包括：坝体填筑、帷幕灌浆、地基强夯及溶洞灌浆处理、格宾网箱装填块石及坝体干砌石等。合同金额5425.59万元。合同工期为2010年4月1日至2011年4月25日。由于征地、动迁等原因，实际开工时间为2010年7月21日。截至2010年12月31日，溶洞回填灌浆超前检查孔钻孔累计完成552孔，累计总孔深19172.95米；完成基础强夯总面积52298平方米的88.2%；完成清覆盖开挖总工程量51512立方米的95.1%；帷幕灌浆总工程量为9240米、308孔，完成4080米、136孔。

【国电公司庆丰水电站土建工程】 该工程位于黑龙江省伊春市浩良河镇西北约4千米，距汤原县城约45千米，松花江一级支流汤旺河下游。电站装机5台，4台单机容量3500千瓦，1台单机容量320千瓦，总装机容量为1.432万千瓦，为河床式电站。水电六局有限公司承建的主要工程包括：泄洪闸、厂房及升压站。泄洪闸为13孔，总宽236米。厂房主要建筑物有主厂房、副厂房、变电站、引水渠、尾水渠、右岸防洪堤等。合同金额7317.30万元。合同工期为2010年10月9日至2012年10月30日。2010年10月9日签订合同，由于征地、动迁等原因，2010年尚未开工。

（张　平）

国际工程

【综述】 2010年，水电六局有限公司沉着应对国际金融危机，坚定不移地实施国际化战略，国际化经营程度不断提高，运作项目逐渐向高端项目转变，在建海外工程项目已达6项（分布5个国家），实现5个历史新突破。

实现新签合同金额历史新突破：新签合同金额7895万美元（5.27亿元人民币），其中尼泊尔上塔马克西项目5885万美元（4.02亿元人民币），斐济项目2010万美元（1.41亿元人民币）。

实现业务合同存量历史新突破：业务合同存量已达23.66亿元人民币，占水电六局有限公司合同存量总额的36%。

实现营业收入历史新突破：完成营业额收入7645万美元（5.19亿元人民币），其中赤道几内亚吉布洛水电站项目6487万美元（4.39亿元人民币）、斐济南德瑞瓦图水电站项目716万美元（0.49亿元人民币）、肯尼亚松高罗机电安装项目162万美元（0.11亿元人民币）、缅甸耶崖机电安装项目279万美元（0.19亿元人民币）。赤道几内亚巴塔电网改扩建项目与尼泊尔上塔马克西项目正处前期阶段，暂未发生结算款项。

实现营业利润历史新突破：实现利润1718万美元（1.14亿元人民币），首次突破亿元（人民币）大关。

实现竞争性投标项目历史新突破：竞争性投标中标尼泊尔上塔马克西项目，成功进入尼泊尔市场。

【尼泊尔上塔马克西水电站】 该水电站位于喜马拉雅山较低区域的尼泊尔开发中心珍纳普区，距加德满都200千米，距中国（西藏）边境以南8千米。电站由进水口、引水系统、厂房系统、尾水系统及附属建筑物组成。地下式厂房，装机6台，总装机容量为456兆瓦。合同总额约1.78亿美元（11.86亿元人民币），合同工期1424天。2010年8月，股份公司中标本项目土建标。2010年9月，水电六局有限公司与水电十一局有限公司签订联营协议，正式确立战略合作伙伴关系。协议确定：水电六局有限公司承建的合同金额5885万美元（4.02亿元人民币）。2010年9月，首批施工人员进场。截至2010年12月31日，工程仍在筹建之中。

【缅甸耶涯水电站实现“一年四投”目标】 2010年12月13日，由水电六局有限公司承建的缅甸耶涯水电站最后一台水轮发电机组（4号机组）正式并网投产，投入商业运营。该电站1～3号机组分别于2010年2月21日、2010年7月11日、2010年10月15日顺利投产发电。至此，该电站4台发电机组（79万千瓦）全部投产发电，实现“一年四投”的发电目标。

（乔子龙）

基础设施建设

【直属生产经营单位搬迁丹东市内】 2010年，水电六局有限公司为改善直属生产经营单位的办公环境，加快信息传递和办事效率，解决交通不便等问题，投资345万元，将原水电六局招待所装修成为水电六局有限公司桃园办公区，装修面积达2935.5平方米。新办公区的形成，为提高工作效能创造了基础条件。2010年7月初，水电六局有限公司所属一分局、二分局、三分局、机电安装分局和工程公司等5家直属生产经营单位机关已全部搬迁至丹东市桃园办公区。

（陈洪星）

【家属基地室内供暖管网改造】 2010年，水电六局有限公司投入128.28万元，继续对家属基地进行供暖系统改造施工。其中，锅炉房设施及附属设备费投入54.26万元；室外供暖管网及楼号室内采暖系统部分改造投入74.02万元；对7栋住宅楼的380户住户进行了供暖一户一阀改造。施工中，确保工程质量和工期，使基地供暖系统维修改造达到预期使用效果。

（王　彦）

管理创新

【市场营销工作会议】 2010年1月4日，水电六局有限公司召开2010年市场营销工作会议。会议提出2010年市场营销目标：国际市场力争实现新签合同金额12亿元人民币，国内市场实现新签合同金额23亿元，非水电行业力争新签合同金额6亿元。

会议强调，2010年是水电六局有限公司实现“三年发展战略规划”的关键之年，市场营销工作要从6个方面狠下工夫：一是要积极争取集团公司对水电六局有限公司的项目协调；二是要利用在大业主中的品牌效应，做好深度市场营销；三是做好联合扩大管理型项目数量；四是用良好的履约行为助推市场营销；五是要形成独特的国际工程管理模式；六是要将水电六局有限公司独特的企业文化转换成市场营销的助推剂。

【“管理创效年”活动】 2010年，水电六局有限公司坚持开展“管理创效年”活动，创新管理手段，提升管理水平，提高管理效率，增强了管理效益。一是国际战略实施得到进一步加强，国际经营管理体制机制更加完善、走向成熟；二是财务与资金管理工作得到进一步加强，预算成果在经营业绩考核中得到很好的应用，银行授信额度充足；三是设备物资管理得到进一步加强，强化设备物资计划、招标采购、使用全过程管理；四是人才和科技工作得到进一步加强，拓宽了人才引进渠道，获得各类科技奖项13项；五是审计与监察得到进一步加强，全年完成项目审计15项；六是分包队伍管理得到进一步加强，全年分包立项审批99个；七是信息化建设得到进一步加强，全年签订信息化项目合同6个；八是节能减排工作得到进一步加强，贯穿于可持续发展全过程；九是改善民生得到进一步加强，全年争取到特困职工帮扶救助基金、困难职工帮扶中心救助资金、温暖助学款、灾后重建慰问款和困难职工低保金。

（赵树明）

【工程质量管理】 2010年，水电六局有限公司对工程质量进行全方位控制。2010年4月，组织8人参加中国电力建设企业协会与中国水电质协电力分会联合举办的“QC小组活动诊断师资格培训班”；2010年3月、11月分两次共组织99人参加丹东市建设工程质量监督站主办的建筑工程施工质量验收规范培训班，88人取得了质量检查员岗位证书。全年水电工程项目共验收鉴定单元工程8125个，其中优良7561个，优良率93.1%；非水电工程项目验收鉴定的批、分项工程15706个，合格15706个，合格率100%；未出现一般和重大的质量事故。

（刘玲荣）

【人力资源管理】 2010年，水电六局有限公司配合战略发展规划，不断培养和引进企业发展需要的各类经营管理及专业技术人才。认真做好专业技术人员职称申报评审认定工作；在建立健全管理人员数据库和关键岗位核心人才信息库的基础上，录入和不断完善各类人才基本信息，为水电六局有限公司人力资源配置提供有效的基础资料；员工公积金缴存比例调至12%；继续做好员工养老、医保、失业、工伤、生育保险的管理创新。

【招收大中专毕业生】 2010年，水电六局有限公司共招收全国60多所高等院校的251名学生，其中研究生1人，本科生126人。涉及水利水电工程、地质工程、道路与桥梁、安全工程、测绘工程、工程管理、工程机械、电气工程及其自动化、水电站动力设备、发电厂及电力系统、高压输配电线路施工运行与维护、材料成型及控制工程、测控技术与仪器等30多个专业。

【职工教育与培训】 2010年，水电六局有限公司为培养更多的优秀管理及专业技术人才，共组织131人次分期、分批参加了外部培训；水电六局有限公司总部、二级单位及项目根据需要适时开展了针对各业务方面的培训，共1739人·次；组织生产人员开展了职业技能鉴定考评工作，共有25个工种146人参加，其中技师49人、高级技师22人；组织职工参加成人高考，新增继续教育学员48人；开展普惠就业培训工作，80人经过规定学时的培训，获得职业资格证书。

（韩 蓉）

【取得国家执业资格证书人员奖励制度】 2010年3月，水电六局有限公司工会实行“对取得国家执业资格证书人员奖励”制度。该制度界定了奖励范围和奖励标准：公司在册职工通过国家注册水利水电、机电安装、房屋建筑、电力和铁路、公路、港口与航道、民航机场、市政公用一级建造师、造价工程师（建设部）执业资格考试合格证书，经由公司备案、注册后，分别给予不同等级的奖励；一级建造师增项注册人员按就高标准奖励。

（李凤仙）

【财务管理】 2010年，水电六局有限公司围绕转型升级战略目标，扎实有效地开展财务工作，获得水电集团（股份）公司2010年度“报表表扬”荣誉称号。经营业绩考核：借鉴预算编制经营业绩考核指标成果，贴近单位实际；在经营业绩考核体系运行中，加强指标监控；通过年终考评，推动经营管理水平提升。成本管理：继续加强新中标项目成本测算，分包工程立项及合同的签订井然有序，单位对项目采取因地制宜的管控方式，并形成各具特色的财务管理风格，盈利额显著增大。资金管理：通过规范银行账户管理、提高网银结算系统的覆盖面以及完善资金管理制度建设等手段，强化两个层面的资金管控，提升资金集约管理水平，并取得中国建设银行借款利率下浮优惠，贷款担保方式转变为信用保证。《建造合同准则》执行管理：针对《建造合同准则》，及时制定整改措施，完善准则执行办法，开展业务培训活动，准则执行质量不断提升，成本管理达到了以核算促管理的目的。会计核算：通过NC系统的实施，会计信息达到实时化管理，实现会计核算全局一体化。财务决算、财务预算报表的编制质量不断提高，财务分析、财务预测工作越来越贴近实际开展，为业绩考核、经营决策提供了依据。

（苗 雷）

【中心试验室通过监督评审和扩项评审】 2010年4月，国家质量技术监督管理局计量认证资质监督和扩项评审组对水电六局有限公司中心试验室进行为期3天的现场评审。此次监督评审项目分为10大类，涉及水泥、骨料、混凝土、外加剂等共计123项检测项目；扩项评审通过2010年度新扩项项目涵盖钢筋、沥青、无损检测等共计25项。评审组认为，试验室能严格遵守《实验室资质认定评审准则》的要求，试验人员业务娴熟，试验设备齐全，检验记录、报告控制严密，顺利通过评审。

（姜 鹤）

【资产管理】 2010年，水电六局有限公司重新修订了《设备物资招标采购管理办法》和《供应商管理办法》，进一步规范设备物资采购程序和审批制度，实行编制计划、招标采购、使用全过程管理。采购须报计划、实行集中采购、合同必须备案，保证采购行为规范有序、阳光透明；年度新增设备198台

(套)，原值2052万元，填补了国际业务、非水电业务等领域核心设备空白；混凝土湿喷机组实现对内对外租赁，通过设备租赁保证设备完好使用率，同时稳定了检修和操作技术人员队伍；加强设备物资现场管理的监督检查力度，对部分项目进行监督检查，针对项目设备物资管理存在的问题，召开设备现场会，提出意见限期整改。

（赵鸣镝）

【获超大型压力钢管生产许可证资质】 2010年1月，水电六局有限公司完成有史以来直径最大的压力钢管制作和安装。用于官地水电站1～4号发电机组的引水压力钢管由64节钢管组成，内径最大11.8米，最小9.6米。2010年11月，经水电六局有限公司提出《大型压力钢管生产许可资质证申请》后，由郑州电力工业金属结构设备质量检查中心水工金属结构产品生产许可证审查部、四川省水利厅、凉山州质监局组成审查小组，对质量管理、生产资源、质量控制、质量检验、安全防护等7大项内容严格检查评审，最终顺利获得《超大型压力钢管生产许可资质证》。

【获评辽宁省机械制造企业安全标准化二级单位】 2010年12月，辽宁省省级安全生产监督管理部门专家小组对水电六局东港重工机械有限公司申报的《机械制造企业安全标准化二级单位》进行复评。机械制造企业安全标准化考评检查内容主要是基础管理、设备设施管理、作业环境与职业健康管理三大项。经现场检查，最终通过评审，成为辽宁省机械制造企业安全标准化二级单位。

【首次举办商务礼仪知识培训】 2010年，水电六局有限公司首次举办商务礼仪知识培训。本次培训是针对总部机关及二级单位机关的一次规模较大、针对性强、意义深远的专题培训，着力提高职能部门人员的管理能力和水平，承担起战略管控、决策管控、业绩管控等职责。邀请工程博士、国家人力资源管理师授课。从分析礼仪缺失、知晓礼仪、表达礼仪到创造环境表达礼仪，以及礼仪内容和礼仪行为的引导与激发进行培训。

【获中国建设银行首批“AAA”信用企业】 2010年，水电六局有限公司首次获得中国建设银行“AAA”级信用等级评定。此项评定是对企业市场竞争力、资产流动性、管理水平等方面进行的综合评定，共分7级，“AAA”级为最高级。水电六局有限公司由此银行贷款取得基准下浮10%的优惠利率，贷款及保函业务取得免担保的优惠政策，降低了融资成本。

【修志编鉴】 2010年，水电六局有限公司修志编鉴工作成果显著。完成了集团公司《组织机构志》、《大事记》、《年鉴》，丹东市《地方志》、《大事记》、《年鉴》的编纂任务；在系统内率先进行集团公司《人物志》入选人物摸底排查、资料收集等准备工作；年内召开6次史志鉴工作及相关专题工作会议；举办一次《年鉴》培训。水电六局有限公司被股份公司誉为系统内“修志工作第一梯队”，给予“起步晚、抓得紧、效率高、成果好”的高度评价；被丹东市政府授予“丹东年鉴编纂工作先进单位”荣誉称号。

（赵树明）

【离退休职工管理】 截至2010年底，水电六局有限公司共有离退休职工5641人，其中家住外埠的2451人。水电六局有限公司大力推行“一切为了方便离退休职工”的服务理念，全力推行“贴心”服务。春节前夕发给离退休职工每人一份慰问信；定期走访困难退休职工和困难遗属；管理好外埠退休人员的医疗保险；加大活动场所和设施投入，坚持经常性开展活动；完善医院及卫生所设施和服务，方便及时医疗；办好老年健康服务站，提供免费理疗，定期组织保健专家讲座，免费办理家庭健康档案；协助做好殡葬善后服务，及时发放丧葬抚恤费；定期组织离休老干部身体健康检查、慢性病复查；及时化解矛盾，保证离退休职工队伍稳定。

（赵树明　戴红霞）

【在职职工住院医疗互助合作保险】 水电六局有限公司在职职工住院医疗互助合作保险于2009年9月1日至2010年8月31日第一个保期届满，参保3886人，参保覆盖率为58.4%，受益职工199人·次，获得理赔金额17.19万元。为更好地落实惠民政策，在继续办理第二个互助合作保险期基础上，对在丹东市医保中心认可的医疗机构住院治疗后，根据被保险人出具的市医保中心结算单据（报销凭证），按照三级、二级、一级医院在职人员统筹基金支付比例分别除以80%、85%、90%，视为进入基本医疗统筹报销的住院医疗费，再相应乘以20%、15%、10%，视为个人自付部分，基金会按个人自付部分的70%赔付医疗保险金。该规定还对重症患者的住院保险金赔付比例作了详细说明。

（李凤仙）

企业改革

【组建信息中心】 2010年12月，水电六局有限公司根据发展的实际需要，为大力推进信息化建设工作，成立了“中国水利水电第六工程局有限公司信息中心”，归口工程管理科技部管理。

（韩 蓉）

科技进步

【综述】 2010年，水电六局有限公司高度重视科技进步工作，坚定不移地实施“科技兴局、人才强企”战略，将科技创新工作作为企业可持续发展的着力点，全力打造水电六局有限公司专业特色品牌，使水电六局有限公司施工技术竞争力不断攀升，科研开发能力大大提高。承建或参建的部分工程分别获得国家级、省部级和股份公司级17项奖项，3项科技成果达到国际、国内领先水平；参与了股份公司重大科技专项《特大地下洞室群施工安全环保关键技术研究与应用》，负责其中的专题二《特大地下洞室群专项施工技术研究》（8个子项）的研究工作。这些科研项目较好地解决了施工技术瓶颈，攻克了一些世界级高难度技术难题，提升了水电六局有限公司的科技创新能力。

【荣获2项国家工程建设鲁班奖】 2010年，由水电六局有限公司承建的黄河小浪底水利枢纽工程、江苏宜兴抽水蓄能电站工程入选中国建筑业协会2010年中国建设工程鲁班奖。该奖项是国家优质工程最高奖项，由中国建筑业协会评选。

【荣获3项中国电力建设优质工程奖】 2010年，由水电六局有限公司承建的江苏宜兴抽水蓄能电站（4×25万千瓦）工程、贵州清水河大花水电站（2×10万千瓦）机电设备安装工程及机电设备调试工程等3项工程荣获2010年度中国电力建设优质工程奖。该奖项为中国电力建设行业工程质量最高奖，由中国电力建设企业协会评选。

【荣获3项中国水电优质工程奖】 2010年，由水电六局有限公司承建的贵州索风营水电站地下厂房工程、江苏宜兴抽水蓄能电站压力钢管及金属结构制造安装工程、黑龙江大顶子山航电枢纽工程荣获中国水电优质工程奖。该奖项是中国水电工程最高优质奖项，由中国水电建设股份公司组织评选。

【荣获1项中国电力建设科学技术成果二等奖】 2010年，由水电六局有限公司申报的《江苏宜兴抽水蓄能电站地下厂房开挖与施工稳定性研究和对策》被评为中国电力建设科学技术成果二等奖。该奖项由中国电力建设企业协会评审。

【荣获3项中国电力建设优秀QC小组成果奖】 2010年，水电六局有限公司有3项成果获得中国电力建设优秀QC小组成果奖。其中：《竖井岩石段及尾水洞边墙锚杆支护施工质量控制》质量管理小组被评为中国电力建设优秀质量管理小组二等奖，《左右岸出线竖井上段岩石段开挖质量控制》质量管理小组和《厂房岩锚梁施工质量控制》质量管理小组被评为三等奖。该奖项由中国电力建设企业协会评审。

【荣获1项中央企业青年创新优秀奖】 2010年，由水电六局有限公司申报的《特大规模导流洞群开挖与衬砌》项目获得“神华杯”第二届中央企业青年创新优秀奖。该奖项由中央企业团工委、中央企业青年联合会、国家科学技术奖励工作办公室、中国企业联合会联合组织评选。

【3项科技成果达到国际先进水平、国内领先水平】 2010年4月，在中国水电建设股份公司北京科技成果鉴定会上，水电六局有限公司完成的《高地应力区大跨度地下厂房安全施工技术》、《深厚覆盖层大直径竖井施工技术》两项科技成果被鉴定为达到国际先进水平，《压力隧洞双圈无黏结预应力混凝土衬砌施工技术》科技成果达到国内领先水平。

【荣获2项股份公司科学技术成果奖】 2010年，由水电六局有限公司申报的《高地应力区大跨度地下厂房安全施工技术》获得股份公司科技进步二等奖，《深厚覆盖层大直径竖井施工技术》获得股份公司科技进步三等奖。

（叶 明）

【信息化建设】 2010年，水电六局有限公司信息化建设得到进一步加强，全年签订信息化项目合同6个，信息数据中心初具规模，覆盖二级单位的网络平台基本形成，并逐步开始运用于企业的日常管理。先后完成桃园办公楼主楼、副楼的局域网络架设，程控电话网络安装以及机房选址建设工作；与北京华科软公司签订《综合项目管理系统实施与服务合同书》，正式启动综合项目管理系统，完成了项目启动准备阶段、系统初始化为核心的项目实施准备阶段、现场项目培训阶段和集中补录前期数据的系统试运行4个阶段；与北京中宏力达科技有限公司签订系统采购合同，进行OA办公自动化系统的软件换代工作；对水电六局有限公司网站进行全面改版升级，完善了模块功能和布局；相继上线运用了资金管理、财务报表与预算管理、财务核算、安全管理、人力资源管理、审计管理、惩治和预防腐败管理等系统及相关业务子系统，相关基础数据上报工作已完成。

（叶　明　汪云峰）

【溪洛渡水电站出线竖井滑模混凝土创同行业施工高水平】　2010年10月3日，由水电六局有限公司承建的溪洛渡水电站左岸1号电缆出线竖井（上段）完成井身混凝土滑升目标，75天滑升高度251.304米，平均日滑升3.35米，最高日滑升4.9米，这是国内大断面、一井多室同类竖井工程井身混凝土滑升新纪录，创出国内同行业施工最高水平。

【顺利完成最高电压负荷的GIS设备安装】　2010年12月，水电六局有限公司顺利完成辽宁蒲石河抽水蓄能电站500千伏GIS（开关站）地下部分1、2号间隔和地面部分3个间隔设备及各气室管路连接及抽真空任务。该安装工程具有工序复杂、验收程序多等特点。是水电六局有限公司安装电压负荷最高的GIS设备。

【合理化建议评审】　2010年5月，在水电六局有限公司2009年度职工合理化建议评审会上，评选出19项职工合理化建议优秀成果。其中：2项建议获一等奖、4项建议获二等奖、13项建议获三等奖。

【国家知识产权发明专利】　2010年6月，由水电六局有限公司工程师边海波设计的《桁架组装套件及其桁架和桁架支撑系统》获得国家知识产权局授予的发明专利，确认此发明具有新颖性、创造性和实用性。这是水电六局有限公司职工获得的首个工程技术方面的专利。传统的钢桁架由型钢和钢板通过焊接、铆接、螺栓连接制作而成，制作费工费时，不具通用性，不能周转使用。边海波设计出的钢桁架及桁架系统组装套件能够灵活装配组装、便于拆卸，其套件可进行多次周转应用，结构牢固，通用性强。

（赵树明）

安全生产

【综述】　2010年，水电六局有限公司认真贯彻落实全国安全生产工作会议精神，坚持“安全第一、预防为主、综合治理”的安全生产方针，以科学发展观指导安全工作实践，在“安全生产年”活动中，以加强安全生产制度化管理为目的，强化制度建设和安全生产管理，完善安全生产法律秩序，完善安全生产各项规章制度，使安全生产责任制得到充分落实，并取得了良好的效果，继续保持了平稳的安全生产态势。没有发生较大以上安全生产事故。全年共排查一般隐患1022项，排查重大隐患1项，整改率为100%；安全督察项目全部到位；对在建的南水北调等部分重大项目进行安全检查、督查和预防地质灾害及雨季施工、防汛等专项检查。在“安全月”活动中，表彰奖励了24名优秀安全工作者、11名青年安全标兵。水电六局有限公司连续5年被股份公司授予“安全生产先进单位”称号，连续6年被中华全国总工会和国家安全生产管理监督总局授予“全国‘安康杯’优胜单位”荣誉称号。

【安全教育培训】　2010年，水电六局有限公司继续加强对员工的安全教育，多次组织专门培训。组织270名特种作业人员参加丹东市安全监督管理局培训中心的培训，均取得特种作业人员操作资格证书，特种人员持证上岗率达到100%；组织37名项目经理、副经理和专职安全生产管理人员参加股份公司举办的长沙市安全生产管理人员培训班；按辽宁省安全“三类人员”培训要求，安排125人参加由丹东市安全生产协会组织的建筑企业安全“三类人员”培训再教育培训班；各单位、各项目部以多种形式开展有针对性的各类安全生产培训教育活动，尤其是加强了对农民工和分包队伍员工在内的一线作业人员的安全培训教育工作，对新员工（包括农民工、分包队伍员工）入场教育率达100%。

（张　鹏）

党群工作和企业文化建设

【十届四次党委全委（扩大）会暨纪检监察工作会】2010年2月8日，水电六局有限公司召开十届四次党委全委（扩大）会暨纪检监察工作会。

会议提出2010年党建工作目标是：着力充分发挥党组织政治核心作用，建立起与股份公司制度相适应的党建工作体制，建设一批政治素质好、经营业绩好、团结协作好、作风形象好的“四好”领导班子，建设一批政治引领力强、推动发展力强、改革创新力强、凝聚保障力强的“四强”基层党组织，培育一支政治素质优、岗位技能优、工作业绩优、群众评价优的“四优”党员队伍，建设一个体系完整、机制科学、教育扎实、制度健全、监督有效、惩处有力的惩防腐败体系，营造一个精神振奋、团结奋斗、崇尚科学、理念先进、具有现代文明特征的企业文化氛围，努力全面实现2010年各项工作目标。会议听取并审议了《党委工作报告》和《纪检监察工作报告》，表彰了2009年度“四好”领导班子、先进党组织、优秀共产党员和优秀党务工作者。

（赵树明）

【党建工作】　2010年，水电六局有限公司党委注重发挥政治引领和领导核心作用，党建工作在改进中加强，在创新中提高，推动两个文明建设迈上新层次。

干部管理日趋规范。修订完善干部选拔任用机制，公开竞聘水电六局有限公司团委副书记，在选人、用人上，坚持制度化、规范化、程序化，提高公信度；在民主、公开的原则下进行中心医院领导班子换届调整；举办了第一期“青年干部培训班”，培训青年骨干、项目经理、后备干部91人；建立后备干部动态管理档案并进行年度考核，储备培养后备干部83人。

“四强四优”和“创先争优”活动。分别于2010年4月和2010年6月启动了“争创四强党组织、争做四优共产党员”和“创先争优”活动，并将两项活动有机结合起来，突出实践特色，抓主题创建。各级党组织结合实际创新活动形式，开展了“共产党员工程”、“合理化建议”、“技术革新”、“党员先锋岗”、“党员义工”、“党员承诺”等活动，提出合理化建议138条，开展技术革新85项，创直接经济效益1200余万元。

学习型党组织建设。各级党组织把学习作为组织建设的主要特征、组织活动的重要内容、提高组织战斗力的重要途径，推进学习型班子、学习型项目、学习型班组建设。突出抓好各级中心组学习和干部学习，开展“领导干部带头学习、带动学习，争做学习型党员，争创学习型党组织”为主要内容的“两带两争”活动，将全体职工纳入到学习型企业建设范围，加大投入开展职工专业技术培训。

（尤俊梅）

【第一期青年干部培训班】　2010年2月，水电六局有限公司党委举办了第一期青年干部培训班。这次培训班是水电六局有限公司加强干部队伍建设和提升干部队伍综合素质的重要措施，是水电六局有限公司近年来规模较大、层次较高的一次青年干部培训，其中部分青年干部是施工项目的管理者。共培训青年骨干、项目经理、后备干部91人。为提高授课质量，水电六局有限公司领导亲自走上讲台，还聘请大学教授讲课，总部机关有关部门领导也参与了讲课。内容包括：领导干部行为规范、应知应会、素质和行为要求；领导班子运行规则、会议制度；干部作风形象、职务犯罪的理解和认识、职务犯罪的危害性、关键问题预防和严格执行法律法规；公文写作知识；公务礼仪等。

（赵树明）

【新闻工作】　2010年，水电六局有限公司围绕发展战略开展新闻工作，充分发挥报纸、网站和电视媒体多元化和信息共享特点，电视专题制作取得突破性成果，新闻力度和规模创历史新高。《鸭绿江水电报》全年出报49期，特刊3期，专版10个，其中专题、专访、专栏宣传报道的力度和规模都超过往年；制作大型电视专题片4个，电视新闻32期，投标资料多媒体18个，其中《京沪高铁西渴马1号隧道电视科技专题片》获得中国电力企业联合会电视专题片优秀奖，科技专题片《京沪高铁隧道开挖中的技术创新》得到铁道部和股份公司的充分肯定；市级以上报刊发稿301篇，创造历年来对外宣传最好成绩；全年设立网络专题7个，刊发新闻1056条。

（刘　岩）

【工会工作】　2010年，水电六局有限公司工会坚持理论创新促进工会工作创新，充分发挥出工会组织的应有作用。

“创新创效”活动推动工会工作创新。确定19项“创新创效”立项项目，安全监督做到基层和现场；联系医院流动体检车到项目上为职工体检；申报110项合理化建议优秀成果项目，组织19人参加中央企业班组长岗位培训学习。

强化帮困扶贫送温暖推动工会工作创新。着力抓好“生活、助学、医疗”三大帮扶。及时为患大病职工申请办理三级救助，走访慰问370名特困职工发放慰问金22.9万元，特困职工扶助1.28万元，发放洪灾二次扶贫款6.30万元，12名职工因患重大疾病享受救助1.12万元；争取丹东市帮扶救助款1.12万元，发放“金秋助学”款1.70万元，享受丹东市温暖助学款6000元；第一个在职职工住院医疗互助合作保险保期，职工获得理赔199人次，金额17.19万元。

深化民主监督推动工会工作创新。强化源头参与，职代会上必须如实报告《集体合同》执行、拖欠职工工资、女职工特殊权益保护等工作；出厂务公开简报75期、专栏86次；全公司被评议领导干部439名。

维护女职工合法权益推动工会工作创新。为1133名女职工（含待岗）“团体女性安康保险”，举办“关爱女性健康知识”培训班，聘请全总爱心讲师团授课，组织1312人进行妇科病检查。

（赵树明　郑美玲）

【共青团工作】　水电六局有限公司团委下设6个直属团委、1个直属团总支部、1个直属团支部，基层团总支部5个、基层团支部37个，35周岁以下青年2013名，其中共青团员686名。

2010年，水电六局有限公司团委以“服务青年成长成才，服务公司科学发展”为主线，深入开展“创先争优”活动，不断深化团内各项主题活动。会同有关部门组织了首届“青年辩论赛”，参与组织第一期青年干部培训班，参与公开竞聘团委副书记工作，参与进行生产安全理念宣传，因地制宜地进行“岗位能手”、“青年文明号”、“五四红旗集体”等项活动。对团员青年进行局史、局情教育，召开新生入职座谈会。水电六局有限公司团委荣获中央企业团工委授予的“五四红旗团委”称号。筹备召开水电六局有限公司十二次团代会。

（李浩宁）

检查监督

【十五届二次职工代表大会】　2010年2月9～10日，水电六局有限公司召开十五届二次职代会暨2010年工作会议。会议确定2010年为水电六局有限公司的“管理创效年”，要强力推进国际化、多元化建设进程，超常举措加快现代企业制度转型，增强项目整体运营水平，构建科学高效财务机制，向战略管控与价值服务双重角色转变。会议号召全公司要汇聚发展合力，努力完成营业收入27亿元、新签合同金额35亿元、实现利润1亿元、营业收入率3.7%、经营利润考核值6280万元、资产负债率控制在73%以内、在岗职工人均年收入增长率不低于13%的主要奋斗目标。会议传达了集团（股份）公司工作会议暨第一届一次职工代表大会精神，听取并审议了总经理《行政工作报告》、《财务工作报告》、《安全工作报告》。会议还分别与二级生产经营单位签订了2010年度生产经营考核责任状和安全生产责任状，表彰了最佳文明单位、最佳文明工程、最佳文明机关、优秀项目经理、劳模、标兵和先进集体。

（赵树明）

【纪检监察】　2010年，水电六局有限公司纪检监察工作狠抓3件大事，取得明显效果。

党风廉政建设。坚持将日常跟踪检查、年中抽查和年终全面检查考核相结合，“三重一大”事项规范运行；两级党政领导讲党课、作反腐倡廉报告11场·次；党员干部观看教育片21场·次，参加数达708人·次；受理举报事件1件，核实并结案；抓好惩防体系建设，班子成员“一岗双责”到位，召开2次专题研究分析会；抓好“企检共建”，与丹东市检察院加强横向联系，做到有效预防职务犯罪，其经验在丹东市预防职务犯罪经验交流大会上作了交流。

内部监督。重大事项执行民主决策备案簿填写、公开通报和上级汇报等项制度；班子成员在职代会上述职述廉，班子集体在反腐倡廉建设工作会上廉洁承诺；领导班子按规定召开民主生活会；对新提拔的两级64名中层领导干部进行任前廉洁谈话，并作出廉洁鉴定；厂务公开向生产经营领域延伸；水电六局有限公司网站、报纸刊发党风廉政建设和反腐倡廉文章81篇，在股份公司网站刊发11篇。

效能监察。出台《二级单位效能监察工作流程》，加大对亏损项目及管理存在突出问题项目的监察力度；从加强成本管理、降低管理风险工作入手立项实施监察；探索在国际工程项目和非水电项目开展效能监察。水电六局有限公司及各二级单位共立项并实施效能监察17项，节约资金55万元，直接增加经济效益247万元，避免经济损失173.9万元，挽回经济损失0.15万元，提出监察建议62条，完善和建章立制31项。

【廉洁从业专项教育活动】　2010年4～6月，水电六局有限公司开展了廉洁从业专项教育活动。水电六局有限公司直管干部及项目班子成员受教育面达100%；组织集中学习38次，专题辅导16次，观看违纪案例专题教育片21场·次，上廉洁党课9次；形成调研报告11篇，对梳理出的8个方面、26项突出问题制定整改方案并加以整改落实；参加测答262人，参与率100%；完成3个阶段、6项重点工作的全部内容，得到股份公司巡视检查组的肯定与认可；纪检监察人员深入基层单位开展专题讲座的做法受到股份公司通报表扬。

（肖纯取）

【内部审计】　2010年，水电六局有限公司进一步探索内部控制审计，以揭示问题、促进管理、提高效益为目标，开展多项审计工作。加强对二级单位主要领导任期管理责任监督，完成2项离任审计；以财经法规和水电六局有限公司财务管理制度为依据，完成3项二级单位财务收支审计、7项工程项目的经济效益审计；为验证对集团公司及水电六局有限公司各项规章制度的执行情况，完成部分工程项目的内部控制审计；完成1项建厂项目投资审计。还完成了3项国家重点建设项目的专项检查，参加了股份公司对水电七局局长任期经济责任审计，配合股份公司审计部完成了对水电六局有限公司主要负责人的任期经济责任审计。全年共完成审计项目15项，审计部共提出审计建议59条，均已被审计单位采纳。

（陈贵莲）

【“小金库”专项治理活动】 在2010年8月初开始的中央企业“小金库”专项治理工作活动中，水电六局有限公司及时布置、传达和落实股份公司文件精神，全公司上下认真开展了全面检查、重点检查及抽查。各单位建立了监管体系，完善了相关制度。通过此项工作的开展，规范了企业经济活动秩序，推进了反腐倡廉建设。

（苗　雷）

中国水利水电第七工程局有限公司

概　况

【综述】 2010年，中国水利水电第七工程局有限公司（以下简称“水电七局有限公司”）贯彻落实公司十四届二次职代会精神，实现了营业收入、市场营销、资产总额分别过百亿的奋斗目标。

2010年，水电七局有限公司实现营业收入120.04亿元，为中国水利水电建设股份公司（以下简称“股份公司”）下达经营指标73.4亿元的163.54%，比2009年87.74亿元增加32.30亿元，增长率36.81%；实现利润6.84亿元，比2009年5.30亿元增加1.54亿元，增长率29%；劳动生产率85.74万元/（人·年），增长率36.88%；在岗员工平均工资5.37万元/（人·年），比2009年4.30万元/（人·年）增加1.07万元/（人·年），增长率24.88%。

2010年，水电七局有限公司市场营销总额164.8亿元（其中：国内水利水电61.11亿元，占37%；国内非水电34.28亿元，占20.8%；国际工程69.41亿元，占42.12%），是2010年度计划的164.8%，增长率58.5%，全年中标工程项目76个。

2010年，水电七局有限公司获得的荣誉称号有：“四川五一劳动奖状”、“火车头奖杯”、“云南省工人先锋号”、“全国模范职工之家”、“2009年四川省最佳诚信企业”、“2009年全国优秀施工企业”、“全国实施卓越绩效模式先进企业”、“全国电力行业卓越绩效模式先进企业”、“2009年度全国电力建设优秀施工企业”、“全国用户满意企业”、四川省“放心工程示范单位”、“四川省工程建设系统2009年度用户满意企业”、“四川省工程建设质量管理小组活动先进单位”、“2009年度中国水利水电施工企业20强（第一名）”、“2010年中国建筑企业100强（第7位）”、“2010年四川百强企业（第24位）”、“十一五”全国建筑业科技进步与技术创新先进企业、“2009年四川建筑企业最佳效益10强”、“2009年四川建筑企业最大市场占有份额10强”、“2009年四川建筑企业综合实力10强”、“中国土木工程詹天佑奖（黄河小浪底枢纽工程）”、“中国建设工程鲁班奖（苏丹麦洛维大坝工程）”、“中国建设工程鲁班奖（黄河小浪底枢纽工程）”、“国家科学技术进步二等奖（200米级高碾压混凝土重力坝关键技术）”。

【公司资质】 水电七局有限公司是集水电工程及其他建筑工程施工、设计、科研、投资、电力生产与销售于一体的国有大型建筑施工企业，具有国家水利水电工程施工总承包特级和公路工程施工、公路路基工程、地基与基础工程、隧道工程、送变电工程专业承包、土石方工程专业承包壹级，市政公用工程施工总承包资质。通过了ISO 9001：2000标准质量管理体系、ISO/14001：2004标准环境管理体系和GB/T 28001：2001标准职业健康安全管理体系的认证以及四川省省级企业技术中心认定，取得国家商务部批准的对外承包工程经营资格。

（季　雪）

【领导班子】 2010年，水电七局有限公司领导班子成员：执行董事、法定代表人、总经理兼党委副书记张建文；党委书记兼副总经理文加海；党委副书记兼纪委书记、公司监事逯建华；副总经理尹强；副总经理兼总经济师马邦凯；副总经理郗举科、向超群、但东、张桥、江瑞俊、郑平；总会计师张元刚；总工程师向建；工会主席王富建。

【队伍状况与组织机构】 2010年末，水电七局有限公司有职工14055人，其中高、中级专业技术人员5000余人，技术工人近9000余人。设有21个职能部门和机构，分别是：总经理工作部、党委工作部（团委）、人力资源部、财务部、资金管理部、生产经营部、安全监督管理部、质量管理部、技术中心（勘测设计院）、设备物资管理部、资产经营部、市场开发部、基础设施事业部、铁路工程管理中心、海外事业部、法律事务部、审计部、纪委（监察部）、保卫部、工会、社会职能管理中心。

设有21个所属二级单位及直管施工局（不包括控股和相对控股公司、联营体），分别是：第一分局、第二分局、第三分局、第四分局、第五分局、机电安装分局、科研设计院、高级技工学校、锦屏施工局、亭子口施工局、向家坝施工局、溪洛渡施工局、糯扎渡施工局、三峡项目部、彭水项目部、苏巴姑项目部、俄公堡项目部、沪昆铁路项目部、京沪高铁三工区、南广铁路NGXQ—5项目部、观音岩水电站项目部。

（蒋海洋）

国内工程

【综述】 2010年，水电七局有限公司国内在建工程77个（116个施工合同标段），其中：施工局项目5个，联营体项目9个，公司直管项目7个，公司授权分局自管项目56个。履约项目主要分布在四川、云南、安徽、福建、甘肃、广西、广东、贵州、河南、河北、江苏、内蒙古、山东、山西、重庆、西藏等16个省（直辖市/自治区）。在这些履约项目中，合同总金额超过10亿的项目有11个，合同总金额在1亿～10亿元的项目有43个。国内在建工程履约完成施工产值103.48亿元，为2010年初计划66.99亿元的154.47%。主要实物工程量：土石方挖填3419万立方米，为2010年初计划2201万立方米的155.34%；混凝土浇筑731万立方米，为2010年初计划508万立方米的143.9%；金属结构制作安装192155吨，为2010年初计划182059吨的105.55%；机组安装179台（套）（水电机组7台，风电机组172台，总装机容量99.6万千瓦），为2010年初计划109台（套）的164.22%。

【亭子口水利枢纽大坝土建与金属结构安装工程Ⅰ标段】 亭子口水利枢纽位于四川省广元市苍溪县，是以防洪、发电、灌溉及城乡供水为主，兼顾航运，并具有拦沙减淤作用的综合工程，属一等大（1）型工程。电站装机容量110万千瓦，通航建筑物为2×500吨级。

2009年9月29日，水电七局有限公司中标大坝土建与金属结构安装工程Ⅰ标段，中标金额10.86亿元。

2010年，水电七局有限公司承担2台QP30吨/1270米平移式无塔架缆索起重机安装，缆机额定起重量30吨，设计跨度为1300米，实用约1270米，缆机左右岸的轨道长度均为192米。2010年10月23日，1号缆机顺利通过空负荷试验、静负荷试验、动负荷试验；2010年12月10日，2号缆机通过空负荷试验、静负荷试验、动负荷试验、双机抬吊试验。2010年12月29日，在21～26号底孔坝段355.7～357.2米高程施工中，日施工碾压混凝土15840立方米，创造了大坝主体工程单日单仓混凝土施工强度世界纪录。

【溪洛渡左岸泄洪洞和地下厂房进水口工程】 溪洛渡水电站位于四川省雷波县和云南永善县交界处，其地下工程是目前国内规模最大的特大型地下工程，左岸地下厂房共安装9台70万千瓦机组，属一等大（1）型工程。2007年1月20日，水电七局有限公司、水电十四局有限公司联营体中标，中标合同金额为12.03亿元。

水电七局有限公司承建的溪洛渡水电站工程左岸泄洪洞开挖于2010年10月29日全面结束，比计划工期提前63天。截至2010年12月底，溪洛渡工程左岸泄洪洞进入全面混凝土浇筑阶段。溪洛渡工程左岸两条泄洪洞分别长1850米、1628米，洞径14米×19米，各分布1个闸室，共计完成土石方洞挖97.92万立方米、尾水明挖113.95万立方米、锚杆（筋桩）63966根、喷混凝土8162.3立方米。

【锦屏一级水电站大坝左岸工程】 锦屏一级水电站位于四川省凉山彝族自治州木里县和盐源县交界处的雅砻江干流上，是雅砻江下游从卡拉至河口段的龙头水库，工程以发电为主，兼汛期蓄水防洪，属一等大（1）型工程，电站装机6台，单机容量60万千瓦。电站双曲拱坝坝高305米，是世界最高混凝土双曲拱坝。2007年6月，水电七局有限公司中大坝标，中标金额20亿元。

2010年7月，水电七局有限公司水工机械厂承制的锦屏一级水电站进水口闸门及拦污栅第一批埋件通过验收。2010 年 8 月，完成快速闸门制作和主体焊接。2010 年 9 月，锦屏大坝混凝土浇筑至 1685 米高程，提前实现百米浇筑年度计划。

【锦屏二级水电站东端 1、2 号引水隧洞工程】 锦屏二级水电站利用雅砻江下游河段 150 千米长大河弯的天然落差，截弯取直，通过 16.67 千米的引水隧洞获得水头约 310 米，属一等大（1）型工程。电站总装机容量 480 万千瓦，单机容量 60 万千瓦。

2007 年 5 月，水电七局有限公司中标东端砂石系统，合同金额 3.2 亿元。2007 年 8 月 2 日，水电七局与中铁八局联合中标隧洞开挖等工程，中标金额 9.56 亿元。

2010 年，水电七局有限公司锦屏东端砂石系统完成混凝土 22 万立方米，生产成品砂石骨料 90 万吨，半成品料 55 万吨，渣场堆渣维护 170 万立方米，混凝土浇筑 5393 立方米，金属结构制作安装 1083.8 吨，钢筋制作安装 32.7 吨，实现产值 1.4 亿元，比 2009 年增加 100%。

2010 年，水电七局有限公司受隧洞开挖进度影响，合同内项目除堵水灌浆外，其他项目未完全启动。在此条件下，水电七局有限公司进行了引水隧洞裸岩固结灌浆的施工，完成裸岩固结灌浆 2.4 万米，水泥注入量 0.8 万吨。同时，完成无盖重防渗固结灌浆 1 万米。

【糯扎渡水电站溢洪道、电站进水口金属结构安装】糯扎渡电站位于云南省思茅市的澜沧江下游干流上，属一等大（1）型工程，工程以发电为主，兼有防洪、灌溉、养殖和旅游等综合效益，电站装机容量 585 万千瓦。

2006 年 8 月 2 日，水电七局有限公司中标承建溢洪道工程，中标金额 16.14 亿元。

2010 年 9 月 1 日，水电七局有限公司承建溢洪道金属结构安装 8 号孔弧形工作门，第一根门槽成功吊装。溢洪道弧形门共 8 扇，每扇重 350 吨，门叶单节最重 39 吨。截至 2010 年 12 月 16 日，电站进水口最后一孔快速门门槽安装完成，并通过监理、业主验收。

【大岗山水电站引水系统及厂房工程】 大岗山水电站位于四川省雅安市石棉县挖角乡境内，为大渡河干流规划的 22 个梯级的第 14 个梯级电站，属一等大（1）型工程。大岗山电站最大坝高 210 米，电站总装机容量 260 万千瓦。

2008 年 8 月，水电七局有限公司（责任方）与水电十四局有限公司组成联营体中标引水发电系统土建工程，中标金额 10.81 亿元。

截至 2010 年 12 月，水电七局有限公司施工的进水口基础 2～3 号机组外侧 0+71 米开挖至 0+43 米高程；1～4 号压力管道下平段无盖重固结灌浆施工完成；进厂交通洞顶拱混凝土衬砌完成、厂房锚梁混凝土浇筑完成；尾调室分Ⅸ层开挖，1、2 号尾水管及连接洞Ⅰ、Ⅱ层开挖支护，3、4 号尾水管及连接洞Ⅰ、Ⅱ层开挖支护完成。

【向家坝右岸地下引水发电系统土建及金属结构安装】 向家坝水电站位于四川省与云南省交界处的金沙江下游河段，最大坝高 162 米，坝顶长度 909.26 米。发电厂房分设于右岸地下和左岸坝后，总装机容量 600 万千瓦，属一等大（1）型工程。2006 年 4 月 12 日，水电七局有限公司中标承建右岸引水发电系统等工程，中标金额 13.22 亿元。

2006 年 8 月 31 日，工程正式开工。2010 年，水电七局有限公司全面完成了从开挖向混凝土施工的转换，土石方开挖工程量超额完成年度计划。主厂房及尾水主洞的混凝土施工履约提前完成年度计划，进水口及引水隧洞工作面进度受控。向家坝水电站右岸地下引水发电系统类比同等规模的地下厂房，地质条件相对最复杂，水电七局有限公司在开挖、安装创造了 6 个世界之最，即地下主厂房跨度 33.4 米、地下主厂房高度 88.2 米、压力钢管直径 14.4 米、引水隧洞开挖直径 16.3 米、尾水隧洞开挖断面为 24.3 米×38.15 米（宽×高）的城门洞型、装机单机容量 80 万千瓦。

【观音岩水电站导流明渠土建及金属结构安装】 观音岩水电站位于云南省华坪县与四川省攀枝花市交界的金沙江上，坝高 168 米，属一等大（1）型工程，以发电为主，兼有防洪、灌溉、旅游等综合利用功能。水库库容 20.72 亿立方米，电站装机容量 300 万千瓦。

2008 年 8 月，水电七局有限公司中标观音岩水电站导流明渠土建及金属结构安装工程，中标金额 9.39 亿元。2008 年 10 月 15 日开工。2010 年 6 月 27 日，观音岩导流明渠混凝土浇筑日产量超 1 万立方米。2010 年 11 月 18 日，26、27 号坝段最后一仓碾压混凝土浇筑至设计高程，26、27 号坝段是本标首个具备向其他标段移交工作面的部位。2010 年 12 月 8 日，该工程获大唐云南分公司领导的高度好评。工程各部位主要形象面貌、主要实物工程量实现年度目标，其中，大坝、溢洪道和消力池等部位提前完成年度施工计划。

【苏巴姑水电站机组安装】 苏巴姑水电站位于四川省凉山彝族自治州昭觉县，电站设计2台（2×2.6万千瓦）冲击式发电机组，设计水头1175米，属亚洲第一。

水电七局有限公司承建机组压力钢管制造及安装工程。苏巴姑水电站压力钢管长2.2千米，主要为610兆帕级高强钢，结构和布置复杂。2009年11月工程开工，2010年6月压力钢管安装施工结束。首台机组于2010年12月试运行。

【阿海水电站厂房土建及金属结构安装工程】 阿海水电站位于云南省丽江玉龙县（右岸）与宁蒗县（左岸）交界的金沙江中游河段，工程以发电为主，兼顾防洪、灌溉等综合利用，属一等大（1）型工程。水库库容为8.79亿立方米，电站装机5台，单机容量40万千瓦。

2009年5月20日，水电七局有限公司中标厂房土建及金属结构安装工程，中标金额5.72亿元。2010年10月6日，水电七局有限公司顺利移交2号机锥管安装工作面。2010年11月15日，1号安装间下游墙提前5天浇筑到顶。2010年11月18日，月混凝土浇筑4368立方米，突破月浇筑4000立方米计划。2010年11月20日，月混凝土浇筑50650立方米，是月计划的124.6%。同时，水电七局有限公司承建的阿海拌和系统，截至2010年12月21日，混凝土年产量突破200万立方米，满足了阿海工程混凝土施工的需要。

【桐子林水电站导流明渠工程】 桐子林水电站位于四川省攀枝花市盐边县的雅砻江干流上，电站总装机容量60万千瓦（4×15万千瓦），最大坝高66.63米，坝顶长度468.7米。工程枢纽由左、右岸挡水坝段，河床式发电厂房，泄洪闸等建筑物组成。

2009年10月12日，水电七局有限公司中标导流明渠等工程，中标金额5.25亿元。2009年11月1日，工程开工。2010年1月15日，完成关键线路Ⅱ区高喷防渗墙施工，Ⅰ区、Ⅲ区相继于2010年1月31日、2010年3月15日完成。框格式地下连续墙于2010年4月28日完成施工，较节点工期目标提前了18天。2010年3月4日，导流明渠第一仓混凝土浇筑。2010年12月24日，完成左导墙底板982米高程以下混凝土浇筑，提前7天完成左导墙混凝土浇筑，实现年底混凝土浇筑目标。

【官地水电站金属结构及机电设备安装工程】 官地水电站位于四川省凉山彝族自治州西昌市与盐源县交界的雅砻江干流河段上，是雅砻江干流卡拉至江口河段水电规划五级开发的第三个梯级电站，水库库容7.6亿立方米，电站总装机容量240万千瓦（4×60万千瓦）。

2009年10月，水电七局有限公司中标承建金属结构及机电设备安装工程，中标金额1.34亿元。

2010年3月10日，首台机组座环顺利吊装就位，同年4月10日，首台机组（1号机组）蜗壳第一节成功挂装，标志着蜗壳组装正式开始。2010年10月12日，主厂房两台桥式起重机经过业主、监理和设计代表的联合检查，顺利通过了样板工程的评定。2010年10月17日，引水洞压力管道下弯段第一批曲线异形模板制作试拼装一次成功。2010年12月12日，3号机座环组装、焊接和精细调整完成并一次性通过业主、厂家和二滩监理工程师的联合验收。

【梨园水电站进水口、引水道土建工程】 梨园水电站位于云南省迪庆州香格里拉县与玉龙县交界河段，是金沙江中游河段规划的第三个梯级电站，属一等大（1）型工程。工程是以发电为主，兼顾防洪、旅游等综合利用的工程，电站装机容量240万千瓦。

2009年11月2日，水电七局有限公司中标电站进水口、引水道土建及金属结构安装工程，中标金额6.15亿元。2009年11月4日，工程开工。2010年2月2日，冰水堆积体开挖爆破试验成功爆破。2010年3月，电站进水口开工，后因洪水暂停施工近5个月，但仍按年计划完成全部开挖支护施工。引水道施工进度受控，项目总体履约良好。

【长河坝泄洪放空系统及中期导流洞工程】 长河坝水电站位于四川省甘孜藏族自治州康定县境内，为大渡河干流水电梯级开发的第十级电站。该电站是以发电为主的大型水库电站，由拦河大坝、泄水系统、引水发电系统组成，装机总容量260万千瓦，属一等大（1）型工程。

2010年10月29日，水电七局有限公司中标长河坝水电站泄洪系统，中标金额18.62元。工程由3条泄洪洞和一条放空洞组成，3条泄洪洞平行布置，洞轴线水平间距60米，放空洞布置在3号泄洪洞右侧。中期导流洞布置于坝区右岸，进口段位于1号泄洪洞与2号泄洪洞之间，洞身段与1号泄洪洞立面交叉，出口位于1号泄洪洞出口上游60米。由进水塔、有压洞段、弧形闸门工作室、无压洞段和出口挑流坎段组成。

水电七局有限公司于2010年10月进场，主要进行前期临建项目及12号路外侧弃渣防护工程施工，工程进度受控。

【木里河立州水电站大坝及进水口土建工程】 立洲水电站位于四川省凉山彝族自治州木里藏族自治县立洲岩子至八科索桥2.4千米的河段，电站采用混合式开发，枢纽工程由碾压混凝土双曲拱坝、坝身泄洪系统、右岸地下引水隧洞及右岸地面厂房组成，电站总装机容量35.5万千瓦。

2009年3月31日，水电七局有限公司中标大坝及进水口土建A部分（包括道路施工、交通洞、坝肩走索、临建工程）、大坝及进水口土建B部分（包括大坝工程、柔性防护网工程），中标金额4.15亿元。2009年3月20日，工程开工。2010年主要施工项目为交通洞和左右坝肩开挖，工程总体履约情况良好，工期受控。

【彭水升船机安装】 彭水水电站通航建筑物规模为500吨级，主要由上游引航道、船闸、中间渠道（含渡槽）、垂直升船机和下游引航道组成，位于枢纽左岸，线路总长1188.6米，型式为一级船闸＋全平衡干运钢丝绳卷扬垂直升船机，为国内首次采用。

2010年11月20日，水电七局有限公司机电安装分局承建的彭水电站500吨级垂直升船机首次通航圆满完成，实现了乌江彭水航道断航6年后的首次通航。

（汪　钰）

国际工程

【综述】 2010年，水电七局有限公司在建国际工程项目11个，完成产值17.23亿元人民币。完成实物工程量：土石方挖填519万立方米，混凝土浇筑33万立方米，钢筋制作安装5602吨，金属结构安装2071吨。

【苏丹麦洛维大坝工程】 该工程位于苏丹共和国北方省卡瑞玛城东27千米的尼罗河上，是一座集灌溉、发电等多功能于一体的水利枢纽工程，装机容量125万千瓦。2标中标合同金额55504万欧元，3D标中标合同金额6089万美元，渠道标中标合同金额为2250万美元。总工期60个月，由水电七局有限公司和水电五局有限公司组成的联营体承建。

2010年完成产值8322万元人民币，完成土石方开挖8.08万立方米，土石方回填5.39万立方米，混凝土浇筑5529立方米，钢筋制作安装511吨，工程即将完工。

【巴基斯坦汗华水电站】 该水电站位于巴基斯坦西北边境省印度河一级支流的汗华河上，装机容量7.2万千瓦。水电七局有限公司中标合同金额为3065万美元。

2010年10月1日，电站下闸蓄水，全年完成产值1.44亿元人民币，完成土石方开挖2084立方米，土石方回填6442立方米，混凝土浇筑7.81万立方米，钢筋制作安装1512吨，工程即将完工。

【巴基斯坦高摩赞水电站】 该水电站位于巴基斯坦境内的印度河支流高摩赞河上，总装机容量1.7万千瓦。2010年，水电七局有限公司完成产值2.11亿元人民币，完成土石方开挖2万立方米，土石方回填5.54万立方米，混凝土浇筑18.93万立方米，钢筋制作安装1539吨。

【马来西亚巴贡水电站】 该水电站位于马来西亚沙捞越州民都鲁的拉让江上，最大坝高205米，最大库容440亿立方米，总装机容量240万千瓦。2003年5月19日，水电七局有限公司签订中标合同。2008年6月11日，重新签订合同增加工程量。2010年1月11日，与马中水电联营体签订1B-A标合同，合同价总价变更为14.99亿马币。2010年10月21日，与马中水电联营体签订合同外补充协议，新增导流洞封堵改建等合同外项目，总价为7295万马币，形成合同总价为15.73亿马币。截至2010年底，工程大坝、厂房、隧洞主体工程项目基本完成，2010年10月13日实现下闸蓄水，全年完成产值3.75亿元人民币，完成土石方开挖6.7万立方米，混凝土浇筑1.42万立方米，钢筋制作安装527吨。

【苏丹罗赛雷斯大坝加高工程】 该工程位于尼罗河干流的青尼罗河上，是在原大坝基础上加高10米，坝轴线长度从15千米增加到30千米，坝高66米，装机容量28万千瓦，主要功能是灌溉兼发电。

2008年4月27日，“七五”联营体签订施工合同，中标金额3.96亿美元。2010年完成产值6.67亿元人民币，完成土石方开挖158.89万立方米，土石方回填430.4万立方米，混凝土浇筑4.32万立方米，钢筋制作安装1514吨。

【苏丹爱尔兰克—马拉卡尔公路工程】 该工程沿苏丹共和国白尼罗河布置，全长345千米。2009年1

月，“五七”联营体签订施工合同，中标金额2.22亿美元。2009年12月19日，工程开工。2010年完成产值1.34亿元人民币。

【苏丹乌姆瓦巴—艾布库贝哈公路工程】 该工程位于苏丹共和国首府喀土穆的南面约600千米，起自乌姆拉瓦白市，终点为艾布库贝哈市，公路总长度为141千米。2009年3月，水电七局有限公司签订中标合同，合同金额6320万美元。2009年12月3日，工程开工。2010年完成产值7174万元人民币。

【苏丹上阿特巴拉水利枢纽工程C1A标段】 该工程位于苏丹东共和国南部，距离阿特巴拉河与Setit河交汇处上游约20千米。工程主要是灌溉兼发电，总装机容量13.2万千瓦，最大坝高55米。2010年4月6日，“七五”联营体签订合同，中标金额4.2亿美元。2010年完成产值3828万元人民币，完成土石方开挖16.09万立方米。

【菲律宾大马尼拉供水隧洞标】 该工程是由中国政府优惠买方信贷资金兴建的大马尼拉市政工程，2010年3月31日，水电七局有限公司中隧洞标，标段长3783米，中标金额1351.6万美元。2010年完成产值1463万元人民币。

（李成林）

基础设施建设

【综述】 2010年，水电七局有限公司基础设施在建工程项目18个，完成总产值25.72亿元，是年计划24.65亿元的104.4%。其中：铁路项目完成产值18.45亿元，公路项目完成产值3.87亿元，南水北调项目完成产值0.51亿元，风电项目完成产值2.09亿元，其他完成产值0.8亿元。

【京沪高铁三标段三工区】 京沪高速铁路为北京南站到上海虹桥站。2008年1月6日，集团公司以142.7亿元标价中标JHTJ—3标段，同年1月14日，水电七局有限公司进驻工地现场，同年1月15日工程开工。

2010年1月11日，京沪高速铁路项目现场第一块轨道板精调测量顺利完成，标志着水电七局有限公司掌握了高速铁路无砟轨道施工核心测量技术。2010年2月3日，京沪高铁山东济南泰安段沪向六郎坟特大桥箱梁架设全部竣工。2010年3月10日，京向1号架桥机由运梁车低位驮运成功穿越济南长清张夏隧道，安全就位井字坡特大桥桥头架梁施工点。2010年4月15日，京沪高铁项目水泥乳化沥青砂浆工艺性揭板试验一次性通过业主评估验收，成为京沪高铁三标段内首家获得业主验收的单位。2010年5月20日，京沪高速铁路泰山西站道岔板填充层自密实混凝土工艺性试验顺利通过京沪高铁济南指挥部的评估验收，成为集团公司首家获得业主验收通过的单位。2010年6月26日，京沪高铁三标段三工区（水电七局有限公司）提前20天完成京沪高铁泰山西站高速道岔板铺设。

【新建南宁至广州铁路工程施工总价承包（NGZQ—5标段）】 2009年，水电七局有限公司总价承建南宁至广州铁路站前工程NGZQ—5标，合同金额29.50亿元，同年2月19日项目部正式进场。

2010年1月12日，南广铁路罗盘冲隧道顺利贯通。2010年4月16日，水电七局有限公司藤县西制梁场以88.5分的成绩，通过国家全许办铁路专用产品生产许可证审查部组织的桥梁生产许可证审查。2010年4月26日，新莲大桥桩基施工比原计划提前4天完工。2010年5月27日，南广铁路藤县西梁场首榀箱梁铺架完成。2010年7月26日，藤县西梁场运架一体机在架设完广州方向榔头特大桥箱梁后，在桥面成功完成主梁转向，架设南宁方向天平镇跨S304省道大桥箱梁。水电七局有限公司的运架一体式架桥机是目前世界第二台投入铁路箱梁铺架的运架一体机。

【映秀至汶川高速公路土建工程】 四川汶川映秀镇至汶川县城高速公路工程项目A12标段，路线长5.086千米。设计行车速度80千米/小时，为Ⅰ级高速公路。

2009年10月，水电七局有限公司中标，合同金额2.76亿元。2010年1月18日，浇筑首根桥梁桩基。2010年3月16日，映汶高速公路A12合同段七盘沟隧道开工。2010年11月3日，A12标段T梁预制外观质量受业主、监理好评，工程履约正常。

【新建沪昆铁路客运专线长沙至昆明段（贵州）CK-GZTJ－1标段】 该工程起讫里程（DK419＋530）～（DK454＋588），正线长度35.06千米。2010年9月，水电七局有限公司中标，中标金额24.94亿元。主要工程项目包括拆迁、路基、桥梁、隧道、站场、综合接地、大型临时设施和过渡工程等。水电七局有限公司于2010年10月1日进场开工，工程进展顺利。

【南水北调焦作1段三标】 该工程合同范围为桩号（Ⅳ38＋000）～（Ⅳ41＋400）内的建筑工程、机电设备及安装、金属结构设备安装、通信管道采购及敷设、临时工程、水土保持工程及施工期环境保护工程等，主要包括2535米的明渠、翁涧河渠倒虹吸、李河渠倒虹吸、1座公路桥及1座生产桥等。2009年3月，水电七局有限公司中标，中标金额2.47亿元。2009年4月30日，工程开工，截至2010年11月30日，完成主要工程量为：渠道建筑物基础拆除6.6万立方米，土方回填91万立方米，混凝土浇筑1.86万立方米，工程履约良好。

【南水北调中线一期穿黄工程Ⅱ－B标】 该工程位于河南省郑州市以西30千米处孤柏山弯横穿黄河。工程包括：穿黄隧洞（含过河隧洞段和邙山隧洞段）及其南岸竖井、北岸竖井，北岸竖井设备维修房和临建工程。过黄河隧洞段长3450米，隧洞断面内直径为7米，南端起点断面中心高程为72.45米，北岸终点断面中心高程为67米。2005年4月，中铁十六局与水电七局有限公司组成联合体中标，合同金额4.89亿元，其中水电七局有限公司合同金额为1.71亿元。2005年8月，工程开工，主要由中铁十六局承建，水电七局有限公司砂石系统进场。2010年3月，水电七局有限公司土建和金属结构安装进场，同年7月正式开工，截至2010年12月底，工程履约正常。

【四川成（都）简（阳）快速路土建工程第二标段施工】 成简快速路位于四川省成都市龙泉驿区，工程CJTJ－Ⅱ段起止桩号为（K3＋588）～（K7＋000），全长约3.41千米。2009年3月，水电七局有限公司中标，合同金额为2.16亿元。

成简快速路BOT项目是中国水电建设集团公司继邛名高速公路之后，在四川建设的第二个公路BOT项目。成简快速路CJTJ－Ⅱ段的施工内容为路基、路面、桥涵、隧道等。工程于2009年3月25日开工，2010年主要进行2号隧道、石碑子大桥预制箱梁的架设施工，其中2号隧道提前4个月贯通，总体履约良好，工期受控。

（汪　钰）

投资开发

【综述】 2010年，水电七局有限公司共有投资项目16个，其中：全资子公司2个，控股子公司3个，改制公司2个，参股子公司9个，对外投资9.28亿元。

2010年，水电七局有限公司资本经营的重点是有序推进已核准项目开发和新项目的核准，并通过稳健的资本运营对投资结构进行优化。一是项目核准获得新进展。装机容量24.9万千瓦的溪古水电站年内获得国家核准。二是投资管理进一步加强。2010年水电七局有限公司在建项目有：控股公司四川久隆水电开发有限公司投资开发的踏卡水电站（2×5.5万千瓦）、斜卡水电站（2×6.5万千瓦），参股公司四川九龙溪古水电开发有限公司投资开发的溪古水电站（3×8.3万千瓦），控股公司四川昭觉县昭源电力开发有限责任公司投资开发的苏巴姑水电站（2×2.6万千瓦），全年完成投资10.48亿元。三是投产项目增多。总装机容量11万千瓦的踏卡电站于2010年10月投产发电；设计水头为亚洲第一的苏巴姑水电站（2×2.6万千瓦）于12月30日进入72小时试运行。同时，经集团（股份）公司批准，按照股权转让交易规则，转让了水电七局有限公司拥有的乐山市筒车坝电力有限公司20％的股权。

【四川久隆水电开发有限公司】 该公司成立于2003年1月，注册于四川省甘孜藏族自治州九龙县，注册资本金7.7亿元，股东及股权结构为：水电七局有限公司40％、四川万能通实业有限公司30％、四川德昌县鸿星电力有限责任公司16％、四川雅安泰能实业有限责任公司14％。该公司获得100万千瓦水电装机项目开发、生产、经营权。2010年12月，该公司已投入商业运行电站6座，装机容量74.6万千瓦。

【四川昭觉县昭源电力有限公司】 该公司成立于2005年，注册于四川省昭觉县，注册资本金0.80亿元，公司股东及股权结构为：水电七局有限公司51％，四川万能通实业有限公司持股49％。该公司经营范围为水电开发。该公司现开发的苏巴姑水电站，总装机容量5.2万千瓦，投资总额为3.19亿元，截至2010年12月31日，累计完成投资2.98亿元。

【水电七局成都工程有限责任公司】 该公司成立于2004年12月，系主辅分离时的改制公司，位于四川省成都市西南航空港经济开发区长江路三段23号，注册资本金1600万元。该公司经营范围：水利水电工程施工，防护堤工程施工，机电安装，土石方工程施工，预拌混凝土（以上经营凭建筑资质证）；销售建筑材料，实业投资，电站经营管理；设备维修，租赁，房屋租赁、仓储、代运。该公司现为水电七局有限公司全资子公司。

【水电七局成都水电建设工程有限公司】 该公司成立于2004年12月，系主辅分离时的改制公司，注册于四川省成都市郫县，现注册资本金为1亿元。该公司经营范围：水利水电工程施工、水工建筑物基础处理工程施工、地基与基础工程施工、堤防工程施工、公路工程施工、桥梁工程施工、预应力工程施工、水工隧洞工程施工。该公司股东及股权结构：水电七局有限公司52%、四川飞亚建设咨询有限公司31.3333%、北京国泰永胜投资有限公司16.6667%。

（杜秀彬）

管理创新

【管理创效年活动】 2010年，水电七局有限公司按照“管理上水平，创效增能力”的要求，开展“管理创效年”活动。一是加强制度建设，完善管理体系。在经营业绩考核方面，水电七局有限公司在原制度体系的基本指标、修正指标基础上，增加了规模效益调整指标。注重与同序列单位的横向比较，突出各经营单位的经营绩效对公司整体的贡献率。将经济增加值（EVA）辅助指标及节能减排工作纳入年度经营业绩考核范畴，并出台了《中国水电七局有限公司授权经营单位负责人经营业绩考核制度汇编》（2010年版）。在劳动用工方面，根据《劳动合同法》的要求，规范了劳动合同文本，完善了劳动用工、劳动合同管理、收入分配体系的制度建设。在干部人事管理方面，完善了中层领导人员的管理办法，在水电七局有限公司内部按照公开、公平、公正的原则，推行公开选聘、竞聘上岗工作。二是及时调整项目管理模式和组织模式。根据铁路项目建设与发展的需要，成立了铁路工程管理中心。三是严格执行《企业会计准则》，认真落实“三控三强一确保”的综合性风险防控举措，进一步推行全面预算管理。四是加强设备物资管理，出台《设备物资集中采购招标管理办法》。

（季　雪）

【成立法律事务部】 2010年，水电七局有限公司根据企业规模不断扩大，各种风险增大的情况，为更好规避法律风险，成立了法律事务部。

【经济活动分析制度化】 2010年，水电七局有限公司有效执行经济活动分析制度，坚持每季度围绕专业管理，多方面多角度对公司经营状况进行全面分析，对潜在风险进行预测，采取防范手段；对存在的问题提出整改措施并及时反馈落实情况；对重要项目的履约和索赔，安排专人重点跟踪，及时提供指导和服务，及早预测经营风险，制定防范风险的预案。

【完善质量创优制度】 2010年，水电七局有限公司完善质量管理制度，重新制定和修订了《水电七局有限公司质量管理办法》、《水电七局有限公司质量考核管理办法》、《水电七局有限公司工程质量奖惩办法》、《水电七局有限公司质量相关岗位人员质量职责》、《水电七局有限公司创优质工程规划》、《水电七局有限公司质量创优工作细则》等文件，从制度上保证了质量创优工作持续有效开展。

【项目督导管理】 2010年，水电七局有限公司开展工程项目督导管理工作。一是按照《水电七局有限公司2010年国内主要在建项目履约风险预测及应对措施》的要求，制定《水电七局有限公司工程项目管理督导办公室2010年督导工作计划》。二是根据督导事项拟订督导提纲，并按照提纲内容对项目部进行督导，查找、分析和提出建议或改进意见。三是对难点较大的项目，督导组协助项目部同业主、监理进行沟通，提高业主、监理与项目之间的联系。四是加强职能部门和分局的协调，共同提高项目管理水平。

【经营风险管控】 2010年，水电七局有限公司制定了《水电七局有限公司2010年主要施工项目经营风险及应对措施》，按风险大小分别确定了星级标准，对于具有重大经营风险的项目，给予重点监控和关注。水电七局有限公司分管领导、主要职能部门负责人多次深入现场协助项目部策划、沟通，并使水电七局有限公司领导适时掌握重大经营风险的发展变化情况，采取有力措施，促进项目管理，提高管理效率。

【优质工程和创优机制建立】 2010年，水电七局有限公司不断提高对工程质量的要求，努力争创优质工程，黄河小浪底水利枢纽工程成为水电七局有限公司获得的第一个“鲁班奖”，实现了建局45年来鲁班奖“零”的突破。苏丹麦洛维水电站成为水电七局有限公司第一个境外“鲁班奖”。2010年，水电七局有限公司制定了《水电七局QC小组及质量创优申报管理办法》，进一步完善了创优长效机制的建立。

【引入第三方评价制度，提升质量管理水平】 2010年，水电七局有限公司坚持以顾客为中心的理念，开展引入第三方评价机制。先后聘请有资质的测评单位对瀑布沟、亭子口等在建项目的业主、设计及监理单位的相关人员进行顾客满意度情况调查。在调查问卷中，调查项目共计 1092 项 • 次，其中很满意 894 项 • 次，占 77.7%；满意 239 项 • 次，占 21.9%；基本满意 4 项 • 次，占 0.4%；不太满意 0 项 • 次；很不满意 0 项 • 次。水电七局有限公司产品服务质量综合顾客满意度指数达到 94.60，水电七局有限公司连续 3 年被评为“全国用户满意企业”。

（朱玉梅）

科技进步

【综述】 2010 年，水电七局有限公司根据生产经营规模的扩大，立足于长远和可持续发展，修定了科技发展规划，完善了科技管理制度，加强了技术创新决策机制、资金保障机制、项目管理机制、约束与激励机制，提高了科技管控能力，被中国建筑业协会评为“‘十一五’全国建筑业科技进步与技术创新先进企业”，获得集团（股份）公司“科技进步先进企业”称号。

【科技成果】 2010 年，水电七局有限公司根据中长期科技发展规划，下发了《科技基金管理办法》、《科学技术管理年度考核管理办法》等文件，使科技开发取得了新进展。《200 米级高碾压混凝土重力坝关键技术》获 2010 年国家科技进步二等奖。《复杂地质高陡边坡施工技术与安全控制》、《复杂地质超大型水电站地下厂房施工技术》、《大断面斜井开挖施工风险评价与控制技术》分获集团（股份）公司科技进步特等奖、一等奖、三等奖。主编的国家标准《水电水利工程压力钢管制造安装及验收规范》和行业标准《砾石土心墙堆石坝施工技术规程》完成送审稿。京沪高铁三工区组织编著的《京沪高速铁路 CRTSII 型无砟轨道板制造》、《京沪高速铁路施工管理与技术汇编》等 3 本专著由天津科技出版社公开出版发行。

【专利】 2010 年，水电七局有限公司取得 9 项发明专利：骨料仓料位指示仪、一种用于圆锥破碎机的臂架轴承盖松动探测装置、化学灌浆修补混凝土裂缝的方法及装置、隧洞常态混凝土自动升送带式台车、一种混凝土布料器、锚索张拉自动监控系统、特大型灯泡贯流式水轮发电机组管形座安装方法、特大型灯泡贯流式水轮发电机组水轮机转轮安装工艺、特大型灯泡贯流式水轮发电机组导水机构安装工艺。14 项实用新型专利：皮带机防跑偏自动监控装置、臂架轴承润滑探测装置、普通胶带机简易调心托辊装置、一种风冷骨料仓、带破拱助流装置的细集料仓、洞室安全防护作业台车、多功能装配式液压驱动移动栈桥、隧洞常态混凝土自动升送带式台车、水电站地下厂房岩壁梁开挖钢管钻孔样架、一种工程坝体连续施工设备、一种趾板混凝土连续浇筑装置、一种移动栈桥、一种洞室顶拱模喷混凝土施工结构、超声测试换能器定位装置。

【规程规范】 2010 年，水电七局有限公司主编的工程建设国家标准《水电水利工程压力钢管制造安装及验收规范》通过有关专家审查。近年来，国家水电建设快速发展，巨型水电站不断增多，引水压力钢管的大型化，水电站水头越来越高，引水管壁厚度增加，常用钢牌号不断更新、新的钢材和焊材不断涌现，出现了 800 牛顿级和 1000 牛顿级的高强钢，推广应用了新的焊接方法、无损检测方法和新型防腐材料等，上述特点成为新规范修改、补充的重点内容。同时，还完成了 4 项行业标准的编写工作。

【信息化建设】 2010 年，水电七局有限公司按照住房和城乡建设部示范工程要求建设了《中国水电七局综合项目管理系统》，并通过了住房和城乡建设部专家组的验收。专家组检查考核认为：项目完成了计划任务书规定的研究任务和考核指标，项目成果适用于水电建设企业管理信息化的需求，总体上达到国内领先水平，具有良好的示范作用。

（欧阳新群）

安全生产

【安全生产】 一是层层签订安全生产责任书，强化安全生产目标管理。水电七局有限公司在建项目 91 个，专兼职安全管理员 647 人，均持证上岗，其中注册安全工程师 54 人，配备了安全总监和助理总监 78 名。二是“一岗双责”，确保安全组织领导。三是催化安全管理成果，推进安全科学技术进步。水电七局有限公司通过建立“科技兴安”的激励机制，推进项目本质安全管理。激励自主创新，把发现、培养和凝聚科技人才作为安全科技奖励的重要内容，制定“科学技术进步奖励办法”，推进原始创新、集成创新和引进消化吸收再创新，推进安全科学技术进步。

【推进“首犯重罚，末位监管”原则和安全生产“110”】 2010 年，水电七局有限公司坚持“首犯重罚，末位监管”安全管理原则，即对当年第一个发生安全事故的单位从重处罚，对当年安全生产考核排名末位的单位加大监管力度。安全生产“110”是指水电七局有限公司安全工作：近期目标创集团公司安全管理“1”流、社会效益“1”流和生产性死亡事故为“0”的企业；远期目标创国家级安全管理“1”流、社会效益“1”流和生产性重伤为“0”的企业；最高目标创世界级的安全管理“1”流、社会效益“1”流和生产性安全事故为“0”的企业。

【隐患排查治理和“三个专项治理”活动】 根据历年发生的安全事故统计分析，主要的3种事故类型是车辆伤害、高处坠落、坍塌，分别占35%、15%、15%。为了减少“三类”事故的发生，在水电七局有限公司范围内重点开展了高处坠落、坍塌、车辆伤害“三个专项治理”活动。对施工中可能存在塌陷、滑坡的生产安全隐患进行了全面的排查治理，对排查出的隐患严格进行重点监管监控，特别是针对洞内施工、爆破作业产生的危岩体，制定切实可行的专项技术措施，及时、全面、彻底地整改。通过开展“三个专项治理”活动，有效防止重大安全事故的发生，事故明显减少，成效显著。

【安全管理培训工作】 2010年，水电七局有限公司开展企业全员安全教育和培训工作，强化班组安全建设，认真开展危险预知活动。全年组织公司、分局、项目部主要负责人、安全管理人员、生产技术管理骨干开展了多期安全培训，参加培训785人·次。

（朱玉梅）

党群工作和精神文明建设

【党建工作】 2010年，水电七局有限公司创新党建工作。一是在水电七局有限公司及二级单位继续开展创建“四好”领导班子活动。二是党的组织建设做到了“三同时”，及时成立了科研设计院党委和长河坝、上阿特巴拉、沪昆铁路项目党工委；调整了第四分局、糯扎渡、观音岩、大岗山、向家坝、锦屏、麦洛维等党委（党工委）成员，为基层单位党建工作提供了组织保证。三是项目党建工作做到了“三基本”，有效促进了项目履约创效和党员职工队伍建设。四是发展党员100名，党员的年龄结构、文化结构得到了改善。五是开展慰问老干部、老党员、老模范以及困难党员的活动。

【创先争优活动】 2010年5月，水电七局有限公司党委按照上级党组织的部署，启动了创先争优活动。水电七局有限公司两级党委成立了活动领导小组和办公室，结合实际，明确了争创主题，制定了实施方案和配套制度，细化了争创标准、活动载体，着力抓好公开承诺、领导点评、双向述职、群众评议、形成制度、评选表彰“六项”工作。水电七局有限公司各级党组织和2586名党员参加了活动，两级党组织和领导班子公开承诺事项共143项，已兑现承诺事项87项，公开承诺的党员2257人。建立党员责任区133个，设党员先锋岗、示范岗、示范窗口1039个。2010年，水电七局有限公司被股份公司党委评为2009～2010年“四好”领导班子；赵海洋被国务院国资委党委评为优秀共产党员；梁照庆、邓志民、牟善柱被集团（股份）公司党委评为优秀党务工作者，锦屏施工局党工委等5个基层党组织评为“先进基层党组织”；水电七局有限公司党委表彰了先进党支部35个、优秀共产党员95名、优秀党务工作者33名，树立了党内先进典型。

（邓志明）

【企业文化建设】 2010年，水电七局有限公司紧扣“打造百亿企业、推进转型升级”的主题，从5个方面加强企业文化建设：一是继续深入学习实践科学发展观、大力开展创先争优和廉洁从业教育活动，全面加强思想理论建设，推进学习型企业建设，为企业文化注入活力；二是以转型升级为导向，引入项目综合管理、风险管理等新管理模式，推进管理升级，积极宣传非水电领域的管理经验和业绩，为产业结构升级摇旗呐喊；三是加强文明工程建设，精心打造一批以先进科技、文明管理、优质工程、尖端人才领先市场的，在国内国际有重要影响的名牌工程项目，树立品牌文化，提升企业形象，扩大企业的知名度；四是大力加强思想政治工作，发挥群团组织的作用，坚持以人为本和“三贴近”原则，不断探索新形势下企业思想政治工作的新方法、新途径、新载体，促进了企业健康和谐发展。

【新闻宣传工作】 2010年，水电七局有限公司紧紧围绕打造“百亿企业”和转型升级上水平的目标，不断强化新闻宣传工作。一是抓好宣传载体建设和人才培养。全年共编辑出版《大渡河水电报》48期，收到各种稿件2410件；出版《水电建设》杂志政工版4期，收到各类理论文章350篇。在股份公司、社会媒体等刊发（播）520件，并通过新闻宣传座谈会、新闻写作培训班、好新闻评比等形式，努力提高各级宣传人员能力。二是围绕水电七局有限公司两会、管理创效年、创先争优、廉洁从业教育等重大活动，重点突出京沪高铁、南广铁路、锦屏、罗塞雷斯等国际、国内重点工程和非水电经营市场开拓，舆论导向作用明显加强。三是加大企业品牌宣传力度，全力推动大坝工程、地下工程、巨型机组安装工程、风电工程、铁路工程等优势品牌的树立，凸显水电七局有限公司行业领先的地位和技术优势。四是以水电七局有限公司生产经营中的突出业绩和重大事件为宣传契机，提高对外宣传层次和加大报道深度。2010 年，水电七局有限公司在中新网、新华网、人民网、新浪网、搜狐网、中国电力新闻网等 50 多家网站发布新闻，刊登文字和图片新闻近千条，在中国电力报、四川日报、四川工人日报、人民铁道报等报刊发表文章近百篇。

（牟善柱）

【职业教育、职工培训和职业技能鉴定】 2010 年，水电七局有限公司高级技工学校确保职业教育、职工培训和职业技能鉴定质量，全年完成职业中专 1481 人，高级技工 156 人，大专 329 人的教学培训；完成 5514 人·次职工培训与职业技能鉴定，其中，职工培训 1464 人·次，职业技能鉴定 1719 人·次，农民工培训 307 人·次，特种作业培训 2024 人·次。水电七局有限公司高级技工学校被中华全国总工会评为“全国职工教育培训示范点”。

（王　刚）

【工会工作】 2010 年，水电七局有限公司工会工作具有以下特色：一是制定实施了《中国水电七局〈四川省职工代表大会条例〉实施细则》，推进了企业职工民主管理；二是树立和培育先进典型、先进个人，促进了水电七局有限公司持续发展；三是健全二级单位困难职工帮扶中心，努力构建和谐企业；四是成立水电七局有限公司职工文体协会，促进了企业文化建设；五是大多数单位工会建成省级及以上模范职工之家，提升了工会自身建设水平，为实现水电七局有限公司综合百亿企业发展目标发挥了重要作用。

【职工民主管理】 2010 年，水电七局有限公司工会根据《四川省职工代表大会条例》、《中国水利水电建设集团（股份）公司关于职工代表大会制度的实施意见》，制定了《中国水电七局有限公司〈四川省职工代表大会条例〉实施细则》，职代会在坚持审议行政工作报告等基础上，签订了《2010～2012 年集体合同》、《女职工权益保护专项集体合同》和《2010 年工资集体协商专项协议》。职工住房公积金缴费比例由上一轮集体合同的 8%提高到 12%。职工年功工资、岗位工资、女职工卫生费得到一定程度的提高。全年召开 2 次职代会联席会议，分别审议通过了《中国水利水电第七工程局有限公司国际工程项目工资分配办法》、《中国水利水电第七工程局有限公司境外工作员工休假暂行规定》、《关于中止职工补充医疗保险的意见》。

【职工劳动竞赛】 2010 年，水电七局有限公司工会开展“灾后重建做贡献，同舟共济保增长”主题劳动竞赛。成立了竞赛领导小组，制定了竞赛方案，并定期检查竞赛情况。水电七局有限公司南水北调、京沪高铁、锦屏等重点工程项目工会积极行动，落实措施，促进履约，受到了上级、业主和监理单位的广泛好评。在南水北调河南段，焦作 1 段Ⅲ标获集团（股份公司）南水北调河南段“劳动竞赛一等奖”，溪洛渡施工局获中国长江“重点水电工程劳动竞赛先进单位”称号，向家坝施工局综合片区获“重点水电工程劳动竞赛先进集体”称号，机电安装分局瀑布沟项目部获“四川省重点工程劳动竞赛先进集体”称号。南广铁路平南制梁场获中华全国铁路总工会“火车头奖杯”荣誉。李正云被国务院国资委命授予“中央企业先进职工标兵”称号；张建文、王先平获“四川省劳动模范”称号；刘旻、袁训国、化宝明获四川省“五一劳动奖章”；潘广宇、张红兵、余世刚、马先科获“火车头奖章”。水电七局有限公司连续 7 年获“全国安康杯竞赛活动优胜企业”称号。

【送温暖帮扶困难职工】 2010 年，水电七局有限公司加强困难职工帮扶体系建设，开展“捐献一日工资、奉献一片爱心”活动，在岗职工捐款 70.38 万元，党政工领导走访 3203 户困难职工家属，慰问离退休、待岗、内退、伤残职工及其遗属等 14654 人·次，送发慰问金 421.1 万元。在“五一”、“八一”筹集专款慰问劳动模范、五一劳动奖章获得者、先进人物和军转干的困难职工。在“金秋助学”活动中，筹资 8.38 万元，资助 16 名大中专新生、55 名中小学生学习。全年召开 5 次困难职工帮扶基金管委会，资助 118 人·次特困职工家属，共支付 112.5 万元救助金，为 144 户困难职工群众办理、领发“低保金”47.85 万元。

（贺省民）

【共青团工作】 2010 年，水电七局有限公司用科学发展观指导推进共青团工作。一是强化思想引导，构筑青年精神支柱，通过制定专题学习培训计划，认真把握青年所想所需，提高青年思想认识。二是坚持党建带团建，加强“党建带团建”工作的领导。三是深化青年实践活动，大力开展“号、手、队”活动，带领青年建功立业。水电七局有限公司团组织引导广大团员、青年把积极性、创造性和主动性最大限度地调动起来，投身到工程建设中去，充分发挥生力军和突击队作用。在青工人数达到职工总数70%的项目成立青年突击队，以“号”、“手”联动，把青年突击队活动与青年文明号、青年岗位能手活动结合起来。2010年，水电七局有限公司13支青年突击队被命名为公司级“青年文明号集体”，涌现出24名青年岗位能手。四是提升服务青年能力，培养一流青年人才，全年共培训各级各类青年人才470人·次，22名推优积极分子加入中国共产党。

（刘　莉）

纪检监察

【党风廉政建设责任制】　2010年，水电七局有限公司与所属单位、部门党政一把手及班子成员均签订了《党风廉政建设责任书》，共签订责任书558份，形成了以“责任书”为龙头，一级抓一级，层层抓落实的党风廉政建设工作网络。同时，通过层层签订责任书，把2010年党风廉政建设和反腐败工作任务分解落实到各单位、部门和具体责任人，确保党风廉政建设和反腐败工作与生产经营工作的联动机制。2010年12月，水电七局有限公司党风廉政建设责制领导小组对所属28个单位和17个机关部门的责任制执行情况进行了检查考核，其得分均在95分以上，责任制执行情况优秀。

【开展廉洁从业教育活动】　2010年4～6月，水电七局有限公司开展了以学习《国有企业领导人员廉洁从业若干规定》为主要内容的“廉洁从业专项教育活动”。在活动中，教育的对象为水电七局有限公司管理人员全员参与，重点是中层以上领导人员。教育采用了网络教学、电视教学、电子课件、原始教材、专家辅导、领导讲党课和知识竞赛等多种形式。在专项教育活动中，组织了27场·次专家讲座和开展了9场·次参观监狱的警示教育，圆满完成了教育活动。

【构建惩防体系，促进制度建设】　2010年，水电七局有限公司制定了《惩防体系2010～2012年工作规划及相应任务分解》、《惩防体系建设工作制度》、《2010年党风廉政建设责任制考核评价办法》、《水电七局有限公司领导人员职务消费管理办法》、《水电七局有限公司效能监察实施细则》和《水电七局有限公司授权经营单位负责人年薪制实施办法》等经营管理文件和廉政工作文件，以完善制度、健全制度促进了水电七局有限公司2010年党风廉政建设阶段目标和公司营业额、中标额、总资产等三大指标过百亿工作目标的实现。

【提高“科技＋制度”的反腐效果】　2010年，水电七局有限公司以“与时俱进，不断创新”为引领，突出了体制机制的创新和运用“科技＋制度”来强化反腐倡廉的效果，在做法上以预防风险、加强管理、堵塞漏洞作为工作的创新点和切入点。如水电七局有限公司所属成都水电建设工程有限公司的《复杂地质高陡坡施工技术与安全控制》发明专利，不仅获得中国电力科技进步特等奖，而且对企业在施工中的安全风险控制、堵塞原材料消耗漏洞等提供了科学的依据与手段。

【效能监察】　2010年，水电七局有限公司围绕生产经营开展效能监察工作。一是做好“债权追讨效能监察”。为避免出现呆账、坏账风险，2010年，由水电七局有限公司财务部牵头，监察部协调督促，与下属6个债权重点分局单位签订《债权清欠催收责任书》，明确各单位2010年债权回收数量与职责，通过努力，全年回收债权8337万元。二是开展“成本控制效能监察”。2010年9月，水电七局有限公司监察部、财务部、审计部协同对大岗山项目进行了成本效能监察，核实了亏损项，分析了亏损原因，并提出整改措施。三是水电七局有限公司监察部和海外部共同以“网络化人机结合方式”对巴基斯坦高摩赞项目的设备物资采购进行了事中与事后监察。

（张　禹）

【审计监督】　2010年，水电七局有限公司审计监督通过审计和审计工作成果的运用，审计对象上突出重点，针对大型项目、重点项目、高风险项目，以工程分包、设备物资采购与耗用、设备租赁为审计关键点，内审关口前移，注重“过程控制”。一是实施了对成都水电建设工程有限公司、京沪高速铁路项目、南广铁路项目、大岗山714联营体、响水风电项目、海外事业部的经济效益审计。摸清了几个单位内部专业管控的基本状况、经营结果。同时，开展了彭山办公楼竣工审计和四川久隆水电开发有限公司竣工电站的财务决算审计，进行项目评价，从管理程序和流程上对投资项目管理进行了进一步完善。二是配合水电七局有限公司财务部、纪委监察部对公司本部、分局、局管项目、联营体、局控股公司等进行了“小金库”专项治理检查工作，促进了资金管理。三是配合集团（股份）公司对水电七局有限公司张建文总经理2007～2009年任期经济责任审计，延伸审计了分局、大型局管项目及部分控股公司，审计资产覆盖率为94%。四是迎接国家审计署对铁路项目的延伸审计，提高了项目的管控能力。通过这些工作，审计监督工作充分发挥审计的监督、服务、评价和咨询职能，实现了“诊断”和“增值”功能，实现企业价值保护和价值创造的目标，成为改善管理水平、改进运行机制的重要力量。

（查振花）

中国水利水电第八工程局有限公司

概　　况

【资质、资产】　中国水利水电第八工程局有限公司（以下简称“水电八局有限公司”）是具有水利水电工程总承包特级资质，公路、市政、房屋建筑工程施工承包壹级资质，公路路基、土石方、地基和基础、钢结构、起重设备安装工程等5个专业承包壹级资质，测绘、水电监理、工程造价咨询甲级资质，水电设计乙级资质，并且具有特种设备安装改造维修、起重机械制造、铁路工程交易许可证及中华人民共和国对外承包工程经营资格证的国有大型综合施工企业。

2010年4月2日，水电八局有限公司获电力行业［水利发电（含抽水蓄能、潮汐）］专业乙级、建筑行业（建筑工程）乙级资质，为水电八局有限公司在设计行业上扩宽业务提供了首要条件。2010年8月31日，湖南腾达科技有限公司获水利部水利工程质量检测单位量测甲级资质证书，可以承担各类水利工程（含一级堤防）的量测类质量检测业务；2010年10月28日，湖南腾达科技有限公司又获公路水运工程试验检测机构公路工程综合乙级资质。水电八局有限公司贵阳施工科研所具有全国甲级水利工程质量检测单位（混凝土工程甲级）资质行政许可证、等级证，水电八局有限公司检测中心具有国家实验室认可资质和国家计量认可（扩项）资质。

2010年末，水电八局有限公司资产总额为67.41亿元。

【领导班子】　2010年，水电八局有限公司领导班子构成：执行董事、总经理兼党委副书记林修建；党委书记兼副总经理朱素华；副总经理张汉龙、黄敏、曹跃生、姜清华、戴科夫、刘光华、杨刚、刘中刚；监事、党委副书记兼纪委书记朱国强；总会计师王意桥；总工程师涂怀建；工会主席肖华民。

【队伍状况与组织机构】　2010年底，水电八局有限公司职工总数11496人，其中中国工程院院士1人，教授级高级工程师48人，高级职称586人，中级职称2026人，高级技师87人，技师726人，一级建造师103人，二级建造师50人，特聘高级专家及顾问14人。

2010年，水电八局有限公司组织机构设置共35个。机关职能机构17个：总经理办公室、工程管理部、法律事务部、财务部、经营管理部、技术中心、质量管理部、安全管理部、市场营销管理部、设备物资部、社会保险管理部、人力资源部、资金管理部、审计部、纪检监察部（含纪委）、党委工作部（含团委）、工会。二级单位和直管经营实体18个：一分局、二分局、三分局、四分局、五分局、六分局、砂石分局、机电制造安装分局、基础工程分局、贵阳机械厂、中水重工分公司、科研设计院、设备租赁中心、教育培训中心、基地服务管理中心、国际部、京沪高速铁路施工局、溪洛渡大坝施工局。责任方联营体项目1个：构皮滩八九联营体。另有3个改制的参股医院：长沙融城医院、常德市德星医院、贵阳市阳光医院。

【2010年工作思路】　深入学习实践科学发展观，认真贯彻落实股份公司发展战略和工作会议精神，解放思想，勇于创新，把握大局，迎难而上，拓市场，保定单，调结构，推动管理模式、干部制度和分配方式改革，强化管理，严格履约，努力提升企业经济效益和品牌影响力，确保公司更好更快发展。

【经营业绩】 2010年，水电八局有限公司实现营业收入106.2亿元，为年度计划71.30亿元的148.95%，较2009年增长31.12%；新增合同金额134.07亿元，合同储备245亿元；实现利润4.24亿元；全年新开工项目103个，完工合同项目83个，完成土石方开挖回填4301.7万立方米，混凝土浇筑647.3万立方米，砂石成品生产2159.4万立方米，商品混凝土生产71.3万立方米，帷幕及固结灌浆43.68万米，金属结构制作79791万吨，金属结构安装48446万吨，15台机组投产发电，总装机容量97.02万千瓦。

国内工程（水利水电工程）

【新开工项目56个】 2010年，水电八局有限公司新开工国内水电工程项目56个，主要项目有：2月，南水北调中线一期工程总干渠漳河北省至古运河南（委托河北省建设管理项目）土建施工SG4标段；4月，四川毛滩电站尾水渠及砂石骨料系统；6月，云南澜沧江黄登及大华桥水电站砂石加工系统工程、西藏藏木水电站厂房土建及金属结构安装工程、湘江长沙综合枢纽电站厂房及左汉泄水闸工程；10月，乌江银盘水电站三期工程土建及金属结构设备安装工程；11月，南水北调中线一期工程总干渠陶岔至沙河南段（中线建管局直管项目）澧河渡槽工程；12月，四川卡基娃水电站引水发电系统工程IV标、南水北调中线一期工程总干渠沙河南至黄河南段委托建管项目宝丰郏县段2标等。

【竣工项目63个】 2010年，水电八局有限公司国内水电工程竣工合同项目63个，主要项目有：龙滩电站大坝主体工程、南水北调中线京石段应急供水工程（石家庄至北拒马河段）第六标段、南水北调中线京石段应急供水工程（委托河北省建设管理项目）第S25施工段、内蒙古赤峰市三座店水利枢纽主坝工程、银盘水电站左岸盐店嘴混凝土系统工程、清水河格里桥水电站大坝土建工程、思林水电站大坝工程、溪洛渡水电站右岸坝肩开挖及缆机平台工程第二标段、构皮滩水电站烂泥沟砂石系统、云南小湾电站孔雀沟砂石系统覆盖层开挖、重庆草街航电枢纽厂房及冲沙闸土建工程等。

【机组投产发电6台】 2010年，水电八局有限公司共完成国内6台机组投产发电，总装机容量63.6万千瓦。白竹洲水电站1～4号机组分别于2010年4月23日、6月28日、9月26日、12月20日投产发电，总装机容量3.6万千瓦；黑麋峰抽水蓄能电站3、4号机组分别于2010年9月24日、10月5日完成72小时试运行，总装机容量60万千瓦。

【国内中标工程19个】 2010年，水电八局有限公司中标国内水利水电工程项目19个，中标的主要大型项目有：西藏藏木水电站厂房土建及金属结构安装工程（103712.5万元）、湘江长沙综合枢纽电站厂房及左汉泄水闸工程施工（85383.7万元）、云南澜沧江黄登及大华桥水电站砂石加工系统工程（82353.7万元）、乌江银盘水电站三期工程土建及金属结构设备安装工程（53833.8万元）、四川卡基娃水电站引水发电系统工程Ⅳ标（22458.9万元）、南水北调中线漳古段土建施工SG04标（洺河渡槽段）（20608.0万元）、南水北调中线一期工程总干渠陶岔至沙河南段（中线建管局直管项目）澧河渡槽工程施工（20883.5万元）、南水北调中线一期工程总干渠沙河南至黄河南段委托建管项目宝丰郏县段2标（28954.1万元）、四川毛滩电站尾水渠及砂石骨料系统（17458.3万元）、黔中水利枢纽一期工程水源工程左岸帷幕灌浆工程（14170.5万元）等。

【溪洛渡水电站大坝土建及金属结构安装工程】 溪洛渡水电站位于青藏高原、云贵高原向四川盆地的过渡带，地处四川省雷波县与云南永善县接壤的溪洛渡峡谷段，是金沙江下游4个巨型水电站中最大的一个，总装机容量为1260万千瓦，年发电量位居世界第三。水电八局有限公司于2007年3月中标承建大坝土建及金属结构安装工程，合同金额为30.05亿元，总工期7年4个月。大坝主体工程于2009年3月27日开浇混凝土，截至2010年底，累计完成土石方开挖607.3万立方米，混凝土浇筑182.1万立方米，固结灌浆20.43万米。自开工以来累计完成产值14.29亿元，2010年完成产值5.78亿元。

【构皮滩水电站大坝工程】 构皮滩水电站位于贵州省余庆县境内乌江干流河段。构皮滩水电站大坝工程于2004年7月由水电八局有限公司、水电九局有限公司组建的“八九”联营体（水电八局有限公司占70%股份）中标承建，合同总金额10.7亿元，总工期5年9个月。截至2010年底，大坝主体工程全部完成。

【银盘电站厂房、左非坝段及二期上下游围堰和基坑开挖工程】 银盘水电站位于乌江下游河段，坝址位于重庆市武隆县境内，上游接彭水水电站，下游为白马梯级，是兼顾彭水水电站的反调节任务和渠化航道的枢纽工程，是重庆电网的主力电站。水电八局有限公司于2008年7月中标承建厂房、左非坝段及二期上下游围堰和基坑开挖工程，合同金额为7.36亿元。截至2010年底，厂房1、2、3号机一区、二区、三区及安装间全部浇筑到设计高程，左非溢流坝段全部浇筑到设计高程。全年完成混凝土浇筑24.18万立方米，固结灌浆823米，金属结构制作安装6188吨。自开工以来累计完成产值7.34亿元，2010年完成产值2.37亿元。

【向家坝水电站砂石加工系统工程】　向家坝水电站是位于四川、云南两省交界的金沙江下游河段上最末的一个梯级电站。水电八局有限公司于2006年2月中标承建太平料场和马延坡砂石加工系统工程，合同总金额10.2亿元，总工期10年4个月。大湾口半成品加工系统于2007年3月19日正式投入生产，马延坡成品料生产系统于2007年8月1日开始成品料生产。2010年完成成品砂石料生产568.7万立方米，开工累计完成料场覆盖层剥离351.5万立方米。

【草街航电枢纽厂房及冲沙闸土建工程】　草街航电枢纽工程位于重庆合川市境内的嘉陵江干流河段。2006年10月，由水电八局有限公司承建的草街航电枢纽厂房及冲砂闸土建工程正式开工建设，合同总金额7.44亿元，合同工期45个月。2010年完成混凝土浇筑9.47万立方米。自开工以来累计完成产值5.54亿元，2010年完成产值8243.5万元。

【武都水库大坝工程】　武都水电站位于涪江干流，是以防洪、灌溉为主，结合发电，兼顾工业及生活用水等综合利用的大型水利工程。水电八局有限公司于2005年1月中标承建大坝土建工程，合同总金额3.96亿元，合同工期40个月。2010年完成土石方开挖回填20.92万方，混凝土浇筑33.48万立方米，固结灌浆9547米。自开工以来累计完成产值5.26亿元，2010年完成产值1.49亿元。

【金安桥水电站左岸砂石系统工程】　金安桥水电站位于云南省丽江市境内的金沙江中游河段，电站设计总装机容量4×60万千瓦。水电八局有限公司于2005年6月中标承建云南金安桥左岸砂石加工系统及相关工程。2010年，毛料开采至采石场终采1600米高程平台，完成成品砂石料销售58.23万吨。

【龙开口水电站大坝土建及金属结构安装工程】　龙开口水电站位于金沙江中游、云南省大理州与丽江市交界的鹤庆县朵美乡龙开口村河段上，电站装机规模为180万千瓦，是金沙江中游河段规划的第六个梯级电站。水电八局有限公司于2008年4月中标龙开口水电站主体工程，合同总金额18.43亿元。2008年10月，大坝开浇混凝土。截至2010年底，缆机安装与运行、施工导流和水流控制工程、右岸上坝公路北线和进厂公路工程已经完工，下游岸坡防护工程基本完工，除11坝段深槽缺陷处理外，坝基基坑开挖已全部完成。2010年完成土石方开挖回填117.09万立方米，混凝土浇筑56.64万立方米，固结灌浆12637米，帷幕灌浆8846米。自开工以来累计完成产值7.33亿元，2010年完成产值2.25亿元。

【鲁地拉水电站大坝土建及金属结构安装工程】　鲁地拉水电站位于云南省丽江市永胜县与大理白族自治州宾川县交界处的金沙江干流上，为金沙江中游水电规划8个梯级电站中的第七个梯级，拦河坝为碾压混凝土重力坝，坝顶高程1228.00米，最大坝高140米，坝顶长622米。2008年10月，水电八局有限公司与水电十六局有限公司组成的“816”联营体中标大坝土建及金属结构设备安装工程，中标金额7.38亿元（水电八局有限公司占60%）。2010年完成土石方开挖回填11.27万立方米，混凝土浇筑2.68万立方米，固结灌浆854米。自开工以来累计完成产值1.06亿元，2010年完成产值2050.2万元。

【大岗山水电站砂石加工系统及大坝土建工程】　大岗山水电站位于大渡河中游的四川省雅安市石棉县挖角乡境内，为大渡河干流规划调整推荐22级方案的第14梯级电站。2008年9月，水电八局有限公司中标大岗山大坝人工骨料加工系统工程，合同总金额5.31亿元，该项目主要承担大坝、电站进水口等工程混凝土及喷混凝土体型结构工程量约351万立方米的骨料生产，共需生产粗、细成品骨料约840万吨。2009年6月，水电八局有限公司中标大岗山水电站大坝土建及金属结构设备安装工程，合同总金额5.67亿元。截至2010年底，砂石系统完成土石方开挖130.9万立方米，棱子坝料场具备毛料开采条件，进水口开挖支护施工已经全部完成。自开工以来累计完成产值1.33亿元，2010年完成产值3354.7万元。

【西藏藏木水电站厂房土建及金属结构安装工程】藏木水电站是目前西藏最大的水电开发项目，也是雅鲁藏布江干流上规划建设的第一座水电站，位于西藏自治区山南地区加查县境内，总装机容量51万千瓦，多年平均年发电量 25.008 亿千瓦·时。2010 年 7 月 7 日，水电八局有限公司中标藏木水电站厂房土建及金属结构安装工程，合同价为 10.37 亿元。2010 全年完成土石方开挖回填 91.48 万方，完成产值 7289.4 万元。

【湘江长沙综合枢纽工程】 湘江长沙综合枢纽工程是省、市“十一五”重大项目，是以适应湘江水运大通道建设、提高城乡供水保障水平和长、株、潭三市城市发展需要为主，兼顾发电、交通等功能的公益性基础设施建设工程。坝址位于长沙市望城县的蔡家洲，电站为河床式厂房，总装机容量 5.7 万千瓦。水电八局有限公司于 2009 年 11 月中标湘江长沙综合枢纽工程右汊泄水闸及桥梁工程，合同总金额 1.37 亿元，2010 年 7 月中标湘江长沙综合枢纽电站厂房及左汊泄水闸工程，合同总金额 8.54 亿元。两合同 2010 年完成土石方开挖回填 67.41 万立方米，混凝土浇筑 8.11 万立方米，累计完成产值 1.55 亿元。

（林　华　郑　英）

国 际 工 程

【综述】 2010 年，水电八局有限公司完成国际业务营业收入 36.26 亿元，同比增长 103.58%。经营规模不断扩大，产业结构不断优化，市场空间进一步拓展。全年参与了科威特、沙特阿拉伯、委内瑞拉、加纳、孟加拉、缅甸、柬埔寨、马来西亚、土耳其、埃塞俄比亚等国家和地区 70 余个项目的投标，新签合同项目 15 个，新增合同金额 53.56 亿元，占水电八局有限公司新增合同金额的 39.95%。承建委内瑞拉紧急电站新中心电厂项目，标志着水电八局有限公司成功登陆南美洲市场。在产业结构上，基本形成了以水利水电为核心，火电业务为重要增长极，涉及市政、公路、房建、农业等相关多元化格局。区域布局进一步拓宽，新拓展了委内瑞拉、缅甸、土耳其、埃塞俄比亚等国别市场，业务分布到东南亚、南亚、中东、西非、南美洲等地区。

【国外新中标项目 15 个】 柬埔寨额勒赛下游水电站上电站导流泄洪隧洞、西非电力网 330 千伏沿海输变电骨干网工程 P7 项目、委内瑞拉紧急电站新中心电厂、柬埔寨额勒赛下游水电站对外交通公路工程、印尼东加燃煤电站、缅甸密松水电站左岸渣污土建工程、越南班查电站预埋件制造、马里费鲁电站埋件制造、土耳其库姆克依电站机电安装与调试、埃塞俄比亚 GIBE3 水电站机电安装、埃塞俄比亚 GIBE3 电站闸门及压力钢管制造安装、埃塞俄比亚 GIBE3 电站蜗壳制造、印度竹拉兰项目定子事故处理、缅甸道耶坎（2）压力钢管制安及机电设备安装等。

【马来西亚巴贡水利枢纽工程】 该工程位于马来西亚沙捞越州民都鲁地区的拉让江上游。P2&3 标是 CW2 主合同下的分包项目。2005 年 5 月，集团公司中标后委托水电八局有限公司施工，合同金额折合人民币 4.53 亿元，合同总工期 28 个月。主要施工项目是进水口与溢洪道水工建筑物的保护层开挖、固结灌浆及混凝土施工等。截至 2010 年底，已经完成合同内项目，累计完成合同金额 7.18 亿元人民币。

【马来西亚沐若水电站】 该工程位于马来西亚沙捞越州民都鲁地区拉让江上游，是该流域四级开发中的第二级梯级电站，距下游的巴贡水电站约 70 千米。电站安装 4 台 23.6 万千瓦的混流式发电机组，总装机容量 94.4 万千瓦。该工程主要建筑物有碾压混凝土重力坝、坝身表孔溢洪道、引水系统（含调压井）、发电厂房、生态流量引水发电系统。其中，坝顶长度 473 米，最大坝高 141 米。该项目由三峡发展（马）公司以 EPC 模式总承包，水电八局有限公司负责土建金属结构制作安装和永久机电设备安装工程，合同金额 30.18 亿元。该项目于 2008 年 11 月 20 日正式开工，2009 年 12 月 23 日开始浇筑大坝混凝土，2010 年 5 月 1 日实现大江截流，并已开仓浇筑碾压混凝土。截至 2010 年底，累计完成合同金额 7.26 亿人民币。

【柬埔寨甘再水电站项目】 该电站是集团公司第一个境外 BOT 水电投资项目，位于柬埔寨湄公河上，最大坝高 112 米，总装机容量 19.32 万千瓦。水电八局有限公司承建该工程土建施工、机电设备安装及金属结构制造安装等，合同金额 11.44 亿元人民币，总工期 49.5 个月。该工程于 2007 年 9 月 18 日开工，2008 年 11 月 18 日大江截流，2009 年 9 月 26 日 PH2 厂房首台机组发电，比合同工期提前 23 天。2010 年完成主体混凝土浇筑 108 万立方米，其中 3 月创下了 14.6 万立方米月浇筑纪录。截至 2010 年底，累计完成合同金额 11.81 亿元人民币。

【加纳布维水电站项目】 该电站是集团国际公司以 EPC 模式总承包、水电八局有限公司承建的大型水电项目，位于加纳共和国 BOLE（北部地区）和 WENCHI（BRONG AHAFO 地区）交界处的沃尔河上，主坝高114米，总装机容量40万千瓦。水电八局有限公司承建该工程的土建施工、金属结构安装、输变电及机组安装施工，合同金额28.52亿元人民币，合同工期60个月。工程于2007年8月24日开工，2008年12月2日提前一年实现大江截流，2009年12月18日开仓浇筑碾压混凝土。目前正在进行大坝主体施工，截至2010年底，累计完成合同金额11.77亿元人民币。

【孟加拉石卡巴哈燃气电站项目】　该电站位于孟加拉国吉大港市。工程为燃气电站的EPC项目，装机单机容量15万千瓦的单循环燃气机组一台，工程包括设计、制造、供货、土建、安装及调试等内容。2008年2月20日与业主签订承建主合同，合同金额总计8240万美元，合同总工期18个月，由集团国际公司委托水电八局有限公司负责项目的建设。该电站已于2010年9月8日投产发电，创造了孟加拉同类电站建设的最快速度，并实现了安全零事故、设备零缺陷的目标，被业主与当地媒体称赞为所有中资公司在孟加拉承建的最好的项目。截至2010年底，累计完成合同金额5.3亿元人民币。

【马来西亚班谷碾压混凝土大坝及金属结构工程】该工程位于马来西亚沙捞越州辖下古晋行政区，属于市政蓄水取水工程。2008年6月30日签订承建合同，合同金额为1.3亿马币（折合2.84亿元人民币），合同工期30个月。项目于2008年8月13日开浇第一仓混凝土，2009年4月30日实现截流，2010年5月14日大坝浇筑到顶，至2010年底土建及机电安装工程基本施工完毕。截至2010年底，累计完成合同金额2.35亿元人民币。

【印尼亚齐火电站项目】　该电站位于印尼苏门答腊岛北部亚齐自治区。工程包括采购、安装两台10万千瓦汽轮发电机组、一台循环流化床锅炉，修建厂房、卸煤码头等建筑以及变电站、开关站和其他辅助生产设施，总承包合同金额2.47亿美元，合同工期33个月。2008年4月25日，由集团国际公司中标，并委托水电八局有限公司、水电十二局有限公司组成联营体承建，水电八局有限公司为责任方。该项目于2008年5月8日启动，2009年11月25日打下第一根永久工程桩，2010年7月27日开始吊装锅炉钢架。该项目以良好的履约业绩荣获印尼电力系统“2010年最佳工程履约奖”。截至2010年底，累计完成合同金额7.67亿元人民币。

【科威特萨巴赫·艾哈迈迪新城C区基础设施建设工程项目】　萨巴赫·艾哈迈迪新城位于科威特首都科威特城南部，总占地面积35平方千米，计划建设9000套住房及商店、医院、银行、学校等配套设施，计划总投资276亿美元。水电八局有限公司承建的萨巴赫·艾哈迈迪城C区项目属新城项目的一期工程，合同总价约1212万第纳尔（约合4180万美元），工期690天，主要建设内容为C区块的基础设施工程，包括：现场临时道路、永久道路及停车区，供水及污水管道系统，1564户界标标识，48座分变电站的施工建设。该项目于2009年8月3日开始主体工程施工，2009年9月29日开仓浇筑混凝土。2010年7月25日，完成20块停车场及其附属设施的移交，顺利实现第一个里程碑目标。截至2010年底，累计完成合同金额1.76亿元人民币。

【孟加拉达卡至吉大港四车道高等级公路项目】　达卡至吉大港公路为连接孟加拉首都达卡和该国最大的港口城市吉大港的主要交通要道，为孟加拉国的经济命脉线路。水电八局有限公司于2009年12月13日收到业主中标通知书，中标2标段、3标段、4标段、5标段、6标段、8标段和9标段，共计7个标段，总长139.35千米，总金额约11.5亿元人民币。计划合同工期36个月，质保期12个月。合同内容主要为将现有的2车道道路扩建为4车道道路，施工范围主要包括路基施工、沥青混凝土路面、小桥、涵洞、道路标记、交通标志、绿化带等。

2010年，项目完成了机构组建、人员进场、主材备料等工作，临建施工已经完成，具备大规模施工条件。全年完成合同金额4638万元人民币。

【柬埔寨沃代水电站】　该水电站位于柬埔寨王国西部菩萨省列文县欧桑乡，建在额勒赛河上游支流的沃代河上，是柬埔寨工业矿产能源部在额勒赛河流域规划兴建的电站之一。该电站由中国大唐集团公司控股的柬埔寨水电开发有限公司以BOT模式开发。水电八局有限公司中标承建沃代水电站Ⅱ标二级水电站壅水坝土建施工、金属结构及设备安装工程承包标（含一级、二级电站砂石料加工系统）及柬埔寨王国斯登沃代水电站Ⅲ标二级水电站厂房及引水系统土建、金属结构与机电设备安装施工项目。施工合同于2010年4月27日签订，合同金额8959万美元（约合6.1亿元人民币），合同总工期32个月。2010年11月2日实现大江截流，2010年12月26日开仓浇筑主体混凝土，实现了当年进场施工、当年截流、当年开仓混凝土的目标。全年共完成合同金额 1.28 亿元人民币。

【柬埔寨额勒赛下游水电站】 该水电站位于柬埔寨王国西部戈公省额勒赛河上，由相距约 8 千米的上、下游两个梯级组成，即额勒赛下游电站上电站和额勒赛下游电站下电站。上电站设计为 2 台单机容量 1.03 万千瓦的水轮发电机组，下电站设计为 2 台单机容量 6.6 万千瓦的水轮发电机组，总装机容量为 15.26 万千瓦。

该项目由中国华电柬埔寨额勒赛下游水电站项目有限公司以 EPC 模式总承包商，水电八局有限公司中标额勒赛水电站导流、泄洪隧洞土建及金属结构埋件安装工程施工标，合同金额约 2021.34 万美元，其中导流隧洞施工总工期 9 个月，泄洪洞施工总工期 13 个月。导流洞已于 2010 年 12 月 27 日顺利过水，2010 年完成合同金额 2422 万元人民币。

【委内瑞拉紧急电站新中心电厂项目】 委内瑞拉紧急电站新中心电厂位于委内瑞拉第一大港——卡贝略港附近，装机容量 77.2 万千瓦，总造价为 10.38 亿美元。集团国际公司与委内瑞拉 PDVSA 业主于 2010 年 3 月 26 日签订项目合同，并委托水电八局有限公司作为责任方和水电十二局有限公司联营实施，项目总工期为 9 个月。该电厂是委内瑞拉紧急电站项目一期工程的两个电厂之一。这是水电八局有限公司继孟加拉石卡巴哈燃气电站 EPC 项目后，再次进入国际燃气电站领域，将极大地提升在此领域的业绩和品牌。

水电八局有限公司在施工主合同签订的当天，就与西门子公司签订了主机采购合同，创下集团公司历史上单笔采购合同金额之最。2010 年 7 月 23 日实现主体工程动工。2010 年完成合同金额 9.91 亿元人民币。

【乌干达布贾卡里机电及金属结构项目】 该工程项目是水电八局有限公司在东非承担的第一个水电站机组安装项目。工程主要任务为 5 台 5 万千瓦轴流转浆式水轮发电机组安装，一个 132 千伏开关站包括钢结构在内的一次、二次设备安装，厂房内包括油、水、汽、公用电气、照明、监控系统等在内的所有机电安装工作，包括号门、翻板门、定轮门、迭梁门、进水口门机、尾水门机在内的约 3200 吨金属结构安装。该项目于 2009 年 7 月进场，同年 9 月开始开关站及厂房桥机的施工，从 2010 年 9 月起进入施工高峰期。

【埃塞俄比亚 GIBE Ⅲ水电安装项目】 GIBE Ⅲ水电站距埃塞俄比亚首都亚的斯亚贝巴约 400 千米，电站设计安装 10 台单机容量 18.7 万千瓦的混流式水轮发电机组，总装机容量为 187 万千瓦，为埃塞俄比亚在建（已建）的最大水电站，堪称埃塞俄比亚的“三峡工程”。2010 年 12 月，水电八局有限公司从东方电气集团国际合作有限公司分包，总体工作范围为 10 台水轮发电机组的安装、压力钢管的国内制作及现场安装、水工金属结构闸门的国内制作等内容。

【缅甸道耶坎（2）水电安装项目】 该水电站位于道耶卡河上，仰光北部东吁市往东约 21 千米，离仰光约 301 千米，由主坝、副坝、溢洪道、导流洞、引水洞和厂房组成。缅甸道耶坎（2）水电站设计安装 3 台单机容量 4 万千瓦的立轴混流式水轮发电机组，总装机容量为 12 万千瓦。2010 年 12 月，水电八局有限公司从中国机械设备进出口总公司分包，总体工作范围为 3 台水轮发电机组的安装、压力钢管的国内制作及现场安装等工作内容。

（陈昌杰）

投 资 开 发

【综述】 2010 年，水电八局有限公司在建的投资项目 2 个，分别为科研综合楼和机电设备制造岳阳分公司项目；全资子公司 5 个，分别为西昌八局机电建设有限公司、湖南江海科技实业发展公司、长沙江河物业管理有限公司、长沙县拓海商业服务部和湖南腾达科技有限责任公司；参股公司 3 个，分别是中国水电建设集团房地产（长沙）有限公司、湖北朝阳房地产开发有限责任公司和中国水电建设集团新能源责任有限公司。

【科研综合楼项目】 该项目是根据集团公司“跨越工程”的统一部署，实现长岭宗地商业开发整体战略而迈出的第一步。2009 年底，经集团公司批准同意，该项目作为长岭宗地商业开发的第一个步骤，与长岭宗地整体开发一道，同时立项；2010 年 5 月，集团公司批准了该项目的投资规模，同意开工建设。

科研综合楼项目系水电八局有限公司组建以来，首次在湖南省会长沙自主投资购地建楼。项目位于长沙市天心区生态新城区域内，毗邻湖南省和天心区人民政府。建筑用地面积 9052.73 平方米，湖南省发展改革委核准该项目总建筑面积为 38332 平方米，其中地下 10863 平方米，地上 27469 平方米；建筑高度 77.35 米；共 22 层，其中地上 20 层，地下 2 层。总投资 21468 万元。

2010年，科研综合楼项目主要处在前期工作和报建阶段，获得了湖南省发展改革委对该项目的立项和免予施工招标批复，取得了建设用地规划调整文件，完成了项目规划设计、初步设计等施工前的准备工作。

【机电设备制造岳阳分公司项目】 水电八局有限公司根据股份公司的主业安排，为优化资源配置、整合机电金属结构制作安装业务板块，形成核心竞争力，落实“走出去”战略以及考虑到三峡机电金属结构制作安装项目部亟须转移的迫切需要，经股份公司批准，在湖南省岳阳市城陵矶临港产业新区投资设立机电金结设备制造厂，项目定名为“中国水电八局有限公司机电设备制造岳阳分公司”。

该项目位于湖南省最大的对外贸易港口——城陵矶，主营机电设备金属结构制造业务，占地面积200亩，系由水电八局有限公司向湖南城陵矶临港产业新区管委会购得。2010年12月19日，水电八局有限公司在项目所在地举行开工典礼，公司领导与中共岳阳市委、岳阳市人民政府主要负责人一道，宣布项目开工，举行了奠基仪式。

【完成对长沙江河物业管理有限公司的增资和更名】 明珠工贸公司系水电八局有限公司的全资子公司，原注册资金33万元。该公司系20世纪90年代兴办第三产业和多种经营时期成立，2007年经企业主辅分离改制之后，为主要从事水电八局有限公司物业管理等后线服务的企业。2010年，根据长沙市人民政府关于物业服务型企业注册资金最低限度的规定，经股份公司批准，水电八局有限公司对其增资17万元。增资后，该公司注册资本达到50万元，长沙市工商行政管理局核定其名称更改为“长沙江河物业管理有限公司”。

【西昌八局机电建设有限公司正常运营】 西昌八局机电建设有限公司系水电八局有限公司全资子公司，位于四川省凉山彝族自治州首府西昌市成（都）凉（山）工业区，注册资金2000万元，主营机电设备和水工金属结构制造安装，于2009年元月正式投产。2010年，实现毛利润2454万元，自投产累计实现毛利润4449万元。

基础设施建设（非水电项目）

【综述】 2010年，水电八局有限公司完成国内非水电建筑业产值15.74亿元，为国内非水电产值计划16亿元的98.4%，占整个国内建筑业总包产值的27.3%，比2009年同期增长22.0%。其中，完成房建工程产值5585.6万元，完成公路工程产值71419.6万元，完成铁路工程产值32650.3万元，完成能源工程产值16902.1万元，完成市政及其他工程产值30833.2万元。

2010年新开工国内非水电项目33个，竣工非水电项目合同9个，新中标国内非水电项目33个，合同总金额212857.6万元。中标的主要项目有：泉州至南宁国家高速公路湖南段界化垄（湘赣界）至茶陵高速公路项目第1合同（18143.7万元）、云南澜沧江上游沿江公路德钦段佳碧村至西当村路基工程（12843.9万元）、甘孜州巴拉路（夏邛至拉哇段）工程施工C2标段（11439.2万元）、大渡河猴子岩水电站库区S211线淹没复建公路工程E标（15697.4万元）、云南澜沧江上游沿江公路中路至吉介土段公路工程（22896.3万元）、湖南长沙至韶山至娄底高速公路第4合同段（14947.2万元）等。

（林华 郑英）

【湖南衡阳至桂阳高速公路土建工程第11标段】 该项目位于衡阳市、郴州市境内，主线采用六车道高速公路标准建设，设计速度为100千米/小时，整体式路基宽33.5米。水电八局有限公司2009年4月中标承建第11合同段，合同段长4.6千米，合同金额22544.27万元。截至2010年底，土石方开挖103万立方米，土石方填筑105万立方米，土石方施工完成量占合同总量的100%，路基进入底基层施工工序，涵洞、防护已全部施工完毕，T型梁预制完成合同量的10%。

【四川省棋石坝（黔川界）至纳溪公路项目第C20合同段】 纳黔高速公路系国家高速公路网（横线16）干线厦门至成都公路四川境内的一段，也是四川省高速公路网规划的24个省际高速公路出川通道之一。项目起于叙永县石坝乡（黔川界），南连厦蓉高速公路贵州境贵阳—毕节—川黔界段高速公路，北接已建成通车的成都—隆昌—纳溪高速公路，止于泸州市纳溪区新乐镇，项目全长134.803千米。水电八局有限公司于2008年12月中标该项目C20标段，合同金额为14175.82万元。截至2010年底，合同内工程基本完成。

【国道317线汶川至马尔康公路改建工程项目路基土建工程】 该工程是四川省12条出省通道之一，是川藏北线（国道317线）成都至西藏那曲公路的起始路段，也是四川省二级公路网络规划的重要公路骨架之一。路线全长约208.5千米，起点为汶川县城城北，接已建都江堰至汶川公路汶川连接线，经理县、鹧鸪山隧道至终点马尔康县。水电八局有限公司于2008年4月承建的国道317线汶川至马尔康公路改建工程路基土建工程LJ10合同段，全长约23.664千米，该标段有大中桥8座，总造价约12178.67万元。截至2010年底，路基工程完成100%，路面工程完成100%，桥梁工程完成88.6%，绿化工程完成59.1%。2010年完成建筑业产值7367.6万元。

【武夷山至邵武高速公路】　水电八局有限公司于2007年9月承建的福建省武夷山至邵武高速公路第五标段，工程路线起于下沙镇杨源缎村，终于邵武市下沙镇化肥厂后，与六标起点相接，全长11.486千米。该标段有土石方开挖约210万立方米，土石方填筑约240万立方米，桥梁599.5米/2座，通道桥132米/2座，涵洞30道，通道7道，互通式立交1座。总造价约1.9亿元。截至2010年底，合同内工程全部完成。

【湖南省溆怀高速公路第三合同段】　第三标段（K103+080）～（K106+320），长约3.24千米，公路等级为高速公路，设计时速为100千米/小时，沥青路面，隧道1座。2010年完成土石方开挖回填47.2892万立方米，混凝土浇筑3.0355万立方米。截至2010年底，累计完成产值4566.1万元。

【泉州至南宁国家高速公路湖南段界化垄（湘赣界）至茶陵高速公路项目第1合同段】　界化垄至茶陵高速公路起于湘赣边境地区茶陵县界化垄，与江西省吉莲高速公路对接，第1合同段全长4.96千米，主要工程包括路基土石方55万立方米，大桥1558.4米/3座，涵洞5道，通道6道。2010年完成土石方开挖回填86.7009万立方米，混凝土浇筑1.68万立方米。截至2010年底，累计完成产值1783.2万元。

【珠三角城际轨道交通佛山至肇庆项目施工GZZH－6标段】　该工程主要包括3座大桥施工，分别为青歧涌2号特大桥（长1017米）、莲花特大桥（长3900.1米）、永安特大桥（长2287.3米），总线路长约7.204千米。截至2010年底，累计完成产值1148.7万元。

（林　华　郑　英）

管理创新

【人力资源管理】　2010年，水电八局有限公司完成了管理模式、干部制度和分配方式3项制度改革目标。一是整合基础设施业务。2010年12月，成立水电八局有限公司基础设施部、基础设施分局，实行“一套人马、两块牌子”运作，撤销一、四分局，京沪高速铁路施工局整体并入基础设施分局。二是建立换届考核机制。实施《公司直管干部考核办法》，突出绩效评价和差异化考核，在各二级单位工作会期间考核干部172人；推行《二级单位领导班子换届考核组织工作细则》，将竞争引入换届，完善干部退出机制，组织基础工程分局、中水重工分公司、三分局、设备租赁中心等4个单位换届；全年任免干部154人次，其中提任干部34人，干部公开竞聘15次，是历年之最，参加竞聘的干部达86人，通过竞聘提任干部13名。三是完善薪酬绩效制度。实行工资总额管控制度，建立工资集体协商制度。四是人力资源的调配。协调了三七八、构皮滩“八九”联营体和一、四分局人员分流。全年增加388人，减少540人，录用大学本科以上毕业生355人，续订劳动合同407人，清理历年缺档人员116人。五是《人力资源管理分手册》的编写完成并如期发布，人力资源部信息系统开发完毕并正式投入使用。六是职工教育培训。制定了2010年度教育培训计划，通过职代会审议。全年水电八局有限公司及各业务职能部门举办的各类培训班37期，培训员工4732人·次。2010年8～9月承办了股份公司和国家电力行业坝工模板工职业技能竞赛，选派了6名选手，囊括前3名；组织了工程、经济、会计、政工等系列专业技术高级、中级资格的评审和推荐，其中评审正高级10人、副高级69人、中级125人，认定初级427人；与黄河水利职业技术学院、陕西杨凌职业技术院、武汉大学联合定单式办学，解决企业人才缺口。

（瞿建琴）

【设备租赁经营】　2010年，水电八局有限公司设备租赁经营继续巩固，设备资产2.66亿元，拥有高速铁路架桥施工设备、门塔机等特种设备和大型土石方开挖设备200台（套）。全年完成设备租赁经营产值5252.52万元，设备完好率97.9%。设备租赁经营业务主要有土石方开挖、特种设备安装拆除与运营、高速铁路箱梁提运架施工等三大板块。

2010年，设备租赁经营在京沪高速铁路承担的三标段六工区556榀箱梁架设任务圆满完成，并完成556榀箱梁防落梁设施安装，2882块轨道板粗铺任务。设备租赁经营利用在京沪高铁的品牌效应，积极开拓市场，2010年底与中铁十六局武冈城际铁路项目部签订了800余万元的武冈城际铁路箱梁架设施工合同，成功走向水电八局有限公司外高铁项目，标志着设备租赁经营的影响力不断扩大。

（曹瑞东）

【设备物资管理】 2010年，水电八局有限公司共有设备20914台（套），原值24.61亿元，净值12.89亿元。主要设备完好率95.09%，利用率71.39%。2010年设备物资管理的工作重点是：继续做好和强化特种设备和易燃易爆危险物品安全管理及设备物资管理信息系统，从而带动和促进水电八局有限公司设备物资管理工作全面开展。在继续做好设备物资各项管理工作的同时，严控设备购置，原则上对通用设备且在市场中容易租赁的设备不再购置，只考虑购置专业设备；为盘活闲置设备，特制定了《关于明确公司内部设备转让价格计算标准的通知》，有效地促进水电八局有限公司内部闲置设备的调拨、转让，大大提高闲置设备的利用率；积极完成《2010版公司体系文件设备物资管理分手册》的修订工作；采购管理按照“程序合规，过程透明，监督到位”的原则，严格按《采购控制程序》、《设备物资集中招标采购管理办法》及“三重一大”的工作程序进行集中采购管理，并定期或专项向水电八局有限公司设备物资管理领导小组进行汇报。2010年施工设备采购集中率达到85%，物资集中采购达到125批次。根据国家财政部、商务部印发的《进口贴息资金管理暂行办法》，2010年水电八局有限公司申请进口贴息约19.16万元。

（禹建新）

【质量管理】 2010年，水电八局有限公司总体施工质量良好，无大、重大质量事故发生，产品（工程）质量指标稳定在较高水平。公司单元工程合格率100%，一次验收合格率99.2%，土建单元工程优良率91.8%，金属结构机电单元工程优良率93.7%。国内非水电项目单元工程合格率100%，国际工程单元合格率100%，一次验收合格率96.3%。

水电八局有限公司特种设备安装、改造、维修许可证资质证书于2010年7月到期，2010年3月质量管理部牵头组织有关单位和机关部门人员集中编写特种设备管理体系文件，2010年5月完成了文件的编制工作，2010年7月通过了政府相关机构鉴定评审。

2010年3月，水电八局有限公司质量管理部牵头组织，机关各部门配合，对新版管理体系文件进行了策划，同年10月完成了公司体系文件的编写工作并网发全局；2010年10月通过新版管理体系的第三方审核，取得新版（GB/T 19001—2008、GB/T 28001—2001、GB/T 24001—2004）管理体系认证证书。

2010年，水电八局有限公司承建的华能巢湖电厂一期工程荣获国家优质工程银质奖，衢常铁路工程获湖南省优质工程奖，大花水工程获电力优质工程奖，思林电站等7个工程项目获集团公司优质工程奖。

（龚　钺）

【施工管理】 2010年，水电八局有限公司经营领域除保持国内水电优势外，国际工程、国内非水电及投资业务也迅速发展。在施工管理上，生产进度计划与施工节点目标的控制仍是项目施工过程中的基本目标，也是施工管理的主要内容。充分利用计算机网络平台加大与项目之间沟通与联系，以便随时掌握项目的施工动态；加大对问题项目的检查、督促力度；科学合理地编制项目年度计划，督促项目及时上报月施工进度报表，并附关键部位的工程图片。编制重点、难点项目的综合报表，以便全面了解和掌握项目的施工状况，为公司科学决策提供依据；搞好项目的前期策划工作，为项目施工提供所需的人、材、物；加强部门之间的横向联系和紧密合作，确保项目进度计划顺利实现；完善项目的管理模式，在不同项目分别实施了EPC、施工总承包、单项工程承包、专业分包、劳务分包等模式。2010年，水电八局有限公司在建的180多个工程项目履约有序受控，特别是溪洛渡、湘江航电枢纽、藏木、龙开口和鲁地拉，国外委内瑞拉新中心电厂、马来西亚沐若、加纳布维等大型特大型项目均履约良好，得到了业主、监理和社会各界的充分肯定，树立了良好的企业形象。

（周岳望）

【成本控制】 完成了股份公司牵头组织的“《建造合同准则》执行管理与提高”科研课题，进一步完善了水电八局有限公司执行《建造合同准则》的执行体系，有利于提高水电八局有限公司《建造合同准则》执行水平，提高成本管控能力。

审定各单位所辖项目的目标成本，要求各单位按季度编制目标成本报表并上报。2010年末，水电八局有限公司评选出一批成本管理优秀的项目，进行表彰，并按文件规定，核定其目标成本节余额，进行奖励。

（陈　伟）

【资金管理】 2010年，完成财务资金管理手册换版工作。全年共取得银行综合授信额度140.2亿元，继续保持了中国建设银行“AAA”信用等级称号，同时在中国工商银行的信用等级升为“AA+”级，并被中国银行评为“特级信誉企业”，湖南省银行业协会授予“信贷诚信单位”，为水电八局有限公司的持续发展提供了良好的融资环境。利用外部网上银行系统和内部资金管理系统，对分散各地的资金实行集中管理，统一调配，资金集约化管理成效显著。截至2010年底，水电八局有限公司银行借款余额降为4.25亿元（其中，长期借款4.05亿元），有效解决了存贷双高现象。内外部融资比例已从2008年同期的1.1∶1上升至2010年度的1.45∶1，节约的财务费用约1000余万元。依据国家西部边疆的特殊政策，从西部某省建设银行争取了数亿元的银行授信和1亿元的政策性优惠贷款。利用各银行业务特点，争取到较低的中间业务费率，对于有条件的信贷证明不按保函金额收取，改按固定费用收费；在浦发、中信银行办理的10191.47万元承兑汇票不收承兑费，只收手续费。严格内部融通资金管理，加大回收力度，2010年末7.94亿元的内部融通资金余额为历史同期较低水平。配合深圳博景软件公司成功开发拜特资金管理系统与集团公司资金管理NC系统的接口程序，并及时升级，避免了重复工作，提高了工作效率。由于海外项目的日益增多，外汇业务量逐渐增加，外汇流入量成快速上升趋势，在人民币兑美元汇率持续升值的情况下，水电八局有限公司同中国银行签订协议，对到账的美元实行即期结汇，减少汇兑损失。

（唐　明）

【财务管理】　顺利完成2009年度水电八局有限公司所得税纳税清缴工作，同时努力做好2010年纳税筹划工作，降低企业税负。被评为湖南省A级纳税信用单位。完成了《财务管理手册》的修编工作。

加强资金的预算管理，严格执行水电八局有限公司的年度预算，资金的收缴、使用严格按预算执行，预算外的资金使用必须按程序先申报审批。加强基建资金的管理，规范基建资金的支付程序。加强债权性资产管理，加大债权催收考核力度。对水电八局有限公司本部、所属单位及项目部的重点部门、重点环节，都进行了严格地自查、检查。通过清理检查“小金库”，进一步严肃了财经纪律，加强了法制教育，强化了财务管理，确保了资金的合理使用。2010年，水电八局有限公司成立了专项检查小组对公司非主业财务管理工作进行了检查，以加强非主业财务管理，完善财务内部控制制度，规范会计核算和信息披露，堵塞管理漏洞，形成预防“小金库”的长效机制，推进惩治和预防腐败体系的完善，提升企业竞争力和经营管理水平。

（陈　伟）

【信息化建设】　2010年1月，完成了综合项目管理系统的需求评审。2010年2月，完成了卡巴斯基杀毒软件的升级；编写并下发了相关的文件及视频学习资料；向长沙市公安局网监处申请计算机安全等级备案。2010年3月，编写完成了管理体系文件中信息化建设部分，并成功举办了全公司计算机网络应用技术培训班。2010年4月，完成了综合项目管理系统在银盘施工局、溪洛渡施工局及向家坝的试点工作。2010年5月，新技术中心网站正式上线运行，完成财务NC系统验收，完成了机要室机要电报系统的软硬件升级及光纤网络的接入。2010年7月，组织完成了综合项目管理系统公司、二级单位及70个项目的培训工作，参训人员320人；完成了综合项目管理系统及人事新系统的培训。2010年8月，完成了水利水电信息资源网的推广工作，为本部各级领导人员设置了会员账号，并编制了使用说明。2010年9月，完成了公司和二级单位的域名规范工作。2010年10月，完成了水电八局有限公司门户网站第三次大的换版工作。2010年11月，完成了公司档案管理系统的升级工作。

【基地建设】　2010年，水电八局有限公司企业社会职能社会化移交工作取得新突破。南托基地于2010年8月28日成立长沙市天心区纯政府社区——融城社区。东江基地于2010年10月成立东江水电路八局社区管理中心，成功实现了水电八局有限公司企业社区与地方政府职能部门的无缝对接。2010年8月2日，长沙江河物业有限公司正式注册登记，并在水电八局有限公司长沙片区按照三级物业服务标准进行试点。2010年11月2日，常德基地莲池园经济适用房项目顺利通过验收并交付使用。

2010年，基地服务管理中心被评为水电八局有限公司2010年度“文明单位”、“安全生产先进单位”和长沙市2009年度“文明单位”。东江基地推荐申报湖南省（省级）“文明单位”。武汉基地客运站荣获2010度湖北省春运“三优三保优胜单位”称号。2010年，水电八局有限公司后线从业人员335人。

（王辉阳）

【社会保障与离退休管理】　2010年末，水电八局有限公司已签订劳动合同在职人数11496人，全部按规定参加各项的社会保险，参保率100%。2010年初，编制印发了《员工社会保险知识手册》，在职和离退休人员人手一册，内容涉及养老、医疗、工伤、失业、生育保险等方面。进一步做好离退休统筹外费用和“三类”人员费用的统计、上报工作，对所辖各片区离退休人员进行了统一的人员和费用分类，同时统一生活费发放名册及基础数据库上报格式，提高了工作效率，为网络信息化管理奠定了坚实基础。

2010年，水电八局有限公司有8044名离退休人员，其中有离休干部148名，主要居住在湖南长沙、湖南常德、湖南东江、贵州贵阳和湖北武汉五大基地，有2184人异地安置在全国各地城市和农村居住。水电八局有限公司在管理体系文件中，专门就离退休管理的组织机构、职责、管理方式、工作程序作了明确规定，在制度上有力地保证了离退休管理服务工作的顺利开展。

2010年，水电八局有限公司被评为湖南省社会保险管理服务局“2010年度基本养老保险先进单位”。

（肖琳玉　赵建国）

企业改革

【调整三年发展规划】　2010年，水电八局有限公司根据2009年实际完成的生产经营情况和市场开拓情况，对2010～2012年3年发展规划中的相关指标进行了调整。调整后的主要经济指标：2012年实现营业收入120亿元，力争3年累计完成营业收入330亿元。其中，国内水电、国际和国内非水电业务收入比例为4∶3∶3。2012年实现利润4.5亿元，利润逐年增长，3年累计实现利润超12亿元。2010～2012年3年承揽工程300亿元。其中，国际业务占市场开拓比例35%，非水电业务达到30%。

【企业改革改制】　为增强基础设施业务领域的市场开拓和项目管控能力，水电八局有限公司2010年实施了近年来涉及单位、项目、资产与人数最多的一次机构调整，即以四分局为基础组建基础设施分局（基础设施部），撤销一分局、四分局，将京沪高速铁路施工局整体并入。基础设施分局和基础设施部按照“一套人马，两块牌子”的方式运作。本次调整撤销合并3个机构，划转十多个项目，有效推动了基础设施业务的机构整合与资源整合。

【社会职能移交地方政府】　水电八局有限公司通过与湖南省纪委深入开展“双联工作”，完成了南托基地自来水管改造、居民户口转移和五强溪生活小区移交等工作，成立了长沙市天心区大托镇融城社区、东江水电八局社区管理服务中心等，进一步解决了职工群众的后顾之忧。

科技进步

【科研项目】　2010年，水电八局有限公司落实科研立项项目共159项。申报股份公司科研项目7项，分别为：Geotube土工管袋施工技术在印尼亚齐火电项目码头及防浪堤工程中的应用，动态规划在委内瑞拉新中心电厂快速施工中的应用，高性能复合修补材料的研究与应用，770兆瓦机组机电安装技术研究与应用，特大型贯流式机组座环设备制造技术研究与应用，纤维、橡胶粉在水泥混凝土路面中的降噪机理与工程应用研究，混凝土预冷系统参数测试与研究。承担股份公司科研立项项目共13项，完成了3个科研项目鉴定和验收，其余项目正在按计划进行。由水电八局有限公司牵头，联合水电四局有限公司、水电七局有限公司共同研究的《特高拱坝关键施工技术研究与应用》，依托溪洛渡、锦屏等特高拱坝工程进行科研攻关。

【科技创新】　水电八局有限公司立足在建项目开展科研工作：如针对溪洛渡水电站大坝工程混凝土温控的几大难点，制定了一系列的管理措施和技术措施；以完善的温控体系和行之有效的温控措施实现了温度控制的目标，实践了“零裂缝”的承诺，为下一步大坝混凝土的浇筑奠定了良好的基础。

2010年，水电八局有限公司获“‘十一五’全国建筑业科技进步与技术创新先进企业”称号。2010年12月10日，水电八局有限公司召开第七次科技大会，会议总结了水电八局有限公司4年来的科技工作，检查了企业2007～2010年科技发展规划实施及完成情况，表彰了一批技术管理先进单位（集体）和先进个人，颁发了第七次科技大会科技进步奖。2010年，完成了科技管理分册编写工作。

【科技成果及推广运用】　2010年，水电八局有限公司完成了3个项目的科技鉴定，其中《椭圆双极线性聚能药柱爆破技术研究与应用》获国际领先水平，《构皮滩双曲拱坝快速施工成套技术》和《向家坝水电站长距离带式输送机施工技术》达国际先进水平。完成了3部电力行业标准的编审工作，这3部标准分别是：由水电八局有限公司主编的《水电水利工程机

械安全操作规程　混凝土搅拌楼》、《水电水利工程机械安全操作规程　缆索起重机》，水电八局有限公司、水电十六局有限公司主编的《水电水利工程人工砂石加工系统施工技术规程》。

编辑出版了《水利水电第八工程局有限公司第七次科技大会论文集》，共收录各类优秀论文56篇，论文内容涵盖水电八局有限公司近4年来各优秀项目的关键技术总结；编辑出版了《施工新技术成果汇编》，收录了水电行业近年来优秀的施工技术总结；编辑出版了2010年第1期、第2期《施工技术经验交流》杂志，水电八局有限公司公司技术中心和二级单位技术部门不定时地进行各类技术交流活动及技术指导，及时把各类新技术、新材料、新工艺进行推广和应用，解决生产中遇到的技术难题。

【专利技术】　水电八局有限公司积极申报国家专利，2010年获发明专利1项，实用新型专利16项。2010年11月13日，国家知识产权局和世界知识产权组织在北京举行第十二届中国专利奖颁奖大会，由水电八局有限公司原副总工程师秦健飞为主完成的专利——《双聚能预裂与光面爆破综合技术施工工法及其专用装置》获得第十二届中国专利优秀奖，这也是集团公司唯一一项获奖的专利。

【工程、科技等获奖项目】　2010年初，《特大型人工砂石系统研究与应用》获中国电力科技一等奖，《大坝安全实时监控和预警系统》获中国电力科技三等奖。《椭圆双极线性聚能药柱爆破技术研究与应用》获集团公司科技进步奖特等奖；《构皮滩双曲拱坝快速施工成套技术》和《水轮机定子现场装配工艺规程》获集团公司科技进步奖一等奖，《向家坝水电站长距离带式输送机施工技术》获集团公司科技进步奖二等奖。2010年5月，获中国电力建设科学技术成果奖3项，其中，《构皮滩双曲拱坝快速施工成套技术》获一等奖，《向家坝水电站长距离带式输送机施工技术》、《水工自密实混凝土研究与应用》获中国电力建设科学技术成果二等奖。2010年10月，《200米级高碾压混凝土重力坝关键技术》获国家科技进步二等奖。2010年11月，《大型水电工程控制爆破开挖技术》获中国工程爆破协会科学技术奖特等奖。

安全生产

【综述】　2010年，水电八局有限公司持续坚持“安全发展”原则，以科学发展观为指导，持续深入开展“安全生产年”活动，狠抓隐患排查整改及重大事故危险源监控，推行安全质量标准化建设，强化目标责任管理，营造了良好的安全生产氛围，促进了安全生产形势持续稳定，实现了安全生产状况持续稳定好转的目标。

【安全活动】　2010年，水电八局有限公司及所属各单位、项目部持续深入开展“安全生产年”活动，开展了形式多样、丰富多彩的安全生产宣传教育活动，取得了较好的成绩，得到国家安全生产监督管理总局的肯定，被评为2010年全国“安全生产月”活动优秀单位和全国安全生产应急知识竞赛优胜单位；以强化各级一把手落实安全责任为主题，组织开展的“安全生产心中有数”活动，也取得了明显成效。

【创新安全管理】　2010年，水电八局有限公司对《环境、职业健康安全管理分手册》和《安全质量标准化工作手册》进行修编。各单位、项目部结合自己的特点，从不同方面对安全管理新方法、新思路进行了探索。将“抓基础、抓基层、抓基本功”作为重要抓手，狠抓施工现场安全管理；在班前五分钟安全讲话、班组安全建设方面，将相互提醒遵章守纪不违章作为新的班组建设主要内容，抓安全基层建设；新开工项目，在开工前组织专家进行安全策划、评价，对存在重大安全风险的分部分项工程策划、制定具体的安全技术措施；将班组长和安全员培训作为重点，开展相互检查、交流，全面提高了安全管理能力；从不同侧面运用标准化工作方法完善安全管理、安全技术和施工工艺等。这种积极创新的管理方法，进一步完善了水电八局有限公司的安全生产管理制度体系，提升了水电八局有限公司的安全管理能力。

【安全教育培训】　2010年初，水电八局有限公司下达了年度环境、职业健康安全教育培训计划，对各级各类人员的安全教育培训作了具体布置，并按计划落实了教育培训工作。2010年，开展各类管理人员安全培训226次，培训2838人，新进场员工100%经过“三级”安全教育培训。组织编印了《员工安全生产手册》（通用部分）中文和英文版，印发全体职工，并制作成多媒体，购买220台（套）多媒体播放机在机关、各单位和项目人员集中部位进行滚动播放，取得了良好的效果。

【安全评价检查】　2010年，水电八局有限公司组织对境外加纳布维、马来西亚沐若等8个项目和境内藏木、鲁地拉、银盘等14个项目进行了检查评价。所属18个二级单位抽调60人·次对57个项目组织进行了检查评价，109个在建工程项目组织312人·次进行了自评。通过安全评价，明确出重大风险33个，下达隐患整改通知书284份，督促整改隐患761项。2010年底，组织6个检查考核小组对18个二级单位本部（含2个直管项目）、38个项目、17个公司机关部门进行了检查考核，同时对委派的23名安全监察员进行了考核。

【安全质量标准化建设】 2010年7月，水电八局有限公司制定了安全质量标准化工作方案、明确了相应标准。在湘各单位、工程项目全面启动了“创建安全质量标准化示范工程”工作，其中，二分局托口项目、湘江航电项目和基础设施分局星城映象项目列为在湘创建安全质量标准化示范工程重点项目，其他各单位、工程项目也陆续启动了安全质量标准化工作。

【安全管理信息系统】 2010年，水电八局有限公司共有17个二级单位、102个项目应用安全管理信息系统，全年累计录入安全动态1353次、会议1626次、安全培训1199次、规章制度549项、综合检查703次、目标计划159次等。水电八局有限公司开发的综合项目管理系统，实现了对项目的合同、成本、分包、材料设备、进度、质量、安全、环保及工程资料等的综合集成化管理。

（陈于保）

党群工作和企业文化建设

【党建工作】 水电八局有限公司党委坚持围绕经营抓党建，抓好党建促发展，充分发挥了企业党组织的政治核心作用，把党组织的政治优势转化为推动企业科学发展的巨大力量，开创了水电八局有限公司又好又快、持续稳定发展的崭新局面。2010年“七一”前夕，水电八局有限公司党委被国务院国资委党委授予“中央企业先进基层党组织”荣誉称号。

2010年12月，根据工作需要和机构改革调整的情况，水电八局有限公司党委撤销了2个项目（含联营体）党工委、2个分局党委，成立了基础设施分局党委，共有16个二级单位（含机关、直管项目）党（工）委。

水电八局有限公司党委对水电八局有限公司党建管理制度和文件进行全面梳理，出台了《党建工作管理分手册》。明确了水电八局有限公司党建管理方针是“解放思想，引领发展；发挥优势，推动发展；改革创新，融入发展；营造和谐，共享发展。”党建管理目标是“把党组织的政治优势转化为公司的核心竞争力与科学发展的强大动力!”党建工作思路是“融入中心，服务大局；全面支持，保证监督；适应变革，努力创新；结合实际，注重实效。”修订了《关于实行党建工作责任制的规定》，明确了党建工作目标、党（工）委抓基层党建工作的主要原则、领导责任、工作措施、考核和结果运用。

根据股份公司党委的统一安排部署，水电八局有限公司党委开展了创“四强”党组织、争做“四优”共产党员活动，成立了活动领导小组，小组下设办公室，负责活动日常工作，制定了活动“实施方案”。2010年5月12日，召开了开展争创“四强”党组织和争做“四优”共产党员活动动员大会。认真做好活动月报上报工作。2010年7月1日，召开“七一”庆祝大会，表彰了16个“先进党（工）委”、31个“五好党支部”、132名“优秀共产党员”、37名“优秀党务工作者”。

水电八局有限公司党委把加强领导班子建设，提升企业核心竞争力作为党建工作的核心任务和企业党组织发挥政治核心作用的重要途径。一是认真开展“四好”领导班子创建活动，对各二级单位（项目）2009年“四好”领导班子创建活动进行了检查考核。2010年2月11日，水电八局有限公司党委、水电八局有限公司经过检查考核，决定授予砂石分局、国际部、机电制造安装分局、基础工程分局、教育培训中心、科研设计院、构皮滩八九联营体、二分局、设备租赁中心、京沪高铁施工局、贵阳机械厂等11家单位2009年度水电八局有限公司“四好”领导班子荣誉称号。二是规范二级单位领导班子换届工作。制定了《二级单位领导班子换届组织工作实施细则》，对换届工作的目的和依据、应用范围、组织及工作机构、工作程序等进行了规范。换届组织工作对加强领导班子建设，强化干部队伍责任，加快人才流动，优化干部队伍结构，提升干部队伍素质起到了积极作用。三是适应企业改革发展的要求，积极探索干部考核评价和干部管理体制改革。初步形成了推荐使用权和考核监督权相对分离，相互制约的局面，使干部管理工作制度化、规范化、科学化。

2010年6月中旬，水电八局有限公司党委举办了入党积极分子培训班。2010年10月26～31日，举办党支部书记培训班，培训内容为水电八局有限公司党建工作管理分手册宣贯、党支部工作规程与方法、党支部工作经验交流等。2010年11月，布置安排了对各二级单位（项目）2010年度党建工作、“四好”领导班子建设、工会工作、社会治安综合治理等“四项工作”检查考核工作。认真做好维护稳定工作和社会治安综合治理工作，制定了《社会治安综合治理目标管理考评实施办法》，与各单位签订了《公司社会治安综合治理目标管理责任书》。

【工会工作】 2010年2月28日，水电八局有限公司召开第六届工会委员会第四次全体会议暨2010年工作会议。会议确定了2010年工会工作思路和指导思想，提出了“真情维护、真诚参与、真心建设、真招教育”的“四真”工作方针，倡导做“贴心、热心、暖心”的“三心”工会干部。2010年5月、7月分别在龙开口、向家坝工地举办班组长通用管理能力认证培训班，两期共223名来自各单位的班组长参加了培训，学员全部考试合格，获得国家人力资源和社会保障部颁发的通用管理能力等级证书。制定班组管理标准化模块，在二分局试行。组织开展了应急自救互救知识学习与竞赛活动，购买了2000本《应急自救与互救知识》发到各单位、机关各部门组织学习，共举办知识抢答赛121场·次，1320人作为选手参加了比赛，7640人受到教育，并获得了全国总工会、国家安全生产监督总局颁发的“全国应急自救与互救知识竞赛优秀单位”。启动了安全生产隐患有奖举报活动，向全体职工公布了举报方式、举报奖励标准，建立、完善了群众性安全生产监督制度与机制。2010年7～8月，成功承办了股份公司坝工模板工技能比赛及第七届全国电力行业坝工模板工技能竞赛。在两次竞赛中，4名参赛选手进入前5名，两次都囊括了前3名，5人获电力行业技术能手，3人获全国技术能手，1人被推荐申报全国五一劳动奖章。股份公司工会授予水电八局有限公司“特别贡献奖”。工会下拨95万元经费大力支持京沪高铁、一分局托口、二分局湘江航电、三分局构皮滩、四分局汶马、六分局龙开口、科威特萨巴新城、贵阳机械厂、中水重工分公司等劳动竞赛活动。在京沪高铁举办劳动竞赛动员大会，有力地促进了工程施工进度，施工局取得月考核两次第一、两次第二的优秀成绩，在股份公司13家子企业同台竞技中大展风采，获股份公司京沪高铁专项劳动竞赛优胜单位二等奖。组织开展了2008～2009年水电八局有限公司先进评比工作，舒国强获得集团“劳动模范”称号；参加了湖南省模范职工与模范集体推荐评选工作，涂怀健获得“湖南省直模范职工”、“湖南省劳动模范”称号。组织为湖南省“送温暖献爱心慈善一日捐”活动募捐22.538万元，为西南地区抗旱救灾活动募捐21.666万元，组织职工为玉树地震救灾募捐61.883 3万元（不含单位捐款）。组织承办了湖南省直工会大型企业五一联谊活动；组织单身青年同湖南供销系统青年在黑麋峰工地举办“缘聚金秋 圆梦人生”联谊活动。2010年初，健全了375个困难职工档案，困难职工档案全部进入总工会帮扶系统。2010年公司日常性帮扶20名困难职工，支出帮扶资金5.35万元；对167名困难职工子女进行了“金秋助学”资助，共计人民币21.52万元。

（蒋世新）

【共青团工作】 2010年，水电八局有限公司各级团组织紧密结合企业改革发展实际，积极开展服务大局、服务企业、服务青年主题实践活动，创青年文明号7个；创青年突击队1支，53人参加；大力开展导师带徒活动，结成师徒对子833对。2010年6月24日，召开了2010年度共青团工作会，水电八局有限公司党委副书记朱国强、工会主席肖华民，共青团湖南省委青工部副部长姚彤、省直团工委书记黄敏出席会议并讲话。选送5名团干部分别参加了团中央的研讨会和共青团湖南省委的培训班。团干部的政治素质、业务素质得到了提高，团组织的能力得到提升。开展了“五四”评选表彰、导师带徒表彰等活动，并进行了广泛宣传，在青年员工中引起了强烈反响，产生了较大的激励作用。

（杨　光）

【文明建设】 2010年度，水电八局有限公司扎实开展文明创建活动，10月开展了水电八局有限公司2010年度文明单位、文明机关、文明小区和文明工程项目的评比活动，表彰了设备租赁中心京沪高铁工程项目、砂石分局官地砂石工程项目、五分局藏木工程项目、二分局岳阳电厂工程项目、基础分局沙沱渗控工程项目、四分局星城映象工程项目、溪洛渡大坝工程项目、机电制造安装分局构皮滩机电安装工程项目、国际部柬埔寨甘再水电站BOT工程项目、国际部班谷电站工程项目、国际部印尼亚齐火电站工程项目等11个工程项目为2010年度文明工程，基地服务管理中心为2010年度文明单位，二分局机关为文明机关，常德基地老码头生活小区为文明小区。2010年12月，砂石分局向家坝砂石生产工程项目被评为股份公司文明工程项目；六分局、机电制造安装分局、砂石分局、贵阳机械厂通过湖南省直文明办复评并继续认定为湖南省直文明单位。

【企业文化建设】 水电八局有限公司在2010年整体工作思路中，把提升企业经济效益和品牌影响力作为企业追求的目标。把品牌建设与企业文化紧密结合，在水电八局有限公司宣传工作会议与培训班上举办了品牌建设讲座，对品牌宣传进行了策划，明确了党委书记品牌宣传的第一责任，重点项目建立了宣传档案，并充分利用企业良好业绩进行品牌宣传，编辑出版了《走向高铁》、《再铸乌江丰碑》《孟加拉石卡巴哈——开创燃气电站建设新天地》等画册，加强对业绩优良的即将竣工项目进行品牌宣传，同时创办了国际业务综合杂志《弄潮》，加强了国际业务的宣传。通过管理体系文件换版，明确了企业使命："传承大禹血脉，彰显鲁班风采，履行社会责任，谋求员工福祉"；企业愿景："将公司建设成为具有持续成长性、较强自主创新能力的质量效益型股份公司龙头企业"；战略方针："规模与效益并重，人才与品牌并举，改革与创新共进，企业与员工共赢"；管理方针："科学、严谨、规范、创新"；质量方针："提高员工素质，规范工作行为；追求完美品质，满足用户要求"；环境、职业健康安全管理方针："遵守法律法规，建设绿色工程；营造和谐环境，确保安全健康"；党建管理方针："解放思想，引领发展，改革创新，融入发展，发挥优势，推动发展，营造和谐，共享发展"等理念，各业务系统也总结提炼了各项业务工作的管理方针与理念，初步形成了以集团公司文化理念为核心，具有水电八局有限公司特色的文化理念体系。同时，开展了廉洁文化建设与安全文化标准化等活动。

【宣传工作】 2010年，水电八局有限公司编印《八局风采》37期共198版；刊发网站新闻1326条，视频新闻94条；编辑新闻图片12期；设计制作宣传画册4本、宣传台历1个；编辑电视专题片11部。对网站进行了改版升级，2010年12月16日，新改版的八局门户网站正式上线，网站栏目分类更加细化，共设置了《企业要闻》、《基层快讯》、《国际业务》、《专题报道》、《专题专栏》、《党群工作》、《视频新闻》、《八局风采》、《八局新闻图片》等栏目。根据企业产业结构调整的实际，继续办好《高铁在线》、《海外传真》两个专栏，加强对国际业务和基础设施业务的报道。配合"管理创效年"活动的开展，继续办好"践行科学发展观，提高项目管控水平"专栏，对中小项目风险抵押承包先进典型进行了专题宣传。配合市场开拓工作，专门对市场开拓先进典型单位负责人进行了专访，对西藏藏木水电站厂房土建及金属结构安装工程、长沙湘江航电综合枢纽工程、澜沧江黄登大华桥水电站砂石加工系统工程中标进行了专题宣传。配合管理体系文件换版，开设《公司管理体系文件换版》网页进行专题宣传。配合廉洁从业专题教育活动、争创"四强四优"活动、"安全月"活动，开设专栏进行宣传。配合党风廉政、法制教育和职工读书活动的开展，开设《廉政天地》、《企业与法》、《读书札记》3个专栏进行宣传。加强重点工程宣传报道，对马来西亚沐若水电站截流、孟加拉石卡巴哈电站发电、藏木水电站截流、京沪高铁全线贯通仪式、溪洛渡水电站建设、向家坝砂石系统迎战系统生产高峰、构皮滩电站竣工等进行了重点宣传。加强企业改革宣传，对深化干部制度改革、后线工作社会化、机构调整进行了专题报道。参加湖南省企业报好新闻评比，4件作品获奖，3件作品经湖南省企业报协会推荐参评获湖南省好新闻奖；参加股份公司报社好新闻评选，水电八局有限公司记者站再次获得"标兵记者站"称号，12件作品获奖，2人被评为标兵记者，7人被评为优秀记者，1人被评为优秀通信员。

（全　红）

检查监督

【职工代表大会监督】 2010年2月26～27日，水电八局有限公司在湖南省长沙市召开第六届四次职代会，会议听取审议了执行董事、总经理、党委副书记林修建所作题为《抢抓机遇塑品牌 调整结构促转型 全力确保公司更好更快发展》的工作报告；表决通过了《总经理报告决议》；原则通过了《关于企业年金的决议》；通过了《职工工资集体协商办法和工资集体协议的决议》和《公司2009年职工培训计划的决议》。会议通报了2009年度生产经营单位考核情况、兑现责任人年薪；通报了2009年度党风廉政建设情况考核结果；表彰了公司二级单位"四好"领导班子、文明建设单位；公司党政主要负责人分别同基层单位党政负责人签订了生产经营责任书和党风廉政建设责任书；公司方首席代表总经理林修建、职工方首席代表工会主席肖华民签署了《工资集体协议》。公司领导班子成员分别向职工代表述职述廉；职工代表民主测评公司领导和民主推荐公司后备干部，并对公司机关部门进行了民主测评。谭靖夷院士在大会发表了讲话，公司党委书记、副总经理朱素华作了题为《把握新机遇 迎接新挑战 开创公司更好更快科学发展新局面》的总结报告。

【民主管理】 2010年2月12日，水电八局有限公司召开第一次工资集体协商会议，企业方代表和职工方代表就工资问题进行了协商，形成了《水电八局有限公司工资集体协商管理办法》、《工资集体协议》两个文件草案，交第六届职代会四次会议审议通过。第六届四次职代会共收到有效提案41条，在职代会上明确进行了答复。会后，工会又对职工代表的提案落实情况进行了督办。对职工收入、休息休假、住房公积金收缴情况进行了调研，提出了维护职工合法权益的意见，对企业年金的执行情况进行了监督。

【厂务公开】 水电八局有限公司第六届四次职代会上，向全体代表通报了4年规划调整情况、年度生产经营完成情况、财务预决算情况、各单位领导班子年薪考核情况、职代会职工代表处理情况、各单位党风廉政建设考核情况；第六届五次工会委员会全会上通报了扶贫济困情况，各级劳模评审表彰情况；对提拔的29名公司管理干部在网上进行了公示；对76名具备质检员资格、170名具备高级技师、9名具备教授级高级工程师、36名高级工程师、9名高级经济师、7名高级会计师在公司网络上进行了公示。

（蒋世新）

【落实党风廉政建设责任制】 2010年，水电八局有限公司对管理体系文件纪检监察分册进行了全面改版。重新调整了《水电八局有限公司建立健全惩治和预防腐败体系2008～2012年工作规划任务分解方案》，对领导班子成员惩防体系建设任务作了明确分工，将惩防体系建设、落实党内监督制度、廉洁从业制度建设、从源头治理腐败工作等责任分解目标，逐一落实到各个责任主体。严格按照《党风廉政建设责任制考核评价办法》，对水电八局有限公司所属二级单位进行了2010年度党风廉政考核，17个单位有10个单位评为优秀，7个单位评为良好。依照“廉政保证金制度与责任制考核奖惩制度”，2010年度下发二级单位责任制考核兑现奖金102000元。

（杨 艺）

【纪检工作】 2010年，水电八局有限公司做好关口前移，预防违纪违规和职务犯罪发生。以加强企业内部监管为重点，建立了授权审批制度、责任联签制度、内部审计制度和责任追究制度。在工程分包、设备物资采购等重要管理环节制度设计和管理流程再造中，为纪检监察介入预留好切入口；加强了调研工作，积极参与企业重大管理活动。组织了对四川大岗山等5个项目的调研，形成的调研报告引起水电八局有限公司决策层的高度重视；坚持办好内部刊物《党纪政纪教育参考资料》，在《八局风采》上开辟了“廉政天地”专栏；加强过程监督，确保管理受控。水电八局有限公司中长发展规划与年度重大经营决策、重大制度出台，都经过职代会、职代会主席团扩大会讨论通过。积极参与审贷会和评先会，对资金使用、干部提拔使用，评先等工作进行监督。参与设备采购、废旧材料处理监督等会议共计106次；把企业内部监察和使用外部监察力量相结合，在继续做好同湖南省纪委的“双联”工作的同时，启动了“企检共建”并取得成效。与湖南省人民检察院达成合作共建协议，共同做好预防国有企业职务犯罪及维护国有企业合法权益工作。湖南省人民检察院选定了在水电八局有限公司开展“工程建设领域预防职务犯罪研究”重要课题研究，深入探讨企业预防职务犯罪工作机制及相关策略，推动反腐倡廉工作深入开展；加大责任追究力度，2010年查处了3起违规违纪案件，对相关责任人进行了处理，为企业挽回了部分经济损失。

（杨 艺）

【效能监察】 2010年，由水电八局有限公司立项执行的效能监察项目有：托口水电站项目、南水北调中线一期工程天津干线天津市1段T15-6标段、武都引水项目、山西尚希庄水库土建工程、印尼亚齐火电项目。2010年，水电八局有限公司纪检监察部提出效能监察建议58条，发出效能监察建议书5份，监察决定书2份，完善规章制度3项。各二级单位、直管项目结合自身实际，经水电八局有限公司审批立项共开展效能监察67项，提出效能监察建议212条，发出效能监察建议书64份，监察决定书3份，完善规章制度28项。为企业避免和挽回经济损失近4900万元。

（杨 艺）

【审计监督】 2010年，水电八局有限公司共完成审计项目13项，含计划外4项。其中，内部控制审计6个，经济效益审计3项，领导人员离任审计4项，完成审计项目占计划的100%，共发现审计问题67条，提出审计建议70条。2010年着重加强了事前、事中审计和经济责任审计。其中，开展了以事前预防为主的内部控制审计6项，分别是一分局托口施工局、咸宁核电项目部、五分局大岗山大坝项目部、昭化施工局、安装分局溪洛渡项目部、湘江航电枢纽项目部，占审计项目的46%。开展以事中控制为主的经济效益审计3项，分别是集团房地产（长沙）有限公司、黄登项目部、尚希庄项目部，占审计项目的23%。对领导人员任期届满的二级单位，重点开展了经济责任审计4项，分别是基础工程分局、中水重工分公司、三分局、设备租赁中心，占审计项目的31%。积极发挥内部审计监督服务作用。一是两次派出3人配合京沪高铁施工局进行迎接审计署审前的自查自纠工作；二是参与对构皮滩“八九”联营体年度监事会审计工作；三是在公司招标采购监督方面，审计部作为公司评标委员会成员和内部监督单位，全年共参加了由设备物资部组织的设备招标采购93次，派人参加废旧物资处理2次；四是审计部派人参加了“小金库”检查工作，共对8个二级单位和所属项目开展了检查；五是配合专项检查小组对非主业财务管理单位进行了检查。圆满地完成了湖南省审计厅对水电八局有限公司2009年财务收支审计的迎审任务，为后来审计报告的快速出台以及客观公正地评价我公司经营业绩奠定了基础。

创新方面：一是审计部申报的《内部控制审计支持系统的建设与实施》管理创新的成果报告，顺利通过了集团公司的评审，并参加全国电力行业企业管理创新成果评选；二是组织全体审计人员对《内部审计管理程序》等10个文件进行了重新梳理和修订，使制度更加简单、易行、具有可操作性。

（魏学元）

【法律事务与普法教育】 2010年，水电八局有限公司的法治工作日益规范，与企业的经营管理进一步融合。首先增设了风险防范室，法律事务的组织机构进一步完善；其次，推进委派法律顾问制度，法律审查全面介入投资（合作）、设备采购、工程分包、劳务管理等各专业领域，经统计，2010年书面出具合同审查意见近千份，接受法律相关咨询事务数百起，法律服务的纵深度进一步拓展，风险防范水平显著提高；第三，加快了法务人才培养，加大专业人才引进力度，明确法务人才专业晋升通道；第四，完善法律事务管理制度，利用水电八局有限公司管理体系文件修改的契机，对法律事务管理的制度进行了梳理，去粗存精，补漏拾遗，简化流程，明权确责；第五，进一步加强诉讼风险管控力度，案件处理做到案前合议、专人专责、执行到位、案后总结，2010年新发各类民商事、劳动争议案件21起，已办结案件为企业实现债权和减少经济损失达3000余万元。

2010年，水电八局有限公司从3个方面落实普法工作。首先，着重对项目经理、会计人员的法律，在每期的培训课程中均安排了专门的法律讲座内容，并先后邀请多位法学教授传授企业法律风险防范知识。其次，水电八局有限公司法律事务部编写了《建筑工程合同实务释疑汇编》，并印刷了2000多册发放给到经营管理人员。第三，组织水电八局有限公司长沙片全体管理人员参加了湖南省直工委组织的2010年度普法考试，及格率达到100%，在长沙的领导参加了湖南省举办的厅级干部年度学法用法考试。水电八局有限公司“五五”普法工作通过了湖南省直机关工委的考核验收。

（傅志坚）

中国水利水电第九工程局有限公司

概　　况

【资产资质】 中国水利水电第九工程局有限公司（以下简称“水电九局有限公司”）是具有水利水电工程施工总承包壹级、市政公用工程总承包壹级、房屋建筑施工总承包壹级、公路工程施工总承包贰级、土石方工程专业承包壹级、地质灾害治理施工甲级、水电设计乙级资质，并且具有特种设备、起重机械安装维修资质以及中华人民共和国对外承包工程经营资格证的国有大型综合施工企业。2010年，水电九局有限公司拥有固定资产总值5.41亿元，总资产20.09亿元。

【领导班子】 2010年，水电九局有限公司领导班子为：执行董事兼总经理陈学云；党委书记张付；副总经理王力、付勇、张建军、刘庆福；监事、党委副书记兼纪委书记张鉴；总会计师吴杰；工会主席孙化瑜。

【人员机构】 水电九局有限公司现有职工5500人，其中管理及专业技术人员2231人。高级专业技术职称173人，含教授级高级工程师8人，高级工程师

86人；中级专业技术职称626人。具有大学本科及以上学历829人，大学专科学历926人。一级建造师41人，二级建造师165人，高级技师22人。

水电九局有限公司总部设总经理工作部、党委工作部、人力资源部、财务产权部、经营管理部、工程管理部、海外事业部、安全监察管理部、质量管理部、设备物资部、法律事务部、企业发展部、审计部、纪检监察部、公司工会、基地管理部等职能部门。下设二级单位和直管经营实体：国际公司、一分局、二分局、三分局（设备租赁公司）、砂石分局、建工分局、基础分局、安装分局、金阳分局、久泰大酒店、中心医院、物资供应公司、中心试验室、市场开发部、劳务管理中心、资金结算中心。

【经营业绩】 2010年，水电九局有限公司实现营业收入20.66亿元，其中：主营业务收入20.38亿元，其他业务收入2828万元。2010年新签项目30个，合同金额30.71亿元，其中国内水电工程中标项目19个，中标金额12.49亿元，占总金额的55%；非水电工程中标项目10个，中标金额10.22亿元，占总金额的34%；国外中标项目1个，中标金额8亿元。2010年，水电九局有限公司储备合同存量59亿元，全年在建合同工程项目75个，完工待结算和正在收尾的合同工程64个，竣工合同工程项目10个。完成土石方开挖202.35万立方米、混凝土浇筑97.57万立方米、金属结构制作安装5773.29吨。2010年在岗职工人均年收入增长14.8%，全员劳动生产率55.71万/（人·年）。水电九局有限公司连续6年被评为贵州省“守合同、重信用”企业，连续7年获“贵州省优秀施工企业”称号，2010年获贵州省行业第一品牌、最具影响力品牌和股份公司“安全生产优秀企业”等荣誉。

（张炜冬）

国内经营

【获奖工程】 2010年6月，水电九局有限公司参建的贵州清水河大花水电站工程获得2010年度“中国电力优质工程奖”。大花水电站工程位于贵州清水河中游，电站装机容量20万千瓦，2004年1月开工建设，2007年11月两台机组投入运行。

水电九局有限公司参建的引水隧洞部分洞段、调压井、压力管道、厂房及尾水渠土建工程，压力钢管制作及安装工程，厂房尾水工作闸门及启闭机金属结构安装工程和大坝防渗帷幕灌浆、基础固结灌浆、排水孔及灌浆隧洞土建工程标段，推广应用“四新技术”，在降低成本的同时加快了大坝施工进度，提高了工效。大花水电站工程经质量评定、检测及监测、工程外观质量及竣工档案等方面的综合评价，质量等级为优良，按期实现投产发电目标，取得了十分可观的社会效益和经济效益。

（洪贵江）

【四川大渡河黄金坪水电站导流（兼泄洪）洞工程】 2010年5月20日，水电九局有限公司中标四川大渡河黄金坪水电站导流（兼泄洪）洞工程，中标金额55 541.666 9万元。黄金坪水电站处于大渡河上游河段，系大渡河干流水电规划“三库22级”的第11级电站，坝址位于四川省甘孜藏族自治州康定县姑咱镇黄金坪上游约3千米处。电站总装机容量85万千瓦，多年平均年发电量38.61亿千瓦·时。大坝为沥青混凝土心墙堆石坝，坝顶高程1481.50米，最大坝高95.5米。

该标工程的泄洪洞布置在左岸，位于引水隧洞和溢洪道之间，由进水口、有压段、工作闸门室、无压段、出口、闸室交通洞和补气洞等组成，在截流后第二年（2012年）汛期参与导流。引水隧洞布置在泄洪洞左侧，由2条隧洞组成。进口底板开挖高程1440米，塔顶高程1481.5米。闸室交通洞总长509.34米，进口高程1465米，断面型式为城门洞型，尺寸8米×7米，钢筋混凝土衬砌。补气洞断面型式为城门洞型，尺寸5米×5米。

2010年完成施工进度：泄洪洞进出口覆盖层开挖、石方开挖及边坡支护正在进行；泄洪洞有压段、无压段及交通洞石方洞挖及一期支护正在进行。完成产值1279.2万元。完成的实物工程量：土方工程21.4万立方米，石方工程12.31万立方米，混凝土工程0.35万立方米。

（潘　友　蔡　霞）

【新化至溆浦高速公路项目第12合同段】 2010年4月28日，水电九局有限公司承建新化至溆浦高速公路项目第12合同段，合同金额29301.53万元。本合同段起止桩号（K60＋000）～（K62＋880），全长2880米。主线标准路基宽度24.5米，双向4车道。分离式路基断面宽度12.25米，单向2车道。中央分隔带均采用波形护栏，种灌木植草防护，为抢险急救和维护方便，中央分隔带设开口，填方路肩采用波形护栏。公路用地范围：填方路段排水沟外1～2米为公路用地范围，挖方路段以坡顶外或坡顶截水沟外1～2米为公路用地范围。

本合同段共含有4座桥：两江特大桥，全长

1297米，桥梁上部结构采用分幅式，每幅主桥为（90+2）×（170+90）米四跨一联的预应力混凝土连续钢构桥，主墩为空心墩，主桥全长520米；白洲江大桥，全长169.33米，采用20米装配式预应力空心板，先简支后结构连续体系；王家坪2号大桥，全长169.33米，桥跨组合右幅（4×30）米，全桥共一联，桥长126.5米；王家坪1号中桥，全长66.08米，桥跨组合左幅（3×30）米。

2010年完成产值1351.6万元，主要完成的实物工程量有：土方工程3.62万立方米，石方工程10.58万立方米。

（潘　友　蔡　霞）

【木坡水电站引水系统工程】　2010年4月26日，水电九局有限公司中标木坡水电站引水系统工程，中标金额2.34亿元。木坡电站位于四川省阿坝州小金县境内的抚边河干流上，为抚边河干流自下而上规划的第3级电站。木坡水电站为引水式水电站，电站枢纽建筑物主要由首部枢纽、引水系统和厂区枢纽等组成。电站装机容量3×1.5万千瓦。

引水隧洞布置在抚边河左岸，隧洞全长10074.768米，为马蹄形断面形式。调压井为阻抗式，竖井断面直径8米，圆形，井筒混凝土衬砌厚度1.2米。在调压井顶部，靠山体外侧，开挖有一条永久通风洞。压力管道为地下埋管型式，采用联合供水形式，分为上平段、斜管段和下平段，管道起点至厂房外边线总长度418.86米。

施工进度形象为：除5号施工支洞外，其他施工支洞都已进入主洞开挖。1号施工支洞完成主洞内开挖及支护（1+200）～（1+755），累计完成555米；2号施工支洞完成主洞内开挖及支护（2+570）～（2+850），累计完成280米；3号施工支洞完成主洞内开挖及支护（4+465）～（5+330），累计完成865米；完成主洞开挖及支护（7+085）～（7+465），累计完成380米；下平洞压力钢管平洞段完成开挖及支护（0+285）～（0+355），累计完成70米；共计完成洞室开挖2150米。2010年完成产值1194.7万元，完成土石方工程0.42万立方米，混凝土工程0.46万立方米。

（潘　友　蔡　霞）

【南水北调中线一期工程总干渠沙河南至黄河南段（委托建管项目）宝丰郏县段工程第三施工标段】2010年12月10日，水电九局有限公司中标南水北调中线一期工程总干渠沙河南至黄河南段（委托建管项目）宝丰郏县段工程第三施工标段，中标金额22354.7885万元。

宝丰郏县段工程第三施工标段总长6300米，标段内共有各类建筑物11座，其中左岸排水3座，渠道交叉2座，公路桥4座，生产桥2座。主要工程量包括：土石方开挖352.05万立方米、土石方填筑122.14万立方米、混凝土8.03万立方米、砌石及砂石垫层15.12万立方米、钢筋制作安装2316.07吨。

（潘　友）

【四川省甘孜州巴拉路（夏邛至拉哇段）工程施工C1标段】　2010年11月3日，水电九局有限公司中标四川省甘孜州巴拉路（夏邛至拉哇段）工程施工C1标段，中标金额9965.7026万元。巴拉路位于四川省甘孜藏族自治州巴塘县境内，起点为巴塘县夏邛镇，从国道G318接线，跨金沙江一级支流巴楚河后，以长隧道（①隧道）穿越巴楚河与金沙江之间的象鼻山山体，到达金沙江左岸，再以明线往金沙江上游展线，以短隧道（②隧道）穿过茸芭堆积体下游的山体，然后以明线到达线路终点，终点位于拉哇水电站下坝址下游2.5千米处拟建的金沙江大桥左桥头附近，公路全长11.58千米。根据电站施工需求，巴拉路按三级公路建设，水泥混凝土路面宽6.5米，路基宽度7.5米。

C1标段施工项目主要包括巴楚河大桥和1号长隧洞［（K0+222.579）～（K2+220）洞段］。巴楚河大桥长150米，为5×30米装配式预应力混凝土简支T梁桥；隧道断面型式均为圆型断面，隧道净空尺寸为9米（宽）×5.62米（高），其中行车道宽2×3.50米；在行车道两侧设0.25米的侧向宽度排水沟和0.75米宽的人行道。

（潘　友）

【贵州北盘江善泥坡水电站大坝左岸防渗帷幕灌浆工程】　2010年11月2日，水电九局有限公司中标贵州北盘江善泥坡水电站大坝左岸防渗帷幕灌浆工程，中标金额5500万元。善泥坡水电站位于北盘江干流中游河段贵州省六盘水市水城县顺场乡境内。工程以发电为主，电站装机容量18.55万千瓦。拦河大坝为抛物线双曲拱坝，最大坝高119.40米。左岸防渗线长1574米，右岸防渗线长829米，坝基防渗线长212米，防渗线总计2615米。

该标段包含二期灌浆隧洞的开挖、一期支护、混凝土衬砌、回填灌浆、固结灌浆、帷幕灌浆及搭接孔灌浆。两岸分别布置3层灌浆隧洞，高程分别为888米、820米（左岸为830米）、785米；灌浆隧洞断面 3 米×3.9 米（宽×高）。

（潘　友）

【南水北调中线一期工程总干渠沙河南至黄河南段沙河渡槽工程第三施工标段】　2010 年，水电九局有限公司承建的该标段工程进度为：

（1）箱基渡槽开挖完成 500 米，砂卵石换填完成 380 米，C10 混凝土垫层完成 220 米，底板混凝土浇筑完成 5 仓，CFG 桩完成 3002 米，钻孔灌注桩全部完成。

（2）鲁山坡落地槽除Ⅳ号坡因为公路原因没能开挖以外，其他边坡开挖基本完成；Ⅴ、Ⅵ号坡边坡浆砌石全部完成；Ⅱ、Ⅶ号外围截水沟、马道排水沟完成，边坡浆砌石部分完成；C10 混凝土垫层完成 195 米；底板混凝土浇筑完成设 5 仓。

（3）青龙沟涵洞进口段开挖完成，进口段右岸边坡浆砌石完成；青龙沟进口流槽段底板混凝土浇筑完成；白虎涧沟排水涵洞的进口段开挖；宋家沟排水涵洞正在进行开挖施工。

2010 年完成产值 1157.5 万元，完成土方开挖 3.8 万立方米、石方开挖 8.1 万立方米。

【甲米河一级水电站引水系统后段及厂区枢纽工程】2010 年，该工程施工进度形象为：

（1）引水洞段：4 号支洞控制段向下游与 5 号支洞控制段于 2010 年 7 月 20 日贯通，4 号支洞控制段向上游与 3 号支洞控制段向下游于 2010 年 10 月 27 日贯通，均提前完成业主要求 2010 年 10 月 31 日引水隧洞全线贯通的目标。引水隧洞底混凝土浇筑完成 558 米，5 号支洞控制段边顶拱衬砌 18 米。

（2）调压井：调压井竖井开挖于 2010 年 8 月 30 日完成；调压井阻抗板以下混凝土衬砌全部完成，井筒混凝土衬砌及钢筋制作安装完成 27 米。

（3）压力管道（圆形断面）开挖于 2010 年 7 月 28 日完成，压力管道下平洞开压力钢管安装 54 米，混凝土回填 36 米。阀室扩挖已完成。

（4）厂房：完成水轮机层下游侧排架柱吊车梁混凝土浇筑，1、2 号机组浇筑至发电机层（高程 2060.82 米）。副厂房基础开挖完成。

（5）业主营地三栋楼砖墙砌筑已全部完成，综合楼、住宿楼、办公楼电线穿管已全部完成。

2010 年完成产值 1404.6 万元，完成土石方工程 2.3 万立方米、混凝土工程 1.2 万立方米、金属结构安装 16.98 吨。

【乡城水电站首部枢纽、引水隧洞 S3＋600 以前段土建及金属结构安装工程】　2010 年，该工程施工进度形象为：

2010 年 9 月 30 日首部枢纽具备下闸蓄水条件，2010 年 11 月 30 日进水口、引水隧洞［（S0＋000）～（S3＋600）］段达到过水条件，2010 年 12 月 30 日该合同工程项目全部完工。

1、2 号重力坝段混凝土浇筑完成；3、4、5 号坝段混凝土浇筑完成、6 号坝段混凝土浇筑至高程 2926 米；8 号坝段混凝土浇筑至高程 2926 米；9 号坝段混凝土浇筑至高程 2926 米。

金属结构安装工程，4 号孔工作门已安装，其余工程正在施工、防渗墙完成施工、隧洞开挖支护至 S0＋734 米，合同桩号 S1＋000 米。

2010 年完成产值 1547.9 万元，完成土石方工程 2.5 万立方米、混凝土工程 1.5 万立方米、金属结构安装 9 吨。

【石垭子水电站发电】　2010 年 12 月，石垭子水电站发电。石垭子水电站位于贵州省东北部乌江水系左岸一级支流洪渡河中下游。电站枢纽由碾压混凝土重力坝、右岸引水发电系统组成，装机容量 14 万千瓦。水电九局有限公司承建大坝土建工程。2010 年完成产值 6881.4 万元，完成混凝土浇筑 14.23 万立方米。

【邛名高速公路建成通车】　2010 年 11 月 9 日，邛崃至名山高速公路举行通车仪式。水电九局有限公司承建邛崃至名山高速公路五标段，线路起点位于邛崃市夹关镇，终点位于名山县新店镇。2010 年完成产值 2673.9 万元，完成土方工程 39.37 万立方米、混凝土工程 4.81 万立方米。

【成简快速路土建工程 CJTJ－Ⅰ标段双线贯通】2010 年 11 月 24 日，水电九局有限公司承建的成（都）简（阳）快速路一标双线贯通。2010 年完成产值17 053.3万元，完成土方工程 13.5 万立方米、石方工程 30.15 万立方米、混凝土工程 11.67 万立方米、金属结构安装 2948.35 吨。

（蔡　霞）

【市政工程】　2010 年，水电九局有限公司完成市政项目 3 个，在建项目 6 个，其中大中型项目 5 个，完成产值19279.53万元。

主要在建项目：毕节碧水星苑工程，合同金额 1.2 亿元，总建筑面积 12.20 万平方米，工期 2 年 8 个月；贵阳金阳养马村（黑土坝）农民新村安置点场工程，合同金额400万元，工期110天；光明桂花园项目房屋主体工程，合同金额7202.68万元，建筑面积6.09万平方米，工期457天；贵阳市金阳新区金华园（南园）工程第4标段，合同金额4778.03万元，建筑面积9.41万平方米，工期255天；贵阳市金阳新区迎宾西路（二期）道路工程，合同金额6811.43万元，工期345天；天津武清区徐官屯房建还迁小区一期工程，总建筑面积12.72万平方米，工期约2年半。

主要完成项目：贵阳分所人行入口处挡土墙工程，工期2个月，完成土方开挖1572立方米，石方开挖1901立方米，结算金额82.60万元；金华园电力管沟疏通工程，工期一个月，结算金额12.03万元；大方“贵州宣慰府”恢复重建项目。

（刘劳才）

国际工程

【利比亚乌姆艾拉尼卜房建工程】 2010年2月25日，由水电九局有限公司承担施工的利比亚乌姆艾拉尼卜房建项目主体工程地圈梁以下混凝土施工全部完成；2010年3月1日，服务楼及排污管网开始施工；2010年4月19日，1399套主体框架结构施工全部完工；2010年6月1日，开始基础设施工程施工；2010年10月底，墙体砌筑全部完工。全年完成宿舍楼墙体砌筑13.7万立方米、室外排污管理网安装1039套、屋面保温层300套、室内给水管安装242套、抹灰21.8万平方米、幼儿园混凝土框架施工7套、11千伏安变电站混凝土框架施工28座、道路土石方开挖1.2万立方米、排污管沟土石方开挖13.6万立方米、UPVC排污管安装6449.45米。

2010年，完成产值30 084万元。生产半成品混凝土7.3万立方米，开采毛料29万立方米，生产成品骨料17.79万立方米，生产泡沫板31万平方米，生产空心砖1004万块，完成钢筋制作3000余吨。

（廖江平）

管理创新

【质量目标控制】 2010年，水电九局有限公司按部门管理职责将质量目标进行分解，每季度末进行考核，各部门的考核结果均能满足年初制定的管理目标。全年对水电九局有限公司所属项目（包括2010年11月25日以前开工的工程）46个项目进行考评，平均得分93.3。全年完成单元工程19 129个，优良单元工程7715个，优良品率87%；一次性合格单元工程8196个，一次性验收合格率100%。工程质量优良，未出现大的质量事故。选派符合条件的管理人员11人，参加中国电力建设企业协会与中国水电质协电力分会联合在湖南长沙举办的“QC小组活动诊断师资格培训班”培训学习，全部合格，取得证书，为开展全面质量管理打下基础。

（洪贵江）

【质量、环境、职业健康安全管理体系持续有效运行】 2010年度，水电九局有限公司统一聘用71位持有质量、环境、职业健康安全3个标准内部审核证书的人员，组成内部审核小组，采用分散式内部审核。2010年3～8月，对53个单位（项目部）进行分散滚动式管理体系内部审核工作，水电九局有限公司和各分局体系能持续有效运行。2010年9月，组织水电九局有限公司总部和二级单位接受三峡认证公司的外部监督审核。分别对水电九局有限公司领导、水电九局有限公司总部各职能部门、安装分局及结构厂、金阳分局、一分局石垭子项目部、建工分局成简快速项目部等进行监督审核，水电九局有限公司所承建的工程未发生重大质量责任事故，未发生环境污染事故和相关投诉，未发生重大安全生产事故，水电九局有限公司的管理目标得以实现，质量、环境、职业健康安全管理体系能持续有效运行，通过了三峡认证公司监督审核。

（洪贵江）

【经营管理】 2010年，水电九局有限公司经营管理重点工作之一是成本管理。在设计的项目管理过程中，必须填报《项目对上对下结算台账表》、《项目经营成本分析构成表》。下发《项目经济分析报告编制大纲》，明确要求各项目部每月向各分管二级经营单位上报本项目的经济活动分析报告，各二级经营单位每季度向水电九局有限公司经营管理部上报本单位的经济活动分析报告，并由水电九局有限公司经营管理部汇总、核实，形成水电九局有限公司当期的经营情况报告。及时发现当期经营问题，及时帮助各二级经营单位解决。同时，将二级单位当期经营情况、成本真实的反映给水电九局有限公司领导，为经营决策提供依据。

加强工程分包招标管理，对新开工、在建项目工程分包必须进行立项申报，由水电九局有限公司工程分包招标领导小组审批管控。全年完成木坡电站、黄金坪泄洪兼导流洞工程、天津房建工程、思南至遵义高速公路工程、南水北调沙河渡槽、龙潭嘴项目、马马崖交通洞等项目的分包招标工作，严格按照股份公司及水电九局有限公司的《工程分包管理办法》执行，避免不合理、高价分包现象发生。

2010年6月，完成《内部作业指导价（试行）》，在试行过程中适时跟踪，及时调整完善，逐步将工程分包价规范化、制度化，避免项目利润流失，实现水电九局有限公司利润最大化。

（蔡 霞）

【人力资源管理】 2010年，水电九局有限公司着重做好干部队伍建设和稳定工作。选拔11名年轻干部到中层管理岗位，接收大中专毕业生226人。开展干部工作调研，主要内容包括干部的培养、干部的选拔使用、干部的管理、如何留住人才等。发放、回收调查问卷1000余份，进行个别现场谈话300余人次，搜集有关情况和建议。通过到多个项目部召开新分学生座谈会，在生活上给予关心照顾；调整新分学生见习期的待遇，月工资提高200～300元；对考取相关注册证件并通过公司注册的职工进行奖励等政策稳定干部队伍。

2010年，办理新注册一级建造师2人，二级建造师6人。向集团公司申报评审高级职称18人，通过5人。其中，高级工程师4人，高级经济师1人。组织做好2009年度水电九局有限公司专业技术初级、中级职称申报评审工作。加强劳动合同管理，新签续签劳动合同732人，办理解除劳动关系146人。完成各种劳动工资报表的收集整理、汇总、编制、上报等工作，完成总部机关工资名细表的计算、审核和工资报表编制工作。

做好薪酬管理工作。严格执行股份公司工资政策，实行工资计划总额控制，完成水电九局有限公司对各二级单位的工资计划的管理和预算、下达工资计划工作。同时，对各单位进行薪酬政策指导，实施灵活、有激励作用的薪酬制度。2010年7～8月，对各二级单位和项目部进行劳动用工及工资分配等工作进行监督检查，指出各单位存在的问题并提出整改意见和建议。

组织落实历史遗留的家属工问题，为264名家属工办理贵阳市城市居民最低生活保障标准生活费，为424名家属办理参加社会养老保险的相关手续。处理来信、来访50余件，接待来访群众300余人·次。

（胡 蓉）

【人力资源培训】 2010年，水电九局有限公司加强基础理论教育、基本知识学习、基本技能操作培训，提高员工技术业务素质和干部管理水平。举办各类培训班44期，参加培训学员3658人。其中，继续教育培训人数2505人，资格培训人数246人，适应性培训人数692人，技术等级培训215人。举办特种作业人员培训班8期，关键岗位证书复审、取证培训2期，人力资源培训班1期，文秘培训班1期，项目管理模块宣贯培训班4期，党群干部培训班1期，各类继续教育培训班27期。

（方 劲）

【设备物资管理和采购】 2010年，水电九局有限公司着重抓设备的基础工作，对设备物资台账、特种设备、租赁设备、外协队伍的设备、设备物资报表等进行规范管理。加强对外租设备的审批，对租赁设备核算单价含糊、租赁期限不明确的及时进行整改。建立健全特种设备的技术档案，对大型设备的安装、拆除方案进行逐一审查、跟踪，对于危险源重点跟踪逐步完善，规范施工现场“动力站”布置，设备事故零发生。杜绝了特种设备操作人员无证上岗现象。

水电九局有限公司设备物资采购精细化管理。全年评审发布合格设备供方75家，物资合格供方30家。参与、主持股份公司及水电九局有限公司大宗设备物资招投标，2010年签订水电九局有限公司本部采购合同24份，完成采购计划605.8万元，采购合同执行情况良好。

（张桂芳）

【财务管理】 2010年，水电九局有限公司执行《中国水利水电建设集团公司预算管理办法》，规范内部预算行为，强化财务管理职能。印发《水电九局有限公司外出经营活动税收管理证明管理规定》、《中国水利水电第九工程局有限公司对外捐赠管理暂行办法》。配合贵州省国家税务局、稽查局完成对水电九局有限公司2006～2008年的企业所得税和发票管理情况检查。2010年12月15日，通过收集、整理和上报验收资料，NC财务核算系统通过股份公司初步验收。完成“小金库”专项治理工作，检查违规存在小金库情况3起，涉及金额16.45万元，同时进行清理。根据集团（股份）公司IPO的需要，将持有中国水电建设集团贵阳房地产公司30%的股权转让给集团公司。

进一步完善成本管理核算体系。减少非直接生产性开支，特别是精简公务活动，精简会议，压缩交通工具购置，压缩办公用品、差旅费、交通费开支。认真执行《建造合同》，按季度对各新开工项目和重点工程项目的成本进行重新审核，对所有工程项目的收入和成本进行监控和指导。对费用单位的费用支出项目进行严格控制和定额管理。各单位的资金实行月初上报资金计划，经审定后按计划使用，规避因现金流管理失控而导致的风险。

针对水电九局有限公司贷款规模在高位运行现状，加强对应收账款的催收力度和对长期闲置账户的清理，努力减少负债规模，取得一定成效。水电九局有限公司本部清理出一批内部单边挂账，进行账务处理。

分两期集中对财会人员进行后续教育培训的基础上，通过各种方式提高财务队伍的综合素质和政策理论水平，建立财务人员档案，保证财务人员持证上岗。

（张华超）

【资金集约化管理】 2010年，水电九局有限公司完成股份公司年初下达资金集中管理的各项指标任务。经营活动产生的资金流入水电九局有限公司资金结算中心13.39亿元，水电九局有限公司资金流量集中度85.14%。经营活动产生的资金流入股份公司资金管理部8.02亿元，股份公司资金流量集中度54.36%。水电九局有限公司通过“重客”系统上存至股份公司资金管理部日均货币资金存量2341万元，股份公司资金存量集中度47.11%。

2010年，水电九局有限公司继续被中国建设银行贵州省分行评为“AAA”级企业。获得各家商业银行的授信总额18.14亿元，全部为信用授信。进一步加强资金预算管理，对预算执行偏差较大的单位，及时调整资金计划，提高资金计划的权威性和控制力。同时，加大对大额资金的支出、设备物资的采购，分包工程款支付的监控力度，有效拒绝预算外资金的支付和非生产性资金支付，实现了资金管理与预算管理的有机结合。

加强资金风险防范，确保资金链的稳定。首先落实应收款项催收责任，加快资金回笼速度，提高盈余现金保障水平，对于长期应收款项（如前期的设备资金投入、施工中的垫付资金、履约保证金、应收工程款、应收票据等）尽快回收，防止呆账、坏账的产生。其次，积极协同二级单位和项目加大对债权和结算资金的回收，根据掌握的资金信息，积极会同水电九局有限公司相关部门督促二级单位经营承包合同的履行，积极协助水电九局有限公司有关部门和二级单位进一步清理公司内部“三角债”。

加强对外担保业务的管理，严禁各单位、项目部擅自对外提供担保，坚决制止任何单位以公司名义对外提供担保。同时，加强对担保事项的后续管理，及时对到期的对外担保事项进行撤销，严防由于担保问题造成的债务风险转移到公司。

按照股份公司资金信息系统建设整体规划，将NC资金管理系统延伸到结算分部和项目部，实现银企直联。同时，对现有的工作岗位进行梳理，制定水电九局有限公司NC资金管理系统分工与权限设置。严格按照分工与权限进行日常资金结算工作，严禁单人操作资金业务全过程，坚决杜绝任何结算风险。

（刘方辉）

企业改革

【综述】 2010年，水电九局有限公司将“跨越工程”所需各项证明资料和资产处置建议向股份公司报告。完成水利行业设计资质、电力行业设计资质的换证更新。制定《中国水利水电第九工程局有限公司2010～2012年发展规划（草案）》，并上报股份公司。参与遵义中桥水库工程BT投资项目的考察和谈判，2010年11月与遵义市人民政府达成了基础设施建设战略合作框架协议和遵义市中桥水库项目BT投资建设合作框架协议。

2010年12月17日，水电九局有限公司全资开发房地产项目“国际企业大厦”举行开工仪式。该项目地处贵阳市金阳新区贵阳国际金融中心，项目总投资3.5亿元，占地面积7534平方米，总建筑面积67758.7平方米，其中商务办公建筑面积39553.5平方米，高层主体26层，建筑高度93.95米。主要功能为贵阳国际金融中心5A甲级商务楼，地上3层为金融商贸区，4～26层为高标准写字楼。完成贵阳市金阳新区观山路3号办公楼交易。

【改制工作】 2010年，水电九局有限公司加强对执行有关企业改革、企业重组改制、政策性关闭破产、劳动人事分配等政策和措施情况的监督检查。协助中心医院拟定移交方案，将该方案上报贵阳市政府、贵阳市卫生局，待批复后实施。开展对贵阳盛地城物业公司及贵州光明房地产开发有限公司改制后经营情况的调查，了解改制企业的经营及生存状况，并及时反映给股份公司。

【全面风险管理与内部控制】 2010年，水电九局有限公司开展全面风险管理与内部控制工作，成立了“水电九局有限公司全面风险管理与内部控制工作小组”，小组办公室设在企业发展部。召集全面风险管理与内部控制工作小组全体人员参加股份公司视频会议学习，组织相关部门的人员参与股份公司在昆明举办的全面风险管理与内部控制的培训。组织开展全面风险管理与内部控制知识竞赛活动。

（蒋　敏）

科技进步

【综述】 2010年，水电九局有限公司表彰2009年度公司优秀论文15篇。完成水电九局有限公司2010年度科技进步奖3项、施工工法1项、科研立项5项的评选奖励工作。贵州省和股份公司同意科研项目立项各1项，共有6项科研项目在实施研究。通过成果鉴定2项，其中《1.3兆帕水压力下地下洞室大流量透水灌浆封堵技术》达到国际领先水平，《溢洪道溢流面无裂缝快速施工技术研究及应用》达到国内领先水平，并获得中国建筑业协会颁发的管理创新成果奖。荣获省部级科学技术进步奖4项，获省级施工工法1项，获专利4项（其中发明专利1项）。编印科技期刊《水电工程》4期，共发表设计施工、试验与应用、基础处理、机电和经营类论文50篇。科研经费投入629.6万元。

【新技术推广应用】 2010年，水电九局有限公司所属各单位结合工程实际广泛开展科技创新、四新技术推广应用、施工工艺技术革新和施工合理化建议活动。

依托《溢洪道溢流面无裂缝快速施工技术研究及应用》科研课题，优化混凝土配合比，采用二次投料拌和技术，低温溜管入仓，制造局域低温小气候等施工方式，缩短了高标号溢流堰面混凝土在持续高温、干燥环境、作业面交叉干扰条件下的施工周期，取得良好的研究成果及经济效益，并为同类工程的设计、施工提供成熟的经验借鉴，受到建设单位一致好评。

依托石垭子水电站工程项目提出的圆式满管进行碾压混凝土的垂直运输技术，解决了混凝土在垂直运输过程中的骨料分离现象，其特点是输送强度大，且适用范围广（在岸坡45°～90°的倾角范围内均可适用），操作简单，同时保证施工强度和混凝土质量。

南水北调工程箱基渡槽段地基处理种类较多且复杂，混凝土分层分块浇筑仓面多。施工中将表层腐质土进行清挖，基层底面铺筑石灰，采用路压机碾压，基层及面层均采用三合土新材料换填并分层碾压，形成整块结板增大承载截面积，基层底面及面层有防水效果。该材料填筑道路具有整体性、水稳定性好，施工简便，后期强度大，成本低等优点。同时，工序合理简化，工期缩短，提高工作效率，在成型后即使遇雨也不受影响。

高喷施工技术依托四川武都水库基础处理工程又有了新突破。采用全液压潜孔钻高精度造孔施工工艺，取代长期以来地质回旋钻垂线孔造孔工艺。由于在深层全充填粉细沙层岩溶基础处理防渗效果显著，技术先进，工效较高，有明显的社会效益和经济效益。

依托观音岩水电站和台山核电厂等项目研究高品质混凝土人工砂石骨料绿色环保生产技术。该技术含智能化技术、零排放技术、石粉气力分级技术、高品质人工砂石骨料技术、低损耗人工砂石骨料加工工艺5个子项目。现高品质人工砂石骨料技术子项目在台山核电厂砂石系统实施完毕，低损耗人工砂石骨料加工工艺研究在观音岩砂石系统实施完毕，智能化、零排放和石粉的气力分级分别在观音岩和台山砂石系统项目实施。

【科研项目】 2010年，水电九局有限公司完成贵州省科技厅工业攻关计划项目《水电站130米高水头下洞内大流量高速射流封堵技术》的成果鉴定及结题验收工作，鉴定结果为：国际领先水平。完成贵州省科技厅工业攻关计划项目《高品质混凝土人工砂石骨料绿色环保生产技术的研究》的申报及合同签订工作，获得贵州省科技厅资助科研经费35万。股份公司科研课题《半干式人工制砂工艺在核电工程建设中的应用》，进入课题成果鉴定及验收结题部分。新批准2010年度股份公司科研课题《大型砂石厂生产废水的零排放工艺》。

【施工工法】 2010年，水电九局有限公司《1.3兆帕水压力下地下洞室大流量透水灌浆封堵技术施工工法》被批准为贵州省省级施工工法，并被推荐为国家级施工工法。

【实用新型专利技术】 2010年，《围堰高效快速防渗堵漏方法》获得发明专利，专利号ZL200710077753.2。《高压水头下钻孔钻杆内防高压返水安全控制装置》获得实用新型专利，专利号ZL200920125701.2。《高压水头下钻孔钻杆内防高压返水安全控制装置》获得实用新型专利，专利号ZL200920125700.8。《节能降噪砂石骨料输送梭槽》获得实用新型专利，专利号ZL201020209076.2。新申请受理发明专利2项：《大型人工砂石厂废水处理工艺》，专利受理号201010244636.2；《二级离心脱泥机工艺》，专利受理号201010608757.0。新受理实用新型专利3项：《粗骨料的简易冲洗脱水装置》，专利受理号201020640143.6；《双点同时卸料的车式布料装置》，专利受理号201020640170.3；《胶带机杠杆式清扫器》，专利受理号201020640132.8。

（任瑢瑢）

安全生产

【安全生产责任制】 2010年2月9日，水电九局有限公司召开年度安全生产工作会议，公司总经理与各生产经营单位一把手签订《2010年职业健康安全、环境管理目标责任书》，兑现《2009年职业健康安全、环境管理目标责任书》，发放奖金17.2万元。继续实行安全生产管理人员委派制，发放安全生产技术津贴，全年调整和聘用12位安全总监。投入安全生产费用3697.08万元。全年召开两次安全生产委员会会议，召开两次二级单位安全科长会议。继续保持生产性死亡事故为零、重大设备、交通安全、火灾事故为零的目标。

【安全管理制度建设】 2010年，水电九局有限公司制定《水电九局有限公司项目安全总监实施细则》、《水电九局有限公司项目安全总监实施办法》、《水电九局有限公司项目安全总监培养办法》、《水电九局有限公司安全生产、环境保护投入费用管理办法》、《水电九局有限公司（××项目部）安全生产与文明施工责任书》、《水电九局有限公司（××项目部）职业健康安全和环境保护责任书》等文件，修订《水电九局有限公司安全专业技术人员岗位津贴发放办法》、《水电九局有限公司安全生产综合应急救援预案》、《水电九局有限公司安全生产管理人员委派办法》、《水电九局有限公司安全生产、环境保护事故管理办法》、《水电九局有限公司民用爆炸物品管理办法》、《水电九局有限公司安全生产、环境保护奖惩制度》、《水电九局有限公司防火防爆安全管理制度》等文件。

【安全生产检查与考核】 2010年，水电九局有限公司结合管理体系内部审核工作，要求内审组对二级单位、公司总部、工程项目部在安全生产管理、环境保护工作方面进行内部审核，重点检查在建工程项目施工安全、文明施工、防洪度汛、设备安全、民用爆炸物品管理、交通安全等内容，查出不合格报告在规定时间内进行整改。成立4个安全检查考核小组，对7个二级单位的16个项目部开展安全生产检查考核，通过检查考核，综合评选出11个安全生产优秀单位，8个安全生产先进项目部，16名优秀安全监察人员。

【安全教育与培训】 2010年，水电九局有限公司组织参加贵州省建设厅安全员岗位培训60人，复审安全员证书27人。组织项目经理29人、专职安全管理人员20人参加水利部安全培训。组织相关人员20人参加贵州省安全生产三类人员再教育培训。组织12人参加贵州省住房和城乡建设厅项目负责人、专职安全管理人员培训，4人参加再教育，并通过考核取得证书。对水电九局有限公司中层管理人员200余人进行《项目安全管理模块》的培训。组织总部相关部门、各二级单位和项目部学习《国务院关于进一步加强企业安全生产工作的通知》，172名人员参加考试。8名注册安全工程师参加股份公司举办的继续教育培训，全部通过考试取得继续教育合格证书。

【安全生产年活动】 2010年，水电九局有限公司深入开展“安全生产年”活动。印发活动方案，下发《关于加强海外业务安全生产管理的通知》《关于切实做好汛期安全生产加强自然灾害防范工作的通知》、《关于认真学习和贯彻落实国务院关于进一步加强企业安全生产工作的通知》等文件，提出安全生产重点工作。

开展“安全生产心中有数”活动，要求领导要做到3个心中有数：一是对班子成员、职能部门的安全责任及落实情况心中有数；二是对存在重大不安全因素的项目和重大隐患心中有数；三是对安全监管薄弱的项目部心中有数。要求项目经理要做到6个心中有数：一是对项目班子成员和职能部门的安全责任及落实情况心中有数；二是对生活办公营地、作业现场的事故隐患及防范措施心中有数；三是对所有设备安全性能心中有数；四是对安全技术措施心中有数；五是对员工尤其是一线员工的安全意识的安全技能心中有数；六是对现场安全监管尤其是对分包协作队伍的安全监管心中有数。2010年5～6月，对活动开展情况进行检查验收。

【安全生产隐患整治】 2010年，水电九局有限公司排查一般安全生产隐患1180条，整改1180条，其中重大隐患2条，均采取相应的整改措施。落实治理资金205万元，整改率100%。

【工伤事故管理】 2010年，水电九局有限公司发生轻伤事故6起、轻伤6人·次，直接经济损失45000元，受伤害人损失工作日总数350日，事故负伤率1.084‰（控制在2‰目标范围内）。全年未发生生产死亡事故及较大以上生产安全事故，也未发生重大设备、交通安全、火灾事故和环境污染事故。全公司安全生产工作处于受控状态。

2010年，将符合条件的老工伤人员233人移交地方统筹管理。1994 年 4 月 1 日前发生的老工伤人员，除少数人员鉴定了伤残等级外，其余大部分老工伤人员正在分期、分批进行伤残等级鉴定工作。

【创优活动】 2010 年，水电九局有限公司开展年度安全生产创优活动，制定创优计划，提出要求和目标。经过努力，水电九局有限公司荣获股份公司安全生产优秀企业，砂石分局观音岩项目部、二分局黄金坪项目部、建工分局邛名高速公路项目部荣获股份公司安全生产先进项目部，3 人获评股份公司优秀项目经理，6 人获评股份公司安全生产先进个人。2010 年 6 月，组织参加贵州省关岭县岗乌镇“6.28”山体滑坡地质灾害抢险救灾工作和四川都江堰龙池风情小镇的滑坡地质灾害抢险救灾工作。获得贵州省住房和城乡建设厅颁发的“建设系统‘6.28’山体滑坡地质灾害抢险救灾先进集体”称号，4 名先进个人受到表彰。

（况明胜　陈德平）

党群工作和企业文化建设

【党建工作】 2010 年，水电九局有限公司共有党的基层组织 110 个，党员 2095 名，其中新发展 66 名。举办 11 期入党积极分子培训班，138 人参加培训。评选表彰 3 个先进党委、15 个五好支部、3 个模范党员活动室、3 个先进党员活动室、83 名优秀共产党员、19 名优秀党务工作者和 5 名优秀纪检监察干部。建立党员活动室 9 个，完成 14 个二级单位和直属单位党建工作综合大检查工作。严格干部选拔任用程序，全年公示拟提拔任用干部 20 人。

2010 年在创建“四好”班子上，重点抓好领导班子的理论、能力、作风、制度建设，认真贯彻股份公司“党委中心组学习制度”和水电九局有限公司党委《关于进一步加强和改进党委中心组学习的通知》要求，抓好党委中心组学习，评比、表彰“四好领导”班子 4 个。在班子建设中，强调理论联系实际。坚持把学习教育与水电九局有限公司发展结合起来，2010 年 10 月，组织全公司认真学习贯彻范集湘董事长在公司领导班子民主生活会上的讲话，召开中心组扩大学习讨论会，开展解放思想大讨论。进一步加强基层党组织建设。制定下发《关于加强和改进水电九局有限公司工程项目部党建工作的实施意见》和《中国水电九局有限公司项目文化建设实施意见》，强化了基层党建工作机制，明确了项目文化建设任务，使项目党建和项目文化建设工作更加制度化、规范化、程序化。实施基层党组织“领头雁”工程，制定下发了《关于实施高素质基层党组织带头人队伍的实施意见》。

编制项目部党建工作管理模块，150 多名管理干部接受党建工作管理模块培训。举办党群干部培训班，60 多名基层党群干部参加培训。

【精神文明建设和企业文化建设】 2011 年，水电九局有限公司作为中央驻黔企业积极参与贵阳市创建国家卫生城市、创建国家环境保护模范城市、创建全国文明城市，协办全国第九届少数民族体育运动会“三创一办”工作，把这项活动作为加强企业精神文明建设、提升公司员工文明素质的契机，并列为党建工作考核的内容。把“三创一办”活动与创建“文明单位（工程）、文明小区、文明机关”结合起来，取得良好成效，得到了贵州省市有关部门的表扬。

抓好企业文化的延伸和拓展。2010 年在企业文化建设上，着重抓好项目文化建设和廉洁文化建设，制定《项目文化实施意见》和《廉洁文化实施方案》，以项目文化和廉洁文化推动企业文化建设。

【创先争优和“四强四优”活动】 2010 年，认真开展创先争优和“四强四优”活动，召开了动员会，制定实施方案。下发《关于在创先争优活动中开展基层党建工作示范点创建工作的通知》、《关于做好创先争优活动中选树先进典型工作的通知》、《关于开展争创四强党委、五好支部和争当五个模范的活动的通知》等文件，丰富了活动的内容。建立了联系点，加强活动领导、指导和检查督促。

水电九局有限公司党委和 14 个基层党委、57 个支部 740 名在职党员签订了公开承诺书，并通过党务公开栏、宣传栏、网络等多种形式向党员、职工群众进行了公布，自觉接受监督。

各基层党组织丰富活动载体，创新活动内容，推动了活动的深入开展，砂石分局党委在活动中紧紧抓住“四个凡事”（即凡事有人负责、凡事有人监督、凡事有法可依、凡事有据可查）开展项目党建工作，使创先争优活动深入人心，保证了基层党组织在生产经营发展中的战斗堡垒作用。一分局党委在活动中开通了“党委书记热线”，让党员、群众随时可以与党委领导交流沟通。建工分局成简项目部在四川映秀发生泥石流灾难时，党支部成立了都江堰抗洪抢险突击队及党员先锋队，党员积极投身到抗洪抢险中，起到了示范带头作用。国际公司党委开展向“贵州省五一劳动奖章”和“贵州省女职工建功立业标兵”获得者、利比亚项目副经理袁晓琴同志学习活动，突出了共产党员示范引领作用，掀起学先进、赶先进、比先进的热潮。

在创先争优活动中，有4个基层党组织和5名党员获得贵州省国资委党委和股份公司党委表彰。水电九局有限公司党委获得贵州省国资委2009年度党建工作考核二等奖。

（兰亚丁）

【宣传工作】 2010年，水电九局有限公司宣传工作重点是生产经营和改革发展上取得的新成绩。《水电开发报》全年出版12期102个版，其中报道工作会特刊一期16个专版，报道集团公司总经理、股份公司董事长、党委书记范集湘到水电九局有限公司参加民主生活会一期4个专版，各类工程、项目策划主题专版12个。在贵州省企业文化促进会开展的“首届贵州优秀企业文化内刊”评选中，荣获“2009贵州最佳企业报纸”荣誉称号，《水电开发报》总编肖洪腾获“贵州企业内刊优秀领导”称号。在贵州省内外报刊发表宣传水电九局有限公司的新闻稿件、新闻图片1000余篇（幅）。

（李启蒙）

【思想政治工作】 坚持思想政治工作联席会议制度，每半年召开一次联席会议，了解职工思想动态。2010年，为更好地了解各单位党委工作情况，建立各单位党委书记工作汇报制度，每两个月听取各单位党委工作情况汇报。开展调研活动，对干部队伍思想工作情况进行了调研。2010年10月，举办“同呼吸、共命运、促发展—九局在我心中”演讲比赛，进一步增强了广大职工的责任心和使命感，激发了干部职工对企业的荣誉感和归属感。

（兰亚丁）

【创新建立项目工会工作管理模块】 2010年2月9日，水电九局有限公司下发《施工项目工会工作管理模块》。2010年4～8月，完成对分局级领导层、项目经理层、管理骨干层和专（兼）职工会干部213人的培训工作。7个新建项目和31个在建施工项目工会工作得到加强，职责清晰，任务明确，分工合理，工作更加规范有序，文体活动更加丰富多彩。工作管理模块由12个功能子模块组成，实现了与水电九局有限公司工会制定的13个主要工作程序文件的链接和支持。

（杨继新）

【帮扶救助工作】 2010年，水电九局有限公司第二期《职工住院医疗互助保险基金》加大服务范围，建立职工住院报案登记簿，减少参保患者的申报手续，指导和帮助参保患者提供计算承兑所必需的医疗费用结算清单、医保发票，必要时协助参保患者办理出院结算等。第二期医疗互助保险参保会员5267人，参保率96.4%，投保金额225760元。收到建工分局成简项目部、砂石分局观音岩项目部捐赠3万元，第二期医疗互助保险基金从保险金承兑额度和比例上作了较大幅度的调增，年内统筹医疗之后的个人承担部分最高承兑比例90%，上限封顶额度3万元。全年承兑232人·次，承兑金额382005.80元。

2010年，水电九局有限公司共发放帮扶慰问金4281040元。元旦春节期间慰问1298名下岗职工、750名内退员工、6188名离退休人员和189户工亡遗属，对1827户困难家庭进行帮扶，发放慰问金3214100元。国庆、中秋期间走访慰问离休老干部、工伤职工、特困职工家庭365户，发放帮扶慰问金899000元。“金秋助学”活动中，救助困难职工子女131人，发放助学金83040元。启动特困救助基金，大额救助患重大疾病或意外事件造成特殊困难职工19人，发放特困救助金85000元。

2010年3月29日，通过“贵州省慈善总会”向西南三省干旱地区捐款30万元。其中，2554名职工、家属及离退休人员个人捐款179100元，水电九局有限公司捐款120900元。2010年4月，通过“中国红十字总会”向青海省玉树地区捐款139605元。其中，677名职工个人捐款48605元，水电九局有限公司各单位捐款91000元。

（童林芬）

【共青团工作】 2010年，水电九局有限公司以培养青年成长成才为重点，开展形式多样、富有成效的工作。2010年5月27日，召开2008～2009年度表彰大会，表彰4个优秀团组织、6名优秀团干部、10名优秀共青团员、7名优秀青年科技工作者、10名优秀大中专学生。扎实推进“推荐读一本好书”活动，将读书活动纳入团工作考核之中，水电九局有限公司团委先后为各二级团组织配备管理、文学、团建工作等方面书籍、杂志100多册。开展“共青团关爱农民工子女”志愿服务行动，制定活动实施方案，对农民工子女从“爱心捐助、亲情陪伴、学业辅导、自护教育”4个方面进行帮扶。各项目点团支部为帮扶对象捐赠铅笔、橡皮、文具盒等学习用品，与关爱对象开展各种各样的联谊活动。“五四”期间，中心医院团支部开展“健康进社区”青年志愿义诊活动，发放防治疾病宣传资料300多份，开展免费诊病、解问答疑，免费测量血压等多项健康服务100余人·次。在观音岩项目部、津城项目部成立“青年突击队”，开展“保进度、抢工期”劳动竞赛。

（李启蒙）

检查监督

【职工代表大会监督】 2010年2月9日，水电九局有限公司第十一届四次职代会在贵阳市金阳国际会议中心召开，75名职工代表出席大会。本次职代会收到代表提案、意见23份。会议听取审议《发挥优势、突出主业、强化管理、加快转型，为实现企业稳步持续科学发展而努力奋斗》的工作报告、《适应新形势、发挥新作用、作出新贡献，全力推动工程局有限公司转型升级发展上水平》的职代会工作报告、《2009年财务决算和2010年财务预算报告》、《安全生产工作报告》和《纪检监察工作报告》，表彰2008～2009年度劳动模范和先进（生产）工作者。

（王洪明）

【党风廉政建设及教育】 2010年，水电九局有限公司印发《中国水利水电第九工程局有限公司领导人员违纪违规行为纪律处分暂行办法》，修订《落实党风廉政建设责任制实施细则》及《党风廉政建设责任制考核评价办法和评分标准》。与各单位、总部各部门签订《党风廉政建设目标责任书》38份，与中层领导干部签订《廉政从业承诺书》138份。上半年对各二级单位党风廉政建设情况进行抽查。2010年11月15～22日，对13家二级单位党风廉政建设工作情况进行考核。对新提任的11名中层领导人员进行任前廉政谈话、诫勉谈话。加强惩防体系建设工作，将其纳入水电九局有限公司党风廉政建设责任制考核内容。2010年10月19日，对水电九局有限公司领导、总部各部门正副主任、各单位纪委书记、纪检监察工作人员进行惩防体系信息系统廉洁从业填报培训。2010年11月30日前，完成廉洁从业信息中个人收入申报、个人重大事项报告、廉洁承诺等的填报工作。严格执行股份公司“三重一大”民主决策程序，没有产生不履职或履职不当的行为。领导班子成员及公司中层以上领导人员没有发现有违法和严重违纪的行为，职工中也没有发现违法和违纪行为。经股份公司年终考核，被评为“优秀单位”。

【廉洁从业专项教育】 2010年4月6日，水电九局有限公司启动廉洁从业专项教育活动，按照实施方案，组织系列教育活动。262名领导人员参加廉洁从业专项教育活动，其中水电九局有限公司领导班子成员8人，副处级以上领导人员141人，项目经理部领导班子成员113人。组织举办专题辅导报告会12场·次，其中水电九局有限公司各级党政主要领导讲党课9场·次，邀请有关纪委、党校专家作辅导讲座3场·次，432人·次参加。组织观看警示案例教育片11场·次，参加领导人员198人·次。组织参观监狱等警示教育基地1场·次，参加领导人员5人·次。组织条规知识答题竞赛2场·次，参加领导人员515人·次。水电九局有限公司各级领导班子组织召开班子查找问题专题会12场·次，开展领导班子心得体会交流会10场·次，各级领导人员撰写心得体会171篇。对水电九局有限公司范围内的858台办公电脑安装“廉洁屏幕保护”程序，在水电九局有限公司总部LED显示屏上滚动播发股份公司廉洁文化核心理念和廉洁从业准则，给水电九局有限公司中层以上领导发送廉洁短信120余条，发放工程领域建设领域方面的《宣传挂图》11套，手册155本，发放《镜鉴》一书150册。各单位及所属项目部将股份公司的廉洁文化核心理念、廉洁从业准则“六崇尚、六反对”，通过各种方式、标识展示于生活基地、办公场所、施工现场。

【效能监察】 2010年，水电九局有限公司表彰3个2009年度效能监察优秀项目，确定4个立项项目，向股份公司上报2项，二级单位立项17项。对砂石分局观音岩电站砂石项目、第二分局乡城电站项目、第一分局南水北调项目部进行效能监察，提出监察建议22条，并对整改情况进行跟踪检查。各单位纪委也按照要求，对本单位的立项项目全面进行效能监察。

【专项治理】 2010年，水电九局有限公司开展工程领域和“小金库”两项专项治理工作。

对邛名高速公路第五标段、成简快速路第一标段项目，甲米河水电站项目在合同管理、招标管理、分包商管理、物资采购管理、资金管理、施工质量管理、项目安全管理等方面的内容进行专项检查。发现问题38个，其中招标问题1个，工程建设实施和质量管理方面发现问题33个，物资采购和资金安排使用方面问题4个。在整改阶段，对成简、邛名快速路工程项目部进行现场复检，听取第二分局对甲米河电站项目部整改情况的汇报。整改情况报告按要求上报时间报股份公司监察部。

2010年7月29日，水电九局有限公司召开“小金库”专项治理工作启动会议，成立领导小组。在自查过程中发现3起违规存在小金库情况，按照要求进行整改和清理。

（邓洪文）

【法治建设】 2010年，水电九局有限公司及各二级单位配备和充实了专（兼）职法律人员。全年代理诉讼案件14件，涉案总金额666.82万元（其中：劳动争议案3件，经济纠纷案11件；3件为原告，11件为被告；7件胜诉，1件中止审理，其他均调解结案），挽回或避免经济损失135.68万元，执行欠款100万元、收回海口市460平方米的别墅一套。通过非诉讼渠道办理数10起经济纠纷案件。为了确认债权及追索欠款送达《函》、《律师函》11件，和对方协商解决纠纷数10件。收回工程款1000余万元。做好《法律咨询意见书》的出具及备案登记和合同的审核把关工作。全年共出具《法律咨询意见书》5份，审理二级单位的合同共34份，对分包商资质、资信审查30余家。对程序合法性进行有效监督。对报审合同，严格履行法律审查。在劳动用工上，对辞退、合同签订、职工辞职等问题的处理，把好法律关，并对二级单位的劳动用工进行清理，避免了因处理不当带来的劳动纠纷。

2010年，水电九局有限公司开展多种形式的普法教育。2010年6月，组织管理人员60余人参加贵州省建设厅举办的专业法律培训。组织375人参加贵州省国资委举办的“五五”普法知识竞赛，单位获优秀组织奖，获奖人数为贵州省第3名。搞普法讲座多场，多次请专家到水电九局有限公司进行法律讲座，取得良好效果。

（刘 斌）

【审计监督】 2010年，水电九局有限公司围绕经营目标责任考核开展审计工作，重点对水电九局有限公司内部存在突出问题的二级单位进行审计监督，对将注销的公司进行审计评价。审计工作着重于发现被审计单位的薄弱环节和失控点，帮助企业提高经营管理水平，促使其经营活动走上规范的运行轨道。对年薪考核中存在的问题提出整改要求，促进了经营者年薪考核办法的公正与完善。全年计划审计项目9个，实际完成审计项目7个，其中包括1个竣工决算审计、1个经济效益审计、3个目标责任审计、1个债权债务专项审计。累计查出违规金额3642.77万元，提出审计建议15条，采纳审计建议11条。

（周 萍）

中国水利水电第十工程局有限公司

概 况

【综述】 2010年，中国水利水电第十工程局有限公司（以下简称“水电十局有限公司”）保持了经营规模、盈利能力的稳步增长，经营质量、企业活力、特色竞争力得到较大提高，全面完成了生产经营目标。2010年，水电十局有限公司参与建设的京沪高铁基本完工，四川邛名高速公路建成通车，尼日尔矿冶项目投产，老挝南立电站提前发电，陕西蜀河电站机组安装创水电建设“一年六投”并网发电新纪录。水电十局有限公司各在建项目工程质量安全全面受控，得到业主充分肯定。2010年，水电十局有限公司再次成为四川省五十强企业，彰显了水电十局有限公司强劲的发展势头和良好的社会形象。

【队伍状况与机构设置】 2010年，水电十局有限公司机构设置为总经理办公室（含史志编辑办公室）、人力资源部、财务部、资金结算中心、市场开发部、工程管理部、信息中心、安全生产监督管理部、设备物资部、法律事务部、审计部、社会保险工作部、海外事业部、基础事业部（含灾后重建办公室）、人力资源管理总站与离退休管理办公室、局党委工作部（含局团委）、纪检监察部、工会办公室。2010年，水电十局有限公司下属单位有一分局、二分局、三分局、六分局、机电安装分局、基础处理分局、勘测设计院、基地管理处（佳馨物业管理公司、通惠门宾馆）、多种经营开发公司及海外各工程项目部。

【灾后重建】 2010年，水电十局有限公司灾后重建委托加固设计单位1家，指定监理公司1家，发标3个，完成投资525.21万元，完成抗震加固房屋13677.9平方米，完成房屋补漏2884平方米，完成房屋拆除4348平方米，委托协助原址重建住宅房招标项目23713.56平方米，已完工程办理结算项目8个。至此，水电十局有限公司灾后重建工作已完成94%，共有1808户职工搬进新居，303户原址重建基本完成，大部分职工家属的社会化安置已基本完成。灾后重建的顺利实施为水电十局有限公司的后续快速发展奠定了基础。

【领导班子】 2010年1月30日，股份公司聘任张长万为水电十局有限公司副总经理。截至2010年底，水电十局有限公司领导班子为执行董事、总经理、党委副书记、法人代表杜学泽；党委书记、副总经理何其刚；监事、党委副书记、纪委书记王坤任；副总经理彭勇、柳赋渊、余明川、涂建湘、张长万；总会计师王全军；总工程师陈茂；工会主席陈顺清。

【工作业绩】 2010年，水电十局有限公司实现营业收入30.1亿元，比股份公司下达的指标23.1亿元增长30.3%；非水电自主营销完成2.6亿元，比股份公司下达的指标1.6亿元增长62.5%；实现利润1.1亿元，比股份公司下达的指标增长1.57%；职工工资平均增长13.4%，比股份公司下达的指标多出3.4%；全年无生产性责任安全死亡事故，没有发生重大环境，职业健康责任安全事故，安全形势平稳。

【新签工程合同】 2010年，水电十局有限公司中标项目48个，新签合同总金额42亿元，其中国内15亿元，国际27亿元。至此，水电十局有限公司合同存量共72亿元，其中国内19亿元，国际53亿元。2010年新签的主要工程项目有：南水北调中线一期工程总干渠SG9标段3.68亿元；柬埔寨甘再水电站运行维护合同3468.9万元；四川华能涪江古城水电站厂区枢纽1.28亿元；四川甘孜州雅江县葛达水电站厂区枢纽7030万元；四川省桃园至巴中公路LJ8标2.6亿元；新疆沙尔布拉克水电站厂房及引水系统6920万元；协助集团中标伊朗穆山帕大坝100.35亿元。

（徐月明　余　琴）

国 内 工 程

【古城水电站厂区枢纽工程】 古城水电站位于四川省平武县境内的涪江上游干流上，是涪江上游干流水电梯级开发的第二级，为低闸引水式电站。电站装机2台，总装机容量为10万千瓦。水电十局有限公司承建：引水隧洞（桩号引6+050～调压室）及5号施工支洞、调压室、压力管道、主副厂房、安装间、主变压器场、开关站、尾水建筑物等。合同金额1.28亿元，合同工期2010年6月～2013年11月。

2010年主要完成了5号施工支洞槽挖段开挖，临建房屋、施工道路修建、施工风、水、电布置等工作，受移民征地工作进展影响，其他部位工程施工尚未展开。

【沙尔布拉克水电站厂房及引水系统】 沙尔布拉克水电站位于新疆阿勒泰市富蕴县境内的喀拉额尔齐斯河下游，为喀拉额尔齐斯河规划的最后一个梯级电站，是以发电为主、结合水产养殖等综合效益的水利水电工程。电站装机容量3×1.5万千瓦。工程主要建筑物由导流洞、碾压混凝土重力坝、发电引水隧洞、发电厂房等组成。水电十局有限公司承建：引水隧洞及引水隧洞施工支洞、压力管道、主副厂房、安装间、开关站及尾水建筑物等。合同金额6894.5万元，合同工期2010年9月～2013年10月（每年11月～次年3月底为冬休期）。

2010年主要完成了厂房围堰填筑，厂房边坡部分土石方开挖，炸药库修建，生活营地部分临时房屋修建，新增2.8千米左岸上坝公路路基开挖及填筑。

【葛达水电站厂区枢纽工程】 葛达水电站位于四川省甘孜州雅江县境内，为雅砻江二级支流吉珠沟“一库四级”的最下游一级电站。闸址位于二级支流吉珠沟巴德村，为引水式电站，是发电、灌溉、防洪等综合利用的水利水电工程。葛达水电站设计水头286米，装机容量6万千瓦。水电十局有限公司承建：引水隧洞、调压井、压力管道、主厂房等工程。合同金额7031万元，合同工期2010年9月～2012年12月。

2010年已完成调压井下地锚开挖，排风洞完成开挖199.61米，进场公路路基开挖至设计高程，厂房边坡完成2628米以下土石方开挖。

【别迭里水电站工程】 别迭里水电站位于新疆维吾尔自治区克孜勒苏柯尔克孜自治州阿合奇县库兰萨日克乡境内的托什干河上，别迭里水电站工程由拦河引水枢纽、引水渠、排冰闸、压力前池、压力管道、电站厂房、侧堰、泄水槽、尾水渠、退水渠、渠系交叉建筑物等组成。施工线路总长38.98千米，电站总装机容量24.8万千瓦。水电十局有限公司承建：二级电站建筑及闸门启闭机安装工程标。合同金额2.89亿元，合同工期2009年4月1日～2011年8月31日。

2010年主要完成了厂房行车梁吊装，蜗壳混凝土浇筑，压力前池、压力管道等。共完成混凝土浇筑76000立方米，压力钢管制造9600吨，钢管安装5600吨。

【蜀河水电站机电设备安装工程】 蜀河水电站工程位于陕西省旬阳县境内的汉江上游干流上，是汉江上游梯级开发规划中的第六个梯级电站。蜀河水电站投资总额达20.6亿元，安装6台单机容量4.6万千瓦的灯泡贯流机组，总装机容量27.6万千瓦，为发电兼航运工程。合同金额：3249.38万元，合同工期2006年12月～2010年10月。

2010年10月18日6台机组全部投产并网。

【毛尔盖水电站厂房工程】 毛尔盖水电站位于四川省阿坝藏族羌族自治州黑水县境内，黑水河中游红岩乡至俄石坝河段，是黑水河流域水电规划“二库五级”方案开发的第三梯级电站，该电站为大（2）型引水式，单一发电工程，电站总装机容量42万千瓦。水电十局有限公司承建：引水隧洞工程、调压井工程、压力管道工程及地面厂房等工程。合同金额2.57亿元，合同工期2008年7月～2012年5月。

2010年主要完成了厂房所有（58根）屋面板T形梁张拉，安装间及1号主机间屋面吊装；进行引水隧洞工程6号支洞开挖和衬砌、调压井工程和压力管道工程的混凝土浇筑等工程。

【宁朗水电站厂区枢纽工程】 宁朗水电站位于四川省凉山州木里县境内，为金沙江左岸支流——水洛河干流、额斯—捷可河段“一库十一级”中的第九个梯级电站，装机容量11.4万千瓦。水电十局有限公司承建：引水隧洞工程、调压井工程、压力管道工程和地面厂房工程。合同金额1.09亿元，合同工期2009年3月16日～2011年6月30日。

2010年主要进行引水隧洞、压力管道洞挖、锚喷和调压井、地面厂房混凝土施工。

【灵关电站厂房工程】 灵关水电站地处青衣江支流宝兴河中游段，位于宝兴县灵关镇小关子—大溪乡烟溪口河段上，上接小关子电站尾水，下接铜头电站库尾。水电十局有限公司承建：烟溪沟渡槽工程、主副厂房土建工程、调压井土建工程、压力管道土建工程、厂房金属结构安装工程、调压井金属结构设备安装工程、压力管道安装工程、尾水渠工程、引水隧洞工程和进厂公路工程等。合同金额6245.6万元，合同工期2006年12月～2009年4月。

2010年主要完成了引水隧洞及压力管道回填、固结灌浆等工程。

【福堂水电站厂区边坡处理工程】 福堂水电站位于四川省阿坝藏羌自治州汶川县绵篪镇的岷江主流上，电站首部梳纽距汶川县城14千米，厂址距成都市111千米。电站采用低闸引水式开发，主要任务为发电。电站装机4台，总装机容量36万千瓦。电站于2000年5月动工兴建，2004年7月基本建成。汶川“5·12”地震后，厂区工程边坡局部松动变形和开裂，厂区自然边坡浅表风化、卸荷岩体普遍发生崩塌，现坡面仍残留较多的松动岩体及解体岩块，危及厂房及进厂公路安全。水电十局有限公司承建：残留在厂区边坡坡面的危岩体、危石清理，坡面锚喷支护，局部采用预应力锚索加固处理。合同金额5450万元，合同工期2009年7月～2011年4月。

2010年主要完成了Ⅲ区边坡喷锚支护，所有预应力锚索钻孔及灌浆；进行调压井平台下方沟槽护坡混凝土浇筑和上调压井平台梯步加固处理等工作。

【撒多水电站首部枢纽工程】 撒多水电站位于四川省凉山彝族自治州木里县境内，为金沙江左岸一级支流水洛河“一库十一级”中的第十个梯级电站。电站采用引水式开发，装机3台，总装机容量21万千瓦。水电十局有限公司承建：左、右岸挡水坝段、三孔泄洪闸、一孔冲沙闸、进水口、取水闸和引水隧洞工程。合同金额1.29亿元，合同工期2010年2月～2012年3月。

2010年主要完成了支洞开挖，主洞开挖1110米，上、下游围堰填筑完成，土建施工全部完成。

【娘拥水电站A标首部枢纽】 娘拥水电站位于四川省甘孜州乡城县境内，为硕曲河干流梯级开发自上而下的第二个梯级电站，装机容量9.3万千瓦。水电十局有限公司承建：首部枢纽建筑物，包括泄洪闸、冲沙闸、进水口及挡水坝段工程及为完成上述工程需要的临时工程。合同金额5212万元，合同工期2008年3月～2010年12月。

2010年主要完成了导流洞的开挖及混凝土浇筑，下游右岸导墙背水面土石方回填以及右岸下游至取水口施工道路修筑。

【布西水电站厂区枢纽工程】 布西水电站位于四川省凉山州木里县境东南侧的鸭嘴河中游布西店附近。电站装机容量2万千瓦。水电十局有限公司承建：引水隧洞、压力管道、厂区建筑物、升压变电站（GIS楼）、公路、防护工程、原型监测等永久土建工程，机电设备及金属结构设备安装工程等以及为完成上述工程需要的所有临时工程。合同金额4931万元，合同工期2008年10月～2010年10月。

2010年主要完成了引水隧洞、压力管道等合同内永久土建工程。

【洞松水电站厂区枢纽工程】 洞松水电站位于四川省甘孜州硕曲河中下游，乡城县香巴拉镇、尼斯乡及洞松乡境内，是硕曲河干流“一库五级”开发方案的第四梯级水电站，总装机容量18万千瓦。水电十局有限公司承建：引水隧洞、调压井、压力管道及厂区枢纽工程土建施工、金属结构及压力钢管安装、施工支洞、基础处理、原型观测工程配合工作和临时工程。合同金额1.62亿元，合同工期2009年1月～2010年12月。

2010年主要完成了引水隧洞的开挖，调压井井挖的43.2%及主副厂房混凝土工程的61.38%等。

【老虎嘴水电站主体工程CⅡ标土建及金属结构安装工程】 老虎嘴水电站位于西藏自治区东南部的林芝地区工布江达县巴河干流上，是巴河巴松湖以下河段梯级开发规划的第七个梯级，该工程为三等（中型）工程，电站装机容量10.2万千瓦。水电十局有限公司承建：左副坝、表孔溢洪道、上游库岸边坡处理、开关站、左岸下游防护及左岸上坝公路等工程的土建及相应的金属结构安装工程施工标。合同金额5174万元，合同工期2007年11月～2010年5月。

2010年主要完成了溢洪道右、中孔工作闸门弧形门槽、弧形门、工作门及门机安装；开关站围墙大门制造安装、门柱施工及下游侧围墙琉璃瓦铺设；下游冲沟和左副坝等施工。

【铅厂水电站引水隧洞及厂房工程】 铅厂水电站位于云南省昆明市禄劝县境内的普渡河下游，电站为引水式电站，装机容量11.4万千瓦。水电十局有限公司承建：引水隧洞、调压井、压力管道、电站厂房及升压站工程。合同金额8874万元，合同工期2008年9月～2010年10月。

2010年主要完成了厂房混凝土浇筑施工，引水隧洞混凝土浇筑及衬砌等工程。

【鲁基厂电站大坝和厂房工程】 鲁基厂水电站位于云南省普渡河下游河段的禄劝县则黑乡小河村下游约1.5千米处，为引水式电站，装机容量10.2万千瓦。水电十局有限公司承建：水电站首部枢纽及引水隧洞、调压室、压力管道、窑洞式主厂房、尾水系统的土建及金属结构安装工程。鲁基厂水电站大坝工程和厂房工程合同总金额1.68亿元。

2010年主要完成了引水隧洞固结及回填灌浆，大坝上部混凝土浇筑，防渗墙施工，土坝坝体施工，厂房钢筋混凝土施工等工程。

（吴方明　周菊兰　周雪琼　蒋绍波　李　超）

【积石峡水电站机电安装】 积石峡水电站位于青海省循化县境内积石峡出口处，是黄河干流龙羊峡至青铜峡河段规划25座水电站的第11座，安装3台34万千瓦机组，总装机容量102万千瓦，多年平均发电量33.63亿千瓦·时。由水电十局有限公司与水电四局有限公司组成的“410联营体”承建的黄河积石峡水电站机组安装工程。合同工期2008年1月～2010年12月。

2010年，该电站3台机组全部投入商业运营，实现“一年三投”目标。

【金属结构制造与机电安装】 2010年，水电十局有限公司金属结构制造安装与机电安装共计完成产值5.082亿元，合同中标总金额3.4亿元；安装发电机组30台，装机总容量122.4万千瓦，制造金属结构产品23382吨，安装金属结构产品22796吨。

（周　荣）

国际工程

【老挝南立1-2水电站】 该项目位于老挝中部、湄公河左岸一级支流南俄河的支流南立河上，坝址距老挝首都万象132千米。

2007年8月22日水电十局有限公司与中国水利电力对外公司签订了施工总承包合同，合同总金额为8489万美元，合同工期39个月。该工程是以发电为主的水利水电枢纽工程，总装机容量2×5万千瓦，为引水式电站，工程级别为一等（1）型。项目包括103米混凝土面板堆石坝、溢洪洞、泄洪（兼导流）洞、引水发电系统、二座均质土副坝工程。

2010年8月1日，项目2台机组同时并网发电。项目2010年度如期竣工。

【老挝115千伏输变电线路】 该项目位于老挝人民民主共和国的Vientiane、Louang Prabang和

XiengKhuang 北方 3 省，是老挝万荣—南俄 5—弗萨文之间的线路架设项目，包括总长 155 千米的 115 千伏输变电线路以及 2 座变电站的升级改造。业主是老挝国家电力公司，承包商为国际公司与北京中科电公司联营体，合同类型为设计、制造、运输、安装调试及试运行的交钥匙合同。水电十局有限公司于 2007 年 3 月 19 日同集团公司签署委托协议，合同金额 1481 万美元，合同工期 42 个月。

该项目于 2010 年 8 月 10 日全面竣工。

【老挝南俄 5 水电站】 该项目位于老挝北部山区，在 Nam Ngum 河支流 Nam Ting 河上，距首都万象 300 千米。项目分多个标段：水电十局有限公司于 2007 年 12 月 19 日中标南俄 5 水电站项目导流洞及进场道路交通洞标和进场道路标，中标金额分别为 179 万美元和 405 万美元；2008 年 8 月底签订水电站大坝项目的工程承包合同，主体合同共三个协议，即老挝南俄 5 水电站 BOT 项目大坝工程、压力钢管制造及机电安装工程，主体合同总价 4302.34 万美元。合同工期 2008 年 10 月～2011 年 10 月。

2010 年，南俄 5 项目进入大坝施工高峰期，年底浇筑至 1058 米高程，完成产值约 1773 万美元。

【老挝万象钾盐矿项目】 该项目位于老挝首都万象市赛塔尼县境内的塔贡矿段，距万象直线距离为 12～22 千米，由集团公司投资建设。2009 年 12 月 28 日中国水电矿业（老挝）钾盐有限公司与水电十局有限公司在北京签订协议，以设计—建造总承包合同方式委托水电十局有限公司实施该项目，委托实施合同总价约 5.5 亿元人民币。

项目计划建成年产 12 万吨的钾盐工业生产装置，主要工作包括钻井、各工艺设备车间及其配套的辅助工程、公用工程和服务性工程的设计、采购、施工及工艺设备的采购、安装、试运行等。项目工期 2010 年 8 月 1 日～2012 年 11 月 30 日，共 28 个月。

2010 年该项目完成产值 6208 万元人民币。

【老挝欣合—琅勃拉邦 2×230 千伏线路项目】 该项目位于老挝西北部，连接万象省欣合区和琅勃拉邦省湘嗯区。主体合同是由国际公司与老挝国家电力公司（EDL）签订的 EPC 总承包合同。2009 年 12 月 28 日，水电十局有限公司与国际公司签订项目委托实施协议，委托协议总价 1.008 亿美元，主要施工内容为：欣合变电站至琅勃拉邦 2 变电站全长 164 千米的 230 千伏同塔双回输电线路；新建一座琅勃拉邦 2 变电站；扩建欣合变电站 2 个 230 千伏间隔。

该项目于 2010 年 11 月 8 日开工，预计 2014 年 5 月 7 日完工。2010 年完成整个工程的详细勘测工作，完成复测塔位 222 个，共计 106.3 千米。完成产值 1788 万元人民币。

【印尼佳蒂格德（JATIGEDE）大坝项目】 该项目位于印尼西爪哇省境内芝马努河畔的佳蒂格德村，距万隆市约 125 千米。2007 年 4 月 30 日集团公司与印尼业主签订了施工总承包合同，合同金额 2.40 亿美元；2007 年 11 月开工，工期约 5 年零 5 个月。

该项目是以灌溉为主发电为辅的水利枢纽工程，水库控制流域面积 1414 平方千米，设计水库面积 35.93 平方千米，总库容 10.628 亿立方米，装机 2×5.4 万千瓦。整个水库工程由黏土心墙堆石坝、导流洞、溢洪道、灌溉洞、取水口、发电引水隧洞、发电厂房、进场道路、运行村等工程组成。

2010 年完成大坝基础开挖，10 月开始大坝填筑。完成产值约 3.06 亿元人民币。

【斐济南德瑞瓦图（Nadarivatu）可再生能源项目】 该项目位于斐济群岛的维提岛西北部，业主斐济电力局（FEA）通过世界银行和欧洲投资银行的贷款为项目融资。集团公司于 2008 年 8 月 14 日中标该项目，合同金额约 1.25 亿美元，为 EPC 总承包合同，主要工程包括混凝土重力坝、引水系统、厂房和输电线路等三个标段，装机容量 2×2.2 万千瓦。水电十局有限公司受集团公司委托负责工程施工，2008 年 9 月 15 日开工，合同工期 1072 天。

2010 年实现引水隧洞全线贯通，完成产值约 3.29 亿元人民币。

【尼日尔阿泽里克矿冶项目】 该项目位于尼日尔首都尼亚美北 953 千米。2008 年 3 月 31 日集团公司与中国国核海外铀资源开发公司签订了阿泽里克铀矿冶项目工程合同协议，合同金额总价约 1.40 亿美元，工期 910 天，水电十局有限公司承担约 1 亿美元的施工份额。

该项目是采冶联合项目，包括矿山工程、水冶厂工程、生产辅助设施、生活设施工程、配套小火电站等工程。矿山工程包含 T 和 IR 二个矿床，采矿规模为每年 60 万吨；水冶厂工程包括破碎、浸出、吸附、沉淀等设施，平均年产重铀酸钠产品金属量 694.2 吨；生产辅助设施、生活设施包括当地人和中国人运行城、办公设施、各种生产车间等；为满足生产和生活需要，将建设一座 2×6 万千瓦的小型自备火力发电厂。

2010 年，该项目实现火电厂首台机组发电运行，完成全部临建工程。完成产值 2.83 亿元人民币。

【哈萨克斯坦玛依纳水电站项目】 该项目位于哈萨克斯坦东南部阿拉木图州莱姆别克区的恰伦河上，为引水式电站，总装机容量 30 万千瓦。业主为哈萨克斯坦玛依纳股份有限公司，主承包商为中国水利电力对外公司。水电十局有限公司 2008 年 2 月中标承建引水隧洞及厂房第二标和三标段的 1～3 号施工支洞及主洞段开挖、支护及相关项目施工，合同金额为 8689.71 万元人民币（1272 万美元），合同工期 2008 年 11 月～2010 年 10 月。

2010 年 6 月，项目新增隧洞混凝土工程分包合同，合同金额 1729.41 万美元，工期 2010 年 9 月～2011 年 8 月。原合同各项目工程已全部完成。2010 年度完成产值约 4826 万元。

【卡塔尔路赛基础设施第一标段（CP1）项目】 该项目位于卡塔尔首都多哈北郊，施工面积约 3 平方千米，工程内容包括道路和停车场修建、饮用水、灌溉用水、污水、雨水及地下水、高低压供配电、埋设高压及通信电缆管道、路灯电缆、标志及公用设施涵洞等。业主为卡塔尔迪尔不动资产投资公司招标拍卖委员会，承包商为集团公司，合同金额约 6.42 亿美元，2008 年 4 月 1 日开工，合同工期约 700 天。

该项目由水电三局、水电十局和水电十三局有限公司组建联营体共同实施，水电十局有限公司承担 20%（约 1.3 亿美元）的施工份额。

2010 年完成产值按联营体分工比例计算为 5.12 亿元人民币。

【伊朗穆山帕水利枢纽工程项目】 该项目位于伊朗中部高原 Sanandaj 省和西北部库尔德斯坦省。距离 Mianeh 市（城镇）60 千米，主坝坝址距离 Moshampa 村约 4 千米，距离德黑兰（Tehran）432 千米。该工程位于伊朗第二大流域的 Ghezel Ozan 和 Talkhehroud 河上。当地时间 2010 年 10 月 16 日，集团公司与伊朗赞江省水利厅在伊朗正式签署合同，合同金额约 100.35 亿元人民币。

该项目主要任务是灌溉、供水和发电，主要工程包括一座高 101 米、长 410 米的堆石坝和调节坝，导流系统，两座厂房，4.2 万公顷灌溉网及供水系统等，总装机容量 108 万千瓦，工期 60 个月。项目将在中伊双方政府批准及融资协议签署后开工。

【厄瓜多尔科卡科多—辛克雷（CCS）水电站项目】 该项目于 2009 年 10 月 5 日，由集团公司与科卡科多—辛克雷公司在厄瓜多尔总统府签署，合同金额 23 亿美元，为 EPC 总承包合同，包括设计、采购、许可、制造、施工、安装、试运行等。项目安装 8 台机组，装机容量 150 万千瓦，年发电量 88 亿千瓦·时。

该项目是厄瓜多尔历史上外资投入金额最大，规模最大的水电站项目，同时也是目前中国对外投资承建的最大水电站工程项目。

2010 年 11 月，水电十局有限公司与水电十四局有限公司签订分包实施协议，分包合同金额约 3.6 亿美元。

2010 年，开工仅 2 个月完成产值约 861 万元人民币。

【老挝南坎 2 水电站项目】 该项目位于距老挝琅勃拉邦市东南约 30 千米的南坎（Nam Khan）河上。2009 年 8 月 11 日，国际公司与业主老挝国家电力公司签订 EPC 总承包合同；2010 年 12 月 29 日，水电十局有限公司与国际公司在老挝万象签订项目委托实施协议，委托实施金额为 2.94 亿美元。

该电站装机容量 2×6.5 万千瓦，年发电量 5.58 亿千瓦·时，水库总库容 7.5 亿立方米。主要施工内容包括：一座高 141 米的混凝土面板堆石坝，溢洪道、放空洞、引水系统、厂房及冲沟排水洞的土建工程，导流工程，交通工程，监测工程，机电及金属结构采购、制造与安装等。

（晁明辉）

【柬埔寨甘再水电站运行维护】 该项目是柬埔寨第一个大型水电站项目，也是国际公司在柬埔寨开发的第一个 BOT 项目。甘再水电站枢纽共有 3 个发电厂房：总装机容量 194.1 万千瓦。甘再水电站运行维护合同工期 5 年，合同金额 3828 万元。合同内容是柬埔寨甘再水电站的设备交接、建设电厂运行制度、生产运行、设备维护、小修、辅助设备的大修管理和培训等工作。2010 年 4 月 16 日，水电十局有限公司同国际公司在北京签订运行维护合同，当年进入运行方案拟订阶段。

【缅甸耶瓦水电站培训服务】 该水电站是缅甸在建项目中最大的水电站，单机容量 23 万千瓦，共 4 台，总装机容量为 92 万千瓦。该合同主要内容是缅甸耶瓦（YEYWA）水电站生产运行、管理和培训以及协助移交。主要包括：电站的生产准备工作；电站建设启动调试期间的运行配合工作；对缅方人员进行系统培训；拟订和履行运行维护所需的各项规章制度和运行维修规程。2010年3月2日，水电十局有限公司同国际公司签订委托施工合同，合同金额为258万元，合同工期10个月。

【卢旺达三座水电站修复项目】　该电站改造工程包括卢旺达共和国Mukungwa、Gihira、Gisenyi三座水电站水工建筑、金属结构、机电设备的改造和检修，是一个集设计、采购、施工的总承包（EPC）工程。Mukungwa电站位于卢旺达共和国北方省的鲁亨盖里市（Ruhengeri）。Gihira、Gisenyi电站位于卢旺达共和国西方省的吉塞尼市（Gisenyi）。合同总金额623.1万欧元。出资方是阿拉伯在非洲经济发展银行（60.84%）、石油输出国组织国际发展基金（30.31%）、卢旺达政府（8.85%）。业主是卢旺达水电公司，监理工程师是法国Sogreah咨询公司。由中国地质工程集团公司承包，2008年10月6日，中国地质工程集团公司同水电十局有限公司签署分包协议。2010年完成合同量393万欧元。

（周　荣）

非水电项目

【南水北调汤阴Ⅰ标】　南水北调汤阴Ⅰ标位于河南省安阳市汤阴县境内，设计桩号为Ⅳ175＋432.8～Ⅳ185＋000，标段全长9.57千米，标段内共有各种建筑物15座，其中河渠交叉建筑物1座、左岸排水建筑物3座、渠渠交叉建筑物2座、公路桥5座、生产桥4座。主要工程包括合同范围内建筑工程（含施工准备阶段）、机电设备安装、金属结构设备安装、通信管道采购及敷设、临时工程、水土保持工程及施工期环境保护工程等。水电十局有限公司承建：土方开挖169.46万立方米，石方开挖331.13万立方米，土石方回填121.12万立方米，混凝土13.32万立方米，砌石5.71万立方米，钢筋制造安装5025吨。合同金额2.63亿元，合同工期2009年5月～2012年2月。

2010年主要完成了土方开挖15.1万立方米，石方开挖128.4万立方米，土石方回填20万立方米，混凝土浇筑3.72万立方米，钢筋制造安装3082.33吨，灌注桩造孔1164米等。

【南水北调中线内邱段SG09标】　南水北调中线一期工程总干渠漳河北至古运河南土建施工SG09标（内邱县段）起自内邱县中宅阳村，止于内邱县西邵明村，全长11.71千米，共有各类建筑物9座，即大型河渠交叉建筑物1座、铁路交叉建筑物1座、左岸排水建筑物6座、分水口门1座。工程设计输水流量220立方米/秒，加大输水流量240立方米/秒。水电十局有限公司承建：合同范围内的建筑工程、机电设备安装、金属结构设备安装、通信管道采购及敷设、临时工程、水土保持工程及施工期环境保护工程等。合同金额3.68亿元（含备用金），合同工期2010年6月～2013年3月。

2010年主要完成了渠道全挖方段石方开挖，半挖半填段土石方开挖及回填和建筑物，李阳河渠道倒虹吸、中宅阳沟倒虹吸、刘家庄沟倒虹吸、北中冯沟倒虹吸、前五郭店沟倒虹吸、五郭店沟倒虹吸等工程。

【桃巴高速公路工程LJ8合同段项目】　桃巴高速公路工程LJ8合同段项目位于四川省巴中市南江县南江镇境内，起点为南江镇渔坝村，终点为南江镇双元村。路桥公司承建的标段合同金额为2.6亿元，合同工期2011年1月～2013年1月。

2010年主要完成了土石方开挖29.01万立方米，回填3.91万立方米以及桥涵等工程。

【邛名高速A2段】　邛名高速A2段起于大邑县境内成温邛高速公路K56＋000处，止于名山新店镇韩家岗K52＋677.023处，与成雅高速相接，路线全长52.67千米。水电十局有限公司承建：A2施工段（路线全长5.5千米）的路基及结构物土建施工。合同金额9171.1万元，合同工期2008年9月～2010年11月。

2010年主要完成了挖方54.92万立方米，填方39.04万立方米，排水和防护工程圬工砌体1.32万立方米，西河大桥，邛水立交桥施工。达到通车要求。

【华电景泰马昌山风电场49.5兆瓦风机安装】　甘肃白银马昌山风电场项目位于白银市景泰县喜泉镇，场址西南距喜泉镇约3千米处，西北距景泰县城约15千米，属山地丘陵地带，区域海拔高程为1800～2100米。马昌山风电场规划总容量9.9万千瓦，一期工程装机容量4.95万千瓦。年上网电量9460万千瓦·时，年利用小时1911小时，并新建一座110千伏升压变电站，采用110千伏电压等级接入电力系统。风力发电机与变压器接线采用一机一变单元接线方式，选用55台箱式变电站。箱式变电站高压侧采用35千伏架空线路输送电能，然后分10回架空线路接入110千伏变电站的35千伏母线。水电十局有限公司承建：27台风机、塔筒及箱变土建、安装工程，业主负责采购设备到现场卸车以及风电场的进场、施工、检修道路。合同工期2010年12月～2011年5月，合同金额为1796.01万元。水电十局有限公司已签订合同，做进场施工准备。

【京沪高铁山东泰安段边坡处理】 水电十局有限公司承担的京沪高铁山东泰安段DK453＋020～DK453＋910范围石质路堑中心最大挖深20.2米，边坡最大高度29.83米，左侧路堑最大设二级边坡，右侧最大设三级边坡，最下一级边坡高为9.5米，第二级和第三级为10米。

2010年主要进行ϕ110锚杆孔钻孔和ϕ110锚杆孔灌注施工。所有锚杆孔钻孔及灌浆施工全部完成。

（吴方明　蒋绍波　周菊兰　周雪琼　李　超）

管理创新

【财务资金管理】 2010年，水电十局有限公司财务资金工作以学习实践科学发展观为指导，贯彻执行股份公司“三控三强一确保”的风险防控措施，财务资产管理主要着力开展以下工作。

加强公司绩效管理，继续发挥以经营业绩考核为核心的内部激励机制的作用；成立了公司全面风险管理领导小组，统筹管理全局的风险控制工作，主要建立了公司、海外部、国际项目3级风险管控机构，定期分析国际经营隐性和显性风险，要求海外项目部每周报送关键数据与项目所在地区的经济敏感信息，在很大程度上避免了因信息不对称造成的决策失误；将项目部在当地银行的存款余额控制在最小规模，加大总部资金回笼力度，防范外国银行的风险，规避可能出现的当地货币大幅贬值的汇率风险；积极利用公司VPN广域网系统，推进财务NC平台核算系统工作，拓展和挖掘财务资金信息系统功能，加快公司财务信息传递；推进分局财务报表网络填报平台；利用每月统计上报项目的劳务结算台账，及时反映项目劳务合同履约情况，项目劳务资金支付控制情况及公司分包文件的执行力；初步建立项目、分局、公司三级财务分析上报制度，建立重大信息内部保密制度，注重重大财务事项备案。

（卢勇华）

【统计工作】 水电十局有限公司统计工作按照国家统计局、地方统计局、股份公司报表制度的规定和要求，根据统计工作的新特点和新要求，明确了公司、二级单位、施工项目部的“三定”制度（即定岗位、定人员、定职责），建立和健全了统计制度，要求各级统计人员充分认识各单位的生产经营状况，准确掌握数据信息，加强联系与沟通，确保数据信息报送渠道畅通无阻，及时反映各单位经济指标的变化情况。通过全体统计员工的努力，收集、整理、显示、汇总各类统计指标，完成了2010年所对口的各项综合统计定期调查、抽样调查和快速调查的纸质报送和网上直报任务，并按要求通过股份公司经营管理系统网络平台上传了水电十局有限公司近五年统计数据，与地方统计部门及股份公司形成了良性互动的工作机制。

（张　倩）

【设备物资管理】 截至2010年12月底，水电十局有限公司机械设备总计4728台（套），原值8.37亿元，净值3.64亿元。其中国内机械设备3454台（套），原值2.39亿元，占机械设备总值的28.52%；国际机械设备1274台（套），原值5.98亿元，占机械设备总值的71.48%。

水电十局有限公司设备部围绕公司“优先发展国际业务、国内保稳定”的战略目标，认真贯彻落实公司设备物资管理的要求和部署，全面加强设备物资管理的各项工作。

2010年，全年完成国际、国内项目设备物资采购招标任务，设备采购招标合同金额为2.92亿元；物资采购招标合同金额为1.01亿元。

为加强水电十局有限公司设备物资采购的管控力度，重新修订了《设备物资集中采购招标管理办法》、《设备物资集中采购招标实施细则》和《供应商管理办法》等设备物资管理制度；同时完成了对17个单位（含项目）设备物资管理工作的检查考核工作并作出了相应的管理评价，提出了明确的改进措施。

2010年3月，股份公司统一推进的设备物资信息管理系统正式启动，水电十局有限公司实现了设备物资信息化管理。依靠设备物资信息化管理，水电十局有限公司全年协调国际国内项目设备调动97台套。充分发挥了信息化管理的优势。

（卢刚义　李　蓉）

【工程管理】 2010年，水电十局有限公司以科学发展观为指导，履约管理为主题，对重点项目的技术、进度、质量等工作进行现场检查并指导。工程技术方面：通过电话、传真、QQ或邮箱等联系方式督促各分局（项目部）相关负责人，要求项目部对重大技术措施和防洪的重点项目部上报相关措施到分局和公司工程管理部和安监部，相关负责人进行严格审查后及时反馈审查意见。工程管理部严格把关，参与重点项目施工组织设计和重、特大措施的审查，随时与分局保持联系，了解措施的执行情况；工程管理部人员不定期到各施工现场检查、指导工作，全面掌握在建项目施工情况，分析存在的问题，及时协调解决，保证工程施工顺利进行。每月按时上报《工程简报》，进行整理、汇总并上报公司领导及相关部门。

【整合性管理体系外审通过】 2010年10月10～12日，四川三峡认证有限公司认证审核组对水电十局有限公司质量、环境、职业健康安全管理体系进行了监督审核。抽查了2106个样本，发现2个不合格事实，提出14个观察项记录，审核组的审核结论为：质量、环境、职业健康安全管理体系保持认证注册资格。

（周菊兰　周雪琼）

【质量管理】 2010年，水电十局有限公司在全公司范围内运用过程管理方法，持续改进，质量管理水平不断上升。定期对各分局（各部门）进行质量检查工作，对检查不合格的分局（部门）要求在规定的时间段整改落实到位并书面上报整改措施，保证质量体系的严格执行。督促各分局每个季度末上报工程质量报表及质量事故分析报告。2010年全局土建工程：合格率100%，优良率95.4%；金属结构制造：合格率100%，优良率99.8%；金属结构安装：合格率100%，优良率93.4%；机电安装：合格率100%，优良率98.2%。按照ISO 9001标准的要求，水电十局有限公司进行了2010年顾客满意度测评工作。在开展顾客满意度调查活动中，共收到由业主、监理工程师签字确认的顾客满意度调查表29份，业主、监理工程师从实物工程质量、安全施工、施工进度、文明施工与环保进行打分，平均值为85.7分；在国内市场招投标阶段顾客满意度调查活动中，收到满意度评定资料33份，加权平均值为86.03分。根据上述调查资料及业主、监理工程师或项目签证资料数据计算，水电十局有限公司2009年度顾客总体满意度指数为96分。测评结果顾客满意度为：满意。

（吴方明　蒋绍波）

【经营管理】 2010年，水电十局有限公司经营管理按照股份公司关于开展“管理创效年”活动的要求，以“科学发展”为主题，以“加快转型升级”为主线，以“管理上水平、创效增能力”为目标，主要开展了以下工作：第一，完善核心制度，推进标准化建设。水电十局有限公司全面落实了股份公司新制定的各种管理办法和规定，确保水电十局有限公司的管理符合股份公司的管控，成立了总经理牵头的标准化建设领导小组和总工程师牵头的标准化工作组，强力推进标准化建设工作。先后重新梳理和修订了水电十局有限公司项目管理、设备物资管理、项目分包、财务管理、人事管理等管理办法和制度，转发了股份公司所发的管理制度，不断推进了水电十局有限公司的标准化建设。第二，加强了项目的精益化管理。水电十局有限公司以强化项目经营责任制为抓手，明确项目经营班子的责、权、利关系，差异化考核项目经营目标，落实项目的经营责任，强化项目的过程管理，加强了项目的前期策划，制定了《国内项目协作分割管理办法》，规范了在建项目公司内部协作单位管理，明确了各协作单位的经济利益和责任，促进内部各协作单位相互配合，使项目经济效益有了明显提升。第三，强化了财务和资金管理，加固了风险管控。第四，稳步推进全面预算管理体制，控制预算偏差，发挥预算的监控力。第五，进一步加强了对国际市场的调研，加强项目投标评审管理，严把报价、方案、合同条款关，从源头上规避风险。第六，加强资金计划管理，盘活资金存量，提高资金使用效率。第七，加强财务成本信息基础管理，加强建造合同管理。第八，狠抓工程分包管理，提高配置社会资源的水平。完善了分包商合格准入制度、违约清退制度，建立了分包商现场负责人登记制度和分包商履约评价制度。

（徐月明）

【人力资源管理】 2010年，水电十局有限公司人力资源管理工作主要围绕公司管理制度化、规范化、标准化，提升公司管理水平进行，为此，人力资源部按照公司的要求，完成了公司“十二五”人力资源规划撰写工作，对公司未来五年人才的需求、人才结构、劳动生产率等指标进行了预测，结合公司发展规划提出了人才引进和人才队伍建设的意见；根据公司申报特级企业资质的要求，举办了一级建造师考前培训班，培训人员57名；为加强公司国际工程项目管理能力，提升国际工程项目管理人员的管理水平，举办了国际工程项目管理人员培训班，培训人员76名；按照特种作业人员持证上岗的规定，举办了特种作业取证、复审培训班，培训人员296名；举办了246名新进大中专毕业生入厂教育培训。评审、认定通过了47名专业技术人员取得中级专业技术资格，87名专业技术人员取得初级专业技术资格，上报股份公司评审通过高级工程师1名，高级经济师1名；8名专业技术骨干取得2009年度“工程技术专业带头人”称号；21人经评审通过取得技师资格，1人经股份公司评审通过取得高级技师资格。为配合集团公司“跨越工程”和加速分离企业办社会职能，完成了水电十局医院移交地方政府的人员档案和信息核对工作，并实现顺利移交。

（李跃文　殷志豪）

【信息化建设】　2010年，水电十局有限公司大力实施建设行业科技领先型企业的战略，全力支持、推进公司的信息化建设。2010年8月，水电十局有限公司网站进行了彻底改版，公司域名也放弃了使用多年的“cwet. com. cn”域名，改用集团公司统一配发的“10j. sinohydro. com”域名，电子邮件系统也随之进行了域名更改。通过广域网，水电十局有限公司还应用了股份公司OA办公自动化系统、设备物资管理系统、海外事业部OA系统、国际工程项目综合管理系统、海外业务HSE管理平台、惩防信息系统、人力资源管理系统、财务核算系统、财务报表、资金管理系统、安全生产管理系统、市场经营系统等。通过上述系统，推进了办公自动化，使水电十局有限公司信息化管理和信息化运用水平逐步提高。

（马川江）

【社保工作】　2010年，水电十局有限公司根据川劳社发〔2009〕3号、川劳社函〔2009〕83号文，进行了艰苦边远地区企业退休人员养老金待遇资料的公示、审核、上报等工作，补发了符合艰苦边远地区退休人员2009年的增发养老金；完成了2010～2011年两年内达到正常退休条件人员的档案审定工作；同时根据川人社发〔2010〕7号文进行了2010年度工伤遗属抚恤金的调待工作；完成了老工伤人员纳入成都市社保工伤基金统筹支付的清理、审核和上报审批工作；配合集团公司、市社保，完成企业工伤人员参保及待遇落实情况的调查工作。

（钱春梅）

【职工医院移交地方政府】　根据集团公司“跨越工程”及分离企业办社会的相关规定，2010年初，启动了水电十局医院整体移交地方政府的工作，经过水电十局有限公司与地方政府的二十多轮谈判和磋商，于2010年9月20日达成了“三个文本协议”和《水电十局医院整体移交推进计划》以及《水电十局医院整体移交领导小组工作方案》，使水电十局医院移交工作取得了阶段性成果，为下一阶段办理移交手续奠定了基础。

2010年11月4日，水电十局有限公司对医院移交履行民主抉择程序，对“三个文本协议”和医院债权债务进行公示，并分别召开了职代会和全院职工大会，就医院整体移交地方政府的步骤、程序与医院广大职工进行了沟通，对移交期间员工和离退休人员提出的意见进行收集并汇总反馈都江堰市政府、卫生局和公司主要领导。与此同时，水电十局有限公司先后五次组织了医院职工和离退休人员座谈并请四川省社保局和都江堰市政府相关部门给予现场政策解答。2010年12月28日，水电十局医院正式移交都江堰市政府，并入都江堰市医疗中心。

（徐月明）

【住宅灾毁职工搬迁安居房及管理】　水电十局有限公司职工“5·12”特大地震住房毁损重建工作，原则上纳入都江堰市政府统一规划，由政府统建后分配给职工居住，为此，水电十局有限公司配合都江堰市政府展开了积极的宣传导向工作，将国发〔2008〕21号文、建发〔2008〕51号文、川府发〔2008〕35号文、川府发〔2008〕38号文和都府发〔2008〕116号文以及《水电十局有限公司重建工作实施方案》编印成册，广泛发放到住房灾毁职工、家属手中，同时编印了《灾后重建政策问答》，以问答形式消除职工群众对灾后重建的一些疑问。

在广泛宣传、解释、引导的基础上，水电十局有限公司积极动员住房灾毁的职工、家属参与地方政府置换安居住房。经过耐心细致的工作，水电十局有限公司2939户住房灾毁户（不含842户公房户）有1748户同都江堰市政府签订了安居房置换协议。都江堰市政府从2010年5月1日起分批公开摇号安置住房灾毁户入住。2010年10月底，置换安居住房的工作全部结束，水电十局有限公司置换安居房户全部入住。水电十局有限公司基地管理处积极配合地方政府办理安置房入住户的小区手续和户口关系及入住管理等事项。

（余　浩）

【灾后职工住宅原址重建及管理】　根据《国务院关于支持汶川地震灾后恢复重建措施的意见》（国发〔2008〕21号）、《四川省汶川地震灾后城镇住房重建工作方案》（川府发〔2008〕35号）、《成都市人民政府关于做好都江堰市城镇居民灾毁救助安置工作的意见》（川府发〔2008〕38号）以及《都江堰市人民政府关于“5·12”地震灾后城镇居民住房重建的实施意见》（都府发〔2008〕116号）的规定，“5·12”住房灾毁的居民，可以与政府置换安居房、原址重建、除险加固和货币终结四种方案自愿选择其中一种。水电十局有限公司有303户住宅灾毁户选择了原址重建，占水电十局有限公司住房灾毁户总数的10.4%。

水电十局有限公司尊重住房灾毁原址重建户的选择，积极帮助他们组建业主委员会，支持他们自己选择施工队伍，以单位的名义帮助他们沟通、落实原址重建的关系和手续。2010年3月18日，六栋住宅303户原址重建同时动工修建，截至2010年底全部建成竣工。水电十局有限公司基地管理处又积极为原址重建户落实新楼的水、电、气等一应入户手续，商议物业管理事项。截至2010年底，水电十局有限公司职工灾毁住房重建和安置完成95%以上，实现了四川省政府三年重建任务两年完成的目标任务。

（余　浩）

科技进步

【科研项目】　水电十局有限公司从2010年8月开始承担股份公司“特大地下洞室群施工安全环保关键技术研究与应用”之“特大地下洞室群绿色施工技术研究”课题，水电十局有限公司联合天津大学成立了“特大地下洞室群绿色施工技术研究”课题小组。现在进入大纲的编写阶段。

【创优工程】　2010年6月，水电十局有限公司承建的自一里水电站厂房枢纽工程获股份公司2008年度“中国水电优质工程奖”；2010年8月，水电十局有限公司承建的河南省燕山水库枢纽工程工程获2009年度“河南省重点项目建设优质工程”。

【科技成果】　水电十局有限公司“双向空气潜孔锤冲击回转钻进新技术的研究与应用”获股份公司2010年度“科技进步一等奖”，还同时获得2010年度“水力发电科学技术三等奖”、“中国电力科学技术三等奖”。该课题是为解决边坡复杂地层锚固钻进施工所遇到的钻孔孔壁坍塌、钻具埋没无法正常工作甚至报废、钻进造孔质量较差、工效较低与成本较高等一系列问题。采取与中南大学合作方式，中南大学主要负责冲击器回转钻进系统及配套装置的设计制作，水电十局有限公司主要进行现场试验和提出改进意见。经过近两年的反复设计、试验与改进，在2009年底达到了初步成果。2010年3月经过专家鉴定为国际先进水平，水电十局有限公司现正在对“双向空气潜孔锤冲击回转钻进技术”进行进一步研究，使研究成果能用于更广泛的领域。

【省级企业技术中心建设】　水电十局有限公司技术中心组建于2006年12月。2010年初，水电十局有限公司向四川省经济和信息化委员会申请省级企业技术中心认定，10月10日，四川省经济和信息化委员会、四川省科学技术厅、四川省财政厅、四川省地方税务局、中华人民共和国成都海关联合下文认定水电十局有限公司技术中心为“四川省企业技术中心”。

【实用专利】　2010年，水电十局有限公司申报发明型、实用新型等专利共计7项，其中已有6项专利通过国家知识产权局审核并已授权，专利名称分别为：压力钢管液压调圆架、自动入仓布料机、隧洞平洞混凝土浇筑滑模、隧洞平洞弯段与直段全圆液压钢模台车、隧洞施工设备无轨运输台车、双向潜孔锤。

（吴方明　蒋绍波　周菊兰　周雪琼　李　超）

安全生产

【安全生产责任制】　为进一步加强安全管理，确保安全生产责任制得到落实，2010年初，水电十局有限公司及时调整了安全生产委员会成员，落实了安全生产“一岗双责”和企业安全生产主体责任；总经理与16个二级单位（含水电十局有限公司国际工程项目）在2010年安全生产工作会上签订了《安全生产责任书》，各二级单位按水电十局有限公司要求分别与在建工程项目部签订了《安全生产责任书》，项目部也与现场施工作业队（班组）、外协队伍签订了责任书，明确了各级安全生产管理目标，制订了相应的保证措施，层层落实安全生产责任，使“一岗双责”从上至下在水电十局有限公司得到了全面的贯彻落实。

2010年4月，水电十局有限公司组织人员对29个《安全生产管理制度》内容、《安全操作规程》4项77条和《安全生产应急救援预案》17项进行了修订；各二级单位和项目也对《安全管理办法》进行了补充完善；同时对《项目安全管理手册》的实施情况进行了检查。

【安全宣传教育与培训】　为进一步强化全员安全生产意识，提高各级生产一线人员的安全操作技能，水电十局有限公司2010年初下发了《2010年安全教育培训工作计划》，对水电十局有限公司2010年安全生产教育培训作了周密的安排，确定了新一年安全生产工作重点和目标。安全培训工作计划分为安全教育培训工作指导思想、安全教育培训工作重点、安全教育培训工作要求三大部分，重点强调了要抓好“三类人员”的培训取证和继续教育培训、继续抓好新员工入厂的安全教育和特种作业人员的安全技术培训。

2010年，水电十局有限公司安全宣传教育培训投入150余万元，组织和外培各类安全管理、安全技术人员1116人，其中组织参加股份公司、水利部、四川省建设厅等举办的“三类人员”培训247人，特种作业人员安全技术培训人员493人，大中专学生新入厂三级安全教育289人，安全管理人员标准化和应急管理培训52人，注册安全工程师取证培训21人。参加培训的有水电十局有限公司的领导、项目负责人、专职安全管理人员以及生产第一线的从业人员。

【汛期地质灾害防治】　近年来，全国地质灾害频发。水电十局有限公司高度重视防汛工作和地质灾害防治工作，加强对“5·12”地震后的省内在建工程项目安全监控和防护，做到对防洪度汛和防治汛期地质灾害工作的监督检查。

一是做到早部署，针对省内在建工程项目防洪度汛工作，水电十局有限公司于2010年4月先后下发了《做好2010年防洪度汛工作的通知》、《关于汛期地质灾害防治工作的紧急通知》和《关于转发国务院应急办做好强降雨天气应对工作的通知》，全面部署了防洪度汛和地质灾害防治工作。二是完善应急救援体系，提高应急处置能力。

水电十局有限公司安监部和二级单位还组织了汛期专项安全检查组，对各单位防洪度汛和汛期地质灾害防治工作进行了全面检查。

【施工安全检查和隐患排查治理】　2010年，水电十局有限公司、分局及项目部共成立施工安全督导、抽查、自查小组42个，检查项目80多个，重点督查工程施工用电安全防护、高边坡防护、洪水、泥石流灾害、塌方、山体滑坡和高处作业防护等。

为了更进一步落实企业安全生产主体责任，水电十局有限公司强化了安全生产隐患排查整治制度建设，各级主管领导亲自抓，分管领导具体抓，开展定期排查，对施工过程中排查出隐患实行责任到人监督整改，做到了责任、措施、资金、时限、预案“五落实”。2010年，水电十局有限公司把隐患排查治理作为安全管理的一项常态工作。

【安全生产活动】　2010年，水电十局有限公司高度重视以“强化宣传、严格执法、深入治理、保障平安”为主题的“百日安全生产活动”、“安全生产月”活动和股份公司开展的“安全心中有数活动”。按照四川省和股份公司的要求制订了详细的活动计划，水电十局有限公司先后下发了《关于开展“百日安全生产活动”的通知》、《关于开展2010年“全国安全生产月”活动的通知》、《关于开展“安全心中有数”活动的通知》和《关于开展“全国安全生产月”宣传教育活动的通知》等，制订了实施方案，成立了活动领导小组，并对各单位的开展情况进行了检查考核。在“百日安全生产活动”、“安全生产月”活动期间，水电十局有限公司利用内部《岷江报》、网络、墙报、标语、宣传挂图、安全手册等广泛开展宣传教育，使“三类人员”（特种作业人员、新员工、一线员工）受教育面达到四个100%。水电十局有限公司安监部还编制了《安全法规摘要》手册2000多份下发一线员工，向基层施工单位增发了《项目安全管理手册》80册。

【安全工作对外交流】　为适应国外高端市场安全管理工作的需要，学习和吸收国外先进的安全管理技术和管理理念，与国外高端市场接轨，应水电十局有限公司邀请，加拿大卑诗省劳工保护局调查官史维哲·劳伦斯先生于2010年4月22日和5月5日分别两次来到水电十局有限公司，就企业环保、职业健康安全、安监和执法监察机构以及人员配置、劳动保护、应急管理、安全培训、安全技术、安全管理方法和手段、安全隐患和健康隐患的排查、事故调查分析处理等领域的工作及如何搞好工程施工的安全工作，与水电十局有限公司相关领导和主管部门人员进行了广泛深入的交流探讨。水电十局有限公司领导邀请劳伦斯先生到水电十局有限公司基础工程分局福堂电站厂房边坡处理项目现场指导，劳伦斯先生对水电十局有限公司项目安全管理工作及文明施工情况表示赞赏，向项目部提出了“人机和谐”的合理化建议。

【外协队伍的安全管理】　2010年，水电十局有限公司强化了对作业现场的监管，进一步加强了外协队伍管理，强化了生产现场的管控，认真查处违章指挥、违章作业、违反劳动纪律的“三违”行为；重点加大了对各单位的外协队伍的监督力度。水电十局有限公司要求各分局严格执行有关工程分包、劳务分包管理文件规定，严把分包准入关和过程控制关。重点加强对外协分包队伍在资质、管理能力、技术能力、装备能力等综合能力的审查。水电十局有限公司将各单位、各项目部外协队伍的职业健康、安全意识教育、安全技能培训和持证上岗纳入安全管理范畴，列入公司考核分局、项目安全管理的重要指标。

【安全生产获奖及奖励】 2010年，水电十局有限公司安全工作获得了多项荣誉：有四个项目荣获股份公司“安全生产先进项目部”称号；水电十局有限公司被四川省安监局、四川省国资委评为“安全生产先进单位”；被中国建筑业联合会评为“全国建设施工企业安全生产先进单位”。

（阎凤枝　张思福）

党群工作和企业文化建设

【党建工作】 2010年，水电十局有限公司党委在股份公司党委和四川省国资委党委的正确领导下，坚持以邓小平理论和“三个代表”重要思想为指导，深入实践科学发展观，全面贯彻十七大精神，按照“围绕经营抓党建，抓好党建促经营，抓好班子带队伍，进入管理起作用”的党建工作思路，加强党的思想建设、组织建设、作风建设、制度建设和反腐倡廉建设。贯彻执行股份公司发展战略，强化集团意识，增强大局观念，坚持融入中心，服务大局，以创先争优活动为抓手，狠抓先进性和作风建设为重点，团结带领广大党员、干部和职工群众，锐意进取、拼搏奋进，全面落实年度工作计划，较好地发挥了政治核心和战斗堡垒作用。

水电十局有限公司党委从4月起在全局各级党组织和共产党员中开展了“创先争优”和“四强四优”活动。在活动中，严格按照实施方案的部署要求，精心组织领导，突出实践特色；在活动内容上突出坚持把活动开展与完成全年任务、落实发展战略紧密结合；在推进措施上抓好分类指导、督促检查和舆论宣传“三个重要环节”；在活动保障上完善组织协调机制、联系督查机制、承诺评价机制和活动长效机制。切实做到了抓出成效，加强了党的先进性建设。

【“四好”领导班子建设】 2010年，水电十局有限公司党委将创建“四好”领导班子活动与水电十局有限公司发展战略目标相结合，与水电十局有限公司的生产经营管理相结合，与班子和职工队伍建设相结合。向股份公司党委呈报了《水电十局有限公司党委2009～2010年度“四好”领导班子创建规划》，首先，抓好公司、分局两级班子的“四好”创建活动，在巩固公司、分局班子创建活动的基础上，创建活动向项目（队）的三级班子延伸，形成公司、分局、项目（队）三级创联体系。其次，“四好”领导班子创建活动，促进了各级领导班子“讲党性、重品行、作表率”；实现思想统一、行动一致、能力提升、感情融洽。进一步增强了领导班子解决自身问题和科学发展的能力。

（向　东）

【党组织和党员数据库建设】 为确保中央组织部于2012年6月实现全国党员信息库联网，四川省国资委党委要求2010年7月前中央在川企业和省属国有企业完成党员信息库的建设，水电十局有限公司党委下发了《中国水电十局有限公司党组织和党员信息库建设管理制度》（水电党〔2010〕30号），并于2010年4月23日召开了建立党组织和党员信息库培训会。会上就信息库管理、日常维护与更新、党内统计年报、统计数据分析和应用等对各单位党组织和党员信息库管理员进行了培训。

2010年6月，水电十局有限公司党委如期完成了党组织和党员数据库的建立，为全面加强水电十局有限公司党组织和党员信息库的规范化、科学化管理，为年底党内统计报表工作的顺利完成奠定了基础。

（卢琴之）

【工会工作】 2010年，水电十局有限公司工会围绕全年生产经营目标和创先争优活动，以开展灾后恢复重建工程竞赛为重点，以创建“工人先锋号”为基础，以提高职工素质为核心，围绕“灾后重建作贡献，同舟共济保增长”开展了以下劳动竞赛活动：开展了“百日安全无事故”竞赛活动以及2010年6月的“安全生产月”竞赛活动；参加全国“安康杯”知识竞赛；参加股份公司“中国水电全面风险管理与内部控制知识竞赛”；“做知识型、技能型人才”的一系列竞赛活动；师带徒活动；“职工技术创新、提合理化建议”和“我为节能减排献一策合理化建议”活动；“劳模关爱周”系列活动，女职工“巾帼建功立业”活动。

进一步完善了在册困难职工和部分离退休人员电子档案建档工作。一是由水电十局有限公司工会牵头，在行政的大力支持下出资近140万元为全公司4008名离退休人员、894名遗属、870名待岗职工发出慰问金；在四川省总工会的支持下，水电十局有限公司帮扶中心对1400多户困难职工、离退休人员、遗属等家庭发放送温暖补助金38万多元；二是看望了特困职工家庭并送去慰问金。三是积极开展金秋助学活动。四是积极做好“低保”工作。为水电十局有限公司100户、176名困难职工、家属和遗属申请享受了地方民政部门的“低保”救济金。五是积极参加四川省总工会开展的“工会十大惠民行动”，积极参加四川省总工会开办的职工意外伤害保险和重大疾病保险、女职工六大疾病保险等，及时为生病职工办理安康互助保险理赔工作。

积极开展职工之家建设，特别是抓项目职工之家建设，健全了项目工会组织，加强工会自身建设和干部队伍建设。

2010年，水电十局有限公司工会分别荣获2010年度全国“安康杯”竞赛优胜企业，全国工会系统“五五”普法先进单位，四川省厂务公开先进单位荣誉称号。水电十局有限公司工会还分别荣获四川省职工技协工作二等奖、四川省总工会女职工工作目标考核一等奖、工会财务目标考核一等奖、工会统计工作一等奖、工会工作目标考核二等奖、工会领导班子目标考核二等奖、工会经审工作目标考核三等奖等。

（黄　镇）

【职工代表大会】　2010年2月19～20日，水电十局有限公司第七届八次职工代表大会暨2010年工作会在成都办公区召开。大会审议并通过了水电十局有限公司总经理杜学泽所作的工作报告、总会计师王全军所作的财务预决算报告、工会主席陈顺清所作的工会工作报告和审计部主任徐毅所作的审计工作报告。陈顺清同志代表职工方对《水电十局有限公司集体合同》、《工资集体协议》、《女职工权益保护专项集体合同》条款进行了说明。出席大会的正式代表150名，特邀代表8人，实到代表142名。与会代表以举手表决的方式，全体通过《水电十局有限公司集体合同》、《工资集体协议》、《女职工权益保护专项集体合同》。大会还对水电十局有限公司后备干部人选进行了民主推荐。

（黄　镇）

【企业文化】　2010年，水电十局有限公司继续加强企业文化建设，不断向社会展示公司良好的企业形象。水电十局有限公司利用参建的南水北调中线河北邯石段工程开工机会，在开工现场制作大量的宣传标语，把公司文化气氛营造得十分浓郁。在中央电视台和都江堰市人民政府联合主办的《中华情·都江堰更加美丽》大型文艺晚会上，水电十局有限公司积极筹划筹备晚会上的企业宣传工作，在体育场外打出了企业宣传展板，并在观众席挂出“中国水电十局”的大幅红布标语，在都江堰展示了公司的新形象。

开展多元化的活动，丰富职工的文化生活，营造良好的企业文化氛围。2010年，水电十局有限公司员工在《岷江报》副刊作品投稿77篇，全年推出的16期副刊中采用作品46篇；国庆节期间，《岷江报》利用副刊策划推出了庆国庆公司职工摄影绘画作品展览。网站还对企业文化建设、形象宣传有特色的三分局南水北调SG09标项目作了重点图片报道，给其他项目提供了借鉴和示范作用。水电十局有限公司的年鉴、史志工作的深入开展，也是企业文化的一个综合反映，近年来受到广大员工的积极关注。

（马川江）

【新闻宣传】　2010年，水电十局有限公司新闻宣传工作紧紧围绕企业中心工作和服务改革发展大局，坚持正确的舆论导向，不断提升公司宣传工作水平，营造了良好的舆论氛围，展现了公司良好的社会形象和广大员工顽强拼搏、奋发向上的精神风采，为公司完成各项工作任务提供了强有力的精神动力和思想保证，《岷江报》在2010年以来连续3年被成都市新闻记协评为“成都市优秀企业报”。

水电十局有限公司《岷江报》全年29期，宣传报道国际工程、廉洁从业、专项教育、安全生产、各单位的生产经营情况和各项活动稿件775篇（幅）。

在2010年新闻宣传工作中，《岷江报》和公司网站起到了公司主要宣传阵地作用，采用的稿件，既有活动开展情况，也有特色经验介绍、职工的心得体会及思想收获。体现了公司新闻宣传工作为生产经营服务的宗旨，对员工起到了积极的导向作用。

截至2010年底，水电十局有限公司新网站开通以来，点击率达到了21.3万·次，实现了对内振奋精神、提高凝聚力，对外树立公司良好形象的目的。

（马川江）

【共青团工作】　2010年，水电十局有限公司团委继续按照“健全机构，完善制度；融入中心，发挥作用；体现特色，争创一流”的三步走发展规划，以融入中心发挥作用为工作重点，紧密围绕生产经营这个中心，扎实做好了各项工作。水电十局有限公司党委下发了《关于明确公司各级团组织书记职级待遇的通知》（水电党〔2010〕15号），进一步落实了水电十局有限公司各级团组织的政治经济待遇；水电十局有限公司团委启用了“共青团基层组织数据采集系统”，实现了团组织信息的微机化和自动化管理；先后举办了“十局是我家，发展靠大家”主题演讲比赛、“情系西南，每人捐赠一瓶饮用水”活动、青年志愿者服务、导师带徒、篮球比赛、登山比赛等文体和公益活动，丰富了青年职工的业余文化生活，激发了工作热情，也为公司又好又快发展作出了应有的贡献。水电十局有限公司先后有2个先进青年集体和7名先进青年个人受到上级表彰，水电十局有限公司团委被中央企业团工委确定为第十批（2010～2012年度）“中央企业五四红旗团委创建单位”，并荣获了“2009～2010年度四川省国资委系统优秀团组织”称号。

【向玉树震灾区爱心捐款】 2010年4月19日，为了答谢在“5·12”汶川特大地震中社会各界给予水电十局有限公司的无私援助，公司开展了向玉树地震灾区捐款献爱心活动。水电十局有限公司在自身灾后重建任务还十分艰巨的情况下，于4月23日向玉树灾区慷慨捐款50万元。同时，水电十局有限公司党政领导带头捐款，多位离退休老干部还亲自将捐款送到公司党委工作部，公司广大干部职工、离退休职工及家属心怀感恩之情积极参与。截至4月30日，水电十局有限公司各级单位先后组织集中捐款活动10余场，2800余人参加了捐助活动，公司及个人捐款累计达到76万元，分三批电汇四川省红十字会，充分履行了央企的社会责任。4月30日下午，四川省红十字会向水电十局有限公司发来感谢信，对公司及广大员工的爱心捐助表示了感谢。

（张贺强）

【信访工作】 2010年，水电十局有限公司维稳信访工作，认真学习贯彻国务院国资委召开的中央企业维稳信访工作会议精神，按照股份公司党委《关于进一步加强2010年维稳信访工作的通知》提出的主要任务和要求，结合公司的实际，及时妥善处理了职工中反映的水电十局医院移交地方、离退休人员调整四川省甘孜、阿坝、凉山三州生活待遇，少数离休领导干部调整待遇、灾后原址重建住户反映重建中需要公司解决水电以及排污等问题，从切实解决群众困难，维护职工切身利益出发，以人为本，多次与地方政府有关部门协调沟通，满足了重建户的合理要求；对暂无住房又无力购买新房的群众，尽量继续维持板房居住现状，保证水、电、气畅通。还围绕在建工程项目（含国际项目）已完未结项目的“合同履约、工程结算、农民工工资支付、厂家商家设备材料欠款”再次开展了矛盾纠纷清理排查，落实包案处理。2010年，水电十局有限公司维稳信访工作共受理人民来信22件，接待来访69批326人·次，除有二件需等待地方政府政策修订调整和法院最终判决外，全部均得到处理。2010年，全公司维稳信访工作总体上稳定。

（王利雄）

检查监督

【廉洁从业专项教育】 2010年4～6月，水电十局有限公司党委以贯彻落实《国有企业领导人员廉洁从业若干规定》为重点开展了为期三个月的廉洁从业专项教育活动，参加廉洁从业专项教育活动领导人员共计266人，其中公司领导班子成员11人、副处级以上领导人员140人、项目经理班子成员115人。95%以上的中层领导人员、项目班子成员逐条学习了《若干规定》、《廉政准则》。通过三个阶段的教育活动，促进了生产经营工作，增强了领导干部的廉洁从业意识。整个教育活动得到股份公司巡视组的肯定。

【工程建设领域突出问题专项治理】 水电十局有限公司党委按照股份公司和四川省委的要求，继续抓好工程建设领域突出问题专项治理后续工作，重点做好招标投标、工程分包、合同管理、设备物资采购、大额资金使用、质量安全等方面的整改工作。共排查工程项目73项。其中对承建中标投资额在500万元以上的22个项目进行了重点检查，同时对53支民工分包架子队伍进行了资格审查。纪检监察部同市场经营部共同建立了合格分包商（架子队）名录。解除了2支资质不全、工程履约不到位的分包队伍合同。对“5·12”灾后重建公用设施加固以及白沙重建库房、装修等9个项目工程一并进行了排查。做到排查不漏项、整改有力度。

【反腐倡廉宣传教育】 水电十局有限公司纪检监察部根据公司《2010年反腐倡廉宣传教育工作安排意见》，2010年6～9月，利用公司大小会议及检查工作之时，大力宣传“认认真真学习，清清白白做人，干干净净做事”的廉洁核心理念和“六崇尚六反对”的廉洁从业准则，使之成为广大职工自觉遵循的职业操守和实践行为。同时制定了《水电十局有限公司廉洁文化建设宣传教育实施方案》，组织广大纪检干部和党员领导干部观看由中央电视台在黄金时间播出的电视连续剧《远山的红叶》。8月，水电十局有限公司纪委又会同都江堰市人民检察院共同开展了“三个一”教育活动，学习了国资委编写的《镜鉴》一书。在全公司上下形成“崇廉守法、廉荣腐耻”的文化氛围和良好风尚。

【惩防体系建设】 水电十局有限公司党委围绕企业的生产经营中心，2010年着重发挥惩防体系建设暨党风廉政建设责任制的统领作用，坚持不断完善

“党委统一领导，党政齐抓共管，部门各负其责，依靠职工群众”参与的反腐倡廉领导体制和工作机制。一是整合了惩防体系建设暨落实党风廉政建设责任制工作领导小组，由水电十局有限公司党政主要领导任组长，加强领导，形成了二者紧密结合，同步推进的工作机制，基本做到了责任明确，考核明确、考核到位、追究有力。二是将《水电十局有限公司党风廉政建设责任制实施意见》41 项工作目标分解到机关牵头部门、协办部门和部分二级单位。三是重新修订完善了《水电十局有限公司党风廉政建设责任制实施意见》、《水电十局有限公司廉洁文化实施方案》、《水电十局有限公司党风廉政建设责任制考核评价办法》、《2010 年惩防体系建设目标任务分解表》等项制度。

水电十局有限公司将惩防体系专项工作列入党委工作总体部署，采取有效措施，狠抓各项工作落实，紧密结合公司实际，构建三级惩防体系，形成横到边、纵到底，一级抓一级的工作网络体系，并将惩防体系建设考核同党风廉政建设责任制有机结合，列入领导人员的绩效考核评价之中。

【效能监察】 按照股份公司纪委 2010 年要点要求，由公司领导带队、监察部、海外部、财务部负责人参加对海外印尼佳蒂格德项目开展了工程成本管理效能监察。对该项目执行国家法律法规、股份公司对海外项目的管控要求、水电十局有限公司规章制度的执行、工程项目财务结算、大额资金使用、工程项目合同（分包合同、供货合同、劳务用工合同）管理、防范风险能力、项目管理内控制度建设情况进行实地效能监察。针对该项目在履约过程中可能出现的风险点提出了 4 项监察建议，撰写了《印尼佳蒂格德项目工程成本管理效能监察报告》。为下一步实施海外项目效能监察积累了经验。

2010 年，水电十局有限公司各二级单位立项效能监察 16 项，完成 15 项，共发出监察建议书 40 份，减少和避免生产经营损失 209 万元。

【“小金库”专项治理】 按照中央五部委关于开展“小金库”专项治理工作的要求以及股份公司对此项工作的部署，2010 年 8～11 月，水电十局有限公司认真开展了“小金库”专项治理工作。8 月 20 日，水电十局有限公司纪委在都江堰办公区召开由各单位纪委书记、总会计师、各部门负责人、财务科长参加的传达贯彻股份公司西安会议精神暨“小金库”专项治理工作动员部署会。成立以总经理杜学泽为组长的领导小组，负责组织公司全面开展专项治理工作，主要工作内容是指导、监督、检查所属单位（项目）开展“小金库”治理工作，完善相关制度，建立专项治理长效机制。会后各二级单位（项目）相继成立以行政主要负责人和项目经理为组长的工作机构，公布了举报电话。纪检监察部将“小金库”专项治理的各类文件及惩处的标准公布在公司网站上，以便开展工作。各单位（项目）、机关各部门对照易产生“小金库”的四种主要形式和“11 条特征内容”开展了自查自纠工作，在自查自纠阶段发现两起属“小金库”性质均得到了及时纠正。在“小金库”专项治理的三个工作阶段中，公布承诺书 70 余份。水电十局有限公司总部和机关部室也慎重地作出了承诺，诚挚地接受上级组织对公司的检查和监督。

（孙殿春）

【厂务公开】 厂务公开工作在各单位已形成比较规范的职工参与民主管理的基本制度。2010 年初，职代会上企业法人代表和职工代表签订了《水电十局有限公司集体合同》、《工资集体协议》、《女职工权益保护专项集体合同》。合同内容贯穿了《劳动法》和《劳动合同法》，体现了以人为本共建和谐企业的思想。2010 年，共召开职代会团（组）长会议 4 次，主要讨论公司重大规章制度，劳务派遣，医院移交地方政府、劳动模范、先进集体、先进个人推荐等事项；共出厂务公开简报 4 期；人员招聘、人事任免、重大资金使用等通过水电十局有限公司网站、OA 办公系统平台及公示栏都进行了公开。水电十局有限公司荣获 2010 年度四川省“厂务公开先进单位”称号。

（黄 镇）

【审计监督】 2010 年，水电十局有限公司审计工作紧紧围绕水电十局有限公司年度工作目标，坚持“防范胜于纠正、监督寓于服务、整改优于查处”的内审理念，严格以国家相关法律法规以及水电十局有限公司各项管理制度为准绳，围绕企业经济效益中心，结合股份公司“三控三强一确保”综合性风险防控措施，按照“依法审计、服务大局、围绕中心、突出重点、求真务实”的审计基本方针，全年共完成审计项目 18 个，即完工审计 11 个；离任经济责任审计 3 个；其他参与审计 4 个。从中介机构审计结论和内部审计工作开展的情况来看，水电十局有限公司内部管理总体上成效显著，生产经营继续保持了持续稳定增长，生产经营规范性和科学性比以前有了很大进步。对审计发现的问题，审计部门也以书面形式向公司管理层提出了积极的改进建议。

（徐 毅）

中国水利水电第十一工程局有限公司

概　况

【综述】　2010年，中国水利水电第十一工程局有限公司（以下简称“水电十一局有限公司”）在册员工8398人，其中科研、技术和经营管理人员3100人。下设20个职能部门，15个施工生产单位，11个多种经营单位，4个全资子公司。注册资本3.01亿元，企业总资产54.19亿元。

（樊　欣）

【领导班子】　2010年12月29日，水电十一局有限公司领导班子换届，股份公司（中水电股人〔2010〕107号）聘任：孙玉民为执行董事、总经理，冯真理为监事，王禹（兼）、金万福、张玉峰、黄敏吾、陈双权、张东生、夏水芳为副总经理，牛健为总会计师，钟彦祥为总工程师，高留发为总经济师。同日，股份公司党委（中水电股党〔2010〕114号）决定：王禹为党委书记，孙玉民为党委副书记（兼），冯真理为党委副书记、纪委书记，王大刚为工会主席。

（魏进军）

【年度工作】　2010年，水电十一局有限公司以加快转变发展方式为主线，以打造质量效益型国际强局为目标，采取“市场开发、项目管控、后方服务”三大管理模块实施海外项目的管理职能，建立海外事业部统一管控、区域经理部协调管理、各分局分区域施工的组织体制和管理机制。成立安哥拉分公司。参与了EPC总承包、出口信贷融资承包领域等高端项目。首次进入南美市场，承建委内瑞拉新卡夫雷拉燃气电厂工程。海外各项目经营管理受控，博茨瓦纳迪克戈洪大坝、赞比亚卡里巴北岸扩机工程等项目总体履约良好，创利水平持续增长。非水电市场开发取得较大突破，与股份公司协作，中标济宁至祈门高速公路永城段、郑州至卢氏高速公路洛宁至卢氏段。参与投资的贵州桐梓河流域水电开发，按期实现了第一台机组投产发电。以10%的股份参与天津武清开发区政府和股份公司融资建设的BT项目。管控能力和执行力进一步提升，开展“管理创效年”活动，不断强化各项基础管理工作，取得了明显效益。在建项目进度、质量、安全等总体可控，四川官地水电站大坝工程全年混凝土浇筑量超过100万立方米，福建武邵高速公路项目实现全线通车，南水北调项目群、京沪高铁项目等工程项目形象进度良好。科技创新能力进一步提升，“三整合”管理体系持续有效运行，工程质量合格率和优良率稳步提升。

2010年，完成营业收入56.91亿元。其中，国内水电为25.65亿元、国际业务为20.03亿元、国内非水电为7.05亿元、多种经营为4.18亿元，分别占营业收入的45.07%、35.20%、12.39%和7.34%。共签约工程项目37个，签约合同总金额73.38亿元。全员劳动生产率75.63万元/（人·年）。

2010年，水电十一局有限公司先后获得“全国电力建设优秀施工企业”、“2008～2009年度全国优秀水利企业”、“全国企业文化建设优秀单位”等称号。

（樊　欣）

国内工程

【国内中标工程综述】　2010年，水电十一局有限公司签约国内项目28个，合同金额36.68亿元。其中：水电工程项目22个，合同金额28.56亿元；非水电工程项目6个，合同金额8.12亿元。

中标水电工程主要有：南水北调中线一期总干渠漳河北—古运河南中线建管局直管工程高邑赞皇段、南水北调中线一期工程总干渠漳河北—古运河南土建施工SG8标、南水北调中线工程汉江兴隆水利枢纽电站土建及金属结构安装、四川华能宝兴河飞仙关水电站土建工程、四川大瓦龙水电站建安工程Ⅰ标、新疆吉勒布拉克水电站大坝工程、金沙江中游河段梨园水电站厂房土建及金属结构安装、云南勐野江水电站首部枢纽工程、四川甘孜州古学水电站主体工程Ⅲ标。

中标非水电工程主要有：郑州引黄灌溉龙湖调蓄工程施工3标、济宁至祈门高速公路永城段（一期工程）土建工程施工TJ-4标、河南省郑卢高速公路洛宁至卢氏段土建工程第9标段。

【南水北调中线一期总干渠漳河北—古运河南中线建管局直管工程高邑赞皇段】 该工程位于河北省高邑县和赞皇县，由水电十一局有限公司中标承建，合同金额3.47亿元，合同工期为2010年1月20日～2012年6月30日。干渠全长15.03千米，其中渠道长14.59千米，大型河渠交叉建筑物2座，控制性分水口2座，左岸排水建筑物4座，渠渠交叉建筑物2座，公路桥9座，生产桥7座。主要工程量为：土石方开挖810.47万立方米、土石方回填338.54万立方米、混凝土及钢筋混凝土18.19万立方米、砌石10.93万立方米、钢筋8521吨。2010年，共完成土方开挖322.38万立方米、土方回填126.46万立方米、石方开挖6.52万立方米、混凝土浇筑3万立方米、钢筋制造安装2264吨，完成产值8069.28万元。

（张海刚　赵信峡）

【南水北调中线一期工程总干渠漳河北—古运河南（委托河北建设管理项目）土建施工SG8标】 该工程位于河北省任丘县，由水电十一局有限公司中标承建，合同金额2.3亿元，合同工期为2010年6月～2013年3月。干渠全长11.89千米，建筑物长560米，渠道长11.33千米，大型河渠交叉建筑物2座，左岸排水建筑物3座。主要工程量为：土石方开挖432.23万立方米、土方回填113.07万立方米、混凝土19.84万立方米、钢筋制造安装6684吨、砌石3.58万立方米。2010年，共完成土方开挖191.55万立方米、土方回填35.59万立方米、混凝土浇筑1.35万立方米、钢筋制造安装2096.6吨，完成产值3408万元。

（张海刚　赵信峡）

【南水北调中线工程汉江兴隆水利枢纽电站土建及金属结构安装工程】 该工程位于汉江下游湖北省天门市，合同金额2.3亿元，合同工期为2010年2月1日～2012年12月31日。由水电十一局有限公司与基础局有限公司联合中标承建，水电十一局有限公司占合同份额的60%。工程由泄水闸、船闸、电站厂房、鱼道、两岸滩地过流段及交通桥组成，正常蓄水位36.2米，水库总库容4.85亿立方米，灌溉面积327.6万亩，规划航道等级Ⅲ级，电站装机容量4万千瓦。主要工程内容包括电站引水渠及导沙坎，拦漂排墩及锚墩，电站厂房，尾水渠，厂房船闸挡水连接段及鱼道。

（张海刚）

【南水北调中线一期工程总干渠沙河南—黄河南郑州二段工程第一施工标段】 该工程位于河南省郑州市，由水电十一局有限公司中标承建，合同金额2.85亿元，合同工期为2009年8月1日～2012年2月29日。截至2010年底，共完成土方开挖481.71万立方米、土方回填14.6万立方米、混凝土浇筑3.82万立方米、钢筋制造安装3548吨，完成产值1.8亿元。

【南水北调东线一期工程泗阳站工程土建施工及设备安装】 该工程位于江苏省泗阳县，由水电十一局有限公司中标承建，合同金额1.01亿元，合同工期为2009年12月20日～2012年12月20日。截至2010年底，共完成土方开挖29.92万立方米、土方回填18.7万立方米、混凝土浇筑1.94万立方米、金属结构制作212.6吨、金属结构安装78.55吨，完成产值1853万元。

【南水北调中线一期陶岔渠首工程主体工程施工】 该工程位于丹江口水库东岸的河南省淅川县，由水电十一局有限公司中标承建，合同金额1.69亿元，合同工期为2010年6月1日～2013年11月30日。主要工程量为：土方开挖36.24万立方米、石方开挖30.69万立方米、混凝土浇筑18.34万立方米、钢筋制造安装7500吨。2010年，共完成土方开挖11.62万立方米、石方开挖19.78万立方米、混凝土浇筑3300立方米、钢筋制造安装115.73吨，完成产值909万元。

（赵信峡）

【四川华能宝兴河飞仙关水电站土建工程】 该工程位于四川省庐山县，由水电十一局有限公司中标承建，合同金额2.54亿元，合同工期为2010年3月20日～2013年12月31日。主要工程内容包括主厂房、副厂房和GIS楼、2孔冲沙闸、5孔泄洪闸、左右岸非溢流坝、右坝肩灌浆平洞土建施工。主要工程量为：土方开挖20.12万立方米、石方开挖59.33万立方米、土石方回填5.64万立方米、混凝土浇筑40.22万立方米。2010年，共完成土方开挖31.89万立方米、石方开挖28.41万立方米、混凝土浇筑2500立方米，完成产值2582万元。

（张海刚　赵信峡）

【四川大瓦龙水电站建安工程Ⅰ标】 该工程位于四川省稻城县，由水电十一局有限公司中标承建，合同金额1.94亿元，合同工期为2010年5月31日～

2013年4月30日。大瓦龙水电站为四等小（1）型工程，水库正常蓄水位3185米，总库容20.42万立方米，调节库容9.8万立方米，具有日调节性能，总装机容量2.48万千瓦。Ⅰ标主要工程内容包括土建工程及机电设备安装、金属结构制作及安装、环境保护、水土保持及其他辅助工程。

（张海刚）

【新疆吉勒布拉克水电站大坝工程】　该工程位于新疆维吾尔自治区哈巴河县，由水电十一局有限公司中标承建，合同金额3.44亿元，合同工期为2010年7月20日～2013年10月31日。工程为二等大（2）型工程，由混凝土面板堆石坝、泄洪洞、溢洪洞、发电引水洞和引水式电站厂房等主要建筑物组成。大坝为钢筋混凝土面板堆石坝，坝顶高程756.3米，防浪墙顶高程757.5米，坝顶宽度为8米，坝长473.5米，最大坝高146.3米，上游坝坡1∶1.5，下游马道间边坡1∶1.3，平均坡度约为1∶1.7。主要工程量为：土石方明挖91.46万立方米、石方洞挖3.37万立方米、土石方填筑548.66万立方米、混凝土浇筑7.66万立方米、固结灌浆1.43万米、帷幕灌浆3.41万米、化学灌浆4375米、钢筋制造安装3584吨、锚杆7367根、预应力锚索260根。2010年，共完成土方开挖2.78万立方米、石方开挖22.35万立方米、土方回填2.08万立方米、石方回填26.11万立方米、混凝土浇筑100立方米，完成产值3202万元。

【金沙江中游河段梨园水电站厂房土建及金属结构安装工程】　该工程位于云南省迪庆州香格里拉县（左岸）与丽江地区玉龙县（右岸）交界河段，由水电十一局有限公司中标承建，合同金额3.38亿元，合同工期为2010年10月1日～2014年4月30日。梨园水电站工程属一等大（1）型工程，总装机容量240万千瓦，水电站厂区布置于大坝下游侧左岸，厂房尺寸为225.2米×33米×83米（长×宽×高）。主厂房净宽28米，上下游水下墙厚2.5米，机组间距34.5米，主机间长150.2米，安装间长58米，安装4台60万千瓦水轮发电机组。主要工程量为：土石方开挖33.69万立方米、混凝土浇筑43.66万立方米、金属结构安装2092.2吨、钢筋制造安装2.54万吨、固结灌浆4413米。2010年，共完成土方开挖3000立方米、石方开挖1.2万立方米、混凝土浇筑2500立方米，完成产值403万元。

（张海刚　赵信峡）

【郑州引黄灌溉龙湖调蓄工程施工3标】　该工程位于河南省郑州市郑东新区，由水电十一局有限公司中标承建，合同金额2.28亿元，合同工期为2010年10月16日～2011年7月31日。工程以农业灌溉调节水量为主，兼顾生态、景观，属综合性市政工程。主要工程内容包括水源及引水工程、龙湖调蓄池、出口控制闸和下游灌区工程。主要工程量为：塑性混凝土防渗墙27.1万立方米、土方开挖629.5万立方米、土方回填45.6万立方米。

【云南勐野江水电站首部枢纽工程】　该工程位于云南省江城县和宁洱县两县界河上，由水电十一局有限公司中标承建，合同金额1.72亿元，合同工期为2010年11月25日～2013年5月31日。勐野江水电站为混合式开发水电站，以发电为主，总装机容量6.8万千瓦（2×3.4万千瓦）。主要建筑物包括混凝土面板堆石坝、泄洪排沙（兼导流）洞、岸边式溢洪道、水道系统、地面厂房。其中面板堆石坝最大坝高79米，坝顶高程767米，正常蓄水位765米。

【四川甘孜州古学水电站主体工程Ⅲ标】　该工程位于四川省得荣县，由水电十一局有限公司中标承建，合同金额2.26亿元，合同工期2010年12月20日～2014年1月20日。古学水电站为三等中型工程，水库总库容32.28万立方米，总装机容量9万千瓦（2×4.5万千瓦）。主要工程内容包括引水隧洞（10＋750）～（14＋385.53）段、调压室、压力管道（含压力管道蝶阀室及其交通洞）、发电厂房及所辖5～8号施工支洞和该标段弃渣所用4号弃渣场。

（张海刚）

【万家寨引黄入晋工程北干线平鲁地下泵站土建工程】　该工程位于山西省朔州市平鲁区大梁水库右岸山体中，由水电十一局有限公司中标承建，合同金额9347万元，合同工期为2009年8月12日～2011年11月30日。该工程是万家寨引黄入晋工程的重要组成部分，是解决山西省朔州市和大同市工业及城市生活用水的大型引水工程。平鲁地下泵站下游距大梁水库右坝肩约230米，埋深约140米；在万家寨引黄入晋工程北干线正常输水月份（每年10月～次年7月）从北干1号输水隧洞将部分水扬入大梁水库，设计抽水流量2.64立方米/秒；在汛期引黄停止输水时，从大梁水库经放水洞入北干1号输水隧洞向朔州、大同等地区供水，8～9月下泄流量3.1立方米/秒；安装5台单级双吸卧式机组，扬程137米，单机设计流量0.88立方米/秒，单机容量1700

千瓦，总装机容量 8500 千瓦。主要建筑物包括地下及地面两大部分。地下建筑物主要有进水池、厂房、进出水管道系统、主副交通洞、出水高压平洞和出水竖井、电缆井及其交通洞；地面建筑物主要有变电站和进水塔。主要工程量为：土方明挖 10.9 万立方米、石方明挖 1.45 万立方米、洞室开挖 6.06 万立方米、土石方填筑 9.63 万立方米、混凝土浇筑 2.19 万立方米、钢筋制造安装 1985.3 吨、压力钢管及钢衬 249.5 吨。截至 2010 年底，共完成土方开挖 4.89 万立方米、石方开挖 7.57 万立方米、混凝土浇筑 6800 立方米、金属结构制作 90.39 吨、金属结构安装 33 吨，完成产值 2368 万元。

（赵信峡）

【竣工工程】 2010 年，水电十一局有限公司竣工项目 14 个，竣工工程产值 13.73 亿元。主要竣工工程为：南水北调东线第一期工程台儿庄泵站（1 月竣工）；南水北调东线第一期工程淮阴三站泵站（1 月竣工）；河南省窄口水库除险加固一期工程（1 月竣工）；李仙江流域戈兰滩水电站厂房土建及机电安装工程（3 月竣工）；小湾电站库区云龙至保山淹没公路改线工程第Ⅴ标段（5 月竣工）；沙颍河近期治理工程耿楼枢纽工程土建施工Ⅰ标（7 月竣工）；大唐国际胜利东二号露天煤矿槽探剥离工程（9 月竣工）；四川大渡河瀑布沟水电站放空洞工程（10 月竣工）；新塘房水电站土建、机电设备安装及金属结构制造安装工程（10 月竣工）；贵州清溪水电站砂石系统建安及运行（11 月竣工）；山西省夹马口灌区节水改扩建工程（11 月竣工）；韩庄运河、中运河及骆马湖堤防工程省界段干河工程施工Ⅰ标段（11 月竣工）；嘉陵江亭子口水利枢纽现场施工管理营地工程（12 月竣工）；苏州市城区中心区防洪工程胥江泵站工程施工及安装工程（12 月竣工）。

【机组投产情况】 2010 年，水电十一局有限公司完成机组安装 12 台，装机容量 39.1 万千瓦。投产的机组是：山西黄河龙口水利枢纽工程机组投产 3 台，装机容量 22 万千瓦（2×10 万千瓦＋1×2 万千瓦），投产日期分别为 3 月 29 日、4 月 2 日、5 月 29 日；新疆布尔津河冲乎尔水电站机电设备安装工程机组投产 4 台，装机容量 11 万千瓦（4×2.75 万千瓦），投产日期分别为 8 月 2 日、8 月 3 日、8 月 4 日、8 月 11 日；白龙江水泊峡水电站机电设备安装工程机组投产 3 台，装机容量 5.7 万千瓦（3×1.9 万千瓦），投产日期分别为 2 月 7 日、4 月 24 日、4 月 28 日；云南漳扎曲水电站机电设备安装工程机组投产 2 台，装机容量 4000 千瓦（2×2000 千瓦），2 台机组 5 月 9 日同时投产。

（张秀敏）

【获奖工程】 2010 年，水电十一局有限公司参建的云南李仙江戈兰滩水电站工程 6 月被国家工程建设质量审定委员会授予“国家优质工程银质奖”，12 月被中国电力建设企业协会授予“中国电力优质工程奖”；3 月，参建的小浪底水利枢纽工程被中国土木工程学会授予第九届中国土木工程“詹天佑”奖；6 月，参建的龙滩公司南宁基地业务大楼被广西壮族自治区住房和城乡建设厅授予“广西优质工程奖”。

（杨朝霞）

国际工程

【综述】 2010 年，水电十一局有限公司国际经营产值 19.07 亿元。国际经营项目 26 个，竣工项目 7 个。新签约项目 7 个，合同总金额 50.48 亿元。

【巴基斯坦 M4 高速公路项目】 该工程位于巴基斯坦首都伊斯兰堡以南 700 多千米，由水电十一局有限公司承建，合同金额 4.68 亿元人民币，合同工期为 2010 年 2 月 25 日～2013 年 2 月 24 日。公路全长 58 千米，双向四车道，宽 24.2 米。公路结构层为：5 厘米沥青混凝土面层＋10 厘米沥青混凝土基层＋30 厘米级配碎石基层＋20 厘米破碎石底基层。主要工程量为：路基土方填筑 827 万立方米，其中利用土方 7 万立方米、借土填方 820 万立方米；5 厘米沥青混凝土面层 6.1 万立方米，10 厘米沥青混凝土基层 17.8 万立方米，共需摊铺沥青混凝土 60 万吨，沥青三表处路肩 38.28 万平方米；30 厘米级配碎石基层 52.85 万立方米，20 厘米破碎石底基层 38.74 万立方米；全段共有桥梁 22 座，总长 1175 米，其中主线桥 8 座、长 416.3 米，跨线桥 9 座、长 469 米，匝道桥 1 座 21 米，立交桥 4 座、长 269.88 米；20～35 米预制梁 336 片，桩基钻孔灌注桩 493 根；钢筋混凝土箱涵 54 处，管涵 124 处。2010 年工程无结算产值。

【委内瑞拉应急电站项目新卡夫雷拉燃气电厂项目（EPC 项目）】 该工程位于委内瑞拉阿拉瓜州马拉凯市郊瓦伦西亚湖边卡夫雷拉镇附近，合同金额 36 亿元人民币，合同工期为 2011 年 3 月 1 日～2012 年 2 月 28 日。2010 年 3 月 11 日，股份公司委托水电十一局有限公司为新卡夫雷拉燃气电厂的总承包方，全面负责相应电厂的设计、采购、施工和试运行。电厂安装 2 台 10 万千瓦 GE 7FA 燃气机组，总装机容量 20 万千瓦。2010 年，完成产值 4.74 亿元人民币。

【尼泊尔上塔马克西水电站】 该工程位于尼泊尔首都加德满都以东 180 千米的塔马克西河上，距中国边境最近距离 8 千米，由水电十一局有限公司承建，合同金额 8.53 亿元人民币，合同工期为 2010 年 9 月 2 日～2015 年 3 月 5 日。上塔马克西水电站挡水坝为混凝土重力坝，总长度 78 米，溢流坝段长度 60 米，最大坝高 27.5 米，坝内设计 4 个弧形闸门。主要土建工程包括：挡水坝，取水口，引水涵洞和沉沙池，长 7860 米的引水洞（6×6 米城门洞型），深 385 米的压力钢管和高 420 米的调压井，叉管和配水管，地下厂房和地下变压器室，尾水洞以及管理楼、开关站，施工支洞、交通道路以及防护工程。2010 年，工程无结算产值。

【博茨瓦纳迪克戈洪大坝】 该工程位于博茨瓦纳北部地区，由水电十一局有限公司承建，合同金额 14.05 亿元人民币，合同工期为 2008 年 3 月 9 日～2012 年 2 月 8 日。2010 年，完成产值 3.94 亿元人民币。累计完成产值 9.1 亿元人民币。

【赞比亚卡里巴扩机项目】 该工程位于赞比亚和津巴布韦交界的赞比西河上的卡里巴峡谷段，由水电十一局有限公司承建，合同金额 18.06 亿元人民币，合同工期为 2008 年 11 月 5 日～2012 年 11 月 4 日。2010 年，完成产值 2.27 亿元人民币。累计完成产值 3.77 亿元人民币。

【竣工工程】 2010 年，水电十一局有限公司国际工程竣工项目 7 个：巴基斯坦旁蔗普省公路改造项目 P4 标段（2006 年 11 月 2 日开工）4 月 7 日竣工；尼泊尔西克塔灌溉工程（2006 年 7 月 4 日开工）5 月 10 日竣工；伯里兹瓦卡水电站工程（2007 年 4 月 1 日开工）5 月 25 日竣工；莫桑比克楠普拉市供水管网扩建工程（2008 年 5 月 27 日开工）5 月 31 日竣工；莫桑比克彭巴市供水管网扩建工程（2008 年 5 月 26 日开工）6 月 20 日竣工；莫桑比克库巴纳那至夏卡内（C－C）公路工程（2010 年 1 月 1 日开工）11 月 15 日竣工；埃塞俄比亚 AABG 大桥项目（2008 年 10 月 1 日开工）7 月 25 日竣工。

【新签约项目综述】 2010 年，水电十一局有限公司新签约国际工程项目 7 个：巴基斯坦曼格拉移民镇开发项目、巴基斯坦 M4 高速公路项目、委内瑞拉应急电站项目新卡夫雷拉燃气电厂项目、尼泊尔上塔马克西水电站、安哥拉北宽扎省护理学院新建项目、安哥拉北宽扎省政府大楼新建项目、莫桑比克利夸瑞供水工程。

（贺军粉）

基础设施建设

【济宁至祈门高速公路永城段（一期工程）土建工程施工 TJ-4 标】 该工程位于河南省永城市，由水电十一局有限公司和路桥公司合作中标承建，合同金额 1.7 亿元，合同工期为 2010 年 10 月～2012 年 4 月。济宁至祈门高速公路永城段全长 41.06 千米，双向四车道，路基宽 28 米，设计速度 120 千米/时。中标的 TJ-4 标段桩号为 K125＋500～K132＋550，长 7.05 千米。主要工程内容包括路基土方开挖与填筑、桥梁工程、排水及涵洞、防护工程。主要工程量为：路基土方开挖 3.87 万立方米、填筑 107.8 万立方米、8%石灰土回填 5.88 万立方米、6%石灰土路床处理 5.47 万立方米、水泥搅拌桩 1 万米、碎石桩 5.79 万米；桥梁、涵洞混凝土浇筑 4.56 万立方米、钢筋制造安装 5607 吨、预应力钢绞线 614.1 吨。截至 2010 年底，共完成土方开挖 5 万立方米、土方回填 6000 立方米、混凝土浇筑 4600 立方米。

（张海刚　赵信峡）

【郑卢高速公路洛宁至卢氏段土建工程第 9 标段】 该工程位于河南省洛宁县，由水电十一局有限公司和路桥公司合作中标承建，合同金额 2.66 亿元，合同工期为 2010 年 11 月 20 日～2012 年 5 月 31 日。中标路段全长 5.1 千米，道路设计速度 80 千米/时，双向四车道，路基宽 24.5 米，其中中间带宽 2 米，行车道宽 2 米×2 米×3.75 米，硬路肩宽 2 米×3 米，土路肩宽 2 米×0.75 米。互通式立交匝道采用 8.5 米、15.5 米、22.5 米三种路基宽度。

（张海刚）

【石济客专上跨京沪高速铁路及济南西联络线黄河主桥两端提前实施段】 该工程位于山东省济南市郊区，2010 年 10 月，水电十一局有限公司接股份公司进点通知，合同金额 1.3 亿元（其中水电十一局有限公司 7630.28 万元、水电五局有限公司 5321.39 万元），合同工期为 2010 年 10 月 25 日～2011 年 3 月 31 日。主要工程量为：基础桩 510 根（直径 1.25 米、总长 2.6 万米），混凝土浇筑 3.2 万立方米；承台 51 个，混凝土浇筑 1.5 万立方米；桥墩 51 个，混凝土浇筑 1.21 万立方米；32 米梁体 51 孔，混凝土浇筑 1.15 万立方米；桥面 1669 米；封底混凝土 3201.5 立方米。截至 2010 年底，共完成土方开挖 3.68 万立方米、土方回填 8200 立方米、混凝土浇筑 2.82 万立方米，完成产值 3051 万元。

【天津市武清区新城开发区 BT 项目】 该工程位于天津市武清区东蒲洼村，由股份公司投资修建，水电二局有限公司为总承包单位，水电十一局有限公司承建其中 18 栋楼房，合同金额 4 亿元，合同工期为 2010 年 2 月 19 日～2011 年 10 月 31 日。水电十一局有限公司承建的 18 栋楼房总建筑面积 10.5 万平方米，分两个区域，东区甲 9 栋（7～15 号楼），西区甲 9 栋（65～73 号楼）。工程均为剪力墙结构，地下 1 层，地上 17 层，基坑开挖最大深度 6 米，桩基采用钢筋混凝土灌注桩。截至 2010 年底，共完成土方开挖 55.55 万立方米、土方回填 33.11 万立方米、混凝土浇筑 1.96 万立方米，完成产值 1.34 亿元。

（赵信峡）

多种经营

【综述】 2010 年，水电十一局有限公司从事多种经营企业 13 家，其中 11 家分公司、两家独资子公司。从业人员 1716 人，其中在岗人员 1640 人。完成营业额 4.18 亿元，全员劳动生产率 25.49 万元/（人·年）。资产 3.85 亿元。

2010 年，黄河医院实施《创建三级甲等医院》方案，6 月 19 日获河南省卫生厅批准成为“河南科技大学附属黄河医院”，5 月 14 日“心血管疾病介入技术”获得河南省卫生厅批准；8 月《654-2 在子痫前期解痉中的应用》获河南省医学科学技术进步三等奖，《开放性眼外伤的玻璃体手术临床研究》获河南省医学新技术引进三等奖；11 月参加河南省三级综合医院病历质量评比，获全省第七名。千禧商贸公司优化经营合作方式，扩大自采商品销售，实现营业收入 1.06 亿元；3 月 15 日获河南省“诚信经营企业”称号。三隆公司加强行业标准化建设，投资 300 万元新建全封闭管道式自动挤奶厅，改造扩建 400 头牛舍和乳品加工车间；在山西、河南等地开设综合性加盟店，研发了老酸奶等系列新品。第九分局完成基地供暖 2626 户，基地绿化 49248 平方米；承建的黄河医院污水泵站综合楼完工；8 月，承建的总建造面积 18027 平方米的黄河医院高层病房楼开工。培训中心与用工企业建立定向培养合作关系，2010 年校外联合办学招生 763 人；利用国家扶助涉农专业免学费政策，新增农机维修和农业水利技术专业。三门峡峭山宾馆着力改造宾馆宴会厅设施，完善服务功能，实施内部服务师评聘和工资晋级制度。郑州峭山宾馆推出亲情化、会员贵宾制、生日祝福、小商品销售等特色服务；建立网上沟通平台，实现内部信息网上共享。幼儿园面对甲流、手足口病不利因素，加大内部监管考核力度，严格标准化保教流程，确保幼儿健康成长。商业总经理部重新制定系统管理业务流程，严防经营风险，及时调整房屋租赁价格。铁路分局积极对外创收，向京沪高铁输出劳务。物资有限公司新建对外出租库房 4218.5 平方米；先后承揽公司国际、国内工程物资供应任务；连续中标 2011 年三门峡市公务用车定点维修单位。

（高研珍）

管理创新

【2010～2012 年发展规划】 水电十一局有限公司《2010～2012 年发展规划》主要内容如下：

（1）指导方针：以邓小平理论和“三个代表”重要思想为指导，以科学发展观统揽全局。在股份公司总体发展战略引导下，坚持以人为本，以市场为导向，以改革创新为动力，加快调整结构，优化资源配置，加强风险管控，推进精益化、标准化管理，调动一切积极因素，坚定不移地走质量效益型国际强局的发展道路。

（2）战略定位：积极拓展国际业务，巩固传统水电施工业务，着力提升基础设施市场份额和施工业绩，基本实现国际强局战略目标。到 2012 年，水电十一局有限公司建筑施工的经营结构要基本调整到国际业务 50%、国内水利水电 33%、非水电业务 10%；多种经营以商贸为中心，其他产业优化协调发展，进一步提高市场竞争力和市场占有率。

（3）主要指标：三年计划完成营业收入 165 亿元，其中，国内水电工程 60 亿元，国际工程 75 亿元，非水电工程 18 亿元，多种经营 12 亿元。全员劳动生产率保持在 60 万元/（人·年）以上，营业收入利润率平均达到 2.8%以上。

【“管理年”活动】 2010 年，水电十一局有限公司以“加强信息化建设，提升科学管理含量”为管理年活动主题，完善信息化建设的相关规章制度，确保硬件投入，建立物资、设备、财务、人事、工管等核心业务信息平台，推动 VPN 广域网系统建设。

【完善绩效考核制度】 2010 年，水电十一局有限公司重新修订施工单位和多种经营单位的考核标准，在考核内容、分值权重等方面作了完善与补充，增加了“EVA经营业绩指标、信息化建设、标准化管理和节能减排”等考核内容。

（李贞洁）

【质量管理】 2010年，水电十一局有限公司围绕质量管控，积极开展技术、质量督导工作，解决项目技术、质量管理中存在的问题。8月，培训质量督导员37人。全年共督导检查9次，检查指导项目16个（次）。先后组成三个内审小组对二级单位和重点项目进行内部体系运行审核。培训内审员134人。策划南水北调郑州2-1标项目部程序运行样板工程，于12月15日组织南水北调各项目的管理人员现场观摩学习。

《降低主渠道地下水位施工新方法》同时获得“中国电力建设优秀QC小组成果一等奖”、中国施工企业协会“2010年全国工程建设优秀质量管理小组二等奖”，《提高现浇梁梁面三坡六面质量》获“中国电力建设优秀QC成果二等奖”。

2010年，水电十一局有限公司共完成土建单元工程13829个，其中优良12934个，优良率93.5%；机电安装单元工程1155个，其中优良1133个，优良率98.1%；市政、工民建交验及分项工程合格率100%，高铁、公路交验及分项工程合格率100%，砂石工程合格率100%。未发生重大责任质量事故，未发生顾客质量投诉事件，合同履约率100%，顾客满意度94.3%。水电十一局有限公司45项QC成果发布，评审出一等奖3项、二等奖6项、三等奖10项，优秀组织单位奖3项。

（刘怡辉　丁　毅）

【节能减排】 2010年，水电十一局有限公司成立节能减排领导小组，制定节能减排考核及奖惩等管理办法。举办节能减排培训班，培训人员103人。

（刘怡辉）

【技术管理】 2010年，水电十一局有限公司加强系统管控和施工技术总结，对在建项目进一步加强技术交底、特殊过程控制、工作环境、安全技术措施编制等工作。总结新技术、新工艺、新材料、新设备应用技术21项，收集项目施工技术总结15项。编辑出版了《渠道工程项目手册》。举办南水北调工程施工关键技术培训班，外聘技术专家讲解，学员现场观摩渠道衬砌。邀请长江水利委员会科学院共同研究赞比亚卡里巴水电站扩机项目深水围堰拆除技术。优化改造自行研制的大型渠道衬砌机存在的不足，获得在南水北调工程中使用许可。

（赵翠云）

【在建项目管理】 2010年，水电十一局有限公司在六个方面加强在建项目管理。

（1）分析重点问题，推进项目管理标准化建设。完善项目管理制度，重新制订了项目管理标准化手册（共三册），第一册《项目实施》、第二册《管理制度》、第三册《安全管理》。

（2）围绕项目精益化管理要求，认真做好项目前期策划和内部定额资料的搜集、整理，提升项目创效能力。

（3）抓工程分包管理，提高配置社会资源的水平。对300万元以上16个分包项目进行了监控，监控率100%。

（4）规范建造合同准则的执行，按季度对项目建造合同累计确认收入和实际结算收入进行对比分析。

（5）加强项目检查和调研工作。检查和调研项目30个；调研分析尾工项目37个，召开专题会议，进行会商。

（6）确定京沪高铁等16个项目为2010年度重点工程。重点工程实施周一快报，跟踪监控项目运作情况，编发快报50期。南水北调项目群采用旬报方式。

（范保民）

【人力资源开发与管理】 2010年，水电十一局有限公司按需开展人才引进，优化人才结构。全年招录大学毕业生407人。培训员工5154人次，培训率达61%。继续开展机关部门360°绩效考核工作，由公司有关领导、二级单位班子成员、职工代表组成考核机构，依据机关各部门负责人工作述职，年度工作完成情况评分，考核结果与部门年终奖金和各类评先推优挂钩，进一步完善了激励约束机制。

（俞为国）

【财务管理】 2010年，水电十一局有限公司在五个方面加强财务管理工作。

（1）建立了应收款项清理回收长效机制，有效防范资金风险。通过对所属单位应收账款的分析，结合项目完工进度及合同相关条款，针对10个主要施工单位下达了《2010年度清理回收应收款项指标的通知》，明确了重点清理回收的应收款项明细及清理回收的比例、金额及时间要求。全年清理回收逾期的工程结算款、质保金、其他应收款8498.87万元。

（2）强化项目管控，提高项目获利能力。9月，对37个尾工项目的工程结算、经营状况、变更索赔以及存在的风险进行了专项调研。为有效解决项目存在的问题，召开了分局领导、项目经理专题会议，对每个项目逐一进行分析研究，明确各项目工作重点、责任分工和时间要求，确保项目最终经营成果的实现。

（3）推进财务精细化、标准化管理，规范业务流程。制订了《资金支付业务流程管理办法》，统一物资设备采购、工程分包结算、职工薪酬发放等主要经济业务在资金支付方面审核要点、付款依据及发票审核内容，明确各相关部门在办理业务过程中应履行的职责，并建立了责任追究制度。印发了《对外捐赠管理实施细则》、《科技活动开发费用财务管理办法》及《职工福利费财务管理办法》。

（4）细化经营业绩考核制度，充分发挥导向作用。为了客观公正地评价所属单位经营业绩，根据各单位经营方式和特点，重新修订了经营业绩考核制度，将考核办法细分为国内施工单位、境外项目、多经单位和教育单位四个标准，形成了以提高经济效益、防范经营风险、提升资产质量为核心的评价体系。

（5）深入开展“小金库”专项治理活动，完成了各项节点目标。根据股份公司统一部署，8月5日成立了“小金库”专项治理领导小组。8月8日召开工作会议，传达《关于印发〈中国水电十一局有限公司“小金库”专项治理实施方案〉的通知》，全面启动“小金库”专项治理活动。9月8日成立8个检查组，对17个二级单位、23个项目部进行重点检查。通过自检与重点检查，对违规资金进行了清理，并及时纳入法定账簿。

（柳凤山）

【资金管理】 2010年，水电十一局有限公司规范了子公司、分公司资金计划报表的编制，按月细分，按日控制，通过资金预算管理规范资金收支行为，强化资金使用的可控性。进一步完善资金管理制度，加强网银建设，强化对二级单位资金集约化管理情况的监督、考核，提升资金集约化管理质量。2010年资金管理部货币资金日均存量与2009年同期相比增加了13.41%，各单位在资金管理部日均货币资金存量与2009年同期相比增加了24.56%。强化银企合作，畅通融资渠道，被中国农业银行河南省分行授予“AAA级客户”。2010年银行综合授信为全额信用授信，贷款利率和保函收费享受到了金融机构的优惠政策，融资环境进一步优化。

（房广华）

【物资设备管理】 2010年，水电十一局有限公司建立了公司和分局两级物资集中采购平台，施工单位物资集中采购率达90%。推进物资设备管理信息系统应用，设备管理系统在所有二级单位、65%的项目应用。推行物资设备管理过程控制责任追究制。建立内部闲置设备调剂平台，充分利用社会资源，在保持较快发展、营业收入大幅增加的情况下，控制新增设备。组织大型铁路专用设备参与市场租赁，对外出租高铁施工移动模架10台次，盘活资产2800余万元，租赁设备收入1156万元。

（贾月仙）

【法律事务】 2010年，水电十一局有限公司落实《股份公司法制工作三年规划》，设置了总法律顾问。全年共办理各类案件56件，涉案标的额共计4741.57万元。处理了结诉讼和非诉讼案件31件，为企业挽回或避免经济损失1344万余元。举办法制讲座14场，478人参加，419人参加普法答题。

（屈伊强）

科技进步

【综述】 2010年，水电十一局有限公司科技项目的立项申请、评审、科技费用的提取、使用及运行管理有序运行，经科技委员会评审，62项科技进步项目获奖，其中：特等奖2项，一等奖6项，二等奖19项，三等奖26项，优秀奖9项。奖励金额25.6万元。科技活动支出费用统计指标2610万元。编辑出版4期《中州水电》、2期《工法交流》。

【科技立项】 2010年，水电十一局有限公司科技进步评审委员会确定12项科研课题为重点科技开发课题，与科研开发课题组签订科技开发合同，对课题成果内容及完成时间提出明确要求。批准立项资助金额共65万元。

【施工工法及专利】 2010年，水电十一局有限公司自主研制的“高性能抗冲击性能测试仪器”被国家知识产权局授予实用新型专利证书，组织完成的《振碾式渠道混凝土浇筑机衬砌施工工法》被评为国家级工法，组织完成了3部施工工法的编制工作。

【科技进步奖项】 2010年2月25日，水电十一局有限公司《高黏结高渗进性在役混凝土复合增强材料的研究》、《大型渠道混凝土快速衬砌施工技术研究》两项科技成果同时获2009年度中国电力科学技术三等奖。水电十一局有限公司郑州科研设计有限公司设计的三门峡市新世纪大厦、三门峡市黄河医院高层病房楼分别获得2009年度河南省优秀工程勘察设计行业二、三等奖。

（李建强）

【信息化建设】 2010年7月29日，水电十一局有限公司成立网络信息中心，各单位及项目部设置专、兼职信息管理人员。全年投入信息化建设资金350万元。投资开发的工程项目管理系统在各二级单位和30个工程项目上线运行。全年培训分局、项目网络管理人员3次，计200人。水电十一局有限公司是股份公司OA系统建设推广第二批实施单位，2010年完成了上线运行前的数据收集，程序开发工作。财务系统由原来的U8升级到可同步实现财务信息集中、实时监管、集团管控的NC系统。

（郑　旭）

安全生产

【综述】 2010年，水电十一局有限公司以“安全生产心中有数”活动为主线，项目安全管理为重点开展安全生产管理活动。3月，开展“春季及特种设备、爆破作业专项安全检查”，对31个项目部进行督查；4月，开展综合性安全大检查，对21个项目部进行检查，监督、指导2项重大安全生产隐患的整改工作；6～7月，开展汛期安全大检查；8月、11月，分别对二级单位进行了半年、年度安全工作考核。全年对二级单位、项目部督查114次，实现了年度安全管理控制目标。

【安全管理制度】 2010年，水电十一局有限公司印发了《项目安全管理标准化手册》，按部门及岗位安全责任对《安全检查考核标准》进行修订，认真学习和全面贯彻落实了国务院《关于进一步加强企业安全生产工作的通知》（国发〔2010〕23号）。

【安全标准化班组创建】 2010年，水电十一局有限公司印发了《安全标准化班组建设实施细则》，举办安全标准化班组建设培训班，确定31个安全标准化建设示范班组。

【安全培训】 2010年，水电十一局有限公司举办1期安全标准化班组建设培训班，140名班组长参加；2期安全专、兼职人员培训班，351名安全管理人员参加；3期《安全管理制度》培训班，106名专职安全管理人员参加。

【安全月活动】 2010年6月全国“安全生产月”期间，水电十一局有限公司组织员工参加全国“安全生产应急知识竞赛活动”，获得“全国安全生产应急知识竞赛优胜单位”；举办了“应急预案编制、安全生产应急知识”竞赛活动，400余名员工参加；项目部举行了应急救援演练活动，增强了员工避险、自救和互救能力。

（贾海叶）

党群工作和企业文化建设

【党建工作】 2010年，水电十一局有限公司各级党组织开展以争创“四强四优”，争创“四好党委”、“五好党支部”，争当“五个模范”为主要内容的创先争优活动。普遍开展向沈浩、杜金玉学习活动。党员先锋工程活动全年共立项89项，产生经济效益800余万元。紧扣“创先争优促发展，加快实现新跨越”主题开展“党员活动周”活动，采取形式多样的党员服务活动，开展活动170余项，党员、积极分子2000余人次参加，取得切实成效。发布《基层党建工作指导手册》，就基层组织建设、党员队伍建设、企业文化和精神文明建设等七个方面的47个工作流程进行规范。组织党建业务培训，共100余人参加培训。继续实行党支部书记助理选拔培养制度，在大中专毕业生中选拔25名党支部书记助理，其中有两位同志经过锻炼走上支部副书记的岗位。开展“专家讲堂”活动，邀请专家学者讲课。抓好领导班子和领导干部的学习和教育，深化与郑州市委党校合作，全年共选派两批11人参加党校脱产学习。对二级单位“三重一大”民主决策制度落实情况进行督促、检查，推动基层党建工作特色化活动，形成了党员责任区、党员安全先锋岗、优秀大学生评选、党团义务劳动日、党务工作QQ群等一批特色活动形式。

（魏进军）

【新闻宣传和企业文化】 2010年，水电十一局有限公司在集团公司网站投发稿192篇，其中南水北调网站3篇，国务院国资委网站2篇，环球网、凤凰网、中国证券网、中国电力网、光明日报网、中新社网、三门峡政府网等各1篇。集团公司报纸发稿84篇，其中《求是》1篇，《中国南水北调报》27篇，《中国水利报》3篇。录制电视专题片70部，编播电视新闻100期。水电十一局有限公司网站发稿733篇。《今日十一局》发稿1133篇。电视发稿1237篇。完成国务院副总理李克强到陶岔工地视察的重大新闻报道。《高铁线上的青春旗帜》、《披荆斩棘勇向前》、《水电铁军在闽北》、《桐梓河畔铸丰碑》、《走精益化施工之路》、《唯有源头活水来》等作品在集团公司网站刊登。编辑出版《十一局文化》6期。开展建局五十五周年庆祝活动。印制国家领导人与三门峡、英模榜等主题挂历。监督检查《项目部形象建设指导手册》落实情况。邀请《中国水利报》和《中国南水北调报》编辑到水电十一局有限公司进行新闻宣传工作业务培训，组织通信员到南水北调项目进行现场采风。经过重新申报，保持了“省级文明单位”称号。

（祁海生）

【党风廉政建设责任制】 2010年，水电十一局有限公司逐级签订党风廉政建设责任书299份，11月，全面考核责任制落实情况。张榜公示284名各级领导班子成员廉洁承诺书，接受职工监督。制定《加强廉洁文化建设实施方案》，开展廉洁文化进班子、进机关、进项目、进岗位和进家庭的“五进”活动。开展廉洁从业教育活动170余场次，发放书籍2610余册，参加人员5860人次。收到上交礼金共计286人次，10.14万元。修订《党风廉政建设责任制实施细则》，将责任制落实与惩防体系建设结合在一起。

（李 智）

【工会工作】 2010年，水电十一局有限公司工会主要开展了以下工作：

（1）企务公开1031项，有7888名职工参加企务公开测评，6200人参加集体合同和女职工集体合同测评，满意率达到99%。

（2）协同京沪高铁开展“大干一百天，确保实现铺轨目标”劳动竞赛，在南水北调工程河南段五个项目开展“南水北调河南段”劳动竞赛，劳动竞赛立项45项，5380人参加，创效1800万元。

（3）组织测量工、二次线安装电工、混凝土试验工开展技术比武活动，73名职工参加，3人获得一等奖，6人获得二等奖，7人获得三等奖。

（4）组织班组长65人参加清华大学“班组长管理能力远程教育”培训。

（5）员工提合理化建议624项，创效2500余万元。

（6）慰问困难职工958人，发放困难救助金114万元。慰问各类人员4854人，发放慰问金263.2万元。“金秋助学”和日常救助特困职工242人，发放救助金48万元。组织职工抗震、抗旱赈灾捐款40.8万元，为中华全国红十字总会捐款20万元，为三门峡市慈善总会捐款30万元。

（晋保卫 杜雪梅 丁 毅 李芳琳）

【共青团工作】 2010年，水电十一局有限公司团委积极开展“青年职业生涯导航”活动，开通了《水电十一局青年网》，举办了第五届“十一局杰出青年”颁奖晚会、“大禹传人谱新篇”文艺演出。培养6名展览室义务解说员，局庆期间接待了600余名青少年，发挥了爱国主义教育基地的作用。组织团员青年抗震、抗旱捐款57769.23元，50余名青年志愿者参加三门峡市2010年“保护母亲河行动”春季植树活动。组织“牵线搭桥”座谈会、“相约平安夜”大型相亲等活动，解决大龄未婚青年婚恋问题，从公司老年大学聘请14名“热心红娘”，对单身青年的婚恋进行跟踪服务。制作的《唱响青春献水电——青年职业生涯导航活动简介》视频短片，获中央企业共青团和青年工作视频短片作品大赛三等奖。

（秦登华）

检查监督

【效能监察】 2010年，水电十一局有限公司制定了《效能监察实施细则》，效能监察立项119项（水电十一局有限公司总部完成19项，各单位完成100项），其中工程分包23项，大宗物资采购61项，安全生产管理17项，综合监察18项（其中国际项目1项）；下达监察建议书42份，提出监察建议136条，整章建制26项；挽回经济损失23万元，节约资金285万元。7月，成立效能监察巡视工作小组，制定《效能监察巡视工作实施办法》，对南水北调郑州2-1标项目部开展了巡视工作，对该项目设备物资采购、设备租赁、工程分包、废旧物资处理等管理工作作了深入检查，提出了整改建议。

（李 智）

【审计监督】 2010年，水电十一局有限公司完成审计项目82项，提出审计建议和管理建议62条，落实整改率91%。成立审计督导小组，对京沪高铁施工局工程质量、物资核销、分包管理、财务管理、征地拆迁等方面自查自纠，5月，通过国家审计。6月8日至8月31日，水电十一局有限公司接受国家审计署委托河南省审计厅现场审计2009年度财务收支。

（俞志勇）

【职工代表大会监督】 2010年2月8～9日，水电十一局有限公司召开七届五次职工代表大会，听取和审议了总经理的工作报告；190名职工代表和列席代表对20名后备干部进行了民主评议，188名副处级以上职工代表和列席代表对37名机关部室领导干部进行了民主评议，322名职工代表和列席代表对13

名公司领导进行了民主评议。工会主席代表职工、总经理代表企业签订了新一轮集体合同。

（晋保卫）

【职业安全卫生监督】 2010年，水电十一局有限公司开展以“加强班组安全建设、强化一线教育管理”为主题的“安康杯”竞赛活动。建立工会劳动保护监督组织23个，参加人数225人，建立工会劳动保护监督检查小组156个。公司工会参与安全检查124次，查出隐患546项，整改268项。

（丁 毅）

中国水利水电第十二工程局有限公司

概　　况

【综述】 2010年，中国水利水电第十二工程局有限公司（以下简称“水电十二局有限公司”）坚持以科学发展观为指导，突出抓好市场营销、合同履约、项目精益化管理，不断增强公司管控能力，推进主业结构优化，公司的综合竞争力、可持续发展能力和抗风险能力明显增强，全面完成了年度各项目标。

2010年底，水电十二局有限公司共有员工3133人。其中教授级高级工程师20人、高级职称154人、中级职称396人、中高级技师211人。拥有施工机械设备4263台（套），原值2.93亿元，净值1.23亿元。

2010年，水电十二局有限公司实现营业总收入26.71亿元，全员劳动生产率92万元/（人·年），实现经营利润5131万元；中标合同金额68亿元，其中非水电项目6.6亿元，国际项目31.6亿元；单元工程一次验收合格率99.7%，单元工程优良率92.6%，无重大质量安全事故。

（姜志娟）

【企业资质】 2010年，水电十二局有限公司共有总承包资质5项：水利水电工程施工总承包一级、市政公用工程施工总承包一级、港口与航道工程施工总承包一级、房屋建筑工程施工总承包二级、公路工程施工总承包二级。专业承包资质5项：钢结构工程专业承包一级、机电设备安装工程专业承包一级、桥梁工程专业承包一级、隧道工程专业承包一级、爆破与拆除工程专业承包一级。

（姜 波）

【领导班子】 2010年，水电十二局有限公司领导班子成员为：执行董事、总经理兼党委副书记孙阳；党委书记兼副总经理杨永祥；副总经理赵龙海（8月退休）、陈泽鑫、郦平（兼总经济师）、潘承东、沈益源、杨德臣；监事、党委副书记兼纪委书记江章贵；总会计师章银先；总工程师李秋生；工会主席王竹如。

【组织机构】 2010年底，水电十二局有限公司机关总部设置总经理工作部、市场开发部、市场开发二部（非水电市场开发部）、海外事业部、人力资源部、财务产权部、企划部、工程质量管理部、安全监督部、技术部、审计部、监察部等12个职能部门以及党委、纪委、工会、团委等组织的办事机构。8月27日，原保卫处撤销。

水电十二局有限公司下属单位有：第一分局、第二分局、第三分局、第四分局、第五分局、第六分局、第七分局、机电安装分局、电建分局等9个专业及综合分局以及两河口施工局、董箐施工局、玉环施工局、光照施工局、宜兴施工局、越南福和闸堰项目部、越南松邦4水电站项目经理部、印尼亚齐火电项目联营体、委内瑞拉新中心电厂联营体等9个公司直管的施工局（项目部）；辅助生产和后方管理单位有设备物资公司、施工科学研究所、医院、社会职能管理中心、教育培训中心。另外，水电十二局有限公司下设5个全资子公司、1个控股公司和1个参股公司。

（冯建伟）

【公司注册资本金增资】 为满足公司业务发展需要，水电十二局有限公司根据股份公司下发的中水电股财〔2010〕9号文件，于2010年5月5日将注册资本金由2亿元增资为2.8亿元。

（姜 波）

国内工程

【综述】 2010年，水电十二局有限公司共中标水利水电工程项目21个，合同金额30.21亿元。其中，中标价1亿元及以上的项目有6个，即浙江平阳顺溪水利枢纽大坝工程、四川雅砻江两河口水电站交通工程6号进场公路、江西峡江水利枢纽工程主体土建Ⅱ标、四川乐山市马边官帽舟水电站主体大坝工程、南水北调中线一期工程总干渠沙河南—黄河南禹州长葛段第一施工标段、江苏溧阳抽水蓄能电站C1标。中标价在1000万元～1亿元的水利水电工程项目共6个。

水电十二局有限公司合同价在1000万元及以上完工的水利水电项目有15个，即重庆巴山水电站工程、草街航电枢纽厂房及冲沙闸金属结构设备安装工程，浙江外雄水电站工程、余姚市双溪口水库拦河坝土建工程、兰溪金山头水库除险加固工程、舟山发电厂二期循泵房和前池及引水隧洞等爆破开挖工程、平阳县顺溪水库导流洞工程、富春江水电站左岸微波山泥石流治理工程，云南金汉拉扎水电站金属结构制作安装工程、下只恩水电站金属结构制作安装和机电安装工程、苏家河口水电站进水口和引水隧洞工程C3标，福建龙开口水电站鱼类增殖建设工程、仙游金钟水利枢纽大坝工程，湖南黑麋峰抽水蓄能电站主体土建工程Ⅰ标，贵州董箐水电站大坝及溢洪道工程。

续建工程有13个，即安徽响水涧抽水蓄能电站工程地下厂房系统工程、四川官地水电站引水发电系统工程、江苏溧阳抽水蓄能电站进场交通洞及施工支洞工程、江西峡江水利枢纽主体土建Ⅱ标、南水北调中线一期工程天津干线保定市1段TJ2-2、重庆市云阳盖下坝水电站大坝土建及金属结构设备安装工程、浙江奉化横山水库工程、福建仙游抽蓄能水电站地下厂房及部分尾水系统土建工程、四川官帽舟水电站放空洞进口及导流洞工程、浙江义乌枫坑水库除险加固工程大坝土建工程、南水北调中线一期工程总干渠黄河北—美河北段鹤壁段施工Ⅲ标、四川两河口水电站初期导流洞工程Ⅱ标段、山西万家寨引黄入晋工程北干线墙框堡水库土建工程等。

【响水涧抽水蓄能电站输水系统及地下厂房土建工程】 该电站位于安徽省芜湖市三山区峨桥镇境内。水电十二局有限公司中标承建该电站输水系统及地下厂房土建工程，合同金额2.03亿元。2010年是工程第四个施工年，全年完成土石方开挖3.31万立方米、混凝土浇筑3.69万立方米、帷幕固结灌浆4709米、混凝土回填1800平方米、金属结构制作安装3756.58吨，完成产值3943.55万元，累计完成12694万元。

【官地水电站引水发电系统工程】 该电站位于四川省凉山彝族自治州西昌市和盐源县交界的打罗村境内。水电十二局有限公司中标承建官地水电站工程，合同金额2.77亿元。施工内容主要包括右岸引水发电系统土建工程、引水发电系统金属结构安装工程、厂房部分机电设备埋件安装工程及部分隧洞的封堵工程。2010年是工程第四个施工年，全年完成土石方开挖18.46万立方米、混凝土浇筑16.79万立方米、金属结构制作安装46.67吨，完成产值1.11亿元，累计完成产值1.70亿元。

【溧阳抽水蓄能电站进厂交通洞及施工支洞工程】 该电站位于江苏省溧阳市。水电十二局有限公司中标承建该电站进厂交通洞及施工支洞工程，合同金额1.60亿元，合同工期2008年12月1日～2011年10月31日。枢纽建筑物主要由上水库、输水系统、发电厂房及下水库等四部分组成。2010年，全年完成土石方开挖7.34万立方米、混凝土浇筑0.56万立方米，完成产值4300.73万元，累计完成产值6848.27万元。

【南水北调中线一期工程天津干线保定市1段TJ2-2标】 该工程位于河北省保定市徐水县。水电十二局有限公司承建南水北调中线一期工程天津干线保定市1段TJ2-2标，合同金额3.06亿元，合同工期2009年8月15日～2012年8月15日。施工内容主要包括建筑、电气设备安装、金属结构设备安装以及水土保持和施工期环境保护等工程。2010年，完成土石方开挖109.24万立方米、混凝土浇筑7.82万立方米，完成产值7707.01万元。

【峡江水利枢纽主体土建Ⅱ标工程】 该工程位于江西省吉安市峡江县。水电十二局有限公司中标承建峡江水利枢纽主体土建Ⅱ标，合同金额5.87亿元，合同工期2010年3月21日～2015年8月30日。施工内容主要包括发电厂房、右岸11.5孔泄水闸、右岸灌溉总进水闸、右岸混凝土重力坝、鱼道、右岸坝顶公路桥、进厂及右岸上坝公路、11.5孔泄水闸坝段等防雷接地工程。2010年，完成土石方开挖39.83万立方米、混凝土浇筑2.07万立方米，完成产值3318.4万元。

【盖下坝水电站大坝土建及金属结构设备安装工程】 该电站位于重庆市云阳县。水电十二局有限公司中标承建该电站大坝土建及金属结构设备安装工程，合同金额3.06亿元，合同工期2009年1月10日～2011年9月30日。施工内容主要包括混凝土双曲拱坝、消能塘、引水隧洞、进水口等。2010年，完成土石方开挖45.04万立方米、混凝土浇筑0.97万立方米，完成产值3601.02万元，累计完成产值6373.99万元。

【奉化横山水库加固改造工程】 该工程位于浙江省宁波奉化市。水电十二局有限公司中标承建横山水库加固改造工程，合同金额5007.29万元，合同工期2009年10月28日～2010年10月28日。施工内容主要是在现有的工程基础上，对存在安全隐患的建筑物及其设备进行加固，重新改建启用已封堵的左岸隧洞作为专用供水隧洞，大坝下游进行护坡加固，修建下游防渗墙。2010年，完成土石方4.51万立方米、大坝填筑0.63万立方米、混凝土浇筑0.92万立方米、金属结构制作安装980吨，完成产值3023.33万元，累计完成产值3499.06万元。

【仙游抽水蓄能电站地下厂房及部分尾水系统土建工程】 该工程位于福建省莆田市仙游县。水电十二局有限公司中标承建该电站地下厂房及部分尾水系统土建工程，合同金额2.20亿元，合同工期2009年5月1日～2013年7月31日。2010年，完成土石方开挖47.45万立方米、混凝土浇筑15.2万立方米，完成产值5419.85万元，累计完成产值9054.86万元。

【官帽舟水电站工程】 该水电站位于四川省乐山市马边县。水电十二局有限公司中标承建该电站工程，合同金额8095.68万元，合同工期2009年11月10日～2011年1月29日。施工内容主要包括导流及泄洪放空隧洞系统土建工程和泄洪放空洞出口。2010年，完成土石方开挖32.6万立方米、混凝土浇筑7.77万立方米、砂石料生产10万立方米，完成产值1833.7万元。

【枫坑水库除险加固工程大坝土建标】 该水库位于浙江省义乌市。水电十二局有限公司中标承建该水库除险加固工程大坝土建标，合同金额6358.06万元，合同工期2007年5月～2009年8月。施工内容主要包括拦河坝、溢洪道、输水建筑物及上坝道路等工程。2010年，完成土石方开挖3.96万立方米、大坝填筑0.38万立方米、混凝土浇筑1.51万立方米、金属结构制作安装158.97吨、完成产值1267.97万元，累计完成5310.34万元。

【南水北调中线一期工程鹤壁段施工三标】 该工程位于河南省鹤壁市。水电十二局有限公司中标承建总干渠黄河北—羑河北段鹤壁段施工三标，合同金额3.63亿元，合同工期2009年5月15日～2012年1月15日。施工内容主要包括渠道、渠道倒虹吸、左排倒虹吸、分水闸、节制闸、退水闸及公路桥、生产桥。2010年，完成土石方开挖281万立方米、混凝土浇筑2.18万立方米，完成产值7418.31万元，累计完成产值9632.38万元。

【两河口水电站前期导流洞工程】 该水电站位于四川省雅江县。水电十二局有限公司中标承建该电站前期导流洞工程，合同金额4.41亿元，合同工期2008年12月10日～2011年1月31日。电站枢纽建筑物由砾石土心墙堆石坝、溢洪道、泄洪洞、放空洞、地下厂房等建筑物组成。2010年，完成土石方开挖17.3万立方米、混凝土浇筑1.5万立方米，完成产值9057.23万元，累计完成产值2.37亿元。

【万家寨引黄入晋工程北干线墙框堡水库土建工程】 该工程位于山西省大同市。水电十二局有限公司中标承建北干线墙框堡水库土建工程，合同金额1.02亿元，合同工期2009年6月27日～2011年7月16日。建筑物主要由大坝、进水系统、出水系统及事故放空系统等组成。2010年，完成土石方开挖63.84万立方米，完成产值6539.24万元，累计完成产值8338.13万元。

（黄和平）

国际工程

【综述】 2010年，水电十二局有限公司继续认真贯彻执行“东扩西进出国门”的营销方针，克服困难，齐心协力，进一步加大国际工程的开发力度，按照国际公司的市场部署，力争多拿国际项目，逐步做大国际工程市场。2010年，水电十二局有限公司国际经营项目共5个，分布在3个国家，其中新承接的项目2个，全年实现国际经营产值8.04亿元人民币。

【越南福和闸堰渠首水利枢纽工程】 该工程位于越南南部平阳省和平福省交界处。枢纽主要由土坝、引水渠及取水口、溢洪道、紧急溢洪道、鱼道和场内施工道路等组成。2007年11月，水电十二局有限公司承建该项目，合同金额约3亿元人民币，合同工期2008年3月9日～2011年3月8日。该工程已于2010年7月8日顺利截流。由于恶劣天气、征地问题和图纸延误等，合同工期延至2011年6月。截至2010年底，共完成产值2.66亿元人民币。

【印尼亚齐火电项目】　该工程位于印尼苏门答腊岛北部的亚齐省，属于EPC总承包总价合同。水电八局有限公司和水电十二局有限公司组建印尼亚齐火电项目“812联营体”共同承建该项目，水电八局有限公司为责任方占55%，水电十二局有限公司为合作方占45%，水电十二局有限公司所占合同金额约合8.24亿元人民币。主要施工内容是火电站整个工程项目的设计、采购、建设和安装、调试、试运行及操作人员的培训等。截至2010年底，共完成产值3.45亿元人民币。

【越南太安水电站项目】　该工程位于越南北部的河江省。主要施工内容为金属结构制作安装227吨和2台总装机容量为8.2万千瓦的水轮发电机组安装。合同金额约合1480万元人民币，合同工期2008年7月1日～2009年10月31日。由于业主、土建承包商和设备缺陷等原因，工期顺延至2010年11月25日。截至2010年底，累计完成产值1480.56万元人民币，工程合同全部履行完毕。

【越南松邦4水电站土建工程】　该工程位于越南中部的广南省南江县他兴乡和左应乡境内的武家河支流松邦河上。项目主要由碾压混凝土坝、坝面溢洪道、引水隧洞、发电厂房、开关站，导流涵洞等建筑物组成。项目以发电为主，电站总装机容量为15.6万千瓦，年发电量为5.90亿千瓦·时。业主为越南国家电力公司。资金来源主要是亚洲开发银行贷款，越南国家电力公司自筹配套资金。2010年4月，水电十二局有限公司承建该项目，合同金额约6.8亿元人民币，合同工期2010年9月～2014年11月。2010年9月3日，越南松邦4水电站工程的监理正式签署开工令，宣布土建工程项目正式开工。截至2010年底，累计完成产值576.91万元人民币。

【委内瑞拉新中心电厂项目】　该工程位于委内瑞拉东北部CARABOBO市，项目承包方式为EPC总价承包，工期9个月，装机容量为4×19.26万千瓦，合同总金额约为7.79亿美元。水电八局有限公司和水电十二局有限公司组建委内瑞拉新中心电厂项目“812联营体”共同承建该项目，水电八局有限公司为责任方占65%，水电十二局有限公司为合作方占35%（约合24.80亿元人民币）。主体工程主要包括燃气涡轮机、旁路烟囱和发电机主要设备、热力学部分、电气系统、仪器和控制系统、化学水处理系统等。截至2010年底，累计完成产值5.29亿元人民币。

（周　雷）

基础设施建设

【综述】　2010年，水电十二局有限公司中标非水电工程项目共26个，合同金额6.60亿元，其中1000万元以上的项目6个。1000万元以上完工的项目7个，即瑞安城防三期工程Ⅱ标、宁波舟山港梅山保税港区1号、2号集装箱码头排水明渠工程、鄞州区污水处理厂工程、南港工业区一期东五区造陆工程、草街航电枢纽厂房及冲沙闸金属结构设备安装工程、温州浅滩一期围涂工程东围堤工程、舟山市钓浪水闸工程等。续建工程有8个，即瑞安市阁巷围涂工程第2标段、环太湖公路和环湖沿路大堤加固工程、福建福宁湾围垦工程、杭州三堡排涝工程前期准备工程、玉环漩门三期围海工程海堤Ⅱ标段等。

【宁波港穿山港区中宅煤炭码头工程进港公路和开山爆破工程】　该工程位于宁波市北仑区。2010年2月，水电十二局有限公司中标承建穿山港区中宅煤炭码头工程进港公路和开山爆破工程，合同金额7354.89万元，合同工期2010年2月～2011年2月。主要施工内容为进港公路，属二级公路，开山爆破、填筑230万立方米，倒载49万立方米。2010年，完成土石方开挖2.61万立方米，混凝土浇筑0.7万立方米，完成产值2682.33万元。截至12月底，隧洞工程和高架桥工程已顺利通车。

【环太湖公路及环湖沿路大堤加固工程（长兴段）SL-7标】　该工程位于浙江省湖州市长兴县。2009年7月，水电十二局有限公司中标承建环太湖公路及环湖沿路大堤加固工程（长兴段）SL-7标，合同金额4367万元，合同工期2009年8月～2011年2月。主要施工内容为全线大堤的加高加固8千米、老闸移位重建2座及涵闸改建3座。2010年，完成土石方开挖2.28万立方米、填筑7.03万立方米，混凝土浇筑0.39万立方米，金属结构制作安装128.27吨，完成产值1519.18万元。

【福宁湾围垦工程】　该工程位于福建省霞浦县福宁湾内。2007年10月，水电十二局有限公司中标承建福宁湾围垦工程，合同金额2.43亿元，合同工期2007年10月～2011年2月。主要施工内容为5434米长海堤、南岸35米总净宽水闸及北岸50米总净宽水闸各1座。2010年，完成土石方填筑37.84万立方米、混凝土浇筑1.97万立方米，年度完成产值5631.45万元，累计完成产值1.08亿元。

【三堡排涝工程前期准备工程Ⅰ标段】 该工程位于浙江省杭州市境内。水电十二局有限公司中标承建前期准备工程Ⅰ标段，合同金额6845.49万元，合同工期2008年10月～2010年5月。2010年，完成土石方开挖4.4万立方米、混凝土浇筑1.33万立方米，金属结构制作安装1291吨，年度完成产值5504.98万元，累计完成产值6045.49万元。

【702所综合实验水池工程】 该工程位于江苏省无锡市。2009年11月，水电十二局有限公司中标承建综合实验水池工程，合同金额2.10亿元，合同工期2009年12月～2012年7月。主要施工内容为水池主体地上一层，辅助楼部分地上三层；水池主体地下一层（局部四层），辅助楼部分地下一层。2010年，完成土石方填筑11.58万立方米，混凝土浇筑1.01万立方米，完成产值3193.47万元。

【漩门三期围海工程海堤Ⅱ标段】 该工程位于浙江省玉环县漩门湾。水电十二局有限公司中标承建三期围海工程海堤Ⅱ标段，合同金额3.35亿元，主要施工内容为干江堤和珠港堤。2010年是工程第5个施工年，完成土石方填筑110.67万立方米，混凝土浇筑6.71万立方米，金属结构制作安装135吨，年度完成产值5084.35万元，累计完成产值2.59亿元。截至2010年12月底，该工程主体进入收尾阶段。

【唐山港曹妃甸港区一港池疏浚土方造陆（一区、二区）工程】 该工程位于河北省唐山市唐海县。2010年2月，水电十二局有限公司中标承建唐山港曹妃甸港区一港池疏浚土方造陆（一区、二区）工程，合同金额2亿元，合同工期2010年3～10月。主要施工内容为港池疏浚、吹填造陆及围堰维护，工程总疏浚量约为2085万立方米，疏浚面积约2.02平方千米。2010年，完成吹填量1402.6万立方米，完成产值1.48亿元。

（黄和平）

管理创新

【经营业绩责任制】 2010年，水电十二局有限公司进一步完善经营业绩考核制度，实行经济手段与行政手段相结合的激励约束机制，坚持向非水电、国际项目倾斜的经济政策，根据不同项目实际情况，实行项目经营目标差异化考核，引导经营管理者转变经营管理思路和方法，树立正确经营业绩观，以适应新形势下公司经营结构调整的需要。为增强水电十二局有限公司所属单位和“一级核算”项目的责任感，确保完成年度经营业绩考核指标，公司总经理与11家公司所属单位责任人、8家“一级核算”项目责任人签订了项目责任人经营业绩责任书。2010年8月，根据新中标项目及在建项目实际情况，对6家公司所属单位经营业绩责任制进行了调整，和3个“一级核算”项目签订了经营业绩责任书。在实施过程中公司按季定期对经济责任制完成情况进行监督检查，如执行过程中发生较大偏差时，组织专题检查小组及时进行调查研究，提出整改措施，年度进行预考核，项目完工最终总考核。

（姜　波）

【管理创效年活动】 2010年，水电十二局有限公司在股份公司的正确引导下组织开展了“管理创效年”活动，成立了公司“管理创效年”活动领导小组，明确了“管理创效年”活动的实施方案。公司“管理创效年”活动分为四个阶段，第一阶段明确公司管理创效的目标、组织体系、保障措施；第二阶段制定公司管理创效的实施方案，明确管理创效实施的责任单位、部门和责任人；第三阶段按照管理创效的实施方案，进行专项措施落实，并通过自查、专项检查等形式，认真检查企业经营管理上存在的问题，并抓紧整改；第四阶段对管理创效所取得的成绩进行专项总结，并对公司所属单位和部门实现的管理创效目标进行专项考核。通过对几个阶段工作的检查、分析、总结，公司的“管理创效年”活动实现了既定目标，达到了预期的目的。

（陈赛英）

【财务管理】 2010年，水电十二局有限公司在财务管理方面，严格履行内部“三重一大”决策和审批程序，强化财务预算管理，增强公司的财务控制力。构建和推行工程项目“两级管理、一级核算”管理体系，从2010年起，对合同金额在3000万元以上工程项目，实行公司和分局两级管理机构对项目部实行全过程管控，强化了对项目经理的管控。规范项目成本核算基础工作，修订完善相关配套程序，从制度上强化《建造合同》的执行力。同时对项目进行合同交底和经济评估，在此基础上编制建造合同预算总收入和预算总成本，以此作为项目目标成本控制和内部经营责任目标的依据。及时分析各单位或项目建造合同预计总成本升降情况，出现偏差及时进行调整，对变动情况及时进行申报、审批调整。认真贯彻落实《企业内部控制配套指引》，加强内控制度的建设，确保企业经营管理合法合规，提高经营效率和效果。为加强国际项目财务管理，制定《国际项目财务税收管理办法》，积极防范和规避国际项目的财务、税收风险。

（吴琳梅）

【资金结算管理】 2010年，水电十二局有限公司资金结算中心规范运作，健康发展，以收支两条线为载体，以现金流量管理为主线，建立起了规范、高效、安全的资金管理体系，资金控制力度增强，资金使用效率大幅提高。2010年除业主受限资金外，资金集中度90%以上，资金通过分批下拨，使项目资金最大程度掌握在公司总部，沉淀了资金给公司带来了资金使用效益，银行信用不断提升，贷款规模控制在股份公司核定的额度内。2010年新增与中信银行杭州西湖支行信贷业务往来。公司积极稳妥开展内部信贷业务，较好地解决了投保保证金和在生产过程中临时周转资金。

（朱桂萍）

【股权和投资】 为最大限度地优化配置资源，合理调整生产力布局，水电十二局有限公司依据有关法律法规和集团公司的要求，遵照市场规则，积极拓展新的发展领域，寻找新的利润增长点，以增强盈利能力，并加强了对股权尤其是控股权的指导和协调。截至2010年12月31日，水电十二局有限公司累计投资9976.87万元。其中全资子公司5个，即浙江电力建设土建工程质量检测中心有限公司、浙江中水东方建设工程咨询有限公司、浙江中水勘测设计研究院有限公司、金华华电房地产开发有限公司、浙江安源工程检测有限公司等共投资1786.87万元；控股公司1个，即浙江中水电港航工程有限公司，占该公司股份的51%，计8160万元；参股公司1个，即北京新时代电站装备有限公司，参股7.5%，计30万元。

（李　珂）

【人力资源管理】 2010年，水电十二局有限公司结合公司市场营销良好的发展形势，对不在岗职工进行了清理，积极响应股份公司节能增效活动。自2010年5月1日开始至12月底，累计安置待岗职工126人。根据生产经营发展战略需要，积极主动引进人才，共引进大中专毕业生及专业技术人员238人，充实到各施工生产单位。在新招大中专毕业生中选拔了38人，进行国际工程管理培训并输送到国际项目工作。继续选派人员到天津大学进行第二学位学习。组织推荐10人赴印尼亚齐火电项目进行火电机组安装跟班培训。为稳定人才队伍和调动职工的工作积极性，2010年实施了《职工岗位工资、工龄工资调整方案》，职工工资人均增长率达到6.3%。同时修订《越南项目薪酬方案》、《海外事业部增资方案》。加强人事制度建设，制定、修订了《人力资源管理工作竞赛办法》、《施工（生产）单位队伍规模核定与待岗人员安置暂行办法》、《浙江中水电港航工程有限公司队伍建设指导意见》、《工程项目分包用工监督管理办法》、《因公（私）出国（境）护照管理办法》、《人才引进、培养、使用管理办法》等多个规章制度。

（鞠章伟）

【在建工程项目管理】 2010年，水电十二局有限公司为及时跟踪落实在建工程项目情况，协调解决工程实施中存在的困难和问题，降低工程履约风险，提高公司在建工程的整体效益，修订了《工程项目履约管理协调会制度》。收集项目第一责任人每月履约述职汇报材料，每季度召集履约协调会，分管工程的有关公司领导和机关部门以及各单位主要负责人参加，分析解决项目履约中存在的问题。协调会形成的决议，以会议纪要形式下发全公司。各职能部门根据各自的职责分工进行跟踪督查。当项目遇到紧急情况时，召开专题协调会解决。

对在建的合同价在1000万元以上的工程每月定期通过报表形式，动态掌握项目的工程进度情况；合同价在1000万元以下的工程由公司所属单位负责管理，但公司拥有台账，实行动态管理。此外，水电十二局有限公司还经常通过深入施工现场检查和电话及网络等形式了解在建工程的动态，关注工程项目履约情况。在台风汛期来临之前，水电十二局有限公司专门下文要求有度汛或抗台风目标的项目，做好相应的准备工作，编制措施和预案，并检查落实情况。

【质量管理】 2010年，水电十二局有限公司以质量、环境、职业健康安全管理体系运行和外部监督审核为载体，全面运行质量管理体系，规范质量管理。同时，加大对各单位的质量管理考核奖惩力度，年底对公司所属单位进行了质量综合考核奖惩。推荐评选了3个年度质量管理先进单位和4个质量管理先进项目部，评选表彰了质量管理先进个人和优秀内审员，并给予先进集体和个人一定的物质奖励。水电十二局有限公司负责承建的黑麋峰抽水蓄能电站主体土建工程Ⅰ标和福建仙游金钟水利枢纽大坝工程获得“2010年度集团公司优质工程”荣誉称号，浙江省滩坑水电站机电设备安装工程获得浙江省安装协会颁发的“2010年度浙江省优秀安装质量奖”。

【质量、环境、职业健康安全管理体系】 2010年，水电十二局有限公司对质量、环境、职业健康安全管理体系运行的有效性、适宜性和符合性进行了一系列策划。6～8月，根据一体化管理体系内审方案的安排，水电十二局有限公司对15个单位、项目部和9个机关部门实施了内审，所有内审不符合的报告于9月上旬全部完成封闭验证工作。10月上旬，水电十二局有限公司总经理主持召开了管理评审会议，会议评审了提交的管理体系改进建议，并得到封闭验证。11月，浙江公信认证有限公司委派审核组对水电十二局有限公司管理体系进行了复评审核，水电十二局有限公司顺利通过了外部审核。

（黄和平）

【信息化建设】 2010年，水电十二局有限公司在股份公司的统一安排下，重点做好PowerOn综合项目管理系统的上线推广应用工作。经需求调研、模块开发、应用试点、推广培训等阶段的工作开展，按计划完成了PowerOn企业多项目信息门户PEP、项目管理基础业务两大主要平台的开发，分类收集了项目合同资料、分包合同资料、自营成本、工程进度、工程质量、竣工资料、蓝图工程量核对、报表等大量数据，开发了进度管理、成本管理、合同管理、分包管理、物资管理、质量管理、安全管理、竣工管理等功能模块。2010年10月起，系统在19个项目推广应用。

（陈　峰）

【法律事务与普法工作】 2010年，水电十二局有限公司制定了《公司经营行为法律审核程序及行权规则》，进一步明确法律审核相关流程与职责，确保企业经营行为合规、合法。继续实行法律风险防范管理责任书制度。水电十二局有限公司总经理与17家二级单位行政领导签订了《经营行为法律风险防范管理责任书》。水电十二局有限公司严把规章制度、重大合同的法律审核关。水电十二局有限公司法律事务部先后审核了公司《分承包队伍用工监督管理办法》、《工程施工分包管理办法》等16个重大规章制度。审核合同88份，其中工程施工总包、资产转让、设备采购、租赁、承揽加工等合同50份；审核分包合同共计38份。完善以总法律顾问为核心的企业法律顾问组织体系，2010年水电十二局有限公司下属20家二级单位（含控股公司）全部配置了法制分管领导、法务专业人员及合同管理人员。积极运用法律手段正确处理好诉讼与非诉案件。全年共发生纠纷案件15件，涉案总金额为265.13万元，隐性涉案金额300万元。

2010年是“五五”普法总结验收年。按照股份公司要求，水电十二局有限公司认真组织自查总结工作。通过各单位自查、总结、评比及公司组织的抽查、评比等程序，评选出水电十二局有限公司“五五”普法工作先进单位和先进个人。股份公司检查组对水电十二局有限公司“五五”普法工作及经营行为法律审核工作的开展及取得的成效给予了较高评价与肯定。

2010年3月，水电十二局有限公司被浙江省企业法律顾问协会评为“2008～2009年度浙江省依法治企先进单位”；10月，再次被浙江省工商行政管理局评为“浙江省工商企业信用AAA级‘守合同重信用’单位”。

（魏安江）

科技进步

【科技管理】 2010年，水电十二局有限公司紧紧围绕“公司做大水电主业、扩大非水电市场、增强自主创新能力、推进产业结构调整”等要求，制定了水电十二局有限公司《五年科技发展规划（2011～2015年）》。该规划是公司广大科技工作者的指导性文件，为公司今后几年的科技工作指明了发展方向。为推动各单位的科技进步工作，水电十二局有限公司制定了《科技进步工作考核办法》，强化了公司所属各单位行政一把手的技术管理责任意识。

水电十二局有限公司所属各单位结合在建工程承担了水电十二局有限公司和股份公司的多项科研课题，积极申报水电十二局有限公司和股份公司科技进步奖，编制和申报股份公司和国家工法。技术基础管理工作扎实，多数单位建立了施工图会审、技术交底制度，施工组织设计编审批手续和审查制度较完善。完工项目或课题能及时进行总结，主要技术工艺流程提炼成论文后提交《华东水电》等刊物上发表。配备专人从事科技情报资料的收集和建库工作，实验室技术条件和资源配置满足生产需要，科技人才管理和培训方面都较好地执行了水电十二局有限公司的相关政策。

【科研立项项目】 2010年，水电十二局有限公司新增科研课题立项项目9个，股份公司2009年延续科技项目1个，股份公司新增科技项目2个，水电十二局有限公司2008年延续科技项目19个，共有31个科技项目在执行中。

水电十二局有限公司正在执行的股份公司科研项目情况如下：浙江省玉环漩门三期工程海堤Ⅱ标段《复杂边界环境下的围垦工程施工技术研究》，由于相邻标段工期延迟，影响到围堤龙口闭合，课题将有所延迟；2010年内申请的课题无锡综合试验水池工程《大型气密性试验水池施工技术研究》已获股份公司批准，正在施工阶段，合同执行情况良好；与水电十四局有限公司联合完成的《特大地下洞室群关键施工技术与安全环保技术研究与应用》，水电十二局有限公司承担的子课题《特大地下洞室安全施工技术研究》，实施进度按计划进行中。

水电十二局有限公司级的课题项目，执行情况较好。公司结合再建工程情况，适时对课题项目进行了跟踪调查，阶段性检查结果基本符合合同规定的要求，对9个公司级科研项目、股份公司科研项目组织了验收，并按合同约定拨付相应的科研经费。

【科技攻关】 2010年，水电十二局有限公司依托在建工程项目，积极开展科技攻关，及时解决工程施工中遇到的大量工程技术难题与技术瓶颈。重点针对股份公司的科研课题项目和在建工程中技术难度较高的盖下坝薄拱坝、两河口大型导流洞、溧阳复杂地质条件下的隧洞、无锡中船重工第702所综合试验水池施工等项目，总结提炼具有推广应用价值的科研成果，有效地促进了公司的生产经营和企业发展。

(1) 引水钢管顶管施工工艺。水电十二局有限公司承建的凤台电厂补给水泵房采用顶管技术施工，由于成功实例不多，水电十二局有限公司进行了课题研究。施工选用大刀盘泥水加压机械平衡顶管机，重点研究解决顶管施工中的轴线控制、纠偏、长距离通风和减阻泥浆的运用等问题。顶管施工的成功，可为今后同类工程施工提供宝贵的施工经验。该课题获股份公司“2010年科技进步二等奖”。

(2) 云阳盖下坝工程薄拱坝施工综合技术研究。云阳盖下坝水电站大坝为混凝土双曲拱坝，属典型的薄拱坝。该项目主要对峡谷地区的施工布置、双曲拱坝的型体控制及温控工艺进行研究，从而积累薄拱坝的施工工艺、施工方法和施工管理控制经验。通过研究主要建立峡谷地区施工系统布置和施工设备的配置，高薄坝拱的温控、保温施工工艺、施工方法和施工管理控制，大型变曲模板在拱坝立模工艺的应用。

(3) 云阳盖下坝工程坝肩开挖施工技术研究。该课题结合该地区的地质、地形条件，对拱坝基础开挖的施工方法、施工工艺及控制爆破技术进行研究，力求减小爆破对断层的影响，确保开挖后坡面和地质结构的稳定，同时努力使拱槽开挖成形达到优良标准。通过研究和施工实践活动，总结出不良地质条件下高、陡、峻边坡的开挖工艺。

(4) 大型气密性试验水池施工技术研究。该课题主要依托江苏702综合试验水池工程进行。该试验水池临水结构混凝土的水密、气密及平整度要求高，水池池壁为薄壁混凝土结构。水池水面为由大跨度钢拱架、屋面气密钢板、南北两端气密山墙围成真空密闭结构。课题研究内容包括软基深基坑开挖施工，气密性混凝土结构施工，大跨度、大吨位钢结构制作安装。该课题研究解决了大范围、大深度软基基坑开挖施工，掌握了混凝土结构气密性及钢结构气密性以及大跨度、大吨位钢结构制作与安装的施工技术。

(5) 峡江工程大江截流技术研究。峡江工程分三期导流，其中截流难度最大。河床缩窄后，加大了龙口的单宽流量和流速，从截流龙口水力学指标来看，与国内、国际等世界超级水电站的截流龙口水力学指标处同一量级。该课题主要通过对峡江工程大江截流技术的研究，从而积累大江截流的施工工艺、施工方法和施工管理控制经验。

(6) 碾压混凝土性能试验研究。该课题依托越南松邦4水电站项目开展研究，通过研究取得碾压混凝土的各项性能指标及影响施工参数的主要因素。选定常用的掺和料，不同的碾压混凝土的设计参数，进行碾压混凝土性能的室内试验研究。在室内研究的基础上选择越南松邦4水电站工程进行现场混凝土的碾压试验，确定碾压参数，设计出满足现场施工要求的碾压参数，为工程施工创造条件。通过室内的试验和现场的碾压试验，设计出既满足施工、满足层间结合面的性质，同时又能节约成本的经济合理的碾压混凝土配合比。

(7) 土石坝沥青混凝土心墙性能试验研究。该课题依托四川官帽舟水电站沥青混凝土心墙进行研究，将室内的试验成果用于该工程。试验研究关键是沥青材料的选择和级配指数的确定，不同的原材料对沥青碾压混凝土性能都有影响，而主要的影响因素是沥青和粗细骨料的级配。主要研究指标包括沥青性能指标检测等7项指标。

【科技奖项】 2010年，安徽凤台电厂补给水《引水钢管顶管施工工艺》课题项目通过了股份公司的鉴定，被评为股份公司2010年科技进步二等奖。浙江滩坑水电站《滩坑水电站深厚覆盖层高面板堆石坝快速施工技术研究》、甘肃九甸峡《高寒地区不对称峡谷深覆盖层上混凝土面板堆石坝的施工技术》课题项目获股份公司2010年科技进步三等奖。共有2个科技项目申报水电十二局有限公司科技进步奖，经公司专家委员会评审，一等奖和二等奖各一个。

【技术标准与施工工法编制】 2010年，水电十二局有限公司为将公司的建设成就、技术成果总结和创新编入规范，引导行业发展轨迹，提高企业发展层次，参与承担编制国家、省、部及行业的规程规范共有10余项。《混凝土面板堆石坝施工规范》、《钢筋机械连接技术规程》、《水电工程土工膜防渗技术标准研究》和《钢筋焊接及验收规程》等正在修编中。

水电十二局有限公司组织的5项工法，其中“长斜（竖）井滑运输车安全保护设施工法”、“扭王字块体混凝土浇筑工法”、“引水钢管顶管工法”3项被评为股份公司工法。“长斜（竖）井滑运输车安全保护设施工法”已推荐参加国家级工法评审。

（孙美凤）

安全生产

【安全生产责任制】 2010年，水电十二局有限公司总经理与公司分管安全的副总经理、公司15个机关部门负责人及所属19个生产施工和后勤服务单位均签订了安全生产责任书，责任书明确了主要管理职责、目标指标、考核标准。水电十二局有限公司所属单位同所辖施工项目部签订了内部安全生产责任书，建立了纵向到底、横向到边的安全生产责任体系。2010年，水电十二局有限公司被股份公司和浙江省安全生产监督管理局评为安全生产先进单位。

【安全生产大检查与专项检查】 水电十二局有限公司根据2010年初制订的安全生产检查计划，分三个阶段进行。第一阶段，由水电十二局有限公司12位领导分别带队，对13个项目进行了安全检查，提出了60条整改意见，项目部根据提出的整改要求，制定相应措施，全部进行了整改封闭。第二阶段，水电十二局有限公司安全监督部结合“一体化”管理体系内审，对15个项目进行了安全检查，对存在问题出具了不符合报告和不符合情况通知单。第三阶段，对项目部进行重点检查，对检查中发现的隐患提出整改要求，定时定措施定人整改封闭，并对所有资料建立了相应的台账。结合“安全生产心中有数”活动，各单位、项目部共组织进行各类安全检查70余次，参与检查的人数260人；项目部、单位领导参加检查80余人次，查出各类隐患648处，纠正违章行为70人次。

【安全生产应急预案】 水电十二局有限公司各项目部针对本部重大危险因素清单，对照项目目前的施工情况，进行了一次安全风险梳理。列出安全重点控制风险57项，其中公司重点跟踪管控风险5项、分局重点管控风险26项、项目重点控制风险26项。为掌握各项目部防台度汛措施及预案制订情况，要求各单位上报相应的度汛措施及预案，并重点关注度汛措施及预案的落实情况。针对高温季节的生产安全，要求各单位（项目部）加强季节性施工安全检查及员工体检，采取有效的防范措施，确保生产安全及保障员工身体健康。为切实做好汛期和台风季节的安全生产工作，避免受强降雨和大风等极端天气的影响，防止洪水、滑坡、泥石流等自然灾害事故的发生，水电十二局有限公司印发了《关于切实做好2010年度汛期、台风季节安全生产加强自然灾害防范工作的通知》。水电十二局有限公司注重安全生产应急知识培训，适时进行预案的演练来提高作业人员的应急技能及处置能力。各项目部结合工程施工特点，组织开展了有关防洪、触电、地下厂房逃生、消防等应急预案的现场演练。

【安全生产委员会会议】 2010年2月5日、3月31日，水电十二局有限公司分别召开了两次安全生产委员会扩大会议。会议传达了国务院、浙江省委、股份公司有关安全生产会议精神。水电十二局有限公司安委会主任、总经理及分管安全工作的副总经理在会上分析了公司目前的安全生产形势，指出随着公司经营规模的扩张，安全管理难度加大，安全管理工作一定要做到能力可及、风险可控。同时对2010年安全工作提出了重心下移抓项目部责任落实；抓高风险项目的隐患治理；落实“两级管理，一级核算”制度，强化分局对项目的管控责任等措施。会议对有关项目工程施工中的高边坡围岩稳定、深基坑边坡稳定、起重设备和提升设施等安全管理问题提出了要求。

【安全生产教育与培训】 水电十二局有限公司为提高全员安全意识，特别是协作队伍人员的安全意识，举办了“民工学校”、“安全生产知识竞赛”等形式多样的教育宣传活动。水电十二局有限公司在5000万元以上的在建项目建立了20多所“民工学校”，制订了学习计划及授课内容。为进一步推动“民工学校”工作，水电十二局有限公司工会到项目部进行民工学校督导。为提高农民工的安全技能，水电十二局有限公司制作了《建筑业农民工务工常识》、《农民工安全卫生》及《中小型建筑机械操作工》、《电工》、《焊工》、《混凝土工》、《木工》、《架子工》、《钢筋工》等农民工安全技能教育光盘，分发至各单位，由项目部组织农民工观看。水电十二局有限公司以《安全生产法》、《建设工程安全生产管理条例》和《职业病防治法》为主要内容，通过《水电工人报》组织开展“安全生产知识竞赛”活动，2264人参加了竞赛答题；还统一组织参加了“全国安全生产应急知识竞赛”活动，1500人参加了此项活动；对新招聘的200余名大中专毕业生进行了入场安全教育；组织23位注册安全工程师参加由浙江省安监局举办的注册安全工程师继续教育。

【群众性安全生产活动】 水电十二局有限公司工会组织开展了“人人查找安全隐患”和“职业健康安全问卷调查”活动。在活动中，共查出隐患191条，已全部整改完成；有1348人参加了问卷调查，调查内容包括作业场所事故隐患整改情况、员工个体劳动防护、员工住宿及饮食、安全生产考核等6个方面，满意度在81%以上。水电十二局有限公司所属各单位、项目部的工会组织积极开展“安康杯”活动，参加人数达900余人。

（董谊标）

党群工作和企业文化建设

【党建工作】 2010年，水电十二局有限公司党委下设11个党委，6个党总支，5个直属党支部，79个基层党支部，共有党员1506名，其中离退休党员510名。

2010年，水电十二局有限公司党委坚持以党的十七届四中、五中全会精神为指导，深入贯彻落实科学发展观，本着科学、创新、规范、专业、务实的工作思路，把党建工作深入到生产经营、管理工作的全过程，以开展创先争优活动为契机，全面加强党的思想建设、组织建设、作风建设和制度建设，充分发挥了党组织的政治核心和保证监督作用。

（1）思想建设。2010年5月，水电十二局有限公司党委就深入开展创先争优活动提出实施意见，以“推动科学发展、促进社会和谐、服务人民群众、加强基层组织”为主要目标，在二级单位广泛开展以创建“五好党支部”（即支部班子好、党员队伍好、工作机制好、工作业绩好、群众反映好）、争当“转型发展先锋”为主要内容的创先争优活动，通过一系列学习宣传和发动，水电十二局有限公司各级党员领导干部和全体党员明确了标准，达成了共识，为激励各级党组织和全体党员干部争当先进，更好地推动企业科学发展提供了强大的思想保证。

（2）组织建设。2010年，水电十二局有限公司党委以“深入开展创先争优、四强四优活动”为契机，继续紧紧围绕“市场营销、项目履约、精细管理”中心任务开展工作，以争创“四强”（即政治引领力强、推动发展力强、改革创新力强、凝聚保障力强）党组织和“四优”（即政治素质优、岗位技能优、工作业绩优、群众评价优）共产党员为抓手，切实抓好基层党的组织建设和党员干部的教育管理。通过创先争优和党员民主评议活动，水电十二局有限公司党委表彰5个先进基层党组织、5个“四好”领导班子先进集体、20个先进党支部、28名优秀党员和3名优秀党务工作者。

（3）作风建设。水电十二局有限公司党委坚持党风廉政建设责任制，严格落实领导人员“一岗双职”责任体系。2010年4月，通过开展为期3个月的廉洁从业专项教育活动，使各级领导班子成员进一步增强廉洁自律的自觉性和坚定性，有力地促进了水电十二局有限公司党风建设和反腐倡廉各项工作的开展。2010年8月，结合“小金库”专项治理工作，通过召开警示教育暨“小金库”专项治理动员大会，通过典型案例分析，以身边的事教育身边的人，通过全面自查自纠和重点检查、整改等手段，进一步建立健全各项规章制度，完善惩防体系建设，不断推进公司反腐倡廉建设。

（4）制度建设。2010年，水电十二局有限公司党委建立了《公司创先争优活动领导小组成员联系点方案制度》，并结合班子成员分管工作和二级单位变动，及时调整了党政领导班子成员党建工作联系点，明确领导班子成员每人每年到联系点调查研究、指导工作、帮助解决问题不少于2次。修订了《公司党委会议事规则》，从议事原则、议事形式和范围、议事程序、议事要求和责任以及监督保障措施等方面作了具体规定，为充分发扬民主，发挥班子整体优势提供了坚强的制度保障。

（冯建伟）

【“四好”领导班子建设】 水电十二局有限公司党委高度重视抓好本级以及二级单位“四好”领导班

子创建活动，按照股份公司党委要求，制订创建计划，以本级创建带动二级单位领导班子创建。重点从以下四个方面抓好“四好”领导班子创建工作：第一，以思想建设为首要任务，抓好各级领导班子的理论学习。水电十二局有限公司党委以推进学习型党组织和学习型班子建设为契机，健全和完善党委理论中心组学习制度，坚持学用结合，用工作成果检验学习的成效，不断推进学习型领导班子和学习型团队的建设。第二，坚持以能力建设为重点，着力提高四种能力（即创新发展的能力、驾驭全局的能力、执行政策的能力、成事创业的能力），强化管理，不断创造良好经营业绩。主要经济指标良好，特别在市场营销成果获得重大突破，为企业持续发展提供强大后劲。第三，坚持以制度建设为保证，不断增强班子团结协作。完善修订《公司党委议事规则》，对议事原则、形式、范围、程序和要求、监督保障措施等方面作了具体规定。“三重一大”严格按照股份公司要求，坚持民主决策。班子成员自觉维护班子集体的团结。第四，坚持以作风建设为基础，树立班子新形象。水电十二局有限公司党委通过开展廉洁从业专项教育活动，使各级领导干部进一步增强了责任意识、大局意识、服务意识。水电十二局有限公司党委还建立了公司领导班子成员分管在建工程项目制度和党建工作联系二级单位制度，班子成员带头深入基层调查研究、指导工作，帮助二级单位解决实际问题，促使班子成员工作作风的转变和班子公信力的提高。

【创先争优活动】 2010年，水电十二局有限公司党委按照浙江省直属机关工委和股份公司党委的统一部署，制订活动方案，成立领导小组和办公室，确定活动主题，建立活动联系点制度，层层动员广泛宣传。在活动中，水电十二局有限公司党委制订了创先争优公开承诺书，自觉接受广大干部职工的监督。各单位党组织和党员就开展创先争优、服务科学发展作出承诺，并将承诺事项向党员群众公布。围绕重点工程项目节点目标，水电十二局有限公司班子成员深入施工一线进行指导帮助，为二级单位生产经营解决疑点难点问题。各基层党组织围绕工程项目节点目标，组织党员开展劳动竞赛。部分二级单位的党员志愿者也因地制宜开展“为您服务”活动。各级党组织重视突出党员岗位业务技能学习，通过上技术党课、组织技术攻关等形式，把重点、难点技术作为党员“学技练兵”的主攻方向，不断提高党员队伍履责尽责能力。各级党组织把创先争优活动与争创“四强四优”活动、“讲党性、重品行、作表率”紧密结合起来，与推动学习实践科学发展观向深度和广度发展、建立健全学习实践科学发展观长效机制紧密结合起来，与推动企业科学发展结合起来，与落实公司年度生产经营任务、促进本单位中心工作紧密结合起来，与提高基层党建科学化水平紧密结合起来，使这些工作相互融合、相互促进，实现共赢。

水电十二局有限公司共提合理化建议65条，展技术革新项目23个，急难险重任务48项。积极为群众和社会做好事办实事65件，先后3次组织职工向西南干旱地区、玉树地震灾区和舟曲灾区捐款，累计捐人民币约33.8462万元。关心困难职工，建立帮扶机制。水电十二局有限公司对716人·次困难职工送去慰问金71.83万元。

（赵春玉）

【工会工作】 2010年，水电十二局有限公司工会根据年初工会八届七次全委（扩大）会议确定的指导思想和工作方针，坚持融入中心、服务大局、注重维权、推进和谐，积极履行工会职能，主要作了以下六个方面工作：一是进一步推进加强民主管理，重点坚持在提高两级职代会质量上下工夫。二是深入开展群众性生产活动，包括将“六比六赛”劳动竞赛引向深入，继续开展“降本增效”群众性合理化建议活动，开展岗位练兵、技能竞赛活动和导师带徒、签订师徒协议活动，指导职工参加股份公司工会组织的班组长远程培训。三是积极发挥工会组织在安全生产中的作用，包括进一步推动办好“民工学校”、举办“职业健康安全知识竞赛”活动和“人人查找安全隐患”活动、开展职业健康安全问卷调查、做好高温慰问送清凉工作。四是加强项目工地职工之家建设，在继续抓好“三室两堂”（电视室、阅览室、乒乓球室和食堂、澡堂）基础上，重点抓了建立职工书屋和职工电子书屋建设。五是积极推动和谐企业建设，根据集体合同规定，检查督促职工包括分承包单位农民工工资按时发放，帮助二级单位化解劳动关系纠纷，积极参与做好职工群众来信来访工作，做好职工互助帮困、送温暖、金秋助学工作以及职工疗休养和组织女职工妇科病普查工作。六是高度重视工会组织自身建设，认真落实工会年度工作目标管理，年初签订目标管理责任书、年终检查考核评选先进基层工会和一等奖单位。

（吕槐阳）

【共青团工作】 2010年，水电十二局有限公司团委紧紧围绕公司生产经营中心，以适应公司改革发展的需要为主线，加强科学理论的学习，深入开展创先争优活动。水电十二局有限公司团委以纪念“五四运动”91周年、“九一八”79周年为契机，开展主题团日活动，取得了良好的宣传教育效果。继续深化重点工程创建“青年突击队”、“青年文明号”、争当“青年岗位能手”等活动。邀请国家心理咨询师、浙江省“12355”心理咨询服务台专家督导博士对团员青年进行心理梳导，缓解了青工思想压力，促进了青工身心健康，取得了良好的效果。开展以打造“低碳文明社区、志愿服务和谐家园”为主题的志愿者活动，宣传绿色低碳，传递环保理念，引导和带动社会公众广泛参与到低碳志愿服务活动中来。水电十二局有限公司团委获得“中央企业五四红旗创建单位”、“浙江省青年志愿服务杰出集体”等多项荣誉称号。

（叶小川）

【女职工建功立业活动】 2010年，水电十二局有限公司女职工组织结合公司“六比六赛”重点工程劳动竞赛，广泛开展女职工“巾帼奉献”活动，在水电十二局有限公司第三届测量工、电工、工程机械修理工技能竞赛中，多位女专家参与了组织和考评；在“导师带徒、签订师徒协议”活动中，女导师的比例逐年上升，成绩显著。有2名女职工荣获水电十二局有限公司“优秀共产党员”称号，1名女职工被评为水电十二局有限公司“业务标兵”。

（吕槐阳）

【新闻宣传和企业文化】 2010年，水电十二局有限公司在新闻宣传工作上充分发挥《水电工人报》和公司网站等媒体的舆论导向作用，唱响坚持科学发展，加快转型升级，谱写公司持续平稳健康发展的主旋律。全年共出版《水电工人报》22期，制作视频新闻6期、中国电力优质工程奖申报专题片3部、科技进步奖申报专题片7部、投标片6部，及时更新水电十二局有限公司网站企业要闻、管理动态以及党群工作等栏目，加大宣传力度。在企业文化建设方面，加大了对所属单位形象识别使用的管理和指导，项目工地形象宣传做到了更规范、全覆盖。根据股份公司党委《加强廉洁文化建设的实施意见》的要求，水电十二局有限公司党委制定了《加强廉洁文化建设的实施方案》，在全公司开展了以廉洁从业价值观为核心的廉洁文化建设，努力营造廉洁从业，诚信经营的良好氛围，为建设廉洁、和谐的现代企业保驾护航。

（郭顺新）

【文明工程建设】 2010年，水电十二局有限公司进一步规范公司文明创建工作，提高创建工作质量。按照文明工程“六达标”的要求，认真抓好股份公司和水电十二局有限公司文明工程的考核评比工作。2010年江苏溧阳抽水蓄能电站进厂交通洞工程获股份公司“文明工程”；江苏溧阳抽水蓄能电站进厂交通洞工程、温州浅滩一期围涂工程东围堤工程获水电十二局有限公司“文明工程”。通过文明工程创建活动的开展，进一步提高了公司文明施工水平，促进了工程项目的经济效益、队伍建设、施工环境、安全质量、施工进度等各项工作，提高了项目文明施工水平，树立了良好的企业形象，为工程任务的全面完成发挥了重要作用。

（赵春玉）

【重点工程劳动竞赛】 2010年，水电十二局有限公司工会将“六比六赛”劳动竞赛活动引向深入，规定水电十二局有限公司承建的列为国家、省重点工程及合同金额土建工程5000万元以上、机电安装工程1000万元以上、钢结构制作2000万元以上的24个工程项目都要参加竞赛活动。上半年通过项目自查打分、水电十二局有限公司机关相关部门考核评分，并经水电十二局有限公司劳动竞赛领导小组评定，通报表彰了3个竞赛成绩显著的工程项目；年底通过考核评定，江苏溧阳抽水蓄能电站进厂交通洞工程、重庆草街航电枢纽金属结构设备安装工程、温州浅滩东围工程、甘肃崇信电厂工程、福建仙游抽水蓄能电站工程等5个工程项目为重点工程“六比六赛”劳动竞赛优胜单位。

【降本增效群众性合理化建议活动】 2010年，水电十二局有限公司深入开展降本增效群众性合理化建议活动，为改善施工工艺、降低成本，提高企业经济效益作出了较好成绩：第一分局官地水电站项目竖井开挖及混凝土衬砌施工牵引系统创新方案设计、响水涧抽水蓄能电站项目自行制作和改进引水竖井滑模体分别被评为二等奖；第一分局响水涧抽水蓄能电站项目与机电标（EMI）共用厂房排水系统节俭成本开支、机电安装分局重庆草街项目厂房进出水口闸门分节安装水封下闸挡水分别评为三等奖。

【岗位练兵与技能大赛】 2010年，水电十二局有限公司工会同人力资源部、教培中心、设备物资公司在金华基地举行了第三届测量工、电工、重机修理工技能竞赛。名列前茅的4位选手被水电十二局有限公司、水电十二局有限公司工会授予“技术能手”称号，并一次性奖励3000元。水电十二局有限公司工会选送了5名坝工模板工参加股份公司技能竞赛，3人被推荐参加全国电力系统坝工模板工技能竞赛。水电十二局有限公司工会荣获股份公司坝工模板工技能竞赛优秀组织奖、2名坝工模板工分别荣获“全国电力行业技术能手”和“优秀技术能手”称号。

（吕槐阳）

检查监督

【纪检工作】 2010年，水电十二局有限公司继续深入推进惩防体系建设工作。一是建立了惩防体系工作联络机制，所属单位和机关部门明确了联络员，3月，水电十二局有限公司总部在反腐倡廉建设中承担的任务和责任进行分工，明确了党政班子成员和部门的分工及职责。二是开展了企检共建，水电十二局有限公司总部保持与杭州市下城区检察院的联建关系，经常协商、探讨预防职务犯罪的教育和工作开展。第一分局等二级单位与所在地检察院建立联建关系，开展了互动活动，推进惩防体系建设。三是惩防体系信息化建设得到初步落实。收集了公司中层以上领导人员的基本情况，完善了数据库，并对公司领导和机关中层领导人员惩防体系信息系统的操作进行了培训，惩防体系信息化管理工作正常运行。

加大“三重一大”制度执行情况的检查力度。2010年，水电十二局有限公司纪委、监察部围绕工程分包、设备物资采购、大额度资金使用、奖金分配等决策情况的监督检查，对改进和提高所属单位领导人员执行力意识起到了积极的推进作用。

坚持落实领导人员廉洁从业实施意见和领导人员廉洁谈话制度。2010年，水电十二局有限公司纪委领导与30名所属单位中层领导人员进行了廉洁谈话，与28名领导人员进行了任前谈话，诫勉谈话3人，严格要求，警示在前。

2010年，收到群众来信8件。水电十二局有限公司纪委、监察部十分重视职工群众的来信来访，加大对信访件及违法违纪线索的调查核实力度，每件都组织调查核实并作相关反馈。2010年立案2件，1件是原董箐施工局局长受贿案，1件是原第三分局副局长非婚生子案，公司按有关规定作出严肃处理。

【党风廉政建设责任制】 2010年，水电十二局有限公司根据党风廉政建设责任制实施细则，全面履行领导职责。2010年初，水电十二局有限公司党政正职与副职、党政副职与机关部门、公司与所属单位签订党风廉政建设责任书90份，所属单位层层签订责任书304份。6月中旬，组织对9个单位上半年党风廉政建设责任制落实情况进行了抽查。12月，分4个考核组对所属二级单位进行全面考核，采取听、看、查、访、测等步骤进行。考核情况向所在单位班子成员反馈，不足方面提出整改要求，考核结果与领导人员年薪挂钩。

水电十二局有限公司党委3次召开党风廉政分析会，一是结合廉洁从业专项教育活动整改方案中提出的三个方面的整改措施，逐个讨论、分析，理清思路，落实整改；二是结合董箐施工局案例，重点分析了工程分包、工程款结算与支付、领导人员职务消费等方面容易出现廉洁问题的重点环节，以案警示，强化教育，并提出了加强和改进措施，取得了积极效果。

【廉洁从业专项教育】 2010年4～6月，水电十二局有限公司组织开展了廉洁从业专项教育活动。成立了专项教育活动领导小组及办公室，制订下发了实施方案，召开了动员大会。组织播放违法违纪案例警示片《警钟长鸣》33场·次，836人·次观看。水电十二局有限公司党委书记在机关总部为全体党员上了题为“加强教育，提高认识，规范领导人员廉洁从业行为”的党课；组织知识答题，水电十二局有限公司领导班子成员、机关部门负责人、所属单位及项目部班子成员357人参加了知识答题。印发了《加强廉洁文化建设的实施方案》，进一步明确了以“五进五廉”为主要载体的廉洁核心理念，构建反腐倡廉的先进文化支撑体系，发挥廉洁文化的宣教、激励和警示作用。通过认真学习、开展调研，交流体会、专题分析，制定整改措施、总结提高等三个阶段的活动，增强了公司各级领导人员的廉洁从业意识，有力地促进了公司各项工作的开展。

【效能监察】 2010年，水电十二局有限公司根据公司工作重点，结合“管理创效年活动”，开展了专项工作效能监察和项目管理效能监察。在开展“小金库”专项清理工作效能监察的同时，牵头对控股公司浙江中水电港航公司贷款资金使用管理及经营效益、第五分局等4个项目设备物资采购管理情况进行了专项效能监察。在项目管理效能监察方面，重点关注中小项目和新开工项目的制度建设，检查项目制度体系建立和制度执行力情况，先后对第七分局南水北调施工局等5个单位9个项目进行效能监察，发出监察通知书5份、监察整改（建议）通知书5

份，对上述单位管理中存在的15个问题进行了纠正，回收资金99.1万元。所属单位立项20项，其中工程分包队伍选择和工程款结算3项，设备物资采购6项，废旧物资处理3项，工程项目及成本管理5项，班组承包1项，安全生产管理1项，保廉合同执行情况监察1项。所属单位通过开展效能监察，增加效益433.61万元，节约资金26.02万元，挽回损失402万元，建章立制41项，查堵漏洞10个，取得了较好的效果。进一步落实工程分包签订《保廉合同》制度。全年签订工程分包《保廉合同》35份，认真做好《保廉合同》的抽查验收工作。

（周　蓉）

【审计监督】　2010年7月，根据国务院国资委和股份公司关于加强和推进中央企业经济责任审计的要求，水电十二局有限公司制定了《公司所属单位负责人离任经济事项交接办法》，办法对在财务、经营、管理、法律等方面没有明确但可能给公司发展带来影响的事项，明确要求进行交接，以提高审计职业判断的质量，明确责任，减少事项发生时当事人之间的推诿和扯皮现象。全年共实施完毕审计项目25个，其中经济效益项目21个、经济责任项目3个、节能减排项目1个。查出违规金额420.4万元，及时纠正420.4万元，提出审计建议53条，采纳53条。

（方高钧）

【领导班子民主生活会】　2010年9月20日，水电十二局有限公司领导班子民主生活会在杭州召开，股份公司副总经理王彤宙、总经理助理李燕明，浙江省委组织部干部三处副调研员章坚到会指导并作重要讲话。此次民主生活会的主题是“围绕贯彻科学发展观，提升企业的发展能力，解决影响本单位科学发展的突出问题，推动企业科学可持续发展”，通过广泛征求意见并如实反馈，党政主要领导和班子成员谈心交心活动，班子成员认真撰写发言提纲等，重点查找了影响和制约公司科学发展的突出问题以及班子成员自身存在的突出问题。会上，党政领导班子成员根据公司科学发展的要求，分别联系各自的思想和工作实际，认真开展了批评与自我批评，并针对公司目前发展中存在的主要矛盾和突出问题，提出了具有针对性的意见和建议。会议为提升企业科学发展水平，确保企业年度生产经营任务的完成，推动公司持续、稳定、健康发展打下了坚实的基础。

（冯建伟）

【十届五次职工代表大会】　2010年2月上旬，水电十二局有限公司召开十届五次职工代表大会。大会除履行好职代会规定的民主程序外，还审议通过了涉及职工切身利益的《2010年岗位工资调整方案》、重新修订后的《职工互助帮困基金会章程》和《离休干部住房补贴方案》，较好地行使了职代会的职权。

【厂务公开】　2010年，水电十二局有限公司工会按照公司《厂务公开实施办法》和《厂务公开实施细则》的规定，除了通过文件、会议、企业内部报纸、网络进行公开外，每季度还专门编印一期公司《厂务公开简报》，向全体职工通报各类重大事项。同时，要求二级单位通过职代会、所在单位《厂务公开简报》或厂务公开栏，定期向职工群众公开规定公开的内容。目前，二级单位所属项目部普遍建立了厂务公开栏，确保职工群众的知情权、参与权和监督权。

（吕槐阳）

【“小金库”治理】　2010年8月6日，水电十二局有限公司成立了由公司党政主要领导任组长，纪委书记、总会计师任副组长，机关相关部门负责人为成员的“小金库”专项治理工作领导小组，设立了“小金库”专项治理工作专职办事机构。8月26日，在杭州公司总部召开了廉洁从业警示教育暨“小金库”专项治理工作紧急动员大会，水电十二局有限公司领导、所属单位的党政负责人以及机关各部门负责人全部参加了会议。会后，对水电十二局有限公司总部和其所属28个单位以及各个项目经理部全面进行了自查自纠。9月6日，下发了《关于公司“小金库”重点检查工作的通知》，水电十二局有限公司于9月7日至10日派出三个重点检查工作组对其所属部分单位、项目部进行了重点检查，共检查二级单位及子公司15个，检查面达到60%，有力地促进了“小金库”专项治理自查自纠阶段工作。通过检查，共发现设有“小金库”的单位9个，“小金库”13个，收入金额479.86万元，支出金额409.70万元。余额70.16万元在自查自纠报告报出时已全部纳入本单位财务账簿管理。对“小金库”收支金额财务处理已在年度财务决算前处理完毕。

（吴琳梅）

中国水利水电第十三工程局有限公司

概　况

【综述】　2010年，中国水利水电第十三工程局有限公司（以下简称“水电十三局有限公司”）按照“国外为主，国内国外协调持续发展”的战略，国内、国外两个市场经营工作协调发展，国内市场经营成效显著。两级营销体系建设取得初步成果，经营指标再创历史新高，超额完成年度计划。2010年7月1日，水电十三局有限公司总部从山东省德州市迁入天津市高新技术区。

截至2010年末，水电十三局有限公司在国内外拥有设备类固定资产原值18.37亿元，总功率为44.89万千瓦；其中自有大型设备（100万元以上）245台/套。水电十三局有限公司先后荣获“全国优秀施工企业”、“全国电力行业实施卓越绩效模式先进企业”、“山东省文明单位”等荣誉称号。

【领导班子】　2010年，水电十三局有限公司领导班子成员为：执行董事、总经理、党委副书记何占颂，党委书记、副总经理于晓，监事、党委副书记、纪委书记刘炳刚，副总经理兼总工程师杨涛，副总经理刘晓辉、徐德阳、秦超、杨长才、闫修春，总会计师席国超，总经济师殷国宝，工会主席李汝伟。

【组织机构】　水电十三局有限公司总部组织机构：总经理工作部、党委工作部、纪委（监察部）、工会、团委、人力资源部、企划经管部、设备物资部、资金管理部、工程管理部、安全生产监督管理部、财务产权部、审计部、法律事务部、技术中心、离退休管理部。内部独立核算单位：市场开发总公司、基础设施事业部。

生产经营单位：二公司、三公司、四公司、机电安装分公司、橡塑制品厂。后勤单位：十三局医院、德州管理中心。全资子公司：中水电十三局水电工程有限公司、德州房地产开发有限公司、天津勘测设计研究院有限公司、天津国际贸易有限公司、德州九龙贸易有限公司、北京流芳宾馆有限公司、监理中心有限公司。参股公司：中国水电港航建设有限公司、深圳市瑞沃工程有限公司。

水电十三局有限公司在巴基斯坦、坦桑尼亚、安哥拉、卡塔尔和阿尔及利亚5个国家设有经理部。

（杨苏飞）

【职工队伍】　2010年，水电十三局有限公司有员工4570名，研究生学历31名，本科学历1513名，大专学历1287名，中专及以下1739人。具有高级专业技术资格335人，中级专业技术资格607人，初级专业技术资格1893人；高级技师27人，技师66人，高级工668人，中级工821人。公司具有执（职）业资格情况：一级建造师108人，二级建造师61人，注册造价工程师39人，注册安全工程师18人，注册质量工程师14人，注册监理工程师23人，企业法律顾问7人。

（郭本强）

【经营业绩】　2010年，水电十三局有限公司实现营业收入61.22亿元，其中国外30.03亿元，国内31.19亿元；实现利润同比增长12.38%；职工年人均收入与公司发展协调增长；2010年底，资产总额为51.56亿元；资产负债率为78.41%；全年新签合同金额为71.56亿元，超额完成年初下达的70亿元经营计划目标。结转到下一年度的合同存量约为154亿元，其中海外合同存量为116亿元，占合同存量的75%。水电十三局有限公司在集团全资子公司中排名：营业收入总额列第6位；业绩利润总额列第5位；营业收入利润率列第3位；年人均劳动生产率列第2位；年人均创利水平列第1位。

（杨苏飞）

国际工程

【综述】　2010年，水电十三局有限公司国际工程在建项目37个，分布在巴基斯坦、卡塔尔、也门、利比亚、安哥拉、坦桑尼亚、肯尼亚、阿尔及利亚、沙特阿拉伯、刚果10个国家，完工项目9个。

【巴基斯坦杜伯华水电站工程】　2010年1月9日，

水电十三局有限公司与该工程业主签订压力钢管变更令，合同金额调整至8933.65万美元。截至2010年底，累计完成合同金额的75%。7月27～29日，施工所在地区持续强降雨引发81年来最大山洪和泥石流等自然灾害，项目损失惨重，3名中方员工遇难，施工暂停。2010年，项目主要进行合同索赔、保险理赔、灾后重建工作。

【巴基斯坦达拉瓦特大坝工程】 该工程位于巴基斯坦信德省卡拉奇与海德拉巴之间，合同金额9102.03万美元。工程主要包括混凝土重力坝、溢洪道、取水口、主渠和支渠的设计、采购、土建施工与金属结构安装等。2010年6月9日签署合同，6月30日工程开工。2010年项目主要进行前期临建施工和项目详细设计工作。

【卡塔尔路塞开发区基础设施第一标段（CP1）】 该工程位于卡塔尔多哈市。2010年项目新增两项补充协议，合同金额增加到9.73亿美元。截至2010年底，累计完成土石方明挖363.6万立方米，土方回填155.6万立方米，混凝土浇筑44.8万立方米，钢筋制作安装64 111吨。累计完成合同额的51%。

【卡塔尔西湾地区、伍姆斯拉和阿尔高水厂三地供水工程（GTC182）】 该工程位于卡塔尔西湾地区、伍姆斯拉和阿尔高三个区域。截至2010年底，累计完成管线开挖1.57万米，管线铺设1.41万米，蓄水池开挖6.4万立方米，混凝土浇筑4.56万立方米，钢筋制作安装4.56万吨，完成合同额的65%。

【利比亚奥巴里4500套独立住房规划设计施工项目】 该工程项目位于利比亚奥巴里到塞卜哈的公路两侧，长度140千米，共15个地块，23个区块。截至2010年底，累计完成合同额的20%。

【安哥拉鲁娜—卢库塞道路修复工程】 该工程为鲁娜至卢库塞134千米道路修复和加宽。工程主要内容包括加宽和修复现有排水构筑物、新建7座桥梁和侵蚀防护工程等。截至2010年底，累计完成合同额的50%。

【安哥拉安杜鲁聂来亚公路工程】 该工程为安哥拉自安杜鲁至聂来亚的公路修复项目，主要工程内容为44.2千米道路双表处路面修复。截至2010年底，累计完成路基工程48.25万立方米，涵洞22座，完成合同额的54%。

【安哥拉罗安达供水系统改造二期项目】 该项目位于安哥拉罗安达市，合同金额4890.61万美元。工程内容为新建蓄水池、水塔、提升泵站、公共饮水点，及修建120千米供水管网等。工程于2010年6月15日开工。截至2010年底，累计完成管道55.92千米，完成合同额的36%。

【安哥拉索约市政供水一期项目】 该供水项目位于安哥拉西北部扎伊尔省索约市，合同金额3833.00万美元。2010年8月项目人员陆续进场。截至2010年底，一期A部分规划图纸已经提交，待监理批复，项目营地建设基本完工。

【坦桑尼亚浩乐浩乐公路工程】 该工程位于坦桑尼亚坦噶省境内，项目为坦噶至浩乐浩乐公路升级工程，是美国援助坦桑尼亚千年挑战资金项目。工程内容包括65千米道路升级改造、桥梁、箱涵、管涵和附属排水结构物等，合同金额5339万美元。2010年1月22日开工。截至2010年底，累计完成土石方开挖与回填26.73万立方米，混凝土浇筑1425立方米，钢筋制作安装119吨，完成合同额的14%。

【坦桑尼亚多多马巴巴提公路工程】 该工程起点为坦桑尼亚首都多多马，终点为马亚马亚，标段全长43.65千米。主要内容为将原来的砾石路升级改造为沥青混凝土路。签约日期为2010年6月28日，合同额3060.18万美元。2010年主要进行前期准备工作，主体工程未开工。

【坦桑尼亚佩拉米霍姆宾加公路工程】 该工程起点为坦桑尼亚佩拉米霍，终点为姆宾加，标段全长78千米。主要内容为将原有砾石土路升级改造为沥青双表处公路，合同金额5920.21万美元。主要工程包括土方开挖76.3万立方米，土方填筑106.3万立方米，基层和底基层处理25万立方米，混凝土浇筑2万立方米，双表处80万平方米。截至2010年底，项目主营地及分营地均已建成，主体工程施工逐步展开。

【坦桑尼亚马萨西和纳钦圭阿供水工程】 该工程位于坦桑尼亚南部港口城市穆图瓦拉西约150千米，合同金额2305.80万美元。工程内容包括铺设球铁管或钢管管线约87千米、配水PVC管线255千米、混凝土水池8个、提升泵站2处。工程授标日期为2010年7月6日。2010年，主要进行前期准备。

【坦桑尼亚普盖塔波拉公路工程】 该工程为坦桑尼

亚普盖至塔波拉全长 56.1 千米的公路。工程内容是将原来的砾石路升级改造为沥青标准路，升级后的公路行车道宽 6.5 米，两边路肩各 1.5 米。采用可调单价施工合同，合同金额 4688.81 万美元。2010 年 7 月 30 日签订合同。2010 年，主要进行前期准备。

【坦桑尼亚马尼奥尼伊蒂吉恰亚公路工程】 该工程为坦桑尼亚马尼奥尼至伊蒂吉恰亚全长 89.3 千米的公路。工程内容是将现有的土路、碎石路升级改造为标准沥青路，达到主干道标准，设计路面双向 2 车道宽 9.5 米，设计加施工合同，合同金额 8101.69 万美元。签约日期为 2010 年 7 月 30 日。2010 年，主要进行前期准备工作。

【肯尼亚萨苏木大坝修复工程】 该工程位于肯尼亚首都内罗毕西北约 100 千米处。工程内容包括现有损坏的泄洪道重建、堤坝维护、仪表系统修复与安装、进场道路维护等，合同金额 3202.19 万美元。2010 年 9 月 13 日，主体工程完工。

【肯尼亚科密拉欧鲁赤灌溉工程】 该工程位于肯尼亚尼扬扎省维多利亚湖边，分为科密拉、欧鲁赤两个标段，合同金额 3882.24 万美元。工程采取联营体方式施工，水电十三局有限公司占 51%，江西水利水电建设有限公司和当地马其利有限公司各占 34% 和 15%。工程于 2010 年 1 月 28 日开工。截至 2010 年底，累计完成土石方开挖 16.63 万立方米，土石方回填 13.86 万立方米，混凝土浇筑 7866 立方米，钢筋制作安装 293 吨，沥青混凝土浇筑 3.67 万立方米，完成合同额的 30%。

【肯尼亚伽撒拉尼污水干线工程】 该工程位于肯尼亚内罗毕市区东北部，合同金额 1879.26 万美元。工程内容为 5 个地区污水干线的铺设，包括铺设 49 千米预制混凝土污水管道，修建 1.4 千米箱涵和检修孔及其他附属工程，包含所有材料的采购、管线铺设、检验以及维修等。2010 年，主要进行施工准备和临建施工。

【阿尔及利亚玛乌阿纳大坝工程】 该工程位于阿尔及利亚盖萨尔河上。截至 2010 年底，累计完成土石方开挖 221.42 万立方米，土石方回填 19.04 万立方米，混凝土浇筑 0.77 万立方米，完成合同额的 21%。

【阿尔及利亚德拉迪斯大坝工程】 该工程位于阿尔及利亚赛迪夫省。截至 2010 年底，累计完成土石方开挖 56.37 万立方米，钻孔灌浆 2.4 万米，混凝土浇筑 1.92 万立方米，完成合同额的 26%。

【沙特阿拉伯延布场地发展项目第四期工程】 该工程位于沙特阿拉伯西部红海岸边的延布工业城。合同签订日期为 2010 年 10 月 19 日，合同金额 3999.97 万美元。工程内容包括场地平整、场区雨水、污水、上水、电力、电话、桥梁道路、绿化、消防停车场、洗浴卫生、警局安保、急救设施以及相应辅助设施的建设。主要工程量：土方 33.64 万立方米，混凝土 2.65 万立方米，供水管线 55.08 千米，雨、污水管线 10.01 千米，电缆 33.1 千米。2010 年，主要进行施工前期准备。

（郑花香）

【刚果欧依欧 220 千伏变电站工程施工分包合同】 该工程位于刚果共和国欧依欧市，合同金额 4147.17 万元。工程内容包括土方工程、基础工程、电气设备安装及调试工程等。工程于 2010 年 4 月 1 日开工。截至 2010 年底，累计完成营业收入 73.80 万元，为合同额的 1.78%。

（李丽婕）

国内工程

【综述】 2010 年，水电十三局有限公司国内在建工程项目 65 个，分布在 20 个省市自治区，完成营业收入 31.21 亿元，占企业总营业收入的 50.97%。国内完工工程 11 个，新承接工程项目 37 个，新签合同金额 40.70 亿元。

【京沪高速铁路三标段铺轨工程】 该工程包括崔马庄至曲阜段正线铺轨，崔马庄线路所、泰山西站等，合同金额 3.86 亿元。工程于 2010 年 6 月 4 日开工。截至 2010 年底，累计完成营业收入 3.82 亿元，为合同额的 99.15%。

（全英凤）

【济南小清河综合治理二期水利工程Ⅳ标段】 该工程位于山东省济南市，合同金额 5629.82 万元，工程内容为河道工程、道路工程、桥梁工程和东吴家堡提水泵站工程。工程于 2010 年 3 月 27 日开工。截至 2010 年底，累计完成营业收入 2180.27 万元，为合同额的 38.73%。

【南水北调东线一期工程引黄济青济南市区段工程】

该工程位于山东省济南市，合同金额 1.15 亿元。截至 2010 年底，累计完成营业收入 9389.57 万元，为合同金额的 81.68%。

【南水北调中线一期工程总干渠漳河北至古运河南土建施工 SG13 标】 该工程位于河北省鹿泉市，合同金额 3.89 亿元，工程内容为大型河渠交叉建筑物 3 座，左岸排水建筑物 4 座，渠渠交叉建筑物 4 座，控制工程 4 座等。工程于 2010 年 6 月 30 日开工。截至 2010 年底，累计完成营业收入 7317.39 万元，为合同金额的 18.83%。

【南水北调东线一期工程鲁北段大屯水库工程】 该工程位于山东省武城县，合同金额 1.17 亿元。工程内容为围坝填筑、库底铺膜、武城供水洞、围坝外侧排水沟等。工程于 2010 年 11 月 25 日开工。截至 2010 年底，累计完成营业收入 373.07 万元，为合同金额的 3.19%。

【上海青草沙水库及取输水泵闸 6 标工程】 该工程位于上海市崇明县长兴乡，合同金额 9972.36 万元。工程内容包括中央沙库区北围堤改造长约 7034 米、连通涵闸两座及水质富营养化预控技术实证基地一座，实证基地陆域土方吹填 86 万立方米。工程于 2010 年 10 月 20 日开工。截至 2010 年底，累计完成营业收入 1930.08 万元，为合同金额的 19.35%。

【安徽黄山新安江中心城区综合治理工程】 该工程位于安徽省黄山市屯溪区，合同金额 8928.82 万元。截至 2010 年底，累计完成营业收入 9208.76 万元，为合同金额的 103.14%。

（杨苏婕）

【南水北调中线一期工程天津干线西黑山进口闸至有压箱涵段工程】 该工程位于河北省徐水县西黑山，合同金额 4.53 亿元，合同工期为 2009 年 7 月 15 日至 2012 年 7 月 15 日。工程内容包括现浇混凝土箱涵、西黑山进口闸枢纽、东黑山陡坡、东黑山村东检修闸、文村北调节池等。工程于 2010 年 2 月 28 日开工，截至 2010 年底，累计完成营业收入 1.46 亿元，为合同金额的 32.14%。

【南水北调中线一期工程磁县干渠工程第二标段】 该工程位于河北省邯郸市磁县境内，合同金额 3.57 亿元。工程内容包括渠道长 13.37 千米、建筑物长 0.50 千米、14 座水工建筑物。工程于 2010 年 6 月 1 日开工。截至 2010 年底，累计完成营业收入 5093.91 万元，为合同额的 14.27%。

【哈达山水利枢纽工程（一期）防护区工程土建施工（A-07）标段】 该工程位于第二松花江干流下游河段，坝址在吉林省松原市东南约 20 千米处。截至 2010 年底，累计完成营业收入 6941.46 万元，为合同金额的 50.56%。

【潍坊市沿海防护（二期）防潮闸工程二标段】 工程位于潍坊市滨海经济开发区，合同金额 5556.67 万元。工程内容包括消力池、海漫、防冲槽、防潮闸、挡土墙、交通桥、排架检修桥、机电设备和金属结构安装等。工程于 2010 年 4 月 17 日开工。截至 2010 年底，累计完成营业收入 3974.78 万元，为合同金额的 71.53%。

（司玉娥）

【福建省武夷山至邵武高速公路路面一标段】 该工程位于福建省邵武县，合同金额 3.34 亿元。工程于 2010 年 10 月 26 日完工，累计完成营业收入 3.11 亿元，为合同金额的 93.20%。

【南水北调中线一期工程总干渠辉县段第六施工标段】 该工程位于河南省新乡市辉县，合同金额 3.13 亿元。截至 2010 年底，累计完成营业收入 1.62 亿元，为合同金额的 51.78%。

【南水北调中线一期工程总干渠潮河段工程第七标段】 该工程位于河南省新郑市，合同金额 2.72 亿元，合同工期为 2010 年 6 月 1 日至 2013 年 1 月 31 日。该标段长 6.73 千米，标段内共有各种建筑物 10 座。工程于 2010 年 9 月 28 日开工，截至 2010 年底，累计完成营业收入 1914.93 万元，为合同金额的 7.04%。

【青岛双积公路高新区至红石崖段一标段】 该工程位于青岛市城阳区国家高新区，合同金额 2.25 亿元，合同工期为 2010 年 3 月 17 日至 2012 年 3 月 17 日。该标段全长 7.65 千米，实际实施路基处理长度 6.55 千米，实施软基处理长度 6.49 千米。工程于 2010 年 5 月 13 日开工。截至 2010 年底，累计完成营业收入 1.16 亿元，为合同金额的 51.66%。

【青岛海底隧道黄岛端连接线工程一标段】 该工程位于山东省青岛市黄岛区，合同金额 8399.82 万元，合同工期为2010年7月至2011年5月。该标段全长3.28千米，设计路面宽度为31.5米。立交段主线设计宽度为27米。工程于2010年6月20日开工，截至2010年底，累计完成营业收入3359.93万元，为合同金额的40%。

【京沪高速铁路三标段七工区】 该工程位于山东省滕州市，合同金额2.89亿元。截至2010年底，累计完成营业收入3.52亿元，为合同金额的121.99%。

【贵阳至广州铁路站前工程GGTJ-12标】 该工程位于广东省肇庆市鼎湖区境内，合同金额5.20亿元。截至2010年底，累计完成营业收入1.90亿元，为合同金额的36.55%。

（武艳丽）

【甘肃瓜州干河口第四风电场工程风力发电机塔筒设备A标段】 中国水电建设集团瓜州风电有限公司在甘肃瓜州干河口建设200兆瓦风电场，水电十三局有限公司承接了部分风电设备制作工程，合同金额为6114.03万元，合同工期为2010年5月7日至2011年1月20日。截至2010年底，工程已全部完工。

（李丽婕）

【霍林河霍林郭勒市城区段防洪工程一标段】 该工程位于内蒙古霍林郭勒市。工程内容包括新建堤防及防护工程、河道整治工程、护砌工程等。截至2010年底，累计完成营业收入8494.57万元，为合同金额的83.46%。

（金英凤）

管理创新

【公司总部搬迁天津】 2010年7月1日，水电十三局有限公司总部搬迁至天津市南开区华苑产业园区榕苑路2号，天津总部大楼正式启用。11月26日，集团公司总经理范集湘与天津市副市长熊建平共同为水电十三局有限公司总部入津揭牌。早在2008年1月11日，集团公司党委书记刘起涛与天津市常务副市长杨栋梁共同出席了水电十三局有限公司总部迁入天津高新区签字仪式，搬迁工作正式启动。2010年12月30日，水电十三局有限公司完成注册地址工商变更，取得天津市营业执照，注册资本由1.19亿元增加到5亿元。

（杨苏飞）

【业务结构和产业结构调整】 2010年，水电十三局有限公司转变发展方式，从经营源头上调整优化业务结构和产业结构，加大BT、EPC项目经营开发力度；加大投融资力度，参股天津新城开发BT项目，带动施工总承包，培育新的经济增长点，逐步从单一的施工总承包向投融资及投融资带动项目总承包、房地产开发、设计、工业等各产业协调发展转变，初步形成了国际业务、国内基础设施业务、投融资业务协调发展的经营格局。

（王　琪）

【“管理创效年”活动】 2010年，水电十三局有限公司以“管理上水平，创效增能力”为总体目标，开展了“管理创效年”活动。完善管理流程，创新管理手段，增强管理效益。国内水电建筑业务利润增长率为285.37%，国内非水电建筑业务利润增长率为19.15%，国际工程业务利润增长率为11.10%，工业业务利润增长率为90.36%，投资业务利润增长率为19.15%，均超额实现了股份公司下达的各项目标。

（刘佩河）

【在建项目精益化管理】 2010年，水电十三局有限公司在加大国内外市场经营的同时，强化对在建工程项目的履约过程管控。加强了项目经理部的管控能力，在人力资源、工程结算、设备材料等方面进行统一协调管理。一是成立了工程投标评审委员会，加强对投标项目的风险控制；二是加大了对分包队伍、劳务作业的管控力度，并出台了管理制度和管理规定；三是加快信息化建设步伐，实现项目管理数据的在线填报、流转和评审。在重大项目、新进领域的项目实施上，京沪高铁项目推行了以过程控制为主的标准化管理；天津武清BT项目推行了“以制度管人，用制度管事”，从制度上保证了总承包业务的顺利开展，提高了管理水平。

（孙秀宝）

【两级市场营销体系建设】 2010年，水电十三局有限公司修订了《中国水电十三局有限公司经营工作管理办法》，规定公司经营模式实行公司、二级单位两级市场营销体系，二级单位经营机构接受公司市场开发总公司统一领导；对联合投标中标所完成的经营任务由市场开发总公司与联合投标的二级单位按一定权重进行分配；联合投标中标项目的经营基金也按照一定权重进行分配；二级单位自行组织投标的项目，其经营基金全额分配给该单位。2010年，二级单位年内总计签订合同达到国内总签约额的40%以上。

（朱明磊）

【调整薪酬结构和绩效考核评价体系】 水电十三局有限公司制订了《水电十三局有限公司公司总部人员薪酬结构调整方案》，适当提高公司总部人员岗位工资标准，所属各单位也参照此方案作了薪酬结构调整。还制订了《水电十三局有限公司公司领导薪酬及海外待遇管理办法（试行）》，明确了公司领导海外工作期间的有关待遇。

（郭本强）

【企业风险管控】 2010年，水电十三局有限公司全面风险管理与内部控制体系建设工作全面启动。设立了全面风险管理领导小组及办公室，制定了全面风险管理与内部控制体系建设计划。把国际工程项目风险管理作为重点工作来抓，制定了一系列措施和办法。风险管控分三个阶段进行，第一阶段是对风险进行前期策划和管控；第二阶段是全过程风险控制，在项目实施阶段对风险进行更深入更细致更全面的分析；第三阶段是在风险结束后对管控效果进行综合评价。2010年，水电十三局有限公司国际工程项目风险基本做到了全面受控。

（余　梅）

【财务集约化管理】 水电十三局有限公司总部搬迁天津后，同步设计、逐步推进财务职能调整和财务机构扁平化工作，建设水电十三局有限公司范围会计核算“一本账”财务管理体系。国内单位从年初开始独立运行使用用友ERP-NC财务核算管理系统，国外工程项目也开始采用用友U852软件建立2010年年度账，以便实现与国内NC系统在财务信息资源上的有效对接，充分发挥NC系统对财务信息进行集中管控、实时监控和根据需要调整管理流程的作用，实现财务信息资源集约化管理。

（魏　楠）

【国际国内税收管理】 为有效防范境外财务和税收风险，水电十三局有限公司制定了《水电十三局有限公司国际工程项目税收业务的指导意见》，加强了境外项目管理人员税收风险防范意识，明确了税收筹划工作的目标、思路和方法。10月，巴基斯坦经理部第一次取得当地税务机关2010年免征预交所得税证明；12月，制订了《水电十三局有限公司东非经理部国际税收管理办法》，规范东非经理部及所属各项目部的税收管理工作。利用总部搬迁天津的机遇和取得的享受税收优惠政策，完成了免征天津办公楼契税的工作，并与天津国税协调延长水电十三局有限公司外出经营活动管理证明的有效期。

（吴　蓉　魏　楠）

【加强对《建造合同准则》执行的监督检查】 水电十三局有限公司对国内各分公司所属项目、南水北调工程项目、国外东非经理部及下属项目进行了《建造合同准则》实施情况的现场检查，采取召开进场会、检查《建造合同准则》实施基础资料等方式对受检单位进行检查、监督和指导，以整改通知的形式，指出了项目《建造合同准则》实施五大方面的问题及整改要求。为规避未完施工偏大存在的财务风险，2010年底，财务产权部协同有关部门对长期挂账的未完施工进行分析、清理，使得未完施工由2010年初的8.29亿元下降到年末的5.35亿元，降幅达35.54%。

（徐宝东　魏　楠）

【人力资源管理】 2010年，水电十三局有限公司共招聘新员工442人。通过竞聘选聘方式，使38名员工走上公司中层领导及项目班子成员领导岗位。继续实施“1+1”人才培养工程，完善了传、帮、带的鼓励政策。建立了公司项目经理、项目总工、高级、中级、初级系列后备人才库及培养方案。加强了建造师、造价工程师、安全工程师等注册执业资格的考前培训工作，制订了《国外项目员工人事和各项保险缴纳管理办法》，在人力资源部成立“国外项目员工管理处”，细化出国人员管理。2010年，通过德州市中鲁、德惠劳务公司两次共安置原协议解除人员18名。

（郭本强）

【建立企业年金】 2010年初，按《中国水利水电第十三工程局有限公司企业年金方案》的要求，水电十三局有限公司设计下发了《加入企业年金计划申请表》，根据职工自愿原则，为职工建立个人账户并开始缴费。

（郭本强）

【设备物资管理】 为及时掌握国外施工项目的设备管理状况，水电十三局有限公司在项目集中的国家，由区域经理部统管辖区范围内各项目的设备管理工作，负责协调各项目之间的设备调剂，统筹规划本区域内的资源配置。按照施工项目的分布情况和密集度，国外项目划分了安哥拉、利比亚、东非等大区域。国内各单位和施工项目设有设备管理部门，配备专业设备人员，保证了施工顺利进行。水电十三局有限公司设备管理制度体系健全，覆盖了设备配置、采购、使用、维保、进退场、基础管理、现场管理等方面，保证了设备管理工作全程动态受控。

（王莉敏）

【信息化建设】 水电十三局有限公司完善信息化组织机构及制度，制订了《水电十三局有限公司天津总部通讯管理办法》等制度；完善了资金管理系统、市场经营管理系统、办公自动化系统等的应用，实现了业务系统的常态化、制度化，数据填报及时准确。水电十三局有限公司总部及各子公司之间通过OA系统，实现了发文、收文、签报全部电子化，审批流程全部电子化。成功完成了综合项目管理系统试点工作。

（刘天牧）

【法制工作】 水电十三局有限公司认真落实法制工作三年规划目标，通过规范法律审核流程，企业重大经营决策、重大规章制度、重大合同的法律审核把关率接近100%。全年未发生因违法经营导致的重大法律纠纷案件，历史遗留的重大法律纠纷案件得以有效解决。开展了法制宣传教育活动。先后到京沪高铁、南水北调磁县项目、青岛项目群进行法制讲座，重点加强了《劳动合同法》、《合同法》、《企业国有资产法》及相关法规、规范的学习宣传，水电十三局有限公司依法经营管理水平有新的提高。

（李　娴）

投资开发

【天津武清“新城开发”BT项目市政一期工程】 2010年，由水电十三局有限公司施工总承包的市政基础设施一期工程，合同金额为8.52亿元。工程内容包括市政配套设施建设，基础配套设施建设等。2月4日，“中水电津城投资发展有限公司”正式注册成立，3月10日，中水电津城投资发展有限公司同水电十三局有限公司签订总承包合同，由水电十三局有限公司作为武清区一期市政施工总承包单位。截至2010年底，一期市政工程共完成投资8.78亿元。水电十三局有限公司以施工组织进度快、工程质量好、总体管控能力强，受到天津市和武清区政府的好评。

（孙新起　李　莉）

【橡塑厂、安装公司设备生产线更新改造】 水电十三局有限公司继续支持橡塑厂和安装公司加大设备、生产线更新改造力度，投资更新改造了橡塑厂自浮管、胶管、钢浮筒和耐磨管生产线，组装了螺旋管第三条生产线。为开拓风电市场，水电十三局有限公司对安装公司风电塔架的生产设备、工作服进行改进。

（孟庆婕）

【德州房地产开发】 2010年4月，水电十三局有限公司成立了德州房地产开发有限公司。德州房地产开发有限公司主要项目是水电十三局德州基地西区棚户区改造，该项目总用地面积为4.10公顷，总户数890户，建筑面积8.9万平方米，绿地率35%。2010年底已取得项目立项、土地规划证、建设用地规划许可证、建设工程许可证和房地产暂定资质，主要的46项手续已经办理完成，基本满足开工条件。

企业改革

【组织机构调整】 2010年，水电十三局有限公司以总部搬迁天津为契机，整合本公司优势资源和力量，构建了适应结构调整优化的组织结构和业务架构。一是更名成立市场开发总公司，调整内部组织结构模式，全面对接股份公司营销体系；二是加强天津、德州两级总部建设，实现了天津和德州总部定员、定岗、定编，调整、梳理了业务流程；三是成立了德州管理中心；四是合并多种经营分公司与九龙公司业务，成立了中国水电十三局天达工贸有限公司；五是设立了技术中心和国外项目员工管理处（科），理顺了企业内部劳动用工管理和工作关系；六是调整了设备物资部、工程管理部、国际保障部和天津国际贸易分公司组织机构和职能。

【内部体制改革】 2010年4月2日，水电十三局有限公司在德州工商局注册“中国水电十三局德州房地产开发有限公司”，注册资本3000万元；7月14日，撤销原基地管理处、职工培训中心、幼儿园，成立“中国水利水电第十三工程局有限公司德州管理中心”；12月1日，“中国水电十三局德州勘测研究院”由德州变更到天津的工商注册，名称变更为“水电十三局天津勘测设计研究院有限公司”；注册成立了天津国际贸易分公司；12月21日，撤销国际项目保障部，将其整建制并入天津国际贸易分公司；12月30日，撤销多种经营分公司，将其业务并入德州九龙贸易有限公司；完成了德州九龙贸易有限公司办理天津国际贸易分公司注册及进出口备案登记工作；规范各子公司与二级单位的管理模式。

【业务流程再造】 水电十三局有限公司总部按照流程驱动、完善程序的工作思路，调整优化组织结构和业务架构，制定了符合公司发展的业务流程。总部搬迁天津后，各二级生产经营单位格局不变，各二级单位仍由总部直接进行管控。水电工程公司按照精干、高效的原则设置，负责水电十三局有限公司与山东省、德州市政府及相关部门的接口和业务联系，协助总部各部门对二级单位进行管控。

（姚瑞丽）

科技进步

【技术中心建设】 2010年6月21日，水电十三局有限公司技术中心被认定为天津市市级企业技术中心。技术中心为水电十三局有限公司职能管理部门，除负责技术中心和科技委日常管理工作外，还负责原来由工程管理部负责的技术管理工作。制订了《水电十三局有限公司专利管理办法（试行）》等规章制度，加大对授权专利和受理专利的奖励。调整了科学技术委员会和专业技术专家委员会成员，评选出优秀科技成果、优秀论文、优秀工法、优秀科技工作者和优秀工程技术人员。技术中心先后组织召开了大屯水库、太仓围堤、青岛女岛港公路等项目施工组织设计和安全技术措施评审会，为项目顺利实施提供帮助。

【科技成果】 水电十三局有限公司2010年共有5项专利获得了国家实用型专利证书。京沪高铁项目的完工，标志着水电十三局有限公司在高速铁路建设技术上取得重大突破，“CRTSⅡ型无砟轨道板铺板技术”与“钢轨闪光焊接工艺研究”已转化为科研成果；钢塑复合浮筒产品开发成功；第三条螺旋钢管生产线投产，标志着水电十三局有限公司已熟练掌握了大型螺旋钢管加工工艺；黄山湖边水利枢纽下闸蓄水，表明水电十三局有限公司在大型钢坝闸安装工艺上取得新的进展。这些科技成果的取得，提升了水电十三局有限公司市场竞争力。

【科技交流】 2010年3月，水电十三局有限公司举办了“专利知识培训学习班”。10月，组织了“钢管自动焊接设备技术推介会”，请韩国WELTECH公司技术专家给技术人员介绍世界上先进的钢管自动焊接技术。还组织了集团公司系统内外部及相关行业技术交流活动。

【科研项目】 2010年，水电十三局有限公司各单位申报天津市企业技术创新项目计划5项，德州市科技计划项目11项，水电十三局有限公司立项课题11项，其中《复合耐磨钢管研发》和《大粒径泥砾筑堤施工技术研究》推荐到股份公司科研项目。

（孟庆婕）

安全生产

【安全生产责任制】 水电十三局有限公司明确了各岗位安全生产责任，全面推行安全生产“一岗双责”制。为确保安全生产处于受控状态，水电十三局有限公司内部层层签订安全生产责任书，将责任落实到生产经营的全过程。严格执行安全生产责任考核奖惩制度，水电十三局有限公司组织对各单位安全生产情况进行综合考核。水电十三局有限公司2010年度安全生产实际投入6586万元，为年计划的118%。

【安全隐患排查治理】 为保持安全生产形势持续稳定，水电十三局有限公司深入开展“安全生产心中有数”活动。成立专项督察组，深入各项目部、车间等生产一线，进行安全检查督察。各单位和项目部共排查一般隐患813项，全部进行了整改，整改率达到100%。

【海外项目安全监管】 水电十三局有限公司将海外项目的安全管理工作放在突出位置，授权区域经理部行使安全监管职能，强化项目经理安全责任意识。修订海外安全管理制度，对海外项目实施有针对性的分类管理。总结国内优秀安全管理工作经验在海外项目推广，灵活安排海外项目人员安全生产培训。海外各项目部深入开展安全生产隐患排查治理行动，排查各类安全隐患263项，全部进行了整改，隐患整改率达到100%。

【安全应急管理】 水电十三局有限公司进一步完善了应急管理体系，加强应急机构建设。对12个综合和专项预案进行了修订。9个直属单位和20个海外项目部重点开展了消防、急救、防汛、防恐等应急救援演练53次，参加演练人员1780人次，投入资金约40万元。

（王文珏）

党建和企业文化建设

【创先争优活动】 水电十三局有限公司党委将2010年确定为“创先争优年”，制订了“全年规划，全面推进，逐月落实，务求实效”的工作思路。各级党组织引领全体员工以工作岗位为平台，积极投入到创先争优活动中。活动期间，组织全公司员工提合理化建议405个，开展技术革新项目84个，为群众和社会做好事、实事456件，完成急难险重任务127件。在党委组织的党内外群众对活动开展情况和成效满意度测评中，测评结果满意度为100%。

（李林岳）

【组织工作】 截至2010年底，水电十三局有限公司下设9个二级党委，7个党总支，7个直属党支部，党员2035名，2010年新发展党员40名。严格党费收缴标准，下发了《关于进一步规范党费收缴、使用和管理的通知》。加强中层领导干部队伍建设，强化干部管理。2010年，有38人被选拔到中层领导岗位；更新了中层领导干部呈报表，建立了中层领导干部数据库；对二级单位和直属项目的100名中层领导干部进行了考核。加强和规范国内外项目党建工作，印发了《水电十三局有限公司国外项目党建工作考核评价办法》、《关于加强水电十三局国内项目党建工作的实施办法》等。

（李 慧）

【新闻宣传工作】 2010年，水电十三局有限公司宣传工作紧紧围绕本公司改革、发展、稳定的大局，多角度、多层次地开展内外宣传。全年在股份公司网站共登载稿件184篇；《水利水电工程报》发表47篇；水电十三局有限公司网站共计登载稿件759篇；《开拓者》报出版24期；电视台共播出《十三局新闻》45期。其中，有16篇消息在搜狐、凤凰、新浪、国务院国资委、南水北调网上刊载。为了提高新闻宣传质量，制定了《开拓者、电视台稿酬管理办法》、《网站征稿管理办法》、《优秀通讯站、通讯员评比表彰办法》和《对外宣传奖励办法》。

（王 玮）

【企业文化建设】 水电十三局有限公司继续做好“优良传统”和“四种精神”的传承，在项目开展企业文化的宣传和推广；坚持为新分大学生作企业文化专题讲座，忆局史，讲局情。总部搬迁天津后，印制新版水电十三局有限公司宣传画册10000册。水电十三局有限公司荣誉室在天津总部建设完成，内容包括流金岁月、国内工程、国外工程、企业文化等九个方面，充分展示了水电十三局有限公司企业文化建设的特色。

（叶春颖 王 玮）

【精神文明创建活动】 水电十三局有限公司在集团公司两级“文明工程”创建活动中，以重点工程项目为平台，围绕项目难点、节点目标，开展多种劳动竞赛。开展了水电十三局有限公司“文明工程项目”评选活动，京沪高铁土建工程三标段七工区项目被股份公司命名为“文明工程项目”。2010年，水电十三局有限公司再次获得山东省“文明单位”称号，也是水电十三局有限公司连续11年获此称号。

（王 玮）

【工会工作】 水电十三局有限公司工会组织围绕企业中心开展工作，一是会同人力资源部门对各单位集体合同、劳动合同，劳动用工情况进行检查，对劳务派遣工的管理进行调研，及时发现解决了一些影响和谐企业建设的问题。二是做好困难职工帮扶工作，全年发放助学金35500元，资助13名困难职工子女上学；为玉树地震灾区捐款30余万元。三是实施群众性经济技术创新工程，全年上报107项经济技术创新成果；举办了“雍阳杯”、“百泉杯”、“双优杯”、“龙奥杯”等劳动竞赛，参赛职工达到1000多人次。四是完善先进生产者、劳动模范的培养和选树工作。五是强化国外经理部、项目部工委的工作，健全国外项目工会组织，发挥工会作用。

【职工代表大会】 2010年，水电十三局有限公司召开了七届五次职工代表大会。会上职工代表对水电十三局有限公司的经营方针、发展目标和年度计划等进行了审议，对中层以上领导干部履职履责和廉洁自律情况进行了评议。11月5日，水电十三局有限公司第七届职代会第五次团（组）长联席会议在德州召开，会议审议通过了《关于统一调整住房公积金缴费比例的实施意见》和《水电十三局有限公司员工奖惩办法（试行）》。

【女工工作】 水电十三局有限公司女工委开展了“岗位建功”活动，涌现出了一批先进集体和岗位建功个人。水电十三局有限公司女工委依法维护女工合法权益，规范管理女工工作，在平等协商的基础上签订了《女职工特殊权益保护专项集体合同》，维护了女职工的特殊权益。组织了“庆三八、游江南”活动。对女职工进行了专项体检。

（陈劲松）

【共青团工作】 水电十三局有限公司团委紧紧围绕公司“打造国际强局”的发展目标，在施工项目、车间、班组等一线，开展青年突击队、青年安全生产示范岗、青年文明号、技术比武、创新创效、导师带徒等活动，引导广大青工立足岗位成长成才。开展丰富多彩的文体活动，以活动促团建，组织青年人参观了天津“周邓纪念馆”，游览了海河、蓟县盘山。加强与国外项目团员青年的沟通交流，帮助他们解决工作和生活中遇到的难题。

（梁景颂）

【维稳工作】　水电十三局有限公司针对总部搬迁天津的新情况，及时调整了维稳信访领导小组，将信访积案化解作为工作重点，解决了困扰公司多年的信访老户的信访问题；为一批解除劳动合同人员提供了上岗机会；加强建筑施工过程中的稳定工作，避免发生恶性群体事件。重视化解“初信初访”，把矛盾化解在萌芽之中。在天津和德州两级总部均设置信访专职工作岗位，加强信访工作队伍建设。加强与天津、德州两地信访部门的联系与沟通，保障了企业稳定发展。

（韩冀辰）

检查监督

【落实党风廉政建设责任制】　水电十三局有限公司党委坚持以党风廉政建设责任制为“龙头”，狠抓责任书的签订、任务分解、检查考核和奖惩兑现等环节，有效促进了党风建设和反腐倡廉工作。各单位层层签订党风廉政建设责任书，年底对各单位党风廉政建设责任制落实情况进行检查考核。严格执行党风廉政建设责任制追究的有关规定，对职工医院违纪违规问题进行了严肃处理。

【廉洁从业专项教育】　2010 年 4 月至 6 月，水电十三局有限公司开展了廉洁从业专项教育活动，共计组织集中学习 101 场次，参加人员达 1797 人次。水电十三局有限公司各级领导班子围绕廉洁从业，党风、作风方面存在的问题进行调查研究，180 余名中层以上干部撰写了心得体会。各级党组织认真撰写分析检查报告，制订整改方案。6 月下旬，水电十三局有限公司党委对各单位专项教育活动情况进行了检查验收。这次专项教育活动，党员领导人员受教育面达 100%，中层以上领导人员受教育面达 95%以上，在岗党员和关键岗位管理人员受教育面达 90%以上。

【惩防体系建设】　水电十三局有限公司将惩防体系建设融入企业发展战略，融入企业经营管理。2010 年 6 月，水电十三局有限公司召开了惩防体系建设促进会，10 月召开了惩防体系建设工作经验交流会，总部职能部门和各二级单位对惩防体系工作规划和制度目录进行修订完善。年底举办惩防体系信息化应用培训班，对中层干部和政工科长进行惩防体系信息应用培训，年底完成了 160 余名中层以上干部信息采集录入工作。水电十三局有限公司修订的《党风廉政建设责任制考核评价办法和考核评分标准》，加大了惩防体系建设考核比重。

【效能监察】　2010 年，水电十三局有限公司效能监察立项 18 个，提出监察建议 126 条，建立和修订各项制度 148 项，奖励 125 人。监察内容包括质量安全、施工进度、成本控制、物资采购管理、租赁合同规范、内控制度完善与执行、工程建设领域专项治理等。特别是加强了境外施工项目效能监察工作力度，对安哥拉农业灌溉及教育学院一期项目等进行效能监察，对促进国外项目纠正偏差，提高管理水平起到推动作用。

（赵乃明）

【开展“小金库”专项治理】　2010 年，水电十三局有限公司认真开展“小金库”专项治理工作，自查自纠户数为 145 户，自查面达 100%。检查发现，原有的问题已得到纠正。为彻底消除“小金库”滋生土壤，水电十三局有限公司梳理了业务流程，完善了内控制度，变“运动式”检查为经常化、制度化的日常规范，并逐步建立健全了预防“小金库”的长效机制。

（魏　楠）

【审计监督】　2010 年，水电十三局有限公司开展任期经济责任届终审计 12 个，境外项目完工兑现审计 2 个，内控制度审计 1 个，离任经济责任审计 2 个。水电十三局有限公司在经济责任兑现审计中有机融入内控制度审计、管理审计相关内容。在审计报告之外，出具管理建议书，帮助被审计单位完善制度体系建设，改善管理基础工作，提升综合管理能力。

（周洪科）

【厂务公开】　2010 年，水电十三局有限公司在厂务公开形式上除把职代会作为公开载体和主渠道外，还利用水电十三局有限公司大事记、工程简报、党政联席会议、公开栏等多种渠道，加大公开力度，扩大厂务公开覆盖面，使职工知情权得到落实。

（陈劲松）

中国水利水电第十四工程局有限公司

概　况

【综述】　中国水利水电第十四工程局有限公司（以下简称“水电十四局有限公司”），具有水利水电工程施工总承包特级资质，市政公用工程施工总承包、土石方工程专业承包一级资质，公路工程施工总承包、建筑装修装饰工程专业承包等二级资质，城市轨道交通工程专业承包资质和承包经营国外工程资质，2010年取得隧道工程专业承包、水利行业设计甲级资质和对外援助成套项目A级实施企业资格。水电十四局有限公司资产总额77.5亿元，具有年挖填土石方5000万立方米、混凝土浇筑500万立方米、人工砂石料生产600万立方米、水轮发电机组安装350万千瓦、金属结构制作安装5万吨、公路施工300千米的施工能力。

2010年，水电十四局有限公司被评为云南省2009年度“重点骨干企业”、“‘走出去’战略企业”、“优质工程”、“工程标准化建设、科技创新和技术进步”和“骨干人才培养”企业，获昆明市2008～2009年度“守合同重信用企业”荣誉，名列云南省100强企业第15位，获得2009～2010年度“中国建筑业百强企业”、“连续5年中国建筑业百强企业”等荣誉。

【领导班子】　2010年，水电十四局有限公司领导班子由13人组成：执行董事、总经理周宇（兼党委副书记），党委书记洪坤（兼副总经理），副总经理刘光，监事、党委副书记陈志明（兼纪委书记），副总经理王曙平（兼总经济师）、于涛、宋家华、俞祥荣、杨毅平、唐光皋，总工程师和孙文，总会计师崔志强，工会主席张廉荣。

【组织机构】　2010年，水电十四局有限公司有在职职工10621人，其中生产岗位1938人，管理人员1990人，大学以上学历4575人，专业技术人员3600人。

水电十四局有限公司共有12个所属单位，分别为曲靖分公司、大理分公司、机电安装分公司、路桥市政工程分公司、勘测设计研究院、机械设备厂、设备租赁中心、昆明管理处、曲靖管理处、大理管理处、昆明医院、大理医院。另有控股企业大理聚能投资有限公司，参股企业云南水电十四局有限公司昆华建设有限公司、云南水电十四局有限公司东华装饰工程有限公司和中国水电建设集团房地产（昆明）有限公司等。有直管项目部19个，施工联营体4个。水电十四局有限公司机关行政部门设总经理办公室、市场开发部、工程科技部、经营管理部、人力资源部、财务管理部、资金管理部、安全监察部、资产管理部、审计部、企业发展策划部、海外事业部、基础设施部、史志办公室，党群部门设纪委（监察室）、工会、党委工作部（团委）、企业文化中心。

【经营业绩】　2010年，水电十四局有限公司主要经营指标再创历史新高，全年实现营业收入102.92亿元，同比增长35.94%，实现市场营销合同金额224.19亿元，同比增长177.10%。累计合同存量327.61亿元。2010年，水电十四局有限公司实现利润总额4.13亿元，同比增长37.2%。在岗职工人均年收入57146元，同比增长9.98%，实现了职工收入与企业效益协调增长。

2010年，水电十四局有限公司取得了营业收入突破100亿元、新签合同突破200亿的骄人业绩，圆满完成了股份公司下达的各项生产经营考核指标，在股份公司综合业绩考核中位居前列。

（李小岗）

国内工程

【综述】　2010年，水电十四局有限公司新签合同73个，实现市场营销额224.19亿元。其中：国内水电工程新签39个，合同金额为58.89亿元；国内非水电工程新签19个，合同金额为8.36亿元。全年国内工程实现产值77.80亿元，同比增长33.45%。国内在建项目87个，其中合同金额在1亿元以上的有云南糯扎渡水电站引水发电系统土建及金属结构安装工程等60个。承建工程质量合格率100%，水电工程优良率90%，非水电工程合格率99.9%。

2010年，水电十四局有限公司承建的国内项目共有8台机组投产发电，共计装机容量306.8万千瓦。

【四川长河坝水电站引水发电系统建筑工程】　长河坝水电站位于四川省甘孜藏族自治州康定县境内，为大渡河干流水电梯级开发的第十级电站。2010年12月，水电十四局有限公司签订电站引水发电系统建筑工程合同，合同金额15.12亿元，合同工期87个月。

【云南澜沧江黄登水电站引水发电系统土建及金属结构安装工程】　黄登水电站位于云南省兰坪县境内，是澜沧江上游古水至苗尾河段水电梯级开发第五级水电站，电站装机容量190万千瓦。2010年11月29日，水电十四局有限公司签订电站引水发电系统土建及金属结构安装工程合同，合同金额11.37亿元，总工期61个月。

【云南甲岩水电站首部枢纽工程】　甲岩水电站位于云南省禄劝县境内，为普渡河下游河段水电规划的7个梯级电站的最后一个梯级。2010年12月8日，水电十四局有限公司签订电站首部枢纽工程施工合同，合同金额5.3亿元，合同工期37个月。

【云南澜沧江乌弄龙水电站导流洞土建及金属结构安装工程】　乌弄龙水电站位于云南省迪庆州维西县巴迪乡境内的澜沧江上游河段上，是澜沧江上游河段规划7个梯级电站中的第二级电站，电站总装机容量99万千瓦。水电十四局有限公司中标电站导流洞土建及金属结构安装工程，合同金额4.45亿元，合同工期18个月。2010年，完成土方明挖5.21万立方米，石方明挖25.55万立方米，石方洞挖10.98万立方米。

【云南牛栏江—滇池补水工程】　该工程位于云南省曲靖市的沾益县、会泽县及昆明市的寻甸县、嵩明县和盘龙区境内，由水源工程、取水（提水泵站）工程和输水工程组成。2010年，水电十四局有限公司中标牛栏江—滇池补水工程控制性实验场地泵站系统施工，合同金额3.3亿元，合同工期34个月。2010年完成土方明挖0.24万立方米，石方明挖8.67万立方米，石方洞挖9.33万立方米。

【南水北调中线一期工程总干渠白河倒虹吸施工】　2010年10月，水电十四局有限公司签订南水北调中线一期工程总干渠陶岔渠首至沙河南（委托建管项目）白河倒虹吸施工合同，合同金额2.98亿元，合同工期31个月。

【福建仙游抽水蓄能电站机电设备安装工程】　仙游抽水蓄能电站位于福建省莆田市仙游县西苑乡，距仙游县城约33千米。工程属大（1）型一等工程，电站总装机容量为120万千瓦。2010年5月12日，水电十四局有限公司中标电站机电安装工程，合同金额2.60亿元，合同工期48个月。

【云南金沙江梨园水电站机电安装工程】　梨园水电站位于云南省丽江市玉龙县（右岸）与香格里拉县（左岸）交界处的金沙江中游河段，是金沙江中游河段一库八级的第三级，梨园水电站装机容量为240万千瓦。2010年8月6日，水电十四局有限公司中标承建电站机电设备安装工程，合同金额1.20亿元，合同工期47个月。

【重庆巫山县后溪河水电站大坝工程】　该工程位于三峡库区长江北岸及支流大宁河巫山县境内。工程以发电为主，由庙堂水电站、中嘴坡水电站和峡门口水电站3座梯级电站组成，总装机容量4.77万千瓦。2010年1月1日，水电十四局有限公司中标承建电站庙堂水电站和中嘴坡水电站大坝建设，合同金额2.18亿元，总工期32个月。2010年，完成土方明挖9.31万立方米，石方明挖90.06万立方米。

【重庆长江、乌江汇合口东岸防洪护岸综合整治工程施工第1标】　该工程位于涪陵城区江东办事处境内长江乌江汇合处的长江南岸，乌江东岸的单向坡上。2010年4月12日，水电十四局有限公司中标承建长江、乌江汇合口东岸防洪护岸综合整治工程施工第1标，合同金额1.15亿元，总工期24个月。2010年，完成土方明挖4.51万立方米，石方明挖12.93万立方米，混凝土3.35万立方米。

【新疆塔什库尔干河齐热哈塔尔水电站Ⅰ标土建及安装工程】　齐热哈塔尔水电站位于新疆维吾尔自治区喀什市塔什库尔干塔吉克自治县境内的塔什库尔干河上，为塔什库尔干河中下游河段水电梯级开发的第二级水电站，电站总装机容量21万千瓦。2010年4月14日，水电十四局有限公司中标承建电站Ⅰ标土建及安装工程，合同金额1.88亿元，总工期55个月。2010年，完成土方明挖0.5万立方米，石方明挖 0.12 万立方米，石方洞挖 0.81 万立方米。

【新疆伊犁库什塔依水电站表孔溢洪洞发电引水系统土建、金属结构安装及压力钢管制安工程】 库什塔依水电站位于新疆伊犁哈萨克自治州特克斯县境内的库克苏河流域中下游，电站总装机容量为 10 万千瓦。2010 年 6 月 18 日，水电十四局有限公司中标承建电站表孔溢洪洞发电引水系统土建、金属结构安装及压力钢管制安工程，合同金额 1.19 亿元，总工期 14 个月。2010 年，完成土方明挖 7.39 万立方米，石方明挖 53.7 万立方米，石方洞挖 3.79 万立方米，混凝土 3.88 万立方米。

【云南大湾水电站大坝、溢洪道土建工程】 大湾水电站位于楚雄市双柏县鄂嘉镇和楚雄市新村镇交界处的礼社江上，为礼社江干流 6 个梯级开发方案中的最后一级。2010 年 12 月，水电十四局有限公司签订电站大坝、溢洪道土建工程合同，合同金额 0.99 亿元，总工期 23 个月。

【江苏无锡市轨道交通 1 号线工程土建施工 GD01TJSG-11B】 该工程自惠山新城的堰桥站，自北向南穿中心城区，至滨湖区的雪浪站，正线全长 30.41 千米。2010 年 3 月 3 日，水电十四局有限公司中标承建 GD01TJSG-11B 标，合同金额 3.09 亿元，总工期 30 个月。2010 年完成土方明挖 2.11 万立方米，混凝土 2.97 万立方米。

【广东省天然气管网一期管道工程项目西江盾构隧道工程】 2010 年 1 月 19 日，水电十四局有限公司中标承建天然气管网一期管道工程项目西江盾构隧道工程，合同金额 1.00 亿元，总工期 22 个月。西江隧道全长度约 2233.7 米，属于水下圆形断面单管盾构隧道。2010 年，完成土方明挖 0.19 万立方米，石方洞挖 0.38 万立方米，混凝土浇筑 0.23 万立方米。

【云南小湾水电站机电安装工程】 云南小湾水电站位于云南省南涧县和凤庆县交界的澜沧江上，电站总装机容量 420 万千瓦，6 台机组全部由水电十四局有限公司担负安装施工。

1～3 号机组已于 2009 年相继建成投产。4、5 号机组分别于 2010 年 4 月 25 日和 6 月 22 日投产发电。8 月 22 日，最后一台机组正式投产发电，标志着水电十四局有限公司担负施工的小湾水电站机电安装工程，全部机组提前两年投产，并开创了国内水电站 70 万千瓦机组安装“330 天六投”的先例。

【工程奖项】 2010 年，水电十四局有限公司有多项工程获得荣誉：

（1）1 月，水电十四局有限公司承建的缅甸瑞丽江水电站荣获云南省建筑业协会“优质工程一等奖”；投资兴建的云南大理者磨山风电场荣获云南省建筑业协会“优质工程二等奖”。

（2）1 月，水电十四局有限公司参建的黄河小浪底水利枢纽和湖北水布垭水电站两项工程荣获中国土木工程学会、詹天佑土木工程科技发展基金会“第九届土木工程詹天佑奖”。

（3）6 月 4 日，水电十四局有限公司参建的戈兰滩水电站荣获中国电力建设企业协会“中国电力优质工程奖”。

（4）11 月 25 日，水电十四局有限公司承建的广东惠州抽水蓄能电站地下引水发电系统及机组安装工程和重庆乌江彭水水电站引水发电系统工程，被住房与城乡建设部授予“全国建筑业新技术应用示范工程”称号。

（5）12 月 6 日，水电十四局有限公司参建的黄河小浪底水利枢纽工程获 2010～2011 年度中国建设工程鲁班奖，这是公司第八次荣获国家鲁班奖，也是在全国水电施工企业中保持了获得此项大奖最多的单位。

（6）12 月 23 日，水电十四局有限公司参建的云南戈兰滩水电站荣获 2010 年度国家优质工程奖银质奖。

（石　诚　李小岗）

国际工程

【综述】 2010 年，水电十四局有限公司依托集团国际公司海外营销平台，借助云南省实施“跨国公司培育计划”和“走出去企业培育计划”，积极推进国际业务优先发展战略，已经在 13 个国家承建建筑工程项目，涉及水电站、公路、桥梁和市政建筑工程等领域。2010 年，新签国际业务合同 156.94 亿元，占公司新签合同总额的 70%；实现产值 25.55 亿元，实现利润总额 1.24 亿元，比上年增长 36.08%。

【厄瓜多尔科卡科多—辛克雷水电站工程】 厄瓜多尔科卡科多—辛克雷水电站（简称 CCS）位于Ñapo 和 Sucumbíos 省之间的 Chaco 和 Lumbaqui 地区的 coca 河流域的 Salado 镇，距首都基多约 130 千米。电站为引水式水电站，共安装 8 台 18.5 万千瓦冲击式水轮发电机组，电站总装机容量为 150 万千瓦。

2009 年 10 月 5 日签订合同协议，合同总金额约 19.80 亿美元，合同总工期为 66 个月。2010 年 7 月

28日，项目正式开工。截至年底，进厂交通洞和2号施工支洞协作队伍已经确定，2号临时营地已经建好，达到住人条件；厂房临时营地已进入尾工阶段；2号永久道路及永久桥招标完成，详细设计已结束。全年累计完成建造合同产值2477万美元。

【刚果（布）英布鲁水电站工程】 该工程位于刚果河支流莱菲尼河下游，距刚果河汇合口14千米，主要任务是发电，装机容量120万千瓦。该工程由中国机械设备进出口总公司总承包，水电十四局有限公司为分包方。合同金额9.39亿元人民币，工期54个月。2010年6月22日，首台机组调试运行；8月11日，第4台机组调试运行；11月10日，电站通过完工临时验收。

【马里马伊纳—马南塔立沥青公路工程】 该项目位于马里西部，起点马伊纳（Mahina），终点马南塔立（Manantali）水电站。工程为原有道路升级工程，包括土石方开挖、借土回填、箱涵、水稳土铺筑等，总长105千米。合同工期24个月。由中国水利电力对外公司（CWE）总承包，水电十四局有限公司为分包商，合同总金额1356.10万欧元。2010年，工程进点，展开前期工作。

【中非布阿尔—伽鲁阿布莱道路整治工程】 该工程共分3个标段，水电十四局有限公司承建LOT2标，线路长约27千米。合同金额为2332万美元，工期为24个月，开工时间为2009年11月14日。工程内容主要包括土方工程、路面体及沥青混凝土行车层等。2010年，完成经营合同产值242万美元。

【喀麦隆RN1-LOT2标公路工程】 该工程为喀麦隆共和国Obala Batchenga Bouam公路工程建设的Lot 2标段，主要合同内容包括准备工程（施工设计、施工用地的征用）、土方工程、路面结构等工程。中国水利电力对外公司为总包商，水电十四局有限公司为分包商。合同金额为9951.6万美元，工期为32个月。2010年，主要进行营地建设、保函办理和石料场选址等前期准备工作。

【喀麦隆雅温得排污项目穆丰迪水渠及3个拦污栅建设工程】 喀麦隆排污工程位于喀麦隆首都雅温得市中心，渠道起点距市中心520广场约1.5千米，修建长3.5千米的穆丰迪水渠和在Mfoundi、Ekozoa和Djoungolo中心地下总管进口处修建3个拦污栅工程。工程由中国水利电力对外公司总包，水电十四局有限公司分包。合同金额为3066.43万美元，2010年累计完成经营合同产值1076.4万美元，为合同金额的35.1%，开工累计完成78.2%。

【喀麦隆Bachuo Akagbé mamfé Ekok路段整治工程】 该工程位于喀麦隆西北部。工程由中国水利电力对外公司总包，水电十四局有限公司分包。合同金额为8550万美元，总工期36个月。2010年，主要进行准备性工程施工，完成建造合同产值656.7万美元。

【斯里兰卡C11标公路工程】 该工程位于斯里兰卡北部地区Mullativu城附近，公路总长度为95.09千米，分为C11A和C11B两个子标。C11A为Mulativu-Kokkilai-Pulmudai（B297）路段42.4千米道路修复和改造工程，合同金额为5032.62万美元，合同工期为30个月；C11B为Oddusudan-Nedunkerny（B334）路段和Mulativu-Puliyankulam（B296）路段52.6千米道路修复和改造工程，合同金额为5001.14万美元，合同工期为30个月。2010年主要完成了项目进点和施工设计工作，累计完成建造合同产值552万美元。

【刚果（金）LOT6&7标大桥工程】 刚果（金）LOT6&7标大桥项目主要内容为从巴钱巴（Batshamba）到Loange tshikapa河流之间的道路维护整治、Loange河流上的大桥和Lovua河流上的大桥的建造。路段全长260千米。工程由水电十四局有限公司担负施工，合同总金额3726.66万美元，合同工期18个月。2010年，完成产值1036.89万美元，累计完成3669.96万美元。

【刚果（金）RN4-LOT1公路工程】 该工程主要包括路面底基层整形，路面级配碎石基层施工、路面沥青混凝土面层施工、沿线配套排水工程施工及必要的安全设施安装施工。项目全长60千米，合同金额为5778.48万美元，工期24个月。2010年，完成产值2881.94万美元，累计完成5761.86万美元，完成合同金额的99.7%。项目于2010年8月完工。

【刚果（布）OBO北方公路工程】 该工程全长116.575千米。主要包括路基开挖、改造及加固、沥青混凝土面层铺设等。工程由中国进出口设备总公司总承包，水电十四局有限公司于2007年7月分包，合同金额为7064.74万美元。2010年，完成产值5314万美元，为合同金额的53.5%。

【加蓬AO公路工程】 该工程位于加蓬Haut ogooue（上澳果韦）省，全长约为74千米，是在原有道路基础上进行扩宽重建升级工程，另有部分改线。合同总额为9241.3万美元，合同工期为30个月。2010年8月，人员开始进场，进行前期准备工作。

【加蓬Leyou-Lastoursville公路工程】 该工程位于加蓬Ogooue-Lolo省内，全长97千米。2009年2月10日，水电十四局有限公司签订合同，合同总金额为1.525亿美元，总工期32个月。2010年，完成产值1777万美元，占合同金额的16.4%。

【加蓬布巴哈电站工程】 该工程位于加蓬共和国奥果韦（Ogoou é）河上，在弗朗斯威尔（Franceville）西南，直线距离约15千米；在莫安达（Moanda）矿区中心东南方向，直线距离约45千米。一期电站为16万千瓦，二期将电站扩建到28万千瓦。工程由集团公司承建，水电十四局有限公司承担施工。工程于2008年11月15日开工，计划2013年4月25日完工，合同工期为1623天。合同金额约3.99亿美元。2010年，完成产值6124万美元，累计完成产值1.10亿美元，完成总工程量的33.78%。

【马达加斯加118号公路工程】 该工程位于马达加斯加南部，公路全长67.328千米。工程由集团公司承建，水电十四局有限公司担负施工，合同总额309万欧元。2010年9月8日又签订1号补充协议，合同金额316万美元（不含税）。根据补充协议要求，剩余工程工期从2010年9月9日开始起算，总工期14个月。2010年完成产值89.36万欧元。

【马达加斯加安德卡勒卡水电站工程】 马达加斯加安德卡勒卡水电站第三台发电机组、大坝修缮和取水口工程由集团公司承建，水电十四局有限公司施工，合同金额为3399.58万美元。2009年1月19日开工，计划2012年3月24日竣工。项目主要施工内容为发电机机组供货、安装，电站大坝和进水口改造，138千伏变电站（含变压器）供货、安装，12.25千米道路修复与新建等。2010年完成产值301.57万美元，占合同总额的8.87%。累计完成产值697万美元。

【缅甸太平江水电站工程】 该工程位于缅甸东北克钦邦（Kachin）境内紧邻中缅边境的太平江（DA-PEIN）上。水电十四局有限公司担负3个工程项目施工：首部枢纽冲沙导流隧洞工程、发电引水隧洞工程和机电设备安装主体工程。截至2010年底，发电引水隧洞工程混凝土浇筑和引水Ⅱ标的灌浆工程已全部完成，4台机组全部发电成功，完成经营产值1520万美元。

【缅甸密松和其培水电站施工电源电站工程】 该工程位于缅甸北部克钦邦其培市附近。2010年，水电十四局有限公司累计完成建造合同产值2078万美元，完成经营产值2136万美元。

【缅甸密松水电站左岸沿江及上坝公路、1号场内道路工程】 密松水电站位于缅甸北部克钦山区，是伊洛瓦底江干流河段上拟开发的第一级电站。水电十四局有限公司承担电站左岸沿江及上坝公路和1号场内公路的施工，合同金额为7990.52万元。2010年，完成建造合同产值577万美元，完成经营产值181万美元。

【缅甸伊江上游水电项目对外交通板瓦至其培公路工程】 水电十四局有限公司承担缅甸伊江上游水电项目对外交通板瓦至其培公路工程的施工，合同总金额为2.82亿元，工期自2010年3月31日至2012年2月29日，总工期为23个月。2010年，完成建造合同产值194万美元，完成经营产值200万美元。

（陈长樱　李小岗）

投资开发

【综述】 截至2010年底，水电十四局有限公司投资控股、参股公司9家，投资项目涉及风力发电、公路BOT、基础设施BT、小水电、房地产、建筑等。其中控股公司是水电十四局大理聚能投资有限公司；参股公司有中国水电建设集团新能源开发有限公司、中国水电建设集团路桥工程有限公司、中国水电建设集团房地产（昆明）有限公司、四川小金川水电开发有限公司、中国水电建设集团四川成名高速公路发展有限公司、中水电津城投资发展有限公司、云南水电十四局昆华建设有限公司和文山陆河发电有限责任公司。

【投资项目】 2010年，水电十四局有限公司新投资项目，一是增资水电十四局大理聚能投资有限公司兴建大理者磨山风电场二期工程，该项目于2010年3月9日由云南省发展改革委和能源局核准，总装机容量1.5万千瓦，安装20台750千瓦风力发电机组。项目于5月8日开工建设，11月8日全部机组并网发电。二是出资3000万元，参与发起设立中水电津城投资发展有限公司，占总注册资本金10%。三是按照投资协议，完成四川小金川水电开发有限公司二期注册资本金的出资。

（李云峰）

管理创新

【战略规划管理】 2010年，水电十四局有限公司确定了“优先发展国际业务，全力拓展国内基础设施建筑市场，积极稳妥科学审慎地开展投资业务的战略发展目标”。在国内水电市场，紧紧抓住大流域水电开发建设市场、抽水蓄能电站建设市场，统筹兼顾南水北调工程市场开拓，国内水电市场开拓取得了显著成效，超额完成了年度市场营销计划。在国内基础设施业务方面，重点抓住城市地铁和云南风电开发，进入了天然气管道工程市场，中标无锡地铁和广东西江天然气管道一期盾构隧道工程。在云南、贵州两地的风电塔筒制造安装上也取得了突破。在国际业务拓展方面，紧紧依托股份公司平台开展市场营销，初步形成了巩固并深度开发中西部非洲市场、有效开拓东南亚市场、进入南美洲市场的格局。

【“管理创效年”活动】 2010年5月，水电十四局有限公司下发了实施方案，对“管理创效年”活动进行了详细布置，制定了管理创效目标、保障措施、实施计划等。为保证方案的实施和活动的有效开展，进行了专项检查和调研。“管理创效年”活动，促进了各项工作的有效落实。财务资金管理不断加强，设备物资管理进一步规范，项目基础管理工作进一步加强，全面风险管理工作进一步强化，审计与监察工作有效推进，科技创新与信息化建设工作成效明显，依法治企水平逐步提高，整体效益得到明显提升。

【国际业务管理】 2010年，水电十四局有限公司进一步规范国际业务管理。一是加强内控制度建设，提高国际业务管控水平。2009～2010年，水电十四局有限公司制订了《国际工程项目员工管理办法》、《国际工程项目经营业绩考核办法》、《国际市场开拓管理办法》等74项管理制度、管理办法和学习手册，国际业务制度体系初步成型。二是通过制度建设逐步完善薪酬体系，增强企业吸引力，推进人才本土化。三是加大对在建项目巡查力度，形成针对国际工程项目的事前、事中、事后全程监控，发现问题及时解决；同时建立了包括技术、商务、经营、保障等方面的人才专家库，为项目排忧解难。四是加大后勤保障和支撑体系建设，为项目履约提供保障。五是坚持“安全第一，预防为主”的安全管理方针，确保经济效益的同时，狠抓安全生产管理工作，实现责任事故零目标。

【质量控制】 2010年，水电十四局有限公司按《内部审核控制程序》要求，对质量、环境和职业健康与安全管理体系运行开展内部审核和质量检查工作。编制年度审核计划，并精心组织实施，审核范围覆盖二级单位、直管工程项目部和二级单位部分项目部。质量管理体系得到有效运行和持续改进，职业健康安全与环境管理体系也进入有效运行状态，施工质量受控，安全、环保受控。8月，取得了ISO 9001：2008版质量管理体系的认证证书，完成了2000版证书向2008版证书的转换。

2010年，水电十四局有限公司所有在建项目施工质量平稳，没发生较大以上工程质量事故，没有收到业主对质量问题的投诉。截至2010年第3季度，共完成验收单元12 229个，合格率100%，优良单元10 7672个，优良率88%，实现了公司质量管理目标，施工质量得到较好控制。

【信息化建设】 2010年，水电十四局有限公司对机关网络结构进行了优化，完善了以部门为单位的VLan网络划分和IP地址规划，通过上网行为管理设备的安全策略配置和上网行为规范，从技术上有效地保证网络的安全畅通，并先期投入5台服务器，后又投入2台存储备份设备，以中国电信20兆比特/秒光纤为主干，以10兆比特/秒的中国铁通光纤作为备份出口，各单位非电信网络可通过铁通光纤正常连接VPN，访问速度和安全性得到极大提高，为企业各应用系统的安全可靠运行提供基本保证。

2010年，为保证特级企业资质评审要求，加强综合项目管理系统的实施，与上海普华合作，在水电十四局有限公司总部完成“综合项目管理系统”模块化建设，在水电十四局有限公司范围内推广应用。根据集团公司统一规划和部署，与用友公司合作，在水电十四局有限公司总部实施了NC财务管理系统。

【财务管理】 2010年，水电十四局有限公司完善了财务管理制度，制定《机关资金支付审批流程及审批权限的规定》、《借款和报销的管理办法》和《财务集中核算管理系统管理办法》等制度，进一步加强内控管理，完善内控体系。1月，全面完成财务集中核算信息系统切换工作；8月，完成对所属单位检查验收工作；9月，顺利通过集团公司检查验收。充分利用NC系统网络优势及功能，对所属单位财务状况进行实时监控、检查。

2010年，由财务部牵头组成3个建造合同执行情况检查验收小组，深入各项目，对项目建造合同执行情况进行全面检查。

2010年，组织开展了“小金库”专项治理工作。根据排查结果，进一步完善内控制度，规范权力运行，强化责任追究，强化财务及资产管理，并构建了“三大防治机制”，从源头上防范和杜绝新的“小金库”发生。

【资金管理】 2010年，水电十四局有限公司围绕经营战略这个核心开展资金管理工作。根据股份公司统一部署，NC资金管理系统已经在全公司资金管理系统所属管理机构中投入使用。建立了备用金报销制度，进一步加强对派出机构的费用管理。跟踪宏观金融政策变化，及时调整资金管理策略。

2010年，水电十四局有限公司新增流动资金需求2亿元，主要用于支持海外项目。对水电十四局有限公司资金盘子优化，以融资租赁方式向交通银行融资1亿元，以流动资金贷款方式新增融资0.5亿元，通过内部挖潜消化0.5亿元，有效解决了新增流动资金难题。

2010年，云南大理者磨山风电二期项目完成了项目公司无股东单位担保的全信用融资，真正实现了在项目一期基础上的滚动开发。

【资产管理】 2010年，为规范设备采购管理工作，水电十四局有限公司编制印发了《设备集中采购招标管理办法》，配合信息中心对二级单位和直管项目点的设备物资管理信息系统的使用进行培训和推广。分别对京沪高铁三标五工区等项目点的大型设备安全运行进行了大检查，对无锡地铁等项目点的设备物资采购管理进行了检查，资产管理得到加强。

2010年，办理采购的主要施工设备约360台套（不包括国际工程项目采购部分），合同总金额约1.98亿元。2010年，共组织物资材料采购招标15项次，招标总金额约1.25亿元，其中有9项与中标方洽谈协商，合同金额共降低406.5万元。根据需用单位申请，共发出21份设备调度令，调配24台套大型设备给公司所属项目部使用。

【招投标管理】 2010年，水电十四局有限公司继续贯彻在巩固国内水利水电建筑市场的基础上，优先发展国际业务，全力拓展国内基础设施建筑市场的发展方针。

2010年，国内水电共编、投标139个，累计投标金额308.96亿元。中标乌弄龙水电站导流洞、黄登水电站引水发电系统、长河坝水电站引水发电系统等项目36个，中标金额57.61亿元。

2010年，加大基础设施市场开拓力度，完成基础设施项目资格预审115个，投标95个，中标17个，中标金额7.60亿元。其中，在风电项目上取得重大突破，中标8项，中标金额2.8亿元。

2010年，参与国际招投标项目及评估咨询项目共计63个，报价总额约人民币420亿元。新签合同项目20个，合同总金额约人民币161.49亿元。其中厄瓜多尔CCS水电站项目约134.62亿元。

（熊　云　侯堂平　林鹏波　王永林
汪　英　杨松桂　王海涛　裴智尧
李世中　刘省忠　李小岗）

企业改革

【调整经营结构，加快战略转型】 2010年，根据国内外经济形势变化，水电十四局有限公司在总结2006～2009年发展经验的基础上，结合股份公司战略需求和公司实际，编制上报了《2010～2012年发展规划》，提出“在巩固国内水利水电建筑市场的基础上，优先发展国际业务，全力拓展国内基础设施建筑市场，积极稳妥科学审慎地开展投资业务”的发展战略，积极调整经营结构，加快战略转型步伐。2010年，水电十四局有限公司改革成效显著，首次取得全年营业收入超过100亿元、市场营销突破200亿元、国际业务市场营销超过国内水电的突出成绩。

【“三项制度”改革】

（一）劳动制度改革

（1）起草并通过集体协商，报云南省人力资源和社会保障厅批准，印发实施《水电十四局有限公司集体合同》（2010～2013年）。

（2）组织检查《水电十四局有限公司员工管理手册》的贯彻落实情况，维护公司和员工合法权益。

（3）组织所属各单位接受省人力资源和社会保障厅组织的劳动执法年审培训和劳动执法年审，所有单位一次验收合格。

（4）认真贯彻落实《人力资源配置管理规定》，采取切实措施降低不在岗员工人数及比例。

（5）积极申报“云南省外派劳务水利水电专业基地”并获得批准。

（二）人事制度改革

（1）2010年，清理公司机关各部门空缺职位，组织了对新增职位和空缺职位在全公司范围内的公开招聘工作。最终录用24人到岗试用，试用效果良好。

（2）批准路桥市政工程分公司开展优化分公司机关组织机构及编制定员的改革，并对机关部门负责人实行公开招聘和竞争上岗。

（三）分配制度改革

（1）组织开展2009年度和2010年上半年薪酬福利调研，根据调研结果、按在岗员工工资正常调整机制规定，从2010年7月1日起调整职位岗位工资标准，为员工增加工资；从2010年起按国家财政部及人力资源和社会保障部的要求规范了工资总额统计；首次将工资总额作为对二级经营单位经营业绩考核的指标写入《考核办法》，并着手对《薪酬分配管理办法》进行修订；作出了在2011年提高企业在岗员工年功工资和新增员工基础工资的决定。

（2）按照《薪酬分配管理办法》，将下属费用单位的治安员定位为社会通用工种（职位），参照省劳动力市场工资指导价位为其上岗员工调整了待遇。

（3）积极探索全员业绩考核的实现形式，起草《全员业绩考核指导意见》，已通过初审。

（李云峰　孔祥辉）

科技进步

【科技创新及推广应用】　2010年，水电十四局有限公司始终坚持科技引领发展的宗旨，以三大核心领域为中心，以施工技术研究为主线开展全方位技术创新活动，有多个科研课题及重大科技专项取得股份公司或水电十四局有限公司内部立项，研究内容涉及土石方、混凝土、基础处理、金属结构制造安装工程及海外工程等领域。

2010年，在大断面浅埋穿河双线隧洞施工技术、复杂条件下中小断面长隧洞综合技术、客运专线铁路路基工程填料选择及沉降变形控制技术等施工技术方面，通过新材料、新工艺实践，进行了深入探讨研究和技术创新，取得了经验，总结出了一批较成熟的施工技术，进一步掌握了水利水电施工、铁路工程施工、非水电工程施工及国际工程施工的更多前沿技术。其中“地下电站主厂房爆破施工技术及爆破环境影响控制技术”已在溪洛渡、锦屏、功果桥水电站等多个工程中得到成功应用；“特大地下洞室群施工技术研究与应用”为高质量快速度完成糯扎渡、溪洛渡、锦屏、功果桥等地下厂房开挖施工发挥了重要作用。

【科学技术交流】　2010年3月，水电十四局有限公司与云南省水力发电工程学会施工专业委员会在昆明共同举办了水电地下工程TBM等施工技术研讨会，来自日本和国内的专家及从事水电地下工程施工的技术人员近100人参加会议。会议邀请日本专家作了日本TBM施工现状的专题介绍、日本地下工程支护现状专题介绍、TBM施工历史的专题介绍、采矿机械及岩石力学的研究专题介绍。相关单位交流了天津地铁盾构施工、西安地铁隧道暗挖施工、长沙市政工程玻璃钢夹砂管顶管施工和广州地铁施工技术，还介绍了将要进行TBM施工的厄瓜多尔CCS水电站特长隧洞工程。

2010年，水电十四局有限公司特邀中国工程院院士马洪琪作《300米面板坝典型工程及突出问题》的专题报告，对200米级面板堆石坝的经验与教训、300米级面板堆石坝典型工程分析、300米级面板堆石坝应重点研究的突出问题作了深入研究，提高了公司技术人员面板堆石坝施工技术水平。

2010年，为总结中国近30年来的水利水电地下工程施工技术，由工程院院士马洪琪、周宇和孙文等编著的《中国水利水电地下工程施工》已完成编写工作。

【科研项目】　2010年，水电十四局有限公司共有“特定条件下公路明线开挖控制与安全防护技术研究”等20个科研课题立项，其中“泥水盾构穿越江河施工技术研究”和“特大地下洞室群施工安全环保关键技术研究与应用”获得股份公司立项。

2010年，正在执行的股份公司立项科研课题有“高地应力低抗压强度地质条件下大型地下洞室群开挖支护动态施工技术研究”等5项。

2010年，正在进行的水电十四局有限公司内部立项科研课题有“钢管洞内拼装技术应用研究”等12项。

【科研成果及其应用】　2010年4月，水电十四局有限公司完成的“大型地下洞室高边墙稳定施工技术研究”由云南省科技厅鉴定为“总体达到国际先进水平”；“特高拱坝坝肩复杂地质抗力体加固处理施工技术”由股份公司鉴定为“总体达到国际领先水平”；“大跨度采空区上部地下厂房二次开挖施工技术”由股份公司鉴定为“国际先进水平”；“Nam Ngum 5水电站带缝碾压混凝土重力拱坝静动力学分析及坝体安全评价”由股份公司鉴定为“总体达到国内先进水平，在重力拱坝横缝结构分析研究方面达到了国际先进水平”；“复合土工膜心墙堆石坝设计与应用”由股份公司鉴定为“国内先进水平”。5

月，“地下电站主厂房爆破施工技术及爆破环境影响控制技术”由中国工程爆破协会鉴定为“整体施工技术达到了国际领先水平”。

“大型地下洞室高边墙稳定施工技术研究”依托重庆乌江彭水水电站地下厂房发电工程，总结出一套大型地下洞室在陡倾角、薄层顺岩层走向布置的高边墙稳定施工技术。

“特高拱坝坝肩复杂地质抗力体加固处理施工技术”依托小湾水电站双曲拱坝坝肩抗力体地质缺陷加固处理工程，研究形成了系统的复杂地质条件下300米级高拱坝坝肩抗力体地质缺陷加固处理技术。

“大跨度采空区上部地下厂房二次开挖施工技术”依托四川美姑河坪头水电站地下厂房工程，采用“水平薄分层、垂直小分区、边顶快支护”开挖施工程序、“纵向分带，带内分区，先中拱，后拱座”的拆除施工程序及控制爆破、等离子钢筋切割、及时跟进锚固等技术措施，成功解决了国内首例大跨度地下厂房在高采空区上部进行二次开挖及原顶拱衬砌钢筋混凝土拆除的施工难题。

“Nam Ngum 5 水电站带缝碾压混凝土重力拱坝静动力学分析及坝体安全评价”依托老挝 Nam Ngum 5 水电站碾压混凝土重力拱坝工程，依据我国相关设计标准，进行了重力拱坝在基本荷载组合及特殊荷载组合下三维大坝—地基系统的应力和变形、考虑横缝和诱导短缝影响的静、动载下大坝非线性静动力分析，并运用混凝土塑性损伤模型预测大坝可能的破坏模式，对坝体动力安全性进行了评价。

“复合土工膜心墙堆石坝设计与应用”依托达开水电站心墙堆石坝工程，研究确定了深厚堰塞湖软基上利用振冲碎石桩加密坝基；大坝心墙设计采用两布一膜的复合土工膜替代原设计采用的黏土心墙，直接用于永久工程，克服了黏土心墙施工中的难点，并合理确定了坝体压实参数、复合土工膜的铺装搭接工艺、与防渗墙和岸坡的连接方式，加快了施工进度，节约了投资，确保了工程安全度汛，具有推广应用价值。

“地下电站主厂房爆破施工技术及爆破环境影响控制技术”依托三峡水利枢纽工程右岸地下电站和金沙江溪洛渡水电站右岸地下厂房等工程，首次研究采用顶拱尾线定位导向技术、边墙导向管定位技术、使用改进的轻型潜孔钻机进行边墙深孔爆破预裂、对厂房直立边墙采用“施工分层、一次预裂、薄层开挖、随层支护”的施工技术，减少了施工工序，提高施工效率，提升了开挖成形质量，取得了显著经济和社会效益。

“软土深基坑施工技术研究”课题依托天津地铁2号线鼓楼站车站深基坑工程，针对工程施工安全与环境安全风险大的难题，研究采取了“超前预报、分区分层、及时支撑、立体施工、监测指导”的基坑施工对策，确保了基坑安全和环境安全；研究采用了超前阶梯状降水措施，保障了基坑开挖施工进度；地连墙施工采用“抓取法”造孔，施工效率高；采用优质膨润土泥浆护壁和专项堵漏措施，解决了砂层中成孔困难、易塌孔的难题。

“超大型水轮发电机定子机架现场制造工艺技术研究”依托小湾水电站工程，根据水轮机发电机定子机架的制造要求，合理规划和使用现场制造车间及场地，并布置制造加工设备，设计并制作工装，制定组装工艺及焊接工艺措施，有效控制了变形，保证了制造质量。总结了下环板组合件的现场整体消应力热处理工艺，首次完成了700兆瓦超大型水轮发电机定子机架现场制造。

“陡倾角溢洪道施工技术研究”依托马鹿塘水电站溢洪道工程，研究选用的陡槽段边坡开挖方案节约成本，成型质量好，避免和降低了陡槽段施工与大坝填筑、放空洞出口边坡开挖之间的干扰，保证了施工进度；底板混凝土采用无轨滑模施工，简化了施工程序，保证了混凝土表面成型质量；采用DM外加剂配制的HF混凝土各项指标满足设计要求，具有推广应用价值。

“面板堆石坝施工技术的深化研究”依托龙马水电站及马鹿塘水电站面板堆石坝工程，对面板堆石坝施工技术进行深化研究，对坝基开挖、坝料开采、坝体填筑及坝料分区等工艺、方法进行研究，选择合适填筑工艺，减少面板裂缝产生几率；合理控制坝体填筑升高速率，有效降低因坝体沉降导致面板结构裂缝产生的风险；对面板混凝土施工采用温控措施，有效控制了面板成型后裂缝的产生。

“塑性混凝土渗透系数和弹性模量试验方法的研究”课题针对采用常规混凝土试验方法难以真实反映塑性混凝土弹性模量和渗透系数指标，提出了新的试验方法，提出的试验方法具有简便、快捷和易于操作的特点，测试结果更接近设计预期。研究成果填补了塑性混凝土弹性模量和渗透系数试验方法的空白。

【专利技术】 2010年8月，水电十四局有限公司的“一种隧洞混凝土衬砌模板装置”获国家发明专利。

【科技奖项】 2010年，水电十四局有限公司继续以技术为先导，攻克了一项又一项重大技术难题，涌现出一批创新科技先进人物，取得了一些较有价值的科研成果，并被中国建筑业协会评为“全国建筑业科技进步与技术创新先进企业”。

“特高拱坝坝肩复杂地质抗力体加固处理施工技术”，“大跨度采空区上部地下厂房二次开挖施工技术”和“Nam Ngum 5 水电站带缝碾压混凝土重力拱坝静动力学分析及坝体安全评价”，“复合土工膜心墙堆石坝设计与应用”分获股份公司科技进步一、二、三等奖。

“变顶高尾水隧洞施工技术研究”，“复杂地下洞室群安全监测信息管理与预测系统研究与应用”和“小湾水电站缓倾角全断面长斜井滑模施工技术研究”，“小湾水电站导流洞下闸封堵技术研究与实践”分获中国电力建设企业协会科学技术成果一、二、三等奖。

“大型地下洞室高边墙稳定施工技术研究”和“小湾电站700兆瓦高水头大型水轮机埋件制造安装技术总结与创新”荣获云南省科技进步二等奖。

“三峡地下电站主厂房开挖及岩壁梁混凝土防裂控制施工技术”，“特大地下洞室群施工技术研究与应用”分获“神华杯”第二届中央企业青年创新铜奖、创新优秀奖。

与水电八局有限公司等4家单位相关课题共同整合的“水电工程控制爆破新技术研究与应用”荣获中国工程爆破协会科学进步特等奖。

（徐　萍　杨立峰　李小岗）

安全生产

【落实安全生产责任制】　2010年，水电十四局有限公司及时调整安全生产委员会成员，加强安全组织领导。2月，召开2010年安全生产工作会，对2009年工作进行总结，并安排和部署2010年安全生产工作，兑现2009年度安全责任状奖惩，与25个二级单位和项目部签订安全生产责任书。在开展“安全生产月”和“安全生产心中有数”活动、隐患排查治理、分部分项工程安全管理、应急知识竞赛活动等工作中充分进行策划和部署，过程中由各级安全管理部门进行监督和检查，将各项安全管理要求全面落实到项目、班组和作业人员。2010年1月，组织考评组对12个项目安全总监和19个安监部主任进行了年度工作履职考核。

【安全生产标准化】　2010年2月，水电十四局有限公司《安全生产标准化管理手册》正式颁布实施，并在工作会期间及各二级单位安全工作会期间进行手册宣讲，提出了具体安排和部署，安全生产标准化工作进入全面实施阶段。2010年启动了《安全生产标准化管理手册》（国际项目试运行版）编撰工作，初稿已完成。

【安全生产规章措施】　2010年，水电十四局有限公司进一步完善《安全管理制度》体系，对《安全生产考核管理办法》作了修订。2010年，评估应急预案100余个，修编40个。各级单位共组织包括防洪度汛、火灾、泥石流、洞室塌方、触电、应急演练300余次，参加演练人员1.6万人次。编制完成了《水利水电安全生产教育培训系统音像教材》。

【安全生产大检查】　2010年，水电十四局有限公司及时下发文件成立安全生产检查和考核组，开展全面安全生产检查考核工作。各单位共开展综合性安全大检查和防洪度汛、民爆物品、施工用电、交通安全、高边坡、标准化实施、应对异常气候、预防自然灾害等专项检查。2010年共开展各类安全检查500余次，查出隐患1465条，隐患整改率达98.96%。

【安全生产奖项】　2010年，水电十四局有限公司同时获得云南省安全生产优秀单位和股份公司安全生产优秀企业荣誉，水电十四局有限公司贵广铁路十标指挥部、溪洛渡项目部、牛栏江泵站项目部、泸定项目部、鲁地拉项目部、糯扎渡机电安装项目部、喀麦隆LOT2芒菲公路项目部、刚果（布）OBO公路项目部、缅甸太平江水电站项目部、西安地铁一号线十标项目部、里底电站项目部、京沪高铁五工区等12个项目及项目经理被股份公司评为安全生产先进项目部和优秀项目经理，有11人被股份公司评为安全生产先进个人。

（黄湘波）

党群工作和精神文明建设

【党建工作】　2010年，水电十四局有限公司党建工作以党的十七大和十七届四中全会精神为指导，各级党组织和党员按照“融入中心、服务大局、参与管理、促进发展”的方针，以深入开展学习实践科学发展观活动和创先争优活动为契机，努力形成“围绕经营抓党建、抓好党建促经营”的工作格局，较好地发挥了党委的政治核心作用、党支部的战斗堡垒作用和党员的先锋模范作用，有力促进了各项生产经营任务的完成。2010年发展新党员93人。

2010年，云南遭遇百年不遇大旱，水电十四局有限公司党委积极响应省委省政府号召，组织党员、干部和职工为灾区捐款106万元，党委也用留存党费捐款6万元，加上以单位名义捐款50万元，水电十四局有限公司总计为抗旱灾区捐款162.61万元。此外，定点扶贫怒江州泸水县，捐扶贫款35万元，并继续向中元村派驻新农村指导员参与地方建设，连续两年被云南省委省政府评为“社会扶贫工作先进集体”。“七一”期间，水电十四局有限公司党委召开纪念建党89周年座谈会，表彰了先进基层党组织、优秀共产党员和优秀党务工作者。

【“四好”领导班子建设】 水电十四局有限公司党委始终把开展“四好”领导班子创建活动，作为加强党建工作的首要任务，着力抓好各级领导班子思想建设、能力建设、作风建设和制度建设。坚持把创建“四好”班子的考核评价，同二级单位和项目部年度经营业绩结合起来一起考核。

2010年经过考核评审，曲靖分公司、机电安装分公司、勘测设计研究院、大理分公司、海外事业部、大理聚能投资有限公司、设备租赁中心、广东分公司、京沪高铁三标五工区、锦屏项目部、大理管理处、曲靖管理处12家二级单位和直管项目部领导班子被公司党委表彰为第三批“四好”领导班子。

【精神文明建设】 2010年，水电十四局有限公司党委始终把精神文明建设作为发挥党建工作优势的重要途径，在公司范围内持续开展了文明工程、文明机关、文明小区“三创建”活动。广东惠州抽水蓄能电站土建工程获得股份公司年度文明工程称号。水电十四局有限公司连续5年被评为“中国建筑业百强企业”。

2010年，文明单位和文明小区创建活动也取得明显成效。天津地铁工程荣获2010年度天津市“结构海河杯”、“市级文明工地”两项荣誉称号；溪洛渡项目部连续3年蝉联业主授予的“最佳文明单位”，并连续3年夺得工期、质量、安全文明施工综合评比第一；大理管理处连续8年被评为大理市“先进平安单位”；曲靖分公司获得云南省“厂务公开工作先进单位”荣誉；大理分公司岗曲河项目部荣获国务院国资委颁发的“中央企业红旗班组（科室）”称号；路桥分公司贵广铁路项目部荣获全国总工会颁发的“全国模范职工小家”称号。

【新闻宣传和企业文化建设】 2010年，水电十四局有限公司企业文化建设及新闻宣传工作围绕中心，服务大局，积极推进，为企业开展各项工作营造了健康、和谐的舆论环境。

积极向《中国电力报》、《中国水利报》及中国电力新闻网、中国水利水电工程网等行业媒体和《云南日报》、云南网等地方媒体发稿。通过撰稿和邀请记者采写，在《云南日报》发表多篇新闻稿件，扩大了企业影响。及时发布企业勇担社会责任及救灾捐款、科技成果通过鉴定、荣获各种荣誉称号、市场开拓取得成果、在建工程重大节点目标实现等新闻消息，展示公司实力和形象。编制完成了《中国水电十四局企业形象识别手册》。完成了企业在多个刊物和出版物的形象宣传活动，较好地传播了企业文化，宣传了企业。

2010年，水电十四局有限公司记者站被股份公司第12次授予“先进记者站”殊荣，2人被授予“标兵记者”称号、1人被授予“优秀通讯员”称号，20篇作品获得“好新闻奖”。《云水之光》获“云南省最佳企业报”荣誉称号；有1人被评为“云南省企业优秀新闻工作者”；1人荣获“云南省五一新闻奖一等奖”，并被授予“中国电力新闻网优秀通讯员”称号。

【开展工会创新活动】 2010年，水电十四局有限公司工会深入学习贯彻科学发展观，以创先争优建功立业竞赛为载体推动公司转型升级增效益，团结动员职工群众为推进企业又好又快发展作出了积极努力，再次荣获“云南省工会工作目标责任考核一等奖”。

始终把促进企业科学发展作为最根本的任务，团结动员广大职工积极推进公司转变发展方式、优化产业结构、创新管理机制、提升盈利水平，组织开展了形式多样的群众性创先争优建功立业竞赛活动。2010年9月，在贵广铁路十标段公司工会组织开展了“群策群力、争先创优、大干120天、确保完成年度任务”的劳动竞赛，竞赛活动有效地激发了全体参建单位及员工的生产热情和创造力，全面、安全、快速地推进工程施工，创出了单日产值603.62万元、月产值1.75亿元、4个月完成产值5.97亿元的佳绩。组织京沪高铁三标段五工区项目部、南水北调焦作项目部和天津项目部参加了股份公司工会开展的劳动竞赛，京沪高铁三标段五工区项目部荣获竞赛“优胜单位一等奖”。

全年公司有19个单位获得省部级以上各种荣誉和奖励。

【共青团工作】 2010年，水电十四局有限公司坚持党建带团建，团的组织建设进一步加强，持续得到巩固和发展。

广泛开展主题实践活动。一是开展传达学习贯彻落实共青团中央和云南省相关会议精神，将各级团组织和团员青年的思想和行动统一到上级组织的部署上来。二是以“五四”运动91周年纪念为契机，广泛开展纪念活动，引导广大团员青年树立远大理想、积极成长成才。三是积极响应上级团组织号召广泛开展“共青团关爱农民工子女志愿服务行动”，积极投入抗旱先锋行动。四是立足青年自身岗位，持续开展和推进“五四红旗团委”、“五四红旗团支部”、“青年文明号”、“青年岗位能手、创新创效能手”等活动。

2010年，水电十四局有限公司有6个团组织和2名个人受到上级组织表彰。

【爱心捐款】 2010年，水电十四局有限公司工会进一步加大困难帮扶力度，协助党政有效解决职工群众最关心、最直接、最现实的利益问题。

一是坚持节假日入户进家慰问全国劳模、困难职工和离退休老同志，走访看望老领导、生病住院职工，全年发放劳模困难帮扶金11.6万元。

二是充分利用“困难职工帮扶中心”平台，一方面积极向上级工会组织和公司党政班子反映困难职工实际情况，努力争取上级领导的指导和扶持；另一方面努力完善内部各项帮扶措施。全年从上级工会争取到困难职工慰问金64.68万元。

三是坚持开展“寒窗助学”活动。申报云南省“金秋助学”6名，获得省总工会资助金24000元；申报“银联励志助学”2名，获得省慈善资助金10000元；水电十四局有限公司工会资助学子30名，发放资助金265002元。在企业范围内，没有出现困难家庭子女考上大中专学校而上不起学的现象。

四是坚持组织参加“云南省职工医疗互助活动”。成功组织22314人，参加了于2010年7月1日开始的第七期职工医疗互助活动。在第六期职工医疗互助中，水电十四局有限公司平均参加活动人数为21000人，共缴纳互助金690.16万元，报销补助金总额为1036.74万元，缴纳报销比例为150.22%。

五是针对云南遭受严重自然灾害发出倡议，组织开展“献爱心”、“送温暖”社会捐助活动。水电十四局有限公司广大干部职工积极捐款77万多元、捐衣3000多件（套）。再次捐赠帮扶金5万元。

（陈锐弟　严镇威　范小平　冉路超　李红东　李小岗）

检查监督

【落实党风廉政建设责任制】 2010年2月9日，水电十四局有限公司召开纪检监察工作会议，表彰奖励了2009年度党风廉政建设责任制考核评为优秀和良好的单位；分别与12个常设二级单位、11个直管项目部签订了2010年《党风廉政建设责任书》。

2010年，制定并按照《水电十四局有限公司开展廉洁从业专项教育活动实施方案》，开展了为期4个月的廉洁从业专项教育。组织调研组对二级单位进行调研，认真查找、发现问题并及时提出改进措施，切实进行整改落实。为进一步深入推进惩治和预防腐败体系的全面落实，制定了《水电十四局机关部门惩防体系任务分解表》。建立了惩防体系联络员工作制度，不定期交流工作信息，实现资源、信息共享。

水电十四局有限公司严肃查办各类违法案件。2010年，纪委、监察室共收到职工群众来信、来访、电话举报及外部机构转来举报件共10件。8件经初步调查核实后结案，1名三级单位中层干部被诫勉谈话，2名工作人员涉嫌经济犯罪，经立案调查后因涉案金额巨大已批准移送司法机关处理。

【效能监察】 2010年，水电十四局有限公司效能监察共立项28个，实际组织实施效能监察项目28个，完成率达100%，提出监察建议和意见共212条，整章建制5个，挽回经济损失数十万元。首次对海外业务的加蓬公路项目部、加蓬电站项目部、喀麦隆雅温得排污市政项目部和密松、其培电源电站项目部进行效能监察，将效能监察工作延伸到了国际项目。

【职工代表大会监督】 2010年2月7～8日，水电十四局有限公司第十六届一次职代会在昆明召开。水电十四局有限公司领导班子成员、各二级单位、项目部及公司机关正式代表、列席代表共150多人参加大会。会议审议通过了总经理周宇所作的行政工作报告、2009年财务决算及2010年财务预算报告、2009年业务招待费使用情况报告。会议签订了水电十四局有限公司新一轮集体合同、2010年经营责任书。

【审计监督】 2010年，水电十四局有限公司制订审计计划项目20个，实际完成审计项目21个。其中，完成上年度未完审计项目5个，完成计划外审计项目2个，完成计划内项目14个。审计共查处违规金额449.92万元。其中，少计收入33.15万元，成本不实408.27万元，少计综合管理费2.29万元，资产不实6.21万元。提交审计结果报告21个，提出审计建议78条。向水电十四局有限公司职工代表大会提交审计工作报告1个。

【法律事务工作】 2010年，水电十四局有限公司按照股份公司法律事务工作的整体部署，全面贯彻落实《水电十四局法律事务三年规划（2008～2010）》，深刻总结“五五”普法工作经验和取得的成绩，扎实开展经营行为法律审核工作，法律事务工作得到进一步加强和提高。

通过公开竞聘方式在水电十四局有限公司范围内选调法律事务工作人员充实到机关本部，在曲靖和大理分公司设立了相应工作岗位并配备专业工作人员。

2010年，经营行为法律审核工作取得重大进展，法律工作人员深入参与企业重要经营决策活动，参与了对整个水电十四局有限公司管理体系的梳理，对发现的问题认真分析，提出改进措施。全年提交进行法律专业审查的各类合同文件达70余份。

2010年，水电十四局有限公司共处理法律纠纷案件18件，涉案金额共2972万元。

（杨兴泽　刘石荣　冉路超　陈继伟　杨海洋　李小岗）

中国水电建设集团十五工程局有限公司

概　况

【2010年工作】 2010年，中国水电建设集团十五工程局有限公司（以下简称“水电十五局有限公司”）完成营业收入29.5亿元。全年实现利润总金额同比增长39.6%。中标工程43项，签约合同金额45.73亿元。按照股份公司“管理上水平、创效增能力”的总体目标，积极开展“管理创效年”活动，开展了企业管理咨询，初步形成“十二五”发展战略规划文本；企业战略管理能力和引领作用明显增强。项目精益化管理水平有效提升，启动了薪酬绩效管理咨询，强化了员工KP1绩效考核，推行了EVA经营业绩双向考核。深入开展“安全生产年”和“安全生产心中有数”活动，认真开展隐患排查治理工作，全年未发生重大伤亡事故。水电十五局有限公司积极探索质量管理标准化建设，在建工程质量稳步提升。坚持科技工作以生产经营和施工需求为中心，切实加强科研开发，多层次加大科技管理力度。全年获得2项中国建筑工程鲁班奖、2项詹天佑土木工程大奖、2项中国水利工程优质（大禹）奖，主编和参编了3项国家标准。“省级技术中心”通过省工信厅批准并授牌，拨付30万元科技经费。获得水利部混凝土、岩土工程两个类别甲级资质和公路工程综合丙级检测资质。引入节能减排考核，积极建设资源节约型和环境友好型企业。BT项目运营取得重大进展，促成股份公司与西安沣渭新区管委会成功签署了投资100亿元的战略合作协议。充分利用自有土地资源，设立了独立法人资格的房地产开发公司。2010年，水电十五局有限公司“四好”领导班子创建和“争先创优”活动深入开展，廉洁从业专项教育活动成效显著。群众工作和企业履行社会责任工作成效突出，被评为“陕西省厂务公开职代会五星级单位”，荣获全国模范职工之家称号。在岗职工平均工资年增长率为23.53%。

2010年，水电十五局有限公司先后荣获全国优秀施工企业、全国优秀水利企业、全国文明诚信示范单位、全国安康杯竞赛优胜企业等荣誉。

（忽国旗　李富强）

【企业资质】 水电十五局有限公司具有水利水电工程施工总承包一级、房屋建筑工程施工总承包一级、公路工程施工总承包一级资质；公路路基工程专业承包一级、桥梁工程专业承包一级、隧道工程专业承包一级资质，市政公用工程总承包二级资质；测绘乙级资质；大Ⅱ型平面滑动闸门、大Ⅰ型平面定轮闸门、大Ⅰ型弧形闸门、大Ⅱ型拦污栅、大型水利水电工程压力钢管、大型水利水电压力钢岔管全国工业产品生产许可证。同时，具有中华人民共和国对外承包工程资格证书。

（张宝发）

【领导班子】 2010年12月29日，股份公司聘任王增发为董事长，徐中秋为副董事长，梁向峰、李康民为内部董事，文俊杰、陈正平为外部董事，鞠汉中为职工董事；任志宏为监事会主席，马宗锁、丁永泉为监事；解聘曹保华、刘义德水电十五局有限公司外部董事职务（中水电股人〔2010〕106号）。股份公司党委任命王增发为水电十五局有限公司党委书记，梁向峰兼任党委副书记，任志宏为党委副书记、纪委书记，鞠汉中为工会主席（中水电股党〔2010〕113号）。12月31日，水电十五局有限公司董事会聘任梁向峰为总经理，李康民、陈银生、田习学、阚建平、张胜利为副总经理，杨思江为总会计师，何小雄为总工程师。

（任志宏　赖吉盛）

国内工程

【市场开发】　2010年，水电十五局有限公司全年中标工程43项，合同签约总金额45.73亿元。国内水利水电项目23项，中标金额33.24亿元，占中标总金额的72.69%；非水电项目18项，中标金额9.83亿元，占中标总金额的21.49%。

2010年，水电十五局有限公司国内市场中标的项目主要有新疆呼图壁石门水电站大坝及引水系统进水口土建工程、新疆库克苏河库什塔依水电站沥青混凝土心墙坝工程、集团天津市武清区“新城开发”BT项目等。

（张　锦）

【在建工程】　2010年，水电十五局有限公司共有在建项目83个，分布在国内17个省（市）区。新开工项目18个，完工项目26个，阶段目标全部按期完成。

【南水北调中线一期总干渠卫辉段第Ⅲ标段工程】　该工程位于河南省新乡市的凤泉区和卫辉市。截至2010年底，完成土方开挖196.4万立方米，石方开挖56.6万立方米，混凝土浇筑7.18万立方米，累计完成产值1.37亿元。2010年，完成产值1.07亿元。

【南水北调中线一期总干渠漳河北至古运河南土建SG11标段】　该工程位于河北省临城县，全长12.11千米，共有各类建筑物12座。2010年2月25日，水电十五局有限公司以2.71亿元中标。工程于6月16日开工。截至2010年底，完成土方344.31万立方米，石方开挖30万立方米，混凝土浇筑1.07万立方米，累计完成产值5070万元。

【南水北调中线一期南沙河倒虹南段工程】　该工程位于河北省邢台市与沙河市之间的南沙河上，全长4395米，由进口连接渠道，南段倒虹吸，中间明渠三大部分组成。2010年1月，水电十五局有限公司以2.59亿元中标。工程于2010年1月开工。截至2010年底，完成土方196.02万立方米，混凝土浇筑2.24万立方米，累计完成产值5717.7万元。

【南水北调中线一期总干渠温博段第Ⅲ标段工程】　该工程位于河南省焦作市的温县和博爱县。截至2010年底，完成土方开挖280.35万立方米，混凝土浇筑7.54万立方米，累计完成产值12356.3万元。2010年，完成产值9976万元。

【新疆大西沟水库大坝及溢洪道工程】　该工程位于新疆乌鲁木齐河主干大西沟出口处，距乌鲁木齐市68千米。截至2010年底，累计完成土方开挖132万立方米，石方开挖41.42万立方米，混凝土浇筑1.28万立方米，累计完成产值7041万元。2010年，完成产值4382万元。

【湖北堵河小漩水电站主体土建及金属结构设备安装工程】　小漩水电站位于湖北省十堰市竹山县境内的堵河上游河段，距上游潘口水电站10千米。截至2010年底，累计完成土方开挖8.23万立方米，石方开挖17.02万立方米，混凝土浇筑7.79万立方米，累计完成产值3905万元。2010年，完成产值3354万元。

【湖北潘口水电站大坝、溢洪道土建及金属结构安装工程】　潘口水电站位于湖北省竹山县境内。截至2010年底，累计完成产值2.87亿元。2010年，完成土方开挖21万立方米，石方开挖306.17万立方米，混凝土浇筑3.56万立方米，完成产值1.60亿元。

【新疆石门水电站工程】　该工程位于新疆呼图壁县西南，距乌鲁木齐市170千米。电站枢纽由沥青心墙堆石坝、右岸泄洪系统、左岸引水系统、地面厂房组成。2010年7月20日，水电十五局有限公司以2.29亿元中标承建电站枢纽工程。7月22日开工。截至2010年底，累计完成土方开挖85万立方米，石方开挖48.55万立方米，混凝土浇筑4.92万立方米，金属结构安装178.75吨，累计完成产值9187.26万元。

【新疆喀什河温泉水电站大坝工程】　该工程位于新疆伊犁哈萨克自治州伊宁县境内，距伊宁市67千米。截至2010年底，累计完成产值1.42亿元。2010年，完成土方开挖16.5万立方米，石方开挖0.3万立方米，混凝土浇筑1.33万立方米，完成产值3753

万元。

【新疆克孜加尔水利枢纽工程】　该工程位于新疆阿勒泰地区克兰河峡谷出口处，距阿勒泰市63千米。截至2010年底，累计完成产值7850.65万元，累计完成土方开挖51.62万立方米，石方开挖8.55万立方米，混凝土浇筑1.03万立方米。

【新疆台南河一、二级水电站主体工程】　该工程位于新疆阿克苏地区温宿县境内，距温宿县城50千米。主要建筑物有引水渠首、引水渠、压力前池、压力钢管、泄水槽、电站厂房等。2010年10月1日，水电十五局有限公司以2.18亿元中标。10月30日开工。截至2010年底，累计完成产值100万元，累计完成土方开挖68万立方米。

【贵州黔中灌区一期水源枢纽工程】　该工程位于贵州黔中地区云贵高原苗岭宽缓山脊、两江分水岭河源地带，是以灌溉、城市供水为主，兼顾发电等综合利用的一等大（Ⅰ）型水利枢纽工程。主要工程项目为枢纽大坝、溢洪洞、泄洪洞、电站及取水系统。2010年9月30日，水电十五局有限公司以5.72亿元中标。10月18日开工。截至2010年底，累计完成产值500万元，累计完成土方开挖12.8万立方米，石方开挖0.51万立方米，混凝土浇筑0.02万立方米。

【甘肃苗家坝水电站工程】　该工程位于白龙江下游甘肃文县境内。截至2010年底，累计完成产值2.77亿元。2010年，完成土方开挖1.2万立方米，石方开挖302万立方米，混凝土浇筑3.53万立方米，完成产值1.74亿元。

【广西桂林小溶江水利枢纽工程】　该工程位于漓江上游支流小溶江上，是桂林市防洪及漓江补水枢纽工程之一。工程包括拦河坝、发电厂房、导流隧洞及机电设备安装。2009年10月30日，水电十五局有限公司中标该工程，合同金额2.12亿元。截至2010年底，累计完成产值2048万元，累计完成土方开挖16.43万立方米，石方开挖23.88万立方米，混凝土浇筑0.31万立方米。

【新疆库什塔依水电站沥青混凝土心墙坝工程】　该工程位于新疆特克斯境内的特克斯河一级支流库克苏河上，距特克斯县20千米。主要工程项目有大坝、溢洪洞、泄洪洞及电站厂房。2010年6月18日，水电十五局有限公司中标该工程，合同金额2.2亿元。6月30日开工。截至2010年底，累计完成产值3369.99万元，累计完成土方开挖36.76万立方米，石方开挖42.57万立方米，混凝土浇筑0.68万立方米。

【陕西延安南沟门水利枢纽工程】　该工程位于陕西省延安市黄陵县境内，枢纽工程由大坝、导流洞、溢洪道、引水发电洞、坝后电站组成。2010年9月15日，水电十五局有限公司以2.95亿元中标。10月10日开工。截至2010年底，累计完成产值4685万元，累计完成石方开挖1万立方米，混凝土浇筑2.33万立方米。

（李御冰）

国际工程

【综述】　2010年，水电十五局有限公司调整国际业务经营方式，推行国外项目内部委托实施和海外事业部/国际工程公司直接实施两种模式，全局参与国际业务格局初步形成，施工领域进入国外铁路市场。国外在建项目9个，全年完成营业收入3.4亿元；新签合同两项，合同金额2.66亿元；合同储量14.72亿元。2010年，国外工程质量、安全、环境和职业健康状况良好。

【老挝南俄5水电站工程】　该工程位于老挝北部山区。截至2010年底，累计完成土方开挖15.04万立方米；石方开挖61.89万立方米，混凝土浇筑3.21万立方米，钢筋制作安装544吨，其中2010年完成502吨；金属结构制造400吨，完成产值2622万美元。

【柬埔寨科普奥斯大桥工程】　柬埔寨科普奥斯（Koh puos）跨海大桥项目位于柬埔寨王国西哈努克市区，距西哈努克港码头2千米。截至2010年，累计完成混凝土浇筑7272.65立方米、T型梁安装56片、钢筋制作安装1230.28吨、预应力钢绞线178.83吨、支座安装112个，累计完成产值9419.46万元。2010年，完成产值2592.5万元。

【突尼斯马代尔管道三标工程】　突尼斯马代尔管道三标项目西起儒米纳东至梅吉赫达。截至2010年，累计完成清表77.16万平方米，管沟开挖78.03万立方米，管道运输3.90万延米，管道安装3.80万延米，混凝土浇筑0.45万立方米，阳极板埋设14.21吨；累计完成产值5165.2万元，其中2010年完成3242.4万元。

【卡伊机场跑道改造工程】　该工程距马里首都巴马科650千米处。截至2010年底，累计完成土方开挖及回填20.1万立方米，砂垫层填筑4.4万立方米，红土砾石底基层填筑4.1万立方米，清表43万平方米，透层油洒布5.05万平方米，沥青碎石基层铺筑0.63万立方米，累计完成产值3017万元。2010年，完成产值2520万元。

【马里费鲁水电站工程】　费鲁水电站位于马里卡易省区，距首都巴马科约700千米。截至2010年底，累计完成土方开挖1.47万立方米，石方开挖37.4万立方米，累计完成产值1.99亿元。

（张建云）

管理创新

【战略管理】　2010年，水电十五局有限公司对第一轮战略规划实施以来的成果进行全面总结，对战略管理的成果、经验和存在问题进行深入分析，对编制新一轮企业发展战略、三年滚动发展规划进行了部署。8月，按照第一轮战略评审纲要，启动了企业管理咨询项目，引入了外部咨询公司，着手开展“十二五”企业发展战略、三年滚动发展规划制订工作。截至2010年底，内部访谈、管理诊断等阶段性工作已经全面完成，企业战略文本已经三易其稿。12月，按照董事会年度工作安排，召开了2010年度战略评审会议。在全面回顾第一轮战略管理工作的基础上，重点对“十二五”企业发展战略文本进行了研讨。同时，通过战略评审，明确了2011年度全局工作的指导思想、主要指标和主要工作。

（姜军利　梁　锐）

【跨越工程】　2010年，按照集团公司“跨越工程”总体部署和工作安排，水电十五局有限公司按时完成了两次向集团“跨越工程”法律组补充提交财务审计、资产评估、工商登记变更等法律尽职材料的核准、上报工作。按期完成了陕西水电汽车服务有限公司资产回购相关工作。

（梁　锐）

【“管理创效年”活动】　2010年，水电十五局有限公司按照“管理上水平，创效增能力”的总体目标，认真制定了“管理创效年”活动实施意见。通过“一看、二听、三问、四理、五析、六解”的方式，特别是和项目班子、中层骨干、一线职工座谈，重点围绕市场开发、经营管理、分包管理等进行实地调研，查找突出问题，提出切实可行的改进思路和方向，制定针对性强的整改意见。局属各级各部门高度重视整改落实。认真梳理，细化责任，责任分工到位。对于重点问题，限定责任部门，指派专人负责，全力督办解决；讲求效率、抓落实，主动加压，自我鞭策，突破制约发展的关键环节。在搞好自身整改的同时，立足大局，协调配合，共同推动和改进整体工作，确保整改有成效，工作有提高。

（李御冰）

【工程项目管理】　2010年，水电十五局有限公司对《工程分包管理办法》、《建筑工程施工合同（范本）》、《合格分包商资源库管理实施细则》等进行了修订和补充，颁布了《工程分包招标管理办法》、《项目施工合同管理办法》、《建造合同准则具体实施细则补充规定》和《执业建造师资格证书管理办法》，建立了局分包管理及招标领导组织机构及专家库。完成了贵州黔中水利枢纽等13个项目的实施规划，对南水北调SG11标等25个项目的责任成本进行了评估。

水电十五局有限公司在分包管理中，把好分包商的入口关，加强招标监管。加大对内蒙古石门等10余个尾工项目变更、索赔的清理工作。

（高　宣）

【建造合同准则管理工作】　2010年，水电十五局有限公司高度重视《建造合同准则》管理工作，制定下发了《关于进一步推进〈建造合同准则〉执行工作的通知》。水电十五局有限公司《建造合同准则》执行委员会先后召开4次会议，审核下属单位上报的预计合同总收入与总成本。加强已完工未交验项目及在建项目《建造合同准则》的执行与管理工作。2010年，水电十五局有限公司还制定下发了《关于已完工未交验项目建造合同资料上报的通知》和《关于在建项目上报建造合同相关资料的通知》，对未完施工挂账进行全面分析控制，形成了一份4万多字的《年度未完施工分析报告》。2010年，水电十五局有限公司对近年来《建造合同准则》的执行与管理工作进行全面总结，经验成果在股份公司财务预决算布置会上作了交流。

（朱继斌　卢仁远）

【质量管理】　2010年，水电十五局有限公司全面推行质量目标管理，在职代会上总经理与18个二级单位第一责任人签订了年度质量目标责任书。制定颁布了《质量管理责任制度》、《质量管理人员设置及任职条件规定》、《质量管理考核办法》等，形成了较完善的质量管理制度体系；积极探索和推行质量标准化管理，在建工程质量优良。截至12月底，在建水利水电工程共评定单元工程9490个，优良8707个，优良率91.7%。公路、房建工程继续保持百分之百合格率。加强质量检查和内审工作，分两次组织了5个检查组和2个督察组，对45个项目部和总部机关、科研设计院进行了内审和质量检查，共发现质量问题16个，口头警告10项，项目部均及时进行了整改。还对15个单位和部门进行了内部质量管理体系审核，召开了质量管理体系评审会，通过了中国方圆标志认证委员会外审。

（程养正　王保麟）

【设备管理】　2010年，水电十五局有限公司制定了《设备物资管理工作流程》和《设备物资采购招标实施细则（试行）》，进一步规范了设备物资各项管理工作。修订发布了《2010年度主要设备合格供应商名册》，完善了评标专家选取流程。召开了设备物资工作会议，提出了今后设备管理的目标、思路和措施。组织开展了设备资产清查评估工作，出具了1.4万余字的评估报告。开展了2010年度设备报废工作，编制了设备报废议案，报废和处置了354台套机械设备（原值2.34亿元）。组织设备集中采购8批次46台套，招标金额2427万元，设备集中招标采购率达到61%，比预算降低成本136万元。表彰了设备物资管理先进集体和先进个人。

（许有清）

【财务管理】　2010年，水电十五局有限公司通过加强财务管理，实现经济增加值4758万元。经过努力，陕西省地税局审议通过了水机公司土地使用税减免申请，批准减免土地使用税137万元。水电十五局有限公司年初制定了《债务风险控制方案》，提出了债务风险控制目标与措施，年底资产负债率比2009年下降5.22个百分点。2010年，水电十五局有限公司资产、负债、利润等指标预算均控制在10%的预算偏差率范围内。为满足水利水电特级资质对注册资本金的要求，水电十五局有限公司将资本公积3678万元和未分配利润8822万元转增为注册资本金。完成了汽修总厂土地性质变更和土地分割工作，获得集团公司500万元注资。还进行了汽修总厂改制及股权回购涉及的资产评估、验资工作。水电十五局有限公司新设立的全资子公司陕西秦海国际置业有限公司注册资本金已经到账，物资公司转增注册资本金的验资、账务处理工作已经结束，产权变更登记工作正在办理中。

（朱继斌　卢仁远）

【资金管理】　2010年，水电十五局有限公司加强资金集约化管理，通过资金管理平台共上收下属单位资金19.40亿元，下拨资金17.80亿元，资金流量集中度指标89.50%。努力挖掘内部资金潜力，发挥“现金池”的调剂功能。2010年新增加内部单位融通资金5797万元，内部单位资金融通累计余额4.71亿元。通过加强银企合作，共获得银行综合授信额度18.5亿元。此外，水电十五局有限公司2010年11月解除了对一个子公司的担保。加大完工项目工程款清收力度，2010年清理收回完工工程项目欠款4767.5万元。对在完工工程款清收工作中表现好的6名同志、4个单位进行了通报表彰。

（孙文军　寇建刚）

【社会保险管理】　2010年，水电十五局有限公司基本完成了西安片单位医疗保险、生育保险、工伤保险、失业保险的统一账户统一管理。全年完成社会保险费用清算1184万元。养老保险账户转移258人，新参保166人，退保1人，补费115人，个人信息变更5人；医疗保险新参保415人，个人账户暂停98人，在职变退休83人，个人续保29人，补费43人，医疗本办理500本，医疗卡办理415张；工伤保险新参保678人，个人账户暂停68人，个人信息变更55人。

（王　喜　张丽萍）

【企业法律事务管理】　2010年，水电十五局有限公司在审民事案件16件，其中一审案件15件，二审案件1件，诉讼标的共计5113.35万元，当年审结案件9件，减少或挽回经济损失958.68万元。

2010年4月起，水电十五局有限公司即分步骤、按阶段对企业经营的法律审核工作做了专项检查，形成自查报告，通过了股份公司法制工作调研组的检查验收，并对企业经营行为、重大经济合同和重要决策出具法律意见书15份，审核工程分包合同49份，累计金额3.7亿元。

2010年，水电十五局有限公司开展了“五五”普法总结验收工作，对“五五”普法工作进行自查，形成自查报告，获得集团公司优良评价。

（任科技）

企业改革

【组织机构调整】　2010年2月24日，水电十五局有限公司设立贵州分公司，由第二工程公司负责日常管理工作。3月22日，设立了南水北调区域总部，由南水北调局直管项目部负责日常管理工作。7月20

日，水电十五局有限公司撤销房地产开发公司，设立陕西秦海国际置业有限公司，原房地产开发公司职责和业务，划归陕西秦海国际置业有限公司管理。12月，陕西省水电汽车维修总厂公司制改建工作全部完成，更名为陕西省水电汽车服务有限公司。

（任志宏）

【干部公开选聘】 2010年，水电十五局有限公司继续推行干部公开选聘工作。组织了二公司党委书记、水电医院副院长公开选聘工作；对三公司、建筑公司、路桥公司等单位班子成员进行了补充调整。全年新提拔中层副职7人，副提正4人，同级调整7人。对马里费鲁项目部借调员工等10个岗位进行了公开招聘。

（任志宏 赖吉盛）

【劳动合同管理】 按照《劳动合同法》加强劳动合同管理，完成了在岗职工劳动合同签订工作。加大对“两不找人员”清理力度，通过直接送达、邮递送达、登报送达等多种形式，全年解除134人劳动合同关系。

（赖吉盛）

【全员薪酬制度改革和绩效管理体系建设】 2010年初，水电十五局有限公司制定了《2010年度岗位等级工资调升实施办法》，经职工代表大会通过后执行。工资调升工作完成后，在岗职工平均档案工资标准增加363元/月，工资增幅为32%。人力资源部会同财务部、审计部，对所属单位班子基薪发放进行专题审计，兑现了2006～2009年水电十五局有限公司所管干部预留风险抵押金。从2010年1月起，调整水电十五局有限公司机关职工内部分配办法，从年终奖中划出部分奖金按月预发。

2月8日，《中国水电十五局有限公司企业年金方案》经职工代表大会表决通过。企业年金方案及报备相关资料报陕西省人力资源和社会保障厅养老保险处备案，并获批准。12月，水电十五局有限公司印发了《企业年金方案》、《企业年金实施细则(试行)》、《关于企业年金实施后新老制度过渡有关问题的通知》等规章。

水电十五局有限公司组织实施了中层管理干部年度KPI绩效考核定格。制定了《机关员工绩效管理办法》。

2010年9月，水电十五局有限公司通过公开招标确定中智公司为薪酬绩效管理咨询中标单位，全面构建薪酬绩效管理体系。截至2010年底，已经完成人力资源管理诊断分析报告。

（王 喜 赖吉盛）

科技进步

【科技创新】 2010年，水电十五局有限公司对“高寒地区土石坝碾压式沥青混凝土防渗心墙冬季施工技术”等16项科研立项项目进行评审，评选了14项科研课题作为局级科研立项项目进行研究攻关。同时优选了“高寒地区土石坝碾压式沥青混凝土防渗心墙冬季施工技术”等4个科研项目申报集团公司科技立项。2010年，京沪高铁项目部采用全新高速铁路工程施工技术，基本完成了13.6千米路基和桥梁基础下部结构，成功运用了GPS控制测量技术，创新了路基过渡段填筑技术，发展了桥梁支架施工、钢板桩围堰、路基及构筑物沉降观测等技术。截至2010年底，正结合项目施工研究的还有苗家坝项目的“硬岩快速筑坝及碾压技术”等10多个课题。

【施工工法】 2010年，水电十五局有限公司组织了《大断面混凝土箱涵混凝土施工工法》、《水泥粉煤灰碎石桩施工工法》、《无黏性粗粒土碾压试验工法》等10项工法的编写，年底完成了12项集团公司级工法上报工作。

（王 伟）

【专业技术带头人评审和聘任工作】 2010年3月19日，水电十五局有限公司专业技术带头人领导小组研究确定79人具有专业技术带头人任职资格，其中工程领域54人，经济领域10人，财务领域15人，聘任日期自2010年1月1日起，聘期一年。专业技术带头人享受专业技术津贴600元/月，由工资关系所在单位发放。对专业技术带头人进行年度考核，考核合格下年度继续聘任，聘任内离岗或考核不合格的，终止聘任和有关待遇。

（赖吉盛）

安全生产

【“安全生产年”和“安全生产心中有数”活动】 2010年，水电十五局有限公司制定了《安全生产年活动实施方案》，成立了“安全生产年”活动领导小组，提出活动要求和工作安排。水电十五局有限公司对工程项目实行项目分级管理，根据项目安全风险程度、隐患排查治理难度、安全管理人员配置、业主重视程度等情况将在建52个项目划分为局重点管控、公司重点管控和项目部重点管控三类，严格执行隐患排查季报和地质隐患排查月报制度，按时统计上报各类安全隐患，全年累计排查治理一般隐患424项，重大隐患22项，全部得到整改落实。

【安全生产大检查】 2010年，水电十五局有限公司先后成立了11个检查组、2个督察组，对国内外所有在建项目进行了二次拉网式安全大检查，共查出安全隐患87项，整改87项，隐患整改率100%。全年未发生较大及以上生产安全责任事故，未发生职业病伤害。

【安全管理信息系统建设】 2010年，水电十五局有限公司对安全管理信息化的推广工作做了安排部署。根据机构整合情况，对整合单位的机构和用户进行调整，将调整后的用户登录名和密码及时通知调整单位，对新增项目在前期策划阶段就在信息系统建立用户；落实了二级单位和各项目部安全管理信息系统管理员；3月26日，举办了一期安全管理信息系统培训，50余人参加了信息系统使用培训；将信息系统使用列入安全检查考核范围，在项目检查时进行深入推广和手把手辅导。截至2010年底，安全管理信息系统已在各二级单位和项目部正常运行。

（刘国庆）

基础设施建设

【综述】 2010年，水电十五局有限公司共有在建基础设施项目22个，完成营业收入8.22亿元。首次进入广西、天津、安徽等省、区（市）；房建市场合作经营、联合开发迈出新的步伐，建筑公司中标7项；开发模式不断创新，通过BT项目以投资带动开发，与西安沣渭新区成功签订战略合作协议。2010年参与资审和投标62项，中标18项，新签合同金额9.83亿元。基础设施在建项目质量安全始终处于良好受控状态，继续保持百分之百的合格率。

【青兰高速公路路基桥隧工程LJ8标段工程】 该工程位于延安市洛川县旧县城。该标段全长14.89千米。11月10日，该工程陕西境内建成通车。截至2010年底，累计完成产值2.78亿元。

【京沪高速铁路土建Ⅲ标段六工区工程】 该工程位于山东省邹城市香城镇境内，路线全长18.32千米。截至2010年底，累计完成产值5.0亿元。2010年完成产值1.6亿元，完成土方8.75万立方米，混凝土浇筑7.85万立方米。

【绥化至北安高速公路土建工程A4标段工程】 该工程为绥化至北安高速公路工程项目第四标段，该标段内主线长20千米。截至2010年底，累计完成产值1.16亿元。2010年，完成产值6929万元，完成土方83.9万立方米，石方11.25万立方米，混凝土浇筑0.16万立方米。

【延安安塞经志丹至吴起高速公路路基桥隧工程LJ-21标段工程】 该标段全长1.92千米。2009年9月，水电十五局有限公司以2.95亿元中标该标段。主要建筑物有营盘峁1号、2号隧道，盖板涵2道，路基109米（单线）。2009年11月开工。截至2010年底，累计完成产值2.24亿元。2010年，完成产值2.16亿元，主要完成土方43.2万立方米。

（王小婷　张　帆）

【西安边家村水文巷高层经济适用房项目】 该项目位于原陕西省水电工程局旧址，由水电十五局有限公司建筑工程公司承建。该项目总建筑面积1.97万平方米，合同金额3177.39万元。建筑层数地下一层，地上26层。2009年4月25日开工，2010年6月14日完成封顶任务。截至2010年底，累计完成产值2705.7万元。2010年，完成产值1454.7万元。

（赵忠吉）

党群工作和精神文明建设

【综述】 2010年，水电十五局有限公司各级党组织坚持以邓小平理论和“三个代表”重要思想为指导，全面落实科学发展观，切实贯彻党的十七大、十七届五中全会和全国国有企业党建工作会议精神，认真履行国有企业党组织的职责，以加强党的先进性建设为主线，以建立健全党建工作新机制、全面加强基层党组织建设为保证，以“创先争优”、“四强四优”活动为载体不断加强和改进企业党建工作，为抓住发展机遇、实现战略落地、加快建设管理强局、推动企业科学发展提供了坚强的政治保证和精神动力。2010年，水电十五局有限公司党委命名表彰了二公司与四公司2个“四好”领导班子，14个先进党支部，10个党风廉政建设先进集体，21名优秀共产党员，10名优秀党务工作者，21名党风廉政建设先进个人，党建工作和精神文明建设出现了可喜局面。

【党建工作】 2010年，水电十五局有限公司各级党组织采取集中培训、领导干部讲党课、集中学习研讨等形式，不断深化全国国有企业党建工作会议和党的十七届五中全会精神的学习贯彻活动。党委中心组全年集中学习 11 次，基层各单位中心组学习 180 余次。2010 年，各级党组织累计发放《加强和改进新形势下党的建设问题学习百问》、《十七届四中全会文件汇编》、《青年领导干部修养漫谈》等学习资料 3000 余册，编写党课教材 20 余份。

（徐西梅）

【创先争优活动】 2010 年，水电十五局有限公司党委制定了创先争优活动实施方案，成立了领导小组，落实了领导责任。3 月，党委结合在建项目履约在南水北调区域市场开展创先争优专题调研，督导基层开展活动。9 月 3 日，党委召开创先争优专题汇报会，局属 19 个单位作了汇报。水电十五局有限公司 16 个党委（党总支）、92 个党支部、1723 名党员和广大职工群众积极参加了创先争优活动。2010 年 10 月，水电十五局有限公司创先争优活动经验被陕西省国资委党建专刊刊用，并受到省国资委表彰。

（徐西梅）

【宣传工作和企业文化建设】 2010 年 3 月 24 日，水电十五局有限公司召开了新闻宣传工作会议，安排部署了 2010 年新闻宣传工作，对成绩突出的集体和个人进行了表彰奖励。

2010 年，水电十五局有限公司党委下发了《关于进一步加强新闻宣传工作的通知》，规范了稿件采编报送流程，健全了新闻宣传队伍的网络建设。成功创办了《秦海水电报》。1～10 月，共计出刊《十五局动态》23 期。水电十五局有限公司网站全年发布新闻稿件 1000 余篇。

2010 年，水电十五局有限公司先后邀请新华社、中国水利报、南水北调报等媒体记者到南水北调区域项目进行了三次采风活动，并在中央政府网、新华网及行业有关媒体进行了连续深入报道。参加股份公司新闻中心组织的武邵高速采风活动，拍摄工程照片并撰写了稿件。

（陈 涛）

【重点项目劳动竞赛】 2010 年 5 月 26 日起，水电十五局有限公司京沪高铁项目部参加集团公司工会组织开展的专项劳动竞赛，创造出单套铺板设备月铺板 2078 块的新纪录，全面完成铺轨任务，被授予“京沪高铁专项劳动竞赛优胜单位”。2010 年 9 月 1 日起，南水北调工程河南段组织开展劳动竞赛，水电十五局有限公司新卫三标项目部 9 月和 10 月获得竞赛第 5 名、第 6 名，11 月和 12 月名列竞赛第一名，获得竞赛奖金 50 万元；安阳八标项目部名列竞赛前四名，获得竞赛流动红旗。

在劳动竞赛中，水电十五局有限公司青海积石峡项目部和南水北调温博三标项目部分别被陕西省劳动竞赛委员会授予“陕西省工人先锋号”；渭蒲高速路项目部被授予“陕西省重点工程建设立功竞赛先进单位”。湖北潘口项目大坝工区获得 2010 年“陕西省工人先锋号”；延安南沟门水利枢纽项目部获得“2010 年陕西省重点工程建设立功竞赛先进集体”；2 人获“2010 年陕西省重点工程建设立功竞赛先进个人”称号。1 人被授予“中央企业先进职工”称号。

（辛月诚）

【职工经济技术创新】 2010 年，水电十五局有限公司积极开展技术革新小改造，创效 1995 万元。在职工经济技术创新活动中，《碾压混凝土双曲拱坝无预冷入仓温控和防裂技术》被授予“2009 年陕西省职工经济技术优秀成果二等奖”；引石过渭项目部被授予“2009 年陕西省职工经济技术创新优胜单位”；科技论文《封底焊接施工的建议与实践》通过可行性分析与评审，王圪堵输水工程 1442 米 PCCP 管安装一次试水成功。四公司荣获“2010 年陕西省职工经济技术创新优胜单位”；科研设计院被授予“陕西省职工技协先进集体”；湖北潘口项目灌浆机组获得“2010 年陕西省职工经济技术创新示范岗”；1 人被授予“陕西省职工经济技术创新特殊贡献人物”；1 人被授予“陕西省职工技协先进个人”；1 人获得“2010 年陕西省职工经济技术创新标兵”；黄建强等人研究完成的《面板堆石坝坝体填筑压实度质量控制措施》获得“2010 年陕西省职工经济技术创新优秀成果三等奖”。

（辛月诚 穆 丽）

【职业技能大赛】 2010 年 9 月 12～17 日，水电十五局有限公司承办的陕西省第五届“水电工程杯”职业技能大赛在湖北潘口水利枢纽工程项目部举行，68 名选手经过赛前理论强化培训和激烈角逐，2 人获得装载机、推土铲运机工种“陕西省技术状元”；4 人获得“陕西省技术能手”；3 人晋升为高级技师；4 人晋升为技师；16 人分别晋升为高级工、中级工。2 人被授予“陕西省青年岗位能手”称号。二公司获得大赛团体金奖，一公司、四公司分获团体银奖、铜奖。同时，水电十五局有限公司选派 6 人参加全国电力行业坝工模板工技能大赛，2 人获得全国电力行业“技术能手”称号。

（辛月诚 穆 丽）

【厂（企）务公开】 2010年，水电十五局有限公司保持和巩固了全国厂（企）务公开民主管理先进单位，制定颁布了《厂（企）务公开职代会星级创建实施意见》。通过了陕西省厂（企）务公开民主管理工作分组检查。经过考核、民主测评，二公司被授予局级“厂（企）务公开职代会四星级单位”；水电十五局有限公司和二公司被分别授予陕西省“厂（企）务公开职代会五星级单位”。二公司工会与三公司机关分工会分别荣获“全国模范职工之家”“全国模范职工小家”称号。

（辛月诚）

【共青团工作】 2010年，水电十五局有限公司团委紧密围绕局中心工作，坚持党建带团建，全面加强团的组织建设和思想建设。全年各级团组织推荐69名青年加入了党组织。团委持续开展“青年安全示范岗”及创建“青年文明号”活动。甘肃苗家坝水电站项目青年突击队、新疆温泉水电站项目青年突击队、湖北潘口水电站项目青年突击队荣获2009年度陕西省国资委系统“青年文明号”；水泊峡项目荣获陕西省国资委系统“青年安全示范岗”。2010年，在团委组织开展的“涓涓水电情，牵手紫阳行”爱心助学帮困活动中，向紫阳县月池小学捐助教学仪器价值3万余元。在“共青团关爱农民工子女志愿服务行动”中，团员青年与51名贫困农民工子女结成关爱对子，确定了帮扶对象。签订导师带徒协议93份。还响应共青团陕西省委为西南抗旱“捐一瓶水活动”，累计捐款7.65万元。舟曲特大泥石流灾情发生后，14名青年组成抗洪救灾突击队，奔赴救灾一线，彰显了水电人勇于承担社会责任的风范。

（杨　莉）

【职工培训】 2010年，水电十五局有限公司坚持以提高员工工作能力为重点，引导鼓励各单位以职工夜校、外出培训等多种形式开展职工教育培训工作，通过各种方式抓好职工和各类人才的知识更新。全年共举办各类培训班257期，培训7531人次。其中参加外部培训165人次，集团公司培训267人次，水电十五局有限公司级组织培训1610人次，各二级公司及项目部培训5489人次。

（赖吉盛　柳　捷）

【履行社会责任工作】 2010年，在西南地区大旱和青海玉树地震救灾、甘肃舟曲泥石流抢险中，水电十五局有限公司积极履行社会责任，成立抢险救灾突击队，先后投入人力物力300万元（其中为灾区捐款89万元）。继续做好“两联一包”社会对口扶贫工作，资助安康市白河县中厂镇新厂村基础设施建设，发展养殖业，通过了陕西省扶贫办三年扶贫工作检查验收。

（辛月诚）

检查监督

【落实党风廉政建设责任制】 2010年初，水电十五局有限公司召开纪检监察工作会议，对纪检监察工作作了安排部署。组织签订《党风廉政建设目标责任书》315份，形成了“一岗双责、各负其责、齐抓共管”的工作局面。重新修订了《党风廉政建设责任制考核评分办法》和《考核评分标准》。7月和11月，采取各单位汇报、查阅相关资料和记录、个别谈话、评委打分等形式，对19个基层单位党风廉政建设责任制工作进行了集中检查考核。2010年，水电十五局有限公司未发生违法违纪、积压信访和有案不查、瞒案不报的现象。

【惩治和预防腐败体系建设】 2010年，水电十五局有限公司全面落实惩防体系建设工作规划任务分解方案。制定了《关于进一步推进惩防体系建设工作的意见》，建立了联络员制度，强化了责任人制度，建立了半年工作总结和定期交流制度。各级领导班子坚持党组织中心组学习制度，各职能部门按照任务分解，制订了年度工作计划。购置学习资料，举办了廉洁教育专题培训班、“学习反腐倡廉制度，推进反腐倡廉建设”征文活动和“弘扬良好作风，忠实履行职责”演讲赛，组织到遵义会议旧址、八路军西安办事处纪念馆等处学习参观，组织收看《远山的红叶》电视教育片。召开了检企共建活动启动会，向各级领导干部发出了《珍惜岗位，远离职务犯罪；积极行动，筑牢职务犯罪的防线》的倡议书。9月，在陕西省第九次预防职务犯罪联席会议上，水电十五局有限公司作了题为《抓好思想教育，完善工作机制，切实把预防职务犯罪工作落到实处》的交流发言。

【廉洁从业专项教育活动】 2010年4～6月，水电十五局有限公司开展了廉洁从业专项教育活动，领导高度重视，精心安排部署，学习调研、分析检查、整改验收三个阶段有序推进。开展了专题讲座、理论征文、观看警示片、参观学习等教育活动，11位公司领导带队到35个单位和项目进行调研，撰写调研报告12篇。针对调研中发现的问题，认真分析研究整改措施，并扎实贯彻落实，受到股份公司专项教育活动第三巡视检查组好评。

【效能监察】 2010年6月，水电十五局有限公司召开效能监察工作会议。对效能监察工作优秀组织单位、优秀项目和先进个人进行了表彰奖励，确定黑龙江绥北高速公路、南水北调新卫三标、新疆克孜加尔工程、马里费鲁水电站和职工医院为局效能监察项目，并进行实地监察。修订了《效能监察实施细则》，向股份公司申报3个效能监察优秀成果。2010年共发出建议书4份，提出67条监察建议，并对整改情况进行了跟踪检查。

【工程建设领域突出问题专项治理】 2010年1月，水电十五局有限公司制定印发了《开展工程建设领域突出问题专项治理工作方案》，成立了专项治理工作协调小组，全面展开排查、复查工作。在局属各单位排查的基础上，对南水北调工程温博三标、新卫三标、京沪高铁土建三标工程项目进行认真复查。针对经营、财务、安全、设备物资、制度执行等方面存在的问题，相关业务部门及时反馈至项目部，并提出了6项整改措施。在整改的同时，以专项治理工作为契机，全面清理企业项目管理规章制度，印发了《规章制度汇编》第三辑、第四辑。

（衡挠澜）

【审计监督】 2010年，水电十五局有限公司紧紧围绕企业发展战略和年度工作中心，以服务企业内部管理为宗旨，以价值增值为目的，加强内部审计经济监督工作。2010年，共完成各类审计46项，其中在建项目审计7项，经济责任审计7项，完工终结审计29项（含委托社会中介机构实施的审计27项），效能监察审计2项，2006～2009年，各分、子公司局管干部收入情况审计1项。出具审计报告46份，审计建议书10份。共提出审计整改建议80余条。2010年，水电十五局有限公司在建项目内控流程逐步规范，完工项目委托审计有序进行，覆盖率达100%。

（牛继明）

【一届四次职代会】 2010年2月5～7日，水电十五局有限公司一届四次职工代表大会在西安召开。会议听取和讨论了总经理徐中秋《加快产业结构调整，增强企业发展后劲，为全面实现2010年的目标任务而努力奋斗》的工作报告；听取、讨论和审议了总会计师杨思江《关于2009年财务决算暨2010年财务预算的报告》；同时讨论审议了《2009年集体合同情况履行情况报告》、《2010年度岗位等级工资调升方案》和《中国水电建设集团十五工程局有限公司年金方案》。职代会形成4项决议。民主测评了11名局级领导干部。

（辛月诚）

中国水利水电第十六工程局有限公司

概　况

【企业资质】 2010年6月18日，中国水利水电第十六工程局有限公司（以下简称“水电十六局有限公司”）换发企业法人营业执照，法定代表人林文进，注册资本1.8亿元；经营范围为水利水电、市政公用工程施工总承包一级，房屋建筑、港口与航道工程施工总承包二级，土石方、钢结构、机场场道、地基与基础、电力设施承装修工程专业承包一级，爆破与拆除工程专业承包二级，建筑工程设计丙级，电力行业（水力发电）设计乙级，岩土工程勘测及本单位承担工程配套的工程测量乙级，工程技术咨询，建筑材料批发、零售，水工金属结构防腐蚀施工，爆破施工、设计、安全评估、安全监理，承包与其实力、规模、业绩相适应的国外工程项目，对外派遣实施上述境外工程所需的劳务人员，第一、二类压力容器设计、制造等，全面通过质量、环境、职业健康安全三项管理体系认证。在中国水利水电建设集团公司（以下简称“集团公司”）和中国水利水电建设股份有限公司（以下简称“股份公司”）领导下，实施国际和路桥等工程。5月26日，由水电十六局有限公司独资成立并注册的中水电岚海（福建）商品混凝土有限公司，经营范围为生产与销售各种强度等级和特种混凝土，各类预制混凝土构件。

【领导班子】 2010年5月11日，股份公司以中水电股人〔2010〕53号文，聘任林文进为水电十六局有限公司执行董事，徐炳春为监事；以中水电股人〔2010〕54号文，聘任林文进为水电十六局有限公司总经理，李良顺（兼）、吕孟静、吴广忠、魏振刚、方彦铨、金建国、杨伟明为副总经理，曾继亮为总会计师，吴秀荣为总工程师，原副总经理刘永祥另行安排工作。次日，股份公司党委以中水电股党〔2010〕46号文，任命李良顺为水电十六局有限公司党委书记，林文进为党委副书记（兼），徐炳春为党委副书记、纪委书记；批准谢小坡为工会主席。

【2010年工作】 2010年，水电十六局有限公司全面完成股份公司下达的资产经营、安全生产、党风廉政建设三项责任制等目标考核任务，全年实现营业收入24.7亿元，新承揽工程合同金额39.58亿元，提前一年全面实现《水电十六局有限公司三年（2009～2011年）改革发展战略规划》奋斗目标。

企业生产经营加快转型升级，国内水利水电工程持续发展，基础设施建设市场得到大力拓展；国际工程在11个国家承建续建及完工的工程有15项，新签合同额占公司总签约额的41.23%，在多个国家形成项目群，成为中国首家进入格鲁吉亚、哈萨克斯坦工程建设领域的企业。所承建工程质量合格率100%，土建工程优良率95 %以上，安装工程优良率93%以上，再次摘取国家优质工程银质奖、中国电力优质工程奖、全国市政金杯示范工程等荣誉，并获全国水力发电与贵州省科技进步二等奖、海峡两岸职工创新成果展金奖等奖项。企业效益进一步提高，综合实力不断增强，战胜“6·18”特大洪灾等困难，全员劳动生产率71.74万元/（人·年），同比增长17.9%，职工收入实现较快增长。

水电十六局有限公司领导班子带领广大职工，努力扩大深入学习实践科学发展观活动的成效，进一步加强企业党建工作和队伍建设，深化创先争优活动，涌现出一批获福建省五一劳动奖状、福建省模范职工之家、福建省女职工标兵岗等荣誉的先进集体，一批骨干荣膺福建省优秀工会工作者、中央企业先进职工、全国电力行业技术能手等称号，为企业推进科学可持续快速发展奠定坚实基础。

（王则祥　潘金仁　吕槐青）

【组织机构】 2010年末，水电十六局有限公司总部设置职能部门与工作机构有总经理工作部、党委工作部、人力资源部、市场开发部、策划经营部、财务产权部、工程科技管理部（能源管理部合署办公）、安全生产监督管理部、机电物资部、审计部、资金管理部、监察部、法律事务部、项目管理部（投融资管理部合署办公）、北京办事处、工会；公司下设经济核算与经费单位有海外事业部、第一分局、第二分局、第三分局、第五分局、机电制造安装分局、基础分局、新疆施工局、勘测设计院、基地综合管理处、职工医院。

（丁家武　吕槐青）

【职工队伍】 2010年末，水电十六局有限公司在职职工3509人，其中，具有研究生学历3人，本科671人，大专958人，中专411人，技校410人；硕士学位4人。拥有各类专业技术人员和管理人员1762人，其中，高级职称225人，中级职称347人，初级职称727人；注册的一级建造师81人，二级建造师196人，造价工程师15人，质量工程师7人，监理工程师、结构工程师和会计师各1人。高级技师52人，技师140人。

（丁家武　刘芳芳）

国内工程

【综述】 2010年，水电十六局有限公司国内水利水电业务完成营业收入9.66亿元，新签合同金额8.82亿元。在建工程良好履约，完工项目取得多个奖项。市场开发突出品牌优势，重点拓展华东、西北、西南等目标市场，南水北调工程两次中标新项目，获得江西于都跃洲、福建华安、新疆沙尔布拉克、云南勐野江水电站及福建仙游抽水蓄能电站工程等项目。

（牛新平　雷　燕）

【戈兰滩水电站工程获2010年度国家优质工程银质奖】 水电十六局有限公司作为主要施工单位，在完成戈兰滩水电站导流隧洞等前期工程基础上，于2006年2月15日中标承建大坝土建及金属结构安装及其附属工程，并于2009年5月31日实现完工目标，当年12月通过大坝竣工安全鉴定及达标投产验收。2010年11月24日，该水电站获2010年度国家优质工程银质奖。

（吕槐青）

【南水北调工程项目群】 南水北调中线一期工程天津干线保定市境内1段TJ2-4标段工程，2010年，完成产值1.2亿元，土方挖填172.3万立方米，混凝土浇筑9.94万立方米，钢筋制作安装0.95万吨；评定的502个单元工程，合格率100%，优良率95.6%。

南水北调东线一期工程济南—引黄济青（第三批）济南市区段11标段工程（二环西路—济洛路输水暗涵工程），于2010年1月6日中标，合同造价1.01亿元，全长2.08千米。2010年，完成产值0.32亿元，土方开挖14.45万立方米，建筑垃圾清除2.1万立方米，混凝土浇筑2.6万立方米，钢筋制作安装0.27万吨，已完工单元工程优良率100%。

南水北调中线一期工程总干渠沙河南宝丰郏县段第四施工标段工程，于2010年12月10日中标，合同造价2.33亿元，全长4.38千米。2010年，完成部分临建设施。

（翁　勇　黄金义　欧信平）

【新疆水利水电工程项目群】　喀腊塑克水利枢纽大坝工程，2010年，工程转入尾工，施工时段为4月26日至11月20日。2010年，完成产值8189.9万元，混凝土浇筑10.4万立方米，钢筋制作安装1798.5吨，帷幕灌浆1.41万米，坝基排水孔2242米，安装发电洞固定式卷扬机3台，大坝临时保温工程施工2.62万平方米。截至2010年底，工程累计完成碾压混凝土185.8万立方米。

布尔津山口水利枢纽大坝工程，2010年完成产值4196万元，土石方开挖41万立方米，混凝土浇筑0.96万立方米，上下游围堰拆除18.3万立方米，边坡支护2.81万平方米，金属结构与钢筋制作安装1100吨，2台20吨辐射式缆机与砂石、拌和两大生产系统安装。

沙尔布拉克水电站大坝工程，位于新疆额尔齐斯河上游，总装机容量3×1.5万千瓦，碾压混凝土重力坝高59.5米，2010年9月20日公司中标大坝土建及金属结构制作安装与设备安装工程，合同金额1.09亿元。工程于9月28日开工。2010年，实现产值743.7万元，完成导流洞进出口边坡开挖，出口洞进尺17米，修建了25千米进场公路；土石方开挖3.6万立方米，钢筋与钢材制作安装120吨。

（刘　辉　朱宝荣　冯士权　林泽龙）

【沙沱水电站工程】　以水电十六局有限公司为责任方与水电九局有限公司组成的福贵联营体，2010年完成产值1.1亿元，已完工的大坝混凝土浇筑等40个单元工程，合格率100%，优良率95%。以水电十六局有限公司为责任方与水电八局有限公司组成的一六八联营体，2010年，常态混凝土浇筑22.26万立方米，钢筋制作安装1.35万吨，闸门、钢管、埋件等金属结构制造安装899吨，完成产值1.6亿元，单元工程合格率100%，优良率91.4%。

（黄志强　赵鹏佳）

【那比水电站大坝工程】　2010年，该工程完成产值9182.4万元；土石方开挖26.58万立方米，混凝土浇筑28.31万立方米，钢筋制作安装1689吨，基础处理9527米。单元工程合格率100%，优良率81.5%。2010年1月16日实现截流，12月26日下闸蓄水。

（陈　琦）

【跃洲水电站工程】　该电站位于江西于都县贡水河"中央红军长征第一渡"，总装机容量3×1.2万千瓦。2010年7月2日公司中标电站土建施工及金属结构安装工程，合同金额1.27亿元。工程于7月25日正式开工，8月1日截流并进行一期厂坝基础开挖，10月24日砂石料筛分、混凝土拌和两大系统投入运行。2010年，完成产值3618万元。

（黄顺晶）

【华安水电站扩建工程】　该电站位于福建华安县九龙江，总装机容量2×4万千瓦。2010年7月12日，中标电站引水系统后段、厂房（含开关站）土建及机电设备安装工程，合同金额2.2亿元。工程于7月25日正式开工。2010年，实现产值164.86万元，完成引水隧洞施工支洞255米及临建设施建设等任务。

（叶健伟）

【仙游抽水蓄能电站工程】　该电站下水库骨料加工及混凝土生产系统工程（Q2标段），2010年，完成供应混凝土1.45万立方米，人工砂1.6万吨，碎石1.15万吨，评定混凝土质量、性能质量、拌和质量及砂石骨料的质量18个单位，合格率100%，优良率94.4%。

（郑　雪）

【勐野江水电站厂区枢纽工程】　该电站位于云南江城县和宁洱县交界的勐野江下游河段，总装机容量2×3.4万千瓦，工程由右岸地面厂房、引水发电系统等组成。于2010年11月6日中标该项目，合同金额1.04亿元。主要施工项目为长宽高31.7米×16.9米×43.7米的厂房、岸塔式进水口、左岸4千米长引水隧洞（直径6米）、跨江管桥、右岸引水隧洞、调压井和高压管道的土建、机电设备安装、压力钢管金属结构制作安装和消防通风设备安装等。2010年，完成部分临时建筑设施施工。

【沙沱水电站大坝碾压混凝土芯样刷新纪录】 2010年8月21日，经贵州沿河县公证处公证，水电十六局有限公司从沙沱水电站大坝5号坝段取出的直径150毫米、全长16.92米的三级配碾压混凝土芯样，再次打破由水电十六局有限公司保持的国内碾压混凝土取芯最长纪录。

（黄志强 赵鹏佳）

【机电和金属结构制造安装工程】 2010年，水电十六局有限公司机电和金属结构制造安装工程实现营业收入1.4亿元，较上年增长28%；其中，国际工程收入占40%，开创了国内与国外工程齐头并进的发展局面。承揽工程合同金额2.81亿元。全年安装完成水轮发电机组11台，风力发电机组7台，总装机容量28.8万千瓦；水工等金属结构制作6148吨，安装8557吨。工程合格率100%，优良率95%。

（王小宝 吕槐青）

国际工程

【综述】 2010年，水电十六局有限公司国际工程完成产值1.11亿美元，承揽工程合同金额2.36亿美元，年末合同存量5.93亿美元。新成立中亚、阿尔及利亚区域经理部和津巴布韦办事处。新承建项目有格鲁吉亚E-60高速公路里科季隧道修复工程、加蓬马克库机场修复及扩建工程、柬埔寨额勒赛水电站引水隧洞及厂房工程、哈萨克斯坦双西公路第五标段工程等。续建项目有阿尔及利亚布谷斯水坝工程、阿尔及利亚苏夫第二期净化水管网工程、塔吉克斯坦杜尚别至吉尔吉斯边界道路修复项目第三期工程等。完竣工项目有塔吉克斯坦杜尚别至吉尔吉斯边界道路修复项目第二期工程等。

【国际工程保障】 2010年，经集团公司国际公司签订设备物资采购合同134份，金额5291.14万元；其中大中型设备127台套，金额3375.07万元，占总采购金额的63.79%，办理出口退税218.98万元。因不能退税物资由公司海外事业部签订的采购合同20份，金额125.02万元。经厦门、上海、张家口等港口共发货27批次，其中散货3019.32立方米，集装箱90个，海运费为123.38万元。

【阿尔及利亚布谷斯水坝工程】 2010年，大坝土石方填筑12.8万立方米，混凝土浇筑2253立方米，帷幕灌浆7171米，固结灌浆3353米。2月23日，下闸蓄水，主体工程基本完工。2010年，完成产值499万美元。截至2010年底，工程累计完成产值6095万美元。

【塔吉克斯坦杜尚别至吉尔吉斯边界道路修复项目第二期工程】 2010年，工程完成产值170万美元，土方开挖6324立方米、沥青混凝土浇筑2679立方米，6月30日工程完工，8月6日通过移交验收。截至2010年底，工程累计完成产值3192万美元。

【塔吉克斯坦杜尚别至吉尔吉斯边界道路修复项目第三期工程】 2010年，由于该工程工作面移交严重滞后和天气等原因，6月10日工程开始沥青混凝土路面摊铺施工，至11月3日，完成85.3千米的路面施工（占道路总长度95.8%），提前完成2010年度施工计划，实现产值1085万美元。

【马来西亚巴贡至斯米拉胶275千伏输变电线路A标工程】 2010年，该工程项目部完成产值880万美元。线路Ⅰ工程按期于7月23日完工。至2010年底，转换线路由于业主变电站工程不具备转换条件而延期；线路Ⅱ基础工程仅剩电解铝厂变电站终端塔AT6一基，塔位待定；其余线路架设工作待转换线路完成后进行。

【马来西亚巴贡至斯米拉胶275千伏输变电线路B标工程】 2010年，该工程完成产值2654万美元，基础工程、塔架组立节点目标均提前实现，已完成道路清理81千米、施工道路建设284基、普通基础278基、塔架组立70基。

【印度尼西亚阿萨汉水电站厂房系统工程】 该电站2台机组于2010年5月13日并网发电，6月27日竣工，累计完成产值2357万美元。2010年，完成土石方开挖28万立方米，随机料回填6万立方米，混凝土浇筑2.93万立方米，钢筋制作安装1987吨，金属结构制造安装655吨，完成产值142万美元。

【马里费鲁水电站机电及金属结构制造安装工程】 水电十六局有限公司于2009年5月18日承担电站3台2.1万千瓦水轮发电机组和金属结构的设计、制作及安装任务。2010年，主要进行工程前期设计与审批工作，项目营地已完成活动板房的安装。

【柬埔寨额勒赛水电站工程】 2010年9月27日，

水电十六局有限公司承建柬埔寨王国额勒赛下游电站上电站引水隧洞及厂房工程，合同价4465万美元。11月20日开工。2010年，完成产值132万美元。2009年11月28日承建的该电站对外交通公路工程，于2010年11月30日完工，2010年完成产值176万美元。

【利比亚绿山省贝达市房建工程】 2010年，该工程完成产值224万美元，临建项目已完成办公和住房建筑面积2000平方米，拌和站安装完成并投入运行，1区块两种户型14栋楼座的基础开挖已完成92%的施工量。2010年，土石方开挖3.88万立方米，场地平整1.2万平方米。

【格鲁吉亚E-60高速公路里科季隧道修复工程】 水电十六局有限公司于2010年3月1日承建该项目，合同价2894万美元。该工程于6月1日正式开工，11月19日实现隧洞临时通车。2010年，完成产值1018万美元。

【格鲁吉亚西部绕城公路工程】 2010年11月26日，水电十六局有限公司承建格鲁吉亚西部绕城公路工程，合同价约合6230万美元。工程共分两段，第一段为新建道路和桥梁施工，长12.4千米；第二段为现有道路修复扩宽，长3千米。当年主要进行项目前期规划和营地建设。

【加蓬马克库机场修复及扩建工程】 2010年5月6日，水电十六局有限公司承建该项目，合同价1504万美元，6月14日签订合同，开工日期待定。该机场位于加蓬共和国东北部奥果韦—伊温多省省会城市，主要承担跑道、滑行道及停机坪道面上铺筑新的沥青混凝土层等施工任务。

【喀麦隆曼维莱水电站工程】 2010年11月12日，水电十六局有限公司承建喀麦隆曼维莱水电站进场公路整治工程，合同价2800万美元。2009年9月25日，集团公司和喀麦隆能源与水资源部签署曼维莱水电站建设融资和施工（EPC）合同，项目总金额7.99亿美元，由水电十六局有限公司承担施工任务。该电站位于喀麦隆南部玛安省境内，进场公路工程于2010年11月24日开始道路标桩工作。

【哈萨克斯坦双西公路第五标段工程】 2010年11月20日，水电十六局有限公司承建哈萨克斯坦双西（中国西部至欧洲西部）公路第五标段工程，合同价5878万美元。该工程位于南哈萨克州境内，在原公路路线修复与新建双向4车道公路，宽度27.5米，总长34千米。

（张 昶 林 海）

基础设施建设

【综述】 2010年，水电十六局有限公司国内基础设施业务新签合同额14.76亿元，占总签约额的37%；完成营业收入11.09亿元，占总收入的45%。新承建项目呈现两个重要特点：一方面向总部所在省域等资源优势地区集聚，推进规模经营；一方面向机场、高等级公路等优势专业领域集中，深化品牌经营。

（牛新平 雷 燕）

【海峡西岸经济区业务板块】 2010年2月6日，股份公司与平潭综合实验区在福州签署战略合作框架协议。2月8日，股份公司成立“海峡西岸”（简称“海西”）发展领导小组和“海西”发展区域总部。8月6日，股份公司与泉州市泉港区政府签署战略合作协议。水电十六局有限公司当年仅在福建省就中标23个项目，合同金额16.42亿元，占水电十六局有限公司当年国内新签合同总金额的64%。

（吕槐青）

【平潭综合实验区工程项目群】 2010年1月22日，经集团公司授权，水电十六局有限公司以4340万元竞拍获得福建平潭综合实验区澳前商品混凝土搅拌站30亩建设用地20年使用权与经营权，设计年生产规模30万立方米商品混凝土。4月13日，水电十六局有限公司注册成立中水电岚海（福建）商品混凝土有限公司，经营该项目。由于环境干扰等因素，搅拌站由澳前镇龙南村迁移至中楼乡芦南村新址。

1月26日，水电十六局有限公司中标平潭实验区环岛公路一期Ⅲ标（竹屿口段）工程，合同价1.92亿元，全长4千米，该项目于8月开工。截至2010年底，完成总投资9000万元，约占施工总量的47%。10月18日，水电十六局有限公司再次中标环岛公路潭南湾段B标段项目，合同价7231万元，工程于11月25日开工。

9月5日，水电十六局有限公司以BT方式中标实验区三十六脚湖清淤工程，合同价8982万元，清淤总量约312.2万立方米，面积1.06平方千米。截至2010年底，完成施工便道4千米，石方路堑开挖800立方米，水上清淤62万立方米。

【宁德至武夷山高速公路工程】 水电十六局有限公司于2009年7月2日承建该项目南平段路基土建工程A13施工合同段，合同价3.68亿元，全长12千米。2010年，项目部战胜"6·18"特大洪灾等困难，灾后恢复生产迅速，实现1.74亿元产值，超额完成年度计划任务，获得福建省高速公路工程指挥部进度目标奖。

【漳州龙江大桥工程】 该工程为BT项目，2010年9月17日由中国水电建设集团路桥工程有限公司中标，水电十六局有限公司负责实施，合同价2.58亿元。桥梁全长1436米，项目全长2373米。工程于10月11日开工。2010年，完成路基粉喷桩等施工任务。

【厦门滨海西市政大道Ⅰ标工程】 水电十六局有限公司于2010年9月29日中标该工程，合同价1.53亿元，全长2.92千米。工程于12月开工。2010年，完成部分前期施工任务。

【泉州泉港区市政工程项目群】 该工程为BT项目，水电十六局有限公司于2010年11月16日中标承建，合同总金额3.81亿元，由福建省泉州市泉港区山腰盐场蓄水系统、城区南部排洪沟整治、双溪水库、东西二路、公园东路及锦绣公园系列绿化工程等6个项目组成。2010年，完成前期施工便道等任务。

【浦东国际机场跑道工程再获全国市政金杯示范工程奖】 2010年1月7日，水电十六局有限公司承建的上海浦东国际机场扩建工程第三跑道系统工程，再获2009年度全国市政金杯示范工程。

【昆明新机场工程】 昆明新机场试验段原地面地基处理与土石方工程T8标段项目，2010年，土石方挖填50万立方米，道面区平整70余万平方米，于5月底通过竣工验收。2010年，完成产值9700万元。截至2010年底，工程累计产值2.95亿元。

昆明新机场人工砂石骨料加工系统项目，2010年5月由业主委托施工，当年生产人工砂石骨料70万吨，完成产值1400万元。

昆明新机场规划用地预处理工程DC3标段，于2010年10月25日中标，合同价1.06亿元。11月1日开工。

昆明新机场飞行区水泥混凝土场道Ⅰ（FXQ-CDGC-001）标段，2010年12月31日中标，合同价1.8亿元。

【成都至简阳快速路工程】 2009年3月10日，水电十六局有限公司中标该快速路土建工程第四标段项目，全长4.58千米，位于四川成都市境内。2010年，完成产值1.05亿元。

【邛崃至名山高速公路工程】 2009年9月14日，水电十六局有限公司中标该高速公路路面工程G2标段项目，合同造价1.2亿元。该工程全长29.93千米，位于四川成都市境内。2010年，完成产值1.19亿元。11月8日，实现全线通车目标。

【"6·18"特大洪灾】 2010年6月18日，水电十六局有限公司所属南平市黄墩和沙溪口两个生活基地，宁德至武夷山高速公路等福建在建工程，遭遇特大洪灾袭击，受损巨大。两个生活基地发生严重的山体滑坡、泥石流等灾害，道路、通信、水电与地下管道等基础设施损毁，水电十六局有限公司当年投入600万元进行灾后重建，发放慰问金6.17万元，转移安置职工家属170户500余人，在山体临时披护塑料篷布5000平方米，清理大量坍塌的土石方，初步完成灾后重建工作。

（唐福闽　梁素珠　陈　琦　欧信平　张宏升）

管理创新

【管理体系建设】 2010年4月，水电十六局有限公司通过方圆标志认证集团福建分公司年度监督审核，确认企业所建立的质量、职业健康安全、环境三项管理体系继续有效，均良好实现管理目标。2010年，GB/T 19001—2008质量管理体系有效运行，承建工程一次验收合格率100%，土建工程优良率87.7%，金属结构与机电制造安装工程优良率95.5%；GB/T 28001—2001职业健康安全管理体系运行正常，人员伤亡和财产损失、职业病事故为零；GB/T 24001—2004环境管理体系稳定运行，未发生环境事故。

GB/T 23331—2009能源管理体系建立工作于2010年8月2日正式启动，水电十六局有限公司同时成立节能减排工作领导小组与办公室。8月25日设立能源管理部，负责节能减排管理职能。9月1日，水电十六局有限公司发布《能源管理体系手册》，确定"遵守法规、科学管理、节能增效、持续发展"的能源方针及管理目标与指标。10月1日，开始运行能源管理体系，纳入水电十六局有限公司年度经营业绩考核指标。2010年，水电十六局有限公司能源消费总量5.78万吨标准煤，万元营业收入综合能耗0.28万吨标准煤/万元，同比降低7.09%，超额完成股份公司确定的年度节能减排目标。

（王健亮　陈　平　张彩虹）

【经营管理】 2010年，水电十六局有限公司以产业结构调整升级为主线，加强经营管理工作，全年实现营业收入24.7亿元，同比增长19%；其中，国内水利水电工程产值9.66亿元，占39.1%，同比下降1.6%；国内非水利水电工程产值11.09亿元，占44.9%，同比增长6.1%；国际工程产值3.87亿元，占15.7%，同比下降4.3%；多种经营706.7万元，占0.3%。2010年，在建工程合同219项，同比增加25项；其中，国内水利水电工程128项，国内非水利水电工程75项，国外工程16项。合同造价亿元以上的在建工程40项，同比增加29项，呈逐年上升趋势。成立经济管理工作小组，开展“管理创效年”活动，对国内工程项目管理模式进行界定与划分，对所属二级生产经营单位主要行政负责人兼任项目经理的行为进行规范，提升精益化管理水平。

2010年，新承揽工程合同总金额39.58亿元，同比增长32%；其中，国内水利水电工程8.82亿元，同比下降40%；国内非水利水电工程14.76亿元，同比增长58%；国际工程16亿元，同比增长170%。全年新签亿元以上合同14项，同比增长75%，新签合同质量有较大提高。2010年末，企业结转合同储备金额72.69亿元。

（牛新平　林昌斌　雷　燕）

【项目管理】 2010年4月，水电十六局有限公司设立项目管理部职能机构，完善工程项目管控体系。通过建立项目管理分级评估、年中与年末合同履约情况检查、预警项目巡视检查、征求工程业主评价意见、《工程月报》等制度，提升在建项目合同履约能力。当年共发布《项目管理工程月报》10期，向在建项目派出工作组20批次，印发《工程检查处理记录表》14份，形成会议纪要4份，对5个项目进行开工前评审咨询；同时，向在建项目业主发出意见征求函33份，收到满意回函26份。

【投融资管理】 2010年11月，水电十六局有限公司设立投融资管理部职能机构，主要承担公司独资、控股、参股项目建设项目的投资管理与监督，收集筛选论证投资项目，设计投融资方案，参与相关单位与项目的组建与经营管理，为提高投融资项目的效益提供保证。

（李延宝）

【资产经营责任制】 2010年，水电十六局有限公司良好完成股份公司下达的资产经营责任制考核指标，超额完成营业收入完成率，达140.66%；实现利润7023万元，超出考核指标2.88%；现金流保障倍数、成本费用利润率、资金集中度、职工平均工资增长率等业绩指标均优于考核指标。层层落实内部经营目标责任制，分局（单位）实行年度经营业绩考核评分，公司直管（控）项目部在项目竣工后进行审计考核，联营体按董事会章程与协议约定执行考核。

【财务产权管理】 2010年12月，水电十六局有限公司注册资本金由原1.8亿元变更为2.28亿元，转增实收资本4795万元。全面应用用友NC财务集中核算系统，继续加强《建造合同准则》执行管理。办理公司产权登记、变更等事项，上报产权管理报表，向国务院国有企业监事会报送2010年《企业年度工作报告》，按股份公司要求编报2010年财务决算及2011年预算报表。2010年8～10月，接受国家审计署委托福建省审计厅对水电十六局有限公司2009年度财务收支审计。

截至2010年底，水电十六局有限公司对外投资1.06亿元。累计投资中国水利水电建设集团路桥工程有限公司7132.47万元，占12%股权。累计投资中国水利水电建设集团新能源公司2939.2万元，占4.84%股权。累计投资福建金湖电力有限公司500万元，占5%股权。累计投资福建顺昌谟武水电公司62万元，占6.2%股权。

（曾昭森　柯玉清）

【资金管理】 2010年，水电十六局有限公司贯彻执行股份公司有关资金管理规定，防范资金风险，提高资金集约化管理水平。不断完善资金预算管理，建立资金年度预算、月度计划审批考核制度。加强风险防控，清理各类银行账户，严格账户审批程序，加大网银覆盖面。全年资金集中度为76%，内部调剂资金1.3亿元。水电十六局有限公司在海峡西岸经济区的开发与建设中，增加融资规模，年度贷款总额为1.6亿元。加强与金融机构合作，公司继续保持AAA级信用企业称号，年度授信额度9.6亿元。

（吴寅初）

【人力资源管理】 2010年，水电十六局有限公司年平均职工人数3442人，期末数3509人。新录用职工324人，其中，大中专毕业生274人，调入3人。退休161人，辞退48人。在岗职工人均年收入4.67万元。大力加强专业技术人才队伍建设和管理，新增注册一级建造师9人、二级建造师21人、造价工程师1人，完成194人的初、中、高级职称评审确认工作。投入经费123.97万元，培训商务、经营、技术、安全等岗位人员1425人次。中、高级技能鉴定28人(次)，完成164名特种作业人员取证换证工作。全年送外参加各类学习培训22人，确认64名职工后续学历。出台了《青年人才岗位培养办法》、《员工手册》等制度。离退休退职人员期末数3693人。

（丁家武　刘芳芳）

【机电物资管理】　2010年，水电十六局有限公司共签订35份采购合同，合同金额为2145万元和21.95万欧元；通过股份公司集中采购20台套，采购合同额为1754.17万元。调配164台（套）机械设备，优化资源配置。围绕对外加强施工项目设备的租赁、安全及现场管理，对内加强设备采购及管控，修订并出台水电十六局有限公司《设备管理办法（试行）》等多个管理文件。完成由传统收提折旧费模式向租赁费计提的管理转型。严格推行规范化的施工机械安全操作规程与特种设备的安装、拆卸，实现设备物资安全管理目标，全年未发生机械设备事故。推进设备技术改造工作，分别使一台高架、矮架门座式起重机延长运行时间。树立一批红旗设备竞赛先进个人。

（罗金星　李　岩）

【办公室综合管理】　2010年，水电十六局有限公司以创建一流办公室为目标，积极主动、耐心细致地推进办公事务与行政后勤管理工作。一是强化上级与工程业主等方面的来访接洽安排与地方政府的沟通联系，加强内部协调与工作督办，完成重要庆典与会务工作。二是修订公文处理办法，推进公文规范化管理与收发文电脑流程化处理，撰写重要文件资料。三是修订印章管理规定，推行印章使用审批在OA系统中流转。四是健全保密组织机构，强化涉密计算机管理，全年召开保密知识教育视频会议2次，开展保密知识竞赛活动85人次，签订《保密承诺书》18份。五是做好信访维稳工作，全年处置来信来访人员共14人次，实现越级上访零目标。六是加强档案基础管理。七是加强总部机关车辆、安全保卫与物业管理。八是承担公司总部大楼部分楼层装修任务，完善办公环境。

（范玲斌　彭　伟）

【法治管理】　2010年，水电十六局有限公司共处理经济和劳动纠纷诉讼案件20件，其中，处理当年新案件8件，诉讼金额4972.19万元；处理历史遗留案件12件，诉讼金额5963.36万元，挽回经济损失387.5万元。有效处置假冒水电十六局有限公司名义签署合同、员工伤残理赔等非诉讼事宜。加强经营行为法律审核工作，对泉港区山腰盐场蓄水系统工程BT项目合同、平潭综合实验区三十六脚湖清淤扩容工程融资建造项目合同、南平爱心养老院租用合同、商业保险合同协议等提供法律修改方案。总结“五五”普法工作，开展“12·4”全国普法宣传日宣传活动，组织总部机关161人参加普法知识测试，取得优良成绩。

（孙建平　张茂丰）

【信息化建设】　2010年，水电十六局有限公司增加网络信息管理人员配置，对OA服务器进行硬件和软件升级，通过VPN设备改造，将二、三分局内网并入到股份公司大内网。在分析研究水电十六局有限公司在建项目部月报资料的基础上，结合OA报表系统软件功能，将月报资料数据标准化、表格化，制作出在建项目报表系统模板初稿，在项目管理部和海外事业部项目管理部进行试点运用。

（范玲斌　高　斌）

企业改革

【改革发展战略规划】　2010年，在实施《水电十六局有限公司三年（2009～2011年）改革发展战略规划》的基础上，编制印发《水电十六局有限公司2010～2012年发展规划》，总结公司“十一五”的战略管理工作，制订公司“十二五”发展规划工作计划，推进企业战略管理。

（牛新平　钟志刚）

【公司内部机构整合】　2010年，水电十六局有限公司总部新设置能源管理部，与工程科技管理部合署办公；新设置项目管理部与投融资管理部，并合署办公；新设置北京办事处。水电十六局有限公司的生产经营单位，新增加新疆施工局。

【公司中层管理人员竞聘】　2010年，水电十六局有限公司组织了第一、二、三、五分局和机电制造安装分局领导班子副职领导人员竞聘与公司部门领导人员选聘工作，合计选聘中层管理人员23人，其中正职5人。

（王则祥　黄建琛）

科技进步

【科技创新奖项】　2010年，水电十六局有限公司完成的“200米级碾压混凝土高坝经济快速施工技术研究与应用”，获股份公司科技进步一等奖、中国水力发电科技进步二等奖、贵州省和中国华电集团科技进步二等奖；“严寒干燥气候条件下碾压混凝土重力坝施工技术”与“高强度厚层冲击碾压机械化快速施工技术”，分别获得股份公司科技进步二等奖与三等奖。“绿色人工砂生产技术”获得“6·18”海峡绿色建筑与节能博览会三等奖。

【科研立项项目】 2010年，水电十六局有限公司立项的科研项目有4项：“硬填料（或双超混凝土）技术研究或应用”、“混凝土耐久性与含气量、混凝土水胶比和掺和性掺量关系的研究”、“混凝土与砂石料输送皮带桁架的装配式标准化创新设计”、“高压埋管岔管制作安装工艺的研究与应用”。水电十六局有限公司向股份公司申报立项的科研课题5项：“移动胶带机在箱涵土方开挖回填和简易钢模台车在箱涵结构混凝土浇筑的研究与应用”、“碾压混凝土坝施工早期温度应力特性及温控措施优化”、“沙沱大坝施工技术创新及应用”、“沙沱大坝四级配碾压混凝土筑坝技术研究及应用”、“隧洞回填灌浆、结构拆除及混凝土浇筑立体交叉施工技术的研究”。

【技术标准与施工工法编制】 2010年12月，根据国家发展改革委行业标准制订计划，水电十六局有限公司上报《贫胶渣砾料碾压混凝土施工导则》报批稿。根据《水利水电基本建设单元工程——水工碾压混凝土》电力行业标准修订计划，2010年3月，水电十六局有限公司向联合编写组提交修订稿初稿；12月，形成修订大纲。2010年6月，水电十六局有限公司向联合编写组提交《堆石混凝土与胶凝砂砾石筑坝技术导则》有关堆石混凝土施工章节汇总建议稿和胶凝砂砾石施工章节初稿。2010年，水电十六局有限公司编制的《碾压混凝土坝异种混凝土同步浇筑上升施工工法》与《高强度厚层冲击碾压机械化快速施工技术》被股份公司批准为企业施工工法。

【科技信息交流】 2010年，水电十六局有限公司参加了福建省水利学会主办的秘书工作会议，参与福建省水力发电学会日常事务，参加中国电力企业联合会会员单位交流。水电十六局有限公司与福建省建筑协会合作举办人工砂石生产工艺推介会。水电十六局有限公司全年向《水利水电施工》、《福建水力发电》、《水利科技》等专业刊物推荐技术论文10篇，并有多篇论文获优秀论文奖。水电十六局有限公司编辑出版《闽江水电科技》两期，发表论文60篇。

【科技工作会议】 2010年10月29日，水电十六局有限公司召开科技工作会议，总结三年多来的科技工作成就和管理经验，提出今后一个时期科技工作的基本思路，表彰2007～2009年度科技创新先进单位和个人及优秀论文，讨论水电十六局有限公司2010～2015科技发展规划及科技管理考核办法（修订稿）、科学技术进步奖励办法（修订稿）等。

（杨祥震）

【碾压混凝土坝施工技术列入建筑行业十大科技成果】 2010年1月20日，国务院国资委网站在《盘点2009年中央企业科技工作》专栏中发布《中国水利水电建设集团公司碾压混凝土坝施工技术达到国际领先水平》消息，水电十六局有限公司完成的《碾压混凝土坝施工技术》被列入建筑行业十大科技成果，专门介绍了光照水电站开展200米级碾压混凝土坝快速经济施工技术的科技攻关成效，破解诸多世界级施工技术难题，降低施工成本6000万元，创日浇筑13582立方米、月浇筑22.25万立方米、23.8个月完成当时世界上最高碾压混凝土重力坝施工等新纪录。

（吕槐青）

安 全 生 产

【安全生产责任制】 2010年，水电十六局有限公司全面落实与集团公司签订的《安全生产责任书》，继续保持集团公司安全生产优秀企业称号，5个项目被评为2010年度集团公司安全生产先进项目部。通过三标管理体系的贯标运行，努力创造良好的安全生产环境。所有国内工程项目设置项目安全总监。通过对制度的更新与完善，安全管理制度更加规范，更具有约束性和可操作性。通过对制度执行力的检查和隐患的排查治理，隐患得到有效控制，良好实现年度安全生产目标。

【安全生产制度建设】 2010年，水电十六局有限公司从安全监管实际出发，制订《安全隐患排查治理办法》、《国际工程交通安全管理办法》、《工程项目安全评价方法》，修订《安全督察工作办法》、《安全生产奖罚管理办法》、《安全生产责任制》、《安全生产考核办法》，修改《项目安全总监配备管理办法》，推进企业安全生产管理提高技术性，走向标准化、科学化。

（徐孝模　李　强）

【安全生产大检查与专项检查】 2010年，水电十六局有限公司先后对省内外18个在建工程及南平黄墩基地灾后重建项目进行生产检查和安全督察，提出安全督察报告14份，组织大型安全专项检查或隐患排查38次，查出并整改安全隐患91项。年底组成7个检查小组，开展以“工程防洪度汛、隐患排查治理、安全心中有数、项目安全评价与督察”为内容的安全生产大检查和专项治理行动。

【安全生产应急体系建设】 2010年11月，水电十六局有限公司修订相关应急预案，编制《应急预案汇总》。内容包括突发公共事件总体应急预案及国内质量和安全生产事故救援、防洪度汛、自然灾害、群体性上访事件、群体性治安事件、消防、食堂食物中毒事故、重大职业病危害事故、国外工程重大质量安全事故和自然灾害、境外群体性事件和恐怖事件等十个专项应急预案，并编制《南平黄墩基地及沙溪口基地地质灾害专项应急救援预案》。

（徐孝模　陈振华）

【安全生产会议】 2010年2月25日，水电十六局有限公司在福州召开公司安全生产工作会议，对有关工作进行总结与部署。2010年召开了两次安全生产委员会会议：首次会议主要研究确定水电十六局有限公司安全生产管理年度工作计划、安全生产管理年度重点工作、在建工程防洪度汛工作、道路交通安全管理工作、项目安全总监配置、集团公司安全管理软件推广与实施应用等；第三季度召开的第二次会议分析了安全生产情况，通报水电十六局有限公司安全管理工作绩效和存在问题，项目安全总监配置情况，布置第四季度安全生产主要工作。

【安全生产教育与培训】 2010年，水电十六局有限公司新入场员工百分之百接受三级安全教育。结合安全生产月等活动，开展形式多样的专项安全教育。组织20名员工参加当地建委举办的建筑企业负责人、项目经理、专职安全生产管理人员三类人员培训班。10月，选派33名员工参加股份公司在湖南长沙举办的安全生产管理人员培训班。

（徐孝模　张芝芳）

【群众性安全生产活动】 2010年，水电十六局有限公司通过创新安全生产月活动，推进安全生产年建设。6月，举办“安全发展、预防为主”的安全生产主题论坛活动，以突出央企安全主体责任建设；组织1503名员工参加全国安全生产应急知识竞赛，征集安全警示语，并开展“安全生产心中有数”有奖征答，收到答卷286份，评选20个优胜奖；编制《地质灾害防治小知识》、《夏季高温气候安全注意事项提示》、《主要灾害性因素应急应对知识和措施》等资料发放基层。

（徐孝模　严文福）

【“安康杯”竞赛活动】 水电十六局有限公司紧紧围绕基层安全建设主题，开展以“安全、健康、环境、和谐”为主题的“安全你我他”征文活动，整理出安全常用语、警示语、问候语、座右铭252条，优秀征文在《闽江资讯》刊登，三个单位获组织奖，20名员工获鼓励奖。促进安全生产月活动深入开展，提供安全主题论坛宣传图片版面设计方案，推广《“一法三卡”活动是工会组织安全工作的有效方法》。

（唐福阆　万　谦）

党群工作和企业文化建设

【第七次党代会】 10月26～27日，水电十六局有限公司第七次党代会在福州总部召开，股份公司董事长范集湘专门致电祝贺，股份公司副总经理袁柏松到会作重要讲话，党委书记李良顺代表六届党委作《构建中国特色现代企业的党建工作体系，为推进公司科学发展上水平而努力奋斗》工作报告。会议选举了由13名委员组成的第七届委员会和7名委员组成的纪律检查委员会。七届一次党委会议选举李良顺为党委书记，林文进、徐炳春为党委副书记；七届一次纪委会议选举徐炳春为纪委书记，林木强为纪委副书记。

【党建工作】 2010年底，水电十六局有限公司共有12个基层党委，2个党总支，98个党支部；党员1539人，其中在岗职工党员846人、离退休职工党员609人、流动党员84人。全年发展党员29人。基层单位新成立新疆施工局党委。12月9～11日，举办第二十四期申请入党积极分子培训班，有42名积极分子参加学习。深入推进创先争优活动，“七一”期间表彰了16个先进基层党组织、30名优秀共产党员、16名优秀党支部书记和20名优秀党务工作者；股份公司党委表彰了水电十六局有限公司的3个先进基层党组织、2名优秀共产党员和2名优秀党务工作者。

认真贯彻党的十七届四中全会和全国国有企业党建工作会议精神，深化“四好”领导班子创建活动，水电十六局有限公司与分局两级职代会分别对各自领导班子进行民主测评与推荐后备干部；经测评，水电十六局有限公司领导班子10位成员，优秀率70.1%、优秀称职率96.8%，班子总体评价满意率88.19%；民主推荐水电十六局有限公司领导班子后备干部20人，新增2人。水电十六局有限公司党委修订了《国内项目党建工作的实施细则》，印发《关于加强和改进党员管理工作的意见》和《规范公司两级领导班子民主生活会制度的实施意见》等重要制度。

（黄建琛　杨尚怀　吕槐青）

【工会工作】　2010年，水电十六局有限公司在国内外项目广泛开展“功臣杯”劳动竞赛，南水北调工程TJ2-4标段获业主单位“优胜单位”表彰；落实福建省委省政府提出的“大干150天、打好五大战役”的号召，平潭综合实验区等省内在建项目开展“保质量、抢工期、保安全、创精品、促和谐”建功立业劳动竞赛。组织参加职业技能竞赛，选派的两名选手分获全国电力行业技术能手与优秀技能选手称号；水电十六局有限公司在福建省首届“金质杯”焊工职业技能竞赛中获团体总分第三名，两名选手获第六、八名。选报的“超大型土石方填筑、大层厚、大型机械设备机械化施工技术”获海峡两岸职工创新成果展金奖。1个基层单位获省“五一”劳动奖状，1名职工获中央企业先进职工称号，4名职工被评为股份公司劳动模范和先进工作者。出台水电十六局有限公司《开展和谐企业创建工作实施方案》，对两个基层单位进行试点，并在全国部分省区与省部属企业工会工作交流会介绍经验。送温暖工作持之以恒，全年走访慰问困难职工335人次，金秋助学困难职工子女9名，资助患重病职工和离退休人员57人次，总金额110万元。组织职工健康体检，参检率99%。11月17日，承办了股份公司2010年工会工作座谈会。

（唐福闽　梁素珠　万　谦　林　霞　徐　蓓）

【共青团工作】　2010年底，水电十六局有限公司共有团员712名，35周岁以下青年职工1112名；下设基层团委6个、直属团总支2个、团工委1个、直属团支部1个，基层团支部41个。推进创先争优活动评选公司首届“十佳青年”，表彰了11个先进集体和41名先进个人，2个团支部获中央企业青年文明号与五四红旗团支部荣誉，3个基层团组织获股份公司青年文明号、五四红旗团委、五四红旗团支部称号，6名团员受到福建团省委与股份公司团委表彰。团组织通过安全生产论坛、安全应急演练、“六个一”安全隐患排查和安全知识问答竞赛等方式深化“青安哨”活动，促进项目安全生产。在抗击“6·18”特大洪灾期间，广大团员青年积极开展生产自救，参与南平地方抢险，得到当地政府赞扬。为云南旱灾和玉树地震灾区献爱心，捐款55833元。

（范玲斌　顾小刚）

【女工工作】　2010年，水电十六局有限公司85%的女职工参加了素质提升达标活动，125人参加各类培训学习，39人受到上级表彰，23人晋级职称，15人提高学历，5人加入党组织。召开纪念“三八”国际劳动妇女节100周年先进女职工座谈会，并组织492名职工参加知识竞赛。深入开展女职工建功立业活动，三分局市场开发部获福建省女职工标兵岗称号。

（林　霞）

【新闻与信息工作】　2010年，水电十六局有限公司编辑出版《闽江资讯》纸质与网络版27期。重点开辟了“廉洁从业专项教育活动”、“争创‘四强四优’活动”、“节能减排”、“名师带徒活动”、“庆祝建局55周年光明同行千秋伟业”等专栏专版。5名新闻宣传骨干受到《水利水电工程报》表彰，40余篇作品在省内外报刊获奖。11月，水电十六局有限公司选送23位专兼职新闻报道通讯员到福建日报新闻写作培训班进行为期三个月的写作培训。

（徐月明　陈家顺）

【史志鉴编研工作】　按照股份公司计划，组织编纂水电十六局有限公司1955～2006年大事记、组织机构志、人物志与志书；按期完成年鉴（2010年卷）、2009年大事记编纂及各类奖项登记等任务，其中，共有2.5万字资料、22条大事、11条获奖信息、4帧照片被《中国水利水电建设集团公司年鉴（2010年）》载录。

（孙福枝　董　红）

【企业文化建设】　贯彻落实股份公司党委《关于加强企业文化建设的实施意见》，首次编纂发行公司员工手册。加强精神文明创建活动，水电十六局有限公司新疆喀腊塑克大坝工程获2010年度股份公司文明工程项目称号。制订《加强廉洁文化建设实施方案》，开展廉洁从业警句格言征集活动，选出最佳警句格言10条，制作成书签发放给各级领导人员与关键岗位人员。响应全国总工会号召，开展全国亿万职工健身活动月活动，拓展企业文化建设内涵。

（唐福闽　梁素珠　林　霞　林建雄）

【建局55周年庆祝活动】 2010年11月26日与30日，水电十六局有限公司分别在福建武警总队礼堂与南平黄墩基地，举办福州片与南平片庆祝水电十六局有限公司第七次党代会召开暨建局55周年《征程似锦》大型文艺晚会。晚会开始前，股份公司副总经理袁柏松等领导为建局55周年首日封揭幕。在此期间，水电十六局有限公司开展了羽毛球、乒乓球、拔河等体育比赛庆祝活动。

（唐福闽　梁素珠　林　霞）

检 查 监 督

【纪委工作】 2010年，水电十六局有限公司党委、纪委持续加强反腐倡廉宣传教育，营造廉洁从业良好氛围。抓好《保廉合同》签订与验收，全年共验收37项，全部合格。及时调整惩防体系建设领导小组和办事机构。4～6月，开展以学习《若干规定》、《廉政准则》为主要内容的廉洁从业专项教育活动，共有2645人次参加117场次的学习。2010年，水电十六局有限公司“三重一大”制度涉及的民主决策事项共有50项，其中重大决策16项，重要人事任免10项，重大项目安排18项；大额资金使用6项，均按照决策程序要求集体讨论决定。

开展工程建设领域突出问题专项治理工作整改检查，提出1份整改建议书与3条整改建议；调整、充实和完善内控制度，管理制度作废1个，修改19个，重新制定6个。开展“小金库”专项治理自查自纠，均未发现违反规定现象。大宗物资和设备招标、合同谈判，全过程接受监督。2010年，收到上级转办的信访举办件3件，经核实属举报失实。

【党风廉政建设责任制】 2010年，水电十六局有限公司与股份公司，水电十六局有限公司党政一把手与班子其他成员、各分局（单位）党政一把手，水电十六局有限公司分管领导与总部各部门主要负责人共签订2010年度《党风廉政建设责任书》37份；各二级单位按照要求层层签订责任书，并严格执行“廉政保证金”奖惩制度。围绕贯彻执行党风廉政建设责任制情况，年中，开展重点检查与整改；年末，进行考核，作为对各单位领导人员业绩评定、奖励惩处的重要依据。在2010年度股份公司党风廉政建设责任制执行情况综合检查中，水电十六局有限公司再次被评为优秀。

【效能监察工作】 2010年，水电十六局有限公司的效能监察和安全生产执法监察共立项10项，全部完成。提出监察建议并被采纳33条，建章立制6项，节省采购资金185.6万元。按时上报水电十六局有限公司当年效能监察工作安排意见和工作总结及各类统计报表。

（林木强　王建平　林建雄）

【领导班子民主生活会】 水电十六局有限公司于10月12日召开2010年度领导班子民主生活会，股份公司党委副书记陈永录与福建省纪委、省委组织部等部门领导到会指导并给予充分肯定，领导班子成员11人参加，因工作原因未能到会1人。9月，水电十六局有限公司所属11个二级单位和2个项目联营体均及时召开领导班子民主生活会，水电十六局有限公司班子成员全部按照党委安排参加联系单位民主生活会并作指导。期间，共征求职工群众意见和建议104条，经梳理归纳为22条进行整改落实。水电十六局有限公司新一届纪委领导班子民主生活会于11月2日召开。

（林木强　黄建琛）

【第十三届二次职工代表大会】 2010年3月24～25日，水电十六局有限公司十三届二次职工暨工会会员代表大会在福州总部召开，出席会议正式代表106人，列席代表36人。会议审议通过了总经理林文进所作的《加快产业结构调整，坚持体制机制创新，积极推进公司转型升级上水平》的工作报告，选举谢小坡为出席福建省总工会“十二大”代表。党委书记李良顺在会上作了《坚持改革创新，促进科学发展，为公司发展方式转变提供强劲动力与保证》的讲话。与会代表还听取了领导班子成员的述职述廉报告，并对领导班子及其成员进行民主测评，推荐了领导班子后备干部。会议还对水电十六局有限公司“十佳”青年等先进个人进行表彰。

（唐福闽　梁素珠）

【厂务公开】 2010年，水电十六局有限公司厂务公开事项604件，其中企业重大决策事项60件，企业生产经营管理方面的重要事项229件，涉及职工切身利益的重要事项和职工关注的热点问题165件，领导班子建设和党风廉政建设情况150件。2009年度业务招待费使用情况在职代会上进行报告。

（唐福闽　万　谦　王建平）

【审计监督】 2010年，水电十六局有限公司加强队伍建设，有序开展各项审计工作。完成年内经济责任审计，出台联营项目联合审计管理办法，着重对各项目点开展了无禁区、无死角的审计，参与各项设备物资采购招标与合同谈判、评审合格分包商、效能监察等工作30多项，发挥了重要监督职能。

（刘春英）

中国水电基础局有限公司

概　　况

【综述】　2010年，中国水电基础局有限公司（以下简称“基础局有限公司”）以科学发展观为指导，积极应对国内外复杂经济形势的挑战，认真贯彻股份公司工作会精神，全面落实年初职代会工作部署，完成了各项经济指标，确保了企业持续稳步发展。

2010年，基础局有限公司生产经营取得喜人成绩：全年共完成营业收入13.53亿元，实现利润总额0.61亿元；新签合同金额17.97亿元。

基础局有限公司经营规模持续增长，施工领域不断扩大。全年在建工程94项，新开工项目44个，竣工项目47个；完成单元工程7418个，终评单元工程5405个，其中优良单元工程4964个，单元工程合格率100%，优良率91.8%；交验工程23项，其中112个分部工程中87个被评为优良，交验合格率100%，优良率77.7%，均好于质量目标。2010年，基础局有限公司创造了多个纪录，获得了多个奖项：西藏旁多水利枢纽大坝基础处理工程创造了多项世界防渗墙施工深度之最，项目整体施工及研究达到国际领先水平，共申请了6项实用新型专利，并申请了槽孔施工深度201.47米、混凝土浇筑201.47米、拔管158米3项世界吉尼斯纪录。基础局有限公司荣获2009年度天津市五一劳动奖状、山东省水利工程AAA级诚信证书。基础局有限公司承建和参建的小浪底、海南大隆水利枢纽工程荣获全国建筑工程鲁班奖；“高流速大流量条件下的堵漏灌浆技术研究”获国家电力科技进步三等奖；“以提升企业盈利能力的项目目标管理”荣获全国电力行业企业管理现代化创新成果三等奖。西藏旁多项目部工程质量技术部被国务院国资委授予“中央企业红旗班组（科室）”荣誉称号。

【领导班子】　2010年，基础局有限公司领导班子有：董事长兼党委书记张源智；总经理兼党委副书记赵存厚；党委副书记兼纪委书记、工会主席袁国俊；副总经理田学良、黄炳福（兼总经济师）、刘建发、韩伟、徐方才、彭善民；总工程师肖恩尚；总会计师雷土祥。

【组织机构】　基础局有限公司下设4个二级公司及科研所、海外事业部、社会服务中心及控股公司——中基大地工程有限公司。本部设置11个职能管理部门：总经理工作部、人力资源部、企业发展部（法律事务部）、财务产权部、安全生产管理部、技术信息中心、审计部、党群工作部（工会综合部）、监察部（纪委办公室）、史志办公室、项目监管办公室；设立4个专业管理职能机构：市场开发部、基础设施开发部、物资设备管理公司、资金结算中心。

【职工队伍】　2010年底，基础局有限公司在册职工1724人，管理人员974人，操作人员750人；高层管理人员11人，中层管理人员122人，主管和二级单位主任179人。具有专科以上学历882人；具有初级以上职称836人；持有职业资格技能等级471人；拥有各类执业资格248人；761人次取得各类特种设备作业证。

（张　欣）

国　内　经　营

【综述】　2010年，基础局有限公司中标工程项目共56项，合同金额11.92亿元。其中，非水电项目9项，合同金额2.70亿元。水电项目有南水北调中线一期工程汉江兴隆水利枢纽电站土建及金属结构安装工程，南水北调中线一期引江济汉工程渠道六标土建及金属结构、电气设备安装工程，四川毛滩水电站厂房小基坑围堰防渗墙工程等。

【中标工程】　2010年，基础局有限公司中标56个，主要项目有：北京市南水北调配套工程大宁调蓄水库工程，台山核电厂HCD排水暗涵工程，安庆市花凉亭水库除险加固工程，四川毛滩水电站厂房小基坑围堰防渗墙工程，南水北调中线一期工程汉江兴隆水利枢纽电站土建及金属结构安装工程等。

【在建工程】 2010年，基础局有限公司在建工程共89项。主要工程项目有西藏旁多水利枢纽大坝基础处理工程，南水北调中线工程汉江兴隆水利枢纽围堰防渗墙工程第1标段，南水北调中线一期工程总干渠黄河北—美河北（委托建管项目）辉县段第二施工标段工程，武都水库左、右岸基础处理工程，山西省万家寨引黄工程连接段备用水源呼延调蓄工程Ⅱ标，拉西瓦水电站右岸坝基帷幕灌浆及排水、断层带高压固结灌浆处理工程，河南省窄口水库除险加固二期工程Ⅱ标段，窄口水库除险加固工程三期工程，黄河炳灵水电站库区防护工程（青海部分）Ⅱ标段。

【竣工工程】 2010年，基础局有限公司竣工项目45项。主要有南水北调中线工程汉江兴隆水利枢纽围堰防渗墙工程第1标段，玉溪市红塔集团胜利水库坝体维护、加固处理水库除险加固工程，四川毛滩水电站厂房小基坑围堰防渗墙工程，黄角树水电站大坝下游防渗墙及泄洪建筑物进出口基础处理工程，重庆市巫溪县中梁水电枢纽工程一级电站水库防渗工程，云南省里底水电站一期枯水围堰混凝土防渗墙工程。

【西藏旁多水利枢纽大坝基础处理工程】 截至2010年底，基础局有限公司完成主要工程量有土石方开挖41.58万立方米，灌浆管预埋6.28万米，混凝土防渗墙浇筑7.79万平方米，完成合同额的84%。

【四川毛滩水电站厂房小基坑围堰防渗墙工程】 毛滩水电站工程位于夹江县顺河乡境内的青衣江干流上。2010年1月6日中标，1月29日防渗墙主体工程开工，5月8日完工。比合同工期提前12天。2010年，共完成防渗墙槽孔204个，造孔进尺7.33万米，混凝土浇筑5.94万方，完成防渗墙成墙面积4.94万方；完成先导孔钻孔6个，检查孔钻孔10个，埋设观测仪器断面5个，共埋设仪器45支，钻观测仪器埋设孔7个，物探孔钻孔14个。下设预埋物探管11个孔，下设测斜管5个孔。

【台山核电厂HCD排水暗涵工程】 该工程施工区域位于广东省台山市赤溪镇腰古村。HCD排水暗涵施工段总长约2900米。基坑边线至结构外墙按预留1米施工距离考虑，基坑底宽13.80米、26.65米，基坑深约12～22米。主要工程量为，强风化岩石以上土石方开挖146.40万立方米，石方爆破开挖28.59万立方米，换填开挖及C15素混凝土回填7.07万立方米，开山土石回填30.64万立方米，暗涵C45结构混凝土浇筑10.88万立方米，暗涵钢筋制安1.91万吨，沥青油毡铺设3.2万平方米，土石料回填52万立方米，土石料回填13万立方米。工程于2010年7月31日开工。截至2010年底，该工程完成合同额的3.54%。

（刘艳妮）

国际工程

【综述】 2010年，基础局有限公司海外业务坚持以科学发展观为指导，深入贯彻落实“经营市场、经营项目，经营市场是龙头，经营项目是重点”的海外业务指导方针，紧跟股份公司国际业务全面国际化转型升级步伐，经营工作取得较大突破，全年新签合同金额6亿元。

【文莱乌鲁都东水坝项目】 文莱乌鲁都东水坝项目位于文莱Sg Tutong区的原始热带雨林中。该项目是基础局有限公司有史以来承担的最大合同额的综合性国际工程项目。主要工作内容包括，心墙土石坝及其附属设施施工，其中土石方明挖209万立方米，石方洞挖7600立方米，土石填筑160万立方米，混凝土现浇2.6万立方米，塑性混凝土防渗墙浇筑1.2万平方米，钢筋制作安装2200吨，碎石填筑及块石砌筑约15万立方米，压力钢管安装300米等，合同金额约2.87亿元。截至2010年底，共完成施工产值662万元。

【巴基斯坦杜伯华水电站上游围堰灌浆工程】 2010年，基础局有限公司进行了杜伯华水电站第二阶段堰坝和进水口灌浆施工。因2010年8月巴基斯坦发生历史罕见特大洪灾，杜伯华项目施工生产被迫中断，截至洪灾发生前，项目部共完成钻孔6051米，灌浆7730吨，完成产值316.9万美元。

【老挝南坎2水电站前期勘探工程】 老挝南坎2水电站位于距老挝琅勃拉邦东南约30千米的南坎河上，距湄公河河口大约68千米。老挝南坎2水电站项目由中国水利水电建设集团公司以EPC模式开发建设。基础局有限公司承担了该项目前期勘探施工任务，主要工作内容包括水上钻孔、平洞开挖、槽探、竖井等。老挝南坎2水电站前期勘探工程是基础局有限公司有史以来承担的最大勘探项目。项目施工条件十分恶劣，项目施工难度大，水上勘探孔最大孔深达160米。工程于2009年12月15日开工，2010年10月3日圆满完成项目施工任务。

（屈恩才）

投资开发

【综述】　2010年，基础局有限公司控股的中基大地公司相继承接了武清东蒲洼一期钻孔灌注桩西区乙、中区甲工程、四川毛滩水电站厂房围堰小基坑防渗墙工程、舟山外钓岛光汇油库场平及围填海工程、云南里底等施工项目。2010年，中基大地公司主营业务收入5113.85万元，完成年度计划的102.28%；其中，工程施工营业收入4885.85万元，设备租赁收入228万元。

中基大地公司经营班子开拓思路，寻找新的经济增长点，对旋挖钻机、抓斗租赁市场进行调研，全年5台大型设备全部出租，出租率66.7%，出租收入254万元，总体处于赢利水平。

管理创新

【法律风险防范】　基础局有限公司不断完善管理制度，着力构筑企业法律风险防范体系，控制与化解企业运营中的各种风险，使依法经营有制可循，有章可依，为基础局有限公司又好又快发展提供了法制保障。主要做到了“五个到位”。

建立机构，落实责任，领导重视到位。

抓住关键，突出重点，服务大局到位。

健全制度，规范运作，依法管理到位。

事前控制，法律审核，风险防范到位。

运用法律，发挥职能，保护权益到位。

（张义新）

【项目监管】　2010年，基础局有限公司通过发挥项目监管职能，以工程项目管理为平台，做好项目管理服务，努力提高办事效率，齐抓共管，求真务实，在项目经营策划、工程分包、施工进度、项目成本、项目目标管理责任书等方面创造性开展工作，为项目精细化管理出谋划策，努力实现年度生产经营计划。为提高项目部管理能力，基础局有限公司编制了《项目管理手册》分发到各二级单位和各职能部门。通过签订《项目目标管理责任书》进行目标管理项目共计38个，下达利润率10.85%。2010年，基础局有限公司共对22个工程项目进行工程回访，收到回访记录35份；对22个工程项目进行顾客满意度调查，收到工程顾客满意度调查表33份。顾客满意度平均得分97.5分。

（刘　勇　刘才高）

【“管理创效年”活动】　2010年5～12月，基础局有限公司根据股份公司“管理创效年”活动通知精神，分四个阶段开展了“管理创效年”活动。活动紧密围绕“管理上水平，创效增能力”的总体目标进行组织和部署，以“认真做好‘管理创效年’活动，努力提高公司盈利能力”为活动主题，公司上下优质、高效做好了各阶段工作：一是积极响应股份公司要求、精心组织，迅速启动“管理创效年”活动各项工作。二是以“注重实效，注重实绩”为出发点，全面、深入开展自查工作和调研分析公司内部管理症结。三是全面对整改措施进行落实。四是加强活动过程控制和宣传报道。五是通过开展“管理创效年”活动，基础局有限公司在管理上、经济效益上及在新工艺、新材料及新设备的研究和推广应该上均取得了好成绩。六是建立“管理创效”活动长效机制和考评机制。

（方　浩）

【财务管理】　2010年，基础局有限公司财务管理主要做了以下工作：

（1）不断完善公司、分公司及项目部三级财务管控体系，理顺内部经济关系，缩减管理链条，财务监管控制力显著增强。

（2）加强应收账款管理，继续执行并完善应收账款逐级督促催收机制、奖励机制、通报机制，明确责任人，并将应收账款的资金回收工作与项目经理绩效工资挂钩；通过NC账、报表、各项工作检查密切关注影响现金流的应收账款、未完施工、预付账款挂账情况及增减变动情况，采取有效措施督促业主办理工程价款结算和结算资金及时支付，项目工程款结算率和资金回笼率明显加快。

（3）以开展“管理创效年”活动为契机，强化项目监管，做好对工程项目事前筹划、事中管理监督、事后考核工作。

（4）不断改进和完善执行《建造合同准则》各项基础工作，严格建造合同审批流程。

（5）根据股份公司要求，加强“小金库”专项治理工作，基础局有限公司成立了专项治理工作领导小组和专项机构，下发了实施办法。以开展“小金库”专项治理工作为契机，彻底排查可能转化为“小金库”的各种管理隐患，及时堵塞资金和资产管理漏洞。

(6) 积极做好企业所得税异地缴纳和汇算清缴工作，争取税收优惠政策，境外所得按12.5%缴纳。

(杨晓红)

【人力资源管理】 2010年，基础局有限公司进一步完善人力资源管理制度、项目薪酬分配制度。开展各种培训、取证，全面提升员工队伍整体素质；深入基层，对薪酬分配、用工现状、人才队伍结构及骨干的思想、工作、生活进行专项调研；下发了《项目人员薪酬发放标准》。2010年初，选拔了22名优秀年轻干部晋升到高级主管岗位，充实到相关部门和各二级单位。招聘了81名高校毕业生，并实行导师带徒制，做好传帮带工作。加强对稀缺人才的培养和引进力度，全年接收电工、测量工、操作手等技能人员35人，其中含19名优秀外来务工人员；针对紧缺人才，如水泥生产管理、钾盐开采管理人员进行了公开招聘。

(张春艳)

【信息化建设】 2010年，基础局有限公司在信息化建设方面主要完成以下工作：

(1) 加强信息化业务系统推广力度。按照股份公司部署，基础局有限公司领导认真组织培训学习，市场经营管理系统试运行良好；年底开始了“设备物资管理系统”推广应用。

(2) 根据集团《关于中国水电网站群架构下子企业网站规范设置的通知》要求，重新部署了DNS服务器，提升了域名解析性能；规范了基础局有限公司网站与集团网站信息同步功能；按照工信部关于互联网接入备案要求，填报了联通光纤接入“非经营性互联网信息服务备案登记表”。

(3) 按照股份公司统一要求，对机房网络设备进一步规范了标识，给出了机柜设备部署及应用系统在服务器中部署标注图；部分楼层竖井增加了二层交换机；升级了机房后备电源系统电池组容量到100AH/块，调整了服务器管控参数；修改了数据备份制度；为两台64位用友NC服务器单独部署了趋势服务器版防毒墙系统。

(谭景春)

安全生产

【综述】 2010年，基础局有限公司认真贯彻落实职业健康安全管理体系，以预防为主、加强监管、落实责任为重点，夯实各项安全生产基础工作，加大安全生产资源投入，确保基础局有限公司实现安全生产目标，取得了较好的安全生产成绩，被股份公司授予“安全生产先进单位”。

【落实安全生产责任制】 2010年，基础局有限公司总经理与各单位安全生产第一责任人签订《安全生产责任书》。并将安全生产责任目标纳入生产经营目标考核、“四好”领导班子考核、文明工程考核、领导干部绩效考核的重要内容。

【完善规章制度】 为规范安全生产技术管理工作，基础局有限公司依据国家安全技术操作规程和相关标准，结合基础施工实际及施工专业领域不断拓宽的需要，制定了《中国水电基础局有限公司安全技术操作规程》，分为基础篇和非基础篇两册，在2010年4月下发。

【安全生产活动】 2010年，基础局有限公司开展了“安全生产心中有数”和围绕“安全发展、预防为主”这一主题的“安全生产月”等宣传教育活动，制定了《安全生产活动方案》，并分阶段组织实施。各级职能部门利用网络平台，及时传达上级安全生产活动精神；通过张贴宣传标语、挂图、发宣传册、开办安全学习橱窗等营造安全生产气氛；组织安全生产法规知识和安全生产常识答题。各单位、项目部开展了以防汛、防暴雨、泥石流、边坡坍塌、触电等事故的应急预案演练和应急知识竞赛活动，提高了员工防范事故的能力。

【安全生产培训】 基础局有限公司分别在天津和成都两地组织举办了安全取证培训和延期换证再培训培训班，共有297名“三类人员”参加了延期培训，114名管理和生产骨干取得了“三类人员”安全生产资格。针对施工一线生产操作岗位人员和新参加工作的大中专毕业生进行了安全生产知识培训。各项目部在工程开工前及施工过程中，有计划地组织各类施工人员进行岗前培训、技术交底，学习和贯彻管理体系文件、相关标准和法规、操作规程等，进一步强化了员工安全生产意识。

【安全监督检查】 2010年，基础局有限公司组织专项和综合性安全检查，对82个在建项目进行了安全生产隐患排查治理工作，共排查安全生产隐患302个，全部治理到位，有效地预防和控制了安全事故的发生。基础局有限公司先后组织了对北京大宁，河北岳城，河南辉县、窄口、五岳，内蒙古三座店，湖北兴隆，广西磨盘，贵州索风营、窄巷口，四川武都、毛滩，云南糯扎渡等项目的安全生产检查，对促进公司安全生产工作起到了作用。

【职业健康安全管理体系】 2010 年，基础局有限公司采取相对集中的内部审核方式，对工程项目、二级机关、总部各职能部门进行了全面审核。审核深入贯彻管理体系思路，注重解决施工生产中的实际问题，强化过程控制效果。及时召开了管理评审会议，研究和解决管理体系运行中亟待解决的问题，并作出了四项重要决议。管理体系运行已融入各单位和部门的日常管理工作中，形成良性循环，有力促进了公司安全生产管理水平的进一步提升。

（张佳钰　冯　丽）

科技进步

【科技推广与应用】 2010 年，基础局有限公司科研成果及推广应用工作取得了新成绩。

2010 年，公司共获得国家知识产权局颁发的实用新型专利 6 项：“预制混凝土导墙”、“自凝灰浆复合防渗墙接头板”、“液压抓斗防渗墙施工垂向增深系统”、“大体积高速泥浆自动搅拌系统”、“防渗墙泥浆下机械打捞手”、“深孔重载型破力器”。获得发明专利 2 项：“防渗墙槽段气举法清孔施工工艺”、“智能超深防渗墙接头孔拔管系统”。

2010 年正式出版发行了基础局参与编写的电力行业标准：《水工建筑物化学灌浆施工规范》（DL/T 5406—2010）、《灌浆记录仪导则》（DL/T 5237—2010）、《土坝灌浆技术规范》（DL/T 5238—2010）。

中国水利学会地基与基础工程专业委员会化学灌浆分会主办、基础局有限公司承办的“第十三次全国化学灌浆学术交流会”于 2010 年 10 月 22～25 日在天津武清召开，来自全国水利水电和其他行业 88 个单位的 140 余位代表参加会议并在大会上作了交流。出版论文集《西部劣质地基与基础化学灌浆技术》。《基础工程技术》2010 年共出版五期，发表文章 68 篇。

【科技成果】 2010 年，基础局有限公司完成的“大流量、高水头条件下的灌浆堵漏技术”获 2010 年度水力发电科学技术三等奖、中国电力科学技术三等奖；参建的贵州乌江索风营水电站获第十届土木工程詹天佑奖。参建的黄河小浪底水利枢纽工程入选 2010～2011 年度中国建筑工程鲁班奖。

（翁嘉玲）

党群工作和企业文化建设

【党建工作】 2010 年底，基础局有限公司党委下属基层党委 8 个，直属党总支 1 个，直属党支部 3 个，二级单位下属党支部 35 个，直属项目部临时党委 5 个。共有党员 769 人。基础局有限公司党委以生产经营为中心，以创建“四好”领导班子为载体，以组织建设为保障，持续增强党建工作的成效和活力，保持党建工作融入中心工作，不断丰富文明创建工作内涵，为实现企业经营目标、推动企业和谐发展提供坚强的政治、思想和组织保证。

（1）加强两级领导班子建设。基础局有限公司党委紧密结合企业生产经营实际，充分发挥领导班子的政治核心作用。一是着力于建设学习型班子。二是着力于建设务实的班子。三是着力于建设和谐的班子。四是以创建“四好”领导班子为契机，不断加强两级领导班子建设。基础局有限公司荣获 2009～2010 年度股份公司“四好”领导班子称号，这是基础局有限公司连续第三届荣获该项称号。

（2）加强基层组织建设。基础局有限公司党委高度重视党的基层组织建设，根据机构设置和调整，2010 年成立了中基矿产资源公司、西南机械制造厂、基础设施开发部等单位和部门，并根据工作实际，对市场开发部党支部班子进行了调整。2010 年，共发展新党员 22 名。基础局有限公司直属项目部全部成立了临时党委，二级单位所属项目部均成立了党支部或党小组。项目部党组织根据工程实际，在党组织和党员中开展创先争优活动。在纪念建党 89 周年暨创先争优表彰大会上，基础局有限公司党委对在创先争优活动中涌现的先进党组织、党员标兵、优秀共产党员、优秀党务工作者和 5 个最佳党性实践活动集体予以表彰。

（3）开展学习型党组织创建活动。2010 年各级党组织按照基础局有限公司党委《关于开展学习型党组织创建活动实施方案》的要求，全面开展了学习型党组织创建活动。两级党委在建设学习型党组织活动中，以建设学习型领导班子为重点，认真落实中心组学习制度，突出发挥领导班子带头示范作用。5 月，基础局有限公司党委召开党委书记研讨会，集中学习了上级有关文件精神，二级单位党委书记均认领了调研课题，上报了调研报告。

（何剑英）

【企业文化建设和精神文明建设】 2010 年，基础局有限公司党工团组织以积极开展各类活动为载体，不断加强企业文化建设和精神文明建设。

年初，文协举办了迎春诗会，与会诗词爱好者填词赋诗，讴歌公司各条战线所取得的文明成果。5 月，基础局有限公司组织了“和谐杯”综合体育友谊赛。7月，基础局有限公司举行了“迎七一”歌唱比赛。各二级单位均组队参加。8月，基础局有限公司与股份公司租赁公司举办首届企业文化联谊活动。10月，基础局有限公司机关党委组织的读书月活动圆满结束。机关100多名员工参与，活动包括推进藏书、交换阅读、影片赏析、读书心得撰写与评比等。

2010年，基础局有限公司新闻宣传工作突出指导性、策划性和重点工程的对外宣传。2010年主要突出了西藏旁多工程和湖北兴隆工程等重点工程的对外宣传报道。西藏旁多项目部在《新华每日电讯》、《中国水利报》、《西藏日报》、西藏电视台、人民网、国资委网、凤凰网等媒体共发表稿件40多篇（条），深入地宣传了公司在西藏恶劣环境下建造世界最深墙的举措。湖北兴隆项目部注重与地方媒体和南水北调系统加强交流和宣传力度，先后与《湖北日报》、《中国南水北调报》等取得深入联系并多次发表文章，在《中国水利报》、国资委网站、中国工程建设网等媒体发表稿件达40余篇。

（余洪波）

【工会工作】　2010年，基础局有限公司工会主要工作如下：

（1）强化技术创新，加强劳动竞赛的过程建设，助推工程建设顺利进展。南水北调工程河南辉县二标项目部在开展项目劳动竞赛中取得了较好成绩，受到集团公司好评，荣获天津市“安康杯”竞赛先进集体。南水北调工程兴隆项目部获得湖北省南水北调枢纽工程2009年度施工项目劳动竞赛年终考核第一名，并获奖金50万元。2010年，基础局有限公司有5项科技创新课题成果通过天津市职工技术协会认定。西藏旁多项目部工程质量技术部被授予天津市“工人先锋号”和“中央企业红旗班组”荣誉称号。

（2）强化综合素质，加强教育和培训，不断增强职工业务技能。

（3）强化品牌意识，加强企业文化建设，塑造良好企业形象。

（4）继续落实困难员工帮扶制度，切实为职工办好事办实事。“两节”期间开展送温暖活动，对52个困难户、166名困难职工及离退休老同志进行了救助。看望因病住院职工20人次，累计发放困难救助金25万元。并推出了“六个必访”工程，即职工伤病住院必访，职工生活及家庭特殊困难必访，职工家庭重大纠纷必访，职工重大意外事件必访，职工因种种原因造成思想情绪不稳定必访，职工婚丧嫁娶必访。

（5）积极完善劳模奖励待遇制度，弘扬先进激发积极性。2010年，基础局有限公司工会出台了《公司先进人物奖励性疗养管理办法》。“五一”期间，按照市总工会要求，对市级以上劳动模范和先进工作者每人发放慰问金500元；6月，组织23名先进人物参观了上海世博会。

（韩　霞）

【共青团工作】　2010年，基础局有限公司团委以开展创先争优活动为契机，深入开了青年文明号创建、创新创效、增强共青团员意识为主题的教育等活动，组织和信息建设取得新的进步。

组织团员青年贯彻落实中央企业青年创新奖表彰大会精神，与天津市武清团区委联合举办了以青年创业为主要内容的知识讲座。基层团干部利用生产例会、项目部宣传栏、团员学习园地等形式组织青年不断学习。发放相关教育书籍、文件、资料，组织团员青年观看政治教育影片。北京大宁项目部团组织举办老党员讲成长座谈会，还组织青年到卢沟桥抗日纪念馆进行爱国主义教育。四公司团委发出了“捐献一瓶水，奉献一份爱”的倡议书，为西南干旱灾区捐款1万余元。

2010年，经过团组织考察推荐共有22名团员青年入党。基础局有限公司团委表彰了青年文明号集体、青年岗位能手、优秀团支部、优秀团干部及优秀团员。基础局有限公司团委积极开展团的创先争优活动以及“青年文明号”、青年突击队创建活动，受到天津团市委表彰。在西藏平均海拔4000米以上的旁多项目部团组织的青年突击队针对项目的急难险重工程进行攻关，为项目创造3项世界纪录作出积极贡献。该青年突击队被天津团市委授予2010年“优秀青年突击队”称号。基础局有限公司团委被天津团市委授予“2009年度五四红旗团委”、“2010年度组织工作先进单位”荣誉称号。

（王晓颖）

检察监督

【党风廉政建设责任制】　基础局有限公司及所属二级单位层层签订了责任书，进行了任务分解。2010年4～6月，进行了党风廉政情况民主测评，发出测评表172张，其中“满意”和“基本满意”比例占到99%以上。7～8月，对所属3个二级单位，2个直属项目部进行抽查，并将检查结果进行了通报，指出了各单位的主要工作成绩和不足，并提出了下一步工作建议。12月下旬开始，对二级单位、直属项目部进行了综合考核。2010年，基础局有限公司各单位党风廉政建设责任制考核得分最高分99分，最低分 91 分，党风廉政建设责任制得到了较好落实。

2010 年 3～6 月，开展了廉洁从业专项教育活动，中层以上领导人员均撰写了心得体会，在活动中共修订完善关于加强廉洁从业、党风廉政方面的制度 7 项，完善关于加强管理，源头堵塞漏洞的相关制度 15 项，制定整改措施 14 条。

2010 年 5 月以来，开展了以书画、文艺、摄影等多种形式的廉政文化作品征集活动，基础局有限公司纪委对优秀作品进行整理，并于“七一”期间开展廉洁作品展活动，在基础局有限公司本部和重点项目部展出。

加强其他制度体系建设方面。结合基础局有限公司管理的关键环节和重点共建立并完善了各项规章制度。特别是加强了对工程分包、生产经营、设备物资采购等重点管理领域的制度建设，还加强了企业法制建设、劳动用工等方面的管理。

（杨同萍）

【惩防体系建设】 2010 年，基础局有限公司惩防体系工作规划全面落实。认真贯彻落实《惩治和预防腐败体系实施办法》，将构建惩防体系纳入企业发展规划，与企业改革发展同步进行，与企业内控机制相结合，与企业管理体系相融合。2010 年，基础局有限公司惩防体系建设领导小组多次召开专题会议，研究部署惩防体系建设工作，确保了对惩防体系工作的领导和部署。

惩防体系工作机制不断完善。基础局有限公司领导班子进行了贯彻落实惩防体系工作分工，明确了在各自业务范围内的惩防体系建设工作职责。基础局有限公司组织各部门、各级领导人员认真学习《惩治和预防腐败体系任务分解方案》，各部门结合任务分解方案制定了《惩治和预防腐败体系各部门工作计划》。在基础局有限公司本部、各二级单位及专业管理部门建立了惩防体系建设联络员制度，明确工作职责，确保了各项工作任务的有效落实。

惩防体系信息系统运行有序。为基础局有限公司 126 名中层以上领导人员和纪检监察人员建立了惩防体系信息化管理系统账号，根据各自在系统中的角色分配了权限，并举办了系统操作培训班，对正确运用系统做了辅导。截至 2010 年底，中层以上领导人员和纪检监察人员完成了 2010 年廉洁从业信息申报工作。

建立并完善预防职务犯罪工作机制。5 月 11 日，基础局有限公司与武清区人民检察院举行了开展预防职务犯罪工作启动仪式，双方签订了《共同开展预防职务犯罪工作的实施方案》。

（杨同萍）

【效能监察工作】 2010 年效能监察立项 3 个，重点围绕工程项目成本控制及安全生产开展效能监察；二级单位立项 7 个。共提出监察建议 17 条，完善项目管理制度 5 项。

为加强对工程项目的管控力度，基础局有限公司监察部会同项目监管中心安全生产部对工程项目管理工作开展效能监察。经过对在建工程项目进行认真研究分析后，并报效能监察领导小组研究，由监察部牵头，对重点工程项目大宁调蓄水库工程施工第五标段、南水北调工程辉县二标项目部工程项目成本管理及安全生产管理、岳城水库工程管理立项开展效能监察。7 月，基础局有限公司先后组成综合检查组，对效能监察项目进行综合检查，提出监察建议 17 条，项目部根据建议进行了认真整改。3 个效能监察项目均取得较好效果，岳城水库工程、大宁水库工程实现利润率达 20%左右，超额完成了项目成本控制目标。

（杨同萍）

【审计监督】 2010 年，基础局有限公司按照股份公司审计部对审计工作的部署，不断更新审计观念，创新工作方法，精心组织年度审计工作计划的实施。2010 年，审计计划项目 5 个，实际完成审计项目 5 个。主要内容是工程项目概况，项目部机构设置、资源配置情况，工程总包合同履约情况，分包工程管理是否严格执行公司的制度，工程价款结算、债权债务清理情况，建造合同准则执行情况，工程项目的施工设备、材料管理情况，内控制度是否健全有效，项目目标责任书执行情况等。基础局有限公司审计部配合京沪高铁项目部迎接国家审计署对基础局有限公司京沪高铁项目审计，顺利通过了国家审计署的审计。

（宋　强）

中国水电建设集团夹江水工机械有限公司

概　　况

【综述】　中国水电建设集团夹江水工机械有限公司（以下简称“夹江有限公司”）是为水利水电工程提供施工专用设备及永久性设备的专业化生产基地。企业被列为国家机械工业重点企业、四川省金属制品最大规模十强企业、四川省重大技术装备产业链企业。截至2010年，公司已连续14年为省级“守合同重信用企业”。“SJ”牌电站闸门、启闭机获四川省名牌产品称号，2010年保持省级“技术中心”。

夹江有限公司在市场竞争中已经形成两大整体优势：一是品牌和业绩优势。拥有大型水工闸门、门机、桥机、升船机、缆机生产资质和良好业绩。二是专业技术和装备优势。拥有门、桥机设计能力和业绩，拥有成熟的工艺技术和熟练技能的工人队伍，企业已建立了较为完善的质量控制体系和信息化管理系统。非水电产品主要有石油钻机部件、风机部件、架桥机等。

【领导班子】　夹江有限公司领导班子由8人组成，分别是执行董事、总经理、党委副书记雷建容，党委书记、副总经理刘忠长，副总经理吴渝，副总经理程胜华，副总经理兼总工程师曾文，监事、党委副书记、纪委书记张克爱，总会计师张大军，工会主席王忠义。

【组织机构】　夹江有限公司下设19个部门：总经理工作部、党委工作部、人力资源部、财务管理部、企业发展规划部、保卫部、市场开发部、生产管理部、安全生产监督管理部、采购部、外协部、设备物资管理部、技术质量管理部、工艺部、机械设计研究所、审计监察部、信息中心、工会办公室、离退休办公室。4个生产分厂：金属结构制造分厂、机电设备制造分厂、电气分厂、非水电设备制造分厂。另有职工医院、长宏公司、蜀源公司。

【工作业绩】　2010年，夹江有限公司完成销售总额3.75亿元；全员劳动生产率36万元/（人·年）；新增工程合同金额4.56亿元，其中非水电1340.73万元；实现利润2.65亿元；国有资产保值增值率为14.8%，基本完成股份公司经营考核指标。

（何万里）

生产经营

【综述】　2010年，夹江有限公司为国内外35个工程提供137种产品，水电站起重设备检修项目任务进一步扩大。工程主要包括湖北丹江口、四川观音岩、四川锦屏一级、四川锦屏二级、向家坝、成绵乐高铁架桥机、四川柳树沟、成都全鑫钻机、新疆小石峡、云南阿海、云南功果桥、青海黄丰、智利拉哈、缅甸上邦朗等。夹江有限公司加强对产品生产全过程的监控，加大对重要生产节点的考核力度，2010年完成综合设备制造产量1.56万吨。

【丹江口大坝加高升船机设备制造】　2010年，夹江有限公司积极履约升船机设备制造合同，按期完成制作和进行升船机机电联调试验，设备制造总重量3800吨。截至2010年底，所有设备全部发运出厂。

【观音岩缆机制造】　2010年，夹江有限公司完成观音岩水电站缆机的承制并通过出厂验收；四川观音岩水电站1号、2号缆机是夹江有限公司2009年3月中标合同项目。该产品于2010年3～5月陆续发运出厂运往工地。

【锦屏一级水电站5号缆机制造】　2010年2月，夹江有限公司中标锦屏一级水电站5号缆机设备制造合同。3月初完成工艺技术准备，当月启动生产，6月完成整机生产。7月完成出厂验收并发运出厂。

【锦屏二级水电站卷扬式启闭机设备制造】　锦屏二级水电站卷扬式启闭机设备设计制造合同是夹江有限公司于2009年4月中标。该合同项目包括进水口双向门式起重机、台车式启闭机，尾水台车式启闭机、尾水台车启闭机及拦河闸2×320千牛单向门式起重机。

截至2010年12月，夹江有限公司完成进水口2×1250千牛台车式启闭机、尾水2×2500千牛台车式启闭机、尾水2×250千牛台车启闭机出厂验收并发运出厂。

【缅甸伊江上游电源电站启闭机设计制造】 缅甸伊江启闭机设备制造合同是夹江有限公司于2009年8月中标，合同项目包括进水口拦污栅250千牛固定式启闭机、进水口事故检修门800千牛固定式启闭机、泄洪挡水门1600千牛固定式启闭机、泄洪工作门1250千牛固定式启闭机信尾水50千牛、30千牛移动式电葫芦。2010年7月，夹江有限公司完成整个合同项目出厂验收并发运出厂。

【毛尔盖水电站桥式起重机设备制造】 该项目于2009年5月中标，9月完成设计、工艺技术准备，启动生产。2010年9月，夹江有限公司完成毛尔盖水电站主厂房200+200/10吨桥式起重机的设计、制造并整机通过出厂验收。截至2010年底，全部发运出厂。

【缅甸上邦朗电站底孔闸门制造】 缅甸上邦朗电站底孔闸门制造项目是夹江有限公司2009年10月中标合同，合同项目包括底孔事故闸门及门槽、底孔工作闸门及门槽各2套。2010年9月，夹江有限公司完成设备制作并通过出厂验收及门槽充压水封密封性试验。10月，该项目产品已陆续发运出厂。

【功果桥水电站门式起重机等设备制造】 2010年，夹江有限公司先后中标功果桥水电站右岸进口2500千牛/500千牛双向门式起重机、尾水2×630千牛台车式启闭机、坝顶2×1000/320千牛双向门式起重机、底孔320千牛桥式起重机以及导流洞2×5000千牛固定式启闭机合同。其中，右岸进口2500千牛/500千牛双向门式起重机、尾水2×630千牛台车式启闭机于2010年6月完成设备的组装并进行了出厂验收，8月发运至工地。坝顶2×1000/320千牛双向门式起重机、底孔320千牛桥式起重机于2010年11月完成设备的组装并进行了出厂验收，12月陆续发运。截至2010年底，导流洞2×5000千牛固定式启闭机进入组装验收阶段。

（刘建川　曹　露）

市场开发

【综述】 2010年，夹江有限公司有针对性地开展市场营销工作，实现保订单、保市场份额，保可持续增长目标。先后签订小石峡、阿海、亭口、观音岩、湖北兴隆、溪洛渡、向家坝等国内水电合同，全年中标国内水电项目金额3.19亿元，占新增合同金额的69.9%。国际市场方面，与奥地利安德里茨公司签订智利安都斯拉闸门制造项目，合同总额630万美元；与加拿大BC公司签订麦卡金属结构制造项目，合同金额36万加元；还签订了缅甸道耶坎、巴基斯坦牛梆项目，新增国际项目合同1.14亿元，占新增合同金额的25%；非水电营销方面，全年完成非水电业务营业金额2318万元，占新增合同额的5.1%。截至2010年底，夹江有限公司合同金额超过6.7亿元。

【中标阿海水电站表孔闸门设备制造】 2010年3月，夹江有限公司中标云南阿海水电站6套表孔闸门设备合同，合同金额1800多万元。该项目于5月完成技术准备，6月投产制作，2010年底在场内完成首套弧门及首批门槽的大拼进入验收状态。

【中标观音岩水电站弧形工作闸门设备制造】 2010年7月，夹江有限公司中标观音岩水电站右双泄中孔弧形工作闸门设备制造合同，合同金额为1600多万元。该项目于8月完成技术准备，投入生产制作，2010年底已完成首套弧门的大拼，待验收。

【中标托口水电站机电Ⅱ标卷扬式启闭机设备制造】 2010年7月，夹江有限公司中标签订托口水电站机电Ⅱ标卷扬式启闭机设备采购合同，合同金额1800多万元。合同中标项目包括1台泄洪闸2×800千牛坝顶门式起重机、1台进水口2500千牛/500千牛坝顶门式起重机、1台尾水2×800千牛门式起重机、3台导流底孔封堵门2×2000千牛固定卷扬式启闭机（含支承钢梁）、1台生态放水进口800千牛单向门式起重机。

【中标长江三峡水利枢纽起重设备等制造】 2010年8月，夹江有限公司中标长江三峡水利枢纽升船机机房检修桥式起重机、船厢室临时桥式起重机及其轨道梁设备制造合同，合同金额为1100多万元。中标项目包括机房检修用630千牛/2×160千牛双向桥式起重机、船厢室1250千牛/2×160千牛双向临时桥式起重机、临时桥式起重机轨道梁2套。

【中标鲁地拉水电站门式启闭机制作】 2010年11月，夹江有限公司中标云南华电鲁地拉水电站门式启闭机合同，合同金额为1200多万元。产品交付截止时间2012年4月。

（杜　强）

【中标溪洛渡水电站泄洪系统弧形闸门制造】 2010年9月，夹江有限公司中标溪洛渡水电站泄洪系统两个标段的弧形闸门设备制造合同，合同金额1.28亿元。该合同包括表孔工作闸门7套，深孔工作闸门（弧面加工、充压式水封）8套，以及泄洪洞工作闸门4套，上述19套弧门工程量约7000吨。

（贺 诚）

【中标智利Angostura项目金属结构供货】 2010年7月，夹江有限公司与奥地利安德里茨公司正式签订了智利Angostura项目金属结构供货合同，合同金额为600多万美元。该项目工作范围包括6套弧门、9套叠梁门、8套定轮门、3套拦污栅，共计2700吨金属结构件。这是公司首次直接与国外企业签订出口合同，第一次直接接收外汇货款，标志着首次真正意义上实现自营出口。

【中标智利拉哈Ⅰ级电站门式起重机和桥式起重机设计制造】 2010年6月，夹江有限公司中标智利拉哈（LAJA）Ⅰ级电站门式起重机和桥式起重机设计、制造合同，合同金额为700多万元。该合同项目包括85吨主门式起重机、22吨尾水门式起重机及10吨单梁桥式起重机。公司于7月完成设计、工艺技术准备，8月投产制作。2010年底，完成门式起重机、桥式起重机主体部分的出厂验收。

（曹 露）

【签订JQ900A箱型梁架桥式起重机设备制造】 2010年8月，夹江有限公司与中铁科工集团有限公司签订JQ900A箱型梁架桥式起重机设备制造项目，合同金额为900多万元。2010年底，设备已完成并陆续发往工地，按期满足工程建设需要。

（曹 露）

【丹江口升船机通过联调验收】 2010年8月，夹江有限公司承担制造的南水北调中线水源工程丹江口大坝加高升船机设备在厂内顺利通过预组装与机电联调验收。

验收组由南水北调中线水源公司、长江设计研究有限公司、西北公司丹江口监理中心等专家组成，验收组听取制造过程汇报、查阅产品质量证明文件、制造安装图纸及安装说明书等资料，并到现场依据试验大纲和合同、工艺要求对垂直升船机移动式提升机及斜面升船机提升绞车进行主要组装尺寸抽检，还利用升船机三维动态运行演示，展示了船只在整个升船机系统中的运行情况。

（周诗权）

管理创新

【制定阶段和年度规划目标】 2010年，夹江有限公司围绕企业“2006～2010五年发展规划”目标制定了2010年生产经营计划、管理创效年活动规划，召开了经济工作会等专业会议，与各单位签订经营承包责任书，基本完成各项任务。

【企业改革】 2010年，夹江有限公司从管理制度、管理层次、管理功能等方面进行改革，完成了车间资源整合工作，由原来的7个车间整合为4大分厂；成立了企业发展规划部，独立设置了安全生产监督管理部，成立了物资设备管理部，调整了部门管理职能、重新修订了部门职责。在成都设立了“夹江水工机械有限公司成都研发中心”，将市场开发和产品研发前移大都市。对各项管理制度进行了清理、修改、完善与发布，完成了规章制度第一分册7个管理方面75个制度的发布。

【企业管理】 2010年，夹江有限公司把管理工作重点放在投标价格的把握、合同调价的争取及降低生产成本等方面，制订具体工作目标和措施。修订了内部工效挂钩结算办法，在确保最低工资标准高于本地区平均水平的前提下，将产出与收入挂钩，以劳动成果来拉大分配差距，激励了员工工作热情，特别是对中层领导的履责考核进一步加强，在考核指标上更加细化，加大考核与奖惩力度。在岗职工收入比2009年增长13.4%。

【管理创效】 夹江有限公司在2010年开展了“管理创效年”活动，下发了文件。针对产品小、杂、难、急的特点，实行月度考评考核和专项进度考核兑现，创新生产组织模式，生产格局呈现出“短、平、快”的局面，大生产、大计划、全过程管控格局逐步形成，设计、工艺、采购、外协、生产、销售各环节基本达到节点目标。铆焊倒班作业有效盘活场地资源，达到了以“时间换空间”的目的。

2010年，夹江有限公司采取措施加强成本特别是原材料控制，同时做好采购物资理赔。对辅助材料和零星材料实行定额管理。2010年利库工作成效明显，利库共计3476次，价值1191.62万元。2010年各部门四项费用比指标节约10万元，比2009年降低10.8万元。

（周 劲）

【质量管理】 2010年，夹江有限公司围绕质量管理工作计划，制定了全年质量管理工作目标，在强化质量管理、保持体系运行有效、提高产品质量、满足顾客需求等方面都取得了较好成绩。主要表现在四个方面：

（1）继续保持闸门启闭机“四川省名牌产品称号”。

（2）保持企业相关资质有效，满足企业发展需要。

（3）质量管理体系与欧洲焊接质量体系运行持续有效。

（4）加强质量管理，产品质量稳步提高。

（金锦英）

【设备物质管理】 2010年，夹江有限公司设备物资管理部围绕生产经营工作，加大设备管理力度，开展多种设备专项治理活动，全年新增设备118台，截至年末公司拥有设备851台（套），含各类生产设备394台，其中金切设备74台，焊接切割设备241台，其他设备79台，另有起重设备40台。2010年设备完好率99.81%、利用率89.81%，设备大中修计划完成96%。

（邓　斌）

【信息化建设】 2010年，夹江有限公司信息中心依托基础硬件，以网络为平台，组建市场部内部小局域网建设，与夹江有限公司主网完全隔离，加强信息安全性；对所有网络系统进行普查，更换硬件和设施设备；更新域服务器，完善数据库服务器、域服务器备份系统建设，实现异地备份，确保数据安全。在业务系统方面，进行了计算机CAD辅助设计，完成了公司CAD软件正版化工作；对市场经营管理系统和设备物资管理系统进行统一开发，其中设计研究所三维CAD设计投入使用，物资管理系统正式进入应用阶段，成品管理系统进入试用、完善阶段。

（张裕文）

【成本管理】 2010年，夹江有限公司扎实开展“管理创效年”活动：加强成本控制，降低成本费用消耗，稳定企业盈利水平；坚持评标制度，把握采购时机，提高采购质量；通过设计工艺优化，从源头上强化成本控制；改进和完善车间工效挂钩方案，加强成本费用考核，将定额范围内的奖罚比例提高到70%；开展产品成本分析，找准成本控制关键点；在机关继续实行办公费用、差旅费、业务招待费及内部核算等定额考核。

【资金管理】 夹江有限公司成立资金管理委员会，负责资金预算平衡和统一调度工作。制定《资金管理办法》，明确资金管理原则、资金管理组织机构等。加强资金预算管理，编制月度、年度资金预算，坚持以收定支；扩大网上银行支付范围，节约了时间成本；加强资金集约化管理，坚持资金上存，用款下拨。按月召开资金调度会，统筹安排，加大资金使用透明度，严格支付手续。通过票据业务、国内保理等新型金融产品，开拓多种形式的融资渠道，满足了资金需求，降低了财务成本。

（谢　勇）

【人力资源管理】 2010年末，夹江有限公司在册职工1130人（含子公司），管理专业技术人员236人，生产岗位826人；大专以上学历272人，高、中级专业技术职称96人，高级技师和技师职业资格72人、高级工100人。

（刘　军）

【职工队伍培训】 2010年，夹江有限公司广泛开展形式多样的培训工作，完成企业内部及送外培训38期1102人次。新进大学生实行公司和分厂两级培养计划，建立培养档案，分项实施。修订师带徒管理办法，新进人员、转岗人员全部签订《师带徒协议》，加大考核和奖惩力度，提升带徒效果。2名职工通过高级技师评审。完成“特种作业操作证、电焊工操作证”等证书换证工作。组织开展青工技术比武、天车起重工技能竞赛，促进青工自觉提高技能水平。

【社会保险管理】 2010年，夹江有限公司严格各类保险费用的申报与审查，积极与地方社会保险、劳动就业部门做好协调，认真核对各项保险的扣缴。充分利用和争取国家优惠政策，养老保险缓交，医疗、失业保险、生育保险降比例缴纳，为企业节约资金。完成原子弟校27名退休教职工移交地方工作。

（彭雪松）

科 技 进 步

【科技管理】 2010年，三峡认证中心按照GB/T 19001—2008版要求，对夹江有限公司质量管理体系进行监督审核，认为夹江有限公司体系运行持续有效。德国焊接与培训研究所（SLV）委托哈尔滨焊接培训中心对夹江有限公司ISO 3834—2国际焊接体系认证进行了年度监督审核；对焊接证书到期的全部欧标焊工进行了换证考试。

【科技开发】　2010年，夹江有限公司上报四川省经委"2010年四川省技术创新项目"7项。11月，四川省经委发文，确认夹江有限公司7个项目为四川省2010年技术创新项目。"大跨度、刚柔腿、铰接梁式双向门式起重机"上报为四川省2011年重大技术装备创新研制项目。全年开展了云南阿海电站弧形工作闸门支臂结构的残余应力测试、四川雅砻江锦屏一级水电站400吨+400吨厂房桥式起重机型式试验、云南小湾水电站6000千牛坝顶门式起重机型式试验、毛尔盖水电站200吨+200吨厂房桥式起重机型式试验、900吨高速铁路架桥式起重机型式试验等。

【新技术】　2010年，夹江有限公司通过科研课题进一步强化"深孔弧门加工工艺流程优化"研究，通过毛尔盖水电站和观音岩水电站2套弧门弧面加工试验获得成功，实现了弧门大拼前按部件制造的课题目标。夹江有限公司生产的起重容量最大的锦屏一级水电站400吨+400吨厂房桥式起重机，已在工地现场完成型式试验。向家坝4000千牛门式起重机，具有大跨度、刚柔腿、铰接梁等特点，在水电站首次应用，设计方案得到专家代表确认，进入施工设计实施阶段。

【科技成果】　2010年，夹江有限公司在非水电铁路建设施工领域成功制造了2台套450吨小转弯半径高铁架桥式起重机，一台900吨架桥式起重机一次性通过型式试验，已运行在成绵乐城际铁路线上。公司申报的"起重机钢丝绳缠绕返回偏角调整装置"、"新型浮堤锚链设备"被授予实用新型专利。

（吴　红）

安全生产

【落实安全主体责任】　2010年，夹江有限公司以安全生产目标考核奖惩制度为基础，实行领导干部"一岗双责"制，通过"安全生产年"活动、"安全生产心中有数"活动、"安全生产月"活动、安全总监制、效能监察等加强安全主体责任的落实。全年召开安全委员会会议三次，各级各层签订安全责任书176份。

【执行安全管理制度】　2010年，夹江有限公司将工作重点放在制度的落实上。

（1）设立了独立的安全生产管理机构。制订《夹江水工机械有限公司安全生产带班值班管理办法》、修改了《劳动保护用品发放标准》。

（2）严格每月对二级单位的安全考核打分，强化对分包单位和控股公司的安全管理。现场安全监管共发出安全隐患限期整改通知书32份，对违规违章行为发出安全警告书面通知50份，对违规违章行为作出现场处罚31件，安全奖励35700元，安全处罚14950元。

（3）积极开展隐患排查治理，夹江有限公司进行了二次全面安全大检查。检查内容逐步涵盖安全技术、交通安全、外委、外派、国外工程等。

（4）定期、不定期接受地方环保部门、疾控中心监督、检测，全年没有职业病发生。

【安全生产投入】　2010年，夹江有限公司在安全投入上按计划严格执行，安全投入达350多万元，主要是用于起重设备的安全装置、环境整治、防暑降温、劳保用品、隐患整改和安全培训等。

【特种设备管理】　切实加强特种设备的日常维护和使用保养，49台在用起重设备通过乐山市技术质量监督检验局有效期二年的定期检测，5台新购、新制起重设备获得乐山市技术质量监督检验局注册使用许可。通过了省环境保护厅建设项目环境影响评价，获得使用Ⅱ类射线装置许可。

【安全学习与培训】　2010年，夹江有限公司加强安全学习和培训：召开安全生产工作会，组织中层以上领导学习贯彻股份公司安全工作会议精神；开展了起重机械安全操作技能竞赛，评出一等奖2名、二等奖4名、三等奖6名；全年有268人次参加了股份公司和地方组织的各种培训。

（陈　波）

党群工作和企业文化建设

【党建工作】　2010年，夹江有限公司有党委1个、党总支2个、基层党支部14个，党员总数682人。夹江有限公司党委认真学习和落实国有企业党建工作会议精神，全力推进党建工作上水平。以党委中心组学习为龙头，大力推进领导人员素质建设；加强自身建设，为党建工作的有效开展提供组织保证；完善制度，为党建工作的有效开展提供制度支撑；充分发挥党委在任用干部上的主导作用；从制度上明确党委参与"三重一大"决策的内容、途径和方式；大力加强党风廉政建设；加强对纪委、工、团、妇的领导。夹江有限公司基层党总支和党支部书记首次建立基层党支部书记每月一次例会制度。2010年，有11名新同志加入了党组织。

【创先争优活动】 2010年，夹江有限公司党委以创先争优活动为总抓手，全力推进党建工作上水平。制订工作方案，确定了工作目标、工作内容、方法步骤和具体要求，各党总支和支部突出特色，建立党员责任区、树立党员品牌工程、建立党员先锋岗、建立党员攻关队、建立党员服务队、确立党员攻关项目、党员技术“一帮一”等活动。党委将创先争优活动与企业中心工作紧密结合，与党建工作紧密结合，与党的廉政建设紧密结合，保证了创先争优活动有效推进。

（井奇峰　徐超敏）

【宣传工作】 2010年，夹江有限公司宣传工作紧紧围绕企业中心工作，对内宣传公司大政方针、改革发展及产品生产进度、合同履约、市场开发情况，特别对丹江口升船机、成乐线高铁架桥式起重机进行了全方位、多角度报道；对外加大夹江有限公司品牌实力宣传力度。2010年，编辑出版《夹江水工之声》报12期，制作电视新闻19期，夹江有限公司网站及时更新，坚持定期不定时地更换宣传栏和办公楼黑板报，圆满完成各类活动、产品照片拍摄工作，全年向集团公司网站、《水利水电工程报》等网站、报刊、杂志投稿，共刊发采用稿件111篇，按要求完成股份公司年鉴和《四川电力年鉴》有关资料报送工作。

（周诗权）

【职工文化活动】 2010年，夹江有限公司工会结合实际，在重大节日利用板报、标语开展企业宣传活动，制作专板对生产一线的先进人物和先进事迹予以展示，重视职工八小时以外文化娱乐活动，坚持职工俱乐部乒乓球室每天开放，娱乐室在秋、冬季节每周五晚上开放。在“三八”节组织女职工参加“背气球”等趣味游戏，还组织女职工开展各具特色的娱乐活动。

2010年9月，成功举办第五届职工运动会；举办迎春拔河比赛；夹江有限公司篮球队与夹江县有关单位开展篮球联谊赛等。在夏季利用周五晚上，坚持室外电影放映，已放映革命教育片和抗战片共8部，对职工进行爱国主义教育。

【工会工作】 2010年，夹江有限公司工会认真落实公司工作会暨十一届五次职代会精神，锐意创新，积极作为，各项工作取得成效。

（1）开展经济技术创新。2010年夹江有限公司工会以两台900吨架桥式起重机、丹江口升船机为重点，开展形式多样的竞赛活动。全年开展技术练兵活动，强化技术培训，取得较好成效。开展合理化建议和节能降耗活动。

（2）职工之家建设。2010年，夹江有限公司工会下设8个分工会和1个控股公司工会，会员总数达到1160余人。截至2010年底有31名职工加入工会组织。夹江有限公司工会组织工会干部学习《劳动合同法》、《四川省职工代表大会条例》，进行“安全生产知识”培训。全体职工依法建立劳动关系，劳动合同签订率达100%，被评为乐山市劳动关系和谐企业。注重劳动争议调解工作，正确处理好各方利益，2010年未发生一起劳动争议。认真开展计划生育工作，无违反计划生育政策事情。落实安全监督工作，积极开展“安康杯”活动。

（3）帮扶送温暖工作。全年看望、慰问病人240余人次，发放营养费9800元，发放困难补助费5.9万元（133人次）；充分发挥职工互助金作用，办理了89名困难职工借款，总额为32.47万元；协助地方政府做好居民最低生活保障工作，公司有42户享受了低保；开展夏季送清凉工作；开展职工互助保险工作，公司共有1156人参保，有75人次享受了住院保险补贴。

（张　俊）

【共青团工作】 2010年，夹江有限公司团委全面深入地开展团的各项活动，积极融入企业生产经营中心，促进各项工作的完成，夹江有限公司团委被评为“2009～2010年度四川省国资委系统优秀团组织”。共青团工作亮点如下：

（1）建立了共青团工作目标考核制度，实现了党建带团建工作机制。

（2）共青团组织建设扎实有效。团委和各基层团支部组织机构健全，团委坚持每月例会制度，明确各时期共青团工作重点。

（3）号手活动开展有效。将号手活动与生产经营实际相结合，开展青工技能比武、高级工、技师、高级技师职业技能鉴定，组织青年职工参加省、市、集团公司各项技能比赛、技术比武，促进青年学技术、比贡献。

（4）推优工作正常有效。

（5）青年志愿者活动影响广泛，受到夹江有限公司领导和基层单位好评。

（6）服务青年效果明显。

（7）促进青年成才。

（彭雪松）

检查监督

【落实党风廉政建设责任制】 2010年，夹江有限公司认真贯彻落实中央纪委十七届五次全会精神，以党风廉政建设责任制为龙头，以惩防体系建设为主线，以开展廉洁从业专项教育为契机，突出抓好制度建设、责任制落实和领导人员廉洁从业教育等重点工作。2月，召开纪检监察工作会议，安排部署纪检监察各项工作。按照《党风廉政建设责任制实施细则》要求，层层签订《党风廉政建设责任书》52份。党政领导班子坚持“一岗双责”，认真落实党风廉政建设工作职责，召开党风廉政建设工作专题会议，确定工作重点和目标。坚持一年两次对二级单位党风廉政建设责任制落实情况的检查考核工作。

【开展反腐倡廉教育】 2010年，夹江有限公司开展了为期三个月廉洁从业专项教育活动，夹江有限公司所属24个单位及部门共56名中层以上领导参加。以“听、读、看、答、征”为活动载体，以规定学习内容和学习时间量化指标为重要保障，以撰写学习体会参加交流会为检验活动效果的主要形式，以党支部为单位，认真评价并填写二级班子成员教育卡为建立个人廉洁教育档案，保证了活动的覆盖率、参与程度、学习效果和活动收获。通过“三个阶段六方面重点工作”的有效开展，使专项教育活动达到了预期目的。

【惩防体系建设】 2010年，夹江有限公司全面落实股份公司《〈建立健全惩治和预防腐败体系2008～2012年工作规划〉任务分解方案》，进一步推进惩防体系建设工作。夹江有限公司党委下发文件，明确和细化各项任务的内容要求、时间进度、牵头单位和协办单位主要负责人职责，建立惩防体系信息沟通机制。惩防体系建设领导小组召开专题工作会议2次，制订年度惩防体系建设工作计划。为加强制度建设，1月，夹江有限公司对原有规章制度进行全面梳理、修订，出台了《规章制度汇编》、《招标监督实施细则》、《保廉合同管理实施细则》等监督管理制度。通过对惩防体系信息管理系统平台的应用，已完成系统内日常办公、纪检工作、廉洁从业等基本情况的录入和制度、文件的发布。中层以上领导按要求登录系统全部完成申报个人廉洁从业信息。

【效能监察】 2010年，夹江有限公司效能监察工作紧紧围绕生产经营中心，选题立项3个。一是安全生产管理效能监察；二是三年以上应收账款清欠情况效能监察；三是外协管理情况效能监察。效能监察组分别对立项项目实施效能监察，共提出监察建议15条，并下发整改通知，监察部门对整改项目监督落实到位。此外，根据2009年实施的对生活区用电计量、电费收缴管理专项效能监察提出的监察建议，夹江有限公司做出了对生活区供电体制进行改造的决定，并于2010年2月完工。供电改造完成后，每年可为夹江有限公司带来直接经济效益80余万元。

（徐超敏）

【审计监督】 2010年，夹江有限公司计划审计项目9个，实际完成10个，其中“资产负债损益审计”2个、专项审计2个、其他审计6个（各种项目合同1464份，金额16763.43万元；车间工挂结算收入185.07万元，支出194.13万元）；共提出审计建议13条，被采纳审计建议13条，圆满完成了审计工作计划。

（杜英俊）

【民主管理】 夹江有限公司认真落实国资委《关于加强中央企业职工代表制度建设的意见》。一是以职代会为载体，落实民主管理。积极参加集团公司职工代表会议。认真筹划并召开了公司工作会暨十一届五次职代会，圆满完成了各项议程；各二级职代小组认真履行职能，积极参与民主决策。二是推行厂务公开，落实职工知情权。坚持编发《厂务公开简报》，把生产经营情况和发展中遇到的困难向职工公开，把职工关心的重点和热点公开，让职工了解企业、关心企业。

【职工代表大会】 2010年2月10～11日，夹江有限公司召开了2010年工作会暨第十一届五次职工代表大会。大会听取和审议了公司执行董事、总经理雷建容所作的题为《解放思想适应变革、凝心聚力奋发有为，为推进企业科学发展上水平而努力奋斗》的工作报告；审议了工会工作报告；大会听取和审议了《2009年度财务决算报告》、《2009年工会经费审查报告》。夹江有限公司8位领导作了述职述廉报告，全体代表进行了民主测评，无记名推荐了公司级后备干部，一致通过大会决议，圆满完成大会各项会议议程。

（张 俊）

【普法工作】 2010年，夹江有限公司党委按照夹水党字〔2006〕27号文《夹江水工机械厂关于在全厂职工中开展“五五”普法宣传、教育的规划（2006～2010年）》普法工作计划，强化领导干部学法用法教育，不断提高领导干部和专业人员法律素质。2010年，夹江有限公司两次聘请县反贪局领导为中层以上干部及相关人员就廉洁从业、反贪倡廉作专题讲课。根据普法办安排，组织中层以上领导及职工学习了《安全法》、《劳动合同法》、《消防法》等法律法规，及时总结五五普法工作的经验和教训，被地方政府授予“五五普法教育先进单位”称号。

（武　超）

中国水电建设集团辽宁工程局有限公司

概　况

【综述】　2010年2月8日，水电辽宁工程局有限公司正式划转到中国水利水电建设集团公司。5月4日，集团公司下达公司制改建通知，按照通知要求，水电辽宁工程局有限公司积极制订了《中国水电建设集团辽宁工程局公司制改建方案》，并在原工程局一届一次职工代表大会上全票通过。改建方案得到集团公司同意批复后，水电辽宁工程局有限公司按照方案积极开展各项工作，企业的资产审计、评估、验资等工作按期结束，公司工商注册于8月13日获得批准后，正式更名为“中国水电建设集团辽宁工程局有限公司”（以下简称“水电辽宁局有限公司”）。

水电辽宁局有限公司全面协调，顺利完成上划重组，并结合自身情况，坚持以科学发展观为指导，大力推进战略转型升级，完成了机关总部机构设置，建立健全各种规章制度，进一步细化、规范、明确各部门职能范围；狠抓队伍建设，通过竞聘上岗选拔中层管理干部，优化了干部队伍结构。加大了信访维稳工作的力度，积极、妥善地解决企业遗留问题和涉及职工利益的各种复杂问题，确保了改革期间整体工作正常有序进行及公司的平稳发展。按照集团公司“转变观念、全面接轨、加快转型、提升水平”的要求，向“打造集资源开发与工程施工承包双引擎驱动的国际化、多元化、质量效益型企业，真正实现科学可持续发展”的方向积极迈进，并取得了一定成效。

（徐敬年　宁胜宏）

【资质和资信】　水电辽宁局有限公司具有资质：水利水电工程施工总承包一级、房屋建筑工程施工总承包二级、中华人民共和国对外承包工程资格证书、测绘资质证书、水利工程质量检测单位资质等级证书岩土乙级、水利工程质量检测单位资质等级证书混凝土工程甲级、全国工业产品生产许可证、水利工程启闭机使用许可证、全国工业产品生产许可证书、水利部水工金属结构防腐蚀专业能力证书。具有资信：银行AA资信等级、辽宁省“守合同重信用企业”。

（宁胜宏）

【领导班子】　水电辽宁局有限公司党政领导班子成员：执行董事、总经理（兼）、党委副书记（兼）崔永跃，副总经理（兼）、党委书记耿金富，监事、党委副书记、纪委书记王彬，副总经理杨成文、宫凌杰、薛天野、高元新，总会计师刘祥，总工程师徐同印，工会主席郑海涛。

（宁胜宏）

【职工队伍】　2010年，水电辽宁局有限公司有在册员工3100人，其中拥有各类专业技术人员949人，高级（含高级以上）职称75人、中级职称335人；拥有一级建造师资格34人，二级建造师资格16人；拥有大专以上学历723人，其中本科以上学历211人，研究生以上学历8人。离退休员工1266人。

（王琨程）

国 内 工 程

【综述】　2010年，水电辽宁局有限公司国内在建工程项目20个，完成施工产值4.21亿元，完成主要实物工程量：土石方214.18万立方米，混凝土浇筑31.07万立方米。主要工程有：重庆嘉陵江草街航电枢纽及船闸工程、大伙房输水（二期）工程取水头部及输水隧洞工程第一标段、辽宁省大伙房水库输水二期工程配水站、稳压塔建筑及安装工程等。

（刘淑芝）

【江西省萍乡市山口岩水利枢纽大坝及发电厂房土建工程】 2010年，该工程大坝完成162.55～194米高程混凝土浇筑，共计升程31.45米（坝高99.1米，完成32%），混凝土浇筑10万立方米，钢筋制作安装345吨，骨料加工23万吨，碎石原料开采12万立方米，主厂房土建工程封顶，边坡喷护完成，副厂房、开关站基础完成。

（刘淑芝）

【大伙房水库输水（二期）工程配水站、稳压塔建筑及安装工程】 2010年，土建工程方面主要进行内外装修工程、水暖及电气设备安装、厂区外网等工程施工；工艺管道及设备安装工程方面主要进行剩余部分设备安装及设备调试、水压试验等工程。2010年，完成产值7038万元，剩余合同金额1626万元，工程总体履约良好。

（刘淑芝）

【中标工程】 2010年，水电辽宁局有限公司新中标国内水电工程项目9个，签订合同额1.92亿元，主要项目为锦凌水库工程金属结构设备采购第一标段、蒙江灰洞水电站大坝工程、辽西北供水工程地质勘探试验洞施工二标段、宫山嘴水库除险加固工程建筑及安装工程。

（刘淑芝）

【竣工工程】 2010年，水电辽宁局有限公司竣工合同项目6个，主要有皂市大坝工程、大伙房输水工程DB1标段、大伙房输水工程DB4标段、闹德海水库除险加固工程、大伙房二期钢管制作工程、浑河闸应急除险加固工程第二标段。

（刘淑芝）

投资开发

【综述】 2008年，水电辽宁局有限公司在新疆投资注册了克州新隆能源开发有限公司，注册资本金4550万元，开发新疆克孜勒苏柯尔克孜自治州克孜勒苏河中游河段水能资源梯级开发项目，总投资35.34亿元，总装机容量37.3万千瓦，施工期6年，预计投资收益率11.3%。主要项目是塔日勒嘎水电站、夏特水电站和八村水电站3个电站，年发电量合计为13.3亿千瓦·时。

（刘志强）

【新疆克州新隆能源开发有限公司】 2010年，大力推进新疆克孜河流域水能资源开发项目，截至2010年底，累计完成投资9292万元。积极寻求与广西桂冠电力公司合作开发该项目，推动项目进展。

（刘志强）

【财务管理】 2010年，水电辽宁局有限公司加强资金集约化管理，印发了《中国水电建设集团辽宁工程局有限公司资金结算管理实施细则补充规定的通知》、《中国水电建设集团辽宁工程局有限公司资金信息报告管理细则的通知》等一系列资金管理办法。建立财务预算和报告制度，完善企业内部预算，定期组织成本分析。基本实现资金集中管理，严格执行收支两条线管理模式。加强银企合作，做好融资信贷工作。开展内部融资工作，调剂内部资金。积极开展“小金库”专项治理工作。

（王楚黎）

【精细化管理】 2010年，水电辽宁局有限公司为加强经济管理工作，全面提升经济管理水平，成立了“经济技术指标评价委员会”，对相关经济活动进行经济指标评价，评价内容包括：投标前评价项目的可行性，以及合作伙伴合作前的风险评估；投标中项目经理的拟定；新建项目经济指标的测算；分包项目的立项审批、标底的审核及分包队伍的选择。

在项目管理上，积极开展“管理创效年”活动，在项目实施过程中，由工程管理科技部牵头，有关部门（审计部、财务产权部等）配合，对项目进行稽核，内容包括建造合同执行情况、经营情况及亏损原因、安全情况、工程进度情况、工程质量情况、分包结算情况、索赔情况、工程分包及合同管理情况、劳动合同及用工管理情况、设备物资采购管理情况、制度建设及执行情况等。编写稽核报告，并提出整改意见，明确下阶段工作任务。

（蔺新龙）

【人力资源管理】 2010年，水电辽宁局有限公司调整公司组织结构、部门职责，下发了《中国水电建设集团辽宁工程局有限公司薪酬管理制度》、《中国水电建设集团辽宁工程局有限公司员工培训管理制度》、《中国水电建设集团辽宁工程局有限公司员工异动管理制度》、《中国水电建设集团辽宁工程局有限公司请销假与考勤管理制度》、《中国水电建设集团辽宁工程局有限公司职工职业培训管理办法》等，这些制度的建立提高了人力资源管理的能力，为企业改革和持续发展提供人力资源保障。

（王琨程）

【设备物质管理】 2010年，水电辽宁局有限公司加强设备管理，下发了《设备物资管理办法》、《设备物资招标采购管理办法》等6项管理文件。组建成立了设备租赁公司。对水电辽宁局有限公司所有设备进行资产评估，清查了设备资产。2010年，水电辽宁局有限公司按集团公司年度报表统计，设备总台数2000余台套，评估后原值3.92亿元，净值1.37亿元。

（杨树均）

【依法治企】 水电辽宁局有限公司于2010年初成立法律事务部，外聘法律顾问，历史遗留法律纠纷得到有效处理。合同及其他文件审查与管理工作逐步走向规范化。

（张 弢）

【信息化建设】 2010年，水电辽宁局有限公司制订了信息化实施方案，积极参与股份公司组织的各类信息化工作培训，参与股份公司经营管理子系统、分包商管理子系统、统计分析子系统、国际工程管理子系统、设备物资管理子系统等系统上线的基础数据录入和日常使用。

全面开展机关局域网改造、公众信息网建设工程，完成了财务资金NC系统的建立，并投入使用，实现了与股份公司的视频系统对接，RTX系统也已经在机关普及使用，基本实现了通过办公系统与股份公司进行信息沟通，实现了办公系统的信息化、自动化。

（郑志波）

企业改革

【现代企业新体制、新机制的建立】 2010年，水电辽宁局有限公司以“抢抓机遇，内强管理，外拓市场”为主线，优化了组织机构和业务框架。调整和完善水电辽宁局有限公司机关17个机构设置；组建了4个分公司；通过竞聘上岗，优化了干部队伍结构。建立了以质量效益、安全生产、廉洁从业为主要目标的业绩考核制度。建立了管理创效长效机制。基本实现了决策的科学性和民主化，监督的有效性和程序化，确保了水电辽宁局有限公司实现跨越式的发展。

（陈柳书）

安全生产

【安全生产责任制】 水电辽宁局有限公司贯彻落实“安全第一、预防为主、综合治理”的方针，建立安全生产管理体系，配备安全生产管理人员，落实安全生产责任制，完善各项安全生产管理制度。认真开展安全生产检查与安全考核工作，不断提升安全管理水平。通过开展“安全生产心中有数”、“安全生产月”等活动，增强了各级领导和员工安全意识。全年无死亡事故，未发生安全责任事故。2010年，水电辽宁局有限公司被沈阳市政府评为“安全生产先进单位”。

（冯克峰 宋 野）

党群工作和精神文明建设

【党建工作】 2010年，水电辽宁局有限公司共有党员447人，在岗党员258人，共有党总支5个、党支部16个，逐步建立和完善了基层党组织。根据党管干部的原则，党委对上划重组以来所有新聘任干部及分公司管理人员进行了严格的资格审查，通过民主测评、群众谈话、拟任干部任前谈话、任前公示等多种形式，对各级管理人员进行了严格考核。2010年底，党委对15个在建项目（二级单位）的46名干部及机关高管以上人员进行了年度考核。

加强了制度建设，通过参加培训、实地调研等方式，重新梳理修订了水电辽宁局有限公司的各项规章制度，起草了《党委（常委）会议事规则》，制定了《党委中心组学习制度》、《关于推进学习型党组织建设的实施方案》等规章制度。

按照股份公司开展“四强四优”和“创先争优”活动要求，公司党委结合企业发展实际，成立了组织机构，制订了《开展争创“四强”党组织争做“四优”共产党员活动实施方案》、《深入开展创先争优活动实施方案》、《关于开展争创“四好党委”“五好党支部”和争当“五个模范”活动的实施方案》等。活动期间，及时下发各种学习材料，在组织集中学习的同时，要求参与活动的党员积极展开自学，并通过组织“七一”知识竞赛、发放调查问卷等形式直接或间接地检查了学习效果。

（连 媛）

【企业文化建设】 2010年，水电辽宁局有限公司党委深入贯彻落实“中国水电”文化品牌，充分发挥先进文化的引领、凝聚和激励作用，提升企业价值，为企业发展提供精神动力和文化支撑。

水电辽宁局有限公司严格按照《中国水利水电建设集团形象识别使用手册》的要求，制作企业形象标识，通过统一标识，强化CI形象设计，完善VI标识建设，加强了“中国水电”大品牌下的企业形象宣传，积极营造和谐的企业氛围，增强企业凝聚力和向心力，增强职工的企业认同感和归属感。

（连 媛）

【新闻宣传】 2010年，水电辽宁局有限公司新闻宣传工作紧密围绕生产经营等中心工作，坚持正确的舆论导向，充分发挥舆论宣传的主导作用，内强形象，外树品牌，为水电辽宁局有限公司打造良好的内外部形象发挥了作用。为确保新闻宣传工作的规范化、制度化，水电辽宁局有限公司党委首先明确了组织机构，确定了领导成员，明确了新闻报送程序，建立了从机关到项目的通讯员网络，为宣传工作的顺利开展奠定了基础。

充分利用上级单位宣传平台进行大力宣传。发表了《水电辽工局在抗洪抢险一线中创先争优》、《辽工局驰援水电一局》等新闻稿件。专题报道《一路风雨一路歌》同时刊登在股份公司网站和报纸上，进一步宣传了水电辽宁局有限公司品牌、弘扬了企业精神。

（连　媛）

【工会工作】　2010 年 4 月 13 日，水电辽宁局有限公司组织召开了第一届职工代表大会第一次会议，会议审议并通过了《辽宁工程局公司制改建方案》报告，顺利完成上划重组。同时，完善了各项规章制度，组建了基层工会组织。

积极开展扶贫帮困送温暖活动。水电辽宁局有限公司建立了困难职工档案，建立了“困难补助基金”制度，定期走访慰问离退休困难职工家庭、内退职工及其遗属、待岗困难的职工及重特大病职工。2010 年帮扶特困职工 731 人次，支付帮扶资金 68.5 万元。

实施职工“素质工程”，在第七届全国电力行业坝工模板工技能竞赛上，水电辽宁局有限公司职工夏立志获得第 6 名的优异成绩，并被中国电力企业联合会授予“全国电力行业技术能手”称号。

（刘　艳）

检查监督

【党风廉政建设责任制】　2010 年初，水电辽宁局有限公司划归集团公司，4 月组建纪检监察部。按照集团公司要求，并结合水电辽宁局有限公司的实际状况制定了《廉洁从业党风廉政建设责任制工作要点》、《2010 年廉洁从业党风廉政建设责任制考核细则》、《2010 年纪检监察工作》、《2010 年效能监察工作专项工作计划》、《2010 年效能监察实施办法》、《保廉合同管理办法》、《党风廉政建设责任制考核评价办法和考核评分标准》等规章制度，逐步健全党风廉政建设责任体系，做到责任主体明确，保证目标责任制的实现。同时成立了以党委书记、总经理为组长，纪委书记为副组长的党风廉政建设领导小组，为纪检监察工作开展打好基础。

（华东元　王　鳄）

【普法教育】　按照股份公司纪委的统一部署，水电辽宁局有限公司召开了廉洁从业专项教育活动动员大会，购买了《国有企业领导人员廉洁从业若干规定》学习辅导材料，购置了相关影像资料。分别两次组织高级主管和党员观看了《李培英贪污受贿案》、《重药治顽症》警示案例教育片。认真组织党员、党员领导干部学习中央颁布的《国有企业领导人员廉洁从业若干规定》等文件，通过活动开展专题民主生活会，自觉对照检查，深入查找各级领导班子在党性、党风、党纪方面存在的问题。发放 217 份调查问卷，提出整改建议、意见和措施。开展了两次党风廉政建设、廉洁从业、廉洁文化知识答题活动。2010 年上半年开展廉洁从业教育活动 11 场次，参加教育人数为 395 人次。

（王　鳄）

【纪检工作】　依照集团公司要求，水电辽宁局有限公司机关进行了部门调整，实行负责人及高管以上人员竞聘上岗。纪检监察等部门对竞聘人员进行了严格的资格审核，对入围人员开展民主测评、群众评议等程序考核。对 53 名拟聘用干部进行了廉政谈话、任前公示、签订“干部廉政承诺书”。严格执行《廉政准则》、《国有企业领导人员廉洁从业若干规定》和“七项要求”、“四项规定”的要求，诫勉谈话 36 人，加强对党员干部廉洁自律工作，认真执行“三重一大”决策制度。

（华东元）

【效能监察】　按照集团公司要求，水电辽宁局有限公司建立健全效能监察实施办法和专项效能监察工作计划，针对工程承包、分包、设备物资采购、设备维修、废旧设备物资处理、房屋维修、购置办公设备等重点领域和环节，进行专项效能监察，实施过程监督。深入开展安全生产效能监察，督促受监察单位进一步增强安全生产意识，切实抓好安全生产规章制度的落实。围绕生产经营关键领域和重要环节，积极发挥经营管理过程中的监控、规范和提效功能。如在职代会的会议费用使用上，经调查了解情况向领导提出 6 项合理建议，并直接节约 5.3 万元。2010 年，共提出监察建议书 8 份，合理建议 20 项，监察通知书 3 份、整改建议 9 条。

（华东元　王　鳄）

第十一篇　人物及先进集体

Chapter Ⅺ Distinguished Individuals and Units

院　　士

谭靖夷

谭靖夷，男，汉族，中国共产党党员，中国工程院院士。

1921年11月出生于湖南省衡阳县金木乡，1946年5月毕业于交通大学唐山工程学院土木工程系，获学士学位，1949年8月在福建古田水电工程局参加工作，任施工技术科科长；1956～1989年历任柘溪韶山灌区等多项工程总工程师；曾先后任中国水力发电工程学会第一、二、三届理事会理事，湖南省水力发电工程学会第一届理事会副理事长，先后受聘担任水口、岩滩、广州抽水蓄能、二滩、漫湾、天生桥、大朝山、龙滩等大型水电站专家组成员或组长，长江三峡工程专题论证及质量检查专家组专家，黄河小浪底水利枢纽工程技术委员会委员，中国国际工程咨询公司专家，国务院南水北调工程建设委员会专家，澜沧江流域水电工程专家组顾问。现为水电八局有限公司高级顾问。

1950年，谭靖夷被评为福建省劳动模范，光荣地出席福建省首届战斗英雄劳动模范代表会议。1982年9月加入中国共产党，曾当选为第五届全国人大代表、第六届湖南省人大代表和第八届湖南省党代表。1985年获国家科技进步一等奖，1987年被中共湖南省委和省人民政府授予“湖南优秀科技工作者”荣获称号，1992年批准享受国务院政府特殊津贴，1996年被湖南省科学技术协会命名为“湖南科技之星”，1997年当选为中国工程院院士。2008年5月获中国第七届光华工程科技奖——工程奖。2009年被水利部授予“长期奉献水利优秀人员”称号。

2010年，89岁高龄的谭靖夷院士仍倾注心力于国内各水利水电建设工程，为我国水利水电建设事业尽心尽力。1月，谭靖夷院士到安徽省对已建成并运行3年的琅琊山抽水蓄能电站进行技术鉴定，对地下厂房变岩带受蚀的严重影响，提出采取有针对性的工程措施的建议，有效消除了由地质缺陷带来的问题，确保了施工期和运行期安全。参加了湖南沅水托口电站施工部署调整的决策咨询和长沙航运枢纽工程的设计方案审查。2月，参加了东北小丰满水电站第三次定期检查。3月，参加了澜沧江小湾水电站安全度汛专题咨询，确认水库水位可继续升高至1200米，还参与了金沙江溪洛渡和向家坝电站工程质量检查和咨询。4月，参加了大渡河瀑布沟水电站黏土心墙堆石坝河床混凝土防渗墙初期蓄水后渗流控制专题技术咨询，提出了应着重注意的问题和应采取的措施。赴小湾水电站参加工程质量检查与鉴定，还参加了长江三峡工程坝后电站蜗壳不同埋设方式的鉴定。5月，参加雅砻江锦屏一级电站咨询，建议地下厂房岩锚吊车梁加支柱，以确保运行安全。参加了澜沧江糯扎渡电站工程质量检查，认为“该工程心墙堆石坝质量管理科学有序，实现了计算机数字化实时在线控制，达到了较高水平”。6月，出席了在京举行的溪洛渡电站高拱坝混凝土温度控制专题咨询会。7月，赴京参加长江三峡集团公司重大科技项目评估。8月，在成都参加锦屏一级高拱坝接缝灌浆和地基处理专题技术咨询。9月，在郑州参加南水北调穿黄输水隧洞衬砌模型试验成果专题咨询。10月，对锦屏一级高拱坝帷幕灌浆进行技术咨询，对发电工期提出评估意见。对沅水上游清水江三板溪电站混凝土面板堆石坝渗漏处理提出建议。11月，在向家坝水电站工地参加了第二届水电工程施工系统与工程装备技术交流会并作总结发言，肯定了人工砂石料生产、运输设备、缆索起重机和供料机、混凝土搅拌设备等各方面取得的成就和技术创新。参加了锦屏二级长引水隧洞施工专题咨询，肯定了长洞短工部署。12月，赴武汉参加南水北调穿黄隧洞关键技术评审。多次参加湖南湘江长沙和土谷塘航运枢纽工程专家咨询，检查工程质量，对施工中存在的问题提出建议。

（林长钦）

先进人物

全国五一劳动奖章获得者

姓　名	单　位	荣誉称号	授奖部门	授奖时间
刘玉瑾	水电四局有限公司	全国五一劳动奖章	全国总工会	2010年4月
张曙光	水电五局有限公司	全国五一劳动奖章	全国总工会	2010年4月
杨　忠	京沪高铁项目部	全国五一劳动奖章	全国总工会	2010年10月

中央企业先进职工

姓　名	单　位	荣誉称号	授奖部门	授奖时间
柯　勇	水电二局有限公司	中央企业先进职工	国务院国资委	2010年9月
郑　晓	水电三局有限公司	中央企业先进职工	国务院国资委	2010年9月
韩永阳	水电四局有限公司	中央企业先进职工	国务院国资委	2010年9月
梁岗伟	水电五局有限公司	中央企业先进职工	国务院国资委	2010年9月
李正云	水电七局有限公司	中央企业先进职工标兵	国务院国资委	2010年9月
夏成元	水电十局有限公司	中央企业先进职工	国务院国资委	2010年9月
付军涛	水电十五局有限公司	中央企业先进职工	国务院国资委	2010年9月
蒋耀平	水电十六局有限公司	中央企业先进职工	国务院国资委	2010年9月
李　海	国际公司	中央企业先进职工	国务院国资委	2010年9月
宋梅香	新能源公司	中央企业先进职工	国务院国资委	2010年9月

省级劳动模范

姓　名	单　位	荣誉称号	授奖部门	授奖时间
李志永	水电二局有限公司	北京市劳动模范	北京市政府	2010年4月
梁金亮	水电四局有限公司	甘肃省劳动模范	甘肃省委、省政府	2010年4月
周继红	水电五局有限公司	四川省劳动模范	四川省政府、省总工会	2010年4月
郑久存	水电五局有限公司	四川省劳动模范	四川省政府、省总工会	2010年4月
王先平	水电七局有限公司	四川省劳动模范	四川省政府、省总工会	2010年4月
张建文	水电七局有限公司	四川省劳动模范	四川省政府、省总工会	2010年4月
涂怀健	水电八局有限公司	湖南省劳动模范	四川省委、省政府	2010年12月
王忠禄	水电九局有限公司	贵州省劳动模范	贵州省政府	2010年4月
张　瑜	水电十局有限公司	四川省劳动模范	四川省政府、省总工会	2010年4月
杜学泽	水电十局有限公司	四川省汶川地震灾后恢复重建先进个人	四川省委、省政府	2010年9月
何占颂	水电十三局有限公司	天津市劳动模范	天津市委、市政府	2010年4月
陈寿吉	四川公司	四川省汶川地震灾后恢复重建先进个人	四川省委、省政府	2010年12月

省级五一劳动奖章获得者

姓　名	单　位	荣誉称号	授奖部门	授奖时间
刚永才	水电五局有限公司	四川省五一劳动奖章	四川省总工会	2010年4月
叶　明	水电六局有限公司	辽宁省五一劳动奖章	辽宁省总工会	2010年4月
刘　旻	水电七局有限公司	四川省五一劳动奖章	四川省总工会	2010年1月
袁训国	水电七局有限公司	四川省五一劳动奖章	四川省总工会	2010年12月

续表

姓　名	单　位	荣誉称号	授奖部门	授奖时间
化宝明	水电七局有限公司	四川省五一劳动奖章	四川省总工会	2010 年 12 月
袁晓琴	水电九局有限公司	贵州省五一劳动奖章	贵州省总工会	2010 年 7 月
何万兵	水电十三局有限公司	山东省富民兴鲁劳动奖章	山东省总工会	2010 年 4 月
李　毅	水电十四局有限公司	云南省五一劳动奖章	云南省总工会	2010 年 4 月
彭贵军	水电十四局有限公司	云南省五一劳动奖章	云南省总工会	2010 年 4 月
陈　辉	水电十四局有限公司	广东省五一劳动奖章	广东省总工会	2010 年 8 月
石　峰	基础局有限公司	天津市五一劳动奖章	天津市总工会	2010 年 4 月
李振旺	港航公司	天津市五一劳动奖章	天津市总工会	2010 年 4 月

获国家、省部级荣誉称号的先进个人

姓　名	单　位	荣誉称号	授奖部门	授奖时间
郭　淼	水电二局有限公司	三八红旗奖章	北京市总工会	2010 年 3 月
谢光明	水电三局有限公司	全国五一巾帼标兵	全国总工会	2010 年 12 月
赵启萍	水电三局有限公司	全国工会系统“五五”普法先进个人	全国总工会	2010 年 12 月
冯　涛	水电四局有限公司	火车头奖章	全国铁路总工会	2010 年 5 月
葛建军	水电四局有限公司	火车头奖章	全国铁路总工会	2010 年 5 月
孙纪超	水电四局有限公司	火车头奖章	全国铁路总工会	2010 年 5 月
李福东	水电四局有限公司	火车头奖章	全国铁路总工会	2010 年 5 月
郝长福	水电四局有限公司	火车头奖章	全国铁路总工会	2010 年 5 月
陈洪毅	水电四局有限公司	全国电力行业技术能手	中国电力企业联合会	2010 年 9 月
汪文生	水电四局有限公司	青海省玉树抗震救灾优秀共产党员	青海省委	2010 年 7 月
杨金龙	水电四局有限公司	青海省玉树抗震救灾模范	青海省总工会	2010 年 9 月
崔占锁	水电四局有限公司	青海省玉树抗震救灾先进个人	青海省总工会	2010 年 9 月
汪文生	水电四局有限公司	青海省玉树抗震救灾优秀职工	青海省总工会	2010 年 11 月
杨启文	水电四局有限公司	优秀共青团员	共青团青海省委	2010 年 6 月
唐丽琼	水电五局有限公司	四川省女职工建功立业标兵	四川省总工会	2010 年 3 月
王顺江	水电五局有限公司	全国电力行业技术能手	中国电力企业联合会	2010 年 11 月
陈玉强	水电五局有限公司	全国电力行业技术能手	中国电力企业联合会	2010 年 11 月
陈历新	水电五局有限公司	全国电力行业技术能手	中国电力企业联合会	2010 年 11 月
吴文良	水电五局有限公司	全国电力行业优秀技能选手	中国电力企业联合会	2010 年 11 月
马雨峰	水电六局有限公司	火车头奖章	全国铁路总工会	2010 年 12 月
马英怀	水电六局有限公司	中央企业优秀党务工作者	国务院国资委	2010 年 7 月
罗荣菊	水电六局有限公司	全国能源化学系统女职工建功立业标兵	中国能源化学工会	2010 年 5 月
贺大虎	水电六局有限公司	金沙江流域水电工程优秀建设者	中国长江三峡集团公司	2010 年 8 月
沈　寅	水电六局有限公司	全国电力行业技术能手	中国电力企业联合会	2010 年 9 月
赵海洋	水电七局有限公司	优秀共产党员	国务院国资委	2010 年 6 月
张建文	水电七局有限公司	四川省有突出贡献优秀专家	四川省委、省政府	2010 年 8 月
伍有刚	水电七局有限公司	四川省汶川地震灾后恢复重建先进个人	四川省委、省政府	2010 年 12 月

续表

姓　名	单　位	荣誉称号	授奖部门	授奖时间
潘广宇	水电七局有限公司	火车头奖章	全国铁路总工会	2010年5月
张红兵	水电七局有限公司	火车头奖章	全国铁路总工会	2010年5月
余世刚	水电七局有限公司	火车头奖章	全国铁路总工会	2010年5月
马先科	水电七局有限公司	火车头奖章	全国铁路总工会	2010年5月
尹　斌	水电七局有限公司	全国电力行业技术能手	中国电力企业联合会	2010年9月
罗军平	水电七局有限公司	全国电力行业技术能手	中国电力企业联合会	2010年9月
吴新华	水电七局有限公司	全国电力行业优秀技能选手	中国电力企业联合会	2010年9月
李云森	水电七局有限公司	金沙江流域水电工程劳动竞赛优秀建设者	中国长江三峡集团	2010年8月
冷宏达	水电七局有限公司	金沙江流域水电工程劳动竞赛优秀建设者	中国长江三峡集团	2010年8月
涂怀健	水电八局有限公司	湖南省一等功	湖南省政府	2010年7月
张志平	水电八局有限公司	全国电力行业技术能手	中国电力企业联合会	2010年9月
罗秀堂	水电八局有限公司	全国电力行业技术能手	中国电力企业联合会	2010年9月
李明举	水电八局有限公司	全国电力行业技术能手	中国电力企业联合会	2010年9月
张明强	水电八局有限公司	全国电力行业技术能手	中国电力企业联合会	2010年9月
宾旭华	水电八局有限公司	全国电力行业技术能手	中国电力企业联合会	2010年9月
廖业华	水电八局有限公司	大渡河流域水电开发劳动竞赛深溪沟优秀建设者	四川省总工会	2010年7月
张文艳	水电八局有限公司	金沙江流域水电工程劳动竞赛优秀建设者	中国长江三峡集团	2010年8月
周　海	水电八局有限公司	金沙江流域水电工程劳动竞赛优秀建设者	中国长江三峡集团	2010年8月
陈泽康	水电九局有限公司	全国电力行业优秀技能选手	中国电力企业联合会	2010年9月
袁晓琴	水电九局有限公司	贵州省女职工建功立业标兵	贵州省总工会	2010年7月
包高强	水电十一局有限公司	河南省优秀共青团员	共青团河南省委	2010年5月
田　静	水电十一局有限公司	河南省优秀企业团委书记	共青团河南省委	2010年5月
秦　超	水电十三局有限公司	中央企业优秀共产党员	国资委党委	2010年6月
何占颂	水电十三局有限公司	天津市优秀企业家	天津市政府	2010年9月
何占颂	水电十三局有限公司	全国电力行业优秀企业家	中国电力企业联合会	2010年12月
林云涛	水电十三局有限公司	全省重点工程建设三等功	山东省总工会	2010年8月
陈　辉	水电十四局有限公司	2009年度广东省十项劳动竞赛模范工人	广东省总工会	2010年8月
汪皓亮	水电十四局有限公司	云南省优秀共青团干部	共青团云南省委	2010年5月
任云平	水电十四局有限公司	云南省优秀共青团干部	共青团云南省委	2010年5月
刘士诚	水电十四局有限公司	火车头奖章	全国铁路总工会	2010年8月
尹俊宏	水电十四局有限公司	加蓬国家骑士勋章	加蓬共和国	2010年8月
白小成	水电十五局有限公司	2009年重点工程建设立功竞赛先进个人	陕西省劳动竞赛委员会	2010年3月
叶志强	水电十五局有限公司	2009年重点工程建设立功竞赛先进个人	陕西省劳动竞赛委员会	2010年3月

续表

姓　名	单　位	荣誉称号	授奖部门	授奖时间
王珂峰	水电十五局有限公司	全国“五五”普法先进个人	全国总工会	2010 年 12 月
卓智茂	水电十六局有限公司	全国电力行业技术能手	中国电力企业联合会	2010 年 9 月
林建平	水电十六局有限公司	全国电力行业优秀技术能手	中国电力企业联合会	2010 年 9 月
吴新源	水电十六局有限公司	全国电力行业技术能手	中国电力企业联合会	2010 年 12 月
郑　雪	水电十六局有限公司	福建省优秀共青团干部	共青团福建省委	2010 年 5 月
刘丽娜	水电十六局有限公司	福建省优秀共青团员	共青团福建省委	2010 年 5 月
黄滢莹	水电十六局有限公司	福建省优秀共青团员	共青团福建省委	2010 年 5 月
刘明江	四川公司	全国电力行业优秀企业家	中国电力企业联合会	2010 年 12 月

2008～2009 年度集团公司劳动模范

姓名	单位（部门）	荣誉称号	授奖时间
查洪刚	水电一局有限公司	集团公司劳动模范	2010 年 5 月
谭忠莲	水电二局有限公司	集团公司劳动模范	2010 年 5 月
王仰沉	水电三局有限公司	集团公司劳动模范	2010 年 5 月
陈志崇	水电四局有限公司	集团公司劳动模范	2010 年 5 月
李　军	水电五局有限公司	集团公司劳动模范	2010 年 5 月
宋代春	水电六局有限公司	集团公司劳动模范	2010 年 5 月
吴越建	水电七局有限公司	集团公司劳动模范	2010 年 5 月
舒国强	水电八局有限公司	集团公司劳动模范	2010 年 5 月
代泽林	水电九局有限公司	集团公司劳动模范	2010 年 5 月
刘朝荣	水电十局有限公司	集团公司劳动模范	2010 年 5 月
李三民	水电十一局有限公司	集团公司劳动模范	2010 年 5 月
梁雷辉	水电十二局有限公司	集团公司劳动模范	2010 年 5 月
柴金海	水电十三局有限公司	集团公司劳动模范	2010 年 5 月
刘士诚	水电十四局有限公司	集团公司劳动模范	2010 年 5 月
程平均	水电十五局有限公司	集团公司劳动模范	2010 年 5 月
许曹津	水电十六局有限公司	集团公司劳动模范	2010 年 5 月
胡　斌	基础局有限公司	集团公司劳动模范	2010 年 5 月
陈惠民	夹江有限公司	集团公司劳动模范	2010 年 5 月
刘　恺	海外事业部	集团公司劳动模范	2010 年 5 月
罗　武	四川公司	集团公司劳动模范	2010 年 5 月

2008～2009 年度集团公司先进生产（工作）者

姓名	单位（部门）	荣誉称号	授奖时间
李　岱	水电一局有限公司	集团公司先进生产（工作）者	2010 年 5 月
朴永南	水电一局有限公司	集团公司先进生产（工作）者	2010 年 5 月
邢志国	水电一局有限公司	集团公司先进生产（工作）者	2010 年 5 月
李凤华	水电一局有限公司	集团公司先进生产（工作）者	2010 年 5 月
马庆朋	水电二局有限公司	集团公司先进生产（工作）者	2010 年 5 月
马曦伟	水电三局有限公司	集团公司先进生产（工作）者	2010 年 5 月
常　民	水电三局有限公司	集团公司先进生产（工作）者	2010 年 5 月
徐壮羽	水电三局有限公司	集团公司先进生产（工作）者	2010 年 5 月

续表

姓名	单位（部门）	荣誉称号	授奖时间
杨红波	水电三局有限公司	集团公司先进生产（工作）者	2010年5月
张自顺	水电三局有限公司	集团公司先进生产（工作）者	2010年5月
刘永昶	水电四局有限公司	集团公司先进生产（工作）者	2010年5月
彭凌云	水电四局有限公司	集团公司先进生产（工作）者	2010年5月
唐毅民	水电四局有限公司	集团公司先进生产（工作）者	2010年5月
王志军	水电四局有限公司	集团公司先进生产（工作）者	2010年5月
张永宏	水电四局有限公司	集团公司先进生产（工作）者	2010年5月
刚永才	水电五局有限公司	集团公司先进生产（工作）者	2010年5月
潘福营	水电五局有限公司	集团公司先进生产（工作）者	2010年5月
赵云飞	水电五局有限公司	集团公司先进生产（工作）者	2010年5月
郑万胜	水电五局有限公司	集团公司先进生产（工作）者	2010年5月
张春雷	水电六局有限公司	集团公司先进生产（工作）者	2010年5月
赵福全	水电六局有限公司	集团公司先进生产（工作）者	2010年5月
周峰刚	水电六局有限公司	集团公司先进生产（工作）者	2010年5月
潘广宇	水电七局有限公司	集团公司先进生产（工作）者	2010年5月
彭东升	水电七局有限公司	集团公司先进生产（工作）者	2010年5月
唐　影	水电七局有限公司	集团公司先进生产（工作）者	2010年5月
王素珍	水电七局有限公司	集团公司先进生产（工作）者	2010年5月
赵胜利	水电七局有限公司	集团公司先进生产（工作）者	2010年5月
邓常义	水电八局有限公司	集团公司先进生产（工作）者	2010年5月
林　原	水电八局有限公司	集团公司先进生产（工作）者	2010年5月
田福文	水电八局有限公司	集团公司先进生产（工作）者	2010年5月
张建清	水电八局有限公司	集团公司先进生产（工作）者	2010年5月
祝　敏	水电八局有限公司	集团公司先进生产（工作）者	2010年5月
刘　凯	水电九局有限公司	集团公司先进生产（工作）者	2010年5月
杨友录	水电九局有限公司	集团公司先进生产（工作）者	2010年5月
周正荣	水电九局有限公司	集团公司先进生产（工作）者	2010年5月
成　奇	水电十局有限公司	集团公司先进生产（工作）者	2010年5月
段政华	水电十局有限公司	集团公司先进生产（工作）者	2010年5月
冉龙武	水电十局有限公司	集团公司先进生产（工作）者	2010年5月
贾庆森	水电十一局有限公司	集团公司先进生产（工作）者	2010年5月
刘文龙	水电十一局有限公司	集团公司先进生产（工作）者	2010年5月
齐百利	水电十一局有限公司	集团公司先进生产（工作）者	2010年5月
张　涛	水电十一局有限公司	集团公司先进生产（工作）者	2010年5月
陈国良	水电十二局有限公司	集团公司先进生产（工作）者	2010年5月
陈国平	水电十二局有限公司	集团公司先进生产（工作）者	2010年5月
黄钰生	水电十二局有限公司	集团公司先进生产（工作）者	2010年5月
赵海军	水电十三局有限公司	集团公司先进生产（工作）者	2010年5月
曲　岩	水电十三局有限公司	集团公司先进生产（工作）者	2010年5月
刘建平	水电十三局有限公司	集团公司先进生产（工作）者	2010年5月
丁万龙	水电十四局有限公司	集团公司先进生产（工作）者	2010年5月

续表

姓名	单位（部门）	荣誉称号	授奖时间
刘洪卫	水电十四局有限公司	集团公司先进生产（工作）者	2010 年 5 月
蒲　军	水电十四局有限公司	集团公司先进生产（工作）者	2010 年 5 月
杨大志	水电十四局有限公司	集团公司先进生产（工作）者	2010 年 5 月
张志斌	水电十四局有限公司	集团公司先进生产（工作）者	2010 年 5 月
丁　力	水电十五局有限公司	集团公司先进生产（工作）者	2010 年 5 月
黄炎兴	水电十五局有限公司	集团公司先进生产（工作）者	2010 年 5 月
马　刚	水电十五局有限公司	集团公司先进生产（工作）者	2010 年 5 月
林玉宋	水电十六局有限公司	集团公司先进生产（工作）者	2010 年 5 月
杨人河	水电十六局有限公司	集团公司先进生产（工作）者	2010 年 5 月
张清卫	水电十六局有限公司	集团公司先进生产（工作）者	2010 年 5 月
梁　荣	基础局有限公司	集团公司先进生产（工作）者	2010 年 5 月
唐玉书	基础局有限公司	集团公司先进生产（工作）者	2010 年 5 月
戴　科	夹江有限公司	集团公司先进生产（工作）者	2010 年 5 月
李　海	海外事业部	集团公司先进生产（工作）者	2010 年 5 月
唐玉华	海外事业部	集团公司先进生产（工作）者	2010 年 5 月
欧阳韦	路桥公司	集团公司先进生产（工作）者	2010 年 5 月
王　维	路桥公司	集团公司先进生产（工作）者	2010 年 5 月
丁家聪	租赁公司	集团公司先进生产（工作）者	2010 年 5 月
范小川	房地产公司	集团公司先进生产（工作）者	2010 年 5 月
徐大明	房地产公司	集团公司先进生产（工作）者	2010 年 5 月
李　春	四川公司	集团公司先进生产（工作）者	2010 年 5 月
宋梅香	新能源公司	集团公司先进生产（工作）者	2010 年 5 月
付　懿	华亭公司	集团公司先进生产（工作）者	2010 年 5 月
陈晓睿	崇信公司	集团公司先进生产（工作）者	2010 年 5 月
隋　超	港航公司	集团公司先进生产（工作）者	2010 年 5 月
杨东恩	港航公司	集团公司先进生产（工作）者	2010 年 5 月
温少鹏	京沪高铁项目部	集团公司先进生产（工作）者	2010 年 5 月
唐　超	京沪高铁项目部	集团公司先进生产（工作）者	2010 年 5 月
张　黛	财务产权部	集团公司先进生产（工作）者	2010 年 5 月
陈立峰	投资部	集团公司先进生产（工作）者	2010 年 5 月
李红春	工程科技部	集团公司先进生产（工作）者	2010 年 5 月
张来喜	总经理工作部	集团公司先进生产（工作）者	2010 年 5 月

2007～2009 年度股份公司国际经营标兵名单

姓名	单　位	荣誉称号	授奖时间
谭忠莲	水电二局有限公司	国际经营标兵	2010 年 2 月
韩贵才	水电三局有限公司	国际经营标兵	2010 年 2 月
梁　军	水电四局有限公司	国际经营标兵	2010 年 2 月
闫兴华	水电四局有限公司	国际经营标兵	2010 年 2 月
赵会明	水电五局有限公司	国际经营标兵	2010 年 2 月
刘　宝	水电六局有限公司	国际经营标兵	2010 年 2 月

续表

姓名	单　位	荣誉称号	授奖时间
陆曼秋	水电七局有限公司	国际经营标兵	2010 年 2 月
熊立新	水电七局有限公司	国际经营标兵	2010 年 2 月
黄　敏	水电八局有限公司	国际经营标兵	2010 年 2 月
陈　勇	水电十局有限公司	国际经营标兵	2010 年 2 月
石宣喜	水电十一局有限公司	国际经营标兵	2010 年 2 月
杨德臣	水电十二局有限公司	国际经营标兵	2010 年 2 月
何占颂	水电十三局有限公司	国际经营标兵	2010 年 2 月
徐德阳	水电十三局有限公司	国际经营标兵	2010 年 2 月
颜家勇	水电十四局有限公司	国际经营标兵	2010 年 2 月
董　刚	水电十五局有限公司	国际经营标兵	2010 年 2 月
宋东升	国际公司	国际经营标兵	2010 年 2 月
季晓勇	国际公司	国际经营标兵	2010 年 2 月
盛玉明	国际公司	国际经营标兵	2010 年 2 月
吴文豪	国际公司	国际经营标兵	2010 年 2 月

2007～2009 年度股份公司国际经营先进工作者名单

姓　名	单　位	荣誉称号	授奖时间
薛振宇	水电一局有限公司	国际经营先进工作者	2010 年 2 月
陈海权	水电一局有限公司	国际经营先进工作者	2010 年 2 月
艾忠家	水电二局有限公司	国际经营先进工作者	2010 年 2 月
彭　刚	水电二局有限公司	国际经营先进工作者	2010 年 2 月
张俊红	水电三局有限公司	国际经营先进工作者	2010 年 2 月
马安义	水电三局有限公司	国际经营先进工作者	2010 年 2 月
苑和旗	水电四局有限公司	国际经营先进工作者	2010 年 2 月
施　力	水电四局有限公司	国际经营先进工作者	2010 年 2 月
付少鹏	水电四局有限公司	国际经营先进工作者	2010 年 2 月
谢利平	水电五局有限公司	国际经营先进工作者	2010 年 2 月
郑万胜	水电五局有限公司	国际经营先进工作者	2010 年 2 月
范长河	水电五局有限公司	国际经营先进工作者	2010 年 2 月
门　红	水电六局有限公司	国际经营先进工作者	2010 年 2 月
莫永彪	水电七局有限公司	国际经营先进工作者	2010 年 2 月
黄永成	水电七局有限公司	国际经营先进工作者	2010 年 2 月
段建峡	水电七局有限公司	国际经营先进工作者	2010 年 2 月
王　晖	水电八局有限公司	国际经营先进工作者	2010 年 2 月
白延庆	水电八局有限公司	国际经营先进工作者	2010 年 2 月
杨一心	水电八局有限公司	国际经营先进工作者	2010 年 2 月
刘庆福	水电九局有限公司	国际经营先进工作者	2010 年 2 月
胡湛军	水电十局有限公司	国际经营先进工作者	2010 年 2 月
廖祯虎	水电十局有限公司	国际经营先进工作者	2010 年 2 月
汪　勇	水电十局有限公司	国际经营先进工作者	2010 年 2 月
王敏生	水电十一局有限公司	国际经营先进工作者	2010 年 2 月

续表

姓名	单　位	荣誉称号	授奖时间
夏丽娟	水电十一局有限公司	国际经营先进工作者	2010 年 2 月
徐德贵	水电十一局有限公司	国际经营先进工作者	2010 年 2 月
张　旻	水电十二局有限公司	国际经营先进工作者	2010 年 2 月
秦　超	水电十三局有限公司	国际经营先进工作者	2010 年 2 月
杨长才	水电十三局有限公司	国际经营先进工作者	2010 年 2 月
杨思松	水电十三局有限公司	国际经营先进工作者	2010 年 2 月
闫修春	水电十三局有限公司	国际经营先进工作者	2010 年 2 月
宋业恒	水电十三局有限公司	国际经营先进工作者	2010 年 2 月
符令华	水电十四局有限公司	国际经营先进工作者	2010 年 2 月
杨海江	水电十四局有限公司	国际经营先进工作者	2010 年 2 月
唐　斌	水电十四局有限公司	国际经营先进工作者	2010 年 2 月
屈建刚	水电十五局有限公司	国际经营先进工作者	2010 年 2 月
黎伦平	水电十六局有限公司	国际经营先进工作者	2010 年 2 月
王忠潘	水电十六局有限公司	国际经营先进工作者	2010 年 2 月
李　毅	基础局有限公司	国际经营先进工作者	2010 年 2 月
李林伟	基础局有限公司	国际经营先进工作者	2010 年 2 月
李瑞祥	港航公司	国际经营先进工作者	2010 年 2 月
郭　峰	夹江有限公司	国际经营先进工作者	2010 年 2 月
周尚明	国际公司	国际经营先进工作者	2010 年 2 月
邓国平	国际公司	国际经营先进工作者	2010 年 2 月
辛宗懿	国际公司	国际经营先进工作者	2010 年 2 月
田海华	国际公司	国际经营先进工作者	2010 年 2 月
舒　江	国际公司	国际经营先进工作者	2010 年 2 月
刘绍泉	国际公司	国际经营先进工作者	2010 年 2 月
孙玉林	国际公司	国际经营先进工作者	2010 年 2 月
过晓丹	国际公司	国际经营先进工作者	2010 年 2 月

先　进　集　体

文明单位

单　　位	荣誉称号	授奖部门	授奖时间
水电四局有限公司	2007～2009 年度文明单位标兵	青海省精神文明建设委员会	2010 年 11 月
水电十一局有限公司	河南省级文明单位	河南省委、省政府	2010 年 12 月
水电十三局有限公司	山东省文明单位	山东省精神文明建设委员会	2010 年 12 月
水电十四局有限公司大理分公司	云南省文明单位	云南省政府	2010 年 1 月

中央企业红旗班组

单　　位	荣　誉　称　号	授奖部门	授奖时间
水电六局有限公司赤道几内亚吉布洛水电站项目部	中央企业红旗班组	国务院国资委	2010 年 9 月
水电八局有限公司孟加拉石卡巴哈项目部工程管理部安装调试小组	中央企业红旗班组	国务院国资委	2010 年 9 月

续表

单　　位	荣　誉　称　号	授奖部门	授奖时间
水电九局有限公司观音岩水电站砂石项目中碎车间	中央企业红旗班组	国务院国资委	2010年9月
水电十一局有限公司京沪高铁项目移动模架运行维护班	中央企业红旗班组	国务院国资委	2010年9月
水电十二局有限公司两河口施工局测量队	中央企业红旗班组	国务院国资委	2010年9月
水电十三局有限公司卡塔尔GTC182项目水池工区综合班	中央企业红旗班组	国务院国资委	2010年9月
水电十四局有限公司岗曲河电站项目经理部	中央企业红旗班组	国务院国资委	2010年9月
水电基础局有限公司西藏旁多项目部工程质量技术部	中央企业红旗班组	国务院国资委	2010年9月
四川公司阿坝水电开发有限公司发电部	中央企业红旗班组	国务院国资委	2010年9月
房地产（长沙）有限公司工程管理部	中央企业红旗班组	国务院国资委	2010年9月

获国家、省部级荣誉称号的先进单位

单　　位	荣　誉　称　号	授奖部门	授奖时间
中国水利水电建设集团公司	全国厂务公开民主管理先进单位	全国厂务公开协调小组	2010年11月
京沪高铁土建三标项目部	全国五一劳动奖状	全国总工会	2010年10月
水电二局有限公司审计部	全国五一巾帼标兵岗	全国总工会	2010年12月
水电二局有限公司安哥拉卢班戈体育场项目经理部	北京市模范集体	北京市总工会	2010年4月
水电二局有限公司第一项目管理部	2009年度北京市“安康杯”竞赛优胜单位	北京市总工会	2010年4月
水电二局有限公司第二项目管理部	2009年度北京市“安康杯”竞赛优胜单位	北京市总工会	2010年4月
水电二局有限公司博茨瓦纳卡玛国际机场航站楼项目团支部	北京市五四红旗团支部	共青团北京市委	2010年12月
水电二局有限公司于海安青年突击队	北京市优秀青年突击队标杆	共青团北京市委	2010年5月
水电二局有限公司林胜强青年突击队	北京市优秀青年突击队标杆	共青团北京市委	2010年5月
水电二局有限公司刘攀青年突击队	北京市优秀青年突击队标杆	共青团北京市委	2010年5月
水电二局有限公司马庆朋青年突击队	北京市优秀青年突击队	共青团北京市委	2010年5月
水电二局有限公司邢军青年突击队	北京市优秀青年突击队	共青团北京市委	2010年5月
水电二局有限公司张鹏青年突击队	北京市优秀青年突击队	共青团北京市委	2010年5月
水电二局有限公司王冠运青年突击队	北京市优秀青年突击队	共青团北京市委	2010年5月
水电二局有限公司张建江青年突击队	北京市优秀青年突击队	共青团北京市委	2010年5月
水电二局有限公司倪树义青年突击队	北京市优秀青年突击队	共青团北京市委	2010年5月
水电二局有限公司陈超英青年突击队	北京市优秀青年突击队	共青团北京市委	2010年5月
水电四局有限公司第一分局救援队——中国水电救援队	全国“工人先锋号”	全国总工会	2010年8月
水电三局有限公司工会	全国模范职工之家	全国总工会	2010年5月
水电三局有限公司	2009年度全国“安康杯”竞赛优胜企业	全国总工会	2010年6月
水电三局有限公司基础分局工会	全国模范职工小家	全国总工会	2010年5月
水电三局有限公司制造安装分局工会图书室	全国工会职工书屋示范点	全国总工会	2010年8月
水电三局有限公司	全国厂务公开民主管理先进单位	全国厂务公开协调小组	2010年11月
水电三局有限公司工会	全国工会系统“五五”普法先进单位	全国总工会	2010年12月
水电四局有限公司	全国亿万职工健身活动月先进单位	全国总工会	2010年10月

续表

单　　位	荣　誉　称　号	授奖部门	授奖时间
水电四局有限公司第三分局团委	青海省五四红旗团委	共青团青海省委	2010 年 6 月
水电四局有限公司尼那电厂团支部	青海省五四红旗团支部	共青团青海省委	2010 年 6 月
水电四局有限公司宁杭客专工程指挥部徐舍制板场	火车头奖杯	全国铁路总工会	2010 年 5 月
水电六局有限公司	2009 年度全国“安康杯”竞赛优胜单位	全国总工会	2010 年 11 月
水电五局有限公司	全国厂务公开民主管理先进单位	全国厂务公开协调小组	2010 年 11 月
水电五局有限公司	全国“安康杯”竞赛优胜企业	全国总工会	2010 年 11 月
水电五局有限公司工会	2010 年全国亿万职工健身活动月先进单位	全国总工会	2010 年 11 月
水电五局有限公司工会	2009 年度工会财务工作先进单位	全国总工会	2010 年 8 月
水电五局有限公司一分局喜儿沟工会分会	全国模范职工小家	全国总工会	2010 年 4 月
水电五局有限公司第三分局党委	中央企业先进基层党组织	国资委党委	2010 年 7 月
水电五局有限公司机电制造安装分局	四川省五一劳动奖状	四川省总工会	2010 年 4 月
水电六局有限公司	全国厂务公开民主管理先进单位	全国厂务公开协调小组	2010 年 11 月
水电六局有限公司女职工委员会	辽宁省先进女职工组织	辽宁省总工会	2010 年 3 月
水电六局有限公司赤道几内亚吉布洛项目部灌浆班	辽宁省优秀班组	辽宁省总工会	2010 年 3 月
水电六局有限公司溪洛渡施工局机械队	金沙江流域水电工程劳动竞赛先进集体	中国长江三峡集团	2010 年 8 月
水电七局有限公司安装分局工会	全国模范职工之家	全国总工会	2010 年 5 月
水电七局有限公司高级技工学校	全国职工教育培训示范点	全国总工会	2010 年 9 月
水电七局有限公司瀑布沟水电站机电设备安装项目部发电机班	四川省五一劳动奖状	四川省总工会	2010 年 1 月
水电七局有限公司瀑布沟水电站机电设备安装项目部	四川省重点工程劳动竞赛先进集体	四川省总工会	2010 年 1 月
水电七局有限公司南广高速铁路平南制梁场	火车头奖杯	全国铁路总工会	2010 年 5 月
水电七局有限公司溪洛渡施工局	金沙江流域水电工程劳动竞赛先进单位	中国长江三峡集团	2010 年 8 月
水电七局有限公司溪洛渡施工局中心场混凝土生产系统调度室	金沙江流域水电工程劳动竞赛先进班组	中国长江三峡集团	2010 年 8 月
水电七局有限公司向家坝施工局安装工区综合班	金沙江流域水电工程劳动竞赛先进班组	中国长江三峡集团	2010 年 8 月
水电八局有限公司党委	中央企业先进基层党组织	国资委党委	2010 年 6 月
水电八局有限公司	2010 年安全生产月活动“优秀单位”	全国总工会	2010 年 10 月
水电八局有限公司	2010 年全国安全生产应急知识竞赛优胜单位	全国总工会	2010 年 10 月
水电八局有限公司	全国厂务公开民主管理先进单位	全国厂务公开协调小组	2010 年 11 月
水电八局有限公司溪洛渡大坝施工局大坝一工区	2009 年度金沙江流域水电工程劳动竞赛先进集体	中国长江三峡集团	2010 年 8 月
水电八局有限公司砂石分局向家坝砂石项目部成品工区	2009 年度金沙江流域水电工程劳动竞赛先进集体	中国长江三峡集团	2010 年 8 月
水电八局有限公司溪洛渡大坝施工局缆机工区检修班	2009 年度金沙江流域水电工程劳动竞赛先进班组	中国长江三峡集团	2010 年 8 月
水电八局有限公司五分局深溪沟施工局	四川省重点工程劳动竞赛先进集体	四川省总工会	2010 年 7 月
水电八局有限公司女工委	2005～2009 年全省女职工建功立业百优女职工集体	湖南省总工会	2010 年 3 月
水电八局有限公司砂石分局向家坝砂石项目部太平料场机电物资仓库班	全国能源化学系统 2009 年度女职工建功立业标兵岗	中国能源化学工会	2010 年 3 月

续表

单　位	荣　誉　称　号	授奖部门	授奖时间
水电九局有限公司	2009年度全国“安康杯”竞赛活动优胜企业	全国总工会	2010年1月
水电十局有限公司	2009年度全国“安康杯”竞赛活动优胜企业	全国总工会	2010年5月
水电十局有限公司工会	全国工会系统“五五”普法先进单位	全国总工会	2010年9月
水电十一局有限公司	2009年度安全生产先进单位	河南省政府安委会	2010年1月
水电十一局有限公司四分局南水北调安阳段Ⅴ标测量队	河南省青年文明号	共青团河南省委	2010年3月
水电十一局有限公司	2009年度女职工工作示范单位	河南省总工会	2010年3月
水电十一局有限公司	全国安全生产应急知识竞赛优胜单位	国家安全生产监督管理总局	2010年10月
水电十二局有限公司第一分局官地水电站项目机电队综合班	安康杯竞赛优胜班组	浙江省总工会	2010年3月
水电十四局有限公司路桥分公司贵广铁路项目部工会	全国模范职工小家	全国总工会	2010年5月
水电十四局有限公司曲靖分公司银盘项目部	“安康杯”竞赛优胜班组	全国总工会	2010年6月
云南水电十四局东华建筑工程有限公司	云南省五一劳动奖状	云南省总工会	2010年4月
云南省水电建设国家职业技能鉴定站（水电十四局有限公司）	2009年度全国电力行业职业技能鉴定先进鉴定站	中国电力企业联合会	2010年4月
水电十四局有限公司糯扎渡水电项目部厂房工程部	2009年度云南省“青年文明号”	共青团云南省委	2010年5月
水电十四局有限公司里底电站项目部工程技术部	2009年度云南省“青年文明号”	共青团云南省委	2010年5月
水电十四局有限公司阿海电站项目部	2009年度云南省“青年文明号”	共青团云南省委	2010年5月
水电十四局有限公司庙林电站项目部	2009年度云南省“青年文明号”	共青团云南省委	2010年5月
水电十四局有限公司海外事业部团委	云南省五四红旗团委	共青团云南省委	2010年5月
水电十四局有限公司大理分公司南水北调焦作2-1项目部团支部	云南省五四红旗团支部	共青团云南省委	2010年5月
水电十五局有限公司	2009年全国安康杯竞赛优胜企业	全国总工会	2010年4月
水电十五局有限公司工会	全国模范职工之家	全国总工会	2010年5月
水电十五局有限公司路桥公司渭蒲项目部	2009年重点工程建设立功竞赛先进集体	陕西省劳动竞赛委员会	2010年3月
水电十五局有限公司二公司	2009年度陕西省“安康杯”竞赛优胜企业	陕西省总工会	2010年3月
水电十六局第三分局市场开发部	福建省女职工标兵岗	福建省总工会	2010年4月
水电十六局第三分局工会	福建省模范职工之家	福建省总工会	2010年5月
水电十六局第二分局	福建省五一劳动奖状	福建省总工会	2010年5月
基础局有限公司	天津市五一劳动奖状	天津市总工会	2010年4月
港航公司	天津市五一劳动奖状	天津市总工会	2010年4月

省级“工人先锋号”获得单位

单　位	荣　誉　称　号	授奖部门	授奖时间
水电四局有限公司安哥拉本格拉体育场项目部	青海省工人先锋号	青海省总工会	2010年8月
水电五局有限公司一分局溧阳项目部钻爆支护班	江苏省工人先锋号	江苏省总工会	2010年4月
水电五局有限公司毛尔盖项目部	四川省工人先锋号	四川省总工会	2010年1月
水电六局有限公司溪洛渡施工局机械队汽车修理班	云南省工人先锋号	云南省总工会	2010年8月
水电七局有限公司向家坝施工局多臂钻班	云南省工人先锋号	云南省总工会	2010年8月

续表

单　　位	荣　誉　称　号	授奖部门	授奖时间
水电八局有限公司砂石分局向家坝砂石项目部长胶工区运行七班	云南省工人先锋号	云南省总工会	2010 年 8 月
水电八局有限公司制安分局构皮滩项目部水轮机班	湖南省工人先锋号	湖南省总工会	2010 年 5 月
水电九局有限公司国际公司利比亚乌姆艾拉尼卜项目部	工人先锋号	全国海员建设工会	2010 年 12 月
水电九局有限公司中心医院门诊护理组	工人先锋号	全国海员建设工会	2010 年 12 月
水电十二局有限公司第一分局双溪口水电站项目部	浙江省工人先锋号	浙江省总工会	2010 年 4 月
水电十二局有限公司第一分局溧阳施工局综合班	江苏省工人先锋号	江苏省总工会	2010 年 4 月
水电十四局有限公司糯扎渡项目部墨江抗洪抢险队	工人先锋号	云南省总工会	2010 年 4 月
水电十四局有限公司安装分公司小湾项目部机械队	云南省工人先锋号	云南省总工会	2010 年 4 月
水电十四局有限公司构皮滩项目部	云南省工人先锋号	云南省总工会	2010 年 4 月
水电十四局有限公司刚果（布）英布鲁电站项目部大坝队	云南省工人先锋号	云南省总工会	2010 年 4 月
水电十四局有限公司设备中心京沪高铁设备运管部	云南省工人先锋号	云南省总工会	2010 年 4 月
水电十四局有限公司京沪高铁曲阜制梁场	云南省工人先锋号	云南省总工会	2010 年 4 月
水电十四局有限公司大理分公司缅甸太平江电站项目部机电队	云南省工人先锋号	云南省总工会	2010 年 4 月
水电十五局有限公司一公司积石峡项目部	陕西省工人先锋号	陕西省劳动竞赛委员会	2010 年 3 月
水电十五局有限公司三公司南水北调温博 3 标项目部	陕西省工人先锋号	陕西省劳动竞赛委员会	2010 年 3 月

获学（协）会集体荣誉称号单位

单　　位	荣　誉　称　号	授奖部门	授奖时间
股份公司	“十一五”全国建筑业科技进步与技术创新先进企业	中国建筑业协会	2010 年 11 月
水电四局有限公司	“十一五”全国建筑业科技进步与技术创新先进企业	中国建筑业协会	2010 年 11 月
水电五局有限公司	全国工程建设质量管理优秀企业	中国建筑业协会	2010 年 3 月
水电六局有限公司	2010 年全国电力行业优秀企业	中国电力建设企业协会	2010 年 12 月
水电七局有限公司	2009 年度全国优秀施工企业	中国施工企业管理协会	2010 年 4 月
水电七局有限公司	2009 年度全国电力建设优秀施工企业	中国电力建设企业协会	2010 年 4 月
水电七局有限公司	全国电力行业卓越绩效模式先进企业	中国水利电力质量管理协会	2010 年 4 月
水电七局有限公司	全国实施卓越绩效模式先进企业	中国质量协会	2010 年 10 月
水电七局有限公司	全国用户满意企业	中国质量协会、全国用户委员会	2010 年 10 月
水电七局有限公司	全国电力行业质量管理奖	中国电力企业联合会、中国水利电力质量管理协会	2010 年 10 月
水电七局有限公司	“十一五”全国建筑业科技进步与技术创新先进企业	中国建筑业协会	2010 年 11 月
水电七局有限公司高级技工学校	全国电力行业职业技能鉴定先进鉴定站	中国电力企业联合会	2010 年 11 月
水电八局有限公司	“十一五”全国建筑业科技进步与技术创新先进企业	中国建筑业协会	2010 年 11 月
水电八局有限公司	2009 年度全国电力建设优秀施工企业	中国电力建设企业协会	2010 年 4 月
水电十一局有限公司	优秀会员单位	中国建筑业协会	2010 年 7 月
水电十一局有限公司	2010 年企业文化建设优秀单位	中国企业文化促进会常务理事会	2010 年 11 月
水电十一局有限公司	财务管理成就奖	中国总会计师协会	2010 年 12 月
水电十一局有限公司	全国优秀水利企业	中国水利企业协会	2010 年 12 月
水电十三局有限公司	2010 年全国电力行业实施卓越绩效模式先进企业	中国水利电力质量管理协会	2010 年 4 月

续表

单　　位	荣　誉　称　号	授奖部门	授奖时间
水电十三工程局有限公司	2009 年度全国电力建设优秀施工企业	中国电力建设企业协会	2010 年 3 月
水电十三工程局有限公司	2009 年度全国优秀施工企业	中国施工企业管理协会	2010 年 3 月
云南水电十四局东华建筑工程有限公司	2009～2010 年全国室内装饰优秀企业	中国室内装饰协会	2010 年 7 月
水电十四局有限公司	“十一五”全国建筑业科技进步与技术创新先进企业	中国建筑业协会	2010 年 11 月
水电十五局有限公司	2009 年度全国优秀施工企业	中国施工企业管理协会	2010 年 3 月
水电十五局有限公司	全国优秀水利企业	中国水利企业协会	2010 年 12 月

工　程　奖　项

中国建筑工程鲁班奖

单　位	荣誉称号	获奖工程	授奖单位	授奖时间
水电五局有限公司	中国建筑工程鲁班奖	江苏宜兴抽水蓄能电站	住房和城乡建设部、中国建筑业协会	2010 年 12 月
水电六局有限公司	中国建筑工程鲁班奖	江苏宜兴抽水蓄能电站工程	住房和城乡建设部、中国建筑业协会	2010 年 12 月
水电六局有限公司	中国建筑工程鲁班奖	黄河小浪底水利枢纽工程	住房和城乡建设部、中国建筑业协会	2010 年 12 月
水电七局有限公司	中国建筑工程鲁班奖	黄河小浪底水利枢纽工程	住房和城乡建设部、中国建筑业协会	2010 年 12 月
水电十四局有限公司	中国建筑工程鲁班奖	黄河小浪底水利枢纽工程	住房和城乡建设部、中国建筑业协会	2010 年 12 月
水电十五局有限公司	中国建筑工程鲁班奖	黄河小浪底水利枢纽工程	住房和城乡建设部、中国建筑业协会	2010 年 12 月
水电十五局有限公司	中国建筑工程鲁班奖	新疆乌鲁瓦提水利枢纽工程	住房和城乡建设部、中国建筑业协会	2010 年 12 月

2010 年优质工程奖

单　位	荣誉称号	获奖工程	授奖单位	授奖时间
水电三局有限公司	全国优质工程银质奖	湖南株洲航电工程	中国施工企业协会	2010 年 11 月
水电三局有限公司	水运工程质量奖	湖南株洲航电工程	交通运输部	2010 年 11 月
水电五局有限公司	2010 年度中国电力优质工程奖	江苏宜兴抽水蓄能电站工程	中国电力建设企业协会	2010 年 7 月
水电六局有限公司	2010 年度中国电力优质工程奖	江苏宜兴抽水蓄能电站工程	中国电力建设企业协会	2010 年 7 月
水电六局有限公司	2010 年度中国电力优质工程奖	贵州清水河大花水电站机电设备安装工程	中国电力建设企业协会	2010 年 12 月
水电六局有限公司	2010 年度中国电力优质工程奖	贵州清水河大花水电站机电设备调试工程	中国电力建设企业协会	2010 年 12 月
水电七局有限公司	黄河小浪底水利枢纽工程	中国土木工程詹天佑奖	中国土木工程协会、北京詹天佑基金会	2010 年 3 月

续表

单　位	荣誉称号	获奖工程	授奖单位	授奖时间
水电七局有限公司第二分局	四川省工程建设系统用户满意建筑工程	邛名高速公路南河特大桥工程	四川省建设监理与工程质量协会	2010 年 4 月
水电七局有限公司第三分局	四川省工程建设系统用户满意建筑工程	色尔古水电站首部枢纽工程	四川省建设监理与工程质量协会	2010 年 4 月
水电七局有限公司第三分局	四川省工程建设系统用户满意建筑工程	沙湾水电站工程	四川省建设监理与工程质量协会	2010 年 4 月
水电七局有限公司第三分局	四川省建设工程天府杯银奖	色尔古水电站首部枢纽工程	四川省住房和城乡建设厅	2010 年 6 月
水电八局有限公司	2010 年度国家优质工程银质奖	华能巢湖发电有限责任公司一期工程	国家工程建设质量奖审定委员会	2010 年 12 月
水电八局有限公司	2009 年湖南省优质工程	新建铁路衢常线站前线下工程Ⅱ标	湖南省建筑业协会、湖南省住房和城乡建设厅	2010 年 5 月
水电八局有限公司	2010 年度中国电力优质工程奖	贵州清水河大花水电站	中国电力建设业协会	2010 年 6 月
水电九局有限公司	2010 年度中国电力优质工程奖	贵州清水河大花水电站工程（金属结构安装）	中国电力建设企业协会	2010 年 6 月
水电十一局有限公司	第九届中国土木詹天佑奖	黄河小浪底水利枢纽	中国土木工程学会	2010 年 3 月
水电十一局有限公司	2010 年度中国电力优质工程奖	云南李仙江戈兰滩水电站	中国电力建设企业协会	2010 年 6 月
水电十一局有限公司	2010 年度国家优质工程银质奖	云南李仙江戈兰滩水电站	国家工程建设质量奖审定委员会	2010 年 12 月
水电十一局有限公司	广西优质工程奖	广西龙滩南宁基地业务大楼	广西壮族自治区住房和城乡建设厅	2010 年 6 月
水电十二局有限公司	2010 年度浙江省优秀安装质量奖	滩坑水电站机组设备安装工程	浙江省安装协会	2010 年 5 月
水电十三工程局有限公司	山东省市政金杯示范工程	济南市奥体中心市政道路工程	山东省市政工程协会	2010 年 11 月
水电十三工程局有限公司	全国优秀焊接工程一等奖	银盘项目部四川大渡河瀑布沟电站引水系统闸门	中国工程建设焊接协会	2010 年 9 月
水电十四局有限公司	云南省优质工程一等奖	缅甸瑞丽江水电站	云南省建筑业协会	2010 年 1 月
水电十四局有限公司	云南省优质工程二等奖	云南大理者磨山风电场	云南省建筑业协会	2010 年 1 月
水电十四局有限公司	第九届土木工程詹天佑奖	黄河小浪底水利枢纽	中国土木工程学会	2010 年 1 月
水电十四局有限公司	第九届土木工程詹天佑奖	湖北水布垭水电站工程	中国土木工程学会	2010 年 1 月
水电十四局有限公司	2010 年度中国电力优质工程奖	云南李仙江戈兰滩水电站	中国电力建设企业协会	2010 年 6 月
云南水电十四局东华建筑工程有限公司	2009 年全国室内装饰优质工程奖	广东惠州抽水蓄能电站地下厂房装饰工程和重庆彭水电站地下厂房及附属建筑物装修工程	中国室内装饰协会	2010 年 7 月

续表

单　位	荣誉称号	获奖工程	授奖单位	授奖时间
水电十四局有限公司	全国建筑业新技术应用示范工程	广东惠州抽水蓄能电站地下引水发电系统及机组安装工程和重庆乌江彭水水电站引水发电系统工程	住房和城乡建设部	2010年11月
水电十四局有限公司	2010年度国家优质工程奖银质奖	云南戈兰滩水电站	国家工程建设质量奖评审委员会	2010年12月
水电十五局有限公司	中国土木工程詹天佑奖、中国水利工程优质（大禹）奖	新疆乌鲁瓦提水利枢纽工程	中国土木工程学会、中国水利工程协会	2010年12月
水电十五局有限公司	中国土木工程詹天佑奖、中国水利工程优质（大禹）奖	淮委刘家道口水利枢纽工程	中国土木工程学会、中国水利工程协会	2010年12月
水电十六局有限公司	2009年度全国市政金杯示范工程	上海浦东国际机场扩建工程第三跑道系统工程	中国市政工程协会	2010年1月
水电十六局有限公司	2010年度中国电力优质工程奖	云南戈兰滩水电站工程	中国电力建设企业协会	2010年6月
水电十六局有限公司	2010年度国家优质工程银质奖	云南戈兰滩水电站工程	国家工程建设质量奖审定委员会	2010年11月

2010年国家科技进步奖

单　位	荣誉称号	获奖工程	授奖时间
水电七局有限公司、水电八局有限公司	国家科学技术进步二等奖	200米级高碾压混凝土重力坝关键技术	2010年8月

（李霞林汇总）

第十二篇　附　　录

Chapter Ⅻ Addenda

2010年股份公司成员企业国内完成主要实物工程量统计表

企业名称		土方（万立方米）	石方（万立方米）	混凝土（万立方米）	金属结构安装（吨）	水轮发电机组投产	
						台	万千瓦
合计		23842.80	12023.99	4162.58	291098.28	105	1019.55
1	水电一局有限公司	556.00	690	159	30193.00	0	0.00
2	水电二局有限公司	218.14	145.87	7.37	782.20	0	0.00
3	水电三局有限公司	1645.00	802.00	379.00	23867.00	9	48.00
4	水电四局有限公司	862.25	479.98	640.32	51962.61	7	196.00
5	水电五局有限公司	2254.71	1530.58	208.61	24627.21	5	18.85
6	水电六局有限公司	1003.44	291.50	94.32	8003	3	58.50
7	水电七局有限公司	2010.57	1408.7	731.04	5374.43	4	121.00
8	水电八局有限公司	2284.30	1760.40	507.50	31978.00	6	63.60
9	水电九局有限公司	106.66	106.08	99.99	5774.41	0	0.00
10	水电十局有限公司	461.00	171.00	72.00	22796.00	30	122.40
11	水电十一局有限公司	2491.36	343.32	229.93	9600.69	12	39.10
12	水电十二局有限公司	2592.19	657.55	83.89	10239.73	6	53.00
13	水电十三局有限公司	2189.83	199.19	70.42	7377	0	0.00
14	水电十四局有限公司	995.78	1423.21	417.3	47609.00	7	276.80
15	水电十五局有限公司	2428.00	1077.00	346.00	1310.00	0	0.00
16	水电十六局有限公司	0	919.26	81.63	9600.00	16	22.30
17	港航公司	1475.67	2.65	1.49	4	0	0.00
18	路桥公司	57.6	11.9	1.7	0	0	0.00
19	基础局有限公司	0	0	0	0	0	0.00
20	水电辽宁有限公司	210.3	3.8	31.07	0	0	0.00

2010年集团（股份）公司重要文件题录

发文日期	发文编号	文件标题
1月8日	中水电党2号	关于印发《中国水利水电建设股份有限公司职工代表大会制度的实施意见(暂行)》的通知
1月27日	中水电党6号	关于中共中国水利水电建设集团公司委员会设立常务委员会及组成人员的通知
1月28日	中水电党7号	关于中共中国水利水电建设股份有限公司委员会设立常务委员会及组成人员的通知

续表

发文日期	发文编号	文件标题
1月30日	中水电党10号	关于表彰2007～2009年度集团公司国际经营标兵和先进工作者的决定
3月11日	中水电党13号	转发《关于陈永录同志任职的通知》
4月12日	中水电党15号	关于调整中国水利水电建设集团公司党风廉政建设领导小组的通知
4月16日	中水电党16号	关于印发《中国水利水电建设集团公司党委(常委)会议事规则》的通知
12月3日	中水电党31号	关于转发《关于刘起涛同志免职的通知》的通知
1月27日	中水电股党2号	关于表彰2009年度中国水利水电建设股份有限公司文明工程项目的决定
1月29日	中水电股党13号	关于成立中国水利水电建设股份有限公司工会委员会的通知
1月29日	中水电股党14号	关于成立共青团中国水利水电建设股份有限公司委员会的通知
2月24日	中水电股党18号	关于转发王尔乘同志在中央企业提高选人用人工作满意度座谈会上的讲话的通知
3月1日	中水电股党19号	关于转发《中央企业领导人员管理暂行规定》和《中央企业领导班子和领导人员综合考核评价办法(试行)》的通知
3月19日	中水电股党26号	关于印发《中国水利水电建设股份有限公司开展廉洁从业专项教育活动实施方案》的通知
4月13日	中水电股党30号	关于转发国资委党委办公室《关于转发中共中央组织部〈关于在抗旱救灾工作中进一步发挥各级党组织战斗堡垒作用、各级领导干部模范带头作用和广大共产党员先锋模范作用的通知〉的通知》的通知
4月13日	中水电股党32号	关于成立中国水利水电建设股份有限公司党风廉政建设领导小组的通知
4月16日	中水电股党33号	关于印发《中国水利水电建设股份有限公司党委(常委)会议事规则》的通知
4月16日	中水电股党34号	关于印发《股份公司党委2010年党建工作要点》的通知
4月16日	中水电股党35号	关于印发《关于开展争创“四强”党组织争做“四优”共产党员活动的实施方案》的通知
4月20日	中水电股党39号	关于印发《中国水利水电建设股份有限公司工程发包、分包、设备物资采购和市场营销等领域廉洁从业若干规定》的通知
4月20日	中水电股党40号	转发《国资委党委关于认真学习贯彻〈中国共产党党员领导干部廉洁从政若干准则〉的通知》的通知
4月27日	中水电股党43号	关于转发中组部、国资委动员各级党组织和党员干部切实做好抗震救灾有关工作通知的通知
5月28日	中水电股党47号	关于印发《中国水利水电建设股份有限公司党风廉政建设责任制实施办法》的通知
5月14日	中水电股党48号	关于表彰2008～2009年度集团公司劳动模范和先进生产(工作)者的决定
5月25日	中水电股党51号	关于印发中国水利水电建设股份有限公司党风廉政建设责任制考核评价办法和考核评分标准的通知
6月2日	中水电股党54号	关于印发《中国水利水电建设股份有限公司基层党组织换届选举工作暂行办法》的通知
6月3日	中水电股党56号	转发《中央企业深入开展创先争优活动实施意见》的通知
6月4日	中水电股党57号	关于印发《中国水利水电建设股份有限公司深入开展创先争优活动实施意见》的通知
6月11日	中水电股党58号	关于转发《关于加强和改进中央企业和中央金融机构纪检监察组织建设的若干意见》和贺国强等领导同志讲话的通知

续表

发文日期	发文编号	文件标题
6月18日	中水电股党59号	关于印发《中国水利水电建设股份有限公司加强廉洁文化建设的实施意见》的通知
6月18日	中水电股党60号	关于印发《中国水利水电建设股份有限公司信息报送工作管理办法》的通知
6月18日	中水电股党61号	关于印发《中国水利水电建设股份有限公司信息报送工作实施细则》的通知
6月30日	中水电股党62号	关于表彰先进基层党组织优秀共产党员优秀党务工作者的决定
6月30日	中水电股党64号	关于印发陈永录同志在股份公司新闻宣传暨信息工作会上讲话的通知
6月22日	中水电股党65号	关于印发《股份公司规范企业领导班子民主生活会制度的实施意见》的通知
8月5日	中水电股党67号	关于印发《关于开展争创“四好党委”“五好党支部”和争当“五个模范”活动的实施意见》的通知
8月3日	中水电股党68号	关于印发《关于开展以争当“五个模范”为主题的党员民主评议活动的安排意见》的通知
8月9日	中水电股党69号	关于印发《完善三个体系进一步加强创先争优活动组织领导工作的实施办法》的通知
8月3日	中水电股党70号	关于印发《关于进一步加强离退休人员管理工作的指导意见》的通知
7月26日	中水电股党73号	关于印发股份公司廉洁从业专项教育活动总结(视频)会议领导讲话的通知
8月19日	中水电股党75号	关于印发股份公司纪委书记监察部门负责人培训班(座谈会)领导讲话的通知
8月23日	中水电股党78号	关于印发《中国水利水电建设股份有限公司党委中心学习组学习制度》的通知
9月10日	中水电股党80号	关于印发《关于加强和改进党员管理工作的意见》的通知
9月15日	中水电股党81号	关于印发《中国水利水电建设股份有限公司企业领导人员管理暂行办法》的通知
9月28日	中水电股党82号	关于表彰2007～2010年度股份公司基础设施业务经营管理先进单位、标兵和先进工作者的决定
10月9日	中水电股党83号	关于印发《关于加强股份公司国内项目党建工作的实施办法》的通知
10月18日	中水电股党84号	关于加强人才管理工作的意见
10月22日	中水电股党85号	关于印发《关于加强和改进股份公司纪检监察组织建设的实施意见》的通知
10月27日	中水电股党86号	关于认真学习贯彻党的十七届五中全会精神的通知
10月14日	中水电股党89号	关于印发《中国水利水电建设股份有限公司建设“四个一流”职工队伍实施意见》的通知
6月17日	中水电股党93号	关于印发《中国水利水电建设股份有限公司领导人员述廉议廉制度的实施意见》的通知
6月17日	中水电股党94号	关于印发《中国水利水电建设股份有限公司领导人员廉洁从业谈话制度》的通知
6月17日	中水电股党95号	关于印发《中国水利水电建设股份有限公司关于纪委书记、监察部门主要负责人述职(报告工作)规定》的通知
11月12日	中水电股党97号	关于转发《国资委党委办公室转发关于健全和落实重大事件及时向有关上级部门报告制度通知的通知》的通知
11月25日	中水电股党99号	关于转发《关于全国组织系统认真学习贯彻党的十七届五中全会精神的通知》的通知
11月17日	中水电股党100号	关于印发《股份公司党委关于推进学习型党组织建设的实施意见》的通知
9月9日	中水电股党101号	关于印发《中国水利水电建设股份有限公司海外工作机构党建工作指导意见》的通知

续表

发文日期	发文编号	文件标题
11月16日	中水电股党102号	关于印发《中国水利水电建设股份有限公司监督工作联席会议制度》(试行)的通知
12月1日	中水电股党104号	关于印发《中国水利水电建设股份有限公司领导人员廉洁从业谈话制度》的通知
11月19日	中水电股党105号	关于转发《印发王勇同志在中央企业创先争优活动领导小组会议上的讲话的通知》的通知
12月14日	中水电股党108号	关于转发《关于严厉整治干部选拔任用工作中行贿受贿行为的通知》等三个文件的通知
12月15日	中水电股党112号	关于进一步开展党群共建促进创先争优活动的通知
12月22日	中水电股党115号	关于印发《关于加强企业文化建设的实施意见》的通知
1月7日	中水电2号	关于印发《中国水利水电建设集团公司境外企业及工程项目审计办法》的通知
1月7日	中水电3号	关于印发《中国水利水电建设集团公司国外非投资项目投(议)标方案评审实施细则》的通知
1月7日	中水电4号	关于印发《中国水利水电建设集团公司国际业务会计核算办法》的通知
1月7日	中水电5号	关于印发《中国水利水电建设集团公司国际业务资金管理办法》的通知
1月7日	中水电6号	关于印发《中国水利水电建设集团公司国际业务财务管理办法》的通知
1月18日	中水电12号	关于印发《中国水利水电建设集团公司境外机构负责人回国述职管理办法》的通知
1月18日	中水电13号	关于印发《中国水利水电建设集团公司国外突发重大质量安全及自然灾害紧急预案》的通知
1月18日	中水电14号	关于印发《中国水利水电建设集团公司国外项目统计管理规定》的通知
1月25日	中水电16号	关于印发《中国水利水电建设集团公司工作规则》的通知
1月26日	中水电17号	关于印发《中国水利水电建设集团公司国际经营工作管理办法》的通知
1月26日	中水电18号	关于印发《中国水利水电建设集团公司国外在建工程项目管理办法》的通知
1月26日	中水电19号	关于印发《中国水利水电建设集团公司国外非投资工程项目投(议)标管理办法》的通知
3月18日	中水电38号	关于集团公司组织机构设立的通知
7月16日	中水电总6号	关于加强青海玉树灾后恢复重建工作的指导意见
1月27日	中水电人27号	关于中国水利水电建设集团公司领导班子职务任免的通知
1月7日	中水电财1号	关于转发财政部有关企业加强职工福利费财务管理的通知
1月25日	中水电财6号	关于集团股份公司及所属子公司2009年度利润分配的通知
2月10日	中水电财8号	关于印发《中国水利水电建设集团公司对外捐赠管理暂行办法》的通知
8月5日	中水电财13号	关于印发《中国水利水电建设集团公司"小金库"专项治理实施办法》的通知
11月5日	中水电财19号	关于印发《中国水利水电建设集团公司产权管理办法》的通知
1月25日	中水电工1号	关于公布集团公司2009年度批准立项科研项目的通知
1月20日	中水电安1号	关于表彰2009年度安全生产优秀企业、先进项目部、优秀项目经理和先进个人的决定
2月9日	中水电安2号	关于表彰安全生产优秀单位的决定

续表

发文日期	发文编号	文件标题
1月25日	中水电股2号	关于印发《中国水利水电建设股份有限公司工作规则》的通知
1月27日	中水电股3号	关于中国水利水电建设股份有限公司董事会、监事会组成人员的通知
2月8日	中水电股4号	关于成立中国水利水电建设股份有限公司"海西"发展区域总部的通知
2月10日	中水电股6号	关于中国水利水电建设股份有限公司组织机构设立的通知
3月8日	中水电股11号	关于印发《中国水利水电建设股份有限公司设备物资集中采购招标管理办法》和《中国水利水电建设股份有限公司设备物资采购中心集中采购招标实施细则》的通知
3月8日	中水电股12号	关于印发《中国水利水电建设股份有限公司设备物资管理办法》的通知
3月8日	中水电股14号	关于印发《中国水利水电建设股份有限公司印章管理办法》的通知
3月11日	中水电股17号	关于印发《中国水利水电建设股份有限公司供应商管理办法》的通知
3月11日	中水电股18号	关于印发《中国水利水电建设股份有限公司会计核算办法》的通知
3月24日	中水电股24号	关于印发《中国水利水电建设股份有限公司特种设备管理办法》的通知
4月15日	中水电股30号	关于印发《中国水利水电建设股份有限公司国际业务会计核算办法》的通知
4月15日	中水电股31号	关于印发《中国水利水电建设股份有限公司国际业务财务管理办法》的通知
4月15日	中水电股32号	关于印发《中国水利水电建设股份有限公司国内联营体运营管理规定》的通知
4月15日	中水电股33号	关于印发《中国水利水电建设股份有限公司工程分包管理办法》的通知
4月15日	中水电股34号	关于印发《中国水利水电建设股份有限公司建筑市场营销战略实施办法》的通知
4月15日	中水电股36号	关于印发《中国水利水电建设股份有限公司银行授信管理办法》的通知
4月15日	中水电股37号	关于印发《中国水利水电建设股份有限公司银行账户管理办法》的通知
4月16日	中水电股39号	关于印发《中国水利水电建设股份有限公司投资建设项目审计管理办法》、《中国水利水电建设股份有限公司投资建设项目审计实施细则》的通知
4月19日	中水电股40号	关于印发《中国水利水电建设股份有限公司章程》和《股东大会议事规则》《董事会议事规则》《监事会议事规则》的通知
4月19日	中水电股41号	关于印发《中国水利水电建设股份有限公司总经理工作细则》的通知
4月19日	中水电股42号	关于印发《中国水利水电建设股份有限公司独立董事工作制度》的通知
5月10日	中水电股43号	关于印发《中国水利水电建设股份有限公司董事会战略委员会议事规则》的通知
5月10日	中水电股44号	关于印发《中国水利水电建设股份有限公司董事会人事薪酬与考核委员会议事规则》的通知
5月10日	中水电股45号	关于印发《中国水利水电建设股份有限公司董事会审计与风险管理委员会议事规则》的通知
4月19日	中水电股46号	关于印发《中国水利水电建设股份有限公司董事会秘书工作细则》的通知
4月19日	中水电股47号	关于印发《中国水利水电建设股份有限公司信息披露管理制度》的通知
4月19日	中水电股48号	关于印发《中国水利水电建设股份有限公司投资者关系管理制度》的通知
4月19日	中水电股49号	关于印发《中国水利水电建设股份有限公司关联交易管理制度》的通知

续表

发文日期	发文编号	文件标题
4月19日	中水电股50号	关于印发《中国水利水电建设股份有限公司募集资金管理制度》的通知
4月19日	中水电股51号	关于印发《中国水利水电建设股份有限公司对外担保管理制度》的通知
4月19日	中水电股52号	关于印发《中国水利水电建设股份公司境外企业及工程项目审计办法》的通知
4月23日	中水电股53号	关于印发《中国水利水电建设股份有限公司资金管理办法》的通知
4月30日	中水电股54号	关于印发《中国水利水电建设股份有限公司投资管理办法》的通知
9月16日	中水电股55号	关于印发《中国水利水电建设股份有限公司财务管理办法》的通知
9月19日	中水电股56号	关于印发《中国水利水电建设股份有限公司资产管理办法》的通知
4月27日	中水电股57号	关于印发《中国水利水电建设股份有限公司投资建设项目招标管理办法》的通知
4月27日	中水电股58号	关于印发《中国水利水电建设股份有限公司大型专用设备资源管理办法(试行)》的通知
5月11日	中水电股62号	关于印发股份公司领导班子职责分工的通知
5月11日	中水电股63号	关于印发股份公司职工董事、工会主席及其他高级管理人员职责分工的通知
5月14日	中水电股64号	关于印发《中国水利水电建设股份有限公司科学管理委员会章程》和《中国水利水电建设股份有限公司科学管理委员会专家委员会工作办法》的通知
5月11日	中水电股65号	关于印发《中国水利水电建设股份有限公司内部审计工作规定》的通知
5月20日	中水电股67号	关于印发《中国水利水电建设股份有限公司投资项目后评价管理办法》的通知
5月20日	中水电股68号	关于印发《中国水利水电建设股份有限公司〈保廉合同〉管理办法》的通知
5月27日	中水电股69号	关于印发《中国水利水电建设股份有限公司内部审计委托管理办法》的通知
6月8日	中水电股71号	关于印发《中国水利水电建设股份有限公司外事管理规定》的通知
6月12日	中水电股72号	关于印发《中国水利水电建设股份有限公司对外捐赠管理暂行办法》的通知
6月23日	中水电股73号	关于印发《中国水利水电建设股份有限公司2010～2012年发展规划》的通知
6月25日	中水电股74号	关于成立中国水利水电建设股份有限公司环境保护部的通知
7月8日	中水电股78号	关于印发《中国水利水电建设股份有限公司国际经营工作管理办法》的通知
7月12日	中水电股79号	关于印发《中国水利水电建设股份有限公司国外非投资工程项目投(议)标管理办法》的通知
7月12日	中水电股80号	关于印发《中国水利水电建设股份有限公司国外非投资项目投(议)标方案评审实施细则》的通知
7月12日	中水电股81号	关于印发《中国水利水电建设股份有限公司国外工程项目投标标前协议管理办法》的通知
7月12日	中水电股82号	关于印发《中国水利水电建设股份有限公司国外工程内部委托实施协议管理办法》的通知
7月12日	中水电股83号	关于印发《中国水利水电建设股份有限公司国外在建工程项目管理办法》的通知
7月12日	中水电股84号	关于印发《中国水利水电建设股份有限公司国际工程月报管理办法》的通知
7月12日	中水电股85号	关于印发《中国水利水电建设股份有限公司国际工程合同风险事件应急预案管理办法》的通知

续表

发文日期	发文编号	文件标题
7月12日	中水电股86号	关于印发《中国水利水电建设股份有限公司海外投资管理办法》的通知
7月12日	中水电股87号	关于印发《中国水利水电建设股份有限公司海外区域业务总部管理暂行办法》的通知
7月12日	中水电股88号	关于印发《中国水利水电建设股份有限公司海外工程项目保险管理实施细则》的通知
8月18日	中水电股91号	关于印发《中国水利水电建设股份有限公司基础设施项目实施指导手册》的通知
8月20日	中水电股92号	关于印发《子公司设立撤并法人机构管理暂行办法》的通知
10月8日	中水电股94号	关于印发《中国水利水电建设股份有限公司预算管理办法》的通知
10月19日	中水电股95号	关于印发《子公司所属法人机构章程指引》的通知
1月27日	中水电股总3号	关于中国水利水电建设股份有限公司公文处理工作有关事项的通知
2月3日	中水电股总5号	关于印发集团公司、股份公司2010年工作会议文件的通知
4月7日	中水电股总13号	关于印发公司领导在公司总部2010年工作会议上讲话的通知
5月5日	中水电股总25号	关于进一步规范总经理办公会、总经理专题办公会筹办流程的通知
5月13日	中水电股总32号	转发国务院国资委关于新形势下加强中央企业办公室工作的指导意见的通知
7月8日	中水电股总38号	关于印发《中国水利水电建设股份有限公司重大事项内部报告制度》的通知
7月20日	中水电股总42号	关于转发《国有及国有控股企业"小金库"专项治理实施办法》的通知
8月9日	中水电股总47号	关于印发《中国水利水电建设股份有限公司公文处理办法》的通知
8月9日	中水电股总48号	关于印发《中国水利水电建设股份有限公司商业秘密保护实施细则(试行)》的通知
8月25日	中水电股总52号	关于转发国务院国资委调整国有重点大型企业监事会主席的通知
9月6日	中水电股总54号	关于印发刘起涛总经理在股份有限公司2010年办公室工作会议上讲话的通知
10月12日	中水电股总64号	关于完善企业领导人员职务消费制度的通知
10月12日	中水电股总65号	关于印发《中国水利水电建设股份有限公司创建一流办公室实施办法》和《中国水利水电建设股份有限公司创建一流办公室综合考评细则》的通知
10月13日	中水电股总67号	关于印发《中国水利水电建设股份有限公司总部住房补贴实施办法》的通知
10月28日	中水电股总71号	关于印发《中国水利水电建设股份有限公司企业领导人员职务消费暂行管理办法》的通知
12月13日	中水电股董17号	关于刘起涛同志不再担任中国水利水电建设股份有限公司总经理职务的通知
1月31日	中水电股人1号	关于股份有限公司总部部门负责人任职的通知
1月31日	中水电股人7号	关于成立股份有限公司铁路工程管理中心及有关人员安排的通知
1月31日	中水电股人8号	关于成立股份有限公司利比亚区域业务总部的通知
3月6日	中水电股人15号	关于表彰2009年公司总部先进集体、先进工作者的决定
3月18日	中水电股人16号	关于印发《中国水利水电建设股份有限公司总部劳动合同管理实施办法》的通知

续表

发文日期	发文编号	文　件　标　题
4月23日	中水电股人51号	关于转发《国务院办公厅关于进一步做好农民工培训工作的指导意见》的通知
5月17日	中水电股人55号	关于转发中电联对职业技能鉴定工作先进集体和优秀工作者进行表彰的通知
5月19日	中水电股人56号	关于印发《中国水利水电建设股份有限公司总部考勤和休假管理细则》的通知
6月18日	中水电股人60号	关于转发国务院国资委《中央企业工资总额预算管理暂行办法》的通知
7月7日	中水电股人63号	关于离退休人员非统筹费用支付管理的若干规定
7月21日	中水电股人64号	关于进一步加强对股份公司企业领导人员因私出国(境)管理的通知
7月29日	中水电股人67号	关于转发国资委确认2008年度高级政工师任职资格评审结果的通知
8月2日	中水电股人68号	关于公布2009年度电力行业特有工程高级技师资格名单的通知
8月31日	中水电股人77号	关于印发《中国水利水电建设股份有限公司总部及相关直属公司补充医疗保险管理办法》的通知
9月8日	中水电股人80号	关于转发《全国电力行业优秀企业、优秀企业家评审管理办法》的通知
10月9日	中水电股人86号	转发《国务院办公厅转发人力资源和社会保障部等部门关于进一步促进劳动关系和谐稳定意见的通知》
10月11日	中水电股人87号	关于确认2009年度工程、经济、会计、政工系列专业技术资格人员名单的通知
10月25日	中水电股人89号	关于成立中国水电建设集团甘肃能源投资有限公司的通知
10月28日	中水电股人92号	关于印发《中国水利水电建设股份有限公司总部离退休职工管理办法》的通知
12月6日	中水电股人99号	关于转发国资委确认2009年度高级政工师任职资格评审结果的通知
12月23日	中水电股人103号	关于成立股份公司铁路事业部和铁路公司的通知
6月8日	中水电股财20号	关于转发《财政部关于公布2009年全国政府性基金项目目录的通知》的通知
7月15日	中水电股财28号	关于转发《财政部关于印发〈中央管理企业灾后恢复重建贷款贴息资金管理办法〉》和《财政部关于印发中央管理企业灾后恢复重建贷款贴息资金管理办法补充规定》的通知
8月5日	中水电股财32号	关于印发《中国水利水电建设股份有限公司“小金库”专项治理实施办法》的通知
11月26日	中水电股财81号	关于进一步加强非主业财务管理的通知
12月16日	中水电股财96号	关于转发《关于进一步做好中央企业“小金库”专项治理工作有关事项的通知》的通知
4月27日	中水电股经30号	关于印发《股份公司开展“管理创效年”活动的指导意见》的通知
5月12日	中水电股经31号	关于印发《建筑工程施工合同(范本)》的通知
5月12日	中水电股经33号	关于印发《中国水利水电建设股份有限公司内部合同监督协调办法》的通知
5月12日	中水电股经34号	关于印发《中国水利水电建设股份有限公司内部经济纠纷调解办法》的通知
5月12日	中水电股经35号	关于印发《中国水利水电建设股份有限公司统计管理办法》的通知
5月13日	中水电股经36号	关于印发《中国水利水电建设股份有限公司分包商资源管理库管理办法》的通知

续表

发文日期	发文编号	文件标题
6月4日	中水电股经38号	关于转发《国家发展改革委关于印发招标师职业水平证书登记服务管理办法(度行)的通知》的通知
5月10日	中水电股审7号	关于印发《中国水利水电建设股份有限公司内部审计质量控制规范》的通知
6月23日	中水电股审10号	关于印发袁柏松副总经理在2010年股份公司审计工作会议上讲话的通知
9月16日	中水电股审15号	关于转发国资委孟建民副主任、沈莹局长在2010年中央企业内部审计工作会议上讲话的通知
7月20日	中水电股资4号	关于印发《中国水利水电建设股份有限公司资金信息报告管理办法》的通知
8月18日	中水电股资10号	关于印发《中国水利水电建设股份有限公司资金管理信息系统运行管理办法》的通知
9月6日	中水电股资11号	关于印发《中国水利水电建设股份有限公司资金结算管理办法》的通知
9月6日	中水电股资12号	关于印发《中国水利水电建设股份有限公司担保收费管理办法》的通知
9月16日	中水电股资13号	关于印发《中国水利水电建设股份有限公司融资管理办法》的通知
4月7日	中水电股企2号	关于积极参加与试点城市公立医院改革的通知
4月12日	中水电股企3号	关于开展全面风险管理工作的通知
6月2日	中水电股企8号	关于印发《中国水利水电建设股份有限公司战略合作协议管理办法》的通知
7月19日	中水电股企15号	关于贯彻落实《企业内部控制配套指引》的通知
7月20日	中水电股企16号	关于印发袁柏松副总经理在全面风险管理与内部控制工作会议上讲话的通知
8月2日	中水电股企17号	关于印发《全面风险管理与内部控制工作方案》的通知
12月31日	中水电股企28号	关于印发《中国水利水电建设股份有限公司全面风险管理与内部控制体制建设工作指引》的通知
10月9日	中水电股投34号	关于印发王彤宙副总经理在股份公司2010年度投资研讨会上讲话的通知
5月14日	中水电股工17号	关于印发中国水利水电股份有限公司优秀项目经理评选办法的通知
6月7日	中水电股工22号	关于印发《中国水利水电建设股份有限公司子企业节能减排工作考核暂行办法》的通知
6月7日	中水电股工23号	关于印发《中国水利水电建设股份有限公司节能减排管理暂行办法》的通知
6月7日	中水电股工24号	关于印发《中国水利水电建设股份有限公司节能减排统计监测暂行规定》的通知
6月22日	中水电股工26号	关于公布2010年度股份公司科学技术进步奖获奖的通知
7月9日	中水电股工31号	关于表彰股份公司2008年度、2009年度中国水电优质工程的决定
7月28日	中水电股工33号	关于转发国资委主任李荣融同志在中央企业节能减排工作视频会议上讲话的通知
9月9日	中水电股工37号	关于印发《中国水利水电建设股份有限公司质量管理办法》的通知
9月9日	中水电股工38号	关于印发《中国水利水电建设股份有限公司工程质量事故处理暂行规定》的通知
9月20日	中水电股工40号	关于发布《质量、环境、职业健康安全管理手册》的通知
12月23日	中水电股工49号	关于转发住房和城乡建设部关于印发《施工总承包企业特级资质标准实施办法》的通知

续表

发文日期	发文编号	文件标题
3月18日	中水电股察2号	关于印发《中国水利水电建设股份有限公司2010年效能监察工作安排意见》的通知
3月25日	中水电股察3号	关于印发《中国水利水电建设股份有限公司招标监督暂行办法》的通知
4月12日	中水电股察4号	关于印发《中国水利水电建设股份有限公司效能监察实施办法》的通知
12月9日	中水电股察16号	关于转发国务院国资委《关于中央企业工程建设领域突出问题专项治理整改工作的指导意见》的通知
3月16日	中水电股安2号	关于印发公司领导在中国水利水电建设股份有限公司2010年安全生产工作会议上讲话的通知
8月19日	中水电股安9号	关于认真学习和贯彻落实《国务院关于进一步加强企业安全生产工作》的通知
9月10日	中水电股安12号	关于转发《境外中资企业机构和人员安全管理规定》的通知
9月19日	中水电股安13号	关于印发《中国水利水电建设股份有限公司生产安全事故和自然灾害应急预案》的通知
5月19日	中水电股史5号	关于印发袁柏松副总经理在股份公司2010年史志鉴工作会议上讲话的通知
6月18日	中水电股史6号	关于印发《中国水利水电建设集团公司人物志(1950～2006)》编修指导意见的通知
6月7日	中水电股信8号	关于印发《中国水利水电建设股份有限公司信息化建设项目招标工作规范》的通知
6月24日	中水电股信9号	关于印发《中国水利水电建设股份有限公司互联网使用管理办法》的通知
12月24日	中水电股信28号	关于印发黄保东副总经理在股份公司信息化工作研讨会上讲话的通知
10月28日	中水电股法8号	关于印发袁柏松副总经理在股份公司2010年法制工作会议上讲话及会议资料的通知
12月20日	中水电股法10号	关于转发国务院国资委黄淑和副主任、周渝波局长在中央企业法制工作座谈会上讲话的通知
6月7日	中水电股外9号	关于印发《中国水利水电建设股份有限公司应对境外恐怖事件应急预案》等三个应急预案的通知
8月16日	中水电股外14号	关于印发《中国水利水电建设股份有限公司国际业务物资采购及出口退税会计核算细则》的通知
6月30日	中水电股房地3号	关于启用"中国水电地产"Ⅵ系统及品牌推广手册的通知
10月11日	中水电股基3号	关于印发《铁路工程项目经营管理研究报告——铁路项目经营模式分析研究》的通知
11月3日	中水电股设6号	关于印发《中国水利水电建设股份有限公司大型专用设备内部调剂转让与租赁价格制订的指导意见》的通知

索　　引

说　　明

1. 本索引采用主题分析法编制，按索引栏目第一字汉语拼音顺序排列，同音字按声调排列，声调相同按下一字音序排列；集团公司成员企业最后按序索引。

2. 索引标引词后“（　）”中的内容表示对标引词的限定，图、表均注明“图”或“表”字样。

3. 标引词后的阿拉伯数字表示内容所在的页码。

4. 本年鉴“特载”、“文件　文献”、“专论”、“大事记”篇目均未作索引。

A

C

D

F

G

J

K

L

N

Q

R

S

T

W

X

Y

Z

编　后　语

《中国水利水电建设集团公司年鉴（2011）》是集团公司连续编纂出版的第七部年鉴，集团公司史志办公室承担了年鉴编纂任务。在编纂过程中，史志办公室遵照集团公司领导的指示精神，严格编纂工作程序，认真落实编纂工作责任，7 月完成年鉴编纂工作并进入出版流程。

集团公司年鉴编纂工作，始终得到集团公司领导的关怀和指导，范集湘总经理在百忙中经常过问年鉴编纂工作，袁柏松副总经理不仅亲自参加每年的史志鉴编辑培训会议，对集团公司史志鉴工作提出具体要求，还经常听取史志鉴工作情况汇报，集团公司其他领导也都十分关注史志鉴工作。集团公司领导的高度重视、正确领导和亲切关怀，集团公司科学可持续发展的大好形势，是我们做好年鉴编纂工作的根本保证。

集团公司总部各部门、各公司对年鉴编纂工作给予了大力支持和热情帮助，总部各部门、各公司领导亲自部署 2011 卷年鉴的撰稿工作，审阅稿件内容；各单位组稿、撰稿人员勤奋工作，无私奉献，对年鉴编纂工作付出了艰辛劳动。在此，谨一并表示衷心感谢！

集团公司年鉴编纂工作实行文责自负原则，所提供的文字内容和图片由提供单位负责审定。本卷年鉴的编辑工作由主编郭志负责总纂、副主任张延乐协助，各篇目责任编辑负责相关篇目的编辑工作。第一篇“特载”由张延乐负责；第二篇“文献　文件”由冯有维负责；第三篇“专论”由张延乐负责；第四篇“综述”由冯有维负责；第五篇“大事记”、第六篇“集团化建设”由李霞林负责；第七篇“科学可持续发展”、第八篇“党群工作和企业文化建设”由边建利负责；第九篇“检查监督”由李霞林负责；第十篇“成员企业要览”由张延乐、冯有维、李霞林和边建利负责；第十一篇

“人物及先进集体”、第十二篇“附录”由李霞林负责；图片彩页、中英文目录、索引由冯有维负责。

集团公司年鉴编纂工作是集团公司企业文化建设的重要组成部分，是提高集团公司企业文化软实力的需要。在年鉴编纂过程中，力求体现年鉴的科学性、准确性、系统性、实用性，对历史负责。由于水平和资料所限，疏漏之处难免，敬请读者批评指正。

《中国水利水电建设集团公司年鉴》编辑部

2011年7月

中国水利水电建设集团公司

管理方针

科学管理

保证质量

诚信守法

安全环保

预防为主

持续改进

SINOHYDRO

地　　　址：北京市海淀区车公庄西路22号
邮 政 编 码：100048
集团公司传真：010—58382888　58382999
网　　　址：www.sinohydro.com